BERLIN
UND
SEINE BAUTEN

NACHDRUCK VERBOTEN

BERLIN
UND
SEINE BAUTEN

BEARBEITET UND HERAUSGEGEBEN

VOM

ARCHITEKTEN-VEREIN ZU BERLIN

UND DER

VEREINIGUNG BERLINER ARCHITEKTEN

MIT 2150 ABBILDUNGEN IM TEXT, 18 LICHTDRUCKTAFELN,
1 STICHTAFEL UND 4 ANLAGEN

EIGENTHUM DER HERAUSGEBER

BERLIN 1896
WILHELM ERNST & SOHN

SEINER MAJESTÄT

DEM DEUTSCHEN KAISER

WILHELM II.

KÖNIG VON PREUSSEN

DEM ERHABENEN SCHIRMHERRN

EINER FRIEDLICHEN ENTWICKLUNG DES VATERLANDES

UND SEINER HAUPTSTADT

IN EHRFURCHT GEWIDMET

DER ARCHITEKTEN-VEREIN ZU BERLIN. DIE VEREINIGUNG BERLINER ARCHITEKTEN.

BERLIN
UND
SEINE BAUTEN

BEARBEITET UND HERAUSGEGEBEN

VOM

ARCHITEKTEN-VEREIN ZU BERLIN

UND DER

VEREINIGUNG BERLINER ARCHITEKTEN

I.

EINLEITENDES — INGENIEURWESEN

EIGENTHUM DER HERAUSGEBER

BERLIN 1896

WILHELM ERNST & SOHN

VORWORT.

Das vorliegende Werk erscheint aus Anlafs der vom 30. August bis 3. September 1896 in Berlin tagenden XII. Wander-Versammlung des Verbandes Deutscher Architekten- und Ingenieur-Vereine, mit der die Feier des 25jährigen Bestehens des Verbandes begangen wird. Der Architekten-Verein zu Berlin und die Vereinigung Berliner Architekten haben beschlossen, gemeinsam eine Neubearbeitung des im Jahre 1876 erschienenen Werkes „Berlin und seine Bauten" als Festschrift zu veranstalten, und den unterzeichneten Ausschufs mit der Vorbereitung und Ausführung der Arbeit betraut.

Der seit dem Erscheinen der ersten Ausgabe innerhalb eines Zeitraumes von 20 Jahren beträchtlich angewachsene Stoff erforderte von vornherein eine Theilung in zwei Bände, von denen sich während der Bearbeitung noch die Abzweigung eines dritten als zweckmäfsig ergab. Hiernach enthält der erste Band aufser den allgemeinen einleitenden Kapiteln mit der Schilderung der Stadt und ihres Verkehrswesens die Ingenieurbauten und die Industriebauten. Der zweite und dritte Band umfassen das gesamte Gebiet des Hochbaues, und zwar der zweite nach einer kurzen bau- und kunstgeschichtlichen Einleitung die öffentlichen Hochbauten, der dritte den Privatbau, ohne dafs jedoch die Grenzen zwischen diesen Gebieten allzu streng innegehalten wären. Im übrigen ergeben sich Eintheilung und Gliederung des Stoffes aus den Inhaltsverzeichnissen der einzelnen Bände.

Der Inhalt des Werkes ist zum weitaus gröfsten Theile der freiwilligen Mitarbeit der Mitglieder beider Vereine zu danken. Nur für einzelne besondere Abschnitte mufsten Fachleute aus anderen Kreisen herangezogen werden; aber auch diese haben fast ausnahmlos ihre Arbeiten in entgegenkommendster Weise ohne jedes Entgelt zur Verfügung gestellt. Die Namen der einzelnen Bearbeiter sind in den Fufsnoten unter den betreffenden Abschnitten genannt.

Die Vorlagen für die zahlreichen Abbildungen sind zum Theil für den vorliegenden Zweck eigens gefertigt, zum Theil in Gestalt vorhandener Zeichnungen, Photographien und dergleichen von den Eigenthümern bereitwilligst hergegeben worden. Nicht minder werthvolle Unterstützung fand das Unternehmen bei den betheiligten Behörden und Aemtern des Reiches, der Staatsregierung, der Stadt Berlin und anderen Gemeinde-Verwaltungen, deren Vorstände und Beamte die erbetenen Acten, Zeichnungen, Pläne, Photographien, amtlichen Berichte und Veröffentlichungen uns jederzeit zur Benutzung überliefsen und besondere Auskünfte ertheilten, wo sie nur immer gebraucht wurden. Dasselbe Entgegenkommen haben wir bei den Vorständen von Bibliotheken, wissenschaftlichen Vereinen und Gesellschaften sowie bei vielen anderen Betheiligten gefunden. Eine grofse Zahl von Abbildungsvorlagen ist vorhandenen Veröffentlichungen entnommen worden, in erster Linie dem Centralblatt der Bauverwaltung, der Zeitschrift für Bauwesen und der Deutschen Bauzeitung, die uns nicht nur die Wiedergabe ihrer Abbildungen gestattet, sondern auch viele ihrer Stöcke zur Benutzung überlassen haben. Eine erhebliche Zahl von Abbildungen durfte den im Verlage von Ernst Wasmuth erschienenen Veröffentlichungen, wie der „Architektur Berlins" und der „Architektur der Gegenwart" sowie der photographischen Aufnahmen von Herm. Rückwardt entlehnt werden.

Während unser Werk schon in Vorbereitung begriffen war, beschlofs der Berliner Bezirksverein Deutscher Ingenieure zu der im Sommer 1894 hier stattgehabten 35. Hauptversammlung des Vereins Deutscher Ingenieure eine Festschrift erscheinen zu lassen. Da der Inhalt derselben sich auf zahlreiche Gebiete erstreckte, die für „Berlin und seine

*

Vorwort.

Bauten" bereits bearbeitet wurden, so kam eine Vereinbarung dahin zustande, dafs unseren Mitarbeitern freigestellt wurde, ihre Arbeiten der Festschrift zur Benutzung zu überlassen, wogegen die Redaction der letzteren ihre Bildstöcke später zur Verwendung für „Berlin und seine Bauten" nach Bedarf herlieh.

Eine erschöpfende Quellenangabe für alle hier angedeuteten und fremdem Besitz entlehnten Mittheilungen und Abbildungen konnte nicht durchgeführt werden. Allen, die sich, genannt oder ungenannt, durch Mitarbeit, durch zeichnerische Beiträge oder durch Beihülfe anderer Art in der gedachten Weise um das gemeinsame Werk verdient gemacht haben, insbesondere auch den Künstlern, deren Arbeiten in Form von Titelbildern, Kantenleisten, Zierbuchstaben und dergl. die Blätter schmücken, wird hiermit im Namen beider Vereine der wärmste Dank ausgesprochen.

Der in Anlage IV wiedergegebene Uebersichtsplan der hiesigen Eisenbahngleise ist auf Grundlage einer vom Grofsen Generalstabe zur Verfügung gestellten Uebersichtsskizze von unseren beim Eisenbahabschnitt betheiligten Mitarbeitern aufgestellt worden. Dieser Plan ist nach getroffener Vereinbarung auch dem im Auftrage des Herrn Ministers der öffentlichen Arbeiten im Juli d. J. herausgegebenen Werke „Berlin und seine Eisenbahnen" beigegeben, nachdem sich die Redaction dieses Werkes auch an der Vervollständigung und Berichtigung der Vorlage in dankenswerther Weise betheiligt hatte.

Die im 2. Bande enthaltenen Lichtdrucke wurden nach eigens aufgenommenen Photographien gefertigt. An der Herstellung des Werkes waren folgende Firmen betheiligt:

Für die Holzschnitte: O. Ebel, Berlin; für die Lichtdrucke: W. Neumann & Co., Berlin; für die Zinkätzungen: Meisenbach, Riffarth & Co.; für die photographischen Aufnahmen: Franz Kullrich und H. Bartels, Berlin; für die gesamte Druckarbeit die Buchdruckerei des Waisenhauses, Halle a. S.; für die Lieferung des Papiers: Louis Keferstein, Berlin.

Ihnen allen gebührt volle Anerkennung für die unermüdliche Sorgfalt, von der ihre Arbeiten in jedem Theile des Werkes Zeugnifs geben.

Der Verlag ruht, wie bei der ersten Ausgabe, in den bewährten Händen der Firma Wilhelm Ernst & Sohn, die mit den ihr zu Gebote stehenden Kräften und Einrichtungen alles gethan hat, was zur würdigen Ausstattung und zum guten Gelingen des Werkes beitragen konnte.

Die Redaction im besonderen war für den 1. Band dem Baurath Eger, für den 2. und 3. Band dem Regierungs-Baumeister Borrmann übertragen, für die umfangreichen Abschnitte über Geschäfts-, Wohnhaus- und Atelierbauten hat Architekt K. E. O. Fritsch nachträglich die Redaction übernommen, während für mehrere andere Abschnitte im 2. und 3. Bande der Regierungs-Baumeister H. Muthesius eingetreten ist.

Wenn an dieser Stelle noch besonders auf die Schwierigkeiten hingewiesen wird, die schon durch die Art der Entstehung des Werkes, durch das Zusammenwirken einer grofsen Zahl verschiedener, durch Berufs- und Dienstarbeiten in Anspruch genommenen Mitarbeiter bedingt wurden, gesteigert durch das von mancher Seite fast überreiche Zuströmen des Stoffes, dem eine oft schwer zu überwindende Abneigung gegen die Hergabe der erforderlichen Unterlagen von anderen Seiten gegenüberstand, so geschieht es lediglich, um Lücken und Ungleichmäfsigkeiten, die sich fühlbar machen werden, zu erklären.

Wir hoffen, dafs das Werk trotzdem als würdiger Beitrag zur Schilderung der Gröfse und Schönheit der deutschen Reichshauptstadt und ihrer Bedeutung in technischer und industrieller Beziehung befunden werden wird.

Berlin, im August 1896.

Der Redactions-Ausschufs:

A. Wiebe.

Borrmann. Eger. Fritsch. Gottheiner. Hofsfeld. Housselle. Muthesius.

INHALTS-VERZEICHNISS
DES I. BANDES.

Abschnitt A. Einleitendes.

Seite

I. Allgemeine Schilderung der Stadt Berlin	I
1. Die Lage Berlins	I
2. Geologische Beschaffenheit des Bodens von Berlin	II
3. Das Klima von Berlin	IV
4. Eintheilung und allgemeine Gestaltung der Stadt	XIV
5. Statistisches	XVII
II. Die geschichtliche Entwicklung Berlins	XXVII
1. Berlin bis zur Mitte des 17. Jahrhunderts	XXVII
2. Berlin von der Mitte des 17. bis zum Anfang des 19. Jahrhunderts	XXXV
3. Berlin vom Anfange des 19. Jahrhunderts bis zum Jahre 1861	LI
4. Berlin seit dem Jahre 1861	LVIII
5. Die Vororte Berlins	LX
III. Die Entwicklung des Verkehrs	LXIII
1. Der Verkehr Berlins bis 1640	LXIII
2. Der Verkehr auf den Wasserstrafsen Berlins	LXIV
3. Der Landverkehr	LXX
4. Die Verkehrsanstalten und -Einrichtungen	LXXV
Personenfuhrwerk	LXXV
Die Post	LXXVII
Die Eisenbahnen	LXXXI
Die Strafsenbahnen	LXXXIII

Abschnitt B. Die Baubehörden.
Technischer Unterricht und technisch-wissenschaftliche Anstalten.

I. Die Baubehörden	1
A. Die Hof-Bauverwaltung	1
B. Die Baubehörden des Deutschen Reiches	2
C. Die Baubehörden des Preufsischen Staates	4
D. Die Baubehörden der Stadt	10
E. Die Bauverwaltung des Brandenburgischen Provinzialverbandes	12
II. Technischer Unterricht und technisch-wissenschaftliche Anstalten	14
1. Die Technische Hochschule in Charlottenburg	14
2. Die Königliche Akademie der Künste	15
3. Die Geologische Landesanstalt und die Berg-Akademie	16
4. Die Physikalisch-Technische Reichsanstalt in Charlottenburg	16
5. Die Königlichen Technischen Versuchsanstalten	17
6. Das Königlich Preufsische Meteorologische Institut	17
7. Das Geodätische Institut und Central-Bureau der Internationalen Erdmessung	18

Inhalts-Verzeichnifs.

	Seite
8. Das Central-Directorium der Vermessungen im Preufsischen Staate	18
9. Die Königliche Landesaufnahme	19
10. Die Mefsbild-Anstalt	19
11. Die ständige Commission für das technische Unterrichtswesen	19
12. Die Königliche Kunstschule	19
13. Die Unterrichts-Anstalt des Kunstgewerbe-Museums	19
14. Die Handwerker-, Gewerbe- und Fachschulen	20

Abschnitt C. Die Ingenieurbauten.

I. Die öffentlichen Strafsen und Plätze	22
Eintheilung der Strafsen und Gestaltung der öffentlichen Plätze	26
Die Befestigung der Strafsen	34
Die Benutzung der Strafsenoberfläche zu gemeinnützigen baulichen Anlagen	38
II. Die öffentlichen Park- und Gartenanlagen	48
1. Die Königlichen Gärten	48
2. Die fiskalischen öffentlichen Gärten	49
3. Die städtischen Gärten und Anlagen	54
III. Die Friedhöfe	65
IV. Wasserstrafsen und Häfen	68
1. Die Spree oberhalb von Berlin	70
2. Die obere Havel	73
3. Die untere Havel	75
4. Die Spree in und unterhalb Berlins	76
V. Die Strafsenbrücken	107
Einleitung	107
Geschichtlicher Rückblick auf die Entwicklung der Strafsenbrücken Berlins	108
Die seitherigen Leistungen der Stadtgemeinde auf dem Gebiete des Brückenbaus	111
Verzeichnifs der Strafsenbrücken Berlins	120
Beschreibung der einzelnen Brücken	127
A. Brücken über den östlichen Hauptarm der Spree	127
B. Brücken über den Schleusencanal und Kupfergraben	159
C. Brücken über den Landwehrcanal	161
D. Brücken über den Luisenstädtischen Canal	167
E. Brücken über den Berlin-Spandauer Schiffahrtscanal	171
F. Brücken über die Panke und den Schönhauser Graben	171
G. Die Baukosten der städtischen Brücken	171
H. Die fiskalischen Brücken	174
VI. Die Strafsenbahnen und die elektrische Stadtbahn	177
A. Die Pferdebahnen	177
B. Die Dampfstrafsenbahnen der westlichen Vororte	185
C. Die elektrischen Strafsenbahnen Grofs-Lichterfelde—Lankwitz—Steglitz—Südende	187
D. Die elektrische Strafsenbahn Pankow—Gesundbrunnen	192
E. Die elektrischen Strafsenbahnen Berlin—Treptow	193
F. Die elektrische Stadtbahn Zoologischer Garten—Warschauer Brücke	195
VII. Die Locomotiveisenbahnen	200
A. Geschichtliche Einleitung	200
B. Die Entwicklung des Berliner Eisenbahnverkehrs	203
C. Der Berliner Vorortverkehr	208
D. Die Stadtbahn	211
E. Die Ringbahn	238
F. Die Berlin-Potsdamer Eisenbahn	255
G. Die Berlin-Hamburger und die Berlin-Lehrter Eisenbahn	266
H. Die Berlin-Stettiner Eisenbahn	269
I. Die Nordbahn	275

Inhalts-Verzeichnifs.

	Seite
K. Die Schlesische und die Ostbahn	276
L. Die Berlin-Görlitzer Eisenbahn	278
M. Die Berlin-Anhaltische und die Berlin-Dresdener Eisenbahn	283
N. Die Königliche Militär-Eisenbahn	287
O. Die Königlichen Eisenbahnwerkstätten	289
VIII. Die Wasserversorgung	298
A. Wasserwerke der Stadt Berlin	298
Werk Tegel	303
„ Charlottenburg	305
„ Müggelsee	306
„ Lichtenberg	314
„ Belforter Strafse	317
Das Rohrnetz	319
B. Die Wasserwerke der westlichen Vororte	320
C. Die Wasserwerke der östlichen Vororte und von Pankow	325
IX. Die Entwässerung	331
A. Die Canalisation von Berlin	331
B. Die Entwässerung von Charlottenburg und der übrigen westlichen Vororte Berlins	361
C. Die Entwässerung von Pankow	374
X. Die Gaswerke	375
A. Die Gasanstalten der Imperial Continental Gas-Association	375
B. Die städtischen Gasanstalten	383
C. Die städtischen Gasanstalten zu Charlottenburg	394
XI. Die technischen Anlagen der Reichspost	402
A. Die Rohrpost	402
B. Die Kettenbahn im Packetpostamt	403
C. Die Fernsprechanlagen	405
D. Die Telegraphenanlagen	407
E. Die Reichsdruckerei	408

Abschnitt D. Baustoffe und Bauconstructionen.

I. Die Baustoffe	410
A. Natürliche Steine	410
B. Künstliche Bausteine	417
C. Dachdeckungsmaterialien	423
D. Bauholz	424
E. Metalle	424
F. Verbindungs- und Neben-Materialien	425
II. Die Bauconstructionen	427
1. Gründungen	428
2. Kelleranlagen	432
3. Mauern und sonstige Wände	433
4. Träger und Stützen	435
5. Decken	437
6. Treppen	442
7. Feuerungs- und Werkstatts-Anlagen	443
8. Dächer	445
9. Ausbildung der Schauseiten (Façaden)	448
10. Innerer Ausbau	449
11. Hülfsmittel und Vorsichtsmafsregeln	451
III. Heizung, Lüftung, Beleuchtung, Wasserversorgung und Entwässerung der Häuser. Haustelegraphie, Aufzüge	453
A. Heizung und Lüftung	453
B. Die Beleuchtung der Häuser	458

Inhalts-Verzeichnifs.

	Seite
C. Die Wasserversorgung der Häuser	463
D. Die Entwässerung der Häuser	467
E. Die Haustelegraphie	470
F. Das Aufzugswesen	471

Abschnitt E. Feuerlöschwesen und Strafsenreinigung.

I. Feuerlöschwesen	475
II. Das städtische Strafsenreinigungswesen	481

Abschnitt F. Die Industrieanlagen.

I. Einleitung	486
II. Packhöfe, Speicher und Mühlen	488
III. Die Berliner Elektricitäts-Werke	519
IV. Maschinenbau-Anstalten, Eisengiefsereien und Werkstätten für Metallbearbeitung	548
V. Thonwaarenfabriken, Ziegeleien, Porzellanfabriken, Anstalten für Glasmalerei und Glasmosaik	581
A. Thonwaarenfabriken	581
B. Ziegeleien	585
C. Porzellanfabriken	588
D. Die Glasmalerei	593
E. Das Glasmosaik	595
VI. Werkstätten für Steinbearbeitung	596
VII. Die Holzbearbeitungs-Anlagen	603
VIII. Mörtelwerke	611
IX. Fabriken für Textilindustrie, Färberei und Appretur	615
A. Spinnereien	616
B. Plüsche	618
C. Teppiche und Möbelstoffe	620
D. Wirkwaaren	621
E. Färberei, Wäscherei, Appretur	621
X. Chemische Fabriken	624
A. Pharmaceutische, technische und wissenschaftliche Präparate	625
B. Grofsindustrie der Säuren und Salze	627
C. Theererzeugnisse und künstliche Farbstoffe	634
D. Farbwaaren aus Pflanzenstoffen, Mineralfarben, Farblacke, Tinten	637
E. Fette und Oele, Kerzen, Seifen	639
F. Flüssige Gase, Mineralwässer	641
XI. Bierbrauereien	644
XII. Molkereien	653
XIII. Papierverarbeitung und Druckereien	657
A. Papierverarbeitung	657
B. Die Druckereien	660

Verzeichnifs der Anlagen:

I. Plan von Berlin mit nächster Umgebung.   III. Plan der märkischen Wasserstrafsen.
II. Plan von Berlin und Umgegend.   IV. Plan der Gleisanlagen in und um Berlin.

Kurfürstl. Adler mit den Wappen der vier Stadttheile von Berlin nach dem Plane von Joh. Bernhard Schultz 1688.

Abschnitt A. Einleitendes.

I. Allgemeine Schilderung der Stadt Berlin.[1)]

1. Die Lage Berlins.

Stadt Berlin liegt unter 52° 30' nördlicher Breite und 13° 24' östlicher Länge — etwa in der Mitte zwischen Elbe und Oder, zwischen der Ostsee und dem deutschen Gebirgslande und in der Kreuzung der Diagonalen, welche von der Elbmündung nach Oberschlesien, von der Weichselmündung nach Lothringen führen. Vermöge dieser Lage und der mit ihr verbundenen Bedingungen für die Entwicklung des Land- und Wasserverkehrs mufste der Stadt zunächst für die Mark Brandenburg, allmählich aber auch für die gesamte norddeutsche Tiefebene eine beherrschende Stellung zu Theil werden. Sie ist neben der fürsorgenden Staatskunst weitblickender Herrscher die wichtigste, weil aus natürlichen Verhältnissen hervorgegangene Ursache ihres nachhaltigen Gedeihens und endlich des glänzenden Aufschwungs gewesen, den Berlin als Hauptstadt des neuen Deutschen Reiches genommen hat.

Topographisch betrachtet liegt Berlin innerhalb bezw. zu beiden Seiten einer flachen, thalartigen Einsenkung der

[1)] 2. bearbeitet durch Geh. Bergrath Prof. Dr. H. Wedding, 3. durch Prof. Dr. Hellmann, das übrige durch Architekt Fritsch und Stadt-Baumeister Eiselen.

märkischen Ebene, die von OSO. nach WNW. läuft und von der Spree durchflossen wird (vergl. 2.) — 253 km vom Ursprunge dieses Flusses (bei Gersdorf in der Lausitz) und 10 km von seiner Einmündung in die Havel (bei Spandau) entfernt. Der mittlere Wasserspiegel der Spree, die im Stadtgebiet von S. her den Rudower Wiesengraben, von N. her die Panke aufnimmt, liegt im Oberwasser auf 32,30 m, im Unterwasser auf 30,50 m über N. N. Die im Laufe der Zeit beträchtlich aufgehöhte Sohle des Thales erhebt sich darüber im allgemeinen um 2,50—3 m, während die gewellten Ränder desselben, die — von der Stadt aus gesehen — früher als Hügel erschienen, gegenwärtig aber nur noch an einzelnen Stellen zur Geltung kommen, durchschnittlich etwa 10 m und in ihren höchsten (südlichen) Punkten, dem Kreuzberg und der Spandauer Spitze, bis zu 34 m über die Spree ansteigen.

Nach der politischen Eintheilung des Landes wird Berlin, das zur Zeit noch einen besonderen Verwaltungs-Bezirk der Provinz Brandenburg bildet, im W. von dem Stadtkreise Charlottenburg, im N. und NO. von dem Kreise Nieder-Barnim, im S. und SO. von dem Kreise Teltow begrenzt.

2. Geologische Beschaffenheit des Bodens von Berlin.

Die geologische Beschaffenheit des Bodens, auf welchem Berlin liegt, unterscheidet sich im allgemeinen nicht von der des gesamten norddeutschen Flachlandes. Das Thal, in welchem der gröfste Theil der Stadt Berlin erbaut ist, wird zwar von der Spree durchflossen, aber das Wasser dieses Flusses füllt nur eine schmale Rinne aus. Das Thal ist daher nicht durch diesen Flufs, sondern durch weit gröfsere Wassermassen in die Schichten eingegraben worden, welche das Flachland bedecken. Diese Wassermassen entstammten wahrscheinlich dem schmelzenden Eise, welches vor Rücktritt des Meeres das Flachland überzogen hatte.

Zwei Theile der alten Ebene, das Barnim nördlich, das Teltow südlich der Stadt mit wulstartig erhobenen Rändern, blieben bei der Auswaschung des Thales stehen; der Rand des nördlichen Theiles zieht sich vom Eckartsberge am Friedrichshain entlang bis zum Humboldthain und um diesen herum, begrenzt vom Seitenthal der Panke, der Rand des südlichen Theiles dagegen streicht von Rixdorf, an der Hasenheide entlang zum Kreuzberg und nach Schöneberg, überall noch deutlicher erkennbar als der nördliche.

Während das Flachland von Diluvialschichten bedeckt ist, die nur im weiteren Umkreise der Stadt von älteren Gesteinen inselartig unterbrochen sind, so namentlich von Braunkohlen führenden Schichten der Tertiärformation bei Fürstenwalde, Müncheberg, Schenkendorf, Wriezen, Freienwalde, aber auch von tertiärem Septarienthon bei Hermsdorf, ferner von Zechsteingips mit einem über 1000 m mächtigen Steinsalzlager bei Sperenberg und von Muschelkalk bei Rüdersdorf, so erfüllen Alluvialgebilde die in das Flachland eingeschnittenen Thäler und auch das Thal von Berlin. Dieses Thal ist ein Theil des langen Einschnitts, welcher seine Fortsetzung im unteren Elbthal findet und die allgemeine Richtung von OSO. nach WNW. hat. Die Diluvialthone (Glindower Thone), entstanden aus der Zerstörung der aus Schweden durch das Eis uns zugeführten feldspathhaltigen Gesteine, deren Beschaffenheit wir noch heute aus den zahllosen Rollstücken (erratischen Blöcken) beurtheilen können, lieferten das Material für die Ziegelbauten der Stadt, während der Kalkstein von Rüdersdorf ebensowohl zur Mörtelbereitung diente, als auch roh im Vereine mit den Rollsteinen zu den Fundamenten der Häuser Verwendung fand.

Der innerhalb des Thales liegende Theil des Bodens der Stadt Berlin ist bei Gelegenheit der Vorarbeiten für die Reinigung und Entwässerung gründlich untersucht,[1] die tieferen Schichten sind durch Bohrlöcher zur Aufsuchung von Salzsoole aufgeschlossen worden.[2]

---

[1] V. A. Lossen, Der Boden der Stadt Berlin. 1879. Berendt und Dames, Geographische Beschreibung der Umgegend von Berlin. 1885.

[2] G. Berendt, Die Soolbohrungen im Weichbilde der Stadt Berlin. Jahrbuch der geologischen Gesellschaft. 1889.

I. Allgemeine Schilderung der Stadt Berlin.

Die Alluvialschichten, welche das breite Hauptthal, sowie das von der Panke durchflossene Nebenthal ausfüllen, sind an den meisten Stellen von einer Culturschicht in durchschnittlicher Stärke von 1,50 m, aber auch bis 6 m Dicke bedeckt, und bestehen selbst gröfstentheils aus einem an Korngröfse nach unten zunehmenden Sande (altalluvialem Thalsande) mit der Oberfläche nahe liegendem Grundwasser. Bedeckt wird dieser Sand an vielen Stellen, besonders im nordwestlichen Theile der Stadt, in dem Delta zwischen Panke und Spree, von meist trocknem, einen vorzüglichen Baugrund gebenden Dünensand, der sich in seiner ursprünglichen Form noch in einzelnen Höhen (wie den Reh- und Wurzelbergen) vorfindet. Jüngeres Alluvium als Torf und humusreicher Sand, Moorerde, seltener kalkhaltiger Moormergel (z. B. im Süden der Friedrichstadt, am Lehrter und Anhalter Bahnhof), oder als Infusorienerdlager mit pflanzlichen Diatomeen (z. B. zwischen Kronprinzenbrücke und Kupfergraben, von der alten Bau-Akademie bis zur Gertraudenbrücke, an der Waisenbrücke), oder als Wiesen- und Sumpfboden (z. B. am Botanischen Garten, zwischen Hasenheide und Rixdorf) zeigt sich als mit Recht verrufener Baugrund. Es füllt tiefe Rinnen und Löcher aus, welche, alten Wasserläufen angehörend, sich oft unerwartet zwischen älteren Flufssanden vorfinden.

Die Thalränder entsprechen in ihrer geognostischen Zusammensetzung ganz der übrigen Ebene, wenn auch infolge der Auswaschungen des Thales zahlreiche Verwerfungen, Rutschungen und Kippungen der Schichten auftreten. Die unmittelbaren Thalabgrenzungen ragen zum Theil als Kuppen eines der unteren Schichtenfolge des Diluviums angehörenden Sandes aus dem Diluvialmergel, welcher sonst die Ebene bedeckt, hervor, so am Kreuzberge, bei Rixdorf am Südrande, bei Pankow am Westrande des Nord(Barnim-)gebiets. Aufser den zahlreichen Resten von Muscheln (z. B. paludina diluviana) und von vorweltlichen Säugethieren (Elephanten und Rhinozerossen) legen die überall vorhandenen, freilich durch die Benutzung zu baulichen Zwecken und die Landescultur mehr und mehr verschwindenden erratischen Blöcke Zeugnifs von dem Alter der Formation ab. Die Beschaffenheit der Gesteine dieser Blöcke beweist ihren nordischen Ursprung, vielfache Schrammen deuten auf ihre Herbeischaffung durch Gletscher und Eisschollen hin.

Dieselbe Diluvialformation ist unterhalb der Alluvialschichten des Thales in grofser Regelmäfsigkeit bis zu einer durchschnittlichen Tiefe von 40 bis 50 m unter der Erdoberfläche nachgewiesen. Nur wo ältere Wasserläufe tiefe Furchen gezogen hatten, setzt sie bis zu 120 m nieder. Die Gliederung ist die des Flachlandes, indessen ist das obere durch Sand, Grand und Geschiebemergel gekennzeichnete Glied unter dem Alluvium weniger vertreten, als das untere versteinerungsreiche Diluvium mit seinem Spathsande, Thonmergel (Glindower Thon) und dem kennzeichnenden unteren Geschiebemergel.

Während in unmittelbarer Umgebung von Berlin die Tertiärformation nicht an die Oberfläche tritt, ist sie im Thale überall durch tiefe Bohrlöcher unter dem Diluvium nachgewiesen. Sie besteht, wie meist in dem norddeutschen Flachlande, aus den obersten Braunkohlen führenden Schichten (Miocän), welche eine Mächtigkeit von 38 bis 49 m haben, denen dann oberoligocäne Meeressande von 38 bis 50 m Stärke folgen, worauf der mitteloligocäne Septarienthon mit 70—100 m angetroffen wird, dem endlich ein unteroligocäner Quarzsand folgt. Dieser letztere führt Salzsoole mit $2-2\frac{1}{2}\%$ Kochsalz, welche im übrigen in der Zusammensetzung den Soolen von Nauheim und Kreuznach gleicht und von Bedeutung für die gesundheitlichen Verhältnisse der Stadt geworden ist.[1]

---

[1] Soolbohrlöcher sind mit folgenden Tiefen niedergebracht worden:

In der Paulstrafse	215 m,
Am Alexanderplatz	236 ,
„ Luisenufer	248 ,
In der Lützowstrafse	250 ,
„ „ Friedrichstrafse (8)	250 ,
„ „ „ (102)	256 ,
Am Wedding	306 ,

Die Bohrlöcher Nr. 4 und 7 sind in tiefere, nicht genau bestimmte, aber noch tertiäre Schichten gelangt, die anderen in unteroligocänem Sande stehen geblieben.

Wie die Schichten des Diluviums, so liegen auch die der Tertiärformation horizontal und sind nur von Wasserläufen durchfurcht, welche anscheinend dieselbe Richtung genommen haben, wie die späteren der Diluvialzeit.

Die Lage und Richtung des Thales, in welchem jetzt die Spree fliefst, das Vorhandensein geeigneter Ziegelthone, die Nähe der Rüdersdorfer Kalksteine und das reichliche Vorkommen von festem Gestein in Form von erratischen Blöcken sind die Grundlagen für die Entwicklung der Bauthätigkeit Berlins und damit eine der Grundlagen für das schnelle Emporblühen der Stadt geworden.

3. Das Klima von Berlin.

Das Klima von Berlin bietet nichts Ungewöhnliches dar; es entspricht ganz der Lage der Reichshauptstadt in der Mitte des norddeutschen Flachlandes. Da Centraleuropa in der Richtung von Westen nach Osten gröfsere klimatische Verschiedenheiten aufweist als in der Richtung von Norden nach Süden, so bildet das Klima Berlins einen vermittelnden Uebergang von dem milden oceanischen Klima Nordwestdeutschlands zu dem rauhen, continentalen Klima Ostdeutschlands. Dies gilt indessen nur für den Durchschnitt. Gerade diese Mittellage bedingt es, dafs sich die Witterungsverhältnisse derselben Jahreszeit in verschiedenen Jahren sehr ungleich gestalten. Je nachdem sich nämlich der oceanische (cyclonale) Witterungstypus längere Zeit über Centraleuropa behauptet oder der Einflufs des continentalen (anticyclonalen) Witterungstypus mehr nach Westen erstreckt, hat Berlin kühle und feuchte oder warme und trockene Sommer, bezw. warme und feuchte oder kalte und trockene Winter.

Mittlere Temperatur der Hauptstädte Europas.

	Januar °C.	Juli °C.	Jahr °C.
St. Petersburg	— 9,4	17,7	3,6
Stockholm	— 3,7	16,4	5,2
Christiania	— 5,1	16,5	5,2
Kopenhagen	— 0,4	16,6	7,4
München	— 3,0	17,3	7,5
Bern	— 1,8	18,2	8,1
Berlin	**— 0,4**	**18,9**	**9,1**
Dresden	— 0,3	18,5	9,2
Wien	— 1,7	20,5	9,7
Stuttgart	0,4	18,8	9,7
Brüssel	2,0	18,0	9,9
London	3,5	17,9	10,3
Paris	2,0	18,3	10,3
Karlsruhe	0,1	19,5	10,3
Budapest	— 1,4	22,3	10,7
Madrid	4,9	24,5	13,5
Rom	6,7	24,8	15,3
Lissabon	10,3	21,7	15,6
Konstantinopel	5,8	23,5	16,3
Athen	8,1	26,9	18,5

Die Grofsstadt mit ihren ausgedehnten Häusermassen, gepflasterten Strafsen und Plätzen übt auf das Klima naturgemäfs einigen Einflufs aus; doch ist dieser nur sekundärer Natur und blofs bei Temperatur und Feuchtigkeit der Luft beachtenswerth. Entsprechend dem Zweck dieses Buches sollen insbesondere die Temperatur-, Regen- und Wind-Verhältnisse Berlins eingehender besprochen werden. Dazu dienen die seit 1848 bezw. 1830 angestellten meteorologischen Beobachtungen, welche an geprüften Instrumenten im Innern der Stadt gemacht und für die nachfolgende Darstellung zum Theil erst neu bearbeitet worden sind.

Die mittlere Jahrestemperatur Berlins beträgt innerhalb der Stadt 9,1° C., aufserhalb 8,5° C. Während der warmen Jahreszeit beträgt dieser Unterschied in der Temperatur inner- und aufserhalb der Stadt nahezu einen ganzen Grad, gegen Abend sogar durchschnittlich 1,2 bis 1,5°. An einzelnen windstillen Tagen kann sich dieser Unterschied bis zu 3 und mehr Grad steigern.

Einen guten Anhalt zur Beurtheilung der physischen Bedeutung der oben genannten mittleren Jahrestemperatur Berlins gewährt der auf nebenstehender Seite gegebene Vergleich mit den anderen Hauptstädten Deutschlands und Europas unter Hinzufügung der Mitteltemperaturen der beiden extremen Monate Januar und Juli.

Also auch unter den Hauptstädten Europas nimmt Berlin hinsichtlich seiner Temperaturverhältnisse eine mittlere Stellung ein; es ist im Winter wärmer, im Sommer kühler, als die continentaler gelegenen Städte, wie Wien, Budapest u. a.

Von den bereits eingangs erwähnten Schwankungen der Temperatur von Jahr zu Jahr gewinnt man eine ziffernmäfsige Vorstellung aus der nachstehenden kleinen Tabelle, welche sich auf die Jahre 1848—1890 bezieht.

	Mittlere Temperatur ° C.	Höchstes Monatsmittel ° C.	Jahr	Niedrigstes Monatsmittel ° C.	Jahr
Januar	— 0,4	4,3	1866	— 9,5	1848
Februar	0,9	5,4	1869	— 7,5	1855
März	3,3	7,5	1882	— 1,9	1853
April	8,5	11,6	1869	5,3	1852
Mai	13,3	19,2	1889	10,0	1864
Juni	17,5	21,7	1889	14,1	1871
Juli	18,9	21,8	1865	16,7	1888
August	18,1	21,3	1868	15,2	1864
September	14,7	17,2	1874	12,1	1877
October	9,5	12,2	1863	6,5	1881
November	3,9	7,5	1877	— 0,2	1858
December	0,7	5,3	1852	— 4,5	1890
Jahr	9,1	10,8	1868	7,3	1855 u. 1864

Zwischen der Mitteltemperatur des wärmsten und des kältesten Januars besteht also ein Unterschied von 13,8°, während im Juli der entsprechende Unterschied nur 5,1° beträgt. Im Januar 1848 hatte Berlin die normale Januartemperatur von St. Petersburg, während man sich im Januar 1866 nach Madrid versetzt glauben konnte. Dagegen ist der heifseste Juli (1865) Berlins immer noch kühler gewesen, als es dieser Monat in Budapest im Durchschnitt zu sein pflegt, während es keinen kühleren Juli gegeben hat, als er in Kopenhagen gewöhnlich ist.

Eine bessere Einsicht in den normalen Verlauf der Temperatur im Jahre, als sie die eben mitgetheilten Monatsmittel gewähren können, erhält man beim Zurückgehen auf kürzere Zeitabschnitte. Man wählt dazu fünftägige Zeiträume oder Pentaden, deren 73 auf das Jahr gehen, da es einer sehr langen Beobachtungreihe bedarf, um für die einzelnen

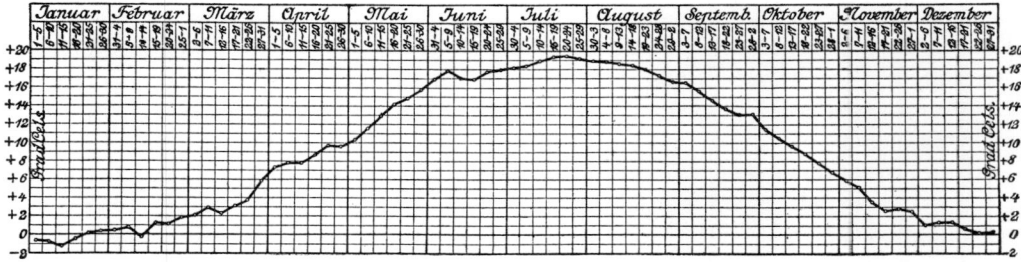

Abb. 1.

Tage Mittelwerthe mit ausreichender Genauigkeit abzuleiten. Die Aufzeichnungen während der 43 Jahre 1848—1890 haben die in dem umstehenden Diagramm dargestellten Pentadenmittel ergeben. Die Curve zeigt deutlich, dafs der Anstieg der Temperatur zum Maximum und der Abstieg zum Minimum durchaus nicht ganz regelmäfsig erfolgt; es finden mehrfache Unterbrechungen und Verzögerungen statt, von denen die sogenannten Kälterückfälle im Frühling wegen ihrer schädlichen Wirkungen von jeher das meiste Interesse erregt haben.

Noch deutlicher geht das aus den in nachstehender Tabelle verzeichneten normalen Tagesmitteln der Temperatur hervor, die auch dazu dienen können, Vergleiche mit den jeweiligen Temperaturen, wie sie in den Zeitungen veröffentlicht werden, bequem anzustellen.

Normale Temperaturmittel.

	Januar	Februar	März	April	Mai	Juni	Juli	August	Septbr.	October	Novbr.	Decbr.
1.	— 0,6	0,4	1,5	7,0	9,8	15,5	17,8	18,7	16,2	12,8	6,4	1,5
2.	— 0,8	0,3	1,7	6,8	10,0	16,7	18,0	18,7	16,7	12,3	6,0	1,0
3.	— 0,6	0,6	1,9	7,4	10,3	18,1	18,4	18,5	16,5	11,7	5,8	0,6
4.	— 0,5	0,8	2,2	7,7	10,7	17,8	18,3	18,7	16,6	11,4	5,8	0,5
5.	— 0,7	1,2	2,4	7,5	10,4	17,6	18,0	18,7	16,4	11,6	6,1	1,2
6.	— 0,6	1,4	2,2	7,8	10,7	18,4	18,0	18,9	16,6	11,1	5,8	1,9
7.	— 0,7	0,9	3,0	8,0	11,4	18,0	18,2	18,7	16,0	11,1	5,9	2,0
8.	— 0,6	0,5	3,4	7,7	11,7	17,5	18,5	18,9	15,8	11,3	6,1	1,8
9.	— 0,7	0,2	3,0	7,6	12,2	17,5	18,9	18,7	15,7	10,7	5,2	1,1
10.	— 0,7	— 0,3	3,0	7,5	12,2	17,4	18,4	18,3	16,0	10,2	4,3	0,7
11.	— 0,6	0,1	2,7	7,5	12,2	16,7	18,5	18,4	15,5	10,0	4,1	1,0
12.	— 1,0	— 0,2	2,5	7,7	12,7	17,1	18,8	18,4	14,9	10,3	3,5	0,9
13.	— 1,8	— 0,5	2,1	7,6	13,2	17,1	19,1	19,1	14,8	9,8	3,3	1,2
14.	— 1,3	— 0,1	2,1	8,1	13,1	16,9	19,6	19,0	14,7	9,8	3,6	1,3
15.	— 1,3	1,1	2,2	7,8	13,2	16,8	19,9	19,0	14,4	9,8	3,5	1,6
16.	— 0,6	1,7	2,5	7,8	13,5	16,9	19,2	18,6	14,1	9,4	3,5	1,9
17.	— 1,0	1,5	3,1	8,5	13,9	17,1	19,0	17,9	14,6	9,6	3,1	1,7
18.	— 0,8	0,9	3,2	8,9	14,7	16,8	19,1	17,4	14,4	9,3	2,7	1,1
19.	— 0,1	1,2	3,1	8,8	14,3	17,0	19,3	17,8	13,9	9,1	2,5	0,6
20.	— 0,5	1,0	3,0	9,6	13,9	17,2	19,1	18,2	13,8	9,0	2,5	0,1
21.	0,0	1,1	3,4	10,1	14,5	17,7	18,6	18,1	13,4	8,2	1,9	— 0,4
22.	— 0,2	1,1	2,9	9,5	14,7	18,2	19,4	18,1	12,9	8,3	2,1	— 0,2
23.	0,3	1,2	3,1	9,5	14,7	18,0	20,0	17,7	13,1	8,3	3,1	— 0,1
24.	0,5	1,5	3,9	9,5	15,2	17,6	19,6	17,1	13,0	8,0	3,3	0,3
25.	0,6	2,0	4,5	10,1	15,1	17,8	19,7	17,3	13,0	7,8	3,0	0,1
26.	0,3	2,0	4,5	9,8	15,0	18,0	19,4	17,5	12,9	7,7	2,4	0,2
27.	— 0,1	2,2	5,0	9,4	15,8	18,0	18,9	17,3	13,3	7,3	3,1	— 0,2
28.	0,2	1,6	5,3	9,7	15,9	17,9	18,8	17,3	13,5	7,2	2,9	— 0,1
29.	0,8		6,2	9,3	15,8	18,1	18,7	17,0	13,8	6,8	2,6	— 0,2
30.	0,8		6,5	9,3	15,9	17,9	19,0	16,7	13,2	6,7	2,3	— 0,2
31.	0,5		6,8		15,8		19,4	16,4		6,6		— 0,4

Die niedrigste Temperatur fällt im Durchschnitt auf den 13. Januar, die höchste auf den 28. Juli. Zwischen beiden besteht ein Unterschied von $21,3°$. Im aufsteigenden Ast der Curve erfolgt der Anstieg am schnellsten zu Ende März und in den ersten Tagen des Aprils, wo die Tagestemperatur innerhalb 10 Tagen um $3,5°$ zunimmt. Namhafte Unterbrechungen in der Zunahme der Temperatur treten ein um die Mitte des Februars und des März, sowie in der Zeit vom 7. bis 19. Juni. Die Kälterückfälle des Mai, von denen in meteorologischen Schriften soviel die Rede ist, lassen sich in den Mittelwerthen nicht erkennen. Das beweist, dafs sie nicht, wie man glaubt, an feste Tage (11. bis 13. Mai) gebunden sind, sondern bald früher, bald später eintreten, wodurch sie sich in den Mittelwerthen verwischen.

Eine wesentliche Erweiterung unserer Kenntnisse von den Temperaturverhältnissen erlangen wir, wenn wir aufser den Mittelwerthen auch die Häufigkeit des Auftretens gewisser Temperaturstufen kennen. Das Mittel stellt nämlich durchaus nicht den am wahrscheinlichsten zu erwartenden Werth dar. Wenn sich das Mittel z. B. aus einer Summe vieler kleiner positiver und nur weniger, aber grofser negativer Gröfsen ergiebt, so wird der häufigste, d. h. also der wahrscheinlichste Werth über dem arithmetischen Mittel liegen. Das ist z. B. bei der Temperatur im Winter der Fall. In der folgenden Zusammenstellung sind für jeden Monat der während der 43 Jahre 1848—1890 jeweilen am häufigsten beobachtete Werth der Tagestemperatur, sowie die äußersten Werthe, welche sie erreicht hat, angegeben:

	Tagestemperatur		
	häufigste ⁰ C.	höchste ⁰ C.	niedrigste ⁰ C.
Januar	2,0 — 2,9	11,3	— 19,1
Februar	3,0 — 3,9	11,3	— 19,0
März	4,0 — 4,9	16,8	— 11,4
April	6,0 — 6,9	18,5	— 1,6
Mai	14,0 — 14,9	24,9	2,0
Juni	15,0 — 15,9	26,3	6,8
Juli	18,0 — 18,9	29,5	10,2
August	16,0 — 16,9	28,2	10,2
September	14,0 — 14,9	25,3	6,1
October	10,0 — 10,9	20,3	— 0,3
November	3,0 — 3,9	12,9	— 12,1
December	0,0 — 0,9	11,7	— 15,8

Ein Vergleich dieser häufigsten Tagestemperaturen mit den entsprechenden Monatsmitteln lehrt ohne weiteres, daß die ersteren in der kalten Jahreszeit über, in der warmen aber unter dem Mittel bleiben. In Uebereinstimmung damit steht die Thatsache, daß sich im Winter die niedrigsten beobachteten Tagestemperaturen weiter vom Mittelwerth entfernen als die höchsten, während im Sommer das umgekehrte Verhältniß eintritt. Dies führt unmittelbar zu der Frage nach den absoluten Extremen der Temperatur, die in Berlin vorgekommen sind. Da man zur Ermittelung solcher Werthe über möglichst lange Beobachtungsreihen verfügen muß, um einigermaßen endgültige Zahlen zu erlangen, möge hierbei auf den Zeitraum von 1830 bis 1890 zurück gegriffen werden, in dem stets an wirklichen Maximum- und Minimumthermometern beobachtet worden ist.

	Absolutes Maximum ⁰ C.	Datum (Jahr)	Absolutes Minimum ⁰ C.	Datum (Jahr)
Januar	13,8	16 (1852), 9 (1877)	— 25,0	29 (1830), 22 (1850)
Februar	14,8	23 (1861), 29 (1868)	— 24,9	11 (1855)
März	22,5	30 (1872)	— 19,0	2 (1845)
April	27,4	18 (1880)	— 6,8	10 (1837)
Mai	32,4	19 (1888)	— 2,6	4 (1864)
Juni	34,8	30 (1833)	3,8	2 (1863)
Juli	37,0	20 (1865)	6,4	2 (1856)
August	36,1	5 (1857)	4,6	30 (1835)
September	33,0	6 (1872)	— 0,4	24 (1834)
October	26,2	1 (1874)	— 5,4	24 (1866)
November	17,5	7 (1834)	— 14,4	26 (1849)
December	16,1	31 (1842)	— 19,6	11 (1855)

Die Lufttemperatur, gemessen in einigen Metern Höhe über dem Erdboden, schwankte also um 62⁰, von 37⁰ bis — 25⁰.

Nur in den drei Monaten Juni, Juli und August ging die so gemessene Lufttemperatur nicht unter 0⁰ herab; eigentliche Bodenfröste können aber auch im Juni vorkommen. Die Zahl der Tage, an denen die Lufttemperatur (gemessen am Minimumthermometer) unter 0⁰ herabgeht (sogenannte Frosttage), beträgt durchschnittlich 82, während es 26 Tage giebt, an denen die Lufttemperatur stets unter 0⁰ bleibt (sogenannte Eistage), an denen es also nicht thaut.

Die gröfste Anzahl (123) von Frosttagen hatte der Winter 1844/45, die kleinste (40) der Winter 1877/78; dagegen fällt die längste Periode auf einander folgender Frosttage auf den Winter 1847/48, wo vom 10. December bis zum 5. Februar, also während 58 Tagen, die Temperatur jeden Tag unter 0° herabging. Der erste Frosttag des Winters fällt durchschnittlich auf den 3. November, der letzte auf den 15. April.

Die gröfste Anzahl (63) von Eistagen hatte gleichfalls der Winter 1844/45, die kleinste (2) der Winter 1865/66. Die längste Periode ununterbrochenen Frostwetters war die 35tägige vom 29. Januar bis zum 6. März 1837, in der sich das Thermometer niemals über 0° erhob. Der erste Eistag des Winters tritt im Mittel am 4. December, der letzte am 24. Februar ein.

Tage, deren Mitteltemperatur 20 oder mehr Grad beträgt, giebt es durchschnittlich im Mai 2,3, im Juni 7,2, im Juli 11,1, im August 8,6 und im September 1,6,[1]) insgesamt also 30,8.

Da für mancherlei technische Zwecke, z. B. für die Legung von Gas- und Wasserröhren sowie von Kabeln, für die Anlage von Canalisationen usw. die Kenntnifs der Temperatur des Erdbodens von Wichtigkeit ist, folgen hierüber einige Angaben. Sie beruhen auf Beobachtungen, welche von der Mitte des Jahres 1852 bis ebendahin 1863 täglich um 7 Uhr Vormittags und 2 Uhr Nachmittags gemacht wurden; die Thermometer waren in den Boden eingelassen an einer Stelle, die erst in später Tageszeit von der Sonne getroffen wurde.

	Mittlere Bodentemperaturen in Tiefen von				
	0,32 m (1') °C.	0,65 m (2') °C.	0,97 m (3') °C.	1,30 m (4') °C.	1,62 m (5') °C.
Januar	1,2	2,4	3,9	4,8	6,0
Februar	1,4	2,2	3,3	3,8	3,9
März	2,9	3,2	3,9	4,1	4,6
April	6,6	6,3	6,3	6,4	6,5
Mai	10,8	9,7	9,1	8,9	8,5
Juni	14,7	13,4	12,4	11,9	11,1
Juli	15,7	14,7	13,8	13,4	12,7
August	16,2	15,5	14,8	14,4	13,8
September	13,9	13,9	13,8	13,9	13,8
October	10,8	11,4	11,8	12,2	12,4
November	5,0	6,4	7,9	9,2	10,1
December	2,5	3,7	5,3	6,9	7,6
Jahr	8,5	8,6	8,9	9,2	9,2

Diese Zahlen lassen die bekannte zeitliche Verschiebung der Extreme — je tiefer um so später — deutlich erkennen; sie zeigen auch, wie diese Extreme mit zunehmender Tiefe sich abstumpfen. Während die mittlere Jahresschwankung der Temperatur, d. h. der Unterschied in der Temperatur des wärmsten und des kältesten Monats in einigen Metern Höhe über dem Boden (siehe oben S. V) 19,3°C. beträgt, hat sie im Boden nur die Gröfse

| 0,32 m | 0,65 m | 0,97 m | 1,30 m | 1,62 m |
| 15,0°C. | 13,3°C. | 11,5°C. | 10,6°C. | 9,9°C. |

In etwa 30 m Tiefe giebt es keine jahreszeitlichen Unterschiede in der Temperatur mehr, während schon in 1 m Tiefe die tägliche Periode unmerklich wird. In strengen Wintern kann der Frost, wenn längere Zeit keine Schneedecke vorhanden ist, bis zu 0,9 oder gar 1 m in den Boden eindringen.

Was die Witterung nach der blofsen Himmelsschau beurtheilt anbetrifft, so hat Berlin durchschnittlich 12 wolkenlose, 36 sehr heitere, 87 heitere, 85 wolkige, 98 trübe

---

[1]) Einen solchen Tag hatte in 43 Jahren auch der October.

und 47 bedeckte Tage. Die Zahl der Stunden mit Sonnenschein beträgt beiläufig 1680 im Jahre, also ein reichliches Drittel (38%) der überhaupt möglichen.

Die mittlere Jahressumme der in Form von Regen, Schnee, Graupeln und Hagel herabfallenden Niederschläge beträgt 584 mm; d. h. eine Wasserschicht von solcher Höhe würde den Boden bedecken, wenn nicht ein Theil verdunstete, ein anderer abflösse und ein dritter in den Boden einsickerte. Da in Norddeutschland die trockensten Gegenden nicht unter 450 mm und nur wenige Orte — abgesehen von den höchsten Erhebungen der mitteldeutschen Gebirge — über 1000 mm jährliche Niederschläge haben, so nimmt auch in dieser Beziehung Berlin eine Mittelstellung ein.

Die eben genannte Durchschnittszahl von 584 mm stellt jedoch nicht den wahrscheinlichsten Werth der Jahressumme dar; denn in den 43 Jahren von 1848 bis 1890 betrug diese Summe

362—400 mm	1 mal		560—600 mm	8 mal
400—440 „	3 „		600—640 „	12 „
440—480 „	1 „		640—680 „	4 „
480—520 „	7 „		680—720 „	2 „
520—560 „	2 „		720—763 „	3 „

Am häufigsten waren also mäfsig nasse Jahre mit 600—640 mm. Wenn der allgemeine Durchschnitt (584 mm) trotzdem tiefer liegt, so erklärt sich das durch das häufige Vorkommen von ziemlich trockenen Jahren (480—520 mm), deren Zahl fast ebenso grofs ist, wie diejenige der Jahre mit mittleren Verhältnissen (560—600 mm). Die äufsersten Grenzen, zwischen denen die Jahresmenge schwankte, sind 763 und 362 mm; es lieferte also das nasseste Jahr (1882) 2,1 mal mehr Niederschläge als das trockenste (1887).

Durch Regenreichthum besonders ausgezeichnet waren die Jahre

1882 mit 763 mm (nasser Sommer),
1858 „ 746 „ (nasser Sommer),
1860 „ 731 „ (Januar bis März und Hochsommer nafs),
1870 „ 710 „ (Juni und August bis October nafs).

Wie in diesen nassen Jahren die Sommer den Ausschlag gaben, so rührte in den trockensten Jahren die Regenarmuth gleichfalls vom Ausfall des Regens im Sommer her:

1857 mit 362 mm (alle Monate, aufser April, trocken),
1886 „ 429 „ (trockener Sommer),
1874 „ 430 „ (trockener Sommer und Herbst),
1849 „ 431 „ (Mai bis November trocken).

Der Sommer erweist sich somit als die Hauptregenzeit, wie es auch die nachfolgende Tabelle der Niederschläge bekundet.

	Mittel mm	Maximum mm	Jahr	Minimum mm	Jahr
Januar	38	88	1875	6	1887
Februar	39	124	1877	7	1890
März	44	134	1876	5	1883
April	38	96	1867	5	1853, 1881
Mai	48	145	1888	7	1868
Juni	66	142	1863	16	1883
Juli	73	229	1858	24	1872
August	59	154	1870	16	1867
September	39	97	1863	7	1890
October	48	134	1870	1	1866
November	45	118	1851	4	1889
December	47	111	1880	3	1864

Juli und demnächst Juni liefern die gröfsten Regenmengen, nämlich zusammen etwa ein Viertel des Gesamtbetrages. Dagegen sind Januar, Februar, April und September fast gleich trocken; auf jeden dieser Monate entfallen 6—7% der Jahresmenge. Darin, dafs kein Monat ein entschiedenes Minimum der Niederschlagsmenge aufweist, liegt eine Eigenthümlichkeit des Klimas von Berlin, die in der eingangs geschilderten Lage der Hauptstadt ihre Erklärung findet.

Beachtenswerth ist ferner die merkliche Zunahme der Niederschlagsmengen in den Monaten October bis December, welche weiter landeinwärts, also namentlich in den östlicher und südlicher gelegenen Landestheilen, nicht angetroffen wird und auf oceanische Einflüsse zurückgeführt werden mufs. Es kommen nicht selten Jahre vor, in denen es den Herbst hindurch bis in den Winter hinein stark regnet, wie im Gebiete der Herbstregen an der Nordseeküste — das sind zugleich unsere mildesten Winter —, während in anderen Jahren der continentale Typus ausgesprochener Sommerregen streng eingehalten wird.

Die Zahl der Tage mit Niederschlägen von mehr als 0,2 mm Menge beträgt durchschnittlich 152, während es Tage mit Niederschlägen überhaupt, seien diese auch noch so geringfügig und unmefsbar, zwischen 190 und 200 geben dürfte.

Behalten wir aber die eben genannte untere Grenze von 0,2 mm bei (beiläufig bemerkt, gehört 0,1 mm Regen dazu, um das Trottoir gleichmäfsig zu benetzen), so finden wir folgende Vertheilung auf die einzelnen Monate:

	Mittel	Maximum	Jahr	Minimum	Jahr
Januar	12,9	21	1867, 1875	3	1864
Februar	12,1	24	1889	2	1890
März	13,3	23	1876	6	1856, 1880
April	11,3	22	1867	4	1881, 1883
Mai	11,4	20	1887	4	1848, 1868
Juni	12,8	21	1871	6	1852
Juli	13,4	23	1867	5	1862, 1884
August	12,7	20	1870, 1879, 1882	5	1862, 1884
September	11,0	22	1876	3	1865, 1890
October	13,2	23	1875	2	1866
November	13,4	22	1869	4	1889
December	14,3	25	1880	5	1864, 1890
Jahr	151,9	193	1867	113	1857

Schneetage zählt ein Berliner Winter im Durchschnitt 33, die sich auf die einzelnen Monate wie folgt vertheilen:

	Mittel	Maximum	Jahr	Minimum	Jahr
October	0,3	4	1880	—	34 mal
November	3,3	9	1851, 1860, 1884	—	8 „
December	6,9	15	1887	—	1852, 1857
Januar	6,9	17	1879	1	1864
Februar	6,8	22	1889	2	1859, 1866, 1869, 1872
März	6,9	15	1865	—	1880, 1882
April	1,5	5	1852	—	17 mal
Mai	0,2	2	1867, 1877	—	38 „
Summe	32,8	67	1887/88	9	1881/82

Am häufigsten sind die Winter mit 36—45 Schneetagen. Die gröfste Zahl auf einander folgender Schneetage hatten wir im Winter 1887/88, wo es vom 26. Januar bis zum 12. Februar, also 18 Tage hindurch, an jedem Tage schneite.

Der erste Schnee fällt im Durchschnitt am 13. November — „mit den Federn der Martinsgans" —, der letzte am 7. April. Berücksichtigt man auch die meteorologischen Aufzeichnungen vor dem Jahre 1848, die bis 1701 zurück reichen, so findet man als die äufsersten Termine für den ersten Schneefall

I. Allgemeine Schilderung der Stadt Berlin.

29. September (1736) } Zwischenzeit 94 Tage,
31. December (1889)

dagegen für den letzten Schneefall

28. Februar (1890) } Zwischenzeit 95 Tage.
2. Juni (1837)

Die in Form von Schnee herabfallende Niederschlagsmenge macht nur 13 % von der Gesamtmenge aus.

Von besonderem Werth für viele praktische Fragen sind die Auszählung der Niederschlagstage nach Schwellenwerthen und alle Angaben über grofse Niederschläge in kurzer Zeit. In erster Beziehung ist folgende Tabelle sehr lehrreich.

Mittlere Vertheilung der Niederschlagstage nach der Menge, in Procenten.

	0,1 — 1,0 mm %	1,1 — 5,0 mm %	5,1 — 10,0 mm %	10,1 — 20,0 mm %	20,1 — 30,0 mm %	mehr als 30 mm %
Januar	36,5	46,2	13,9	3,2	0,2	—
Februar	34,1	43,8	16,5	4,4	0,2	—
März	34,8	44,9	16,0	3,8	0,5	—
April	38,7	40,6	14,4	4,8	1,5	—
Mai	34,7	40,5	14,1	8,4	1,7	0,6
Juni	25,9	43,0	16,6	10,3	3,3	0,9
Juli	30,2	38,4	18,5	7,6	2,9	2,4
August	29,5	43,4	15,7	8,1	3,1	0,4
September	34,9	44,4	13,3	6,4	0,6	0,5
October	34,9	43,8	13,3	6,4	1,1	0,2
November	36,1	44,5	13,5	5,1	0,5	—
December	35,7	41,6	17,8	4,7	0,2	—

Gröfste stündliche Niederschlagshöhen.

Datum	Dauer		Niederschlagshöhe	
	Stunden	Minuten	insgesamt mm	pro Stunde mm
22. April 1872	6	—	24,7	4,1
11. Juli 1858	11	—	67,0	6,1
17./18. Mai 1887 [1])	11	—	66,6	6,1
29. Juni 1885	3	45	26,2	7,0
10. Juni 1882	1	10	8,3	7,1
30. Juli 1858	5	—	42,0	8,4
24. Juli 1882	2	30	21,3	8,5
6. September 1880	2	—	20,8	10,4
6. Juli 1862	1	—	13,3	13,3
7. August 1885	1	—	15,3	15,3
16. Juni 1874	1	—	19,6	19,6
3. Juni 1880	1	—	20,5	20,5
22. Juli 1886	1	30	47,2	31,5

Gröfste viertelstündliche Niederschlagshöhen.

Datum	Dauer	Niederschlagshöhe	
	Minuten	insgesamt mm	pro Viertelstunde mm
12. Juni 1876	45	17,5	5,8
29. Mai 1882	25	18,7	11,2
6. October 1883	15	16,6	16,6
18. Mai 1889	20	22,5	16,9

---

1) In Charlottenburg fielen 84, in Ruhleben bei Spandau 87 mm.

Wie man sieht, beansprucht die Zahl der Niederschlagstage mit einer Höhe bis zu einem ganzen Millimeter schon einen erheblichen Bruchtheil aller Tage mit mefsbarem Niederschlag: in der kälteren Jahreshälfte etwas mehr als $1/3$, in der wärmeren $1/4$ bis $1/3$. Der Hauptantheil entfällt aber auf die Gruppe der Tage mit 1,1—5,0 mm; ihre Zahl schwankt zwischen 46% im Januar und 38 im Juli, sodafs also im allgemeinen $8/10$ aller Niederschlagstage nur Tagesmengen bis zu 5 mm liefern. Die nächstfolgende Gruppe (5,1—10,0 mm) ist noch mit 13—18% betheiligt, die nächste (10,1—20,0 mm) mit 3—10%; was darüber hinausgeht, gehört schon zu den Seltenheiten.

In den 43 Jahren von 1848 bis 1890 sind in Berlin 30 Tage mit mehr als 30 mm Regen vorgekommen, und zwar im

Mai	Juni	Juli	Aug.	Sept.	Oct.	Nov.
3	5	14	2	2	3	1

Von diesen 30 Tagen lieferten

20	6	2	2
30—40	40—50	50—60	mehr als 60 mm,

nämlich 66,7 mm am 11. Juli 1858 und 76,3 mm am 31. Mai 1860.

Da die stärksten Niederschläge nur von kurzer Dauer sind, reicht die Angabe der Tagesmaxima für praktische Zwecke nicht aus; man mufs gröfste stündliche, gröfste viertelstündliche, womöglich auch gröfste minutliche Regenfälle kennen. Solche Angaben liefert natürlich am besten ein selbstregistrirender Regenmesser; indessen lassen sich auch aus den genauen directen Regenmessungen, welche wir aus Berlin besitzen, einige nützliche Angaben ableiten.

Zum Schlufs der Mittheilungen über die Regenverhältnisse Berlins noch ein paar Worte über trockene und nasse Perioden.

Niederschlagsperioden von fünf oder mehr Tagen sind viel seltener als solche trockene Perioden. Von diesen giebt es durchschnittlich im Jahre 13,2, von jenen aber 7,5. Mit dieser gröfseren Häufigkeit trockener Perioden ist auch eine viel gröfsere Ausdehnungsfähigkeit derselben verbunden: die längste Trockenperiode (28 Tage) ist noch um 10 Tage länger als die längste nasse, welche in den 43 Jahren 1848—1890 vorgekommen ist, wie nachstehende Tabelle zeigt.

	Zahl der Niederschlagsperioden	Zahl der Trockenperioden			Zahl der Niederschlagsperioden	Zahl der Trockenperioden
5 Tage	133	152	15 Tage	3	8
6 ,,	63	122	16 ,,	—	5
7 ,,	46	69	17 ,,	1	6
8 ,,	28	61	18 ,,	2	4
9 ,,	18	45	19 ,,	—	4
10 ,,	12	25	20 ,,	—	2
11 ,,	7	24	21 ,,	—	1
12 ,,	2	13	25 ,,	—	1
13 ,,	3	9	28 ,,	—	1
14 ,,	1	12			

Solche Trockenperioden sind am häufigsten in den Monaten April und Mai, während man im Februar und im December am ehesten auf nasse Perioden rechnen kann.

Gewitter hat Berlin durchschnittlich an 15 Tagen im Jahre; das gewitterreichste Jahr war 1889 mit 25, das gewitterärmste 1863 mit nur 6 solchen Tagen. Auf die vier Monate Mai bis August entfallen 80% aller Gewitter. Wintergewitter (October bis März) gab es in 43 Jahren nur 22, also durchschnittlich eins alle zwei Jahre. Der gewitterreichste Monat war der Juli 1884, der 12 Gewittertage hatte. Durchschnittlich fällt das erste Gewitter auf den 14. April und das letzte auf den 14. September.

I. Allgemeine Schilderung der Stadt Berlin.

Tage mit Hagel giebt es zwei bis drei im Jahre, mit Graupeln drei bis vier; erstere sind im Sommer, letztere im Frühjahr am häufigsten.

Ueber die Luftströmungen Berlins giebt Aufschluſs folgende

Windvertheilung nach Procent.

	Nord %	Nordost %	Ost %	Südost %	Süd %	Südwest %	West %	Nordwest %
Januar	4	6	15	11	15	21	19	9
Februar	5	8	13	10	10	18	25	11
März	7	10	13	11	10	15	22	12
April	9	10	15	11	9	13	20	13
Mai	11	10	15	9	8	13	20	14
Juni	8	9	10	7	8	15	27	16
Juli	7	8	8	6	9	17	32	13
August	7	7	10	7	11	18	27	13
September	6	7	13	10	12	18	23	11
October	4	9	13	12	14	19	22	7
November	6	6	13	10	15	20	20	10
December	5	5	13	9	14	21	24	9

Südwest- und Westwinde haben also das ganze Jahr hindurch die Oberherrschaft, am meisten im Hochsommer, wo fast die Hälfte aller Winde aus diesen Richtungen wehen. Die relative Häufigkeit der trockenen und gewöhnlich kalten Nordost- und Ostwinde des Frühjahrs ist aus der Tabelle ebenso deutlich ersichtlich, wie die der kühlen Nordwestwinde, die im Juni ihren Höchstwerth erreichen.

Ueber die Verhältnisse der Windgeschwindigkeit geben die Aufzeichnungen eines Anemographen Aufschluſs, der seit 1884 auf dem Thurm des Joachimsthal'schen Gymnasiums 33,50 m über dem Erdboden aufgestellt ist. In dieser Höhe beträgt die mittlere jährliche Windgeschwindigkeit 5,10 m in einer Sekunde. Nach zehnjährigen Messungen sind die mittleren Monatswerthe und deren Grenzzahlen folgende:

	Mittlere Geschwindigkeit	Höchstes Monatsmittel	Niedrigstes Monatsmittel
Januar	5,5	7,5	4,0
Februar	5,5	7,0	3,4
März	6,1	6,9	5,0
April	5,3	6,1	3,9
Mai	5,2	6,3	4,7
Juni	4,8	5,8	3,8
Juli	4,6	5,9	3,6
August	4,6	5,2	3,1
September	4,4	5,2	3,5
October	5,2	6,9	3,9
November	4,7	7,8	3,6
December	5,3	7,0	3,7

Der März ist also der windigste, der September der ruhigste Monat.

Bezeichnet man als Sturmtag einen solchen, an dem die Windgeschwindigkeit während einer oder mehrerer Stunden mindestens 16 m in einer Sekunde beträgt, so gab es im Jahrzehnt 1889/93 deren 56, im Durchschnitt also 5—6 jährlich. Die Anzahl dieser Sturmstunden war 201, sodaſs also ein Sturm durchschnittlich 3½ Stunden dauerte.

März, Januar, October und Februar sind die sturmreichsten Monate.

Das höchste Stundenmittel der Windgeschwindigkeit wurde am 5. März 1891 von 1—2 Uhr Nachmittags mit 22,50 m in einer Sekunde registrirt; während kurz dauernder Böen sind aber schon Geschwindigkeiten von 25 m gemessen worden.

4. Eintheilung und allgemeine Gestaltung der Stadt.

Angaben, welche die Stadt Berlin als solche betreffen, also auch diejenigen über ihre Eintheilung, können sich zunächst nur auf das von dem städtischen Weichbilde umfaste Gebiet erstrecken, dessen Bevölkerung einer gemeinsamen einheitlichen Verwaltung unterstellt ist. Eine solche Beschränkung muſs allerdings willkürlich und nicht mehr ganz naturgemäſs erscheinen, nachdem die Mehrzahl der in unmittelbarer Umgebung Berlins gelegenen Ortschaften, deren Bewohner mit denen Berlins in engster Gemeinschaft der wirthschaftlichen Interessen leben, mit der Stadt so völlig zusammengewachsen ist, daſs die Grenzen der verschiedenen Gebiete äuſserlich nicht mehr erkennbar sind. Eine Vereinigung dieser Ortschaften mit Berlin in irgend welcher Form dürfte denn auch nicht mehr lange zu verhindern sein.

Die Gesichtspunkte, nach denen eine Eintheilung des Weichbildes erfolgt, sind — je nach den Zwecken, denen eine solche zu dienen hat — sehr mannigfaltige. So ist Berlin zum Zwecke der politischen Wahlen in vier Wahlkreise für das preuſsische Abgeordnetenhaus und sechs Wahlkreise für den Reichstag zerlegt, die Ersatzbehörde unterscheidet sechs Aushebungsbezirke, die Baupolizei 10 Reviere usw. Die evangelische Landeskirche gliedert das Stadtgebiet nach Kirchengemeinden, deren Zahl und deren Abgrenzung infolge der Erbauung zahlreicher neuer Gotteshäuser, namentlich seit den letzten Jahren, stetigen Veränderungen unterworfen ist. Am volksthümlichsten ist die Eintheilung geworden, welche die Post sich geschaffen hat, weil diese dem Einzelnen persönlich am nächsten tritt; sie unterscheidet nach ihrer geographischen Lage zum Mittelpunkte der Stadt neun Bezirke, Centrum, Nordwest, Nord, Nordost, Ost, Südost, Süd, Südwest und West (C., NW., N., NO., O., SO., S., SW. und W.), welche jedoch nicht ganz mit dem Weichbilde sich decken, sondern stellenweise in das Gebiet der Nachbargemeinden übergreifen.

Dem gegenüber ist die amtliche Eintheilung der Verwaltungsbehörden, nach welcher Berlin aus 326 Stadtbezirken und 96, je eine Mehrzahl der ersten umfassenden Polizeirevieren sich zusammensetzt, eine nur den Behörden geläufige; nur eine kleine Minderheit der Einwohner dürfte die Ziffer des Polizeireviers, geschweige denn des Stadtbezirks, dem sie angehört, fest im Gedächtniſs haben. Bekannter, wenn sie gleich ebenfalls mehr und mehr aus dem Bewuſstsein der Bevölkerung verschwindet, ist die Gliederung Berlins nach sogen. „historischen Stadttheilen", von denen einige alte Eigennamen tragen, andere nach Mitgliedern der Herrscherfamilie, noch andere nach umliegenden Ortschaften benannt sind. Sie hat bis heute eine gewisse amtliche Geltung, da einerseits das Berliner Grundbuch auf ihr fuſst, anderseits aber auch die Eintheilung der Stadtbezirke aus ihr hervorgegangen ist und in ihr aufgeht. Abb. II giebt (nach der ersten Ausgabe dieses Buches) eine skizzenhafte Uebersicht derselben, die allerdings insofern mit der Gegenwart nicht mehr ganz übereinstimmt, als mittlerweile — neben kleinen Veränderungen in der Benennung — eine Untertheilung einzelner Gebiete sich eingeführt hat. Auch ist nicht zu übersehen, daſs die in der Skizze angegebene Begrenzung der ältesten, central gelegenen Stadttheile Berlins durch die Reste der ehemaligen Festungsgräben (Grüner Graben und Königsgraben) in Wirklichkeit nicht mehr vorhanden ist; sie ist jedoch beibehalten worden, um den geschichtlichen Ursprung jener Grenzlinienführung ersichtlich zu machen. Dagegen haben die seither erfolgten Erweiterungen des Weichbildes Berücksichtigung gefunden.

Zur Zeit unterscheidet man nicht mehr 16, sondern die folgenden 21 „historischen Stadttheile". I. Berlin (Stadt-Bezirk 1—5), II. Alt-Köln (St.-B. 6—8), III. Friedrichswerder (St.-B. 9—10), IV. Dorotheenstadt (St.-B. 11—14), V. Friedrichstadt (St.-B. 15 bis 30), VI. Untere Friedrich-Vorstadt (St.-B. 31—34), VII. Schöneberger Vorstadt (St.-B. 35 bis 49), VIII. Obere Friedrich-Vorstadt (St.-B. 50—53), IX. Tempelhofer Vorstadt (St.-B. 54 bis 78b), X. Luisenstadt jenseits des Canals (St.-B. 79—113), XI. Luisenstadt diesseits des Canals (St.-B. 114—142), XII. Neu-Köln (St.-B. 143—144), XIII. Stralauer Viertel (St.-B. 145—181), XIV. Königs-Viertel (St.-B. 182—201), XV. Spandauer Viertel (St.-B. 202 bis 217), XVI. Rosenthaler Vorstadt (St.-B. 218—254c), XVII. Oranienburger Vorstadt

I. Allgemeine Schilderung der Stadt Berlin.

(St.-B. 255—278), XVIII. Friedrich-Wilhelm-Stadt (St.-B. 279—282), XIX. Thiergarten (St.-B. 283—284), XX. Moabit (St.-B. 285—304), XXI. Wedding und Gesundbrunnen (St.-B. 305—326).

Schon aus der verschiedenen Anzahl der einzelnen Bezirke, welche diesen Stadttheilen angehören, ersieht man leicht, dafs letztere nach Ausdehnung und Bevölkerungsziffer sehr ungleich sind und sich daher zur Grundlage einer Verwaltungsorganisation, die eine Eintheilung des Stadtgebiets in gröfsere, annähernd gleichmäfsige Bezirke fordert, wenig eignet. Als es daher nach der gesetzlichen Einführung der Civilstandsregister galt, den Bereich der einzelnen Standesämter abzugrenzen, hat man für diesen Zweck eine neue Eintheilung der Stadt eingeführt, die allerdings zu derjenigen in historische Stadttheile und Stadtbezirke in Beziehung gesetzt wurde. Indem die kleineren Stadttheile unter sich bezw. mit angrenzenden Abschnitten der gröfseren zusammengefafst, letztere

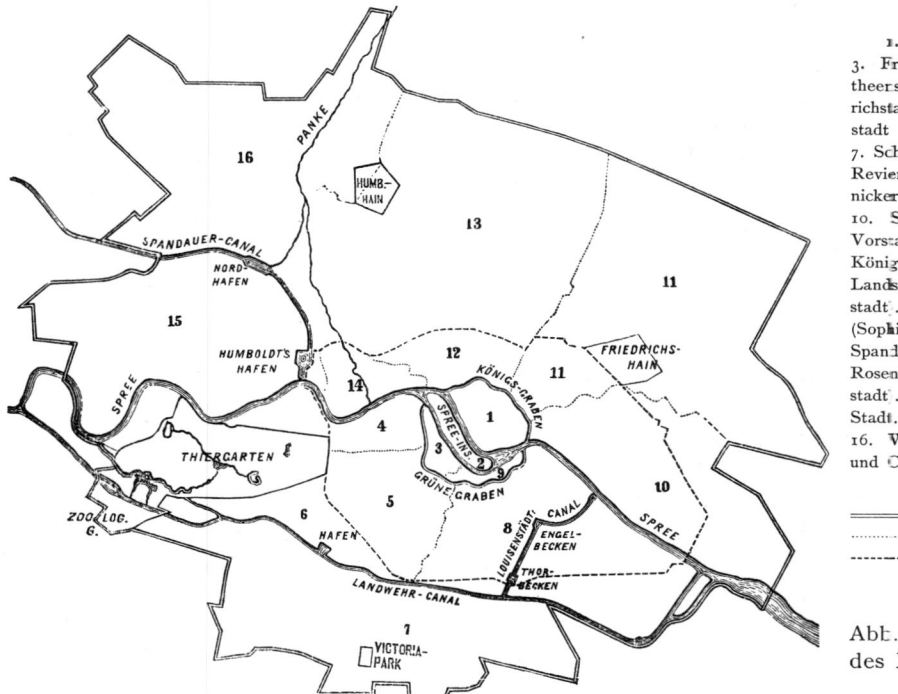

1. Alt-Berlin. 2. Alt-Köln. 3. Friedrichswerder. 4. Dorotheerstadt (Neustadt). 5. Friedrichstadt. 6. Aeufsere Friedrichstadt (Potsdamer Vorstadt). 7. Schöneberger und Tempelhofer Revier. 8. Luisenstadt (Köpenicker Feld). 9. Neu-Köln. 10. Stralauer Revier (Stralauer Vorstadt). 11. Innere und äufsere Königstadt (Georgen-Vorstadt, Landsberger und Prenzlauer Vorstadt). 12. Spandauer Revier (Sophienstadt). 13. Aeufseres Spandauer Revier (Oranienburger, Rosenthaler und Schönhauser Vorstadt). 14. Friedrich-Wilhelm-Stadt. 15. Alt- und Neu-Moabit. 16. Wedding (Colonie Wedding und Colonie Luisenbad).

——— Weichbildgrenze.
·········· Stadttheilgrenze.
- - - - - Zug der früheren Stadtmauer.

Abb. II. Uebersichtskarte des Berliner Weichbildes.

dagegen nach Bedarf zerlegt wurden, hat man ursprünglich 13 Standesamtsbezirke gebildet, aus denen mit dem Anwachsen der Bevölkerung, die eine weitere Theilung erforderlich machte, bis jetzt 18 geworden sind. Es scheint, dafs diese Eintheilung, über welche die auf S. XXVI mitgetheilte Tabelle nähere Auskunft giebt, in Zukunft auch noch für andere Zwecke Bedeutung erlangen wird. Wenigstens wird sie für die Nachweisungen des statistischen Amtes der Stadt schon jetzt mit Vorliebe benutzt.

In der ersten Ausgabe dieses Buches war ferner die natürliche, gleichfalls aus Abb. II ersichtliche Gliederung erwähnt, die für das Weichbild der Stadt daraus hervorgeht, dafs um den alten historischen Kern derselben — die ehemals von den Festungswerken, heute von dem Zuge der Wallstrafse und der Neuen Friedrichstrafse begrenzten Stadttheile — zwei Zonen sich legen, deren innere durch die Linie der früheren Stadtmauer und deren äufsere durch die Weichbildgrenze abgeschlossen wird. Es war sodann versucht worden, auf Grund dieser Eintheilung ein in grofsen Zügen gehaltenes Bild des Gepräges zu liefern, das diesen verschiedenen Stadtgebieten durch die Eigenart ihrer Bebauung aufgedrückt worden ist.

Abgesehen davon, dafs jene Schilderung heute in vielen Einzelheiten nicht mehr zutrifft, ist auch ihre Grundlage nicht mehr richtig. Denn wenn es um natürliche Verhältnisse sich handelt, kann nicht allein das heutige Weichbild in Betracht kommen, sondern es mufs bereits das weitere Gebiet ins Auge gefafst werden, auf welches nach Einverleibung der Vororte das künftige „Grofs-Berlin" sich erstrecken wird. Für dieses aber sind jene ältesten Stadttheile schon längst nicht mehr der Mittelpunkt. Letzter dürfte zur Zeit — insbesondere was den Verkehr anlangt — in der Gegend des Potsdamer Platzes liegen, wird sich aber allmählich noch weiter nach Westen verschieben, sodafs in absehbarer Zeit der schon gegenwärtig vollständig umbaute Thiergarten das Herz von Berlin bilden wird.

Die Bebauung hat sich nun so gestaltet, dafs zunächst um den Thiergarten und den als Zubehör von ihm anzusehenden Zoologischen Garten diejenigen Quartiere sich anschliefsen, in denen die vornehmeren und wohlhabenderen Kreise der Bevölkerung, soweit die Einzelnen nicht durch zwingende Rücksichten an eine andere Stadtgegend gebunden sind, mit Vorliebe ihre Wohnung zu wählen pflegen. Eine Ausnahme — wenn auch voraussichtlich nicht für alle Zukunft — bildet leider der dem Thiergarten nördlich der Spree gegenüber liegende Theil von Moabit, wohin man den Packhof, den Güterbahnhof der Lehrter Eisenbahn und, noch vor kurzem, ein Proviantamt verlegt hat. — Der Rang dieser Wohnquartiere spiegelt sich auch in ihrer äufseren Erscheinung. Fast durchweg sind die Strafsen mit Bäumen, mehrfach schon älteren Ursprungs, bepflanzt und mit breiten, wohl gepflegten Vorgärten vor den Häusern versehen. Stellenweise wird die geschlossene Reihe der letzteren von Gärten unterbrochen, welche die Häuser ganz oder doch von drei Seiten umgeben. In den Bauten selbst, von denen viele mit reichem künstlerischen Aufwande hergestellt sind, hat das Können und Streben der Berliner Architektenschaft aufs mannigfaltigste und glücklichste sich bethätigt.

Nach Osten hin folgt auf diesen bis zur Wilhelmstrafse reichenden vornehmen Wohnbezirk jenes nördlich und östlich von der Spree, südlich von der Leipziger Strafse begrenzte, also die Stadttheile Dorotheenstadt, nördliche Friedrichstadt, Friedrichswerder und Alt-Köln umfassende Gebiet, in welchem vorzugsweise der Glanz des grofsstädtischen Lebens und der Fremdenverkehr sich entfalten. Hier befinden sich fast sämtliche älteren Monumentalbauten und Denkmäler, in welchen die Stellung Berlins als Landeshauptstadt zum Ausdruck gelangt ist; hier — oder doch in unmittelbarer Nähe — ist auch der Platz für die neuesten Schöpfungen dieser Art, das Reichshaus, den Dom, das Nationaldenkmal Kaiser Wilhelms, die Häuser des preufsischen Landtages, das Reichspostamt gewählt worden. Hier ist endlich die Stätte der bedeutendsten, monumental aufgefafsten Gebäude, welche von Gesellschaften oder einzelnen Unternehmern für geschäftliche Zwecke errichtet worden sind: der Bankhäuser, der grofsen (insbesondere um den Stadtbahnhof Friedrichstrafse zusammen gedrängten) Gasthöfe, der sogen. Bierpaläste und zahlreicher, mit prächtigen Läden ausgestatteter Kaufhäuser. Vor allem in den beiden grofsen Hauptstrafsen, welche dieses Gebiet durchkreuzen, der Strafse Unter den Linden und der Friedrichstrafse sowie in der Leipziger Strafse, dem Spittelmarkt, dem Werder'schen Markt und dem Hausvoigtei-Platz hat die Bauthätigkeit der letzten $1\frac{1}{2}$ Jahrzehnte mit den schlichten Wohnhäusern der älteren Zeit rücksichtslos aufgeräumt und an Stelle früherer Einförmigkeit bunteste Mannigfaltigkeit gesetzt. Die Erscheinung des Ganzen hat wesentlich auch dadurch gewonnen, dafs sämtliche Plätze reiche gärtnerische Ausstattung erhalten haben.

Als ein dritter Bezirk von ausgeprägter Eigenart schliefst dann weiter nach Osten, jenseits des neuerdings für die Schiffahrt eröffneten Hauptarmes der Spree, der Stadttheil Alt-Berlin sich an. Auch in ihm hat die neuere Bauthätigkeit von den Schöpfungen früherer Jahrhunderte nicht viel übrig gelassen; insbesondere haben mehrere Strafsendurchbrüche und Strafsenverbreiterungen, unter denen nur die Anlage der Kaiser-Wilhelm-Strafse, die Beseitigung des Mühlendammes und die Verbreiterung der Rosenstrafse erwähnt sein mögen, sowie die Errichtung verschiedener grofser Monumentalbauten umwälzend gewirkt. So erinnern neben den alten Kirchenbauten und einigen engen Nebengäfschen fast nur noch die gekrümmte Form verschiedener Strafsen sowie die schmalere Viertel- und Grundstücktheilung an den mittelalterlichen Ursprung dieses Stadtquartiers, das heute vorzugsweise der Sitz des Berliner Grofshandels geworden ist und aus welchem eigentliche Wohnhäuser allmählich ganz verdrängt zu werden scheinen. Die öffentlichen Gebäude, die in ihm sich befinden, dienen im Gegensatze zu denen des westlicher liegenden Bezirks fast durchweg nicht allgemeinen Staats-, sondern örtlichen Zwecken, so das Rathhaus, das Polizei-Präsidium, das Gebäude des Civilgerichts, das Hauptpostamt, die Börse, die Central-Markthalle usw.

Auf die ihrer Ausdehnung nach bei weitem überwiegenden Theile Berlins, welche die drei im Vorhergehenden erwähnten Gebiete nach aufsen hin umgeben, braucht im einzelnen nicht eingegangen zu werden. Es sind im wesentlichen Wohnquartiere, in denen — abgesehen von den Bauten örtlicher Bestimmung, Kirchen, Schulen, Markthallen usw. — öffentliche Gebäude nur sparsam vertreten sind. Eine Ausnahme hiervon macht nur Moabit, wo zunächst der inneren Stadt das Landes-Ausstellungsgebäude, das Criminalgericht, mehrere gröfsere Casernenbauten und Militärinstitute sowie das Zellengefängnifs mit den Bauten des Packhofes und des Lehrter Bahnhofes sich zusammendrängen. Der Rang der Wohnungen und damit die Erscheinung der Strafsen wird im allgemeinen nach dem Umkreise zu minderwerthiger; doch findet sich überall eine Anzahl gärtnerisch geschmückter Plätze und baumbepflanzter Strafsen mit Vorgärten. Auch an eigenartigen Werken des Privatbaues, die aus der Schablone des gewöhnlichen Miethshauses herausfallen, fehlt es nicht ganz. Stellenweise haben sich noch Landhaus-Anlagen mit Gärten erhalten, die zu der Zeit entstanden sind, als die betreffende Stadtgegend noch ein freieres vorstädtisches Gepräge trug. Sie sind allmählichem Untergange verfallen; nur die in sich geschlossene Villencolonie Wilhelmshöhe auf der Ostseite des Kreuzberges dürfte vielleicht vor diesem Schicksal bewahrt bleiben. Im äufseren Nordwesten und Südosten kommen zahlreiche Fabrikanlagen zur Erscheinung, während sich die im Innern der Stadt liegenden Fabriken meist auf dem Hinterlande der Wohnhäuser verbergen. Im übrigen bringen die zum gröfseren Theil bis an die Linie der früheren Stadtmauer vorgeschobenen Bahnhöfe, die Casernen mit ihren Exercierplätzen, die Friedhöfe, endlich die von der Gemeinde zu Erholungszwecken angelegten öffentlichen Parks, der Humboldthain im Norden, der Friedrichshain im Osten, der Treptower Park im Südosten, der Victoriapark im Süden, weitere Mannigfaltigkeit in das Bild der Aufsenstadt.

Wer gerecht ist, wird über den Gesamteindruck Berlins kein ungünstiges Urtheil fällen, namentlich wenn er berücksichtigt, wie wenig — im Vergleich zu anderen Grofsstädten — die natürlichen Verhältnisse der Lage sie unterstützen. Freilich mufs anerkannt werden, dafs die Vorzüge, welche die Lage der Stadt bietet, die Erscheinung der Wasserläufe, vor allem aber der Höhenunterschied zwischen der Thalsohle und den Rändern des Spreethals ästhetisch nicht so ausgenutzt worden sind, wie es zum Vortheile des Stadtbildes hätte geschehen können.

5. Statistisches.

Vollständige, wenn auch nur zusammenfassende Mittheilungen über alle diejenigen Verhältnisse Berlins beizubringen, welche den Statistiker interessiren, liegt aufserhalb der Zwecke dieses Buches. Für eine Reihe einzelner Gebiete, die in letzterem eine besondere Darstellung gefunden haben, sind mit dieser auch die betreffenden statistischen Zahlen verwebt worden. So handelt es sich an dieser Stelle im wesentlichen um einige Angaben allgemeiner Art über die Verhältnisse des Grundbesitzes, der Bebauung und der Wohnungen sowie über den Stand und die Bewegung der Bevölkerung. Dieselben sind fast durchweg dem von dem Director des statistischen Amtes der Stadt, Herrn Geheimen Regierungsrath Prof. Dr. Böckh, herausgegebenen „Statistischen Jahrbuche der Stadt Berlin" entnommen, fufsen daher auf der Statistik bis einschliefslich des Jahres 1893 bezw. 1893/94, da ein weiterer Band des Jahrbuches noch nicht erschienen ist. Doch sind einzelne uns bekannt gegebene Ermittelungen der letzten Volkszählung vom December 1895 mit benutzt worden.

Grundbesitz.

Ueber den Grundflächeninhalt des Berliner Weichbildes werden völlig gesicherte Ergebnisse erst nach Abschlufs der seit Mitte 1876 seitens der Stadt in Angriff genommenen, bis April 1894 auf 5273 ha erstreckten Neuvermessung gewonnen werden. Nach den Ermittelungen der städtischen Grundeigenthums-Deputation betrug die Gesamtfläche der Stadt Berlin gegen Ende des Jahres 1883, nachdem die letzten Einverleibungen einiger, im ganzen 381 ha umfassender Gebiete (darunter des Thiergartens) erfolgt waren, 6310 ha. Davon sollten auf Aecker, Wiesen usw. 2655 ha, auf bebaute Flächen einschliefslich Höfe und Hausgärten 1814 ha, auf Strafsen und Plätze 805 ha, auf Parks und Gärten 411 ha, auf Eisenbahnanlagen 325 ha, auf öffentliche Wasserläufe 180 ha, auf Friedhöfe 120 ha kommen; die Zuverlässigkeit dieser Einzelangaben steht jedoch nicht aufser Zweifel. Nach der Grundsteuer-Nachweisung für 1894/95 betrug der Gesamt-Flächeninhalt Berlins 6338,38 ha, wovon (gegen Ende 1893) 37,25 % bebaut waren.

Die Zahl der Grundstücke wird in der letzterwähnten Nachweisung auf 33078 (mit durchschnittlich 19,16 a Flächeninhalt), von denen 20166 (mit durchschnittlich 11,71 a) bebaut waren, angegeben, während Ende 1883: 25355 Parzellen (mit durchschnittlich 24,95 a), darunter 13997 bebaute (mit durchschnittlich 14 a) und im Jahre 1868, wo das Weichbild allerdings nur 5922,68 ha umfafste, nur 10329 einzelne Parzellen vorhanden waren. Die Theilung des Berliner Grundbesitzes hat also in den letzten Jahrzehnten aufserordentlich rasche Fortschritte gemacht. Die Angabe, dafs im Jahre 1893 die Zahl der bebauten Grundstücke 20166 betrug, stimmt übrigens — wegen der verschiedenen Auffassung des Begriffes „Grundstück" — weder mit derjenigen der Gebäudesteuer-Nachweisung, noch mit dem Cataster der städtischen Feuersocietät zusammen, nach dem ersten stellte sich dieselbe gegen Ende 1893 auf 23038, nach dem letzten auf 22467.

Hinsichtlich der Eigenthumsverhältnisse des Grundbesitzes ist bei der Volkszählung von 1890 ermittelt worden, dafs von den damals gezählten 22336 Grundstücken 565 im Besitze des Deutschen Reiches, des preufsischen Staates, der Provinz Brandenburg, der Kreise Teltow und Niederbarnim sowie auswärtiger Gesandschaften, 312 im Besitze der Stadt Berlin sich befanden, während 144 den Kirchengemeinden, 57 verschiedenen Stiftungen, 92 Genossenschaften und Vereinen, 422 Actiengesellschaften, 70 Handelsgesellschaften, alle übrigen Privateigenthümern gehörten.

Der Werth des Berliner Grundbesitzes kann nur für den in Privathänden befindlichen Theil geschätzt werden, da es an jedem Anhalte fehlt, um den Werth der dem Deutschen Reiche, dem preufsischen Staate und der Gemeinde gehörigen, sehr umfangreichen Gebäude zu beurtheilen. Aber auch die Schätzung jenes anderen Theiles ist nur eine annähernde und unsichere. In Betracht kommt zunächst die Summe, mit der die auf ihnen errichteten Gebäude bei der städtischen Feuersocietät zwangsweise versichert sind, der sogen. „Feuerkassenwerth". Dieselbe betrug am 1. October 1893: 3 323 023 100 ℳ, während sie 1883: 2 132 755 000 ℳ und 1873 rd. 1 122 300 000 ℳ gewesen war, hat sich also in zwei Jahrzehnten um das dreifache vermehrt. Da hierbei der Bodenwerth der Grundstücke nicht berücksichtigt ist, so hat man versucht, eine anderweite Schätzung derart zu bewirken, dafs man einmal den nach der Miethssteuer-Summe ermittelten Miethswerth der Häuser zu Grunde legte und den 18fachen Betrag des letzteren als wirklichen Werth der Grundstücke annahm und dafs man zweitens von den bei den Grundstücksverkäufen des letzten Jahres erzielten Preisen ausging, die man für die gesamte Bodenfläche in Anrechnung brachte. Die Schätzung des Berliner Grundbesitzes nach dem Miethswerthe hat für das Jahr 1883: 3 258 199 000 ℳ, für das Jahr 1893 aber 5 419 809 000 ℳ ergeben, während er nach dem Kaufwerthe in den entsprechenden Jahren auf 2 887 359 000 ℳ bezw. 5 368 012 000 ℳ geschätzt wurde. Es erhellt indessen wohl ohne weiteres, dafs auf so schwankenden und unvollständigen Grundlagen befriedigende Ermittelungen sich nicht durchführen lassen.

Die Preise einzelner Grundstücke, die nicht allein durch die Stadtgegend, sondern auch durch die Lage des Grundstücks und durch eine Reihe besonderer Umstände bestimmt werden, bewegen sich selbstverständlich in sehr weiten Grenzen. Kleine Parzellen, deren Erwerbung für bestimmte Zwecke nicht umgangen werden konnte, sind in einzelnen Fällen schon mit mehr als 3000 ℳ. für 1 qm bezahlt worden. Durchschnittlich gilt für kleinere Grundstücke in bester Geschäftsgegend der inneren Stadt ein Preis von 850 bis 950 ℳ. für 1 qm; er bildet unter den gegenwärtigen Verhältnissen die Grenze, innerhalb deren eine gewinnbringende Ausnutzung des Grundstücks in der Regel noch möglich ist. In den bevorzugten Luxusquartieren (am Thiergarten), wo Grundstücke allerdings nur ausnahmsweise käuflich sind, werden 350 ℳ. und darüber für 1 qm gezahlt. In den gesuchtesten Wohngegenden der inneren Stadt (Nebenstrafsen der Friedrich- und Dorotheenstadt) schwanken die Preise zwischen 300 und 850 ℳ., in den Wohngegenden zweiten Ranges (äufsere Friedrichstadt, Schöneberger und Tempelhofer Revier, Luisenstadt) zwischen 100 und 260 ℳ., in entlegenen Gegenden und den Arbeiterquartieren zwischen 30 und 100 ℳ. für 1 qm. Nach dem statistischen Jahrbuch stellt sich der Durchschnitts-Kaufpreis auf 225 ℳ. für 1 qm.

Die Belastung des Berliner Grundbesitzes mit Hypotheken und Grundschulden betrug am Schlusse des Jahres 1893: 3 948 289 322 ℳ., überstieg also den Feuerkassenwerth der betreffenden Grundstücke um rd. 625,27 Mill. ℳ. Sie ist seit 1882 um 53,43%, seit 1872 um 114,80% gewachsen, während in denselben Zeitabschnitten der durchschnittliche Miethsertrag der Grundstücke um 40,51 bezw. 74,10%, ihr Feuerkassenwerth um 30,50 bezw. 122,10% zugenommen haben.

Ueber den Wechsel des Grundbesitzes in den Jahren 1884—1893 giebt die nachstehende Tabelle Auskunft:

Es wurden verkauft	1884	1885	1886	1887	1888	1889	1890	1891	1892	1893
Freiwillig:										
Bebaute Grundstücke	1317	1324	1884	2049	2092	2619	2200	1941	1745	1421
Unbebaute Grundstücke . . .	766	912	1200	1068	1263	1539	983	834	741	742
Im Zwangswege:										
Bebaute Grundstücke	188	116	111	71	40	48	103	145	323	337
Unbebaute Grundstücke . . .	13	14	30	10	11	6	39	38	43	68

Der Kaufpreis, soweit er bekannt geworden ist, betrug im Jahre 1893 für 1400 freiwillig verkaufte bebaute Grundstücke 352 171 257 ℳ., für 334 im Zwangswege verkaufte bebaute Grundstücke 77 252 208 ℳ. oder rd. 172 bezw. 123% ihres Feuerkassenwerthes; der Kaufpreis von 597 freiwillig verkauften unbebauten Grundstücken stellte sich auf 54 846 800 ℳ. und für 64 im Zwangswege verkaufte unbebaute Grundstücke auf 6 645 838 ℳ. Verhältnifsmäfsig die meisten Veräufserungen bebauter wie unbebauter Grundstücke haben 1893 im Standesamt XII (Friedrich-Wilhelm-Stadt, Moabit, Thiergarten-Vorstadt) stattgefunden.

Gebäude- und Wohnverhältnisse.

Die Gesamtzahl der Gebäude belief sich nach der Volkszählung vom 1. December 1890 auf 39 120, darunter befanden sich 28 457 Wohngebäude, von denen 25 leer standen, während 597 noch nicht fertiggestellt waren. Von den übrigen Gebäuden dienten 2907 als Fabriken, Werkstätten und Läden, 6267 als Niederlagen und Remisen, 196 waren Gasthäuser, Restaurants, Theater, 309 Kranken- und Waisenhäuser, Kirchen usw., 984 dienten zu anderen Zwecken. Von diesen nicht zu Wohnzwecken bestimmten Gebäuden waren 9733 ganz unbewohnt. (Die Gebäudesteuer-Nachweisung, welche jedes selbständige Steuerobject als Gebäude aufführt, zählt Ende 1890 schon 54 769 Gebäude, 1893 deren 57 684. Von 1883—1893 wird ein Zuwachs von 12,09% verzeichnet.) Von den vorhandenen 28 765 bewohnten Gebäuden enthielten 16 167 Kellerwohnungen, also 56,20%.

Nach der Zahl der Geschosse ergeben sich 674 (1291) Gebäude, die nur ein Erdgeschofs besafsen, 2076 (2694) mit einem Obergeschofs, 3965 (3582) mit zwei, 8266

(7353) mit drei, 12000 (9918) mit vier, 1673 (1069) mit fünf und 111 mit sechs Obergeschossen. Die eingeklammerten Zahlen sind die Ergebnisse der früheren Zählung. Die Zahl der vierstöckigen Gebäude ist also bei weitem überwiegend. Noch ungünstiger wird das Ergebnifs, wenn man den Halbstock und das erhöhte Erdgeschofs (Hochparterre) als selbständiges Geschofs hinzurechnet. Es waren 587 Gebäude mit Halbstock, 8232 mit Hochparterre und 505 mit beiden vorhanden. Dieser Zuwachs entfällt in der Hauptsache auf die höheren Gebäude, sodafs nach dieser Rechnung 13888 Gebäude je fünf, 3641 je sechs, 485 je sieben und ein Gebäude sogar acht Geschosse besafsen. Ebenso liegen die Kellerwohnungen gerade in den höchsten Gebäuden, nämlich 10351 in fünfstöckigen, 2167 in sechsstöckigen Häusern. In der Ausnutzung des Luftraumes sind also nur noch etwa 55% unter der höchsten, durch die Baupolizei-Ordnung vorgeschriebenen Grenze stehen geblieben.

Die Zahl der genehmigten Neubauten belief sich im Jahre 1893 auf 3911, davon waren 563 Vorderhäuser, 765 bezw. 521 Seiten- und Quergebäude, 25 Fabriken und 2037 kleinere Bauten. Die Bauthätigkeit ist also in den letzten Jahren erheblich herabgegangen; denn das Jahr 1889, welches den Höhepunkt des zehnjährigen Zeitabschnitts 1884—1892 darstellt, weist an den entsprechenden Stellen die Zahlen 1191, 1580, 1083, 62 und 3159 auf. Die Zahlen des Jahres 1893 bleiben aber auch nicht unerheblich unter denen des Jahres 1883.

Die Bewohnerzahl der bewohnten Grundstücke in den Jahren 1875, 1880, 1885 und 1890 geht aus nachstehender Tabelle hervor:

Jahr	Zahl der Grundstücke mit Bewohnern												Gesamtzahl der Grundstücke
	1/10	11/20	21/30	31/40	41/50	51/60	61/80	81/100	101/150	151/200	201/300	über 300	
1890	1230	1657	1845	1980	2134	2037	3312	2269	3219	1112	503	116	21614
1885	1311	1742	1839	1970	1957	1867	3041	2108	2636	749	309	86	19615
1880	1365	1828	1936	1976	2014		6558		2080	508	162	46	18473
1875	1313	1764		5621			5769		1667	366	157		16637

Die Zahl der ortsanwesenden Bevölkerung ausschliefslich der auf Schiffen befindlichen betrug 1885 insgesamt 1312715, sodafs im Durchschnitt 66,92 Personen auf ein Grundstück entfielen. 1890 war die Bevölkerung auf 1575013 gestiegen, der auf ein Grundstück entfallende Durchschnitt auf 72,87. Nach dem vorläufigen Ergebnifs der Zählung vom 2. December 1895 beläuft sich der Durchschnitt nur auf 72,21 Personen, es wäre also ein kleiner Rückgang zu verzeichnen. Die Zahl der Grundstücke, welche nur 1—50 Personen bewohnen, ist nach obiger Tabelle herabgegangen, oder hat sich in den 15 Jahren nur wenig gesteigert, während die Zahl von dichter bewohnten Grundstücken erheblich gestiegen ist, sich zum Theil verdoppelt und verdreifacht hat.

Ueber die durchschnittliche Zahl der Wohnungen und gewerblichen Gelasse, die auf ein Grundstück kommen, giebt die nachstehende Zusammenstellung Aufschlufs:

Jahrgang	Grundstücke mit bewohnten Wohnungen											überhaupt	Wohnungen u. gewerbl. Gelasse	darunter leerstehend
	1	2	3/5	6/10	11/15	16/20	21/30	31/40	41/50	51/60	über 60			
1890	712	659	2286	3810	4107	3210	4083	1694	651	243	159	21614	399590	15381
1885	785	713	2295	3344	3862	2864	3321	1244	439	149	99	19615	329657	7828
1880	795	764	2433	4116	3730	2658	2749	870	233	83	42	18473	316607	17914
1875	797	737	2476	3890	3481	2309	2134	574	149	52	38	16637	263223	12013

Danach ist wiederum eine geringe Abnahme der Grundstücke mit wenigen Wohnungen und eine sehr erhebliche Zunahme der Grundstücke mit 20 bis über 60 Wohnungen zu verzeichnen. Die Zahl der Wohnungen allein (ohne die gewerblichen Gelasse) wurde

I. Allgemeine Schilderung der Stadt Berlin.

für 1885 auf 304 108, für 1890 auf 366 920 angegeben; es hat also in diesem fünfjährigen Zeitraum eine Zunahme um 20,65% stattgefunden. Die bedeutendste Zunahme weisen die Stadttheile Moabit mit 101,41% und Thiergarten-Vorstadt mit 101,20% auf. Eine erhebliche Abnahme der Wohnungen zeigen dagegen der Friedrichswerder mit 17,78%, Köln und die Dorotheenstadt mit je 10,95%. Die Durchschnittszahl der auf ein Grundstück entfallenden Wohnungen hat sich von 1880 bis 1890 von 13,87 auf 17,02, also um beinahe ein Viertel in 10 Jahren erhöht.

Nach der Lage der Wohnungen sind zu unterscheiden:

	im Vorderhause	im Hinterhause	zusammen
1885	183 605	120 503	304 108
1890	205 705	161 215	366 920

Es befanden sich 1885 im Vorderhause 60,37%, 1890 nur noch 56,10%, es hat also eine weitere Verschiebung der Bevölkerung nach den Hinterhäusern hin stattgefunden.

Nach der Stockwerkslage ist ein Vergleich zwischen 1885 und 1890 nur hinsichtlich der Kellerwohnungen zu ziehen. Es waren 1885 im ganzen 28 015 Kellerwohnungen, 1890 deren 28 265 vorhanden. Bezeichnet man das Erdgeschofs mit 1, das erste Obergeschofs (die „Beletage") mit 2 bezw. 3, sobald ein Halbstock oder Hochparterre vorhanden ist, so vertheilen sich für 1890 die Wohnungen folgendermafsen auf die einzelnen Geschosse:

I.	II.	III.	IV.	V.	VI.
51 656	63 312	71 519	73 679	62 383	13 879

In verschiedenen Geschossen vertheilt waren 2227 Wohnungen. Von der Gesamtzahl der Wohnungen enthielten 42 416 gleichzeitig Gewerberäume. In Procenten aller Wohnungen lagen im Keller- bezw. I.—IV. Geschosse 7,71, 14,08, 17,23, 19,50, 20,08, 17,30, 3,80%.

Nach der Zahl der heizbaren Zimmer sind die vorhandenen 366 920 Wohnungen des Jahres 1890 zu trennen in 3376 ohne ein heizbares Zimmer, 183 291 mit einem, 98 722 mit zwei, 40 324 mit drei, 17 255 mit vier, 10 005 mit fünf, 6099 mit sechs, 3299 mit sieben, 1973 mit acht, 973 mit neun, 1590 mit 10 und mehr heizbaren Zimmern (und 13 ohne nähere Angaben). Für die entsprechenden Klassen bedingt die Zunahme seit 1885 131,8, 201,8, 207,4, 241,4, 229,8, 189,8, 203,2, 179, 180,7, 144,7, 28,4‰. Im ganzen waren im Jahre 1890 an heizbaren Wohnzimmern 741 212, an unheizbaren 61 685 vorhanden und 329 468 besondere, 5733 gemeinschaftliche Küchen. Im Jahre 1885 betrugen die entsprechenden Zahlen 610 809, 64 969, 268 003. An der Gesamtzahl der Wohnungen nahmen 1890 theil diejenigen ohne ein heizbares Zimmer mit 0,92%, diejenigen mit einem heizbaren Zimmer mit 49,95%, zwei mit 26,91%, drei mit 10,99%, vier mit 4,7%, fünf bis sieben mit 5,29%, acht und mehr mit 1,24%. Seit 1861 ergiebt sich für die Zahl der kleinen Wohnungen mit ein und zwei Zimmern eine kleine Steigerung des Antheils an der Gesamtzahl, für die mittleren Wohnungen von drei und vier Zimmern eine Abnahme von 12,02 auf 10,99, 5,10 und 4,70%. Auch die grofsen Wohnungen zeigen eine geringe Abnahme der Verhältnifszahl.

70 740 Einwohner besafsen im Jahre 1890 nur einen einzigen Wohnraum, das sind auf 1000 Einwohner im Durchschnitt 46,2 Personen.

12 534 Personen (ausschliefslich Schiffs- und Anstaltsbewohner) lebten so zusammengedrängt, dafs fünf bezw. mehr als fünf Personen auf einen einzigen Wohnraum (heizbares oder unheizbares Wohnzimmer oder Küche) entfielen. Auf 1000 Einwohner sind das im Durchschnitt 8,2.

Der Miethswerth der sämtlichen 449 873 Wohnungen und Gelasse, welche das Miethssteuercataster für das erste Quartal 1894 angiebt, belief sich auf 301 100 515 ℳ. Er ist von 1851 bis 1894 um 127,46% gestiegen. Es waren jedoch nur 422 589 Wohnungen usw. mit einem Miethswerth von 288 884 065 ℳ vermiethet, während 27 284 mit 12 216 450 ℳ leer standen. Der Miethswerth eines Grundstücks betrug 1893 durchschnittlich 12 866 ℳ gegenüber 9014 ℳ im Jahre 1883, ist also um 42,7% gestiegen. Der durchschnittliche Miethsertrag belief sich mit Rücksicht auf die grofse Zahl der leer stehenden Wohnungen nur auf 12 344 ℳ, blieb also um 4,24% hinter dem durchschnittlichen Miethswerthe zurück. Die gröfste Zunahme des durchschnittlichen Miethswerthes weist der Wedding mit 119,7% auf. Der durchschnittliche Miethswerth einer Wohnung stellte sich anfangs 1894 auf 669,30 ℳ, d. h. er war wieder im Sinken begriffen, nachdem von 1882 bis 1892 eine stetige Steigerung zu verzeichnen war. 1882 betrug der durchschnittliche Miethswerth nur 597,13 ℳ, nachdem er anfangs der siebziger Jahre einen ganz ungewöhnlich hohen Stand besessen hatte.

Die weitaus gröfste Zahl der Wohnungen liegt in ihrem Miethswerthe unter 500 ℳ. Es sind 322 064 solcher Wohnungen vorhanden, d. h. 716‰ aller Wohnungen. 513‰ kosten weniger als 300 ℳ.

Der Procentsatz der Wohnungen der niedrigsten Miethsstufe bis 150 ℳ ist von 1883 bis 1891 von 16,58 bis 7,32% stetig gefallen; seitdem hat bis 1894 ein geringes Anwachsen auf 8,05% stattgefunden. Ebenso weisen die Wohnungen zu 151—300 ℳ einen Zuwachs von 39,01% bis 42,35% im Jahre 1892 auf und die Wohnungen der Preislage von 301—600 ℳ einen Zuwachs von 21,98 auf 26,19% im Jahre 1891. Einen geringen Zuwachs haben auch die höheren Stufen erfahren, sodafs also ausschliefslich die unterste Klasse Einbufse erlitten hat.

Ein einzelnes Gelafs, heizbares oder unheizbares Zimmer oder Küche, kostete 1890 im Durchschnitt 153 ℳ.

Bewegung und Eintheilung der Bevölkerung.

Die Gesamtbevölkerung der Stadt ist in dem fünfzigjährigen Zeitraume von 1840 bis 1890 von 322 626 auf 1 578 794 (1895 auf 1 677 351) Personen gestiegen. Der gröfste Aufschwung ist naturgemäfs, entsprechend der Umänderung der politischen Verhältnisse und der gesteigerten Bedeutung Berlins als Reichshauptstadt, nach 1870 eingetreten. Damals wurden 774 452 Personen gezählt, während 1877 bereits die Million überschritten war.

Die weibliche Bevölkerung hat im Verhältnifs zur männlichen stärker zugenommen. Während 1840 noch 168 936 männliche und nur 153 690 weibliche Personen gezählt wurden, hat sich das Verhältnifs, nachdem 1870 vorübergehend die Zahl der männlichen Personen geringer war, seit 1876 dauernd umgekehrt. 1890 standen 759 623 männliche 819 171 weiblichen Personen gegenüber. Die ersteren machten also 48,1%, die letzteren 51,9% der Gesamtbevölkerung aus.

Dem Alter nach entfallen sowohl bei dem männlichen, wie bei dem weiblichen Geschlecht die meisten Personen auf die Altersstufe von 20 bis 40 Jahren, nämlich 409,4‰ männliche und 394,8‰ weibliche. Für die höheren Altersklassen stellt sich die Verhältnifszahl für die weiblichen Personen nicht unerheblich günstiger, so für das Alter von 60 bis 80 Jahren auf 60,2‰ gegenüber 39,7‰ bei dem männlichen Geschlecht.

Dem Religionsbekenntnisse nach wurden 1890 85,93% Evangelische, 8,55% Römisch-Katholische, 0,31% Dissidenten, 5,02% Israeliten und 0,19% Angehörige anderer Religionen gezählt.

Der Staatsangehörigkeit nach waren nur 17 750 Personen vorhanden, die nicht Angehörige des Deutschen Reiches sind. Das macht nur 1,12% der Gesamtbevölkerung. Unter sämtlichen Ausländern nahmen die Angehörigen von Oesterreich-Ungarn mit 46,3%, von Rufsland mit 13,6%, von England mit 6,7% die erste Stelle ein.

In Berlin geboren sind nur 40,70% der Bevölkerung. Von den Zugezogenen entfallen, verglichen mit der Bewohnerzahl, 18,22% auf die Provinz Brandenburg, 34,98% auf die anderen preufsischen Provinzen, 4,46% auf die anderen deutschen Staaten, 1,44% auf europäische, 0,16% auf aufsereuropäische Länder. 0,04% sind auf See geboren bezw. nach dem Geburtsland unbekannt. Im Vergleich zur Vorzählung haben die geborenen Berliner nur um 15,33%, die aufserhalb Berlin, im Deutschen Reiche Geborenen um 22,85% zugenommen.

I. Allgemeine Schilderung der Stadt Berlin. XXIII

Der Zuwachs der Bevölkerung betrug im Jahre 1890 einschliefslich der Todtgeborenen 50 875, die Abnahme durch Todesfälle einschliefslich der Todtgeborenen 34 867. Die Geburten übertrafen also, wie das in normalen Jahren die Regel ist, die Sterbefälle erheblich, nämlich um 16 008. Laut polizeilicher Anmeldung sind aber im gleichen Zeitraum 196 786 Personen zugezogen, während der Abgang nur 148 810 Personen nach der polizeilichen Abmeldung beträgt. Es würden also 47 976 Personen mehr zugezogen sein, was allerdings den Zahlenergebnissen nicht ganz entspricht. Fest steht jedenfalls aber die ständige Zunahme der Zugezogenen gegenüber den in Berlin Geborenen.

Nach dem Familienstande wurden 1890: 35,18% verheirathete, 5,84% verwittwete, 0,46% geschiedene und 58,52% ledige Personen gezählt. Die Zahl der Wittwer betrug dabei nur etwa $1/5$ der Zahl der Wittwen.

In Familienhaushaltungen lebten 82,44% der Gesamtbevölkerung, einzeln als Miether 6,16%, als sogen. „Chambregarnisten" 2,54%, als Schlafgänger 6,08%, in öffentlichen Anstalten 2,78%. Die Zahl der Schlafgänger, welche für die Wohnverhältnisse der arbeitenden Klassen in Berlin bezeichnend ist, hat im Verhältnifs zur Gesamtheit seit 1885 wieder abgenommen, nachdem dieses von 52,6‰ im Jahre 1880 auf 64,4‰ im Jahre 1885 gestiegen war. Der Rückgang liegt namentlich in dem Antheil der weiblichen Schlafgänger. Von den in Anstalten gezählten männlichen Personen entfällt nahezu die Hälfte auf militärische Anstalten.

Nach Ständen und Berufsarten vertheilt sich die Bevölkerung wie in der nachstehenden Tabelle aufgeführt:

Lfde. Nr.	Bezeichnung der Berufsart	Selbstthätige	Angehörige	Gesamtzahl	Procent der Bevölkerung
1	Landwirthschaft und Gärtnerei	3 355	3 009	6 364	0,40
2	Forstwirthschaft und Jagd	44	50	94	0,00
3	Fischerei	57	119	176	0,01
4	Bergbau und Hüttenwesen	138	168	306	0,02
5	Industrie, einschl. Bauwesen, Arbeiter ohne nähere Angabe	432 030	462 409	894 439	56,65
6	Handel	89 250	99 346	188 576	11,95
7	Verkehr, einschl. Erquickung und Beherbergung	44 523	70 211	114 734	7,27
8	Persönliche Dienstleistung	107 893	27 915	135 808	8,62
9	Gesundheitspflege und Krankendienst	5 729	3 687	9 416	0,60
10	Erziehung und Unterricht	8 544	7 226	15 770	0,99
11	Künste, Literatur und Presse	11 638	9 264	20 902	1,32
12	Kirche und Gottesdienst, Todtenbestattung	673	1 409	2 082	0,13
13	Königliche Hausverwaltung und Hofstaat	663	1 145	1 808	0,11
14	Staatsverwaltung	10 849	23 517	34 366	2,18
15	Justiz	3 379	4 273	7 652	0,48
16	Militär	20 007	3 766	23 773	1,51
17	Gemeinde- und Korporations-Verwaltung	3 367	7 406	10 733	0,68
18	Personen ohne Berufsausübung (Rentiers und Pensionäre, in Versorgungs- und Strafanstalten befindliche, in Berufsvorbereitung begriffene, Wittwen)	50 371	28 762	79 133	5,01
19	Personen ohne Berufsangaben	17 264	15 328	32 592	2,06
	zusammen	809 774	769 020	1 578 794	—

Die durchschnittliche Gesamtzunahme der Bevölkerung auf das Jahr stellt sich auf 3,65% der mittleren Bevölkerung. Von den einzelnen Stadtbezirken haben 100 an Volkszahl ab-, 226 zugenommen. Die Abnahme vollzieht sich durchweg nur in den inneren Stadttheilen, während die äufseren, neuen Stadttheile, namentlich die Thiergarten-Vorstadt und Moabit ganz aufserordentlichen Zuwachs erhalten haben.

Nach der Volkszählung von 1895 ist die Bevölkerung nunmehr auf 1 677 351 Personen angewachsen, sie hat sich also seit 1890 wiederum um 98 557 vermehrt, d. h. um 6,02%. Der Zuwachs in Procenten hat also seit 1890 für das Weichbild von Berlin abgenommen.

I. Allgemeine Schilderung der Stadt Berlin.

Ueber die Vertheilung der Bevölkerung innerhalb der Stadt und die Wohndichtigkeit, welch letztere sich in gewisser Beziehung schon in der Zusammenstellung der Grundstücke nach der Bewohnerzahl vorfindet, sind die folgenden Angaben zu machen.

Vertheilung nach den Stadttheilen.

Standes-ämter	Stadttheile	Ortsanwesende Bevölkerung am 1. December				+ Zunahme — Abnahme gegen 1885 in Procenten
		1890			1885	
		männlich	weiblich	überhaupt		
I	Berlin	11 552	11 955	23 507	24 041	— 2,22
	Köln	6 113	6 370	12 483	13 912	— 10,27
	Friedrichswerder	2 908	2 728	5 636	7 159	— 21,27
II	Dorotheenstadt	8 633	7 731	16 364	17 020	— 3,27
III	Friedrichstadt	31 430	36 706	68 136	69 026	— 1,29
IV	Friedrich- und Schöneberger Vorstadt	42 024	59 415	101 439	87 925	+ 15,37
Va	Friedrich- und Tempelhofer Vorstadt	74 964	83 682	158 646	117 668	+ 34,83
Vb	Luisenstadt jenseits des Canals, westlich	50 389	53 834	104 223	97 695	+ 6,68
	„ „ „ „ östlich	37 610	35 923	73 533	45 428	+ 61,87
VI	„ diesseits des Canals	59 747	64 131	123 878	124 049	— 0,14
	Neu-Köln	3 094	3 334	6 428	6 362	+ 1,04
VIIa	Stralauer Viertel, westlich	51 449	57 308	108 757	101 631	+ 7,01
VIIb	„ „ östlich	41 671	43 073	84 744	66 413	+ 27,60
VIII	Königsviertel	43 738	47 873	91 611	76 521	+ 19,72
IX	Spandauer Viertel	39 113	39 840	78 953	73 124	+ 7,97
Xa	Rosenthaler Vorstadt, südlich	43 413	50 041	93 454	88 709	+ 5,35
Xb	„ „ nördlich	38 915	43 496	82 411	50 895	+ 61,92
XI	Oranienburger Vorstadt	60 398	60 617	121 015	102 251	+ 18,35
XII	Friedrich-Wilhelmstadt	10 951	9 692	20 643	19 607	+ 5,28
	Thiergarten-Vorstadt	4 212	6 102	10 314	5 495	+ 87,70
	Moabit	47 498	45 965	93 463	48 258	+ 93,67
XIII	Wedding	46 898	48 477	95 375	69 526	+ 37,18
	Summe	756 720	818 293	1 575 013	1 312 715	+ 19,98
	Aufserdem auf Schiffen	2 903	878	3 781	2 572	+ 47,00
	zusammen	759 623	819 171	1 578 794	1 315 287	+ 20,03

Nach der historischen Entwicklung der Stadt vertheilt sich die Einwohnerschaft des Jahres 1890 derart, dafs innerhalb der vormaligen Ringmauer mit der Stadterweiterung von 1828 im ganzen 662 673, in den älteren Vorstädten des Weichbildes bis 1860 im ganzen 461 646, in den neueren Vorstädten der seit 1861 erfolgten Einverleibungen im ganzen 450 694 Einwohner zu zählen waren.

Die Vertheilung der Bevölkerung nach der Entfernung vom Centrum und die Dichtigkeit für ein Quadratkilometer ist nachstehend ermittelt. Die Entfernungen sind dabei vom Standbilde des Grofsen Kurfürsten als Mittelpunkt der Stadt gerechnet.

	Entfernung vom Mittelpunkt der Stadt in Kilometern							Innerhalb des Weichbildes über 1 km vom Mittelpunkt
	0—1	1—2	2—3	3—4	4—5	5—6	6—7	
Bewohnerzahl	102 381	509 168	519 203	326 331	109 259	12 231	221	1 476 413
Flächeninhalt des Ringes in qkm	3,1416	9,4248	15,7080	19,1140	11,4550	3,5815	1,0220	60,3053
Dichtigkeit für 1 qkm	32 589	54 024	33 210	17 073	9 538	3 415	216	24 512

Die Dichtigkeit für 1 qkm ist also am gröfsten in dem Ringe von 1 bis 2 km Entfernung vom Centrum. Innerhalb der Ringe sind noch erhebliche Schwankungen je nach der Himmelsrichtung zu verzeichnen. So hat das Centrum die geringste Dichtigkeit im Westen mit 13 811, die gröfste im Süden mit 46 984. Im ersten Ring von 1 bis 2 km besitzen Theile des Westens nur 16 783, des Nordens dagegen 82 224 Personen auf 1 qkm. Letztere Zahl giebt überhaupt die gröfste vorkommende Dichtigkeit an.

I. Allgemeine Schilderung der Stadt Berlin.

Die Bevölkerung der Vororte hat namentlich in den letzten 15 Jahren ganz gewaltig zugenommen, und zwar in aufsteigendem Verhältnifs bis 1890. Das Verlangen nach billigeren Wohnungen und nach einem ruhigeren und angenehmeren Aufenthalt gegenüber dem Hasten und Treiben der Grofsstadt hat einen immer wachsenden Antheil der Gesamtbevölkerung den Vororten zugeführt.

Betrachten wir zunächst den ehemaligen sogen. weiteren Polizeibezirk, wie er seit Aufhebung des Regierungsbezirks Berlin bis zur Einführung der neuen Kreisordnung bestand, so ist die Bewohnerzahl in demselben, ausschliefslich Berlins, von 123 333 im Jahre 1880 auf 163 546 im Jahre 1885 und auf 268 507 im Jahre 1890 gestiegen, d. h. von 1880 bis 1885 um 32,60%, 1885—1890 um 64,20%. Nach den vorläufigen Ermittelungen der Zählung von 1895 hatte sich die Bevölkerung bis dahin auf 435 077 vermehrt, d. h. von 1890 bis 1895 um rd. 62%. Es ist also wieder ein kleiner Rückgang des procentualischen Zuwachses zu verzeichnen, wie auch in Berlin selbst. Berlin zusammen mit dem weiteren Polizeibezirke hatte 1875 an Einwohnern 1 070 807, 1880 schon 1 245 663, 1885 dann 1 478 833, 1890 schliefslich 1 847 301. Der Zuwachs betrug 1875—1880 18,72%, 1885 bis 1890 24,92%. 1895 war die Bevölkerung im Polizeibezirke mit Berlin auf 2 112 428 Personen gestiegen. Der Zuwachs von 265 127 Personen entspricht einer Stadt, die zwischen Frankfurt a. M. und Köln liegt.

Der genannte engere Bezirk kommt etwa demjenigem Umfange gleich, wie er für die Einverleibung in Aussicht genommen war. Genauer würde sich für die einzuverleibenden Vororte die Einwohnerzahl für 1890 auf 242 525 berechnen.

Für einen weiteren Umkreis bis auf 15 km vom Mittelpunkt der Stadt stellt sich die Bevölkerung für die Zählungen 1875, 1880, 1885, 1890 auf 164 391, 192 112, 242 637, 377 787 Einwohner ohne Berlin selbst und mit Berlin auf 1 131 249, 1 314 442, 1 557 924, 1 956 581. Der Zuwachs der Vororte ohne Berlin betrug 1875—1880 17,11%, 1880—1885 26,38%, 1885—1890 54,08%. Mit Berlin zusammen stellten sich in den letzten fünfjährigen Abschnitten diese Zahlen auf 18,53 bezw. 25,59%.

Als Beispiel der Entwicklung eines Vorortes sei Charlottenburg angeführt. Es zählte 1858 nur 11 233, 1875 bereits 25 847, 1880 30 483, 1885 42 371, 1890 76 859 und 1895 132 393 Einwohner. Die Zunahme belief sich also 1880—1885 auf 38,64%, 1885—1890 auf 81,43%, 1890—1895 auf 72,25%. Den bedeutendsten Zuwachs in Procenten zeigen 1885—1890 Weifsensee (mit Neu-Weifsensee) mit 132,71% und Schmargendorf mit 142,16%. Bei der letzten Zählung von 1895 wurden an Einwohnern ermittelt in Schöneberg 62 677, in Rixdorf 59 938, Lichtenberg 30 301, in Boxhagen-Rummelsburg 16 422, in Deutsch-Wilmersdorf 14 350, Pankow 11 931, Reinickendorf 10 677.

Steuerverhältnisse.

Die directen Staatssteuern betrugen in den Steuerjahren 1888/89—1893/94 auf den Kopf der Civilbevölkerung bezw. 14,82, 14,98, 15,44, 15,87, 20,60, 20,67. Der Sprung im April 1892 ergiebt sich aus dem Inkrafttreten des Gesetzes vom 24. Juni 1891 betreffend die Staats-Einkommensteuer. Der Gesamtbetrag steigt plötzlich von 25 266 519 im Jahre 1891/92 auf 33 484 367 im Jahre 1892/93. Das geschätzte Gesamteinkommen belief sich Ende 1892 auf 1 104 924 810 ℳ oder für den Kopf der Bevölkerung auf 666,20 ℳ

Die Verbrauchsabgaben betrugen auf den Kopf der Civilbevölkerung in den vier Steuerjahren 1888/89—1891/92: 39,89, 48,04, 42,61, 38,88 ℳ

Die Gesamtleistung der städtischen Abgaben (einschliefslich der Entwässerungsabgabe der an die Canalisation angeschlossenen Hausbesitzer) belief sich in den 10 Etatsjahren 1884—1894 auf 22,78, 23,30, 23,75, 24,55, 24,89, 24,58, 25,35, 24,66, 23,33 und 25,32 ℳ auf den Kopf der Civilbevölkerung. Die Steuereinnahme für 1893/94 ist mit 39 270 324 ℳ angegeben.

XXVI   I. Allgemeine Schilderung der Stadt Berlin.

Stadthaushalt.

Der Stadthaushalt läfst ebenfalls den Aufschwung Berlins seit 1870 erkennen. Steht doch die Stadt jetzt mit ihrem Etat an vierter Stelle im Deutschen Reiche. Nur Preufsen, Bayern, Sachsen haben einen gröfseren Etat.

Nach den Finalabschlüssen des Steuerjahres 1893/94 beliefen sich die Gesamtausgaben auf 125 494 266 ℳ, die Einnahmen auf 139 674 943 ℳ. Hierunter treten die Einnahmen und Ausgaben der städtischen Unternehmungen mit besonderen Etats (Gas-, Wasser- und Canalisations-Werke, Schlachthof, Markthallen usw. mit 56 433 922 bezw. 47 930 554 ℳ auf. An den Ausgaben nehmen theil die Unterrichtsverwaltung mit 14,16 Mill., die Armenverwaltung mit 9,14 Mill., die Krankenhäuser mit 4,7 Mill., die Bauverwaltung mit 21,22 Mill., die allgemeine Verwaltung mit 7,79 Mill. ℳ usw.

Der Stand der Activa betrug am 1. April 1894: 564 837 274 ℳ, der der Passiva 284 906 861 ℳ, die Activa standen also um 279 930 413 ℳ höher. Die Schuld der Stadt an Kaufgeldresten, Anleihen und Obligationen belief sich auf 276 687 475 ℳ. Dem gegenüber steht aber eine Forderung an die besonders verwalteten Unternehmen von 212 598 954 ℳ. Der Werth der städtischen Immobilien berechnete sich auf 356 585 226 ℳ, darunter 281 216 306 ℳ als Werth der für Verwaltungszwecke dienenden Grundstücke.

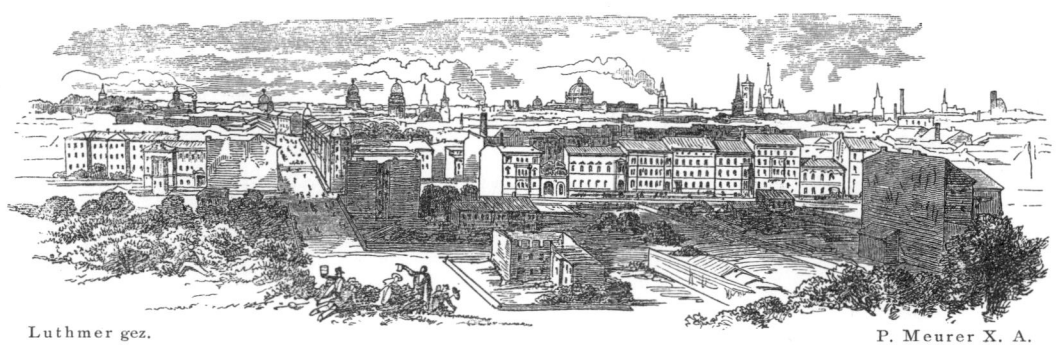

Luthmer gez.   P. Meurer X. A.

Abb. III. Berlin vom Kreuzberg aus gesehen. 1873.

Abb. IV. Die Promenade an den Zelten im Berliner Thiergarten gegen Ende des 18. Jahrhunderts.
(Nach dem Kupferstiche von Daniel Chodowiecki.)

II. Die geschichtliche Entwicklung Berlins.[1]

1. Berlin bis zur Mitte des 17. Jahrhunderts.

Ueber die Anfänge der Geschichte Berlins ist nur wenig bekannt. Seine Gründung als deutsche Stadt kann nicht vor 1225 erfolgt sein, da erst die in diesem Jahre zur Regierung gelangten brandenburgischen Markgrafen aus dem Hause Anhalt, Johann I. und Otto III., das Gebiet des Barnim und Teltow erwarben. Und zwar läfst die planmäfsige Vertheilung der Stadtflur darauf schliefsen, dafs es dabei um eine vollständige Neugründung, nicht etwa um die Erweiterung einer vorhandenen wendischen Dorf- oder Stadtanlage sich gehandelt hat. Anderseits ist allerdings anzunehmen, dafs an einem so wichtigen Punkte — dem einzigen gesicherten Flufsübergange zwischen Köpenick und Spandau — bereits eine ältere Niederlassung — vermuthlich eine slavische Kastellanei — sich befand. Dafür spricht vor allem der alte Eigenname des Ortes, der aus germanischen Sprachwurzeln nicht abzuleiten ist, den also die deutschen (überwiegend wohl dem niedersächsischen Stamme angehörenden) Ansiedler übernommen haben müssen.

---

[1] Bearbeitet von Architekt K. E. O. Fritsch. Eine eingehendere Darstellung der Entwicklungsgeschichte Berlins aus der Feder desselben Verfassers enthält die erste Ausgabe dieses Buches. Für die vorliegende Fassung sind die auf neue urkundliche Quellen gestützten Arbeiten von Dr. P. Clauswitz und R. Borrmann in „Die Bau- und Kunstdenkmäler von Berlin" (1893) entsprechend benutzt worden.

Dafs die Stadt von vorn herein als eine Doppelstadt — Berlin auf dem rechten Spreeufer, Köln auf der von den beiden Flufsarmen gebildeten Insel — in die Geschichte tritt, deutet darauf hin, dafs eine zweimalige Ansiedelung, wenn auch in kurzer Zeitfolge, stattgefunden hat. Berlin scheint der ältere Ort zu sein, da es sein Stadtrecht unmittelbar von Brandenburg erhalten hat, während Köln dasselbe von Spandau geholt hatte, wie das durch eine markgräfliche Verordnung von 1232 für die Städte des neu erworbenen Landes allgemein vorgeschrieben war. Die erste urkundliche Erwähnung von Köln rührt aus dem Jahre 1237, diejenige von Berlin aus dem Jahre 1244 her.

Dank den friedlichen Zuständen, die während des 13. Jahrhunderts im Lande herrschten und dank der günstigen Lage der Städte, die denselben bald eine den Handelsverkehr der ganzen Mittelmark beherrschende Stellung verlieh, sind dieselben jedenfalls ungewöhnlich schnell empor geblüht. 1253 hatte Berlin, dessen ältestes, etwa aus dieser Zeit stammendes Siegel beistehend abgebildet ist, bereits eine solche Bedeutung gewonnen, dafs Frankfurt a. O. sein Stadtrecht von ihm entlehnte und gegen Ende des Jahrhunderts zählten die Städte, welche ihr Gebiet mittlerweile durch Landankäufe erweitert und von den Markgrafen wichtige Rechte — neben der Zollfreiheit das Niederlage-Recht sowie den Holz- und Schiffszoll zu Köpenick — erworben hatten, zu den angesehensten der Mark Brandenburg.

Es ist glaubhaft, dafs sie schon damals durch eine (urkundlich zuerst im Jahre 1319 erwähnte) Ummauerung sich befestigt und damit die etwa den heutigen Stadttheilen Alt-Berlin und Alt-Köln entsprechende Ausdehnung erlangt hatten, die sie im wesentlichen bis zur Mitte des 17. Jahrhunderts behielten. Dagegen ist nicht zu entscheiden, ob sie von vorn herein auf einen solchen, immerhin ziemlich bedeutenden Umfang (von rund 73 ha Inhalt) angelegt waren oder ob vielleicht, wie es wahrscheinlich ist, auf der Berliner Seite eine dem raschen Anwachsen der Bevölkerung Rechnung tragende Erweiterung stattgefunden hat. Auf die Gestalt jener mittelalterlichen Befestigungswerke wird später, bei Vorführung des ältesten Stadtplans, der sie noch gröfstentheils erhalten zeigt, kurz einzugehen sein.

Abb. V. Das älteste Stadtsiegel von Berlin.

Vorläufig sei nur erwähnt, dafs in der Berliner Mauer drei, in der Kölner Mauer zwei Stadtthore — das Spandauer, Georgen- (Oderberger) und Stralauer, bezw. das Köpenicker und Gertraudten- (Teltower) Thor — sich befanden. Berlin besafs zu Anfang des 14. Jahrhunderts zwei Kirchen, die Pfarrkirche St. Nicolai und die Kirche St. Marien, zu denen noch die Klosterkirche der Franciscaner und die am Spandauer Thor gelegene Kapelle des Hospitals zum Heiligen Geist kamen; in Köln bestanden die Pfarrkirche St. Petri und die Klosterkirche der Dominicaner. Vor den gleichnamigen Thoren lagen auf der Berliner bezw. Kölnischen Feldmark die Kapellen der Hospitale zu St. Georg und St. Gertraudt. Die ältesten Rathhäuser beider Städte sind jedenfalls an den Marktplätzen derselben, dem heutigen Molkenmarkt, wo auch ein Roland gestanden haben soll, und dem heutigen Kölnischen Fischmarkt zu suchen. Das Kölnische Rathhaus behielt dauernd diesen Standort, während das Berlinische noch im Laufe des 13. Jahrhunderts — vielleicht bei Gelegenheit einer Stadterweiterung — an die Ecke der Spandauer und der Georgen- (heut Königs-) Strafse verlegt wurde. Den Markgrafen, die in Berlin eine Münze unterhielten, gehörten zwei von einem Vogte verwaltete Höfe in der Klosterstrafse, von denen der eine, das sogen. „Hohe Haus", befestigt war und zeitweise zum Aufenthalte der fürstlichen Herrschaften diente; an seine Stelle ist später das Lagerhaus getreten. Aufserdem waren sie Eigenthümer der gleichfalls mit einem Hofe verbundenen Mühlen am „Mühlendamm", der alten, wahrscheinlich noch aus der Zeit vor Gründung der Städte herrührenden Stauanlage,

II. Die geschichtliche Entwicklung Berlins.

die zugleich als Flufsübergang ausgebildet war und vom Marktplatze Kölns unmittelbar auf denjenigen Berlins führte. Eine zweite, flufsabwärts gelegene Verbindung zwischen beiden Spreeufern, die „Lange Brücke", entstammt wohl auch noch dem 13. Jahrhundert. —

Aus den unruhigen Zeiten, die im Laufe des 14. Jahrhunderts über die Mark hereinbrachen und die zunächst dem Kampfe der Häuser Luxemburg und Wittelsbach um die durch das Aussterben der Askanier erledigte Landesherrschaft entsprangen, gingen Berlin und Köln — dank ihrer klugen und vorsichtigen Politik — nicht nur ungeschwächt, sondern sogar mit einem nicht unwesentlichen Zuwachs an Macht hervor. Einen namhaften Antheil hieran hatte wohl der Umstand, dafs sie seit 1307 eine gemeinschaftliche Verwaltung sich gegeben hatten, die allerdings eine gewisse Selbständigkeit beider Städte nicht ausschlofs. Von Markgraf Waldemar erwarben sie im Jahre 1317 das Recht, dafs ihre Bürger nur daheim vor Gericht gestellt werden konnten, von Markgraf Otto im Jahre 1369 (zusammen mit den Ständen von Barnim und Lebus) das Münzrecht, von Markgraf Jobst von Mähren im Jahre 1392 endlich die volle Gerichtsgewalt, sodafs ihre Stellung fortan als eine nahezu selbständige gelten konnte. Ihre Bedeutung unter den Orten des Landes läfst sich daran ermessen, dafs im Jahre 1345 der erste allgemeine Landtag der Mark nach hier berufen wurde; auch die Thatsache, dafs die Kirchenfürsten des Landes, die Bischöfe von Brandenburg, Havelberg und Lebus, die Aebte von Lehnin und Zinna in Berlin Häuser erwarben, spricht dafür, dafs dieses mehr und mehr als die natürliche Hauptstadt der Mark angesehen wurde. An den Städtebündnissen, die einzelne Theile der letzteren zum Schutze des Landfriedens abschlossen, nahm Berlin-Köln hervorragenden Antheil; dagegen scheint seine Verbindung mit der Hansa stets nur eine lockere gewesen zu sein. — Welch reiche Mittel der Handel den Städten zuführte, kann man daraus schliefsen, dafs diese trotz mehrerer Unglücksfälle — langjähriger, nur durch schwere Sühngelder zu lösender Kirchenbann, eine kurze Belagerung durch König Waldemar von Dänemark im Jahre 1349, ein verheerender Stadtbrand im Jahre 1380 — in der Erwerbung der zunächst gelegenen Ortschaften weitere Fortschritte machten und dafs Bürger derselben in mehr als 90 Dörfern der Mark Grundbesitz und Rechte besafsen. —

Ueber bemerkenswerthe Bauten aus dieser Zeit ist nichts zu berichten; das Schöffenhaus, welches nach der Einigung von 1307 auf der Grenze beider Städte, an der Langen Brücke errichtet wurde, scheint ein unbedeutender Holzbau gewesen zu sein. Doch ist zu beachten, dafs die Ausführung der oben genannten Bauten, insbesondere der beiden Klosterkirchen, sich bis in die ersten Jahrzehnte des 14. Jahrhunderts erstreckte und dafs bei anderen, so bei den Thoren, eine nahezu vollständige Erneuerung stattgefunden haben dürfte. Eine solche machte der Stadtbrand von 1380 nicht nur an den beiden Hauptkirchen, sondern auch bei der Mehrzahl der Bürgerhäuser Berlins erforderlich. Es dürfte damals erst der Holzbau durch den Massivbau ersetzt und die geschlossene Bauart der Strafsen eingeführt worden sein.

Als mit dem Uebergange der Landesherrschaft an die Hohenzollern die Staatsgewalt erstarkte und die Fürsten Brandenburgs das Ziel sich setzten, die unter dem früheren kraftlosen Regiment theils veräufserten, theils verloren gegangenen landesherrlichen Rechte allmählich wieder in ihrer Hand zu vereinigen, konnte eine Stellung, wie Berlin und Köln sie sich errungen hatten, natürlich nicht aufrecht erhalten werden. In einem Streite über Verfassung und Vermögensrechte, der zwischen beiden Städten ausgebrochen war, zum Schiedsrichter berufen, gab Kurfürst Friedrich II. denselben im Jahre 1442 zunächst eine neue Verfassung, nach welcher wiederum eine getrennte Verwaltung und zwar unter Zuziehung der Gewerke eingeführt wurde; die Städte verpflichteten sich zugleich, den von ihnen gewählten Rath der Bestätigung des Kurfürsten zu unterwerfen und ohne seine Erlaubnifs keine Bündnisse abzuschliefsen. Um der ihnen wegen eines Lehnsfehlers drohenden Beschlagnahme einiger werthvoller, erst im Jahre 1435 erworbener Güter zu entgehen, mufsten sie überdies auf ihre bisherige Gerichtsgewalt und das Niederlage-Recht verzichten und sich zur Abtretung eines Bauplatzes für ein innerhalb der Stadt Köln zu erbauendes kurfürstliches Schlofs sowie des gemeinsamen Rathhauses verstehen. Und als der Widerstand gegen die neue Ordnung der Dinge im Jahre 1448 zu einem Aufruhr geführt hatte, wurden auch die einzelnen Bürger, die sich bisher im Besitze markgräflicher Lehen befunden hatten, dieser für verlustig erklärt. Damit war die frühere Selbständigkeit Berlins und seine politische Macht für immer vernichtet. Es hatte für dieselbe allerdings die Anwartschaft eingetauscht, fortan fürstliche Residenz und Landeshauptstadt zu werden. Thatsächlich hat schon Kurfürst Friedrich II. von 1449 bis zum Schlusse seiner Regierung (1470) hier seinen Hauptwohnsitz gehabt und zwar seit 1451 in dem von einem Chronisten als „frenum antiquae libertatis" bezeichneten neuen Schlosse zu Köln.

Die Ausführung dieses mit Mauern und Thürmen befestigten Schlofsbaues, dem ein Theil der Kölnischen Stadtmauer zum Opfer fiel, und von dem einige unkenntliche Reste wohl noch in den Osttheilen des Königlichen Schlosses erhalten sein dürften, ist zugleich das wichtigste bauliche Ereignifs des 15. Jahrhunderts in Berlin. Neben ihm sind nur noch der Bau des Marienkirchthurms, die Errichtung der Marien-Kapelle und die Erneuerung des Langhauses von St. Nicolai, sowie die Ausführung einer Kapelle an Stelle der späteren Jerusalems-Kirche und eines neuen Kapitelhauses im Franciscaner-Kloster zu erwähnen. Ein abermaliger, umfangreicher Stadtbrand im Jahre 1483 machte die Erneuerung vieler Wohnhäuser erforderlich. Von Wasserbauten kommen der Bau einer Schleuse im linken Spreearm, an dem westlich von Köln liegenden Werder, mit der wohl bereits Mühleneinrichtungen verbunden wurden, und die Anlage des Landwehrgrabens in Betracht. Der Lauf des letzteren entsprach im wesentlichen demjenigen des heutigen Schifffahrtscanals.

Nach Fidicin's Angabe waren gegen die Mitte des 15. Jahrhunderts zu Berlin 724, zu Köln 312 Wohngebäude vorhanden. Indem er annimmt, dafs jedes Haus nur von einer Familie bewohnt gewesen sei und dafs diese einschliefslich des Gesindes durchschnittlich sechs Personen gezählt habe, schätzt er die damalige Gesamteinwohnerzahl unter Hinzurechnung des kurfürstlichen Hofgesindes und der Geistlichkeit auf rd. 7000 Seelen. Dr. Clauswitz geht von der Notiz des Stadtbuchs aus, dafs im Jahre 1400 in Berlin 46 Knochenhauer ihr Gewerbe betrieben. Da vor Einführung der Gewerbefreiheit in derjenigen märkischen Mittelstadt, welche verhältnifsmäfsig die meisten Schlächter zählte, auf einen Schlächter rd. 300 Köpfe kamen, so gelangt er unter Zugrundelegung dieser Zahl zu der Annahme, dafs Berlin schon damals wenigstens 13 800, zusammen mit Köln aber über 20 000 Einwohner gehabt habe. Vermuthlich dürfte bei der ersten Annahme der Kindersegen und die Gesinde- bezw. Gesellenzahl der Berliner Bürger ebenso unterschätzt sein, wie bei der zweiten ihr Fleischverbrauch. —

Als wirkliche Residenz durfte die Stadt seit dem Regierungsantritt des Kurfürsten Johann (1486—1499) sich betrachten, der als erster unter den Hohenzollern seinen dauernden Aufenthalt in der Mark nahm. Doch waren die Verhältnisse, die unter seiner und seines Sohnes Joachim I. Regierung im Lande herrschten, noch nicht dazu angethan, in ihr ein regeres Leben zu entfalten und ihr die Verluste zu ersetzen, die sie durch das allmähliche Zurückgehen der Hauptquelle ihres bisherigen Gedeihens, des Handels, erlitt. Erst die glänzende Hofhaltung Joachims II. (1535—1571), unter dem im Jahre 1539 die Reformation eingeführt wurde, brachte einen kleinen, wenn auch nur äufserlichen Aufschwung. Aus den Schofsbüchern ist zu ersehen, dafs 1567 in Berlin 830, 1587 aber 889, 1574 in Köln 395 Häuser vorhanden waren. Auch die Anfänge einer vorstädtischen Bebauung begannen sich zu zeigen, wenn auch die ältesten Schofsbücher der damaligen Zeit vor dem Georgenthor nur 10, vor dem Gertraudtenthor 15 und vor dem Köpenicker Thor 11 Häuser anführen.

Die baulichen Hauptveränderungen, die während des 16. und in der ersten Hälfte des 17. Jahrhunderts in Berlin und Köln sich vollzogen, hingen sämtlich mit dem kurfürstlichen Schlosse und seiner Umgebung zusammen. Joachim II., der im Jahre 1536 die bisherige Klosterkirche der Dominicaner zu einem Dom ausbauen liefs und diesen zur Hof- und Gruftkirche seines Geschlechtes bestimmte, wandelte von 1538 ab durch einen umfangreichen Erweiterungsbau auch die Burg seiner Väter zu einem prächtigen Fürstensitze im Geschmacke der Zeit um. Unter seinen Nachfolgern wurden diese Bauten unter Zuziehung italienischer Künstler ergänzt und nach Westen hin fortgesetzt, sodafs die Anlage fast schon den

II. Die geschichtliche Entwicklung Berlins.   XXXI

Umfang des heutigen Schlosses erlangte und nahezu über die ganze Breite der Insel Köln sich erstreckte. In einem Nebengebäude wurden die Hofapotheke und die Münze, in einem an der Nordwestecke errichteten Thurme, in den später die Münze verlegt wurde, eine Wasserkunst untergebracht; der nördlich vom Schlosse liegende untere Theil der Spree-Insel, der bis dahin niedriges Sumpfland gewesen war, wurde aufgehöht und zum Garten eingerichtet. Weitere Nebengebäude für die Hofdienerschaft usw. erhielten ihren Platz auf dem von dem linken Spreearme umflossenen Werder, wo schon die Schleuse und eine Mühlenanlage sich befanden. Auch an den westlich dieses Spreearmes liegenden Thiergarten, nach welchem vom Schlofsbezirke eine Brücke, die „Hundebrücke", führte, wurde die ordnende Hand gelegt; an seinem Saume entstand (an der Stelle der heutigen Reichsbank) ein kurfürstlicher Jägerhof.

Von einer Entwicklung der Stadt an sich kann während des ganzen, zweihundertjährigen Zeitabschnittes vom Verluste ihrer Selbständigkeit bis zum Regierungsantritte des Grofsen Kurfürsten sowohl in materieller wie in geistiger Beziehung kaum die Rede sein. Sie war im wesentlichen zu einer Ackerstadt herab gesunken und behauptete über andere Orte der Mark ein gewisses Uebergewicht nur infolge des gröfseren Verkehrs, den der Hof und die Landesverwaltung hier hervorriefen. Weder die Ansiedelung verschiedener Mitglieder des Hofadels und hoher Staatsbeamten, die sich hier Häuser bauten, noch die Aufnahme niederländischer Protestanten, denen Kurfürst Johann Georg hier Zuflucht gewährt hatte, noch endlich die von demselben Herrscher bewirkte Gründung einer Gelehrtenschule, der die Gebäude des ehemaligen Grauen (Franciscaner-) Klosters zum Sitz angewiesen wurden, waren imstande einen merkbaren Einflufs zu äufsern.

Die Seelenzahl beider Städte um 1590 wird zu 12000 angegeben. Einer Pestepidemie erlag im Jahre 1598 etwa ein Viertel der Einwohner und eine zweite Epidemie von 1611 forderte neue Opfer. Dagegen sind, wie Dr. Clauswitz überzeugend nachgewiesen hat, die Drangsale, welche der dreifsigjährige Krieg über Berlin verhängte, nicht ganz so grofs gewesen, wie man nach den beweglichen, aber meist in bestimmter Absicht übertriebenen Schilderungen der Zeitgenossen glaubte annehmen zu können. Es haben von den Städten allerdings sehr bedeutende Geldopfer gebracht werden müssen, welche eine allgemeine Verarmung zur Folge hatten, aber von feindlicher Besatzung sind sie niemals heimgesucht worden und ein drückender Mangel an Lebensmitteln hat in ihnen nie geherrscht. Die Zerstörungen, welche stattfanden, beschränkten sich darauf, dafs bei Annäherung des Feindes in den Jahren 1640 und 1641 von den kurfürstlichen Truppen die vorstädtischen Häuser, welche der Vertheidigung des Walles entgegenstanden, abgebrochen oder niedergebrannt wurden. Eben so wenig ist man berechtigt, aus der Thatsache, dafs im Jahre 1657 nur 6197 kopfsteuerpflichtige Einwohner gezählt wurden, auf eine Entvölkerung der Städte zu schliefsen; denn es waren von dieser Steuer so viele Personen befreit, dafs die wirkliche Einwohnerzahl danach auf mindestens 10000 Seelen geschätzt werden darf.

Für einen nicht völlig trostlosen Zustand der Dinge scheint es auch zu sprechen, dafs der junge kraftvolle Herrscher, welcher im Jahre 1640 zur Regierung gelangt war, Kurfürst Friedrich Wilhelm der Grofse, noch vor Abschlufs des Friedens und unmittelbar nach demselben daran gehen konnte, nicht allein die während des Krieges in Verfall gerathenen Bauten seiner Residenz wieder herzustellen, sondern auch bereits eine Erweiterung und Verschönerung derselben einzuleiten. Aus dem Jahre 1646 wird von der Anlage eines neuen Baumgartens und von der Umgestaltung des weiter aufgehöhten Lustgartens in einen mit Statuen und Grotten geschmückten Park berichtet, in dem bald darauf 1650 bezw. 1652 ein Lusthaus und eine Orangerie erbaut wurden. 1647 wurde ein neues Reithaus auf dem Werder errichtet und mit der Erbauung einiger Häuser für Hofbediente usw. jenseits der Hundebrücke sowie mit der Anpflanzung einer von dort bis zum Thiergarten reichenden, aus sechs Reihen von Linden und Nufsbäumen bestehenden Allee (der späteren Strafse „Unter den Linden") der Anfang zu einer neuen Vorstadt gemacht. Im Jahre 1653 wurden die Schleuse und die mit ihr verbundenen Mühlenanlagen einer Erneuerung unterzogen.

XXXII II. Die geschichtliche Entwicklung Berlins.

Aus dieser Zeit stammt der erste auf uns gekommene Plan von Berlin, den der seitens des Kurfürsten zur Ausführung der von ihm geplanten Bauten aus Holland berufene Ingenieur und Architekt Johann Gregor Memhard für Zeilers Topographie gezeichnet

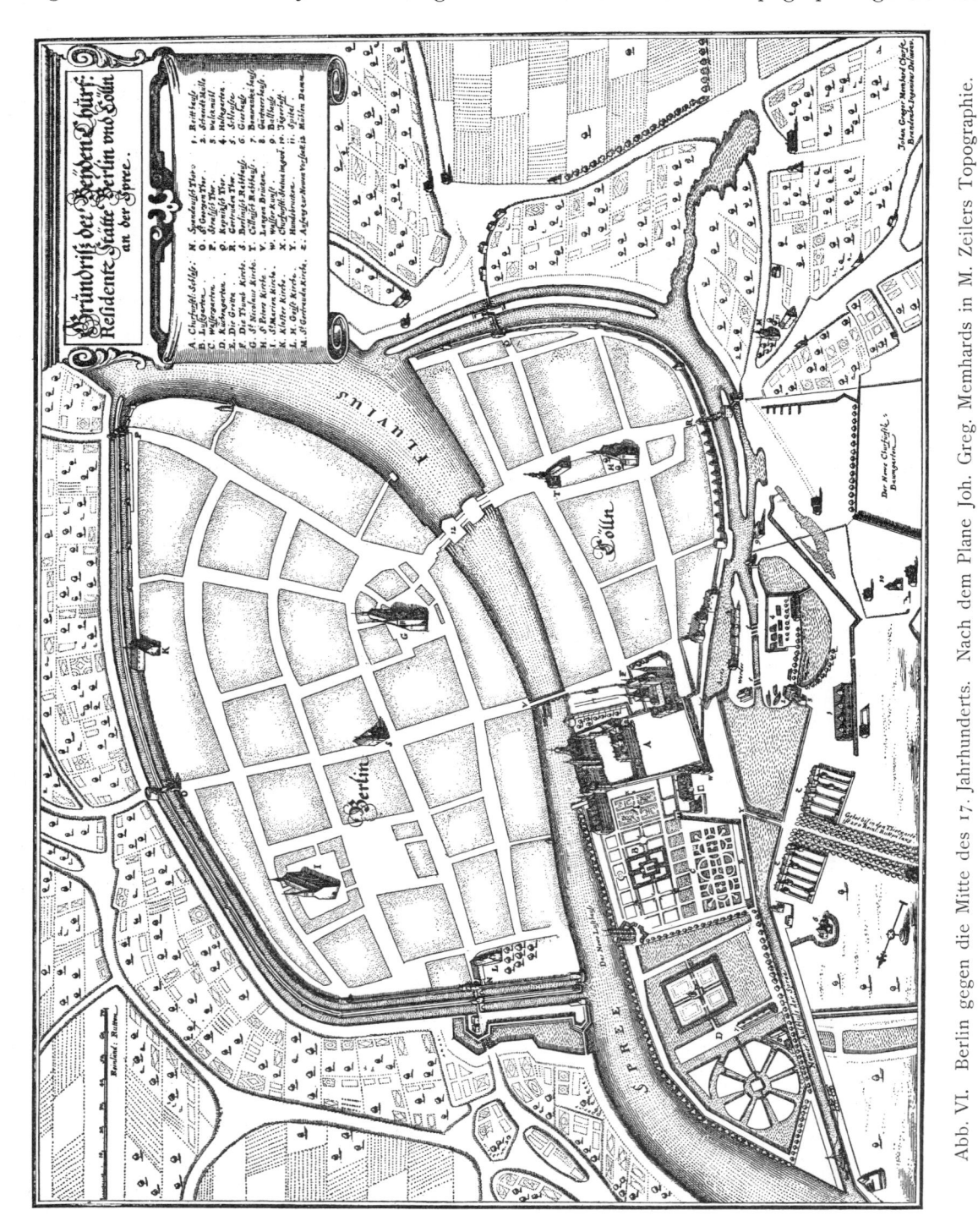

Abb. VI. Berlin gegen die Mitte des 17. Jahrhunderts. Nach dem Plane Joh. Greg. Memhards in M. Zeilers Topographie.

hat und der in Abbildung VI in entsprechender Verkleinerung wiedergegeben ist. Er ist für uns von besonderer Wichtigkeit, nicht allein, weil er die dem Zeichner zunächst am Herzen liegenden Bauten und Anlagen der kurfürstlichen Residenz in ihrem damaligen Zustande

Abb. VII. Berlin gegen die Mitte des 17. Jahrhunderts. Ansicht von der Westseite. (Nach dem Kupferstiche von Caspar Merian.)

Abb. XV. Berlin im 3. Jahrzehnt des 18. Jahrhunderts. Ansicht von der Nordseite. (Nach dem Walther'schen Stadtplane von 1737.)

Berlin und seine Bauten. I

mit grofser Treue und Sorgfalt zur Darstellung bringt, sondern auch deshalb, weil er in dem übrigen, mehr summarisch gehaltenen Theile des Planes die öffentlichen Gebäude, die Kirchen und Rathhäuser, vor allem aber die mittelalterliche Stadtbefestigung, soweit sie damals noch erhalten war, mit gleicher Sorgfalt behandelt. Was wir von der letzteren wissen, beruht zur Hauptsache auf diesem Plane. Deshalb ist hier der geeignete Ort, ihr nachträglich noch einige Worte zu widmen. Es sei zugleich auf Abb. IX verwiesen, in welcher neben den späteren Befestigungswerken auch die mittelalterliche Mauer mit ihren Thoren und Thürmen in den heutigen Stadtplan eingetragen ist.

Die Führung der Mauer vom Oberlauf zum Unterlauf der Spree entsprach danach auf der Berliner Seite genau dem Zuge der heutigen Neuen Friedrichstrafse, die als Wallstrafse entstanden ist. Um einen Anschlufs an die in ihrem oberen (südlichen) Haupttheile dem Ufer des linken Spreearmes folgende, in ihrem nördlichen Theile die Insel Köln durchquerende Kölnische Mauer zu gewinnen, war jedoch die Berlinische Mauer nicht blofs bis zum Wasser, sondern von dort, im scharfen Winkel umspringend, noch je ein Stück am Ufer weiter geführt worden, wo sie in zwei Thürmen endete, welche den entsprechenden Abschlufsthürmen der Kölnischen Mauer etwa gegenüber lagen. Zwischen den beiderseitigen Thürmen befand sich im Flusse je ein starkes Pfahlwerk, dessen schmale Durchfahrtsöffnung mit einem „Wasserbaum" geschlossen werden konnte.

Nach den vorliegenden Nachrichten und den an einigen (bis vor kurzem noch vorhandenen) Resten angestellten Messungen läfst sich annnehmen, dafs die in ihrem unteren Theile aus Granit, in ihrem oberen aus Ziegeln hergestellte Mauer bei etwa 9 m Höhe eine Stärke bis zu 1,75 m gehabt hat. Die Thürme, vorwiegend, wenn nicht ausschliefslich Rundthürme, mögen zum Theil bis zu 25 m Höhe empor geragt haben und waren entsprechend stärker; neben ihnen war eine auf der Kölnischen Seite ziemlich beträchtliche Zahl von Weichhäusern vorhanden. Hier beschränkte sich die Befestigung auf die Mauer selbst, da der Flufs den Wallgraben ersetzte und die sumpfige Beschaffenheit des jenseitigen Ufers eine Annäherung überhaupt erschwerte. Auf der Berliner Seite war dagegen vor der Mauer ein etwa 15 m breiter Graben ausgehoben worden, der vom Oberwasser aus gespeist wurde und an seiner Mündung ins Unterwasser durch ein Wehr (Mönch) gestaut werden konnte; der betreffende Eckthurm, der zum Schutze dieser Stauvorrichtung diente, führte daher auch den Namen „Mönchsthurm". Auf diesen ersten Graben folgte ein etwa 7,50 m bis 10 m breiter Erdwall und auf diesen ein zweiter Graben; man nimmt an, dafs beide erst im 15. Jahrhundert, als es um Sicherung gegen Geschützangriffe sich handelte, hinzugefügt worden sind. Die Thore, deren Zahl und Namen schon früher erwähnt wurden, bestanden aus einem inneren Gebäude im Zuge der Mauer, aus einem zweiten Thorhause auf dem Wall bezw. den im linken Spreearme vorliegenden (vielleicht künstlich geschaffenen) Werdern und einem Aufsenwerk. Das letztere ist auf dem Memhard'schen Plane am Köpenicker und Spandauer Thor allerdings nicht mehr zu erkennen; dort ist eine Vormauer auf dem Werder eingezeichnet, hier zeigt sich vom Thore bis zur Spree ein Stück moderner Befestigungsanlage mit zwei Bastions, das vermuthlich während des dreifsigjährigen Krieges geschaffen worden war. — In ihrer äufseren Erscheinung stellen sowohl die Thürme, welche zum Theil mit massiven Kegelspitzen, zum Theil mit Zinnen abgeschlossen waren, wie die Thore als schlichte Nutzbauten sich dar. Ihnen eine künstlerische Ausbildung zu geben, wie das in so hervorragender Weise in Stendal, Tangermünde, Königsberg i. d. N.-M. und noch vielen kleineren märkischen Städten geschehen ist, scheint dem nüchternen Sinne der alten Berliner offenbar völlig fern gelegen zu haben.

Ein Gesamtbild der Stadt, und zwar von ihrer günstigsten Seite, mit der Baugruppe der kurfürstlichen Residenz und der Domkirche im Mittelpunkte, der Linden-Allee im Vordergrunde, ist uns durch den in Caspar Merians bekanntem Werke enthaltenen Kupferstich überkommen, den Abb. VII verkleinert wiedergiebt. Die Zeichnung zu demselben mufs zu derselben Zeit wie der Memhard'sche Plan, also im sechsten Jahrzehnt des 17. Jahrhunderts entstanden sein und liefert eine willkommene Ergänzung des letzteren. Nach den Proben, die man anzustellen in der Lage ist, darf sie auf einige Zuverlässigkeit Anspruch machen.

2. Berlin von der Mitte des 17. bis zum Anfang des 19. Jahrhunderts.

Die sehr geringe Entwicklung, welche Berlin und Köln von der Mitte des 15. Jahrhunderts bis zum dreifsigjährigen Kriege erfahren hatten — eine Erscheinung, die um so auffälliger ist, wenn man sie mit dem gleichzeitigen Aufblühen anderer deutscher Städte vergleicht —, hat ihren Hauptgrund allerdings in den ungünstigen wirthschaftlichen Verhältnissen des ganzen Landes. Sie entsprang aber auch zu einem grofsen Theile dem Umstande, dafs die Landesfürsten, welche die mittelalterliche Selbständigkeit der Städte gebrochen hatten, sich nicht veranlafst fühlten, nunmehr ihrerseits deren weitere Entwicklung planmäfsig zu fördern. Was sie in ihrer Residenz geschaffen hatten, war zunächst lediglich im Interesse ihres Hofhaltes geschehen und kam den Einwohnern derselben nur mittelbar insofern zu gute, als jenen dadurch Gelegenheit zu Verdienst gegeben wurde. Eine Aenderung in diesen Verhältnissen, Bewegung statt des bisherigen Stillstandes, konnte nur eintreten, wenn die der Bürgerschaft verloren gegangene Fähigkeit der Initiative durch eine entsprechende Initiative der Herrscher ersetzt wurde. Zu dieser Einsicht ist zuerst der Grofse Kurfürst (1640—1688) gelangt und indem er mit der ihm eigenen Kraft ihr auch die That folgen liefs, hat er, wie zu der Macht und Gröfse des preufsischen Staates, so auch zu der ganzen neueren Entwicklung Berlins den Grundstein gelegt. Auf dem von ihm eingeschlagenen Wege sind demnächst seine Nachfolger zielbewufst fortgeschritten. Das unmittelbare, gröfstentheils persönliche Eingreifen der Monarchen in alle bedeutsamen Angelegenheiten ihrer Hauptstadt, ihre unablässige Sorge für eine Erweiterung und Verschönerung derselben sind es, welche dem nunmehr zu betrachtenden Zeitabschnitt seine bezeichnende Eigenart verliehen haben.

Nachdem die schlimmsten Schäden des grofsen Krieges überwunden waren und Brandenburg als Bundesgenosse Schwedens in dem Kampfe wider Polen eine glänzende Probe seiner wieder erlangten Macht abgelegt hatte, war die erste Sorge des Kurfürsten darauf gerichtet, in den noch zu erwartenden Kämpfen nicht nur die Stadt gegen feindliche Ueberfälle zu sichern, sondern auch in ihr einen Stützpunkt für die Vertheidigung des Landes zu gewinnen. Berlin wurde zur Festung gemacht. Unter Memhards Leitung, an dessen Stelle später de Chieze und Blesendorf traten, begannen im Jahre 1658 die Arbeiten, zu denen der Herrscher selbst unter Mitwirkung des Feldmarschalls Grafen Sparr die Pläne ausgearbeitet hatte. Sie wurden so eifrig gefördert, dafs im Jahre 1662 die Berlinische, 1674 die Kölnische Seite der Festung so weit vollendet waren, dafs diese bei dem Einfalle der Schweden in die Mark bereits eine Rolle spielen konnte; ihren vorläufigen Abschlufs erhielten sie im Jahre 1683 durch den Bau des neuen monumentalen Leipziger Thores, nachdem von 1681 ab auch die inzwischen entstandene Dorotheenstadt (Neustadt) der Befestigung angeschlossen worden war. Eine noch von dem Grofsen Kurfürsten geplante Vervollständigung bezw. Verbesserung der Festungswerke ist erst unter seinem Nachfolger zur Ausführung gelangt; einen im Auftrage des letzteren ausgearbeiteten, noch weiter gehenden Entwurf, welcher die Dorotheenstadt und die Friedrichstadt in den geschlossenen Festungsring einfügen wollte, hat man dagegen wieder fallen lassen.

Abb. VIII giebt in etwas gröfserem Mafsstabe den Plan der in Wirklichkeit fertiggestellten Festungswerke nach ihrer Lage im heutigen Stadtplane, während Abb. IX, deren Mafsstab mit den später mitzutheilenden Stadtplänen von 1778 und 1861 übereinstimmt, die Festung mit den im Jahre 1698 thatsächlich vorhandenen Strafsen und Bauten zeigt sowie zugleich den oben erwähnten Entwurf zur Erweiterung derselben enthält.[1]

---

[1] Der Plan Abb. IX ist die verkleinerte Nachbildung eines Theils von einem alten Pergamentplan, der im Besitze der Stadt Berlin sich befindet und früher bei der gerichtlichen Entscheidung von Grenzstreitigkeiten die Rolle eines urkundlichen Beweisstückes gespielt hat. Da das Original in sehr beschädigtem Zustande sich befindet, so ist es neuerdings copirt worden. Eine Veröffentlichung dieses Planes, der wohl berechtigt sein dürfte, neben denjenigen von Lindholz, La Vigne und Kauxdorff als ebenbürtige Quelle zu gelten, ist bisher noch nirgends erfolgt.

Abb. X. Berlin am Schlusse des 17. Jahrhunderts.
(Nach einer Kopfleiste in Begers Thesaurus Brandenburgicus.)

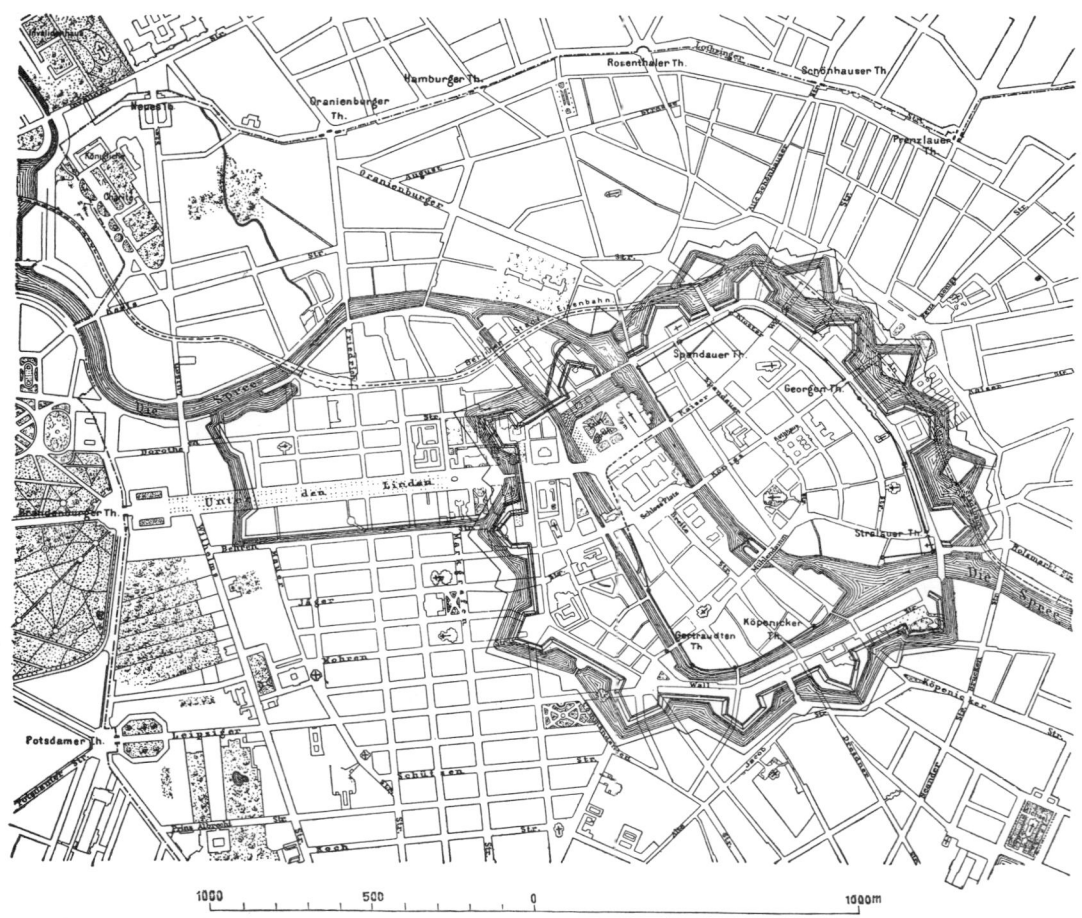

Abb. VIII. Plan der Festungswerke von Berlin nach ihrer Lage im heutigen Stadtplane.
(Nach R. Borrmann.)

Von einer eigentlichen Beschreibung der Befestigungsanlagen, die sich auf der Berliner Seite der Linie der mittelalterlichen Stadtmauer anschmiegten, auf der Kölnischen dagegen auf das linke Spreeufer übergriffen und der Stadt ein nicht unbeträchtliches

II. Die geschichtliche Entwicklung Berlins.

Gebiet hinzufügten, kann an dieser Stelle wohl abgesehen werden. Es sei lediglich bemerkt, dafs die ursprünglichen, nach dem einfachen altniederländischen System angelegten Werke 13 durch Courtinen verbundene Bastions umfafsten und aus einem etwa 8 m hohen,

Abb. IX. Berlin im Jahre 1698.
(Nach einem in der Magistrats-Bibliothek befindlichen Pergamentplane.)

am Fufse der inneren Böschung mit Ziegeln bekleideten Hauptwalle, einer bis über die Linie des höchsten Wasserstandes mit Sandsteinplatten bekleideten „Faussebraye", einem (vor den Façen etwa 45 m breiten) nassen Graben, bedecktem Wege, Glacis und je einem ausspringenden palisadirten Waffenplatz vor den Thorbrücken bestanden. Die spätere Hinzufügung von fünf, dem neuesten französischen Befestigungssystem entsprechenden Ravelins auf der Berliner Seite machte natürlich einige Aenderungen der ursprünglichen Anlage erforderlich; gleichzeitig wurden die Wälle der letzteren bis zu halber Höhe mit Sandsteinplatten bekleidet. Zur Regelung des Wasserstandes in den Gräben dienten auf jeder Seite zwei Wehre mit Schleusen, von denen Theile des einen, des sogen. „Wusterhausener Bärs", noch auf einem Hofe der Neuen Jakobstrafse erhalten sind. Die Befestigung der Dorotheenstadt bestand aus einem Hornwerk mit zwei Halbbastions nach Westen und einem Graben mit Palisadirung nach Süden, während den Schutz ihrer Nordseite einzig die Spree bildete.

Zu dem Strafsennetz der Stadt pafste die neue Festungsanlage leider sehr schlecht. Da die Vertheilung der Bastions innerhalb der Umwallungslinie lediglich nach fortificatorischen Grundsätzen erfolgt war, so war es nicht zu vermeiden gewesen, dafs mehrere dieser Bastions in die Richtung der nach den alten Thoren führenden Strafsenzüge fielen. Die neuen Festungsthore, mit alleiniger Ausnahme des Georgenthors, mufsten daher — zum Theil sehr erheblich — gegen die Lage der früheren verschoben werden. Doch gingen die Namen der letzteren auf sie über; nur der an Stelle des Gertraudten- (Teltower) Thors tretende neue Ausgang, der als Denkmalbau gestaltet wurde, erhielt den Namen Leipziger Thor. Nach Westen wurde die Umwallung in der Richtung der Hundebrücke und der „Plantage", jener im Jahre 1647 gepflanzten, nach dem Thiergarten führenden Linden-Allee durch ein „Neues Thor" unterbrochen. Die alte Stadtmauer verfiel übrigens nicht sofortigem Abbruch; auf der Kölnischen Seite wurde sie (mit Ausnahme der Thürme) erst in den achtziger Jahren des 17. Jahrhunderts, auf der Berlinischen sogar erst zu Anfang des 18. Jahrhunderts niedergelegt. Einige in den Häusern „an der Königsmauer" versteckte Reste hatten sich bis vor 10 Jahren erhalten. —

Wenn die Befestigung der Residenz ein Unternehmen war, das zunächst weniger im Interesse dieser als in demjenigen des ganzen Landes durchgeführt wurde, so ergab sich aus ihr doch zugleich der erste Anstofs zu einer Vergröfserung der Stadt und damit zur Einführung neuer Elemente in die Bevölkerung derselben. Eine namhafte Vermehrung der Einwohnerzahl und dadurch vermehrte Gelegenheit zum Erwerb war schon durch die Belegung der Festung mit einer starken Garnison bewirkt worden. Aber es war innerhalb derselben auch Raum für die Anlage eines ganzen neuen Stadttheiles (westlich von Köln, am linken Spreeufer) gewonnen worden, der sofort in Bebauung genommen und namentlich von den kurfürstlichen Beamten zur Ansiedelung gewählt wurde. Die eigenartigen Verfassungsverhältnisse der Gemeinden Berlin und Köln brachten es jedoch mit sich, dafs er keiner von diesen angegliedert werden konnte, und so verfiel man auf den Ausweg, ihn unter dem Namen „Friedrichs-Werder" zu einer selbständigen Stadt zu machen, deren erster Bürgermeister — beiläufig gesagt — der Ingenieur Memhard wurde. Im Jahre 1666 zählte dieselbe schon 92 Häuser; 1672 erhielt sie ein eigenes Rathhaus, während zu ihrer Kirche später das alte kurfürstliche Reithaus eingerichtet wurde. Bald nach 1670 erfolgte auf den der Kurfürstin Dorothea gehörigen Ländereien zwischen der Spree und der „Plantage" die Anlage einer vierten selbständigen Stadt, der schon oben erwähnten „Dorotheenstadt", welcher demnächst südlich jener Allee eine Fortsetzung gegeben wurde; ihre Kirche wurde 1687 vollendet. 1681 wurde auch der schmale Streifen am Südufer des linken Spreearmes, das sogenannte „Neu-Köln am Wasser", in Bebauung gezogen, während gleichzeitig vor den Thoren — namentlich im Norden, Osten und Süden — neue Vorstädte entstanden.

Die Bevölkerung aller dieser neuen Stadttheile bildete sich überwiegend durch Ansiedler von aufserhalb, die theils aus eigenem Antriebe der Hauptstadt sich zuwandten, theils einer durch den Kurfürsten an sie ergangenen Einladung folgten. Ein unschätzbarer Gewinn für die ganze weitere Entwicklung Berlins war insbesondere die im Jahre 1685 bewirkte Niederlassung einiger Tausend, durch das Edict von Nantes aus ihrer Heimath vertriebenen französischen Protestanten, die sich hier zu einer mit manchen Vorrechten ausgestatteten besonderen Colonie vereinigten. Ihrem Einflusse und Beispiele ist nicht nur eine wesentliche Verfeinerung der Umgangsformen in der Einwohnerschaft zu verdanken, sondern auch die Begründung einer selbständigen Industrie, an der es Berlin bis jetzt ganz

II. Die geschichtliche Entwicklung Berlins.

gefehlt hatte. Es wird von der Errichtung mehrerer Fabriken, insbesondere einer Zuckersiederei und einer Wollspinnerei berichtet. Ein Jahr später folgten diesen französischen Flüchtlingen, die ihren Sitz vorwiegend in der Dorotheenstadt aufgeschlagen hatten, Waldenser aus Piemont.

Auch in den beiden alten Städten hatten sich die Verhältnisse allmählich gebessert, namentlich seitdem die Einführung der Accise im Jahre 1668 den bis dahin fast ganz auf den Hausbesitzern lastenden Steuerdruck mehr vertheilt hatte. Erst damals gelangte ein Theil der Hausplätze, die seit dem Kriege wüst gelegen hatten, wieder zur Bebauung. Mit liebevollem Eingehen in alle Einzelheiten und nicht ohne Erfolg versuchten die kurfürstlichen Verordnungen der früheren Verkommenheit zu steuern. Scheunen und Schweineställe, welche letztere bis 1641 zum Theil auf der Strafsenseite der Häuser, unter den Fenstern sich befanden, wurden nach den Vorstädten verwiesen. Eine Bau- und Feuerordnung, welche hölzerne Schornsteine sowie Stroh- und Schindeldächer verbot, wurde erlassen, eine tägliche Reinigung und 1682 auch eine Beleuchtung der fast durchweg neu gepflasterten Strafsen und Plätze ins Werk gesetzt.

Bedeutsame Neubauten von monumentaler Haltung aufser denjenigen, welche durch die bereits erwähnten Unternehmungen bedingt wurden, sind unter der Regierung des Grofsen Kurfürsten nur in geringer Zahl errichtet worden; sie betreffen fast sämtlich das Schlofs oder zu demselben gehörige Nebenanlagen. 1661 wurde neben dem Schlosse ein neues Ballhaus, 1665—1670 der Marstall in der Breiten Strafse, 1685 ein neues Pomeranzenhaus im Lustgarten erbaut. Am Schlosse selbst entstanden in den achtziger Jahren der sogenannte Alabaster-Saal über dem nördlichen Theile des Quergebäudes und der Galeriebau an der Spree; kurz vorher waren an der Südfront, wo früher die Stechbahn sich befunden hatte, sowie am Glockenthurm des Domes steinerne Arkaden mit Kaufläden erbaut worden. Mit ähnlichen Arkaden wurde 1687 der Mühlendamm eingefafst und später auch der Winkel zwischen Ballhaus und Münzthurm ausgefüllt. Der Bau eines grofsen Bibliothekgebäudes an der Ostseite des Lustgartens wurde in Angriff genommen, gedieh aber nicht über die Anfänge hinaus und wurde später ganz eingestellt.

Von der Gesamterscheinung der Stadt im Todesjahre des Grofsen Kurfürsten liefert neben der kleinen, aus Begers Thesaurus Brandenburgicus entnommenen, in den architektonischen Einzelheiten allerdings sehr wenig genauen Abb. X die als Beilage beigefügte Kupferstich-Tafel eine Vorstellung. Letztere giebt in kleinerem Mafsstabe und in vereinfachter Behandlung den mittleren Theil eines grofsen, von dem Architekten Joh. Bernhard Schultz gezeichneten und in Kupfer gestochenen Stadtbildes wieder, das im Jahre 1688 erschienen ist und zufolge seiner mit ebenso grofser Gewissenhaftigkeit wie mit künstlerischem Geschick behandelten Darstellung die Hauptquelle für unsere Kenntnifs der älteren Bauten und Anlagen Berlins bildet.[1]) Man wird zugeben müssen, dafs der Eindruck Berlins, dessen Einwohnerzahl mittlerweile über die Ziffer 20000 gestiegen war, damals schon als ein sehr stattlicher bezeichnet werden konnte. —

Berlin zu einer verhältnifsmäfsig schönen Stadt zu machen, war erst dem Sohne und Nachfolger Friedrich Wilhelms des Grofsen, Kurfürst Friedrich III. (1688—1713) vorbehalten, der im Jahre 1701 als Friedrich I. das preufsische Königthum begründete. Wie sein Streben in der Politik dem Kerne nach darauf hinaus lief, der von seinem Vater errungenen Macht und Bedeutung des Staates den entsprechenden Ausdruck zu geben, so schwebten ihm gleiche Ziele auch bei Ausgestaltung seiner Residenz vor. Dafs er für diesen Zweck Mittel in Anspruch nahm, die weit über die Kräfte des Landes hinaus gingen, ist allerdings nicht in Abrede zu stellen, kann aber die Dankbarkeit nicht verringern, welche die Stadt Berlin als solche ihm schuldig ist. Niemals hat diese einen eifrigeren Förderer und Gönner, niemals hat die Kunst in Preufsen einen einsichtsvolleren und glücklicheren Pfleger gehabt als ihn. Dafür zeugen die Denkmale, die er geschaffen, wenn man es bisher auch versäumt hat, ihm selbst ein Denkmal zu setzen.

---

1) Der dem ersten Abschnitt dieses Bandes als Kopfbild vorangestellte Brandenburgische Wappenadler ist gleichfalls diesem Schultz'schen Kupferstich entlehnt.

Von den Arbeiten, die der Kurfürst in Erfüllung eines väterlichen Vermächtnisses an den Festungswerken ausführen liefs, ist bereits oben die Rede gewesen und auch der von ihm ins Werk gesetzten Anlage eines weiteren Stadttheils, der „Friedrichsstadt", ist im Zusammenhange mit den für sie geplanten Befestigungen schon gedacht worden. Noch im Jahre 1688 wurde für dieses neue, vom Südgraben der Dorotheenstadt bis zur Teltower Landstrafse reichende, die älteren Städte an Gröfse übertreffende Bauquartier, dessen Verwaltung später mit derjenigen des Friedrichswerder vereinigt wurde, das Strafsennetz ausgesteckt. Es schliefst in seiner strengen Regelmäfsigkeit demjenigen der Dorotheenstadt sich an, mit dem es vorläufig durch eine einzige Strafse, die Friedrichstrafse, in Verbindung gebracht wurde. Leider hat man es nicht nur damals, sondern auch später versäumt, dafür zu sorgen, dafs die Breite der letzteren innerhalb der Dorotheenstadt, wo sie bisher ein unbedeutendes Seitengäfschen der Hauptstrafse gewesen war, entsprechend gesteigert wurde — ein Versäumnifs, das heute nur mit einem unerschwinglichen Kostenaufwande gut gemacht werden könnte. Die gekrümmte Aufsenlinie des Stadttheils, die noch heute durch den Zug der Mauer- und Junkerstrafse bezeichnet wird, deutet darauf hin, dafs man von vorn herein mit der Absicht einer Befestigung derselben sich getragen hat, und die im Jahre 1700 geprägte schöne Medaille von Rudolf Faltz (Abb. XI) beweist, dafs an dieser Absicht lange festgehalten worden ist. Die Bebauung der Friedrichstadt, welche den Ansiedlern durch besondere Vergünstigungen (Steuererlasse und Gewährung von Baumaterial) erleichtert wurde, vollzog sich ziemlich schnell; 1695 wurden in derselben schon 300 Häuser gezählt. Zum grofsen Theil waren es die durch andauernden Nachschub verstärkten französischen Refugiés, die sich hier niederliefsen, sodafs eine Strafse nach ihnen benannt wurde; in den Jahren 1698 und 1699 nahm auch eine beträchtliche Anzahl vertriebener Wallonen, die vorher in der Pfalz ein Unterkommen gefunden hatten, ihren Wohnsitz in Berlin. Dafs sich jedoch die Bauthätigkeit der neu zuziehenden Einwohner keineswegs allein auf die Friedrichstadt erstreckte, lehrt der in Abb. X mitgetheilte Stadtplan von 1698, der schon eine sehr bedeutende Entwicklung der Vorstädte, namentlich im Nordosten und Osten zeigt; es war insbesondere die von den Franzosen eingeführte Gärtnerei, die hier in ausgedehntem Mafse getrieben wurde. — Es mag sogleich bemerkt werden, dafs im Jahre 1705 sowohl Friedrichstadt und Dorotheenstadt wie die Vorstädte auf der Berlinischen Seite durch einen Palisadenzaun mit Thoren und Accisehäusern umschlossen wurden, während gleichzeitig auch der Landwehrgraben verbreitert und mit Thorbrücken versehen wurde, eine Mafsregel, die wohl nicht allein den Steuerzwecken dienen, sondern auch die Desertionen der Soldaten erschweren sollte.

Die eigenen Bauunternehmungen des Herrschers, über welche im Folgenden nicht der Zeitfolge nach, sondern in zusammenfassender Weise berichtet werden soll, kamen jedoch nur zum kleinsten Theile diesem neu gewonnenen Gebiete, zur Hauptsache vielmehr den älteren Stadttheilen zu gute. Hier ist — neben so manchen Werken, die in ihrer

Abb. XII. Der Lustgarten und die Nordseite des Berliner Schlosses gegen 1700.
(Nach einer Vignette in Begers Thesaurus Brandenburgicus.)

Berlin und seine Bauten. 1896.

Berlin im Jahre 1688.
Nach dem Plan von Joh. Bernh. Schultz
gez. von Firmenich.

Gebr Ritter u Riegel gest.

II. Die geschichtliche Entwicklung Berlins.   XXXXI

schlichten Haltung mehr als Bedürfnifsbauten anzusehen sind — durch ihn eine Anzahl von Baudenkmalen geschaffen worden, die an Grofsartigkeit der Anlage, Monumentalität und Schönheit nicht nur alles übertrafen, was bisher in Berlin geleistet worden war, sondern in mancher Beziehung auch noch heute unerreicht dastehen.

Die vornehmste Stelle unter denselben nimmt der Schlofsbau ein, der im Jahre 1698 begann und beim Tode des Königs (1713) noch nicht ganz zur Vollendung gelangt war. Es ist demselben im Band II dieses Buches eine eingehende Darstellung gewidmet worden, die hier durch eine Vedute aus Begers Thesaurus Brandenburgicus (Abb. XII) ergänzt werden mag, weil diese neben der selten abgebildeten Lustgartenseite des Schlosses in seiner ersten Anlage einen Entwurf enthält, der ernstlich in Erwägung, aber schliefslich doch nicht zur Ausführung gekommen ist. Es ist der Plan, an Stelle des von dem Grofsen Kurfürsten begonnenen Bibliothekbaues auf der Ostseite des Lustgartens und mit Verwendung der bereits fertig gestellten Theile desselben ein grofses Galerie-

Abb. XI. Medaille von Rudolf Faltz. 1700.

Nr. 26. Nr. 25. Nr. 24.   Nr. 19. Nr. 18. Nr. 17.   Nr. 16.
Abb. XIV. Alte Häuser in der Breiten Strafse.
(Nach einer Handzeichnung vom Schlusse des 17. Jahrhunderts.)

Abb. XIII.
Berliner Stadtsiegel von 1709.

gebäude für die Hoffestlichkeiten, insbesondere zum Empfange fremder Gesandten zu errichten.

Als ebenbürtige Kunstleistungen reihen dem Schlosse das Zeughaus (begonnen 1695) und das im Jahre 1703 enthüllte Reiterstandbild des Grofsen Kurfürsten auf der im Steinbau erneuerten Langen Brücke sich an. Die vierte Stelle würde die Parochialkirche (begonnen 1695) einnehmen können, wenn diese nach dem ursprünglichen Entwurf und mit entsprechenden Mitteln zur Ausführung gelangt wäre. So wie letztere thatsächlich erfolgte (der Thurm ist erst später hinzu gefügt worden), mufs die Kirche — wie alle übrigen unter der Regierung Friedrichs I. in Berlin errichteten Gotteshäuser — zu den Bedürfnifsbauten gerechnet werden. Es sind als solche noch zu nennen: die Kirche in der Kölnischen Vorstadt, heute Luisenstädtische Kirche (1694), die durch Umbau des kurfürstlichen Reithauses hergestellte Kirche im Friedrichswerder (1699), die Wallonenkirche (1699), die beiden Kirchen auf dem Friedrichstädtischen Marktplatz, später Gensdarmenmarkt (1701), die Garnisonkirche (1701) und die Sophienkirche (1712). Etwas höher im Range steht die Kirche des im Jahre 1697 begonnenen Friedrichs-Hospitals, heute Waisenhauses, an der Stralauer Brücke.

Zu diesen Bauten treten ferner: Die neue ausgedehnte Marstallanlage in der Dorotheenstadt (seit 1688), deren vorderer Flügel nach 1696 für die neu gestiftete Akademie der Künste ausgebaut wurde, während in einem hinteren Flügel an der Dorotheenstrafse (mit einem Observatorium) bald darauf die Akademie der Wissenschaften ihren Sitz erhielt; der Hetzgarten (1693), ein zur Abhaltung von Thierkämpfen bestimmtes Amphitheater in dem Bastion hinter der Klosterkirche; das Posthaus an der Langen Brücke (1701), früher als Palais des Grafen Wartenberg angesehen; die Ritter-Akademie (1705) auf dem alten markgräflichen Hof in der Klosterstrafse; das Proviánthaus (1709) in dem Bastion am Stralauer Thor. Als Wasserbauten monumentaler Art sind neben dem Neubau der Langen Brücke die Erneuerung der Schleuse und die Anlage eines mit Werksteinen bekleideten Kais an der Burgstrafse zu erwähnen. Manche andere Bauabsichten, über die wir durch Pläne oder Berichte unterrichtet sind — so eine monumentale Umgestaltung des Schlofsplatzes und die Verbindung desselben mit der Jägerstrafse durch einen Colonnadenbau — konnten nicht verwirklicht werden, da zufolge des riesigen Geldaufwandes, den der Schlofsbau erforderte, Mittel für sie nicht aufzutreiben waren.

Mit Unterstützung des Kurfürsten bezw. Königs wurde von städtischer Seite 1693 das Berlinische Rathhaus durch einen Flügel an der Spandauer Strafse erweitert und 1710 an Stelle des Kölnischen Rathhauses ein stattlicher, im Thurm allerdings nicht zur Vollendung gelangter Neubau begonnen, der als die monumentale Folge der Thatsache zu betrachten ist, dafs der König aus souveräner Machtvollkommenheit im Jahre 1709 die Verfassungen der vier getrennt neben einander bestehenden Städte aufgehoben und diese zu einem einzigen Gemeinwesen vereinigt hatte, dem ein neues Siegel (Abb. XIII) verliehen wurde. Erst seit dieser Zeit ist der Gesamtname Berlin, der allerdings schon früher sich eingebürgert hatte, auch amtlich eingeführt.

Dafs auch die Palais und besseren Bürgerhäuser, die damals in den älteren Stadttheilen, vorwiegend von Mitgliedern des Hofadels und der Beamtenschaft, errichtet wurden, ihre Entstehung der Anregung und der Mithülfe des Herrschers zu danken hatten, ist in hohem Grade wahrscheinlich. Die unter einer gemeinschaftlichen Façade zusammengefafsten, mit Bogenlauben und Kaufläden versehenen Häuser an der Westseite des Schlofsplatzes liefs derselbe zum Ersatz der beim Neubau des Schlosses beseitigten Arkadengänge auf seine Kosten erbauen; seltsamer Weise übertrug sich auch auf sie, wie schon früher auf jene älteren Arkaden, der Name der „Stechbahn". Von der damaligen Erscheinung der Bürgerhäuser in einer der vornehmsten Strafsen der Stadt, der Breiten Strafse, hat sich eine Zeichnung von Dilettantenhand erhalten, welche Abb. XIV verkleinert wiedergiebt; man ersieht daraus, dafs neben älteren noch mit dem Giebel der Strafse zugekehrten Häusern aus dem 16. Jahrhundert, ja sogar noch aus mittelalterlicher Zeit, doch schon moderne Façaden mit parallel der Strafse laufenden Satteldächern überwogen.

Unter den Mafsregeln zur Hebung des geistigen Lebens der Stadt, die von Friedrich I. getroffen wurden, ist neben der Gründung der Akademie der Künste und Wissenschaften, von denen die erste mit einer Unterrichtsanstalt verbunden war, noch diejenige der Ritter-Akademie und drei neuer Gymnasien bemerkenswerth. Die Bücher- und Kunstsammlungen im Besitz der Krone wurden ansehnlich vermehrt, die letzteren zu einer sogenannten Kunstkammer sowie einem Münz- und Antiquitäten-Cabinet (im Schlosse) vereinigt. Ein (französisches) Hoftheater wurde im alten Marstall eingerichtet. Als die wichtigsten Verwaltungsmafsregeln erscheinen neben der Vereinigung der städtischen Magistrate die Zusammenfassung der polizeilichen Obliegenheiten in den Händen des Gouverneurs und die Begründung einer Armen-Commission und -Kasse.

Eine kurze Erwähnung verdienen endlich noch die Umgestaltungen und Verschönerungen, die unter der Regierung Friedrichs I. in der unmittelbaren Umgebung Berlins sich vollzogen. In Betracht kommt namentlich die Anlage der Schlösser Charlottenburg und Nieder-Schönhausen, der zu ihnen gehörigen Parks und der Stadt Charlottenburg.

II. Die geschichtliche Entwicklung Berlins.

Nach beiden Orten sowie nach dem östlich gelegenen Rosenfelde (später Friedrichsfelde) und zwischen anderen Punkten wurden Alleen angelegt; auch ein grofser Theil der Anlagen des Thiergartens, insbesondere diejenigen des Grofsen Sterns und des Zirkels an den Zelten mit den von ihnen strahlenförmig auslaufenden Alleen wurden schon damals begonnen.

Die Einwohnerzahl Berlins, welche im Jahre 1690 — also zu einer Zeit, da die Haupteinwanderung der französischen Emigrirten bereits erfolgt war — auf 21500 und im Jahre 1700 auf 29000 angegeben wird, soll bis zum Jahre 1712 bereits auf 61000 Seelen gestiegen sein. Es ist selbstverständlich, dafs in dieser Angabe ein Irrthum enthalten sein mufs, da ein so plötzlicher Sprung unter den obwaltenden Verhältnissen nicht wohl denkbar ist. Vermuthlich haben sich die Zählungen von 1690 und 1700 nicht auf alle Einwohner, sondern — wie schon früher — nur auf eine bestimmte Klasse von Steuerpflichtigen erstreckt. Immerhin hatte Berlin, das durch seine bauliche Entwicklung bereits die Aufmerksamkeit des Auslandes zu erregen anfing, mit der im Jahre 1712 erreichten Volkszahl unter die gröfsten Städte Deutschlands sich eingereiht. —

Von fast nicht minder grofser Bedeutung für Berlin als die Regierung seines Vaters wurde diejenige des Königs Friedrich Wilhelms I. (1713—1740), wenn sie auch in vielen Beziehungen in absichtlichen Gegensatz zu jener sich stellte und die idealen Interessen denen der Nützlichkeit und Zweckmäfsigkeit unterordnete. Ebenso bezeichnend wie die Thatsache, dafs der neue Herrscher den Hofstaat seines Vaters bis auf wenige Persönlichkeiten entliefs, ist es für seine Sinnesart, dafs er den Lustgarten des Schlosses in einen Exercierplatz verwandelte, die Anfänge des Galeriegebäudes an der Ostseite desselben zu einem Waschhause, den Pavillon daselbst zu einer Tapetenmanufactur (später zur Börse), die Ritter-Akademie zu einem Lagerhause und einer Tuchmanufactur bestimmte und den Hetzgarten zu einer Kadettenanstalt umbauen liefs.

Dafs es dem Könige trotzdem an Verständnifs und Liebe für monumentale Baukunst keineswegs fehlte, hat er jedoch nicht nur durch die pietätvolle Vollendung der beiden Hauptwerke seines Vaters, Schlofs und Zeughaus, sondern auch durch eine Reihe selbstständiger stattlicher Schöpfungen erwiesen. Mit richtigem Blicke hatte er für dieselben gerade dasjenige Gebiet sich ausersehen, auf welchem die von jenem ausgeübte Bauthätigkeit die dürftigsten Leistungen aufzuweisen hatte: den Kirchenbau. Eine Anzahl der bereits vorhandenen, unansehnlichen Kirchen wurde durch hohe Thürme mit zierlichen Spitzen in ihrer Erscheinung verbessert — so die Parochialkirche (1713), die Georgenkirche (1714), die Kirche des Friedrich-Hospitals (1726), die Sophienkirche (1732) und die (gleichzeitig einem Neubau unterworfene) Gertraudtenkirche. Als neue Gotteshäuser entstanden die Petrikirche, die zu den interessantesten Schöpfungen des protestantischen Kirchenbaues gerechnet werden konnte (seit 1730), die Garnisonkirche (1720) — beide nach Bränden der älteren Bauten —, die französische Kirche in der Klosterstrafse (1726) sowie endlich (seit 1728) die Jerusalemer, Böhmische und Dreifaltigkeits-Kirche. Das Vorhaben des Königs, den bis zu 110 m Höhe geführten Thurm der Petrikirche zu einem Wahrzeichen der Stadt zu gestalten, kam leider nicht zur Verwirklichung, nachdem es einmal durch Brand, das zweite Mal durch Einsturz des nahezu vollendeten Baues vereitelt worden war. — Auf dem Gebiete des öffentlichen Profanbaues, für das bereits früher genügend gesorgt war, ist unter der Regierung Friedrich Wilhelms I. nur das sehr ansehnliche Kollegienhaus (Kammergericht) zur Ausführung gelangt. Desto eifriger wurde theils von ihm selbst, theils auf seine unmittelbare Anregung und mit seiner Unterstützung das Gebiet des monumentalen Privatbaues gepflegt. Die stattlichsten Palais in der Wilhelmstrafse und eine Reihe von Palais an anderen Punkten der Stadt, die heute zum gröfseren Theile schon wieder beseitigt sind, wurden damals geschaffen. — Alles in allem Bauten, von denen allerdings kein einziger an den Rang des Schlosses und Zeughauses heran reicht und heran reichen konnte, die aber sämtlich über den anderen Werken des voran gegangenen Zeitabschnittes stehen. — Als Nützlichkeits-Bauten des Königs sind, wegen ihres Zweckes, die Charité (1727) und die Casernen (Ställe mit Mannschafts-Stuben) des Regiments Gensdarmes auf dem seither nach letzterem genannten Platze (1736) bemerkenswerth. Auch einige neue Brücken entstanden wieder.

Wichtiger als diese einzelnen Bauten ist derjenige Theil der vom Könige entfalteten Thätigkeit, der sich auf die weitere Entwicklung und Gesamt-Gestaltung der Stadt bezieht. Er erstreckte sich während der ersten zwanzig Regierungsjahre desselben allerdings nur auf allgemeine Verwaltungs-Mafsregeln, doch waren auch diese von Bedeutung. So die 1723 erlassene Verordnung, dafs das neu eingeführte „General-Ober-Finanz-Kriegs- und Domänen-Directorium von den Gegenden, welche noch bebaut werden sollen, accurate Pläne aufnehmen zu lassen und selbige nachgehends in Strafsen, Häuser und Gärten einzutheilen habe", sowie eine Revision der bestehenden Feuer- und Bauordnung, bei der der Massivbau zur Regel gemacht wurde; auch eine „Feuersocietät" wurde gegründet.

Umfassende, auf jenes Ziel gerichtete Unternehmungen, deren Förderung der Herrscher sich mit aller Thatkraft seines Wesens persönlich angelegen sein liefs, erfüllten dagegen seine acht letzten Lebens- und Regierungsjahre.

Zunächst handelte es sich dabei um eine sehr ansehnliche Erweiterung der Dorotheen- und Friedrichstadt nach Westen und Süden, deren Gestalt und Ausdehnung aus einem Vergleiche der beiden Pläne Abb. IX und Abb. XVI sich ersehen läfst. Für die äufserste Vorschiebung der Stadt nach Westen, die in der Verlängerung der Leipziger Strafse erfolgte, scheint die Lage der am anderen Spreeufer befindlichen Charité und des Unterbaums mafsgebend gewesen zu sein. Nach Süden wurde als äufserster Punkt derjenige angenommen, wo die Verlängerung der Friedrichstrafse mit der Teltower Landstrafse (Lindenstrafse) und dem Landwehrgraben sich schnitt. An diesem Punkte, diesseits des neuen „Halle'schen" Thores, wurde ein gröfserer Platz, „das Rondeel" (Belle-Alliance-Platz), angelegt und von hier aus in einem der Richtung der Lindenstrafse entgegen gesetzten Winkel eine durch die ganze Länge des neuen Stadtgeländes reichende Strafse bis zu der grofsen Allee „Unter den Linden" geführt. Am Ende der letzteren, diesseits des neuen „Brandenburger" Thores, wurde ein zweiter Platz, „das Viereck" (Pariser Platz) und am Ende der Leipziger Strafse, diesseits des neuen Potsdamer Thores, ein dritter grofser Platz, „das Achteck" (Leipziger Platz), angenommen. Leider wurden von den älteren Strafsen der Friedrichstadt nur einige wenige bis in das neue Gebiet durchgeführt, sodafs hier verhältnifsmäfsig wenige Bauquartiere von aufserordentlicher Gröfse entstanden; eine Mafsregel, die wohl im Interesse schneller Fertigstellung der Anlage getroffen wurde, deren Folgen aber eine spätere Zeit schwer hat empfinden müssen und zum Theil noch heute empfindet.

Zur Abschliefsung des neuen Stadtgeländes nach aufsen wurde diesmal nicht ein Palisadenzaun, sondern eine 3,14 m hohe Mauer ausgeführt, die man jenseits des Halle'schen Thores aber nicht etwa an die augenblickliche oder für die nächste Zeit zu erwartende Bebauung der Kölnischen Vorstadt anschmiegte, sondern in annähernd gerader Richtung bis zum äufsersten östlichen Punkte des Stadtgebiets, dem Oberbaum, fortsetzte; sie wurde, wie die beiden nach Südosten führenden Landstrafsen, von zwei Thoren, dem Cottbuser und dem Schlesischen Thore, unterbrochen. Hand in Hand damit ging eine Hinausschiebung des Palisadenzaunes auf der Seite des rechten Spreeufers, in den man nach Osten hin die Frankfurter Linden einbezog und der von dort gleichfalls bis zum Oberbaum fortgesetzt wurde. Damit war auf beiden Seiten der Spree ein ungeheures Gebiet von rd. 1200 ha eingefriedigt und für künftige Stadterweiterungen frei gehalten. Gewifs ein stolzes Vertrauen auf die einstmalige Entwicklung der Stadt, das sich freilich erst nach 150 Jahren ganz erfüllt hat, während vorläufig auf einem grofsen Theile des eingeschlossenen Landes noch Feldbau getrieben wurde.

Für die Bebauung der an den fertigen Strafsen verfügbaren Stellen sorgten der König und die von ihm eingesetzte „Baucommission" mit grofsem Eifer, aber auch mit grofser Rücksichtslosigkeit. Wer bauen wollte, bekam eine Baustelle und einen Theil der Baumaterialien geschenkt. Aber wer nach Ansicht jener gefürchteten Commission in der Lage war, zu bauen, mufste sich auch entschliefsen, ein seinen Verhältnissen angemessenes Haus aufzuführen, mochte er wollen oder nicht. Und in der That setzte der König es durch, dafs in der Friedrichstadt, die im Jahre 1721 nur 697 Häuser hatte, bis zum Jahre 1737 nicht weniger als 985 Neubauten entstanden, während die Dorotheenstadt gleichzeitig um 50 neue Häuser sich vermehrte. Einen wesentlichen Antheil an diesem Erfolge hat

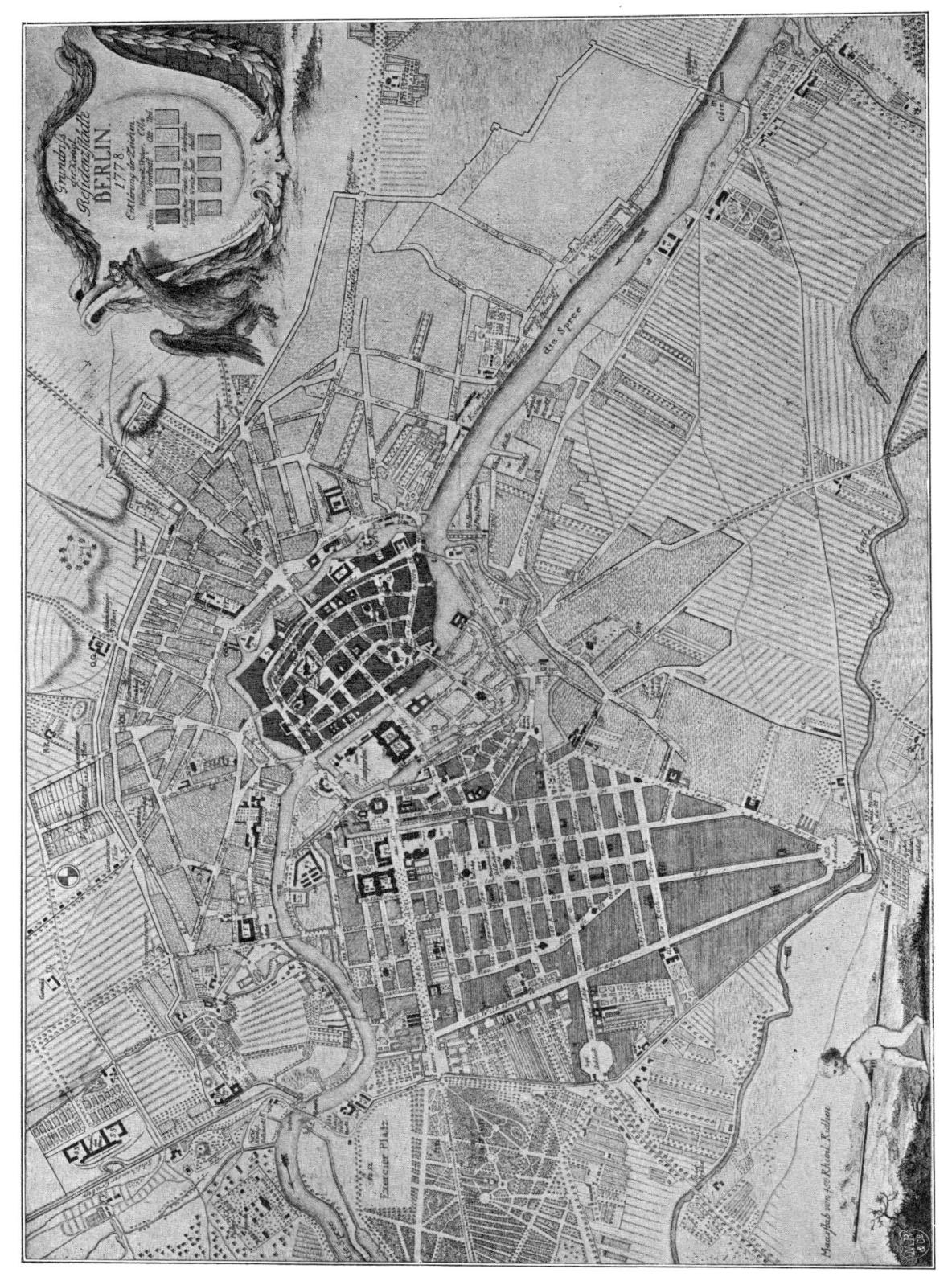

Abb. XVI. Berlin im Jahre 1778. Nach dem Plane von C. C. Oesfeld.

jedoch der Umstand, dafs im Jahre 1732 2000 protestantische Böhmen in Berlin sich ansiedelten, wo ihnen Baustellen im südlichen Theile der Friedrichstadt angewiesen wurden.

Ein zweites Unternehmen von nicht geringerer Bedeutung als diese Stadterweiterung nach aufsen war eine solche nach innen, welche durch die Beseitigung der Festungswerke ermöglicht wurde. Die veränderte politische Lage des Staates hatte die letzteren entbehrlich gemacht; sie waren aber auch unbrauchbar geworden, nachdem sich um sie ein dichter Ring von Vorstädten gebildet hatte, die man im Falle einer drohenden Belagerung unmöglich hätte zerstören können. So begann denn die Entfestigung Berlins zunächst auf der Kölnischen Seite — leider mit nur sehr geringem Verständnifs für den Werth, den eine zweckmäfsige Verwendung des frei gewordenen Geländes für die künftige Gestaltung der Stadt hätte haben können. Statt eine breite Ringstrafse zu schaffen, schlofs man sich einfach an die dürftigen Anfänge einer Bebauung an, die sich stellenweise bereits im Innern und Aeufsern am Walle und auf dem Glacis eingenistet hatte. So entstanden im Innern die engen Wallstrafsen und an Stelle zweier Bastions der Hausvoigteiplatz und der Spittelmarkt, im Aeufsern die Kommandantenstrafse und die Jakobstrafsen, während in der Friedrichstadt die Querstrafsen entsprechend verlängert wurden und wenigstens ein gröfserer Platz, der Dönhoffplatz, frei blieb. Der auf geringe Breite eingeschränkte Festungsgraben blieb im Innern der Bauviertel erhalten, wurde jedoch an drei Stellen, im Zuge der Jäger-, Leipziger und Grünstrafse, wo neue Verbindungen von der Altstadt nach aufsen angelegt wurden, überbrückt; dagegen ging das Leipziger Thor wieder ein. Auch der südlich der Dorotheenstadt sich hinziehende Graben an der Behrenstrafse blieb vorläufig bestehen. — Auf die schleunige Bebauung der neu gewonnenen Stadtviertel suchte der König mit ähnlichen Mitteln und mit ähnlicher Ungeduld hinzuwirken wie in der Friedrichstadt.

Bei dieser Fürsorge für einzelne Stadtgebiete wurden jedoch die übrigen Theile der Stadt keineswegs vernachlässigt. Die Beleuchtung und Reinigung der Strafsen wurde wesentlich verbessert; in grofsem Umfange fand, namentlich in den Aufsenbezirken, auch eine Aufhöhung und Neupflasterung derselben statt. Am rechten Ufer der Unterspree, gegenüber der Dorotheenstadt, wurde eine Colonie holländischer Schiffsbauer, am Spandauer Wege eine neue Colonie französischer Gärtner angesiedelt, von welchen die Gegend den Namen „Moabit" (angeblich aus terre maudite entstanden, wahrscheinlich aber im biblischen Sinne als „Land der Zuflucht" zu verstehen) erhielt.

Von dem thurmreichen Gesamtbilde der Stadt, wie sie unter der Regierung der beiden ersten Könige sich entwickelt hatte, giebt der in Abb. XV (Seite XXXIII) vorgeführte, dem Walther'schen Stadtplane von 1737 entnommene Prospect, trotz der nicht sehr geschickten, auf eine Dilettantenhand hinweisenden Behandlung der architektonischen Formen eine gute Vorstellung. Es ist besonders auch dadurch interessant, dafs der Standpunkt des Zeichners ausnahmsweise auf dem hohen nördlichen Rande des Spreethals gewählt ist. —

Die Bevölkerungsziffer wird für das Jahr 1726 einschliefslich der 12000 Mann starken Garnison auf 72000, für 1740 auf 90000 angegeben. Die Zahl der Häuser, welche im Jahre 1712 ausschliefslich der 1553 fiskalischen und „eximirten" Häuser 4408 betragen hatte, war auf 5796 gestiegen. —

Gegenüber dem, was König Friedrich der Grofse (1740—1786) für den preufsischen Staat gethan hat, und gemessen an den entsprechenden Leistungen seiner Vorgänger, tritt seine Thätigkeit für die bauliche Entwicklung der Stadt Berlin — so umfassend und grofsartig sie auch nach aufsen sich darstellen mag — an innerer Bedeutung doch etwas zurück.

Es liegt das in erster Linie wohl daran, dafs nach den ausgedehnten, weit über das Bedürfnifs der nächsten Zukunft hinaus gehenden Stadterweiterungen des vorangegangenen Zeitabschnittes auf dem wichtigen Gebiete einer weiteren Ausgestaltung des Stadtplans in der That nicht mehr viel zu thun geblieben war. Die zunächst vorliegende Aufgabe war, das von Friedrich Wilhelm I. noch frei gelassene nördliche Stück des auf dem linken Spreeufer gewonnenen bisherigen Festungsgebietes einer neuen angemessenen Verwendung zuzuführen. Sie fand eine glückliche Lösung, indem der König dieses den Eingang zu der Strafse „Unter den Linden" bildende Gelände zur Anlage eines grofsen, monumentalen Platzes, eines „Forum Friderici", aussah. Von den Gebäuden, die den Platz einnehmen sollten, kam allerdings vorläufig nur eins, das Opernhaus, zur Ausführung, während die anderen — die St. Hedwigskirche, die Bibliothek und das Palais des Prinzen

II. Die geschichtliche Entwicklung Berlins.   XXXXVII

Heinrich (die heutige Universität) — erst nach dem siebenjährigen Kriege errichtet bezw. vollendet wurden. — Um so unglücklicher gestaltete sich die im Jahre 1746 begonnene Nutzbarmachung des Festungsgeländes auf dem rechten Spreeufer. Nicht nur, dafs man hier in denselben Fehler verfiel, wie auf der Kölnischen Seite und sich mit Anlage zweier schmaler Strafsenzüge — der Neuen Friedrichstrafse im Innern, der Neuen Promenade, Grofsen Präsidentenstrafse, Neuen Schönhauser Strafse, Münzstrafse, Königsgraben und Alexanderstrafse mit dem Haack'schen Markt und Alexanderplatz im Aeufsern — begnügte: man unterliefs es auch, für ausreichende neue Verbindungen zwischen Altstadt und Aufsenstadt zu sorgen und fügte den bestehenden ehemaligen Thorbrücken über den auch hier erhaltenen, in gröfserer Breite belassenen Graben einen einzigen neuen Uebergang, die spätere Herkulesbrücke hinzu. Dafs die nördlichen und östlichen Aufsenbezirke hierdurch von dem Stadtkern abgeschnürt blieben, während die westlichen und südlichen mit demselben in engen Zusammenhang gesetzt worden waren, ist ohne Zweifel die Hauptursache, dafs jene bis dahin in kräftigem Aufblühen begriffenen Stadtbezirke in ihrer Entwicklung zurück geblieben sind und allmählich ein untergeordnetes Gepräge angenommen haben. — Von sonstigen, hierher gehörigen Unternehmungen aus der langen Regierungszeit des Königs sind lediglich die Freilegung des Schlofsplatzes durch Abbruch der alten Domkirche (1750), die Gründung eines Arbeiterviertels vor dem Rosenthaler Thore, des sogenannten „Neuen Voigtlandes" (1752) und die Zuschüttung des Grabens an der Behrenstrafse anzuführen. Doch mufs auch der Arbeiten und Anlagen im Thiergarten gedacht werden, durch welche dieser mehr und mehr seiner bisher noch ziemlich vernachlässigten Beschaffenheit entkleidet und zu einem wohlgeordneten, mit einzelnen Kunstwerken geschmückten städtischen Park umgewandelt wurde. Von dem Leben, das sich an dem damals mit besonderer Vorliebe aufgesuchten Punkte desselben, den „Zelten" am „Zirkel" entfaltete, giebt der in Abb. IV nachgebildete schöne Kupferstich Daniel Chodowieckis eine anmuthige Vorstellung.

Ein zweiter Grund für jenen oben angedeuteten Eindruck ist jedenfalls darin zu suchen, dafs die Bauthätigkeit des grofsen Königs in Berlin — soweit sie nicht ausgesprochenen Nützlichkeitszwecken diente und in völlig schmucklosen „Commifsbauten" sich erging — überwiegend decorative Ziele verfolgte und sich daher von einem Anhauch des Theaterhaften nicht immer frei hielt; ein Anhauch, der den in unechten Baustoffen ausgeführten Werken ja um so leichter anhaftet, in je reichere Formen sie sich kleiden. Es ist endlich nicht zu leugnen, dafs ein Theil der Architekten, denen der Monarch die Ausführung seiner Pläne, namentlich in den ersten Jahrzehnten seiner Regierung, übertrug, an künstlerischer Begabung nicht so hoch stand, wie die Architekten Friedrichs I. und Friedrich Wilhelms I.

Als Werke höheren Ranges kommen unter den hiesigen Schöpfungen Friedrichs des Grofsen zunächst jene schon oben erwähnten Bauten am Opernplatz in Betracht: das Opernhaus (1741—1743), das Palais des Prinzen Heinrich (1754—1764), die Bibliothek (1775) und die St. Hedwigskirche (1747—1773); die letztere ist allerdings nicht aus Staatsmitteln erbaut. Ihnen reihen die beiden Kuppelthürme auf dem Gensdarmenmarkt (1780—1784), die drei Brücken-Colonnaden in der Königs-, Leipziger und Jägerstrafse und eine gröfsere Zahl von Privathaus-Façaden sich an, von denen der König zur Verschönerung der Stadt in den Jahren 1769—1785 nicht weniger als 204 auf seine Kosten ausführen liefs — namentlich in der Königs- und Leipziger Strafse, am Dönhoffplatz und am Gensdarmenmarkt. Im Zusammenhange damit mögen zugleich die vier Feldherrn-Standbilder genannt werden, die von 1770 bis 1780 auf dem Wilhelmsplatze errichtet wurden. — Als den vorigen gegenüber minderwerthig sind anzusehen: der Neubau des (durch Brand zerstörten) Akademie-Gebäudes Unter den Linden (1745), das Invalidenhaus (1745—1748), der neue Dom am Lustgarten (1747—1750), die Hausvoigtei (1750), der Neubau der Kirche in der Köpenicker Vorstadt (1751—1753), die Ritter-Akademie (1769), das Kadettenhaus (1776), der Neubau der Georgenkirche (1779—1780), das französische Schauspielhaus auf dem Gensdarmenmarkt (1774), Schlofs Bellevue (1784). — Noch untergeordneter und im wesentlichen zur Klasse der Nutzbauten gehörig sind die Münze in der Münzstrafse (1752), das Arbeitshaus am Alexanderplatz (1756), die Erweiterungsbauten der

Charité (1785) sowie die zahlreichen Gebäude für militärische Zwecke, unter denen acht Casernen für Infanterie, drei Casernen für Artillerie, Stallungen und Casernen für acht

Abb. XVII. Der Hospitalmarkt (Spittelmarkt) zur Zeit Friedrich Wilhelms II.

Abb. XVIII. Der Neue Markt mit der Marienkirche zur Zeit Friedrich Wilhelms II.

Schwadronen Cavallerie, zwei Exercierhäuser, ein Wachtgebäude, zwei grofse Montirungshäuser sowie verschiedene Proviant- und Fourage-Magazine sich befanden. Dazu kamen endlich noch viele Fabrikbauten, die der König theilweise auf Rechnung der vom Staate betriebenen Manufacturen, theilweise zur Unterstützung von Privat-Unternehmungen ausführen liefs.

Abb. XIX. Oestlicher Theil der Strafse Unter den Linden und Opernplatz zur Zeit Friedrich Wilhelms II.
Perspektivische Ansicht von einem Theil der grofsen Linden-Allee auf der Neustadt zu Berlin. a. Das Königliche Schlofs. b. Zeughaus. c. Das Kronprinzliche Palais. d. Das Opernhaus. e. Prinz Heinrichs Palais. f. Palais des Markgrafen von Schwedt. g. Anfang des Königlichen Marstalls.

Abb. XX. Der Schlofsplatz zur Zeit Friedrich Wilhelms II. (Die Neujahrs-Gratulation 1787.)

Auf die allgemeinen Mafsregeln des Monarchen zur Hebung der Landes-Wohlfahrt, die in erheblichem Grade auch der Residenz zu gute kamen, auf seine von Erfolg gekrönten Bestrebungen zur Belebung und Erleichterung des Verkehrs, zur Förderung des Handels und der Industrie, zur besseren Organisation der Verwaltung und Rechtspflege kann hier ebenso wenig im einzelnen eingegangen werden, wie auf das, was er für das geistige Leben der Stadt, für Kunst und Wissenschaft mittelbar und unmittelbar gethan hat. Es hat zum Theil an anderer Stelle dieses Buches Berücksichtigung gefunden.

Ueber den Stand der Bebauung von Berlin, wie er im Jahre 1778 erreicht war, giebt die in Abb. XVI vorgeführte Nachbildung eines Planes von C. C. Oesfeld Auskunft. Man ersieht, welche weiten Strecken innerhalb der Umwehrung noch landwirthschaftlichen Zwecken dienten, wie dagegen an einzelnen Punkten aufserhalb derselben, insbesondere an den Haupt-Landstrafsen und in dem Gebiete zwischen Thiergarten und Potsdamer Strafse die Anfänge neuer Vorstadt-Bildungen sich zeigen. Als Ersatz eines Gesamtbildes der Stadt, das aus jener Zeit nicht aufzutreiben war, mögen die in Abb. XVII—XX mitgetheilten Ansichten dienen, deren im Märkischen Museum befindlichen Originale aus der Zeit unmittelbar nach dem Tode Friedrichs des Grofsen stammen. Sie stellen den damaligen Zustand von vier Plätzen der Stadt, des Spittelmarktes, des Neuen Marktes, des Opernplatzes und des Schlofsplatzes dar. Interessant ist namentlich das Bild des Neuen Marktes, dessen Nordseite danach damals noch mit Häusern aus dem 16. Jahrhundert, wenn nicht aus noch früherer Zeit besetzt war.[1])

Die Bevölkerungsziffer Berlins während der Regierung Friedrichs des Grofsen unterlag starken Schwankungen. 1756 war sie auf 126 000 angewachsen. Während des siebenjährigen Krieges, in welchem die Stadt zweimal (1757 und 1760) vom Feinde besetzt wurde, fiel sie bis auf 119 000 Seelen — eingerechnet die 19 500 Köpfe starke Garnison. Doch war bereits 1766 die Zahl von 1756 wieder erreicht und im Jahre 1784 wurden rund 145 000 Einwohner gezählt, von denen allerdings 33 386 zur Garnison (einschl. Frauen und Kinder) gehörten. Es waren gleichzeitig 6644 Vorderhäuser und etwa 4000 Hinterhäuser vorhanden, deren Feuerversicherungswerth zu 57,01 Mill. ℳ. angenommen war. — Berlin war mit dieser Bevölkerungsziffer in die zweite Stelle unter den Städten Deutschlands gerückt und hatte sich einen Platz unter den europäischen Hauptstädten erobert. —

Eine noch glänzendere Entwicklung sollten der Stadt die nächsten zwei Jahrzehnte unter der Regierung Friedrich Wilhelms II. (1786—1797) und Friedrich Wilhelms III. (1797—1840) bringen, bis die Niederwerfung Preufsens durch Napoleon auch in der Hauptstadt des gedemüthigten Staates einen schweren Rückschlag erzeugte. Verschiedene Ursachen politischer wie wirthschaftlicher Art brachten gerade damals auf materiellem und geistigem Gebiete einen mächtigen Aufschwung hervor, und es konnte nicht fehlen, dafs dieser auch auf dem Gebiete baulicher Anlagen sich äufserte, obgleich er hier weniger hervor tritt.

Ueber Unternehmungen allgemeiner Art zur Ausgestaltung des Stadtplans ist auch aus dieser Zeit wenig zu berichten. Als neue Strafsenanlagen wurden die Georgenstrafse und die Husaren- (jetzt Hollmann-) Strafse geschaffen, die von der Lindenstrafse zu einer neu erbauten Caserne (an der Alexandrinenstrafse) führte. Im Thiergarten wurden die sogen. „englischen Partieen" an der „Rousseau-Insel" angelegt, welche den bisher etwas vernachlässigten südlichen Theil des Parkes in Mode brachten und es veranlafsten, dafs hier am Saume desselben zahlreiche Landhäuser, Kaffeegärten usw. entstanden. Auch die Potsdamer Landstrafse, welche seit 1792 zugleich mit der Charlottenburger Landstrafse in eine Chaussee — die erste des preufsischen Staates — umgewandelt worden war, wurde in ähnlicher Weise besiedelt. Im Norden und Osten der Stadt wurde der bisherige Palisadenzaun durch eine (erst 1802 vollendete) massive Mauer ersetzt, wie sie auf der linken Spreeseite schon seit Friedrich Wilhelm I. bestand; die Umschliefsungs-Linie wurde dabei an einigen Stellen etwas weiter hinaus geschoben.

Unter den Monumentalbauten jener Jahre mögen zunächst einige Thorbauten genannt werden, von denen diejenigen des Oranienburger, Hamburger und Rosenthaler Thores mit

---

[1]) Die Originale zu den Abb. XVII, XVIII und XX sowie auch zu der im nächsten Abschnitte mitzutheilenden Abb. XXVIII sind Kupferstiche von nicht wesentlich gröfseren Abmessungen, die gewöhnlich kolorit in den Handel kamen und besonders von Fremden gekauft zu werden pflegten, die ein Andenken an ihren Besuch in Berlin mitnehmen wollten.

dem soeben erwähnten Unternehmen in unmittelbarem Zusammenhange standen. Stattlicher als diese mit dem Falle der Stadtmauer im Jahre 1864 wieder beseitigten Werke ist das Brandenburger Thor (1789—1793), dessen Mafsstab an die baulichen Schöpfungen Friedrichs I. heran reicht, während es zugleich eine Wendung in der Stilrichtung der Architektur einleitete. Als Bauanlagen verwandter Bestimmung folgten die Colonnaden der Mohrenstrafsen--Brücke (1789) und der Neubau der Herkulesbrücke (1790). Schlofs Monbijou erhielt 1790 seine Vordergebäude, Schlofs Charlottenburg, das bereits unter Friedrich dem Grofsen sehr erheblich vergröfsert worden war, eine neue Verlängerung durch ein Hoftheater sowie im Park ein Belvedere; im Berliner Schlosse wurde eine gröfsere Reihe von Zimmern mit neuem Ausbau versehen. Im Garten der neu gegründeten Thierarzenei-Schule wurde ein anatomisches Theater (1790), an Stelle des Friedrichswerderschen Rathhauses (von 1798 bis 1800) ein neues Münzgebäude (zugleich als Sitz der 1799 gestifteten Bau-Akademie), an Stelle des französischen Schauspielhauses auf dem Gensdarmenmarkt ein deutsches Nationaltheater (1800—1802) errichtet. Erwähnt seien noch die Reitbahn des Regiments Gensdarmes, die Caserne der reitenden Artillerie, das Friedrich-Wilhelm-Gymnasium und der als Reit- oder Ritter-Akademie bezeichnete Theil des Marstalls in der Breiten Strafse. Der Besitz an öffentlichen Denkmälern wurde durch die Standbilder Zietens auf dem Wilhelmsplatze und des alten Dessauers im Lustgarten sowie durch das Grabmal des Grafen von der Mark in der Dorotheenstädtischen Kirche vermehrt. — Von privater Seite wurden als Bauten öffentlicher Bestimmung die Börse am Lustgarten (1800—1802) sowie ein Badehaus an der Friedrichsbrücke errichtet. Sehr grofs ist die Zahl ansehnlicher Wohnhaus-Bauten, die namentlich an der Nordseite der Behrenstrafse, die damals erst in Bebauung genommen wurde, entstanden. Unter denselben befanden sich noch 103 sogen. „Immediat-Bauten", deren palastartige Façaden nach Entwürfen des Hofbauamtes auf Kosten des Königs hergestellt waren; es wurde neben diesen aber sicherlich bereits eine nicht minder grofse Zahl besserer Privathäuser aus eigenem Antriebe der Bauherrn errichtet. Auch die ersten grofsen Miethshäuser tauchten damals auf.

Die Zahl der Einwohner war allein in den 11 Jahren der Regierung Friedrich Wilhelms II. um 40 000 Seelen gestiegen. Sie betrug 1797 (einschliefslich einer Garnison von 45 754 Köpfen) 183 960 Seelen. Die Zahl der Vorderhäuser wird auf 6950 angegeben.

3. Berlin vom Anfange des 19. Jahrhunderts bis zum Jahre 1861.

Der Zeitabschnitt zwischen den Napoleonischen Kriegen und der mit mehreren für die Entwicklung der Stadt besonders wichtigen Mafsregeln zusammenfallenden Thronbesteigung des Königs Wilhelm I., welcher durch die letzten 25 Jahre der Regierung Friedrich Wilhelms III. und die Regierung Friedrich Wilhelms IV. (1840—1861) ausgefüllt wird, bedeutet für Berlin zunächst den Uebergang von einer Residenz- und Garnisonstadt zu einer Handels- und Industriestadt. Langsam sich vorbereitend, hat dieser Uebergang mit schnellerem Schritte sich vollzogen, seitdem durch die Einführung der Eisenbahnen und die damit verbundene vollständige Umwälzung aller Verkehrsverhältnisse die natürlichen Vorzüge Berlins wieder zu voller Geltung gekommen waren. Unabhängig davon ist gleichzeitig in nicht minder bedeutsamer Weise das geistige Leben der Stadt erstarkt, für das einerseits die 1810 begründete Universität, anderseits die durch Zusammenfassung und Ergänzung der von den früheren Herrschern gesammelten Kunstschätze geschaffenen Museen zum Mittelpunkte wurden. Seit dem Erlafs der preufsischen Städteordnung von 1808 hat endlich auch die Stadtgemeinde als solche ihre Selbständigkeit und damit die Möglichkeit wieder gewonnen, einen Einflufs auf die Entwicklung Berlins auszuüben. Ihr Antheil an der letzteren ist freilich lange ein ziemlich bescheidener geblieben und es haben — bis auf die neueste Zeit — für fast alle Anordnungen und Unternehmungen, bei denen weite Gesichtspunkte in Frage kamen, nach wie vor die Monarchen selbst und die Staatsregierung die Initiative ergreifen müssen.

Wenn man der damaligen Lage des durch die übermäfsigen Anstrengungen der Befreiungskriege nahezu erschöpften preufsischen Staates Rechnung trägt, so wird man das,

II. Die geschichtliche Entwicklung Berlins.

was noch unter der Regierung Friedrich Wilhelms III. aus Staatsmitteln für Berlin geschehen ist, nicht geringer schätzen dürfen als die Leistungen früherer Zeitabschnitte.

Seit langer Zeit wurde zum erstenmale wieder die planmäfsige Anlage und Bebauung ganzer Stadttheile in Angriff genommen. Ein solcher Stadttheil mit 50 neuen Strafsen, in dem vorzugsweise die aufblühende Maschinenindustrie ihren Sitz nahm, wurde zunächst im Jahre 1824 vor dem Oranienburger Thore ausgesteckt. 1826 wurde ein Bebauungsplan für das Köpenicker Feld, die äufsere Luisenstadt aufgestellt, der jedoch fürs erste noch keine regere Bauthätigkeit in der betreffenden Gegend veranlafste; nur die kurzen Querstrafsen, die von der Köpenicker Strafse nach den beiden neu angelegten Oberspree-Brücken führten, wurden besetzt. Besseren Erfolg hatte die Erschliefsung des westlichen Theils des ehemaligen Spandauer Viertels, wo schon die Charité, die Thierarzenei-Schule und der Schiffbauerdamm sich befanden. Hier wurde ein neuer Stadttheil, die Friedrich-Wilhelm-Stadt mit der Luisen- und Karlstrafse als Hauptstrafsenzügen angelegt, der schnell mit Häusern sich füllte; der das nördliche Ende der Luisenstrafse bildende Luisenplatz wurde mit einem „Neuen Thore" nach der Vorstadt geöffnet. Von Verbesserungen des Strafsennetzes ist die schon 1816 bewirkte Ueberwölbung des linksseitigen Festungsgrabens auf dem Opernplatz und die Durchbrechung des langen Viertels zwischen Thiergarten und Landwehrgraben durch die Bendlerstrafse (1837) zu erwähnen. Lustgarten und Leipziger Platz wurden in Schmuckplätze verwandelt, der Thiergarten mit mancherlei Anlagen versehen.

Als neue öffentliche Bauten und Denkmale wurden — fast ausnahmslos nach dem Entwurfe Schinkels — errichtet: die Neue Wache (1818), das Schauspielhaus (1817—1820), das National-Denkmal auf dem Kreuzberge (1821), die Artillerie- und Ingenieur-Schule (heute Kriegs-Akademie) Unter den Linden (1822), die Schlofsbrücke (1822—1824), das Alte Museum (1824—1829), die Werdersche Kirche (1823—1830), die Bau-Akademie (1832—1835), die Gebäude des Packhofs (1830—1833), die Neue Charité (1831—1834), die vier Kirchen in der Oranienburger Vorstadt, Moabit und Gesundbrunnen (1834—1835), die Sternwarte (1836), die Thierarzenei-Schule (1840). Daneben eine gröfsere Anzahl von militärischen ·Gebäuden, Casernen, Exercierhäusern usw. und sonstigen Nutzbauten, die hier ebenso übergangen werden können, wie die Umgestaltungen und Erweiterungen älterer öffentlicher Gebäude — abgesehen von der eine wesentliche Veränderung der ganzen Anlage herbeiführenden Umgestaltung des Domes am Lustgarten (1819). Als rein bildnerische Denkmäler traten dem älteren Bestande hinzu die Marmor-Standbilder Bülows und Scharnhorsts neben der Neuen Wache und das Bronze-Standbild Blüchers am Opernplatz. — Es sei übrigens nachträglich erwähnt, dafs auch die traurigen Jahre von 1806 bis 1813 nicht ganz ohne Bauthätigkeit verlaufen waren; es sind damals der Verbindungsbau vom Palais des Königs nach dem Prinzessinnen-Palais und das Charlottenburger Mausoleum erstanden.

Als bedeutsame Privatbauten sind neben den zum Theil durch Umbau älterer Paläste geschaffenen Palais für die Söhne des Königs, die Prinzen Wilhelm, Karl und Albrecht, sowie dem Palais des Grafen Redern das Königstädtische Theater und das Gebäude der Sing-Akademie, als der einzige städtische Neubau von einigem Belang das Nicolaus-Bürger-Hospital zu nennen. Einen ersichtlichen Aufschwung nahm der Wohnhausbau, dessen Aufgaben zuweilen schon Architekten zur Lösung übertragen wurden. Wichtige Verbesserungen der öffentlichen Einrichtungen waren die Einführung der Gasbeleuchtung (1826) und der Granitplatten-Trottoire (1824—1835); die erste Eisenbahn Berlins und des preufsischen Staates, die Berlin-Potsdamer Bahn, wurde im Jahre 1838 eröffnet.

Die Einwohnerzahl Berlins, welche im Jahre 1810 auf 153 070 Seelen (allerdings bei wesentlich verminderter Garnison) gesunken war, stieg nach dem Kriege langsam aber stetig an; sie betrug im Jahre 1819: 201 138, im Jahre 1831: 248 682, im Jahre 1840: 328 692 Seelen, hatte sich also in 30 Jahren verdoppelt. Unter den im Jahre 1840 gezählten Einwohnern befanden sich 18 739 Militärpersonen; aufserhalb der Stadtmauer wohnten damals erst etwa 20 000 Personen. Mit dieser Bevölkerungsziffer, die nur noch durch diejenigen von London, Paris und Wien übertroffen wurde, war Berlin unter den Städten Europas an die vierte Stelle getreten. Für das Jahr 1837 wird die Zahl der Vorderhäuser zu 12 774,

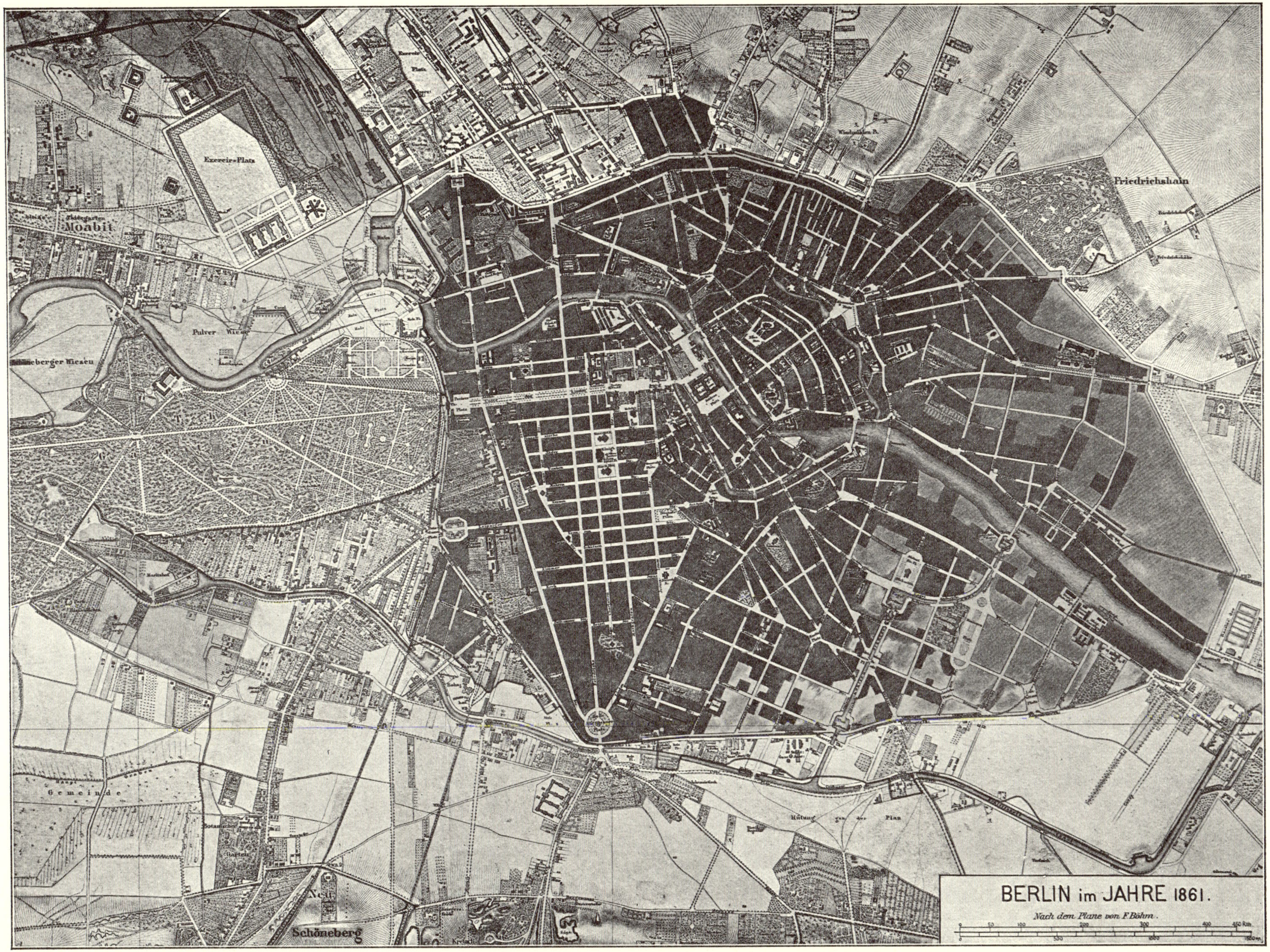
BERLIN im JAHRE 1861.
Nach dem Plane von F. Böhm.
Friedrichshain
Exercier-Platz
Moabit
Pulver Wiese
Schöneberger Wiesen
Schöneberg
Gemeinde

Abb. XXI.

die der selbständigen Hinterhäuser zu 5399, die der öffentlichen Gebäude zu 779 und im Jahre 1836 der Werth der versicherten Baulichkeiten zu rd. 150 Mill. ℳ angegeben. —

Ein noch lebhafterer, durch die Ereignisse des Jahres 1848 und ihre Folgen nur auf kurze Zeit verlangsamter Fortschritt trat in den beiden nächsten Jahrzehnten, der Regierung Friedrich Wilhelms IV., hervor — zur Hauptsache jedenfalls ein Ergebnifs der neuen Eisenbahn-Verbindungen, von denen während dieses Zeitabschnitts noch vier eröffnet wurden, zugleich jedoch ein Spiegel der Entwicklung, die damals, nachdem die Nachwehen der Kriege endlich überwunden waren, im ganzen Lande sich vollzog.

Mit so hochfliegenden Plänen zur Verbesserung und Verschönerung seiner Residenz hatte wohl noch kein Hohenzollernfürst den Thron bestiegen, wie dieser hochbegabte, von romantischen Idealen erfüllte Herrscher, der sich bekanntlich mit Vorliebe selbst an architektonischen Entwürfen versuchte und dessen Ehrgeiz dahin ging, es in künstlerischen Thaten jedem seiner Ahnen zuvor zu thun. So sollte die ganze Nordspitze der Spreeinsel zu einem der Kunst geweihten, mit Monumentalbauten besetzten Bezirk umgewandelt werden. An der Ostseite des Lustgartens sollte ein den gröfsten Kirchen der Welt ebenbürtiger, mit erlesenen Kunstwerken geschmückter und mit einem Campo santo verbundener Dom als Hauptkirche der protestantischen Christenheit sich erheben. Eine Reihe anderer Kirchen und Monumentalbauten sollte zur Zierde der Stadt planmäfsig über diese vertheilt werden; edle Bildwerke der verschiedensten Art sollten auf ihren in Gartenanlagen verwandelten Plätzen errichtet werden. — Die Ausführung dieser Gedanken ist nur zum kleinsten Theile und nicht immer glücklich erfolgt, da bei der Zersplitterung der verfügbaren Mittel auf zu viele Unternehmungen auf die Monumentalität der Ausgestaltung nicht überall die gebührende Rücksicht genommen wurde. Manches ist überhaupt nicht angefangen, anderes nicht vollendet worden. Doch sind nicht wenige jener Pläne den kommenden Geschlechtern als ein Vermächtnifs zurückgeblieben und mittlerweile zum Theil der Verwirklichung entgegen gereift.

Immerhin ist die Zahl der damals auf Staatskosten zur Ausführung gebrachten öffentlichen Bauten so grofs, dafs auf eine vollständige Aufzählung derselben hier verzichtet werden mufs. Hervorgehoben unter ihnen seien das Neue Museum (1843—1855), der mit einem neuen Ausbau zahlreicher Innenräume des Schlosses verbundene Bau der von einer Kuppel gekrönten Schlofskapelle, die Erneuerung des 1843 abgebrannten Opernhauses, die Gebäude des Kriegsministeriums, des Ministeriums der öffentlichen Arbeiten und des Finanzministeriums, die Jacobi-, Matthäi-, Bartholomäi- und St. Michaelskirche (letztere nur mit Staatshülfe erbaut), die Krankenanstalt Bethanien, das Palmenhaus des Botanischen Gartens, die für die Aussicht vom Schlofs und der Langen Brücke berechnete Gruppe der Dammmühlen, die Casernen des Garde-Ulanen- und Garde-Dragoner-Regiments, das Zellengefängnifs in Moabit u. a. — An öffentlichen Denkmälern der Plastik sind neben den zum Schmuck des Schauspielhauses, des Alten Museums usw. bestimmten, erst damals zur Ausführung gebrachten Figuren vor allem das Denkmal Friedrichs des Grofsen, die Gruppen auf der Schlofsbrücke wie die Standbilder Gneisenaus, Yorks und Thaers zu nennen; ihnen reihen als architektonische Denkmäler die Adlersäule auf der vom Könige der Nordseite des Schlosses hinzugefügten Terrasse, die Friedenssäule auf dem Belle-Alliance-Platz und die Säule im Invalidenpark sich an. — Bedeutende Ausführungen des Wasserbaues, die zugleich wesentlich zur Veränderung des Stadtbildes beitrugen, sind die Umwandlung des Landwehrgrabens in einen Schiffahrtscanal, mit dem ein zweiter, durch die Luisenstadt geführter Schiffahrtscanal verbunden wurde, und die Anlage eines Canals nach dem Tegeler See. Im Thiergarten wurde der sogen. Seepark ausgebildet; der Invalidenpark wurde angelegt, der Opernplatz, Wilhelms- und Belle-Alliance-Platz wurden in Schmuckplätze verwandelt.

Für den Umschwung der Verhältnisse, der mittlerweile eingetreten war, ist jedoch vielleicht nichts so bezeichnend wie die Thatsache, dafs zum erstenmale den durch den König bezw. den Staat unternommenen öffentlichen Bauten und Anlagen eine, wenn auch noch kleinere aber immerhin schon ziemlich bedeutende Zahl ähnlicher Unternehmungen sich zugesellte, die von der Stadtgemeinde und verschiedenen Körperschaften ins Werk gesetzt wurden. Die Stadt errichtete die Petri-, Markus- und Andreaskirche sowie den

Thurm der Luisenstädtischen Kirche, während die alten Bauten der Klosterkirche und des Klostergymnasiums eine Herstellung erfuhren. Sie erbaute neben einer Anzahl neuer Volksschulen das Waisenhaus in Rummelsburg und das Friedrich-Wilhelms-Hospital, schuf die Anlagen der städtischen Gaswerke und rief auf der Anhöhe vor dem Königs- und Landsberger Thor einen öffentlichen Park, den Friedrichshain, ins Leben; aus Geldern, die innerhalb der Bürgerschaft gesammelt waren, wurde das Denkmal Friedrich Wilhelms III. im Thiergarten errichtet. Aus Gemeindemitteln, zum Theil mit Unterstützung des Staates und der Stadt, wurden mehrere kleinere Kirchen und Kapellen sowie das katholische und jüdische Krankenhaus geschaffen. Die Märkische Landschaft errichtete ein Haus in der Spandauer Strafse. Als Anlagen von Actiengesellschaften sind in erster Linie die ursprünglichen Bahnhofs-Bauten, die englischen Wasserwerke und der Zoologische Garten zu nennen. Daneben entstanden in verschiedenen Vergnügungslocalen (demjenigen von Kroll an der Spitze), Privat-Theatern, Brauereien und Fabriken bauliche Anlagen von bedeutendem Umfange und theilweise auch von ansehnlicher Erscheinung. — Drei der bedeutendsten Bau-Unternehmungen, die nicht vom Staate ausgingen, aber an Monumentalität der Ausführung die gleichzeitigen Staatsbauten weit übertrafen, das neue Rathhaus, die neue Börse und die grofse Haupt-Synagoge der jüdischen Gemeinde, wurden noch in den letzten Lebensjahren des Königs während der Regentschaft begonnen. — Dafs gleichzeitig auch der Wohnhausbau einen bedeutenden Aufschwung nahm — wenn auch die Zahl der vornehmeren, palastartigen Anlagen eine sehr beschränkte blieb — bedarf kaum besonderer Erwähnung. Neben dem eigentlichen Miethshause, als dessen stattlichste Beispiele wohl die von Stüler geschaffenen Bauten am Pariser Platz gelten können, ward besonders das Einzelwohnhaus in der Form der vorstädtischen Villa entwickelt. Von besonderem Reize war die auf der Ostseite des Königsplatzes errichtete Raczinsky'sche Gebäudegruppe. Das erste Beispiel eines eigens für diesen Zweck geschaffenen Geschäftshauses bot das Gerson'sche am Werderschen Markt.

Mit der fortschreitenden Bebauung unterlag das Stadtbild natürlich unaufhörlichen, zum Theil sehr bedeutenden Veränderungen. Planmäfsige neue Strafsen- und Platzanlagen wurden einerseits in Verbindung mit dem Bau des oben erwähnten Schiffahrtscanals und der Krankenanstalt Bethanien in der Luisenstadt, anderseits auf dem Gelände zwischen Königsplatz und Spree und auf demjenigen zwischen den Bahnhöfen der Potsdamer und Anhalter Eisenbahn geschaffen; das hier entstandene Miethshaus-Quartier, welches bei den Beamten der Ministerien sehr beliebt war, erhielt im Volksmunde den Namen des „Geheimraths-Viertels". Aehnlich wie hier gaben auch die Bahnhöfe der drei übrigen Eisenbahnen zu einer lebhafteren Bauthätigkeit in ihrer Umgebung Veranlassung. Im übrigen wurde im allmählichen Vordringen von den älteren Stadttheilen aus im Innern der Mauer vorzugsweise die äufsere Luisenstadt, das sogenannte „Köpenicker Feld", in Bebauung gezogen, während diese vor den Thoren zunächst den alten Landstrafsen folgte und von dort aus allmählich weiter sich ausbreitete. Als bevorzugteste Gegend der Stadt trat schon damals das grofse Gartengelände zwischen dem Thiergarten, dem Landwehrcanal, sowie der Potsdamer und Schulgartenstrafse (heute ein Theil der Königgrätzer Strafse) hervor. Da die Fronten desselben sowie diejenigen der es durchquerenden Bendlerstrafse längst bebaut waren, so ward dem Bedürfnisse nach neuen Baustellen durch Anlage weiterer Querstrafsen genügt; es entstanden zunächst die Matthäikirchstrafse, dann die Victoria- und die Regentenstrafse, denen später noch die Hohenzollernstrafse folgte. Von den Strafsen-Durchlegungen im Innern der Stadt ist die wichtigste der durch die Eröffnung der Anhalter Eisenbahn veranlafste Durchbruch der Anhalter Strafse, welcher zugleich die Anlage eines neuen Thores, des Anhalter Thores, bedingte und in weiterer Folge zur Theilung der östlich liegenden Bauviertel der südlichen Friedrichstadt durch die Puttkammer- und Besselstrafse führte. Zu erwähnen sind ferner die Durchbrüche der Französischen Strafse nach dem Werderschen Markt, von der Junkerstrafse nach der Ritterstrafse, von der Köpenicker Strafse nach der Wallstrafse u. a. — Der in Abb. XXI mitgetheilte, einem im Jahre 1861 zuletzt erschienenen, von F. Böhm gezeichneten Plane nachgebildete Stadtplan giebt über den damaligen Stand der Bebauung eingehende Auskunft. Man ersieht, dafs das Gelände innerhalb der Stadtmauer im Norden, Westen und Südwesten vollständig bebaut war, während im Osten und

Süden immer noch weite Strecken frei lagen. Ein am Köpenicker Feld angelegtes neues Thor, das Köpenicker Thor am Lausitzer Platz, ist überhaupt niemals zur Benutzung gelangt, sondern mit der Mauer abgebrochen worden, bevor die Bebauung sich bis dorthin erstreckt hatte.

Abb. XXII. Berlin mit nächster Umgebung gegen 1780.
(Nach einer Karte im Besitze des Märkischen Provinzial-Museums.)

Unter den öffentlichen Einrichtungen aus der Zeit Friedrich Wilhelms IV. sind diejenigen der Feuerwehr und der Strafsenreinigung besonders hervorzuheben.

Die Einwohnerzahl der Stadt war bereits im Jahre 1849 auf 423 902, von 1849 bis 1855 aber weiterhin nur bis auf 440 122 Seelen gestiegen. Von da an trat wieder ein stärkeres Wachsthum ein, sodafs im Jahre 1861 bei 547 571 Einwohnern die erste halbe Million bereits überschritten war. —

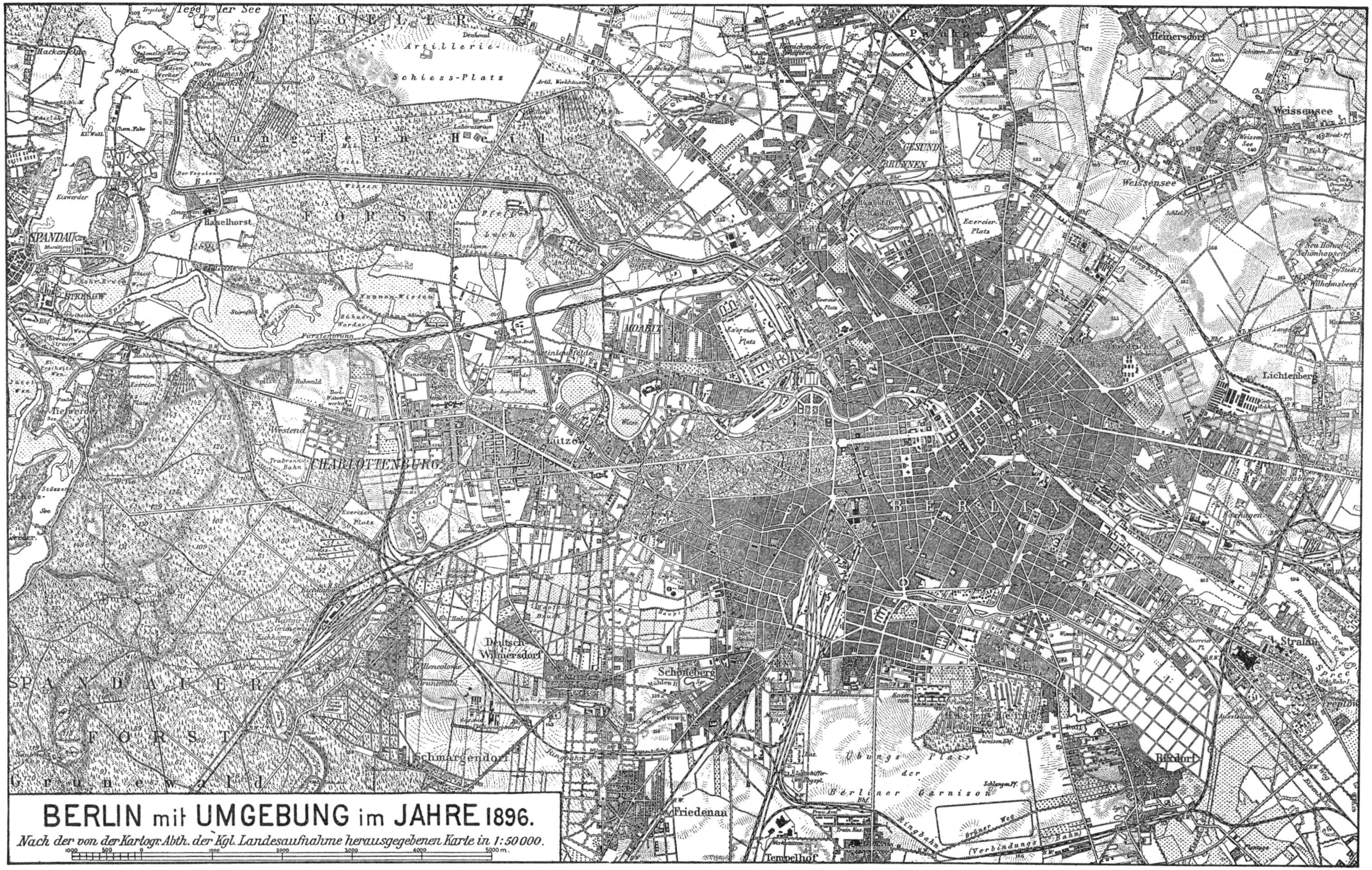
BERLIN mit UMGEBUNG im JAHRE 1896.
Nach der von der Kartogr. Abth. der Kgl. Landesaufnahme herausgegebenen Karte in 1:50000.
Spandau
Charlottenburg
Moabit
Berlin
Weissensee
Lichtenberg
Stralau
Rixdorf
Tempelhof
Friedenau
Schöneberg
Deutsch Wilmersdorf
Schmargendorf
Westend
Haselhorst
Tegeler See
Spandauer Forst
Grunewald
Jungfern Heide
Artillerie-Schiess-Platz
Übungs Platz der Berliner Garnison
Gesundbrunnen

Abb. XXIII.

4. Berlin seit dem Jahre 1861.

Wie für die politische Geschichte des preufsischen Staates, so ist auch für die Geschichte der Entwicklung seiner Hauptstadt der mit dem Regierungsantritt König Wilhelms I. beginnende Zeitabschnitt der weitaus bedeutendste und ereignifsreichste. Ihre Erhebung zur Hauptstadt des neuen Deutschen Reiches hat sie zu einer Weltstadt gemacht, die ihrer Einwohnerzahl nach unter den grofsen Völkermittelpunkten Europas bereits an dritter Stelle steht und in nicht allzu ferner Zeit an die zweite Stelle vorrücken dürfte. Für die neuen Verhältnisse mufsten neue Einrichtungen geschaffen werden und so hat sich Schritt für Schritt eine noch im lebhaftesten Flusse befindliche Umwandlung Berlins vollzogen, wie sie tiefgreifender zu keinem Zeitpunkte seines früheren Bestehens stattgefunden hat.

Die Darstellung der Vorgänge, die sich dabei abgespielt haben, die Schilderung der neuen Bauten und Einrichtungen, die durch sie hervorgerufen worden sind, bilden den wesentlichen Inhalt dieses Buches. Sie hier in gleicher Weise aufzuzählen, wie das in Betreff der Leistungen früherer Entwicklungsstufen unserer Stadt geschehen ist, würde daher nur zu Wiederholungen führen; es wird genügen, lediglich die wichtigsten seit 1861 eingetretenen Neuerungen gruppenweise zu erwähnen. Doch soll vorweg auf ein bedeutsames Moment hingewiesen werden. Während bis gegen die Mitte unseres Jahrhunderts nahezu alle öffentlichen Anlagen Berlins von der Krone oder dem Staate geschaffen wurden und der Antheil des Staates an denselben noch unter der Regierung Friedrich Wilhelms IV. der überwiegende war, haben sich die Verhältnisse gegenwärtig völlig verschoben. Es ist nunmehr die Thätigkeit der Stadtgemeinde in den Vordergrund getreten; neben ihr aber behauptet diejenige grofser Gesellschafts-Unternehmungen eine Stelle, die der des Staates nahe kommt.

An neuen Verkehrsmitteln sind für den Fernverkehr fünf neue von Berlin ausgehende Bahnlinien geschaffen worden. Die Anlage der Stadtbahn und der Ringbahn, die Einführung der Pferdebahnen und der Dampf-Strafsenbahnen, für welche in Kürze der elektrische Betrieb zur Anwendung kommen wird, haben gleichzeitig in dem inneren Verkehr der Stadt eine völlige Umwälzung herbeigeführt. Dem Wasserverkehr ist durch die Erweiterung des Landwehrcanals, die Regulirung der Spree und die Einrichtung eines neuen Grofsschiffahrtsweges durch Berlin die Möglichkeit weiterer Ausdehnung gegeben worden. Im Strafsennetz der alten Stadttheile sind durch eine Reihe von Durchlegungen und Verbreiterungen neue und bessere Verbindungen hergestellt worden; besondere Wichtigkeit hat die durch den Fall der Stadtmauer (seit 1866) ermöglichte Anlage einer Ringstrafse erlangt. Die früher äufserst mangelhafte Befestigung der Strafsen ist in einen mustergültigen Zustand versetzt; nahezu sämtliche Brücken sind in monumentaler Weise erneuert und verbreitert worden.

Unter den Wohlfahrts-Einrichtungen stehen die grofsartigen Canalisations- und Wasserversorgungs-Anlagen sowie die Gründung von drei neuen städtischen Parks obenan. Es sind hierzu aber auch die Bauten des Vieh- und Schlachthofes, die Markthallen, eine Reihe grofser Kranken-, Irren- und Versorgungs-Anstalten sowie, in weiterem Sinne, die überaus zahlreichen Schulbauten zu rechnen.

Zu den zuletzt genannten Nutzbauten ist eine nicht minder grofse Zahl öffentlicher Bauten und Denkmäler getreten, welche die Erscheinung der Stadt wesentlich bereichert haben: als aufwändigste das Reichstagshaus, der neue Dom und das National-Denkmal für Kaiser Wilhelm I. — die beiden letzten noch in der Herstellung begriffen. Hervor zu heben ist namentlich der Aufschwung, welchen der Kirchenbau genommen hat. Eine Reihe weiterer Monumentalbauten, darunter umfassende Erweiterungsbauten für die Museen, sind bereits im Entwurf vorbereitet.

Mit der öffentlichen Bauthätigkeit hat der Privatbau Schritt gehalten, in dem an Stelle der früheren Aermlichkeit und des abstofsenden Scheinwesens mehr und mehr monumentale Auffassung sich einbürgert, während gleichzeitig die frühere Einförmigkeit durch bunte Mannigfaltigkeit der Formen und Motive verdrängt wird.

II. Die geschichtliche Entwicklung Berlins.

Für die Ausdehnung der Bebauung war durch zwei wichtige Mafsregeln, die in den Eingang des in Rede stehenden Zeitabschnittes fallen, die Erweiterung des Weichbildes von 3511 auf 5923 ha (1861) und die Festsetzung des Bebauungsplanes für Berlin und Charlottenburg (1862) die nöthige Grundlage geschaffen worden. Leider hat dieser Plan, so verdienstlich er für seine Zeit war, nicht in jeder Beziehung das Richtige getroffen und ist namentlich Veranlassung gewesen, dafs das Miethshaussystem der älteren Stadttheile auf die neuen übertragen werden mufste; die Stadtgemeinde, welche hierzu in erster Linie berufen gewesen wäre, hat es verabsäumt, rechtzeitig die nöthigen Aenderungen anzuregen. Doch ist von der Staatsregierung einigen der schlimmsten, im Wohnhausbau zu Tage getretenen Uebelständen im Jahre 1887 durch den Erlafs einer neuen Baupolizei-Ordnung gesteuert worden.

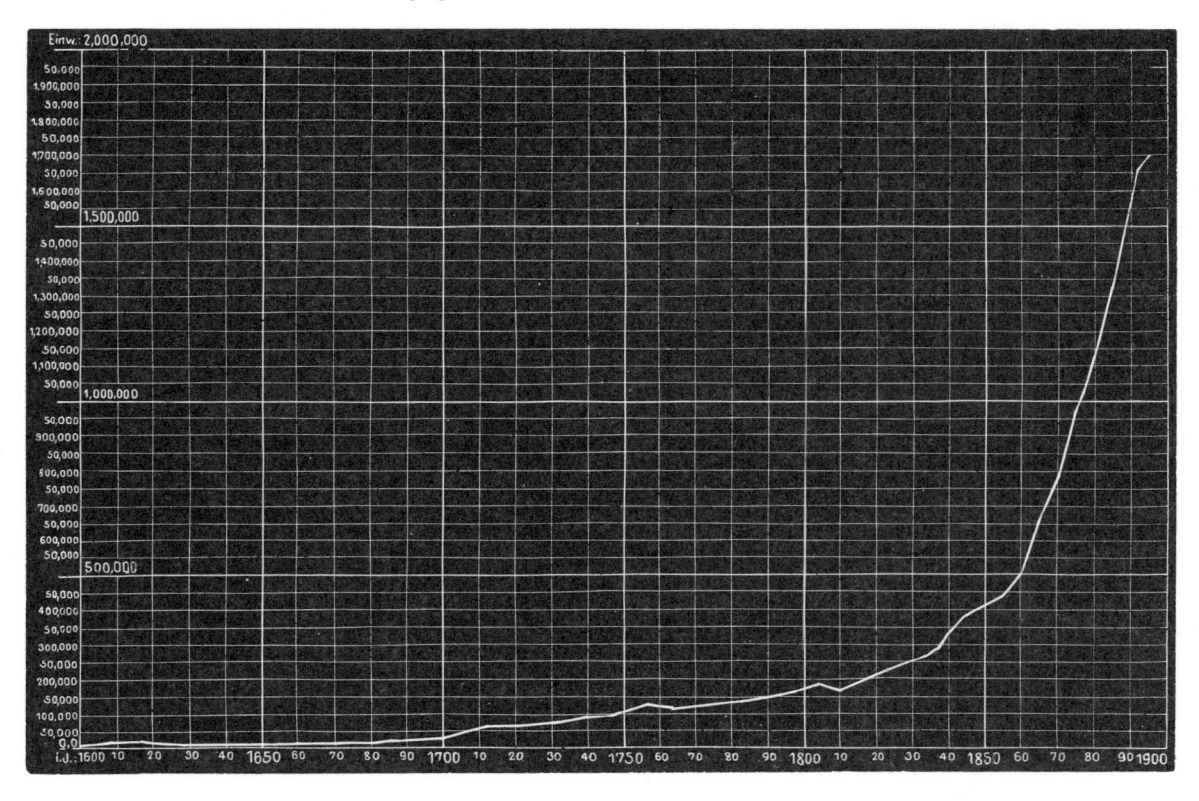

Abb. XXIVa. Graphische Darstellung des Anwachsens der Bevölkerung von Berlin.

Heute hat die Bebauung, wenn auch hier und da einige Lücken sich zeigen, die Grenzen des Weichbildes überall erreicht und ist auf weite Strecken mit derjenigen der umliegenden Ortschaften verschmolzen (vergl. Abb. XXIII). Die Einverleibung dieser Ortschaften in das städtische Gemeinwesen, zu welcher nicht allein Rücksichten der Verwaltung, sondern vor allem solche der Gesundheitspflege drängen, ist für die weitere Entwicklung Berlins zunächst die wichtigste Frage der Zukunft. Ihre wiederholt versuchte Lösung dürfte vor allem an dem Umstande gescheitert sein, dafs bei einer derartigen Vergröfserung Berlins eine völlige Neugestaltung seiner Verfassung und seiner Stellung zum Staate sich nicht wird vermeiden lassen. Möchte es bei derselben auch gelingen, einem schon so oft geäufserten Wunsche der Techniker Genüge zu thun und eine Instanz zu schaffen, welche berufen ist, vorausdenkend mit der Gesamtheit der für die Entwicklung Berlins wichtigen Fragen sich zu beschäftigen und diese gegenüber den widerstreitenden Interessen und Ansichten der verschiedenen betheiligten Behörden und Körperschaften einer für das Allgemeinwohl glücklichen Lösung entgegen zu führen! —

Ueber das seit 1861 stetige Anwachsen der Bevölkerung von Berlin, die gegen das Jahr 1877 die Höhe einer Million Seelen erreicht hatte, nach der letzten Volkszählung aber 1 847 314 Seelen betrug, giebt die graphische Darstellung Abb. XXIVa Auskunft. Sie ist bis zum Jahre 1600 zurückgeführt worden, um gleichzeitig ein Gesamtbild der geschichtlichen Entwicklung Berlins zu liefern.

5. Die Vororte Berlins.[1]

Wenngleich in dem knappen Rahmen dieser Darstellung für ein näheres Eingehen auf die Entwicklungsgeschichte und die allgemeinen Verhältnisse der Berliner Vororte kein Platz vorhanden ist, so ist die Bedeutung, welche diese für die Stadt erlangt haben, doch zu grofs, als dafs ihnen hier nicht wenigstens einige Worte gewidmet werden müfsten.

Die Gegenüberstellung der in gleichem Mafsstabe (1 : 75 000) gehaltenen Karten Abb. XXII und XXIII, die Berlin mit seiner Umgebung in den Jahren 1780 und 1896 darstellen, zeigt in einfachster Weise das Verhältnifs, in welchem Berlin zu den nächst gelegenen Ortschaften dereinst gestanden hat und heute steht. Nach dem Sprachgebrauch, der sich hier eingebürgert hat, versteht man jedoch unter „Vororten" keineswegs nur diese nächst gelegenen, mit der Stadt bereits unmittelbar zusammen hängenden Orte, sondern bezeichnet mit jenem Namen alle diejenigen durch Eisenbahn oder Pferdebahn mit Berlin verbundenen Dörfer und Landhaus-Colonien, in denen Personen sich niedergelassen haben, die durch ihren Beruf nach wie vor in engster Beziehung zur Hauptstadt stehen. Zieht man lediglich das Gebiet in Betracht, welches durch die Orte Westend, Schmargendorf, Wannsee, Neuendorf, Lankwitz, Mariendorf, Britz, Grünau, Friedrichshagen, Hohen-Schönhausen, Heinersdorf, Nieder-Schönhausen, Reinickendorf, Tegel, Westend begrenzt wird, so sind es etwa 40 Orte, die dabei in Frage kommen. Ihre Entwicklung mag daran ermessen werden, dafs ihre Bevölkerung von etwa 73 000 Seelen im Jahre 1870 bis auf 502 000 Seelen im Jahre 1895 gestiegen ist. Wird von der Stadt Charlottenburg, welche dabei mit berücksichtigt ist, abgesehen, so stellen sich die entsprechenden Ziffern auf 53 000 und 367 000.

Von einer Aufzählung der betreffenden Ortschaften kann hier natürlich keine Rede sein. Die meisten derselben sind ihrem Kerne nach ältere Dörfer, denen die neuen Ansiedelungen, wenn auch theilweise als selbständige Anlagen, angeschlossen worden sind; eine Anzahl derselben — so namentlich Westend, Alsen, Wannsee, Neu-Babelsberg, Friedenau, Südende und Grunewald — sind aber auch als völlig neue Colonien auf bisher unbebautem Gelände ins Leben gerufen worden.

Die Bewegung begann, nachdem ein älterer Versuch, eine derartige Landhaus-Colonie bei Tempelhof erstehen zu lassen, fehlgeschlagen war, im Jahre 1867 mit der durch Heinrich Quistorp ins Werk gesetzten Gründung von Westend, der bald die von Carstenn nach Hamburger Vorbild geschaffenen Anlagen von Lichterfelde und Friedenau sowie das von Conrad begründete „Alsen" folgten. Sie kam in lebhaften Flufs, nachdem die Errichtung des Deutschen Reiches in Berlin eine plötzliche Bevölkerungs-Zunahme und ein noch stärkeres Anschwellen des Unternehmungsgeistes erzeugt hatte. Damals, in den Jahren 1871—1873, bildete sich in Berlin eine gröfsere Zahl von Terrain- und Bau-Gesellschaften, die im weiteren Umkreise der Stadt Tausende von Hektaren bisherigen Ackerlandes erwarben, um darauf neue Landhaus-Colonien zu „gründen", vielfach ohne dafs die nothwendigste Vorbedingung für das Gedeihen einer solchen Colonie, bequeme und ausreichende Verbindung mit der Stadt, vorhanden war. Fast für jede derselben wurden nicht nur Bebauungspläne aufgestellt, sondern auch Strafsen und an diesen Baumpflanzungen

---

[1] Unter Benutzung einer Arbeit von Professor F. W. Büsing.

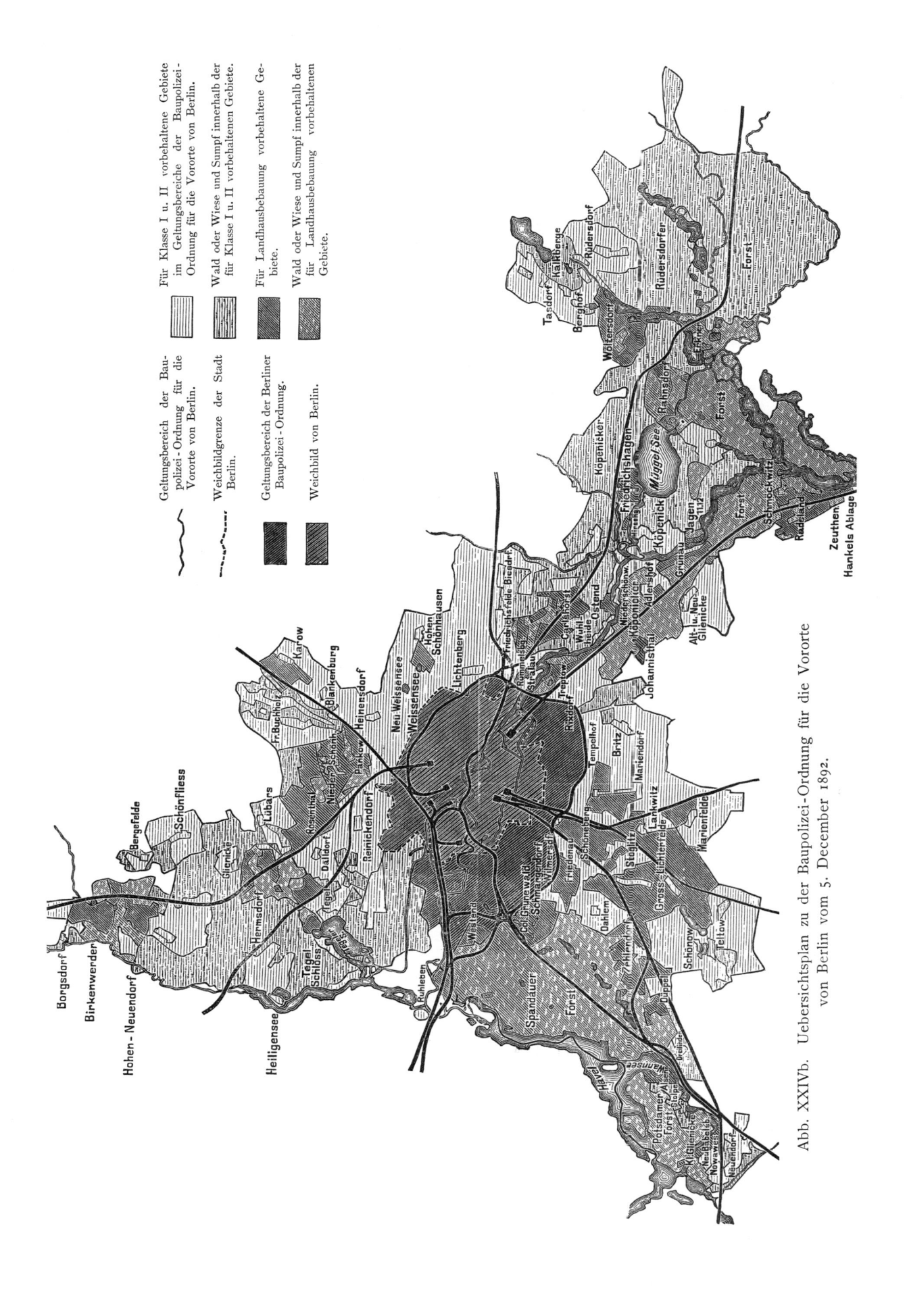

Abb. XXIVb. Uebersichtsplan zu der Baupolizei-Ordnung für die Vororte von Berlin vom 5. December 1892.

angelegt. Die letzteren sind in vielen Fällen der einzige Gewinn, der aus dieser überhasteten und unüberlegten Thätigkeit, durch welche Millionen verloren gegangen sind, zurück geblieben ist, nachdem der bald eintretende „Krach" den meisten jener Gesellschaften ein Ende bereitet hatte. Doch blieben nicht nur einige, insbesondere die älteren Colonien bestehen, sondern es entstanden gegen Ende der siebziger Jahre auch die Anfänge neuer Ansiedelungen, nachdem die Eisenbahnen der Pflege des Localverkehrs gröfsere Aufmerksamkeit zugewendet hatten und eine Anzahl neuer Bahnlinien geschaffen war. Die allmählich eintretende Erstarkung der wirthschaftlichen Verhältnisse, die Entstehung wirklicher Bau-, nicht nur Terrain-Gesellschaften, und das thatsächlich vorhandene Bedürfnifs zahlreicher Familien, sich aus dem lärmenden Treiben der Weltstadt in ein stilles Heim zu flüchten, haben dann ein Weiteres gethan und das aus den oben mitgetheilten Zahlen ersichtliche Ergebnifs herbeigeführt.

Der Rang der einzelnen Vororte ist natürlich, je nach den Bevölkerungsschichten, die sich dort angesiedelt haben, ein sehr verschiedener. Im Norden, Osten und Südosten überwiegt die Arbeiterbevölkerung (zum Theil aus dort bestehenden Fabriken), untermischt mit sogenannten „kleinen Beamten". In der Mehrzahl der westlichen Vororte, sowie in Friedrichshagen bilden Beamte mittleren Einkommens, Lehrer, Geschäftsinhaber und bescheidene Rentner die Mehrzahl; den vornehmsten Rang nehmen die fast nur von wohlhabenden und reichen Ansiedlern bewohnten Colonien Wannsee, Neu-Babelsberg, auf dem Steglitzer Fichtenberge und im Grunewald ein.

Dementsprechend hat sich natürlich auch die Bebauung der Vororte, von welcher in Band III in dem Abschnitte über Wohnhausbauten einige Beispiele mitgetheilt sind, sehr verschieden gestaltet. Diese Bebauung beschränkt sich aber keineswegs nur auf Landhäuser. Es sind vielmehr in allen denjenigen Orten, wo der Landhaus-Bau nicht von vorn herein durch grundbuchliche Eintragungen sichergestellt war, auch städtische Miethshäuser in geschlossener Bauart nach Berliner Muster entstanden, namentlich nachdem im Jahre 1887 von der Regierung die neu erlassene Berliner Baupolizei-Ordnung auch auf eine gröfsere Zahl von Vororten übertragen worden und den Grundstückbesitzern nur die Wahl gelassen war, entweder an der Nachbargrenze oder mit einem Wich von 6 m (statt früher 2,50 m) zu bauen. Manche Vororte haben infolge dessen ein ganz städtisches Ansehen bekommen, bei manchen anderen ist ein sehr unerfreuliches Gemenge von Miethshäusern mit Brandgiebeln und von Landhäusern entstanden. Da überdies die Annahme der geschlossenen Bauart in Ortschaften ohne geregelte Strafsen, Entwässerung usw. entschiedene Uebelstände im Gefolge hat und es erwünscht schien, Berlin nicht völlig einmauern zu lassen, so hat die Regierung am 5. December 1892 eine allgemeine „Baupolizei-Ordnung für die Vororte Berlins" erlassen. Das in Frage kommende Gebiet ist danach (vergl. Abb. XXIVb) in verschiedene Bezirke eingetheilt, in denen theils die Vorschriften der Berliner Bauordnung gelten, theils nur Miethshäuser in beschränkter Höhe (Klasse 1 mit vier, Klasse 2 mit drei Wohngeschossen), theils endlich nur landhausartige Gebäude oder sogen. Kleinbauten errichtet werden dürfen. Ob diese wohlgemeinte, aber leider etwas zu spät gekommene Verordnung wird aufrecht erhalten werden können, erscheint nach der Stellung, die neuerdings das Abgeordnetenhaus zu ihr genommen hat, etwas zweifelhaft.

Ein weiterer Uebelstand, der sich mehr und mehr erkennbar macht, ist der, dafs die Bebauungspläne der einzelnen, zum Theil hart an einander grenzenden Vororte stückweise, jeder für sich aufgestellt worden sind, ohne dafs an die Schaffung grofser durchgehender Verkehrslinien gedacht worden ist. Es wird in Zukunft vermuthlich grofser Opfer bedürfen, um die Folgen dieses Mangels an Voraussicht wieder gut zu machen.

III. Die Entwicklung des Verkehrs.[1]

"Im Zeichen des Verkehrs", das Wort des Kaisers hat unser zu Ende gehendes Jahrhundert treffend gekennzeichnet. Keine frühere Epoche hat auf dem Gebiete des Verkehrswesens ähnliche Erfolge aufzuweisen, als die jüngst verflossenen sechs Jahrzehnte. Den Werken des Ingenieurs, die in überwiegendem Mafse durch die Bedürfnisse des Verkehrs ins Leben gerufen werden, und denen die nachfolgenden Abhandlungen gewidmet sind, wird deshalb eine Darstellung der Entwicklung des Verkehrs in kurzen Zügen einleitend vorausgeschickt.

1. Der Verkehr Berlins bis 1640.

Berlin und sein Verkehr sind in gegenseitiger Wechselwirkung zu ungeahnter Gröfse herangewachsen. Der Punkt, an dem die Ortschaften Berlin und Köln entstanden sind, war von Alters her ein wichtiger Durchgangspunkt und Marktplatz auf der Handelsstrafse, die von Magdeburg über Brandenburg nach der Oder und der Ostsee führte, schon als das Land zwischen Elbe und Oder noch in slavischem Besitz sich befand. Inmitten der beiden grofsen Flufsgebiete der Elbe und der Oder belegen, wurde dieser Uebergang schon in alter Zeit von dem Wasserverkehr der Elbe erreicht und bildete so auch für diesen einen wichtigen Ausgangspunkt.

Freilich waren die politischen Zustände der ersten Jahrhunderte dem Verkehr wenig förderlich. Wo Handel und Wandel sich regten, wurden sie zunächst von Ortschaften, Städten oder sonstigen Machthabern mit Zöllen belegt und ohne Rücksicht auf weitere Interessen unnachsichtlich ausgebeutet. Erst ein gröfser und stärker werdendes Staatswesen konnte zu einer zielbewufsten Wirthschaftspolitik übergehen und dem Verkehr erfolgreich die Wege ebnen, die die Natur des Landes in reicher Fülle darbietet.

Abb. XXV. Standbild der Berolina auf dem Alexanderplatz von Hundrieser.

---

[1] Bearbeitet vom Baurath Eger, Regierungs-Baumeister zur Megede und Regierungs-Baumeister Schümann.

Soweit die Nachrichten über Berlin zurückreichen, finden wir hier eine wichtige Umladestelle, welche das ihr verliehene Recht „der Niederlage", d. h. das Recht, von jedem Durchgangs- oder Umladegute Speditionsgebühren zu erheben, voll ausnutzte. Auch andere dem Landesherrn zustehende Rechte, die sich fast immer auf Zins und Zollerhebung vom Verkehr bezogen, wie Zinserhebung vom Marktverkehr und von den zu Verkaufsstellen bestimmten Gebäuden, Wartezins, Hufenzins, Stättegeld und Gewerkzins gingen frühzeitig in den Besitz der Stadt über, die schon im 13. Jahrhundert die Zollerhebung gepachtet hatte.

Der Güterverkehr nach aufserhalb benutzte vorzugsweise den Wasserweg und so suchte man auch auswärts liegende wichtige Zollstellen an den Wasserstrafsen zu erwerben, um damit den Verkehr beherrschen und sich nutzbar machen zu können. Die Kämpfe und Verhandlungen mit Fürsten und Ritterschaft um den Besitz der wichtigen Zollstellen der Schlösser Köpenick und Saarmund und des Niederlagerechts von Oderberg gehörten Jahrhunderte hindurch zu den wichtigsten politischen Angelegenheiten der Schwesterstädte.

Der Handel und der Güterverkehr Berlins gingen um das Ende des 14. Jahrhunderts vermuthlich nicht über Stettin, Leipzig, Magdeburg, Hamburg hinaus. Angaben über Werth und Menge der beförderten Waaren, die vorzugsweise in Hering und Getreide bestanden, sind uns nicht überliefert. Bezüglich der Benutzung der Wasserstrafse ergiebt sich aus einer Urkunde vom Jahre 1433, dafs schon damals die Berliner Spreeschleuse in Betrieb war.

Jm Jahre 1442 mufste nach harten Kämpfen Berlin-Köln behufs Beilegung der zwischen den Städten und dem Kurfürsten Friedrich II. bestehenden Streitigkeiten u. a. auch das Recht der Niederlage an den Kurfürsten abtreten, weil es dem allgemeinen Verkehr Hindernisse bereitete.

In der darauf folgenden Zeit wurde die Wasserstrafse der Oder oberhalb Frankfurt wenig benutzt, noch weniger die Elbe und der Verkehr von Leipzig und der oberen Elbe nach der unteren Oder nahm seinen Weg nach wie vor durch die Mark über Berlin. Auch ein Theil der zwischen Schlesien und Sachsen und der unteren Elbe verkehrenden Güter nahm, da die Elbschiffahrt noch ruhte, wegen der festgesetzten Zollstrafse den Weg durch die Mark in der Richtung über Berlin. Dem Bunde der Hansa haben Berlin und Köln zwar angehört, aber stets nur in sehr losem Zusammenhange damit gestanden und in der zweiten Hälfte des 15. Jahrhunderts hörte die Verbindung allmählich auf. Im Laufe des 16. Jahrhunderts vollzog sich nach und nach eine Ablenkung des Durchgangsverkehrs von der Mark. Das immer mächtiger werdende Frankfurt verstand es, den Verkehr aus Schlesien und Polen an der Oder entlang festzuhalten, die Waaren über Stettin den grofsen Hansastädten Lübeck und Bremen zuzuführen und auf demselben Wege die Frachten aufwärts zu lenken. Auf der anderen Seite betrieb das durch Gewerbefleifs hervorragende Kursachsen eine zielbewufste Handelspolitik und wufste den Verkehr zwischen Breslau und der mittleren und unteren Elbe von der Mark ab und über Leipzig zu lenken. Magdeburg und Hamburg unterstützten diese Bestrebungen, die noch durch Oeffnung der Elbschiffahrt zwischen Hamburg und Magdeburg um die Mitte des 16. Jahrhunderts besondere Förderung fanden. Durch letztere aber wurden nicht allein die Mark, sondern auch Frankfurt a. O., Leipzig und Lüneburg und schliefslich auch Magdeburg selbst in ihrem Handel schwer geschädigt.

So ging in dieser Zeit der Verkehr Berlins und der Mark überhaupt zurück und die märkische Schiffergilde wurde durch den Wettbewerb Hamburgs zum Eingehen gebracht, denn der Wasserverkehr zwischen Hamburg und Berlin lag ausschliefslich in den Händen der Hamburger Schiffer, da von dort die meisten Waaren nach Berlin kamen.

2. Der Verkehr auf den Wasserstrafsen Berlins.

Die Güter, welche zwischen Schlesien und den Hansastädten den Wasserweg der Elbe und Spree benutzten, mufsten in Fürstenwalde umgeladen werden und den Weg bis Fürstenwalde zu Lande zurücklegen. Zur Erhaltung und Förderung des Verkehrs auf dieser Handelsstrafse war es nöthig, den Landweg zu beseitigen und die Wasserverbindung zwischen Oder und Spree herzustellen. Kaiser Ferdinand I. als Beherrscher Böhmens

III. Die Entwicklung des Verkehrs.

wendete diesem Gedanken lebhaftes Interesse zu und nach zehnjährigen Verhandlungen wurde der Bau des Canals im Vertrage von Müllrose am 1. Juli 1558 zwischen den Vertretern des Kaisers und des Kurfürsten von Brandenburg auf gemeinschaftliche Kosten beschlossen. Während aber der Kaiser seine Strecke von der Spree bis zum Müllroser See energisch förderte, mangelte es auf brandenburgischer Seite bald an Mitteln, sodafs im Jahre 1563 die Arbeiten eingestellt wurden. Erst der Grofse Kurfürst hat nach dem 30jährigen Kriege im Jahre 1662 den Bau wieder in Angriff genommen und bis 1669 vollendet.

Von den kupfernen Grundsteintafeln der Berliner Stadtschleuse, die 1863 beim Umbau derselben und 1896 beim Neubau des National-Denkmals für Kaiser Wilhelm I. in dem Eckpfeiler der Schleusenbrücke aufgefunden worden sind, giebt Abb. XXX die auf den im Jahre 1694 vollendeten Massivbau bezügliche nach dem Original wieder.

Trotz der aufserordentlich hohen Zölle, die beispielsweise zwischen Breslau und Hamburg — 28 an der Zahl — für ein Fafs sich auf vier Thaler beliefen, und wozu noch die hohen Kran-, Wehr- und Schleusengelder und aufserdem zwei Heller von jedem Thaler des Werthes gezahlt werden mufsten, brachte die neue Wasserstrafse den Berliner Verkehr zu hoher Blüthe. Allerdings war später, nachdem Breslau erworben und Stettin zurück gewonnen war, die Regierung bemüht, den Verkehr wieder über Stettin zu lenken. Zu diesem Zweck wurde auch der im Anfange des 17. Jahrhunderts erbaute, aber schon im 30jährigen Kriege wieder in Verfall gerathene Finowcanal wieder hergestellt. Im Jahre 1745 erfolgte die Vollendung des Plauenschen Canals und im Jahre 1774 die Eröffnung des Bromberger Canals zur Verbindung des Oder-Spreegebiets mit der Weichsel.

Zur Regelung des Schiffsverkehrs zwischen Berlin und Hamburg und zur Behebung der andauernden Streitigkeiten zwischen den Schiffern beider Städte wurde durch ein im Jahre 1700 gegebenes Reglement die „Reihefahrt" eingeführt und 1716 die Genehmigung zur Bildung einer Märkischen Schiffergilde, deren Mitgliederzahl und sonstigen Einrichtungen genau vorgeschrieben waren, ertheilt. — Von dem für heutige Verhältnisse sehr bescheidenen Umfange des damaligen Wasserverkehrs geben folgende Zahlen eine ungefähre Vorstellung. Die 27 Mitglieder der Kurmärkischen Schiffergilde machten in den Jahren 1744, 1745 und 1746 zusammen 93 Hauptreisen und 146 kleine Reisen, die Hauptreisen mit ein bis zwei Schuten und zwei bis vier Anhängen, die kleinen Reisen mit Gellen und Heringsyachten von Hamburg nach Berlin. In demselben Zeitraum beförderten sieben Hamburger 90 Ladungen mit grofsen Fahrzeugen — ohne die mitbenutzten Anhänge — und 34 mit kleineren Gefäfsen dorthin.

Infolge erneuter Zwistigkeiten wurde 1748 der Märkischen Gilde ein neues Reglement genehmigt, welches die Hamburger Schiffer von dem Waarenverkehr zwischen Hamburg und Berlin ausschlofs und die alleinige Reihefahrt unter den 24 Mitgliedern der Märkischen Gilde regelte. Damit kam es zu einer Blüthezeit des Berliner Schiffergewerbes, aus der berichtet wird, dafs im Jahre 1769 der jährliche Reingewinn jedes Gildemitgliedes 5000 Thaler betrug, obgleich zu dieser Zeit die Vorrechte der Gilde auf Betreiben der Kaufmannschaft schon durchbrochen waren und ein erheblicher Wettbewerb durch aufserhalb der Gilde stehende Schiffer und Kahnfahrer eingetreten war. Bald aber folgte wieder ein starker Rückgang des Verkehrs und der Frachten, besonders infolge der Belebung des Oderhandels über Stettin, dem Friedrich der Grofse durch Herabsetzung der Zölle jeden möglichen Vorschub leistete. Man sah sich daher genöthigt, um der weiteren Verarmung der Schiffer Einhalt zu thun, im Jahre 1775 zwischen Hamburg, Magdeburg und Berlin ein neues Reglement behufs Anordnung einer Reihefahrt einzuführen.

Trotzdem gerieth die Gilde immer mehr in Verfall, sie war ihrer Aufgabe nicht mehr gewachsen und mufste allmählich ihre Vorrechte einbüfsen, um dem freien Wettbewerb Platz zu machen. Nach langjährigen Verhandlungen fand diese Angelegenheit ihre endgiltige Lösung durch das Gewerbesteuer-Edict vom 2. November 1810, welches jedem, der einen Gewerbeschein auf die Flufsschiffahrt löste, freigab, zwischen Hamburg und allen Orten in preufsischen Landen zu fahren.

Nach tiefem Niedergange während der politischen Wirren im Beginn unseres Jahrhunderts hob sich der Verkehr im zweiten Jahrzehnt rasch wieder, besonders gefördert durch das preufsische Zollgesetz vom 26. Mai 1818, welches Preufsens handelspolitische Einheit begründete und Freiheit des inneren Verkehrs schuf. Um für den wiederauflebenden Wasserverkehr eine gröfsere Sicherheit zu haben, als sie durch einzelne Schiffseigner geboten werden konnte, gründete die Berliner Kaufmannschaft zum Ersatz der ehemaligen Gilde im Jahre 1822 mit etwa 80 Schiffern einen Verein „Berliner Elbschiffahrts- und Assecuranz-Gesellschaft". Dieselbe stand unter Leitung der Kaufmannschaft, die beitretenden Schiffer mufsten genügendes Vermögen und Kenntnisse nachweisen und Bürgschaft hinterlegen.

Für den Verkehr auf der Elbe machte sich die Zollrevision in Wittenberge so störend bemerkbar, dafs 1832 Vorkehrungen getroffen wurden, um die Verzollung der von Hamburg unter Zollverschlufs eingehenden Waaren erst in Berlin vornehmen zu können. Die steuerfreie Niederlage wurde mit dem Packhofe verbunden, der vom Friedrichswerder nach den in den Jahren 1829—1831 am rechten Ufer des Kupfergrabens errichteten Neubauten verlegt wurde, und dort noch heute als „alter Packhof" in Benutzung ist. Um dem Mangel eines Eisenbahnanschlusses abzuhelfen und dem durch die neuere Zollgesetzgebung

Abb. XXVI. Die Stadtschleuse in Berlin gegen Ende des 17. Jahrhunderts.
(Nach einer Kopfleiste in Begers Thesaurus Brandenburgicus.)

gesteigerten Bedürfnifs nach steuerfreier Niederlage Rechnung zu tragen, ist dann der im Juli 1886 eröffnete neue Packhof an der Unterspree erbaut worden (s. S. 490 dieses Bandes).

Die hohen, durch die Elbschiffahrts-Acte vom 23. Juni 1821 festgesetzten Zölle blieben in der Strecke Wittenberge-Hamburg unverändert bestehen, was eine Bevorzugung der gänzlich zollfreien Oderschiffahrt und eine erhebliche Begünstigung des Stettiner Handels zur Folge hatte. Einschliefslich der Schleusen und Krangelder kostete damals die Wasserfahrt Berlin-Hamburg für einen Zollcentner 7 Sgr. 9 Pfg. und die Fracht einschliefslich der Zölle mit Segel- oder Dampfschiff 15 Sgr., mit der Eisenbahn nur 14 Sgr. Dieses Verhältnifs beschleunigte zu Ende der vierziger Jahre den Rückgang des Wasserverkehrs zu Gunsten der im Entstehen begriffenen Eisenbahnen aufserordentlich. Erst mit der Begründung des Deutschen Reiches wurden die Elbzölle endgültig beseitigt. Der Schifferverband war in den fünfziger Jahren eingegangen, ebenso im Jahre 1846 die von der Seehandlung begründete Dampfschiffverbindung. Nur die im Jahre 1857 von der Norddeutschen Flufsdampfschiffahrts-Gesellschaft mit 40 Schleppkähnen begründete Güter-Schleppschiffahrt zwischen Berlin und Hamburg, die von jedem Endpunkte zwei Reisen wöchentlich macht, hat Bestand gehabt.

Für den Verkehr auf der Oder wurde im Jahre 1835 ein Schifferverband mit 80 Schiffsgefäfsen gegründet, der aber nach der Eröffnung der Berlin-Stettiner Bahn 1843/44 sich nicht mehr halten konnte.

III. Die Entwicklung des Verkehrs. LXVII

Die Befreiung von den Elbzöllen, die Verbesserung der Wasserwege und die Vergröfserung der Fahrzeuge haben allmählich die Schiffsfrachten verbilligt und dem Wasserverkehr die ihm zukommenden billigeren Massengüter in überwiegender Menge zugeführt. Die Wasserfracht für 1 Ctr. zwischen Hamburg und Berlin kostet heute im Durchschnitt 22—32 ₰. für Massengüter und 42 ₰. für Stückgüter. Die preufsische Regierung hat besonders in den letzten Jahrzehnten den Wasserstrafsen der Mark ihre Fürsorge in erhöhtem Mafse zugewendet und dieselben in den Stand gesetzt, den hoch gesteigerten Anforderungen des Verkehrs der Neuzeit Genüge zu leisten und den Eisenbahnen ebenbürtig zur Seite zu stehen. In Berlin wurde 1845—1850 der Landwehr- und Luisenstädtische Canal und 1848—1859 der Berlin-Spandauer Canal erbaut, daran schlofs sich 1875 der Berlin-Charlottenburger Verbindungscanal, der Ausbau der Hohensaaten-Spandauer Wasserstrafse, der Ausbau des Plauer Canals, die Regulirung der unteren Havel und der Bau des Oder-Spreecanals, endlich die Canalisirung der Unterspree und die im Jahre 1894 mit der Eröffnung der Mühlendammschleuse vollendete Verbesserung des Spreelaufs innerhalb der Stadt Berlin. Diese sowie die sonstigen in Berlin und seiner Umgebung geschaffenen Bauten zur Verbesserung der Märkischen Wasserstrafsen sind im Abschnitt C. IV dieses Bandes (Wasserstrafsen und Häfen) näher beschrieben.

Das Ergebnifs dieser Bauthätigkeit ist, dafs heute jeder Zeit Fahrzeuge von 8000 bis 10 000 Ctr. Tragfähigkeit von der Elbe durch Berlin nach der Oder gelangen können und nach Vollendung des Grofsschiffahrtsweges durch Breslau auch Oberschlesien erreichen werden. Demgegenüber ist als festgestellt anzunehmen, dafs um das Jahr 1700 die kleineren Schiffsgefäfse nur 400 Ctr. fafsten und dafs im Jahre 1740 Schiffe mit 0,80 m Tiefgang nicht überall fortkommen konnten. Im Jahre 1816 wird die gröfste Tragfähigkeit zu 1000 Ctr., 1846 zu 3000 Ctr. und 1858 zu 3500 Ctr. angegeben.

Zugleich hat sich infolge der Verbesserung des Fahrwassers und dank der Anwendung der Dampfschiffahrt die Fahrtdauer so verkürzt, dafs jetzt zwischen Berlin und Hamburg viertägige Lieferfrist mit Sicherheit innegehalten wird, während früher 10 Tage bis vier Wochen für die Reise in Anspruch genommen wurden.

Die durchschnittliche Tragfähigkeit aller in Berlin verkehrenden Frachtschiffe betrug rd. 100 t im Jahre 1884 und wuchs stetig auf 124 t im Jahre 1894.

Nachweisung des Schiffsverkehrs auf den Berliner Wasserstrafsen.

Jahr	Zahl der Schiffe	Darunter Personen-Dampfer der Oberspree	Ladung der Frachtschiffe t	Oberspree. Zahl der beförderten Personen.
1804	24 700	—	—	—
1840	48 350	—	1 060 000	—
1840—49	48 459	—	1 300 000	—
1850—59	51 058	—	1 650 000	—
1860—69	62 699	—	2 550 000	1874/75 = 325 317
1870—79	71 374	1874/75 8 944	3 330 000	1879/80 = 222 372
1885	86 350	8 436	4 086 000	1884/85 = 292 623
1890	92 000	8 729	5 000 000	1890 = 412 287
1895	99 611	14 784	5 604 000	1895 = 486 000

(jährlicher Durchschnitt)

Zur Ergänzung der am Schlusse des Abschnitts C. IV gegebenen Verkehrsziffern dienen obige Zahlen, welche aus früheren Jahrzehnten festgestellt und bis auf die Jetztzeit fortgeführt sind. Man erkennt aus den Durchschnittszahlen im fünften und sechsten Jahrzehnt den vorübergehenden Rückgang bezw. Stillstand im Wasserverkehr, der während der Einführung der Eisenbahnen eingetreten ist, bald aber einem verstärkten Anwachsen des Wasserverkehrs während gleichzeitiger Entwicklung des Eisenbahnverkehrs Platz machte.

Allerdings ist seit Entstehung der Eisenbahnen die Zunahme des Güterverkehrs in dem Mafse von ihnen übernommen worden, dafs sie wahrscheinlich schon gegen die Mitte

III. Die Entwicklung des Verkehrs.

der 70er Jahre anfingen, die Wasserstrafsen zu überflügeln. Die Gesamtleistungen beider sind nachstehend neben einander gestellt:

Jahr	Gesamtgüterverkehr	
	der Wasserstrafsen[1]	der Eisenbahnen[2]
1853	1 319 000 t	493 000 t
1868	2 119 000 t	2 349 000 t
1875	2 971 000 t	4 600 000 t
1880	3 519 000 t	5 593 000 t
1885 bezw. 1885/86	4 086 000 t	4 366 000 t
1890 ,, 1890/91	5 000 000 t	6 757 000 t
1894 ,, 1894/95	5 680 000 t	6 124 000 t
1895	5 604 000 t	5 600 000 t

Hiernach scheint die Verkehrszunahme der Wasserstrafsen sich allmählich der der Eisenbahnen gleichzustellen, im Jahrzehnt 1885—1895 betrug sie auf beiden etwa 40 v. H.

Abb. XXVII. Die Friedrichsbrücke und Burgstrafse im Jahre 1780.

Bis zum Jahre 1883 sind die Angaben für die Eisenbahnen nicht als genau anzusehen, weil die von einem Bahnhof zum andern gehenden Güter auf beiden Bahnhöfen, also doppelt gezählt wurden, anderseits erscheinen die Gütermengen der Eisenbahnen dadurch zu gering, dafs Ladungen von weniger als 500 kg nicht mitgezählt werden. Aber auch die Zahlen für den Schiffsverkehr würden sehr erheblich höher ausfallen, wenn die Zählung sich nicht allein auf das Weichbild Berlins, sondern auf die Nachbarorte, insbesondere Charlottenburg, Stralau, Rummelsburg usw. erstreckte.

Hauptsächlich ist es die Versorgung der Hauptstadt mit ihrem Bedarf an Baustoffen, Brennstoffen, Lebensmitteln und anderen Massengütern, die von der Industrie verarbeitet werden, womit sich die Berliner Schiffahrt beschäftigt. So sind beispielsweise 1894 von dem etwa 5,7 Mill. t betragenden Gesamtverkehr nur etwa 650 000 t hier durchgegangen und 496 000 t von hier abgegangen, der Rest von 4 554 000 t ist Einfuhr.

---

1) S. S. 104.
2) S. S. 206.

III. Die Entwicklung des Verkehrs.   LXIX

Der Betrieb der Dampfschleppschiffahrt ist auf der Spree seit dem Jahre 1883 und auf dem Landwehrcanal seit dem Jahre 1885 bezw. 1886 freigegeben und durch besondere Verordnungen geregelt. Der Berlin-Spandauer und der Verbindungscanal werden nach der in Ausführung begriffenen Erweiterung gleichfalls von Dampfschleppern befahren werden.

Das Schiffahrtgewerbe wird in neuerer Zeit im freien Wettbewerb theils von einzelnen Schiffseignern, theils von Firmen oder Gesellschaften, die über eine gröfsere Anzahl von Güterdampfern, Schleppdampfern und Schleppkähnen verfügen, betrieben.

Die Lösch- und Ladeeinrichtungen. Das Löschen und Laden der Fahrzeuge erfolgt an den Ufern der Spree und der Canäle theils an den Privatgrundstücken, die an die Spree und die Canäle grenzen, durch die betreffenden Eigenthümer, theils an öffentlichen Ausladestellen, soweit die Ufer von dazu geeigneten Strafsen berührt werden, theils an den zu diesem Zweck angelegten Hafenbecken. Ein Güterumschlag zwischen Eisenbahn und Schiff findet nur in ziemlich mäfsigem Umfange an dem Gleis der Anhalter Eisenbahn am Schöneberger Hafenbecken, zwischen Hamburger Bahnhof und Spandauer Canal und zwischen dem Lehrter Güterbahnhof und der Spree statt. Die Einrichtungen am neuen Packhofe dienen fast ausschliefslich den Zwecken der steuerfreien Niederlage.

Anlegung und Betrieb der öffentlichen Ladestellen war in früherer Zeit lediglich der Fürsorge des Fiskus überlassen, seit einer Reihe von Jahren aber wird die etwa erforderliche Vermehrung und Erweiterung, sowie der Betrieb dieser dem örtlichen Verkehr dienenden Anlagen den betheiligten Gemeinden zur Pflicht gemacht. So hat, seitdem durch den Ausbau des Landwehrcanals die Zahl der öffentlichen Ladestellen erheblich vermindert ist, die Gemeinde Rixdorf eine Reihe von Ausladestellen am Maybachufer, die Gemeinde Charlottenburg die Ladestrafse am Charlottenburger Ufer und die Gemeinde Berlin die Ladestrafse am Halleschen Ufer und den Hafen am Urban für 79 Fahrzeuge auf eigene Kosten angelegt und in Betrieb genommen. Das Ufergeld, welches vom Fiskus nur mit 1,50 ℳ für jedes Fahrzeug erhoben wird, ist an den städtischen Ladestellen wesentlich höher festgesetzt und wird voraussichtlich demnächst einer einheitlichen Regelung unterzogen werden.

Die Zahl der an den Häfen und Flufsufern vorhandenen Maschinen wie Krane und Elevatoren zum Löschen und Laden der Fahrzeuge ist im Verhältnifs zur Gröfse des Berliner Verkehrs, die in Deutschland nur von dem Rheinhafen bei Emmerich übertroffen wird, aufserordentlich gering. Die grofse Mehrheit der Schiffsgüter wird durch Arbeiter aus den Schiffen getragen oder gekarrt. Der neue Packhof, der Hafen am Urban und einige Privatspeicher sind mit Kranen und sonstigen Hebemaschinen neuester Bauart vorzüglich versehen. (Nähere Angaben finden sich in den später folgenden besonderen Beschreibungen dieser Bauanlagen.)

Die Schiffahrtsabgaben. Die Abgaben, welche auf den märkischen Wasserstrafsen erhoben werden, beschränken sich neben den Ufergeldern auf die zuletzt durch Ministerialerlafs vom 27. Juli 1892 festgesetzten Schleusengebühren.

Der Tarif kennt nur drei Klassen:
Für je 5 t Tragfähigkeit
in jeder Zollschleuse

I. Ladung von Stückgütern und bearbeiteten Stoffen . . . . . 40 ₰.
II. Ladung von minderwerthigen und Rohstoffen, wie Steine, Kohle, Kalk, Erze, Brennholz u. dergl. . . . . 20 ₰.
III. Ohne Ladung . . . . 1 ₰.

Als beladen gilt jedes Fahrzeug, welches mehr als 6 Ctr. Fracht führt. Flöfse zahlen für je 9 qm Oberfläche 16 ₰ für Kantholz, 13 ₰ für Rundholz. Bei der Schiffsvermessung, die nach den Vorschriften vom 21. Juni 1872 (für Flufsdampfschiffe nach der Anweisung vom 29. Mai 1861) gehandhabt wird, wird der äufsere Inhalt des infolge der Beladung eintauchenden Schiffskörpers ermittelt und das dementsprechende Wassergewicht als Tragfähigkeit festgestellt. Das Bestreben der Schiffahrttreibenden geht dahin, die Schleusenabgaben nicht mehr nach der Tragfähigkeit, sondern nach der wirklichen Ladung erhoben zu sehen. Eine Aenderung der Abgabenerhebung in diesem Sinne steht zu erwarten.

Die Personenschiffahrt. Einen Verkehr von Personendampfern zwischen Berlin und Hamburg hatte im Jahre 1842 die Königliche Seehandlung ins Leben gerufen. Die Reise dauerte zu Berg drei Tage, zu Thal zwei Tage und kostete 8 Thaler in der ersten und 6 Thaler in der zweiten Kajüte. Die Zahl der beförderten Personen erreichte im Jahre 1846 fast 6000 zu Thal und 3500 zu Berg. Mit Eröffnung der Berlin-Hamburger Bahn wurde das Unternehmen aufgegeben.

Seitdem dient die Personenschiffahrt auf den Berliner Gewässern fast ausschliefslich dem Vergnügungsverkehr. Abgesehen vom Ruder- und Segelsport, der stets von den Berlinern mit Vorliebe gepflegt wurde und, wie die zahlreichen Ruder- und Seglervereine beweisen, in hoher Blüthe steht, werden die an der Oberspree, der Dahme, sowie an der Unterspree und Havel mit ihren seeartigen Erweiterungen belegenen Ortschaften von Dampfern entweder in regelmäfsigen Fahrten oder in bestellten Sonderfahrten besucht, um das Bedürfnifs der Einwohnerschaft nach Erholung und Naturgenufs zu befriedigen. Die Stärke dieses Verkehrs ist theils von der Tüchtigkeit der vorhandenen Betriebe, theils auch von zufälligen Verhältnissen, insbesondere von der in den Sommermonaten herrschenden Witterung stark beeinflufst. So betrug nach den vorliegenden Nachweisungen der Personenverkehr im Jahre 1873/74 gegen 389 000 Personen und fiel allmählich auf 210 600 im Jahre 1878/79, hat sich aber dann wieder gehoben und im Jahre 1889/90 wurden auf der Oberspree über 412 000 Personen befördert, während auf der Unterspree nur etwas über 10 000 gezählt wurden. 1895 betrugen die entsprechenden Ziffern rd. 486 000 bezw. 238 000. In letzterer Zahl sind aber die auf den Havelseen beförderten Personen sämtlich mit enthalten. Das hauptsächlich den Personen-Dampferverkehr betreibende Unternehmen ist die Spree-Havel-Dampfschiff-Gesellschaft „Stern", die im Jahre 1888 die Dampfer von drei vorhandenen Unternehmungen, deren Betrieb eingestellt wurde, erwarb und seitdem den Verkehr zwischen Berlin und Potsdam mit 10 Dampfern, den zwischen Berlin und Köpenick mit 30 Dampfern regelmäfsig unterhält. Dazu kommen noch einige andere Betriebe, die erst in den letzten Jahren für den Ausstellungsverkehr entstanden sind, wie die Berliner Motorboots-Gesellschaft, die Gesellschaft Adler, Tismer & Co. u. a. m.

Mit Rücksicht auf die Gewerbe-Ausstellung in Treptow hat auch die Stern-Gesellschaft ihren Schiffspark erheblich vermehrt, sodafs im Sommer 1896 die Oberspree von 83 grofsen Personendampfern befahren wird. Zur Sicherung der Fahrgäste hat deshalb das Königliche Polizei-Präsidium besondere Vorschriften für diesen Verkehr erlassen, die sich besonders auf die Wahl der Brückenöffnungen und die Aufeinanderfolge der Fahrzeuge beziehen.

3. Der Landverkehr.

Die wirthschaftlichen Verhältnisse und die Verkehrswege. Ueber Entwicklung und Umfang des Landverkehrs ist aus älterer Zeit kaum mehr überliefert, als über den Wasserverkehr. Wir wissen, dafs die nach aufserhalb führenden Strafsen ausnahmlos in wenig gebahntem und fast völlig unbefestigtem Zustande waren, zudem die Zahl der Einwohner gering und danach die Beförderung gröfserer Gütermassen weder angängig noch Bedürfnifs war. Das Wenige, was weiter über das Verkehrsleben bis zum 30jährigen Kriege zu bemerken ist, haben wir in den vorhergehenden Abschnitten schon kurz wiedergegeben. Der schwere Rückgang, den der 30jährige Krieg auf allen Gebieten des politischen und wirthschaftlichen Lebens in Deutschland mit sich brachte, hat auch Berlin-Köln durch wiederholte militärische Besatzung, schwere Kriegscontributionen, Stillstand jedes Handelsverkehrs, Mifswachs und Seuchen derart betroffen, dafs seine Einwohnerzahl von 12 000 erheblich herabging und von 1300 Häusern gegen Ende des Krieges mehr als 360 leer standen.

Die vollständige Neuordnung der Dinge, die sich nach Abschlufs des Krieges unter dem Grofsen Kurfürsten vollzog, gab auch der Residenz und ihren Wirthschafts- und Verkehrsverhältnissen ein verändertes Gepräge. Schon im Jahre 1657 wurde Berlin-Köln mit einer Garnison von etwa 1500 Mann nebst 579 Weibern und Kindern belegt und 1658 begannen die Befestigungsbauten, durch welche die Hauptstadt in eine Festung neueren

III. Die Entwicklung des Verkehrs.

Systems umgewandelt wurde. Dabei wurde auf bestehende Besitz- und Verkehrsverhältnisse wenig Rücksicht genommen.

Die im Jahre 1667 eingeführte Accise, eine Besteuerung der Hauptnahrungsmittel, wie Fleisch, Bäckereigetreide, Getränke, Vieh und Salz, gab die Mittel, die Bedürfnisse der Stadt für Reinhaltung und Pflasterung der Strafsen, für Unterhaltung der Brunnen und des Feuerlöschwesens zu befriedigen, und der wohlthätige Erfolg dieser leicht und ergiebig fliefsenden Steuerquelle wurde ein Ansporn zu vermehrter Pflege und Förderung des öffentlichen Verkehrs von Seiten der Regierung. Eine Folge des zunehmenden Verkehrs war in Berlin der vermehrte Ertrag des Einlagegeldes, des Zolles auf Biere und Weine, die nicht von Berliner Bürgern erzeugt waren, sodafs im Jahre 1730 von 27 000 Thlr. Gesamteinnahmen des städtischen Haushalts 10 000 Thlr. aus dieser Steuer kamen.

Der Aufnahme der französischen Refugiés durch den Grofsen Kurfürsten verdankt Berlin die Entstehung und Pflege zahlreicher Gewerbe- und Industriezweige und damit eine erhebliche Steigerung des Verkehrs.

Die Aufsicht über die Strafsen, ihre Pflasterung, Reinigung, Beleuchtung, sowie die Fürsorge für die öffentlichen Brunnen und das Feuerlöschwesen waren im Laufe der Zeit auf den Gouverneur übergegangen, dem für diese Zwecke 2000 Thlr. jährlich aus den Erträgen der Accise überwiesen wurden. Auch die Baupolizei lag in seiner Hand. Noch weiter ausgedehnt wurden die Befugnisse während der Regierung Friedrichs I. Die Garnison leistete neben der Besatzung der Thore auch den polizeilichen Wachtdienst.

Unter der Regierung König Friedrichs I. und Friedrich Wilhelms I. vollzog sich die glanzvolle bauliche Ausdehnung der Stadt unter Beseitigung der Festungswerke des Grofsen Kurfürsten, an deren Stelle die erst in den sechziger Jahren unseres Jahrhunderts verschwundene Ringmauer trat.

Zahlreiche Industriezweige, die, wenn auch künstlich, doch mit grofser Sorgfalt und günstigem Erfolge in Berlin eingebürgert wurden, sowie die steigende Bedeutung und Machtentfaltung des Hofes förderten Handel und Wandel. Weitere und grofsartigere Fortschritte machte die Berliner Industrie unter der Fürsorge, die ihr die thatkräftige Hand Friedrichs des Grofsen angedeihen liefs. Einen Mafsstab für die von ihm erzielten Erfolge giebt neben der Zunahme der Einwohnerschaft von 50 000 im Jahre 1709 auf 150 000 im Jahre 1795 auch der steigende Ertrag der Accise, die 182 000 Thlr. im Jahre 1820, im Jahre 1801 aber 1 215 000 Thlr. abwarf.

Ueber den Stand, den Handel und Industrie Berlins im 8. und 9. Jahrzehnt des 18. Jahrhunderts erreicht hatten, giebt Nicolais „Beschreibung der Königlichen Residenzstädte Berlin und Potsdam" bemerkenswerthe Auskunft. Danach bestanden von Staatswegen neben der Königlichen Bank, die 1765 begründet war und in Breslau, Magdeburg, Minden, Königsberg, Stettin, Frankfurt a. O., Kolberg, Emden, Cleve, Memel und Elbing Bankcomptoire besafs, sieben staatlich verwaltete Gesellschaften und Administrationen, die ebensoviele Handelsgebiete beherrschten und nach dem Willen der Regierung leiteten.

Die von der Regierung ins Leben gerufenen Fabrikbetriebe zur Herstellung von Seide, Leinen, Wollwaaren, Kattun, Gold- und Silberwaaren u. a. m. erzeugten Waaren, deren Werth im Jahre 1782 zu $5^1/_2$ Mill. Thlr. angegeben wird und wovon etwa $^1/_5$ ins Ausland gingen. Irgend einen Mafsstab für den Umfang des Berliner Güterverkehrs gewähren diese Zahlen nicht, denn einen sehr überwiegenden Theil desselben bildete unzweifelhaft die Zufuhr der Nahrungsmittel und der Bau- und Brennstoffe. Von den mit dem Verkehr beschäftigten Gewerben werden für 1784 angeführt: 200 selbständige Fuhrleute und Miethskutscher, die um Lohn fahren, 135 Schiffer und 14 Sänftenträger. Die Zahl der von den Fuhrleuten einschliefslich der Brauer und Branntweinbrenner gehaltenen Pferde werden von Nicolai zu ungefähr 3500 angegeben, wobei jedoch die in Privatbesitz befindlichen Kutsch- und Wagenpferde nicht mitgezählt sind.

Der Zustand der Landstrafsen in der Umgebung Berlins war ebenso wie der der städtischen Strafsen zu Beginn des 19. Jahrhunderts noch äufserst zurückgeblieben. Erst 1790 wurden die Strafsen nach Charlottenburg und Potsdam künstlich befestigt und die Fortsetzung der beabsichtigten Chausseebauten wurde unter der Ungunst der politischen

Verhältnisse zögernd und mit langen Unterbrechungen betrieben. Der Bau der grofsen Chausseen ist erst im Jahre 1838 mit der Vollendung der Berlin-Hamburger Chaussee eingeleitet worden und machte dann raschere Fortschritte.

In der Stadt sind die ersten Granitplatten für Bürgersteige erst 1825 in einigen Hauptverkehrsstrafsen verlegt worden. Von den Kosten trug $^2/_3$ die Hundesteuer, $^1/_3$ zahlten die Hausbesitzer. Der Uebergang der Strafsenunterhaltung, die dem Fiskus oblag, auf die städtische Verwaltung wurde im Jahre 1838 angebahnt und vollzog sich allmählich mit dem Wachsthum der Stadt, bis im Jahre 1876 die gesamte dem Fiskus noch verbliebene Strafsen- und Brückenbaulast an die Gemeinde überging. (Ueber die städtischen Strafsen und Plätze s. S. 22—47 dieses Bandes.)

Die Beleuchtung der städtischen Strafsen erfuhr erst im Jahre 1803 eine allgemeine Regelung.[1]) Bis dahin waren die meisten Strafsen fast völlig unbeleuchtet geblieben. Nun aber brannten in den Hauptstrafsen Oellampen gewöhnlich bis Mitternacht. In den Nebenstrafsen und nach Mitternacht herrschte allgemein Finsternifs.

Am Schlusse des Jahres 1826 begann die Gasbeleuchtung durch die Imperial Continental Gas-Association. Schon 1847 übernahm die Stadtgemeinde mit eigenen Gasanstalten die öffentliche Beleuchtung und vermehrte die damals vorhandenen 1863 öffentlichen Flammen allmählich bis auf 18000 im Jahre 1888, in welchem die Beleuchtung der Strafse Unter den Linden mit 104 elektrischen Bogenlampen eingerichtet wurde, nachdem schon seit 1882 der Potsdamer Platz und die Leipziger Strafse in gleicher Art erleuchtet waren.

Der Fremdenverkehr hatte noch gegen das Ende des vorigen Jahrhunderts durch die Controle, welche die Accise und die sonstigen Zollbestimmungen erforderlich machten, empfindlich zu leiden. Die Koffer mufsten an der Grenze plombirt und versiegelt werden, die Untersuchung erfolgte am Stadtthor oder auf dem Packhofe. Zum Schutze der inländischen Industrie waren alle fremden Waaren oder Sachen verboten, die in Königlichen Landen auch verfertigt wurden, was annähernd für alle Gegenstände und Waaren zutraf. Dafs trotzdem der Fremdenverkehr in der Residenz für die damaligen Verhältnisse nicht unerheblich war, könnte man daraus folgern, dafs 36 öffentliche Gasthäuser vorhanden waren, das ist eins auf je 4000 Einwohner, wozu aber noch zahlreiche Privathäuser kamen, in denen auf Tage, Wochen oder Monate möblirte Zimmer an Fremde vermiethet wurden. Dagegen berichtet der Stadtsyndicus Troschel, dafs beispielsweise in der Zeit vom 1. bis 30. November 1790 nur 113 Fremde in Berlin eingetroffen und 139 wieder abgereist seien. — Dem gegenüber betrug die Zahl der in Berlin polizeilich gemeldeten Fremden im

Jahre	1838	1848	1865	1885	1895
Fremde	86 000	122 000	188 000	355 000	578 000

Der Monatsdurchschnitt erreichte im Jahre 1894 seine Höchstziffer mit rd. 50000 im August und seine Mindestziffer mit rd. 29000 im Januar.

Der Strafsenverkehr in der Stadt. Alle Lebensäufserungen einer städtischen Bevölkerung, all ihr Thun und Lassen spiegelt sich im Strafsenverkehr wieder. Je zahlreicher die Menge, um so mannigfaltiger und wechselreicher ist ihre Thätigkeit, um so lebhafter ihr Verkehr, um so verschlungener seine Pfade und seine Bewegung. Man hat sich vielfach bemüht, durch sorgfältige Beobachtungen und Zählungen dem Strafsenverkehr Regeln und Gesetze abzulauschen, um sie bei der Bemessung von Wegen und bei der Wahl ihrer Befestigung anderweit zur Anwendung zu bringen, aber selbst eine eingehend geführte Statistik würde hierbei kaum mehr als ganz allgemeine Schlufsfolgerungen zulassen. Die Tageszeit, die Jahreszeit, das Wetter, die Festtage, die privaten, wie die öffentlichen Ereignisse beeinflussen den Verkehr auf den Wegen zu den Wohnstätten, zur Arbeit, zum Geschäft, zum Markt, zum Unterricht, zur Kirche, zum Vergnügen in tausendfältiger Weise. Vieles, wie die Oeffnung der Arbeitsstätten und Geschäfte, der Schlufs der Bureaus und dergl. macht sich auf den Strafsen deutlich erkennbar, viele Erscheinungen aber entziehen sich der Deutung und zu einem nutzbaren Ergebnifs haben die dahin gerichteten Be-

---

1) Adolf Streckfufs, Berlin im 19. Jahrhundert.

III. Die Entwicklung des Verkehrs.   LXXIII

mühungen bislang nicht geführt.¹) Die ersten Verkehrszählungen haben an einzelnen Punkten der Stadt im Jahre 1867 hier stattgefunden. Sie wurden seitdem vom Königlichen Polizei-Präsidium zeitweilig behufs Feststellung gewisser Verkehrsfragen, besonders auch zur Beurtheilung von Anträgen und Beschwerden bewirkt, erfolgen aber in neuerer Zeit in regelmäfsigen Zwischenräumen, um für die Bearbeitung der Verkehrsangelegenheiten im Bedarfsfalle sichere Unterlagen zu besitzen.

Gröfste Verkehrszahlen, welche im Laufe der Jahre an einigen Punkten der Stadt ermittelt worden sind.

Jahr	Tag	Ort	Dauer Stunden	Zahl der Wagen	Zahl der Fufsgänger	Bemerkungen.
1867	27. 7.	Königstrafse	13	5 360	—	
1891	11. 12.	Königstr. 1 bzw. Kurfürstenbrücke	16	6 701	57 463	
1893	16. 3.	„ „ „	16	7 102	28 522	Fufsg. nur in einer Richtg. gez.
1891	13. 3.	Königstr. unter der Stadtbahn	16	10 016	100 807	Trübe und regnerisch.
1891	14. 12.	„ „ „ „	16	9 985	120 274	Vorm. Regen, Nachm. schön.
1892	21. 5.	„ „ „ „	16	10 493	140 959	
1867	16. 11.	Rosenthaler Strafse	—	3 200	56 000	⎧Excl. Hand- und Hundewagen, ⎩ noch keine Pferdebahn.
1891	11. 3.	„ „	16	5 950	86 668	
1877	12. 5.	Mühlendamm	—	5 428	—	
1893	16. 3.	„	16	6 693	51 847	2 Gleise über den Mühlendamm.
1895	—. 6.	„	16	8 262	60 846	
1878	3.-9. 2.	Leipz., zw. Wilhelm- u. Mauerstr.	18	8 727	46 907	
1891	—. 12.	Leipzstr. zw. Wilhelmstr. u. Lpz. Pl.	16	12 108	75 534	
1891	18. 3.	Leipzstr., Jerus. bis Commandstr.	16	6 958	48 560	Trübe.
1893	22. 3.	Leipzstr. zw. Jerus. u. Markgrstr.	16	6 750	68 184	Schön.
1892	24. 5.	zw. Spittelmarkt u. Dönhoffplatz	16	7 830	85 011	
1880	1. 3.-30. 4.	Potsdamer Str., -Platz b. -Brücke	16	5 038	—	
1891	20. 3.	Potsdamer Brücke	16	8 246	41 391	
1895	—. 12.	„ „	16	10 148	49 360	
1891	21. 3.	Potsdamer Platz	16	17 368	87 266	Schön.
1892	28. 5.	„ „	16	20 250	70 518	
1883	18. 12.	Oranienbrücke	18	5 794	79 932	
1891	12. 3.	„	16	5 702	83 955	Trübe und regnerisch.
1893	13. 3.	„	16	5 866	88 516	Schön.
1887	25.9.-10.11.	Gertraudtenstr. bezw. -Brücke	17	5 929	47 506	Mittel 2521 bezw. 41 637.
1891	—. 12.	„ „	16	5 156	55 330	
1891	12. 3.	Alexander- u. Holzmarktstr.-Ecke	16	8 823	91 530	Trübe und regnerisch.
1892	18. 5.	„ „ „ „	16	11 288	103 337	Trübe und kühl.
1891	14. 3.	Belle-Alliance-Brücke	16	8 984	96 322	Trübe.
1891	13. 3.	Friedrichstr.-Ecke, U. d. Linden	16	13 479	120 006	Schön.
1891	15. 12.	„ „ „ „	16	13 172	125 054	
1892	25. 5.	„ „ „ „	—	18 071	117 869	

Eine Reihe der Zählungsergebnisse geben wir in vorstehender Tafel wieder. Dabei sind für gewisse Punkte die im Laufe der Jahre ermittelten Höchstziffern zusammengestellt, sie gestatten aber keinen sicheren Schlufs auf Zu- oder Abnahme des Verkehrs, weil zahlreiche Zufälligkeiten, besonders Wetter, Jahreszeit u. dergl. sehr erheblichen Einflufs ausüben.

Den Platz vor dem Brandenburger Thor überschritten am

	Wagen		Fufsgänger	
	Nachm. 1—9	Nachm. 6½—7	Vorm 1—9	Vorm. 6½—7
13. Mai 1894 (1. Pfingstfeiertag)	11 579	827	64 712	5 982
6. Mai 1894	8 931	746	75 265	8 283

Nimmt man an, dafs jeder Fufsgänger sich nur eine Minute lang und jedes Fuhrwerk nur ½ Minute auf dem Platze befand, so sind am 6. Mai 1894 von 6½ bis 7 Uhr Nachmittags andauernd durchschnittlich 276 Fufsgänger und 12—13 Fuhrwerke auf dem Platze gewesen.

---

1) S. Ernst Bruch, Der Strafsenverkehr in Berlin.

III. Die Entwicklung des Verkehrs.

Die gröfsten Verkehrsziffern anderer Grofsstädte wurden gezählt in London auf London bridge an einem Tage 22 242 Fuhrwerke bei 11 m Dammbreite und 110 525 Fufsgänger auf zwei Bürgersteigen von je 2,75 m Breite, in Paris bis 28 000 Fuhrwerke an einem Tage in der Rue Rivoli. Man sieht, dafs der Berliner Strafsenverkehr an Dichtheit zeitweilig dem anderer Weltstädte nichts nachgiebt.

Ueber die Zunahme des Pferdebestandes in Berlin giebt die folgende Nachweisung Auskunft:

	Anzahl der Pferde	
	1876	1893
Im ganzen befanden sich in Berlin	28 487	42 936
Davon im öffentlichen Fuhrwerk beschäftigt	11 098	16 716
Ackerpferde, Privat-Personenfuhrwerk, Luxus- und Reitpferde	3 085	4 675
Daher in Last- und Geschäftsfuhrwerken beschäftigt (annähernd die Hälfte der Gesamtzahl)	14 304	21 545

Die Militärpferde, die des Königlichen Marstalls und die sonst dem Staate gehörigen Pferde sind hierbei nicht mitgezählt.

Bei den in den Strafsen gezählten Wagen kommen auf jeden durchschnittlich 1,25 bis 1,33 Pferde. Die Antheile der verschiedenen Arten von Fuhrwerk schwanken je nach den Stadtgegenden, und zwar bildete vom Gesamtverkehr:

21,7 bis 66,0 v. H. . . . . Schweres Fuhrwerk,
5,1 „ 7,0 „ „ . . . . Hand- und Hundewagen,
43,0 „ 74,3 „ „ . . . . Oeffentliches Fuhrwerk,
3,6 „ 16,4 „ „ . . . . Privat-Fuhrwerk.

Der Marktverkehr. Einen sehr erheblichen Beitrag zu dem Strafsenverkehr zu gewissen Zeiten und an bestimmten Punkten liefern die Märkte. Dieselben wurden früher auf den öffentlichen Plätzen und Strafsen der Stadt abgehalten. Im Jahre 1880 gab es noch 23 Wochenmärkte in Berlin, die sich auf 19 verschiedene Plätze und Strafsen vertheilten, sodafs auf jeden Wochentag drei bis vier Märkte kamen. Innerhalb 10 Jahren waren dieselben bis auf drei aufgehoben, während an ihre Stelle bisher 14 Markthallen getreten sind. Die Erlaubnifskarten für bestimmte Verkaufsstände auf den Wochenmärkten werden vom Polizei-Präsidium ausgegeben. Ihre Zahl betrug im Jahre 1871 1950 und stieg auf 4667 im Jahre 1885. Von diesen Ständen waren $1/3$ bis $1/4$ mit Bedachung versehen. Im Jahre 1890 war die Zahl der Marktstellen auf 215 herabgegangen.

Die auf den Wochenmärkten feilhaltenden Gewerbetreibenden zählten im Jahre 1871 75 547, im Jahre 1882 11 202 und im Jahre 1890 nur noch 1090.

Für den Handel im Umherziehen, der vielfach unter Benutzung von Hand- und Hundewagen betrieben wird, wurden vom Polizei-Präsidium im Jahre 1881 1698 Erlaubnifsscheine ertheilt, 1890 war die Zahl auf 2208 gestiegen.

Von den 14 städtischen Markthallen, die im ganzen am 1. October 1895 4495 Verkaufsstände besitzen und deren Jahres-Etat sich auf rd. 2 600 000 ℳ. beläuft, steht allein die Central-Markthalle am Alexanderplatz in directer Verbindung mit der Eisenbahn. Dort hat sich infolge dessen ein sehr beträchtlicher Grofshandel mit Lebensmitteln entwickelt, durch den nicht nur für Berlin, sondern auch für die Ausfuhr bedeutende Waarenmengen empfangen, umgesetzt und versandt werden. Der Güterverkehr der Eisenbahn nach dieser Halle betrug im Jahre 1894/95 57 816 t, wovon 54 880 auf Eingang kommen.

Aufser den öffentlichen Wochenmärkten werden auch auf einzelnen Privatgrundstücken Märkte abgehalten, ferner an vier Tagen der Woche Getreide-, Heu- und Strohmärkte, aufserdem Viehmärkte, Jahrmärkte, Weihnachtsmärkte und Wollmärkte. Die Getreide-, Heu- und Strohmärkte dienen der Anfuhr und dem Verkaufe der auf Landwegen eingehenden Halmfrüchte. Der dem entsprechende „Wassergetreidemarkt" ist eingegangen.

III. Die Entwicklung des Verkehrs.

Die Viehmärkte fanden früher auf dem Kläger'schen Viehhof am Landsberger Thor gewöhnlich zweimal wöchentlich statt, seit 1870 auf dem von Dr. Stroufsberg erbauten Schlachtviehhofe in der Brunnenstrafse und seit 1881 auf dem städtischen Central-Viehhofe, wo seit 1883 auch ausschliefslich geschlachtet wird.

Ueber die Zunahme des Viehverkehrs giebt die folgende Nachweisung Aufschlufs:

Nachweisung der zu Markt gebrachten

Jahr	Rinder	Schweine	Kälber	Hammel
1871	94 886	281 434	85 930	437 041
1882	147 897	408 682	104 410	666 003
1888	205 301	622 887	146 175	756 870
1895/96	196 588	813 539	153 381	608 369

Alljährlich werden vier Jahrmärkte von je viertägiger Dauer abgehalten. Die Zahl der Gewerbetreibenden, welche diese Märkte aufsuchten, belief sich ihm Jahre 1874 auf 8305, war aber bis zum Jahre 1891 schon auf 4364 zurückgegangen. Die Märkte mufsten mehr und mehr von den Plätzen der inneren Stadt weichen; sie werden jetzt auf dem Arconaplatz, der Gneisenaustrafse und zweimal in der Grofsen Frankfurter Strafse abgehalten.

Wenig besser ergeht es den Weihnachtsmärkten, die alljährlich vom 11. bis 24. December stattfinden. Die Zahl der Gewerbetreibenden auf denselben schwankt seit 20 Jahren unregelmäfsig zwischen 2500 und 3500. Den Leipziger Platz hat der Weihnachtsmarkt räumen müssen, auch ist er vom Schlofsplatz nach dem Lustgarten verwiesen worden.

Der Wollmarkt wurde bis 1872 auf dem Alexanderplatz alljährlich vom 19. bis 21. Juni abgehalten, seitdem aber nach dem Grundstück des ehemaligen Actien-Viehhofs verlegt. Die zu Markt gebrachte Wolle betrug:

1871	1875	1880	1885	1890
7056 t	6022 t	4445,6 t	4004 t	2731 t.

Auch dieser Markt ist also im Niedergange begriffen. Es scheint hiernach, dafs der Handelsverkehr der Grofsstadt in neuerer Zeit der vorübergehend stattfindenden Märkte entrathen kann.

Nachdem im Vorstehenden die Entwicklung des Verkehrs im Zusammenhange mit den wirthschaftlichen Verhältnissen und mit der gleichzeitigen Ausbildung der Verkehrswege erörtert ist, lassen wir noch einige Angaben über die zur Bewältigung des Verkehrs dienenden öffentlichen Verkehrseinrichtungen folgen.

4. Die Verkehrsanstalten und -Einrichtungen.[1])

Personenfuhrwerk.

Sänften und Droschken. Die ersten Nachrichten über Bereitstellung öffentlicher Verkehrsmittel in den Strafsen Berlins stammen aus dem Ende des 17. Jahrhunderts, indem 12 Sänften und 24 Träger nach einem „Reglement für die Porte-Chaisen" am 1. Januar 1688 für den Gebrauch des Publicums in Dienst gestellt wurden, von denen je vier auf dem Schlofsplatz, am Berliner Rathhause und auf dem Friedrichswerder Aufstellung fanden. Die Sänften scheinen in wechselnder Zahl bis über die Mitte des 18. Jahrhunderts hinaus zeitweilig in Benutzung gewesen zu sein.

Das erste öffentliche Fuhrwerk wurde durch eine Cabinetsordre Friedrich Wilhelms I. am 11. December 1739 concessionirt. Die „Fiacres" — nach der Strafse St. Facre in Paris benannt, in welcher die ersten Stadtlohnwagen standen — sollten nach einer der Ordre beigefügten Zeichnung erbaut werden. Vierzehn viersitzige, in Riemen hängende „Schwimmerwagen" mit Fenstern vorn und in den Thüren, roth und olivfarbig gestrichen,

---

1) Vergl. die Nachweisung auf S. LXXXVI u. LXXXVII.

mit grauem Tuch und weifsen Kameelhaarschnüren ausgeschlagen usw., wurden beschafft und kosteten je 90 Thaler. Der König leistete für jeden Wagen nebst Pferd eine einmalige Beihülfe von 100 Thalern. Der Tarif betrug für eine Fahrt innerhalb des Walles vier Groschen, aufserhalb sechs Groschen, für eine Stunde Fahrzeit acht Groschen, für jede folgende sechs Groschen. Das Unternehmen, vom Hofe eifrig unterstützt, fand bei der Einwohnerschaft wenig Anklang, nur sehr langsam trat eine Vermehrung ein, im Jahre 1769 zählte man 36 Fiaker, die aber allmählich infolge schlechter Haltung des Fuhrwerks und der Kutscher so in Verruf kamen, dafs die privilegirte Gesellschaft einging und 1794 kein Fiaker mehr vorhanden war.

Erst im Jahre 1814 erhielt ein Unternehmer „Mortier" die Erlaubnifs zum Betriebe von „Warschauer Droschken", deren er anfangs 32 Stück hielt; 1825 gab es erst 89, aber 1839 schon 440 Droschken in Berlin. Seitdem ist bis zur Eröffnung der Strafsenbahnen die Droschke das Hauptverkehrsmittel für den rasch zunehmenden Personenverkehr geworden. 1850 war ihre Zahl auf 1000 gestiegen und wuchs auf 3500 im Jahre 1872. Dann ist ein Rückgang eingetreten, theils ausgeglichen durch die Einführung der Droschken I. Klasse, die in der Zeit von 1868 bis 1892 die Zahl von 2500 erreichten, theils verursacht durch die Ausdehnung der Strafsenbahnen, der Stadtbahn und der Omnibus. Seit 1893 sind die Taxameter-Droschken hinzugekommen, bei denen ein sinnreiches Uhrwerk die zurückgelegte Wegelänge mifst und den zu zahlenden Preis dem Fahrgast anzeigt, sodafs weder Uebervortheilungen noch Streitigkeiten mehr stattfinden können. Die Taxameter-Droschke erfreut sich deshalb steigender Beliebtheit und ist innerhalb der drei Jahre ihres Bestehens zu einer Zahl von 2557 gelangt, sodafs im Jahre 1896 von rd. 7600 vorhandenen Droschken über 5000 der I. Klasse — darunter etwa die Hälfte Taxameter — und nur noch ungefähr ebenso viele (2500) II. Klasse einschliefslich Gepäck-Droschken vorhanden sind.

Der Omnibus. Die Versuche, Omnibusbetriebe in Berlin einzurichten, begannen im Jahre 1829 mit einem Gesuch der Gebr. Gericke um das Privileg, Wagen nach Art der Pariser „Dames blanches" aufstellen und verkehren lassen zu dürfen. Jedoch dieser, sowie manche weiteren Versuche scheiterten an den allzu schwierigen Bedingungen, welche von Seiten der Behörden den Unternehmern zugemuthet wurden, und eine im Jahre 1844 erlassene öffentliche Aufforderung fand keinen Bewerber mehr. Erst im October 1846 wurden die ersten fünf Omnibuslinien auf Grund einer an Heckscher und Dr. Freiberg ertheilten Concession in Betrieb gesetzt. Der Wettbewerb der inzwischen entstandenen Thorwagen und der sonstigen Lohnfuhrwerke, die Schwierigkeiten, die von diesen und den Behörden dem Omnibus-Unternehmen bereitet wurden, liefsen dasselbe nicht recht gedeihen. Auch die Bemühungen des Polizei-Obersten Patzke und des Staatsrathes Carteret, der das zersplitterte Omnibuswesen in London zweckmäfsig zusammengefafst hatte, gelang es nicht, das von ihnen geplante Unternehmen, welches Droschken, Omnibus und die Pferdebahn Berlin-Charlottenburg ins Auge fafste, zu verwirklichen. Erst mit Anfang der sechziger Jahre hat sich das Omnibuswesen nach Einführung der Gewerbefreiheit, sowie infolge von Erleichterungen und Tarifverbesserungen, die von den Behörden gewährt wurden, sehr rasch gehoben, um jedoch bald wieder einem Rückgange Platz zu machen, der zum Theil dem beginnenden Pferdebahnbetrieb, zum Theil der Zusammenfassung der verschiedenen Omnibus-Unternehmungen in die Allgemeine Berliner Omnibus-Actien-Gesellschaft zuzuschreiben ist. Letztere wurde durch den Wettbewerb mit der Pferdebahn genöthigt, die Geschwindigkeit der Wagen auf 120—125 m in der Minute zu steigern. Als im Jahre 1886 die Neue Berliner Omnibus- und Packetfahrt-Gesellschaft den Betrieb mit 40 Wagen aufnahm, führte der Wettbewerb zwischen beiden Gesellschaften zu weiteren Verbesserungen in Bezug auf die Geschwindigkeit und die Einrichtung der Wagen. Die Packetfahrt-Gesellschaft veräufserte im Jahre 1893 ihre Linien nebst Wagen und Pferden an die Grofse Berliner Omnibus-Actien-Gesellschaft und als dritte wurde um 1894 die Neue Berliner Omnibus-Actien-Gesellschaft gegründet, die eine Reihe kleinerer Unternehmungen, insbesondere die Linie Spittelmarkt-Schöneberg, übernommen hat. Die Geschwindigkeit der Omnibus beträgt jetzt 153 m in der Minute und darüber, einschliefslich der Aufenthalte, sodafs sie der Pferdebahn wenig nachstehen. Die Wagen sind sehr verbessert und bequem und geschmack-

III. Die Entwicklung des Verkehrs.

voll eingerichtet, Abends gut beleuchtet, im Sommer gehen offene Wagen, die Fahrt ist durch die Ausdehnung der Asphaltstrafsen wesentlich angenehmer und leichter gemacht, die Tarife sind verbilligt — durchschnittlich etwas niedriger als die der Pferdebahnen — und Theilstrecken eingeführt. Einige Omnibuslinien fahren auch mit dem Zehnpfennig-Tarife — wie die Linie Alexanderplatz-Moabit —, auch Nacht-Omnibus verkehren in neuerer Zeit die Friedrichstrafse und Leipziger Strafse entlang in Zwischenräumen von 10 bis 15 Minuten und befriedigen damit ein vorhandenes Bedürfnifs der Grofsstadt.

Thorwagen und Kremser. Die Thorwagen haben schon im vorigen Jahrhundert dazu gedient, den Personenverkehr von den Thoren Berlins nach den nächst gelegenen Vororten, insbesondere Charlottenburg, zu vermitteln. Sie waren sehr dürftig eingerichtet, mit einem Plan überdeckt und erreichten im Jahre 1822 die Höchstzahl 546.

Im Jahre 1825 erhielt der Hofagent Kremser die Erlaubnifs zum Betriebe verbesserter Thorwagen mit eisernen Achsen, auf Federn ruhend und mit Verdeck versehen. Der Verkehr gröfserer Gesellschaften, erst nur nach Charlottenburg, später auch nach Pankow, Weifsensee, Treptow und dergleichen, hauptsächlich für Vergnügungszwecke, bedient sich dieser nach ihrem ersten Besitzer benannten Wagen, von denen die alten Thorwagen allmählich verdrängt wurden, heute noch mit Vorliebe. Ihre Zahl stieg bis in die achtziger Jahre auf 380 und zeigt seitdem eine geringe Abnahme. Die Fahrpreise wurden früher zwischen den Fahrgästen und dem Kutscher vereinbart, sind aber seit 1882 durch Polizeiverordnung an einen bestimmten Tarif gebunden.

Fahrräder. Die Benutzung der Fahrräder wurde im Jahre 1884, als dieser Sport in Aufnahme kam, durch Polizeiverordnung in den meisten Verkehrsstrafsen der Stadt verboten. Vier Jahre später wurden Drei- und Vierräder in erweitertem Mafse zugelassen, aber erst 1895 erfolgte die Freigabe der grofsen Mehrzahl der Strafsen für den Verkehr niedriger Zweiräder. Infolge dessen hat sich die Zahl der ausgegebenen Fahrkarten, die nur für das Kalenderjahr gelten, von 375 im Jahre 1892 auf 5388 im Jahre 1895 gehoben. Die Fahrräder sind in neuerer Zeit nicht allein zum Vergnügen, sondern auch für den Geschäftsverkehr und den Nachrichtendienst in ausgedehntem Mafse in Gebrauch gekommen; bis zum Juli 1896 sind schon gegen 14000 Karten ausgegeben.

Die Post.

Die ersten Anfänge eines regelmäfsigen Nachrichtendienstes in unserem Staate liegen vier Jahrhunderte zurück in der Zeit von 1470 bis 1486, als der Kurfürst Albrecht Achilles eine allwöchentlich zwei- bis dreimal verkehrende landesherrliche Botenpost zwischen Berlin und seiner Residenz Ansbach einrichtete, die aber ebenso wie die zunächst auftretenden Einrichtungen dieser Art lediglich für den Gebrauch des Landesherrn bestimmt war.

Der eigentliche Schöpfer der preufsischen Staatspost ist der Grofse Kurfürst.

Trotz Bestehens der privilegirten Thurn und Taxis'schen Reichspost hat er in der Brandenburgischen Staatspost für damalige Verhältnisse eine Musteranstalt begründet, die am Schlusse seiner Regierung 70 Postämter und 16 Postcurse von 400 Meilen Länge umfafste. Stetig und ohne Unterbrechung haben die nachfolgenden Herrscher Preufsens das Postwesen weiter entwickelt und erfolgreich seine Unabhängigkeit gegen die Angriffe und den Wettbewerb der Reichspost zu wahren gewufst.

Der Zusammenfassung der Staatsgebiete aller Nationen und Erdtheile zu einem einheitlichen Verkehrsgebiet, wie sie durch die preufsische und später durch die deutsche Postverwaltung unablässig erstrebt und durch den deutsch-österreichischen Postvertrag im Jahre 1850 sowie durch die Weltpost-Verträge (vom 9. October 1874 und folgende) erreicht wurde, sind die grofsartigen internationalen Erfolge des Postwesens zu danken; nicht minder hat die Nutzbarmachung der grofsen technischen Entdeckungen unseres Jahrhunderts für den Verkehr zu der ungeahnten Entfaltung des Postwesens beigetragen. Dampf und Elektricität sind es, die heute der Post ihre Aufgabe im Fluge und mit des Gedankens Eile vollbringen helfen. In Preufsen verpflichtete das Gesetz vom 3. November 1833 die Eisenbahnunternehmungen zur unentgeltlichen Beförderung der Briefe, Gelder und aller sonstigen dem

III. Die Entwicklung des Verkehrs.

Postzwange unterworfenen Güter. Für das deutsche Reichspostgebiet wurde dann das Verhältnifs der Post zu den Eisenbahnen durch Gesetz vom 20. December 1875 geregelt.

Die Entwicklung der preufsischen und der deutschen Post spricht sich in nachstehenden Zahlen aus.

Jahr	Postgebiet qkm	Postämter Zahl	Postsendungen	Jahresüberschufs ℳ	
1740	140 000	300	—	660 000	
1786	224 000	760	—	1 800 000	
1821	—	1 145	40 000 000	2 150 000	
1864	278 454	2 501	129 500 000 (1856)	6 000 000	
1884	445 102	7 540	1 811 153 282 (1885)	16 409 712	Deutsches
1894	445 115	27 398	3 287 603 706	20 417 252	Reich.

Am 1. Januar 1876 wurde die Telegraphenverwaltung mit der Postverwaltung vereinigt. Die erste Telegraphenanstalt mit Fernsprechbetrieb wurde am 12. November 1877 in Friedrichberg bei Berlin eröffnet. Die Zahl dieser Anstalten hat sich bis Ende 1894 auf 7265 vermehrt. In demselben Jahre zählte man im deutschen Reichspostgebiet rd. 41,8 Mill. Einwohner, 83 355 Briefkästen, rd. 861 Mill. mit der Post versandte Zeitungen, 412 km Telegraphenleitungen, 31 Mill. Telegramme, 424,6 Mill. Fernsprechverbindungen und 148 035 Postbeamte.

An der hiermit kurz angedeuteten Entwicklung der Staatspost hat der Postverkehr Berlins den der Hauptstadt zukommenden Antheil gehabt. Schon zur Zeit des Grofsen Kurfürsten erhielt Berlin zweimal wöchentlich Postverbindung mit Amsterdam, Hamburg, Stettin, Leipzig, Breslau, Warschau usw.

Am 3. Februar 1727 erschien im Debit der Postämter auf Befehl des Königs das Berliner Intelligenzblatt „damit der gemeine Mann in seiner Werkstatt auch was nützliches zu lesen haben möchte".

Im Jahre 1754 gingen die ersten Journalieren zwischen Berlin und Potsdam; sie fuhren täglich des Morgens 8 Uhr von Berlin ab und langten Abends 8 Uhr wieder hier an; die beiden Fahrten dauerten je 4 Stunden. Das Fahrgeld betrug zwölf Groschen bei 10 Pfund Freigepäck. Im Jahre 1766 wurde in Berlin der erste Briefkasten „zur Gemächlichkeit der Correspondenten und Facilitirung derer Correspondenzen" auf dem Flur des Posthauses aufgestellt und 1770 die zweimalige tägliche Briefbestellung eingeführt, nachdem sie bis dahin nur einmal Mittags stattgefunden hatte.

Ueber die sonstigen Posteinrichtungen der Residenz um das Jahr 1784 giebt der schon erwähnte Führer durch Berlin von Nicolai eingehende Mittheilungen. Danach bestanden damals für den Aufsenverkehr 21 Postverbindungen, 5 reitende und 16 fahrende Posten, nach 14 verschiedenen Richtungen, die fast sämtlich zweimal in der Woche von und nach Berlin gingen. Nach Hamburg war tägliche, nach Pommern, Preufsen und Schlesien vier- bis sechsmalige Postverbindung in der Woche. Das Personenfahrgeld betrug sechs Groschen für eine Meile bei Gewährung von 40 bis 50 Pfund Freigepäck, in der Mefszeit bis 60 Pfund. Extrapost kostete acht Groschen für jedes Pferd und jede Meile, aufserdem drei Groschen Trinkgeld an den Postillon für jede Meile. Kurz vor Abgang der Posten wurde das Reisegepäck der Passagiere durch den Postboten abgeholt. Die Koffer der ankommenden Reisenden wurden durch denselben Beamten nach geschehener Untersuchung nach deren Wohnung gebracht.

Die in Berlin ankommenden, ab- und durchgehenden Briefe, Gelder und Packete hatte das Hofpostamt zu besorgen, das aus einem Hofpostmeister und 10 Hofpostsecretären bestand. Zwei Secretäre versahen den Briefschalterdienst an zwei Schaltern. Versiegelte Briefe und Packete von weniger als 40 Pfund Gewicht durften nicht durch Fuhrleute oder Schiffer, sondern nur durch die Post befördert werden. Briefe mufsten mindestens eine Stunde, Packete und Geldsendungen zwei Stunden vor Abgang der Post aufgegeben werden. Das Briefporto war in zahlreichen Stufen festgesetzt; es betrug z. B. nach Köpenick einen Groschen, nach Memel acht Groschen. Für Briefe von 1 bis 4 Loth Gewicht mufste die

III. Die Entwicklung des Verkehrs. LXXIX

doppelte, bis 1 Pfund die siebenfache usw. bis 40 Pfund die 53 fache Grundtaxe gezahlt werden.

Mit dem 1. December 1827 wurde in Berlin die Stadtpost eingerichtet, welche anstatt der früheren nur zweimaligen täglichen Bestellung der Briefe eine fünfmalige ermöglichen sollte. Die Stadt wurde in 36 Bezirke eingetheilt, für jeden ein eigener Briefträger angestellt. Berlin hatte nämlich 1784 7, 1815 20, 1874 aber 907 Briefträger. 1829 wurde noch ein reitender Briefbote angenommen, um die täglich zweimalige Bestellung der Briefschaften nach den Aufsenbezirken, wie Oranienburger Chaussee, Wedding, Gesundbrunnen, Moabit usw. zu besorgen. An 60 Stellen der Stadt wurden Briefsammlungen errichtet.

Eine neue gänzliche Umgestaltung der Stadtpost trat am 1. Mai 1851 ins Leben. Die Briefsammlungen wurden beseitigt, die Postexpeditionen vermehrt, ebenso die Briefkästen, deren Gebrauch durch Einführung der Postwerthzeichen erleichtert wurde.

Die Boten brachten die verschlossenen Einsatzkästen nach den Expeditionen, von wo die Brief-Cariolposten die Sendungen stündlich abholten und nach der Centralstelle in der Spandauer Strafse brachten, von wo sie sortirt durch die Cariole an die einzelnen Expeditionen wieder vertheilt wurden. Hiermit konnte die Zahl der täglichen Bestellungen von 5 auf 12 vermehrt werden. Die Zahl der im Jahre 1856 von der Berliner Stadtpost beförderten Briefe betrug 2 069 000 Stück, von aufserhalb wurden gegen 4 000 000 bestellt. Das Stadtporto betrug schon damals einen Groschen.

Bei der beschriebenen Anordnung aber wurden viele Stadtbriefe unnütz umher gefahren. Deshalb richtete man 1889 die Strafsenposten ein, die auf 11 strahlenförmig von der Stadtgrenze nach dem Stadt-Postamt in der Spandauer Strafse führenden Linien von 10 Uhr früh bis 7 Uhr Abends fahren. In diesen, mit guten Federn versehenen, heizbaren, zweispännigen Wagen werden die Briefe von Beamten gestempelt, sortirt und gepackt. Aufserdem führen die Wagen einen Briefkasten zur Benutzung durch Vorübergehende. Im ersten Jahre ihres Bestehens hat die Strafsenpost rd. 70 000 Briefe täglich bearbeitet. Die Zahl der Wagen beträgt jetzt rd. 90.

Wie die Nachweisung auf Seite LXXX zeigt, ist der Berliner Postverkehr seit 24 Jahren mehr als doppelt so stark gewachsen, wie die Einwohnerzahl, wobei die neu hinzugetretenen Leistungen der Rohrpost und des Fernsprechers noch nicht in Ansatz gebracht sind. Das Postfuhrwerk in Berlin war bis 1874 Privatunternehmern übertragen. Um die erforderliche Pünktlichkeit zu sichern, wurde um diese Zeit eine reichseigene Posthalterei mit einem besonderen Postfuhramt eingerichtet, dessen Pferde- und Wagenzahl seit Beginn bis jetzt sich annähernd verdoppelt hat.

Der Dienstbereich der Ober-Postdirection Berlin wurde am 1. April 1880 durch Hinzutritt der Postämter Charlottenburg und Westend sowie mehrerer anderer Ortschaften erheblich vergröfsert. Im Jahre 1885 gehörten aufser Charlottenburg noch 77 Ortschaften der nächsten Umgebung zur Ober-Postdirection Berlin. Mit der wachsenden Ausdehnung des Gebiets werden die Pferdebahn, die Stadt- und Ringbahn in möglichst ausgiebiger Weise zur Förderung der Stadtpost-Bestellung herangezogen und dadurch überall Vereinfachung und Beschleunigung des Verkehrs, sowie Diensterleichterung für die Beamten ermöglicht.

Einen erheblichen Antheil am örtlichen Schnellverkehr übernahm die am 1. December 1876 in Betrieb gesetzte Rohrpost, die schon im Jahre 1880 etwa 1 870 000 Sendungen, Karten, Briefe und Depeschen beförderte und ihre Leistung bis zum Jahre 1894 auf gegen 5 Millionen gesteigert hat.

Die kräftigste Entwicklung aber ist dem jüngsten Zweige unseres Verkehrwesens, dem Fernsprecher, in Berlin beschieden gewesen.

Am 1. April 1881 erfolgte hier die amtliche Eröffnung des Fernsprechbetriebs mit 33 Fernsprechstellen, die sich noch in demselben Jahre auf 458 vermehrten, bis zum Jahre 1894 aber auf über 28 000 gestiegen waren. Keine Stadt der Welt hat ein gleich bedeutendes Fernsprechnetz, wie Berlin, aufzuweisen. Die Durchschnittszahl der täglichen Verbindungen erreichte rd. 330 000 im Jahre 1894 gegen 73 600 im Jahre 1885. Ein privater Anschlufs kostet in Berlin 150 ℳ für das Jahr, bei Zweiganschlüssen tritt entsprechende

III. Die Entwicklung des Verkehrs.

Post- und Telegraphenverkehr

Jahr	Einwohnerzahl	Postämter	Briefkästen (einschliefsl. der an den Eisenbahnwagen befindlichen)	Postsendungen	Zeitungsnummern	Stadtpostverkehr: Gew. Briefe, Drucksachen, Postkarten, Waarenproben, Geldbriefe, Telegramme und Rohrpostsendungen	Stadtbriefpost-Cariolfahrten, Briefcariolposten und Stadtgüter-Postfahrten	Packetbestellungsfahrten
1856	450 000	14	125	—	—	2 069 000	—	—
1870	702 437	39	196	124 870 591	62 034 712	10 259 870	284 666	20 085
1875	1 022 566	65	384	297 953 782	58 999 882	23 256 542	—	—
1880	1 254 369	129	931	—	80 646 249	39 347 758	317 871	50 800
1885	1 361 454	148	1136	408 445 195	92 558 448	54 666 274	377 782	64 022
1889	1 492 533	156	1338	568 235 990	198 901 165	56 927 132	(1891) 478 933	76 283
1894	1 862 145	174	1726	810 642 461	286 218 540	77 169 511		

Ermäfsigung ein. Die Benutzung einer öffentlichen Fernsprechstelle innerhalb der Stadt kostet 0,25 ℳ. für die Dauer von 3 Minuten.

Im Jahre 1885 wurde mit dem Bau von Verbindungsanlagen zwischen den verschiedenen Ortschaften, die Fernsprechanstalten besafsen, vorgegangen. Schon innerhalb Jahresfrist war Berlin, welches mit seinen Vororten zu einem grofsen Fernsprechnetz vereinigt ist, mit Cöln, Düsseldorf, Magdeburg, Hildesheim, Braunschweig, Hannover, Halle, Stettin, Breslau, Beuthen, Hamburg, Bremen in Fernsprechverbindung gesetzt. Gegenwärtig ist es mit fast allen gröfseren und zahlreichen kleineren Städten des Reiches sowie verschiedenen Orten des Auslandes, wie Wien und Kopenhagen verbunden.

Im übrigen giebt die vorstehende Zusammenstellung einer Reihe von Zählungsergebnissen aus dem Gebiete des Postverkehrs ohne weitere Erläuterung ein deutliches Bild von der raschen Entwicklung und dem fortschreitenden Umfang des Postverkehrs in Berlin.

Die Privatposten. Neben der öffentlichen, jetzt Reichspost, hat es an privaten Unternehmungen für den Stadtpostdienst zu verschiedenen Zeiten nicht gefehlt. Schon im Jahre 1800 hatten die Gildeältesten und Kaufleute eine Laufbotenpost mit einem Fonds von 3500 Thlr. errichtet. Berlin war in zwei Districte getheilt mit je einem Hauptcomptoir (Kloster- und Leipziger Strafse). Die Boten, 33 an der Zahl, durchliefen ihr Revier viermal täglich. Gegen doppeltes Porto waren Extraboten in sieben Citissime-Comptoirs in Bereitschaft. Für einen Brief zahlte der Absender 6 ₰., der Empfänger noch 3 ₰. Dieses Unternehmen war nur von ganz kurzer Dauer; und erst im Jahre 1884 gelang ein erneuter Versuch, indem die „Berliner Omnibus- und Packetfahrt-Actien-Gesellschaft" für Beförderung von Briefen und Packeten in Berlin gegründet wurde. Die Anfangs betriebenen Omnibuslinien wurden im Jahre 1893 an eine andere Gesellschaft abgegeben, und es blieb nur die Brief- und Packetbeförderung. Die Packetfahrt-Actien-Gesellschaft befördert Briefe, Karten, Drucksachen, Geld- und Packetsendungen, im besonderen auch Bahngepäck innerhalb des Berliner Weichbildes und besorgt die Spedition von Gütern nach aufserhalb auch im Eilverkehr. Sie befördert geschlossene Briefe für 3 ₰., Karten für 2 ₰. — gegen 10 bezw. 5 ₰. des Posttarifs —, die Gesellschaft ist vorzüglich eingerichtet und geleitet und hat sich nach Ueberwindung der Anfangsschwierigkeiten sehr günstig entwickelt, sodafs sie, abgesehen von der geringeren Zahl der täglichen Bestellungen, an Pünktlichkeit und Regelmäfsigkeit der Bestellung der Reichspost kaum nachsteht. Ein Bild der zunehmenden Leistungen geben die nachstehenden Zahlen für die Packetbeförderung.

Im Jahre: 1884/85 1889/90 1894/95
Anzahl der Gepäckstücke: 749 983 1 871 484 2 246 378.

Auf den bis 1893 von der Packetfahrt-Gesellschaft betriebenen Omnibuslinien sind im Jahre 1886/87 341 236 und im Jahre 1891/92 7 112 520 Personen gefahren. Im ganzen beschäftigt die Gesellschaft jetzt etwa 1000 Personen in ihren Betrieben. Aufserdem etwa 120 Packetwagen und gegen 200 Pferde. Die Gesellschaft war in der Lage, seit einer Reihe von Jahren an ihre Actionäre stetig bis zu 28 v. H. steigende Dividenden zu zahlen.

III. Die Entwicklung des Verkehrs.

im Ober-Postdirectionsbezirk Berlin.

Post-reisende[1])	Telegramme (ohne die durchgehenden)	Rohrpost Aemter Stück	Rohrpost Länge km	Sendungen Stück	Fernsprech-stellen öff.	Fernsprech-stellen privat	Fernsprech-Verbindungen Stück	Post- u. Telegr.-Beamte	Wagen	Pferde	Jahr
—	—	—	—	—	—	—	—	—	—	—	1856
8 750	1 517 608	—	—	—	—	—	—	2 664	483	224	1870
10 486	—	—	—	—	—	—	—	3 525	—	480	1875
1 760	3 110 123	23	38,44	1 870 083	1	433	—	5 340	791	503	1880
17	3 796 260	33	48,92	2 837 414	9	4 324	26 872 760	7 268	812	599	1885
59	5 668 523	41	61,00	4 326 737	23	12 352	74 622 562	9 797	932	723	1889
—	6 486 640	48	88,00	4 983 926	47	28 408	123 106 031	13 827	1135	912	1894

Im Jahre 1895 hat ein neues Unternehmen, die Actiengesellschaft „Berliner Privatpost und Spedition" ihre Thätigkeit begonnen. Sie hat zweckmäfsige Neuerungen geschaffen, hauptsächlich die Anbringung fester Briefkästen aufserhalb der Häuser, während die der Packetfahrt bisher nur an offenen Ladenthüren hingen und somit Abends und Sonntags unbenutzbar waren. Die Packetfahrt war genöthigt, bald dieselben Einrichtungen zu treffen. Die Berliner Privatpost hat auch einen Exprefsdienst zur Beförderung von Nachrichten innerhalb einer Stunde für 10 ₰ eingerichtet. Die Briefe werden mit Frankirung versehen in die besonderen Kästen geworfen und durch Boten auf Fahrrädern befördert. Die kurze Dauer des Bestehens der neuen Gesellschaft läfst über ihre Leistungen sonst noch kein Urtheil zu.

Die Eisenbahnen.

Das Verkehrsmittel, welches in der kurzen Spanne von kaum 60 Jahren den Erdball umsponnen hat und an Bedeutung und Leistungsfähigkeit heute allen anderen voransteht, hat sich auch im Verkehr Berlins die führende Stellung erobert. Seitdem am 30. October 1838 der erste Eisenbahnzug den Potsdamer Bahnhof in Berlin verliefs, sind innerhalb 41 Jahren 11 Haupteisenbahnlinien von allen Seiten des Reiches in die Hauptstadt eingeführt, ist die Stadt mit der Ringbahn umgürtet und von der Stadtbahn durchquert worden. Die Entstehung dieser Bahnen und die Entwicklung ihres Verkehrs sind im

Zusammenstellung der auf Stadt- und Ringbahn- sowie Vorort-Stationen an Festtagen verkauften Fahrkarten (ausschliefslich Fernverkehr).

Namen der Stationen		2. Osterfeiertag Stück	1. Pfingstfeiertag Stück	2. Pfingstfeiertag Stück
I. Stadt- und Ringbahn	1896	357 529	441 394	510 020
II. Berlin-Potsdam-Hamburger Bahnhof—Werder . .	„	69 031	112 032	130 348
III. Berlin-Görlitzer Bahnhof—Königswusterhausen . .	„	44 143	79 297	102 204
IV. Berlin-Nordbahnhof—Oranienburg	„	20 380	40 894	57 293
V. Berlin-Schlesischer Bahnhof—Fürstenwalde . . .	„	20 297	21 583	29 098
VI. Berlin-Lehrter Bahnhof—Nauen	„	12 980	22 733	23 346
VII. Berlin-Anhalter Bahnhof—Zossen	„	12 837	15 632	19 509
VIII. Berlin-Stettiner Bahnhof—Bernau	„	8 866	13 867	14 053
IX. Berlin-Rüdersdorf—Strausberg	„	4 939	6 603	7 476
zusammen	1896	551 002	754 035	993 347
	1895	585 154	576 256	705 196
	1894	558 329	622 908	739 169

1) Die Höchstziffer der Postreisenden betrug 21 604 im Jahre 1854. Sie fiel bis zum Jahre 1870 und stieg dann wieder bis auf 14 127 im Jahre 1873. Die letzten regelmäfsigen Personenposten Berlins haben Ende 1878 zu bestehen aufgehört.

Berlin und seine Bauten. I.

Abb. XXVIII.
Der Potsdamer Bahnhof in Berlin 1839, nach einem Farbendruck im Märkischen Provinzial-Museum.

Abschnitt C. Seite 203—211 dieses Bandes dargestellt. Es erübrigt hier darauf hinzuweisen, welchen bedeutsamen Einfluſs auch auf den übrigen Verkehr und auf die Entwicklung der Stadt selbst die Eisenbahnen naturgemäſs ausgeübt haben. Jede Eisenbahnlinie schob ihren Bahnhof so nahe wie möglich an die Bebauungsgrenze der Stadt. Die Bahnen wurden in Höhe des Straſsenpflasters angelegt und nahmen auch sonst keinen Bedacht auf die spätere Entwicklung des städtischen Straſsennetzes. Als sich die schweren Schäden, die daraus entstanden sind, fühlbar machten, muſsten verschiedene Linien, wie die Potsdamer und die Anhalter nachträglich unter groſsen Opfern höher gelegt und Straſsenzüge unterführt werden, die der städtische Verkehr auf die Dauer nicht entbehren konnte, wie die südliche Ringstraſse unter den genannten beiden Bahnen. Das rasche Wachsthum der Stadt und ihres Verkehrs, durch die Eisenbahnen selbst hervorgerufen, forderte seine Rechte auch diesen gegenüber. Jede einzelne Eisenbahnlinie äuſsert unausbleiblich ihren Einfluſs auf die städtische Bebauung und den städtischen Verkehr. Die Straſsen, die Vororte entwickeln sich rascher und dichter in der Umgebung der Eisenbahnlinien. Die übrigen Verkehrsmittel folgen der Richtung, die der Verkehr nach der Bahn hin einschlägt. Man kann dies deutlich an den Stadtplänen der letzten Jahrzehnte verfolgen, vor allem seit der Eröffnung der Stadtbahn an allen denjenigen Stadttheilen und Vororten, die von ihr oder dem durch sie hervorgerufenen Vorortverkehr berührt werden.

Von den rd. 6 Mill. Tonnen Fracht, die auf den hiesigen Bahnhöfen im Jahre aus- und eingehen, wird die überwiegende Mehrheit zu Wagen zu- und abgefahren, da verhältnifsmäſsig nur wenige Fabriken directen Bahnanschluſs haben. Bei 300 Arbeitstagen im Jahr erfordert allein dieser Verkehr gegen 5000 zweispännige Fuhren täglich, davon kamen im Jahre 1895 etwa 800 allein auf den Anhalt-Dresdener Bahnhof. Hierzu kommen etwa 70 Mill. Menschen, die auf den Berliner Bahnhöfen im Jahre abgefahren sind, das ergiebt im Durchschnitt täglich gegen 400 000 zu- bezw. abgehende Personen. Davon sind etwa 6,5 Mill. im Jahre 1894/95 auf dem Bahnhof Friedrichstrafse abgefahren, der also in diesem Jahre von rd. 13 Mill. Menschen besucht oder verlassen ist, d. h. im Durchschnitt gegen 36 000 täglich, welche Zahl an einzelnen Tagen auf über 80 000 gestiegen ist, während sie am Bahnhof Alexanderplatz 84 000 und am Schlesischen Bahnhof 120 000 an gewissen Tagen beinahe erreicht hat. Rechnet man hierzu noch den umfangreichen Fahrpostverkehr, der sich gleichfalls vorzugsweise nach und von den Bahnhöfen bewegt, so kann man sich ungefähr vorstellen, wie dicht gedrängt an solchen Punkten der Verkehr mit allen seinen Begleiterscheinungen die Strafsen der Stadt in Anspruch nimmt.

In den späteren Abschnitten dieses Bandes wird sich zeigen, wie alle übrigen örtlichen Verkehrseinrichtungen dem mafsgebenden Einflufs des Eisenbahnverkehrs, dem sie alle mehr oder minder als Zubringer dienen, Rechnung getragen haben. Hier fügen wir zur Ergänzung der auf Seite 204—206 folgenden Mittheilungen eine Zusammenstellung der an einzelnen Festtagen der letzten drei Jahre auf den hiesigen Bahnlinien festgestellten Verkehrsziffern bei (s. Tabelle S. LXXXI).

Abb. XXIX. Der Potsdamer Platz. (Nach einem Aquarell von Jacob und Herwarth.)

Die Strafsenbahnen.

Für die Beförderung des Personenverkehrs auf den Strafsen Berlins hat die Pferdeeisenbahn die gröfste Bedeutung erlangt.

Erst im Jahre 1864, nachdem schon einige Jahre vorher Verhandlungen über Anlage einer amerikanischen Pferdeeisenbahn an den Bedenken der Behörden gescheitert waren, erhielt der Ingenieur Müller aus Hamburg die Concession für die Pferdebahn Kupfergraben-Charlottenburg, die auf die Berlin-Charlottenburger Pferdeeisenbahn, Commanditgesellschaft, überging. Diese wurde mit einem Grundkapital von 500 000 Thalern gegründet, eröffnete den Betrieb — als ersten in Deutschland — am 25. August 1865 und erweiterte ihre Linie im Jahre 1871 von Charlottenburg nach Westend; im Jahre 1876 erbaute sie noch die Strecke Grofser Stern–Zoologischer Garten, 1879 Westend–Spandauer Berg und 1880 Hardenbergstrafse–Zoologischer Garten, aus der sich die Linie Lützowplatz–Charlottenburg entwickelte. Dazu kam noch die Linie Moabit (Criminalgericht)–Charlottenburg.

Inzwischen hatte im Jahre 1872 die Grofse Berliner Pferdeeisenbahn-Actiengesellschaft die Concession zur Herstellung eines das ganze Weichbild und die nächste Umgebung Berlins umfassenden Pferdebahnnetzes erhalten und eröffnete schon am 8. Juli 1873 die erste Linie Rosenthaler Thor–Stettiner Bahn. Die einzelnen Strecken, aus welchen sich die

1*

13,5 km lange Ringbahn zusammensetzt, wurden in den Jahren 1873—1879 erbaut, aufserdem in derselben Zeit noch 28 neue Strecken, aus denen allmählich noch 16 durchgehende Linien gebildet wurden. Dazu gehörte auch die wichtige Linie Schöneberg—Spittelmarkt, die aus dem Besitz der Grofsen internationalen Pferdebahngesellschaft der Grofsen Berliner Pferdebahngesellschaft zum Betrieb überlassen und erst am 7. November 1880 eröffnet wurde.

Ein drittes Unternehmen, die Neue Berliner Pferdebahngesellschaft (ehemals Lehmann & Dr. Gäbler) entwickelte sich im Osten der Stadt, indem sie am 1. Januar 1877 die Linie Alexanderplatz—Weifsensee eröffnete und in der Folge noch die Linie Alexanderplatz—Friedrichsberg anlegte.

Die Grofse Berliner Pferdebahngesellschaft schlofs im Jahre 1880 einen neuen Vertrag mit der Stadtgemeinde, durch den festgesetzt wurde, dafs die Gesellschaft von den von ihr betriebenen Linien eine Abgabe von 4 bis 8 v. H. ihrer Bruttoeinnahmen an die Stadt zu zahlen hat, steigend nach dem Betrage dieser Einnahmen von 6 bis 16 Millionen. Die der Stadt gezahlte Abgabe beziffert sich für das Jahr 1895 auf 1 215 366 ℳ.

Aufserdem zahlt die Gesellschaft eine Rente von 165 000 ℳ jährlich an Stelle der Verpflichtung, die bis 1899 vorhandenen Bahnflächen mit neuem Material und neuer Unterbettung zu pflastern. Mit Rücksicht auf die nachträglich hinzugetretenen Linien erhöht sich die Pflasterrente für das Jahr 1895 auf 238 059 ℳ. Sechs neue Linien wurden durch den Vertrag der Gesellschaft genehmigt und die Dauer der Concession für sämtliche Linien bis zum 31. December 1909 festgesetzt. Nach Ablauf dieser Frist steht es der Stadtgemeinde frei, ob sie die Gleisanlagen in ihr Eigenthum übernehmen oder die Beseitigung derselben von der Gesellschaft verlangen will. Alles übrige lebende und todte Inventar mufs der Stadt zu einem festzustellenden Taxpreise überlassen werden. Die Gesellschaft ist verpflichtet, anderen Unternehmungen die Benutzung ihrer Gleise auf einer Strecke von 400 m gegen Entgelt zu überlassen. Die Tarife unterliegen der Genehmigung des Magistrats. Durch Nachtragsvertrag vom November 1884 wurden neun weitere Linien genehmigt, unter denen sich wichtige Verbindungsglieder und Brückenübergänge, wie Molkenmarkt—Spittelmarkt über die Gertraudtenbrücke, Kleine Präsidentenstrafse—Friedrichbrücke, Schlofsplatz (später abgeändert in Friedrichbrücke, Eiserne Brücke—Kastanienwäldchen, Opernhausplatz), Friedrichstrafse von Koch- bis Behrenstrafse, Hausvoigteiplatz—Werder'scher Markt und Schlofsplatz—Kurfürstenbrücke—Spandauer Strafse befinden. Die Endfrist sämtlicher Concessionen wurde auf den 31. December 1911 festgesetzt. Von den weiteren Neubauten der letzten Jahre ist noch besonders hervorzuheben die im Jahre 1894 erfolgte Durchführung der Pferdebahn durch den Thiergarten zur Verbindung des Südwestens mit dem Nordwesten (Lützowplatz—Moabit) und die Verbindungsstrecke Friedrichstrafse—Weidendammer Brücke—Unter den Linden—Französische Strafse.

Ueber die baulichen Anlagen und den Betrieb der Berliner Pferdebahnen sind im Abschnitt C. S. 176—185 dieses Bandes nähere Mittheilungen enthalten. Die aufserordentliche Entwicklung, welche die Strafsenbahnen und ihr Verkehr in Berlin genommen haben, ist zum Theil dem Umstande zuzuschreiben, dafs ihre Entstehung in eine Zeit fiel, in der die Stadt an Ausdehnung und Bevölkerungszahl rasch zunahm, während der Zustand der Strafsen weit hinter den berechtigten Anforderungen des Verkehrs zurückblieb. Deshalb konnten Fuhrwerke, Droschken, Omnibus und dergl. nicht mehr dem gesteigerten Verkehrsbedürfnifs genügen und man benutzte mit grofser Befriedigung ein Verkehrsmittel, welches verhältnifsmäfsig rasch, billig und ohne die durch mangelhaftes Pflaster verursachten Stöfse die Beförderung besorgte. Welche Entwicklung der Ausbau des Berliner Pferdebahnnetzes infolge dieser Umstände genommen hat, ist aus dem Uebersichtsplan auf S. 176 genauer zu verfolgen, die Verkehrszahlen sind aus den S. LXXXVI gegebenen Nachweisungen ersichtlich.

Die Zahl der mit Pferdebahnen beförderten Personen betrug im Jahre 1872 etwa 2,5 Millionen, im Jahre 1880 schon 51,5 Millionen und im Jahre 1895 etwa 155,5 Millionen.

Im Jahre 1877 entfielen auf den Kopf der Berliner Bevölkerung rd. 28 Pferdebahnfahrten, im Jahre 1894 aber gegen 90. An den beiden Pfingstfeiertagen des Jahres 1890 wurden von den Pferdebahnen 1 079 000 Menschen befördert.

III. Die Entwicklung des Verkehrs. LXXXV

Die auf den Kopf der Bevölkerung entfallende Zahl der Pferdebahnfahrten betrug im Jahre 1885 in: Berlin 87,3, London 30,9, Wien 42,6, Glasgow 60,6, Hamburg 77,9.

Der dichteste Pferdebahnverkehr findet an der Ecke der Leipziger und Charlottenstraße statt, wo die Wagen durchschnittlich in Zwischenräumen von 17 bis 18 Sekunden auf einander folgen.

Die Fahrpreise der Pferdebahnen sind im Laufe der Jahre stetig rückwärts gegangen. Zur Zeit sind die Tarife etwa so bemessen, daß 2500 m Fahrstrecke 10 ₰. kosten und in Theilstrecken für 15, 20, 25—30 ₰. der Preis verhältnismäßig abnimmt, sodaß etwa 7000 m für 25 ₰. und 9000 m für 30 ₰. gefahren werden. Auch die in früheren Jahren üblich gewesenen Zuschläge an Sonn- und Festtagen, sowie Nachts haben aufgehört.

Die Durchschnittseinnahme für jede beförderte Person betrug im Jahre 1873 bei der Großen Berliner Pferdebahn 15,8 ₰. und ist allmählich auf 11,02 ₰. im Jahre 1895 herabgegangen. Die Einbuße, welche die Pferdebahn durch Einführung des 10 ₰.-Tarifs erleiden würde, wird danach immer geringer und würde wahrscheinlich jetzt schon durch Vermehrung der Fahrgäste völlig ausgeglichen. Es ist deshalb zu erwarten, daß diese von der Einwohnerschaft sehr gewünschte Einrichtung sehr bald zur Thatsache werden wird.

Die Zahl der beim Betriebe der Pferdebahn vorkommenden Unfälle schwankt ziemlich unregelmäßig im Laufe der Jahre. Im Durchschnitt fand eine Vermehrung der Unfälle im Verhältnis zur Zahl der beförderten Personen statt. Im Jahre 1877 ereigneten sich im ganzen 55 Unfälle bei einer Verkehrsziffer von 27 Millionen, das ist rd. 2 von 1 Million, im Jahre 1894 betrug die Zahl der Unfälle 1300 auf 132 Millionen Fahrgäste, also rd. 10 von 1 Million. In den 10 Jahren von 1881 bis 1890 wurden bei sämtlichen Unfällen 23 Personen tödtlich verletzt, das ist 1 Person auf je 41 Millionen Fahrgäste.

Die ungemein günstigen Erträge, welche insbesondere die Große Berliner Pferdeeisenbahn erzielt hat, setzten dieselbe in den Stand, nicht nur allmählich die Tarife herabzusetzen, sondern auch mancherlei sonstige Verbesserungen einzuführen. Es wurden Arbeiter-Wochenkarten und allgemeine Dauerkarten zu ermäßigten Preisen ausgegeben, der Betrieb bei Nacht wurde verlängert und in Bedarfsfällen Schülerwagen und sonstige Extrawagen eingelegt. Bei der großen Ausdehnung und weiten Verzweigung des Pferdebahnnetzes, auf welchem fast alle wichtigen Verbindungslinien der Stadt in Betrieb gehalten werden, ist dieses Verkehrsmittel zu einem unentbehrlichen Bedürfnis der Einwohnerschaft geworden, wie sich schon aus den hohen Verkehrsziffern schließen läßt. Man läßt es sich, wenn auch ungern gefallen, daß der Verkehr der übrigen Fuhrwerke zwar in gewissem Sinne durch die Schienen geregelt, aber auch durch das bekannte Schleudern der Wagen beim Ueberschreiten der Gleise empfindlich beeinträchtigt wird. Insbesondere wird dadurch dem seit der großen Ausbreitung der Asphaltstraßen in mancher Beziehung den Vorzug verdienenden Omnibusverkehr erheblicher Abbruch gethan.

Aber auch hiervon abgesehen, bleiben doch mit dem Straßenbahnbetrieb mit Pferden so erhebliche Mängel unabänderlich verbunden, daß es sich nur aus den eigenthümlichen Entwicklungsverhältnissen erklären läßt, wenn die Straßenbahn in Berlin bis jetzt von der Einführung des elektrischen Betriebs befreit bleiben konnte, obgleich gerade hier die Wiege der elektrischen Bahnen gestanden hat und vor den Thoren der Stadt die elektrische Straßenbahn Groß-Lichterfelde–Steglitz seit 1881 und die Bahn Pankow–Gesundbrunnen seit 1895 von der Firma Siemens & Halske betrieben wird.[1]

Wiederholte Versuche, Dampfbahnwagen in den Straßen Berlins laufen zu lassen, sind an Schwierigkeiten und Bedenken hinsichtlich der Verkehrssicherheit gescheitert. Der Dampfstraßenbahn, welche seit dem Jahre 1888 den Westen Berlins mit dem Grunewald und mit den Vororten Schöneberg, Friedenau, Steglitz, Schmargendorf, Wilmersdorf verbindet, konnte es bisher nicht gelingen, ihren Verkehr weiter in das Innere der Stadt vorzuschieben, obgleich sie in dem Rowan'schen Dampfwagen eine für den Vorortverkehr vorzüglich geeignete Maschine besitzt. Der Verkehr, den die Dampfstraßenbahn bewältigte, bezifferte sich in den Jahren 1889/90 auf 2,038 Millionen, 1890/91 1,923, 1891/92 2,051, 1892/93 2,147, 1893/94 2,547, 1894/95 2,751 Millionen Fahrgäste.

---

1) S. 187 u. ff. dieses Bandes.

III. Die Entwicklung des Verkehrs.

Verkehrs-

Jahr	Droschken					Thorwagen		Omnibus[4])			Pferde			
	II. Klasse[1])		I. Klasse[2])		Fahrten von den Bahnhöfen						Wagen			
	Wagen	Pferde	Wagen	Pferde		Wagen	Pferde	Wagen	Pferde	Fahrgäste	Grofse Berl.	Berlin-Charl.	Neue Berl.	zus.
1871	3442	6848	286	572	—	306	612	132	1117	—	—	18	—	18
1873	—	—	—	—	—	—	—	—	—	—	45	—	—	—
1875	3168	6300	1031	2000	661 435	223	400	192	1360	13 763 000	160	49	—	209
1880	3165	7305[3])	1577	—	515 491	281	490	167	1137	10 800 000	365	62	39	469
1885	2607	4097	1857	2465	428 926	378	569	138	1210	16 500 000	620	82	83	785
1890	2581	3737	2907	3782	542 931	313	459	241	2000	27 800 000	930	91	127	1148
1892	2437	4113	3328	4276	—	271	388	293	2185	28 500 000	1025	95	146	1266
1895	2609	3721	4062	4655	538 789	237	309	342	2770	37 300 000	1087	107	158	1352

Oeffentliches Fuhrwerk bis 1870.

Jahr	Droschken	Thorwagen	Omnibus
1815	32	—	—
1820	80	—	—
1825	—	10 (Kremser)	—
1830	460	—	—
1846	1008	—	15
1860	1200	386	66
1864	2000	—	393 (1863)
1866	2260	342	192
1870	3396 u. I. Kl. 192	—	184 (10,5 Mill. Fahrgäste.)

Auch die im Jahre 1882 eröffnete Berliner Stadtbahn konnte dem hier immer dringender werdenden Bedürfnifs nach rascherer Beförderung des Innenverkehrs nicht Genüge leisten, denn sie durchschneidet die Stadt lediglich in einer von Ost nach West gerichteten Linie und bietet ungeachtet ihrer gewaltigen Verkehrsziffer dem gröfsten Theil der Stadt, der abseits dieser Linie liegt, keinerlei Ersatz für die in den verschiedensten Richtungen des verzweigten Strafsennetzes erforderlichen Verkehrsmittel, die zur Zeit lediglich in Pferdebahn, Omnibus und Droschken bestehen. Vielmehr hat die Stadtbahn erheblich dazu beigetragen, entferntere Stadttheile und Vororte zu bebauen und zu bevölkern und dadurch ein vermehrtes Bedürfnifs nach Verkehrsmitteln in anderer Richtung wach gerufen. Ganz ähnlich verhält es sich mit der Ringbahn und so ist trotz der aufserordentlichen Vortheile, welche der Stadt- und Ringbahn- sowie der Vorortverkehr herbeigeführt haben, die Frage des Innenverkehrs damit nicht gelöst, sondern nur noch dringlicher geworden. Es hat an Vorschlägen und Entwürfen zur Schaffung neuer, die Strafsen entlastender Schnellverkehrsmittel in den letzten Jahren nicht gefehlt. Eine Gesellschaft, welche Berlin mit einem ausgiebigen Netz elektrisch betriebener Untergrundbahnen, die im Tunnelbetrieb erbaut werden sollen, versehen will, ist auf Verlangen der Behörden im Begriff, eine Probestrecke unter der Spree hindurch bei Treptow herzustellen, um sich selbst und den Betheiligten den Beweis der Ausführbarkeit zu liefern. Der Gedanke, die Langen'sche Schwebebahn in den Strafsen Berlins einzuführen und mitten über dem Landwehrcanal und den Strafsen entlang rollen zu lassen, hat nicht genügenden Anklang gefunden. Nur eine auf eisernem Viaduct zu errichtende elektrisch betriebene Hochbahn der Firma Siemens & Halske ist in neuester Zeit zur Genehmigung gelangt und nun in Aus-

---

1) Hierbei sind rd. 160 Gepäckdroschken jährlich mitgezählt. — 2) Taxameter 1893 = 42, 1894 = 523, 1895 = 1526, 1896 = 2557. — 3) II. und I. Klasse zusammen. — 4) Von dem Omnibusverkehr entfallen seit 1890 etwa zwei Drittel auf die Allgemeine Berliner Omnibus-Gesellschaft, der Rest auf die Grofse Berliner und auf die Neue Berliner Omnibus-Gesellschaft.

III. Die Entwicklung des Verkehrs.

Nachweisung.

eisenbahnen[1]								Dampf-strafsen-bahn	Personen-dampfer	Stadtbahn	Omnibus, Pferde-bahn, Dampf-strafsenbahn, Stadt- und Ring-bahn, Dampf-schiff, im ganzen	Jahr
Pferde				Fahrgäste								
Grofse Berl.	Berlin-Charl.	Neue Berl.	zus.	Grofse Berliner	Berlin-Charl.	Neue Berliner	zusammen	Fahrgäste	Fahrgäste	Fahrgäste	Fahrgäste	
—	145	—	145	—	2 358 795	—	—	—	—	—	13 500 000[4]	1871
150	—	—	—	1 000 000	—	—	—	—	—	—	—	1873
700	209	—	909	15 000 000	2 962 000	—	18 000 000	—	466 478	—	32 330 000	1875
1766	234	100	2100	45 620 000	3 790 000	2 323 000	51 000 000	—	226 000	—[2]	62 745 000	1880
2984	264	248	3496	77 160 000	3 789 000	6 155 000	87 000 000	—	223 559	14 341 000	118 064 000	1885
4821	341	646	5808	121 250 000	5 631 000	14 076 000	141 000 000	2 038 300	386 517	33 192 000	204 417 000	1890
5075	342	665	6082	128 000 000	6 026 000	13 700 000	147 700 000	2 317 627	—	44 820 000[3]	224 000 000	1892
6056	353	688	7087	138 900 000	6 998 000	18 370 000	164 200 000	2 751 485	725 000	68 227 000	273 000 000	1895

führung begriffen. Sie wird in einer Südlinie den Bahnhof Zoologischer Garten mit der Stadtbahnstation Warschauer Strafse verbinden[5] und durch einen Zweig, der zum Theil unterirdisch liegt, an den Potsdamer Bahnhof anschliefsen.

Ob und in welcher Weise diese Bahn sich weiter entwickeln wird, steht dahin. Einstweilen bleibt der Wunsch bestehen, auch die vorhandenen Strafsenbahnen anders als mit Pferden betrieben zu sehen. Den elektrischen Antrieb mit oberer Stromzuleitung scheut man wegen der Verunzierung der Strafsen, die unterirdische Stromzuleitung verursacht besonders in den mit harter Unterbettung gepflasterten Strafsen sehr hohe Kosten und ist stellenweise bei starken Gewitterregen Störungen durch Ueberschwemmung der Canäle ausgesetzt. Der Accumulatorwagen ist bis jetzt noch zu theuer und zu schwer, um für den Betrieb annehmbar zu erscheinen, obgleich er sonst als das Ideal des elektrischen Antriebes für eine Strafsenbahn betrachtet wird. Nach vielfachen Verhandlungen über diese Fragen entsandte die Stadtgemeinde im Sommer 1895 eine aus Mitgliedern des Magistrats, der Stadtverordneten-Versammlung und ihren technischen Beamten bestehende Abordnung zur Besichtigung der in anderen Städten Europas bestehenden Strafsenbahnbetriebe. Nach den Ergebnissen dieser Forschungsreise, die in einem eingehenden und höchst bemerkenswerthen Berichte über die Verkehrseinrichtungen von Dresden, Dessau, Hagen, Frankfurt a. M., Strafsburg, Paris, London, Liverpool, Glasgow, Edinburg, Rotterdam, Haag, Amsterdam und Brüssel niedergelegt sind, wurde beschlossen, zwei Strafsenbahnen mit gemischtem elektrischem Betriebe, theils ober-, theils unterirdischer Stromzuleitung, nach der Ausstellung in Treptow zu erbauen, um daran Erfahrungen für das weitere Vorgehen zu sammeln. Die eine dieser Bahnen von der Behrenstrafse nach Treptow wird von der Firma Siemens & Halske angelegt und betrieben, die andere vom Zoologischen Garten nach Treptow, von der Grofsen Berliner Pferdeeisenbahn durch die Union. Beide sind im Sommer 1896 in Betrieb[6] gesetzt worden; sie können zusammen gegen 3000 Menschen stündlich zur Ausstellung befördern.

Auch die Charlottenburger Pferdebahn ist seit längerer Zeit bemüht, elektrischen Betrieb mit oberer Stromzuführung für ihre Strecke einzurichten. Eine langwierige Verzögerung entstand durch den Einspruch der Physikalischen Reichsanstalt, welche von den „vagabondirenden" Strömen der elektrischen Leitung einen störenden Einflufs auf ihre Instrumente und deren Thätigkeit befürchtet. Es steht zu erwarten, dafs entweder durch entsprechende Vorkehrungen dieses Bedenken behoben werden kann oder Accumulatorenbetrieb eingerichtet wird, und demnächst auch auf dieser Bahn das Pferd dem elektrischen Strom weichen wird. So steht der Strafsenbahnbetrieb Berlins augenblicklich in den Anfängen einer vollständigen Umwandlung, deren Endergebnifs sich noch nicht übersehen

---

1) Gleislängen s. S. 178. — 2) 1882: 9 420 000 Stadtbahn-Fahrgäste. — 3) einschl. Ringbahn. — 4) Geschätzt.
5) S. die elektrische Stadtbahn, S. 195 u. ff. dieses Bandes.
6) S. S. 194 dieses Bandes.

läfst, jedenfalls aber einen wichtigen Wendepunkt in der Entwicklungsgeschichte unseres Verkehrslebens bildet.

Die umstehenden Tabellen enthalten einige Zahlenangaben über den Umfang und die Leistungen der hier besprochenen Verkehrsanstalten.

Umfangreiche Mittheilungen über alle Zweige des Berliner Verkehrswesens finden sich in dem im Juli 1896 im Auftrage des Ministers der öffentlichen Arbeiten herausgegebenen Werke „Berlin und seine Eisenbahnen". (S. Vorwort.)

Die Ueberwachung und Anordnung des gesamten öffentlichen Verkehrs auf den Strafsen und Gewässern Berlins ruht in der Hand des Königlichen Polizei-Präsidiums, dessen Organe für diesen Zweck 1) das Polizei-Schiffahrts-Bureau, 2) das Commissariat für Markt- und Gewerbe-Angelegenheiten, 3) das Commissariat für Strafsenbenennungs- und Beleuchtungs-Angelegenheiten, 4) das Commissariat für öffentliches Fuhrwesen sind. (Vergl. die Verwaltungsberichte des Königlichen Polizei-Präsidiums für die Jahre 1871 bis 1880 und 1881—1890.)

Benutzte Quellen.

Archiv für Post und Telegraphie.
Borrmann, R., Die Bau- und Kunstdenkmäler von Berlin. Mit einer geschichtlichen Einleitung von P. Clauswitz. Berlin 1893.
Der Verkehr in den Strafsen Berlins und die Frage der zweckmäfsigsten Pflasterung. Vortrag des Baurath Gottheiner. Export, Organ des Central-Vereins für Handelsgeographie. 1885. Nr. 12.
Die Statistischen Jahrbücher der Stadt Berlin von R. Böckh.
Geistbeck, Dr. Michael, Der Weltverkehr. Telegraphie und Post, Eisenbahnen und Schiffahrt in ihrer Entwicklung dargestellt. Freiburg im Breisgau 1887.
Gemeindeberichte der Stadt Berlin.
Liman, Die Entwicklung des Verkehrs auf den schiffbaren Gewässern des Regierungsbezirks Potsdam incl. Berlin. Berlin 1873.
Pinkenburg, G., Die Strafsen Berlins mit besonderer Berücksichtigung der Verkehrsverhältnisse. Berlin 1892.
Statistik der Bundes- bezw. Reichs-Post- und Telegraphenverwaltung.
Stephan, Geschichte der Preufsischen Post. Berlin 1859.
Toeche-Mittler, Dr. Konrad, Der Friedrich-Wilhelms-Canal und die Berlin-Hamburger Flufsschiffahrt. Leipzig 1891.
Verwaltungsberichte der Reichs-Post- und Telegraphenverwaltung. Posthandbuch für Berlin. 1829.
Zeitschrift des Königlich Preufsischen Statistischen Bureaus von Dr. Ernst Engel. 5. Jahrgang 1865.

Abb. XXX.

Abschnitt B.

Die Baubehörden.
Technischer Unterricht und technisch-wissenschaftliche Anstalten.

I. Die Baubehörden.

Bei der hervorragenden Bedeutung, welche in der Bauthätigkeit der Residenz das öffentliche Bauwesen in Anspruch nimmt, erscheint es von Interesse, eine kurze Uebersicht der dabei mitwirkenden Behörden, ihres Geschäftskreises und ihrer Zusammensetzung voraus zu schicken. Im allgemeinen sind fünf verschiedene Verwaltungskreise hierbei betheiligt:

    A. die Verwaltung des Königlichen Hofes;
    B. das Deutsche Reich;
    C. der Preufsische Staat;
    D. die Stadtgemeinde Berlin;
    E. die Provinz Brandenburg und die Kreise Teltow und Niederbarnim.

A. Die Hof-Bauverwaltung

ist eine besondere Abtheilung (Schlofs-Baucommission) des Oberhofmarschall-Amtes Seiner Majestät des Kaisers und Königs.

    1. Die Schlofs-Baucommission bearbeitet die Bauangelegenheiten von sämtlichen königlichen Schlössern, Garten- und sonstigen Gebäuden, sowie von den der Hofverwaltung ganz oder theilweise zur Benutzung überwiesenen Staatsgebäuden.

Die Erledigung sämtlicher Geschäfte erfolgt unter der Leitung des Directors der Schlofs-Baucommission, soweit nicht in besonderen Fällen Aufträge durch den Chef des Oberhofmarschall-Amtes direct an die Hof-Bauinspectoren ergehen, und solche erst nachträglich zwecks weiterer Behandlung zur Kenntnifs des Directors gelangen, oder aufserhalb der Schlofsverwaltung stehende Architekten zur Mitwirkung herangezogen werden.

Mitglieder der Schlofs-Baucommission sind aufser dem Director vier etatsmäfsig angestellte Hof-Baubeamte, zwei für die in zwei Bauinspectionen eingetheilten Baubezirke in und bei Berlin und zwei für die ebenfalls in zwei Bauinspectionen eingetheilten Baubezirke in und bei Potsdam.

Die Bauangelegenheiten der in den Provinzen belegenen königlichen Schlösser werden von activen Staats-Baubeamten nebenamtlich oder von Privat-Architekten — unter der verantwortlichen Leitung des Directors — besorgt.

2. Der neue Dom am Lustgarten, zu dessen Herstellung der Preufsische Landtag die Summe von 10 000 000 ℳ bewilligt hat, wird gemäfs einer Cabinetsordre Seiner Majestät des Kaisers und Königs vom 5. April 1892 von einer Dombau-Commission und unter deren Aufsicht von dem Geh. Regierungsrath und Professor J. C. Raschdorff ausgeführt.

Die Commission besteht aus acht Mitgliedern unter dem Vorsitz des Ministers des Königlichen Hauses und hat ständige Controle über die Bauausführung in technischer und finanzieller Beziehung zu üben.

Die besondere Bauleitung ist einem Bauinspector übertragen, dem die erforderlichen Hülfskräfte beigegeben sind.

B. Die Baubehörden des Deutschen Reiches.

1. Dem Reichsamt des Innern gehört ein Baubeamter als vortragender Rath an, dem die Ausarbeitung der Projecte, sowie die Ausführung und Unterhaltung der reichsfiskalischen Bauten obliegt.

Für die gröfseren Bauausführungen der letzten Jahre, das Reichstagsgebäude in Berlin, den Bau des Nord-Ostsee-(Kaiser-Wilhelms-)Canals und das Reichsgerichtsgebäude in Leipzig, sind besondere Bauverwaltungen eingerichtet, während für die übrigen Reichsbauten (Neubau des Patentamtes, des Reichs-Versicherungsamtes, der Physikalisch-Technischen Reichsanstalt, des Gesundheitsamtes, Erweiterungsbau des Statistischen Amtes, Erweiterungsbau des Reichsamtes des Innern und des Auswärtigen Amtes) Bauinspectoren bezw. Regierungs-Baumeister vom Königlich Preufsischen Ministerium der öffentlichen Arbeiten überwiesen werden.

Die Herstellung des Nationaldenkmals für Kaiser Wilhelm I. nach dem Entwurf und den Modellen des Professors Reinhold Begas wird gleichfalls durch das Reichsamt des Innern bewirkt. Entwurf und Ausführung der Fundamente sind örtlicher Verhältnisse wegen der Preufsischen Wasser-Bauverwaltung übertragen.

2. Die Post-Bauverwaltung. Bis zum Jahre 1875 wurden die Bauangelegenheiten der Postverwaltung des Deutschen Reiches durch die Baubehörden der einzelnen Bundesstaaten bearbeitet, von dem gedachten Zeitpunkte ab erfolgte jedoch die Errichtung einer eigenen Bauverwaltung. Für die vorhandenen 40 Ober-Postdirectionen sind jetzt 21 Post-Baubezirke eingerichtet, an deren Spitze vom Kaiser ernannte Post-Bauräthe mit dem Range der Räthe vierter Klasse stehen. Von diesen Baubezirken entfallen zwei auf Berlin, in den Provinzen werden fünf zur Zeit von Post-Bauinspectoren verwaltet.

Die 3. Abtheilung des Reichs-Postamtes bildet die Centralinstanz für das gesamte Bauwesen der seit dem Jahre 1876 vereinigten Reichs-Post- und Telegraphenverwaltung. Decernenten für bautechnische und Bauverwaltungs-Angelegenheiten sind zwei vortragende Räthe, denen ein technisches Baubüreau und ein Bauverwaltungs-Büreau unterstellt sind. Der für den Post-Baubezirk Berlin I bestellte Post-Baurath ist zugleich ständiger Vertreter des technischen Decernenten im Reichs-Postamt.

Den Post-Bauräthen liegt die obere Leitung der Bauausführungen in ihren Bezirken, sowie die Aufstellung der allgemeinen Entwürfe und die Prüfung der ausführlichen Bauprojecte und Kostenanschläge ob. Sie sind in Bauangelegenheiten Referenten der Ober-Postdirectionen ihres Bezirks.

Im Reichs-Postamt werden sodann die allgemeinen Entwürfe geprüft und die ausführlichen Bauprojecte und Kostenanschläge einer Nachprüfung behufs Feststellung des Bau-

I. Die Baubehörden. 3

etats unterzogen. Für sämtliche Bauangelegenheiten hat diese Centralinstanz die oberste Leitung und Ueberwachung.

Nachdem vom Jahre 1880 bis 1891 eine Mitwirkung des Preufsischen Ministeriums der öffentlichen Arbeiten bezüglich der Nachprüfung der Bauprojecte stattgefunden hatte, wurde durch Allerhöchsten Erlafs vom 19. Mai 1891 die Reichs-Post- und Telegraphenverwaltung wiederum vollständig selbständig in der Feststellung der Bauentwürfe und Kostenanschläge. Jedoch sind die allgemeinen Entwürfe, deren Kosten 100 000 ℳ. übersteigen, Seiner Majestät dem Kaiser vorzulegen; aufserdem ist über diejenigen allgemeinen Entwürfe, welche einen Kostenaufwand von mehr als 750 000 ℳ. erfordern, das Gutachten der Preufsischen Akademie des Bauwesens einzuholen.

3. Das Reichs-Eisenbahnamt ist die Aufsichtsbehörde für die Eisenbahnen des Deutschen Reiches. Es hat unter Verantwortlichkeit und nach der Anweisung des Reichskanzlers innerhalb der durch die Reichsverfassung (VII. Artikel 41—47) bestimmten Zuständigkeit des Reiches

a) das Aufsichtsrecht über das Eisenbahnwesen wahrzunehmen;
b) für die Ausführung der in der Reichsverfassung enthaltenen Bestimmungen, sowie der sonstigen auf das Eisenbahnwesen bezüglichen Gesetze und Vorschriften Sorge zu tragen;
c) auf Abstellung der im Eisenbahnwesen hervortretenden Mängel und Mifsstände hinzuwirken.

Die Behörde besteht aus einem Präsidenten und sieben Mitgliedern (vortragende Räthe), einem Büreauvorsteher, 31 Secretären und sonstigen Büreaubeamten, sowie acht Unterbeamten.

Dem verstärkten Reichs-Eisenbahnamt, welches in Thätigkeit tritt, sobald Gegenvorstellung gegen eine vom Reichs-Eisenbahnamt verfügte Mafsregel erhoben wird, gehören aufserdem noch drei höhere richterliche Mitglieder und drei Vertreter derselben an.

Das Reichs-Eisenbahnamt bearbeitet auch die alljährlich erscheinende Statistik über die Eisenbahnen Deutschlands und eine Karte der deutschen Eisenbahnen.

4. Das Reichsamt für die Verwaltung der Reichseisenbahnen, unter Leitung des preufsischen Ministers der öffentlichen Arbeiten, besteht aus drei vortragenden Räthen, einem ständigen Hülfsarbeiter und sechs Büreau- und Kanzleibeamten. Unterstellt ist demselben die Generaldirection der Eisenbahnen in Elsafs-Lothringen, Strafsburg, mit sieben Betriebsdirectionen, acht Verkehrsinspectionen, einer Telegrapheninspection und acht Maschineninspectionen.

5. Die Bauten der Reichsbank in und aufserhalb Berlins unterstehen lediglich dem Reichsbank-Directorium.

Mit der technischen Oberleitung ist auf Zustimmung des Ministers der öffentlichen Arbeiten der Geh. Baurath Emmerich nebenamtlich betraut. Die Rechnungslegung wird von der Oberrechnungskammer geprüft.

Im Anschlufs an die Baubehörden, wenn auch nicht zu diesen gehörig, so doch vorwiegend technischen Angelegenheiten dienend, sollen hier noch erwähnt werden:

6. Das Reichs-Patentamt, in dem 1893 vollendeten Dienstgebäude Luisenstrafse 32/34, ertheilt auf Grund des Gesetzes vom 25. Mai 1877 und der Allerhöchsten Verordnung vom 18. Juni 1877 nach Ansuchen Patente auf neue Erfindungen und erklärt die Nichtigkeit und Zurücknahme von Patenten. Das Amt ist in sieben Abtheilungen gegliedert und besteht unter einem Präsidenten aus drei ständigen Mitgliedern im Nebenamte, 26 nichtständigen, sechs Mitgliedern im Hauptamte, im ganzen 36 technischen Mitgliedern und einem Büreau von 30 technischen Hülfsarbeitern, 75 expedirenden Secretären und Calculatoren und 30 Kanzlei-Secretären.

7. Die Normal-Eichungscommission, Enkeplatz 3a, untersteht dem Reichsamt des Innern und ist betraut mit der Regelung der technischen Seite des Eichungswesens. Sie erläfst und überwacht die Ausführung der übereinstimmenden Regeln im Interesse des Verkehrs und bestimmt die Taxen für die von den Eichungsstellen zu erhebenden Gebühren. Die Commission ist zuständig für das Deutsche Reich mit Ausschlufs von Bayern. Sie besteht unter Leitung eines Directors aus zwei ständigen Mitgliedern und 10 beigeordneten Mitgliedern der verschiedenen Bundesstaaten. Dem Büreau gehören sieben technische Hülfsarbeiter und 16 sonstige Beamte an.

1*

C. Die Baubehörden des Preußsischen Staates.

1. **Die Eisenbahnverwaltung.** Die leitende Behörde der Preußsischen Staatseisenbahnverwaltung und zugleich Aufsichtsbehörde für die Privateisenbahnen in Preußen ist das Ministerium der öffentlichen Arbeiten. Für das Eisenbahnwesen bestanden bis zum 1. April 1895 im Ministerium der öffentlichen Arbeiten drei Abtheilungen, und zwar Abtheilung I für die technischen Angelegenheiten der Verwaltung der Staatseisenbahnen, Abtheilung II für die Verkehrsangelegenheiten derselben und Abtheilung IV für die Staatsaufsicht über die Privatbahnen und für die allgemeinen Verwaltungsangelegenheiten der Staatseisenbahnen. Seit dem 1. April 1895 ist infolge der zu diesem Zeitpunkte ins Leben getretenen Neuordnung der Eisenbahnverwaltung die technische Abtheilung in eine technische und in eine administrative Section für Bauangelegenheiten und die Verwaltungsabtheilung in eine Section für allgemeine Verwaltungsangelegenheiten und in eine Section für allgemeine Finanzangelegenheiten getheilt worden. Es bestehen somit zur Zeit für das Eisenbahnwesen:

  die technische Abtheilung für Bauangelegenheiten (I^a),
  die Verwaltungs- und Finanzabtheilung für Bauangelegenheiten (I^b),
  die Abtheilung für Verkehrsangelegenheiten (II),
  die allgemeine Verwaltungsabtheilung zugleich für die Staatsaufsicht über die Privateisenbahnen (IV^a) und
  die allgemeine Finanzabtheilung (IV^b).

An der Spitze von dreien dieser Abtheilungen steht je ein Ministerialdirector, während die übrigen beiden Abtheilungen je von einem Dirigenten geleitet werden.

Zur Aufrechterhaltung der Einheitlichkeit der Verwaltung in den genannten fünf Abtheilungen ist seit dem 1. April 1895 ein Unterstaatssecretär bestellt worden.

Den Eisenbahnabtheilungen sind insgesamt 22 vortragende Räthe und 19 Hülfsarbeiter beigegeben.

Als Verkündigungsblatt dient das Eisenbahn-Verordnungsblatt. Außerdem werden für das Eisenbahnwesen noch herausgegeben: die Zeitschrift für Kleinbahnen, das Archiv für Eisenbahnwesen, sowie die in Vierteljahrsheften erscheinende Statistik der Güterbewegung auf den deutschen Eisenbahnen.

Dem Minister der öffentlichen Arbeiten sind als Staats-Eisenbahnbehörden in den Provinzen die Königlichen Eisenbahndirectionen unterstellt. Für die Staatsaufsicht über die Privateisenbahnen sind je für bestimmte Linien die Präsidenten der Königlichen Eisenbahndirectionen bestellt worden, nachdem mit der Neuordnung der Staats-Eisenbahnverwaltung das bisherige Eisenbahn-Commissariat zu Berlin aufgehoben worden ist.

Zum gemeinschaftlichen Verwaltungsbereich des Ministers der öffentlichen Arbeiten, des Ministers für Handel und Gewerbe und des Ministers für Landwirthschaft, Domänen und Forsten gehören:

  der Landes-Eisenbahnrath zu Berlin und
  die Bezirks-Eisenbahnräthe.

Dieselben dienen zur beiräthlichen Mitwirkung in Eisenbahn-Verkehrsfragen. Der Landes-Eisenbahnrath besteht aus einem Vorsitzenden und dessen Stellvertreter, welche vom König ernannt werden, ferner aus 10 von den vorgenannten Ministern berufenen und ferner 30 von den Bezirks-Eisenbahnräthen aus den Kreisen der Land- und Forstwirthschaft, der Industrie und des Handelsstandes gewählten Mitgliedern (nebst einer gleichen Anzahl von Stellvertretern). Die Bezirks-Eisenbahnräthe werden aus Vertretern des Handelsstandes, der Industrie und der Land- und Forstwirthschaft gewählt. Berlin ist Sitz eines Bezirks-Eisenbahnrathes.

Die Eisenbahn-Direction Berlin. Für die vom Minister der öffentlichen Arbeiten geleitete Preußsische Staats-Eisenbahnverwaltung ist mit Allerhöchster Genehmigung vom 15. December 1894 am 1. April 1895 eine neue Ordnung eingeführt worden. Nach derselben sind an Stelle der früheren 11 Directionen, welchen 75 Betriebsämter unter-

I. Die Baubehörden.

stellt waren, 20 Directionen getreten. Die untere Instanz der Betriebsämter ist beseitigt. Als Ausführungsorgane der Directionen für den örtlichen Dienst sind Eisenbahnbetriebs-, Maschinen-, Werkstätten-, Telegraphen- und Verkehrs-Inspectionen eingerichtet.[1]) Von den 20 Directionen hat eine in Berlin ihren Sitz. Sie umfasst die Stadt- und Ringbahn, sämtliche Berliner Bahnhöfe und die von Berlin ausgehenden Strecken, soweit sie dem Vorortverkehr dienen, aufserdem als einzige weiter ins Land hinaus greifende Strecke die frühere Niederschlesisch-Märkische Bahn über Frankfurt a. O. bis Sommerfeld. Wegen der starken Belastung mit Verkehr ist der Bezirk der Direction Berlin räumlich klein bemessen. Ihr Antheil an der Gesamtbetriebslänge der Preufsischen Staatsbahnen, welche für das Rechnungsjahr 1895/96 27 060 km beträgt, ist der kleinste, nämlich 587 km, also erheblich weniger als der Durchschnitt (1353).

Die Direction Berlin, welche ihren Sitz in dem in den Jahren 1891—1895 für sie hergestellten und im Februar 1895 bezogenen Gebäude am Schöneberger Ufer 1—4 hat, besteht aus einem Präsidenten, 15 Mitgliedern und 10 Hülfsarbeitern, einem Rechnungsdirector, einem Haupt-Cassenrendanten nebst einem 580 Köpfe umfassenden Büreaupersonal.

Die oben erwähnten Ausführungsorgane der Direction sind:
      9 Betriebsinspectionen,
      3 Maschineninspectionen,
    13 Werkstätteninspectionen,
      1 Telegrapheninspection,
      4 Verkehrsinspectionen.

Für die bauliche Seite der Eisenbahnverwaltung kommen die Betriebs- und die Werkstätteninspectionen in Betracht.

Den Betriebsinspectionen liegt ob:
  a) die Ausführung und Ueberwachung des Betriebsdienstes, insoweit nicht einzelne Zweige den anderen Inspectionen zugewiesen sind,
  b) die Unterhaltung und Beaufsichtigung der im Betriebe befindlichen Strecken, sowie die Verwaltung der Bahnpolizei.

Ihre Bezirke sind im grofsen und ganzen folgende:
1. die Stadtbahn,
2. die Ringbahn,
3. die Lehrter Bahn bis Spandau und die Hamburger Bahn bis Nauen,
4. die Schlesische Bahn bis Fürstenwalde und die Ostbahn bis Strausberg,
5. die Görlitzer Bahn bis Königs-Wusterhausen,
6. die Stettiner Bahn bis Bernau und die Nordbahn bis Oranienburg und Kremmen,
7. die Potsdamer Bahn bis Werder,
8. die Anhalter Bahn bis Grofs-Lichterfelde-Süd und die Dresdener Bahn bis Zossen,
9. die weitere Schlesische Strecke, Fürstenwalde-Sommerfeld mit dem Sitz der Inspection in Frankfurt a. O.

Von den Werkstätteninspectionen entfallen
    2 auf die Hauptwerkstatt Berlin, Markgrafendamm,
    2 ,, ,, ,, ,, Ostbahnhof,
    1 ,, ,, ,, ,, Lehrter Bahnhof,
    2 ,, ,, ,, in Frankfurt a. O.,
    2 ,, ,, ,, im Grunewald,
    1 ,, ,, ,, in Guben,
    1 ,, ,, ,, in Potsdam,
    2 ,, ,, ,, in Tempelhof.
   13

---

[1]) Archiv für Eisenbahnwesen. 1895. S. 201.

I. Die Baubehörden.

Dem Präsidenten der Königlichen Eisenbahndirection Berlin sind zur Ausübung der Staatsaufsicht unterstellt die Privat-Bahnstrecken:
1. Altdamm-Colberg,
2. Marienburg-Mlawka,
3. Militär-Eisenbahn,
4. Ostpreufsische Südbahn,
5. Stargard-Cüstrin,
6. (im Bau) Schiefsplatz Cummersdorf-Jüterbog (Strecke der Militär-Eisenbahn).

2. Die allgemeine Bauverwaltung. Die Abtheilung III des Ministeriums der öffentlichen Arbeiten (Abtheilung für das Bauwesen) bearbeitet die Angelegenheiten des Hoch- und Ingenieur-Bauwesens. Die Leitung führt ein Ministerialdirector, während den beiden Fachabtheilungen je ein Ober-Baudirector vorsteht; mit Einschlufs derselben sind der Abtheilung 18 vortragende Räthe, elf Hülfsarbeiter und ein Regierungs- und Baurath, als Vorsteher des mit der Abtheilung verbundenen technischen Büreaus, beigegeben.

Der Geschäftskreis der Abtheilung umfafst

A. die Angelegenheiten des Ressorts, und zwar
1. die Bearbeitung der allgemeinen organisatorischen und besonderen Angelegenheiten, sowie die Ueberwachung der Geschäftsführung der Baubeamten;
2. die Berathung des Baubedürfnisses und die Aufstellung des Bauetats für die Staatsbauten;
3. die Prüfung und Feststellung der betr. Bauentwürfe[1]) und Kostenanschläge;
4. die oberste Leitung und Ueberwachung dieser Bauten;
5. das Vermessungswesen, insbesondere die auf das Bauwesen Bezug habenden Angelegenheiten der Landesaufnahme;
6. die Landes- und Baupolizei-Angelegenheiten;

B. die zum Ressort anderer Abtheilungen bezw. Ministerien gehörigen Bauangelegenheiten, wie:

Eisenbahn-Hochbauten, Meliorations- und Bergbausachen, Kirchen- und Justizbauten, sonstige Verwaltungsgebäude, Hochschulen, Gymnasien und andere Schulen, Zoll- und Steuerbauten usw.

Ferner ist mit der Abtheilung verbunden das Büreau für die Hauptnivellements, sowie das kartographische Büreau und die Plankammer.

Als Verkündigungsblätter dienen die Zeitschrift für Bauwesen und das Centralblatt der Bauverwaltung.

Zu der Abtheilung gehört sodann noch die Akademie des Bauwesens, welche Fragen, die das öffentliche Bauwesen hervorragend berühren, in künstlerischer, wissenschaftlicher und bautechnischer Beziehung begutachtet und zugleich das Curatorium für die Eytelwein'sche und Hagen'sche Stipendien-Stiftung bildet.

Ferner sind der Abtheilung das technische Ober-Prüfungsamt und die Prüfungsämter zur Abhaltung der Prüfungen für den Staats-Baudienst unterstellt, sowie die den Gesandtschaften beigegebenen technischen Attachés (gegenwärtig fünf), deren Berichte gesammelt werden und in einem Lesezimmer zur Benutzung eingesehen werden können. Erwähnt sei noch, dafs der Ministerialdirector bezw. der zuständige Ober-Baudirector Vorsitzender und eine gröfsere Anzahl wasserbautechnischer Räthe der Abtheilung Mitglieder des vom König ernannten Ausschusses zur Untersuchung der den Hochwassergefahren besonders ausgesetzten Flufsgebiete sind. Der Ausschufs selbst mit einem ständigen Büreau, an dessen Spitze ein Regierungs- und Baurath steht, ist unmittelbar dem Staatsministerium unterstellt.

3. Die Königliche Ministerial-, Militär- und Bau-Commission, die im Jahre 1822 an die Stelle der vormaligen Königlichen Regierung in Berlin getreten ist, verwaltet die fiskalischen Bauangelegenheiten in Berlin. Hierzu gehören im allgemeinen die

---

[1]) Ueber die Behandlung der Bauentwürfe s. Dienstanweisung für die königlichen Bauinspectoren der Hochbau-Verwaltung vom 1. October 1888; vgl. auch Schulz, Verwaltungsdienst der königlich preufsischen Kreis- und Wasserbau-Inspectoren; ferner Nachtrag zur Geschäftsanweisung für das Technische Büreau der Abtheilung für das Bauwesen vom 17. Juli 1884 und 16. Mai 1890.

Errichtung und Unterhaltung der preußischen Staatsgebäude, sowie die Regulirung, Unterhaltung und der Betrieb der schiffbaren Gewässer. Außer dem Dirigenten der Behörde, der zugleich von Amts wegen Präsident des Bezirksausschusses für Berlin, Vorsitzender des Schiedsgerichts des Bezirks I der Privatbahn-Berufsgenossenschaften und der Genossenschaften des Bezirks der Königlichen Eisenbahndirection Berlin, sowie in Invaliditäts- und Alters-Versorgungssachen der Pensionskasse der Staatseisenbahn-Verwaltung ist, gehören der Königlichen Ministerial-Bau-Commission 13 Mitglieder und Hülfsarbeiter, darunter fünf technische Mitglieder, zwei Regierungs- und Bauräthe und ein Bauinspector für Hochbau, sowie ein Regierungs- und Baurath und ein Bauinspector für Wasserbau an, denen nach Bedarf Regierungs-Baumeister zur Hülfeleistung überwiesen werden.

Sechs Bauinspectionen für Hochbau und zwei für Wasserbau versehen den äußeren Dienst, der sich im besonderen auf die preußischen Ministerial-Dienstgebäude, die öffentlichen fiskalischen Denkmäler, die Universität nebst allem Zubehör und die übrigen königlichen Hochschulen und Unterrichtsanstalten, die Gerichtsgebäude und Gefängnisse, den Packhof und die sonstigen Steuergebäude, den Landes-Ausstellungspark, die Bauanlagen im Thiergarten, die gesamten fiskalischen wasserbaulichen Anlagen in der Spree, im Landwehr- und Louisenstädtischen Canal, im Berlin-Spandauer und dem neuen Verbindungscanal einschließlich der Häfen, endlich seit dem 1. April 1895 auch auf die Verkehrsabgaben-Erhebung und die amtliche Vermessung der Schiffsgefäße erstreckt.

Persönlich sind auch die mit besonderen Bauausführungen in Berlin, wie die Errichtung der neuen Landtagsgebäude, des Reichshauses und des neuen Domes u. dergl., beauftragten preußischen Baubeamten der Königlichen Ministerial-Bau-Commission zugetheilt. Ferner erfolgt die Bearbeitung der Berliner Domänensachen durch das Domänen-Rentamt unter Leitung der Königlichen Ministerial-Bau-Commission, zu deren Obliegenheiten auch die Wahrnehmung des landesherrlichen Kirchenpatronats in Berlin gehört und deren Dirigent zugleich auch die Königliche Thiergarten-Verwaltung leitet. Die Behörde steht unter Leitung bezw. Oberaufsicht des Oberpräsidiums für den Stadtkreis, ihr Dienstgebäude ist bisher Niederwallstraße 39, das Grundstück ist aber an die Deutsche Reichsbank verkauft, um zu ferneren Erweiterungsbauten derselben verwendet zu werden. Voraussichtlich wird die Königliche Ministerial-Bau-Commission nach dem ehemaligen Verwaltungsgebäude der Hamburger Eisenbahn übersiedeln.

Für den Bau des Landtagshauses, Leipziger Straße 3/4, ist eine besondere Bau-Commission ernannt worden. Dieselbe besteht aus je einem Vertreter des Ministeriums des Innern, des Finanzministeriums und der Königlichen Ministerial-Bau-Commission, sowie drei Vertretern des Ministeriums der öffentlichen Arbeiten. Die Bauleitung liegt in den Händen eines Regierungs- und Bauraths, der gleichfalls Sitz in der Special-Bau-Commission hat. Außerdem gehören zu derselben als Commissarien des Herrenhauses: der Präsident und die beiden Vicepräsidenten, sowie sechs Mitglieder; und des Abgeordnetenhauses: der Präsident mit sechs Mitgliedern.

Bei der besonderen Bauleitung stehen dem Regierungs- und Baurath zur Zeit vier Regierungs-Baumeister zur Seite, sowie eine wechselnde Zahl von Regierungs-Bauführern, Architekten, Zeichnern und Büreaubeamten.

4. Die Heeres-Bauverwaltung. Alle Bausachen der Heeresverwaltung mit Ausnahme derjenigen, welche den Fortificationen und Eisenbahntruppen allein überwiesen sind, regeln sich nach den Bestimmungen der Garnison-Bauordnung.

Die obere Leitung des Garnison-Bauwesens geht vom Kriegsministerium bezw. den nach der Geschäftsordnung des letzteren zuständigen Departements und Abtheilungen desselben aus.

Die technische Oberprüfung der Bausachen, soweit dieselben nicht zum Geschäftsbereich der Fortification gehören, wird durch die Bauabtheilung des Kriegsministeriums bewirkt, welche dem Militär-Oeconomie-Departement untergeordnet ist. Innerhalb der Bauabtheilung sind die Geschäfte zur Zeit auf einen Abtheilungs-Chef und fünf Referenten, und zwar im wesentlichen sachlich getrennt, vertheilt. Jedem Referenten ist als technischer

Hülfsarbeiter ein Garnison-Bauinspector zugewiesen. Die vorübergehende Einstellung von Hülfskräften erfolgt nach Bedarf.

Als Aufsichtsbehörde bei jedem Armee-Corps hat für die rechtzeitige, zweckmäfsige und preiswürdige Befriedigung der baulichen Bedürfnisse ihres Geschäftsbereichs die Corps-Intendantur Sorge zu tragen. Soweit insbesondere die Baugeschäfte von den Garnison-Baubeamten wahrzunehmen sind, liegt die Aufsicht zunächst dem Intendantur- und Baurath ob; bei den gegenwärtig am meisten belasteten Intendanturen des Garde-Corps, des 1., 2., 3., 11., 15., 16. und 17. Armee-Corps sind die Geschäfte unter je zwei Intendantur- und Bauräthe örtlich oder sachlich vertheilt.

Jedem Intendantur- und Baurath ist als technischer Hülfsarbeiter ein — in der Regel jüngerer — Garnison-Bauinspector zugewiesen, welcher zwar Mitglied der betreffenden Corps-Intendantur ist, jedoch unter ausschliefslicher Verantwortung des ihm vorgesetzten Intendantur- und Bauraths arbeitet.

In den einzelnen Garnisonen werden die Baugeschäfte mit Ausnahme derjenigen, welche den Localbehörden überwiesen sind, von dem Garnison-Baubeamten (Garnison-Bauinpectoren, Bauräthe) wahrgenommen. Letzterer ist der Corps-Intendantur dienstlich unterstellt. — Localbehörden und Garnison-Baubeamte stehen dienstlich neben einander.

Die technischen Hülfskräfte der Garnison-Baubeamten werden nach Bedarf angenommen, und zwar Hülfsarbeiter, welche Beamte sind (Baumeister, Bauführer, Feldmesser), durch Verfügung, andere Hülfsarbeiter durch förmlichen Vertrag.

Der Etat der Heeres-Bauverwaltung weist zur Zeit 24 Intendantur- und Bauräthe und 112 Garnison-Bauinspectoren auf; von letzteren sind 77 in Localbau-Beamtenstellen und 35 als technische Hülfsarbeiter, sowie bei wichtigeren Bauausführungen beschäftigt.

Die Garnison Berlin ist in Bezug auf die baulichen Geschäfte mit Einschlufs von Charlottenburg und der Vororte gegenwärtig in fünf Baubezirke getheilt, die von je einem — unter der Intendantur des Garde-Corps als Aufsichtsbehörde stehenden — Garnison-Baubeamten verwaltet werden. Nur das Dienst-Wohngebäude des commandirenden Generals des 3. Armee-Corps und das Dienstgebäude der Intendantur dieses Corps sind in baulicher Hinsicht dem Geschäftsbereich der letzteren zugewiesen.

5. Dem Minister der geistlichen usw. Angelegenheiten sind unterstellt:
a) Der Conservator der Kunstdenkmäler in Preufsen als vortragender Rath. Zu seiner Unterstützung sind seit 1892 Provinzial-Conservatoren bestellt, welche von der Provinzial-Verwaltung erwählt und vom Minister bestätigt werden.
b) Ein bautechnischer vortragender Rath, dem obliegt die Prüfung und Begutachtung von Entwürfen und Kostenanschlägen für Volksschulbauten und Pfarrbauten, sowie aller Bauten, deren Kosten aus den vom Ministerium der geistlichen Angelegenheiten verwalteten Stiftungsfonds ohne Betheiligung von Staatsmitteln bestritten werden. Dem Conservator der Kunstdenkmäler und dem bautechnischen vortragenden Rath sind zwei etatsmäfsige Bauinspectoren und zwei diätarisch beschäftigte Regierungs-Baumeister beigegeben.
c) Ein Regierungs- und Baurath als Vorsteher der im Jahre 1885 begründeten Mefsbild-Anstalt für Aufnahmen im Interesse der Denkmalpflege.[1])
d) Ein Bauinspector, welcher als „Architekt der Königlichen Museen" unter dem General-Director der Königlichen Museen die auf die baulichen Verhältnisse der Museumsgebäude bezüglichen Angelegenheiten bearbeitet und dem aufserdem die Wahrnehmung der baulichen Arbeiten für die Königliche Nationalgalerie nebenamtlich übertragen ist.

6. Die Kirchenbauten Berlins werden in der Regel von den Pfarrgemeinden, als Bauherren, vorbereitet und zur Ausführung gebracht; sie unterstehen der Prüfung und Genehmigung des Consistoriums der Provinz Brandenburg und des Ministeriums der geistlichen usw. Angelegenheiten. Die Wahl der Architekten für Entwurf und Ausführung steht den bauenden Gemeinden frei. Von denjenigen Kirchen aber, welche unter königlichem

---

1) S. II. 10 dieses Abschnittes.

Patronat stehen, oder mit Beihülfe eines königlichen Gnadengeschenks errichtet werden, müssen die Entwürfe durch Vermittelung des Ministeriums der geistlichen usw. Angelegenheiten der Königlichen Ministerial-Bau-Commission zur Vorprüfung und dem Ministerium der öffentlichen Arbeiten zur Nachprüfung vorgelegt werden. Die Ausführung und Verrechnung wird von der Ministerial-Bau-Commission überwacht, auch sind die Baubeamten derselben verpflichtet, Entwurf und Bauleitung solcher Kirchen ohne besondere Vergütung zu übernehmen.

In gleicher Weise erfolgt die Mitwirkung der städtischen Bauverwaltung bei Kirchenbauten städtischen Patronats.

Alle Kirchenbau-Entwürfe, auch solche, welche durch freie Vereinsthätigkeit ins Leben gerufen werden, bedürfen der persönlichen Genehmigung des Kaisers.

7. Das Ministerium für Landwirthschaft, Domänen und Forsten besitzt keine Bauabtheilung im Sinne der Einrichtung im Ministerium der öffentlichen Arbeiten.

Drei technische Referenten (zwei vortragende Räthe und ein Regierungs-Baurath) theilen sich in die Bearbeitung der bautechnischen Angelegenheiten. Der eine vortragende Rath bearbeitet die Hochbausachen der Domänen und Gestüte und der Dienstgebäude, ihm ist ein Hülfsarbeiter (Bauinspector) beigegeben.

Der andere vortragende Rath und der Regierungs-Baurath (ständiger Hülfsarbeiter) bearbeiten die Landes-Meliorations- und wasserbautechnischen Angelegenheiten der landwirthschaftlichen Verwaltung. Die Grenze der beiden Decernate bildet die Wasserscheide zwischen der Oder und Elbe, sodafs der eine den westlichen, der andere den östlichen Theil der Monarchie bearbeitet. — Die Referenten nehmen an den technischen Conferenzen der Fachabtheilung für das Ingenieur-Bauwesen im Ministerium der öffentlichen Arbeiten Theil. Auf diese Weise soll die erforderliche Fühlung beider Verwaltungen in den viele gemeinsame Interessen berührenden Punkten einigermafsen gewährleistet werden.

8. Die Meliorations-Bauämter I und II, welche ihren Sitz in Berlin haben, sind dem Oberpräsidenten in Potsdam unterstellt. Es liegt ihnen die Bearbeitung, Prüfung und Ueberwachung der Landes-Meliorationen in der Provinz Brandenburg ob, und zwar dem Bauamt I im Flufsgebiet der Oder, dem Bauamt II im Flufsgebiet der Elbe, zu dem auch Berlin gehört. Jedes der beiden Aemter wird durch einen Baubeamten verwaltet, dem je nach dem Umfange der vorliegenden Arbeiten Regierungs-Baumeister und Wiesen-Bautechniker zur Hülfeleistung überwiesen werden.

9. Die Baupolizei innerhalb Berlins wird zum Theil vom Königlichen Polizeipräsidium, zum Theil von der Stadtgemeinde ausgeübt. Der letzteren ist mittels Allerhöchster Cabinetsordre vom 28. December 1875 die örtliche Strafsen-Baupolizei, d. h. die gesamte, auf die Anlegung, Regulirung, Entwässerung und Unterhaltung der Strafsen und Brücken bezügliche örtliche Polizei überlassen. Im übrigen wird die Baupolizei vom Königlichen Polizeipräsidium, welches sowohl Orts- als Landes-Polizeibehörde ist, wahrgenommen. Die landespolizeilichen Geschäfte, sowie eine Anzahl ortspolizeilicher von besonderer Bedeutung werden von der Abtheilung I ausgeübt; es gehören dahin von baulichen Angelegenheiten die Mitwirkung bei der Errichtung von Kirchen und Theatern, bei Wasser-, Strafsen- und Brückenbauten, insbesondere bei Anlage neuer Strafsen, Festsetzung der Bebauungspläne und Aenderung der Baufluchtlinien, sowie bei Enteignungen, ferner die Regelung des Strafsenverkehrs und die Strompolizei, bestehend in der Ordnung des Schiffsverkehrs auf den Wasserstrafsen u. dergl. Als Strombehörde wirkt das Königliche Polizeipräsidium in Gemeinschaft mit der Königlichen Ministerial-Bau-Commission, wobei letztere die stromfiskalischen, ersteres die bau- und verkehrspolizeilichen Interessen wahrzunehmen hat. Für diese Geschäfte ist dem Polizeipräsidenten ein Regierungs- und Baurath als Decernent zugetheilt.

Die ortspolizeilichen Geschäfte, betreffend die Ausführung von Hochbauten, Anlage von Fahrstühlen, Aufstellung von Gerüsten usw. fallen der Abtheilung III zu, welcher neben einem Juristen als Dirigenten zwei hochbautechnische Räthe angehören. Die der Abtheilung unterstellten 10 Bauinspectoren, deren Bezirke räumlich nach Polizeirevieren abgegrenzt sind, haben mit den ihnen überwiesenen Hülfsarbeitern die vorgelegten Entwürfe zu prüfen und zu begutachten, sowie später die Ausführung derselben zu überwachen. Die Genehmigung der Entwürfe und die Ausstellung der Bauscheine erfolgt jedoch durch die Abtheilung III, sofern nicht seitens des Stadtausschusses nach Anhörung des Polizeipräsidiums in den Genehmigungsurkunden für gewerbliche und Dampfkesselanlagen gleichzeitig die Bauerlaubnifs für die zugehörigen Gebäude ertheilt wird.

In der Nachbargemeinde Charlottenburg sind der dortigen Königlichen Polizeidirection für die Verwaltung der Baupolizei zwei Bauinspectoren zugetheilt, welche unter dem Polizeidirector die baupolizeilichen Angelegenheiten selbständig erledigen; die Bauscheine werden jedoch im Namen der Polizeidirection ausgestellt. Beschwerden gegen die Verfügungen usw. der Charlottenburger Baupolizei gehen zunächst dem Berliner Polizeipräsidium und zwar der Abtheilung I zu, bei welcher in dieser Hinsicht einer der hochbautechnischen Räthe der Abtheilung III Decernent ist.

An die Stelle der früheren Bauordnung Berlins vom 21. April 1853 ist diejenige vom 15. Januar 1887 getreten, für welche die vom Gemeindevorstande versagte Zustimmung durch Beschlufs des Oberpräsidenten der Provinz Brandenburg ergänzt worden ist; sie unterscheidet sich von ihrer Vorgängerin im wesentlichen dadurch, dafs sie die Bebauungsfähigkeit der Grundstücke im allgemeinen auf $^2/_3$, bei schon bebauten auf $^3/_4$ ihrer Fläche beschränkt, während in der älteren Bauordnung nur eine Mindestabmessung, nicht eine Mindestfläche der Höfe gefordert war.

Die für Charlottenburg gültige Bauordnung vom 24. Juni 1887 stimmt im wesentlichen mit derjenigen für Berlin vom 15. Januar desselben Jahres überein, während für die sogen. Vororte (Theile der Kreise Teltow und Niederbarnim, sowie der Gemarkung Charlottenburg) unter dem 5. December 1892 eine Bauordnung erlassen ist, welche zum Theil von anderen, hier nicht näher darzulegenden Gesichtspunkten ausgeht.

Anschliefsend an die vorgenannten Baubehörden sei hier als technisches Amt noch erwähnt

10. Die Eichungsinspection für die Provinz Brandenburg untersteht wie die der übrigen Provinzen dem Minister für Handel und Gewerbe und ist zugleich das staatliche Eichungsamt für Berlin (Luisenufer 6), zu dem vier Abfertigungsstellen — 1. Luisenufer 6, 2. Linkstrafse 5, 3. Kleine Alexanderstrafse 20, 4. Borsigstrafse 31b — gehören. Mit der 1. Abfertigungsstelle ist eine Gasmesser-Eichungsanstalt und zwei Eichstellen für Thermo-Alkoholometer sowie für Getreideprobe verbunden. Aufserdem bestehen in der Provinz Brandenburg noch 43 Gemeindeeichungsämter. Aufgabe der Eichungsämter ist es, Mafse, Gewichte, Waagen, Gefäfse und sonstige Mefswerkzeuge, welche nach den Vorschriften der Gesetzgebung behufs der Verwendung im Verkehr einer Stempelung bedürfen, nach Feststellung ihrer vorschriftsmäfsigen Beschaffenheit mit dem Beglaubigungsstempel zu versehen.

Der Eichungsinspector hat insbesondere die technische Dienstführung der Eichungsämter fortdauernd genau zu überwachen. Die Führung der Dienstgeschäfte der Inspection und der Aemter beruht auf dem Gesetz vom 26. November 1869 betreffend die Eichungsbehörden und ist durch Instruction vom 6. Januar 1870 geregelt.

D. Die Baubehörden der Stadt.

1. Die örtliche Strafsenbau-Polizeiverwaltung zerfällt in zwei Abtheilungen. Zum Geschäftskreise der Abtheilung I gehören die Genehmigung von Entwürfen zur Anlegung bezw. Veränderung von Strafsen, Brücken und Plätzen, zu Neu-, Um- und Ausbauten, sowie sonstigen die Strafse berührenden Arbeiten; die Aufforderung zur Regulirung der Bürgersteige; die Aufsicht über die Unterhaltung des Strafsenpflasters, der Bürgersteige, sowie der Hausentwässerungs-Anlagen, soweit die betreffenden Grundstücke noch nicht an die allgemeine Canalisation angeschlossen sind; und die Bearbeitung der sich aus den strafsenbaupolizeilichen Verfügungen bezw. aus der Versagung der Bauerlaubnifs ergebenden Beschwerden und Processe.

Die Abtheilung II besorgt alle auf die Canalisation bezüglichen ortspolizeilichen Angelegenheiten, insbesondere den Erlafs der öffentlichen Aufrufe zum Anschlufs der Grundstücke an die allgemeine Canalisation, die Anfertigung der Anschlufs-Skizzen für die

Canalisations-Bauverwaltung, die Genehmigung der eingereichten Entwässerungsentwürfe, die Prüfung der fertig gestellten Anlagen, die Fesstellung des Beginnes der Entwässerung und die Ertheilung der Erlaubnifs zur Inbetriebnahme der Anlagen; ferner das zeitweise Nachsehen der im Betriebe befindlichen Entwässerungsanlagen, die Aufstellung der Vorschriften betreffs Abführung von Fabrik- und von anderen reinen Abwässern, sowie hinsichtlich der Entwässerung von Neu- und Umbauten; endlich den Erlafs und die Durchführung der einschlägigen polizeilichen Verfügungen und die Bearbeitung etwaiger Beschwerden und Klagen.

Vorsteher der örtlichen Strafsenbau-Polizeiverwaltung, die am 1. Januar 1876 gleichzeitig mit der gesamten Strafsen- und Brückenbaulast auf die Stadt überging, ist der jeweilige Oberbürgermeister, und in dessen Vertretung für die Abtheilung I drei juristisch gebildete Mitglieder des Magistrats, jeder für ein bestimmtes Stadtgebiet; für die Abtheilung II und das ganze Weichbild der Stadt handhabt die Vertretung des Oberbürgermeisters ein einziges Mitglied des Magistrats, das ebenfalls aus den besoldeten Stadträthen mit juristischer Vorbildung gewählt ist.

Als technische Beamte der I. Abtheilung gelten die Local-Bauinspectoren der Tiefbauverwaltung; für die II. Abtheilung ist ein eigens zu diesem Behufe eingerichtetes technisches Büreau vorhanden, dem ein Stadtbauinspector bezw. ein Stadtbaumeister vorsteht.

2. Die städtische Bauverwaltung. Das städtische Bauwesen ist der Oberaufsicht des Magistrats unterstellt, entbehrt jedoch einer einheitlichen Leitung; seine Verwaltung ruht vielmehr in verschiedenen Deputationen, die unter dem Vorsitz nicht technisch gebildeter Magistratsmitglieder mit einander kaum in organischem Zusammenhange stehen.

Die baulichen Angelegenheiten der „Städtischen Werke", d. h. der Canalisation, der Gaswerke und Wasserwerke, werden in den mit der Verwaltung der genannten Anlagen betrauten Deputationen und von den diesen zugetheilten technischen Directoren bearbeitet; die letztgenannten sind nicht Magistratsmitglieder und haben daher in den Sitzungen der Deputationen nur berathende Stimme.[1]

Die Erledigung fast aller übrigen der Stadtgemeinde obliegenden Bausachen ist der städtischen Baudeputation überwiesen, die aus zwei Abtheilungen besteht. Der ersten ist die Vorbereitung und Ausführung von Neu- und Umbauten im Gebiete des Hochbaues übertragen, während die zweite neben der Durchführung und Abänderung des Bebauungsplanes hauptsächlich für den Bau und die Unterhaltung der öffentlichen Strafsen und Plätze, sowie der Brücken und sonstigen Wasserbauten, der öffentlichen Brunnen, Bedürfnifsanstalten usw. zu sorgen hat; in ihrer Hand liegt ferner die Genehmigung zur Ausführung aller die öffentliche Strafse benutzenden Anlagen, wie Strafsenbahnen, Gas-, Wasser-, Telegraphen- und anderer Leitungen u. dergl. Zur Berathung allgemeiner Angelegenheiten der Bauverwaltung, sowie zur Beschlufsfassung über die von der II. Abtheilung aufgestellten Entwürfe von Baufluchtplänen treten beide Abtheilungen zusammen.

Jede der beiden Abtheilungen steht unter einem Stadtbaurath. Denselben ist zur Unterstützung in den Amtsgeschäften je ein Stadtbauinspector beigegeben, der gleichzeitig ständiger Vertreter des Stadtbaurathes und Vorstand des technischen Büreaus der betreffenden Baudeputations-Abtheilung ist. Für den Aufsendienst ist das Weichbild der Stadt in Bezug auf die Hochbauten in sieben, in Bezug auf die Ingenieurbauten in sechs Bauinspectionen getheilt, deren jede durch einen Stadtbauinspector verwaltet wird. Einer weiteren Stadtbauinspection sind die sämtlichen städtischen Markthallen, der städtische Vieh- und Schlachthof und der bevorstehende Neubau eines Krankenhauses an der Seestrafse unterstellt. In ähnlicher Weise hat die grofse Anzahl der gegenwärtig im Bau begriffenen Brücken bei der Abtheilung II der Baudeputation zur Bildung einer besonderen Brückenbauinspection Veranlassung gegeben.

Einen eigenen Zweig der städtischen Bauverwaltung bildet das städtische Vermessungsamt; dasselbe besteht wiederum aus zwei Abtheilungen, von denen die erste durch

---

[1] Eine Ausnahme hiervon tritt nur in der Deputation für die Verwaltung der Canalisationswerke ein, da zufälliger Weise der mit der Bauausführung der Canalisationsanlagen beauftragte Chefingenieur gegenwärtig gleichzeitig Stadtbaurath und daher Mitglied des Magistrats ist.

die Plankammer gebildet wird, während die zweite mit der Neuaufnahme der Stadt und deren Fortschreibung betraut ist. Das Vermessungsamt wird von einem Vermessungsdirector geleitet, der dem Stadtbaurathe für das Tiefbauwesen untergeordnet ist.

Der mit der Leitung des Hochbauwesens beauftragte Stadtbaurath ist gleichzeitig technisches Mitglied der Deputation für die städtische Feuersocietät. Dieser sind die Angelegenheiten betreffend die Versicherung der Gebäude auf sämtlichen Grundstücken des Stadtgebietes gegen Feuersgefahr zugewiesen, mit Ausnahme der dem Reiche, dem Staate und der Krone gehörigen Bauwerke, ferner die Feststellung der Brandentschädigungen und endlich die Erhebung der Feuerkassenbeiträge. Drei Amtsbezirke sind behufs Theilung der Arbeit über das Weichbild gelegt, denen je ein Stadtbauinspector vorsteht. Die Taxen der zu versichernden Gebäude und der entstandenen Brandschäden, sowie die Untersuchungen zur Sicherstellung der Gebäude vor Feuersgefahr werden durch 39 Rathsmaurer- bezw. Rathszimmermeister bewirkt.

Die Geschäfte der Deputation für die Verwaltung der Canalisationswerke umfassen das gesamte Gebiet der Verwaltung, des Betriebes und des Neubaues der Entwässerungsanlagen, sowie die Bewirthschaftung der städtischen Rieselgüter einschliefslich Ausübung der Polizei auf diesen. Die im Betriebe befindlichen Anlagen innerhalb der Stadt mit den Pumpstationen und den nach den Rieselgütern führenden Druckrohren sind einem Betriebsdirector unterstellt; die Entwürfe zu allen Neubauten und die Ausführung derselben liegt dem Chef-Ingenieur der Canalisation ob, der, gegenwärtig gleichzeitig als Stadtbaurath für das Tiefbauwesen, technischer Decernent der Deputation ist. Ihm zur Seite steht ein Stadtbauinspector als Vorstand des Central-Baubüreaus der Canalisation. Die Verwaltung der in fünf Gruppen gesonderten Rieselgüter ist je einem landwirthschaftlich gebildeten Administrator übertragen.

Bei der Deputation der städtischen Gaswerke ist die technische Leitung in der Hand eines Betriebsdirectors vereinigt. Jeder der fünf bestehenden Gasanstalten steht ein Dirigent vor, deren einem das gesamte Rohrleitungsnetz und die öffentliche wie Privatbeleuchtung unterstellt ist.

Die Deputation der städtischen Wasserwerke führt die Verwaltung durch ein Directorium, dem ein technischer Director vorgesetzt ist. Unter seiner Oberleitung besteht ein Betriebsbüreau, ein technisches Büreau, ein Bauamt und eine Werkstatt mit den entsprechenden technischen Vorständen. Die sieben zur Zeit vorhandenen Wasserhebewerke werden durch je einen Betriebs-Ingenieur bezw. Maschinenmeister geleitet.

Die Baudeputation, die örtliche Strafsenbau-Polizeiverwaltung Abtheilung II und die Deputation für die städtische Feuersocietät haben ihre Amtsräume im Rathhaus, die Deputationen der städtischen Werke in dem städtischen Gebäude Klosterstrafse Nr. 68, und die örtliche Strafsenbau-Polizeiverwaltung Abtheilung II in der Breitenstrafse Nr. 10.

E. Die Bauverwaltung des Brandenburgischen Provinzialverbandes.

Der Bauverwaltung des Brandenburgischen Provinzialverbandes, welcher in Berlin seinen Sitz hat und dessen Geschäftsgebäude Matthäi-Kirchstrafse Nr. 20/21 belegen ist, untersteht die Verwaltung der ehemaligen in der Provinz Brandenburg belegenen Staats-Chausseen, welche durch das Dotationsgesetz vom Jahre 1875 in das Eigenthum des Provinzialverbandes übergegangen sind — in einer Gesamtlänge von rund 1425 km —, die Prüfung der Entwürfe für den Bau neuer Chausseen, welche von dem Provinzialverbande oder engeren Verbänden unter Gewährung von Beihülfen bezw. von Prämien aus den Fonds desselben ausgeführt werden, sowie die Beaufsichtigung und Abnahme dieser Chausseen.

Nachdem vom Jahre 1878 ab auch die bis dahin den Communalverbänden der Kurmark, der Neumark und der Niederlausitz obliegende Sorge für die Geisteskranken, sowie für Unterbringung der Corrigenden und der Landarmen auf den Brandenburgischen Provinzialverband übergegangen ist und demselben weiter durch die Gesetzgebung die Verpflichtung zur Erziehung verwahrloster Kinder, zur Unterbringung und Pflege und Heilung bezw. Ausbildung von Idioten, epileptischer Kranken, von Taubstummen und Blinden auferlegt wurde, trat dem Geschäftskreise der Provinzial-Bauverwaltung auch die Beschaffung und Unterhaltung der für diese Zwecke erforderlichen Gebäude hinzu.

Die obere Leitung der baulichen Verwaltung ist einem Landesbaurathe übertragen, welchem ein Landesbauinspector zugeordnet ist. Die Stellung des letzteren und seine Functionen sind in ähnlicher Weise geregelt, wie die der zu Mitgliedern der Königlichen Staatsregierung berufenen Land- und Wasserbau-Inspectoren.

Für die örtliche Verwaltung der verschiedenen Zweige des Bauwesens in der Provinz sind sieben Landesbauinspectoren angestellt, welchen in einzelnen Bezirken auf Grund eines Abkommens mit den betreffenden Kreisverbänden auch die technische Verwaltung der in letzteren befindlichen Kreis-Chausseen mit übertragen worden ist.

Der zur Provinzialverwaltung gehörigen Städte-Feuersocietät, welche die Versicherung von Gebäuden und seit dem Jahre 1891 auch von Mobilien in Städten der Provinz gegen Feuerschaden übernimmt, ist für die Revision der Versicherungstaxen und für die Regulirung von Feuerschäden der Immobilien ebenfalls ein besonderer Landesbauinspector zugeordnet.

Soweit die Kreisverbände sich hinsichtlich der technischen Verwaltung ihrer Strafsen an den Provinzialverband nicht angeschlossen haben, erfolgt dieselbe zum gröfseren Theile durch eigene von ihnen angestellte Kreis-Baubeamte, zum kleineren Theile durch Baubeamte im Nebenamte, von welchen auch die Bearbeitung der Pläne und Kostenanschläge für den Neubau der Chausseen bewirkt wird.

Von den Kreisen Teltow und Niederbarnim, deren Verwaltungen in Berlin ihren Sitz haben, sind von dem ersteren zwei, von dem letzteren, dessen bauliche Geschäfte bis dahin von dem im Kreise Niederbarnim angestellten Landesbauinspector verwaltet wurden, seit dem 1. April 1895 ein Kreis-Baubeamter angestellt worden.

Von den Nachbargemeinden Berlins besitzen Charlottenburg, Schöneberg, Rixdorf eigene Bauverwaltungen.

II. Technischer Unterricht und technisch-wissenschaftliche Anstalten.

Für die Ausbildung im Baufach und anderen technischen Fächern besitzt Berlin eine Reihe von höheren und niederen Unterrichtsanstalten, welche theils vom Staate, theils von der Gemeinde eingerichtet sind und verwaltet werden. Hieran schliefst sich eine Reihe von technisch-wissenschaftlichen Anstalten, welche hier gleichfalls mit aufgeführt sind. Es sind zu nennen:

1. Die Technische Hochschule in Charlottenburg, hervorgegangen aus der im Jahre 1879 erfolgten Vereinigung der 1799 gegründeten Bau-Akademie und der seit 1821 bestehenden Gewerbe-Akademie. Am 1. April 1879 wurden die beiden bis dahin zum Ressort des Handelsministeriums gehörenden Anstalten als technische Hochschule dem Minister der geistlichen, Unterrichts- und Medicinal-Angelegenheiten unmittelbar unterstellt.

Die Organisation der Technischen Hochschule ist durch das am 28. Juli 1882 erlassene Verfassungsstatut geregelt. Sie hat den Zweck, für den technischen Beruf im Staats- und Gemeindedienste wie im industriellen Leben die höhere Ausbildung zu gewähren, sowie die Wissenschaften und Künste zu pflegen, welche zu dem technischen Unterrichtsgebiete gehören.

An der Technischen Hochschule bestehen sechs Fachabtheilungen: 1. Für Architektur; 2. für Bauingenieurwesen; 3. für Maschineningenieurwesen; 4. für Schiff- und Schiffsmaschinenbau; 5. für Chemie und Hüttenkunde; 6. für allgemeine Wissenschaften (Naturwissenschaften und Mathematik).

Es wirken an der Technischen Hochschule etatsmäfsig angestellte Professoren, welche vom Könige ernannt werden, Docenten und Privatdocenten. Der Unterricht ist nach Jahreskursen geordnet; den Studirenden steht die Wahl der anzunehmenden Vorträge und Uebungen frei. Die Organe für die Leitung und Verwaltung der Technischen Hochschule sind der Rector, der Senat und die Abtheilungs-Collegien.

Der Rector wird vom Könige berufen, seine Amtsdauer ist ein Jahr. Der Gesamtheit der Abtheilungs-Collegien steht das Vorschlagsrecht zu. Den Senat bilden der Rector, der Vorgänger desselben als Prorector, die Abtheilungsvorsteher, die alljährlich von jedem Abtheilungs-Collegium gewählt werden, und die Senatoren, von denen gleichfalls jedes Abtheilungs-Collegium einen auf die Dauer von zwei Jahren aus seiner Mitte wählt.

Die Zulassung von Privatdocenten ist durch die Habilitationsordnung vom 24. April 1884 geregelt und erfolgt durch die Abtheilungs-Collegien nach Probevortrag und Colloquium.

II. Technischer Unterricht und technisch-wissenschaftliche Anstalten.

Der Lehrkörper besteht gegenwärtig aus 71 Professoren und Docenten und 58 Privatdocenten.

Im Winterhalbjahr 1894/95 hatte die Hochschule 2632 Hörer; darunter sind 1903 Studirende und 729 Hospitanten. Das Ausland ist hierbei mit 218 Studirenden und 30 Hospitanten vertreten.

Eine gröfsere Anzahl von Stipendien sowie besondere Bestimmungen über den Erlafs des Unterrichtshonorars erleichtern unbemittelten Studirenden den Besuch der Technischen Hochschule.

Zur Verleihung an Reisestipendien und zur Prämiirung alljährlicher Preisaufgaben stehen verschiedene staatliche und private Fonds zur Verfügung, von denen hier nur die Louis-Boissonet-Stiftung genannt wird, welche alljährlich 3000 ℳ für die mit einer Studienreise verbundene Bearbeitung einer fachwissenschaftlichen Aufgabe gewährt.

Zur Technischen Hochschule gehören folgende Sammlungen und Institute:

A. Sammlungen:

1. Die Bibliothek, umfassend r. 25000 Werke in r. 62000 Bänden; 2. Beuth-Schinkel-Museum; 3. Sammlung von Gipsabgüssen; 4. Callenbach-Sammlung; 5. Architektur-Museum; 6. Baumaterialien-Sammlung; 7. Baumodell-Sammlung; 8. Sammlung für geodätische Instrumente; 9. Sammlung für Strafsenbau und Strafsenbahnen; 10. Sammlung für Wasserbau; 11. Sammlung für Eisenconstructionen der Ingenieur-Hochbauten; 12. Sammlung für Eisenbahnbau; 13. Sammlung für eiserne Brücken; 14. Kinematische Sammlung; 15. Sammlung für Eisenbahnmaschinenbau und Eisenbahnbetrieb; 16. Sammlung für mechanische Technologie; 17. Sammlung für Ingenieur- und Maschinenwesen; 18. Schiffbau-Sammlung; 19. Photochemische Sammlung; 20. Mineralogisches Museum; 21. Physikalisches Cabinet.

Die unter Nr. Nr. 1 bis 7, 9, 11, 16, 17 und 19 bis 21 aufgeführten Sammlungen sind auch dem Publikum zugänglich.

B. Das chemische Laboratorium, in einem besonderen Gebäude neben der Technischen Hochschule, besteht aus folgenden Abtheilungen:

1. für anorganische Chemie; 2. für organische Chemie; 3. für technische Chemie; 4. für Metallurgie; 5. für Photochemie,

in denen den Studirenden Gelegenheit zur Ausbildung in Laboratoriums-Arbeiten und zur Ausführung selbständiger Untersuchungen geboten wird.

C. Die mechanische Werkstatt. Sie besteht aus den beiden Abtheilungen für Metall- und für Holzarbeiten und ist bestimmt für die Instandhaltung und Herstellung von Modellen und Apparaten der Lehrmittelsammlung, für die laufenden Arbeiten der mechanisch-technischen Versuchsanstalt und zur Uebung der Studirenden in mechanischen Fertigkeiten.

2. Die Königliche Akademie der Künste, Unter den Linden 38, umfafst infolge des durch Allerhöchste Ordre vom 19. Juni 1882 genehmigten Statuts den Senat, die Genossenschaft der Mitglieder und eine Reihe von Unterrichtsanstalten, die in zwei Sectionen, „A. für die bildenden Künste", „B. für die Musik" getheilt sind. Die Unterrichtsanstalten besitzen ihre eigene Verwaltung. Zur Section A gehören: 1. Die akademische Hochschule für die bildenden Künste, welche die allseitige Ausbildung in den bildenden Künsten und ihren Hülfswissenschaften, wie ihrer der Maler, Bildhauer, Architekt, Kupferstecher, Holzschneider usw. gleichmäfsig bedarf, und die specielle Vorbildung für die selbständige Ausübung der einzelnen Zweige der bildenden Kunst bezweckt. 2. Die akademischen Meisterateliers, und zwar drei für Malerei, eins für Bildhauerei, zwei für Architektur, eins für Kupferstich. Sie haben die Bestimmung, den Schülern Gelegenheit zur Ausbildung in selbständiger künstlerischer Thätigkeit unter unmittelbarer Aufsicht und Leitung eines Meisters zu geben. Jedes Atelier steht unter Leitung eines ausübenden Künstlers, der vom Minister angestellt und diesem allein verantwortlich ist. Die beiden Meisterateliers für Architektur stehen zur Zeit unter dem Geh. Reg.-Rath Professor Ende und dem Geh. Reg.-Rath Prof. Otzen.

An der Spitze der Akademie steht der alljährlich aus der Zahl der Senatsmitglieder gewählte Präsident, ihr Curator ist der Minister der geistlichen, Unterrichts- und Medicinal-Angelegenheiten, ihr Protector Seine Majestät der Kaiser und König.

3. **Die Geologische Landesanstalt und die Berg-Akademie** (Invalidenstraße 44) stehen unter Verwaltung des Ministeriums für Handel und Gewerbe.

Erstere hat den Zweck, die geologische Untersuchung des preußischen Staatsgebiets auszuführen und die Ergebnisse derselben so zu bearbeiten, daß sie ebenso für die Wissenschaft wie für die wirthschaftlichen Interessen des Landes allgemein nutzbringend und zugänglich werden.

Die Anstalt steht unter zwei Directoren. Die Arbeiten werden von angestellten Landesgeologen und Mitarbeitern ausgeführt.

Mit der Geologischen Landesanstalt verbunden und von einem der Directoren derselben geleitet ist die Berg-Akademie.

Der auf einen dreijährigen Lehrgang berechnete Unterricht wird von neun Lehrern in der Form von Vorlesungen ertheilt. An dieselben schließen sich Arbeiten und praktische Uebungen in den Zeichensälen, Laboratorien und Sammlungen an.

Zum Besuche der Anstalt sind berechtigt:
1. diejenigen Baubeflissenen, welche sich für den Staatsdienst im Bergfache ausbilden;
2. die immatrikulirten Studirenden der deutschen Universitäten, der technischen Hochschulen in Berlin, Aachen und Hannover und der Berg-Akademie in Clausthal.

Unter Verwaltung der Berg-Akademie stehen die Bibliothek, das Museum für Bergbau und Hüttenwesen und das Mineralien-Cabinet.

Außer den vorgenannten Anstalten giebt auch die Königliche Landwirthschaftliche Hochschule bautechnischen Unterricht in Gestalt von Vorlesungen über Culturtechnik, Wasser-, Brücken- und Wegebau, sowie landwirthschaftliche Baulehre nebst Uebungen im Entwerfen auf den genannten Gebieten.

4. **Die Physikalisch-Technische Reichsanstalt in Charlottenburg.** Sie verdankt ihre Begründung den Bestrebungen und Vorschlägen, welche von hervorragenden Gelehrten und Physikern „zur Hebung der wissenschaftlichen Mechanik und Instrumentenkunde" bei der Regierung in den siebziger Jahren angeregt wurden. Obwohl von der Regierung namentlich im Hinblicke auf die Thatsache, daß fast alle Staatsanstalten wegen des Rückganges der Feinmechanik in Deutschland damals ihren Bedarf an geodätischen und anderen Präcisionsinstrumenten vom Auslande beziehen mußten, eifrig gefördert, bekam der Plan zur Errichtung einer besonderen Anstalt doch erst greifbarere Gestalt, nachdem Werner von Siemens der Staatsbehörde im Jahre 1886 in hochherzigster Weise ein Grundstück von 12000 qm Fläche in der Marchstraße zu Charlottenburg für das Institut schenkungsweise überlassen hatte.

Die Reichsanstalt ist dazu bestimmt, durch wissenschaftliche und technisch-physikalische Untersuchungen die Präcisionsmechanik und Technik zu fördern. Von den beiden, auch baulich getrennten Abtheilungen, fällt der ersten („physikalischen") die Ausführung rein wissenschaftlicher Untersuchungen und Messungen zu, welche die Lösung von Problemen größerer Tragweite und Wichtigkeit in theoretischer oder technischer Richtung bezwecken, und einen größeren Aufwand an instrumentaler Ausrüstung, Materialverbrauch und Arbeitszeit der Beobachter und Rechner erfordern, als der Regel nach von Privatleuten oder Unterrichtsanstalten aufgeboten werden kann. Die Aufgabe der zweiten („technischen") Abtheilung ist: die Durchführung physikalisch-technischer Arbeiten, die Anstellung von Versuchen über die zweckmäßigste Construction physikalischer und technischer Meßapparate, und über zweckmäßigste Meßmethoden, die Prüfung, Fehlerbestimmung und eventuelle Beglaubigung von Instrumenten und Apparaten, soweit solche nicht in das Arbeitsgebiet der Kaiserlichen Normal-Eichungs-Commission fallen. Im besondern sind zu erwähnen: Umdrehungszähler, Tachymeter, Schrauben, Stimmgabeln, Bestimmung von verschiedenen Ausdehnungs-Coefficienten, Manometer, Barometer, Thermometer — auch solche für sehr

II. Technischer Unterricht und technisch-wissenschaftliche Anstalten. 17

hohe bezw. sehr niedrige Temperaturen — sowie alle elektrischen Mefsapparate, ihre Materialien, aufserdem Photometer, Lichtstärkenbestimmungen elektrischer und anderer Lampen, Polarisationsapparate usw.

An der Spitze der Reichsanstalt, welche dem Reichsamt des Innern unterstellt ist, steht der Präsident derselben, er ist zugleich Director der I. Abtheilung. Der II. Abtheilung steht ein eigener Director vor. Das übrige Personal setzt sich zusammen aus einer Zahl von etatsmäfsigen wissenschaftlichen Mitgliedern — zum Theil Professoren —, Assistenten, wissenschaftlichen Hülfsarbeitern, Mechanikern, Handwerkern, sowie Büreau- und Unterbeamten. Aufser diesen werden jedoch auch anderen wissenschaftlich gebildeten, aber aufserhalb der Reichsanstalt Stehenden als Gästen oder freiwilligen Hülfsarbeitern Instrumente und Arbeitsräume unentgeltlich bezw. auf Staatskosten zu eigenen Untersuchungen zur Verfügung gestellt.

Den Arbeitsplan der Reichsanstalt, welcher von dem Präsidenten vorbereitet wird, bestimmt das alljährlich zur Berathung zusammentretende Curatorium von (augenblicklich) 22 Mitgliedern. Es führt auch die sachverständige Aufsicht über die gesamte wissenschaftliche und technische Thätigkeit der Reichsanstalt. Die Mitglieder verwalten ihre Geschäfte als Ehrenamt ohne Entgelt, beziehen jedoch, wenn sie von auswärts zu den Sitzungen zureisen, Tagegelder und Reisekosten.

5. Die Königlichen technischen Versuchsanstalten. Mit der Technischen Hochschule in Charlottenburg verbunden ist die Königliche Mechanisch-Technische Versuchsanstalt. Seit dem 1. April 1895 ist die ehemalige Prüfungsstation für Baumaterialien als Abtheilung an die Mechanisch-Technische Versuchsanstalt angeschlossen. Dieselbe besteht demnach aus vier Abtheilungen:

1. für Metallprüfung; 2. für Baumaterialprüfung; 3. für Papierprüfung; 4. für Oelprüfung,

die je einen Abtheilungsvorsteher haben, während die ganze Anstalt von einem Director geleitet wird. Sie ist mit den zur Prüfung der Gegenstände aus den benannten Gebieten erforderlichen Maschinen und Apparaten wohl versorgt. Ihre Aufgabe ist es, Versuche im allgemeinen wissenschaftlichen und öffentlichen Interesse anzustellen und auf Grund von Aufträgen von Behörden und Privaten die Festigkeit und andere Eigenschaften der ihrem Arbeitsgebiet zugehörigen Stoffe zu prüfen. Die Versuchsanstalt entscheidet in streitigen Fällen über die Güte der an staatliche Behörden gelieferten Metalle und Cemente, sowie über Constructionstheile aus denselben. Die Königliche Chemisch-Technische Versuchsanstalt (Invalidenstrafse 44) ist mit der Berg-Akademie verbunden. Ihre Aufgabe ist es, Versuche im allgemeinen wissenschaftlichen und öffentlichen Interesse anzustellen und auf Grund von Aufträgen von Behörden und Privaten chemische Prüfungen auszuführen.

Um für den Zusammenhang beider, gleiche Zwecke verfolgenden Versuchsanstalten Sorge zu tragen, die Versuchsarbeiten einer jeden zu überwachen und die eingehenden Aufträge der Staatsbehörden zu übermitteln, ist eine Aufsichtscommission, bestehend aus einem Vorsitzenden und vier Mitgliedern, eingesetzt, in deren Auftrage die „Mittheilungen aus den Königlichen technischen Versuchsanstalten" regelmäfsig veröffentlicht werden. Die Hefte II und IV des Jahres 1895 dieser Mittheilungen enthalten die Vorschriften für die Benutzung der Versuchsanstalten und für die einzusendenden Probestücke, die Nachweisung der vorhandenen Maschinen und den Gebührentarif.

6. Das Königlich Preufsische Meteorologische Institut[1]) besteht aus dem Central-Institut in Berlin am Schinkelplatz 6 und dem Meteorologisch-Magnetischen Observatorium in Potsdam. Das Institut wurde im Jahre 1847 auf Veranlassung Humboldts gegründet. Seine Aufgabe ist die Einrichtung von meteorologischen Stationen, die Auswahl der dafür geeigneten Punkte, ihre Versorgung mit zweckentsprechenden Instrumenten und Anleitung zu gleichmäfsiger Thätigkeit, behufs Beobachtung des Luftdrucks, der Temperatur, der Feuchtigkeit, der Bewölkung, des Windes nach Richtung und Stärke, der Niederschläge usw.

---

1) S. Bericht über die Thätigkeit des Königlich Preufsischen Meteorologischen Instituts im Jahre 1894 von Director Wilhelm v. Bezold.

Dem Central-Institut liegt es ferner ob, auf Grund der gesamten telegraphisch eingehenden Nachrichten Wetterkarten, Berichte und Prognosen aufzustellen und möglichst schleunig zu veröffentlichen.

Nach der im Jahre 1885/86 erfolgten Reorganisation wurde das Institut dem Ministerium der geistlichen, Unterrichts- und Medicinal-Angelegenheiten überwiesen. Es besteht zur Zeit aus einem Director, drei Oberbeamten, neun wissenschaftlichen Assistenten und dem erforderlichen Büreaupersonal und ist in drei Abtheilungen gegliedert: Abtheilung I: Allgemeines und Klimatologie; Abtheilung II: Niederschläge, Bibliothek; Abtheilung III: Gewitter und aufsergewöhnliche atmosphärische Ereignisse. Instrumente.

Das Observatorium in Potsdam besteht aus zwei Abtheilungen: 1. die meteorologische, 2. die magnetische, von denen jede einen Vorsteher, zwei wissenschaftliche Assistenten und die erforderlichen Unterbeamten besitzt.

Das Stationsnetz des Meteorologischen Instituts besteht aus Stationen erster bis vierter Ordnung. In Norddeutschland waren im Jahre 1895 117 Stationen zweiter, 58 Stationen dritter und 12 Stationen vierter Ordnung, aufserdem 1798 Regen- und 1383 Gewitterstationen, von denen viele gleichzeitig Regen- und Gewitterstationen sind, vom Institut abhängig. Eine amtliche Station erster Ordnung besteht nur in Potsdam, jedoch stehen die privaten Stationen in Dresden, Erfurt, Bremen, Magdeburg usw. mit dem Institut in regem Nachrichtenaustausch.

Die Stationen in Sachsen, Bayern, Württemberg, Baden unterstehen besonderen Central-Instituten.

Neuerdings wird in dem Central-Institut durch Vorlesungen, Demonstrationen und Uebungen Unterricht im Gebrauch von Instrumenten, insbesondere den für Forschungsreisende wichtigen, im Entwerfen von Wetterkarten und Prognosen, sowie im Prüfen von Beobachtungstabellen ertheilt.

7. Das Geodätische Institut und Central-Büreau der Internationalen Erdmessung, Genthiner Strafse 34, hat zur Aufgabe die Pflege der Geodäsie durch wissenschaftliche Untersuchungen und die Ausführung derjenigen astronomischen und physikalischen Bestimmungen, welche in Verbindung mit geodätischen Bestimmungen zur Erforschung der Gestalt der Erde, vorzugsweise innerhalb des Landgebiets dienen. Aufserdem ist dasselbe als Central-Büreau der Internationalen Erdmessung das ausführende Organ der „Permanenten Commission der Internationalen Erdmessung", während der Permanenten Commission selbst die wissenschaftliche Leitung der Erdmessung obliegt. Dem Geodätischen Institut, welches unter unmittelbarer Aufsicht des Ministers der geistlichen, Unterrichts- und Medicinal-Angelegenheiten steht, gehören an ein Director, drei ständige Mitarbeiter und acht Hülfsarbeiter, von denen vier ständige sind.

8. Das Central-Directorium der Vermessungen im Preufsischen Staate, dessen Statut unterm 21. Juni 1870 bestätigt wurde, hat die folgenden Befugnisse und Obliegenheiten:

1. die Kenntnifsnahme von allen Projecten und Arbeitsplänen, welche für Vermessungen und Kartirungen, die auf Staatskosten auszuführen sind, aufgestellt werden;
2. die Kenntnifsnahme und Einsicht aller aus Staatsmitteln bewirkten Vermessungen und Kartirungen;
3. die Feststellung der bei den Vermessungs- und Kartenarbeiten des Staates zu Grunde zu legenden Methoden und Anforderungen;
4. die obere Leitung der im allgemeinen Staatsinteresse zu betreibenden Vermessungen und Kartenarbeiten;
5. die Verpflichtung zur Registrirung aller dieser Arbeiten zum Zweck der Auskunftsertheilung.

Das Central-Directorium besteht aus dem Chef des Generalstabes, als Vorsitzenden, und aus Commissaren sämtlicher Ministerien, als Mitgliedern, unter denen sich jedenfalls die Vertreter derjenigen Abtheilungen befinden müssen, welche Vermessungsarbeiten auszuführen haben; das Directorium ist dem Staatsministerium unterstellt. Seine Mitglieder erhalten für diese Thätigkeit keine besondere Vergütung. Das Büreau wird von dem Vorsitzenden geleitet. Die Thätigkeit des Central-Directoriums führt u. a. zur Schaffung der Königlichen Landesaufnahme.

9. Die Königliche Landesaufnahme, deren Organisation seit dem 1. Januar 1875 zur vollen Durchführung gelangte, ist dem Chef des Generalstabes, aus dessen früherer topographischer Abtheilung sie hervorgegangen ist, unterstellt.

Ihre Thätigkeit erstreckt sich nach den vom Central-Directorium aufgestellten Grundzügen auf die Triangulation des gesamten Staatsgebietes, auf die topographische Aufnahme desselben im Mafsstabe 1:25000 mit äquidistanten Niveaukurven, auf die Veröffentlichung der Aufnahmen, die regelmäfsige Vervollständigung älterer Aufnahmen und auf die für rein militärische Zwecke und den Dienst des Generalstabes erforderlichen Arbeiten. Die Landesaufnahme steht unter einem eigenen Chef und gliedert sich in 1. die trigonometrische Abtheilung, 2. die topographische Abtheilung, 3. die kartographische Abtheilung, 4. die Plankammer. 1894 hatte die Landesaufnahme 59 Offiziere, 218 technische Beamte und 20 Registraturbeamte.

10. Die Mefsbild-Anstalt für Aufnahmen im Interesse der Denkmalpflege hat die Aufgabe, die hervorragendsten Baudenkmäler des preufsischen Staates photographisch aufzunehmen und so festzulegen, dafs ihre Aufzeichnung in Grundrissen, Ansichten und Schnitten nach dem Mefsbildverfahren jeder Zeit erfolgen kann. Bis zum October 1895 sind in etwa 4000 Mefsbildplatten (40:40 cm) 260 Bauwerke aufgenommen und 43 in Zeichnungen aufgetragen worden. Aufser einem Regierungs- und Baurath als Vorsteher sind sieben aufseretatsmäfsige Beamte als Photographen, Zeichner, Mechaniker und ein Baumeister als ständiger Assistent und Stellvertreter des Vorstehers angestellt. Die Anstalt befindet sich in der Bau-Akademie am Schinkelplatz.

11. Die ständige Commission für das technische Unterrichtswesen im Ministerium für Handel und Gewerbe besteht aus 25 auf drei Jahre gewählten Vertretern des Unterrichts, des Baufaches und der verschiedenen Gewerbe, und aus vier ständigen, seitens des Ministers für Handel und Gewerbe, des Ministers der öffentlichen Arbeiten und des Ministers der geistlichen usw. Angelegenheiten beauftragten Mitgliedern. Aufgabe der Commission ist es, die Verwaltung bei wichtigen Fragen, die auf dem Gebiete des gewerblichen und technischen Schulwesens zu lösen sind, mit ihrem sachverständigen Rath zu unterstützen.

12. Die Königliche Kunstschule, Klosterstrafse 75, ist aus der Verschmelzung der ursprünglich mit der Königlichen Akademie der Künste verbundenen Kunst- und Gewerkschule mit der Allgemeinen Zeichenschule hervorgegangen und wurde 1869 von M. Gropius, der ihr bis 1880 als Director vorstand, neu organisirt. Sie dient als Vorschule für die Unterrichtsanstalt des Kunstgewerbe-Museums zur Unterweisung von Kunsthandwerkern, ferner zur Vorbereitung von Schülern für die Kunst-Akademien und zur Ausbildung von Zeichenlehrern und Lehrerinnen. Der Unterricht, der sich im wesentlichen auf Zeichnen von Ornamenten, Architekturtheilen, Köpfen, Figuren nach Gypsabgüssen und lebenden Modellen, Zeichnen und Malen von Blumen, Modelliren, Projectionslehre, Anatomie, Kunstgeschichte und Methodik des Zeichenunterrichts erstreckt, wird in zwei Abtheilungen, der Tages- und der Abendschule, ertheilt. Die erstere hat zweijährigen Lehrkursus, die letztere mindestens einjährigen.

Die Schule steht unter Verwaltung des Ministeriums der geistlichen, Unterrichts- und Medicinal-Angelegenheiten und wird zur Zeit von dem Director der Unterrichtsanstalt des Kunstgewerbe-Museums geleitet.

13. Die Unterrichts-Anstalt des Kunstgewerbe-Museums ist, wie dieses selbst, aus dem im Jahre 1866 von privater Seite begründeten „Deutschen Gewerbe-Museum" hervorgegangen. Im Jahre 1868 wurde die Anstalt in dem ehemaligen Gropiusschen Diorama, Stallstrafse 7, eröffnet, 1873 nach den Hintergebäuden des Grundstücks Leipziger Strafse 4 und 1881 nach dem Kunstgewerbe-Museum in der Prinz-Albrecht-Strafse verlegt, wo sie 1885 Staats-Institut wurde.

Sie ist dazu bestimmt, die verschiedenartigen Kräfte auszubilden, die im Kunsthandwerk, in der Kunstindustrie oder in der dekorativen Kunst ihren Wirkungskreis suchen. Es bestehen als von einander unabhängige Abtheilungen die Taesgschule und die Abendschule. Zur ersteren gehören die Fachklassen, die den Charakter von Ateliers oder Lehrwerkstätten tragen. Sie scheiden sich nach den drei Hauptgruppen der Architektur, der Plastik und der Malerei. Ihre Zahl und besondere Thätigkeit wechselt nach Bedarf. Gegenwärtig bestehen Klassen für architektonisches Zeichnen, Modelliren, Ciseliren, dekorative Malerei, Holzschnitzerei, Schmelzmalerei, Figurenzeichnen und Malen, Musterzeichnen, Kupferstich und Radirung und Kunst-Stickerei.

Für die Zulassung wird einige künstlerische Vorbildung verlangt und in der Regel die Kenntnifs eines Handwerks erwartet. Der Aufnahme geht für die Tagesschule eine Prüfung voran, während für die Abendschule einzelne Probearbeiten genügen. Der Unterricht in der Abendschule beschränkt sich auf die allgemeinen und theoretischen Lehrzweige, welche allen kunstgewerblichen Beschäftigungen Förderung gewähren, und dient neben der Ausbildung der Abendschüler auch der Vervollkommnung der Vorbildung der Fachschüler.

Die Unterrichtsanstalt nimmt die Nordfront des Hauptgeschosses sowie das gesamte Obergeschofs des Kunstgewerbe-Museums ein, einzelne Abtheilungen sind miethweise in dem Hause Wilhelmstrafse 89 untergebracht. Die Leitung der Anstalt steht unter einem besonderen Director, die Verwaltung liegt in der Hand des Ministers der geistlichen, Unterrichts- und Medicinal-Angelegenheiten.

14. **Die Handwerker-, Gewerbe- und Fachschulen.** Auf dem Gebiete des niederen technischen Unterrichts für Techniker, Handwerker und Gewerbetreibende besitzt Berlin zwei Handwerkerschulen, die Baugewerkschule, die städtische Webeschule, den Gewerbesaal und 20 Fachschulen für verschiedene Handwerke. Diese Anstalten stehen fast sämtlich in städtischer Verwaltung unter Aufsicht von Curatorien, welche aus Commissarien der königlichen Regierung und Mitgliedern der Gewerbedeputation, des Magistrats und der betheiligten Innungen zusammengesetzt sind. Die Kosten werden zum gröfseren Theil von der Stadtgemeinde, im übrigen vom Staate getragen, zu der Unterhaltung der Fachschulen leisten auch die betreffenden Innungen angemessene Zuschüsse.

Die 1. Handwerkerschule, die im Jahre 1880 begründet wurde, hat die Aufgabe, Lehrlingen und Gehülfen des Gewerbestandes vorzugsweise in ihren Freistunden die ihrem jedesmaligen Berufe entsprechende zeichnerische, wissenschaftliche und kunstgewerbliche Ausbildung zu geben, welche zu der Praxis der Werkstatt als nothwendige Ergänzung hinzutreten mufs. Aufnahme findet jeder dem schulpflichtigen Alter Erwachsene, der das Lehrziel der Gemeindeschule erreicht hat.

Der Unterricht wird von 50 bis 70 Lehrern in 29 verschiedenen Gegenständen und 111—140 Cursen ertheilt, wobei Zeichnen und Modelliren für die verschiedenen Handwerke und Gewerbe, Rechnen, Mathematik, Physik, Chemie, Elektrotechnik im Vordergrunde stehen.

Die Schülerzahl ist seit dem Jahre 1880 von 447 auf 2146 gewachsen, unter denen 39 verschiedene Berufsarten vertreten sind. Die Unterrichtsräume befinden sich in den Räumen des eigenen Schulhauses Lindenstrafse 97 und in den Gebäuden Belle-Alliance-Platz 1 und 23. Aufserdem wurden noch Klassenzimmer verschiedener städtischer Gemeindeschulen mit benutzt.

Die seit dem October 1892 begründete 2. Handwerkerschule verfolgt mit Ausnahme der in ihrem Lehrplane fehlenden Physik, Chemie und Mechanik die gleichen Lehrziele, wie die ältere. Schon im Jahre 1892 wurde unter namhafter Betheiligung elektrotechnischer Firmen auch eine Tagesklasse für Monteure der Elektrotechnik eingerichtet. Seit dem Sommer 1894 besitzt die Schule auch eine Lehrwerkstatt für den Unterricht im Treiben von Metall. Die Zahl der Lehrer betrug im Jahre 1894/95 31, die der Schüler 903.

Die Baugewerkschule, die ursprünglich mit den Handwerkerschulen in Verbindung stand, hat sich allmählich von denselben losgelöst. Ihr Zweck ist die Ausbildung von Bauhandwerkern und Baugewerksmeistern in der Theorie, im Zeichnen und Projectiren. Im Schuljahr 1894/95 umfafste sie 16 Klassen in vier aufsteigenden Klassen mit 12 Parallelklassen und 380 Schülern.

Der Unterricht wurde in 20 Fächern von dem Director und 33 Lehrern ertheilt. Seit Anfang 1893 befindet sich die Anstalt in dem eigenen Schulhause Kurfürstenstrafse 141.

Die städtische Webeschule ist aus einer im Jahre 1875 von den vereinigten Stuhlarbeiter-Innungen und Interessenten der Textilindustrie begründeten Fachklasse hervorgegangen. Sie soll Lehrlinge und Gesellen in den verschiedenen Zweigen der Weberei, Wirkerei und der Posamentirarbeit unterrichten, Werkmeister und Musterzeichner ausbilden, sowie junge Leute, die sich der Fabrikation und dem Manufacturwaarenfach widmen, praktisch und theoretisch vorbereiten.

Der Unterricht wird in zwei Abtheilungen ertheilt, die eine für Lehrlinge und Gesellen, die in praktischer Arbeit stehen, die andere für solche Zöglinge, die lediglich ihrer Ausbildung obliegen. Das Winterhalbjahr 1894/95 zählte in der ersten Abtheilung 31, in der zweiten 209 Schüler. Seit Ostern 1890 befindet sich die Webeschule in dem von der Stadtgemeinde eigens dafür mit einem Kostenaufwande von 330 000 ℳ errichteten Gebäude Markusstrafse 49.

Der städtische Gewerbesaal besteht aus neun Abtheilungen, die in den verschiedenen, besonders industriellen Stadttheilen in Gemeindeschulen untergebracht, im Sonntags- und Abend-Unterricht Schlossern, Maschinenbauern, Mechanikern u. dergl. Gelegenheit zur Uebung im Zeichnen, Construiren und Entwerfen gewähren.

Der Unterricht wurde im Wintersemester 1894/95 von 1402 Schülern besucht und von 50 Lehrern ertheilt.

Auch die übrigen 20 Fachschulen, welche für die einzelnen Handwerke, und zwar: Maurer und Zimmerer, Tischler, Sattler, Weber, Schornsteinfeger, Barbiere und Friseure, Stell- und Rademacher, Glaser, Tapezierer, Schuhmacher, Schmiede, Korbmacher, Buchbinder, Gärtner, Buchdrucker, Schneider, Conditoren, Töpfer und Mäntelnäher, bestimmt sind, benutzen die Klassenräume der städtischen Schulgebäude für ihren Unterricht.

Im ganzen wurden die genannten, dem Unterricht der Handwerker und Gewerbetreibenden gewidmeten Anstalten im Wintersemester 1894/95 von 8710 Schülern besucht, 360 Lehrer waren an dem Unterricht betheiligt und die von der Stadt, dem Staate und den Innungen für diese Anstalten aufgewendeten baaren Zuschüsse betrugen im genannten Etatsjahre rund 375 000 ℳ.

Der Dönhoffplatz.

Abschnitt C.

Die Ingenieurbauten.

I. Die öffentlichen Strafsen und Plätze.

Bis in den Anfang des gegenwärtigen Jahrhunderts hinein wurde die Verwaltung Berlins durch Beamte, welche von dem Könige ernannt wurden, geführt, und die Kosten, welche zur Erhaltung und Verbesserung der Stadt und ihrer öffentlichen Anstalten erforderlich waren, wurden aus dem allgemeinen Staatssäckel gedeckt. Erst die Einführung der Städte-Ordnung im Jahre 1808 brachte eine Wandlung in der Behandlung der städtischen Angelegenheiten hervor. Aber es bedurfte einer langen Reihe von Jahren, bis die staatlichen wie städtischen Behörden sich an die neue Ordnung der Dinge gewöhnt hatten, und fast noch 70 Jahre sind verflossen, bevor die Verhandlungen zwischen Staatsregierung und den Gemeindebehörden Berlins so weit gediehen waren, dafs das volle Bestimmungsrecht über die Verwaltung der öffentlichen Strafsen und Plätze der Hand des Magistrats und seinem Ermessen anvertraut wurde.

Noch bis zum Jahre 1837 war die Anlage und Erhaltung der öffentlichen Strafsen Berlins alleinige Sache der Königlichen Staatsregierung. Erst durch Allerhöchste Cabinetsordre vom 31. December 1838 wurde bestimmt, dafs alle bis zum 1. Januar 1837 angelegten Strafsen in der Unterhaltung des Fiskus verbleiben sollten, während bei den nach diesem Zeitpunkt neu hergestellten oder künftig herzustellenden Strafsen Anlage und Unterhaltung des Strafsenpflasters von der Stadtgemeinde und auf deren Kosten zu bewirken sei. Wurde mit dieser Verordnung der Stadt eine Pflicht auferlegt, der sie sich nach

I. Die öffentlichen Strafsen und Plätze.

der Neuordnung der städtischen Angelegenheiten schwerlich hätte entziehen können, so wurde ihr damit jedoch keineswegs ein weitergehendes Bestimmungsrecht über das in ihr Eigenthum übergegangene Strafsenland eingeräumt. Denn noch lag neben der Genehmigung der Entwürfe auch die Entscheidung über neu anzulegende Strafsen, Verbreiterung vorhandener, kurz, die Aufstellung neuer Bebauungspläne in den Händen der staatlichen Polizeiverwaltung, wie denn auch der im Jahre 1858 begonnene und 1862 festgestellte Bebauungsplan für die theilweise erst 1861 in das Weichbild einverleibten Theile der Umgebungen Berlins von der Staatsregierung veranlafst und bearbeitet worden ist. Freilich wurden diese und Entwürfe ähnlicher Art auch der städtischen Verwaltung zur Kenntnifsnahme und Aeufserung vorgelegt und der Einwendung derselben gelegentlich Gehör geschenkt; aber auf ein Recht, in diesen Dingen gehört und mit ihren Einwürfen beachtet zu werden, vermochte die Stadt sich nicht zu stützen. Wollten unter solchen Umständen die Gemeindebehörden nicht „thaten", wo sie nicht zu „berathen" hatten, so war die Staatsregierung nicht gewillt, der Residenz Wohlthaten zu erzeigen, die sie nur auf Kosten der gesamten Steuerzahler der Monarchie zu erweisen vermochte, und so wird es denn begreiflich, wie bis in die Mitte des 7. Jahrzehntes hinein die Strafsen der preufsischen Hauptstadt mit ihrem holperigen Pflaster, tiefen, schmutzigen und übelriechenden Rinnsteinen weit über die Grenzen des Reiches hinaus in schlechtem Rufe standen.

Vornehmlich drei Dingen ist die seit dem Anfang der siebziger Jahre eingetretene Wandlung zum Besseren zu verdanken. Zunächst dem im Jahre 1873 gefafsten Beschlusse der Gemeindebehörden, eine allgemeine, systematische Canalisation nach dem Entwurfe des Bauraths Hobrecht einzuführen; war hiermit die Beseitigung der berüchtigten Rinnsteinanlagen besiegelt, so legte das Landesgesetz vom 2. Juli 1875, betreffend Anlegung und Veränderung von Strafsen und Plätzen in Städten und ländlichen Ortschaften, die Erwägung und Entschliefsung über die Nothwendigkeit und Zweckmäfsigkeit neuer Strafsenanlagen in die Hände derjenigen Behörde, der auch die Aufbringung der für solche Bauausführungen erforderlichen Mittel oblag, d. h. in die Hand der städtischen Behörden. Als wesentlichstes Moment ist aber der am 1. Januar 1876 erfolgte Uebergang sämtlicher bisher im Eigenthum des Fiskus noch verbliebenen öffentlichen Strafsen und Plätze in das Eigenthum und in die Unterhaltungspflicht der Stadt zu erachten, denn da mit diesem Vorgange gleichzeitig auch die seither vom Königlichen Polizeipräsidium ausgeübte Strafsenbaupolizei auf den Oberbürgermeister der Stadt übertragen wurde, so war letztere hiermit endlich in die Lage versetzt, selbständig und nach eigenem Ermessen über die dem Strafsenbauwesen der Hauptstadt dringend nöthigen Verbesserungen beschliefsen zu können.

Mit Ausnahme äufserst geringer Versuche, welche sowohl von der königlichen Bauverwaltung als auch von der städtischen vor dem Jahre 1876 zur Verbesserung der Berliner Strafsen unternommen wurden, ist alles dasjenige, was heute das Strafsenbauwesen der Hauptstadt des Deutschen Reiches etwa auszuzeichnen vermag, nach dem 1. Januar des Jahres 1876 entstanden, und es bedarf daher keiner weiteren Erklärung, wenn das, was die nachfolgenden Blätter über die öffentlichen Strafsen und Plätze bringen, sich lediglich auf den kaum 20jährigen Abschnitt bezieht, der seit jenem oben erwähnten denkwürdigen 1. Januar verflossen ist, und die weiter zurückliegende Vergangenheit aufser Betracht läfst.

Verbesserung und Ausbau des Strafsennetzes. Berlin macht fast allerorten mit seinen rechteckigen, fluchtrechten Bauvierteln, seinen breiten, geradlinigen, langgestreckten Strafsenzügen und seinen weiträumigen, regelmäfsig gestalteten Plätzen den Eindruck einer durchaus modernen Stadt. Und nicht nur in den nach den Festsetzungen des schon erwähnten Bebauungsplanes vom Jahre 1862 entstandenen Stadttheilen treten diese nicht immer gerade nachahmenswerthen Eigenthümlichkeiten neuerer Städteanlagen in auffallender Weise hervor, sondern auch, und vielleicht theilweise in noch höherem Grade, ist in denjenigen Vierteln, die sich etwa seit dem Beginn des 18. Jahrhunderts um die alten Schwesterstädte Alt-Berlin und Alt-Köln gelagert haben, und deren äufsere Grenze im wesentlichen durch die im Jahre 1802 vollendete, nach etwa 70jährigem Bestande wieder verschwundene Stadtmauer bezeichnet wird, den vorangedeuteten Grundsätzen bei Feststellung des Strafsennetzes gehuldigt worden.

Als geringste Breite für Strafsen ohne Vorgärten gilt in den seit dem Jahre 1862 der Bebauung erschlossenen Flächen ein Mafs von 19 m, das indessen bei allen durchgehenden Strafsenzügen, für welche ein lebhafterer Verkehr zu erwarten war, und selbst auch in einer grofsen Zahl von Strafsen geringerer Bedeutung erheblich überschritten worden ist. Strafsen von 22 m Breite wechseln mit solchen, deren Baufluchten 26, 30, 34 und 38 m von einander entfernt sind; und auch vor diesen Abmessungen hat man nicht Halt gemacht, sodafs, um nur einige Beispiele zu nennen, die äufsere Gürtelstrafse in einigen ihrer Abschnitte eine Breite von 68 m, die Alsen- und die Bärwaldstrafse eine solche von 77,20 m erreichen. Wesentlich anders stellen sich oder stellten sich, wenigstens bis in die Mitte des 7. Jahrzehntes unseres Jahrhunderts, diejenigen Stadttheile dar, die einst von dem Gürtel der durch König Friedrich Wilhelm I. beseitigten Festungswerke umschlossen waren, vornehmlich die ehemaligen, noch heute den Mittelpunkt der Reichshauptstadt bildenden Städte Alt-Berlin und Alt-Köln.

Vielfach gebrochene, in Krümmungen sich durch das Gewirr verschränkter Baustellen hindurchwindende Gassen mit abwechselnder Breite, unregelmäfsig gestaltete Plätze lassen erkennen, dafs kein bestimmter Plan, sondern nur das jeweilige Bedürfnifs bei der Anlage bestimmend gewesen ist, und die geringen Breitenabmessungen der Strafsenzüge, die nur an wenigen Stellen und nur auf kurze Strecken das Mafs von 22 m erreichen, im allgemeinen aber weit dahinter zurückbleiben, und sogar gegenwärtig noch, wenn auch nur an einzelnen Punkten, bis auf 6, ja bis auf 4 m eingeschränkt sind, zeigen die Beschränktheit der damaligen Verkehrsverhältnisse.

Dafs eine derartige, dem Mittelalter entstammende Städteanlage im Herzen der rasch aufblühenden Hauptstadt des preufsischen Staates bis in das dritte Viertel des 19. Jahrhunderts hinüber dauern konnte, ohne in Bezug auf Zuführung von Luft und Licht und Anlage durchgehender und genügend breiter Verkehrszüge den Ansprüchen der neueren Zeit sich anzupassen, mag Uneingeweihten seltsam genug erscheinen.

Ihre vornehmliche, wenn auch nicht einzige Erklärung findet diese Erscheinung in dem Umstande, dafs das Eigenthums- und Bestimmungsrecht auch an sämtlichen in der Altstadt belegenen Strafsen, Gassen und Plätzen, wie bereits erwähnt, erst am 1. Januar 1876 in die Hände der städtischen Verwaltung gelegt worden ist. Von diesem Zeitpunkte an sind die Gemeindebehörden bemüht gewesen, nachzuholen, was namentlich in Hinsicht auf die Umgestaltung der inneren Stadtviertel versäumt war, und wir finden seitdem den Zweig der städtischen Bauverwaltung, dem die öffentlichen Strafsen und Plätze, ihre Herstellung, Erhaltung und Fortentwicklung unterstellt sind, in erster Linie damit beschäftigt, durch Anlage neuer und Erweiterung vorhandener Strafsen in den Stadttheilen Alt-Berlin, Köln und Friedrichswerder diese mit den südlich, westlich und nördlich davon belegenen jüngeren Bestandtheilen der Residenz in bequeme und zweckmäfsige Verbindung zu setzen, gleichzeitig aber dabei auch aufzuräumen mit Bauvierteln, die in Bezug auf Bauweise und Ausnutzung des Raumes selbst den bescheidensten Ansprüchen der Gesundheitslehre spotten.

Der Ruhm, zuerst Bresche in das Wirrsal der eng und unregelmäfsig bebauten Grundstücke Alt-Berlins gelegt zu haben, gebührt dem in den Jahren 1878—1892 anfänglich durch die Stadt Berlin allein, dann durch Erwerbsgesellschaften mit städtischer Beihülfe zur Ausführung gelangten Unternehmen der Kaiser-Wilhelm-Strafse, die von der Strafse „Unter den Linden" und vom Lustgarten, ebenso wie von den nordöstlichen Theilen des Weichbildes her einen neuen Zugang nach dem Stadtinnern zu bilden bestimmt ist. Während über ihre nordöstliche Endigung die Verhandlungen noch nicht abgeschlossen sind, ist der Strafsenzug von der Hirtenstrafse bis zum Lustgarten fertig hergestellt und auf beiden Seiten mit neu entstandenen Wohnhäusern besetzt. In demselben Zeitabschnitte und durch die gleiche Gesellschaft, denen die Anlage der Kaiser-Wilhelm-Strafse zwischen Spree und Münzstrafse zu danken ist, erfolgte die Beseitigung der übel berüchtigten Königsmauer und des grofsen Jüdenhofes unter Verbreiterung der „Neuen Friedrichstrafse" zwischen König- und Klosterstrafse.

War durch die Kaiser-Wilhelm-Strafse eine neue von Südwest nach Nordost laufende Verbindung zwischen den durch die Festungs- und Residenzstadt der brandenburgischen Kurfürsten getrennten äufseren Stadttheile geschaffen worden, so gab der Bau der Stadtbahn Gelegenheit, wenn auch nur an der äufseren Peripherie des alten Berlins, mit ver-

I. Die öffentlichen Strafsen und Plätze.   25

rotteten Zuständen aufzuräumen und durch Zuschüttung des ehemaligen Festungsgrabens längs des Stadtbahnviaductes, und zwar nördlich desselben, eine Strafse anzulegen, die im wesentlichen von Südost nach Nordost laufend als eine, wenn auch nicht völlig gerade, so doch nahezu directe Verbindung der Jannowitzbrücke mit der Spandauer Brücke und so der Luisenstadt mit der Oranienburger Vorstadt und der Friedrich-Wilhelm-Stadt zu dienen im stande sein wird. Diese etwa 1300 m lange Strafse, mit deren Anlage im Jahre 1881 begonnen wurde und die verschiedener in ihrem Zuge befindlicher, zu öffentlichen Zwecken bestimmter Baulichkeiten wegen nur stückweise zur Ausführung gebracht werden konnte, ist gegenwärtig bis auf eine etwa 250 m lange, westlich der Schicklerstrafse belegene Strecke fertiggestellt.

Ein mindestens gleich bedeutungsvoller, wenn nicht werthvollerer Schritt auf dem von den städtischen Behörden eingeschlagenen Wege ist die in den Jahren 1888—1893 bewirkte Umgestaltung des Mühlendammes zwischen Molkenmarkt und Kölnischem Fischmarkt, einschliefslich der Fischerbrücke, ein Unternehmen, bei welchem gleichzeitig mit der Regulirung der Spree innerhalb des städtischen Weichbildes der uralte zwischen Berlin und Köln bestehende, den Strom durchsetzende, zu beiden Seiten mit Häusern begrenzte und durch Mühlengerinne durchbrochene Wegedamm von etwa 8,50 m Breite in eine luftige, auf Eisenconstructionen geführte Strafsenbrücke von 26 m Breite umgewandelt worden ist. Diese findet ihre Fortsetzung nach Süden in der bis auf 19 m verbreiterten Fischerbrücke, während der neue Strafsenzug in westlicher Richtung durch die im Jahre 1895 fast vollendete Verbreiterung der Gertraudtenstrafse bis zum Spittelmarkt und zur Leipziger Strafse weiter geführt worden ist.

Die Arbeiten am Mühlendamm waren kaum abgeschlossen, die Vorbereitungen zur Umwandlung der Gertraudtenstrafse in einen Verkehrsweg ersten Ranges kaum eingeleitet, als sich die Verwaltung der Hauptstadt vor eine nicht minder grofse, neue Aufgabe gestellt sah. Der Endzweck derselben zielte dahin, in Verbindung mit einem jetzt bereits beendeten Umbau der Kurfürstenbrücke durch Verbreiterung der Königstrafse auf ihrer Südseite zwischen Spandauer- und Burgstrafse und durch Beseitigung der auf dem Schlofsplatze zwischen der Breiten Strafse und der Spree befindlichen Häuser den Hauptzugang zu dem Stadttheil Alt-Berlin für Fufsgänger- und Wagenverkehr sowie für Strafsenbahnen bequemer zu gestalten.

Während auf diese Weise eine auch den weitgehendsten Anforderungen genügende Verbindung des Stadtinnern mit den westlich und südlich davon belegenen Theilen der Vollendung nahegeführt wurde, sind auch die Rücksichten auf eine zweckmäfsigere Einführung der von anderen Himmelsrichtungen dem gleichen Ziele zustrebenden Strafsenzüge nicht vernachlässigt worden.

Verhandlungen bezüglich Weiterführung der Kaiser-Wilhelm-Strafse in nordöstlicher Richtung bis zur Prenzlauer bezw. Schönhauser Allee sind, wie bereits angedeutet, im Gange; eine Verbreiterung der Rosenstrafse, welche in Fortsetzung der Spandauer Brücke und des Hackeschen Marktes die von Norden und Nordwesten her dort mündenden Verkehrswege aufnimmt und bei der gleichzeitig mit einer Verbreiterung der Neuen Friedrichstrafse zwischen jener und der Klosterstrafse ein Umbau des gesamten Häuserquartieres innerhalb der genannten Strafsen stattgefunden hat, ist bereits im vergangenen Jahre zur Ausführung gebracht worden, und für eine Weiterführung der Stralauer Strafse nach Osten zu in die Richtung der Blumenstrafse und des Grünen Weges hat nicht nur auf dem Wege des Gesetzes die Festsetzung der Fluchtlinien schon vor einer Reihe von Jahren stattgefunden, sondern es hat auch bereits eine Strecke des neuen Strafsenzuges zur Anlage gelangen können. Wir müssen es uns versagen, auf kleinere, demselben Zwecke dienende Unternehmungen ähnlicher Art, wie die bisher erwähnten, hier des Näheren einzugehen, wie beispielsweise auf die Verbreiterung der Roch- und Parochialstrafse, die Durchlegung der St. Wolfgang-Strafse und die Verlängerung der Burgstrafse bis zum Mühlendamm; aber wir dürfen es nicht unterlassen, zu bemerken, dafs die sehr erheblichen Kosten und Mühewaltungen, welche die städtischen Behörden in der Zeit von 1876 bis zur Gegenwart für die Verbesserung der Verkehrszüge in den Altstädten Berlin und Kölln aufgewendet haben, keineswegs mit einer Vernachlässigung der anderen Stadttheile gepaart gewesen sind. Vielmehr ist in demselben Zeitraum auch hier überall, wo das Bedürfnifs es

Berlin und seine Bauten. I.   4

erheischte, die bessernde Hand angelegt worden; Zeugen dieser Thätigkeit bilden, um nur die gröfseren Arbeiten auf gedachtem Gebiet zu erwähnen:

die Anlage des Reichstagsufers von der Kronprinzenbrücke bis zur Weidendammer Brücke in Verbindung mit einer Verbreiterung der Georgen- und Neustädtischen Kirchstrafse, die Verlängerung der Zimmerstrafse bis zur Königgrätzer Strafse und der Charlottenstrafse bis zum Weidendamm; die Durchbrechung des sogen. „Bullenwinkels" zur Einführung der Taubenstrafse in den Hausvogteiplatz; die Anlage einer Strafse unter den Gleisen der Berlin-Potsdamer, Berlin-Dresdener und Anhalter Eisenbahn hindurch zur Verbindung der Bülowstrafse mit der jenseits der genannten Bahnen belegenen Yorkstrafse; die Regulirung des Spittelmarktes und des Potsdamer Platzes durch Abbruch der Spittelkirche bezw. des Ring'schen Apothekengebäudes, die Verlängerung und Verbreiterung der Artilleriestrafse, die Durchlegung und Verlängerung der Ackerstrafse, der Koppenstrafse, der Lietzmannstrafse, der Andreasstrafse, der Gormannstrafse, der Perleberger Strafse, der Stromstrafse, der Wilsnacker Strafse usw.

Nur in sehr vereinzelten Fällen hat das Bedürfnifs nach Licht und Luft zu den im Vorangehenden genannten Strafsenanlagen Veranlassung geboten, fast überall waren es Rücksichten auf den Verkehr, durch welche die Gemeindebehörden bei ihren Entschlüssen geleitet wurden.

Eintheilung der Strafsen und Gestaltung der öffentlichen Plätze.[1])

Wird die Aufgabe gestellt, für ein der Bebauung zu erschliefsendes Gelände Hauptstrafsenzüge anzulegen oder solche in ein schon bestehendes Netz städtischer Strafsen einzufügen, so wird die Lösung im grofsen und ganzen und in den meisten Fällen darauf hinauslaufen, gegebene oder in Bildung begriffene Verkehrsmittelpunkte in bequemster Weise und auf kürzestem Wege zu verbinden. In der Regel werden alte, oft schon seit Jahrhunderten bestehende, durch den sich selbst überlassenen Verkehr geschaffene Pfade dem Ingenieur die Fingerzeige geben, und es wird der Hauptsache nach nur darauf ankommen, Hindernisse, welche der Verkehr ohne Unterstützung durch die wirthschaftliche Gemeinschaft nicht zu überwinden vermochte, zu beseitigen, oder in geeigneter Weise zu umgehen. Erwägungen verwickelterer Art machen sich schon bei der Bestimmung über die zweckmäfsigste Breitenabmessung einer Strafse und über ihre Eintheilung in Fahrdamm und Bürgersteig geltend. Dafs auch hier die Rücksicht auf den Verkehr in erster Linie ausschlaggebend sein sollte, bedarf weiterer Begründung nicht. Aber nur vereinzelt und nur in Fällen, wo es sich um Verbreiterung oder Fortführung schon vorhandener Strafsen handelt, wird ohne weiteres nach dieser Vorschrift verfahren werden können; in der Regel und namentlich dann, wenn es sich, wie es in Berlin geschehen, darum handelt, für ein ausgedehntes Gebiet einen Bebauungsplan neu aufzustellen, läfst die Frage, wie in Zukunft der Verkehr auf den neu anzulegenden Strafsen sich gestalten wird, sich auch nicht einmal annähernd beantworten, und man ist daher, sowohl was die Breitenabmessungen als auch die Eintheilung der Strafsen anbetrifft, wenn es sich nicht um ganz bestimmte Zwecke, wie beispielsweise um Anlage von Promenaden, Hochbahnen, Canälen u. dgl. handelt, auf gewisse persönliche Neigungen und auf örtliche Gewohnheiten angewiesen.

Schon lange bevor die Strafsen Berlins einen nur irgend nennenswerthen Verkehr zu bewältigen hatten, schon in den Anlagen des 18. Jahrhunderts tritt die Vorliebe für breite, weit über die Bedürfnisse des Verkehrs hinausgehende Strafsen in augenfälliger Weise zu Tage, deren Eintheilung nach einer wohl auf alter Erfahrung beruhenden, für engere Strafsen nicht ungeeigneten Satzung in der Weise bestimmt wurde, dafs $3/5$ der Strafsenbreite dem Fahrdamme und je $1/5$ den beiderseitigen Bürgersteigen zugewiesen wurde. Auch in den nach dem Bebauungsplane vom Jahre 1862 angelegten Strafsen spricht sich die

---

1) Wir müssen es uns an dieser Stelle versagen, auf den Verkehr in den Strafsen Berlins besonders und näher einzugehen und verweisen auf den voranstehenden, diesem Gegenstande gewidmeten Abschnitt.

I. Die öffentlichen Strafsen und Plätze.

Neigung, den Strafsen eine möglichst grofse Breite zu geben, in unverkennbarer Weise aus, ebenso ist man auch in Bezug auf die Eintheilung, wenigstens bis zu Abmessungen von 26 m, von der vorerwähnten Regel nicht abgewichen. Wie bereits erwähnt, ist seither fast ausnahmslos als geringstes Breitenmafs für anbaufähige Strafsen eine Entfernung von 19 m zwischen den Baufluchten festgehalten worden, während die reichlicher ausgestatteten Strafsen Mafse von 22, 26, 30 und 34 m aufweisen. Schon bei 30 m breiten Strafsen führte die sonst für die Eintheilung von Damm und Bürgersteig übliche, oben angegebene Vorschrift auf eine übergrofse Breite des Fahrdammes; man beschränkte dieselbe zunächst auf 15 m und hielt an diesem Mafse auch bei breiteren Strafsen fest. Gar bald überzeugte man sich jedoch, dafs auch das Mafs von 15 m in den allermeisten Fällen weit über das Bedürfnifs hinausgehe und dafs fast allerorten eine Dammbreite von 11 oder 12 m, selbst

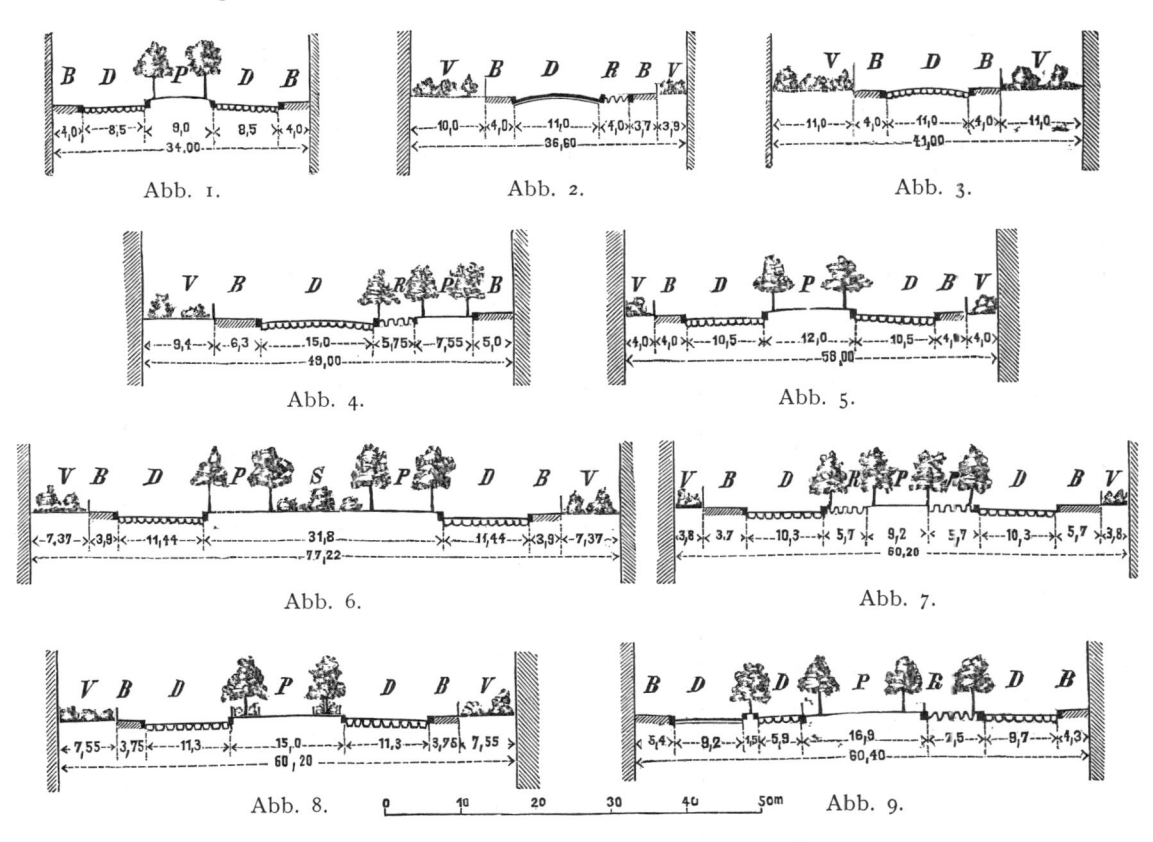

Abb. 1.   Abb. 2.   Abb. 3.

Abb. 4.   Abb. 5.

Abb. 6.   Abb. 7.

Abb. 8.   Abb. 9.

bei recht lebhaftem Verkehr genüge. Es wurde daher in den Strafsen von 26 m aufwärts vielfach die Fahrdammbreite auf die angegebene Abmessung herabgemindert und das so Gewonnene den Bürgersteigen zugetheilt oder zur Anlage von Vorgärten verwendet (s. Abb. 2 und 3 der vorstehenden Strafsenprofile). Die Erfahrung hat aber gelehrt, dafs Vorgärten nur in Strafsen, in denen die wohlhabendere Bevölkerung ihre Wohnsitze aufschlägt oder in denen das Erdgeschofs nicht zu Ladenräumen ausgenutzt wird, sich erhalten lassen und der betreffenden Stadtgegend zur Zierde gereichen. Die städtische Bauverwaltung hat daher in den letzten Jahren von der früher vielfach beliebten Anordnung von Vorgärten nur selten mehr Gebrauch gemacht und schon bei Strafsen von 34 m Breite an eine von seitlichen Fahrdämmen eingerahmte Mittelpromenade (s. Abb. 1) angelegt, eine Strafsengestaltung, die in mehr oder weniger veränderter Form in fast allen das letztgenannte Mafs überschreitenden Strafsen Berlins zur Anwendung gelangt ist, und von denen die Abb. 5, 6, 7 und 8 einige Beispiele zeigen. In Abb. 4 ist die in Berlin nur vereinzelt auftretende Anlage einer seitlichen Promenade mit Reitweg, wie sie in der Belle-Alliance-Strafse zur Ausführung gekommen ist, dargestellt, während Abb. 9 die Eintheilung zeigt, die der Reichshauptstadt weltbekannter Strafsenzug, die Strafse „Unter den Linden", gegenwärtig noch aufweist, auf deren Umgestaltung jedoch schon seit einer Reihe von Jahren hingearbeitet wird.

Wie sehr das Bedürfnifs des Verkehrs in Bezug auf die Breitenabmessungen der Strafsen häufig überschätzt wird, dafür geben die Strafsenbahnen ein lehrreiches Beispiel ab. Als man im Jahre 1871 damit umging, die städtischen Strafsen der Pferdebahn, die bis dahin nur auf der Charlottenburger Chaussee ein einsames Dasein führte, zur Verfügung zu stellen, war man der Ansicht, dafs eine eingleisige Strafsenbahn sich nur in einem Fahrdamme von 11,30 m Breite werde einbauen lassen; eine Ausweichestelle glaubte man nur in einem 14,20 m breiten, und eine zweigleisige Bahn nur in einem mit 17 m ausgestatteten Fahrdamm zulassen zu dürfen, eine Anschauung, die, wenn sie zutreffend gewesen, den Ausbau des heute vorhandenen Strafsenbahnnetzes zur Unmöglichkeit gemacht hätte. Gar bald wurde der Irrthum eingesehen und erkannt, dafs die Strafsenbahn in zweigleisigem Ausbau weit davon entfernt, den übrigen Wagenverkehr zu hindern, vielmehr ein Mittel abgebe, diesen zu regeln und dafs selbst Strafsen mit verhältnifsmäfsig geringen Breiten sehr wohl zur Aufnahme von Pferdebahnen geeignet seien, wie denn beispielsweise, ohne zu Verkehrsstörungen Veranlassung gegeben zu haben, stark befahrene, mit Doppelgleisen versehene Strafsenbahnlinien seit Jahren durch die Alte Jakobstrafse — mit 9,80 m breitem Damm —, die Rosenstrafse[1]) — mit 8 m breitem Damm —, die Gertraudtenstrafse — mit 7,80 m breitem Damm — und die Spandauer Strafse — mit 7,50 m breitem Damm — geführt werden. In manchen dieser vorgenannten Strafsen ist man aus örtlichen Gründen von der Regel, die Gleise in der Mitte des Strafsendammes anzuordnen, abgewichen, und hat sie soweit seitwärts verschoben, dafs zwischen der Bordkante des Bürgersteiges und der Mitte des diesem zunächst gelegenen Gleises eine Entfernung von 1,42 bis 1,60 m verbleibt. Ein gleiches Mafs ist auch da eingehalten worden, wo in Strafsen mit Mittelpromenade die Gleise einer Strafsenbahn längs letzterer und unmittelbar neben derselben verlegt worden sind.

Wenn bei Bestimmung über die Breiteneintheilung der Strafsen Rücksichten auf den Verkehr volle Beachtung verdienen, so sind sie es doch nicht allein, die bei Erörterung dieser Frage in Betracht zu ziehen sind; auch noch andere Erwägungen haben dabei mitzusprechen.

Die öffentliche Strafse dient heutigen Tages nicht mehr allein dem Verkehr, sie ist nebenher auch dazu berufen, die Leitungen der verschiedenen Versorgungsnetze, ohne welche gegenwärtig ein Zusammenwohnen von Menschen in einer gröfseren Gemeinschaft nicht mehr zu denken ist, in sich aufzunehmen. Heute sind es die Leitungen für Gas und Wasser, für Canalisation, für elektrisches Licht, für Telephon und Telegraphie, sowie für Rohrpost, welche die Einbettung in den Strafsenkörper beanspruchen. Dafs hiermit die Reihe solcher Versorgungsleitungen abgeschlossen sei, dürfte füglich bezweifelt werden, und es wäre kurzsichtig, wollte man bei Neuanlage von Strafsen nicht auf zukünftige Ansprüche der gedachten Art Bedacht nehmen. Die Leitungen der Gas- und Wasserwerke ebenso wie die der Entwässerungen sind häufig von sehr bedeutendem Querschnitte und fordern jede für sich einen entsprechend grofsen Raum in dem Untergrunde der öffentlichen Strafse; auch macht die Herstellung neuer Anschlüsse und die Beseitigung eingetretener Mängel häufige Aufgrabungen in den Strafsen nothwendig, die namentlich in bevölkerten Städten zu sehr unliebsamen Störungen des Verkehrs führen.

Um diesen Uebelständen möglichst vorzubeugen, hat man sich in Berlin dahin entschieden, alle Leitungen, soweit es technisch angängig ist, namentlich aber diejenigen, aus denen Abzweigungen nach den an der Strafse belegenen Gebäuden geführt zu werden pflegen, unter den Bürgersteigen anzuordnen; und man ist auch aus dieser Ursache dem schon erwähnten und früher hierselbst festgehaltenen Grundsatze, wonach bei einer Strafse bis zu einer gewissen Breite dem Fahrdamm etwa $3/5$, den beiderseitigen Bürgersteigen aber etwa je $1/5$ der Gesamtbreite zufallen sollen, vielfach untreu geworden und legt jeden Mafstheil, den, ohne den Wagenverkehr zu schädigen, der Fahrdamm entbehren kann, den Bürgersteigen zu. Die nebenstehende Zeichnung zeigt das Profil einer Strafse der üblichen

---

1) Der Damm der Rosenstrafse ist inzwischen auf 11 m verbreitert worden.

Breite von 19 m, von denen 11 m auf den Fahrdamm und je 4 m auf die Bürgersteige entfallen, und die Anordnung, welche bei Einlegung der Versorgungsnetze in den Strafsenkörper in der Regel befolgt zu werden pflegt. Hiernach sind alle Telephon-, Telegraphen- und Lichtkabel ebenso wie die Rohrpostleitungen und die Leitungen der Gaswerke bis zu 38,50 cm Durchmesser unter allen Umständen unter den Bürgersteigen zu verlegen. Röhren der Wasserversorgung müssen, um bei Rohrbrüchen die Fundamente der benachbarten Häuser nicht zu gefährden, mindestens 5 m von der Baufluncht entfernt bleiben, während die Entwässerungsleitungen, sofern sie nicht aus gröfseren gemauerten Canälen bestehen, im allgemeinen unter den Bordschwellen ihren Platz finden sollen.

Weder die Unterbringung der Versorgungsnetze noch die Ansprüche des Verkehrs sind ausschlaggebend, wenn es sich um die Gestaltung von öffentlichen Plätzen handelt.

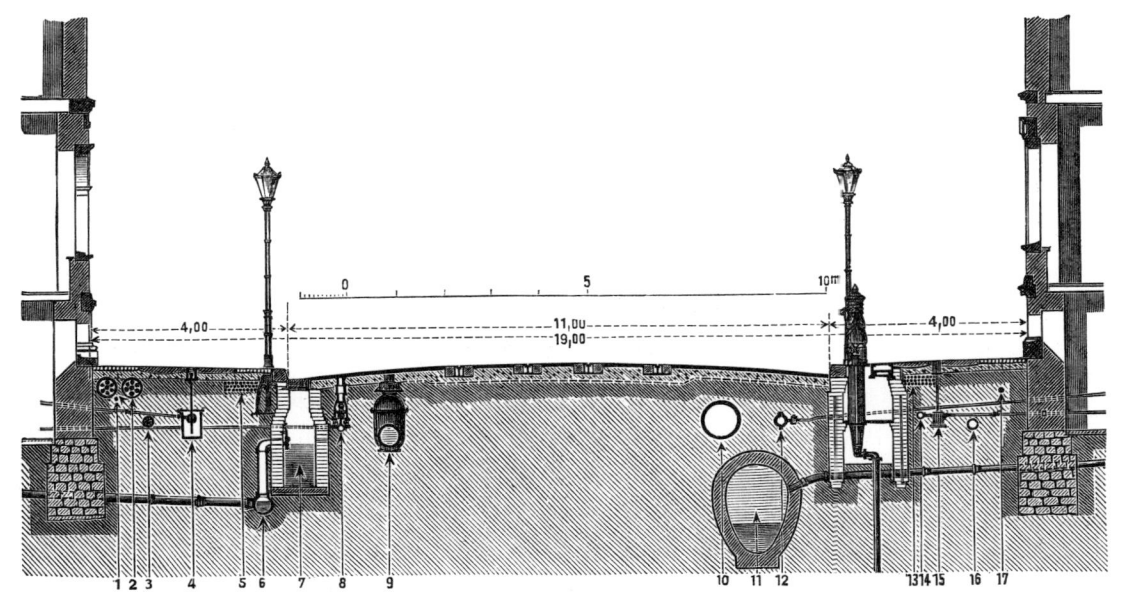

Abb. 10.

Bestimmungen über die Vertheilung der unterirdischen Leitungen.

Es sollen liegen im allgemeinen:
a) Telegraphenkabel und Röhren 1,50—2,— m von der Baufluncht entfernt,
b) Gasröhren (bis 38,50 cm l. W.) 1,50—3,— ,, ,, ,, ,, ,,
c) Wasserröhren mindestens 5,— ,, ,, ,, ,, ,,
d) Canalisationsleitungen stets in der Nähe des Rinnsteines (bei normalen Bürgersteigen von 3 bis 4,70 m Breite).

1. Telegraphenkabel der Feuerwehr.
2. Fernsprechkabel.
3. Reichstelegraphenkabel.
4. Gasrohr mit Wassertopf.
5. u. 13. Lichtkabel.
6. Canalisations-Thonrohr.
7. Gully.
8. u. 12. Wasserrohr.
9. Wasserrohr (Hauptzuführungsrohr).
10. Gasrohr.
11. Canalisation (gemauerter Canal).
14. Gasrohr.
15. Absperrtopf der Gasrohrleitung.
16. Rohrpostleitung.
17. Telegraphenkabel der Polizei.

Die Bedürfnisse, die in früheren Jahrhunderten und theilweise noch bis in die Mitte des neunzehnten hinein zu Platzanlagen geführt und den Mafsstab für ihre Geräumigkeit abgegeben haben mögen, sind entweder nicht mehr vorhanden oder werden in anderer Weise befriedigt. Heute gilt es der Hauptsache nach, nicht mehr Raum zu schaffen für Messen und Märkte, nicht mehr bedarf man der Anlagen, auf denen ehemals die Bürger der Stadt unter freiem Himmel sich zusammenfanden zur Berathung wichtiger Angelegenheiten oder zur Feier fröhlicher Feste.

Licht und Luft in das von vier- und fünfstöckigen Häusern eingerahmte, meilenweit sich ausdehnende Strafsennetz einzuführen und durch gärtnerische Schmuckanlagen auf den vom Verkehr unbenutzten Flächen den in das Steinmeer der grofsen Städte Gebannten einen, wenn auch nothdürftigen Ersatz an Stelle des mangelnden Naturgenusses zu gewähren, werden heute in der Regel als Hauptgesichtspunkte bei der Gestaltung der öffentlichen Plätze angesehen, und diese daher nicht mit Unrecht als die „Lungen" der Stadt bezeichnet.

Nebenbei hat die Absicht, auf solchen Plätzen in späterer Zeit öffentliche Denkmäler oder Gebäude zu errichten, nicht selten dazu geführt, ihre Abmessungen zu übertreiben.

Auch in Berlin hat man in dieser Hinsicht sich nicht in allzu engen Grenzen gehalten, wie ein Vergleich zwischen den innerhalb der ehemaligen Stadtmauer belegenen und den später, besonders auf Grund des Bebauungsplanes von 1862 entstandenen Plätzen lehrt.[1])

So besitzen unter den 24 öffentlichen Plätzen, deren Berlin um das Jahr 1800 sich zu erfreuen hatte, nur zwei einen Flächeninhalt von etwa 40000 qm und darüber, von denen der eine, der Lustgarten mit etwa 39400 qm, ehemals als Exercirplatz gedient hat, der andere, der Gensdamenmarkt — damals noch Friedrichstädtischer Markt mit etwa 48000 qm —, drei ausgedehnten monumentalen Gebäuden Raum gewährt; weitere vier Plätze[2]) überschreiten ein Mafs von etwa 20000—26000 qm nicht, während fernere sechs[3]) von 18000 bis auf 10000 qm heruntergehen, und die Zahl derjenigen, die selbst den letztgenannten Flächeninhalt nicht erreichen, sich auf zwölf[4]) beläuft.

Dagegen bleiben nur vier der in diesem Jahrhundert ausgeführten öffentlichen Plätze mit ihrem Flächeninhalt unter 10000 qm; von den übrigen zur Anlage gelangten oder noch dazu bestimmten bewegen sich 13 zwischen 10 und 20000 qm, 15 zwischen 20 und 30000, neun zwischen 30 und 40000, zwei zwischen 40 und 43000, drei zwischen 50 und 57000 und drei zwischen 63 und 69000 qm. Für einen weiteren ist eine Fläche von etwa 99000, für einen endlich sogar eine solche von etwa 105000 qm in Aussicht genommen, während der Königsplatz, als gröfster aller Plätze, mit einem Inhalt von etwa 105500 qm ausgestattet ist, und durch den nördlich sich unmittelbar daran anschliefsenden sogen. „Kleinen Königsplatz" diese Fläche noch um etwa 28350 qm vermehrt wird.

Die Plätze der Reichshauptstadt entbehren durchgängig des malerischen Gepräges, das uns diejenigen der mittelalterlichen Städte mit ihren unregelmäfsigen, dem augenblicklichen Bedürfnifs entsprungenen Grundformen so reizvoll erscheinen läfst; vergebens suchen wir in dem unermefslichen Häusermeer Berlins nach derartigen Anlagen, die, überragt von ehrwürdigen Domen, umrahmt von prächtigen Rathhäusern und stattlichen Giebeln der Bürgerhäuser uns heute noch in längst vergangene Zeiten zurück zu versetzen vermögen. Kaum dafs die heimliche und stille Umgebung der Nikolaikirche ein verblafstes Bild des mittelalterlichen Berlins hervorzurufen im stande ist, mit den gestaltungsreichen Platzanlagen anderer älterer Städte darf sie nicht in Vergleich gestellt werden.

In ihrer Grundform bilden die hiesigen Plätze zum weitaus gröfsten Theile regelmäfsige, geometrische Figuren; am häufigsten ist das Rechteck und das Quadrat vertreten, letzteres zuweilen auch über Eck gestellt, sodafs solche Plätze dann durch die Strafsen diagonal geschnitten werden, wie beispielsweise der Moritz- und der Heinrichsplatz. In den Aufsenbezirken, die durch die grofsen nach den Vororten führenden Radialstrafsen durchzogen werden, gehören dreieckig gestaltete Plätze, wie der Weddingplatz, Wörtherplatz, der Dennewitzplatz, nicht zu den Seltenheiten. Von den älteren unter der Regierung des Königs Friedrich Wilhelm I. in der Zeit von 1734 bis 1737 entstandenen Plätzen bilden der Pariser Platz ein Quadrat, der Leipziger Platz ein reguläres Achteck und der Belle-Alliance-Platz einen Kreis; die übrigen älteren Anlagen, wie Alexanderplatz, Hausvogteiplatz, Spittelmarkt, Molkenmarkt, Hackescher Markt u. a. lassen schon durch die Unregelmäfsigkeit ihrer Grundgestalt einen Zweifel über die Zeit ihrer Entstehung nicht aufkommen. Als eine eigene Gattung von Plätzen müssen schliefslich noch solche erwähnt werden, die da entstehen, wo eine gröfsere Anzahl von Strafsen unter verschiedenen, meist

---

1) Bei den zahlreichen von den städtischen Behörden seit 1876 bewirkten Abänderungen des Bebauungsplanes ist es ihnen mehrfach gelungen, eine Verkleinerung übermäfsig grofs bemessener Plätze zu erzielen.

2) Der Belle-Alliance-Platz — Rondel — mit 25870, der Leipziger Platz — Octogon — mit 23530, der Dönhofsplatz mit 21360 und der Alexanderplatz mit rot. 20000 qm.

3) Darunter der Wilhelmsplatz mit etwa 17440, der Pariser Platz — Quarrée — mit etwa 14150 und der Schlofsplatz mit etwa 12860 qm.

4) Darunter der Spittelmarkt mit etwa 9070, der Neue Markt mit etwa 7600, der Hausvogteiplatz mit etwa 6900, der Monbijouplatz mit etwa 4300, der Molkenmarkt mit etwa 4200 und der Hackesche Markt mit 2800 qm.

I. Die öffentlichen Strafsen und Plätze. 31

spitzen Winkeln in einem Punkte sich schneiden und die daher weniger den Namen eines Platzes als einer Strafsenkreuzung verdienen. Berlin hat von solchen platzartigen Erweiterungen, die in ihrer Ausbildung dem Strafsen-Ingenieur nicht selten erhebliche Schwierigkeiten bereiten, eine nicht unbeträchtliche Anzahl aufzuweisen; zu ihnen gehören unter anderen einige der verkehrsreichsten ehemaligen Thorplätze, wie der Potsdamer Platz, der Platz vor dem Brandenburger Thore, der Kottbuser Thor-Platz u. a. m.

Es ist, wie schon vorher hervorgehoben, im grofsen und ganzen nicht die architektonische Umgebung, wodurch die öffentlichen Plätze Berlins vor denen anderer Städte sich auszeichnen. Nur wenige Plätze im Innern der Stadt, wie der Schlofsplatz, der Lustgarten, der Platz am Zeughause, der Opernplatz, der Gensdarmenmarkt, zu denen in jüngster Zeit noch der Königsplatz getreten ist, ziehen durch die sie umrahmenden oder auf der Platzfläche selbst sich erhebenden Baudenkmäler den Blick des Beschauers auf sich. Ist man auch in den letzten Jahren vielfach darauf bedacht gewesen, die häufig nur zu geräumigen, dem Verkehr entzogenen Flächen der öffentlichen Plätze der Errichtung von Kirchen[1]) zu widmen und jenen hiermit einen weihevollen Schmuck und erhöhte Bedeutung zu geben, so ist es doch im wesentlichen die gärtnerische Ausgestaltung, die heute den Plätzen Berlins ihr Gepräge verleiht.

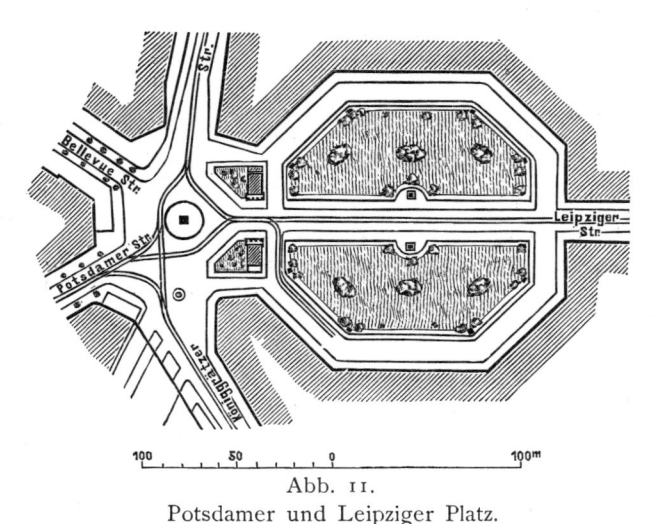

Abb. 11.
Potsdamer und Leipziger Platz.

Wenn bis über die Mitte unseres Jahrhunderts hinaus die Gemeindeverwaltung die Fürsorge für die Verschönerung ihrer Stadt und im besondern der öffentlichen Plätze den Staatsbehörden überlassen hat, so war auch dies eine Folge der oben geschilderten geschichtlichen Entwicklung. Der Freigebigkeit des Staates verdankt denn auch Berlin die gärtnerischen Anlagen auf einigen der bekanntesten seiner Plätze, die sich in ziemlich unveränderter Gestalt bis auf den heutigen Tag erhalten haben und die auch gegenwärtig noch, es sei nur an den Lustgarten, den Opernplatz und den Leipziger Platz erinnert, der Residenz zu besonderer Zierde gereichen.

Erst in der Mitte der sechziger Jahre machte sich in den oben angedeuteten Anschauungen der städtischen Behörden eine Wandlung geltend, die zunächst in der Schaffung einer eigenen gärtnerischen Verwaltung unter Leitung eines hervorragenden Fachmannes auf dem Gebiete der „schönen Gartenkunst" ihren beredten Ausdruck fand. Seitdem ist die Gemeindeverwaltung unablässig bemüht gewesen, das früher Versäumte auch auf diesem Gebiete nachzuholen; ganz besonders aber, nachdem seit 1886 diejenigen Platzflächen, welche bis dahin noch zur Abhaltung der offenen Wochenmärkte hatten freigehalten werden müssen, infolge der Errichtung von Markthallen zur Anlage von Schmuckanlagen zur Verfügung gestellt wurden. Als Beweis für die Thätigkeit, die in Bezug auf die Verschönerung der Stadt durch gärtnerischen Schmuck entwickelt worden, genüge die Angabe, dafs, abgesehen von gröfseren Parkanlagen und von Baumpflanzungen, gegenwärtig an 101 Stellen der Stadt öffentliche Wege- bezw. Platzflächen zur Anlage gröfserer und kleinerer, bald reicher, bald weniger reich ausgestatteter Gartenanlagen gedient haben, von denen 66 auf

---

[1]) Zu nennen sind hier unter anderen: die Dankeskirche auf dem Weddingplatz, die Heilige-Kreuz-Kirche auf dem Johannestisch, die Nazarethkirche auf dem Leopoldsplatz, die St. Sebastians-Kirche auf dem Gartenplatz, die Emmauskirche auf dem Lausitzer Platz, die Lutherkirche auf dem Dennewitzplatz, die neue Garnisonkirche auf dem Kaiser-Friedrich-Platz.

solche Flächen entfallen, die auch ihrer Benennung nach den Charakter öffentlicher Plätze zu beanspruchen haben.

Bei Plätzen von regelmäfsiger Grundform ist die Fläche, welche dem Verkehr entzogen werden darf, durch die umgebenden oder die jene kreuzenden Strafsenzüge fest gegeben. Die Gestaltung derartiger Plätze bietet irgend welche Schwierigkeiten nicht und liegt in der Mehrzahl der Fälle weniger in der Hand des Strafsen-Ingenieurs als in der des Gartenkünstlers. Nach dem Vorangeschickten kann es nicht Wunder nehmen, wenn in Berlin Anlagen der eben geschilderten Art überwiegen. Als Beispiele hierfür mögen die mit Abb. 11 bis 13 bezeichneten Darstellungen gelten, von denen der unter Nr. 11 aufgeführte Leipziger Platz, wie bereits früher bemerkt, seine ursprüngliche Gestalt und die ihm seitens der Staatsbehörden gewordene gärtnerische Ausschmückung in ziemlich

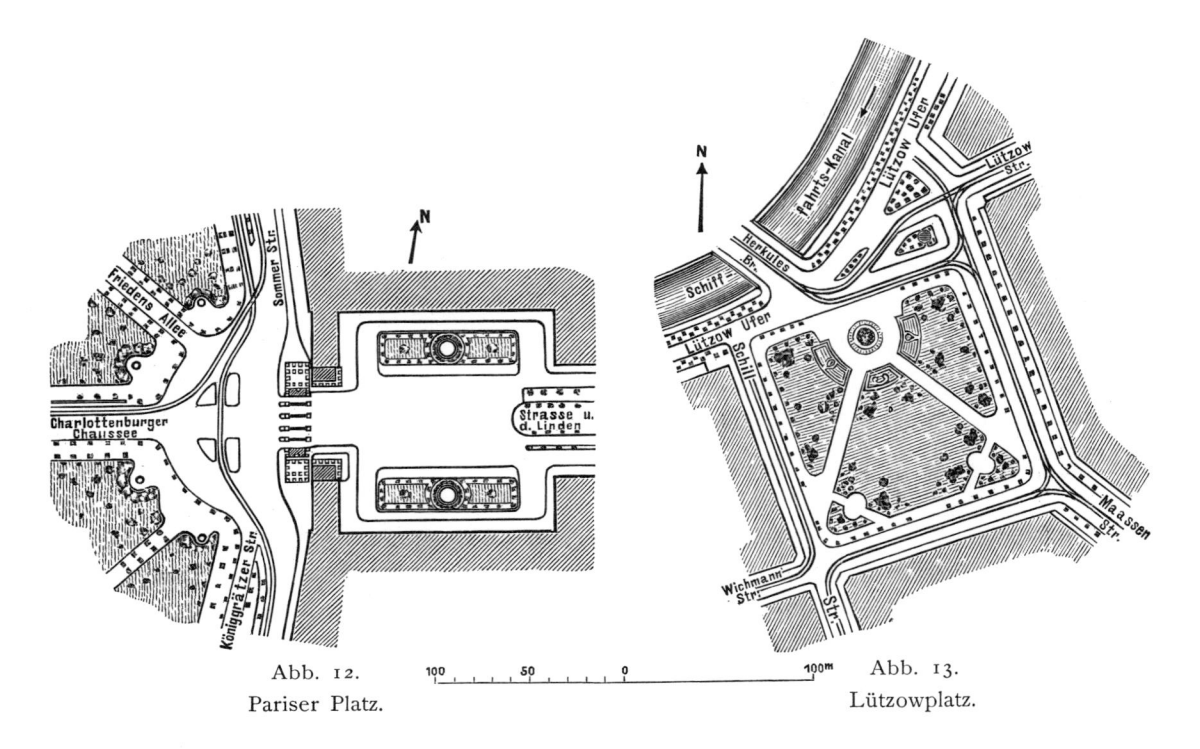

Abb. 12.
Pariser Platz.

Abb. 13.
Lützowplatz.

unveränderter Gestalt bis in die Gegenwart sich bewahrt hat. Der Pariser Platz (Abb. 12) ist im Jahre 1880, nachdem er etwa anderthalb Jahrhunderte hindurch dem durch das Brandenburger Thor Eintretenden das Bild einer ungegliederten, mit schlechtestem Pflaster versehenen Steinöde geboten, durch die städtische Verwaltung mit den ihn zierenden Springbrunnen[1]) und den diese umrahmenden Schmuckflächen ausgestattet worden. Der Lützowplatz (Abb. 13) ist eine der jüngsten Berliner Schöpfungen auf dem in Rede stehenden Gebiete. Die Frage, ob man den von Nordost nach Südwest führenden Strafsenzug der Friedrich-Wilhelm- und der Maafsen-Strafse in gerader Linie über den Platz herüberleiten solle, eine Ansicht, die von der städtischen Tiefbauverwaltung auch mit besonderer Rücksicht auf die an dieser Stelle der Stadt sich vereinigenden Strafsenbahnen verfochten wurde, ist nach langen Erörterungen im Schofse der Gemeindeverwaltung zu Gunsten der Gartenanlagen entschieden, sodafs auch dieser Platz trotz einiger unsymmetrischer Anordnungen an seiner nordwestlichen Ecke nunmehr zu den regelmäfsigen Gestaltungen zu rechnen sein dürfte.

---

1) Jeder der beiden Springbrunnen, die mit dem Böckmann'schen Injector versehen sind, haben einen Wasserverbrauch von etwa 7,5 l in der Sekunde.

I. Die öffentlichen Strafsen und Plätze. 33

Der Spittelmarkt und der Alexanderplatz (Abb. 14 u. 15) gehören zu den älteren Platzanlagen der Stadt, konnten aber ebenfalls erst in allerjüngster Zeit, da sie früher zur Abhaltung von Wochenmärkten dienten, mit Schmuckanlagen versehen werden. Beide Plätze zeigen eine völlig unregelmäfsige Gestalt, deren Sonderung in Fahrdämme, gärtnerisch zu behandelnde Flächen und Schutzinseln für die Fufsgänger wegen eines Netzes dort zusammenlaufender Strafsenbahnen und der den letzteren anzuweisenden Abfahrtsstellen sich besonders schwierig gestaltete. Für jene oben schon erwähnten, mehr die Eigenschaften von Strafsenkreuzungen zeigenden Platzformen mag als ein besonders charakteristisches Beispiel der in Abb. 11 im Zusammenhange mit dem Leipziger Platz dargestellte Potsdamer Platz gelten, dessen Gestaltung mit seiner in der Mitte belegenen, 20 m im Durchmesser aufweisenden Schutzinsel in hervorragender Weise durch die den Platz kreuzenden und umfahrenden Strafsenbahngleise beeinflufst worden ist. Der von dem Pariser Platz durch die Thorgebäude getrennte Platz vor dem Brandenburger Thor (s. Abb. 12) stellt eine ander-

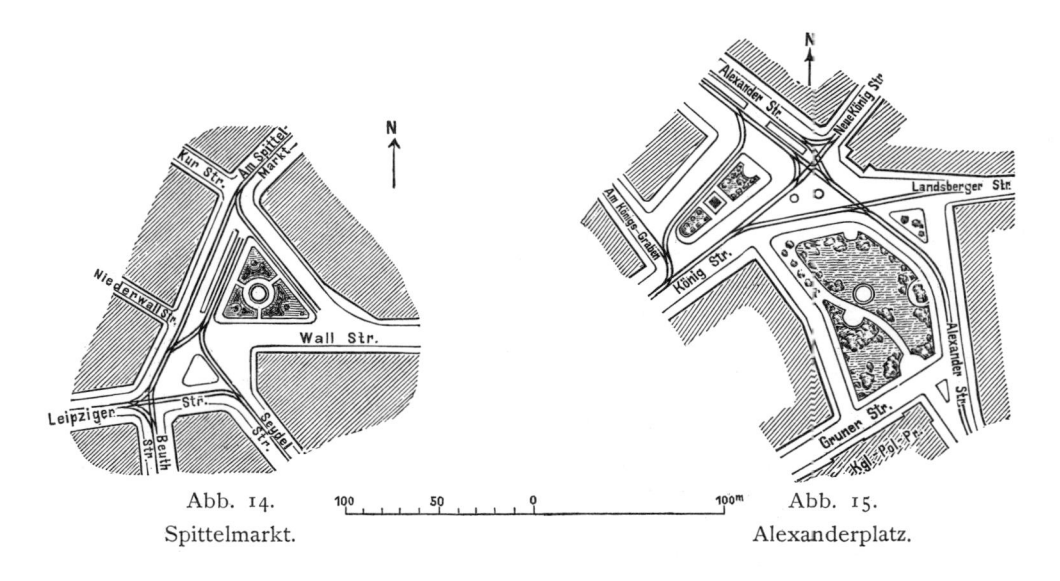

Abb. 14. Spittelmarkt.   Abb. 15. Alexanderplatz.

weite Lösung der Aufgabe dar, durch Anlage von Schutzinseln den Fuhrwerken begrenzte Bahnen anzuweisen und die Fufsgänger vor der ihnen aus einem ungeregelten Wagenverkehr drohenden Gefahr zu schützen. In ähnlicher Weise ist man auch auf dem südwestlichen Theile des Spittelmarktes (s. Abb. 14), der durch die Vereinigung der Leipziger Strafse mit der Seydel-, der Beuth-, der Wall-, der Niederwall- und der Strafse am Spittelmarkt gebildet wird, durch Anordnung einer mittleren dreieckförmigen Schutzinsel[1]) dem Verkehr bestimmte Bahnen anzuweisen bestrebt gewesen.

Eine platzartige, durch das Zusammentreffen von sechs Strafsen verschiedenster Richtung, Breite und Eintheilung veranlafste Erweiterung von ziemlich beträchtlicher Ausdehnung bildet der auf Charlottenburger Gebiet an der Berliner Gemarkungsgrenze belegene Auguste-Victoria-Platz. Auch hier hat man die Strafse um eine in der Mitte der Platzfläche befindliche Insel herumgeführt; letztere hat indessen so grofse Abmessungen, dafs sie zur Errichtung der Kaiser-Wilhelm-Gedächtnifskirche verwendet werden konnte (s. Abb. 16).

Ein von den vorbesprochenen Beispielen völlig abweichender Versuch, die Schwierigkeiten einer solchen platzartigen Kreuzung zu überwinden, ist in der allerneuesten Zeit bei Anlage des Platzes N im Osten der Stadt an der Kreuzung der Petersburger Strafse und des Weidenweges unternommen worden (s. Abb. 17). An dieser Stelle treffen sieben Strafsen

---

1) Die städtische Bauverwaltung hatte die Absicht, die dort sich bildende Dammfläche durch zwei Inseln von dreieckiger Form und so den Verkehr noch weiter zu theilen. Gegen eine solche Anordnung hat aber die vom Königlichen Polizeipräsidium ausgeübte Verkehrspolizei Einspruch erhoben.

von der verschiedensten Breite und Eintheilung zusammen und bilden daselbst ein völlig unregelmäfsiges Vieleck von nicht ganz unerheblichen Abmessungen. Durch Vorschieben der Bürgersteige und Promenaden nach dem Innern des Platzes zu ist es gelungen, die weiten und nutzlosen Dammflächen ganz erheblich zu beschränken und ihnen die Form einer der Ellipse sich annähernden Figur zu geben, die dem Auge durch zwei in gleicher Linie herumlaufende Baumreihen noch bemerkbar gemacht wird. Um dem sonst sich ungeregelt über die Dammfläche ausbreitenden Wagenverkehr bestimmte Richtungen anzuweisen und den Fufsgängern beim Ueberschreiten der immerhin noch recht breiten Fahrdämme Ruhepunkte zu gewähren, ist die innere Platzfläche durch drei kreisrunde Inselperrons unterbrochen, die gleichzeitig auch dazu bestimmt sind, die zur Beleuchtung des Platzes erforderlichen Lichtträger aufzunehmen.

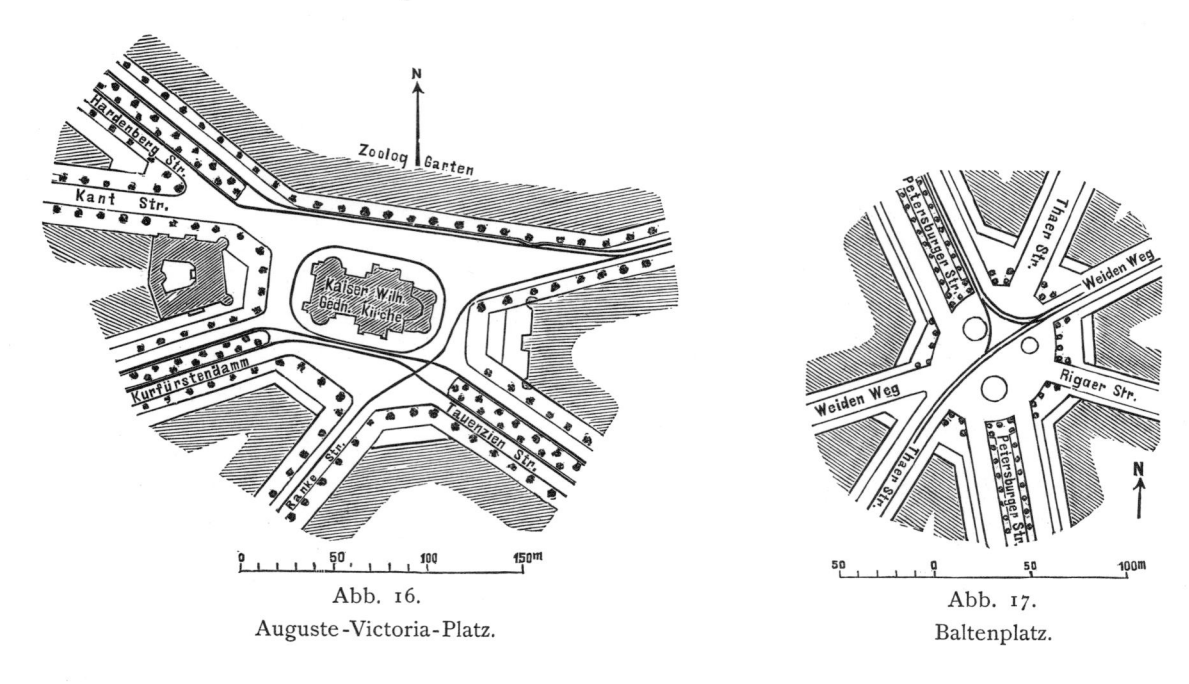

Abb. 16.
Auguste-Victoria-Platz.

Abb. 17.
Baltenplatz.

Die Befestigung der Strafsen.

Eine in den letztvergangenen Jahrzehnten vielfach erörterte Frage ist die über die zweckmäfsigste Art des Strafsenpflasters in verkehrsreichen Städten. Nicht nur für den Verkehr, sowie die Gesundheit, Ruhe und Bequemlichkeit der Einwohner, sondern auch in wirthschaftlicher Beziehung ist die Weise, in der diese Frage beantwortet und gelöst wird, von hervorragender Bedeutung.

Die Gründe, weshalb man in Berlin nicht vor dem Jahre 1876 dieser Aufgabe die gebührende Beachtung geschenkt hat, sind in dem Eingange zu diesem Abschnitte des Näheren erörtert worden. Wenn es auch vor dem am 1. Januar 1876 erfolgten Uebergang der gesamten Strafsenbaulast an die Stadt Berlin nicht an vereinzelten Versuchen gefehlt hat, unter Verwendung von besserem Material oder unter Beobachtung einer verbesserten Ausführungsweise das Pflaster an einigen bevorzugten Stellen der Stadt umzugestalten, so ist doch erst nach jenem Zeitpunkt in den Gemeindebehörden der Entschlufs gereift, die Strafsen der Haupt- und Residenzstadt nach richtigen und erprobten technischen Grundsätzen so herzustellen, wie es das Interesse des Verkehrs, die Rücksicht auf die Gesundheit und Ruhe der Einwohner, sowie die Würde und das Ansehen der Reichshauptstadt erheischen. Diese Grundsätze, die auch heute noch im wesentlichen befolgt werden, festgestellt und zur Geltung gebracht zu haben, ist das Verdienst des derzeitigen Stadtbaurathes Rospatt.

I. Die öffentlichen Strafsen und Plätze. 35

Am 1. Januar 1876 betrug die Fahrdammfläche der
städtischen Strafsen . . . . rd. 1 772 000 qm
fiskalischen Strafsen . . . . „ 1 565 000 „
zusammen 3 337 000 qm.

Zur Befestigung dieser Strafsen waren mit geringen Ausnahmen unregelmäfsig bearbeitete Findlingsteine, zum grofsen Theil sogar runde Feldsteine verwendet worden.

Am 1. April 1894 bezifferte sich die Fläche der gepflasterten öffentlichen Strafsen und Plätze in Berlin auf rd. 5 233 300 qm; davon waren gepflastert mit

Asphalt . . . . rd. 1 071 100 qm
Holz . . . . „ 61 500 „
Steinen I. Klasse auf Schotterunterbettung . . . . „ 415 700 „
Steinen II. und III. Klasse auf Schotterunterbettung „ 712 600 „
Steinen III. Klasse auf Kiesunterbettung . . . . . „ 1 062 700 „
3 323 600 qm
Steinen geringerer Güte . . . . rd. 1 909 700 „
5 233 300 qm.

Hierzu treten noch etwa 345 400 qm chaussirte Strafsen, von denen jedoch ein Theil aufserhalb des städtischen Weichbildes belegen ist, sodafs die Gesamtfläche der von der Stadtgemeinde Berlin zu unterhaltenden Strafsenfahrdämme am 1. April 1894 einen Inhalt von rd. 5 578 700 qm besafs.

Es hat sich, abgesehen von den chaussirten Flächen, die Fläche der gepflasterten Strafsen seit 1876 mithin um rd. 54,3 % vermehrt, und die von der Stadtgemeinde für die Pflasterungen mit besserem Material und für die Unterhaltung des gesamten Pflasters aufgewendeten Kosten haben, jedoch unter Berücksichtigung der chaussirten Strafsen, in den Jahren vom 1. April 1876 bis 1. April 1894 in überschläglich ermittelter Summe 66 800 000 ℳ betragen.

Abgesehen von Ausbesserungsarbeiten unterscheidet man in Berlin in Bezug auf die Herstellungsart des Pflasters zwischen Neu- und Umpflasterungen.

Bei ersteren, d. h. bei Neuanlage von Strafsen, bei welcher die Gesamtaufwendungen bis zu einer Breite von 26 m durch die Anlieger bei der Bebauung zu erstatten sind, besteht das Pflaster aus Bruchsteinen III. Klasse, in der Regel auf 20 cm starker Kiesunterlage mit Fugenausgufs aus dünnem Cementmörtel. Nur bei Strafsen, die als Hauptverkehrszüge anzusehen sind, wird auch bei erster Herstellung die Kiesschicht durch eine gewalzte Schotterunterbettung ersetzt. Bei Umpflasterungen schon früher befestigt gewesener Strafsen kommt stets entweder Bruchsteinpflaster I. bis III. Klasse auf Schotterunterbettung oder Stampfasphaltpflaster, in seltenen Fällen auch Holzpflaster zur Verwendung.

Die zur Herstellung des Bruchsteinpflasters verwendeten Steine sind zum gröfsten Theile aus schwedischem Granit, in geringeren Mengen aus bayerischem und sächsischem Granit, belgischem Diorit (aus Quenast), sächsischem Porphyr und Grünstein gefertigt. Sie sind entweder völlig rechteckig bearbeitete Würfel und Prismen (I. Klasse) oder würfelförmige und prismatische Körper, die sich nach ihrer Fufsfläche zu um $1/5$ (II. Klasse) oder $1/3$ (III. Klasse) der Kopffläche verjüngen.

Die Höhe der Steine beträgt 15—16 cm oder 19—20 cm; die Breite der Prismen oder prismatischen Steine 11—12, 12—13 oder 13—14 cm; die Länge 15—30 cm.

Würfelartige Steine werden in Strafsen mit schwachem Gefälle, sofern daselbst Strafsenbahngleise nicht vorhanden, verlegt, und zwar diagonal zur Strafsenrichtung; daher sind zur Herstellung regelrechten Verbandes und Anschlusses an die Bordschwellen Fünfeck-, anderthalbfache und Doppelsteine erforderlich.

Prismatische Steine finden in Strafsen mit starkem Gefälle oder in solchen Verwendung, in denen Strafsenbahngleise vorhanden oder später voraussichtlich eingebaut werden.

Strafsen letzterer Art werden mit Steinen von 15 bis 16 cm Höhe befestigt, in Uebereinstimmung mit den 15,50 cm hohen Schienen der Strafsenbahnen. Diese Höhe ist auch sonst bei Steinen gröfserer Härte (Porphyr, Diorit, Grünstein) gestattet; im übrigen erhalten die Steine 19—20 cm Höhe.

Zum Ausgleich in der Höhe der Steine wird zwischen letztere und die darunter befindliche Schotterunterbettung eine etwa 3 cm starke Kiesschicht eingebracht. Die Schotterunterlage besteht aus einer 10 cm starken Pack- und einer ebenso starken Schüttlage; sie wird vor Aufbringung der Kiesschicht mit einer 300 Ctr. schweren Dampfwalze abgewalzt. Die Fugen eines derart hergestellten Bruchsteinpflasters werden in ihrer unteren Hälfte mit gesiebtem Perlkies, in ihrer oberen Hälfte mit einer Mischung aus Pech und Theeröl ausgefüllt.

Die Kosten für die Steine sind im Laufe der Jahre, dank einer immer gröfser werdenden Betheiligung an den Lieferungen, erheblich im Preise gefallen. In den letzten Jahren wurden bezahlt für das Quadratmeter

Steine I. Klasse in Höhe von		Steine II. Klasse in Höhe von		Steine III. Klasse in Höhe von	
19—20 cm	15—16 cm	19—20 cm	15—16 cm	19—20 cm	15—16 cm
ℳ 16,90—15,60	ℳ 15,25—14,40	ℳ 11,75—9,70	ℳ 10,50—9,35	ℳ 10,25—9,20	ℳ 9,75—8,50

Zu diesen Aufwendungen treten noch die für die Herstellung des Pflasters, einschliefslich Lieferung und Anfuhr aller übrigen Materialien, wie Kies, Fugenausgufsmasse usw., jedoch ausschliefslich Anschaffung der Pack- und Schüttsteine, welche aus alten, beim Aufbruch bestehenden Pflasters gewonnenen Steinen geschlagen werden. Der Gesamtbetrag dieser letzteren Leistungen berechnet sich mit Einschlufs des Fuhrlohnes für die Steine und der Planirung des Strafsenkörpers bei Umpflasterungen auf durchschnittlich 4,70 ℳ für das Quadratmeter, während sich der Preis für eine gleiche Fläche einer Neupflasterung auf Kiesunterbettung, jedoch ausschliefslich der Steine und der in ihrem Umfange sehr wechselnden Erdarbeiten auf durchschnittlich 2,90 ℳ stellt.

Das Asphaltpflaster wird nur aus natürlichem Asphaltgestein hergestellt, welches vor seiner Verwendung gemahlen und erhitzt wird. Das auf eine 20 cm hohe Betonunterbettung in einer Stärke von rd. 6 cm aufgebrachte heifse Pulver wird mittels erhitzter eiserner Stampfen und Walzen bis zu einer Stärke von rd. 5 cm zusammengeprefst.

Das hierselbst verwendete Asphaltgestein wird gebrochen: in der Schweiz im Val de Travers, in Sicilien bei Ragusa, in Italien bei Ancona, in Frankreich bei St. Jean Maruéjol, Departement Gard, in Deutschland bei Limmer und Vorwohle, Provinz Hannover.

Die Unternehmer unterhalten das von ihnen hergestellte Pflaster 4—5 Jahre unentgeltlich und weitere 15 Jahre für 50 ₰.[1]) für Jahr und Quadratmeter. Für die Neuherstellung von 1 qm Asphaltpflaster, einschliefslich der Unterbettung, wird ein Preis von 14,50 bis 15 ℳ bezahlt, der im letztvergangenen Jahre auf 14 ℳ zurückgegangen ist.

Asphaltpflaster kommt besonders in Strafsen mit schnellem Verkehr und in solchen zur Verwendung, die eine mit Steinen befestigte Parallelstrafse haben; aufserdem aber vor öffentlichen Gebäuden, Schulen, Kirchen, Krankenhäusern usw., überhaupt dort, wo es darauf ankommt, das durch den Wagenverkehr verursachte Geräusch nach Möglichkeit zu dämpfen. Strafsen mit stärkerem Gefälle als 1 : 80 eignen sich nicht für Asphaltpflaster. Wird in solchen Strafsen aus irgend welchen Gründen geräuschloses Pflaster nothwendig, so mufs zu Holzpflaster gegriffen werden.

Im übrigen hat Holzpflaster sich bisher in Berlin nicht bewährt; es ist daher in den letzten Jahren nur ausnahmsweise auf Brückenrampen und stark geneigten kürzeren Strafsenstrecken zur Anwendung gelangt. Bei diesen letzten ist das Pflaster nach der in Paris üblichen Weise verlegt worden, d. h. es hat eine sehr sorgfältige Sichtung der ver-

---

1) Dieser Preis wird in Strafsen ohne Strafsenbahngleise bezahlt. Sind solche vorhanden, so erhöht sich die für Unterhaltung zu entrichtende Entschädigung für die Fläche innerhalb und zwischen den Gleisen und für je einen Streifen von 65 cm Breite zu beiden Seiten der äufseren Schienen auf 75 ₰. für das Jahr und Quadratmeter.

wendeten 13 cm hohen Holzklötze nach der Dichtigkeit ihrer Jahresringe stattgefunden; auch wird das sonst fertige Holzpflaster zu wiederholten Malen mit scharfem Porphyr-Grus bestreut, der durch die darüber gehenden Wagen in die Holzfasern eingeprefst wird und zur Erhaltung des Holzes beitragen soll. Ueber die so hergestellten Holzpflasterungen sind bisher Klagen nicht laut geworden. Ein Urtheil über die Dauerhaftigkeit solchen Pflasters kann jedoch wegen seines kurzen bisherigen Bestandes nicht abgegeben werden. Die Kosten eines derartig hergestellten Pflasters betragen einschliefslich einer 20 cm starken Betonbettung etwa 16,50 ℳ für das Quadratmeter; der Unternehmer übernimmt jedoch nur eine Unterhaltungsverpflichtung für einen Zeitraum von drei Jahren.

Eine besondere Schwierigkeit in der Herstellung und Unterhaltung eines guten Pflasters bieten alle diejenigen Stellen, an denen es durch fremdartige Körper, wie Abdeckungen von Gullies, Einsteigebrunnen, Wassertöpfen usw. durchsetzt wird. Besonders unvortheilhaft wirken in dieser Beziehung die Strafsenbahngleise, zumal da hierbei durchgehende in der Richtung des Verkehrs laufende Fugen unvermeidlich sind. Es ist daher hier in Berlin, sobald mit der Ausführung besserer Pflasterarten begonnen worden ist, den Strafsenbahn-Gesellschaften aufgegeben worden, nur solche Oberbausysteme zu verwenden, welche einen guten und dauernden Anschlufs an die hier üblichen Pflasterarten gestatten. Während anfänglich noch Gleisconstructionen mit hölzernen Langschwellen als zulässig erachtet wurden, ging man später dazu über, einen völlig in Eisen hergestellten Langschwellen-Oberbau mit besonders dauerhaft construirtem Stofs zu fordern. Da vornehmlich der Anschlufs der Strafsenbahngleise an Stampfasphalt sich ungünstig gestaltete, so wurden die Bahngesellschaften angehalten, in solchen Strafsen die Schienen beiderseitig mit Granitschwellen von der Höhe der Schienen und einer Breite von 15 bis 17 cm einzufassen. Die Zerstörung machte sich auch hier zunächst an den Schienenstöfsen bemerkbar. Nachdem durch Einführung des Halbstofses[1]) nach Ansicht einiger Betriebsgesellschaften eine Besserung eingetreten, ist ihnen gestattet worden, versuchsweise von der Einfassung der Schienen durch Steinschwellen Abstand zu nehmen und den Asphalt unmittelbar an die Schienen heranzulegen.

Die mit Chaussirung befestigten Strafsen bilden in Berlin nur einen unbedeutenden Bruchtheil der gesamten Strafsenfläche. Aufser den Fahrwegen im Thiergarten sind es einige der alten nach aufserhalb führenden Landstrafsen, die heute noch ihre aus einem früheren Zeitabschnitte stammende Steindecke sich erhalten haben. Die Unterhaltung der chaussirten Strafsen ist gegenüber den mit Steinpflaster versehenen sehr kostspielig[2]), und da sie ohnehin im Sommer durch Staub, im Winter durch Schlüpfrigkeit und Schmutz lästig fallen, so wird allmählich die Schotterung durch Stein- oder Asphaltpflaster ersetzt. Als Befestigungsmaterial dient in den verkehrsreicheren Strafsenzügen Steinschlag von Basalt oder Grünstein, in den weniger befahrenen kommt Granitschotter zur Verwendung.

Die Herstellung der Bürgersteige[3]) ist in Berlin Sache der Eigenthümer der an der Strafse belegenen Grundstücke. Zur Abgrenzung der Bürgersteige gegen den Fahrdamm dienen 30 cm breite, 25 cm hohe Bordschwellen aus Granit, die auf einer aus vier Klinkerschichten bestehenden Untermauerung ruhen. Im übrigen erfolgt die Befestigung des Bürgersteiges mit einer 2 m breiten Granitplattenbahn zwischen Mosaikpflaster oder mittels Asphalts auf einer 10 cm starken Betonlage oder auf zwei Ziegelflachschichten.

Wird Asphalt gewählt, so mufs zwischen diesem und der Bordschwelle ein mindestens 50 cm breiter Streifen Mosaikpflaster eingelegt werden, um hier bei eintretenden Brüchen von Gas- und Wasserleitungen das Entweichen des Gases oder des Wassers zu ermöglichen und wahrnehmen zu können.

Vor den auf den Bürgersteigen befindlichen öffentlichen Strafsenbrunnen erhalten die Bordschwellen eine muldenartig vertiefte Verbreiterung zum Tränken der Hunde.

---

[1]) S. hierüber auch den Abschnitt über Strafsenbahnen.
[2]) Die Kosten für die Unterhaltung der chaussirten Strafsen betragen nach 10jährigem Durchschnitt 0,56—1,23 ℳ für das Jahr und das Quadratmeter.
[3]) Nach einer Angabe der städtischen Strafsenreinigung bezifferte sich die Fläche der zu reinigenden Bürgersteige am 1. April 1893 auf 3 383 026 qm.

I. Die öffentlichen Strafsen und Plätze.

Die Benutzung der Strafsenoberfläche zu gemeinnützigen baulichen Anlagen.

Haben, wie wir im zweiten Abschnitt dieses Capitels gesehen, die Strafsen es sich gefallen lassen müssen, ihren Körper zu Diensten herzuleihen, welche, theilweise wenigstens, mit den eigentlichen Zwecken des öffentlichen Weges kaum in Verbindung gebracht werden können, so ist auch ihre Oberfläche, und in den letzten Jahrzehnten in steigendem Mafse, der Ort zur Aufnahme von zeitweise oder dauernd benutzten Anlagen geworden, die durchaus anderen Zwecken, als denen des Verkehrs zu genügen bestimmt sind, in gewissem Grade sogar als letzterem hinderlich betrachtet werden können.

In erster Linie sind als Anlagen, denen von Alters her ein Recht auf die Benutzung des öffentlichen Strafsenlandes auch hier in Berlin eingeräumt worden ist, die öffentlichen Strafsenbrunnen zu erwähnen. Bis zum Jahre 1861 lag die Herstellung und bauliche Unterhaltung auch dieser, lediglich örtlichen Zwecken dienenden Anlagen dem Königlichen Polizei-Präsidium ob; erst im genannten Jahre übernahm für die der Stadt eingemeindeten Stadttheile und im Jahre 1871 für das ganze Stadtgebiet die Gemeinde die Neuherstellung, während die Unterhaltung bis zum Jahre 1880, wo auch diese in die Hände der Stadt überging, bei der Königlichen Polizeibehörde verblieb. Der damals übernommene Bestand bezifferte sich auf 836 Brunnenkessel mit 1286 Pfosten und 46 Rohrbrunnen.

Wie aus vorstehenden Angaben ersichtlich, entnahm der weitaus gröfste Theil der Brunnen mittels hölzerner Pfosten sein Wasser aus gemauerten Kesseln. Die Gehäuse waren in einfachster Weise aus Holz hergestellt und vermochten selbst den bescheidensten Ansprüchen auf künstlerische Ausbildung nicht Genüge zu leisten. Obwohl solche Brunnen aus technischen und gesundheitlichen Gründen jetzt nicht mehr hergestellt werden, so sind doch auch heute noch eine nicht unerhebliche Zahl derselben in allen Stadttheilen vorhanden und es mag daher gestattet sein, an dieser Stelle, nachfolgenden Geschlechtern zur Vergleichung, die Abbildung eines solchen Brunnengehäuses einzufügen.

Abb. 18.

Die mangels einer geordneten Abführung des Haus- und Kloakenwassers herbeigeführte Verunreinigung des Bodens und der Umstand, dafs infolge fast allgemein gewordenen Anschlusses der Grundstücke an die Wasserleitung die öffentlichen Brunnen nicht mehr in so ausgiebiger Weise wie in früheren Zeiten benutzt wurden, und daher eine stetige Erneuerung des Wassers in den Kesseln nicht mehr eintrat, hatte auch die Güte des Brunnenwassers so beeinträchtigt, dafs eine grofse Anzahl der Pumpen durch die Sanitätspolizei geschlossen oder ganz beseitigt werden mufste.

Da die Kesselbrunnen des Weiteren auch den Zwecken des Feuerlöschwesens, denen sie vornehmlich zu dienen hatten, nur in unvollkommener Weise genügten, so entschlofs man sich, durch Herstellung von Rohrbrunnen tiefer gelegene, noch nicht verunreinigte wasserreichere Bodenschichten zu erschliefsen.

Die seit dem Jahre 1875 eingeführten Rohrbrunnen sind in zweierlei Gestalt zur Ausführung gekommen. Bei ihrer Anordnung ist man davon ausgegangen, neben möglichst grofser Ergiebigkeit und Reinhaltung des zu liefernden Wassers die Gesamtanordnung thunlichst einfach zu gestalten, die Abnutzbarkeit der einzelnen Theile auf ein geringstes Mafs einzuschränken und die dem Publikum zugänglichen Theile aus widerstandsfähigstem Stoffe, d. h. aus Gufs- bezw. Schmiedeeisen herzustellen. Des Ferneren wurde auf eine gehörige Sicherung der Leitungsröhren gegen die Einflüsse des Temperaturwechsels Bedacht genommen und dafür Sorge getragen, sofern die Entfernung des Wasserstandes unter der

I. Die öffentlichen Strafsen und Plätze. 39

Strafsenoberfläche nicht mehr als etwa 5 m beträgt, dafs eine unmittelbare Wasserentnahme durch eine Dampf-[1]) und zwei Handspritzen stattfinden konnte. Dafs nebenher auch auf eine künstlerische Gestaltung der Pumpengehäuse Werth gelegt wurde, bedarf kaum der Erwähnung.

Die ersten auf Veranlassung des Directoriums der Feuerwehr hierselbst aufgestellten Rohrbrunnen, deren Einrichtung im wesentlichen bis zum Jahre 1892 unverändert beibehalten worden ist, verdanken ihre Construction dem Ingenieur O. Greiner. Neben den oben erwähnten Grundsätzen ist bei diesen Brunnen ein besonderes Gewicht darauf gelegt worden, Pumpengehäuse und Handhabe so anzuordnen, dafs durch sie die nutzbare Fläche der Strafse möglichst wenig eingeschränkt werde. Zu diesem Zwecke ist das Pumpwerk von dem Brunnenpfosten getrennt und in einem eigenen unter dem Bürgersteige befindlichen gemauerten Schacht eingebaut, während da, wo die Länge und das Gewicht des zu hebenden Pumpengestänges es irgend zuliefs, von der üblichen Bewegungsvorrichtung

Abb. 19.   Abb. 20.   Abb. 21.

mittels Schwengel und Hebelübertragung Abstand genommen und diese durch eine lothrecht auf und ab gehende Handhabe ersetzt ist. Die vorstehenden Abbildungen zeigen zwei in ihrer äufseren Gestalt etwas abweichend von einander geformte Pfosten der gedachten Rohrbrunnen.

Seit einigen Jahren hat jedoch die städtische Bauverwaltung von fernerer Herstellung dieser Greiner'schen Rohrbrunnen Abstand genommen und ist zu Brunnen übergegangen, bei denen die Anlage eines besonderen Schachtes im Bürgersteig zur Aufnahme des Pumpwerkes nicht erforderlich wurde, bei denen es sich vielmehr ermöglichen liefs, die Ventile und Hebel in senkrechter Linie über dem Sauger, in dem Pumpengehäuse selbst anzubringen.[2]) Die Anordnung der neueren Pumpen ist von dem verstorbenen Regierungsbaumeister Kuntze angegeben; die Gehäuse, von denen drei verschiedene Muster zur Verwendung gelangen, sind nach Zeichnungen des Regierungsbaumeisters Stahn gebildet (s. Abb. 20).

---

1) Hierbei wird vorausgesetzt, dafs die Brunnen bei Entnahme des Wassers durch eine Dampfspritze etwa 800—1000 l in der Sekunde liefern.

2) Die gemauerten Pumpenschachte, von denen in dem Strafsenprofil S. 29 d. Bd. auf dem rechtsseitigen Bürgersteige gleichzeitig mit Pumpenpfosten und Pumpwerk eine Abbildung enthalten ist, bilden für die Einbettung von Leitungen verschiedener Art in den Körper des Bürgersteiges nicht zu unterschätzende Hemmnisse. Auch hat die den Greiner'schen Brunnen eigenthümliche Art der Bewegungsvorrichtung die gehegten Erwartungen nicht in dem gewünschten Mafse erfüllt.

40 I. Die öffentlichen Strafsen und Plätze.

Die Abb. 22—24 zeigen die Einrichtung solcher Rohrbrunnen, und zwar in Abb. 22 bei einem Brunnen, dessen Wasserstand sich in etwa 5 m unter der Strafsenoberfläche befindet (sog. Flachbrunnen), und in Abb. 23 bei Brunnen, deren niedrigster Wasserstand so tief unter dem Strafsenpflaster liegt, dafs eine unmittelbare Entnahme von Wasser durch Feuerspritzen bezw. durch einfache Saugepumpen mit nicht mehr als 2 m unter Strafsenpflaster befindlichem Saugventil ausgeschlossen ist. Derartiger, hierselbst mit dem Namen „Tiefbrunnen" bezeichneter Brunnen bedarf es in den nordöstlichen, auf den höher sich erhebenden Rändern des Spreethales belegenen Stadttheilen. Die Zahl der über das Weichbild der Stadt vertheilten öffentlichen Strassenbrunnen stellte sich am 1. April 1894 auf 1327 Stück, darunter 134 Tief- und 1193 Flachbrunnen, von denen 536 die Anordnung der oben besprochenen Rohrbrunnen aufweisen.

In Abb. 25—27 ist ein in Holz ausgeführtes Pumpengehäuse, wie solches in der Nachbargemeinde Charlottenburg mehrfach zur Ausführung gelangt ist, dargestellt.

In weitaus gröfserer Zahl als die Brunnen beanspruchen die der Strafsenbeleuchtung dienenden Ständer Raum auf der Strafsenfläche. Die Zahl derselben betrug zur Zeit der Abfassung dieser Zeilen 17710 Stück.[1]) Die Pfosten der im allgemeinen hier üblichen einflammigen Laternen sind so bekannt und ihrer Natur nach so schlicht, dafs wir uns einer Abbildung derselben für überhoben erachten dürfen. Die in den letzten Jahren in dem Wettkampfe mit der Elektricität eingeführten stärkeren Beleuchtungskörper haben infolge ihres eigenen gröfseren Umfanges und der dadurch bedingten geräumigeren Gestalt der sie einschliefsenden Laternen auch die Aufstellung kräftigerer und reicher ausgebildeter Stützen nothwendig gemacht, wie sie in Abb. 28—30 zur Darstellung gebracht sind.

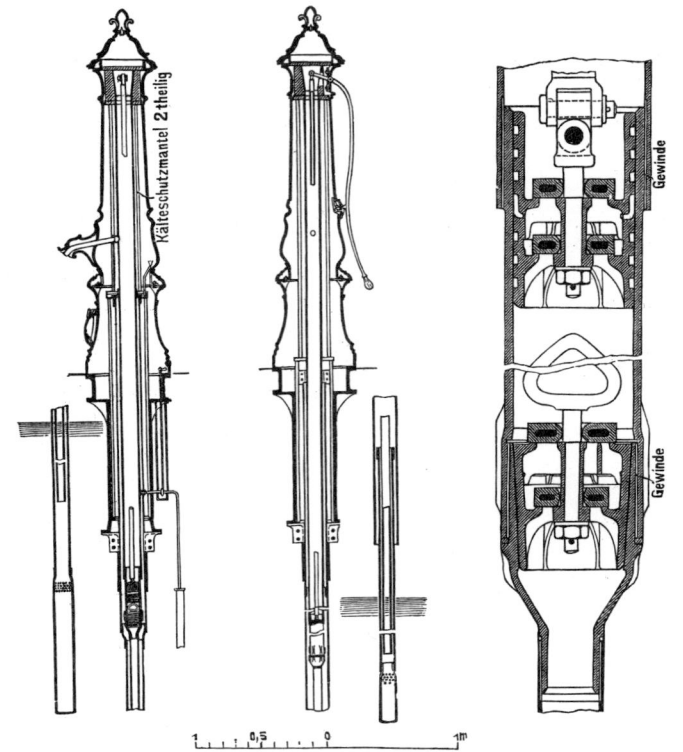

Abb. 22. Abb. 23. Abb. 24.
Pumpenstiefel für Tiefbrunnen. Kolben und Saugventil.

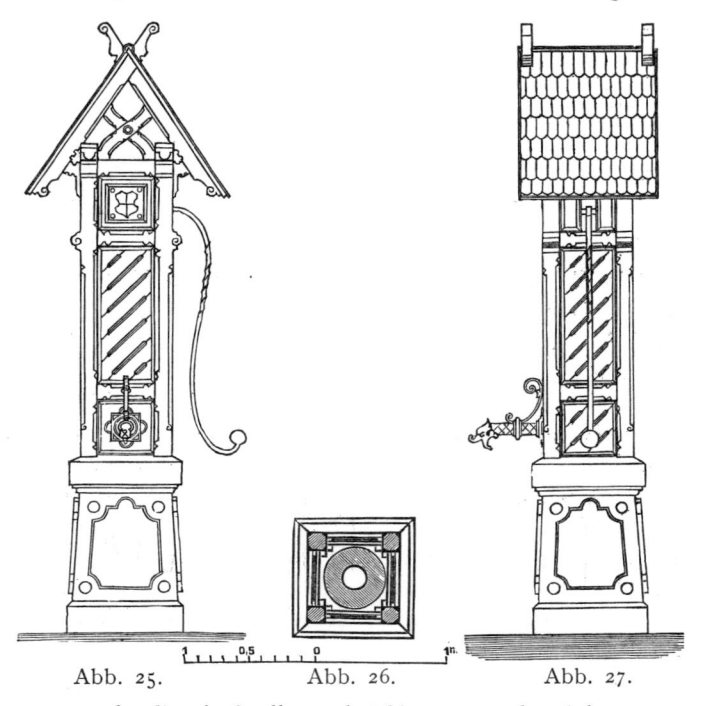

Abb. 25. Abb. 26. Abb. 27.

---

1) Davon 12271 gewöhnliche mit je einem Brenner, 4512 gewöhnliche mit mehreren oder gröfseren Brennern, 927 gröfsere Kandelaber mit einer oder mehreren Laternen und Brennern.

I. Die öffentlichen Strafsen und Plätze. 41

Eine eigenartige Ausbildung haben die Träger der elektrischen Bogenlampen gefunden. Die in Abb. 32—34 gegebenen Beispiele zeigen die seitens der Berliner Elektricitätswerke auf der Strafse „Unter den Linden" nach Entwürfen des Professors Schupmann

Abb. 31.

Abb. 28.

Abb. 29. Abb. 30. Abb. 32. Abb. 33.

in Aachen errichteten Masten, und zwar in Abb. 32 die auf den Bürgersteigen und in Abb. 33 u. 34 die auf der Mittelpromenade zur Aufstellung gelangten. Eine ihrer gewöhnlichen Bestimmung fern liegende Verwendung ist den Lichtständern in der Stadt Charlotten-

Berlin und seine Bauten. I.

burg zu Theil geworden; die an den Strafsenecken befindlichen werden zur Anbringung der Strafsenbenennungsschilder benutzt. Die Abb. 31 zeigt die in zierlichen, aus Schmiedeeisen hergestellten Rahmen eingesetzten Schilder und ihre Befestigung an dem Kandelaber derart, dafs die Namen auch bei Dunkelheit gelesen werden können.

Die Einführung des Stampfasphalts zur Befestigung der Fahrdämme und die diesen Strafsen nothwendige Wartung haben zu Vorrichtungen Veranlassung gegeben, in denen der zur Bestreuung des Asphalts bei feuchter Witterung erforderliche Sand, ebenso wie der von der Strafse zu entfernende Pferdedünger bis zu seiner Abfuhr Unterkunft findet.

Zu diesem Behufe sind auf den Bürgersteigen unmittelbar hinter der Bordschwelle in den betreffenden Strafsen 1,62 m hohe, 0,47 m breite und 0,324 m tiefe, aus Gufseisen gefertigte Kästen aufgestellt, in welche durch eine obere, mittels drehbarer Klappe verschliefsbare Oeffnung der zusammengefegte Dünger hineingeschüttet wird, während die Entleerung durch eine unmittelbar über der Bordschwelle befindliche und mittels Thür zu schliefsende Mündung erfolgt. Der zum Streuen erforderliche Sand wird in einem an der Rückseite der Kasten unter dem Düngerbehälter angebrachten Raum aufbewahrt (s. Abb. 35).

Zu den hier zu besprechenden Vorrichtungen gehören auch die auf den Strafsen und Plätzen aufgestellten, öffentlichen Zwecken dienenden Feuermelder.[1]) In diesem aus Gufseisen hergestellten Gehäuse (s. nachstehende Abb. 36) ist ein mit einigen telegraphischen Vorrichtungen verbundenes Triebwerk untergebracht. Letzteres wird durch Ziehen eines im Obertheil hinter einer Glasscheibe sichtbaren Handgriffes ausgelöst, der erst nach Zertrümmerung der Scheibe erreichbar wird. Die mit den betreffenden Feuerwachen in metallischer Verbindung stehende Vorrichtung giebt dann telegraphische Zeichen selbstthätig nach den Feuerwachen. Die für jeden Melder besonderen Zeichen erscheinen daselbst auf einem sich fortbewegenden Papierstreifen, gleichzeitig ertönt das Alarmsignal und die Feuerwehr rückt nach dem in Gang gesetzten Melder ab, um daselbst die Brandstelle zu erfahren.

Abb. 34.

---

[1]) Nach Angabe des Königlichen Branddirectors Giersberg.

I. Die öffentlichen Strafsen und Plätze. 43

Die Bezeichnung letzterer kann im Melder schriftlich niedergelegt werden, oder der Meldende wartet die Ankunft der Feuerwehr ab. Die für das Publicum erforderlichen Hinweise finden sich am Gehäuse in deutlich hervortretender Schrift angegeben.

Einrichtungen weit umfangreicherer Art als die bisher besprochenen, die im einzelnen nur eine verhältnifsmäfsig geringe Fläche der Strafse dem Verkehr entziehen, sind die **öffentlichen Bedürfnisanstalten**. Man unterscheidet in Berlin zwei Arten dieser Wohlfahrtseinrichtungen, und zwar solche, die lediglich für Männer, und solche, welche für beide Geschlechter bestimmt sind. Die ersteren, auf Kosten und durch die städtische Bauverwaltung hergestellt, waren anfänglich nur für die gleichzeitige Benutzung durch zwei Personen eingerichtet. Seit 1878 hat man angefangen, anstatt dieser zweiständigen Anstalten, da sie dem wachsenden Bedürfnisse, namentlich in den verkehrsreicheren Stadt-

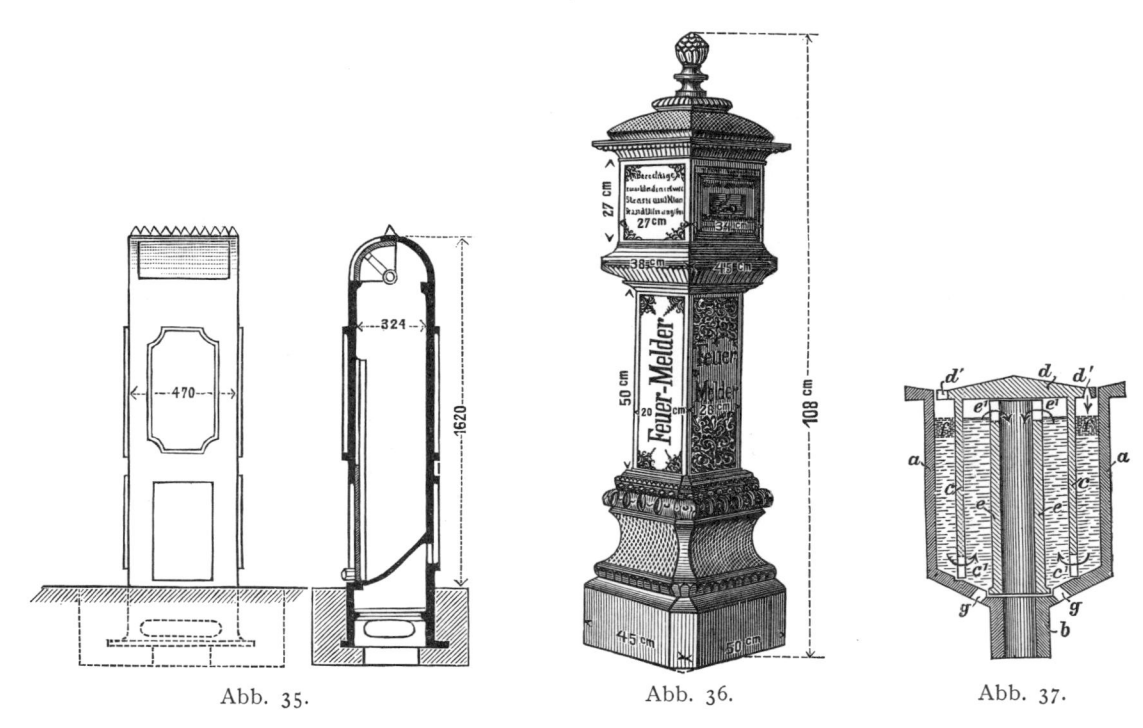

Abb. 35.   Abb. 36.   Abb. 37.

theilen, nicht mehr genügten, siebenständige, nach einem regelmäfsigen Achteck gestaltete, aufzustellen, und jene in den Aufsentheilen der Stadt, wo der Zusammenflufs von Fufsgängern noch geringer ist, wieder aufzurichten.

Diese siebenständigen Anstalten, deren Gehäuse im wesentlichen aus Gufseisen, Glas und Schiefer zusammengefügt ist, während der Fufsboden aus Asphaltpflaster besteht, werden fortdauernd mit Wasser gespült; der Wasserverbrauch beziffert sich schätzungsweise auf 3 cbm Wasser für einen Stand und Tag, sodafs für eine siebenständige Anstalt der jährliche Wasserbedarf sich auf etwa 7665 cbm stellt und die Kosten dieser Spülung bei einem Selbstkostenpreise des Wassers von rd. 11,2 ₰ sich auf etwa 858 ℳ berechnen. Bei einer der Anstalten ist in jüngster Zeit der Versuch gemacht, die Wasserspülung durch Oelverschlufs in der in Abb. 37 dargestellten Weise[1]) zu ersetzen. Es soll hierdurch nicht nur eine erhebliche Kostenersparnifs im Betriebe sowohl als auch bei der Herstellung durch Fortfall der Spülungsvorrichtungen erreicht, sondern auch die Anstalt völlig geruchlos gemacht werden. Da der durch ein ganzes Jahr fortgesetzte Versuch die Voraussetzungen im wesentlichen bestätigt hat, so werden voraussichtlich die neu zu erbauenden Anstalten künftig mit den gedachten Einrichtungen versehen werden. Am Schlufs des Jahres 1893/94

---

1) Nach einem dem Herrn E. Beetz in Wien ertheilten Patente.

44 I. Die öffentlichen Strafsen und Plätze.

besafs Berlin 55 zweiständige und 86 siebenständige öffentliche Bedürfnifsanstalten für Männer, zu denen sich noch zwei, und zwar mit acht bezw. zehn in zwei parallelen Reihen angeordneten Ständen gesellen. Die nachfolgenden Abb. 38 u. 39 zeigen in Grundrifs und Ansicht die Anordnung der üblichen achteckigen, mit sieben Ständen ausgerüsteten Anstalt.

Die zum Gebrauche für beide Geschlechter bestimmten Anstalten stehen zwar auch unter städtischer Aufsicht, sind aber von Privatunternehmern errichtet und werden von diesen betrieben und unterhalten. Für die Benutzung der öffentlichen Strafse zur

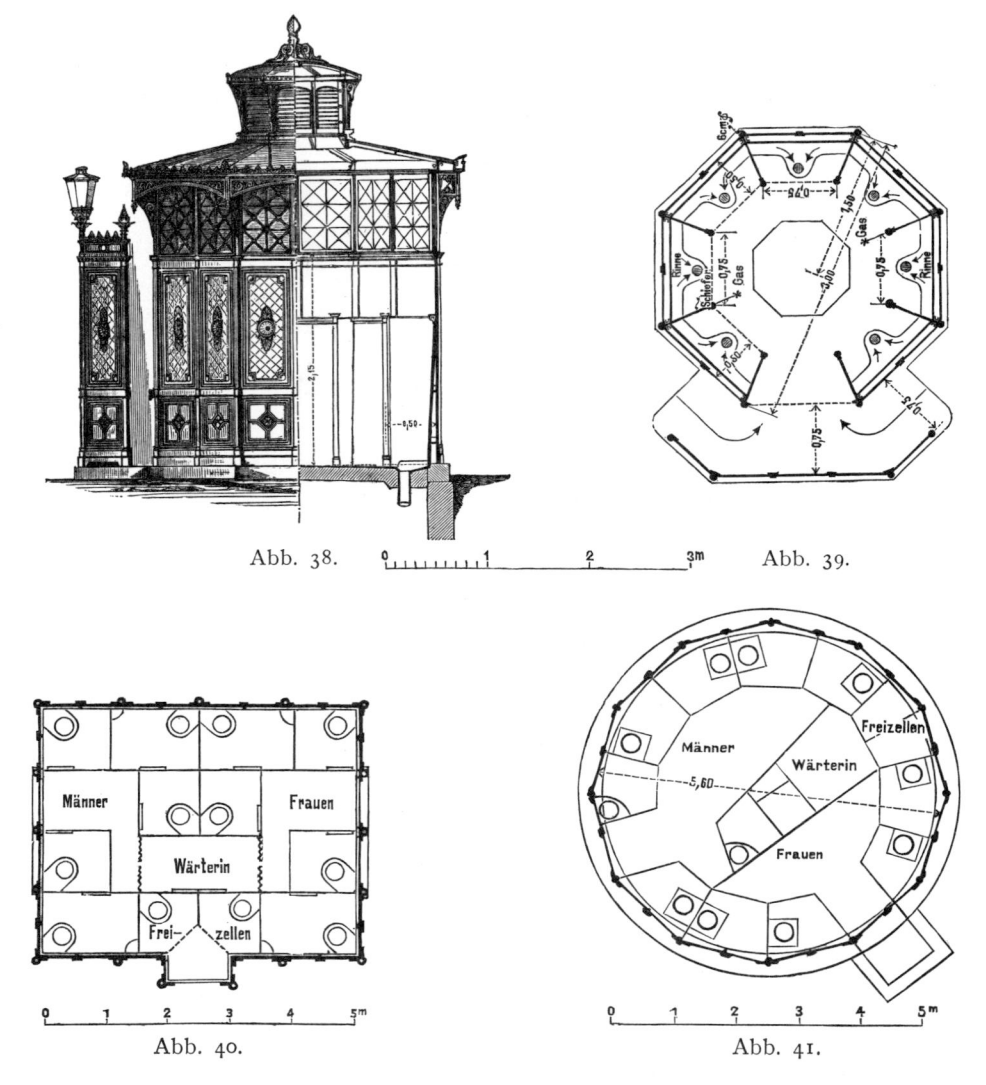

Abb. 38. Abb. 39.

Abb. 40. Abb. 41.

Ausübung ihres Unternehmens entrichten dieselben eine Abgabe von 10% der Bruttoeinnahme an die Gemeinde und sind vertragsmäfsig gehalten, gegen festgesetzten Tarif ihre Anstalten stets in sauberem und ordnungsmäfsigem Zustande dem Publicum zur Verfügung zu halten; aufserdem liegt ihnen noch die Verpflichtung ob, in jedem der Abortgebäude je zwei mit besonderem Eingange versehene Zellen dem weiblichen Geschlecht zur freien Benutzung zu überlassen.

Ihrer Grundrifsbildung nach sind zwei Arten der letztgedachten Anlage zu unterscheiden, eine rechteckige (Abb. 40) und eine vieleckige, sogenannte Rotunde (Abb. 41). Von der äufseren Gestalt der letzteren vermag die Ansicht Abb. 44 ein Bild zu geben; die achteckigen schliefsen sich in ihrem Aufbau den städtischen Bedürfnifsanstalten für Männer eng an. Wie für diese, ist auch für die beiden Geschlechtern dienenden Aborte

I. Die öffentlichen Strafsen und Plätze.   45

die Verwendung von Eisen und Glas als wesentliche Baustoffe vorgeschrieben, es ist jedoch, aus früheren Jahren herstammend, noch eine Anzahl von Anstalten mit rechteckigem Grundrisse vorhanden, deren Herstellung ganz in Holz bewirkt ist.

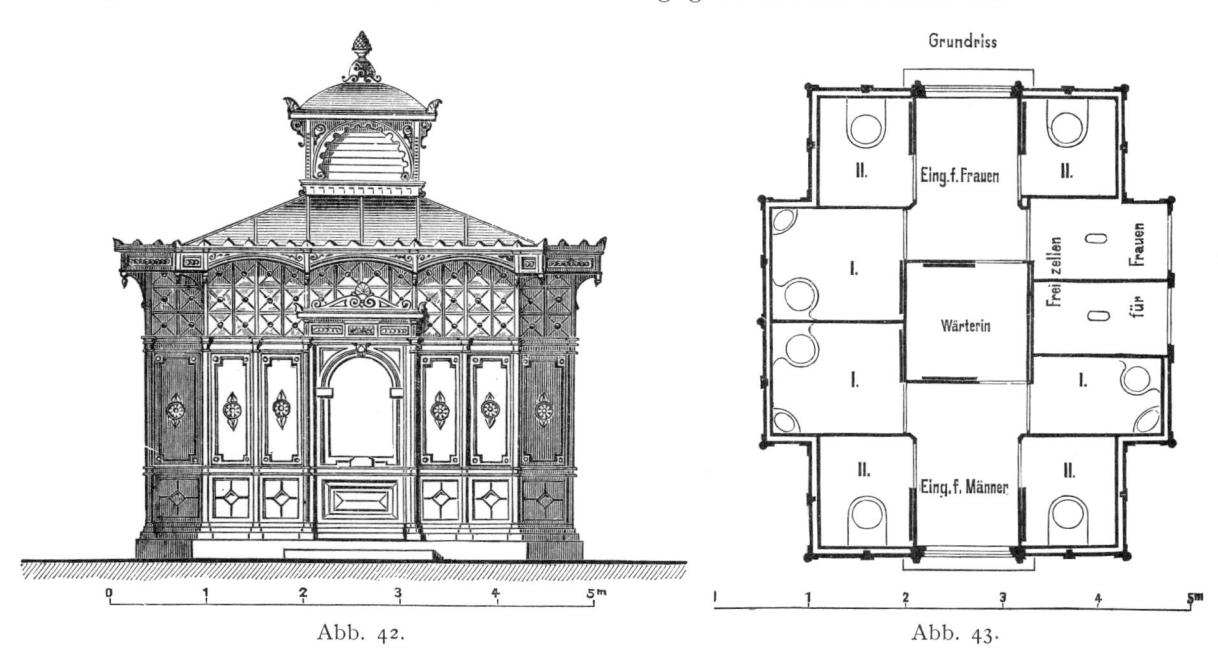

Abb. 42.   Abb. 43.

Sind hiermit die auf der Strafse Platz findenden, lediglich den Zwecken des öffentlichen Verkehrs und der Gesundheitspflege dienenden Anlagen besprochen, so darf auch eine Einrichtung nicht mit Stillschweigen übergangen werden, die zwar der Hauptsache nach im Dienste des Anzeige- und Reclamewesens steht, die jedoch aufserdem die für eine Grofsstadt nicht zu unterschätzende Aufgabe zu erfüllen hat, eine gleichmäfsige Regelung der Zeitangabe herbeizuführen und Raum für Anbringung meteorologischer Instrumente zu gewähren. Die von einer Erwerbsgesellschaft aufgestellten Uraniasäulen, deren Aeufseres nach einem Entwurfe des Professors Schupmann in Aachen hergestellt ist, geben hinter ihren vier, fast lediglich aus Glasscheiben gebildeten Seitenflächen, wie nachstehende Abb. 45 erkennen läfst, Gelegenheit zur Ausbildung einer Reihe verschiedenartig geformter, zur Aufstellung von Reclamedarstellungen und Anzeigen aller Art sehr geeigneter Räume. Unterhalb einer sie bekrönenden Erdkugel, ungefähr 4,50 m über der Strafse, befinden sich die Zifferblätter der Uhren. Ihre Werke, selbständige Thurmuhrwerke, werden von der Centrale der Uraniasäulen-Gesellschaft aus stündlich auf elektrischem Wege durch Vermittelung von

Abb. 44.

46 I. Die öffentlichen Strafsen und Plätze.

Leitungen, welche seitens des Kaiserlichen Reichspostamtes in Telephongestängen eigens für diesen Zweck angelegt worden sind, genau richtig eingestellt und sind so geregelt, dafs vorkommende Fehler einseitige bleiben, d. h. dafs die Uhren je nach den Temperaturschwankungen in der Stunde einige Sekunden mehr oder weniger vorgehen, niemals aber zurückbleiben. Sobald sich mittels eines an dem Werke angebrachten Contactes ein Elektromagnet in die von der Centrale kommende Leitung einschaltet, löst dieser eine Kuppelung zwischen Uhrwerk und seinem Pendel, sodafs ersteres angehalten wird, letzteres aber allein schwingt. In genau zu bestimmendem Augenblick wird von der Centraluhr der elektrische Strom wieder unterbrochen, der Elektromagnet verliert seine Wirkung, das Uhrwerk geht wieder richtig weiter und der vorher entstandene, sehr kleine Fehler ist beseitigt. Um die Centrale rechtzeitig von etwa eintretenden Fehlern in Kenntnifs zu setzen und diese zu beseitigen, zeichnet sich der Gang einer jeglichen Uhr, sobald sie eingestellt wird, auf einem von der Centraluhr bewegten Papierstreifen selbstthätig auf, sodafs der Wärter stets über den Gang sämtlicher angeschlossenen Uhren, sowie über etwaige Leitungsstörungen unterrichtet ist.

Die in den Säulen in etwa 1,50 m Höhe angebrachten meteorologischen Instrumente befinden sich innerhalb eines Metallbehälters, in welchem

Abb. 45.

ein von einer kleinen Turbine[1]) getriebener Ventilator dauernd frische Aufsenluft einsaugt. Die drei Instrumente, welche sich in diesem Luftstrom befinden — ein Thermometer (sog. Bourdonsches Rohr), ein Aneroidbarometer und ein Hygrometer —, sind somit von den Einflüssen der Temperatur in den Säulen unabhängig gemacht und geben stets Temperatur, Druck und Feuchtigkeit der Aufsenluft an. Jedes der Instrumente überträgt seine Bewegung auf eine an einem kleinen Schlitten befindliche Feder, und diese bringt auf einem durch das Uhrwerk gleichmäfsig fortbewegten Papierstreifen die in der Luft eintretenden Veränderungen durch eine mittels Farbstift aufgetragene Curve zur Darstellung. Die Apparate sind von Professor Dr. Assmann an dem Königlichen Meteorologischen Institut zu Berlin erfunden und von dem Präcisionsmechaniker Fuess in Steglitz ausgeführt.

Abb. 46.

---

[1]) Die Turbine wird durch die städtische Wasserleitung gespeist.

I. Die öffentlichen Strafsen und Plätze.   47

Ihrer Bestimmung nach schliefst sich den soeben erwähnten Anlagen an die auf dem Schlofsplatze unfern der Kurfürstenbrücke im Jahre 1889 auf Kosten der Stadt errichtete Wettersäule (s. Abb. 46). Der Entwurf zu dieser aus Sandstein hergestellten, mit aufgehefteten Bronzeornamenten geschmückten Baulichkeit stammt von dem Architekten Bruno Schmitz aus Berlin her, während das Modell zu der das Wetterhäuschen krönenden Puttengruppe aus der Hand des Bildhauers N. Geiger, Wilmersdorf, hervorgegangen ist.

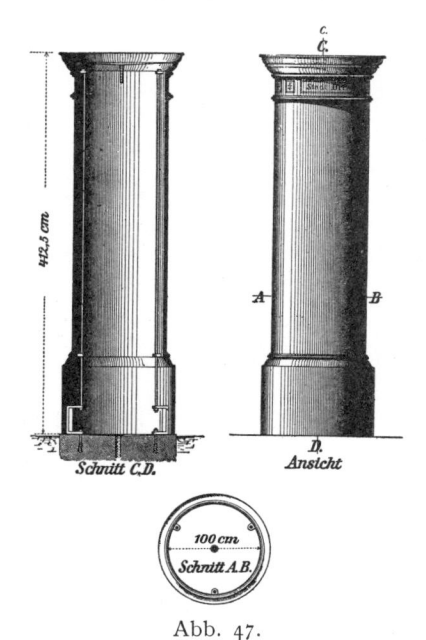

Zum Schlufs und um uns nicht dem Vorwurf der Unvollständigkeit auszusetzen, sei hier noch der Anschlagssäulen gedacht, die gegenwärtig in einer Anzahl von 400 Stück über das Weichbild der Stadt zerstreut sind. Diese, von einem Privatunternehmer errichtet, der für Ueberlassung des Anschlagswesens der Gemeinde eine jährliche Pacht von 255000 ℳ entrichtet, bestehen (siehe nebenstehende Abb. 47) aus 4,125 m hohen, mit Sockel und Bekrönung versehenen Säulen aus 3 mm starkem Eisenblech von 1 m Durchmesser. Die Säulen selbst gehen mit ihrer Errichtung als Zubehör der öffentlichen Strafse in das Eigenthum der Stadtgemeinde über; der Unternehmer hat aber für ihre ordnungsmäfsige Unterhaltung aufzukommen, wie er denn auch verpflichtet ist, auf Verlangen der zuständigen Behörden eine Versetzung oder zeitweilige Beseitigung der Säulen zu bewirken. Für die Ueberlassung des Säulenmantels zum Anbringen von Plakaten bis zu einer bestimmten Gröfse hat sich der Pächter einem vorgeschriebenen Tarife zu unterwerfen (s. Bericht der Gemeindeverwaltung Berlin 1877—1881, Theil II).

Abb. 47.

Bearbeitet vom Stadt-Bauinspector P. Gottheiner, Königl. Baurath.

Pariser Platz und Brandenburger Thor.

II. Die öffentlichen Park- und Gartenanlagen.

Mit öffentlichen Erholungsstätten ist Berlin im Verhältnifs zu seiner Gröfse nur knapp versorgt, aber auch in dieser Richtung hat die neuere Zeit vieles nachgeholt, was früher versäumt wurde. Mit reichlichen Mitteln sucht die wachsende Weltstadt, wo irgend sich Raum bietet, Plätze zu schaffen, die, mit grünem Pflanzen- und Baumwuchs bestellt, eine Unterbrechung der endlosen Pflasterebenen, eine Auffrischung der in den engen Strafsenzügen verbrauchten Luft, ein Ausruhen für Auge und Ohr dem ermüdeten Grofsstädter gewähren.

Die öffentlichen Gärten Berlins sind theils königlich, theils fiskalisch, theils städtisch.

1. Die Königlichen Gärten, die dem Publicum offen stehen, sind:

Der Monbijougarten, zwischen der Spree, dem Monbijouplatz und der Oranienburger Strafse belegen, 2,80 ha grofs, mit alten schönen Bäumen und einfachen Rasenbeeten, wurde im Jahre 1708 bezw. 1710 Schlofspark und dient der umwohnenden Bevölkerung, insbesondere der Jugend, als Erholungs- und Spielstätte. In den Jahren 1884 und 1885 wurde die St. Georgskirche für den englischen Gottesdienst auf Veranlassung der damaligen Kronprinzessin Victoria von Raschdorff in dem Parke erbaut. Auch die von demselben Architekten für die Dauer des Dombaues im Jahre 1893 errichtete Interimskirche steht im Park von Monbijou.

Der Bellevuegarten, zum Schlofs Bellevue an der Unterspree gehörig, 29,60 ha grofs, hat den Charakter des ihn umgebenden Thiergartens durch Anlage von breiteren Wegen und gröfseren Rasenflächen allmählich verloren. Die Gewächshäuser sind durch

II. Die öffentlichen Park- und Gartenanlagen.

Neubauten vermehrt und die früher vorhanden gewesenen Wasserläufe zugeschüttet. Nur bei Anwesenheit der Kaiserlichen Familie in Berlin ist der Garten für das Publicum geschlossen.

Der Schlofspark in Charlottenburg steht gleichfalls den gröfsten Theil des Jahres hindurch jedem Besucher offen und bildet mit dem Mausoleum und seinen ausgedehnten wohlgepflegten Anlagen, die von weiten Wasserflächen belebt sind, einen von Einheimischen wie Fremden viel besuchten Anziehungspunkt und Erholungsort.

2. Zu den fiskalischen öffentlichen Gärten[1]) zählt in erster Linie:

Der Königliche Thiergarten,[2]) im Westen der Stadt, vom Brandenburger Thor bis Charlottenburg etwa 3800 m lang und vom linken Ufer der Spree südwärts 600—900 m breit sich erstreckend; mit einem Flächeninhalt von 259,50 ha, wovon 22,50 ha auf den Zoologischen Garten kommen, liegt dieses Parkgebiet schon jetzt völlig von den bebauten Strafsen der beiden Städte umschlossen und bildet reich ausgestattet mit altem, herrlichem Baumbestande, mit schattigen Alleen und von weiten Rasenflächen und kühlen, stillen Waldpfaden umgebenen Gewässern den schönsten und werthvollsten Schmuck der deutschen Hauptstadt, durch den sie vor allen Grofsstädten Europas ausgezeichnet ist.

Die Entstehung des Thiergartens ist mit der Geschichte Berlins eng verwachsen. Die ersten zuverlässigen Nachrichten über denselben stammen aus dem Anfange des 16. Jahrhunderts. Urkundlich kaufte im Jahre 1527 der Kurprinz Joachim Namens seines Vaters, des Kurfürsten Joachim I., die ersten Grundstücke vom Rathe zu Köln behufs Anlegung eines Thiergartens. Der Kurfürst Johann Siegismund liefs den Park einhegen und mit Wild besetzen, wonach der Thiergarten lediglich dem Jagdvergnügen des Hofes diente. Während des dreifsigjährigen Krieges aber gerieth der Park in Verfall. Erst mit dem Regierungsantritt des Grofsen Kurfürsten 1640 begann auch für den Thiergarten eine bessere Zeit. Mit regem Eifer für die Verbesserung und Verschönerung seiner Residenz verband der Kurfürst ein hohes Interesse für die Gartenkunst und betheiligte sich persönlich an der Pflanzung von Bäumen, die noch jetzt als mächtige Baumruinen den Park schmücken. Im Jahre 1674 erfolgte die Anlage der Linden. Die Grenze des Thiergartens bildete nunmehr etwa die Wilhelmstrafse.

Noch war der Thiergarten mit einem Plankenzaun umgeben, aber seine Bestimmung hatte er allmählich verloren. Wild hielt sich zwar darin auf, wurde jedoch selten gejagt. Im Jahre 1697, als auf Anregung der Kurfürstin Sophie Charlotte das Schlofs und der Park in Lietzow, jetzt Charlottenburg, in Angriff genommen wurde, liefs Kurfürst Friedrich III. den von Berlin nach Lietzow führenden Weg, die jetzige Charlottenburger Chaussee, gerade legen, verbreitern, mit Linden bepflanzen und mit Laternen erleuchten. Ende des 17. Jahrhunderts entstand auf seinen Befehl der Grofse Stern mit den von dort auslaufenden vier Alleen, von welchen die Hofjägerallee durch den jetzigen Bellevuegarten bis an die Spree führte. Nächstdem wurde der Kurfürstenplatz mit seinen sieben Alleen, welche man die sieben Kurfürsten nannte, und die grofse Querallee angelegt.

Unter der Regierung Friedrich Wilhelms I. (1713—1740) verlor der Thiergarten durch die Bebauung des nördlich der Linden sowie des zwischen Wilhelmstrafse und Brandenburger Thor gelegenen Geländes wiederum ein grofses Stück und erhielt damit ungefähr seine jetzige Gestalt. Die Lindenallee wurde bis zum Pariser Platz weitergeführt und letzterer durch ein Thor nach dem Thiergarten abgeschlossen. Dieses niedrige, in einfacher Form errichtete Thor mufste 1789 dem jetzigen, von Langhans unter Friedrich Wilhelm II. erbauten Brandenburger Thor weichen.

Nachdem 1734 die Leipziger Strafse bis zum jetzigen Leipziger Platz fortgeführt und letzterer in seiner heutigen Gestalt hergestellt war, wurde zum Anschlufs an den Thiergarten die Bellevuestrafse angelegt und mit Kastanien bepflanzt. Im Jahre 1740 liefs Friedrich der Grofse den Plankenzaun abbrechen und den Thiergarten durch den Freiherrn v. Knobelsdorf in einen Park umwandeln. Nach seinen Angaben wurden Wege und Plätze neu angelegt und verschönert. Mit grofsem Geschick bildete er den Grofsen Stern

---

1) Bearbeitet vom Königlichen Gartendirector Geitner.
2) S. den Lageplan im Stadtplan, Anlage 1.

durch Anpflanzung der Buchenhecken und Aufstellung von Statuen, welche letzteren später wieder beseitigt sind. 1742 ward auf der Stelle des jetzigen Zoologischen Gartens und des Seeparkes eine Fasanerie eingerichtet. Der Floraplatz mit seinen Alleen, die Rousseau-Insel und der Goldfischteich (s. Abbildung auf S. 48) stammen gleichfalls aus jener Zeit.

Die Franzosen Dortu und Thomassin erhielten die Erlaubnifs, Leinwandzelte in der Gegend des jetzigen Zeltenplatzes aufzustellen und Erfrischungen zu verkaufen; aus diesen Leinwandzelten entstanden später die jetzt massiv gebauten Restaurationsgebäude, „Zelte" genannt. Doch wurde durch Vertrag der Finanzdeputation 1811 bestimmt, dafs diese Gebäude ihren Charakter als öffentliche Vergnügungsorte stets behalten müssen.

Im Jahre 1810 wurde die Luiseninsel angelegt und von den Bewohnern der Umgebung des Parkes zur Erinnerung an die am 23. December 1809 erfolgte glückliche Rückkehr der Königsfamilie ein von Schadow modellirter Denkstein aufgestellt. Im Jahre 1817

Abb. 48. Löwenbrücke im Thiergarten.

erhielt der Garteningenieur Lenné vom König Friedrich Wilhelm III. den Auftrag, Verschönerungspläne für den Thiergarten zu entwerfen. Doch erst 1833 begannen die Umarbeitungen im Thiergarten, denen er seine jetzige Gestalt verdankt. Der jetzige Neue See und seine Umgebung, Fahr-, Reit- und Fufswege wurden angelegt, Wasserläufe verändert und Brücken gebaut, darunter auch 1837 die als Zierde des Parkes bekannte Löwenbrücke. 1831 erhielt die Thiergartenstrafse ihren Namen, 1836 wurde die Bendlerstrafse angelegt und 1839 der ehemalige Kanonenweg zu Ehren Lennés und in Anerkennung seiner grofsen Verdienste um den Thiergarten Lennéstrafse genannt. 1839—1840 wurde die „symmetrische Anlage" nach einem Entwurfe des Kronprinzen Friedrich Wilhelm, nachmaligen Königs Friedrich Wilhelm IV., geschaffen und im darauf folgenden Jahre die Fasanerie nach Potsdam verlegt, wonach auf dem freigewordenen Gebiete derselben auf Anregung des Professor Lichtenstein der jetzige Zoologische Garten begründet wurde, dessen Eröffnung 1844 stattfand. Zugleich mit der Herstellung des Landwehrcanals im Jahre 1845 wurde die gärtnerische Umgebung desselben, insbesondere auch der Hippodrom angelegt. In den Jahren 1843—1846 entstanden auch die ersten Anlagen auf dem Exercirplatz, dem jetzigen Königsplatz, auf dessen Westseite Kroll im Jahre 1844 auf fiskalischem Grunde einen

II. Die öffentlichen Park- und Gartenanlagen.

Wintergarten für öffentliche Vergnügungszwecke anlegen durfte, während an der Ostseite des Platzes dem Grafen Raczinsky 1846 der Bau einer Bildergalerie gestattet wurde. Das erste 1849 im Thiergarten aufgestellte Denkmal war das Standbild des Königs Friedrich Wilhelm III. von Drake. In der darauf folgenden Zeit geschah wegen der unruhigen politischen Verhältnisse wenig für die Verschönerung und Unterhaltung des Thiergartens. Die Victoriastrafse entstand im Jahre 1858, und zur selben Zeit wurde dem Geheimrath v. Graefe ein Grundstück an der Nordwestgrenze des Thiergartens überwiesen, auf welchem sich derselbe ein Landhaus durch Schinkel erbauen liefs, das jetzige Wirthshaus „Charlottenhof".

Seit Anfang der sechziger Jahre hat sich dann die städtische Bebauung auf beiden Seiten des Thiergartens mit wechselnder Beschleunigung ausgedehnt und den Mauerring um denselben vollendet. Kaiser Wilhelm I. hat der Pflege des Thiergartens seine ganz besondere Fürsorge gewidmet und bewilligte zu den dafür erforderlichen Kosten Zuschüsse aus eigenen Mitteln. Auf seine Veranlassung wurde der Königliche Obergärtner Neide 1867 mit Entwürfen für die nöthigen Verbesserungen des Thiergartens und in der Folge mit der Ausführung derselben betraut. Neues frisches Leben zog in den Thiergarten ein. Die Verbesserung der Pflanzungen wurde in Angriff genommen, die durch die Abwässer der Stadt sehr verunreinigten Zuflüsse aus dem Landwehrcanal abgesperrt und zur Versorgung des Thiergartens mit reinem Wasser in den Jahren 1873—1877 das Wasserwerk am Hippodrom nach den Plänen des Bauraths Hobrecht zur Ausführung gebracht. Es besteht aus dem Kessel- und Maschinenhause, dem massiven Wasserthurm mit eisernem Hochbehälter, 11 Grundbrunnen und dem Rohrnetz. Für Maschinisten und Heizer sind zwei Wohnhäuser vorhanden. Zwei Hochdruckpumpen speisen aus sechs Brunnen das über den ganzen Park verbreitete Rohrnetz von ca. 28 000 m Länge, welches 11 Springbrunnen und 270 Hydranten zum Bewässern der Anlagen und Wege versorgt, und dessen Steigrohr in dem 28 m hoch belegenen kreisrunden Behälter von 14 m Durchmesser und 4 m Höhe endet. Zwei Niederdruckmaschinen entnehmen den übrigen fünf Grundbrunnen das zur Auffrischung der Thiergartengewässer erforderliche Speisewasser und treiben es unmittelbar in das Leitungsrohr, dessen Ausgufs einen kleinen Wasserfall in der Nähe der Fasanerieallee bildet. Das Wasserwerk wird gewöhnlich von Anfang April bis Anfang November betrieben und leistet durchschnittlich 6300 cbm in 10 stündiger Arbeit. Von den vorhandenen vier Kesseln dienen zwei zur Aushülfe.

Unter Neide, der inzwischen zum Garteninspector ernannt war, entstanden im Thiergarten zahlreiche breite Fufspromenaden, schöne Reit- und Fahrwege, viele grofse Kinderspielplätze, 1870 die kleinen reizvollen Anlagen des sogenannten Wintergartens an der Königgrätzer Strafse, 1871 die Sieges- und Friedensallee, 1875 die Vergröfserung und Bepflanzung des Brandenburger Thorplatzes, 1876 und 1877 die Gartenanlagen auf dem Königsplatze und längs der Sommerstrafse, nachdem bereits 1873 das Siegesdenkmal auf dem Königsplatze enthüllt worden war. Auf Anregung des General-Feldmarschalls Wrangel wurde dann am entgegengesetzten Ende der Siegesallee auf dem Kemperplatze 1878 der Wrangelbrunnen aufgestellt. Eine grofse Zierde erhielt ferner der Thiergarten im März des Jahres 1880 durch das Denkmal der Königin Luise von Professor Enke und im Juni desselben Jahres durch das Denkmal Goethes von Professor Schaper. Seit dem October 1890 schmückt auch das Standbild Lessings, von der Hand seines Urgrofsneffen, des Professor Lessing, den Thiergarten im Zuge der Lennéstrafse. Aufser diesen Denkmälern sind noch an Bildwerken im Thiergarten aufgestellt: die Winzerin von Professor Drake an der grofsen Queralle, die Löwengruppe von Professor W. Wolff im Ahornsteig, ferner vier Kriegergruppen auf den Alsenplätzen, vier Kindergruppen am Goldfischteich und vier Flufsgruppen am Grofsfürstenplatz. Diese 12 Gruppen sollten seiner Zeit zur Ausschmückung der Königsbrücke verwendet werden, wurden aber nach Zuschüttung des Königsgrabens dem Thiergarten überwiesen.

Der Zeltenplatz, früher eine wüste Sandfläche, wurde 1886 gärtnerisch angelegt. Mit der Erweiterung der Garten- und Wegeanlagen steigerte sich auch der Wasserverbrauch des Thiergartens sehr erheblich, und das Wasserwerk war an der Grenze seiner

Leistungsfähigkeit angelangt, als im Jahre 1893 nach der Canalisation von Berlin und Rixdorf es möglich wurde, das Wasser des Landwehrcanals wieder den Thiergartengewässern zuzuführen und wenigstens den Neuen See nebst dem östlich von der Fasanerieallee belegenen Theil der Thiergartengewässer durch reichliche Speisung in angemessener Höhe zu halten und eine regelmäfsige Strömung darin zu erzielen.

In neuerer Zeit hat sich die Thiergartenverwaltung besonders auch die Anlegung geräumiger Kinderspielplätze, die Befestigung der Hauptverkehrswege mit Mosaikpflaster und die Instandsetzung und Erneuerung baufälliger Brücken in gefälliger Form und dauerhafter Ausführung angelegen sein lassen. Die Beete und Anlagen, welche nicht betreten werden sollen, werden nach Mafsgabe der vorhandenen Mittel mit einer niedrigen eisernen Einhegung umschlossen. Die Zahl der im Thiergarten aufgestellten Sitzbänke beträgt zur Zeit 950.

Abb. 49. Der Thiergarten vom Reichstagsgebäude gesehen.

Es bleiben noch die sonstigen Einrichtungen zu erwähnen, welche der Verkehr der Weltstadt nothwendig erfordert, wie Milchhallen, Schutzpavillons, Bedürfnifsanstalten u. dergl., mit deren Errichtung an geeigneten und besonders verkehrsreichen Punkten seit einigen Jahren der Anfang gemacht worden ist.

Die Unterhaltungskosten des Thiergartens trägt hauptsächlich der Staat; dieselben belaufen sich jetzt jährlich auf etwa 160 000 ℳ, von denen aber der gröfsere Theil durch Verpachten von Thiergartengrundstücken, Thiergartengewässern und Verkauf von Holz und Gras usw. vereinnahmt wird, sodafs der Staat jährlich nur 30—40 000 ℳ zuzuzahlen hat. Aufser diesen Kosten hat die Stadt Berlin seit dem Jahre 1870 jährlich 30 000 ℳ zur Verschönerung des Thiergartens beigetragen. Dieser Zuschufs wird vom Jahre 1895 ab auf 10 Jahre zur Canalisirung der Chausseen des Thiergartens Verwendung finden, die mit einigen Fufswegen seit 1875 in den Besitz der Stadt Berlin übergegangen sind und von ihr unterhalten werden. Einige Hauptstrafsen, wie die Strafse An den Zelten, der Spreeweg, die Friedensallee, die Lenné- und Thiergartenstrafse, sind bereits mit Asphalt

II. Die öffentlichen Park- und Gartenanlagen. 53

belegt und damit die Uebelstände verkehrsreicher Chausseen, wie Staub, Schmutz und schlechte Ausdünstungen, in dankenswerther Weise beseitigt.

Dem Verkehr durch den Thiergarten dienen drei Pferdebahnlinien: auf der Charlottenburger Chaussee zwischen dem Brandenburger Thor und Charlottenburg, durch die Fasanerie- und Lichtensteinallee nach dem Zoologischen Garten und durch die Brücken- und Hofjägerallee zur Verbindung des Stadttheils Moabit mit dem Lützowplatz. Aufserdem durchschneidet die Stadtbahn den nordwestlichen Theil des Thiergartens, den sie durch drei Stationen — Bellevue, Thiergarten und Zoologischer Garten — ihrem Verkehr erschlossen hat. Auf den Gewässern des Thiergartens, insbesondere dem Neuen See und am Gondelhafen der Spree neben den Zelten stehen zahlreiche Gondeln den Besuchern des Thiergartens miethweise zur Verfügung und werden gern zu Lustfahrten benutzt. Im Winter

Abb. 50. Der Königsplatz vom Reichstagsgebäude gesehen.

bilden die Flächen des Neuen Sees und an der Rousseau-Insel als Eisbahn einen Hauptanziehungspunkt des Thiergartens und bei Musik an schönen Tagen den Sammelplatz der eleganten Welt, wo die Naturschönheiten des winterlichen Parkes, belebt durch die zu fröhlichem Genufs versammelte Menge, ein Schauspiel von ganz besonderem Reiz gewähren.

Die abendliche Beleuchtung des Thiergartens ist noch mangelhaft und geschieht auf den Chausseen durch Gas-, auf einzelnen Fufswegen durch Petroleumlaternen. Es ist im Interesse des Baumbestandes vermieden worden, Gasleitungen durch die Anlagen des Thiergartens zu legen, aus Besorgnifs, dafs das ausströmende Gas die Erde durchziehen und hierdurch den Baumwurzeln grofsen Schaden zufügen würde. Vor Jahren schon ist es deshalb angeregt worden, den Thiergarten durch elektrisches Licht zu beleuchten, bisher aber noch kein Anfang damit gemacht.

An der Spitze der Königlichen Thiergartenverwaltung, die dem Königlichen Finanzministerium unterstellt ist, steht der Dirigent der Königlichen Ministerial-, Militär- und Bau-Commission. Zur Unterhaltung des Parkes sind angestellt ein Director, zwei Obergärtner, vier Untergärtner, ein Maschinenmeister, ein Heizer, ein Förster und ein Zimmermann. An Gärtnergehülfen, Arbeitern und Arbeiterinnen sind im Durchschnitt das Jahr über 150 Personen beschäftigt. Das für den Thiergarten nöthige Pflanzenmaterial wird in zwei Baumschulen und einer Anzahl von Gewächshäusern angezogen. Als ein neuer, würdiger und weihevoller Schmuck ist in dem nordwestlichen Theile des Thiergartens der Bau der Kaiser-Friedrich-Gedächtnifskirche nach den Plänen des Professor Vollmer im October 1895 vollendet worden. Eine grofse Aufgabe bleibt noch im Thiergarten zu lösen, die passende und würdige Umgestaltung des Königsplatzes, nachdem nunmehr das Reichstagsgebäude vollendet ist; denn die dort vorhandene Anordnung der Wege und gärtnerischen Anlagen ist nicht geeignet, den mächtigen Raum des Platzes und seine architektonische Umgebung zu einheitlicher Gesamtwirkung gelangen zu lassen. Jedenfalls wird dabei noch die Entscheidung über das Standbild des Fürsten Bismarck, welches vor der Westfront des Reichstagsgebäudes seinen Platz finden soll, abgewartet werden.

Aufser dem Thiergarten, dessen Gebiet zur Charlottenburger Gemarkung gehörte und erst im Jahre 1890 dem Weichbilde Berlins einverleibt worden ist, sind in fiskalischem Besitz noch die öffentlichen Anlagen des Lustgartens, des Opernplatzes und an der Nationalgalerie.

Der Lustgarten liegt umschlossen von den bedeutendsten Bauwerken der Stadt, dem Königlichen Schlosse, dem Alten Museum, dem Zeughause mit der Schlofsbrücke. Auf der Ostseite ist der neue Dom im Bau begriffen. Die Gartenanlagen erhielten ihre heutige Gestalt im Jahre 1871 bei Errichtung des Denkmals Friedrich Wilhelms III., einer Schöpfung A. Wolf's. In den das Denkmal umgebenden Anlagen befinden sich noch zwei Springbrunnen und die bekannte Granitschale von 6,90 m Durchmesser vor der Freitreppe des Alten Museums. Die beiden Brunnen wurden früher von einem eigenen Wasserwerk am Spreeufer neben der Friedrichsbrücke gespeist. Dasselbe mufste dem Dombau weichen und die städtische Wasserleitung ist dafür eingetreten. Nach Vollendung des Domes werden die Anlagen des Lustgartens eine erwünschte Vergröfserung bis an das Spreeufer erhalten.

Der Opernplatz wurde in den fünfziger Jahren von Lenné angelegt und im Jahre 1895 zur Aufnahme des Denkmals der hochseligen Kaiserin Augusta, welches von Professor Schaper ausgeführt wurde, umgearbeitet.

Die Gartenanlagen bei der Königlichen Nationalgalerie und dem Königlichen Alten Museum, seiner Zeit nach den Plänen Neides angelegt, werden ebenfalls von der Königlichen Thiergartenverwaltung unterhalten.

Der Botanische Garten, Potsdamer Strafse 75, vom Grofsen Kurfürsten begründet, ist zwar für wissenschaftliche Zwecke bestimmt, zugleich aber als schön angelegter, mit alten Bäumen bestandener und wohlgepflegter Park von 11 ha Fläche für die Einwohner der umliegenden Stadttheile ein sehr beliebter Erholungsort. Die dort vorhandenen Palmen- und Gewächshäuser und sonstigen baulichen Anlagen werden an anderer Stelle besprochen. Es besteht die Absicht den Botanischen Garten nach Dahlem zu verlegen. Ueber das Schicksal des jetzigen Gartens ist noch keine Entscheidung getroffen.

Das Kastanienwäldchen, ein kleiner, mit alten schattigen Kastanienbäumen bestandener Parkplatz, liegt zwischen den Linden und der Dorotheenstrafse. Der von der Universität, dem Finanzministerium, dem Zeughaus und der Hauptwache umgebene Theil ist im Jahre 1875 in das Eigenthum der Stadtgemeinde übergegangen, während der Rest noch der Universität gehört. In letzterem ist im Jahre 1895 das Bronzestandbild Mitscherlichs, des berühmten Chemikers, errichtet worden.

3. Die städtischen Gärten und Anlagen.[1]) Die Stadtgemeinde Berlin besitzt vier gröfsere Parkanlagen: den Friedrichshain (50,50 ha) und Treptower Park (93 ha) im Osten, den Humboldthain (35 ha) im Norden und den Victoriapark (8,50 ha) im Süden. Aufserdem werden zwei auf fiskalischem Gebiet in den westlichen, nördlich von der Spree gelegenen Stadttheilen, nämlich der sogen. Kleine Thiergarten (7 ha) und der Invalidenpark (3 ha) auf Kosten der Stadt als öffentliche Erholungsstätten unterhalten. Die unter städtischer Verwaltung stehenden Parkanlagen haben demnach zusammen einen Flächeninhalt von

---

[1]) Bearbeitet vom städtischen Gartendirector Mächtig.

197 ha. Ferner zahlt die Stadt, wie oben erwähnt, einen jährlichen Beitrag von 30 000 ℳ zu Verbesserungen im Thiergarten.

Eine zukünftig der Einwohnerschaft zu erschliefsende waldartige Anlage (der sogenannte Plänterwald, welcher zugleich zur Gehölzanzucht für sämtliche Park-, Garten- und Baumanlagen der Stadt dient), eine Fortsetzung des Treptower Parks bildend und wie dieser am linken Ufer der schönen, breiten Oberspree gelegen (89 ha), ist in den letzten 20 Jahren auf bis dahin zum grofsen Theile wüst liegenden städtischen Ländereien hergestellt und wird in Zukunft mit dem Treptower Park zusammen den Berlinern eine ungefähr ebenso grofse Erholungsanlage im Osten der Stadt darbieten, wie es der Königliche Thiergarten im Westen ist.

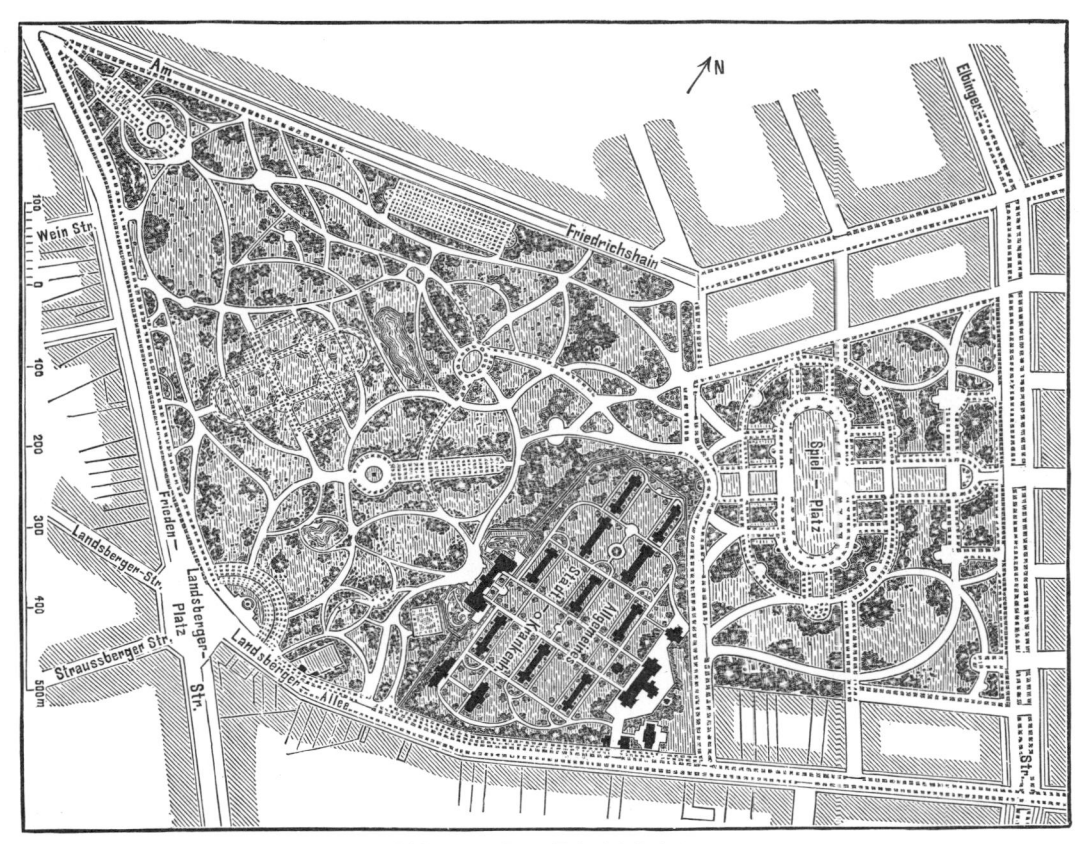

Abb. 51. Der Friedrichshain.

Der Friedrichshain, angelegt auf Grund eines Gemeindebeschlusses bei Gelegenheit der Jahrhundertfeier der Thronbesteigung Friedrichs des Grofsen, in seinem vorderen Theile ein sehr welliges Gelände einnehmend, zeigt dieser Gestaltung entsprechend ausgedehnte Anpflanzungen, grofsentheils hainartig gehalten. Weite Rasenflächen sind mehr in dem neueren, hinteren Gebiet vorhanden, wo ein Theil derselben in Form eines grofsen rennbahnförmigen Platzes, mit Baumreihen umgeben, von der Jugend zum Spielen benutzt wird. Dieser neuere Parktheil enthält nur Bäume und Sträucher unserer heimischen Gehölzarten, auch Stauden und sonstige Pflanzen des deutschen Pflanzengebiets, während für die Anpflanzungen im älteren Theile Gehölze der verschiedensten Art und Herkunft verwendet sind. Zwei natürliche, entsprechend ausgebildete Thalmulden werden, trotz der ziemlich hohen Lage, von auf dem (im Friedrichshain fast überall vorhandenen) lehmigen Untergrunde der Umgebung abfliefsenden Niederschlagswasser gefüllt; der Wasserstand wird in trockener Jahreszeit durch Zuführung von Wasser aus der Leitung, welche zur Bewässerung des Parkes hergestellt ist, erhalten. Eine Büste Friedrichs des Grofsen auf einem mit Schatten spendenden Bäumen besetzten Platze und ein Denkmal (ein Genius, mit einem gefallenen Krieger gen Himmel schwebend) zur Erinnerung an die in den letzten Kriegen gebliebenen Bewohner des Stadttheiles, im westlichen Eingange des Parks vor einem Haine, unter dessen Baumkronen man eine schöne Parklandschaft überblickt, schmücken die Anlagen.

An einer abgeschlossenen Stelle des Haines befindet sich der Friedhof mit den Gräbern der im Jahre 1848 auf der Seite des Volkes Gefallenen. Der Friedrichshain um-

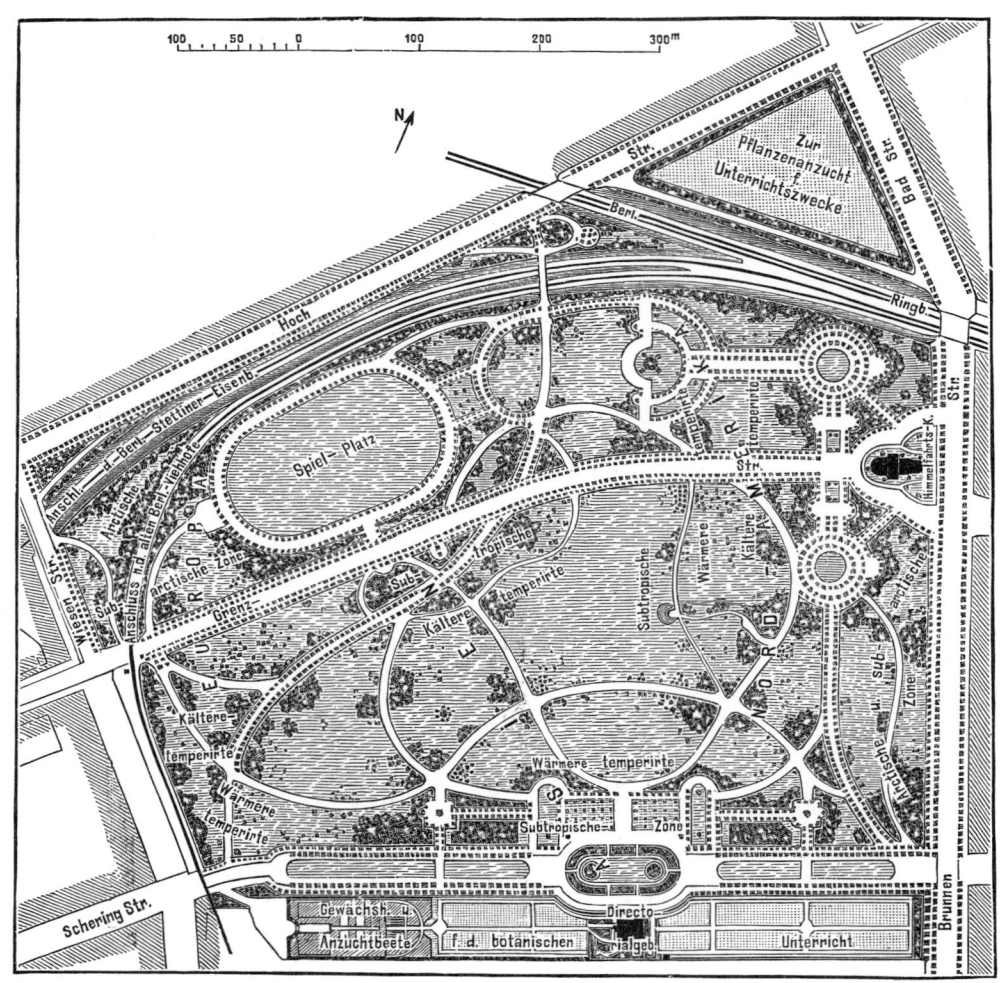

Abb. 52. Der Humboldthain.

schliefst auf drei Seiten ein grofses, städtisches Krankenhaus, nach dem Pavillonsystem erbaut, wozu seinerzeit ein Theil des Haines hergegeben worden ist.

Der Humboldthain, im Jahre 1876 fertiggestellt, soll die Erinnerung an den grofsen Gelehrten, dessen hundertster Geburtstag im Jahre 1869 festlich begangen wurde, lebendig erhalten. Dieser Park bietet, da die Gehölze hier nach ihrer Herkunft geographisch zusammengehalten sind, um die Verdienste Alexander von Humboldts auch auf diesem Gebiete zu kennzeichnen, neben hohem, landschaftlichem Reiz dem Besucher Gelegenheit, sich über das natürliche Vorkommen der verschiedenen, hier aushaltenden Gehölzarten und die Erscheinung ihrer dementsprechend hergestellten Gruppirungen zu unterrichten.

Im Anschlufs an das im Humboldthain im leichten, italienischen Landhausstil erbaute Directions-Gebäude sind Abtheilungen zur Anzucht von Pflanzen für den botanischen Unterricht in den städtischen Lehranstalten und zur Verschönerung der öffentlichen

II. Die öffentlichen Park- und Gartenanlagen.

Schmuckplätze, sowie die Gewächshäuser zur Anzucht und Pflege der Zierpflanzen hergestellt, welche bei Festlichkeiten im Rathhause usw. verwendet werden. Auch ein sogen. Vivarium mit Amphibien und Reptilien und eine geologische Wand, letztere aus den verschiedensten Gesteinsarten in ihren naturgemäfsen Verbindungen bezw. Lagerungen durch den Geologen Dr. Zache aufgeführt, sind hier, um Unterrichtszwecken zu dienen, untergebracht. Auf der Anhöhe im amerikanischen Theile in der Nähe der östlichen Parkgrenze ist aus erratischen Blöcken, meistens unweit der Stadt oder innerhalb des Berliner Weichbildes gefunden, eine Gesteinsgruppe errichtet mit einer Alexander von Humboldt betreffenden Widmungsinschrift. Aus einer grottenartigen Stelle der Gruppe sprudelt ein künstlich hergestellter Quell hervor, sein Wasser nach einem kleinen Weiher am Fufse der Anhöhe entsendend; von der Herstellung einer gröfseren Wasserfläche im Humboldthain ist bei der hohen Lage desselben über den wasserführenden Schichten abgesehen. Die unweit von hier am Parksaume neu erbaute Himmelfahrtskirche tritt, von verschiedenen Stellen des Hains aus gesehen, in schöne Wechselwirkung mit dem saftigen Grün der Anpflanzungen.

Ein tiefer und breiter Einschnitt für die Berlin-Stettiner Eisenbahn an der nördlichen Grenze des Haines trennt eine botanische Abtheilung von dem eigentlichen Park; eine leichte eiserne Fufsgängerbrücke stellt von diesem aus nach der jenseits liegenden Strafse die Verbindung her und gewährt einen interessanten Blick auf eine grofsartige Gleisanlage an der Stelle, wo im Einschnitt die Ringbahn über die Stettiner Bahn hinweggeführt ist. Auch im Humboldthain ist ein grofser Rasenspielplatz, von Eichenreihen eingefafst und, wie der ganze Hain, mit einer Bewässerungseinrichtung versehen, der Jugend zur Verfügung gestellt.

Nach der Fertigstellung des Humboldthaines wurde sofort mit der Ausführung der lange schon geplanten grofsen Parkanlage in Treptow vor den Thoren der Stadt im Osten begonnen. Diese ist im Charakter der umgebenden Landschaft als grofse Flufsniederung, beherrscht von der hier fast seeartig erweiterten Spree, gehalten. Daher durchziehen grofse, zusammenhängende Wiesenflächen, durch anmuthige Gehölzzüge gegliedert und von breiten und wohlbefestigten Wegen begleitet, das allmählich sich verbreiternde Gelände, welches in seiner ganzen Länge von der nach dem Orte Treptow und weiter führenden Chaussee, mit zwei breiten mit Platanen bepflanzten Promenaden, durchschnitten, im Norden von der Spree, im Süden von der alten, nach dem Städtchen Köpenick führenden Landstrafse begrenzt ist. Den Vorplatz des Parkes an der Weichbildgrenze bildet ein kleiner Eichenhain an dem hier von der Spree abzweigenden, Berlin im Süden durchziehenden Landwehrcanal; dann führt die Treptower Chaussee, Promenaden mit Schmuckstreifen zur Seite, durch ein mit Villen besetztes Gebiet bis zur Station Treptow der Verbindungsbahn, hinter welcher der eigentliche Park beginnt. Die Köpenicker Landstrafse und die Treptower Chaussee (hinter dem erwähnten Eichenhain liegt der Punkt, wo die letztere sich abzweigt, um weit hinter Treptow sich wieder mit der ersteren zu vereinigen) sind in voller Breite unter der Eisenbahn fortgeführt. Im Park sind an vielen Stellen nach Norden und Süden freie Ausblicke in die umgebende Landschaft, nördlich über die Spree hinweg nach dem Orte Stralau mit seiner malerisch auf einer Landspitze gelegenen Kirche, südlich auf Felder, Wiesen und entfernt liegende Ortschaften. In dem naturgemäfs vollständig ebenen Gelände ist durch Aufschüttung einer mit vier Reihen Platanen bepflanzten, 1,25 m hohen und etwa 1 km langen Terrasse unter Verwendung des Bodens, welchen die Ausgrabung eines mehr als 3,50 ha grofsen Sees hergab, eine erhöhte, tief schattige Promenade geschaffen, welche den lang gestreckten, rennbahnförmigen Spielplatz, durch steile Rasenböschungen mit sechs Treppenabgängen von diesem getrennt, umgiebt. Vermittelst fahrbarer Pulsometer wird der Spielplatz aus Tiefbrunnen bewässert, während die Wiesenflächen des Parks, dem Grundwasserspiegel ziemlich nahe liegend, auf die natürlichen Niederschläge angewiesen sind. Auf einem der beiden halbkreisförmigen Ansätze der Terrasse in ihrer Querachse ist die wohlgelungene Marmorbüste des geistigen Urhebers dieser grofsartigen Schöpfung und der beiden schon genannten, gleichfalls unter seiner Leitung ausgeführten städtischen Parkanlagen, des Gartendirectors Gustav Meyer, aufgestellt, der bis zu seinem im Jahre 1877 erfolgten Tode die grofsen Unternehmungen der städtischen Behörden auf gartenkünstlerischem Gebiete geplant und ins Leben gerufen hat.

58 II. Die öffentlichen Park- und Gartenanlagen.

Als die Reichshauptstadt sich anschickte, ihren Bewohnern auch den Genufs der Werke einer Kunst in ausreichendem Mafse zugänglich zu machen, welche, bis dahin stiefmütterlich behandelt, nicht recht hervortreten konnte, versicherte man sich der Hülfe Meyers, der bereits in Potsdam mit Lenné zusammen unter dem kunstliebenden König Friedrich Wilhelm IV. arbeitend, zu den ersten Meistern der bildenden Gartenkunst gerechnet wurde. Trotz seines leider so früh erfolgten Abscheidens macht sich doch noch jetzt in den gärtnerischen Anlagen Berlins der Einflufs seiner genialen und einzig richtigen Auffassung, besonders auch des auf diesem Gebiete in der Grofsstadt zu Leistenden, überall geltend, sodafs Berlin mit Recht den Anspruch erheben darf, in gartenkünstlerischer Beziehung eine führende Rolle zu spielen.

Für das Jahr 1896 ist der Treptower Park von der Berliner Gewerbe-Ausstellung in Anspruch genommen. Die beigegebenen Lagepläne zeigen den Park in seinem ursprünglichen Zustande und in der für die Ausstellung veränderten Gestalt.

Die vierte und jüngste der gröfseren städtischen Parkanlagen ist der

Victoriapark im Süden auf dem Kreuzberge.

Der Lage des Treptower Parks im Spreethale ganz entgegengesetzt, noch nicht den zehnten Theil der Fläche desselben einnehmend, befindet sich diese Anlage auf der gröfsten Erhebung des Stadtgebietes und zeigt deshalb auch eine wesentlich andere Haltung als die drei vorher beschriebenen Anlagen. Die nach Norden hin zu der 30 m tiefer liegenden Kreuzberg- und Grofsbeerenstrafse steil abfallende Anhöhe, den durch die Bebauung immer mehr verwischten Spreethalrand bildend, ist gekrönt durch das nach Schinkels Entwurf ausgeführte Nationaldenkmal zur Erinnerung an die Befreiungskriege von 1813/14; die Achse der langen Grofsbeerenstrafse, bei der Königgrätzer Strafse beginnend, ist genau auf das Denkmal gerichtet. Aus der Gestaltung der Oertlichkeit ergab

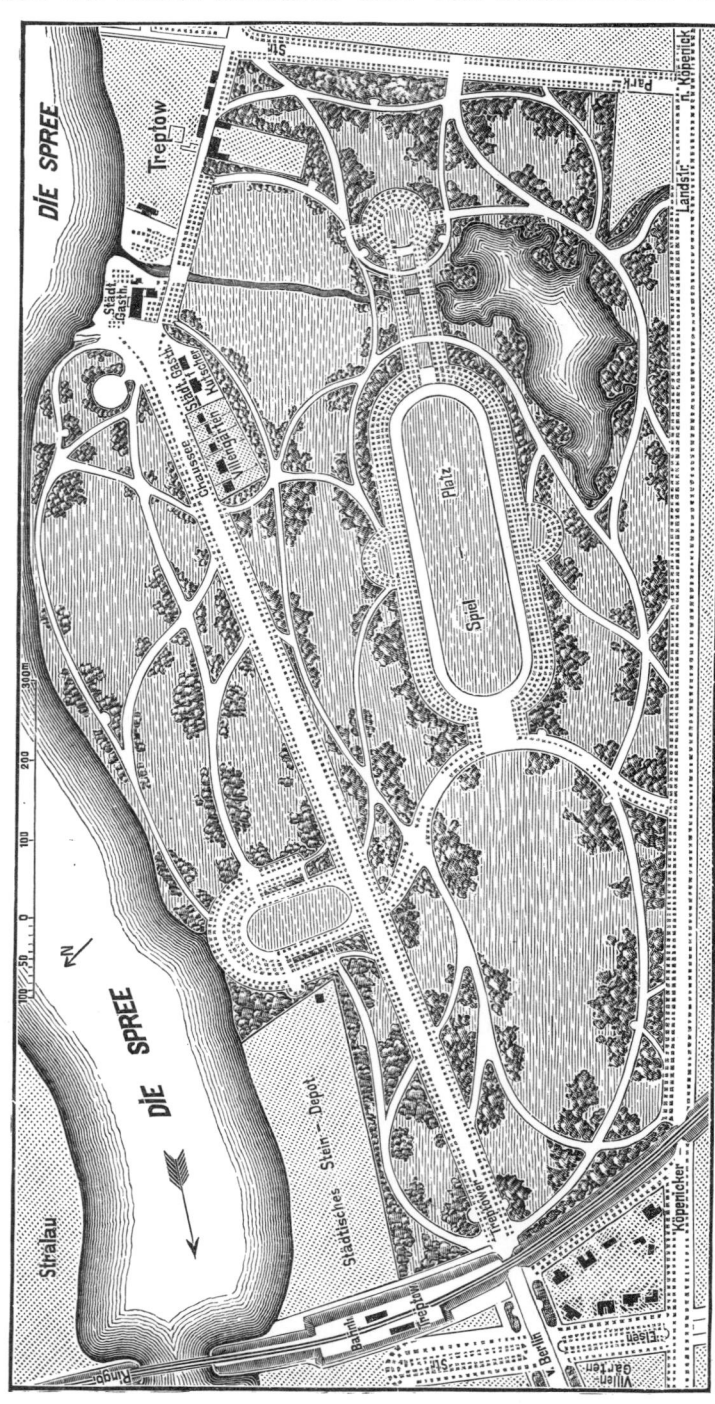

Abb. 53. Der Park von Treptow.

II. Die öffentlichen Park- und Gartenanlagen.

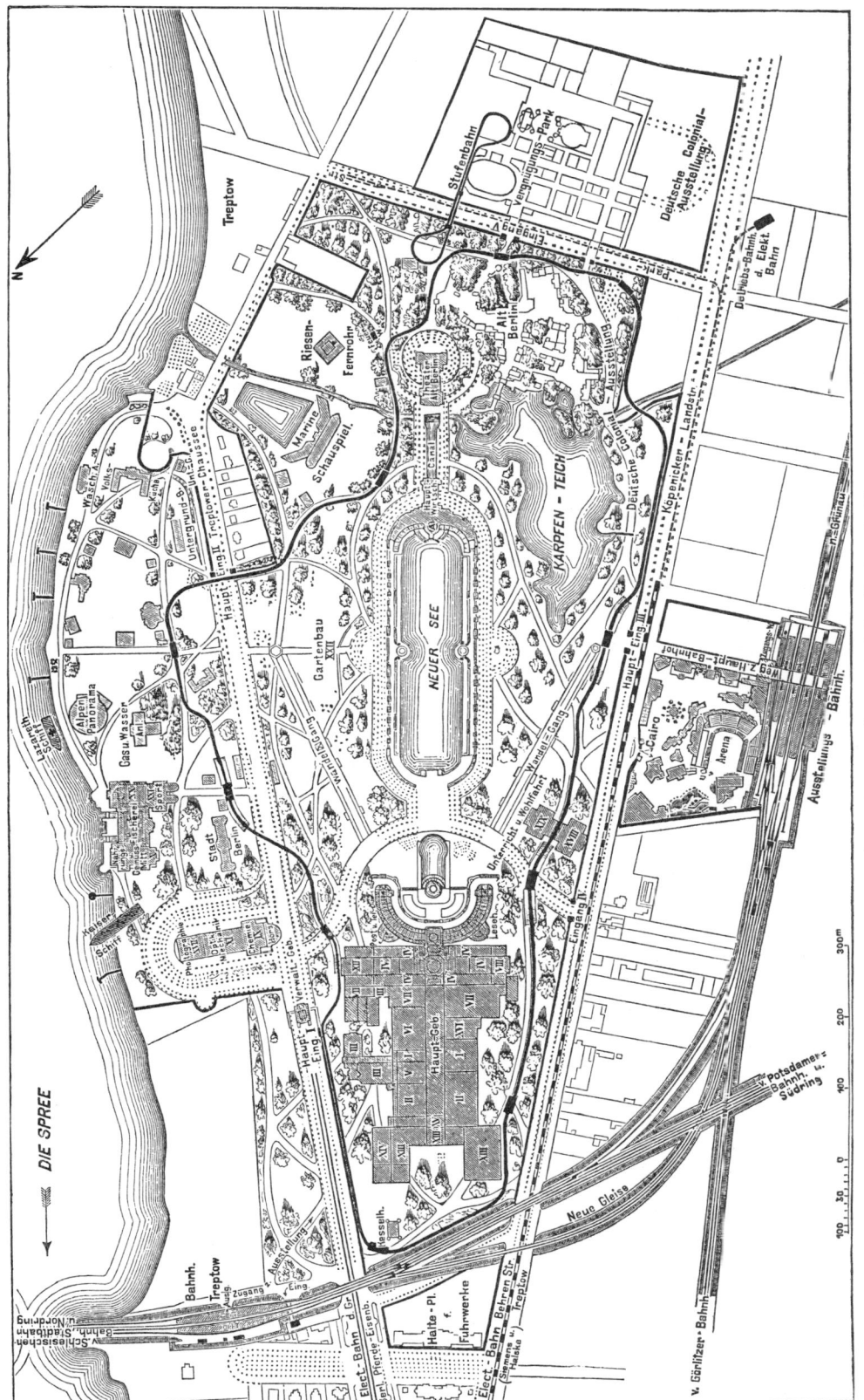

Abb. 54. Die Gewerbeausstellung 1896 im Park von Treptow.

I. Webstoff- (Textil-) Gewerbe. II. Bekleidungsgewerbe. III. Bau- und Ingenieurwesen. IV. Holzgewerbe. V. Porzellan-, Steingut-, Chamottewaaren. VI. Kurz- und Galanteriewaaren. VII. Metallgewerbe. VIII. Graphische und decorative Künste, Buchgewerbe. IX. Chemisches Gewerbe. X. Nahrungs- und Genußmittel. XI. Wissenschaftliche Instrumente. XII. Musikinstrumente. XIII. Maschinenbau, Schiffbau, Transportwesen. XIV. Elektrotechnik. XV. Leder- und Kautschukgewerbe. XVI. Papiergewerbe. XVII. Photographie. XVIII. Gesundheitspflege und Wohlfahrtseinrichtungen. XIX. Unterricht und Erziehung. XX. Fischerei, Schifferei und dazu gehöriger Sport. XXI. Fahr- und Reitsport, Schieß- und Jagdsport, Radfahr-, Ruder-, Segel-, Schwimm-, Eislauf- und Spielsport, Wassersport, Luftschiffahrt. XXII. Gartenbau. XXIII. Deutsche Colonialausstellung.

60   II. Die öffentlichen Park- und Gartenanlagen.

sich die Anregung, hier eine Anlage von gebirgsartigem Charakter zu schaffen und dadurch das Denkmal wie auf Fels gebaut erscheinen zu lassen. Der Bedeutung des Platzes und dem Umstande, dafs der Park den Namen der damaligen Frau Kronprinzessin Victoria, der

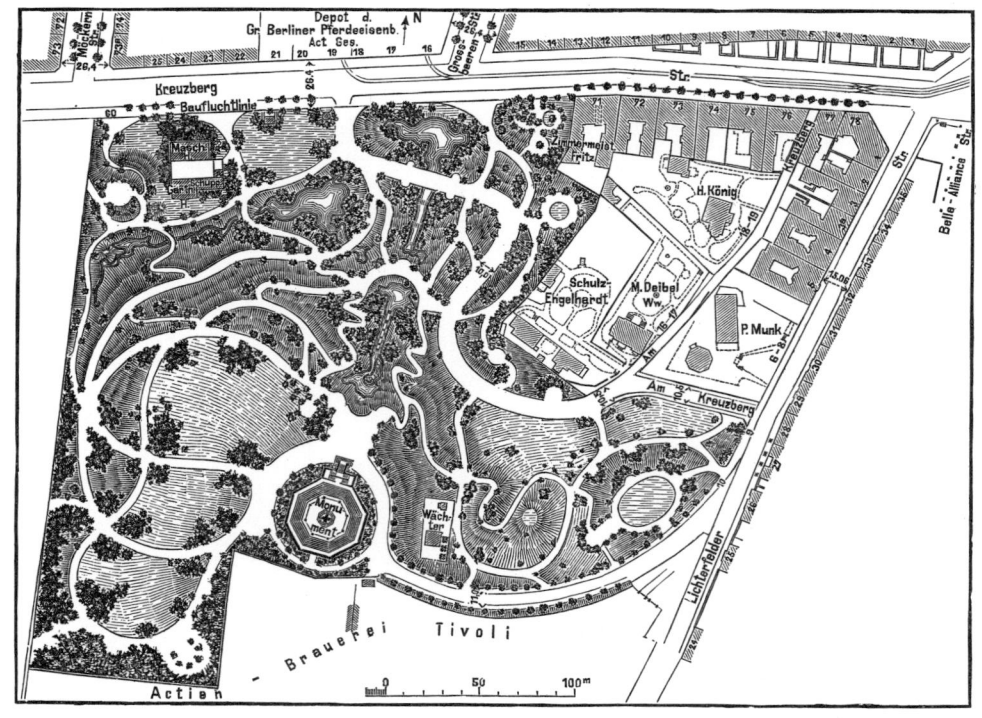

Abb. 55. Der Victoriapark.

jetzigen Kaiserin-Wittwe Friedrich führen sollte, entsprach der Beschlufs der städtischen Behörden, hier an den Kosten nicht zu sparen und zur Belebung des Ganzen den Abhang hinunter eine felsige Schlucht zur Aufnahme eines Wassersturzes herzustellen. Der Betrieb

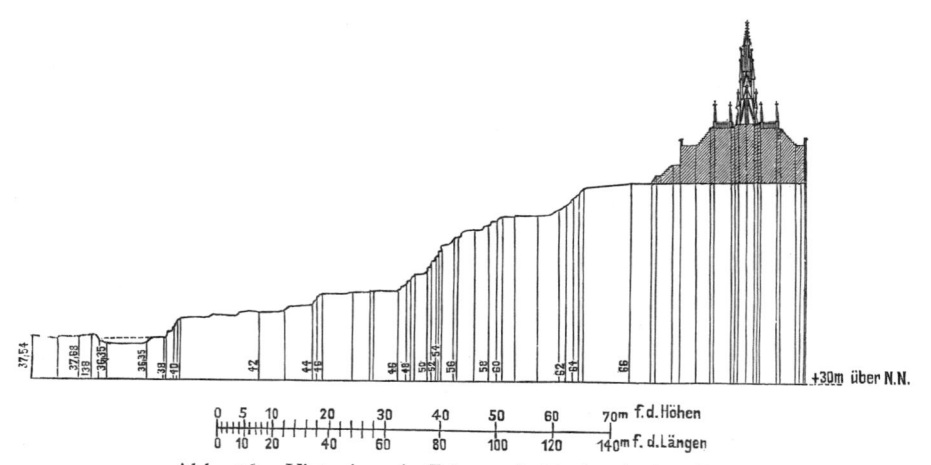

Abb. 56. Victoriapark (Längsschnitt durch den Fall).

des Falles erfolgt durch zwei Gasmotoren von je 50 Pferdekräften, welche das herabgestürzte Wasser (etwa 14 cbm in der Minute) wieder zur Höhe befördern, während ein kleinerer Motor von 20 Pferdekräften aus sechs Tiefbrunnen ebensoviel zuführt, als man, um das Wasser frisch zu erhalten, abfliefsen läfst. Ein kleiner Bach, gespeist durch die Bewässerungsleitung des Parks, einer felsig gehaltenen Stelle des Abhanges entspringend, erhält

II. Die öffentlichen Park- und Gartenanlagen.

den Wasserstand in den natürlich geformten, unter sich und mit der Canalisation verbundenen Becken, welche das Tagewasser der Wege vermittelst steinerner Rinnen zugeführt erhielten, in angemessener Höhe. Ebenso ist im östlichen Theile des Parks am Abhange einer tiefen, durch frühere Sand- und Lehmausgrabungen entstandenen Schlucht mit herrlichem, epheuumranktem Baumbestande eine kleine Quelle hergestellt, deren Wasser in den seitwärts liegenden Grund hinabfließt und dort versickert.

Die Höhe des Berges zeigt ausgedehnte Rasenflächen mit Gehölzgruppirungen zur Umrahmung der schönen, sich dort bietenden Ausblicke auf die Stadt und ihre Umgebung und hat Promenaden mit mäßigen Steigungsverhältnissen, während die Abhänge ziemlich zusammenhängend bepflanzt werden mußten und trotz mannigfacher Windungen steilere Aufgangswege erhielten; nur ein breiter, am nördlichen Abhange allmählich sich hinaufziehender Weg hat Steigungsverhältnisse, welche auch von älteren und weniger rüstigen Besuchern bequem zu überwinden sind. Die Auffahrt liegt auf der östlichen Seite im Anschluß an die von der Belle-Alliance-Straße abzweigende Lichterfelder Straße.

Von den beiden auf fiskalischem Gebiet liegenden Parkanlagen ist der Kleine Thiergarten in Moabit fast ein parkartig gehaltener Schmuckplatz zu nennen, von zwei belebten Straßen begrenzt, die für den lebhaften Verkehr durch Fußwege, abgesehen von einigen anderen Wegezügen, verbunden sind. Trotz dieser Theilung und der sehr langgestreckten Form ist die theils landschaftlich, theils regelmäßig gehaltene Anlage mit ihrem alten Baumbestande von schöner, einheitlicher Wirkung. Der mittlere Theil ist durch einen stattlichen, mit einer Blumenpflanzung umgebenen Springbrunnen ausgezeichnet, während im westlichen Theile ein Kriegerdenkmal, Germania, mit Schild und Schwert die Kaiserkrone schützend, den Abschluß bildet.

Der Invalidenpark, zu dem großen Invalidenhause gehörig, birgt inmitten seiner schönen Gehölzbestände jetzt die zur Erinnerung an die Kaiserin Augusta erbaute Gnadenkirche, und nahe an der südlich vorüberführenden Invalidenstraße ist ein Obelisk zum Andenken an die vor Jahrzehnten mit dem preußischen Kriegsschiff Amazone untergegangene Mannschaft aufgestellt. Im Hintergrunde sieht man die über den Gräbern der im Jahre 1848 gefallenen Soldaten errichtete, einen Adler tragende Säule. Zur Pflege des Rasens und der Anpflanzungen sind die beiden zuletzt genannten Parkanlagen mit Bewässerungseinrichtungen versehen.

Schon bevor die Straßen und Plätze der älteren Stadttheile Eigenthum der Stadtgemeinde wurden, sind in den neueren Gebieten, welche der städtischen Verwaltung unterstellt waren, eine Anzahl öffentlicher Gartenanlagen und Straßenbepflanzungen zur Ausführung gekommen, jedoch erst von der Zeit an, wo die städtische Verwaltung über sämtliche dem öffentlichen Verkehr dienenden Flächen verfügen und nach Erbauung von Markthallen die Abhaltung der Märkte auf den Plätzen aufgeben konnte, war es möglich, die für eine Großstadt so wichtigen gärtnerischen Einrichtungen in genügendem Umfange zu treffen.

Während der fiskalischen Verwaltung außer dem großen Thiergarten nur die Anlagen des Lustgartens, des Opernplatzes und des Königsplatzes verblieben, übernahm die Stadt mit dem Straßenlande am Wilhelmsplatz, Leipziger Platz, Belle-Alliance-Platz, Hafenplatz, Mariannenplatz, Schinkelplatz, Matthäikirchplatz, Luisenplatz, Platz am Ostbahnhof und an der Straße Unter den Linden die vom Fiskus bis dahin unterhaltenen Baumpflanzungen. In rascher Folge wurden nunmehr im Laufe der beiden letzten Jahrzehnte eine große Anzahl von Schmuckanlagen und Anpflanzungen auf Straßen, Plätzen usw. hergestellt, sodaß unter städtischer Verwaltung jetzt außer 44 000 Straßenbäumen mehr als hundert größere und kleinere Schmuckplätze von zusammen etwa 60 ha Flächeninhalt stehen. Zwanzig von letzteren sind im Mittel je 1,50 ha groß. Hervorragend große bezw. besonders geschmückte Plätze sind: Arconaplatz, Courbièreplatz, Hohenstaufenplatz, Kölnischer Park, Hegelplatz mit dem Hegeldenkmal, Ascanischer Platz, Neuer Markt mit dem Lutherdenkmal, Monbijouplatz mit dem Chamissodenkmal, der Belle-Alliance-Platz mit der die Rauch'sche Victoria tragenden Säule, vier auf die Befreiungskriege bezüglichen Gruppen und den beiden allegorischen Figuren auf den Wangen der zur Belle-Alliance-Brücke führen-

62 II. Die öffentlichen Park- und Gartenanlagen.

den Treppe, der Dönhoffplatz[1]) mit dem Denkmal des Ministers von Stein und in der Mitte einem von Schinkel entworfenen Laternenständer, der Lützowplatz am Landwehrcanal, über

Abb. 57. Victoriapark (Wasserfall).

welchen dort in der Verlängerung der grofsartigen, den Thiergarten durchschneidenden Hofjägerallee und Friedrich-Wilhelm-Strafse eine Brücke unter Verwendung der von der

---

1) S. die Abbildung S. 22.

abgebrochenen Herkulesbrücke bekannten Herkulesgruppen erbaut ist, der Leipziger Platz mit Denkmälern von Wrangel und dem Grafen Brandenburg, der Schinkelplatz mit den Denkmälern Schinkels, Beuths und Thaers, der Wilhelmsplatz mit den Hauptheerführern im siebenjährigen Kriege, der Gensdarmenmarkt mit dem Königlichen Schauspielhause, davor das Schiller-Standbild, und seitwärts die beiden Kuppelbauten vor der Neuen und der Französischen Kirche, der Gartenplatz mit der Sebastiankirche, der Lausitzer Platz mit der Emmauskirche, der Michaelkirchplatz mit der Michaelkirche, der Mariannenplatz mit der Thomaskirche und dem Denkmal des berühmten Chirurgen Wilms, der Waldeckpark mit dem Denkmal Waldecks, der Pariser Platz am Brandenburger Thor, der Thusneldaplatz mit dem Senefelder-Denkmal. Aufser den schon genannten Anlagen bei Kirchen sind gröfsere und kleinere Gartenanlagen hergestellt bei der Bartholomäuskirche, Andreaskirche, Markuskirche, Dreifaltigkeitskirche, der Heiligen Kreuzkirche, Jerusalemer Kirche, Nicolaikirche, Nazarethkirche, Elisabethkirche, Zionskirche, Dankeskirche.

Da Berlin nicht in der Lage vieler gröfserer Städte war, im Innern Raum für eine gröfsere Parkanlage zu besitzen, so mufste von vornherein darauf Bedacht genommen werden, auf jeder irgend verwendbaren Stelle Pflanzungen anzusiedeln. Deshalb sind oft sogar gröfsere Inselperrons, zum Schutze des Fufsgängerverkehrs bei Strafsenerweiterungen hergestellt, theilweise bepflanzt, alte Kirchhöfe zu Erholungsplätzen eingerichtet, die Umgebung der Kirchen zu Anlagen benutzt und Krankenhäuser und Hospitäler mit ausgedehnten Anlagen versehen worden. Auch auf den Schulgrundstücken sind, wo irgend möglich, Baumanpflanzungen hergestellt, wobei auf die Verwendung der einheimischen Gehölzarten Bedacht genommen ist, um sie den Schülern vorzuführen.

Die Schmuckanlagen der Strafsen mufsten so angeordnet werden, dafs sie ohne den Verkehr zu hemmen möglichst den Anforderungen der Schönheit wie der Zweckmäfsigkeit gleichmäfsig Rechnung tragen; zumeist ist eine gewisse Regelmäfsigkeit in der Wegeführung und Vertheilung der Anpflanzungen eingehalten, unter Aussparung gröfserer Rasenflächen, sodafs die Gliederung des Ganzen übersichtlich bleibt sowohl beim Durchschreiten der Anlagen, als auch von den Strafsen aus gesehen. Auf Plätzen mit hervorragend schönen und grofsartigen Bauwerken, z. B. dem Gensdarmenmarkt und dem Pariser Platz, sind die Linienführungen und die Vertheilung der Gehölzgruppen ganz besonders in bestimmte Beziehung zur Architektur gebracht und höherer Baumwuchs ausgeschlossen oder nur in beschränktem Mafse an passenden Stellen verwendet. Eine gröfsere Anzahl von Schmuckplätzen ist mit Springbrunnen versehen; meist sind es flache Becken mit einfacher Einfassung von Werkstein oder natürlich gehaltenen Tuffsteinbegrenzungen, aus welchen sich die Strahlen erheben; oft sind die Mundstücke auch zur Aussendung von Strahlenbündeln nach dem Böckmann'schen System eingerichtet, bei dem durch Aufsaugen von Wasser und Luft schäumendes Wasser emporgetrieben wird. Auf dem Spittelmarkt ist ein prunkvoller Schalenaufbau aus schwedischem Granit mit fallendem Wasser aufgestellt. Aufserdem besitzen noch folgende städtische Schmuckplätze Springbrunnen: der Pariser Platz, Alexanderplatz, Dönhoffplatz, Gensdarmenmarkt, Hausvoigteiplatz, Schinkelplatz, Neuer Markt, Platz an der Heiligen Kreuzkirche, Büschingsplatz. In der kleinen Anlage vor dem Criminalgericht ist in neuerer Zeit eine Bronzegruppe, „Löwe mit Jungen, eine Schlange bekämpfend", aufgestellt worden; es liegt in der Absicht der städtischen Behörden, die Gartenanlagen, welche dazu geeignet sind, mit Werken der Baukunst und Plastik allmählich auszustatten. Die Schmuckplätze der Stadt sind sämtlich mit Bewässerungseinrichtungen und eisernen Schutzbarrieren um die Rasenstücke versehen. Zahlreiche Ruhebänke (2600 Stück) sind in den Anlagen der Stadt vertheilt und an den beliebtesten Stellen hat ein Unternehmer Stühle aufgestellt, welche gegen Entgelt von Spaziergängern zu benutzen sind.

Aufser dem eingangs erwähnten Plänterwalde in Treptow, welcher Pflanzen für die städtischen Anlagen liefert, sind noch mehrere kleinere Baumschulen im Betriebe, besonders um Alleebäume für die Anpflanzung auf Strafsen vorzubereiten, in soweit es sich um die Verpflanzung mit Wurzelballen vermittelst zerlegbarer Kübel an Stellen handelt, wo die Ansiedelung besonders schwierig ist. Wo Baumanpflanzungen neben mit Asphalt befestigten Strafsendämmen auftreten, ist unter dem Asphalt an der Bordkante ein

Streifen mit zerschlagenen Feldsteinen belegt zur Aufnahme von Wasser und Luft durch Eingufsstellen auf dem Bürgersteige; von dieser Schotterung sinkt das Wasser allmählich zu den durch den Asphalt von den Niederschlägen abgeschlossenen Baumwurzeln.

Die Kosten, welche für die Herstellung neuer gärtnerischer Anlagen, bezw. die Verbesserung vorhandener, von der Stadt Berlin vom Jahre 1870 bis 1895 (einschliefslich der schon vorher erfolgten Einrichtung des älteren Theiles des Friedrichshaines mit einem Kostenaufwand von 46 000 ℳ.) verwendet worden sind, belaufen sich auf rd. 6 360 000 ℳ. In dieser Summe liegt auch der alljährlich seit 25 Jahren von der Stadt gezahlte Beitrag von 30 000 ℳ für Verbesserungen im Königlichen Thiergarten. Auch die Kosten für die Erbauung der Dienstwohngebäude der städtischen Gartenbeamten sind hier mit eingeschlossen und ebenso die Ausgaben für die bis jetzt auf zwei Drittheilen des 25 ha messenden Friedhofes zu Friedrichsfelde.

Die für die Herstellung und Verbesserung der Parkanlagen durch die städtische Park-Deputation verwendeten Kosten betrugen rd. 3 420 000 ℳ., wovon entfallen auf den

Friedrichshain	695 000 ℳ.
Humboldthain	500 000 „
Park zu Treptow	1 200 000 „
Victoriapark auf dem Kreuzberge einschl. 172 000 ℳ. für die Einrichtungen des maschinellen Betriebes des Wassersturzes	900 000 „
Kleinen Thiergarten	115 000 „
Invalidenpark	10 000 „

Die zur Anzucht von Gehölzvorräthen, zum Theil auch zur Anzucht von Pflanzen für den Schulunterricht vorhandenen Anlagen (Plänterwald, Baumschulen usw.) verursachten an Herstellungskosten eine Ausgabe von rd. 346 000 ℳ, die Herstellung und Verbesserung von Schmuckanlagen auf den öffentlichen Plätzen kostete 826 000 ℳ., und die Anpflanzung von Bäumen auf mehr als 200 öffentlichen Strafsen, Chausseen und Plätzen 363 000 ℳ.

Für Anpflanzungen auf den städtischen Schulgrundstücken und Turnplätzen wurden 157 000 ℳ., für solche bei Hospitälern, Krankenanstalten, Badeanstalten usw. 132 000 ℳ. ausgegeben. Die Sitzbänke in den städtischen Anlagen haben einen Werth von 122 000 ℳ.

Der geschätzte Werth der mit gärtnerischen Anlagen versehenen Grundstücke (ausgeschlossen sind die Anlagen auf öffentlichem, unbebaubarem Strafsenlande, ferner die bei Schulen, Krankenhäusern, Hospitälern u. dergl.) beläuft sich auf die Summe von 26 200 000 ℳ., wovon entfallen auf

Parkgrundstücke	19 700 000 ℳ.
Plänterwald und Baumschulen	3 100 000 „
Schmuckanlagen der öffentlichen Plätze	3 400 000 „

umfassend ein Gesamtgebiet von rd. 262 ha.

Die jährlichen Unterhaltungskosten ausschliefslich Gehälter der gärtnerischen Verwaltungsbeamten wuchsen vom Jahre 1870 bis 1876 von 20 000 ℳ. auf 249 000 ℳ. und betrugen im Verwaltungsjahre 1894/95 545 795 ℳ.

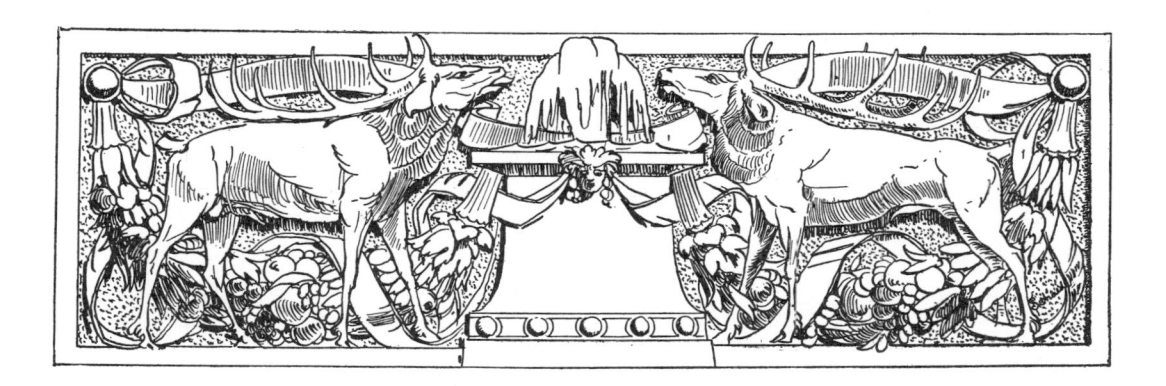

III. Die Friedhöfe.

Die Begräbnifsplätze Berlins rücken mit der wachsenden Bebauung mehr und mehr über die Aufsengrenze des Stadtgebietes nach den umliegenden Vororten. Im Jahre 1894 besafs die Stadt 79 Friedhöfe mit einem Gesamtflächeninhalt von rd. 397,60 ha. Davon waren 13 bereits geschlossen. Die Zahl der Beerdigungen belief sich im Jahre 1894 auf 30 946. Die älteren im Innern der Stadt belegenen Friedhöfe sind meist vereinzelt liegend und von mäfsiger Gröfse, wogegen in den Aufsenbezirken vielfach mehrere Beerdigungsplätze neben einander gelegt gröfsere Flächen bis 25 ha und mehr einnehmen, wie beispielsweise an der Wollankstrafse, Friedenstrafse, Hessischen Strafse, Bergmannstrafse, Hermannstrafse und aufserhalb in Friedrichsfelde, Reinickendorf, Neuweifsensee, Rixdorf, Mariendorf und Schöneberg. Einzelne geschlossene Friedhöfe sind schon zu öffentlichen Parkanlagen eingerichtet, wie der Waldeckplatz an der Oranienstrafse, und man hofft, dafs mit der Zeit alle diese Todtenfelder, in gleicher Weise verwendet, einem fühlbaren Mangel an freien Plätzen abhelfen und den Lebenden in Zukunft als Erholungsstätten dienen werden. Freilich sind sie zunächst ihrer Anlage nach hierzu wenig geeignet, da sie fast durchweg in der bei uns üblichen Weise zwischen schmalen Wegen die Gräber in regelmäfsigen, dicht zusammengedrängten Reihen neben einander legen, um den vorhandenen Raum möglichst auszunutzen. Der Eindruck solcher Todtenäcker ist im ganzen wenig ansprechend, wie schön auch im einzelnen die Grabstätten durch reiche und geschmackvolle Denkmäler, sowie durch wohlgepflegte, kunstreiche Anpflanzungen geschmückt sein mögen. Es ist selbstverständlich, dafs man auf den älteren, wie auf den neueren Friedhöfen Berlins zahlreiche durch architektonischen wie bildnerischen Schmuck in Stein und Erz mit grofsem Reichthum und hohem künstlerischem Werthe ausgezeichnete Grabstätten findet und in den Inschriften manchem Namen von Ruhm und Ansehen begegnet.

Die grofsen Entfernungen bringen es mit sich, dafs die Beerdigungsfeierlichkeiten mehr und mehr aufserhalb der Wohnungen auf den Friedhöfen selbst stattfinden und überall die erforderlichen Leichenhallen und Andachtsräume für diesen Zweck errichtet werden müssen. Auch dies giebt oft Gelegenheit, unsere Begräbnifsplätze mit würdigen und geschmackvollen Bauwerken auszustatten.

Die oben erwähnten 79 Friedhöfe Berlins sind im Besitz von 53 verschiedenen Kirchengemeinden, welche mit Zähigkeit an dem Rechte auf den Besitz eigener Friedhöfe festhalten, sodafs die Absicht der Stadt, grofse communale Begräbnifsplätze aufserhalb des Weichbildes anzulegen, bisher erst in einem Falle zur Ausführung gelangt ist. Nachdem

III. Die Friedhöfe.

von den beiden älteren städtischen Friedhöfen in der Gerichts- und Friedenstrafse der erstere schon im Jahre 1879 geschlossen war, begann 1881 die Anlegung des Berliner Gemeindefriedhofes zu Friedrichsfelde,[1]) bisher fast ausschliefslich benutzt für diejenigen, deren Beerdigung die städtischen Behörden zu veranlassen haben, das heifst für die Mittellosen jeder Confession. Gleichwohl ist man bestrebt, hinsichtlich der Einrichtung und Pflege diesen Ort der Ruhe würdig und so zu gestalten und zu halten, dafs diejenigen, welche ihre Entschlafenen besuchen, weniger als auf den übrigen Friedhöfen den das Gemüth bedrückenden Eindruck empfangen, welchen die Stätte des Todes hervorzurufen pflegt.

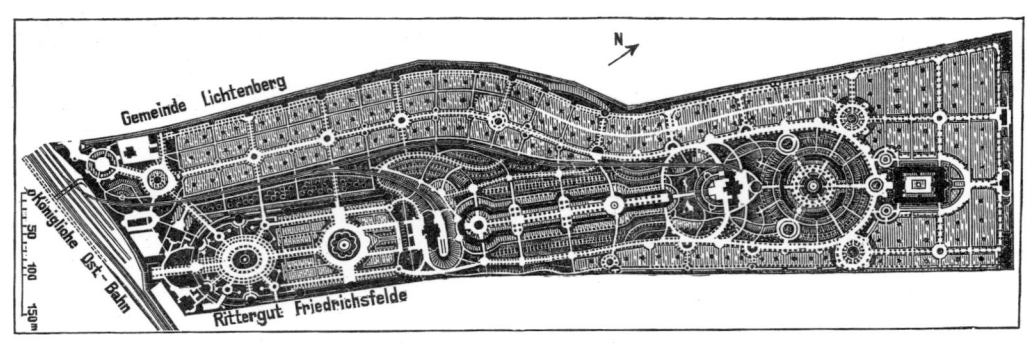

Abb. 58. Friedhof zu Friedrichsfelde.

Der 25 ha grofse Gemeindefriedhof, etwa 7 km vom Herzen der Stadt entfernt, ist durch eine Pferdebahn mit derselben verbunden und liegt hart an der Königlichen Ostbahn mit der Station Friedrichsfelde-Lichtenberg, wohin auch Vorortzüge führen. Er erstreckt sich in seiner Hauptrichtung bei einer Breite von 240 bis 250 m etwa 1 km weit von Süd nach Nord. Das Gelände ist in seiner westlichen Hälfte nur mäfsig bewegt, in der östlichen, höher gelegenen, dagegen sehr wellig. Deshalb ist die Einrichtung der letzteren so gedacht, dafs die mannigfachen Kuppen zu drei Ebenen mit in sich abgeschlossenen Anlagen, wovon die südlichste bereits hergestellt ist, zusammengezogen werden. Diese ganze höhere Friedhofshälfte ist zunächst für die zu bezahlenden Beerdigungen bestimmt.

Für die westliche Hälfte dagegen, die zur Beerdigung der Aermeren dient, ist eine einfachere Eintheilung geplant und zu einem grofsen Theile bereits getroffen. Hier bilden die Gräber grofse, wohlgepflegte Rasenflächen von geringer Höhe mit schmalen Theilungswegen und mit der Bezeichnung der Gräber an den Kanten, nicht über die letzteren hinausstehend, wie die sonst gebräuchlichen, unangenehm wirkenden Nummerhölzer. Schmälere und breitere Streifen von Ziersträuchern schliefsen diese grünen Leichenfelder gegen die mit Alleebäumen bepflanzten Fahrwege und breiteren Fufswege ab, welche in gewissen Zwischenräumen durch mit Gehölz besetzte Rundtheile unterbrochen sind, und diese Anpflanzungen geben, sich gegenseitig ergänzend, dem Ganzen einen gartenähnlichen Charakter. An passenden Stellen sind Ruhebänke aufgestellt.

Eine gröfsere Mannigfaltigkeit sowohl in Bezug auf die gärtnerische Ausbildung, als auch in Betreff der Anordnung der Grabstätten zeigt der höher gelegene östliche Theil, ohne dafs dabei auf möglichste Ausnutzung des Raumes verzichtet wäre. Scheinbar gröfsere Pflanzungen schliefsen Nischen für Grabstätten ein oder umgeben Flächen, die zu gröfseren Familienbegräbnifsplätzen bestimmt sind, Laubengänge bieten schattige Promenaden und machen eigenartig abgeschlossene Gruppen von Gräbern zugängig, Erbbegräbnifsstellen in Reihen, vor denen Säulenhallen mit Grüften einzurichten sind, wechseln mit gewöhnlichen Grabstätten auf gröfseren Flächen oder nur reihenweise den Wegen folgend. Auch für die Erbauung gröfserer Mausoleen, verbunden durch an Mauern sich anlehnende Erbbegräbnifsbauten, oder auch freistehend, ist Fürsorge getroffen derartig, dafs kein buntes Durch-

---

[1]) Bearbeitet vom städtischen Gartendirector Mächtig.

einander entsteht, sondern bei aller Mannigfaltigkeit eine systematische Ordnung und einheitliche Gesamtwirkung gesichert ist. Die Zufahrt, bis jetzt noch in Gleishöhe der Ostbahn über dieselbe hinfort führend, ist, da die Ostbahn an der südlichen Ecke einen ziemlich tiefen Einschnitt bildet, auf einer Brücke über dieselbe hinweg auf die Achse der ersten Anlage gerichtet gedacht, am Eingange das Pförtnerhaus mit Schutzhallen, rechts und links Verwaltungsgebäude. Auf der Höhe am Ende dieses ersten Theiles ist auf einer Terrasse die Kapelle, ein Kuppelbau mit Seitenräumen für die Leidtragenden, mit unterirdischen Leichenaufbewahrungsräumen u. dergl. bereits erbaut. Die kryptenartigen Leichenräume sind von dem tiefen Einschnitte nördlich von der Kapelle aus zugängig und es ist im Anschluſs an die Ostbahn die Möglichkeit des Leichentransports durch die Eisenbahn gegeben. Hinter dem Einschnitt hat der Verein für Feuerbestattung eine Urnenhalle erbaut.

Einige Theile der Anlage haben der vorhandenen Bodengestaltung ihre Ausbildung zu danken, so links von der Kapelle das kleine Wässerchen in einer Tiefe, welche durch Lehmausbeutung entstanden ist und das Wasser aus dem zu drainirenden, zur Krypta führenden Einschnitte aufzunehmen hat, ferner die kreisförmige Eintheilung des sanft abgerundeten Hanges daselbst und die landschaftliche Anordnung in der tiefen Einsenkung vor der Höhe für die zweite Kapelle, wo auch das Tagewasser von den benachbarten Höhen gesammelt werden soll. Ueberall aber ist die Anpflanzung auf Böschungen, Ecken, schmale Ausgleichungsstreifen u. dergl. beschränkt, während für die Beerdigungszwecke scharf abgegrenzte und zweckmäſsig zu benutzende Flächen geschaffen wurden, wenn auch eine Anzahl Einzelgräber in diesem landschaftlichen Theile nicht ausgeschlossen sind.

Auf der nördlichsten Höhe ist für den Fall, daſs der Anschluſs an die städtische Wasserleitung unterbleibt, ein Hochreservoir vorgesehen, von einer offenen Rotunde umgeben, innerhalb eines Haines, an dessen äuſserem Umfange wiederum Erbbegräbniſsbauten hergestellt werden können, während der Hang zu Reihengräbern auszunutzen ist.

Bei Eintritt einer Epidemie soll der nördlichste ebene Theil als abgesonderter Ort für die Beerdigungen dienen, da auch eine eigene Zufahrt dorthin geschaffen werden kann. In der südwestlichen Ecke, in der Nähe der jetzigen Zufahrt, steht das Wohnhaus des Todtengräbers. Bei Erweiterung des Betriebes und Herstellung einer Bahnüberführung als Zufahrt könnte dort eine Gärtnerei für die Ausschmückungszwecke auf dem Friedhofe eingerichtet werden.

Für die Aufstellung von Springbrunnen und gröſseren Denkmälern sind geeignete Plätze vorgesehen. Die Bewässerung des westlichen Theiles wird jetzt vermittelst eines fahrbaren Pulsometers bewirkt, welcher das Wasser aus Abzweigungen eines an der Westgrenze liegenden Abfluſsgrabens der nördlichen Rieselfelder Berlins entnimmt. Für den höheren und vom Graben zu entfernt liegenden Theil sind mehrere Tiefbrunnen hergestellt.

Die Kosten der Erd-, Wege- und Pflanzenarbeiten, welche bisher etwa auf zwei Dritttheilen des Friedhofsgebietes ausgeführt sind, haben etwa 141 000 ℳ betragen. Der aus Mitteln der Bauverwaltung errichtete Bau der Kapelle nebst Leichenaufbewahrungsräumen ist hierbei nicht mit einbegriffen. Für die Unterhaltung der Wege und Anpflanzungen wurden seit dem Jahre 1881 etwa 79 000 ℳ verausgabt. Der Grundstückswerth des Friedhofes ist auf 460 000 ℳ geschätzt.

IV. Wasserstraſsen und Häfen.[1]
(Hierzu eine Karte der märkischen Wasserstraſsen.)

Inmitten eines ausgedehnten und reich verzweigten Netzes von Wasserstraſsen, welches, die Elbe mit der Oder verbindend, den Gesamtnamen „Märkische Wasserstraſsen" führt und auf der anliegenden Karte im Maſsstabe 1 : 400 000 übersichtlich dargestellt ist, liegt Berlin. Indem die Grundfäden dieses Netzes durch die Havel mit der Spree gebildet werden, gehören die hier in Betracht kommenden Gewässer ihrer natürlichen Beschaffenheit nach zum Wassergebiet der Elbe, weshalb ihre schiffbaren Verbindungen mit der Oder unter Ueberschreitung der Wasserscheide zwischen der Nordsee und Ostsee durch Canäle hergestellt werden muſsten. Die in einem früheren Abschnitte dieses Werkes geschilderte Entwicklung Berlins aus einem Fischerdorfe zur mächtigen Hauptstadt des Deutschen Reiches steht in so nahen Beziehungen zum Vorhandensein und zum Ausbau der märkischen Wasserstraſsen, und es ist umgekehrt die Entwicklung eben dieses Netzes durch das Wachsthum der Stadt Berlin so wesentlich bedingt worden, daſs in einem Werke über Berlin und seine Bauten eine Beschreibung der märkischen Wasserstraſsen mit geschichtlichen Rückblicken auf ihre Entstehung, Erweiterung und Verbesserung nicht fehlen darf. Denjenigen aber, welche die Mark näher kennen und ihre eigenartigen, bisweilen überraschenden landschaftlichen Schönheiten zu würdigen wissen, wird die nachfolgende Darstellung auch in anderer Beziehung willkommen sein.

Die Spree und die obere Havel vereinigen sich, die erstere von Süden aus der Lausitz, die andere von Norden aus Mecklenburg kommend, bei Spandau zum Laufe der unteren Havel, welche bei Havelberg in die Elbe mündet. Das Niederschlagsgebiet der beiden Flüsse ist räumlich nicht besonders ausgedehnt, dennoch sind die Havel und Spree verhältnifsmäſsig wasserreich, weil sie überwiegend in der Ebene flieſsen und zahlreiche Seen und Moore durchströmen, welche, als Sammelbecken dienend, den Abfluſs des Wassers gleichmäſsiger über das ganze Jahr vertheilen, als dies bei den norddeutschen Gewässern sonst der Fall ist. Die Gleichmäſsigkeit des Abflusses wird überdies durch Stauwerke befördert, welche einen Theil der Seen in Spannung erhalten. Beide Flüsse wurden schon frühzeitig als Wasserstraſsen benutzt und als solche sowohl an und für sich, als auch durch den seitlichen Anschluſs zahlreicher gröſserer und kleinerer Canäle weiter ausgebildet.

---

[1] Bearbeitet vom Ober-Baudirector A. Wiebe.

Von diesen Canälen sind die ältesten und für Berlin wichtigsten: der Friedrich-Wilhelm-Canal, der Finowcanal und der Plauer Canal.

Der Friedrich-Wilhelm-Canal ist in den Jahren 1662—1669 durch den Grofsen Kurfürsten zur Verbindung der Spree oberhalb von Berlin mit der Oder in der Nähe von Frankfurt, also mit Breslau und Schlesien angelegt worden. Er ist gegenwärtig zum Theil in dem in neuester Zeit erbauten Oder-Spree-Canal aufgegangen. Vom Finowcanal waren die Hauptabschnitte bereits im Jahre 1603 vollendet, sie gingen aber während des dreifsigjährigen Krieges wegen mangelnder Unterhaltung bis auf wenige Spuren verloren. Der durch Friedrich d. Gr. in den Jahren 1744—1746 wieder hergestellte und ergänzte Canal verband die Havel von Liebenwalde aus mit der Oder unterhalb von Cüstrin bei Hohensaaten, mithin Berlin mit Stettin und der Ostsee. Er bildet jetzt ein Theilstück der grofsen Hohensaaten-Spandauer Wasserstrafse. Diese beiden Canäle erhielten für Berlin noch dadurch eine erhöhte Bedeutung, dafs die Oder von Cüstrin aus durch die Warthe, weiter durch die Netze und durch den ebenfalls von Friedrich d. Gr. in den Jahren 1773 und 1774 angelegten Bromberger Canal, endlich durch die Brahe mit der Weichsel verbunden wurde, von welcher sich der Wasserweg weiter in das Gebiet des Pregels und des Memelstroms erstreckt. Berlin gewann hiermit durch die Weichsel und die Memel (Niemen) unmittelbare Handelsbeziehungen zu Rufsland, die, namentlich in Bezug auf den Holzhandel, noch heute fortbestehen.

Mit der unteren Elbe, also mit Hamburg und der Nordsee, war Berlin von jeher durch die untere Havel verbunden. Indem aber Friedrich d. Gr. in den Jahren 1743 bis 1745 den Plauer Canal von der Havel unterhalb Brandenburg nach der Elbe bei Ferchland erbaute und damit den Wasserweg von Berlin nach Magdeburg und weiter nach der oberen Elbe wesentlich abkürzte, erschlofs er für Berlin die grofsen Handelsgebiete Sachsens und Böhmens.

Wir ersehen hieraus, wie schon vor 100 und 200 Jahren die mit weitem Blick und fördersamer Thatkraft gepaarte landesväterliche Fürsorge des Hauses Hohenzollern Binnenwasserstrafsen geschaffen hat, die nicht blofs die aufstrebende Hauptstadt des engeren Vaterlandes mit den Meeren und mit entlegenen Städten, Provinzen und fremden Ländern, sondern auch diese unter einander in fruchtbringende Verbindungen setzten. So bestehen, abgesehen von dem Verkehr mit Rufsland, uralte Handelsbeziehungen zwischen Breslau und Hamburg, zwischen Breslau und Magdeburg, zwischen Magdeburg und Stettin, Hamburg und Stettin. Indem die hierbei in Betracht kommenden Wasserwege an Berlin theils unmittelbar, theils sehr nahe vorüber führten, konnten vortheilhafte Rückwirkungen auf den Berliner Handel nicht ausbleiben.

Die Wichtigkeit der märkischen Wasserstrafsen für Berlin beruht jedoch nicht blofs in der Vermittelung des grofsen Handelsverkehrs, vielmehr mindestens eben so sehr darin, dafs die Stadt schon seit den frühesten Zeiten aus ihrer Umgebung mit den Bedürfnissen sowohl des täglichen Lebens als auch der Bauthätigkeit auf dem Wasserwege versorgt wird. Es handelt sich hierbei um Feldfrüchte aller Art, um Fische u. dgl., ferner um Brennstoffe, namentlich Brennholz und Torf, endlich um natürliche und künstliche Bausteine, Kalk, Sand, Bau- und Nutzhölzer. Wir würden daher von den Wasserverbindungen Berlins nur ein unvollkommenes Bild gewähren, wenn wir die Beschreibung der märkischen Wasserstrafsen nicht von ihrem Ursprunge beginnen lassen und auf ihre mannigfachen Verzweigungen und seitlichen Anschlüsse ausdehnen wollten.

Es möge diese Beschreibung in der Reihenfolge gegeben werden, dafs zuerst die Spree oberhalb von Berlin mit ihren Anschlüssen zur Oder, dann die obere Havel mit der Hohensaaten-Spandauer Wasserstrafse, ferner die untere Havel mit dem Plauer Canal, endlich aber die Spree in Berlin bis zur Einmündung in die Havel mit den dazu gehörigen Canälen, Ladestrafsen und Häfen zur Besprechung gelangen. Dabei sei vorweg bemerkt, dafs die Fahrzeuge, welche auf den märkischen Wasserstrafsen verkehren, sofern nachstehend nicht etwas anderes ausdrücklich bemerkt wird, das sogen. Finowcanal-Mafs haben, nämlich rd. 40 m Länge, 4,60 m Breite bei einem Tiefgange bis zu 1,50 m, wobei sie in Oderkähne, die meist mit einem Verdeck versehen sind, und die leichter gebauten,

Abb. 60. Die Oberspree.

nicht gedeckten Zillen unterschieden werden. Sie laden bei voller Ausnutzung des Tiefganges 2500—3000 Ctr., die neueren, in zweckmäfsigeren Schiffsformen gebauten Oderkähne 3500 Ctr. und mehr.

1. Die Spree oberhalb von Berlin.

Die Berliner Oberspree, welche durch die Stauwerke am Mühlendamm in Spannung erhalten wird, reicht aufwärts bis Köpenick, der ungefähren Grenze des Rückstaues, und wird hier durch den Zusammenfluſs der eigentlichen Spree von Osten und der Dahme oder Wendischen Spree von Süden her gebildet.

Die Spree entwickelt sich aus mehreren Quellbächen, welche, am Nordabhange des die Oberlausitz von Böhmen trennenden Gebirgszuges vom Kottomar- und Beer-Berge herabkommend, sich zu einem geschlossenen Fluſslaufe vereinigen, der das Granitgebirge von Bautzen mittels eines tiefen Felseneinschnittes durchbricht und dann in die Oberlausitz tritt. Das Gefälle dieser 50 km langen Gebirgsstrecke beträgt 700 m und wird durch 42 Stauwerke zum Betriebe gewerblicher Anlagen ausgenutzt. In der Oberlausitz, wo sie ein fruchtbares Wiesenthal, die Goldene Aue, durchströmt, und weiterhin in der Niederlausitz theilt sich die Spree in verschiedene Arme, die mehrere gröſsere und kleinere Nebenflüsse, darunter die Schwarze Schöps, aufnehmen, wonächst sie dicht oberhalb Spremberg die Mark erreicht. Hier bildet sie einen geschlossenen, ebenfalls mehrfach mit Stauanlagen versehenen Fluſslauf, der an Cottbus vorbeifliefst, um bald danach unterhalb der Einmündung der Malxe in die durch ihre landschaftlichen Schönheiten bekannten Niederungen des Spreewaldes einzutreten. Von da an verliert die Spree die bis dahin vorherrschenden Eigenschaften eines Gebirgsflusses, sie verzweigt sich in zahllose Arme, welche zuerst den oberen, dann von Lübben ab den unteren Spreewald durchziehen und somit zwei ausgedehnte, für die weitere Wasserführung des Flusses, also auch für Berlin ungemein wichtige Sammelbecken speisen.

Am nördlichen Ende des unteren Spreewaldes, bei Leibsch, beginnt die Schiffbarkeit der Spree. Wie von hier ab die anliegende Karte ersehen läſst, wendet sich der nunmehr wieder einheitliche Lauf, mehrere Seen durchflieſsend, nach Westen bis zum Schwieloch-See, dessen weit ausgedehntes Becken früher durch eine Güterbahn mit Pferdebetrieb von Gogatz aus mit Cottbus verbunden war, dann nach Norden zur Kreisstadt Beeskow und weiter nach Neuhaus, woselbst nach seiner ursprünglichen Anlage sich der Friedrich-Wilhelm-Canal, auch Müllroser Canal genannt, zur Oder abzweigt. Der 23 km lange Canal stieg von der Spree aus mittels einer Schleuse zur Scheitelhaltung, welche durch das Tage- und Grundwasser der waldreichen Umgegend in ausreichender Weise gespeist wurde, und fiel von hier, theilweise im Bette des Schlaubeflusses an Müllrose vorbeigeführt, mittels acht Schleusen nach der Oder hinab, die er durch Vermittelung des Brieskower Sees, eines recht geräumigen, noch heute zur Lagerung von Hölzern benutzten Hafens, 6 km oberhalb Frankfurt erreichte. Die Schleusen sind in den Jahren 1852—1869 zweischiffig neu erbaut worden.

Die von Neuhaus ab in ihrer Hauptrichtung wieder nach Westen gerichtete und ausgedehnte, meist niedrig belegene Wiesenthäler durchfliefsende Spree ist bei Fürstenwalde zum Betriebe fiskalischer Mühlwerke gestaut und erreicht seitlich von Erkner den Dämeritzsee, in den von Norden her die Rüdersdorfer Gewässer einmünden. Diese lebhaft befahrene Wasserstrafse ist für Berlin dadurch von hoher Bedeutung, dafs auf ihr die Erträge der Rüdersdorfer Kalkberge verschifft werden, bestehend aus Quadern und lagerhaften Bruchsteinen, ferner aus Brennkalk, endlich aus minderwerthigen, jedoch vielfach verwendbaren Kalkstücken, um nicht allein nach Berlin, sondern auch weiter hinaus in das Land zu gelangen. Von den Erträgen des durchaus bergmännisch eingerichteten, staatlich geleiteten Betriebes erhält die Stadt Berlin einen nicht unerheblichen Antheil. Der Stau der Woltersdorfer Schleuse, welche vor einigen Jahren in recht erheblichen Abmessungen neu gebaut worden ist, hält in den beiden von den Kalkwerken ausgehenden, sich im Kalksee, dem Oberwasser der Schleuse, vereinigenden Canälen die erforderliche Schiffahrtstiefe. Nachdem die Spree noch den Müggelsee durchströmt hat, jenes von den Einwohnern von Berlin viel besuchte, ebenso schöne wie gefährliche Gewässer, welches für die Stadt neuerdings noch dadurch von besonderer Wichtigkeit geworden ist, dafs an seinem Ufer die neuen städtischen Wasserwerke erbaut sind, erreicht sie bei Köpenick die Berliner Oberspree und damit ihre Vereinigung mit der Dahme.

Die Dahme, welche unterhalb Wendisch-Buchholz schiffbar wird, nimmt bei Prieros von links her die Teupitzer Gewässer auf, eine lange Kette zusammenhängender Seen, von rechts her durch Vermittelung einer Schleuse den Storkower Canal, eine nicht unwichtige Wasserstrafse, welche, an der Stadt Storkow vorbei, tief ins Land und durch den Scharmützel-See bis in die Nähe von Fürstenwalde geführt, die Holzabfuhr aus den umliegenden Forsten und den Verkehr zahlreicher Ziegeleien, sowie anderer Fabrikanlagen vermittelt. Weiterhin treibt die Dahme durch die Stauanlagen von Neue Mühle ein gröfseres Mühlwerk und bildet bald danach in der Nähe von Königs-Wusterhausen den Ausgangspunkt des Nottecanals, einer zugleich für die Schiffahrt eingerichteten, wichtigen Entwässerungsanlage, welche, mit zwei gröfseren Seitenarmen ausgestattet, die Umgegend von Mittenwalde und Zossen dem Verkehr mit Berlin erschliefst. Unterhalb Schmöckwitz berührt sie den Seddinsee, die Endstrecke des sofort zu besprechenden neuen Oder-Spree-Canals, um bei Köpenick in die Oberspree aufzugehen. An den Ufern der unteren Dahme und der Oberspree liegt eine grofse Zahl zum Theil ausgedehnter und mächtiger Fabrikanlagen, die Ufer sind aber auch landschaftlich von hoher Anmuth, weshalb hier der Berliner auf dem Lande und dem Wasser gern seine Erholung sucht und findet. Villenartige Wohngebäude und eine Reihe zum Theil eben so reich wie schön ausgestatteter Vergnügungsorte bieten hierzu jede nur irgend erwünschte Gelegenheit.

Der mangelhafte Zustand der Spree als Schiffahrtsstrafse, namentlich auf der Strecke von Fürstenwalde bis Köpenick, gab in früheren Jahren in stets steigendem Mafse zu begründeten Klagen Veranlassung, denen bei dem lebhaften Gefälle und der starken Sandführung des sein niedriges Thal in scharfen Krümmungen durchströmenden Flusses durch Regulirungen nicht abgeholfen werden konnte. Der bis dahin sehr lebhafte Verkehr von der Oder nach Berlin durch den Friedrich-Wilhelm-Canal ging daher mehr und mehr zurück und die Handelsbeziehungen mit Schlesien sahen sich, insbesondere zur Zeit der kleinen Wasserstände der Spree, entweder auf die Eisenbahn oder auf den weiten Umweg durch die Oder über Cüstrin bis Hohensaaten und weiter auf die Hohensaaten-Spandauer Wasserstrafse angewiesen. Der in den Jahren 1886—1890 ausgeführte Bau des Oder-Spree-Canals hat diesen Uebelständen in ebenso erwünschter, wie vollkommener Weise abgeholfen. Dieser Canal nimmt seinen Anfang 26 km oberhalb Frankfurt in einem seeartigen, zugleich als Hafen dienenden alten Seitenarm der Oder bei Fürstenberg a. O. und steigt von hier sofort mit drei dicht hinter einander liegenden Schleusen von zusammen rund

Abb. 61. Oberspree mit der v. Pfuel'schen Badeanstalt (vor dem Neubau der Oberbaumbrücke).

13 m Gefälle bis zu der 8 km von der Oder beginnenden Scheitelstrecke auf, welche bei Schlaubehammer in den Friedrich-Wilhelm-Canal übergeht und diesen bis jenseit Müllrose verfolgt. Der vorhandene Canal ist hier erweitert und vertieft, zum Theil auch in seinem Wasserspiegel erheblich gesenkt worden. Die im ganzen 35 km lange Scheitelstrecke, welche, soweit die natürlichen Zuflüsse hierzu nicht ausreichen, durch ein bei Neuhaus errichtetes Pumpwerk aus der Spree mit Wasser versorgt wird, endigt am Kersdorfer See, woselbst der Canal mittels einer Schleuse zur Spree hinabsteigt. Diese liegt hier bereits im Stau der Fürstenwalder Mühlen und konnte vom genannten See bis Fürstenwalde auf 15 km Länge durch umfassende Geradelegungen und Vertiefungen den erweiterten Anforderungen entsprechend umgestaltet werden. Das Unterwasser von Fürstenwalde, welches zu einem geräumigen Hafen erweitert worden ist, wird durch eine neben der vorhandenen neu erbaute Schleuse erreicht und noch auf weitere 5 km bei Grofs-Tränke als Wasserstrafse benutzt. An diesem Punkte beginnt ein der Spree nahezu parallel geführter Seitencanal, dessen Wasserstand durch ein im Flufslauf errichtetes Wehr derartig geregelt wird, dafs die den Eingang zum Canal bildende Schleuse nur zur Zeit des Hochwassers in Thätigkeit gesetzt zu werden braucht. Der 24 km lange Seitencanal mündet durch Vermittelung des vorhin erwähnten Seddinsees in die Dahme, nachdem er durch die Wernsdorfer Schleuse um rd. 5 m auf deren Wasserspiegel gesenkt worden ist und den gleichnamigen See zwischen Dämmen gekreuzt hat. Die Gesamtlänge des Canals beträgt somit 87 km, er wurde einstweilen bei 23,20 m Breite im Wasserspiegel mit 14 m Sohlenbreite und 2 m Wassertiefe angelegt, jedoch ist bei der Anordnung der Bauwerke und beim Grunderwerbe eine spätere Verbreiterung und Vertiefung des Canals offen gehalten worden. Die Schleusen haben 55 m nutzbare Kammerlänge, 8,60 m Weite in den Thoren, 9,60 m Weite in der Kammer und 2,50 m Wassertiefe auf den Drempeln, bei welchen Abmessungen Fahrzeuge mit Ladungen von 8000 Ctr. auf dem Canal verkehren können. Von dergleichen Fahrzeugen wurde schon vor der im Herbst 1894 erfolgten Eröffnung des Grofsschiffahrtsweges durch Berlin ein ausgiebiger Gebrauch gemacht, der Verkehr solcher Schiffe wird aber einen weiteren und sehr beträchtlichen Aufschwung nehmen, sobald erst der noch in der Ausführung begriffene Grofsschiffahrtsweg durch Breslau fertiggestellt sein und damit die im Jahre 1895 vollendete Canalisirung der oberen Oder von Cosel bis zur Neifsemündung,

IV. Wasserstrafsen und Häfen. 73

welche das oberschlesische Kohlengebiet dem grofsen Schiffsverkehr erschlossen hat, zu vollständiger Geltung gelangt sein wird. In Voraussicht dieser Verkehrsentwicklung wird schon jetzt eine Verbreiterung des Oder-Spree-Canals um 4 m vorgenommen. Der nach der Oder bei Brieskow absteigende Arm des alten Friedrich-Wilhelm-Canals wird jetzt fast nur noch für den Verkehr mit Flofsholz und von dem die Oder von Frankfurt her stromaufwärts kommenden Kleinverkehr benutzt.

2. Die obere Havel.

Aus den auf einer Wasserscheide liegenden mecklenburgischen Oberseen, unter denen der Müritzsee die gröfste Fläche einnimmt, entwickelt sich nach Westen hin die schiffbare Elde, welche, ganz in mecklenburgischem Gebiet liegend, bei Dömitz in die Elbe mündet, dagegen nach Osten hin, bei der Bolter Mühle, die gleichfalls schiffbare Havel, welche nach einem Laufe von 53 km bei Fürstenberg i. M. die preufsische Grenze erreicht. Die Schiffahrtsstrafse besteht hier in der Hauptsache aus einer Kette gröfserer und kleinerer Seen, die durch kurze Canalstrecken mit im ganzen sechs Schleusenstauen unter einander verbunden sind. In einen dieser Seen, den Pälitzsee, etwa 18 km oberhalb Fürstenberg, mündet von Süden her der preufsische Rheinsberg-Zechliner Canal, welcher, mit seinen beiden Zweigen 24 km lang, in den Jahren 1877—1880 hauptsächlich zur Beförderung der Holzabfuhr aus den staatlichen Forsten erbaut worden ist.

Die 45 km lange Havelstrecke von Fürstenberg bis zu der Mühl- und Schleusenanlage bei Zehdenick bildet zum Theil die Grenze zwischen Mecklenburg-Strelitz und Preufsen. Sie ist zwar durch vier Staustufen canalisirt, diese reichen aber nicht aus, um dem Flusse denjenigen Grad der Schiffbarkeit zu verleihen, welcher zu Gunsten der in den letzten Jahren oberhalb Zehdenick entstandenen zahlreichen gewerblichen Anlagen, namentlich Ziegeleien, und der Holzabfuhr wegen gewünscht werden mufs. Daher sind schon seit geraumer Zeit mit den mecklenburgischen Regierungen über eine gemeinschaftliche weitere Regulirung und ordnungsmäfsige Unterhaltung der Schiffahrtsstrafse Verhandlungen im Gange. Von Osten her münden hier in die Havel zwei, aus gröfseren Seenketten, den Lychener und den Templiner Gewässern, herabkommende, mit Schleusen versehene, nicht unwichtige Seitencanäle. Von minderer Bedeutung ist der von Westen her mündende Wentowcanal. Unterhalb Zehdenick bis Liebenwalde durchfliefst die Havel in vielfachen scharfen Windungen ein tief gelegenes Wiesenthal, innerhalb dessen sich eine Regulirung des Flusses als unmöglich erwies. Man baute deshalb hier in den Jahren 1881—1885 einen mit zwei Schleusen versehenen Seitencanal, welcher unten in einen vorhandenen kurzen Canal, den Vofscanal, überging und nach diesem in seiner ganzen 18 km betragenden Ausdehnung den Namen erhalten hat. Die bis dahin bei Liebenwalde liegenden Havel-Freiarchen konnten aus dieser Veranlassung nach Zehdenick verlegt werden. Etwas unterhalb Liebenwalde mündet der Vofscanal in die Scheitelhaltung des Finowcanals, ihm das für die Schiffahrt erforderliche Speisewasser aus der oberen Havel zuführend.

Der Finowcanal bildet, wie oben bereits bemerkt wurde, jetzt ein Theilstück der grofsen Hohensaaten-Spandauer Wasserstrafse, des am lebhaftesten befahrenen Wasserweges nicht blofs der Mark Brandenburg, sondern auch überhaupt des preufsischen Staates. Hohensaaten liegt 45 km unterhalb Cüstrin am unteren Ende des fruchtbaren Grofsen Oderbruches, welcher früher an dieser Stelle mit der Oder in freier Verbindung stand, bis in den fünfziger Jahren die Melioration des Oderbruches ausgeführt wurde, bei welcher man die Eindeichungen unten schlofs und den Auswässerungspunkt des Bruches weiter abwärts nach Stützkow verlegte. Dadurch wurde die Schleusenanlage bei Hohensaaten nöthig, durch deren Vermittelung die Wasserstrafse zunächst in den Oderberger und den Lieper See führt, grofse Wasserflächen, welche zur Lagerung der die Oder herabkommenden, für Berlin bestimmten gewaltigen Holzmassen dienen, und an deren Ufern zahlreiche Schneidemühlen und andere Fabriken für die Holzbearbeitung liegen. Aus dem Oderberger See zweigt sich auch die Wasserstrafse der Alten Oder ab, welche nach Freienwalde führt, ebenso nach

Wrietzen hin der schiffbare Landgraben, der Hauptvorfluthweg des Oderbruches. Bei Liepe beginnt der eigentliche Finowcanal, welcher, zunächst in westlicher Richtung mit 13 Staustufen auf 32 km Länge an Eberswalde vorbeigeführt, bis zu seiner bei Zerpenschleuse beginnenden, nahezu 38 m über der Oder liegenden Scheitelstrecke aufsteigt. Bis Grafenbrück, woselbst der von Biesenthal herabkommende Finowflufs in ihn einmündet, liegt der Canal im canalisirten Bette eben dieses Flusses, welcher ihm auch den Namen gegeben hat und dessen Wasser zahlreiche neben den Schleusen liegende Triebwerke für gewerbliche Anlagen in Bewegung setzt. Bei Ruhlsdorf mündet der von Norden aus dem Werbellinsee kommende Werbellincanal. An dem westlichen Ufer dieses Sees liegt bei Wildau die bekannte Schorfhaide mit dem Königlichen Jagdschlofs Hubertusstock, und weiter oberhalb das Städtchen Joachimsthal.

Die 8 km lange Scheitelstrecke, der Lange Trödel genannt, endet nach Aufnahme des Vofscanals an den Liebenwalder Schleusen, und von hier aus wendet sich der zur Havel niedersteigende Arm der Wasserstrafse nach Süden. Es würde zu weit führen, auf die mannigfachen und interessanten Umgestaltungen, welche die Wasserstrafse von hier ab im Laufe der Jahre erfahren hat, an dieser Stelle näher einzugehen, daher genüge die Anführung, dafs die Havel von Liebenwalde bei Pinnow, unterhalb Oranienburg auf 42 km Länge von zwei Seitencanälen begleitet wird, und zwar von Liebenwalde bis zu den Malzer Schleusen vom Malzer Canal auf dem linken Ufer und von den Oranienburger Schleusen bis Pinnow vom Oranienburger Canal auf dem rechten Ufer, während der eigentliche Lauf der Havel nur noch auf 4 km Länge oberhalb der Oranienburger Schleusen als durchgehende Schiffahrtsstrafse benutzt wird. Die Stadt Oranienburg liegt seitwärts vom gleichnamigen Canal und wird durch Vermittelung der Friedenthaler Schleuse auf einer neuerdings regulirten Havelstrecke erreicht, auch mündet in der Nähe der genannten Schleuse der Ruppiner Canal, auf welchen später noch zurück gekommen werden wird. Von der Einmündung des Oranienburger Canals ab bis Spandau auf 28 km Länge liegt die Wasserstrafse ganz im Bette der Havel, welche, nachdem sie seitlich den Tegeler See, Endstrecke des Berlin-Spandauer Schiffahrtscanals, berührt und die durch die Stauwerke von Spandau in Spannung erhaltenen Spandauer Seen durchflossen hat, gleich unterhalb der Spandauer Schleuse die Spree aufnimmt.

Sämtliche Staustufen der Hohensaaten-Spandauer Wasserstrafse, mit Ausnahme der zuletzt genannten, sind mit je zwei neben einander belegenen Schleusen, deren jede zweischiffig ist, versehen. Die zweiten Schleusen von Liebenwalde, Malz und Pinnow stammen schon aus älterer Zeit, diejenigen der übrigen 14 Staustufen sind in den Jahren 1874—1878 neu erbaut worden. Es ist sehr zu bedauern, dafs man damals den mächtigen Aufschwung nicht voraussehen konnte, welchen infolge der Regulirung unserer Ströme die Binnenschifffahrt seitdem gewonnen hat, und der namentlich auch in der stetig zunehmenden Vergröfserung der Schiffsgefäfse seinen Ausdruck findet. So ist es gekommen, dafs die neuen Schleusen keine gröfseren Abmessungen erhalten haben, als die alten und dafs auch die später vorgenommenen Verbesserungen, für die unter andern im Jahre 1879 eine besondere Anleihe bewilligt wurde, und welche vorzugsweise in der Erweiterung zu enger und der Geradelegung stark gekrümmter Strecken, sowie in zweckmäfsiger Umgestaltung fast sämtlicher Brücken bestanden, mit diesen kleinen Abmessungen rechnen mufsten. Ob es vielleicht im Laufe der Jahre möglich sein wird, einen entsprechenden, jedenfalls sehr schwierigen und kostspieligen Umbau des vorhandenen Wasserweges zur unteren Oder vorzunehmen oder einen solchen in gröfseren Abmessungen ganz oder theilweise neu zu schaffen, mufs dahingestellt bleiben; jedenfalls wäre es für Berlin und für den Verkehr zwischen der unteren Oder und der Elbe von äufserster Wichtigkeit, wenn das eine oder andere sich als erreichbar herausstellen sollte.

Der vorerwähnte Ruppiner Canal wurde, von Westen her kommend, in den Jahren 1786—1791 angelegt, um aus den damals als unerschöpflich angesehenen Torfbrüchen des Rhinluchs Berlin mit Brennmaterial zu versorgen. Er führt, indem er von der Friedenthaler Schleuse aus mit noch zwei weiteren Schleusen bis zum Kremmer See aufsteigt, in das Gebiet des Rhinflusses, welcher sich aus den Seen bei Rheinsberg zunächst in südlicher Richtung entwickelt, bei Zippelsförde schiffbar wird und dann eine Kette langgestreckter, an Neu-Ruppin vorbeiführender Seen durchfliefst, um sich bei den aus der Geschichte wohlbekannten Orten Alt-Friesack und Fehrbellin nach Westen der unteren Havel zuzuwenden, die er, weiterhin nicht mehr schiffbar, zwischen Rathenow und Havelberg erreicht. Die wichtigsten Torflager befinden sich in der Umgebung von Fehrbellin und sind hier durch ein ausgedehntes Netz von Canälen aufgeschlossen, sie sind aber zum grofsen Theil bereits ausgebeutet und haben, abgesehen hiervon, ihre frühere Wichtigkeit für Berlin auch dadurch so gut wie ganz verloren, dafs hier der Torf als Brennstoff durch die Steinkohle und die Braunkohle, die letztere namentlich in der Gestalt von Prefskohlen, verdrängt worden ist. — Aus der seeartigen Erweiterung der Havel oberhalb Spandau zweigt sich nach Westen noch der Niederneuendorfer Canal ab, welcher weiterhin in den nach der Havel unterhalb Rathenow geführten Hauptentwässerungscanal des Havelländischen Luchs übergeht. Er ist nur auf 15 km Länge bis zur Schleuse von Brieselang schiffbar und für Berlin von untergeordneter Bedeutung.

3. Die untere Havel.

Bald nach ihrem Zusammenflufs mit der Spree in Spandau tritt die Havel in die durch die landschaftliche Schönheit ihrer Umgebungen auch aufserhalb Berlins und der Mark berühmten Havelseen, geht in südwestlicher Richtung an Potsdam vorüber, wendet sich dann aber im Schwielowsee mit einer scharfen Biegung nach Nordwesten, das durch seinen Obstbau wohlbekannte Städtchen Werder berührend, um von Ketzin ab in westlicher Richtung auf Brandenburg zu fliefsen. Auf dieser Strecke hat die Schiffbarkeit der Havel eine sehr beachtenswerthe und allseitig dankbar anerkannte Verbesserung dadurch erfahren, dafs in den Jahren 1874—1878 der Canal Sacrow-Paretz angelegt wurde. Dieser Canal ist zwar nur 15 km lang, er hebt aber den Umweg südlich um Potsdam herum, welcher 13 km betrug und für die Schiffahrt mancherlei Aufenthalte, selbst Gefahren mit sich brachte, für den durchgehenden Verkehr auf und überläfst den Havellauf dem immerhin nicht unbedeutenden Ortsverkehr. In Brandenburg, auf dem jetzigen Wege 55 km von Spandau entfernt, ist die Havel für den Betrieb grofser Mühlenanlagen aufgestaut. Dieser Stau wird von der Schiffahrt in zwei geräumigen Schleusen überwunden, von denen die zweite, aufserhalb der Stadt belegene, erst in den Jahren 1881—1882 neu errichtet worden ist und zugleich die gewerbereichen Umgebungen des Beetzsees an die Schiffahrtsstrafse anschliefst. Der etwas oberhalb Brandenburg von Süden her in die Havel mündende Emster Canal dient in der Hauptsache nur der Landesmelioration.

Unterhalb Brandenburg im Plauer See theilt sich die Schiffahrtsstrafse in zwei Arme, von denen der eine, der Plauer Canal, in westlicher Richtung weiter geführt, den Verkehr nach der oberen Elbe vermittelt, der andere, der natürliche Lauf der Havel, sich nordwärts der unteren Elbe zuwendet. Die Havel ist bei Rathenow, 46 km abwärts von Brandenburg, noch einmal für den Mühlenbetrieb gestaut und mit einer diesem Stau entsprechenden Schiffsschleuse versehen. Sie erreicht, tief liegende Niederungen früher in vielfach gekrümmtem und gespaltenem, jetzt einheitlich regulirtem Lauf durchströmend, die Elbe 13 km unterhalb Havelberg, 60 km von Rathenow gegenüber Werben, wobei in dieser unteren Strecke ihre Wasserstände wesentlich von denjenigen der Elbe abhängig sind. Der über Genthin geführte Plauer Canal, welcher eine Höhe nicht zu überschreiten hat, seine Speisung vielmehr aus der höher als die Havel liegenden Elbe erhält, mündet in seiner ursprünglichen Anlage durch Vermittelung eines alten Stromarmes sonst in ziemlich gerader Richtung bei Ferchland in die Elbe. Bei niedrigen Wasserständen der letzteren aber erwies sich die Speisung als so unzulänglich, dafs man sich in den fünfziger Jahren entschlofs, den Canal seitlich der Elbe weiter aufwärts an Burg vorbei zu führen und ihn durch Vermittelung des Ihleflusses bei Niegripp nur noch 17 km von Magdeburg entfernt in die Elbe münden zu lassen, wodurch er 58 km Länge und fünf Schleusen, sämtlich mit der Ansteigung nach der Elbe hin, erhalten hat. Gegenüber Niegripp wird der Mittelland-Canal, ein Theilstück der in der Ausführung befindlichen grofsen künstlichen Schiffahrtsstrafse zur Verbindung des Rheins mit der Weser und dem Wassergebiet der Elbe, die letztere erreichen.

Ebenso wie die Hohensaaten-Spandauer Wasserstrafse hat auch die Havel von Spandau bis zur Elbe einschliefslich des Plauer Canales in neuerer Zeit grofse Umgestaltungen und wichtige Verbesserungen erfahren. Hier aber begannen die Arbeiten wesentlich später als dort, weshalb für dieselben im Anschlufs an die erfreulichen Erfolge der Elbe- und Oder-Regulirung die Ziele viel weiter gesteckt werden konnten, als es noch vor 20 Jahren der Fall war. In den Jahren 1880—1889 sind die sämtlichen in Betracht kommenden Schleusen theils durch Neubauten, theils durch Umbauten auf 65 m nutzbare Länge, 8,60 m lichte Weite in den Thoren und 2 m Wassertiefe auf den Drempeln mithin so erweitert worden, dafs sie den gröfseren Elbkähnen bis zu 10 000 Ctr. Tragfähigkeit den Durchgang gestatten. Die gleichzeitig stattgehabten Regulirungen und Erweiterungen der Havel, des Plauer Canals und des Canals Sacrow-Paretz entsprachen eben diesen Abmessungen, und so wurde nach erfolgter Canalisirung der Unterspree, von welcher weiterhin ausführlich die Rede sein wird, die Möglichkeit gewonnen, einen mächtigen Grofsschiffahrtsverkehr, der meist mit Schleppdampfern betrieben wird, von der Elbe nach Berlin zu leiten. Durch Vermittelung der neuen Schleuse am Mühlendamm mit dem Oder-Spree-Canal findet dieser Verkehr seinen weiteren Weg nach der Oder und aus dieser bis Breslau und Oberschlesien. Die soeben angegebenen Schleusenabmessungen sind inzwischen auch für die vorerwähnte grofse Canalverbindung vom Rhein nach der Elbe mafsgebend geworden, nur dafs man hier die Tieflage der Schleusendrempel noch vergröfsert hat.

4. Die Spree in und unterhalb Berlins.

Wie die dem ersten Abschnitte dieses Buches über die geschichtliche Entwicklung Berlins beigegebenen Kärtchen ersehen lassen, wurde die tief gelegene Niederung, in der sich die ersten Anfänge der Stadt entwickelten, von zwei, den Stadttheil Köln umschliefsenden Armen durchströmt, von welchen der nördliche der Hauptarm war und noch ist. Beide Arme sind jedenfalls schon in sehr früher Zeit behufs des Betriebes von Mühlenanlagen, welche gegenwärtig als solche eingegangen sind, angestaut worden. Von diesen Anlagen waren diejenigen im nördlichen Arme, am Mühlendamm belegenen, die älteren, die Werder'schen Mühlen im südlichen Arm, zwischen dem Schlofsplatz und dem Werder'schen Markt, stammten aus späterer Zeit. Der noch jetzt bestehende Stau wird von der Schiffahrt mittels der „Stadtschleuse" überwunden, oberhalb deren der südliche Spreearm den Namen „Schleusencanal" führt, während er unterhalb derselben „Kupfergraben" genannt wird. Die ursprünglich von Holz erbaute Stadtschleuse wurde unter dem Kurfürsten Friedrich III., nachmaligem König Friedrich I., im Jahre 1694 durch einen Massivbau ersetzt, ein Ereignifs, welches durch eine Erinnerungsmedaille mit dem Bildnifs des Fürsten und der Aufschrift „Ligneam invenit, lapideam reliquit" gefeiert wurde. An die Stelle dieses Bauwerks ist im Jahre 1861 ein abermaliger Neubau von gröfseren Abmessungen getreten. Bei der Befestigung von Berlin im 17. Jahrhundert wurden noch zwei Verbindungen zwischen der Ober- und Unterspree als Festungsgräben angelegt, nämlich nördlich der „Königsgraben", auch „Zwirngraben" genannt, den Stadttheil Alt-Berlin, südlich der „Grüne Graben", die Stadttheile Friedrichswerder und Neu-Köln umschliefsend, beide mit Stauanlagen für den Mühlenbetrieb versehen. Aus Veranlassung des Baues der Berliner Stadtbahn ist in den siebziger Jahren der Königsgraben zugeschüttet worden, da er aber zugleich als Vorfluthweg für die Hochwasser der Spree diente, mufste für ihn anderweitig Ersatz geschaffen werden. Dies geschah dadurch, dafs das Gerinne der ehemaligen Werder'schen Mühlen entsprechend erweitert, vertieft und als Fluthgraben eingerichtet wurde. Demnächst ist auch der Grüne Graben verschüttet worden, nachdem er sowohl seines unschönen Aussehens halber, als auch wegen der übeln Gerüche, die er verbreitete, lange genug eine Plage der Stadt gewesen. — Von der weiteren Umgestaltung des Kupfergrabens in der Umgebung des Königlichen Schlosses durch die Errichtung des Nationaldenkmals für Kaiser Wilhelm I. wird am Schlusse dieses Abschnittes die Rede sein.

IV. Wasserstrafsen und Häfen.

Das Aufblühen der Stadt Berlin und die erfreuliche Entwicklung ihres Handels hatten zur Folge, dafs die im Schiffahrtscanal und Kupfergraben mit ihrer Schleuse vorhandene einzige schiffbare Verbindung zwischen der Ober- und Unterspree dem Verkehrsbedürfnifs weitaus nicht mehr genügte, weshalb sich die Staatsregierung zur Erbauung eines die Stadt im Süden umschliefsenden grofsen Schiffahrtsweges entschlofs, des Landwehrcanals, welcher zugleich zur Verbesserung der Hochwasserabführung dienen sollte. Der Canal ist in den Jahren 1845—1850 ausgeführt worden. Ihm folgte, zur Entlastung der dem Schiffahrtsverkehr ebenfalls nicht mehr genügenden Unterspree und der Spandauer Schleuse, in den Jahren 1848—1859 die Erbauung des Berlin-Spandauer Schifffahrtscanals, einer Anlage, mit welcher eine gröfsere Regulirung der Spreeufer unterhalb der Unterbaumbrücke verbunden und die später im Jahre 1875 durch den Bau des Berlin-Charlottenburger Verbindungscanals vervollständigt wurde. Am Ende der siebziger Jahre wurde die öffentliche Meinung durch den von verschiedenen Seiten lebhaft befürworteten Vorschlag, die sich abermals als unzureichend erweisenden Schiffahrtsverbindungen zwischen der Ober- und Unterspree durch den Bau eines Berliner Südcanals zu ergänzen, in eine gewisse Erregung versetzt. Der Canal sollte, aus der Oberspree in einiger Entfernung von der Stadt abgezweigt, diese im Süden umfassend und mit dem Landwehrcanal in angemessene Verbindung gebracht, durch den Grunewald unmittelbar nach der Havel bis in die Nähe von Potsdam geführt werden. Dieser Gedanke wurde seitens der Staatsregierung eingehend geprüft, mufste aber sowohl der aufserordentlich hohen Ausführungskosten wegen, als auch in Rücksicht auf mancherlei Unzuträglichkeiten, welche nicht zu vermeiden gewesen wären, endgültig aufgegeben werden. An seine Stelle ist demnächst der in den Jahren 1883 bis 1889 ausgeführte Erweiterungsbau des Landwehrcanals getreten, und neuerdings ist die Canalisirung der Unterspree hinzugekommen, verbunden mit der Durchführung eines dritten, im Hauptlauf der Spree belegenen, durch die Errichtung einer Schiffsschleuse in den erweiterten Stauwerken des Mühlendammes ermöglichten Wasserstrafse durch Berlin. Diese ebenso wichtigen wie in technischer Beziehung beachtenswerthen Bauanlagen sollen nachstehend einzeln ausführlicher besprochen werden.

a) Der Landwehrcanal.

Als der Landwehrcanal gebaut wurde, folgte er auf einem grofsen Theile seiner Länge einem theils natürlichen, theils künstlichen Entwässerungszuge, dem „Landwehrgraben", welcher ihm auch den Namen gegeben hat. Er lag zumeist im freien Felde und näherte sich nur in der Gegend des Halleschen Thores der enger bebauten Friedrichstadt. Hätte man damals voraussehen können, welche grofse Wichtigkeit seine Anlage für die Entwicklung Berlins, namentlich in dessen südlichem Theile erlangen würde, gewifs wäre er vielfach anders ausgestattet worden, als es geschehen ist, so aber wurden für die Führung des Canals nicht blofs technische, sondern auch landschaftliche, selbst architektonische Rücksichten bestimmend.

Der Hauptzug des Canals ist von der Oberspree 400 m oberhalb der Oberbaumbrücke in südlicher Richtung abgezweigt, er umschliefst mit einer scharfen Biegung das ehemalige Köpenicker Feld und geht dann, nach Westen gerichtet, hart am Belle-Alliance-Platze vorüber durch Gelände, welche ehedem zu Schöneberg gehörten, dann weiter durch den westlichen Theil des Thiergartens, um in Charlottenburg 1200 m oberhalb der Schlofsbrücke in die Unterspree zu münden. Seine Länge beträgt 10,3 km. Ein Nebenarm des Landwehrcanals, der 2,3 km lange „Luisenstädtische Canal", welcher jetzt die Grenze zwischen der äufseren und inneren Luisenstadt darstellt, geht an der Schillingsbrücke von der Oberspree aus, bildet zunächst einen Viertelskreis, welcher in dem quadratischen, vor der Michaelkirche liegenden Engelbecken endet, und vereinigt sich, geradlinig weitergeführt, nach Durchschneidung des gleichfalls quadratischen Thorbeckens mit dem Landwehrcanal. Der Normalwasserspiegel beider Canäle wurde in die Höhe des ehemaligen niedrigen Wasserstandes der Oberspree gelegt, woraus sich die Nothwendigkeit ergab, am oberen und unteren Ende Schiffsschleusen zu erbauen, von denen die obere und die Thiergartenschleuse zweischiffig, 50 m lang und 7,50 m in den Thoren weit, die Köpenicker Schleuse (an der Schillingsbrücke) nur einschiffig angelegt wurden. Die neben jenen beiden Schleusen befindlichen Freiarchen dienen dazu, im Canale eine angemessene Strömung unter Beachtung des Normalwasserstandes zu erhalten und bei Hochwasser die Oberspree durch den Hauptcanal zu entlasten.

Der Luisenstädtische und der Landwehrcanal erhielten bei ihrer Erbauung verschiedene Querprofile. Der erstere, dessen baldige Einbeziehung in das bebaute Stadtgebiet unzweifelhaft erschien, wurde bei einer Breite im Wasserspiegel von 22,60 m durchweg mit senkrechten Ufermauern eingefafst, in welche in regelmäfsigen Abständen zur Vermittelung des Ladeverkehrs Treppen eingelegt sind. Zu beiden Seiten des Canals wurde die Anlage breiter und stattlicher Uferstrafsen vorgesehen, die auch in verhältnifsmäfsig kurzer Zeit zur Bebauung gelangten. In dieser Beschaffenheit verleiht der Luisenstädtische Canal dem von ihm durchschnittenen Stadttheile einen eigenartigen Reiz, eine besondere Bedeutung für den Schiffsverkehr ist ihm aber niemals beizumessen gewesen. Der Landwehrcanal dagegen erhielt bei 22,60 m Breite im Wasserspiegel das nachstehend dargestellte, unter und über Wasser durch Böschungen begrenzte Querprofil, dessen Sohlenbreite gerade ausreichte, um den durchgehenden Verkehr zweier sich begegnenden Schiffe zu gestatten (Abb. 62). Die Anlegung von Uferstrafsen erfolgte nur auf einem Theil der Canallänge; wo sie aber vorgesehen,

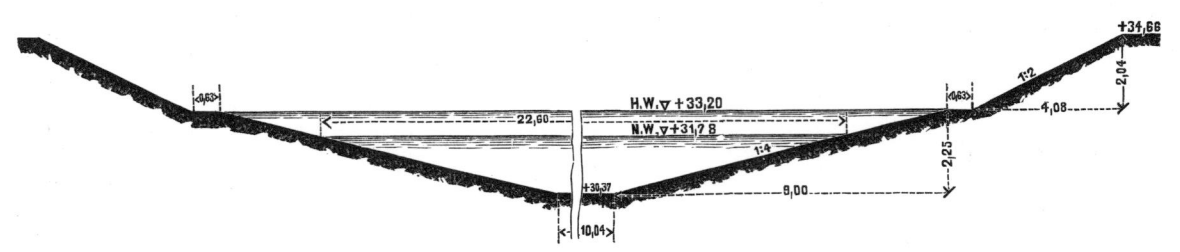

Abb. 62. Normalprofil des Landwehrcanals vor dem Erweiterungsbau.

wurden, geschah dies in Breiten, welche sich nach der Bebauung beinahe überall als unzureichend ergeben haben, während anderseits die zwischen den Strafsen und den Ufern durchgeführten, mit doppelten, schön entwickelten Baumreihen eingefafsten Fufswege Annehmlichkeiten darbieten, wie sie an anderen Orten nicht leicht wieder gefunden werden. Die Canalbrücken erhielten massive Ufer- und Mittelpfeiler und durchweg hölzernen Ueberbau, welcher, der ebenen Beschaffenheit des Geländes entsprechend, so tief gelegt wurde, dafs für den Durchgang der Schiffe Aufzugsklappen eingerichtet werden mufsten, wobei die erforderlichen je zwei Mittelpfeiler so nahe an einander gerückt wurden, dafs die mittlere Oeffnung nur wenig mehr als eine Schiffsbreite umfafste, und auch die Breite der Klappen so gering wie angängig, nämlich nur für je einen Wagen bemessen wurde. Die beiden beim Bau des Canals vorhandenen Eisenbahnen, die Anhalter und Potsdamer Bahn, wurden mittels gleichfalls tiefliegender, eiserner Drehbrücken übergeführt. Für den Ladeverkehr innerhalb der Stadt erachtete man einen einzigen, ziemlich kleinen Hafen, denjenigen an der Schöneberger Strafse, für ausreichend, welcher allerdings durch Vermittelung des Hafenplatzes einen Gleisanschlufs an den Anhalter Bahnhof erhielt und mit geböschten Ufermauern eingefafst wurde. Ein Lageplan dieses Hafens nebst Querschnitten wird hier mitgetheilt (Abb. 63, 64 u. 65). In diesem ursprünglichen, nach jetzigen Anschauungen recht dürftigen Zustande hat der Landwehrcanal eine lange Reihe von Jahren hindurch nicht allein den lebhaften Durchgangsverkehr, sondern auch einen umfangreichen Ortsverkehr zu bewältigen gehabt, welcher namentlich dadurch einen ungeahnten Aufschwung nahm, dafs für den Aufbau der grofsen, den Canal unmittelbar und in weiterer Entfernung umgebenden Stadttheile fast sämtliche Baustoffe durch seine Vermittelung herbeigeschafft wurden, aufserdem Holz, Torf und Kohlen, nicht minder Lebensmittel, wie Obst und Gemüse, in Massen auf ihm in die Stadt gelangten. Bei dem Mangel an ausreichenden Häfen und dem Fehlen besonderer Ladestrafsen entwickelte sich der Verkehr in der Weise, dafs die beladenen Schiffe zwar an beliebiger

IV. Wasserstrafsen und Häfen. 79

Stelle, jedoch niemals dicht an das Ufer gelegt wurden, weil solches wegen der unter Wasser liegenden Böschung unthunlich war. Von den Schiffen aus wurden leichte Brücken bis zum Uferwege geschlagen und die Ladung über diese hinweg mittels Schiebkarren zu Lande geschafft, um hier entweder sofort in Wagen verladen oder am Ufer aufgestellt zu werden. Das eigenartige Bild des die schwere Karre bewegenden, von seiner Frau durch Nachschieben unterstützten Schiffers und der auf dem schattigen Fufswege aufgestapelten

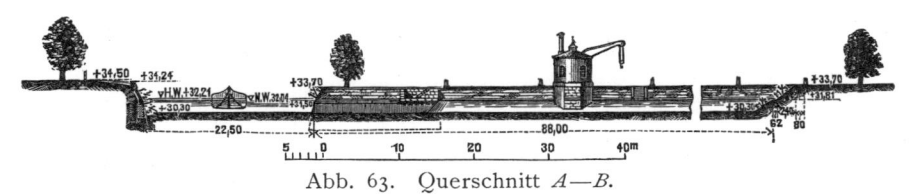

Abb. 63. Querschnitt *A—B*.

Güter dürfte den älteren Bewohnern der Reichshauptstadt noch nicht aus dem Gedächtnifs gekommen sein. Einige gröfsere Fabriken hatten am Ufer des Canals auf massivem Unterbau Krahne aufgestellt, mittels deren die Waaren aus den Schiffen auf die öffentlichen Wege entladen wurden. Eine grofse Zahl anderer Fahrzeuge pflegte im Canal dauernde Aufstellung zu nehmen, um für den Kleinhandel mit allerhand Haushaltungs- und Lebensbedürfnissen, namentlich mit Obst, Kartoffeln und Torf, als Verkaufsstellen zu dienen.

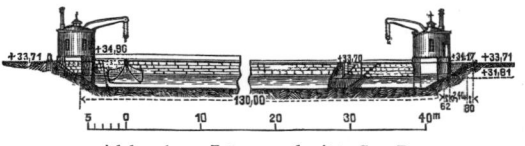

Abb. 64. Längsschnitt *C—D*.

Es ist leicht zu ermessen, dafs die geschilderte Benutzungsweise des Canals zu vielfachen Erschwerungen und Stockungen des mehr und mehr anwachsenden Schiffahrtsverkehrs führen mufste. Denn bei der geringen Breite der Canalsohle konnten da, wo Fahrzeuge am Ufer lagen, zwei sich begegnende Schiffe einander ebenso wenig ausweichen, wie in den engen Brücken, in denen die bisweilen recht kräftige Strömung neue Aufenthalte verursachte. Die polizeiliche Anordnung, dafs während gewisser Stunden des Tages nur zu Berg, während anderer nur zu Thal gefahren werden durfte, reichte nicht aus, um Abhülfe zu gewähren, und es dauerte bisweilen Tage, selbst Wochen, bis die in Berlin angekommenen Schiffe überhaupt in den Canal hineingelassen werden konnten. Zu diesen Unzuträglichkeiten gesellten sich noch die Störungen des öffentlichen Strafsenverkehrs, welche aus dem häufigen und bisweilen lange andauernden Oeffnen der Brückenklappen hervorgin-

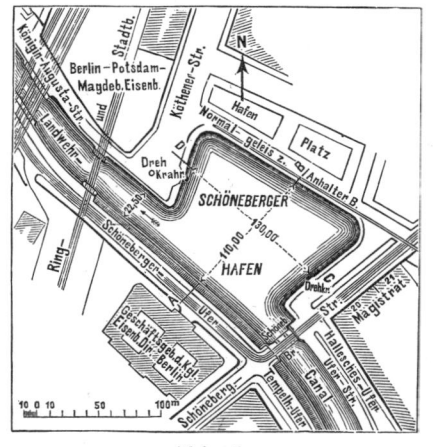

Abb. 65.

gen, nicht minder diejenigen des Schiffsverkehrs, welche das Schliefsen der Drehbrücken für den Uebergang der sich stetig vermehrenden Eisenbahnzüge verursachte. In letzterer Beziehung ist schon seit geraumer Zeit durch die aus Veranlassung der neueren Bahnhofs-Bauten erfolgte Höherlegung der Berlin-Potsdamer und Berlin-Anhalter Eisenbahn Abhülfe gewährt worden, und die Strafsenbrücken sind im Jahre 1875 in den Besitz der Stadt übergegangen, welche, wie an einer anderen Stelle dieses Werkes ausführlicher berichtet wird, dafür gesorgt hat, dafs nur noch wenige in untergeordneten Strafsenzügen liegende Brücken über den Landwehrcanal sich in ihrer ursprünglichen unzulänglichen Beschaffenheit befinden.

Behufs Beseitigung der sonstigen, immer unerträglicher werdenden Uebelstände wurde im Jahre 1880 nach endgültiger Ablehnung der Vorschläge für den Bau eines Südcanals seitens der Staatsregierung ein Umbau-Entwurf für den Landwehrcanal dahin aufgestellt, dafs derselbe unter Aufwendung von 6 000 000 ℳ. in seiner ganzen Länge mit senkrechten Ufermauern versehen und hierdurch für vier Schiffsbreiten nutzbar gemacht, zu-

80 IV. Wasserstrafsen und Häfen.

gleich aber für die Anlage tief liegender, von den öffentlichen Wegen getrennter Ladestrafsen und geräumiger Häfen gesorgt werden sollte. Der Landtag lehnte indessen die Bewilligung der in den Etat der Bauverwaltung eingestellten Summe ab mit dem Hinweis darauf, dafs, wenn der Staat auch verpflichtet sei, für die Beseitigung der den öffentlichen Schiffsverkehr an sich schädigenden Uebelstände zu sorgen, die Förderung und Erleichterung des örtlichen Ladeverkehrs, also die Anlage der Uferstrafsen und Häfen am Landwehrcanal, lediglich die Sache der Stadt Berlin sei. Diese erachtete sich hierzu nicht für verpflichtet und damit kam der erste Umbau-Entwurf zu Falle. Der hiernächst aufgestellte anderweitige Entwurf, nach welchem der Canal ohne die gleichzeitige Anlage von Ladestrafsen und Häfen steil geböschte, mit Quadern bekleidete Ufereinfassungen erhalten sollte, fand schliefslich die Genehmigung des Landtages und ist in den Jahren 1883 bis 1890 mit einem Kostenaufwande von nahezu 3 600 000 ℳ auf beiden Ufern von der oberen Schleuse bis zur Lichtensteinbrücke und auf dem linken Ufer im Stadtgebiet von Charlottenburg zur Ausführung gebracht worden. Wie das nebenstehend dargestellte Querprofil ersehen läfst, ist dem Canal eine für vier Schiffsbreiten nutzbare Breite von 22,50 m und eine durchweg horizontale Sohle bei einer Tiefe von 1,75 Meter gegeben worden (Abb. 66). Dabei haben die Ufereinfassungen innerhalb des verfügbaren, nicht in der vollen Breite in Anspruch genommenen Geländes eine solche Lage erhalten, dafs fast überall auf dem einen Ufer die Möglichkeit der Anlage einer, wenn auch schmalen Ladestrafse offen gehalten ist, jedoch beabsichtigt die Stadt, welche die mit Rasen gedeckten Landstreifen zur Seite des Canals im Jahre 1893 käuflich erworben hat, von dieser Möglichkeit im grofsen und ganzen keinen Gebrauch zu machen (Abb. 67).

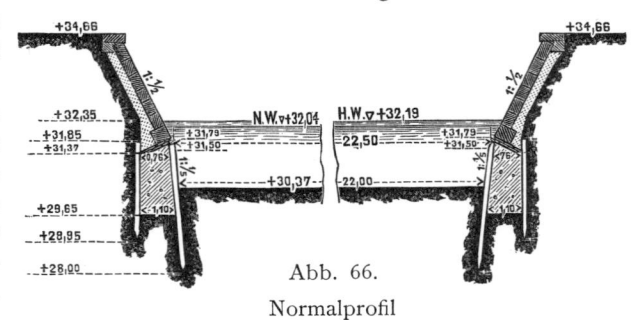

Abb. 66.
Normalprofil des Landwehrcanals an der Königin-Augusta-Brücke.

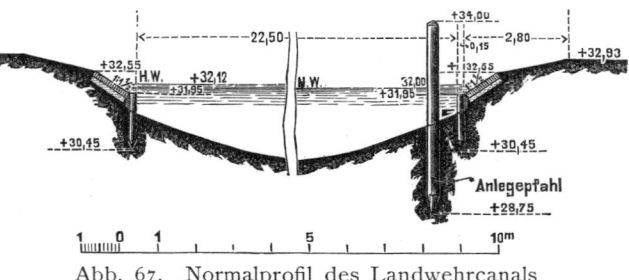

Abb. 67. Normalprofil des Landwehrcanals unterhalb der Lichtensteinbrücke.

Die gegenwärtige Gestalt des Landwehrcanals erleichtert den Durchgangsverkehr um so mehr, als zur Zeit der Umladeverkehr von den Schiffen nach den öffentlichen Strafsen und Fufswegen nur noch an solchen Stellen gestattet ist, wo wohl erworbene Rechte einzelner Anlieger einem Verbot entgegen stehen. Inzwischen sind auf einzelnen, dazu besonders geeigneten Strecken ordnungsmäfsige Ladestrafsen angelegt worden, und zwar von der Gemeinde Rixdorf am Maybachufer auf 2000 m Länge, von der Stadt Berlin am Halle'schen Ufer zwischen der Schöneberger und Möckernstrafse auf 300 m Länge, und von der Stadt Charlottenburg am Charlottenburger Ufer auf 800 m Länge. Endlich aber hat sich die Stadt Berlin im Jahre 1892 entschlossen, am Urban, gegenüber der Vereinigungsstelle des Luisenstädtischen und des Landwehrcanals, woselbst schon bei der Anlage des Canals ein Hafen, wennschon in anderer Gestalt, vorgesehen, jedoch nicht ausgeführt war, eine gröfsere solche Anlage zur Ausführung zu bringen, von welcher nachstehend der Lageplan und ein Querschnitt gegeben werden (Abb. 68 u. 69). Von einer Erweiterung des Canals, in welcher die Schiffe nach der bisher üblichen Art und Weise angelegt und entladen werden können, zweigt sich ein geräumiger Seitencanal ab, dessen Ufer mit Ladestrafsen versehen und mit beweglichen Dampfkrahnen auf Gleisen ausgestattet worden sind, während die hierbei gebildete Insel zu Lagerplätzen verwerthet wird. Obschon der Hafen für eine erhebliche Zahl von Fahrzeugen Raum gewährt, hat es sich doch schon herausgestellt, dafs er dem Bedürfnifs an Ladestellen um

IV. Wasserstrafsen und Häfen. 81

so weniger genügt, als wegen des fehlenden Eisenbahnanschlusses sich ein gröfserer Umschlagverkehr auf ihm nicht entwickeln kann, auch Speicher zur Unterbringung und Abfertigung werthvollerer Waaren nicht vorhanden sind.

Unerwähnt darf schliefslich nicht bleiben, dafs der Landwehr- und Luisenstädtische Canal lange Jahre hindurch zur Aufnahme der Abwässer aus den in seiner Umgebung entstandenen Stadttheilen, selbst aus entlegeneren Ortschaften, haben dienen müssen. Den

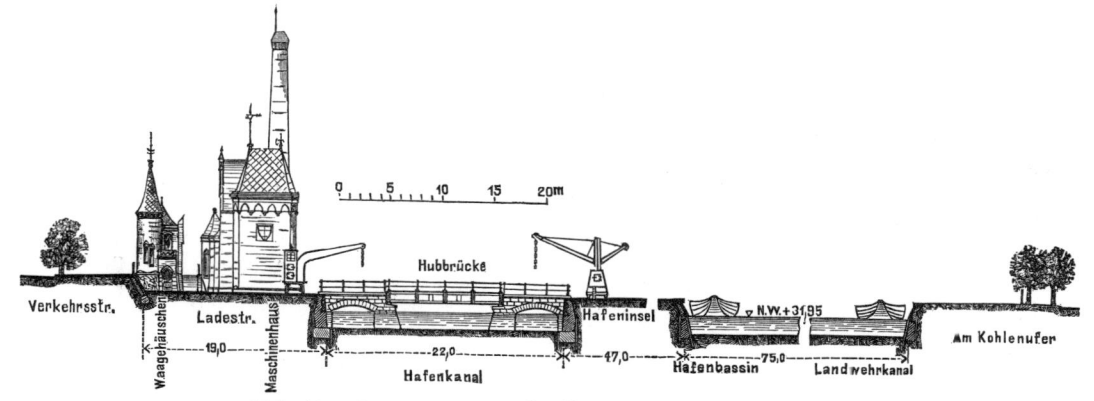

Abb 68. Querschnitt durch die Hafenanlage am Urban.

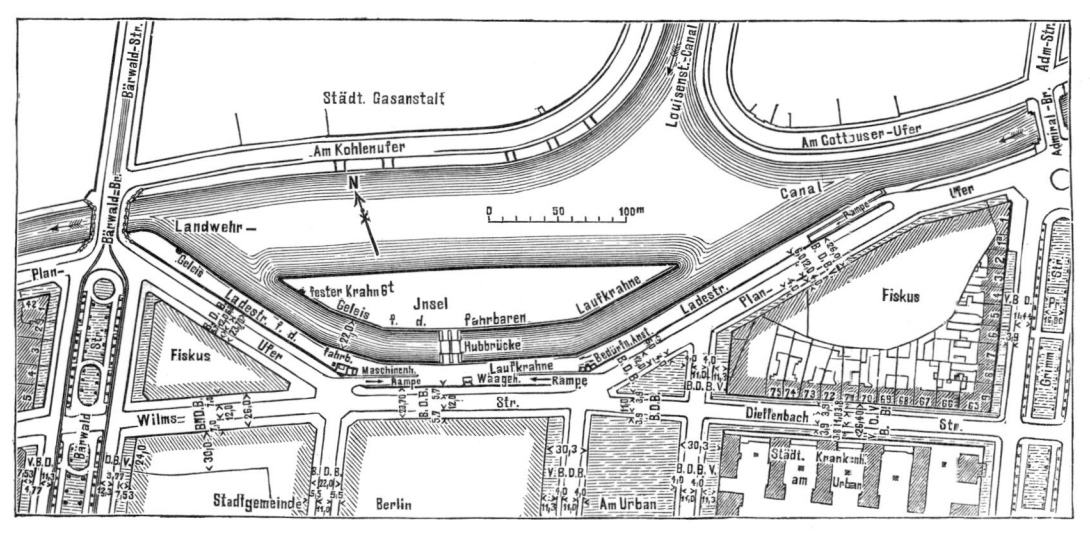

Abb. 69. Hafen am Urban (Lageplan).

hieraus hervorgegangenen, sehr empfindlichen gesundheitlichen und sonstigen Uebelständen ist durch die Canalisation der Stadt Berlin und schliefslich auch des Nachbarortes Rixdorf nachhaltige Abhülfe zu Theil geworden.

b) Der Berlin-Spandauer Schiffahrtscanal und der Berlin-Charlottenburger Verbindungscanal.

Der im ganzen 21 km lange Berlin-Spandauer Schiffahrtscanal beginnt in der dem Königsplatz gegenüber belegenen, nach rechts gewendeten Biegung der Unterspree und erweitert sich dann sofort zu dem geräumigen Becken des Humboldthafens. Nach einer behufs rechtwinkliger Durchschneidung der Invalidenstrafse angelegten, für die Schiffahrt reichlich unbequemen Biegung gelangt er, zwischen dem ehemaligen Hamburger Bahnhof und dem Invalidenpark hindurchgeführt, dann abermals zu einem verhältnifsmäfsig grofsen

IV. Wasserstrafsen und Häfen.

Hafenbecken, dem Nordhafen, verbreitert, nach dem Plötzensee und der Jungfernhaide. Aus der bis dahin westlichen Richtung wendet er sich bei Haselhorst nach Norden, um bei Saatwinkel, einem anmuthig gelegenen, von Berlin aus gern aufgesuchten ländlichen Vergnügungsorte, in den Tegeler See einzutreten. Da der See mit der Hohensaaten-Spandauer Wasserstrafse unmittelbar zusammenhängt, wird der Canal von denjenigen Schiffen vorzugsweise benutzt, welche aus dieser Wasserstrafse nach Berlin gelangen wollen.

Der Wasserspiegel des Tegeler Sees liegt, dem Oberwasser der Spandauer Schleuse entsprechend, für gewöhnlich höher als die Berliner Unterspree, deren Hochwässer jedoch früher bei ungewöhnlichen Anschwellungen so hoch steigen konnten, dafs sie über den Stand des Tegeler Sees hinausgingen. Die durch diese Verhältnisse nothwendig gewordene, bei

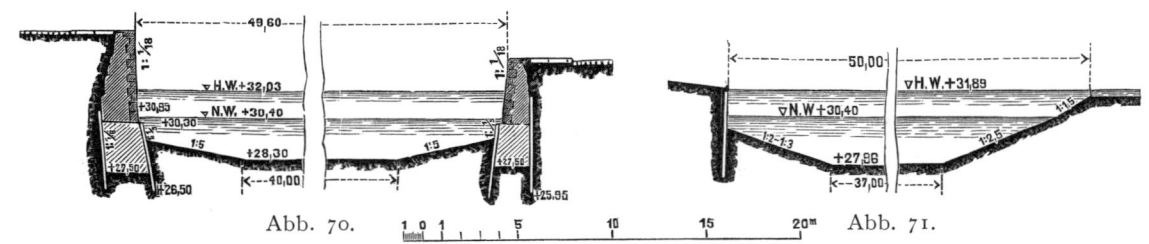

Abb. 70.
Querschnitt der Unterspree
zwischen Marschall- und Kronprinzenbrücke.

Abb. 71.
Querschnitt der Unterspree
unterhalb der Porzellanmanufactur.

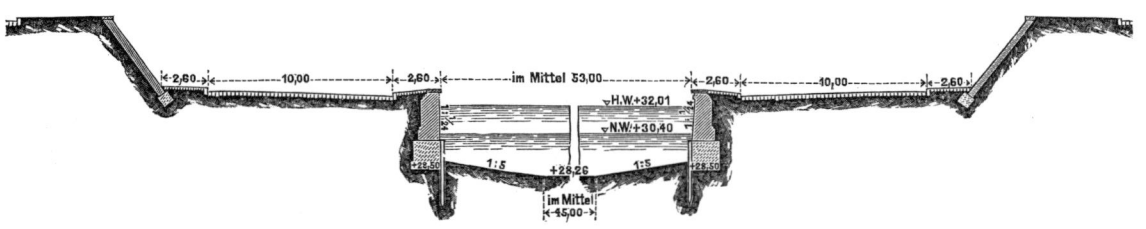

Abb. 72. Querschnitt der Unterspree zwischen der Kronprinzen- und Moltkebrücke.

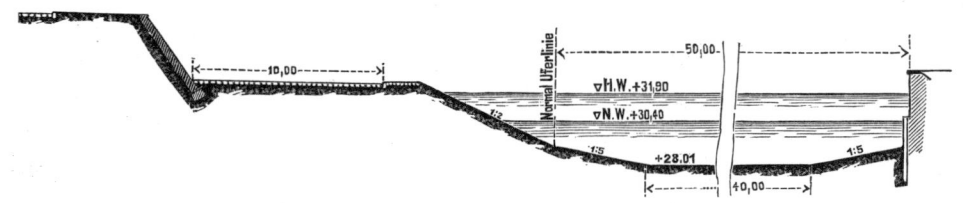

Abb. 73. Querschnitt der Unterspree unterhalb der Lessingbrücke.

Plötzensee befindliche Schiffsschleuse hat daher doppelte Thorpaare mit entgegengesetzter Stemmung erhalten, eine Einrichtung, welche durch die mit der Canalisirung der Unterspree verbundene Senkung ihres Hochwassers entbehrlich geworden ist.

Um die Spreehaltung des in Rede stehenden Canals mit dem Landwehrcanal in unmittelbare Verbindung zu setzen und die Unterspree vom Durchgangsverkehr thunlichst zu entlasten, ist demnächst der meist auf Charlottenburger Gebiet liegende, 3 km lange Berlin-Charlottenburger Verbindungscanal gebaut worden, welcher sich von der Spree gerade gegenüber der Einmündung des Landwehrcanals abzweigt und bei Plötzensee durch eine zweite Schleuse mit jener Haltung in Verbindung tritt. Die Querprofile beider Canäle entsprachen bei ihrer Anlage in der Hauptsache dem oben mitgetheilten alten Querprofil des Landwehrcanals, in den Jahren 1891 und 1892 ist jedoch die Havelhaltung des Berlin-Spandauer Canals durch Beseitigung der unter Wasser liegenden flachen Böschungen wesentlich erweitert worden, und die Erweiterung der Spreehaltung dieses Canals, sowie des Verbindungscanals bis zu solchen Abmessungen, dafs gröfsere Elbkähne darauf verkehren können, steht bevor. Tief liegende Brücken mit Aufzugsklappen haben die Canäle nicht,

IV. Wasserstraßen und Häfen. 83

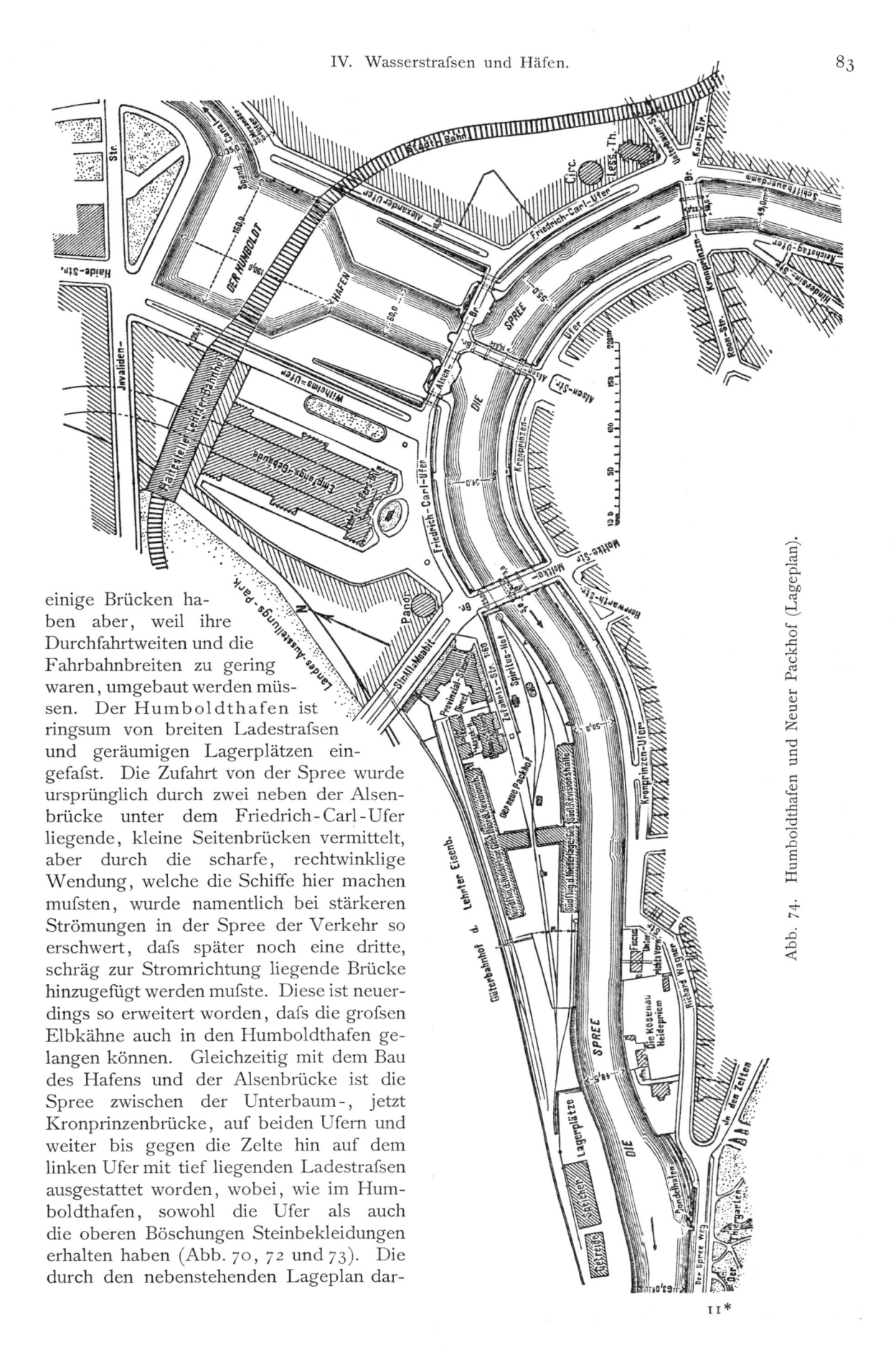

einige Brücken haben aber, weil ihre Durchfahrtweiten und die Fahrbahnbreiten zu gering waren, umgebaut werden müssen. Der Humboldthafen ist ringsum von breiten Ladestraßen und geräumigen Lagerplätzen eingefaßt. Die Zufahrt von der Spree wurde ursprünglich durch zwei neben der Alsenbrücke unter dem Friedrich-Carl-Ufer liegende, kleine Seitenbrücken vermittelt, aber durch die scharfe, rechtwinklige Wendung, welche die Schiffe hier machen mußten, wurde namentlich bei stärkeren Strömungen in der Spree der Verkehr so erschwert, daß später noch eine dritte, schräg zur Stromrichtung liegende Brücke hinzugefügt werden mußte. Diese ist neuerdings so erweitert worden, daß die großen Elbkähne auch in den Humboldthafen gelangen können. Gleichzeitig mit dem Bau des Hafens und der Alsenbrücke ist die Spree zwischen der Unterbaum-, jetzt Kronprinzenbrücke, auf beiden Ufern und weiter bis gegen die Zelte hin auf dem linken Ufer mit tief liegenden Ladestraßen ausgestattet worden, wobei, wie im Humboldthafen, sowohl die Ufer als auch die oberen Böschungen Steinbekleidungen erhalten haben (Abb. 70, 72 und 73). Die durch den nebenstehenden Lageplan dar-

Abb. 74. Humboldthafen und Neuer Packhof (Lageplan).

11*

84   IV. Wasserstraßen und Häfen.

gestellte Gesamtanlage, an welche sich weiterhin die neuen Packhofs- und die Magazingebäude der Garnisonverwaltung anschliefsen, ist, zumal sie von stattlichen Brücken und eben solchen öffentlichen wie privaten Gebäuden eingefafst wird, schön, vornehm und zweckmäfsig, sie genügt aber bei weitem nicht dem Bedürfnifs des überaus lebhaften Ladeverkehrs, welcher hier durch zahlreiche Dampfschiffe und grofse Elbkähne vermittelt wird (Abb. 74). Der Nordhafen ist, wie der Lageplan ergiebt, ebenfalls recht geräumig und wird von den Fahrzeugen vielfach aufgesucht, er ist jedoch von minderer Bedeutung als der Humboldthafen (Abb. 75).

c) Die Canalisirung der Unterspree.

Innerhalb der Stadt Berlin war die 1800 m lange Strecke der Spree von der Abzweigung des Schiffahrtscanals unterhalb der Waisenbrücke bis zur Einmündung des Kupfergrabens oberhalb der Ebertsbrücke bisher für die durchgehende Schiffahrt nicht benutzbar, weil die an ihrem oberen Ende befindlichen Stauwerke im Mühlendamm mit einer Schiffsschleuse nicht versehen waren. Sie diente vielmehr zur Aufstellung von Fischkasten und zur Lagerung zahlreicher grofser und kleiner Schiffsgefäfse, von denen aus ein schwunghafter Kleinhandel mit Fischen, Brennstoffen, Obst, Gemüse und ähnlichen Bedürfnissen betrieben wurde. Dieser Handel hat, wennschon widerwillig, den Forderungen der Grofsschiffahrt und des Grofshandels weichen müssen, und der natürliche Hauptlauf des Flusses bildet jetzt, nachdem das bedeutungsvolle Unternehmen der

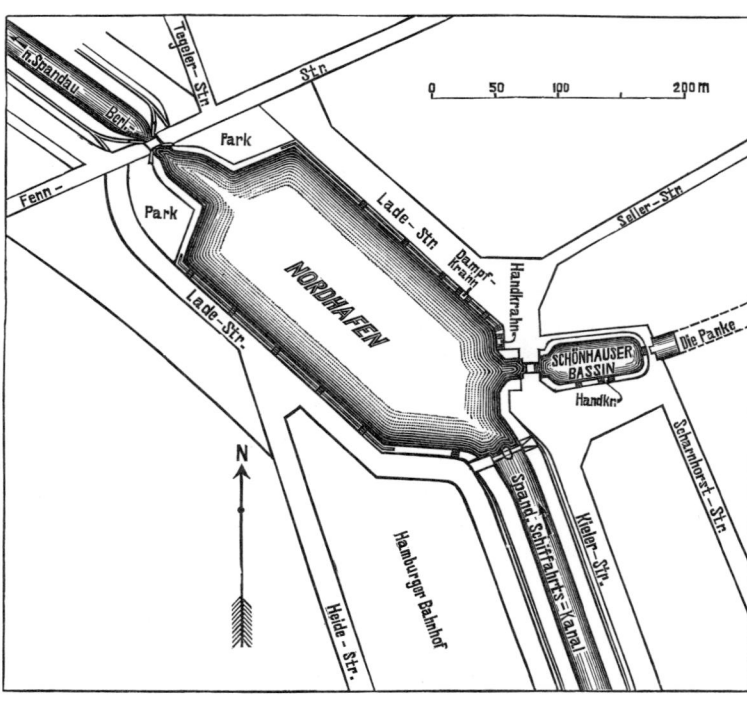

Abb. 75. Nordhafen (Lageplan).

Canalisirung der Unterspree vollendet worden, eine den grofsen Elb- und Oderschiffen zugängliche dritte Schiffahrtsstrafse durch Berlin. Die Wichtigkeit des Canalisirungswerkes beruht aber nicht allein hierin, sondern auch in den durch dasselbe erreichten Verbesserungen der Vorfluth, die wiederum Erleichterungen für die städtischen Brückenbauten und den Strafsenverkehr zur Folge gehabt haben.

Die ehedem am Mühlendamm vorhandenen fiskalischen Mühlenwerke wurden bis zum Jahre 1873 unter Bedingungen betrieben, welche, von alten Zeiten her übernommen, beträchtliche und nachtheilige Anstauungen des Oberwassers, namentlich zur Zeit des Hochwasserabganges, zuliefsen. Im genannten Jahre wurden nach Veräufserung der Mühlengebäude die Wasserkräfte verpachtet und eine schärfere Beaufsichtigung der Stauwerke eingerichtet, eine erhebliche Ermäfsigung der Hochwasserstände konnte aber, selbst als weiterhin die Benutzung der Wasserkraft ganz eingestellt wurde und die Mühlenräder herausgenommen waren, deswegen nicht erreicht werden, weil die lichte Weite der Abflufsöffnungen zu gering war und die Fachbäume zu hoch lagen. Ebenso mifslich waren die Verhältnisse der Unterspree. Diese hatte seit Jahrhunderten alle aus der Stadt abfliefsenden Unreinigkeiten aufnehmen müssen, deren Sinkstoffe sich im Stromlauf vorzugsweise unterhalb der Stadt in solchen Massen abgelagert hatten, dafs die Vorfluth dadurch in hohem Mafse beschränkt wurde und auch hier aus den Anschwellungen bei Hochwasser empfindliche Uebelstände hervor-

IV. Wasserstrafsen und Häfen. 85

gingen. Die Beseitigung der fest gelagerten Sinkstoffe durch Buhnenbauten war vergeblich versucht worden, und so war auch die Schiffbarkeit der Unterspree wegen der unzureichenden Fahrtiefe bei niedrigen Wasserständen, zu denen noch grofse und die Fahrt erschwerende Krümmungen hinzu kamen, so weit zurückgegangen, dafs viele aus der unteren Havel kommende, nach Berlin beladene Schiffe durch die Spandauer Schleuse in den Tegeler See gehen und von dort aus den Berlin-Spandauer Schiffahrtscanal benutzen mufsten. Man speicherte zwar so viel wie möglich Wasser in der Oberspree auf, um es zur gegebenen Zeit der Unterspree zuzuführen, diese Mafsnahme war aber für die Schiffahrt unzureichend und für die Oberspree insofern von Nachtheil, als hier der hohe Wasserstand länger als zuträglich erhalten und dann das Wasser bis zu einem nicht minder unzuträglichen niedrigen Stande abgesenkt wurde. Die Nachtheile derartiger Zustände waren, abgesehen von der mangelhaften Schiffbarkeit des Flusses, gesundheitlicher und volkswirthschaftlicher Art. Die anhaltenden Hochwasserstände hatten neben der Ueberstauung tief liegender Strafsentheile so erhebliche Anstauungen des Grundwassers in den Umgebungen des Spreelaufs zur Folge, dafs dieses nicht selten in bewohnte und unbewohnte Keller drang. Beim Sinken des Grundwassers auf seinen niedrigen Stand entwickelten sich im durchfeuchteten Erdreich Krankheitskeime und verderbliche Ausdünstungen. Auf der anderen Seite gestattete der stetig wachsende Strafsenverkehr der Stadt fernerhin nicht mehr die Erbauung von Brücken mit beweglichen Schiffsdurchlässen, man mufste sogar dazu schreiten, vorhandene bewegliche Brücken in feste umzubauen. Die festen Brücken mufsten so hoch gelegt werden, dafs auch bei den höchsten Anschwellungen der Spree und der Canäle die Schiffahrt ungehindert stattfinden konnte, wodurch nicht allein die Kosten der Bauwerke an sich vergröfsert, sondern auch hohe und weit reichende Anrampungen der anschliefsenden Strafsen erforderlich wurden, deren Kosten sich bisweilen höher stellten als diejenigen des dazu erforderlichen Bauwerks. Dabei bildeten die künstlichen Ansteigungen der Strafsen in der sonst fast eben liegenden Stadt nicht zu unterschätzende Erschwerungen für den Landverkehr.

Die erste Anregung zur Beseitigung aller dieser Uebelstände durch eine umfassende und durchgreifende Canalisirung der Unterspree ist im Jahre 1881 vom Ministerium der öffentlichen Arbeiten ausgegangen.[1]) Die für ein solches Unternehmen vorgeschlagenen und für dessen spätere Ausführung mafsgebend gebliebenen allgemeinen Gesichtspunkte bestanden darin, der Unterspree eine bestimmte Normalbreite zu geben und gröfsere Regulirungen ihrer Richtung vorzunehmen, dabei die Flufssohle so tief zu legen, dafs sie beim kleinsten bekannten Wasserstande eine Schiffahrtstiefe von 1,50 m gewähre, deren Vergröfserung auf 2 m offen gehalten werden solle, ferner bei Charlottenburg ein Stauwerk zu erbauen, um den Wasserstand in der Stadt dem Bedürfnifs entsprechend reguliren zu können, endlich den Stau der Berliner Dammmühlen anderweitig einzurichten, um einerseits die Hochwasserführung aus der Oberspree zu verbessern, anderseits die Schiffahrtsstrafse unmittelbar hindurch zu führen. Es wurde der Nachweis erbracht, dafs, wenn nach diesen Gesichtspunkten, für deren Verwirklichung bestimmte Vorschläge in ihren Hauptumrissen entwickelt wurden, verfahren werde, es möglich sei, sowohl eine dritte, allen Ansprüchen der Grofsschiffahrt entsprechende Schiffahrtsstrafse durch Berlin herzustellen, als auch die zukünftigen Hochwässer gegenüber den bisher bekannten höchsten Wasserständen in der Oberspree um etwa 1,50 m, in der Unterspree am Mühlendamm um rd. 1 m, an der unteren Weichbildgrenze um rd. 0,60 m zu senken und zugleich das Abfallen des Wassers unter seine bisherigen mittleren Stände ganz zu verhüten. Die Kosten des Unternehmens wurden unter der Voraussetzung, dafs sich an demselben die Stadt Berlin mit namhaften Beiträgen, in erster Linie mit dem Ankauf und Abbruch der Dammmühlengebäude und dem Neubau der Mühlendammbrücke, betheiligen werde, ohne die hierauf zu verwendenden Geldmittel auf 7 000 000 ℳ veranschlagt. Die wegen dieser Betheiligung in den Jahren 1881 und 1882 mit der Stadt geführten Verhandlungen hatten indessen nicht den gewünschten Erfolg. Inzwischen näherten sich die oben erörterten Verbesserungen der Hohensaaten-Spandauer

---

[1]) A. Wiebe. Denkschrift, betreffend die Canalisirung der Unterspree von den Dammmühlen in Berlin bis Spandau. Berlin 1881. Ernst & Korn.

86 IV. Wasserstrafsen und Häfen.

Wasserstrafse und der Schiffbarkeit der unteren Havel von der Elbe aufwärts bis Spandau ihrer Vollendung, und die Verhältnisse drängten dazu, wenigstens auch die Unterspree von Spandau bis in das Berliner Weichbild hinein den gröfseren und tief gehenden Fahrzeugen bequem zugänglich zu machen. Die Staatsregierung entschlofs sich daher, zunächst eine theilweise Canalisirung der Unterspree in dem für die Schiffahrt gebotenen Umfange, also einstweilen ohne Rücksicht auf die Verbesserung der Vorfluth ins Werk zu setzen, die Bauausführung jedoch so einzurichten, dafs eine Erweiterung des Unternehmens im vollen geplanten Umfange für eine spätere Zeit möglich bliebe.

Die vorläufige, theilweise Canalisirung der Unterspree ist in den Jahren 1883—1885 mit einem Kostenaufwande von 2 200 000 ℳ. zur Ausführung gekommen. Sie bestand aufser der Errichtung der grofsen Stauanlage bei Charlottenburg in der durchgreifenden Regulirung des Flufslaufs von da bis Spandau, dessen beiderseitige Ufer im gegenseitigen Abstande von 50 m mit wasserfreien Leinpfaden eingefafst wurden, während vermöge des grofsen Durchstichs bei Ruhleben, welcher die scharfe und für die Schiffahrt sowie für die Vorfluth überaus hinderliche Stromkrümmung bei Paulsstern abschnitt, der Flufs eine möglichst gerade Richtung erhielt. Gleichzeitig wurde die Sohle bis auf 1,50 m unter den niedrigsten Havelwasserstand von Spandau vertieft und horizontal gelegt, vorläufig allerdings nur in der für die Schiffahrt genügenden Sohlenbreite von 25 Meter, wobei die spätere, für die vollständige Verbesserung der Vorfluth erforderliche Verbreiterung vorbehalten blieb. Die Lage des Stauwerks war ursprünglich für diejenige Stelle geplant, an welcher sich der Landwehrcanal und gegenüber der Charlottenburger Verbindungscanal mit der Spree vereinigen, die Vorzüge dieser

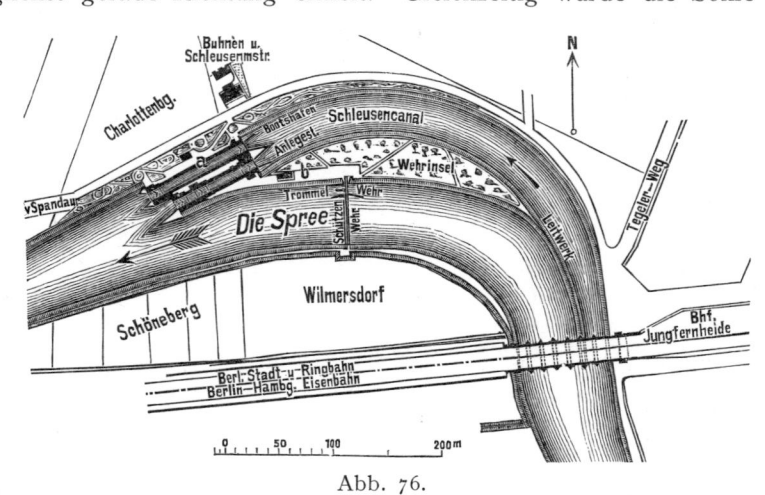

Abb. 76.
Lageplan der Stauanlage in der Spree bei Charlottenburg.

Lage mufsten indessen aufgegeben werden, weil aus der damit verbundenen Senkung des Mittelwassers neben dem Schlofspark von Charlottenburg und in der Nähe des Thiergartens nachtheilige Folgen für den Baumwuchs befürchtet wurden. Das Stauwerk ist deshalb weiter flufsabwärts in einen Durchstich gleich unterhalb der Brücke der Berlin-Hamburger Eisenbahn verlegt worden, welcher zur Verbesserung der Durchfahrt durch diese Brücke ohnehin ausgeführt werden mufste. Die Gesamtanordnung der umfangreichen Bauanlage wird durch den vorstehenden Lageplan dargestellt (Abb. 76). Sie zeigt zwei durch eine Insel getrennte Haupttheile, das Wehr im Hauptlauf der Spree und die Schiffsschleusen im Seitencanal, und war von vornherein so bemessen, dafs bei der späteren Vervollständigung der Canalisirung eine Erweiterung nicht erforderlich wurde. Das Wehr hat im ganzen 50 m Lichtweite, von denen 10 m auf das am rechten Ufer liegende Trommelwehr entfallen. Dieses ist so eingerichtet, dafs es unter Anwendung des vorhandenen Wasserdrucks niedergelegt und wieder aufgerichtet werden kann, um den von oben herabkommenden leeren Schiffen den Durchgang ohne Aufenthalt zu ermöglichen, während die übrigen 40 m mit Schutzvorrichtungen versehen sind, die durch Schrauben mit Vorgelegen und Handkurbeln gehoben und gesenkt werden können. Der Normalwasserstand vor dem Wehre entspricht dem bisherigen mittleren Wasserstande der Spree, bei Hochwasser wird das Wehr ganz geöffnet und findet alsdann keine Behinderung des Abflusses statt. Von den beiden bis jetzt erbauten Schiffsschleusen — zur Anlage einer dritten ist für den Fall des Bedürfnisses der Raum vorgesehen — fafst die eine gleichzeitig vier gewöhnliche Oderkähne, die andere

IV. Wasserstrafsen und Häfen. 87

einen grofsen Elbkahn oder, unter Anwendung des Mittelthores, zwei Oderkähne, wobei die Lichtweite in den Thoren und Kammern 9,60 m beträgt. Die Böschungen des Schleusencanals sind durchweg mit Klinkern bekleidet. Das Leitwerk, welches von der Spitze der Insel bis zur Eisenbahnbrücke reicht, ist erst später ausgeführt worden, um die nach dem Wehr gerichteten Seitenströmungen, welche die Schiffahrt belästigten, abzuschneiden. In dieser Gestalt hat sich die Anlage sowohl für die Schiffahrt als auch für die Vorfluth und für die Erhaltung des Normalwasserstandes im Innern der Stadt vollkommen bewährt.

Nach Fertigstellung der soeben erörterten Theilanlagen wurde die Durchführung des Gesamtunternehmens der Canalisirung der Unterspree dadurch angebahnt, dafs die Stadt im Jahre 1887 die Gebäude der ehemaligen Dammmühlen käuflich an sich brachte und sofort einen Theil derselben niederlegte. Demnächst kam im Jahre 1888 zwischen der Staatsregierung und der Stadt ein Vertrag dahin zu stande, dafs die noch erforderlichen, sehr umfangreichen Bauausführungen auf gemeinschaftliche Kosten bewirkt werden sollten. Es wurde vereinbart, dafs von dem ursprünglichen Plane, der darauf hinausging, gleichzeitig mit den alten Stauwerken im Mühlendamm die Mühlengebäude vollständig zu beseitigen und dem Flusse einen einheitlichen Lauf zu geben, Abstand zu nehmen sei, weil die Stadt den Wunsch hatte, den Abbruch auf die beiden seitlichen Speichergebäude zu beschränken und die beiden Hauptgebäude, die grofse und kleine Mühle, zu erhalten, um sie vereinigt zu einem städtischen Verwaltungsgebäude umbauen zu können. Auch legte die Stadt Werth auf die Durchführung der Burgstrafse auf dem rechten Spree-Ufer von der Langen Brücke (Kurfürstenbrücke) bis zum Mühlendamm. Die Nothwendigkeit, mit der Erneuerung der Stauwerke einen vollständigen Neubau der für den Verkehr viel zu engen Mühlendammbrücke mit der Fischerbrücke zu verbinden, wurde allseitig anerkannt, dagegen erwies sich die Hoffnung, die Kurfürstenbrücke in ihrem bisherigen Zustande erhalten zu können, als unerfüllbar, weil die unzulängliche Tiefe der Fundamentirung die für die Vorfluth und die Schiffahrt erforderliche Senkung der Flufssohle nicht gestattete. Das Gleiche ergab sich in Bezug auf die vom Mühlendamm bis zur Friedrichbrücke vorhandenen Ufermauern. Für die Friedrichbrücke war ursprünglich nur eine Vergröfserung der Oeffnungen zwischen den nicht ganz stromgerecht liegenden Pfeilern und eine Hebung des Ueberbaues als erwünscht für die Schiffahrt bezeichnet worden, da sich aber zugleich das Bedürfnifs herausstellte, zur Erleichterung des hier sehr lebhaften Strafsenverkehrs die Brückenbahn zu verbreitern, so ergab sich auch hier die Beibehaltung des vorhandenen Bauwerks als unthunlich.

Bei Vertheilung der auf das Gesamtunternehmen zu verwendenden Kosten, welche ohne Einrechnung der zur theilweisen Canalisirung der Spree bereits verbrauchten Beträge mit 11 000 000 ℳ. veranschlagt waren, auf den Staat und die Stadt wurde von dem Gesichtspunkte ausgegangen, dafs diejenigen Summen, welche ausschliefslich auf die Verbesserung des Strafsenverkehrs zu verwenden waren, von der Stadt allein getragen werden sollten. Sie waren zu 4 600 000 ℳ. berechnet. Der Rest mit 6 400 000 ℳ. entfiel auf die Verbesserung der Schiffahrt, welche als die Aufgabe des Staates, und auf die Verbesserung der Vorfluth, welche als die Aufgabe der Stadt anerkannt wurde. Bei der Schwierigkeit, die Kosten der hierhin gehörigen Bauausführungen nach ihrer verschiedenen Zweckbestimmung aus einander zu halten oder die nach der einen und anderen Richtung dem Staat und der Stadt erwachsenden Vortheile auf ihren Geldwerth zu schätzen, gelangte man zu dem in dergleichen Fällen allein richtigen Entschlusse, jene Kosten zur Hälfte, also mit je 3 200 000 ℳ. dem Staate und der Stadt aufzuerlegen. Nach erfolgtem Abschlusse des Vertrages wurde die Ausführung des gemeinsamen Werkes in der Weise geordnet, dafs unter Ausgleichung der entsprechenden Geldwerthe durch Baarzahlung aus einer Kasse in die andere, die staatliche Bauverwaltung die eigentlichen Wasserbauten, also den Bau des Wehres und der Schiffsschleuse am Mühlendamm, sowie der Ufermauern unterhalb des letzteren, ebenso die innerhalb und aufserhalb des Weichbildes der Stadt noch erforderlichen Spree-Regulirungsarbeiten, dagegen die städtische Bauverwaltung alle übrigen Leistungen, insbesondere den Grunderwerb und sämtliche Brückenbauten übernahm. Zugleich wurde der Stadt die Ermächtigung ertheilt, die Höhenanlage ihrer sämtlichen über die Spree und den Landwehrcanal noch zu erbauenden Brücken vorweg nach dem gesenkten, zukünftigen Hochwasserstande zu bemessen.

IV. Wasserstrafsen und Häfen.

Sofort nach der noch im Jahre 1888 erfolgten Bewilligung der erforderlichen Geldmittel durch den Landtag und die Stadtverordneten-Versammlung konnte in die Ausführung des Unternehmens eingetreten werden. Die aufsergewöhnlichen Schwierigkeiten der Bauausführung erhellen aus der Erwägung, dafs es sich um eine durchgreifende Umgestaltung eines der lebhaftesten Stadttheile von Berlin handelte. Insbesondere gilt dies von den Bauten am Mühlendamm, bei welchen die Beseitigung und der gänzliche Neubau sowohl der umfangreichen Stauanlagen in der Spree, als auch der darüber führenden Brücken durchgeführt werden mufste, ohne dafs eine seitliche Ableitung des Wasserzuflusses und des Landverkehrs möglich war. Hier wurden die Schwierigkeiten noch dadurch erhöht, dafs die staatliche und die städtische Bauverwaltung, letztere wiederum in zwei Beziehungen, nämlich für die Brückenbauten und für die gleichzeitig zur Ausführung gebrachten Hochbauten am Mühlengebäude, sich in die Arbeiten zu theilen hatten, während diese derartig in einander griffen, dafs sie sachlich und zeitlich von einander abhängig waren. Die Aufgabe ist aber glücklich und ohne bemerkenswerthe Zwischenfälle gelöst worden, und diese Lösung hat zu der in nebenstehendem Lageplan wiedergegebenen Gestaltung des zwischen dem Mühlendamm und der Friedrich-

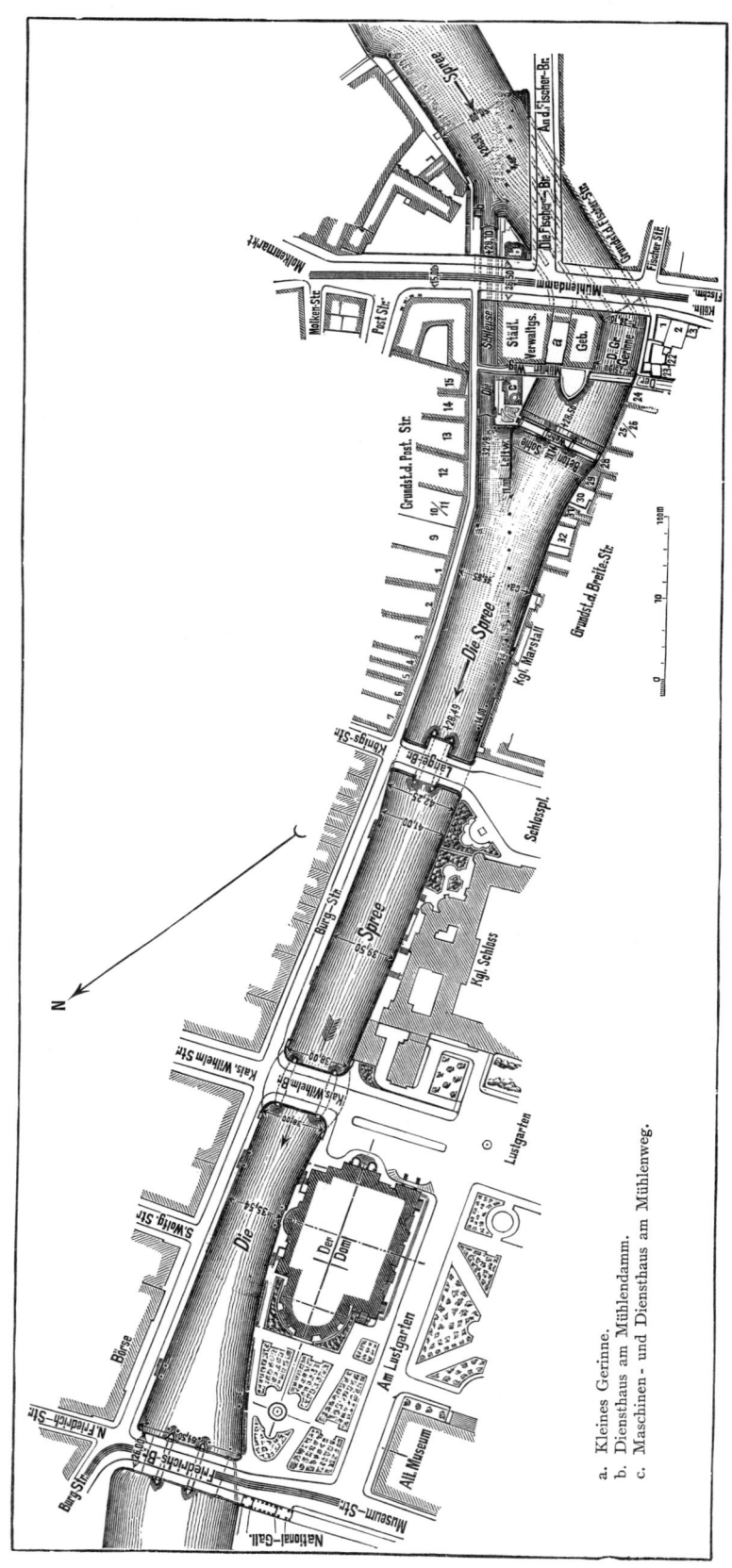

a. Kleines Gerinne.
b. Diensthaus am Mühlendamm.
c. Maschinen- und Diensthaus am Mühlenweg.

Abb. 77. Lageplan der Spree vom Mühlendamm bis zur Friedrichsbrücke.

IV. Wasserstrafsen und Häfen.

brücke belegenen Theiles der Spree geführt (Abb. 77). Da die Beschreibung der auf obiger Strecke in Betracht kommenden neuen Brücken einem anderen Abschnitte des vorliegenden Werkes vorbehalten bleibt, ist an dieser Stelle nur noch auf die eigentlichen Wasser-Bauten, also auf die Wehr- und Schleusen-Bauten am Mühlendamm und auf die Ufermauern näher einzugehen. Zu bemerken ist jedoch noch, dafs die vor dem Königlich. Schlosse in der Spree unterhalb der Kurfürstenbrücke befindliche Terrassenanlage mit ihren zum Wasser führenden Treppen im Jahre 1893 auf Kosten der Königlichen Schlofs-Verwaltung ausgeführt worden ist, und dafs der jetzigen Ausgestaltung des Dombauplatzes der Abbruch der unter der Regierung Friedrich Wilhelm IV. gelegten Domfundamente, welche weit in das Spreebett hineinragten und die Vorfluth in nachtheiligster Weise beschränkten, vorausgegan-

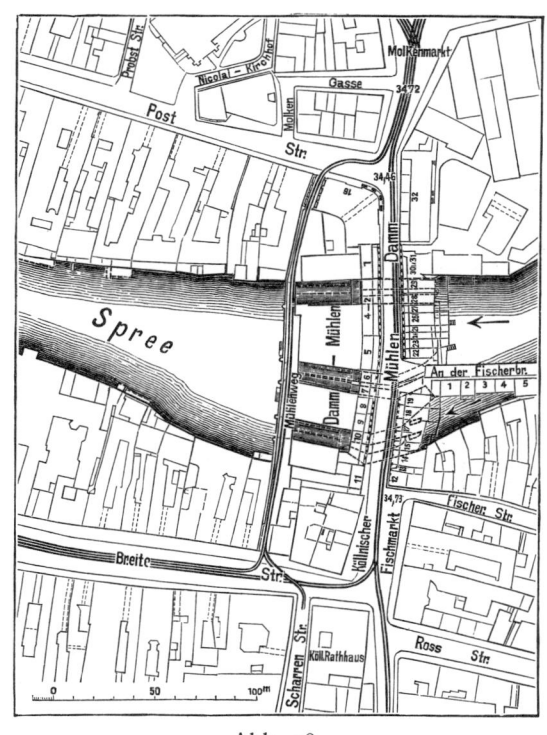

Abb. 78.
Lageplan des Mühlendammes vor dem Umbau.

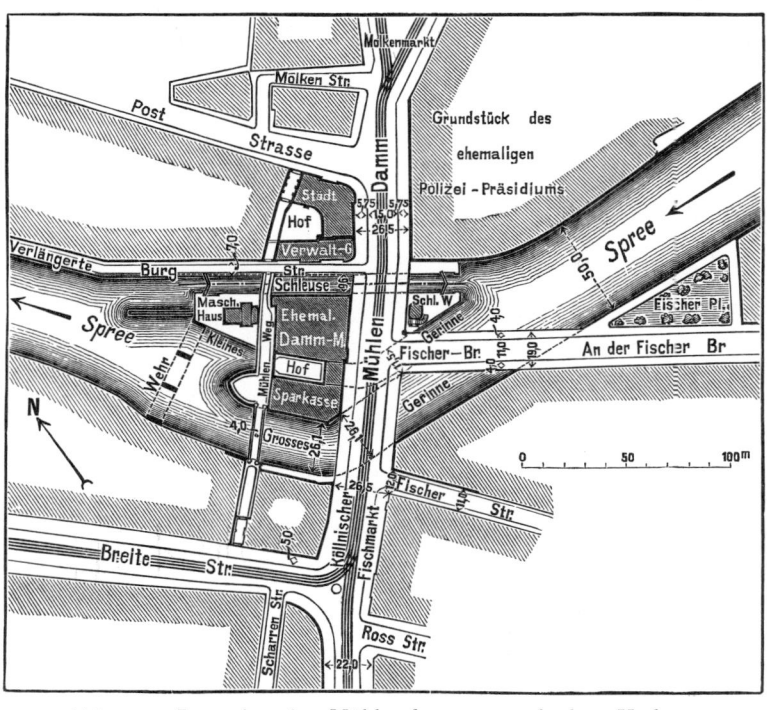

Abb. 79. Lageplan des Mühlendammes nach dem Umbau.

gen ist. Wie der nebenstehende Lageplan der Mühlendammanlage in ihrer früheren Gestaltung ersichtlich macht, bestanden bisher vier Gerinne, welche, theils zum Mühlenbetriebe, theils als Freifluthen benutzt, von Holz gebaut und mit hölzernen Grieswerken versehen waren (Abb. 78). Aber unter der darüber geführten engen, mit Häusern und den jedem älteren Berliner noch in wenig erfreulicher Erinnerung stehenden „Mühlendammcolonnaden" besetzten Strafse waren sie überwölbt, und zwar, wie sich demnächst beim Abbruch herausstellte, mit Gewölben aus mächtigen Sandsteinquadern, von denen ein grofser Theil bei den Neubauten wieder verwendet werden konnte. Stromaufwärts zweigte sich rechtwinklig die hölzerne Fischerbrücke ab, und hinter den in der Zeichnung durch stärkere Schraffirung kenntlich gemachten Mühlengebäuden lag eine zweite kleinere Brücke, der Mühlenweg, welcher den

Verkehr zu den Mühlen und Speichern vermittelte. Die Burgstrafse endigte in einiger Entfernung von der Königstrafse als Sackgasse. Welche Gestalt derselbe Stadttheil durch den im Jahre 1893 vollendeten Umbau erhalten hat, zeigt der vorstehende Lageplan (Abb. 79). Der

90　　　　　　　　　　　IV. Wasserstraßen und Häfen.

Die Mühlendammschleuse.

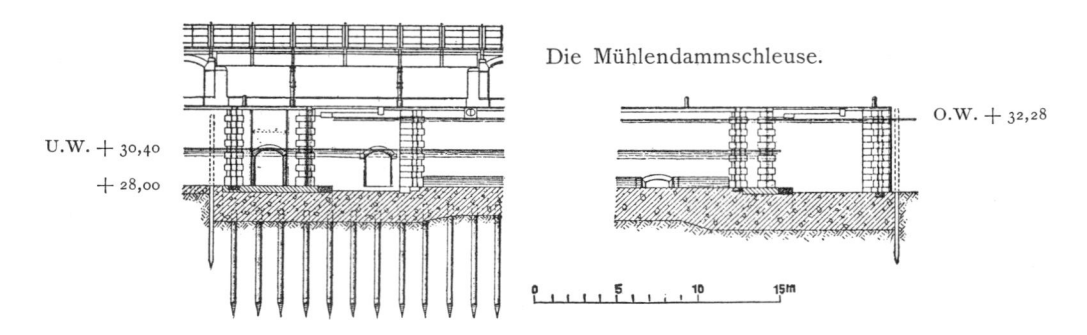

U.W. + 30,40
     + 28,00

O.W. + 32,28

Abb. 83.
Längsschnitt durch das Unterhaupt.

Abb. 84.
Längsschnitt durch das Oberhaupt.

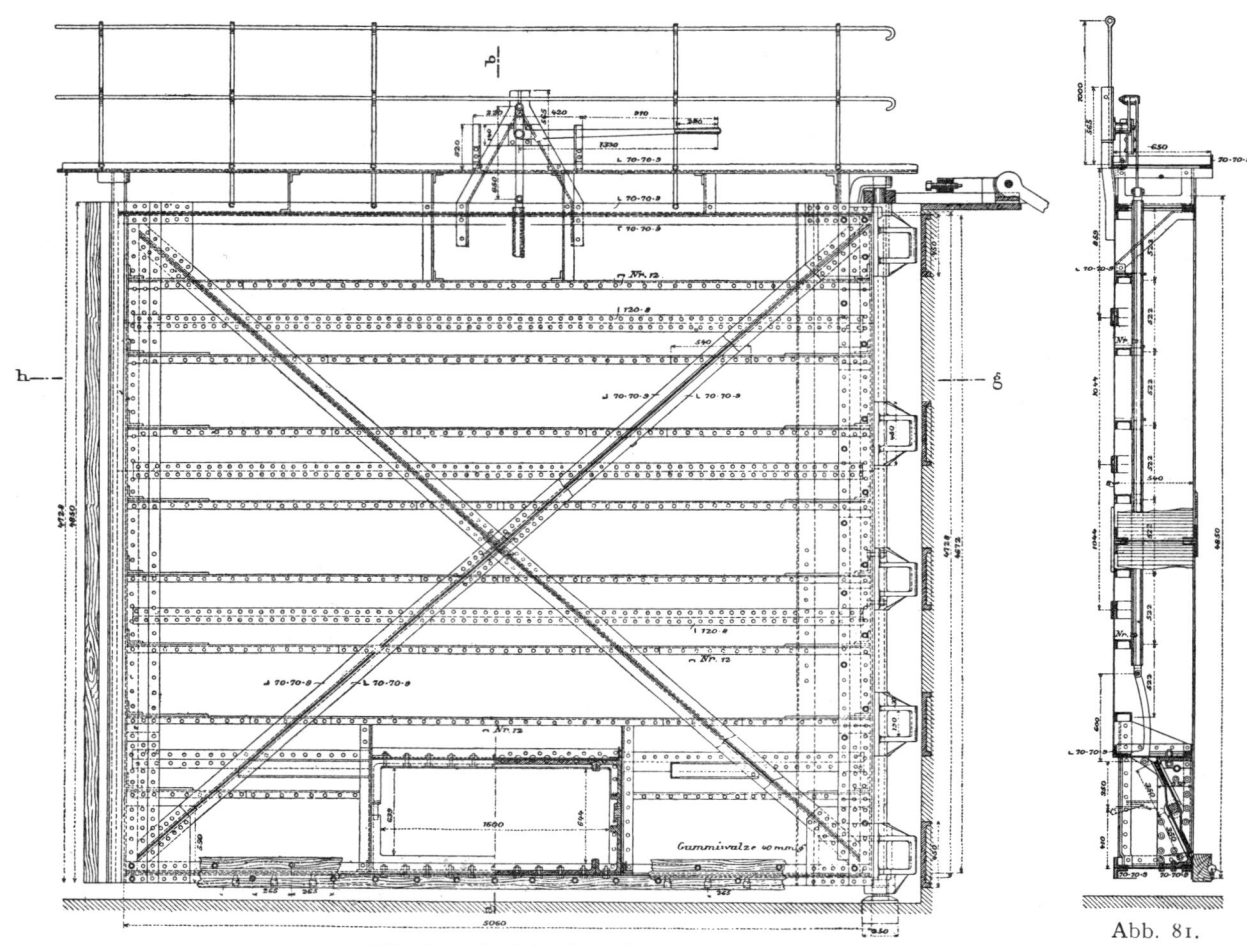

Abb. 80. Ansicht des Thores.

Abb. 81.
Schnitt nach $a-b$.

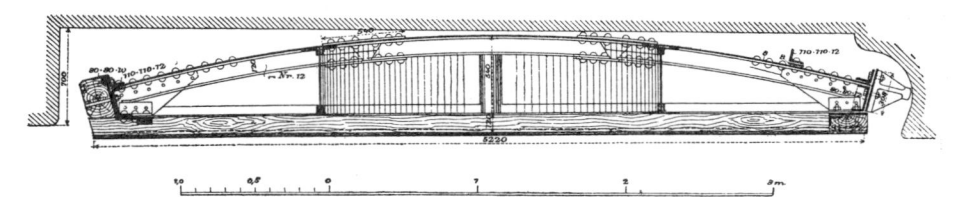

Abb. 82. Grundriß nach $h-g$.

IV. Wasserstraßen und Häfen.

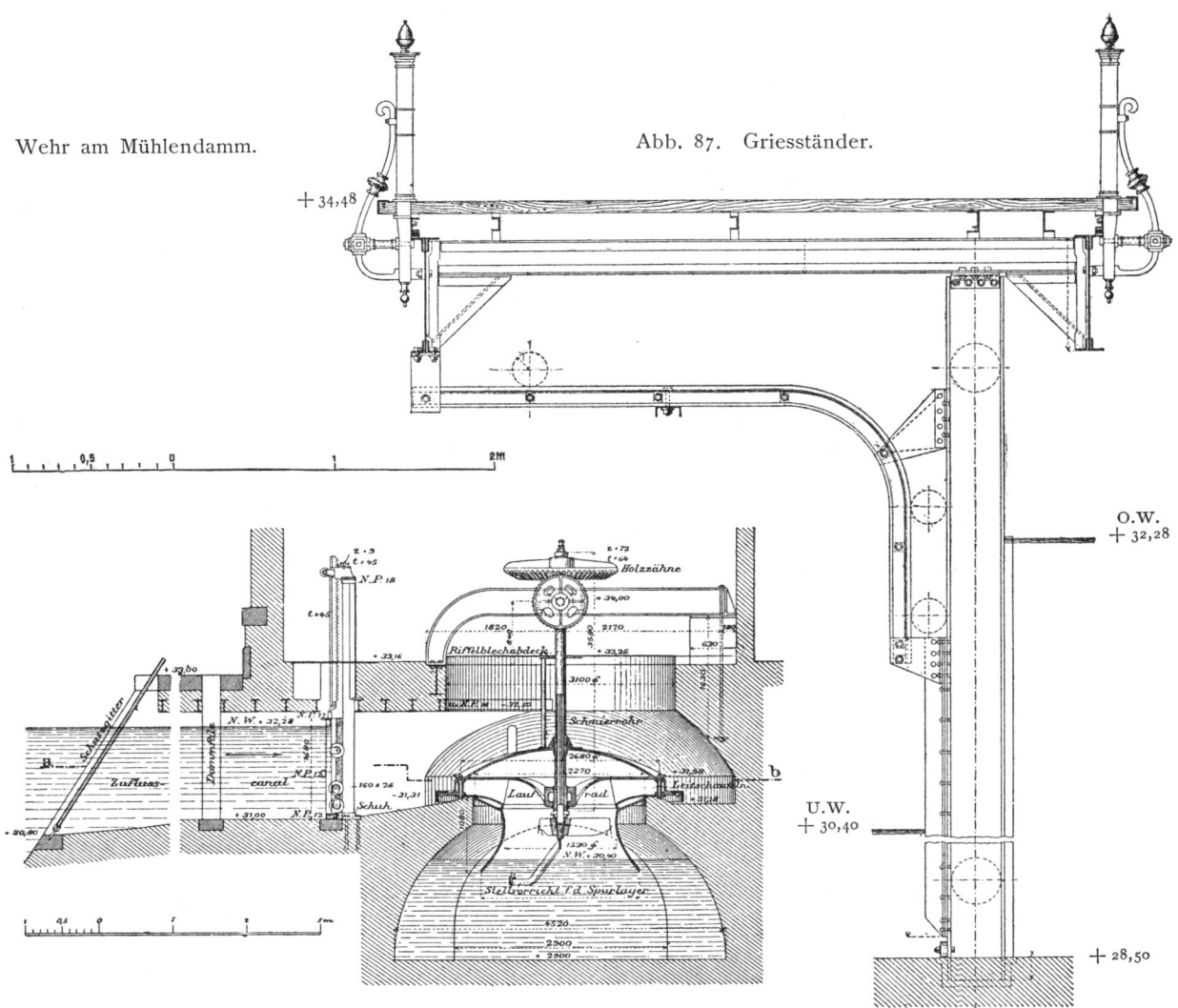

Wehr am Mühlendamm.

Abb. 87. Grießständer.

+34,48

O.W.
+32,28

U.W.
+30,40

+28,50

Abb. 85. Turbine. Schnitt nach c—d.

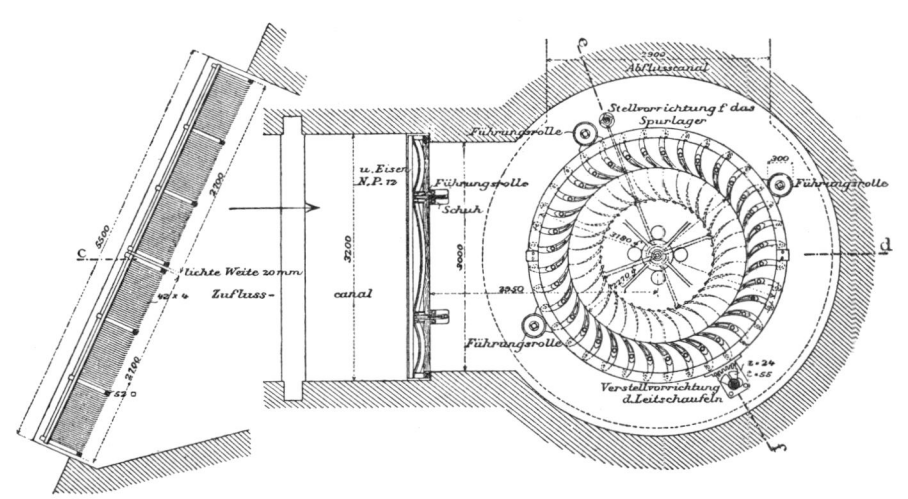

Abb. 86. Grundriß nach a—b.

12*

92 IV. Wasserstrafsen und Häfen.

Mühlendamm bildet gegenwärtig eine stattliche, breite und freie Strafse, von der sich in nahezu gleicher Breite stromaufwärts die neue Fischerbrücke abzweigt. In der Achse der letzteren liegt der Thurm des städtischen Sparkassengebäudes, zu dem die ehemalige grofse und kleine Mühle umgestaltet sind. Der Vorfluthweg ist einheitlich unter den Brücken hindurchgeführt, spaltet sich dann in zwei Arme, von denen der kleinere unter dem Gebäude liegt, wo er als Hof überbrückt ist, und gelangt bald nach der Wiedervereinigung der beiden Arme zu der grofsen Wehranlage. Getrennt davon am rechten Flufsufer liegt die Schiffsschleuse, über deren Kammer sowohl die Mühlendammstrafse, als auch der Mühlenweg auf Brücken übergeführt sind, während die rechtsseitige Kammermauer zugleich die Begrenzung der von der Kurfürstenbrücke bis zum Mühlendamm durchgelegten Burgstrafse bildet. Auf der entstandenen Insel stehen kleine, zierliche Gebäude, die dem Schleusen- und Schiffahrtsbetriebe dienen.

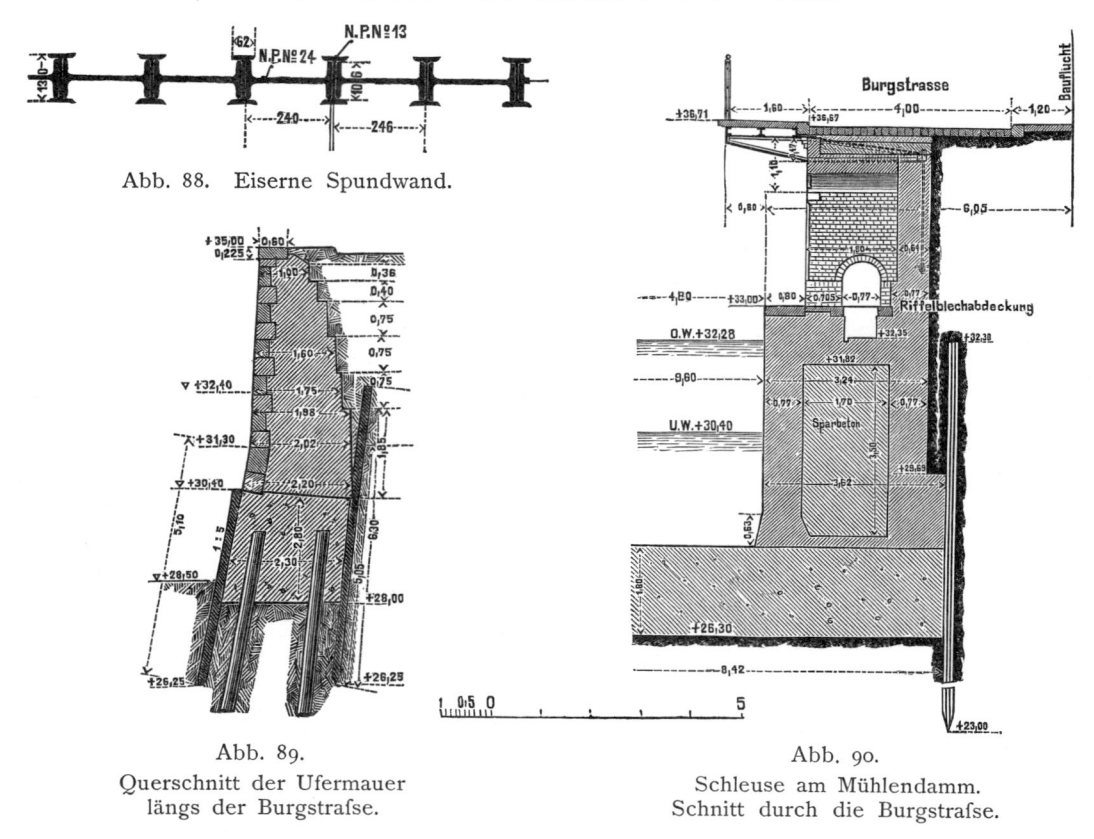

Abb. 88. Eiserne Spundwand.

Abb. 89.
Querschnitt der Ufermauer
längs der Burgstrafse.

Abb. 90.
Schleuse am Mühlendamm.
Schnitt durch die Burgstrafse.

Das Wehr hat eine solche Lage erhalten, dafs seine rechtsseitige Flügelmauer zugleich den unteren Abschlufs der soeben erwähnten Insel bildet und in die linksseitige Flügelmauer des Unterhauptes der Schleuse übergeht. Seine lichte Weite von 40 m wird durch zwei massive Mittelpfeiler in drei Hauptöffnungen getheilt, deren jede sechs durch eiserne Griessäulen begrenzte Schützöffnungen erhalten hat. Ueber das ganze Bauwerk führt eine eiserne Brücke, von der aus die Schützen bedient werden. Die Gründung ist auf Beton zwischen Spundwänden erfolgt und der aus Mauerwerk hergestellte Wehrrücken mit Granitwerkstücken abgedeckt, in denen die Griessäulen ihren unteren Halt finden, während sie sich oben gegen die Brücke lehnen. Die sich zwischen den Griessäulen bewegenden 2,45 m breiten und 3,78 m hohen Schütze laufen der leichteren Beweglichkeit wegen auf je zwei oberen und unteren Rollen und haben die neue und eigenthümliche Anordnung erhalten, dafs sie sich, wenn sie aufgezogen werden, flach unter die Wehrbrücke legen. Sie können dann weder von der Kurfürsten- noch von der Mühlendammbrücke aus gesehen werden, was bei der erheblichen Gröfse der Tafeln für die bevorzugte Umgebung erwünscht sein mufste. Es ist dies dadurch erreicht worden, dafs, während die unteren Rollen sich an den Griessäulen senkrecht auf- und abwärts be-

IV. Wasserstrafsen und Häfen. 93

wegen, die oberen Rollen auf besonderen Leitschienen laufen, welche aus der Senkrechten allmählich in die Wagerechte übergehen. Die Bewegung der Schütze erfolgt durch Vermittelung von Schneckenrad-Vorgelegen und von Gall'schen Ketten mit Handbetrieb. Ein durch eine Betonlage und weiterhin durch Steinschüttungen befestigtes Sturzbett schützt die Sohle des Unterwassers vor nachtheiligen Austiefungen durch den bisweilen sehr heftigen Wehrstrom, gegen den auch die auf dem linken Ufer belegenen Königlichen Marstallgebäude durch Betondeckungen gesichert wurden. — Die in den Jahren 1888—1890 bewirkte Bauausführung, welche beendet sein mufste, bevor der Abbruch des alten Gerinnes erfolgen und der Bau der Schleuse beginnen konnte, geschah behufs Aufrechterhaltung der Vorfluth in zwei Theilen. Besondere Schwierigkeiten verursachte hierbei die Errichtung der linksseitigen Ufermauern vom Wehr aufwärts bis zur Mühlendammbrücke, weil hier die Hintergebäude der Häuser in der Breitenstrafse bis dicht an das Wasser heranreichen und wegen der erforderlichen Austiefung der Gerinnesohle eine aufserordentlich tiefe Fundirung nothwendig war. Die zur Beförderung des Wasserzuflusses zu dem Gerinne und zum Wehr im

Abb. 91. Oberhaupt der Mühlendammschleuse.

Oberwasser erforderlich gewordenen Baggerungen erstreckten sich übrigens flufsaufwärts bis beinahe zur Jannowitzbrücke.

Für die Schiffsschleuse wurden in Rücksicht auf die Bewältigung des zu erwartenden beträchtlichen Schiffsverkehrs die Abmessungen so grofs gewählt, wie solches nach der gegebenen Oertlichkeit irgend erreichbar war, nämlich 110 m nutzbare Länge bei 9,60 m lichter Weite in der Kammer und den Häuptern. Da die verfügbare Breite für die Schleuse mit den auf den Kammerwänden entlang zu führenden Seitengängen und für die Burgstrafse, deren Breite auf 7,50 m festgesetzt war, an der engsten Stelle nur 16,60 m betrug, so wurde die Anlage der Strafse neben der Schleuse nur dadurch ermöglicht, dafs man den wasserseitigen Bürgersteig der ersteren auf eiserne Consolen legte und in den Lichtraum der letzteren hineinreichen liefs. Daraus ist der in Abb. 90 dargestellte eigenthümliche Querschnitt des Bauwerks entstanden, welcher zusammen mit dem Längenschnitt ersehen läfst, dafs ein Theil der Strafsenbreite unterwölbt worden ist, um sowohl für die Druckwasser-Rohrleitungen, als auch für die Umläufe zum Füllen der Kammer den erforderlichen Raum zu gewinnen. Die Fundamentirung des Bauwerks erfolgte auf einer Betonschüttung, welche in der unteren Hälfte wegen der hier tieferen Lage des tragfähigen Baugrundes auf Grundpfählen ruht. Die Kammer-

94   IV. Wasserstrafsen und Häfen.

wände und das Mauerwerk unter der Burgstrafse bestehen aus Klinkern in tiefrother Färbung, die Schleusenthore und die Drehschütze in den Umläufen aus Eisen (Abb. 80, 81 u. 82). Von den Umläufen sind diejenigen, welche vom Oberwasser ausgehen, bis an das Mühlengebäude durchgeführt, wobei der Eintritt des Wassers in die Kammer durch fünf in der Kammersohle liegende Quercanäle in solcher Weise vermittelt wird, dafs eine Beunruhigung der in der Schleuse liegenden Fahrzeuge so gut wie gar nicht stattfindet. Die Bewegung der Thore und der Umlaufschütze, nicht minder der zum Hinein- und Herausziehen der Schiffe angebrachten Spills erfolgt durch Druckwasser. Zu dessen Beschaffung dient eine Turbine

Abb. 92. Burgstrafse und Unterhaupt der Mühlendammschleuse.

von 25 Pferdestärken, welche die aus dem Wehrgefälle hervorgehende Wasserkraft nutzbar macht und nebst dem Kraftsammler und den dazu gehörigen Pumpen in dem auf dem unteren Ende der Insel errichteten Wohn- und Maschinenhause aufgestellt ist (Abb. 85 u. 86). Diese Einrichtungen haben es möglich gemacht, die Zeitdauer der Schleusungen auf ein so geringes Mafs zu beschränken, dafs bei 16 stündiger Betriebszeit täglich 250 und mehr Schiffe, von denen vier gewöhnliche Oderkähne oder zwei mittlere Elbkähne nebst ihren Schleppdampfern gleichzeitig in der Kammer Platz finden, durchgeschleust werden können. — Die in den Jahren 1890—1893 erfolgte Bauausführung mufste, weil der über die Baustelle zu führende Strafsenverkehr nicht unterbrochen werden durfte, unter wiederholter Verlegung der erforderlichen Nothbrücken in vier Abschnitten erfolgen, wobei trotz der zu überwindenden ungewöhnlichen Schwierigkeiten bemerkenswerthe Zwischenfälle nicht vorgekommen sind. Zu diesen Schwierigkeiten gehörte, abgesehen von der unmittelbaren Nähe

IV. Wasserstrafsen und Häfen. 95

einerseits alter, zum Theil bewohnter, meist schlecht fundamentirter Häuser, anderseits der grofsen und schweren Mühlengebäude, die aufserordentliche Unreinheit des Baugrundes, aus welchem Tausende alter Pfähle und grofse Massen von Steinen u. dergl. herausgeschafft werden mufsten, bevor mit der eigentlichen Gründung begonnen werden konnte. Neu und eigenthümlich war dabei unter anderm die umfangreiche Verwendung eiserner Spundwände in der oben skizzirten Anordnung (Abb. 88), durch deren geringen Widerstand gegen das Einrammen gröfsere Erschütterungen des umgebenden Erdreichs vermieden wurden. Die Ein- und Ausfuhr der Schiffe wird durch Pfahlreihen aus Eisen mit Holzumkleidung, welche sich an das Ober- und Unterhaupt anschliefsen, gegen die seitlichen Strömungen gesichert (Abb. 92).

Abb. 93. Unterspree zwischen Friedrichstrafse und Reichstagsgebäude.

Die im Zusammenhange mit der Canalisirung der Unterspree ausgeführten neuen Ufermauern erstrecken sich auf dem rechten Ufer die ganze Burgstrafse entlang, vom Unterhaupt der Schleuse bis zur Friedrichbrücke auf eine Länge von rd. 650 m, wogegen auf dem linken Ufer nur kürzere Mauertheile am Wehr und unterhalb der Kurfürstenbrücke auszuführen waren. Die Mauern sind, wie die Querprofilzeichnung (Abb. 89) ergiebt, auf einer durch Pfähle unterstützten Betonlage gegründet und leicht nach dem Ufer hin gebäscht. Die wasserseitige Bekleidung besteht in der Höhe des Wasserwechsels aus Granit, im übrigen aus Sandsteinquadern. Im Spreebette waren von der Einmündung des Kupfergrabens aufwärts bis zum Mühlendamm sehr beträchtliche Baggerungen auszuführen, um sowohl die erforderliche Schiffahrtstiefe, als auch das für die Vorfluth nöthige Querprofil herzustellen. — Der sonstige Lauf der Unterspree bis zum Wehr in Charlottenburg ist durch Zurückziehung vorspringender Ufer und Wegbaggerung vorhandener Untiefen auf 50 m (Abb. 71), also gleich der bis Spandau durchgeführten Breite regulirt, auch ist vom genannten Wehr bis Spandau die früher nur auf 25 m Breite ausgebaggerte Sohle auf der ganzen Flufsbreite durchgeführt und damit das verlangte Vorfluthprofil auch hier hergestellt worden.

96 IV. Wasserstraſsen und Häfen.

Unabhängig von dem gemeinsamen Canalisirungsunternehmen hat der Staat theils zum Ersatz für baufällige Uferbauwerke, theils um der Stadt die Durchführung von Uferstraſsen zu ermöglichen, auf der nahezu 1400 m langen Strecke des linken Spree-Ufers von oberhalb der neuen Ebertsbrücke bis zur Kronprinzenbrücke eine neue Ufermauer errichtet, deren Profil und Ausführung der oben mitgetheilten Zeichnung entspricht. Das gegenüber liegende rechte Ufer, der von der Weidendammer bis zur Kronprinzenbrücke reichende Schiffbauerdamm, hat bereits früher eine mit Klinkern bekleidete Ufermauer erhalten. Von der Ausgestaltung der Ufer von hier bis unterhalb der Moltkebrücke ist bereits oben, gelegentlich der Besprechung des Humboldthafens, die Rede gewesen (Abb. 72).

In neuerer Zeit ist der Versuch gemacht worden, hölzerne Bohlwerke an den Ufern des Spreecanals des besseren Aussehens und der Kostenersparniſs wegen durch Eisenfachwerk mit Monierplatten zu ersetzen. Die erste Strecke dieser Art wurde im Jahre 1890 am linken Ufer des Schleusencanals oberhalb der Stadtschleuse ausgeführt. Die Holzpfähle

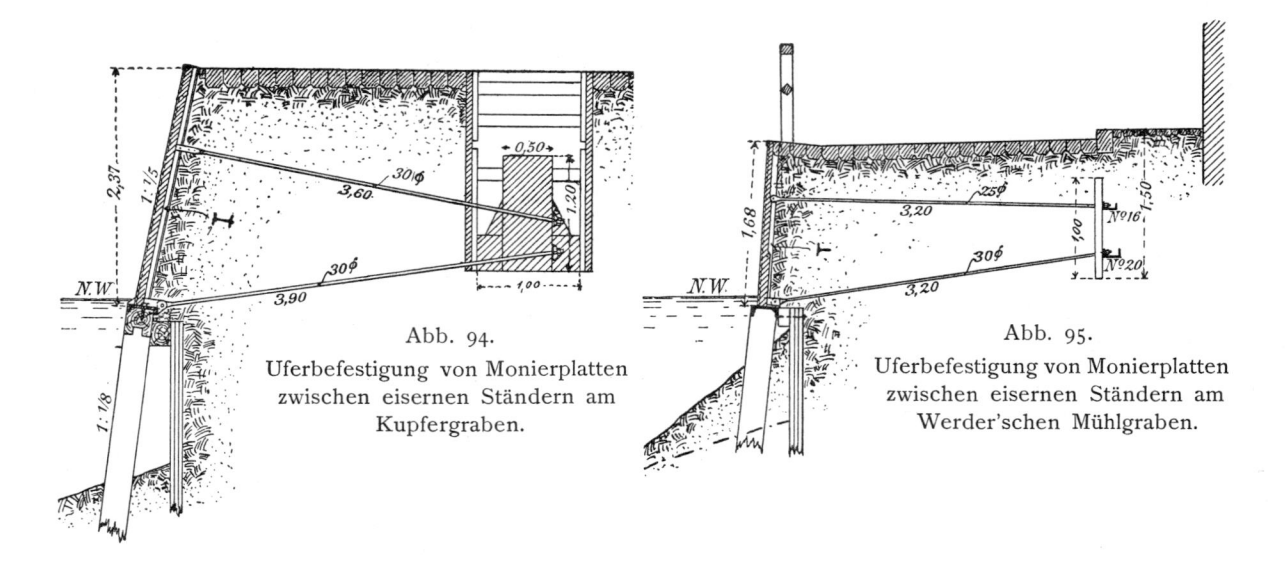

Abb. 94.
Uferbefestigung von Monierplatten zwischen eisernen Ständern am Kupfergraben.

Abb. 95.
Uferbefestigung von Monierplatten zwischen eisernen Ständern am Werder'schen Mühlgraben.

des alten Bohlwerks wurden unter Niedrigwasser abgeschnitten und verholmt, darauf guſseiserne Schuhe befestigt, in denen die 1 : $^1/_5$ geneigt stehenden I förmigen Hauptständer, die rückwärts an einen durchlaufenden Betonklotz verankert sind, Platz fanden (Abb. 94). Die Ständer stehen 1,50 m von einander entfernt, sind in Straſsenhöhe durch ein ⏄Eisen mit einander verholmt und halten zwischen sich die aus Eiseneinlage und Cementmörtel hergestellten Monierplatten. Die in der Erde liegenden Anker und sonstigen Eisentheile sind gleichfalls mit Cementmörtel auf Drahtgeflecht umhüllt. Die Kosten der 78 m langen und 2,30 m hohen Uferschälung haben 10 300 ℳ, also rd. 58 ℳ für 1 qm Ansichtsfläche betragen. Die Auſsenfläche ist, obgleich bisher sich keinerlei bemerkenswerthen Mängel gezeigt haben, 1895 mit Oelfarbe gestrichen worden, um etwaigen Zerstörungen durch Witterungseinflüsse besser vorzubeugen. Im Jahre 1895 wurde am gegenüber liegenden rechtsseitigen Ufer des Mühlgrabens eine ähnliche Befestigung in etwas einfacherer Art ausgeführt (Abb. 95). Die Ankerplatte besteht in diesem Falle aus verzinktem Wellblech, auch die Anker selbst sind nur verzinkt, die Ständer bestehen aus ⊥Eisen und stehen zwischen aufgenieteten Winkeln auf einem auf die abgeschnittenen Bohlwerkspfähle verlegten ⊓förmigen Holm. Abgesehen von der neuen Spundwand, die nur wegen beabsichtigter Vertiefung des Wasserlaufs erforderlich wurde, hat diese Uferschälung bei 27 m Länge und 1,68 m Höhe rd. 59 ℳ je Quadratmeter gekostet.[1]

---

1) S. Centralblatt der Bauverwaltung. 1895. S. 481 u. ff.

IV. Wasserstraßen und Häfen.

Die Grundbauten zum Nationaldenkmal für Kaiser Wilhelm I. am Kupfergraben.

Wie bereits erwähnt, hat das rechtsseitige Ufer des Kupfergrabens in der Umgebung des Königlichen Schlosses durch den Bau des Nationaldenkmals für Kaiser Wilhelm I. in neuester Zeit eine vollständige Umwandlung erfahren.[1] (Abb. 96.)

Das alte Gebäude der Werder'schen Mühle an der Ecke der Schloßfreiheit und der Stechbahn wurde im Jahre 1876 abgebrochen. Die Absicht, an dieser Stelle ein Nebengebäude für die Bau-Akademie, dessen von Lucae verfaßter Entwurf in der ersten Ausgabe dieses Werkes (s. Th. 1 S. 272) veröffentlicht ist, zu errichten, fiel zu Gunsten der Gründung der Technischen Hochschule in Charlottenburg, und der Platz der Mühle wurde vorläufig mit dem Helms'schen Restaurant besetzt. Der Mühlgraben, der oberhalb der Stadtschleuse rechts abzweigend unter der Friedrichsgracht und der Straße An der Stechbahn hindurch geführt ist, diente fortan nur noch zur Abführung des Hochwassers der Spree als Ersatz für den zugeschütteten Königs- und Grünen Graben. Er wurde deshalb in den Jahren 1876—1878 unter dem Rothen Schlosse und der Straße „An der Stechbahn" als massives Gerinne von 11,50 m Breite ausgebaut, welches

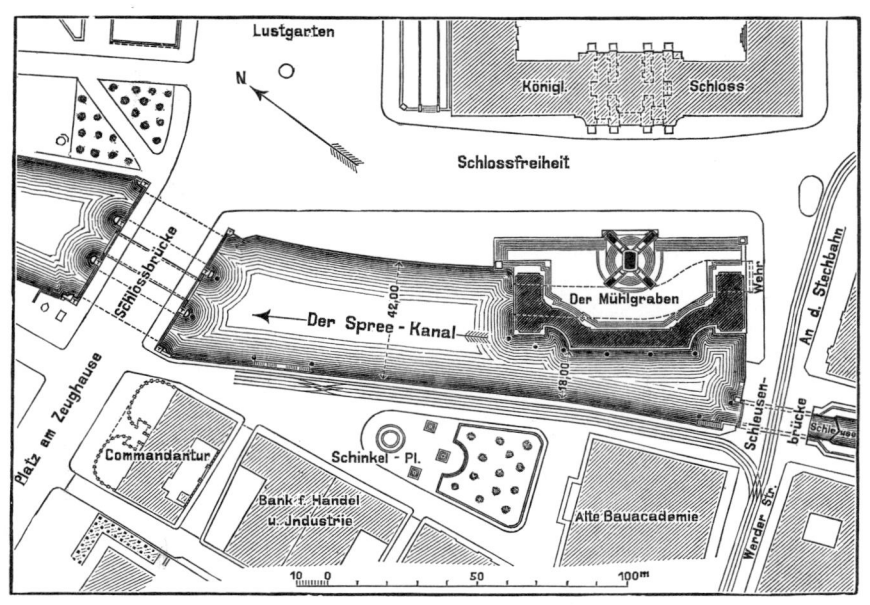

Abb. 96. Nationaldenkmal für Kaiser Wilhelm I. (Lageplan).

durch eine Reihe von gußeisernen Säulen in der Mitte getheilt und mit Blechträgern und gußeisernen Rippenplatten zur Aufnahme des Straßenpflasters überdeckt ist.

Innerhalb des Mühlengrundstücks wurde das Gerinne an seiner Mündung mit einer Schützvorrichtung zur Regulirung des Abflusses versehen. Die Vorrichtung bestand in vier hölzernen Schütztafeln von je 3 m Breite und 3 m Höhe, die zwischen eisernen Griesständern mittels je zwei Schraubenspindeln, Zahnradvorgelege und Schneckenrad auf und nieder bewegt wurden. Diesem Gerinne konnte die Abführung von 25 cbm in der Sekunde vom Hochwasser der Spree zugetheilt werden. Die Schützvorrichtung war entsprechend den damaligen Hochwasserständen so hoch, daß die am oberen Ende der Schützen angreifenden Spindeln beim Hochziehen etwa 2,50 m über Erdoberfläche heraustraten. Als man daher behufs vorübergehender Verwendung des Grundstücks und Verbesserung der äußeren Erscheinung den Platz dem Restaurateur Helms zur Anlegung einer Gastwirthschaft überließ, mußte der über Erdoberfläche hervortretende Theil des Gerinneverschlusses durch einen hölzernen Aufbau gedeckt werden, der in dem Helms'schen Vorgarten einen erhöhten Sitzplatz für die Gäste bildete.

Schon mit Ablauf des Jahres 1893 mußte das Wirthshaus wieder beseitigt werden, nachdem die übrigen Häuser der Schloßfreiheit bereits vorher niedergelegt waren und durch Kaiserliche Entscheidung der Platz zur Aufnahme des Nationaldenkmals für Kaiser

---

[1] S. Centralblatt der Bauverwaltung. 1896.

98 IV. Wasserstrafsen und Häfen.

Wilhelm I. nach den Plänen von R. Begas und Halmhuber bestimmt war. Hierzu sollte auch ein Theil der unterhalb der Gerinnemündung liegenden Wasserfläche mit verwendet

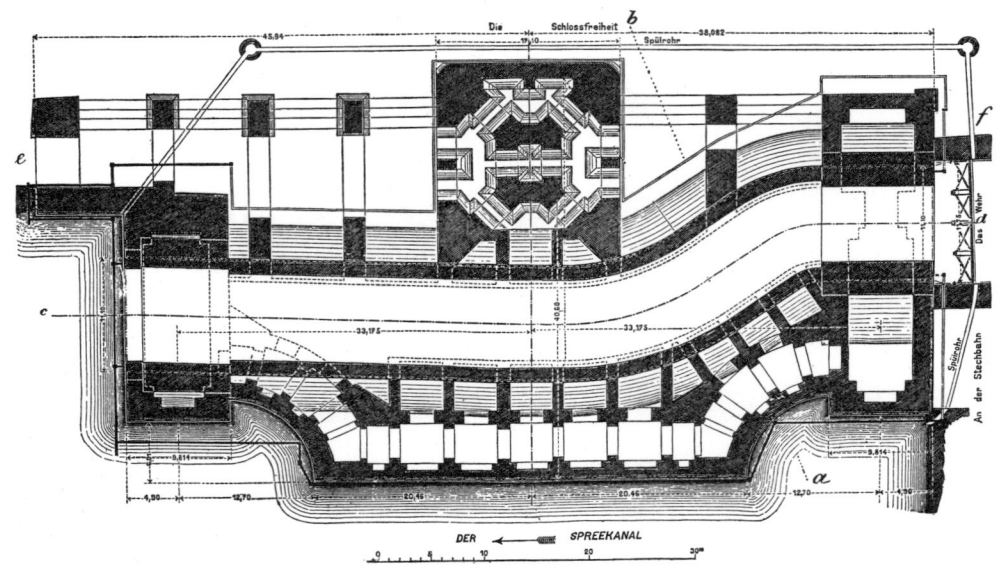

Abb. 97. Unterbau-Grundrifs des Nationaldenkmals.

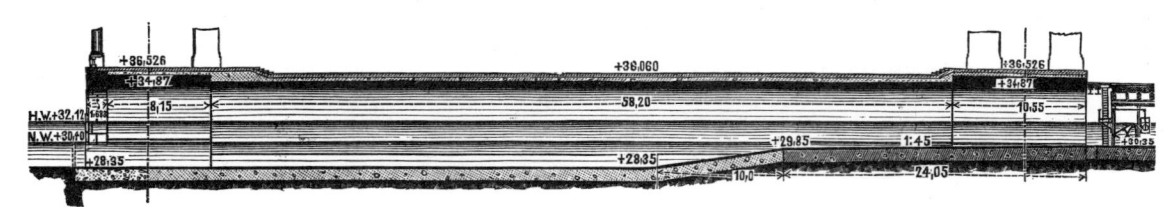

Abb. 98. Schnitt c—d.

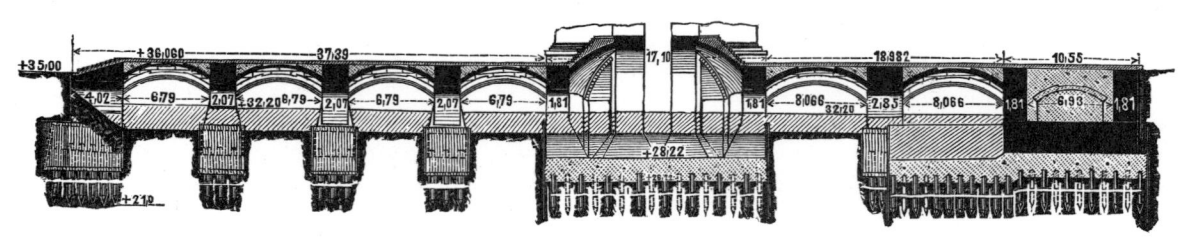

Abb. 99. Schnitt e—f.

werden, soweit es die Interessen der Schiffahrt und der Vorfluth gestatteten. Das Ministerium der öffentlichen Arbeiten erklärte die Einschränkung der Wasserstrafse bis auf 18 m Durchfahrtsweite an der engsten Stelle unterhalb der Schleuse noch für zulässig und forderte aufserdem die uneingeschränkte Durchführung des Fluthgerinne-Profils bis zu seiner Ausmündung in den Kupfergraben. Hiernach wurde der Fundamentkörper des Denkmals, der sich parallel zur Schlofsfront etwa 80 m lang erstreckt, so weit in das Flufsbett vorgeschoben, dafs von der nordwestlichen Ecke des Bauwerks bis zur gegenüberliegenden Ufermauer noch ein Zwischenraum von 18 m verblieb, und das Freigerinne wurde als halbkreisförmig überwölbter Canal von 11,50 m

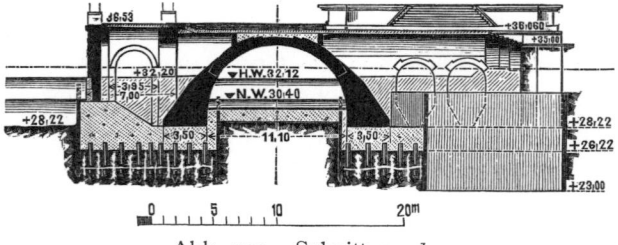

Abb. 100. Schnitt a—b.

IV. Wasserstrafsen und Häfen.

Durchmesser in schlanker Curve um das Fundament des Reiterstandbildes herumgeleitet, um an der Nordfront des Denkmalbaues auszumünden. Das hier anschliefsende rechtsseitige Ufer ist erheblich vorgeschoben und in flacher Kreislinie an die Schlofsbrücke herangeführt, sodafs ein allmählicher Uebergang der Uferlinie in die Richtung der Brückenpfeiler erreicht ist, wie er später beim Ausbau der übrigen Uferanschlüsse gleichfalls erstrebt werden mufs. Das neue Ufer ist mit einer in Sandstein und Granit verblendeten Mauer vom üblichen Querschnitt versehen worden (Abb. 97, 98, 99 u. 100).

Das Denkmal bildet im wesentlichen eine etwa 1 m über Strafsenoberfläche sich erhebende Plattform von 40 m Breite und 80 m Länge, in ganzer Länge der Schlofsfront gegenüber durch eine Freitreppe zugänglich, in deren Mitte sich das Reiterstandbild auf einem erhöhten Stufenunterbau erheben wird. Die drei übrigen Seiten der Plattform sind von einer Säulenhalle umgeben, auf deren Süd- und Nordflügeln Quadrigen Platz finden. Die dem Wasserbau zufallende Aufgabe war die sichere Fundirung des ganzen Bauwerks mit seinen stark wechselnden Einzelbelastungen in einem theils im Festlande, theils im Wasser liegenden Bauplatz, dessen fester Grund über 12 m unter der Erdoberfläche und 6 m unter Niedrigwasser lag, unter gleichzeitiger Durchführung des Flutzgerinnes, für welches seitwärts nirgends sich Raum bot. Der Fufsboden der Plattform sollte gegen Senkungen und dergleichen unbedingt gesichert hergestellt werden. Um trotzdem bei den knapp zugemessenen Mitteln nicht übermäfsig grofse Mauerkörper einbringen zu müssen, wurde der ganze Fufsboden auf Wölbungen gelegt, deren Einzelpfeiler auf einer gemeinschaftlichen durchschnittlich 2 m starken Betonplatte ruhen, die den Belag eines hölzernen Pfahlrostes bildet. Die Pfähle sind meist senkrecht bis 5—7 m unter Betonunterkante in den Grund gerammt. Den einwirkenden Belastungen entsprechend sind sie so vertheilt, dafs auf jeden Pfahl eine gröfste Beanspruchung von 25000 kg kommt. Zur Aufnahme schräg gerichteter Gewölbedrucke sind schräge Pfahlreihen mit senkrechten wechselnd angeordnet.

Die Umfassung der Baugrube besteht aus 16 cm starken Holzspundwänden, nur die beiden Aufsenseiten entlang der Schlofsfreiheit und der Strafse An der Stechbahn sind, um die Rammerschütterungen der gegenüberliegenden Gebäude nach Möglichkeit einzuschränken, gröfstentheils mit eisernen Spundwänden eingefafst, wie sie schon beim Bau der Mühlendammschleuse Anwendung gefunden haben. Die ganze Baugrube war durch das Fluthgerinne der Länge nach in zwei ungleiche Theile getheilt, denn unter dem Gerinne wurde die Sohle nur mit 1 m starker Betonschicht und Klinkerpflaster befestigt.

Die halbkreisförmige Gestalt des überdeckenden Gewölbes ist unter den Querhallen der dort auftretenden starken Einzellasten wegen spitzbogenartig überhöht. Eine elliptisch überwölbte Oeffnung bildet die Mündung in der Nordfront. Die übrigen Gewölbe sind als grofse segmentförmige Kappen senkrecht zu dem Gewölbe des Fluthgerinnes angeordnet und auf durchbrochene Pfeilerwände gelegt. Unter der Säulenhalle entspricht die Gewölbetheilung den gegebenen Pfeilerstellungen. Auch der Unterbau des Standbildes ist in Pfeiler aufgelöst, die durch Gewölbe mit einander in Verbindung stehen. Die Räume unter den Wölbungen sind bis über Hochwasserhöhe mit Sand ausgeschüttet und werden durch einen verschliefsbaren Schacht von der Strafse aus zugänglich sein. Die Uebermauerung der Gewölbezwickel besteht aus magerem Sandbeton.

Die Schwierigkeit der Ausführung beruhte einerseits in der nothwendigen Beschleunigung, anderseits in der Beseitigung alter Baureste, welche in Gestalt von Pfählen, Rosten, Mauerwerk von Ufer- und Grundbauten aller Art sich seit Jahrhunderten hier im Grunde aufgehäuft hatten. Dabei fand auch die alte Radstube, ein am Ufer liegender gewölbter Raum, der als zum Schlofs gehörige Wasseranlage durch zwei gewölbte unter der Strafse liegende Gänge mit diesem in Verbindung stand und nur noch zur Abführung eines Regenüberfalles und des Abdampfrohres von einer im östlichen Untergeschofs des Schlosses stehenden Dampfpumpe diente, seine Beseitigung. Der an derselben Stelle mündende Nothauslafs der Canalisation wurde gleichfalls beseitigt und mit vergröfsertem Querschnitt bis unterhalb des Denkmals fortgeführt, wo er unter Niedrigwasser eine neue Mündung erhielt. In den beiden Winkeln, wo der Denkmalsbau aus den Ufermauern heraustritt, münden 40 cm weite Rohrcanäle, die vom Oberwasser der Fluthrinne abzweigen und dazu bestimmt sind, die in den Winkeln sich bildenden todten Wasserflächen von schwimmendem Unrath rein zu halten. Die Beschleunigung der Gründungsarbeiten für das Denkmal war nicht nur mit Rücksicht auf die für den März 1897 in Aussicht genommene Vollendung desselben, sondern auch wegen der Hochwasserabführung geboten. Die Ausführung verlief rasch und ohne Störung, sodafs am 18. August die feierliche Legung des Grundsteines in dem fast zur Strafsenhöhe aufgeführten westlichen Pfeiler des Standbildes durch Seine Majestät den Kaiser Wilhelm II. stattfinden konnte.

Die Fluthrinne hat dicht vor ihrem Eintritt in den Denkmalsbau eine neue Verschlufsvorrichtung erhalten, die unter dem Bürgersteige liegend auch in aufgezogenem Zustande vollständig unter demselben Platz findet und von dem Bürgersteig aus begangen und bedient wird, ohne dafs die Innenräume des Denkmals von den Bedienungsmannschaften betreten werden. Erreicht wurde dieses Ziel durch Anwendung von Cylinderschützen mit horizontaler Drehachse, den in Amerika unter dem Namen „Taintor gates" in den letzten Jahren mehrfach in Holz ausgeführten Wehrverschlüssen nachgebildet, für deren Anordnung ein Muster auch in Frankreich schon seit Jahren besteht,[1]) aber bisher wenig Nachahmung gefunden hat (Abb. 101 u. 102). Die 11,50 Meter weite Gerinneöffnung ist durch drei eiserne Mittelständer in vier gleiche Breiten getheilt. Jede derselben ist durch einen liegenden Cylinderabschnitt geschlossen, dessen Sehne der Höhe 1,87 m des in gleichmäfsiger Lage

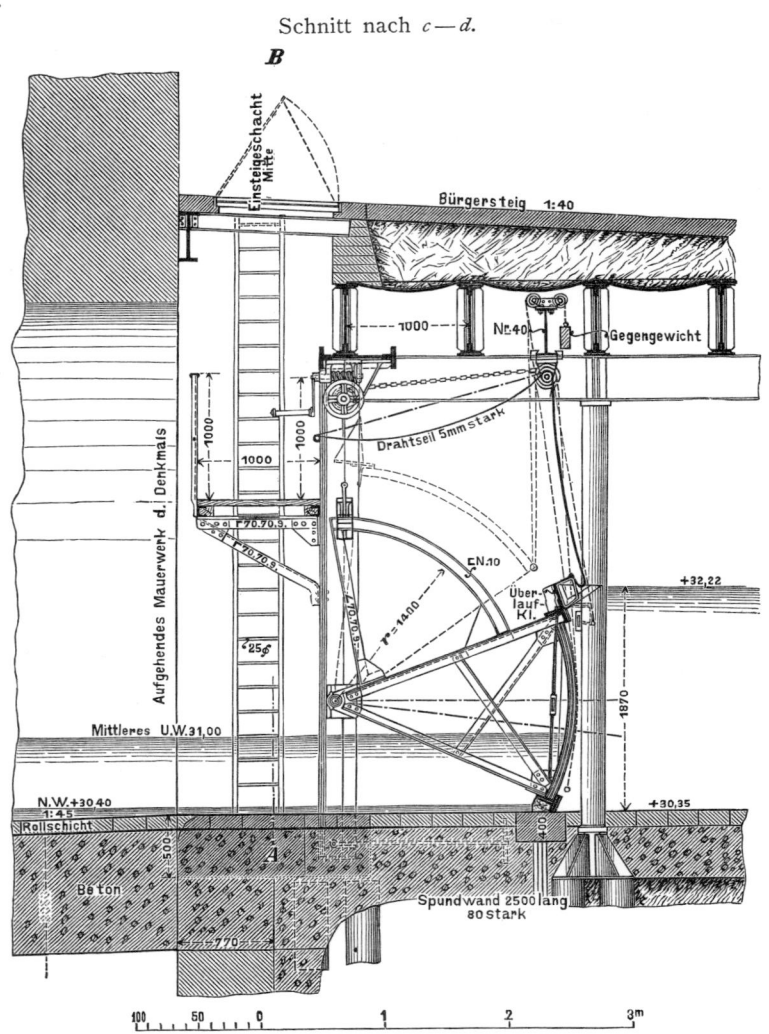

Abb. 101. Schütz im Werder'schen Mühlgraben.

zu erhaltenden Wasserstandes über dem Fachbaum gleicht, dessen Mantel aus Wellblech den Schützkörper bildet und dessen horizontale Drehachsen in den an den Griesständern befestigten Lagern ruhen. Die Speichen, aus Winkeleisen zusammengesetzt, übertragen den Wasserdruck in jeder Stellung des Schützes lediglich auf die Achslager. Die Folge davon ist, dafs beim Aufziehen aufser einem Theil des Schützengewichtes nur der Reibungswiderstand in dem Achslager zu überwinden ist, und beim Niedergang das Eigengewicht des Schützes hierzu mehr als ausreicht. Die Bewegung erfolgt durch zwei Ketten, die am Cylindermantel angreifen und auf Trommeln, die durch ein Schneckenrad gedreht werden, sich aufwickeln. Ein Gegengewicht dient zur Ausgleichung des Schützengewichtes so weit, dafs der Rest

---

1) S. Centralblatt der Bauverwaltung. 1893. S. 542. „Das Cylinderwehr von Professor Engels."

für den Niedergang gerade ausreicht. Daher kann jedes Schütz von einem Mann ohne Anstrengung in zwei Minuten auf und nieder bewegt werden. Gelochte Winkeleisenquadranten sind auf die Speichen aufgesetzt, um mittels durchgesteckter Bolzen die Schützen in jeder Lage feststellen zu können, ohne die Ketten der fortwährenden Beanspruchung durch zitternde Bewegungen, die das durchströmende Wasser etwa hervorrufen könnte, auszusetzen. Am oberen Rande jedes Schützes ist eine 1 m breite Klappe angebracht, welche in mäfsigen Grenzen eine leichte Regulirung des Wasserstandes durch Ueberlauf gestattet und zugleich die Ansammlung schwimmenden Unraths verhütet. Die sonstigen Anordnungen sind aus der Zeichnung ersichtlich. Die Eisentheile sind sämtlich verzinkt. Die Griesständer, die Schneckenräder, die Zahnräder und ihre Welle und ein Theil des Trägerwerks stammen aus der alten Verschlufsvorrichtung. Das Eisengewicht der vier Schützen nebst Zubehör beläuft sich auf rd. 6350 kg. Die Kosten für Herstellung und betriebsfähigen Einbau einschliefslich der ganzen Bewegungsvorrichtung haben rd. 9000 ℳ betragen.

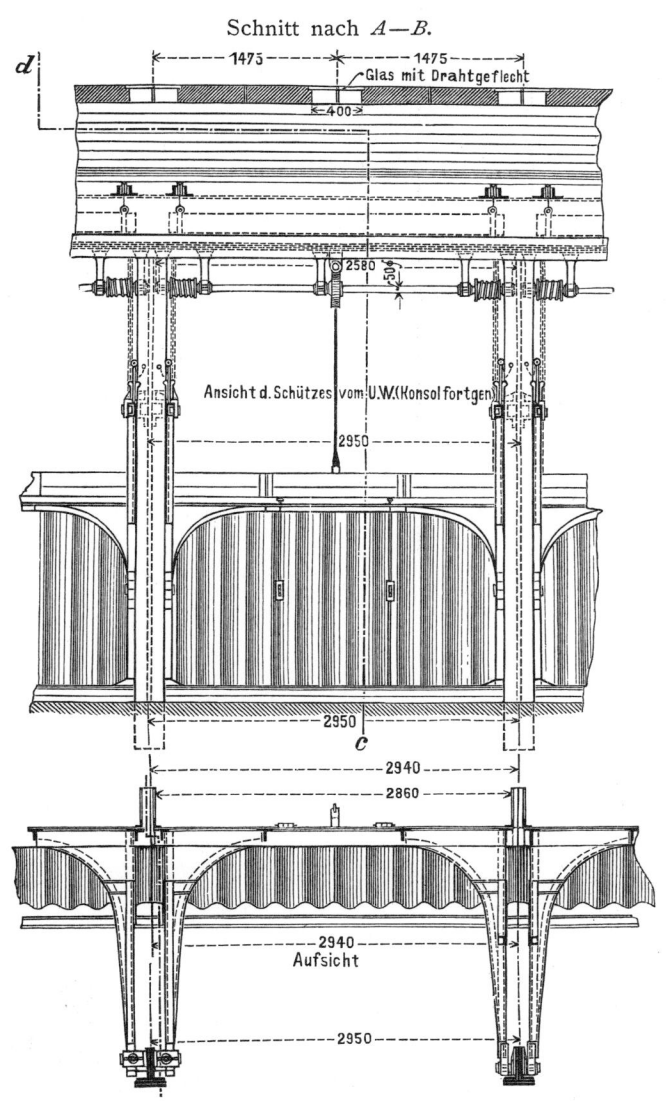

Abb. 102. Schütz im Werder'schen Mühlgraben.

Die Anlegestellen für Personenboote.

Die Spree dient auch dem Personenverkehr in ausgedehntem Mafse, jedoch fast ausschliefslich für Sports- und Vergnügungszwecke. Mehrere Dampfer-Gesellschaften und Einzelunternehmer unterhalten im Sommer einen regelmäfsigen äufserst lebhaften Verkehr von Berlin nach den an der Oberspree und an der Havel belegenen Ortschaften und Vergnügungspunkten, der sich nach oberhalb bis Friedrichshagen und Woltersdorf, nach unterhalb bis Potsdam und Werder erstreckt. Im Ausstellungsjahre 1896 verspricht dieser Verkehr auf der Oberspree bis zur Gewerbeausstellung in Treptow sich ganz aufsergewöhnlich zu verstärken und zahlreiche mit Petroleum-, Dampf- und elektrischen Booten ausgerüstete Unternehmungen treffen dafür ihre Vorbereitungen. Die Anlegestellen sind durchweg einfache von Holz hergestellte Stege und Plattformen mit Ab- und Zugangstreppen, darunter die gröfste Anlage dieser Art die rechts unterhalb der Jannowitzbrücke belegene Landestelle der Dampfergesellschaft „Stern". Erwähnenswerth ist nur noch eine im Bau begriffene, der Dampfschiffahrtsgesellschaft „Adler" gehörige Landestelle rechts oberhalb der Waisenbrücke, deren Plattform $1/4$ kreisförmig um den Mittelpunkt drehbar eingerichtet wird, sodafs das Boot an die Plattform anlegend und mit dieser verbunden gewendet werden kann, während die Fahrgäste aus- und einsteigen. (S. Lageplan der Waisenbrücke Abschnitt V.)

Der Rudersport wird von zahlreichen Vereinen gepflegt, die an den Ufern der Spree und der Havel ihre eigenen Häuser mit Unterkunftsräumen für Boote und Geräthe zum Theil in reicher und sehr geschmackvoller Ausstattung besitzen. Für die dem öffentlichen Bedarf dienenden Gondelverleiher hat die Stadt in der Unterspree an den „Zelten" einen am terrassirten Ufer eingebuchteten Gondelhafen eingerichtet und neuerdings an der Oberspree links unterhalb der Oberbaumbrücke am Gröbenufer eine stattliche und reichgeschmückte Anlage erbaut, nachdem die privaten Bootslandestellen an der Jannowitzbrücke dem zunehmenden Dampfer- und Frachtverkehr haben weichen müssen.

Das Bauwerk, nach dem Entwurf des städtischen technischen Bureaus errichtet, ist ein 80 m langer Einbau in die Uferpromenade

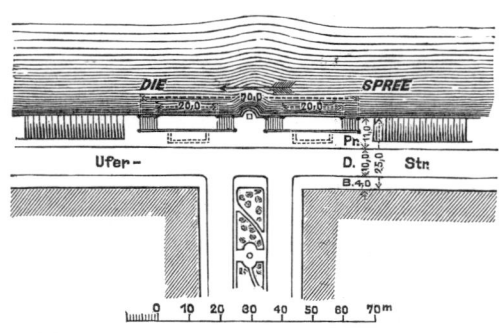

Abb. 103. Bootsanlegestelle (Lageplan).

des Gröbenufers, die etwa 3 m über Wasserspiegel liegt. Es bildet zwei Plattformen von je 19 m Länge und 5 m Breite, die landseitig durch überwölbte Wartehallen abgeschlossen und mit der Strafse und den vorspringenden Flügel- und Mittelbauten durch breite Freitreppen verbunden sind. Die Aufsenflächen sind mit hellen Sandstein-Werkstücken bekleidet, schmiedeeiserne Geländer zwischen steinernen Ballustraden, zwei in Kupfer getriebene Figuren, einen Bootsbauer und einen Preisruderer nach Modellen von G. Janensch bezw. C. Bernewitz in Kupfer getrieben, ein steinerner Obelisk als Laternenträger und vier schmiedeeiserne Flaggenmasten, von in Kupfer getriebenen Möven gekrönt, bilden den reichen Schmuck der Landestelle, deren äufsere Erscheinung nebst Lageplan in den Abb. 103 u. 104 wiedergegeben ist. Die Baukosten belaufen sich auf etwa 100 000 ℳ.

Abb. 104. Oeffentliche Bootsanlegestelle am Gröbenufer.

IV. Wasserstraſsen und Häfen.   103

Die Wassermenge, welche die Spree durch Berlin führt, beträgt bei ihrem mittleren Wasserstande 45,50 cbm in der Sekunde, beim höchsten Wasserstande 162 cbm. Von dem letzteren Betrage werden zugewiesen: dem Kupfergraben (Gerinne an den ehemaligen Werder'schen Mühlen) rd. 25 cbm, dem Landwehrcanal (Freiarche an der oberen Schleuse) rd. 15 cbm, dem Hauptlauf (Dammmühlenwehr) 122 cbm, daher führt die Unterspree bei Hochwasser:

      von den Dammmühlen bis zur Einmündung des Kupfergrabens . . 122 cbm,
      von da bis zur Einmündung des Landwehrcanals . . . . . . 147 „
      von da bis Spandau . . . . 162 „

Bei den niedrigsten Wasserständen geht die Wasserführung bis auf 13 cbm in der Sekunde zurück, davon gelangen aber nach Berlin nur 8 cbm, weil 3 cbm durch das zur Speisung des Oder-Spree-Canals dienende Pumpwerk bei Neuhaus, und 2 cbm durch die städtischen Wasserwerke am Müggelsee vorher abgenommen werden. Jene 8 cbm reichen eben aus, um die in Betracht kommenden vier Schleusen: am Mühlendamm, im Schiffahrtscanal und die beiden an der Spree liegenden Schleusen des Landwehrcanals zu speisen und die aus Gesundheitsrücksichten unentbehrliche Strömung in sämtlichen Wasserläufen während der Zeiten, in denen nicht geschleust wird, zu erhalten, weshalb es nicht zulässig sein würde, noch weitere Wasserentnahmen aus der Oberspree ausser den soeben angegebenen zu gestatten.

Es dürfte nicht ohne Werth und Nutzen sein, wenn nachstehend die Höhenlage der zu Berlin in Beziehung stehenden wichtigsten Gewässer über N. N. (Normal-Null) angegeben wird. Da, wo die Höhe des Wasserstandes durch Stauwerke geregelt werden kann, wird der möglichst einzuhaltende Normalwasserstand angegeben, dagegen bei denjenigen Gewässern, deren Höhe ihrer Natur nach einem gröſseren Wechsel unterworfen ist, der höchste, mittlere und niedrigste Stand.

Bezeichnung des Gewässers und Ortes	Normal-wasser-stand	Höchster Stand	Mittlerer Stand	Niedrigster Stand
		über Normal-Null		
1. Der Oder-Spree-(Friedrich-Wilhelm-)Canal.				
Abzweigung von der Oder bei Fürstenberg a. O.	—	32,91	28,34	27,52
„ „ „ „ Brieskow	—	25,94	21,30	20,39
Scheitelhaltung . . .	40,80	—	—	—
Schleuse Fürstenwalde, Oberwasser	—	—	38,08	—
„ „ Unterwasser	—	—	37,39	—
„ Wernsdorf, Oberwasser	36,80	—	—	—
„ „ Unterwasser (Spree)	—	—	32,41	—
2. Die Spree.				
Bei Köpenick	—	—	32,39	—
Berlin, Mühlendammschleuse, Oberwasser	32,28	—	—	—
„ Unterwasser	30,59	32,26	—	—
Stauwerk Charlottenburg, Oberwasser	30,40	31,75	—	—
„ „ Unterwasser	—	31,75	30,40	29,27
Bei Spandau (Havel)	—	31,47	30,06	29,17
3. Die obere Havel.				
Schleuse Fürstenberg i. M., Oberwasser	—	—	52,85	—
„ „ Unterwasser	—	—	51,58	—
„ Zehdenick, Oberwasser	—	—	45,45	—
„ „ Unterwasser (Voſscanal)	42,45	—	—	—
Bei Liebenwalde (Finowcanal)	39,17	—	—	—
4. Die Hohensaaten-Spandauer Wasserstraſse.				
Abzweigung von der Oder bei Hohensaaten	—	7,37	2,53	1,41
Der Oderberger See	1,41	—	—	—
Schleuse Eberswalde, Unterwasser	8,77	—	—	—
„ Oberwasser	12,15	—	—	—
Scheitelhaltung (Liebenwalde)	39,17	—	—	—
Schleuse Oranienburg, Oberwasser	34,90	—	—	—
„ „ Unterwasser	33,96	—	—	—
„ Spandau, Oberwasser	—	32,20	31,26	30,84

IV. Wasserstraßen und Häfen.

Bezeichnung des Gewässers und Ortes	Normal-wasserstand	Höchster Stand	Mittlerer Stand	Niedrigster Stand
		über Normal-Null		
4. Die untere Havel (Plauer Canal).				
Schleuse Spandau, Unterwasser	—	31,47	30,06	29,17
„ Brandenburg, Oberwasser	—	—	29,32	—
„ „ Unterwasser	—	—	28,44	—
Plauer See (Abzweigung des Plauer Canals)	—	—	27,82	—
Schleuse Rathenow, Oberwasser	—	—	26,51	—
„ „ Unterwasser	—	—	25,89	—
Elbe bei Havelort (Havelmündung)	—	27,45	22,88	21,12
„ „ Niegripp (Canalanschluß)	—	43,50	38,47	37,03

Der Verkehr auf den märkischen Wasserstraßen während des letzten Jahrzehntes ist aus den nachstehenden Nachweisungen ersichtlich.

Nachweisung des Verkehrs auf den Wasserstraßen Berlins.

A. Segelschiffe.

Jahr	Gewicht der Ladung in Tonnen				Zahl der Schiffe				
	Durch-gegangene	Ange-kommene	Abge-gangene	Zu-sammen	Durch-gegangene	Ange-kommene	Abge-gangene	Zu-sammen	Davon beladen
1885	308 883	3 406 283	298 146	4 013 312	3956	35 420	35 074	74 450	39 509
1888	326 111	4 197 767	311 469	4 835 347	3654	37 923	37 749	79 326	42 290
1891	425 790	4 724 054	356 577	5 506 421	4199	39 127	38 306	81 632	41 532
1892	359 889	4 184 925	361 848	4 906 662	4234	34 381	34 007	72 622	38 654
1893	383 392	4 429 160	496 232	5 308 784	4262	37 312	36 909	78 483	42 111
1894	649 942	4 483 518	461 384	5 595 298	5692	34 985	34 372	75 049	41 443
1895	480 607	4 596 614	448 471	5 525 692	4066	34 546	33 926	72 538	39 970

B. Dampfer.

Jahr	Personendampfer		Schleppdampfer				Kettenschiffe			Güterdampfer					
	Ange-kommen	Abge-gangen	Durch-gefahren	Ange-kommen	Abge-gangen	Zu-sammen	Ange-kommen	Abge-gangen	Zu-sammen	Durch-gefahren	Ange-kommen	Abge-gangen	Zu-sammen	Davon beladen	Gewicht der Ladung in Tonnen
1885	4217	4219	59	786	750	1 595	479	479	958	—	457	458	915	709	36 599
1888	5721	5717	3	1845	1914	3 762	325	325	650	—	496	486	982	888	60 054
1891	3879	3876	—	2724	2718	5 442	224	224	448	16	645	630	1291	1151	94 901
1892	3505	3505	153	3765	3752	7 670	155	155	310	8	621	584	1213	1094	81 389
1893	3504	3499	95	4304	4295	8 694	30	30	60	2	612	626	1240	1146	80 672
1894	4356	4355	—	4295	4352	8 647	—	—	—	5	688	683	1376	1355	85 861
1895	7344	7340	93	5466	5469	11 028	—	—	—	2	628	631	1261	1152	78 092

C. Flösse.

Jahr	Durchgefahren		Angekommen	
	Zahl	Tonnen	Zahl	Tonnen
1885	—	15 501	—	16 548
1888	—	11 554	—	11 203
1891	117	9 431	133	12 986
1892	85	8 302	162	13 329
1893	—	—	165	14 650
1894	72	10 063	122	14 904
1895	20	2 828	116	10 942

Summe der Ladungen (A und B).

Jahr	Segelschiffe	Dampfer	Zusammen
1885	4 013 312	36 599	4 049 911
1888	4 835 347	60 054	4 895 401
1891	5 506 421	94 901	5 601 322
1892	4 906 662	81 389	4 988 051
1893	5 308 784	80 672	5 389 456
1894	5 595 298	85 861	5 681 159
1895	5 525 692	78 092	5 603 784

Der umfangreiche Güterverkehr der Vororte Berlins ist in den vorstehenden Angaben nicht mit enthalten, weil eine Statistik darüber bisher nicht geführt wurde.

IV. Wasserstrafsen und Häfen.

Nach den Gattungen vertheilen sich die im Jahre 1894 auf den Berliner Wasserstrafsen beförderten Gütermassen wie folgt:

Angekommen	zu Berg Tonnen	zu Thal Tonnen
Lumpen aller Art	2 270	230
Soda	2 766	20
Farbholz	4 844	121
Salpeter-, Salz-, Schwefelsäure	6 135	2 103
Roh- und Brucheisen	23 855	445
Andere unedle Metalle	10 252	7 159
Verarbeitetes Eisen	26 159	8 972
Cement, Trafs, Kalk	20 747	127 278
Erde, Lehm, Sand, Kies	168 873	641 240
Weizen	30 221	6 343
Roggen	140 628	30 163
Hafer	38 090	10 807
Gerste	13 038	4 516
Anderes Getreide und Hülsenfrüchte	81 417	497
Oelsaat	3 901	55
Stroh und Heu	9 495	28
Obst	19 397	1 531
Häute, Felle, Leder, Pelzwerk	5 602	278
Holz (ohne Flofsholz)	316 369	61 181
Branntwein	3 232	60
Wein	6 896	138
Fische und Heringe	12 011	38
Mehl- und Mühlenfabricate	64 035	30 171
Reis	3 170	8
Kaffee, Cacao	8 229	73
Zucker, Melasse, Syrup	15 717	6 603
Fette Oele und Fette	38 244	1 850
Petroleum und andere Mineralöle	47 521	4
Steine und Steinwaaren	166 335	62 147
Steinkohlen	201 085	356 663
Koks	10 176	362
Braunkohlen	35 009	8 820
Theer, Pech, Harz, Asphalt	8 436	1 242
Mauersteine, Dachziegel und Thonröhren	1 127 394	443 699
Thonwaaren, Steingut, Porzellan	3 300	340
Summe der angekommenen Güter	2 714 886	1 819 535

Abgegangen	zu Berg Tonnen	zu Thal Tonnen
Düngemittel	25 123	21 347
Lumpen	314	5 994
Roh- und Brucheisen	545	2 627
Andere unedle Metalle	312	5 574
Verarbeitetes Eisen	3 951	4 095
Cement, Trafs, Kalk	453	2 264
Erde, Lehm, Sand, Kies	80 548	29 882
Weizen	7 800	5 614
Roggen	31 705	31 431
Hafer	1 190	7 266
Gerste	263	2 603
Anderes Getreide und Hülsenfrüchte	485	9 731
Holz (ohne Flofsholz)	3 819	12 495
Holzwaaren und Möbel	36	5 208
Maschinen und Maschinentheile	71	3 511
Branntwein	49	6 402
Mehl- und Mühlenfabricate	2 082	29 777
Kaffee, Cacao	505	2 486
Zucker, Melasse, Syrup	643	5 586
Seitenbetrag:	159 894	173 893

Berlin und seine Bauten. I.

Abgegangen	zu Berg Tonnen	zu Thal Tonnen
Uebertrag:	159 894	173 893
Fette Oele und Fette	2 335	4 995
Steine und Steinwaaren	6 092	1 724
Steinkohlen	3 878	5 200
Braunkohlen	1 040	6 062
Theer, Pech, Harz, Asphalt	1 953	6 395
Mauersteine usw.	4 458	22 878
Summe der abgegangenen Güter	215 861	280 481

Gesamtfrachtverkehr in Tonnen der Ladung
an den nachbenannten Schleusen der märkischen Wasserstrafsen.

Schleusen	Jahr	Dampfer	Segelschiffe	Flöfse	Zusammen
Berlin: Spree, Landwehr- und Berlin-Spandauer Canal	1885	36 599	4 013 312	32 049	4 081 960
	1890	80 246	4 884 897	29 599	4 994 742
	1894	86 316	5 594 844	24 966	5 706 126
	1895	78 092	5 525 694	13 770	5 617 556
Rathenow: Havel	1885	269 496	179 681	305	449 482
	1890	613 075	67 355	505	680 935
	1894	39 620	1 126 027	16 850	1 182 497
	1895	31 255	1 235 213	11 525	1 277 993
Woltersdorf: Rüdersdorfer Gewässer	1885	335	581 983	2 590	584 908
	1890	—	749 680	6 773	756 453
	1894	—	622 240	2 491	624 731
	1895	—	580 483	2 520	583 003
Brieskow: Friedrich-Wilhelm-Canal	1885	30	164 739	36 873	201 642
	1890	355	190 217	52 238	242 810
	1894	1 012	91 492	28 044	120 548
	1895	585	67 824	37 765	106 174
Eberswalde: Finow-Canal	1885	21 818	1 289 181	56 707	1 367 706
	1890	34 003	1 770 895	65 144	1 870 042
	1894	39 805	1 351 782	34 400	1 425 987
	1895	36 614	1 382 150	45 241	1 464 005
Bischofswerder: Vofs-Canal	1885	1 134	100 627	15 659	117 420
	1890	2 046	221 959	7 740	231 745
	1894	1 500	484 374	44 138	530 012
	1895	2 462	536 762	39 126	578 350
Fürstenberg: Havel[1])	1885	408	62 388	3 754	66 550
	1890	—	65 082	3 761	68 843
	1894	—	73 379	8 153	81 532
	1895	—	—	—	—
Parey: Plauer Canal[1])	1885	6 673	278 621	495	285 789
	1890	—	54 095	285	54 380
	1894	4 985	736 325	174	741 484
	1895	—	—	—	—

1) Die Nachweisungen von Fürstenberg: Havel, und Parey: Plauer Canal sind für 1895 noch nicht eingegangen.

Abb. 105. Mittelöffnung der Oberbaumbrücke.

V. Die Strafsenbrücken.[1]

Einleitung.

Unter den Grofsstädten Europas — London, Paris, Petersburg und Wien — nimmt Berlin hinsichtlich der Zahl seiner Strafsenbrücken eine der ersten Stellen ein. Hinsichtlich ihrer monumentalen Ausgestaltung konnte gleiches beim Erscheinen der ersten Auflage dieses Werkes im Jahre 1876 nicht behauptet werden. Thatsächlich waren bis zu diesem Zeitpunkte sämtliche Brücken — bis auf wenige Ausnahmen — lediglich als Bedürfnifsbauten ausgeführt worden im Sinne und nach den Anforderungen einer Zeit, in der man sich von dem gewaltigen Aufschwunge, den die Stadt seitdem genommen hat, nichts träumen liefs. Das ist seitdem durchaus anders geworden, denn auf keinem Gebiete des Ingenieur-Bauwesens haben in den letzten zwei Jahrzehnten so durchgreifende Umgestaltungen wie auf dem der städtischen Brücken stattgefunden.

---

[1] Bearbeitet vom Stadt-Bauinspector Pinkenburg.

V. Die Strafsenbrücken.

Bis zum Jahre 1876 war der gröfste Theil der Strafsenbrücken Berlins Eigenthum des Fiskus, dem auch die Unterhaltungspflicht oblag. Durch den zwischen dem Fiskus und der Stadtgemeinde Berlin am 30./31. December 1875 abgeschlossenen Vertrag gingen die Brücken aus dem Besitze des erstern in den der letztern über. Seit diesem Zeitpunkte hat die Stadtgemeinde in stets steigendem Mafse und mit immer gröfseren Mitteln dahin gestrebt, die alten, unschönen, der Reichshauptstadt unwürdigen Brücken durch monumentale und den Anforderungen des gewaltig angewachsenen Verkehrs genügende zu ersetzen. Der Beschreibung und Besprechung der bestehenden Strafsenbrücken lassen wir einen Ueberblick über ihre Entstehung und Entwicklung während der vorangegangenen Jahrhunderte bis zum Jahre 1876 vorangehen.

Geschichtlicher Rückblick auf die Entwicklung der Strafsenbrücken Berlins.

Als älteste Brücke von geschichtlicher Bedeutung ist der Mühlendamm (1) zu betrachten, welcher um die Mitte des 13. Jahrhunderts den Verkehr zwischen den damals noch getrennten Städten Berlin und Köln vermittelte. Diese Brücke, welche den nördlichen oder Hauptarm der Spree überspannt, ist aus dem ältesten Uebergange zwischen Berlin und Köln entstanden. Bei dem Abbruche der alten Gerinne aus Anlafs der 1890—1894 ausgeführten Umbauten sind wohlerhaltene Ueberreste eines alten Knüppeldammes aufgefunden worden. Das zwischen den beiden Spreearmen gelegene Köln besafs aufserdem noch zwei Brücken über den westlichen Flufslauf: die Teltower Brükke (spätere Gertraudten-Brücke 4) und die Köpenicker Brücke (die spätere Rofsstrafsenbrücke 3). Nach der im Jahre 1307 erfolgten Vereinigung der beiden Städte zu einem einzigen Gemeinwesen wurde durch den Bau der Langen Brücke (Kurfürstenbrücke 2) im Zuge der Königstrafse eine zweite wichtige Verbindung zwischen den beiden Schwesterstädten hergestellt. Hierzu kamen in den folgenden Jahrhunderten zunächst noch drei Brücken über die Wallgräben der damaligen Befestigungswerke der Berliner Seite, deren Lauf durch die heutige Neue Friedrichstrafse gekennzeichnet wird: die Stralauer Brücke (5), die Königsbrücke (6) und die Spandauer Brücke (7), ferner die von dem kurfürstlichen Lustgarten nach dem linken

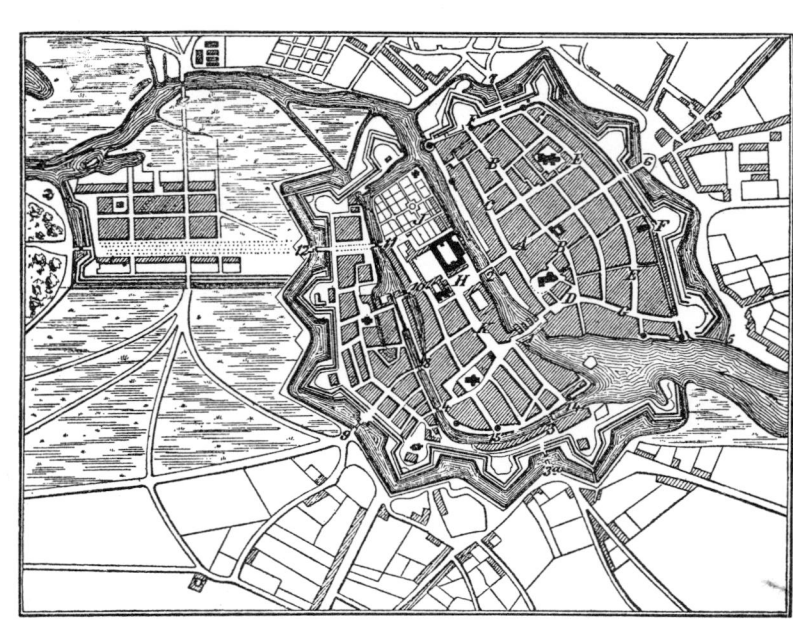

Abb. 106. Plan der Brücken von Berlin vom Jahre 1685.

1. Mühlendamm. 2. Lange Brücke (Kurfürstenbrücke). 3. Rofsstrafsenbrücke. 3.a) Köpenicker Brücke. 4. Gertraudtenbrücke. 5. Stralauer Brücke. 6. Königsbrücke. 7. Spandauer Brücke. 8. Jungfernbrücke. 9. Leipziger Brücke. 10. Schleusenbrücke (Werder'sche Mühlen). 11. Hundebrücke (Schlofsbrücke). 12. Neue Brücke (Opernbrücke). 13. Weidendammer Brücke. 14. Inselbrücke. 15. Grünstrafsenbrücke. A. Königstrafse. B. Spandauer Strafse. C. Heilige Geiststrafse. D. Molkenmarkt. E. Klosterstrafse. F. Neue Friedrichstrafse. G. Stralauer Strafse. H. Schlofsplatz. I. Lustgarten. K. Breitestrafse.

Spreeufer führende Hundebrücke (Schloſsbrücke 11), sowie Ueberbrückungen an den Werder'schen Mühlen (10). Von wesentlichem Einflusse für die weitere Entwicklung der Straſsenbrücken war die vom Groſsen Kurfürsten veranlaſste und durch Memhardt in den Jahren 1658—1683 ausgeführte Neubefestigung der Stadt, wodurch die Verlegung und der Neubau verschiedener Brücken über die neuen und breiten Wallgräben erforderlich wurde. Auf der Berliner Seite gab bis vor kurzem der Königsgraben, auf der Kölner der Grüne Graben die Richtung der Festungswälle und die Ausdehnung der damaligen Stadt an. Der von dem Militär-Architekten und Kupferstecher Joh. Bernhardt Schultz 1688 veröffentlichte Plan Berlins, welcher in diesem Werke bereits an anderer Stelle (Abschnitt A, Bd. I) mitgetheilt ist, veranschaulicht äuſserst naturgetreu das Aussehen und die Construction der damaligen hölzernen Joch- und Zugbrücken (s. auch den Lageplan aus dem Jahre 1685 Abschnitt A, Bd. I). Im ganzen besaſs Berlin zu dieser Zeit innerhalb der Festungswerke bereits 14 Brücken, zu welchen noch drei der damals in der Entstehung begriffenen Dorotheenstadt hinzu kamen, und zwar die Ueberbrückung der Spree im Zuge des Weidenweges, die jetzige Weidendammer Brücke (13), ferner zwei Brücken über den Graben des Dorotheenstädtischen Hornwerkes (Unter den Linden hinter der Schadowstraſse und in der Friedrichstraſse an der Behrenstraſse). Endlich wurde am damaligen Unterbaum (Ende der heutigen Bunsenstraſse) eine Laufbrücke errichtet. Am Ausgange des Jahrhunderts erfolgte endlich noch der Bau der Insel-, Grünstraſsen- und Jungfernbrücke (14, 15 und 8), welch letztere durch Oeffnung des Leipziger Thores erforderlich geworden war, während die beiden ersteren der Gründung von Neu-Köln ihre Entstehung verdankten.

Im 18. Jahrhundert sind nicht nur neue Brücken zur Befriedigung des Verkehrsbedürfnisses erbaut — die Beseitigung der Festungswerke des Groſsen Kurfürsten unter Friedrich Wilhelm I. (seit 1732) hatte einerseits zahlreiche neue Ueberbrückungen der alten Wallgräben zur Folge, während anderseits verschiedene ältere Brücken überflüssig wurden und abgebrochen werden muſsten —, sondern es entstanden auch die ersten steinernen Brücken. An Spreebrücken kamen infolge der fortschreitenden Erweiterung der Stadt hinzu: die Waisen- und Friedrichsbrücke, die Oberbaum- und Unterbaumbrücke. Diese Zeit ist auch um deswillen für den Brückenbau von Bedeutung, weil während derselben stets namhafte Architekten, wie Nehring, Boumann (Vater und Sohn), Gontard, Langhans und Unger mit dem Bau der hervorragenden Brücken betraut worden sind.

Von Interesse ist ferner die Vorliebe dieser Architekten, die Brücken mit Colonnaden zu schmücken. Nachdem solche bereits 1687 der Mühlendamm durch Nehring erhalten hatte, wurden damit am Ausgange des 18. Jahrhunderts versehen: die Jägerbrücke (1780) durch Unger, die Spittelbrücke (1776) durch Gontard, die Königsbrücke nach Gontard'schen Entwürfen (1777) durch Boumann, die Mohrenbrücke (1789) durch Langhans. Die Colonnaden der letzten drei Brücken sind noch heute erhalten. Der erste hervorragende Brückenbau ist der Umbau der alten, hölzernen Langen Brücke, welche unter Kurfürst Friedrich III. in den Jahren 1692—1696 nach einem Entwurfe Nehrings, unter Beihülfe Cayards aus Pirnaischem Sandstein hergestellt wurde. Seinen hauptsächlichsten Schmuck erhielt dieses monumentale Bauwerk in dem berühmten Reiterstandbilde des Groſsen Kurfürsten von Andreas Schlüter, welches im Jahre 1703 enthüllt wurde.

Weitere bedeutende Bauwerke des vorigen Jahrhunderts sind die durch Gontard in Sandstein erbaute Königsbrücke (1777—1783), welche indessen zu Anfang der siebziger Jahre dieses Jahrhunderts einem Neubau weichen muſste, sowie vor allem die durch Langhans in Quadern erbaute Herkulesbrücke[1]) (1787). Noch muſs die Neustädtische oder Opernbrücke erwähnt werden, welche ebenfalls als monumentales Bauwerk 1774 von Boumann (Vater) über den Kölnischen Festungsgraben (Grünen Graben) an dessen Kreuzungsstelle mit den Linden erbaut wurde. Es war ein stattlicher, mit steinernem Geländer und acht Bildwerkgruppen als Laternenträgern geschmückter Sandsteinbau, dessen Gewölbe in einem weiten und hohen Bogen den mit Werksteinen eingefaſsten alten

---

1) S. Abb. Berlin und seine Bauten 1. Ausgabe. Theil II. S. 44.

Festungsgraben überspannte. Sie hat in dieser Form bis zu ihrer im Jahre 1816 erfolgten Beseitigung die Erscheinung eines der schönsten Plätze Berlins mit bestimmt. Mit dem Bau der Schlofsbrücke durch Schinkel in den Jahren 1822—1824 erreichte diese so fruchtbare Periode ihren würdigen Abschlufs.

Weniger erfreulich ist die Betrachtung des nun folgenden Zeitraums, welcher bis zu Anfang der sechziger Jahre dieses Jahrhunderts gerechnet werden kann. Zunächst ist von Bedeutung, dafs in dieser Zeit die Berliner Wasserstrafsen eine erhebliche Vermehrung erfuhren und dadurch eine grofse Zahl neuer Brücken nothwendig wurde. Ende der vierziger Jahre erfolgte die Anlage des Landwehr- und des Luisenstädtischen Canals, Ende der fünfziger Jahre die des Spandauer Canals, welche zusammen etwa 20—30 Brücken erforderten. Auch für neue Verbindungen über die vorhandenen Wasserläufe ist in ausreichender Weise gesorgt worden. An gröfseren Bauwerken wurden ausgeführt: die Jannowitz-, Cavalier-, Eberts-, Marschall- und Moabiter Brücke, ferner eine gröfsere Anzahl Brücken über die Festungsgräben und die Panke, während hingegen verschiedene der älteren, entbehrlich gewordenen Brücken beseitigt, andere theils umgebaut, theils erneuert und verbessert worden sind. Wechselnde Schicksale erlitten dabei die Friedrichsbrücke[1]) (s. S. 144) und die Weidendammer Brücke. Mehrere gröfsere Brücken, unter andern die Jannowitz- und Cavalierbrücke sind durch den Unternehmungsgeist privater Personen ins Leben gerufen worden. Zur Verzinsung und Tilgung des Anlagecapitals wurde den Unternehmern gestattet, einen Brückenzoll zu erheben. Später gingen die Brücken dann in den Besitz des Staates über. Sieht man demnach nur auf die Zahl der neu entstandenen, erneuerten und umgebauten Brücken, so nimmt der in Rede stehende Zeitraum trotz seiner Kürze unstreitig den ersten Rang ein; dem Verkehrsbedürfnisse ist in ausgiebigem Mafse Rechnung getragen worden. Anders stellt sich aber das Ergebnifs, wenn nach dem inneren Werthe der ausgeführten Brücken gefragt wird. Leider verdankt Berlin diesem Zeitraume auch nicht ein einziges Brückenbauwerk, welches den monumentalen Schöpfungen des 18. Jahrhunderts an die Seite gestellt werden kann. Mit ganz verschwindenden Ausnahmen stammen aus dieser Zeit nur nüchterne, vergängliche Holzbauten, welche einer fortwährenden, kostspieligen Ausbesserung bedurften, theils — soweit sie in ihren schlimmsten Auswüchsen nicht bereits beseitigt sind — noch bedürfen, und welche ihrem Aeufsern nach mehr in das Berlin des dreifsigjährigen Krieges, als in das Berlin pafsten, welches bereits eine Kurfürstenbrücke, eine Schlofsbrücke, eine Königsbrücke und eine Herkulesbrücke aufzuweisen hatte. Die Schöpfungen dieser Zeit sind für die Erscheinung der Berliner Brücken bis vor kurzem mafsgebend gewesen. Bezeichnend hierfür ist die hölzerne Jochbrücke mit Klappenvorrichtung zum Durchlassen der Schiffe bei höheren Wasserständen. Mit Ausnahme dreier Brücken über den Spandauer Schiffahrtscanal, sowie der Cavalier- und Friedrichsbrücke über den östlichen Spreearm, haben sämtliche Brücken über die schiffbaren Wasserläufe der Stadt Klappenvorrichtungen erhalten, und bis auf die beiden oben erwähnten gufseisernen Brücken sind alle Brücken aus Holz hergestellt; auf steinerne ist gar nicht gerücksichtigt worden.

Erneuten Aufschwung erhielt der Brückenbau in der letzten und kürzesten Periode bis zum Jahre 1876, deren Leistungen, verglichen mit denen der vorigen, sich nur um so bedeutender ausnehmen. Man kehrt zu massiven Brücken mit festem Oberbau zurück und ist wieder bemüht, den Bauten ein der Grofsstadt würdiges Aeufsere zu geben. So entstehen 1864 die Alsenbrücke, 1866 die Unterspreebrücke; 1874—1875 erbaut der Actien-Bauverein „Thiergarten" die Corneliusbrücke über den Landwehrcanal. 1872—1873 erfolgt der Umbau der Königsbrücke nach Strack'schen Entwürfen und um diese Zeit (1870—1873) führt die Stadt Berlin ihren ersten bedeutenden Brückenbau — die Schillingsbrücke — aus. Das schönste Bauwerk von bleibendem Werthe ist aber die in ihrer Architektur nach Strack'schen Entwürfen in den Jahren 1874—1876 erbaute Belle-Alliance-Brücke. Hiermit schliefst die Thätigkeit des Staates auf dem Gebiete des Baues von Strafsenbrücken.

---

1) S. Abb. Berlin und seine Bauten 1. Ausgabe. Theil II. S. 37.

Die seitherigen Leistungen der Stadtgemeinde auf dem Gebiete des Brückenbaues.

Wie bereits eingangs bemerkt wurde, waren die Strafsenbrücken Berlins bis zum Jahre 1876 Eigenthum des Staates. Durch Vertrag vom 30./31. December 1875 gingen sie seit dem 1. Januar 1876 in das Eigenthum der Stadt über, die damit alle Verpflichtungen der Unterhaltung und des Neubaues der Brücken für die Zukunft übernahm. Der Fiskus zahlte der Stadt für die Uebernahme sämtlicher Verpflichtungen eine jährliche Rente, welche aus demjenigen Kostenaufwande ermittelt war, der in Erfüllung der fiskalischen Baulast während der Jahre 1864—1873 wirklich durchschnittlich gemacht war. Diese Rente betrug rd. 556 000 ℳ. Der Fiskus behielt sich aber das Recht vor, sie jederzeit nach vorheriger dreimonatlicher Kündigung durch Zahlung des 20fachen Betrages ganz oder theilweise abzulösen. Dies ist im Jahre 1882 durch Zahlung von rd. 11 126 824 ℳ geschehen. Bis zum Jahre 1876 hatte die Stadt Berlin an Brücken zu unterhalten gehabt: eine Spreebrücke (Schillingsbrücke), drei Brücken über den Grünen Graben, drei Brücken über den Landwehr- und Luisenstädtischen Canal, 14 kleinere Brücken über die Panke und einige offene Gräben; im ganzen also nur 21 Brücken. Durch den Vertrag mit dem Fiskus kamen hinzu: 15 Brücken über den östlichen Hauptarm der Spree, 11 Brücken über den Schleusencanal und Kupfergraben, fünf Brücken über den Königsgraben, 13 Brücken über den Landwehrcanal, sechs Brücken über den Luisenstädtischen Canal, sieben Brücken über den Berlin-Spandauer Canal, vier Brücken über die Panke, 14 Brücken über den Grünen Graben; im ganzen mithin 75 Brücken.

Von diesen Brücken waren neun massiv und gewölbt, darunter der Mühlendamm, die Kurfürstenbrücke, die Königsbrücke, die Spandauer Brücke, die Herkulesbrücke, die Hallesche Thorbrücke. Massive Pfeiler mit festem eisernem Oberbau hatten vier Brücken: die Neue Friedrichsbrücke, die Alsenbrücke, die Moltkebrücke und die Lichtensteinbrücke. Festen hölzernen Oberbau besafsen sieben Brücken: die Fischerbrücke, die Moabiter Brücke, die Fennstrafsenbrücke, die Torfstrafsenbrücke, die Seestrafsenbrücke, die Grofsbeerenbrücke und die Oberfreiarchenbrücke. Im ganzen hatten also 20 Brücken festen Oberbau. Bei den übrigen 35 Brücken dagegen waren die Mittelöffnungen mit hölzernen Klappen zum Durchlassen der Schiffe bei höheren Wasserständen versehen, während der Oberbau der Seitenöffnungen theils aus Stein, Eisen oder Holz construirt war. Auf die verschiedenen Flufsläufe vertheilten sich die hölzernen Brücken mit Klappenvorrichtungen folgendermafsen:

Hauptarm der Spree acht, Schleusencanal und Kupfergraben neun, Königsgraben zwei, Landwehrcanal zehn, Luisenstädtischer Canal fünf, Berlin-Spandauer Canal eine Brücke.

Durch die infolge des Baues der Stadtbahn 1879—80 erforderliche Zuschüttung des Königsgrabens wurden die dortigen Brücken überflüssig und beseitigt. Ebenso nach der 1883 erfolgten Zuschüttung des Grünen Grabens die über diesen Wasserlauf führenden Brücken.

Massiven Oberbau hatten nur die ersten 13 Brücken. Diese entsprachen einigermafsen den neueren Anforderungen an eine dauerhafte Construction und ein monumentales Aussehen. Die übrigen 42 Brücken dagegen besafsen hölzernen Oberbau, und ihr baulicher Zustand war durchaus kein befriedigender.

Für die Stadt ergaben sich aus der Uebernahme der gesamten Brückenbaulast demnach in der Hauptsache folgende drei Aufgaben: 1. Beseitigung und Neubau der alten baufälligen Brücken; 2. Verbreiterung und Verbesserung der vorhandenen Brücken in Rücksicht auf den Verkehr und die Construction, soweit dies erforderlich und ausführbar war; 3. Herstellung neuer Brücken an solchen Punkten der Stadt, wo der Verkehr dies erheischte. Bei den in Zukunft auszuführenden Brückenbauten sollte an folgenden Grundsätzen festgehalten werden:

1. Neue Brücken sind nur mit festem Ueberbau herzustellen, um die Hindernisse, welche dem Strafsenverkehre aus dem Oeffnen der Schiffsdurchlässe erwachsen und welche sich namentlich im Innern der Stadt als unerträglich erwiesen haben, für immer zu beseitigen.

2. Für definitive Brücken sind nur Massivconstructionen, sei es in Stein oder Eisen oder in beiden Baustoffen, zu wählen.

3. Hölzerne Brücken sind nur zu vorübergehenden Zwecken zu erbauen, entweder als Nothbrücken bei Brückenumbauten oder, wenn durch Unternehmung Privater neue Verbindungen zwischen den durch die Wasserläufe getrennten Stadttheilen in das Leben gerufen werden sollen.

Selbstverständlich waren die Aufgaben der Zukunft mit den bisherigen Mitteln nicht zu lösen; hierzu bedurfte es vielmehr ganz bedeutend gröfserer Aufwendungen, wie schon daraus hervorgeht, dafs die Stadt Berlin, welche bis 1876 jährlich nur etwa 3000 ℳ. für die Unterhaltung ihrer Brücken verausgabt hatte, gezwungen war, hierfür im Jahre 1876, in dem die übernommenen Brücken allerdings durchweg einer durchgreifenden Instandsetzung bedurften, rd. 156 634 ℳ. auszugeben. Im nächstfolgenden Jahre waren 93 506 ℳ. erforderlich und seitdem betrugen die Unterhaltungskosten jährlich etwa 80 000 ℳ. Die Kosten für die Brückenneubauten ebenfalls aus den laufenden Einnahmen an Steuern zu bestreiten erschien ausgeschlossen. Man sah sich daher genöthigt, die erforderlichen Geldmittel den Anleihen der Stadt zu entnehmen.

Zunächst galt es, der Lösung folgender Aufgaben näher zu treten: 1. Anlage einer neuen Brücke im Zuge der Michaelkirchstrafse über die Oberspree; 2. desgl. zur Verbindung der Ritter- und Reichenberger Strafse über den Luisenstädtischen Canal; 3. Umbau der baufälligen Gasanstaltsbrücke (Bärwaldbrücke) über den Landwehrcanal; 4. desgl. der Badbrücke (Admiralbrücke) ebendaselbst; 5. desgl. der Jannowitzbrücke über die Oberspree; 6. desgl. der Marschallbrücke über die Unterspree; 7. desgl. der Unterbaumbrücke (Kronprinzenbrücke) ebendaselbst.

Hiernach wenden wir uns zur Besprechung derjenigen Bedingungen, welche für die Aufstellung der Brückenentwürfe mafsgebend waren. In erster Linie kommen die **Wasserstände der Spree und der Canäle, sowie die für die Schiffahrt erforderlichen lichten Durchfahrtshöhen** in Betracht. Aufser der für die Entwicklung des Brückenbaues nur wenig wichtigen Panke dienen alle übrigen Wasserwege der Schiffahrt. Für die durchgehende Schiffahrt war 1876 der östliche Spreearm durch den Einbau der Dammmühlen noch gesperrt. Da die Spree und die Canäle bei Eintritt des Frühjahrs-Hochwassers — Ende März bis Anfang Mai — bereits wieder eisfrei sind, mufste bei der Aufstellung der Entwürfe für feste Brücken das höchste bekannte Hochwasser in Betracht gezogen und daher die Constructions-Unterkante so hoch gelegt werden, dafs bei seinem Eintritt die Schiffe die Brücken noch durchfahren können. Als höchstes Hochwasser wurde von den Strombehörden das des Jahres 1855 angenommen und verlangt, dafs über ihm in der Mitte der für die Schiffahrt bestimmten Oeffnungen eine Durchfahrtshöhe von 3,20 m, mindestens aber eine solche von 3,14 m vorhanden sei.

Weiter kommen in Betracht die **Lichtweiten der Brückenöffnungen**. Die alten fiskalischen Brücken haben durchweg Oeffnungen von geringen Spannweiten, sowohl die hölzernen, wie auch die aus dem vorigen Jahrhundert erhaltenen steinernen. Dagegen besitzen die Belle-Alliance-Brücke und die Corneliusbrücke eine Lichtweite von je 18,80 m; die Alsenbrücke hat drei Oeffnungen von je 16,533 m und die alte Moltkebrücke hatte deren drei von je 16,17 m. Auch die von der Stadt seither erbauten Brücken haben fast durchweg grofse Spannweiten erhalten. Für die Spree sind durch Ministerial-Erlafs Normal-Uferlinien festgesetzt, welche für die Unterspree in einem Abstande von 50 m von einander liegen und sich an Brückenbaustellen im allgemeinen auf 55 m erweitern. Für die Oberspree wechselt dagegen die Entfernung der Uferlinien sehr erheblich und beträgt beispielsweise:

oberhalb der Oberbaumbrücke	140 m
unterhalb „ „	133 „
oberhalb der Schillingsbrücke	90 „
unterhalb „ „	81 „
an der Michaelbrücke	62 „
„ „ Jannowitzbrücke	58 „
„ „ Waisenbrücke	72 „

V. Die Strafsenbrücken.

Die neueren Spreebrücken haben bis auf die Schillings- und Oberbaumbrücke sämtlich drei Oeffnungen erhalten, von welchen der mittleren eine gröfsere Spannweite gegeben ist, als den beiden Seitenöffnungen. Die einzelnen Lichtweiten bei den vier zunächst erbauten Brücken betragen:

1. bei der Michaelbrücke . . 2·18,00 + 21,00 + 5,00 = 62,00 m
2. „ „ Jannowitzbrücke . . . . 2·18,50 + 21,00 = 58,00 „
3. „ „ Marschallbrücke . . . . 2·15,20 + 19,20 = 49,60 „
4. „ „ Kronprinzenbrücke . . . . 2·15,50 + 18,60 = 49,60 „

Für den Landwehrcanal wurde von den Strombehörden als geringstes Mafs 18,80 m lichte Durchflufsweite verlangt, welche die Admiral- und Bärwaldbrücke auch erhalten haben, während für die Herkules-, frühere Albrechtshofer Brücke, in Rücksicht auf die scharfe Curve, welche der Canal an der Brückenbaustelle macht, 22,50 m verlangt worden sind.

Im Luisenstädtischen Canal hat die 1877 erbaute feste Luisenbrücke, entsprechend den älteren fiskalischen Canalbrücken, nur eine Lichtweite von 8 m erhalten, während die 1881/82 erbaute Elisabethbrücke, ein einfacher Fufssteg, mit einer Weite von 22,78 m den Canal überspannt. Die dann erbaute Melchior- und Buckower Brücke erhielt eine Spannweite von 16,50 m. Mit Ausnahme der Sandkrugbrücke sind, wie bereits oben bemerkt, die Brücken über den Spandauer Canal als feste Holzbrücken erbaut. Ihre Lichtweite ist nur auf eine Schiffsbreite berechnet und beträgt 7,50 m. Die Sandkrugbrücke erhielt beim Umbau ebenfalls eine Erweiterung bis zu 13 m. Für die künftigen Brückenbauten an diesem Canal sind in Rücksicht auf die geplante Erweiterung des Wasserlaufes als geringste Durchflufsweite, gleich wie für den Landwehrcanal, 18,80 m angenommen worden. Den Brücken der Panke, die dem Schiffsverkehr nicht dient, ist lediglich die zur Abführung des Hochwassers erforderliche Lichtweite von 7,50 m gegeben worden.

Die Breite der Brücken richtet sich selbstverständlich in erster Linie nach der Bedeutung und Breite der Strafsen, deren Verbindung sie herstellen sollen. Im allgemeinen wird für Fahrbrücken daran festgehalten, die Innenkante des Geländers mit der Ebene der Bauflucht, bezw. in Strafsen mit Vorgärten mit der der Vorgartenflucht zusammenfallen zu lassen. Die breitesten bis jetzt ausgeführten Brücken, mit Ausnahme der Belle-Alliance-Brücke, welche 33,60 m Breite zwischen den Innenkanten der Geländer besitzt, haben 26,40 m Breite, wovon normalmäfsig 15 m auf den Damm und je 5,70 m auf die Bürgersteige entfallen.

Nr.	1 Name der Brücke	2 Hochwasser von 1855	3 Ordinate des Brückenscheitels	4 Abstand (Zwischenraum) zwischen 2 und 3
1	Waisen	33,97	36,44	2,47
2	Inselstrafsen	33,98	36,44	2,46
3	Rofsstrafsen	33,94	36,19	2,25
4	Grünstrafsen	33,91	36,02	2,11
5	Gertraudten	33,87	36,24	2,37
6	Schleusen	33,10	35,58	2,28
7	Eberts	32,99	35,25	2,26
8	Weidendammer	32,98	35,20	2,22
9	Cottbuser	33,34	35,59	2,25
10	Möckern	33,03	35,65	2,62
11	Schöneberger	32,96	35,47	2,51
12	v. d. Heydt	32,85	35,34	2,49
13	Albrechtshofer	32,75	35,34	2,59

Von grofser Bedeutung für die Gestaltung und Anordnung der neu zu erbauenden Brücken war die Frage, welche Constructionshöhe ihnen im Scheitel gegeben werden sollte, da hierdurch der höchste Punkt der Brückenfahrbahn direct bestimmt wurde, nachdem die zuständigen Strombehörden die lichte Durchfahrtshöhe über dem Hochwasser von

1855 für die der Schiffahrt dienenden Oeffnungen, wie früher angeführt, ein für allemal festgesetzt hatten. Die alten fiskalischen Holzbrücken, zumal diejenigen, deren Mittelöffnung bei geringer Lichtweite mit Klappen ausgerüstet waren, besafsen nur eine verhältnifsmäfsig geringe Constructionshöhe von 40 bis 50 cm; zugleich lag ihr Scheitel, entsprechend der Höhenlage der angrenzenden Strafsen, nur wenig über dem höchsten Wasserstande von 1855; für einige Brücken geht dies aus der vorstehenden Tabelle hervor.

Aus der Bedingung, die Constructions-Unterkante der der Schiffahrt dienenden Oeffnungen 3,20 m über dem Hochwasser von 1855 anzulegen, ergab sich für fast alle massiv und ohne Durchlafs umzubauenden Brücken eine bedeutend höhere Lage des zukünftigen Brückenscheitels gegenüber dem vorhandenen. Die in der Tabelle angeführten Beispiele machen dies ersichtlich. — Um von diesem neuen, so viel höher liegenden Brückenscheitel aus den Anschlufs an die alten Strafsendämme zu bewerkstelligen, wurden bedeutende Anrampungen erforderlich, wodurch in den angrenzenden Strafsen die der umzubauenden Brücke zunächst liegenden Häuser erheblich eingeschüttet wurden, wie aus dem nachstehenden Längenprofile ersichtlich wird, welches den Verhältnissen am Schleusencanal entspricht.

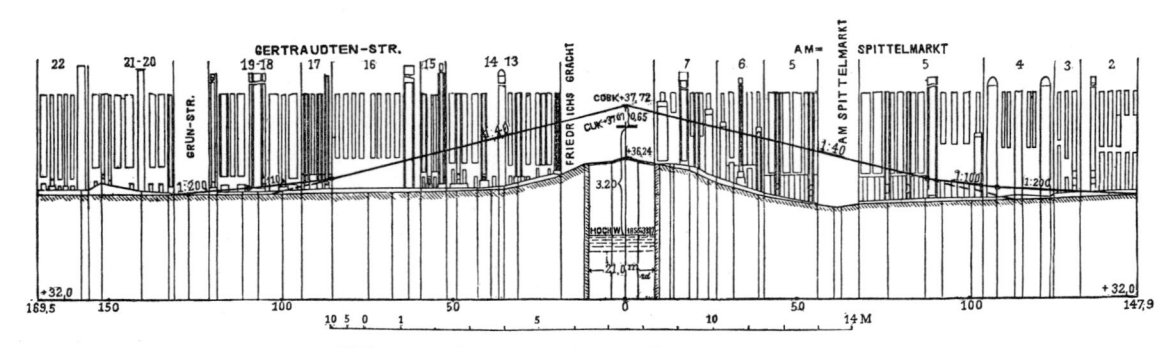

Abb. 107. Längenprofil der Gertraudtenstrafse.

Durch diese unvermeidlichen Einschüttungen trat selbstredend eine mehr oder weniger bedeutende Entwerthung der Grundstücke ein, infolge deren die Stadtgemeinde gezwungen war, den Eigenthümern beträchtliche Entschädigungen zu zahlen.

Diese haben betragen:

1. an der Luisenbrücke . . . . 10402 ℳ
2. „ „ Sandkrugbrücke . . . . 16300 „
3. „ „ Admiralbrücke . . . . 17700 „
4. „ „ Michaelbrücke . . . . 21056 „
5. „ „ Jannowitzbrücke . . . . 68890 „
6. „ „ Marschallbrücke . . . . 205205 „
7. „ „ Kronprinzenbrücke . . . . 248521 „

Im ganzen also rd. 588074 ℳ

Aus dem Gesagten geht unzweideutig hervor, dafs beim Entwerfen der neu zu erbauenden Brücken das Hauptaugenmerk auf äufserste Einschränkung der Constructionshöhe im Scheitel zu richten war.

1 Brücke	2 Spannweite in m	3 Constructionshöhe im Scheitel in cm	4 Steigungsverhältnifs der Brückenrampen
Michael	21,00	65	1 : 50
Kronprinzen	18,60	56	1 : 48
Jannowitz	21,00	61	1 : 47
Admiral	18,80	56	1 : 40
Marschall	19,20	53	1 : 35
Sandkrug	13,00	65	1 : 35

V. Die Strafsenbrücken.

Dies führte zu einer fast vollständigen Ausschliefsung gewölbter Brücken, da diese unter gleichen Verhältnissen eine gröfsere Constructionshöhe im Scheitel erfordern, als eiserne Bogenbrücken.[1]) Nur die Höhenlage der Strafse an der Bärwaldbrücke gestattete die Ausführung einer Gewölbeconstruction; für alle übrigen, von 1876 bis 1886 erbauten definitiven Fahrbrücken mit gröfseren Spannweiten als 10 m sind Eisenconstructionen gewählt, deren Constructionshöhe im Scheitel aus der vorstehenden Zusammenstellung erhellt. Diese geringen Constructionshöhen brachten indessen stellenweise Schwierigkeiten bei der Scheitelconstruction der schmiedeeisernen Bögen mit sich, worauf später zurückgekommen werden wird.

Für die Brückenrampen wurden vielfach die eben noch als zulässig erachteten Neigungsverhältnisse gewählt; als Grenze ist hierbei 1:35 festgehalten. Bei den zuerst ausgeführten Brücken schneiden die Rampen noch ohne jedwede Ausrundung in die alten, fast horizontal liegenden Strafsendämme ein. Später ist das Bestreben dahin gegangen, unter Berücksichtigung aller örtlichen Verhältnisse die steilen Brückenrampen durch Einlegung schwächerer Neigungen allmählich in die vorhandenen Dämme überzuleiten, wie aus dem Längenprofil S. 114 ersichtlich ist.

Aufserdem führten die bedeutenden Entschädigungen, welche den Anliegern für die Entwerthung ihrer Grundstücke zu zahlen waren, dazu, für sämtliche noch umzubauenden Brücken im voraus allgemeine Rampenentwürfe aufzustellen, um solchergestalt ein klares Bild darüber zu erhalten, an welchen Stellen in Rücksicht auf die Höhenlage und Bebauung der angrenzenden Strafsen etwa steinerne, an welchen eiserne Brücken in Aussicht zu nehmen seien. Gleichzeitig aber war man durch diese Rampenentwürfe jeder Zeit in den Stand gesetzt, bei etwaigen Neubauten der betheiligten Häuser strafsenbaupolizeilich gleich im voraus eine Höhenlage der Eingänge usw. vorzuschreiben, welche der zukünftigen Höhenlage der Strafsendämme entsprach, um späteren Entschädigungs-Ansprüchen vorzubeugen.

Bei den Belastungsannahmen ist zwischen Brücken für dauernde und für vorübergehende Zwecke zu unterscheiden. Der Berechnung derjenigen Theile, welche der Einwirkung der Verkehrslast unterliegen, sind die durch die Radbelastungen der Fuhrwerke erzeugten Einzeldrücke zu Grunde gelegt. Bei Nothbrücken von Holz wird ein Pferdebahn-Decksitzwagen im Gesamtgewicht von 8500 kg = 170 Ctr. — Raddruck = 2125 kg — und 1,80 m Achsstand angenommen. Bei allen übrigen Brücken wird dagegen ein Lastwagen von 20000 kg = 400 Ctr. — Raddruck = 5000 kg — und 4 m Achsstand der Rechnung zu Grunde gelegt. Die Berechnung der Fufswege erfolgt unter der Annahme von Menschengedränge mit 400 kg für 1 qm. Bei Bautheilen eiserner Brücken, welche, wie Streckgurte und Querträger, den Radstöfsen ausgesetzt sind, wird diesen durch einen Aufschlag von 20 % zu der obigen Belastung ausreichend Rechnung getragen. Ueber eine in dieser Weise berechnete Brücke kann die schwerste Dampfwalze der Stadt im Gesamtgewicht von 18000 kg mit Sicherheit gefahren werden. (Die alten fiskalischen Holz- und Klappbrücken waren nicht annähernd imstande, derartige Lasten aufzunehmen.) Die als zulässig erachteten Inanspruchnahmen für die einzelnen Baustoffe entsprechen im allgemeinen den beim hiesigen Polizeipräsidium üblichen Festsetzungen.

Auf diesen Grundlagen begann von 1876 ab die Stadtgemeinde, insbesondere die städtische Baudeputation Abtheilung II für den Tiefbau, ihre Thätigkeit im Um- und Neubau der Strafsenbrücken der Reichshauptstadt. Ein erster Abschnitt reicht etwa bis zum Jahre 1884, zu dessen näherer Besprechung wir nunmehr übergehen. Die in dieser Zeit erbauten hölzernen und steinernen Brücken lassen sich mit wenigen Worten erledigen.

Die hölzernen Fahrbrücken haben, entsprechend den früheren Ausführungen, nur den Zweck gehabt, beim Umbau alter baufälliger Brücken vorübergehend zu dienen;

---

1) Dafs für eine Grofsstadt, in welcher es sich bei dem Bau der Strafsenbrücken meistens um bedeutende Breitenabmessungen handelt, von den Systemen eiserner Brücken bei Spannweiten über 10 m — zumal wenn äufserste Einschränkung der Constructionshöhe im Scheitel geboten ist — aus ästhetischen wie constructiven Gründen der Regel nach nur Bogenbrücken in Frage kommen können, bedarf keines ausführlichen Nachweises.

sie sind auch nach Fertigstellung der Neubauten (als: Kronprinzen-, Marschall-, Admiral-, Sandkrug- und Bärwaldbrücke) sofort wieder beseitigt worden. An der Jannowitzbrücke wurde nur die Errichtung eines Fufssteges für erforderlich erachtet. Die 1877 durch Private errichtete hölzerne Lessingbrücke, zu welcher die Stadt einen Zuschufs von 9000 ℳ leistete, ist nach ihrer Vollendung in das Eigenthum und die Unterhaltung der Stadtgemeinde übergegangen. Alle diese Brücken sind als Jochbrücken erbaut, theils mit durchweg festem Oberbau, theils mit Klappenvorrichtungen in der Mittelöffnung. Aufser diesen Fahrbrücken sind noch zwei hölzerne Fufsstege ausgeführt, der eine im Zuge der Eisenbahnstrafse über die Oberspree, der andere über den Spandauer Schiffahrtscanal kurz oberhalb des Nordhafens.

Als gröfsere gewölbte Brücke (18,80 m Spw.) ist nur die Bärwaldbrücke über den Landwehrcanal zu nennen; daneben sind folgende kleineren (7,50 m Spw.) über die Panke zu erwähnen:

    2 Brücken im Zuge der Schulzendorfer Strafse,
    1 Brücke „ „ „ Wiesenstrafse,
    1 „ „ „ „ Dalldorfer Strafse,
    1 „ „ „ „ Badstrafse (Gustav-Adolph-Brücke).

Alle diese Brücken bieten in der Anordnung wie im Aeufseren nichts Bemerkenswerthes. Wichtiger und interessanter sind die Ausführungen auf dem Gebiete der eisernen Brücken.

Mit Ausnahme der Gerichtsstrafsenbrücke (7,50 m Spw.) über die Panke und der Luisenbrücke (8 m Spw.) über den Luisenstädtischen Canal, welche als Balkenbrücken hergestellt wurden, sind für die übrigen Brücken Bogenträger gewählt worden.

Die Hauptträger der zuerst erbauten Michael- und Kronprinzenbrücke sind als Bogenfachwerk ausgebildet; für die anderen Brücken — Jannowitz-, Marschall-, Admiral- und Sandkrugbrücke — sind dagegen elastische Bögen mit zwei Kämpfergelenken zur Anwendung gekommen. Nach derselben Bauart sind auch die beiden eisernen Fufsstege, die Elisabeth- und Lützowbrücke, ausgeführt.

1 Brücke	2 Stützweite m	3 Pfeilhöhe m	4 Pfeilverhältnifs rd.	5 Bogenstärke im Scheitel m	6 Feldertheilung m
Jannowitz . . .	22,19	2,50	1 : 8,9	0,25	1,78
Marschall . . .	19,50	2,90	1 : 6,7	0,27	1,56
Admiral . . .	19,50	2,90	1 : 6,7	0,24	1,72
Sandkrug . . .	13,00	2,21	1 : 6,0	0,38	1,23

Die Last der Fahrbahn wird bei diesen Brücken durch obere Streckgurte auf mehr oder minder eng gestellte Vertikalen — Sp. 6 der vorstehenden Tabelle — und von diesen auf die Hauptträger übertragen. Letztere sind in Entfernungen von 1,50 bis 2 m von einander angeordnet und bestehen aus Blechbögen von I förmigem Querschnitt, deren Stehblech vom Scheitel ab nach den Kämpfergelenken an Höhe zunimmt.

Die I förmig gestalteten Streckgurte, auf welchen die Hängebleche ihre Auflager finden, sind im Scheitel entweder über den Bogen hinweg geführt oder die obere Begrenzung des Streckgurts und die des Bogens liegen im Scheitel in einer Ebene, sodafs der Streckgurt in ganzer Höhe in den Bogen einschneidet. Beide Constructionen bezwecken eine möglichst geringe Höhe im Scheitel. Die erstere führte insofern zu Schwierigkeiten, als sich die Hängebleche in der Scheitelgegend infolge der Enge des Raumes zwischen Hängeblech und den oberen Bogenlamellen nicht mit der oberen Gurtung des Streckgurtes vernieten liefsen, sodafs man gezwungen war, nach Einschiebung von Füllstücken aus Stahl, die Hängebleche mit der oberen Gurtung der Bögen zu verschrauben; erst weiter nach dem Auflager zu ergab sich so viel Höhe, dafs eine Nietung möglich wurde. Bei der Beschreibung der einzelnen Brücken wird auf diese Punkte näher eingegangen werden. Die Vertikalen sind durchweg aus zwei über Kreuz gestellten ⌐-Eisen gebildet.

V. Die Strafsenbrücken.

Bezüglich der Beläge ist im allgemeinen zu bemerken, dafs, während die Fahrbahntafel bei der Michaelbrücke noch aus muldenförmigen Gufsplatten, bei der Kronprinzen- und Luisenbrücke aus Buckelplatten gebildet worden ist, man bei der Jannowitz-, Marschall-, Admiral- und Sandkrugbrücke durchweg Hängebleche verwendet hat. Man ist aber mit Rücksicht auf die gröfsere Steifigkeit der Fahrbahntafel neuerdings wieder mehr zu der Verwendung von Buckelplatten zurückgekehrt. Die Stärke der verwendeten Hängebleche schwankt zwischen 7—9 mm. Da die freitragende Länge der Streckgurte zwischen den Vertikalen nur eine geringe ist, können sie aus Walzträgern von I förmigem Querschnitt gebildet werden. Zieht man genietete Träger vor, so genügt ein aus einem Stehbleche und vier säumenden L-Eisen gebildeter Querschnitt. Es empfiehlt sich aber, die Hängebleche nicht direct auf die horizontalen Schenkel der obern Gurtungs-L Eisen zu nieten, sondern noch eine gemeinsame Lamelle über die L-Eisen zu strecken und erst auf dieser die Hängebleche zu lagern.

Behufs Herstellung der Fahrbahn-Decke werden die verzinkten Hängebleche bis zu einer Höhe von 6 bis 9 cm über ihrem oberen Rande mit Asphaltbeton[1]) ausgeglichen. Auf dieser bereits nach dem erforderlichen Quergefälle hergestellten und mit einer 1—2 cm starken Kiesschicht geebneten Masse werden die 15—16 cm hohen prismatischen Steine versetzt und die Fugen nachträglich mit einer heifsflüssigen Pechmischung vergossen.

Die Anordnung der Eisenconstruction unter den Bürgersteigen ist wesentlich durch die unter ihnen zu verlegenden Rohr- und Kabelleitungen bedingt. Die in den Strafsen unter dem Damme bezw. unter den Bürgersteigen liegenden Rohre und Kabel der verschiedenen Verwaltungen (Gas- und Wasserwerke, Kaiserliche Ober-Postdirection, Polizeipräsidium usw.) müssen naturgemäfs mit über die Brücken geführt werden. Sie werden gewöhnlich unter den Bürgersteigen verlegt, wo die nöthigen Räume zu ihrer Aufnahme vorgesehen sind. Das Erfordernifs an Hohlräumen wird bereits bei der Aufstellung der Entwürfe durch Umfrage bei den betheiligten Verwaltungen festgestellt. Früher wurden die grofsen Rohre der Gas- und Wasserwerke, wo die älteren Brücken zu ihrer Aufnahme keinen Platz boten, vielfach als selbständige Bauwerke über die Flufsläufe geführt — eiserne Brücke, Admiralbrücke, Ebertsbrücke, Fennstrafsenbrücke —, oder es sind die Vorköpfe der Pfeiler als Auflager für die Rohre benutzt worden — Grofsbeerenbrücke —, oder es sind endlich die Rohre dückerförmig unter den Flufsbetten hindurchgeleitet — Lessingbrücke. Von den städtischen Gas- und Wasserwerken sind neuerdings vielfach sehr erhebliche Hohlräume bis zu 0,80 m Lichthöhe und 1,50 m Lichtweite verlangt worden. In diesen Mafsen ist der Raum für die sichere Umpackung der Rohre gegen Beschädigung, bezw. Einfrieren einbegriffen. In Rücksicht auf die geringe Bauhöhe der Brücken im Scheitel war es selbstverständlich nicht immer möglich, die geforderte Lichthöhe zu gewähren, sodafs den Rohren auf der Brücke häufig anstatt des kreisrunden Querschnittes ein elliptischer gegeben werden mufste. Wegen mangelnder Höhe können die grofsen Rohre im Scheitel keine Unterstützung finden; hier liegt vielmehr die Rohr- und Träger-Unterkante in einer Ebene. Die Rohre müssen sich daher auf eine nicht unbeträchtliche Länge frei tragen, beispielsweise bei der Sandkrugbrücke auf 3,20 m.

Von erheblicher Wichtigkeit ist die leichte Beseitigung der Granitplatten der Bürgersteige, um allezeit schnell zu den Rohren gelangen zu können. Zu diesem Zwecke ist der vertikale Flansch der L- bezw. T-Eisen, auf welchen die Platten lagern, nach unten gekehrt und mit den oberen Gurtungen der von den Vertikalen unterstützten durchgehenden Längsträger verschraubt, um so einerseits eine ebene Auflagerfläche, anderseits die Möglichkeit einer leichten Beseitigung zu erzielen. Wo der Mangel an Höhe dies nicht gestattete, mufsten die Vertikalflansche nach oben gekehrt und die Platten dazwischen gelagert werden. Diese Anordnung vertheuert indessen die Herstellung der Platten nicht unerheblich.

---

1) Der Asphaltbeton ist eine Mischung aus grobem Kies oder Steinschlag und ungefähr 60% bituminösen Stoffen (Creosotöl und Pech). Der Preis stellt sich auf etwa 120 ℳ für 1 cbm.

Die Gesamtleistung auf dem Gebiete des Brückenbaues vom Jahre 1876 bis etwa 1884 stellt sich wie folgt:

1. vier eiserne Spreebrücken,
2. drei eiserne Canalbrücken,
3. eine steinerne Canalbrücke,
4. zwei eiserne Fufsstege über die Canäle,
5. drei steinerne Brücken über die Panke,
6. eine eiserne Brücke über die Panke,
7. ein hölzerner Fufssteg über die Spree,
8. ein hölzerner Fufssteg über den Spandauer Canal,
9. sechs ältere Brücken haben erhöhte Fufsstege erhalten,
10. eine Brücke über den Spandauer Canal ist verbreitert,
11. bei drei Brücken sind an Stelle der hölzernen, eiserne Klappen eingelegt.

Alsdann trat ein Stillstand in der Bearbeitung neuer Entwürfe ein, und Brücken, deren Beseitigung anerkanntermafsen ein dringendes Bedürfnifs war, wie beispielsweise die Waisen- und Albrechtshofer Brücke blieben bestehen. Die Ursache dieser Erscheinung war in der seitens der Staatsregierung geplanten Regulirung der Spree von Berlin bis Spandau und den dadurch bedingten Veränderungen der Hochwasserstände dieses Flusses im Weichbilde der Stadt Berlin zu suchen. Dieses Unternehmen ist in Abtheilung IV dieses Abschnittes ausführlich beschrieben worden, ebenso inwieweit sich die Stadt Berlin an ihm betheiligt hat. Die grofse Bedeutung, welche das Zustandekommen der Spreeregulirung für die spätere Entwicklung des gesamten Brückenbauwesens der Stadt Berlin hatte, erhellt aus dem Umstande, dafs dadurch die Hochwasserstände in der Oberspree um 1,65 m, in der Unterspree um rd. 0,90 m gesenkt wurden. Für den Spandauer Schiffahrtscanal ist die Senkung der Hochwasserstände entsprechend derjenigen in der Unterspree anzunehmen, während für den Landwehrcanal bei seiner Abzweigung aus der Spree eine Senkung von rd. 1 m und an der unteren Schleuse im Thiergarten eine solche von rd. 0,25 m und für den Luisenstädtischen Canal eine solche von etwa 0,50 m eintrat. Um diese Mafse konnten nach Ausführung des Entwurfs die Scheitel sämtlicher neu zu erbauenden Brücken tiefer gelegt werden.

Auf die Bearbeitung der allgemeinen Rampenentwürfe übte die zu erwartende Spreeregulirung insofern sofort ihren Einflufs, als von nun ab die Lage der Scheitelpunkte der neu zu erbauenden Brücken nicht blofs nach dem Hochwasser von 1855, sondern auch nach den gesenkten Hochwasserständen des Wiebe'schen Entwurfes untersucht wurde. Fast überall konnten die Rampenneigungen ermäfsigt, an vielen Stellen steinerne, anstatt eiserner Brücken in Aussicht genommen, und endlich über den Schleusencanal im Innern der Stadt überhaupt erst an feste Brücken gedacht werden.

Nach dem Gesagten lassen sich die Vortheile, welche sich für den Bau der Strafsenbrücken aus der Spreeregulirung ergeben, in folgenden fünf Punkten zusammenfassen.

1. Ermäfsigung der Gesamtbaukosten der Brücken, der erforderlichen Ufereinfassungen und Rampenschüttungen.
2. Erhebliche Ermäfsigung, bezw. gänzlicher Fortfall der den Anliegern zu zahlenden Entschädigungen.
3. Ermäfsigung der Rampenneigungen.
4. Die Möglichkeit, die über den Schleusencanal führenden Klappbrücken überhaupt in feste Brücken zu verwandeln.
5. Die Möglichkeit, in Zukunft wieder mehr auf steinerne, als auf eiserne Brücken Bedacht nehmen zu können.

Es erübrigt nunmehr, bevor wir zu der Besprechung der Brücken im einzelnen übergehen, derjenigen Bauausführungen zu gedenken, welche seit 1884 von der Stadt in Angriff genommen, bezw. fertiggestellt worden sind.

Unabhängig von der Durchführung der Spreeregulirung konnten die Kaiser-Wilhelm-Brücke und die Moltkebrücke ausgeführt werden.

V. Die Strafsenbrücken.

Die Kaiser-Wilhelm-Brücke ist an Stelle der alten Cavalierbrücke getreten: sie bildet die Verbindung zwischen dem Lustgarten und den Linden einerseits und der neu angelegten Kaiser-Wilhelm-Strafse. Da der östliche Arm der Spree von den Dammmühlen bis zur Einmündung des Schleusencanals der Schiffahrt nur in beschränktem Mafse diente und in Rücksicht auf die niedrige Scheitellage der Friedrichsbrücke von grofsen Schiffen nicht befahren werden konnte, wurde die sonst erforderliche Lichthöhe von 3,20 m über dem Hochwasser von 1855 nicht verlangt. Dagegen wurde die Constructions-Unterkante der Mittelöffnung so gelegt, dafs bei dem Zustandekommen der Spreeregulirung, wodurch nach Fortfall der Dammmühlen auch der östliche Spreearm der durchgehenden Schiffahrt geöffnet wurde, die Lichthöhe von 3,20 m über dem um rd. 1 m gesenkten Hochwasser vorhanden war.

Eine weitere unabweisbare Aufgabe bildete die Beseitigung und der Neubau der Moltkebrücke, welche in den Jahren 1864—1866 als combinirte Eisenbahn- und Strafsenbrücke erbaut worden ist. Sie ist das wichtigste Bindeglied zwischen Moabit und dem Südwesten Berlins.

Unabhängig von der Spreeregulirung waren ferner der Bau einer Fahrbrücke im Zuge der Buckower und Waldemar-Strafse und einer Fufsgängerbrücke im Zuge der Melchiorstrafse über den Luisenstädtischen Canal.

Nachdem dann im Jahre 1888 der Vertrag über die Spreeregulirung zwischen Staat und Stadt zustande gekommen war, mufste mit verstärkten Kräften an den Umbau der alten Brücken herangetreten werden. In erster Linie erfuhr natürlich der Mühlendamm mit der zu ihm zu rechnenden Fischerbrücke und den Mühlenwegbrücken eine gründliche Umgestaltung. Ferner erwies sich der Umbau der Kurfürsten- und Friedrichs-Brücke infolge ungenügender Fundirung unbedingt nothwendig. Wegen ungenügender Beschaffenheit erfolgte die Beseitigung und der Umbau der Waisen-, Eberts-, Moabiter, Oberbaum- und Weidendammer Brücke, welch letztere, in einer scharfen Biegung des Spreeflusses liegend, gleichzeitig ein erhebliches Schiffahrtshindernifs bildete.

Bis auf die Waisenbrücke erforderte jeder Neubau die Anlage einer hölzernen Nothbrücke. Bei der Friedrichs-, Eberts- und Moabiter Brücke beschränkte man sich auf einfache Fufsstege, während an der Oberbaum-, Kurfürsten- und Weidendammer Brücke die Anlage hölzerner Fahrbrücken nicht zu umgehen war.

An neuen Verbindungen über die Spree wurde ein eiserner Fufssteg (Schlütersteg) unterhalb des Bahnhofes Friedrichstrafse mit Rücksicht auf die Markthalle am Reichstagsufer angelegt, ferner eine Fahrbrücke (Lutherbrücke) im Zuge der Paulstrafse in unmittelbarer Nähe von Schlofs Bellevue, sowie weiter unterhalb noch zwei hölzerne Fahrbrücken im Zuge der Altonaer und der Gotzkowsky-Strafse. Auch der Umbau einer Reihe von Canalbrücken erwies sich als unabweisbar; in erster Linie der der alten Albrechtshofer, Cottbuser und Gertraudten-Brücke. Neu angelegt wurden über den Luisenstädtischen Canal die Waldemarbrücke im Zuge der Buckower und Waldemar-Strafse, über den Landwehrcanal die Waterloobrücke im Zuge der Alexandrinenstrafse und eine hölzerne Fahrbrücke im Zuge der Glogauer Strafse (Thielenbrücke), welche von einer Privat-Gesellschaft ausgeführt wurde.

Neue Aufgaben brachte die Gewerbeausstellung für 1896. Es galt für den Ausstellungsplatz im Treptower Park theils bessere, theils neue Zugänge zu schaffen.

Sehr erhebliche Mittel sind auf die künstlerische Ausgestaltung der Brücken verwendet worden, wie dies bei Beschreibung der einzelnen Brücken, zu der wir nun übergehen können, ersichtlich werden wird. Vorher geben wir noch eine Liste sämtlicher zur Zeit vorhandenen Brücken mit den wichtigsten geschichtlichen Angaben nebst einem Uebersichtsplane der Stadt (s. S. 176).

Verzeichnifs der Strafsenbrücken Berlins.
(Hierzu ein Uebersichtsplan).

Lfd. Nr.	Name der Brücke	Construction	Geschichtliches
		A. Brücken über den Hauptarm der Spree.	
1.	Oberbaumbrücke.	Massiv gewölbt; über dem östlichen Bürgersteige Fahrbahn der elektrischen Hochbahn.	1724 als hölzerne Jochbrücke mit Klappendurchlafs erbaut. 1894—1896 umgebaut.
2.	Eisenbahnbrücke.	Hölzerner Fufssteg.	1880 für den Fufsgängerverkehr mit seitlichen Treppen an Stelle der tiefliegenden Drehbrücke der alten Verbindungseisenbahn erbaut.
3.	Schillingsbrücke.	Massiv gewölbt.	1840 von Privaten als hölzerne Klappbrücke erbaut. Brückenzoll; dann vom Staat übernommen; später in den Besitz der Stadtgemeinde übergegangen und von dieser 1870—1873 umgebaut.
4.	Michaelbrücke.	Schmiedeeiserne Bogenfachwerksbrücke.	1877—1879 neu erbaut.
5.	Jannowitzbrücke.	Schmiedeeiserne Bogenbrücke mit elastischen Trägern mit 2 Kämpfergelenken.	1822 als hölzerne Jochbrücke durch den Kaufmann Jannowitz erbaut, Brückenzoll, 1831 vom Staat übernommen, 1840 Brückenzoll aufgehoben. 1881—1883 von der Stadt umgebaut.
6.	Waisenbrücke.	Massiv gewölbt.	In den ersten Jahren des 18. Jahrhunderts als hölzerne Jochbrücke mit Klappendurchlafs erbaut. 1892—1894 neu gebaut.
7.	Fischerbrücke.	In Flufseisen ausgeführt, die Blechträger ruhen auf sechs Säulenpfeilern (Auslegersystem).	1683 als hölzerne Jochbrücke erbaut, 1770 umgebaut und um 20 Fufs an der Südseite verkürzt. 1892—1893 neu gebaut.
8.	Mühlendamm.	Drei gesonderte Brücken mit flufseisernem Ueberbau, welche die drei Spreegerinne, das grofse, das kleine und das Schleusengerinne überspannen. Die Brücke über dem grofsen Gerinne ist eine Balkenbrücke nach dem Auslegersystem, welche auf zwei gufseisernen Säulenreihen ruht; die über dem kleinen Gerinne eine Fachwerks-, die über dem Schleusengerinne ebenfalls eine Balkenbrücke.	Aelteste Brücke Berlins (Anfang des 13. Jahrhunderts). Verschiedentlich umgebaut. Letzter Umbau 1889—1892.
9.	Mühlenweg.	Gleichfalls drei gesonderte Brücken mit flufseisernem Ueberbau über den drei Spreegerinnen; die über dem grofsen Gerinne ist eine Fufsgängerbrücke mit einem über	Zu Anfang des Jahrhunderts hölzerne Laufstege. 1847 in drei eiserne Brücken mit je zwei Oeffnungen umgebaut.

V. Die Strafsenbrücken.

Lfd. Nr.	Name der Brücke	Construction	Geschichtliches
		dem Fufssteg liegenden Fachwerkbogen, die beiden anderen sind Balkenbrücken für leichtes Fuhrwerk.	
10.	Kurfürstenbrücke.	Massiv gewölbt.	Nächst dem Mühlendamme die älteste Brücke Berlins. An Stelle der alten hölzernen Jochbrücke trat die 1692—1695 durch Nehring erbaute, massiv gewölbte (fünf Oeffnungen) Brücke. 1703 Aufstellung des Denkmals des Grofsen Kurfürsten über einer Verlängerung der Mittelöffnung. Umgebaut 1894—1896.
11.	Kaiser-Wilhelm-Brücke.	Desgl.	An Stelle des am Ende des 17. Jahrhunderts etwas oberhalb erbauten hölzernen Fufssteges, der wegen Baufälligkeit 1771 abgerissen wurde, trat 1831 die Cavalierbrücke, ein Fufssteg mit gufseisernem Unterbau (Säulen) und hölzernem Ueberbau, der im Zuge der Kleinen Burgstrafse durch Private erbaut wurde. Erbaut 1886—1889.
12.	Friedrichsbrücke.	Desgl.	1719—1769 alte hölzerne Jochbrücke unter dem Namen Grofse Pomeranzenbrücke, dann massiv gewölbt durch Boumann; 1792 umgebaut; 1822—1823 Beseitigung und Einbau der gufseisernen Bögen, 1873 bis 1875 Verbreiterung der Brücke. 1892 bis 1893 neu gebaut.
13.	Ebertsbrücke.	Zwei Seitenöffnungen massiv, die grofse Mittelöffnung in Flufseisen; elastische Bögen mit zwei Gelenken.	1820 als hölzerne Jochbrücke mit Klappendurchlafs von Privaten erbaut und gegen Brückenzoll dem Publicum zugänglich; 1825 vom Staate übernommen. 1893—1894 neu gebaut.
14.	Weidendammer Brücke.	Drei Bögen in Flufseisen ausgeführt nach dem Auslegersystem; zwei Seitenöffnungen und eine grofse Mittelöffnung.	Im 17. Jahrhundert erbaut, 1824—1826 als gufseiserne Bogenbrücke mit hölzernem Klappendurchlafs umgebaut, 1880 verbreitert durch den Bau von zwei seitlichen Fufsgängerstegen (continuirliche schmiedeeiserne Gitterträger). 1895—1896 umgebaut.
15.	Schlütersteg.	Fufsgängerbrücke; schmiedeeiserner Linsenträger, der den Flufs in einer Oeffnung überspannt.	1889—1890 erbaut.
16.	Marschallbrücke.	In drei Bögen als schmiedeeiserne Bogenbrücke — elastische Bogenträger mit Kämpfergelenken.	Anfang des vorigen Jahrhunderts (vor 1735) als Laufbrücke mit Klappendurchlafs durch den Banquier Ephraim etwa 100 m stromoberhalb im Zuge der früheren Schlachtgasse, jetzt Bunsenstrafse erbaut. 1795 wegen Baufälligkeit abgetragen. Anfang dieses Jahrhunderts (vor 1804) mit dem Namen Judenbrücke wieder als Laufbrücke erbaut, 1821 wieder abgerissen, nachdem die Marschallbrücke mit massiven Pfeilern und Aufzugsklappen fertig gestellt war. 1881—1882 neu erbaut.
17.	Kronprinzenbrücke.	Schmiedeeiserne Bogenfachwerksbrücke mit drei Oeffnungen.	Als „Unterbaumbrücke" anfangs des vorigen Jahrhunderts (vor 1709) erbaut unterhalb des Schönhauser Grabens; zu Anfang dieses Jahrhunderts umgebaut und oberhalb des genannten Grabens gelegt. 1877—1879 neu erbaut.

V. Die Strafsenbrücken.

Lfd. Nr.	Name der Brücke	Construction	Geschichtliches
18.	Alsenbrücke.	Gufseiserne Bogenbrücke mit drei Flufs- und einer Ladestrafsen-Oeffnung, sowie drei Einfahrtsöffnungen in den Humboldthafen.	1858—1865 durch den Staat erbaut. Seit längerer Zeit als baufällig für den Fuhrverkehr geschlossen. Der Umbau ist beschlossen.
19.	Moltkebrücke.	Massive Brücke mit drei Flufs- und einer Uferstrafsenöffnung.	Zuerst unter dem Namen „Unterspreebrücke" als Holzbrücke für die Verbindungsbahn erbaut. 1864—1865 durch den Staat als combinirte Eisenbahn- und Strafsenbrücke mit drei Flufs- und zwei seitlichen Ladestrafsenöffnungen erbaut und mit schmiedeeisernen Fachwerkbögen überspannt, von 1871 ab lediglich als Strafsenbrücke benutzt, 1887 wegen Baufälligkeit abgerissen und alsdann bis 1891 neu gebaut.
20.	Lutherbrücke.	Massiv gewölbt.	1891—1892 erbaut.
21.	Moabiter Brücke.	Desgl.	Um 1840 erbaut, 1868—1869 als hölzerne Jochbrücke mit festem Ueberbau umgebaut. 1893—1894 neu erbaut.
22.	Lessingbrücke.	Hölzerne Jochbrücke mit festem Ueberbau.	1877—1878 durch die Baugesellschaft: „Am kleinen Thiergarten" erbaut.
23.	Altonaer Brücke.	Desgl.	1894 erbaut.
24.	Gotzkowskybrücke.	Desgl.	1886—1887 durch eine Vereinigung von betheiligten Grundbesitzern erbaut.

B. Brücken über den Schleusencanal und Kupfergraben.

Lfd. Nr.	Name der Brücke	Construction	Geschichtliches
25.	Inselbrücke.	Hölzerne Jochbrücke mit Klappendurchlafs.	1693 erbaut.
26.	Rofsstrafsenbrücke.	Desgl.	Bereits im 13. Jahrhundert vorhanden.
27.	Grünstrafsenbrücke.	Desgl.	Ende des 17. Jahrhunderts erbaut.
28.	Gertraudtenbrücke.	Massiv in einem Bogen gewölbt.	Die bereits im 13. Jahrhundert vorhandene Brücke hiefs früher Teltower Thorbrücke und bestand aus zwei Theilen, da sich an der Uebergangsstelle eine Insel inmitten des Flusses befand; 1739 durch Favre als Klappenbrücke neu erbaut. 1878—1879 durch den Bau zweier eiserner erhöhter Fufsstege verbreitert. 1894—1895 umgebaut.
29.	Jungfernbrücke.	Sinusoiden-Zugbrücke mit massiv gewölbten Seitenöffnungen.	Vom Grofsen Kurfürsten erbaut (Spreegassenbrücke genannt).
30.	Kl. Jungfernbrücke.	Hölzerne Jochbrücke mit massiven Widerlagern.	Bereits anfangs des 18. Jahrhunderts genannt. Die Brücke führt im Zuge der Friedrichsgracht über den Mühlengraben.
31.	Schleusenbrücke.	Hölzerne Klappenbrücke; das mittlere Klappenpaar besteht aus Eisen.	Erbaut Ende des 16. Jahrhunderts. 1861—1864 umgebaut. 1882—1883 wurde aus Anlafs der Ueberführung der Pferdebahngleise das mittlere Klappenpaar aus Eisen hergestellt.
32.	Schlofsbrücke.	Hölzerne Klappenbrücke mit massiven Seitenöffnungen.	Erbaut im 16. Jahrhundert (Hundebrücke genannt). 1738 als Klappenbrücke umgebaut. 1822—1823 in ihrer jetzigen Gestalt von Schinkel umgebaut und Schlofsbrücke genannt.

V. Die Strafsenbrücken.

Lfd. Nr.	Name der Brücke	Construction	Geschichtliches
33.	Eiserne Brücke.	Hölzerne Brücke mit Klappendurchlafs.	Bereits zu Anfang des 18. Jahrhunderts erwähnt. Hatte die verschiedensten Bezeichnungen „Brücke über den Durchschnitt bei der Treckschute", „Wallbrücke", „Hohebrücke", „Kupferbrücke". 1796 in Gufseisen umgebaut, daher „Eiserne Brücke". 1825 ganz in Stein erbaut, später mit hölzernem Klappendurchlafs und Ueberbau versehen. 1894 für Pferdebahnverkehr verstärkt und mit Eisen armirt.
34.	Mehlbrücke.	Hölzerne Jochbrücke mit Klappendurchlafs und erhöhten Fufsstegen.	1824 erbaut.

C. Brücken über den Landwehrcanal.

Lfd. Nr.	Name der Brücke	Construction	Geschichtliches
35.	Obere Freiarchenbrücke.	Vollwandige Balkenbrücke aus Flufseisen.	1852 erbaut als hölzerne Balkenbrücke mit gufseisernen Kästen und Pflasterbelag. 1893—1894 umgebaut.
36.	Treptower Brücke.	Massiv gewölbt in drei Oeffnungen.	1852 erbaut.
37.	Schlesische Brücke.	Balkenbrücke aus Flufseisen mit zwei Oeffnungen.	1852 erbaut als hölzerne Klappenbrücke; 1885 auf der Südseite mit einem erhöhten eisernen Fufsstege versehen. 1895 umgebaut.
38.	Brücke im Zuge der Wiener Strafse.	Massiv in einem Bogen gewölbt.	1895 erbaut.
39.	Thielenbrücke.	Hölzerne Jochbrücke mit festem Oberbelag.	1893—1894 erbaut.
40.	Cottbuser Brücke.	Massiv in einem Bogen gewölbt.	1852 erbaut als hölzerne Klappenbrücke; 1885 verstärkt für den Pferdebahnverkehr und mit zwei hochgelegenen hölzernen Fufssteigen zu beiden Seiten der Brücke versehen. 1892—1893 umgebaut.
41.	Admiralbrücke.	Schmiedeeiserne Bogenbrücke.	Früher Badbrücke; 1850 als hölzerne Klappenbrücke bei Anlage des Canals erbaut. 1880 bis 1882 umgebaut.
42.	Hubbrücke am Urbanhafen.	Zwei seitliche überwölbte Oeffnungen und eine Mittelöffnung mit der aus Eisen construirten hydraulisch betriebenen Hubbrücke.	1894—1895 erbaut.
43.	Bärwaldbrücke.	Massiv in einem Bogen gewölbt.	Früher Gasanstaltsbrücke. 1850 als hölzerne Klappenbrücke bei Anlage des Canals erbaut. 1876—1878 umgebaut.
44.	Waterloobrücke.	Desgl.	1890—1891 erbaut.
45.	Belle-Alliance-Brücke.	Desgl.	Bereits zu Anfang des vorigen Jahrhunderts als „Steinerne Brücke" über dem Landwehrgraben an der Ausmündung der Lindenstrafse auf den Belle-Alliance-Platz vorhanden; 1715 nach Zuschüttung des genannten Grabens an ihrer jetzigen Stelle über den neu angelegten Landwehrgraben als hölzerne Brücke gebaut; 1850 bei Anlage des Canals in eine hölzerne Klappenbrücke umgewandelt. 1874—1876 durch den Fiskus neu gebaut.

Lfd. Nr.	Name der Brücke	Construction	Geschichtliches
46.	Grofsbeerenbrücke.	Hölzerne Balkenbrücke mit massiven Pfeilern.	1869—1870 erbaut.
47.	Möckernbrücke.	Hölzerne Klappenbrücke mit massiven Pfeilern.	1850 bei Anlage des Landwehrcanals erbaut; hiefs Militärbrücke.
48.	Schöneberger Brücke.	Desgl.	1850 bei Anlage des Landwehrcanals erbaut. Neubau beschlossen.
49.	Augustabrücke.	Eiserne Klappenbrücke mit erhöhten Fufsstegen.	1869—1870 von der Berlin-Potsdamer Eisenbahn-Gesellschaft erbaut; hiefs früher Linkstrafsenbrücke.
50.	Potsdamer Brücke.	Hölzerne Klappenbrücke mit massiven Pfeilern und erhöhten Bürgersteigen, deren Mittelöffnung aus einer eisernen Bogenconstruction besteht.	Besteht schon im 15. Jahrhundert als Brücke über dem Landwehrgraben. 1850 als Klappenbrücke umgebaut. Zu Anfang der 1870er Jahre sind die Bürgersteige angeordnet worden. Neubau ist in Aussicht genommen.
51.	v. d. Heydtbrücke.	Massiv in einem Bogen gewölbt.	1850 als hölzerne Klappenbrücke mit massiven Pfeilern beim Bau des Landwehrcanals errichtet. 1877—1878 erhielt sie auf der Westseite einen erhöhten Fufssteg. 1894 bis 1895 umgebaut.
52.	Lützowbrücke.	Schmiedeeiserne Bogenbrücke für Fufsgänger.	1883—1884 erbaut.
53.	Herkulesbrücke.	Massiv in einem Bogen gewölbt.	1850 beim Bau des Landwehrcanals als hölzerne Klappenbrücke erbaut, hiefs sie zunächst „Moritzhofbrücke", dann „Albrechtshofbrücke". 1889—1890 umgebaut und mit dem bildnerischen Schmuck der alten Herkulesbrücke, die über den zugeschütteten Königsgraben führte, versehen.
54.	Corneliusbrücke.	Desgl.	1874—1875 durch den Actienbauverein „Thiergarten" erbaut.
55.	Lichtensteinbrücke.	Schmiedeeiserne Bogenbrücke mit drei Oeffnungen.	1873 erbaut.

D. Brücken über den Luisenstädtischen Canal.

Lfd. Nr.	Name der Brücke	Construction	Geschichtliches
56.	Zwillingsbrücke.	Massiv in je einem Bogen gewölbt.	1850 bei Anlage des Luisenstädtischen Canals erbaut. 1873—1874 umgebaut.
57.	Köpenicker Brücke.	Vollwandige Balkenbrücke aus Flufseisen.	1852 als hölzerne Klappenbrücke erbaut; 1880 durch einen hochgelegenen hölzernen Fufssteig auf der Südseite verbreitert. 1895 umgebaut.
58.	Melchiorbrücke.	Fufsgängerbrücke aus Schmiedeeisen mit einer Oeffnung.	1886 erbaut.
59.	Adalbertbrücke.	Hölzerne Klappenbrücke.	1852 erbaut.
60.	Elisabethbrücke.	Fufsgängerbrücke aus Schmiedeeisen mit einer Oeffnung.	1881—1882 erbaut.
61.	Königinbrücke.	Theils hölzerne, theils eiserne Klappenbrücke.	1852 erbaut; 1884 durch Anbau von eisernen Klappen zu beiden Seiten verbreitert.
62.	Waldemarbrücke.	Eiserne Bogenbrücke.	1890—1891 erbaut.
63.	Oranienbrücke.	Klappenbrücke; die mittlere Klappe besitzt eiserne, die beiden äufseren hölzerne Ruthen.	1852 erbaut; 1871 und 1885 verbreitert.

V. Die Strafsenbrücken. 125

Lfd. Nr.	Name der Brücke	Construction	Geschichtliches
64.	Luisenbrücke.	Eiserne Balkenbrücke.	1878—1879 erbaut.
65.	Brücke im Zuge der Skalitzer und Gitschiner Strafse.	Eiserne Fachwerksbrücke mit einer Oeffnung.	1895—1896 erbaut.
66.	Wasserthorbrücke.	Hölzerne Klappenbrücke.	1852 erbaut.
67.	Fufssteg.	Ist eine ummantelte Ueberführung von Gasrohren, welche als Fufssteg benutzt wird.	

E. Brücken über den Spandauer Schiffahrtscanal.

Lfd. Nr.	Name der Brücke	Construction	Geschichtliches
68.	Sandkrugbrücke.	Schmiedeeiserne Brücke; elastische Bögen mit zwei Gelenken.	Beim Bau des Spandauer Schiffahrtscanals 1859 als hölzerne Balkenbrücke mit armirten Trägern angelegt. 1881—1883 umgebaut.
69.	Kieler Brücke.	Hölzerne Jochbrücke mit festem Ueberbau für Fufsgänger.	1883 erbaut.
70.	Fennstrafsenbrücke.	Massiv gewölbt.	Als hölzerne Balkenbrücke mit armirten Trägern beim Bau des Schiffahrtscanals 1859 errichtet; 1886 verbreitert; 1895 umgebaut.
71.	Torfstrafsenbrücke.	Desgl.	Wie die Fennstrafsenbrücke 1896 umgebaut.
72.	Seestrafsenbrücke.	Hölzerne Balkenbrücke mit armirten Trägern.	1859 angelegt.

F. Brücken über die Panke und den Schönhauser Graben.

Lfd. Nr.	Name der Brücke	Construction	Geschichtliches
73.	Soldiner Strafsenbrücke.	Massiv gewölbt.	1875—1876 erbaut.
74.	Badstrafsenbrücke.	Desgl.	1894—1895 erbaut.
75.	Wiesenstrafsenbrücke.	Desgl.	1876 erbaut.
76.	Pankstrafsenbrücke.	Desgl.	1864—1866 erbaut.
77.	Gerichtsstrafsenbrücke.	Schmiedeeiserne Balkenbrücke.	1883—1884 erbaut.
78.	Dalldorfer Strafsenbrücke.	Massiv gewölbt.	1883 erbaut.
79.	Schulzendorfer Strafsenbrücke (über die grofse Panke).	Desgl.	1875—1876 erbaut.
80.	Schulzendorfer Strafsenbrücke (über den Schönhauser Graben).	Desgl.	1875—1876 erbaut.
81.	Chausseestrafsenbrücke (über die grofse Panke).	Desgl.	1869 verbreitert.
82.	Chauseestrafsenbrücke (über den Schönhauser Graben).	Desgl.	1869 verbreitert. 1886 bis zu den Baufluchten verbreitert.

126 V. Die Strafsenbrücken.

Lfd. Nr.	Name der Brücke	Construction	Geschichtliches
83.	Brücke über den Schönhauser Graben im Zuge der Scharnhorststrafse.	Hölzerne Fufsgängerbrücke.	
84.	Sellerbrücke.	Vollwandige eiserne Balkenbrücke.	1890 erbaut.
85.	Kesselstrafsenbrücke.	Massiv gewölbt.	1863 erbaut.
86.	Brücke am neuen Thor.	Desgl.	
87.	Brücke im Zuge der Hannoverschen Strafse.	Desgl.	
88.	Philippstrafsenbrücke.	Desgl.	
89.	Karlstrafsenbrücke.	Desgl.	
90.	Schiffbauerdammbrücke.	Eiserne Balkenbrücke.	

V. Die Strafsenbrücken.

Beschreibung der einzelnen Brücken.

A. Brücken über den östlichen Hauptarm der Spree.

1. **Die Oberbaumbrücke.** Der Name schreibt sich daher, dafs hier die Spree früher des Nachts durch einen Schwimmbaum, der vor der Brücke lag, gesperrt wurde, sodafs Kähne nicht in die Stadt hinein konnten.

Die alte, 1895 beseitigte Brücke war eine einfache hölzerne Jochbrücke von 8,50 m Breite und mit Klappendurchlafs von 154 m Länge; sie wurde von 23 Jochen getragen und war bei weitem die längste Brücke Berlins.

Der Umbau der höchst baufälligen und in ihren Breitenabmessungen gänzlich ungenügenden Brücke wurde zwingend, als der Plan der elektrischen Hochbahn von Siemens & Halske auftauchte, nach dem in wenigen Metern Entfernung von der neuen Strafsenbrücke eine schlichte eiserne Brücke zur Aufnahme der Hochbahngleise über die Spree geführt werden sollte. Es wurde jedoch seitens der Stadt mit der Firma ein Abkommen dahin getroffen, dafs die Hochbahn auf einem steinernen Viaducte über dem stromauf gelegenen, entsprechend breiten Bürgersteige der Strafsenbrücke mit überführt werden sollte. Die Brücke konnte daher, nachdem eine 160 m lange, 9 m breite Nothbrücke mit einem Kostenaufwande von rd. 80 000 ℳ ausgeführt und die alte Brücke abgebrochen war, im Herbst 1894 in Angriff genommen werden, nachdem die Durchführung der elektrischen Hochbahn gesichert war und zwar mit der Absicht, bis zur Eröffnung der Gewerbe-Ausstellung 1896 diese für den Verkehr dorthin höchst wichtige Brücke noch zu vollenden.

Die neue Brücke, deren Richtung mit Rücksicht auf die Hochbahn etwas geändert ist, erhält eine Breite von 27,60 m zwischen den Geländern. Davon entfallen 15 m auf den Fahrdamm, 5 m auf den stromab, 7,30 m auf den stromauf gelegenen, die Hochbahn tragenden Bürgersteig. Die Pfeiler des Hochbahnunterbaues beanspruchen je 1,11 m Breite; zwischen ihnen verbleibt eine Bürgersteigbreite von 5 m. Die Spree wird mit sieben Ziegelgewölben überspannt. Das mittelste hat 22 m Lichtweite, dann folgen beiderseits Oeffnungen von 19, 16 und 7,50 m, sodafs insgesamt 107 m Durchflufsweite vorhanden sind. Die Mittelöffnung hat eine lichte Durchfahrtshöhe von 4 m bei höchstem Wasserstande bezw. 4,25 m bei gewöhnlichem, welcher dank der Spreeregulirung nur sehr selten überschritten wird. Der Unterbau der Hochbahn hat Bogenstellungen von rd. 2 m Lichtweite. Die Schienenoberkante der Hochbahn liegt in Brückenmitte nur 4,58 m über dem Bürgersteig. Während die Brücke beiderseits mit 1:50 fällt, hat die Hochbahn nur 1:120 Gefälle beiderseits des Brückenscheitels. Der eigentlich tragende Unterbau der Hochbahn ist in Eisen ausgeführt, aber von unten mit Kreuzgewölben verdeckt, sodafs sich das Ganze vom Bürgersteig aus betrachtet als gewölbte Wandelhalle darstellt (Abb. 108—111).

Bei der Ausbildung der Architektur ist der Gedanke mafsgebend gewesen, dafs die Brücke sich an der Stelle des alten Wasserthores der Stadt Berlin befindet und auch jetzt noch den Eingang zur inneren Stadt bildet für den, der zu Schiff von der Oberspree nach Berlin heimkehrt. Stadtthorartig ist daher die Brücke dadurch ausgebildet, dafs neben der Mittelöffnung je ein 8 m starker Pfeiler angeordnet worden ist, auf dem sich oberstrom mächtige Wartthürme im Charakter altmärkischer Stadtthürme in Ziegeln auf Granitunterbauten erheben, wie denn überhaupt die gesamte Architektur den märkischen Backsteinstil zeigt. Für die Herstellung dieser Thürme sowie des Hochbahn-Viaductes mit seinen Zinnen und durchbrochenen Giebeln werden besondere Ziegel mittelalterlichen Formats verwendet. Die Verkleidung der Pfeilervorköpfe und Thurmunterbauten zeigt wuchtiges Cyklopenmauerwerk aus märkischen und schwedischen Findlingen. Zu dem übrigen Werksteinmauerwerk ist schwedischer Granit verwendet. 5 m stark sind die übrigen Pfeiler; auch nur im Interesse der Architektur, da genügende Flufsbreite vorhanden ist, um derartige Pfeiler auszuführen (s. das Titelbild S. 107).

128 V. Die Straſsenbrücken.

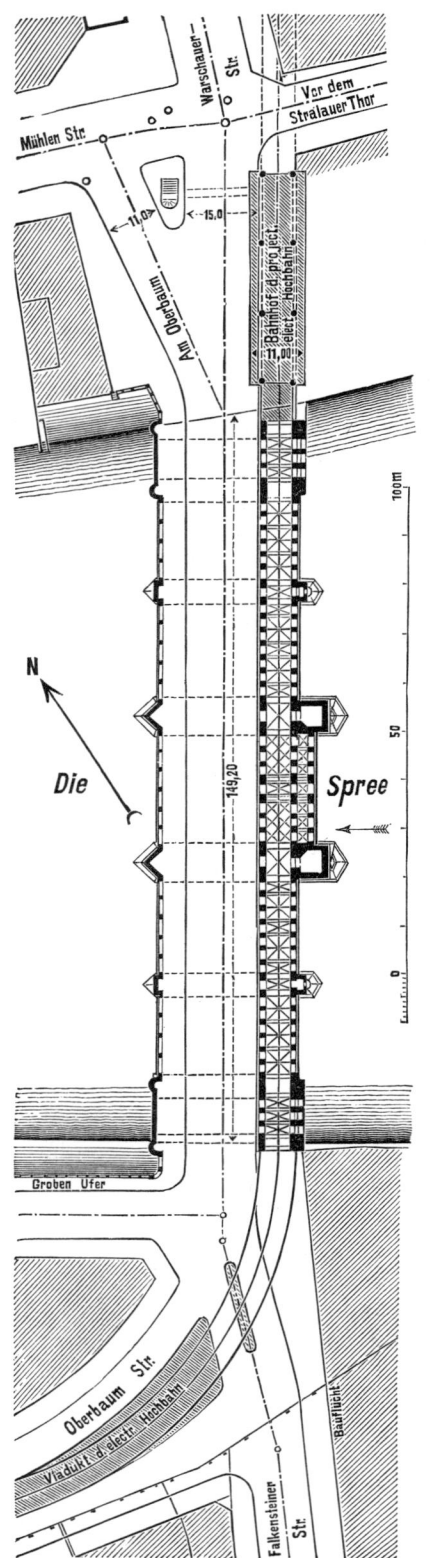

Abb. 108. Oberbaumbrücke.

Abb. 109. Lageplan.

V. Die Strafsenbrücken.

2. Der nun folgende erhöhte **Fufssteg** im Zuge der Eisenbahnbrücke ist 1880 mit seitlichen Treppen zur Umgehung der tiefliegenden Drehbrücke der alten Verbindungsbahn hergestellt worden.

3. **Die Schillingsbrücke.** Zur Verbindung der Luisenstadt mit dem Stralauer Viertel im Zuge der Andreasstrafse wurde von einer Actiengesellschaft, an deren Spitze der Maurermeister Schilling stand, 1840 eine hölzerne Klappbrücke erbaut und für ihre Benutzung vom Publicum ein Brückenzoll erhoben. Nach Tilgung der Baukosten wurde die Brücke vom Staat übernommen; später ging sie in den Besitz der Stadtgemeinde über.

In den Jahren 1870—74 erfolgte ihr Umbau. Sie ist die erste völlig massive Brücke über die Oberspree, die von der Stadtgemeinde ausgeführt worden ist. Die Brücke hat eine Länge von 70,30 m zwischen den Landpfeilern und eine Breite von 15,06 m zwischen den Geländern, wovon 9,42 m auf die Fahrbahn und je 2,42 m auf die Bürgersteige entfallen. Die Gesamtlichtweite der fünf Oeffnungen beträgt 61,54 m. Die Fundirung erfolgte auf Beton zwischen Spundwänden; nur der linksseitige Landpfeiler erforderte die Verwendung eines Pfahlrostes. Pfeiler und Gewölbe sind in Klinkern ausgeführt und haben eine Verblendung theils aus schlesischem Granit, theils aus schlesischem Sandstein erhalten; aus letzterem ist auch das Brückengeländer hergestellt. Die Gewölbezwickel tragen allegorischen Figurenschmuck, dessen Modellirung vom Bildhauer Hundrieser herrührt (Abb. 112).

4. **Die Michaelbrücke,** 1877—79 ebenfalls zur Verbindung der Luisenstadt mit dem Stralauer Viertel erbaut. Die Brücke überspannt unter einem Winkel von 82° mit drei Oeffnungen von 18 m, 21 m und 18 m Lichtweite die Spree; aufserdem befindet sich im rechten Widerlager noch eine Durchlafsöffnung von 5 m Lichtweite. Die Breite der Brücke zwischen den Geländern beträgt 20,50 m, wovon 12 m auf die Fahrbahn und je 4,25 m

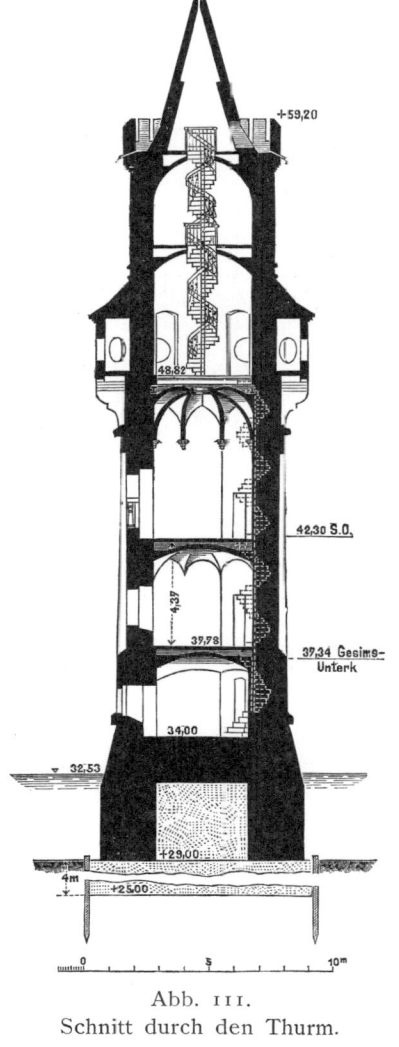

Abb. 110. Oberbaumbrücke. Querschnitt.

Abb. 111. Schnitt durch den Thurm.

auf die Bürgersteige entfallen. Die Pfeiler sind auf Beton zwischen Spundwänden gegründet und in Klinkern aufgeführt, die Ansichtsflächen haben eine Verblendung aus schlesischem Granit erhalten (Abb. 113—118). Der Ueberbau der drei Stromöffnungen besteht aus eisernem Bogenfachwerk. Die Fahrbahndecke der Brücke wird durch gufseiserne Platten gebildet. Unter den mit Granitplatten abgedeckten Bürgersteigen sind die Zuleitungsrohre der Gas- und Wasserwerke untergebracht (Abb. 119).

Abb. 112. Schillingsbrücke.

5. **Die Jannowitzbrücke.** Bereits 1822 wurde an der Brückenstelle, ebenfalls zur besseren Verbindung der Luisenstadt mit dem Stralauer Viertel im Zuge der Brückenstrafse und Alexanderstrafse, durch eine Actiengesellschaft, an deren Spitze der Kaufmann Jannowitz stand, eine hölzerne Klappbrücke erbaut. Auch hier wurde ein Brückenzoll erhoben, der erst 1840, nachdem die Brücke bereits 1831 auf den Staat übergegangen

Abb. 113. Michaelbrücke.

war, aufgehoben wurde. Der Neubau der Brücke erfolgte 1881—1883. Die Brücke, die den Flufs unter einem Winkel von 71° überschreitet, erhielt drei Stromöffnungen von 18,50 m, 21 m und 18,50 m Lichtweite normal zur Stromrichtung. Die auf Beton zwischen Spundwänden gegründeten und in Klinkern hochgeführten Pfeiler haben eine Verblendung von Harzer Granit erhalten (Abb. 120 u. 122—126). Der eiserne Ueberbau besteht aus schmiedeeisernen elastischen Bogenträgern mit zwei Kämpfergelenken. Um

V. Die Strafsenbrücken.

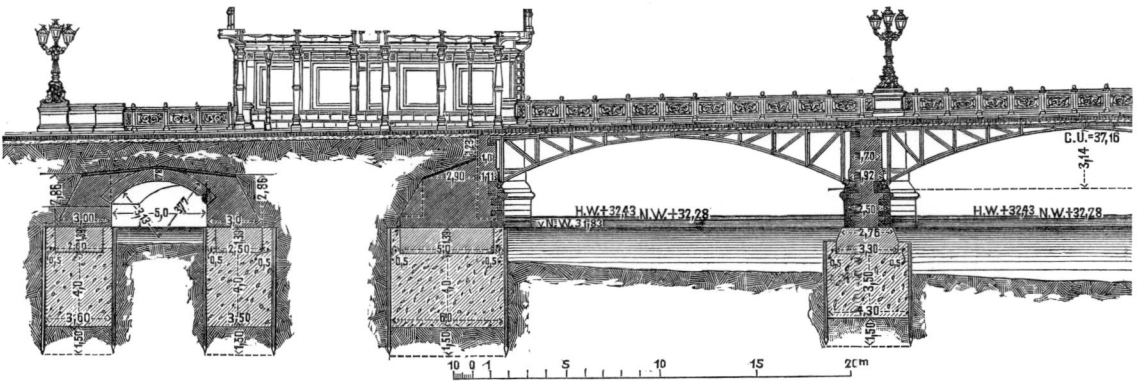

Abb. 114. Michaelbrücke, Längsschnitt.

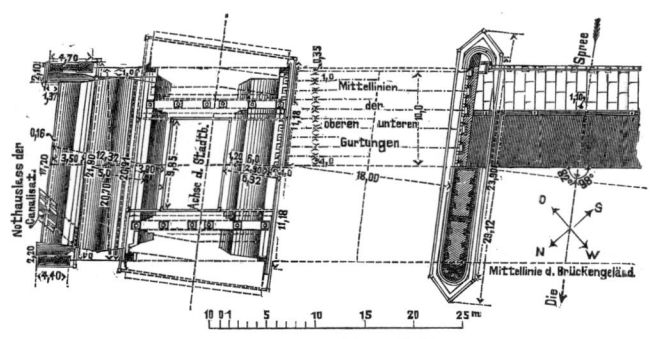

Abb. 115. Grundrifs.

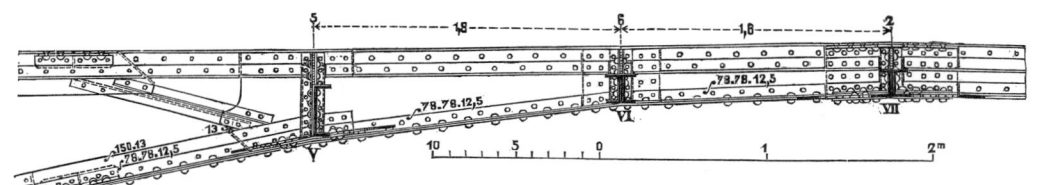

Abb. 116. Längsschnitt eines Brückenbogens.

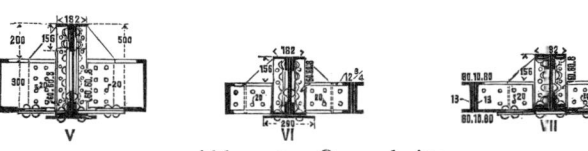

Abb 117. Querschnitte.

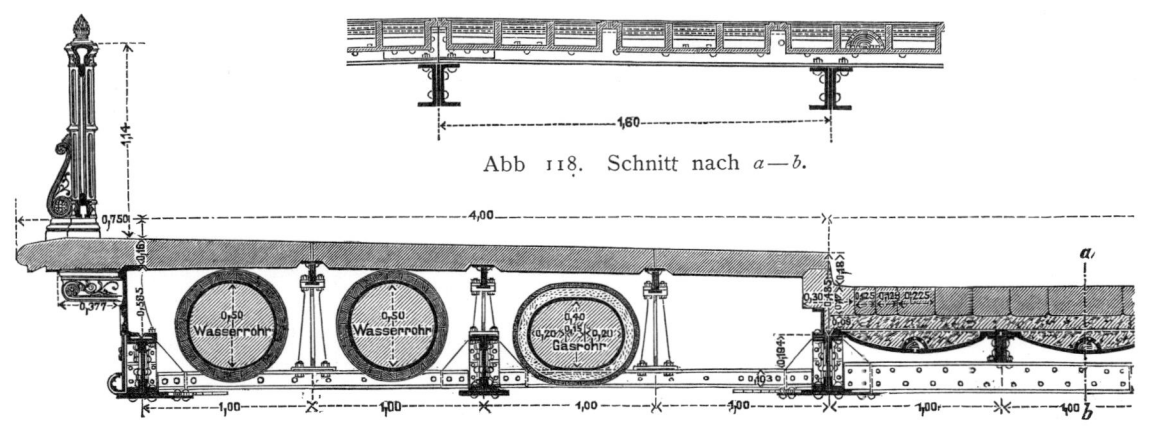

Abb 118. Schnitt nach $a-b$.

Abb. 119. Schnitt durch den Scheitel.

132 V. Die Strafsenbrücken.

die Rampenanschüttungen zur Vermeidung von hohen Entschädigungsansprüchen der Anlieger wegen Entwerthung ihrer Grundstücke möglichst einzuschränken, erschien es geboten, die Constructionshöhe im Scheitel möglichst gering zu halten; diese beträgt denn auch nur 56 cm. Die Fahrbahndecke wird aus Hängeblechen gebildet, die Entfernung der Haupt-

Abb. 120. Jannowitzbrücke.

träger beträgt 1,65 m. Die Fahrbahnträger werden durch kreuzförmig ausgebildete Vertikalen von 1,777 m Entfernung unterstützt.

6. Die Waisenbrücke, neuerbaut in den Jahren 1893—94 an Stelle einer alten aus dem Anfang des 18. Jahrhunderts stammenden hölzernen Jochbrücke mit Klappen-

Abb. 121. Waisenbrücke.

durchlafs. Die Brücke konnte infolge der Spreeregulirung, wodurch das Hochwasser der Oberspree um 1,65 m gesenkt worden ist, massiv gewölbt werden; sie liegt dicht oberhalb der alten Brückenstelle und führt rechtwinklig über den Strom. Die drei Oeffnungen haben eine Lichtweite von 18,48, 20 und 18,48 m, die Breite beträgt zwischen den Geländern

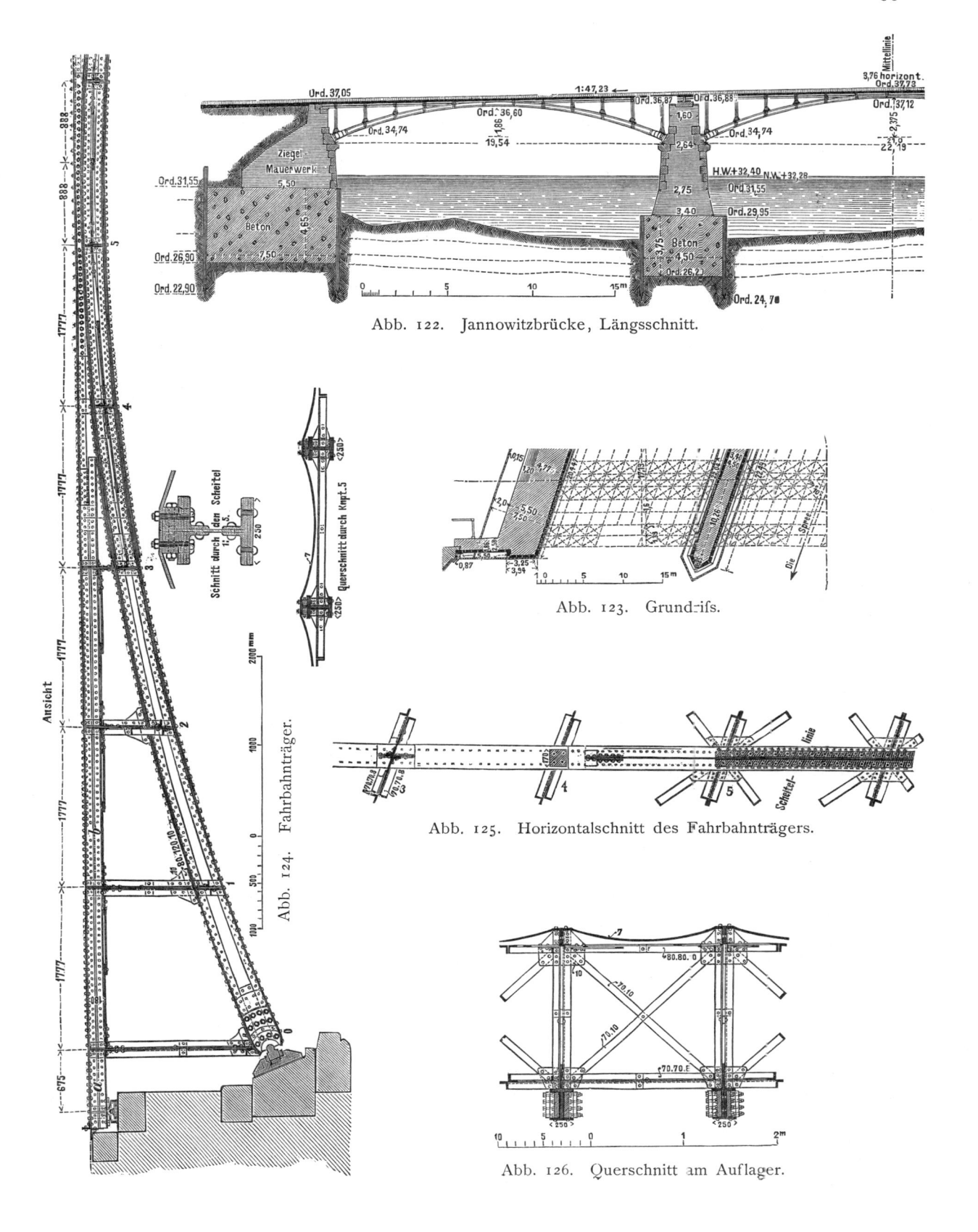

V. Die Strafsenbrücken.

Abb. 122. Jannowitzbrücke, Längsschnitt.

Abb. 123. Grundrifs.

Abb. 124. Fahrbahnträger.

Abb. 125. Horizontalschnitt des Fahrbahnträgers.

Abb. 126. Querschnitt am Auflager.

V. Die Strafsenbrücken.

20,38 m, wovon 12 m auf die Fahrbahn und je 4,19 m auf die Bürgersteige entfallen. Gewölbe und Pfeiler sind aus Klinkern hergestellt; die Gewölbezwickel sind bis zur Abgleichung mit Kiesbeton ausgefüllt. Die Gründung erfolgte auf Beton zwischen Spundwänden. Für die Verkleidung der Stirnen ist rother Main-Sandstein verwendet worden; aus dem gleichen Material ist auch das Geländer hergestellt. Die Architektur der Brücke zeigt romanische Stilformen. Die Fahrbahn ist mit Holz gepflastert (Abb. 121 u. 127—130).

Weiter stromabwärts spaltet sich der Flufs und bildet eine Insel, welche sich bis in die Nähe der Ebertsbrücke erstreckt. Wir verfolgen zunächst den nördlich gelegenen Hauptstrom und gelangen zu den Anlagen am Mühlendamm.

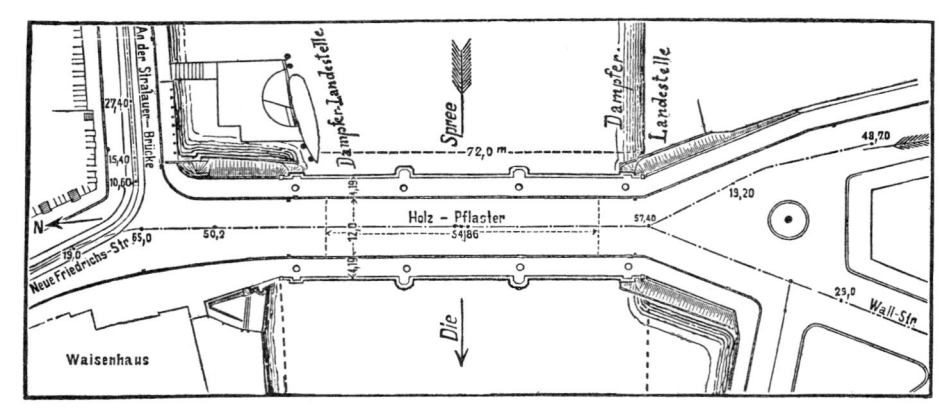

Abb. 127. Waisenbrücke Lageplan.

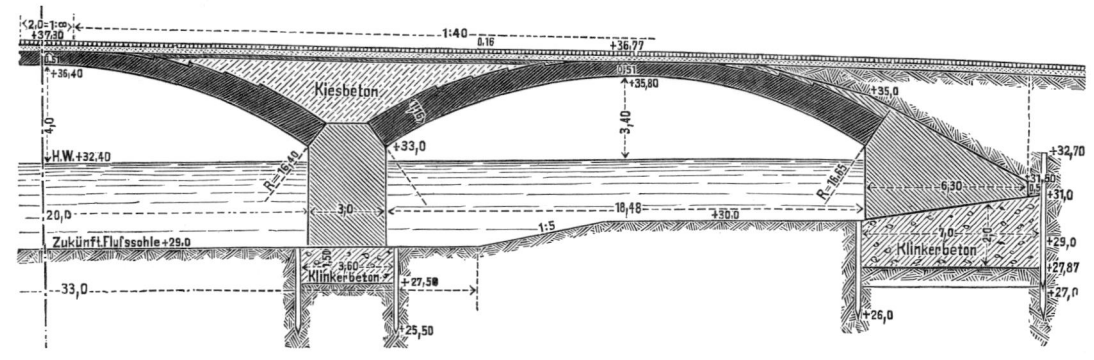

Abb. 128. Waisenbrücke, Längsschnitt.

7—9. Der Mühlendamm ist aus dem ältesten Uebergange zwischen Berlin und Köln entstanden. Bei dem Abbruche der alten Gerinne aus Anlafs der jetzigen Umbauten sind wohlerhaltene Ueberreste eines alten Knüppeldammes aufgefunden worden. Wie ferner aus alten Acten hervorgeht, waren um die Mitte des 17. Jahrhunderts sechs Mühlen im Betriebe, welche mit allerlei Kramläden umbaut waren, die der Gerichtsbarkeit des Amtes Mühlenhof unterstanden. Erst während der letzten Regierungsjahre des Grofsen Kurfürsten wurden zu beiden Seiten des Dammes Läden im Massivbau mit Bogenhallen in streng einheitlich durchgeführten Bauformen, gleich denen an der Südfront des Schlosses und an der Schlofsfreiheit, durch Nehring aufgeführt, 1706—1708 wurden sämtliche Gerinne und Brücken mit Quadern eingefafst und überwölbt; beim Abbruch der Gerinne fand sich ein Inschriftenstein mit dem Namen des Mühlenhauptmanns v. Kamecke und der Jahreszahl 1707. Diese Anlagen erfuhren seitdem die verschiedensten Umänderungen und Erweiterungen. 1759 verheerte eine Feuersbrunst einen Theil der Baulichkeiten; 1838 waren sie abermals der Schauplatz eines grofsen Feuers, welches so erheblichen Schaden anrichtete, dafs ein durchgreifender Umbau nach Plänen des älteren Persius ins Werk gesetzt wurde.

V. Die Strafsenbrücken. 135

Indessen auch diesen Bauten war kein allzu langes Dasein beschieden. Im Laufe der letzten zwanzig Jahre hatte sich Berlin zur Weltstadt durchgerungen. Es erwies sich als dringend erforderlich, in der Stadtmitte Berlins sowohl dem Strafsen- wie dem Wasserverkehr neue Bahnen zu eröffnen. Als ein wesentliches Mittel hierzu mufs die Regulirung der Unterspree mit allen ihren Begleitanlagen bezeichnet werden.

Am Mühlendamme oblag dem Staate die Ausführung des Wehres und der Schleuse mit allem Zubehör, der städtischen Tiefbauverwaltung die Herstellung der verschiedenen Brücken, ein Theil der Ausbaggerung der Gerinne und die Neuregulirung der verschiedenen Zufahrtstrafsen; die städtische Hochbauverwaltung endlich übernahm den Umbau der alten Dammmühlengebäude.

Verwickelt und interessant wurden die Bauten dadurch, dafs eine Sperrung des Verkehrs auf dem Mühlendamme ausgeschlossen war und infolge dessen die verschiedensten

Abb. 129. Gaslaterne der Waisenbrücke.   Abb. 130. Pfeilerkopf der Waisenbrücke.

Noth- und Hülfsanlagen geschaffen werden mufsten. Aus den Lageplänen[1]) erhellt der Zustand vor dem Umbau, und nachher.

Ganz besonders fallen die Breitenunterschiede auf. Der Engpafs des alten Mühlendammes, welcher an der schmalsten Stelle zwischen den Arcaden nur 8 m mafs, ist durch deren Beseitigung auf der Nordseite bis zur Front der grofsen Dammmühlengebäude sowie auf der Südseite durch Fortnahme sämtlicher Baulichkeiten in eine Strafse von 26,50 m verwandelt worden, wovon 15 m auf den Damm und 5,75 m auf jeden Bürgersteig entfallen. Die fortgenommenen Baulichkeiten waren theils auf die sechs massiven Gewölbe — je zwei bildeten ein Gerinne — gegründet, theils ruhten sie auf den zwischen diesen befindlichen Dammschüttungen. Die oberstrom befindlichen Hinterhäuser sowie die Gewölbewiderlager ruhten auf Pfahlrost, ebenso die abgedielten Gerinneböden. Die Sohle dieser Gerinne lag 2 bis 2,50 m höher, als die in Aussicht genommene neue Spreesohle. Die Austiefung wurde dadurch erschwert und vertheuert, dafs sich in den Gerinnen unter den Böden ungezählte Hunderte von Pfählen aus den verschiedensten Bauzeiten fanden. Die Fahrbahn der Fischerbrücke, einer alten, äufserst baufälligen hölzernen Jochbrücke, zuletzt 1830 umgebaut, war mit gufseisernen Platten im Gesamtgewicht von 90 000 kg abgedeckt, durch deren Verkauf allein 4810 ℳ erzielt worden sind.

---

1) Vgl. S. 89 Abb. 78 u. 79 dieses Bandes.

V. Die Straſsenbrücken.

Um den Anforderungen der Schiffahrt möglichst gerecht zu werden, ist das Eisenwerk der Brücke über die Schleuse so hoch gelegt worden, daſs bei Normal-Oberwasser noch eine lichte Durchfahrtshöhe von 3,50 m verbleibt. Da die sämtlichen übrigen Brücken dem Schiffsverkehr nicht dienen, konnten sie erheblich niedriger gelegt werden, sodaſs sich durchweg günstige Steigungsverhältnisse ergeben haben, wie aus den Abb. 131 u. 134 ersichtlich.

Von der Stadt sind im ganzen folgende Brücken am Mühlendamm ausgeführt worden.

a) **Die Mühlendammbrücke über das groſse Gerinne.** Die normale Breite dieses Theils des Fluſslaufes beträgt 26,70 m, dagegen in der Achse der Straſse gemessen rd. 36 m. Es sind zwei Reihen von Mittelstützen in Form guſseiserner Pendelsäulen mit Kugelgelenken am Kopf und Fuſs angeordnet worden, da die Durchfluſsöffnung möglichst wenig eingeschränkt werden durfte. Die Säulenfüſse ruhen auf einer durchgehenden, 1,75 m starken Betonsohle. Die Hauptträger, in einem Abstande von 2,60 m, bestehen aus durchgehenden Blechträgern mit Federgelenken von 1,40 m Höhe. An den zwischen den Stützen liegenden Gelenken sind die Träger durchschnitten und nur im Obergurt

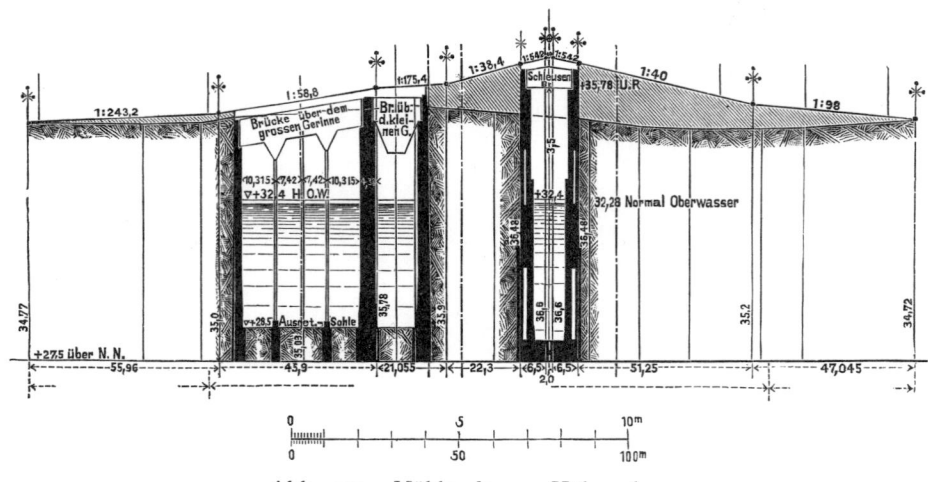

Abb. 131. Mühlendamm, Höhenplan.

durch eine aufgelegte Stahlplatte verbunden. Die Fahrbahntafel ist aus Buckelplatten gebildet, deren Hohlräume mit Asphaltbeton ausgefüllt sind, auf denen das Pflaster aus Kopfsteinen I. Classe liegt. Die Gestaltung des Querschnittes der Bürgersteige, deren Decke aus Granitplatten gebildet ist, war abhängig von den Ansprüchen der verschiedenen Verwaltungen, welche hier ihre Rohre und Kabel unterzubringen hatten (Abb. 132 u. 133).

b) **Die Mühlendammbrücke über das kleine Gerinne.** Die Träger unter der Fahrbahn sind als Fachwerkträger mit oben liegender Fahrbahn ausgebildet, sie besitzen 13 m bis 15 m Spannweite. Die Bürgersteigträger dagegen sind einfache Blechträger. Die Bauart der Fahrbahn ist dieselbe, wie bei der Brücke über dem groſsen Gerinne.

c) **Die Mühlendammbrücke über die Schleuse.** In Rücksicht auf die beschränkte Constructionshöhe liegen die Blechträger bei einer Spannweite von 11,20 m nur in einem Abstande von 0,78 m und haben eine Höhe von 0,526 m erhalten. Die Fahrbahntafel ist hier durch Tonnenbleche gebildet, deren Hohlräume ebenfalls mit Asphaltbeton ausgefüllt sind.

d) **Die Mühlenwegbrücken über die Schleuse und das kleine Gerinne** sind einfache Blechträger.

e) **Die Mühlenwegbrücke** — eine Fuſsgängerbrücke — **über das groſse Gerinne** ist ohne Zwischenstützen gebaut und besteht aus zwei über der Fahrbahn liegenden versteiften Bögen, deren Druckgurte aus Viertelringeisen gebildet sind (Abb. 136).

f) **Die Fischerbrücke** gleicht in ihrer Bauart der Brücke über das groſse Gerinne. Die Brücke hat eine Länge von etwa 75 m und bildet mit dem Stromstrich

V. Die Strafsenbrücken.

Abb. 132. Neue Mühlendammbrücke über die Spree, Längsschnitt durch den Mühlendamm.

Abb. 133. Querschnitt der Mühlendammbrücke über das grofse Gerinne.

Abb. 134. Mühlendamm, Höhenplan der Fischerbrücke.

Abb. 135. Querschnitt der Fischerbrücke.

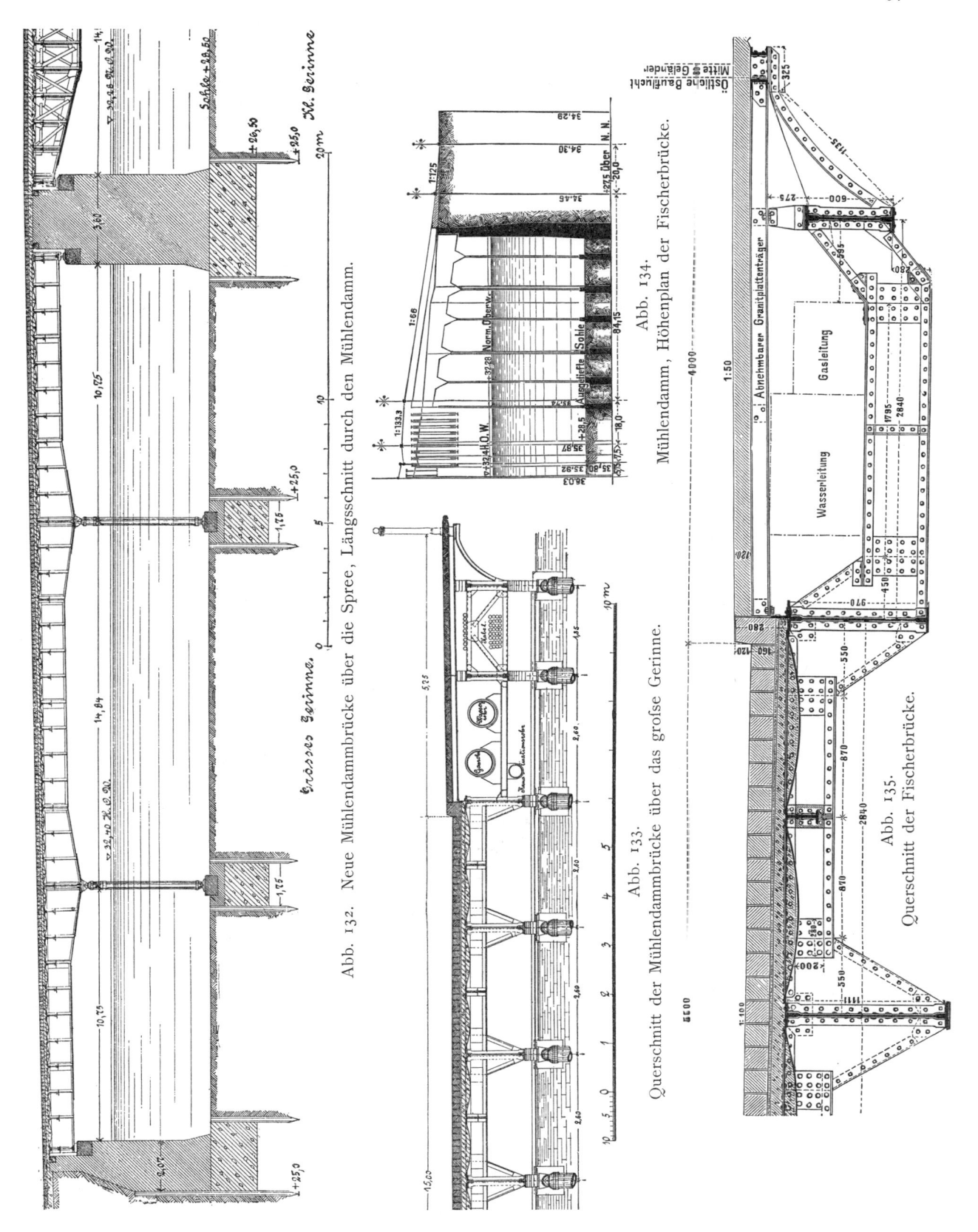

einen Winkel von etwa 30⁰. Sechs Säulenreihen unterstützen die Träger. Abb. 135 zeigt den Querschnitt der Brücke, der dem der Brücke über das grofse Gerinne ähnlich durchgebildet ist. Sämtliche Brücken und Futtermauern in den Gerinnen konnten auf Beton zwischen Spundwänden gegründet werden, dessen Unterkante 2 m unter Flufssohle, also auf + 26,50 liegt. Die Widerlager sind durchweg aus Klinkern in Cementmörtel hergestellt. Zu einer architektonischen Ausgestaltung boten die Brücken wenig Gelegenheit. Den einzigen bildnerischen Schmuck hat der Treffpunkt der Fischer- und Mühlendammbrücke erhalten. Hier sind die Standbilder der beiden Askanier: Albrecht des Bären und Waldemars, modellirt von Böse, bezw. Unger, und von P. und W. Gladenbeck bezw. Lauchhammer in Bronze ausgeführt, auf Granitsockeln aufgestellt worden.

Abb. 136. Mühlenwegbrücke über das grofse Gerinne, Vorderansicht.

Dicht dabei hat die Stadt auf der Schleuseninsel ein für Schiffahrtszwecke bestimmtes Häuschen errichten lassen und nach den Entwürfen des Regierungs-Baumeisters Stahn in deutschen Renaissanceformen reich ausgebildet. Auch durch die Ausführung in Sandstein mit Gittern, Geländern, Wasserspeiern und sonstigem Zierrath von kunstvoller Schmiedeeisenarbeit ist das kleine Bauwerk besonders ausgezeichnet.

10. Weiter stromab bildet die Lange, jetzt „Kurfürsten-Brücke" die Verbindung zwischen der Königstrafse mit dem Schlofsplatz. Die erste Anlage einer Brücke an dieser Stelle reicht wahrscheinlich bis in das 13. Jahrhundert zurück, jedenfalls aber ist eine solche zu Anfang des 14. Jahrhunderts vorhanden gewesen, als die beiden Städte Berlin und Köln sich zu einem Gemeinwesen vereinigten und ein gemeinsames Rathhaus mitten im Strom an der Langen Brücke anlegten. Den Namen der Langen Brücke führte das zunächst als hölzerne Jochbrücke einfachster Construction ausgeführte, ursprünglich Neue Brücke genannte Bauwerk, als die längste Brücke Berlins; denn damals reichte die

Spree einerseits bis zur Breitenstraße, anderseits bis zur Heiligengeist Straße. Die sehr häufigen Ausbesserungen, welche diese Brücke erforderte, veranlaßten den Kurfürsten Friedrich III., nachmaligen ersten König, an ihrer Stelle eine steinerne zu erbauen, mit der wahrscheinlich von vornherein das Denkmal des Großen Kurfürsten in Verbindung gebracht werden sollte. Als Erbauer der Brücke ist Johann Arnold Nehring, der sich des Ingenieurs Cayart als Beihülfe bediente, zu nennen. Den vornehmsten Schmuck der Brücke bildete das Denkmal des Großen Kurfürsten, dessen Figur von Schlüter modellirt, von dem Gießereidirector Johann Jacobi in Bronze gegossen wurde (Abb. 139). Am 12. Juli 1703 fand die feierliche Enthüllung des Reiterstandbildes des Kurfürsten statt. Es fehlten damals jedoch noch die vier Eckfiguren, die sogen. Sklaven, die erst 1710 fertig wurden. Die Gesamtkosten des Denkmals sollen 60 000 Thaler betragen haben. Außerdem war die Brücke noch reich mit anderen Figuren ausgestattet, von denen allerdings nichts in unsere Zeit hinübergerettet worden ist. Nur die mächtigen, in Stein gehauenen Wappenkartuschen,

Abb. 137. Markgraf Waldemar.   Abb. 138. Albrecht der Bär.
Standbilder auf der Mühlendammbrücke.

Abb. 139.
Lange Brücke bis 1894.

welche die Gewölbezwickel über den Strompfeilern zieren und von Wasserpflanzen in naturalistischer Darstellung umrahmt sind, blieben erhalten, wenn sie auch mehrfachen Ausbesserungen unterworfen werden mufsten.

Bereits in der zweiten Hälfte des 18. Jahrhunderts wurde die Brücke einer gröfseren Instandsetzung unterzogen, 1818 erfuhr sie unter Schinkels Leitung eine wesentliche Umgestaltung, indem die steinernen Brüstungen beseitigt und durch gufseiserne Geländer ersetzt wurden, um an Bürgersteigbreite zu gewinnen. 1867 erfolgte eine abermalige Veränderung in der Breiteneintheilung der Brücke. Die alte Brücke besafs fünf Oeffnungen; ihre Pfeiler waren auf einem in voller Brücken- und Flufsbreite durchgehenden Roste fundirt. Die Gewölbe waren ganz aus sächsischem Sandstein hergestellt, mit demselben Material waren sämtliche Ansichtsflächen der Pfeiler und Widerlager verblendet. Wegen ungenügender Fundirung und zu geringer Breitenabmessungen der Brücke war aus Anlafs der Spreeregulirung ein völliger Neubau unvermeidlich.

Vor Inangriffnahme des Abbruchs mufste zunächst das Denkmal des Grofsen Kurfürsten verschoben werden, das später wieder auf der Brücke aufgestellt werden sollte. Zu dem Zwecke wurde eine hölzerne Jochbrücke in Höhe der zukünftigen Denkmals-Plattform oberhalb der Brücke vor der Mittelöffnung ausgeführt und sodann ein Laufwagen um das Denkmal herum aufgebaut. In diesem auf acht Rädern laufenden Wagen wurde das Reiterstandbild auf kräftigen Balken sicher gelagert, um beim Abbruch des morschen Sockels jede Gefahr zu vermeiden. Dann wurden die vier Eckfiguren und die Reliefs abgenommen, die nur sehr lose am Sockel befestigt waren, worauf der Abbruch des letzteren selbst erfolgte. Der Sockel bestand in seinem Kern aus Sandstein. Nur die äufsere, zum Theil recht dünne Schale war in Marmor hergestellt. Die Marmortheile waren unter sich nach allen Richtungen mit eisernen Bändern und Klammern fest verankert. Das Reiterstandbild hat keine durchgehende Fufsplatte. Es ruhte mit drei Hufen des Pferdes auf kleinen Bronzeplatten, an denen kräftige, senkrecht in den Sockel hinabreichende eiserne Anker befestigt waren. Nach Abbruch des Sockels wurde der Wagen am Boden und an den Seiten noch sorgfältig verschwertet und sodann auf Schienen auf die Rüstung hinübergerollt. Der Wagen wurde dann vollkommen eingeschalt, um das schwebende Reiterstandbild dem Auge der Vorübergehenden zu entziehen. Erst nach

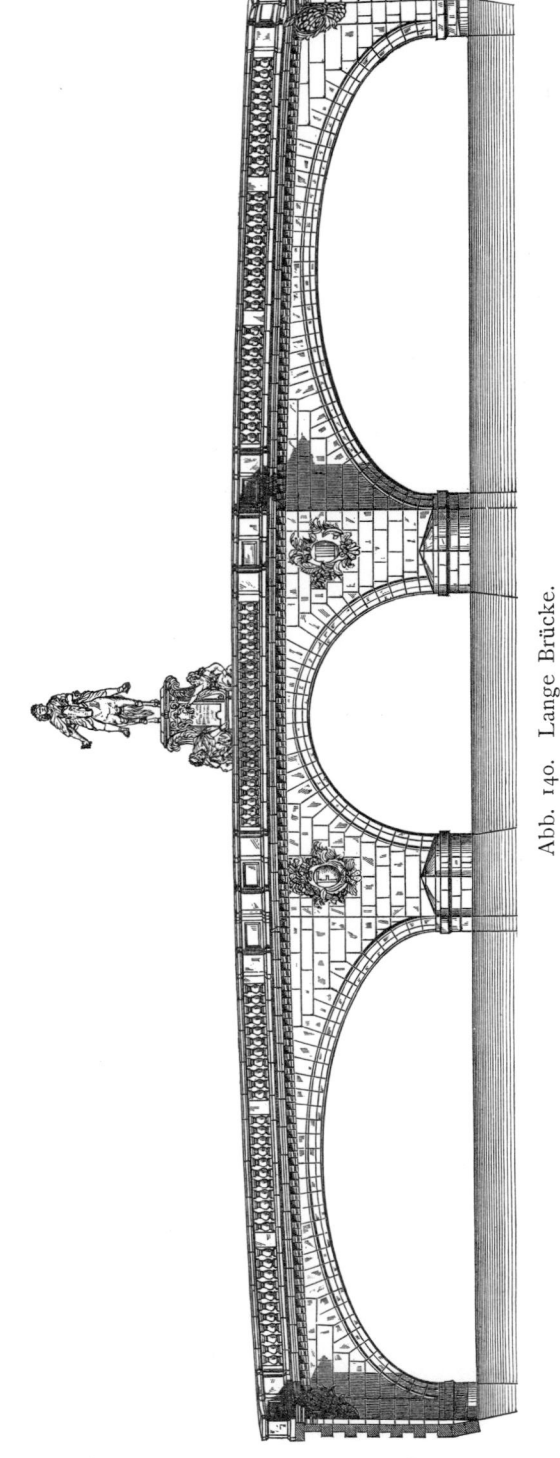

Abb. 140. Lange Brücke.

V. Die Strafsenbrücken.

Fertigstellung der neuen Brücke konnte das Denkmal seinen Platz wieder einnehmen. Der abgebrochene Sockel hat als Modell zu dem neuen Sockel gedient; für die Neuausführung ist der wetterbeständige Laaser Marmor (Tirol) gewählt.

Das neue Bauwerk ist in den Abb. 140—142 dargestellt. Die Brücke besitzt nur noch drei Oeffnungen, von denen die mittlere, die das Denkmal tragen soll, 8 m Lichtweite, die beiden Seitenöffnungen je 15 m erhalten haben. Die Lichthöhen über höchstem Hochwasser betragen 3,44 m in der Mittelöffnung, je 3,10 m in den beiden Seitenöffnungen im Scheitel. Bei Normalwasser steigt letzteres Mafs auf 4,70 m. Die Breite mifst von Mitte zu Mitte Geländer 18,50 m, davon die Dammbreite 10 m. Die beiden grofsen Seitenöffnungen haben eine nach der Ellipse gekrümmte Bogenform erhalten. In der Mittelöffnung ist dagegen ein hoch an- greifendes, flach gespanntes Stichkappengewölbe eingelegt, um bei den nur 3,25 m starken Strompfeilern die nöthige Standfestigkeit zu gewähren.

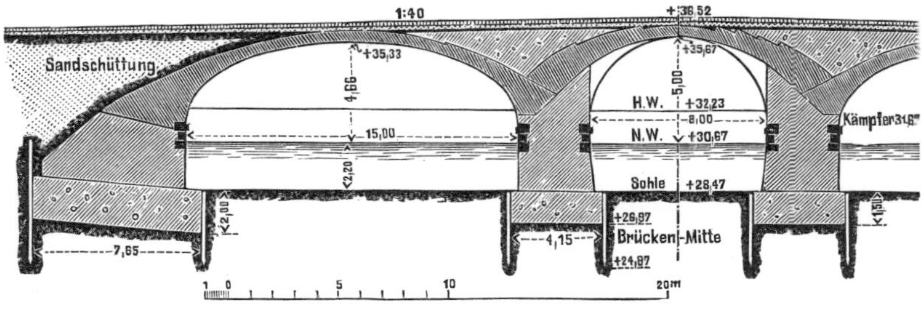

Abb. 141. Lange Brücke, Schnitt durch die Mitte.

Das Gewölbe des Denkmalvorbaues besitzt dagegen Halbkreisform. Unter den Stufen des Denkmals selbst ist ein besonderes, stark überhöhtes Gewölbe eingelegt, um die freistehenden Seitenpfeiler weniger ungünstig zu belasten. An der stromab gelegenen Seite mufste ebenfalls das Stichbogengewölbe verdeckt werden. Hier ist daher ein kleiner, mit Halbkreisgewölbe überspannter Vorbau angelegt. Die Gründung der Brücke ist auf Beton zwischen Spundwänden erfolgt. Als Baumaterial dienten hauptsächlich Klinker. Nur die Stirnflächen sind mit Sandstein verblendet, ebenso die Pfeiler. Auch das Brückengeländer ist wieder massiv hergestellt, aber nicht ge- schlossen, sondern aufgelöst in Sockel und Balusterstellungen. Sämtliche Werkstücke sind von Kudova-Sandstein. Soweit als möglich, sind die alten Architekturformen der Brücke wieder zur Geltung gekommen, so die Profile der Pfeiler und der Bogenumrahmungen, das Hauptgesims, die Kartuschen usw. Sonstiger figürlicher Schmuck ist nicht zur Verwendung gelangt.

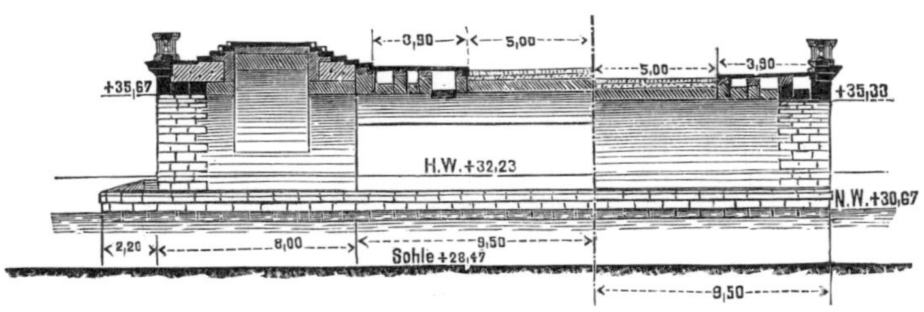

Abb. 142. Lange Brücke, Querschnitt.

11. Die etwa 250 m stromabwärts liegende Kaiser-Wilhelm-Brücke verdankt ihre Entstehung der Anlage der Kaiser-Wilhelm-Strafse. Sie bildet die Verbindung der Letzteren mit dem Lustgarten und den Linden und ist an die Stelle der früheren Cavalierbrücke getreten, eines hölzernen Fufssteges, der auf gufseisernen Säulen ruhte und im Jahre 1831 durch eine Actien-Gesellschaft erbaut worden ist.

Die Kaiser-Wilhelm-Brücke ist in den Jahren 1886—1889 erbaut worden und zeichnet sich durch eine von den gewöhnlichen Anordnungen abweichende Grundrifsbildung aus.

Um diese zu verstehen, sei vorausgeschickt, dafs die Unterspree, deren normale Breite 50 m beträgt, die an den Stellen, wo Brücken gebaut sind, Erweiterungen bis auf 56 m aufweist, an der Brückenbaustelle zwischen den senkrechten Ufermauern nur eine Breite von 38,50 m besafs. Eine Einschränkung dieser Breite durch Zwischenpfeiler oder vorspringende Widerlagspfeiler erschien nicht zulässig. So ist man dazu gelangt, um die durch die beiden Mittelpfeiler dem Durchflufsraume entzogene Querschnittsfläche wieder

Abb. 143. Kaiser-Wilhelm-Brücke.

zu ersetzen, die beiden Seitenöffnungen zu krümmen und zum Theil in die Ufer zu legen. Die lichte Durchflufsweite der drei Oeffnungen beträgt daher $22{,}2 + 2 \cdot 8{,}2 = 38{,}60$ m.

Diese Brücke, an hervorragender Stelle der Stadt und in unmittelbarer Nähe des alten Hohenzollernschlosses gelegen, aufserdem bestimmt, den Namen des ruhmreichen Schöpfers des Deutschen Reiches zu tragen, mufste auch eine entsprechend bedeutsame Gestaltung erhalten. Alle äufseren sichtbaren Theile der Stirnen und Pfeiler sowie die Gewölbe sollten aus Werksteinen hergestellt werden und reicher künstlerischer Schmuck wurde für die oberen Theile in Aussicht genommen. Aehnlich wie bei der Kurfürstenbrücke wurde für die Gewölbeform der Korbbogen gewählt. Die unteren Theile der Pfeilervorköpfe und Widerlagerabschlüsse sind aus rohem Bossen-Quaderwerk aufgeführt. Auf den vier Vorköpfen der Mittelpfeiler erheben sich oberhalb des Hauptgesimses auf kräftig gegliederten Sockeln vier Obelisken aus Granit, bestimmt, die elektrischen Lampen zu tragen, bekrönt von Trophäengruppen aus Bronze nach dem Muster der Schlüter'schen auf dem Zeughause; auf den Endpostamenten der Landwiderlager sind bronzene Opferschalen aufgestellt. Ganz besonders reich ist der Schmuck der beiden Schlufssteine der Mittelöffnung. Ein bronzener Schild mit dem Namenszuge des Kaisers, bekrönt von der auf einem Kissen ruhenden Kaiserkrone nebst Schwert und Scepter — gleichfalls aus Bronze —, wird von zwei marmornen Figuren in Ueberlebensgröfse, welche die Genien des Friedens und des Krieges darstellen, gehalten.

Abb. 144. Obelisk.

Für das Gewölbe und den Pfeileraufbau unter Wasser ist ein hellgrauer bezw. hellgelber bayerischer Granit gewählt worden, den die Blauberger Granitwerke geliefert haben, für die Stirnverkleidungen, das Geländer, sämtliche Postamente und Sockel der

V. Die Strafsenbrücken.

architektonischen Aufbauten ein bläulich-schwarzer Granit aus dem hessischen Odenwalde. Die vier Obelisken sind aus rothem schwedischem Granit.

Die Gründung der Brücke ist auf Beton zwischen Spundwänden erfolgt; die Oberkante desselben liegt noch unterhalb der Flufssohle, die infolge der Spreeregulirung an der Brückenbaustelle um 1,20 m tiefer gelegt wurde. Von dem architektonischen Schmuck war die Herstellung der vier Obelisken der Firma Kessel & Röhl übertragen worden. Die krönenden Trophäen, vom Professor Luerfsen modellirt, sind von der Firma Gladenbeck in

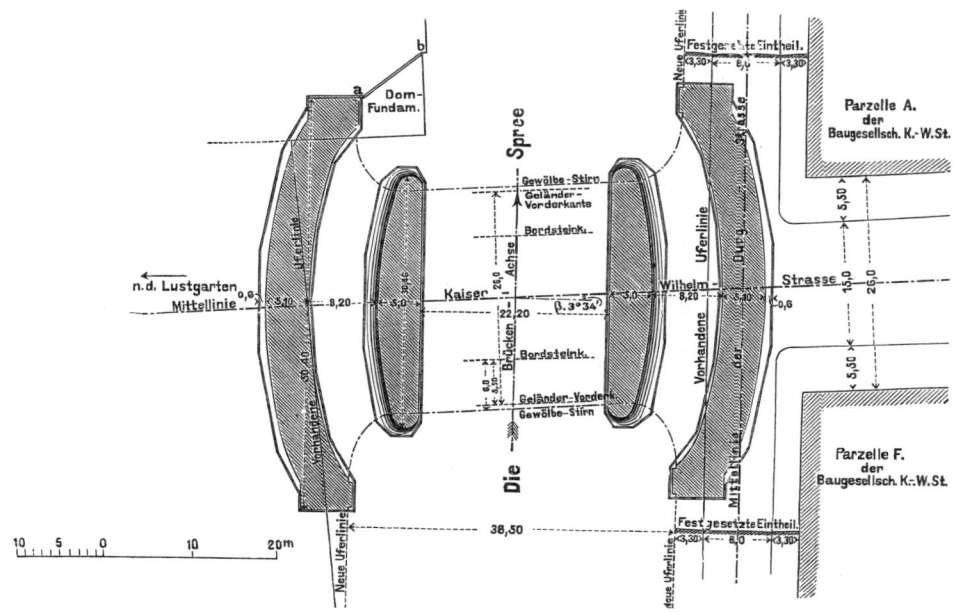

Abb. 145. Kaiser-Wilhelm-Brücke, Grundrifs.

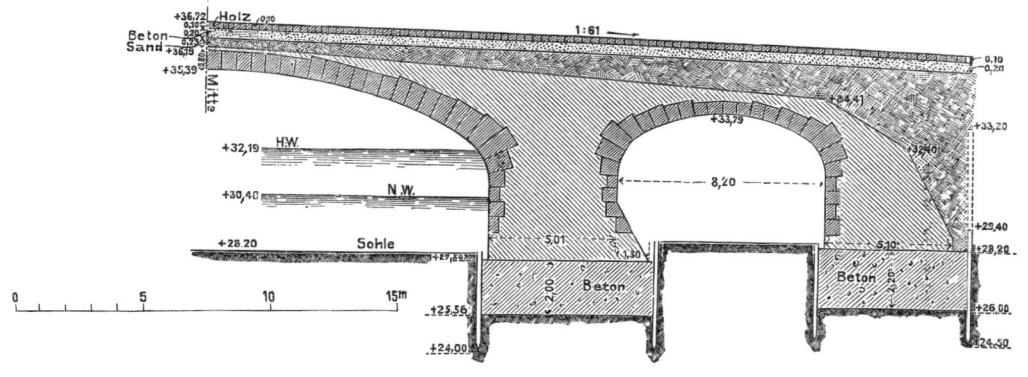

Abb. 146. Querschnitt.

Bronze gegossen, die bronzenen elektrischen Lampen durch die Actien-Gesellschaft Lauchhammer, und die auf den Endpostamenten aufgestellten bronzenen Opferschalen nebst Untersätzen, deren Modellirung dem Bildhauer Westphal übertragen war, von der Firma Schäffer & Walcker in Berlin gefertigt. Die Modellirung der Schlufssteingruppen der Mittelöffnung stammt gleichfalls von Professor Luerfsen, ebenso die Ausführung der Genien des Krieges und des Friedens in carrarischem Marmor, während Schild, Krone, Scepter und Schwert von der Firma Gladenbeck in Bronze gegossen sind.

12. Die Friedrichsbrücke, die den sehr lebhaften Verkehr über den Hackeschen Markt und die Neue Friedrichstrafse nach dem Lustgarten und der Strafse „Unter den Linden" zu vermittelt, hat mancherlei Schicksale gehabt.

144   V. Die Strafsenbrücken.

Sie wurde 1719 zuerst unter Friedrich Wilhelm I. als hölzerne Jochbrücke erbaut und erhielt den Namen Grofse Pomeranzenbrücke. 1769 wurde sie von Boumann dem

Abb. 147. Friedrichsbrücke.

Aelteren in Stein umgebaut; sie erhielt sieben Gewölbe aus Backstein, einen Schiffsdurchlafs und ein eisernes Geländer. 1792 wurde sie wieder umgebaut, bei welcher Gelegenheit ihr der Name „Neue Friedrichsbrücke" beigelegt wurde. An die Stelle dieser Steinbrücke trat die 1822 bis 1823 erbaute, neuerdings wieder abgebrochene Brücke. Die Gewölbe zwischen den Pfeilern wurden nämlich damals herausgeschlagen und durch gufseiserne Sprengwerkbogen ersetzt, ein Fall, der vielleicht einzig in der Geschichte des Brückenbaues dasteht. Die Brücke hatte eine Länge von 74,60 Meter und eine Breite von 10 m. Jede Oeffnung war mit acht aus je zwei Theilen zusammengesetzten gufseisernen Bögen überdeckt, deren Rippen einen geviertförmigen Querschnitt von 23 mm Seite hatten; quer über diesen Bögen lagen gufseiserne versteifte Deckplatten, welche die gepflasterte Fahrbahn und die eisernen Fufssteige trugen. Die Kosten dieses Umbaues sollen 180 000 ℳ. betragen haben. Im Jahre 1873 erwies sich in Rücksicht auf den gesteigerten Verkehr eine Verbreiterung dieser Brücke als nothwendig. Diese wurde stromabwärts ausgeführt und betrug 6,30 m. Gleichzeitig war man darauf bedacht, der Brücke eine würdigere architektonische Ausstattung zu geben. Dieses Bauwerk mufste aus Anlafs der Vertiefung der Unterspree, wie sie infolge der Canalisirung des Flusses vorgenommen wurde, abgebrochen werden, da

Abb. 148. Lichtständer auf der Friedrichsbrücke.

V. Die Strafsenbrücken.

einerseits die Höhenlage des Grundmauerwerks eine solche Vertiefung nicht vertrug, anderseits die geringe Weite und Höhe der Oeffnungen dem Schiffsverkehr nicht genügte.

Die neue Brücke[1]) überschreitet den Strom rechtwinklig an derselben Stelle, wie die alte, und hat eine Breite von 26 m erhalten, wovon 15 m auf den Damm und je 5,50 m auf die Bürgersteige entfallen. Die Brücke hat die üblichen drei Oeffnungen, deren Lichtweiten 14,30, 17 und 14,30 m betragen. Hierzu tritt auf der linken Seite noch eine Durchlafsöffnung von 1,35 m Lichtweite. Ueber dem gesenkten Hochwasserspiegel der Unterspree beträgt die lichte Höhe im Scheitel der Mittelöffnung 3,20 m. Um an der Umgebung der angrenzenden öffentlichen Gebäude, der Börse und Nationalgalerie, möglichst wenig zu ändern, hat die Brückenfahrbahn ein Längsgefälle von 1 : 40 erhalten. Die Gründung konnte aus Beton zwischen Spundwänden hergestellt werden. Pfeiler und

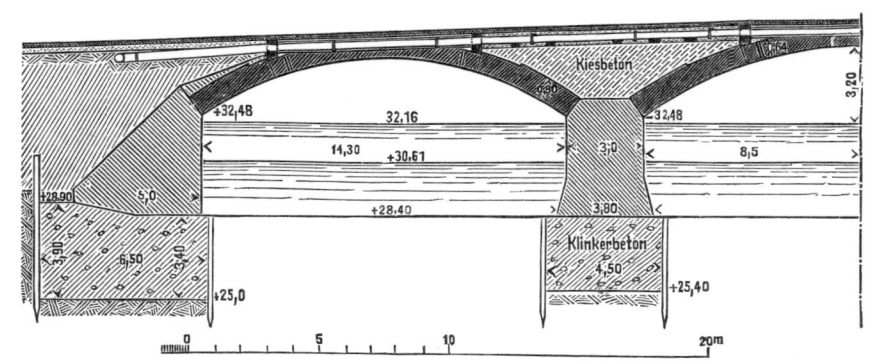

Abb. 149. Friedrichsbrücke, Längsschnitt durch den Bürgersteig.

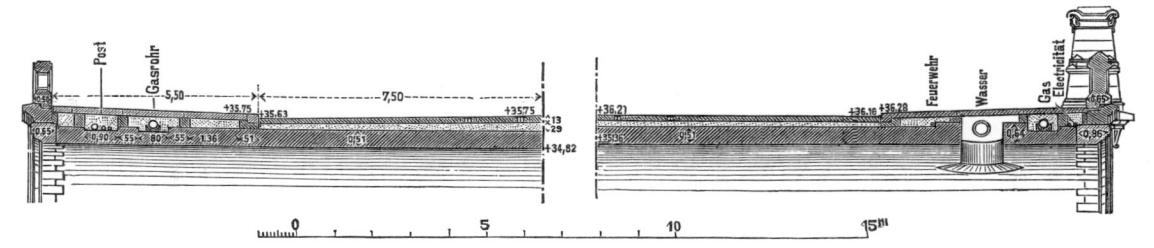

Abb. 150. Schnitt durch die Seitenöffnung. Abb. 151. Schnitt durch die Mittelöffnung.

Gewölbe bestehen aus Klinkern, die Verkleidung der Stirnen aus schlesischem Alt-Warthauer Sandstein, das Geländer aus Cudowa-Sandstein. Die Fahrbahn wurde mit Holz belegt. Die Beleuchtung der Brücke wird durch acht elektrische Bogenlampen bewirkt, von denen vier durch in Kupfer getriebene Gestalten, vier andere durch ebenfalls in Kupfer getriebene Adler, die die Bekrönung der vier Endobelisken bilden, getragen werden.

Die Unterbringung der Gas- und Wasserröhren usw. verursachte in diesem Falle insofern Schwierigkeiten, als die Wasserwerke die Brücke mit einem ausnahmsweise starken Rohre, bei dem zufolge des starken Innendruckes von der cylindrischen Form nicht abgewichen werden konnte, überschreiten mufsten. Infolge dessen blieb nichts weiter übrig, als im Gewölbescheitel der Mittelöffnung unterstrom einen Schlitz zur Aufnahme des Rohres auszusparen.

Kurz unterhalb der Wiedervereinigung der beiden Stromarme liegt die Ebertsbrücke.

13. Die alte Ebertsbrücke war durch eine Actiengesellschaft, deren Zusammentreten der Rechnungrath Ebert bewirkte, als hölzerne Jochbrücke mit Schiffsdurchlafs erbaut und am 1. November 1820 für den Verkehr gegen Zahlung von Brückengeld eröffnet worden. Im Jahre 1825 wurde sie vom Staate übernommen. Die Brücke führt von der Strafse „Am Kupfergraben", gegenüber der Artilleriecaserne, nach der Artilleriestrafse. Ihr

---

1) S. Lageplan S. 88.

Berlin und seine Bauten. I.

Umbau war in Rücksicht auf die schlechte Beschaffenheit des Tragwerks geboten; hierbei wurde gleichzeitig eine Verbreiterung der nur 9 m breiten Brücke ins Auge gefaſst.

Für das neue, normal zum Strome gerichtete Bauwerk wurde eine groſse mit Eisen überspannte Mittelöffnung von 29,60 m und zwei kleine überwölbte Seitenöffnungen

Abb. 152. Ebertsbrücke.

von je 10,50 m Lichtweite gewählt. Der die Mittelöffnung überspannende eiserne Ueberbau wird durch acht elastische Bögen mit Kämpfergelenken gebildet. Die Unterkante der Bögen im Scheitel der Mittelöffnung liegt 3,20 m über Hochwasser. Das Pfeilverhältniſs beträgt rund 1 : 10. Die Fahrbahntafel wird aus Buckelplatten gebildet, deren Ausfüllung durch Asphaltbeton erfolgte. Die die beiden Seitenöffnungen überspannenden Gewölbe aus Klinkern haben gleichwie die Strompfeiler eine Verkleidung aus schlesischem Granit erhalten (Abb. 152, 153 u. 155 bis 158).

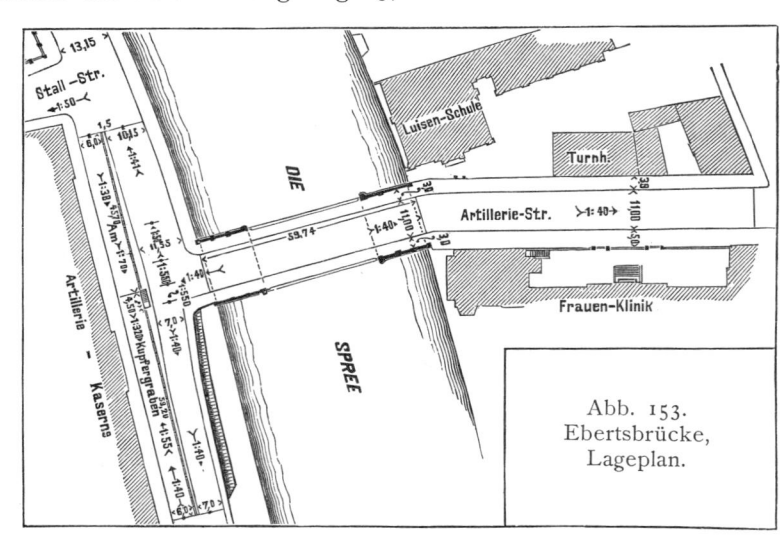

Die Gründung erfolgte auf Beton zwischen Spundwänden. Ebenfalls aus Granit sind die Geländer über den Seitenöffnungen

Abb. 153. Ebertsbrücke, Lageplan.

hergestellt, die der Mittelöffnung aus Schmiedeeisen. Die Gesamtbreite der Brücke beträgt 17,60 m, wovon 11 m auf den Fahrdamm kommen.

Zur Beleuchtung dienen vier elektrische Bogenlampen, die von schmiedeeisernen über den Vorköpfen der Strompfeiler errichteten Masten getragen werden (Abb. 154).

V. Die Strafsenbrücken. 147

Abb. 154. Lichtständer der Ebertsbrücke.

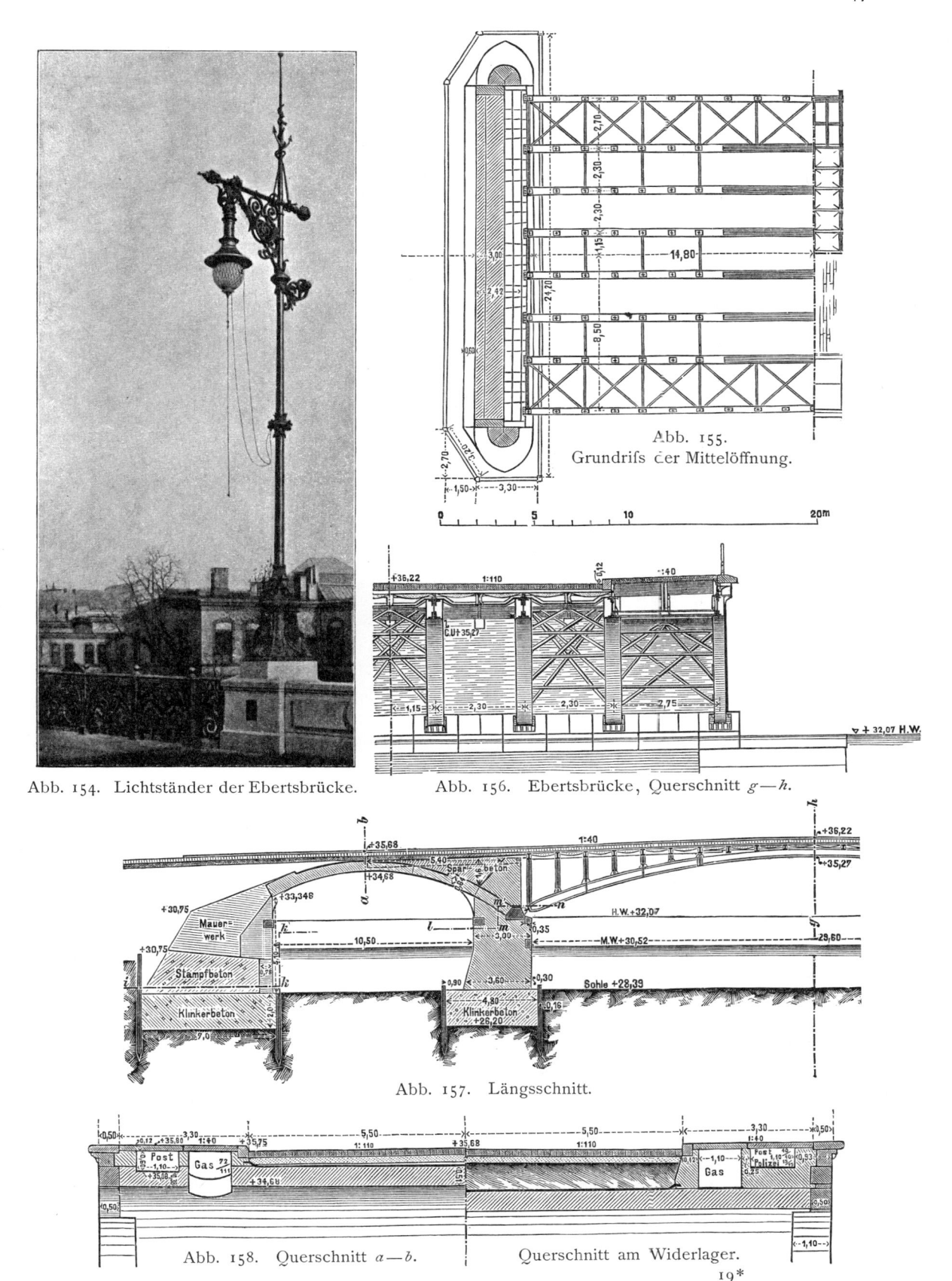

Abb. 155. Grundrifs der Mittelöffnung.

Abb. 156. Ebertsbrücke, Querschnitt g—h.

Abb. 157. Längsschnitt.

Abb. 158. Querschnitt a—b. Querschnitt am Widerlager.

V. Die Strafsenbrücken.

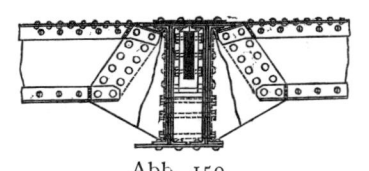

Abb. 159. Ansicht gegen den Kragträger.

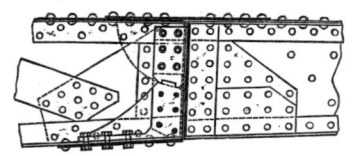

Abb. 160. Längsschnitt.

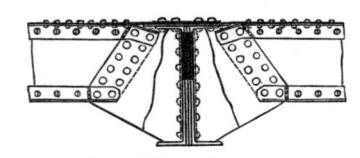

Abb. 161. Ansicht gegen den Mittelträger.

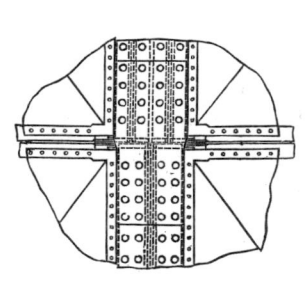

Abb. 162. Aufsicht.

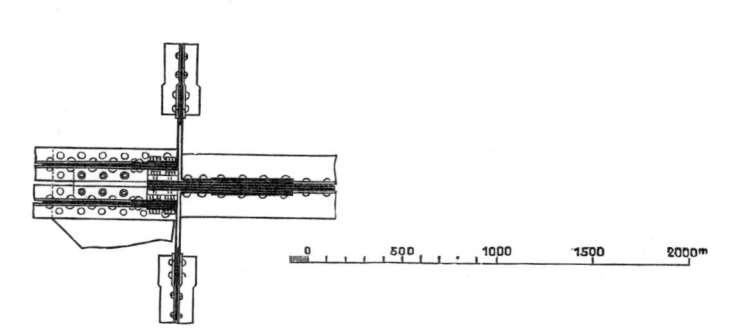

Abb. 163. Horizontalschnitt.

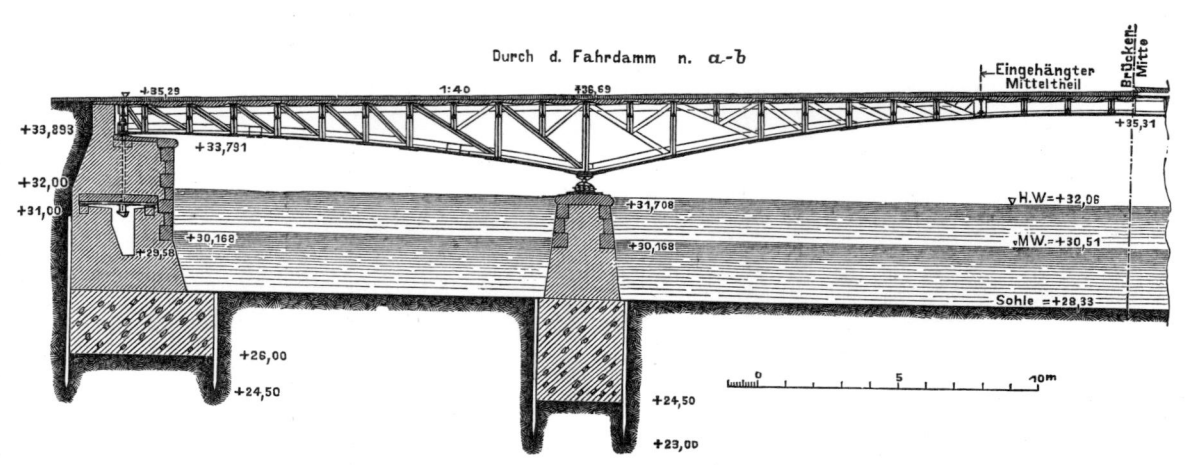

Abb. 164. Weidendammer Brücke. Längsschnitt.

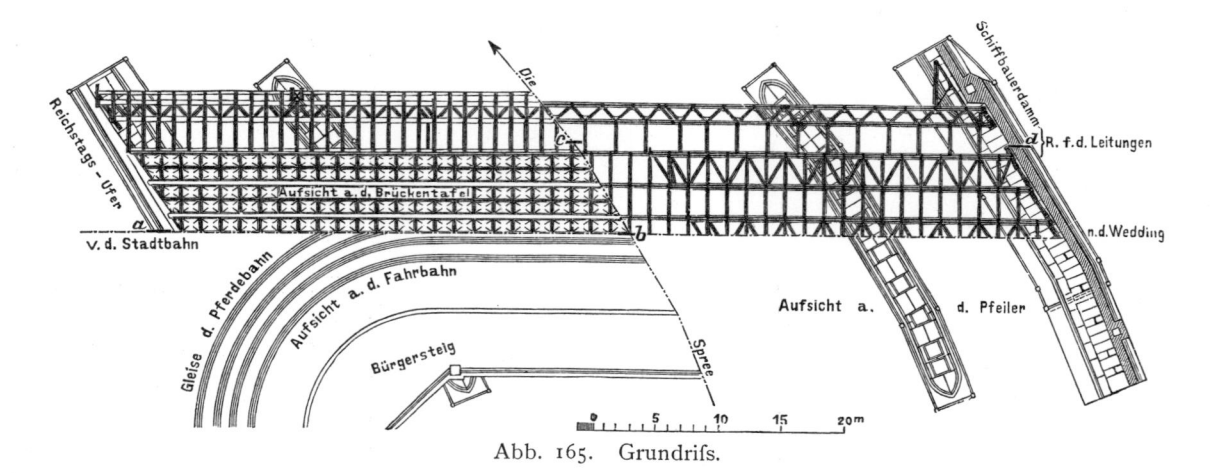

Abb. 165. Grundrifs.

V. Die Strafsenbrücken.

Abb. 166.

Schnitt e—e. Schnitt f—f.

Abb. 167. Querschnitt durch die Brückenmitte.

14. Die Weidendammer Brücke stammt ihrer ersten Anlage nach aus dem 17. Jahrhundert. 1824—1826 wurde sie als gufseiserne Bogenbrücke mit hölzernem Klappendurchlafs umgebaut und 1880 durch zwei seitliche, erhöht angeordnete, schmiedeeiserne Fufsgängerstege verbreitert. Mit der Eröffnung des Hauptarmes der Spree für die Grofsschiffahrt wurde der vollständige Neubau der in einer scharfen Stromkrümmung liegenden Brücke unvermeidlich, da das alte Bauwerk mit seiner engen Durchfahrtsöffnung ein erhebliches Hindernifs für die Schiffahrt bildete. Nach Errichtung einer hölzernen Nothbrücke mit Portaldurchlafs und nach Abbruch der alten Brücke wurde im Frühjahr 1895 mit dem Neubau begonnen.

Die Brücke erhält drei Oeffnungen, und zwar ähnlich wie bei der Ebertsbrücke, eine grofse mittlere von 30,50 m Lichtweite, normal zur Stromrichtung gemessen, und zwei kleinere seitliche von 10,50 bezw. 10,10 m normaler Lichtweite. Wegen der scharfen Krümmung des Stromes haben die Pfeiler eine dieser angepafste geknickte Form erhalten. Die 2,60 m auseinander liegenden Hauptträger der Eisenconstruction bestehen aus zwei als Fachwerk ausgebildeten, die Seitenöffnungen überspannenden Kragträgern mit in den Landpfeilern verankerten Enden und einem zwischen den Kragenden über der Mittelöffnung eingehängten Blechträger. Die Fahrbahntafel wird durch Buckelplatten mit Ausgufs

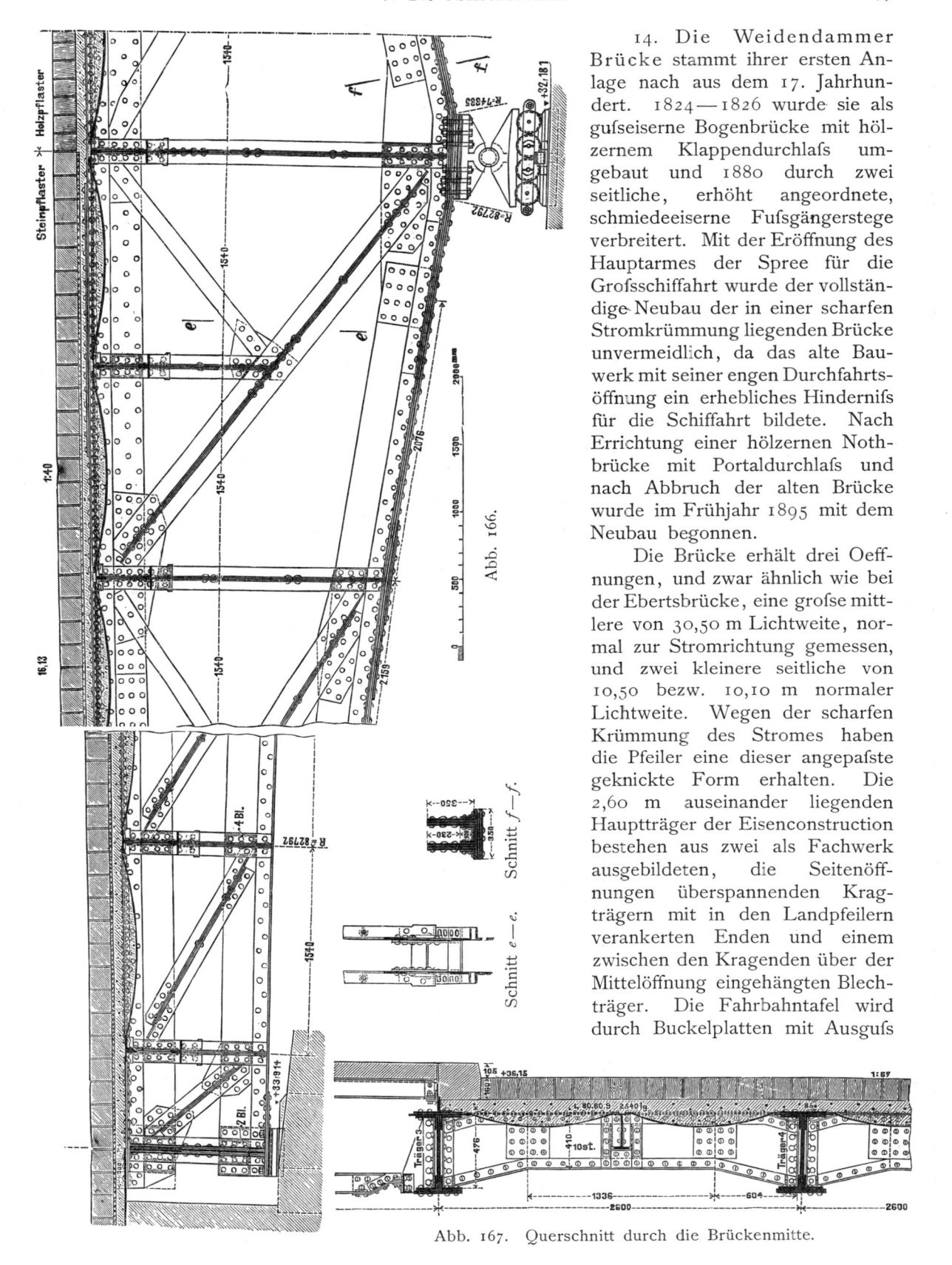

150 V. Die Strafsenbrücken.

von Asphaltbeton gebildet. Die Verkleidung sämtlicher Ansichtsflächen der Pfeiler und Widerlager erfolgt in Granit aus Kösseine im Fichtelgebirge (Abb. 159—167). Die Brücke ist mit Holz belegt und wird elektrisch beleuchtet.

Abb. 168. Schlütersteg.

15. Unterhalb der Eisenbahnbrücke der Stadtbahn liegt der Schlütersteg, eine eiserne Fufsgängerbrücke, die mittels eines Linsenträgers den Flufs in einer Oeffnung von 50 m überspannt. Die Brücke ist im Jahre 1889/90 zur besseren Verbindung der Dorotheenstadt mit der Friedrich-Wilhelm-Stadt erbaut, da hier wegen der Lage der Markthalle in der Dorotheenstrafse eine neue Brücke zwischen der Weidendammer und Marschallbrücke ein dringendes Bedürfnifs war. Die vier Eckpfeiler, auf denen die Eisenconstruction lagert, sind aus bayerischem Granit hergestellt; die Fahrbahn mit hölzernem Bohlenbelage ist an den Linsenträgern angehängt (Abb. 168—170).

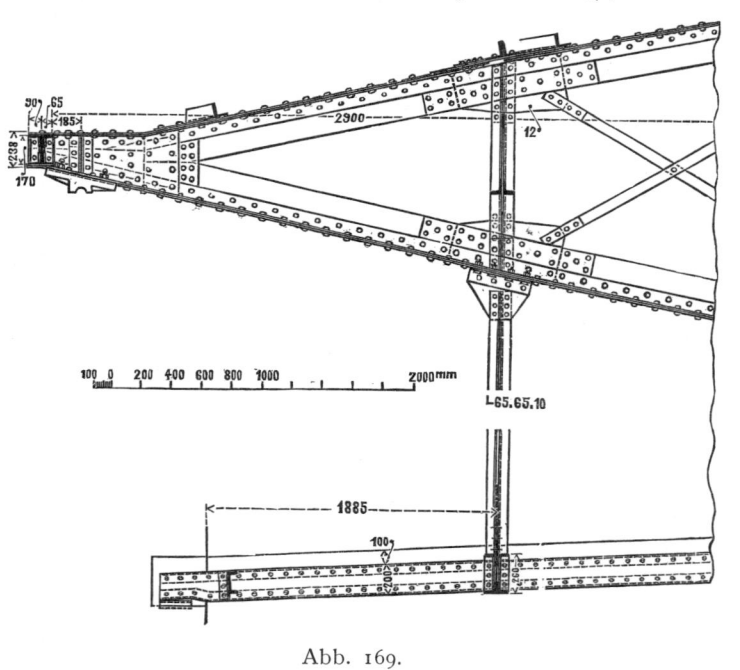

16. Die Marschallbrücke im Zuge der Luisenstrafse und der Neuen Wilhelmstrafse ist an Stelle einer alten 1821 errichteten Klappenbrücke mit massiven Pfei-

Abb. 169.

lern in den Jahren 1881 und 1882 erbaut worden. — Die neue Brücke, deren Pfeiler auf Beton zwischen Spundwänden gegründet sind, und die eine Verkleidung von Granit erhalten haben, besitzt drei Oeffnungen von 15,20, 19,20, 15,20 m Lichtweite. Der Ueberbau besteht aus schmiedeeisernen, elastischen Bogenträgern mit Kämpfergelenken in Abständen von 2 m; die Constructionshöhe im Scheitel beträgt nur 53 cm. Die Fahrbahndecke wird aus Hängeblechen von 8 mm Stärke gebildet. Diese sind mit Asphaltbeton ausgefüllt, auf welchem das Granitpflaster lagert. Die Breite der Brücke zwischen den Geländern beträgt 19 m, wovon 11 m auf den Fahrdamm und je 4 m auf die Bürgersteige entfallen (Abb. 171 bis 173).

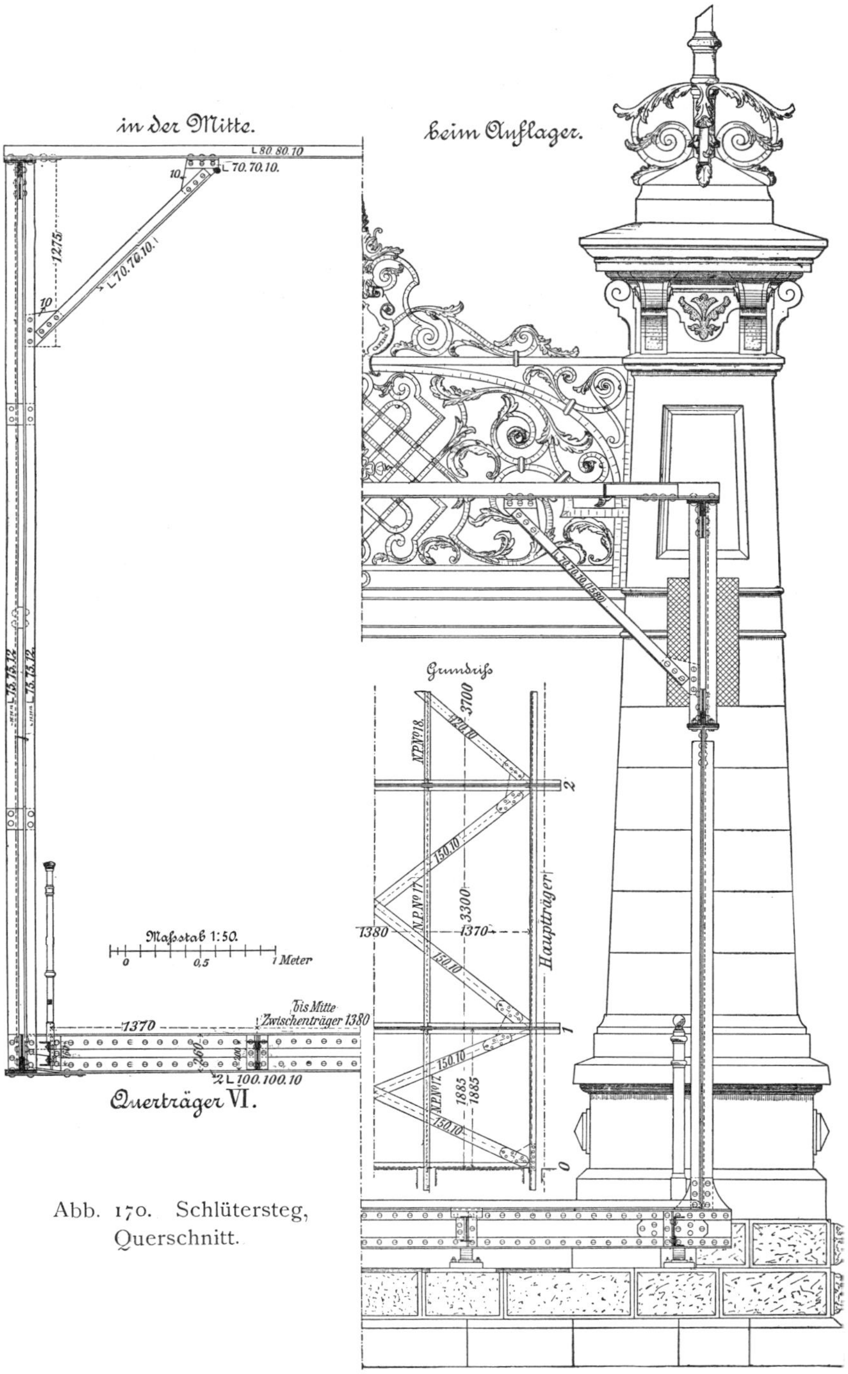

17. Die Kronprinzen-Brücke, 1877—1879 erbaut, ist an Stelle der früheren bereits zu Anfang des vorigen Jahrhunderts errichteten Unterbaumsbrücke getreten. Die Gründung der Brücke erfolgte ebenfalls auf Beton zwischen Spundwänden. Die Pfeiler sind mit Granit bekleidet. Der Ueberbau der drei Oeffnungen, deren Spannweite 15,48, 18,68 und 15,48 m beträgt, besteht aus schmiedeeisernen Fachwerksträgern in Abständen von 2 m; die Fahrbahntafel wird

Abb. 170. Schlütersteg, Querschnitt.

aus Buckelplatten gebildet, die Fahrbahndecke aus Granitpflaster. Die Breite der Brücke beträgt 22 m, wovon 14 m auf den Fahrdamm und je 4 m auf die Bürgersteige entfallen.

152   V. Die Straſsenbrücken.

Abb. 171. Marschallbrücke.

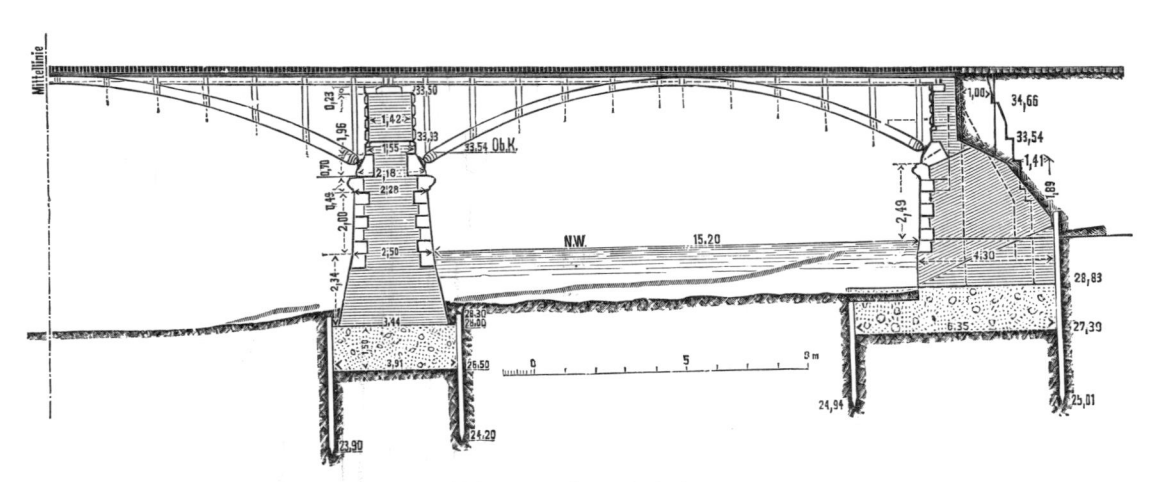

Abb. 172. Längsschnitt.

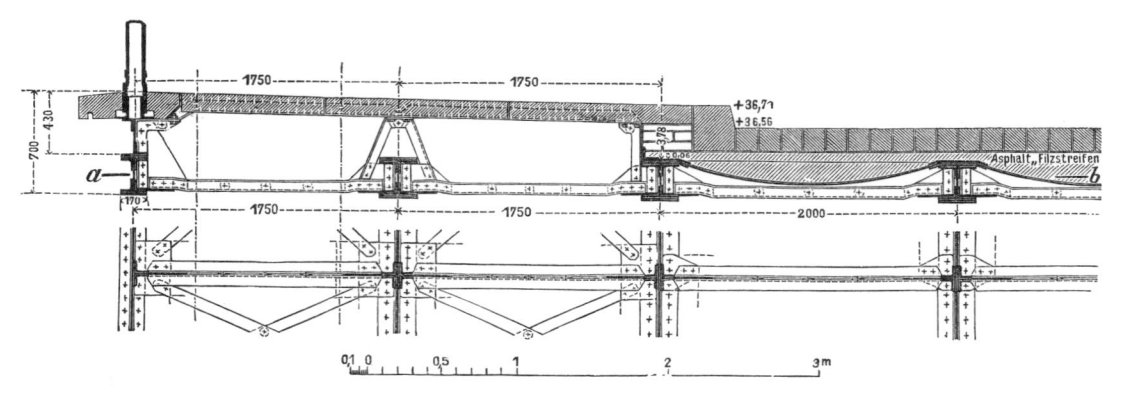

Abb. 173. Querschnitt und Grundriſs nach *a—b*.

V. Die Strafsenbrücken.

Abb. 174. Marschallbrücke. Grundrifs durch die Stegplatte des Bogenträgers.

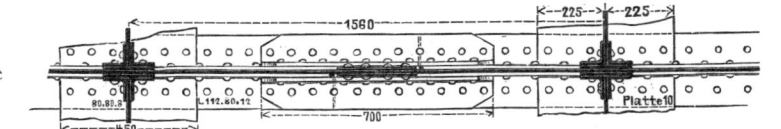

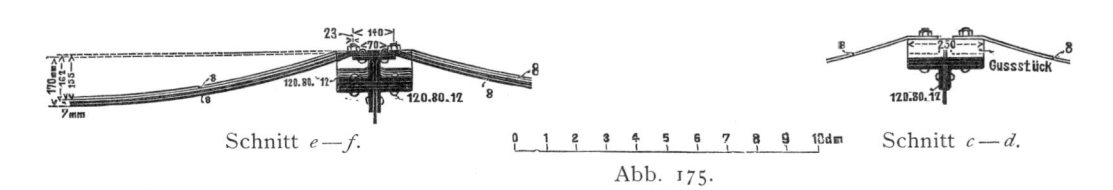

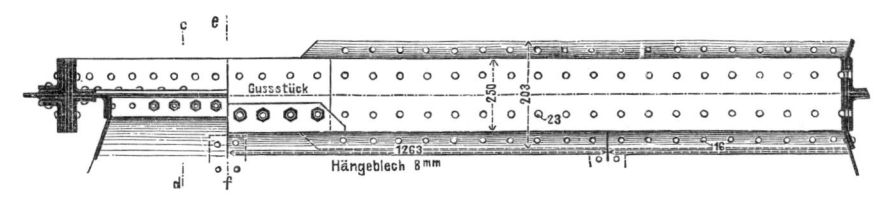

Schnitt e—f.   Schnitt c—d.
Abb. 175.

Abb. 176. Aufsicht.

Abb. 177. Kronprinzenbrücke.

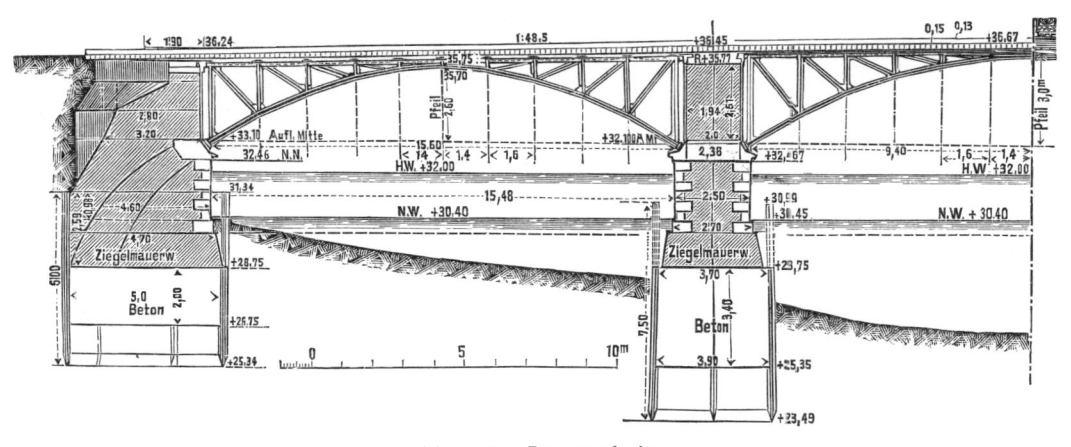

Abb. 178. Längsschnitt.

Berlin und seine Bauten. I.

18. Die Alsenbrücke,[1] welche der Kronprinzenbrücke zunächst liegt, wurde in den Jahren 1858—1864 im Zusammenhange mit den Kais und Uferstrafsen an der Unterspree vom Fiskus erbaut. Der Flufs ist hier auf beiden Seiten mit Ladestrafsen von 15,07 m Breite eingefafst worden, die rd. 3,90 m unter den oberen, durch Futtermauern aus Kalksteinquadern begrenzten, hohen Uferstrafsen liegen, mit denen sie durch massive, freitragende Treppen verbunden sind. Die rd. 80 m lange Brücke führt in gerader Verlängerung der Alsenstrafse und in der Achse des Humboldthafens über die Spree, an deren rechtem Ufer sie sich unmittelbar in zwei massive Seitenbrücken trennt, welche die Einfahrtcanäle zu diesem Hafen überspannen. Das Bauwerk enthält zwischen massiven, aus Backstein gemauerten Pfeilern vier Oeffnungen (drei über dem Flusse und eine über der südlichen Uferstrafse), deren Ueberbau durch gufseiserne Bögen gebildet ist. Die 12 Bogenrippen einer Oeffnung sind bei 16,53 m lichter Spannweite mit $1/10$ Pfeilhöhe, 0,628 m hoch, liegen in 1,255 m Abstand von einander und bestehen je aus zwei Hälften, welche im Scheitel und auf den Mittelpfeilern mit einander verschraubt, auf den 3,139 m starken Endpfeilern aber mit dem Mauerwerk verankert sind; die Brücke hat eine lichte Breite von 14,126 m zwischen den Geländern mit einer 7,846 m breiten Fahrbahn und erhöhten, je 3,14 m breiten Granittrottoirs. Die massiven Brückentheile haben Ballustraden aus Nebra-Sandstein und gebranntem Thon, die Brückenöffnungen reich gezierte Geländer aus galvanisch bronzirtem, von der gräflich Stolberg'schen Factorei gefertigten Eisengufs erhalten, zu welchem Stüler die Entwürfe geliefert hat. Die Fundirung der 2,20 m starken drei Mittelpfeiler der Brücke erfolgte auf Pfahlrost mit Betonschüttung zwischen den Pfählen bei einer Tiefe von 1,57 m unter Niedrigwasser. Die Brücke zeigte bald Mängel in der Construction wie in den verwendeten Materialien, sodafs dauernd erhebliche Ausbesserungen vorgenommen werden mufsten. Neuerdings angestellte eingehende Untersuchungen ergaben, dafs die Fahrbrücke über die Spree für den Fahrverkehr gesperrt werden mufste. Zur Zeit ist man damit beschäftigt, den Entwurf für den Neubau der eigentlichen Spreebrücke aufzustellen. Die Strombehörden ihrerseits sind im Begriff, die schräge Einfahrt zum Humboldthafen zu erweitern, um ihn für gröfsere Schiffe zugänglich zu machen.

Abb. 179. Moltkebrücke.

19. Die Moltkebrücke, über deren Schicksal folgendes zu berichten ist:
In den Jahren 1864—65 wurde von der Königlichen Direction der Niederschlesisch-Märkischen Eisenbahn an Stelle der alten baufälligen, hölzernen Brücke der ehemaligen Berliner Verbindungsbahn eine neue eiserne Brücke gemeinschaftlich für Strafsen- und

---

[1] Abgebildet in Berlin und seine Bauten, 1. Ausgabe, Theil II, S. 41.

Eisenbahnverkehr erbaut. Sie führte zunächst den Namen Unterspreebrücke[1]) und wurde erst zufolge Allerhöchsten Kronerlasses im Jahre 1875 mit dem Namen Moltkebrücke belegt. Die Eisenconstruction war aus dreigelenkigen Fachwerkbögen gebildet und erregte als erste derartige Construction in den Fachkreisen Deutschlands ein gewisses Aufsehen. Sehr bald nach Inbetriebnahme der Brücke zeigten sich bereits bleibende Verdrückungen der Eisenconstruction, welche zur Vornahme von Probebelastungen nöthigten. 1871 wurde die Brücke lediglich für den Strafsenverkehr eingerichtet und gelangte 1876 mit den übrigen Strafsenbrücken in den Besitz der Stadt Berlin. Nach dieser Zeit haben bauliche Erneuerungen und Ausbesserungen vielfach stattgefunden. Fortschreitende Bewegungen und Verdrückungen der Eisenconstruction sowie ein Ausweichen des linksseitigen Strompfeilers nöthigten im Jahre 1885 zum vollständigen Neubau der Brücke. Im Winter 1885/86 wurde mit dem Bau einer hölzernen Nothbrücke begonnen und diese bereits am 1. April dem Verkehr übergeben. Da ausgiebige Höhe vorhanden war, so erbaute die Stadt eine steinerne Brücke, welche die Breite der Moltkestrafse, also 26 m, und drei Stromöffnungen von $2 \cdot 16,3 + 17 = 49,60$ m lichter Weite nebst einer linksseitigen Ladestrafsenöffnung am Kronprinzenufer von 10,40 m Weite erhielt (Abb. 180); den Abschlufs der rechten Ladestrafse bildet dagegen ein Blendbogen. Die Gewölbe sind nach einer Korbbogenlinie gebildet und in Klinkermauerwerk mit Sandsteinverkleidung hergestellt. In gleicher Weise ist die Verkleidung der Stirnen, der Treppenanlagen sowie das Geländer nebst den Sockeln für den figürlichen Schmuck aus Sandstein ausgeführt. Die kräftig gegliederten Vorköpfe der Pfeiler tragen kriegerische Trophäen, vom Bildhauer Böse modellirt. Die Schlufssteine der drei Stromöffnungen zeigen am Mittelbogen den charakteristischen Kopf Moltkes, an den Seitenbögen unterstrom die Bildnisse Blüchers und Derfflingers, oberstrom zwei antike Köpfe. Auf den Endpfeilern der Brückengeländer erheben sich vier nach Modellen des Bildhauers Piper in Sandstein gehauene Greife, welche aus Bronze getriebene, mit Wappen verzierte Schilde halten; die Mittelpfosten über den Widerlagern und den Strompfeilern tragen Laternen (Abb. 179). Die aus Bronze gegossenen Candelaber sind, ebenso die Köpfe der Schlufssteine, nach Entwürfen des Professors Carl Begas hergestellt.

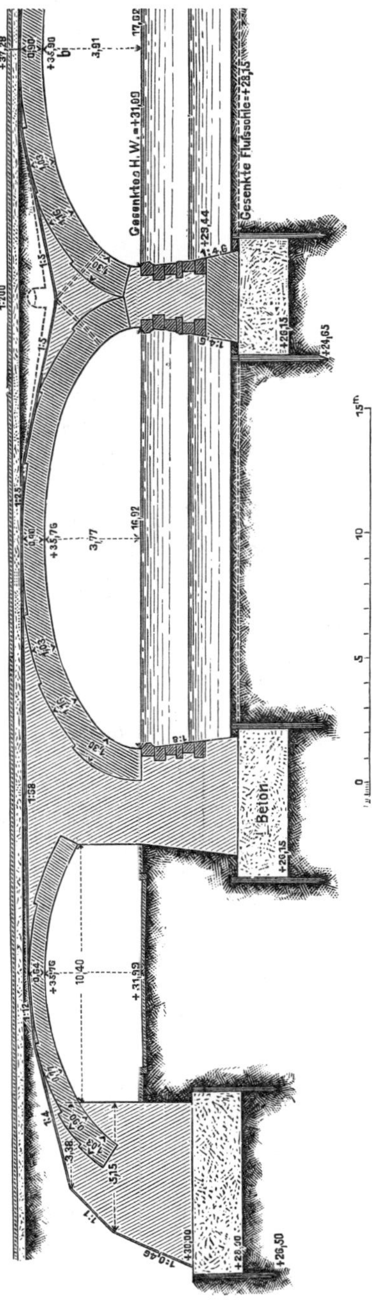

Abb. 180. Moltkebrücke, Längsschnitt.

20. **Die Lutherbrücke.** Veranlafst durch die rasch zunehmende Gröfse und Bedeutung des Berliner Stadttheiles Moabit begannen schon im Jahre 1886 die ersten einleitenden Schritte zum Neubau einer Brücke im Zuge der Paulstrafse; nicht unwesentlich gefördert durch den Umstand, dafs der Militärfiskus an der Paulstrafse in unmittelbarem Anschlusse an die Spree umfangreiche Proviantamtsbauten in Angriff nahm, für welche ein Zugang über die Spree nach Westen sehr erwünscht war. Die Höhenlage der angrenzenden

---

[1]) Abb. s. Berlin und seine Bauten, 1. Ausgabe, Theil II, S. 42.

Ufer gestattete den Bau einer steinernen Brücke, deren Achse in gerader Verlängerung der Paulstraße liegt und den Fluß, welcher an der Baustelle eine ziemlich scharfe Krümmung aufweist, unter einem Winkel von etwa 71° schneidet. Die vorgeschriebene Breite der Unterspree von rd. 50 m wird bei dieser Brücke durch drei Gewölbe — von 16,30 m,

Abb. 181. Lutherbrücke.

17 m und 16,30 m Weite, normal gemessen — überspannt; den beiden Strompfeilern ist eine Stärke von 3,60 m in Höhe der Betonoberkante und von 2,60 m in Kämpferhöhe gegeben. Die Gewölbe haben Stichbogenform und sind in Ziegeln schief eingewölbt; die Verkleidung der Stirnen, mit Ausnahme der Gewölbezwickel, welche ebenfalls aus Ziegeln hergestellt sind, besteht, ebenso wie die sämtlichen Kämpfersteine, aus Sandstein. Die Gewölbestärke beträgt im Scheitel 0,64 m und am Kämpfer 1,03 m, die gesamte Constructionshöhe von Unterkante Gewölbe bis Oberkante Pflaster nur 1 m; trotzdem hat die Brückenfahrbahn beiderseits eine Neigung von 1:40 erhalten müssen. Die Gründung konnte auf Beton zwischen Spundwänden erfolgen.

Die Breite der Brücke, die inzwischen den Namen Lutherbrücke erhalten hat, beträgt 26,50 m zwischen den Geländern; hiervon entfallen 15 m auf den Fahrdamm. Das Geländer ist aus Schmiedeeisen zwischen steinernen Pfosten gebildet; über den Strompfeilern sind dreiarmige Laternenständer errichtet und auf den Abschlußpfosten erheben sich steinerne Obelisken. Abb. 184 giebt die Anordnung des Lehrgerüstes wieder, die in ähnlicher Form bei den neueren Brücken hier mehrfach angewendet worden ist.

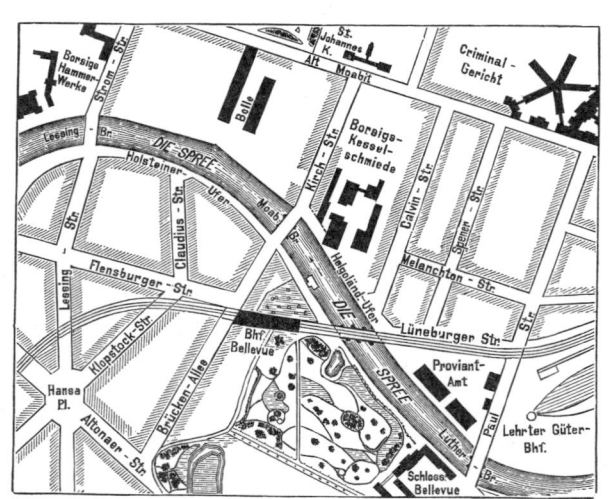

Abb. 182. Lutherbrücke, Lageplan.

21. Die Moabiter Brücke wurde im Jahre 1835 nach Erbauung der von Schinkel herrührenden St. Johanneskirche in Moabit zur Verbindung der Kirchstraße mit dem Moabiter

V. Die Strafsenbrücken.   157

Abb. 183. Lutherbrücke, Querschnitt.

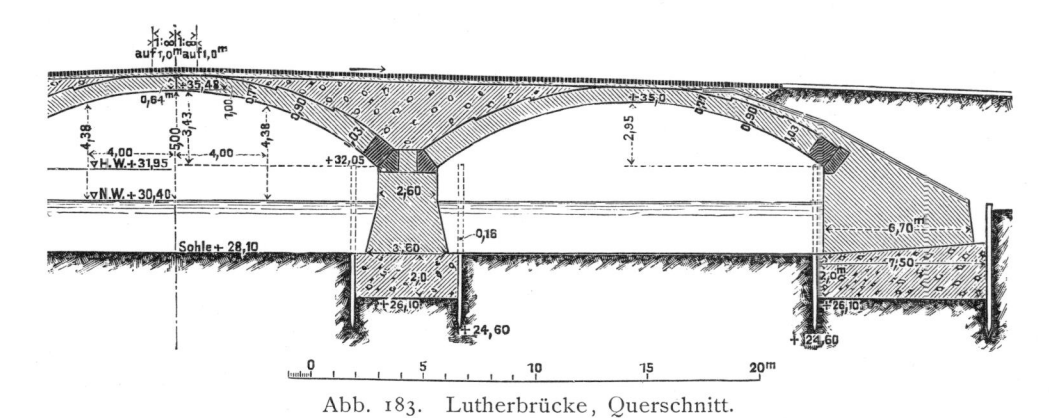

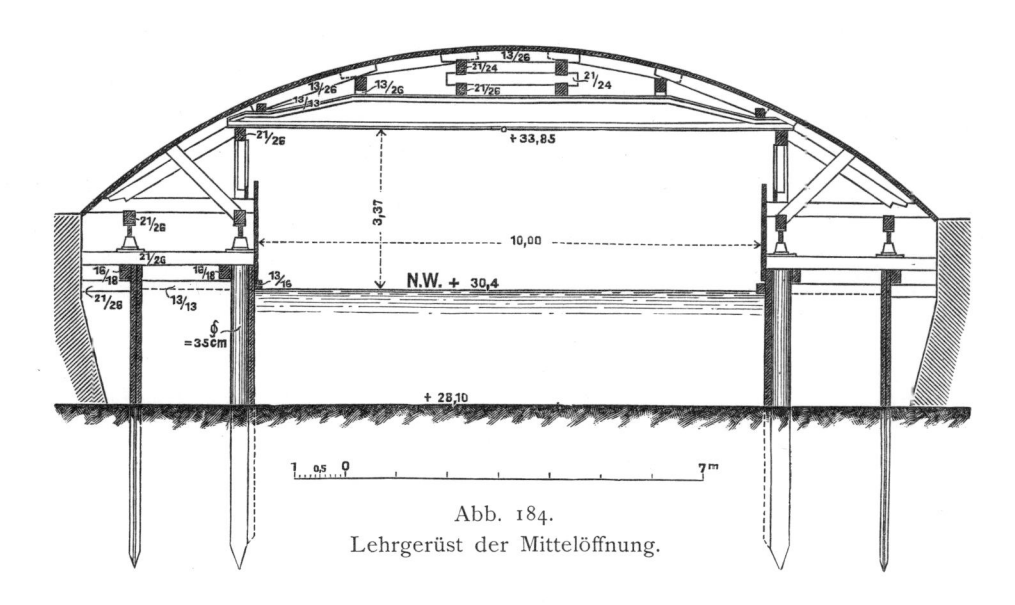

Abb. 184.
Lehrgerüst der Mittelöffnung.

Wege, der jetzigen Brückenallee, die vom Grofsen Stern um den Schlofspark Bellevue herumführt, als hölzerne 70 m lange Jochbrücke von 7,50 m Breite (Fahrbahn 3,80 m breit) errichtet. Sie lag 1,83 m über Hochwasser und hatte die bekannte Klappenvorrichtung. Ihre Höherlegung um 1,50 m und Umwandlung in eine feste hölzerne Brücke stammt aus dem Jahre 1860. Anlafs zum jüngsten Neubau gab der unhaltbar gewordene bauliche Zustand und die in der starken Stromkrümmung zu sehr nach dem convexen Ufer gelegene schmale Durchfahrtsöffnung. Die neue Brücke überschreitet die Spree unter einem Winkel von 72° mittels dreier Gewölbe von 16,30, 17 und 16,30 m normaler Lichtweite. Die Abmessungen sind im übrigen aus den Abb. 185—188 ersichtlich. Bei 1,04 m Constructionshöhe entfallen 64 cm auf die Klinkergewölbe. Die Stirnbekleidungen, das Geländer und die Eckpfosten sind aus Basaltlava hergestellt. Das Gefälle der Rampen beträgt 1:42 gegenüber 1:26 der ehemaligen. Die Architektur trägt in romanischen Formen einen dem harten Stein der Verblendung angepafsten schlichten Charakter. Die Brüstungen sind rundbogenartig durchbrochen, an ihren Enden erheben sich 3 m hohe Pfeiler, auf welchen als Ausdruck der Kraft und der Gröfse des Berliner Gemeinwesens gewaltige Bären in naturalistischer Auffassung von den Bildhauern Böse, Götz, C. Begas und Piper, in Bronze gegossen von Martin & Piltzing, Berlin, stehen.

Es folgen bis zur Weichbildgrenze noch drei Fahrbrücken, die als hölzerne Jochbrücken erbaut sind und somit einen vorübergehenden Charakter besitzen. Dieselben sind in dem Verzeichnifs S. 122 unter Nr. 22—24 genannt.

158   V. Die Strafsenbrücken.

Abb. 185. Moabiter Brücke.

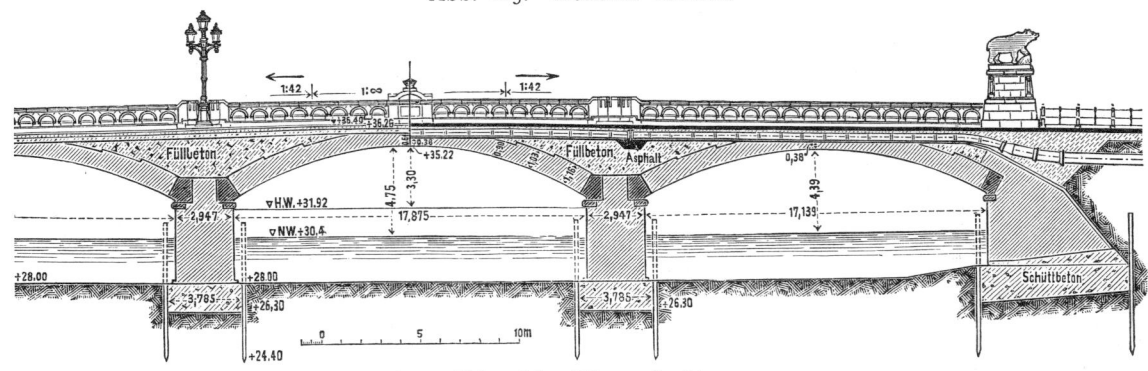

Abb. 186. Längsschnitt.

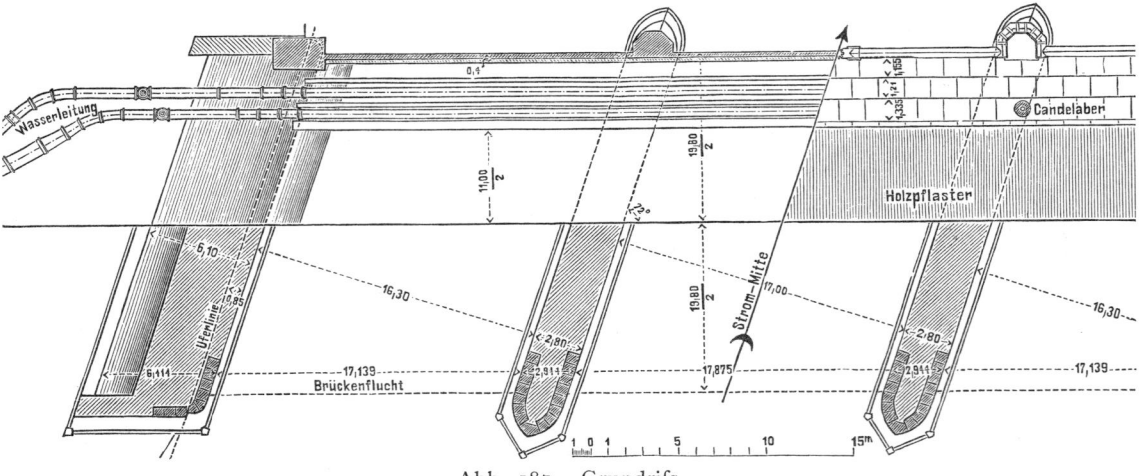

Abb. 187. Grundrifs.

V. Die Strafsenbrücken.   159

Abb. 188. Moabiter Brücke, Schnitt.

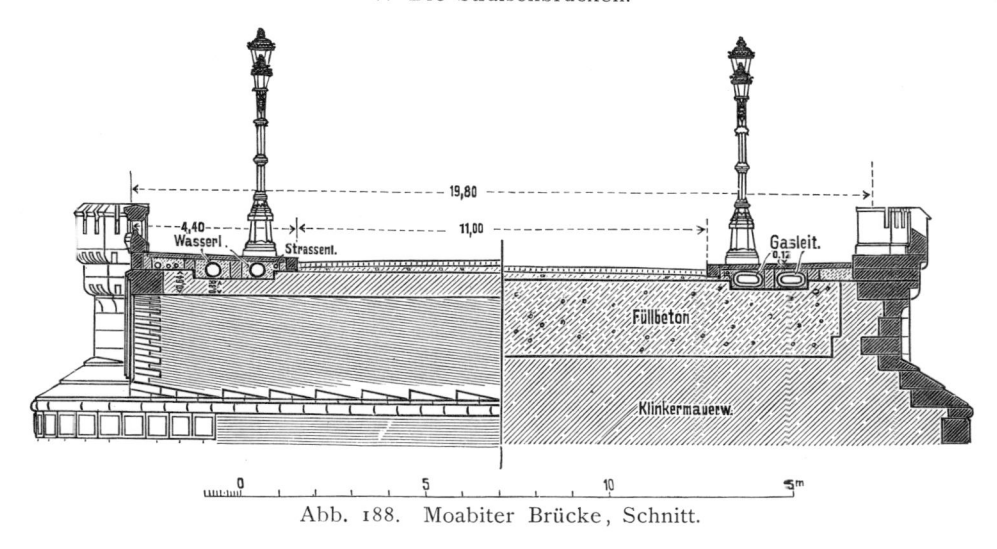

B. Brücken über den Schleusencanal und Kupfergraben.

Von den neun Brücken über den Schleusencanal und Kupfergraben sind 25. die **Inselbrücke**, 26. die **Rofsstrafsenbrücke** und 27. die **Grünstrafsenbrücke** einfache Pfahljochbrücken älterer Construction mit Klappen. Die gleiche Construction besafs die im Zuge der Gertraudtenstrafse liegende 28. **alte Gertraudtenbrücke**, über die sich der ungemein starke Verkehr vom Molkenmarkt nach dem Spittelmarkt bewegt. Der Umbau war seit lange ein dringendes Bedürfnifs und erfolgte i. J. 1895. Die Brücke überspannt in einem Bogen von 18 m Lichtweite den Canal und ist auf 22 m verbreitert worden, wovon

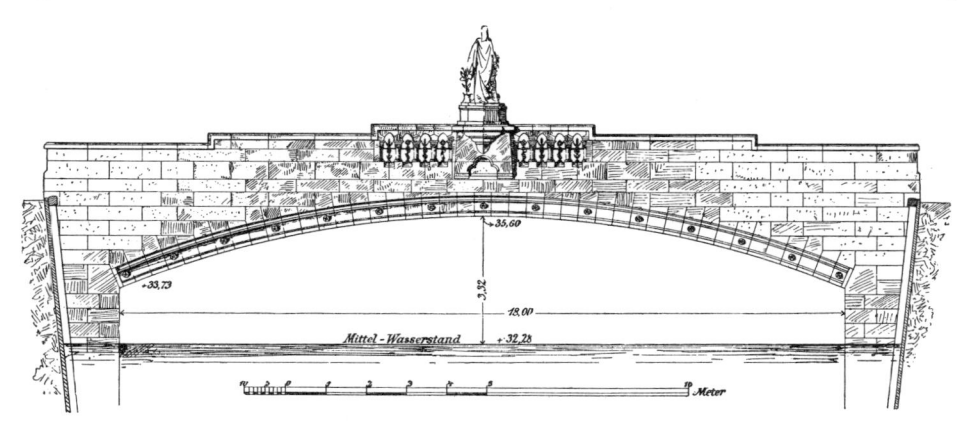

Abb. 189. Gertraudtenbrücke.

5 m auf die Bürgersteige und 12 m auf die Fahrbahn entfallen. Das Gewölbe wie auch die Stirnbekleidungen und das Geländer sind aus Basaltlava hergestellt. Als Schmuck von grofsem künstlerischem Werthe erhebt sich in der Mitte des stromabwärts gelegenen Geländers die Gestalt der heiligen Gertrudis, einen fahrenden Schüler tränkend. Die vom Professor Siemering modellirte Figur ist von der Firma Lauchhammer in Bronze gegossen (Abb. 189—191).

29. Es folgt die **Jungfernbrücke**, ein wahrscheinlich aus dem Anfange des 18. Jahrhunderts stammendes Bauwerk mit drei Oeffnungen, das wegen der Construction seines als Sinusoidenzugbrücke angeordneten mittleren Durchlasses eine technische Kuriosität Berlins bildet. Die beiden ungleichen Seitenöffnungen, 6,75 m bezw. 3,50 m i. L. weit, sind in 6 m Breite mit rothem Sandstein überwölbt; die aus gleichem Material construirten Pfeiler sind 1,80 m bezw. 1,60 m breit. Die mittlere Oeffnung, welche die 5 m breiten

Durchlafsklappen enthält, ist i. L. 8 m weit. Hölzerne Portalpfeiler tragen die Rollen für die von den Klappenenden nach dem Spillrade und der Fufsrolle führenden Zugketten. Das kastenförmige Bogenstück enthält die Rollbahn und nimmt zugleich die eisernen Führungsschienen der Zugklappen auf; die über die Fufsrollen nach den Seitenöffnungen niedergeführten Zugketten tragen Gegengewichte (Abb. 192).

30. Erwähnt sei noch die kleine Jungfernbrücke, eine hölzerne Jochbrücke mit massiven Widerlagern, die im Zuge der Friedrichsgracht über den unterhalb der Jungfernbrücke abzweigenden Mühlengraben führt.

31. Die Schleusenbrücke, über den an das Unterhaupt der Stadt-Schleuse angeschlossenen 7,69 m breiten Schleusencanal gespannt, ist zuletzt in den Jahren 1861—1864 mit der Schleuse selbst erneuert worden und wird nur bemerkenswerth wegen ihrer in fünf neben einander liegende Klappen zerlegten Breite von 24 m. Das mittlere Klappenpaar ist 1882/83 aus Anlafs der Ueberführung einer Pferdebahnlinie in Eisen umgebaut.

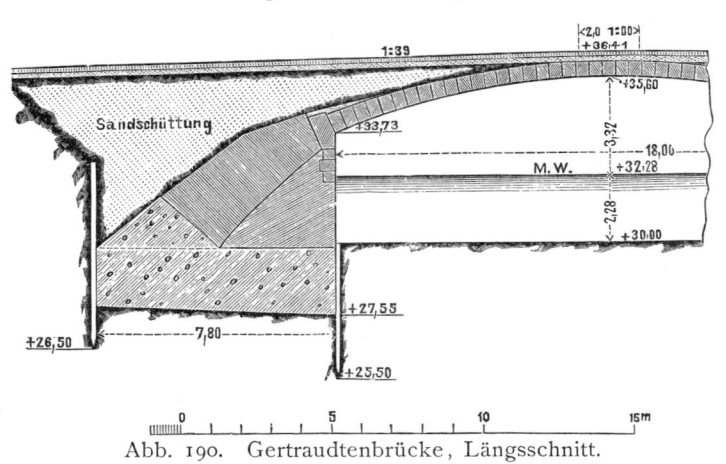

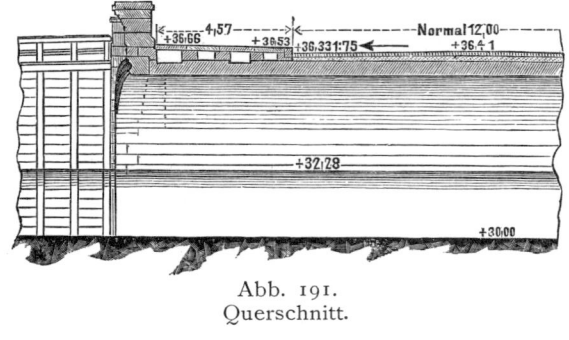

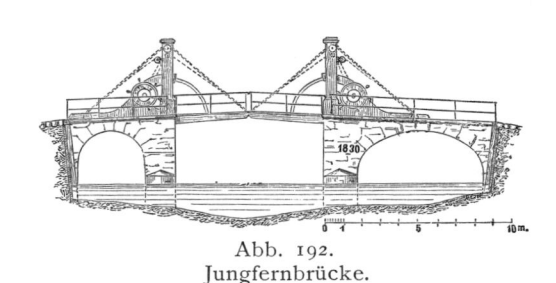

Abb. 190. Gertraudtenbrücke, Längsschnitt.

Abb. 191. Querschnitt.

Abb. 192. Jungfernbrücke.

32. Die Schlofsbrücke,[1]) die den Kupfergraben in der Verlängerung der Linden überschreitend von 1822 bis 1824 an Stelle der früheren Hundebrücke erbaut wurde, besitzt bei einer Länge von 48,90 m eine Breite von 32,65 m; ist also nächst der Belle-Alliance-Brücke die breiteste Brücke Berlins. Der Entwurf Schinkels war auf drei gleich weite, mit massiven Segmentbogen überspannte Oeffnungen berechnet. Rücksichten auf die Schiffahrt bedingten, in die mittlere Oeffnung einen (aus sieben neben einander liegenden Klappen zusammengesetzten) Durchlafs zu legen; infolge dessen wurden die beiden Strompfeiler durch massive Vorlagen, welche den einseitigen Bogenschub aufnehmen und die Gegengewichte der Aufzugvorrichtung enthalten, verstärkt und die beiden seitlichen Bogen mit stärkerem Pfeil ($1/6$) gewölbt. Die Eintheilung der Geländer usw. ist jedoch so erfolgt, dafs bei einer etwaigen Verlegung des Schiffverkehrs aus dem Kupfergraben der mittlere Bogen, nach Wegnahme jener Verstärkungen, nachträglich ausgeführt werden kann. Pfeiler und Bogen sind von Sandstein.

Die beiden letzten, über den untersten Theil des Flufslaufes gespannten Brücken sind:

33. Die „Eiserne Brücke", ein Bauwerk mit zwei massiven Pfeilern, dessen frühere Eisenconstruction jedoch seit längerer Zeit durch einen hölzernen Ueberbau mit Klappenvorrichtung ersetzt ist, und

34. Die als hölzernes Pfahljochwerk construirte Mehlbrücke.

---

[1]) Abb. s. Berlin und seine Bauten. 1. Ausgabe, Theil I, S. 86.

C. Brücken über den Landwehrcanal.

Unter den Brücken des Landwehrcanals sind nur noch wenige, die in den letzten Jahren nicht erhebliche Veränderungen erfahren hätten, theils durch Umbau der alten hölzernen Klappbrücken in massive Brücken, theils durch Vermehrung der Flufsübergänge, wie solche durch die fortschreitende Bebauung der südlichen Stadttheile geboten erschien. Wir lassen zunächst die Abbildung einer alten Landwehrcanalbrücke folgen, wie sie für die Canalbrücken Berlins überhaupt als typisch bezeichnet werden kann.

Ueber den oberhalb gelegenen Fluthgraben führt

35. Die Oberfreiarchenbrücke, eine eiserne in jüngster Zeit umgebaute Balkenbrücke und

36. Die Treptower Brücke, die drei massiv gewölbte Oeffnungen besitzt.

Unterhalb der Abzweigung des Canals aus der Spree liegt zunächst im Zuge der Schlesischen bezw. der Köpenicker Strafse:

37. Die Schlesische Brücke, die 1895 umgebaut worden ist, besitzt zwei Oeffnungen von je rd. 11 m Spannweite. Der Mittelpfeiler und die Widerlager haben eine Verkleidung aus Miltenberger Sandstein erhalten. Der Ueberbau besteht aus flufseisernen Balkenträgern; die Breite der Brücke beträgt 25 m.

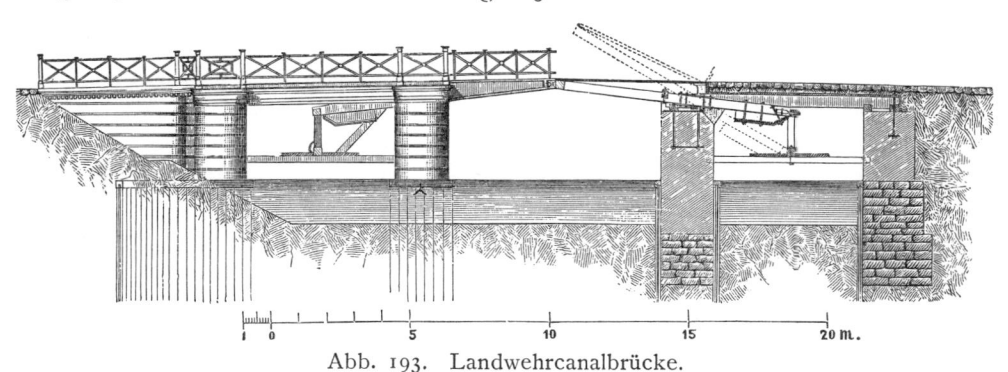

Abb. 193. Landwehrcanalbrücke.

38. Im Zuge der Wiener Strafse wurde aus Anlafs der Gewerbeausstellung 1896 im Jahre 1895 eine massiv gewölbte Brücke, deren Gewölbe aus Klinkern mit Verblendung aus rothem Miltenberger Sandstein bestehen, erbaut. Die Brücke besitzt eine Lichtweite von 24,40 m, eine Lichthöhe im Scheitel von 3,40 m und eine Gesamtbreite von 20 m (4 + 12 + 4).

39. Die Thielenbrücke, 1893/94 im Zuge der Glogauer Strafse von Privaten erbaut, ist eine hölzerne Jochbrücke mit festem Ueberbau, die später durch einen Massivbau ersetzt werden wird.

40. Die Cottbuser Brücke vermittelt den ungemein lebhaften Verkehr zwischen dem Südosten Berlins und Rixdorf. Die Brücke überschreitet den Canal unter einem Winkel von 72° und ist im Jahre 1892/93 als massiv gewölbte Brücke in Klinkern mit einer Verblendung der Stirnen aus schlesischem Sandstein umgebaut worden. Sie besitzt eine normale Lichtweite von 20 m, eine lichte Höhe im Scheitel über Hochwasser von 3,67 m und die ansehnliche Breite von 26 m (5 + 16 + 5).

41. Die Admiralbrücke, früher Badbrücke genannt, ist 1880—1882 als schmiedeeiserne Bogenbrücke umgebaut worden. Die Hauptträger bestehen aus schmiedeeisernen elastischen Bögen mit zwei Kämpfergelenken, sie liegen in Abständen von 2 m; die Fahr-

Abb. 194.
Cottbuser Brücke.

bahntafel wird aus Hängeblechen gebildet. Im übrigen entspricht die Brücke in ihrer Construction der der Jannowitzbrücke und der Marschallbrücke.

42. Der von der Stadt am Urban angelegte Hafen bedurfte einer Brücke zur Verbindung der Ladestraße am Ufer mit der Hafeninsel. Wegen der niedrigen Lage der

Abb. 195. Admiralbrücke.

V. Die Strafsenbrücken.

Querschnitt durch die gewölbte Oeffnung.

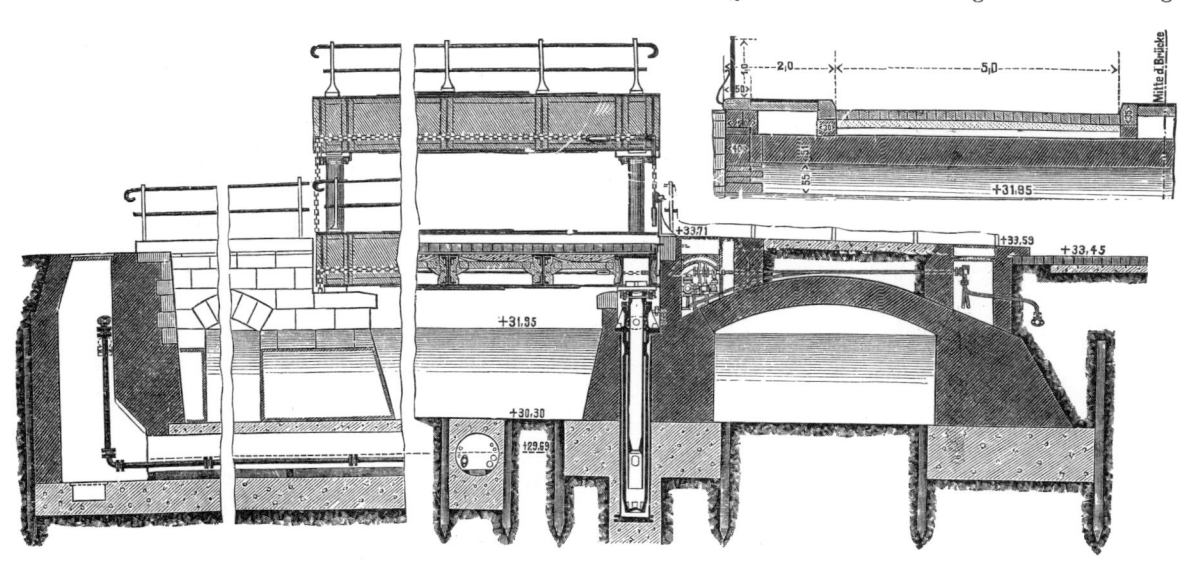

Längsschnitt nach $a-b$, nach $c-d-e-f$.
Abb. 196. Hubbrücke am Urban.

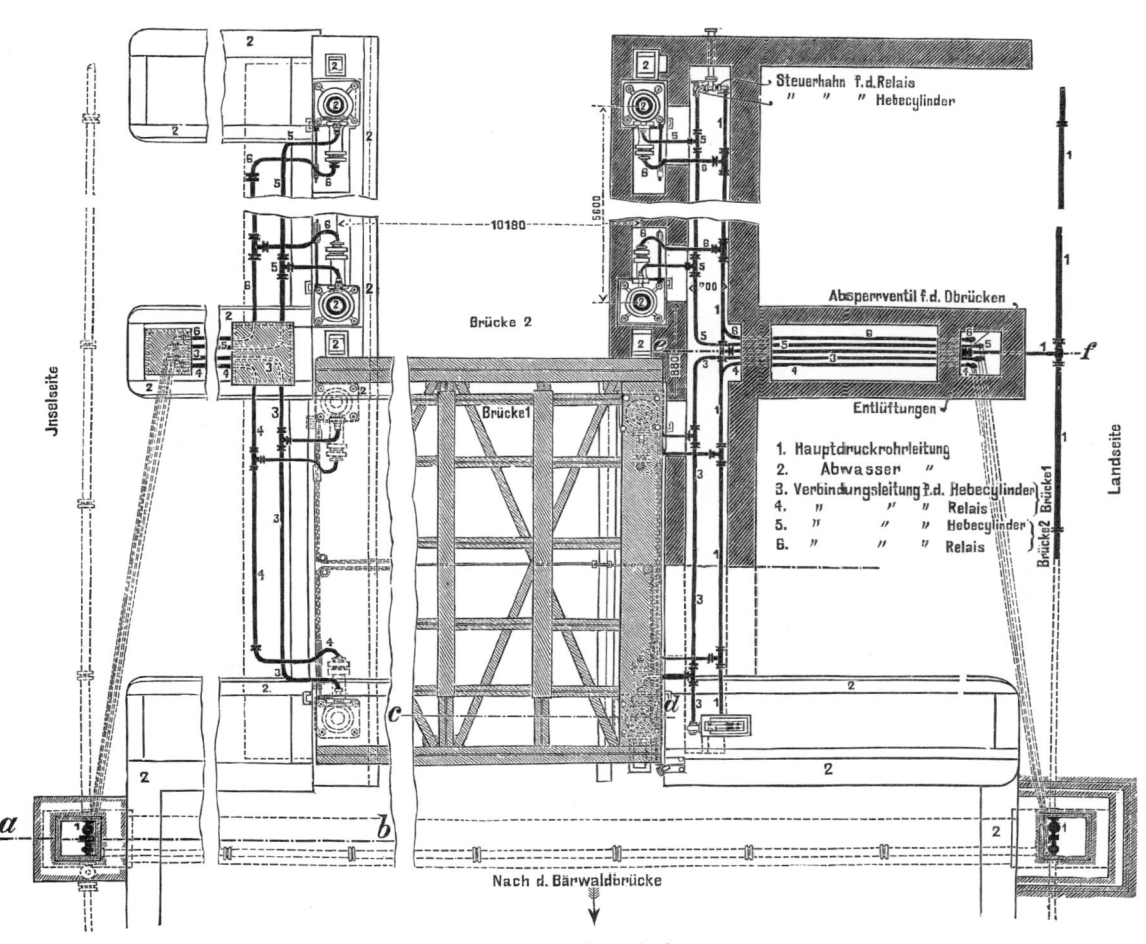

Abb. 197. Grundrifs.

21*

Ladestraße ist der mittlere Theil als Hubbrücke in Eisen construirt. Sie besteht in zwei gleichen, neben einander liegenden Hälften, die durch Druckwasser bewegt werden. Unter jeder Ecke der beiden Brückenhälften steht ein Hebecylinder mit Taucherkolben von 300 mm Durchmesser. Letztere drücken gegen kugelförmige Ansätze der unter dem Endkastenträger befestigten Druckplatten. Der Taucherkolben hat am unteren Ende einen länglichen Schlitz, durch welchen, wenn die Brücke um 2,50 m hochgehoben ist, ein Riegel geschoben werden kann, der das Gewicht der Brücke abfängt. Sowohl das Heben der Brücke, als auch das Bewegen der Riegel geschieht durch Druckwasser von 50 Atmosphären Ueberdruck. Das parallele Heben wird durch eine Steuerung (D. R. P. C. Hoppe) erzielt, welche derartig wirkt, daß eine mit der Brücke hochgehende Gelenkkette die an jedem Cylinder befindlichen Steuerungsorgane derartig beeinflußt, daß sich die einzelnen Kolben genau gleichmäßig bewegen. Für das Heben und Senken und für das Ver- und Entriegeln sind in die Rohrleitung entlastete Steuerhähne (D. R. P. C. Hoppe) eingeschaltet, die vom Trottoir der Landseite aus durch Hebel bethätigt werden (Abb. 196 u. 197).

43. Die im Zuge der Prinzenstraße liegende Bärwaldbrücke, früher Gasanstaltsbrücke, 1876—1878 umgebaut, bildet den ersten bedeutenden Brückenbau der Stadt Berlin nach der Uebernahme der fiskalischen Brücken im Jahre 1876. Die Brücke überschreitet den Canal unter einem Winkel von rd. 71°; sie ist massiv in Klinkern gewölbt und hat eine Verkleidung der Stirnen aus Obernkirchener Sandstein erhalten.

Abb. 198. Waterloobrücke.

44. Die Waterloobrücke, im Zuge der Alexandrinenstraße, 1890—1891 neu erbaut, ist ebenfalls massiv in Klinkern mit Sandsteinverkleidung gewölbt. Sie schließt sich in ihrem Charakter den bis jetzt besprochenen gewölbten Canalbrücken an.

45. Die Belle-Alliance-Brücke, welche die Hauptverbindung zwischen der südlichen Friedrichstadt und der Tempelhofer Vorstadt bildet, ist vom Fiskus in den Jahren 1874—1876 in der Architektur nach Strack'schen Entwürfen an Stelle der älteren hölzernen Klappbrücke als massiv gewölbte Brücke erbaut worden. Das nach einer Korbbogenlinie geformte Gewölbe besteht aus Klinkern. Sämtliche Stirnen haben eine Verblendung aus Obernkirchener Sandstein erhalten, während das Geländer in Granit und die

V. Die Strafsenbrücken.

Abb. 199. Belle-Alliance-Brücke.

Figurengruppen in Tiroler Marmor ausgeführt sind. Die Brücke besitzt die bedeutende Breite von 33,60 m (7,30 + 19 + 7,30); die Fahrbahn ist mit Asphalt abgedeckt.

46. Die Grofsbeerenbrücke, 1869/70 neu erbaut, ist eine hölzerne Balkenbrücke mit massiven Pfeilern, ferner

47. Die Möckern- und 48. die Schöneberger Brücke, hölzerne Klappenbrücken mit massiven Pfeilern, 1850 bei Anlage des Landwehrcanals erbaut, deren Umbau für die nächsten Jahre in Aussicht genommen ist.

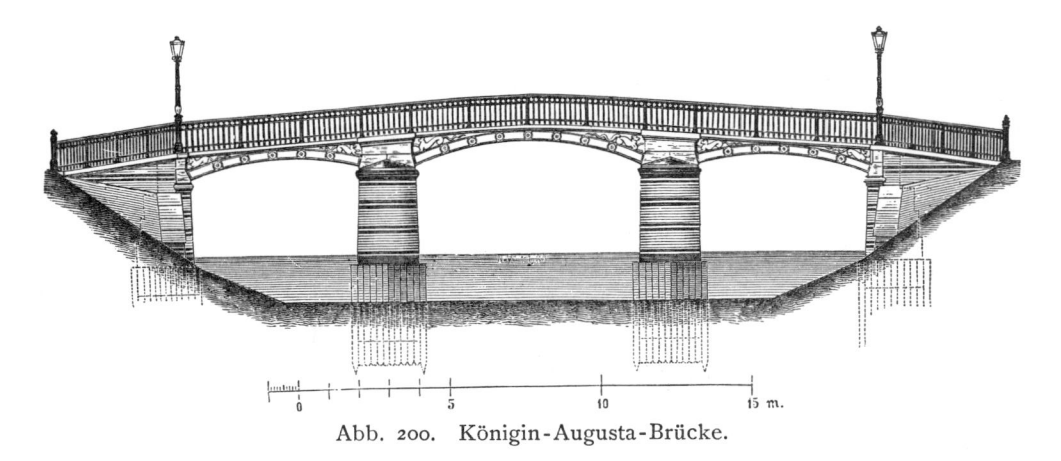

Abb. 200. Königin-Augusta-Brücke.

49. Die weiter stromab liegende Königin-Augusta-Brücke, im Zuge der Linkstrafse, ist 1869/70 als eiserne Klappenbrücke mit erhöhten festen Fufssteigen erbaut. Die Klappen sind mit Wellblech, die Seitenöffnungen und Fufswege mit Buckelplatten abgedeckt.

50. Die im Zuge der Potsdamer Strafse liegende Potsdamer Brücke zeigt ebenfalls noch die alte Klappenconstruction; zu Anfang der siebziger Jahre hat sie erhöhte Bürgersteige erhalten; ihr Umbau ist ein dringendes Bedürfnifs und steht bevor.

166   V. Die Strafsenbrücken.

51. Die v. d. Heydt-Brücke ist im Jahre 1895 in eine massiv gewölbte Brücke umgewandelt worden. Ihre lichte Weite beträgt 20 m, die Lichthöhe im Scheitel über Hochwasser 3,40 m, die Breite 16 m (3 + 10 + 3). Das schiefe Gewölbe (76,50⁰) besteht ganz aus Quadern, wie auch die Verkleidung der Stirnen und das Geländer. Als Material ist rother Mainsandstein verwendet worden. Als figürlicher Schmuck sind auf den vier Endpostamenten vom Professor Herter modellirte Schiffschnäbel mit Nixengestalten aufgestellt. Erstere sind von der Firma Wimmel ebenfalls in rothem Mainsandstein ausgeführt, während letztere von der Firma Schäffer & Walcker in Bronze gegossen sind.

Abb. 201. v. d. Heydt-Brücke.

52. Im Zuge der Hohenzollernstrafse ist 1883/84 eine Brücke für Fufsgänger errichtet worden, die den Namen Lützowbrücke erhalten hat. Die Träger bestehen aus zwei schmiedeeisernen elastischen Bögen mit Kämpfergelenken, der Belag aus eichenen Bohlen, die Widerlager, Gesimse und das Geländer der Landpfeiler aus Mehler Sandstein, das der Brücke selbst aus Schmiedeeisen.

Abb. 202. Herkulesbrücke.

53. Die im Zuge der Friedrich-Wilhelm-Strafse liegende alte Albrechtshofer Brücke ist 1889/91 in eine massiv gewölbte Brücke umgebaut worden und hat hierbei den Namen Herkulesbrücke erhalten. Das Gewölbe besteht aus sächsischem Sandstein, die Stirn-

V. Die Strafsenbrücken.

verkleidung aus Cudowa-Sandstein. Den figürlichen Schmuck der Brücke bilden die beim Abbruch der alten Herkulesbrücke über den zugeschütteten Königsgraben gewonnenen von Schadow modellirten Herkulesgruppen und Sphinxe.

Abb. 203. Corneliusbrücke.

54. Die Corneliusbrücke, in Form und Anordnung der Belle-Alliance-Brücke ähnlich, jedoch ganz aus Ziegeln hergestellt, wurde 1874/75 durch den Actienverein Thiergarten erbaut.

55. Als letzte folgt die Lichtensteinbrücke, eine schmiedeeiserne Bogenbrücke mit drei Oeffnungen, 1873 erbaut.

D. Brücken über den Luisenstädtischen Canal.

56. Gerade da, wo die Schillingsbrücke die Spree überschreitet, zweigt der Luisenstädtische Canal ab und erstreckt sich zuerst in fast viertelkreisförmiger Linienführung bis zum Engelbecken und von dort in gerader Richtung bis zum Landwehrcanal. Die beiden Einfahrtsarme in das zunächst gelegene Schleusenbecken werden von zwei massiven, von einem gemeinsamen Brückenkopfe ausgehenden Brücken, den sogen. Zwillingsbrücken überspannt, die in den Jahren 1873—1874 umgebaut wurden. Im Jahre 1850 wurden sie beim Entstehen des Canals als hölzerne Klappbrücken angelegt. Ihre Lichtweite beträgt 7,53 m, ihre Gesamtbreite 16 m. Die Fundirung geschah, wie bei allen älteren Brücken an diesem Canal auf Bruchsteinmauerwerk, das nach dem Wasser hin durch eine Spundwand geschützt wird. Ueber die sich an das Becken anschliefsende Schleuse führt im Zuge der Köpenicker Strafse

57. Die Köpenicker Brücke, aus vollwandigen flufseisernen Blechträgern bestehend, 1895 an Stelle der 1850 hergerichteten hölzernen Klappbrücke mit einer Lichtweite von 5,60 m, einer Lichthöhe von 3,20 m und einer Gesamtbreite von 22 m erbaut.

58. Die Melchiorbrücke, ein 1886 neu erbauter, 3 m breiter Fufsgängersteg, der in einer Oeffnung von 16,50 m den Canal überspannt. Zwei schmiedeeiserne reich verzierte elastische Bogenträger mit Kämpfergelenken tragen den hölzernen Bohlenbelag.

59. Die Adalbertbrücke ist schon bei Anlage des Canals 1850 als schiefe hölzerne Klappbrücke mit sechs Klappen, 9,20 m breit, erbaut.

60. Die Elisabethbrücke, aus den Jahren 1881—82 stammend und für Fufsgänger bestimmt, ist ähnlich der Melchiorbrücke, nur in der Ausschmückung einfacher gehalten, aus zwei parabelförmigen Bogenträgern bestehend, und überschreitet mit einer Oeffnung von 22,78 m Lichtweite den Canal.

V. Die Straßenbrücken.

Gleich hinter dieser Brücke verbreitert sich der Canal zu dem Engelbecken. Unterhalb desselben liegt

61. Die Königinbrücke, eine Klappbrücke, die schon in den Jahren der Entstehung des Canals mit einem hölzernen Klappenpaare von 4,70 m Breite erbaut wurde.

Abb. 204. Melchiorbrücke.

Infolge fortgesetzter Verkehrssteigerung machte sich schon in den siebziger Jahren das Bedürfnis nach Verbreiterung geltend. Aber erst 1884 konnte dem durch den Anbau von je einem eisernen, 4 m breiten Klappenpaare auf jeder Seite und Umbau des

Abb. 205. Elisabethbrücke.

V. Die Strafsenbrücken.

alten entsprochen werden. Jede Klappe setzt sich aus fünf schmiedeeisernen Ruthen zusammen, die 0,91 m von einander entfernt sind. Ihr Gewicht ist derartig abbalancirt, dafs ein besonderer Bewegungsmechanismus nicht erforderlich ist. Bemerkenswerth ist auch der Belag der Klappe mit eisernen Stahlplatten auf einer 10 cm starken Kiefernholzunterlage (Abb. 206 bis 208).

62. **Die Waldemarbrücke**, in den Jahren 1890 bis 1891 erbaut, ist in ihrer Construction ganz den bereits besprochenen Bogenbrücken, wie Jannowitzbrücke, Admiralbrücke usw. nachgebildet. Ihre acht Hauptträger liegen 2,52 m von einander entfernt und haben eine Spannweite von 16,50 m.

63. **Die Oranienbrücke**, aus dem Jahre 1852 stammend, besafs ursprünglich drei nach dem alten

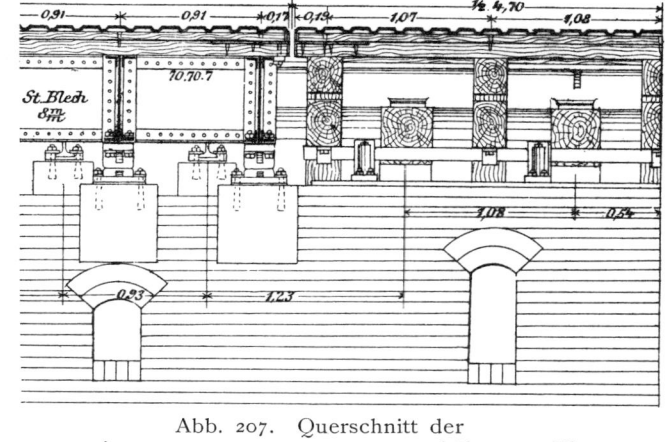

Abb. 206. Königinbrücke.

Abb. 207. Querschnitt der eisernen hölzernen Klappe.

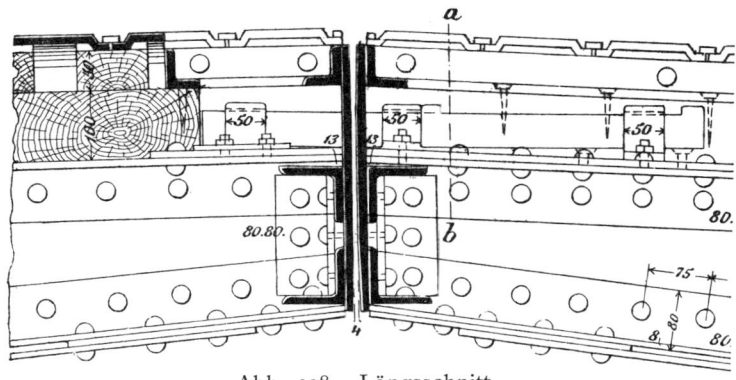

Abb. 208. Längsschnitt.

Muster gebaute hölzerne Klappenpaare mit einer Gesamtbreite von 11,30 m; 1875 wurde sie durch den Anbau von zwei neuen auf 18,75 m verbreitert. Das mittelste Paar ersetzte man 1885 durch ein eisernes nach dem Vorbilde der Königinbrücke, zwecks Aufnahme von Pferdebahngleisen.

64. **Die Luisenbrücke**, im Zuge der Ritter- und Reichenberger Strafse, 1878 bis 1879 erbaut, ist eine eiserne Balkenbrücke von 22,61 m Breite und 8 m Lichtweite einfachster Construction.

Dicht hinter der zweiten Erbreiterung des Canals, dem sogen. Thorbecken, liegen 65. die 1895 erbaute neue Wasserthorbrücke und 66. die aus dem Jahre 1850 stammende alte Wasserthorbrücke. Letztere zeigt wieder die hergebrachte Form der hölzernen Klappbrücken mit einem 4,70 m breiten Klappenpaare von fünf Ruthen. Die neue dagegen bietet eine in Berlin ungewohnte, bis jetzt noch nicht ausgeführte Construction dar. Drei durch 0,80 m hohe Netzwerkträger versteifte, über die Fahrbahn hervortretende Bögen von 24,40 m Stützweite und 3,05 m Höhe (1/8 Pfeil) tragen in einem Abstande von 6,35 m von Mitte zu Mitte die Fahrbahn, die beiden äußeren in Gemeinschaft mit 4,26 m von ihnen entfernten einfachen Gitterträgern auch die Bürgersteige. Für die beiden Fahrbahnen bleibt eine nutzbare Breite von je 5 m, für die Bürgersteige von je 4 m frei. Der gesamte Ueberbau besteht aus Flußeisen, die Widerlager ganz aus Ziegeln auf Betonfundament. (Abbildungen 209—211.)

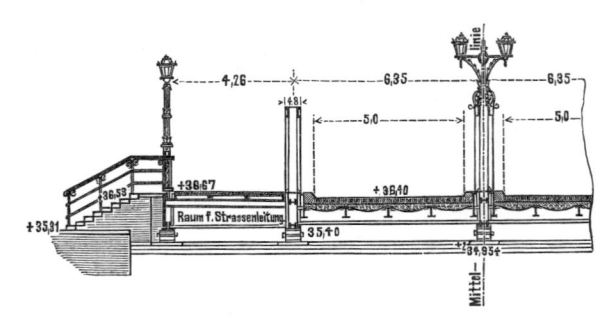

Abb. 209. Querschnitt der Wasserthorbrücke.

67. Als letzte der zu dieser Reihe gehörigen Brücken ist noch die als Fußsteg benutzte, ummantelte Ueberführung von Gasrohren, kurz vor der Ausmündung des Luisenstädtischen in den Landwehrcanal zu erwähnen.

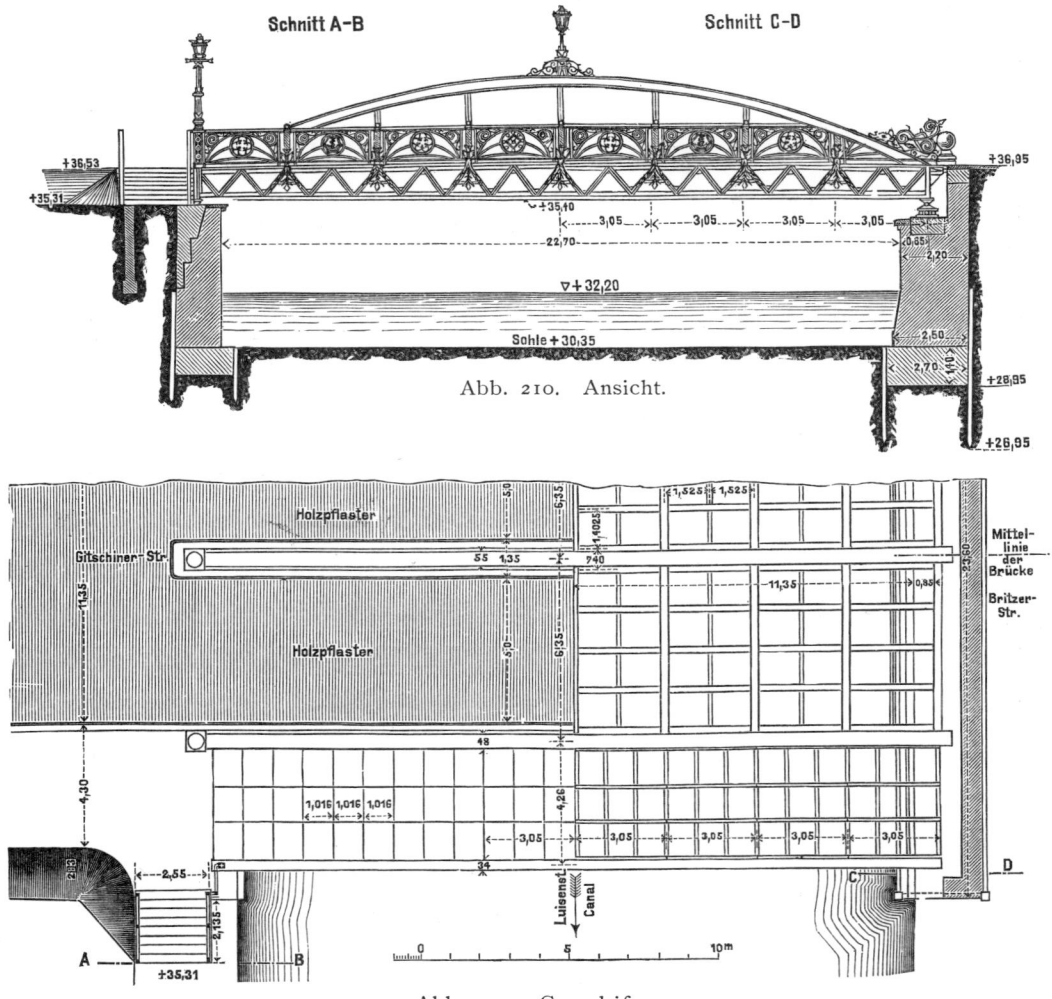

Abb. 210. Ansicht.

Abb. 211. Grundriß.

V. Die Strafsenbrücken.

171

E. Brücken über den Berlin-Spandauer Schiffahrtscanal.

68. Die interessanteste der über diesen Canal führenden Brücken ist die dem Humboldthafen zunächst liegende, in den Jahren 1881—1883 im Zuge der Invalidenstrafse an Stelle der alten hölzernen Brücke erbaute Sandkrugbrücke. Auf 15 elastischen schmiedeeisernen Bogenträgern mit zwei Kämpfergelenken ruhen die Fahrbahn und die Bürgersteige in einer Gesamtbreite von 26 m (5,50 + 15 + 5,50). Die Lichtweite der Brücke beträgt 13 m. Die Widerlager mufsten infolge des schlechten Baugrundes auf Pfahlrost gegründet werden; sie haben eine Verkleidung von Harzer Granit erhalten, während die

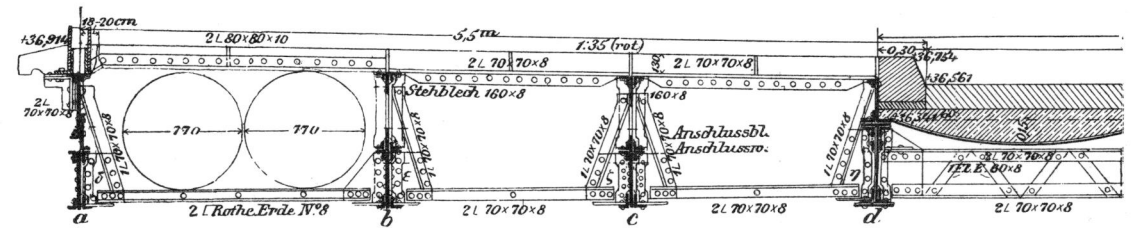

Abb. 212. Querschnitt der Sandkrugbrücke. Mafsstab 1 : 50.

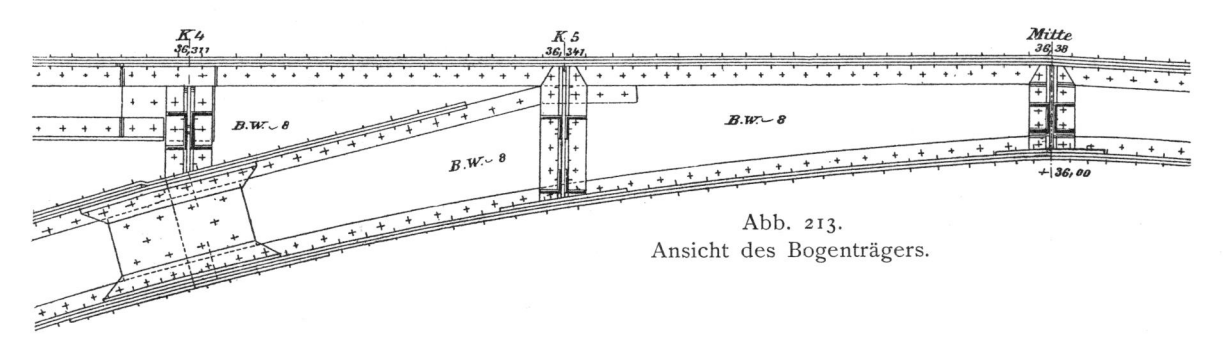

Abb. 213. Ansicht des Bogenträgers.

daran schliefsenden Uferbefestigungen mit Rüdersdorfer Kalksteinen verblendet sind. Besonders beachtenswerth ist die Zusammensetzung der eisernen Bögen aus drei Theilen. Das Stehblech des mittleren Theiles ist dem oberen Streckgurte und dem Bogen gemeinsam. Die obere Gurtung des letzteren ist nur soweit selbständig durchgebildet, dafs die des Streckgurtes nicht mit ihm zusammentrifft. Die Annietung der die Fahrbahn tragenden Hängebleche ist dadurch äufserst bequem geworden (Abb. 212 u. 213).

69. Die Kieler Brücke, eine 1883 für Fufsgänger erbaute 2,50 m breite, hölzerne Jochbrücke mit einem mittleren Doppeljoche und zwei seitlichen einfachen Jochen.

Die nun folgende 70. Fennstrafsen-, 71. Torfstrafsen- und 72. Seestrafsenbrücke sind sämtlich bei Anlage des Canals 1859 als hölzerne Balkenbrücken mit armirten Trägern erbaut. Von den beiden ersten Brücken ist die Fennstrafsenbrücke bereits 1895 in eine massiv gewölbte umgebaut, während sich die Torfstrafsenbrücke noch im Umbau befindet.

F. Brücken über die Panke und den Schönhauser Graben.

Ueber die beiden Wasserläufe, die ohne Schiffahrt sind, führen im ganzen noch 17 Brücken, auf deren nähere Beschreibung wir aber verzichten können. Im ganzen besitzt danach die Stadt Berlin zur Zeit 90 Brücken über die Spree, die Canäle und die beiden Gräben.

G. Die Baukosten der städtischen Brücken.

Mit dem 1. Januar 1896 sind 20 Jahre vergangen, seitdem die ehemals fiskalischen Brücken in das Eigenthum der Stadt übergegangen sind. Weder Mühe noch Kosten

V. Die Strafsenbrücken.

sind gescheut worden, an Stelle der alten, baufälligen Brücken dauerhaft construirte herzustellen, wie auch das Aeufsere monumental zu gestalten.

Eine Zusammenstellung der Kosten läfst erkennen, was die Stadt in diesem Zeitraume geleistet hat.

Laufende Nr.	Zeit der Ausführung	Bauausführung	Ausführungskosten für die			Aenderungen an Gebäuden und Entschädigungen an die Anlieger
			Interimsbrücken ℳ	definitiven Brücken ℳ	Rampenanlagen ℳ	ℳ

A. Kosten der bereits abgerechneten Brücken.

1	1876/78	Bärwaldbrücke	50 800	262 500	169 100	—
2	1877/79	Michaelbrücke	—	527 100	83 800	318 500
3	1877/79	Luisenbrücke	2 400	367 000	124 500	10 400
4	1876/80	Kronprinzenbrücke	51 100	712 100	32 200	—
5	1880/82	Admiralbrücke	19 400	219 000	108 500	—
6	1880/83	Jannowitzbrücke	14 900	503 300	123 600	97 600
7	1879/82	Marschallbrücke	34 500	473 800	90 600	213 200
8	1881/82	Elisabethbrücke	—	12 400	—	—
9	1881/83	Sandkrugbrücke	30 500	250 600	203 600	—
10	1883/84	Lützowbrücke	—	41 700	1 200	—
11	1886/89	Kaiser-Wilhelm-Brücke	—	1 292 300	102 100	40 000
12	1886	Melchiorbrücke	—	21 900	1 000	—
13	1886/91	Moltkebrücke	63 900	1 126 200	—	—
14	1888/90	Schlütersteg	—	145 200	—	—
15	1889/90	Herkulesbrücke	38 200	400 800	64 300	4 000
16	1889/91	Lutherbrücke	—	561 600	200 800	—
17	1889/90	Waldemarbrücke	—	123 800	166 600	3 000
18	1890/91	Waterloobrücke	—	139 000	98 700	—
19	1891/93	Cottbuser Brücke	25 300	230 600	123 200	7 000
20	1889/92	Mühlendamm	56 000	678 400	126 100	—
21	1889/92	Fischerbrücke	8 800	341 200	—	—
22	1893/94	Mühlenwegbrücken	2 600	149 800	12 800	—
23	1892/93	Friedrichsbrücke	12 000	612 000	55 000	—
24	1893/94	Moabiter Brücke	20 100	393 900	13 000	—
25	1893/94	Oberfreiarchenbrücke	—	98 000	—	—
26	1895	Hölzerne Fufsgängerbrücke über den Spandauer Schiffahrtscanal bei Plötzensee	—	10 700	—	—
		Summe A.	430 500	9 644 900	1 900 100	693 700

B. Kosten der noch nicht abgerechneten Brücken nach den Anschlägen.

27	1894/95	Kurfürstenbrücke	35 000	715 000	27 000	20 000
28	1892/94	Waisenbrücke	40 000	685 000	325 000	—
29	1893/94	Ebertsbrücke	10 500	484 000	205 000	11 000
30	1894/96	Oberbaumbrücke	70 800	1 572 200	170 000	—
31	1894/95	v. d. Heydt-Brücke	8 000	312 000	130 000	50 000
32	1895	Gertraudtenbrücke	20 000	270 000	140 000	50 000
33	1895/96	Weidendammer Brücke	65 000	740 000	197 000	75 000
34	1889	Fennstrafsenbrücke	30 000	318 000	—	—
35	1895/96	Neubau der Brücke im Zuge der Gitschiner und Skalitzer Strafse über den Luisenstädtischen Canal — Wasserthorbrücke	—	310 000	—	—
36	1895/96	Neubau der Brücke über den Schiffahrtscanal im Zuge der Wiener Strafse	—	312 000	—	—
37	1895/96	Schlesische Brücke	26 000	225 000	—	49 000
38	1895/96	Torfstrafsenbrücke	—	265 000	—	—
		Summe B.	305 300	6 208 200	1 194 000	255 000
		Summe A.	430 500	9 644 900	1 900 100	693 700
		Summe B.	305 300	6 208 200	1 194 100	255 000
		Summe A + B. Gesamtsumme	735 800	15 853 100	3 094 100	984 700

V. Die Strafsenbrücken. 173

Nach der vorstehenden Zusammenstellung sind mithin von der Stadt Berlin mit Uebernahme der Brückenbaulast im Jahre 1876 rd. 20 Mill. ℳ für Brückenbauten verausgabt worden.

Da es sich bei der überwiegenden Zahl dieser Brücken um Landerwerb nur in verschwindendem Mafse gehandelt hat, grofse Erdarbeiten nicht vorgekommen sind, so sind die vorerwähnten Millionen der Hauptsache nach für Materialien und Arbeitslöhne ausgegeben worden, abzüglich der Kosten für die Planbearbeitung und die Bauleitung. Auch für die künstlerische Ausgestaltung der Brücken sind namhafte Mittel zur Verfügung gestellt und verausgabt worden.

Die Verdinge der Tiefbauverwaltung der Stadt Berlin sind ausschliefslich sogen. engere, was zur Folge hat, dafs der Zuschlag stets an den Mindestfordernden gegeben wird.

Nur bei ganz bestimmten Gegenständen — namentlich Werksteinen, wo es erwünscht war, in Rücksicht auf die Wahl der Farbe des Materials, sein Korn usw. freie Hand zu behalten — hat sich die Bauverwaltung in Bezug auf die Zuschlagsertheilung vollkommene Freiheit vorbehalten.

Man könnte der Ansicht sein, dafs, da alle Verdinge in Berlin stattfanden und fast durchweg auch nur grofse Berliner Firmen in Frage kamen, die Unterschiede in den Preisangeboten sich ziemlich gering gestellt hätten. Das ist aber durchaus nicht der Fall. Es sind vielmehr stellenweise ganz ungemein grofse Preisunterschiede vorgekommen und zwar von 19% bis zu 115% zwischen dem Mindestangebot und dem Meistangebot. Für diese Erscheinung lassen sich verschiedene Gründe anführen. Zum Theil mögen günstigere Conjuncturen für die Materialien den einen oder anderen Mitbieter veranlasst haben, billigere Angebote zu stellen, oft auch der Wunsch, Beschäftigung für bewährte Arbeiter zu haben oder für künftige Arbeiten Empfehlungen zu gewinnen.

Im übrigen aber machte sich hierin wohl der wirthschaftliche Niedergang auf allen Gebieten, die beim Brückenbau in Frage kamen, geltend.

Die Arbeitslöhne sind zurückgegangen, ebenfalls eine Folge der schlechten Lage des Baugewerbes. Das Angebot übersteigt bei weitem die Nachfrage. In Berlin besonders hat die Ausführung grofser öffentlicher Bauten in den letzten Jahren erheblich nachgelassen. Bezüglich der Preise einzelner Baustoffe bemerken wir Folgendes:

Portlandcement ist nur in anerkannt guten Marken und naturgemäfs in erheblichen Mengen zur Verwendung gelangt. 1886 wurde die Tonne mit 7,80—10 ℳ angeboten; 1890 sogar noch mit 7,75—12 ℳ. Dann aber tritt ein rascher Preisrückgang ein. 1891 wurden gefordert 7—8 ℳ, 1892 bereits 5,50—6,50 ℳ, 1893 5,20—7,50 ℳ, 1894 4,50—5,50 ℳ.

Die Preise für Schweifseisen betrugen 1890 noch 450 ℳ für 1 t. 1891 wurden als Mindestangebot bereits 315 ℳ erzielt, während im Höchstfalle noch 520 ℳ gefordert wurden. Dann ging die Stadt zur Verwendung von Flufseisen über. Hiervon wurde 1891 die Tonne mit 250—395 ℳ angeboten, 1893 mit 248—520 ℳ. Die Verschiedenheit der Angebote beträgt danach über 100%.

Gute hart gebrannte Klinker sind in vielen Millionen zur Verwendung gelangt. Es wurden gefordert:

    1887 . . . . 36—48,00 ℳ für ein Tausend,
    1889 . . . . 45—56,00 ,, ,, ,,
    1891 . . . . 34—45,00 ,, ,, ,,
    1892 . . . . 31—55,00 ,, ,, ,,
    1893 . . . . 29—57,00 ,, ,, ,,
    1894 . . . . 26—45,00 ,, ,, ,,
    1895 . . . . 26—31,50 ,, ,, ,,

Also ein stetes Sinken des Preises von 45 ℳ im Jahre 1889 auf 26 ℳ im Jahre 1895.

Fast alle Brücken haben eine Abdeckung mit Asphalt-Isolirplatten mit Filzeinlage erhalten. Hierfür wurde für 1 qm 1886 1,50—3,50 ℳ verlangt, 1889 2,50—4 ℳ, 1892 2—3 ℳ, 1895 1,20—2,50 ℳ.

V. Die Strafsenbrücken.

Nicht minder stetig sind die Preise für die Lieferung von Spundbohlen, Maurersand und Steinschlag herabgegangen.

Einem solchen andauernden Preisrückgange aller Lieferungen und Arbeiten des Baugewerbes gegenüber ist es für die Verwaltung schwer, ihre Anschläge stets den jeweiligen Preisen anzupassen, namentlich dann, wenn zwischen der Aufstellung jener und der Ausführung der Arbeiten ein längerer Zwischenraum liegt.

H. Die fiskalischen Brücken.[1]

Im Eigenthum des Fiskus sind von den Strafsenbrücken nur verblieben die Fufswegbrücken des Thiergartens, die im Zuge der Charlottenburger Chaussee liegende hölzerne Klappbrücke über den Landwehrcanal und die aufserhalb des Berliner Weichbildes liegenden Brücken des Berlin-Spandauer und des neuen Verbindungscanals.

Die Thiergartenbrücken sind zum gröfsten Theil kleinere gewölbte Durchlässe oder einfache hölzerne bezw. eiserne Balkenbrücken zur Ueberschreitung der Thiergartengewässer, deren Gesamtzahl 47 erreicht.

Erwähnenswerth sind hier nur:

1. Die Löwenbrücke, eine Drahtkabelbrücke aus dem Anfang der vierziger Jahre, also vermuthlich eine der ältesten ihrer Art. Die Spannweite beträgt 17,26 m zwischen den Lagern der Kabel, die Breite 1,95 m zwischen den Geländern, die von den an die Kabel gehängten hölzernen Fachwerkträgern gebildet werden. Auf jedem Ankerpfeiler ruht ein gufseiserner Löwe, aus dessen Rachen das Kabel aufsteigt. Die Kabel liegen in senkrechten Ebenen; die 0,78 m von einander entfernt liegenden hölzernen Querträger sind von einem 4 cm starken Bohlenbelage überdeckt (s. S. 50, Abb. 48).

2. Die eiserne Bogen-Brücke über den Neuen See, gleichfalls für Fufsgänger mit 18,00 m Spannweite und 3 m lichter Breite, im Jahre 1884 erbaut. Zwischen massiven Widerlags-Pfeilern ruhen zwei versteifte eiserne Bogenfachwerksträger mit segmentförmig gekrümmter oberer und unterer Gurtung und Scheitelgelenk. Der aus Asphalt und Beton bestehende Belag hat Wellblechunterlage.

Abb. 214. Eiserne Bogenbrücke am Neuen See.

3. Die Fufsgängerbrücke über das Oberhaupt der Unterschleuse des Landwehrcanals ist von ähnlicher Construction im Jahre 1890 erbaut. Die Spannweite beträgt 11,65 m, die Breite 1,90 m. Um die für die Durchfahrt der Schiffe erforderliche Höhe ohne allzu lange Rampen zu gewinnen, sind beiderseits Treppen angelegt, deren Stufen aber Auftritte von 1,20 m erhalten haben, um auch für Kinderwagen noch bequem benutzbar zu bleiben, denn die Brücke wurde hauptsächlich für die Besucher des Thiergartens angelegt, die von den dem Zoologischen Garten gegenüber liegenden Stadtvierteln Charlottenburgs kommen und unter denen die Kinderwagen stark vertreten sind. (Abb. 215.)

---

[1] Bearbeitet vom Baurath Eger.

V. Die Strafsenbrücken.

In neuerer Zeit ist an einer der hölzernen Fufsgängerbrücken am Neuen See der schadhafte Ueberbau durch eine Rippenplatte aus Cementbeton mit eingelegten I-Eisen nach Koenens Patent ersetzt worden. Die Spannweite beträgt 7,20 m, die Breite der

Abb. 215. Fufsgängerbrücke an der Unterschleuse des Landwehrcanals.

Brückentafel 2,85 m, der Querschnitt ist in Abb. 216 dargestellt. Nach vierwöchentlicher Erhärtung wurde eine Probebelastung von 40 cm hoher Sandschüttung aufgebracht. Die Einbiegung betrug dabei nur 7,7 mm und ging vollständig wieder zurück. Die nur 26 cm starke Fahrbahntafel wurde einschliefslich des Belages von 5 cm starkem Stampfasphalt von der Actiengesellschaft für Monierbauten für den Preis von 20,50 ℳ je qm hergestellt. Dabei war Abnehmen und Wiederaufstellen des Geländers mit einbegriffen.

Die über den Spandauer Canal führenden Brücken sind einfache Balkenbrücken von 8,50 m

Abb. 216. Fufsgängerbrücke über den Neuen See.

Spannweite, deren hölzerne Hauptträger mit Eisen armirt sind und auf massiven Uferpfeilern ruhen. Der Verbindungscanal hat eiserne Bogenbrükken von 12,60 m Spannweite. Sechs auf Charnierbolzen ruhende, aus je zwei 0,30 m hohen Stehblechen und Winkeln genietete Bogenrippen tragen ein Trägernetz, auf welchem quadratische Buckelplatten von 1,20 m Seitenlänge für die 10,80 m breite gepflasterte Fahrbahn ruhen. Die beiden je 3,60 m breiten Fufswege sind mit Granitplatten belegt; die ganze Brückenbreite beträgt demnach 18 m. Die Widerlagerpfeiler sind auf Senkbrunnen mit Betonfüllung gegründet. Die beiden je 1 m breiten Leinpfade ruhen auf schmiedeeisernen Consolen[1]).

---

1) S. Berlin und seine Bauten, 1. Ausgabe, Theil II, S. 50 u. 51.

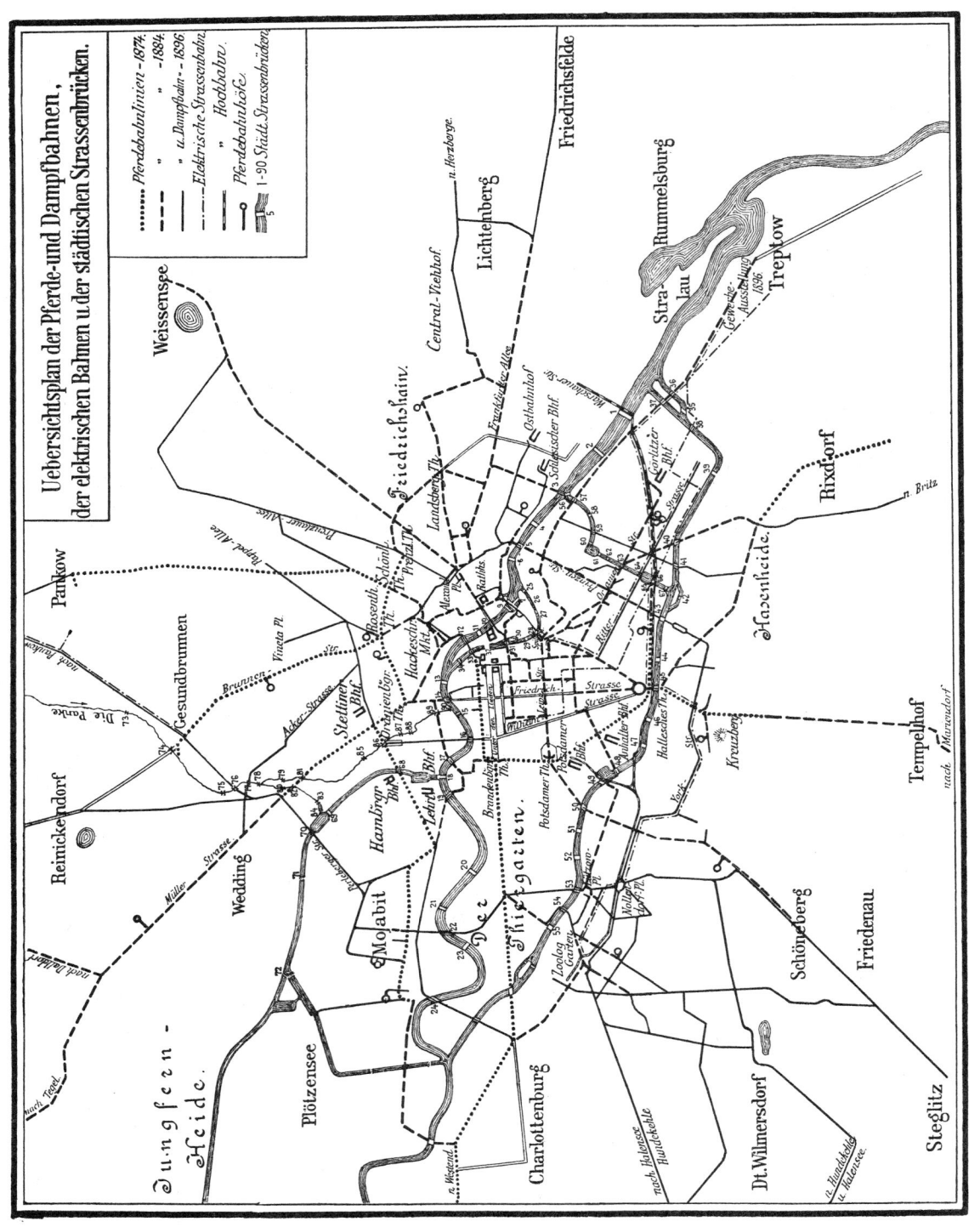

Abb. 217.

VI. Die Straßenbahnen und die elektrische Stadtbahn.

A. Die Pferdebahnen.[1])

Das Straßenbahnnetz Berlins, dessen letzte Masche durch die Ueberführung der Gleise über die Straße Unter den Linden am Opernplatz im Jahre 1894 ausgefüllt worden ist, steht in Deutschland und wohl auch in Europa unerreicht da.

Es umfaßt zur Zeit 364 km Gleise, auf welchen im Jahre 1895 auf 55 Verkehrslinien 164 Mill. Personen befördert wurden; davon kommen auf die Große Berliner Pferdebahn allein 139 Mill. und 40 Verkehrslinien. Die eigentliche Entwicklung der Straßenbahnen Berlins, ihr Aufblühen, begann erst im Jahre 1873, zu welcher Zeit die Große Berliner Pferdebahn ihre Arbeiten in Angriff nahm. Im Jahre 1865 hatte zwar bereits die „Berliner Pferdebahngesellschaft" die erste Verkehrslinie Charlottenburg–Berlin-Kupfergraben, die als erste Pferdebahn Deutschlands auch geschichtliches Interesse bietet, fertiggestellt, ohne jedoch in langen Jahren weitere Ausdehnung gewinnen zu können; zur Zeit, nach dreißig Jahren ihres Bestehens, haben ihre Linien für das Verkehrsleben der inneren Stadt nur geringe Bedeutung gewonnen. Die Gesellschaft beschränkte sich darauf, das Gleisenetz in Charlottenburg selbst auszubauen und den Lützowplatz und Moabit (Criminalgericht) mit Charlottenburg zu verbinden.

Auch die 1877 ins Leben gerufene „Neue Berliner Pferdebahn" — 49 km Gleise —, welche ihre Linien im Osten der Stadt bis nach dem Alexanderplatz führte, hat an der Bewältigung des Verkehrs erst dann einen größeren Antheil nehmen können, als sie unter Mitbenutzung des Gleisenetzes der Großen Berliner Pferdebahn ihre Verkehrslinien bis zum Moritzplatz, Dönhoffplatz und nach der Hasenhaide ausdehnen konnte, auf welchen sie im Jahre 1895 18 370 000 Personen beförderte.

Die Dampfstraßenbahn-Gesellschaft (s. S. 176) baute ihre ersten Linien 1886. Diese, zur Zeit 34 km Gleise umfassend, gehen von der Gemarkungsgrenze Berlins aus und verbinden den Nollendorfplatz mit dem Grunewald, Steglitz, Wilmersdorf usw. Das Netz dieser Gesellschaft dient hauptsächlich dem Vororts- und Sonntagsverkehr.

Die Große Berliner Pferdebahn eröffnete ihre erste Betriebslinie „Rosenthaler Thor–Gesundbrunnen" im Juli 1873, ohne mit dieser — infolge der damaligen Baubedingungen, die für zweigleisige Bahnen 17 m Dammbreite (jetzt 11 m und weniger) vorschrieben — sehr kostspieligen Linie den gewünschten Gewinn erzielen zu können. Im Herbst desselben Jahres wurde in der damals noch recht öden Königgrätzer Straße ein Stück der jetzigen Ringbahn vom Potsdamer Thor zum Halleschen Thor, dann über die Brücke bis nach der Baruther Straße gebaut und in Betrieb gesetzt. Mit dieser Linie wurden ganz überraschend

---

[1]) Bearbeitet vom Königlichen Baurath Jos. Fischer-Dick, Oberingenieur der Großen Berliner Pferdeeisenbahn.

178   VI. Die Strafsenbahnen.

günstige Erträge erzielt, welche dann auch der Gesellschaft den Muth gaben, das begonnene Netz in umfassender Weise auszubauen und nach und nach aufser den 21 375 000 ℳ Actiencapital noch weitere 20 Mill. Prioritäten zu diesem Zwecke zu verwenden.

Ein wichtiger Abschnitt in der Entwicklung des Strafsenbahnnetzes war der im Jahre 1881 ausgeführte Bau der Gleise in der Leipziger Strafse, dann die Ueberführung der Strafsenbahn über den engen Mühlendamm und Mühlenweg im Jahre 1886, endlich im Jahre 1894 die Ueberführung der Pferdebahn über die Linden am Opernplatz, mit welchem Bau die Vereinigung der in den Mittelpunkt der Stadt geführten Linien aufs beste gelang. Der Betrieb der Stadt- und Ringbahn hat für den Verkehr der Charlottenburger

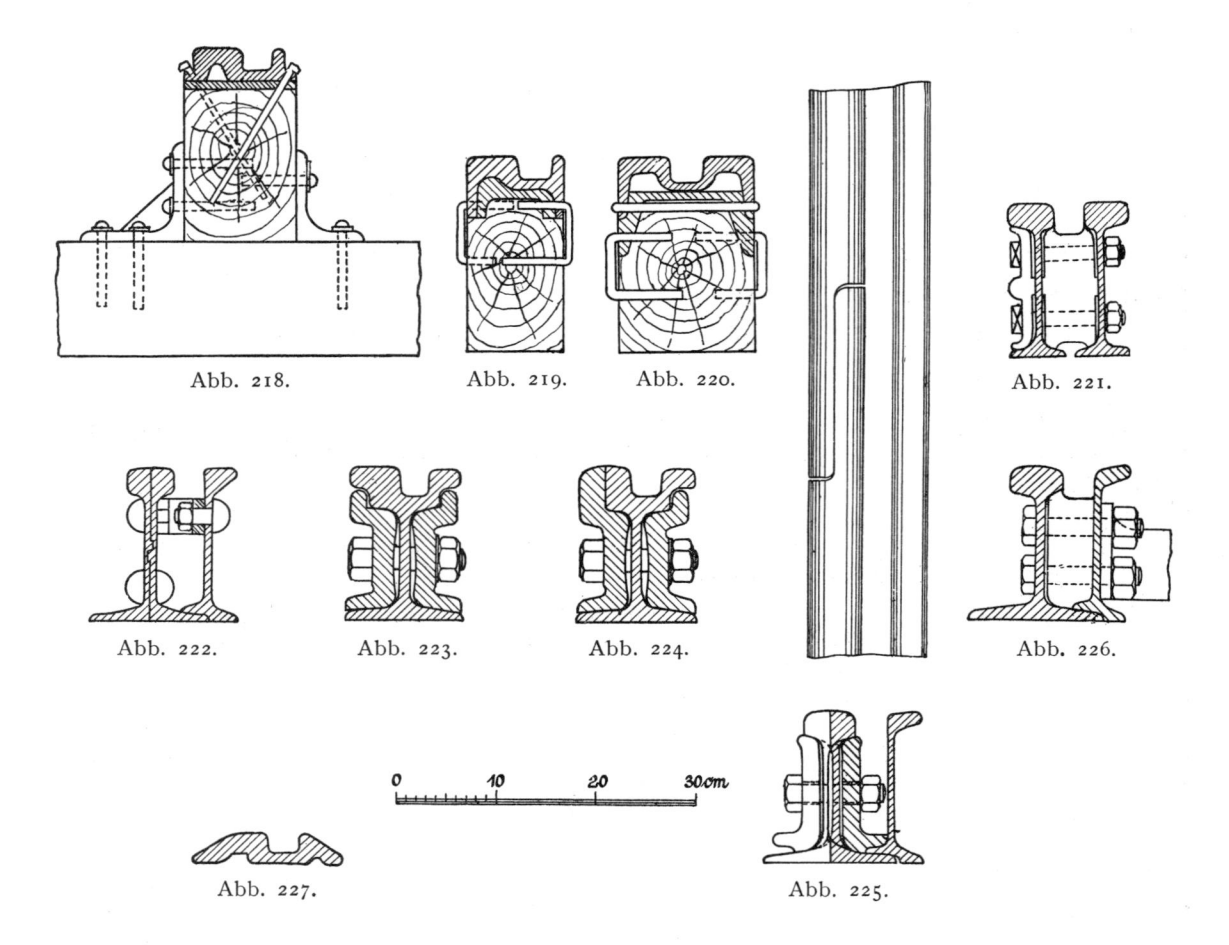

Abb. 218.   Abb. 219.   Abb. 220.   Abb. 221.

Abb. 222.   Abb. 223.   Abb. 224.   Abb. 226.

Abb. 227.   Abb. 225.

Pferdebahn die erheblichsten Nachtheile gebracht, deren Ertragsfähigkeit durch diesen Wettbewerb in Frage gestellt wurde. Für die übrigen Strafsenbahnlinien sind die Stationen der Stadtbahn Veranlassung zur Anlage von Abfahrtstellen für die Pferdebahn geworden, der Sonntagsverkehr hat jedoch bei sämtlichen Pferdebahnen durch die Stadt- und Ringbahn merkbare Einbufse erlitten. In dem vorangestellten Plane Abb. 217 ist das Strafsenbahnnetz der Jahre 1874, 1884 und 1896 und hiermit seine rasche Entwicklung dargestellt. Die Gleiselängen der Pferdebahnen Berlins betrugen im Jahre 1874 46 644 m, 1884 212 404 m, 1896 345 000 m.

Die Anordnungen der mit Normalspurweite 1,435 m ausgeführten Gleise waren im Beginn der Bauthätigkeit im Jahre 1865 lediglich Nachahmungen amerikanischer Vorbilder. Eine leichte 14,7 kg/m wiegende eiserne Flachrillenschiene, von oben auf eine Langschwelle genagelt, die wieder auf Querschwellen befestigt wurde, bildete den Strafsenbahnoberbau. Schon im Jahre 1867, dann im Jahre 1873 wurde dieser erheblich verbessert,

VI. Die Strafsenbahnen.

seitliche Nagelung der schwerer gewählten Schienen, kräftige Unterlagsplatten am Schienenstofse, sorgfältige Verbindung der Lang- und Querschwellen durch Winkeleisen (s. Abb. 218) ergaben einen für die damaligen Pflasterungen der Strafsendämme mit Kopf- oder höchstens Reihensteinen recht brauchbares, für den Betrieb selbst durch den Holzunterbau sehr elastisches Gleis. Die Weichenstücke und Curvenschienen wurden damals vorsichtiger Weise mit hoch hervorstehenden Schutzrippen versehen, die äufsere Curvenschiene als Flachschiene behandelt. Die Curven kamen mit einem Radius von mindestens 25 m zur Ausführung. Die für den Strafsenverkehr störenden Erhöhungen der genannten Stücke kamen in den Jahren 1875 und 1876 bereits in Wegfall. Die Flachschiene in der Curve wurde durch eine Rillenschiene ersetzt, an die Stelle des Eisens trat Bessemerstahl, die Curvenradien konnten nach und nach auf 20 m, dann auf 15 m verringert werden, ohne dafs der Betrieb hierunter gelitten hätte. Zur Zeit sind 15 m-Curven die gewöhnlichen; nothgedrungen wurden an einigen sehr verkehrsreichen Stellen Curven mit einem Radius von 13 m zur Ausführung gebracht.

Der Uebergang der Strafsen Berlins in städtischen Besitz und mit diesem die Einführung der Steinpflasterungen mit Würfeln und Prismen auf fester Unterbettung, dann des Asphalts, war für die Entwicklung des Oberbaues der Strafsenbahnen von grofser Bedeutung. Zuerst mufste die Querschwelle weichen, während die profilirte Langschwelle noch längere Zeit im Gebrauch verblieb. Die Flachrillenschiene wurde durch die Sattelschiene ersetzt, System Larfsen Abb. 219, System Fischer-Dick Abb. 220; an Stelle der Querschwelle trat als Spurhalter der eiserne Querverband.

Die Schienen wurden auf die in gleicher Form bearbeiteten Langschwellen, die aus bestem imprägnirtem Eichen- und Kiefernholz gewählt waren, aufgeklammert. Mit der umfassenden Einführung des Asphalts beginnt die Verlegung des Stahloberbaues, welcher von den städtischen Behörden vorgeschrieben wurde, da die bis dahin gebräuchlichen vervollkommneten Oberbausysteme mit Holzschwellen nicht die Festigkeit und besonders nicht die Unbeweglichkeit besafsen, die man vom Stahloberbau erwartete. Im Jahre 1882 sind dann auch die ersten Gleise, und zwar mit der zweitheiligen Haarmann-Zwillingsschiene, zur Ausführung gelangt (Abb. 221 u. 222), da nur diese Anordnung den Anforderungen der städtischen Bauverwaltung in Bezug auf symmetrische Lauffläche, Pflasteranschlufs usw. genügte, auch eine brauchbare aus einem Stück gefertigte, diesen Anforderungen entsprechende Rillenschiene noch nicht gewalzt werden konnte. Erst im Jahre 1886 war es möglich, eine von dem Werke Phönix gewalzte Rillenschiene zu erhalten, die auch als Phönix-Schiene (Abb. 223) umfassende Verwendung fand, weil die Zwillingsschiene wegen des schwachen Steges für die starke Inanspruchnahme des Betriebes nicht die genügende Dauerhaftigkeit gezeigt hatte. Zur selben Zeit wurde aber auch die dreitheilige Haarmann-Schwellenschiene (Abb. 224) versuchsweise in gröfseren Strecken verlegt, nachdem bei dieser Schiene der Vollschienenstofs durch den Halbstofs ersetzt und mit dem dabei erzielten Fortfall des Schlages am Schienenstofs ein grofser Fortschritt erreicht war. Die guten Erfolge dieser Probestrecken gaben wieder Veranlassung, auch für die Phönix-Schiene eine Halbstofsverbindung herzustellen (Abb. 225) und auch bei der Haarmann'schen Schwellenschiene durch Ueberblattung der Schiene am Stofs eine Vereinfachung der Construction von einer dreitheiligen zu einer zweitheiligen zu ermöglichen (Abb. 226).

Alle diese neuen, in Berlin überhaupt zum erstenmal ausgeführten Formen sind oder werden zur Zeit bei den Gleisbauten zur Verwendung gebracht; hierdurch ist auch der Wegfall der seither üblichen Einfassung der Schienenstränge in asphaltirten Strafsen mit Steinschwellen ermöglicht worden. Die in Berlin unter der Bezeichnung „Buddeln" bekannten Arbeiten unter dem Strafsendamm: das Einlegen von Gas- und Wasserleitungsröhren, die Canalisationsbauten usw. haben für den Betrieb der Strafsenbahnen recht grofse Unannehmlichkeiten zur Folge. Um ihn aufrecht zu erhalten, ist der Bau von Nothgleisen unentbehrlich, die auch in grofser Zahl und in bedeutendem Umfange überall Verwendung finden, wo die seither mit alter einfacher Steinpflasternng befestigten und mit Strafsenbahnen belegten Strafsen neues Pflaster von Steinen oder Asphalt auf fester Unterbettung erhalten. Bei der alten Pflasterungsart wurden die Gleise einfach eingebaut;

180   VI. Die Strafsenbahnen.

da aber auch in den mit neuen Pflasterungen versehenen Strafsen das Aufgraben häufig vorkommt und hier ein Einbau in das Steinpflaster mit sehr grofsen Kosten verknüpft, bei Asphalt überhaupt schwer ausführbar wäre, mufste eine besondere Nothgleiseschiene erdacht werden, die, auf das Pflaster aufgelegt, den Strafsenverkehr noch zuläfst. Diese Schiene ist in Abb. 227 dargestellt. Mit ihr sind auch die Nothweichen eingerichtet, die ein nothwendiges Zubehör für den Betrieb bilden. Die Weichen selbst sind ebenfalls sehr vervollkommnet worden. Von der einfachen sogen. Zwangsweiche ist man bis zu den

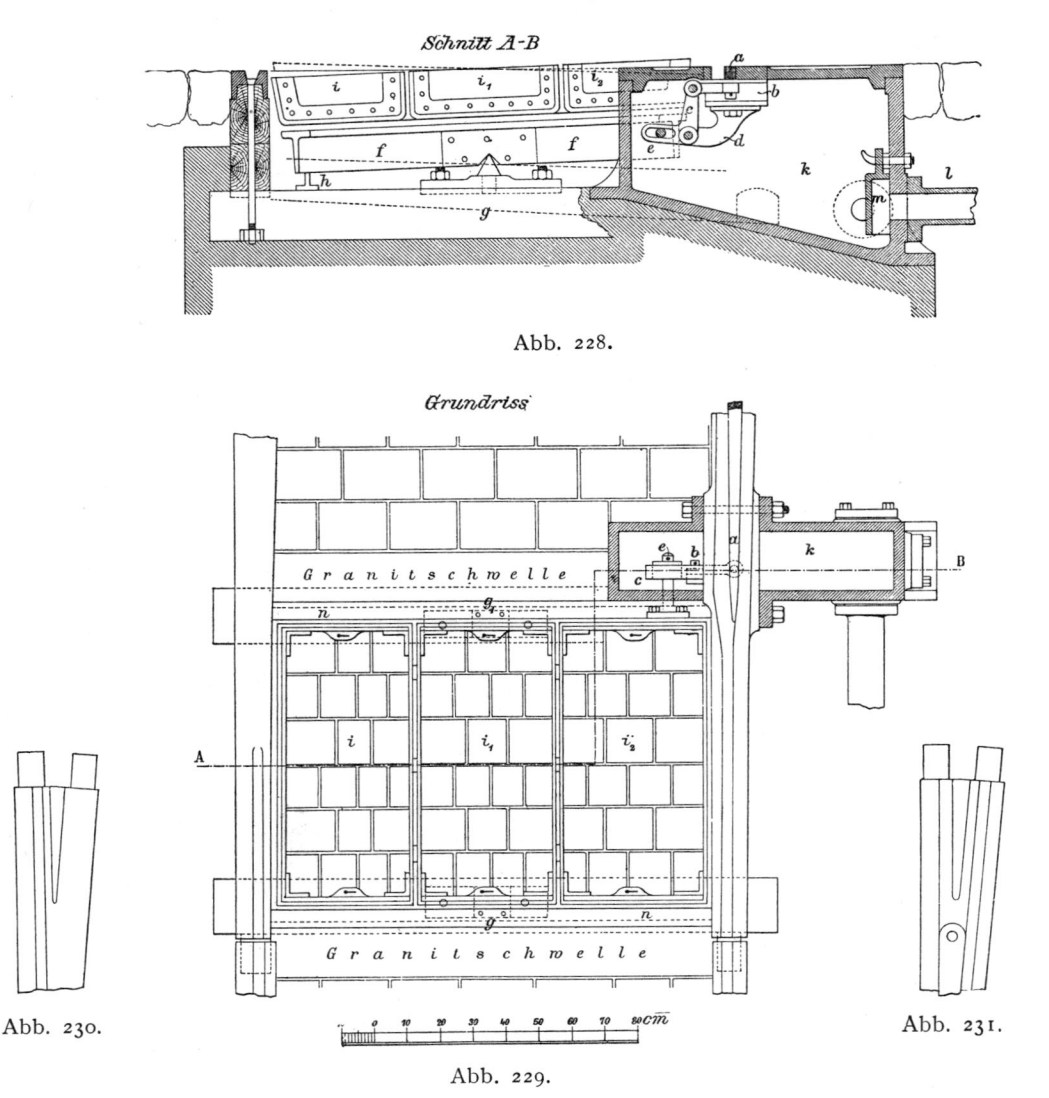

Abb. 228.

Abb. 230.   Abb. 229.   Abb. 231.

Universalweichenanlagen mit 12 Fahrrichtungen vorgeschritten. Für diese Anlage ist die Weiche mit zwei Zungen construirt.

Bei der Lebensgefahr, die dem Weichensteller in den verkehrsreichen Strafsen drohte, war die Einführung der selbstthätigen Kippweichen nach amerikanischem Muster dringend geboten. Es sind deshalb 80 solcher Weichen eingebaut, deren Kasten sämtlich an die Canalisation angeschlossen sind, um der sonst unvermeidlichen, raschen Verschlammung vorzubeugen. Abb. 228, 229, 230 u. 231 stellen eine solche Weiche dar. In neuester Zeit ist durch einen Berliner Schlächtermeister Herrn Paschke eine weitere Verbesserung resp. Umgestaltung dieser Kippweichen erreicht worden. Eine in geschlossener Röhre laufende schwere Kugel bewirkt, je nach Lage dieser

VI. Die Straßenbahnen.   181

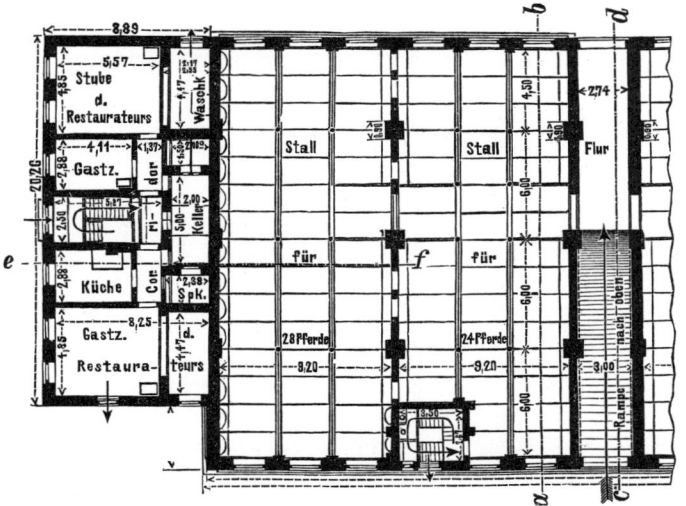

Abb. 232. Etagen-Pferdestall, Grundriß des Erdgeschosses.

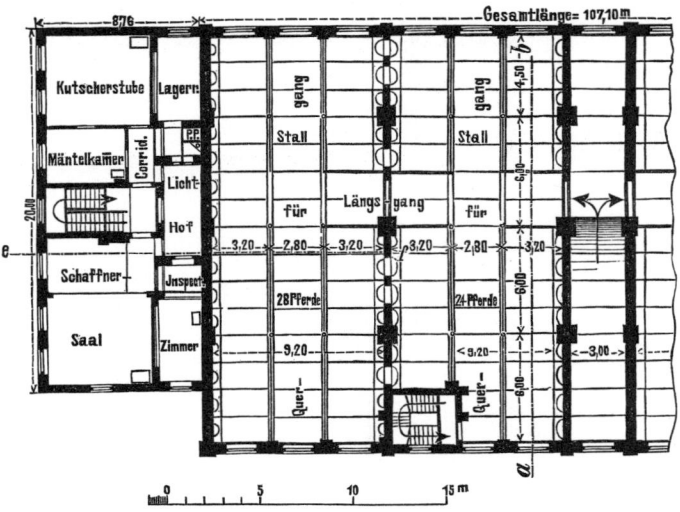

Abb. 233. Etagen-Pferdestall, Grundriß des ersten Stockwerks.

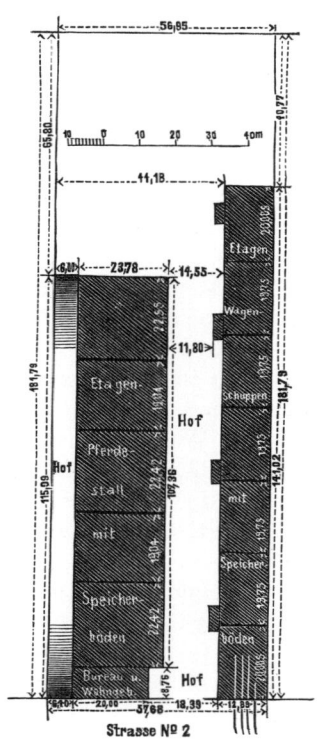

Abb. 234. Pferdestall, Wagenschuppen und Speicherböden, Lageplan.

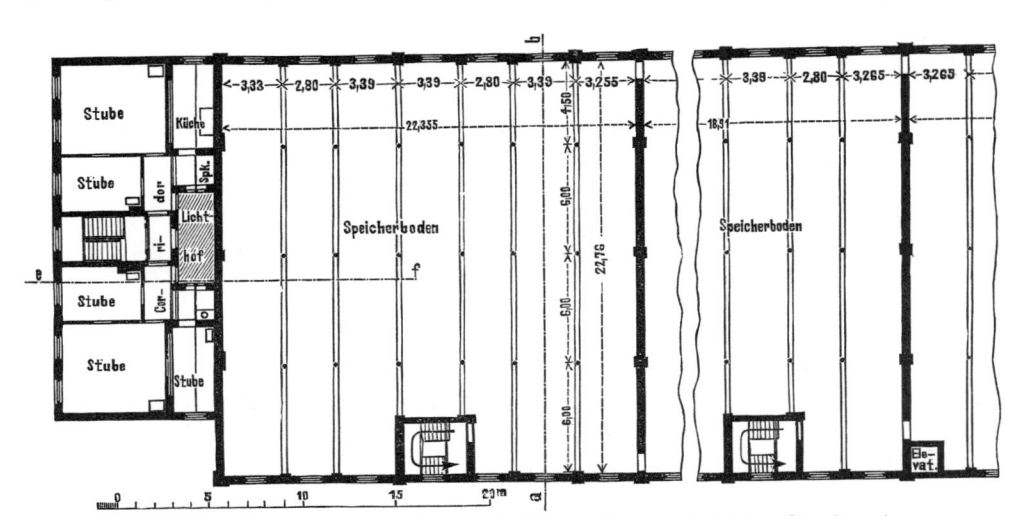

Abb. 235. Speicherboden, Grundriß des zweiten und dritten Stockwerks.

182   VI. Die Strafsenbahnen.

Röhre, die Weichenstellung.

Die fortschreitende Entwicklung der Bahnbauten hatte eine rege Hochbauthätigkeit zur Folge; es mufsten Stallungen und Schmieden für die Pferde, sowie Wagenschuppen, Werkstätten, Bureau- und Wohn-Gebäude geschaffen werden. Aufser einer grofsen Centralwerkstätte sind jetzt 24 Bahnhöfe in Benutzung, auf welchen 7158 Pferde und 1354 Wagen stehen. Auf dem kleinsten Bahnhofe sind 100 Pferde und 43 Wagen, auf dem gröfsten 588 Pferde und 180 Wagen untergebracht. 15 dieser Bahnhöfe sind im Weichbilde der Stadt belegen. Die Herstellung der Stallungen, Schuppen usw. wurde in der verschiedensten Weise bewirkt; neben den einfachsten Fachwerk- und Holzschuppen aus der ersten Zeit des Bahnbetriebes sind massive Stallungen mit zwei bis drei Stockwerken, Elevatoren usw. erbaut, Werkstätten, Schmieden und dergl. massiv und dauerhaft hergestellt und allein für diese Hochbauten mit Grunderwerb von der Grofsen Berliner Pferdebahn 12 642 000 ℳ. verausgabt worden.

Die Höhe des Werthes von Grund und Boden in Berlin war Veranlassung, dafs die Pferde in mehreren Stockwerken über einander untergebracht wurden und es ist wohl hier in Berlin der erste Etagenstall für Pferdebahnbetrieb in Deutschland entstanden.

Der Etagenstall auf Bahnhof Kreuzbergstrafse für 360 Pferde hat aufsen dem Ge-

Abb. 236. Pferdestall, Schnitt e—f.

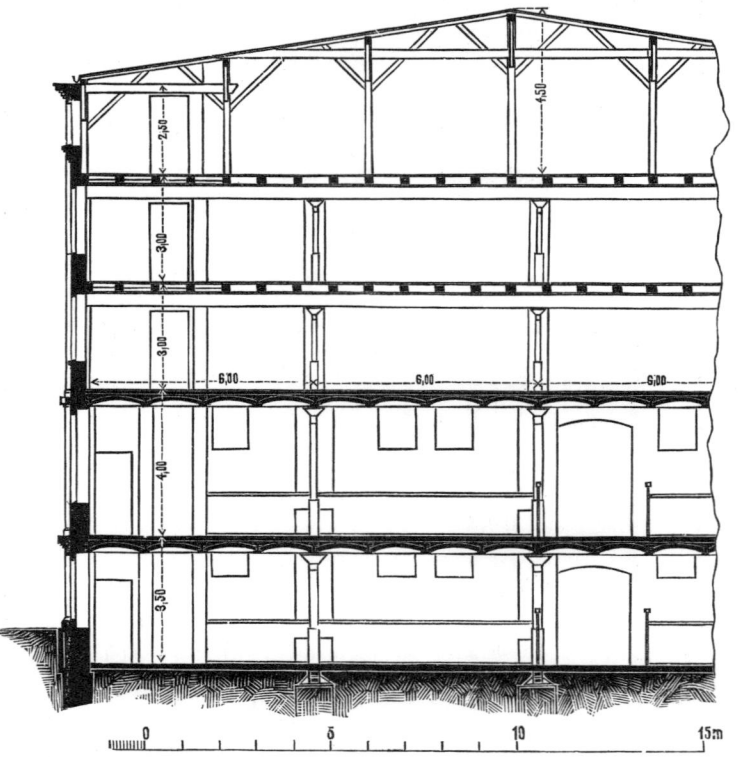

Abb. 237. Etagen-Pferdestall mit doppelten Speicherböden, Querschnitt a—b.

VI. Die Strafsenbahnen.

bäude vorgelegte Rampen und Aufstellung der Pferde in vier Längsreihen, der Stall auf Bahnhof Waldenser Strafse für 506 Pferde hat Queraufstellung der Pferde; die Rampen sind ins Innere des Gebäudes verlegt (Abb. 232—238). Auch der Wagenschuppen daselbst ist in zwei Etagen angelegt (Abb. 239 u. 240). Weitaus die meisten der Bahnhöfe haben Maschinenbetrieb mit Gasmotoren für Maisquetschen, Häckselschneiden, Pumpwerk, Getreideaufzug. Bis zum Jahre 1874 waren nur Decksitzwagen im Gebrauche; sie waren sehr stark nach Art der Eisenbahnwagen erbaut und hatten ein Kastengewicht von 3300 kg bei einem Innensitzraum von 18 Personen. Diese schweren, unverwüstlichen Kasten sind jetzt noch wohlerhalten und werden bei dem Sonntagsmassenverkehr auf den Aufsenlinien stets in Dienst gestellt. — Einspänner und leichte Zweispänner waren damals unbekannt, die deutschen Wagenfabriken, welche versäumten in dem Stammland der Pferdebahnen, in Amerika, sich ihre Muster zu holen, waren nicht imstande, brauchbare Wagen dieser Art zu fertigen, sodafs sich die Direction der Grofsen Berliner Pferdebahn entschlofs, in Anbetracht der grofsen Wichtigkeit, welche sie der Einführung dieser Wagenarten mit Recht beilegte, eine gröfsere Zahl — 84 Stück — leichte Ein- und Zweispänner und Decksitzwagen von Amerika und zwar von John Stephensohn in New-York zu beziehen. Späterhin folgte eine gröfsere Lieferung der Firma Evrard in Brüssel, deren Wagen sich durch geschmackvolle Formen vortheilhaft auszeichneten. Die Kenntnifs dieser in ihrer Art vorzüglich gebauten Wagen hat es möglich gemacht, den deutschen Wagenfabriken geeignete Anordnungen vorzuschreiben, die nach Möglichkeit die Vorzüge beider Wagenarten zur Geltung brachten. Es sind somit von Berlin der deutschen Wagenindustrie, insbesondere für Pferdebahnen, Muster geboten worden und die deutschen Fabriken haben dann auch Wagen geliefert, die den Erzeugnissen der amerikanischen und belgischen Industrie durchaus ebenbürtig sind. — Die Kastengewichte sind nunmehr folgende:

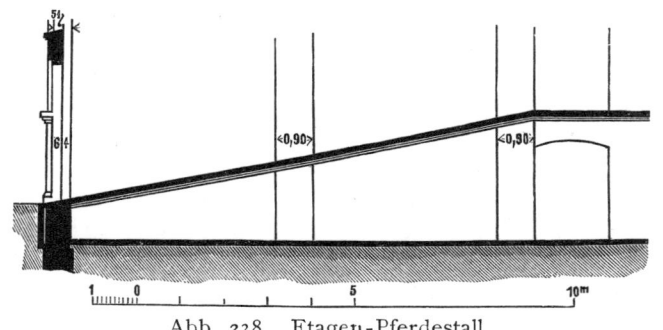

Abb. 238. Etagen-Pferdestall, Schnitt c—d durch die Rampe.

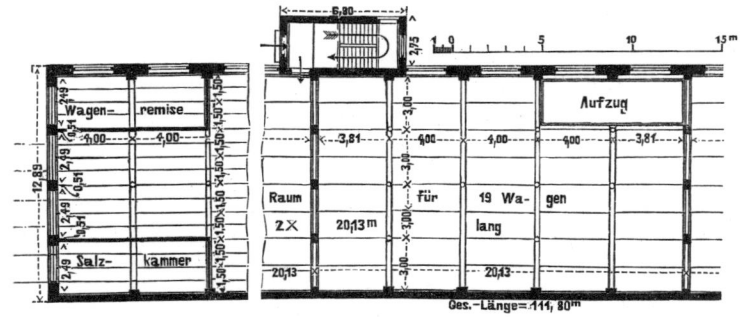

Abb. 239. Etagen-Wagenschuppen, Grundrifs des Erdgeschosses.

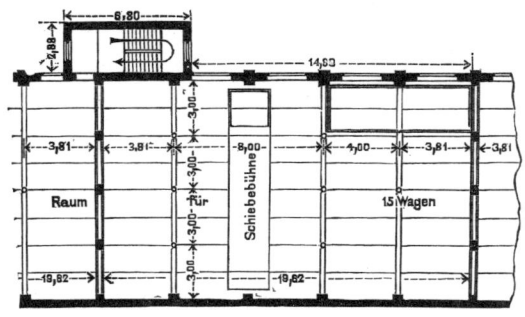

Abb. 240. Etagen-Wagenschuppen, Grundrifs des Obergeschosses.

Decksitzwagen für 53 Personen			2650—2700 kg
Zweispänner	„ 31	„	2100—2150 „
Einspänner	„ 20—30	„	1250—1350 „
Sommerwagen	„ 34	„	1590 „

Die Wagen sind fortdauernd verbessert worden; sie wurden höher gebaut, besser ventilirt und beleuchtet, die Thüren mit Zahlklappen, die Räder mit Schutzvorrichtungen versehen. Heizversuche wurden von der Charlottenburger Pferdebahn gemacht, deren sämtliche Wagen zur Zeit geheizt werden, auch sind solche auf den Linien der Grofsen Berliner Pferdebahn zur Ausführung gekommen. Grofse Aufmerksamkeit ist der Federung der Wagen vom Gummiklofs bis zur Stahlspirale, dann auch den Achsbuchsen zugewendet worden; zu diesem Zwecke waren erst in jüngster Zeit Ingenieure der Gesellschaft abgeordnet, um in Amerika an Ort und Stelle ihre Studien besonders im Wagenbau zu machen, wie auch schon in früheren Jahren durch Studienreisen der Oberbeamten nach allen Ländern Europas, die Hervorragendes im Strafsenbahnwesen geleistet, der Fortschritt in allen Zweigen des Dienstes die lebhafteste Anregung gefunden hat.

Bei den Achsen und Rädern hat die Achse mit festen Rädern ihren Platz behauptet; die auf der Achse drehbaren Räder aller Art haben sämtlich nur so lange Vortheile geboten, als die Theile neu und noch nicht abgenutzt waren; mit der Abnutzung zeigten sich derartige Nachtheile, dafs eine weitere Verwendung aller dieser Anordnungen eingestellt wurde. Die Vollräder sind Rädern mit schmiedeeisernem Stern und Gufsstahlbandagen gewichen und es werden mit steifen Achsen und diesen Rädern bei einem Radstand von 1,80 m noch Curven von 12 bis 13 m Radius, allerdings bei nicht unbeträchtlicher Abnutzung der Bandagen und Schienen, ohne Anstand befahren.

Die Zugkraft für das gesamte Strafsenbahnnetz Berlins war bis 1896, mit Ausnahme der seit dem Frühjahr 1895 kurze Zeit versuchsweise laufenden beiden elektrischen Accumulatorenwagen, einzig und allein durch Pferde gestellt. Die Versuche mit Dampfkraft haben den Ausschlufs derselben innerhalb der Weichbildgrenze Berlins zur Folge gehabt, und die Dampfstrafsenbahn mufste mit ihrem Dampfbetrieb an der Gemarkungsgrenze Halt machen. Die Steigungsverhältnisse sind für den Pferdebahnbetrieb günstige; die zahlreichen Brückenrampen mit Steigungen von 1:40 werden ohne Vorspann genommen, während die Steigungen von 1:30 und weniger, wie Westend, Tempelhofer Berg, Brunnenstrafse, Friedensstrafse (1:22) und Veteranenstrafse (1:20), mit Vorspann betrieben werden.

Die Verkehrsstärke auf den Strafsenbahnen wird am besten durch folgende Zahlen ersichtlich gemacht.

Es fahren in der Stunde in beiden Fahrrichtungen in der Leipziger Strafse
zwischen Spittelmarkt und Jerusalemer Strafse . . . 172 Wagen
„ Jerusalemer und Charlotten-Strafse . . . 129 „
„ Charlotten- und Mauerstrafse . . . . . 94 „
„ Mauerstrafse und Leipziger Platz . . . . 134 „
auf der Potsdamer Brücke . . . . 164 „
„ „ Halleschen-Thor-Brücke . . . . 159 „
in der Spandauer Strafse am Rathhaus . . . . . 150 „
auf dem Mühlendamm . . . . 204 „
In allen Richtungen fahren in der Stunde
auf dem Potsdamer Platz . . . . 244 „
„ Kreuzung Charlotten- und Leipziger Strafse . . 205 „
Die Einnahmen im Jahre 1895 betrugen
bei der Berliner Pferdeeisenbahn . . . . 1 831 254 ℳ.
„ „ Neuen Berliner Pferdeeisenbahn . . . . 2 063 584 „
„ „ Grofsen „ „ . . . 15 560 806 „
Summe 19 455 644 ℳ.

Der Grofsen Berliner Pferdeeisenbahn ist es zur Zeit möglich, ihren Actionären namhaften Gewinn ($12\frac{1}{2}\%$) zu überweisen. Die Berliner (Charlottenburger) und Neue Berliner Pferdeeisenbahn arbeiten ohne Gewinn.

Im Strafsenbahndienst sind beschäftigt:
bei der Berliner Pferdeeisenbahn . . . . 318 Personen
„ „ Neuen Berliner Pferdeeisenbahn . . . . 564 „
„ „ Grofsen „ „ . . . 4 069 „
Summe 4 951 Personen,
Tagelöhner ausgeschlossen.

Die Leistungen des Pferdebahnbetriebs dürften so ziemlich ihren Höhepunkt erreicht haben, erst der elektrische Betrieb wird hier wieder erhebliche Steigerungen hervorrufen können und dem Wettbewerb der Omnibusgesellschaften — welche, begünstigt durch die vorzügliche Pflasterung der Strafsen Berlins, kräftig gedeihen — eine Schranke setzen.

Ob die Strafsenbahnen Berlins nun mit Pferden oder mit elektrischer Kraft weiter betrieben werden, sie sind bis jetzt das erste und wichtigste Verkehrsmittel der Reichshauptstadt.

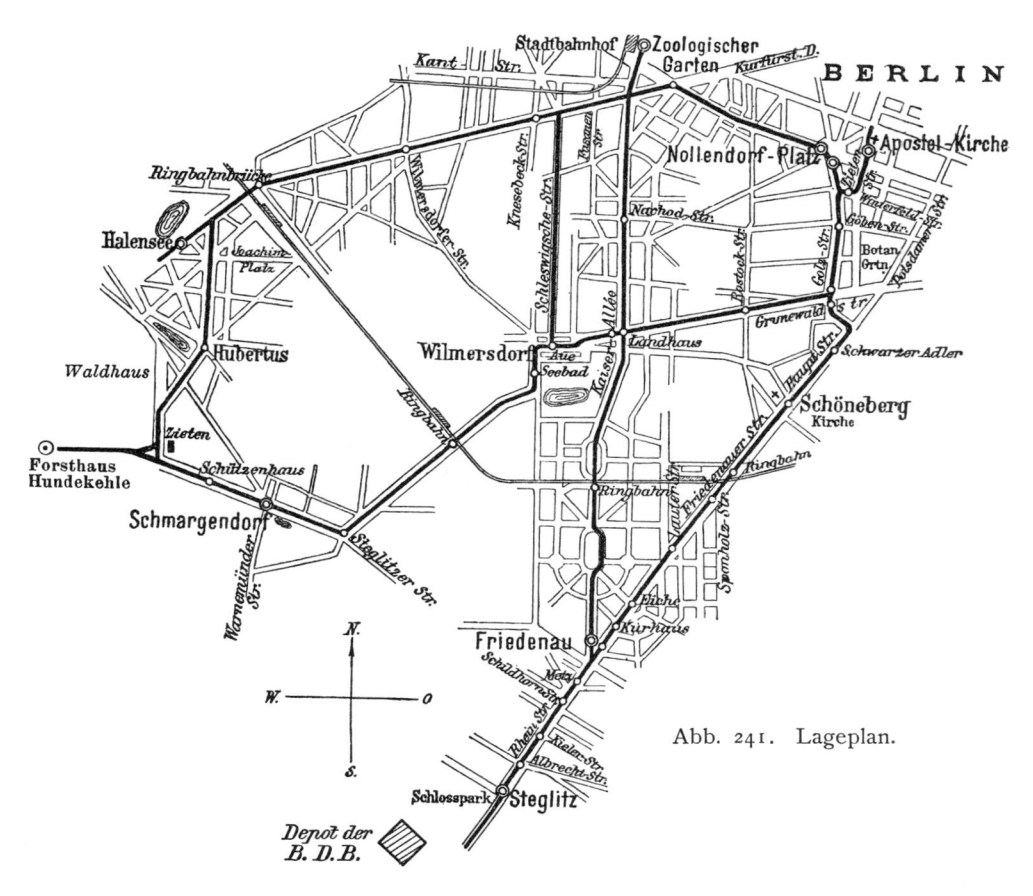

Abb. 241. Lageplan.

B. Die Dampfstrafsenbahnen der westlichen Vororte.[1])

Im Westen Berlins hat sich eine eigenartige Entwicklung der Strafsenbahnen vollzogen. Ursprünglich waren es gesonderte Unternehmen, welche den Verkehr zwischen dem Westen Berlins und dem Grunewald einerseits, zwischen Berlin und Wilmersdorf-Schmargendorf und anderseits schliefslich zwischen Berlin und Schöneberg-Friedenau-Steglitz vermittelten. Da bei Entstehung dieser Bahnen dem eigentlichen Vorortverkehr Rechnung zu tragen war, hatten sämtliche Unternehmungen den motorischen Betrieb mittels Dampfes angewandt. Heute, da diese Vororte sich mehr und mehr an Berlin angebaut haben, sind die vorhandenen Betriebsmittel ihrer Gröfse wegen für den städtisch gewordenen Verkehr, welcher ein häufigeres Fahren mit kleineren Betriebsmitteln fordert, nicht mehr so gut geeignet, wie früher für den stofsweisen Vorortverkehr. Die drei genannten Unternehmungen wurden durch das Berliner Dampfstrafsenbahn-Consortium in einer Hand vereinigt, was dem Betriebe ein einheitliches Gepräge verlieh. Es sind auf diesem, im Lageplan dargestellten Strafsenbahnnetze drei verschiedene Betriebsmittel im Gebrauche.

---

[1]) Bearbeitet vom Ingenieur Max Schiemann.

Die Strafsenbahn-Locomotiven gewöhnlicher Bauart sind imstande je drei Stück vierachsige Personenwagen vollbesetzt zu ziehen und finden ihre Vollausnutzung an den verkehrsreichen Tagen. Um dem städtischen Verkehr besser Rechnung zu tragen, hatte man sich entschliefsen müssen, kleinere Pferdebahnwagen zwischen den halbstündigen Dampfzügen einzuschalten, und damit einen Pendelverkehr zu versorgen. Die dritte Sorte stellt gewissermafsen ein Mittelding zwischen den grofsen Dampflocomotivzügen und den kleinen Pferdebahnwagen dar und beansprucht ihrer Eigenartigkeit halber ein erhöhtes technisches Interesse. Die nach ihrem Erbauer Rowan genannten Dampfwagen sind theils von Borsig, theils von Schwarzkopf gefertigt. Von ersterer Firma stammen die Maschinen mit einem mittleren Siederohrkessel und der Uebertragung von der Kolbenstange zur Laufachse mittels Balanciers wie Abb. 242 u. 243 zeigt. Die kleineren Rowanwagen von Schwarzkopf besitzen zwei seitliche Siederohrkessel mit directem Laufachsenantrieb an zweifach gekröpfter Kurbelachse.

Die Kessel werden mit Koks geheizt; zur Bedienung des Wagens ist nur ein Mann erforderlich. In den bebauten Strafsen wird mit Condensation gefahren. Die Condensatoren bestehen aus zusammengesetzten Kupferwellblechen und sind auf dem Wagendache befestigt. Die Normalleistung der Maschinen ist etwa 20 P.S. bei den kleineren und etwa 50 P.S.

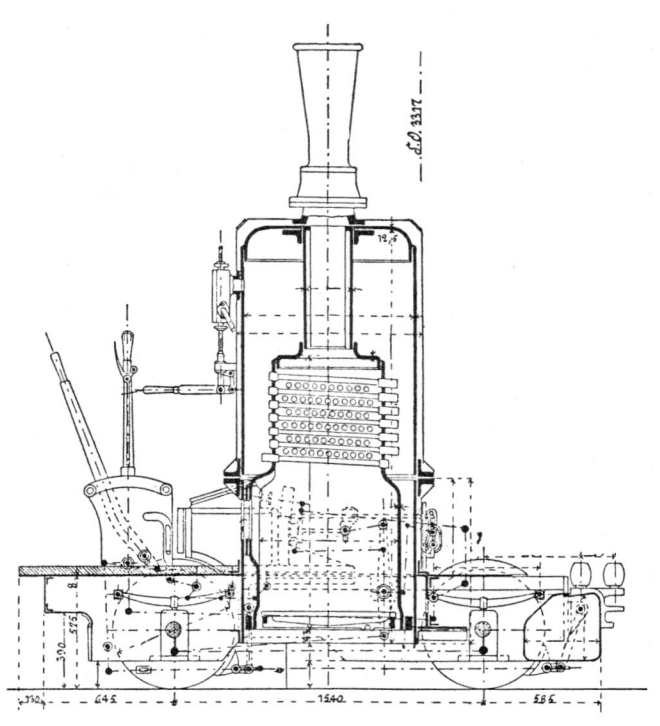

Abb. 242. Rowanscher Dampfwagen, Längsschnitt.

Cylinder-Dr.	166 mm
Kolbenhub	350 ,,
Lage der Cylinder	horizontal, innenliegend
Zahl der Heizrohre	134 Stück
Aeufserer Dr. derselben	31 mm
Innerer ,, ,,	25 ,,
Dampfraum des Kessels	0,218 cbm
Wasserraum ,, ,,	0,368 ,,
Heizfläche	10,36 qm
Rostfläche	0,38 ,,
Dampfüberdruck	14 Atm.
Gewicht der leeren Maschine	6,0 t
,, ,, betriebsfähigen Maschine	6,8 ,,
Zugkraft[1]) (bei 0,5 % Füllung)	907 kg
Treibrad-Dr. in der Lauffläche	620 mm
Radstand	1540 ,,
Länge der Federn	560 ,,
Anzahl der Lagen	6 Stück
System der Steuerung	Heusinger
1 Federwaage, 1 Sicherheitsventil mit Belastungsgewicht	
Inhalt des Mischkastens	0,165 cbm
Anzahl der Koksbüchsen à 3 kg	15 Stück
Art der Bremse	Handhebelbremse.

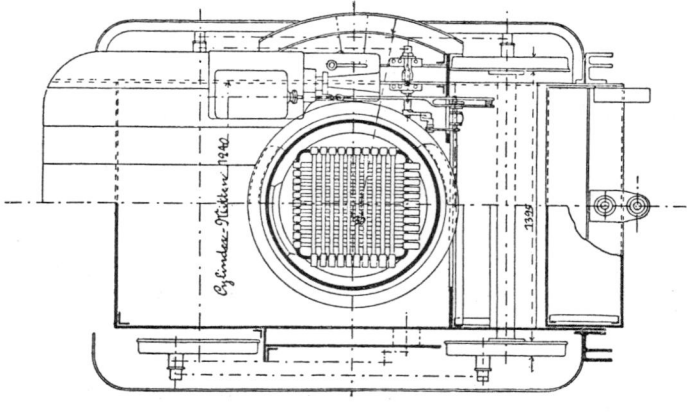

1) Bei 0,7 % Füllung 1270 kg.

Abb. 243. Grundrifs.

bei den gröfseren Maschinen. Die letzteren sind imstande, aufser dem eigenen Wagen noch zwei Stück vierachsige Anhängewagen fortzubewegen.

Auf der Strecke Nollendorfplatz–Schmargendorf sind bei grofsem Verkehr die vorgenannten Strafsenbahn-Locomotiven in Thätigkeit. Der gesamte Wagenpark besteht aus 30 Rowanwagen, 13 Strafsenbahn-Locomotiven und 70 Anhänge-Wagen verschiedener Form und Größe. Die gesamte Gleislänge der Bahn beträgt 34,2 km. Wasser nehmen die Wagen am Nollendorfplatz, dem Verkehrscentrum, und an den verschiedenen Endpunkten ein. Koks wird den Führern in Blechbüchsen abgemessen übergeben. Diese Büchsen dienen zugleich als Schaufeln beim Aufgeben des Brennstoffes, weil der Führer zum Arbeiten mit der Stielschaufel keinen Platz hat. Der mitgenommene Kohlen- und Wasservorrath reicht höchstens für 16 km Fahrt aus. Die Spurweite ist mit Rücksicht auf einen später etwa stattfindenden Uebergang auf die Berliner Gleise als Normalspur (1,435 m) gewählt worden. Die verlegten Schienen sind theils Phönix-Rillenschiene Profil 17 mit 41 kg/m Gewicht, theils Haarmann'sche Doppelschiene Profil 26 mit 33,8 kg/m Gewicht. Die sämtlichen Weichen sind Doppelzungen-Weichen mit Gewichtrückstellung. Form und Construction des Oberbaues ist die allgemein übliche. Die Bahn ist bis auf die Kurfürstendammlinie im allgemeinen eingleisig angelegt, jedoch steht die Legung des durchgehenden Doppelgleises auf den Hauptlinien bevor. Da die Rowanwagen an den Endpunkten der Bahn gedreht werden müssen, sind Drehscheiben oder Kehrdreiecke erforderlich und eingebaut. Ein solches Kehrdreieck ist auch am Nollendorfplatz vorhanden, weil der Sonn- und Feiertagsverkehr hier beginnt und endet.

Die Wagenschuppen sind im ganzen Bahnnetz auf drei Stellen vertheilt. Davon entfällt einer nach Steglitz mit anschliefsender Hauptwerkstatt, einer nach Schöneberg mit anschliefsendem Betriebsbureau und einer nach Halensee im Grunewald.

Der Fahrpreis ist der übliche Satz von 4 ₰. für das km.

Das Personal wechselt in der Anzahl zwischen Sommer und Winter in den Grenzen von 200 bis 250. Die Verschiedenartigkeit der vorhandenen Betriebsmittel gehört sicher nicht zu den Annehmlichkeiten des Betriebes. Es wird daher beabsichtigt ein einheitliches System für das gesamte Netz durch Einrichtung des elektrischen Betriebes mit oberirdischer Stromzuführung herzustellen. Zugleich mit dieser Umwandlung soll einem längst gefühlten Bedürfnifs Rechnung getragen werden, indem sämtliche Linien einen Ausläufer nach dem Weichbilde der Stadt Berlin erhalten sollen. Zunächst wird daher eine Verbindung über den Nollendorfplatz, die Motzstrafse, Kurfürstenstrafse, Dennewitzstrafse, Flottwellstrafse und Linkstrafse bis zum Potsdamer Thor geschaffen werden, wodurch die westlichen Vororte eine schnelle und directe Verbindung mit dem Innern Berlins erhalten. Nachdem nun endlich auch in Berlin der elektrische Strafsenbahnbetrieb Eingang gefunden hat, dürfte die Durchführung dieses Planes bald zu erreichen sein.

C. Die elektrischen Strafsenbahnen „Grofs-Lichterfelde—Lankwitz—Steglitz—Südende".[1]

Das von der Firma Siemens & Halske in Berlin erbaute und betriebene Netz elektrischer Strafsenbahnen, welches die Vororte Grofs-Lichterfelde—Lankwitz—Steglitz und Südende unter sich sowie mit den Bahnhöfen der Anhalter und Potsdamer (Wannsee) Bahn verbindet und zur Zeit etwa 14 km eingleisige Bahnstrecken umfafst, hat sich allmählich aus einer kleinen hauptsächlich zu Versuchszwecken erbauten Linie entwickelt und daher in seiner Einrichtung verschiedene Wandlungen erfahren.

Der erste Theil dieses Netzes, welcher eine um so höhere Bedeutung dadurch erreichen sollte, dafs er gleichzeitig der Grundstein zu dem gewaltigen und immer noch wachsenden Gebäude der bis heute entstandenen elektrischen Bahnen der Welt wurde, war eine Verbindung des Bahnhofes Lichterfelde der Anhalter Bahn mit der Hauptkadettenanstalt. Diese Linie, welche mit ihrem Bahnkörper gröfstentheils auf Privateigenthum lag, wurde im Jahre 1880 unter Benutzung einer für den Bau der Kadettenanstalt angelegten Material-Zuführungsbahn errichtet und am 16. Mai 1881 für den Personenverkehr eröffnet. Der elektrische Strom zum Betriebe dieser Bahn wurde den Antriebsmaschinen der Wagen durch die Schienen des Gleises zugeführt, und zwar diente

---

[1] Bearbeitet von der Firma Siemens & Halske.

VI. Die Strafsenbahnen.

der eine Schienenstrang zur Hin-, der andere zur Rückleitung. Obwohl diese Art der Stromzuleitung für eine Strafsenbahn unverkennbare Mängel besitzt, da die Isolation der Schienen naturgemäfs nur eine mangelhafte sein kann, und obwohl schon damals eine andere und bessere Art der Stromzuführung bekannt und versuchsweise ausgeführt war, wurde sie dennoch für diese dem allgemeinen Personenverkehr dienende erste elektrische Strafsenbahn von ihrem Erbauer, dem bekannten Elektriker Dr. Werner von Siemens, angewendet, weil derselbe sich schon damals mit dem Plane einer elektrischen Hochbahn

Abb. 244. Profil auf freier Strecke. Abb. 245. Längsschnitt.

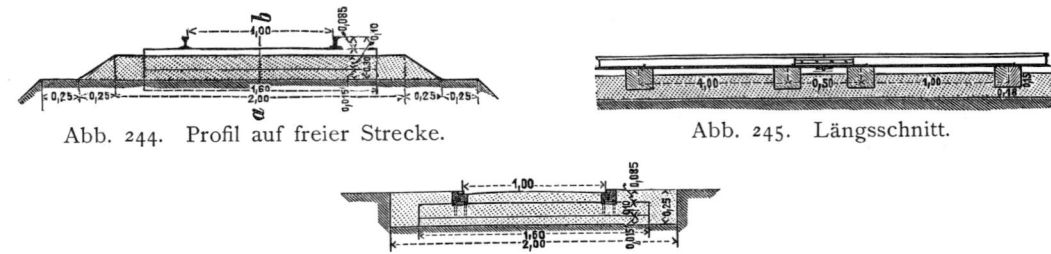

Abb. 246. Profil bei Wegeübergängen.

in Berlin trug und das für eine solche Bahn geeignete Stromzuführungssystem durch die Schienen an der Lichterfelder Bahn als praktisch durchführbar erweisen wollte. Dr. Werner von Siemens sagte daher selbst bei Eröffnung der Bahn: „Sie darf nicht als ein Muster einer elektrischen Bahn zu ebener Erde betrachtet werden, sie ist vielmehr als eine von ihren Säulen und Trägern herabgenommene Hochbahn aufzufassen".

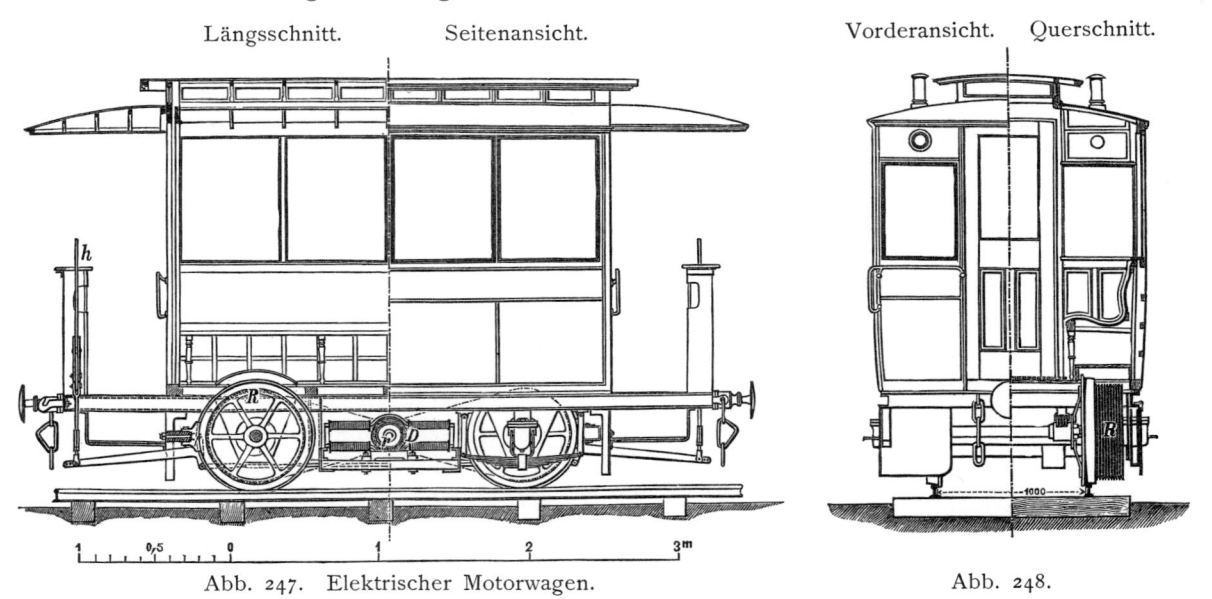

Längsschnitt.   Seitenansicht.   Vorderansicht.   Querschnitt.

Abb. 247. Elektrischer Motorwagen.   Abb. 248.

Das Gleis dieser kleinen Versuchsbahn wurde mit 1 m Spurweite auf hölzernen Querschwellen verlegt und bestand aus Vignolesschienen, welche an den Stöfsen durch angenietete elastische Messingstreifen leitend verbunden waren. Die Abb. 244 u. 245 stellen einen Längen- bezw. Querschnitt durch das Profil auf freier Strecke dar, während die Abb. 246 einen Querschnitt durch das Profil an den Wegeübergängen zeigt.

Die Krafterzeugungsstätte war in dem Maschinenhause des Wasserwerkes errichtet. Der elektrische Strom wurde mit 160 Volt Spannung den Schienen der Bahn durch eine kurze Kabelleitung zugeführt. Die Wagen waren im allgemeinen einem Pferdebahnwagen ähnlich construirt und trugen, wie aus den Abb. 247 u. 248 ersichtlich ist, die dynamoelektrische Antriebsmaschine zwischen den Radachsen. Die Stromzuleitung zu dem Wagenmotor wurde durch die Berührung zwischen Schiene und Radkranz vermittelt. Die

VI. Die Strafsenbahnen.

metallischen Constructionstheile des Wagens waren aus dieser Leitung dadurch vollständig ausgeschaltet, dafs vermöge der Verwendung von Holzscheibenrädern die Radkränze von den Wagenachsen isolirt waren. Der Strom wurde von dem einen nach dem anderen Radkranze und durch den Wagenmotor hindurch vermittelst schleifender Metallfedern, welche die unmittelbare Verlängerung der Pole des Motors bildeten, geführt. Die zulässige Geschwindigkeit der Wagen betrug 20 km in der Stunde, mit dieser verkehrte regelmäfsig ein Wagen zwischen Kadettenanstalt und Anhalter Bahnhof in unmittelbarem Anschlufs an sämtliche Personenzüge.

Erwähnenswerth ist hierbei der Umstand, dafs diese ersten im Jahre 1880 erbauten elektrischen Motorwagen jetzt Mitte 1896 noch vollständig betriebsfähig sind, und dafs schon bei diesen ersten Wagen die noch heute übliche Anordnung der elektrischen Umsteuerung des Motors und einer Vorrichtung zur Regelung der Fahrgeschwindigkeit angewendet wurde.

Im Jahre 1890 erfuhr diese elektrische Strafsenbahn eine Erweiterung, welche sich auf eine Verlängerung der vorhandenen Bahn über die Kadettenanstalt hinaus bis zum Potsdamer Bahnhof Lichterfelde erstreckte. Hier standen für den Bahnkörper nur öffentliche Wege

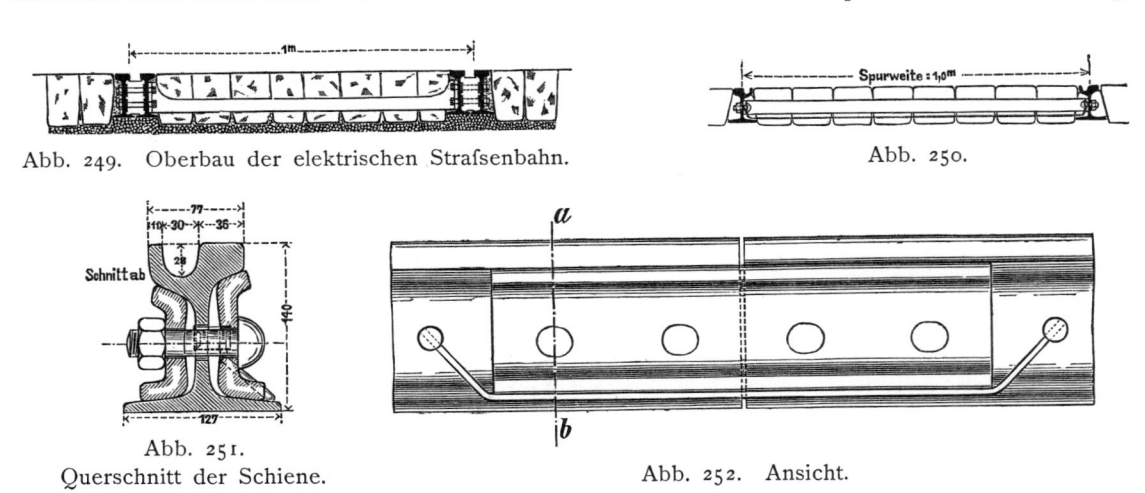

Abb. 249. Oberbau der elektrischen Strafsenbahn.

Abb. 250.

Abb. 251. Querschnitt der Schiene.

Abb. 252. Ansicht.

zur Verfügung. Die Schienen mufsten daher durchweg in die Strafsenkrone eingebettet und das bisherige Stromzuführungssystem durch die Schienen deshalb verlassen werden.

Nachdem die Firma Siemens & Halske inzwischen an anderen Bahnen, so auf einer Versuchsstrecke von Westend nach dem Spandauer Bock bei Berlin und auf der elektrischen Strafsenbahn Frankfurt-Offenbach, verschiedene andere Systeme oberirdischer Stromzuleitung versucht hatte, wurde für die Verlängerung der Bahn in Lichterfelde ein System gewählt, das im wesentlichen schon dem jetzt üblichen mit oberirdischer Stromzuführung entspricht. Als Stromleiter diente ein 8 mm starker Stahldraht, der etwa 4,50 m über der Strafsenkrone isolirt an Querdrähten aufgehängt und über der Gleismitte der Bahn entlang geführt wurde. Die Querdrähte wurden in Abständen von 35 bis 40 m an paarweise beiderseits der Strafse aufgestellten Holzmasten ebenfalls isolirt befestigt. Die Verbindung der Leitung mit dem Wagenmotor geschah durch zwei auf dem Wagendache befindliche leichte Metallbügel, welche in geneigter Stellung durch eine Feder unterwärts gegen die Stromzuleitung gedrückt wurden und bei Fortbewegung des Wagens an dieser entlang gleiten. Dieser noch heute bei den von der Firma Siemens & Halske erbauten Bahnen übliche Stromabnehmer-Bügel hat gegenüber der sonst meist verwendeten Rolle den Vortheil, dafs ein Abspringen des Stromabnehmers von der Leitung bei Schwankungen des Wagens oder ungenauer Lage der Leitung usw. nicht vorkommen kann. Deshalb kann der oberirdische Leitungsdraht in den Gleiskrümmungen in längeren Zügen geradlinig geführt werden, als bei dem Stromabnehmer mit der Rolle. Zu seiner Befestigung sind daher nicht so viele Spanndrähte erforderlich, durch welchen Umstand die Anlage für das Auge weniger störend und nebenbei auch billiger wird.

VI. Die Strafsenbahnen.

Bei den ersten Wagen waren zwei dieser Stromabnehmer-Bügel angeordnet, um eine durchaus sichere Berührung mit dem Leitungsdraht zu gewährleisten. Im Betriebe zeigte sich jedoch ein einzelner Bügel dazu vollkommen ausreichend. Zur Rückleitung wurden die Schienen benutzt, welche zu diesem Zwecke unter einander und mit der Krafterzeugungsstätte leitend verbunden waren. Da auf der alten Linie die Stromleitung nach wie vor nur durch die Schienen erfolgte, so mußten die Schienen der neuen von der als Stromzuleitung dienenden Schiene der alten Strecke sorgfältig isolirt werden. Auch waren die Wagen neben dem oberirdischen Stromabnehmer gleichzeitig für die Stromzuführung durch die Schienen eingerichtet, um vom Wagenschuppen über die alte nach der neuen Strecke gelangen zu können. Die beim Uebergang von einer zur anderen Strecke erforderliche Umschaltung der Stromzuleitung erfolgte selbstthätig durch einen am Wagen angebrachten, über dessen Profil vorstehenden Hebel, der von einem an der Uebergangsstelle befindlichen Pfosten bei der Durchfahrt ohne Zuthun des Wagenführers umgelegt wurde. Der Betrieb auf dieser neuen Strecke, welcher regelmäßig durch zwei zwischen Kadettenanstalt und den Bahnhöfen verkehrende Motorwagen aufrecht erhalten wurde, erwies sich in jeder Hinsicht so zufriedenstellend, daß alsbald auch derjenige Theil der ersten Bahnstrecke, in welchem die Wegeübergänge lagen, mit der Hochleitung versehen wurde. Doch schon zwei Jahre später, im Jahre 1892, wurde ein vollständiger Umbau dieser ältesten und ersten Linie erforderlich, weil das Gelände, auf welchem sie errichtet war, für andere Zwecke geräumt werden mußte.

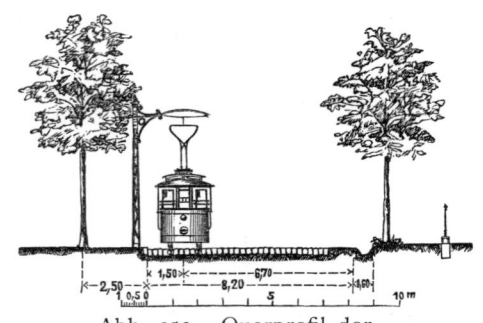

Abb. 253. Querprofil der elektr. Strafsenbahn Lichterfelde-Steglitz.

Eine weitere und umfassende Erweiterung erfuhr endlich die Bahn im Jahre 1894. Es wurden drei neue Linien ebenfalls eingleisig und mit einer Spurweite von 1 m der alten angefügt und zwar:

1. Vom Anhalter Bahnhof Lichterfelde durch den Jungfernstieg, Boothstraße, Berliner Straße, Albrechtstraße bis zum Potsdamer (Wannsee) Bahnhof in Steglitz; Länge 4,9 km.

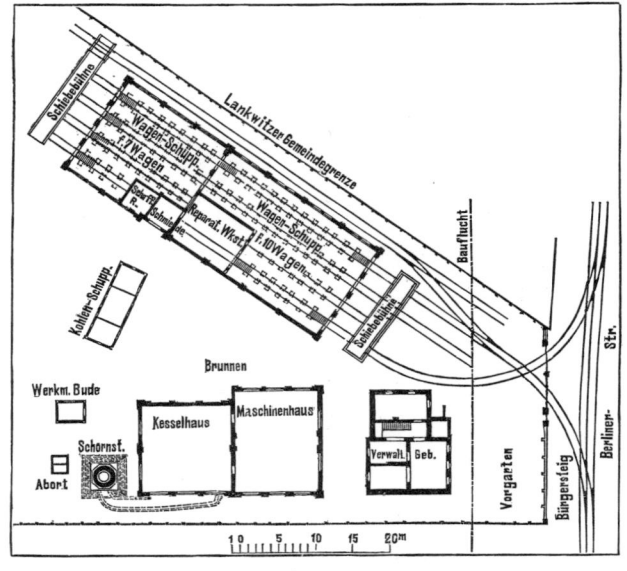

Abb. 254. Betriebsbahnhof.

— 2. Von der Kadettenanstalt, aus der alten Linie in der Giesendorfer Straße abzweigend durch die Chausseestraße, Schützenstraße, Albrechtstraße ebenfalls nach dem Bahnhof Steglitz; Länge 3,6 km. — 3. Von dem Anhalter Bahnhof Südende durch die Steglitzer, Mariendorfer und einmündend in die Linie unter 2 gleichfalls bis zum Bahnhof Steglitz; Länge 1,25 km.

Der Oberbau der neuen Linien, dessen Abmessungen aus den Abb. 249—252 erkenntlich sind, besteht durchweg aus Phönix-Rillenschienen. An den Stößen sind sämtliche Schienen, wie Abb. 252 zeigt, durch angenieteten Kupferdraht von 8 mm Stärke und außerdem in jeder dritten Schienenlänge durch einen angenieteten Querdraht gleicher Art und Stärke leitend verbunden. Die oberirdische Stromzuführung wird durch einen Hartkupferdraht von 8 mm Stärke vermittelt, der in Abständen von etwa 35 m und in einer Mindesthöhe von etwa 5 m über dem Gleis mehrfach isolirt an Masten aufgehängt ist. Je nach der

VI. Die Strafsenbahnen.

Art der durchfahrenen Strafse sind diese Maste aus Mannesmannstahlrohren mit Gufseisenarmirung, schmiedeeisernem Gitterwerk oder glatten Kiefernholzstämmen hergestellt. Wo es die Oertlichkeit zuliefs, sind die Maste, wie in Abb. 253 dargestellt ist, nur auf der einen Strafsenseite aufgestellt und tragen schmiedeeiserne gefällig gebogene Armausleger, an denen die Leitung isolirt und elastisch aufgehängt ist. Nur vereinzelt sind die Querdrähte zur Aufhängung der Stromzuleitung mit Wandhaken an benachbarten Häusern befestigt.

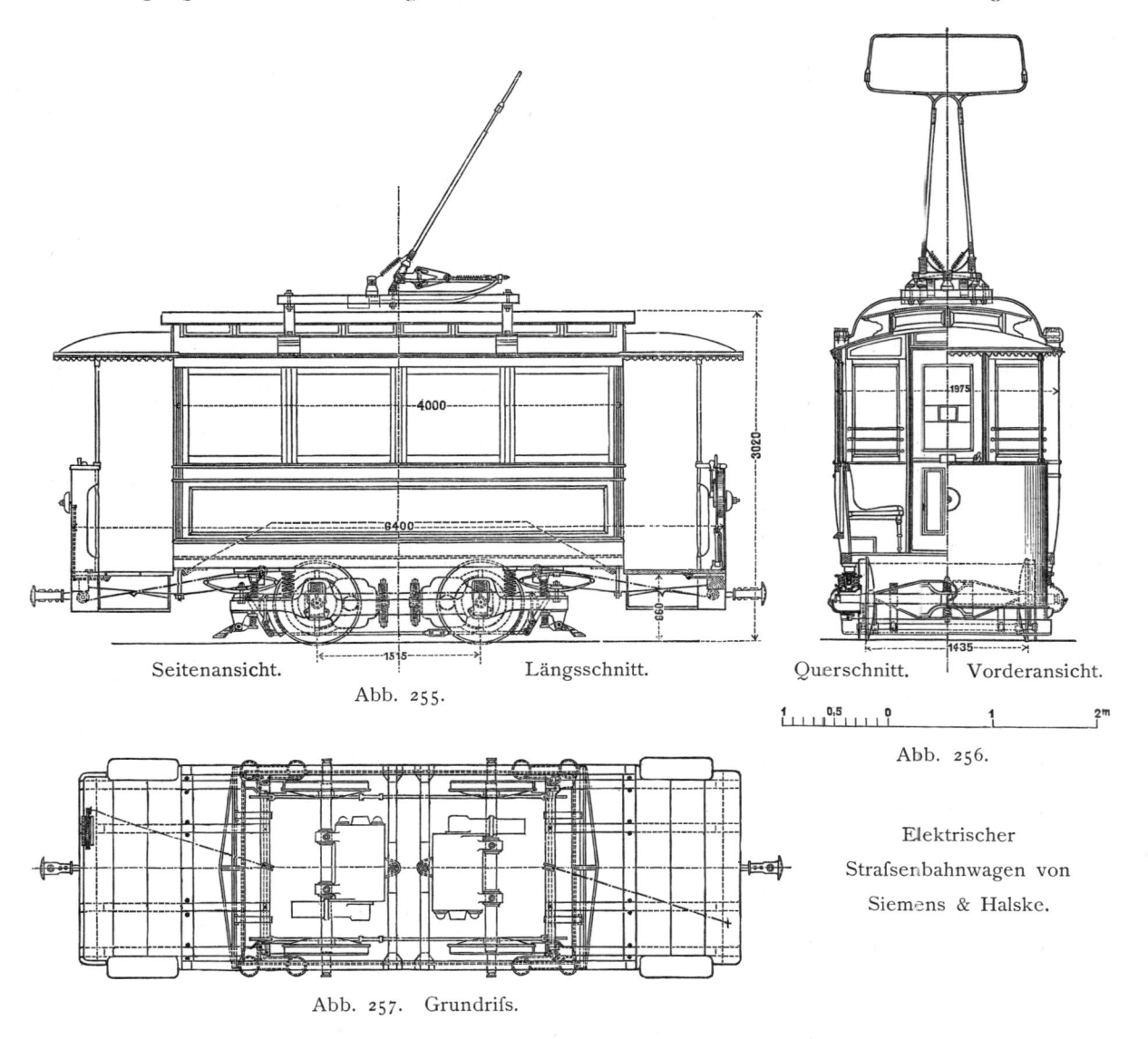

Seitenansicht. Längsschnitt.
Abb. 255.

Querschnitt. Vorderansicht.
Abb. 256.

Abb. 257. Grundrifs.

Elektrischer Strafsenbahnwagen von Siemens & Halske.

Für diese Vergröfserung der vorhandenen Bahn um fast das dreifache ihrer Länge reichte naturgemäfs die alte Krafterzeugungsanlage nicht mehr aus; eine neue Kraftstation in Verbindung mit einem vollständigen Betriebsbahnhof wurde deshalb zur Nothwendigkeit und in der Berliner Strafse, ungefähr in der Mitte des ganzen Bahnnetzes, angelegt. Um die Spannungsverluste bei den bedeutenden Streckenlängen ohne übermäfsige Vergröfserung der Zuleitungsquerschnitte zu vermindern, ist die Stromspannung auf die inzwischen anderwärts schon erprobte Höhe von im Mittel 500 Volt gebracht. Auch die bestehende Bahn mufste, um einen einheitlichen Betrieb des ganzen Netzes zu ermöglichen, auf diese Spannung gebracht und daher die Stromzuleitungsanlage in derselben Weise wie auf den neuen Strecken umgebaut werden.

Der Betriebsbahnhof, dessen Grundrifs Abb. 254 wiedergiebt, umfafst ein Kessel- und Maschinenhaus von 144 bezw. 160 qm Grundfläche, einen Wagenschuppen mit Reparaturwerkstatt von 580 qm Gröfse und ein kleines Verwaltungsgebäude mit Dienstwohnungen von 150 qm Grundfläche. Diese Gebäude sind massiv in Ziegelrohbau ausgeführt, sonstige Nebengebäude wie Kohlenschuppen, Abort usw. in Fachwerk hergestellt.

Das Kesselhaus enthält zwei Röhrenkessel von 84,60 bezw. 127,30 qm Heizfläche. Der darin erzeugte Dampf von 10 Atm. Ueberdruck dient zum Antrieb zweier liegender Verbund-Dampfmaschinen mit Condensation von 75 bis 100 bezw. 100 bis 180 effectiver Pferdestärkenleistung, welche im angebauten Maschinenhause aufgestellt sind und je eine entsprechend starke Innenpol-Dynamomaschine, Siemens'scher Bauart, mittels Riemen antreiben. Unter gewöhnlichen Verhältnissen genügt die kleinere Maschine zur Aufrechterhaltung des Betriebes, die zweite dient für stärkeren Verkehr, im übrigen als Ersatz. Aufserdem sind noch zwei Woolf'sche Verbund-Locomobilen, deren eine in der alten Kraftstation arbeitete, von 50 und 25 P.S. Leistung für weiteren Bedarf im Kesselhause untergebracht und treiben mittels Riemen drei kleinere Dynamos, welche ebenfalls aus der alten Kraftstation am Wasserwerk übernommen sind.

Alle zur Controle, Umschaltung und Regulirung des Stromlaufes erforderlichen Vorrichtungen sind auf einem geschmackvoll ausgestatteten Schaltbrett im Maschinenhause zusammen angebracht. Der Wagenschuppen ist zur Aufnahme von 18 Wagen eingerichtet und enthält eine Reparaturwerkstatt mit Schmiede. Die Schuppengleise, welche auf der Vorder- und Rückseite durch je eine Schiebebühne zugänglich gemacht werden, ruhen auf etwa 1,50 m hohen schmiedeeisernen Böcken über der gemauerten, mit durchgehendem Gefälle versehenen Sohle des Schuppens. Es können daher sämtliche im Schuppen befindliche Wagen von unten besichtigt und gereinigt werden.

Sämtliche Arbeitsplätze des Betriebsbahnhofes werden mit Glühlampen elektrisch beleuchtet, welche ihren Strom gleichfalls von den Bahnbetriebsmaschinen erhalten. Der Wagenpark umfafst zur Zeit 14 Motorwagen, deren Construction die Abb. 255—257 zeigen. Die schmiedeeisernen Untergestelle dieser Wagen, welche auf zwei Achsen in 1,65 m Abstand ruhen, sind mit je einem 15 pferdigen vierpoligen Elektromotor ausgerüstet, der mit Zahnradübersetzung an einer Achse angreift. Die Beleuchtung der Wagen erfolgt elektrisch.

Seit Eröffnung der neuen Strecken ist auf sämtlichen Linien ein regelmäfsiger 20 Minuten-Verkehr der Wagen im Anschlufs an die Züge der Wannseebahn in Lichterfelde und Steglitz eingerichtet. Der tägliche Betrieb wird von morgens 6 Uhr bis Mitternacht aufrecht erhalten, sodafs im ganzen werktäglich etwa 1500 Wagenkilometer geleistet werden, während den gröfseren Verkehrsbedürfnissen an Sonn- und Feiertagen entsprechend durch Einstellen von Ersatz- und Anhängewagen, stromloser Beiwagen an die Motorwagen, Rechnung getragen wird.

D. Die elektrische Strafsenbahn „Pankow—Gesundbrunnen".

Die erste elektrische Strafsenbahn Berlins, welche, ebenso wie die erste elektrische Strafsenbahn der Welt überhaupt, von der Firma Siemens & Halske erbaut wurde, ist die Linie Pankow—Gesundbrunnen. Dieselbe wurde am 10. September 1895 dem Betriebe übergeben. Sie geht von Pankow, einem im Norden Berlins gelegenen Vororte aus bis in die Hauptstadt hinein zum Schnittpunkt der Badstrafse und Prinzen-Allee, sodafs ihre Länge rd. 3,5 km beträgt, von welchen beinahe 1 km auf Berliner Gebiet gelegen ist.

Die Anordnung der Gleise, der Stromzuführung, Betriebsmittel und Kraftstation ist ganz ähnlich derjenigen der zuletzt erbauten Linien der vorbeschriebenen elektrischen Strafsenbahnen in Grofs-Lichterfelde—Lankwitz—Steglitz—Südende. Abweichend ist nur die Spurweite, welche hier 1,435 m beträgt. Aufserdem ist der Arbeitsdraht der oberirdischen Stromzuführung in einer Mindesthöhe von etwa 5 m durchweg an Stahlrohrmasten aufgehängt, die nach dem Mannesmann'schen Walzverfahren aus einem Stück hergestellt in Beton fundirt und mit gufseisernen Verzierungen versehen sind. Die Wagen haben dieselbe Bauart und Gröfse wie diejenigen der Lichterfelder Bahn, sie werden durch einen Elektromotor von 15 P. S. angetrieben.

Der Betriebsbahnhof, welcher die Kraftstation, sowie den Wagenschuppen nebst Werkstätte, Kohlenschuppen und Materialienräume umfafst, liegt ungefähr 500 m seitwärts von der eigentlichen Linie entfernt und zwar in der Brehmerstrafse in Pankow. Die Gebäude des Betriebsbahnhofes, mit Ausnahme des Kohlenschuppens, welcher aus Holzfachwerk hergestellt ist, sind in Ziegelrohbau ausgeführt und mit Theerpappdächern auf eisernen Bindern abgedeckt. Die Kessel-, Dampf- und Dynamomaschinen-Anlage ist doppelt ausgeführt, je eine dient zur Aufrechterhaltung des regelmäfsigen Betriebes bezw. zum Ersatz. Die beiden Röhrenkessel haben je 75 qm wasserberührte Heizfläche. Die beiden Dampfmaschinen sind Verbundmaschinen liegender Bauart mit Condensation und 9 Atm. Anfangsspannung. Sie leisten je 75—100 P. S. bei 135 Umdrehungen in der Minute und sind mit je einer Innenpol-Dynamomaschine Siemens'scher Bauart direct gekuppelt. Ein Schaltbrett mit allen nöthigen Control-, Regulir- und Sicherheitsvorrichtungen dient zur Vertheilung und Regulirung des Stromlaufs aus den Maschinen in die Streckenleitungen.

Der Betrieb wird zur Zeit mit acht Wagen geführt, deren durchschnittliche Fahrgeschwindigkeit einschliefslich der Aufenthalte 12 km in der Stunde beträgt, während die zulässige Höchstgeschwindigkeit mit 25 km bemessen ist. Die Wagen folgen in einem Abstande von höchstens 10 Minuten. Der Fahrpreis beträgt ohne Unterschied der Entfernung 10 ₰ für die Person und wird zunächst versuchsweise mittels sogen. Zahlkasten erhoben, in welche jeder Fahrgast das Fahrgeld vor den Augen des Wagenführers hineinlegen mufs.

E. Die elektrischen Strafsenbahnen „Berlin—Treptow" [1])

Deutlich und immer stärker macht sich das Bestreben geltend, bei Strafsenbahnen in grofsen Städten anstatt des Pferdebetriebes elektrischen Betrieb in Anwendung zu bringen, unter dessen Vorzügen Schnelligkeit, Reinlichkeit und Entlastung der Strafsen besonders ins Gewicht fallen. Die elektrische Kraft, deren erste Verwendung für Bahnbetrieb 1879 in der Gewerbeausstellung durch die Firma Siemens & Halske, Berlin zur Geburtsstadt des Elektromotorenbetriebes machte, ist bis zum Jahre 1895 in Berlin nur versuchsweise im Strafsenbahnverkehr zur Verwendung gelangt.

Schon 1885 lief der erste von Reckenzaun construirte Accumulatorwagen und das Streben der Behörden blieb der Verwirklichung dieser idealen Betriebsweise zugewendet, während sich dieselben dem Hochleitungsbetriebe gegenüber, wie er durch den geistvollen Erfinder desselben, Dr. Werner von Siemens, das erstemal 1883 auf den Versuchsstrecken Charlottenburg—Spandauer Bock und Frankfurt a. M.—Offenbach zur Ausführung gebracht wurde, stets ablehnend verhalten hatten. Es war wohl auch hier das Beste der Feind des Guten. — Die in Buda-Pest von Siemens & Halske ausgeführte, mit bestem Erfolge betriebene elektrische Bahn mit Tiefzuleitung gab Veranlassung, auch dieses System für Berlin in Erwägung zu ziehen. Die in Berlin besonders ungünstigen Verhältnisse für die Entwässerung der Tiefzuleitungscanäle, welche bei starken atmosphärischen Niederschlägen einen Rückstau der Wassermassen befürchten liefsen, hatten zur Folge, dafs auch von dem Bau einer gröfseren Versuchsstrecke, die von der Grofsen Berliner Pferdebahn geplant war, Abstand genommen, dagegen ein Versuchsbetrieb mit verbesserten Accumulatoren in Aussicht genommen wurde. Dieser ist in den Sommermonaten 1895 auf der Strecke Moabit—Thiergarten—Schöneberg zur Ausführung gekommen, zur Zeit aber wieder eingestellt, da eine praktische Verwendung dieser Betriebsart an den hohen Kosten derselben, der langen Ladezeit usw. scheiterte.

Der Siegeszug des elektrischen Hochzuleitungsbetriebes, insbesondere die Einführung desselben in der verkehrsreichen Stadt Hamburg ging auch hier nicht spurlos vorüber. Schon 1895 hatte, wie in Abschnitt D berichtet, die Firma Siemens & Halske die Vorortbahnstrecke von Gesundbrunnen nach Pankow in Betrieb gesetzt, auch die Berlin-Charlotten-

---

[1]) Bearbeitet vom Königlichen Baurath Jos. Fischer-Dick, Oberingenieur der Grofsen Berliner Pferdeeisenbahn.

burger Pferdebahn hatte Aussicht, diesen von ihr beabsichtigten Betrieb noch im Jahre 1895 verwirklichen zu können, wenn nicht der Einspruch der physikalischen Reichsanstalt die Ausführung verzögert hätte. Einen ungemein günstigen, eigentlich entscheidenden Einfluss für die Einführung des elektrischen Betriebes bis in das Herz der Stadt bewirkte die 1896er Gewerbeausstellung. Für den Neubau der für die Ausstellung geplanten sowohl, wie für den Umbau vorhandener Linien war bei den Behörden die in Dresden im Sommer 1895 ausgeführte Versuchsstrecke mit combinirter, von der Firma Siemens & Halske ausgeführter Hoch- und Tiefzuleitung ausschlaggebend. Dieses combinirte System wird nunmehr in gröfserem Umfange auch hier in Berlin eingeführt und ist für die Ausstellungslinien vorgeschrieben.

Es steht zu hoffen, dafs die mit Aufbietung aller Kräfte in beschleunigter Ausführung begriffenen Strecken:

a) Zoologischer Garten — Kurfürstenstrafse — Nollendorfplatz — Bülowstrafse — Yorkstrafse — Belle-Alliance-Strafse — Gitschiner Strafse — Skalitzer Strafse — Schlesische Strafse — Treptower Chaussee, dann Dönhoffplatz — Lindenstrafse — Ritterstrafse — Reichenberger Strafse — Skalitzer Strafse — Treptower Chaussee, ca. 15 km,

welche die Grofse Berliner Pferdebahn betreibt, dann die Linie

b) Behrenstrafse — Kanonierstrafse — Mauerstrafse — Schützenstrafse — Markgrafenstrafse — Lindenstrafse — Hollmannstrafse — Wasserthorstrafse — Britzer Strafse — Grünauer Strafse — Wiener Strafse — Schlesischer Busch — Köpenicker Landstrafse, ca. 9,5 km,

welche von der Firma Siemens & Halske neu erbaut wird, rechtzeitig den Betrieb nach der Ausstellung aufnehmen können, welcher mit 74 Motorwagen nebst Anhängewagen stattfinden wird.

Von diesen Linien sind folgende Theilstrecken mit Tiefzuleitung vorgeschrieben:

a) Dennewitzplatz, dann Blücherplatz — Hallesche-Thor-Brücke — Lindenstrafse — Commandantenstrafse — Dönhoffplatz.[1]
b) Behrenstrafse — Mauerstrafse — Schützenstrafse — Markgrafenstrafse — Linden- bis Hollmannstrafse.

Sowohl die Streckenausrüstung der Hochleitung, wie die Construction der Tiefzuleitungscanäle sind bei beiden Gesellschaften verschieden gewählt. Die Grofse Berliner Pferdeeisenbahn läfst Hoch- und Tiefzuleitung durch die Union Elektrische Gesellschaft nach dem System Thomson Houston ausführen; die Stromabnahme bei der Hochleitung erfolgt durch die Rolle; Maste und Rosetten werden nach dem prämiirten Modell des Architekt Rockstrohen hergestellt. Die Tiefzuleitungscanäle sind unter die beiden mittleren Schienenstränge gelegt, der Stromabnehmer für dieselben befindet sich zwischen den

Abb. 258. Elektr. Strafsenbahn mit unterird. Stromzuleitung am Dönhoffplatz.
(Gr. Berl. Pferdeeisenbahn.)

---

[1] Thatsächlich bis jetzt nur ausgeführt auf dem Dennewitzplatz und der Strecke Lindenstrafse — Dönhoffplatz.

Rädern des Motorwagens an beiden Seiten desselben (Abb. 258). Die Firma Siemens & Halske verwendet zur Stromabnahme bei der Hochleitung breite Gleitbügel, ihre Tiefzuleitungscanäle sind unter einem der äufseren und einem der inneren Schienenstränge wie in Buda-Pest gelegt, es genügt daher ein auslösbarer Stromabnehmer. Die Maste sind nach dem Entwurfe des Land-Bauinspectors Laske ausgeführt. Die elektrische Kraft lieferten für sämtliche Linien die Berliner Elektricitätswerke. Jedenfalls sind diese Gewerbeausstellungslinien für die Ueberführung des Berliner Pferdebahnbetriebes in elektrischen Betrieb von ausschlaggebender Bedeutung, da die Behörden den Oberzuleitungsbetrieb für die vornehmeren Strafsenzüge Berlins nicht gestatten und hier vorerst nur die Tiefcanalzuleitung in Frage kommen kann. Der Accumulatoren-Betrieb erscheint als zu kostspielig zur Zeit noch ausgeschlossen. Es kann aber hier wohl der Ueberzeugung Ausdruck gegeben werden, dafs in absehbarer Zeit auch Berlin sein gesamtes grofses Strafsenbahnnetz bis weit hinaus in die Vororte mit Elektromotoren betreiben und ein Stillstand in der begonnenen Umwandlung nicht mehr eintreten wird.

F. Die elektrische Stadtbahn Zoologischer Garten—Warschauer Brücke.[1)]

Bereits unmittelbar nach der Gewerbeausstellung in Berlin im Jahre 1879, auf welcher Werner von Siemens überhaupt die erste elektrische Eisenbahn versuchsweise mit gutem Erfolge vorgeführt hatte, trat die Firma Siemens & Halske mit Entwürfen von elektrischen Hochbahnen für Berlin an die Oeffentlichkeit. Diese sollten nach Art der New-Yorker Hochbahnen auf Stützen, welche an der Bordkante der Bürgersteige aufgestellt waren, die Friedrichstrafse und Leipziger Strafse durchfahren. Nachdem diese Entwürfe von den zuständigen Behörden im Hinblick auf die örtlichen Verhältnisse wohl mit Recht abgelehnt waren, legte dieselbe Firma im Jahre 1890 den allgemeinen Entwurf eines Netzes von elektrischen Bahnen in Berlin, bestehend theils aus Hoch-, theils aus Tunnel- und theils aus Strafsenbahnen vor. In diesem allgemeinen Entwurf war bereits die jetzt zur Ausführung kommende elektrische Stadtbahn vom Zoologischen Garten bis zur Warschauer Brücke enthalten. Es wurde zunächst für diese eine Linie die Durchführbarkeit dargethan, worauf die betheiligten Behörden und Gemeinden im October 1891 über den Entwurf mit der Firma Siemens & Halske in Verhandlung traten. Nach dem ersten Entwurf sollte die Hochbahn an der Ecke der Joachimsthaler Strafse und des Kurfürstendammes unmittelbar am Stadtbahnhof Zoologischer Garten beginnen und den Thiergarten bis zur Lichtensteinbrücke längs der Grenze des Zoologischen Gartens durchschneiden, von hier ab auf dem südlichen Uferstreifen längs des Landwehrcanals über die Belle-Alliance-Brücke hinweg bis zum Ende des Waterlooufers verlaufen, hier den Canal übersetzen und hinter den Gasanstalten an der Gitschiner Strafse unter nochmaliger Ueberschreitung des Canals am Elisabethufer den Canal am Wasserthorplatz verlassen, dann aber auf den Mittelstreifen der Skalitzer Strafse abbiegend, durch diese Strafse bis zum Schlesischen Thor und durch die Oberbaumstrafse geführt werden, um nach Ueberbrückung der Spree in der Nähe der Haltestelle Warschauer Strafse der Berliner Stadt- und Ringbahn zu endigen.

Mit Rücksicht auf die gegen diese Linienführung geltend gemachten Bedenken legte die Firma Siemens & Halske im Februar 1892 einen neuen allgemeinen Entwurf der Linie vom Zoologischen Garten bis zur Warschauer Brücke vor, welcher als geeignete Grundlage für die nachher genehmigte Theilstrecke vom Nollendorfplatz bis zur Warschauer Brücke anerkannt wurde.

Nach den stattgehabten Verhandlungen war vorauszusehen, dafs über die Feststellung der Anfangsstrecke Zoologischer Garten—Nollendorfplatz, namentlich über die Führung der Bahn in der Nähe der Kaiser-Wilhelm-Gedächtnifskirche in kurzer Zeit eine Verständigung nicht würde erzielt werden können. Die Firma Siemens & Halske entschlofs sich daher zunächst nur die Theilstrecke vom Nollendorfplatz bis zur Warschauer Brücke nebst Abzweigungen nach dem Potsdamer Platz zur Vorlage zu bringen, ohne die Ver-

---

1) Bearbeitet von der Firma Siemens & Halske.

handlungen über die Schlufsstrecke vom Zoologischen Garten bis zum Nollendorfplatz zu unterbrechen, in der Absicht, sobald wie möglich wenigstens mit der Ausführung des gröfseren Theiles der Bahn beginnen zu können. Auch der Einspruch des Kirchenraths der Zwölf-Apostel-Gemeinde gegen die Vorüberführung der Bahn in der Nähe der Lutherkirche wurde überwunden und die Allerhöchste Cabinetsordre vom 22. Mai 1893 ertheilte „die Genehmigung zur Herstellung einer elektrischen Hochbahn in Berlin von der Warschauer Strafse über die Oberbaumbrücke durch die Skalitzer und Gitschiner Strafse, durch die Strafse Hallesches Ufer, über die Luckenwalder Strafse und über das Gelände des Potsdamer Bahnhofes bis zur Dennewitzer Strafse, über den Dennewitzplatz und durch die Bülowstrafse bis zum Nollendorfplatz nebst zwei Abzweigungen nach dem Potsdamer Platz."

Inzwischen war auch ein weiteres Bedenken durch den Erlafs des Gesetzes über die Kleinbahnen vom 28. Juli 1892 gehoben, da es vorher nicht angängig schien, diese Stadtbahn unter das Eisenbahngesetz vom 3. November 1838 zu stellen.

Nach Erlafs der Cabinetsordre war somit den weiteren Verhandlungen eine feste Grundlage gegeben. Aber die Verhandlungen über die nach dem Kleinbahngesetz erforderliche Zustimmung der Wegeunterhaltungspflichtigen haben sich bis zum Ende des Jahres 1895 hingezogen, sodafs die Planfeststellung erst im Anfang des Jahres 1896 erfolgen und darauf anfangs März die Genehmigungsurkunde ausgefertigt werden konnte. In der Zwischenzeit sind die Verträge mit dem Eisenbahnfiskus wegen Ueberbrückung der Berlin-Anhalter und Berlin-Potsdamer Eisenbahn und wegen Mitbenutzung eisenbahnfiskalischen Geländes für die elektrische Stadtbahn sowie die Verträge mit den Gemeinden Berlin und Schöneberg wegen Benutzung der Strafsen zum Abschlufs gebracht.

Um mit dem Bau der Viaducte und Strafsenunterführungen der Hochbahn selbst beginnen zu können, sind vorher mehrfache Verlegungen von Leitungen der Post- und Telegraphenverwaltung, der städtischen Werke, der Canalisation, der Wasserwerke, der Gasanstalten, ferner Verlegungen an den Gleisen der Grofsen Berliner Pferdebahn auszuführen. Die Bauzeit ist auf etwa zwei Jahre festgesetzt, sodafs diese Theilstrecke voraussichtlich Ende des Jahres 1898 dem Betriebe übergeben werden wird. Bezüglich der Schlufsstrecke vom Nollendorfplatz bis zum Zoologischen Garten steht zu hoffen, dafs, nachdem das Finanzministerium bezüglich des Zoologischen Gartens, welcher auf fiskalischem Grund und Boden steht, seine grundsätzliche Zustimmung ertheilt hat, die weiteren Verhandlungen namentlich mit der Stadt Charlottenburg sich so schnell abwickeln werden, dafs in der angegebenen Zeit womöglich auch diese Schlufsstrecke der Bahn fertiggestellt werden kann.

Die elektrische Stadtbahn wird nach der in dem Stadtplan eingetragenen Linienführung hergestellt, und zwar für die durchgehende Linie mit den Haltestellen im Zoologischen Garten, auf dem Wittenberg- und Nollendorfplatz, an der Potsdamer Strafse (Ecke Bülowstrafse), an der Möckern- und Belle-Alliance-Brücke, an der Prinzenstrafse (Ecke Gitschiner Strafse), am Kottbuser Thor, am Görlitzer Bahnhof (Manteuffelstrafse), am Schlesischen und Stralauer Thor und an der Warschauer Brücke, sowie mit einem Endbahnhofe für die Abzweigungen am Potsdamer Platz.

Am Zoologischen Garten zweigt aus der Hochbahn eine Rampe ab, mittels welcher die Strafsenbahnen in der Hardenberg- und Joachimsthaler Strafse mit der elektrischen Stadtbahn in Verbindung gesetzt werden können, damit auch Durchgangswagen von diesen Strafsenbahnen auf die elektrische Stadtbahn übergehen können. Letztere verläfst den Zoologischen Garten unter Ueberschreitung des Kurfürstendammes mit einer Curve von 60 m Halbmesser, durchschneidet den Häuserblock an den Ecken des Kürfürstendammes und der Tauenzienstrafse und legt sich mit einer Gegenkrümmung von dem gleichen Halbmesser über den Mittelstreifen des Strafsenzuges Tauenzien-, Kleist-, Bülowstrafse, welchen sie bis zum Dennewitzplatz verfolgt. Hier durchbricht die elektrische Stadtbahn den Häuserblock zwischen der Dennewitzstrafse und dem Gelände der Potsdamer Bahn. Letzteres und die Gleise der Potsdamer Bahn werden mittels Brücken von 88 und 140 m Stützweite übersetzt. Mit einer Curve von 110 m legt die elektrische Stadtbahn sich dann parallel zur Ringbahn und folgt dieser bis zum Potsdamer Platz, indem sie sich nach Ueberschreitung des Landwehrcanals mit einer Neigung von 1:40 längs der hinteren

VI. Die Strafsenbahnen.

Grenze der Grundstücke an der Köthener Strafse senkt, sodafs sie den Droschkenplatz des Potsdamer Bahnhofes als Unterpflasterbahn unterfahren kann und unter der Ausfahrt von diesem Bahnhofe in der Haltestelle Potsdamer Platz an der Königgrätzer Strafse endigt.

Die beschriebene Linie vom Zoologischen Garten nach dem Potsdamer Platz bildet den westlichen Zweig der elektrischen Stadtbahn. Der östliche Zweig derselben vom Potsdamer Platz nach der Warschauer Strafse fällt von dem Potsdamer Platz bis zum Treffpunkte der Schöneberger und Luckenwalder Strafse mit dem westlichen Zweige zusammen und schwenkt dann durch den Häuserblock zwischen der Luckenwalder und der Trebbiner Strafse nach dem Landwehrcanal ab. Die elektrische Stadtbahn überschreitet hier zunächst das Schöneberger Ufer und gleich dahinter mit ein und derselben Brücke die Anhalter Bahn und den Landwehrcanal, sodafs sie weiter auf dem nördlichen Uferstreifen des Canals, nämlich zunächst am Halleschen Ufer bis zur Belle-Alliance-Brücke, und dann noch bis zum künftigen Durchbruch der alten Jakobstrafse sich erstrecken kann. Von hier ab liegt die Bahn über dem Mittelstreifen der Gitschiner und Skalitzer Strafse bis zur Spree, welche sie mittels eines Aufbaues auf der neu erbauten Oberbaumbrücke überschreitet, um schliefslich in unmittelbarer Nähe der Haltestelle Warschauer Strafse der Berliner Stadt- und Ringbahn zu endigen.

Die vorbeschriebenen beiden Zweige der elektrischen Stadtbahn sind in Höhe der Trebbiner Strafse durch ein Gleispaar unter einander verbunden, sodafs auch die durchgehende Linie vom Zoologischen Garten nach der Warschauer Brücke ohne Berührung des Potsdamer Platzes betrieben werden kann. Es ergiebt sich hiernach ein grofses Bahndreieck über dem alten Dresdener Bahnhof. Aufser den kleinsten Halbmessern von 60 m Länge am Zoologischen Garten kommt nur einmal bei dem Einbiegen der Bahn aus der Oberbaumstrafse auf die Oberbaumbrücke ein Bogen von 80 m Halbmesser und in dem vorerwähnten Bahndreieck auf dem Dresdener Bahnhofe ein solcher von 100 m Halbmesser vor. Im übrigen sind kleinere Halbmesser als 120 m nicht in Anwendung gebracht.

Die Höhe der Schienenoberkante der elektrischen Stadtbahn ergab sich aus der Forderung, dafs ihre Trägerunterkante über dem Mittelstreifen der Gürtelstrafse mindestens 2,80 m liegen müsse, um der Feuerwehr noch freie Bewegung mit ihren Geräthen und Spritzen zu sichern und dafs für die sämtlichen Strafsenkreuzungen eine lichte Durchfahrtshöhe von 4,55 m einzuhalten war. Es weist die Kronenlinie der elektrischen Stadtbahn nur dort starke Neigungen auf, wo sie die Staatsbahnen überschreitet und wo sie sich zur Tunnelstrecke am Potsdamer Platz hinabsenkt. An diesen Punkten sind Steigungen von 1:40 angewendet. Im übrigen überschreiten die Steigungen der Bahn das Verhältnifs von 1:100 nicht.

Die Viaducte sind in den Strafsen mit alleiniger Ausnahme weniger Pfeiler in Eisen ausgeführt; dort wo Häuserblocks durchbrochen werden und auf dem Gelände des Dresdener Bahnhofs sind gewölbte Viaducte vorgesehen. Bei den Strafsenkreuzungen mufste die Fahrbahn zwischen die Hauptträger gelegt werden, um die Schienenoberkante auf den Haltestellen so niedrig wie möglich zu halten. Da an allen Haltestellen naturgemäfs sich unmittelbar Strafsenkreuzungen anschliefsen, ergiebt sich aus der geforderten Lichthöhe von 4,55 m und der geringsten Constructionshöhe der Fahrbahn bis Schienenoberkante von 0,75 m die Höhe der Schienenoberkante in den Haltestellen auf 5,30 m. Bei den Strafsenkreuzungen müssen zum gröfsten Theil schiefe Brücken angeordnet werden und aus diesem Grunde kommen fast ausschliefslich Fachwerksträger zur Verwendung, welche auf zwei Stützen frei aufliegen. An diesen Strafsenkreuzungen beträgt die Entfernung der Hauptträger von einander je nach der Stützweite und der örtlichen Lage der einzelnen Bauwerke 6—8 m. Auf den Ueberbrückungen, bei welchen nicht 2 m von Mitte des nächsten Gleises bis zur Aufsenkante der Hauptträger im Querprofil vorhanden sind, werden noch besondere Fufsgängersteige für den Verkehr der Wärter angebracht.

Für die Viaductstrecken, welche auf den Mittelstreifen der Strafsen und auf dem Uferstreifen des Canals liegen, ist für jedes Gleis nur ein Hauptlängsträger angeordnet, welcher abwechselnd als Krag- und eingehängter Träger ausgebildet ist. Auf den oberen Knotenpunkten dieser Hauptträger ruhen die Querträger der Fahrbahn. Die Stützweiten dieser Strecken sind bei hochliegender Schienenoberkante zu 16,50 m, bei niedriger Lage

198 VI. Die Strafsenbahnen.

derselben zu 12 m gewählt. Die Kragarme bestehen bei den Trägern von 16,50 m Stützweite aus zwei Feldern von 1,50 m, bei den Trägern von 12 m Stützweite nur aus einem solchen Felde. Die günstigste Entfernung der beiden Hauptträger dieser regelmäfsigen Viaducte ergiebt sich zu 3,50 m. Bei dieser Entfernung der Hauptträger und der entsprechenden Lage der Gleise über den ersteren werden die bei den Kosten des Viaductes sehr ins Gewicht fallenden Querträger am günstigsten beansprucht und also so leicht wie möglich (Abb. 262). Dieser günstigste Abstand der Hauptträger von einander konnte jedoch nicht überall festgehalten werden, da die Stellung der Stützen vielfach von den im Untergrund liegenden Rohrleitungen abhängt. Es wurde daher nach den örtlichen Verhältnissen der Abstand der Hauptträger von einander auf 3,50, 4,20 und 5 m bestimmt. Die Breite der Fahrbahn zwischen den Geländern beträgt 7 m. Die beiden Gleise der Bahn liegen von Mitte zu Mitte 3 m von einander entfernt, sodafs bei 2,30 m Breite der Betriebsmittel zwischen zwei sich begegnenden Wagen ein freier Raum von 0,70 m verbleibt und längs der Geländer ein ebensolcher von 0,85 m. Die Bahnsteige der Haltestellen sind aufserhalb der beiden Gleise, welche in der gleichen Entfernung wie auf der freien Strecke durch die Haltestellen durchgeführt sind, angeordnet. Zu den 3 m breiten Bahnsteigen führen 2 m breite Treppen, welche mit einem gemeinsamen Lauf in Strafsenhöhe in einem Vorraum endigen. Dort erfolgt die Ausgabe, Entwerthung und Abnahme der Fahrkarten. Die Bahnsteige und die dazwischen liegenden Gleise werden mit einer Halle überdacht. Die Länge der Bahnsteige und der Halle ist zunächst auf 45 m, d. h. für Züge von drei Wagen festgesetzt, doch ist das anstofsende Trägerfeld derart ausgebildet, dafs eine Verlängerung der Halle und der Bahnsteige auf 60 m, d. h. fünf Wagenlängen, später auch während des Betriebes ohne Schwierig-

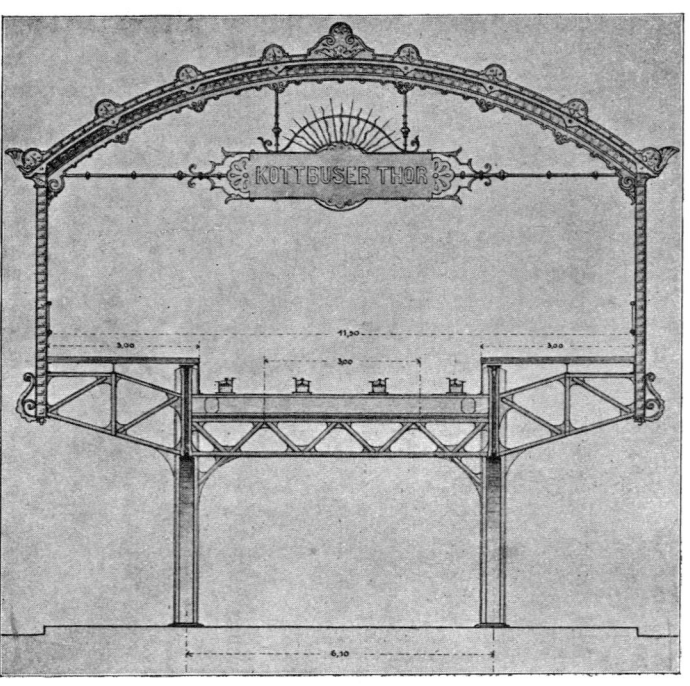

Haltestelle der elektrischen Stadtbahn.
Abb. 259. Querschnitt.

Abb. 260. Ansicht.

VI. Die Strafsenbahnen.

keit bewirkt werden kann. Auch in den Haltestellen sind nur zwei Hauptlängsträger angeordnet und zwar gleichfalls abwechselnd ein Träger mit über die Stütze hinauskragenden Enden und ein zwischen zwei Ueberkragungen eingehängter Träger. Die Entfernung der Träger von einander ebenso wie diejenige der Stützen beträgt jedoch in den Haltestellen 6 m. Die Bahnsteige liegen auf an dem Hauptträger seitlich ausgekragten Consolen, welche letzteren an ihren Enden auch die Stützen und die Binder der Halle tragen.

Für die Wahl des Oberbaues für die elektrische Stadtbahn war die Forderung mafsgebend, dafs ein möglichst geringes Geräusch beim Befahren der eisernen Viaducte entstehe. Es wurde dabei der Grundsatz festgehalten, dafs die Fahrbahn aus zwei Theilen hergestellt werde, und zwar aus einem tragenden Theil, welcher aus Querträgern und Schienenträgen besteht, und einem schalldämpfenden Theile, welcher aus einer auf stehenden Tonnenblechen ruhenden Kiesfüllung gebildet wird, welche mit einer Asphaltschicht abgedeckt ist, sodafs die Fahrbahn begehbar wird und zugleich wasserdicht nach unten abgeschlossen ist. Die Schienenträge werden mit einem Asphaltbeton ausgefüllt, in welchem die breitbasigen 110 mm hohen Schienen bis zum Kopf fest eingebettet sind. Die der Gleismitte zugekehrten Wände dieser Schienenträge sind höher geführt, sodafs sie etwaige Entgleisungen der Fahrzeuge verhindern. Die Sicherung der Spur besonders in Curven geschieht mittels stellbarer Stehbolzen zwischen dem Schienensteg in der höheren Wand des Schienentroges. In jeder Haltestelle liegt eine Weichenverbindung, welche bei regelmäfsigem

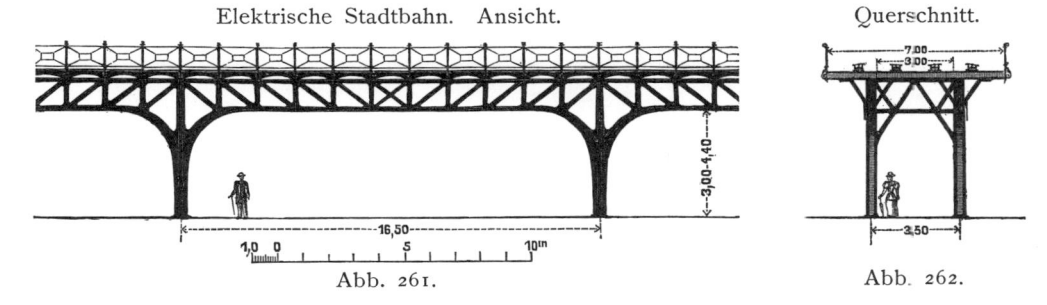

Elektrische Stadtbahn. Ansicht.   Querschnitt.

Abb. 261.   Abb. 262.

zweigleisigem Betriebe nur von der Weichenwurzel aus befahren wird und welche nur bei etwa infolge von Betriebsstörungen eintretendem streckenweise eingleisigem Betrieb in Thätigkeit tritt. Diese Weichenverbindungen werden nur unter mechanischem Verschlufs gehalten. Das Gleisdreieck auf dem Gelände des Dresdener Bahnhofes, sowie die gesamte Weichenanlage auf den Endbahnhöfen Zoologischer Garten, Potsdamer Platz und Warschauer Brücke nebst den dazu gehörigen Fahrzeichen werden auf elektrischem Wege gestellt und gesichert.

Sowohl auf der durchgehenden Linie Zoologischer Garten—Warschauer Brücke sowie auch auf den beiden Zweigen Zoologischer Garten—Potsdamer Platz und Potsdamer Platz—Warschauer Brücke werden die Züge in beiden Fahrtrichtungen zunächst in Zwischenräumen von sechs Minuten verkehren. Dabei ist der Fahrplan derart eingerichtet, dafs auf den Theilstrecken Möckernbrücke—Warschauer Brücke und Zoologischer Garten—Potsdamer Strafse die Züge sich in drei Minuten in jeder Richtung folgen. Bei eintretendem Bedürfnifs kann die Zugfolge auf den einzelnen Linien ohne weiteres bis auf vier Minuten verdichtet werden, sodafs auf den letztgenannten Theilstrecken eine Zugfolge von zwei Minuten eintritt. Die Züge setzen sich aus einzelnen Motorwagen zusammen. Jeder Wagen hat eine Länge von 12,50 m zwischen den Puffern, die Breite der Wagenkasten beträgt 2,30 m. Die Wagenkasten ruhen auf zwei zweiachsigen Drehgestellen. Die Wagen wie die Haltestellen werden elektrisch beleuchtet. Als Arbeitsleitungen werden in den Gleismitten besondere Leitungsschienen auf Isolatoren verlegt, als Rückleitungen für den elektrischen Strom dienen die Fahrschienen.

Die Züge verkehren mit einer durchschnittlichen Geschwindigkeit von 28 km in der Stunde, einschliefslich der Aufenthalte auf den Haltestellen, und dürfen eine höchste Geschwindigkeit von 50 km in der Stunde erreichen.

VII.
Die Locomotiveisenbahnen.

A. Geschichtliche Einleitung.[1]

Die in Berlin mündenden 12 Eisenbahnen sind im Laufe der letzten 60 Jahre entstanden. Anfangs war der private Unternehmungsgeist in dieser Richtung thätig, später griff der Staat ein; er verlieh zu Ende der siebziger und Anfang der achtziger Jahre durch den Ankauf der Privatbahnen und die Eröffnung der Stadtbahn dem ganzen Eisenbahnwesen Berlins ein anderes Ansehen und eine einheitliche Form.

Die älteste Bahn Berlins (und Preufsens) ist die Berlin-Potsdamer. Sie wurde 1837 von der gleichnamigen Eisenbahngesellschaft begonnen und am 22. September 1838 von Potsdam bis Zehlendorf mit 14,25 km und am 30. October 1838 von dort bis Berlin, im ganzen mit 26,25 km eröffnet. Im Jahre 1845 löste die Gesellschaft sich auf und verkaufte die Bahn an die Berlin-Potsdam-Magdeburger Eisenbahngesellschaft, welche sie bis Magdeburg fortführte und am 7. August 1846 für den Personenverkehr bis dort eröffnete.

Demnächst erlangte die ebenfalls von einer Actiengesellschaft erbaute Berlin-Anhaltische Eisenbahn Anschlufs an Berlin. Nachdem bereits am 1. September 1840 die Strecke Cöthen–Dessau dieser Bahn mit 21,3 km Länge eröffnet war, wurde die ganze Bahn Berlin–Cöthen mit 151,55 km — im Anschlufs an die im Sommer 1840 eröffnete Magdeburg-Leipziger Bahn — am 10. September 1841 dem Betriebe übergeben.

Als dritte folgt die Bahn der Berlin-Stettiner Actiengesellschaft, welche am 30. Juli 1842 von Berlin bis Eberswalde mit 45 km, am 25. November 1842 von da bis Angermünde mit 25,5 km und am 26. September 1843 bis Stettin mit einer Gesamtlänge von 133,89 km eröffnet wurde.

---

[1] Bearbeitet vom Geh. Baurath Housselle.

VII. Die Locomotiveisenbahnen.

Die vierte Stelle nimmt die am 23. October 1842 eröffnete, von einer Actiengesellschaft in Berlin erbaute 80,95 km lange Bahn nach Frankfurt a. O. ein, welche 1845 von der Niederschlesisch-Märkischen Eisenbahngesellschaft in Breslau angekauft und am 1. September 1846 bis dorthin dem Betriebe übergeben wurde.

Mit der fünften, ebenfalls von einer Actiengesellschaft geschaffenen Bahn Berlin-Hamburg, welche am 15. October 1846 bis Boitzenburg und am 15. December 1846 in ihrer ganzen Länge von 284,5 km eröffnet wurde, schliefst der erste Abschnitt der Eisenbahnentwicklung Berlins. Eine 20jährige Pause trat ein. Während derselben ging am 1. Januar 1852 die Niederschlesisch-Märkische Eisenbahn in das Eigenthum des Königlich preufsischen Staates über. Und nach der Pause trat die Staatsverwaltung zum erstenmale eisenbahnbauend in Berlin auf, indem sie die Ostbahn durch Herstellung der 82,4 km langen Schlufsstrecke Küstrin—Berlin hier einführte und mit der Eröffnung dieser Strecke am 1. October 1867 die directe Bahnverbindung Petersburg—Königsberg—Berlin vollendete. Dann aber nahm infolge der günstigen Entwicklung der politischen Verhältnisse Preufsens noch einmal die Privatthätigkeit einen freilich nicht sehr nachhaltigen Aufschwung im Eisenbahnbau.

Die Berlin-Görlitzer Bahn wurde von einer Actiengesellschaft begründet, im Mai 1865 begonnen und mit einer Gesamtlänge von 207,9 km am 31. December 1867 eröffnet.

Ihr schlofs sich die von der Magdeburg-Halberstädter Eisenbahngesellschaft in den Jahren 1868—1871 erbaute Berlin-Lehrter Bahn an. Von dieser wurde am 1. Februar 1871 die 124,2 km lange Strecke Spandau—Gardelegen, am 15. Juli 1871 die rd. 13 km lange Strecke Berlin—Spandau und am 1. November 1871 mit 101,8 km Länge das Schlufsstück Gardelegen—Lehrte eröffnet.

Für die 168,75 km lange Berlin-Dresdener Bahn wurde die preufsische Concession am 24. Juni 1872, die sächsische am 27. September 1872 ertheilt. Am 17. Juni 1875 wurde diese Bahn für den gesamten Personen-, Eilgut- und Güterverkehr eröffnet. Die private Verwaltung währte aber nicht lange. Nachdem im Jahre 1876 Verhandlungen wegen Verschmelzung mit anderen Bahnen und demnächst wegen staatlicher Zinsgarantie für eine Prioritätsanleihe geschwebt hatten, aber nicht zum Abschlufs gekommen waren, wurde am 5. Februar 1877 ein Vertrag zwischen der Berlin-Dresdener Eisenbahngesellschaft und der Königlich preufsischen Staatsregierung geschlossen, durch welchen die Verwaltung und der Betrieb des der Gesellschaft concessionirten Bahnunternehmens vom 1. October 1877 ab auf ewige Zeiten auf den Staat überging. Die Verwaltung wurde laut Erlafs vom 20. August 1877 der Königlichen Direction der Niederschlesisch-Märkischen Eisenbahn und unter ihr einer Königlichen Eisenbahncommission für die Berlin-Dresdener Eisenbahn übertragen.

Hierauf folgen noch zwei Versuche von Actiengesellschaften, Eisenbahnen in Berlin einzuführen. Sie betreffen die Nordbahn und die sogen. Südwestbahn. Bei beiden erlahmte die Privatthätigkeit noch früher als bei der Dresdener Bahn: bei der Nordbahn während des Baues, bei der Südwestbahn während der Vorbereitungen zum Beginn ihrer Anfangstrecke, der Berliner Stadtbahn.

Die Nordbahn (Berlin—Neubrandenburg—Stralsund) wurde von dem Fürsten Putbus, dem Prinzen Biron und einigen anderen Herren mit einem Actiencapital von 37 500 000 ℳ im Jahre 1870 gegründet. Doch erst zu Ende 1871 oder 1872 begann der Bau. 1874 wird, um dem Drängen der Gläubiger zu widerstehen, mit der Staatsregierung wegen Uebernahme einer Zinsgarantie für eine Anleihe von 15 000 000 ℳ verhandelt. Das Abgeordnetenhaus lehnte diese Garantie im Mai 1874 ab, nachdem der Abgeordnete Lasker in einer grofsen Rede die Nordbahn als „die häfslichste Gründung" bezeichnet hatte. Nach weiteren Verhandlungen wegen einer Prioritätsanleihe kam man zu der Ueberzeugung, dafs nur der Uebergang der Bahn in das Staatseigenthum die Fertigstellung des Unternehmens sichern könne. Am 4. Juni 1875 genehmigte das Abgeordnetenhaus den Gesetzentwurf, welcher die Regierung ermächtigte, die Nordbahn für 6 000 000 ℳ anzukaufen. Durch das Gesetz vom 9. Juli 1875 wurde der Kauf abgeschlossen und durch einen von Rostock datirten Allerhöchsten Erlafs der Bau und die demnächstige Verwaltung der Bahn der Königlichen Direction der Niederschlesisch-Märkischen Eisenbahn übertragen, unter welcher eine „Königliche

Eisenbahncommission für die Berliner Nordbahn" stand. Zwei Jahre später, am 10. Juli 1877, gelangte die erste Theilstrecke der Nordbahn: Gesundbrunnen–Neubrandenburg, 133,69 km lang, zur Eröffnung, am 1. December 1877 die zweite: Neubrandenburg–Demmin mit 42,46 km und am 1. Januar 1878 die Schlufsstrecke Demmin–Stralsund mit 46,3 km.

Eine Südwestbahn zur Abkürzung der Verbindung Berlins mit Süddeutschland und der Schweiz wurde 1872 von der Deutschen Eisenbahn-Baugesellschaft unter der Leitung von Hartwich geplant. Sie sollte in der Nähe des Ostbahnhofes beginnen und Berlin etwa in der Linie der heutigen Stadtbahn durchziehen. Die Ungunst der finanziellen Verhältnisse des Jahres 1873 liefs aber die Gesellschaft nicht über vorbereitende Ankäufe von Grundstücken in Berlin hinauskommen. Die eigentliche Südwestbahn mufste aufgegeben werden. Zur Fertigstellung der Stadtbahn trat der Staat mit seiner Hülfe ein. Nach der weiter unten mitgetheilten Entwicklung ging die Bahn im Jahre 1878 in das Eigenthum des Staates über. Die am 15. Juli dieses Jahres eingesetzte „Königliche Direction der Berliner Stadteisenbahn" vollendete den Bau, sodafs die Bahn am 7. Februar 1882 dem öffentlichen Verkehr übergeben werden konnte.

An Stelle der „Südwestbahn" war aber eine andere Bahn als westliche Fortsetzung der Stadtbahn getreten. Zu Anfang der siebziger Jahre wurde von Privaten eine directe Bahn Berlin–Frankfurt a. M. geplant. Im Sommer 1872 aber verlautete bereits, dafs der Staat diesen Bau in die Hand nehmen wolle, und dafs Metz statt Frankfurt a. M. als der Endpunkt des Eisenbahnunternehmens gelte. Aufser der Moselbahn waren hierfür die zur Herstellung einer unmittelbaren Bahnverbindung von Berlin über Nordhausen nach Wetzlar nöthigen Abkürzungslinien zu erbauen, wofür in der im December 1872 dem Abgeordnetenhause vorgelegten „grofsen Eisenbahnvorlage" 152 250 000 ℳ vorgesehen waren. Durch das Gesetz vom 11. Juni 1873 wurde dieser Bau genehmigt und durch den Allerhöchsten Erlafs vom 2. Juli 1873 die Ausführung der Anlagen für die Berlin-Wetzlarer Linien in Berlin und auf der Strecke Berlin–Charlottenburg der Direction der Niederschlesisch-Märkischen Eisenbahn, die Ausführung des Theils der Berlin-Wetzlarer Bahn von Charlottenburg nach Nordhausen aber einer der Direction der Königlichen Ostbahn beigeordneten Commission (vom 15. August 1873 ab) übertragen.

Thatsächlich zu bauen hatte die letztere Behörde nur bis Blankenheim, eine Station der Halle-Casseler Bahn, da diese bestehende Bahn von dort bis Nordhausen für die neue Linie mit benutzt werden sollte. Die 195 km lange Strecke Berlin–Blankenheim wurde am 15. April 1879 für den Güterverkehr und am 15. Mai 1879 für den Personenverkehr eröffnet. Da die Bahn einen eigenen Bahnhof in Berlin nicht erhielt, fuhren die Personenzüge im Anfang vom Dresdener Bahnhof ab, bis demnächst die Stadtbahn diesen Verkehr aufnahm.

Diesen 11 in Berlin mündenden Bahnen — denn die Stadtbahn ist nicht als solche, sondern als ein aufgelöster Centralbahnhof für mehrere Linien zu betrachten — fügt sich noch die von der Königlichen Eisenbahn-Brigade verwaltete Militärbahn an, welche, neben der Dresdener Bahn an der Colonnenstrafse in Schöneberg (Berlin) beginnend, in einer Länge von 45 km über Zossen bis Cummersdorf geht und öffentlichen Personen- und Güterverkehr aufnimmt. Sie wurde am 15. October 1875 eröffnet.

Weitere Eisenbahnen haben dann in den rd. 17 Jahren seit der Eröffnung der Berlin-Blankenheimer Bahn Eingang in Berlin nicht mehr gefunden. Doch ist eine „Bahn untergeordneter Bedeutung" noch zu erwähnen, welche, wenn sie auch nicht unmittelbar bis in Berlin hinein sich erstreckt, doch ihren Verkehr der Hauptstadt zuführt. Es ist dies die als Zweigbahn der Nordbahn zu bezeichnende Bahn Schönholz–Velten–Kremmen. Durch das Gesetz vom 8. April 1889 bewilligt, wurde ihr Bau im Herbst 1891 begonnen. Die Theilstrecke Schönholz–Velten mit 21,37 km wurde am 1. October, die Reststrecke Velten–Kremmen mit 11,9 km am 20. December 1893 eröffnet. Da Schönholz nur 4 km vom Bahnhof Berlin der Nordbahn an der Bernauer Strafse entfernt ist, die meisten Züge der Nebenbahn bis hier durchgehen und die Bahn eine im Aufblühen begriffene Vortortgegend (insbesondere Tegel) durchzieht, kann sie wohl unter den „Berliner Eisenbahnen" genannt werden.

VII. Die Locomotiveisenbahnen.

Hiernach bleibt der kurze geschichtliche Abrifs der Entwicklung des Berliner Eisenbahnwesens noch hinsichtlich des bereits oben erwähnten Ankaufes der Privatbahnen durch den Staat zu ergänzen.

Nachdem der Versuch, das Eigenthum und die Verwaltung sämtlicher deutscher Eisenbahnen auf das Reich zu übertragen, gescheitert war, wurde die Verstaatlichung der meisten preufsischen Privatbahnen durch den Minister der öffentlichen Arbeiten von Maybach in den Jahren 1879—1884 durchgeführt. Für die in Berlin mündenden Bahnen geschah es durch folgende Gesetze:

Bahn:	Gesetz vom:
Berlin–Stettin	20. December 1879
Berlin–Lehrte	20. December 1879
Berlin–Potsdam–Magdeburg	14. Februar 1880
Berlin–Görlitz	28. März 1882
Berlin–Anhalt	15. Mai 1882
Berlin–Hamburg	17. Mai 1884.

Der Ankauf dieser Bahnen wurde durch die Ausgabe von 420 415 000 ℳ meist 4 %iger Staatsschuldscheine gedeckt.

B. Die Entwicklung des Berliner Eisenbahnverkehrs.[1]

Von der Entwicklung des Berliner Eisenbahnverkehrs geben zunächst schon die Angaben über die Bahneröffnungen, wie sie in unserer geschichtlichen Uebersicht der Locomotiveisenbahnen verzeichnet sind, ein anschauliches Bild.

Natürlich war es, dafs bald nach der Erfindung der Eisenbahnen — wenn man so sagen darf — mehrere Unternehmungen ins Leben traten, welche die preufsische Hauptstadt mit den Provinzen und dem Auslande verbinden wollten. So entstanden in dem Jahrzehnt von 1837 bis 1846 die fünf älteren Berliner Bahnen. Damit schien es vorläufig genug zu sein. Erst der durch die siegreichen Kriege der sechziger Jahre hervorgerufene Zuwachs an Macht für den Staat und an Selbstbewufstsein für das Volk, welcher sich durch den beispiellosen Erfolg von 1870 auf das Deutsche Reich ausdehnte, zeitigte die zweite Eisenbahn-Bauperiode, welche sich, wie die erste, nahezu auf ein Jahrzehnt, die Jahre 1867—1879 beschränkte. In ihr wurde Berlin mit sieben neuen Bahnen beschenkt. Die Zahl der Berliner Bahnen wuchs von fünf auf 12. Auch das Bindeglied zwischen dem Osten und Westen Berlins, die Stadtbahn, entstammt dieser Periode, wenn es auch erst 1882 für den Verkehr wirksam wurde.

Wenn nun seitdem keine gröfsere neue Bahn für Berlin hinzugetreten ist, wenn aufser dem viergleisigen Ausbau der Strecke Berlin–Potsdam, dem zweigleisigen der Linie Berlin–Oranienburg und dem nunmehr fast vollendeten viergleisigen Ausbau der Ringbahn nebst der damit in Beziehung stehenden Herstellung aufsen liegender Rangierbahnhöfe erhebliche Eisenbahnbauten in und um Berlin nicht mehr ausgeführt sind, so könnte man auf eine Abnahme des Verkehrszuwachses schliefsen. Mit Recht wird man aber nur eine immer stärkere Inanspruchnahme der Leistungsfähigkeit der vorhandenen Anlagen und ein hervorragendes Wachsen des Ortsverkehrs gegenüber dem Fernverkehr aus den baulichen Mafsnahmen der Eisenbahnverwaltung folgern können. Auch dürfte die Anschauung nicht unrichtig sein, dafs in nächster Zeit wieder gröfsere Aufwendungen für die Bahnanlagen Berlins nothwendig sind, wenn nicht erhebliche Unzulänglichkeiten hervortreten sollen.

Ein klares Bild von dem Wachsen des Berliner Eisenbahnverkehrs können aber nur Zahlen geben. Wir stellen daher einige derselben in umstehenden Tabellen zusammen.

Die Tabelle I zeigt, dafs die Zahl der von Berlin abgefahrenen Personen, welcher diejenige der in Berlin angekommenen ungefähr gleichkommt, sich in den neun Jahren von 1885/86 bis 1894/95 mehr als verdreifacht hat.

---

[1] Bearbeitet vom Geheimen Baurath Housselle.

Tabelle II giebt an dem Beispiel des Jahres 1893/94 ein Bild von dem Verhältnifs, in welchem die Zahlen der Tabelle I sich auf die drei Verkehrsarten (Fern-, Vorort- und Ortsverkehr) vertheilen. Der sehr geringe Antheil des Fernverkehrs und der auch noch ziemlich unerhebliche des Vorortsverkehrs fallen dabei lebhaft ins Auge. Selbstredend würde das Verhältnifs ein ganz anderes sein, wenn man statt der Zahl der abgefahrenen Personen die aus den Verkehren erzielten Einnahmen in Betracht zöge.

Tabelle III zeigt die gröfsten Leistungen der bedeutenderen Berliner Bahnhöfe in der Bewältigung des Massen-Personenverkehrs. Die Zahlen entsprechen nicht alle genau denselben Tagen. Doch bildete für den Fernverkehr in der Regel der Schulschlufs vor den grofsen Ferien, für den Vorort- und Ortsverkehr einer der Pfingst-Feiertage den Höhepunkt. Hervorzuheben ist die Zahl des Gepäckverkehrs auf dem Stettiner Bahnhof, weil sie die aufserordentlichen Gepäckmassen veranschaulicht, welche von den Ferienreisenden nach den Ostseebädern mitgenommen werden und welche die Leistungsfähigkeit der Beamten und Einrichtungen des Stettiner Bahnhofes fast über Gebühr in Anspruch nehmen.

Von den dem Viehverkehr gewidmeten beiden Tabellen IV und VI zeigt die erstere die Vertheilung des Verkehrs auf die einzelnen Berliner Bahnhöfe, während die letztere ein durchschnittliches Gleichbleiben, zuletzt sogar ein Abnehmen des Verkehrs auf dem Centralviehhof ergiebt. Auf die Anmerkung zur Tabelle VI sei dieserhalb besonders hingewiesen.

Tabelle V für den Güterverkehr zeigt ebenfalls nicht eine so stetige Zunahme wie beim Personenverkehr, von 1890/91 sogar eine geringe Abnahme. Doch ist wohl zu erwarten, dafs dies nur eine vorübergehende Erscheinung sein wird.

I.

Uebersicht über die Zahl der von den Berliner Bahnhöfen und Ringbahnstationen in den Rechnungsjahren 1885/86, 1890/91, 1892/93, 1893/94 und 1894/95 abgefahrenen Personen.

Laufende Nr.	Namen der Stationen	Zahl der abgefahrenen Personen im Rechnungsjahr				
		1885/86	1890/91	1892/93	1893/94	1894/95
1	Schlesischer Bahnhof	2 524 161	6 527 365	5 739 600	5 839 793	5 959 313
2	Alexanderplatz	2 395 758	4 772 141	5 024 173	5 067 488	5 232 586
3	Friedrichstrafse	2 878 295	4 427 000	5 801 831	5 905 738	6 529 757
4	Zoologischer Garten	414 444	2 086 676	2 929 301	3 348 599	5 419 820
5	Charlottenburg	337 138	1 253 336	1 542 148	2 335 040	3 003 894
6	Die übrigen Stadtbahnstationen¹) . .	4 810 485	10 435 251	13 705 858	14 363 379	15 278 839
7	Die Ringbahnstationen²)	3 322 463	10 070 589	16 023 221	18 235 236	19 286 325
	Stadt- u. Ringbahnstationen zusammen	16 682 744	39 572 358	50 766 132	55 095 273	60 710 534
8	Görlitzer Bahnhof	325 094	390 366	949 529	989 647	974 921
9	Stettiner Bahnhof	716 121	1 177 741	1 432 496	1 418 430	1 406 065
10	Nordbahnhof	—	—	267 380	494 936	620 381
11	Lehrter und Hamburger Bahnhof nach Strecken der K. E. D. Altona . .	306 687	260 705	493 623	566 532	897 845
	Lehrter und Hamburger Bahnhof nach Strecken der K. E. D. Magdeburg .	328 478	337 512	191 075	201 824	
12	Potsdamer Bahnhof	1 249 246³)	1 473 819	797 385	826 361	762 309
13	Wannseebahnhof (eröffnet 1. 10. 1891) .	—	—	2 291 763	2 415 700	2 354 184
14	Grofs-Görschenstrafse (eröffn. 1.10.1891)	—	—	888 133	1 137 599	1 116 835
15	Anhalt-Dresdener Bahnhof	952 494	1 238 051	1 546 273	1 583 284	1 763 017
16	Militärbahnhof⁴)	—	9 744	15 656	16 731	16 191
	Insgesamt	20 560 864	44 460 296	59 639 445	64 746 317	70 622 282

1) Jannowitzbrücke, Börse, Lehrter Bahnhof (Stadtbahn), Bellevue, Thiergarten.

2) Warschauer Strafse, Stralau-Rummelsburg, Friedrichsberg, Städtischer Centralviehhof, Weifsensee, Prenzlauer Allee (1. Mai 1892 eröffnet), Schönhauser Allee, Gesundbrunnen, Wedding, Moabit, Westend, Treptow, Rixdorf, Tempelhof (Ringbahn), Schöneberg, Potsdamer Bahnhof (Ringbahn, 1. April 1891 eröffnet), Wilmersdorf-Friedenau, Schmargendorf, Halensee, Jungfernhaide (eröffnet 1. Mai 1894) und Beusselstrafse (eröffnet 1 Mai 1894).

3) Diese Zahl gilt für 1887/88. Sie ist hier eingestellt, weil 1885/86 die Statistik der Potsdamer Bahn noch nach anderen Grundsätzen geführt wurde.

4) Seit 1. November 1888 für den öffentlichen Personen- und Güterverkehr freigegeben.

VII. Die Locomotiveisenbahnen.

II.

Uebersicht über die Vertheilung der im Rechnungsjahr 1893/94 auf Fahrkarten und Fahrscheine, einschl. auf Militärfahrscheine, abgefertigten Personenzahl auf den Fern-, Vorort- und Ortsverkehr.

Laufende Nr.	Namen der Stationen	Zahl der auf Fahrkarten und Fahrscheine, einschl. auf Militärfahrscheine, abgefertigten Personen.			
		Insgesamt 1893/94	Davon entfallen auf:		
			Fernverkehr	Vorortverkehr	Ortsverkehr (Stadt- und Ringbahn)
1	Schlesischer Bahnhof	5 839 793	406 636	1 494 222	3 938 935
2	Alexanderplatz	5 067 488	250 092	1 026 381	3 791 015
3	Friedrichstrafse	5 905 738	406 039	801 297	4 698 402
4	Zoologischer Garten	3 348 599	61 478	228 094	3 059 027
5	Charlottenburg	2 335 040	48 853	256 227	2 029 960
6	Die übrigen Stadtbahnstationen	14 363 379	—	851 436	13 511 943
7	Die Ringbahnstationen	18 235 236	21 168	931 371	17 282 697
	Stadt- und Ringbahnstationen zusammen	55 095 273	1 194 266	5 589 028	48 311 979
8	Görlitzer Bahnhof	989 647	29 735	959 912	—
9	Stettiner Bahnhof	1 418 430	755 055	663 375	—
10	Nordbahnhof	494 936	—	494 936	—
11	Lehrter Bahnhof nach den Strecken der K.E.D. Altona	566 532	270 312	296 220	—
	Lehrter Bahnhof nach den Strecken der K.E.D. Magdeburg	201 824	201 824	—	—
12	Potsdamer Bahnhof	826 361	332 874	493 487	—
13	Wannseebahnhof	2 415 700	—	2 415 700	—
14	Grofs-Görschenstrafse	1 137 599	—	860 136	277 463
15	Anhalt-Dresdener Bahnhof	1 583 284	656 003	927 276	—
16	Militärbahnhof	16 731	16 731	—	—
	Insgesamt	64 746 317	3 456 805	12 700 070	48 589 442
		100 %	rd. 5 %	20 %	75 %

III.

Personenverkehr.
Gröfste Tagesleistung der bedeutenderen Bahnhöfe.

Bahnhof	Gröfste Zahl der im Jahre 1894 an einem Tage			
	verkauften Fahrkarten im			abgefertigten Gepäckstücke
	Fernverkehr	Vorortverkehr	Ortsverkehr (Stadt- und Ringbahn)	
Schlesischer Bahnhof	7 820	31 821	19 917	997
Alexanderplatz	—	17 783	24 833	—
Friedrichstrafse	6 170	9 883	24 027	1 215
Zoologischer Garten	—	6 111	29 570	—
Görlitzer Bahnhof	172	30 141	—	136
Stettiner Bahnhof	9 521	7 671	—	5 284
Nordbahnhof	474	19 193	—	81
Lehrter Bahnhof	8 445	3 960	—	806
Potsdamer Bahn:				
Hauptbahnhof	5088	7 766	—	1 054
Wannseebahnhof	—	26 222	—	—
Bahnhof Grofs-Görschenstrafse	—	17 817	—	—
Zusammen		51 805		
Anhalter Bahnhof	3 218	11 780	—	1 778

IV. Uebersicht über den Umfang des Viehverkehrs auf den Berliner Bahn-

Laufende Nr.	Namen der Stationen	1892/93					
		Empfang		Versand		Zusammen	
		Grofsvieh Stück	Kleinvieh Stück	Grofsvieh Stück	Kleinvieh Stück	Grofsvieh Stück	Kleinvieh Stück
1	Schlesischer Bahnhof	6 315	201 288	1 000	1 447	7 315	202 735
2	Görlitzer Bahnhof	518	138	227	562	745	700
3	Stettiner Bahnhof	9 607	9 083	4 773	5 778	14 380	14 861
4	Nordbahnhof	330	574	178	1 239	508	1 813
5	Hamburger und Lehrter Bahnhof	56 134	42 017	30 428	21 351	86 562	63 368
6	Potsdamer Bahnhof	7 081	22 270	8 344	43 057	15 425	65 327
7	Anhalt-Dresdener Bahnhof	5 133	1 642	5 057	4 375	10 190	6 017
8	Ostbahnhof	21 538	1	461	162	21 999	163
9	Militärbahnhof	63	4	11	—	74	4
10	Friedrichsberg	5 700	2 415	315	253	6 015	2 668
11	Städtischer Centralviehhof	282 393	1 056 080	23 920	191 137	315 313	1 247 217
12	Weifsensee	11	—	—	—	11	—
13	Westend	325	1 010	145	450	470	1 460
14	Wilmersdorf-Friedenau	213	4	7	—	220	4
15	Tempelhof (Ringbahn)	240	575	161	1 990	401	2 565
16	Rixdorf	656	56	66	—	722	56
	Summe	396 257	1 337 157	84 093	271 801	480 350	1 608 958

V. Uebersicht über den Güterverkehr der Berliner Bahnhöfe und Ringbahnstationen

Laufende Nr.	Namen der Stationen	1885/86			1887/88			1888/89		
		Empfang an Stückgut und Wagenladungen einschl. Dienstgut t	Versand t	Zusammen t	Empfang an Stückgut und Wagenladungen einschl. Dienstgut t	Versand t	Zusammen t	Empfang an Stückgut und Wagenladungen einschl. Dienstgut t	Versand t	Zusammen t
1	Schlesischer Bahnhof	458 994	114 078	573 072	684 009	114 189	798 198	724 226	116 376	840 602
2	Alexanderplatz, Centralmarkthalle	—	—	—	11 395	2 106	13 501	51 868	8 591	60 459
3	Ringbahnstationen[1]	348 396	150 752	499 148	477 806	170 381	648 187	689 613	199 419	889 032
4	Görlitzer Bahnhof	400 235	65 260	465 495	453 314	68 151	521 465	510 696	73 902	584 598
5	Stettiner Bahnhof	530 650	198 177	728 827	541 152	85 905	627 057	516 332	97 952	614 284
6	Nordbahnhof . .	215 000[2]	17 820[2]	232 820[2]	213 110	27 040	240 150	287 786	41 811	329 597
7	Lehrter Bahnhof .	221 211	96 629	317 840	257 290	105 320	362 610	278 690	123 715	402 405
8	Hamburger Bahnhof	211 470	95 730	307 200	218 081	92 169	310 250	250 798	95 443	346 241
9	Potsdamer Bahnhof	233 965	91 595	325 560	239 479	92 850	332 329	270 821	101 260	372 081
10	Anhalt - Dresdener Bahnhof . . .	420 496	134 842	555 338	516 675	149 403	666 078	875 414	202 971	1 078 385
11	Ostbahnhof . . .	293 632	67 178	360 819	376 246	70 512	446 758	449 823	83 145	532 968
12	Militärbahnhof[3] .	—	—	—	—	—	—	—	—	—
	Summe	3 334 049	1 032 070	4 366 119	3 988 557	978 026	4 966 583	4 906 067	1 144 585	6 050 652

1) Friedrichsberg, Städtischer Centralviehhof, Weifsensee, Wedding, Moabit, Westend, Halensee, Wilmersdorf-Friedenau, Tempelhof (Ringbahn), Rixdorf.

VII. Die Locomotiveisenbahnen.

höfen und Ringbahnstationen in den Rechnungsjahren 1892/93, 1893/94 und 1894/95.

1893/94						1894/95					
Empfang		Versand		Zusammen		Empfang		Versand		Zusammen	
Grofs-vieh Stück	Klein-vieh Stück	Grofs-vieh Stück	Klein-vieh Stück	Grofs-vieh Stück	Klein-vieh Stück	Grofs-vieh Stück	Klein-vieh Stück	Grofs-vieh Stück	Klein-vieh Stück	Grofs-vieh Stück	Klein-vieh Stück
4 914	212 206	976	2 255	5 890	214 461	6 456	253 936	935	801	7 391	254 737
416	29	211	537	627	566	2 177	1 286	1 653	2 022	3 830	3 308
11 286	8 266	4 564	6 411	15 850	14 677	9 200	10 704	2 651	6 763	11 851	17 467
906	596	614	992	1 520	1 588	676	494	241	453	917	947
50 242	27 162	23 340	14 432	73 582	41 594	24 806	57 827	26 806	14 054	51 612	71 881
4 662	15 773	5 548	41 803	10 210	57 576	13 744	28 669	17 197	44 802	30 941	73 471
4 967	1 158	5 664	6 686	10 631	7 844	4 506	1 963	6 598	6 248	11 104	8 211
15 895	—	520	312	16 415	312	18 925	309	554	62	19 479	371
49	16	15	2	64	18	170	30	30	—	200	30
5 349	1 152	297	—	5 646	1 152	11 921	6 629	2 317	1 200	14 238	7 829
361 869	1 188 879	57 874	213 090	419 743	1 401 969	455 110	1 392 048	71 562	273 347	526 672	1 665 395
6	—	—	—	6	—	256	32	—	—	256	32
395	1 503	403	25	798	1 528	222	—	30	—	252	—
141	—	—	—	141	—	135	110	1	—	136	110
224	1 265	231	994	455	2 259	339	777	123	520	462	1 297
238	26	7	—	245	26	481	31	26	—	507	31
461 559	1 458 031	100 264	287 539	561 823	1 745 570	549 124	1 754 845	130 724	350 272	679 848	2 105 117

in den Rechnungsjahren 1885/86, 1887/88, 1888/89, 1890/91, 1892/93, 1893/94 und 1894/95.

1890/91			1892/93			1893/94			1894/95		
Empfang an Stückgut und Wagenladungen einschl. Dienstgut t	Versand an Stückgut und Wagenladungen einschl. Dienstgut t	Zusammen t	Empfang an Stückgut und Wagenladungen einschl. Dienstgut t	Versand an Stückgut und Wagenladungen einschl. Dienstgut t	Zusammen t	Empfang an Stückgut und Wagenladungen einschl. Dienstgut t	Versand an Stückgut und Wagenladungen einschl. Dienstgut t	Zusammen t	Empfang an Stückgut und Wagenladungen einschl. Dienstgut t	Versand an Stückgut und Wagenladungen einschl. Dienstgut t	Zusammen t
779 789	128 616	908 405	772 347	158 714	931 061	776 992	160 645	937 637	682 630	143 508	826 138
33 825	5 244	39 069	37 498	6 364	43 862	53 366	4 451	57 817	53 927	3 001	56 928
1 045 609	266 902	1 312 511	1 051 774	196 325	1 248 099	1 072 862	204 892	1 277 754	980 157	207 644	1 187 801
522 486	84 413	606 899	438 327	76 464	514 791	421 666	77 675	499 341	395 038	80 935	475 973
418 559	129 454	548 013	426 164	107 598	533 762	410 838	116 239	527 077	418 389	109 128	527 517
338 372	54 767	395 139	352 430	61 182	413 612	314 558	69 624	384 182	319 896	72 887	392 783
291 981	129 553	421 534	313 094	138 364	451 458	625 173	247 973	873 146	631 895	237 368	869 263
300 565	94 830	395 395	397 901	102 049	499 950						
352 661	100 152	452 813	259 197	93 812	353 009	252 702	95 085	347 787	246 455	95 654	342 109
880 921	221 212	1 102 133	802 686	221 525	1 024 211	766 271	222 236	988 507	738 904	224 392	963 296
428 612	102 879	531 491	372 882	97 863	470 745	352 509	95 843	448 352	343 614	104 249	447 863
39 308	4 468	43 776	36 310	2 670	38 980	63 495	4 608	68 103	27 477	7 007	34 484
5 432 668	1 322 490	6 757 178	5 260 610	1 262 930	6 523 540	5 110 432	1 299 271	6 409 703	4 838 382	1 285 773	6 124 155

2) Angaben beziehen sich auf das Jahr 1886/87; Aufschreibungen für 1885/86 sind nicht vorhanden.
3) Der Militärbahnhof ist erst am 1. November 1888 dem öffentlichen Güterverkehr übergeben worden.

VI.
Uebersicht über den Empfang und Versand von Grofs- und Kleinvieh auf der Station Berlin, Städtischer Centralviehof.

Rechnungsjahr	Empfang			Versand		
	Grofsvieh Stück	Kleinvieh Stück	Zusammen Stück	Grofsvieh Stück	Kleinvieh Stück	Zusammen Stück
1881/82 (13 Mon.)	136 217	1 232 754	1 368 971	26 663	516 599	543 262
1882/83	150 978	1 159 380	1 310 358	47 961	556 670	604 631
1883/84	150 450	1 216 850	1 367 300	49 600	565 100	614 700
1884/85	147 429	1 214 198	1 361 627	41 754	475 645	517 399
1885/86	155 671	1 268 733	1 424 404	43 717	477 233	520 950
1886/87	178 623	1 385 429	1 564 052	51 316	500 081	551 397
1887/88	190 566	1 431 938	1 622 504	50 093	470 565	520 658
1888/89	201 462	1 513 953	1 715 415	60 144	580 238	640 382
1889/90	233 392	1 545 471	1 778 863	79 174	556 989	636 163
1890/91	172 709	1 433 281	1 605 990	48 116	473 183	521 299
1891/92	174 623	1 507 622	1 682 245	38 255	502 662	540 917
1892/93	282 393	1 056 080	1 338 473	32 920	191 137	224 057
1893/94	361 869	1 188 879	1 550 748	57 874	213 090	270 964
1894/95	455 110	1 392 048	1 847 158	71 562	273 347	344 909

Anmerkung: Der auffallende Rückgang im Versand und Empfang von Kleinvieh im Rechnungsjahr 1892/93 gegen 1891/92 ist hinsichtlich des Empfanges auf die im Jahre 1892 angeordnete österreichische Grenzsperre zurückzuführen, denn es sind infolge dessen die ungarischen Schweine als geschlachtetes Fleisch nach Deutschland eingeführt worden, wodurch der Eingang von Kleinvieh bedeutend herabgemindert wurde. Ferner trug die seiner Zeit herrschende Cholera dazu bei, dafs der Versand erheblich gesunken ist, sowie auch der Umstand, dafs Frankreich die Zollgebühren für den Kopf von 3 ℳ auf 6 ℳ erhöhte.

C. Der Berliner Vorortverkehr.[1])

Die in den Tabellen durchgeführte Gliederung des Personenverkehrs in Fern-, Vorort- und Orts-(Stadt- und Ringbahn-)Verkehr hat sich erst mit der Eröffnung der Stadtbahn (1882) herausgebildet. Von der letzten der drei Verkehrsarten ist dies selbstverständlich. Aber auch die Scheidung der ersten und zweiten ist damals erst hervorgetreten. Man reiste zwar schon früher nach Potsdam, Bernau, Spandau usw., nach einzelnen der Vororte, z. B. Potsdam, fand an schönen Sonntagen ein gewaltiger Vergnügungsverkehr statt, man sprach aber nicht von „Vorortverkehr".

Unter „Vororten" verstehen wir jetzt diejenigen bis zu einer gewissen Entfernung von Berlin liegenden kleinen Städte und Dörfer, deren Bewohner zum Theil in täglichem Verkehr mit der Hauptstadt stehen. Diese Leute sind und bleiben Berliner, obwohl sie ihren Wohnsitz nach aufserhalb des Weichbildes verlegt haben. Sie bilden die Stammgäste des Vorortverkehrs. In zweiter Linie ziehen die Bewohner der Hauptstadt Nutzen aus demselben, indem er ihnen ihre Ausflüge erleichtert. Billige Fahrpreise und häufige Züge in möglichst regelmäfsigem, starrem Fahrplan sind die Grundbedingungen des Vorortverkehrs.

Vor etwa 25 Jahren waren die Stationen der Ringbahn noch so weit von Berlin entfernt, dafs man sie „Vororte" hätte nennen können. Der Eisenbahnverkehr mit ihnen bildete sich schüchtern heraus. Es muthet uns kaum glaublich an, wenn wir lesen: „Am 1. Januar 1872 ist der Personenverkehr auf der Berliner Ringbahn vorläufig mit zwei Zügen in jeder Richtung eröffnet worden. Um der Wohnungsnoth der Arbeiter abzuhelfen, werden die Züge Morgens vor Beginn und Abends nach Schlufs der Arbeit circuliren."[2])

Schon vorher, am 20. September 1868, war die Station Lichterfelde der Anhalter Bahn eröffnet worden. Dort war zum erstenmal die Gründung eines „Vororts" im gröfseren Mafsstabe unternommen. Der Verkehr aber entwickelte sich nur langsam.

---

1) Bearbeitet vom Geheimen Baurath Housselle.
2) Zeitung des Vereins Deutscher Eisenbahn-Verw. 1872, S. 3.

VII. Die Locomotiveisenbahnen.

Mit der Eröffnung der Stadtbahn (7. Februar 1882) wurde das Wort „Vorortverkehr" üblich. Die Ausdehnung des jetzigen Berliner Vorortnetzes geht aus dem Uebersichtsplan (Anl. II) hervor, die Zahl der Zugverbindungen auf den einzelnen Strecken aus der folgenden Zusammenstellung:

Vorortstrecken.

(Zahlen der in jeder Richtung verkehrenden Züge nach dem Sommerfahrplan für 1895.)

I. Von den Ferngleisen der Stadtbahn ausgehende Strecken.

1. Nach Potsdam: bis Wannsee . . . . 13 Züge
   „ Potsdam . . . . 12 „
2. Nach Spandau . . . . 21 „
3. „ Strausberg: bis Lichtenberg . . . . 21 „
   (davon einer nur vom Schlesischen Bahnhof)
   „ Strausberg . . . . 11 „
   Zweigbahn Fredersdorf–Rüdersdorf . . . . 4 „
4. Nach Fürstenwalde: bis Friedrichshagen . . . . 30 „
   (davon 4 nur vom Schlesischen Bahnhof)
   „ Erkner . . . . 29 „
   „ Fürstenwalde . . . . 10 „

Die entgegengesetzten Zugrichtungen sind auf der Stadtbahn so mit einander verbunden, dafs auf den Ferngleisen der Stadtbahn in jeder Richtung 47 Züge verkehren.

II. Von den Stadtgleisen der Stadtbahn und vom Görlitzer Bahnhof ausgehende Strecke: nach Königs-Wusterhausen.

Theilstrecken:
a) Stadtbahn–Niederschöneweide Johannisthal . . . . 30 Züge
   (davon 16 von Grunewald
   12 „ Charlottenburg
   2 vom Schlesischen Bahnhof)
b) Görlitzer Bahnhof–Niederschöneweide Johannisthal . . . . . . 19 „
c) Niederschöneweide Johannisthal–Grünau . . . . 34 „
d) Grünau–Königs-Wusterhausen . . . . 15 „
e) Zweigbahn Niederschöneweide Johannisthal–Spindlersfeld . . . 16 „

III. Von den übrigen Berliner Bahnhöfen ausgehende Strecken.

1. Potsdamer Hauptbahnhof: bis Potsdam . . . . 14 „
   „ Wildpark . . . . 12 „
   „ Werder . . . . 4 „
2. Potsdamer Wannseebahnhof:
   a) Wochentags: bis Steglitz . . . . 99 „
   „ Zehlendorf . . . . 97 „
   „ Schlachtensee . . . . 1 „
   „ Wannsee . . . . 49 „
   „ Potsdam . . . . 20 „
   b) Sonntags: „ Zehlendorf . . . . 57 „
   „ Wannsee . . . . 39 „
   „ Potsdam . . . . 20 „
3. Anhalter Bahnhof:
   a) Anhalter Bahn: Grofs-Lichterfelde . . . . 34 „
   b) Dresdener Bahn: bis Marienfelde . . . . 9 „
   „ Mahlow . . . . 7 „
   „ Zossen . . . . 5 „

VII. Die Locomotiveisenbahnen.

4. Lehrter Bahnhof: bis Spandau . . . . 12 Züge
   „ Nauen . . . . 8 „
   (Sonntags ein bis Nauen durchgehender Zug mehr)
5. Stettiner Bahnhof: bis Blankenburg . . . . 21 „
   „ Bernau . . . . 11 „
   (dazu noch die unter 6 erwähnten Nordbahnzüge)
6. Nordbahnhof:
   a) Nordbahn: bis Oranienburg . . . . 19 „
      (davon 4 bis 5 vom Stettiner Bahnhof)
   b) Kremmener Bahn: bis Tegel . . . . 9 „
      (davon 1 vom Stettiner Bahnhof und 2 nach dem Stettiner Bahnhof, letztere mit Umsteigen in Schönholz).

Zusammenfassend ist noch hervorzuheben, dafs Potsdam auf drei verschiedenen Wegen 46 Zugverbindungen mit Berlin hat, Spandau auf zwei Wegen 33 Zugverbindungen.

Im Winter erfahren die Zugzahlen nur ganz geringe und vereinzelte Veränderungen.

Als ein wesentliches Merkmal des Vorortverkehrs wurden vorhin billige Fahrpreise bezeichnet. In dieser Beziehung dient der seit dem 1. October 1891 eingeführte Berliner Vorort-Personentarif als Anhalt:

Es wird berechnet auf Entfernungen	für die II. Kl.	III. Kl.
von 1 bis 7,5 km	15 ₰.	10 ₰.
„ 7,5 „ 15 „	30 „	20 „
„ 15 „ 20 „	45 „	30 „

Darüber hinaus wird für jedes Kilometer der III. Klasse der Preis von 3 ₰. angestofsen und der Fahrpreis der II. Klasse so gebildet, dafs zu den Preisen der III. Klasse die Hälfte hinzugerechnet wird. Die Preise werden dann auf 5 ₰. nach oben abgerundet.

Diese Preise entsprechen im Mittel ungefähr der Hälfte des Tarifsatzes für Personenzüge der preufsischen Staatsbahnen. Dafür werden allerdings im Vorortverkehr keine Rückfahrkarten mit Preisermäfsigung gewährt. Dagegen tritt noch eine erhebliche Ermäfsigung für Arbeiterwochenkarten und für Zeitkarten ein. Erstere sind im allgemeinen nach einem Einheitssatze von 1 ₰. für 1 km gebildet. Letztere werden im Vorortverkehr als Monatskarten ausgegeben. Der Preis wird unter Festhaltung eines Mindestsatzes von 3,50 ℳ. für die II. und 2,50 ℳ. für die III. Klasse nach Mafsgabe der Entfernung aus einer festgesetzten Preistafel entnommen.

Danach stellt sich beispielsweise eine Monatskarte

	II. Kl.	III. Kl.
für 15,1 km auf	14,40 ℳ.	9,60 ℳ.
„ 20 „ „	18,00 „	12,00 „
„ 26,2 „ (Potsdam) auf	22,00 „	14,70 „

während 60 Einzelfahrten nach dem oben mitgetheilten Vororttarif für dieselben Entfernungen kosten würden:

II. Kl.	III. Kl.
27,00 ℳ.	18,00 ℳ.
27,00 „	18,00 „
45,00 „	30,00 „

Vorstehendes gilt für die sogen. Monats-Stammkarten, von welchen nur für ein Mitglied eines Hausstandes eine gelöst zu werden braucht, während die übrigen Mitglieder „Nebenkarten" zur Hälfte des tarifmäfsigen Preises der Stammkarten erhalten.

Die Entwicklungsfähigkeit der Vororte hängt natürlich von der Zeit ab, welche erforderlich ist, um sie von Berlin zu erreichen. Als obere Grenze kann man unter den jetzigen Verhältnissen etwa eine Stunde bezeichnen. Denn die Fahrzeiten betragen nach den am weitesten entlegenen Vororten: Werder 53 Minuten, Zossen 56, Königs-Wusterhausen (vom Schlesischen Bahnhof) 63, Nauen (vom Lehrter Bahnhof) 53, Bernau 40, Oranienburg (vom Stettiner Bahnhof) 62, (vom Nordbahnhof) 55, Tegel (vom Nordbahnhof) 33, Strausberg (vom Schlesischen Bahnhof) 55 Minuten. Dem gegenüber ergiebt sich als untere Grenze der Zeiten des Vorortverkehrs etwa $^1/_4$ Stunde, an welcher liegend Grofs-Lichterfelde (mit 17 Minuten vom Anhalter Bahnhof) und Spandau (mit ebenfalls 17 Minuten vom Lehrter Bahnhof) als besonders begünstigt hervorzuheben sind.

Die Fahrzeiten stehen übrigens nicht in einfachem geradem Verhältnifs zu den Entfernungen der Vororte von Berlin. Die mittlere Fahrgeschwindigkeit hängt wesentlich von der Zahl der Zwischen-Haltepunkte und von den Steigungs- und Krümmungsverhältnissen der Linie ab. In dieser Beziehung sind Potsdam und Spandau, auch Nauen vor den übrigen Vororten bevorzugt. Nach Potsdam durchfahren die auf der Hauptbahn verkehrenden Vorortzüge die 26,1 km lange Strecke ohne anzuhalten in 31 Minuten, also mit einer Geschwindigkeit von 50 km/Stunde, während auf der Wannseebahn 27,4 km nach Potsdam bei 33 km/Stunde im ganzen 50 Minuten erfordern. Nach Spandau (vom Lehrter Bahnhof) ergiebt sich eine Geschwindigkeit von 42, nach Nauen von 40 km/Stunde. Die übrigen Strecken zeigen Geschwindigkeiten von 28 bis 35 km/Stunde. Nur die Stadtbahn (Strecke Schlesischer Bahnhof–Charlottenburg) bleibt wegen der vielen Zwischenstationen und starken Krümmungen auf 22 km/Stunde und die Strecke Nordbahnhof–Tegel, welche von Schönholz an Nebenbahnbetrieb hat, sogar auf 20 km/Stunde.

Wir lassen nun die Beschreibung der einzelnen Eisenbahnanlagen Berlins folgen.

D. Die Stadtbahn.

Die erste Anregung zur Durchquerung Berlins mittels einer dem Personenverkehr dienenden Locomotiveisenbahn wurde seiner Zeit von Herrn Geh. Baurath Orth gegeben.

1872 nahm die Deutsche Eisenbahn-Baugesellschaft unter Leitung des 1878 verstorbenen Wirkl. Geh. Ober-Regierungsrath Hartwich die Ausführung in die Hand. Die Bahn sollte das Anfangsglied einer „Südwestbahn" bilden und den östlichen Staatsbahnen sowie den drei westlichen Privatbahnen, von Potsdam, Lehrte und Hamburg, unmittelbaren Anschlufs gewähren. Die Deutsche Eisenbahn-Baugesellschaft gerieth aber schon 1873 in schwierige Vermögenslage. Sie mufste die „Südwestbahn" aufgeben. Das Unternehmen der Stadtbahn ging nach mehrfachen Wandlungen im Jahre 1878 in das Eigenthum des preufsischen Staates über.

Es standen damals für den Bau zur Verfügung:

durch das Gesetz vom 20. März 1874	21 000 000 ℳ
„ „ „ „ 26. Juni 1878	35 700 000 „
die verfallenen Einzahlungen der Deutschen Eisenbahn-Baugesellschaft	2 400 000 „
die Beiträge der drei Privatbahnen	6 000 000 „
zusammen	65 100 000 ℳ

Hierzu kamen noch Zuschüsse der Anschlufsbahnen für die Endbahnhöfe:

Schlesischer Bahnhof	3 500 000 ℳ
Charlottenburg	3 047 000 „
sodafs für den ganzen Stadtbahnbau einschliefslich der Endbahnhöfe zur Verfügung standen	71 647 000 ℳ

In dieser Summe sind 8 000 000 ℳ für über den Bedarf angekaufte bezw. anzukaufende und später wieder zu veräufsernde Grundstücke enthalten. Bei dem Schlusse des Stadtbahnbaufonds im Jahre 1892 ergaben sich folgende Summen für den Bau der

---

1) Bearbeitet vom Geh. Baurath Housselle nach der in der Zeitschrift für Bauwesen 1884 und 1885 sowie im Sonderdruck 1886 erschienenen Veröffentlichung.

Stadtbahn einschliefslich der antheiligen Kosten an dem Umbau des Schlesischen Bahnhofes und an dem Neubau des Bahnhofes Charlottenburg:

Grunderwerb	33 305 184 ℳ.
Eigentliche Bauausgaben	29 668 232 „
Betriebsmittel	2 424 449 „
Bauleitung	2 131 812 „
Insgemein	214 960 „
Bauzinsen	384 062 „
zusammen	68 128 699 ℳ.[1]

Für die Linienführung der Stadtbahn waren hauptsächlich Grunderwerbsrücksichten mafsgebend. Der nördliche Streifen des Bettes der Oberspree und sodann der Lauf des Königsgrabens (alten Festungsgrabens), dessen Zuschüttung nach langen Kämpfen erreicht wurde, ermöglichten verhältnifsmäfsige Einschränkung der Grunderwerbsschwierigkeiten bis zum Bahnhof Friedrichstrafse. Westlich von der Friedrichstrafse führte die Rücksicht auf den Thiergarten, auf den Lehrter Bahnhof usw. nach vielen Versuchen endlich zu der zur Ausführung gekommenen Linie. Die Baulänge vom Ostende des Schlesischen Bahnhofes (312 m östlich der Fruchtstrafse) bis zum östlichen Widerlager der Strafse 19 am Westende des Bahnhofes Charlottenburg beträgt 12 145 m. Davon liegen rd. 41% in Curven (280 bis 500 m Halbm., ausnahmsweise 250 m) und 19% in Gefällen (2‰ bis 8‰).

In Berlin wurde gewölbter Viaduct als die billigste und wirthschaftlichste Bauweise gewählt. In der damals noch unbebauten Charlottenburger Feldmark konnte Dammschüttung zur Ausführung kommen. Die Stadtbahn ist durchweg viergleisig. Sie trägt ein (nördliches) Gleisepaar für den Stadtringverkehr und ein (südliches) Gleisepaar für den Fern- und Vorortverkehr. Der Unterbau der Bahn ist ausgeführt als:

1. gewölbter Viaduct auf	7 964 m
2. Viaduct mit eisernem Ueberbau, einschl. der Strafsenunterführungen und eisernen Brücken auf	1 823 „
3. Erdschüttung zwischen Futtermauern auf	675 „
4. gewöhnliche Dammschüttung	1 683 „
zusammen	12 145 m.

Viaducte und Brücken.

Da die Kosten des gewölbten Viaducts einschliefslich der Spreebrücke an der Museumsinsel und der Brücke über den Landwehrcanal am Thiergarten anschlagmäfsig 12 400 000 ℳ. betrugen, mufste sehr sorgfältig ermittelt werden, welche Bogenweiten bei den verschiedenen Gründungstiefen zu wählen waren, um möglichst billig zu bauen.

Es wurden daher Normalien für 6, 8, 10, 12 und 15 m weite, überwölbte Oeffnungen aufgestellt und dabei eine Beanspruchung

des Gewölbemauerwerks von	9,0 kg/qcm
des Pfeilermauerwerks von	7,5 „
des Baugrundes von	4,5 „

zugelassen. Auf Grund dieser Vorermittelungen wurden die Einzelentwürfe der Viaductstrecken bearbeitet. Die Breite des Viaducts wurde im allgemeinen zu 15,50 m von Stirn zu Stirn angenommen. Dies Mafs ergiebt sich aus den Einzelmafsen 2,25 + 3,50 + 4 + 3,50 + 2,25 mit Bezug auf die Gleisemitten. Die Entfernung von 2,25 m hat sich bald als zu gering erwiesen, da das Mindestmafs von 2,35 m von Gleismitte bis zur Innenkante des Geländers als nothwendig erkannt wurde, um den Arbeitern und Beamten Raum zum sicheren Stehen neben den vorüberfahrenden Zügen zu bieten. Die Viaductgeländer sind nachträglich auf dem gröfsten Theil der Strecken mit künstlichen Hülfsmitteln auf dieses Mafs hinausgerückt worden.

---

[1] Archiv für Eisenbahnwesen 1893, S. 18.

VII. Die Locomotiveisenbahnen.   213

Um den Arbeitern zwischen den beiden Gleisepaaren einen Zufluchtsort zu gewähren und gleichzeitig zur Unterbringung von Telegraphenkabeln wurde der sogen. Mittelgang angelegt, ein 0,50 m breiter, um etwa 0,70 m unter Schienenunterkante vertiefter Streifen zwischen kleinen Mauern. Derselbe erwies sich aber als nicht zweckmäfsig. Zunächst zog man vor, die Telegraphenkabel unter den Gleisen in Kies zu betten. Sodann verursachten die Mittelgangmauern hohe Unterhaltungskosten und gaben Veranlassung zu Durchnässungen der Gewölbe; und endlich erfüllte der Mittelgang seinen Hauptzweck, als sicherer Zufluchtsort der Arbeiter zu dienen, nicht. Es kamen im Gegentheil mehrere Unglücksfälle vor, weil Leute trotz entgegenstehender Verordnungen die glatte Oberfläche der Mittelgangmauern als bequemen Weg von und zu der Arbeitsstelle benutzten und dabei von hinter ihnen her kommenden Zügen erfafst wurden. Aus diesen Gründen wurde in den Jahren 1888—1895 der Mittelgang allmählich beseitigt. Der Viaduct hat nun eine einheitliche Asphaltfilzabdeckung erhalten und in der Mitte zieht sich zwischen den Gleisen im Kies ein flacher Graben hin, welcher im Nothfall einem durch zwei Züge gefährdeten Mann die Möglichkeit giebt, sein Leben zu retten, indem er sich der Länge nach zu Boden wirft.

Der Baugrund für den Viaduct war im allgemeinen gut. Nur fanden sich an Stelle alter Wasserläufe einzelne bis 21 m tiefe Sumpflöcher vor, welche mittels Pfahlrost durchbaut wurden.[1])

Von der 7964 m langen Viaductstrecke sind gegründet:

1. durch directes Mauern . . . . 4 593 m
2. desgleichen mit Sohlstücken zwischen Spundwänden . . . . . 773 „
3. auf Beton zwischen Spundwänden . . . . 1 406 „
4. auf Senkbrunnen . . . .   633 „
5. auf Pfahlrost . . . .   559 „

zusammen 7 964 m.

Die Pfeiler des Spreeviaducts stehen auf je drei Brunnen, zu deren Absenkung zwischen leichten Spundwänden kleine Inseln geschüttet wurden (Abb. 263).

Der Viaduct ist durch stärkere Pfeiler in Gruppen von je 4—6 Bogenöffnungen getheilt. Sämtliche Pfeiler haben Durchbrechungen erhalten, um eine gemeinsame Ausnutzung mehrerer Viducträume zu ermöglichen. In den älteren Strecken sind diese Durchbrechungen nur klein, in den neueren gröfser angelegt. Die gröfste Weite (4 m) haben sie in der Viaductstrecke im früheren Königsgraben erhalten. Sie schneiden hier in die Gewölbe fast bis zur Scheitelhöhe ein, sodafs kreuzgewölbeähnliche Stichkappen entstehen (Abb. 264 u. 265). Diese grofse Weite wurde hier durch die Nothwendigkeit, einen städtischen Nothauslafscanal unter dem Viaduct entlang zu führen, veranlafst. Sie hat sich aber als überaus günstig für die Raumausnutzung

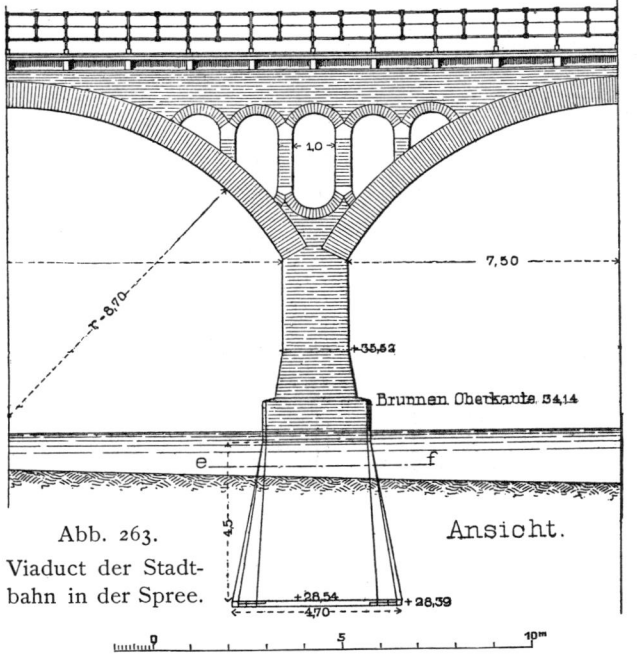

Abb. 263. Viaduct der Stadtbahn in der Spree.

---

[1]) Ueber die bei den Pfahlrosten der Stadtbahn gemachten Erfahrungen findet sich eine Mittheilung in der Zeitschrift für Bauwesen 1880, S. 267.

gezeigt, sodaſs man bedauern kann, nicht den ganzen Viaduct in dieser Weise ausgeführt zu sehen. Die Zwickel über den Gewölben sind bei den kleineren Weiten mit Concretmauerwerk ausgefüllt, bei den gröſseren mit Hohlräumen versehen. Im Spreeviaduct treten letztere in der Ansicht hervor. Abb. 263 zeigt diese interessante Viaductform.

Die Gewölbe sind mit einer Ziegelflachschicht und (fast überall) mit Asphaltfilz abgedeckt. Die Entwässerung muſste durch die Pfeiler hinabgeführt werden. Die Kosten der gewölbten Viaducte einschl. Geländer, ausschl. Bekiesung usw. haben für 1 qm Grundfläche durchschnittlich betragen: bei 8 m Oeffnungsweite 52 ℳ, bei 10 m Weite 74 ℳ und bei 12 m Weite 75 ℳ.

Eine Viaductstrecke mit eisernem Ueberbau ist nur auf der sogen. Museumsinsel und zwar mit sieben Oeffnungen von je 14,50 m Weite vorhanden.

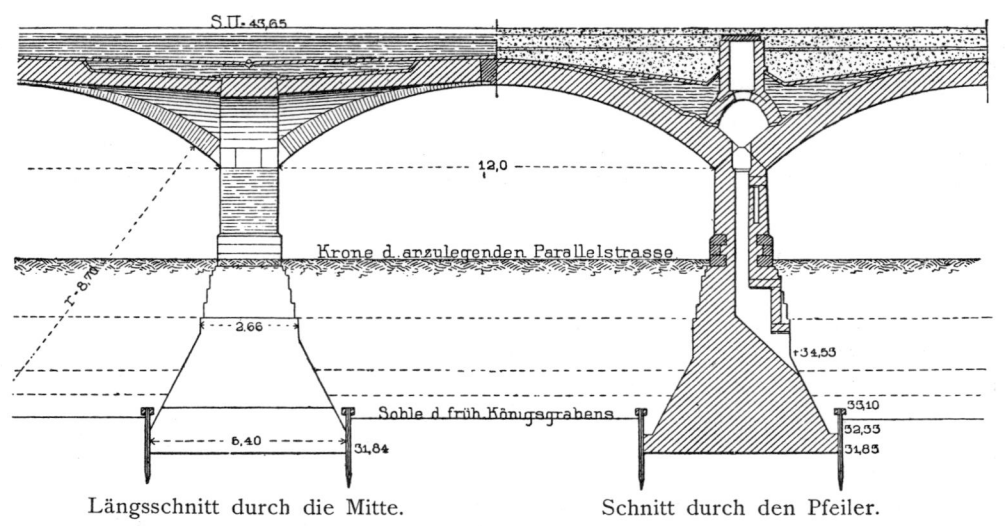

Längsschnitt durch die Mitte.   Schnitt durch den Pfeiler.
Abb. 264. Viaduct im früheren Königsgraben.

Von den sechs gröſseren Brücken der Stadtbahn sind zwei in Stein, die anderen vier mit eisernem Ueberbau ausgeführt. Die steinernen Brücken sind die über die Spree an der Museumsinsel und die über den Schiffahrtscanal (Landwehr-Canal). Erstere (Abb. 266 bis 268) liegt in einer Bahnkrümmung mit 300 m Halbmesser und bildet mit der Fluſsrichtung einen Winkel von durchschnittlich 52°. Diese Verhältnisse führten zu einem recht unregelmäſsigen Grundriſs der Brücke (Abb. 266). Die zwei Oeffnungen haben verschiedene rechtwinklige Lichtweite (16,65 und 18,07 m), um bei der verschiedenen Schiefheit gleiche Stirnbögen zu erhalten. Mit Rücksicht auf die Nähe der Museen wurde der Brücke ein thunlichst monumentales Aussehen gegeben. Die Auſsenflächen wurden mit sächsischem Granit verkleidet. Die Brücke wurde in Ringen gewölbt. Von den Ringen sind immer zwei neben einander liegende kräftig

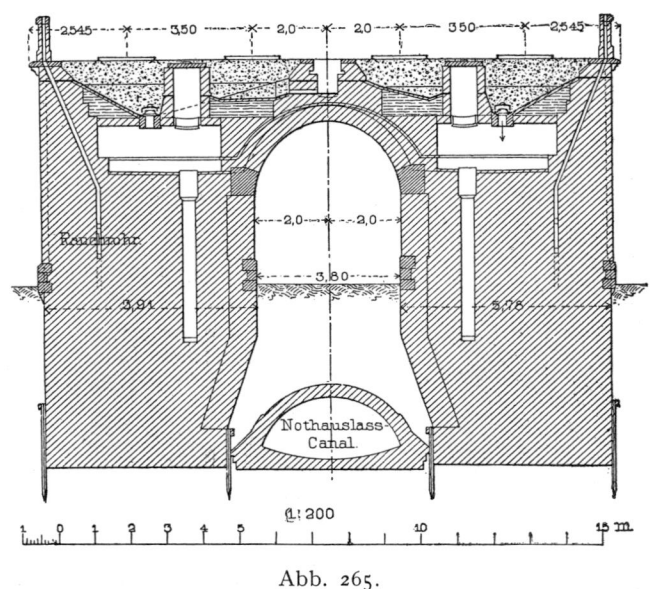

Abb. 265.
Schnitt durch den Viaduct im früheren Königsgraben.

VII. Die Locomotiveisenbahnen.

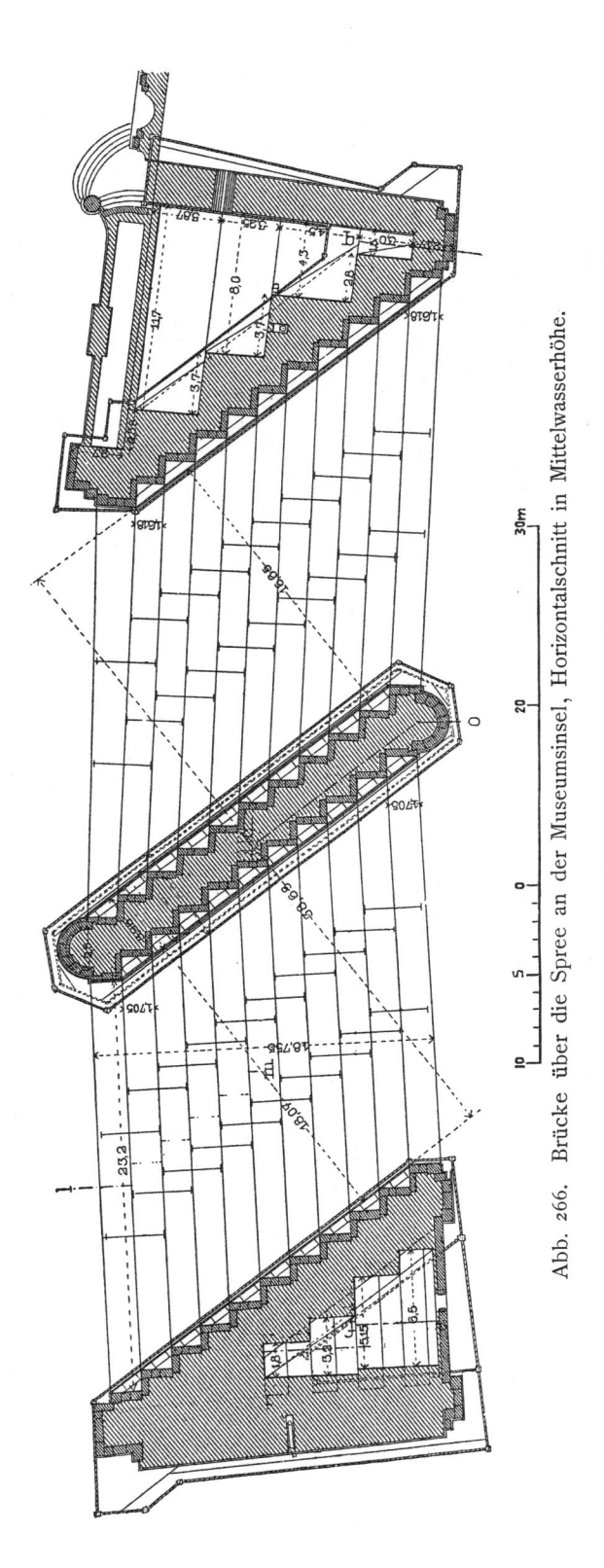

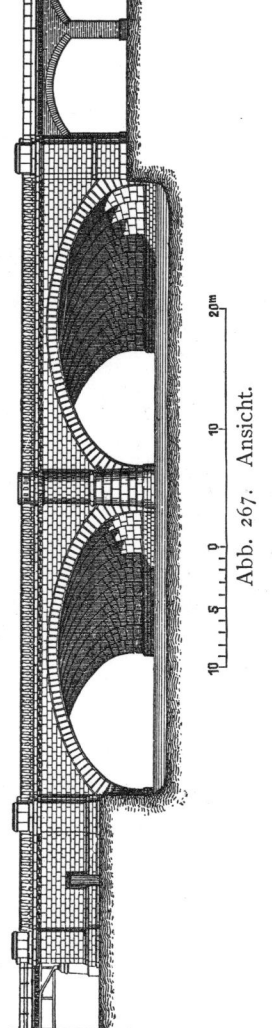

Abb. 266. Brücke über die Spree an der Museumsinsel, Horizontalschnitt in Mittelwasserhöhe.

Abb. 267. Ansicht.

Abb. 268. Querschnitt l—m, c—o.

mit einander verankert. Die Fundirung konnte auf Beton zwischen Spundwänden erfolgen. Die Kosten der Brücke haben auf 1 qm Grundfläche 193 ℳ betragen.

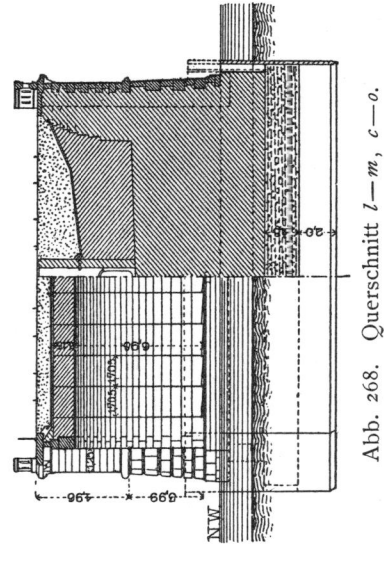

Die Brücke über den Schiffahrts- (Landwehr-) Canal (Abb. 269, 270 u. 271) ist rechtwinklig und gerade. Sie hat eine Oeffnung von 24 m Weite, welche mit einem flachen Korb-Bogen überwölbt ist. Mit Rücksicht auf ihre landschaftlich schöne Lage erhielt die Brücke an den Stirnen und Vorköpfen Sandstein-Verkleidung und an letzteren bildhauerischen Schmuck in Form von Wappenschildern. Von der Fundirung gilt das bei der vorhergehenden (Spree-) Brücke Gesagte auch hier. Die Kosten der Brücke haben 222 ℳ für 1 qm Grundfläche betragen.

Die vorhin erwähnten vier eisernen Brücken sind die über den Kupfergraben, über die Spree am Schiffbauerdamm, über den Humboldthafen und über die Spree bei Bellevue.

Die Kupfergrabenbrücke (Abb. 272 u. 273) hat zwei flache Bogenöffnungen, von denen eine den ge-

216 VII. Die Locomotiveisenbahnen.

Abb. 269. Brücke über den Landwehrcanal.

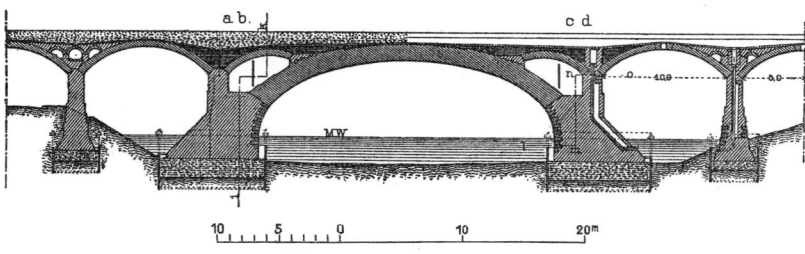

Abb. 270. Längsschnitt.

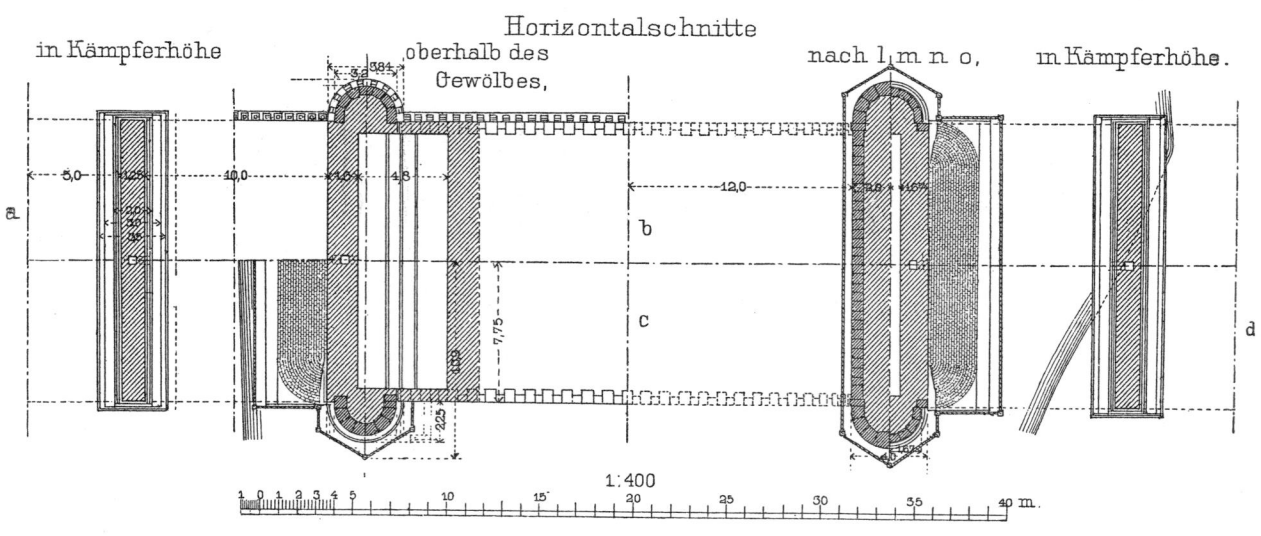

Horizontalschnitte
in Kämpferhöhe. oberhalb des Gewölbes. nach l, m, n, o, in Kämpferhöhe.

Abb. 271.

VII. Die Locomotiveisenbahnen.

nannten Wasserlauf, die andere die Strafse „Am Kupfergraben" überspannt. Die Lichtweite der gleichen, nahezu rechtwinkligen Oeffnungen beträgt 26,40 m, die Spannweite der Bögen 26,55 m, bei 2,54 m Pfeilhöhe. Dies geringe Pfeilverhältnifs (1:10,46) giebt der Brücke ein sehr gefälliges Ansehen, hat jedoch in Verbindung mit dem gewählten Constructionssystem

Abb. 272. Brücke über den Kupfergraben.

bewirkt, dafs der Ueberbau ziemlich biegsam ist. Die Bögen haben einen gleich bleibenden I-förmigen Querschnitt. Sie haben nur Kämpfergelenke. Die Zwickel sind nicht ausgesteift. Auf dem wagerechten oberen Abschlufs der Bogenzwickel ruhen in 0,885 m Abstand Quer-

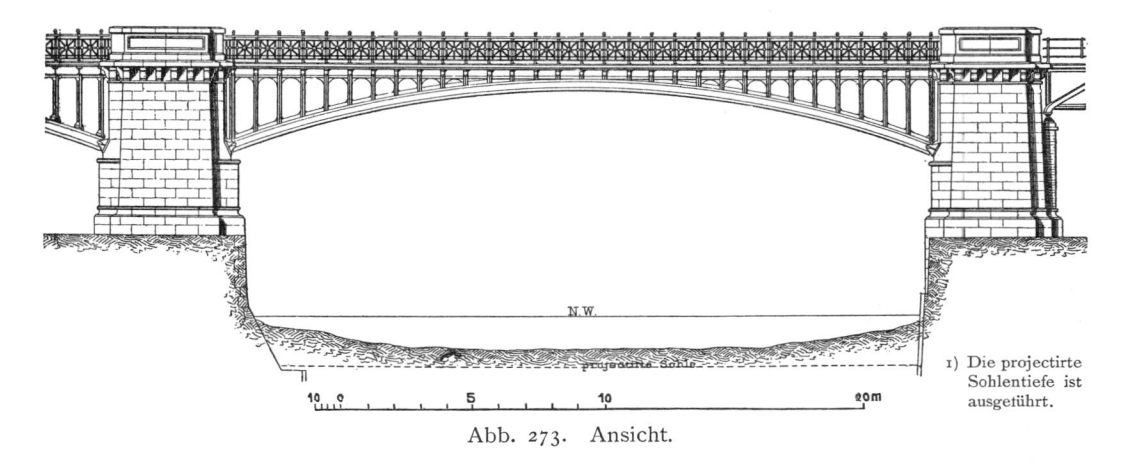

Abb. 273. Ansicht.

1) Die projectirte Sohlentiefe ist ausgeführt.

träger, welche unmittelbar das Gleisgestänge tragen. Die Fundirung der Brücke war nicht schwierig (Beton zwischen Spundwänden). Die Gesamtkosten der Brücke (ausschl. Gleis) betrugen 187 ℳ für 1 qm Grundfläche, zwischen den Aufsenkanten der Endpfeiler gerechnet.

Die Spreebrücke am Schiffbauerdamm (Abb. 274) ist ebenfalls eine elastische Brücke mit Kämpfergelenken ohne versteifte Zwickel. Sie übersetzt die Spree unter einem Winkel von 72° 38′ 24″ mit einer einzigen Oeffnung von 48,15 m rechtwinkliger Lichtweite.

218   VII. Die Locomotiveisenbahnen.

Die Bögen haben eine Spannweite von 49,864 m bei 5,456 m Pfeilhöhe. Pfeilverhältnifs also 1:9,14. Unmittelbar an die Brücke schliefsen sich Uferstrafsen, links das Reichstagsufer

Abb. 274. Spreebrücke am Schiffbauerdamm.

in 15,05 m, rechts der Schiffbauerdamm in 19 m Lichtweite. Beide haben durchgehende Blechträger auf Säulen. Gegen die Brücke sind sie nur durch eiserne Gitterwände abge-

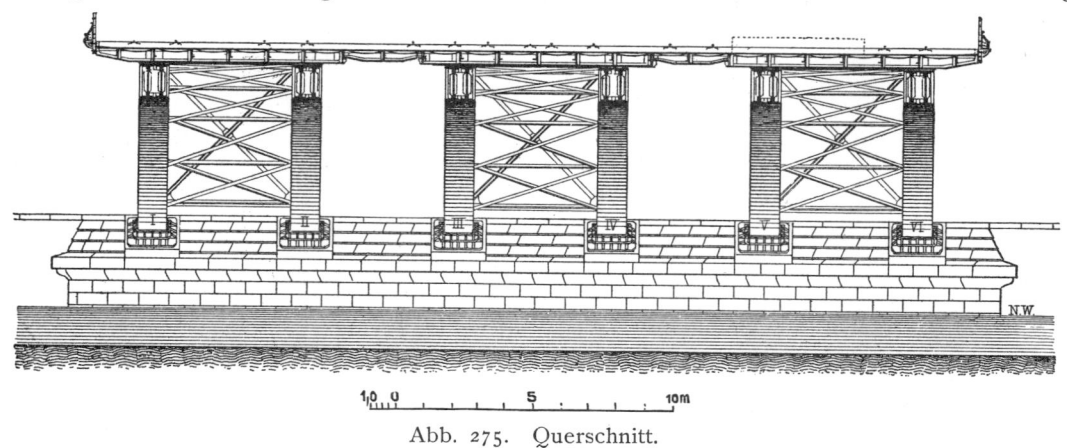

Abb. 275. Querschnitt.

schlossen, wie Abb. 277 zeigt. Die Erscheinung der Brücke, von welcher Abb. 274 ein annäherndes Bild giebt, ist eine glückliche, trotz ungünstiger örtlicher Verhältnisse. Die Brücke ist recht breit, da sie noch unter dem Bahnhof Friedrichstrafse liegt. Die äufsersten der sechs parallelen Bogenrippen sind 27,75 Meter von einander entfernt. Die elastischen Bögen haben, wie aus den Abb. 276 u. 277 hervorgeht, vergitterten Kastenquerschnitt. Die beiden Gurtungen jedes Kastens sind am Kämpfer nach einem cylindrisch abgerundeten Gufsstahl-

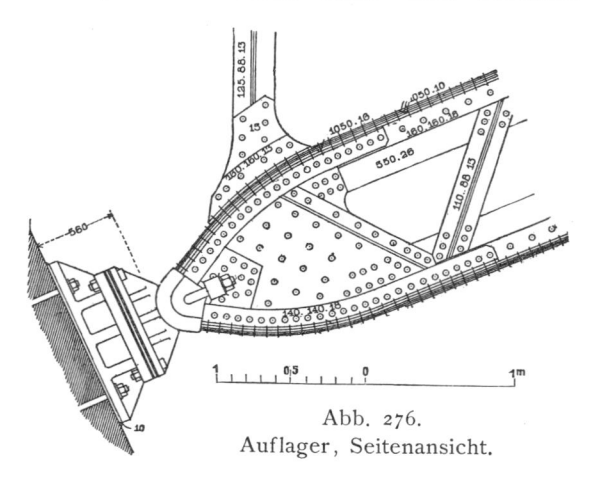

Abb. 276. Auflager, Seitenansicht.

stück geführt (Abb. 276), welches in einer Auflagerschale aus demselben Material ruht. Von den Auflagerplatten aus wird der Druck durch drei Granitschichten und Ziegelmauerwerk mit Fugen senkrecht zur Druckrichtung auf das Betonbett übertragen. Die Pressungen betragen für die oberen Granit-

VII. Die Locomotiveisenbahnen.

Abb. 277. Spreebrücke am Schiffbauerdamm, Unteransicht.

steine 22,5 kg, für den (ungefähr 2 m unter Mittelwasser liegenden) Baugrund 4,3 kg für 1 qcm. Die Gesamtkosten der Brücke, alles in allem, nur ausschliefslich der Gleise, haben 256 ℳ. für 1 qm Grundfläche betragen.

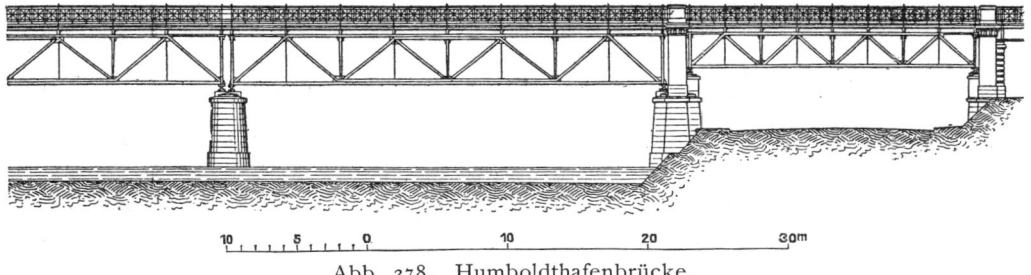

Abb. 278. Humboldthafenbrücke.

Die Humboldthafenbrücke, von deren westlichster Oeffnung nebst anschliefsender Ladestrafsenunterführung die Abb. 278 eine Ansicht giebt, ist eine Fachwerkbalkenbrücke. Sie liegt gröfstentheils in einer Krümmung mit 304 m Halbmesser. Die Brücke hat fünf Oeffnungen von 29,32 m Lichtweite. An jeder Seite schliefst sich eine Ladestrafsenüberbrückung und eine mit durchgehenden Blechträgern versehene Uferstrafsenunterführung an. Jedes Gleis ruht auf Einzelüberbauten von 30,20 und 31 m Stützweite.

Der Baugrund war sehr ungleichmäfsig. Die vier östlichen Pfeiler konnten auf Beton zwischen Spundwänden (Sohlendruck 3,8 kg/qcm), die beiden westlichen Pfeiler mufsten auf sehr tiefem Pfahlrost (Druck 20 t für einen Pfahl) gegründet werden. Die Hauptträger bestehen, wie Abb. 278 zeigt, in etwas eigenartiger Weise, nach Art einer Holzconstruction aus zwei versteiften, ineinander liegenden doppelten Hängewerken. Die Gesamtkosten der Brücke, zwischen den Aufsenkanten der Landpfeiler gerechnet, haben für 1 qm Grundfläche 169 ℳ. betragen.

Die Spreebrücke bei Bellevue (Abb. 279) schneidet die Stromrichtung unter 45° in gerader Linie. Es schließt sich rechts eine Ladestraßen- und eine Uferstraßen-

Abb. 279. Spreebrücke bei Bellevue.

Unterführung, links die Ueberbrückung eines Promenadenweges an. Die Strombrücke hat drei Oeffnungen mit zusammen 50 m rechtwinklig gemessener Lichtweite. Die Stützweite jedes der drei Ueberbauten ergab sich hiernach zu 25,90 m. Der Baugrund war zum Theil

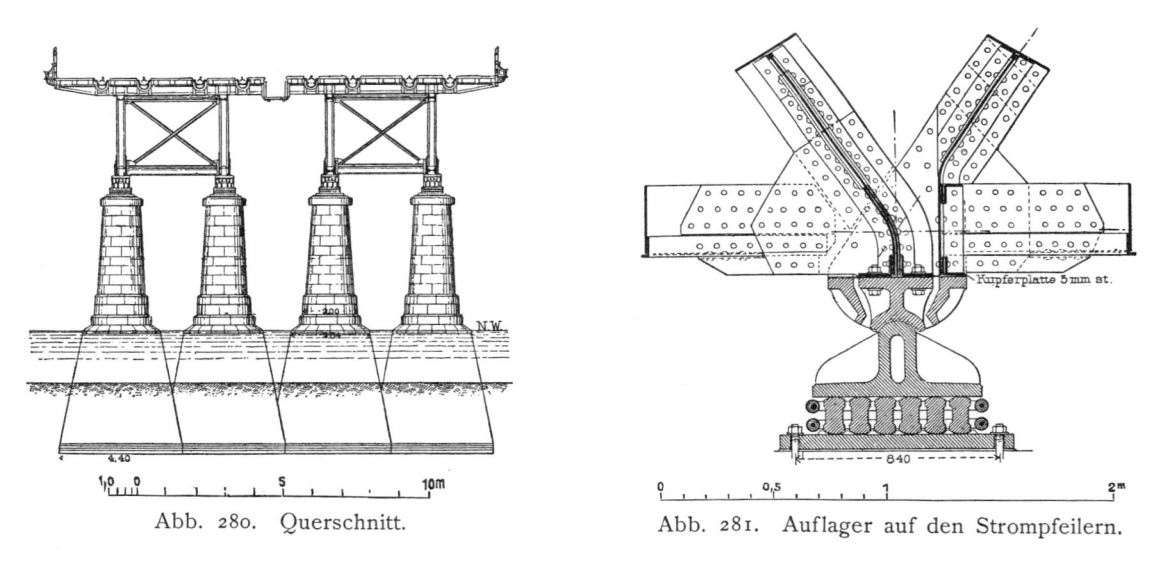

Abb. 280. Querschnitt.

Abb. 281. Auflager auf den Strompfeilern.

ungünstig. Dies sowie die große Schiefheit des Bauwerks führte zu der Wahl eines Einzelbalkensystems aus Fachwerk.

Die Pfeiler sind in einzelne Theile aufgelöst, welche auf Brunnen gegründet sind. Hier hat der vorhin erwähnte ungünstige Baugrund sich in unliebsamer Weise geltend gemacht. Die Brunnen des rechtsseitigen Uferpfeilers zeigten nachträglich ungleichmäfsiges Setzen, welches wiederholte Ausbesserungsarbeiten erforderlich machte. Bei den Uferpfeilern sind die einzelnen Theile unter den Auflagern durch Bögen mit einander verbunden. Bei den Strompfeilern sind die Theile in Form schlanker abgestumpfter Kegel unabhängig von einander. Letztere Pfeiler sind oberhalb der Flufssohle mit Basaltlava-Quadern verblendet. Das Fachwerk der Hauptträger zeigt ein einfaches Dreiecksystem (Höhe = rd. $1/9$ der Stützweite). Jedes Gleis ruht auf einem Träger. Je zwei Träger sind zu einem versteiften Paar mit einander verbunden.

Bemerkenswerth sind die Auflager auf den Mittelpfeilern gebildet (Abb. 281). Die Trägerenden sind ineinander geschoben und ruhen mittels zweier getrennter Sättel auf einem gemeinsamen Lagerbock, sodafs der senkrechte Auflagerdruck beider Träger genau in die Mitte der Pfeilersäule trifft und die Träger für Verschiebungen in der Längsrichtung verbunden sind, ohne jedoch Biegungsmomente über den Pfeilern aufnehmen zu können. Die Gesamtkosten dieser Brücke ausschliefslich der Gleise haben, zwischen den Aufsenkanten der Landpfeiler gerechnet, 176 ℳ für 1 qm Grundfläche betragen.

Einige Jahre nach der Eröffnung der Stadtbahn hat die Stadtgemeinde Berlin zwischen den beiden mittleren Trägern der Bellevuebrücke einen Laufsteg für Fufsgänger hergestellt, dessen Last bei der Berechnung der Träger in Rechnung gezogen war.

Die Fahrbahnen der eisernen Brücken und Strafsenunterführungen.

Bei der Kupfergrabenbrücke, dem ersten eisernen Ueberbau der Stadtbahn, erhielten die Gleise unmittelbares Auflager auf eisernen Querträgern. Zwischen letztere und die Haarmann'schen Langschwellen wurden eichene Klötze gelegt. Unter den Querträgern sind an den Hauptträgern flache Tonnenbleche angenietet, welche zur Schalldämpfung eine schwache Kiesschüttung erhielten. Die Gleislagerung auf Holzklötzen hat sich hier nicht bewährt. Nach etwa 6—7 Jahren mufsten die Gleise auf der Brücke erneuert werden. Es wurden nun eichene Langschwellen gelegt und darauf die Schienen des normalen hölzernen Querschwellenoberbaues mit Unterlagsplatten und Schienenschrauben befestigt.

Die zweite Form der Fahrbahn, welche bei den eisernen Bauwerken zur Anwendung kam, war die mit sogen. Schienentrögen. Das sind 0,40 bis 0,43 m breite, halbcylindrische Längsträger, welche mit Kies ausgefüllt werden und die eisernen Langschwellen des Gleises aufnehmen. Ihre Anordnung ist aus Abb. 280 ersichtlich. Sie bieten manche constructive Unbequemlichkeiten und erschweren das Unterstopfen der Langschwellen. Man ging daher bald zu der dann allgemein durchgeführten Anordnung der Fahrbahn mit Buckelplatten, Kiesschüttung und Lagerung des Gleises in der letzteren über, wie sie auf der Spreebrücke am Schiffbauerdamm (Abb. 275) und den meisten Strafsenunterführungen sich findet. Diese Fahrbahn entspricht, wenn die Kiesschüttung nicht zu schwach genommen wird, allen Anforderungen der constructiven Einfachheit, Wasserdichtigkeit und Schalldämpfung.

Die Strafsenunterführungen. Von vornherein erschienen gewölbte Strafsenunterführungen empfehlenswerth. Man mufste jedoch hiervon der Kosten wegen absehen und sich für die Anwendung von Eisen entscheiden. Die Fahrbahn dieser Bauwerke ist im vorigen Abschnitt besprochen. Der Unterbau konnte nicht nach Normalien gefertigt, mufste vielmehr für jeden Einzelfall den sehr verschiedenen Umständen entsprechend entworfen werden. Doch lassen sich zwei Hauptgruppen unterscheiden: Unterführungen mit Balkenträgern und solche mit Bogenträgern. Von sämtlichen 60 eisernen Unterführungen gehören der ersteren Gruppe 52, der letzteren nur 8 an. Die gegebenen örtlichen Verhältnisse lagen eben für die Anwendung des Bogens sehr ungünstig.

Abb. 282. Vorderansicht eines Tragepfeilers.

222   VII. Die Locomotiveisenbahnen.

Unter den Balkenbrücken haben weitaus die meisten (42) durchgehende Blechbalken, meist auf vier Stützpunkten, d. h. mit zwei Säulen an den Bürgersteigkanten. Die Nothwendigkeit, die Enden der Träger zu verankern, ist die unangenehmste Eigenschaft dieser Bauart, denn eine fortgesetzte Beobachtung der Anker ist kaum mög-

Abb. 283. Unterführung der Karlstrafse.

lich. — Die Möglichkeit, gesunkene Säulen anzuheben, war beim Entwurf der Sockel, welche das Unterschieben von Eisenplatten leicht gestatten, vorgesehen. Auch liefsen sich die Fufsplatten der Sockel heben und mit Hartmetall untergiefsen. Solche Hebungen

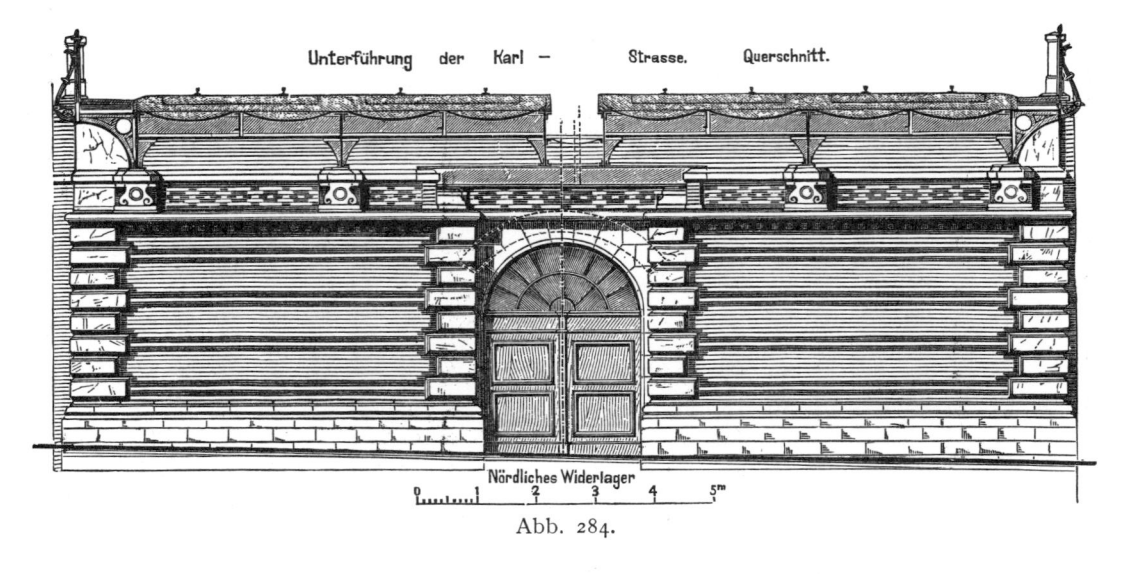

Abb. 284.

sind namentlich in den ersten Jahren vielfach nöthig gewesen. An Hauptträgern sind theils zwei für jedes Gleis, theils drei für ein Gleisepaar, theils vier für die ganze Breite der viergleisigen Fahrbahn angeordnet. Die letztere Bauart bietet den Vortheil möglichst massiger Formgebung der einzelnen Träger. Die Querträger sind vielfach sprengwerkartig

VII. Die Locomotiveisenbahnen. 223

Abb. 285. Unterführung an der Spandauer Brücke, Unteransicht.

unterstützt (Abb. 285). Die Säulen sind an einigen Bauwerken aus Schmiedeeisen, an untergeordneten Stellen schmucklos, an hervorragenden künstlerisch durchgebildet (Königstraße und Alt-Moabit). Abb. 282 zeigt die Säule der Königstraße. Weitaus die meisten

Abb. 286.
Unterführung der Charlottenburger Chaussee.

224   VII. Die Locomotiveisenbahnen.

Abb. 287. Unterführung der Strafse Alt-Moabit.

Säulen sind nach einem und demselben Modell in Gufseisen ausgeführt und von der Tangerhütte geliefert. In den Abb. 283 u. 285 sind diese Säulen zu sehen.

Von charakteristischen Mustern der Balkenunterführungen geben wir vier durch Abbildungen wieder. Abb. 283 u. 284 zeigen die Unterführung der Karlstrafse, ein Bauwerk von kleinen Abmessungen mit sechs Hauptträgern. Abb. 285, die Unteransicht der

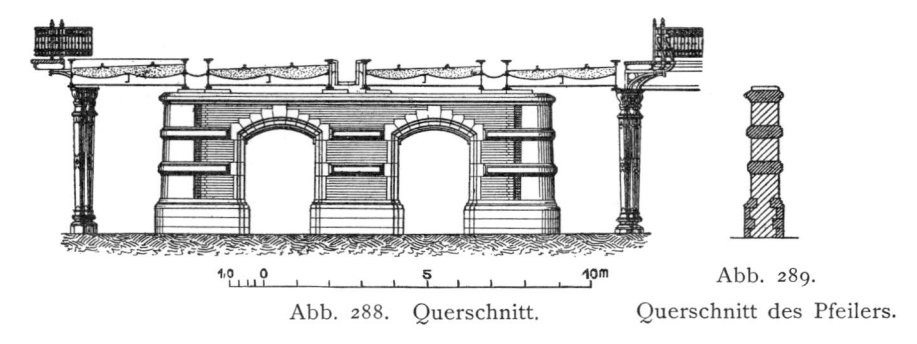

Abb. 288. Querschnitt.   Abb. 289. Querschnitt des Pfeilers.

Unterführung der Spandauer Brücke, giebt ein Beispiel gesprengter Querträgerunterstützung. Die Unterführung der Charlottenburger Chaussee (Abb. 286) sollte mit Rücksicht auf die Umgebung ein gefälliges Ansehen erhalten. Darum wurden die Träger nach den Säulen

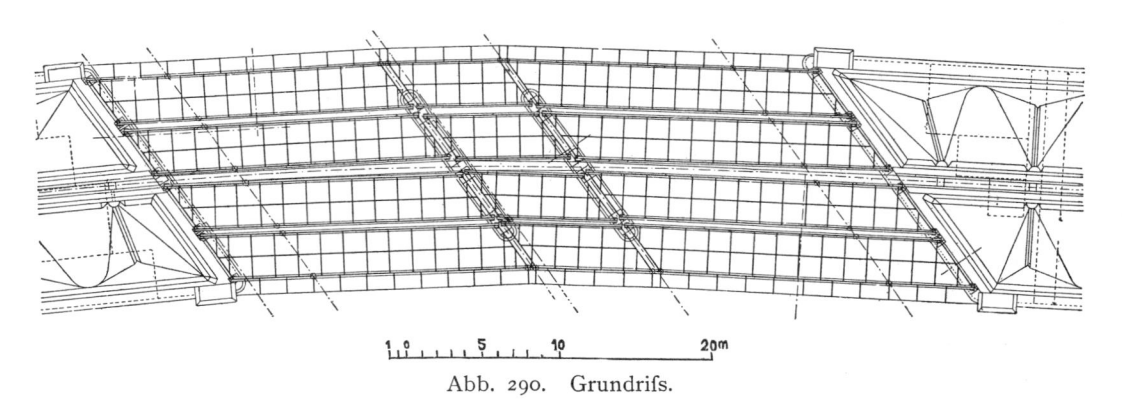

Abb. 290. Grundrifs.

bogenförmig hinuntergezogen. Dieselbe Anordnung ist an der Königstrafse und Hardenbergstrafse gewählt. Bei der Strafse Alt-Moabit (Abb. 287—290) wurden die durch die scharfe Curve bereiteten Schwierigkeiten durch die Einschaltung zweier gemauerter Pfeiler gehoben. Letzteren sind jedoch, um dem Bauwerk eine einheitlichere Erscheinung zu geben, eiserne Säulenpaare vorgelegt.

Die Unterführungen mit eisernen Bögen, von denen wir in Abb. 291 u. 292 diejenige der Stallstrafse als Beispiel mittheilen, haben mit Ausnahme der mit elasti-

VII. Die Locomotiveisenbahnen. 225

Abb. 291. Unterführung der Stallstraße.

schem Bogen auf Kämpfergelenken versehenen Alexanderstraße sämtlich dreigelenkige Bögen mit versteiften Zwickeln. Die Gelenke sind indeß durch stumpfen Stoß der Bogen-

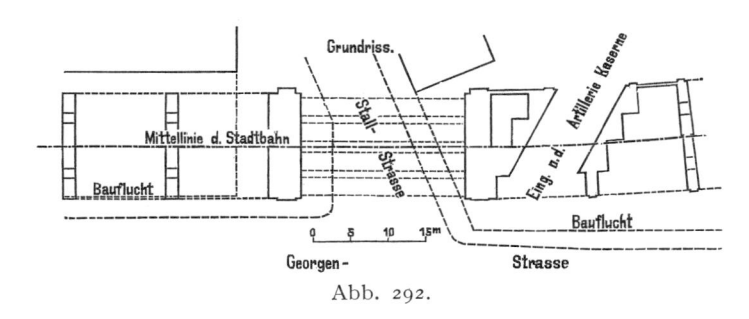

Abb. 292.

querschnitte gebildet. Im Scheitel sind die Bögen durch eine untergenietete Lamelle verbunden und durch stählerne seitlich angebrachte, mittels Schraubenbolzen verbundene Federn, welche wohl senkrechte, aber keine wagerechten Kräfte übertragen können.

Die Bahnhöfe.

Die Stadtbahn hat mit der für 1896 zur Eröffnung bestimmten Haltestelle Savignyplatz 11 Bahnhöfe und Haltestellen, welche wir unter Beifügung ihrer Betriebsentfernung hier aufzählen. Die gesperrt gedruckten dienen dem Fern- und Stadtverkehr, die übrigen nur dem letzteren.

1. Schlesischer Bahnhof . . . . 0,00 km
2. Jannowitzbrücke . . . . 1,18 „
3. Alexanderplatz . . . . 0,99 „
4. Börse . . . . 0,69 „
5. Friedrichstraße . . . . 1,11 „

zu übertragen   3,97 km

Berlin und seine Bauten. I.

226 VII. Die Locomotiveisenbahnen.

$$\begin{aligned}
&\text{Uebertrag} && 3{,}97 \text{ km} \\
&\text{6. Lehrter Bahnhof} && 1{,}44 \text{ „} \\
&\text{7. Bellevue} && 1{,}69 \text{ „} \\
&\text{8. Thiergarten} && 1{,}13 \text{ „} \\
&\text{9. Zoologischer Garten} && 0{,}78 \text{ „} \\
&\text{10. Savignyplatz} && 1{,}04 \text{ „} \\
&\text{11. Charlottenburg} && 1{,}21 \text{ „} \\
&\text{zusammen} && 11{,}26 \text{ km.}
\end{aligned}$$

Hinsichtlich der Gleisanlagen beziehen wir uns auf den beigefügten, verzerrten Uebersichtsplan (Anl. IV). Aus demselben ist ersichtlich, dafs die Stadtbahn aus zwei getrennten, zweigleisigen Bahnen, der (südlichen) Fernbahn und der (nördlichen) eigentlichen Stadtbahn besteht, welche nur auf den Endbahnhöfen Schlesischer Bahnhof und Charlottenburg Verbindung mit einander haben. Die Weichenverbindungen zwischen den Stadtgleisen sind nur aus Vorsorge angelegt, um bei Betriebsstörungen streckenweise ein-

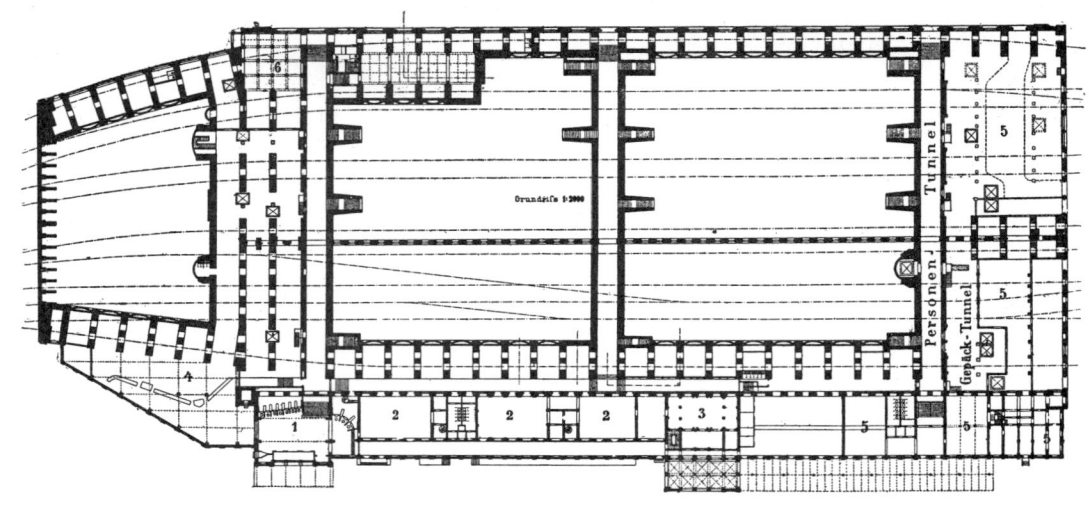

Abb. 293. Schlesischer Bahnhof, Grundrifs.

gleisigen Betrieb einrichten zu können. Auch auf den inneren Bahnhöfen des Fernverkehrs ist an Gleisanlagen wenig mehr zu finden. Nur einzelne Stumpfgleise treten hinzu. Eine Ausnahme macht Alexanderplatz, wo sich am Ostende der Fernstation eine Gleisanlage für die städtische Central-Markthalle anschliefst.

Die beiden Endbahnhöfe haben je vier Bahnsteige, von denen — in Charlottenburg erst nach dem kürzlich vollendeten Umbau — je zwei dem Stadt- und Ringverkehr, zwei dem Fern- und Vorortverkehr dienen. Die Endbahnhöfe der Stadtbahn verdienen diese Bezeichnung für den Betrieb nur in beschränktem Mafse. Auf dem Schlesischen Bahnhof endigen die westlichen Fernzüge, d. h. zur Zeit nur noch diejenigen der Wetzlarer und Lehrter Bahn. Die Leerzüge werden auf einer Nebengleisgruppe südlich der Ferngleise bei der Warschauer Strafse aufgestellt. In Charlottenburg endigen die östlichen Fernzüge, d. h. die der Ostbahn und Schlesischen Bahn. Die Leerzüge gehen auf dem dritten Gleis der Wetzlarer Linie nach Grunewald und finden dort auf dem in unserem Plan mit „Zugbildungsstation" bezeichneten nordöstlichen Bahnhofstheil ihre Ruhe. Die auf den Ferngleisen der Stadtbahn verkehrenden Vorortzüge gehen gröfstentheils auf längere Strecken durch: von Potsdam und Spandau (Nauen) einerseits, bis Strausberg und Erkner (Fürstenwalde) anderseits.

Für den Stadtverkehr dienen Charlottenburg und Schlesischer Bahnhof ebenfalls nur noch in sehr geringem Umfange als „Endbahnhöfe". Im Westen setzen die meisten „Stadtzüge" ihre Fahrt bis Halensee, Grunewald oder Westend fort. Im Osten

VII. Die Locomotiveisenbahnen.

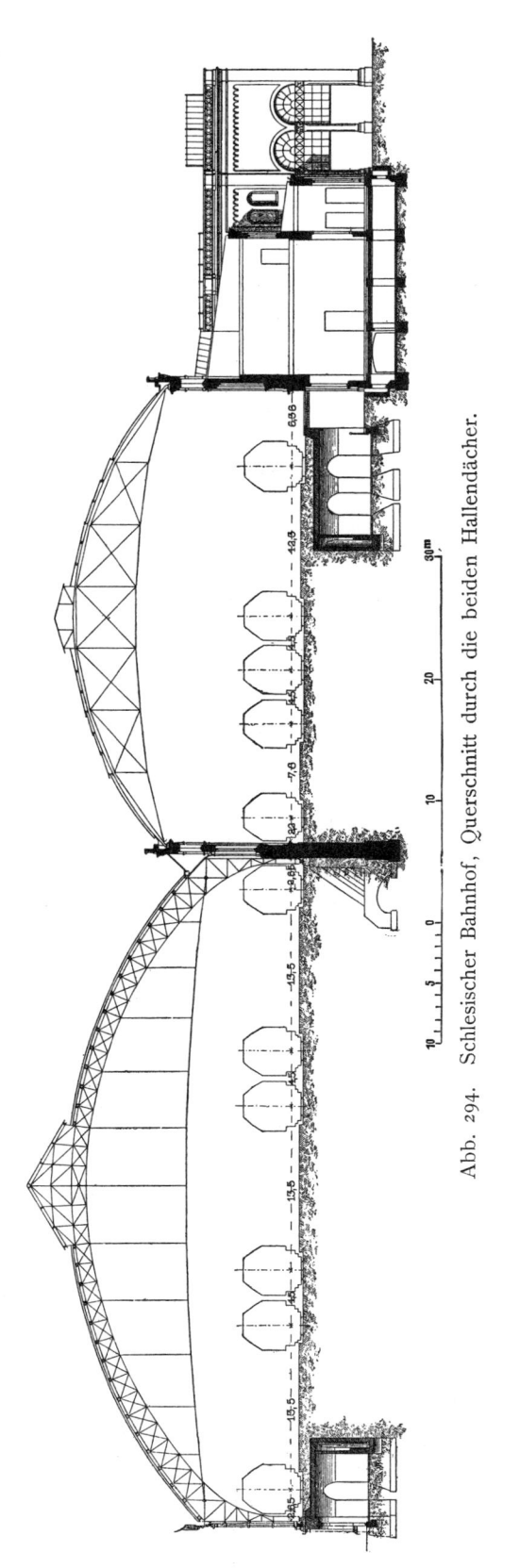

fährt ein Theil schon jetzt bis Stralau-Rummelsburg, ein anderer bis Niederschöneweide-Johannisthal oder Grünau (Görlitzer Bahn). Demnächst soll der Schlesische Bahnhof als Endbahnhof für Stadtzüge ganz eingehen und der Bahnhof Lichtenberg-Friedrichsfelde an seine Stelle treten. Von eigentlichen „Stadtzügen" wird in Zukunft kaum mehr die Rede sein, da außer den erwähnten verlängerten Stadtzügen noch die „Stadtringzüge", d. h. die von der Stadtbahn auf den Nord- und Südring übergehenden über die Stadtbahn geführt werden müssen, und da es in absehbarer Zeit nicht möglich sein wird, mehr als 18 Züge in einer Stunde nach jeder Richtung auf der Stadtbahn zu befördern.

Schon hat, um diese Leistung zu ermöglichen, die gesonderte Verlängerung der Stadtgleise bis Grunewald und ein erheblicher Umbau der Gleise des Bahnhofes Charlottenburg ausgeführt werden müssen. Auf unserem Uebersichtsplan ist er dargestellt. Wir verweisen dieserhalb auf den weiter unten folgenden Abschnitt „Die Herstellung besonderer Personengleise von Charlottenburg nach Grunewald" und kehren hier zu den baulichen Einrichtungen der Stadtbahn zurück:

Der Schlesische Bahnhof ist durch Erweiterung des alten Bahnhofes der Niederschlesisch-Märkischen Bahn entstanden. Von dem Grundriß des Empfangsgebäudes giebt Abb. 293 eine ungefähre Vorstellung. Die Abb. 294 zeigt den Schnitt durch die beiden Hallen, rechts die alte, links die angebaute. Ganz rechts geht der Schnitt durch die Wartesäle, welche unverändert geblieben sind. Man sieht also, um wieviel (rd. 5 m) die Gleise gehoben werden mußten, um die angrenzenden Straßen unterführen zu können. Die alte Halle hat eine Lichtweite von 37,36 m, die neue eine Spannweite von 54,35 m.

Das alte Empfangsgebäude hatte neben der Halle zwei Längsgebäude, von denen das eine, südliche, im großen ganzen erhalten geblieben ist. Die Räume in dem erhaltenen Gebäudetheil sind anders als früher gruppirt. Die Königszimmer (3) (Abb. 293) sind hinter die Wartesäle (2) geschoben. An ihre Stelle ist der Vorraum (1) für den Fern- und Vorortverkehr nebst Fahrkartenausgabe getreten. Hieran schließen sich rechts die Wartesäle, links die Gepäckabfertigung (4) und geradeaus der Haupt-Personentunnel, von welchem Treppen nach den vier Bahnsteigen hinaufführen, und an dessen nördlichem Ende der Vorraum nebst Fahrkartenverkauf für den Stadtringverkehr (6) liegt. Ein zweiter Tunnel durchquert den Bahnhof ungefähr in der Mitte

Abb. 294. Schlesischer Bahnhof, Querschnitt durch die beiden Hallendächer.

228   VII. Die Locomotiveisenbahnen.

seiner Länge. Er liegt für die Wartesäle III. und I./II. Klasse, sowie für die Königszimmer bequem. Ein dritter Tunnel am östlichen Ende ist nur in seinem nördlichen Theil für den Stadtringverkehr geöffnet. Die ankommenden Fernreisenden verlassen den Bahnhof durch den Abfahrtvorraum und empfangen ihr Gepäck in dem Annahmeraume. Der gesamte östliche Theil des Untergeschosses (5) ist an die Postverwaltung

Abb. 295. Bahnhof Alexanderplatz, Ansicht von der Königstrafse.

vermiethet. Die Sohle der Personentunnels liegt 10 Stufen über dem Fufsboden der Wartesäle, weil die Gepäckkarren unter den Personentunnels hindurchgeführt werden mufsten. Hieraus folgte die Nothwendigkeit einer thunlichst niedrigen Deckenconstruction für die Tunnels. Die Haarmann'schen Langschwellengleise sind in genietete Tröge von recht-

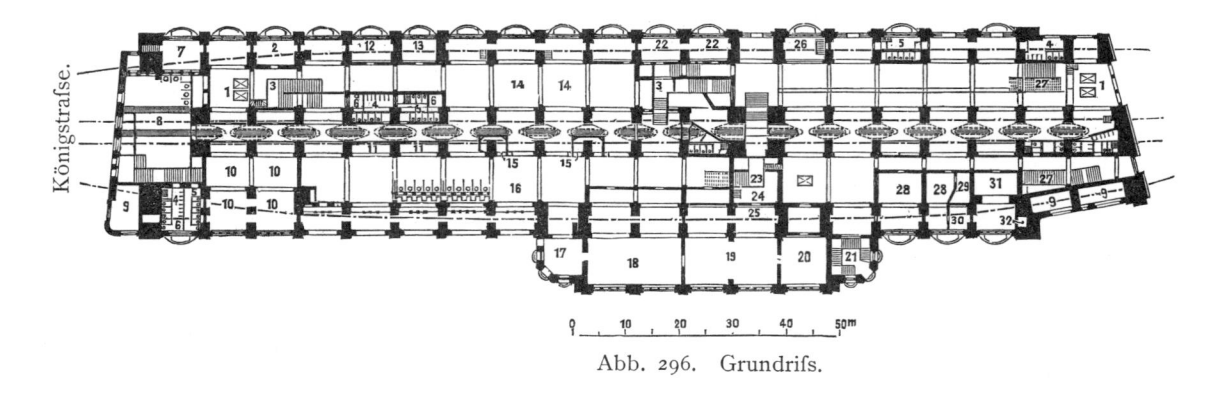

Abb. 296. Grundrifs.

eckigem Querschnitt gelegt. Diese auf Bahnhof Charlottenburg wiederholte Bauart ist nicht zu empfehlen, da es nicht möglich ist, diese Tröge wasserdicht zu machen. Auch unter der Bahnhofshalle dringt Wasser von den Locomotiven in sie ein.

Die Binder der neuen Halle bilden ein statisch einfaches System. Aufser den drei Scharnieren an den beiden Fufspunkten und im Scheitel des Bogens ist noch eins an dem einen Angriffspunkt der Zugstange vorhanden.

Die beiden Fernbahnhöfe im Innern der Stadt, Alexanderplatz und Friedrichstrafse, haben grofse Aehnlichkeit in ihrer Anlage.

VII. Die Locomotiveisenbahnen. 229

Alexanderplatz, auf welchen sich die Abb. 295—298 beziehen, konnte mit Hülfe der gerade dort günstig gelegenen Königsgrabenfläche eine reichliche räumliche Ausdehnung erhalten. Seine Länge beträgt ungefähr 190 m, die Breite 40 m. Aufserdem konnte noch für die Wartesäle I., II. und III. Klasse ein freistehender Anbau neben den Viaduct gelegt werden. Wie aus dem Grundrifs Abb. 296 ersichtlich, grenzt der Bahnhof links an die Königstrafse, welche den Hauptzugang namentlich für den Stadt- und Vorortverkehr bildet. In dem Vorraume (8) liegt der Stadtschalter und die Haupttreppe zum Stadtbahnsteig. Zwei andere Zugänge zu diesem Bahnsteig bilden noch die Treppen 23 und 27. Die Vorfahrt der Droschken der Fernreisenden findet vor den mit 16 bezeichneten Räumen statt. Daneben liegen die Fernschalter, gegenüber (15) die Gepäckabfertigungsräume und dahinter (14) der Raum für das Gepäck. Ein Wartesaal IV. Klasse (10) findet sich nahe

Abb. 297. Bahnhof Alexanderplatz, Innenansicht.

der Königstrafse, die Wartesäle III. Klasse (18), II. Klasse (19) und I. Klasse (20) zum Theil in dem erwähnten Anbau. Die zwei Ferntreppen sind mit 3 bezeichnet. Eine dritte Ferntreppe (27) ist aufser Gebrauch. Nr. 28—32 des Grundrisses sind die Stations- und Telegraphenbureaus, Nr. 17 der Polizeiraum. Nr. 7 enthält die Gasmaschinen für die elektrische Beleuchtung der Bahnsteige und für die Druckpumpen, welche die hydraulischen Gepäckaufzüge (1) in Bewegung setzen. Nr. 12 ist ein Postraum. Ein grofser Theil der unteren Bahnhofsfläche (in Abb. 296 rechts oben) ist zu Markthallenzwecken vermiethet, aufserdem noch verschiedene Viacturäume an den Aufsenseiten an private Geschäftsleute. Die Bahnsteighalle, mit dreigelenkigen Bogenbindern, ist mit verzinktem Eisenwellblech, der mittlere Theil mit Glas gedeckt. Ihre Innenansicht tritt in Abb. 297 in die Erscheinung, während Abb. 295 ein Schaubild der äufseren Architektur des Bahnhofes giebt. Abb. 298 zeigt das Innere des Wartesaals I. und II. Klasse.

Der Bahnhof Friedrichstrafse (Abb. 299) ist im Mittel nur 163 m lang bei 40 m gröfster Breite. Die maschinellen Anlagen für die Dampfheizung und die hydrau-

230 VII. Die Locomotiveisenbahnen.

lischen Aufzüge fanden im Bahnhofe selbst keinen Platz, mußten vielmehr in einem jenseits der Spree, am Schiffbauerdamm erbauten Maschinenhause untergebracht werden.

Mit Bezug auf den Bahnhofs-Grundriß (Abb. 300) beschränken wir uns darauf die Hauptpunkte hervorzuheben. Die Haupteingänge für den Stadt- und Fernverkehr liegen neben einander in der nordöstlichen Ecke an der Friedrichstraße. Der Stadtverkehr findet seine Schalter im Raum 8. Seine Haupttreppe ist mit 7 bezeichnet. Außerdem ist der Stadtbahnsteig noch mit drei Treppen versehen. Eine mittlere (30) nach der Georgenstraße weisende (der Querschnitt Abb. 301 geht durch diese Treppe), eine westliche (30) vom Reichstagsufer und eine neuerdings jenseits der Spree am Schiffbauerdamm eröffnete Treppe (auf dem Grundriß nicht mehr dargestellt). In allerneuester Zeit

Abb 298. Bahnhof Alexanderplatz, Wartesaal I. und II. Klasse.

ist der Raum 8 für den Eingang von der Friedrichstraße freigegeben und der Stadtschalter in den nächsten Bogen (10) verlegt. Die Treppe 7 ist ausschließlich für den Aufgang, die Treppe 30 für den Abgang bestimmt worden. Letztere hat einen zweiten, durch den Raum 18 nach Norden absteigenden Arm erhalten.

Der Fernverkehr tritt durch den Vorraum (10) ein, findet links und rechts vom Eingang die Schalter (9), weiter rechts (15—18) die Wartesäle, gegenüber (13 und 14) die Gepäckannahme. Zwei Treppen (mit 3 bezeichnet), eine am östlichen Ende, eine in der Mitte führen auf den Fernbahnsteig. Das Gepäck wird durch die östlichen hydraulischen Aufzüge (1) hinauf befördert, während das angekommene Gepäck durch die westlichen Aufzüge (1) zum Ausgaberaum (34) hinunter gelangt. Eine Gepäckkarrenfahrt zur Verbindung der beiden Gepäckräume ist durch die Durchbrechungen der mittleren Viaductpfeiler gelegt. Sie geht unter den mittleren Treppenpodesten (3 und 30) hindurch, wie im Querschnitt (Abb. 301) zu sehen ist. Zwei Abgangstreppen (27) führen zu den Ausgängen (31). An Diensträumen sind noch vorhanden: die Casse (19), die Tele-

VII. Die Locomotiveisenbahnen. 231

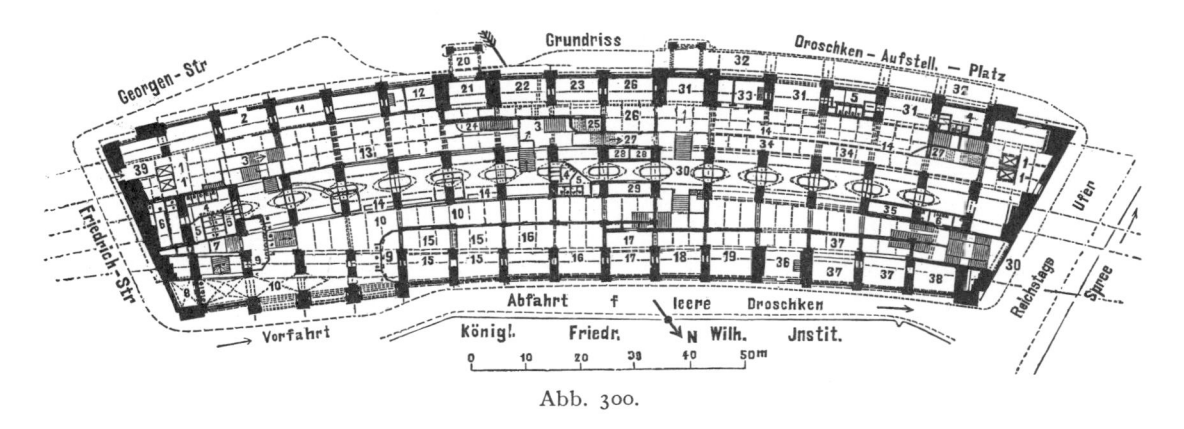

Abb. 299. Bahnhof Friedrichstraße, Ansicht von der Südseite.

Abb. 300.

232 VII. Die Locomotiveisenbahnen.

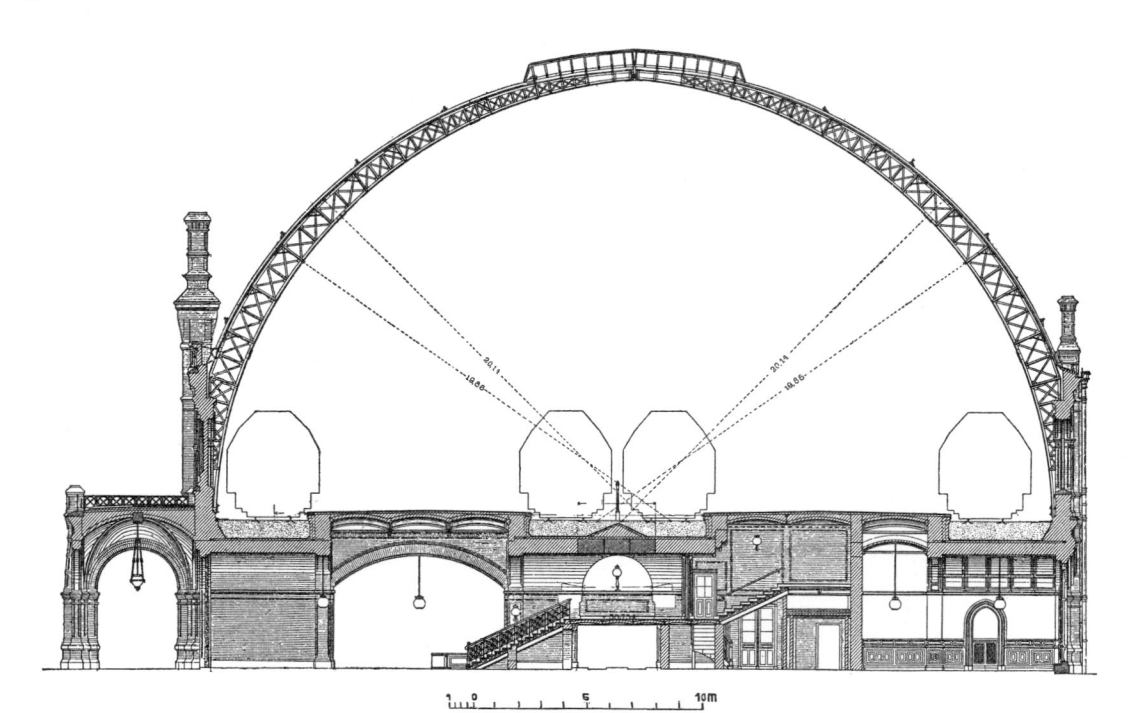

Abb. 301. Bahnhof Friedrichstraße, Querschnitt.

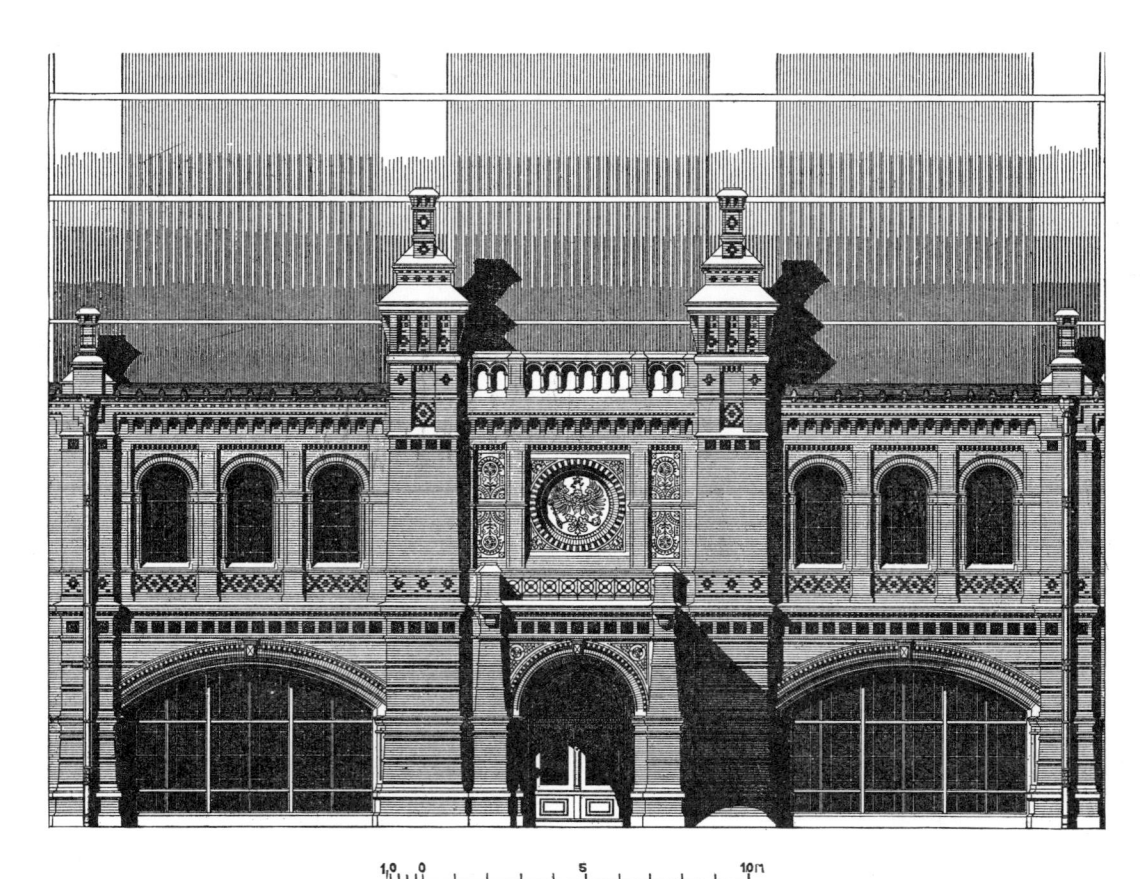

Abb. 302. Einzelheiten der Südansicht.

graphen- und Stationsräume (37 und 38) sowie der Postraum (2), ein Raum für Abfertigungsdienst (11) und der Polizeiraum (33). Endlich sind zu erwähnen zwei Wartezimmer für Kaiserliche und fürstliche Herrschaften (22 und 23) mit einem von der Unterfahrt (20) zugänglichen Vorraum (21) und einem gröfseren Raum für Gefolge (26). Aus dem Kaiserlichen Vorraum führt eine besondere Treppe (24) zu dem mittleren Podest der mittleren Ferntreppe (3).

Die Hallenüberdachung (Abb. 301) ist im System genau gleich derjenigen vom Alexanderplatz. Die äufsere Architektur des Bahnhofes, welche in rothem Backsteinbau gehalten ist, wird durch die Abb. 299 u. 302 veranschaulicht.

An der Grenze von Berlin und Charlottenburg wurde der Bahnhof Zoologischer Garten am 15. October 1884 auch für den Fernverkehr eröffnet. Die Ausstattung dieser Station ist sehr einfach. Die hydraulischen Gepäckaufzüge werden unmittelbar von dem unter niedrigem Druck stehenden Wasser der städtischen Leitung getrieben.

Der letzte Fernbahnhof Charlottenburg erhielt, weil er in einem vollständig unbebauten Theile des Weichbildes anzulegen war, eine sehr einfache Ausstattung. Ein gleichlaufend mit den Gleisen und nördlich vom Bahnkörper liegendes Empfangsgebäude aus Fachwerk enthält die nöthigen Räume für den Dienst und die Reisenden sowie die Dienstwohnung des Stationsvorstehers. Von dem Vorraum führt, ganz wie auf dem Schlesischen Bahnhof, ein Personentunnel zu den vier Bahnsteigen.

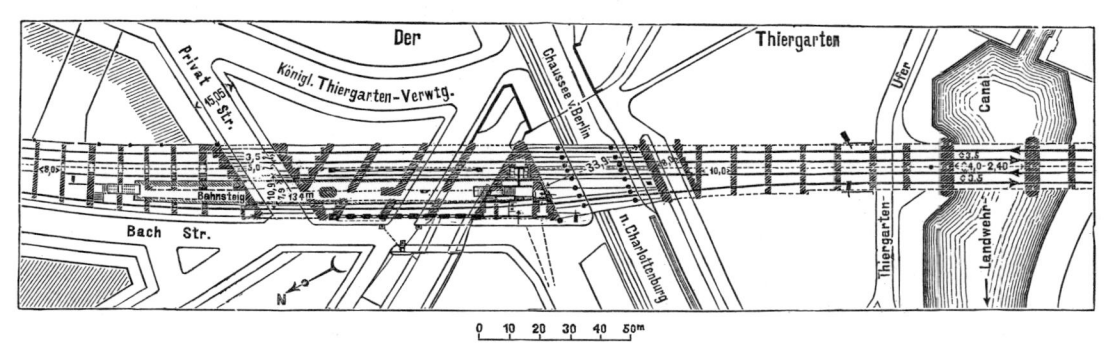

Abb. 303. Bahnhof Thiergarten, Lageplan.

Die Haltestellen für den Stadtverkehr wurden anfangs ziemlich grofsräumig angelegt. Namentlich erhielten sie ansehnliche Wartesäle unter dem Viaduct. Letztere wurden aber fast gar nicht benutzt, da die schnelle Folge der Stadtzüge nie Zeit zum langen Warten giebt. Die Wartesäle sind daher sämtlich nach und nach beseitigt und die Räume anderweitig nutzbar gemacht worden. Auf der im Jahre 1884 gebauten Haltestelle Thiergarten ist ein Wartesaal nicht hergestellt. Da beim Entwerfen dieser Station die ersten Betriebserfahrungen der Stadtbahn schon verwerthet werden konnten, theilen wir sie durch die Abb. 304—306 als Beispiel dieser Art von Haltestellen mit.

Das Erdgeschofs enthält den Vorraum mit Fahrkartenschalter, hinter letzterem einen kleinen Dienstraum und einen Raum für Stationsarbeiter und die Aborte. Die Station hat eine nur 48 m lange, an den Seiten geschlossene Bahnsteighalle erhalten. Neuerdings werden die Ringbahnstationen (und auch die im Bau begriffene Stadtbahnstation am Savignyplatz) mit seitlich offenen Bahnsteighallen versehen.

Ueber einzelne, bei allen Stadtbahnstationen wiederkehrende Bautheile konnten Erfahrungen gesammelt werden, deren Mittheilung vielleicht nicht ohne Interesse ist.

Die Bahnsteigtreppen bestehen theils aus Granit, theils aus Eisen mit Asphaltbelag, theils aus Eisen mit Hirnholzklötzen. Die Granittreppen haben bei dem aufserordentlichen Verkehr keine unbegrenzte Dauer. Sie sind schwer auszubessern und zu erneuern. Weit weniger dauerhaft, aber viel leichter im Belage zu erneuern sind die Eisen-Asphalttreppen. Als die zweckmäfsigsten haben sich die eisernen Treppen mit Hirnholzklötzen herausgestellt. Sie halten länger aus als die Asphalttreppen und sind nach Abnutzung

234   VII. Die Locomotiveisenbahnen.

noch leichter wieder herzustellen. Wir geben daher in Abb. 307 einen Schnitt durch eine solche Treppe. Die Klötze sind quadratisch, von unten durch kreuzförmige Sägeschnitte aufgeschlitzt und werden keilartig in die nach unten enger werdenden Zellen des gufseisernen Trittstufenrostes hineingetrieben.

Ein Stufenbelag von Linoleum, wie er in neuerer Zeit hier und da versucht ist, hält dem Stadtbahn-Treppen-Verkehr nicht Stand. Andere Beläge werden noch versucht, darunter der einfache Bohlenbelag, welcher den Vorzug der leichtesten Erneuerung hat.

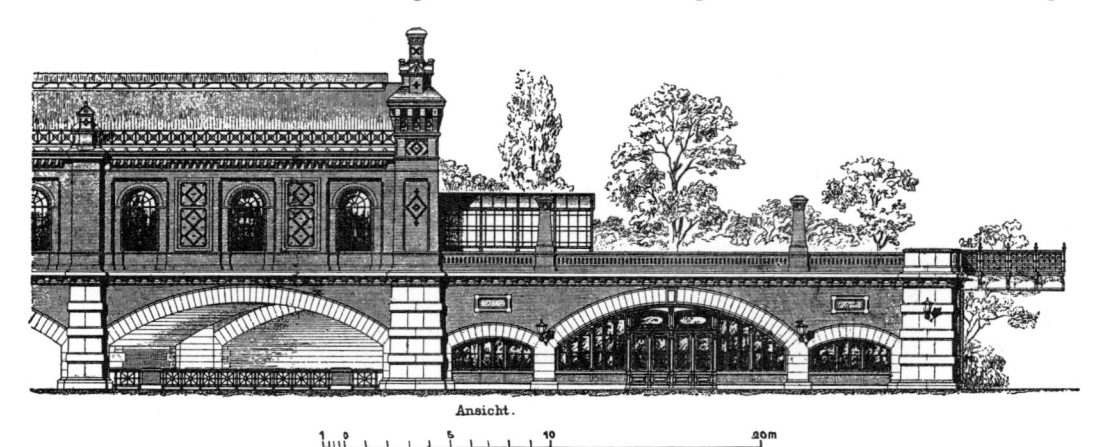

Abb. 304. Haltestelle Thiergarten.

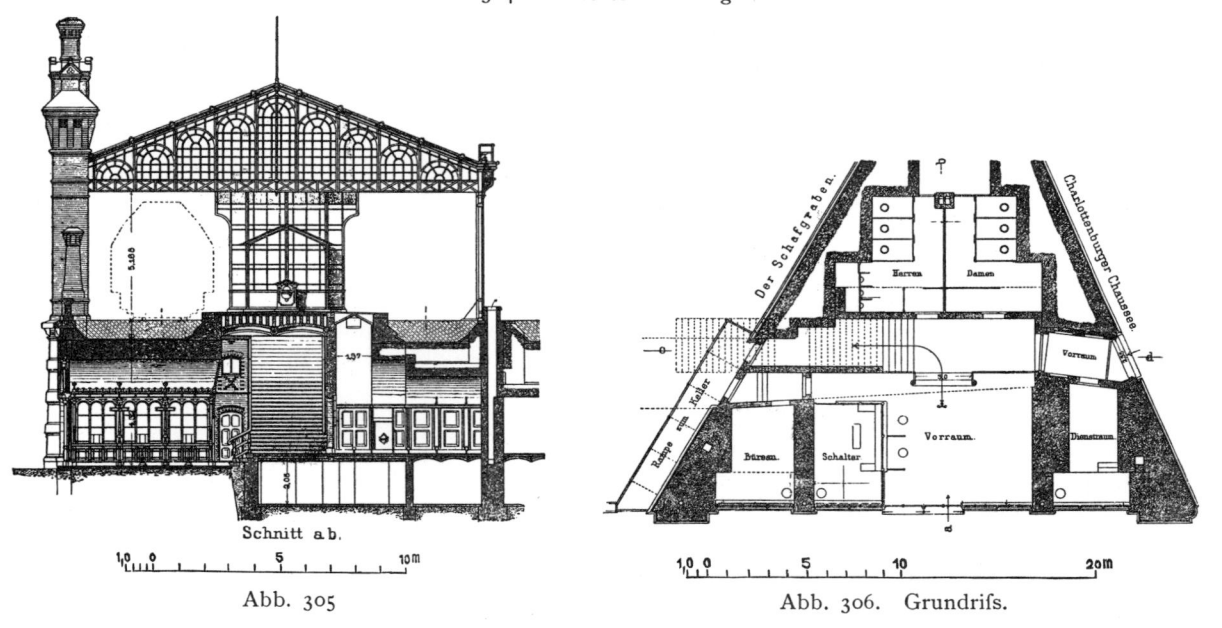

Abb. 305. Schnitt a b.

Abb. 306. Grundrifs.

Die Bahnsteige haben nach langen Erwägungen, Versuchen und Verhandlungen die normale Höhe von 0,21 m über Schienenoberkante erhalten. Um dennoch ein bequemes Einsteigen zu ermöglichen, wurde der Fufsboden der Stadtbahnwagen tief gelegt. Dies brachte den Nachtheil mit sich, dafs die Zugapparate nicht unter dem Fufsboden durchgehen können. Es dürfte sich daher für die Zukunft der 0,76 m hohe Bahnsteig der Wannseebahn mehr empfehlen, welcher die Anwendung normaler Wagen gestattet. Der Uebergang dazu ist aber schwierig.

Die Hallendächer der Bahnhöfe sind mit Ausnahme von Charlottenburg mit verzinktem Wellblech überdeckt. Dasselbe wird von den Locomotivdämpfen sehr stark angegriffen. Es mufste an den besonders ausgesetzten Stellen nach 7—8 Jahren erneuert

VII. Die Locomotiveisenbahnen.   235

werden. Alljährlich sind seitdem solche Wellblecherneuerungen in gröfserem Umfange nothwendig. Eine Bedachung aus hölzerner Schalung mit Dachpappe darauf würde vorzuziehen sein. Die Gleise der Stadtbahn erhielten Langschwellenoberbau System Haarmann, welcher jedoch, als er abgängig wurde, durch Holzquerschwellenoberbau ersetzt worden ist.

Die Bauausführung der Stadtbahn begann im Herbst 1875. Doch konnte wegen der vielfachen zu erledigenden Verhandlungen der Bau in den Jahren 1876 und 1877

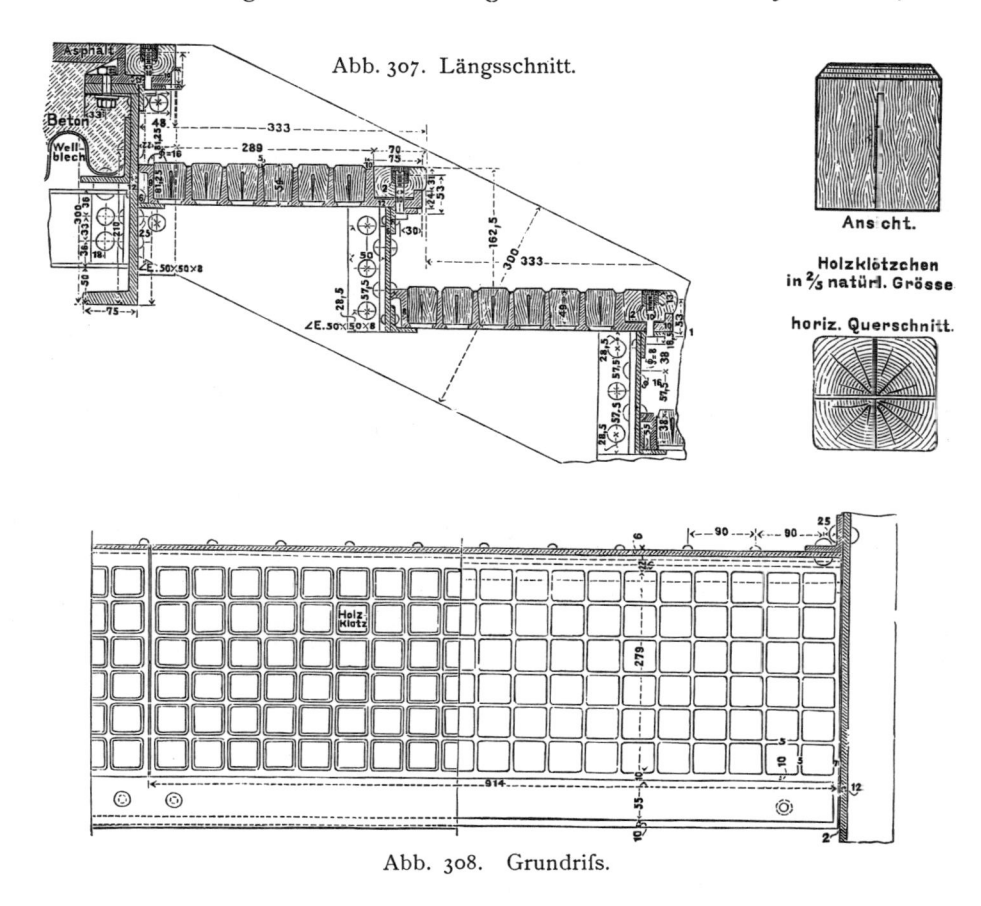

Abb. 307. Längsschnitt.

Ansicht.

Holzklötzchen in ⅔ natürl. Grösse.

horiz. Querschnitt.

Abb. 308. Grundrifs.

nur sehr langsam fortschreiten. Erst 1878 begann die lebhaftere Bauthätigkeit. Am 7. Februar 1882 wurde der Betrieb auf den Stadtgleisen, am 15. Mai desselben Jahres auf den Ferngleisen eröffnet. An der Spitze der bauleitenden Behörde stand als der Schöpfer des Werkes der jetzige Oberbaurath Dircksen.

Die weitere Entwicklung der Stadtbahn.

Das Beste für die Ausnutzung der Viaducträume sowohl als für die Erscheinung des Viaducts im Stadtbilde würde es sein, wenn durchweg an der einen Seite der Bahn eine Strafse, an der andern ein mindestens 6 m breiter, im Eigenthum der Eisenbahnverwaltung befindlicher Streifen sich entlang zöge. Letzteres wegen des Fensterrechts für die Viaducträume. Diese Anordnung hat nicht durchweg, jedoch auf grofsen Strecken hergestellt werden können. Der gröfste, zusammenhängende Parallelstrafsenzug entstand auf der Königsgrabenstrecke, von der Stralauer Brücke bis zur Neuen Promenade. Zwischen dem Kupfergraben und der Neustädtischen Kirchstrafse wurde der Stadtbahnviaduct neben die bestehende Georgenstrafse gelegt. Von Alt-Moabit bis zur Spree gegenüber Bellevue begleitet die Lüneburger Strafse den Viaduct, weiterhin auf einer kurzen Strecke die

30*

Flensburger Strafse und dann von der Cuxhafener Strafse bis zur Station Thiergarten die Bachstrafse. An den Bahnhof Zoologischer Garten legt sich die Strafse 20 (Joachimsthaler Strafse) an.

Der Ausbau der Viacträume ist den Miethern derselben überlassen worden. Wie es bisweilen gelungen ist, die Architektur der Abschlufswände den nicht gerade günstigen, durch die Viaductbögen gegebenen Umrahmungen anzupassen, zeigt Abb. 309.

Abb. 309. Viaduct am Bahnhof Friedrichstrafse.

Sie stellt einen der ältesten Einbaue, den des „Franziskaner" an der Georgenstrafse, dar. Bei weitem nicht alle Bogenabschlüsse erscheinen so erfreulich.

Die Verwerthung der Viacträume hat sich ziemlich günstig gestaltet. Die Zahl der Stadtbahnbogenräume (aufserhalb der Bahnhöfe) beträgt im ganzen 597. Davon sind 120 theils dauernd, theils zeitweilig nicht vermiethbar. Von den übrigen sind thatsächlich vermiethet 369, also noch unvermiethet 108.

Die Erträge gehen aus der folgenden Tabelle hervor,[1]) deren Angaben sich auf den Zustand im November 1895 beziehen.

Strecke	Zahl der vermietheten		Jährlicher Miethsertrag aus den Viaduct- und Bahnhofsräumen zusammen ℳ.
	Viacträume	Bahnhofsräume	
Fruchtstrafse — Jannowitzbrücke . .	22	50	49 180
Jannowitzbrücke — Kupfergraben . .	96	49	276 155
Kupfergraben — Alexanderufer . . .	87	4	160 566
Alexanderufer — Fasanenstrafse . .	152	43	113 692
Fasanenstrafse — Savignyplatz . . .	12	—	4 750
zusammen	369	146	604 343

Der Personenverkehr auf der Stadt- und Ringbahn hat sich stetig gehoben und namentlich seit der am 1. Januar 1890 für die Stadtbahn und am 1. October 1891

---

[1]) Den Vergleich mit früheren Jahren giebt die Tabelle auf S. 55 des Archiv für Eisenbahnwesen, Jahrg. 1893.

VII. Die Locomotiveisenbahnen.

auch für den Ring- und Stadtringverkehr erfolgten Einführung des jetzt geltenden, billigen Tarifs eine für den Betrieb oft schwer zu bewältigende Höhe angenommen. Der Tarif ist zweistufig. Er beträgt für eine Strecke von fünf Stationen 15 ₰. für die II. Klasse und 10 ₰. für die III. Klasse, darüber hinaus im ganzen Bereich der Stadtringbahn 30 und 20 ₰.

Der Umfang des Verkehrs geht aus unseren Tabellen auf S. 204 u. 205 hervor.

Zahl der Züge.

Im Sommerfahrplan 1895 verkehrten

a) auf den **Ferngleisen** in jeder Richtung wochentäglich 95 regelmäfsige Züge,
hierzu sonntäglich bis . . . . 15 Sonderzüge

zusammen 110 Züge,

b) auf den **Stadtgleisen**, zwischen Schlesischem Bahnhof und Charlottenburg in jeder Richtung wochentäglich . . . . 219 regelmäfsige Züge,

5 Sonderzüge

zusammen 224 Züge,

dazu sonntäglich noch . . . . 45 Sonderzüge,

also sonntäglich zusammen 269 Züge.

Von den wochentäglich regelmäfsig die Stadtgleise in westlicher Richtung befahrenden Zügen

endigten in Charlottenburg . . . . 35 Züge
„ „ Westend . . . . 65 „
„ „ Grunewald . . . . 16 „
„ „ Halensee . . . . 1 „
gingen auf den Nordring über . . . . 53 „
„ „ „ Südring über . . . . 49 „

zusammen 219 Züge.

Desgleichen in östlicher Richtung

endigten auf dem Schlesischen Bahnhof . . . . . . 57 Züge
„ in Stralau-Rummelsburg . . . . 37 „
gingen weiter nach Johannisthal (Görlitzer Vorortstrecke) . 28 „
„ auf den Nordring über . . . . 54 „
„ „ „ Südring über . . . . 43 „

zusammen 219 Züge.

Zur Bewältigung des Verkehrs nach und von der Berliner Gewerbeausstellung 1896 bei Treptow sind folgende Zugvermehrungen auf der Stadt- und Ringbahn in Aussicht genommen.

Es werden über die gewöhnliche Zugzahl hinaus täglich verkehren (als Maximalleistung):

über die Stadtbahn nach dem Ausstellungsbahnhofe . . . . . . 32 Züge
von Westend über den Nordring nach Treptow und weiter über den
Südring nach dem Potsdamer Ringbahnhof . . . . 34 „
vom Potsdamer Ringbahnhof über den Südring nach Treptow . . . 124 „
vom Görlitzer Bahnhof nach dem Ausstellungsbahnhofe . . . . . 87 „

Dieselbe Anzahl von Zügen fährt in den entgegengesetzten Richtungen.

Als die Grenze der Verkehrsleistung der Stadt- und Ringbahn ist einstweilen der sogen. Dreiminutenverkehr ins Auge gefafst. Dabei werden aber nicht 20, sondern 18 Züge auf die Stunde gerechnet, weil erfahrungsmäfsig kleine Unregelmäfsigkeiten nie zu vermeiden sind. Zur Ausgleichung derselben ist ein Spielraum nöthig.

Die Dreiminutenzugfolge läfst sich nur durch ein sehr engmaschiges Netz von **Blocksignalen** ermöglichen. Bei der Eröffnung im Jahre 1882 war die Stadtbahn als einfacher, von Endbahnhof zu Endbahnhof reichender Blockkreis eingerichtet. Jede Zwischenhaltestelle bildete eine Blockstation, welche derartig aufgelöst war, dafs nach jeder Richtung das Ausfahrtsignal unter Block lag. Aufserdem hatte jede Station für jede Richtung noch ein Einfahrtsignal, welches aber unabhängig von der elektrischen Blockirung und nur mechanisch in derartige Abhängigkeit vom Ausfahrtsignal gebracht war, dafs beide Signale nie gleichzeitig „freie Fahrt" zeigen konnten. Um also einem Zuge Ausfahrt aus einer Station A geben zu können, mufste sein Vorgänger die vorliegende Station B verlassen haben; es mufste hinter ihm das Ausfahrtsignal in B eingeschlagen und blockirt sein, wodurch dann gleichzeitig das Ausfahrtblockfeld in A frei wurde. Die Einfahrtsignale erscheinen bei diesem System überflüssig. Sie dienten nur zur Sicherung der in den Stationen haltenden Züge gegen Versehen der Stations- oder Zugbeamten, welche ein zu frühes Ablassen eines folgenden Zuges herbeiführen könnten. Da die Fahrt von Station zu Station durchschnittlich drei Minuten dauert, für das Anfahren und die Signalgebung aber noch aufserdem Zeit erforderlich ist, so genügte die beschriebene Signaleinrichtung nicht für eine thatsächliche Dreiminutenzugfolge. Sogar nachdem die längeren Stationsstrecken durch etwa in ihrer Mitte hergestellte Zwischenblockstationen getheilt waren, gelang ein im Sommer 1892 gemachter Versuch, 16 Züge in der Stunde zu befördern, nicht. Es ergab sich, dafs die Blocksignale nur $1\frac{1}{2}$ Minuten von einander entfernt sein dürfen, und da die Fahrzeit vom Einfahrtsignal bis zum Ausfahrtsignal einschliefslich der Haltezeit $1\frac{1}{2}$ Minuten beträgt, entschlofs man sich, die Einfahrtsignale als Blocksignale einzurichten. Danach kann, während ein Zug in einer Station steht, der folgende schon bis an das Einfahrtsignal vorrücken. Wenn die Fahrzeit von einem Ausfahrtsignal bis zum Einfahrtsignal der nächsten Station mehr als $1\frac{1}{2}$ bis höchstens $1\frac{3}{4}$ Minuten beträgt, mufs die Strecke aufserdem noch durch eine Blockstation getheilt werden. Diese Aenderung der Signaleinrichtungen ist am 1. April 1896 beendet worden.

E. Die Ringbahn.[1]

Bereits 1851 ergab sich die Nothwendigkeit, die verschiedenen Bahnhöfe Berlins durch eine Locomotivbahn zu verbinden. Der Bau der Bahn in Geländehöhe kam zustande. Sie nahm ihren Ausgang vom Stettiner Bahnhofe, verfolgte die Invalidenstrafse, kreuzte die Spree an der Stelle der jetzigen Moltkebrücke und folgte der Sommer-, Königgrätzer, Gitschiner, Skalitzer und Eisenbahnstrafse, ging mittels Drehbrücke über die Spree und endete im Güterbahnhofe der Niederschlesisch-Märkischen Bahn. Anschlüsse waren hergestellt am Hamburger, Potsdamer, Anhalter und Görlitzer Bahnhof. Die Bahn wurde nur mit Güterzügen befahren und es erfolgte lediglich eine Uebergabe von Bahn zu Bahn. Der ganze Bau kostete 225 000 ℳ. Indessen wurde die Führung der Güterzüge in Strafsenhöhe von Jahr zu Jahr für den Verkehr lästiger und zeitigte von der Mitte der 1860er Jahre ab derartige Unzuträglichkeiten, dafs man sich entschliefsen mufste, eine neue, weit aufserhalb der damaligen Stadt liegende Ringbahn zu erbauen, bei welcher alle Schienenübergänge von vornherein vermieden wurden. Die von Moabit ausgehende Bahn geht nach Osten über den Wedding, Gesundbrunnen, Weifsensee nach Rummelsburg, überschreitet hier die Spree, berührt ferner Treptow, Rixdorf, Tempelhof und endet bei Schöneberg an der Potsdamer Bahn. Sie wurde als zweigleisige Vollbahn durchgeführt. Gelände-Schwierigkeiten waren nicht zu überwinden, bebaute Stadttheile wurden im allgemeinen vermieden. Die Bahn hatte zunächst sieben Bahnhöfe: Moabit, Gesundbrunnen, Friedrichsberg, Stralau, Rixdorf, Tempelhof und Schöneberg, sowie zwei Haltestellen: Wedding und Treptow. Eingleisige Güteranschlüsse erhielten die Hamburger, Lehrter, Stettiner, Ost-, Schlesische, Görlitzer, Anhalter und Potsdamer Bahn. Die Eröffnung der gesamten Strecke, welche anfänglich nur dem Güterverkehre diente, erfolgte

---

[1] Bearbeitet vom Eisenbahn-Bau- und Betriebsinspector Klinke und vom Regierungs-Baumeister Neff.

VII. Die Locomotiveisenbahnen. 239

am 17. Juli 1871. Indessen wurde doch sehr bald der Personenverkehr eingerichtet. Die Züge gingen vom Lehrter Bahnhofe über Moabit und von dort über den Wedding, den Osten und Süden Berlins nach Schöneberg, setzten dort um, um auf den Gleisen der Potsdamer Bahn in deren Bahnhof zu gelangen, in umgekehrter Richtung legten sie den gleichen Weg zurück. Anfänglich war der Verkehr nur sehr gering. Bei der bedeutenden Entwicklung Berlins seit der Betriebseröffnung dieser Bahn kann es kein Wunder nehmen, wenn unablässig an ihr gebaut und erweitert worden ist. Im Laufe der 1870er Jahre wurde der Ring durch den Bau der Strecke von Schöneberg über Wilmersdorf, Halensee, Westend bis Moabit geschlossen. An Anschlüssen kamen hinzu: Dresdener Bahnhof, Westend-Lehrter Bahn, Nordbahnhof und die Anschlüsse an die Rangirbahnhöfe in Tempelhof, Rummelsburg, Lichtenberg und Grunewald. Vom gröfsten Einflusse auf die weitere Entwicklung der Ringbahn war der Bau der Stadtbahn, der zu neuen bedeutsamen Erweiterungen und Umbauten seit dem Jahre 1880 führte, trotzdem die Bahn als Vollbahn durchweg zweigleisig ausgebaut worden war und Anschlüsse an alle Fernbahnhöfe hatte. Die Annahme, dem Verkehrsbedürfnisse auf absehbare Zeiten genügt zu haben, erwies sich als trügerisch.

1. Erweiterungsbauten auf dem Nordring.

Bald nach der Betriebseröffnung der Stadtbahn und der damit verbundenen Vermehrung der Ringzüge zeigte es sich, dafs die zwei Gleise des Nordrings nicht mehr ausreichten, um den Personen- und Güterverkehr zu bewältigen. Es verkehrten damals auf dem Nordringe in jeder Richtung 20 Personenzüge und 39 Güterzüge, also stündlich bis zu sechs Zügen. Der Uebergang der Personenzüge auf die Stadtbahn machte die peinlichste Innehaltung des Fahrplans nothwendig. Die Güterzüge mufsten aber infolge der Unzulänglichkeit der Nebengleise auf den Bahnhöfen vielfach Rangirbewegungen auf den Hauptgleisen ausführen. Der regelmäfsige Lauf der Züge konnte nicht eingehalten werden und die Betriebssicherheit war gefährdet. Eine Erweiterung der bestehenden Bahnhöfe würde den Uebelständen nur theilweise abgeholfen haben, man entschlofs sich deshalb für beide Verkehrsarten besondere Gleise auf der ganzen Strecke zu erbauen. Bereits während des Baues der Stadtbahn waren auf dem östlichen Theile des Nordrings wegen des Anschlusses des Personenverkehrs an die Stadtbahn besondere Personengleise von Stralau-Rummelsburg bis zur Landsberger Allee zur Ausführung gekommen, während die vorhandenen Gleise ausschliefslich für den Güterverkehr in Benutzung genommen wurden und Anschlufs an die Bahnhöfe Centralviehhof, Lichtenberg-Friedrichsfelde und Rangirbahnhof Rummelsburg erhielten. 1887 begann die Bauthätigkeit für die Weiterführung der Personengleise von Landsberger Allee bis Wedding. Vier Jahre später, noch vor Vollendung dieser Strecke wurde der viergleisige Ausbau des Ringes zwischen Wedding und Westend in Angriff genommen. Der Umbau des Bahnhofs Westend, mit welchem im Jahre 1894 vorgegangen wurde, bildet den Schlufs der Erweiterungsbauten auf dem Nordringe. Die Ausführung der Bauten bei ununterbrochenem Eisenbahnbetrieb und inmitten belebter Stadtviertel bedingte ein schrittweises Vorgehen. Die Vollendung sämtlicher baulichen Anlagen wird erst im laufenden Jahre (1896) erfolgen, hat also einen Zeitraum von ungefähr neun Jahren beansprucht. Die umfangreichen und durchgreifenden Umbauten haben erhebliche Mittel erfordert. Es sind bewilligt worden:

für die Anlage des dritten und vierten Gleises zwischen Landsberger Allee und Wedding . . . . 3 500 000 ℳ
desgl. zwischen Wedding und Westend . . . . 3 900 000 „
für den Umbau des Bahnhofes Westend . . . . 1 150 000 „
zusammen 8 550 000 ℳ

Die für die Ausführung mafsgebenden Grundsätze sollen nachstehend kurz wiedergegeben werden.

240   VII. Die Locomotiveisenbahnen.

a) Der Bau des Bahnkörpers.

Wie schon eingangs erwähnt, waren bei der ersten Anlage der Ringbahn bereits alle Schienenübergänge vermieden worden, die neuen Personengleise konnten daher überall unter Verbreiterung der bestehenden Bauwerke in gleicher Höhenlage neben den bestehenden, dem Güterverkehr verbleibenden Gleisen angelegt werden. Jedoch war es nicht möglich, die Personengleise durchweg auf derselben Seite der Gütergleise zu belassen. Aus der

Abb. 310. Gruppenpfeiler VII.    Abb. 311. Gruppenpfeiler VIII.    Abb. 312. Endwiderlager.

Futtermauer an der Hochstrafse zwischen Wiesenstrafse und Ringbahn.

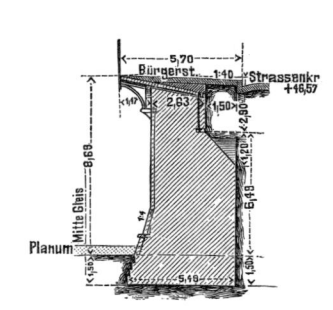

Abb. 313. Schnitt durch den Gruppenpfeiler VII. 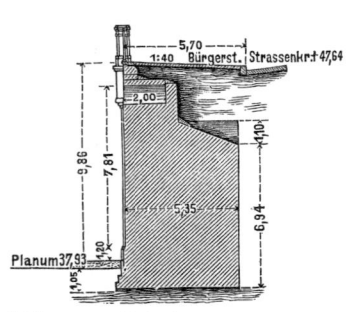   Abb. 314. Schnitt durch einen Mittelpfeiler. 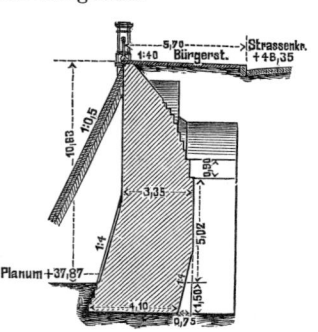   Abb. 315. Schnitt durch das Endwiderlager.

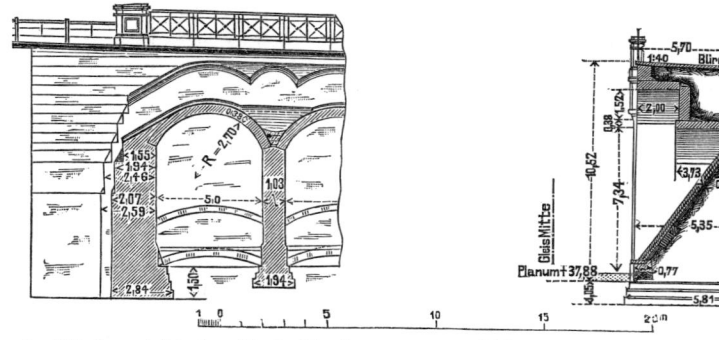

Abb. 316. Rückansicht des Endwiderlagers.   Abb. 317. Schnitt durch ein Gewölbe.

Stadtbahn bei Stralau-Rummelsburg entspringend, legen sie sich im Osten zunächst an die Innenseite (Stadtseite) des Ringes und ermöglichen dadurch einen bequemen Anschlufs der Gütergleise an die Rangirbahnhöfe Rummelsburg und Lichtenberg-Friedrichsfelde, aber bereits am Centralviehhof gehen sie über die Gütergleise hinweg auf die Aufsenseite des Ringes und verbleiben hier bis zum Bahnhof Westend. Diese Schwenkung bezweckt, Kreuzungen mit den stadtseitig zwischen Centralviehhof und Westend bestehenden Gleis-

VII. Die Locomotiveisenbahnen.

anschlüssen zu vermeiden. Jeder der Güterbahnhöfe Weifsensee-Gesundbrunnen und Wedding besafs solche Anschlüsse. Die wichtigsten derselben waren die der Berliner Städtischen Gasanstalt bei Weifsensee, der Güterbahnhöfe der Nordbahn, Hamburger Bahn, Lehrter Bahn, ferner der Anschlufs der Lagerhofgesellschaft (früherer Viehhof) und des Kohlenbahnhofes Wedding. Im Bahnhof Westend mufsten die Gütergleise mittels Unterführung wieder nach aufsen geleitet werden, um sich zum Anschlufs an die Hamburger und Lehrter Linie nach Spandau, sowie nach Grunewald und Halensee verzweigen zu können. Der Bahnkörper für das zweite Gleispaar ist zum gröfsten Theil in Erde hergestellt worden. Futtermauern und Stützmauern wurden im allgemeinen nur da zur Anwendung gebracht, wo sonst Gebäude hätten erworben werden müssen. Selbst an den zu den Vororten hinausführenden breiten belebten Strafsen stellte sich heraus, dafs die Anlage von Futtermauern weniger vortheilhaft war, als der Ankauf entsprechend ausgedehnter unbebauter Landflächen. Immerhin mufsten einige Strecken mit Futter- und Stützmauern ausgestattet werden. Bei Einschnittstiefen von 5 bis 11 m, wo die verfügbaren Geländeflächen nicht allzuknapp bemessen waren, wurde wiederholt eine gegliederte Futtermauer ausgeführt, wie sie in Abb. 310—317 zur Darstellung gebracht ist. Die Kosten dieser Mauer blieben um etwa 15 vom Hundert unter denen gleichzeitig hergestellter Vollmauern. Besonders vortheilhaft erschien die Bauweise da, wo es galt, eine hohe Wand hart an der Nachbargrenze ohne Nachtheil für das angrenzende Gelände aufzuführen. An der Schönhauser Allee wurde in lehmiger Erde eine solche Futtermauer hergestellt, deren Fundamentsohle 9 m unter Gelände lag, während ihre Vorderkante wenig über 4 m von einem vierstöckigen Wohngebäude entfernt war. Die durchfallenden Böschungen sind mit hartgebrannten Ziegeln in Mörtel gepflastert und zwar derart, dafs die Pflasterung eine Wölbung nach oben zeigt, sodafs sie, auf ausgekragte Widerlager gestützt, bei Bodensenkungen nicht folgen können und die von oben nachrutschende Erde die entstehenden Hohlräume nachfüllt. Diese Bauweise hat sich bewährt.

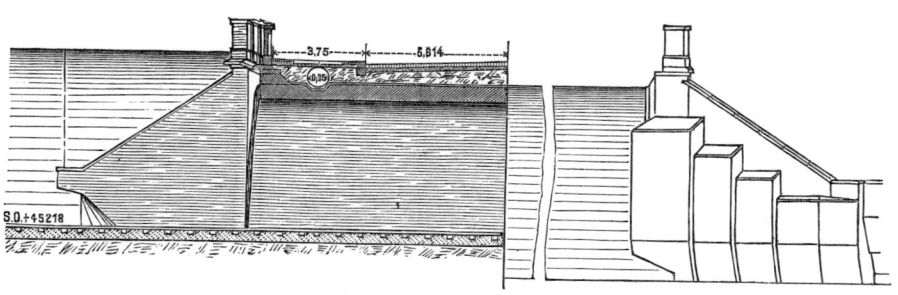

Abb. 318. Ueberführung der Pappelallee, Querschnitt.

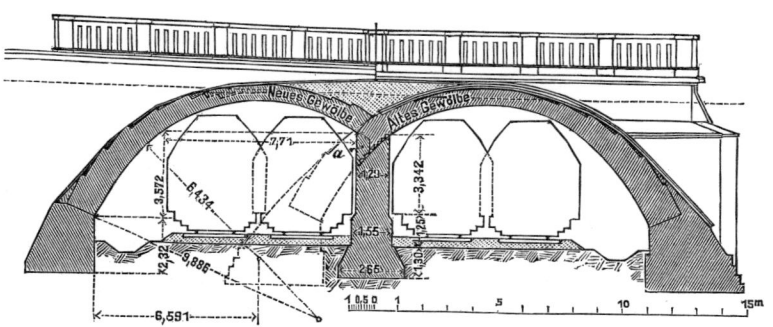

Abb. 319. Längsschnitt.

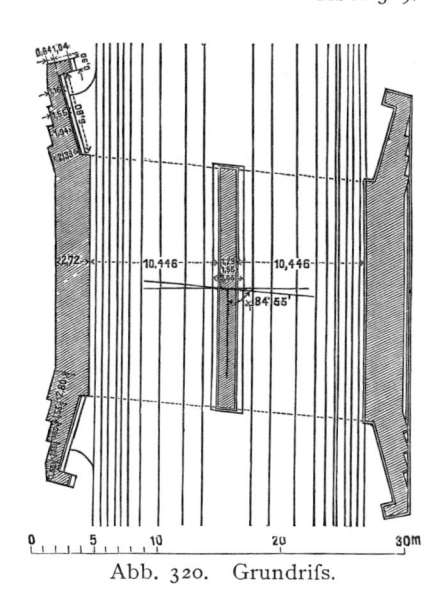

Abb. 320. Grundrifs.

242   VII. Die Locomotiveisenbahnen.

An bebauten Strafsen, wie am Bahnhofe Wedding, ist mit Vortheil an Stelle von Stützmauern ein vollständiger Viaduct hergestellt worden. Die Viacuträume wurden durch 38 cm starke Erdkappen gegen den angrenzenden Bahndamm abgeschlossen. Solche Kappen zeigten sich bei 6 m Spannweite dem Erddrucke vollkommen gewachsen.

Die Strafsenunter- und Ueberführungen für die neuen Gleise bilden im allgemeinen nur Erweiterungen vorhandener Bauwerke. Hinsichtlich ihrer Gestaltung war wenig Spiel-

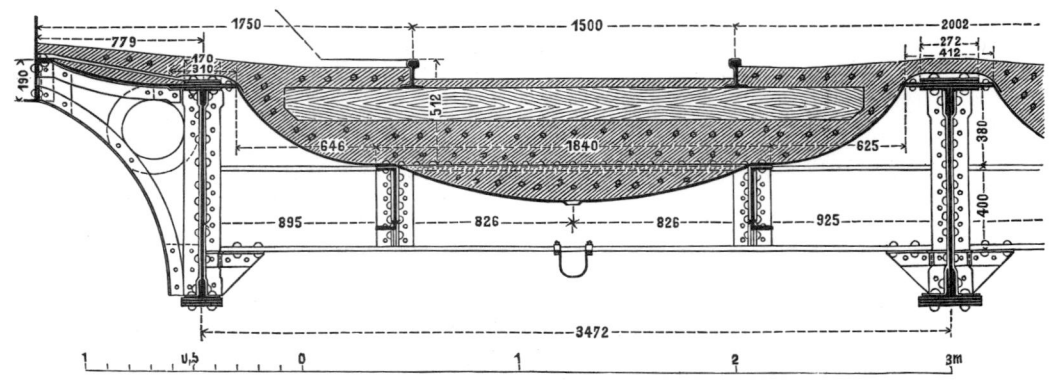

Abb. 321. Unterführung der Tegeler Strafse, Querschnitt der Fahrbahntafel.

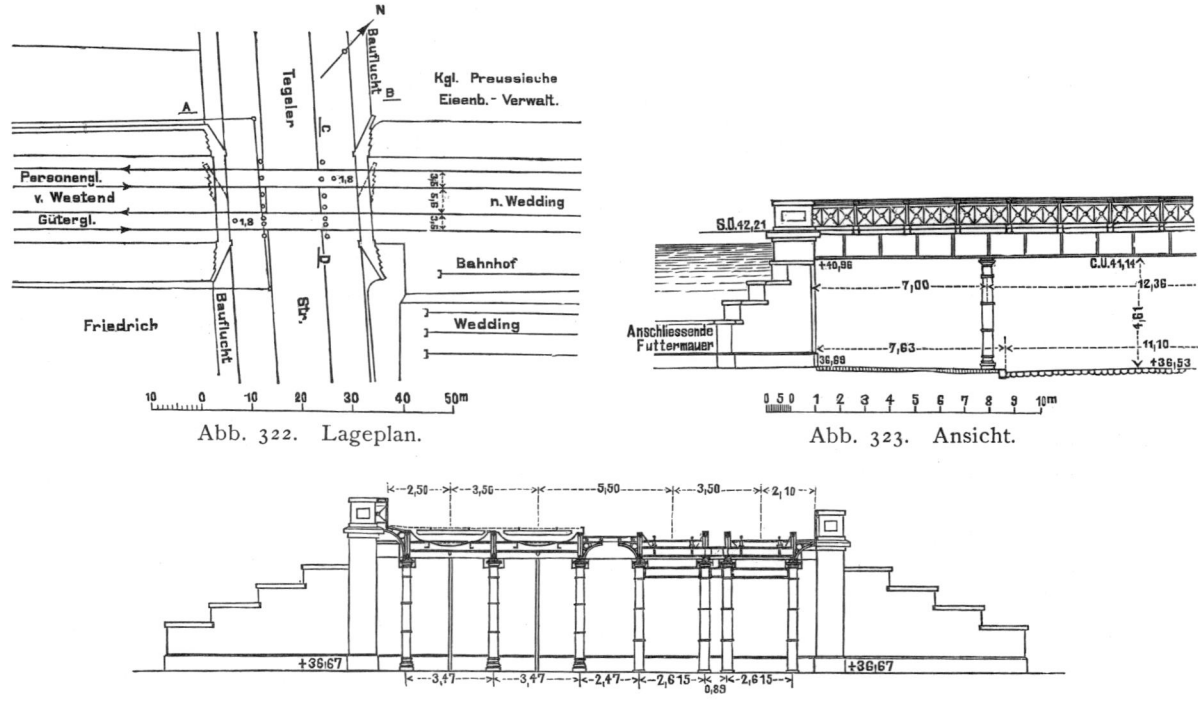

Abb. 322. Lageplan.

Abb. 323. Ansicht.

Abb. 324. Querschnitt.

raum gelassen. Nur wo eine Verbreiterung der Wege nothwendig, oder eine Verschiebung der bestehenden Gleise geboten erschien, griff man zu einer Umgestaltung der Bauwerke.

Die in der Minderzahl vorhandenen, ganz in Stein hergestellten Bauwerke zeigten sich für Erweiterungen am wenigsten geeignet.

In den Abb. 318—320 ist die Ueberführung der Pappelallee dargestellt. Die bei der Erweiterung hinzugefügten Bautheile sind durch Schraffur kenntlich gemacht, das beseitigte frühere linke Widerlager ist punktirt dargestellt. Der Umbau begann damit, dafs der Mittelpfeiler aufgeführt und mit Hülfe einer in das Gewölbemauerwerk ein-

VII. Die Locomotiveisenbahnen. 243

gearbeiteten Abtreppung in Verband gebracht wurde. Alsdann wurde das vorhandene Gewölbe gehörig entlastet und der neue Bogen gespannt. Die Form des eingemeifselten Widerlagers für das neue Gewölbe ist in Abb. 319 wiedergegeben. Nach dem Ausrüsten des fertigen Gewölbes wurde der Theil a (Abb. 319) des alten Gewölbes stückweise entfernt und durch Mauerwerk mit wagerechten Lagerfugen ersetzt. Der Verkehr in der überführten Strafse durfte nicht unterbrochen werden, daher mufste der Bau zunächst an der einen, dann an der andern Hälfte der Brücke durchgeführt werden. Hierdurch entstand die Schwierigkeit, den halben Strafsenkörper seitlich zu stützen. Zur Erleichterung wurde die Baugrube für den neuen Brückentheil bis Kämpferhöhe von vornherein in der vollen Breite der Brücke ausgeschachtet und mit einer hölzernen Hülfsbrücke überspannt.

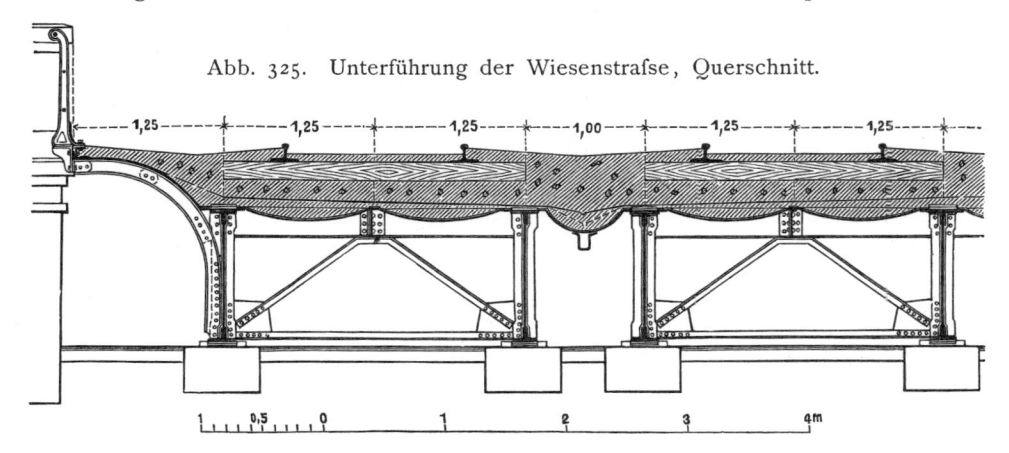

Abb. 325. Unterführung der Wiesenstrafse, Querschnitt.

Bei den Bauwerken mit eisernem Ueberbau war die Ausführung der Erweiterungen wesentlich einfacher, als bei den gewölbten Bauwerken. Auch war es möglich, ohne merkliche Aenderung der äufseren Formen, Verbesserungen in der Bauweise einzuführen.

Die bei den alten Bauwerken vorhandenen offenen Ueberbauten mit unmittelbar auf den Trägern liegenden Schienen wurden überall vermieden. Regelmäfsig bilden Buckelplatten auf einem Trägerroste eine wasserdichte Tafel, welche die Kiesbettung trägt. Bei Strafsenunterführungen wurde auf diese Weise Wasserdichtigkeit und möglichste Schalldämpfung erzielt und

Abb. 326. Eisenbahnüberführung bei Westend.

damit einer polizeilichen Vorschrift Genüge geleistet. Aber auch selbst da, wo diese Eigenschaften nicht gefordert wurden, hat man die Durchführung der Kiesbettung trotz der höheren Kosten bevorzugt, weil sie die Erschütterungen der Brücke mit ihrer zerstörenden Wirkung mildert, sowie das Verlegen und die Unterhaltung des Oberbaues erleichtert.

Hinsichtlich der Lage der Fahrbahntafel zu den Trägern, insbesondere den Hauptträgern, wurde der Grundsatz durchgeführt, die Träger mit der Kiesbettung nicht in Berührung zu bringen und soweit wie irgend möglich leicht zugänglich zu machen. Bei beschränkter Bauhöhe wurde infolge dessen häufig die in Abb. 321 wiedergegebene Querschnittanordnung angewandt, wie bei der Unterführung der Tegeler Strafse, die in den Abb. 321—324 dargestellt ist. Die obere Fläche der Trägergurte ist mit einer elastisch

31*

bleibenden Mischung aus Asphalt und Sand verhüllt und darüber noch mit Asphaltfilzplatten wasserdicht bedeckt. Die obere Fläche der durchweg verzinkten Buckelplatten und Tonnenbleche ist nur mit einem Anstrich mit Asphaltlack (Dachlack) geschützt.

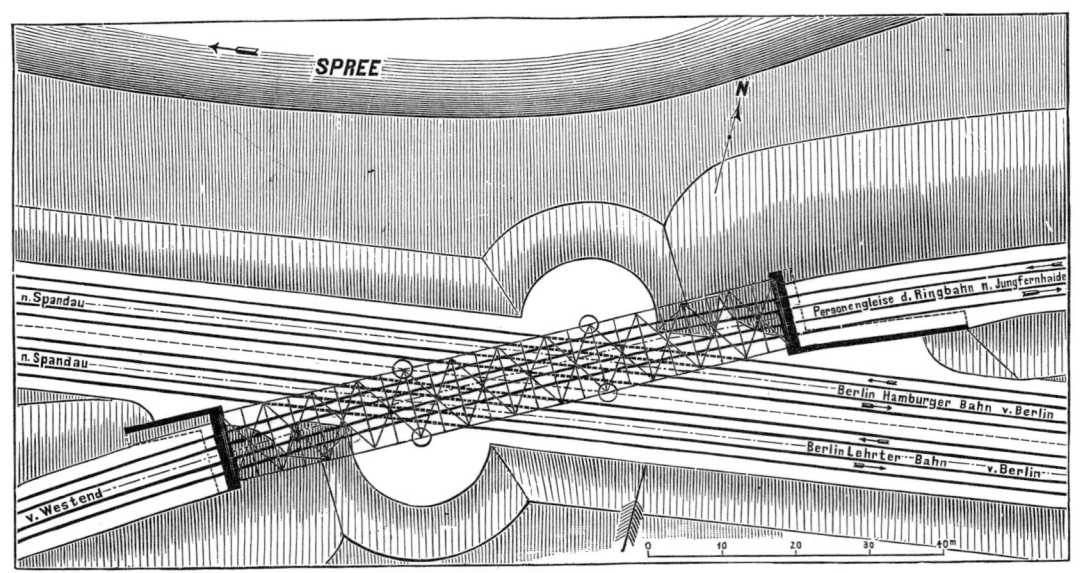

Abb. 327. Unterführung der Berlin-Lehrter und Berlin-Hamburger Bahn, Lageplan.

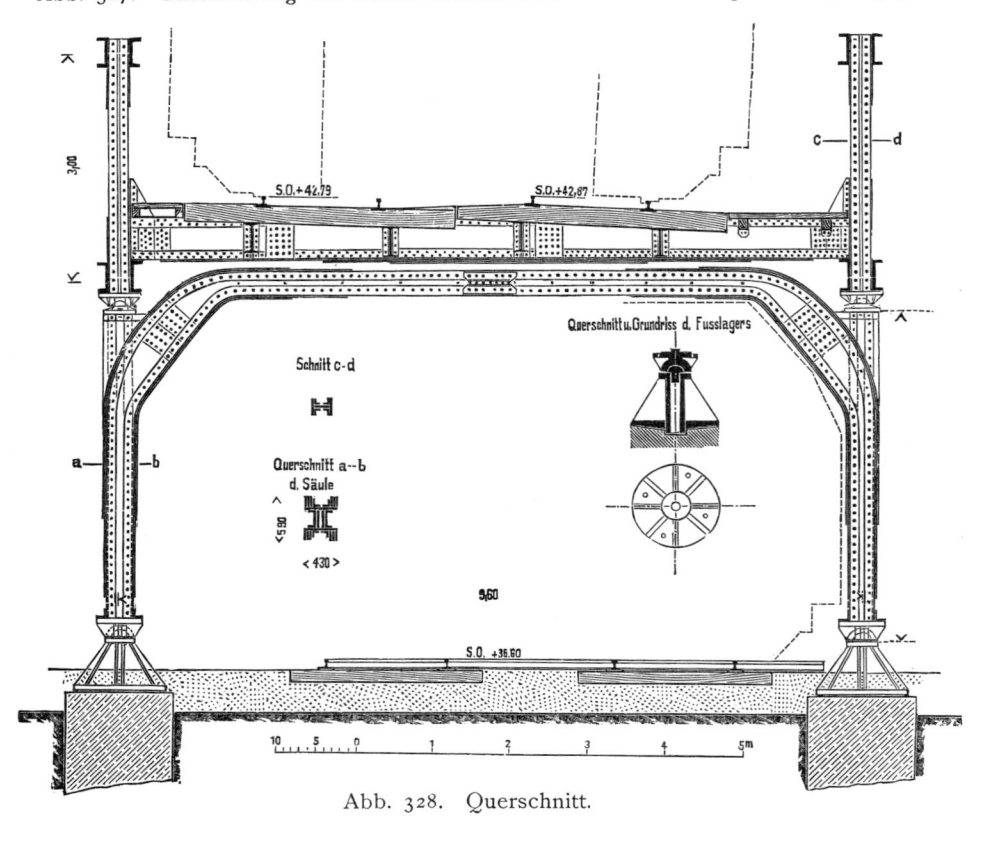

Abb. 328. Querschnitt.

Das aus den Löchern der Buckelplatten abtropfende Wasser wird meist durch ein untergehängtes Rinnennetz abgeführt. Es ist auch an einigen Bauwerken die ganze Brückentafel mit einer einzigen wasserdichten Haut aus Asphaltfilzplatten überzogen worden. In

VII. Die Locomotiveisenbahnen.   245

solchen Fällen wurde auf die Buckelplattentafel zunächst eine Lage Kies-Cement-Beton (1:7) aufgebracht, in dieser Masse wurden Rinnen mit Gefälle nach den Widerlagern zu angelegt, denen das Tagewasser durch eine Abdachung der zwischenliegenden Flächen zugeführt wird. Die ganze Oberfläche der Brückentafel wurde alsdann mit Cementmörtel geglättet und mit Asphaltfilzplatten überdeckt Das an den Widerlagern gesammelte Wasser wird in gufseisernen Röhren dem städtischen Canalisationsnetz zugeführt. Abb. 325 zeigt einen Theil des Querschnitts von dem Ueberbau der Unterführung der Wiesenstrafse, deren Fahrbahntafel in vorbeschriebener Weise abgewässert ist.

Eine eigene Bauart zeigt die Brücke, mittels welcher die neuen Personengleise des Nordrings bei Westend über die neben einander liegenden vier Gleise der Lehrter und Hamburger Eisenbahnlinien hinweggeführt werden. Die Baustelle war ungünstig. Auf moorigem Untergrunde waren Dämme für die Lehrter und Hamburger Bahn ungefähr 6 m hoch angeschüttet. Die neuen Gleise mufsten die vorhandenen Bahn-

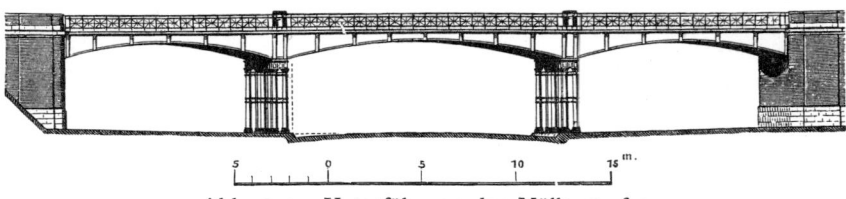

Abb. 329. Unterführung der Müllerstrafse

linien unter einem Winkel von ungefähr 22° kreuzen und zudem in einer Krümmung von 400 m Halbmesser. Vergleichende Ermittelungen ergaben, dafs es wegen der bedeutenden Gründungstiefe vortheilhaft sei, die Längen der Widerlager möglichst einzuschränken und durch Trägerspannweite zu ersetzen. Durchgehende Träger auf Mittelstützen sollten wegen des unsicheren Baugrundes vermieden werden. So entschlofs man sich zur Wahl von Gelenkträgern auf pendelnden Mittelstützen. Abb. 327 zeigt die Grundrifsanordnung der Brücke. Abb. 326 die Ansicht. Die drei Oeffnungen haben ungefähr gleiche Spannweiten. Infolge dessen fällt den Endauflagern der Träger unter Umständen nur ein geringer Theil der Brückenlast zu. Es war deshalb nicht angängig die Wind- und Fliehkräfte auf die Endlager zu übertragen. Die Lage der unteren Gleise zu der Brücke macht aber auch eine einfache Verbindung je zweier Mittelstützen zum Zwecke einer seitlichen Aussteifung unmöglich. Man war daher genöthigt, je zwei gegenüberstehende Mittelstützen in der auf Abb. 328 dargestellten Weise zu einem gegen Seitenkräfte widerstandsfähigen Bock zu verbinden.

Schliefslich geben wir von den älteren eisernen Brücken der Ringbahn noch wieder die Ueberbrückung des Berlin-Spandauer Schiffahrtcanals und die Unterführung der Müllerstrafse. Erstere (Abb. 330) schneidet den Canal unter einem Winkel von 59° 47′ und hat fünf Oeffnungen von je 18,86 m normaler Lichtweite, von denen die beiden äufsersten in der Constructionshöhe beschränkt waren. Gegründet sind die Pfeiler theils direct, theils auf Pfahlrost, theils auf Brunnen. Die Unterführung der Müllerstrafse (Abb. 329) ist unter einem Achsenwinkel von 78° 55′ mit zwei Seitenöffnungen von je 11,30 m und einer Mittelöffnung von 15,07 m Weite angeordnet. Die Hauptträger sind durchgehende Blechbalken, deren untere Bogenform des gefälligeren Aussehens wegen gewählt wurde, zumal sie sich den Erfordernissen der Statik ziemlich gut anpafst.

Abb. 330. Brücke der Berliner Ringbahn über den Berlin-Spandauer Schiffahrtscanal, Ansicht.

246 VII. Die Locomotiveisenbahnen.

b) Der Bau der Stationen.

Aufser den vorhandenen Bahnhöfen sind noch drei neue Personenhaltestellen angelegt worden und zwar an der Landsberger Allee, an der Prenzlauer Allee und an der

Abb. 331. Station Jungfernhaide.

1. Personengleise der Ringbahn.
2. Gütergleise der Ringbahn.
3. Schiffahrtsöffnungen.
4. Tegeler Weg.
5. Eisenbahnfiskus.
6. Nach Moabit.
7. Personen- und Gütergleise der Berlin-Lehrter und Berlin-Hamburger Bahn.
8. Bahnsteighalle.
9. Warteraum.
10. Signalbude.
11. Parallelweg.
12. } Nachbar-
13. } Grundstücke.

Abb. 332. Lageplan.

Abb. 333. Längsschnitt.

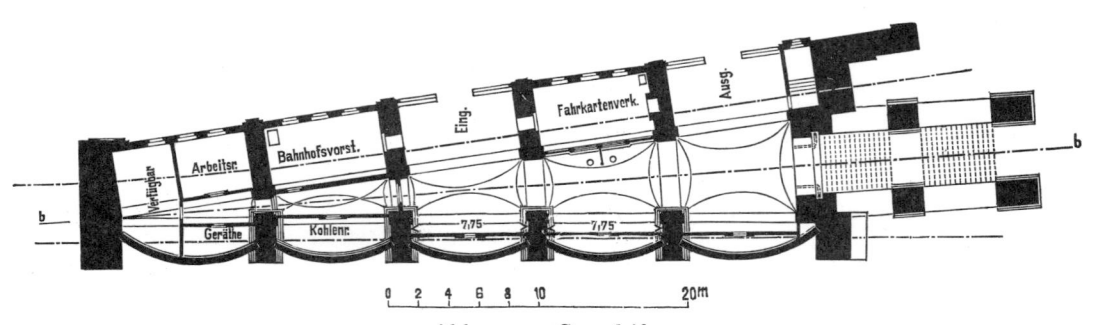

Abb. 334. Grundrifs.

Jungfernhaide; geplant ist noch eine Haltestelle an der Putlitzstrafse (verlängerten Stromstrafse). Soweit es irgend angängig war, sind die Personenhaltestellen, selbst unter Aufwendung erheblicher Mehrkosten, unmittelbar an die Hauptstrafsen gelegt, derart, dafs die Vorderseite des Stationsgebäudes an der Strafsenflucht liegt. Ferner ist auf möglichst

VII. Die Locomotiveisenbahnen. 247

Abb. 335. Schnitt durch den Gleistunnel.

Abb. 336. Personenstation Beusselstraße, Längsschnitt.

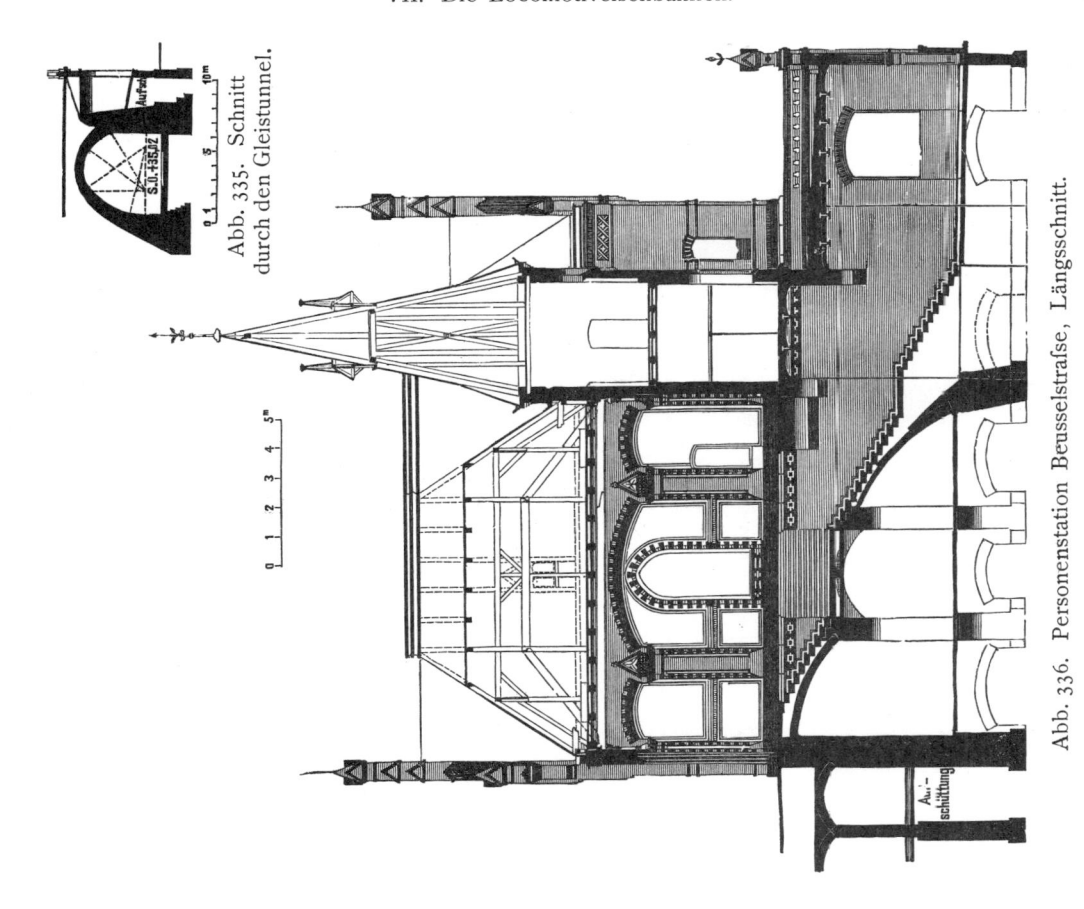

Abb. 337. Personenstation Beusselstraße, Ansicht.

248 VII. Die Locomotiveisenbahnen.

leichte Zugänglichkeit der Bahnsteige Bedacht genommen. Für die Planbildung sind die Bahnhöfe der Stadtbahn mit zwischen den Hauptgleisen liegenden schienenfrei zugänglichen Bahnsteigen zum Muster genommen. Die Anordnung des Stationsgebäudes richtet sich nach

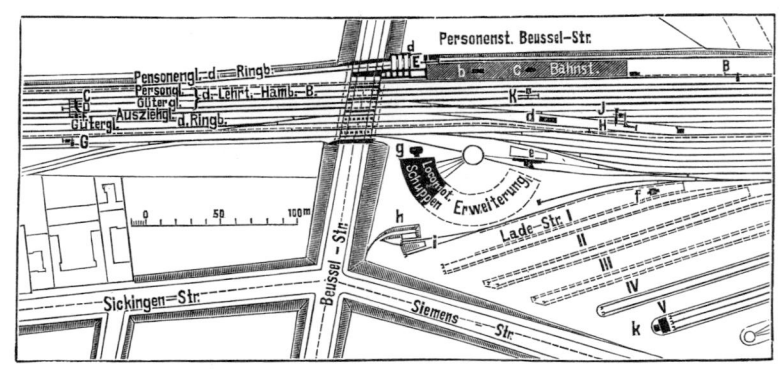

a. Empfangsgebäude. b. Warteraum. c. Signalbude. d. Rangirbude. e. Koksbansen.
f. Weichenstellerbude. g. Wasser- und Signalthurm. h. Müllrampe. i. Säurerampe.
k. Abort.

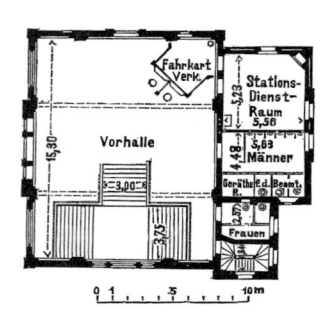

Abb. 338. Personenstation Beusselstrafse, Lageplan.   Abb. 339. Grundrifs.

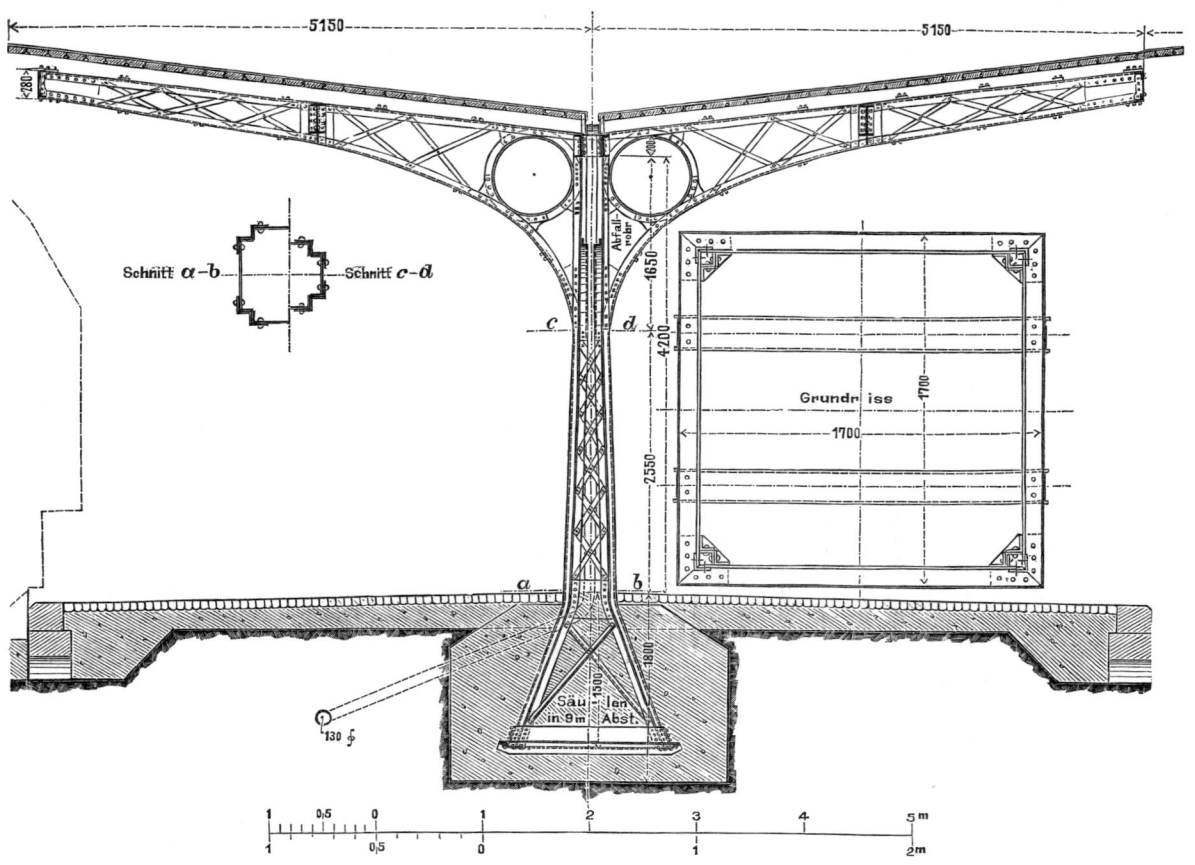

Abb. 340. Bahnsteigüberdachung der Stationen Beusselstrafse und Jungfernhaide.

den örtlichen Verhältnissen. Ist die zugehörige Strafse unterführt, so ist das Stationsgebäude entweder in den Damm eingebaut, oder es liegt frei neben diesem und ist mittels Tunnel und Treppen mit dem Bahnsteig verbunden. Ist dagegen die Strafse über die Bahn hinweggeführt, so liegt das Gebäude entweder unmittelbar über den Gleisen und umschliefst die Bahnsteigtreppe, oder es liegt seitlich von den Gleisen und der Bahnsteigzugang wird durch überdachte Gleisüberbrückungen und Treppen vermittelt.

Als Beispiel einer Personenhaltestelle an unterführter Strafse ist in Abb. 331—334 die Station Jungfernhaide dargestellt. Die Station Beusselstrafse an der Ueberführung der gleichnamigen Strafse zeigen die Abb. 338 im Lageplan, 337 im Schaubild, 339 im Grundrifs, 336 im Schnitt durch Vorraum und Treppe, 335 im Schnitt durch den im Schaubild sichtbaren Gleistunnel.

Die Grundrifsgestaltung ist stets nach denselben Grundsätzen erfolgt. Die Gebäude enthalten eine grofse Halle mit eingebautem Fahrkartenverkauf, ein bis zwei Diensträume und Aborte. Bei einigen Stationen sind die Aborte, um der unerlaubten Benutzung durch Nichtreisende vorzubeugen, hinter die Fahrkartencontrole gelegt worden. Besondere Warteräume sind im Stationsgebäude selbst nicht vorgesehen. Den Fahrgästen ist Gelegenheit zum Warten geboten theils in den erwähnten Vorhallen, theils auf den Bahnsteigen, wo Bänke und heizbare Buden aufgestellt sind. Die Bahnsteige haben eine Länge von 120 bis 200 m und eine nutzbare Breite von 7 bis 10 m. Sie sind jetzt durchweg überdacht; entweder mit einem Satteldache, dessen Binder von je zwei Ständern getragen werden, oder mit einem von der Mitte aus nach beiden Seiten aufgeklappten Dache, welches nur in der Mitte gestützt ist. Letztere Bauart ist in der Abb. 340 veranschaulicht. Sie ist zwar um $15-20\%$ theurer als die zweistilige Bauweise, bietet aber dem Verkehr keine Hindernisse und verbessert die Uebersicht für die Beamten beim Abfertigen der Züge wesentlich.

Wegen der dem Eisen schädlichen Locomotivgase beschränkte man seine Verwendung bei den neuen Bahnsteigdächern auf die Säulen und tragenden Bindertheile, während die Dachschale stets aus Brettern auf Holzsparren mit Pappeindeckung hergestellt wurde. Die Gleisanlagen sind sehr einfach; aufser den beiden Hauptgleisen sind auf jeder zweiten oder dritten Station Kehrgleise vorgesehen, um ein Um- und Aussetzen von Zügen zu ermöglichen. Nach den bei der Stadtbahn gemachten Erfahrungen wird der Betrieb durch derartige kleine Anlagen auf den Zwischenstationen wesentlich erleichtert, das Fahren von Leerzügen vermindert und es werden die Zugbildungsstationen entlastet.

Was die Anlagen für den Güterverkehr anlangt, so haben auch diese grofse Umwälzungen und Erweiterungen erfahren, jedoch bieten die Ausführungen kaum Abweichungen von dem sonst üblichen. Die Gleisanordnungen sind aus dem beigegebenen Uebersichtsplan zu entnehmen.

2. Erweiterung des Südrings.

Wie auf dem Nordringe, so machte sich auch auf dem Südringe infolge der Ausdehnung Berlins und des hiermit fortwährend wachsenden Verkehrs die Nothwendigkeit der baldigen Herstellung eines zweiten Gleispaares zur Ermöglichung der Trennung des Personen- und Güterverkehrs fühlbar, und zwar in erster Linie auf der mit Personen- und Güterzügen in hervorragender Weise belasteten Strecke Stralau-Rummelsburg—Rixdorf.

Die neuen Gleise wurden gleichlaufend zu den vorhandenen Gleisen und in gleicher Höhenlage mit denselben angeordnet; neue selbständige Bauwerke für die Unterführung der in Betracht kommenden Wege und Wasserläufe wurden daher — abgesehen von der neu zu erbauenden Spreebrücke — im allgemeinen nicht erforderlich, es war nur eine Verbreiterung der vorhandenen Bauwerke geplant. Bei der landespolizeilichen Prüfung der Entwürfe wurden indessen die Lichtweiten der vorhandenen Wegeunterführungen als ungenügend für die Aufnahme des zeitigen Strafsenverkehrs erachtet und für die Ueberführung der neuen Gleise gröfsere Lichtweiten vorgeschrieben. Um dieser Forderung zu genügen, mufste die Unterführung der Köpenicker Landstrafse einem völligen Umbau unterworfen werden, das neue Bauwerk erhielt eine Gesamtlichtweite von 25,80 m, wovon 13,20 m auf die Fahrbahn und je 6,30 m auf die seitlichen Fufsgängerwege entfallen, der Ueberbau besteht aus einem Blechträger mit zwei Mittelstützen an den Bordkanten der Fahrbahn und ist im übrigen nach Art der beim Nordring zur Anwendung gekommenen Construction — Buckelplatten mit aufgebrachter Kiesbettung — schall- und wasserdicht construirt.

Die Ueberführung der Treptower Chaussee wurde zur Aufnahme der neuen Gleise entsprechend verbreitert und mit zwei seitig gewölbten Durchgängen von je 6 m Lichtweite zur Aufnahme des Fufsgängerverkehrs versehen.

Der in Rede stehende viergleisige Ausbau der Ringbahn bedingte zugleich eine Umgestaltung der hier belegenen Anschlüsse an die Görlitzer Bahn; das östlich belegene Gleispaar der Ringbahn bildet die gerade Fortsetzung der Gütergleise des Nordrings und war dem entsprechend späterhin ausschliefslich für den Güterverkehr bestimmt, während das stadtseitig belegene Gleispaar den Personenverkehr aufnehmen soll. Um eine Kreuzung der Gütergleise durch die zahlreichen zur Görlitzer Bahn fahrenden Stadtbahnzüge zu vermeiden, war es somit erforderlich, für die Personengleise einen besondern Anschlufs nach der Görlitzer Bahn zu schaffen, der durch Abzweigung eines besonderen Gleispaares von den Ringbahnpersonengleisen bei Treptow in südwestlicher Richtung und Unterführung desselben unter die vier Ringbahngleise erzielt ist. Die hierbei nothwendig gewordene zweite Ueberbrückung der Köpenicker Landstrafse ist in derselben Weise wie diejenige der Ringbahnüberbrückung bewirkt.

Der vorhandene eingleisige nordöstliche Anschlufs der Ringbahn an die Görlitzer Bahn ist unverändert geblieben und wird späterhin ausschliefslich dem Güterverkehr dienen.

Eine weitere Folge der Trennung des Personen- und Güterverkehrs auf der Ringbahnstrecke Stralau-Rummelsburg — Rixdorf war die Herstellung einer besonderen, zunächst nur für den Güterverkehr bestimmten Bahn von Niederschöneweide-Johannisthal nach Rixdorf. Auf dem Bahnhof Niederschöneweide-Johannisthal findet eine Trennung des Güterverkehrs der Berlin-Görlitzer Bahn in der Weise statt, dafs das für den Berliner Nordring bestimmte Gut über den erwähnten nordöstlichen Görlitzer Anschlufs direct nach Station Rummelsburg (Rangirbahnhof) und Lichtenberg geführt wird, während das für den Görlitzer Bahnhof und den Südring bestimmte Gut nach dem Görlitzer Bahnhof geleitet wird. Von da erfolgt nach Ausscheidung des hier bleibenden die Weiterbeförderung über den innern Görlitzer Anschlufs nach Rixdorf, Tempelhof, Anhalter und Potsdamer Bahnhof. Mit dem in umgekehrter Richtung zu befördernden Gute wird in gleicher Weise verfahren. Hieraus ergab sich eine gefahrvolle Kreuzung des innern, dem Personenverkehr dienenden Gleispaares der Ringbahn mit den Görlitzer Güterzügen, welche die durch die Trennung des Personen- und Güterverkehrs erstrebten Vortheile theilweise aufhob. Anderseits erschien eine Entlastung des Görlitzer Bahnhofes, welcher zur ordnungsmäfsigen Abfertigung des Verkehrs nicht mehr genügte, dringend geboten. Man entschlofs sich daher, das für den Südring bestimmte Gut schon in Niederschöneweide-Johannisthal auszuscheiden und auf einer neu herzustellenden Verbindungsbahn nach Rixdorf direct dem Südring zuzuführen. Der Bau dieser Bahn bot keine technischen Schwierigkeiten, die Bahnkrone wurde etwa 6 m über Terrainhöhe gelegt, die Unterführungen der Kanner Chaussee bei Rixdorf, der Strafse, des Dammwegs und des Kiefholzweges sind sämtlich nach Art der Unterführung der Köpenicker Landstrafse zur Ausführung gekommen.

Endlich bedingte der viergleisige Ausbau der in Rede stehenden Theilstrecke des Südrings einen vollständigen Umbau des Bahnhofes Rixdorf; die Gleisanlagen desselben genügten weder hinsichtlich des Personenverkehrs, noch des Güterverkehrs dem vorhandenen Bedürfnifs. Aus dem kleinen unbedeutenden Vorort Rixdorf zur Zeit der ersten Anlage des Bahnhofes war innerhalb zweier Jahrzehnte eine stattliche Ortschaft mit 60 000 Einwohnern und vielen industriellen Anlagen geworden. Dazu kam, dafs die beiden Hauptverkehrsstrafsen der Ortschaft, die Bergstrafse und die Kanner Chaussee, von den Gleisen der Ringbahn in Schienenhöhe geschnitten wurden, sodafs der Fahrverkehr auf der erstgenannten Strafse ganz gesperrt werden mufste und auf der letzteren erheblich behindert wurde. Der neue, auf dem Uebersichtsplan dargestellte Bahnhof sieht getrennte Anlagen für den Personen- und Güterverkehr vor; beide Anlagen sind in üblicher Weise zur Ausführung gekommen und bieten nichts besonders Bemerkenswerthes. Der Gesamtbahnhof wurde um etwa 3 m gehoben, die erwähnten Hauptverkehrsstrafsen um 2,50 m gesenkt, sodafs nunmehr ein ungehinderter schienenfreier Verkehr auf demselben sich entwickeln kann.

VII. Die Locomotiveisenbahnen.

Für die Herstellung der genannten Anlagen wurden durch Gesetz vom 10. Mai 1890 6 100 000 ℳ bewilligt, von welchem Betrage entfallen:

a) auf den viergleisigen Ausbau der Ringbahn von Stralau-Rummelsburg bis Rixdorf . . . . 1 410 000 ℳ
b) auf die Anschlüsse zur Görlitzer Bahn . . . . 980 000 „
c) auf die Verbindungsbahn Rixdorf – Niederschöneweide-Johannisthal . . 1 600 000 „
d) auf den Umbau des Bahnhofes Rixdorf . . . . 2 110 000 „

Die Inbetriebnahme des neuen Bahnhofes Rixdorf erfolgte im Herbst 1895, während die übrigen Anlagen erst am 1. Mai 1896 in Benutzung genommen worden sind.

Auf dem weitern Theil des Südrings zwischen dem Potsdamer Bahnhof und Halensee erfuhr der Personenverkehr infolge der mächtigen Entwicklung des Westens von Berlin und der westlichen Vororte Schöneberg, Wilmersdorf, Schmargendorf und Grunewald eine ungeheure Zunahme. Dieser Verkehr wickelt sich zudem nicht gleichmäfsig ab, sondern drängt sich vornehmlich des Abends auf zwei bis drei Stunden zusammen, sodafs das Bedürfnifs auftritt, in kurzer Zeit eine möglichst grofse Anzahl von Zügen zu befördern. Diese Möglichkeit war dadurch beschränkt, dafs die Strecke vom Potsdamer Bahnhof bis Schöneberg und von dort bis zum Anschlufs an die durchgehende Ringbahnstrecke nur ein Gleis besafs; zum Durchfahren dieser Strecke waren einschliefslich der Aufenthalte zwanzig Minuten erforderlich, sodafs in beiden Richtungen zusammen stündlich nur drei Züge verkehren konnten. Diese Zugfolge genügte zur Aufnahme des vorhandenen Verkehrs nicht, sodafs thatsächlich ein Theil der Ausflügler von der Mitfahrt ausgeschlossen werden mufste. Man entschlofs sich deshalb, die Strecke vom Potsdamer Bahnhof bis zum Anschlufs an die durchgehende Ringbahn zweigleisig und von hier aus viergleisig bis Halensee auszubauen, sowie die eingleisige Strecke von Halensee nach Grunewald mit einem zweiten Gleis zu versehen.

Für diese Ausführungen wurden bewilligt

a) durch Gesetz vom 8. April 1889 zur Herstellung des zweiten bezw. dritten und vierten Gleises auf der Strecke zwischen Potsdamer Bahnhof und Wilmersdorf-Friedenau . . . . 4 200 000 ℳ
b) durch Gesetz vom 6. Juni 1892
  1. zum zweigleisigen Ausbau der Strecke zwischen Schöneberg und Signalstation Vdp . . . . 150 000 „
  2. zum viergleisigen Ausbau der Strecke zwischen Wilmersdorf-Friedenau und Halensee einschliefslich des zweiten Gleises Halensee-Grunewald . . . . 1 537 000 „

Von gröfseren Brücken des Südrings sind zwei anzuführen.

Die Ueberführung des Kurfürstendammes über die Gleise des Südrings, welche früher in einer Holzbrücke bestand, mufste gleichzeitig mit dem Umbau des Bahnhofes Halensee zu einem den allseitig gewachsenen Verkehrsanforderungen entsprechenden Bauwerk umgeschaffen werden. Wegen der Unregelmäfsigkeit der an dieser Stelle liegenden Gleise und Weichen und um die Uebersichtlichkeit der Signalanlagen zu gewährleisten, wurde eine Eisenbahnconstruction mit 60 m Spannweite ohne Zwischenstützen gewählt (Abb. 341). Die Hauptträger liegen zwischen der 12 m breiten Fahrbahn und den je 5 m breiten Bürgersteigen. Hierdurch gelang es, die Querträger möglichst niedrig zu halten (1,07 m) und die mit 1:36 angelegten Brückenrampen in der Länge einzuschränken. Die Hauptträger wurden, um den Fufsverkehr quer über die Brücke nicht durch Diagonalen zu behindern, als durch je einen Balken versteifte Stabbogen (Langer'sche Balken) gebildet. Die Brückenbahn ist möglichst leicht gestaltet. Die Fahrbahn besteht aus einer 5 cm starken Asphaltlage, welche von Moniergewölben zwischen den 3,75 m entfernten Querträgern getragen wird. Die Fufswege sind mit durchgehenden Monierplatten abgedeckt, zu beiden Seiten der Fahrbahn, dicht neben den Hauptträgern, liegt je ein Gleis einer Dampfstrafsenbahn. Die Brücke enthält etwa 470 t Eisen und Stahl. In den mittleren sechs Feldern, also auf eine Länge von 28,50 m, haben die Hauptträger eine obere Querversteifung gegen einander erhalten. Der Versteifungsbalken jedes Hauptträgers ist 1,40 m

252   VII. Die Locomotiveisenbahnen.

hoch. Die Construction hat sich als eine recht elastische erwiesen, indem die Schwingungen beim Hinüberrollen schnell fahrender Fuhrwerke von den auf der Brücke, namentlich auf den Fufswegen Stehenden empfunden werden. Doch haben neuere Untersuchungen ergeben, dafs die Bewegungen thatsächlich durchaus nicht ungewöhnlich grofs sind. Die Brücke ist vom Königlichen Regierungs-Baumeister Feddersen entworfen.

Die Eisenbahnbrücke über die Oberspree (Abb. 342) wurde 1868—1870 erbaut und erhielt zwei Oeffnungen von je 30,44 m Lichtweite. Der Stralauer Landpfeiler

Abb. 341. Kurfürstendammbrücke in Halensee.

wurde auf Beton, die beiden anderen Pfeiler wurden auf Brunnen gegründet, die Oeffnungen mit schmiedeeisernen Parabelträgern überspannt. Die 8,21 m von einander entfernten Hauptträger tragen mittels der in Abständen von je 3,50 m liegenden Querträger die zwei Schienengleise. Durch die beiderseitigen Leinpfade werden die Brückenöffnungen in der Wasserlinie bis auf je 28,56 m Weite eingeschränkt. Diesen letzteren Zustand will

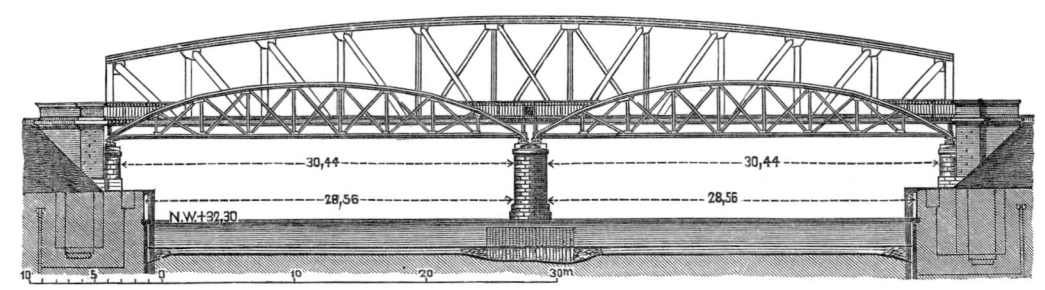

Abb. 342. Eisenbahnbrücke über die Oberspree.

man aber nicht als für alle Zeiten unabänderlich ansehen. Es wurde vielmehr, als die Nothwendigkeit herantrat, für den viergleisigen Ausbau der Ringbahn zwischen Stralau-Rummelsburg und Rixdorf die Spreebrücke zu verbreitern, durch Erlafs des Herrn Ministers der öffentlichen Arbeiten vom 2. März 1892 angeordnet, den Entwurf in der Weise aufzustellen, dafs keine Verlängerung des Mittelpfeilers der alten Brücke erfolgt und feste, in das Stromprofil vorspringende Leinpfade vermieden werden. Demgemäfs hat die Brücke die aus Abb. 342 ersichtliche, etwas auffallende Gestalt erhalten. Wenn man von Berlin die Spree aufwärts fährt, sieht man hinter der oben beschriebenen alten Brücke mit den zwei kleinen Parabelträgern einen grofsen, die Gesamtweite beider Brückenöffnungen überspannenden, scheinbar von dem Mittelpfeiler unterstützten Halbparabelträger. Derselbe hat 65,34 m Stützweite, $1/7$ Pfeil und, wie die Abbildung zeigt, einfaches System. Er ist an den Enden so hoch, dafs schon die Portale oberen Querverband erhalten konnten, welcher so-

VII. Die Locomotiveisenbahnen.   253

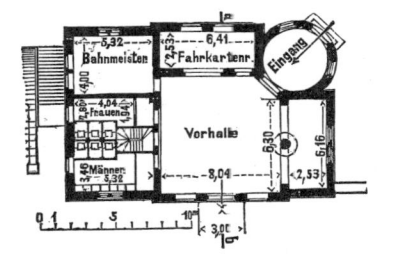

Abb. 344. Bahnhof Schöneberg, oberer Grundrifs.

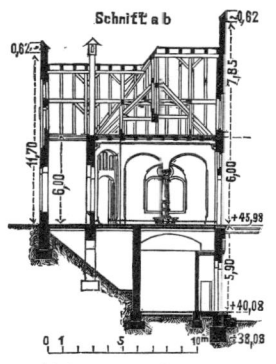

Abb. 345. Schnitt.

Abb. 343. Station Schöneberg.

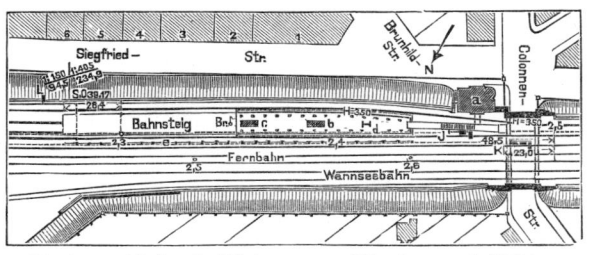

a. Empfangsgebäude. b. Warteraum. c. Dienstraum. d. Richtungsanweiser. e. Trennungsgitter.
Abb. 346. Bahnhof Schöneberg, Lageplan.

dann über den ganzen zweigleisigen Ueberbau fortgesetzt ist. An der stromaufwärts gerichteten Seite ist aufserhalb des Hauptträgers ein 2 m breiter Fufssteg auf eisernen Consolen angebracht. Derselbe ist auf Kosten der betheiligten Gemeinden hergestellt und soll dem öffentlichen Verkehr zwischen Stralau und Treptow dienen. Die Gründung der Endpfeilerverbreiterungen wurde pneumatisch durch die Firma Ph. Holtzmann in Frankfurt a. M. bewirkt.

Von den Stationen des Südrings, welche in ihren Anordnungen nicht wesentlich von denen des Nordrings abweichen, zeigen Abb. 347—349 das bereits Ende der achtziger Jahre, also vor dem viergleisigen Ausbau errichtete kleine Empfangsgebäude für Treptow, während die Abb. 346 (Lageplan), 344 (Grundrifs), 345 (Schnitt) und 343 (Schaubild des auf der Einschnittsböschung stehenden Empfangsgebäudes) die Station Schöneberg veranschaulichen.

3. Die Herstellung besonderer Personengleise von Charlottenburg nach Grunewald in Verlängerung der Stadtgleise der Berliner Stadtbahn.

Der Grunewald bildet eins der beliebtesten Ausflugsziele der Berliner Bevölkerung, infolge dessen ist auf Personenstation Grunewald an Sonntagen und schönen Wochentagen ein aufserordentlich starker Personenverkehr zu bewältigen.

254   VII. Die Locomotiveisenbahnen.

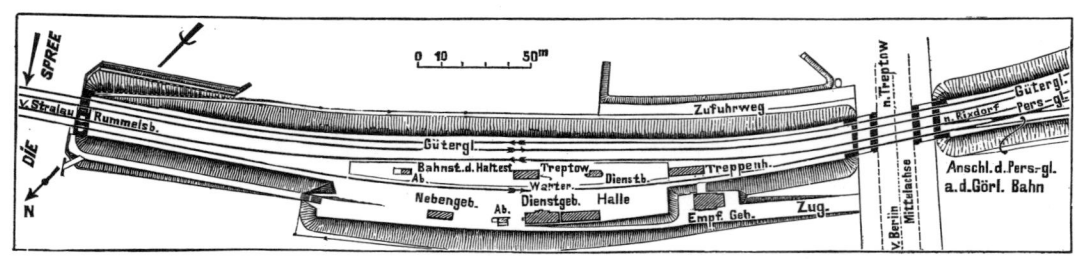

Abb. 347. Lageplan Treptow.

Nordring und Südring besitzen seit einigen Jahren von Westend bezw. Halensee aus zweigleisige Anschlüsse an den Bahnhof Grunewald, deren Einrichtungen den bestehenden Anforderungen für jetzt und auf absehbare Zeiten gewachsen sind. Eine besondere Verbindung mit der Stadtbahn dagegen war bisher nicht vorhanden. Die einzige Verbindung zwischen Grunewald und Charlottenburg bilden die Hauptgleise der Berlin-Wetzlarer Eisenbahn. Auf derselben verkehren nicht nur die Züge in der Richtung nach Metz und Frankfurt a. M., soweit dieselben auf der Stadtbahn entspringen, sondern auch die Vorortzüge Berlin (Stadtbahn)—Wannsee—Potsdam. — Die beiden Gleise sind für diese Ansprüche nicht ausreichend. Dazu tritt der betriebsgefährliche Umstand, dafs die auf den Stadtgleisen verkehrenden Localzüge nach Grunewald am Ostende des Bahnhofes Charlottenburg auf die Ferngleise übergehen und somit die sämtlichen Aus- und Einfahrtsgleise daselbst kreuzen müssen. Diese Umstände gaben Veranlassung, besondere Personengleise zwischen Charlottenburg und Grunewald in unmittelbarer Verlängerung der Stadtgleise zur Ausführung zu bringen. Hierdurch wird nicht nur die erwähnte gefährliche Schienenkreuzung am Ostende des Bahnhofes beseitigt, sondern auch infolge der Verlegung des Nordringgleises Westend—Charlottenburg (vergl. Uebersichtsplan) die nicht minder ungünstige Kreuzung des Einfahrtsgleises vom

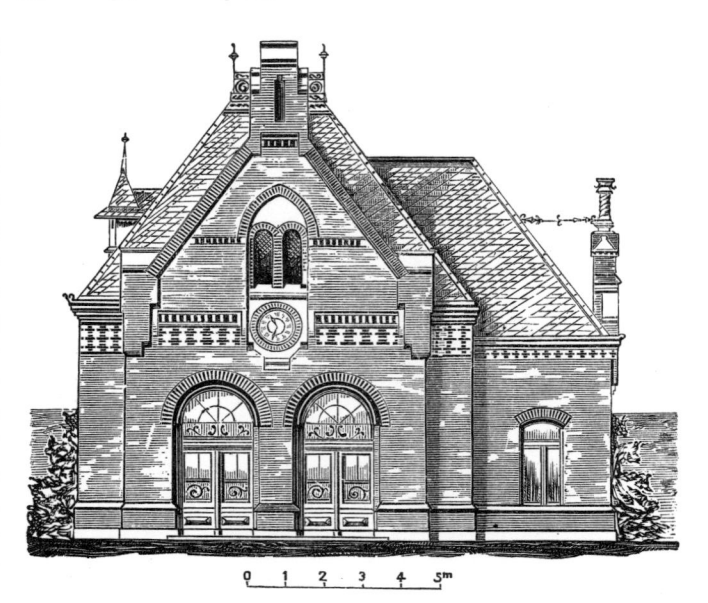

Abb. 348. Personenstation Treptow, Ansicht.

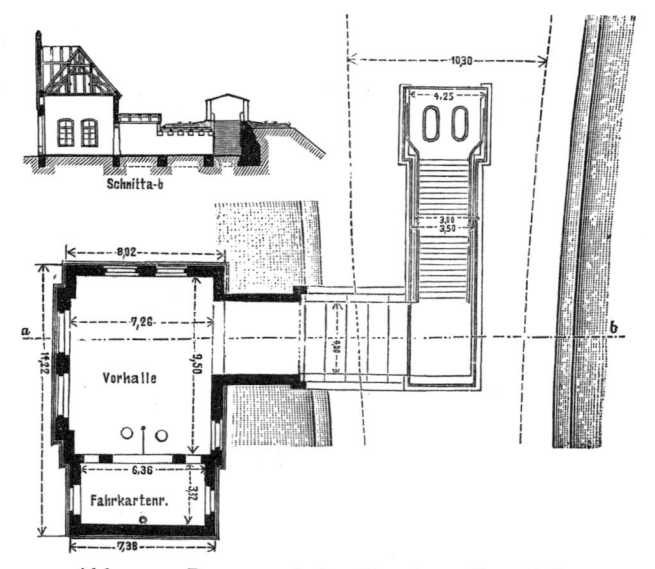

Abb. 349. Personenstation Treptow, Grundrifs.

Nordring mit dem Ausfahrtsgleise vom Südring. Die Gleise sind um den Rangir- und Werkstättenbahnhof nördlich herumgeführt und endigen auf Bahnhof Grunewald auf der für den Stadtverkehr bereits bestehenden Kopfstation. Hierbei waren vier zweigleisige Bahnlinien in verschiedenster Höhenlage zu kreuzen. Die Bahnkrone wurde so tief gelegt, dafs die neuen

Grunewaldgleise schienenfrei unter sämtlichen Bahnen hindurchgeführt wurden, wobei ein verlorenes Gefälle von 5 m und Gegensteigungen von 1:100 zur Anwendung kommen mufsten.

Die Ausführung der neuen Bahnanlage bot erhebliche Schwierigkeiten, es waren in kurzer Zeit rd. 400 000 cbm Einschnittsmassen auszuschachten und abzufahren und die erwähnten vier zweigleisigen Bahnlinien sowie zwei Fahrwege ohne Betriebsstörungen zu unterführen. Die rasche Beförderung innerhalb fünf Monaten wurde durch Anlage eines vorübergehenden Anschlufsgleises an der Strecke Grunewald–Westend möglich gemacht.

Von den Bauwerken bietet die Ueberführung der Ferngleise Charlottenburg–Spandau das meiste Interesse. Letztere Gleise liegen an der Kreuzungsstelle auf hohem Damm in einer Krümmung, nahe der Baustelle befindet sich ein zweites Brückenbauwerk (Ueberführung Charlottenburg-Spandauer Bahn über die Ringbahn), sodafs eine Verlegung der erstgenannten Gleise ausgeschlossen war. Auch eine Gleisverschlingung oder eine ähnliche Aushülfe erschien bei dem bedeutenden Höhenunterschiede von 11 m zwischen den kreuzenden Linien unvortheilhaft, man entschlofs sich deshalb, die hochliegenden Charlottenburg-Spandauer Gleise mittels verdübelter Balken von 18,60 m Länge und 82 cm Höhe zu unterfangen. Die Balken erhielten eine Mittelstütze, welche bis zur Kämpferhöhe des gewölbten Bauwerks herunterreichte. Der Bauvorgang vollzog sich nun in der Weise, dafs zuerst die Balken unter die Gleise geschoben und die Mittelstütze in einer schmalen ausgesteiften Grube aufgestellt wurde. Alsdann wurden die Gruben für die Widerlager und Flügel aufgemauert. Nachdem dies geschehen, erfolgte die Einbauung sehr kräftiger Steifungen, welche die äufsersten Grubenwände gegen einander stützten, sodafs der Erdkern bis Kämpfer herausgeholt werden konnte. Beim Wölben wurden die Hölzer der Mittelstütze ausgespart und beim Hinterfüllen nach und nach beseitigt.

Sämtliche Bauausführungen sind im Etatsjahre 1895/96 zur Ausführung gebracht und so fertiggestellt, dafs deren Inbetriebnahme am 1. Mai 1896 hat stattfinden können. Die Ausführung erfolgte unter Oberleitung des Eisenbahnbau- und Betriebsinspectors Klinke durch den Regierungs-Baumeister Neff.

F. Die Berlin-Potsdamer Eisenbahn.[1]

Die Berlin-Potsdamer Bahn ist die älteste Bahn Preufsens, sie wurde im Jahre 1837 von der Berlin-Potsdamer Eisenbahn-Gesellschaft begonnen und am 22. September 1838 von Potsdam bis Zehlendorf (14,25 km) und am 30. October desselben Jahres von Zehlendorf bis Berlin (12 km, im ganzen also 26,25 km) eröffnet. Das Anlagekapital betrug 4 200 000 ℳ, d. h. für das Kilometer 160 000 ℳ. Anfangs verkehrten in jeder Fahrtrichtung vier Züge mit 35 km Stundengeschwindigkeit. In Berlin mufsten die Fahrkarten bereits am Tage vor der beabsichtigten Reise in der alten Bauakademie, im Gropius'schen Laden, gelöst werden und berechtigten nur für eine ganz bestimmte, auf dem Fahrschein zu vermerkende Fahrt. Die Züge wurden auf Anordnung des Ministeriums des Innern und der Polizei durch Polizeibeamte zur Aufrechterhaltung der Ordnung begleitet.

Da die Bahn durch die vier Zugpaare nur wenig in Anspruch genommen war, wurden versuchsweise in den nach damaliger Meinung „zum Transport mit Dampf nicht geeigneten Stunden, bei Dunkelheit" die Eisenbahnwagen auf den Schienen mit Postpferden befördert. Die Fahrt mit dem Dampfwagen während der Dunkelheit hielt man für so gefährlich, dafs ein in Berlin um 5½ Uhr Nachmittags abgehender Zug erst nach langen Verhandlungen in den Fahrplan aufgenommen werden durfte. Die einzige Station auf der Strecke Berlin–Potsdam war Zehlendorf; die übrigen, jetzt mächtig emporgeblühten Vororte, wie Schöneberg, Friedenau, Steglitz, Lichterfelde usw. bestanden entweder noch gar nicht oder waren Dörfer mit ein paar Hundert Einwohnern.

Im Jahre 1845 löste sich die Berlin-Potsdamer Eisenbahn-Gesellschaft auf und verkaufte ihre Bahn an die Potsdam-Magdeburger Eisenbahn-Gesellschaft, welche dieselbe bis

---

[1] Bearbeitet vom Eisenbahn-Bau- und Betriebs-Inspector A. Herr.

256   VII. Die Locomotiveisenbahnen.

Magdeburg verlängerte und die neue Strecke am 7. August 1846 eröffnete. Für die ganze nunmehr 143 km lange Strecke wurden für das Kilometer rd. 176000 ℳ verwendet.

Auf der neuen Bahn entwickelte sich der Verkehr in einer alle Erwartungen übersteigenden Weise. Der Ertrag der Bahn ergab für das Jahr 1870 eine Dividende von 20%. Entsprechend dem Aufschwung des Verkehrs mufsten die Bahnanlagen seit dem Jahre 1858 fortgesetzt und mannigfaltig verändert und erweitert werden. Die ursprüngliche Anlage des Bahnhofes in Berlin, die Abb. 350 darstellt, ist schon seit geraumer Zeit bis auf die letzten Reste verschwunden. In den Lageplänen der späteren Bauabschnitte (s. Abb. 351 u. 352) ist die Umgrenzung des heutigen Bahnhofes durch eine Anschraffirung kenntlich gemacht, um das allmähliche Hineinwachsen der Anlagen in den gegenwärtigen Zustand ohne Mühe verfolgen zu können. Bei Eröffnung der Bahn war dieselbe nur eingleisig ausgebaut. Das zweite Gleis zwischen Berlin und Potsdam wurde gleichzeitig mit der Eröffnung der Strecke Potsdam—Magdeburg am 7. August 1846 in Betrieb genommen. Bis zum Jahre 1854 wurde der gesamte Personen- und Güterverkehr auf dem kleinen Bahnhofe nördlich vom alten Landwehrgraben (Schafgraben), beziehungsweise nördlich von dem in den Jahren 1845—1850 als Ersatz für denselben hergestellten schiffbaren Landwehrcanal abgewickelt. Erst zu dieser Zeit wurde südwestlich vom Landwehrcanal eine kleine Gleisgruppe zum Aufstellen leerer Wagen ausgebaut.

Besonders in den Jahren 1861—1868 mufsten erhebliche Erweiterungen der Bahnanlagen, vornehmlich in Berlin, ausgeführt werden. Abb. 351 zeigt den Bahnhof in seinem damaligen Zustande. Dieselben reichten jedoch nicht aus, um dem sich gewaltig entwickelnden Verkehr Genüge leisten zu können, und bereits in der Generalversammlung am 18. December 1867 entschlofs man sich zu einer vollständigen Umgestaltung des alten Potsdamer Bahnhofes. Am 15. September 1869 wurde der gesamte Personen- und

Abb. 351. Potsdamer Bahnhof im Jahre 1868.

a. Stationsgebäude.   b. Postgebäude.   l. Locomotivschuppen. m. Wagenschuppen.   o. Güterschuppen.   p. Empfangsgüterschuppen. t. Steuerschuppen.   v. Kohlenschuppen.   y. Wagenreparatur.   2. Altes Baubureau.   6. Holz- und Torfstall.   25. Kirchhof.   27. Apotheke.

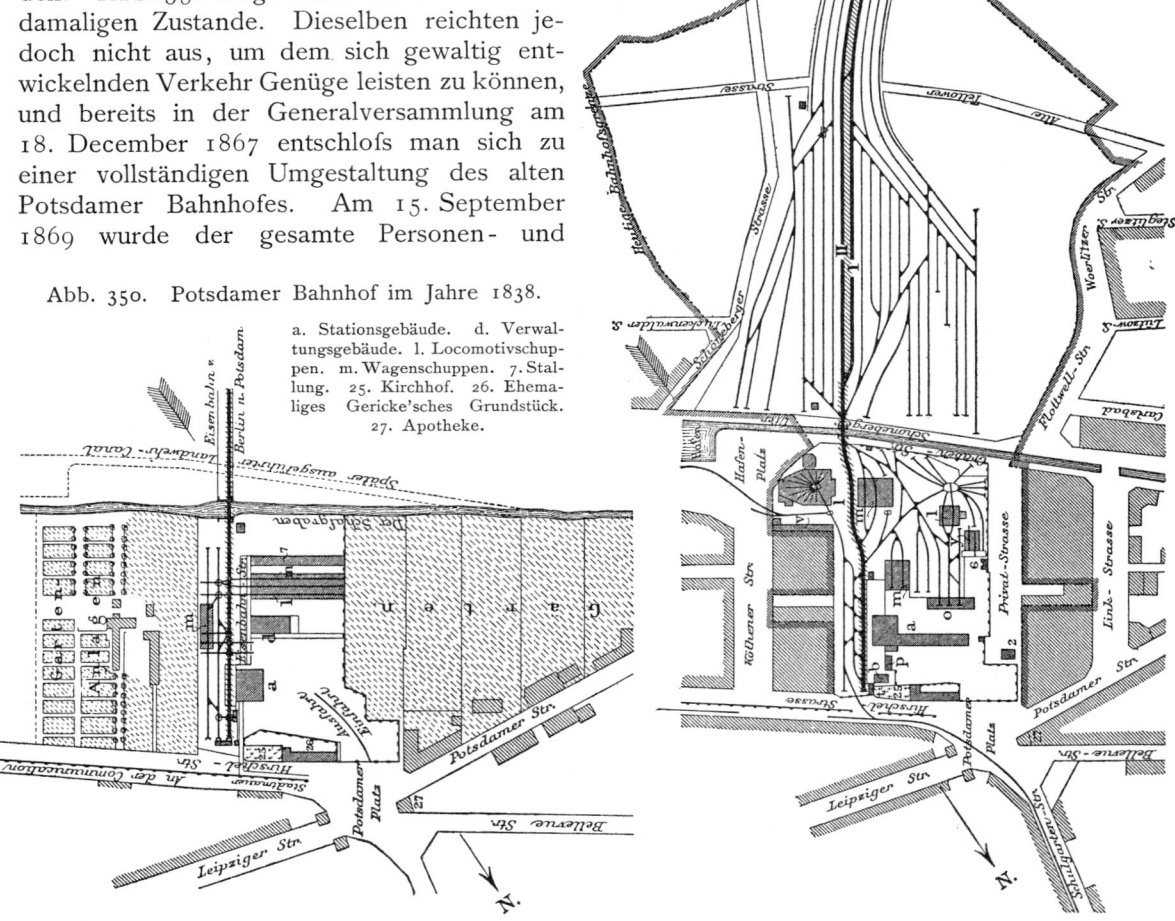

Abb. 350. Potsdamer Bahnhof im Jahre 1838.

a. Stationsgebäude.   d. Verwaltungsgebäude.   l. Locomotivschuppen.   m. Wagenschuppen.   7. Stallung.   25. Kirchhof.   26. Ehemaliges Gericke'sches Grundstück.   27. Apotheke.

VII. Die Locomotiveisenbahnen.

Abb. 352. Potsdamer Bahnhof im Jahre 1891.

e. Hofstation. f. Station Schöneberg. g. Station Groſs-Görschenstraſse. h. Abfertigungsgebäude der Hauptbahn. i. Abfertigungsgebäude der Ringbahn. k. Abfertigungsgebäude der Wannseebahn. l. Locomotivschuppen. l'. Neuer Locomotivschuppen. n. Hofwagenschuppen. o. Güterschuppen. p. Eilgutschuppen. q. Empfangsgüterschuppen. r. Versandgüterschuppen. s. Umladeschuppen. v. Kohlenschuppen. x. Betriebswerkstatt. z. Materialienlager. 1. Pförtnerhaus. 3. Nebengebäude. 5. Neues Directionsgebäude. 7. Stallung. 10. Schweinebuchten. 12. Vieh- und Militärrampe. 13. Kohlenbühne. 14. Abort. 17. Streckenblock. 18. Provisorisch-hydraulische Anlage. 19. Räume für den Hof. 21. Bahnhofswirthschaft. 22. Aufenthaltsraum. 23. Bahnsteig für die Hofstation. 24. Tunnel für die Hofstation. 25. Kirchhof. A. B. C. D. F. Stellwerksbuden.

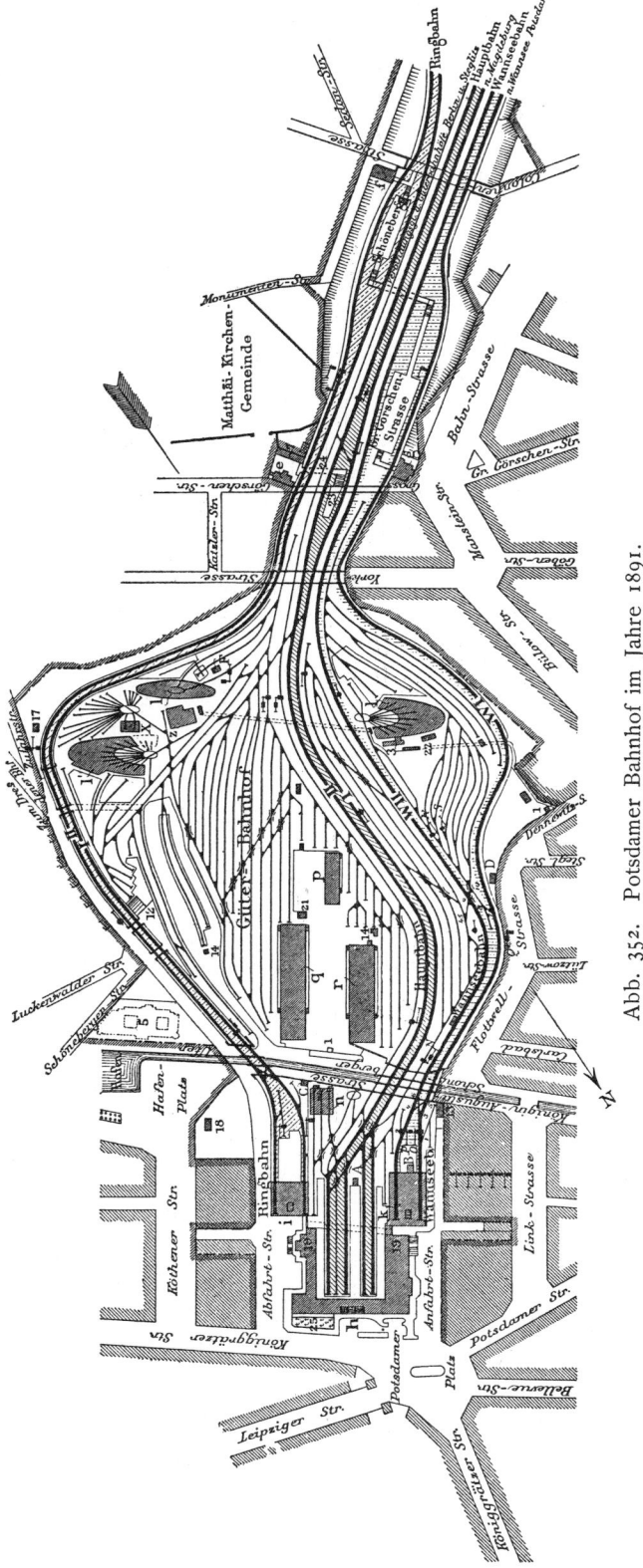

Eilgut-Verkehr vom Innenbahnhof vorübergehend nach dem Aufsenbahnhof, d. h. nach dem Bahnhofstheil südlich vom Landwehrcanal verlegt und mit dem Umbau begonnen. Das neue, für damalige Verhältnisse mächtige Empfangsgebäude wurde am 1. November 1872 dem öffentlichen Verkehr übergeben. Dieses in seiner künstlerischen Gestaltung mustergültige Gebäude besteht noch heute völlig unverändert und umfaſst eine 172 m lange und 36,60 m breite, glasüberdeckte Halle von 6020 qm Gröſse, die von fünf Gleisen, zwei seitlichen Bahnsteigen und einem Mittelbahnsteig eingenommen wird. Die Höhe der Hallenseitenwände beträgt 11,50 m, die Scheitelhöhe der Halle 23,50 m. Der Abschluſs derselben gegen den Potsdamer Platz wird durch einen Kopfbau gebildet, in dessen Mitte eine reich ausgestattete Flurhalle mit groſser Freitreppe angeordnet ist. An der Abfahrtseite, der Westseite der groſsen Bahnsteighalle, liegen die Wartesäle, Stationsräume und Aborte, welche durch eine bequeme Treppenanlage mit der Abfahrtflurhalle, in welcher der Fahrkartenverkauf und die Gepäckabfertigung stattfindet, verbunden sind. Auf der östlichen (Ankunfts-) Seite der Bahnsteighalle liegt der Droschkenhalteplatz. Um bei der Zu- und Abfahrt der Droschken und Wagen ein Kreuzen derselben zu vermeiden, sind nach der Linkstraſse und Köthener Straſse besondere Durchfahrten angelegt. Zur Beförderung der Post- und Reisegepäcke von der Aufgabestelle bis in die Nähe der Eisenbahn-, Post- und Gepäckwagen ist ein Post- und ein Gepäcktunnel hergestellt, welche beide mit dem Bahnsteig durch hydraulisch betriebene Aufzüge verbunden sind.

Die auf 24 Bindern ruhende Ueberdachung der groſsen Bahnsteighalle ist mit Glas eingedeckt.

258   VII. Die Locomotiveisenbahnen.

Das Gesamtgewicht der ganzen Halle beträgt rd. 470 t oder für das Quadratmeter Grundfläche rd. 78 kg. Nach der Bahnseite ist die Halle durch eine Glaswand mit Galerie abgeschlossen. Die Gesamtkosten derselben beliefen sich auf rund 340 000 ℳ, mithin für das Quadratmeter Grundfläche auf rd. 57 ℳ. Das ganze Empfangsgebäude hat bei einer bebauten Grundfläche von rd. 14 000 qm im ganzen rd. 3 Mill. ℳ oder für das Quadratmeter rd. 215 ℳ gekostet.

Im Jahre 1870 mußte infolge der Umgestaltung des Potsdamer Bahnhofes das Gleis, welches denselben mit der ehemaligen, in der alten Hirschel- jetzt Königgrätzer Straße belegenen Verbindungsbahn und durch diese mit den übrigen Berliner Bahnhöfen verband (s. Abbildung 351), abgebrochen werden. Um die hiermit in Fortfall gekommene, sehr wichtige Verkehrsbeziehung zu ersetzen, wurde in demselben Jahre an der Stelle, an der heute die Ringbahn die Potsdamer Bahn überschreitet, d. h. rd. 4 km vom Potsdamer Bahnhof entfernt, auf der Südseite der Bahn eine Kopfstation (Schöneberg) errichtet, die durch je ein Gleis einerseits mit dem Potsdamer Bahnhofe und anderseits mit der Ringbahn Verbindung hatte. Im Jahre 1881 kam diese Station, auf welcher der Uebergang von einer Bahn zur andern in höchst umständlicher Weise vor sich ging, wieder in Fortfall, und zum Ersatz derselben wurde eine neue Station Schöneberg an der Stelle eröffnet, an welcher sie heute noch, allerdings vollständig umgebaut, besteht. Es war dies die erste bauliche Aenderung, welche nach der Verstaatlichung der Potsdamer Bahn (am 1. Januar 1880) bewirkt wurde. Im Zusammenhang mit derselben wurde die Ueberbrückung des Landwehrcanals um zwei Gleise verbreitert. Im Jahre 1885 wurde die Unterführung der Yorkstraße hergestellt und hierdurch eine hochwichtige Verkehrsader zwischen dem westlichen und südwestlichen Theil Berlins erschlossen. — Vergleicht man den jetzigen Bahnhofsplan (Abb. 352)

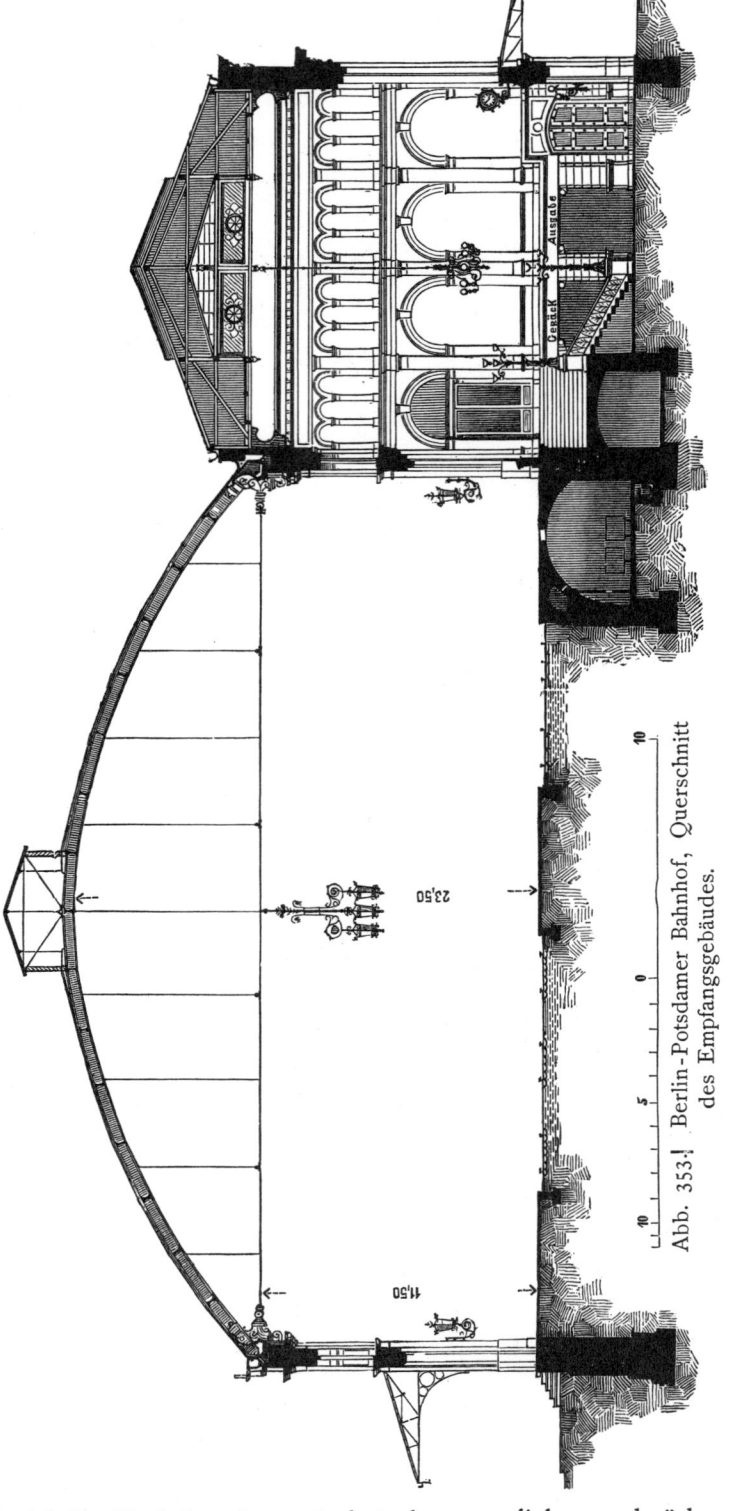

Abb. 353. Berlin-Potsdamer Bahnhof, Querschnitt des Empfangsgebäudes.

VII. Die Locomotiveisenbahnen.

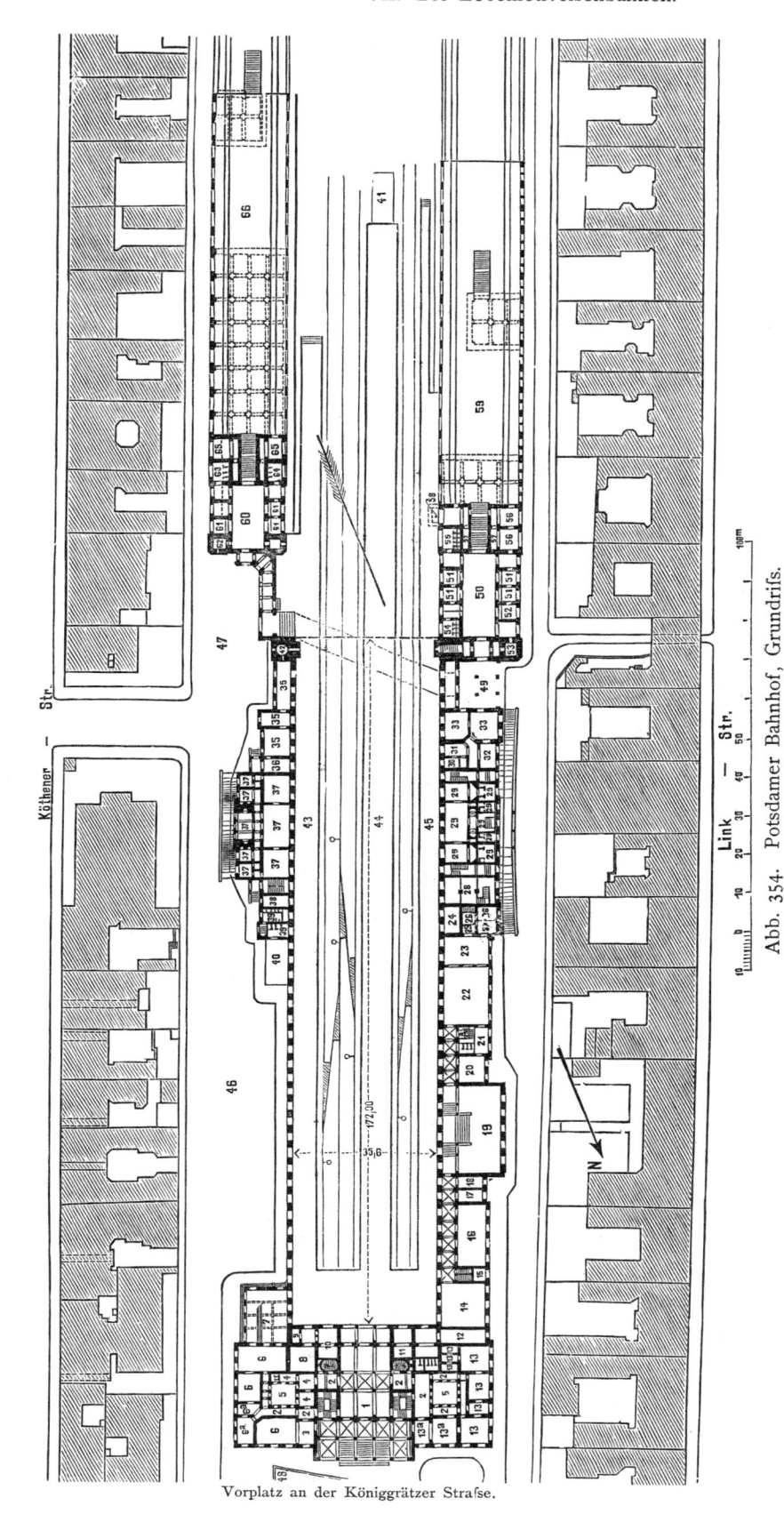

Vorplatz an der Königgrätzer Straße.

Abb. 354. Potsdamer Bahnhof, Grundriß.

1. Vestibül. 2. Flur. 3. Pförtner. 4. Wohnung des Pförtners. 5. Lichthof. 6. Bureau für Rundreisefahrkarten. 6a. Commissionszimmer. 7. Ausgangshalle. 8. Gepäckaufbewahrungsstelle. 9. Waschraum. 10. Packetfahrt Actiengesellschaft. 11. Aufzug. 12. Polizeiwache. 12a. Bahnpost. 13. Betriebskasse. 13a. Kleiner Sitzungssaal. 14. Wartesaal IV. Klasse. 15. Anrichteraum. 16. Wartesaal III. Klasse. 17. Ankleideraum und Pförtner. 18. Lagerraum. 19. Fahrkartenverkaufshalle. 20. Ehemaliger Wartesaal I. Klasse. 21. Damenzimmer. 22. Wartesaal II. Klasse. 23. Speisesaal. 24. Zimmer für den Stationsvorstehers. Bahnhofswirth. 25a. Männer- und Frauenabort. 26. u. 27. Zimmer für den Bahnhofswirth. 28. Aufzüge. 29. Zimmer für den Kaiserlichen Hof. 30. Zimmer des Stationsvorstehers. 31. Flur. 32. Telegraphie. 33. Stationsbureaus. 34. Lagerräume für die Station. 35. Räume für die Post. 36. Stationsarbeiter. 37. Zimmer für den Kaiserlichen Hof. 38. Wagenmeisterstube. 39. Aborte. 40. Wirthschaft für Kutscher. 41. Stellwerk. 42. Treppenthurm. 43. Linker Bahnsteig. 44. Mittelbahnsteig. 45. Rechter Bahnsteig. 46. Vorplatz für Fuhrwerke zu ankommenden Zügen. 47. Vorplatz für Ringbahn. 48. Alter Kirchhof. — Unter 2., 12., 13. u. 13a. Kaiserliche Post; unter 17. u. 18. Fahrkartenausgabe. Unter 20., 21. u. 25a. Gepäckannahme. — 49. Vorhalle zum Personentunnel. 50. Vorhalle der Wannseebahn. 51. Fahrkartenausgabe. 52. Kassenzimmer. 53. Pförtner. 54. Frauenabort. 55. Männerabort. 56. Gepäckannahme. 57. Gepäckaufzug. 58. Aufzug. 59. Bahnsteig der Wannseebahn, darunter Nebenausgang und Lagerräume. 60. Vorhalle der Ringbahn. 61. Fahrkartenausgabe. 62. Pförtner. 63. Frauenabort. 64. Männerabort. 65. Lagerräume. 66. Bahnsteig der Ringbahn, darunter Bureau-, Uebernachtungs- und Lagerräume, sowie Nebenausgang.

33*

260   VII. Die Locomotiveisenbahnen.

mit dem ursprünglichen Plan des Bahnhofes im Jahre 1838 (Abb. 350), so erhält man eine Vorstellung von der aufserordentlichen Entwicklung dieser ältesten preufsischen Privatbahn und dem mächtigen Aufschwung der Berliner Verkehrsverhältnisse. Hierbei ist es als ein wesentliches Verdienst der Berlin-Potsdam-Magdeburger Eisenbahn-Gesellschaft anzuerkennen, dafs sie stets alles aufbot, den Vorortverkehr zu heben. So wurden für diesen im Jahre 1873 Zeit- und Schülerfahrkarten, im Jahre 1877 Arbeiterwochenkarten eingeführt, ja, es war sogar zur Hebung des Vorortverkehrs und zur Loslösung desselben von dem Fernverkehr die Herstellung eines dritten und vierten Gleises auf der Strecke Berlin—Potsdam in Aussicht genommen. Nur weil die Geldmittel der Gesellschaft durch die äufserst kostspieligen, in der theuersten Bauzeit und unter den denkbar schwierigsten Arbeiterverhältnissen (1869—1872) ausgeführten weitgreifenden Um- und Erweiterungsbauten der alten Potsdamer Bahn sehr erschöpft waren, konnte zunächst nur ein Theil dieses dritten und vierten Gleises, das ist die alte Wannseebahn, erbaut werden. Diese zweigte bei Zehlendorf von der Hauptbahn ab,

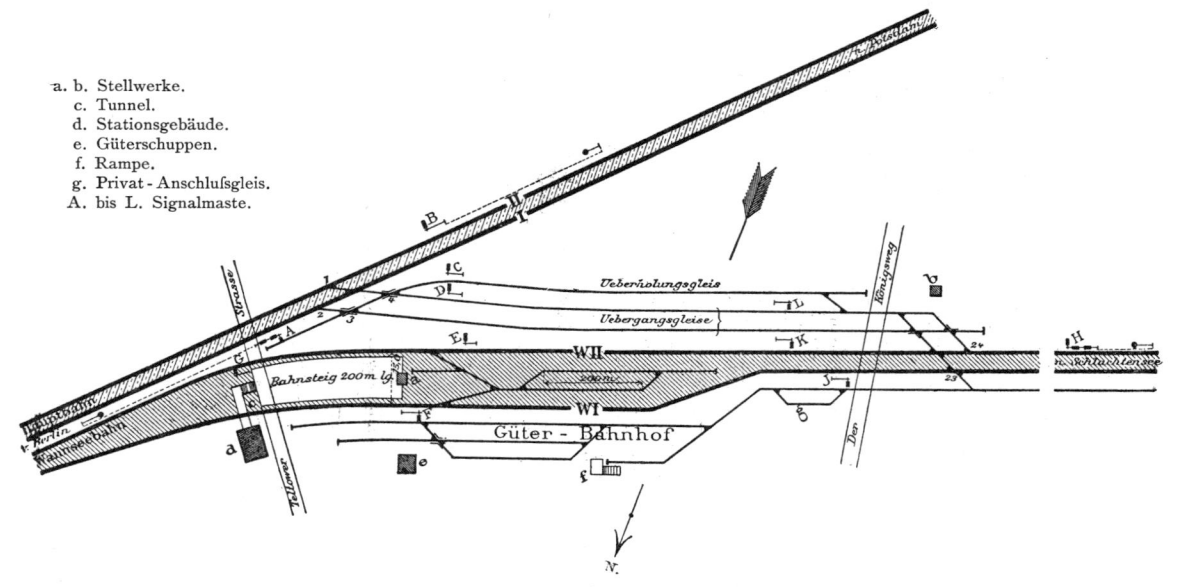

Abb. 355. Bahnhof Zehlendorf.

mündete bei Neubabelsberg in dieselbe wieder ein und wurde am 1. Juni 1874 in Betrieb genommen. Hierdurch erhielt der Verkehr auf der Potsdamer Bahn einen plötzlichen, ganz erheblichen Zuwachs.

Die Zahl der Ende der achtziger Jahre auf dem Potsdamer Bahnhofe abzufertigenden Schnell-, Personen- und Güterzüge betrug an Sonn- und Festtagen rd. 250. Eine nennenswerthe Steigerung des Verkehrs war ohne Gefährdung der sicheren Abfertigung desselben, namentlich mit Rücksicht auf die je nach ihrer Gattung mit verschiedener Geschwindigkeit fahrenden Züge nicht mehr möglich und es mufste eine Trennung des Verkehrs der Hauptbahn von dem der Vorort- und Ringbahn herbeigeführt werden.

Bereits im Jahre 1886 wurde mit der Bearbeitung der Entwürfe für den zur Durchführung dieser Verkehrszerlegung nothwendigen viergleisigen Ausbau der Strecke Berlin—Potsdam und für den hiermit zusammenhängenden Umbau des Potsdamer Bahnhofes in Berlin begonnen. Am 1. April 1891 wurde der daselbst errichtete neue Bahnhof zur Abfertigung der Ringbahnzüge und am 1. October desselben Jahres das neue, lediglich dem Vorortverkehr dienende Gleisepaar der Potsdamer Bahn, die neue Wannseebahn, eröffnet. Die heutige Gestaltung des Potsdamer Bahnhofes und der Wannseebahn geht aus dem Grundrifs (Abb. 354) und dem Lageplan (Anl. II) hervor.

Auf der Ost- und Westseite des Potsdamer Bahnhofes, an den Zufahrten von der Köthener und Linkstrafse her, sind zwei neue Kopfstationen — der Ringbahnhof und der

VII. Die Locomotiveisenbahnen. 261

Wannseebahnhof — erbaut. Von denselben ausgehend sind je zwei Gleise hergestellt, die lediglich dem Ringbahn- und dem Wannseebahnverkehr dienen. Die beiden neuen Ringbahngleise überschreiten an der Ecke der Königin-Augusta-Strafse und des Hafenplatzes den Landwehrcanal auf einem neuen, etwa 100 m langen Viaduct, umschliefsen den alten Potsdamer Güterbahnhof an seiner äufsersten Ostgrenze, kehren erst etwa bei der Yorkstrafse zu den Hauptgleisen der Potsdamer Bahn zurück und liegen von hier aus bis Station Schöneberg neben denselben. Die beiden Gleise der Wannseebahn, die den Landwehrcanal gleichfalls auf einem neuen, etwa 100 m langen Viaduct überschreiten, umgrenzen den alten Potsdamer Aufsenbahnhof an seiner Westseite (an der Flottwell- und Dennewitzstrafse), umfassen die Aufstellungsgleise für die Wannseebahnwagen, sowie den zugehörigen Locomotivschuppen und liegen, wie die Gleise der Ringbahn, von der Yorkstrafse ab neben den Hauptgleisen der Potsdamer Bahn (Abb. 352).

Auf der Wannseebahn folgt nach Berlin zunächst, hart an dessen Weichbildgrenze, die Station Grofs-Görschenstrafse, dann Friedenau, Steglitz, Lichterfelde und Zehlendorf.

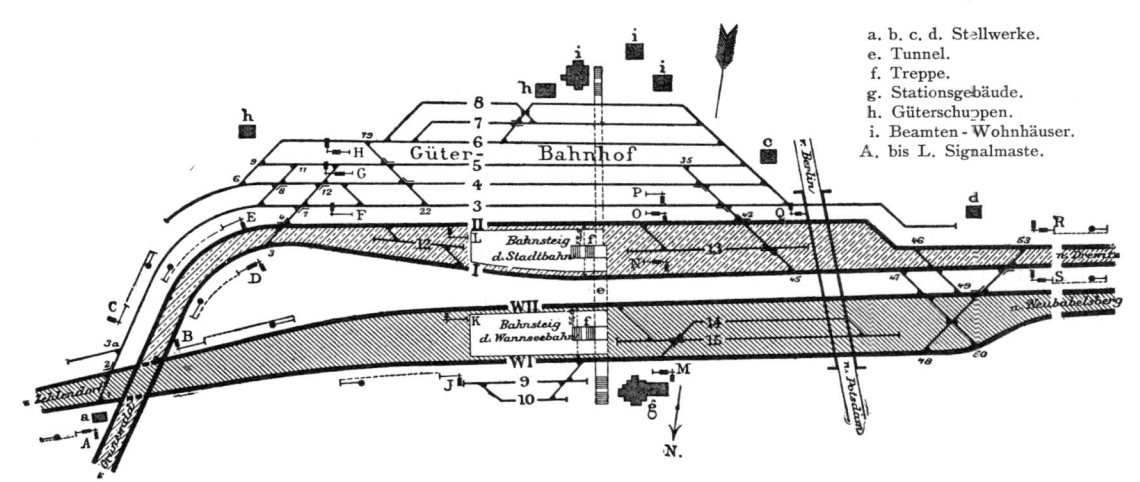

Abb. 356. Bahnhof Wannsee.

Hier verläfst die Wannseebahn die Hauptbahn, mit der sie an dieser Stelle durch zwei Uebergangsgleise Verbindung hat (Abb. 355), wendet sich nordwärts und geht in etwa 1,5 km Entfernung in die alte Wannseebahn über. Auf dieser folgen dann die vollständig umgebauten Stationen Schlachtensee, Wannsee (Abb. 356) und Neubabelsberg. Hier mündete früher die alte Wannseebahn in die Hauptbahn ein. Diese Verbindung ist jetzt aufgehoben und die Gleise der neuen Vorortbahn liegen von hier ab bis Potsdam wieder unmittelbar neben den Gleisen der Hauptbahn. Zwischen Neubabelsberg und Potsdam ist, unter vollständiger Beseitigung des ehemaligen Haltepunktes Neuendorf, eine neue Vorortstation gleichen Namens hergestellt. Auf dem Bahnhofe Potsdam endet die Wannseebahn mit einer Kopfstation, die neben dem Hauptbahnhofe errichtet ist und schon ehedem zur Abfertigung der Stadtbahn-Vorortzüge theilweise bestand.

Die Hauptbahn Berlin—Potsdam hat insofern wesentliche Aenderungen erfahren, als hier sämtliche Personenstationen eingegangen sind und die alten Güterbahnhöfe in Steglitz und Zehlendorf durch neue, erheblich erweiterte und günstiger gestaltete ersetzt wurden. Bei der Herstellung der Wannseebahn sind die baulichen Einrichtungen der Berliner Stadtbahn und der Londoner Bahnen unter sinngemäfser Abänderung für die vorliegenden Verhältnisse zur Verwendung gekommen. Die Vorortzüge werden auf sämtlichen Stationen, aufser Potsdam, wo der Verkehr mit Rücksicht auf die örtlichen Verhältnisse auf Aufsenbahnsteigen abgewickelt wird, an 200 m langen Mittelbahnsteigen abgefertigt, deren nutzbare Breite unter Berücksichtigung des Verkehrsumfanges und der Lage des Bahnhofes zwischen 10,20 m, 11,70 m und 13,20 m wechselt. Auf dem Wannseebahnhofe in

262   VII. Die Locomotiveisenbahnen.

Berlin ist der Bahnsteig mit einer 100 m langen, die Gleise umschliefsenden, geräumigen eisernen Halle überdeckt. Der Bahnhof entspricht in seiner Gestaltung dem der Ringbahn (Abb. 357). Um die Hallen der beiden neuen Bahnhöfe mit seitlichem Licht versehen zu können, sind die Umfassungswände, entsprechend den diesbezüglichen baupolizeilichen Vorschriften, hier sowohl wie da, in 6 m Abstand von der Nachbargrenze hergestellt. Die beiden seitwärts der Bahnhöfe liegenden Geländestreifen sind zu Privatstrafsen ausgebaut, die an der

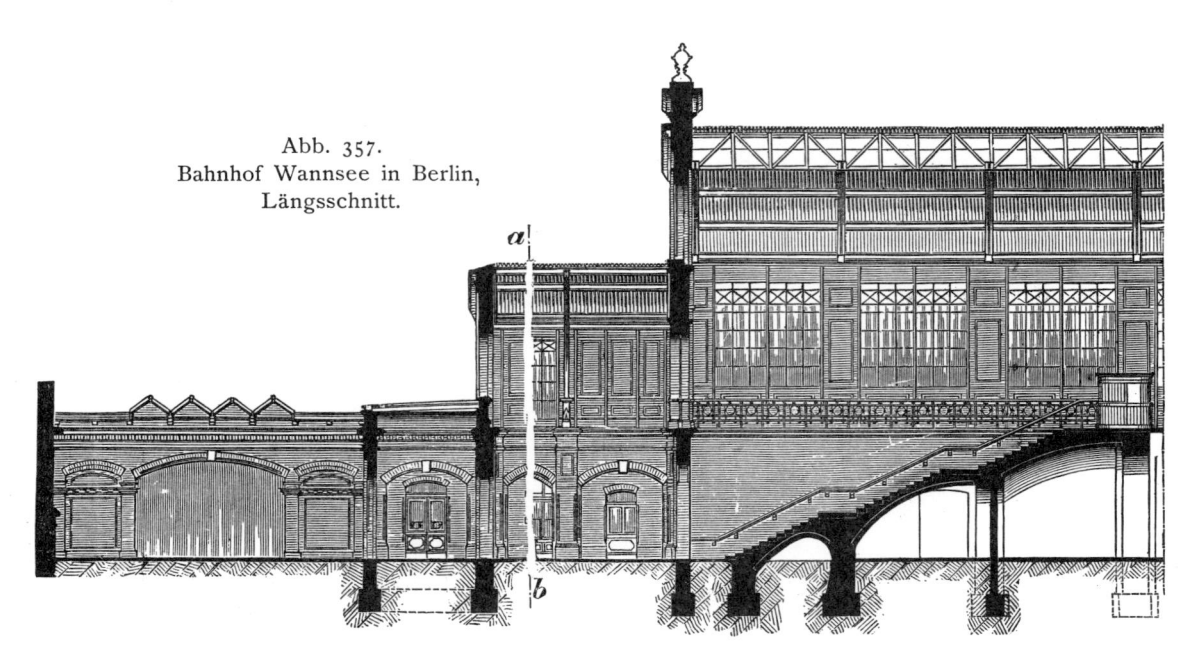

Abb. 357.
Bahnhof Wannsee in Berlin,
Längsschnitt.

Ost- und Westgrenze des Potsdamer Bahnhofes die Königgrätzer und Königin-Augusta-Strafse verbinden. Der Verkehr zwischen beiden Bahnhöfen wird durch einen 6 m breiten, am Ende der grofsen Halle der Hauptbahn liegenden Tunnel vermittelt. Derselbe stellt aufserdem die Verbindung des Wannseebahnhofes mit der Köthener Strafse und des Bahnhofes der Ringbahn mit der Linkstrafse her. Jeder der Bahnhöfe ist zu ebener Erde mit einer grofsen, durch eine breite Treppe mit dem Bahnsteig verbundenen Flurhalle versehen (Abb. 358). In dieser findet der Fahrkartenverkauf statt, auch enthält sie, aufser den Zugängen zu den Aborten, Räume für Stationszwecke und zur Abgabe von Handgepäck. Auf dem Wannseebahnhofe liegen die Räume zur Ab-

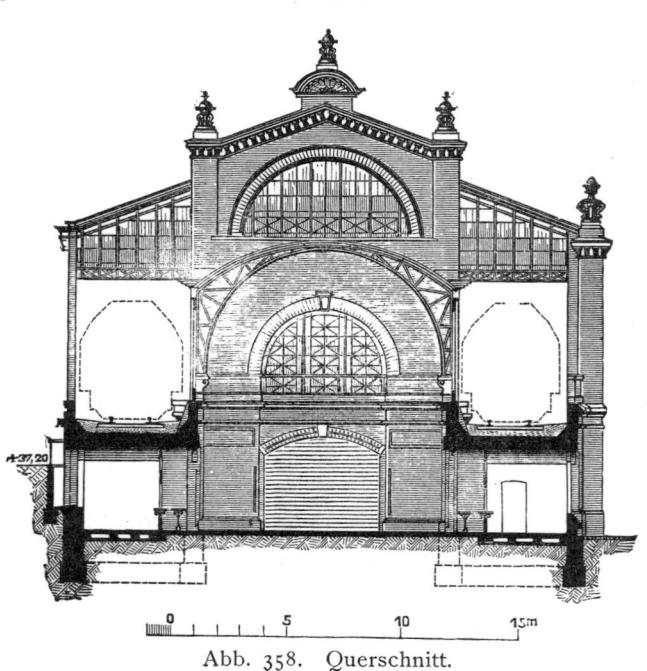

Abb. 358. Querschnitt.

fertigung des Gepäcks neben der Flurhalle in unmittelbarer Nähe der Haupttreppe und sind mit dem Bahnsteig durch einen hydraulisch betriebenen Aufzug von 1000 kg Tragfähigkeit verbunden. Auf der Stadt- und Ringbahn findet Gepäck-Beförderung nicht statt, auf dem Ringbahnhofe sind daher Anlagen zur Gepäckabfertigung nicht ausgeführt. Die Treppen haben an ihrem Austritt auf

VII. Die Locomotiveisenbahnen.

den Bahnsteig drei bezw. vier durch Schaffnerhäuschen gebildete Durchgänge erhalten, die, wie auf sämtlichen zwischen Berlin und Potsdam belegenen Stationen, je nach der Richtung und Stärke des Hauptmenschenstroms in verschiedener Zahl für den Zu- oder Abgang der Reisenden benutzt werden.

Der 200 m lange Mittelbahnsteig des Ringbahnhofes ist, wie auf der Wannseebahn, gleichfalls mit einer 100 m langen, die Gleise umfassenden, eisernen Halle überdeckt. Die Bahnsteigkanten liegen, wie bei der Berliner Stadtbahn, 23 cm über Schienenoberkante. Bei dem Wannseebahnhofe beträgt dieses Mafs, wie weiter unten erläutert, 76 cm. Da die Gleise auf dem Ringbahnhofe 13,50 m und auf dem Wannseebahnhofe 15 m Abstand haben, so beträgt die nutzbare Bahnsteigbreite hier $13,50 - 2 \cdot 1,50 = 10,50$ m und dort $15,00 - 2 \cdot 1,65 = 11,70$ m. Die Gleise enden auf beiden Bahnen vor starken Thürmen, an denen, um beim Gegenfahren den Stofs thunlichst sanft zu gestalten, nach Vorbildern auf englischen Bahnen, sehr starke hydraulische Prellvorrichtungen angebracht sind (vgl. Nr. 38, S. 398 des Centralblatts der Bauverwaltung, Jahrgang 1890). Um bei starkem Verkehr die Bahnsteige beider Bahnen thunlichst schnell räumen zu können, ist etwa in der Mitte derselben je eine Nebentreppe angeordnet. Am Fufse beider Treppen befindet sich je ein 100 qm grofser überwölbter, mit begehbaren Oberlichtern versehener Raum. Die Abnahme der Fahrkarten erfolgt nicht an dem Treppenaustritt auf dem Bahnsteig, sondern an den Ausgängen der überwölbten Räume, die auf oben genannte Privatstrafsen münden. Mit Hülfe dieser Nebenausgänge werden, wie die Erfahrung gelehrt hat, bequem 300 Personen in einer Minute vom Bahnsteig fort in den tiefer gelegenen Raum und von diesem aus ins Freie geführt.

Die auf dem Aufsenbahnhofe Berlin für die Wannseebahnwagen hergestellten Aufstellungsgleise haben eine nutzbare Länge von rd. 2700 m. Der Locomotivschuppen hat 20 Stände. Die Aufstellungsgleise sind mit den Hauptgleisen durch Weichen in der Weise verbunden, dafs unter dem Schutz einer Sammel-Stellwerksanlage das Einsetzen der Leerzüge und Wechselmaschinen in den Betrieb und das Aussetzen aus demselben in der einfachsten Weise erfolgen kann. Die Aufstellungsgleise für die Wagen der Hauptbahn (rund 2500 m nutzbar lang) liegen ebenfalls auf dem Aufsenbahnhofe. Dieselben sind neben den Hauptgleisen angeordnet, sind mit sämtlichen fünf Hallengleisen durch ein besonderes Gleis verbunden und stehen durch ein das Wannseebahngleis II überkreuzendes Gleis mit den Wagenaufstellungsgleisen der Wannseebahn in Zusammenhang. Für den Ringbahnverkehr findet ein Aus- und Einsetzen von Zügen auf dem Potsdamer Bahnhofe nicht statt. Aufstellungsgleise sind daher für die Ringbahn nicht hergestellt (Abb. 352).

Zur Unterbringung der Personenzugmaschinen für die Hauptbahn sind auf dem Aufsenbahnhofe zwei Locomotivschuppen mit zusammen 40 Ständen erbaut, neben den Schuppen ist eine Betriebswerkstatt errichtet. Um diese drei östlich der Hauptbahn liegenden Gebäude, sowie den Locomotivschuppen für die Wannseebahnmaschinen von der Dennewitzstrafse her gefahrlos zugänglich zu machen, ist ein Tunnel unter 28 Gleisen hergestellt. An der Ecke der Schöneberger und Luckenwalder Strafse ist eine grofse Vieh- und Militärrampe nebst zugehörigen Stallungen, Aborten usw. erbaut.

Der Eilgutverkehr wurde bis zum Jahre 1890 auf dem Innenbahnhofe, getrennt nach Empfang und Versand, in zwei Gebäuden abgewickelt, die vor Erbauung des Ringbahn- und Wannseebahnhofes abgebrochen werden mufsten. Seit jener Zeit findet dieser Verkehr auf dem Aufsenbahnhofe seine Erledigung und zwar in dem in Abb. 352 mit v bezeichneten Schuppen. Um zu vermeiden, dafs bei den Maschinenfahrten und der Beförderung der Eilgutwagen zwischen dem Innenbahnhofe und dem Schuppen auf dem Aufsenbahnhofe die Hauptgleise aufserhalb des Bezirks des Stellwerks auf dem Innenbahnhofe berührt werden, ist ein besonderes Gleis hergestellt, das die fünf Hallengleise mit dem Güterbahnhofe unmittelbar verbindet.

Für den Betrieb der hydraulischen Aufzüge besteht zur Zeit nur eine Aushülfsanlage an der Ecke des Hafenplatzes und der Königin-Augusta-Strafse. Der Strom für die elektrische Beleuchtung wird von einer eigenen Anlage geliefert, die sowohl den Potsdamer als auch Anhalter Bahnhof versorgt und auf letzterem gelegen ist.

264   VII. Die Locomotiveisenbahnen.

Sämtliche Stationen der Wannseebahn zwischen Berlin und Potsdam haben seitlich offene hölzerne, auf gußeisernen Säulen ruhende, mit Pappe eingedeckte Bahnsteighallen und Sitzbänke mit hohen Rück- und Seitenwänden zum Schutz gegen Wind und Wetter

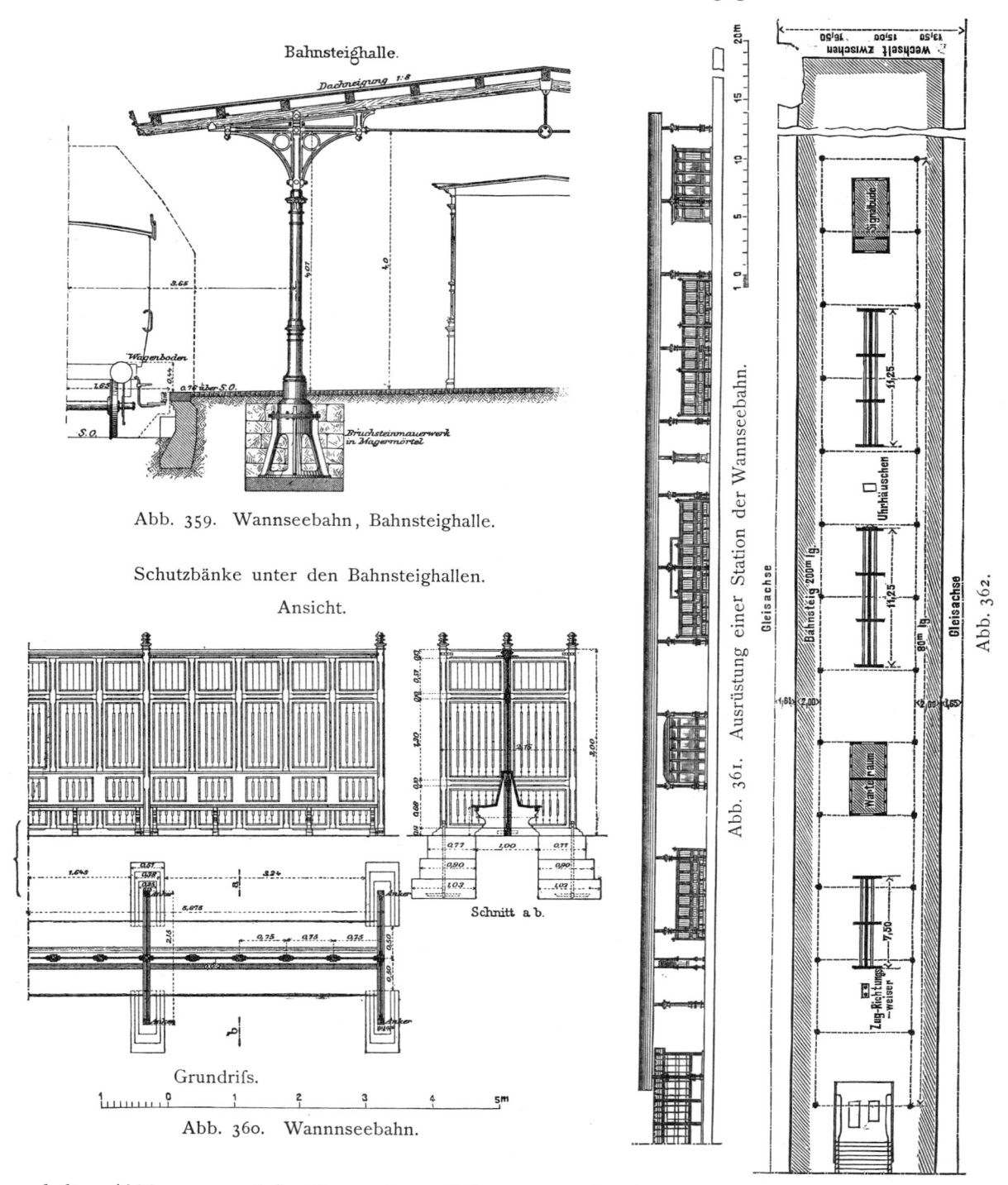

Abb. 359. Wannseebahn, Bahnsteighalle.

Schutzbänke unter den Bahnsteighallen.
Ansicht.

Grundriß.

Abb. 360. Wannnseebahn.

Abb. 361. Ausrüstung einer Station der Wannseebahn.

Abb. 362.

erhalten (Abb. 359 u. 360). Zum weiteren Schutz gegen die Witterungseinflüsse sind auf sämtlichen Stationen, außer in Potsdam, wo die Wartesäle der Hauptbahn in der Nähe des Wannseebahnhofes liegen, allseits geschlossene heizbare Wartehäuschen aufgestellt. Die Räume, in denen auf den Bahnsteigen der Stationsdienst erledigt wird, haben dieselbe äußere Ge-

VII. Die Locomotiveisenbahnen.

staltung, wie die Wartehäuschen erhalten. Da die Züge der Wannseebahn nur theilweise bis Potsdam durchgeführt werden und vielfach auf einer Zwischenstation enden, so sind auf den Bahnsteigen aller Stationen Zugrichtungsweiser in unmittelbarer Nähe der Zugänge aufgestellt, an denen mittels stellbarer, entsprechend beschriebener Flügel die End- und Umkehrstation, bezw. auch die Leerfahrt, für den nächsten abgehenden Zug bekannt gegeben wird. Ferner besteht die Ausrüstung sämtlicher Stationen aus einer grofsen, weit sichtbaren Uhr, einem Brunnen oder Wasserzapfhahn und einer Anzahl doppelsitziger Bänke. Auf sämtlichen Bahnsteigen sind an geeigneten, gut sichtbaren, bei Dunkelheit hell beleuchteten Punkten grofse Tafeln mit den Stationsnamen angebracht und die Stellen der Gleise, an denen in der Regel die Wagen II. oder III. Klasse zum Stillstand kommen, durch Schilder bezeichnet. Die übliche Ausrüstung einer Station der Wannseebahn ist aus Abb. 361 und 362 zu ersehen.

Um ein thunlichst schnelles und bequemes Ein- und Aussteigen der Reisenden zu ermöglichen, sind die mit Mosaikpflaster versehenen Bahnsteige der Stationen zwischen Berlin und Wannsee 76 cm über Schienenoberkante gelegt, sodafs sie mit ihrer Oberfläche nur 44 cm tiefer als die Wagenböden liegen. Die Bahnsteigkanten haben von der nächsten Gleiseachse eine Entfernung von 1,65 m.

Auf den Stationen hinter Wannsee, also Neubabelsberg, Neuendorf und Potsdam, liegen, mit Rücksicht auf den geringeren Verkehr, die Bahnsteige nur 30 cm über Schienenoberkante. Die Schlösser der Wagen sind, um das Oeffnen der Thüren auch bei geschlossenen Fenstern von innen zu ermöglichen, und somit das Aussteigen thunlichst zu beschleunigen, wie bei der Berliner Stadtbahn, auf den Aufsen- und Innenseiten mit Klinken zum Oeffnen versehen (Fondu'scher Verschlufs).

Die Bahnhofsvorplätze und Stationsgebäude sind durch Tunnel und Treppenanlagen mit den Bahnsteigen verbunden. Auf der Strecke Berlin–Zehlendorf sind beim Bau der Wannseebahn d. h. in den Jahren 1890 und 1891 sämtliche und auf der Strecke Zehlendorf–Potsdam alle stark benutzten Uebergänge in Schienenhöhe beseitigt worden. Zwischen Berlin und Potsdam mufsten infolge dessen achtzehn die Bahn kreuzende Wege unter- bezw. überführt werden, zu welchem Zweck nicht weniger als 142 Gleise unter- bezw. überbaut sind.

Der Verkehr auf der Strecke Berlin–Potsdam ist in der Weise auf die beiden Bahnen vertheilt, dafs auf der Hauptbahn aufser den Güterzügen nur noch Schnell- und Personenzüge, sowie eine Anzahl bis Potsdam ohne Aufenthalt durchfahrender Vorortzüge befördert werden. Es sind infolge dessen sämtliche Zwischen-Personenstationen für die Hauptbahn in Fortfall gekommen. Der gesamte Vorortverkehr auf der Strecke Berlin–Potsdam wird, abgesehen von dem auf die Hauptbahn verwiesenen Theile — nach Potsdam, Charlottenhof, Wildpark und Werder — auf der Wannseebahn abgewickelt. Die Güterzüge benutzen auf der Strecke Berlin–Zehlendorf die Hauptbahn und auf der Strecke Zehlendorf–Schlachtensee–Wannsee–Potsdam, zur Bedienung dieser Stationen, die Wannseebahn. Der Verkehr auf der Wannseebahn ist sonach von dem der Hauptbahn auf der Strecke Berlin–Zehlendorf vollständig und auf der Strecke Zehlendorf–Wannsee–Potsdam nahezu unabhängig. Zur Umkehr der Züge sind die Stationen mit Nebengleisen versehen, auf denen die Maschinen schnell und ohne den Betrieb zu stören umgesetzt und aufserdem Sonderzüge aufgestellt werden können, die je nach Bedarf bequem in die Zugfolge einzuschalten sind (Abb. 355 u. 356). Um die Locomotiven in beiden Fahrtrichtungen ohne Drehung verwenden zu können, sind auf der Wannseebahn nur Tendermaschinen in Gebrauch. Sämtliche Züge werden auf der Strecke Berlin–Zehlendorf (Wannseebahn) durchweg mit gleicher Geschwindigkeit (45 km in der Stunde) und gleichem Aufenthalt auf den Stationen, also nach einem sogen. starren Fahrplan gefahren. Auf der Strecke Zehlendorf–Wannsee–Potsdam ist dies mit Rücksicht auf die Güterzüge, die in Zehlendorf von der Hauptbahn auf die Wannseebahn übergehen, und die auf der Strecke Wannsee–Potsdam verkehrenden Vorortzüge der Stadtbahn und die Grunewald-Güterzüge nicht durchführbar. Ein Mifsstand ist hieraus bisher nicht erwachsen, weil der Verkehr auf der Strecke Zehlendorf–Wannsee–Potsdam erheblich geringer ist, als auf der Strecke Berlin–Zehlendorf. Dem zu den verschiedenen Tageszeiten verschieden grofsen Verkehrsbedürfnifs wird durch den Wechsel in der Zugfolge Rechnung getragen.

Auf sämtlichen Stationen der Potsdamer Bahn ist die Bahnsteigsperre durchgeführt. Zur Sicherung des Zugverkehrs sind durchweg die neusten und besten elektrisch betriebenen Blockwerke zur Anwendung gekommen. Die Bedienung aller wichtigeren Weichen und Signalmaste geschieht von Sammelstellwerken aus, welche mit den Blockwerken in gegenseitiger Abhängigkeit stehen.

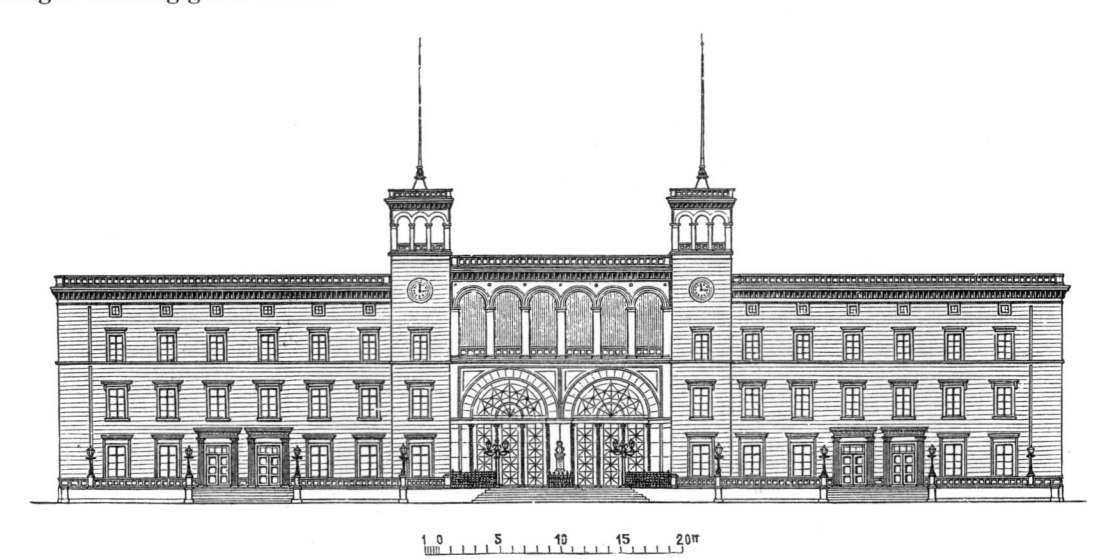

Abb. 363. Hamburger Bahnhof, Empfangsgebäude.

G. Die Berlin-Hamburger und die Berlin-Lehrter Eisenbahn.[1]

Die Bahnhöfe Berlin der beiden ehemaligen Privatbahnen der Berlin-Hamburger und der Berlin-Lehrter Eisenbahn liegen unmittelbar neben einander im Nordwesten der Stadt zwischen der Spree, der Paul- und Lüneburger Strafse, dem Zellengefängnifs, der Lehrter Strafse, den Ueberführungen der Personen- und Gütergleise des Nordrings und dem Berlin-Spandauer Schiffahrtscanal und vermittelten auf den bis zur Verstaatlichung der Bahnen gesondert betriebenen Anlagen und den anschliefsenden je doppelgleisigen Strecken über die beiderseitigen Bahnhöfe in Spandau den Verkehr nach Hamburg und Lehrte.

Nach Einverleibung beider Bahnen in die Bezirke der Königlichen Eisenbahndirection in Altona und Magdeburg wurden zum Zwecke der Ersparung an Personal und der Vereinfachung des Verkehrs und Betriebes die Bahnhöfe beider Linien in Berlin und in Spandau sowie im Anschlufs an den viergleisigen Ausbau des Nordrings auch die Hauptgleise der freien Strecke zwischen Berlin und Spandau durch stückweise Um- und Ergänzungsbauten so gestaltet, dafs in der Zeit vom 1. April 1885 bis zum 1. Mai 1893 nach und nach der Betrieb und Verkehr der Berlin-Hamburger und Berlin-Lehrter Eisenbahn zwischen Berlin und Spandau im gesamten Umfange vereinigt und der einheitlichen Leitung der Direction in Altona unterstellt werden konnte.

Zu diesem Zwecke wurden in Berlin die Abfertigungen für den Personen-, Eilgut- und Postverkehr der Berlin-Hamburger Eisenbahn nach dem Lehrter Personenbahnhofe, dem jetzigen Berlin-Lehrter Hauptbahnhofe, die Abfertigungen für den Güterverkehr der Berlin-Lehrter Eisenbahn nach dem Hamburger Güterbahnhofe, dem jetzigen Güterbahnhofe Berlin (Hamburger und Lehrter Bahnhof), in Spandau die Abfertigungen für den Personen-, Eilgut- und Postverkehr der Berlin-Lehrter Eisenbahn nach dem Hamburger Bahnhofe, dem

---

[1] Bearbeitet vom Königlichen Regierungs-Baumeister Kaumann.

VII. Die Locomotiveisenbahnen. 267

jetzigen Personenbahnhofe Spandau, und die Abfertigungen für den Güterverkehr der Berlin-Hamburger Eisenbahn nach dem Lehrter Bahnhofe, dem jetzigen Güterbahnhofe Spandau verlegt, an diesen Stellen mit den vorhandenen Abfertigungen vereinigt uud demgemäfs zwischen Berlin und Spandau die Personen- und Güterzüge auf je besonderen Doppelgleisen befördert. Das hierdurch in Berlin freigewordene Empfangsgebäude der Berlin-Hamburger Eisenbahn (Abb. 363), das nach den Entwürfen des Baudirectors, späteren Geheimen

Abb. 364. Lehrter Bahnhof, Empfangsgebäude.

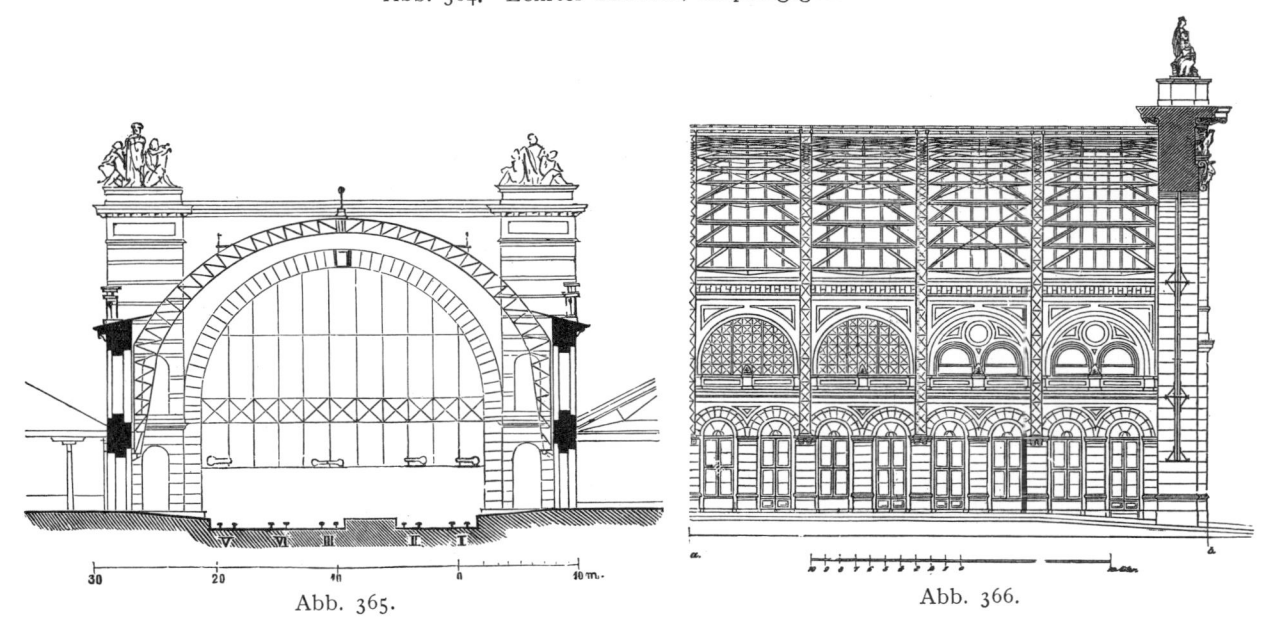

Abb. 365.

Abb. 366.

Regierungsraths Neuhaus und des Baumeisters Holz in den Jahren 1845—1847 unter Leitung des Baumeisters Arnold ausgeführt worden war, wurde nach Abbruch des Hallendaches, der Gleise, Bahnsteige und Aborte für Verwaltungszwecke der Staatseisenbahn-Verwaltung und für Dienstwohnungen eingerichtet und der ebenfalls für den öffentlichen Verkehr geschlossene Lehrter Güterbahnhof in Berlin nach Abbruch und Umbau eines Theils der Gleise und nach Umänderung der grofsen ehemaligen Güterhallen für die Verpachtung von Lagerplätzen mit Gleisanschlufs, für den Wasserumschlagsverkehr an der Spree (Kohlen, Obst, Getreide usw.) und für die zollamtliche Abfertigung des Berlin-Hamburger Zollver-

34*

268   VII. Die Locomotiveisenbahnen.

kehrs verwendet. Die zollamtliche Abfertigung des Berlin-Lehrter Zollverkehrs wurde in unveränderter Weise in den Anlagen des mit den Bahnhofsgleisen verbundenen Packhofes belassen.

Der Berlin-Lehrter Hauptbahnhof bietet durch seine Lage in der Nähe der Stadtbahn und der Pferdebahnlinien in der Invalidenstrafse und in der Strafse Alt-Moabit den Reisenden bequeme Ab- und Zugänge zu den Anlagen des Personen- und Postverkehrs und gestattet auf seinen ausgedehnten Strafsenvorplätzen und durch die breiten Zufahrtwege von der Kronprinzen-, Alsen- und Moltkebrücke, von Moabit und von der Invalidenstrafse her die schnelle Entwicklung des zeitweise umfangreichen Reiseverkehrs der beiden Linien nach Hamburg und Lehrte.

Das Empfangsgebäude (Abb. 364 bis 367), vor dessen nördlichem Giebel die Station Lehrter Bahnhof für den Stadtverkehr der Stadtbahn liegt, ist ein grofsartiger Hallenbau, ausgeführt nach den Entwürfen und unter Leitung der Baumeister Lent, Scholz und Lapierre. In der Halle befinden sich zwischen zwei Seiten- und einem Mittelbahnsteig fünf Gleise, die vor einem Kopfbahnsteige endigen. Die Gleise I und II dienen zur Ausfahrt, das Gleis III zur Ein- und Ausfahrt und das Gleis V zur Einfahrt der Personen- und Schnellzüge der Strecke Berlin – Hamburg, der Vorortzüge der Strecke Berlin–Nauen und der Personenzüge der Strecke Berlin–Lehrte. Gleis IV ist Laufgleis der Maschinen. Die bebaute Grundfläche des Gebäudes beträgt 14 883 qm. Die Halle wird von zwei Seitenbauten begrenzt, die die Abfertigungs-, Stations- und Betriebsräume enthalten. Ein verdeckender Kopfbau fehlt; daher hat der Hallenbau auch in der Aufsen-Architektur den vollständigen architektonischen Ausdruck erhalten. Die Form der überdeckenden Hallenconstruction ist ein überhöhter Halbkreis; bei 188 m Länge und 38,29 m

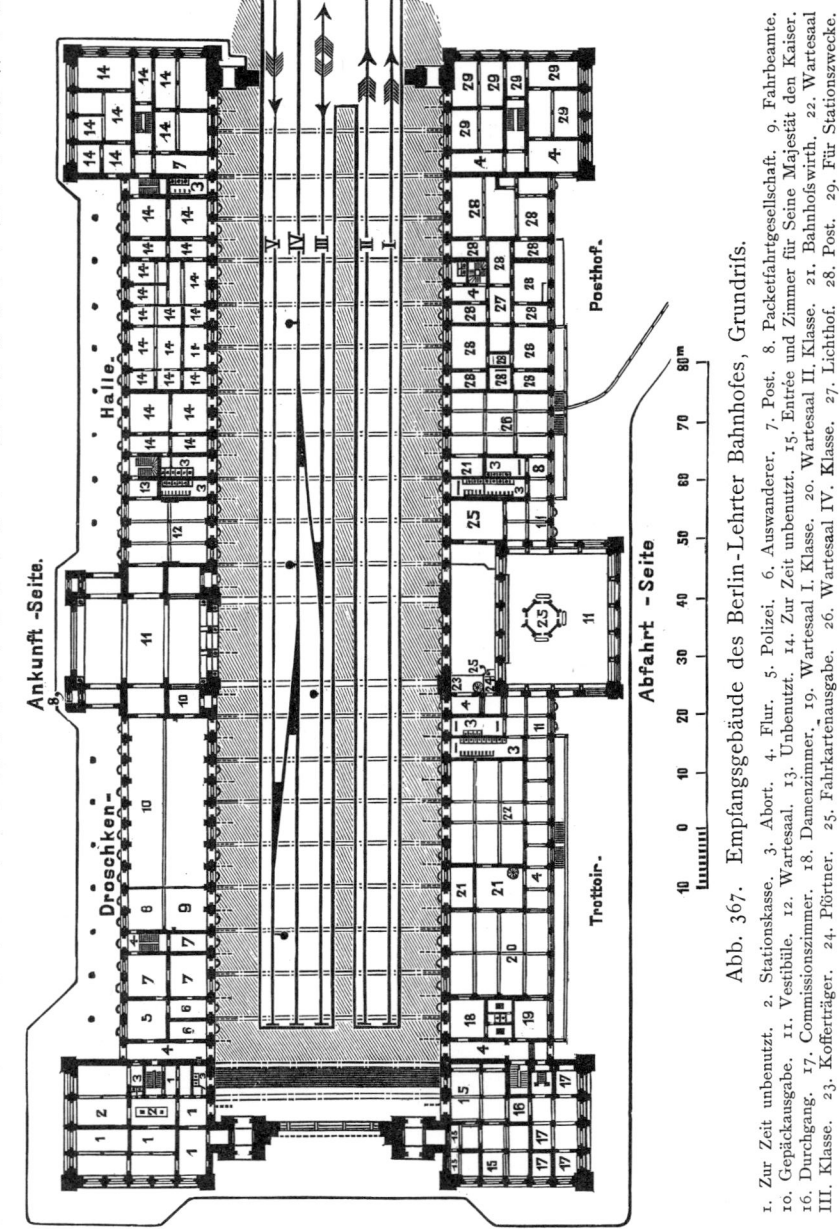

Abb. 367. Empfangsgebäude des Berlin-Lehrter Bahnhofes, Grundrifs.

1. Zur Zeit unbenutzt. 2. Stationskasse. 3. Abort. 4. Flur. 5. Polizei. 6. Auswanderer. 7. Post. 8. Packetfahrtgesellschaft. 9. Fahrbeamte. 10. Gepäckausgabe. 11. Vestibüle. 12. Wartesaal. 13. Unbenutzt. 14. Zur Zeit unbenutzt. 15. Entrée und Zimmer für Seine Majestät den Kaiser. 16. Durchgang. 17. Commissionszimmer. 18. Damenzimmer. 19. Wartesaal I. Klasse. 20. Wartesaal II. Klasse. 21. Bahnhofswirth. 22. Wartesaal III. Klasse. 23. Kofferträger. 24. Pförtner. 25. Fahrkartenausgabe. 26. Wartesaal IV. Klasse. 27. Lichthof. 28. Post. 29. Für Stationszwecke.

VII. Die Locomotiveisenbahnen. 269

Breite enthält die Halle 23 bogenförmige gekuppelte Binder in Entfernungen von 5,66 m, 7,86 m und 12,58 m von einander, deren Scheitel 27 m über Schienenoberkante liegen. Die Eindeckung der Halle ist von gewelltem Zinkblech ohne Oberlicht hergestellt; die Erleuchtung erfolgt ausschliefslich durch seitliches Oberlicht von grofsen halbkreisförmigen Fensteröffnungen und durch die beiden durch Glas geschlossenen Hallenabschlüsse. Die äufsere Architektur, die sich an die Formen der italienischen Hoch-Renaissance anlehnt, ist in Cementputz ausgeführt mit Ausschlufs der Gesimse und Säulen, die von gebranntem Thon und Sandstein hergestellt sind.

Der grofse Umfang der einzelnen Räume dieses Gebäudes mit den sonstigen Betriebsanlagen des Personenverkehrs ermöglicht eine schnelle Abfertigung der zeitweilig in kurzen Zwischenräumen an- und abfahrenden Züge beider Strecken.

Der Güterbahnhof Berlin (Hamburger und Lehrter Bahnhof) nordwestlich von der Invalidenstrafse und in seiner Längsrichtung durchschnitten von der Heidestrafse, enthält in vier von einander getrennten Gruppen die Anlagen für den Rangir-, Freilade-, Stückgut- und Eilgutverkehr; westlich von der Rangirgruppe liegen vier Hauptgleise, von denen zwei zur Einfahrt und zwei zur Ausfahrt (Aufstellung) der Hamburger und Lehrter Güterzüge bestimmt sind; die vier Hauptgleise vereinigen sich am nördlichen Ende des Bahnhofes zu einem Gleise, das mittels Ueberführungsbauwerk über die beiden Personenhauptgleise der Strecke Berlin–Spandau geführt und bis zur Einmündung in den Güterbahnhof Moabit für die Ein- und Ausfahrt der Güterzüge von und nach Hamburg und Lehrte und für die Einfahrt der Eilgüterzüge von Hamburg nach Lehrte (Personenbahnhof Spandau) in eingleisigem Betriebe benutzt wird; im übrigen sind die Güterhauptgleise bis zum Einlauf in den Güterbahnhof Spandau, an dessen Ende sie in die doppelgleisigen Hamburger und Lehrter Hauptstrecken einmünden, zweigleisig.

Die Ausfahrt der Eilgüterzüge nach Hamburg und Lehrte (Personenbahnhof Spandau) aus dem Güterbahnhofe Berlin geschieht von den Güterhauptgleisen und mittels Weichenverbindung schon zwischen Berlin und Moabit auf dem Personenhauptgleise. Auf dem Bahnhofe Moabit halten zum An- und Absetzen der Wagen des Süd- und Nordring-Uebergangsverkehrs von und nach Berlin Ort sämtliche Güterzüge beider Linien mit Ausschlufs der Eilgüterzüge.

Der dreischiffig angelegte Güterschuppen des Güterbahnhofes Berlin (Hamburger und Lehrter Bahnhof) hat einschliefslich der in der Mitte liegenden drei Gleise und der Abfertigungsräume eine bebaute Grundfläche von 13 619 qm. Aufserdem befinden sich auf den vereinigten Bahnhöfen vier Locomotivschuppen mit zusammen 52 Ständen, zwei Wagenschuppen, von denen der auf dem Personenbahnhof liegende mit Einrichtungen zum Vorwärmen der Personenwagen während der kalten Jahreszeit versehen ist, ein Werkstattsgebäude mit 5709 qm und eine Schwellentränkanstalt mit 1531 qm bebauter Grundfläche. Die sämtlichen Anlagen des Personen- und Güterbahnhofs sind an die städtische Wasserleitung und Canalisation angeschlossen; der Personenbahnhof und die Anlagen des Eilgutverkehrs haben elektrische Beleuchtung, deren allmähliche Erweiterung auch für die übrigen Bahnhofsanlagen in Aussicht genommen ist.

H. Die Berlin-Stettiner Eisenbahn[1])

vermittelt hauptsächlich den Verkehr zwischen Berlin und Vor- und Hinterpommern. Von der Stammbahn Berlin–Stettin gehen Zweigbahnen ab: von Eberswalde über Freienwalde und Wriezen nach Frankfurt a. O., von Angermünde nach Freienwalde, Schwedt, Stralsund, Wolgast und Swinemünde. Von Stettin führen unter anderem Eisenbahnverbindungen nach Stralsund, Cammin, Colberg, Danzig und Posen. Die Strecken Berlin–Stettin und Eberswalde–Freienwalde sind zweigleisig ausgebaut, im übrigen sind die Linien eingleisig.

Die Stettiner Bahn ist von einer Actiengesellschaft, deren Direction in Stettin ihren Sitz hatte, erbaut worden. Es wurden eröffnet die Strecken Berlin–Eberswalde, 45 km

---

1) Bearbeitet vom Regierungs- und Baurath Bathmann.

lang, am 30. Juli 1842; Eberswalde—Angermünde, 25,5 km lang, am 15. November 1842; Berlin—Stettin, 133,89 km lang, am 16. September 1843; Stettin-Stargard, 34,3 km lang, am 1. Mai 1846.

Es wurden ferner eröffnet die unter Staatsgarantie erbauten Bahnen Stargard—Cöslin—Colberg, 170,23 km lang, am 1. Juni 1859; Angermünde—Stralsund, Züssow—Wolgast, Stettin—Pasewalk, 228,5 km lang, im Jahre 1863; Cöslin—Stolp—Danzig, 198 km lang, am 1. September 1870; Eberswalde—Wriezen, 30,1 km lang, im Jahre 1867; Pasewalk—Mecklenburger Grenze, 22,85 km lang, im Jahre 1867.

Der Bahnhof Berlin der Berlin-Stettiner Eisenbahn ist als Kopfbahnhof im Norden der Stadt angelegt. Seine Entfernung vom Dönhoffplatz beträgt 2,6 km. Der Bahnhof wird im Süden von der Invalidenstraße, im Osten im allgemeinen von der Gartenstraße, im Westen theils von bebauten, theils von unbebauten Grundstücken, theils von dem Kirchhofe der St. Hedwigs-Gemeinde begrenzt.

Das für Bahnhofszwecke benutzte Gelände umfaßt rd. 1896 a. Seit seiner Errichtung ist der Stettiner Bahnhof infolge des stetig anwachsenden Personen- und Güterverkehrs und infolge der Zuführung neuer Verkehrslinien — namentlich der Nordbahn — fast ununterbrochen durch Grunderwerb, Herstellung von Gleisen, Ladestraßen und Baulichkeiten erweitert und vervollständigt worden. Auch zur Zeit ist eine durchgreifende Umgestaltung des Stettiner Bahnhofes in Ausführung. Dieselbe bezweckt die Aufnahme sämtlicher Personenzüge der Stettiner und Nordbahn, die Trennung des Vorort- und Fernverkehrs innerhalb des Bahnhofes, die Anlage zweckmäßig zu den Ein- und Ausfahrtsgleisen gelegener Wagenaufstellungsgleise, die Herstellung zusammenhängender geräumiger Güterschuppen und Ladestraßen und die Entlastung der Fernbahnsteige vom Gepäckverkehr. Infolge der letzteren Maßregel ist die Höherlegung der Fernanlagen wegen der anzuordnenden Tunnel geboten. Im Zusammenhange mit

Abb. 368. Empfangsgebäude des Stettiner Bahnhofes, südliche Ansicht.

VII. Die Locomotiveisenbahnen.

der Umgestaltung des Bahnhofes werden die Arbeiten für die Verlegung der Stettiner Bahn zwischen Berlin und Pankow — durch welche unter anderem die Aufhebung des Planüberganges an der Badstraſse und der Linienführung innerhalb städtischer Straſsen erreicht wird — und die Gabelung der Fern- und Vorortbahn in die Stettiner und Nordbahn hergestellt. Die von dem Stettiner Bahnhofe ausgehenden und daselbst einlaufenden Personenzüge werden zukünftig sämtlich über Bahnhof Gesundbrunnen geführt. Auf dem letzteren ist dann — abgesehen von dem Stadt- und Ringbahnverkehr — je eine zweigleisige Fern- und Vorortbahn vorhanden; die Scheidung der Züge in solche für die Stettiner und Nordbahn vollzieht sich in der erwähnten Gabelung nördlich vom Bahnhofe Gesundbrunnen.

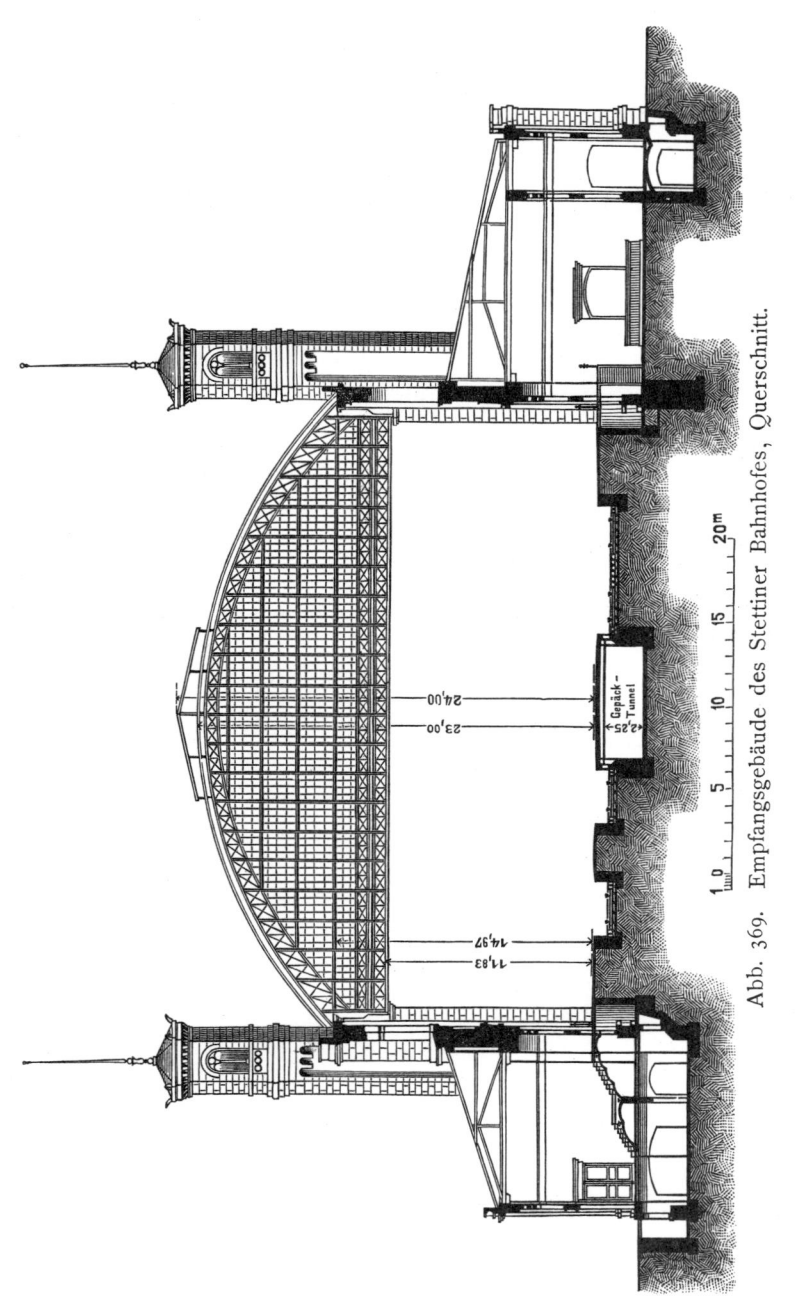

Am Nordende des Stettiner Bahnhofes werden fünf Gleise die Liesenstraſse übersetzen. Auſser den schon erwähnten Gleispaaren für die Fern- und Vorortbahn ist nämlich noch ein fünftes Gleis vom Stettiner Bahnhofe nach dem Bahnhofe Gesundbrunnen geführt, welches für den Güter- und Maschinenverkehr — auch zwischen dem Stettiner Bahnhofe und dem Rangirbahnhofe Pankow — dient.

In der Nähe der Weichbildgrenze von Berlin führt die Nordbahn über die Stettiner Bahn hinweg. Letztere erreicht bald die Vorortstation Pankow-Schönhausen, berührt dann den Rangirbahnhof Pankow und die weiteren Vorortstationen Pankow-Heinersdorf, Blankenburg, Carow, Buch, Zepernick und Bernau.

Der Stettiner Bahnhof hat, wie sämtliche Berliner Bahnhöfe, starken Personen- und Güterverkehr aufzunehmen. Der Personenverkehr trennt sich in Fern- und Vorortverkehr. Da die Bedürfnisse beider Verkehre verschiedenartige sind, so hat bei dem stetigen Anwachsen beider eine Trennung auch in örtlicher Beziehung vorgenommen werden müssen.

In dem Fernverkehr spielt hier die Beförderung groſser Gepäckstücke, namentlich im Sommer im Verkehr mit den Ostseebädern eine erhebliche Rolle; im Vorortverkehr kommt wenig Gepäck auf. Die Gleise für den Vorortverkehr liegen annähernd in der Höhe des Bahnhofsvorplatzes, die Gleise für den Fernverkehr etwa 3 m höher. Von den Vorortbahnsteigen auf dem Stettiner Bahnhofe sind auſser den genannten Vororten an der Stettiner

Abb. 369. Empfangsgebäude des Stettiner Bahnhofes, Querschnitt.

272   VII. Die Locomotiveisenbahnen.

Bahn auch die Vororte an der Nordbahn sowie die an der Tegel-Kremmener Bahn gelegenen zu erreichen. Die Eilgüter kommen theils mit den Personenzügen an, theils sind besondere Eilgüterzüge vorhanden, welche namentlich Milch anbringen.

Der Stückgutverkehr überwiegt in dem Eingange den Abgang. Es gehen zur Zeit täglich im stärksten Verkehr an Stückgutsendungen rd. 130 Achsen mit rd. 400 Positionen ein, ferner rd. 40 Achsen Getreide und Mehl.

Der Freiladeverkehr theilt sich in solchen für Rohstoffe, wie Steine, Kohlen, Holz usw., und solchen für Lebensmittel. Zu den letzteren zählen Kartoffeln, Gemüse, Obst und im Herbst geschlachtete Gänse. Im stärksten Freiladeverkehr sind täglich über 500 Achsen auf dem Bahnhofe laderecht zu stellen.

Die baulichen Anlagen, welche zur Bewältigung dieser verschiedenen Verkehrszweige auf dem Bahnhofe vorhanden sind, bezw. nach der im Gange befindlichen Umgestaltung des Bahnhofes in Benutzung kommen, sind nachfolgend kurz erörtert.

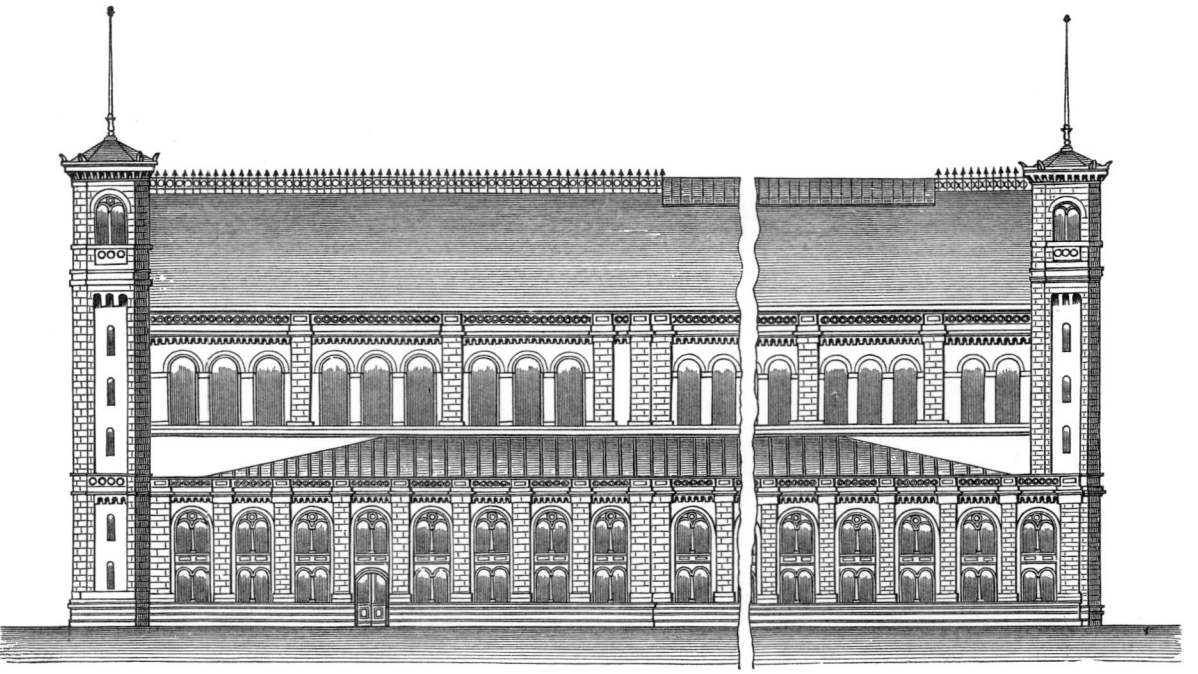

Abb. 370. Empfangsgebäude des Stettiner Bahnhofes, östliche Ansicht.

Das Empfangsgebäude für den Personen-Fernverkehr ist im Grundriss, Seitenansicht und Querschnitt in den Abb. 369—371 dargestellt. Die Halle wird drei erhöhte Bahnsteige, einen Gepäck- und einen Querbahnsteig und vier Abfahrts- und Ankunftsgleise enthalten. Vor der Halle liegt nach der Stadtseite hin in Strafsenhöhe ein grofser Flur zur Aufnahme der Fahrkartenschalter und der Gepäckannahme, im östlichen Seitenbau liegen in Strafsenhöhe die Wartesäle und die zur Abwicklung des Stations- und Telegraphendienstes erforderlichen Diensträume. Im westlichen Seitenbau liegen die Gepäckausgabe, der Ausgangsflur und verschiedene Diensträume. Räume, welche zum Aufenthalt Höchster Herrschaften dienen, sind in beiden Flügeln vorhanden.

Das für abfahrende Züge bestimmte Gepäck wird nach Annahme in der Vorhalle unter den Querbahnsteig, von dort durch den Gepäcktunnel zu den Aufzügen bezw. zu den Bahnsteigen und den abgehenden Zügen geschafft. Für das Gepäck aus den ankommenden Zügen wird im allgemeinen der besondere Gepäckbahnsteig benutzt, von welchem das Gepäck mittels Aufzügen in die Gepäckausgabe an der Westseite des Empfangsgebäudes geschafft wird. Die Bahnsteige sind in der üblichen Weise durch Fahrkartenschaffnerstände vom Querbahnsteig abgesperrt. Die Räume für die Post sind auf beiden

VII. Die Locomotiveisenbahnen. 273

Seiten der Halle vorgesehen, am Ende des rechten Bahnsteiges befindet sich ein besonderes Postgebäude.

Für den Vorortverkehr wird ein besonderes Gebäude, enthaltend Vorhalle, Fahrkartenverkauf und andere Diensträume mit den anschliefsenden Bahnsteighallen, benutzt. Mit Rücksicht auf den Umstand, dafs die Linien Berlin—Bernau, Berlin—Oranienburg und Berlin—Schönholz—Tegel hier zur Behandlung kommen, sind vier Vorortgleise mit zwei Hallen und den erforderlichen Gleisverbindungen angeordnet. Je eine Gleisgruppe zur Aufstellung von Leerzügen ist in unmittelbarem Zusammenhange mit den Bahnsteiggleisen des Fern- und Vorortverkehrs angelegt.

Im Zusammenhange mit den Baulichkeiten für den Vorortverkehr befindet sich der Maschinenhof mit Schuppen zur Unterbringung von Vorortmaschinen, Werkstattsräumen, Uebernachtungsräumen für das Fahrpersonal, Kohlen, Drehscheibe, Wasserkranen und sonstigem Zubehör an Baulichkeiten und Gleisen. Sicherungsanlagen in Verbindung mit den

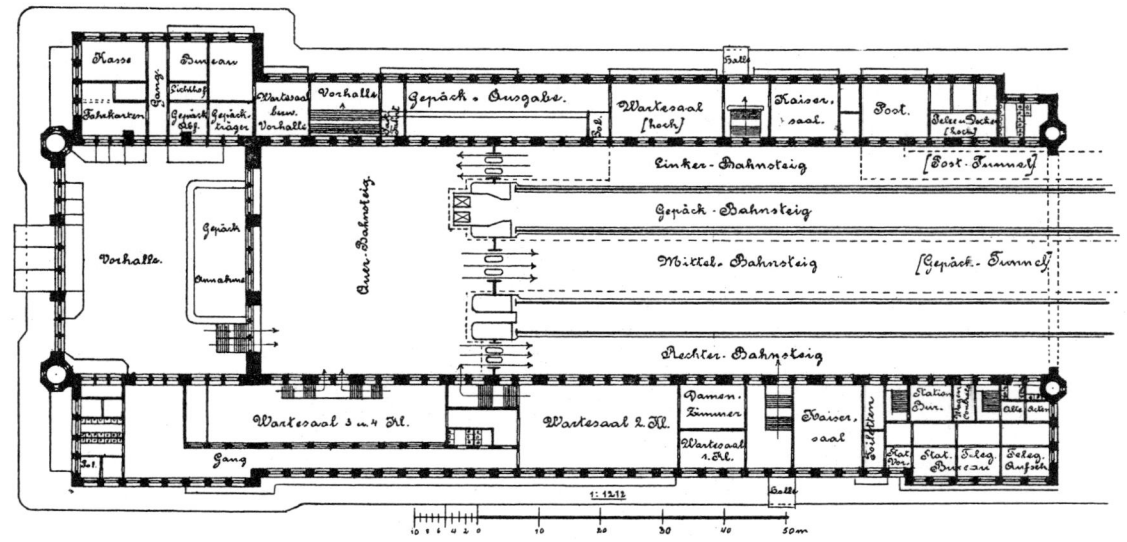

Abb. 371. Stettiner Bahnhof, Grundrifs.

Aus- und Einfahrtssignalen sind in der Mitte des Bahnhofes und am Nordende desselben vorhanden. Eine besondere Befehlsbude dient zur Regelung der Zugfolge.

Aufser den durchgehenden Hauptgleisen, den Hallengleisen und den Wagenaufstellungsgleisen enthält der fertige Bahnhof westlich von den Güterschuppen eine Anzahl von Aufstellungsgleisen für den Wagenladungsverkehr sowie dazwischen liegende Ladestrafsen. Rangirgleise sind nur in geringem Umfange vorhanden, weil nach Inbetriebnahme des Rangirbahnhofs Pankow das Haupttrangirgeschäft nach dort verlegt ist.

Bereits in den Jahren 1890—1892 hat eine durchgreifende Aenderung der Anlagen am Nordende des Stettiner Bahnhofes wegen Beseitigung des Planüberganges an der Liesenstrafse stattfinden müssen. Hierbei sind drei Gleise auf drei Ueberbauten aus Halbparabelträgern von rd. 82 m, 72 m, 64 m Spannweite überführt, die Strafsen annähernd um 2,80 m gesenkt, die Gleise um 2,20 m gehoben worden. Letzteres hat ohne Betriebsstörung erfolgen müssen; auch haben die Fundament- und Widerlagsmauern der Unterführung ohne Unterbrechung des Betriebes unter den Fahrgleisen nach Absteifung derselben — zum Theil im Grundwasser — ausgeführt werden müssen. Das vierte und fünfte Gleis wurden gemeinschaftlich auf einem rd. 94 m langen zweigleisigen Unterbau überführt. Die Unterführung der Liesenstrafse ist in ihrer Gesamtanordnung und in einzelnen Theilen in Abb. 372 bis 377 dargestellt.

Der bereits erwähnte Rangirbahnhof Pankow ist seit dem 1. October 1893 im Betrieb. Nach vollständiger Herstellung der zum Theil noch im Bau befindlichen Anschlufs-

Berlin und seine Bauten. I. 35

VII. Die Locomotiveisenbahnen.

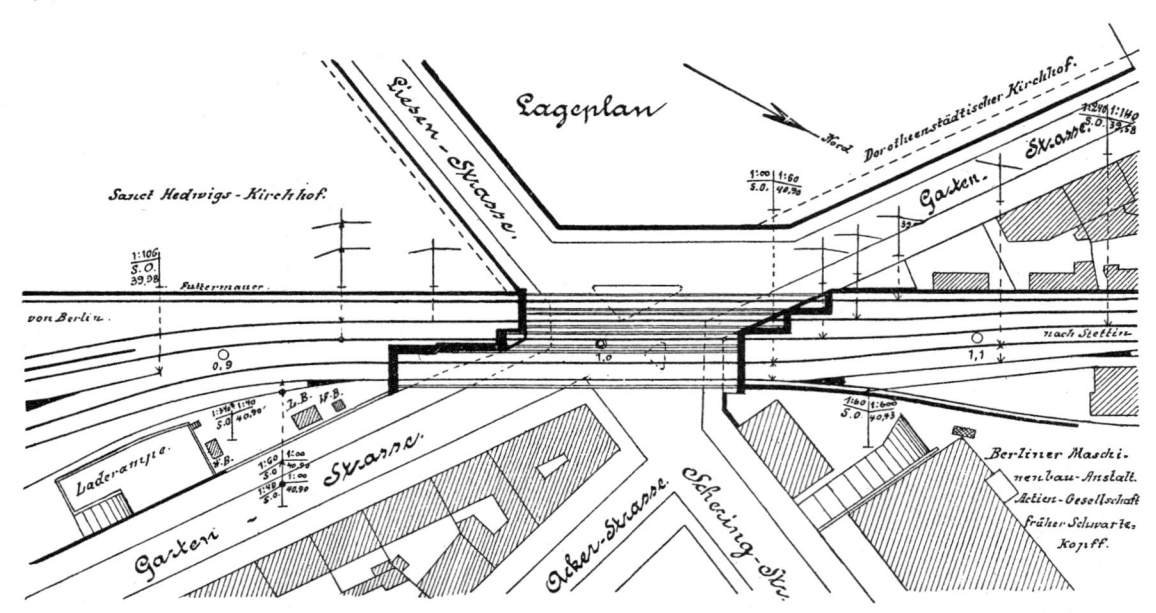

Abb. 372. Unterführung der Liesenstraße. Maßstab 1 : 2000.

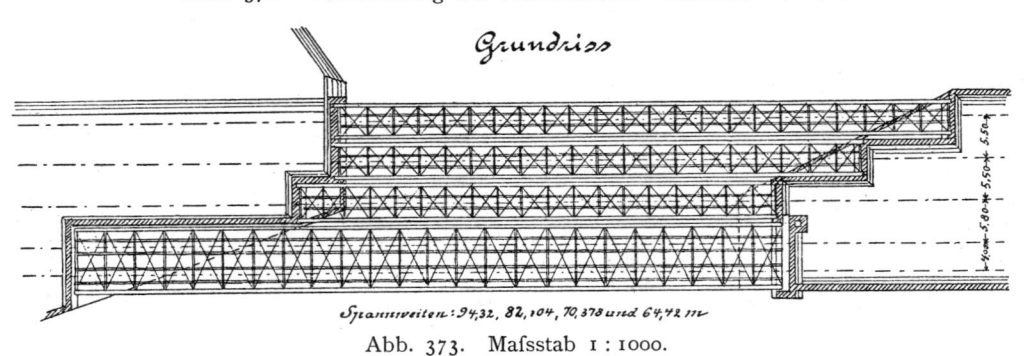

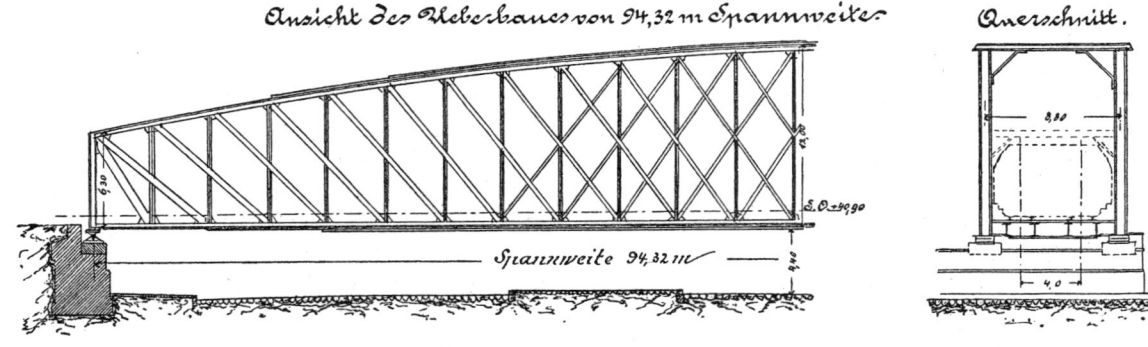

Abb. 373. Maßstab 1 : 1000.

Abb. 374. Maßstab 1 : 500.

Abb. 375.

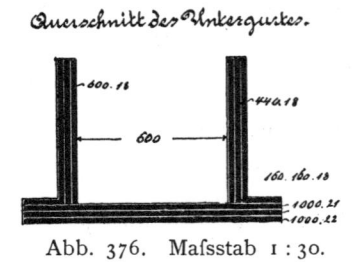

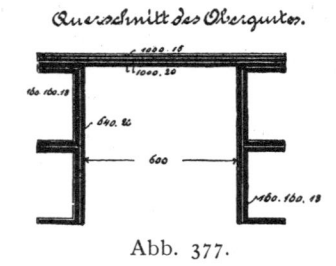

Abb. 376. Maßstab 1 : 30.

Abb. 377.

VII. Die Locomotiveisenbahnen. 275

gleise am Südende des Rangirbahnhofes werden denselben Züge von der Stettiner Bahn, von der Stadtbahn, von dem Stettiner Bahnhof, vom Nordbahnhof und von beiden Theilen der Ringbahn — Ost und West — zugeführt. Dieselben werden nach Richtungen und Bahnhöfen rangirt. Der Rangirbahnhof Pankow enthält im südlichen Theil eine Anzahl geneigt liegender Ablaufgleise, welche gleichzeitig Einfahrtsgleise sind, ferner zwei anschliefsende Gruppen zum richtungsweisen Rangiren. Im nördlichen Theil sind Ablauf- und Ausziehgleise und für das Rangiren nach Bahnhöfen bezw. den einzelnen Positionen derselben ebenfalls zwei Gruppen Vertheilungsgleise vorhanden. Die fertig geordneten Züge werden in einer besonderen Gruppe von Abfahrtsgleisen an der Westseite des Bahnhofes aufgestellt.

Ein Umladeschuppen mit zwei durchgehenden Gleisen ermöglicht das Umladen von Stückgut in vollständig geschlossenem Raume. Wagenladungssendungen werden auf dem

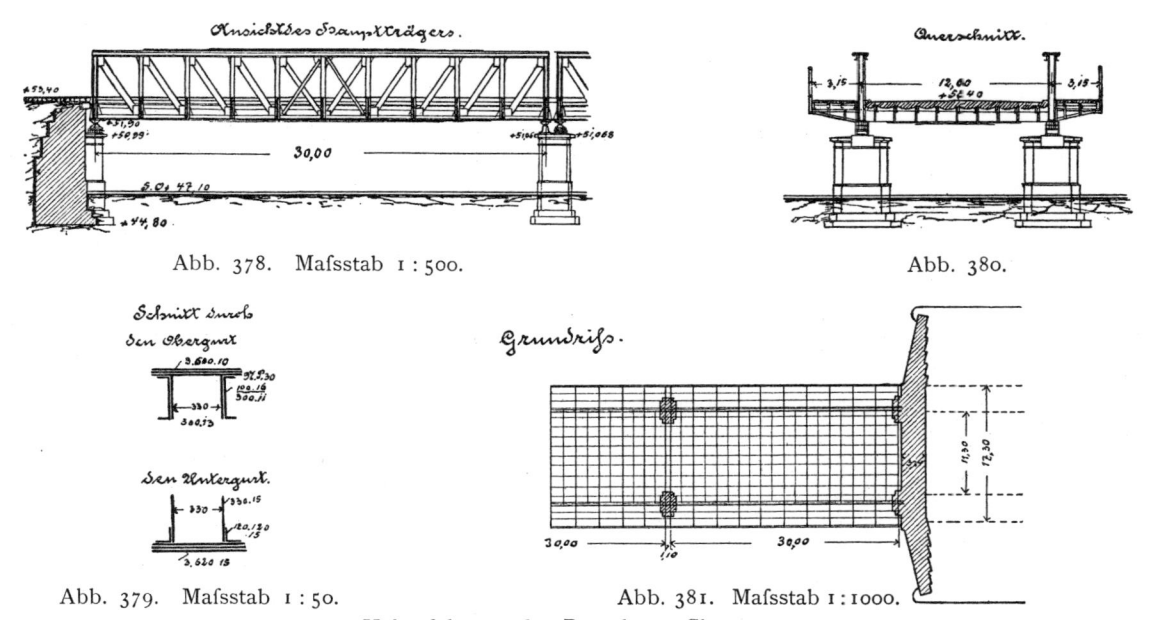

Abb. 378. Mafsstab 1:500.　　　　　　　　　　　　　　Abb. 380.

Abb. 379. Mafsstab 1:50.　　　　Abb. 381. Mafsstab 1:1000.
Ueberführung der Prenzlauer Chaussee.

südlichen Bahnhofstheile in der Nähe der Berliner Strafse den Empfängern zur Entladung gestellt. Am Nordende des Bahnhofes befindet sich ein Locomotivschuppen für 24 Stände und eine Wasserstation mit Tiefbrunnen und Zubehör.

Die Berliner Strafse ist nach geringer Senkung unter den Güter- und Personengleisen hinweggeführt, die Prenzlauer Chaussee ist überführt worden. Die Chausseeüberführung ist in den Haupttheilen in den Abb. 378—381 dargestellt.

Der Rangirbahnhof Pankow bedeckt rd. 3400 a Grundfläche und enthält rd. 31 km Gleise und über 100 Weichen. Der gröfste Theil der Weichen wird durch Stellwerke bedient. Es sind drei Hebelwerke lediglich zur Bedienung der Rangirweichen und drei Stellwerke für die Zugsicherungen vorhanden.

Am Süd- und Nordende des Rangirbahnhofes befindet sich je ein Haltepunkt für den Vorortverkehr; im Süden Pankow-Schönhausen, im Norden Pankow-Heinersdorf.

I. Die Nordbahn[1])

hat ihren Bahnhof in Berlin in Form einer Kopfstation an der Bernauer Strafse, Ecke der Schwedter Strafse in einer Entfernung von 3,4 km vom Dönhoffplatz.[2]) Er war von der

---

1) Bearbeitet vom Geheimen Baurath Housselle.
2) Wenn man den Dönhoffplatz als geschäftlichen Mittelpunkt von Berlin ansieht, so ist es vielleicht von Interesse, die Entfernung der übrigen Berliner Endbahnhöfe von diesem Punkt der oben

Privatgesellschaft, welche den Bau der Bahn begann, bestimmt, Personen und Güterverkehr aufzunehmen, hat aber diese Bestimmung, nachdem die Bahn noch während des Baues verstaatlicht war, nicht erreicht.

Nach der Eröffnung der ersten Theilstrecke, bis Neu-Brandenburg, am 10. Juli 1877, wurde der Berliner Nordbahnhof für den öffentlichen Verkehr noch nicht benutzt. Die Personenzüge fuhren von Gesundbrunnen (Ringbahn) ab, mit Anschlufs an die vom Schlesischen Bahnhof kommenden Ringbahnzüge. Ein Zugpaar verkehrte unmittelbar zwischen dem Schlesischen Bahnhof und Neu-Brandenburg. Für den gesamten Güterverkehr galt der Bahnhof der Niederschlesisch-Märkischen Bahn in der Mühlenstrafse als Endstation der Nordbahn. Erst am 1. October 1877 trat der Nordbahnhof an der Bernauer Strafse für die Güterabfertigung in Wirksamkeit. Der Personenverkehr wurde am 1. December 1877 in den Stettiner Bahnhof eingeführt.

Letzterer Bahnhof zeigte sich im Jahre 1891 für den mehr und mehr angewachsenen Personenverkehr der beiden auf ihn angewiesenen Bahnen als zu eng. Eine regelmäfsige Zugbeförderung liefs sich namentlich an schönen Sonntagnachmittagen nicht mehr gewährleisten. Man mufste sich entschliefsen, den Stettiner Bahnhof zu entlasten, indem man auf dem Nordbahn-Güterbahnhofe an der Bernauer Strafse eine Stationsanlage für den Vorortverkehr der Nordbahn errichtete. Nur einzelne Züge dieser Verkehrsart laufen nach wie vor in den Stettiner Bahnhof ein. Der am 16. Juni 1892 eröffnete Vorortbahnhof an der Bernauer Strafse nimmt seit dem 1. October 1893 noch die Züge der neuen Nebenbahn Schönholz-Kremmen auf. Der Platz für diese Vorortanlage ist in Gestalt eines etwa 20 m breiten Streifens an der Schwedter Strafse dem Güterbahnhof abgerungen. Es ist dort ein Bahnsteig zwischen zwei Stumpfgleisen hergestellt, welchen ein kleines Empfangsgebäude an der Bernauer Strafse abschliefst. Die ganze Anlage trägt einen vorübergehenden Charakter. In 1,1 km Entfernung von hier, unmittelbar nördlich von der Ringbahn, hat die Nordbahn einen Haltepunkt erhalten, um den Uebergang zur Ringbahn und den Verkehr mit dem Stadttheil Gesundbrunnen zu vermitteln. Nach der Ausführung des geplanten Umbaues des Stettiner Bahnhofes soll der Vorortverkehr der Nordbahn nach dort zurück verlegt werden.

Der Güterbahnhof der Nordbahn, welcher durch eine Gleiscurve mit dem Bahnhof Gesundbrunnen der Ringbahn und durch eine zweite mit dem Rangirbahnhof Pankow verbunden ist, bietet neben den üblichen Ladegleisen und Ladestrafsen nur eine von den anderen Berliner Güterbahnhöfen abweichende Einrichtung, nämlich den Güterschuppen. Derselbe hat an seiner östlichen Langseite fünf schmale Anbauten, zwischen welche sich je zwei kurze Stumpfgleise, die von Drehscheiben bedient werden, einschieben.

Die Nordbahn ist nur auf ihrer Vorortstrecke, bis Oranienburg, zweigleisig. Das zweite Gleis wurde hier, von Pankow ab, am 1. Juli 1891 eröffnet. Das letzte Stück Pankow—Berlin-Nordbahnhof erhielt erst im Sommer 1893 in provisorischer Weise ein zweites Gleis, als es den Personenverkehr der Kremmer Bahn noch aufnehmen sollte.

K. Die Schlesische und die Ostbahn.[1])

Bis zur Eröffnung der Stadtbahn besafs jede dieser beiden Bahnen einen eigenen Personen-Endbahnhof im Osten Berlins. Das Empfangsgebäude der Schlesischen Bahn besafs eine Halle von 37,76 m Breite, 208 m Länge und von Schienenoberkante bis zum Scheitel 23,90 m Höhe (s. Abb. 56—58 der 1. Ausgabe, Th. II). Der Entwurf rührte vom Baurath E. Römer her. Die Halle überspannte fünf Gleise, welche auf einer Schiebebühne endigten und von einem Bahnsteig für die Abfahrt und einem für die Ankunft begrenzt waren. Während dieses Empfangsgebäude, wenn auch in wesentlich veränderter und erweiterter Gestalt, für den Schlesischen Personenbahnhof der Stadtbahn Wiederverwendung

---

angegebenen des Nordbahnhofes gegenüber zu stellen. Es beträgt der Abstand vom Dönhoffplatz (Luftlinie) für den Görlitzer Bahnhof 2,7 km, Schlesischen Bahnhof 2,4, Anhalter Bahnhof 1,3, Potsdamer Bahnhof 1,5, Lehrter Bahnhof 2,5, Stettiner Bahnhof 2,6 km.

1) Bearbeitet vom Regierungs- und Baurath v. Schütz.

VII. Die Locomotiveisenbahnen.

gefunden hat, ist das Empfangsgebäude der Ostbahn mit der Eröffnung der Stadtbahn im Jahre 1882, von welchem Zeitpunkte ab sämtliche Ostbahn-Personen- und -Schnellzüge über die Stadtbahn geführt werden, ganz aufser Betrieb gestellt. Das letztere Gebäude, nach den Entwürfen des Hof-Bauraths Lohse in Ziegelrohbau im Jahre 1867 vollendet, enthält ebenso wie das erstere eine fünfgleisige Halle mit beiderseitigen Bahnsteigen, die 37,66 m breit, 188,30 m lang und 18,80 m über Schienenoberkante hoch ist (Abb. 59 und 60 der 1. Ausgabe). Zur Zeit ist der am Küstriner Platz belegene Kopfbau ganz der Verfügung der Eisenbahnverwaltung entzogen und in die der Finanzverwaltung übergegangen. Die Flügelbauten und die Halle finden als Lagerräume für Private und das „Rothe Kreuz" Verwendung.

Beide Bahnen besitzen — auch jetzt noch — je einen besonderen, ausgedehnten Güterbahnhof. Diese Bahnhöfe werden durch die Stadtbahn-Strecke Schlesischer Bahnhof–Stralau-Rummelsburg von einander getrennt, stehen aber mit dem ersteren Bahnhofe durch je ein besonderes, sogen. Rampengleis in Verbindung. Auf der Südseite der Stadtbahn liegt der Schlesische Güterbahnhof; er erstreckt sich von da bis an die Mühlenstrafse, von welcher er seinen Zugang hat. Vier grofse Güterschuppen, nach Empfang-, Versand- und Steuerzwecken gesondert, sind zu beiden Seiten einer 18 m breiten Güterfahrstrafse angeordnet. An fünf weiteren Fahrstrafsen liegen je zwei Gleise für den Freiladeverkehr, ferner eine überdeckte „Säurerampe" und eine für die Verladung von Pferden und Fahrzeugen sehr bequeme, über 200 m lange „Militärrampe", welche mit flacher Steigung bis zur Höhe der daneben liegenden Fahrstrafse abfällt und von dieser aus in ihrer ganzen Länge zugänglich ist. Das nach der Mühlenstrafse zu belegene Bahnhofsgelände ist zur Anlegung einer gröfseren Anzahl von Lagerplätzen — hauptsächlich für Kohlen von Ober- und Niederschlesien — benutzt, deren Zuführungsgleise zum Theil über Wagendrehscheiben gehen. Ebendaselbst besitzen auch mehrere Industrielle, unter anderm die Spritfabriken von Eisenmann und Guttmann, Privat-Gleisanschlüsse. Im Westen des Bahnhofes zweigen sich zwei weitere Gleisanschlüsse ab, von denen der Anschlufs an die städtische Gasanstalt am Stralauer Platz die Fruchtstrafse, den Bahnhofsvorplatz und den Stralauer Platz in Schienenhöhe kreuzt und über Drehscheiben und Schiebebühnen führt. Er kann deshalb nur mit Pferden betrieben werden, während der andere, der Anschlufs nach den beiden Gasanstalten in der Gitschiner Strafse, der städtischen und der englischen, noch mit Locomotiven befahren wird. Unter Benutzung der früheren Verbindungseisenbahn überschreitet dieser Anschlufs die Mühlenstrafse in Schienenhöhe, sodann die Spree mittels einer Drehbrücke und die Köpenicker Strafse wiederum in Schienenhöhe und verfolgt demnächst die Eisenbahnstrafse, den Lausitzer Platz, die Skalitzer und Gitschiner Strafse durchweg in Strafsenhöhe, zuletzt noch den Luisenstädtischen Canal mittels Drehbrücke kreuzend. Der Betrieb auf dieser Bahn findet nur des Nachts zwischen 1 und 5½ Uhr statt, und zwar nach den Vorschriften der Bahnordnung für die Nebenbahnen Deutschlands. Am Tage wird das Gleis von der Grofsen Berliner Pferdebahn mitbenutzt. — Auf dem Schlesischen Güterbahnhofe befinden sich, nahe der Fruchtstrafse belegen, ein Haupt-Betriebsmaterialien-Magazin, eine Fettgasanstalt und zwei Locomotivschuppen, in welchen letzteren die Locomotiven der zur Zeit noch auf dem Schlesischen Personenbahnhofe endigenden Fernzüge der westlichen Bahnen, ferner ein Theil der Locomotiven der Vorortzüge und Rangirlocomotiven untergebracht sind. Oestlich der Warschauer Strafse, welche mittels Ueberführung beide Güterbahnhöfe und die dazwischen liegenden Stadtbahn- bezw. Personenferngleise überschreitet und die Uebersichtlichkeit der Bahnanlagen recht beeinträchtigt, befinden sich eine Anzahl Aufstellungs- und Rangirgleise. Hier werden einerseits die Wagen der von Osten her angekommenen Güterzüge nach den verschiedenen Lade- und Lagerplätzen geordnet, anderseits die den Bahnhof nach Osten hin wieder verlassenden Güterzüge zusammengestellt. Die Gleisanlagen werden weiter im Osten wiederum durch eine Strafsenüberführung, die der Strafse Nr. 19 des Bebauungsplans, überschritten und in ihrer Uebersichtlichkeit weiter beschränkt. Die beiden Strafsenüberführungen einerseits, anderseits die unmittelbare Nachbarschaft der Hauptwerkstätte der Schlesischen Bahn, welche zwischen der Strafse Nr. 19 und dem Markgrafendamm bei Stralau angelegt ist, erschweren eine Erweiterung des Güterbahnhofes, welche bei dem stetigen Wachsen des Verkehrs in nicht zu ferner Zukunft nöthig werden wird.

Der Ostbahn-Güterbahnhof hat, obwohl in Bezug auf Uebersichtlichkeit und Erweiterungsfähigkeit ebenfalls durch die beiden Strafsenüberführungen und die zwischen denselben nördlich des Bahnhofes gruppirte Hauptwerkstätte der Ostbahn beschränkt, weniger Nachtheile aus diesen Verhältnissen. Auch die Lage der eigentlichen dem Güterverkehre dienenden Anlagen, der zwei Güterschuppen mit zwischenliegender Fahrstrafse und sich anschliefsenden bedeckten Rampen sowie der drei Freiladestrafsen, die hauptsächlich dem Stroh- und Heuverkehr dienen, zwischen der Fruchtstrafse, von wo sie zugänglich sind, dem Stadtbahnviaduct und dem Häuserviertel der Friedrichsfelder Strafse, diese Lage, die eine Erweiterung nahezu ausschliefst, wirkt einstweilen nicht nachtheilig, weil nach der Ueberleitung des Ostbahn-Personenverkehrs auf die Stadtbahn das grofse hierfür verwendete Gelände verfügbar geworden ist. An Baulichkeiten sind noch zu erwähnen ein runder und zwei oblonge Locomotivschuppen älterer Bauart, welche letzteren in der Hauptsache von den Locomotiven der Stadtbahn benutzt werden, während der erstere zur Zeit für Zwecke der Hauptwerkstätte verwendet wird. Die Hauptwerkstätte ist, ebenso wie die oben erwähnte der Schlesischen Bahn, für Locomotiv- und für Wagenreparatur eingerichtet und enthält die üblichen Gebäude für Tischlerei, Dreherei, Lackirerei, Magazine usw., auch eine Badeanstalt für Angestellte und Arbeiter. Es sind noch die beiden grofsen Rangirbahnhöfe der östlichen Bahnen, der bei Rummelsburg für die Schlesische Strecke und der bei Lichtenberg für die Ostbahn zu erwähnen. Auf denselben werden die von Osten kommenden Züge derart getrennt, dafs den oben erwähnten Güterbahnhöfen nur die für sie selbst bestimmten Güter bezw. Wagen zugeführt zu werden brauchen und die für die übrigen Berliner bezw. Ringbahn-Bahnhöfe bestimmten und die Berlin nur durchfahrenden Wagen von den Rangirbahnhöfen aus gleich direct nach der Ringbahn gelangen. Beide Rangirbahnhöfe sind aufserhalb der Ringbahn belegen und mit dieser durch zweigleisige Anschlufsbahnen, die sich bei der sogen. Gleise-„Gabelung" vereinigen und überkreuzen derart, dafs sie einen Zweig nach dem Südring und einen nach dem Nordring senden, verbunden. Die Verbindung des Rangirbahnhofes Rummelsburg mit dem Schlesischen Güterbahnhofe geschieht mittels eines besonderen Gleises, welches von Stralau ab südlich dicht neben den Fern-Personengleisen liegt, die Verbindung Lichtenbergs mit dem Ostbahn-Güterbahnhofe dagegen vermitteln die beiden Ostbahn-Personengleise selbst bis zu der Stelle, wo sie in die Schlesischen Personen-Ferngleise in Schienenhöhe einmünden. An dieser Stelle zweigen zugleich zwei Güterverbindungsgleise nach dem Ostbahnhofe ab. Diese berühren zunächst noch einen kleinen aufserhalb und dicht an der Ringbahn belegenen Viehbahnhof, ebenfalls Rummelsburg benannt. Derselbe dient hauptsächlich dem Verkehr mit Magervieh, Gänsen und Schweinen, welche hier ihre Zielstation noch nicht erreicht haben und in den meisten Fällen nur hier ausgeladen und gefüttert werden, zu welchem Zwecke daneben ausgedehnte Unterkunftsräume angelegt sind.

L. Die Berlin-Görlitzer Eisenbahn[1])

wurde von einer Actiengesellschaft begründet und in der Zeit vom Mai 1865 bis 31. December 1867 von dem Generalunternehmer Stroufsberg erbaut. Der Sitz der Direction war zuerst in Görlitz, seit 1871 in Berlin.

Die Gründung dieses Eisenbahnunternehmens fällt in jene Zeit, welche als die der sogenannten Luftlinien bezeichnet werden kann. Durch die Berlin-Görlitzer Eisenbahn sollte in gerader Linie eine Verbindung Berlin–Wien hergestellt werden. In Wirklichkeit sind aber directe Züge nach Wien niemals zustande gekommen, weil die Tracenverhältnisse der österreichischen Strecken für Schnellzüge ungünstig waren und weil die Verhandlungen mit der südnorddeutschen Verbindungsbahn ohne Ergebnifs verliefen. Es wurden zwar Durchgangswagen Berlin–Wien über Görlitz–Seidenberg versuchsweise eingestellt, wegen allzu geringer Benutzung aber bald wieder aufgegeben. Wenn nun auch der Personenverkehr nur ein

---

[1]) Bearbeitet vom Ober-Baurath Ballauf.

localer blieb, so ist die Eisenbahn doch in wirthschaftlicher Beziehung von Bedeutung geworden. Es wurde nicht nur die in den einzelnen von ihr berührten Städten, wie Cottbus, Spremberg usw. bereits bestehende blühende Textilindustrie dem Verkehr näher gebracht, sondern es haben sich auch in den von ihr durchschnittenen, zum grofsen Theil unfruchtbaren und brachliegenden Gebieten nach und nach neue Industriezweige lebhaft entwickelt, insbesondere wurde die Verwerthung der in der Nähe der Bahn lagernden Braunkohlen und eines zur Herstellung weifsen Glases vorzüglich geeigneten Sandes (Hohenbocka) in grofsem Mafsstabe durch die Bahn möglich.

Die am 31. December 1867 eröffnete eingleisige Linie Berlin–Görlitz umfafste 207,9 km und kostete 170 980,50 ℳ für 1 km Bahnlänge, einschl. 0,13 Locomotiven, 0,33 Personen- und 3,04 Güterwagen je km Bahn. Bis Ende des Jahres 1873 wurde dann die 7,71 km lange Abzweigung Weifswasser–Muskau, sowie der Anschlufs an die Berliner Ringbahn dem Betriebe übergeben.

Infolge der geringen Leistungsfähigkeit des eigenen Bezirks in Bezug auf Erzeugnisse des Ackerbaues und der Industrie war der Orts-Güterverkehr zunächst nur schwach entwickelt und die Lebensfähigkeit der Bahn von den ihr im Durchgangsverkehr zugeführten Gütern abhängig. Sie erhielt von Oesterreich bedeutende Güter-, insbesondere Getreide-Sendungen und längere Zeit hindurch bildete der Berlin-Görlitzer Bahnhof einen Hauptstapelplatz der für Berlin erforderlichen Brotfrüchte. Ebenso gelangten in erheblichem Umfange böhmische Braunkohlen dorthin.

Inzwischen war von der Berlin-Görlitzer Eisenbahngesellschaft die 71,4 km lange eingleisige Strecke Lübbenau–Senftenberg–Kamenz erbaut und am 1. Mai 1874 dem Betriebe übergeben. Hierdurch wurden die in der Lausitz belegenen Braunkohlengruben der Ausbeutung in erhöhtem Mafse zugänglich gemacht. Vor allen Dingen nahm die Erzeugung von Braunkohlenbriketts einen grofsen Aufschwung. Neue Kohlengruben wurden erschlossen und neue Brikettfabriken gebaut, das Senftenberger Braunkohlenbrikett eroberte sich in kurzer Zeit den Markt bis Berlin und nimmt heute in der Lieferung der Hausfeuerung von Berlin eine der ersten Stellen ein. Dasselbe hat schliefslich zur theilweisen Verdrängung der böhmischen Braunkohlen geführt und ist jetzt im Begriff sich auch über Berlin hinaus ein Absatzgebiet zu erschliefsen.

Ende 1875 wurden die Anschlufsstrecken Görlitz–Nikrisch–Zittau und Nikrisch–Seidenberg fertiggestellt und dem Betriebe übergeben.

Auf der Strecke Berlin–Görlitz verkehrten zunächst in jeder Richtung drei Personenzüge, denen sich bald ein Localzug Berlin–Cottbus anschlofs. Später wurde dann noch die Einlegung von sogen. Omnibuszügen zwischen Berlin und Grünau nothwendig; es waren dies die Vorläufer der jetzigen Vorortzüge.

Im Jahre 1882 wurde die Berlin-Görlitzer Eisenbahn vom preufsischen Staate übernommen, ein Ereignifs, welches einen Wendepunkt in der Entwicklung des Verkehrs auf der Berlin-Görlitzer Eisenbahn im allgemeinen und auf dem Berlin-Görlitzer Bahnhofe im besonderen bildet. Die Berliner Ringbahn war 1871 vollendet und durch eine Anschlufscurve von Rixdorf aus mit dem Görlitzer Bahnhofe verbunden. Hierdurch war die Weiterleitung von Gütern aus der Richtung Görlitz auch über Berlin hinaus ermöglicht. Nach Eröffnung der Stadtbahn (1882) wurde eine Verbindung der Görlitzer Bahn mit dieser ins Auge gefafst. Nachdem dieselbe durch ein von der Ringbahnstation Treptow nach Südosten zur Görlitzer Bahn abschwenkendes Anschlufsgleis im Jahre 1885 hergestellt war, wurden die Görlitzer Personen-Fernzüge über die Stadtbahn nach Charlottenburg geführt und auf dem Görlitzer Bahnhofe neben Güterzügen nur die Localzüge von und nach den nächsten Vororten abgelassen.

Durch diese neue Gleiseverbindung war es gleichzeitig ermöglicht, einen Theil der ankommenden Güter ohne Berührung des Görlitzer Bahnhofes in Berlin direct über den Nordring weiter zu befördern, weshalb, 7,5 km südlich vom Görlitzer Bahnhofe, zwischen den Ortschaften Johannisthal und Niederschöneweide ein Rangirbahnhof angelegt werden mufste.

Nachdem das Anwachsen des Personenverkehrs zwischen Berlin und den Vororten bereits bald die Anlage des zweiten Gleises zwischen dem Görlitzer Bahnhofe und Grünau nothwendig gemacht hatte, mufste in den Jahren 1890—1893 infolge des erheblich gewachsenen Güterverkehrs die Strecke Grünau–Cottbus mit dem zweiten Gleise versehen werden. — Die Zahl der auf dem Rangirbahnhofe Johannisthal aus südöstlicher Richtung eingehenden Wagenachsen betrug zeitweise täglich über 1000 und ist unter 800 selten gesunken.

Auf dem Berlin-Görlitzer Bahnhofe sind im Jahre 1892/93 16022 t Stückgut, 424722 t Wagenladungsgut im Eingange und 25627 t Stückgut und 50837 t Wagenladungsgut im Ausgange zur Behandlung gekommen. Mit dem Fortfall der Fernzüge vom Berlin-Görlitzer Bahnhofe blieb dort nur noch der Localverkehr zurück. Derselbe wuchs bald erheblich.

Der Görlitzer Bahnhof befand sich zur Zeit seiner Eröffnung auf freiem Felde. Doch bald zog er die Bauthätigkeit an sich heran und in nicht allzulanger Zeit war er von Strafsenzügen eingeschlossen. Auch gewerbliche Anlagen entstanden dort in grofser Zahl. Dann wurde es aber vortheilhafter, solche in den Vororten zu errichten. So entstanden unter anderen in der Nähe der Berlin-Görlitzer Eisenbahn, in dem jetzigen Niederschöneweide, Fabrikanlagen, welche bald einen sehr erheblichen Umfang annahmen und gegenwärtig Tausende von Arbeitern beschäftigen.

Diese vermehrten wiederum die Zahl der Reisenden im Nahverkehr. Anderseits waren aber auch die um den Görlitzer Bahnhof herum entstandenen Ansiedelungen bald dicht bevölkert und diese Bevölkerung suchte in den ihren Wohnungen zunächst belegenen Gegenden Erholung.

Hierzu waren die an der Oberspree gelegenen herrlichen Waldpartieen besonders geeignet. Es entstanden dort Vergnügungslocale in grofser Anzahl. Aber auch das Bedürfnifs nach Wohnungen in den Vororten wuchs stetig und machte die an der Berlin-Görlitzer Eisenbahn gelegenen Gebiete bald der Speculation zugänglich. So entstand Adlershof, welches in kurzer Zeit auf über 6000 Einwohner gestiegen ist, es entstanden ferner die Villencolonien Grünau und Hankelsablage und in neuerer Zeit die Ansiedelung Eichwalde. Des weiteren sind auch die Orte Johannisthal, Glienicke, Schmöckwitz und Zeuthen bedeutend emporgeblüht.

Aus den oben erwähnten Omnibuszügen wurden daher im Laufe der Zeit, zunächst in dreistündlicher, später in zweistündlicher und jetzt in einstündlicher Reihenfolge zwischen Berlin-Görlitzer Bahnhof und Königs-Wusterhausen verkehrende Vorortzüge, während von der Stadtbahn her sich für den gröfsten Theil des Tages ein Halbstunden- und für die übrige Zeit ein Stundenverkehr entwickelt hat. Gegenwärtig verkehren regelmäfsig auf der Vorortstrecke, aufser den dieselbe ohne Anhalten durchlaufenden 10 Fernzügen, 38 Vorortzüge vom Görlitzer Bahnhof, 60 Vorortzüge von der Stadtbahn und 2 Arbeiterzüge zwischen Johannisthal-Niederschöneweide und Grünau.

An den verkehrsreichen Sonn- und Festtagen ist die Zahl der beförderten Züge erheblich höher und zeitweilig auf über 200 gestiegen. An besonders verkehrsreichen Tagen gelangten auf dem Berlin-Görlitzer Bahnhofe bis zu 30000 Fahrkarten zur Verausgabung, während die Zahl der im Vorortverkehr insgesamt beförderten Reisenden 70000 überschritten hat. Im Berliner Vorortverkehr nimmt die Berlin-Görlitzer Eisenbahn hinsichtlich ihrer Bedeutung etwa die dritte Stelle ein.

Mit der zunehmenden Verkehrssteigerung sind die vorhandenen Anlagen unzureichend geworden, es ist daher die Umgestaltung und Erweiterung des Personenbahnhofes in Niederschöneweide-Johannisthal in Aussicht genommen. Ein besonderer zweigleisiger Anschlufs für die von der Stadtbahn nach der Görlitzer Bahn und in umgekehrter Richtung verkehrenden Personenzüge ist ausgeführt, sodafs der ältere Anschlufs aus der Richtung Görlitz an die Ringbahn demnächst nur der Güterbeförderung dienen wird.

Um ferner eine weitere Entlastung der Berlin-Görlitzer Gleise auf der Strecke zwischen Berlin und dem Rangirbahnhofe Niederschöneweide-Johannisthal herbeizuführen, ist auch eine zunächst nur für den Güterverkehr bestimmte Verbindungsbahn von Niederschöneweide-Johannisthal an den Bahnhof Rixdorf der Ringbahn erbaut. In dem allgemeinen Gleiseplan sind sämtliche Anschlüsse, welche die Berlin-Görlitzer Eisenbahn mit der Ringbahn in Verbindung bringen, bereits in derjenigen Gestaltung, welche sie im Jahre 1896 haben werden, dargestellt. Mit der im Jahre 1896 im städtischen Park bei Treptow abzuhaltenden Gewerbe-Ausstellung werden auch an die Berlin-Görlitzer Eisenbahn erhöhte An-

VII. Die Locomotiveisenbahnen.   281

forderungen gestellt, es ist daher ein zeitweiliger Ausstellungsbahnhof bei Treptow errichtet worden, während die Anlagen des Berlin-Görlitzer Bahnhofes zur Zeit eine Ausgestaltung erfahren, welche die Zugfolge in sechs Minuten ermöglichen.

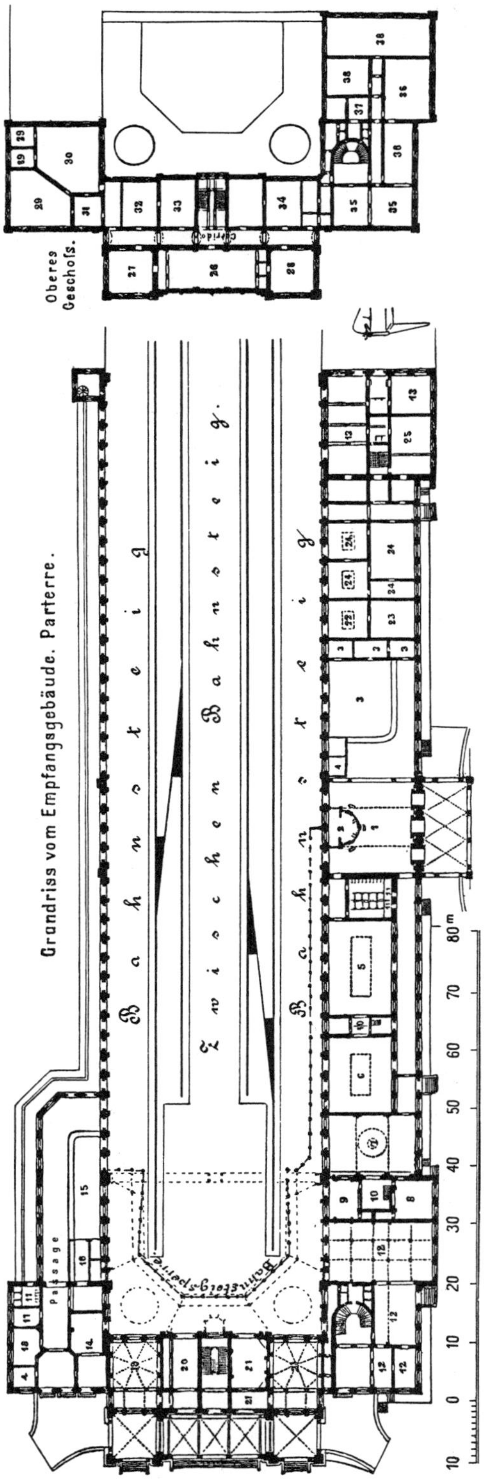

Der Bahnhof Berlin liegt in nächster Nähe des Lausitzer Platzes, zwischen der Wiener und der Görlitzer Strafse. Die gesamten Bahnhofsanlagen bedecken bei einer Länge von 1137 m eine Fläche von rd. 4,4 ha. Für den Personenverkehr dienen 2775 m, für den Güterverkehr 16 900 m Gleise.

Drei Schuppen für ankommende und abgehende Güter, sowie ein Getreideschuppen bedecken zusammen eine Grundfläche von 4425 qm. An sonstigen gröfseren Anlagen ist ein polygonaler Locomotivschuppen für 23 Stände mit 2230 qm Grundfläche vorhanden.

Die Pläne für das Empfangsgebäude und die Personenhalle wurden vom damaligen Baumeister, jetzigen Geheimen Baurath A. Orth, welcher bezüglich der Grundrifsanordnungen das im Eisenbahnministerium zwecks Aufstellung der Entwürfe für die gleichen Anlagen der Niederschlesisch-Märkischen und Ostbahn gesammelte Material benutzte, aufgestellt. Die Ausführung hat demnächst wegen Beschränkung der Mittel einige Einschränkungen erfahren müssen. Empfangsgebäude und Halle bedecken eine Fläche von 11 910 qm.

Die Ausführung des Baues fand vom April 1866 bis Anfang 1868 statt. Es ist ein Ziegelrohbau von hellen Birkenwerder Verblendziegeln, mit schmalen Bändern aus Thonplatten. Die Gesimse sind in Formsteinen hergestellt.

Die 3,14 m über der Oberfläche der angrenzenden Strafsen liegende Empfangshalle wird nach der Wiener Strafse hin durch einen einstöckigen, zu beiden Seiten durch vorspringende, um zwei Geschosse höher aufgeführte Bauten abgeschlossenen Flügelbau gedeckt, während in der Mitte seiner Langfront eine Säulenhalle vortritt. Die Westseite der Empfangshalle wird durch einen Kopfbau abgeschlossen, der in seiner Hauptfront einen die übrigen Gebäudetheile noch um ein Stockwerk überragenden Mittelbau mit einer durch zwei Geschosse hindurch reichenden Unterfahrthalle und zwei Eckbauten zeigt.

Abb. 382. Empfangsgebäude der Berlin-Görlitzer Eisenbahn, Grundrifs.

1. Abfahrtvorraum. 2. Billetverkauf. 3. Gepäckannahme. 4. Portier. 5. Wartesaal IV. Klasse. 6. Wartesaal III. Klasse. 7. Wartesaal II. Klasse. 8. Wartesaal I. Klasse. 9. Damenzimmer. 10. Büffet. 11. Retiraden. 12. Post. 13. Abgehendes Eilgut. 14. Ankommendes Eilgut. 15. Gepäckausgabe. 16. Steuerabfertigung. 17. Gepäckträger. 18. Polizei. 19. Wartesaal. 20. Passage. 21. Königzimmer. 22. Schaffner. 23. Zugführer. 24. Telegraphenbureaus. 25. Hauptmagazin. 26. Sitzungssaal der Direction. 27. Zimmer des Vorsitzenden. 28. Zimmer des Ausschusses. 29. Registratur. 30. Calculatur. 31. Journal. 32. Bureauvorsteher. 33. Bureaudiener. 34. Bahncontroleur. 35. Personencontrole. 36. Gütercontrole. 37. Lichthof. 38. Telegraphenverwaltung.

Die Empfangshalle enthält zwischen zwei Seitenbahnsteigen und einem Mittelbahnsteige vier Gleise, welche am Kopfe der Halle durch gewöhnliche Prellböcke abgeschlossen sind und in einem offenen Vorhofe endigen, um welchen die Seitenbahnsteige unter einem besonderen, auf Säulen ruhenden Dache herumgeführt und mit dem Mittelbahnsteige in Verbindung gebracht sind. Die Seitenbahnsteige haben bei einer Breite von je 7,50 m eine

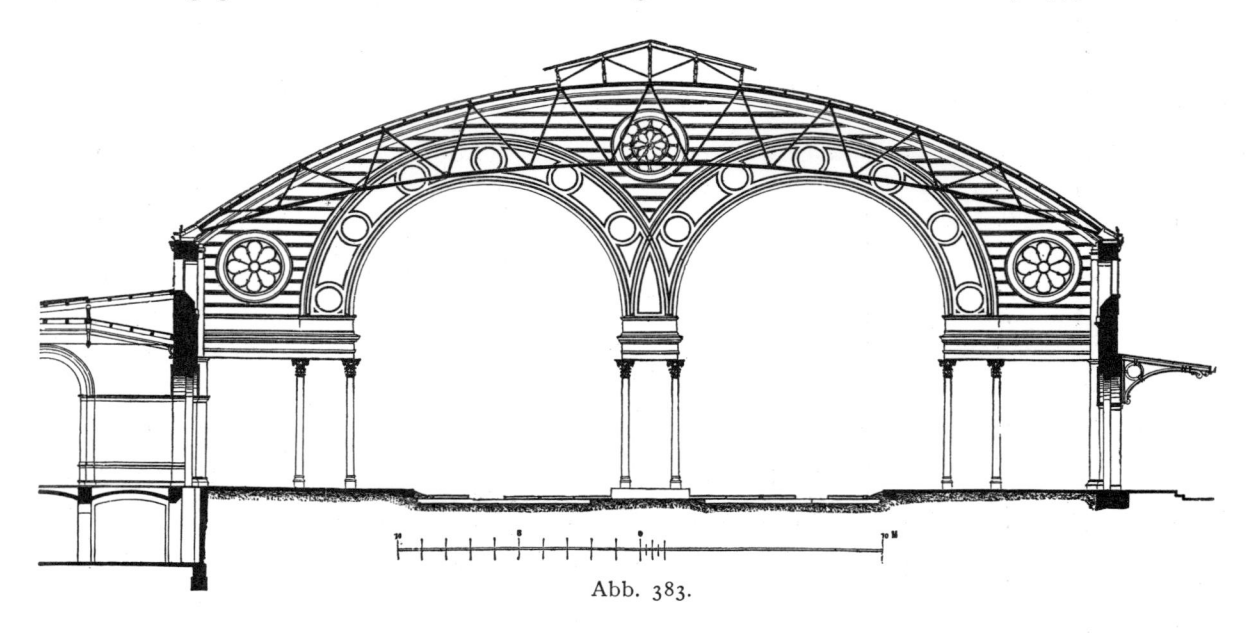

Abb. 383.

Länge von 200 bezw. 280 m, während der Mittelbahnsteig eine Länge von 245 m und eine durchschnittliche Breite von 7,70 m aufweist. Die Länge der Empfangshalle beträgt 148 m bei einer Breite von 37 m (Abb. 382 u. 383). Ihre Ueberdachung ist auf hölzernen Pfetten hergestellt, die mit Wellenzink ohne Schalung eingedeckt sind. Die Pfetten werden durch 42 Binder getragen, welche in 3,44 m Abstand von einander verlegt und als sichelförmige Eisenträger ausgebildet sind.

Die Beleuchtung der Empfangshalle erfolgt theils durch von der offenen Seite der Halle einfallendes Seitenlicht, theils durch ein durchlaufendes Oberlicht im Dache von 7,50 m Breite (Abb. 383 u. 384). Die eiserne Hallenconstruction ist von der Wöhlert'schen Maschinenfabrik zu Berlin geliefert und aufgestellt worden.

Die Abfahrt der regelmäfsig verkehrenden Züge findet von dem südlich gelegenen Seitenbahnsteige aus statt, während die Ankunft der sämtlichen regelmäfsig verkehrenden Züge am Mittelbahnsteig erfolgt. Der Austritt der angekommenen Reisenden erfolgt durch den Kopfbau. Der nördlich gelegene Seitenbahnsteig wird nur beim Verkehren von Sonderzügen in Anspruch genommen und findet im gleichen Falle der Mittelbahnsteig auch für abfahrende und der südlich gelegene Seitenbahnsteig auch für ein-

Abb. 384.

kommende Züge Verwendung. Die Ein- und Ausfahrt der Züge ist durch elektrische Blockanlagen gesichert und mit Central-Stellwerksanlagen in Verbindung gebracht. Am 1. Mai 1896 hat, um die Stadt- und Ringbahn zu entlasten, die oben beschriebene Führung der Görlitzer Fernzüge bis Charlottenburg wieder aufgehoben werden müssen. Diese Züge laufen wieder sämtlich auf dem Görlitzer Bahnhofe ein und aus. Die Reisenden von der Stadtbahn müssen die Vorortzüge bis Niederschöneweide-Johannisthal benutzen und dort umsteigen.

M. Die Berlin-Anhaltische und Berlin-Dresdener Eisenbahn.[1]

Der Berliner Bahnhof der von Berlin über Wittenberg nach Köthen führenden Berlin-Anhaltischen Eisenbahn, welcher in den Jahren 1839 und 1840 erbaut und im September 1840 in Betrieb genommen ist, beschränkte sich anfänglich auf das von dem Askanischen Platze, der Möckernstrafse, dem Landwehrcanal und den Grundstücken der Schöneberger Strafse begrenzte Gelände. An dem Askanischen Platze lag das in den bescheidensten Formen und Abmessungen ausgeführte Empfangsgebäude, ein Kopfbau mit zwei schmalen Bahnsteighallen von nur 16,50 m lichter Weite zwischen den äufseren Wänden dieser Hallen. Die Gleise lagen auf Strafsenhöhe; der Landwehrcanal wurde auf einer Drehbrücke überschritten.

Die Ausdehnung des Bahnnetzes, zu welchem im Jahre 1847 die Linie Jüterbog–Röderau und in den Jahren 1857–1859 die Linien Wittenberg–Bitterfeld–Halle und Dessau–Bitterfeld–Leipzig hinzutraten, gab zu wiederholten Erweiterungen der Bahnanlagen Veranlassung. Der Verkehr der Bahn entwickelte sich aber in so kräftiger Weise, dafs sich schon bald nach dem Ausbau des Bahnnetzes die Nothwendigkeit einer über das bisherige Bahnhofsgelände hinausgehenden Vergröfserung der gesamten Anlagen als unabweislich herausstellte.

Nachdem im Laufe der Jahre die hierzu erforderlichen Grunderwerbungen jenseits des Landwehrcanals in grofsem Umfange bewirkt waren, begann die Gesellschaft, an deren Spitze als technischer Leiter der Geh. Ober-Baurath a. D. Siegert stand, im Jahre 1872 die Umwandlung der Bahnhofsanlage nach einem nicht nur das gegenwärtige Bedürfnifs, sondern auch die Möglichkeit weiterer Entwicklung ins Auge fassenden Plane. Zwischen dem Landwehrcanal und der Colonnenstrafse wurde ein neuer, grofser Güter- und Rangirbahnhof angelegt, dessen Gestaltung, wenn auch im Laufe der Jahre einzelne Vergröfserungen vorgenommen werden mufsten, im allgemeinen unverändert beibehalten worden ist. Jenseits der Ringbahn bei Tempelhof wurde eine umfangreiche, später vielfach vergröfserte Werkstättenanlage erbaut. Durch Höherlegung der gesamten Bahnanlagen wurde es ermöglicht, die Planübergänge der Strafsen und die Drehbrücke über den Landwehrcanal zu beseitigen und die Gleise über den letzteren auf einer eisernen Bogenbrücke von 29 m lichter Weite und über die auf beiden Seiten des Canals liegenden Strafsen, die Hallesche und Tempelhofer Uferstrafse, sowie über die Yorkstrafse, auf Wegeunterführungen von je drei Oeffnungen zu führen, welche mit Blechträgern auf vier Stützen überdeckt sind. Gewählt wurde für die Uferstrafsen eine lichte Höhe von 4,39 m und eine Weite von 13,20 m bezw. 15 m für die Fahrbahn und 4,70 m bezw. 5,70 m für die Fufsgängerwege. Die Unterführung der Yorkstrafse erhielt ähnliche Abmessungen wie die letzterwähnte Tempelhofer Uferstrafse.

Das durch die Verlegung des Güterverkehrs frei gewordene Bahngelände zwischen dem Askanischen Platze und dem Landwehrcanal wurde in seiner ganzen Ausdehnung zur Anlage des neuen Personenbahnhofes bestimmt. Bei der hohen Lage der Gleise gestaltete sich die Anlage des prächtigen, von dem Baurath Schwechten entworfenen und ausgeführten Empfangsgebäudes als eine zweigeschossige. Der Zugang zu der ebenerdigen Eintrittshalle erfolgt von dem Askanischen Platze aus. Auf den beiden Schmalseiten der Halle befinden sich die Fahrkartenausgabe und die Gepäckannahme. An der Möckernstrafse ist eine Ausgangshalle in Verbindung mit der Gepäckausgabe und dem Droschkenhalteplatze angeordnet. Von beiden Hallen aus führen breite bequeme Treppenanlagen zu den Warteräumen und der grofsartigen 60,72 m breiten, 167,80 m langen, an den Längsseiten von 19,20 m hohen Wänden eingefafsten Bahnsteighalle, deren eiserne Dachbinder auf den Längswänden ihre Auflager finden und in der First 34,25 m über den Bahnsteigen liegen. In den nach der Halle zu von den Längswänden begrenzten Seitenbauten des Empfangsgebäudes sind die Räume für Höchste Herrschaften, die Warteräume I. und II. Klasse und die Diensträume an-

---

[1] Bearbeitet vom Geheimen Baurath Wiesner.

geordnet, während in gleicher Höhe in dem Vorderbau die Wartesäle III. und IV. Klasse, einige Versammlungs-Säle und Nebenräume untergebracht sind.

Die allgemeine Anordnung des äußeren Aufbaues[1]) entwickelt sich in natürlicher Weise aus der Grundrißgestaltung. Als Hauptkörper überragt der mit einem flachbogigen Dache geschlossene, von vier Eckpylonen eingefaßte Bahnsteighallenbau, die Bestimmung des Gebäudes zum entschiedenen Ausdruck bringend, die übrigen Baumassen. An die durch mächtige Pfeilervorlagen gegliederten Längsseiten der großen Bahnsteig-Halle schließen sich die zweigeschossigen Seitenflügel mit flachen Pultdächern als schmale Nebenschiffe an.

Vor der Vorderseite der Bahnsteighalle ist ein Kopfgebäude angeordnet, welches seitlich durch Risalite abgeschlossen und gegliedert, in der Mitte durch den höher geführten Eintrittshallenbau belebt wird. Die Höhenmaße der einzelnen Theile des Kopfbaues und ihre

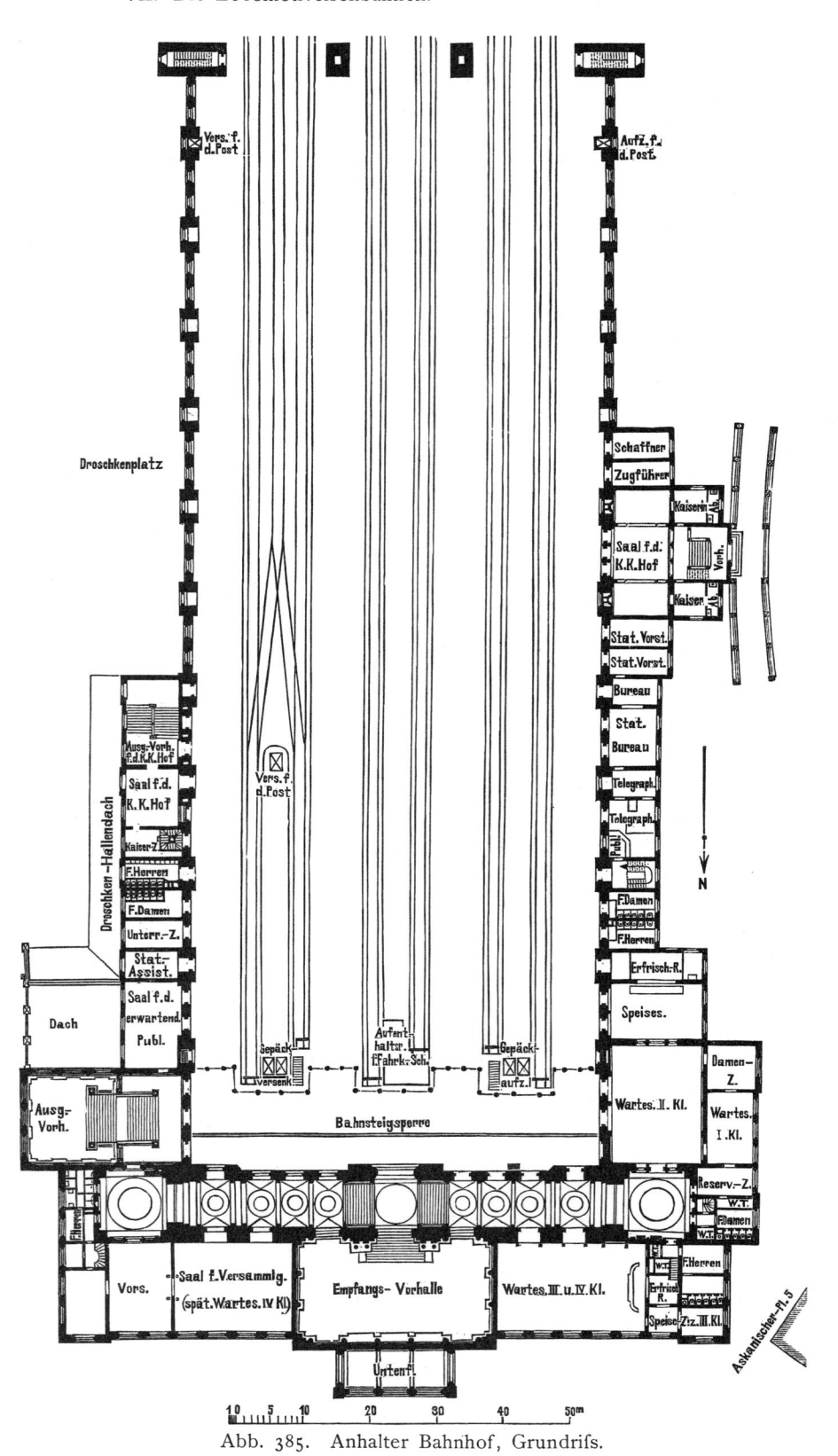

Abb. 385. Anhalter Bahnhof, Grundriß.

---
[1]) Bearbeitet vom Baurath Schwechten.

VII. Die Locomotiveisenbahnen. 285

Anordnung im Grundriſs sind derartig abgestimmt, daſs sie die Wirkung des Bahnsteighallenbaues vom Askanischen Platze aus nicht beeinträchtigen. Als Baumaterial für die Façaden sind hauptsächlich Verblend- und Formsteine unter mäſsiger Terracotten-Verwendung von einem lederfarbigen warmen Farbenton aus der Fabrik der Greppiner Werke zur Verwendung gelangt.

Alle dem Schlagregen ausgesetzten Theile, Sockel, Gurtgesimsplatten, Fenster-Sohlbänke und Abdeckungsplatten der Hauptgesimse, sind von Velpker Sandstein angefertigt.

Zu der Auſsenarchitektur des Bauwerks steht die Innenarchitektur der groſsen Bahnsteighalle in engster Beziehung und das Material ist das gleiche, nur daſs in der Halle Rochlitzer Sandstein für den durchlaufenden Sockel gewählt worden. Für den ästhetischen Eindruck der Halle ist vor allem die Zerlegung derselben in eine kleinere Anzahl groſser Systeme und der mächtige Maſsstab, welcher den Pfeilern und Fenstern dieser Systeme gegeben worden ist, als charakteristischer Unterschied den übrigen Hallen der Berliner

Abb. 386. Anhalter Bahnhof.

Empfangsgebäude gegenüber zu erwähnen. Die Gliederung der Längswände der Halle entspricht den in 14 m Achsweite angeordneten Bindersystemen, welche aus je zwei 3,50 m von einander entfernten Bogenfachwerkträgern bestehen (Abb. 386 u. 387).

Von dem an der Vorderseite der Bahnsteighalle liegenden Kopfbahnsteige führen zwei Seiten- und zwei Mittelbahnsteige zu den sechs Ein- und Ausfahrtsgleisen und den Seitenbauten. Die Anlage des Kopfbahnsteiges erleichterte im Jahre 1893 die Durchführung der Bahnsteigsperre sehr. Durch ein eisernes Gitter, in welchem eine gröſsere Anzahl nach Bedarf zu öffnender Thüren angebracht sind, ist der Kopfbahnsteig in der Längsrichtung in zwei Hälften getheilt, von denen die eine dem freien Verkehre dient, während die andere nur den Reisenden oder den mit Bahnsteigkarten versehenen Begleitern zugänglich ist. Um letzteren den Zutritt zu der Bahnhofswirthschaft von dem abgesperrten Bahnsteige aus zu ermöglichen, ist ein Theil des Wartesaales I. und II. Klasse durch ein hölzernes Gitter in die Absperrung einbezogen. Der Gepäck- und Postverkehr zwischen den hochliegenden Bahnanlagen und den zur ebenen Erde angebrachten Diensträumen wird durch Druckwasser-Aufzüge vermittelt (Abb. 385).

Der stetig anwachsende Personenverkehr schwoll im Jahre 1882 dadurch besonders stark an, daſs am 15. October der Personenverkehr der Berlin-Dresdener Eisenbahn, welche, wie eingangs erwähnt, in den Jahren 1872—1875 im unmittelbaren Anschluſs an die Anhaltische Bahn in einfachster Weise erbaut war, nach dem Anhalter Personenbahnhofe verlegt wurde. Eine weitere aufsergewöhnliche Zunahme des Personenverkehrs wurde durch die Einführung des Vorortverkehrs nach Grofs-Lichterfelde und Zossen bewirkt. Zur Zeit laufen täglich auf dem Anhalter Personenbahnhofe 24 Schnellzüge, 27 Personenzüge und 85 Vorortzüge ein und aus.

Die Vereinigung des Güterverkehrs der Berlin-Dresdener Eisenbahn mit dem der Berlin-Anhaltischen Eisenbahn führte für die letztere einen erheblichen Verkehrszuwachs, gleichzeitig aber auch eine bedeutende Vergröfserung der Gleis- und Bahnhofsanlagen herbei. Allerdings war die Verbindung zwischen den beiden getrennt angelegten Güterbahnhöfen

Abb. 387. Anhalter Bahnhof.

eine wenig günstige. Immerhin trat aber durch die Vereinigung der beiden Güterbahnhöfe eine Erleichterung für den stark belasteten Anhaltischen Güterbahnhof ein, auf welchem sich bis dahin das gesamte Rangirgeschäft abwickelte. Im Jahre 1888 erwiesen sich trotzdem die vorhandenen Anlagen für den ungemein angewachsenen Güterverkehr als nicht mehr genügend, sodafs zur Anlage eines besonderen Rangirbahnhofes bei Tempelhof im Anschlufs an die Werkstättenanlagen und den Bahnhof Tempelhof der Ringbahn geschritten werden mufste, welcher im Februar 1889 dem Betriebe übergeben wurde. Zwei Jahre später erfuhr der Rangirbahnhof eine Vergröfserung durch Erbauung einer Umladehalle und Vermehrung der Gleisanlagen. Die zur Entlastung der Güterschuppenanlagen auf dem Berliner Bahnhofe erforderliche Verlegung des Umladeverkehrs brachte für den Rangirbahnhof Tempelhof einen gewaltigen Verkehrszuwachs. Zur Zeit werden an der Umladehalle täglich 220 Achsen entladen und ebenso viele beladen. Trotz der dadurch herbeigeführten Entlastung der Güterschuppenanlagen des Berliner Güterbahnhofes reichen die Güterschuppenanlagen zur Bewältigung des sehr bedeutenden Güterverkehrs nicht mehr aus, sodafs die Erbauung eines besonderen Eilgutschuppens im Anschlufs an die vorhandene Schuppenanlage und eine Ver-

VII. Die Locomotiveisenbahnen.   287

gröfserung des Zollschuppens, in welchem seit April 1886 der Zollgutverkehr des Potsdamer Bahnhofes mit dem der Anhalter Bahn vereinigt ist, angeordnet werden mufste. Zum Schlufs sei noch erwähnt, dafs das für den Güter- und Rangirverkehr nicht erforderliche Gelände des Anhaltischen und Dresdener Bahnhofes in grofsem Umfange zu Lagerplatzzwecken verpachtet ist.

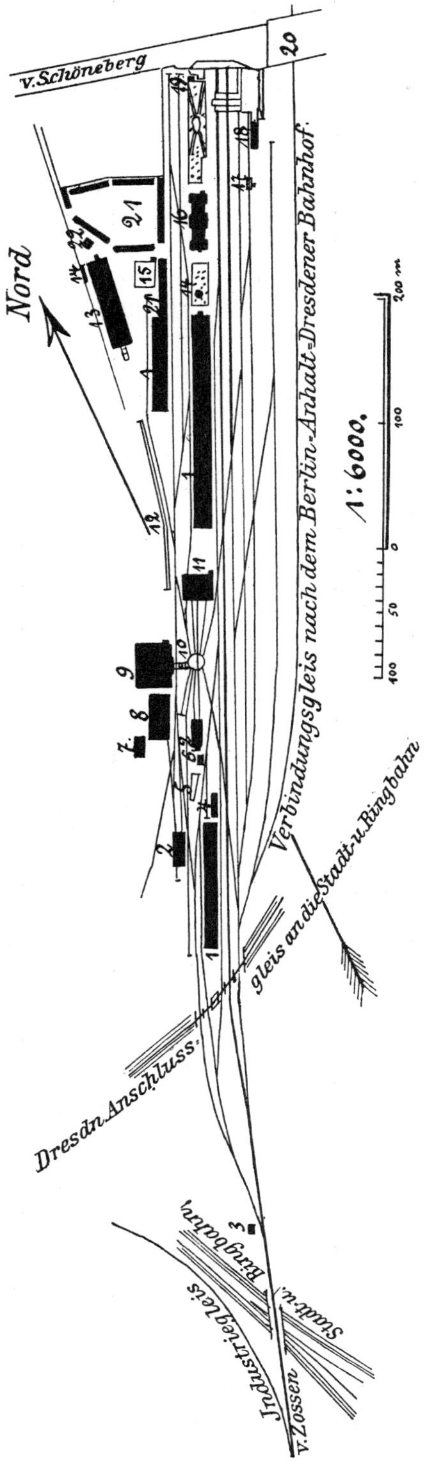

N. Die Königliche Militär-Eisenbahn.[1]

Durch Allerhöchsten Erlafs vom 26. Februar 1874 wurde die Genehmigung zum Bau und Betriebe der Militär-Eisenbahn ertheilt. Die Bahn ist Eigenthum des Militär-Fiskus und dient zur Ausbildung von Officieren, Unterofficieren und Mannschaften der Eisenbahn-Brigade im Eisenbahndienst. Die rd. 45 km lange, eingleisige Strecke, welche den Schiefsplatz der Artillerie-Prüfungscommission in der Cummersdorfer Forst (Kreis Teltow, Reg.-Bez. Potsdam) mit Berlin verbindet, wurde am 15. October 1875 in Betrieb genommen. Dem öffentlichen Personen- und Güterverkehr, dem sie zunächst nur in eingeschränkter Weise freigegeben war, wurde sie am 10. November 1888 in vollem Umfange dienstbar gemacht.

Die Leitung und Verwaltung der Militär-Eisenbahn liegt der Königlichen Direction der Militär-Eisenbahn ob, welche in militärischer Hinsicht der Eisenbahn-Brigade und dem Chef des Generalstabes der Armee bezw. dem Kriegsministerium untersteht, bezüglich der Betriebsführung jedoch an die für den Betrieb von Eisenbahnen in Preufsen bestehenden Gesetze und Vorschriften und an die Anordnungen der Eisenbahn-Aufsichtsbehörden preufsischer Privatbahnen gebunden ist.

Der Militär-Bahnhof Berlin liegt im Südwesten der Stadt, auf Schöneberger Gebiet zwischen den Bahnlinien Berlin—Potsdam und Berlin—Dresden, an letztere unmittelbar angrenzend und durch Gleisverbindung angeschlossen (s. Lageplan). Die Gleisentwicklung des Bahnhofes beträgt rd. 8 km. Ungefähr vom Ausgange des Bahnhofes ab bis nach Zossen hin, d. i. auf etwa 30 km Länge, führt die Militär-Eisenbahn mit der Berlin-Dresdener Bahn auf gemeinsamem Bahnkörper. Curven auf freier Strecke kommen bis zu einem Radius von 500 m, Steigungen bis zu 1:200 vor. Der Höhenunterschied zwischen Anfangs- und Endpunkt der Bahn beträgt rd. 6 m, die verlorene Steigung etwa 33 m. Der Oberbau, ursprünglich 6,60 m lange, eiserne Schienen (Schiene Nr. 71 des Schienen-Profilbuchs der Staatseisenbahnen) auf hölzernen Querschwellen, später auf eisernen Querschwellen (System Militär-Eisenbahn),

Abb. 388. Lageplan des Militärbahnhofes Berlin.

1. Feldgeräth-Depots. 2. Wagenschuppen. 3. Stellwerksbude. 4. Kohlenbühne. 5. Offenes Kohlendepot. 6. Weichenstellerbude. 7. Nutzholzschuppen. 8. Montirhalle. 9. Reparaturwerkstatt. 10. Drehscheibe. 11. Locomotivschuppen. 12. Laderampe. 13. Feldgeräthwagen-Haus. 14. Latrinen. 15. Reitbahn. 16. Empfangsgebäude. 17. Wiegehäuschen. 18. Güterschuppen. 19. Gewächshaus. 20. Colonnenbrücke. 21. Casernements der Betriebscompagnien. 22. Küche.

---

[1] Bearbeitet vom Hauptmann im Eisenbahnregiment Nr. 3 von Werner.

wurde vom Jahre 1888 ab ersetzt durch 9 m-Stahlschienen (Schiene Nr. 6a des Sch.-Prof.-Buchs d. St.-E.-B.) auf eisernen Querschwellen (System Haarmann), seit 1895 durch 12 m-Stahlschienen (Schiene 6d des Sch.-Prof.-Buchs d. St.-E.-B.) auf hölzernen Querschwellen. Anschliefsende Industriegleise sind in einer Gesamtlänge von rd. 7 km vorhanden.

Der Locomotivpark besteht aus vier Personenzug-, drei Güterzug- und drei Tender-Locomotiven, der Wagenpark aus 16 Personen- und 207 Güter- usw. Wagen. Die Personenzüge, welche mit einer Grundgeschwindigkeit von 60 km fahren, sind zur Dampfheizung und zur Gasbeleuchtung (System Pintsch) eingerichtet. Als Bremsvorrichtung tritt zum 1. April 1896 — an Stelle des zuerst eingeführten Systems Heberlein — das System Westinghouse.

Der Güterverkehr der Militär-Bahn, an welcher sieben Bahnhöfe, eine Haltestelle und ein Haltepunkt liegen, umfafst hauptsächlich Ziegelsteine, Gyps, Kohlen und Armeematerial. Es wurden im Betriebsjahre 1892/1893 befördert: rd. 160 000 Personen und 280 000 t Güter, d. i. für jedes Kilometer Bahnlänge 3500 Personen und 6200 t Güter.

Das Anlagekapital betrug $2^{3}/_{4}$ Mill. ℳ. Bis zum Betriebsjahre 1892/1893 einschliefslich ist ein Gesamt-Zuschufs des Reichs von rd. $2^{1}/_{4}$ Mill. ℳ erforderlich gewesen, d. i. im Durchschnitt pro Jahr 123 000 ℳ. Im Rechnungsjahr 1892/1893 betrugen:

Die Betriebseinnahme . . . . 227 518,37 ℳ
Die Betriebsausgabe . . . . 203 201,01 „

mithin Mehreinnahme 24 317,26 ℳ

Durch Allerhöchsten Erlafs vom 7. Februar 1894 ist die Genehmigung zum Bau und Betriebe der Verlängerung der Militär-Eisenbahn von Schiefsplatz Cummersdorf bis Jüterbog (25 km Betriebslänge) ertheilt worden. Das erforderliche Anlagekapital beträgt rd. 4 Mill. ℳ. Der Bau ist eingeleitet, die Eröffnung des Betriebes für 1897 in Aussicht genommen.

Zum Schlufs lassen wir zwei Tabellen über die Raumverhältnisse der Berliner Personen- und Güterbahnhöfe folgen.

Raumverhältnisse
der dem Fern- und Vorortverkehr dienenden Berliner Personenbahnhöfe.

	Bahnhof	Vorräume qm	Bahnsteg-halle qm	Wartesäle qm	Fahrkarten-Verkaufs-räume qm	Gepäck-räume qm	Stations-dienst qm	Postdienst qm	Droschken-plätze qm
d.	Schlesischer Bahnhof	939,14	19 716,00	682,08	146,30	1 249,20	264,86	3 543,50	1 250,00
	Bahnhof Friedrich-strafse	1 129,95	5 184,00	605,84	78,00	666,24	182,40	49,00	3 000,00
	Bahnhof Alexander-platz	729,92	6 016,20	847,80	130,98	395,16	329,35	37,59	810,00
	Bahnhof Zoologischer Garten	1 123,50	3 204,00	148,80	118,40	394,38	158,40	—	1 200,00
	Bahnhof Charlottenburg	244,90	5 754,00	349,20	24,30	193,59	78,15	—	—
f.	Potsdamer Bahnhof .	475,00	6 130,00	463,00	70,00	142,00	116,00	510,00	1 500,00
	Bahnhof Wannsee . .	206,00	1 936,00	—	77,00	65,00	17,00	—	—
g.	Berlin-Lehrter Hauptbahnhof . .	1 100,00	6 858,00¹⁾	858,00	87,00	608,00	264,00	2 655,00²⁾	5 940,00
h.	Stettiner Bahnhof, alt³⁾	907,00	4 870,00	1 147,00	200,00	580,00	360,00	100,00⁴⁾	2 550,00
	Stettiner Bahnhof, neu³⁾	1 222,00	7 318,00	1 187,00	278,00	601,00	418,00	121,00	3 510,00
i.	Nordbahnhof⁵⁾ . .	112,00	1 680,00	114,00	33,00	35,00	93,00	—	—
l.	Görlitzer Bahnhof .	455,00	6 360,00	590,00	44,00	180,00	310,00	310,00⁶⁾	600,00
m.	Anhalter Bahnhof .	1 542,00	10 190,00	1 230,00	163,00	707,00	275,00	958,00	2 494,00
n.	Militärbahnhof . .	65,00	—	70,00	9,00	—	36,00	—	—

1) Einschliefslich der Gleisflächen. — 2) Einschliefslich Packkammer, Vorplatz und Gleisflächen. — 3) Fern- und Vorortverkehr. — 4) Aufserdem ein besonderes Gebäude. — 5) Provisorium für den Vorortverkehr. — 6) Die Postdiensträume befinden sich in einem besonderen Gebäude mit der in der betreffenden Spalte angegebenen Grundfläche (ausschliefslich Umfassungswände).

VII. Die Locomotiveisenbahnen.

Raumverhältnisse für die Abwickelung des Be- und Entladungsgeschäfts der einzelnen Berliner Güterbahnhöfe.

	Bahnhof	Gesamte innere Grundfläche der Güterschuppen einschl. der Einbauten für die Abfertigungsräume qm	Grundfläche (einschl. Mauern) der besonderen Abfertigungsgebäude, auch der Anbauten an Güterschuppen qm	Länge der Schuppen für laderecht stehende Eisenbahnwagen m	Länge der Freiladegleise ausschl. Vieh- und Milchrampen m	Ladelänge der Viehrampe m	Ladelänge der Milchrampe m	Bei 9 m Länge eines zweiachsigen Güterwagens können also gleichzeitig laderecht stehen Güterschuppen	Bei 9 m Länge eines zweiachsigen Güterwagens können also gleichzeitig laderecht stehen Freiladegleise	Bei 9 m Länge eines zweiachsigen Güterwagens können also gleichzeitig laderecht stehen Viehrampen	Bei 9 m Länge eines zweiachsigen Güterwagens können also gleichzeitig laderecht stehen Milchrampen	Bei 9 m Länge eines zweiachsigen Güterwagens können also gleichzeitig laderecht stehen Zusammen
e.	Bahnhof Moabit [1)2)]	508,23	327,15	39,67	1 738	176	—	4	192	20	—	216
	Bahnhof Weißensee	173,09	108,80	16,40	940	44	—	2	104	4	—	110
	Bahnhof Friedrichsberg [3)]	122,73	55,83	5,50	524	20	—	1	38	2	—	41
	Bahnhof Rixdorf	172,22	77,54	23,10	496	78	—	2	53	8	—	63
	Bahnhof Tempelhof [4)]	171,65	42,75	22,20	247	73	—	2	27	8	—	37
	Bahnhof Wilmersdorf	171,65	42,75	16,00	639	14	—	2	71	2	—	75
	Bahnhof Halensee	126,70	65,27	13,00	653	14	—	2	62	2	—	66
	Bahnhof Westend	667,70	357,19	51,00	878	80	—	6	97	8	—	111
f.	Potsdamer Bahnhof	6 934,00	1 375,00	500,00	1 450	270	30	55	161	30	3	249
g.	Hamburger und Lehrter Bahnhof	15 205,00 [5)]	1 750,00	1 248,00	3 605	441	343	139	401	49	38	627
h.	Stettiner Bahnhof, alt [6)]	6 424,00	750,00	513,00	3 150	92	161	57	350	10	18	435
	Stettiner Bahnhof, neu [7)]	6 637,00	747,00	370,00	2 050	126	246	41	228	14	27	310
i.	Nordbahnhof	2 650,00	640,00	190,00	2 000	70	60	21	222	8	7	258
k.	Schlesischer Güterbahnhof	9 776,00	1 562,00	618,00	3 909	270	210	68	434	30	23	555
	Ostbahn	7 544,00	680,00	432,00	3 438	72	72	48	382	8	8	446
l.	Görlitzer Bahnhof	4 150,00	200,00	290,00	2 075	130 [8)]	—	32	230	14	—	276
m.	Anhalter Bahnhof	6 296,00	1 709,00	483,00	3 087	95	34	54	343	35	4	436
n.	Militärbahnhof	115,00	10,00	24,00	980	154	—	3	109	17	—	129

1) Güterabfertigung ist zweigeschossig. — 2) Zwei Wagen Kopfverladungen. — 3) Ein Wagen Kopfverladung. — 4) Ein Wagen Kopfverladung. — 5) Ausschließlich der inneren Fahrstraße des Güterschuppens auf dem ehemaligen Lehrter Güterbahnhofe und der Gleisflächen innerhalb des Güterschuppens auf dem ehemaligen Hamburger Bahnhofe und einschließlich der zeitweise noch verpachteten Bodenflächen. — 6) Es sind außer den angeführten Rampen noch eine Petroleum-, Spiritus- und Faßrampe mit insgesamt 270 m Länge vorhanden. — 7) Nur Spiritusrampe bezw. Petroleumrampe 82 m. — 8) Außerdem: Laderampe am Güterschuppen 67 m, Feuerrampe 122 m, Wagenrampe 13,50 m, Postrampe 16 m. Zusammen 313,50 m. Die Feuerrampe wird auch als Milchrampe mit benutzt.

O. Die Königlichen Eisenbahnwerkstätten.[1)]

Anzahl, Bezeichnung, Größe und Lage.

Die Königlichen Eisenbahnwerkstätten sind nach ihrem Betriebe, sowie nach ihrer Anlage und Ausrüstung den Maschinenbauanstalten zuzurechnen und nehmen unter diesen eine bemerkenswerthe Stelle ein. Abgesehen von zahlreichen Betriebswerkstätten, welche mit den Locomotivschuppen auf den einzelnen Bahnhöfen in und bei Berlin in Verbindung stehen und zur schnellen Erledigung der im Betriebe täglich vorkommenden laufenden Reparaturen an Locomotiven und Wagen herangezogen werden, sind fünf Hauptwerkstätten zu nennen, welche zur Ausführung der vorkommenden größeren und Hauptreparaturen an Betriebsmitteln und maschinellen Anlagen dienen. Es sind dies, nach der Größe der bedeckten Räume und der Anzahl der beschäftigten Beamten, Handwerker, Hülfsarbeiter und Lehrlinge geordnet:

---

1) Bearbeitet vom Königlichen Eisenbahndirector Garbe.

Berlin und seine Bauten. I.

290   VII. Die Locomotiveisenbahnen.

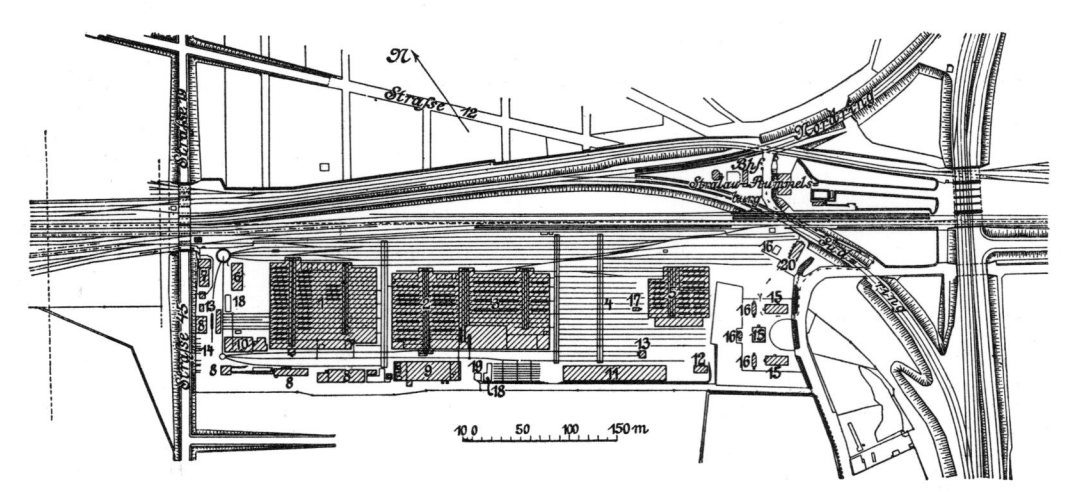

Abb. 389. Hauptwerkstatt Berlin O., Markgrafendamm.

1. Locomotivreparatur. 2. Wagenrevision. 3. Wagenreparatur. 4. Offene Gleise für Wagenreparatur. 5. Lackirschuppen. 6. Lehrlingswerkstatt. 7. Kantine und Speisesaal. 8. Magazin. 9. Schmiede. 10. Kupferschmiede. 11. Nutzholzschuppen. 12. Holztrockenofen. 13. Abort. 14. Abfälle. 15. Beamtenwohnhäuser. 16. Stall. 17. Oelkeller. 18. Kohlenlager. 19. Eisenlager. 20. Verwaltungsgebäude.

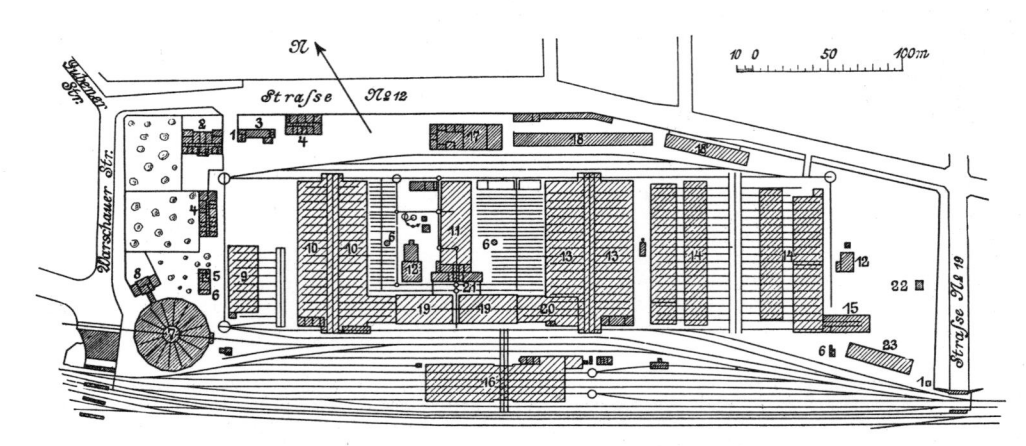

Abb. 390. Hauptwerkstatt Berlin O., Warschauer Strafse.

1. Pförtner. 2. Beamtenwohnhaus. 3. Arbeiterspeisesaal. 4. Bureaugebäude. 5. Badeanstalt. 6. Abort. 7. Locomotivschuppen. 8. Wasserstation. 9. Tenderreparatur. 10. Locomotivreparatur. 11. Schmiede. 12. Kesselhaus. 13. Wagenreparatur. 14. Lackirwerkstatt. 15. Sattler. 16. Wagenrevision. 17. Magazin. 18. Nutzholzschuppen. 19. Dreherei. 20. Stellmacherei. 21. Kupferschmiede. 22. Firnifsküche. 23. Schuppen.

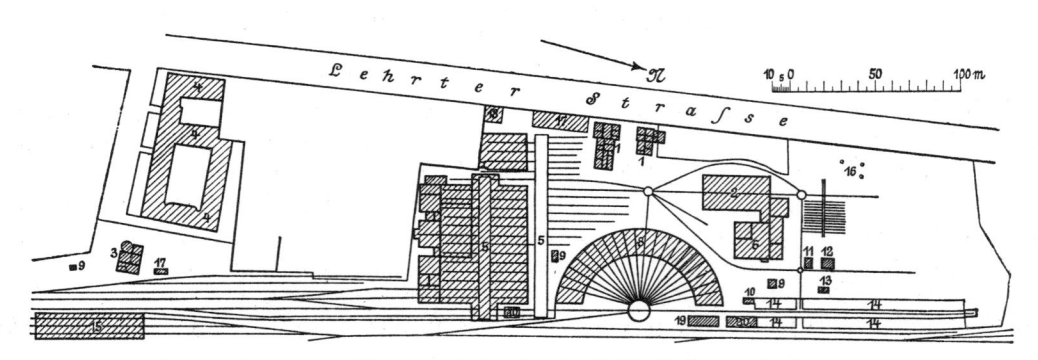

Abb. 391. Hauptwerkstatt Berlin NW., Lehrter Strafse.

1. Verwaltungsgebäude und Dienstwohnungen. 2. Eisendreherei. 3. Fettgasanstalt. 4. Dienstwohnungen für Eisenbahnbeamte. 5. Schiebebühnen und Wagenreparatur. 6. Werkstätten. 7. Locomotivschuppen. 9. Aborte. 10. Wage. 11. Firnifsküche. 12. Firnifslager. 13. Petroleumlager. 14. Kohlenlager. 15. Wagenreinigungsschuppen. 16. Rohrbrunnen. 17. Schuppen. 18. Holz. 19. Betriebsmagazin. 20. Eisenlager.

VII. Die Locomotiveisenbahnen.

A. Innerhalb des Weichbildes von Berlin.

1. Die Hauptwerkstatt Berlin O. am Markgrafendamm (zwischen Station Warschauer Strafse und Stralau-Rummelsburg).
2. „ „ „ O. an der Warschauer Strafse.
3. „ „ „ NW. Lehrter Strafse.

B. Aufserhalb des Weichbildes von Berlin.

4. Die Hauptwerkstatt Tempelhof an der Südwestgrenze von Berlin, zwischen der Ringbahn und Anhalter Bahn gelegen.
5. „ „ Grunewald im Westen hinter Charlottenburg am Bahnhofe Grunewald gelegen.

Die Gröfsen der bedeckten Räume und Höfe und einige wichtigere Angaben über Einrichtungen und Ausrüstung sind in nachstehender Tabelle zusammengestellt.

Die Grundrifsanordnung der einzelnen Werkstätten ist aus den bezüglichen Plänen ersichtlich.

A. Gröfsenverhältnisse.
I. Im Weichbilde von Berlin.

1	2	3		4				5	6	7	8	
Laufende Nummer	Bezeichnung und Lage der Königlichen Hauptwerkstätten	Der Werkstätten Gesamtflächeninhalt		In den Werkstätten sind beschäftigt				Heizung	Beleuchtung	Anzahl und Gröfse der Dampfkessel	Anzahl der Dampfmaschinen (Pferdestärken)	Wohlfahrtseinrichtungen	
		bedeckte Räume	Höfe, Reparaturgleise, Rangirgleise	Oberbeamte	Werkstatts- u. Bureaubeamte	Handwerker und Arbeiter	Lehrlinge					Schutzvorrichtungen	Allgemeine
		in qm											
1	Berlin O. am Markgrafendamm	105 000 / 35 000	70 000	2	62	899	83	Dampfheizung und Hohenzollernöfen	Gas	5, 500 qm Heizfläche	4 (170)	Schutzvorrichtung an allen Werkzeugmaschinen, elektr. Ausrückung der Dampfmaschinen, Wellenleitung (Dohmen-Leblanc), unterirdische Wellenleitung der Holzbearbeitungswerkstatt usw., Fangvorrichtung am Aufzuge, elektr. Wasserstandsanzeiger.	Lehrlingswerkstatt, Badeanstalt, Zuschufs zur Pensionskasse, Kantine, Speisesaal, Späneabsaugung, Wascheinrichtungen, Kleiderspinden.
2	Berlin O. Warschauer Strafse	110 000 / 26 000	84 000	2	57	830	40	Dampfheizung	Gas	5, 252 qm Heizfläche	3 (62)	Schutzvorrichtung an allen Werkzeugmaschinen, Ausrückung der Dampfmaschinen, Wellenleitungen (Lohmann & Stolterfoht) usw., elektr. Wasserstandsanzeiger, Fangvorrichtung am Aufzuge.	Lehrlingswerkstatt, Badeanstalt, Zuschufs zur Pensionskasse, Kantine, Speisesaal, Wascheinrichtungen, Kleiderspinden.
3	Berlin N.W. Lehrter Strafse	40 000 / 12 800	27 200	1	29	250	2	Dampfheizung	Elektr. Bogen- und Glühlicht bezw. Fettgas	4, 167 qm Heizfläche	4 (80)	Elektrischer Wasserstandsanzeiger, Schutzvorrichtung an allen Werkzeugmaschinen.	Zuschufs zur Pensionskasse, Speisesaal.

II. Aufserhalb des Weichbildes von Berlin.

1	2	3		4				5	6	7	8	
4	Tempelhof an der S.W.-Grenze von Berlin	327 800 / 81 500	246 300	2	58	910	91	Dampfheizung	Elektr. Bogenlicht	8	6 (200)	Schutzvorrichtung an allen Werkzeugmaschinen, Benachrichtung des Maschinenwärters zum Abstellen der Betriebsmaschine, Anhalten derselben durch eine Klauenkuppelung.	Lehrlingswerkstatt, Badeanstalt, Zuschufs zur Pensionskasse, Kantine, Wascheinrichtungen, Kleiderspinden.
5	Grunewald am Bahnhofe Grunewald	95 500 / 22 000	73 500	2	42	594	36	Ofen- und Dampfheizung	Petroleum, Gas	4, 200 qm Heizfläche	4 (132)	Schutzvorrichtung an allen Werkzeugmaschinen, Ausrückung der Dampfmaschine, Wellenleitung (Lohmann & Stolterfoht), Fangvorrichtung am Aufzuge.	Lehrlingswerkstatt, Zuschufs zur Pensionskasse, Kantine.

VII. Die Locomotiveisenbahnen.

B. Ausrüstung.

I. Im Weichbilde von Berlin.

1	2	3																				4		5		6		7		8
		In den Werkstätten sind an wichtigsten Arbeitsmaschinen vorhanden:																				Schmiedefeuer		Hebevorrichtungen		Schiebebühnen		Drehscheiben		
		Metallbearbeitung															Holzbearbeitung													
Laufende Nr.	Bezeichnung und Lage der Königlichen Hauptwerkstätten	Drehbänke	Bohrmaschinen	Stofsmaschinen	Fräsmaschinen	Hobel- und Chapingmaschinen	Schraubenschneidemaschinen	Hydraul. Pressen	Dampfhämmer	Nähmaschinen	Feder-, Blech- und Rohrbiegemaschinen	Schleif- und Schärfmaschinen	Farbenreibmaschinen	Federprobirmaschinen usw.	Luftdruckhämmer usw.	Siederohrreinigungsmaschinen	Schner- und Lochmaschinen	Drehbänke	Hobelmaschinen	Band- und Kreissägen	Stofsmaschinen	Holz-Bohr- und Stemmmaschinen	Fräsmaschinen	Feste	Feldschmieden	Krane	Aufzüge	Hebezeuge, Winden usw.	Versenkte	Nichtversenkte	Grofse über 6 m Durchmesser	Kleine	Dynamomaschinen
1	Berlin O. am Markgrafendamm	52	23	2	6	9	2	2	3	3	2	15	3	1	1	1	5	2	4	4	1	1	2	12 doppelte 8 einfache Feuer	19	7	1	15 Flaschenzüge 288 Winden	5	3	2	12	—
2	Berlin O. Warschauer Strafse	55	20	1	2	12	4	1	3	2	1	18	4	1	1	—	6	1	4	7	1	1	1	9 doppelte und 6 einfache	18	10	1	40 Flaschenzüge 254 Winden	3	2	7	—	—
3	Berlin N.W. Lehrter Strafse	12	5	2	2	4	2	1	1	2	1	2	3	1	1	—	2	1	2	2	—	1	—	13	—	3	—	—	2	1	3		1

II. Aufserhalb des Weichbildes von Berlin.

| 4 | Tempelhof an der S.W.-Grenze von Berlin | 60 | 22 | 3 | 9 | 12 | 4 | 3 | 4 | 1 | 3 | 14 | 4 | 2 | 1 | 1 | 2 | 1 | 3 | 4 | 3 | 1 | 1 | — | — | 10 | 1 | 13 Flaschenzüge 1 elekt. betrieben | 7 | | 16 | | 4 |
| 5 | Grunewald am Bahnhofe Grunewald | 47 | 16 | 3 | 4 | 11 | 4 | 3 | 3 | — | 1 | 14 | — | 2 | — | 1 | 3 | — | 2 | 4 | — | 2 | 1 | 8 doppelte 2 einfache Feuer | — | 5 | 2 | — | 2 | 4 | 1 | 7 | 1 |

Nach der Tabelle sind gegenwärtig in den fünf Hauptwerkstätten rd. 4000 Beamte, Handwerker, Arbeiter und Lehrlinge vorhanden, das ist etwa der zehnte Theil des im Jahre 1893 in sämtlichen Werkstätten der preufsischen Staatseisenbahnen und in denjenigen der auf Rechnung des preufsischen Staates verwalteten sonstigen Eisenbahnen beschäftigten Personals. Es ist hieraus ungefähr zu schliefsen, welchen aufserordentlichen Umfang der Eisenbahnbetrieb in und nach Berlin angenommen hat.

Allgemeines über Oberaufsicht, Leitung, Aufsichts- und Bureaupersonal, Handwerkerabtheilungen, Zwecke der Werkstätten usw.

Die obere Aufsicht und die obere Leitung über das gesamte Werkstättenwesen wird von jeder Königlichen Eisenbahndirection innerhalb ihres Geschäftsbereiches, über die genannten fünf Werkstätten also von der Königlichen Eisenbahndirection Berlin ausgeübt.

VII. Die Locomotiveisenbahnen. 293

Die Leitung des Dienstes in den einzelnen Hauptwerkstätten untersteht den Vorständen der betreffenden Werkstätteninspectionen, welch letztere vorstehender Reihenfolge nach die amtlichen Bezeichnungen „Königliche Werkstätteninspection Berlin 1, 2, 3, Tempelhof und Grunewald" führen. Die beiden ersteren sowie die beiden letzteren sind ihrem Umfange entsprechend für Locomotiv- und Wagenbau getrennt noch in die Inspectionen 1 a und 1 b usw. mit je einem besonderen Vorstand getheilt. Die Vorstände sind Königliche Oberbeamte des Maschinenbaufaches, Eisenbahndirectoren, Regierungs- und Bauräthe, Eisenbahnbau-Inspectoren, denen sämtliche in den Werkstätten beschäftigte Beamte, Hülfsbedienstete und Arbeiter unterstellt sind.

Zur Hülfeleistung bei Erledigung der Dienstgeschäfte sind den Vorständen technische Eisenbahncontroleure (früher Werkstättenvorsteher) zugetheilt. Diese müssen als wissenschaftliche Vorbildung die Berechtigung zum Dienst als Einjährig-Freiwillige und den erfolgreichen Besuch einer tüchtigen Fachschule für Maschinenbau nachgewiesen, sowie nach

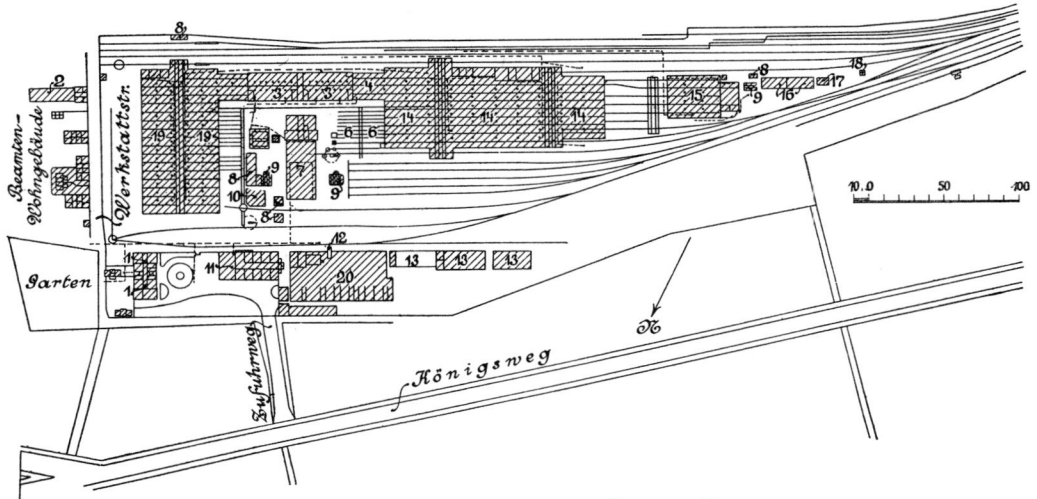

Abb. 392. Hauptwerkstatt Grunewald.
1. Verwaltungsgebäude. 2. Arbeiterspeisesaal. 3. Dreherei. 4. Stellmacherei. 6. Lagergleise für Wagenachsen. 7. Schmiede. 8. Kohlenbansen. 9. Abort. 10. Raum für Schlacke und Asche. 11. Magazin. 12. Laderampe. 13. Nutzholzschuppen. 14. Wagenreparatur. 15. Lackirerei. 16. Schuppen für Ausrüstungsgegenstände. 17. Arbeiterbude. 18. Wage. 19. Locomotivreparatur. 20. Lagerhof für altes Material.

praktischer und verwaltungsseitiger gründlicher Ausbildung im Eisenbahndienste die Prüfungen zum maschinentechnischen Eisenbahnsecretär und zum Locomotivführer bestanden haben. Den einzelnen Handwerkerabtheilungen in der Werkstätte selbst stehen Werkmeister vor, denen wieder Werkführer und Vorarbeiter in der Weise zur Unterstützung bei der Ueberwachung und Ausführung der Arbeiten zur Seite gestellt sind, dafs auf etwa je 100 Mann ein Werkmeister und auf etwa je 40 Mann ein Werkführer bezw. Vorarbeiter zu rechnen ist. Die Werkmeister sind gewöhnlich aus den Berufszweigen, welchen sie vorstehen sollen, hervorgegangene tüchtige Handwerker mit einer guten Schulbildung und einigen theoretischen technischen Kenntnissen. Sie haben vor ihrer Anstellung die Prüfung zum Werkmeister und, insofern sie im Locomotivbau thätig, auch die Prüfung zum Locomotivführer abzulegen.

Die Vorarbeiter bezw. Werkführer werden gleichfalls aus den besten Handwerkern gewählt und zwar so, dafs die Mehrzahl nicht nur das Werkführer-, sondern später auch das Werkmeisterexamen zu bestehen geeignet erscheint.

In dem mit jeder Hauptwerkstatt verbundenen technischen Bureau werden gewöhnlich ein „technischer Eisenbahnsecretär" mit gleicher wissenschaftlicher Vorbildung wie diejenige des Eisenbahncontroleurs, ein oder mehrere Zeichner bezw. technische Bureau- oder Zeichnergehülfen beschäftigt. Zur Erledigung der Verwaltungsarbeiten sind Bureaus für Expedition mit Registratur und Canzlei sowie für das Rechnungswesen eingerichtet, in

294   VII. Die Locomotiveisenbahnen.

welchen bei den gröfseren Werkstätten etwa 10 Betriebssecretäre, zwei Bureauassistenten, ein Bureaugehülfe, ein Canzlist und die nöthigen Bureauboten unter Leitung eines Eisenbahnsecretärs thätig sind.

Mit jeder Hauptwerkstatt ist zur Aufbewahrung der für den Werkstättenbetrieb erforderlichen Materialienvorräthe ein Materialienmagazin verbunden, welches gleichfalls dem Werkstättenvorstand unterstellt ist. Ein Werkstattmagazin von der Gröfse, wie sie bei den Werkstätten-Inspectionen Berlin 1 und 2, Tempelhof und Grunewald nöthig sind, wird von einem Magazinverwalter I. Klasse unter der Beihülfe eines Magazin-Verwalters II. Klasse, einiger Bureaubeamten, Magazinaufseher und Materialienausgeber verwaltet. Diese grofsen Magazine sind an den Anlieferungsorten zugleich auch Abnahme- und Vertheilungsstellen für Materialien anderer Werkstätten.

Die Hauptwerkstätten dienen hauptsächlich der Unterhaltung und Reparatur der ihnen zugewiesenen Locomotiven und Wagen, der in ihrem Geschäftsbezirk auf den Strecken und einzelnen Stationen vorkommenden mechanischen Anlagen und Einrichtungen, als Beleuchtungs-Anlagen und deren Ma-

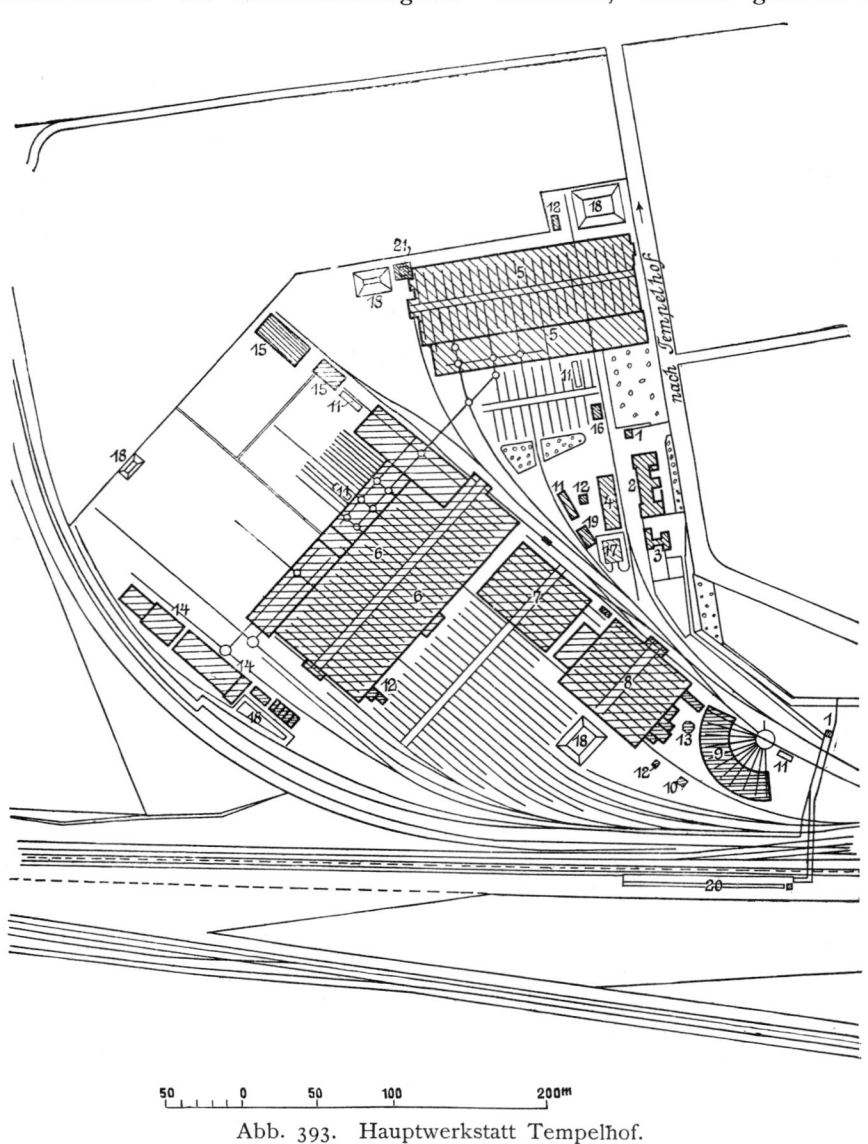

Abb. 393. Hauptwerkstatt Tempelhof.

1. Pförtner. 2. Verwaltungsgebäude. 3. Wirthschaftsgebäude. 4. Werkstättenmagazin. 5. Locomotivmontage. 6. Wagenmontage. 7. Reparaturschuppen. 8. Lackirerei. 9. Locomotivschuppen. 10. Firnifsküche. 11. Kohlenbansen. 12. Aborte. 13. Wasserthurm. 14. Holzschuppen. 15. Eisenmagazin. 16. Kohlenmagazin. 17. Petroleumkeller. 18. Gruben. 19. Schuppen. 20. Bahnhof Tempelhof. 21. Gasanstalt.

schinen, Hebevorrichtungen, Wasserstationen, Drehscheiben, Schiebebühnen, Centesimalwagen, eisernen Brücken, Weichen, Oberbaugeräthen usw. Diesen Anforderungen entsprechend sind die verschiedensten Handwerkszweige unter den Arbeitern vertreten.

Besonders liegen den Hauptwerkstätten die grofsen Ausbesserungen und technischpolizeilichen Revisionen der Locomotiven und Wagen sowie die Kesselprüfungen ob. Welchen Umfang diese Arbeiten in einer gröfseren Hauptwerkstatt erreichen, welche Dienste zum Ein- und Ausbringen der Betriebsmittel, zur Verschiebung und zum Hochnehmen der Fahrzeuge geleistet werden müssen, sei durch die ungefähren Zahlen der in einem Jahre in der Hauptwerkstatt Berlin O. am Markgrafendamm ausgeführten Revisionen an Locomotiven und Wagen angedeutet.

Es wurden im Jahre 1893 nachgesehen bezw. ausgebessert rund:

350 Locomotiven.
2750 Personen-Wagen, davon gestrichen und lackirt 190
250 Post-   ,,   ,,   ,,   ,,   ,,   20
300 Gepäck-   ,,   ,,   ,,   ,,   ,,   25
11250 Güter-   ,,   ,,   ,,   ,,   ,,   280
900 fremde   ,,

zusammen 15450 Wagen.

Die gröfseren Hauptwerkstätten sind bezüglich ihrer maschinellen Ausrüstung, ihrer Schmiede, Dreherei, Giefserei, Holzbearbeitungswerkstatt, Lackirwerkstatt usw. derartig bestellt, dafs sie sehr wohl neue Locomotiven und Wagen herzustellen vermögen. Es wird jedoch hiervon abgesehen und der Neubau allgemein der Privatindustrie überlassen; auch die Mehrzahl der Aushülfstheile und das käufliche Kleineisenzeug wird fertig oder halbfertig bezogen. Dagegen werden die umfangreichsten Kesselarbeiten ausgeführt und auch gröfsere Umbauten von Wagen sowie Ausrüstungen von Betriebsmitteln mit besonderen Einrichtungen selbst vorgenommen. Einzelne der grofsen Hauptwerkstätten sind aufserdem zur Herstellung von Spiralbohrern, Reibahlen, Gewindebohrern und Gewindeschneidewerkzeugen aller Art, sowie zur Herstellung von Fräsern mit den nöthigen Specialmaschinen ausgerüstet, sodafs von ihnen die anderen Werkstätten mit diesen Präcisionswerkzeugen versehen werden können. Von den genannten Werkstätten trifft dies für Grunewald zu, welche aufserdem noch eine Versuchsanstalt zur Vornahme von Materialprüfungen mit einer Vernickelungsanstalt und eine Desinfectionsanstalt für den ganzen Directionsbezirk besitzt.

Einrichtungen zur Bekämpfung von Feuersgefahr

sind in allen Eisenbahnwerkstätten reichlich und ziemlich gleichartig vorgesehen. So ist z. B. die Hauptwerkstatt am Markgrafendamm nach allen Richtungen mit Wasserleitungsröhren durchzogen, welche an die städtische Wasserleitung angeschlossen sind. Zahlreiche Hydranten gewähren die Möglichkeit, die in verglasten plombirten Kästen an den Wänden befindlichen Schläuche mit Strahlrohr sofort anzuschrauben und den Leitungsdruck unvermittelt zum Löschen auszunützen.

Eine aus Beamten und Mannschaften der Werkstatt zusammengesetzte Feuerwehr, welche mit zwei Handdruckspritzen und Zubehör, sowie mit den nöthigen Lösch- und Rettungsvorrichtungen ausgerüstet ist, übernimmt die Löscharbeiten bis zur Ankunft der Berufsfeuerwehr, welche durch zwei elektrische Feuermelder unverweilt herbeigerufen werden kann. Zur Bekämpfung eines entstehenden Brandes dienen aufserdem zahlreiche, an verschiedenen Stellen der Werkstatträume und namentlich an gefährdeten Punkten aufgestellte Böhlegasspritzen, deren Handhabung Jedermann bekannt gegeben wird.

Für die Aufbewahrung feuergefährlicher Stoffe wie: Lack, Firnifs, Terpentin und dergl. sind besondere Vorschriften gegeben. Ein geräumiger, in den Erdboden halbversenkter, feuersicherer Raum dient zur Aufnahme dieser Gegenstände. Oelige Putzwolle, Hobelspäne und alle feuergefährlichen Abfälle werden täglich gesammelt und unschädlich gemacht.

Kraftübertragung.

Dieselbe erfolgt im allgemeinen in allen Werkstätten von den Dampfmaschinen auf die Arbeitsmaschinen durch Wellenleitung und Riemenscheiben. Die Aus- und Einrückung einzelner Stränge der Wellenleitung geschieht durch Reibungskuppelungen, welche verschiedentlich durch Elektricität bethätigt werden.

Drehscheiben und Schiebebühnen werden meist von Hand mit oder ohne Vorgelege betrieben, aber auch elektrischer und Seilantrieb ist vorhanden und wird noch mehrfach für die Zukunft vorgesehen. Das Rangiren im Freien erfolgt durch Locomotiven und zum Theil durch Pferde.

An erwähnenswerthen Ausführungen sind folgende zu nennen:

1. Zwei mit Seilbetrieb fortbewegte Wagenschiebebühnen der Hauptwerkstatt Grunewald, bei welchen auch das Aufbringen der Wagen auf den Schiebebühnenschlitten, sowie das Absetzen derselben auf die Anschlußgleise mittels des Seilantriebes erfolgt;
2. eine durch Elektricität betriebene ähnliche Schiebebühne der Hauptwerkstatt Tempelhof, bei welcher die Zuführung des von einem sechspferdigen Primärdynamo erzeugten Stromes zum Elektromotor unterirdisch in den Canälen für die Träger des Schiebebühnenschlittens bewirkt wird. Die Bewegung des Elektromotors wird durch Reibungsräder und Vorgelege auf die Laufachsen der Schiebebühne übertragen, welch letztere mit einer Geschwindigkeit von 1 m in einer Sekunde fährt;
3. eine elektrische Leitung von der Locomotivdreherei der Werkstatt Tempelhof zur Kesselschmiede zum Antrieb der Arbeitsmaschinen daselbst;
4. der unterirdische Wellenantrieb der sämtlichen Arbeitsmaschinen in dem neuen Raum für Holzbearbeitung der Hauptwerkstatt am Markgrafendamm.

Dieser Antrieb ermöglicht die weitgehendste Ausnutzung des von den Antriebsriemen frei bleibenden Arbeitsraumes bei der Bewegung der oft recht großen Arbeitsstücke und ist außerdem derart eingerichtet, daß die schnellste Abstellung der Wellenleitung durch elektrischen Contact von jeder Säule des Raumes aus erfolgen kann.

Eine unterirdisch angelegte Einrichtung zum Absaugen der bei jeder Maschine erzeugten Hobel- bezw. Sägespäne arbeitet außerdem in der Weise, daß die in einer Thonrohrleitung abgesaugten Späne von einem kräftigen Ventilator unterirdisch in die Nähe des Kesselhauses getrieben werden, wo die Luft in einem sogenannten Cyklon nach oben entweicht und die Späne in eine Kammer fallen, aus welcher sie für die Kesselfeuerungen entnommen werden.

Schutz- und Wohlfahrtseinrichtungen.

Die beweglichen Theile aller Maschinen, Aufzüge, Krane usw. sind mit grellfarbig gekennzeichneten Schutzvorrichtungen ausgerüstet, deren Benutzung streng vorgeschrieben ist, und deren Einrichtungen sorgfältig überwacht und nach Möglichkeit verbessert werden. Warnungstafeln und Vorschriften sind überall da angebracht, wo Maschinen und Vorrichtungen in Gang gesetzt werden. Außerdem werden besondere Unfallverhütungsvorschriften in einer Dienstordnung sämtlichen Arbeitern überwiesen, und denselben auch zur Warnung durch Anschläge die in den verschiedenen Werkstätten des Directionsbezirks vorgekommenen Unfälle zur Kenntnis gebracht.

An Wohlfahrtseinrichtungen, die in den verschiedenen Werkstätten ebenfalls ähnlich sind, sollen im Folgenden nur die bemerkenswertheren Einrichtungen und Maßnahmen der Hauptwerkstatt am Markgrafendamm erwähnt werden.

Für gute Lüftung, Heizung und Beleuchtung der Werkstatträume ist in erster Linie gesorgt. In fast allen Räumen ist ausreichende Dampfheizung vorhanden; auf Feldschmieden darf in bedeckten Räumen frische Schmiedekohle nicht verwendet werden.

In der Klempnerei befinden sich zum Absaugen der schädlichen Dünste an der Decke Luftschächte mit Ventilatoren; die Löthkolben werden mit Bunsenflammen anstatt durch Holzkohle erwärmt.

Mit Ausnahme der Lackirerei ist durchweg Holzpflaster bei guter Bewährung in mehrjährigem Gebrauch, im Sommer wird bei großer Hitze für reichliche Wassersprengung in sämtlichen Räumen gesorgt. Bei Choleragefahr wird abgekochtes und entsprechend gekühltes, mit Salzsäure versetztes Trinkwasser vertheilt. Zum Anlegen von Verbänden sind geeignete Personen im Samariterdienst ausgebildet.

Ein Speisesaal mit Werkstattswirthschaft gewährt den Arbeitern Unterkunft während der Mittagsmahlzeiten; demselben steht eine Vertrauensperson vor, welche für gute Speisen und Getränke zu mäfsigen, festgesetzten Preisen Sorge trägt, sowie auch auf Ordnung und Reinlichkeit während der Benutzung des Speisesaales sieht.

Täglich zu Ende der Arbeitszeit werden Waschbecken mit warmem Wasser gefüllt; auch wird den Arbeitern Schmierseife zur Reinigung geliefert.

Kleiderschränke in ausreichender Anzahl nehmen die besseren Kleider während der Arbeit und die Arbeitskleider nach Schlufs derselben auf.

Eine Badeanstalt mit Wannen- und Brausebädern kann von den Arbeitern gegen geringen Entgelt während der Arbeitszeit benutzt werden. Den Leuten, welche sehr schmutzige Arbeit zu verrichten haben, werden Freibäder gewährt.

Die Büchsenzahlung erleichtert dem Arbeiter den Empfang des Lohnes und verkürzt die Wartezeit. Durch diese Art der Lohnzahlung und entsprechende Eintheilung wird das umfangreiche Zahlgeschäft in der Werkstatt, für beinahe 1000 Mann, in $1/2$ Stunde erledigt.

Durch Fortfall der Frühstücks- und Vesperpause ist die Gesamtarbeitszeit verkürzt, dieselbe währt ausschliefslich der $1\frac{1}{2}$ stündigen Mittagspause 10 Stunden. Den Arbeitern ist gestattet, während derselben einen Imbifs zum Frühstück und zur Vesper an ihrem Arbeitsplatze einzunehmen. Bei Ueberstunden und Sonntagsarbeit erhalten die Arbeiter zu ihrem sonstigen Verdienste für je eine Stunde 10 ₰ besonders bezahlt.

Erkrankten Arbeitern gewährt die Werkstätten-Krankenkasse auf die Dauer von 39 Wochen freie ärztliche Behandlung, freie Arznei und Heilmittel, ein Krankengeld in Höhe des halben, ein Sterbegeld in Höhe des 30fachen Betrages des den Kassenbeiträgen zu Grunde gelegten Arbeitsverdienstes. Auch für erkrankte Familienmitglieder giebt die Krankenkasse freie ärztliche Behandlung und trägt zur Hälfte die Kosten für Arznei und Heilmittel auf die Dauer von 13 Wochen, während sie für verstorbene Familienmitglieder ein Sterbegeld von $1/5 - 2/3$ des für das Kassenmitglied festgesetzten Sterbegeldes zahlt.

Unterstützungen nothleidender Arbeiterwittwen und Waisen werden von der Königlichen Eisenbahndirection Berlin auf Antrag des Werkstättenvorstandes in zahlreichen Fällen gewährt. Handwerkern und Arbeitern, welche eine straffreie 25, 30, 35, 40 und 50jährige Dienstzeit erlangt haben, wird eine Belohnung in Form einer einmaligen Lohnzulage gewährt. Eine Weihnachtsbescheerung für die Wittwen und Waisen verstorbener Arbeiter trägt in erheblichem Mafse zur Milderung der Noth der Bedürftigsten in der Winterszeit bei.

Besonderer Werth wird auf richtige Unterweisung und gehörige Erziehung der Lehrlinge gelegt. Die bezüglichen Einrichtungen haben erfreuliche Erfolge aufzuweisen.

Gehandhabt wird das Lehrlingswesen nach dem Erlasse des Herrn Ministers der öffentlichen Arbeiten vom 21. December 1878 II 15 886 IV 16 759 und nach dem entsprechend der Novelle zur Gewerbeordnung abgeänderten neuen Lehrvertrage. (Bezüglich der einzelnen aus den Vorschriften entspringenden Mafsnahmen und weiteren das Lehrlingswesen betreffenden Dinge sei auf einige Veröffentlichungen des Verfassers hingewiesen, u. a. in der Zeitschrift „Verhandlungen des Vereins zur Beförderung des Gewerbefleifses", auf den Bericht über die Sitzungen vom 6. Mai 1888, und den Bericht über die Sitzung vom 2. Juni 1890; ferner auf den zweiten Evangelisch-Socialen Congrefs am 28. Mai 1891 sowie auf die Schrift „Der zeitgemäfse Ausbau des gesamten Lehrlingswesens für Industrie und Gewerbe", Garbe, Berlin 1888, Verlag von Dierig & Siemens.)

VIII. Die Wasserversorgung.

A. Wasserwerke der Stadt Berlin.

Verhältnifsmäfsig spät hat sich für Berlin das Bedürfnifs einer künstlichen Zuführung reinen Wassers fühlbar gemacht. Infolge der niedrigen Lage der Stadt und der geognostischen Beschaffenheit des Untergrundes war die Menge des durch einfachste Brunnenanlagen zu erreichenden Wassers unbeschränkt, und da dieses Wasser eine im Winter und Sommer nahezu gleichmäfsige Temperatur (10—12º C.), klares Aussehen und reinen Geschmack zeigte, so galt es auch für ein gutes Trinkwasser, obgleich es in chemischer Beziehung nichts weniger als rein war und seine Eigenschaften sich von Jahr zu Jahr verschlechterten; denn naturgemäfs mufste bei dem durchlässigen Boden und dem Mangel an dichten Canälen mit zunehmender Bebauung und zunehmendem Verkehr eine immer schlimmere Verjauchung des Untergrundes eintreten. Einzelne weiterblickende Männer hatten zwar bereits in den dreifsiger und vierziger Jahren auf die Uebelstände hingewiesen, welche aus der bisherigen Art der Wassergewinnung erwachsen mufsten, ohne aber mit ihren Vorschlägen Anklang zu finden. Abgesehen davon, dafs eben der Mangel eines guten Trinkwassers äufserlich nicht erkennbar war, fehlte damals noch das Verständnifs für den Culturwerth einer den Haushaltungen in allen Stockwerken ohne Arbeit und Mühe in beliebiger Menge zugänglichen Wasserquelle. Aufserdem dachte man noch kaum an die Ausdehnung der Stadt bis auf die im Norden und Süden angrenzenden Thalränder, durch deren Bebauung allerdings in nicht allzuferner Zeit ohnehin eine künstliche Wasserversorgung nöthig geworden wäre, da in diesen hoch liegenden Gegenden die Anlage von Brunnen unmöglich oder mit unverhältnifsmäfsig grofsen Kosten verbunden war.

Indessen sahen sich die Staatsbehörden veranlafst, der Anlage einer centralen Wasserversorgung näher zu treten. Hierfür war allerdings keiner der oben erwähnten Gründe, sondern die Nothwendigkeit mafsgebend, den sich dauernd verschlechternden Zustand der öffentlichen Rinnsteine durch reichliche Wasserspülung zu verbessern und nachdem der Magistrat es abgelehnt hatte, ein eigenes Wasserwerk zu erbauen, wurde seitens der Regierung im Jahre 1852 einer englischen Gesellschaft die Concession zur Erbauung eines solchen gegeben. Die Gesellschaft übernahm die Verpflichtung, das für

---

1) Bearbeitet vom Director der städtischen Wasserwerke Ed. Beer.

die Spülung der Rinnsteine und für Feuerlöschzwecke erforderliche Wasser kostenfrei zu liefern, und erhielt dafür auf die Dauer von 25 Jahren das ausschliefsliche Recht, die Einwohnerschaft gegen Entgelt mit Wasser zu versorgen.[1]) Die Gesellschaft erwarb ein Grundstück an der Spree vor dem Stralauer Thor und errichtete auf demselben in den Jahren 1853—1856 die zum Schöpfen, Reinigen und Heben des Wassers erforderlichen Filter- und Pumpenanlagen, welche im Frühjahr 1856 in Betrieb gesetzt wurden. Die Wasserwerks-Gesellschaft arbeitete in den ersten Jahren mit Verlust. Erst im Jahre 1860 ergab sich ein kleiner Ueberschufs, und als in den nächsten Jahren die Bauthätigkeit einen gröfseren Aufschwung nahm und die Neubauten durchweg mit Wasserleitung versehen wurden, drang mit der Kenntnifs dieser Neuerung zugleich die Ueberzeugung von der bedeutenden Arbeitsersparnifs und von der Vermehrung der Bequemlichkeit und Reinlichkeit in immer weitere Kreise. Wohnungen ohne Wasserleitung wurden schwer vermiethbar, und die Besitzer älterer Häuser sahen sich genöthigt, dieselben ebenfalls mit Wasserleitung zu versehen.

Der Wasserverbrauch stieg von 3 Mill. cbm im Jahre 1860 auf 14 Mill. cbm im Jahre 1872, die Dividende der Wasserwerks-Gesellschaft von 1% auf 11¼% in demselben Zeitraume. Die Gesellschaft war bald nicht mehr imstande, allen Anforderungen auf Abgabe von Wasser nachzukommen. Obwohl das ursprünglich vorgesehene Anlagekapital von 4,5 Mill. ℳ bereits im Jahre 1858 auf über 9 Mill. ℳ und bis zum Jahre 1867 auf 12 Mill. ℳ erhöht wurde, obwohl statt der im Vertrage vereinbarten Länge der mit Leitungsröhren belegten Strafsen von rd. 60 000 m diese Länge im Jahre 1856 bereits 114 000 m betrug und bis zum Jahre 1873 auf 167 000 m anwuchs, mehrten sich von Jahr zu Jahr die Klagen in den aufserhalb des Wasserversorgungsgebietes belegenen Stadttheilen über diese Ausschliefsung. Die Wasserwerks-Gesellschaft hatte keine Veranlassung, den ihr jetzt sicheren und steigenden Gewinn durch Erweiterungsanlagen zu schmälern, wenn sie nicht zugleich damit eine wesentliche Verlängerung ihres Vertrages erwirken konnte; hierzu aber war keine Aussicht vorhanden, denn die Stadtgemeinde war mittlerweile der wichtigen Frage der unterirdischen Entwässerung unter Beseitigung der offenen Rinnsteine näher getreten. Eine ersprießliche Lösung dieser Frage erschien nur dann möglich, wenn auch die Wasserversorgung in die städtische Verwaltung übernommen wurde. Unter Berücksichtigung dieser Verhältnisse übertrug die Regierung Ende 1872 das dem Staate vorbehaltene Recht des Ankaufs der Wasserwerke an die Stadt Berlin. Die nunmehr mit der Wasserwerks-Gesellschaft angeknüpften Verhandlungen führten zu dem Ergebnifs, dafs der Besitz und die Rechte der Gesellschaft am 1. Juli 1873 auf die Stadtgemeinde übergingen. Der Magistrat beauftragte den Director Gill, welcher seit der Begründung der Wasserwerke technischer und geschäftlicher Leiter des Unternehmens gewesen und nunmehr in den Dienst der Stadt übergetreten war, mit der Aufstellung eines allgemeinen Erweiterungsplanes zur Erhöhung der Leistungsfähigkeit der Wasserwerke bis zur Versorgung von einer Million Einwohner. Schon während der oben erwähnten Verhandlungen waren die Vorarbeiten und der Entwurf zu einer neuen, von der Stadt zu erbauenden Wasserversorgungsanlage dem Civilingenieur Veitmeyer übertragen worden. Den Vorschlägen des letzteren schlofs sich der Director Gill in dem im Jahre 1874 vorgelegten Entwurf im allgemeinen an. Von einer Vergröfserung der bestehenden Anlagen wurde wegen der zunehmenden Verunreinigung des von denselben geschöpften Wassers abgesehen und als neue Schöpfstelle der Tegeler See, eine Ausbuchtung der Havel, in Aussicht genommen; ein wesentlicher Grund für diese Wahl war der Umstand, dafs das grofse und tiefe Wasserbecken des Tegeler Sees von ausgedehnten fiskalischen Forsten umgeben war, wodurch der Untergrund dauernd von Verunreinigung durch Ackerbau und Ansiedelungen geschützt erschien.

Die Havel führt bei niedrigem Wasserstande noch 9 cbm in der Sekunde. Es konnte mithin 1 cbm in der Sekunde, welches eventuell für die Wasserversorgung Berlins erforderlich wurde, ohne eine Schädigung der Schiffahrt usw. herbeizuführen, entnom-

---

1) Ueber die Entstehung des englischen Wasserwerks s. Verwaltungsbericht des Königlichen Polizeipräsidenten für die Jahre 1871—1880.

men werden. Zunächst sollte jedoch das Wasser nicht direct aus dem Tegeler See, sondern aus Tiefbrunnen am südlichen Ufer desselben entnommen und so eine künstliche Filtration erspart werden. Das Wasser sollte in die Ausgleichbehälter eines bei Charlottenburg anzulegenden Zwischenwerkes und von hier aus nach Bedarf in die Röhren des städtischen Leitungsnetzes gedrückt werden.

Die Tegel-Charlottenburger Anlagen sollten in zwei von einander unabhängigen Hälften von je 500 Sekundenliter Leistungsfähigkeit, und zwar die eine Hälfte sogleich, die andere später ausgeführt werden. Für die hochgelegenen Stadttheile im Norden und Osten der Stadt war ein besonderes Rohrnetz mit Pumpstation auf dem Windmühlenberge (Belforter Strafse) vorgesehen.

Der Entwurf erhielt im August 1874 die Zustimmung der Stadtverordneten-Versammlung; die Ausführung der Hochstadt-Anlagen war im Februar 1877, die der ersten Hälfte der Tegel-Charlottenburger Werke im September 1877 beendigt. Damals war für alle bebauten Grundstücke der Stadt die Möglichkeit des Anschlusses an die Wasserleitung gegeben, und auch der Nothlage der Bewohner der Hochstadt, welche bereits etwa 60 000 Köpfe zählte, abgeholfen. Gleichzeitig wurde eine Mafsregel getroffen, welche wesentlich dazu beitrug, dafs die verfügbare Wassermenge für eine gröfsere Anzahl von Einwohnern als bisher genügte. Statt der bisher üblichen Bezahlung des gelieferten Wassers nach einem festen Procentsatze vom Miethswerthe jedes Grundstücks wurde nämlich unter allgemeiner Einführung von Wassermessern die Bezahlung nach der Menge des wirklich verbrauchten Wassers festgesetzt. Hierdurch wurde der Wasservergeudung in den einzelnen Haushaltungen vorgebeugt; infolge dessen sank der durchschnittliche Tagesverbrauch für 1 Kopf der Bevölkerung von 106 l auf rd. 63 l.

Kurze Zeit nach der Eröffnung der Tegeler Werke, schon im Sommer 1878 machten sich, und zwar zunächst in den inneren Theilen der Stadt, braune, flockige Ausscheidungen bemerkbar, welche bald in grofsen Mengen auftraten. Die angestellten Untersuchungen ergaben, dafs den Tegeler Brunnen aus dem Untergrunde Eisenoxydul zugeführt wurde, welches an der Luft in Eisenoxyd überging und die Entwicklung einer Algenart, der Crenothrix polyspora, in grofsen Mengen zuliefs. In der Ueberzeugung, dafs nur durch directe Entnahme des Wassers aus dem Tegeler See und künstliche Filtration desselben Abhülfe geschaffen werden könne, stellte der Director Gill im September 1878 den Antrag auf Herstellung von Filtern in Tegel, welcher durch das Gutachten des Chemikers Dr. Bischoff unterstützt wurde. Das Curatorium der Wasserwerke schlofs sich diesen Auffassungen an, ebenso der Magistrat. Die Stadtverordneten-Versammlung zog die hervorragendsten Sachverständigen auf dem Gebiete der Botanik, Geologie und Chemie, sowie angesehene Wassertechniker zu Rathe. Es wurde eine ganze Reihe von Abwehrmafsregeln vorgeschlagen und auch versuchsweise ausgeführt; keine einzige vermochte aber das vorerwähnte Uebel zu beseitigen. Erst im Februar 1882 genehmigte dann die Stadtverordneten-Versammlung den erneuten Magistratsantrag auf Herstellung von Filtern. Sofort wurde der Bau von 10 überwölbten Filtern in Angriff genommen, welche im November 1883 dem Betriebe übergeben werden konnten.

Während der langjährigen Verhandlungen hatte naturgemäfs das Wachsthum der Stadt, die Ausdehnung des Rohrnetzes und des Wasserverbrauchs, namentlich auch infolge der erheblich fortgeschrittenen Canalisirung nicht stillgestanden; der höchste Tagesverbrauch war der durchschnittlichen Leistungsfähigkeit der vorhandenen Werke nahe gekommen. Der Ausbau der zweiten Hälfte der Tegel-Charlottenburger Anlagen war daher dringend geboten, und im Juni 1882 wurde ein entsprechender Entwurf an die Gemeindebehörden eingereicht. Letztere jedoch beschlossen, die Entscheidung über Anlage neuer Filter von dem Ergebnisse anzustellender Versuche mit einer Mischung von See- und Brunnenwasser nach vorheriger kräftiger Durchlüftung des Brunnenwassers abhängig zu machen. Diese Versuche, welche unter Leitung des Professors Dr. Finkener mittels besonderer Anlagen im Herbst und Winter 1883/84 ausgeführt wurden, hatten wiederum keinen Erfolg, und nachdem hierauf im April 1884 die Genehmigung zur Ausführung von Filtern auch für die Erweiterungsbauten ertheilt war, konnten im März 1888 die gesamten Neu-

VIII. Die Wasserversorgung.

bauten dem Betriebe übergeben werden. Damit waren die Wasserwerksbauten im Havelbecken zum Abschlusse gebracht und imstande, 86400 cbm in 24 Stunden zu liefern, während die ältere Anlage vor dem Stralauer Thor 60000 cbm in derselben Zeit fördern konnte. Die gesamte Leistungsfähigkeit der städtischen Wasserwerke betrug demnach im Jahre 1888 146400 cbm in 24 Stunden. Da nach den vorliegenden Erfahrungen der Maximalverbrauch für den Kopf und Tag rd. 100 l beträgt, so war mithin für eine Einwohnerzahl von rd. 1460000 genügend Wasser vorhanden. Diese Zahl wurde voraussichtlich bereits 1889 erreicht. Es mußte daher eine weitere Vergröfserung der Werke schleunigst in Angriff genommen werden, zumal auch an das Eingehen des alten Werkes vor dem Stralauer Thore gedacht werden mufste; denn das Wasser des Flusses daselbst wurde infolge der sehr belebten Schiffahrt und der grofsen Anzahl von Fabriken, welche sich oberhalb des Werkes angesiedelt hatten, immer mehr verschmutzt und konnte nur mit grofsen Kosten gereinigt werden.

Um den bestechenden Gedanken, welcher der ursprünglichen Anlage am Tegeler See zu Grunde gelegen hatte, nämlich die Entnahme des Wassers aus Brunnen, um die kostspielige künstliche Filtration zu vermeiden, weiter zu verfolgen, war im Januar 1882 zugleich mit der nicht mehr zu verzögernden Genehmigung des Baues der ersten 10 Filter für Werk Tegel eine besondere Commission für die Vornahme entsprechender Versuche eingesetzt worden. Es wurden jetzt Wasserproben aus allen bekannten Tiefbrunnen in der weiteren Umgegend von Berlin, deren einige eine Tiefe von 100 m erreichten, entnommen. Gleichviel, ob hierbei die Entnahme an der Sohle bezw. in deren Nähe, also anscheinend ohne einen directen Zuzug des Wassers der oberen Schichten stattfand, oder ob sie bei Brunnen erfolgte, deren Wandungen von oben bis zur Sohle wasserdurchlässig waren, wurde in allen Fällen gefunden, dafs das Wasser entweder schon, als es zu Tage gefördert wurde, trübe war, oder dafs es sich, wenn klar, bald nach Berührung mit der Luft trübte. Der Ausschufs beschlofs daher, bei seinen Versuchen zur Gewinnung von reinem Brunnenwasser nur Flachbrunnen ausführen zu lassen und beauftragte mit der Oberleitung der Versuche den Baurath Dr. Hobrecht und den Director Gill.

Da der Havel mehr als 1 cbm in der Sekunde nicht entzogen werden durfte, so konnte nur das Spreebecken oberhalb Köpenicks und der nördlichen Rieselfelder in Betracht kommen. Es wurden daher am Müggelsee und am Langen See vier Versuchsstationen eingerichtet und zahlreiche Bohrungen vorgenommen; jede dieser Stationen lieferte 1 cbm Wasser in der Minute und stand drei Monate ununterbrochen im Betriebe. Die Ergebnisse waren dieselben wie am Tegeler See: auch hier war der Boden eisenhaltig und das Wasser begann sich an der Luft zu trüben.

Die Erklärung dieser Erscheinungen, welche überall in der norddeutschen Ebene unter ähnlichen Verhältnissen vorkommen müssen, ist in folgendem gegeben: Die Brunnen sind, um Wasser in genügender Menge zu gewinnen, durch den Jungalluvialsand in den groben Sand (Grand) des Diluviums gesenkt worden. Beide Sandarten stammen von Gesteinen her, welche unter ihren Bestandtheilen auch Eisen enthalten. Dieser Untergrund ist mit einer Culturschicht überdeckt, in welcher sich eine Menge in Zersetzung begriffener, organischer Substanzen befindet, wie solche an der Bodenoberfläche überall vorkommen. Das auf diese Fläche fallende und die darunter liegenden Schichten durchsickernde Regenwasser hat schon bei seinem Entstehen aus atmosphärischen Niederschlägen Sauerstoff und etwas Kohlensäure aufgenommen. Der Gehalt an letzterer wird aber wesentlich vermehrt, wenn es mit den überall auf dem Boden lagernden, in Verwesung begriffenen Pflanzenstoffen in Berührung kommt; diese geben, aufser der Kohlensäure, auch organische Bestandtheile an das sie durchfeuchtende Wasser ab. In diesem Zustande, ausgerüstet mit Sauerstoff, Kohlensäure und organischer Substanz, bildet das Wasser ein chemisches Mittel von so grofsem auflösenden und zersetzenden Einflusse, dafs ihm auf die Dauer keine der Gesteinsarten zu widerstehen vermag, welche in dem Diluvial- und Alluvialsande als wesentliche Beimischungen des Quarzes vorkommen. Das Ergebnifs dieser zersetzenden Wirkung ist, dafs das aus solchen Ablagerungen gewonnene Wasser einen sehr wechselnden, aber niemals fehlenden Eisengehalt in einer wenig gefesteten, an der atmosphärischen

Luft leicht zerfallenden, chemischen Form enthält. Infolge dessen trübt ein solches Wasser sich bald, nachdem es mit der Luft in Berührung gekommen ist, und setzt diesen Vorgang so lange fort, bis der wenig gefestete Eisengehalt in eine gefestete Form übergegangen ist. Da in der grofsen Werkstatt der Natur, in welcher Boden, Luft und Wasser wirken, die wirksamen Bestandtheile unerschöpflich sind, so ist auf den Eintritt einer Aenderung in dieser Wechselwirkung nicht zu hoffen.

Nachdem also länger als sieben Jahre (vom Herbst 1878 bis zum Frühjahr 1886) die auf die Gewinnung eines guten Brunnenwassers bezüglichen Fragen erörtert und die mannigfachsten Versuche zur Lösung derselben angestellt worden waren, mufste schliefslich als feststehend angenommen werden, dafs aus den gesättigten Diluvialablagerungen der weiteren Umgegend Berlins ein in Menge wie Beschaffenheit für die Versorgung der Millionen-Stadt genügendes Wasser nicht zu gewinnen sei. Dementsprechend beschlossen die Gemeindebehörden am 25. März 1886 „die infolge des Beschlusses vom 26. Januar 1882 angeordneten Versuche zur Gewinnung eines reinen Brunnenwassers als beendet zu erachten und von weiterer Fortsetzung derselben Abstand zu nehmen." Auf Grund dieser wichtigen Entscheidung wurde im Jahre 1887 von dem Director Gill der Entwurf zu einer abermaligen Erweiterung der Wasserwerke aufgestellt und im April 1888 von den städtischen Behörden unverändert genehmigt. Der Entwurf nahm an, dafs die neu anzulegenden Werke unter gänzlicher Aufgabe derjenigen vor dem Stralauer Thor, im Verein mit den Tegel-Charlottenburger Anlagen zur Versorgung einer Bevölkerung von $2\frac{1}{2}$ Millionen, der gröfsten für das völlig bebaute Weichbild der Stadt vorzusehenden Einwohnerzahl, ausreichen sollten. Unter der Voraussetzung eines Höchstverbrauches von 100 l für den Kopf und Tag mufste also die Gesamtleistungsfähigkeit 250 000 cbm in 24 Stunden oder 3 cbm in der Sekunde betragen. Da ein Drittel dieses Bedarfes von den Tegel-Charlottenburger Werken gedeckt war, so mufsten die Erweiterungsanlagen 2 cbm in der Sekunde liefern können. Als Schöpfstelle für diese Wassermenge wurde der Müggelsee gewählt, welcher eine Fläche von rd. 9 qkm bedeckt, eine gröfste Tiefe von 8 m und einen Inhalt von 40 Mill. cbm hat. Der geringste Zuflufs aus der Spree beträgt 11,80 cbm, der geringste Durchschnittszuflufs des trockensten Sommermonats 22,57 cbm in der Sekunde. Im ungünstigsten Falle fliefsen daher an einem Tage rd. 1 Mill. cbm zu. Der Schiffahrtsverkehr ist seit Eröffnung des neuen Oder-Spree-Canals im Jahre 1889 gröfstentheils aus dem Müggelsee verschwunden, und die Nordufer sind durch fiskalische Waldungen — deren Ankauf durch die Stadt Berlin überdies erstrebt wird — vor Verunreinigungen geschützt. Der See bildet also ein vorzügliches Ablagerungsbecken, welches der Luft und dem Lichte reichlichen Zutritt zum Wasser gestattet. Gleich dem Tegeler Werk sollte das neue Werk am Müggelsee das Wasser nicht direct in das Rohrnetz der Stadt fördern, sondern, wie dort das Werk Charlottenburg, so hier das Werk Lichtenberg als Zwischenglied eingeschaltet werden. Das Werk Müggelsee hat also die Entnahme und die Reinigung des Wassers zu besorgen und dasselbe in die Reinwasserbehälter des Werkes Lichtenberg zu schaffen, während letzteres das Wasser aus den Behältern in die Stadt fördert. Diese Theilung der Gesamtaufgabe ist, wie seinerzeit auch für die Tegeler Anlagen, aus folgenden Gründen gewählt: Die Höhenverhältnisse in und um Berlin sind zu ungünstig für die Anlage gröfserer Hochbehälter, wie solche erforderlich wären, um bei gleichmäfsigem Gange der Pump- und Fördermaschinen den wechselnden Bedarf der Stadt auszugleichen. Deshalb hatten die alten Werke vor dem Stralauer Thor so ausreichend angelegt bezw. dahin erweitert werden müssen, dafs sämtliche Theile, Filter und Maschinen, annähernd den Höchstbedarf der einzelnen Stunden decken konnten. Dagegen boten bei den Erweiterungsbauten die in verhältnifsmäfsiger Nähe des Versorgungsgebietes liegenden Hochebenen bei Charlottenburg bezw. Lichtenberg Gelegenheit zur Anlage ausgedehnter Reinwasserbehälter, von denen aus zwar die Fördermaschinen das Wasser in sehr wechselnden Mengen, dem schwankenden Verbrauche entsprechend, der Stadt zuführen müssen, welche aber anderseits gestatten, dafs alle Anlagen, welche das Wasser vorher zu durchlaufen hat, in einer Tag und Nacht gleichmäfsigen Weise arbeiten können und deshalb auch nicht dem höchsten Stundenverbrauche, sondern nur dem höchsten durchschnittlichen Bedarfe in 24 Stunden zu entsprechen brauchen. Dazu kommt, dafs auch die Zuleitungsröhren von der Entnahme bis zum Zwischenwerke dieser verringerten Durchschnittsmenge entsprechend eine geringere Weite und eine geringere Wandstärke haben können, da sie nicht den Druck von dem höchsten Punkte des Vertheilungsnetzes in der Stadt, sondern nur von den auf etwa $^2/_3$ der Gesamtförderhöhe liegenden Reinwasserbehältern auszuhalten haben.

Der Gill'sche Entwurf umfafste aufserdem die zur Versorgung der mit einem besonderen Rohrnetze versehenen Hochstadt erforderlichen Erweiterungsbauten. Die Hochstadt wird nach völliger Bebauung des Weichbildes rd. 470 000 Einwohner haben, und zwar 270 000 auf der Fläche innerhalb der Ringbahn, 200 000 zwischen der Ringbahn und der Weichbildgrenze. Für das erstere Gebiet war eine Vergröfserung des Werkes Belforter Strafse, mit Zuführung des Wassers vom Werke Lichtenberg, für das äufsere Gebiet eine unmittelbare Versorgung durch eine besondere Maschinenanlage auf Werk Lichtenberg vorgesehen. Die Erweiterungsbauten auf Werk Belforter Strafse waren bereits anfangs 1891 vollendet, während die erste Hälfte der Müggelsee-Lichtenberger-Anlagen theils im Juli, theils im October 1893 dem Betriebe übergeben worden ist. Mit dem Bau des dritten Viertels dieser Anlagen ist im Juni 1894 begonnen worden.

Bei der nachfolgenden Beschreibung der baulichen Anlagen auf den einzelnen Werken ist von dem Werke vor dem Stralauer Thor ganz abgesehen, da dasselbe endgültig geschlossen ist, und die Werke Tegel und Charlottenburg sind verhältnifsmäfsig kurz behandelt, weil deren Einrichtungen bei den neuesten Anlagen gröfstentheils wiederkehren und dort besprochen werden sollen.

Werk Tegel.

Wie aus dem Lageplan (Abb. 394) ersichtlich, besteht das Werk aus zwei Abtheilungen, welche durch den Bernauer Weg von einander getrennt sind. Die ältere Anlage (Abtheilung A) liegt zwischen dem Wege und dem Tegeler See, längs dessen Ufer sich die Reihe der 23 Brunnen in einer Ausdehnung von nahezu 1500 m hinstreckt. Aus diesen Brunnen wurde früher das Wasser durch die Schöpfmaschinen in zwei Zwischenbehälter gehoben. Seit Inbetriebnahme der Filter wird es durch Vermittelung einer Saugkammer aus dem See entnommen und zunächst auf die Filter gepumpt, von denen es alsdann in die erwähnten Behälter gelangt. Aus letzteren fliefst es den Fördermaschinen zu und wird von diesen in die Behälter des Werkes Charlottenburg geschafft. Schöpf- und Fördermaschinen befinden sich in demselben Maschinenhause und liegen zu beiden Seiten des gemeinschaftlichen Kesselraumes. Als Schöpfmaschinen dienen drei liegende Woolf'sche Maschinen, welche mittels Kunstkreuzes je eine stehende, doppelt wirkende Plungerpumpe antreiben. Diese, ursprünglich für die Brunnenwasserversorgung bestimmte Maschinenanlage blieb für die geänderte Wasserentnahme aus dem See bestehen; später wurden noch zwei direct wirkende Centrifugal-Pumpmaschinen aufgestellt, welche zur Aushülfe dienen. Die Fördermaschinenanlage besteht aus drei liegenden Woolf'schen Maschinen, durch welche je eine doppelt wirkende Pumpe bewegt wird. Die Kesselanlage enthält sechs Röhren- und zwei Flammrohrkessel mit fünf Atmosphären Ueberdruck und versorgt die beiden erwähnten Maschinengruppen gemeinschaftlich.

Die zu dieser Abtheilung gehörenden 10 Filter haben rechteckigen Grundrifs, sind mit böhmischen Kappen überwölbt und in zwei einander gegenüberliegenden Gruppen von vier Filtern mit je 2500 qm und 6 Filtern mit je 2000 qm Fläche angeordnet, sodafs sie eine Gesamtfilterfläche von 22 000 qm besitzen. Diese Fläche war für eine Filtergeschwindigkeit von etwa 0,12 m in der Stunde berechnet; als sich diese Geschwindigkeit später als zu grofs herausstellte und auf 0,10 m in der Stunde herabgemindert wurde, ergab sich ein nicht genügender Vorrath für die Reinigung und es wurden beim Bau der Abtheilung B 5000 qm Filterfläche mehr angelegt. Zwischen beiden Filtergruppen liegt die durch Dampfkraft betriebene Sandwäsche; an die Gruppe der vier gröfseren Filter schliefsen sich die beiden Reinwasserbehälter an. Ein gemeinschaftliches Gebäude enthält die Verwaltungs-

304   VIII. Die Wasserversorgung.

Diensträume und die zur Vornahme kleinerer Ausbesserungen erforderlichen Werkstätten (Schmiede, Schlosserei und Zimmerei); diesem Gebäude gegenüber ist eine Centesimalwage aufgestellt. In der Nähe des Sees ist ein massiver Kohlenschuppen von 1850 qm Grundfläche erbaut, in welchem bei 2 m Schütthöhe rd. 3 Mill. kg Kohlen gelagert werden können. Aufserdem befinden sich auf dem Grundstücke dieser Abtheilung noch zwei Beamten-Wohnhäuser, ein Arbeiterhaus mit Speisesaal und Geräthekammer und ein gröfserer Geräthschuppen. Die Abtheilung B enthält in der Mitte ihres annähernd quadratischen Grundstücks die in Hufeisenform um die Sandwäsche herum angeordneten 11 Filter, an deren einem Ende sich zwei Reinwasserbehälter von je 2800 cbm Inhalt anschliefsen. Die mit Tonnen überwölbten Filter haben durchschnittlich eine Fläche von je etwa 2500 qm, im ganzen rd. 27 000 qm Filterfläche. Vor der Oeffnung des Hufeisenbogens ist das Maschinenhaus angelegt, welches in einem gemeinschaftlichen Raume drei Schöpfmaschinen

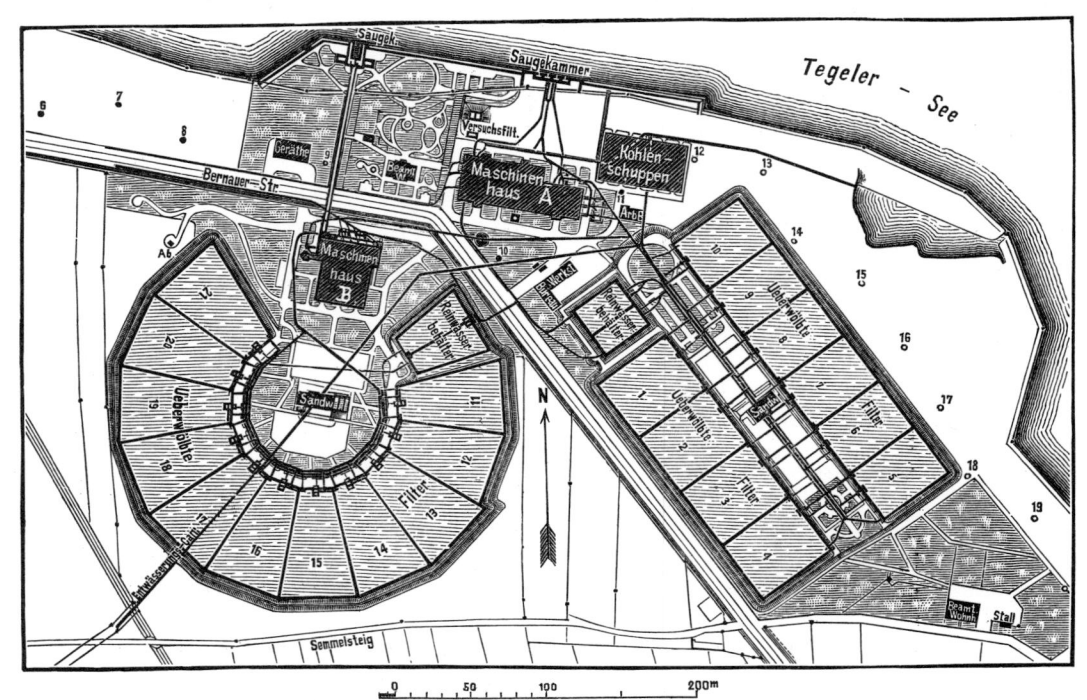

Abb. 394. Lageplan des Wasserwerks am Tegeler See.

und fünf Fördermaschinen enthält; sämtliche acht Maschinen sind Woolf'sche Balanciermaschinen. Die Pumpen dieser Maschinen saugen nicht, wie die der älteren Anlage, aus geschlossenen Röhren, sondern direct aus wasserdicht gemauerten Kammern, in welchen sie stehen. Die Pumpenkammern der Schöpfmaschinen werden durch zwei heberartig wirkende Saugerohre von je 1200 mm Weite gespeist, welche das Wasser aus einer Saugekammer am Seeufer entnehmen. An das Maschinenhaus schliefst sich das niedriger gehaltene Kessel- und Kohlenhaus an; den erforderlichen Dampf liefern sieben Kessel Schulz-Knaudt'scher Construction mit fünf Atmosphären Ueberdruck. Die beiden annähernd gleich leistungsfähigen Abtheilungen A und B des Werkes Tegel arbeiten im allgemeinen jede selbständig für sich, sind aber in den Rohrleitungen so mit einander verbunden, dafs sie sich bezüglich der einzelnen Theile (Maschinen, Filter, Behälter) jederzeit gegenseitig ergänzen bezw. ersetzen können.

Die Abwässer der Gesamtanlage werden durch einen etwa 4 km langen überwölbten Canal mit eiförmigem Querschnitt von 1,20 m Höhe dem nach der Spree führenden Möckernitzgraben beim Berlin-Spandauer Schiffahrtscanal zugeleitet.

Die Druckrohrleitung, durch welche die Fördermaschinen des Werkes Tegel das Wasser in die Ausgleichbehälter des rd. 7 km entfernten Werkes Charlottenburg schaffen

VIII. Die Wasserversorgung.   305

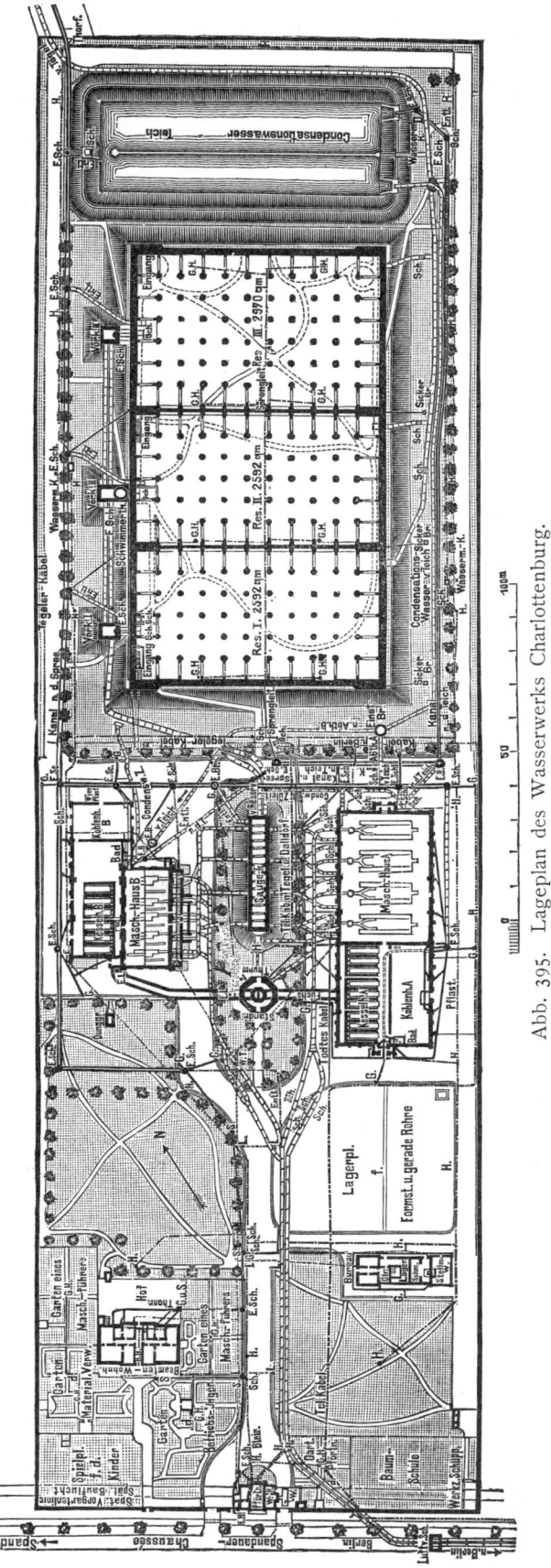

— für jede Abtheilung 0,50 cbm in der Sekunde —, besteht aus zwei gufseisernen Rohrsträngen von je 910 mm Weite, welche durch Dückeranlagen unter dem Schiffahrtscanal und der Spree durchgeführt sind.

Werk Charlottenburg.

Die Anlagen der beiden Abtheilungen sind hier nicht in derselben Weise räumlich getrennt, wie bei dem Werke Tegel. Die hintere Hälfte des von der Charlottenburg-Spandauer Chaussee aus tiefgestreckten Grundstücks (vgl. den Lageplan Abb. 395) wird gröfstentheils von den drei überwölbten Reinwasserbehältern eingenommen, welche, durchschnittlich je 13 000 cbm fassend, nach einander ausgeführt, aber unmittelbar an einander gebaut sind. Davor liegen beiderseits die Maschinenhäuser, in der Mitte zwischen diesen die Saugekammer, in welche das Wasser aus den Ausgleichsbehältern hineinfliefst. Jede Pumpe steht durch ein besonderes Saugerohr mit der Saugekammer in Verbindung. Die ältere Maschinenanlage hat vier liegende Woolf'sche Maschinen mit acht Dampfkesseln, die andere Abtheilung enthält fünf Balanciermaschinen mit je zwei doppelt wirkenden Druckpumpen, und ebenfalls acht Dampfkessel. Beide Kesselanlagen haben einen gemeinschaftlichen, in der Mitte zwischen den Maschinenhäusern stehenden Schornstein. Ebenfalls gemeinschaftlich für beide Maschinenanlagen liegt hinter den Reinwasserbehältern ein Condensationswasserteich von 6800 cbm Inhalt. Um den Druck in dem Rohrnetze auf ein bestimmtes höchstes Mafs zu beschränken, sind die beiden zur Stadt führenden Haupt-Druckrohre von 910 mm Durchmesser mit einem offenen Standrohre mit Ueberfallrohr in Verbindung gesetzt, welches mit dem erwähnten Schornstein in einem Thurmbau vereinigt ist. Auf dem Werke befindet sich aufserdem noch ein Beamten- und ein Pförtnerwohnhaus, ein Verwaltungs- und Werkstattgebäude und eine Centesimalwage.

Der Wasserstand in den Reinwasserbehältern wird mittels eines elektrischen Apparats, welcher bei je 5 cm Wasserstandsänderung in Thätigkeit tritt,

Abb. 395. Lageplan des Wasserwerks Charlottenburg.

auf Werk Tegel angezeigt; auf letzterem Werke ist aufserdem ein mit einer elektrischen Uhr verbundener Apparat aufgestellt, der, durch denselben elektrischen Strom getrieben, die Wasserstandsänderungen fortlaufend aufzeichnet. Die Leistung und das Wachsthum der beiden Werke veranschaulichen folgende Nachweisungen, für welche der Juli als der Monat des durchschnittlich gröfsten Wasserverbrauchs gewählt ist.

Werk Tegel.

Monat Juli Jahr	Schöpfmaschinen			Fördermaschinen		
	Gehobenes Wasser cbm	Hoch durchschnittlich m	Pferdekräfte durchschnittlich	Gehobenes Wasser cbm	Hoch durchschnittlich m	Pferdekräfte durchschnittlich
1878	1 325 587	5,46	36,42	1 325 581	31,15	207,8
1882	1 350 905	7,38	49,38	1 349 410	33,67	226,0
1887	2 215 829	6,40	68,52	2 091 272	28,42	297,0
1892	2 944 977	6,56	89,74	2 686 617	30,31	406,0
1893	2 858 789	6,65	88,36	2 631 944	30,08	394,0
1894	2 545 648	6,23	72,52	2 392 163	28,91	345,0

Werk Charlottenburg.

Monat Juli Jahr	In die Stadt gefördertes Wasser cbm	Förderhöhe durchschnittlich m	Pferdekräfte durchschnittlich
1878	1 276 709	16,41	104,00
1882	1 273 865	19,00	190,01
1887	1 950 115	21,98	134,99
1892	2 694 999	26,92	152,51
1893	2 636 274	24,91	148,91
1894	2 405 898	26,50	156,76

Werk Müggelsee.

Die Leistungsfähigkeit dieses Werkes soll nach seinem völligen Ausbau das Doppelte des Werkes Tegel, also 2 cbm in der Sekunde betragen. Dementsprechend ist hier zur Sicherheit gegen Betriebsunterbrechungen der Grundsatz der Zerlegung in vier von einander unabhängige Abtheilungen durchgeführt worden. Die vier Abtheilungen können als Ganzes zusammenarbeiten, ebenso kann aber auch jede Abtheilung mit eigener Reserve für sich unabhängig von den anderen oder in beliebigem Zusammenhange mit denselben betrieben werden.

Das Werk (s. den Lageplan Abb. 396) liegt am Nordufer des Müggelsees, 1600 m oberhalb des Spreeauslaufs, an einer Stelle, wo das tiefe Wasser sich dem Ufer am meisten nähert. Die Anlage wird durch die Chaussee Friedrichshagen-Erkner in zwei Theile getheilt. Auf dem Seegrundstücke liegen am Ufer entlang die Schöpfmaschinenhäuser der vier Abtheilungen nebst den Zuführungsleitungen und Saugekammern; weiter nach der Chaussee zu zwei Wohnhäuser für das Betriebspersonal. Das jenseits der Chaussee sich nach Norden erstreckende gröfsere Grundstück enthält, symmetrisch zu zwei sich rechtwinklig kreuzenden Achsen gruppirt, in der Mitte die Fördermaschinenhäuser, dann anschliefsend die Reinwasserbehälter und die Filteranlagen mit den Sandwäschen. Nahe den Maschinenhäusern liegen ferner ein Verwaltungs- und ein Werkstattgebäude, sowie ein Arbeiterhaus mit Speisesaal und Geräteschuppen, an der Strafse befinden sich zwei gröfsere Beamtenwohnhäuser und ein Pförtnerwohnhaus; in der Nähe des letzteren eine Centesimalwage. Das Ufer des Seegrundstücks ist durch eine massive Mauer befestigt. Vor dieser ist das Seebett bis zu einem Abstande von 120 m auf 2 m Tiefe ausgebaggert und fällt von da schnell bis zu einer Tiefe von 8 m ab.

VIII. Die Wasserversorgung.

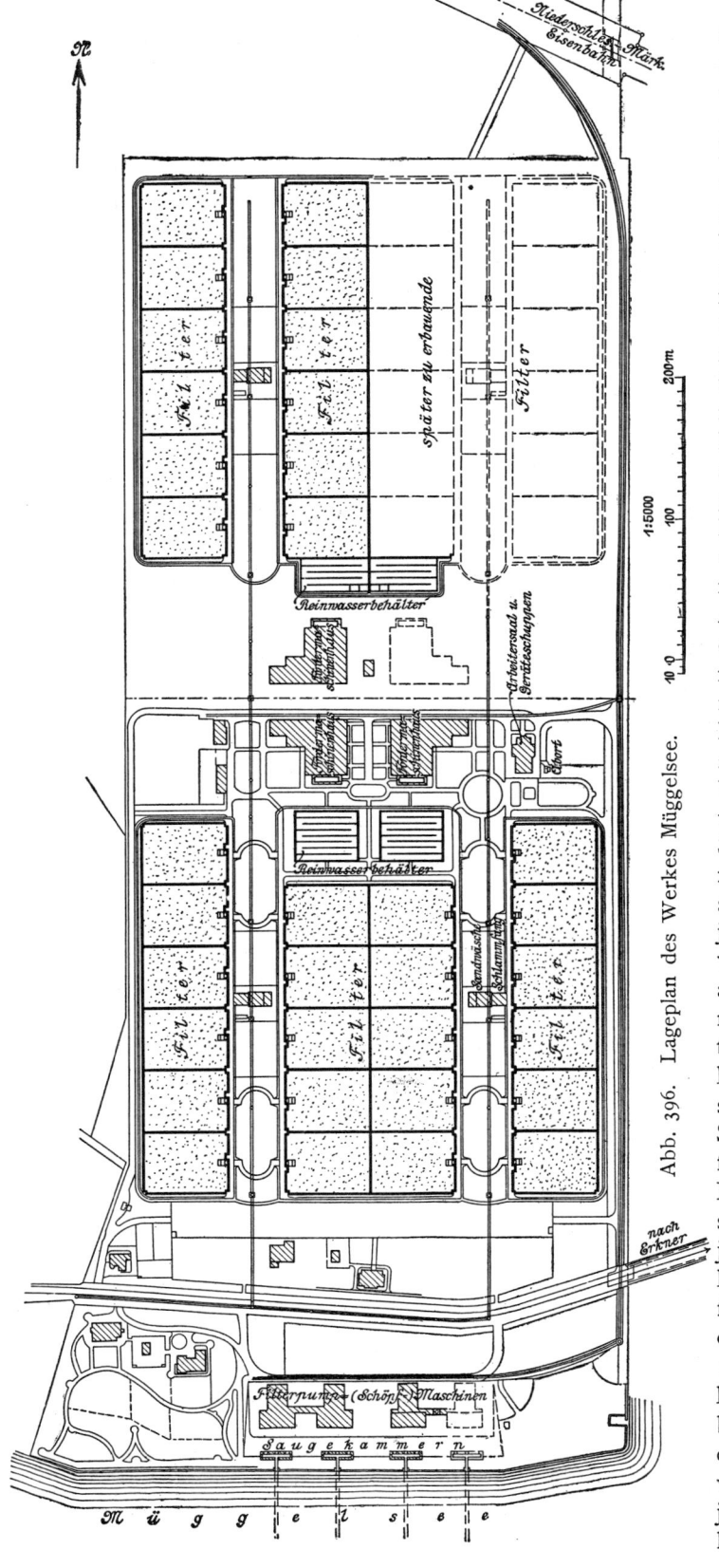

Abb. 396. Lageplan des Werkes Müggelsee.

Die Entnahme des Wassers findet für jede Abtheilung durch einen besonderen Eichenholzkasten von 125 m Länge und quadratischem 1,50 m weitem Querschnitt statt. Dieser Kasten ist so tief versenkt, dafs seine Oberfläche mit der ausgebaggerten Seesohle gleich liegt, und mündet in der Ufermauer in einen gemauerten Einsteigeschacht, in welchem grobe schwimmende Gegenstände durch ein Gitter zurückgehalten werden. Von hier fliefst das Wasser durch einen gemauerten Canal in die Saugekammer, in welcher mittels eines aufgestellten kupfernen Siebes die gröberen Schmutztheile zurückgehalten werden. Aus dieser gelangt das Wasser zu den Schöpfmaschinen (Abb. 397 u. 398), deren jede Abtheilung drei besitzt; eine davon dient als Aushülfe. Diese Maschinen sind stehende Verbundmaschinen und treiben je zwei einfach wirkende, stehende Plungerpumpen, zu denen das Wasser durch ein besonderes Rohr aus der vorerwähnten Saugekammer in den Sumpf fliefst. Unter Hinzurechnung des für den Betrieb der Werke selbst erforderlichen Wassers mufs jedes der vier unabhängigen Schöpfwerke 2267 cbm in der Stunde aus dem See entnehmen; demnach mufs jede der beiden gleichzeitig thätigen Maschinen einer Abtheilung 1134 cbm in der Stunde schöpfen und 8 m hoch auf die Sandfilter heben, wozu 40 P. S. für jede Maschine erforderlich sind. Der Durchmesser des Leitungsstranges, welcher das Wasser für je zwei Abtheilungen auf die Filter liefert, beträgt 1200 m. Die Sandfilter haben einschliefslich des oben genannten Betriebswassers 179 000 cbm in 24 Stunden zu liefern. Diesem Zweck genügen, bei einer Filtergeschwindigkeit von 0,10 m in der Stunde, für jede der vier Abtheilungen acht Filter von je 2330 qm Sandfläche. Zu diesen kommen noch je drei (bei der

308   VIII. Die Wasserversorgung.

3. und 4. Abtheilung je vier) Vorrathsfilter von derselben Gröfse hinzu, um die Entleerung, Reinigung, Wiederauffüllung und Inbetriebsetzung der Filter ohne Störung des gleichmäfsigen Ganges der Filtration bewirken zu können. Die Filter (Abb. 399,

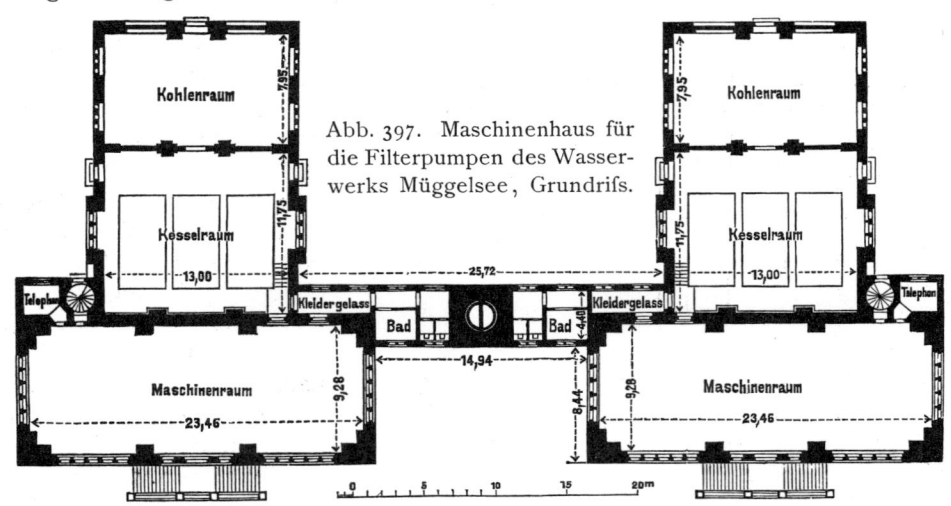

Abb. 397. Maschinenhaus für die Filterpumpen des Wasserwerks Müggelsee, Grundrifs.

400 u. 401) sind mit Kreuzgewölben überwölbt und mit Erde überdeckt. Ein solcher, allerdings recht kostspieliger Schutz gegen Frost ist nöthig, um die Anlagen auch im Winter betriebsfähig zu erhalten. Auf offenen Becken bildet sich im Winter eine starke Eisdecke, welche die Reinigung der Sandfläche völlig unmöglich macht. Diese ge-

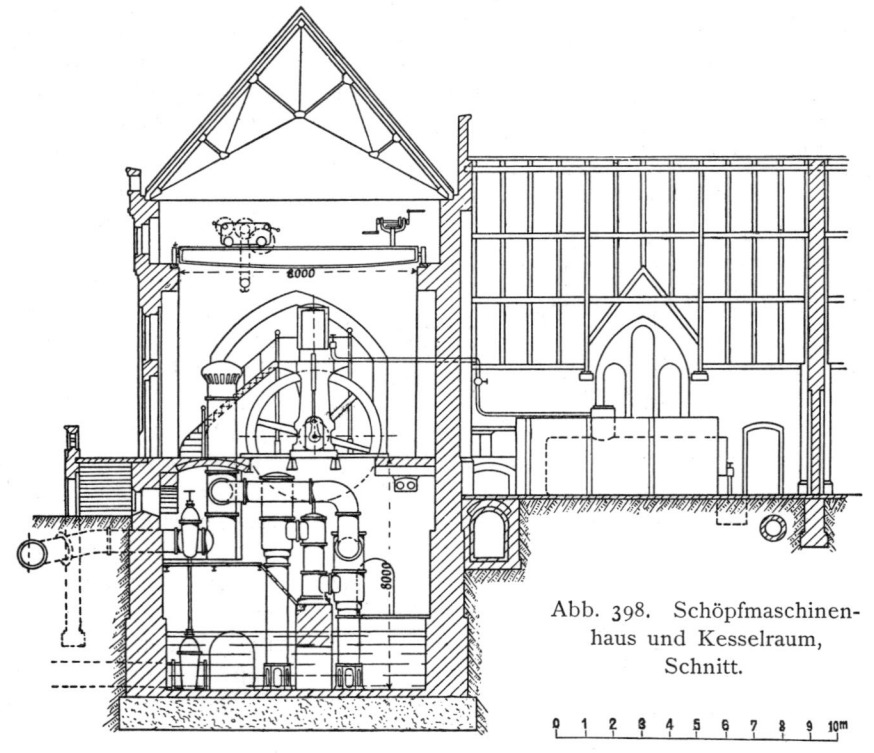

Abb. 398. Schöpfmaschinenhaus und Kesselraum, Schnitt.

schützt liegenden Eisdecken schmelzen im Frühjahr sehr langsam, sodafs die Reinigung der Sandfläche erst bewirkt werden kann, nachdem die offenen Wasserläufe schon wochenlang völlig eisfrei geworden sind. Selbst wenn die Eisdecke durch künstliche Mittel beseitigt wird, ist eine Reinigung während des Frostes nicht möglich, da der gefrorene Sand die Filtrationsfähigkeit verliert.

VIII. Die Wasserversorgung.   309

Das Filtermaterial besteht aus drei Schichten, und zwar von unten angefangen, 30 cm Feldsteine, 30 cm Kies, 60 cm Sand. Die oberste Sandschicht wird, sobald sie durch den Betrieb so weit verunreinigt ist, dafs das Filter nicht mehr die genügende

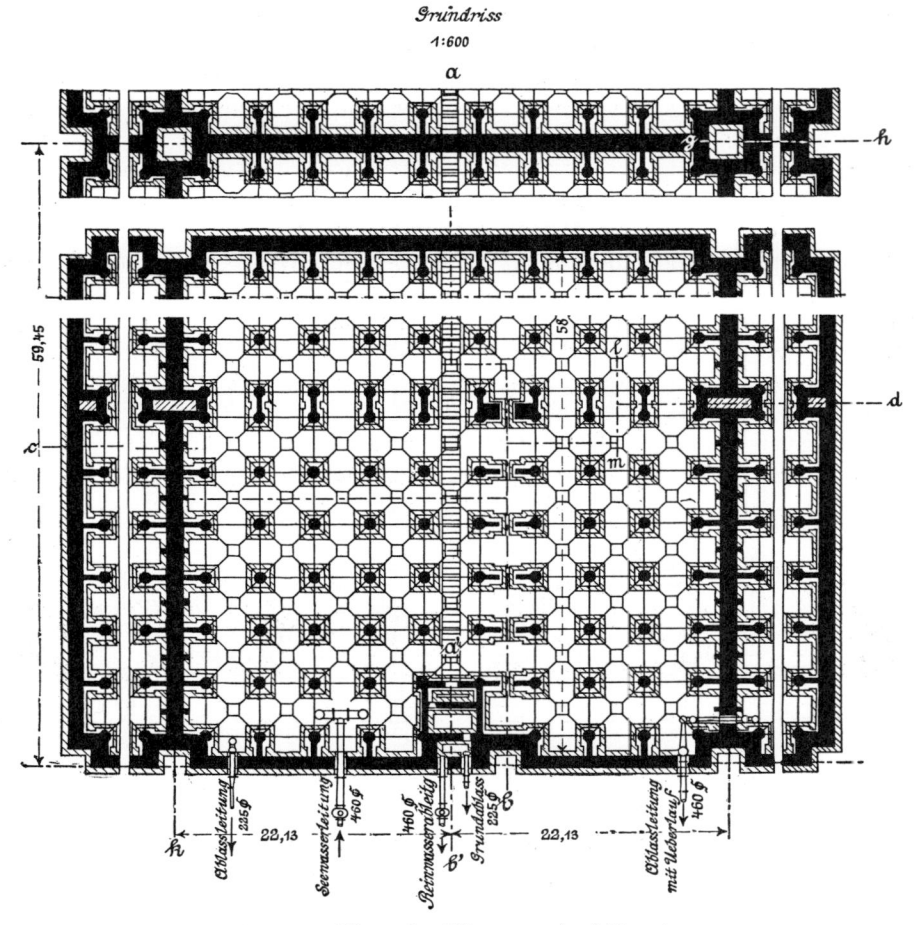

Abb. 399. Filter des Wasserwerks Müggelsee.

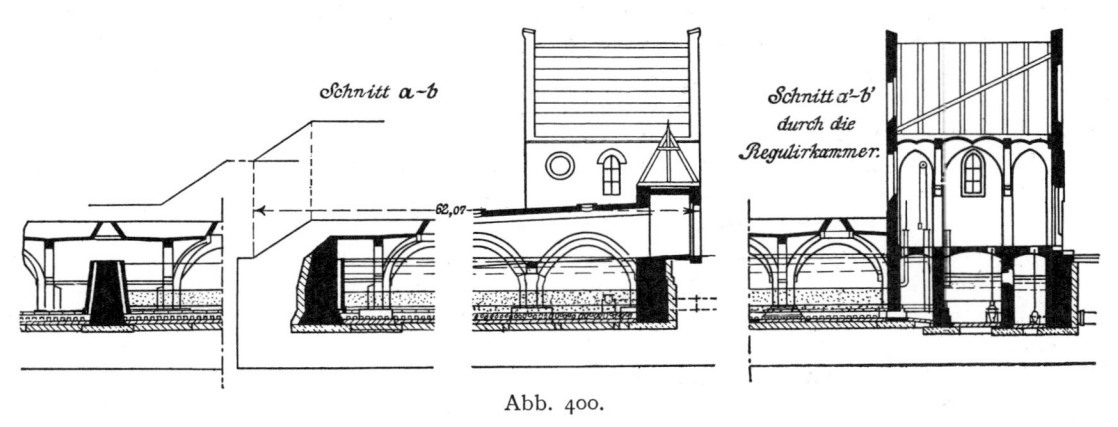

Abb. 400.

Leistungsfähigkeit besitzt, in einer Stärke von 10 mm abgeräumt und dieses Verfahren so oft wiederholt, bis die Sandschicht nur noch eine Stärke von 40 cm hat; alsdann wird sie wieder bis zur ursprünglichen Stärke mit reinem Sande aufgefüllt. Wenn ein Filter behufs Reinigung trocken gelegt ist, bleibt es in der Regel nach erfolgter Reinigung noch

310   VIII. Die Wasserversorgung.

einige Tage aufser Benutzung, damit die in den Sand tiefer eingedrungenen feineren Schmutztheile durch längere Berührung mit der Luft oxydiren können. Die Wiederauffüllung der Filter mit Wasser geschieht bis zur Oberfläche der Sandschicht stets von unten mit filtrirtem Wasser, dann bis zur vollen Höhe durch ein über Sand mündendes Trompetenrohr mit unfiltrirtem Wasser. Da ein grofser Werth darauf gelegt werden mufs, dafs die Filtration gleichmäfsig und ohne plötzliche Veränderung der Geschwindigkeit geschehe, so ist die Wasserstandshöhe im Filter durch ein in die Zuflufsleitung eingebautes selbstthätiges Schwimmerventil festgelegt und die Gleichmäfsigkeit der Leistung für 1 qm Sandfläche und die Zeiteinheit durch die Anwendung der von dem Director Gill erfundenen Regulirvorrichtung für das abfliefsende Wasser in jedem Filter gesichert. Der aus den Filtern gewonnene Schmutzsand wird in einer Sandwäsche, welche inmitten jeder Abtheilung von 11 bezw. 12 Filtern liegt, gereinigt und wieder verwandt. Die Reinigung geschieht in einer mit schraubenförmigen Gängen versehenen Waschtrommel, welche acht Umdrehungen in der Minute macht und in welche das Wasser und der Sand (letzterer durch einen Elevator gehoben) an den beiden entgegengesetzten Enden eintreten; auf diese Weise kommt der zu reinigende Sand auf seinem Wege nach und nach mit immer reinerem Wasser in Berührung. Das Abgangswasser wird in einem gröfseren Niederschlagbehälter aufgefangen und geklärt.

Als Vermittler zwischen Filter und Fördermaschinen gehört zu jeder Abtheilung der Filteranlagen ein kleiner, etwa 2500 cbm fassender Reinwasserbehälter; in demselben

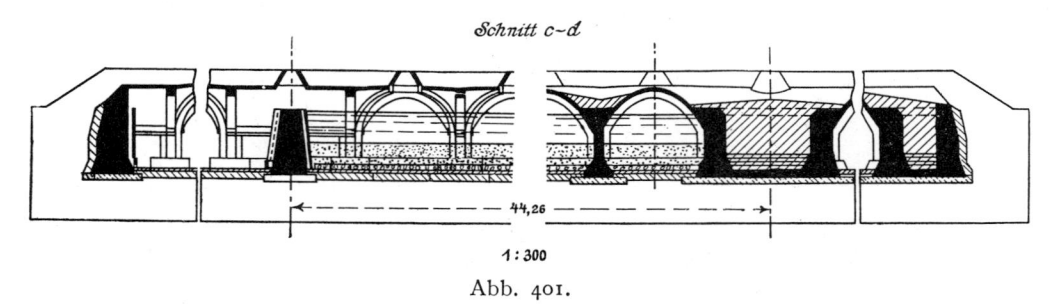

Abb. 401.

wird das Wasser durch abwechselnd an die Seitenmauern angeschlossene Leitmauern zu einer schlangenförmigen Bewegung gezwungen, um ein Stillstehen in den Ecken zu vermeiden.

Die Fördermaschinen jeder Abtheilung haben in jeder Zeiteinheit eine fast gleichmäfsige Arbeit zu verrichten, nämlich im Laufe von 24 Stunden je 44750 cbm Wasser in die 16,2 km entfernten Reinwasserbehälter des Werkes Lichtenberg zu fördern. Für diese Arbeit sind zwei liegende Verbundmaschinen vorhanden, welche je 22375 cbm Wasser in 24 Stunden mittels zweier doppelt wirkenden Plungerpumpen unter einem Höchstdruck von 36 m fördern; eine dritte, gleichartige Maschine dient als Aushülfe. Jede Maschine hat 155 P. S. Für die Dampferzeugung sind einschliefslich der Aushülfe je neun Kessel von je 62 qm Heizfläche mit fünf Atmosphären Ueberdruck vorhanden.

Die architektonische Ausbildung der Hochbauten des Werkes Müggelsee weicht wesentlich von derjenigen Bauweise ab, welche für ähnliche Anlagen im allgemeinen üblich ist. Das Bestreben, den Baulichkeiten, entsprechend der Lage an einem der schönsten märkischen Seen und in unmittelbarer Nähe von Landhäusern, einen malerischen Charakter zu geben, führte zur Anwendung des märkisch-gothischen Backsteinbaues, welcher eine Ausgestaltung der einzelnen Raumanlagen lediglich nach Nützlichkeitsrücksichten, ohne Beachtung von Symmetrie und Achsensystemen gestattet. Hierbei ist auf die Benutzung der sogen. Verblendsteine gänzlich verzichtet und es sind nur Handstrichsteine zur Verwendung gelangt, welche bei gröfserer Billigkeit und Wetterbeständigkeit zugleich den Vorzug einer lebhafteren Flächenwirkung haben; letzterem Zwecke dienen auch die mit ungefärbtem Kalkmörtel verstrichenen Fugen (Abb. 405—407). In Uebereinstimmung mit der gewählten Stilrichtung erhielten sämtliche Gebäude steile Dächer, welche mit rothen holländischen Dach-

VIII. Die Wasserversorgung. 311

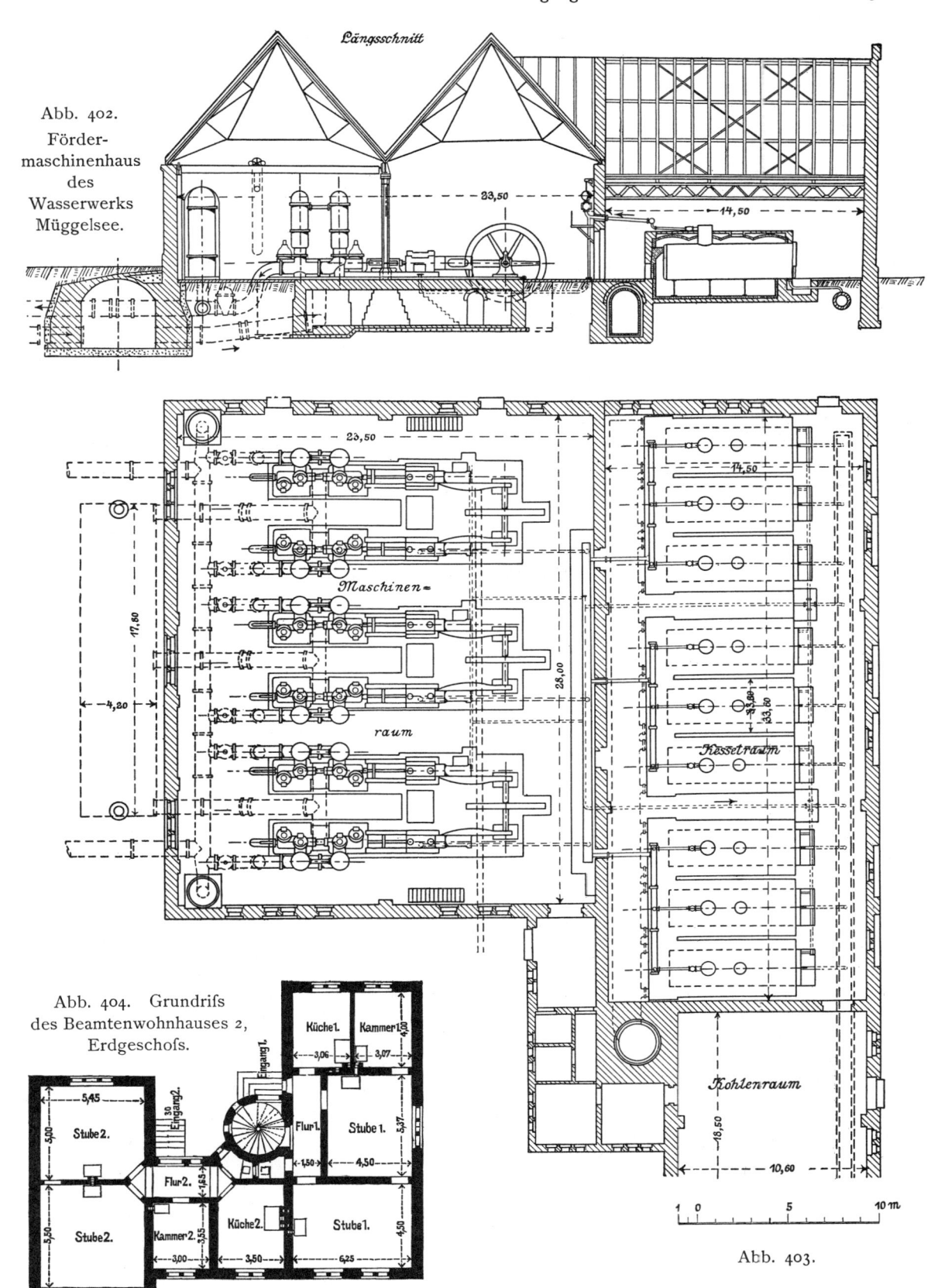

Abb. 402. Fördermaschinenhaus des Wasserwerks Müggelsee.

Abb. 404. Grundriſs des Beamtenwohnhauses 2, Erdgeschoſs.

Abb. 403.

312 VIII. Die Wasserversorgung.

Abb. 405. Schöpfmaschinenhäuser.

Abb. 406. Beamtenwohnhaus 2.

VIII. Die Wasserversorgung. 313

pfannen eingedeckt sind. Zur Belebung der Bauten dienen hauptsächlich die in mannigfachen Formen gestalteten Giebel, denen sich geputzte Blenden, Maßwerkfriese und Ziegelmuster in reicher Abwechselung zugesellen. Gleichwohl ist im großen und ganzen die Behandlung der Bauten, ihrer Zweckbestimmung entsprechend, einfach; nur an besonders ins Auge springenden Stellen ist für Ausschmückung und Ausstattung etwas mehr gethan, so namentlich am Ufer des Müggelsees, wo Natur und Oertlichkeit zu einer reicheren Behandlung herausforderten. Als Beispiele sind in den Abbildungen die Seeansicht der Schöpfmaschinenhäuser und die Ansicht von zwei Beamtenwohnhäusern gegeben (Abb. 405, 406 u. 407); die Gesamtanordnung des Werkes nach seiner Vollendung zeigt die vom Müggelsee aus gedachte Darstellung aus der Vogelschau (Abb. 408). — Durch ein Schienengleis sind sämtliche Maschinenhäuser des Werkes an den Bahnhof Friedrichshagen der Niederschlesisch-Märkischen Eisenbahn angeschlossen. Die Abwässer des Werks werden durch einen rd. 1,8 km langen gemauerten Canal mit eiförmigem Profil von 1,50 m Höhe der Spree unterhalb des Müggelsees zugeführt, um jede Gefahr, daß etwa Schmutzwasser nach den Schöpfstellen zurückfließen könnte, auszuschließen. — Die Hauptrohrleitungen auf dem Werke sowie die Verbindungsleitungen zwischen Müggelsee

Abb. 407.
Beamtenwohnhaus 1.

und Lichtenberg bestehen aus gußeisernen Röhren von 1200 mm lichter Weite. Die Wandstärke dieser Röhren ist dem auf den betreffenden Werken vorkommenden größten Betriebsdruck angepaßt und wechselt zwischen 25 und 32 mm. Der oben erwähnte Grundsatz der Zerlegung sämtlicher Anlagen in vier selbständige Abtheilungen ist allein bei der Leitung, welche die beiden Werke Müggelsee und Lichtenberg verbinden, nicht beibehalten worden. Es ist vielmehr für je zwei Abtheilungen ein gemeinschaftlicher Rohrstrang von 1200 mm lichter Weite angeordnet; jedoch sind die beiden Stränge an drei Punkten so verbunden, daß jede Theilstrecke im Falle eines Rohrbruches durch Schieberstellung ausgeschaltet und durch den nebenliegenden Strang ersetzt werden kann. Wenn die Druckrohrleitung vom Müggelsee bis zum Werke Lichtenberg in einer geraden Linie verlegt worden wäre, so hätte sie auf zwei Drittel ihrer Länge ein sich sehr wenig über dem Grundwasserspiegel erhebendes sumpfiges Gelände durchqueren müssen. Aus diesem Grunde ist die Druckrohrleitung vom Werke Müggelsee aus auf kürzestem Wege durch ein Gestell der Königlichen Forst Krummendamm direct nach der Hochebene, welche bei Mahlsdorf erreicht wird, verlegt. Die Sümpfe sind hierdurch, mit Ausnahme einer 153 m langen Strecke des Münchehofe-Dahlwitzer Moores, gänzlich vermieden worden. Außerdem ist der Vortheil erreicht, daß die Rohrstränge schon am Ende des ersten Drittels ihrer Länge in die Nähe der hydraulischen Drucklinie kommen, sodafs für den Rest des Weges leichte Röhren benutzt werden konnten. An der zur Kreuzung des Münchehofe-Dahlwitzer Moores gewählten Stelle ist mitten im Moore eine Sandinsel vorhanden. An der Ostseite dieser Insel ist guter Baugrund in einer Tiefe von 7 m, an der Westseite erst in einer Tiefe von 15,70 m zu erreichen. Es mufsten daher Pfahlroste angeordnet werden, deren Pfahlköpfe durch eine 1 m starke Cementbetonschicht verbunden wurden. Auf dieser wurden die in Sand gebetteten Röhren verlegt. Da der sehr flüssige westliche Arm des Moores mit Lasten nicht betreten werden kann, so ist in seiner ganzen Länge von 95 m auf die Betonschicht eine Eisenconstruction gesetzt, auf welcher sich für den Fall einer etwa nothwendig werdenden Reparatur oder Auswechslung eines Rohres ein Laufkran bewegen läfst.

An sonstigen Kunstbauten, welche für die Druckrohrleitung nöthig geworden sind, sind die gewölbten Unterführungen unter der Niederschlesisch-Märkischen Bahn und unter der Ostbahn, die Brücken über das Köpenicker Fliefs und über die Wuhle, und die Befestigung des Wuhlemoors zu erwähnen.

Werk Lichtenberg.

Das Werk liegt, etwa 5,5 km von dem Mittelpunkt Berlins entfernt, lang hingestreckt an der Südseite der Berlin-Alt-Landsberger Chaussee. Auch hier ist der Grundsatz der Zerlegung der Anlagen in vier einzelne Abtheilungen im wesentlichen durchgeführt, namentlich soweit es sich um die bedeutend überwiegende Versorgung der Unterstadt handelt. Letzterem Zwecke dienen die vier mittleren der auf dem Lageplan (Abb. 409) ersichtlichen sechs Maschinenhäuser; die beiden äufseren Häuser enthalten die Maschinen zur Versorgung der sogenannten Hochstadt.

Hinter den Maschinenhäusern liegen die vier Reinwasserbehälter. Diese nehmen das vom Werke Müggelsee stündlich in gleicher Menge gelieferte Wasser auf; aus ihnen ent-

Abb. 408. Gesamtansicht des Wasserwerks Müggelsee aus der Vogelschau.

VIII. Die Wasserversorgung. 315

nehmen es durch Vermittelung einer Saugekammer die Fördermaschinen je nach dem schwankenden Verbrauche in sehr ungleichen Massen in jeder Stunde. Erfahrungsmäfsig genügt für derartige Ausgleichungsbehälter ein Nutzinhalt von 30% der in 24 Stunden zu vertheilenden Wassermenge. Es sind hier, dem Zerlegungsgrundsatze entsprechend, vier von einander ganz unabhängige Behälter, jeder mit rd. 15 000 cbm Nutzinhalt, angeordnet. Jeder Behälter ist durch eine Scheidewand in zwei Theile von gleichem Inhalt zerlegt; auf diese Weise ist für je zwei Abtheilungen ein Behälter von rd. 7500 cbm Inhalt als Vorrath geschaffen. Sämtliche Behälter sind, ebenso wie die auf dem Werke Müggelsee, mit Leitmauern versehen, um dem durchfliefsenden Wasser eine schlangenförmige Bewegung zu geben und das Stillstehen zu verhüten. Die Fördermaschinen, welche das Wasser in das Rohrnetz der Unterstadt pumpen, sind für jede Abtheilung drei liegende Verbundmaschinen zu 120 P.S., von denen eine als Aushülfe dient. Zu jeder Abtheilung gehört eine Dampfkesselanlage von sechs Kesseln einschliefslich der Aushülfe (Abb. 410 u. 411). Die in dem westlichsten Maschinenhause befindliche, für die Versorgung des Werkes Belforter Strafse bestimmte Anlage enthält drei liegende Verbundmaschinen von je 33 P.S. und drei Dampfkessel; je ein Stück dient als Aushülfe. Durch die Maschinen wird das Wasser in gleichen Mengen in jeder Stunde mittels eines 760 mm weiten Rohres in die Behälter des 5,9 km entfernten Werkes Belforter Strafse gefördert.

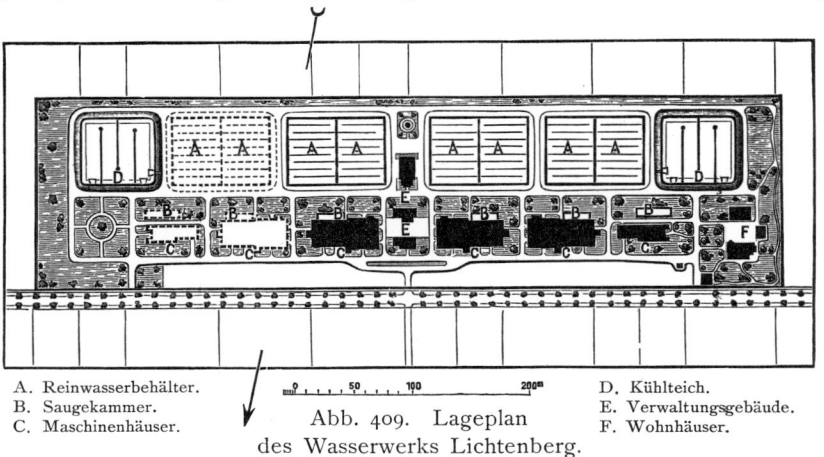

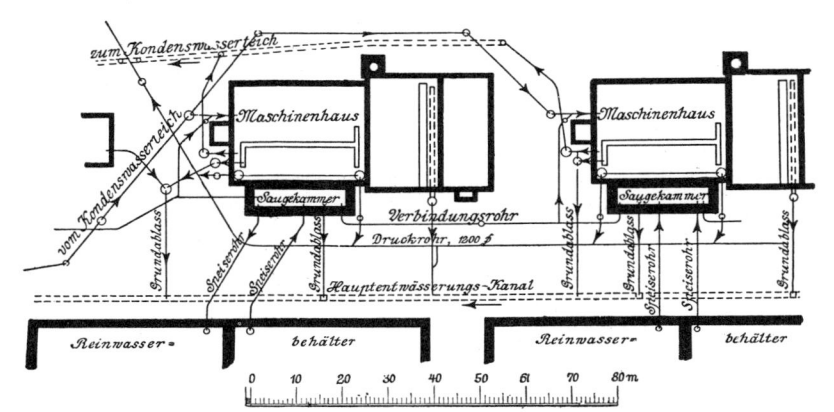

A. Reinwasserbehälter.
B. Saugekammer.
C. Maschinenhäuser.
D. Kühlteich.
E. Verwaltungsgebäude.
F. Wohnhäuser.

Abb. 409. Lageplan des Wasserwerks Lichtenberg.

Abb. 410. Grundrifs der Maschinenhäuser.

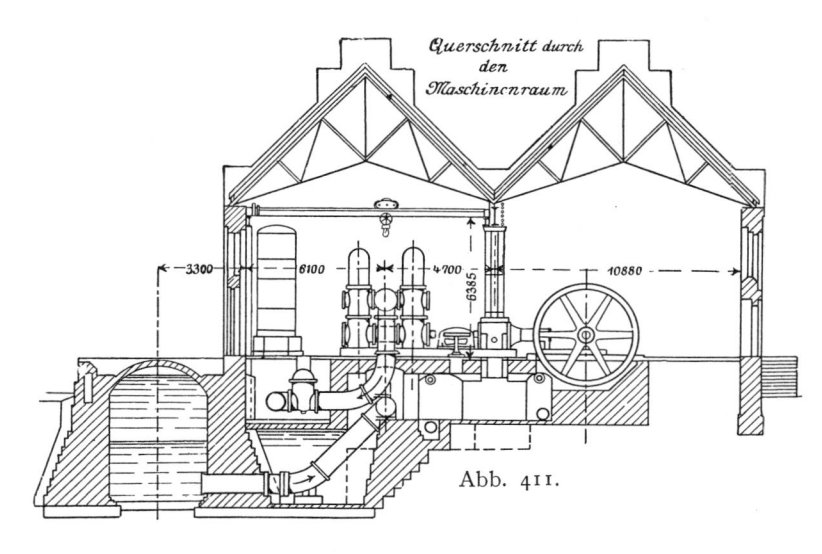

Abb. 411.

40*

Die Leistungen der bereits im Betriebe befindlichen ersten Hälfte der Werke Müggelsee und Lichtenberg zeigen folgende Tafeln:

Werk Müggelsee.

Monat Juli Jahr	Schöpfmaschinen			Fördermaschinen		
	Gehobenes Wasser cbm	Hoch durchschnittlich m	Pferdekräfte durchschnittlich	Gehobenes Wasser cbm	Hoch durchschnittlich m	Pferdekräfte durchschnittlich
1894	2 509 292	6,98	94,69	2 372 217	30,43	372,15

Werk Lichtenberg.

Monat Juli Jahr	In die Stadt gefördertes Wasser cbm	Förderhöhe durchschnittlich m	Pferdekräfte durchschnittlich
1894	2 383 874	12,78	118,52

Die bis jetzt noch fast ganz unbebaute Hochstadt aufserhalb der Ringbahn soll später, wie schon erwähnt, ein gesondertes Rohrnetz erhalten, welches durch eine eigene Maschinenanlage auf dem Lichtenberger Werke direct gespeist werden wird. Für diese Anlage soll das östliche Maschinenhaus erbaut werden. Die Maschinenhäuser werden durch elektrisches Licht beleuchtet, welches durch besondere Maschinen erzeugt wird. Zum Abkühlen des Condensationswassers der Dampfmaschinen ist für je zwei Abtheilungen ein Condensationswasserteich von rd. 9300 cbm Wasserinhalt bestimmt. Aufserdem befinden sich auf dem Werke drei Wohngebäude für das Betriebspersonal, ein Verwaltungsgebäude,

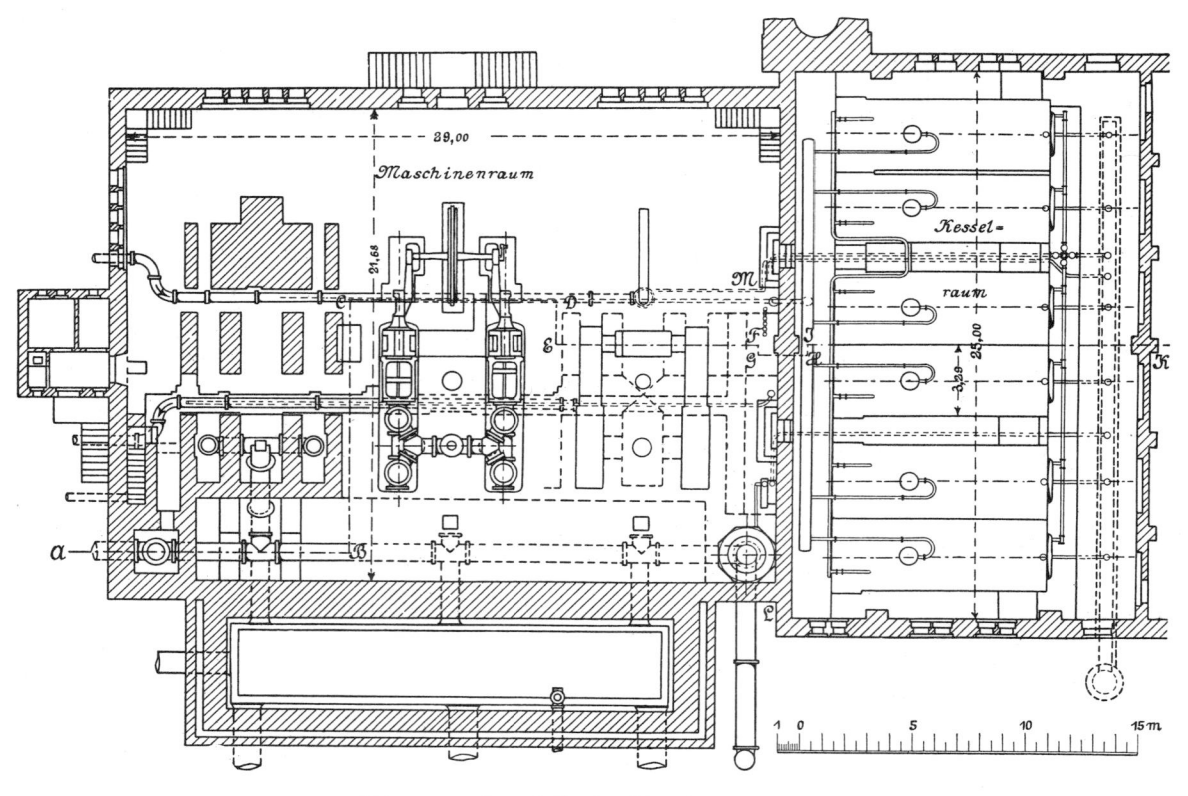

Abb. 412. Grundrifs des Maschinenhauses.

VIII. Die Wasserversorgung.   317

ein Werkstattgebäude mit Schmiede und Tischlerei, ein Arbeiterhaus und Gerätheschuppen und ein Thurm für den Wasserstandsanzeiger, welch letzterer mittels elektrischer Verbindung die Höhe des Wasserspiegels in den Reinwasserbehältern dem Werke Müggelsee kundgiebt.

Die Hochbauten sind in demselben Stile und unter denselben Gesichtspunkten behandelt, wie diejenigen des Werkes Müggelsee, nur sind sie, der weniger bevorzugten Lage entsprechend, einfacher gehalten. Die Architektur ist aus der hier gegebenen Abbildung des Pförtnerwohnhauses ersichtlich (Abb. 413).

Abb. 413. Pförtnerhaus des Wasserwerks Lichtenberg.

Von Lichtenberg aus wird das Wasser für die untere Zone des städtischen Rohrnetzes durch zwei je 1200 mm weite Rohrstränge geliefert, welche nach Kreuzung der Ringbahn im Zuge der Berlin-Alt-Landsberger Chaussee durch eine Ueberbrückung mit drei Oeffnungen sich in mehrere Aeste von 910 mm und 760 mm Weite theilen und in das Rohrnetz der Stadt übergehen. Das Werk Belforter Strafse wird, wie schon erwähnt, durch ein besonderes, 760 mm weites Rohr gespeist.

Werk Belforter Strafse.

Dieses Werk wurde zwar schon gleichzeitig mit den ältesten Anlagen des Werkes vor dem Stralauer Thor erbaut, indessen dient von den damaligen Einrichtungen jetzt nur

318 VIII. Die Wasserversorgung.

noch eine einzige dem ursprünglichen Zwecke, nämlich ein offenes Standrohr mit Ueberfallrohr, welches, wie das Standrohr auf Werk Charlottenburg, durch Begrenzung der Druckhöhe das Rohrnetz der unteren Stadtzone gegen übermäfsige Beanspruchung sichern soll. Im übrigen ist das Werk jetzt ausschliefslich für die Versorgung der Hochstadt eingerichtet (Abb. 414). Das vom Werke Lichtenberg durch einen besonderen Rohrstrang in stündlich gleichen Mengen zugeführte Wasser wird in zwei kreisförmigen Tiefbehältern von rund 3000 und 7000 cbm Inhalt aufgespeichert. Aus diesen Behältern, deren Normalwasserstand 54 m über N.N. ist, entnehmen die Pumpen das Wasser und heben es in einen 1200 cbm enthaltenden, schmiedeeisernen, ringförmigen Hochbehälter, welcher sich in einem Rundbau befindet und dessen höchster Wasserstand 85 m über N.N. liegt. Mit dem Hochbehälter ist ein offenes Standrohr derartig verbunden, dafs es als Ueberlaufrohr benutzt wird und alsdann das Wasser in die Tiefbehälter zurückführt, aber auch selbstthätig als Sicherheitsrohr dienen kann, falls eine Reparatur oder Reinigung des Hochbehälters dessen Ausschaltung erforderlich macht. Während für die übrige Stadt die Anlage derartiger Hochbehälter nicht nöthig war, zeigte sie sich für die Hochstadt als erwünscht und zweckmäfsig, da in diesem verhältnifsmäfsig kleinen Versorgungsgebiete die Schwankungen in dem augenblicklichen Verbrauche so erhebliche und oft so plötzliche sind, dafs die Pumpen denselben nicht immer folgen können.

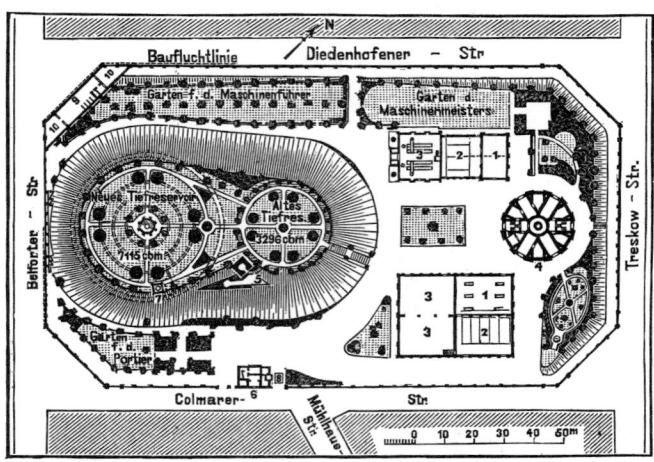

Abb. 414. Hebestation des Wasserwerks Belforter Strafse (Lageplan).

1. Kohlenhaus. 2. Kesselhaus. 3. Maschinenhaus. 4. Hochreservoir. 5. Standrohrthurm. 6. Portierhaus. 7. Schwimmerthurm. 8. Wage. 9. Depot der Strafsenreinigung. 10. Hof.

Zur Hebung des Wassers aus den Tiefbehältern in den Hochbehälter sind zwei Maschinenanlagen vorhanden: die ältere besteht aus drei liegenden Woolf'schen Maschinen und einer liegenden 1cylindrigen Cond.-Maschine mit zusammen 170 P.S. und vier Flammrohrkesseln sowie einem Kessel nach System Schulz-Knaudt, die neuen aus zwei liegenden highduty-Worthington-Maschinen mit 65 P.S. und vier Kesseln Schulz-Knaudt'scher Bauart. Die Zunahme der Leistungen dieses Werkes ist aus folgender Tafel ersichtlich:

Werk Belforter Strafse.

Monat Juli Jahr	In das Rohrnetz gefördertes Wasser cbm	Druckhöhe durchschnittlich m
1877	137 819	20,90
1882	267 768	23,77
1887	468 329	21,95
1892	624 403	22,09
1893	772 840	21,84
1894	781 373	22,05

Wie die Werke Tegel und Charlottenburg, so sind auch die Werke Müggelsee, Lichtenberg und Belforter Strafse unter einander und mit der Direction in Berlin durch eine eigene unterirdische Telegraphenleitung verbunden. Aufserdem wird der Wasserstand in den Tiefbehältern des Werkes Belforter Strafse auf dem Werke Lichtenberg, und der Wasserstand in den Behältern letzteren Werkes auf Werk Müggelsee durch elektrische Vorrich-

VIII. Die Wasserversorgung. 319

tungen, wie eine solche beim Werke Charlottenburg beschrieben worden ist, selbstthätig angezeigt. Schliefslich sind Fernsprechanlagen zur Verständigung auf den Werken selbst sowie Verbindungen der letzteren mit dem Berliner Fernsprechnetze hergestellt.

Das Rohrnetz,

mit welchem 1856 der Betrieb der Wasserwerke eröffnet wurde, war streng nach dem Verästelungssystem angelegt, beginnend mit Hauptadern von 760 mm Weite und auslaufend bis in die Vertheilungsröhren von 50 mm Weite. Mit der Herstellung der Tegeler Werke und der dadurch bedingten Einführung von zwei Stammröhren, welche sich mit den vom Stralauer Werke kommenden am Alexanderplatz bezw. am Halleschen Thor vereinigten, verwandelte sich der ursprüngliche Charakter des Hauptrohrnetzes in ein Circulationssystem, welches auch in der Mehrzahl der später ausgeführten Erweiterungen des Vertheilungssystems zur Anwendung kam. Nachdem die kleineren Rohre unter 100 mm fast sämtlich gegen solche von 100 mm Weite ausgewechselt sind, ist auch in diesen der Grundsatz der Circulation fast vollständig durchgeführt.

Die Länge der Vertheilungsrohrleitungen betrug

    am 31. December 1856 . . . . 171 848,50 m
    „ 31.   „   1873 . . . . 250 674,50 „
    „ 31. März 1882 . . . . 525 165,50 „
    „ 31.   „   1894 . . . . 778 311,90 „

Schliefslich sei durch folgende Tafel eine Uebersicht über die Wasserversorgung der Stadt seit Bestehen der Werke gegeben:

Jahr	Mit Wasser versorgte Grundstücke		Gesamte in die Stadt geförderte Wassermenge	Wasserverbrauch auf 1 Kopf und Tag	Gesamt-Wassermenge an einem Tage im Jahre			
					gröfste		kleinste	
	überhaupt	mit Wassermesser	cbm	l	cbm	Datum	cbm	Datum
1857	669	97	2 462 836	224,00	—	—	—	—
1862	2 359	232	3 919 823	101,00	18 246	7. Juni	5 830	1. Januar
1867	5 500	742	9 213 951	104,00	34 353	31. August	16 068	22. April
1872	7 524	3 725	13 953 070	79,00	54 575	27. Juli	24 107	7. Januar
1876	9 649	7 502	17 537 030	90,00	62 468	19. August	33 677	1. „
1877	12 365	9 705	20 545 845	90,00	76 210	24. „	37 210	Februar
1882	16 876	16 789	22 434 532	63,70	82 010	15. Juli	46 557	1. Januar
1887	19 193	19 081	30 877 360	64,87	119 215	30. „	61 605	26. December
1892	22 638	22 502	40 035 922	67,13	163 976	25. August	75 645	26. „
1893	23 042	22 902	41 621 232	68,48	154 302	17. Juni	77 398	26. „
1894	23 428	23 284	41 947 232	67,81	165 209	7. Juli	83 543	1. Januar

B. Die Wasserwerke der westlichen Vororte.[1]

Die Charlottenburger Wasserwerke, 1872 von der Westend-Gesellschaft erbaut und 1878 von der Actiengesellschaft „Charlottenburger Wasserwerke" übernommen, waren ursprünglich nur für den Bedarf von Westend und dem damals rd. 20000 Einwohner zählenden Charlottenburg bestimmt und eingerichtet. Im Laufe der folgenden Jahre trat für die gesamten Vororte des Westens von Berlin das Bedürfnifs nach einer den Grofsstädten entsprechenden Wasserversorgung ein, und so erwuchs den Werken die Aufgabe, aufser Westend und Charlottenburg, die Orte Schöneberg, Friedenau, Steglitz, Wilmersdorf, Schmargendorf, Colonie Grunewald, Zehlendorf, Wannsee, Halensee, Grofs-Lichterfelde, Südende, Lankwitz, Tempelhof und Rixdorf mit Wasser zu versorgen. Die Anzahl der angeschlossenen Grundstücke wuchs von 75 des Jahres 1878 bis zum October 1894 auf 6391, die Einwohnerzahl von 20000 auf rd. 250000, die jährlichen Förderungen von 230700 auf 5781000 cbm.

Die Versorgung dieser Orte erfolgt ausschliefslich durch Brunnenwasser. Die chemische Untersuchung des den Brunnen entnommenen Wassers ergiebt nachstehende Bestandtheile.

1000000 Theile Wasser enthalten:
Abdampfrückstand (bei 140° getrocknet) . . . . 262,40 T.
Glührückstand (Carbonate regenerirt) . . . . 241,60 „
Glühverlust . . . . 20,80 „
Gesamthärte (CaO) . . . . 100,80 „

---

[1] Bearbeitet von Wellmann, Director der Charlottenburger Wasserwerke.

VIII. Die Wasserversorgung.   321

Eisen (als FeO berechnet) . . . .   1,21 T.
Chlor (Cl) . . . . 14,60 „
Organische Substanzen (KMnO₄ Verbrauch) . . . .   6,90 „
Ammoniak (NH₃) . . . .   0,20 „

Für den Gebrauch störend ist der Gehalt an Eisen. In den früheren Jahren wurde das Wasser einer einfachen Durchlüftung unterzogen, indem es auf Siebe gehoben und einem freien Fall von 1¼ m ausgesetzt wurde. Im Jahre 1892 wurden die Anlagen zur völligen Beseitigung des Eisengehaltes hergestellt.

Die Erschliefsung des Wassers geschieht durch Rohrbrunnen (Abb. 415) in einer durchschnittlichen Tiefe von 20 bis 30 m. Die einzelnen Brunnen sind durch gemeinschaft-

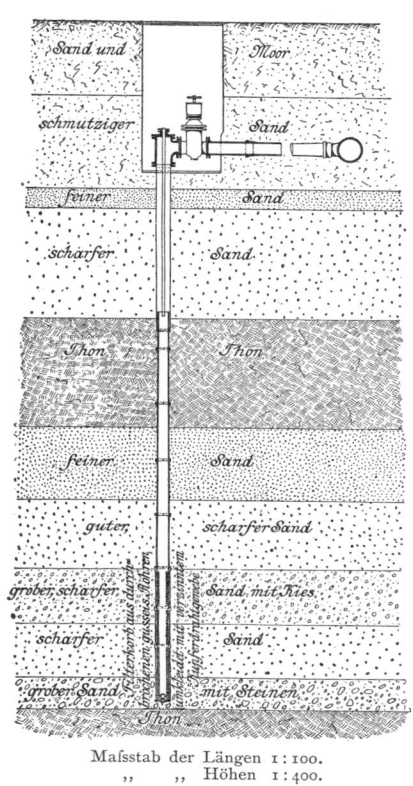

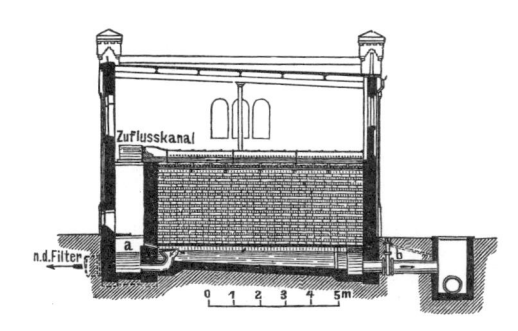

Abb. 416.
Durchlüftungsgebäude zu Beelitzhof, Querschnitt.

Maſsstab der Längen 1:100.
„   „ Höhen 1:400.
Abb. 415.
Saugbrunnen der Wasserversorguug.

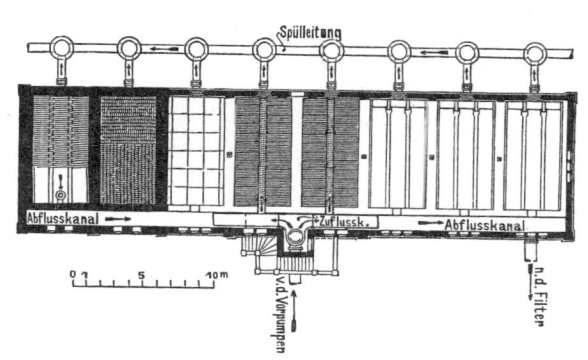

Abb. 417. Grundriſs.

liche Heberleitungen verbunden, welche in einen Sammelbrunnen zusammengeführt sind. Das Wasser wird durch sogen. Vorpumpen dem Sammelbrunnen entnommen und nach Durchlüftungsgebäuden, Rieslern, gefördert. Das Wasser tritt hier aus den Behältern gleichmäfsig vertheilt auf die oberhalb der einzelnen Kammern angebrachten Siebe. Durch die Siebe fällt es in Regenform bei den ersten Anlagen auf eine 3 m hohe Koksschicht, welche es durchstreichen muſs. Bei dem im Jahre 1894 ausgeführten Neubau des zweiten Durchlüftungsgebäudes (Abb. 416 u. 417) zu Beelitzhof ist die 3 m hohe Koksschicht durch einen Steineinbau ersetzt. Durch diesen Steinbau wird eine bedeutend gleichmäfsigere Vertheilung des Wassers erzielt und die Wirksamkeit hierdurch gegenüber der Koksfüllung um fast 50%, erhöht. Auf dem Wege durch den Koks resp. Steineinbau wird sämtliches Eisenoxydul in Oxyd verwandelt, wie durch wiederholte Untersuchungen des unmittelbar hinter dem Riesler entnommenen Wassers nachgewiesen ist. Das Wasser fliefst dann einer Sammelkammer zu und wird von hier aus wiederum durch Ueberfälle gleichmäfsig den Sandfiltern zugetheilt. Die Sandfilter sind ähnlich denen für Seewasser, nur sind, entsprechend

Berlin und seine Bauten. I.   41

dem Zwecke, nur das Eisen zurückzuhalten, grobkörnige Materialien genommen und besonders mufsten bei der grofsen Filtrirgeschwindigkeit die Abflufscanäle weit bemessen werden. Beim Entwurf der Anlagen wurde zunächst für die Geschwindigkeit, mit welcher das vorbereitete Wasser durch die Sandfilter gehen sollte, 1 cbm Wasser auf 1 qm Fläche des Filters in der Stunde angenommen. Für die Riesler wurde bei der Koksfüllung die fünffache, bei dem Steineinbau die siebenfache Geschwindigkeit festgesetzt. Bei der bereits mehrjährigen Betriebsdauer hat sich herausgestellt, dafs für die Sandfilter $1\frac{1}{2}$ cbm auf 1 qm in der Stunde, ohne der Güte des Ergebnisses zu schaden, genommen werden können.

Das gefilterte Wasser enthält in 1 000 000 Theilen:

Abdampfrückstand (bei 140° getrocknet) . . . . . . 232,00 T.
Glührückstand (Carbonate regenerirt) . . . . 214,40 „
Glühverlust . . . . 17,60 „
Gesamthärte (CaO) . . . . 99,40 „
Eisen (als FeO berechnet) . . . . 0,00 „
Chlor (Cl) . . . . 14,00 „
Organische Bestandtheile ($KMnO_4$ Verbrauch) . . . . 5,40 „
Ammoniak (NH_3) . , ... 0,00 „
Salpetersäure (N_2O_5) . . . . 0,00 „
Salpetrige Säure (N_2O_3) . . . . 0,00 „

Die bisher offene Frage, ob eisenhaltiges Brunnenwasser zur Wasserversorgung von Städten in grofsem Mafsstabe brauchbar sei, ist durch die Betriebsergebnisse dieser Werke bejaht worden. Das Wasser wird auf zwei Stationen: im Grunewald am Teufelssee und zu Beelitzhof am Wannsee, gewonnen. Die Werke am Teufelssee (Abb. 418) sind für eine täg-

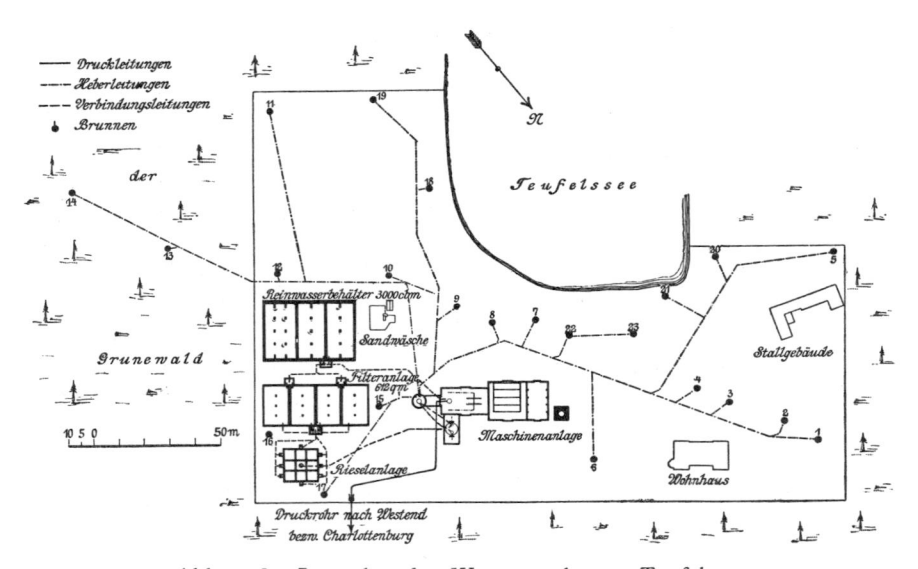

Abb. 418. Lageplan des Wasserwerks am Teufelsee.

liche Fördermenge von 15 000 cbm eingerichtet. Die auf dem Grundstück vertheilten 33 Rohrbrunnen vereinigen sich mittels der Heberleitungen im Sammelbrunnen. Die Vorpumpen sind stehend angeordnet und werden durch direct gekuppelte stehende Dampfmaschinen betrieben. Sie haben verticale Gummiventile. Die Förderfähigkeit jeder Vorpumpe beträgt bei 40 Umdrehungen 9 cbm in der Minute. Die Wasserdurchlüftungsanlage enthält acht Kammern von je 16 qm Fläche. Zur Reinigung sind vier Filter mit je 153 qm Fläche vorhanden. Der Inhalt des Reinwasserbehälters beträgt 3000 cbm. Die Förderung des Wassers nach Charlottenburg geschieht durch zwei liegende Kolbenpumpen, welche je 5,90 cbm in der Minute fördern. Die Pumpen werden direct durch liegende Woolf'sche

VIII. Die Wasserversorgung. 323

Maschinen betrieben. Die Leitung nach Charlottenburg erfolgt innerhalb zweier Rohrstränge von je 500 mm lichter Weite. Auf dem höchsten Punkt zu Westend befindet sich ein Hochbehälter von 1000 cbm Inhalt.

Die Anlage zu Beelitzhof (Abb. 419) besteht aus zwei Werken: dem auf dem hochbelegenen Gelände befindlichen älteren Werke und der tiefliegenden neuen Anlage am

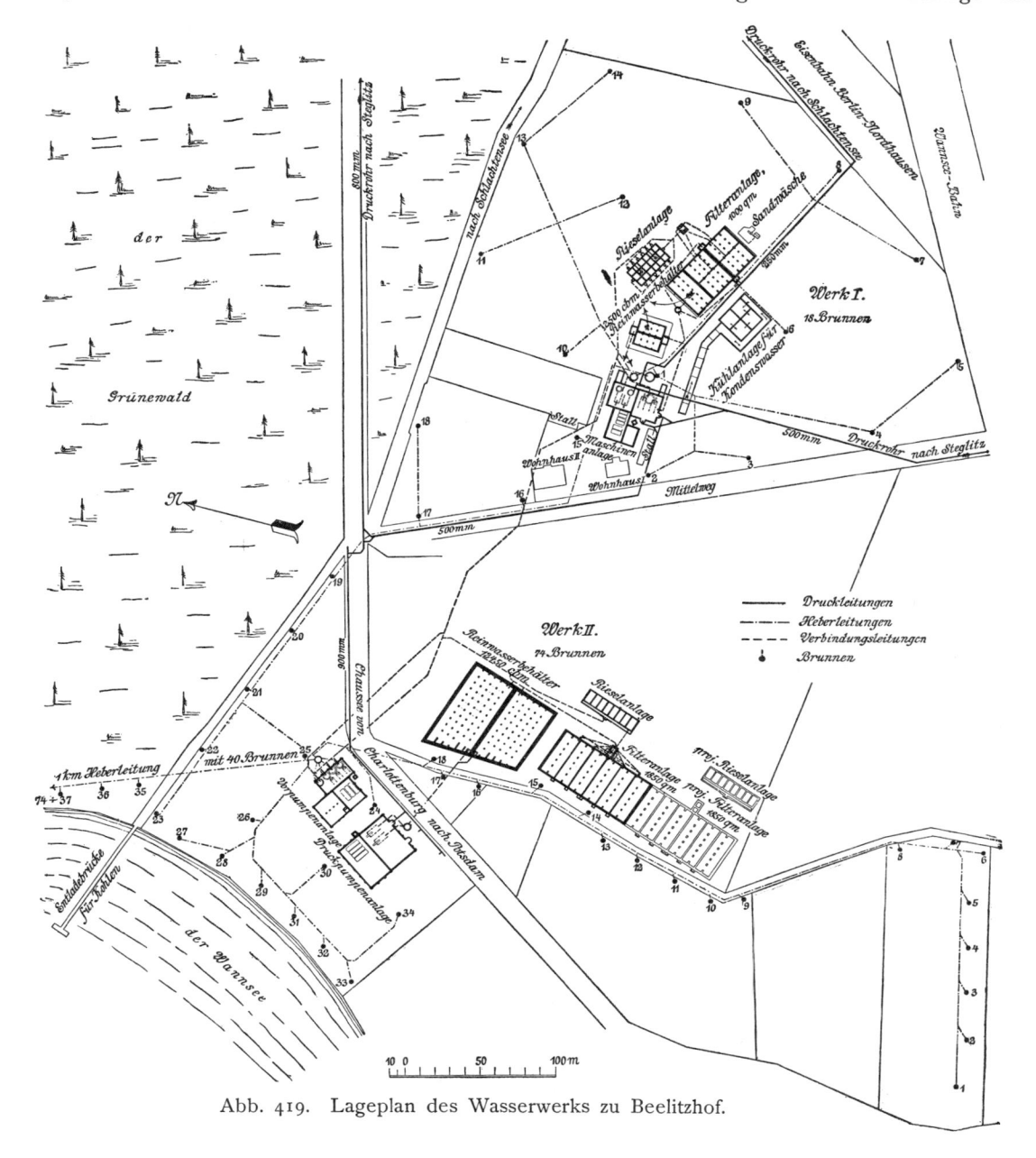

Abb. 419. Lageplan des Wasserwerks zu Beelitzhof.

Wannsee. Die ältere Anlage (Werk I) wird unter Hinzunahme einer am Nicolaus-See zu errichtenden Brunnen- und Vorpumpen-Anlage eine tägliche Förderfähigkeit von 30000 cbm erhalten, während das Werk II am Wannsee 60000 cbm liefern wird. Das ältere Werk enthält vier Pumpmaschinen mit einer stündlichen Leistung von zusammen 1822 cbm; und zwar zwei zu je 218, eine zu 544 und eine zu 842 cbm. Die Vorpumpen des Werkes I werden durch die Maschinen der Druckpumpen mitbetrieben. Auf dem oberen Grundstück befinden sich 18 Brunnen, welche mit ihren Heberleitungen in zwei Sammelbrunnen münden.

41*

324   VIII. Die Wasserversorgung.

Das Gebäude zur Durchlüftung des Wassers enthält 16 Kammern mit insgesamt 256 qm. Die Filteranlage besteht aus vier überwölbten Filtern mit zusammen 1000 qm Fläche. Der Inhalt des Reinwasserbehälters beträgt 2500 cbm.

Die Neuanlage am Wannsee erstreckt sich mit ihrer Wassergewinnung auf eine Länge von 1500 m und hat zur Wassererschließung 74 Brunnen. Zur Förderung aus dem Sammelbrunnen nach dem Durchlüftungsgebäude dienen drei Centrifugalpumpen von je 15000 cbm täglicher Leistung. In dem Maschinengebäude ist der Platz für eine vierte Ventilpumpe außerdem vorgesehen. Die Durchlüftungs- und Filteranlagen sollen in zwei Bauperioden ausgeführt werden. Die erste fertiggestellte Anlage erhält ein Durchlüftungsgebäude mit Steineinbau mit 256 qm Siebfläche sowie sechs überwölbte Filter von zusammen 2000 qm Fläche. Zur Aufnahme des gereinigten Wassers dienen zwei bereits fertiggestellte

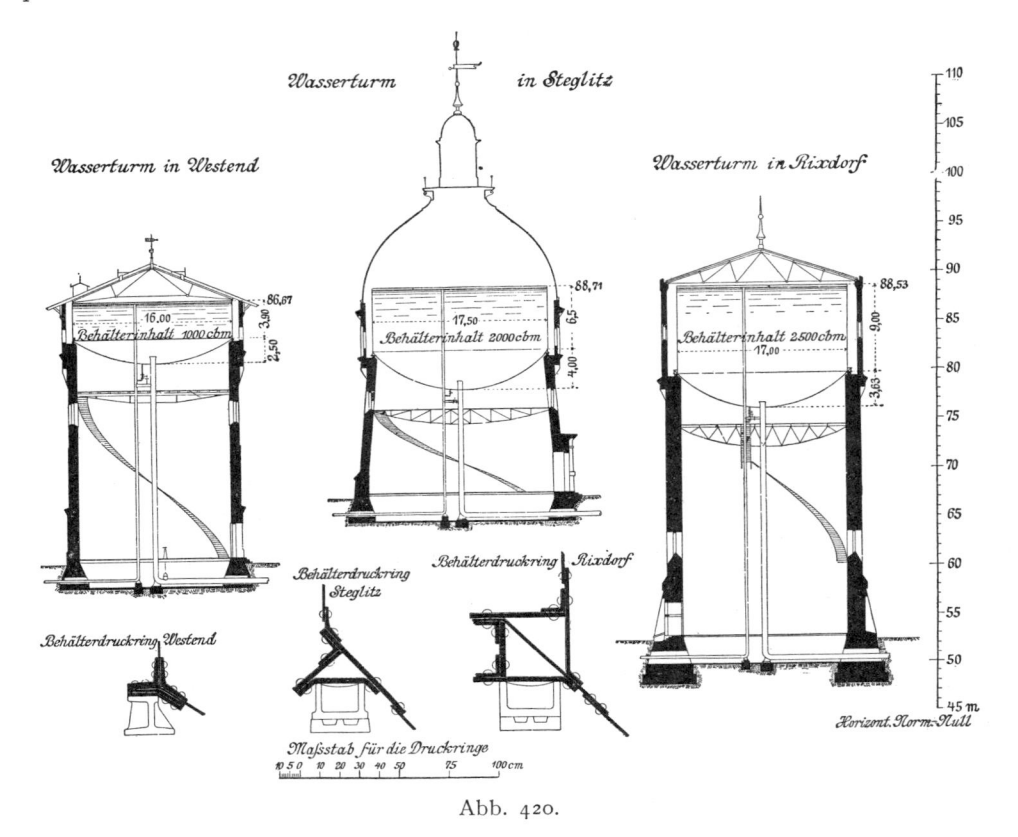

Abb. 420.

Behälter mit zusammen 12000 cbm Inhalt. Die Maschinenanlage zur Förderung des Wassers nach den Versorgungsgebieten soll in drei Bauperioden ausgeführt werden. Die baulichen Anlagen sind für $2/3$ der gesamten Anlage fertiggestellt, die Maschinen und Dampfkessel für $1/3$. Es sind zwei Pumpmaschinen mit einer stündlichen Leistung von je 842 cbm betriebsfertig. Jede der Druckpumpmaschinen besteht aus einer Verbund-Dampfmaschine mit Dampfcylindern von 580 und 950 mm Durchmesser bei 1000 mm Hub. Sie haben Condensatoren, deren Luftpumpe über Maschinenflur vom Kreuzkopf des Niederdruck-Cylinders angetrieben wird. Zwei doppelt wirkende Plungerdruckpumpen von je 285 mm Durchmesser und 1000 mm Hub werden von den hinteren Kolbenstangenenden direct angetrieben. Die unter- und oberhalb des Plungers angeordneten Ventilkasten enthalten je $2 \cdot 34 = 68$ Ventile von 84 mm Durchmesser. Die Maschinen sind für mindestens 25, normal 45, höchstens 60 Umdrehungen in der Minute eingerichtet. Die Kesselanlage besteht aus vier Seitrohrkesseln von 2200 mm Durchmesser und 10000 mm Länge des Mantels mit gewölbten Stirnböden und je einem Wellrohr von 1250/1350 mm Durchmesser, für $8^{1}/_{2}$ Atmosphären Ueberdruck. Jeder Kessel hat 86 qm Heizfläche.

VIII. Die Wasserversorgung. 325

Zur Leitung des Wassers nach den Versorgungsgebieten dienen zur Zeit zwei Rohrstränge von 500 und 800 mm l. W. Die Verlegung eines dritten Rohres entsprechend der steigenden Wasserförderung ist vorgesehen. Zum Ausgleich des schwankenden stündlichen Verbrauchs dient in Steglitz ein Hochbehälter von 2000 cbm und in Rixdorf ein solcher von 2500 cbm Inhalt (Abb. 420).

C. Die Wasserwerke der östlichen Vororte und von Pankow.[1]

1. Das Wasserwerk der östlichen Vororte.

In den Ostvororten von Berlin, nämlich Lichtenberg-Friedrichsberg, Boxhagen-Rummelsburg und Friedrichsfelde, die sich in dem letzten Jahrzehnt bedeutend entwickelt haben und gegenwärtig zusammen rd. 50000 Einwohner zählen, machte sich mit der steigenden Entwicklung auch das Bedürfnifs einer entsprechenden Wasserversorgung geltend und es wurde zu Anfang 1892 dem Ingenieur Oscar Smreker in Berlin von seiten der drei Gemeinden die Concession zum Bau und Betrieb einer Wasserversorgung ertheilt.

Die Pumpstation und die Wassergewinnung wurden südlich von Friedrichsfelde angelegt, woselbst Grundwasser von ganz vorzüglicher Beschaffenheit aufgeschlossen worden war; von da führt, wie aus dem Lageplan (Abb. 421) ersichtlich, der Hauptstrang durch Friedrichsfelde und Lichtenberg nach dem dort errichteten Hochbehälter, während ein zweiter Hauptstrang direct nach Rummelsburg führt; somit kann durch Erbauung einer zweiten Pumpstation anschliefsend an die bestehende und eines zweiten Hochbehälters in Rummelsburg das Werk später in zwei selbständige Anlagen zerlegt werden. Mit Rücksicht auf diese mögliche Theilung des Werkes wurde der ersten Anlage nur die reichliche Deckung des gegenwärtigen Bedarfes zugewiesen und zwar unter Voraussetzung eines mittleren Bedarfes von 50 l und eines Meistbedarfs von 75 l für 1 Kopf täglich bei einer angenommenen Bevölkerungs-Ziffer von 60000 Einwohnern für das gesamte Versorgungs-Gebiet. Die Wassergewinnung und die maschinelle Anlage sind daher so bemessen, dafs dieselben in 22stündigem Betriebe bis zu 4500 cbm liefern können; der Spiegel des Mittelwassers im Hochbehälter wurde 25 m über den höchsten Punkt des Versorgungsgebietes gelegt. Die Anordnung der Wassergewinnung und Pumpstation ist aus dem Lageplan (Abb. 422) zu entnehmen, die Abb. 425 bis 428 stellen die Maschinen- und Enteisenungsanlage dar.

Das Wasser wird aus vier Rohrbrunnen nach der Bauart von Smreker aus einer Tiefe von 15 bis 24 m entnommen. Einer derselben ist im Sammelbrunnen selbst abgeteuft, während die übrigen an eine in den Sammelbrunnen mündende Heberleitung angeschlossen sind; die Rohrbrunnen haben Filter von 600 mm Durchmesser mit beweglichem innerem Filterkorb. Da das Wasser, wie in der ganzen Umgebung von Berlin, einen nicht unerheblichen Eisengehalt besitzt, so ist bei dieser Anlage im grofsen der Versuch durchgeführt worden, vor der Verwendung des Wassers das in demselben enthaltene Eisen auszuscheiden.

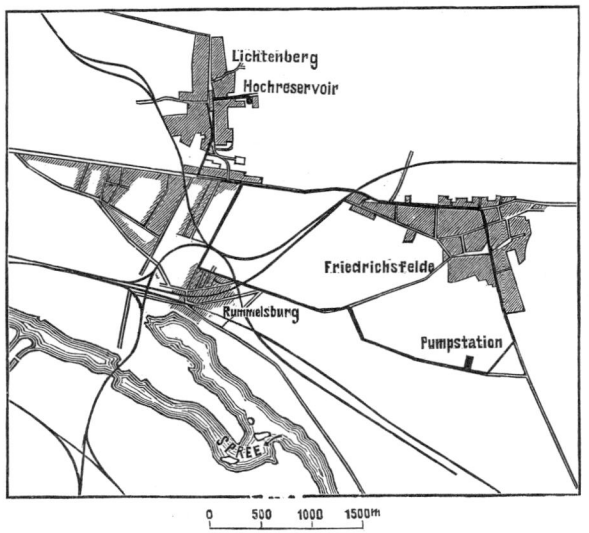

Abb. 421. Lageplan des Wasserwerks Lichtenberg.

---

[1] Bearbeitet vom Ingenieur Smreker.

Die Ausscheidung des Eisens geschieht lediglich auf mechanischem Wege, indem die im Wasser löslichen Eisenoxydulverbindungen durch Zufuhr von Luft in Eisenoxyd, das sich als unlöslich abscheidet, übergeführt werden. Im vorliegenden Falle wurden zu diesem Zwecke die von Oesten und Piefke vorgeschlagenen Verfahren verbunden, indem das Wasser zuerst auf Siebe gepumpt wird, durch die es tropfenförmig vertheilt auf die darunter stehenden mit Koks gefüllten Rieselgefäfse fällt und hierauf noch durch ein Filter geht, welches die etwa mechanisch mitgerissenen, bereits ausgeschiedenen Eisenoxydtheilchen zurückhält und die Ausscheidung des Eisens vervollständigt, falls dieselbe in den Rieslern nicht vollständig vor sich gegangen sein sollte; um dem Wasser noch mehr Gelegenheit zur Berührung mit Luft zu geben, sind in der Sauge-Leitung besondere Ventile zum Einsaugen von Luft angebracht. Die Enteisenung des Wassers macht somit eine Theilung der Hebungsarbeit erforderlich, indem das Wasser zuerst aus dem Sammelbrunnen entnommen und auf den über den Rieslern befindlichen Behälter gehoben wird, während das von seinem Eisengehalt befreite Wasser aus dem Filter in einen Reinwasserbehälter gelangt, aus dem es dann nach dem Versorgungsgebiete gepumpt wird (Abb. 423, 424). Jedes der beiden maschinellen von einander unabhängigen Systeme besteht aus einer liegenden Dampfmaschine und zwei Pumpen, einer Schöpf- und einer Druckpumpe, von denen erstere in einem Schachte im Maschinenhause angeordnet ist, während letztere direct von der Kolbenstange der Dampfmaschine angetrieben wird. Jedes der beiden Maschinensysteme ist imstande im Mittel 1500 cbm in 20 stündigem Betriebe und bis zu 2250 cbm in 22 stündigem Betriebe zu fördern, was einer sekundlichen Fördermenge der Druckpumpen von 21 bezw. 28 l entspricht; mit Rücksicht auf die unvermeidlichen Wasserverluste bei der Enteisenung betragen die entsprechenden Fördermengen der Schöpfungen 24 und 32 l. Hierbei bestimmt sich die Leistung einer Maschine zu 20,28 P. S. für die mittlere Leistung und 29,05 P. S. für die gröfste Leistung bei einer Umdrehungszahl in der Minute von 45 bezw. 60. Die Dampfmaschinen arbeiten mit Condensation und haben Schiebersteuerung mit selbstthätig durch den Regulator bewirkter Expansion; die Schöpfpumpen haben selbstthätige Ventile, die Druckpumpen gesteuerte Ventile nach Riedler. Zur Dampferzeugung dienen zwei Einflammrohrkessel mit Kuhn'scher rauchverzehrender Feuerung von je 25 qm Heizfläche und acht Atmosphären

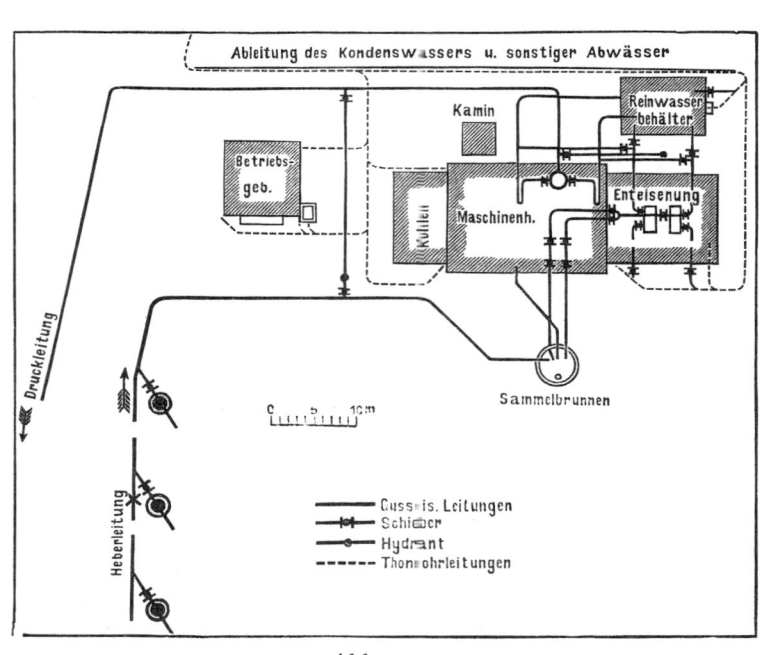

Abb. 422.
Pumpstation des Wasserwerks Lichtenberg bei Friedrichsfelde.
Grundrifs.

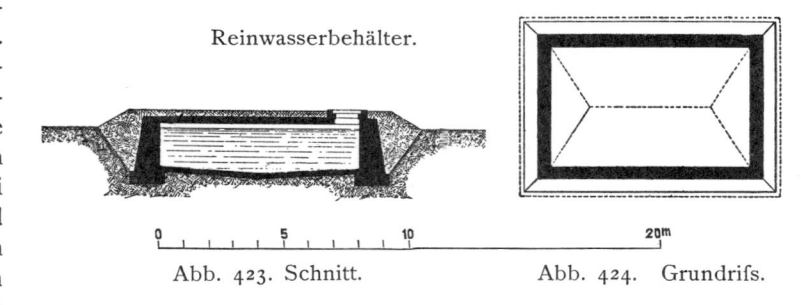

Reinwasserbehälter.

Abb. 423. Schnitt.   Abb. 424. Grundrifs.

VIII. Die Wasserversorgung. 327

Ueberdruck. Die Maschinenanlage ist von G. Kuhn in Stuttgart-Berg gebaut; die durchgeführten Versuche ergaben die vollständige Einhaltung der bedungenen Leistung für den Speisewasserverbrauch und die Verdampfung.

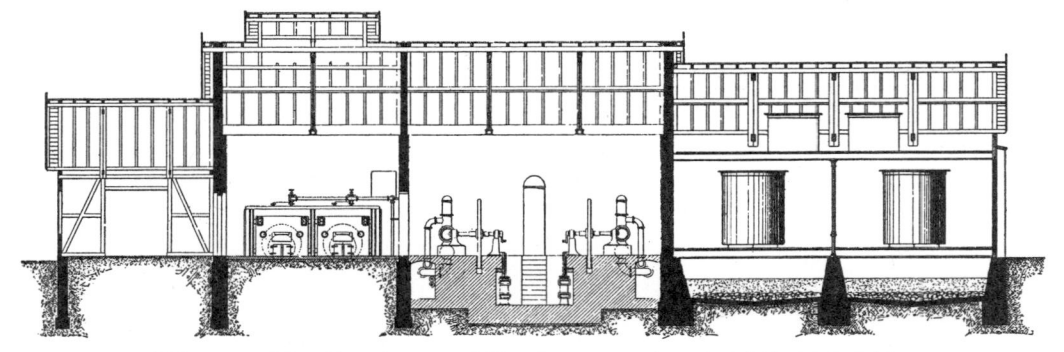

Abb. 425. Maschinenhaus und Enteisenungsanlage bei Friedrichsfelde.
Längsschnitt.

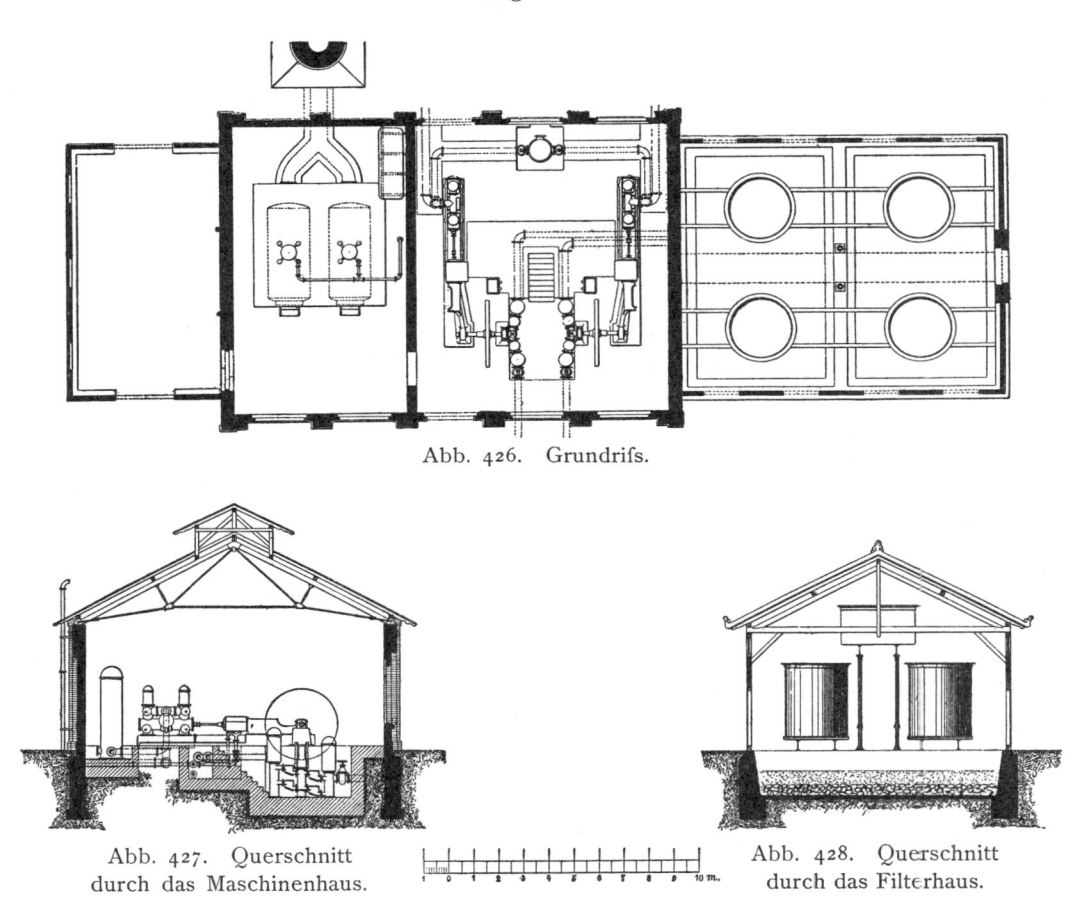

Abb. 426. Grundrifs.

Abb. 427. Querschnitt
durch das Maschinenhaus.

Abb. 428. Querschnitt
durch das Filterhaus.

Für die Enteisenungsanlage, die unmittelbar neben dem Maschinen- und Kesselhause angeordnet ist, sind vorläufig vier cylindrische Riesler von je 2,50 m Durchmesser und 3 m Höhe zur Aufstellung gelangt, von denen je zwei einen gemeinschaftlichen Behälter und ein gemeinschaftliches Filterbett besitzen; die Querschnittsfläche der Riesler beträgt zusammen rd. 20 qm und die zur Verfügung stehende Filterfläche 120 qm. Diese Anlage hat sich in dem bisherigen vierjährigen Betriebe vollkommen bewährt, indem das Wasser aus dem

Reinwasserbehälter nicht den geringsten Eisengeschmack besitzt, glänzend hell ist und auch nach längerem Stehen weder Trübungen noch Niederschlag zeigt; ebensowenig wurden in dem Rohrnetze Abscheidungen von Eisenoxyd beobachtet. Die gröfste bisherige Beanspruchung der Enteisenungsanlage in einem mehrtägigen Dauerbetrieb mit einer täglichen Leistung von 2500 bis 3000 cbm in 20 Stunden betrug: 6,25 bis 7,50 cbm je Stunde und qm Rieselfläche und 1,04 bis 1,25 cbm je Stunde und qm Filterfläche. Es erscheint zulässig, diese Beanspruchung ohne Gefahr für die Wirkung noch etwas zu erhöhen. Nachstehend sind die Analysen von Wasserproben aus dem Sammelbrunnen und dem Reinwasserbehälter neben einander gestellt.

Analyse vor der Enteisenung.

Bestandtheile	In 100 l Wasser enthielt		
	Pulsometer II	Pulsometer III	Pulsometer IV
Organische, bei Glühhitze flüchtige Körper	1,52 g	1,600 g	0,200 g
Kieselsäure	2,32 ,,	1,920 ,,	2,120 ,,
Eisenoxyd und Thonerde	0,26 ,,	0,120 ,,	2,520 ,,
Kalk (CaO)	10,20 ,,	8,920 ,,	10,120 ,,
Magnesia (MgO)	0,35 ,,	0,520 ,,	0,090 ,,
Kali (K_2O)	1,80 ,,	1,200 ,,	0,490 ,,
Natron (Na_2O)	0,61 ,,	1,220 ,,	1,220 ,,
Schwefelsäure (SO_3)	1,57 ,,	2,600 ,,	1,570 ,,
Chlor (Cl)	0,70 ,,	1,400 ,,	1,400 ,,
Gesamthärte (deutsche Grade)	10,69 ,,	9,640 ,,	10,240 ,,
Verbrauch an Permanganat	1,08 ,,	0,699 ,,	0,826 ,,
Verbrauch an Sauerstoff	0,25 ,,	0,176 ,,	0,208 ,,
Salpetersäure Salpetrige Säure } nicht vorhanden. Ammoniak			

Analyse nach der Enteisenung.

Kalk . . . . 100,4 mg
Magnesia . . . . 16,3 ,,
Alkalien . . . . 14,7 ,,
Eisenoxyd . . . . Spuren
Chlor . . . . 13,0 mg
Kieselsäure . . . . 17,9 ,,
Schwefelsäure . . . . 14,6 ,,
Kohlensäure, chemisch gebunden . . . . 91,7 ,,
Salpetersäure
Salpetrige Säure } fehlt.
Ammoniak
Organische Substanz, ausgedrückt durch die zur Oxydation
    mittels Kaliumpermanganat in alkalischer Lösung er-
    forderliche Menge Sauerstoff . . . . 0,8 mg.

Der Gesamtrückstand aus 1 l bei 110° C. getrocknet, betrug 268 mg; er wog nach schwachem Glühen 263 mg. Die Probe war klar, fast farblos und ohne Bodensatz.

Das Wasser wird von der Pumpstation unmittelbar nach dem Versorgungsgebiete geliefert. Der Hochbehälter von 500 cbm Inhalt dient lediglich zum Ausgleich und als Vorrath für unvorhergesehene Fälle; derselbe ist in Schmiedeeisen nach Intze'scher Bauart ausgeführt und auf einen Unterbau gestellt; zum Schutze gegen Temperatureinflüsse ist der Behälter mit Korksteinplatten isolirt und aufserdem noch mit einer Ummantelung in Cement nach System Monier umgeben. Behufs Abgabe des Wassers zum Strafsensprengen und in Brandfällen sind in das Rohrnetz eine Anzahl Unterflurhydranten eingebaut worden, aus denen das Wasser zu Feuerlöschzwecken unentgeltlich abgegeben wird. Die Abgabe von Wasser an Private sowohl als für öffentliche Zwecke erfolgt unter Controle von Wasser-

VIII. Die Wasserversorgung.   329

messern, welche von dem Unternehmer gegen Miethsentschädigung beigestellt werden; der Wasserpreis beträgt für öffentliche Zwecke 15 ₰ für das cbm, und für Private 30 ₰ bis 15 ₰ für das Cubikmeter mit den gleichen Abstufungen wie beim Berliner Regulativ.

Die Wasserwerksanlage wurde am 1. September 1892 in Betrieb gesetzt und versorgte am Ende des Jahres 1894 652 Grundstücke. Die Anlagekosten des Werkes stellen sich einschließlich Grunderwerb, Wassermesser und Hauszuleitungen, nach den durchgeführten Erweiterungen zu Ende 1894 auf ca. 1 200 000 ℳ.

2. Das Wasserwerk Pankow.

Das Wasserwerk für die Gemeinde Pankow im Norden von Berlin wurde im Jahre 1893 in der Zeit vom 1. März bis 1. August erbaut, nachdem durch die durchgeführten Vorarbeiten im Nordosten von Pankow das Vorhandensein von entsprechendem Grundwasser in genügender Menge nachgewiesen worden war.

Obwohl die Gemeinde Pankow damals erst 12 000 Einwohner zählte, wurde der Leistungsfähigkeit des Wasserwerks doch eine Bevölkerungsziffer von 30 000 Einwohnern zu Grunde gelegt und ein Wasserverbrauch von 50 l im Mittel und 75 l höchstens für den Kopf und Tag angenommen, woraus sich die Leistungsfähigkeit des Werkes zu 1500 bezw. 2250 cbm für den Tag ergiebt. Da das erschlossene Grundwasser einen nicht unerheblichen Eisengehalt zeigte, so mußte in gleicher Weise wie bei dem Wasserwerk der Ostvororte einer Enteisenungsanlage eingerichtet werden. Zur Wassergewinnung dienen vier Rohrbrunnen, die das Wasser aus einer Tiefe von 12 bis 20 m entnehmen und von denen einer in dem Sammelbrunnen selbst abgeteuft ist.

Wie aus dem Lageplan (Abb. 429) ersichtlich, ist die Pumpstation in gleicher Weise angeordnet wie bei dem Wasserwerk der Berliner Ostvororte; von derselben aus führt der Hauptstrang durch das Versorgungsgebiet hindurch zu dem an der südlichen Grenze des Gemeindegebiets in der Nähe der Berliner Straße errichteten Hochbehälter von 500 cbm Inhalt. Die von der Maschinenbauanstalt Borsig gelieferte maschinelle Anlage besteht aus zwei von einander unabhängigen Systemen von Maschinen und Pumpen mit einer Leistungsfähigkeit von je 1500 cbm im Mittel bei 20stündigem Betriebe und höchstens 2250 cbm bei 20stündigem Betriebe. Die Leistung der Dampfmaschine stellt sich auf 17,2 P.S. für die mittlere Leistung und 24 P.S. für die größte Leistung.

Bei der Einrichtung der Enteisenungsanlage wurden die bei dem Wasserwerk der Berliner Ostvororte gemachten Erfahrungen berücksichtigt, woselbst ursprünglich nur ein geringer Theil des in dem Wasser enthaltenen Eisens in den Rieslern zur Ausscheidung ge- langte, während der Rest in den Filtern ausgeschieden wurde, sodaß diese letzteren stark beansprucht wurden und oft gereinigt werden mußten; diesem Uebelstande ist dadurch abgeholfen, daß das Wasser vor den Rieslern nochmals über Siebe geleitet und auch den Rieslern selbst nochmals Luft zugeführt wird. Durch die aus Abbildungen 430 und 431 ersichtliche Anordnung der Rieselbehälter und Riesler gelang es die Ent-

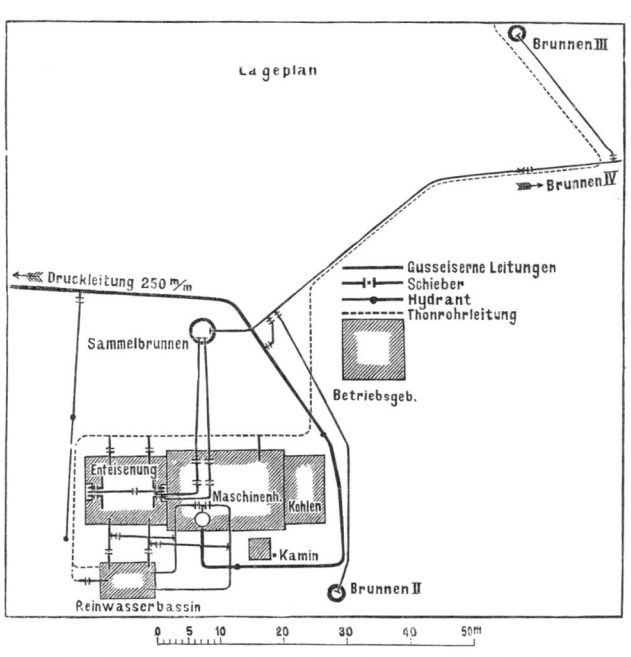

Abb. 429. Lageplan des Wasserwerks Pankow.

Berlin und seine Bauten. I.   42

330 VIII. Die Wasserversorgung.

eisenung ganz in die Riesler zu verlegen, sodafs die Filter lediglich etwa mitgerissene Eisenoxydtheile zurückzuhalten haben. Durch die Schöpfpumpen wird das Wasser auf die Rieselbehälter gehoben und mufs die beiden darüber befindlichen Siebe durchlaufen, wodurch es innig mit Luft in Berührung kommt; hierauf gelangt es auf die Riesler und tropft durch

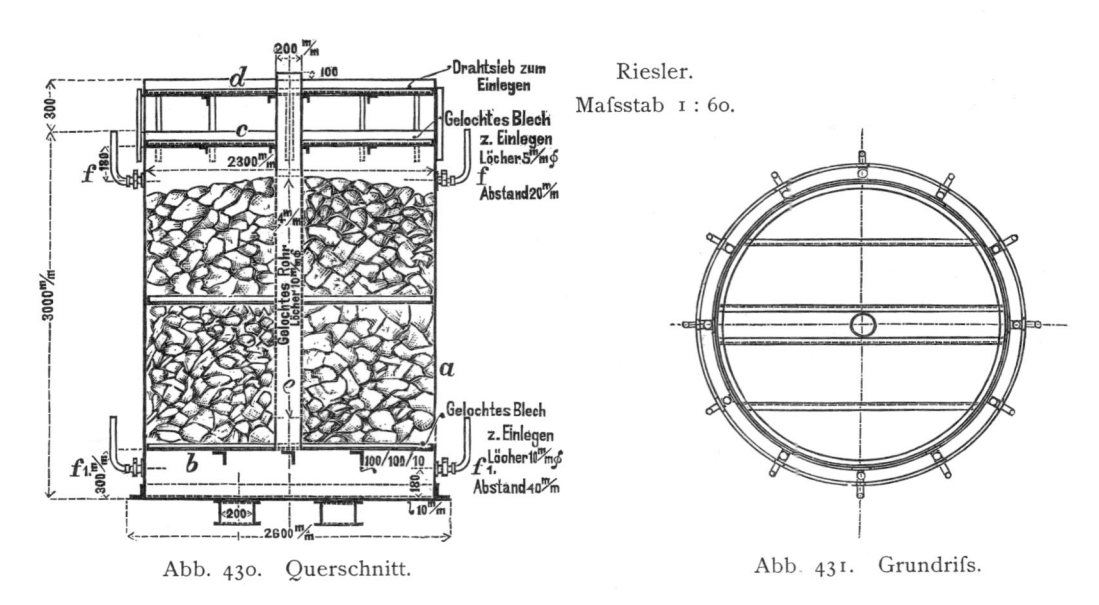

Abb. 430. Querschnitt. Abb. 431. Grundrifs.

das Sieb d und das gelochte Blech c fein vertheilt auf die Koksschicht, über welche es herabrieselt und sich nach dem Durchgang durch den gelochten Boden b in dem unteren vollwandigen Theile des Rieslers sammelt, von wo es auf den Filter herabfällt; hierbei wird durch eine Reihe von Röhren f und f_1, sowie das gelochte Rohr e ein dem herabrieselnden Wasser entgegengesetzter Luftstrom erzeugt.

Behufs Spülung ist jeder Riesler noch mit einer besonderen Entleerung versehen.

Die Anlagekosten des Wasserwerks stellten sich wie folgt:

1. Wassergewinnung . . . . 62 300 ℳ.
2. Pumpstation mit Enteisenungsvorrichtung, Kohlenschuppen und Betriebsgebäude, sowie Einzäunung und Einebnung des Grundstücks . . . . 151 000 „
3. Hochbehälter mit allem Zubehör einschliefslich elektrischem Wasserstandsanzeiger nebst Leitung . . . . 77 300 „
4. Zuleitung und Vertheilungsrohrnetz einschl. Hauszuleitungen, Wassermesser usw. . . . . 257 200 „

Summe 547 800 ℳ.

Der Anschlufs der Privatgrundstücke an das Wasserwerk ist fast allgemein, nachdem im Jahre 1893 die nach dem Systeme Röckner-Rothe erbaute Canalisationsanlage in Betrieb gesetzt wurde.

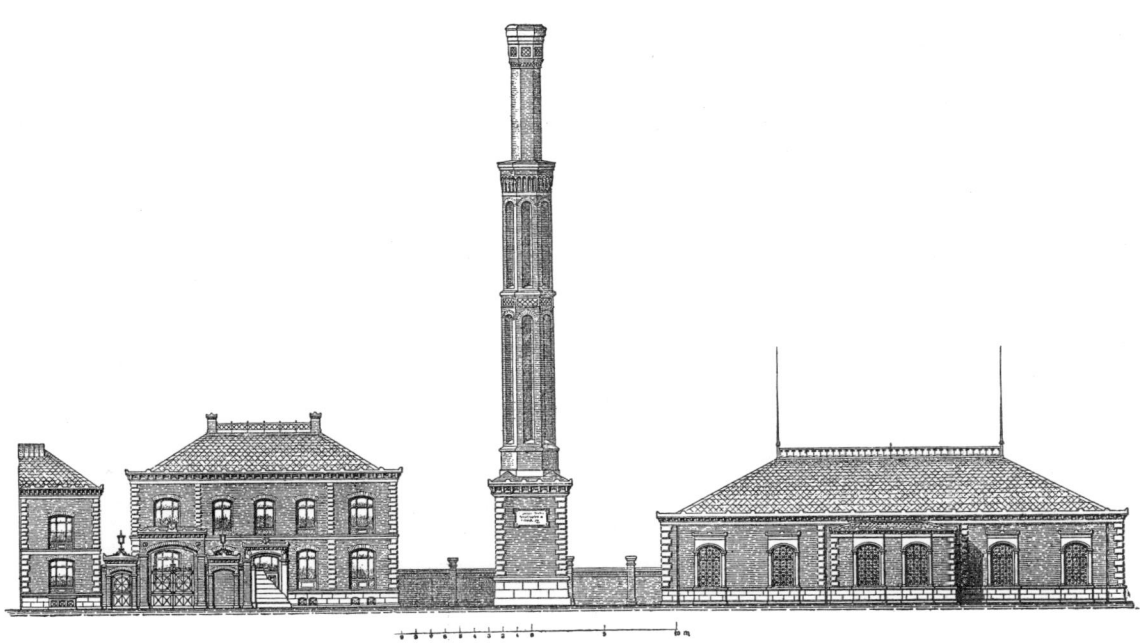

Abb. 432. Ansicht der Pumpstation des Radialsystems III an der Schöneberger Strafse.

IX. Die Entwässerung.

A. Die Canalisation von Berlin.[1]

Einleitung.

Mit der durch die Zunahme der Bevölkerung bedingten stetig wachsenden Verunreinigung der Flufsläufe begann vor etwa 40 Jahren die ebenso widerliche, wie kostspielige, damals übliche Art der Beseitigung der Unrathstoffe mehr und mehr dahin zu drängen, einer planmäfsigen Entwässerung der Stadt näher zu treten. — Erzwungen, aber auch erleichtert, wurde das Vorgehen in dieser Richtung durch die im Jahre 1856 in Betrieb gesetzte öffentliche Wasserleitung, indem diese einestheils die technische Möglichkeit schuf, nunmehr die unreinen Stoffe mittels eines unterirdischen Leitungsnetzes aus der Stadt zu entfernen, anderseits aber auch die Uebelstände, welche aus der fehlenden Vorfluth für die zugeführten Wassermengen entstanden, in empfindlichster Weise steigerte. — Im Jahre 1860 wurde der Geheime Oberbaurath Wiebe staatlicherseits beauftragt, eine örtliche Untersuchung über die praktische Bewährung der in Hamburg, Paris, London und anderen Städten Englands zur Anwendung gekommenen Entwässerungssysteme anzustellen. Auf Grund dieser Untersuchung wurde ein umfassender Plan zur Reinigung und Entwässerung der Stadt Berlin ausgearbeitet und der Königlichen Regierung vorgelegt. Zur Unterstützung bei der Inspectionsreise, der Abfassung des Reiseberichts und der Entwurfsaufstellung waren Herrn Wiebe der Baumeister Hobrecht und der Civilingenieur Veit. Meyer beigegeben. Das Ergebnifs dieser Reise ist in dem Werke Wiebe's „Ueber die Reinigung und Entwässerung der Stadt Berlin" niedergelegt.

Der Wiebe'sche Plan zur Reinigung und Entwässerung der Stadt Berlin ging dahin, die Stadt mit einem Leitungssystem zu versehen, welches an einem einzigen Punkte unterhalb Charlottenburgs in die Spree münden sollte. Da nach dem Entwurf die Sohle des Sammelcanals an der Ausmündungsstelle erheblich tiefer, als der Wasserspiegel der Spree lag,

---

[1] Bearbeitet vom Geheimen Baurath Dr. Hobrecht und Stadt-Bauinspector Adams.

so ergab sich die Nothwendigkeit, das Wasser hier durch Maschinen zu heben. — Die Ausführung dieses Planes scheiterte an gesundheitspolizeilichen Bedenken, die bezüglich der Aufnahme so grofser und stark verunreinigter Wassermengen durch die Spree sich geltend machten.

Vorarbeiten.

Reisebericht und Entwurf von Wiebe hatten jedoch zur Folge, dafs innerhalb der städtischen Behörden Berlins die Frage der Reinigung der Stadt von Tage zu Tage ernstlicher aufgenommen wurde; zunächst wurde dort eine Deputation eingesetzt, welche mit Anstellung von Versuchen verschiedener Art und einer gründlichen Untersuchung aller in dies Gebiet einschlägigen Fragen beauftragt wurde. Die Ergebnisse dieser vom Baurath Hobrecht geleiteten Arbeiten wurden zusammengestellt in dem Werke: „Reinigung und Entwässerung Berlins. Einleitende Verhandlungen und Berichte über mehrere auf Veranlassung des Magistrats der Königlichen Haupt- und Residenzstadt Berlin angestellte Versuche und Untersuchungen".

Einen zusammenfassenden Ueberblick der aus diesen Arbeiten gewonnenen Ergebnisse gewährte der vom Professor Virchow verfafste Generalbericht über die Arbeiten der städtischen gemischten Deputation für die Untersuchung der auf Canalisation und Abfuhr bezüglichen Fragen vom December 1872.

Gleichzeitig mit diesen Arbeiten der genannten Deputation legte Baurath Hobrecht einen neuen Entwässerungsentwurf für Berlin vor, welcher auf dem Princip der Theilung der Stadt in verschiedene Einzelbezirke (Radialsysteme) und der Unterbringung der Abwässer auf umliegende Ackerflächen durch Berieselung beruht; durch Maschinenkraft sollten die Abwässer von den einzelnen Radialsystemen mittels in radialer Richtung angeordneter Druckröhren nach den käuflich zu erwerbenden Landflächen gehoben werden.

Dieser Entwurf fand die Zustimmung der städtischen Behörden; seine Ausführung wurde, zunächst für den südwestlichen Theil von Berlin (Friedrichstadt, Dorotheenstadt, Alt-Köln, Thiergartenviertel usw.), im Jahre 1873 beschlossen.

Allgemeine Anordnung.

Die Vortheile der Hobrecht'schen Anordnung liegen auf der Hand. Während bei dem der „Londoner Metropolitan Main Drainage" nachgebildeten früheren Entwurf die Haupt-Sammelcanäle (intercepting sewers) ungefähr parallel zum Flufslauf die ganze Stadt durchziehen, daher sehr lang ausfallen, und naturgemäfs bei der flachen Lage der Stadt nur ein geringes Gefälle erhalten können, wodurch wiederum sehr grofse Querschnittsabmessungen bedingt werden, erhalten hier die Canäle nur ungefähr den vierten Theil der Länge, sie haben ein besseres Gefälle und werden somit entsprechend kleiner in ihrem Querschnitt. Der Umstand ferner, dafs die Abwässer an mehreren Punkten der Stadt den Rieselfeldern zugeführt werden, macht deren Erwerb billiger, ihre Einrichtung leichter und ihre Ausnutzung vortheilhafter.

Mafsgebend für die Begrenzung der einzelnen Radialsysteme waren Wasserläufe und etwaige durch Geländehöhen gebildete Wasserscheiden.

Die Pumpstation jedes Radialsystems liegt möglichst an der Aufsengrenze der Stadt und dort wiederum an einem möglichst tiefen Punkte.

Das Wasser eines ganzen Systems, d. h. das Haus- und Wirthschaftswasser sowie das Regenwasser, wird, soweit es nicht bei starkem Regen durch Nothauslässe abgeführt wird, auf kürzestem Wege in die Pumpstation geleitet, um von hier aus, wie gesagt, durch Maschinenkraft zur landwirthschaftlichen Verwerthung und vollständiger Klärung durch Berieselung zu gelangen.

Besondere Eintheilung des Entwässerungsgebiets.

Das ganze städtische Gebiet ist in 12 Radialsysteme getheilt. Von ihnen liegen die Radialsysteme I, II, III, VI, VII am linken Spreeufer, während die Radialsysteme IV, V, VIII, IX, X, XI und XII das rechte Spreeufergebiet umfassen (s. Abb. 433).

Im Anschlufs an Radialsystem VII wurde auf Grund eines zwischen den Stadtgemeinden Berlin und Charlottenburg abgeschlossenen Vertrages der 18. Charlottenburger Stadtbezirk canalisirt. Ebenso wurden angrenzende Theile von Schöneberg diesem System angeschlossen.

IX. Die Entwässerung. 333

Die Insel Köln erhielt eine besondere Zwischenpumpstation, aus der mittels eines quer unter der Sohle des Spreecanals liegenden Druckrohrs von 0,30 m Durchmesser das Wasser dem nächsten Strafsencanal des Radialsystems III zugeführt wird. Die frühere Insel Berlin wurde nach Zuschüttung des Königgrabens zum Radialsystem IV gezogen.

Allgemeine Grundsätze für die Aufstellung des Entwurfs.

Neben der Eintheilung des ganzen Stadtgebiets in einzelne selbständige Radialsysteme sind folgende Grundsätze bei dem Hobrecht'schen Canalisationsentwurf beachtet worden:

1. Aufser dem Haus- und Wirthschaftswasser (Q_1) wird das Regenwasser (Q_2) von den Leitungen aufgenommen. Die gröfste Hauswassermenge (Q_1) ist zu 0,01545 l für 1 a und Sekunde, die gröfste Regenwassermenge (Q_2) zu 0,21185 l für 1 a und Sekunde bemessen.

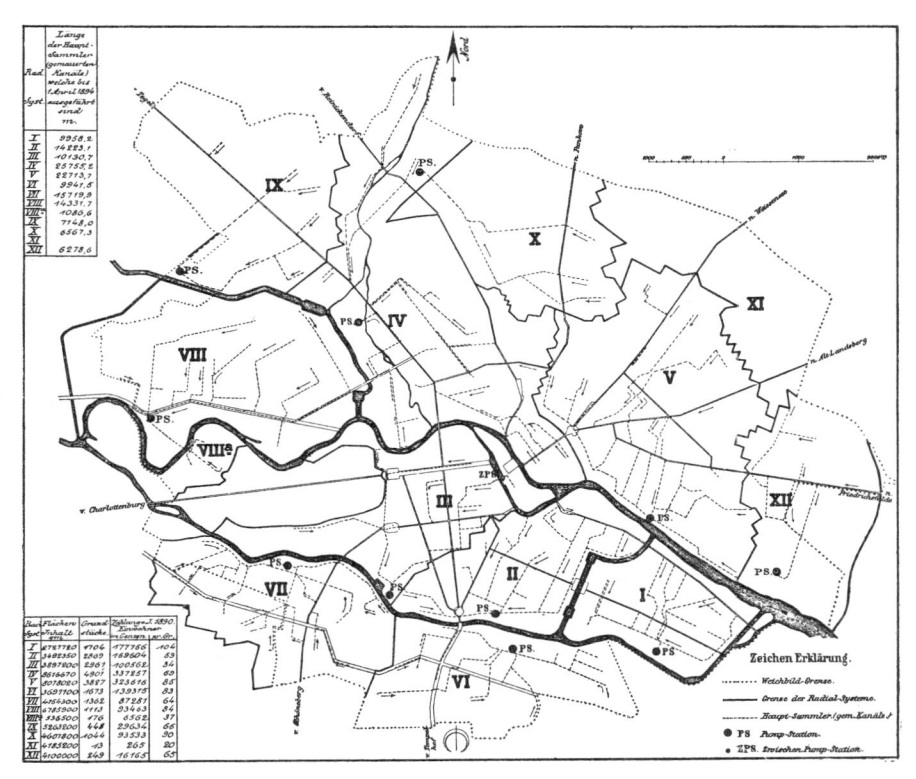

Abb. 433. Canalisation von Berlin.

Erstere Zahl beruht
a) auf der Annahme von 7,85 Einwohner auf 1 a (= 200 Einwohner für den Morgen),
b) auf der Annahme eines Hauswasserverbrauchs von 127,5 l (= 4,5 Cbf. engl.) für einen Einwohner und Tag, jedoch unter der Voraussetzung, dafs die Hälfte davon in 9 Stunden den Leitungen zufliefst.

Die zweite Zahl ergiebt sich
a) aus einem angenommenen Regenfall von 0,02288 m (= 7/8 Zoll rhl.) in einer Stunde,
b) aus der Annahme, dafs infolge von Verdunstung, Versickerung und verlangsamtem Abflufs nur 1/3 der durch diesen Regen gebildeten Wassermenge den Leitungen während der Regendauer zufliefst.

2. Es erhält im allgemeinen jede Strafse zwei Leitungen, und zwar an jeder Strafsenseite eine; einer einzigen Leitung in der Strafsenmitte gegenüber bietet diese Anordnung mehrfache Vortheile. Die Ausführung ist für den Verkehr weniger störend — die Gullies lassen sich besser anschliefsen —, die Hausanschlüsse werden kürzer, erhalten

ein besseres Gefälle und sind infolge der geringeren Länge billiger — bei etwaigen Verstopfungen dieser Leitungen braucht der Strafsendamm nicht umgewühlt zu werden —, die Verschlufsdeckel der Einsteigebrunnen liegen für den Verkehr günstiger; endlich gestattet das Vorhandensein zweier Leitungen in jeder Strafse durch Anlegung von Verbindungsleitungen dem Wasser zwei Wege zu nehmen, was bei Umbauten, Reparaturen und dergleichen nützlich ist.

3. Die Strafsenleitungen werden gebildet aus kreisförmigen, glasirten Thonröhren und gemauerten Canälen, welche letzteren einen eiförmigen Querschnitt erhalten.

4. Zur Entlastung der Strafsenleitungen bei starken Regenfällen dienen Nothauslässe, die das von den Pumpmaschinen nicht zu bewältigende Regenwasser den öffentlichen Wasserläufen zuführen.

Entwurf.

Die Leitungen eines Systems bilden das Bild einer baum- oder adersystemartigen Verästelung, worin die Hauptsammler die gröfste Länge und das schwächste Gefälle, die Nebensammler geringere Länge und stärkeres Gefälle erhalten. Die Tiefe der Wasserspiegellinie am oberen Ende der Leitungen wechselt zwischen 1,50 und 2,50 m unter Strafsenkrone, während am unteren Ende im Sandfang auf der Pumpstation die Höhenlage so bestimmt wird, dafs von dort bis zum nächstgelegenen öffentlichen Wasserlauf noch ein hinreichendes Gefälle für den Nothauslafs sich ergiebt.

Der Berechnung der Gröfse der Leitungen wurde die Eytelwein'sche Formel

$$Q = 50 \sqrt{\frac{F^3}{p} \cdot \frac{h}{l}},$$

worin Q die Wassermenge in Cubikmetern, F den Flächeninhalt des Querschnitts in Quadratmetern, p den benetzten Umfang des Querschnitts in Metern und $\frac{h}{l}$ das Gefälle des Wasserspiegels bedeutet, zu Grunde gelegt. Aus dieser Formel wurden Tabellen berechnet, aus denen bei zwei gegebenen Gröfsen die dritte unmittelbar abgelesen werden konnte. (Wassermenge, Gefälle, Querschnitt.) — Bei den Thonrohr-Strafsenleitungen wurde über einen Durchmesser von 0,48 m nicht hinausgegangen, während als Mindestmafs 0,21 m angenommen wurden. Die dazwischen liegenden Abmessungen folgen sich in Abstufungen von 3 cm.

Die eiförmigen Canäle sind in der Höhe von 0,90 m bis 2 m mit Abstufungen von 10 cm in der Höhe ausgeführt (Abb. 434). Wo der eiförmige Querschnitt bei 2 m Höhe nicht mehr ausreiche, ist eine Verbreiterung desselben vorgenommen, wobei in einigen Fällen auch die Höhe von 2 m um einige Centimeter überschritten wurde.

Was die Nothauslässe betrifft, so gilt als Regel, sie so häufig anzulegen, als die Gelegenheit zu ihrer Aufnahme durch geeignete Wasserläufe vorhanden war. Dadurch ergiebt sich nicht allein eine möglichst grofse Entlastung der Leitungen vom Regenwasser, die der Be-

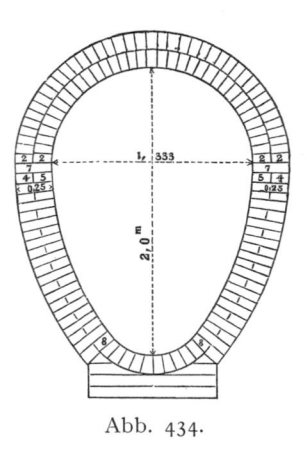

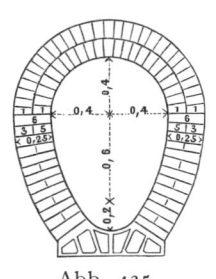

Abb. 434.

Abb. 435.
Canalprofile.

messung der Leitungen zu Gute kommt, sondern auch eine möglichst grofse Vertheilung des den öffentlichen Wasserläufen zugeführten Regenwassers, wodurch die durch die Nothauslässe herbeigeführte, ohnehin schon geringe Verunreinigung noch weiter beschränkt wird.

Zu dieser Verunreinigung ist zu bemerken, dafs in dem Augenblick, in dem die Nothauslässe in Wirksamkeit zu treten beginnen, das Verhältnifs des Hauswassers zum Regenwasser wie 1:8,2 ist, und dafs, da die Unrathstoffe im Hauswasser bei Annahme von nur 60 l Wasserverbrauch für den Tag und Kopf schon im Verhältnifs von 1:100 verdünnt sind, im ganzen also eine Verdünnung eintritt von rd. 1:800. Treten aber die Nothauslässe in volle Thätigkeit, so sinkt dies Verhältnifs auf etwa 1:15000 herab.

IX. Die Entwässerung. 335

Ausführung.

Die Ausführung hat im Eigenbetrieb stattgefunden, während Lieferungen, wie die der Mauersteine, Cement, Thonrohre, Maschinen, gufseisernen Rohre und sonstige Eisentheile, auf dem Wege der — in der Regel — beschränkten Verdingung beschafft wurden. Die Bauleitung eines Radialsystems war einem Abtheilungs-Baumeister übertragen, dem die nöthigen Hülfskräfte an Bauführern, Landmessern, Ingenieuren, Technikern, Aufsehern, Secretären und Schreibern beigegeben und unterstellt waren. Die Oberleitung lag in den Händen des Geheimen Baurath Dr. Hobrecht.

Naturgemäfs wird mit den Tiefbauten auf der Pumpstation bei Inangriffnahme eines Radialsystems begonnen, und zwar mit der Herstellung des sogen. Sandfanges, eines gemauerten Behälters von 10 bis 12 m Durchmesser, in den die am unteren Ende zum Stammcanal vereinigten Sammlercanäle ihren Inhalt ergiefsen, und aus dem dieser durch Pumpmaschinen gesaugt wird; hieran schliefst sich die Ausführung des Stammcanals und des Hauptnothauslasses. Der Sandfang ist durch ein eisernes Gitter in zwei Theile getheilt, damit die im Canalwasser enthaltenen schwimmenden Gegenstände, wie Lappen, Stroh, Papier usw. vor dem Gitter zurückgehalten werden, und so die Saugeköpfe der Pumpen von ihnen frei bleiben. Häufig ist auch, wenn die Grundstücksgestaltung der Pumpstation und die Anordnung der Gebäude dies günstiger erscheinen liefs, wie beispielsweise in Radialsystem I, III, IV, die Einrichtung getroffen, dafs die Maschinen das Wasser aus einem besonderen von dem Sandfang ausgehenden Canal (Vertheilungscanal) saugen.

Die Ausführung der Strafsenleitungen bot im allgemeinen keine besonderen technischen Schwierigkeiten. Aufbrechen des Pflasters, Ausheben der Baugrube unter gleichzeitiger Absteifung mittels horizontaler Bohlen, Brust- und Steifhölzer, wenn erforderlich Rammen der Spundwände, Wasserhaltung, Fundirung der Canäle mittels Beton oder Betonplatten, Ausführung des Mauerwerks, Verfüllung der Baugrube und Wiederherstellung des Pflasters waren die gewöhnlich sich wiederholenden Arbeiten. Nur dort, wo es sich um grofse, tief liegende Canäle, starken Wasserandrang in den Baugruben und um die Aufrechterhaltung eines starken Verkehrs über oder neben ihnen, um Kreuzungen mit alten Thonrohrleitungen, grofsen Gas- und Wasserrohren handelte, konnte sich die Ausführung schwierig gestalten. Als ein Beispiel solcher Art ist die Ausführung des Stammcanals im Radialsystem XII zu erwähnen, der unter den Gleisen von vier Eisenbahnen mit im ganzen 17 Gleisen hindurch zu führen war, von denen nur einige zeitweise, d. h. meistens nur auf einige Stunden, aufser Betrieb gesetzt werden konnten. Im übrigen mufste der volle Betrieb aufrecht erhalten werden. Die Schwierigkeit der Ausführung wurde noch dadurch vergröfsert, dafs die Sohle des fraglichen Canals annähernd 4 m unter Schienenoberkante lag, und dafs das Grundwasser 1,48 m über der Sohle des Stammcanals stand, der im Lichten eine Breite von 3,654 m und eine Höhe von 2,30 m hatte. Die Baugrube hatte zwischen den Spundwänden eine Weite von 8,20 m und über dem Grundwasser zwischen den Bohlenwänden eine solche von 9,30 m. In derselben Baugrube wurden gleichzeitig mit dem Stammcanal und mit diesem gewissermafsen zu einem Bauwerk vereinigt, die beiden 0,75 m weiten eisernen Druckrohre des Radialsystems XII verlegt. Sie fanden ihren Platz in zwei über den Widerlagern des Stammcanals ausgesparten Canälen. Das Rammen der Spundwände geschah mittels einer von der Firma Simon & Co. hergestellten Ramme, die sich hier als überaus zweckmäfsig bewährt hat. Sie ist in den nachstehenden Abb. 436 bis 440 dargestellt. Die ganze Ausführung, auf die näher einzugehen hier der Raum fehlt, ist ohne Unfall — bis auf einen durch eigene Unvorsichtigkeit eines Arbeiters herbeigeführten — verlaufen und hat in dem verhältnifsmäfsig kurzen Zeitraum von etwa acht Monaten stattgefunden. Die Abb. 442—453 zeigen den Bau in seinen verschiedenen Zuständen und dürften ohne weitere Erläuterung verständlich sein.

Die Canäle sind in den gewölbten Theilen in Hartbrandformsteinen von vier verschiedenen Formen erfolgt, während für die Hintermauerung bei den kleineren Canälen geringeres Steinmaterial, bei den gröfseren Canälen jedoch auch bessere Hartbrandsteine verwendet wurden. Der Cementmörtel hatte das Mischungsverhältnifs von 1:3 bis 1:4.

IX. Die Entwässerung.

Die Aufsenfläche des Canalmauerwerks wurde mit einem etwa 1 cm starken Cementputz überzogen. Die Maurerarbeiten sind im Tagelohn ausgeführt, wodurch nicht allein ein vollständig dichtes, sondern auch durchaus sauberes und gleichwerthiges Mauerwerk erreicht wurde.

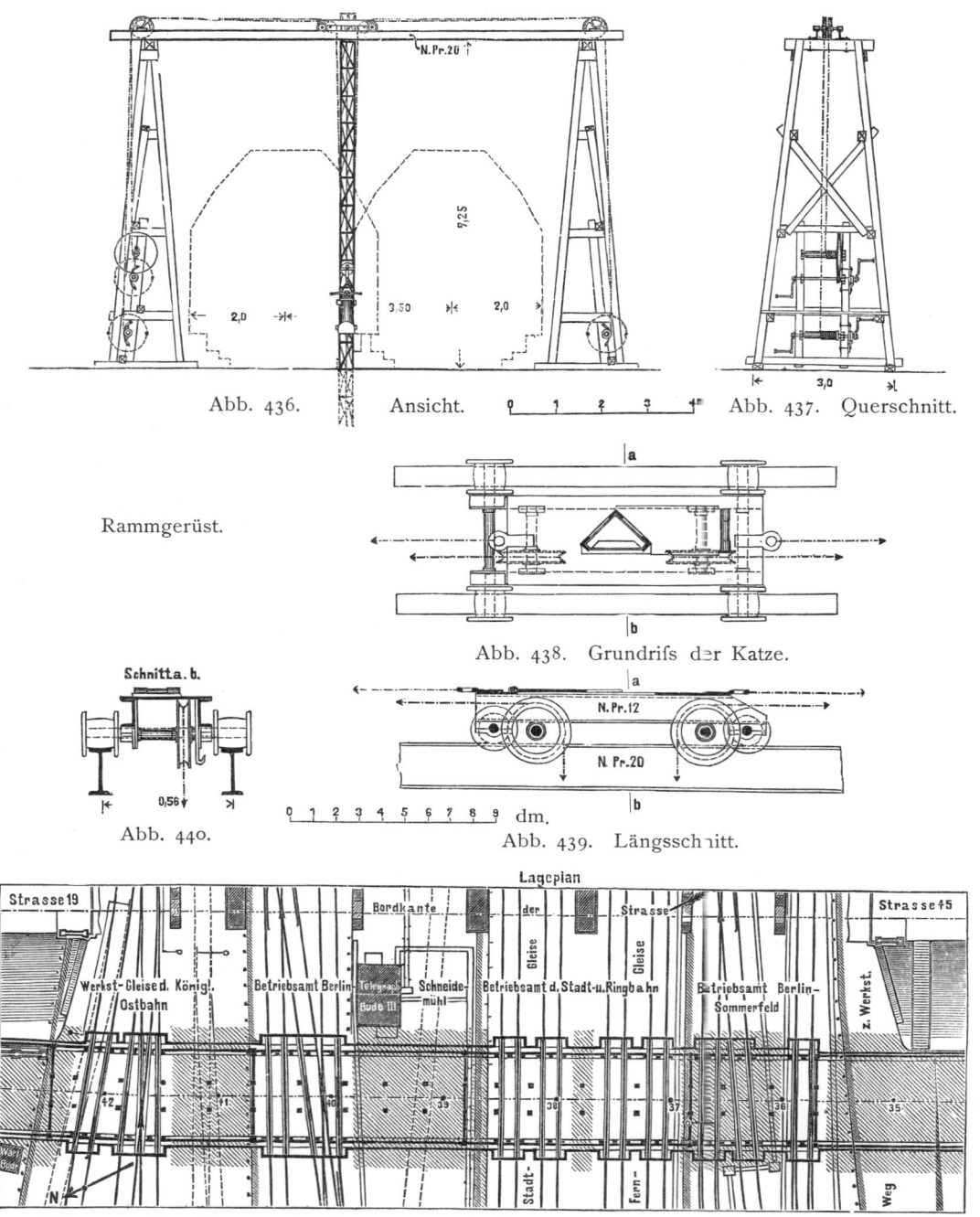

Abb. 436. Ansicht. Abb. 437. Querschnitt.

Rammgerüst.

Abb. 438. Grundrifs der Katze.

Schnitt a.b.

Abb. 440. Abb. 439. Längsschnitt.

Abb. 441. Unterführung des Stammcanals des Radialsystems XII unter 17 Bahnhofsgleisen.

Um ebenso, wie bei den Canälen, auch bei den Thonrohrleitungen durch gute Baustoffe und ausgezeichnete Arbeit Bauwerke zu schaffen, die den an sie gestellten Anforderungen in jeder Hinsicht entsprechen, wurde die Annahme der Baustoffe mit der peinlichsten Strenge durchgeführt, und es sind infolge dessen nur Rohre von tadelloser Beschaffenheit verlegt worden. Ebenso wurden die Rohre in der genauesten Weise verlegt. Die Höhenpfähle

IX. Die Entwässerung. 337

wurden durch Landmesser eingewogen, und die Sohlenhöhe der verlegten Rohre ebenfalls durch Landmesser mehrmals im Laufe des Tages nachgeprüft. Auf die gute Einbettung der Rohre und ihre Hinterfüllung, sowie auf eine gute Verdichtung durch Theerstrick und Thon, wurde die gröfste Sorgfalt verwendet. Bei der Ausführung der Thonrohrleitungen wurde von folgenden Regeln ausgegangen, die sich durchaus bewährt haben:

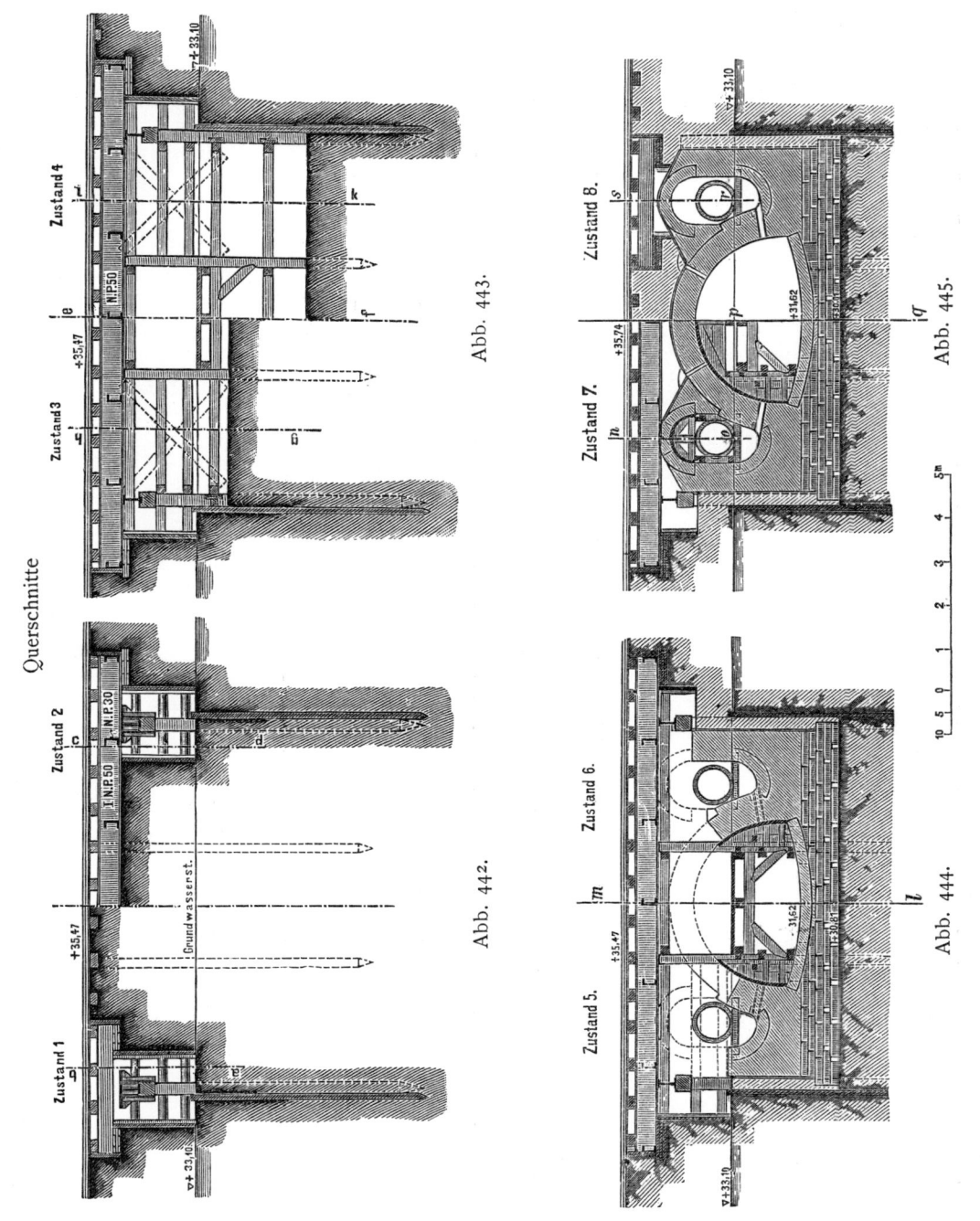

Abb. 442. Abb. 443. Abb. 444. Abb. 445.

a) Die Thonrohrleitungen werden zwischen zwei Einsteigebrunnen nur in geraden Strecken, in gleichem Gefälle und mit demselben Durchmesser ausgeführt.

b) Es sind möglichst viele Einsteigebrunnen anzulegen, einmal um die Leitungen gründlich besichtigen und reinigen zu können, und sodann, um eine gehörige Entlüftung der Leitungen herbeizuführen.

338 IX. Die Entwässerung.

Die Dichtung der Thonrohrmuffen erfolgte mittels Theerstricke und Thon, der zu diesem Zweck besonders durch Thonschneider zubereitet wurde und von möglichst fetter Beschaffenheit sein mufste. Bei den grofsen und im Grundwasser liegenden Rohren wurde gelegentlich auch etwas Cement, hauptsächlich für die Stofsfugen, verwendet.

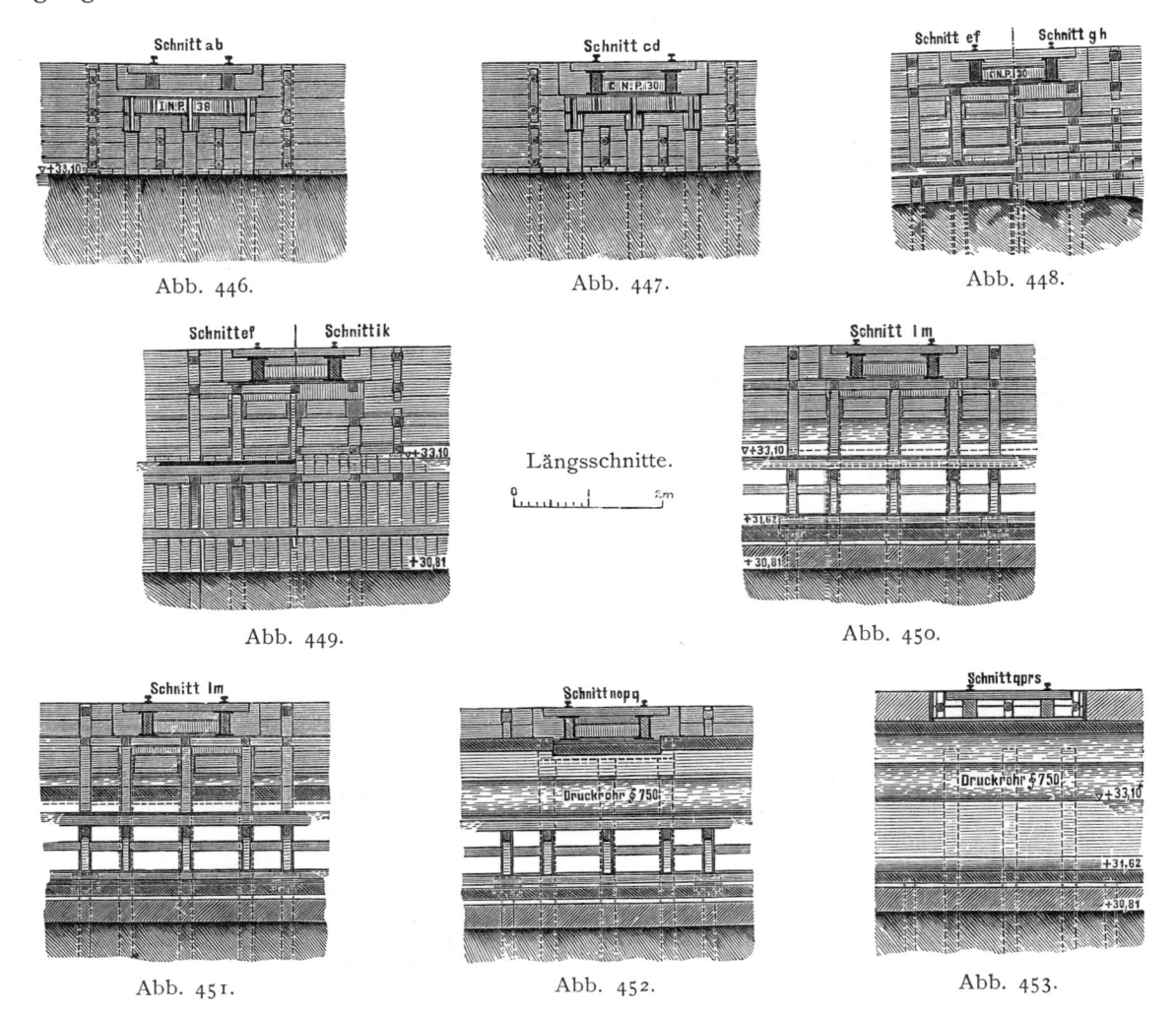

Abb. 446.   Abb. 447.   Abb. 448.

Längsschnitte.

Abb. 449.   Abb. 450.

Abb. 451.   Abb. 452.   Abb. 453.

Für die Einführung der Hausentwässerungsleitungen und der Regenabfallrohre in die Strafsenleitung wurden besondere Formstücke (Gabeln) eingebaut, deren Lage sich aus den — vorher von den Hauseigenthümern eingeforderten — Hausentwässerungsentwürfen ergab. Die Aufstellung der letzteren zu veranlassen, sie zu prüfen und ihre Ausführung zu überwachen war und ist Sache der örtlichen Strafsenbau-Polizeiverwaltung, Abtheilung II (Canalisation).

Beschreibung einzelner Theile.

Wesentliche mit den Strafsenleitungen unmittelbar zusammenhängende Theile der Canalisation sind
  a) die Gullies,
  b) die Einsteigebrunnen,
  c) die Nothauslässe, deren wir schon oben Erwähnung gethan haben.

Die Gullies sind gemauerte Kästen zu beiden Seiten des Strafsendammes. Sie liegen im allgemeinen neben der Bordschwelle in Entfernungen von etwa 60 m von einander

IX. Die Entwässerung.   339

und haben den Zweck, mittels Einfallrostes das Regenwasser von den Strafsen aufzunehmen und den Leitungen zuzuführen. Der Strafsenschmutz wird in einem Schlammfang zurückgehalten und durch die Organe der Strafsenreinigungs-Verwaltung entfernt.

Abb. 454.   Abb. 455.   Abb. 456. Profil *A—B*.   Abb. 457. Profil *C—d*.

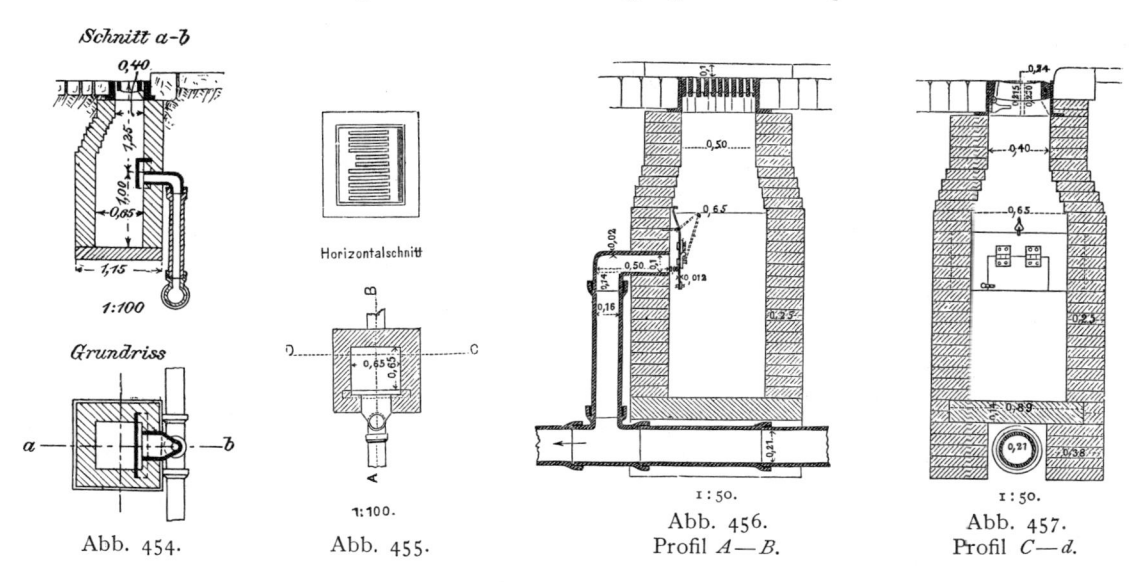

Die Einsteigebrunnen dienen zur Untersuchung und Reinigung, sowie vor allem zur Entlüftung der Strafsenleitungen. Sie werden in Entfernungen von 60 bis 80 m von einander und aufserdem da angelegt, wo Thonrohrleitungen ihre Richtung in wagerechtem oder senkrechtem Sinne und ihre Stärke ändern. Durch diese in grofser Zahl angelegten Brunnen kann jeder Theil des unterirdischen Leitungsnetzes besichtigt, gespült und gereinigt werden; sie haben gufseiserne durchbrochene Deckel, durch welche die Luft aus der Strafse in die Leitungen gesogen wird, während dieselbe durch

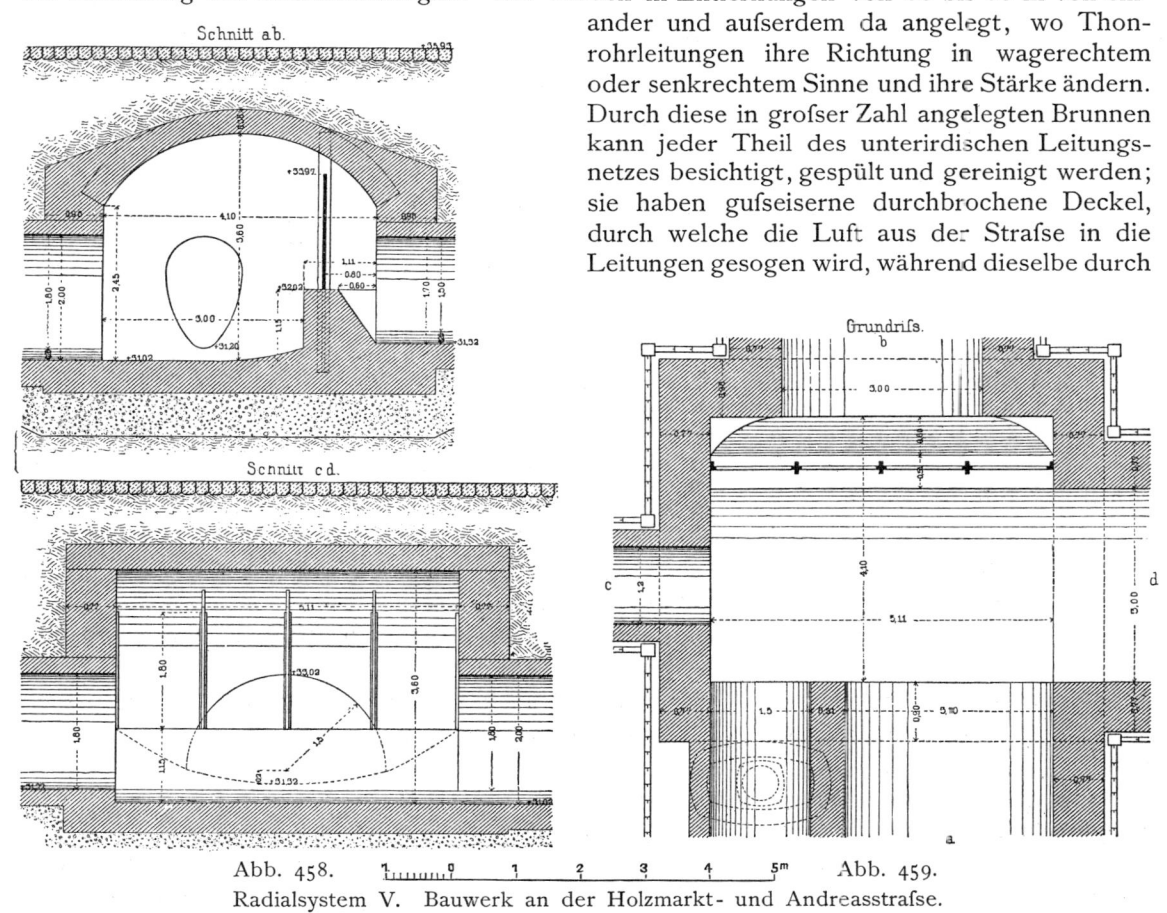

Abb. 458.   Abb. 459.
Radialsystem V. Bauwerk an der Holzmarkt- und Andreasstrafse.

43*

340   IX. Die Entwässerung.

die langen vertikalen Regenabfallrohre an den Gebäuden entweicht. — Für die Stellen, wo sich mehrere Canäle vereinigen und namentlich da, wo Nothauslässe sich abzweigen, oder an den Kreuzungsstellen mit grofsen Gas- und Wasserrohren, sowie mit alten Entwässerungsleitungen war in der Regel die Ausführung besonderer Bauwerke auf Grund genauer Entwürfe erforderlich.

Ein bezügliches Beispiel ist in Abb. 458 u. 459 dargestellt.

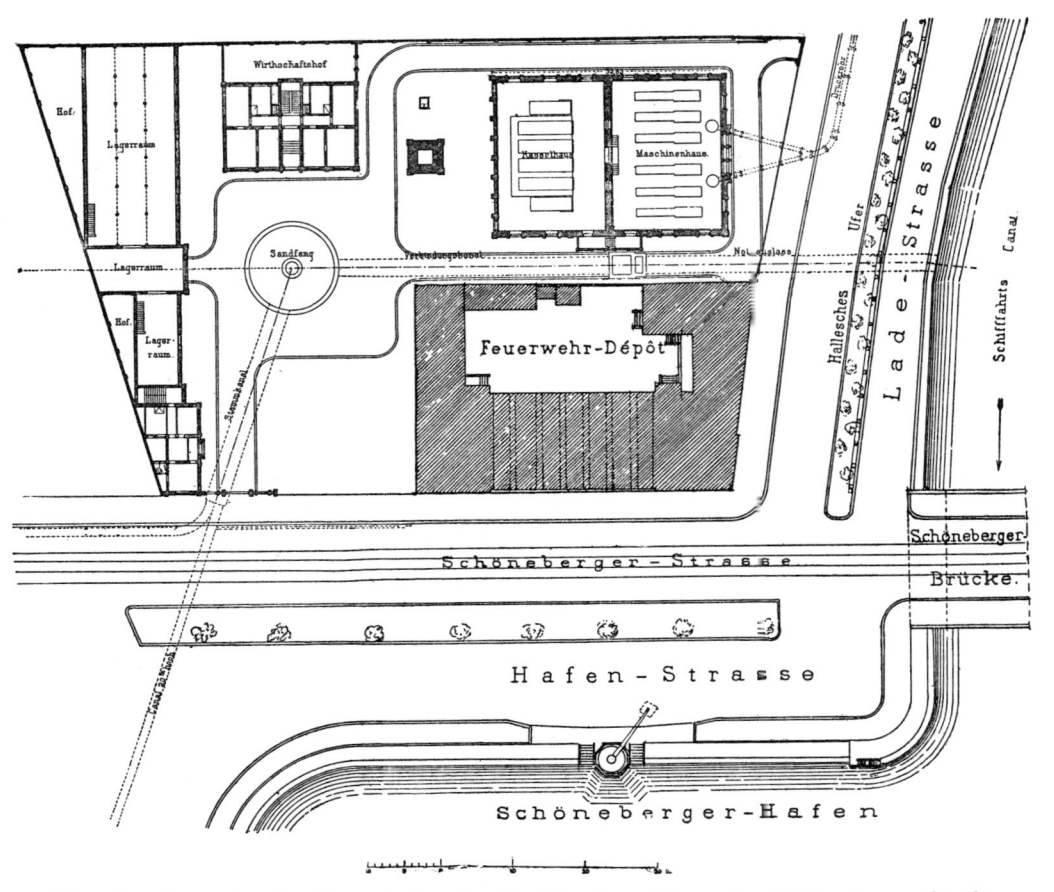

Abb. 460. Lageplan der Pumpstation des Radialsystems III an der Schöneberger Strafse.

Hobrecht giebt in seinem Werke über die Canalisation von Berlin als Regel für die Ausführung dieser Bauwerke:

1. Sie müssen durch besondere Einsteigeöffnungen zugänglich sein.

2. Sie müssen mit Vorrichtungen versehen sein, welche das Austreten der Luft, die sich unter den Gewölben sammelt, gestatten.

3. Sie dürfen vor allem nicht gröfser sein und nicht mehr Platz einnehmen, als unbedingt erforderlich.

(In der Erfüllung dieser Forderung zeigt sich vorzugsweise technisches Geschick.)

4. Querschnittsverengungen in den Entwässerungsleitungen dürfen niemals vorkommen.

5. Wenn an einzelnen Stellen Querschnittsveränderungen stattfinden müssen, ist der abgeänderte Querschnitt möglichst gröfser und leistungsfähiger zu machen.

6. Das Mittel einer Dückeranlage ist möglichst zu vermeiden; es ist eine technisch gerechtfertigte Forderung, dafs im Falle einer Begegnung Gas- und Wasserleitungen

IX. Die Entwässerung. 341

weichen müssen; sie arbeiten unter Druck, während die Canalisation nur mit Gefälle arbeitet; die ersteren sind es deshalb, welche vorkommenden Falls sich zu einem Dücker oder einer Ueberführung entschliefsen müssen.

Die Pumpstationen, über deren Lage schon oben gesprochen ist, weisen im allgemeinen folgende Bauten auf:

a) den Sandfang,
b) das Maschinen- und Kesselhaus mit Schornstein,
c) das Beamtenwohnhaus,
d) das Remisengebäude.

In den Abb. 460 u. 461 sind die Lagepläne der Pumpstationen von Radialsystem III und IV gegeben.

Da die Grundstücke stets verschiedene Form und meistens auch verschiedene Gröfse haben, fällt auch die Anordnung der Gebäude verschieden aus, und es dienen daher die mitgetheilten Lagepläne nur als Beispiele.

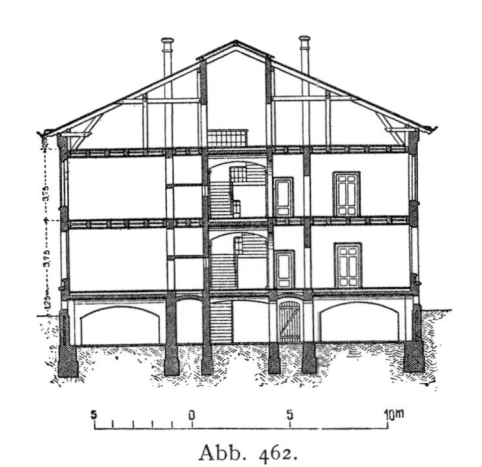

Abb. 461. Radialsystem IV, Grundrifs.

Abb. 462. Beamtenwohnhaus, Schnitt.

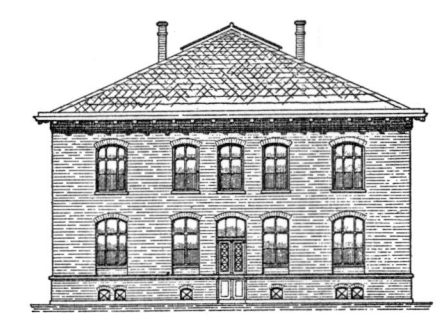

Abb. 463. Vordere Ansicht.

342   IX. Die Entwässerung.

Was die einzelnen Bauten betrifft, so ist der Sandfang schon oben beschrieben worden. Ueber die Maschinen- und Kesselhäuser ist nichts besonderes zu sagen. In Ziegelrohbau ausgeführt, sind sie in ihrem Aeufsern möglichst einfach gehalten; bei den Maschinenhäusern ist namentlich dafür Sorge getragen, dafs möglichst viel Licht in sie hinein gelangt.

Das Innere, wenngleich einfach gehalten, zeigt doch immerhin denjenigen Grad der Ausstattung, namentlich im Anstrich und in den Beleuchtungsgegenständen, der im Interesse der peinlichsten Sauberhaltung der Maschinen geboten ist. Letztere sind fast durchweg als gekuppelte Woolf'sche Maschinen — sogen. Compound-Maschinen — ausgeführt. Nur im Radialsystem III sind gewöhnliche gekuppelte Maschinen — sogen. Zwillingsmaschinen — mit Condensation und verstellbarer Expansion zur Verwendung gekommen.

Aufser den gekuppelten Maschinen sind in den Radialsystemen I bis VII und X auch Einzelmaschinen aufgestellt, um die Leistung beim Fortpumpen den wechselnden Wassermengen besser anpassen zu können.

Bei den Pumpstationen der Radialsysteme VIII, IX und XII sind keine Einzelmaschinen mehr, sondern nur noch gekuppelte Maschinen verwendet, indem diese durch die Einrichtung eines Umlaufventils an den Pumpen dahin abgeändert wurden, dafs erforderlichen Falls nur mit einer Pumpe gearbeitet werden konnte.

Die zur Verwendung gekommenen Kessel sind meistens Lancashirekessel und auf den Pumpstationen I bis VII auch Röhrenkessel. Die ersteren haben bei 1900 mm Durchmesser 7800 mm Länge und zwei Flammenrohre von 730 mm Durchmesser.

In folgender Nachweisung sind die Dampfmaschinen, Pumpen und Kessel der einzelnen Stationen ihrer Anzahl und Stärke nach übersichtlich zusammengestellt.

Anzahl und Stärke der Dampfmaschinen und Pumpen in den Pumpstationen.

Radial-system	Dampfmaschinen							Pumpen		
	Zahl der Maschinen		Zahl der Umdrehungen in der Minute		Leistung bei der gröfsten Umdrehungszahl P. S.	Zahl der Kessel	Dampfspannung Atmosphären Ueberdruck	Anzahl	Leistungsfähigkeit in Sekundenlitern	
	einfache	Woolf'sche	normale Zahl	gröfste zulässige Zahl					für eine Pumpe bei normaler Umdrehung	für alle Pumpen bei gröfster zulässiger Umdrehung
I	2 zu 56 P. S.	2 zu 112 P. S.	20	25	420	5	6	6	67	500
II	2 „ 80 „	2 „ 160 „	16	20	660	6	6	6	100	750
III	2 „ 60 „	2 „ 120 „	20	25	450	6	6	6	75	563
IV	2 „ 88 „	3 „ 176 „	16	20	880	8	6	8	100	1000
V	2 „ 75 „	3 „ 150 „	16	20	750	8	6	8	100	1000
VI	1 „ 80 „	2 „ 160 „	16	20	500	6	6	5	100	625
VII	1 „ 60 „	2 „ 120 „	20	25	375	5	6	5	75	470
VIII	—	3 „ 228 „	18	22	850	6	6	6	100	840
IX	—	2 „ 175 „	*	50	350	4	6,5	4	*	300
X	1 zu 66 P. S.	1 „ 132 „	20	25	247	3	6	3	75	280
XII	—	2 „ 211 „	18	22	422	4	6,5	4	102,5	507

*) Eine normale Umdrehungszahl und die entsprechende Leistungsfähigkeit der Pumpen lassen sich zur Zeit noch nicht angeben, da ein normaler Betrieb im Radialsystem IX noch nicht vorhanden ist.

In der Abb. 464 ist der Grundrifs einer Compoundmaschine der Pumpstation im Radialsystem V gegeben.

Im Beamtenwohngebäude auf der Pumpstation ist die Wohnung des Betriebsinspectors (mit Dienstraum), des Maschinenmeisters, des Oberheizers und eines Maschinisten untergebracht.

IX. Die Entwässerung.

Im Remisengebäude sind folgende Räume angeordnet:
   eine Stube für die Aufseher,
   eine Stube für die Arbeiter,
   ein Trockenraum für Kleider, Stiefel, Schläuche, Taue usw.,
   ein Baderaum, zum Theil erst nachträglich eingerichtet,
   ein Raum für die Geräthewagen, für die Geräthe usw.

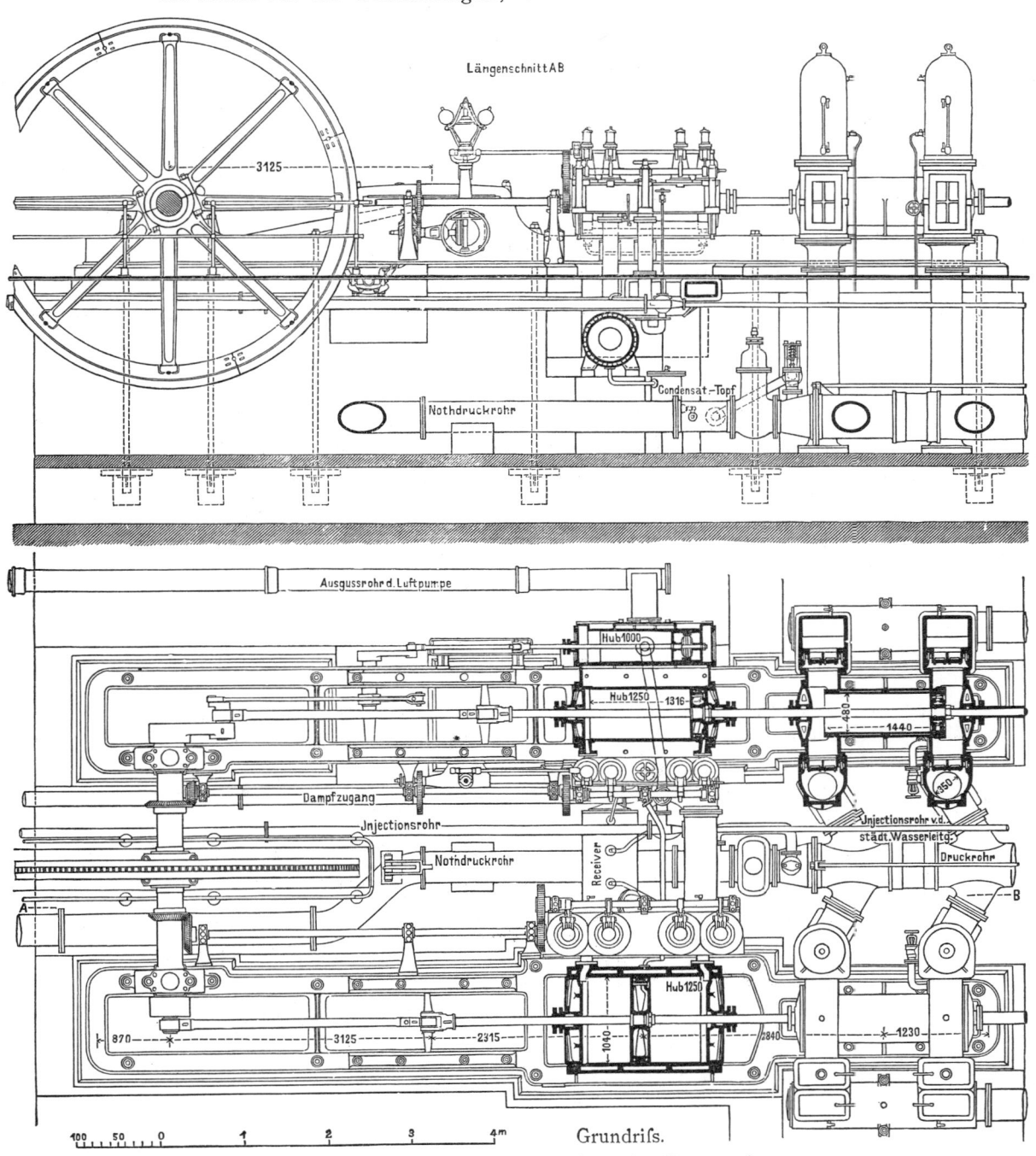

Abb. 464. Radialsystem V. Maschine der Pumpstation.

Weitere Baulichkeiten auf den Pumpstationen sind noch der zum Kesselhaus gehörige Schornstein, 40—45 m hoch, und der für die Maschinenanlage nöthige Injectionsbrunnen.

IX. Die Entwässerung.

Einen allgemeinen Ueberblick über den Stand der Canalisation am 1. April 1895 giebt die folgende Tafel.

Nr.	Radialsystem	Eröffnet im Jahre	Gröfse des Radialsystems ha	Einwohnerzahl. Zählung 1890	Lage der Pumpstation Strafse	Nr.	Länge der Strafsenleitungen incl. Nothauslässe 1. April 1895 Canäle m	Thonrøhrl. m	Angeschlossene Grundstücke 1. April 1895	Entwässert nach Rieselfeld
1	III	1876	389,72	100 562	Schöneberger	21	12 722,2	86 592,2	3 111	Schenkendorf, Sputendorf usw.
2	I	1879	272,77	177 756	Reichenberger	66	10 732,2	40 561,6	1 755	Osdorf, Friederikenhof, Heinersdorf, Grofs- und Kleinbeeren und Ruhlsdorf.
3	II	1879	349,23	169 604	Gitschiner	7—11	15 700,4	56 628,8	2 922	
4	IV	1879	861,67	337 257	Scharnhorst	9/10	29 022,9	117 861,0	5 169	Malchow, Wartenberg, Blankenburg.
5	V	1881	807,80	323 616	Holzmarkt	31/32	24 478,2	89 745,6	3 940	Falkenberg, Bürknersfelde.
6	VII[1]	1885	415,43	87 281	Genthiner	4	15 860,2	51 511,1	2 103	Schenkendorf, Sputendorf usw.
7	VI	1885	369,11	139 315	Urban	177	12 009,0	46 995,2	1 702	Osdorf, Friederikenhof, Heinersdorf, Grofs- und Kleinbeeren und Ruhlsdorf.
8	X	1890	460,78	93 533	Bellermann	7	7 276,3	34 928,3	1 210	Rosenthal-Blankenfelde.
9	VIII[2]	1890	732,24	100 025	Alt-Moabit	67—70	17 186,5	54 479,5	1 555	
10	IX[3]	1893	526,32	29 634	See	1	8 364,5	18 389,2	358	
11	XII[4]	1893	410,00	16 165	An Strafse 46 und 47 XIV		8 077,9	15 668,2	222	Hellersdorf.
	Summe		5 595,07	1 574 748			161 430,3	613 410,7	24 047	

1) Einschl. einiger Gebietstheile von Charlottenburg und Schöneberg.
2) Einschl. einiger Gebietstheile von Charlottenburg und Tegel.
3) Einschl. einiger Gebietstheile von Tegel.
4) Einschl. einiger Gebietstheile von Friedrichsberg.

Druckrohre.

Von den Pumpstationen aus wird das Canalwasser durch die Maschinen in gufseisernen Druckrohren nach den Rieselfeldern gepumpt. Diese Druckrohre haben einen

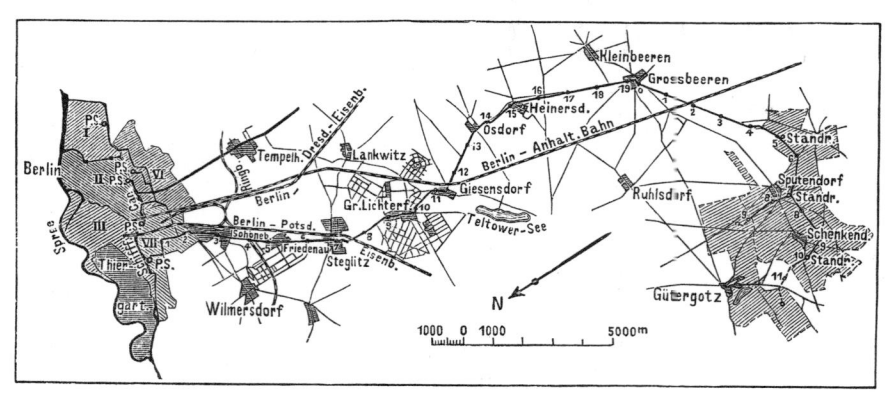

Abb. 465. Lageplan einer Druckrohrleitung.

Durchmesser von 0,75 m oder 1 m und folgen im allgemeinen dem Gelände, unter dessen Oberfläche sie mit ihrer Oberkante durchschnittlich 1 m tief liegen. An den höchsten Punkten der Leitungen befinden sich Lufthähne, um die in der Leitung sich sammelnde

IX. Die Entwässerung. 345

Luft ablassen zu können, was im Laufe des Tages einmal geschieht, an den tiefsten Punkten sind Entleerungsschieber von 0,20 m Durchmesser angebracht, um bei etwaigen Ausbesserungen oder Aenderungen am Druckrohr die Leitung entleeren zu können.

Die Länge der aus der Stadt nach den Rieselfeldern führenden Hauptdruckrohrleitungen beträgt zur Zeit 71 910 m von 1 m Durchmesser und 37 612 m von 0,75 m Durchmesser.

Bei Kreuzung mit Eisenbahnen, Wasserläufen und dergl. wurden schmiedeeiserne genietete Rohre verwendet.

Die Abb. 365—367 stellen die 1000 mm weite Druckrohrleitung der Radialsysteme III und VII in Lageplan und Längenprofil dar.

Zu dieser Abbildung ist zu bemerken, dafs der Druckrohrstrang der Radialsysteme III und VII ursprünglich nur bis Grofsbeeren geführt war, da die Abwässer dieser beiden Systeme auf diesem Rieselfelde untergebracht wurden, während nach Ankauf der Güter Sputendorf und Schenkendorf der Druckrohrstrang verlängert wurde, um die Abwässer jener Systeme nach den neu gekauften Rieselfeldern zu leiten und Grofsbeeren zum gröfsten Theil mit für die Bewässerung von den Radialsystemen I, II und VI in Anspruch zu nehmen.

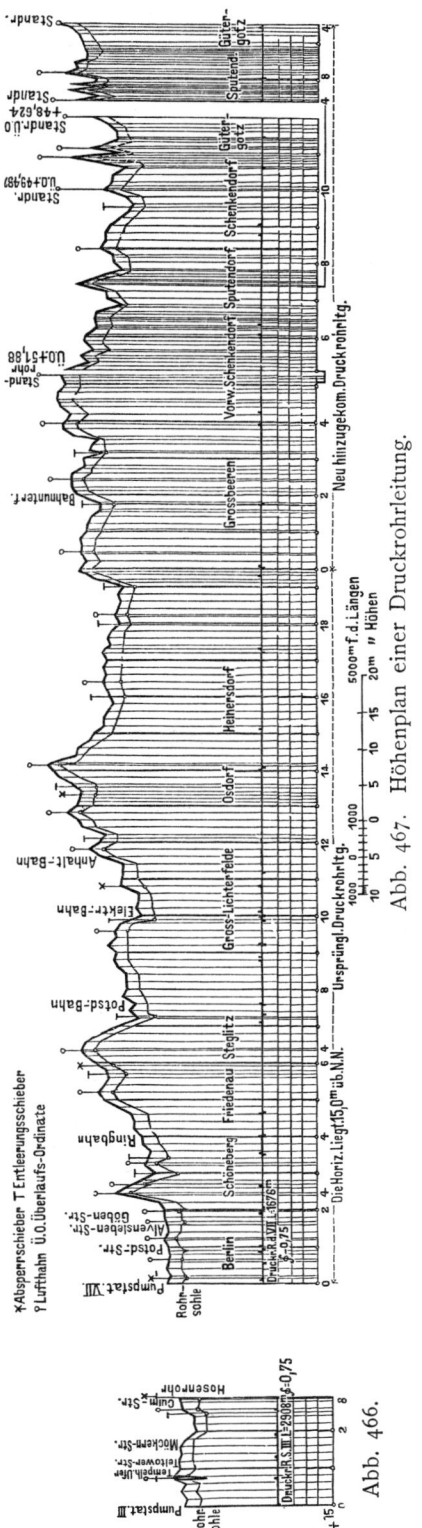

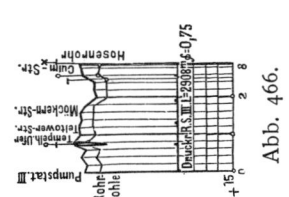

Abb. 467. Höhenplan einer Druckrohrleitung.

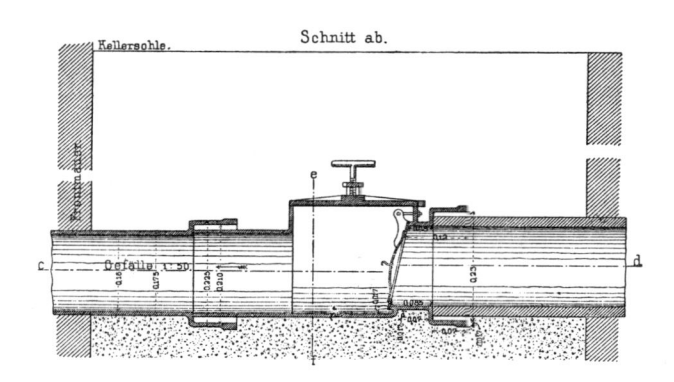

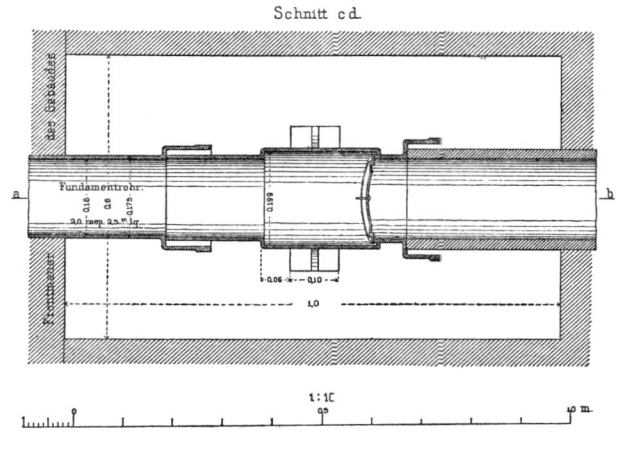

Abb. 466.

Abb. 468. Inspectionsgrube.

Hausanschlüsse.

Die Herstellung der Hausanschlüsse beginnt, sobald ein System betriebsfähig ist. Mafsgebend für die Ausführung sind die für Berlin erlassene Polizeiverordnung vom 14. Juli 1874 und das Ortsstatut vom 4. September 1874.

Durch die Polizeiverordnung wird im wesentlichen bestimmt, dafs jedes bebaute Grundstück durch ein besonderes Hausableitungsrohr an die Strafsenleitung anzuschliefsen ist; feste Stoffe dürfen hierdurch nicht abgeführt werden, während aus allen Wasserclosets auch die menschlichen Excremente abzuleiten sind. Die vorhandenen Abtrittsgruben sind zu entfernen, neue dürfen nicht mehr angelegt werden; innerhalb sechs Wochen nach erfolgter Aufforderung haben die betreffenden Besitzer eine vollständige Zeichnung des Entwässerungsentwurfs nebst Antrag auf Genehmigung vorzulegen. Sechs Wochen nach Behändigung der Erlaubnifs mufs die Entwässerungsanlage ausgeführt sein.

Für die Anlage der Grundstücksentwässerung gelten Vorschriften, von denen die wichtigsten folgende sind:

Alle Abfallröhren sind über dem höchsten Einflufs durch Verlängerung über das Dach hinaus oder durch Anschlufs an Rauchröhren zu entlüften; jeder Ausgufs enthält einen unbeweglichen Rost; unter jedem Ausgufs und Wassercloset sind Wasserverschlüsse anzuordnen; die Abflufsöffnung darf nicht mehr als 7 cm Durchmesser haben, das Regenwasser von den Höfen darf nur durch Gullies, die hierzu allein dienen, abgeleitet werden; in das Hausableitungsrohr ist unmittelbar hinter der Frontwand des Gebäudes und zwischen dieser und einer selbstthätigen Klappe ein Wasserverschlufs anzubringen; dieser Theil der Ableitung mufs zugänglich sein; in die Regenabfallröhren mit Rost ist auf Erfordern ein Wasserverschlufs zur Abhaltung der von den Dächern abgespülten Sinkstoffe einzuschalten; für Einleitung von Fabrikwässern und Condensationswasser in die Strafsenleitungen ist besondere Erlaubnifs erforderlich.

Durch das Ortsstatut wird bestimmt, dafs die Ausführung des Hausableitungsrohres, soweit es im Bürgersteige liegt, durch den Magistrat auf Rechnung des Besitzers ausgeführt wird, während die inneren Arbeiten durch den letzteren erfolgen. Grundstücke, die den Strafsenleitungen sich anzugliedern haben, müssen an die öffentliche Wasserleitung angeschlossen werden, sofern ihre Bewässerung nicht durch Anschlufs an eine private, die Anlage von Wasserclosets ermöglichende Anlage erfolgt; von jedem an die Canalisation angeschlossenen Grundstücke ist eine seinem Nutzertrage entsprechende Abgabe vierteljährlich zu entrichten, um die laufenden Ausgaben der Canalisation zu decken; welcher Theil des Nutzertrags zu erheben ist, wird alljährlich bekannt gemacht; bis zum 1. April 1895 wurde 1 % des Nutzertrags der Grundstücke erhoben; für das Jahr 1895/96 ist diese Abgabe auf 1 $\frac{1}{2}$ % erhöht.

Als Ergänzung dieser Verordnungen sind später, am 26. März 1879, noch besondere Bestimmungen erlassen, nach denen Abtritte mit Tonnenvorrichtung, jedoch ohne Grube, gestattet werden; ferner wird der Anschlufs eines Grundstücks an die öffentliche Wasserleitung dann als vorhanden betrachtet, wenn jedes bewohnte Haus auf dem Grundstücke mindestens mit einem den betreffenden Hausbewohnern zugänglichen Wasserleitungshahn (Zapfstelle) und darunter befindlichem Ausgufsbecken versehen ist.

In Abb. 469 u. 470 ist ein den bestehenden Vorschriften entsprechender Entwurf für die Entwässerung und Wasserversorgung eines Berliner Hausgrundstücks dargestellt.[1]

Der Betrieb.

Der Betrieb umfafste im Jahre 1895 die Radialsysteme I bis X und XII. Er begann mit dem Radialsystem III im letzten Viertel des Jahres 1875.

Es folgten: die Radialsysteme I, II und IV im Jahre 1879, das Radialsystem V im Jahre 1881, die Radialsysteme VI und VII im Jahre 1885, die Radialsysteme VIII und X im Jahre 1890, die Radialsysteme IX und XII im Jahre 1893.

---

[1] Nach Angaben des Stadtbaumeisters Hoese.

IX. Die Entwässerung. 347

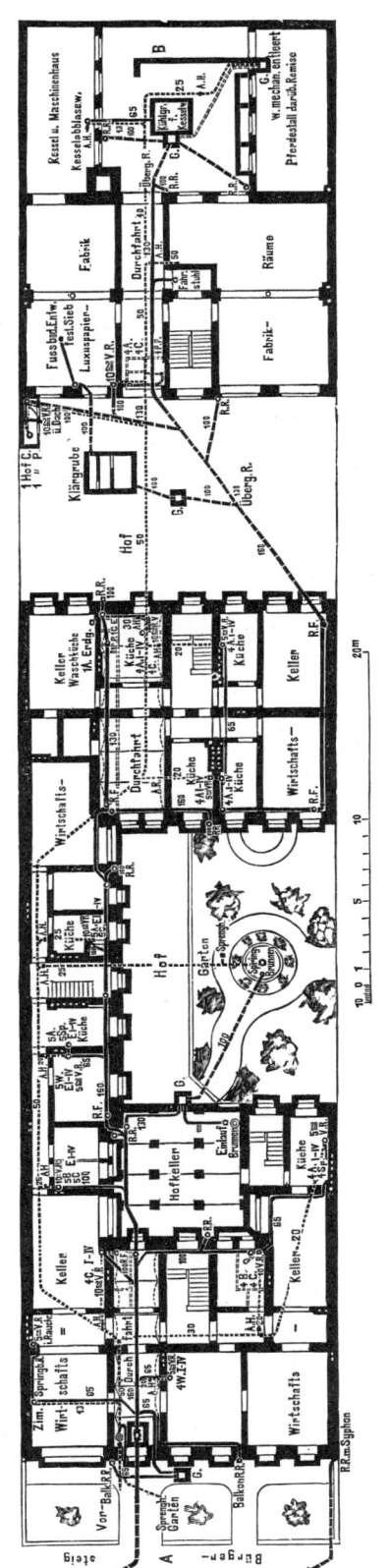

Abb. 469. Entwässerung eines Grundstücks, Grundriß.

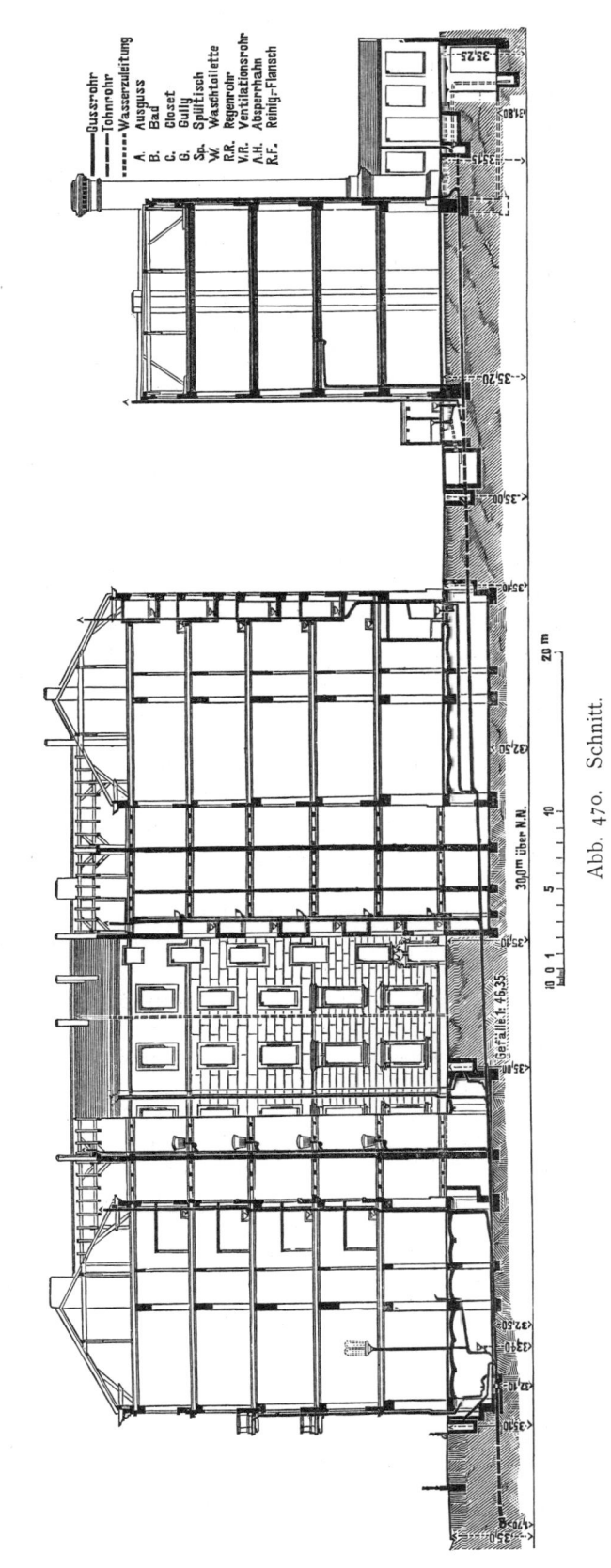

Abb. 470. Schnitt.

IX. Die Entwässerung.

Es sind daher nunmehr 11 Radialsysteme mit 12 Pumpstationen (darunter die Zwischenstation auf der Schlofsinsel) im Betrieb. Die Flächenausdehnung dieser 11 Radialsysteme beträgt 5595,07 ha einschl. der fremden Gebiete. Die darin vorhandenen Strafsen haben einen Flächeninhalt von rd. 1423 ha und eine Längenausdehnung von rd. 527 km. Die Strafsenentwässerungsleitungen hatten am 1. April 1895 einschl. der Nothauslässe eine Gesamtlänge von 775 km; die Anzahl der Revisionsbrunnen einschl. der Mannlöcher betrug 11 357 Stück, diejenige der Gullies 14 802 Stück.

Der Betrieb der sämtlichen Canalisationsanlagen einschl. der Druckrohre bis zur Grenze der Rieselfelder wird durch einen Betriebsdirector geleitet, dem die Betriebsinspectoren der einzelnen Radialsysteme unterstellt sind. Zu dem Wirkungskreise der Betriebsinspectoren — jedem einzelnen sind im allgemeinen zwei Radialsysteme überwiesen — gehören die Aufsicht über den Betrieb der Pumpstation, die regelmäfsige Besichtigung, Reinigung und Spülung der Strafsenleitungen und der Revisionsbrunnen, die Ueberwachung der Nothauslässe, die Sorge für die rechtzeitige Erhöhung oder Erniedrigung der Ueberfallschwellen an den Nothauslässen durch allmähliches Einsetzen oder Fortnehmen der eisernen Dammbalken und die Beaufsichtigung der Anschlufs-Entwässerungsanlagen der Grundstücke.

Der Betriebsinspector hat ferner die in den Strafsen seines Systems vorkommenden sonstigen Bauausführungen dahin zu überwachen, dafs bei Vornahme dieser Arbeiten die Anlagen der Canalisation nicht beschädigt werden. Auf Grund der ihm ertheilten allgemeinen Dienstanweisung bestimmt er, wie viel Maschinen in Dienst zu stellen sind, wobei auf das Wetter, den Wasserstand der Wasserläufe, die in den Canälen etwa stattfindenden Reinigungsarbeiten, sowie auf eine geschickte Zeiteintheilung für das vorhandene Maschinenpersonal Rücksicht zu nehmen ist. Er hat dafür zu sorgen, dafs die Reserve-Dampfkessel rechtzeitig bei drohendem Regen, namentlich in den Monaten, in denen plötzliche und reichliche Regengüsse einzutreten pflegen, geheizt werden; ihm liegt ferner ob, bei eintretenden Störungen in den Entwässerungsanlagen der Grundstücke dem Hausbesitzer mit Rath und That zur Seite zu stehen und solche Störungen, die an dem auf der Strafse befindlichen Theile der Hausanschlufs- und Regenrohrleitungen entstehen, zu beseitigen.

Dem Betriebsinspector sind unterstellt: für jede Pumpstation ein Maschinenmeister, drei bis sieben Maschinenführer, zwei bis vier Heizer, einige Putzer, Kohlenkarrer und dergl.; für die Arbeiten in den Canälen je eines Radialsystems zwei bis vier Aufseher mit sechs bis zwölf Arbeitern. Jeder dieser Aufseher ist Führer einer Rotte von meist drei Arbeitern, die in dem ihr überwiesenen Bezirk die regelmäfsigen Betriebsarbeiten ausführt. Ein Aufseherbezirk umfafst durchschnittlich 1000 bis 1200 Grundstücke mit etwa 36 500 bis 85 000 Einwohnern, etwa 25 bis 38 km Strafsenleitungen, etwa 350 bis 550 Revisionsbrunnen, desgl. 450 bis 680 Gullies und 1500 bis 2000 Stück Anschlufsleitungen. Der Aufseher hat die zum Betriebe nöthigen Geräthe in Ordnung zu halten und ist für deren Verbleib verantwortlich; er hat den täglichen Wasserverbrauch beim Spülen zu notiren, sowie die Menge des aus den Canälen gehobenen Sandes; er hat die in seinem Bezirk liegenden Grundstücksentwässerungen, Anschlufsleitungen, Strafsengullies nachzusehen und vorkommende Störungen in diesen Anlagen mit seinen Leuten zu beseitigen; ferner hat er die ordnungsmäfsige Spülung der Leitungen zu überwachen, er mufs persönlich mit seinen Leuten die Canäle begehen sowie des Nachts beim Durchziehen von Wischern durch die Thonrohrleitungen, beim Herausnehmen von Sand aus den Canälen und Brunnen zugegen sein und selbst Hand mit anlegen.

Die Arbeiten werden im wesentlichen in drei Nächten und an vier Tagen der Woche ausgeführt, und zwar werden an drei Tagen der Woche die Thonrohrleitungen gespült, an einem Tage die Canäle begangen und in drei Nächten die Thonrohrleitungen mittels Hindurchziehens von Wischern vom Sand gereinigt. Eine Spülung jeder einzelnen Leitung findet in Zwischenräumen von rd. 12 Tagen, ein Begehen jedes einzelnen Canalstranges in Zwischenräumen von rd. 20 Tagen und das Durchziehen der Bürsten durch jede einzelne Leitung je nach dem Zustand der Leitung, welcher von der Art der in sie entwässernden Häuser abhängt, in längeren Zwischenräumen statt.

IX. Die Entwässerung.

Diese Arbeit wird wie folgt ausgeführt:

Beim Begehen der Canäle befinden sich zwei Arbeiter und der Aufseher im Canal; der Aufseher geht mit der Laterne voran und rührt, die Füfse in langen Stiefeln, den abgelagerten Sand, Kaffeegrund, Lappen, theilweise auch Papier auf; ihm folgt ein Arbeiter, welcher mit einer hölzernen Schaufel die Ablagerungen vor sich her schiebt, und zuletzt der zweite Arbeiter, welcher mit einem Besen die Canalsohle rein fegt.

Die Arbeiter steigen gewöhnlich des Morgens früh um 7 Uhr am oberen Ende der Canäle, z. B. im Radialsystem III am Kronprinzlichen Palais oder an der Schleusenbrücke, ein, und kommen Nachmittags gegen 5 Uhr auf der Pumpstation Schöneberger Strafse 21 an, wo sie aus dem Brunnen heraussteigen.

Der dritte Arbeiter befindet sich während dieser Zeit oben auf der Strafse und öffnet die Deckel der in Zwischenräumen von rd. 50 bis 100 m angelegten Brunnen jedesmal an der Stelle, wo sich die Arbeiter im Canal befinden, damit auf diese Weise frische Luft zugeführt wird. Ein Hülfsarbeiter hat die Aufgabe, während der Zeit, in der sich die Arbeiter in den Canälen befinden, die Gitter im Brunnen auf der Pumpstation, welche sich durch die aufgerührten Lappen, Papiere usw. versetzen könnten, frei zu halten, damit das Wasser ungehindert den Pumpen zufliefsen kann.

Die Spülung der Leitungen wird folgendermafsen besorgt: Damit das Spülwasser auf einer möglichst langen Strecke den Leitungen zu Gute kommt, wird stets von dem Brunnen aus gespült, an dem eine Leitung ihren Anfang nimmt. Der Brunnen oder zwei gegenüber liegende Brunnen werden, nachdem die Leitung durch einen Pfropfen, der an einer nach oben (nach der Strafse) führenden Kette befestigt ist, zugesetzt worden, mit Wasserleitungswasser gefüllt; sobald die Füllung stattgefunden, wird mittels der Kette der Pfropfen herausgezogen, und die ganze, ziemlich bedeutende Wassermenge stürzt durch die Leitungen und reinigt sie. Die Verrichtung wird je nach dem Zustande der Leitungen wiederholt. Während dieser Spülung öffnet ein Arbeiter die an der Leitung liegenden Revisionsbrunnen, rührt die Ablagerungen auf und reinigt auf diese Weise die Brunnen; auch hat er die Oeffnungen der Brunnendeckel von dem bei Gelegenheit der Strafsenreinigung hineingekehrten Schmutz zu reinigen, damit, wenn bei Regengüssen die Leitungen und Brunnen sich füllen, die durch das Wasser verdrängte Luft durch diese Oeffnungen entweichen kann.

Das Durchziehen eines Wischers geschieht folgendermafsen: Zuerst läfst man durch die zu reinigende Leitung von Brunnen zu Brunnen an einem dünnen eingeölten Bindfaden einen Schwimmer gehen, indem man zum Fortbewegen des Schwimmers Wasserleitungswasser durchfliefsen läfst. An dem auf diese Weise durchgezogenen Bindfaden befestigt man ein eingetheertes Tau und am oberen Ende dieses Taues den cylinderförmigen, mit Piassava-Borsten besetzten Wischer; am Wischer ist an der nach der anderen Richtung zeigenden Seite ein zweites Tau befestigt, damit, wenn beim Durchziehen das erstgenannte Tau reifsen sollte, der Wischer mit dem zweiten Tau zurückgezogen werden kann. Zum Durchziehen sind vier Arbeiter erforderlich. Zwei Arbeiter und der Aufseher ziehen an der über mehrere Rollen aus dem Brunnen herausführenden Leine den Wischer vorwärts, ein dritter Arbeiter steht zeitweise im Brunnen und füllt den aus der Leitung kommenden Sand in Eimer; der vierte Arbeiter steht am oberen Brunnen, hält die Reserveleine und bewacht und regulirt das Standrohr, welches das Wasser der zu reinigenden Leitung zuführt. Der Wischer hat nur den Zweck, den sich lagernden Sand aufzurühren, während das zufliefsende Wasser den aufgerührten Sand aus der Leitung heraustreibt. Gewöhnlich geschieht das Durchziehen mehrmals hinter einander, zuerst mit einem kleinen, dann mit einem gröfseren und zuletzt mit einem der Weite der Rohrleitung entsprechenden Wischer.

Das Herausnehmen von Sand aus den Canälen geschieht bei Nacht.

Da zur zweckmäfsigen Vornahme dieser Arbeit fünf oder sieben Leute erforderlich sind, so vereinigen sich hierzu die sechs Arbeiter zweier Colonnen und der bereits genannte Hülfsarbeiter. Der Sand lagert sich auf der Sohle der Canäle ab und wird durch das über ihn hinfliefsende Wasser von leichten und löslichen Theilen rein gespült; sobald die Ablagerung eine Höhe von rd. 15 cm erlangt, lohnt es sich, ihn herauszuholen.

350 IX. Die Entwässerung.

Die sieben Arbeiter unter Leitung eines Aufsehers sind folgendermafsen vertheilt: Ein Arbeiter befindet sich im Canal und schippt den Sand in bereit stehende Eimer; vier Arbeiter tragen auf einer Stange die vollen rd. 25 l Sand enthaltenden Eimer (und zwar je zwei Arbeiter einen Eimer auf einer Stange) nach dem nächsten Einsteigebrunnen, woselbst zwei Arbeiter, die sich oben auf dem Stafsendamm befinden, die Eimer emporziehen und an geeigneten Stellen ausschütten. Vor der Herausnahme gehen die Arbeiter verschiedene Male über den Sand hinweg, um die etwa abgelagerten leichteren Stoffe aufzurühren; letztere werden durch die Strömung hinweg gespült.

Eine wichtige Neuerung und Verbesserung im Canalbetriebe ist im Laufe der letzten Jahre nach jahrelangen Versuchen durch Herstellung eines selbstthätigen Reinigungsapparates erzielt worden.

Der Apparat besteht im wesentlichen aus einem Brettstück, welches ungefähr die Form des Canalprofils besitzt, unten, oben und seitlich auf Rollen läuft und im unteren Theil einen Ausschnitt besitzt. Damit es durch die engen Einsteigebrunnen in die Canäle gebracht werden kann, besteht das Brettstück aus 2—3 durch Scharniere verbundenen zusammenklappbaren Theilen. Hinter dem Brettstück staut sich das Canalwasser auf und treibt es stromabwärts. Durch den vorerwähnten unteren Ausschnitt strömt das hinten aufgestaute Wasser mit Gewalt hindurch, wühlt die abgelagerten Massen, wie Sand, Kaffeegrund usw. auf und treibt sie im Verein mit dem sich vorwärts bewegenden Brettstück nach vorwärts und aus den Canälen heraus nach den Revisionsbrunnen und Sandfängen, wo der Sand herausgenommen wird und die leichteren Theile nach den Pumpen weiter fliefsen. Damit das vorgenannte Brettstück im Wasser aufrecht stehen bleibt und nicht umkippt, sind die zwei unteren und zwei oberen Rollen vor und hinter dem Brettstück in Form eines Wagens, welcher es gleichsam trägt, angeordnet, oder es ist in einer Entfernung von rd. 1 m von dem Brettstück hinter diesem eine besondere senkrechte Stütze mit auf der Canalsohle laufendem Rad angebracht, welche mit ersterem durch Längsverstrebungen verbunden ist. Diese Vorrichtung leistet sehr wichtige Dienste, besonders für die kleineren Canalquerschnitte, welche für Menschen nur mit grofser Anstrengung begehbar sind.

Ein ähnliches Geräth, bei welchem statt der Räder und Rollen schwere Kugeln angeordnet sind, die nicht allein zur Führung und zum Fortrollen dienen, sondern neben der Spülkraft des Wassers noch eine selbständige reinigende Thätigkeit ausüben, ist für die Reinigung der Thonrohrleitungen hergestellt und verspricht ebenfalls sehr gute Erfolge.

Radialsystem	Es sind an Grundstücken angeschlossen		
	bis Ende 1893/94	im Jahre 1894/95	bis Ende 1894/95
I	1 748	7	1 755
II	2 919	3	2 922
III	3 107	4	3 111
IV	5 117	52	5 169
V	3 915	25	3 940
VI	1 674	28	1 702
VII {Berliner Gebiet	1 434 }	26 }	1 460 }
{Charlottenburger Gebiet	416 } 2027	28 } 76	444 } 2103
{Schöneberger Gebiet	177 }	22 }	199 }
VIII {Berliner Gebiet	1 275 } 1275	279 } 280	1 554 } 1555
{Charlottenburger Gebiet	—	1	1
IX	259	99	358
X	1 088	122	1 210
XII {Berliner Gebiet	125 } 125	94 } 97	219 } 222
{Lichtenberger Gebiet	— }	3 }	3 }
zusammen	23 254	793	24 047
Davon entfallen auf Berlin	22 661	739	23 400

IX. Die Entwässerung. 351

Im Nachstehenden sind einige Angaben aus dem letzthin abgeschlossenen Bericht der Betriebsverwaltung für die Zeit vom 1. April 1894 bis 31. März 1895 gemacht, welche die Entwicklung und den zeitigen Stand des Betriebes erkennen lassen und auf eine grofse Zahl von Fragen Antwort geben, die wiederholt gestellt werden.

Aufserdem sind noch auf Grund einzelner Verträge sechs aufserhalb der Weichbildgrenze von Berlin gelegene Grundstücke, auf denen sich mehrere gröfsere Werke befinden, an die Canalisation von Berlin bezw. an die nach den Rieselfeldern führenden Druckrohrleitungen angeschlossen.

Der Betrieb hat sich im Betriebsjahr 1894/95 wie folgt gestaltet.

Betriebsdirection.

Durch die Betriebsdirection wurden bearbeitet:
a) die den gesamten Canalisationsbetrieb betreffenden Angelegenheiten,
b) die Beobachtung der Flufs- und Grundwasserstände, sowie der Bodentemperaturen,
c) die Reinigung der Panke und die Unterhaltung der Wehre an der Dalldorfer Strafsenbrücke und an der Badbrücke,
d) die Entwürfe und Baubedingungen für die Ausführung von Condensations- und Kühlwasserleitungen,
e) die Ausführung der Hausanschlüsse.

Die Kosten der Betriebsdirection haben 62 784,33 ℳ. betragen.

Davon entfallen auf persönliche Kosten 57 277,86 ℳ. und auf sächliche Kosten 5506,47 ℳ.

Aufserdem sind für Messung der Flufs- und Grundwasserstände usw. 3602,65 ℳ. aufgewendet worden.

Für die Krankenversicherung der Arbeiter und für die Unfallversicherung sind 7151,56 ℳ. ausgegeben.

Betrieb der einzelnen Radialsysteme.

Ueber die Höhe der entstandenen Betriebskosten und die Menge der geförderten Abwässer geben die nachfolgenden drei Tabellen näheren Aufschlufs.

Uebersicht über die Betriebskosten der einzelnen Radialsysteme.

Radialsystem	1	2	3	4	5	6	7	8	9
	Personelle Kosten des Betriebes der Radialsysteme	Davon entfallen		Sächliche Kosten des Betriebes der Radialsysteme	Davon entfallen		Gesamtbetriebskosten Summe 1+4	Unter den sächlichen Kosten ad 5a sind enthalten für die Kesselfeuerung	
		a. auf den Betrieb der Pumpstation	b. auf den Betrieb der Strafsenentwässerungs- und Hausanschlufsleitungen		a. auf den Betrieb der Pumpstation	b. auf den Betrieb der Strafsenentwässerungs- und Hausanschlufsleitungen		Kosten	Kohlenmenge
	ℳ.	ℳ.	ℳ.	ℳ.	ℳ.	ℳ.	ℳ.	ℳ.	Ctr.
I.....	38 255,49	20 970,70	17 284,79	41 100,28	33 322,96	7 777,32	79 355,77	24 287,63	27 537
II.....	51 847,44	26 817,65	25 029,79	63 455,48	53 093,13	10 362,35	115 302,92	40 998,89	46 484
III[1].....	52 701,90	28 351,77	24 350,13	102 659,15	85 393,05	17 266,10	155 361,05	69 198,31	78 077
IV.....	61 239,69	29 325,32	31 914,37	110 578,42	93 966,28	16 612,14	171 818,11	74 565,16	84 541
V.....	52 909,27	28 171,85	24 737,42	77 556,04	66 191,61	11 364,43	130 465,31	51 836,02	58 771
VI.....	36 613,27	21 881,06	14 732,21	35 433,33	30 050,79	5 382,54	72 046,60	22 760,01	25 805
VII.....	36 782,19	20 989,90	15 792,29	36 686,64	30 921,02	5 765,62	73 468,83	23 622,61	26 783
VIII.....	40 647,83	20 056,70	20 591,13	36 336,21	29 349,28	6 986,93	76 984,04	22 797,94	25 848
IX.....	22 321,22	13 780,97	8 540,25	15 508,65	13 036,50	2 472,15	37 829,87	8 664,15	9 044
X.....	27 329,89	16 152,27	11 177,62	22 676,05	18 894,68	3 781,37	50 005,94	13 488,43	15 293
XII.....	23 503,36	14 004,04	9 499,32	18 632,56	16 142,60	2 489,96	42 135,92	10 406,75	10 863
Summe 1894/95	444 151,55	240 502,23	203 649,32	560 622,81	470 361,90	90 260,91	1 004 774,36	362 625,90	409 046
Dagegen 1893/94	423 604,64	217 904,54	205 700,10	561 329,03	465 865,98	95 463,05	984 933,67	362 343,44	385 622
1894/95 mehr	20 546,91	22 597,69	—	—	4 495,92	—	19 840,69	282,46	23 424
also weniger	—	—	2 050,78	706,22	—	5 202,14	—	—	—

1) Einschl. Schlofsinsel.

352 IX. Die Entwässerung.

Uebersicht über die von den Pumpstationen der einzelnen Radialsysteme monatlich und durchschnittlich täglich geförderten Abwassermengen (Closet-, Wirthschafts- und Regenwasser).

	Radialsystem I		Radialsystem II		Radialsystem III		Radialsystem IV		Radialsystem V		Radialsystem VI	
	im Monat cbm	durchschnittlich pro Tag cbm	im Monat cbm	durchschnittlich pro Tag cbm	im Monat cbm	durchschnittlich pro Tag cbm	im Monat cbm	durchschnittlich pro Tag cbm	im Monat cbm	durchschnittlich pro Tag cbm	im Monat cbm	durchschnittlich pro Tag cbm
April	402 167	13 406	728 121	24 271	706 522	23 551	1 087 006	36 234	864 765	28 826	417 049	13 902
Mai	438 413	14 147	778 729	25 120	737 297	23 784	1 161 647	37 472	906 825	29 252	441 041	14 227
Juni	468 218	15 607	801 417	26 714	728 977	24 299	1 197 102	39 903	972 255	32 409	445 227	14 841
Juli	508 178	16 393	795 362	25 657	721 152	23 263	1 283 706	41 410	996 570	32 147	444 901	14 352
August	514 941	16 611	844 361	27 237	750 283	24 203	1 278 130	41 230	1 034 820	33 381	477 916	15 417
September	446 799	14 893	760 823	25 361	691 516	23 051	1 150 919	38 364	916 770	30 559	428 552	14 285
October	466 360	15 044	791 718	25 539	686 220	22 136	1 166 958	37 644	965 430	31 143	445 122	14 359
November	393 634	13 121	677 785	22 593	632 573	21 086	1 083 363	36 112	856 545	28 552	390 617	13 021
December	386 517	12 468	671 721	21 668	657 041	21 195	1 092 654	35 247	850 635	27 440	397 126	12 811
Januar	390 609	12 600	691 124	22 294	645 780	20 832	1 121 137	36 166	865 740	27 927	380 697	12 281
Februar	342 940	12 248	601 364	21 477	582 862	20 817	978 215	34 936	743 280	26 546	304 586	10 878
März	429 281	13 848	717 358	23 141	718 545	23 179	1 145 961	36 966	933 045	30 098	417 233	13 459
Summe 1894/95	5 188 057	14 214	8 859 883	24 274	8 258 768	22 627	13 746 798	37 662	10 906 680	29 881	4 990 067	13 671
Dagegen 1893/94	5 194 298	14 231	8 892 779	24 364	8 277 192	22 677	12 965 890	35 523	11 196 870	30 676	4 801 565	13 155
1894/95 gegen 1893/94 { mehr / weniger	— / 6 241	—	— / 32 896	—	— / 18 424	—	780 908 / —	—	— / 290 190	—	188 502 / —	—

	Radialsystem VII		Radialsystem VIII		Radialsystem IX		Radialsystem X		Radialsystem XII		Gesamtmenge	
	im Monat cbm	durchschnittlich pro Tag cbm	im Monat cbm	durchschnittlich pro Tag cbm	im Monat cbm	durchschnittlich pro Tag cbm	im Monat cbm	durchschnittlich pro Tag cbm	im Monat cbm	durchschnittlich pro Tag cbm	im Monat cbm	durchschnittlich pro Tag cbm
April	355 390	11 846	350 955	11 699	62 211	2 074	201 410	6 714	110 978	3 699	5 286 574	176 219
Mai	413 637	13 343	380 601	12 277	67 355	2 173	239 553	7 728	122 557	3 953	5 687 655	183 473
Juni	462 526	15 418	408 861	13 629	81 242	2 708	258 767	8 626	129 141	4 305	5 953 733	198 458
Juli	458 208	14 781	409 788	13 219	74 442	2 401	234 735	7 572	130 825	4 220	6 057 867	195 415
August	550 429	17 756	448 808	14 478	101 936	3 288	259 826	8 381	138 884	4 480	6 400 334	206 462
September	418 316	13 944	379 427	12 649	76 513	2 550	211 730	7 058	121 215	4 041	5 602 580	186 753
October	426 487	13 758	389 781	12 574	81 456	2 628	222 213	7 168	149 028	4 807	5 790 773	186 799
November	371 244	12 375	310 716	10 357	65 633	2 188	177 100	5 903	102 647	3 422	5 061 857	168 729
December	394 749	12 734	368 343	11 882	78 304	2 526	199 525	6 436	110 327	3 559	5 206 942	167 966
Januar	366 993	11 838	368 082	11 874	62 958	2 031	186 819	6 026	97 507	3 145	5 177 446	167 014
Februar	301 215	10 758	302 310	10 797	51 888	1 853	155 813	5 565	75 936	2 712	4 440 409	158 586
März	417 251	13 460	411 030	13 259	98 051	3 163	216 184	6 974	143 374	4 625	5 647 313	182 171
Summe 1894/95	4 936 445	13 525	4 528 702	12 407	901 989	2 471	2 563 675	7 024	1 432 419	3 924	66 313 483	181 681
Dagegen 1893/94	4 395 224	12 042	3 803 256	10 420	578 633	1 897	2 331 680	6 388	1 116 805	4 106	63 554 192	174 121
1894/95 gegen 1893/94 { mehr / weniger	541 221 / —	—	725 446 / —	—	323 356 / —	—	231 995 / —	—	315 614 / —	—	2 759 291 / —	—

IX. Die Entwässerung.

Uebersicht der geförderten Abwassermengen (für Tag und Grundstück, sowie für Tag und Kopf) und der Betriebskosten (für Kopf und für cbm Abwässer).

a	b	c	d	e	f	g	h	i	k	l	m	n	o
Radialsystem	Gesamtmenge der geförderten Abwässer	Durchschnittliche Anzahl der Grundstücke, welche in die Canalisation entwässerten (vergl. Anmerkung)	Für Tag und Grundstück wurde demnach an Wasser gefördert	Gesamtzahl der Einwohner in den Grundstücken der Spalte c	Für Tag und Kopf wurde demnach an Wasser gefördert	Der Betrieb der Pumpstationen erforderte an personellen und sächlichen Kosten		Der Betrieb der Strafsenentwässerungs- und Hausanschlufsleitungen erforderte an personellen und sächlichen Kosten		Gesamte Betriebskosten für den Kopf (Summe h + k)	Betriebskosten der Pumpstationen für 1 cbm geförderten Wassers	Betriebskosten der Strafsenentwässerungs- und Hausanschlufsleitungen für 1 cbm geförderten Wassers	Summe m + n
						im ganzen	für den Kopf	im ganzen	für den Kopf				
	cbm	Stück	cbm	Personen	cbm	ℳ	ℳ	ℳ	ℳ	ℳ	ℳ	ℳ	ℳ
I	5 188 057	1 752	8,11	182 769	0,078	54 293,66	0,297	25 062,11	0,137	0,434	0,0105	0,0048	0,0153
II	8 859 883	2 921	8,31	169 604	0,143	79 910,78	0,471	35 392,14	0,209	0,680	0,0090	0,0031	0,0121
III	8 258 768	3 109	7,28	100 562	0,225	113 744,82	1,131	41 616,23	0,414	1,545	0,0138	0,0050	0,0188
IV	13 746 798	5 143	7,32	353 890	0,107	123 291,60	0,348	48 526,51	0,137	0,485	0,0090	0,0035	0,0125
V	10 906 680	3 928	7,61	332 152	0,090	94 363,46	0,284	36 101,85	0,109	0,393	0,0087	0,0033	0,0120
VI	4 990 067	1 688	8,10	140 560	0,097	51 931,85	0,362	20 114,75	0,143	0,505	0,0104	0,0040	0,0144
VII[1]) . . .	4 936 445	2 065	6,55	132 325	0,102	51 910,92	0,468	21 557,91	0,163	0,631	0,0105	0,0044	0,0149
VIII	4 528 702	1 415	8,77	118 818	0,104	49 405,98	0,416	27 578,06	0,232	0,648	0,0109	0,0061	0,0170
X	2 563 675	1 149	6,11	102 939	0,068	35 046,95	0,340	14 958,99	0,145	0,485	0,0137	0,0058	0,0195
Summe 1894/95	63 979 075	23 170	7,57	1 633 619	0,107	653 900,02	0,400	270 908,55	0,166	0,566	0,0102	0,0042	0,0144
Dagegen 1893/94	61 858 754	22 641	7,49	1 591 791	0,106	640 776,97	0,403	282 575,67	0,178	0,581	0,0103	0,0046	0,0149
also 1894/95 { mehr	2 120 321	529	0,08	41 828	0,001	13 123,05	—	—	—	—	—	—	—
weniger	—	—	—	—	—	—	0,003	11 667,12	0,012	0,015	0,0001	0,0004	0,0005

1) Einschliefslich der Gebietstheile von Charlottenburg und Schöneberg.

In den Radialsystemen IX und XII findet der Betrieb der Pumpstationen noch nicht ununterbrochen statt; da die den Pumpen zufliefsenden Abwassermengen verhältnifsmäfsig noch gering sind, so genügt vielmehr bis auf weiteres ein Betrieb von täglich einigen Stunden. Die Betriebsergebnisse sind daher mit denen der übrigen Systeme nicht ohne weiteres zu vergleichen und deshalb nachstehend besonders aufgeführt.

| IX . . . . . | 901 989 | 309 | 8,00 | 20 440 | 0,121 | 26 817,47 | 1,312 | 11 012,40 | 0,539 | 1,851 | 0,0231 | 0,0122 | 0,0353 |
| XII . . . . . | 1 432 419 | 174 | 22,55 | 11 296 | 0,347 | 30 146,64 | 2,670 | 11 989,28 | 1,061 | 3,731 | 0,0211 | 0,0084 | 0,0295 |

Anmerkung zu Spalte c. Die Anzahl der entwässernden Grundstücke ist berechnet aus der Zahl der beim Beginn des Etatsjahres angeschlossen gewesenen Grundstücke und der Hälfte derjenigen Grundstücke, welche im Laufe des Etatsjahres angeschlossen wurden.

Wie aus Spalte f der vorhergehenden Tabelle ersichtlich, förderten die Pumpstationen I bis VIII und X für Tag und Kopf 107 l. Nach dem Bericht der Verwaltung der städtischen Wasserwerke für 1894/95 war der Wasserverbrauch aus den städtischen Wasserwerken durchschnittlich für Kopf und Tag 66,56 l. Die Pumpstationen förderten also 40,44 l unreines Wasser mehr nach den Rieselfeldern, als die Wasserwerke in reinem Zustande in die Stadt hineingeführt hatten.

Dieses Mehr wird gebildet:
a) durch Regenwasser,
b) durch das aus Strafsen- und Hofbrunnen entnommene Wasser,
c) durch das für Badeanstalten und für gewerbliche Zwecke, z. B. als Condensations- bezw. Kühlwasser usw. aus Tief- bezw. Rohrbrunnen und aus öffentlichen Flufsläufen entnommene Wasser,
d) durch die in dem Canalwasser enthaltenen Küchen- und Closetabgänge.

Berlin und seine Bauten. I.

354 IX. Die Entwässerung.

Die Menge der unlöslichen Rückstände, wie Sand, Lappen usw., welche aus den Canalisationsleitungen im Laufe des Jahres herausgenommen worden sind, wie viel von diesen Rückständen auf den Kopf der Bevölkerung kommen, und wie sich das Verhältnifs der herausgenommenen Rückstände zu der gesamten geförderten Canalwassermenge stellt, ist aus nachstehender Tabelle zu ersehen:

Radialsystem	An festen Rückständen, z. B. Sand, Kaffeegrund, wurden herausgenommen und abgefahren			Bevölkerungs-ziffer	Es kommen demnach auf den Kopf der Bevölkerung	Geförderte Jahres-Abwassermenge	Verhältnifs der heraus-genommenen festen Rückstände zur geförderten Abwassermenge
	aus dem Bassin der Pumpstation cbm	aus den Canälen und Thonrohr-leitungen cbm	zusammen cbm		Liter	cbm	
I . .	403	488	891	182 769	4,88	5 188 057	1 : 5823
II . .	507	1 097	1 604	169 604	9,46	8 859 883	1 : 5524
III . .	414	824	1 238	100 562	12,31	8 258 768	1 : 6671
IV . .	1 230	1 560	2 790	353 890	7,88	13 746 798	1 : 4924
V . .	466	1 409	1 875	332 152	5,65	10 906 680	1 : 5717
VI . .	370	422	792	140 560	5,63	4 990 067	1 : 6301
VII[1] .	178	479	657	132 325	4,97	4 936 445	1 : 7516
VIII . .	568	723	1 291	118 818	10,87	4 528 702	1 : 3508
X . .	343	440	783	102 939	7,61	2 563 675	1 : 3274
zusammen	4 479	7 442	11 921	1 633 619	7,30	63 979 075	1 : 5367
Hierzu IX	189	128	317	20 440	15,51	901 989	1 : 2845
XII	139	206	345	11 296	30,54	1 432 419	1 : 4152

1) Einschliefslich der Gebietstheile von Charlottenburg und Schöneberg.

Entwurf und Ausführung der Condensations- und Kühlwasserleitungen.

Im Laufe des Berichtsjahres kamen 72 Fälle zur Entscheidung, in welchen es sich um die Art der Abführung von Condensations- und Kühlwasser handelte. In 64 Fällen mit zusammen 92 695 cbm jährlicher Reinwassermenge mufste mit Rücksicht auf die geringe Wassermenge bezw. die hohen Ausführungskosten von einer gesonderten Abführung Abstand genommen und die Einführung in die Canalisationsleitungen gestattet werden. In acht Fällen ergab die Untersuchung, dafs gesonderte Ableitung nach einem öffentlichen Wasserlauf zweckmäfsig und zu fordern sei. Diese acht Grundstücke liefern jährlich rd. 755 400 cbm Reinwasser, welches durch Anordnung der gesonderten Abführung von den Canalisationsleitungen und den Rieselfeldern fern gehalten wird.

Von diesen 755 400 cbm entfallen:

63 000 cbm auf 1 Grundstück des Radialsystems II,
36 000 „   „ 2 Grundstücke „   III,
607 200 „   „ 3   „   und 1 Springbrunnen des Radialsystems V,
47 400 „ auf 1 Grundstück   „   „   VII,
1 800 „   „ 1   „   „   „   X.

Hausanschlüsse.

Es wurden 793 Grundstücke zum ersten Mal mit Anschlufsleitungen versehen und 120 Grundstücke nach erfolgtem Abbruch und Wiederaufbau zum wiederholten Mal. Hierbei gelangten 909 Hausanschlufsleitungen und 1190 Anschlufsleitungen für Front-Regenrohre zur Ausführung. An den Anschlufsleitungen von 63 Grundstücken mufsten Aenderungen oder Ausbesserungen vorgenommen werden; aufserdem wurden 20 Lampenlöcher mit Anschlufsstutzen neu ausgeführt. Die Gesamtausgabe betrug 221 300,31 ℳ. Die Einnahme 196 869,07 ℳ.

IX. Die Entwässerung. 355

Ergebnisse der Erdboden-Temperatur-Beobachtungen für das Kalenderjahr 1894.

Monats-Maxima, -Minima und -Mittel.

Monat		Januar				Februar				März				April				Mai				Juni				Juli				August				September				October				November				December			
Tiefe in Metern		0,5	1,0	3,0		0,5	1,0	3,0		0,5	1,0	3,0		0,5	1,0	3,0		0,5	1,0	3,0		0,5	1,0	3,0		0,5	1,0	3,0		0,5	1,0	3,0		0,5	1,0	3,0		0,5	1,0	3,0		0,5	1,0	3,0		0,5	1,0	3,0	
Station XVI (Friedrichstr. 38)	Maximum	1,9	3,5	7,8		3,9	3,8	6,2		5,3	5,0	6,4		11,1	9,5	7,8		14,2	12,6	9,6		15,1	13,8	10,9		18,2	16,7	12,7		18,0	16,9	13,5		15,0	14,8	13,4		11,6	11,7	12,4		8,0	8,8	11,1		4,0	5,9	8,9	
	Minimum	-0,5	1,3	6,2		0,1	1,3	6,0		1,6	2,2	5,9		5,9	5,2	6,4		9,1	9,2	7,9		12,0	11,2	9,6		15,9	14,0	11,0		14,7	14,8	12,8		11,1	12,0	12,5		7,1	8,6	11,2		3,9	5,9	9,9		1,7	3,7	7,9	
	Mittel	0,2	1,8	7,0		1,8	2,6	6,1		3,9	4,0	6,1		8,2	7,4	7,0		11,3	10,6	8,8		13,6	12,7	10,2		17,2	15,8	12,0		15,8	15,9	13,3		12,6	13,0	13,0		9,5	10,3	11,9		6,6	7,7	10,5		2,7	4,2	8,9	
Station XIII (Gartenstr. 29)	Maximum	2,1	3,7	7,7		3,6	3,4	6,1		4,5	4,3	5,9		10,3	8,6	7,0		13,1	11,1	8,9		14,4	12,7	10,1		17,7	15,6	11,8		17,5	15,9	12,6		14,9	14,4	12,6		11,5	11,9	12,0		8,2	9,2	10,9		4,3	6,3	9,7	
	Minimum	-0,2	1,5	6,1		0,2	1,5	5,8		1,3	2,2	5,7		4,4	4,3	5,9		8,6	8,6	7,1		11,2	10,4	9,0		15,1	12,9	10,2		14,3	14,4	11,8		11,0	12,1	12,0		7,0	9,2	10,9		4,1	6,4	9,7		2,0	3,9	7,8	
	Mittel	0,4	2,1	6,9		1,8	2,5	5,9		3,4	3,5	5,8		7,2	6,3	6,3		10,7	9,8	8,0		12,8	11,7	9,5		16,3	14,6	11,0		15,8	15,2	12,4		12,6	13,0	12,4		9,5	10,6	11,5		6,7	8,1	10,3		2,9	4,7	8,7	

Jahres-Maxima, -Minima und -Mittel.

Stationen		Tiefe 0,5 m	Tag der Beobachtung	Tiefe 1 m	Tag der Beobachtung	Tiefe 3 m	Tag der Beobachtung
Station VI (Friedrichstraße 38)	Maximum	18,2	25. Juli	16,9	vom 9. bis 11. August	13,5	vom 18. bis 26. August
	Minimum	−0,5	16. Januar	1,3	vom 19. Januar bis 4. Februar	5,9	vom 6. bis 14. März
	Mittel	8,6	—	8,8	—	9,6	—
Station XIII (Gartenstraße 29)	Maximum	17,7	25. und 26. Juli	15,9	10. und 11. August	12,6	vom 19. August bis 9. Septbr.
	Minimum	−0,2	16. Januar	1,5	vom 24. Januar bis 4. Februar	5,7	vom 5. bis 19. März
	Mittel	8,3	—	8,5	—	9,1	—

Die Gesamtkosten betrugen 3602,65 ℳ und zwar 3384 ℳ für Besoldung zweier Aufseher, welche die täglichen Beobachtungen vornahmen, und 218,65 ℳ für Unterhaltungs- und Ausbesserungsarbeiten an den Beobachtungsapparaten usw.

45*

356   IX. Die Entwässerung.

Wasserstand und Bodentemperatur-Beobachtungen.

Im Laufe des Kalenderjahres 1894 haben sich bei den vorhandenen 29 Grundwasserstandsröhren folgende höchsten Wasserstände bezw. Jahresmittel ergeben:

Nummer des Standrohrs	Lage des Standrohrs	Maximum N.N.	Datum des Maximums	Jahresmittel
2	Thurmstrafse 35	30,61	25. März	30,50
4	Thurmstrafse 18	30,61	26. März	30,50
5	Am grofsen Stern	31,17	29. April	31,07
6	Ulanenkaserne	30,71	18. April	30,61
7	Am kleinen Stern	31,06	5. Mai	30,94
8	Potsdamer und Bülow-Strafse	32,39	31. März	32,30
9	Invalidenstrafse (vor dem Invalidenpark)	30,58	16. April	30,49
11	Potsdamer Platz	31,36	3. Mai	31,26
12	Yorkstrafse (Anhalter Bahnhof)	32,43	7. April	32,34
13	Invalidenstrafse 137	30,47	15. April	30,38
14	Behrenstrafse 44	30,70	18. April	30,66
15	Charlotten- und Leipziger-Strafsen-Ecke	30,97	10. Juli	30,83
16	Belle-Alliance-Platz 11	32,20	24. August	32,12
17	Gneisenaustrafse 100	32,56	2. August	32,50
18	Elsasser Strafse 1	30,53	6. Mai	30,43
19	Oranienburger Strafse 92	30,73	16. April	30,63
20	Schlofsplatz (Ecke Brüderstrafse)	31,01	11. April	30,89
20a	Werdersche Rosenstrafse	30,79	18. April	30,71
21	Commandantenstrafse 9/10	31,87	20. Juli	31,55
21a	Auf dem Spittelmarkt 4	31,30	9. Juli	31,16
22	Wasserthor- und Alexandrinenstrafse	31,68	16. Mai	31,58
23	Lothringer Strafse 9	30,61	11. April	30,45
24	Stralauer Strafse 58	32,28	16. August	31,85
25	Köpenicker und Neue Jacobstrafse	33,02	17. August	32,58
26	Oranienplatz (Luisenufer)	31,93	17. Mai	31,85
26a	Blücherstrafse (gegenüber Gneisenaustrafse)	32,60	11. Octbr.	32,52
27	Pallisadenstrafse 35	32,02	3. April	31,98
28	Koppenstrafse (Schlesischer Bahnhof)	32,21	30. März	32,15
29	Skalitzer Strafse 52/53 (Görlitzer Bahnhof)	32,24	27. März	32,18

Fafst man die Canalisation in ihrer Eigenschaft als sanitäre Anlage ins Auge, so wäre noch der Frage näher zu treten, in wieweit ihr Bestehen durch Reinigung des Wassers, der Luft und des Bodens verbessernd auf die Gesundheitsverhältnisse Berlins eingewirkt hat.

Wenn auch noch andere Dinge hierauf Einflufs gehabt haben und niemand in der Lage ist, zu beweisen, in welchem Mafse der ursächliche Zusammenhang zwischen Canalisation und der thatsächlich eingetretenen Verminderung der Sterblichkeitsziffer besteht, so dürfte es doch nicht zweifelhaft sein, dafs die Canalisation an dieser Verminderung, welche aus nachstehender Zusammenstellung ersichtlich ist, einen erheblichen Antheil hat.

Die Anschlüsse von Berliner Grundstücken an die Canalisation begannen am Ausgang des Jahres 1875 und nahmen von Jahr zu Jahr zu. Ihre Zunahme und die Abnahme der Todesfälle (ausschl. der Todtgeborenen) in den Jahren 1873—1893 ist folgende:

Jahr	1873	1874	1875	1876	1877	1878	1879	1880	1881	1882	1883
Anzahl der am Schlusse des Jahres angeschlossenen Grundstücke	—	—	57	1 025	2 014	2 415	3 602	7 478	9 867	10 468	11 968
Todesfälle in $^0/_{00}$ der Bevölkerung	30,0	30,2	32,9	29,8	29,7	29,4	27,6	29,7	27,3	25,9	28,9

IX. Die Entwässerung.

Jahr	1884	1885	1886	1887	1888	1889	1890	1891	1892	1893	1894
Anzahl der am Schlusse des Jahres angeschlossenen Grundstücke	14 100	15 895	17 395	17 955	18 479	18 984	19 898	21 352	22 012	22 661	23 400
Todesfälle in °/₀₀ der Bevölkerung	26,3	24,4	25,6	21,8	20,3	23,0	21,5	20,8	20,0	21,6	—[1]

[1]) Noch nicht festgestellt.

Die Rieselgüter.

Die Rieselgüter dienen, wie aus dem vorigen Abschnitt hervorgeht, zur Unterbringung des durch die Canalisationswerke aus der Stadt fortgeschafften Canalwassers.

Um eine Uebersicht zu gewinnen, welche Wassermengen im Laufe der letzten Jahre auf die Rieselgüter durch die Pumpstationen hinausgeschafft wurden, sind nachfolgend die Tagesdurchschnittsleistungen für die einzelnen im Betrieb befindlichen Systeme zusammengestellt. Die Wassermengen sind in Cubikmetern angegeben.

Jahr	Radialsysteme										
	I cbm	II cbm	III cbm	IV cbm	V cbm	VI cbm	VII cbm	VIII cbm	IX cbm	X cbm	XII cbm
1. April 1880 bis 31. März 1881	4 289	10 988	14 321	6 486	—	—	—	—	—	—	—
1. „ 1881 „ 31. „ 1882	7 687	17 433	15 367	11 684	3 582	—	—	—	—	—	—
1. „ 1882 „ 31. „ 1883	11 209	19 561	16 154	15 654	8 904	—	—	—	—	—	—
1. „ 1883 „ 31. „ 1884	10 762	20 176	16 314	16 603	14 762	—	—	—	—	—	—
1. „ 1884 „ 31. „ 1885	11 349	21 485	16 844	19 331	19 991	—	—	—	—	—	—
1. „ 1885 „ 31. „ 1886	12 340	22 614	17 194	21 671	23 228	859	4 598	—	—	—	—
1. „ 1886 „ 31. „ 1887	12 881	23 121	17 606	23 471	24 705	4 510	6 620	—	—	—	—
1. „ 1887 „ 31. „ 1888	13 621	23 398	18 034	23 844	24 945	8 072	7 497	—	—	—	—
1. „ 1888 „ 31. „ 1889	13 316	22 929	18 690	25 137	25 179	9 752	8 063	—	—	—	—
1. „ 1889 „ 31. „ 1890	13 448	23 933	20 152	28 304	27 078	12 702	8 937	—	—	—	—
1. „ 1890 „ 31. „ 1891	13 834	24 217	20 591	28 661	28 125	14 608	9 305	1 832	—	3 688	—
1. „ 1891 „ 31. „ 1892	13 903	26 050	21 423	32 965	30 392	14 355	10 533	3 931	—	6 891	—
1. „ 1892 „ 31. „ 1893	13 318	25 382	22 126	35 940	30 916	14 308	11 693	7 434	—	6 575	—
1. „ 1893 „ 31. „ 1894	14 231	24 364	22 677	35 523	30 676	13 155	12 042	10 420	1 897	6 388	4 106
1. „ 1894 „ 31. „ 1895	14 214	24 274	22 627	37 662	29 881	13 671	13 525	12 407	2 471	7 024	3 924

Die städtischen Rieselgüter, die theils im Süden, theils im Norden von Berlin gelegen sind, sind die folgenden:

Osdorf und Friederikenhof	808 ha,	fertig aptirt,
Heinersdorf und Teltower Parzellen	421 „	„ „
Grofsbeeren	959 „	„ „
Falkenberg und Bürknersfelde	701 „	„ „
Hohen-Schönhausen	100 „	„ „
Ahrensfelde	162 „	„ „
Wartenberg	458 „	„ „
Malchow	558 „	„ „
Blankenburg	280 „	„ „
Rosenthal und Blankenfelde	851 „	„ „
Möllersfelde	60 „	noch nicht aptirt,
Lindenhof	164 „	in der Aptirung begriffen,
Französisch-Buchholz-Bauerländereien	289 „	noch nicht aptirt,
Blankenfelde-Bauerländereien	85 „	„ „ „
Hellersdorf	447 „	fertig aptirt,
Schenkendorf	670 „	bis auf einen kleinen Theil fertig, das Vorwerk ist ganz fertig,

358   IX. Die Entwässerung.

    Kleinbeeren . . . . 473 ha, fertig aptirt,
    Sputendorf . . . . 480 „ bis auf wenige noch mit Holz bestandene Flächen fertig,
    Ruhlsdorf . . . . 428 „ der südliche nach der Nuthe entwässernde Theil fertig aptirt,
    Gütergotz . . . . 686 „ noch nicht aptirt.

Der Zusammenhang zwischen den Radialsystemen und den zugehörigen, von ihnen bewässerten Rieselfeldern geht aus der folgenden Tabelle hervor.

Lfde. Nr.	Radialsysteme	Rieselgüter
1	I, II, VI	Osdorf, Friederikenhof, Heinersdorf, Kleinbeeren, Grofsbeeren, Ruhlsdorf.
2	III, VII	Vorwerk Schenkendorf, Sputendorf, Schenkendorf (Gütergotz).
3	IV	Wartenberg, Malchow, Blankenburg.
4	V	Falkenberg und Bürknersfelde, Hohen-Schönhausen, Ahrensfelde.
5	VIII, IX, X	Rosenthal und Blankenfelde, Möllersfelde, Lindenhof und Bauerländereien von Französisch-Buchholz.
6	XII	Hellersdorf.

Von der Gesamtfläche der im Rieselbetrieb befindlichen Güter sind 70,1 % als Rieselland hergerichtet; das übrige Gebiet besteht aus Hofraum, Gärten, Park, Acker, Holzung, Wegen, Gruben, Deputatland, Oedland, Naturwiesen usw. Von der eigentlichen Rieselfläche sind 98,6 %, und von der Gesamtfläche 70,5 % drainirt, da auch einige Ackerländereien drainirt wurden.

Vor Beginn der Aptirungs- und Planirungsarbeiten auf den Rieselgütern ist die Verlegung der Leitungen nöthig, die das durch das Druckrohr zugeführte Canalwasser auf die Gesamtfläche vertheilen; diese Abzweigungen enden an den hohen Punkten des Geländes mit Auslafsschiebern und werden in ihren Abmessungen, je weiter sie gelangen und je mehr sich die Aufgabe, Wasser zuzuführen, beschränkt, bis auf 0,20 m Durchmesser verringert. An der Hauptabzweigungsstelle, d. h. da, wo das Hauptdruckrohr endet, ist ein oben offenes Standrohr von gleichem Durchmesser wie das Druckrohr angeordnet, um für die Druckleitung als Sicherheitsventil zu dienen und die Menge des unterzubringenden Druckwassers den Rieselwärtern erkennbar zu machen.

Nach Fertigstellung dieser Leitungen beginnen diejenigen Arbeiten, die die Felder zur Aufnahme des Rieselwassers und zur Wiederentlassung des Drainwassers geeignet machen. Im wesentlichen bestehen sie in Herstellung der Beetanlagen, Wiesenanlagen, Einstaubecken mit ihren Bewässerungsgräben, der Hauptentwässerungsgräben und der Wirthschaftswege.

Nachdem durch die Hauptentwässerungsgräben und die Auslafsschieber eine eingehendere Anordnung möglich geworden ist, werden die einzelnen Abschnitte in Unterabtheilungen zerlegt, mit Rücksicht auf Ersparung von Erdarbeiten.

Die Vertheilung des Wassers auf die einzelnen Flächen erfolgt von den höchsten Punkten ab durch offene, 0,50 m tiefe Gräben, in einzelnen Fällen auch durch Thonrohrleitungen.

Innerhalb eines Stückes wird das Canalwasser je nach der Bestimmung der Fläche vertheilt; handelt es sich um Beetanlagen, so wird das Wasser in wagerecht liegenden Furchen, die die einzelnen Beete trennen, eingestaut, sodafs es nur seitlich in die Beete eindringen kann, also nur die Wurzeln der Pflanzen erreicht; sollen Wiesen angelegt werden, so läfst man das Wasser von der höchst gelegenen Kante (oder Ecke) aus die Fläche selbst berieseln; ist schliefslich das Gelände für Einstaubecken geeignet, so wird das Wasser bis zu einer Tiefe von 0,30 bis 0,50 m zwischen Dämmen eingestaut; das Einstauen erfolgt der Regel nach nur im Winter; im Frühjahr nach erfolgter Versickerung und

IX. Die Entwässerung. 359

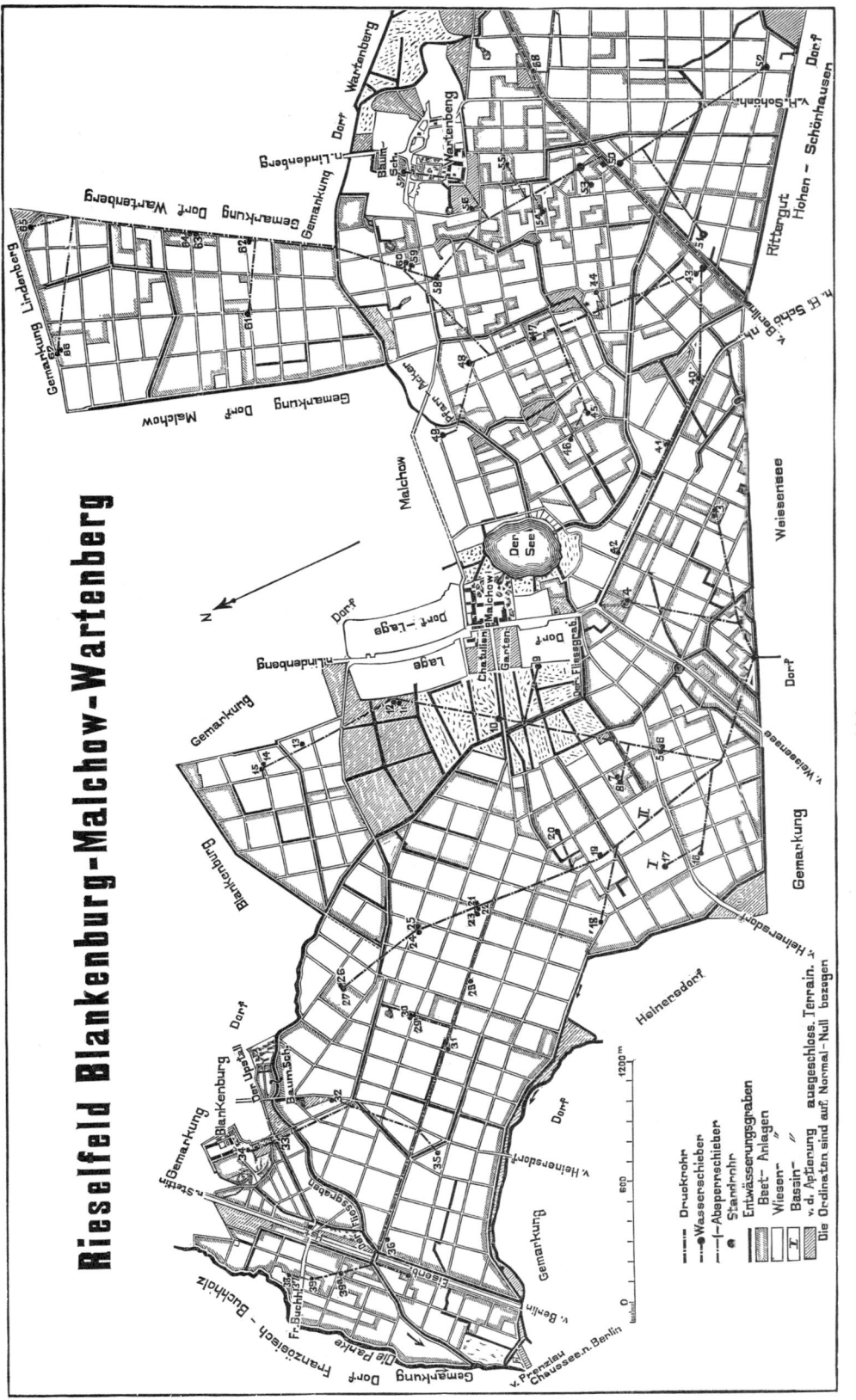

Abb. 471.

IX. Die Entwässerung.

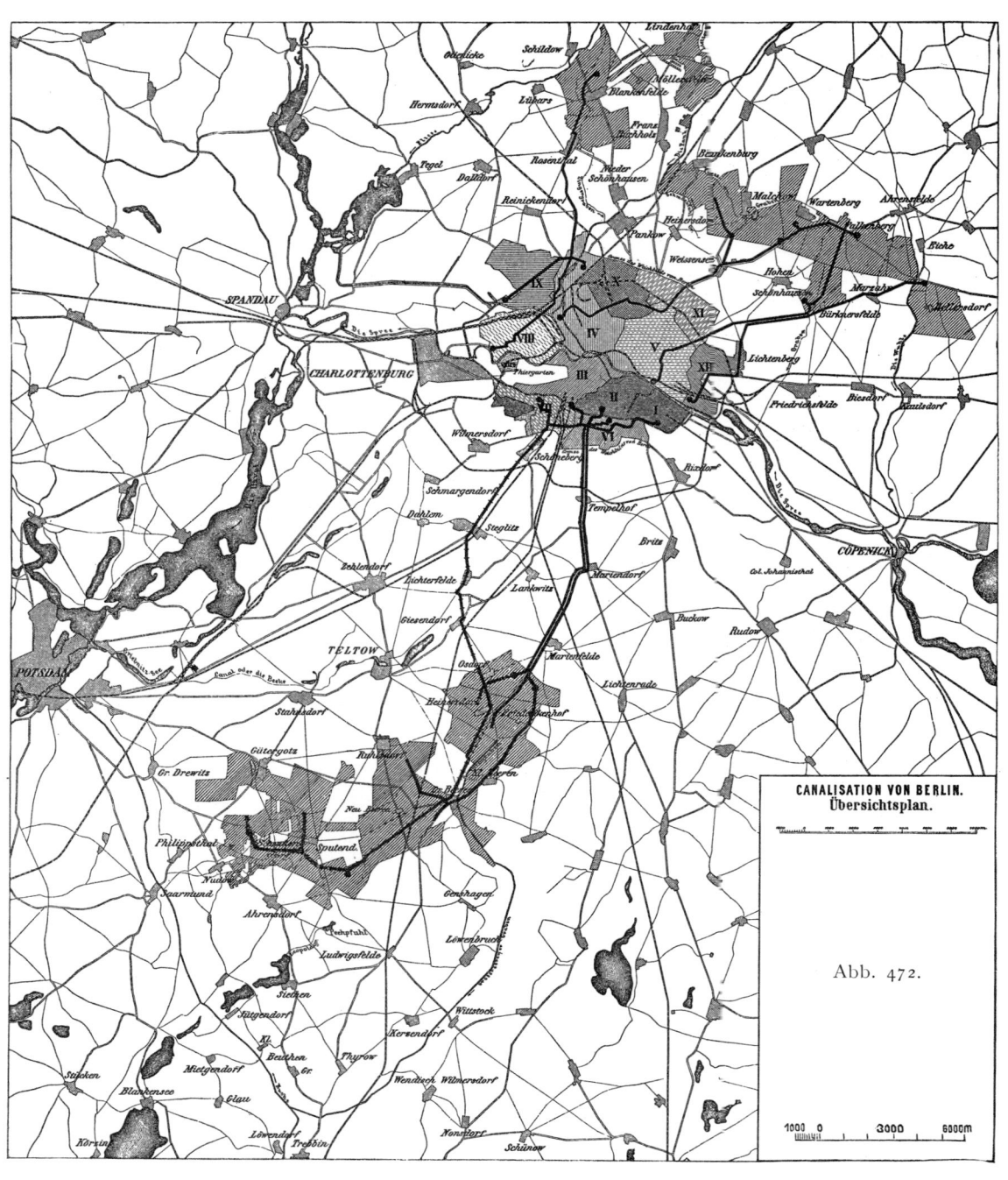

Abb. 472. CANALISATION VON BERLIN. Übersichtsplan.

Größe der Rieselfelder.

Osdorf und Friederikenhof	808 ha	Malchow	558 ha	Hellersdorf	447 ha
Heinersdorf und Teltower Parzellen	421 ,,	Blankenburg	280 ,,	Scherkendorf	670 ,,
Großbeeren	959 ,,	Rosenthal und Blankenfelde	851 ,,	Kleinbeeren	473 ,,
Falkenberg und Bürknersfelde	701 ,,	Möllersfelde	60 ,,	Sputendorf	480 ,,
Hohen-Schönhausen	100 ,,	Lindenhof	164 ,,	Ruhlsdorf	428 ,,
Ahrensfelde	162 ,,	Französisch-Buchholz	289 ,,	Gütergotz	686 ,,
Wartenberg	458 ,,	Blankenfelder Bauerländereien	85 ,,		

Länge der Druckrohrleitung.

Radialsystem	I bis Kuppelstück	3 600 m,	Durchmesser 0,75 m	Radialsystem X bis Kuppelstück	698 m,	Durchm. 0,75 m
,,	II ,, ,,	964 ,,	1,00 ,,	,, I, III u. VI bis Standrohr	11 542 ,,	1,00 ,, u. 0,75 m
,,	III ,, ,,	2 908 ,,	0,75 ,,	,, IV ,,	14 301 ,,	1,00 ,,
,,	VI ,, ,,	1 273 ,,	0,75 ,,	,, V ,,	7 988 ,,	1,00 ,,
,,	VII ,, ,,	1 676 ,,	0,75 ,,	,, III u. VII ,,	23 046 ,,	1,00 ,,
,,	VIII ,, ,,	5 657 ,,	1,00 ,,	,, VIII, IX u. X ,,	8 412 ,,	1,00 ,,
,,	IX ,, ,,	3 350 ,,	0,75 ,,	,, XII ,,	12 565 ,,	0,75 ,,

Verdunstung werden die Becken umgepflügt und mit Getreide, Oelfrüchten u. dergl. bebaut; die Gröfse der einzelnen Becken wechselt, z. B. in Osdorf zwischen 2 und 9 ha.

Der Einwand, dafs die Berieselung zeitlich beschränkt sei, dafs die Felder nach einer Reihe von Jahren versumpfen und für Canalwasser nicht mehr aufnahmefähig sein würden, ist bei einem geregelten und gewissenhaften wirthschaftlichen Betriebe und nach der vorliegenden langjährigen Erfahrung durchaus hinfällig; der gröfseren Dungmenge, die das Canalwasser liefert, entspricht ein mehr dungverzehrendes Wachsthum; es ist daher auf den Rieselfeldern Aufgabe, je nach der Bodengattung und Bebauung das zweckmäfsigste Verhältnifs für die Dungmenge zu ermitteln; im übrigen ist das zufliefsende Canalwasser ein trübes, schmutziges Wasser, in dem Kothstoffe nicht erkennbar sind; das aus den Drains abgeleitete Wasser ist gereinigt, klar und geruchlos. Letzteres wird von einem Sachverständigen fortlaufend untersucht und die Ergebnisse dieser Untersuchungen von der Deputation für die Verwaltung der Canalisationswerke veröffentlicht. Auch der Gesundheitszustand der auf den Rieselgütern vorhandenen Bevölkerung unterliegt einer steten Beobachtung und die vorkommenden Krankheitsfälle werden ebenfalls von der genannten Deputation in ihren Verwaltungsberichten veröffentlicht. Aus diesen ergiebt sich, dafs die gesundheitlichen Verhältnisse auf den Rieselfeldern im allgemeinen nur günstig sind.

Auch aus dem Umstande, dafs die Stadt Berlin auf verschiedenen Rieselfeldern Heimstätten für Genesende eingerichtet hat, die die Anerkennung der Aerzte gefunden haben und sich eines wachsenden Zuspruchs erfreuen, kann dieser Schlufs gezogen werden.

Somit dürfte der mit der Einrichtung der Rieselfelder beabsichtigte Zweck einer wohlgeordneten Unterbringung der Abwässer Berlins erreicht sein.

Der Lageplan Abb. 472 zeigt die Radialsysteme der Stadt, die zugehörigen Rieselgüter und ihre Druckrohrleitungen.

B. Die Entwässerung von Charlottenburg und der übrigen westlichen Vororte Berlins.[1])

Von Beginn der Verhandlungen bis zur Inbetriebsetzung einer planmäfsigen allgemeinen Entwässerung von Charlottenburg sind 17 Jahre verflossen.

Im Anfang der siebziger Jahre war es in Charlottenburg wie in den meisten kleinen Städten Deutschlands Brauch, die Abwässer, welche den Hausbewohnern lästig waren, einfach in die Strafsenrinnsteine abfliefsen zu lassen. Wo das Gefälle derselben grofs genug war, flofs das Schmutzwasser bald ab und ein kräftiger Regen besorgte die Nachspülung. Wo es aber an solchem Gefälle fehlte, da blieb die Jauche stehen und verpestete die Luft. Der Zustand verschlimmerte sich, als viele kleine landwirthschaftliche Betriebe eingingen und an deren Stelle Miethshäuser mit eng umbauten Höfen entstanden. Schon im Sommer 1872 hatten die Uebelstände einen solchen Grad erreicht, dafs der Magistrat vorschlug, den Hausbewohnern das Ablassen unreiner Wässer in die Strafsenrinnen zu verbieten. Selbstverständlich konnte ein solches Verbot keinen Erfolg haben. Daher begannen im Frühjahr 1873 die Entwürfe und Verhandlungen unter den zuständigen Behörden über die Wahl eines geeigneten Reinigungsverfahrens. Stückweise Canalisation, Anschlufs an die bereits in Ausführung begriffene Berliner Canalisation, Tonnenabfuhr, gemischtes Tonnen- und Grubensystem mit Spülclosets, endlich reines Tonnensystem mit Kläranlage wurden nach einander geplant und als unzulänglich oder unausführbar wieder verworfen, und erst das Jahr 1885 brachte den einmüthigen Entschlufs, die Schwemmcanalisation mit Rieselfeldern, deren Erfolge in Berlin immer mehr zu Tage traten, zur Durchführung zu bringen. Zwecks Ausführung dieses Beschlusses wurde im Sommer 1885 der Verfasser in die städtische Verwaltung berufen.

---

1) Bearbeitet von Theodor Koehn, Stadtbaurath a. D.

IX. Die Entwässerung.

Es handelte sich zunächst im wesentlichen nur um die Entwässerung desjenigen Theiles der Stadt, welcher östlich von der Stadt- und Ringbahn und südlich von der Spree liegt, weil vorläufig nur dieser Theil eine ausgedehnte städtische Bebauung und ein lebhaftes Entwicklungsbedürfnifs hatte.

Der Theil des östlichen Stadtgebiets, welcher sich in der Kurfürstenstrafse unmittelbar an Berlin anschliefst, konnte von vornherein von dem Plane ausgeschlossen werden,

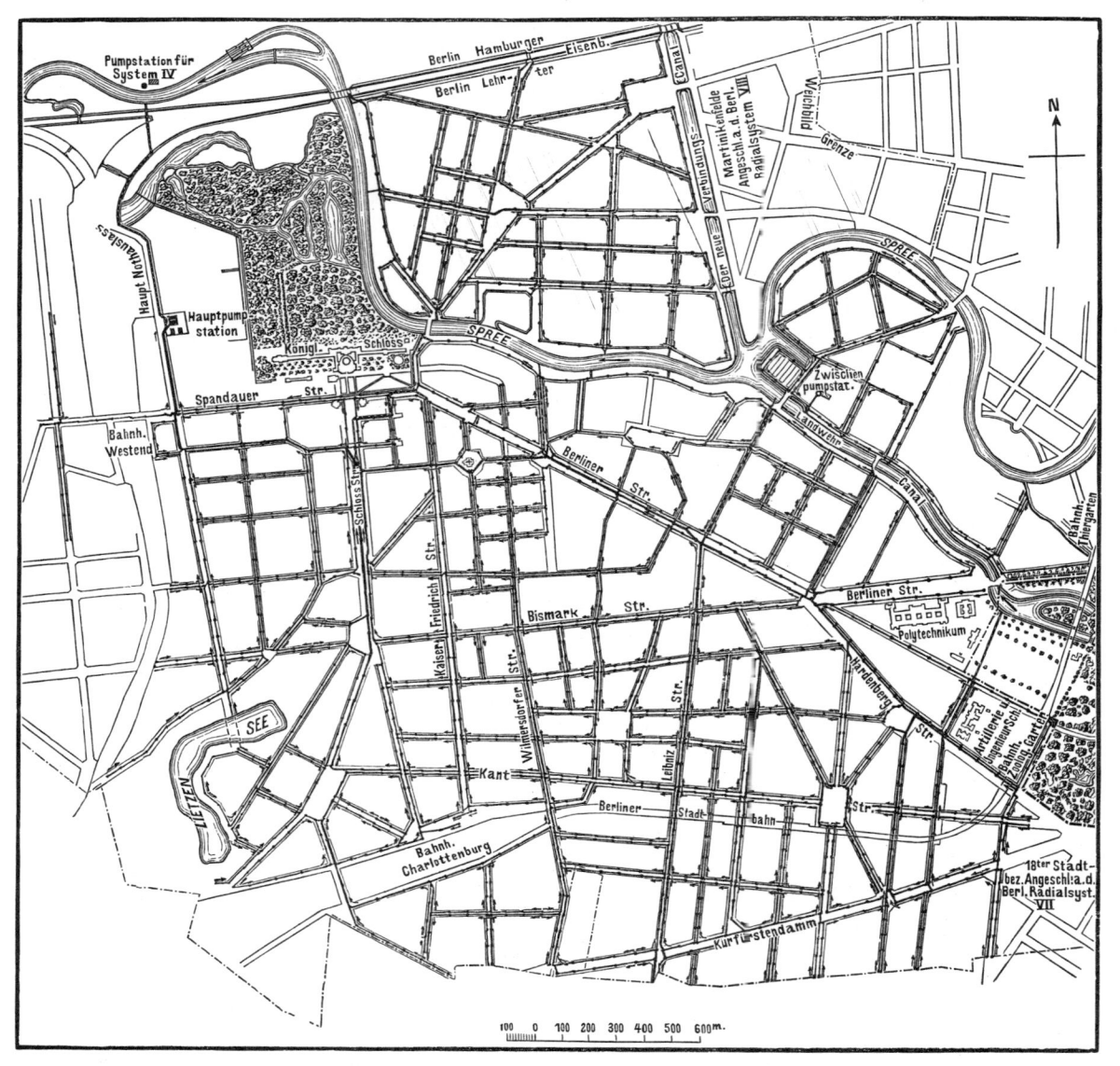

Abb. 473. Uebersichtsplan des Canalnetzes. System I.

weil dieser Stadttheil bereits im Entwurf mit an das Berliner Radialsystem VII angegliedert war und deshalb im November 1885 zwischen beiden Städten ein Vertrag zustande kam, wonach die Ausführung und der Betrieb der Canalisation dieses Gebiets von der Stadt Berlin gegen Entschädigung übernommen wurde. Berlin erhält als einmalige Entschädigung für 1 m Strafsenfront 50 ℳ und als dauernde Entschädigung für 1 m 6 ℳ jährlich.

Das übrige Gebiet südlich von der Spree und östlich von der Ringbahn wurde zu einem Systeme (I) zusammen gefafst (Abb. 474). Für die zwischen Spree und Landwehr-

IX. Die Entwässerung.

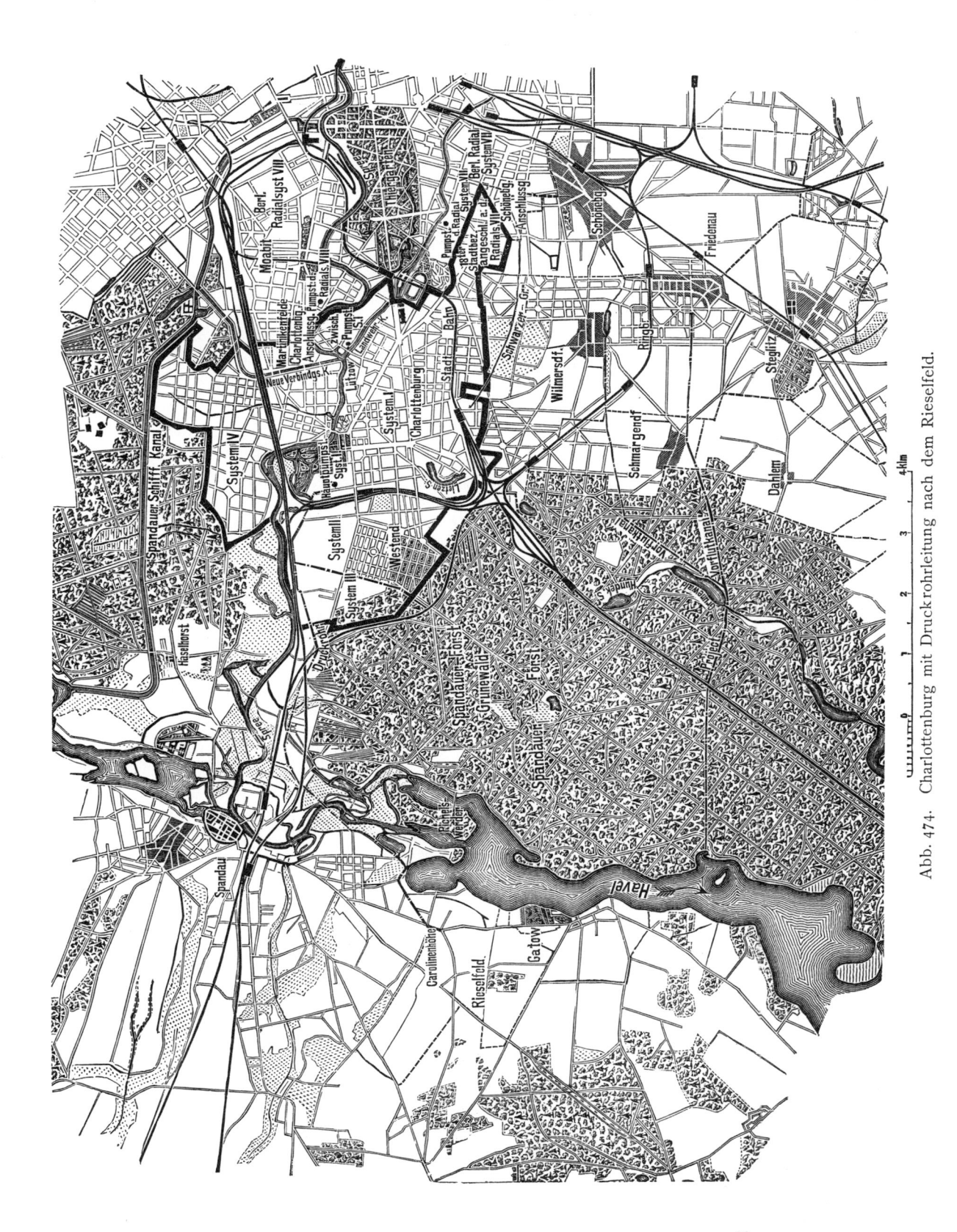

Abb. 474. Charlottenburg mit Druckrohrleitung nach dem Rieselfeld.

canal gelegene Halbinsel ergab sich die Nothwendigkeit, eine Zwischenpumpstation anzulegen, weil die Höhenlage nicht gestattete, die Abwässer durch die Schwerkraft unter dem Canal hindurch in das Hauptsystem zu führen.

Bereits im Mai 1886 wurde ein allgemeiner Entwurf für diesen Stadttheil den Aufsichtsbehörden zur Genehmigung vorgelegt und zu gleicher Zeit die Anlage von Rieselfeldern auf den Gütern Carolinenhöhe und Grofs-Glienicke beantragt. Der Sonderentwurf für das System I wurde Ende 1887 zur Vorlage gebracht. Er umfafste ein Gebiet von 723 ha 87 a und wies 120 815 m, also etwa 16 deutsche Meilen, Leitungen auf, deren unterster Stammcanal sich 2,70 m breit und 2,30 m hoch ergab.

Die Kosten waren auf 7 500 000 ℳ ausschliefslich des Druckrohrs und ausschliefslich der Rieselfelder veranschlagt.

Das übrige Gebiet von Charlottenburg ist bei der nachfolgenden Bearbeitung in drei weitere Systeme — II, III und IV — eingetheilt (Abb. 474).

Das System II umfafst im allgemeinen Westend und den im Norden bis zur Spree anschliefsenden Theil. Dieses System ist mit Rücksicht auf die verschiedene Höhenlage der einzelnen Gebietstheile in drei Unterabtheilungen zerlegt, von denen die erste 230,73 ha, die zweite 41,68 ha und die dritte 45,25 ha mifst.

System III umfafst das Weichbild, soweit dasselbe westlich von dem System II liegt. Auch dieses ist wieder in zwei Unterabtheilungen von 89,69 ha und 68,49 ha zerlegt.

Westend, d. h. die Systeme II und III, liegt im allgemeinen 16—20 m höher als das System I und es wäre deshalb unwirthschaftlich gewesen, das Wasser von dort in das System I hinab zu führen, um es dann wieder mittels theurer Maschinenkraft nach dem Rieselfelde zu heben.

Der ganze Stadttheil nördlich der Spree, soweit er westlich am Verbindungscanal liegt, hat eine solche Höhenlage, dafs eine Führung der Abwässer unter der Spree hindurch vermittelst der Schwerkraft ausgeschlossen erschien. Es mufste also auch hier eine besondere Pumpstation und deshalb ein besonderes System (IV) gebildet werden. System IV hat einen Gesamtflächeninhalt von 554,04 ha.

Für den östlich vom Verbindungscanal und nördlich der Spree gelegenen Stadttheil Martinickenfelde ist im Jahre 1893 der Anschlufs an das Berliner Radialsystem VIII, dessen Pumpstation an der Ecke der Gotzkowskystrafse und der Strafse Alt-Moabit gelegen ist, vertragsmäfsig gesichert. Hobrecht hatte von vornherein bei Aufstellung seines Entwurfs diese natürliche Lösung der Entwässerungsfrage des Stadttheils Martinickenfelde vorausgesetzt.

Die Kosten der Gesamtcanalisation von Charlottenburg, deren Ausführung allerdings sich wohl noch über mehr als ein Menschenalter erstrecken wird, sind, ausschliefslich der Druckrohr- und Rieselfeldanlagen, auf 19 500 000 ℳ zu berechnen. Dazu kommen für das Druckrohr 7 200 000 ℳ, für die Rieselfelder rd. 8 000 000 ℳ, sodafs sich also die Gesamtkosten anschlagsmäfsig auf rd. 35 000 000 ℳ belaufen.

Verausgabt sind im System I, nachdem alle zur Zeit für den Anbau fertiggestellten Strafsen mit Leitungen versehen sind, einschliefslich Rieselfeld und Druckrohr, etwa 7 500 000 ℳ, wovon ein sehr beträchtlicher Theil durch ortsstatutarische Beiträge und sonstige Beisteuern von Grundstücksbesitzern bereits wieder eingegangen ist.

Die Gesamt-Schuldentilgung, die Verzinsung, der Betrieb und die Unterhaltung der Anlage werden durch Beiträge der Grundstücksbesitzer bis auf einen Zuschufs von jährlich rd. 50 000 ℳ, welchen die Stadt aus Kämmereimitteln leistet, aufgebracht.

Es wird von allen Besitzern ein einmaliger Beitrag von 50 ℳ für 1 m Strafsenfront erhoben. An laufenden Beiträgen wurden in früheren Jahren $2^{1}/_{2}\,\%$ des Gebäudesteuernutzungswerthes erhoben. Auf Grund des neuen Communalabgabengesetzes sollte vom 1. April 1895 an eine Beitrags- und Gebührenordnung in dieser Beziehung in Kraft treten, derart, dafs von allen Grundstücken, deren Fronten mit Canalisationsleitungen versehen sind, gleichgültig, ob sie bebaut oder unbebaut sind, ein jährlicher Beitrag von 2 ℳ für

IX. Die Entwässerung. 365

1 m Grundstücksstrafsenfront erhoben und dafs aufserdem von jedem an die Schwemmcanalisation angeschlossenen Grundstücke als laufende jährliche Benutzungsgebühr ein Procentsatz des Gebäudesteuernutzungswerthes eingezogen werden sollte. Letztere war von den städtischen Körperschaften zunächst auf 1,3 % festgesetzt.

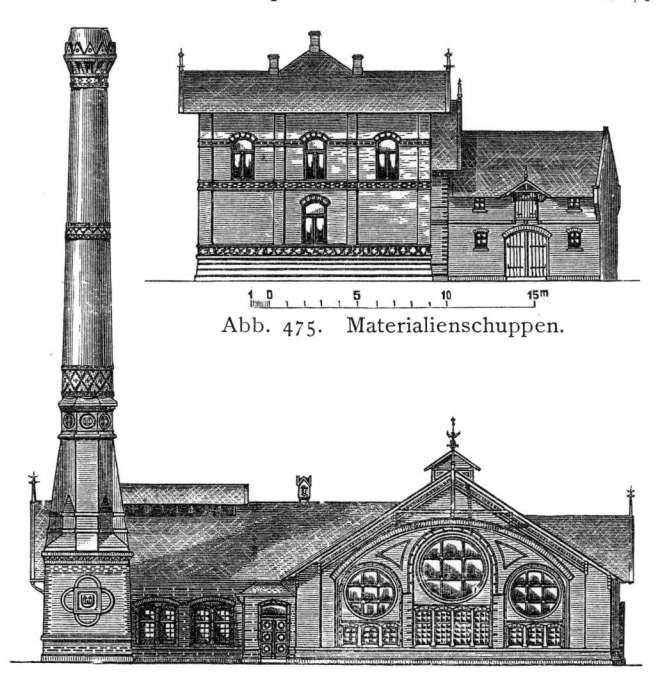

Abb. 475. Materialienschuppen.

Abb. 476. Haupt-Pumpstation. Kessel- und Maschinenhaus.

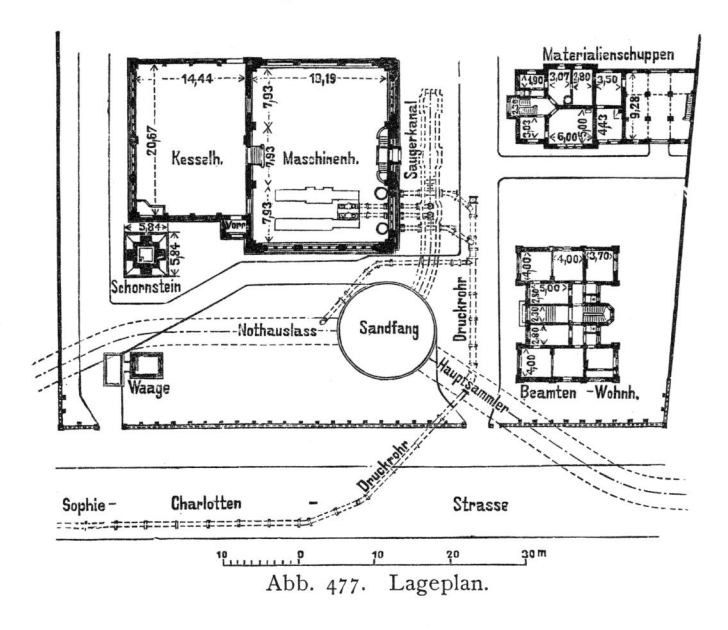

Abb. 477. Lageplan.

Die Ordnung hat aber die Zustimmung der zuständigen Aufsichtsbehörden nicht gefunden, da von ihnen eine Heranziehung der unbebauten Grundstücke zu laufenden Canalisationsabgaben oder Gebühren als berechtigt nicht angesehen wurde. Es steht daher die Regelung dieser Frage noch nicht fest.

Mit der Ausführung des Systems I wurde, dem Zwange der Verhältnisse folgend, bereits im Jahre 1886 begonnen und am 1. October 1890 wurde der Betrieb der Pumpstation und des Rieselfeldes eröffnet.

Es wurden auf die Rieselfelder gepumpt:

im Jahre 1891: 1 967 000 cbm
„   „   1892: 3 316 000   „
„   „   1893: 3 694 000   „
„   „   1894: 4 195 000   „

Die Grundsätze, auf denen der Plan der Canalisation von Charlottenburg beruht, sind im wesentlichen dieselben, welche Hobrecht bei der Canalisation von Berlin durchgeführt hat. Das gilt vornehmlich für die in der Sekunde abzuführende gröfste Wassermenge. Hierbei fehlt es leider dem Ingenieur noch vollkommen an genauen Unterlagen. Um in dieser Beziehung Erfahrungen zu sammeln, werden zur Zeit in Charlottenburg mittels selbstzeichnender Pegel und an verschiedenen Orten über die Stadt zerstreut aufgestellter Regenmesser genaue Beobachtungen geführt, welche im Laufe der Zeit gewifs werthvolle Ergebnisse bringen werden. Für Berlin wurde gerechnet, dafs von der angenommenen sekundlichen, durch die Canäle abzuführenden Gesamtwassermenge von 22,730 l für 1 ha, auf das Regenwasser 21,185 l und auf das Hauswasser 1,545 l entfallen, sodafs die gröfste Regenwassermenge etwa das dreizehnfache der gröfsten Hauswassermenge ausmacht. Hierbei ist die Hauswassermenge danach bemessen, dafs ein Meistverbrauch von 127,5 l für den Kopf und Tag zu Grunde gelegt ist, wovon die Hälfte in neun Stunden abfliefsen soll, und dafs eine Bevölkerungsdichtigkeit von 785 Einwohnern für 1 ha vorausgesetzt wird. Diese Dichtigkeit ist in

IX. Die Entwässerung.

Berlin aber nirgends erreicht, überschreitet vielmehr thatsächlich fast nirgends die Höhe von 400.

Weil nun aber dennoch bei heftigem Gewitterregen die wirkliche Inanspruchnahme der Berliner Leitungen die rechnungsmäfsig als die gröfste festgesetzte Zahl erreicht und sogar überschritten hat, so wird dadurch bewiesen, dafs der Antheil des Regenwassers an der Gesamtmenge gröfser ist, als der Hobrecht'schen Annahme zu Grunde gelegt wurde. Deshalb ist für Charlottenburg eine sekundliche Hauswassermenge von 0,788 l und eine sekundliche gröfste Regenwassermenge von 21,942 l für 1 ha angenommen, sodafs die Regenwassermenge nach den Charlottenburger Annahmen rund das achtundzwanzigfache von der bezeichneten Hauswassermenge ausmacht.

Wenn auch diese Unterscheidung für die Berechnung der Gesamtgröfse der Canäle bedeutungslos ist, so hat sie dennoch eine grofse Bedeutung für die Anordnung der Sohlengefälle, weil mit Sorgfalt darauf zu achten ist, dafs die Canalsohlen sich in Form und Gefälle so aneinander nach unten zu anschliefsen, dafs für den gewöhnlichen, d. h. den regenlosen Zustand, nirgends ein Aufstau stattfindet.

Die Lage der Pumpstation des Systems I ergab sich aus der Bedingung, dafs der Hauptnothauslafs nicht oberhalb des Schlofsgartens münden sollte. Es kam dazu, dafs etwa 200 m oberhalb derjenigen Stelle, wo die Verlängerung der westlichen Grenze vom System I die Spree schneidet, die Charlottenburger Schleuse und das Wehr liegen, durch welche eine im Sommer ausreichende Schiffahrtstiefe in der Spree erzielt ist. Deshalb war es natürlich, den Haupt-Nothauslafs in das Unterwasser münden zu lassen, um dadurch ein gröfseres Wasserspiegelgefälle erzielen zu können. Die Pumpstation des Systems I liegt an der Sophie-Charlotten-Strafse zwischen dem Güterbahnhof Westend und dem Schlofspark (Abb. 475—477).

Für die Berechnung der Canäle ist, wie in Berlin, das Wasserspiegelgefälle zu Grunde gelegt, d. h. dasjenige Gefälle, welches sich in den Canälen einstellen soll, wenn die gröfste sekundliche Wassermenge zum Abflufs gelangt und die Annahmen bezüglich der Höhenlage des Wasserspiegels in der Spree und dem Landwehrcanal erfüllt sind.

Es ist, wie in Berlin, die Eytelwein'sche Formel

$$V = 50 \sqrt{\frac{F}{p} \cdot \frac{h}{l}}$$

benutzt, worin V die Geschwindigkeit, F den Leitungsquerschnitt, p den benetzten Umfang und $\frac{h}{l}$ das Gefälle bedeuten. Erörterungen über den Werth der Formel anzustellen, wäre bei der Unsicherheit der Annahme für die abzuführenden Wassermengen für die Flächeneinheit und Sekunde zwecklos gewesen. Man weifs, dafs die Eytelwein'sche Formel etwas gröfsere Werthe für die Querschnitte ergiebt, als andere Formeln, welche wissenschaftlich richtiger sind.

Um Wiederholungen zu vermeiden, mögen hier mit Bezug auf den Entwurf innerhalb der Stadt nur einige technische Einzelheiten hervorgehoben werden, welche einigermafsen von den Berliner Ausführungen abweichen.

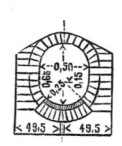

Abb. 478.    Abb. 479. 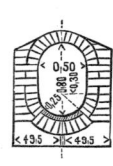   Abb. 480. 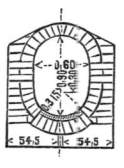   Abb. 481.    Abb. 482.

Bei der Wahl der Profile wurden zwischen den Thonröhren von 0,51 m Durchmesser, welches Mafs mit Rücksicht auf die Haltbarkeit als Grenze bei Verwendung von glasirten Thonröhren angesehen werden darf, und dem 1 m Eiprofil abweichend von der Berliner Ausführung symmetrische Canalprofile eingeschoben, weil der Sprung zwischen beiden Gröfsen zu hoch erschien. Denn, während die Thonrohrleitung von 0,51 m Durch-

IX. Die Entwässerung.

messer bei einem Gefälle von 1 : 500 = 163 l in der Sekunde abführt, kann das letztere 502 l aufnehmen. Es sind deshalb, wie bemerkt, fünf symmetrische Canalquerschnitte entworfen, welche bei einem Gefälle von 1 : 500 der Reihenfolge nach 204, 257, 309, 378 und 447 l abzuführen imstande sind. Die Rundung der Canalsohle ist bei keinem Querschnitt gröfser, als mit einem Radius von 0,30 m und es hat sich im Betriebe herausgestellt, dafs sich diese Canäle recht gut rein halten und auch bei den Strecken mit schlechtem Gefälle bequem reinigen lassen. Für den Kostenanschlag aber stellte diese Einschaltung eine nicht unbeträchtliche Ersparnifs dar.

Als Material für die Canäle ist, wie in Berlin, grundsätzlich für die kreisrunden Röhren glasirter gebrannter Thon mit weichen Thonmuffen und für die Canäle Mauerwerk aus Klinkern und Cementmörtel gewählt. In Abweichung aber von den Berliner Anlagen ist die Canalsohle bei gröfseren Profilen durch glasirte Thonplatten, und bei kleineren Profilen durch glasirte Thonschalen gebildet, um die Abschwemmungsfähigkeit der Canäle nach Möglichkeit zu vergröfsern.

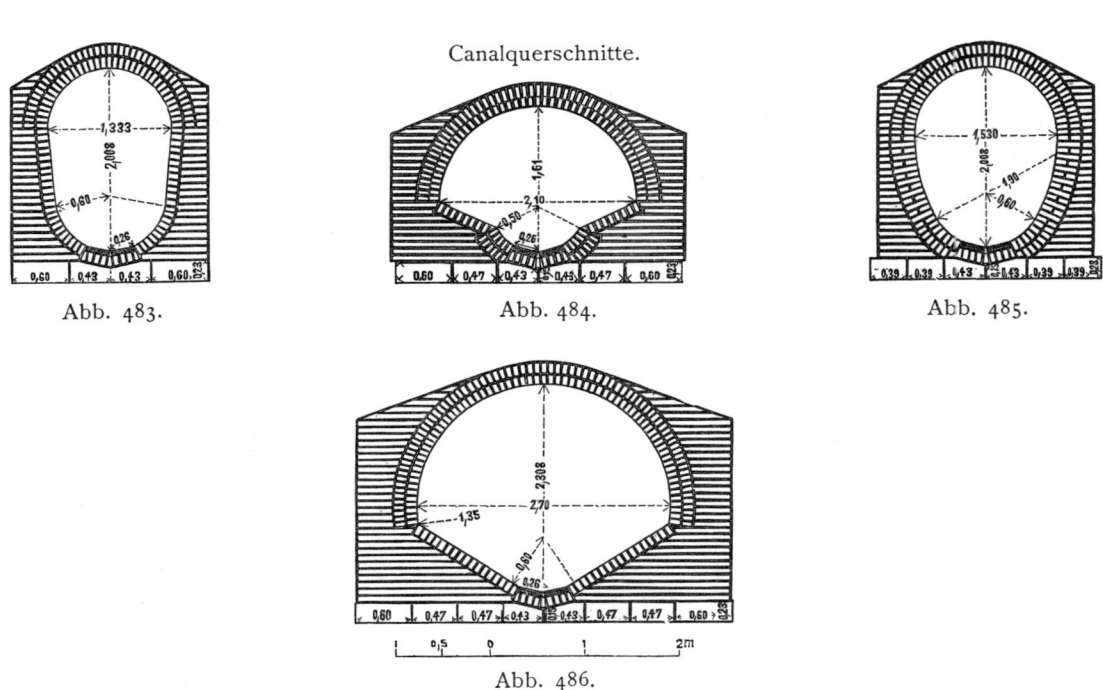

Canalquerschnitte.

Abb. 483.   Abb. 484.   Abb. 485.

Abb. 486.

Besondere Sorgfalt ist bei der Bearbeitung des Entwurfs auf die Gestaltung der Sohlengefälle und der auf einander folgenden Sohlenformen gelegt worden derart, dafs das ganze System einmal unter Zugrundelegung der gröfsten Wassermenge und dann unter Zugrundelegung der gewöhnlichen Wassermenge in regenfreier Zeit durchgerechnet ist. Für den letzteren Fall ist darauf geachtet, dafs durch die auf einander folgenden Querschnitte in Verbindung mit den ihnen zugewiesenen Gefällen ein Rückstau vermieden, vielmehr eine möglichst grofse Geschwindigkeit erzielt wurde. Aus dieser Rücksicht sind die Formen mit den dreieckigen Sohlenquerschnitten entstanden.

Da die rechnungsmäfsige Gesamtwassermenge des Systems I in Charlottenburg bei starkem Regen 13 972,3 l in der Sekunde beträgt, so ist es klar, dafs man sie nicht in einem geschlossenen Sammelcanal bis zur Pumpstation führen kann. Man braucht nur zu bedenken, dafs die Spree bei niedrigem Wasser 13 cbm und bei mittlerem Wasser 42,50 cbm in der Sekunde abführt. Es sind deshalb im ganzen sechs Nothauslässe von verschiedener Bedeutung angeordnet, durch welche der gröfsere Theil der Wassermengen bei heftigen Regenfällen auf kürzestem Wege in die öffentlichen Wasserläufe gelangen kann. Der wichtigste Nothauslafs ist immer derjenige an der Pumpstation, weil er an

368　　　　　　　　　　IX. Die Entwässerung.

der tiefsten Stelle liegt und daher auch bei Eintritt des Regens zunächst in Thätigkeit treten mufs.

Es ist rechnerisch angenommen worden, dafs von der gröfsten Wassermenge $^1/_{10}$ den Pumpen zugeführt werden kann, während der Rest den öffentlichen Wasserläufen durch die Regenüberfälle zufliefst.

Alle Regenüberfälle haben feste Ueberfallschwellen, deren Höhenlage so gewählt ist, dafs mindestens 67% des Gesamtquerschnitts des zu entlastenden Hauptsammlers geschlossen bleiben. Steigt das Wasser in den Canälen über die festen Ueberfallschwellen hinaus, so treten die Regenüberfälle in Thätigkeit. Um den Regenüberfall, welcher an der Schlofsbrücke, d. h. kurz oberhalb des Schlofsgartens, in die Spree ausmündet, möglichst selten arbeiten zu lassen, d. h. nur bei ganz aufserordentlichen Regenfällen, ist bei seiner Ausmündung aus dem Hauptsammler die Regenüberfallschwelle so hoch gelegt, dafs $^4/_5$ des Querschnitts geschlossen geblieben sind. Es hat sich hierdurch eine Länge der Ueberfallschwelle von fast 5 m ergeben.

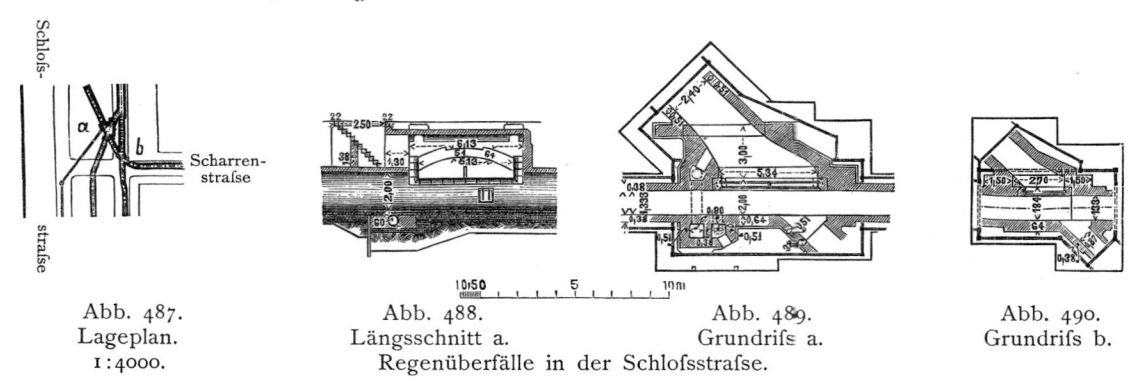

Abb. 487.
Lageplan.
1:4000.

Abb. 488.
Längsschnitt a.

Abb. 489.
Grundrifs a.

Abb. 490.
Grundrifs b.

Regenüberfälle in der Schlofsstrafse.

Die Ueberfallschwellen und die an dieselben anschliefsenden Regenüberfallcanäle sind so angelegt, dafs die Ausmündung unter 45 Grad zur Richtung des Hauptsammlers stattfindet.

Derselbe Grundsatz hat Geltung erhalten für die Zusammenführung zweier Canäle, um daselbst das zusammengeführte Wasser möglichst glatt und ohne Aufstau in den unten liegenden Canal hinüber zu leiten.

Bei den Thonrohrleitungen ist grundsätzlich festgehalten, dafs in Abständen von höchstens 80 m ein Einsteigebrunnen angelegt ist. Zwischen zwei Schächten ist jede Thonrohrleitung schnurgerade und in gleichmäfsigem Gefälle verlegt

Um eine Geschwindigkeitsverminderung in den Schächten für den gewöhnlichen Betrieb bei regenfreier Zeit zu vermeiden, sind die Sohlen bei einmündenden Thonrohrleitungen in Form von Rinnen durch den Schacht hindurch geführt (Abb. 491—493). In Berlin sind bekanntlich die Brunnensohlen mittels flacher horizontaler Granitplatten gebildet.

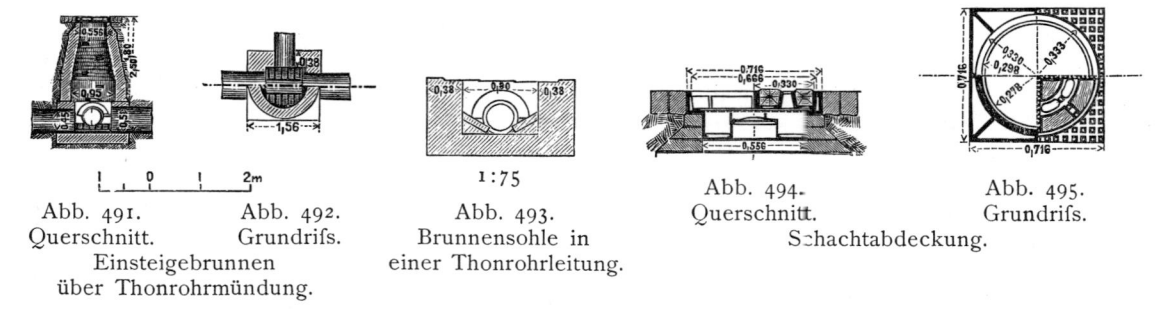

Abb. 491.
Querschnitt.

Abb. 492.
Grundrifs.

Einsteigebrunnen über Thonrohrmündung.

Abb. 493.
Brunnensohle in einer Thonrohrleitung.

Abb. 494.
Querschnitt.

Abb. 495.
Grundrifs.

Schachtabdeckung.

Die Form der Brunnenabdeckungen ist eine etwas andere wie in Berlin, wie Abb. 494 zeigt. Es wird bezweckt, dafs der Strafsenschmutz durch den conischen Querschnitt der Oeffnungen des gufseisernen Deckels in die ringförmige Vertiefung des Blecheinhanges hinein fällt und so ein Verschliefsen der Oeffnungen des gufseisernen Deckels

IX. Die Entwässerung.

durch Strafsenschmutz nicht stattfinden kann. Der lose auf die mittlere cylindrische Oeffnung des Einhanges gelegte Blechdeckel soll verhindern, dafs für gewöhnlich eine Ventilation des Brunnens nach der Strafse zu erfolgt.

Findet ein heftiger Regen statt, bei welchem die Schächte oft bis zu beträchtlicher Höhe gefüllt sind, so wird durch die zusammengeprefste Luft im Brunnen der lose aufliegende Deckel von der mittleren cylindrischen Oeffnung des Einhanges gehoben und die Luft kann entweichen. Alle Schächte sind durch ein besonderes Lüftungsrohr an ein Regenabfallrohr des zunächst liegenden Hauses angeschlossen.

Bei den Rinnenschächten (Gullies) ist durch einen gufseisernen Wasserverschlufs wirksam verhindert, dafs Canalgase durch den Rinnenschacht auf die Strafse gelangen

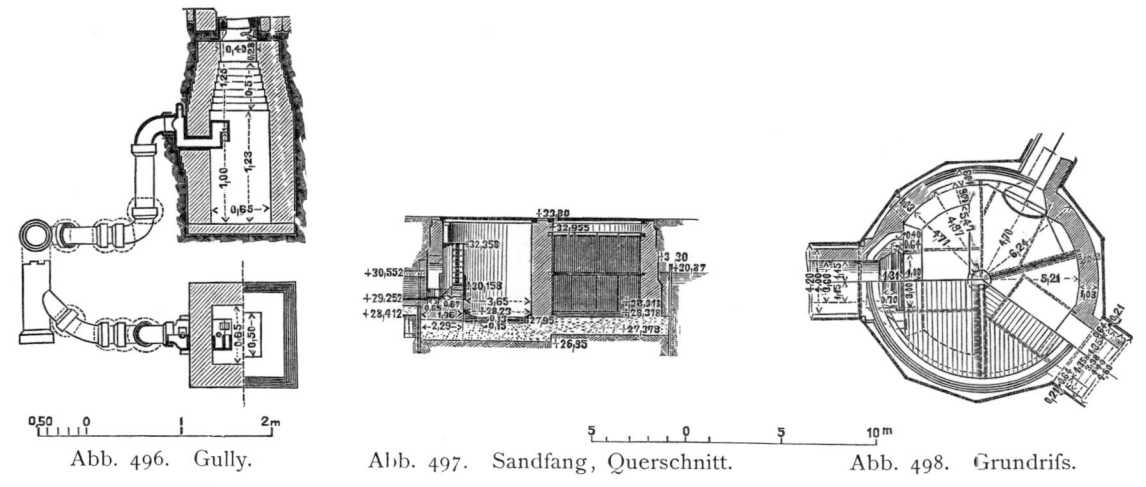

Abb. 496. Gully.   Abb. 497. Sandfang, Querschnitt.   Abb. 498. Grundrifs.

können. Diese Wasserverschlüsse sind gleichfalls durch besondere kleinere Lüftungsrohre an Regenabfallrohre der zunächst liegenden Häuser angeschlossen (Abb. 496). Im übrigen ist für ausreichende Lüftung der Canäle dadurch gesorgt, dafs alle Regenrohre der Strafsenfronten unmittelbar und ohne Wasserverschlufs an die Strafsenleitung angeschlossen sind.

Auf der Pumpstation ist wie üblich ein sogen. Sandfang gebildet, dessen Sohlenlage so gewählt ist, dafs durch starkes Pumpen der Wasserspiegel im Hauptsammler bis auf 0,30 m abgesenkt und hierdurch eine kräftige Spülung bewirkt werden kann. Die Sauger der Pumpen sind in einen besonderen Saugercanal gestellt, welcher seitwärts aus dem Sandfang abmündet. In dem Hauptsammler sind an verschiedenen Stellen Vorrichtungen angebracht, um Spülthüren mit horizontaler Drehachse einzuhängen, mittels deren das im Canal oberhalb der Spülthüren angesammelte Wasser zur Spülung der unten liegenden Strecken benutzt werden kann. Der Sandfang ist durch ein grofses Ventilationsrohr unmittelbar mit dem Schornstein verbunden, was sich sehr bewährt hat. — Auf der Pumpstation befinden sich Wannenbäder und Brausebäder,

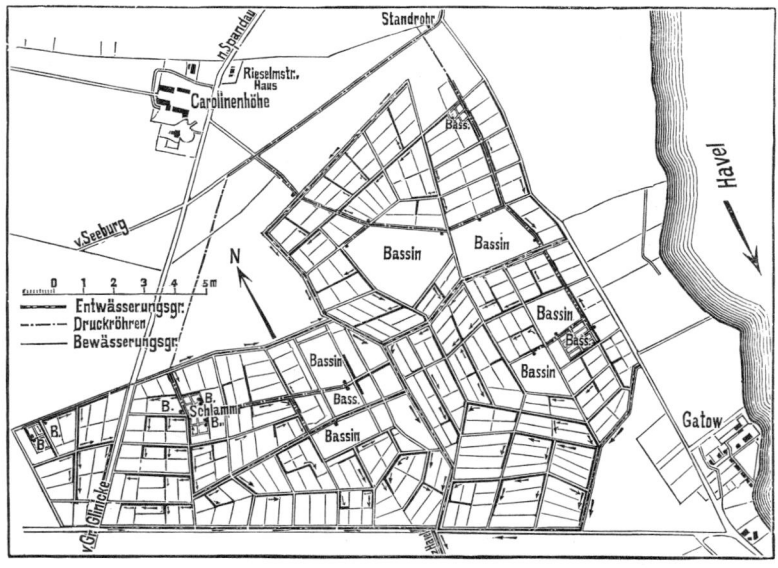

Abb. 499. Canalisation von Charlottenburg. Rieselfeld.

Berlin und seine Bauten. I.

370   IX. Die Entwässerung.

welche mittels Dampfes von den Betriebskesseln geheizt werden, sodafs sich die Arbeiter, welche aus den Canälen kommen, gründlich reinigen können.

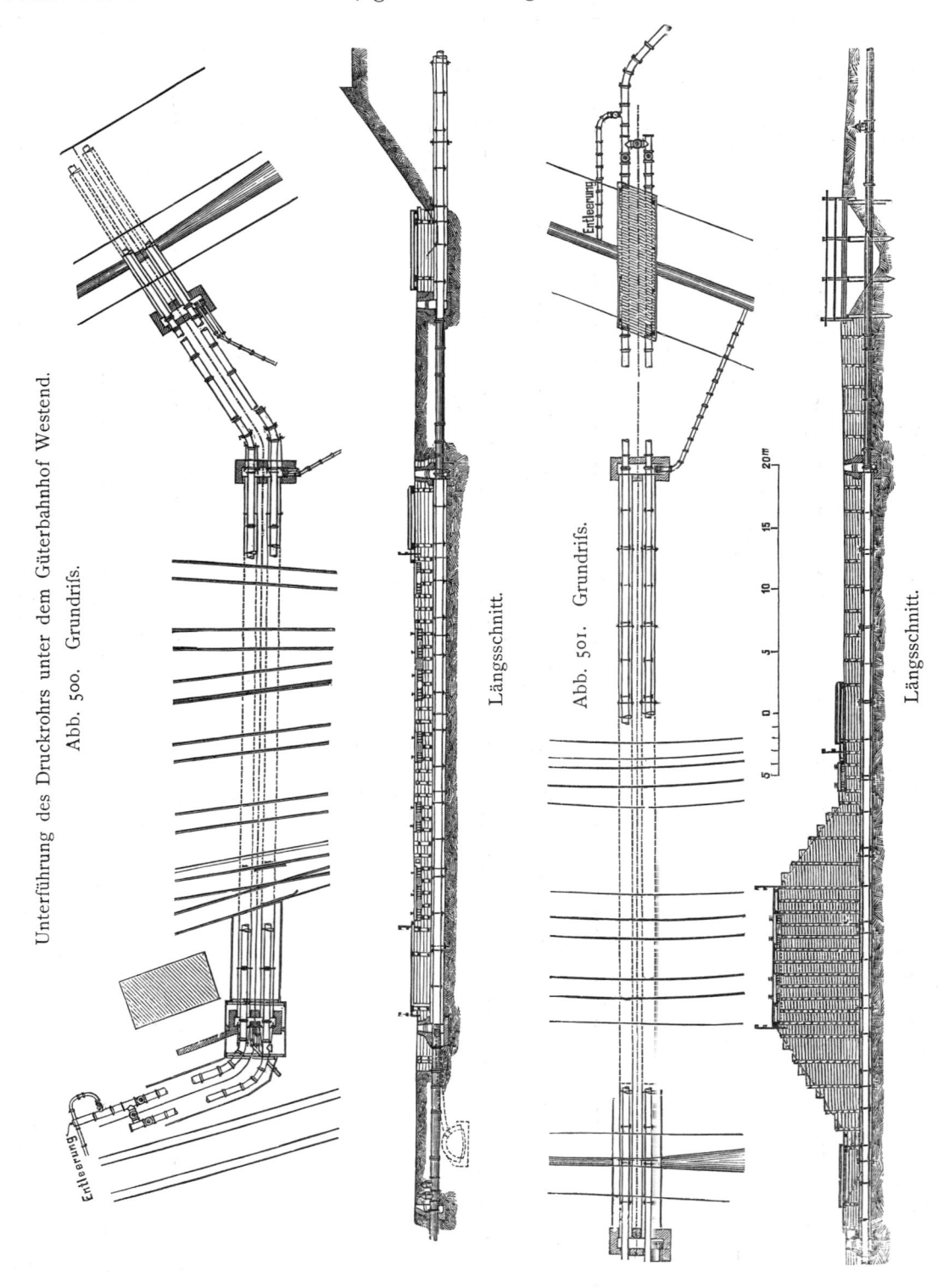

Unterführung des Druckrohrs unter dem Güterbahnhof Westend.
Abb. 500. Grundrifs.
Längsschnitt.
Abb. 501. Grundrifs.
Längsschnitt.

Als Rieselfeld wurde das Gut Carolinenhöhe erworben und im Zusammenhange damit gröfsere bäuerliche Ländereien von der Gemeinde Gatow. Das Gelände liegt unmittel-

IX. Die Entwässerung. 371

bar an der Havel südlich von Spandau (Abb. 499). Im ganzen sind etwa 1418 preußische Morgen durchschnittlich zu etwa 500 ℳ für einen Morgen angekauft — einschließlich einiger für die Rieselei nicht verwendbarer Exclaven —, wovon zur Zeit bereits annähernd 550 Morgen aptirt sind. Die Felder liegen verhältnismäßig hoch über der Havel und sind im allgemeinen sehr gut durchlässig. Das Wasser wird aus der Stadt mittels eines Druckrohres nach dem Rieselfelde geführt und dort auf die höchsten Punkte vertheilt. Um diese legen sich die Gebiete, welche von einem Schieberauslaß mittels offener Gräben ihr Wasser erhalten. Außerdem sind mehrere sogen. Einstaubassins angelegt von bis zu 28,5 Morgen Größe, welche ihre besonderen Auslässe erhalten haben. Zweck dieser Bassins ist besonders die leichtere Unterbringung des Wassers im Winter.

Der Betrieb geht mit Rücksicht darauf, daß das Wasser aus der Stadt in möglichst frischem Zustande heraus gepumpt werden muß, Tag und Nacht.

Aus den offenen Zuleitungsgräben wird das Wasser auf die einzelnen Rieselstücke mittels kleiner Holzdrummen geleitet. Jedes Rieselstück hat am oberen Rande eine horizontale Furche, durch welche das Rieselwasser bei Flächenberieselung möglichst gleichmäßig über die Gesamtfläche des Stückes vertheilt wird. Beim Beetbau werden zur oberen Randfurche parallele Furchen mit dem Pflug gezogen, in welche das Wasser durch Querfurchen eintritt. Die Beete sind etwa 1 bis 1,30 m breit.

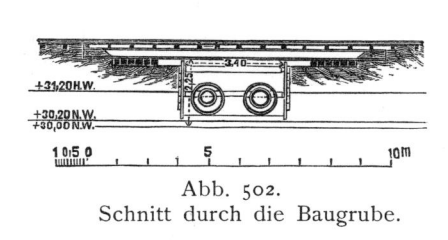

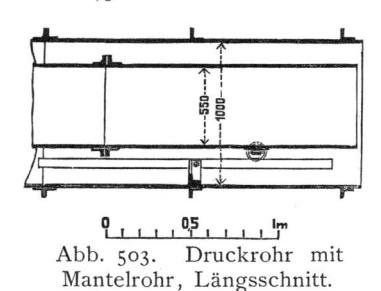

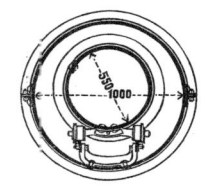

Abb. 502.
Schnitt durch die Baugrube.

Abb. 503. Druckrohr mit Mantelrohr, Längsschnitt.

Abb. 504.
Querschnitt.

Die am einfachsten zu gewinnende und lohnendste Frucht ist das Rieselgras (Flächenberieselung), welches bei günstiger Witterung sechs- bis siebenmal im Jahre geschnitten werden kann. Sehr gute Erträge liefert auch der Bau von Futterrüben (Beetbau).

Die Stadt hat sich nur die Vertheilung des Wassers vorbehalten und bewirkt dieselbe durch Rieselwärter, während die Bewirthschaftung selbst Pächtern überlassen ist. Die Ausgaben sind abgesehen von Verzinsung und Amortisation für das Etatsjahr 1895/96 auf 213 000 ℳ veranschlagt, während die Einnahmen 27 540 ℳ betragen werden.

Was das Druckrohr anbetrifft, so bietet die Anlage im großen und ganzen nichts Besonderes. Special-Bauwerke waren nur bei der Unterführung des Druckrohrs unter die Eisenbahnen und unter die Havel nothwendig. Während das Druckrohr im übrigen aus gußeisernen Muffenröhren mit Bleidichtungen besteht, sind unter den Eisenbahngleisen schmiedeeiserne Rohre mit genieteter Naht und Flanschendichtung verwendet. Um das eigentliche Druckrohr ist alsdann noch ein Mantelrohr gelegt, welches an beiden Enden Entwässerungsabflüsse hat, damit für den Fall eines Bruches oder einer Undichtigkeit im Druckrohr Unterspülungen der Gleise vermieden werden. Das Druckrohr ruht auf Rädern, welche auf Schienen laufen (s. Abb. 504). Auf diese Weise kann im Falle einer Beschädigung das ganze Druckrohr aus dem Mantelrohre herausgezogen, wieder hergestellt und wieder zurückgeschoben werden, ohne daß der Betrieb der Eisenbahn beeinträchtigt wird. Es liegen immer zwei Mantelrohre mit ihren Druckrohren neben einander, damit selbst im Falle einer Ausbesserungsarbeit an einem Rohr immer noch das andere für den Betrieb verbleibt.

Unter der Havel hindurch ist ein schmiedeeiserner Doppeldrücker versenkt in der Weise, daß mittels Bagger eine tiefe Rinne in das Bett gebaggert wurde. Die Rohre wurden zusammen am Ufer montirt und dann schwimmend vor das Gerüst gefahren, in Ketten aufgehängt und durch Füllung mit Wasser allmählich gesenkt. Die gleichmäßige Senkung wurde durch Winden, welche auf Commando gedreht wurden, gewährleistet (Abb. 510 u. 512).

372   IX. Die Entwässerung.

Die Druckrohrlinie wird täglich von einem Manne begangen, welcher sämtliche Lufthähne zu öffnen hat. Wie bei allen Druckrohren, so sind besonders bei solchen für Canalisationswässer grofse Lufthähne an den höchsten Stellen des Rohres nothwendig, weil in dem Schmutzwasser sehr starke Gasbildungen auftreten. Die in Abb. 515 u. 516 dargestellten Lufthähne haben nur an minder wichtigen Stellen Verwendung gefunden; an den wichtigsten Punkten sind grofse Hydrantenrohre aufgesetzt, um der Luft beim Oeffnen des Hahnes schnellen Abflufs zu gewähren, weil bei kleinen Lufthähnen das Ausblasenlassen der Luft

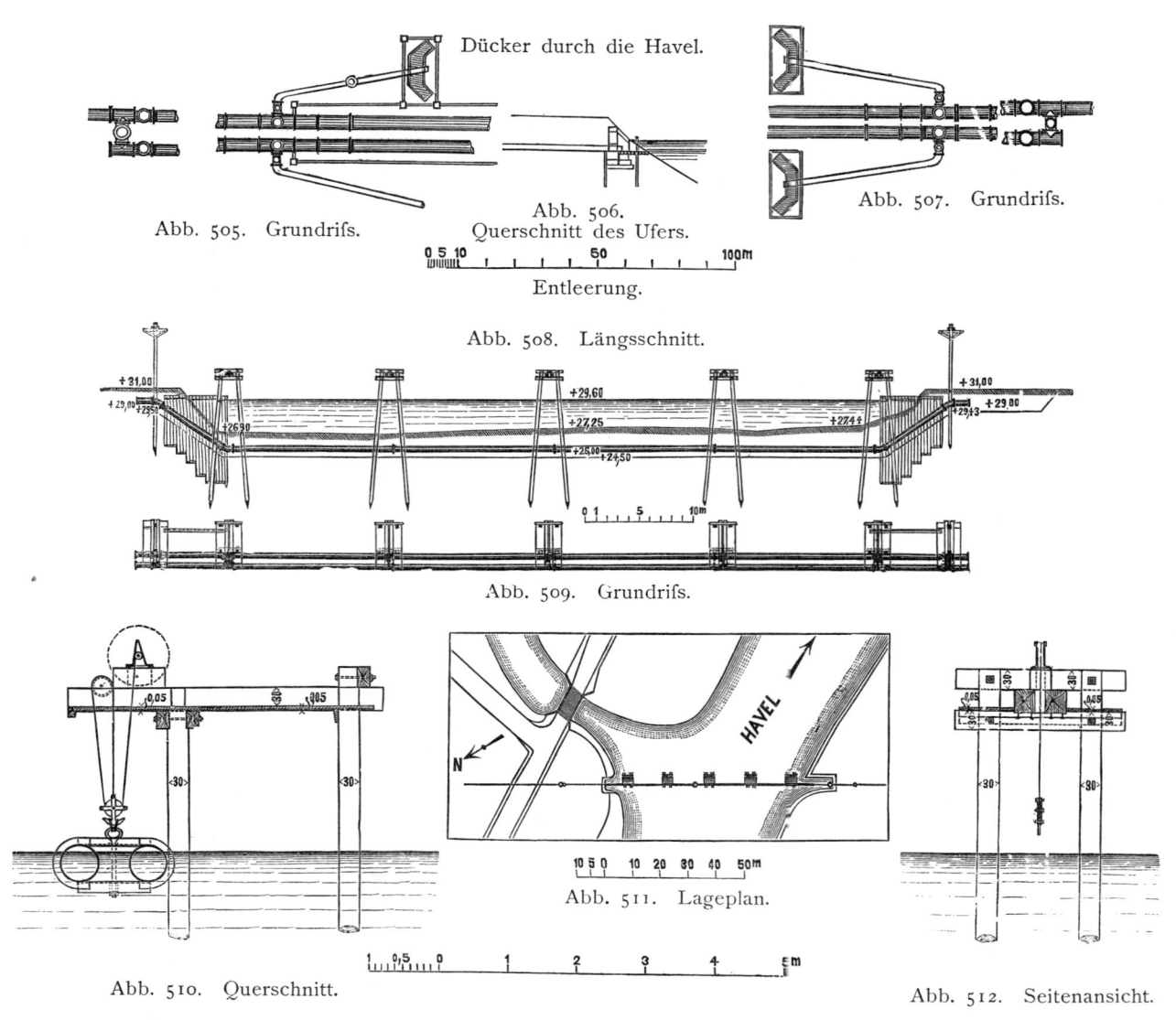

Dücker durch die Havel.

Abb. 505. Grundrifs.   Abb. 506. Querschnitt des Ufers.   Abb. 507. Grundrifs.

Entleerung.

Abb. 508. Längsschnitt.

Abb. 509. Grundrifs.

Abb. 510. Querschnitt.   Abb. 511. Lageplan.   Abb. 512. Seitenansicht.

zu lange dauern würde. Geschieht die Entfernung der Gase nicht, so entstehen im Rohre alsbald infolge der Spannung der Luft starke Schwankungen in der Bewegung des Wassers, welche leicht zu Rohrbrüchen führen.

Was nun die Entwässerung der übrigen westlichen Vororte anbetrifft, so haben Schöneberg, Wilmersdorf, Friedenau, Schmargendorf und die Colonie Grunewald vertragsmäfsig vorläufig Anschlufs an die Charlottenburger Canalisation genommen. Die Gemeinde Schöneberg hat aufserdem mit Berlin wegen Anschlusses eines kleinen Gebietstheils an das Berliner Radialsystem VII auf gleicher Grundlage wie Charlottenburg einen Vertrag abgeschlossen. Die natürliche Vorfluth der Orte Schöneberg, Wilmersdorf und Friedenau bildete früher der sogenannte „Schwarze Graben". Als die Bebauung in den Vororten

IX. Die Entwässerung.   373

gröfsere Ausdehnung annahm, wurde dieser Graben zur Abführung aller Schmutzwässer benutzt, sodafs bald die Wässer des Grabens derart verunreinigt waren, dafs die Luft weithin verpestet wurde. Um diesen unerträglichen Zuständen abzuhelfen, ist im Jahre 1890 mit den Gemeinden ein Vertrag geschlossen, wonach das Wasser dieses Vorfluthgrabens bis zum Jahre 1905 in die Charlottenburger Canalisation aufgenommen wird. Die Gemeinden haben den Wasserlauf auf ihre Kosten in einen geschlossenen Canal verwandelt und zahlen gemeinschaftlich an Charlottenburg für das cbm Wasser, welches an der Grenze von Charlottenburg in dessen Canalisation hineinfliefst, 4 ₰. Die Messung erfolgt alle zwei Jahre derart, dafs zur bestimmten Stunde am Mittwoch jeder Woche Gefälle und benetzter Querschnitt in dem Profile festgestellt werden. Die so ermittelten Durchschnittszahlen des Messungsjahres haben für die zwei folgenden Jahre Gültigkeit. Für das Rechnungsjahr 1895/96 haben die Gemeinden an Charlottenburg 115 000 ℳ zu zahlen.

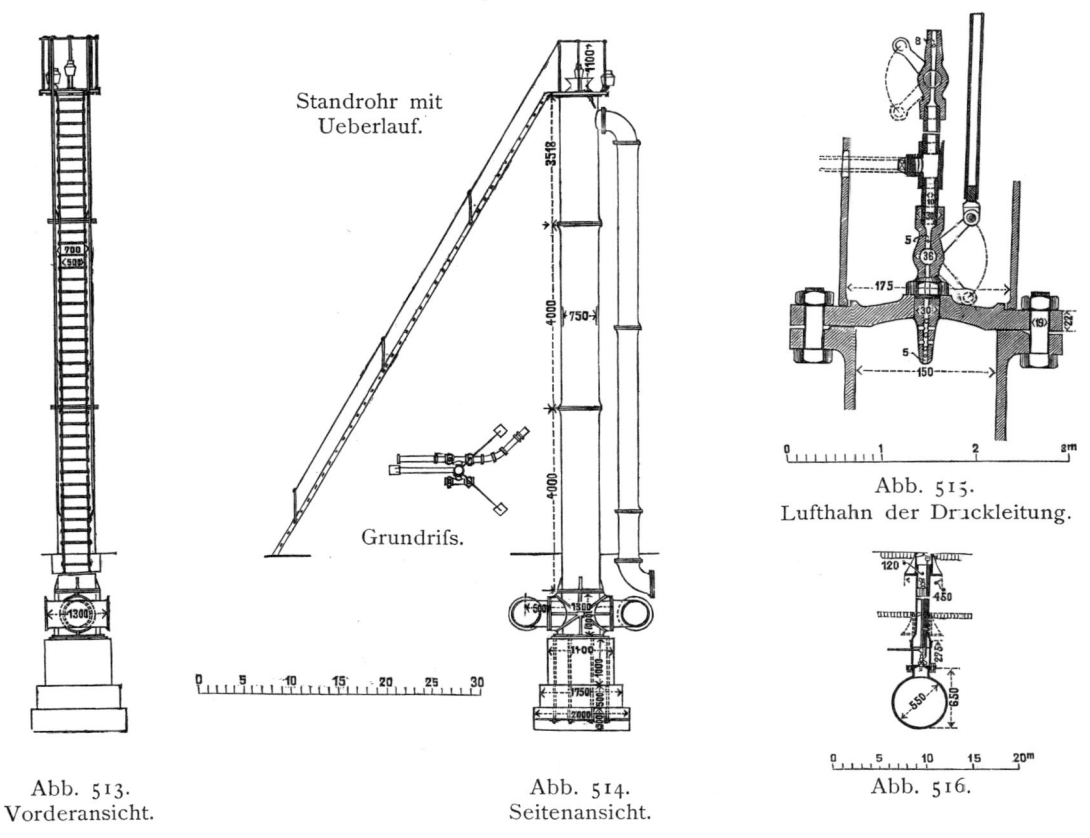

Abb. 513.
Vorderansicht.

Standrohr mit Ueberlauf.
Grundrifs.

Abb. 514.
Seitenansicht.

Abb. 515.
Lufthahn der Druckleitung.

Abb. 516.

Erst durch diesen Vertrag ist die bauliche Entwicklung der genannten Vororte ermöglicht.

Der Vertrag ist mit den Gemeinden auf die Dauer von 15 Jahren geschlossen und es ist in demselben ausdrücklich bestimmt, dafs die Gemeinden bis zum Jahre 1903 die nöthigen Schritte zu thun haben, um alsdann landespolizeilich genehmigte eigene Entwässerungsentwürfe vorlegen zu können.

Die Verträge mit der Gemeinde Schmargendorf und der Colonie Grunewald sind erst auf ähnlicher Grundlage im Jahre 1894 zustande gekommen.

Die Vorortsgemeinden Steglitz und Lichterfelde sind an der Arbeit, sich eigene Canalisations-Systeme einzurichten. Steglitz hat sich bereits ein Rieselfeld gekauft und die Bauausführungen sind schon ziemlich weit vorgeschritten. Für stärkere Regengüsse bleibt als Vorfluth den genannten Gemeinden aber nur die Bäke, ein kleiner Bach, zur Verfügung, welcher in den Teltower See fliefst und sich, von hier weiter laufend, bei Potsdam in der Nähe der Königlichen Schlösser in die Havel ergiefst.

Die Natur des Gemeindegebiets von Schöneberg, Wilmersdorf und Friedenau, soweit es innerhalb der Ringbahn liegt, zwingt dazu, daſs bei den Entwässerungsplänen die Vorfluth nach der Spree genommen wird. Es ist deshalb diesen Gemeinden in dem Vertrage mit Charlottenburg das Recht zugesichert, in drei Haupt-Straſsenzügen für ihre dermaligen Canalnetze Nothauslässe nach der Spree legen zu können. Bei den Bauausführungen in Charlottenburg sind von vornherein an den entsprechenden Stellen unter den Hauptsammlern Dückeranlagen für die genannten Nothauslässe vorbereitet. Für die Gebiete aber auſserhalb der Ringbahn ist die Vorfluth nur vorläufig nach der Spree zulässig. Bei weiterer Ausdehnung der Bebauung in diesen Gebieten wird die Vorfluth nach der Havel genommen werden müssen, weil andernfalls die Charlottenburger Straſsen einerseits nicht ausreichen würden, um die erforderlichen Nothauslaſscanäle aufzunehmen und weil anderseits bei starkem Gewitterregen eine so ungeheure Menge von schmutzigen Wässern in die Spree auf eine verhältniſsmäſsig kurze Strecke des Fluſslaufs gelangen würde, daſs gesundheitlich sehr bedenkliche Zustände entstehen müſsten.

Im Hinblick auf diese Nothwendigkeit ist schon vor Jahren die Erbauung eines Schiffahrtscanals vorgeschlagen, welcher unter Benutzung der Grunewald-Seen eine weitere Schiffahrtsstraſse zwischen dem Landwehrcanal und der unteren Havel bilden sollte. Es ist ohne weiteres klar, daſs eine solche Schiffahrtsstraſse für die Entwicklung jener Gebietstheile von ganz besonderer Bedeutung sein würde. Noch im Jahre 1888 war die Durchführung des Canals bis an das Oberwasser des Landwehrcanals kurz oberhalb der Thiergarten-Schleuse möglich und es ist auf die Nothwendigkeit der Erbauung eines solchen Canals seiner Zeit von dem Verfasser dieser Mittheilungen in einer kleinen Broschüre hingewiesen worden. Jetzt ist die Bebauung bereits so weit vorgeschritten, daſs der Canal als Schiffahrtscanal einen Anschluſs weder an das Oberwasser der Spree, noch an den Landwehrcanal wird finden können, es wird deshalb nur übrig bleiben, für die Entwässerung der westlichen Vororte einen gröſseren geschlossenen Vorfluthcanal auf möglichst kurzem Wege, etwa wie auf Abb. 474 angedeutet, durch den Grunewald nach der Havel zu erbauen.

Es wäre zu wünschen, daſs recht bald an die Lösung dieser Aufgabe herangetreten wird und daſs zu diesem Zwecke, wenn nicht durch die Einverleibung der Vororte die Aufgabe an Groſs-Berlin übergeht, zwischen den Gemeinden ein Entwässerungs-Verband geschaffen wird, welcher gemeinschaftlich diese wichtige Angelegenheit fördert.

C. Die Entwässerung von Pankow.

Der im Norden Berlins gelegene Vorort Pankow besitzt seit etwa drei Jahren eine unterirdische Entwässerung mit Klärung und Reinigung der Schmutzwässer auf chemischem und mechanischem Wege. Das Canalnetz, welches nur die Wirthschafts- und Closetwässer mit einigen Fabrikabwässern aufnimmt, umfaſst etwa 16 000 m Straſsenleitungen. Die Regenwässer flieſsen oberirdisch der Panke zu. Die Schmutzwässer werden nach einem Punkte zusammengeführt, wo sie durch eine Kläranlage nach Röckner-Rothe'schem System gereinigt werden. In einem tiefliegenden Sandfang werden die gröberen Sinkstoffe zurückgehalten, und nach Beimischung von Chemikalien (im wesentlichen Kalkmilch und Thonerde) steigt das Abwasser behufs Förderung des Niederschlags in 4 m weiten eisernen Cylindern 8,50 m senkrecht auf. Die damit erzielte Reinigung genügt, um die Ableitung des geklärten Wassers in die öffentlichen Wasserläufe unbedenklich erscheinen zu lassen. Der niedergeschlagene Schlamm wird gepreſst und getrocknet und in Pulverform als Düngemittel vertrieben.

Nach Mittheilung des Gemeindevorstandes hat die zur Zeit einer Einwohnerschaft von 14 000 Köpfen dienende Canalisation gegen 306 000 ℳ gekostet, auſserdem der Bau der Kläranstalt 133 000 ℳ; die jährlichen Betriebskosten der Canalisation betragen 26 100 ℳ, wogegen aus der Dungfabrik ein jährlicher Reinertrag von 10 000 ℳ erzielt wird.

Die ganze Anlage ist von dem Ingenieur Wilhelm Rothe in Güsten entworfen und ausgeführt.

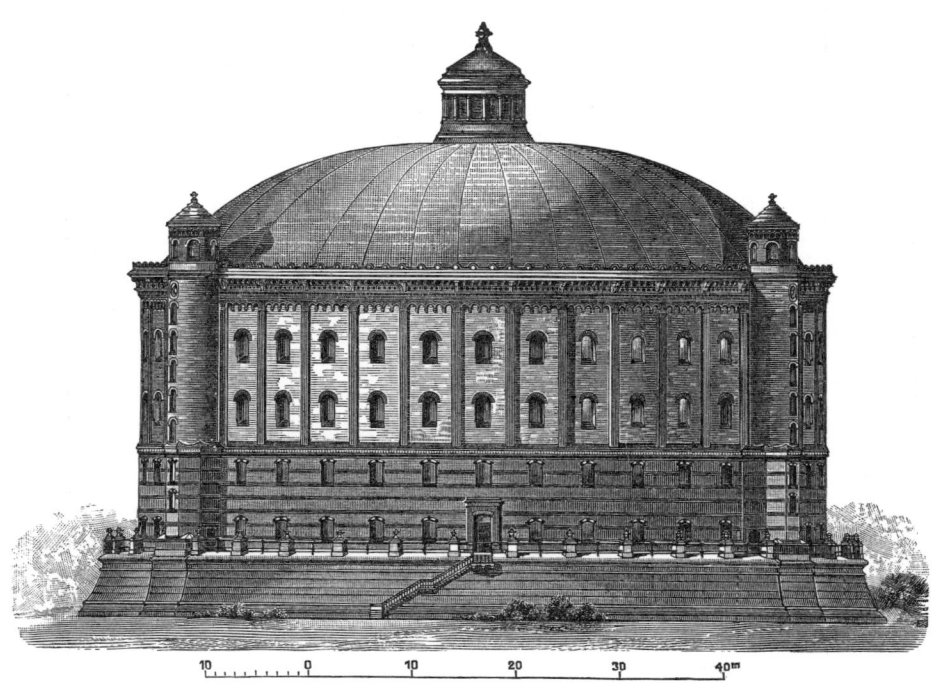

Abb. 517. Gasbehälterhaus an der Augsburger Strafse, Ansicht.

X. Die Gaswerke.

A. Die Gasanstalten der Imperial Continental Gas-Association.[1]

Geschichtliches.

Die Beleuchtung der öffentlichen Strafsen und Plätze in Berlin geschah bis zum Jahre 1826 mit Oellampen. Die Verhandlungen über Einführung der Gasbeleuchtung wurden in der Mitte des dritten Jahrzehnts begonnen, als die Imperial Continental Gas-Association, welche in derselben Zeit einen Vertrag mit der Stadt Hannover über die Beleuchtung mit Steinkohlengas abgeschlossen hatte, sich in Berlin um den Abschlufs eines ähnlichen Vertrags bewarb. Im April 1825 kam der Vertrag zwischen dem Königlichen Ministerium des Innern und der Polizei und der genannten Gesellschaft ohne Hinzuziehung der städtischen Behörden zustande. Die Association verpflichtete sich in dem Vertrage, auf die Zeit von 21 Jahren, vom 1. Januar 1826 bis Ende December 1846, die Beleuchtung aller innerhalb der Ringmauer liegenden Strafsen und öffentlichen Plätze theils mittels Gasflammen, theils mittels Oellampen gegen eine anfänglich für das Jahr festgesetzte Entschädigung von 93 000 ℳ zu bewirken, einschliefslich aller Kosten für die erste Einrichtung; die kleinen Gassen und die entfernteren unbedeutenden Strafsen durften auch fernerhin Beleuchtung durch Oellampen behalten.

Nunmehr erbaute die Association die erste Gasanstalt auf einem Grundstück vor dem Halle'schen Thore (jetzt Gitschiner Strafse 18—31) und begann mit der Beleuchtung durch Gas in der Strafse Unter den Linden schon im September 1826; die ganze Anlage zur Beleuchtung der vertragsmäfsig festgesetzten Strafsen und Plätze durch 1783 Gaslaternen mit 1300 Brennstunden im Jahre wurde 1829 vollendet; von den alten Oellampen blieben noch 930 in Benutzung. Vom Jahre 1827 an begann auch die Gaslieferung an private Abnehmer. Der schnell zunehmende Bedarf an Gas machte schon im Jahre 1837 eine Erweiterung der

---

[1] Bearbeitet von L. G. Drory, Dirigent der Imperial Continental Gas-Association.

Gasanstalt erforderlich, durch welche deren Leistung auf 28 000 cbm an einem Tage gebracht wurde. Indessen auch diese Leistung blieb nicht lange ausreichend und die Association erbaute daher im Jahre 1838 eine zweite Gasanstalt auf dem Grundstück Holzmarktstraße 25—30. Die beiden durch das Röhrennetz in der Stadt mit einander in Verbindung gebrachten Anstalten konnten alsdann bis 1846 allen Anforderungen genügen.

Der mit dem Jahre 1846 ablaufende Vertrag über die öffentliche Beleuchtung wurde nach mehrjährigen Verhandlungen mit dem Magistrat nicht verlängert. Die städtischen Behörden beschlossen, hauptsächlich wegen der hohen Gaspreise der Association, die Errichtung von zwei städtischen Gasanstalten, welche am 1. Januar 1847 den Betrieb eröffneten und welchen die gesamte öffentliche und ein Theil der privaten Beleuchtung zufiel.

Der Gaspreis der Association für Private betrug nach der seit 1836 eingeführten Lieferung durch Gasmesser 10 ℳ. für 1000 engl. Cubikfuß (1 cbm = 35,3 ₰.); der Wettbewerb seitens der städtischen Anstalten hatte eine beträchtliche Preisermäßigung zur Folge und von 1847 ab waren die Preise für Private für 1000 engl. Cubikfuß

bei 14jährigem Vertrag = 5 ℳ., für 1 cbm = 17,7 ₰.
„ 7 „ „ = 6 ℳ., „ 1 „ = 21,2 ₰.
und ohne Vertrag = 7 ℳ., „ 1 „ = 24,7 ₰.

Es möge hier schon vorausgeschickt werden, daß vom 1. Juli 1862 ab wieder eine Preisermäßigung um 10 vom Hundert erfolgte, und daß bei Einführung des Metermaßes der Preis für 1 cbm auf 16 ₰. festgesetzt wurde. Vom 1. November 1887 ab wurde für das nicht zu Beleuchtungszwecken verwendete Gas, wenn die Messung durch einen besonderen Gasmesser geschieht, 20 v. H. Rabatt gewährt, demnach 1 cbm für 12,8 ₰. verkauft. Vom 1. Juli 1895 ab wurde dieser Preis auf 10 ₰. ermäßigt. Außerdem gewährt die Association auf sämtliche Rechnungsbeträge 5 v. H. Rabatt, auch bei einem Halbjahrsverbrauch von mehr als 1 Mill. Cubikfuß preuß. (30 920 cbm) noch 5 v. H. besonderen Rabatt.

Der vom Jahre 1847 ab für die Association entstandene Ausfall war schon in kurzer Zeit wieder ausgeglichen. Die Preisermäßigung hatte eine so große und anhaltende Steigerung des Gasverbrauchs zur Folge, daß Vermehrungen und Vergrößerungen der Betriebseinrichtungen in den beiden Anstalten der Association sich von Jahr zu Jahr nothwendig machten. Die Association dehnte ihr Absatzgebiet auch auf mehrere Vororte aus und schloß mit den Nachbargemeinden langjährige Verträge über die Gaslieferung; zunächst 1853 und 1855 mit den Gemeinden Alt- und Neu-Schöneberg, sodann 1878 mit der Gemeinde Tempelhof und in späteren Jahren im Süden mit den Gemeinden Steglitz, Friedenau, Wilmersdorf, Lichterfelde, Zehlendorf, Grunewald und Schmargendorf, im Norden mit Weißensee, welches eine besondere kleine Gasanstalt erhalten hat. Die Lichterfelder Anstalt wurde im Jahre 1891 von der Lichterfelder Gas-, Wasser- und Terrain-Gesellschaft erworben.

Als am 1. Januar 1861 ein beträchtlicher Theil des Schöneberger Gebiets dem Weichbilde von Berlin einverleibt wurde, behielt die Association zufolge des früher abgeschlossenen Vertrags das alleinige Recht der Gasversorgung für dieses Gebiet; sie bewirkt demgemäß hier auch die öffentliche Beleuchtung auf Kosten der Berliner Stadtgemeinde. Bei der schnell vorschreitenden Bebauung des innerhalb und außerhalb des Berliner Weichbildes belegenen Schöneberger Gebiets, welches anfänglich von der Gasanstalt an der Gitschiner Straße versorgt wurde, erwies sich die Errichtung einer besonderen Gasanstalt als nothwendig, welche die Association auf einem in Schöneberg in dem Zwickel zwischen der Berlin-Potsdamer Eisenbahn und der Berliner Ringbahn belegenen Grundstück erbaute; der Betrieb dieser Anstalt wurde im Jahre 1871 eröffnet.

Trotz wiederholter Erweiterungsbauten in den vorhandenen Anstalten nöthigte der zunehmende Bedarf wiederum zum Neubau, der in Schöneberg auf dem durch den Ankauf benachbarter Grundstücke vergrößerten Gebiete der alten Anstalt zur Ausführung kam; der erste Theil dieser neuen Anlage wurde im Jahre 1891 in Betrieb genommen.

X. Die Gaswerke. 377

Betriebseinrichtungen.

Die alten Gasanstalten hatten bei der ersten Anlage nur die nothwendigsten Betriebseinrichtungen erhalten. Bei Eröffnung der Betriebe hatte die Anstalt an der Holzmarktstrafse ein Retortenhaus für 32 Oefen zu je fünf Retorten, diejenige an der Gitschiner Strafse ein solches für acht Oefen zu je fünf Retorten und die seitdem abgebrochene Anstalt in Schöneberg ein Haus mit acht Oefen zu je sieben Retorten. In den jetzt vorhandenen grofsen Retortenhäusern waren zu Ende des Jahres 1893 in den drei Anstalten zusammen 1054 Schamottretorten vorhanden. Auch die übrigen Betriebsapparate der alten Anstalten wurden bei den allmählichen Erweiterungsbauten durch neue gröfsere theils ergänzt, theils ersetzt. Man erbaute hohe Condensatoren, aus lothrechten Cylindern mit einem inneren Kühlrohr bestehend, und hohe Scrubber nach den Constructionen von Mann & Walker und von Dempster & Son; auch durch Anlage von Exhaustoren wurden die Einrichtungen ergänzt.

In der neuen Anstalt bei Schöneberg konnte schon der erste bis jetzt erbaute Theil, über welchen später noch besondere Angaben folgen, mit Apparaten von grofsen Abmessungen ausgerüstet werden. Während die ältesten Anlagen Reinigungskästen von

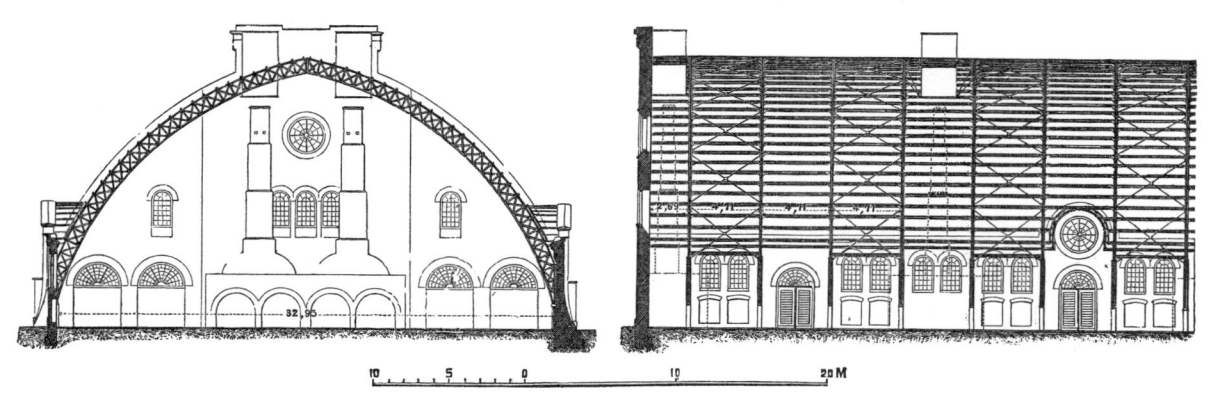

Abb. 518. Retortenhaus, Quer- und Längsschnitt.

3,80 × 1,40 m Grundrifsfläche hatten, haben die zuletzt erbauten solche von 9,60 × 9,60 m Gröfse erhalten. Die Reinigung geschah in den ersten 15 Betriebsjahren mit Kalkmilch, dann bis 1866 ausschliefslich mit gelöschtem trockenem Kalk, und endlich später mit Rasenerz, neben welchem einige Jahre noch ein Theil der Kalkreinigung beibehalten wurde.

Die sämtlichen Anstalten haben Stationsgasmesser von verschiedener Gröfse, von denen der kleinste für 850 cbm, der gröfste für 1700 cbm stündlichen Gasdurchgang bemessen ist. — Die ersten nicht mehr vorhandenen Gasbehälter in den alten Anstalten hatten einfache Glocken von etwa 14,70 m Durchmesser und 5,30 m Höhe. Vom Jahre 1838 an wurden zweitheilige Teleskopbehälter erbaut, anfänglich mit 18,80 m Durchmesser der Glocke und mit 5,30 bezw. 5,60 m Höhe der Glockentheile; bei jedem folgenden Bau wurden die Mafse gröfser gewählt, soweit nicht Beschränkungen durch die gegebene Baustelle geboten waren; die Durchmesser stiegen bei den bis 1870 erbauten Glocken allmählich bis auf 45,20 m, die Nutzinhalte der Glocken von 10 000 bis auf 23 000 cbm. Im Jahre 1885 wurde an der Gitschiner Strafse der erste dreitheilige Behälter mit 44,018 m Durchmesser, 8,077 m Tiefe des Bassins und mit 35 000 cbm Nutzinhalt der Glocke erbaut. Die drei Gasanstalten hatten im Jahre 1893 im ganzen 10 Behälter mit zusammen 123 100 cbm Nutzinhalt.

Die eisernen Dachgespärre verschiedener in den letzten drei Jahrzehnten neu erbauter Betriebshäuser wurden nach Entwürfen des Geheimen Oberbauraths Schwedler ausgeführt. Abgesehen von mehreren Constructionen von mäfsigen Spannweiten ist der Bau eines Retortenhauses von 58,74 m Länge und 32,95 m Tiefe in der Anstalt an der Gitschiner Strafse erwähnenswerth, dessen Quer- und Längsschnitt in Abb. 518 dargestellt ist.

Berlin und seine Bauten. I. 48

Das Gespärre hat 12 Hauptbinder in 4,71 m Abstand von einander, welche als Bogenträger construirt sind, jeder aus zwei gleichen Bogentheilen bestehend, die unten ein scharnierartiges Lager haben und einen Spitzbogen bildend sich im Scheitel gegen einander stemmen; die Fetten haben **Z**-Profil. — Wegen der frühzeitig nöthigen Aufführung der in der Längsachse des Hauses stehenden Retortenöfen war die Anwendung einer verbundenen, auf Rädern verschiebbaren Rüstung zur Aufstellung der Binder nicht thunlich; sie erfolgte daher ohne feste Rüstung mit Hülfe zweier fester Böcke von etwa 5,65 m Höhe und einiger Stützen. Dabei wurden Scheitelscharniere verwendet, die nach dem Aufstellen wieder beseitigt und durch aufgenietete Platten ersetzt wurden. Die eine Auflagermauer war nur bis zur Höhe der Binderauflager aufgeführt und aufserhalb, rechtwinklig gegen die Mauer, war eine Gleitbahn aus Balken und Eisenbahnschienen hergestellt. Je zwei zu einem festen System zusammengehörige Bogenträger wurden auf Böcken in senkrechte Lage mit niedrig liegenden Scheitelscharnieren gebracht und mit sämtlichen Fetten, Quer- und Kreuzverbindungen fest vernietet. Das eine untere Ende jedes Bogenträgers lag dabei in seinem Auflager in der Mauer, das andere auf der Gleitbahn über die unfertige Frontmauer etwa 6,28 m hinaus, und beide waren durch Spannketten mit einander verbunden; durch Anziehen der letzteren mittels Hebeladen (wie sie bei Montirung der Dächer der Gasbehälterhäuser benutzt wurden) erfolgte das Heben des Scheitels, welcher, so lange er noch niedrig lag, durch directe Stützen abgefangen wurde. Diese Arbeit war schwierig und ging langsam vor sich, sodafs für Aufstellung ähnlicher Dächer einer festen Rüstung, falls Raum zur Anwendung derselben vorhanden, der Vorzug zu geben ist.

Das Eigengewicht des mit Wellenzink eingedeckten Daches beträgt 76,16 kg für 1 qm Grundfläche; der Winddruck ist mit 126,9 kg/qm in Rechnung gestellt, was bei der gewählten Construction einem mittleren Normaldruck auf die Dachfläche von 63,45 kg/qm entspricht. Das gesamte Eisengewicht des Dachgespärres stellte sich auf 650 kg Gufseisen und 87 500 kg Schmiedeeisen oder für 1 qm Grundfläche auf 45,7 kg.

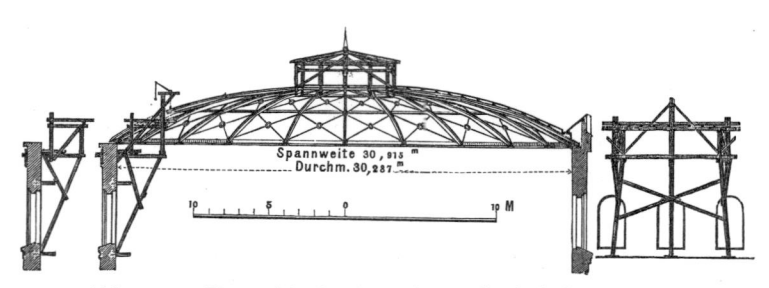

Abb. 519. Kuppeldach über einem Gasbehältergebäude in der Holzmarktstrafse.

Der Bau der Gasbehälterhäuser von grofsem Durchmesser gab Schwedler Veranlassung, die früher für die Dachgespärre dieser Häuser angewandte Construction von den inneren Spannstangen zu befreien, durch Anordnung von Ringen und Kreuzen die sämtlichen Constructionstheile in die sphäroidische Dachfläche zu verlegen und so das frühere Balkensystem in ein Kuppelsystem zu verwandeln. Seit dem Jahre 1863 ist das Schwedler'sche Kuppeldach bei allen in Berlin erbauten Gasbehälterhäusern (in den englischen und städtischen Gasanstalten) zur Anwendung gekommen.

Die erste in dieser Weise ausgeführte Dachconstruction über einem Gasbehälterhause in der Holzmarktstrafse von 30,92 m Spannweite ist in Abb. 519 dargestellt. Es sind 24 radiale Sparren angeordnet und vier polygonale concentrische Ringe von 3,14, 7,85, 11,83 und 15,46 m Halbmesser. Der Querschnitt der Kuppel ist eine cubische Parabel von etwa ein Achtel Pfeilhöhe; zwischen dem ersten und zweiten Ringe (vom Scheitel aus gerechnet) sind 12 Sparren gabelförmig in zwei Theile getheilt, sodafs der erste, die Laterne tragende Ring ein Zwölfeck ist, während die übrigen Vierundzwanzigecke sind. Das gesamte Eisengewicht betrug 20 665 kg oder für 1 qm des lichten überdeckten Raumes 28,90 kg. Zur Berechnung wurde das Gewicht für 1 qm Dachfläche, bestehend aus hölzernen Fetten, Schalung, Leinwand und Dachpappe zu 40,6 kg und die zufällige Belastung zu 71,1 kg, mithin die gesamte Belastung mit 140,6 kg in Ansatz gebracht. Die Auflager auf der Mauer bestehen aus gufseisernen Platten mit radial gehobelten Bahnen, in welche vier

X. Die Gaswerke. 379

Stellschrauben passen, die eine schmiedeeiserne Platte zur Unterstützung des Mauerrings tragen. Die Dachrinne ist auf schmiedeeisernen an die Sparren genieteten Stützen befestigt und hat ein Gefälle von 1:300 nach zwei sich gegenüber liegenden Regenröhren.

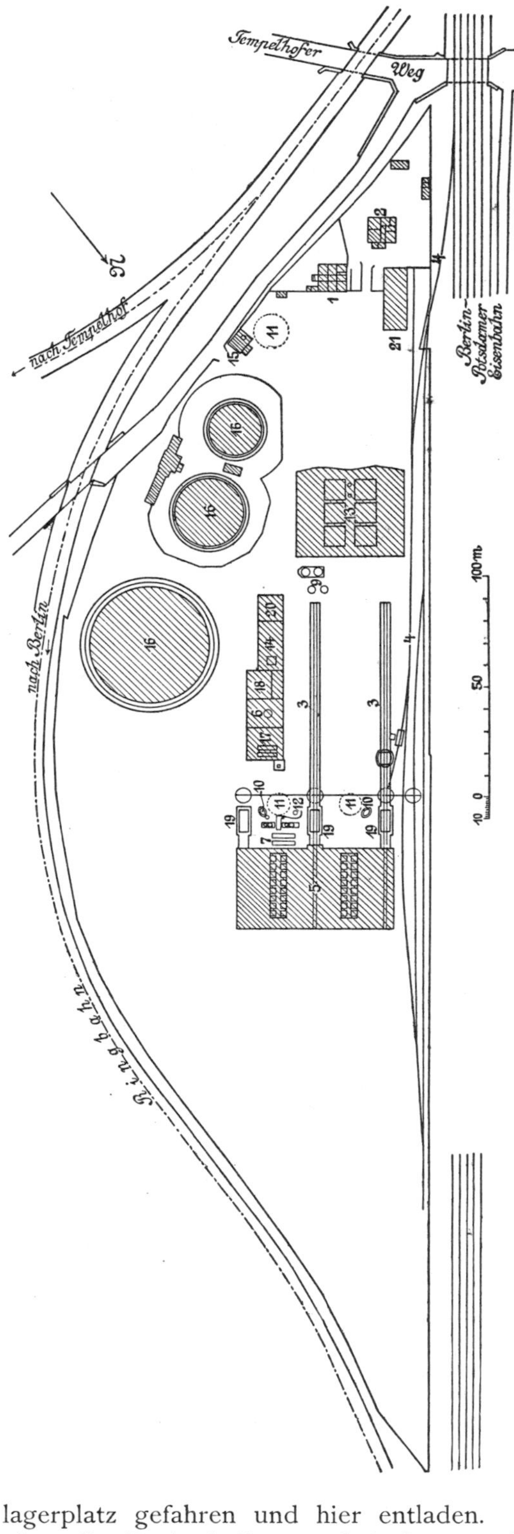

Zum Aufbringen wurde der mittlere Theil der Kuppel mit 23,66 m Durchmesser auf der Sohle des Wasserbassins, auf einigen Böcken ruhend, vollständig zusammengestellt und genietet. Das Aufziehen dieses etwa 12000 kg schweren Kuppeltheils erfolgte mittels 12 Hebeladen, die auf einer galerieartig ausgekragten Rüstung aufgestellt waren (Abb. 519). Die 12 Hebel wurden je durch einen Arbeiter bedient. Das Heben dauerte etwa acht Stunden. Der Mauerring, die Auflager und die den letzteren zunächst liegenden Sparrentheile wurden einzeln mittels Winden auf die Rüstung aufgezogen und oben zusammengestellt; die untersten Sparrentheile wurden mit dem in den Hebeladen hängenden Theile des Dachgespärres vernietet, darauf die Rüstung allmählich abgebrochen und während dieser Arbeit die Diagonalen in den unteren Sparrenfachen eingesetzt. Dieselbe Construction und Bauweise ist bei den später erbauten Kuppeldächern beibehalten worden, bei welchen, den gröfseren Durchmessern entsprechend, die Anzahl der Sparren und Ringe gröfser war.

Bei dem Bau der neuen Gasanstalt in Schöneberg, deren Lageplan mit den bis Ende 1894 aufgeführten Bauwerken die Abb. 520 zeigt, sind verschiedene, von den älteren Anlagen abweichende Einrichtungen ausgeführt worden. Die Kohlenzüge gelangen von der Berlin-Potsdamer Eisenbahn von Südwesten her auf die Gleise der Anstalt.

Die leere Locomotive kehrt auf dem äufseren Gleis zurück; die beladenen Wagen werden einzeln über eine Centesimalwage und Drehscheiben nach einem der drei hydraulischen Aufzüge gebracht, hier um 7,53 m gehoben und entweder nach einer der drei Hochbahnen im Retortenhause oder einer der beiden äufseren Hochbahnen auf dem Kohlenlagerplatz gefahren und hier entladen. Vom Kohlenlagerplatz führen Schmalspurbahnen über die Drehscheiben und Aufzüge auf die Retortenhaus-Hochbahnen.

Abb. 520. Gasanstalt Schöneberg, Lageplan.

1. Verwaltungs- und Wohnhaus. 2. Beamtenwohnhaus. 3. Pfeilereisenbahn. 4. Eisenbahn im Hofniveau. 5. Retortenhaus. 6. Arbeiterstuben. 7. Condensatoren. 8. Kühl- und Waschapparate. 9. Scrubber. 10. Pumpen. 11. Theerbassins. 12. Exhaustoren. 13. Reiniger. 14. Stationsgasmesser. 15. Regulirapparate. 16. Gasbehälter. 17. Dampfkesselhaus. 18. Prefspumpen und Accumulatoren. 19. Aufzüge für Eisenbahnwagen. 20. Schmiede. 21. Magazin.

48*

380   X. Die Gaswerke.

Von dem Retortenhause geben die Abb. 521 u. 522 den halben Querschnitt und den Längsschnitt. Vorläufig ist nur ein Viertel der Länge ausgeführt; die später fortfallende Endwand ist durch Glas und Wellblech ersetzt.

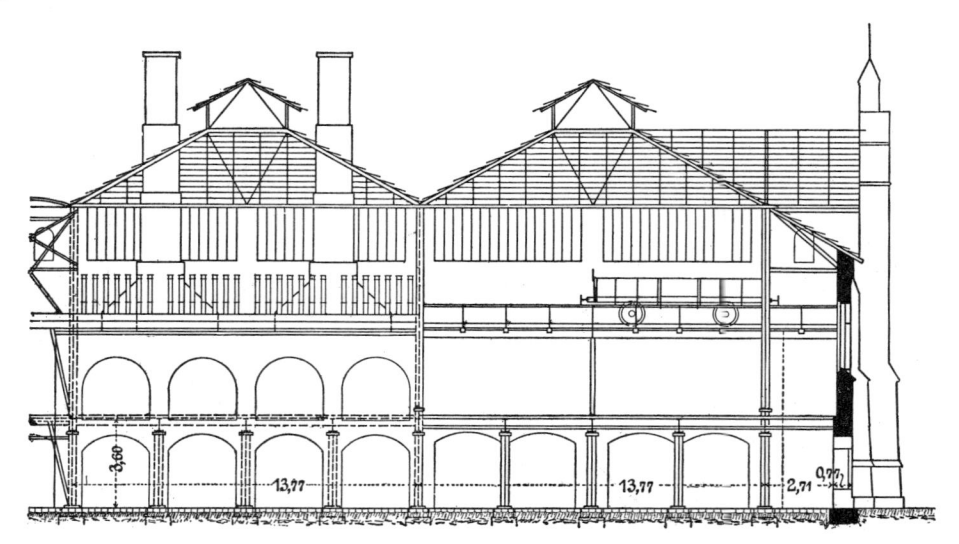

Abb. 521. Retortenhaus, Längsschnitt.

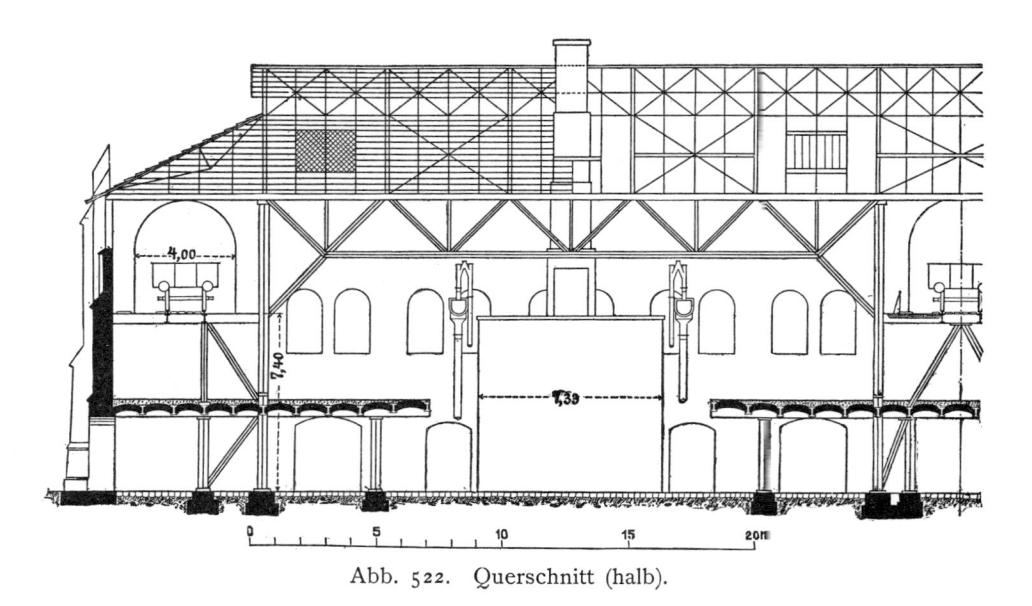

Abb. 522. Querschnitt (halb).

Die erwähnten drei Hochbahnen durchziehen das ganze Haus, je eine an den Langwänden, eine in der Mitte, 7,53 m über dem Erdboden. Unter den Bahnen befinden sich die Kohlenlager, 3,80 m über dem Erdboden, zwei von 12,61 m, ein mittleres von 19,22 m Breite. Die Kohlenlager werden von 120 schmiedeeisernen Säulen in 12 Reihen gestützt, die zum Theil gegen einander verstrebt sind, und den nebenstehenden Querschnitt erhalten haben (Abb. 523). Die Säulen stehen ohne weitere Verankerung auf gufseisernen Platten, welche mit gedrehten Dübeln in Granitquadern eingebleit sind. Ueber die Säulen sind in 3,442 m Abstand I-Unterzüge 55 cm hoch gestreckt, an den Enden 2,11 m frei ausladend; die Unterzüge tragen mittels I-Trägern Kappen von 1,30 m Weite und 1 Stein

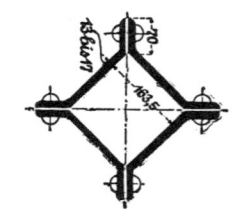

Abb. 523. Säulenquerschnitt.

X. Die Gaswerke.

Stärke, die oben abgeglichen und 15 cm hoch mit Sand, danach mit 5 mm starkem Eisenblech belegt sind. Die Belastung der Kohlenlager kann bis zu 4000 kg/qm betragen. Die Seitenwände des Hauses sind unten mit möglichst weiten Oeffnungen versehen, zur bequemen Lüftung und Koksabfuhr. Einzelne der Säulen (in dem bisher ausgeführten Viertel 16 Stück) sind über die Kohlenlager hinaus auf 12,05 m Gesamthöhe verlängert, um oben Fachwerkstäger von 24,45 m Stützweite mit quer gestellten Dachbindern von 13,678 m Stützweite, 4,89 m Theilung aufzunehmen. Das Dach ist auf eisernen Latten und Sparren mit Falzziegeln eingedeckt; es hat durchlaufende Laternen von 3,20 m Breite und an einzelnen Stellen noch kleine Oberlichtflächen erhalten. An den Stirnseiten sind die Satteldächer abgewalmt, sodafs sich verhältnifsmäfsig niedrige Langfronten (ohne Giebel) ergeben. An

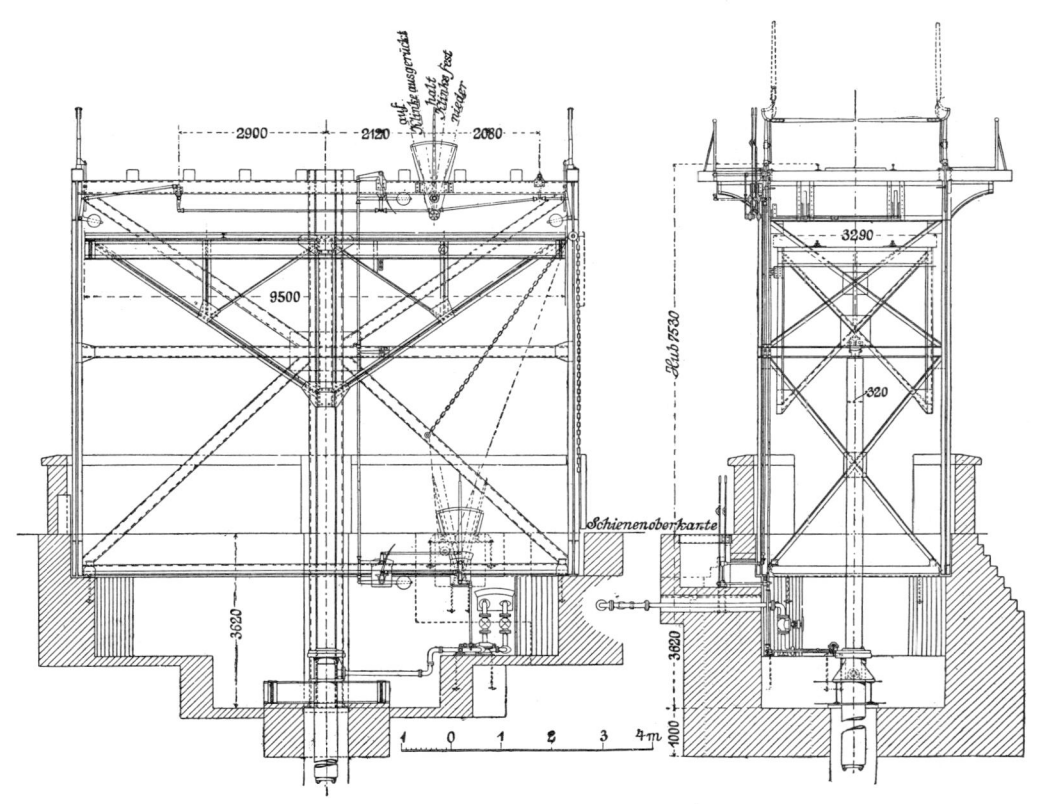

Abb. 524. Hydraulischer Aufzug.

Eisen waren insgesamt rd. 630 t erforderlich; für das Kohlenlager allein, ohne Stützen und Belag rd. 120 kg/qm.

Zwischen den drei Kohlenlagern befinden sich zwei Satz Retortenöfen, je 16 Stück gewöhnliche Rostöfen mit sieben Retorten, deren Umbau in Generatoröfen vorbehalten ist. Vor dem Retortenhause liegen, in den Boden versenkt, zwei Theerbehälter, kreisförmig von 10 m lichtem Durchmesser. Ihre 50 cm starke Betonsohle liegt 6,40 m unter dem Hofpflaster dicht über dem Grundwasserstande; die Ringwand ist 3 Stein stark in reinem Cementmörtel gemauert und mit Cement rauh geputzt; die Decke wird von einem ringförmigen Tonnengewölbe von 1 Stein Stärke, und über dem mittleren 90·90 cm starken Pfeiler von 1½ Stein Stärke gebildet, dessen Scheitel 50 cm unter dem Hofpflaster liegt.

Die beiden je 110 m langen, 7,53 m über dem Pflaster liegenden Hochbahnen haben Steinpfeiler, oben 1,16 m zu 2,23 m stark, in 11 m Achsenabstand, mit Blechträgern aus 800·8 mm starkem Stege und vier Gurtwinkeln 100·100·12 mm. Nahe den Aufzügen

382   X. Die Gaswerke.

befinden sich längere Blechträger (über den Drehscheiben und dem Zufahrtgleise). Hart am Zufahrtgleis ist zwischen zwei Pfeilern der ersten Hochbahn noch ein hochliegender Ammoniakbehälter eingebaut. Die Kohlenwagen werden mittels dreier hydraulischer Aufzüge auf die Hochbahnen geschafft. Jeder Aufzug besteht aus einem Cylinder in einem Senkbrunnen mit gufseisernem Kolben von 320 mm Durchmesser, 7,55 m Hub, einer Plattform von 9,50×3,30 m nutzbarer Fläche, 9,6 t Eigengewicht mit vier Führungsbacken in der Mitte, die je zwei 3 m über einander in den zwei Führungsschienen (I-Träger Nr. 40,

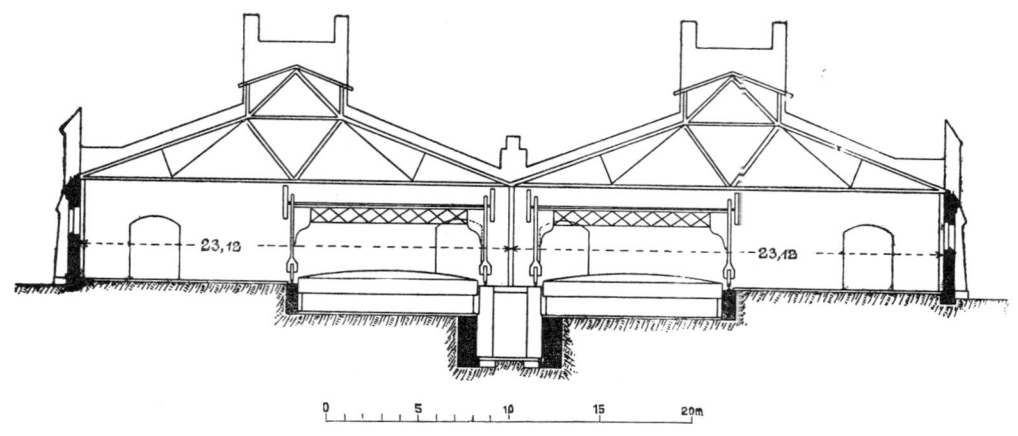

Abb. 525. Reinigerhaus, Querschnitt.

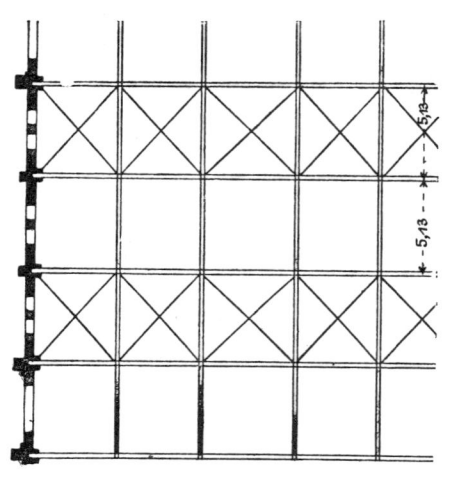

Abb. 526. Grundrifs.

11 m lang) laufen. Bei 50 Atmosphären Wasserdruck werden Wagen bis zu 22,5 t gehoben; Gegengewichte sind nicht angebracht. Die eisernen Aufzuggerüste enthalten jedes 20,5 t Eisen; sie wurden später mit einer Holzverkleidung zum Schutz gegen Staub, Schnee und Frost versehen.

Das Reinigerhaus (Abb. 525 u. 526) ist zunächst in sieben Achsen Länge (deren später noch zwölf folgen werden) ausgeführt. Die Binder sind paarweise mit einander verkreuzt. Die Dachdeckung besteht aus Falzziegeln auf hölzernen Latten und Sparren und eisernen Fetten. Auf den Firsten stehen zwei 5 m breite Laternen. An Eisen enthält die Dachconstruction 33,1 kg auf 1 qm Grundrifsfläche.

Der eine Giebel ist vorläufig in Holz mit Dachpappe bekleidet ausgeführt.

Auf beiden Seiten der mittleren Säulenreihe befinden sich die Reinigerkästen (vorläufig 6, später 18) von 9,612 × 9,612 m mit Laufkranen zum Abheben der Deckel; neben den Kästen bleibt ein 11 m breiter Raum zum Ausbreiten der Reinigungsmasse.

Zwischen Retorten- und Reinigerhaus liegt das Kesselhaus mit (vorläufig) zwei Dampfkesseln mit Unterwindgebläse zur Verbrennung von Koksgrus; ein Pumpenraum mit Arbeiterspeisesaal und Waschgelegenheit; zwei hydraulische Prefspumpen mit zwei Accumulatoren (320 mm Kolbendurchmesser, 5 m Hub), zwei Wasserbehälter darüber; endlich noch der Raum für die Stationsgasmesser und eine kleine Schmiede.

An Gasbehältern sind von der früheren Anstalt her noch vorhanden: zwei kleinere freistehende teleskopirte, mit Führungsgerüsten aus Gufseisensäulen, Fachwerktraversen und Rundeisendiagonalen, der eine von 24,50 m Durchmesser, rd. 6 m Tiefe, 8320 cbm nutzbarem Inhalt, der andere von 30,50 m Durchmesser, rd. 6 m Tiefe, 13080 cbm nutzbarem Inhalt. Ein dritter gröfserer, dreifach teleskopirter Behälter von 56 m Bassindurchmesser, 10,66 m Tiefe, 72 800 nutzbarem Inhalt, gleichfalls freistehend, mit 24 Fachwerkständern von 30 m Höhe ist Anfang 1895 im Bau vollendet worden. Die Bauconstructionen sind von dem Civilingenieur R. Cramer in Berlin entworfen worden, die an mittelalterliche Backsteinbauten sich anlehnenden Architekturformen von dem Professor A. Messel daselbst.

Die Längenausdehnung des Röhrennetzes der Anstalten ist in beständiger Zunahme geblieben, jedoch nicht in einem dem Wachsthum der Anstalten genau entsprechenden Verhältnifs, weil die Association seit dem Bestehen der städtischen Anstalten innerhalb des Weichbildes auf die Gasversorgung derjenigen Strafsen beschränkt geblieben ist, in welchen sie am 1. Januar 1847 Gasröhren liegen hatte. Die gesamte Länge der Röhren, einschliefslich derjenigen in den Vororten, mit Durchmessern bis zu 762 mm, betrug gegen December 1895 381 215 m. Die Anzahl der Flammen für die öffentliche Beleuchtung betrug Ende December 1895 innerhalb des Berliner Weichbildes 1147 und in den Vororten 3626, zusammen 4773. Zu derselben Zeit waren bei den privaten Gasabnehmern 349 188 Flammen und 37 796 Gasmesser vorhanden. Die Anzahl der im Gebrauch befindlichen Gasmotoren betrug 406 mit $1/4 - 50$ P.S., zusammen mit 2108 P.S.

B. Die städtischen Gasanstalten.[1]

Geschichtliches.

Die Stadtgemeinde Berlin errichtete, wie schon auf S. 376 erwähnt worden ist, zwei neue Gasanstalten, deren Bau im Jahre 1845 angefangen wurde. Durch Königliche Cabinetsordre hatte die Gemeinde die Ermächtigung erhalten, die zum Bau erforderlichen Geldmittel durch eine Anleihe zu beschaffen, und gleichzeitig das ausschliefsliche Recht, bis zur gänzlichen Tilgung der Anleihe, längstens aber auf 50 Jahre, Gasröhren in den Strafsen zu legen und daraus die privaten und die öffentlichen Gebäude mit Gas zu versorgen, unter Vorbehalt der der englischen Gesellschaft zugesicherten Rechte der ferneren Benutzung ihrer Anlagen.

Die englische Gesellschaft blieb demnach berechtigt, in allen denjenigen Strafsen, welche sie bis Ende 1846 mit Gasröhren belegt hatte, auch ferner Gas abzugeben, während den städtischen Gasanstalten aufser denselben Strafsen noch alle diejenigen zufielen, in welchen Ende 1846 noch keine Gasröhren vorhanden waren oder welche erst nach dieser Zeit neu angelegt wurden.

Bei den Entwürfen für die städtischen Anlagen wurde, da die englischen Anstalten zu dieser Zeit 1842 öffentliche Laternen und etwa 8000 Privatflammen versorgten, als höchste Leistung die Gaslieferung für 5140 Laternen und etwa 20 000 Privatflammen zu Grunde gelegt. Mit Rücksicht auf die Theilung der Stadt durch die Spree wurde für die nördliche Stadthälfte die Gasanstalt am Stralauer Platz nebst einer Gasbehälter-Anstalt am Koppenplatz, für die südliche Stadthälfte die Gasanstalt am Hellwege, jetzt Gitschiner Strafse 39—49, nebst einer Gasbehälter-Anstalt an der Georgenstrafse erbaut. Der Betrieb der beiden neuen Gasanstalten wurde am 1. Januar 1847 anfänglich mit der Versorgung von 2019 öffentlichen Laternen (neben 1029 Oellaternen) und 823 Privatflammen eröffnet.

Nachdem die englische Gasanstalt zu dieser Zeit ihre Gaspreise, wie auf S. 376 erwähnt, auf 5 bezw. 6 und 7 ℳ. für 1000 englische Cubikfufs ermäfsigt hatte, sicherte die Stadt ihren Abnehmern dieselben Preise, jedoch ohne Gewährung von Rabatt zu. Die nächste Ermäfsigung der Preise um 10% trat am 1. Juli 1862 ein, und bei Einführung des Metermafses im Jahre 1875 wurde unter Aufhebung der durch eine Contractsdauer be-

---

[1] Bearbeitet von Reifsner, Betriebsdirector der städtischen Gasanstalten.

dingten Unterschiede der Preis für 1 cbm auf 16 ₰ festgesetzt. Für Gas, welches nicht zu Beleuchtungszwecken verwendet und durch einen besonderen Gasmesser gemessen wird, wurde seit dem 1. November 1887 ein Rabatt von 20% gewährt und vom 1. Juli 1895 ab der Preis auf 10 ₰ für 1 cbm ermäfsigt.

Die rasche Zunahme des Gasverbrauchs nöthigte sehr bald zum Ausbau der vorhandenen Anstalten, zur Erweiterung des Rohrnetzes und schliefslich zur Anlage einer dritten Gasanstalt, welche in dem nördlichen Stadtgebiet auf einem Grundstück an der Müllerstrafse erbaut und im December 1859 in Betrieb gesetzt wurde. Dieser Anlage wurde ein Entwurf für 2 Mill. engl. Cubikfufs oder rd. 57 000 cbm gröfste tägliche Leistung zu Grunde gelegt. Mit dem weiter zunehmenden Verbrauch folgte die Erweiterung und der Ausbau der drei vorhandenen Anstalten. Im Röhrennetz mufsten Abänderungen getroffen

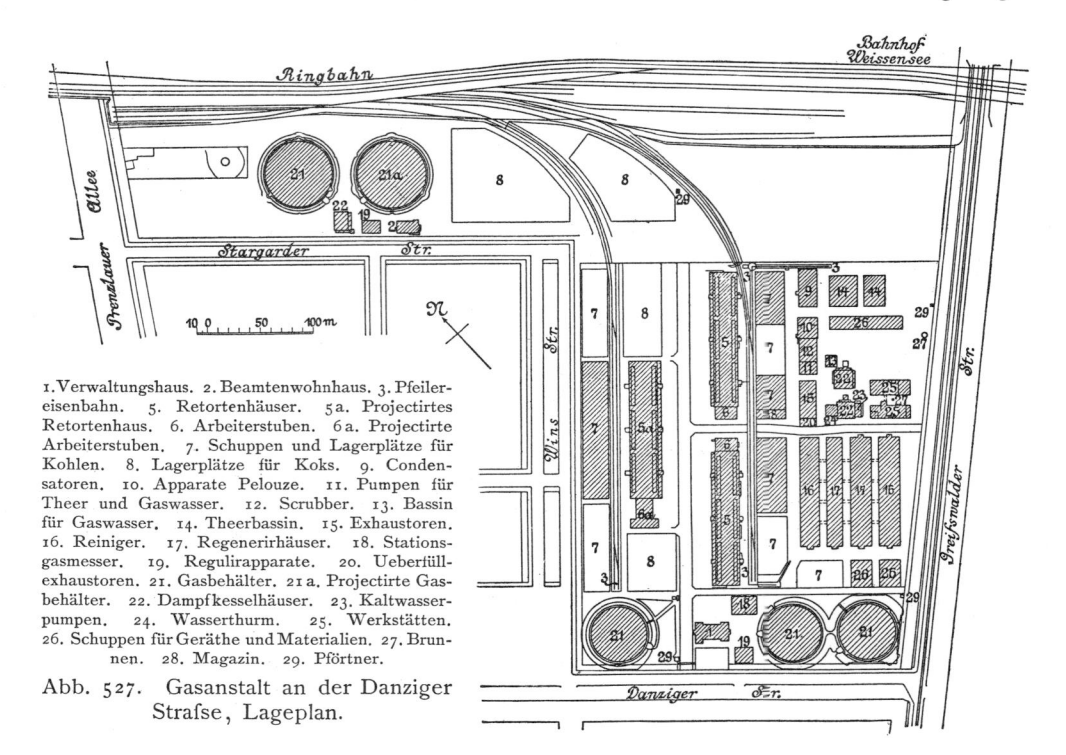

1. Verwaltungshaus. 2. Beamtenwohnhaus. 3. Pfeilereisenbahn. 5. Retortenhäuser. 5a. Projectirtes Retortenhaus. 6. Arbeiterstuben. 6a. Projectirte Arbeiterstuben. 7. Schuppen und Lagerplätze für Kohlen. 8. Lagerplätze für Koks. 9. Condensatoren. 10. Apparate Pelouze. 11. Pumpen für Theer und Gaswasser. 12. Scrubber. 13. Bassin für Gaswasser. 14. Theerbassin. 15. Exhaustoren. 16. Reiniger. 17. Regenerirhäuser. 18. Stationsgasmesser. 19. Regulirapparate. 20. Ueberfüllexhaustoren. 21. Gasbehälter. 21a. Projectirte Gasbehälter. 22. Dampfkesselhäuser. 23. Kaltwasserpumpen. 24. Wasserthurm. 25. Werkstätten. 26. Schuppen für Geräthe und Materialien. 27. Brunnen. 28. Magazin. 29. Pförtner.

Abb. 527. Gasanstalt an der Danziger Strafse, Lageplan.

werden, nach welchen die Versorgung der beiden Tochteranstalten an der Georgenstrafse und am Koppenplatz und ihrer Abgabegebiete von 1867 ab der Anstalt an der Müllerstrafse zugetheilt werden konnte.

Eine für längere Zeit gültig bleibende Eintheilung der Stadtgebiete und Röhrensysteme wurde vorgenommen, woraus beträchtliche Um- und Neubauten in den Anstalten Gitschiner und Müllerstrafse, um sie auf ihrem Grundstück zu einer möglichst hohen Leistung zu bringen, und ferner die Anlage einer vierten Anstalt im nördlichen und einer fünften im südlichen Stadtgebiet sich als nothwendig ergaben.

Die Anstalt Gitschiner Strafse erhielt auf einem in der Hasenhaide an der Fichtestrafse belegenen Grundstück eine Gasbehälter-Anstalt, welche seit 1876 im Betrieb ist, und für die Anstalt Müllerstrafse wurde ein an der Sellerstrafse ihr gegenüber liegendes Grundstück zum Bau von zwei Gasbehältern erworben, deren erster 1878 in Betrieb gesetzt wurde. Die Um- und Neubauten innerhalb der beiden Gasanstalten wurden in den Jahren 1876—1885 ausgeführt. Die alte Gasbehälter-Anstalt an der Georgenstrafse mufste 1880 aufgegeben und abgebrochen werden, um dem Stadtbahnhofe Friedrichstrafse Platz zu machen. Die vierte Gasanstalt im nördlichen Stadtgebiet wurde an der Danziger Strafse unter Zugrundelegung eines Entwurfs für 300 000 cbm gröfste tägliche Gasproduction in den Jahren 1872—1874 erbaut, nachdem dort nach Erbauung des Nordrings der Berliner

Ringbahn die Anlage von Anschlußgleisen möglich geworden war. Abb. 527 zeigt den Lageplan der Anstalt. Der Betrieb wurde im Herbst 1873 eröffnet und die Bauten seitdem, den steigenden Anforderungen an die Leistung entsprechend, allmählich fortgesetzt.

Zur Anlage einer fünften Gasanstalt im Süden der Stadt wurde im Jahre 1889 ein Grundstück erworben, welches am Südringe der Ringbahn in den Gemarkungen der Nachbargemeinden Wilmersdorf und Schmargendorf liegt. Hier wurde von einer Anstalt, deren Entwurf in dem Lageplan in Abb. 528 dargestellt ist, und deren größte tägliche Leistung auf 350 000 cbm Gas bemessen ist, der erste Theil in den Jahren 1890—1893 erbaut; der Betrieb wurde im October 1893 eröffnet.

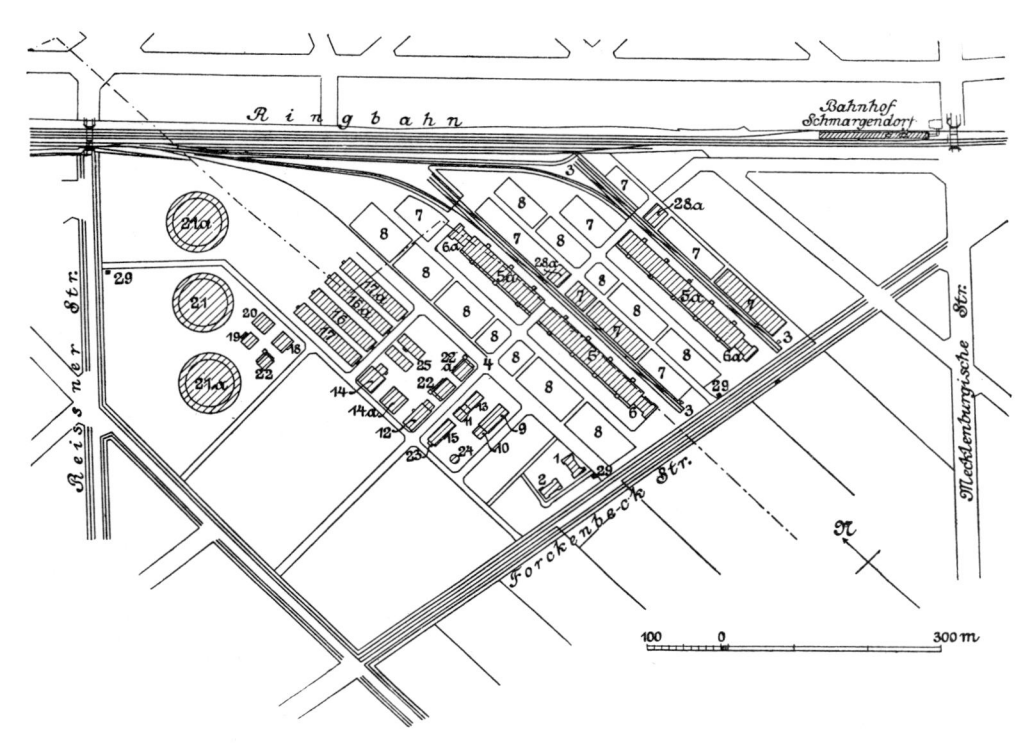

Abb. 528. Gasanstalt bei Schmargendorf, Lageplan.

1. Verwaltungshaus. 2. Beamtenwohnhaus. 3. Pfeilereisenbahn. 4. Eisenbahn im Hofniveau. 5. Retortenhäuser. 5a. Projectirte Retortenhäuser. 6. Arbeiterstuben. 6a. Projectirte Arbeiterstuben. 7. Schuppen und Lagerplätze für Kohlen. 8. Lagerplätze für Koks. 9. Condensatoren. 10. Apparate Pelouze. 11. Pumpen für Theer und Gaswasser. 12. Scrubber. 13. Bassin für Gaswasser. 14. Theerbassin. 14a. Projectirtes Theerbassin. 15. Exhaustoren. 16. Reiniger. 16a. Projectirte Reiniger. 17. Regenerirhaus. 17a. Projectirtes Regenerirhaus. 18. Stationsgasmesser. 19. Regulirapparate. 20. Ueberfüllexhaustoren. 21. Gasbehälter. 21a. Projectirter Gasbehälter. 22. Dampfkesselhäuser. 22a. Projectirte Dampfkesselhäuser. 23. Kaltwasserpumpen. 24. Wasserthurm. 25. Werkstätten. 28a. Projectirtes Magazin. 29. Pförtner.

Zu dieser Anstalt gehörig wurde auf einem an der Augsburger Straße auf Charlottenburger Gebiet belegenen Grundstück eine Gasbehälter-Anstalt erbaut, deren Betrieb im Herbst 1895 eröffnet worden ist.

Die größte tägliche Leistung, zu der die drei älteren Anstalten befähigt sind bezw. welche in der vierten und fünften Anstalt durch ferneren Ausbau erreicht werden soll, beträgt für

Stralauer Platz	32 000 cbm
Gitschiner Straße	160 000 ,,
Müllerstraße	160 000 ,,
Danziger Straße	300 000 ,,
Schmargendorf	350 000 ,,
Für 24 Stunden zusammen	1 002 000 cbm.

386 X. Die Gaswerke.

Aufserhalb der Weichbildgrenze werden die Vororte Treptow, Stralau, Rummelsburg, Pankow und Reinickendorf und die Irrenanstalt bei Dalldorf von der städtischen Anstalt mit Gas versorgt.

Betriebsverhältnisse und Betriebseinrichtungen.

Bis zum Jahre 1861 wurden zur Gasgewinnung ausschliefslich englische Kohlen verwendet, deren Anlieferung in die drei älteren am Wasser belegenen Anstalten unmittelbar vom Schiff aus geschah. Versuche mit deutschen Kohlen, welche im Jahre 1861 begonnen wurden, führten innerhalb einiger Jahre zur fast ausschliefslichen Verwendung von Gaskohlen aus dem Oberschlesischen und Waldenburger Revier; daneben kamen in

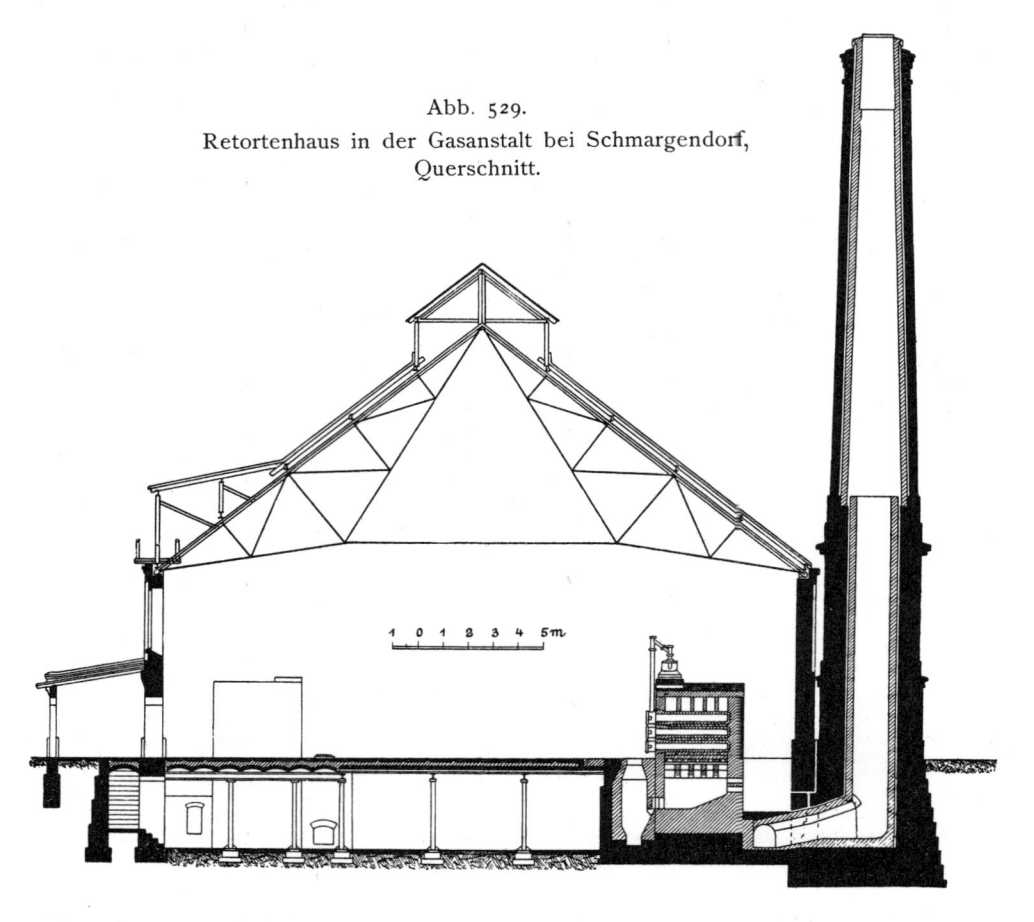

Abb. 529.
Retortenhaus in der Gasanstalt bei Schmargendorf, Querschnitt.

einzelnen Jahren, je nach den Preisverhältnissen, noch westfälische und englische Kohlen in mäfsigen Mengen zur Verwendung. Bei dem Uebergange auf inländische Kohlen erhielten die Anstalten Anschlufsgleise an die Eisenbahnen.

Der Verbrauch von Gaskohlen in dem Betriebsjahre vom 1. April 1894 bis 1895 betrug 365 289 t.

Die Betriebshäuser und Einrichtungen der beiden zuerst erbauten Gasanstalten hatten geringe, der damaligen Leistung angepafste Abmessungen; sie mufsten bei den schnell wachsenden Anforderungen theils durch gröfsere Anlagen ersetzt, theils auch in anderer Weise benutzt werden; aus jener Zeit sind nur noch einige Häuser in der Anstalt Stralauer Platz und zwei Gasbehälter in der Tochteranstalt am Koppenplatz vorhanden. Die nachfolgenden Angaben beziehen sich hauptsächlich auf die in den letzten 25 Jahren erfolgten Ausführungen.

X. Die Gaswerke.

Die Retortenhäuser erhielten wegen der erforderlichen grofsen Anzahl von Oefen beträchtliche Grundrifsmafse und zwischen den einander gegenüber stehenden Ofenreihen einen so weiten Arbeitsraum, dafs die bis jetzt noch nicht erfolgte Anwendung von Maschinen zum Füllen und Entleeren der Retorten möglich bleibt. Die gröfsten Häuser sind die an der Gitschiner Strafse mit 101·32,10 m, an der Müllerstrafse mit 182,70·22 m, an der Danziger Strafse mit 131,10·22,60 m und in der Anstalt Schmargendorf, von deren erstem Retortenhause Abb. 529 einen Querschnitt zeigt, mit 175,10·26,50 m. In der Anstalt Müllerstrafse führten örtliche Verhältnisse zur Anlage einer maschinellen Kohlenförderung in das vorgenannte Retortenhaus. Auf den tiefer als die Hoffläche liegenden Kohlenplätzen werden Wagen mit zweitheiligen, nach unten sich öffnenden Kasten von 4 hl Inhalt beladen, auf Schienengleisen zu Fahrstühlen geschoben, welche in einem Hause vor dem Giebelende des Retortenhauses stehen und mit 50 Atmosphären Wasserdruck betrieben werden, und dort auf Höhe des ersten Stocks gehoben. Die Wagen laufen an einem Seile auf einer in der Längsachse des Retortenhauses erbauten Hochbahn ab, werden an beliebiger Stelle durch Aufschlagen eines Riegels entleert und laufen selbstthätig auf einer neben der Hausfront geneigt angelegten Rücklaufbahn zu den Kohlenplätzen zurück. Beim Aufschlagen der beladenen Wagen gleiten die Kohlen auf Schurren herab und fallen auf den Arbeitsfufsboden vor den Oefen.

Die Retortenöfen, welche ausschliefslich mit Koks gefeuert werden, stehen in Reihen von 7 bis 12 an einem Rauchcanal mit einem Schornstein. Der Ofen mit sieben Retorten und mit Rostfeuerung blieb lange Zeit der Normalofen. Von 1876 ab begannen Versuche mit Kohlenoxydgasfeuerung, welche binnen einigen Jahren dazu führten, dafs die sämtlichen seitdem erbauten Oefen mit dieser Art der Feuerung nebst Regenerationsanlage im Unterbau eingerichtet und mit neun Retorten belegt wurden. Die Generatoren stehen im Kellerraum an der Vorderseite der Oefen.

Die fünf Anstalten hatten Ende des Jahres 1894 zusammen 389 Oefen mit 3229 Schamottretorten.

Von dem Vereinigungspunkte der von den Retortenhäusern kommenden Röhren bis hinter die Stationsgasmesser haben die alten Anstalten ein Fabrikationsrohr, an welchem in den einzelnen Betriebshäusern die Apparategruppen stehen; bei den Vergröfserungsbauten wurde theilweise eine Spaltung in zwei Röhrensysteme, mit zwei gleichen neben einander stehenden Apparategruppen, ermöglicht. In den beiden zuletzt erbauten Anstalten durchziehen zwei parallele Hauptröhren von 990 bezw. 915 mm Durchmesser die ganze Anstalt, und die Apparate in jedem Betriebshause bestehen aus zwei gleichen Gruppen. Vor und hinter jeder Gruppe sind Querverbindungen zwischen den zwei Hauptröhren angelegt.

Die Condensatoren sind gufseiserne Cylinder von 1—1,30 m Durchmesser mit 6,60—8,80 m Höhe, jeder Cylinder mit 7—11 inneren gufseisernen Röhren, durch welche das Kühlwasser geleitet wird. Die Cylinder stehen in parallelen Reihen, in jeder sechs bezw. acht Stück; jeder aus dem Fabrikationsrohre abgezweigte Theilstrom des Gases wird bei seinem Durchgange durch eine Cylinderreihe genügend gekühlt. Hinter diesen Apparaten folgen Condensatoren nach dem System von Andouin & Pelouze, jeder für 50000 cbm Gasdurchgang in 24 Stunden.

Die Scrubber sind aus gufseisernen Platten erbaut, theils mit rechteckigem, theils mit zehn- bezw. zwölfeckigem Grundrifs, letztere mit 4—4,20 m Durchmesser und 13,80 bis 15 m Höhe. Sie sind mit hölzernen Rosten aus hochkantig gestellten Stäben von 13,1 cm belegt, über welche das oben mit Ueberdruck eingespritzte ammoniakalische Wasser, dem von unten nach oben gehenden Gasstrome entgegen, herabrieselt.

Die Exhaustoren, welche das Gas von den Retorten her saugen und bis in die Gasbehälterglocken drücken, sind in der Anstalt Stralauer Platz Körting'sche Dampfstrahlexhaustoren, mit einer Reihe gufseiserner Condensatoren hinter denselben, in den anderen Anstalten dagegen Balanciermaschinen mit Dampfmaschine, jede mit zwei Exhaustorcylindern (Kolbenpumpen), von denen die kleinsten 0,94 m Kolbendurchmesser und 0,94 m Hub, die

388 X. Die Gaswerke.

gröfsten 1,20 m Durchmesser und 1 m Hub haben. Die Maschinen sind von C. Hoppe in Berlin construirt und erbaut worden.

Zur Reinigung des Gases von Schwefelwasserstoff wird fein gemahlenes Rasenerz angewandt, welchem behufs Auflockerung Sägespäne beigemischt sind. Die mit dem Erz gefüllten Reiniger sind gufseiserne Kästen, deren gröfste Mafse 7,53 · 5,34 m sind. Das Erz liegt in vier Schichten auf hölzernen Rosten; je vier Kästen, welche in den Reinigerhäusern zu beiden Seiten eines Mittelganges einander gegenüber stehen, bilden ein System. Der Gasstrom wird durch die vier Kästen der Reihe nach geleitet. Vor diesen mit Erz beschickten Kästen geht das Gas durch ähnliche, nur mit Sägespänen gefüllte Kästen, welche als Filter die Abscheidung der letzten Reste von Theer bewirken.

Das Rasenerz wird acht- bis zehnmal gebraucht, jedesmal nach Gebrauch auf Schüttböden in flacher Schicht ausgebreitet und durch öfteres Umschaufeln und Liegen an der Luft regenerirt. Die Regenerirböden liegen in den alten Anstalten in mehreren oberen Stock-

Abb. 530. Exhaustormaschine.

werken des Reinigerhauses, in den zwei neueren Anstalten dagegen in einem besonderen, parallel zum Reinigerhause stehenden Regenerirhause, welches mit ersterem durch überbaute Laufgänge verbunden ist. Die Förderung des Rasenerzes in die oberen Regenerirböden bezw. in das Erdgeschofs geschieht durch Fahrstühle mit Dampfhaspelbetrieb.

Die Stationsgasmesser stehen in den drei alten Anstalten mit den Regulirapparaten in demselben, in den zwei zuletzt erbauten Anstalten in einem besonderen Hause. Die ältesten Gasmesser waren für 450 cbm stündlichen Gasdurchgang bemessen; für die später erbauten Gasmesser wurden gröfsere Mafse gewählt. Seit 1872 sind zweierlei Gröfsen beibehalten worden, die eine mit 4,55 m Durchmesser und 4,71 m Länge des gufseisernen Gehäuses für 3000 cbm stündlichen Gasdurchgang, die andere mit 4,55 m Durchmesser und 5,54 m Länge für 3600 cbm, mit Ein- und Ausgangsröhren von 710 mm Durchmesser. In dem Regulirhause endigen die Fabrikationsröhren in Sammelkästen oder Sammelröhren, von welchen die Eingangsröhren zu den Gasbehältern, mit Durchmessern bis zu 1 m, abgehen. Die sämtlichen Abschlufshähne für die Eingänge und Ausgänge der Gasbehälter und für die zur Stadt gehenden Hauptröhren, und die Regulirapparate, mittels deren der Gasbehälterdruck auf den geringen in die Stadtröhren zu gebenden Druck ermäfsigt wird, sind in diesem Hause untergebracht.

X. Die Gaswerke.

Die Gasbehälter sind sämtlich überbaut. Die ältesten der ersten Anlagen hatten gufseiserne Bassins und theils einfache, theils zweitheilige Glocken von 18,10 m Durchmesser und 6,30 m Mantelhöhe, mit 1400 bezw. 2800 cbm Nutzinhalt; zwei von ihnen, deren gufseiserne Bassins indessen durch in das Haus eingemauerte Bassins ersetzt worden sind, stehen noch in Benutzung.

Die von 1856 an erbauten Gasbehälter erhielten gemauerte Bassins mit 6—7,50 m Wassertiefe, und an der Aufsenseite Erdanschüttungen bis zur Höhe der Bassinkrone. Bei jedem folgenden Neubau wurden die Abmessungen gröfser gewählt; von 1864—1868 wurden fünf Behälter erbaut, deren Bassins 43,60 m Durchmesser mit 7,50 m Wassertiefe und deren zweitheilige Teleskopglocken 18400 cbm Nutzinhalt haben. Von 1872 ab wurden acht Bassins mit 54,60 m Durchmesser und 7,70 bezw. 9,70 m Wassertiefe erbaut, und zwar mit der gröfseren Tiefe in der Anstalt an der Danziger Strafse, wo der Baugrund aus trockenem Lehmboden besteht, mit der geringern Tiefe in den andern Anstalten, in welchen der hohe Grundwasserstand und der Sandboden nur eine geringe Tiefe der Bau-

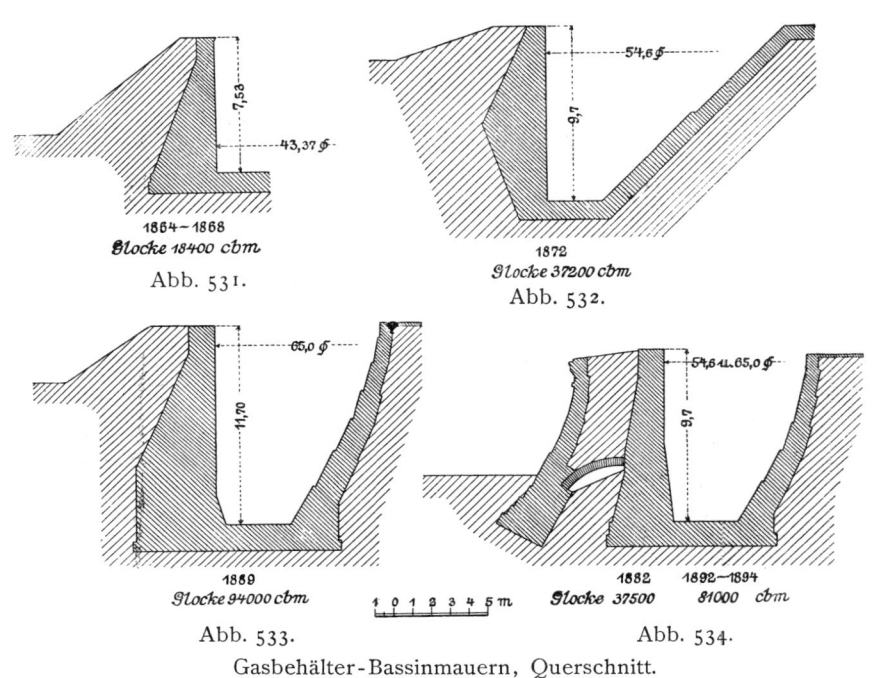

Abb. 531. 1864—1868 Glocke 18400 cbm

Abb. 532. 1872 Glocke 37200 cbm

Abb. 533. 1889 Glocke 94000 cbm

Abb. 534. 1882 1892—1894 Glocke 37500 81000 cbm

Gasbehälter-Bassinmauern, Querschnitt.

grube zuliefsen. Vom Jahre 1889 ab wurde bei drei Bauten (an der Danziger Strafse, bei Schmargendorf und an der Augsburger Strafse) der Durchmesser des Bassins auf 65 m vergröfsert, mit Beibehaltung von 9,70 m Tiefe im Sandboden, jedoch mit 11,20 m Tiefe an der Danziger Strafse im Lehmboden; die Glocken wurden dreitheilig erbaut und erhielten 81000 bezw. 94000 cbm Nutzinhalt.

Die Abb. 531—534 zeigen mehrere Querschnitte der ausgeführten Bassins.

Für die seit 1874 erbauten Bassins von 54,60 und 65 m Durchmesser an denjenigen Stellen, wo der hohe Grundwasserstand nur eine geringe Einsenkung in das ursprüngliche Gelände zuliefs, wurde eine durch den Wirklichen Geheimen Oberbaurath Schwedler angegebene Construction, Abb. 534, mit Strebebögen und einer äufseren Stützmauer angewandt; die Strebebögen liegen als Kranz rings um das Bassin, im Scheitel Bogen an Bogen stofsend; der durch die Bögen und deren Erdüberfüllung erzeugte Gewölbescheiteldruck wirkt in ein Drittel der Bassinhöhe dem Wasserdruck entgegen.

Die bis zum Jahre 1862 erbauten Gasbehälterhäuser hatten Kegeldächer mit eisernem Dachgespärre und Eindeckung mit Theerpappe; alle seit 1864 erbauten Häuser erhielten Kuppeldächer nach Schwedler'scher Construction. Das Kuppeldachgespärre wurde, nachdem die Frontmauer des Hauses auf ihre ganze Höhe aufgeführt und der Mauerring, aufgebracht war, auf dem Bassinboden, mit Fortlassung der untersten Sparrentheile, fertig genietet und sodann mittels der auf einer Rüstung angebrachten Hebeladen in derselben Weise, wie auf S. 378 beschrieben und dargestellt ist, in die Höhe gezogen. Nachdem das Gespärre auf die richtige Höhe gebracht war, wurden die untersten Sparrenstücke und die Diagonalen zwischen denselben eingesetzt und die Rüstung allmählich abgebaut.

Bei den seit 1888 erbauten vier Häusern, von deren einem die Abb. 535 den Querschnitt zeigt, mit 29,60 bezw. 33,60 m Fronthöhe über dem Bassin, waren wegen der grofsen Höhe die früher für den Maurer genügenden gewöhnlichen Stangenrüstungen nicht mehr anwendbar und es wurde nach einer von Schwedler gegebenen Anregung zu einer anderen Bauweise übergegangen. Sie bestand darin, dafs man, sobald die Ringmauer des Bassins und ein 1,30 m hoher Sockel aufgeführt waren, das Kuppeldachgespärre fertig montirte, auf hydraulische Pressen stellte und die Arbeitsrüstungen für den Maurer an das

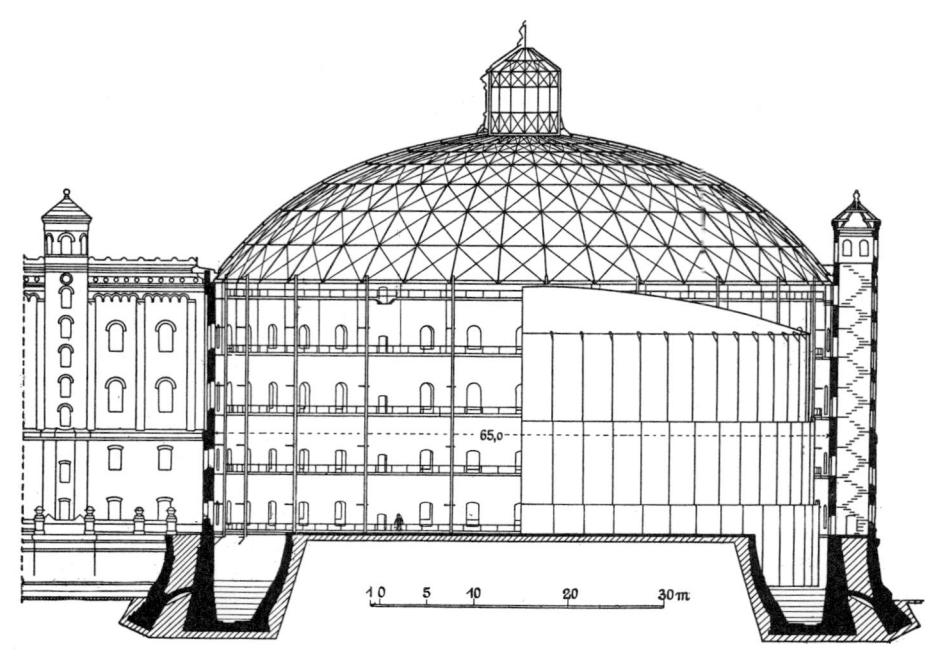

Abb. 535. Gasbehälterhaus an der Augsburger Strafse, Querschnitt.

Gespärre anhing; auch die hölzernen Fetten wurden auf dem Gespärre verlegt und sodann das Ganze allmählich gehoben.

Abb. 536 u. 537 zeigen die Anordnung der Pressen und der Unterstützungen für das Gespärre und eine während der Ausführung aufgenommene Ansicht.

Wegen des Anhängens der Rüstungen hat das Gespärre an den Sparrenfüfsen consolartige Ausleger erhalten, an deren Aufsenenden ein genieteter Blechbalken einen Schlufsring bildet. Der Mauerring des Gespärres erhielt für die Zeit des Baues sein Auflager auf einem polygonalen Kranze aus zwei Balkenhölzern, welcher unterklotzt war und unter dem 32 bezw. 40 Pressen, entsprechend der Anzahl der Kuppelsparren, angeschraubt waren. Die Prefskolben stützen sich, wenn die Pressen arbeiten, durch eine mit Kugelgelenk verbundene Grundplatte auf das Mauerwerk. Die Prefskolben haben 12 cm Durchmesser und 30 cm Hub; die Pressen sind mittels Kupferröhrchen von 4 mm Durchmesser an ein am Balkenkranze ringsum geführtes Rohr von 16 mm Durchmesser angeschlossen. Die Last für jede Presse einschl. aller zufälligen Belastungen durch Mörtelkästen und Ziegel usw. auf den Rüstungen betrug 11—12 t und das Druckwasser mufste den Pressen mit 100—110 Atmosphären zugeführt werden. — Die Pressen stehen ohne Druck, so lange nicht gehoben wird, und die ganze Last ruht auf Kreuzlagern aus Klötzen von 26 cm Höhe, welche seitlich neben den Pressen in der halben Anzahl der Sparrenfache liegen. Der

X. Die Gaswerke. 391

Maurer arbeitet in denjenigen Fachen, welche frei von Unterklotzungen sind, und nach dem nächstmaligen Heben in den anderen Fachen, wie in Abb. 536 durch Numerirung der Mauertheile angegeben ist. In der Regel machte man drei Hebungen = 78 cm nach einander, welche, nachdem die Leute gut eingearbeitet waren, 35—40 Minuten erforderten.

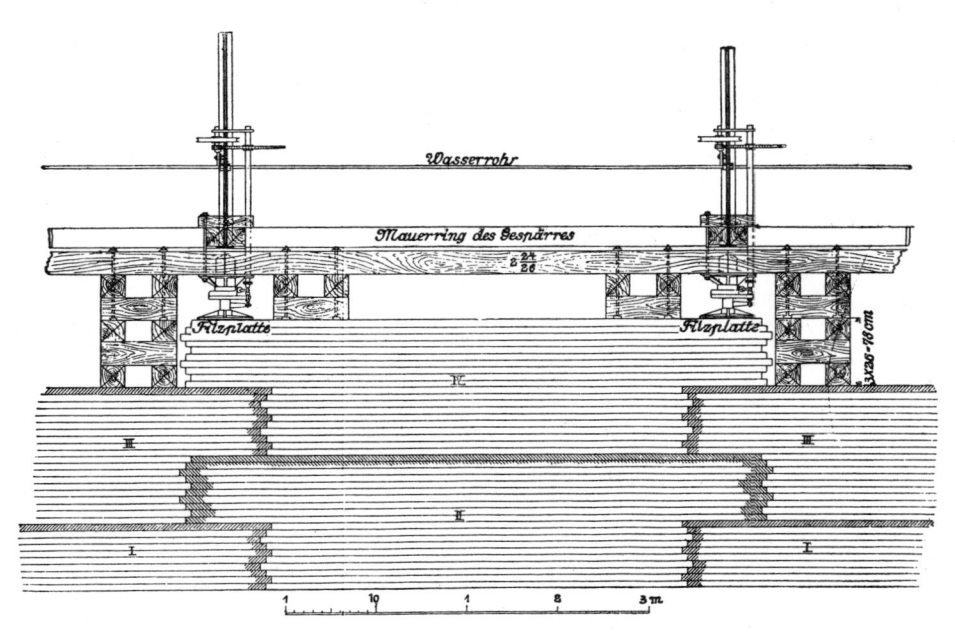

Abb. 536. Wasserdruckpressen, Ansicht.

Die hydraulischen Pressen nebst zwei Prefspumpen und allem Zubehör sind von C. Hoppe in Berlin construirt und geliefert worden. Die Pressen haben Drehschiebersteuerung (D. R. P. Nr. 42 347), mittels welcher auch bei ungleichmäfsiger Lastvertheilung ein gleichmäfsiger Hub aller Pressen erzielt wird. Eine lothrechte Steuerungsspindel trägt oben ein Zahnrad und auf dem zugehörigen Trieb sitzt eine Seilscheibe. Um die 32 bezw. 40 Seilscheiben ist ein Zugseil gelegt, mit Spannvorrichtung an einer Stelle des Umfanges. Sollen die Pressen in Thätigkeit gesetzt werden, so treten 32 bezw. 40 Mann auf den Balkenkranz und ziehen tactmäfsig an dem Seile nach einer Richtung. Sobald der Prefskolben seinen ganzen Hub von etwas über 26 cm gemacht hat und die Klötze untergelegt sind, wird am Zugseile nach der entgegengesetzten Richtung gezogen, die Prefskolben gehen zurück und die Last legt sich auf die Unterklotzungen.

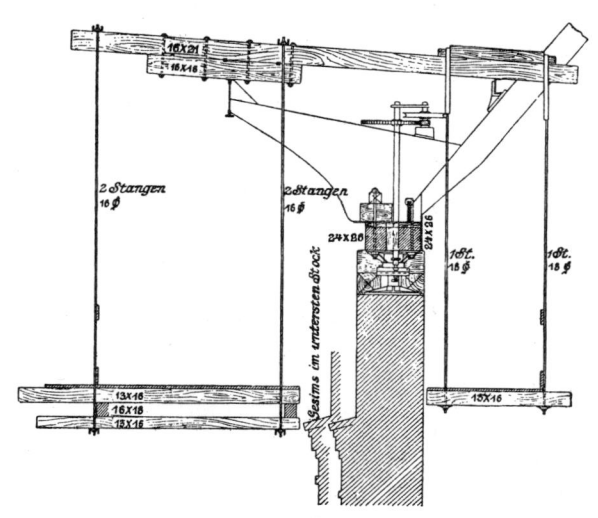

Abb. 537. Querschnitt.

An drei Stellen des Hausumfangs standen Rüstungsthürme. In jedem derselben waren eine Fördermaschine für Ziegel und Mörtel, die Leitergänge und aufserhalb eine Mörtelmaschine angebracht. Im unteren Theile von zwei dieser Rüstungen war eine Prefspumpe und eine Bauwasserpumpe aufgestellt. Der Betrieb in jeder Rüstung erfolgte durch einen achtpferdigen Gasmotor. In der ringförmigen äufseren Mauerrüstung lag ringsum ein Schienengleis für die Ziegel- und Mörtelwagen, mit Drehscheiben an den Rüstungsthürmen und mit beweglichen Brücken an letzteren, welche stets auf gleiche Höhe mit dem Fufsboden der Hängerüstung eingestellt wurden.

Nachdem das Gespärre bis auf seine endgültige Höhe gehoben war, wurden die Pressen und die innere Hängerüstung abgenommen, sodann die Hölzer des Balkenkranzes, zuerst in der einen Hälfte der Sparrenfache und, nachdem diese ausgemauert waren, in der anderen Hälfte beseitigt und die Kuppelsparren erhielten ihr Auflager auf eisernen Unterlagsplatten auf der Frontmauer. Der Abbruch der äufseren Hängerüstung erfolgte allmählich, wie das Fortschreiten der Zimmer- und Klempnerarbeiten es erforderlich machte. Nach Beseitigung der Rüstungen konnten an der Aufsenseite des Hauses drei an die Frontmauer angelegte Treppenthürme mit eisernen Wendeltreppen aufgeführt werden.

Die beschriebene Einrichtung ist bei vier auf einander folgenden Bauten ohne jede Abänderung angewandt worden und hat sich vollkommen bewährt; sie ermöglichte eine schnelle Aufführung des Hauses mit Aufwendung einer sehr mäfsigen Menge von Rüstungsbautheilen.

Die Eisengewichte der Kuppeldachgespärre für verschiedene zur Ausführung gekommene Durchmesser waren folgende:

Durchmesser des Hauses im Lichten	Anzahl der Kuppelsparren	Eisengewicht kg
40,8	24	37 630
43,6	24	40 500
54,6	32	67 950
65,0	40	147 800
65,0	40	163 000

Das zuletzt angeführte Dach hat auf dem Scheitel der Kuppel eine hohe Laterne mit eisernem Gerippe, während die übrigen niedrige Laternen aus Holz haben.

Die Gasbehälterglocken wurden bis zum Jahre 1886 als zweitheilige Teleskope erbaut, deren Nutzinhalt mit den Durchmessern und Tiefen der Bassins zunahm und bei den Bassins von 54,60 m Durchmesser und 9,70 m Tiefe auf 37 500 cbm gebracht wurde. Bei dem Bau von zwei solchen Glocken im Jahre 1887 wurde die Construction der Führungen nach Angabe von Schwedler abgeändert, und insbesondere wurden tangential gegen die Glockenmäntel gestellte Führungsrollen anstatt der früher radial gestellten angewandt. Durch die Abänderungen wurde eine so viel gröfsere Sicherheit in der genauen Führung der Glockentheile erreicht, dafs von 1888 ab vier Glocken als dreitheilige Teleskope erbaut werden konnten, und zwar eine Glocke mit 56 500, zwei mit 81 000 und eine mit 94 000 cbm Nutzinhalt.

Die früher erbauten Glocken hatten in ihrer Decke ein eisernes Gespärre, ähnlich dem Dachgespärre; bei den vier zuletzt erwähnten Glocken steht das eiserne Gespärre fest auf dem inmitten des Bassins aufgeführten und abgepflasterten Conus, und die Blechdecke der Glocke legt sich nur bei ihrem tiefsten Stande auf die Sparren und Ringe des Gespärres auf. Der gesamte in den fünf Gasanstalten und zwei Gasbehälteranstalten im Herbst 1895 vorhandene Gasbehälterraum betrug 698 700 cbm in 22 Behältern.

Nach den vorstehenden Angaben über die Betriebseinrichtungen, deren Reihenfolge sich dem Gange der Gaserzeugung anschlofs, bleiben noch Einrichtungen zu erwähnen, welche zum Ueberfüllen von Gas mittels Maschinenkraft aus der einen in eine andere Anstalt vorhanden sind. Die Anstalt Danziger Strafse liefert einen Theil des erzeugten Gases an die Anstalt Stralauer Platz und hat hierzu drei Exhaustormaschinen (Kolbenpumpen), jede mit einem Cylinder von ähnlicher Construction wie Gebläsemaschinen, welche in dem Maschinenhause stehen und für 60 000 cbm Fördermenge in 24 Stunden bemessen sind. Sie saugen aus den Gasbehältern der Anstalt und drücken das Gas durch ein Rohr von 760 mm Durchmesser in die Behälter am Stralauer Platz, aus denen es mit niedrigem Druck in das Stadtröhrennetz abgegeben wird. Die Anstalt Schmargendorf erhält neun ähnliche Maschinen von gröfseren Abmessungen, welche daselbst aus den Gasbehältern saugen und das gesamte hergestellte Gas, in Zukunft 350 000 cbm in 24 Stunden, durch zwei Röhren von 840 mm Durchmesser in drei Gasbehälter an der Augsburger Strafse fördern sollen. Aus letzteren wird das Gas durch vier Hauptröhren von 915 mm Durchmesser in das Berliner Weichbild geleitet werden. Die Exhaustormaschinen sind von C. Hoppe in Berlin entworfen und erbaut worden.

Das Röhrensystem in der Stadt mufste fortwährend ausgedehnt und erweitert werden. Die von den Anstalten ausgehenden Hauptröhren haben gegenwärtig 610 bis 1065 mm Durchmesser. Die gesamte Länge der Röhren, ohne die Zuleitungen zu den Häusern und zu den öffentlichen Laternen, betrug Ende März 1895

mit Durchmessern bis einschl. 300 mm . . . . 731 711 m
und über 300 mm . . . . 130 356 „
zusammen 862 067 m

mit 47 105 cbm Gasinhalt, woraus sich der mittlere Durchmesser auf 264 mm berechnet.

Die Röhrensysteme zu beiden Seiten der die Stadt durchziehenden Flufsläufe sind durch Rohrleitungen, welche unter den Bürgersteigen der Brücken liegen, mit einander verbunden; verschiedene früher vorhanden gewesene Verbindungsröhren unter der Sohle der Flufsbetten haben bei der Ausführung von Uferbauten beseitigt werden müssen.

Die öffentliche Beleuchtung, welche im Januar 1847 mit 2029 Gaslaternen und mit 2000 Brennstunden im Jahre begonnen hatte, dehnte sich in dem Mafse aus, wie die Stadt durch neue Strafsen und neue Stadttheile anwuchs und wie die Rücksichten auf den zunehmenden Verkehr es erforderten. Von 1861 ab brannten alle Laternenflammen die ganze Nacht hindurch mit 3600 Stunden, von 1874 ab mit 3675 Stunden im Jahre.

Die Anzahl der Laternenflammen gegen Ende December 1895 einschl der auf dem ehemaligen Schöneberger Gebiet, welche auf Kosten der Stadt durch die englische Gasanstalt versorgt werden, betrug 21 158; hierin sind 6631 Intensivbrenner von verschiedenen Sorten mit 400—1600 l stündlichem Verbrauch enthalten, welche im Laufe der letzten 10 Jahre in Strafsen und auf Plätzen angebracht worden sind, in denen der Verkehr eine starke Beleuchtung nöthig machte.

Elektrische, durch die Berliner Elektricitätswerke besorgte Beleuchtung ist im Zuge der Strafse Unter den Linden und dessen Fortsetzung bis an die Spandauer Strafse im Lustgarten, im Kastanienwäldchen, auf dem Schlofsplatze, auf der Friedrichsbrücke, im westlichen Theile der Leipziger Strafse und am Potsdamer Platz mit 176 Bogenlampen vorhanden, aufserdem stehen neun Bogenlampen in der Umgebung der Gasanstalt Stralauer Platz, welche von einer in dieser Anstalt vorhandenen Versuchsanstalt gespeist werden.

Strafsen in den Umgebungen der Stadt, deren Bebauung erst beginnt, werden mit Petroleumlaternen beleuchtet; die Anzahl derselben betrug 1127 gegen Ende December 1895.

Für die private Beleuchtung waren Ende December 1895 bei den Gasconsumenten 933 722 Flammen vorhanden; die Anzahl der im Gebrauch befindlichen Gasmesser war am 1. April 1895 auf 66 213 Stück und die Anzahl der Gasmotoren zu derselben Zeit auf 1184 mit $1/4$—60 P.S., zusammen auf nominell 5400 P.S. gestiegen.

Anlagekosten und Verwaltung.

Bis Ende März 1895 betrugen die Kosten für die erste Anlage und für die ausgeführten Erweiterungen und Neubauten der Gaswerke und des Röhrennetzes in der Stadt, einschl. der Kosten für die Grundstücke . . . . 66 188 807 ℳ,
während der gesamte Buchwerth der Gasanstalten einschl. der Bestände an
Kohlen und sonstigen Materialien, an Koks, Theer usw. sich stellten auf 68 716 849 ℳ.
Hierauf hafteten an fremden Kapitalien, Ausgaberesten usw. . . . . . 25 413 626 ℳ,
sodafs die Gaswerke Ende März 1895 ein Activum der Stadtgemeinde darstellten von . . . . 43 303 223 ℳ.

Die Verwaltung der Gasanstalten wird unter Aufsicht einer aus drei Mitgliedern des Magistrats, sechs Stadtverordneten und zwei Bürgerdeputirten bestehenden Deputation durch einen Verwaltungsdirector geführt, welchem ein Subdirector zur Seite steht.

Als technische Beamte wirken ein Betriebsdirector und für die besondere Leitung jeder Anstalt je ein Dirigent nebst mehreren Betriebsassistenten; der Dirigent der Anstalt Stralauer Platz ist gleichzeitig Dirigent für das Röhrensystem und für die öffentliche und private Beleuchtung.

Die Stadt ist in 16 Reviere getheilt, jedes mit einem Revierbureau, welchem ein Revierinspector vorsteht; ihm liegt die Aufstellung und Ueberwachung der Gasmesser bei den Abnehmern ob und die Ausführung von Einrichtungsarbeiten und Ausbesserungen bei denselben, soweit die Anfertigung durch die Gasanstalt erfolgt.

Gesamter Gasverbrauch in Berlin.

Die nachstehenden Nachweisungen geben eine Uebersicht über die Gasabgabe von den städtischen und englischen Gasanstalten von 10 zu 10 Jahren; ferner über den gröfsten Gasverbrauch an einem Decembertage, welcher für den Umfang der Betriebseinrichtungen mafsgebend ist, und über den Verbrauch für einen Einwohner

Kalenderjahr	Gasabgabe im Jahre			Einwohnerzahl am Schlufs des Jahres	Verbrauch für einen Einwohner im Jahre cbm
	städtische Anstalt cbm	englische Anstalt cbm	zusammen cbm		
1850	4 757 300	3 722 400	8 479 700	419 720	20,2
1860	12 974 000	8 281 200	21 255 200	493 400	43,1
1870	34 989 100	16 478 600	51 467 700	774 310	66,5
1880	63 241 100	26 551 100	89 792 200	1 123 608	79,9
1890	98 396 000	37 896 800	136 292 800	1 579 244	86,3
1895	107 602 000	42 199 400	149 801 400	1 677 679	89,3

Im Jahre	Gröfste Gasabgabe an einem Decembertage		
	städtische Anstalt cbm	englische Anstalt cbm	zusammen cbm
1850	21 900	18 600	40 500
1860	64 600	43 000	107 600
1870	177 700	85 200	262 900
1880	334 100	146 800	480 900
1890	527 800	198 300	726 100
1895	595 400	231 200	826 600

Das Verhältnifs des höchsten Verbrauchs an einem Tage zum Jahresverbrauch schwankt zwischen 1:180 und 1:200. Der geringste Gasverbrauch an einem Sommersonntage im Juni oder Juli verhält sich zum höchsten Verbrauch eines Decembertages ungefähr wie 1:5 bis 1:5,5.

C. Die städtischen Gasanstalten zu Charlottenburg.[1]

Die ältere, am Charlottenburger Ufer 17 belegene Gasanstalt I wurde Ende 1861 in Betrieb genommen und von 1881 bis 1888 schrittweise auf 25 000 cbm Tagesleistung vergröfsert.

Bemerkenswerth auf dieser Anstalt ist ein schmiedeeiserner Gasbehälter, nach Intzes Patent von der Berlin-Anhaltischen Maschinenbau-Actiengesellschaft in Moabit

---

[1] Bearbeitet von G. Schimming.

X. Die Gaswerke.

ausgeführt. Er hat 32 m Durchmesser, 6,90 m Wassertiefe, 13 m Hub der Teleskopglocke und 10000 cbm Inhalt; sein Boden ist aus Stützkegel, Zone und mittlerer Hängekugel zusammengesetzt. Das Gewicht des Behälters beträgt:

Bassin	199000 kg
Führungen	46000 „
Obere Glocke	71000 „
Untere Glocke	21100 „
Stützgerüst	3900 „
Treppe	1600 „
zusammen	342600 kg.

Näheres über die Construction findet sich in der Zeitschrift der Vereins deutscher Ingenieure, 1887. Seit acht Betriebsjahren sind keine Störungen vorgekommen. Der Lagerraum unter dem Behälter ist bei der geringen Ausdehnung des Anstaltsgrundstücks recht schätzbar.

Der Gasverbrauch hat in Charlottenburg betragen im Jahre

1870	1880/82	1890/91	1893/94	1894/95	1895/96
290832	1218253	5710000	7999120	9030500	10753900 cbm.

Meistverbrauch eines Tages im Jahre

1880	1885	1890	1893	1894	1895
5567	13010	28030	46440	45250	54840 cbm.

Bereits im Jahre 1888 bewilligten die städtischen Behörden 5 Mill. ℳ zum Bau einer neuen Gasanstalt. Für diese fand sich im Norden Charlottenburgs ein sehr günstig an der Ringbahn und am Schiffahrtscanal belegenes Grundstück. Auf der hier erbauten Anstalt wurde der Betrieb Ende 1891 eröffnet.

Sie ist bestimmt, später das ganze Areal der Stadt, welches als westliche Fortsetzung Berlins nach Berliner Muster bebaut etwa 300000 Einwohner zählen wird, mit Gas zu versorgen. Mit Rücksicht darauf ist die Gasanstalt II, welche jetzt in der Lage ist jährlich 6 Mill. cbm zu erzeugen, für 20 Mill. cbm entworfen und in unmittelbarer Nähe der Fabrik Grundstücke gesichert, um die Anlagen gebotenen Falls noch weiter vergröfsern zu können. Die technischen Anlagen der Gasanstalt II enthalten bezüglich der Fördereinrichtungen, der hydraulischen Anlagen, sowie in hüttenmännischer Beziehung und bezüglich einzelner Bauten bemerkenswerthe Anordnungen.

Der Lageplan, Abb. 538, zeigt die vollständige für die Leistung von jährlich 20 Mill. cbm entworfene Anlage. Die bei dem ersten Ausbau ausgeführten Baulichkeiten sind: das Retortenhaus, das Condensationsgebäude, das Reinigergebäude, ein Gasbehälter, der Reservoirthurm, das Kesselhaus und das Beamtenwohnhaus. Mafsgebend für die Anordnung der Gebäude war die Form des Grundstücks und die Beschaffenheit des Baugrundes, welcher aus grobem Kies besteht und sich in stark wechselnder Tiefe unter hochliegendem Grundwasserspiegel befindet.

Die gastechnischen Einrichtungen sind für eine gröfste Tagesleistung von 100000 cbm entworfen und für etwa ein Drittel dieser Leistung ausgeführt. Sie bestehen in der jetzigen Ausführung aus: 20 Oefen mit je neun horizontalen Retorten, sechs gufseisernen stehenden Condensatoren mit je 12 durch Wasser gekühlten Rohren, zwei direct angetriebenen dreiflügeligen Exhaustoren, zwei Drory'schen Theerwäschern, zwei Standard-Scrubbern, vier Reinigern von je 84 qm Querschnitt, einem Stationsgasmesser von 20 cbm Trommelinhalt, einem dreitheiligen Gasbehälter von 27000 cbm Inhalt mit Tangentialführungen und einem Elster'schen Stadtdruckregler, welcher für Rücklaufrohr nach Giroud eingerichtet ist.

Bezüglich der Verkehrsanlagen ist zu bemerken, dafs die zu verarbeitenden schlesischen Kohlen mit der Bahn und auf dem Wasserwege, die englischen Kohlen hingegen nur auf dem Wasserwege bezogen werden können. Die Länge des Gasanstaltsgrundstücks am Wasser ist verhältnifsmäfsig kurz, aufserdem stand für die Aufstellung besonderer Ausladeanlagen nur ein schmaler Uferstreifen zur Verfügung. Eine Uferstrafse trennt das Gasanstaltsgrundstück vom Schiffahrtscanal; ferner mufste in Rücksicht auf die Bodenverhältnisse und den Betrieb der Kohlenschuppen an die der Wasserfront entgegengesetzte Seite gelegt werden. Während es eine leicht zu lösende Aufgabe war, mittels passend ange-

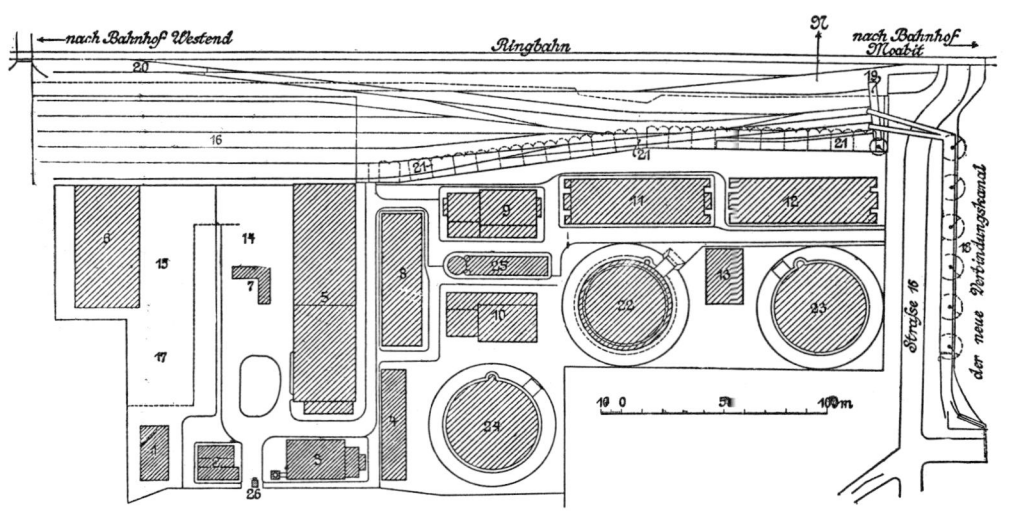

Abb. 538. Gasanstalt Charlottenburg, Lageplan.

1. Verwaltung. 2. Magazin. 3. Kesselhaus. 4. Werkstatt. 5. Retortenhaus I. 6. Retortenhaus II. 7. Koksaufbereitung. 8. Ammoniakfabrik. 9. Condensationsgebäude I. 10. Condensationsgebäude II. 11. Reinigungsgebäude I. 12. Reinigungsgebäude II. 13. Regulirungsgebäude. 14. Dämpferplatz. 15. Projectirter Dämpferplatz. 16. Kohlenschuppen. 17. Projectirtes Kohlenlager. 18. Kohlenentladevorrichtung. 19. Schiebebühne. 20. Anschlufsgleis. 21. Viaduct, Lager, Hauptsammelcisterne. 22., 23. u. 24. Gasbehälter. 25. Reservoirthurm. 26. Pförtner.

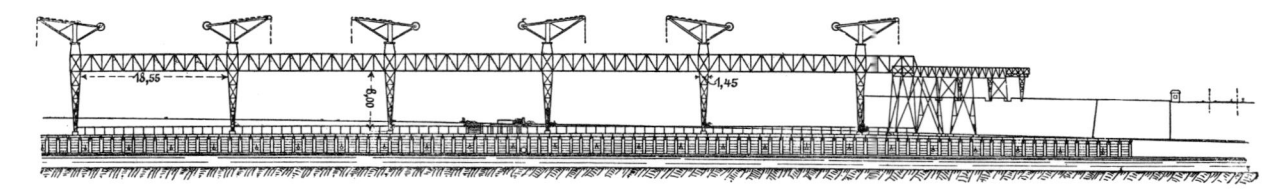

Abb. 539. Hydraulische Krane, Ansicht.

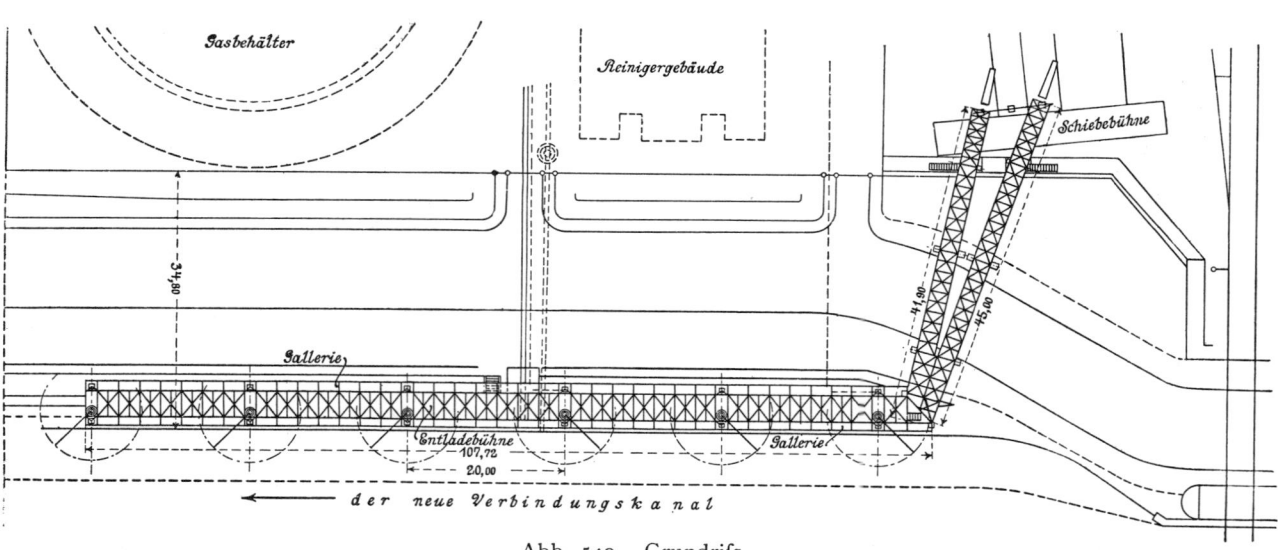

Abb. 540. Grundrifs.

X. Die Gaswerke.

ordneter Weichenstraßen die Kohlenwagen von den 5 m über Erdboden liegenden Schienensträngen der Eisenbahnverwaltung bis an jede Stelle des Kohlenschuppens der Gasanstalt gelangen zu lassen, bot die Vereinigung der Beförderung der zu Wasser anlangenden und der mit der Bahn angelieferten Kohlen Schwierigkeiten. Die einfachste Lösung: die Eisenbahnwagen in der Höhe von 5 m über die Uferstraße zu fahren und mittels Kranen von den Schiffen aus mit Kohlen zu beladen, war nicht zulässig, da der geringe zur Verfügung stehende Raum eine im Betriebe zweckmäßige Anlage dieser Art hinderte. Es wurden deshalb eiserne Kohlenbänder angeordnet, sodaß jetzt die Kohlen mittels hydraulischer Krane und baggerähnlicher Löschgefäße aus den Schiffen aufgenommen und auf die Bänder geschüttet werden, welche die Kohlen am Canal entlang und über die Straße schaffen und sie in die Eisenbahnwagen ausschütten (Abb. 539—543). Es können nunmehr die mit der

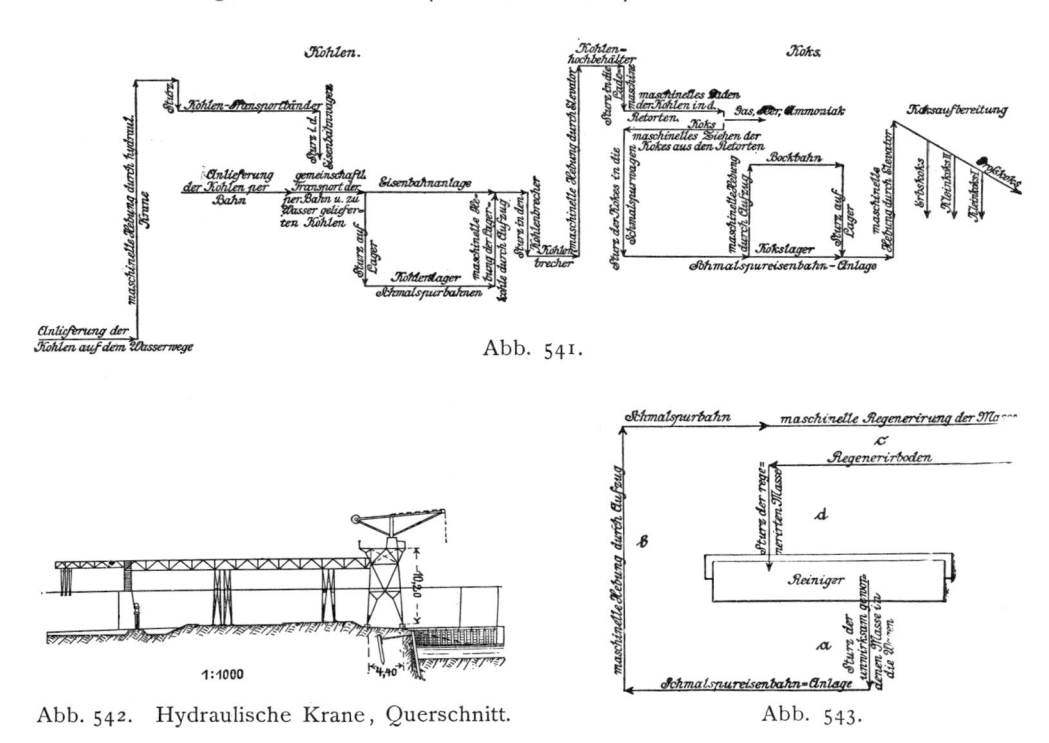

Abb. 541.

Abb. 542. Hydraulische Krane, Querschnitt.   Abb. 543.

Bahn und zu Wasser ankommenden Kohlen gemeinschaftlich fortbewegt werden. Mit Rücksicht hierauf sind auch die Weichenstraßen angeordnet. Wie aus dem Lageplan ersichtlich, ist es möglich, mit einmaligem Ausziehen vom Füllort über die Wage bis an jede Stelle des Kohlenschuppens und über den Trichter der Kohlenbrecher zu gelangen. Die Wage wird hydraulisch entlastet und ist so construirt, daß gefüllte Wagen über die nicht entlastete Wage gefahren werden können, ohne daß die Wage beschädigt wird. Schmalspurbahnen von 600 mm Spurweite haben in den Gebäuden und in den Straßen der Gasanstalt in großem Umfange Verwendung gefunden.

Grundsätzlich erfolgt bei allen Bewegungen von Massen die senkrechte Förderung maschinell, die wagerechte Förderung auf Schienen, sodaß die Massen von Hand nur gestürzt zu werden brauchen. Dem entsprechend geschieht die Förderung der Kohlen und des Koks nach dem in Abb. 541 angegebenen Schema. Bei der Förderung der Reinigungsmassen auf den Regenerirboden und von dort in die Reiniger zurück ist derselbe Grundgedanke zum Ausdruck gebracht. Das Schema des Arbeitsvorgangs zeigt Abb. 543. In dieser Figur stellt a den Sturz der Massen durch die Reinigerböden in die unten befindlichen Eisenbahnwaggons, b die maschinelle Hebung der Massen in das zweite Stockwerk auf den Regenerirboden, c die maschinelle Regeneration und d den Sturz der Reinigermassen von dem Regenerirboden durch Oeffnungen in den Reinigerdeckeln in die

398 X. Die Gaswerke.

Reiniger dar. Von der hydraulischen Kraftübertragung wird in der Gasanstalt II in umfangreichem Mafse Gebrauch gemacht. Die Kohlenkrane, die Fahrstühle, die Maschinen zum Laden der Kohlen in die Retorten und zum Herausziehen des Koks aus denselben, die Wendeeinrichtung für die Regeneration der Reinigermassen und die Hebevorrichtung für die Reinigerdeckel werden durch Druckwasser von 50 Atmosphären betrieben. Die Prefspumpenmaschine ist nach Art der Hammermaschine in der Weise angeordnet, dafs sich unter jedem Dampfcylinder ein Rittinger Pumpensatz befindet, der direct durch doppelte Kolbenstangen mit dem Dampfkolben gekuppelt ist. Die Maschine fördert bei 40 Minutenumdrehungen 0,4 cbm Druckwasser. Zum Druckwasser-Ausgleich dient vorläufig ein Accumulator von 500 mm Pumpen-Durchmesser und 5 m Hub mit Rohrleitungen von 150 und 100 mm.

Die Krananlage Abb. 539, 540 u. 542 erhält bei vollständigem Ausbau sechs hydraulisch betriebene Krane, welche sich auf einem eisernen Gerüst am Ufer befinden. Dieses Bockgerüst trägt aufserdem zwei Transportbänder. Die Bänder werden durch hydraulische Motoren bewegt. Die Krane sind ganz in Schmiedeeisen ausgeführt; der Antriebsmechanismus besteht aus je einem wagerechten Hubcylinder, dessen Kolben mittels eines kleinen Kolbens zurückgedrückt werden kann, und aus je zwei wagerechten Drehcylindern. In der schmiedeeisernen quadratischen Kransäule gleitet eine Flasche zur Uebersetzung ins schnelle. Die Kransteuerung läfst beim Ablaufen der durch ein leeres Fördergefäfs belasteten Kette das der Förderung dieses Gewichts entsprechende Wasser in den Accumulator zurücktreten.

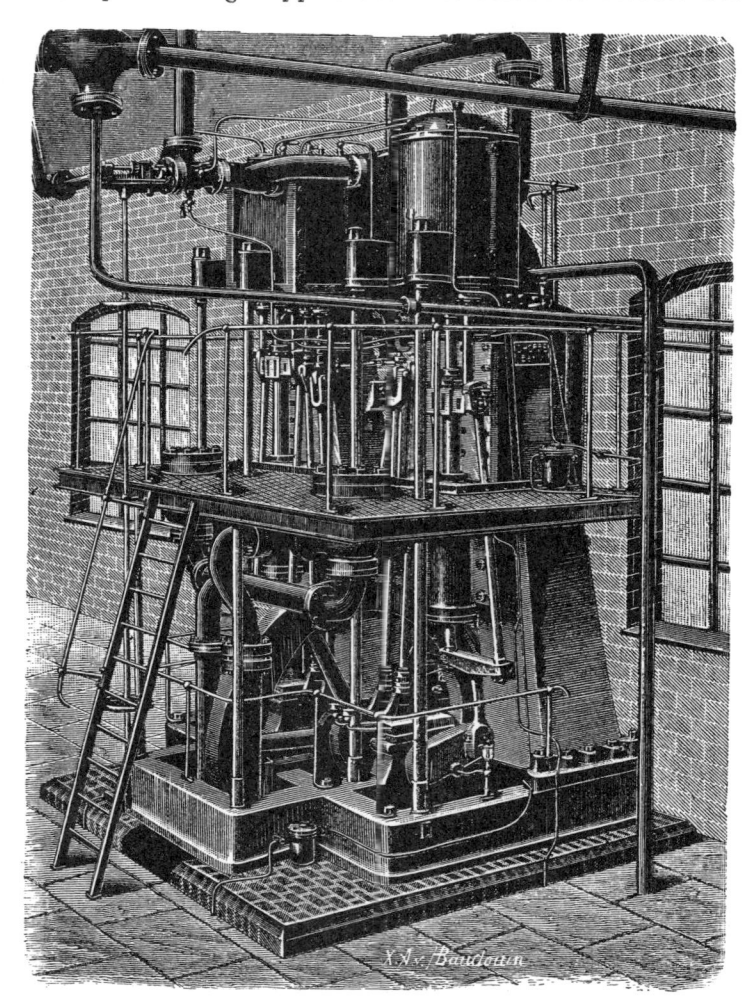

Abb. 544. Prefspumpenmaschine.

Die Fahrstühle sind sämtlich direct wirkend, aber nach zwei Systemen ausgeführt. Für die niedrigen Hubhöhen von 4 m und 4,76 m dient ein Mittelstempel, bei den Fahrstühlen von 8,50 m Hubhöhe wird der leere Fahrkorb durch einen besonderen Kolben getragen, welcher beim Abwärtsgehen das Druckwasser in die Hauptleitung zurückdrängt. Die Last wird durch einen zweiten am Fahrkorb angebrachten Stempel gehoben. Beide Kolbendurchmesser sind nur in Rücksicht auf die zu hebenden Lasten bemessen, gegen Zerknicken sind die langen Kolben dadurch gesichert, dafs sie beim Fördern in geschlitzten Führungen laufen (vgl. Centralblatt der Bauverwaltung 1885, S. 421).

Den Maschinen zum Laden und Ziehen der Retorten[1] wird das Druckwasser durch gelenkige, an den Dachbindern verschiebbar aufgehängte Rohrleitungen zu-

---

1) Vergl. Schillings Journal für Gasbeleuchtung und Wasserversorgung. 1892. Nr. 5, S. 77.

X. Die Gaswerke. 399

geführt. Bei der Lademaschine werden die Kohlen mittels einer hydraulisch bewegten Mulde mit losem Boden in die Retorten eingeschoben. Die Kohlen gleiten hierbei aufserhalb der Retorte auf den Boden, welcher sich nur bis zur Retortenmündung vorschiebt, und dann auf den heifsen Boden der Retorte selbst. Der Koks wird mittels eines hydraulisch bewegten Ziehhakens aus den Retorten herausgezogen. Die Maschinen erleichtern die sehr schwere Arbeit des Ladens und Ziehens sehr erheblich, aufserdem ersparen sie die Hälfte der Löhne für die Ofenarbeiter. Bei der Erweiterung der Maschinenanlage, welche zur

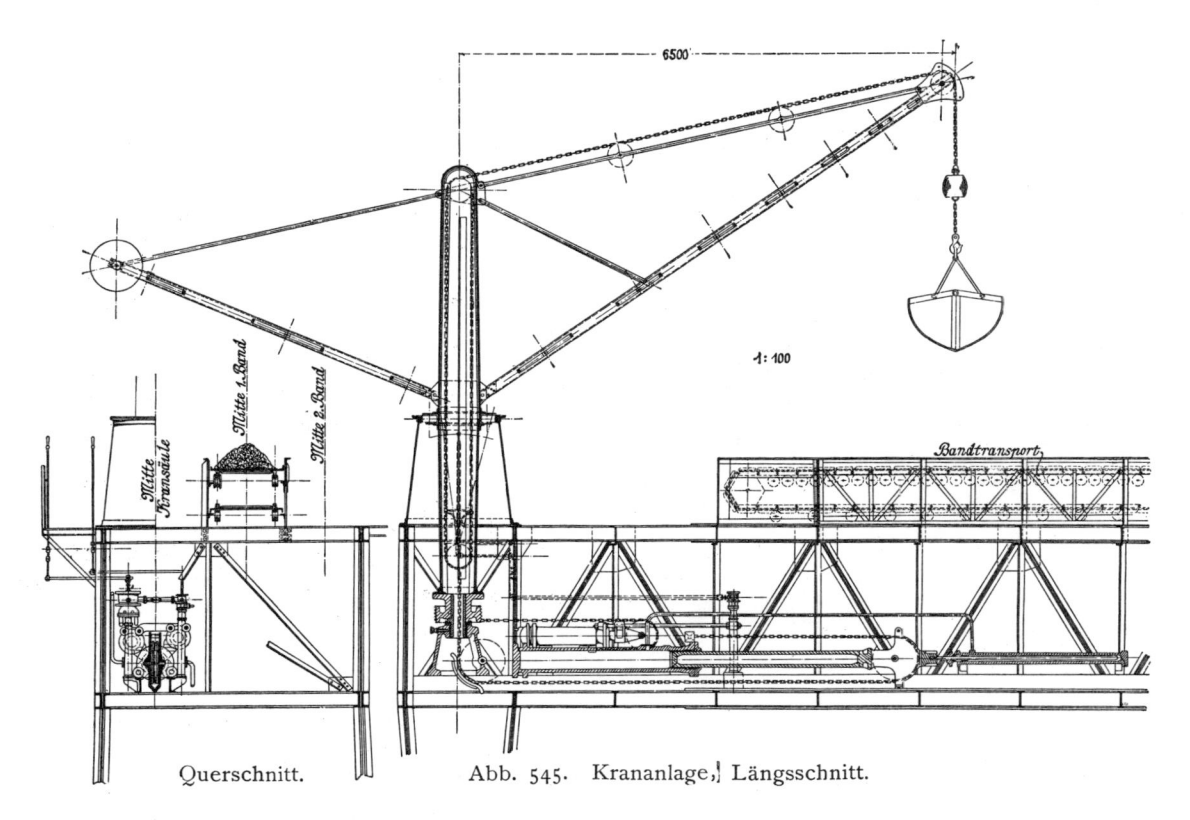

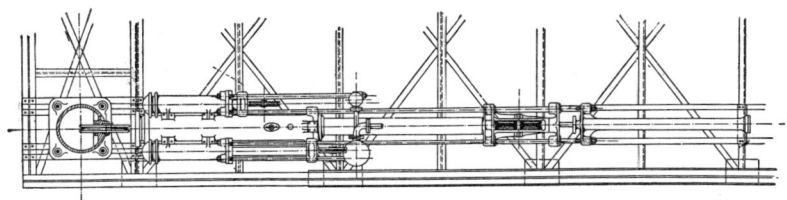

Querschnitt.   Abb. 545. Krananlage, Längsschnitt.

Abb. 546. Grundrifs.

Zeit im Bau begriffen ist, wird der Betrieb der Maschinen dadurch wesentlich vereinfacht, dafs die Retorten zwei Mundstücke erhalten, der Koks aus den Retorten mit einem Hub der Maschine ausgedrückt wird und Entleerungsvorrichtung und Füllvorrichtung auf einer Maschine vereinigt werden. Der Koks wird durch eine Schüttelrinne fortbewegt.

Die hydraulischen Hebevorrichtungen der etwa 11000 kg schweren Reinigerdeckel bestehen aus Prefscylindern, welche sich auf fest stehenden Differentialkolben bewegen. Jeder Differentialkolben ist inmitten eines Reinigers aufgestellt und von dem innern Raum desselben durch eine besondere Tasse abgeschlossen. Unten überträgt der fest stehende grofse Kolben die Drücke auf das Fundament, während der mit ihm verbundene kleine Kolben an der Decke des zweiten Stockwerks befestigt ist und so die Hebevorrichtung gegen Kippen schützt. Der bewegliche Cylinder fafst mit einem Halsring den Reinigerdeckel und hebt ihn bis in eine Hängevorrichtung, durch welche die Last des Deckels auf den nunmehr als Säule wirkenden Differentialkolben abgesetzt wird. Die

400   X. Die Gaswerke.

Hängevorrichtung ist so construirt, dafs der Deckel nur ausgelöst werden kann, wenn Druckwasser vorhanden ist.

Hydraulische Motoren sind in der Gasanstalt II in zwei Arten vorhanden: mit drei fest stehenden Prefscylindern und mit drei rotirenden Prefscylindern. Bei der letzteren neueren Anordnung ist der Wasserverbrauch von Hand dem Kraftbedarf entsprechend in der Weise einstellbar, dafs durch Ortsveränderung des gemeinschaftlichen Angriffspunktes der drei Kolbenstangen der Kolbenhub und damit die Wassermenge für jede Umdrehung verändert wird.

Der Dampf für den Betrieb der verschiedenen Maschinen wird durch Verbrennung des Erbskoks erzeugt. Die hierfür geeigneten Feuerungen bestehen aus feinspaltigen Planrosten, deren Roststäbe in Wasser eintauchen. Die Verbrennungsluft wird als trockener oder feuchter Unterwind zugeführt. Das Speisewasser wird in einer aus zwei Bassins bestehenden Anlage mittels Kalk und Soda vollständig von Kesselsteinbildnern befreit.

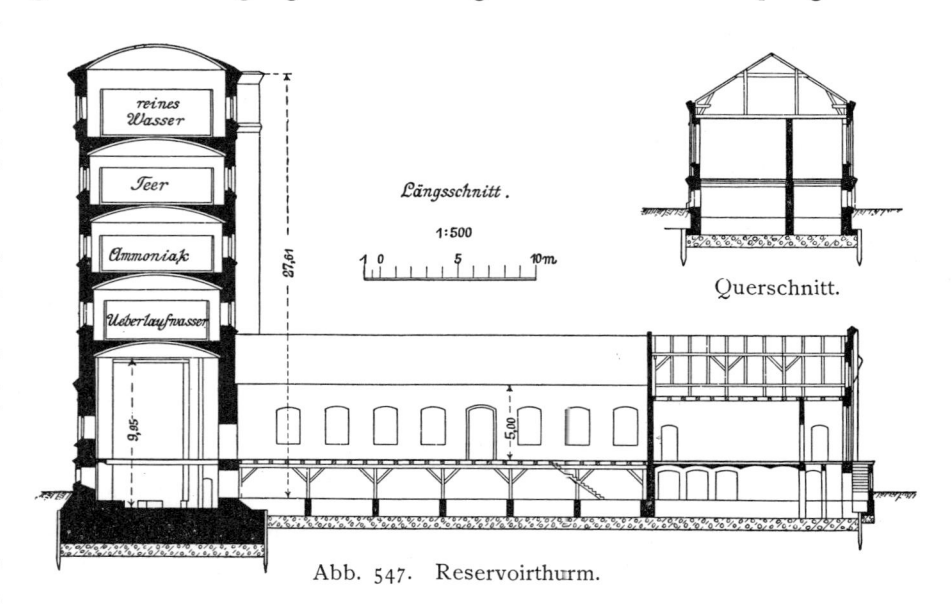

In hüttenmännischer Beziehung sind die ausgedehnten, in die Gaserzeugungsöfen eingebauten Rekuperationsanlagen zu erwähnen. Die Oefen werden mittels Gasen aus Koksgeneratoren, welche mit Rosten versehen sind, geheizt. Um bei dem heifsen Gange der Koksgeneratoren die Schlackenbildung möglichst zu verhindern und die Roststäbe zu erhalten, wird aus Dampferzeugern, welche in die Oefen eingebaut sind, Wasserdampf unter den Rost geleitet, sodafs in die Oefen ein stark wasserstoffhaltiges Gas eintritt. Die Verbrennungsluft wird durch die Rekuperationsanlage bis auf ca. 800° vorgewärmt, während die abziehenden Gase auf etwa 500° abgekühlt werden. Auch die primäre Luft für die Generatoren wird vorgewärmt. Die Anlage arbeitet in der gleichmäfsigsten Weise, ohne dafs ein Klappenwechsel, wie derselbe bei der Regeneration nöthig ist, beachtet werden mufs.

Abb. 547. Reservoirthurm.

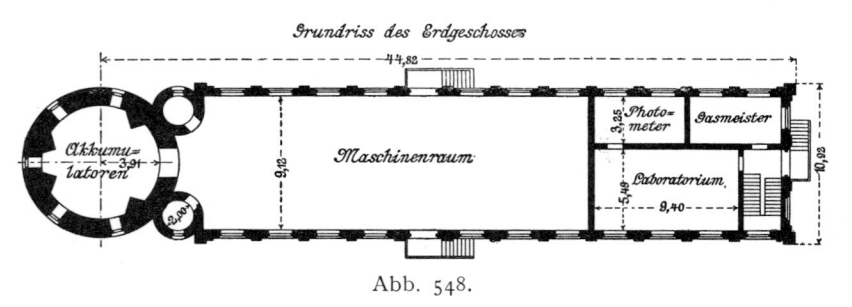

Abb. 548.

Die Aufbereitungsanlage für den Koks ist so eingerichtet, dafs der erzeugte Koks zunächst in einem Siebrätter, welches an Pendelarmen hängt, in vier Sorten getheilt und hierauf, falls die auf diese Weise erhaltenen beiden Sorten Kleinkoks nicht in ihrer Menge genügen, der ausgesiebte Koks einem Brechwerk übergeben wird. Auf diese Weise wird unnützer Abfall und zu starke Abnutzung des Brechwerks vermieden. In der Auf-

X. Die Gaswerke.

bereitungsanlage ist ein Meſswerk vorgesehen, welches aus einem Elevator und zwei Meſsgefäſsen besteht und schnell und billig zu messen ermöglicht.

Bei der Retortenhaus-Anlage wird der Kohlen- und Koksverkehr in zwei verschiedenen Höhen durchgeführt, sodaſs sich diese Verkehre gegenseitig nicht stören. Das erste Stockwerk ist für den Kohlenverkehr, für das Laden und Ziehen der Retorten[1]) bestimmt. Der gezogene Koks stürzt durch Klappen in die im Erdgeschoſs befindlichen Schmalspur-Eisenbahnwagen, bezw. in die Schüttelrinnen, in welchen er gelöscht wird.

Zur Aufsaugung von stark verdünnten Gasen durch Flüssigkeiten sind die Standardwäscher als sehr geeignet hervorzuheben. Ein solcher Wäscher enthält bei einem Trommeldurchmesser von 3 m und einer Länge von 4,65 m eine Waschfläche von über 1800 qm, welche in der Minute viermal durch das Gas und durch die in jeder Kammer stärker werdende Aufsaugeflüssigkeit streicht.

Als Bauwerk bemerkenswerth ist der Reservoirthurm (Abb. 547 u. 548), welcher durch Kuppelgewölbe in Eisen-Cement-Construction (Monier-System) in fünf Geschosse getheilt wird und durch eine Kalotte gleicher Construction abgedeckt ist. In den oberen vier Geschossen enthält der Thurm die Behälter für Reinwasser, Theer, Ammoniakwasser und Ueberlaufwasser der Condensatoren. Unter diesen Behältern befindet sich der Raum für die hydraulischen Accumulatoren. Die Behälter sind ebenfalls in Eisen-Cement-Construction ausgeführt. Durch diese ausgedehnte Verwendung des Cements sind alle Theile des Thurmes vor den Einwirkungen von Ammoniakdämpfen und Wasserdämpfen geschützt.

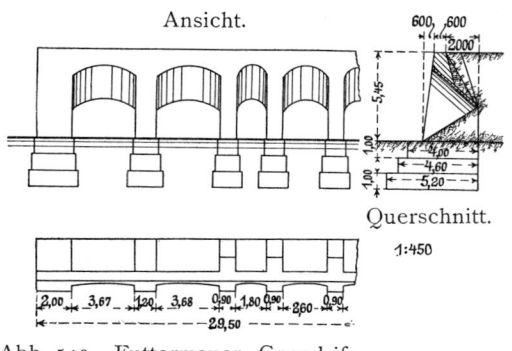

Abb. 549. Futtermauer, Grundriſs.

Um nun die zahlreichen Rohrstränge für die Zuführung, den Ablauf und den Ueberlauf der verschiedenen Flüssigkeiten in allen Theilen zugänglich zu erhalten, und um die an den Seitenwänden infolge der Ueberbetonirung sehr starken Gewölbe nicht durchbrechen zu müssen, ist ein besteigbarer Rohrschacht in Gestalt eines Nebenthurmes angelegt, sodaſs sich an dem Behälterthum der Treppenthurm und der Rohrthurm angliedern. Auf diese Weise ist eine Reihe praktischer Vortheile mit einem guten Aussehen des Bauwerks vereinigt und eine billige Anlage erzielt.

Bei der Futtermauer (Abb. 549) an der Ostgrenze des Gasanstaltsgrundstücks, welche den Eisenbahndamm der Gasanstalt nach der Uferstraſse zu begrenzt, war ebenfalls möglichste Verringerung der Anlagekosten die Veranlassung zur Wahl der eigenartigen Construction. Die Futtermauer besteht aus einzelnen Pfeilern aus zugfestem Stampfbeton, zwischen denen geneigt liegende Kappen aus Eisen-Cement-Construction (Monier) den oberen Theil des Erddrucks aufnehmen, während unter den Kappen die Erde bis an die Baufluchtlinie vorböscht.

---

[1]) Vgl. Schillings Journal für Gasbeleuchtung und Wasserversorgung. 1892. Nr. 5, S. 22.

XI. Die technischen Anlagen der Reichspost.[1]

Zu den für das Ingenieurwesen in Betracht kommenden Anlagen für den Post- und Telegraphenbetrieb in Berlin gehören:
- A. die Rohrpost,
- B. eine Kettenbahn im Packetpostamt,
- C. die Fernsprechanlagen,
- D. die Telegraphenanlagen,
- E. die Reichsdruckerei.

A. Die Rohrpost

dient zur Beförderung von Postkarten, Briefen und Telegrammen mittels Luftdrucks. Sie besteht aus einem unterirdischen Rohrnetz von ungefähr 65 km Länge, dessen Rohrleitungen aus geschweifsten, schmiedeeisernen Röhren von 66 mm Durchmesser gebildet werden. In diesem Rohrnetz werden die zur Aufnahme der Sendungen dienenden Büchsen, entweder einzeln oder mehrere zu einem Zuge vereinigt, befördert. Die Büchsen sind Cylinder von 150 mm Länge und aus verzinktem Eisenblech, Aluminium mit Sohllederumhüllung oder Leder hergestellt. Zur Fortbewegung der Rohrpostzüge dient verdichtete oder verdünnte Luft, zu deren Erzeugung sechs über Berlin und Charlottenburg vertheilte Maschinenstationen vorhanden sind. Von diesen wird die Luft entweder unmittelbar als Betriebskraft verwendet oder in gufseisernen Röhren den Rohrpostbetriebsstellen zugeführt. Diese Luftzuführungsröhren bestehen aus gufseisernen Flanschenröhren von 300 mm innerem Durchmesser, sowie aus gufseisernen Patent-Muffenröhren von 200 mm und 150 mm innerem Durchmesser. Die ersteren haben Flanschen mit Nut und Feder und Dichtungen aus Gummischeiben. Bei den letzteren werden Gummischnurringe, welche zwischen Rohr und Muffe gepreist werden, zur Dichtung verwandt. Die Gesamtlänge der Luftzuführungsröhren beträgt 26 km.

Zur Erzeugung der erforderlichen Betriebskraft dienen in den Maschinenstationen vorwiegend liegende Verbund-Dampfmaschinen von je 50 P.S. mit doppelt wirkender Compressions- und Vacuumpumpe. Die gröfste Leistung einer jeden Pumpe beträgt bei 97 Minutenumdrehungen in der Stunde 350 cbm verdichtete Luft von 1,5 Atmosphären und 350 cbm verdünnte Luft von 0,3 Atmosphären Ueberdruck. Im ganzen sind 14 Luft-

---

[1] Bearbeitet vom Post-Baurath Techow.

pumpen mit 600 P. S. vorhanden; von diesen sind ständig acht Maschinen mit einer stündlichen Leistung von 1438 cbm verdichteter und 1448 cbm verdünnter Luft im Betriebe. Die Luftwärme wird durch Abkühlungsvorrichtungen möglichst auf + 8 bis 12° C. gehalten. Zur Erzeugung einer möglichst gleichmäfsigen Betriebskraft wird die Luft auf den Maschinenstationen in schmiedeeisernen Luftbehältern angesammelt, deren Gesamtinhalt einschl. der Leitungsröhren nach den Betriebsstellen 786 cbm für verdichtete und 796 cbm für verdünnte Luft beträgt.

Das gesamte Rohrnetz ist in die vom Haupt-Telegraphenamte in der Jägerstrafse, dem Mittelpunkt des Rohrpostverkehrs, strahlenförmig auslaufenden Hauptlinien und in die an verschiedenen Punkten sich anschliefsenden Nebenlinien gegliedert. Zum Versand und Empfang der Sendungen dienen 49 Rohrpostbetriebsstellen in verschiedenen Stadtpostämtern mit zusammen 78 Rohrpostapparaten, in welche die Laufröhren einmünden. Diese Apparate zerfallen in End- oder Zwischenapparate, unter denen 26 nach dem Patent von Felbinger in Paris gebaut, die übrigen nach einer vereinfachten, von Scharfenberg in Berlin erfundenen Construction ausgeführt sind.

Die Rohrpostzüge verkehren auf den wichtigeren Linien nach beiden Richtungen in regelmäfsigen Zwischenräumen von 6 oder 7½ Minuten, auf den weniger verkehrsreichen Aufsenlinien in Zwischenräumen von 10, 12 oder 15 Minuten. Die Züge der Hauptlinien finden wechselseitigen Anschlufs bei dem Haupt-Telegraphenamte, nach welchem die Beförderung der bei den Neben-Telegraphen- oder Postämtern aufgegebenen Telegramme durch die Rohrpost erfolgt. Die Züge werden in der Weise fortbewegt, dafs sie von den Ausgangsbetriebsstellen, welche mit Betriebskraft versehen sind, mittels verdichteter Luft abgesandt und nach Ankunft auf den Endbetriebsstellen sowie nach Entleerung der betreffenden Rohrstrecke durch verdünnte Luft zurückgeholt werden. Zur Regelung des Betriebs dienen elektrische Signalleitungen, welche meist in Kabeln an den Rohrsträngen entlang laufen. Die Fahrgeschwindigkeit der Züge beträgt für 1000 m bei verdichteter Luft eine Minute, bei verdünnter Luft 1¼ Minute.

Die erste Anlage der Rohrpost erfolgte im Jahre 1876 durch v. Felbinger; später wurde diese Anlage umgebaut und namentlich in den Apparaten vereinfacht.

B. Die Kettenbahn im Packetpostamt.

Für die Bewältigung des stetig wachsenden Verkehrs im Packetpostamt, Oranienburger Strafse 70, von welchem aus täglich in drei Bestellungen die in Berlin angekommenen Packete an die Adressaten durch die Postbestellwagen überbracht werden (im Jahre 1890 waren 6 360 000, im Jahre 1894 7 375 000 Packete eingegangen), ist 1892 eine neue Bestellpackkammer als Zwischengeschofs in der grofsen auf dem Grundstück vorhandenen Wagenhalle errichtet worden. Während bei den übrigen daselbst zu ebener Erde befindlichen Packkammern die Sendungen zu den Bestellwagen und von den Bahnhofspacketwagen leicht mit Menschenkraft durch die Packethandwagen (Korbwagen) befördert werden konnten, mufste zur Fortbewegung dieser Korbwagen nach und von dem 4,30 m über dem Hof gelegenen Zwischengeschofs Maschinenkraft angewandt werden. Da für die Morgenbestellung selbst bei geringem Verkehr über 120 derartige, mit Packeten gefüllte Korbwagen in ununterbrochener Folge auf- und abwärts zu schaffen sind, und selbst vier Fahrstühle die geforderte Leistung in der kurz bemessenen Zeit nicht hätten bewirken können, so wurde nach den Angaben des Post-Bauraths Techow eine durch den ersten Wagenschuppen führende geneigte Kettenbahn (Abb. 550) vom Hof aus nach dem Zwischengeschofs mit zwei Gleissträngen construirt, auf denen die herangeschobenen Handwagen selbstthätig fortwährend auf- und abwärts bewegt werden können.

In den Abb. 550—552 ist die Kettenbahn in ihrer Gesamtanordnung und den wesentlichsten Einzelheiten dargestellt. Die auf eisernen Bockgerüsten ruhende Bahn hat eine Länge von 41 m und eine Breite von 3,90 m. Die Gleise für die Wagen setzen sich aus je drei Schienen zusammen, von denen die äufseren aus ⊔-Eisen, die mittlere, für die Lenkräder der Wagen bestimmte Schiene aus zwei von einander getrennten Winkel-

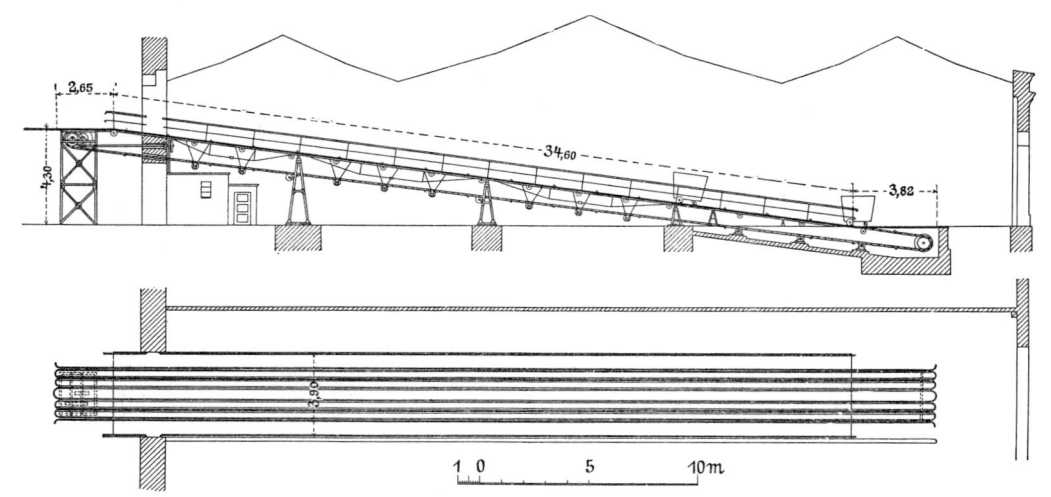

Abb. 550. Gesamtanordnung der Kettenbahn, Längsschnitt und Grundrifs.

eisen hergestellt sind. Die für die Bahn benutzte Galle'sche Kette ist unmittelbar unter der mittleren Schiene angeordnet und mit Daumen zum Mitnehmen der Wagen versehen. Zum Antrieb der Kette dient eine Gaskraftmaschine von 16 P. S. Die Ketten bleiben beim Stillstand der Maschine in jeder Lage stehen, gleichgültig ob eine verschiedene Zahl von Wagen nach oben und nach unten geht. Das Bruttogewicht eines Wagens ist hierbei auf 500 kg angenommen.

Die Geschwindigkeit der Gelenkkette beträgt 0,25 Metersekunden. Es können demnach bei ununterbrochener Beförderung und bei einem Wagenabstande von 2,60 m in der Stunde je 230 Wagen aufwärts und abwärts befördert werden. An den Radachsen der Korbwagen, welche nicht verändert werden durften, sind nur kreuzförmige, gufseiserne Knaggen befestigt worden, in welche die Daumen der Kette eingreifen. Die Wagen werden an die in Bewegung befindliche Kette herangefahren, von den Daumen selbstthätig erfafst und bis zu der Endstation geführt, wo sie von den Bedienungsmannschaften in Empfang genommen werden.

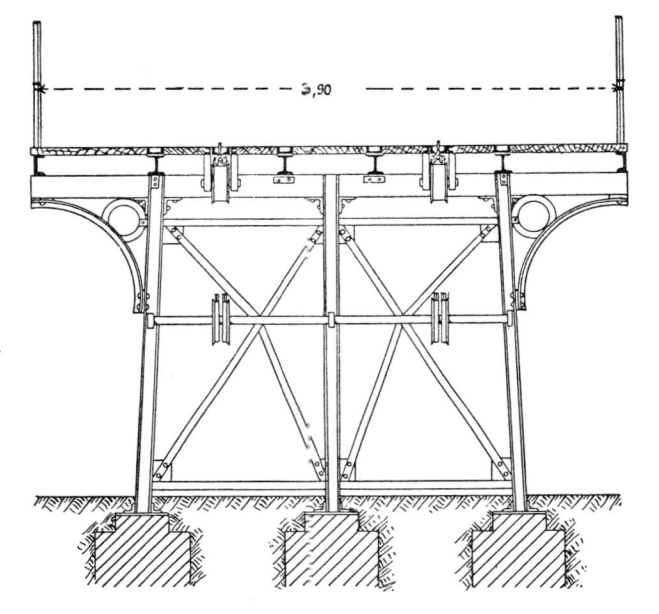

Abb. 551. Querschnitt.

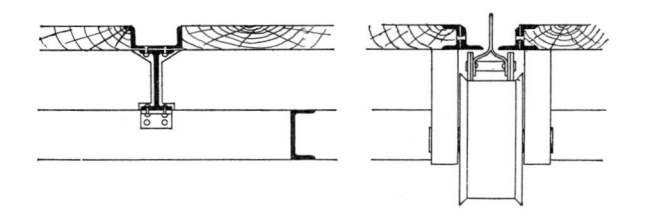

Abb. 552. Querschnitt des Gleises und der Kettenführung.

Die Herstellungskosten der vollständigen Kettenbahn, deren maschinelle Einrichtung die Firma Carl Flohr in Berlin geliefert hat, haben einschl. der Gaskraftmaschine, ausschl. der Fundirungskosten, 20 500 ℳ betragen.

C. Die Fernsprechanlagen.

Am 1. April 1881 wurde die Berliner Fernsprecheinrichtung mit 33 Anschlüssen eröffnet; Ende 1894 betrug die Zahl der in der Stadt und den zugehörigen Vororten im Betriebe befindlichen Fernsprechstellen 28450, ein Beweis für die Bedeutung, welche die Fernsprecheinrichtung, der jüngste Zweig des Verkehrswesens, gewonnen hat. Die stete Zunahme der Anschlüsse bedingte eine derartige Vermehrung der Fernsprechleitungen, dafs dieselben auf oberirdischem Wege, zumal in der Nähe der Vermittelungsanstalten, nicht mehr geführt werden konnten, und dafs Abhülfe auf unterirdischem Wege durch Legung von Kabeln, trotz der grofsen Schwierigkeiten und Kosten, welche sich dieser Lösung entgegenstellten, geschaffen werden mufste. Infolge dessen ist in Berlin ein gemischtes System zur Anwendung gekommen, bei welchem die Leitungen von den Vermittelungsanstalten nach etwa 1 km entfernt liegenden Punkten in Kabeln und von hier oberirdisch weiter geführt werden, auch die einzelnen Vermittelungsanstalten unter einander theilweise durch Kabel verbunden sind. Bei einer derartigen Anlage des Kabelnetzes bleibt zugleich die Umgebung der Vermittelungsanstalt bis zu den Kabelendpunkten zur Anbringung von oberirdischen Leitungen für die Verbindung der innerhalb dieses Umkreises befindlichen Sprechstellen frei.

Für das oberirdische Leitungsnetz ist grofsentheils Bronzedraht von 1,5 mm Stärke verwendet. Die Leitungen werden an Isolatoren (Porzellanglocken) befestigt, welche mit Stahlstützen auf Trägern von doppeltem Flacheisen sitzen. Diese Träger sind durch Ständer aus eisernen Röhren von 5 mm Wandstärke gestützt, welche auf dem Dachgespärre befestigt, abgesteift und verankert sind. Derartige Gestänge werden im allgemeinen in Abständen von 150 m aufgestellt und zum Schutz gegen Blitzgefahr mit Erdleitungen aus vier, 4 mm starken, verzinkten Eisendrähten versehen, welche als Erdplatte gewöhnlich ein Gasrohr von 10 cm lichter Weite haben. Damit die Leitungsdrähte nicht tönen, sind 15 mm starke, 10—15 cm lange, aufgeschlitzte Gummicylinder angebracht, welche in ihrer ganzen Länge mit einem 0,5 mm starken, von Bindedraht gehaltenen Bleiblechstreifen umwickelt sind. Die 28 aderigen, 32 mm starken Fernsprechkabel mit einem Gewicht von 4 kg/m sind in runden, gufseisernen, innen und aufsen asphaltirten Muffenröhren von 200 bis 400 mm Durchmesser verlegt, welche mit ihrer Unterkante 80 cm unter Strafsenoberfläche liegen und in den Bürgersteigen entlang geführt sind. Diese Röhren fassen bis zu 52 Stück Kabel.

Um die Zugänglichkeit und das Einziehen der Kabel zu ermöglichen, sowie zur Herstellung der Kabellöthstellen, sind in Abständen von 100 bis 150 m und an den Strafsenkreuzungspunkten viereckige, gemauerte Kabelbrunnen von 1 m lichter Breite und 1,40 m Länge angeordnet, welche über einem verzinkten Wellblechdeckel eine Granitplatte als Abdeckung tragen. Die im Zuge der Röhrenlinien liegenden Wasserläufe sind durch schmiedeeiserne Kabelkästen überschritten worden, von denen zwei vollkommen freitragend construirt worden sind. An den Endpunkten der Fernsprechkabel sind 46 meist im fiskalischen oder städtischen Besitz befindliche Häuser zu Kabelaufführungspunkten ausersehen worden, an welchen die Kabel an der Hofseite der Häuser bis zu dem die oberirdischen Leitungen aufnehmenden Umschalteraum im Dachgeschofs hochgeführt sind (Abb. 553). Bei den Vermittelungsanstalten sind mit Rücksicht auf die grofse Zahl der dort zusammenlaufenden Kabel eiserne, mit Wellblech bekleidete Kabelaufführungsgerüste zur Aufstellung gelangt.

Insgesamt waren am 1. Januar 1895 33 390 km oberirdische Leitung und 646 km Kabel mit 18 010 km Leitungen in Berlin vorhanden.

Zur Verbindung der einzelnen Fernsprechstellen mit einander dienen sieben grofse Fernsprechvermittelungsanstalten, welche zum Theil in neuen, für diesen Zweck errichteten Gebäuden, zum Theil in den oberen Geschossen vorhandener, reichseigner Gebäude untergebracht sind. Sowohl die Erdkabel, wie die oberirdischen Leitungen, diese von den Abspanngerüsten aus in 28 aderigen Guttapercha- bezw. Asbestkabeln, werden zunächst nach einem besonderen Umschalteraum geführt, wo die letzteren mit den Blitzableitern verbunden werden, während die Erdkabel schon an den Kabelaufführungspunkten mit Blitzableitern versehen sind. An den mit Holz bekleideten Wänden befinden sich so viel

XI. Die technischen Anlagen der Reichspost.

Gruppen zu je 28 Leitungsklemmen, als Kabel eingeführt sind. Unter diesen Klemmengruppen befinden sich andere Gruppen zu je 200 Stück, entsprechend der Anzahl der zu den einzelnen Klappenschränken im Vermittelungssaal mittels 40aderiger Zimmerleitungskabel gelegten Leitungen. Jede Klemme der oberen Gruppen entspricht einer ganz bestimmten, eingeführten Leitung, jede Klemme der unteren einer bestimmten Klappe in den Klappenschränken, sodafs es nur der Anbringung eines Drahtes zwischen beiden Klemmen bedarf, um die bezügliche Leitung auf einen bestimmten Arbeitsplatz zu schalten oder, was beim Wohnungswechsel der Fernsprechtheilnehmer von Wichtigkeit ist, dieselbe Klappe mit einer anderen Leitung in Verbindung zu setzen, um dem Theilnehmer die bisherige Nummer seines Anschlusses belassen zu können. Diese Umschalteräume werden zum Theil jetzt umgebaut und mit eisernen Gestellen zur Aufnahme der Drähte und Klemmen versehen.

Abb. 553. Abspanngerüst einer Fernsprechanlage.

In den Vermittelungssälen sind die Vielfach-Umschaltetafeln in Klappenschränken aufgestellt, welche in ihrem unteren Theil je 200 Klappen der an das betreffende Amt angeschlossenen Theilnehmer, in ihrem oberen Theil bis zu je 5000 Klinken für alle an dasselbe Amt angeschlossenen Fernsprechtheilnehmer, sowie die Klinken für die Verbindungsleitungen mit den übrigen Aemtern usw. enthalten; den 200 Klappen entsprechen auf dem wagerecht vorspringenden unteren Schranktheil 200 dort befindliche Messingstöpsel. In diesen Sälen müssen mindestens so viel Klappenschränke untergebracht werden, als der Quotient aus der Zahl sämtlicher an das Amt angeschlossenen Sprechstellen durch 200 beträgt. Die sämtlichen, in den Saal bis zum ersten Klappenschrank geführten Leitungen sind an der Rückseite der Umschaltetafeln bis zum letzten Schrank weitergeführt. Jede einzelne Leitung ist in jeder Umschaltetafel an eine besondere Klinke geführt und endigt schliefslich in einer Schnur mit dem vorhin erwähnten Messingstöpsel, welcher gewöhnlich in einem Erdumschalter steckt, sodafs die Leitung Erdverbindung findet und dem Theilnehmer den Anruf der Vermittelungsanstalt gestattet. Bei Herausnahme des Stöpsels aus der Ruhelage besorgt der Erdumschalter die Einschaltung des bezüglichen Abfrage-Apparatsystems, welches aus einem am Schrank angebrachten Pendelmikrophon und aus einem um den Kopf des Beamten getragenen Kopftelephon besteht. Fragt z. B. Theilnehmer 1 das Amt an, so fällt Klappe 1, der Beamte zieht Stöpsel 1 mit der Schnur aus dem Erdumschalter, wodurch er sofort zur Entgegennahme des Auftrags und zum Sprechen eingeschaltet ist; der Theilnehmer 1 wünscht Verbindung mit Nr. 50, der Beamte steckt den Stöpsel in Klinke 50 und die Verbindung zwischen Theilnehmer 1 und 50 ist hergestellt. An jedem Schrank befinden sich Controlvorrichtungen, welche durch knackendes Geräusch in den Kopftelephonen sofort angeben, ob die gewünschte Verbindung etwa an einer anderen Umschaltetafel besetzt ist. Damit die Verbindungsschnüre sich nicht gegenseitig verschlingen, laufen auf ihnen an Rollen befestigte Gewichte, welche die Schnüre stets senkrecht straff halten. Die Klappenschränke sind in den Sälen zum Theil, wie bei der Vermittelungsanstalt III, ringsherum vor den Wänden, zum Theil, wie beim Amt I, in zwei Reihen etagenförmig aufgestellt. Für jeden Schrank sind zum Verbinden der Theilnehmer drei Beamte nöthig. In Berlin wird dieses Betriebspersonal ausschließlich aus weiblichen Personen gebildet. Versuchsweise werden jetzt auch Vielfach-Umschaltetafeln in Tischform angewandt, bei welchen den senkrecht liegenden 5000 Klinken auf jeder Tischseite 200 Klappen entsprechen.

Zum Betriebe der Apparate werden für eine Weckbatterie im Stadtverkehr im allgemeinen 12 Kohlenelemente, im Vorortverkehr 20 und für den Fernverkehr Batterien bis zu 80 Elementen gebraucht. Für jedes Mikrophon sind zwei Kupferelemente und für jede Controle zwei Kohlenelemente eingeschaltet.

Um bei Störungen Art und Lage des Fehlers zu ermitteln, sind bei jedem Amt Prüfungsstellen eingerichtet.

Für den Fernverkehr sind die entsprechenden Einrichtungen in einem besonderen Raum beim Amt I in der Französischen Strafse getroffen. Hier sind sämtliche Verbindungsanstalten mit dem Raum für den Fernverkehr durch Luftleitungen verbunden, während von diesem aus die 24 Schleifleitungen (Doppelluftleitungen) ausgehen. Durch diese steht Berlin zur Zeit mit 234 Orten im Sprechverkehr. Die längste Schleifleitung ist die nach Memel führende von 1014 km Länge. Jeder Arbeitsplatz dient für eine Schleifleitung und kann die Berliner Theilnehmer mit dieser Schleifleitung durch Stöpsel und Klinke verbinden.

D. Die Telegraphenanlagen.

Den Mittelpunkt für alle in der Stadt vorhandenen und von auswärts kommenden Telegraphenleitungen bildet das Gebäude des Haupt-Telegraphenamts in der Jägerstrafse 43/44. In den Jahren 1877—1878 errichtet, hat es in seinem Erdgeschofs einen durch Seiten- und Oberlicht beleuchteten Apparatsaal für die Typendruckapparate (Hughesapparate) von 860 qm und in seinem zweiten Geschofs mehrere unmittelbar zusammenhängende, seitlich beleuchtete Säle für die Morseapparate von 230 qm Grundfläche. Die unterirdisch in Kabeln herangeführten Leitungen sind zu den einzelnen Apparattischen in Kabelrinnen unter dem Fufsboden verlegt, dessen zwischen Friese gelegte Stäbe leicht herausnehmbar sind, um jederzeit Veränderungen in den Zuleitungen bewirken zu können.

Es münden daselbst gegenwärtig 360 Leitungen, von denen 55 dem Auslandsverkehr, 164 dem gröfseren inländischen, 47 dem kleineren inländischen, sogen. Omnibusverkehr, 53 dem Stadtverkehr und 41 als Zuleitungen vom Börsenamt dienen. Unmittelbare Verbindung besitzt das Haupt-Telegraphenamt mit 28 ausländischen, 446 inländischen Orten und 132 Neben-Telegraphenanstalten in Berlin selbst.

Die elektrische Betriebskraft für das Haupt-Telegraphenamt wird jetzt in der Hauptsache aus drei im Kellergeschofs aufgestellten Sammlerbatterien (Accumulatoren) gewonnen, die ihrerseits auf verschiedene Weise mit Elektricität versorgt werden. Die Hauptbatterie, aus 120 grofsen Tudorelementen bestehend, erhält ihre Ladung aus den städtischen Elektricitätswerken; die zwei Nebenbatterien von je 80 kleinen Sammlerzellen Boese'scher Construction, die besonders in Störungsfällen als Ersatzbatterien der Hauptbatterie dienen sollen, werden durch dauernde Gegenschaltung von galvanischen Batterien in stetem, geladenem Zustande erhalten. Durch den seit einigen Jahren eingeführten Gebrauch von Sammlern ist der Bedarf an galvanischen Elementen von rd. 13 000 auf 2000 Stück gesunken.

Zur Beförderung der in Berlin ein- und abgehenden Telegramme, deren Zahl sich für das Jahr 1894 auf rd. 13 310 000 beläuft, sind in den Apparatsälen 118 Typendruckapparate nach Hughes, 241 Morseschreibapparate und 11 Klopferapparate aufgestellt. Die Hughesapparate sind für die stärkste Correspondenz im Gebrauch, da mit ihnen 1200—1500 Worte in der Stunde, mit den Morseschreibapparaten nur 500—700 und mit den Klopferapparaten 600—800 Worte telegraphirt werden können.

Um die für besondere Fälle erforderlichen Veränderungen der Stromwege innerhalb des Amtes zu ermöglichen, also, um mit den Batterien und Apparaten beliebig wechseln oder die Leitungen nach Bedarf unmittelbar mit einander verbinden zu können, sind in den Apparatsälen vier grofse Umschalterpulte mit zusammen 72 Linienumschaltern vorhanden. Diese Linienumschalter bestehen aus einer gröfseren Zahl von unter einander isolirten, sich im rechten Winkel kreuzenden und an den Kreuzungspunkten durchbohrten Messingschienen, die durch in die Durchbohrungen einzuführende Metallstöpsel beliebig mit einander verbunden werden können. Die einzelnen Schienen sind von der einen Seite an die von aufsen eingeführten Leitungen, von der anderen an die Zuführungsleitungen zu den Apparaten, Mefsinstrumenten usw. angeschlossen. Es sind Linienumschalter zu 36 Längs- und 36 Querschienen, zu 24·24, zu 12·12 und 12·36 Schienen im Gebrauch.

Bei den Morseapparaten sind vier Stück auf einem Tisch von 2 m Länge und 1,15 m Breite vereinigt, deren Beleuchtung bei Nachtzeit durch zwei elektrische Glühlampen geschieht. In dem Hughessaal gehört zu jedem Apparat von 0,55 m Breite und 0,75 m Länge ein Tisch von 0,80 m Länge und 0,55 m Breite. Die Beleuchtung der Hughesapparate und Tische wird durch je eine Glühlampe bewirkt. Die gesamte Beleuchtung besteht aus 20 Bogenlampen, 480 elektrischen Glühlampen und 217 Gasflammen zur Nothbeleuchtung.

Das Personal des Haupt-Telegraphenamts besteht aus 346 Beamten und 156 Unterbeamten, zusammen 1002 Personen.

E. Die Reichsdruckerei.

In der auf den Grundstücken Oranienstrafse 90—94 und Alte Jacobstrafse 113 bis 116 und 110/111 belegenen, in den Jahren 1879—1881 und 1889—1893 durch Neubauten bedeutend erweiterten Reichsdruckerei, welche der oberen Leitung des Staatssecretärs des Reichspostamts unterstellt ist, werden die geldwerthen Papiere für das Reich, den preufsischen Staat, einige Städte und Bankinstitute, sowie die Postwerthzeichen, Versicherungs-, Reichsstempel-, Wechselstempel- und statistischen Marken hergestellt, die Formulare für Militär- und Civilbehörden, die Patentschriften, das Reichsgesetzblatt, die preufsische Gesetzsammlung, das Reichskursbuch, die Vorlagen für den Bundesrath usw. gedruckt. Ferner werden dort die Generalstabskarten, Nachbildungen von Kupferstichen und Holzschnitten der Museen und von hervorragenden Druckschriften früherer Jahrhunderte als Muster für Typographen, Schriftgiefser usw. ausgeführt.

Die für diesen umfangreichen Betrieb und die Verwaltung erforderlichen Räume sind in sieben unter einander in Verbindung stehenden Gebäudegruppen untergebracht, deren bebaute Grundfläche 72 a 56 qm beträgt. Die Anfertigung der geldwerthen Drucksachen ist hierbei räumlich von den zur Herstellung der übrigen Drucksachen vorhandenen Anlagen getrennt. Für die Schnell- und Rotationsmaschinen sind grofse Hallensäle angeordnet worden.

Für den Kupferdruck, welcher für die Reichskassenscheine, Banknoten, Karten, Pläne, Kupfer- und Stahlstiche usw. in Anwendung kommt, sind 20 Handpressen und vier Schnellpressen im Betriebe, von denen allein an Reichsbanknoten 1 140 000 Stück und an Reichskassenscheinen 1 021 000 Stück im Gesamt-Nennwerthe von 134 270 000 ℳ im Etatsjahr 1894/95 angefertigt worden sind.

Dem Buchdruck, in welchem die Herstellung der Staatsschuldverschreibungen, Postwerthzeichen, Versicherungsmarken usw. erfolgt, dienen 20 Schnellpressen, eine Rotationsmaschine, 11 Handpressen, fünf Tiegeldruckmaschinen, sechs Zweifarbenmaschinen und drei Tiegeldruck-Doppelmaschinen. Hiervon sind zwei bis drei Schnellpressen mit einer Tagesleistung von je 6000 Bogen zu je 1100 Marken ausschließlich für Postzwecke, zwei Schnellpressen und eine Rotationsmaschine für Postanweisungen, Post- und Weltpostkarten im Betriebe. Für die in dieser Abtheilung hergestellten Werthe mag die Angabe genügen, daß allein an Postfreimarken 1 591 245 000 Stück, an einfachen Postkarten 241 577 000 Stück 1894/95 gedruckt worden sind. Für die nicht geldwerthen Drucksachen sind 11 Schnellpressen, 9 Doppelmaschinen und 3 Rotationsmaschinen, deren Leistungsfähigkeit 10—16 000 Bogen in der Stunde beträgt, sowie außer an Typen zu unserer Muttersprache 23 Typen in 74 verschiedenen Graden zu lebenden und todten fremden Sprachen vorhanden.

Da der Buchdruck nicht mehr auf den Druck von beweglichen Lettern oder einfachen Hochdruckbildformen beschränkt ist, sondern sich jetzt der gesamten graphischen Vervielfältigungsverfahren bedient, so ist für diese Zwecke in der Reichsdruckerei noch eine Chalkographische Abtheilung eingerichtet, in welcher das Verfahren der Buchdruckpresse (Lichthochätzung), der lithographischen und Lichtdruckpresse (Steindruck, Lichtdruck) und der Kupferdruckpresse (Heliogravüre, Photogravüre, Heliographie) Anwendung findet.

Die Gummirung des für sämtliche Marken erforderlichen Papiers geschieht in einer auf dem Grundstück errichteten Gummiranstalt, in welcher das in Rollen bezogene Papier durch die Gummirmaschine mit dem Klebstoff bestrichen, sodann durch ein sich fortbewegendes Kettensystem in langen Hängen viermal durch den Trockenraum befördert und endlich getrocknet wieder auf einer Rollmaschine aufgewickelt wird. Die Gummireinrichtung ermöglicht eine jährliche Arbeitsleistung bis zu 2 700 000 qm Papierfläche. Die Perforirung der Markenbogen geschieht nach dem Druck auf acht besonderen Maschinen.

Die für den Buchdruck und Kupferdruck nöthigen Platten, Formen, Stempel usw. werden in der eigenen Gravirabtheilung der Reichsdruckerei nach den dort angefertigten Entwürfen und Zeichnungen hergestellt, wobei zwei Guillochirmaschinen, eine elektrische Kopirmaschine, zwei Walzmaschinen, ein Pantograph und andere Hülfsmaschinen in Thätigkeit sind. Das Setzmaterial wird in der Schriftgießerei durch zwei Complet-Gießmaschinen, 10 Hand-Gießmaschinen nebst vier Gießöfen beschafft.

Endlich befindet sich noch eine Buchbinderei auf dem Grundstück, welche, mit allen Hülfsmaschinen ausgerüstet, nicht nur die einfachen Buchbinderarbeiten betreibt, sondern sich auch der Anfertigung von Prachteinbänden und stilvollen Umschlägen nach eigens dazu entworfenen Zeichnungen mit besonderer Sorgfalt unterzieht.

Die im Kesselhause aufgestellten vier Röhrenkessel mit einer gesamten Heizfläche von 503 qm liefern nicht nur den für den maschinellen Betrieb und die Erzeugung des elektrischen Lichts erforderlichen Dampf, sondern speisen auch die im größten Theil der Betriebs- und Verwaltungsräume eingerichtete Dampfheizung. An Dampfmaschinen sind vier Stück mit zusammen 300 P.S. vorhanden; an Lichtmaschinen eine Dynamomaschine für eine Leistung von 550 Amp., eine desgl. von 280 Amp. und eine dritte von 105 Amp. für eine Spannung von 110 Volt mit einem Kraftbedarf von 100, 30 und 18 P.S., sowie eine Wechselstrommaschine zur Lieferung des Stromes für 10 Bogenlampen mit einem Kraftbedarf von 9 bis 10 P.S.

An Werkpersonal beschäftigt die Reichsdruckerei über 1200 Arbeiter, Lehrlinge, Burschen und weibliche Personen.

Abschnitt D.

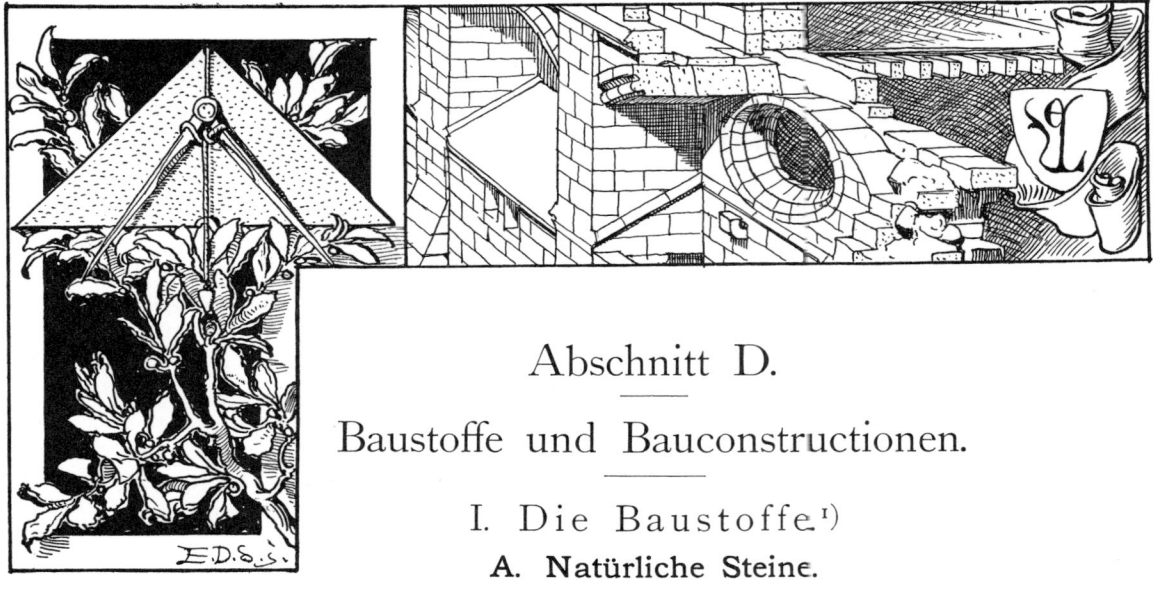

Baustoffe und Bauconstructionen.

I. Die Baustoffe.[1]

A. Natürliche Steine.

Versteinerungslose Felsarten.

1. Massige Silikatgesteine.

Granit. Die Umgegend von Berlin, wie die ganze norddeutsche Tiefebene war in früheren Zeiten reichlich mit gröfseren erratischen Blöcken und kleineren Geschieben von Granit bedeckt, welche vermuthlich in der Eisperiode durch Gletscher aus den skandinavischen Gebirgen herübergebracht wurden. Gegenwärtig ist meilenweit um Berlin kein auch nur zu einem erträglichen Pflasterstein verwendbarer Granitfindling mehr zu entdecken, da die lebhafte Bauthätigkeit in und um Berlin längst alles vorhandene Material aufgezehrt hat. Aber noch zeugen alte Gebäude von dem früheren Reichthum; so zahlreiche mittelalterliche Feldsteinkirchen in der nächsten Umgebung (Tempelhof, Mariendorf, Marienfelde, Lietzow bei Charlottenburg, Teltow usw.), in Berlin selbst vor allem die Nicolai- und die Marienkirche. Der massive Thurmunterbau der ersteren, in vier Absätzen ca. 19 m hoch, gehört der ursprünglichen, im Jahre 1223 geweihten Kirche an und ist das älteste nachweisbare Bauwerk Berlins. Während der Granit sonst meist als unregelmäfsiger Sprengstein verwendet ist, zeigt hier die Aufsenfläche der Mauern ziemlich regelrechte Quadern von 20 bis 30 cm Höhe und einer wechselnden Tiefe von 30 bis 90 cm, wogegen das Innere aus unregelmäfsigen Steinen, meist kleinen und rundlichen Geschieben besteht. Auch in neuerer Zeit wurde in ähnlicher Weise die englische Kapelle im Monbijoupark ausgeführt, wozu das Material aus der Gegend von Oderberg und Chorin herangeschafft wurde.

Nach Verbesserung der Verkehrswege werden jene Findlinge nur noch sehr selten benutzt und dafür aus den schlesischen und sächsischen Brüchen, aus dem Fichtelgebirge, dem bayrischen und Odenwalde, ja selbst aus Schweden (für polirte Arbeiten) Werksteine bezogen.

In Schlesien ist es besonders die Striegauer Gegend, welche Berlin mit Granitmaterial für seine Bauten sowie für Trottoirbeläge, Bordschwellen usw. versorgt. Der Stein hat eine graue Färbung, meist ein grobes Korn und gehört der krystallinischen Schieferformation an. Seine Druckfestigkeit reicht bis etwa 2200 kg/qcm, die Mächtigkeit der Blöcke ist unbestimmt. Der Strehlener Granit hat die gleiche Farbe, ein etwas feineres Korn und einen noch höheren Härtegrad. Aus ihm wurden z. B. die polirten Säulen in der Börse sowie in zwei Hausfluren der Technischen Hochschule in Charlottenburg hergestellt. Der Granit des Riesengebirges ist meist fleischfarben und wird hauptsächlich in der Gegend von Fischbach gebrochen. Ein Theil der Flurbeläge in der Ruhmeshalle stammt von dort her.

Während die Brüche der sächsischen Lausitz ein ähnliches, wenn auch etwas minderwerthiges Material als die Striegauer liefern, findet sich bei Meifsen an der Elbe ein schöner

---

[1] Bearbeitet von Prof. H. Koch.

rother Granit, der vorzugsweise zu polirten Arbeiten, Säulen, Sockeln von Denkmälern usw., aber, wie in der Technischen Hochschule, auch zu Treppenstufen benutzt wird.

Auch die der Gneifsformation angehörigen Brüche des Fichtelgebirges und des bayrischen Waldes liefern einen bläulichgrauen bis weifsgrauen Granit, dessen Härtegrad etwas geringer als der des schlesischen ist. Er wurde vielfach beim Reichstagsgebäude, bei der Façade des Equitablepalastes, zu Brückenbauten usw. verwendet, wie das noch mit den Graniten des Odenwaldes, z. B. beim Neubau des Reichspostamtes geschah. Sonst sind letztere, besonders in ihren dunklen Varietäten, für Grabdenkmäler beliebt. Bunter polirter Granit wird als edelstes Material für alle monumentalen Luxusbauten und Denkmäler mit Vorliebe benutzt. Das älteste Beispiel seiner Anwendung in grofsem Mafsstabe zeigt die dorische Säulenhalle am Mausoleum zu Charlottenburg, welche im Jahre 1820 vom Steinmetzmeister Wimmel ausgeführt ist. Dieser schliefsen sich an: die grofse Schale vor dem Schinkel'schen Museum (ca. 7 m im Durchmesser haltend), die Säulen auf dem Belle-Alliance-Platze, vor dem Königlichen Schlosse und auf der Grabstätte der Familie Humboldt in Tegel, die Postamente der Schlofsbrücken-Gruppen und aller Statuen aus früherer Zeit, sämtlich aus märkischen Findlingen hergestellt. Nach dem allmählichen Seltenwerden der Findlinge hat man schwedischen Granit, und zwar vorzugsweise aus den Brüchen bei Gothenburg und Carlskrona bezogen, welcher dort in jeden Abmessungen und in verschiedenartigster Färbung zu haben ist.

Syenit. Unter dem Namen Syenit werden meist irrthümlicherweise Gesteine verstanden, welche in Wirklichkeit zu den Graniten und besonders Diabasen gerechnet werden müssen. So soll es auch dahingestellt bleiben, ob die aus Wölsau im Fichtelgebirge bezogenen schwärzlichen Pfeiler im Gewerbemuseum nicht doch Diabase sind.

Diorit und Diabas. Sehr schöne Diabase und Diorite, grünlich schwarz und weifs gesprenkelt, finden sich in der Gegend von Schluckenau in Böhmen. Aus denselben sind die polirten Säulen im Hauptvestibül und in den Treppenhäusern der Technischen Hochschule gearbeitet. Aufserdem werden zahlreiche Grabdenkmäler hiervon angefertigt. Der Stein gehört der Silurformation an.

Serpentin. Serpentin wird nur aus der Gegend von Zöblitz in Sachsen bezogen. Da derselbe, wie die Säulen an dem Eckhause der Wilhelmstrafse und Unter den Linden bezeugen, nicht wetterbeständig ist, wird er nur noch zu Kaminen, Treppentraillen usw. benutzt. Auch Thüreinfassungen wurden in den Museen davon ausgeführt.

Porphyr. Der röthlichgrüne Granitporphyr von Beucha in Sachsen fand als Sockel bei dem Reichs-Patentamt und Reichs-Versicherungsamt Verwendung.

Lava. Die unschöne, poröse, aber aufserordentlich wetterbeständige, der Tertiärformation angehörige Basaltlava von Niedermendig, Hannebach usw. wurde hin und wieder zu Gebäudesockeln, wie z. B. bei den Postbauten in der Spandauer Strafse und einem Privathause in der Leipziger Strafse, zu Brückenpfeilern (Stadtbahn), in jüngster Zeit bei dem Neubau der Gertraudtenbrücke, und zwar auch zu dem Geländer, benutzt.

2. Krystallinische Schiefergesteine.

Gneifs. Hier ist vor allem der schöne, schwarzweifs gefleckte Gneifs vom Felsberg bei Reichenbach im Odenwalde zu nennen. Er gehört der krystallinischen Schieferformation an und hat eine Druckfestigkeit von rd. 2000 kg. Aus ihm wurde das Geländer der Kaiser-Wilhelms-Brücke hergestellt.

Versteinerungen führende schichtige Felsarten.

Thonschiefer. Schiefer wurde früher für alle Zwecke fast ausschliefslich aus englischen Brüchen bezogen. Heute geschieht das viel weniger, da Deutschland in Nuttlar an der Ruhr und besonders in Lehesten in Thüringen Fundgruben besitzt, deren Product besonders in Bezug auf Wetterbeständigkeit sich gänzlich mit dem englischen Schiefer messen kann. Aber auch gröfsere Platten wurden von dorther, z. B. für die Einrichtung des chemischen Laboratoriums der Technischen Hochschule, bezogen und haben allen Anforderungen entsprochen.

Kalkstein. Berlin besitzt in den etwa 26 km östlich von der Stadt, bei Rüdersdorf belegenen Kalkbergen das einzige Lager von natürlichen Bausteinen. Dasselbe gehört der Muschelkalk-Formation an und erstreckt sich in der Richtung von Südwest nach Nordost auf eine Länge von ca. 3700 m bei einer Breite von 160 m und einer Erhebung bis zu 40 m über dem Spiegel der benachbarten Seen. Das Gestein — Muschelkalk mit einem durchschnittlichen Gehalt von 94,6 % kohlensaurem Kalk, in einzelnen kalkärmeren Schichten von wellenförmiger Lagerung auch Wellenkalk genannt — tritt hier bei nördlichem Fallen in einer Mächtigkeit von 295 m über einer Unterlage der Bunt-Sandstein-Formation auf, wovon jedoch nur etwa 63 m nutzbaren Steins in Abbau genommen werden können.

Ursprünglich dem Kloster Zinna gehörig, kamen die Brüche im 15. Jahrhundert in den Besitz der Kurfürsten von Brandenburg und blieben von da ab in regelmäfsigem Betriebe, theils unter landesherrlicher Verwaltung, theils durch Communen und Private, denen das Recht der Kalksteingewinnung verliehen war — so durch die Städte Fürstenwalde, Berlin und Köln an der Spree, welche letztere einen eigenen Bruch besafs. Nach Ablösung aller Einzelberechtigungen seitens des Staates wurde mit der Stadt Berlin (einschliefslich Köln) im Jahre 1855 ein Societätvertrag abgeschlossen, wonach gegen Ueberlassung von $1/6$ des Reingewinns an die Stadt das Recht der Kalksteingewinnung ausschliefslich dem Fiskus verblieb, welcher dieselbe durch eine eigene, nach Art der Bergwerksverwaltungen organisirte Behörde, die Berginspection zu Rüdersdorf, betreiben läfst.

Die Ausbeutung der Brüche erfolgte früher durch Tagesbau, doch ist man seit dem Jahre 1873 auch zur Eröffnung eines Tiefbaues geschritten.

Da der Betrieb der Brüche, entsprechend der vorwiegenden Verwendung des Gesteins, weniger auf Gewinnung gröfserer Werkstücke als auf Massenerzeugung gerichtet ist, so geschieht der Abbau in der Hauptsache durch das sogen. „Stürzen". In das zuvor abgeräumte Lager werden dicht über der Bruchsohle mehrere 1,80—2 m hohe Strecken gleichlaufend neben einander im Streichen der Schichten bis auf eine vorher bestimmte Entfernung hineingetrieben — die sogen. „Schramstrecken", deren Abstände von einander danach bestimmt werden, dafs keine Schicht undurchschnitten bleiben darf. In Abständen von ungefähr 4 m werden dieselben alsdann mit Querstrecken durchbrochen, sodafs der ganze Lagertheil, welcher zum Abbau kommen soll, auf Pfeilern ruht, welche man mittels Sprengarbeit nach und nach immer mehr verschwächt. Die letzten Sprengbohrlöcher werden gleichzeitig abgeschossen, wodurch die Tragfähigkeit der Pfeiler in dem Mafse vermindert sein mufs, dafs der unterschrämte Lagertheil sie zerdrückt und in sich zusammenstürzt. Nunmehr beginnt das Aufräumen und das Werben der Steine, welche nach ihrer Gröfse und Regelmäfsigkeit sortirt und zum Verkauf aufgesetzt werden. Zur Hebung der Steine und des Schuttes aus den tiefliegenden Brüchen, sowie zur Wasserförderung sind mehrere Aufzugvorrichtungen und Dampfmaschinen von zusammen 450 Pferdestärken aufgestellt.

Die Abfuhr des Materials erfolgt vorzugsweise auf dem Wasserwege mittels eigens dazu angelegter, zum Theil in den Felsen eingesprengter und durch Tunnel geführter Canäle nach der Spree, seit dem Herbst des Jahres 1872 jedoch auch auf der Ostbahn mittels der Zweigbahn Fredersdorf-Rüdersdorf. Das Hauptabsatzgebiet der Brüche ist Berlin und seine nächste Umgebung, doch wird der Stein zum Kalkbrennen weithin durch die Mark Brandenburg und bis nach Pommern verschifft. Die Herstellung von gebranntem Kalk am Orte hat seit dem Jahre 1872 infolge der gesteigerten Bauthätigkeit Berlins einen grofsartigen Aufschwung gewonnen.

Der Rüdersdorfer Kalkstein ist, abgesehen von einzelnen weicheren Adern, dicht und fest bis zu einer Druckfestigkeit von 471 bis 523 kg je Quadratcentimeter und nimmt Politur an; indessen ist er spröde und hin und wieder muschelig, was seine Bearbeitung erschwert. Er zeichnet sich durch einen grofsen Reichthum an Thierresten aus, während Pflanzenreste weniger vorkommen. Die Farbe ist in den oberen Lagen gelblichgrau, in den unteren theilweise blaugrau, doch nehmen letztere an der Luft bald dieselbe weifsgraue, etwas kalte Färbung an, wie die oberen Schichten. Die frisch gebrochenen Steine enthalten Grubenfeuchtigkeit und widerstehen deshalb dem Froste nicht, sodafs sie den Winter über nicht unbedeckt im Freien lagern dürfen. Dagegen sind Steine, die vor ihrer Verwendung gut ausgetrocknet, d. h. in der Zeit vom Monat Mai bis Ende September bezogen sind, vollkommen wetterbeständig, wie ihre Verwendung zu Wasserbauten, namentlich zu Quaimauern und zur Bekleidung steiler Böschungen erkennen läfst. Die Verarbeitung des Kalksteins zu Werkstücken hat jedoch eine besondere Ausdehnung bis jetzt nicht gewonnen; namentlich ist seine Verwendung bei Hochbauten trotz aller darauf gerichteten Bemühungen nur eine sehr vereinzelte geblieben, was vornehmlich seinen Grund darin hat, dafs der Stein im allgemeinen nur in Schichten von 30 bis 50 cm, ausnahmsweise von 60 cm Dicke bricht und seiner Sprödigkeit wegen in dünneren Platten nicht leicht zu bearbeiten ist, sodafs er trotz der geringen Transportweite mit zahlreichen, zum Theil aus grofser Entfernung nach Berlin eingeführten Sandsteinarten im Preise nur schwer sich messen kann. Die einzigen nennenswerthen Beispiele seiner Verwendung sind die im gothischen Stile durchgeführte Kirche zu Rüdersdorf sowie das Empfangsgebäude der Berlin-Stettiner Eisenbahn zu Berlin, an welchem der Sockel, die Lisenen und Gesimse von Kalkstein, die Wandflächen dagegen von stumpfrothem Backstein hergestellt sind. — Die Hauptverwendung findet der Rüdersdorfer Stein als Bruchstein zur Herstellung der Fundamentmauern sowie zum Kalkbrennen, und man kann unbedingt behaupten, dafs mit Ausnahme der wenigen, aus dem Mittelalter stammenden Gebäude ganz Berlin auf Kalksteinfundamenten steht und dafs bis auf die neuere Zeit auch kein anderer Mörtel darin verwendet ist, als solcher von Rüdersdorfer Kalk. Aufserdem werden die kleineren Steine bei geringer Entfernung vom Orte der Gewinnung auch wohl zu Packlagen in Chausseen verwendet. Für Decklagen ist der Stein zu weich.

Die Preise für die verschiedenen Steinsorten und sonstigen Erzeugnisse des Bruchs werden von der Berginspection je nach der Geschäftslage für jedes Jahr festgesetzt und öffentlich bekannt gemacht. Ausbeutung und Ertrag der Brüche hängen ganz von der Bauthätigkeit Berlins ab.

In den ältesten Berliner Bauten, so namentlich in der Plinte der Nicolaikirche (dem 14. Jahrhundert angehörig) ist ein Kalkstein schwedischen Ursprungs in grofsen Werkstücken verwendet, der aber jedenfalls nicht auf dem Handelswege, sondern wie die schwedischen Granitblöcke, durch Gletscher nach Deutschland gekommen ist; denn in entlegeneren Feldern und Wäldern Pommerns zeigt sich dieser Stein noch heute als Findling.

Zum Werksteinbau findet Kalkstein in Berlin wenig Verwendung, eher noch zu Bildhauerarbeiten und zu Verkleidungen im Innern von Gebäuden. Allerdings wurden anfangs der siebziger Jahre seitens der Franzosen, welche neue Absatzgebiete für ihr leicht bearbeitbares Material suchten, durch Vermittelung der Firma Boller & Co. in Mannheim verschiedene französische Kalksteine in Berlin eingeführt und an einzelnen Bauten benutzt, so z. B. der St. Vast (aus der Umgegend von Paris) an der jetzigen sächsischen Gesandtschaft, Ecke der Vofs- und Königgrätzer Strafse, der Savonières (Departement Meuse) beim Erweiterungsbau des Arbeitsministeriums in der Vofsstrafse, bei der Landwirthschaftlichen Akademie und zu vielen Bildhauerarbeiten, doch zeigte es sich bald, dafs diese Kalksteine unter der Einwirkung unseres Klimas litten und deshalb werden sie heute für Façaden kaum noch gewählt. Dagegen ist z. B. das Treppenhaus im Reichs-Versicherungsamt neuerdings in Savonièresstein hergestellt worden.

Auch der sogen. Baumberger Kalksandstein, welcher in der Nähe von Münster in Westfalen gebrochen wird, fand nur für die grofsen Friesplatten beim Neubau des Cultusministeriums Verwendung, obgleich er weich und für Bildhauerarbeiten sehr geeignet ist.

Der gelbe Oolith von Jaumont bei Metz lieferte das Material für die Baluster über dem Hauptgesims der Technischen Hochschule, doch auch hiermit blieb es bei dem einmaligen Versuche. Von inländischem Kalkstein scheint der der Kreideformation angehörige Seekalk von Offenstetten (Post Abensberg bei Regensburg) eine Zukunft zu haben. Allerdings ist derselbe bisher nur zur Verblendung einer Villa in der Matthäikirchstrafse benutzt worden, doch besitzt er so vorzügliche Eigenschaften (bei einer Druckfestigkeit von etwa 400 kg/qcm vollkommene Homogenität, eine helle Elfenbeinfarbe und unbeschränkte Quaderabmessung), dafs kaum zu zweifeln ist, dafs das Material in der nächsten Zeit mehr in Aufnahme kommen wird, zumal in München davon schon Monumentalbauten, wie z. B. der Justizpalast, hergestellt wurden. Vereinzelt fanden trotz der hohen Transportkosten Istrianer Kalke, sowie der Kalkstein von der Insel Lesina in Dalmatien, letzterer im Innern des Reichstagsgebäudes Anwendung.

Am Potsdamer Bahnhofe sind die Plinten, sowie im Innern die Wandbekleidungen der Vorhalle und das Treppengeländer, letztere polirt, in der Universitätsbibliothek die Treppenstufen aus dem Oolith von Aderstädt bei Bernburg, dem sogen. „Rogenstein", hergestellt. Da derselbe in seiner dunkelbraunen Färbung unansehnlich ist, fand er keinen weiteren Absatz in Berlin. Auch die Verwendung des aus Belgien bezogenen Kohlenkalkes, des sogen. belgischen Granits, blieb auf die beiden Sockel der alten Reichsbank und der Vorhalle des Palais vom Prinzen Albrecht beschränkt, während er als Marmor im Innern der Gebäude häufiger vorgefunden wird.

Mit dem Namen Marmor bezeichnen wir jeden Kalkstein, welcher Politur annimmt. Obgleich Deutschland auch an solchen Kalksteinarten reich ist, muſs unsere Marmorindustrie doch entschieden als nothleidend bezeichnet werden. Zum Theil ist daran das Vorurtheil für alles Ausländische schuld, das so weit geht, daſs inländische Marmorarten erst dann Absatz finden, wenn sie mit einem fremd klingenden Namen bezeichnet sind. Dann aber werden oft auch die Herstellungskosten infolge hoher Arbeitslöhne, schlechter Verkehrsmittel usw. zu hoch. Daher ist es erklärlich, daſs bei Luxusbauten leider immer noch ausländisches Material bevorzugt wird, welches im einzelnen hier aufzuführen zwecklos sein würde. Wir beschränken uns deshalb auf Namhaftmachung der wenigen inländischen Marmorarten, die häufiger in Berliner Bauten angetroffen werden. Vielfach findet der schlesische Marmor aus der Gegend von Groſs-Kunzendorf bei Neiſse, der archaischen Formation angehörig, zu Flurbelägen, Wandverkleidungen, Treppenstufen usw., aber auch zu Bildhauerarbeiten Verwendung, so z. B. auch für die Prunksärge der Königsgruft. Er kommt blaugrau (der gesuchteste), bräunlich, selten weiſs vor, besitzt ein scharf krystallinisches Korn, groſse Härte und wird in groſsen Abmessungen gebrochen.

Ein ähnlicher krystallinischer Kalk ist der von Seitenberg bei Landeck in Schlesien, der, zum Theil wundervoll schwärzlich und fleischfarben auf weiſsem Grunde geädert, in den Treppenstufen und Flurbelägen des Hauptgebäudes der Technischen Hochschule zu finden ist. Die Brüche werden wegen schlechter Transportverhältnisse jetzt nur in geringem Umfange betrieben, sie werden aber leistungsfähig, sobald die im Bau begriffene Bahn Glatz-Landeck-Seitenberg fertiggestellt sein wird.

Der in der Provinz Hessen-Nassau an der Lahn auftretende Kalkstein gehört der mitteldevonischen Formation an und zeigt die verschiedenartigsten Färbungen mit weiſsen Flecken oder weiſser Aderung, vom hellen gelblichroth bis roth, grau und schwarz, jedoch auch grau mit gelben Adern. Der Marmor wurde in Berlin vielfach verwendet, so zu Säulen und Treppen in der Landwirthschaftlichen und Berg-Akademie, zu Treppen und Wandbekleidungen im Anhalter Bahnhofe, zu einer Balustrade in der Kriegs-Akademie und neuerdings (Aumenau) zu Säulen beim Neubau des Domes, deren Sockel aus polirtem gelblichem Sandharlander Kalkstein hergestellt ist. Dieser Kalk gehört der Juraformation an und wurde schon zur Römerzeit gebrochen. Sandharlanden liegt im Regierungsbezirk Oberbayern in der Nähe von Regensburg. In ungünstigen Verhältnissen, wie die Nassauer Marmorwerke, befinden sich auch die westfälischen der Kreise Olpe und Meschede, die überhaupt eine lange Zeit gänzlich ruhten, in neuerer Zeit jedoch den Betrieb wieder eröffnet haben. Im Königlichen Schlosse sieht man an vielen Stellen die Erzeugnisse jener Brüche, und auch im Palais der Kaiserin Friedrich ist eine Treppe nebst Wandbekleidungen in diesem Marmor ausgeführt. In neuester Zeit endlich bringen die Marmorwerke von Saalburg in Reuſs ihren sehr schönen vielfarbigen Marmor auf den Markt. Derselbe gehört der obersilurischen Formation an, hat gewöhnlich eine dunkle grünlichgraue Färbung mit schwarzen Adern, tritt aber auch ganz weiſslichroth mit grüner Aderung sowie dunkelroth mit weiſsen Adern auf und dürfte bei der regen Betriebsleitung der Brüche sehr bald einen groſsen Absatz finden.

Dolomit. Dolomit oder Bitterkalk wurde nur vereinzelt zu Bauzwecken benutzt, z. B. der der Bunt-Sandstein-Formation angehörige Dolomit von Holzen im Braunschweigischen für den Sockel der Heiligen Kreuzkirche. Dagegen wird heute häufiger von dem eine schöne Politur annehmenden, weiſs und röthlichweiſsen, gelb geäderten Dolomit von Rothenzechau im Riesengebirge Gebrauch gemacht. Derselbe gehört der Unter-Silurformation an und hat seine gelbe Aderung von Serpentineinsprengungen. Im Mausoleum zu Charlottenburg sowie im Reichstagsgebäude wurde er neuerdings zu Wandbekleidungen usw. verwendet.

Sandstein. Sandstein ist in Berlin schon frühzeitig eingeführt worden, hat jedoch erst seit der Renaissancezeit häufigere Anwendung bei den reicheren Monumentalbauten, aber auch hier nur zu den gröfseren oder dem Wetter besonders ausgesetzten Theilen, gefunden, während die Flächen in Kalkputz hergestellt wurden. Das älteste bekannte Beispiel ist ein in die Westfront der Marienkirche nachträglich eingefügtes spätgothisches Portal von Magdeburger Sandstein. Die Sockel, Gesimse, Säulen, Fenstereinfassungen usw. am Königlichen Schlosse, dem Marstall, dem Zeughause, der Bibliothek, den Thürmen auf dem Gensdarmenmarkte, den Colonnaden an der Königsbrücke, in der Mohren- und Leipziger Strafse, sowie die Herkules- und Spandauer Brücke mit ihren Figuren und auch die älteren, jetzt verschwundenen Stadtthore sind sämtlich in diesem für die ganze Periode charakteristischen Material ausgeführt, welches leider gröfstentheils weich und wenig wetterbeständig ist.

Gegen Ende des vorigen Jahrhunderts, z. B. beim Bau des Brandenburger Thores, fand der sächsische Sandstein von Cotta, Pirna und ganz besonders der von Postelwitz von hellgrauer oder gelblicher Farbe Eingang, welcher die beiden ersteren an Festigkeit und Wetterbeständigkeit weit übertrifft und in Blöcken von jeder beliebigen Gröfse bricht. Er bildete fast das ausschliefsliche Material für die Schinkel'schen Monumentalbauten (Museum, Schauspielhaus, Neue Wache usw.). Auch die Säulenhallen am Neuen Museum sind daraus hergestellt, während der Cottaer Stein wegen seines feinen Korns mehr zu Bildhauerarbeiten benutzt wurde. Auch in neuerer Zeit wurde vielfach auf jene sächsischen Sandsteine zurückgegriffen. So wurde z. B. der Postelwitzer beim Bau der Technischen Hochschule, bei der Stadtbahn, beim Kreishause in der Victoriastrafse und bei vielen Privatgebäuden, der Cottaer bei der Neuen Kirche und vielen Geschäftshäusern, der Postaer beim Erdgeschofs des chemischen Laboratoriums der Technischen Hochschule und des Packhofsgebäudes, der der Herrenleithe an der katholischen Sebastianskirche benutzt.

Wasserbauten wurden in jener frühen Zeit mit Vorliebe in einem besonders festen und dauerhaften rothen Sandsteine aus den Brüchen bei Rothenburg am Kyffhäuser ausgeführt. In der Mitte des Jahrhunderts (zuerst beim Bau der Petrikirche) kam der Unstrut-Sandstein aus den Brüchen bei Nebra in Aufnahme und fand bis gegen Ende der sechziger Jahre wegen seines mäfsigen Preises und der leichten Bearbeitung vielfache Verwendung zu zahlreichen Privat- und öffentlichen Bauten, unter welchen namentlich die Börse und neuerdings noch die Nationalgalerie und die Technische Hochschule hervorzuheben sind. Der Stein lagert in grofsen Bänken, deren Stärke jedoch 1—1,50 m nicht leicht übersteigt, und ist zumeist von rother Farbe und gleichmäfsigem, etwas grobem Korn. Nur wo das Material in den Brüchen nicht gehörig ausgesucht wurde, zeigt es Zerstörungen infolge von Witterungseinflüssen. Früher war bei Wahl der Sandsteine die Rücksicht auf die Möglichkeit des Wassertransports mafsgebend. Heute aber, da alle Theile Deutschlands mit einem Netz von Schienenwegen bedeckt sind, giebt es kaum einen Sandstein in Deutschland, der in Berlin nicht mit Leichtigkeit zu haben wäre. Es können hier nur die gebräuchlichsten aufgeführt werden. Zu diesen gehören in erster Reihe die schlesischen aus der Gegend der Heuscheuer in der Grafschaft Glatz und aus der Gegend von Bunzlau, hauptsächlich von Rackwitz und Alt-Warthau. Der Heuscheuerstein, der oberen Kreideformation angehörig, ist ein meist grobkörniger Quadersandstein von weifser bis gelblichgrauer Farbe, der eine Druckfestigkeit bis zu 1400 kg besitzt und sich deshalb schwer, besonders zu kleinen Gliederungen, bearbeiten läfst. Wegen seiner aufserordentlichen Wetterbeständigkeit ist er nach erstmaligem Versuche am Hauptgesims der Technischen Hochschule im Jahre 1880 stark in Aufnahme gekommen, und so wurde er später vielfach, z. B. beim Reichstagsgebäude, beim Reichs-Versicherungsamt, an der Herkules-, Friedrichs- und Kurfürstenbrücke und besonders auch zum Dombau verwendet.

Noch beliebter ist seiner leichteren Bearbeitung wegen der derselben Formation angehörige Bunzlauer Stein mit einer Druckfestigkeit bis 650 kg und ebenfalls weifser bis gelber Färbung. Von gröfseren, aus solchem Stein hergestellten Bauten sind zu nennen:

die oberen Geschosse des Museums für Völkerkunde, Theile des Reichstagsgebäudes, der Technischen Hochschule, der Berg- und Landwirthschaftlichen Akademie, des Museums für Naturkunde, das Reichs-Patentamt, das Arbeitsministerium in der Vofs- und Leipziger Strafse, die neue katholische Garnisonkirche, das Reichs-Postamt und aufserordentlich viele Privatgebäude. Von den Brüchen der Provinz Sachsen reihen sich die Eggenstedter an die bereits besprochenen Nebraer an. Der Eggenstedter Stein, von gelber Farbe und einer Druckfestigkeit von etwa 350 kg, der Dyasformation angehörig, gleicht auffallend dem Alt-Warthauer Stein. Er wurde beim Bau der Germania in der Friedrichstrafse, der Deutschen Bank, der Berliner Bank für Bauten und an der Markthalle II verwendet. Der sehr gute rothe Albenslebener Stein bricht nur in kleinen Stücken. Hieraus sind unter anderem die Säulen im obersten Stockwerk der Technischen Hochschule gearbeitet.

Von den hannöverschen Sandsteinen ist hauptsächlich der Nesselberger zu nennen, der zur Herstellung der Façaden des Potsdamer Bahnhofes, des Palais Borsig, des Cultusministeriums, Reichs-Justizamts, Criminalgerichts, Packhofs usw. diente. Seine Farbe ist weifs und gelb, seine Druckfestigkeit bis zu 750 kg. Der dem Obernkirchener sehr ähnliche Elzer und Mehler Sandstein von grauer Färbung und über 600 kg Druckfestigkeit wurde zu Architraven im Innern der Technischen Hochschule und zur Ueberführung der Stadtbahn in der Hardenbergstrafse verwendet. Auch die Lange Brücke in Potsdam ist von ihm ausgeführt. Den braunen Jurasandstein der Porta Westfalica finden wir an den Ufermauern des Schiffbauerdammes usw.

Nächst dem aus der Heuscheuer Gegend ist der festeste und dichteste in Berlin bekannte Sandstein der grünlichgraue, hin und wieder gelbliche, sehr feinkörnige Obernkirchener bei Bückeburg. Er ist ein Kohlensandstein mit einer Druckfestigkeit von 687 kg. Hauptwerke aus diesem Steine sind: das Siegesdenkmal, das chemische Laboratorium der Technischen Hochschule, der Bahnhof Alexanderplatz u. a. m. Der hellbräunliche Sandstein von Staudernheim in der Rheinprovinz wurde für die Verkleidung des unteren Stockwerkes des Museums für Völkerkunde gewählt, der gelbliche Udelfanger im Innern des Reichstagsgebäudes verarbeitet.

Der sehr theure, aber schön gefärbte und feinkörnige Sandstein vom Seeberge bei Gotha hat lange Zeit einen unverdient guten Ruf genossen. Der Stein ist keineswegs wetterbeständig, wie ein Blick auf die davon hergestellten Gebäude, besonders die Reichsbank und das Auswärtige Amt, lehren kann. Andere Beispiele sind der Vorbau und die Veranda am Palais der Kaiserin Friedrich, Theile des Gewerbemuseums, die Hauptpost usw.

Von rothen Sandsteinen ist gegenwärtig am beliebtesten der Buntsandstein von den Ufern des Mains in der Gegend von Miltenberg. Derselbe hat eine Druckfestigkeit bis zu 1000 kg und ist stark durch Glimmerschüppchen geschichtet. Er wurde besonders viel bei Brückenbauten gebraucht, so z. B. bei der Moltke- und Waisenbrücke; weiter in den Höfen der Technischen Hochschule, bei der Reichsdruckerei, der Disconto- und Darmstädter Bank usw. In sehr ansprechender Weise ist er mit dem dunkleren Maulbronner Sandstein an der Façade des Böckmann'schen Hauses in der Vofsstrafse vereinigt.

Der weifse bis dunkelgelbe Burgreppacher ist, wie auch der weifse Sandstein des Teutoburger Waldes an den Façaden des Reichstagsgebäudes zu finden. Beides sind ausgezeichnete Materialien, die in aufserordentlich grofsen Blöcken brechen und eine Druckfestigkeit bis zu 750 kg aufweisen. Auch der gelbgraue Bayerfelder Keupersandstein wurde zu inneren Wandverkleidungen im Reichstagsgebäude benutzt.

Conglomerate und Tuffe.

Porphyrtuff. Mit dem Porphyrtuff von Rochlitz in Sachsen wurde der Sockel der Halle im Anhalter Bahnhofe und das Erdgeschofs einiger Privatgebäude bekleidet. Zu Wasserbauten hat er sich als nicht geeignet erwiesen.

Leucittuff. Leucittuff, dessen Preis der leichten Bearbeitbarkeit und des billigeren Transportes wegen geringer ist als der des Sandsteins, wurde vielfach, besonders aus den Brüchen bei Weibern, für Hochbauten bezogen. Die Berg-Akademie, Landwirthschaftliche

Hochschule, das Naturhistorische Museum, die Gnaden- und Kaiser-Wilhelm-Gedächtnifskirche, die katholische Garnisonkirche usw. sind davon hergestellt. Der Stein gehört der Tertiärformation an, ist etwas porös, von graugelber Färbung, aufserordentlich wetterbeständig, hat aber nur eine Druckfestigkeit von 146 kg.

B. Künstliche Bausteine.

1. Backsteine und Terracotten.[1])

Der Mangel an natürlichen Bausteinen in der Mark Brandenburg mufste schon frühzeitig auf die in der Ziegelerde gegebene Aushülfe hinweisen. Die darauf beruhende neue Bautechnik wurde zuerst durch die von Albrecht dem Bären zwischen 1150 und 1160 in der Altmark und dem Havellande angesiedelten niederländischen Colonisten eingeführt und bald darauf allgemein zum Bau der Klöster und Städte in jenen Gebieten angewendet. In Berlin und dessen nächster Umgebung blieb indessen der Granitbau noch bis in die Mitte des 13. Jahrhunderts in Uebung, sodafs die im Jahre 1271 begonnene Klosterkirche der Franziskaner das älteste nachweisbare Beispiel des Backsteinbaues ist, der darauf schnell und allgemein Eingang fand und (neben dem Holzbau für Privatgebäude) das ganze Mittelalter hindurch herrschend blieb. Mit dem Eintritt der Renaissanceperiode verlor der Backstein seine Bedeutung für die Architektur, indem er mit Kalkputz überzogen und in die dem Werkstein angehörigen Bauformen der Renaissance eingereiht wurde.

Zu neuer Geltung gelangte der Backstein zuerst wieder durch Schinkel, der nicht nur in künstlerischer, sondern auch in technischer Hinsicht durch die grofse Sorgfalt, mit der er die Herstellung der Steine zu seinen Bauten selbst überwachte, als der Begründer des modernen Backsteinbaues angesehen werden mufs. Da die Beschränktheit der Mittel ihm selbst bei seinen höchsten Prachtwerken den ausschliefslichen Bau in Werkstein nicht gestattete, suchte er Ersatz in dem von Alters her in der Mark einheimisch gewesenen Backsteinbau und schuf als erstes gröfseres Beispiel desselben in den Jahren 1825—1828 die Werder'sche Kirche. Zu diesem Gebäude wurden die noch wenig sauberen, aber wie die Erfahrung eines halben Jahrhunderts gelehrt hat, wetterbeständigen Verblendziegel sowie die einfacheren Formsteine aus der (damals Königlichen) Ziegelei bei Joachimsthal bezogen, wogegen alle reicheren Ornamente und gröfseren Baustücke, namentlich aber die Bildwerke, in der damaligen Feilner'schen Ofenfabrik gefertigt wurden. Sie hat diese ungewohnte Aufgabe aufs Beste gelöst, wie namentlich die Figur des Erzengels Michael über dem Hauptportal beweist, deren Körper von 2,50 m Höhe nur aus drei Stücken hergestellt ist. Dieser Erstlingsarbeit folgte neben den einfachen Bauten des Packhofs, einigen kleinen Kirchen, der Caserne des Lehrbataillons, jetzt Militärarrests in der Lindenstrafse, und dem zierlichen Feilner'schen Wohnhause, vor allem das Gebäude der damaligen allgemeinen Bauschule, in welchem die Ziegeltechnik sofort auf eine noch heute kaum übertroffene Höhe gebracht wurde. Die Verblend- und einfacheren Formsteine wurden auf einer jetzt verschwundenen Ziegelei bei König-Wusterhausen gefertigt, wozu das Material aus dortiger und eigens dorthin geschaffter Rathenower Ziegelerde mit höchster Sorgfalt gemischt und zubereitet wurde. Die gröfseren Formstücke und die Figurenreliefs wurden aus derselben Masse vom Töpfermeister Gormann gebrannt.

Zunächst fanden diese Bauten wenig Nachfolge und es vergingen Jahrzehnte, bis Werke entstanden, welche sich mit der Bauschule auch nur einigermafsen hätten messen können. Die daran geschulten Fabriken, denen im Jahre 1836 noch die von March in Charlottenburg hinzutrat, mufsten sich begnügen, für bessere Putzbauten zum Ersatz für Sandstein Ornamente und Statuen zu liefern, welche nicht anders wie Gipsstuck oder Zink behandelt und angestrichen wurden. So sind namentlich die Darsteller der vier Waffen am Kriegsministerium und zahlreiches Andere am Palais des Königs, dem Neuen Museum und der Schlofskuppel Meisterstücke der March'schen Terracottafabrik. Doch fand mit der

---

[1]) Unter freundlicher Mitwirkung des Herrn Regierungs-Bauführer Dümmler.

regeren Bauthätigkeit Friedrich Wilhelms IV. in den vierziger Jahren auch der Backsteinbau wieder Eingang, wenn auch zunächst nur bei öffentlichen Gebäuden von bescheidener Ausstattung. Sämtliche Kirchenbauten, einige Casernen und das Krankenhaus Bethanien, später eine gröfsere Zahl von städtischen Schulgebäuden bezeichnen diese Zeit. Von Privatbauten verdient nur das ehemalige Comptoirgebäude der Borsig'schen Fabrik vor dem Oranienburger Thore (von Strack) Erwähnung, dessen hochelegante künstlerische Durchführung den Uebergang zur neuesten Periode bildete.

Diese beginnt mit der Einführung feinerer hohler Verblendsteine, um deren Herstellung sich besonders A. Augustin in Lauban verdient gemacht hat. Das Rathhaus und das chemische Laboratorium in der Georgenstrafse sind die ersten Berliner Bauten aus dieser Fabrik, denen sich rasch eine gröfsere Anzahl von öffentlichen Gebäuden anschlofs. Von nun ab und namentlich seit Einführung hellfarbiger Verblendsteine fand der Backstein auch bei besseren Privatbauten Eingang, worunter das March'sche Wohnhaus in Charlottenburg und das von Friedenthal in der Lennéstrafse, letzteres mit farbigen Glasuren, Erwähnung verdienen. Zumeist aber begnügte man sich mit Herstellung der glatten Flächen in Backstein, während die Architektur in Sandstein ausgeführt wurde — eine Technik, die auch bei öffentlichen Gebäuden vielfach zur Anwendung gekommen ist. Neben einigen kleineren Wohnhäusern ist das sogen. „Rothe Schlofs" am Schlofsplatze, die Preufsische Boden-Creditbank hinter der katholischen Kirche und als hervorragendstes Beispiel das Reichsbankgebäude zu nennen. Dafs bei Gebäuden dieser Stilrichtung noch heute nicht selten der Sandstein der architektonischen Gliederungen im Widerspruch mit jeder gesunden Bautechnik durch Kalk- oder Cementputz ersetzt wird, mufs hier bedauernd erwähnt werden.

Abgesehen von wenigem, ganz untergeordnetem Material müssen die Ziegel aus ziemlicher Entfernung nach Berlin geschafft werden, doch wird dies durch Havel und Spree mit ihren zahlreichen Nebenseen und die zur Verbindung derselben mit der Elbe und Oder angelegten Canäle wesentlich erleichtert, zumal sich an sehr vielen in deren Nähe gelegenen Stellen brauchbare Thone vorfinden. Die Eisenbahnen schaffen nur einen verschwindend kleinen Theil des Materials heran und beschränken sich meist auf die besseren Sorten sowie auf die Zuführung von porösen Voll- und Lochsteinen, die für den Berliner Bedarf hauptsächlich in der Gegend von Bitterfeld und Senftenberg hergestellt werden und einen kostspieligeren Transport vertragen können.

Wenn man von den feuerfesten Erden und der Braunkohlenformation der Mark, der Lausitz und der Provinz Sachsen absieht, so ist nirgends in nennenswerthen Lagern der fette plastische, eigentliche Töpferthon vorhanden, welcher einen zur Verblendung geeigneten Stein ergiebt; nur die Rathenower Erde kommt ihm nahe und wird auch von einigen Ziegeleien, wie von Witte & Co. in Bützer und der märkischen Ziegel- und Thonwaarenfabrik in Premnitz bei Rathenow, zur Herstellung von Vollverblendern durch Handstrich benutzt. Damit sind z. B. das Eisenbahn-Directionsgebäude am Schöneberger Ufer sowie viele Villen im Grunewald bekleidet.

Zu den satt und warm gefärbten Verblendern traten seit etwa 15 Jahren solche in sandsteinfarbenem Ton; um die Fabrikation dieses Materials haben sich besonders die Werke von Fried. Hoffmann in Siegersdorf und Villeroy & Boch in Merzig verdient gemacht. Von ersteren sind unter andern die Verblend- und Formsteine für die Flügelbauten des Naturhistorischen Museums in der Invalidenstrafse, von letzteren die Terracotten für das Hauptgesims des Anbaues der Reichsbank am Hausvoigteiplatz geliefert worden.

Ganz neuerdings werden aufser den nur 6,50 cm starken Verblendsteinen auch solche hergestellt, die eine Ansichtsfläche von etwa 14 cm Höhe und 25 cm Breite haben. Die ersten gröfseren Bauten, welche mit solchen zwei Schichten hohen Ziegeln in Berlin ausgeführt wurden, sind einige Geschäftshäuser in der Rosenstrafse. Die betreffenden Verblender lieferte das Hoffmann'sche Werk in Siegersdorf.

Nach der Güte kann man die in Berlin zur Verwendung kommenden Ziegel in vier Gruppen zusammenfassen: 1. Gewöhnliche Hintermauerungssteine; 2. Klinker aus gelb brennendem, kalkhaltigem Thon (Birkenwerder Verblendklinker); 3. Klinker aus rothbrennen-

I. Die Baustoffe. 419

dem, eisenhaltigem Thon (Rathenower Steine) und 4. die eigentlichen Verblendklinker aus Braunkohlenthonen.

1. **Die gewöhnlichen Hintermauerungsziegel.** Vielleicht 30% des gesamten Bedarfs werden in der Umgegend von Berlin angefertigt und zwar, wie schon oben gesagt, an oder nahe den nach Berlin führenden Wasserstrafsen.

2. **Die Klinker aus gelb brennendem, kalkhaltigem Thon.** Im grofsen und ganzen dient für diese Ziegel dasselbe Material wie für die vorhergenannten Hintermauerungssteine; dasselbe wird nur sorgfältiger vorbereitet. Die Hauptfabrikationsstätte dieser Art von Ziegeln ist die Umgend von Birkenwerder, welchem Umstand sie auch ihren Namen „Birkenwerder Verblendsteine" verdanken.

3. **Die Rathenower Ziegel.** Dieselben stammen aus der Nähe von Rathenow und der unteren Havel und zeichnen sich durch eine hochrothe Farbe aus.

Tabelle I.
Ein- und Ausfuhr von Ziegelsteinen auf dem Wasserwege nach Berlin in Tonnen à 1000 kg.

Jahr	Einfuhr		Ausfuhr		In Berlin entladen
	zu Berg	zu Thal	zu Berg	zu Thal	
1875	1 192 252	317 186	—	—	1 509 438
1876	999 638	322 084	—	—	1 321 722
1877	1 082 403	339 363	—	—	1 421 766
1878	938 424	260 509	—	—	1 198 933
1879	640 499	218 246	—	—	858 745
1880	954 529	263 042	—	—	1 217 571
1881	950 000	284 476	10 000	8 000	1 266 476
1882	800 151	271 210	13 873	4 141	1 053 347
1883	877 042	312 808	2 345	9 265	1 178 240
1884	902 098	350 932	1 713	5 650	1 245 667
1885	1 017 242	406 692	2 036	5 288	1 416 610
1886	1 190 018	473 095	1 031	6 464	1 655 628
1887	1 436 114	548 133	1 118	6 858	1 976 271
1888	1 443 446	577 252	3 294	7 958	2 009 446
1889	1 531 078	584 485	2 534	9 404	2 103 625
1890	1 355 584	525 260	2 374	9 658	1 868 812
1891	1 366 184	607 761	1 959	7 820	1 964 166
1892	1 108 991	507 632	1 753	7 826	1 607 044
1893	1 192 052	484 164	1 905	15 140	1 659 171
1894	1 127 394	443 699	4 458	22 878	1 543 757
1895	1 268 177	467 206	3 571	28 217	1 703 595

Ueber die Herstellung dieser drei Arten von Ziegeln sind in Abschnitt F unter „Die Ziegel- und Thonwaaren-Fabrikation" die nöthigen Mittheilungen gemacht. Es erübrigt hier nur noch, einige statistische Angaben über Verbrauch und Preis derselben zu geben. Die Gröfse der Ziegeleien ist eine sehr verschiedene; die Jahresleistung derselben schwankt, abgesehen von kleinen unbedeutenden Werken, zwischen 2—3 und 20—30 Millionen. Die Gesamtleistung aller nach Berlin liefernden Ziegeleien ist auf etwa 150 Millionen für das Jahr zu schätzen; hiervon dürfte etwa die Hälfte durch Verkauf nach gröfseren Absatzgebieten aufserhalb Berlins verbraucht werden, während die andere Hälfte in Berlin und seinen Vororten Verwendung findet. Ueber diese Einfuhr und den Verbrauch von Ziegeln in Berlin liegen zwar keine genauen Angaben vor, weil eine Steuer darauf oder auf Baumaterialien überhaupt, wie sie an anderen Orten entrichtet werden mufs, hier gänzlich unbekannt ist; es kann aber doch aus den Nachweisen des Hauptsteueramts über die für Schiffsfrachten erhobenen Abgaben mit ziemlicher Sicherheit der Verbrauch berechnet werden. In vorstehender Tabelle I sind die auf dem Wasserwege ein- und ausgeführten Ziegelsteine und Thonwaaren in Tonnen zu 1000 kg summarisch angegeben.

Aufser zu Wasser findet aber, wie bereits erwähnt, auch mittels der Eisenbahn eine Anfuhr von Mauersteinen statt, wenn dieselbe auch viel geringer ist, als erstere. Nachstehende Tabelle II enthält eine Zusammenstellung der wahrscheinlich auf diesem Wege nach Berlin gelieferten Ziegel, wobei angenommen ist, dafs das Durchschnittsgewicht eines derselben $3^1/_3$ kg beträgt und dafs die Zufuhr durch Eisenbahn etwa den zehnten Theil der Wasseranfuhr beträgt. Beide Annahmen sind zwar nicht ganz genau; da aber einerseits in den in Tabelle I angegebenen Zahlen auch die übrigen auf dem Wasserwege eingeführten Thonwaaren, namentlich Thonröhren mit enthalten sind, und anderseits die Zufuhren auf der Eisenbahn sehr schwanken — in denjenigen Jahren, in denen ein starker Bedarf an Ziegeln vorhanden ist, ist sie natürlich gröfser —, so werden die Annahmen doch für den Vergleich genügen. Die in der Tabelle angegebenen Preise beziehen sich auf gewöhnliche Hintermauerungssteine; die Preise für gewöhnliche Klinker sind etwa 20—30%, die für gute Rathenower Hintermauerungsklinker 50—60%, die für Rathenower und Birkenwerder Verblendklinker 100—200% höher. Für die besseren Verblendklinker werden die verschiedensten Preise gezahlt, je nach Farbe, Qualität usw. Der Preis eines Tausend der besten 4/4 Verblendsteine betrug in den letzten Jahren durchschnittlich 100—150 ℳ, wobei allerdings vorausgesetzt ist, dafs das Material nicht mit Metalloxyden oder dergleichen versetzt und dafs der Stein nicht mit einer Engobe oder Glasur versehen war.

Tabelle II.
Zahl der durch die Eisenbahn nach Berlin gelieferter Ziegelsteine und Durchschnittspreise der gewöhnlichen Hintermauerungssteine.

Jahr	Verbrauchte Ziegel in Millionen	Preis in Mark per Mille	Jahr	Verbrauchte Ziegel in Millionen	Preis in Mark per Mille
1840—48	—	30	1882	343	22,00
1848—49	—	24—36	1883	389	22,00
1863	—	42	1884	411	23,50
1864	—	20	1885	467	27,00
1870	—	24—27	1886	546	29,50
1873 i. Frühjahr	} 550	60—70	1887	652	35,00
1873 i. Herbst		36—45	1888	663	29,00
1874	—	33—43	1889	694	33,00
1875	498	36,50	1890	616	26,50
1876	436	31,50	1891	648	24,50
1877	469	27,50	1892	530	24,00
1878	396	23,50	1893	548	19,50
1879	283	20,00	1894	509	18,50
1880	402	20,50	1895	562	20,00
1881	418	23,50	—	—	—

4. Die Verblendsteine. Wie bereits bemerkt, erhält Berlin seine besseren Verblendsteine aus ziemlicher Entfernung. Die erste Fabrik, die sich mit der Anfertigung beschäftigte, war die von A. Augustin in Lauban, und zwar war das Rathhaus der erste grofse Bau, der sich dieser schlesischen Verblendsteine bediente. Es ist hier natürlich nicht möglich, alle die Gebäude aufzuzählen, welche mit Verblendziegeln bekleidet wurden; es sollen nur die wichtigsten und solche genannt werden, die ein besonderes Interesse verdienen. So seien von den Bauten, zu welchen die von A. Augustin gegründete Ziegelei und die aus derselben hervorgegangenen Laubaner Thonwerke das Verblendmaterial geliefert haben, noch genannt: die Königliche Kriegs-Akademie in der Dorotheenstrafse, die vereinigten physikalischen Lehranstalten der Universität in der Dorotheenstrafse und Neuen Wilhelmstrafse und zum Theil die Baulichkeiten der Technischen Hochschule. Aufser dieser ältesten schlesischen Fabrik kommen für Berlin noch einige andere dort gelegene in Betracht, von denen zunächst die Thonwaaren- und Kunstziegelei von J. Hersel in Ullersdorf bei Naumburg a. Queis zu nennen ist, die im Jahre 1876 die Verblendsteine für die Sophienschule und den Erweiterungsbau des Generalstabsgebäudes, in späteren Jahren noch die für den Umbau der Jerusalemer Kirche usw. angefertigt hat. Gröfsere Lieferungen, namentlich für Kirchenbauten, sind von G. Bienwald & Rother in Liegnitz ausgeführt worden,

I. Die Baustoffe.

darunter die für die Heilige Kreuz- und für die Lutherkirche. Das Material der Werke in Nieder-Ullersdorf bei Hansdorf (Regierungsbezirk Liegnitz) wurde aufser zu verschiedenen sonstigen Schulbauten besonders für das Realgymnasium zu Charlottenburg benutzt; die Siegersdorfer Werke vorm. Fried. Hoffmann endlich, die gröfste niederschlesische Verblendsteinfabrik, waren Lieferanten für zahlreiche Casernenbauten und für die oben schon erwähnten Geschäftshäuser in der Rosenstrafse, für das Naturhistorische Museum und viele andere Privat- und öffentliche Gebäude, dann auch für die Kaiser-Friedrich-Gedächtnifs- und die St. Georgen-Kirche.

Aufser den vorstehend genannten seien auch noch einige mittel- und oberschlesische Fabriken, nämlich die von H. Wagner in Vorstadt Glatz und die Giesmannsdorfer Fabriken, E. v. Falkenhausen & Friedenthal in Friedenthal-Giesmannsdorf, vormals Tschauschwitzer Werke, angeführt; letztere hatten in früheren Jahren einen sehr grofsen Absatz in Berlin, können jetzt jedoch nicht mehr gut mit den näher liegenden Verblendsteinwerken in Wettbewerb treten. Aus der Reihe der älteren hierher gehörigen Bauten sind vor allem zu nennen: das Reichsbankgebäude und das städtische Krankenhaus am Friedrichshain.

Von den sächsischen Verblendsteinziegeleien haben die vereinigten Splauer und Dommitzscher Thonwerke A.-G. in Dommitzsch a. d. Elbe unter anderm die Steine für verschiedene Markthallen und die Idiotenanstalt in Dalldorf, die Verblendsteinwerke von E. Kretschmann in Borsdorf bei Leipzig die Verblendung für das städtische Krankenhaus am Urban geliefert. Die bedeutendste dieser sächsischen Fabriken sind die Greppiner Werke in Greppin bei Bitterfeld. Aufser den Empfangsgebäuden der Anhalter und Potsdamer Bahn, welche mit deren Erzeugnissen bekleidet wurden, seien hier nur noch die Universitätsbibliothek und das Ascanische Gymnasium erwähnt.

Zum Schlusse wäre nur noch der Verblendsteinziegeleien von Philipp Holzmann & Co. in Gehespitz und Hainstadt bei Frankfurt zu gedenken, die aufser für verschiedene Privathäuser die Verblendung der Gartenfaçade des Teltower Kreishauses übernommen hatten.

Mit der Verwendung der einfachen Verblendsteine hat die der Formsteine und Terracotten nicht gleichen Schritt gehalten, obgleich einzelne der älteren Gebäude, wie die Kaisergalerie, das Kunstgewerbemuseum, die Kriegs-Akademie, zeigen, zu welcher hohen Stufe der Kunstfertigkeit dieser Fabrikationszweig hauptsächlich durch die Verdienste der ausgezeichneten Fabrik von E. March Söhne in Charlottenburg gelangt ist. Doch auch der gröfste Theil der übrigen bereits genannten Werke schlofs sich den Bestrebungen dieser Firma an, sodafs es auch mehrfarbige Terracotten herzustellen gelang, wie an dem Friedenthal'schen Hause in der Lennéstrafse, dem Patzenhofer'schen Bierpalast in der Friedrichstrafse, dem Gräfe-Denkmal usw. Eine der glanzvollsten Leistungen dieser Art ist die Verkleidung des maurischen Hofes in dem Hause Unter den Linden 27 mit reichfarbigen, plastisch verzierten und glasirten Formsteinen aus der bekannten Fabrik von Villeroy & Boch in Merzig.

Glasirte Thonröhren. Den grofsen Bedarf an Thonröhren für Canalisationszwecke deckt Berlin jetzt fast ausschliefslich aus heimischen Fabriken, unter denen besonders die ausgedehnten Anlagen in der Umgegend von Bitterfeld, die bereits genannten Dommitzscher und Splauer Thonwerke, ferner die schlesischen in der Gegend von Bunzlau und in Münsterberg, sowie endlich die Fabrik zu Friedrichsfeld in Baden anzuführen sind.

Fufsboden- und Wandbekleidungsfliesen. Die einfachen Fufsbodenfliesen, wie sie früher, z. B. in den Ziegeleien von Rathenow, hergestellt wurden, sind jetzt durchweg von den sogen. Mettlacher Platten, das sind trocken geprefste, in der Masse gefärbte, scharf gebrannte Thonplatten, verdrängt. Lieferanten sind aufser der schon genannten Firma Villeroy & Boch in Mettlach eine ganze Anzahl von Fabriken in Saarbrücken, Sinzig, Magdeburg, Deutsch-Lissa usw. Bei den zu Wandbekleidungszwecken brauchbaren Fliesen erfolgt die Verzierung nach einem ersten Brande durch Bemalung. Die Farben, die theils durch Druck, theils durch Aufschablonirung aufgetragen werden, müssen darauf in Muffelöfen eingebrannt werden. Derartige Platten bezieht Berlin theils aus Deutschland, z. B. von Villeroy & Boch in Dresden, theils immer noch aus England. In gleicher Weise angefertigte Porzellanplatten, bei denen die Aufmalung jedoch nicht mechanisch, sondern durch Künstlerhand geschieht, werden, allerdings zu entsprechend hohem Preise, von der Königlichen

Porzellanmanufactur in Berlin-Charlottenburg, aber auch von der schon genannten Fabrik von Villeroy & Boch in Dresden gefertigt, aus der unter anderm die Wandgemälde für das Antilopenhaus im Zoologischen Garten stammen.

Die Kachelöfen. Die Fabrikation von Kachelöfen und Kaminen ist in Berlin eine alt-heimische; während jedoch früher nur der rein weiſse Ofen beliebt war, wird seit mehreren Jahren für bessere Bauten mehr der farbige Ofen, der sogen. altdeutsche, bevorzugt. Der groſse Fortschritt, welchen dieser Zweig der keramischen Industrie, namentlich in der Herstellung von farbigen Glasuren aufzuweisen hat, ermöglicht es, daſs jeder Wunsch der Architekten in Bezug auf Farbe und Decoration erfüllt werden kann. Die Kachelöfen werden daher jetzt von den einfachsten einfarbigen Sorten bis zu den reichsten Prunkkaminen hergestellt. Der Hauptort für ihre Herstellung in der Mark ist die kleine Töpferstadt Velten, wo sich etwa 35 Werkstätten mit Anfertigung von solchen Oefen befassen. Nebenbei giebt es in Berlin selbst einige Ofenfabriken, sowie eine solche in dem nahen Hennigsdorf. Doch auch von auswärts sucht man den groſsen Berliner Bedarf an besseren Oefen zu decken. Von solchen Fabriken sind zu nennen: die Ofenfabrik der Magdeburger Bau- und Creditbank, vormals Duvignau, in Magdeburg, die von Hausleiter & Eisenbeis in Nürnberg, von Villeroy & Boch in Mettlach usw.

2. Kunststeine, Cementguſs und Concret, Stuck.

Die Herstellung von Kunststein zum Ersatz des theueren Sandsteins hat bisher keine groſse Ausdehnung gewonnen. Die älteste derartige Fabrik ist die von Schulz & Co. in Schönweide bei Köpenick. Dieselbe fertigt nicht nur Quadern, sondern auch reichere groſse Architekturstücke in verschiedenen Sandsteintönen unter Benutzung von Cement, besonders aber auch Treppenstufen, welche bei Brandproben eine bessere Haltbarkeit als solche von Granit bewiesen haben. In neuerer Zeit liefern noch andere Fabriken ähnliche Erzeugnisse, die sich von denen der obigen Firma hauptsächlich durch schöntönende Namen unterscheiden. Was die Wetterbeständigkeit anbelangt, so haben sich einige Bauten, z. B. das Haus von Delbrück, Leo & Co., Ecke der Kaiserhof- und Mauerstraſse, sehr gut, andere jedoch weniger bewährt.

Seit einigen Jahren wird der sogen. Hydro-Sandstein der Firma Zeyer & Co. als Surrogat für Sandstein benutzt. Derselbe besteht aus Kalkmörtel, der zunächst in Form von Quadern und Ornamenten gebracht, dann aber noch in Wasser gekocht wird, welches bis zu einer Temperatur von 100° erhitzt ist. Der Stein erreicht infolge dessen nach dem Trocknen einen Härtegrad, welcher dem eines weichen Sandsteins gleichkommt. Davon hergestellte Bauten liegen z. B. in der Leipziger Straſse 19 und 111, Chausseestraſse 19 usw. Die anfangs der siebziger Jahre seitens einer Actiengesellschaft in Rummelsburg aus Cementconcret hergestellten Bauten haben keine weitere Nachahmung gefunden.

Der Gipsstuck wurde seit den Zeiten der Renaissance in Berlin leider in ausgedehnter Weise angewendet, am meisten aber in der ersten Hälfte und der Mitte dieses Jahrhunderts, sodaſs sogar nicht wenige Meisterwerke der Bildhauerkunst, wie die Giebelreliefs am Opern- und Schauspielhause und an anderen Gebäuden, in diesem ärmlichen Ersatzstoff ihre Verkörperung gefunden haben. Seine groſse Wohlfeilheit neben der Bequemlichkeit in der Herstellung ist vorzugsweise schuld an der Ueberladung mit bedeutungslosem Schmuck, welche die Bauwerke der letzten Jahrzehnte kennzeichnet. Nur bei öffentlichen und den besseren Privatbauten ist er durch Haustein und Terracotten vom Aeuſsern der Gebäude verdrängt worden. — Desto reichlicher dagegen wird er im Innern verwendet zur Herstellung reicher Decken, sowie zur Bekleidung von Wänden, Säulen usw. als Stuckmarmor und Stucco lustro. Es wird in dieser Beziehung Auſserordentliches geleistet und es verdienen namentlich die Arbeiten des Italieners Detoma, jetzt Axeric & Bartucci, vollste Anerkennung. Vielleicht ist der sogen. Heliolith der Firma A. Müller, ein Putz, der, auf einen rauhen Grundputz aufgetragen, durch bloſses Ueberstreichen mit einem stählernen Reibebrett einen schönen Glanz erhält, infolge seiner gröſseren Billigkeit bestimmt, dem Stucco lustro erhebliche Concurrenz zu machen.

C. Dachdeckungsmaterialien.

Die Dachdeckungsmaterialien müfsten eigentlich gesondert unter den übrigen, also den Ziegeln, Metallen usw. behandelt werden. Der Uebersichtlichkeit wegen mag hier jedoch eine Zusammenstellung derselben folgen.

Dachziegel. Die gewöhnlichen Dachziegel, Biberschwänze, wurden in früherer Zeit nur in der Gegend von Rathenow angefertigt. In neuerer Zeit ist die Lausitz in erfolgreiche Concurrenz getreten, zumal der dort gewonnene Thon die Ziegel dünner herzustellen gestattet, ohne dafs ihre Wetterbeständigkeit und Wasserundurchlässigkeit darunter leiden. Die bedeutendsten derartigen Fabriken der Lausitz, sowohl für gewöhnliche als auch für glasirte Waare, sind die schlesischen Dachziegelfabriken von Gebrüder Sturm in Freiwaldau (Bezirk Liegnitz), von Voigt & Kretzner in Kunzendorf bei Sorau und G. Seidel in Fischwasser bei Dobrilugk.

Während vor 10—20 Jahren die Eindeckung mit Zinkblech bevorzugt wurde, wird heute mit Recht wieder mehr Werth auf die alte Eindeckungsart mit Dachziegeln gelegt und daher ist es erklärlich, dafs jetzt auch Falzziegel viel mehr verwendet werden, und zwar sowohl die in Einzelformen geprefsten sogen. französischen Falzziegel, als auch die Strangfalzziegel, wie sie z. B. F. Benekendorff in Freienwalde anfertigt. Französische Falzziegel werden weit her nach Berlin, besonders für die zahlreichen Kirchenbauten, versandt, z. B. von C. Ludowici in Jockgrimm (Rheinpfalz), von den Siegersdorfer Werken vorm. Fried. Hoffmann in Siegersdorf, von Bienwald & Rother in Liegnitz, von der Möncheberger Gewerkschaft in Kassel, den vereinigten Speyerer Ziegelwerken in Speyer u. a. m.

Schiefer ist seit 50—60 Jahren eingebürgert und besonders bei besseren Bauten beliebt. Während früher fast ausschliefslich englischer Schiefer in rechteckigen Tafeln angewendet wurde, begünstigt man jetzt wieder das heimische Material, welches sich z. B. in vorzüglicher Güte bei Lehesten im Herzogthum Meiningen vorfindet. Auch die gute, alte deutsche Deckart kommt hierbei wieder zu ihrem Recht.

Kupfer-, Blei- und Schwarzblech sind stets nur ausnahmsweise verwendet, am meisten noch das Kupfer bei Monumentalbauten aus früherer Zeit. Von neueren Gebäuden sind das Alte und Neue Museum, sowie die Kuppel der Schlofskapelle und der Hedwigskirche damit gedeckt. Eisenblech findet sich als Deckmaterial nur gewellt und bombirt, gegen die Witterungseinflüsse aber durch Verzinkung geschützt bei untergeordneten Bauten, Schuppen, Fabrikgebäuden usw. vor.

Zinkblech ist durch die flachen Dächer der Schinkel'schen Gebäude in den dreifsiger Jahren eingeführt und lange beliebt gewesen, wird aber jetzt seltener zur Eindeckung gewählt, weil es durch den Rufs und die Rauchgase der grofsen Stadt zu sehr angegriffen wird. Die Schwierigkeit, die grofse Ausdehnung des Zinkblechs in der Sonnenhitze unschädlich zu machen, hat zur Entstehung zahlreicher Deckungsarten geführt. Eine Zeit lang galt die Deckung mit gewelltem Zinkblech als allein zweckmäfsig, doch ist man davon wieder zurückgekommen, und es wird jetzt vorzugsweise glattes Blech mit Leisten und aufgeschobenen Deckeln verwendet. Die hauptsächlichsten Bezugsquellen für Zink sind die schlesischen und demnächst die belgischen Hütten.

Dachpappe erfreut sich jetzt einer grofsen Beliebtheit und bildet unter dem Namen „Asphaltpappe" für die gewöhnlichen Bedürfnifsbauten, namentlich Fabriken, Speicher usw. fast das ausschliefsliche Deckmaterial. Dementsprechend ist die Zahl der Fabriken, welche sich mit ihrer Herstellung beschäftigen, sehr grofs.

Holzcement. Derselbe wurde zuerst in den vierziger Jahren in Schlesien gefertigt, ist seitdem in Berlin eingeführt und seit 30 Jahren immer mehr in Aufnahme gekommen, da die flache Neigung der Dächer die Ausnutzung des Bodenraums sehr begünstigt. Besonders war er zu jener Zeit fast unentbehrlich, als es noch baupolizeilich gestattet war, den nach den Höfen zu gelegenen Häusern eine von der Strafsenfront unabhängige, gröfsere Höhe zu geben. Es wurden mit Hülfe des flachen Holzcementdaches dort noch Wohnungen mit lothrechten Frontmauern eingerichtet, wo nach der Strafse zu höchstens die Anlage von

Mansardenwohnungen möglich war. Die Dachdeckung bewährt sich bei sorgfältiger Ausführung vorzüglich und giebt nur der Feuerwehr zu Klagen Anlafs, weil ihre Dichtheit dem Rauche keinen Abzug gestattet und deshalb den Angriff auf den eigentlichen Brandherd sehr erschwert.

D. Bauholz.

Kiefernholz. In Bezug auf Bauhölzer ist Berlin wesentlich günstiger gestellt, als hinsichtlich der Bausteine, da die im ganzen mäfsige Beschaffenheit des Bodens in der Mark Brandenburg und den angrenzenden Provinzen Veranlassung zur Erhaltung ausgedehnter Waldungen gegeben hat, welche namentlich Kiefern- oder Kiehnenholz in grofser Menge hervorbringen. Dasselbe ist meist langsam gewachsen und daher von ausgezeichneter Güte. Es ist leicht zu bearbeiten und dabei aufserordentlich fest, namentlich auch von grofser Druckfestigkeit, und wegen seines Harzgehalts sehr wetterbeständig, weshalb es auch im Freien unbeanstandet verwendet werden kann. Es bildet fast das ausschliefsliche Bauholz, sodafs selbst die Herstellung äufserer Fenster von Eichenholz ein ungewöhnlicher Luxus ist und meist nur Sprossen und Wasserschenkel daraus gefertigt werden, alles Uebrige aber von Kiefernholz. Ein fast ebenso gutes Kiefernholz und meist in noch bedeutenderen Abmessungen liefern die Provinz Posen und das Königreich Polen. Dasselbe wird auf der Netze und Warthe durch die Oder nach Berlin geflöfst, doch auch von den zahlreichen Schneidemühlen jener Gegend, welche das Holz aufarbeiten, mit der Eisenbahn nach Berlin geschafft. Aber selbst Skandinavien und Amerika betheiligen sich an der Einfuhr von Bauhölzern, letzteres besonders durch sein yellow pine, welches, von der Besen- oder Gelbkiefer, pinus australis, stammend, sich durch seine aufserordentliche Astreinheit auszeichnet und besonders für Tischlerarbeiten geeignet ist.

Tannen- und Fichtenholz. (Weifs- oder Edeltanne und gemeine Fichte oder Rothtanne.) Dasselbe wird als ein wohlfeiler, aber sehr unvollkommener Ersatz des vorigen Holzes für untergeordnete Zwecke vereinzelt aus Sachsen und Böhmen bezogen.

Eichenholz verwendet man, mit Ausnahme von Fenstern und Thüren, fast nur zu Luxusarbeiten, wobei seine Textur zur Geltung kommen soll. Es wird sowohl zu Wasser (aus Polen) wie mit der Eisenbahn aus allen Gegenden um Berlin herangeschafft, am meisten vielleicht aus dem Anhaltischen und aus Mecklenburg, doch auch aus Ungarn.

Buchenholz wurde bisher als werthlos für Bauzwecke erachtet. Erst in neuerer Zeit werden seitens des Hof-Zimmermeisters Hetzer in Weimar Fufsböden hergestellt, welche sich so haltbar erwiesen haben, dafs sie vielfach sogar für Casernenbauten benutzt werden. Es sei erwähnt, dafs an der Einfuhr von Luxushölzern für Möbel sich jetzt auch die deutschen Colonien, z. B. Neu-Guinea, zu betheiligen beginnen.

E. Metalle.

Eisen. Berlin ist ein Hauptsitz der Eisentechnik und Maschinenfabrikation. Anfänglich wurde, namentlich seit Gründung der Königlichen Eisengiefserei (1802), Gufseisen zu Constructionen, sowie zu verzierten Architekturtheilen verwendet, doch ist dies jetzt fast gänzlich vom Schmiedeeisen verdrängt worden. Letzteres wird als Walzeisen vornehmlich aus Westfalen und dem Rheinlande, weniger aus Oberschlesien und Lothringen bezogen. Allerdings betheiligen sich auch auswärtige Fabriken aufserordentlich viel an der Herstellung von allerhand Eisenconstructionen für Berliner Bauten, zumal sie durch ihre billigeren Arbeitslöhne leistungsfähiger sind, als die hiesigen. Dies ist auch der Grund, dafs grofse Fabriken nach auswärts, wie z. B. die Borsig'sche nach Oberschlesien, verlegt worden sind. Andere der alten berühmten Fabriken, wie z. B. die Wöhlert'sche und die Egels'sche, sind gänzlich eingegangen. Einen ungewöhnlichen Aufschwung hat die Drahtflechtindustrie durch die Erfindung der Rabitzwände genommen, welche jetzt, zumal seit das Patent erloschen ist und diese Wände sich als feuersicher und billig erwiesen haben, allgemein als Scheidewände benutzt werden.

I. Die Baustoffe.

Kupfer wird, wie bereits auf S. 423 bemerkt, wenig für Bauzwecke verwendet, am meisten noch für Heizungsanlagen, Badewannen und dergleichen.

Zink wurde lange Zeit hindurch als Gufszink und in geringerem Mafse als getriebene Arbeit mit Vorliebe zur Herstellung von Architekturformen und Bildwerken gebraucht und ist für die Berliner Schule einer gewissen Periode geradezu charakteristisch. Selbst Schinkel mufste in Ermangelung von etwas Besserem das Zink als ein hochwichtiges Material bezeichnen. Es wurde zunächst für durchbrochene Arbeiten, Simen, Akroterien, Attiken, sowie als Ersatz des Gufseisens, wo dieses zu schwer wurde, oder des Steins zu Balconbekleidungen, Geländern, Säulenkapitellen, auch zu ganzen Säulen, sowie zu allen Arten von Bildwerken verwendet, immer aber mit Oelfarbe wie Stein angestrichen, bronzirt oder vergoldet. In neuerer Zeit ist mit den Ersatzstoffen überhaupt auch das Zink etwas in Verruf gekommen und wird für eigentliche architektonische Zwecke weniger benutzt, dagegen ist für dasselbe noch immer ein ergiebiges Feld in der Kunstindustrie an Stelle der kostspieligen Bronze.

Bronze, Gelb- und Rothgufs finden im Bauwesen aufser zu Beschlägen nur vereinzelte Anwendung, desto mehr aber in der Kunstindustrie.

F. Verbindungs- und Neben-Materialien.

Kalk. Denselben lieferten bis vor etwa 25 Jahren fast ausschliefslich die Rüdersdorfer Kalkberge, über welche oben bei den Bausteinen ausführlich berichtet ist. Der Stein giebt einen mittelfetten, nicht hydraulischen Kalk, zum Mauern und zum Putzen gleich gut geeignet, welcher mit Sand im Verhältnifs von 1:2 bis 1:2½ gemischt wird. Aus 1 hl gebranntem Kalk im Gewicht von 80 kg werden ca. 0,19 cbm derben Kalkbreies gewonnen.

Seit etwa 25 Jahren werden jedoch auch von fernher, namentlich aus Gogolin bei Oppeln, aus Glöthe im Regierungsbezirk Magdeburg, aus Setzdorf in Mähren usw. gebrannte Kalke eingeführt, welche, obgleich der Preis ein höherer als der des Rüdersdorfer ist, doch infolge ihrer gröfseren Ergiebigkeit sehr wohl mit ihm in Wettbewerb treten können.

Bei kleineren Bauten hat man überhaupt darauf verzichtet, den Mörtel selbst zu bereiten, da die vereinigten Berliner Mörtelwerke ein billiges und brauchbares Material liefern, welches in fertigem Zustande den Bauten zugefahren wird. Bei der gewöhnlichen Beschränktheit der Bauplätze hat dies viel Verlockendes, auch bei öffentlichen Bauten wird nicht selten davon Gebrauch gemacht.

Die Mörtelfabriken liegen an den Spreeufern, sodafs Kalk und Sand zu Wasser herangeschafft werden kann. Auch der fertige Mörtel wird vielfach zunächst auf Kähnen nach entfernteren Stadtgegenden, nach dem Hafenplatz, dem Humboldthafen usw. verladen und von dort aus erst weiter in besonders für diesen Zweck construirten eisernen Wagen von 2 cbm Inhalt nach den verschiedenen Bauplätzen abgefahren.

Cement wird sowohl zu Wasserbauten wie für Zwecke des Hochbaus von Jahr zu Jahr in gröfseren Mengen verwendet und von ganz Norddeutschland her bezogen. Besonders ist es jedoch die seit dem Jahre 1885 in Rüdersdorf bestehende Portland-Cement-Fabrik, welche hauptsächlich auf den Absatz nach Berlin und dessen Umgegend angewiesen ist. Dieselbe gebraucht zu der Cementfabrikation den Wellenkalk, die unterste Lage des Rüdersdorfer Kalkes, gemischt mit Thon, der theils dem Diluvium entstammt, theils Septarienthon ist. Im Jahre 1895 hatte diese Fabrik eine Leistung von 325 000 Fafs zu 180 kg. Eine andere, in der Nähe von Berlin gelegene Cementfabrik, die Adler-Cement-Fabrik in Zossen, kann sich nicht eines ähnlichen Umsatzes erfreuen und ist schon deshalb in schwieriger Lage, weil sie das zur Fabrikation nöthige Material von weit her heranschaffen mufs. Die Cementfabrik von Wildau am Werbellinsee, welche früher eine gute Waare herstellte und dann von der Zossener Fabrik angekauft wurde, ist seit einigen Jahren eingegangen. Das Gleiche ist mit der Hermsdorfer Fabrik der Fall.

Hydraulischer Kalk ist in früherer Zeit vielfach verwendet, jedoch mehr und mehr durch den Cement verdrängt worden. Nur zum Versetzen von Sandsteinen wird er noch vielfach benutzt und dann aus Beckum und Recklinghausen in Westfalen bezogen. Allerdings wird auch von der Rüdersdorfer Cementfabrik ein künstlicher Wasserkalk hergestellt, welcher in Säcken zum Versand kommt und dem natürlichen erheblichen Abbruch thut.

Gips wird theils aus dem Harz, theils aus Lübtheen in Mecklenburg, theils, und zwar neuerdings fast ausschliefslich, von Sperenberg bei Zossen (30 km von Berlin) eingeführt, fast immer aber in Berlin gebrannt und gemahlen. Er wird in gröfsten Massen zur Herstellung von Stuck, als Zusatz zum Rohrputz und zum Ziehen reicher Gesimse, sowie zur Herstellung von Stuckmarmor gebraucht. Reiner Gipsputz oder Gipsestrich sind im allgemeinen nicht üblich. Die Güte und dem entsprechend auch der Preis des Gipses ist aufserordentlich verschieden. Der Verkauf im grofsen geschieht nach Säcken, wobei 75 kg = 1 Sack (von 1 hl) gerechnet werden.

Lehm wird in ungebranntem Zustande als Baumaterial nur zum Uebertragen der Deckenstakungen, sowie zum Mauern von Feuerungsanlagen verwendet, für welche Zwecke er in genügender Güte und reichlicher Menge vorhanden ist. Für andere Zwecke ist er zu sandig. Deshalb kommen Lehmpisébauten und Luftsteine oder Lehmpatzen selbst auf dem Lande um Berlin nur wenig vor. Für die Stadt Berlin ist ihre Anwendung polizeilich nicht gestattet.

Sand und Kies. Obwohl Berlin oft als „Sandbüchse" bezeichnet wird, fehlt es doch in seiner Umgebung an wirklich gutem, d. h. reinem und scharfem Mauersande. Namentlich liefern die oberen Schichten nur einen feinen und weichen, wenig brauchbaren Sand; in gröfserer Tiefe findet sich allerdings gröberer Sand, der aber selten frei von Lehmtheilen und fast immer von sehr ungleichem Korn ist, sodafs er gesiebt werden mufs. Ein besserer Sand kommt von den oberhalb Berlin belegenen Müggelbergen, von wo ihn hauptsächlich die vorher genannten Mörtelwerke für ihren Gebrauch heranschaffen.

Noch gröfser ist in der Umgegend von Berlin der Mangel an wirklichem grobem Kies, wie derselbe zum Oberbau der Eisenbahnen und zum Pflastern erforderlich ist. Die Eisenbahnen holen denselben aus weiter Entfernung und zu hohen Preisen, beim Pflastern aber behilft man sich mit gröberem Sande. Der gelbe Gartenkies stammt aus der Gegend von Dobrilugk an der Berlin-Dresdener Bahn.

Asphalt. Der in Berlin verwendete Asphalt kommt gröfstentheils von Limmer im Hannoverschen oder vom Val de Travers im Canton Neuenburg, doch auch aus Sicilien und Seyssel in Frankreich. Er wurde bisher hauptsächlich zu Isolirschichten gegen das Aufsteigen der Erdfeuchtigkeit, sowie zu Fufsböden in Durchfahrten, Corridoren, Badestuben, Ställen und zum Belegen der Trottoirs usw. verwendet. Seit etwa 10 Jahren sind jedoch auch Strafsendämme mit gestampftem Asphalt (asphalte comprimé) in so ausgedehnter Weise versehen worden, dafs sich kaum eine andere Grofsstadt Europa's in dieser Beziehung mit Berlin messen kann. Zur Herstellung von Isolirschichten wird mit Vorliebe jetzt die sogenannte Isolirpappe, ein filziges, mit Asphaltpräparaten getränktes Fabrikat, verwendet.

Glas. Dasselbe wird je nach den Sorten aus sehr verschiedenen Quellen bezogen. Das gewöhnliche grüne Glas, welches aber nur wenig gebraucht wird, kommt aus der Provinz Posen, das gewöhnliche halbweifse Glas vorzugsweise aus der Gräflich Solms'schen Glashütte zu Baruth, 55 km von Berlin, zum Theil auch aus Pommern. Die besseren weifsen Glassorten werden aus den Rheinlanden und Westfalen (Witten a. d. Ruhr, Saarbrücken, Bielefeld), aus Schlesien und vielen anderen Gegenden, Spiegelglas, auch Spiegelrohglas und gemustertes Glas zu Oberlichtern und dergl., vorzugsweise aus Stollberg und Burtscheid bei Aachen, und auch aus Schalke in Westfalen zugeführt. Farbiges Glas liefert ebenfalls die Baruther Hütte, aufserdem aber Schalke und Wiesau bei Hannsdorf in Schlesien, wo auch die jetzt so sehr in Aufnahme gekommenen Butzen- und Kathedralgläser in vorzüglicher Güte hergestellt werden.

II. Die Bauconstructionen.[1]

Um eine Uebersicht der im Berliner Bauwesen gebräuchlichen Constructionen zu gewinnen, ist vornehmlich der Aufbau des privaten Wohn- und Geschäftshauses und daneben die Bauanlage von Werkstätten und Lagerräumen ins Auge zu fassen.

Denn lassen schon überall die gewöhnlichen Aufgaben der Baukunst am besten die örtlichen, von Lebensgewohnheiten der Bevölkerung, von haus- und volkswirthschaftlichen Ursachen und von baupolizeilichen Vorschriften bedingten Eigenthümlichkeiten einer Bauweise erkennen, so ist das um so mehr in Berlin der Fall, als hier die Bauordnung vom 15. Januar 1887 auf den Typus der grofsstädtischen Miethscaserne zugeschnitten ist. Infolge eines Stadtbauplanes, der nur breite Verkehrsstrafsen und tiefe Baublocks kennt, mufste auf Bestimmungen Gewicht gelegt werden, die in Wahrnehmung der öffentlichen Gesundheitspflege den ausgedehnten Hinterhäusern einer geschlossenen und hochgetriebenen Bebauung möglichst viel Licht und Luft verschaffen und zum Schutze von Leib und Leben, von Hab und Gut der Insassen vielgeschossigen Gebäuden die nothwendige Stand- und Feuersicherheit verbürgen. Da dieselben hohen Anforderungen aber unterschiedslos bei allen Gebäudegattungen erhoben werden, so ist das Einfamilienhaus, der Bauwich, die Stadtvilla oder anders ausgedrückt das kleine Grundstück, die offene und niedrige Bauweise fast gänzlich aus der Stadt hinaus in die Vororte gedrängt worden, wo sie jetzt innerhalb der bestimmt abgegrenzten, sogen. Landhausbezirke polizeilich geschützt ist. Hat die Bauordnung für die Vororte vom 5. December 1892 auch die Ansprüche an die Baustructur ermäfsigt, so genügt dies doch nicht, um zu viel einfacheren, den Baubedürfnissen der so viel gröfseren Zahl weniger bemittelter Leute, als jetzt da bauen, mehr entgegenkommenden Constructionen zu gelangen. Im übrigen gelten für beide Bauklassen der Vororte abgesehen von einigen, den sogen. Kleinbauten gewährten Erleichterungen ähnliche Vorschriften wie in Berlin und seiner Nachbarstadt Charlottenburg. Die Abstufungen in der Bebauung, die innerhalb der von der Ringbahn eingeschlossenen Gebiete bis zu fünf und in den aufserhalb der Ringbahn liegenden Vororten auf Grundstücken der ersten Bauklasse bis zu vier, auf Grundstücken der zweiten Bauklasse bis zu drei bewohnbaren Geschossen zulässig ist, führen deshalb nur zu weniger wesentlichen Abweichungen in den Bauconstructionen, deren Unterschiede in höherem Mafse vom verfügbaren Baumaterial und auch von den flüssigen Geldmitteln bestimmt werden. Die Gleichartigkeit dieser, einer hohen Bebauung Vorschub leistenden Vorbedingungen läfst in der Structurweise den guten Privatbau kaum von öffentlichen Bauten gewöhnlicher Art unterscheiden und deshalb ist es gerechtfertigt, auch den Aufbau öffentlicher Geschäfts- und Unterrichtshäuser mit in Betracht zu ziehen, zumal unter diesen leichter charakteristische Beispiele zu finden sind. Damit werden die über den Durchschnitt hinausgehenden Constructionen ohne weiteres einbegriffen, sofern sie sich nur schon eine gewisse Geltung verschafft haben oder doch zur weiteren Entwicklung förderlich erscheinen.

---

[1] Mit Benutzung der ersten Auflage von „Berlin und seine Bauten", des „Deutschen Bauhandbuchs", „Baukunde des Architekten", IV. Aufl. 1895, des „Handbuchs der Architektur", Bd. III, 1 und der „Bauconstructionslehre" von Breymann, Bd. III, V. Aufl. 1890. Bearbeitet von Theodor Goecke. Regierungs-Baumeister Goldschmidt hat die Arbeit gütigst durchgesehen.

428   II. Die Bauconstructionen.

Ausgehend von der Gesamtanlage der Bauten, mögen hier die wichtigsten der darauf bezüglichen, zur Zeit gültigen Grundsätze der Baupolizei[1]) vorangeschickt werden:

1. Soll die Bebauung in einer Tiefe von mehr als 30 m von der Bauflucht ab geschehen, so müssen alle hinteren Gebäude einschl. der Seitenflügel vermittelst einer Zufahrt von mindestens 2,30 m lichter Breite oder einer durch die vorliegenden Gebäude geführten Durchfahrt von 2,80 m lichter Höhe und 2,30 m lichter Breite mit der Strafse in Verbindung gebracht und in allen ihren Theilen bis auf eine Entfernung von 20 m, in gerader Linie gemessen, zugänglich gemacht werden. Bei umfangreichen Bauanlagen ist entsprechend den Bestimmungen für Versammlungssäle die Durchfahrt angemessen zu verbreitern; zuweilen wird dann neben dem Wagengleise ein erhöhter Fufsweg angelegt, falls nicht besondere Durchgänge für Fufsgänger vorgezogen werden.

2. Im innern Ringbahngebiete dürfen bisher unbebaute Grundstücke bis auf $^2/_3$, bereits bebaute bis auf $^3/_4$ der Gesamtfläche bebaut bezw. wieder bebaut werden. Im äufsern Vorortgebiete dürfen die Grundstücke, und zwar in der ersten Bauklasse bis auf $^5/_{10}$, in der zweiten Bauklasse bis auf $^4/_{10}$, in den Landhausbezirken bis auf $^3/_{10}$, mit Kleinbauten bis auf $^7/_{10}$, alle Eckgrundstücke um $^1/_{10}$ mehr bebaut werden. Die Bebauung im innern Ringbahngebiete mufs durch Höfe von mindestens 60 qm Bodenfläche, deren geringste Abmessung 6 m beträgt, derart unterbrochen werden, dafs ihre Tiefe nirgends 18 m überschreitet. Nur auf Eckgrundstücken genügen 40 qm für den vordersten Hof bei 6 m geringster Abmessung. Für die aufserhalb liegenden Vororte gelten, je nachdem Seitenflügel, Mittelflügel oder sogen. Quergebäude errichtet werden, wechselnde Vorschriften, die aber sämtlich gemäfs der geringeren Bebauungsfähigkeit der Grundstücke die Belassung wesentlich gröfserer Höfe fordern.

3. Die Gebäude dürfen an der Strafse stets 12 m hoch, darüber hinaus so hoch errichtet werden, als der Abstand zwischen den Strafsenfluchtlinien beträgt, jedoch im Ringbahngebiet nicht höher als 22 m, in den Vororten und zwar in der Bauklasse I nicht höher als 18 m, in der Bauklasse II nicht höher als 15 m mit der Beschränkung, dafs in Landhäusern nur die Anlage von zwei Wohngeschossen zulässig und bei den sogen. Kleinbauten die gröfste Höhe auf 9 m herabzusetzen ist.

In den Höfen des Ringbahngebiets darf die Bauhöhe die vorliegende Hofbreite um 6 m übersteigen bis zum höchsten Mafse von 22 m, in denen der Vororte findet sie an dem für das Vorderhaus strafsenwärts zulässigen Mafse ihre Grenze.

4. Zwischen allen, nicht unmittelbar zusammenstehenden Gebäuden und allen vorspringenden Bautheilen ein und desselben Gebäudes mufs durchweg ein freier Raum von mindestens 6 m verbleiben, wenn die einander zugekehrten Wände Oeffnungen erhalten sollen. Der Abstand ermäfsigt sich im Ringbahngebiet auf 2,50 m, wenn in beiden Wänden, und in den Vororten auf 3 m, wenn nur in einer Wand keine Oeffnungen angelegt werden. Von der offenen Nachbargrenze sind im Ringbahngebiet dieselben Abstände einzuhalten; diese Bestimmung steht einer Verbreitung der offenen Bauweise hinderlich im Wege. In den Vororten müssen Gebäude, die nicht unmittelbar an der Grenze errichtet werden, mindestens 6 m davon zurückbleiben, mit Ausnahme der Vorderhäuser, für die in der zweiten Bauklasse ein Bauwich von 5 m und in den Landhausgebieten ein Bauwich von 4 m sowie der Kleinbauten, für die ein Bauwich von 3 m Breite ausreicht. An den Bauwichen dürfen beliebige Oeffnungen angelegt werden.

1. Gründungen.

Lehmiger Sand, fester Lehm und Lehmmergel auf den Höhenrändern des Spreethales[2]) und zwar nördlich von Friedrichsfelde, am Frankfurter und Landsberger

---

[1]) Die Bauordnung des Ringbahngebiets in socialpolitischer und künstlerischer Richtung zu verbessern, sind die Vertretungen der bauenden Bevölkerung bereits gehört worden.

[2]) Vergl. „Der Boden Berlins und seiner Umgegend", Festschrift der Stadt Berlin vom Jahre 1886.

II. Die Bauconstructionen.

Thore, im Friedrichshaine, am Königs-, Prenzlauer, Schönhauser und Rosenthaler Thore, im Humboldthaine und Dalldorf, südlich von Rixdorf, auf den Rollbergen, in der Hasenhaide, auf dem Kreuzberge, in Schöneberg, Wilmersdorf und auf dem Spandauer Bocke, sodann in der Thalsohle die vielfach abgetragene Stufe der Flugsande, die im Norden beim Friedrichshaine beginnt, längs der Lothringer und Ackerstrafse bis zum Wedding sich erstreckt, und im Süden von der Hasenhaide im Zuge der Blücher-, Teltower, Steglitzer und Kurfürstenstrafse bis zum Zoologischen Garten verläuft, endlich ebene Thalsande im gröfsten Theile der Friedrichstadt zwischen Koch- und Behrenstrafse und auf den beiden Spreeinseln des alten Berlin und Köln, in der Hauptsache also feine Sande, bieten vorwiegend guten Baugrund. Die Bankette oder Grundmauern werden meistens mit Kalkbruchsteinen in gewöhnlichem Kalkmörtel angelegt, seltener mit Beton, ausnahmsweise auch wohl mit Klinkersteinen in hydraulischem Kalkmörtel, und zwar auf gutem Baugrunde mindestens in der frostfreien Tiefe von 1 bis 1,20 m unter dem Erdboden und jetzt allgemein in einer solchen Breite, dafs der Baugrund mit nicht mehr als 2,5 kg auf 1 qcm belastet wird. Früher wurde, wenigstens in einigen besonderen Fällen, dem Baugrunde eine höhere Tragfähigkeit zugetraut. So drücken ältere Kirchthürme mit 2,6 bis 3,3 kg auf 1 qcm, die Kuppel des Königlichen Schlosses und der Knoblauch'sche Synagogenbau mit 3,7 kg, der Stadtbahn-Viaduct gar mit 4,5 kg auf 1 qcm.

Aufser nachgiebigem Sande findet sich schlechter Baugrund namentlich in den mit Moorerde oder Torf erfüllten Rinnen der Thalsohle. Das Dreieck zwischen dem Ascanischen Platze, der Augusta- und Grofsbeerenbrücke ist eine zusammenhängende Torffläche, die einen Ausläufer zwischen Friedrich- und Wilhelmstrafse bis zur Puttkammerstrafse entsendet. Noch ungünstigeren Baugrund bildet die sogen. Infusorienerde (Diatomeenerde), die meist an der Spree entlang an der Jannowitzbrücke einerseits über den Spittelmarkt, anderseits über den Alexanderplatz fast ununterbrochen sich durch die Georgen- und Dorotheenstrafse längs dem Schiffbauerdamm und dem Kronprinzenufer bis zum Bahnhof Thiergarten und der Borsig'schen Eisengiefserei in Moabit hinzieht. Aber auch in vereinzelten Nestern kommt sie als sogen. Modder mit Moorerde gemischt vor, vornehmlich zwischen dem Halleschen Thore und dem Schlofsplatze. Seitliches Ausweichen der von Infusorienpanzern gebildeten Lager hat schon zu Hauseinstürzen geführt. Schliefslich müssen noch verschüttete Wasserläufe als mifsliche Stellen Erwähnung finden. In älterer Zeit wurde in schlechtem Baugrunde mit Vorliebe der Pfahlrost, ausnahmsweise auch der Schwellrost angewendet. Bei sonst gleichmäfsiger Tiefe und Beschaffenheit des Baugrundes ist auch vereinzelt Sandschüttung verwendet worden, wie für einen Gebäudetheil des verlassenen Hamburger Bahnhofes. Später bediente man sich des Pfahlrostes nur noch bei beträchtlichen Tiefen, etwa von 12 m unter dem Erdboden an; der Versuchsbau einer Privatmarkthalle, die nachher Renz zum Circus eingerichtet hat, sowie einige Bautheile der physikalischen und physiologischen Universitätsanstalten an der Ecke der Dorotheen- und Neuen Wilhelmstrafse sind noch in dieser Weise unterstützt worden. Verdrängt wurde der Pfahlrost im übrigen hauptsächlich wohl, weil das Rammen zwischen hohen Nachbarhäusern bedenkliche Erschütterungen verursacht, zunächst durch die Senkbrunnen, die zum erstenmale im Jahre 1789 beim Bau der George'schen Häuser in der Friedrichstrafse, der heute sogen. Pepinière, abgeteuft waren. Alsdann kamen, anstatt der rund oder rechteckig gemauerten Brunnen, die hölzernen Senkkästen in Gebrauch, die auch heute noch, besonders im modderigen Boden, die besten Dienste leisten. Sie bestehen aus Kreuzholzstielen in den inneren Ecken, gegen die von aufsen 5—7 cm starke, gefugte und in den Fugen auch wohl mit Theer und Werg gedichtete Bohlen genagelt werden. Die Stiele, sowie die untersten Bohlen müssen behufs des leichteren Senkens nach aufsen zugeschärft sein. Die Stärke der Bohlen und Stiele richtet sich nach dem Querschnitte und nach der Höhe der Kästen, die bis zu 2,50 m Seitenmafs im Geviert und bis zu 15 m Tiefe hergestellt werden. Anfangs ordnete man gewöhnlich unter jedem Fensterpfeiler und an den besonders belasteten Stellen der Mittelmauern Senkkästen an; jetzt werden jedoch ihre Abstände und Querschnitte danach bemessen, dafs eine möglichst gleichmäfsige, an keiner Stelle des Bauwerkes über 2,5 kg auf 1 qcm hinausgehende Beanspruchung des

430 II. Die Bauconstructionen.

tragfähigen Baugrundes eintritt. Das Senken der Kästen geschieht meist durch Ausbohren oder Ausbaggern des Erdreichs vermittelst Sackbohrer bezw. Vertikalbagger unter Belastung der Gerüstbühne mit Roheisen und den herausbeförderten Erdmassen. Ist der feste Grund erreicht, so wird der Kasten etwa 1,25 m hoch ausbetonirt, und nachdem der Beton

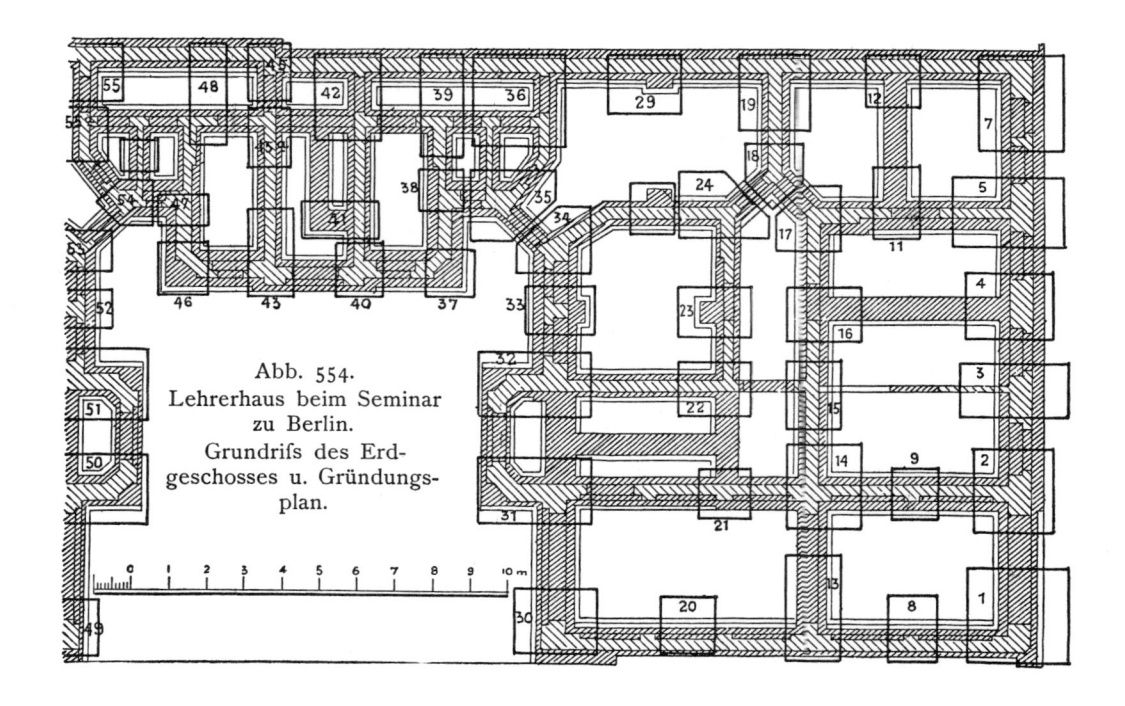

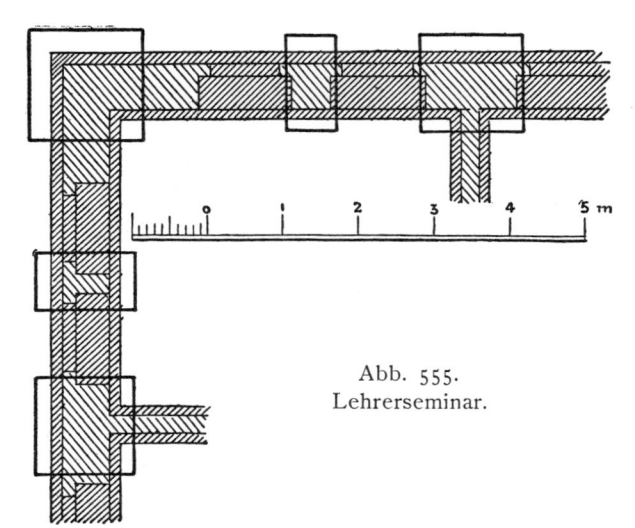

Abb. 554.
Lehrerhaus beim Seminar zu Berlin.
Grundrifs des Erdgeschosses u. Gründungsplan.

Abb. 555.
Lehrerseminar.

erhärtet und das Wasser ausgepumpt ist, regelrecht ausgemauert. Die so entstandenen Kastenpfeiler werden durch Mauerbögen und eiserne Anker mit einander verbunden. Als bedeutende Beispiele dieser Gründungsart sind die Bauten der National-Galerie, des Dorotheenstädtischen Realgymnasiums und des Friedrichwerder'schen Gymnasiums zu erwähnen, ferner das Wohnhaus in der Friedrichstrafse 31, dessen guter Baugrund von der linken Ecke an der Strafsenfront bis zur Hintergrenze ziemlich steil abfällt. Die Senkkästen sind hierbei in verschiedenen Tiefen bis etwa 50 cm in den tragfähigen groben Sand eingelassen worden. Ihre Tiefe beträgt von der Kellersohle an gerechnet unter dem Vorderhause 1,50—6,50 m, unter dem linken Seitenflügel 5—8 m, unter dem rechten Seitenflügel bis 10,50 m und unter dem Quergebäude durchweg 10—11 m; an der rechten Ecke der Hintergrenze erreichen sie sogar 12—13 m Tiefe. Der Querschnitt der Kästen beträgt der Belastung entsprechend 2,50 bei 2,50 m oder 2 bei 3 m. Dies ergiebt einen Gesamtquerschnitt von 358 qm = 44 % der bebauten Fläche von 824 qm, d. i. etwa so viel, wie unter gewöhnlichen Umständen der Querschnitt der unteren Bankette ausmachen würde. Besondere Schwierigkeit haben beim Absenken der

II. Die Bauconstructionen.

Kästen die in einer Tiefe von 4 bis 5 m unter dem festen Torf in Schichten gelagerten Kieselpanzer der Diatomeen (Infusorienerde) verursacht, die an einigen Stellen eine Mächtigkeit von

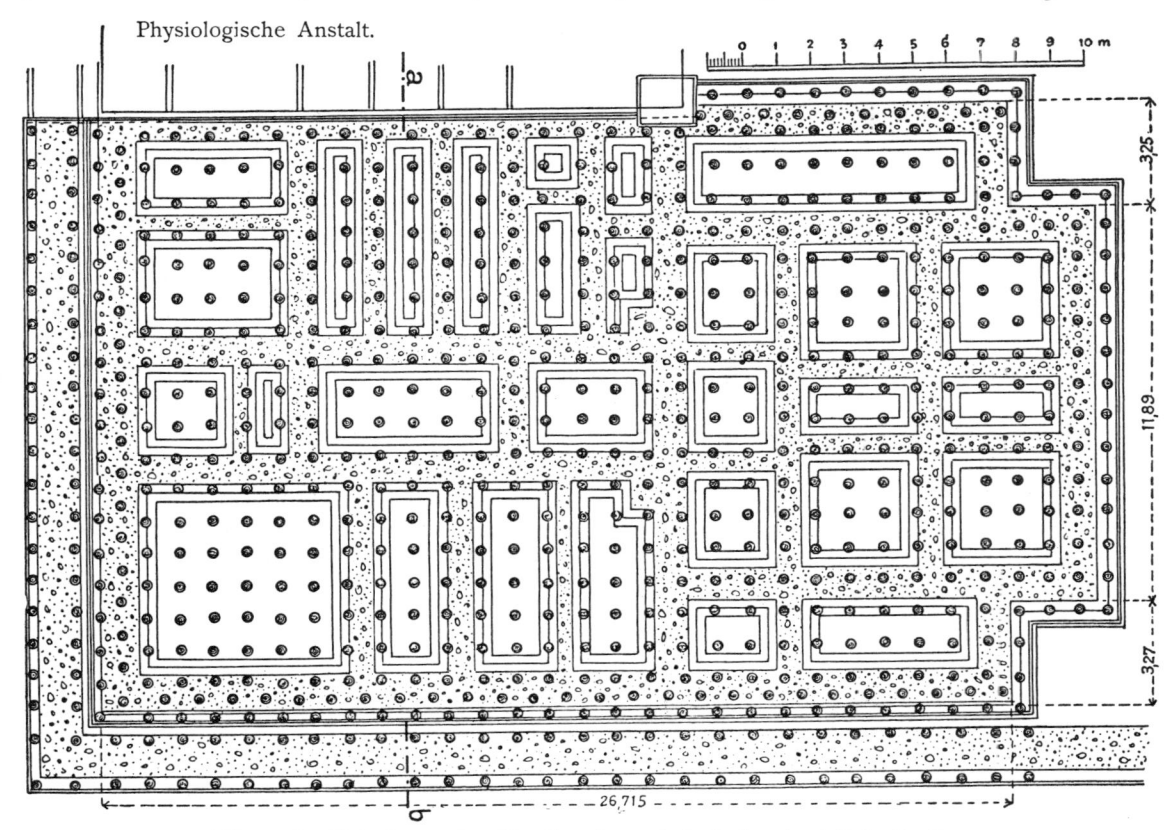

Abb. 556. Gründungsplan für die pharmakologische Anstalt in Berlin.

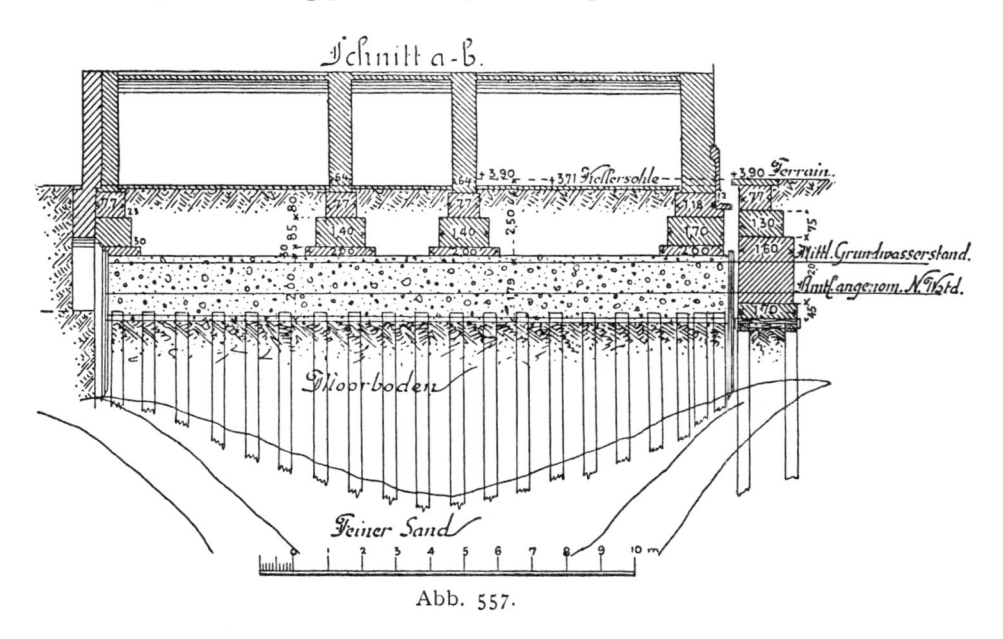

Abb. 557.

2 m erreichten. Beim Bau des Lehrerhauses beim Seminar (vgl. Abb. 554 u. 555) in der Friedrichstrafse 229 sind einige Kästen noch tiefer gesenkt und es wurde der Querschnitt aller Kästen auf etwa 50% der bebauten Fläche bemessen. Bemerkenswerth ist auch der Neubau

der grofsen Druckerei von W. Büxenstein, Friedrichstrafse 240/241, für welchen der ungewöhnlichen Lasten wegen die Kästen so dicht zusammengestellt wurden, wie es der erforderliche Arbeitsraum irgend zuliefs; in die Uebermauerung ist dann zur gleichmäfsigen Vertheilung des Druckes ein verankertes Netz von eisernen Trägern gelegt worden.

In neuerer Zeit ist die Gründung vermittelst durchgehender Betonschüttungen, die bereits früher für die Wohnhäuser am südlichen Ende der Charlottenstrafse ausgeführt waren, sehr vervollkommnet worden. Durchgehende Betonplatten werden im Trocknen sowohl, als auch im Nassen zur Ausgleichung von Unregelmäfsigkeiten oder zur Abdichtung von Quellen in der Bausohle, sowie auf stark prefsbarem Boden in Stärke bis 1 m und darüber verlegt. So sind die grofsen Speicher des Proviantamtes in der Paulstrafse und die Neubauten des Patentamtes in der Luisenstrafse gegründet worden. In schwierigen Fällen tritt hierzu noch ein Pfahlrost. So ruhen die nördlichen Thürme und die Kuppel des Reichshauses auf einer 1,40 m starken Betonplatte, die von schräg gerichteten, in 1 m Abstand von einander eingerammten Pfählen getragen wird. Von dem Beton-Pfahlroste, der sich unter dem ganzen Gebäude der pharmakologischen Universitätsanstalt an der Ecke der Dorotheen- und Bunsenstrafse hinzieht, geben Abb. 556 u. 557 eine Darstellung. Hier ist die Betonplatte 2 m stark. Beim Bau des Grove'schen Hauses in der Friedrichstrafse ist man unter besonders ungünstigen Umständen dazu übergegangen, statt mit einer Betonplatte die Bausohle mit Granitplatten zu belegen, über die Eisenträger zur Unterstützung der Grundmauern gestreckt wurden.

Häufig sind die Unterfahrungen von Nachbarmauern, die stückweise mit Klinkern und Cementmörtel zur Ausführung kommen, indem zunächst in gewissen Abständen einzelne Pfeiler gemauert und alsdann die fehlenden Strecken zwischen den Pfeilern nachgeholt werden.

2. Kelleranlagen.

Der früher weit verbreitete und noch heute in vielen älteren Häusern erhaltene Keller, der bis 2 m tief in die Erde hinabreicht, und bis zu dieser Grenze für Wohnzwecke verwendbar war, falls die Unterkante des Fenstersturzes sich noch 67 cm über dem Erdboden erhob, wird jetzt seltener angelegt, erstens, weil man den Fufsboden der Schauläden möglichst ebenerdig zu haben wünscht und daher der Keller darunter entweder in der Erde verschwindet oder ganz fortbleibt und zweitens, weil die Sohle bewohnbarer Keller, abgesehen von dem Falle, dafs in Landhäusern eine gröfsere Tiefe zulässig ist, wenn die Unterkante des Fenstersturzes 1,75 m über dem Erdboden liegt, mit einer einzigen Ausnahme nicht tiefer als 50 cm unter dem Erdboden liegen darf. Allein bei Anlage von 1 m breiten Lichtgräben, deren Sohle 15 cm unter der Kellersohle angeordnet wird, ist nämlich noch die Tiefenlage von 1 m unter dem Erdboden statthaft, eine Vergünstigung, von der nur in Vorgärten und Rücklagen Gebrauch gemacht werden kann, sowie in Höfen mit der Einschränkung, dafs das Licht unter 45° einfällt, dafs also die gegenüberstehende Frontwand nicht höher als der vorliegende Hof breit ist.

Sollen die tiefgelegenen Keller als Waarenlager benutzt werden, so müssen sie, falls sie nicht mehr wasserfrei sind, wasserdicht gemacht werden. Um das zu erreichen, dient als vorzüglichstes Hülfsmittel Beton. Die Kellersohle der städtischen Markthalle IV liegt 94 cm unter dem höchsten Grundwasserspiegel. Die 3500 qm messende Grundfläche ist durch verkehrte Gurtbögen in geviertförmige Kappenfelder von 5,80 m Weite zerlegt. Gurte und Kappen sind aus Cementbeton schichtweise gestampft, sodafs eine einzige zusammenhängende, undurchlässige Schicht das Grundwasser zurückhält. Die Kappen sind 12 cm stark bei 35 cm Pfeil und mit einem 2,50 cm starken, zum Verschlufs der Poren noch mit reinem Cement geglätteten Putz aus Cementmörtel überzogen. Den Fufsboden bildet auf einer die Hohlräume ausfüllenden Unterbettung von Bauschutt und Ziegelschlag eine 6 cm starke Betonplatte mit 2 cm starkem Cementestrich. Auf andere Weise sind für das Monopol-Hôtel in der Friedrichstrafse 4000 qm Keller in sumpfigem Grunde unter 3 m Wasserdruck gedichtet worden; auch der Weinkeller des Teltower Kreishauses in der Victoriastrafse taucht ganz ins Grundwasser ein. Endlich geräth man

II. Die Bauconstructionen.

mit den tief zu stellenden Kesseln der Niederdruck-Dampfheizung leicht ins Grundwasser, sodafs wasserdichte Gruben hergestellt werden müssen, wie z. B. im Landeshause des Brandenburgischen Provinzialverbandes in der Matthäikirchstrafse. Die Beleuchtung derartiger Keller vermitteln mit eisernen Rosten abgedeckte oder, falls die Kellerdecke so construirt wird, dafs auch der Kellerraum mit in die Schaufensteranlage einbezogen werden kann, offene, oft mit schmucken Geländern eingefafste Lichtschächte, die in mehr als 3 m breiten Bürgersteigen 30 cm vorspringen dürfen. Die Eingänge werden innerhalb der Häuser oder auf den Höfen in Kellerhälsen angeordnet. Wohnkeller, die wenigstens 40 cm über dem höchsten Grundwasser liegen und 2,50 m lichte Raumhöhe haben müssen, bedürfen bei der geringen Tiefenlage von 50 cm der seiner Zeit so beliebten Kellerhälse überhaupt nicht mehr.

Um das Aufsteigen der Erdfeuchtigkeit zu verhüten, werden ein bis zwei Steinschichten hoch über der Kellersohle Asphaltfilzplatten in die Mauern eingelegt. Die Sohle bewohnbarer Keller mufs aus einer durchgehenden wasserdichten Schicht bestehen. Zum Schutze gegen die von oben und seitlich eindringende Luftfeuchtigkeit dienen senkrechte Luftschichten im Mauerwerk, Berappung der Umfassungen von aufsen mit Cementmörtel bezw. ein Traufpflaster von 65 cm Breite. Die Fufsbodenlager der Kellerwohnungen werden auf Mauerpfeilern hohl gelegt. Besondere Vorkehrungen gegen Temperatureinflüsse erfordern die Bierkeller; in der Brauerei Königstadt ist z. B. ein Moniergewölbe von 6,30 m Spannweite mit Korksteinen abgedeckt und mit Sägespänen überfüllt worden.

3. Mauern und sonstige Wände.

Die Front-, Giebel- und Grenzwände der Umfassungen einschliefslich der Vorbauten sowie die Balken tragenden oder überhaupt belasteten Mittel- und Querwände innerhalb der Gebäude sind mit wenigen, weiterhin noch anzuführenden Ausnahmen massiv herzustellen. Sodann müssen die Räume, in denen nothwendige Treppen liegen, abgesehen von den Treppenräumen der Landhäuser und Kleinbauten, für die Erleichterungen zulässig sind, von ebensolchen, nur durch die erforderlichen Verkehrs- und Lichtöffnungen unterbrochenen Mauern umschlossen werden. Neben einander liegende Treppenräume dürfen durch keinerlei Oeffnungen, auch durch keinen gemeinsamen Lichtschacht in Verbindung stehen. Ferner sind die Lichtschächte oder Lichthöfe, deren Anlage gestattet wird, wenn sie mindestens 6 qm Grundfläche bei 1,50 m geringster Breite haben, in sämtlichen Geschossen bis zum Dachboden mit massiven Wänden zu umschliefsen. An Lichtschächte von 10 qm Grundfläche dürfen in den Vororten Baderäume und Aborte gelegt werden. Endlich müssen auch die Aufzugsschächte, deren Zugänge überdies mit feuersicheren Thüren besonderer Vorschrift gemäfs zu verschliefsen sind, bis zum Dachboden hinauf gemauerte Wandungen erhalten. Nur in den Vororten werden für Speisenaufzüge Erleichterungen zugelassen.

Die Gebäude sollen in je 40 m Abstand von mindestens 25 cm starken Brandmauern durch alle Geschosse von Grund auf bis 20 cm, in Speichern mit brennbaren Stoffen sogar bis 1 m über Dach durchsetzt werden. Verkehrsöffnungen in diesen Brandmauern sind zulässig, sind jedoch im Dachraum mit rauch- und feuersicheren, selbstthätig zufallenden Thüren zu schliefsen. Front- oder Giebelmauern in weniger als 6 m Abstand von der Nachbargrenze sowie alle Grenzmauern sind als Brandmauern herzustellen. Doch können darin mit 1 cm starken Glasplatten zu verschliefsende Oeffnungen von 500 qcm Fläche auf je 3 m Wandlänge in jedem Geschosse angelegt werden. Wände, an denen Feuerungen liegen, müssen gleichfalls massiv sein (Feuermauern). Erhöhte Anforderungen an die Stand- und Feuersicherheit der Mauern werden in Betriebsstätten, zu denen gewerbepolizeiliche Erlaubnifs nothwendig ist, gestellt.

Geschlossene Vorbauten einschliefslich der Erker dürfen höchstens ein Drittel der Frontlänge eines Gebäudes einnehmen. Erker und Balcons sind nur in Strafsen von mehr als 15 m Breite zulässig, wenn sie aufserdem mindestens 3 m über dem Bürgersteig liegen. An Strafsen können Sockel bis zu 13 cm, und sobald noch 3 m Breite des Bürgersteiges für den Verkehr frei bleiben, Kellerhälse bis zu 30 cm, andere Bautheile bis zu 60 cm vor die Bauflucht vortreten. In Vorgärten ist es gestattet, innerhalb des Ringbahngebiets mit Vorbauten jeder Art bis zu höchstens 2,50 m, aufserhalb desselben mit von unten aufgehenden geschlossenen Vorbauten bis zu 80 cm über die Bauflucht hinaus zu gehen.

Gemauert wird durchweg mit Backsteinen im Kreuzverbande. Massive Wände aus Cementbeton, wie sie um die Mitte der siebziger Jahre in der Colonie zu Rummelsburg zur Ausführung gekommen sind, haben keine weitere Verbreitung gefunden. Das Mauern ist bei einer Temperatur von weniger als —2° polizeilich verboten. Die Mauerstärken gehen aus der folgenden Tabelle hervor. Sie setzen eine Beanspruchung des Mauerwerks,

Tabelle vorschriftsmäfsiger Mauerstärken.

	Wohngebäude								Fabrikgebäude							
	Fundament	Keller	Erdgeschofs	Obergeschosse				Drempelstock	Fundament	Keller	Erdgeschofs	Obergeschosse				Drempelstock
				1	2	3	4					1	2	3	4	
Frontmauer mit Oeffnung, mit Balkenlast	90	77	64	51	51	38	38	25	103	90	77	64	51	51	38	25
Mittelmauer mit Oeffnung, mit Balkenlast	64	51	51	38	38	38	38	—	77	64	51	51	38	38	38	—
Giebelmauer ohne Oeffnung, ohne Balkenlast	64	51	38	38	25	25	25	25	64	51	51	38	38	25	25	25
Hohe Seitenmauer ohne Oeffnung, mit Balkenlast	77	64	51	51	38	38	38	25	90	77	64	51	51	38	38	25
Giebelmauer mit Oeffnung, ohne Balkenlast	64	51	51	38	38	25	25	25	—	—	—	—	—	—	—	—
Treppenmauer	51	38	38	25	25	25	25	25	64	51	38	38	25	25	25	25

$1/2$ Stein starke Scheidemauern dürfen nur in vier auf einander folgenden Geschossen wiederkehren.

von gewöhnlichen Ziegelsteinen in Kalkmörtel mit 7 kg auf 1 qcm, von Klinkersteinen in Cementmörtel mit 11 kg auf 1 qcm voraus. Stark belastete Mauertheile wie Pfeiler und Bögen werden mit sogen. Rathenower Steinen oder mit Klinkersteinen, Erker meistens mit porigen Lochsteinen in Cementmörtel ausgeführt. Das Eigengewicht von 1 cbm gewöhnlichen Ziegelmauerwerks wird zu 1600 kg, von 1 cbm Mauerwerk aus porigen Lochsteinen zu 900 kg angenommen.

Mauern können unter Umständen durch Eisenfach-, Drahtputz- oder Gipsdielwände ersetzt werden. Ebenso sind an Stelle von Brandmauern Drahtputzwände überall da zulässig, wo es an genügender Unterstützung jener mangelt. Auch gelten Drahtputz- und Gipsdielwände als Feuerwände, wenn sie zwischen Eisen oder Mauern eingespannt sind.

Drahtputzwände werden nach der Rabitz- oder Monierbauweise unterschieden. Rabitzwände bestehen aus einem angespannten Drahtgewebe als Putzträger und einem Putzüberzug aus Gips, gemischt mit Kalkmörtel und Kälberhaaren. Monierwände werden aus Cement mit einer die Zugspannungen aufnehmenden Drahtnetzeinlage hergestellt, ebenfalls unter Zusatz von Kälberhaaren und, um die Erhärtung zu beschleunigen, auch wohl von etwas Gips oder Kalkmörtel. Da, wo es auf gröfsere Feuersicherheit und Wetterbeständigkeit ankommt, bevorzugt man die schwieriger herzustellende und darum kostspieligere Monierwand, im übrigen begnügt man sich mit der vielfach bewährten Rabitzwand. Gipsdielen von 1,80 bis 2,50 m Länge bei 20 bis 25 cm Breite werden in verschiedenen Stärken auf der hohen Kante mit Kalk- oder Gipsmörtel vermauert.

Umfassungen von Eisenfachwerk mit Ausmauerung haben unter anderen die Panoramen an der Centralmarkthalle und am Generalstabsgebäude sowie der Circus Busch erhalten, mit Wellblechbekleidung der ehemalige Circus Krembser. Die ausgemauerten Eisenfachwände des Kinderhospitals für ansteckende Krankheiten in der Charité sind zum besseren Schutze gegen die Einflüsse der Witterung unter Belassung einer Luftschicht mit Monierwänden ausgekleidet worden. Die Umfassungen der Koch'schen Baracken für ansteckende Krankheiten bestehen sogar nur aus doppelten Gipsdielwänden mit Luftschicht dazwischen. Weiter können Lichtschächte, die nur dem obersten Geschosse Licht zuführen, also nur den Dachraum durchbrechen, mit Wellblech- oder Drahtputzwänden umschlossen werden. Auch Darr- und Dunstschlote, Lüftungs- und Heizungscanäle erhalten jetzt meistens Drahtputzwandungen, wie z. B. im Universitätsgebäude und im städtischen Krankenhause am Urban. Lüftungscanäle und Ummantelungen von Heizröhren sind endlich im Reichstagshause sowie in der Artillerie-Schiefsschule (Kaiserallee) theils mit 5, theils mit 7 cm starken Gipsdielen ausgeführt worden.

Holzfachwerk ist im allgemeinen nur für die Umfassungen solcher untergeordneter Bauten gestattet, die bei etwa 100 qm Grundfläche 6 m Bauhöhe nicht überschreiten und mufs ausgemauert, bei geringerem Abstande als 6 m von der Strafse, der Nachbargrenze oder anderen Gebäuden desselben Grundstücks sogar noch 12 cm stark verblendet werden. Diese Einschränkung des Holzbaues galt einst auch für die Vororte, erst die neue Bauordnung hat darin Wandel geschaffen, sodafs wenigstens das oberste Geschofs der Landhäuser jetzt Umfassungen von ausgemauertem Fachwerk ohne Verblendung erhalten darf. Schuppen und Buden, in den Vororten ferner Gartenhallen, Lauben, Kegelbahnen und ähnliche kleine Anlagen bis zu 25 qm Grundfläche bei 3 m Bauhöhe können in Fachwerk auch ohne Ausmauerung, blofs mit Holzverschalung ausgeführt werden, im Falle sie mindestens 6 m von anderen Baulichkeiten, Nachbargrenzen und Strafsen entfernt bleiben.

In Landhäusern und Kleinbauten sind auch tragende Wände in Holzfachwerk zulässig, Treppenwände jedoch nur dann, wenn sie 12 cm stark verblendet werden. Als Scheidewand ist die Fachwand einestheils durch die halb Stein starke Mauer, anderentheils durch die Bretterwand, ganz besonders aber durch die Rabitzwand verdrängt worden. Die Fachwand wird in verlängertem Cementmörtel hergestellt, die Bretterwand darf nicht unmittelbar neben Feuerstätten stehen und mufs auf beiden Seiten verputzt werden. Am bequemsten ist deshalb die Rabitzwand. Hohlräume sind mit unverbrennlichem Material auszufüllen. Auf dem Dachboden ist unverputztes Holzwerk zulässig. Vereinzelt kommen noch Scheidewände vor aus Eisenwellblech, wie im Hôtel Kaiserhof, und aus Gipsdielen, wie im Savoy-Hôtel, indem man Doppelwände aus je 5 cm starken Gipsdielen mit einer 2 cm starken Luftschicht gebildet hat, während im Palast-Hôtel 10 cm starke Hohlgipsdielen demselben Zwecke dienen.

4. Träger und Stützen.

Um möglichst grofse Schaufenster, Laden- und Lagerräume zu erhalten, werden Eisenconstructionen zum Abfangen der Oberwände und Zwischendecken in umfassender Weise zu Hülfe genommen. Hierzu finden jetzt ausschliefslich Träger aus Walzeisen, und zwar ganz überwiegend I-Träger Verwendung; Träger aus Gufseisen kommen nicht mehr vor und alte Eisenbahnschienen, ohne die in den siebziger Jahren fast kein Bau zu denken war, haben die billigen Eisenpreise gänzlich vom Baumarkt verdrängt. Das Mauerwerk für die Trägerlager oder die zur Uebertragung starker Auflagerdrucke untergeschobenen Lagerplatten wird in Klinkern und Cement hergestellt. Als frühestes Beispiel einer weitgehenden Auflösung der Frontwände sei an das Ende der fünfziger Jahre ausgeführte Spindler'sche Haus

436 II. Die Bauconstructionen.

an der Ecke der Leipziger und Markgrafenstrafse erinnert. Die Schaufenster werden bis zu 5 m breit angelegt, sodafs sie gerade noch durch eine Spiegelscheibe geschlossen werden können. Neuerdings sind in den Obergeschossen erkerartige Schaufenster in schmiedeeisernem Rahmwerk sehr beliebt geworden; auch auf die aufsen bis in die Fensterbrüstung des darüber liegenden Geschosses heraufgezogenen sogen. englischen Schaufenster mit nach innen stark abgeschrägten Sturzlaibungen soll hier noch besonders aufmerksam gemacht werden. In Erdgeschossen führen sich jetzt auch die ebenfalls aus England gekommenen Schaufenster mit gebogenen Glasflächen ein. Im übrigen mufs, die Anlage von Schaufenstern betreffend, der Hinweis auf die Darstellungen im Abschnitt „Geschäftshäuser" genügen. Die Einbeziehung der unter den Ladenräumen befindlichen Kellerräume in die Schaufensteranlage durch möglichst dünn construirte und hinter die Tiefe der Fensterlaibung zurücktretende Zwischendecken ist schon bei den Kelleranlagen erwähnt worden.

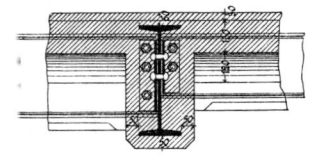

Gufseiserne Stützen stehen heute nicht mehr in so hoher Gunst, wie noch vor zehn Jahren, namentlich wegen ihres zweifelhaften Verhaltens im Feuer. Säulen, wie sie zuerst beim Bau des im Jahre 1821 eröffneten Königlichen Schauspielhauses eingeführt worden und seitdem eine so weite Verbreitung gefunden haben, werden zwar auch jetzt noch vielfach verwendet, jedoch ummantelt man sie mit Rabitz- oder Moniertrommeln bezw. ummauert sie mit Schamottesteinen, porigen oder gelochten Ziegelsteinen. Als Beispiele für eine derartige Bekleidung seien die ummauerten Säulen in den Gratweil'schen Bierhallen und die in Abb. 558 dargestellten, mit einer 8 cm starken Betonhülle umgebenen Säulen des in der Kaiserstrafse belegenen Lagerhauses genannt. Unverkleidet bleiben in der Regel die bekannten zwischen Ladenthür und Schaufenster angeordneten Stützen,

Abb. 558. Lagerhaus in der Kaiserstrafse.

die aus je zwei in der Dicke der Mauer hinter einander gereihten und vermittelst eines durchbrochenen Steges mit einander verkoppelten, viereckigen Pfeilern bestehen. Solche Pfeiler bilden z. B. an dem Eckhause der Leipziger und Wilhelmstrafse mit den Verriegelungen der Decken ein durch zwei Geschosse reichendes, kunstvoll behandeltes Rahmwerk. Im allgemeinen aber zieht man Steinpfeiler vor, und zwar mauert man sie meistens aus Klinkern in Cement, da die Feuersicherheit von Kalkstein und von Granit in Zweifel gezogen wird. Wo es bei beschränktem Raum auf hohe Tragfähigkeit ankommt, werden Verstärkungen aus Schmiedeeisen in Form von Blech- und Kastenstützen angeordnet, namentlich für Frontpfeiler, wenn sie mit Werksteinen verkleidet werden sollen. Aehnliche Constructionen dienen zum Tragen der Erker und Balcons, die im Ringbahngebiet 1,30 m und in den Vororten 1 m weit vor die Baufluchtvorspringen dürfen. Da, wo Vorgärten sich befinden, können die Vorsprünge bis 2,50 m bezw. 1,30 m betragen. Ebenso werden die sogen. Galerien, überdeckte offene Gänge an den Hinterfronten, aus Eisen gefertigt. Nur in den Landhausgebieten ist Holz zu Vorbauten aller Art, wie Unterfahrten, Balcons, Erker, Galerien, Veranden, zulässig.

Erkeranlagen sind in Berlin noch nicht allzulange heimisch; neuerdings wird kaum ein Haus mehr ohne Erker erbaut, hauptsächlich in der Absicht, das dahinter liegende Zimmer zu vergröfsern, in rechteckiger oder aus drei Seiten eines ungleichseitigen Achtecks gebildeter Grundform, seltener nur als Auslug in dreieckiger Grundform. Die Tragconstruction bildet einen dazu passenden Rahmen, zu dem die ins Mauerwerk gerade oder schräg verlegten und bis zur nächsten Mittelmauer reichenden Seitenträger durch Frontträger vermittelst Winkellaschen und Bolzen verbunden werden. Die so vorgestreckten Tragrahmen mehrerer Geschosse verbindet man an den Ecken noch durch Rundeisenstangen mit einander. Ebenso allgemein haben sich die Balcons eingebürgert, die gern in den geschützten Ecken der Erker oder sonstiger Vorbauten angebracht werden. Seitdem es gelungen ist, die Träger fast beliebig zu biegen, passen sich die Balcons leicht jeder erwünschten Grundform an. Sie werden meistens mit schmiedeeisernen Geländern umfriedigt.

Sämtliche Constructionstheile aus Eisen müssen nach polizeilicher Vorschrift solche Abmessungen erhalten, dafs rechnungsmäfsig durch das Gewicht des Aufbaues samt der Nutzlast die Druckfestigkeit des Gufseisens höchstens mit 500 kg auf 1 qcm, die Zug- und Druckfestigkeit des Walzeisens höchstens mit 750 kg auf 1 qcm in Anspruch genommen wird.

5. Decken.

In Wohnhäusern überwiegen noch immer die gestakten Balkendecken. Die auf die üblichen Zimmertiefen von 5,60 bis 6,30 m freitragenden Ganzholzbalken werden 21/26 bis 24/29 cm stark gewählt und in Abständen von 85 cm bis 1 m von Mitte zu Mitte verlegt. Sobald die freitragende Länge 6 m überschreitet, verlangt die Baupolizei einen statischen Nachweis über die Tragfähigkeit, der eine Beanspruchung von 60 kg auf 1 qcm zu Grunde zu legen ist. Die Balkenfelder schliefst man gewöhnlich durch Stakhölzer, die in Balkenfalze eingeschoben werden; vereinzelt sind auch Gipsdielen auf seitwärts an die Balken genagelten Latten verlegt worden. Die Staken müssen so tief liegen, dafs die Fache 13 cm hoch mit unverbrennlichem Material ausgefüllt werden können. In dieser Bestimmung ist die Ursache zu suchen, warum man aufgehört hat, die über 6,30 m Tiefe hinausreichenden Balkenlagen, wie eine Zeit lang üblich war, durch Kreuzstakung auszusteifen. Dafür tritt jetzt die gezimmerte Kreuzverstrebung in der Mitte der Balkenlagen mit durchgehendem Zuganker ein. Armirte Balken, wie sie zu der alten Bau-Akademie verwendet worden sind, kommen kaum mehr vor. Ueber die Stakung wird zunächst eine Lage Strohlehm gestrichen; im übrigen die Füllung der Balkenfache mit den bei der Maurer- und Putzarbeit verbliebenen Abfällen, nämlich mit trockenem Sand, häufiger mit Koksasche, seltener mit Lehm bewirkt. Zum Fufsboden nimmt man gewöhnlich 26—30 mm starke, gespundete Bretter; Parkett- oder Stabboden werden auf einem sogen. Blindboden verlegt.

Um den Deckenputz aufzubringen, werden die Balken von unten mit 20 mm starken, aufgetrennten Brettern verschalt; die Verschalung überzieht man mit einem Rohrgewebe, auf dem mit Kalkmörtel unter Gipszusatz geputzt wird. Das Gewicht der Balkendecken einschliefslich Nutzlast nimmt die Baupolizei in Wohnhäusern zu 500 kg, in Fabrikgebäuden, Tanzsälen und Wollspeichern zu 750 kg, in Getreidespeichern zu 850—1000 kg für 1 qm an.

Holztäfelungen dürfen nur in Landhäusern und in Gebäuden, die keine Feuerstätten haben, unmittelbar an den Balken angebracht werden, sonst nur auf der Rohrputzschalung. Unverkleidete Holzdecken in gröfserem Mafsstabe, und zwar sattelförmige mit Bogenbindern, findet man in der St. Johanniskirche zu Moabit aus älterer Zeit und der St. Simeonskirche aus neuerer Zeit, zeltdachartige auf vier sich durchdringenden gemauerten Tragbogen in der Versöhnungs- und Samariterkirche.

In Geschäfts- und Lagerhäusern, in Fabrikgebäuden, Werkstätten und Speichern werden massive Decken besonders bevorzugt, jedoch nicht gewölbte, deren Verwendungsgebiet aufserordentlich zusammengeschrumpft ist. Wie schon erwähnt, wählt man selbst für Keller, sobald sie über dem Erdboden hervorragen, der besseren Wohnlichkeit oder auch nur der Billigkeit wegen Balkendecken, die in Vorrathsräumen mit Wellblech bekleidet werden. Die einst so beliebte, auf eisernen Trägern quergelegte preufsische Kappe wird jetzt sogar unter den Hausdurchfahrten von anderen Constructionen verdrängt. Nur in tiefer gelegenen Kellern hat sie noch volle Geltung; oberirdisch ist sie bis in die neueste Zeit hinein nur noch in den Flurgängen öffentlicher Gebäude ausgeführt worden, auch in Treppenräumen zum feuersicheren und in Pferdeställen zum dunstsicheren Abschlusse gegen die Dachräume. Um derartigen Decken, die in Kranken- und Lagerhäusern, in den Sudhäusern der Brauereien ausgedehnte Verwendung gefunden haben, eine vollkommene Feuersicherheit zu verleihen, verkleidete man später die Träger durch Ummauerung, wie z. B. im Industriegebäude der Beuthstrafse und im Erweiterungsbau der Reichsdruckerei geschehen ist. Schöner wirkende Längskappen findet man in der Flurgängen, z. B. der alten Bau-Akademie und der Gertraudt-Stiftung usw., gewölbte Deckenkehlen zur Einrahmung der Oberlichte in der National-Galerie. Andere Gewölbe, wie böhmische Kappen, zeigen die Umgänge des Glashofes im Kunstgewerbe-Museum und des Festsaales in der Flora zu Charlottenburg, sowie sämtliche Flurgänge im Reichskanzleramt usw., Kreuzgewölbe in dreifachen Reihen die Ruhmeshalle, der Umgang in der Flurhalle des Museums für Völkerkunde usw., Gewölbe fast jeder Art das Neue Museum. Die Kirchen sind vorwiegend überwölbt, und zwar meistens die Schiffe der Langbauten mit Kreuzgewölben, die Vierungen und die Centralbauten mit Sterngewölben, Flachkuppeln oder kuppelförmigen Sterngewölben, die z. B. in der Neuen Kirche und in der Dankeskirche von Oberlichten durchbrochen sind. Ueber der Vierung der Thomaskirche erhebt sich eine Tambourkuppel und das kuppelförmige Sterngewölbe der Emmauskirche trägt in der Mitte noch eine Oberlichtkuppel. Ein mächtiges, etwa 20 m weit gespanntes Sterngewölbe überdeckt die Vierung in der dem Gedächtnisse des Kaisers Wilhelm gewidmeten Kirche zu Charlottenburg. Massive Thurmhelme haben die Apostel-, Zions-, Dankes-, Emmaus- und Lutherkirche. Ueber der Centralkirche zum Heiligen Kreuz steigt ein 81 m hoher massiver Kuppelthurm empor. Zu Gunsten der freien Wölbekunst sind also die auf Eisenrippen gemauerten Kreuzgewölbe im Keller des Circus Renz und die ebenso gewölbte Kuppel der Markuskirche ohne weitere Nachfolge geblieben. In die Häuserreihe eingebaute Gotteshäuser, deren Gewölben kein ausreichendes Widerlager gegeben werden kann, erhalten Verankerungen und Verklammerungen in Eisenconstruction, und zwar ganz versteckte, wie die Synagogen in der Oranienburger und in der Lindenstrafse, oder zum Theil sichtbare, wie die Friedenskirche in der Ruppiner Strafse. Tonnengewölbe sind selten geworden; sie kommen fast nur noch in Eiskellern und Brauereien zur Ausführung; ein künstlerisch hervorragendes Tonnengewölbe von 12,50 m Spannweite ist neuerdings im Anbau der Reichsbank mit glasirten, trogartig ausgehöhlten Thonsteinen, die auch für scheitrechte Decken daselbst Verwendung gefunden haben, gemauert worden. Den statischen Berechnungen legt die Baupolizei folgende Belastungsannahmen zu Grunde: für gewölbte Decken aus porigen Steinen in

II. Die Bauconstructionen.

Wohnhäusern 600 kg, für dergl. aus gewöhnlichen Mauersteinen in Wohnhäusern 750 kg, in Fabrikgebäuden 1000 kg und in befahrbaren Hof- oder Durchfahrtskellern 1250 kg auf 1 qm.

Wird auch für Monumentalbauten das Gewölbe stets seinen Rang behaupten, so ist doch für seine Anwendung bei Treppen und oberen Decken in der That besserer, zunächst in Nutzbauten erprobter Ersatz geschaffen worden. Eine Zeit lang stand die Wellblechdecke (Abb. 559) mit Ueberbetonirung, besonders für Fabrikgebäude, in hoher Geltung; auch die Hauptkassen des Brandenburgischen Landeshauses und der Darmstädter Bank sind in dieser Weise überdeckt. An Belastung werden hierbei 500—1000 kg gerechnet. Vereinzelt sind ferner Betondecken ausgeführt worden, z. B. im Lagerhause der Kaiserstrafse (Abb. 558); einer weiteren Verbreitung derselben steht die polizeiliche Forderung entgegen, die eine sachgemäfse Ausführung durch eine beständige technische Aufsicht verbürgt haben will. Viel schneller sind dagegen die Monierdecken in Aufnahme gekommen. Die vom Regierungs-Baumeister M. Koenen wissenschaftlich begründete Monierbauweise gestattet bei geringer Constructionshöhe und erheblicher Materialersparnifs grofse Spannweiten zu überdecken. Auf der Thatsache fufsend, dafs der Ausdehnungscoëfficient für Eisen und Beton ein nahezu gleicher ist, dafs Beton mit einer Kraft von 40—47 kg auf 1 qcm Oberfläche des Eisens mechanisch fest haftet und dafs diese beiden Stoffe eine chemische Verbindung mit einander eingehen, die jedes Rosten des Eisens ausschliefst, kann man einen Betonkörper dergestalt mit entsprechend bemessenen Eisenstäben oder Drähten durchziehen, dafs das innig mit einander verbundene Ganze imstande ist, die ihm zugemutheten Zug- und Druckspannungen aufzunehmen. Nach diesen Grundsätzen sind Monierkappen auf eisernen Trägern für 1000 kg Nutzlast im Geschäftshause „Zum Hausvoigt" bei 5 cm Scheitelstärke und einem Eigengewichte von 436 kg auf 1 qm mit 4,70 m Spannweite (Abb. 560), dann für 1500 kg Nutzlast in der Gewehrfabrik von Ludwig Löwe zu Martinikenfelde mit 3 m Spannweite, und in den Berliner Elektricitäts-Werken mit 3,90 m Spannweite, ferner für 3000 kg Nutzlast im Eisenlager von Jacob Ravené Söhne & Cie., Wallstrafse, mit 2,80 und 3,20 m Spannweite, endlich für 5000 kg Nutzlast im Umladeschuppen, Blücherplatz 1/2, gar mit 5 m Spannweite ausgeführt worden. Ferner tragen 8,80 m weit gespannte Flachkuppeln in vier Geschossen über einander die in einem Thurm aufgestellten, in derselben Bauweise mit 7 m Durchmesser und bei 3,20 m Höhe angefertigten Behälter für die Gasanstalt zu Charlottenburg (Abb. 547 u. 548, S. 400). Die Gewölbe sind überbetonirt und mit einem Cementestrich abgeglichen. In der Schultheifs-Brauerei sind Kreuz- und Tonnengewölbe von 14 m Spannweite nach der Monierbauweise ausgeführt. In gleicher Art werden an Ort und Stelle Fufsböden über Träger, wie z. B. im Kartenmagazin der Brandenburgischen Alters- und Invaliditäts-Versicherungsanstalt, dessen Decken auf den unteren Trägerflanschen eingeschobene Gipsdielen bilden, oder über Pfeiler fortgestreckt, wie z. B. im Kinderkrankenhause der Charité zur Unterbringung einer Fufsbodenheizung. In allen Geschossen des Geschäftshauses Hausvoigteiplatz 3/4 und 12 sind ebene Decken mit Kehlen, im Circus Renz sämtliche Sitze, die Fufsböden der Durchfahrt und der Manege in derselben Weise angefertigt. Dagegen werden Monierplatten, wie sie auf den unteren Flanschen der Träger verlegt, die ebenen Decken im Waarenhause von May & Edlich bilden

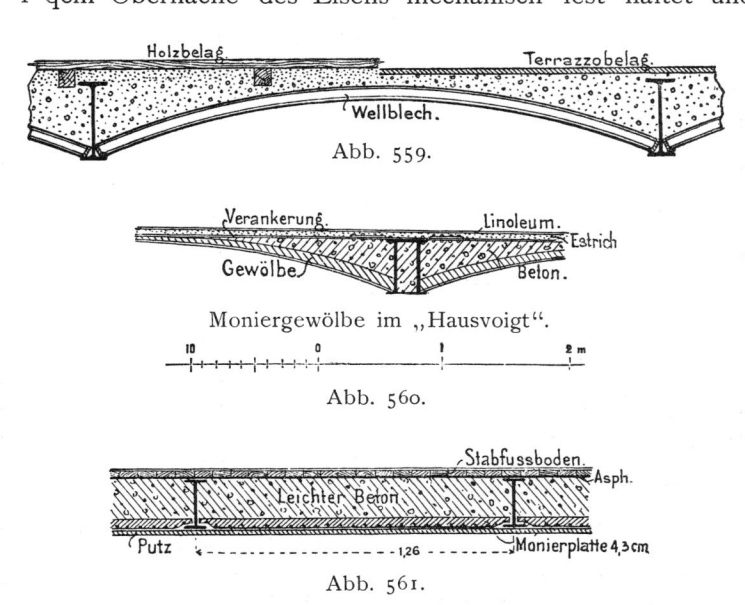

(Abb. 561), von der Fabrik auch fertig geliefert. Die Trägerfache sind hier mit leichtem Beton ausgefüllt. Im Königlichen Opernhause bestehen auch die Schnürböden aus Monierplatten.

Die aufserordentliche Leistungsfähigkeit der Monierconstructionen, über deren Dauer allerdings weitreichende Erfahrungen noch nicht vorliegen, wird nur bei hohen Beanspruchungen, also für aufsergewöhnliche Bauaufgaben, vornehmlich der Ingenieurkunst vortheilhaft ausgenutzt. Für die gewöhnlichen Aufgaben der Architektur stellt sich die Monierbauweise meist zu theuer. M. Koenen hat deshalb neuerdings, um mit der gewölbten Kappendecke in Wettbewerb zu treten, unter Fortlassung der Eisenstäbe eine sogen. Rippendecke eingeführt, eine Art Betondecke, deren Träger in nur 25 cm Abstand angeordnet werden (Abb. 562). Diese Bauweise, die sich auch für Treppen eignet, ist bereits im Bühnenhause des Kroll'schen Theaters, in den Maschinenfabriken von C. Flohr und vorm. Schwartzkopff, im Neubau der Urania, Taubenstrafse, und im Theater des Westens zur Ausführung gekommen. Die Untersicht derartiger Decken und Treppen mufs jedoch in Räumen, die ästhetischen Ansprüchen genügen sollen, durch eine Verkleidung dem Auge entzogen werden. Bei der Kleine'schen Decke, die sich deshalb noch immer steigender Beachtung erfreut (Abb. 564), wird das erspart. Bekanntlich bildet diese eine

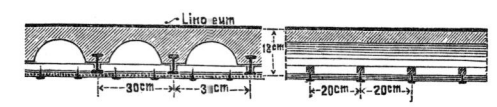

Abb. 562. Koenen'sche Rippenplatte.

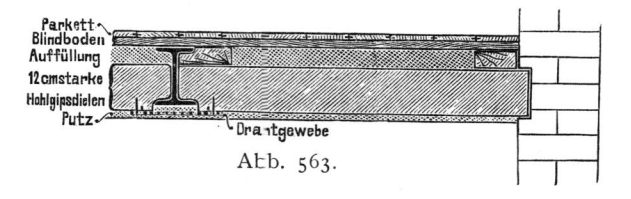

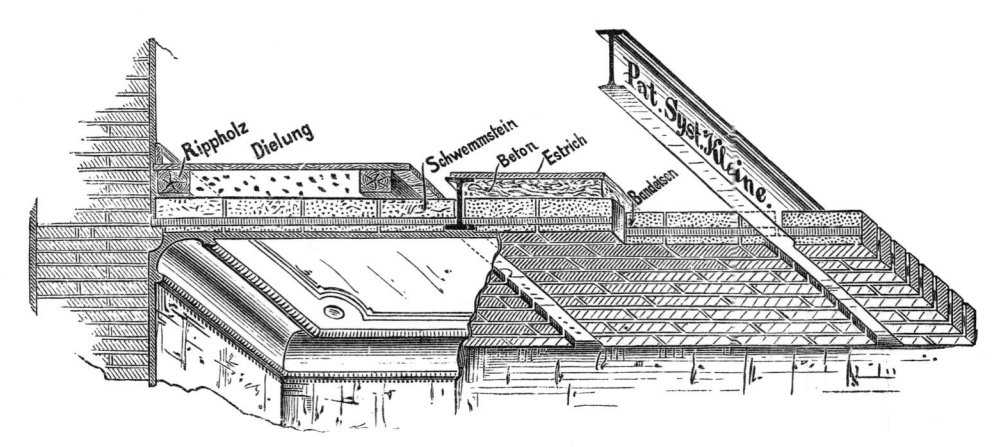

Abb. 563.

Abb. 564. Kleine'sche Decke.

massive Platte aus hochkantig oder auch flach mit hochkantigen Verstärkungsrippen aneinander gereihten Mauersteinen, in deren Reihenfugen Flachschienen auf der hohen Kante mit Cementmörtel eingebettet werden. Statt der vom Erfinder empfohlenen rheinischen Schwemmsteine wählt man in Berlin, soweit es auf leichtes Deckengewicht ankommt, porige Lochziegel aus Bitterfeld, sonst gewöhnliche Mauersteine. Für Keller unter Durchfahrten und befahrbaren Höfen schreibt die Baupolizei sogar Vollziegel vor und Flachschienen von 1 mm Stärke bei 26 mm Höhe für 1,04 m Trägerabstand. Das Eigengewicht dieser Decken beträgt für Wohnhäuser 200—290 kg, für Fabrikgebäude 250—310 kg auf 1 qm. Umfangreichere Ausführungen der Art sind in der Garde-Infanterie-Caserne auf dem Tempelhofer Felde, in der Häusergruppe an der Ecke der Neustädtischen Kirchstrafse und des Reichstagsufers, im Wohnhause Stapf, Mohrenstrafse, im Fabrikgebäude der Allgemeinen Elektricitäts-Gesellschaft, in der Badeanstalt der Wasserfreunde, Commandantenstrafse, endlich in verschiedenen Geschäftshäusern zur Ausführung gekommen. Wie bei den Holzdecken schon erwähnt, sind die Balkenfache in einigen Fällen mit Zwischenböden aus Gipsdielen geschlossen worden. Der hohe Preis des schätzenswerthen Baumaterials verhindert eine allgemeinere Verwendung für diese Zwecke. In massiven Decken ist es jedoch unter Umständen recht wohl am Platze. So sind die Decken im Wohnhause von Dr. Freund, Unter den Linden, im Geschäftshause von Kunheim, Dorotheenstrafse, und im General-Landschaftsgebäude am Wilhelmsplatz aus Mack'schen Hohlgipsdielen von 80 kg Eigengewicht auf 1 qm bei 12 cm Stärke (Abb. 563) zwischen eisernen Trägern angefertigt. Auf die Decken im Kartenmagazin der Brandenburgischen Alters- und Invaliditäts-Versicherungsanstalt, für die Hartgipsdielen verwendet wurden, ist schon bei Besprechung der Monierbauweise hingewiesen worden.

Die Bauweise der Rabitzdecken ist im Grundgedanken bereits bei den Rabitzwänden besprochen worden. Sie gestattet sowohl tragende Constructionen herzustellen, als auch nur verkleidende Umhüllungen. So sind die Gewölbe vieler Malzdarren, die Platten der Schnürböden im Lessing- und Thomastheater, sogar der ganze Einbau der Ränge im Neuen Theater und der grofse Fufsboden im Parkett des Lessingtheaters 5 cm stark mit durchhängendem Drahtnetze über eiserne Träger weg als Nutzlasten aufnehmende Bautheile construirt, während der im grofsen Saale des Industriegebäudes, Beuthstrafse, ausgeführte Deckenspiegel mit Kehle und Stichkappen an einer darüber gewölbten Kappendecke angehängt ist und ebenso wie das im Reichsamt des Innern den Festsaal überspannende Klostergewölbe (Abb. 565) mit Stichkappen nur das eigene Gewicht zu tragen hat.

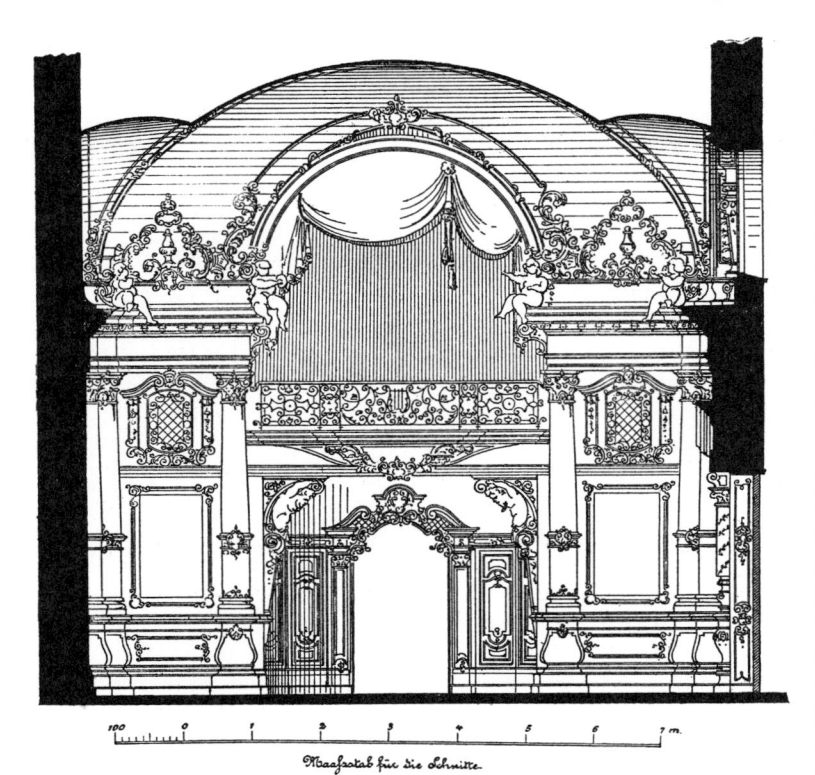

Abb. 565. Festsaal des Reichsamts des Innern, Querschnitt.

Die vielseitige Verwendbarkeit der Rabitzbauweise zeigt sich ferner an den busigen Kappen achttheiliger Kreuzgewölbe in der Elisabethkirche, an der ebenen Decke in der Flurhalle und an den steigenden Kuppelgewölben der Haupttreppe des Landeshauses, an der geschwungenen Musiktribüne im Industriegebäude u. a. O. m.

Zum Schlusse mögen noch die inneren Oberlichtdecken, die aus Eisen construirt oft in grofser Ausdehnung Kaufläden, Schalterhallen in Post- und Bankhäusern, Sitzungssäle, z. B. im Reichstagshause und im Brandenburgischen Landeshause überdecken, wenigstens erwähnt werden. Hieran würden sich begehbare Glasdecken reihen, die aus Rohglastafeln auf eisernen ⊥ oder L-Schienen, nöthigenfalls mit Zwischenlagen von Filzstreifen angefertigt werden und als ganze Fufsböden dienen, wie z. B. in der Physikalisch-Technischen Reichsanstalt zu Charlottenburg oder als Galerien und Brücken, um oben an die hohen Schränke zu gelangen, wie im Kartenmagazin der Brandenburgischen Alters- und Invaliditäts-Versicherungsanstalt. Im Reichspatentamt, Reichsversicherungsamt, im

442   II. Die Bauconstructionen.

Teltower Kreishause, in zahllosen Kaufläden sind ebensolche Galerien mit Holz- oder Blechböden und Linoleumbelag ausgeführt worden.

6. Treppen.

In Gebäuden, deren oberster Geschofsfufsboden 2 m über dem Erdboden liegt, ist mindestens eine Treppe, die aus Holz bestehen kann, erforderlich. Erhebt sich dagegen der oberste Geschofsfufsboden im Ringbahngebiet mehr als 6 m, in den Vororten mehr als 7 m über den Erdboden, so wird eine feuerfeste Treppe verlangt, wenn nicht zwei Treppen in gesonderten Räumen angeordnet werden. Doch soll, im Falle der oberste Geschofsfufsboden innerhalb der Ringbahn über 10 m und aufserhalb derselben über 11 m hoch belegen ist, aufser einer feuerfesten Treppe die Anordnung einer zweiten Treppe die Regel bilden. Ausnahmen davon werden nur in Gebäuden von geringer Grundfläche zugelassen und zwar unter der Bedingung, dafs die Treppe nicht bis in den Keller hinunter geführt und der Treppenraum unter dem Dache feuerfest abgedeckt wird. Im übrigen mufs von jedem Punkte des Gebäudes eine Treppe auf höchstens 25 m Entfernung erreichbar sein mit der für hohe Bebauung nothwendigen Mafsgabe, dafs jede Wohnung oder jeder sonst zum dauernden Aufenthalte für sich benutzte Gebäudetheil unmittelbaren feuersicheren Zugang zu zwei Treppen oder zu einer feuersicheren Treppe haben mufs. Nur in Landhäusern und Kleinbauten genügt in allen Fällen eine Treppe, auch wenn sie nicht feuerfest ist.

Alle im baupolizeilichen Sinne nothwendigen, unmittelbar vom Tageslicht zu erhellenden Treppen sind in einer freien Breite von mindestens 1 m und mit Ausnahme der Keller- und Dachbodentreppen in den Vororten, die 20/23 cm Steigung erhalten dürfen, mit nicht mehr als 18/26 cm Steigung durch alle Geschosse zu führen. Werden sie nicht bis zum Dachboden weiter geführt, so mufs im obersten Geschosse sich eine feuersicher abgeschiedene Verbindung zum Dachboden, die jedoch nicht mehr, wie früher statthaft war, aus einer

Abb. 566.

Leiter bestehen darf, daran schliefsen. Wie schon gesagt, sind die Treppenräume in der Regel mit massiven Wänden zu umschliefsen; das gilt auch für den Abschlufs gegen den Dachraum. Die Treppenräume sind ferner feuersicher abzudecken. Weitergehende Anforderungen in Bezug auf die Zahl und die Art der Treppen und Ausgänge werden in Betriebsstätten erhoben, für die eine besondere gewerbepolizeiliche Genehmigung erforderlich ist. In Fabrikgebäuden, Lagerhäusern, Gast- und Vereinshäusern, in Schul- und Krankenhäusern, Theatern und sonstigen Versammlungssälen müssen wenigstens zwei überwölbte Treppenräume, feuersichere Thüren, die in gemauerten Falzen nach aufsen aufschlagen, und so breite Treppen vorhanden sein, dafs da, wo sich die Menschen in Massen zusammendrängen, auf je 120 Personen und da, wo sie sich, wie in Fabrikgebäuden, auf mehrere Geschosse vertheilen, auf je 150 bis 180 Personen 1 m Treppenbreite entfällt. In Wohnhäusern werden Haupttreppen gewöhnlich 1,30—1,60 m breit, Nebentreppen 1,10—1,25 m breit angelegt.

Als feuerfest gilt eine Treppe, deren tragende Theile, Tritt- und Setzstufen, massiv oder von Eisen gefertigt sind. Doch ist es zulässig, die Stufen, falls sie nicht aus durchbrochenem Eisen bestehen, mit Holz zu belegen. Granitstufen zu freitragenden Treppen zu verwenden, ist verboten. Nicht feuerfeste, also hölzerne Treppen müssen, sofern es sich um nothwendige Treppen handelt, auf der Unterseite gerohrt und geputzt oder sonstwie in gleichem Mafse feuerfest bekleidet werden. Darunter dürfen keine Holzverschläge Platz finden. An die Stelle von Sandstein, der früher überwiegend zu massiven Treppen verwendet wurde, ist heute vielfach Niederschöneweider Kunststein (Abb. 566) oder Terrazzobeton

II. Die Bauconstructionen. 443

in freitragenden Stufen, bezw. Schmiedeeisen in Wangentreppen oder Wellblech auf eisernen Trägern, die Monierplatte und Rippendecke mit aufgemauerten oder aufbetonirten Stufen getreten. In gewöhnlichen Wohnhäusern werden die Nebentreppen meistens mit steigenden Kappengewölben, die Haupttreppen, soweit sie nicht massiv sein müssen, mit geraden Läufen aus Holz, sonst in einem versteckten, mit Holz oder noch öfter mit Stuck bekleideten Massivbau hergestellt. Dübel in die gemauerten Stufen eingelegt, dienen zur Befestigung der Trittbohlen. Stufen aus Kunststein von 1,25 m Ausladung mit Eiseneinlage haben im Hause Krausenstrafse 39 Probebelastungen bis zum fünffachen der Nutzlast ohne Schaden ausgehalten. Die Treppen im Magazin des Garnisonlazareths zu Tempelhof (Abb. 567) haben Läufe von steigenden Monierkappen und Absätze von ebenen Monierplatten; die Treppen im Proviantamt, Köpenicker Strafse, und in einer Fabrik zu Stralau Läufe von ebenen Monierplatten und Absätze von flachen Monierkappen (Abb. 568). Aber auch vornehmere Treppen sind in der Monierbauweise hergestellt, wie die Haupttreppe in der Deutschen Bank, Mauerstrafse. Vor den schmiedeeisernen Treppen haben die Moniertreppen den Vorzug gröfserer Feuersicherheit. Die gufseisernen Treppen sind selten geworden; insbesondere findet die Wendeltreppe aus Gufseisen noch selten Liebhaber.

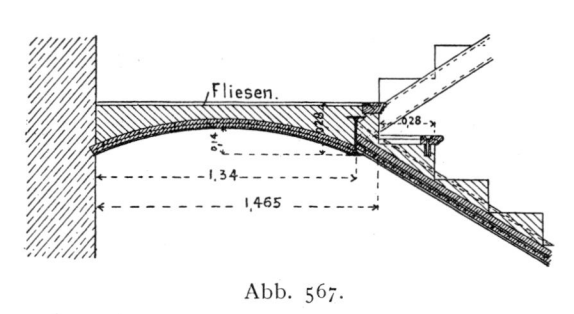

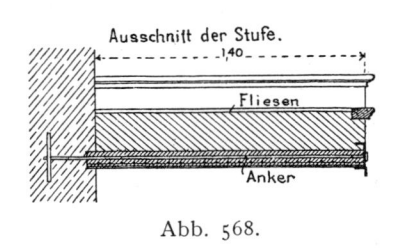

Eine gemischte Construction zeigen viele Stadtbahntreppen; die tragenden Wangen bestehen aus Schmiedeeisen und die Trittstufen entweder aus einem gufseisernen Roste, dessen Oeffnungen mit Holzklötzchen ausgefüllt werden oder aus Wellblech mit einem Betonauftrag und Asphaltbelag, während die Setzstufen bald aus der einen, bald aus der anderen Eisenart hergestellt sind. Für gewölbte Treppen rechnet die Baupolizei 1000 kg Belastung auf 1 qm.

7. Feuerungs- und Werkstatts-Anlagen.

Besteigbare Schornsteine von 42/47 cm lichtem Querschnitt finden sich, abgesehen von Fabrikgebäuden, fast nur noch in älteren Wohnhäusern für Küchenfeuerungen vor. Sie führen zugleich den Küchenwrasen ab, häufig auch noch den Rauch nahe dabei liegender Stubenöfen und beginnen meist erst in demselben Geschosse, in dem die Küche liegt, von der aus sie durch eine Einsteigeklappe vom Schornsteinfeger befahren werden. In neueren Wohnhäusern sind die engeren, sogen. russischen Schornsteinröhren von mindestens 250 qcm, meist mit 14/20 cm bemessenem lichten Querschnitt üblich geworden. Diese können den Rauch von drei Stubenöfen oder von einer Küchenfeuerung aufnehmen. Für jeden Stubenofen, der mehr daran gehängt wird, ist der Querschnitt des Schornsteinrohres um 80 qcm zu vergröfsern. Zur Abführung des Wrasens mufs dann für jede Küche ein in dem Schornstein hochzuführendes Dunstrohr von der Weite eines russischen Rohres oder, was jetzt fast allgemein geschieht, um nicht die Mauern vielgeschossiger Gebäude zu arg zu zerreifsen, für alle über einander liegenden Küchen ein entsprechend gröfseres, meist mit 27/27 cm lichtem Querschnitt bedachtes Dunstrohr angelegt werden. Die Wangen und Scheidewände der Schornsteinrohre sind wenigstens 12 cm stark, die Wangen gegen Nachbargrenzen und Treppenhäuser 25 cm stark zu mauern, die Innenseiten der Rohrwandungen in den Fugen glatt zu verstreichen, die Aufsenseiten zu verputzen und von allem Holzwerk, falls sie nur 12 cm oder überhaupt nur weniger als 25 cm stark sind, mindestens 10 cm entfernt zu halten bezw. durch doppelte, in Verband gelegte Dachsteinschichten zu trennen. Die

Schornsteine sind ferner von unten auf zu untermauern oder feuersicher zu unterstützen, nur in massiven Wänden auf Mauerbögen oder Eisenträgern zu schleifen und mindestens 30 cm über Dach zu führen. Das Schleifen geschieht nicht unter einer Neigung von 45° und mit Ausrundung der Brechungsstellen.

Unbesteigbare Schornsteine müssen behufs ihrer Reinigung unten und oben, aufserdem aber auch bei jedem Richtungswechsel, sofern die Neigung weniger als 60° beträgt, hinlänglich grofse Oeffnungen erhalten. Unten dürfen derartige Oeffnungen nie unter einer hölzernen Treppe, im übrigen immer nur 1 m entfernt von allem Holzwerk angelegt werden. In besteigbaren Schornsteinen von gröfserer Lichtweite sind Steigeisen anzubringen. Für Schornsteine von Centralheizungen oder anderen grofsen Feuerungen können stärkere Wangen vorgeschrieben werden. Dampfschornsteine müssen Blitzableiter erhalten. Alle seitlichen Einsteige- und Reinigungsöffnungen sind mit eisernen Schiebern oder in Falze schlagenden Thüren dicht zu verschliefsen. Die Ofenröhren müssen von geputztem oder verblendetem Holzwerk 50 cm, von freiem Holzwerk 1 m entfernt bleiben.

Feuerstätten müssen in allen Bestandtheilen feuerfest sein. Unter Kochmaschinen und sonstigen Feuerherden sind die Decken mit den Fufsböden einschliefslich eines mindestens 5 cm breit anzulegenden Einfassungsstreifens im allgemeinen massiv anzufertigen. Nur in den Vororten können Feuerherde mit feuersicheren Stützen auch auf Holzbalkendecken und Holzfufsböden errichtet werden, wenn unter dem Herde ein Luftraum von wenigstens 15 und höchstens 20 cm belassen, der Fufsboden daselbst mit einer 5 cm starken Massivschicht auf mindestens 1 mm starker Eisenplatte geschützt wird und die Massivschicht mit der Eisenplatte 5 cm über den Rand des Herdes vortritt. Die gleichen Vorschriften gelten für Metallbadeöfen. Die Stubenöfen und andere Feuerstätten sind vom Holzfufsboden durch eine mindestens 5 cm starke Massivschicht und einen sich darüber erstreckenden, den Durchgang der Luft gestattenden Hohlraum von mindestens 5 cm Höhe zu trennen. Der Fufsboden vor diesen Feuerstätten mufs eine Massiv- oder Blechbekleidung von 50 cm Breite und 30 cm Ausladung nach jeder Seite erhalten. Vor gewöhnlichen Stubenöfen sind aber auch bewegliche Metallvorsetzer zulässig. Von verputztem, verblendetem oder sonstwie feuerfest bekleidetem Holzwerke sind Stein- oder Kachelöfen 25 cm, Ofenröhren und eiserne Oefen 50 cm, von freiem Holzwerke doppelt so weit entfernt zu halten.

Offene Herde müssen fest übermantelt, die Fufsböden ringsum 50 cm breit feuerfest bekleidet werden. Für Feuerstätten von gröfserem Umfange (grofse Kochherde, Waschkesselfeuerungen usw.) bleibt es der Baupolizei vorbehalten, weitergehende Anforderungen zu stellen, wie sie z. B. für Glüh- und Schmelzöfen aller Art, Schmieden, Tiegelgiefsereien, Theer- und Oelkochereien, Backöfen, Räucherkammern solche stets zu stellen pflegt. In Tischlereien, Drechslereien, Stellmachereien dürfen keinerlei Metallöfen, vielmehr nur Stein- oder Kachelöfen mit feuerfestem Vorgelege oder vom Nebenraume aus beheizbar aufgestellt werden. Besondere Leimküchen sind ganz massiv zu umschliefsen und die zur Werkstatt führende eiserne Thür hat 50 cm Abstand vom Herde der Leimküche zu halten. Ueberdies wird es mit Rücksicht auf die Feuersgefahr nur dann gestattet, Werkstätten zur Holzbearbeitung oder überhaupt Werkstätten von mehr als 30 qm Grundfläche in Wohnhäusern einzurichten, wenn sie nebst den zugehörigen Lagerräumen von den oberhalb belegenen Wohnungen durch feuerfeste Decken und besondere Treppen vollständig getrennt werden. Sie müssen von massiven Wandungen umschlossen sein und eiserne Thüren erhalten, die nach aufsen aufschlagen und sich selbstthätig schliefsen. Fällt die Vorsorge für die Wohnungen fort, so sind Holzbalkendecken zulässig, wenn sie durch Rohrputz und zur Erhaltung desselben noch durch eine Bekleidung aus Eisenwellblech geschützt werden. Haupttreibriemen führt man in gemauerten Schächten; für Nebentreibriemen genügt ein Eisenbeschlag der Oeffnungen und eine eiserne Ummantelung bis in Brüstungshöhe. Die Durchgänge der Wellen für die Kraftübertragung durch die Mauern sind zu verschliefsen. Verbindungstreppen innerhalb der Geschosse müssen feuersicher ummantelt oder dürfen wenigstens nur durch zwei über einander liegende Geschosse geführt werden. Besondere Spänegelasse sind im Keller oder zur ebenen Erde mit massiven Wänden und Decken anzulegen und vom Hofe aus durch eine eiserne oder eine mit Eisenblech beschlagene hölzerne Thür zugänglich zu machen.

II. Die Bauconstructionen. 445

8. Dächer.

Als noch sechs bewohnbare Geschosse über einander gestattet waren, hatte man auf das im hellenistischen Zeitalter verfehmte Mansardendach zurück gegriffen, um hinter steil ansteigenden Dachflächen Dachwohnungen anzulegen, deren sogar in den schmaleren Strafsen zuweilen zwei über einander angeordnet wurden. Seitdem im Jahre 1887 die zulässige Zahl der Wohngeschosse auf fünf herabgesetzt worden ist, hat die Anlage von Dachwohnungen in den neueren, meist 19 m Bauhöhe gewährenden Strafsen infolge der Vorschrift, dafs der Fufsboden des ausgebauten Dachraumes sich ebenso wie der oberste Fufsboden eines massiven Wohngeschosses nicht höher als 17,50 m über den Erdboden erheben darf, fast aufgehört und in den älteren, eine geringere, mindestens aber 12 m Bauhöhe verbürgenden Strafsen infolge der Vorschrift, dafs der ausgebaute Dachraum unmittelbar über dem obersten massiven Geschofs liegen mufs, nach vorn heraus erheblich nachgelassen. Um so mehr hat die Anlage von Dachwohnungen in den Höfen zugenommen. Die weitere, den Einlafs von Luft und Licht regelnde Bestimmung, dafs über der zulässigen Fronthöhe die Dachneigung nicht steiler als 45° sein darf, hat auch das Mansardendach umgebildet zu einem an der Strafse über dem Hauptgesimse schräg ansteigenden und nach dem Hofe zu flachen, von einem Drempel gestützten Dache, das der verschiedenen Neigung entsprechend mit Schiefer bezw. Holzcement gedeckt wird. Im übrigen mufs jede Dachwohnung, deren geringste Stubenhöhe 2,50 m betragen soll, einen feuersicheren Zugang zu zwei Treppen oder zu einer feuerfesten Treppe haben und vom übrigen Dachraume durch massive Wände geschieden sein. Diese Vorschrift gilt auch für einzelne zum dauernden Aufenthalte bestimmte Räume, wie Waschküchen, die früher wohl oft auf dem Dachboden angelegt worden sind.

Die Dachstühle der gewöhnlichen Wohnhäuser werden fast immer aus Holz hergestellt und zwar als Sparrendächer auf Fetten mit doppelten Stuhlwänden und meist auch Drempelwänden, sodafs ein Kniestock entsteht. Nur da, wo es auf gröfsere Feuersicherheit ankommt oder wo gröfsere Spannweiten zu überdecken sind, wie in Geschäftshäusern, Fabrik- und öffentlichen Gebäuden, wird jetzt gern Eisen verwendet. Als hervorragende Holzconstructionen älterer Zeit seien hier die Satteldächer der Exerzier- und Reithäuser, die Thurmhelme der Jerusalemer und Marienkirche, das Kuppeldach der St. Hedwigskirche genannt. Aber auch in neuerer Zeit kommen noch ausgedehnte Holzconstructionen vor, wie z. B. die Satteldächer der St. Simeonskirche. Eisenconstructionen sind schon für die Kuppel des Kgl. Schlosses, die Satteldächer der Synagoge in der Oranienburger Strafse, des Rathhauses und der Börse ausgeführt worden. Daran sind zu reihen die Zelt- und Kuppeldächer der ganz aus Eisen errichteten und deshalb bereits bei den Wänden erwähnten Circus- und Panoramagebäude, der Hallen im Landesausstellungspark, der Gasbehälter und Retortenhäuser, sowie der Neuen Kirche mit Oberlicht, ferner die Hallendächer des Potsdamer und Anhalter Bahnhofes, der Stadtbahnhöfe am Alexanderplatz und an der Friedrichstrafse, endlich die Thurmhelme der Petri- und Klosterkirche und der Kuppelthurm der Kirche zum heiligen Kreuz u. a. m. Auch im Wohn- und Geschäftsbau spielen jetzt Thürmchen eine Rolle theils in Form von Dachreitern, wie z. B. auf dem Faber'schen Hause in der Friedrichstrafse, theils kuppelförmig zur Betonung von Ecken entweder massiv mit einer Hülfsconstruction aus Eisen, wie die Häuser am Eingange der Kaiser-Wilhelm-Strafse gegenüber dem Lustgarten, oder auch durchbrochen in Medalldeckung, wie auf der Häusergruppe gegenüber dem Bahnhofe Friedrichstrafse am Reichstagsufer zu sehen ist. Zwei für grofsstädtische Verhältnisse besonders charakteristische Beispiele von eisernen Dachstühlen führen die Abb. 569 u. 570 vor, beide dazu bestimmt, nutzbare Dachräume zu bilden. Der eiserne Dachstuhl über dem Industriegebäude, Beuthstrafse, reicht nur so weit, als das 3,90 m hohe Dachgeschofs erfordert, während sich über dem zweiten Dachboden ein hölzerner Dachstuhl erhebt, der mit dem eisernen sich zu einem vereinigten Schiefer- und Holzcementdach zusammenfügt. Der Dachstuhl des Geschäftshauses von Manheimer besteht gänzlich aus Eisen und bildet ein Tonnendach mit Oberlicht, das innen mit Gipsdielen ausgefüttert, von aufsen auf Monierplatten mit einer Zinkhaut überzogen ist. Ausschliefslich in der Monierbauweise, also ohne eigentlichen Dachstuhl, ist ein Dachgewölbe von 18 m Spannweite für die Schultheifs-Brauerei hergestellt. Besonders eignet sich aber die Monierplatte für flache Dächer, wie sie z. B. mit einer Kupferhaut geschützt das Königliche Schauspielhaus und die Kur- und Neumärkische Ritterschaftsbank erhalten haben. Aber auch in der Rabitzbauweise lassen sich flache Dächer anfertigen; das zeigt auf eisernem Dachstuhl das Wohn- und Geschäftshaus von Dr. Freund, Unter den Linden. Dachleinen (von Weber-Falkenberg) ist hier zur Dachhaut verwendet, nachdem die Rabitzdecke mit Goudron angestrichen war. Das flache Dach über dem Lagerhause des Königlichen Packhofes ist mit Fliesen, dasjenige über dem neuen Anbau der Reichsbank mit Mauersteinen auf eisernen Sprossen abgepflastert als Unterlage für eine Holzcementdeckung.

Als Bedachungsmaterialien sind bereits Schiefer, Holzcement, Zink und Kupfer genannt worden. Kupferdeckungen sind namentlich für Monumentalbauten wieder sehr in Aufnahme, Zinkdeckungen dagegen arg in Verruf gekommen. Holzcementdeckungen werden noch vielfach ausgeführt, wenn auch die nach langer Unterdrückung wiedererwachte Freude am hohen Dache dem flachen Dache überhaupt Abbruch thut. Als Ersatz für Holzcementdeckungen kommen ferner Doppelpappdeckungen und Patent-Pappdeckungen vor. Namentlich letztere, die steiler und zwar bis 1 zu 5 ausgeführt werden

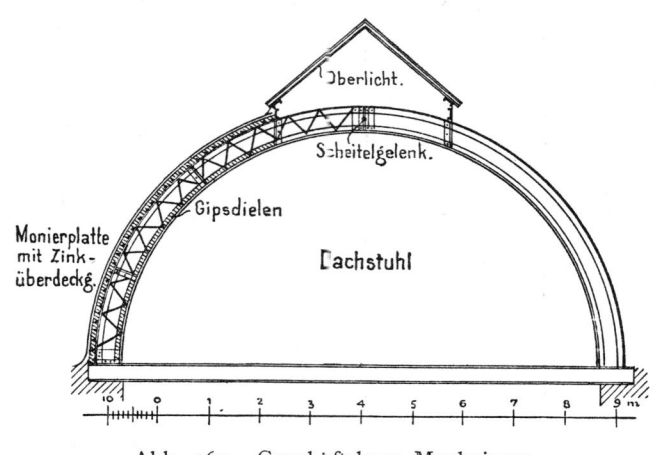

Abb. 569. Geschäftshaus Manheimer.

können und zwischen zwei mit Mastix, nicht mit Theer gestrichenen Papplagen eine Zwischenlage von Leinewand erhalten, haben sich auf verschiedenen Privathäusern in der Matthäikirchstrafse und An den Zelten, sowie auf dem Geschäftshause der New-Yorker Germania als durchaus dicht bewährt. Schieferdeckungen bevorzugt man jetzt wieder nach deutscher Art, d. h. als einfache Schuppendächer mit Schiefersteinen deutschen Ursprungs auf Schalung, meist mit einer Unterdeckung von leichter Dachpappe. Schiefersteine englischen Ursprungs werden stets nach englischer Art gedeckt, auf Lattung oder Schalung, jedoch finden auch zu Doppeldächern deutsche Schablonenschiefer Anwendung. Von den deutschen Schieferarten gelten die Thüringer für besser, als die Rhein- und Moselschiefer. Für die Schuppendächer wird besonders der Lehestener Schiefer geschätzt; so sind unter anderen das Wohnhaus Pintsch in der Thiergartenstrafse, das romanische Haus gegenüber der Kirche zum Gedächtnisse Kaiser Wilhelms, diese Kirche selbst, die Erlöserkirche zu Rummelsburg und die zweite Garnisonkirche in der Hasenhaide gedeckt. Das Landeshaus der Provinz Brandenburg hat Doppeldächer, nach vorn aus deutschem Schablonenschiefer, nach hinten aus englischen Schiefersteinen. Englische Schieferplatten zur Abdeckung von Gesimsen finden sich fast durchweg auf den Backsteinbauten der Stadtgemeinde Berlin und der Garnisonverwaltung. Die gewöhnlichen Dachziegel, Bieberschwänze genannt, haben vor den sehr beifällig aufgenommenen Falzziegeln zurückweichen müssen. Von hervorragenden Bauten hat sie das Tucherhaus in der Friedrichstrafse noch verwendet. Falzziegel (von Ludowici) liegen in den Dächern der Königlichen Eisenbahndirektion, des Friedrich-Wilhelms-Gymnasiums in der Kochstrafse und des Heinrichs-Gymnasiums in Schöneberg, des Reichspatent-Amtes, der Himmelfahrts-, Luther- und Pauluskirche, ferner der Kirche zum heiligen Kreuz, zahlreicher Landhäuser in den Vororten, endlich der Irrenanstalt zu Lichtenberg und der Anstalt für Epileptische zu Biesdorf. Neuerdings sind auch holländische Dachpfannen eingeführt und in grofsem Umfange von den Wasserwerken zu Lichtenberg und Friedrichshagen verwendet worden; dazu kommt die Wiederaufnahme alter Ziegelformen, wie z. B.

II. Die Bauconstructionen. 447

in der Deckung mit Nonnen und Mönchen beim Postzeitungsamt in der Dessauer Strafse und in der Deckung mit sogen. altdeutschen Falzziegeln von Ludowici beim Geschäftshause am Hausvoigteiplatz 12.

Die Dachgesimse der Reihenhäuser müssen in den Vororten massiv sein; im Ringbahngebiet dürfen sie noch aus Holz gefertigt werden unter der Bedingung, dafs sie wenigstens auf 1 m von der Nachbargrenze ab aus unverbrennlichem Materiale bestehen. In den Landhausbezirken sind Holzgesimse unbeschränkt gestattet. Die Dachrinnen und Abfallröhren werden gewöhnlich aus Zinkblech gefertigt, für Monumentalbauten dagegen auch aus Kupferblech. Das schon genannte romanische Haus hat hartgelöthete Dachrinnen und Abfallröhren, sowie gehämmerte Dachknaufe aus Kupfer. Schutzvorrichtungen gegen das Herabfallen von Schnee und Eis kann die Baupolizei anordnen. Oeffnungen in den Dächern mit Ausnahme der Lichtschächte unterliegen den gleichen Bestimmungen, wie die Oeffnungen in den Um-

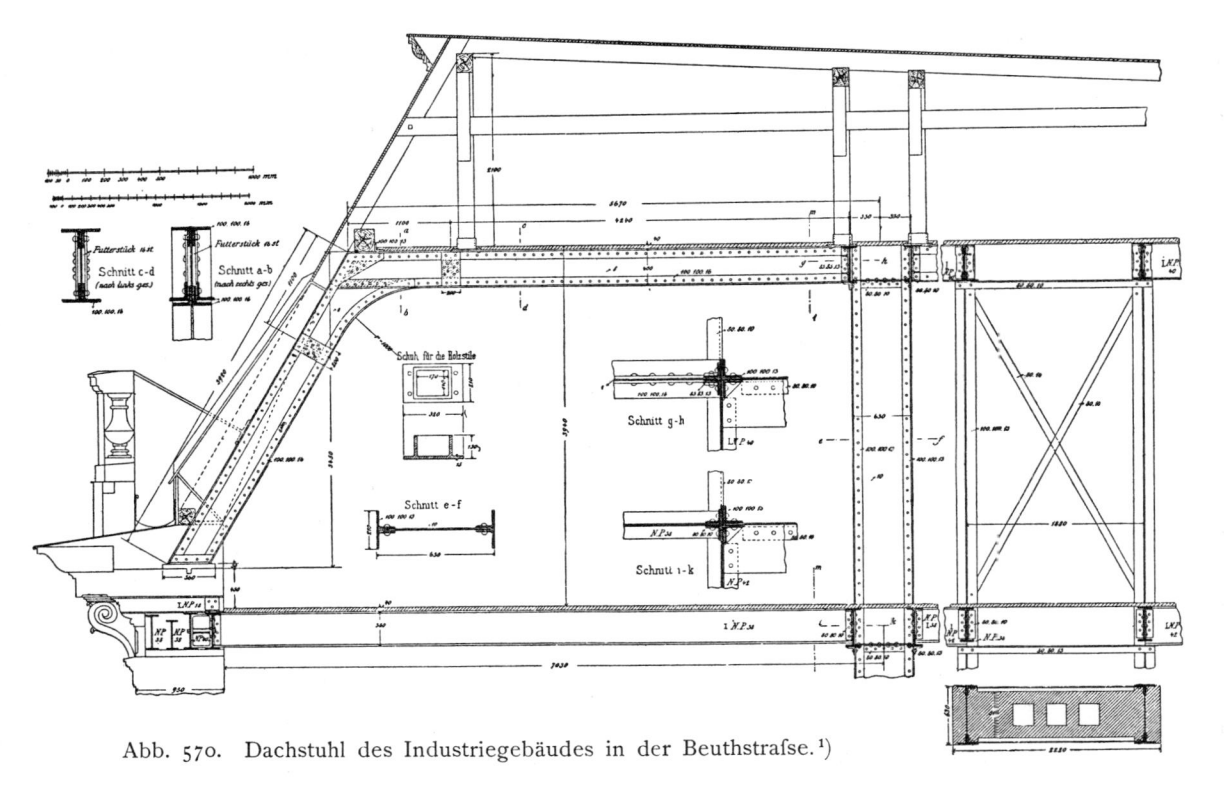

Abb. 570. Dachstuhl des Industriegebäudes in der Beuthstrafse.[1]

fassungswänden. Stehende Dachfenster, anfangs mit Glockenhauben oder Spitzhelmen, dann mit Sattel- und Pultdächern, auch erkerartige, zuweilen die Breite der dahinter liegenden Dachstube einnehmende Dachfenster sind wieder sehr beliebt; in der Stadt erscheinen sie allerdings infolge der die Dachaufbauten beschränkenden Bestimmungen der Baupolizei oft in eintöniger Wiederholung. Die Seitenwandungen der Dachfenster werden mit kleinen Dachziegeln gedeckt oder mit den Kehlen zusammen eingeschiefert. Die Fledermausluken, die mit den älteren Häusern fast verschwunden waren, tauchen neuerdings wieder auf. Die liegenden Dachfenster aus Gufseisen sind besonders auf Schiefer- und Ziegeldächern nach wie vor im Gebrauch.

Gegen das Herabfallen zerbrochener Scheiben müssen schützende Drahtnetze unter die äufseren Oberlichte gespannt werden, falls nicht das Drahtglas von Siemens für die Verglasung gewählt wird; sonst ist die Eindeckung der Oberlichte die allgemein bekannte. Schliefslich sei noch auf die hängenden Vordächer mit Verglasung auf den Bahnhöfen am

---

[1] Mit ausdrücklicher Erlaubnifs des Verlegers aus Breymann, Bauconstructionslehre, Bd. III. Eisenconstructionen, 5. Aufl., von O. Königer entnommen.

9. Ausbildung der Schauseiten (Façaden).

Wie schon bei Beschreibung der in Berlin gebräuchlichen Baustoffe, auf welche hiermit verwiesen wird, erwähnt worden, ist die Verblendung mit Haustein in erfreulicher Zunahme begriffen. Eine stattliche Anzahl vornehmer Wohnhäuser, grofser Bank- und sonstiger Geschäftshäuser legt davon Zeugnifs ab. Wichtige Staatsbauten werden kaum mehr anders ausgeführt. Im übrigen erscheinen die öffentlichen Gebäude aus älterer Zeit, abgesehen von einigen Monumentalbauten, die aber auch wie das Königliche Schlofs und die Ruhmeshalle Putzflächen zwischen Hausteingliederungen oder wie das Alte Museum nur einige Hauptteile aus Haustein, alles andere in Putz aufweisen, ebenso wie die meisten Privathäuser auch jetzt noch als Hausteinformen nachbildende Putzbauten, aus neuerer Zeit dagegen als Backsteinbauten und zwar entweder nur aus Ziegeln oder in Verbindung mit gröfseren Terracotten, wie die weitaus meisten städtischen Bauten. Die Bahnhofsgebäude sind vielfach in ähnlicher Weise ausgeführt. Die Schauseiten der neueren Kirchen bestehen zum Theil aus Haustein, zum Theil aus Backstein, der bei einigen in reicher, farbiger Behandlung erscheint. Die dem Gedächtnisse Kaiser Friedrichs gewidmete Kirche im Thiergarten hat Hausteingliederungen mit Backsteinflächen. Diese Mischbauweise findet sich sonst noch oft bei hervorragenden Profanbauten, zuweilen noch gesteigert durch die Mitverwendung farbig glasirter Terracotten oder gar Glasmosaik. Letztere schmückt aufser dem bekannten Hause von Pringsheim das Geschäftshaus der Lebensversicherungs-Gesellschaft Germania und das Neue Theater am Schiffbauerdamm. Der Backsteinbau hat in gleicher Weise für Privathäuser, vornehmlich in den letzten Jahren auch für Landhäuser Eingang gefunden entweder als reiner Backsteinbau oder als Backsteinrahmwerk mit Putzflächen, auch unter Anwendung von Stippputz zuweilen im Verein mit Holzfachwerk. Wo die Geldmittel reichlicher fliefsen, wird das Rahmwerk aus Haustein hergestellt. Ueberhaupt hat der Landhausbau einen erfreulichen künstlerischen Aufschwung genommen, während sich dasselbe vom Stadthausbau im allgemeinen nicht sagen läfst, obwohl auch hier vortreffliche Leistungen in fast allen Stadtgegenden, z. B. im Hansaviertel und am Kurfürstendamm zu verzeichnen sind, die namentlich in der Art den Putz zu behandeln und schmückende Zuthaten wie echten Stuck im Kalkmörtel, dem nur ein wenig Cement zugesetzt wird, frei anzutragen, belehrende Beispiele abgeben. Nicht nur das gewöhnliche, sondern auch das sogenannte herrschaftliche Miethshaus steht, wie oben schon bemerkt, noch vielfach im Banne einer in gegossenem Gipsstuck angeklebten Monumentalarchitektur. Die überreiche Gestaltung der Schauseiten, der Treppenhäuser und Zimmerdecken entspringt oft nur dem Triebe, eine möglichst hohe Einschätzung zur Feuerkasse und damit die Hinaufschiebung der Beleihungsgrenze zu erzielen. Sehr beliebt ist ein kräftiger Quaderputz; die gezogenen Gurtgesimse, Fensterbrüstungen und Verdachungen werden mit Zinkblech abgedeckt, während die weit ausladenden, an den Zangen der Drempelwand befestigten Hauptgesimse im wesentlichen aus Kiefernbohlen bestehen. Nach polizeilicher Verordnung dürfen Ziertheile von Stuck nicht auf Holz, und zwar weder an Gesimsen, noch an Knaggen, Dübeln, Schalbrettern u. dgl. befestigt werden. Dafür sind sichere Verbindungen mit dem Mauerwerk, das zu diesem Zwecke mindestens 25 cm stark sein mufs, durch einzumauernde oder sonstwie im Mauerwerk dauerhaft zu befestigende, eiserne Hülfsconstructionen von ausreichender Stärke vorgeschrieben. Demnach werden eiserne Nägel und Bankeisen für die kleineren Consolen des Hauptgesimses, für Schlufssteine usw. gewählt, Strebeeisen für die gröfseren Consolen von Balcons und Erkern. Für die oft mächtigen Gipsstücke, die Kragsteine von Balcons und Erkern nachahmen, sind geschmiedete Bolzen mit so breiten und starken Absätzen zu verwenden, dafs sie die Ziertheile völlig zu tragen vermögen. Derartige Bolzen müssen in den massiv herzurichtenden Unterseiten jener Bautheile oder in den Aufsenwänden der Gebäude fest eingemauert werden. Verzierungen aus Steinpappe sind nur in beschränkter Ausdehnung zulässig. Steht dem-

II. Die Bauconstructionen. 449

nach, wie aus dieser — der Gefährlichkeit einer leichtfertig hingesetzten Stuckfaçade begegnenden — Verordnung hervorgeht, der Gips noch immer in ungeschwächtem Ansehen, so ist die seiner Zeit übertriebene Werthschätzung des Zinks allmählich einer besseren Einsicht gewichen. Stehende Dachfenster fertigt man freilich noch vielfach aus Zink, weil Holzwerk über Dach feuersicher bekleidet werden muſs; — Attika und Balustrade sind mit der Wandlung des Geschmacks aber verschwunden, denn das hohe Dach behauptet sich mit Ehren. Die Putzfaçaden streicht man schlieſslich mit Oelfarbe, wenn man es nicht vorzieht den Flächen eine Verblendung mit Backsteinen, oder wie in den letzten Jahren oft geschehen, mit weiſsen Glasursteinen zu geben. Sgrafitto-Malereien haben sich im allgemeinen wenig bewährt. Dafür ist die Malerei mit Keim'schen Mineralfarben eingetreten — siehe das glänzende Beispiel am Tucherhaus in der Friedrichstraſse. Besonderen Werth legt man jetzt auf tüchtige Schmiedearbeit, namentlich an Balcongeländern, Hausthüren und Thorwegen, Vorgartengittern usw.

10. Innerer Ausbau.

Die Zunahme in der Verwendung von Haustein erstreckt sich, wenngleich nur in bescheidenerem Maſse, auch auf die Durchfahrten, Hausflure, Treppenhäuser. Namentlich Marmor, polirter Granit und Syenit, sowie Savonière- und Sandstein kommen dafür in Betracht. Meistens beschränkt man sich auf eine mannshohe Täfelung mit weiſsem oder buntem Marmor, jedoch finden sich auch vollständige Wandbekleidungen, z. B. aus Sandstein in der Eingangshalle des Landeshauses, vor. Bevorzugt bleibt für diese Zwecke allerdings der oft in vorzüglicher Ausführung auch an Säulen, Pfeilern, Thürbekleidungen und Verdachungen wahrnehmbare Stuckmarmor oder der weniger ansehnliche Stucco lustro. Die Wände feinerer Innenräume erhalten Filzputz, zuweilen Stuckputz. Weiſsstuckputz wird unmittelbar bemalt, auch polirt. Der lange Zeit fast vergessene, sogen. echte Stuck, also vom Bildhauer aus freier Hand angetragener Weiſsstuck, ist für vornehme Räume wieder in seine Rechte getreten. Die Wände von Aborträumen und Schlächterläden bekleidet man gern mit Porzellanplättchen.

Die Decken werden meist durch Rohrputz auf Schalung gebildet. In groſser Ausdehnung hat Trockenstuck im Verwaltungsgebäude des Packhofes Verwendung gefunden; zwischen eisernen Trägern wurden gewölbeartig gebogene und durch eine Stoffeinlage gesteifte Gipsplatten verlegt, deren Unterschicht verziert ist. Die Trägergurte sind bemalt, mit Gipswulst, mit gestanztem Messing- oder Kupferblech bekleidet worden. Die Deckenfelder im Kunstgewerbe-Museum füllt eine in ähnlicher Art wie in der Monierbauweise versteifte Guſsmasse von Gipsstuck. Monumentaler ist die Decke in der Halle des neuen Reichsbankanbaues ausgeführt worden und zwar als korbbogiges Tonnengewölbe von 12,50 m Spannweite mit groſsen, 60 cm im Geviert messenden und kassettenartig vertieften Wölbsteinen. Ebenda sind aus keilförmigen Steinen ebene Decken gebildet, deren Eisenträger mit Kupferblech bekleidet wurden. Im gewöhnlichen Miethshause herrscht noch einsam die Rosette in der Deckenmitte, während sich mehr oder minder reich geformte Stuckkehlen an den Wänden herumziehen. Hervorragendes leistet dagegen die Tischlerei in Decken- und Wandtäfelungen von Kiefern-, Eichen-, Ahorn- und Neuguinea-Holz.

Schmiedeeiserne Haupttreppen haben ziemliche Verbreitung gefunden; zum Gasthofe des Tucherhauses führt eine prächtige Marmortreppe empor. Das Teltower Kreishaus in der Victoriastraſse hat sich mit einer freitragenden Terrazzotreppe begnügt. — Sandsteintreppen in vornehmer Ausstattung finden sich häufiger. Im herrschaftlichen Miethshause begegnet man am meisten noch der Holztreppe mit aufgesattelten Stufen, die aus 5 cm starken, bis 32 cm breiten und bis 1,50 m langen Bohlen, in feineren Bauten aus Eichenholz gefertigt werden, mit reich verzierten Antrittspfosten und Geländerdocken. Kiefernholz- und Sandsteinstufen werden häufig, um das Auslaufen zu verhüten, mit Linoleum belegt, das an den Kanten durch Stoſsschienen von Eisen oder Messing geschützt wird.

Als Beläge massiver Fufsböden werden, namentlich in Eingangsfluren, Mettlacher oder Sinziger und für geringere Zwecke auch Saargemünder Fliesen verwendet. Sandsteinplatten sind aufser Gebrauch gekommen. Für besonders vornehme Treppenräume und Flurhallen nimmt man Marmorplatten. In der Ruhmeshalle sind für den Eingang Platten von fleischfarbenem Fischbacher Granit, für den Hof Platten von grünem, sächsischem Granit gewählt worden. Asphaltestrich wird wegen seiner Unansehnlichkeit und geringen Widerstandsfähigkeit gegen dauernden Einzeldruck jetzt seltener ausgeführt. Dafür ist der Cementestrich in untergeordneten Räumen, der Gipsestrich als Unterlage für Linoleum auf massiven Decken und der Terrazzo, Granito- und Mosaikterrazzo, in Fluren und auf Balconen sehr beliebt geworden. Sonst werden Holzfufsböden gefertigt und zwar in den Vorderräumen selbst einfacherer Häuser Parkett- und Stabfufsboden, im übrigen gewöhnliche Dielungen aus gespundeten, 30, 32 und 35 mm starken Brettern, in besonderen Fällen als Riemenfufsboden.

Die Thüren, einflügelige als Kreuzthüren und Sechsfüllungsthüren behandelt, schlagen in Falze, die den Futtern angearbeitet sind und erhalten durchweg des dichteren Schlusses wegen Schwellbretter. Zwischen dem Empfangs- und dem Speisezimmer ordnet man Schiebethüren oder mehrtheilige Glasthüren an. Pendelthüren schliefsen die Windfänge in den Eingängen. Des kalten Winters wegen sind Doppelfenster erforderlich; nur in den Küchen, Nebenräumlichkeiten und kleineren Hinterzimmern begnügt man sich meist mit einfachen Fenstern. In besser eingerichteten Häusern erhalten Thüren und Fenster sogen. Exaktbeschläge, wie denn überhaupt den Verschlüssen wieder mehr Aufmerksamkeit zugewendet wird, und die Verwendung verzierter, also sichtbar bleibender Beschläge zugenommen hat. Mit Rolljalousien verschliefst man die Schaufenster der Kaufläden und der Sicherheit wegen auch die Fenster des Erdgeschosses, für erstere namentlich aus Stahlblech gefertigt. Die übrigen, an der Sonnenseite belegenen Fenster schützen gewöhnliche Zugjalousien verschiedenster Art, in neuester Zeit auch leichte Rolljalousien mit Lichtschlitzen. Die Hausthüren werden durch Luftdruckschliefser selbstthätig geschlossen. Zur Verglasung verwendet man aufser dem sogen. rheinischen Glase in steigendem Mafse Spiegelglas; in eigenartig ausgestatteten Räumen, vorwiegend aber in den Treppenhäusern auch wohl Butzenscheiben, Kathedral- und Antikglas in Verbleiung, oft mit Glasmalerei.

Die Stubenmalerei gefiel sich bis vor kurzem durchschnittlich noch im Wetteifer mit der wohlfeilen Verschwendung der Gipsstuckzier in einer etwas protzenhaften Aufdringlichkeit; neuerdings ist sie unter englischem Einflusse ins Gegentheil verfallen, indem sie der weifsen Decke huldigt; doch erhebt sie sich unter künstlerischer Leitung auch zur wahren Meisterschaft. Neben der immer noch für gewöhnliche Zimmerdecken, Küchen und untergeordnete Räumlichkeiten gebräuchlichen Leimfarbe wird Oelfarbe auf Holz und Metall, mit Firnifs auf Kalkputz oder Stuck, in vornehmen Räumen als Wachsfarbe verwendet. Dazu tritt oft Bronzirung oder Vergoldung. Reichere Wirkungen erzielt der Kunstmaler mit Decorationen al fresco oder auf Leinwand, die über einen an der Wand zu befestigenden Rahmen gespannt wird. Für monumentale Zwecke wird die Glasmosaik bevorzugt, wie z. B. in der zum Gedächtnisse Kaiser Wilhelms gestifteten Kirche am Kurfürstendamm.

Mit dem gestiegenen Wohlstande, der sich in der Ausstattung des Hauses und der Wohnung mehr oder weniger kunstvoll zu äufsern strebt, ist endlich auch der Tapezirerei ein edlerer Arbeitsstoff geboten worden, und zwar in der Sammettapete, der Ledertapete und der nachgeahmten Ledertapete, die aus dickem, pappartigen Hanfpapier zwischen Metallformen geprefst wird. Dazu lincrusta Walton, aus Holzstoff und hauptsächlich Leinöl erzeugt, besonders gern als Wandsockel in Fluren verwendet, ferner die Gobelintapete, ein Gewebe, dessen Kette aus Garn, dessen Einschlag jedoch aus Rohflachs besteht und das mittels Handformen bedruckt wird, schliefslich die Seidentapete mit Unterlage von Jutestoff, welche mit Goldleisten benagelt zu werden pflegt. Auch die kostbaren englischen Tapeten, die nach Zeichnungen von Walther Crane gefertigt werden, haben in Berlin Eingang gefunden, damit aber auch die billigen englischen Tapeten leider in erheblichem Umfange.

Kamine aus Marmor, Majolika, aus weifsem Cement usw., farbige Kachelöfen helfen eine reiche, elegante und behagliche Ausstattung vervollständigen. Solcher Ausstattung der Wohnräume wird die Einrichtung der Küchen, Aborte und Baderäume angepafst. Darüber, sowie über die technischen Anlagen, z. B. der Wasser- und Gasleitungen usw. wolle man die Sonderabschnitte nachlesen.

11. Hülfsmittel und Vorsichtsmafsregeln.

Baugerüste und Bauzäune dürfen nur auf Grund und nach Mafsgabe einer bei der Polizeibehörde schriftlich nachzusuchenden Genehmigung errichtet und benutzt werden. Das Vortreten von Baugerüsten und Bauzäunen auf Bürgersteigen wird nur gestattet, insoweit es mit den Verkehrsrücksichten vereinbar ist. Diese Vorschriften haben einerseits das Mauern über Hand befördert und zu grofser Vollkommenheit gebracht, sodafs Rüstungen, falls es sich nicht um eine Hausteinverblendung handelt, nur noch zum Putzen bezw. Fugen der Façaden aufgestellt zu werden pflegen, anderseits den Hänge- und Leitergerüsten eine ausgedehnte Verwendung gesichert. Zur Versetzung von Werksteinen werden feste, nach Zeichnung abgebundene Rüstungen benutzt. Für die gewöhnlichen Stangengerüste schreibt die Baupolizei folgendes vor:

Sämtliche Baumstangen müssen an ihren oberen Enden mindestens einen Durchmesser von 10,50 cm haben, ferner die Spiefsbäume mindestens 0,94 m tief in die Erde eingegraben und gegen ferneres Einsinken durch untergelegte starke und gut unterstopfte Brettstücke gesichert werden. Ihre Entfernung von einander und von dem zu berüstenden Gebäude darf höchstens 3,14 m betragen. Soll ein Spiefsbaum durch Verbindung mit einem anderen verlängert (gepfropft) werden, so sind die Enden beider auf eine Länge von mindestens 1,88 m neben einander zu stellen und wenigstens zweimal durch Draht oder eiserne Ziehbänder zu verbinden. Die gewöhnlich in Höhe von 2 m über einander angeordneten Streichstangen werden durch Hanfstränge oder Draht an den Spiefsbäumen befestigt. Die Netzriegel, d. h. die Stangen, die die Streichstangen mit dem Bauwerke verbinden und den mindestens 3,26 cm starken Gerüstbelag (Rüstbretter) tragen, dürfen höchstens 1,88 m von einander entfernt und müssen in ihren Auflagern so befestigt sein, dafs sie sich nicht seitwärts bewegen können.

Für geringere Höhen, bis zu 4,70 m, sind gut abgesteifte Bockgerüste zulässig. Zu Ausbesserungen, Reinigungen und weniger erheblichen Arbeiten an Façaden, Dächern und Gesimsen bedient man sich der fliegenden Gerüste, die aus Oeffnungen (Fenstern usw.) des Gebäudes hervorgestreckt, und deren Netzriegel nicht von unten auf unterstützt, sondern gehörig gegen Balkenlagen oder Gewölbe usw. im Innern des Gebäudes abgesteift sind. Zu gleichen Zwecken, besonders aber zum Anstreichen der Häuser dienten früher vorzugsweise die beweglichen, aus zusammengestemmten Schwellen und Riegeln mit festem Belage construirten Hängegerüste, d. h. Fufsböden, die mittels Taue an vorgestreckten Balken (Auslegern) hängen. Der Fufsboden kann je nach Bedürfnis höher gezogen oder tiefer herabgelassen werden. Später sind dann die in vielen Fällen bequemeren und mehr Sicherheit gewährenden Leitergerüste in Wettbewerb getreten, die aus senkrecht aufgestellten, mit den Sprossen im rechten Winkel zur Aufsenwand gerichteten Leitern bestehen. Zwischen den Fensterlaibungen eingeklemmte Zwingen halten die Leitern fest, die unter sich durch in Schlitzen verstellbare Streben verschwertet werden. Die Sprossen bilden dann die Unterlager für die in jeder Höhenlage herzurichtenden Arbeitsböden.

Die Beförderung der Maurermaterialien, namentlich der Ziegelsteine und des Mörtels, auf die Gerüste bewirken Stein- und Kalkträger, die eine eigene Arbeiterklasse bilden. Das Material wird von ihnen in Holzmulden („Mollen") auf der Schulter von der Abladestelle bis zum Orte der Verwendung getragen; der Mörtel wird deshalb an der Zubereitungsstelle nicht vollständig durchgearbeitet, sondern nur in dem richtigen Verhältnifs gemischt; das weitere Durcharbeiten desselben besorgt der Maurer auf der Rüstung bezw. am Orte der Verwendung, soweit nicht überhaupt schon fertiger Mörtel zur Baustelle kommt, ein Verfahren, das die Entstehung besonderer Mörtelwerke bereits zu einem weit verbreiteten, für den gewöhnlichen Hausbau fast zum allein noch üblichen gemacht hat. Die Steinträger leisten Aufserordentliches und sind dabei verhältnifsmäfsig nicht sehr theuer. Ein geübter Steinträger ist imstande, in seiner Mulde gleichzeitig bis 36 gewöhnliche Ziegel vier Geschosse hoch und höher zu tragen Das Heraufschaffen der Materialien erfolgt fast ausschliefslich in Accord. Schwierige Arbeitsverhältnisse (Ausstände, grofse Nachfrage und geringes Angebot) haben es zuweilen bewirkt, dafs Handwinden auch zum Heraufschaffen der Steine und des Mörtels benutzt worden sind. Sonst dienen im Innern des Gebäudes aufgestellte Winden nur zum Aufziehen der Balken. Bei gröfseren, namentlich staatlichen und städtischen Bauausführungen wird zur Beförderung der Baumaterialien sowohl, als auch zum Mischen von Mörtel-Beton in ausgedehntem Mafse Dampfkraft benutzt. Um Unfälle zu verhüten, sind in Neubauten die Balkenlagen eines jeden Geschosses alsbald nach ihrer Verlegung auszustaken, Treppenöffnungen und sonstige offene Räume aber sicher zu überdecken und zu umfriedigen.

Bei Neu- oder Umbauten sind zur Sicherheit der in der Nähe etwa vorhandenen Gebäude die Grundmauern in kurzen Strecken allmählich auszuführen, die anstofsenden Gebäudemauern abzusteifen oder zu unterfahren. In solchen Arbeiten, wie auch in der Ausführung von Ladenausbrüchen, ist der Berliner Bauhandwerker, den überhaupt ein hohes Mafs von Geschicklichkeit auszeichnet, besonders gewandt. Absteifungen für Ladenausbrüche werden mit sogen. Treibladen bewerkstelligt. Die Giebelwände zweier, eine Baustelle begrenzenden Gebäude steift man durch Spreizbalken oder auch mit Sprengeböcken zwischen Klebhölzern aus.

Bei der Rohbauabnahme bestimmt die Baupolizei den Zeitpunkt, an dem mit den Putzarbeiten begonnen werden darf; in Gebäuden, die zum dauernden Aufenthalte dienen, darf dies aber keinenfalls früher als nach sechs Wochen geschehen. Sechs Monate nach der Rohbauabnahme findet alsdann in der Regel die polizeiliche Gebrauchsabnahme statt.

III. Heizung, Lüftung, Beleuchtung, Wasserversorgung und Entwässerung der Häuser. Haustelegraphie, Aufzüge.[1)]

A. Heizung und Lüftung.

Die Witterungsverhältnisse des nordöstlichen Deutschlands verleihen der Beheizung der von Menschen bewohnten Räume naturgemäfs eine viel gröfsere Bedeutung, als es im Süden und Südwesten der Fall ist. Dafs hierdurch auch die Baukunst mit allen Nebengewerben stark beeinflufst werden mufste, liegt auf der Hand. Dies macht sich insbesondere in der Gröfse und Construction der Fenster u. dergl. geltend. So ist es in Berlin — im Gegensatz zu den westlichen Gegenden Deutschlands — fast durchweg Gebrauch, **Doppelfenster** anzuwenden. Selbst die billigen Miethshäuser machen hiervon nur in den Küchen und Kammern eine Ausnahme.

Die Art der Heizeinrichtungen einer bestimmten Gegend ist dann weiter abhängig von der Art des am billigsten zu beschaffenden Brennstoffs. Dies ist in Berlin — bis in die neueste Zeit hinein — der Torf aus den zahlreichen Niederungen und das Kiefernholz — seltener Buchenholz — aus den weiten Wäldern der Mark Brandenburg gewesen, zumal diese Materialien auf den schon seit vielen Jahrhunderten vorhandenen zahlreichen und gut erhaltenen Wasserwegen in billigster und bequemster Weise nach Berlin befördert werden konnten. Für diese Brennstoffe ist unzweifelhaft der gewöhnliche **Kachelofen** ohne Rost mit seiner grofsen, Wärme aufspeichernden Masse eine sehr geeignete Heizvorrichtung. Man kann heute noch den Kachelofen als die am weitesten verbreitete typische Wohnungsheizvorrichtung Berlins bezeichnen, trotz der zahlreichen anderen Heizeinrichtungen, die in neuerer Zeit verwendet werden. Von den Vorzügen des Kachelofens soll hier — neben der milden behaglichen Wärme, die der Kachelofen ausstrahlt — nur einer hervorgehoben werden: d. i. die vorzügliche, während der Verbrennung bewirkte natürliche Lüftung des zu beheizenden Raumes, weil die grofse Menge der erforderlichen, den Ofen durchströmenden Verbrennungsluft von aufsen ersetzt wird. Diese Eigenschaft hat der Kachelofen in Berlin dadurch, dafs seine Feuerung innerhalb des zu beheizenden Raumes liegt; nicht, wie in vielen anderen Gegenden, im Corridor. Diesem Vortheil steht jedoch die mangelnde Anpassung der Wärmeerzeugung an die jeweilige Aufsentemperatur — ein ganz erheblicher Uebelstand — gegenüber. An kalten Tagen wird in Berlin vielfach geklagt, dafs das eine oder das andere Zimmer, oder auch wohl eine ganze Wohnung sich „nicht", oder „schlecht heizt", während an mäfsig kalten Tagen die Zimmer vielfach überheizt sind.

Die fast ausschliefsliche Verwendung der in den meisten Fällen weifsen, seltener getönten Thonkacheln zu Zimmeröfen und Kochmaschinen hat die **Kachelofen-Industrie** in Berlin zu grofser Blüthe gelangen lassen, zumal ganz in der Nähe im Nordwesten — bei Velten — ein vorzügliches Rohmaterial zur Herstellung der Kachel sich vorfindet. Auch hat die künstlerische äufsere Ausbildung des Kachelofens für bessere

---

[1)] Bearbeitet vom Königlichen Baurath A. Herzberg.

454   III. Heizung, Lüftung, Beleuchtung, Wasserversorgung und Entwässerung der Häuser.

Wohnungen seit 15—20 Jahren in Berlin einen grofsen Aufschwung genommen, insbesondere, nachdem hervorragende Architekten, wie u. a. Kayser & v. Grofzheim, Kyllmann & Heyden, Grisebach, den ersten Ofenbauern Berlins, wie Titel und Schupmann, ihre leitende Hand reichten. — Der englische oder französische offene Kamin hat in Berlin nur geringe Verwendung gefunden, weil seine Heizfähigkeit für unser Klima, besonders wegen der langen Dauer unseres Winters, nicht ausreicht. Wo der Kamin in Berlin verwendet wird, geschieht dies nur aus künstlerischen Absichten, was schon daraus hervorgeht, dafs man vielfach in dem Kamin nicht das dazugehörige offene Feuer unterhält, sondern im Innern wirksamere Heizkörper unterbringt, die mittels Gas- oder Centralheizung erwärmt werden und die offene Flamme durch Gasflammen, die Asbestkörper zum Glühen bringen, künstlich nachahmt. Inzwischen ist der Torf seit einer Reihe von Jahren als Heizungsmaterial auch aus den Wohnungen der ärmeren Bevölkerung fast ganz verschwunden, wohl hauptsächlich wegen seiner geringen Heizfähigkeit und wegen der erforderlichen grofsen Lagerräume, dann auch wegen der jetzt höheren Kosten des Stechens und der Beförderung. Für die kleinen Wohnungen und die Kochmaschinen im allgemeinen hat der billige Koks, welchen die Gasanstalten als Nebenerzeugnifs liefern, den Torf mit verdrängen helfen. Die in den letzten Jahrzehnten mehr und mehr schwindenden Wälder haben auch den Holzverbrauch in Berlin wesentlich vermindert; das Holz wurde bis vor etwa 10 Jahren vielfach durch die feste, wenig rufsende böhmische Braunkohle, die auf dem billigen Wasserwege nach Berlin gelangt, ersetzt, weil sie in den rostlosen Kachelöfen gut brennt. Sie ist nicht so dicht, wie Steinkohle und begnügt sich deshalb mit einer oberhalb der Kohle einstreichenden Luftzuführung. Die pulverförmige Braunkohle Sachsens und Thüringens, sowie der nächsten Umgebung (Lausitz) hat in Berlin in ihrem Naturzustande fast keine Verwendung gefunden, weil sie in rostlosen Oefen schwelt und infolge dessen übel riecht. Erst seitdem diese Braunkohle zu festen Stücken geprefst, als Briketts geliefert wird, und dadurch für den, dem Berliner heute noch als beste Heizeinrichtung erscheinenden Kachelofen verwendbar geworden, ist dieser Brennstoff zu ausgedehnter Verwendung gelangt. Eine Aenderung der Construction und Form der in Berlin üblichen Heizvorrichtungen hat die Einführung der Briketts nicht gehabt. Anders liegt es mit der Einführung der Steinkohle und der durch eine geringe Rauch- und Rufsentwicklung sich auszeichnenden ältesten Steinkohle, des Anthracits; die Verbilligung der Frachten von Schlesien und Westfalen, im Verein mit der Vertheuerung des Holzes bewirkt einen von Jahr zu Jahr steigenden Verbrauch der Steinkohle in Berlin; die Verwendung englischer Kohle hat, trotz der billigen Wasserfracht über Hamburg, für Wohnungsheizung in Berlin eine gröfsere Bedeutung nicht erlangt. Da die Steinkohle zur guten Verbrennung einerseits einen Rost erfordert, anderseits wegen der hohen mit ihr zu erzielenden Ofentemperatur ein Reifsen der Fugendichtung der Kachelöfen und der Kacheln zur Folge hat, so wird sie im wesentlichen nur in eisernen Oefen gebrannt. Ob nun die Verwendung der Steinkohle die der eisernen Oefen oder umgekehrt, die Verwendung der letzteren die Einführung der Steinkohle veranlafst hat, ist schwer zu entscheiden. — Thatsächlich gewinnt der eiserne Ofen für die Berliner Wohnungen immer mehr Raum. Diese Oefen werden jedoch fast niemals nach dem Vorbild der im westlichen Deutschland noch immer im Gebrauch befindlichen einfachen, eine dauernde Bedienung erfordernden eisernen Oefen gewählt, sondern es sind — nach amerikanischem Vorbild — fast immer Dauerbrandöfen mit offenem Feuerraum (Cadé) oder mit geschlossenem Feuerraum (Meidinger, Lönholdt usw.). Die Sparsamkeit im Brennmaterialverbrauch, die Regulirbarkeit, d. h. das Anpassungsvermögen an die zu erzielende Temperatur, die verhältnifsmäfsig geringe Bedienung, die diese Oefen erfordern, ihre bedeutende Leistungsfähigkeit bei geringem Raumbedarf gegenüber dem Kachelofen und die verhältnifsmäfsig niedrige Temperatur des Heizkörpers sichern diesen Oefen eine immer gröfsere Verbreitung. Eiserne Oefen mit Luftcirculation bezw. mit Lüftungseinrichtung, welche für Krankenhäuser (z. B. in den Koch'schen Baracken), Schulen vereinzelt zur Anwendung gekommen sind, haben für gleiche Zwecke wenig Nachahmung in Berlin gefunden.

In Berlin und im ganzen östlichen Deutschland sind, wie in England und Frankreich der Kamin, die Zimmeröfen und die Kochmaschine ein Bestandtheil des Hauses, und

III. Heizung, Lüftung, Beleuchtung, Wasserversorgung und Entwässerung der Häuser. 455

nicht, wie im Westen und Süden Deutschlands, Eigenthum des Miethers. Dies wirkt vortheilhaft auf die Wahl guter Ofenconstructionen in Berlin.

Die „Centralheizung" oder „Sammelheizung" ist nicht, wie oft angenommen wird, ein Kind der Neuzeit. Die Ueberreste der römischen und vieler mittelalterlichen Burgen Deutschlands zeigen deutlich die Canäle, welche zu centralen Luftheizungen gehört haben. Allerdings scheint es, dafs nur Schlösser und Burgen der Mächtigen sich einer solchen centralen Heizung erfreuten; in alten Wohnhäusern der Bürger, in Diensträumen usw. sind keine Spuren davon zu entdecken.

Obgleich in England noch heute, wohl wegen der Gleichmäfsigkeit und Milde des Klimas, die Heizung nicht diejenige Rolle spielt, wie in Deutschland, so ist in der Neuzeit die centrale Heizung doch von dort zu uns gekommen. Wahrscheinlich hat die Vertheuerung der menschlichen Arbeitskraft in England dazu angeregt, die Verminderung der Heizstellen anzustreben. Zuerst ist der Ingenieur Perkins auf diesem Gebiete vorgegangen, indem er die sogen. Hochdruckheizung oder Heifswasserheizung construirte, bei welcher hoch erhitztes und demgemäfs unter hoher Spannung, oft bis 100 Atmosphären, gehaltenes, durch starkwandige schmiedeeiserne Röhren umlaufendes Wasser als Wärmeleitung dient. Von dort haben auch englische Ingenieure anfangs der fünfziger Jahre (Bacon, Mathison) diese Technik nach Berlin verpflanzt, wo sie alsdann bald durch deutsche Ingenieure (u. a. Schäffer, Bernhard, Stumpf) zu vollkommener Aus- und Durchbildung gebracht worden ist.

Die Schattenseiten dieses Heizungssystems, insbesondere die hohe Temperatur der Heizschlangen und die dadurch bedingte Verschlechterung der Luft durch verbrannten Zimmerstaub, die rasche Erwärmung, bezw. Erkaltung der Heizkörper, hat der gröfseren Verbreitung der Hochdruckheizung in Berlin, wo man allgemein an die mäfsig erwärmten Kachelöfen mit ihren grofsen Heizflächen gewöhnt ist, verhindert. Aus demselben Grunde hat auch die Dampfheizung mit hochgespanntem Wasserdampf, welche bis vor kurzem in Amerika fast ausschliefslich zur Beheizung der Wohnhäuser diente, in Berlin keinen Boden gefunden, wozu allerdings noch kommt, dafs das lästige polizeiliche Concessions- und Dampfkessel-Ueberwachungswesen in Amerika, im Gegensatz zu Deutschland, fast gänzlich unbekannt ist. Schon frühzeitig, Ende der fünfziger Jahre, trat in Berlin die Warmwasserheizung mehr und mehr in den Vordergrund. Bei dieser dient das Wasser zwar auch als Träger der Wärme; da es jedoch nur bis zu einer Temperatur von 70 bis 80° Celsius erwärmt wird, so fallen die wesentlichen Nachtheile der Hochdruckheizung weg. Die Warmwasserheizung ist gerade in Berlin zu grofser Vervollkommnung gebracht worden, sowohl für öffentliche Anstalten, Schulen, Banken, als auch für Einzelwohnhäuser. Firmen wie C. Heckmann, Schäffer & Walker, Elsner & Stumpf u. a., denen sich bald nachher noch in erheblich gröfserem Umfange Rietschel & Henneberg, David Grove u. a. anschlossen, haben aufsergewöhnlich viel auf diesem Gebiet geleistet.

Nächst der Warmwasserheizung erfreut sich seit einigen Jahren die Niederdruck-Dampfheizung einer besonderen Beliebtheit in Berlin, ein System, bei welchem Dampf von sehr geringer Spannung ($^1/_{10}$ bis $^1/_5$ Atm.) in Kesseln mit offenem Steigerohr, welche keiner polizeilichen Concession und Prüfung unterliegen, erzeugt wird. Sämtliches Condensationswasser aus den Heizkörpern und Rohrleitungen fliefst mit natürlichem Gefälle selbstthätig nach dem Kessel zurück, infolge dessen dieser keiner Speisevorrichtung, sondern nur hin und wieder einer kleinen Nachfüllung bedarf. Selbständige Regulirungs-Vorrichtungen regeln den Luftzutritt zur Feuerung derart, dafs die Spannung im Kessel — abgesehen von der Sicherheit durch das Steigerohr — niemals die vorgeschriebene Grenze übersteigen kann. Diese Heizung wird jetzt mit Vorliebe in den villenartigen Einzelwohnhäusern, Geschäftshäusern u. dergl. angewendet; in Staats- und Gemeinde-Gebäuden hat sie bis jetzt nur in äufserst beschränktem Mafse Anwendung gefunden, weil sie nur unwesentlich billiger als die Warmwasserheizung ist, dabei aber verschiedene Nachtheile besitzt, deren hauptsächlichster darin besteht, dafs der Dampf bei jeder Aufsentemperatur dieselbe Spannung und Temperatur hat und deshalb die Regelung der Zimmerwärme, nicht wie bei der Warmwasserheizung vom Heizkessel aus, sondern nur durch täglich zu wiederholendes

Einstellen der einzelnen Heizkörperventile bewirkt werden kann. Eine natürliche Folge hiervon ist das häufige Ueberhitzen der Räume im Herbst und Frühjahr. Erwähnt sei noch die Beheizung der Räume durch Niederdruck-Circulationswasser, welches in einer Blase der Kochmaschine erwärmt wird, die sogen. Liebau'sche Heizung. Dieses System hat eine gröfsere Verbreitung in Berlin nicht gefunden, weil die Vortheile, die es auf den ersten Blick bietet, doch nur scheinbare sind.

Die Centralheizungsanlagen haben — insbesondere nachdem die medicinischen Hygieniker anfingen, sich mit der Sache zu befassen — sehr bald das Bedürfnifs nach einem regelmäfsigen und ausreichenden Luftwechsel, insbesondere in Unterrichtsanstalten, Theatern, Krankenhäusern, Diensträumen, in welchen sich viele Menschen aufhalten, hervorgerufen. Es lag nahe, diese Lüftung mittels erwärmter Luft, die gleichzeitig zur Heizung zu verwenden war, zu bewirken. Im Anfang, als man diese Luftheizungsanlagen mit sehr grofsen Heizkörpern versah, erfreute sich das System — inbesondere für Schulen in Berlin — einer grofsen Beliebtheit. Nachdem aber, hauptsächlich infolge der steten Verbilligung der Anlagen, welche die Stadtgemeinde durch das Submissionswesen gefördert hat, die Heizkörper (Caloriferen) in den Heizkammern und die Luftcanäle immer kleiner und demgemäfs die Temperatur der zur Erwärmung der Räume zu entsendenden Luft immer höher wurden, mehrten sich die Klagen über die Mängel dieses Heizsystems (trockene Luft, brenzlicher Geruch usw.) derart, dafs seit 10 Jahren Luftheizungsanlagen nur noch wenig ausgeführt werden. Erst in neuerer Zeit, nachdem man die vermeidbaren Ursachen dieser Verrufserklärung erkannt und sie demgemäfs vermieden, wendet sich die Gunst wieder vielfach einer guten Luftheizung zu, insbesondere für Gebäude, welche eine recht ausgiebige Lüftung erfordern, oder wenn die Lufterwärmung durch den Abdampf von Betriebsmaschinen (für elektrische Beleuchtung usw.) erfolgen kann.

In neuester Zeit hat die Gasheizung, dank einer rührigen Agitation, weniger zum Beheizen von Räumen, als zum Kochen eine gewisse Bedeutung in Berlin gewonnen. Trotz der grofsen Vorzüge des bequemen Anfeuerns, der grofsen Reinlichkeit und insbesondere dem Anpassen der Wärmeentwicklung an den jeweiligen Bedarf, was für die Kochmaschine eine grofse Rolle spielt, wirkt die Kostspieligkeit des Brennstoffes (Gas gegen Holz, Kohle usw.) doch der Verbreitung in den breiten Volksschichten sehr entgegen. Selbst die Verbilligung des Heizgases auf 10 ₰ für 1 cbm, gegen 16½ ₰ für Beleuchtungsgas, kann den Nachtheil der Kostspieligkeit nicht ausgleichen; letzterer ist dadurch begründet, dafs 1 cbm Berliner Gas für 10 ₰ nur rd. 5000 Wärmeeinheiten, 1 kg Kohlen für 2 ₰ jedoch rd. 7000 Wärmeeinheiten enthält. Dieser grofse Preisunterschied wird durch die vortheilhaftere Verwendung der Wärme bei Gaskocheinrichtungen nicht aufgehoben. Hierzu kommt, dafs ein Gaskochherd nicht imstande ist, eine Küche gleichzeitig zu beheizen, wenn man sparsam kochen will, sodafs solche Küchen dann gewöhnlich noch eine besondere Heizvorrichtung erhalten müssen. — Diese Umstände haben eine allgemeine Einführung der Gasheizung in Berlin bis jetzt verhindert; es scheint sogar gegenwärtig ein Stillstand in der Ausbreitung eingetreten zu sein. Nicht unerwähnt darf an dieser Stelle das Allerneueste bleiben, die elektrische Heizung, welche thatsächlich in Berlin bereits für manche industrielle Zwecke (in Tischlereien zum Leimkochen, in Friseurläden usw., selbst zum Kochen von Speisen in Geschäftshäusern) in Anwendung ist. Da man mit solchen Kochapparaten mit 1000 Watt Stromverbrauch, welche jetzt hier mit 16 ₰, später mit 10 ₰ von den Berliner Elektricitäts-Werken für Heiz- und Kraftzwecke geliefert werden, rd. 700 Wärmeeinheiten nutzbar machen kann, und zwar in einer noch erheblich günstigeren Verwendungsform, als selbst bei der Verbrennung von Gas (weil keine Verbrennungsproducte Wärme nutzlos entweichen lassen), so darf man die Elektricität für Heiz- und Kochzwecke nicht mehr ganz aufser Acht lassen. Allerdings kostet nach obigem Satz die Bereitung eines Bades durch den elektrischen Strom noch immer gegen 80 ₰.

Districtsheizungen, d. h. die centrale Beheizung ganzer Häuserblocks, sind in Berlin bis jetzt nicht ausgeführt worden, wenngleich in technischer Beziehung keine Schwierigkeit besteht, wie die centrale Beheizung der grofsen Irren-, Krankenanstalten usw., deren Areal oftmals das der gröfsten Häuserblocks übertrifft, beweist; der Einführung solcher

III. Heizung, Lüftung, Beleuchtung, Wasserversorgung und Entwässerung der Häuser.   457

Districtsheizung in Berlin steht einmal die Schwierigkeit der wichtigen Messung, der den einzelnen Abnehmern thatsächlich gelieferten Wärmemenge, dann die fast unüberwindliche Abneigung der mafsgebenden Behörden, den Strafsenboden noch für neue centrale Versorgungszwecke herzugeben, entgegen.

Die künstliche Lüftung von Wohnhäusern ist in Berlin wenig gebräuchlich. In Anstalten, Schulen usw. wird für einen ausgiebigen Luftwechsel durch Zu- und Abluftcanäle, theilweise auch mit Vorwärmung der frischen Luft, Sorge getragen.

Pulsionslüftung wird vielfach in Gastwirthschaften, sonst aber nur vereinzelt für besonders hervorragende Gebäude (Reichstags- und Abgeordnetenhaus, Königliches Schlofs, Universität usw.) angewendet. Die hohen Herstellungs- und Betriebskosten einer vollkommenen Lüftungseinrichtung schrecken unsere Staats- und Gemeindeverwaltungen leider immer noch von diesen Anlagen zurück. Wohl hauptsächlich auch aus diesem Grunde wird, trotz der erwiesenen Unreinheit der Grofsstadtluft, sowohl von Waschen als von Filtern derselben meistens Abstand genommen, obwohl diese Aufgaben, wie vorhandene Ausführungen beweisen, technisch eine befriedigende Lösung längst gefunden haben. Allenfalls werden Staubablagerungskammern eingeschaltet, in welchen durch Verminderung der Geschwindigkeit ein Niedersinken der mitgerissenen gröberen Theile stattfindet. Die Ventilatoren werden in Berlin meistentheils mittels Gasmotoren, seltener mit Dampfmaschinen, in neuester Zeit jedoch auch vielfach, wie im Reichstagsgebäude, im Königlichen Schlofs, im Abgeordnetenhaus u. a. a. O. mittels Elektromotoren betrieben.

Wenngleich das Vorwiegen von Miethshäusern in Berlin, welche bisweilen bis 50 Wohnungen enthalten, der allgemeinen Anwendung von Centralheizungen entgegensteht, so hat sich die Industrie der Heizung und Lüftung in Berlin doch sehr entwickelt, sie beschäftigt hunderte von Ingenieuren und tausende von Arbeitern. Ihre Constructionen und Lieferungen sind nicht nur in Deutschland verbreitet, sondern sie gehen in alle Welt; hat doch vor einigen Jahren die Firma Rietschel & Henneberg die grofsen Kaiserpaläste und öffentlichen Institute Japans mit Central-Heizungsanlagen versehen.

Die in Berliner Central-Heizungsanlagen zur Verwendung kommenden Baustoffe beschränken sich in der Regel auf Gufseisen für Heizkörper und Schmiedeeisen für die Rohrleitungen und deren Verbindungen. Hähne und Ventile werden aus Messing und Rothgufs gemacht; diese sind in der Regel Berliner Erzeugnifs. Die aus schmiedeeisernen Röhren mit gufseisernen Kästen hergestellten Heizkörper sowie die cylindrischen Oefen aus Eisenblech mit Innenröhren werden für öffentliche Gebäude, in Schulen, Krankenhäusern usw., in Berlin vielfach verwendet. Kupferne Leitungen und Heizkörper werden kaum noch ausgeführt. Es ist in Berlin jetzt allgemein üblich, die Heizflächen der Heizkörper und der centralen Feuerung für eine Temperatur der Wohnräume von $+20°$ C. bei $-20°$ C. Aufsentemperatur zu berechnen, wenngleich erstere gewöhnlich nicht über $+18\frac{1}{2}°$ C. gehalten wird und letztere bisweilen auf $-25°$ C. fällt. Corridore und Treppen werden in Berlin, wenn sie überhaupt, was nicht oft vorkommt, mit Heizeinrichtungen versehen sind, selten über $+15°$ C. erwärmt. Nicht unerwähnt mag bleiben, dafs in England allgemein die Zimmertemperatur niedriger gehalten wird, als in Deutschland. Bureauräume gelten in England mit $+16°$ C. schon für behaglich erwärmt. — Durchschnittliche schematische Einheitspreise über die Anlagekosten von Centralheizungen sind kaum zu ermitteln, weil jeder Fall seine besondere Berechnung bedarf; nichtsdestoweniger sollen folgende Allgemeinzahlen angeführt werden.

Die Anlagekosten betragen für je 100 cbm geheizten Raumes in Mark in Berlin:

Art der Gebäude	Luftheizung	Warmwasserheizung	Niederdruck-Dampfheizung	Heifswasserheizung
Eingebaute Wohnhäuser	1—2,0	2,5—3,0	2,0—2,5	2,0—2,5
Freistehende Wohnhäuser und Villen	1,5—2,5	3,0—4,0	2,5—3,5	2,5—3,5
Bureaugebäude	1,0—2,0	2,5—3,0	2,5—3,0	2,0—2,5
Krankenhäuser	2,0—3,0	3,5—4,5	3,0—4,0	—
Fabrikgebäude	0,5—2,0	—	1,0—1,75	2,0—2,5
Kirchen	0,4—0,8	—	0,5—1,0	0,5—1,0

458   III. Heizung, Lüftung, Beleuchtung, Wasserversorgung und Entwässerung der Häuser.

Bei dem grofsen Interesse, welches gegenwärtig dem Kirchenbau in Berlin zugewendet wird, sei erwähnt, dafs die Kirchen hier in der Regel Heifswasser-(Hochdruck-) Heizung erhalten, selten, wie z. B. die Kirche in Rummelsburg, Luftheizung. Im ersteren Falle sind die Heizrohre unter den Fufsleisten der Sitzbänke über dem Fufsboden oder in Gruben unterhalb der Bänke angeordnet.

B. Die Beleuchtung der Häuser.

Die im letztvergangenen Jahrzehnt zu einer grofsen Entwicklung gelangte elektrische Beleuchtung — sie mag der Lampenzahl nach gegenwärtig in Berlin wohl auf 20 v. H. der Gasbeleuchtung angewachsen sein — wird an einer anderen Stelle behandelt werden. Es kommt also hier im wesentlichen nur die Gasbeleuchtung in Frage, weil die übrigen Beleuchtungsarten (Petroleum, Oel, Kerzen, sogen. Gasäther usw.) besondere den Bau der Häuser beeinflufsende technische Einrichtungen nicht erforderlich machen. Der Gasverbrauch in Berlin — auf den Kopf der Bevölkerung berechnet — steht, wenn auch in den deutschen Grofsstädten an dritter Stelle, gegen Paris und New-York doch weit zurück. Hierbei ist jedoch nicht aus den Augen zu lassen, dafs die Verwendung von Leuchtgas zum Heizen, Kochen, sowie zum Betriebe von Maschinen, auf welche an anderer Stelle eingegangen werden soll, erst in neuester Zeit in Berlin, im Gegensatz zu den amerikanischen Städten, einen gröfseren Umfang angenommen hat. In einer in der Zeitschrift des Vereins deutscher Ingenieure, Jahrgang 1895, Seite 353 veröffentlichten Tabelle sind folgende Zahlen angegeben:

	Gasverbrauch auf den Kopf der Bevölkerung	Gaspreis für 1 cbm in Pf.
New-York	213,3	17,6
Paris	128,0	24,0
San Francisco	117,0	28,3
Providence	108,3	17,6
Brooklyn	108,1	17,6
Washington	98,5	17,6
Köln	89,0	15,0
Karlsruhe	87,0	18,0
Berlin	82,0	16,0
Leipzig	82,0	18,0
Aachen	76,0	16,0
Hamburg	75,0	18,0
Dresden	75,0	17,0
Bremen	68,0	20,0
Düsseldorf	64,0	16,0
Barmen	59,0	17,0
Elberfeld	56,0	16,0
Nürnberg	49,0	20,0
Strafsburg	47,0	18,0
Magdeburg	47,0	18,0
München	43,0	23,0
Breslau	41,0	18,0

Aus dieser Tabelle ist unter anderem auch ersichtlich, dafs, obgleich die zur Gasbereitung erforderlichen Steinkohlen für Berlin wegen des hohen Frachtsatzes fast doppelt so theuer sind als im Rheinland, in Schlesien und den Seestädten, der Gaspreis in Berlin doch niedriger ist, als dort. Das ist nicht lediglich dem grofsen Verbrauch, sondern auch der Tüchtigkeit der Verwaltung zuzuschreiben.

Die Vertheilung des Gases innerhalb der Häuser erfolgt mittels Rohrleitungen, welche an das Strafsenrohrnetz der Gasanstalten angeschlossen sind. Besondere Gas-

III. Heizung, Lüftung, Beleuchtung, Wasserversorgung und Entwässerung der Häuser. 459

bereitungsanstalten für einzelne Grundstücke giebt es in Berlin nicht, abgesehen von Fettgasanstalten zur Erzeugung des Leuchtgases für die Eisenbahnwagen, sowie von dem Gaswerke der Strafanstalt Plötzensee. Ebensowenig wird Gas zu Beleuchtungszwecken in geschlossenen Behältern vertrieben. — Die Herstellung der Gasleitungen im Innern der Häuser, die sogen. Gasinstallation, ist von den Erbauern der ersten Gasanstalten, englischen Unternehmern, in Berlin eingeführt worden. Diese Leitungen wurden anfangs, als es schmiedeeiserne Röhren noch nicht gab, aus sogen. Compositionsrohr — ein biegsames Rohr aus einer Legirung von Zink, Zinn und Blei — hergestellt; die Verbindungen dieser Röhren wurden mittels Flanschen und zwei Schrauben, die Abzweige durch Löthungen ausgeführt. Solche Leitungen sieht man in Berlin, im Gegensatz zu anderen älteren Städten, nur noch vereinzelt in ganz alten Häusern. Sie sind nicht ungefährlich, weil ein Schlag mit einem harten Gegenstand, ein Nagel usw. ein solches Rohr leicht beschädigen und dadurch zu Gasentweichungen führen kann. Seitdem die ersten schmiedeeisernen Röhren Mitte der fünfziger Jahre aus England nach Deutschland gekommen, werden die Gasleitungen im Innern der Häuser in Berlin im wesentlichen nur noch aus Schmiederohr hergestellt, soweit nicht in ganz vereinzelten Fällen — wenn ein Rohr sichtbar gelegt werden und ein besonders gutes Aussehen haben soll — Kupfer oder Messing verwendet wird. Nur zu Leitungen, die in der Erde liegen, oder wenn die Röhren einen Durchmesser von mehr als 78 mm haben müssen, werden gufseiserne Muffen oder Flanschenrohre zu Innenleitungen verwendet. In der Erde sind die gufseisernen Röhren haltbarer gegen Rost und in den grofsen Durchmessern auch erheblich billiger als schmiedeeiserne. Die letzteren werden in Berlin ausschliefslich mittels Muffen und Gewinden verbunden, die Abzweige bestehen aus sogen. T-Stücken mit Gewinde. Diese und die Muffen wurden früher nur aus Schmiedeeisen hergestellt, in neuerer Zeit werden jedoch vielfach Verbindungsstücke aus schmiedbarem Gufseisen verwendet. Der Anschlufs der Beleuchtungsgegenstände an die Gasleitung erfolgt allgemein mittels Wand- oder Deckenscheiben mit Gewinden aus Messing, in neuerer Zeit auch aus Gufseisen.

Die Leitungen vom Strafsenrohr bis zum Austritt aus dem Gasmesser, die Lieferung und Aufstellung des letzteren und des Haupthahns werden von den Verwaltungen der Gasanstalten im Eigenbetriebe mit von den Anstalten geliefertem Material ausgeführt. Die Innenleitungen, vom Gasmesser ab, von „Gasinstallateuren" in freiem Wettbewerb. Die Verwaltung der städtischen Gasanstalt läfst die Gasleitungen in den städtischen Gebäuden und auch wohl in solchen Privatgebäuden, deren Eigenthümer dies besonders wünschen, durch ihre eigene Installations-Abtheilung zu festen Tarifpreisen ausführen. In Berlin werden nur sog. nasse Gasmesser zur Messung des Gasverbrauchs verwendet, d. h. solche, in welchen die Zähltrommel sich durch eine Flüssigkeit bewegt. Diese Gasmesser werden in Berlin hergestellt, wie denn die Berliner Gasmesser — insbesondere die der beiden Firmen S. Elster und Julius Pintsch — sich eines weit über die Grenzen Deutschlands reichenden Rufes erfreuen. Die Gasmesser werden von den Verwaltungen der Gasanstalten den Abnehmern entweder zu einem die Selbstkosten wenig übersteigenden Preise verkauft, oder gegen eine Gebühr, welche 8 v. H. der Selbstkosten beträgt, geliehen. Da im ersteren Falle der Abnehmer selbst für die Instandhaltung des Messers zu sorgen hat, während im letzteren Fall dies die Gasanstalten ohne besondere Vergütung bewirken, so wird von dem Kauf des Messers nur selten — und dann auch nur für grofse Apparate — Gebrauch gemacht.

Obgleich weder für die Ausführung der Innenleitungen in Berlin — im Gegensatz zu manchen andern Orten — besondere Vorschriften bestehen, noch eine Prüfung der Installateure stattfindet, so hat die Herstellung der Gasleitungen hinsichtlich ihrer Dichtigkeit, ihrer zweckmäfsigen Anordnung, wie der Richtigkeit der Abmessungen in Berlin einen hohen Grad der Zuverlässigkeit erlangt. Unglücksfälle infolge von undichten Gasleitungen kommen nur sehr selten vor, trotz des Leichtsinns, mit welchem in Berlin von den Arbeitern wie von den Hausbewohnern die durch Gasgeruch sich bemerkbar machenden Undichtigkeiten durch sogenanntes „Ableuchten" gesucht werden. Die sorgfältige Ausführung der Anlagen ist wohl dem Umstande zuzuschreiben, dafs die Verwaltungen der Gasanstalten ganz streng daran festhalten, kein Gas an eine Hausleitung zu geben, welche sich bei der

Probe mittels des Gasmessers nicht als vollkommen dicht erweist; ist diese Probe ungenügend ausgefallen, so wird es dem Besitzer, bezw. dem Installateur überlassen, die undichte Stelle, ohne dafs Gas in der Leitung sich befindet, zu finden, sie zu dichten und dann eine neue Probe zu beantragen. Dies ist naturgemäfs so mühsam und zeitraubend, dafs die Gasinstallateure in Berlin ohne Ausnahme von vornherein darauf halten, dichte Leitungen herzustellen. Aber auch der Umstand, dafs in früheren Jahren, als die Verwaltungen der Gasanstalten noch selbst viele Einrichtungen für Privathäuser ausführten, und diese in denkbar vollkommenster Weise, ohne Rücksicht auf die Kosten herstellten, hat erzieherisch auf alle Privatunternehmer gewirkt.

Es werden in Berlin nur Gasröhren von 10, 13, 20, 26, 32, 39, 52, 65 und 78 mm lichtem Durchmesser verwendet; die sonst noch im Handel vorkommenden Zwischendimensionen 6, 15 und 45 mm sind durch ein stillschweigendes Einverständnifs der Unternehmer gänzlich ausgeschlossen. Es ist nicht üblich, die zur Gasleitung zur Verwendung kommenden Röhren einer Druckprobe zu unterziehen, weil im allgemeinen in den geraden Röhren sich keine undichten Stellen finden; insbesondere wird eine Füllung mit Wasser vermieden, um Rostbildung im Innern der Röhren zu verhüten. Dagegen ist es gebräuchlich, die Verbindungsstücke, die vielfach zu undichten Leitungen in ihren Schweifsstellen Anlafs geben, vor der Verwendung durch Ansaugen auf Dichtheit zu prüfen. Die Röhren von 10 und 13 mm lichtem Durchmesser werden kalt, die stärkeren warm gebogen.

Der Gasmesser eines Grundstücks soll nach den Vorschriften möglichst nahe an der Strafsenflucht stehen; hat das Haus einen zu beleuchtenden Vorgarten, so hat man oftmals den Gasmesser in einem Schacht untergebracht. Wohnen, wie es in Berlin fast durchweg der Fall ist, in einem Grundstück mehrere Parteien, die Gas verbrauchen, so war es früher üblich, einen Hauptgasmesser im Untergeschofs aufzustellen, der den Gesamtverbrauch des Hauses zu messen hatte; aus diesem wurden die Einzelgasmesser der Miether gespeist. Diese Methode ist in neuerer Zeit verlassen: die Gasanstalten pflegen jetzt vom Strafsenrohr ab eine Gasleitung ohne Zwischenschaltung eines Gasmessers durch das ganze Haus zu verzweigen, für Treppen- und Flurbeleuchtung und für jeden Miether einen direct an dieses Rohr angeschlossenen Gasmesser aufzustellen, sodafs der Hausbesitzer gänzlich vom Verbrauch der Miether entlastet ist.

Es ist in Berlin üblich, die Gasleitungen in den Wohnräumen, Wirthschaften, Fluren, Treppen, besseren Läden usw. unter den Putz zu verlegen — nur in untergeordneten Räumen, in Kellern, in Fabriken, Werkstätten usw. pflegt man sie auf den Putz zu legen. Bessere Unternehmer-Firmen prüfen die Leitungen, die eingeputzt werden sollen, so lange sie noch sichtbar sind, auf ihre Dichtheit mittels Luftdruck von 0,3 m Wassersäule, weil es aufserordentlich schwierig sein würde, eine unter dem Putz liegende undichte Stelle zu finden. Amtliche Vorschriften bestehen hierüber nicht. Welch aufserordentlichen Umfang die Herstellung von Gasleitungen in Berlin hat, beweist der Umstand, dafs es nicht weniger als 475 Unternehmer für Gasleitungen giebt, d. h. auf etwa 50 bebaute Grundstücke einer; hierin sind die zahlreichen Fabrikanten von Gasbeleuchtungs- und Gasleitungs-Gegenständen nicht mit einbegriffen. Allerdings sind die Gasinstallateure ohne Ausnahme auch gleichzeitig auf anderen Gebieten (sei es für Wasserleitung, Canalisation, Heizung, Schlosserei oder Klempnerei) thätig.

Welch hohen Grades von Vertrauen sich die Berliner Gaseinrichtungen bei der Bevölkerung erfreuen, erhellt am besten aus dem Umstande, dafs es hier ganz allgemein üblich ist, Gas zur Beleuchtung der Wohnräume — im Gegensatz zu manchen anderen Grofsstädten, z. B. Wien — zu verwenden — es sind hier sogar in sehr vielen Häusern auch die Schlaf- und Kinderzimmer durch Gas erleuchtet.

Bis vor etwa 15 Jahren war es in Berlin, wie wohl überall, üblich, das Gas zur Beleuchtung in gewöhnlichen Schnitt-, Loch- oder Argandbrennern zu verbrennen, welche an Wandarmen, Kronen, Hängearmen — seltener auf Candelabern — aufgeschraubt werden. Die vorher — insbesondere in Paris und London — für die öffentliche Beleuchtung bereits vielfach verwendeten sog. Intensiv-Brenner („rue quartre Septembre", „Bray" usw.) haben in Berlin wegen ihres unverhältnifsmäfsig grofsen Gasverbrauchs für die Beleuchtung im Innern der Häuser ebensowenig eine grofse Verbreitung gefunden, wie die verschiedenen Carburirungsverfahren des Steinkohlengases (z. B. die sog. Albo-carbon-Lampen). Erst als Ende der siebziger Jahre Friedrich Siemens mit seiner Erfindung der Regenerativ-Gaslampen in die Oeffentlichkeit trat und den Schwerpunkt seines Betriebes nach Berlin verlegte, begannen andere Lampen für Gasbeleuchtung Raum zu gewinnen. Das Princip dieser Lampen beruht darauf, dafs die strahlende Wärme der Flamme und die der abgehenden Verbrennungsgase benutzt wird zu Vorwärmung der zur Verbrennung erforderlichen Luft. Dadurch wird die Flammentemperatur so gesteigert, dafs die bei der Verbrennung des Gases ausgeschiedenen Kohlenstoffpartikelchen, welche das Leuchten bewirken, weifsglühend, statt wie sonst, hellrothglühend werden. Die starke Leuchtwirkung dieser Lampen, der geringe Verbrauch, und nicht zum geringsten das starke Licht, welches die damals in Aufnahme gelangenden elektrischen Bogenlampen ausstrahlten, brachten es zu Wege, dafs bald zahlreiche grofse Hallen, Wirthschaften, Läden usw. an Stelle ihrer Kronleuchter und Wandarme mit den Einzelflammen grofse Siemens-Lampen anschafften, trotz ihrer ungeschickten Form und ihres grofsen unter der Flamme befindlichen unförmigen Regenerativkörpers, trotz der grofsen Wärmeentwicklung und der Schwierigkeit, die Verbrennungsgase durch Canäle abzuleiten. Die erste Anwendung dieser Lampen fand in Gratweils Bierhallen statt; bald darauf folgte die Halle des Berliner Kassenvereins, die von Kayser und von Grofsheim ausgebauten Stadtbahnbögen des Gasthauses zum „Franziskaner". Zahlreiche andere grofse Wirthschaften folgten rasch nach. Trotzdem sich die berufendsten Architekten die Aufgabe stellten, die unschönen Lampen äufserlich besser zu gestalten, die Abzugscanäle geschickt einzubauen und zu verdecken, ist diese Aufgabe nicht befriedigend gelöst worden. Erst nachdem einige Jahre später Friedrich Siemens (sog. invertirte Siemensbrenner), Wenham, Brewer, Butzke, Schülke u. v. a. die Lampen dadurch verbesserten, dafs die Leuchtflamme unterhalb des Regenerativkörpers lag, wurde diese Beleuchtungsart — aber auch stets nur für Läden, Wirthschaften, Hallen usw. — in Berlin allgemeiner. Für Wohnräume glaubt man die als Schmuck dienenden früheren Kronleuchter und Wandarme mit Einzelflammen auch heute noch nicht entbehren zu können. Von der früher, aus berechtigten gesundheitlichen Rücksichten für unbedingt erforderlich erachteten Ableitung der Verbrennungsgase hat man fast durchgängig Abstand genommen, weil deren Anordnung technisch zu grofse Schwierigkeiten ergaben. Man gewöhnte sich daran, mit der Vermehrung und Verbesserung des Lichts die Verschlechterung der Luft in den betreffenden Räumen in den Kauf zu nehmen. Die Beleuchtung mittels „Wassergas", unter Anwendung des Fahnjhelmschen Magnesiakammes als Leuchtkörper, der vor acht Jahren grofses Aufsehen machte, hat in Berlin keine Verbreitung gefunden, weil hier Wassergasbereitungsanstalten aus vielen Gründen nicht ins Leben gerufen wurden. Fast schien es, als ob die immer weiter sich entwickelnde elektrische Beleuchtung die Gasbeleuchtung nach und nach ganz verdrängen würde, bis vor einigen Jahren der Wiener Chemiker Auer von Welsbach, nachdem seine dahin zielenden Versuche schon einmal vor etwa 10 Jahren gescheitert waren, mit seiner im Princip von der bisherigen Verwendung des Gases zu Leuchtzwecken gänzlich abweichenden Erfindung: dem Gasglühlicht auftrat; bei dieser Beleuchtungsart sind nicht mehr die bei der Verbrennung sich ausscheidenden glühenden Kohlenstofftheilchen die Lichtquelle, sondern das Gas dient nur dazu — unter Zuführung einer grofsen Menge Luft behufs vollkommen rufsfreier Verbrennung — ein festes, aus besonderen Körpern (seltenen Metallen und Erden) hergestelltes feuerbeständiges, durchscheinendes Gewebe in Weifsgluth zu versetzen und dadurch zum Leuchten zu bringen. Der Mittelpunkt für diese Neuerung ist Berlin geworden und es hat auch hierbei seine führende Rolle in der Beleuchtungstechnik behauptet. Trotz der verhältnifsmäfsig noch zu geringen Festigkeit der Glühkörper und des lästigen Anzündens hat diese Art der Gasbeleuchtung gegenwärtig bereits eine sehr grofse Verbreitung in Berlin gefunden, und zwar nicht nur in Läden, Wirthschaften, Sälen usw., sondern auch in Wohnräumen. Der geringe Gasverbrauch bei bedeutender Lichtmenge und die geringe Erwärmung der Luft sind hierfür entscheidend gewesen, wenngleich die grünliche Farbe des Lichts bis heute noch ihre ungünstige Wirkung behalten hat. — Auch die in neuerer Zeit von vielen anderen Fabrikanten gelieferten Gasglühkörper scheinen sich gut zu bewähren; es wird dadurch unzweifelhaft der Gasbeleuchtung das scheinbar verlorene Gebiet gegenüber der elektrischen Beleuchtung, wenn auch nur theilweise, wieder zugeführt, zumal die Elektricität aufgehört hat, ihre Hauptanwendung in der Beleuchtung zu suchen und zu finden. Auf die Gestaltung der Beleuchtungsgegenstände (Kronen, Wandarme usw.) hat die Einführung des Gasglühlichts bis jetzt keinen Einfluss gehabt.

Gasdruckregler sind in Berlin wenig gebräuchlich — einmal weil sowohl die städtische, als die englische Gasanstalt durch Ausbau des Strafsenrohrnetzes, als auch durch ihren Betrieb einen ganz aufserordentlich gleichmäfsigen Gasdruck durch die ganze Stadt geben, und dann, weil man in Berlin von jeher gewöhnt ist recht weite Gasleitungen im Innern der Häuser anzuwenden, wodurch die schwankende Zahl der brennenden Lampen weniger Einflufs auf die Gasflammen bekommt. Dagegen ist es üblich, grofse Anlagen der Sicherheit der Beleuchtung wegen vielfach mit zwei Gaseinführungen und zwei Gasmessern zu versehen. In der Herstellung der Gasbeleuchtungsgegenstände — Kronen usw. — nimmt Berlin nicht nur in Deutschland, sondern weit über seine Grenzen hinaus eine hervorragende Stelle ein, — wenn auch in rein künstlerischer, eigenartiger Ausbildung der Körper einige Pariser und englische Werkstätten nicht erreicht sein mögen. Für letzteres ist wohl weniger das hiesige „Können" als der in Deutschland übliche geringere Preis für Gebrauchsgegenstände dieser Art die Veranlassung. Fabriken wie Spinn & Sohn, Schäffer & Walker, Schäfer & Heuschner, C. Kramme und verschiedene andere senden ihre Erzeugnisse nach allen Städten Deutschlands und des Auslandes. Eine ganz hervorragende Stellung nimmt Berlin in der Herstellung von Bestandtheilen der Gasleitungen (Hähnen, Verbindungsstücke, Bewegungstheile usw.) ein; sie dürfte hierin von keiner Stadt der Welt übertroffen werden. Fabriken auf diesem Gebiete, wie F. Gäbert, Schäffer & Walker, Schäfer & Oehlmann, Butzke, B. Joseph und verschiedene andere haben einen Weltruf.

Zum Schlufs mag noch hervorgehoben werden, dafs auch für die Petroleumlampen-Fabrikation, insbesondere die der Petroleumbrenner, Berlin als Mittelpunkt für die ganze Welt gilt, obgleich in Berlin selbst Petroleum für Beleuchtungszwecke fast nur in kleinen Werkstätten und Wohnungen gebraucht wird. Der Sitz der Petroleumlampen- und Brenner-Industrie hat sich in Berlin fast ganz im Stadtbezirk S.O., um den Moritzplatz, zusammengedrängt. Petroleumlampen oder Brenner aus den Fabriken von Schuster & Baar, Wild & Wefsel und anderen findet man in den Wohnungen Kleinasiens, wie in China und Japan, in Süd- und Nord-Amerika, in den Hütten Afrikas, wie an den Küsten des Eismeeres. Zum Schlufs folgen noch einige Angaben über die Kosten der Gaseinrichtungen in Berlin. Hierunter sind die Kosten der inneren Hausleitungen zu verstehen mit Ausschlufs der Zuleitungen vom Strafsenrohr — weil diese nach der zufälligen Entfernung sehr verschieden sind, und mit Ausschlufs der Kosten der Beleuchtungsgegenstände, weil diese je nach ihrer reicheren oder einfacheren Gestaltung, der Art des Materials (ob Zink, Kupfer, Messing, Eisen, Glas usw.) naturgemäfs sich nicht nach Einheitspreisen bewerthen lassen. Obgleich es vielfach in Berlin üblich ist, die Kosten der so begrenzten Hauseinrichtung nach der Zahl der Auslässe zu veranschlagen (nicht nach der Zahl der Flammen, weil diese ja mehr oder weniger von der künstlerischen Ausgestaltung der Kronen usw. abhängt), so mufs diese Art der Kostenermittelung doch als wenig zutreffend bezeichnet werden. Der seit einer Reihe von Jahren aufserordentlich niedrige Preis der Metalle und des Rohmaterials, aus welchen die Gasleitungen hergestellt werden, hat einen wesentlichen Einflufs auf die Kosten der Einrichtungen nicht gehabt, weil durch die — an und für sich sehr erfreuliche — Steigerung der Arbeitslöhne und durch die Kosten der Arbeiterwohlfahrtsgesetze die höheren Verlegungskosten die billigeren Materialkosten mehr oder weniger ausgeglichen haben; aber es liegt doch auf der Hand, dafs die Kosten einer Gaseinrichtung — auf einen Auslafs berechnet — um so höher sind, je weniger Auslässe auf die Einheit der Leitungslänge kommen. Folgende Beispiele über in den letzten Jahren ausgeführte Einrichtungen bringen diesen Unterschied überzeugend zum Ausdruck. Es betrugen die Einrichtungskosten für einen Auslafs:

III. Heizung, Lüftung, Beleuchtung, Wasserversorgung und Entwässerung der Häuser. 463

1. In einem kleinen Einzelhause in der Gegend des Thiergartens mit 57 Auslässen . . . . 9,20 ℳ
2. In einem Bankgebäude, Französische Strafse, mit 85 Auslässen . . 12,— „
3. In einem grofsen Engros-Geschäftshause im Innern der Stadt mit 348 Auslässen . . . . 14,— „
4. In einer Erziehungs- und Lehranstalt in einem Vororte Berlins mit 147 Auslässen . . . . 16,25 „
5. In einem Miethswohnhause im S.W. Berlins mit 133 Auslässen . . 15,50 „
6. In einem kleinen Einzelhause in der Nähe des Thiergartens mit 27 Auslässen . . . . 18,— „
7. In einem gröfseren Einzelhause mit 54 Auslässen . . . . 20,— „
8. In einem grofsen Detail-Geschäftshause in der Königsstadt mit 105 Auslässen . . . . 29,50 „

C. Die Wasserversorgung der Häuser.

Der Wasserverbrauch von Berlin wird in der Regel gegenwärtig mit etwa 70 l durchschnittlich für den Tag und Kopf der Bevölkerung angegeben; diese Zahl erscheint im Verhältnifs zu dem Verbrauch in anderen deutschen Städten, z. B. in Frankfurt a. M., Hamburg, Köln, Hannover u. a., deren Verbrauch bis auf das Doppelte der oben angegebenen Zahl steigt, sehr klein. Indessen sind 70 l in Berlin lediglich die durch die öffentliche Wasserversorgung gedeckte Wassermenge, während die sehr erhebliche Wassermenge, welche hier, im Gegensatz zu anderen Orten, insbesondere für industrielle Zwecke, in Einzelanlagen aus dem Untergrund und aus den öffentlichen Wasserläufen geschöpft wird, unberücksichtigt bleibt. Eine Statistik der Förderung dieser Einzelanlagen giebt es nicht; zuverlässige Schätzungen aber nehmen ihre durchschnittliche Fördermenge auf 50—60 000 cbm täglich an, sodafs der thatsächliche Wasserverbrauch Berlins auf täglich über 100 l für 1 Kopf zu schätzen ist. Die Verwendung des Untergrundwassers in Berlin für industrielle Zwecke steigert sich in neuerer Zeit, seitdem es gute Verfahren giebt, die lästigen Eisenverbindungen vor dem Verbrauch aus dem Wasser abzuscheiden und seitdem die hervorragendsten Bacteriologen festgestellt haben, dafs Untergrundwasser, welches 7 m tief aus dem Erdboden in zweckentsprechender Weise geschöpft ist, wenn kein directer Zuflufs von der Oberfläche vorhanden, in der Regel an und für sich frei von Ansteckungskeimen ist.

Die im Jahre 1855 in Betrieb genommene centrale Wasserversorgungsanlage für Berlin — das Wasserwerk vor dem Stralauer Thore mit dem Strafsenrohrnetz — war von englischen Ingenieuren erbaut worden; auch die Einrichtungen zur Wasserversorgung im Innern der Häuser wurden ganz nach englischem Vorbilde hergestellt. Anfangs wurden die Leitungen wenig frostsicher, wie in England, dem dortigen Klima entsprechend, angelegt; nach dem ersten strengen Winter nach Eröffnung des Wasserwerkes mufste nicht nur ein grofser Theil der Strafsenleitungen aufgedeckt und tiefer in den Boden gelegt werden, sondern man erkannte auch, dafs die Hausleitungen in Bezug auf ihre Frostsicherheit ganz anderen Bedingungen entsprechen mufsten, wie in England: sie durften nicht an den Aufsenwänden und nicht durch kalte Räume hochgeführt werden. Leitungen, die im Winter wegen Frostgefahr abgesperrt und entleert werden mufsten, erforderten ganz besondere technische Einrichtungen — genug, es vertiefte sich die Technik dieser Hausinstallation in Berlin sofort gegenüber der englischen Methode schon allein wegen der klimatischen Verhältnisse. — Immerhin ist, nicht nur so lange die Wasserversorgungs-Anlage im Besitz einer englischen Gesellschaft war, sondern auch nach 1873, in welchem Jahre die Stadtgemeinde das Werk übernahm, grundsätzlich die Ausführung der Hauseinrichtungen nach englischem Vorbilde als durchaus freies, nicht durch Vorschriften und Prüfungen einzuengendes Gewerbe behandelt worden; es mag dies wohl darauf zurückzuführen sein, dafs die Leitung des Wasserversorgungswesens bis zum Jahre 1892 in Händen des bewährten englischen Ingenieurs, der schon beim Bau der Anlage thätig war, ver-

464   III. Heizung, Lüftung, Beleuchtung, Wasserversorgung und Entwässerung der Häuser.

blieben ist. Das Regulativ, welches den Anschlufs an die Wasserwerke regelt, ist auf das Allernothwendigste beschränkt, weder werden die Durchmesser der Röhren, noch deren Wandstärken vorgeschrieben, auch wird im allgemeinen keine Zeichnung der Anlage zur Genehmigung verlangt. Es bleibt das alles dem Installateur überlassen; nur über die Lage des Hauptabsperrhahns (höchstens 1 m innerhalb des Grundstücks von dessen Grenze), des Wassermessers und über die Verwendung von rückschlagfreien Zapfhähnen sind Bestimmungen getroffen. In Bezug auf die Verwendung von schmiedeeisernen Röhren zu Hausleitungen ist eine Ausnahme gemacht: diese sollen nach § 24 des Regulativs überhaupt nicht verwendet werden. Dieser auffallende Gegensatz zu den Städten Süddeutschlands, in welchen die Hauswasserleitungen ausschliefslich aus schmiedeeisernem Rohr hergestellt werden, ist auf die ungünstigen Erfahrungen zurückzuführen, die man in Berlin im Anfange gemacht hat. In der ersten Zeit wurden die Leitungen auch in Berlin fast ausschliefslich aus Schmiederohr gemacht; nach etwa 20 Jahren waren die Röhren im Innern vielfach so stark zugerostet, dafs, als die Stadt das Wasserwerk übernahm, einzelne Hausleitungen gar kein Wasser mehr durchliefsen. Darauf erfolgte das genannte Verbot im Jahre 1878; es war seitens der damit beschäftigten Unternehmer schon lange vorher das Bleirohr an Stelle des schmiedeeisernen Rohres verwendet worden. Die vielfach gehegte Befürchtung — die ja auch für bestimmte Wässer wegen ihrer Zusammensetzung nicht unbegründet ist —, dafs das Blei in den Bleiröhren in Lösung kommen und dadurch zu Bleivergiftungen Anlafs geben könne, hat in Berlin keinen Boden gefunden. Wenngleich es durch neuere Untersuchungen hin und wieder gelungen ist, Spuren von gelöster Bleiverbindung in Berliner Wasserleitungswasser, welches über Nacht in Bleiröhren gestanden hat, nachzuweisen, so ist doch seit der Verwendung von Bleiröhren für die Wasserleitung hierselbst, d. i. seit 35—40 Jahren, eine schädliche Wirkung nicht beobachtet worden. Selbst das früher in Westdeutschland vielfach übliche Schwefeln (d. i. die Bildung eines dünnen unlöslichen Schwefelbleiüberzuges im Innern des Rohres durch schweflige Säuredämpfe) ist bei uns nicht in Gebrauch gekommen. Es gilt vielmehr in Berlin als Regel, dafs im Innern der Privatgrundstücke für die Leitungen von mehr als 32 mm lichtem Durchmesser gufseiserne Muffenröhren, welche mit Hanf und Blei in üblicher Weise gedichtet werden, für Leitungen bis zu 32 mm lichtem Durchmesser fast ausschliefslich Bleiröhren angewendet werden. In seltenen Fällen, wenn die Anwendung des leichter biegsamen Bleirohrs zweckmäfsiger erscheint, werden wohl auch Bleiröhren von 40 mm lichtem Durchmesser verwendet. Für die gufseisernen Röhren werden von besseren Unternehmern im allgemeinen die Gewichte bezw. die Wandstärken der deutschen Normaltabelle, für Bleiröhren die von der Verwaltung der Wasserwerke empfohlenen Gewichte von 2,2, 3,8, 6,3, 7,5, 10 kg für 1 m bei 13, 20, 25, 32 und 40 mm lichtem Durchmesser eingehalten. Für untergeordnete Bauten und von weniger sorgfältig arbeitenden Unternehmern, auch wohl für öffentliche Bauten, werden jedoch vielfach Röhren von geringeren Gewichten angewendet, was für die betreffenden Bauten naturgemäfs recht nachtheilig ist. Wenn aus solchen geringwerthigen Anlagen nicht noch mehr Nachtheil erwächst als thatsächlich der Fall ist, so ist das eine Folge des geringen Druckes von 3 bis 4 Atmosphären, den die städtischen Wasserwerke liefern. Da in Berliner Häusern die höchsten Zapfstellen selten über 25 m über der Strafsenoberfläche liegen, so reicht dieser Druck zu deren Versorgung mit Wasser in allen Stockwerken im allgemeinen vollständig aus; es kommt jedoch im Hochsommer in Strafsen, deren Leitungen für den starken Verbrauch verhältnifsmäfsig eng sind, vor, dafs einzelne Häuser in den obersten Stockwerken zeitweise kein Wasser haben. Durch die allmähliche Auswechslung solcher engen Strafsenleitungen durch weitere, ist dieser Uebelstand von Jahr zu Jahr vermindert worden.

Die Verbindung der Bleiröhren, sowie das Einlöthen der Hähne wurde früher allgemein nach dem alten englischen Verfahren durch sogen. Plomben nach Abb. 571 hergestellt; dieses Verfahren wird auch heute noch von der Verwaltung der Wasserwerke für ihre Arbeiten und von wenigen besonders tüchtigen und gewissenhaften Berliner Unternehmern für die Hausleitungen angewendet. Im allgemeinen ist jetzt die weniger gute, den Reibungswiderstand im Rohre vergröfsernde, aber in der Herstellung billigere Kelchlöthung

III. Heizung, Lüftung, Beleuchtung, Wasserversorgung und Entwässerung der Häuser.

in Berlin üblich geworden, welche in Abb. 572 skizzirt ist. Der Uebergang von gufseisernen auf Bleiröhren wird in der Regel mittels Endpflöcke und Messingverschraubungen, wie in Abb. 573 ausgeführt. Anbohrungen der Rohre mit oder ohne Schellen (Abb. 574 oder 575) sind bei Hauseinrichtungen — im Gegensatz zu den Strafsenleitungen, deren Abzweigungen nach den Hausleitungen fast durchweg durch Anbohrungen hergestellt werden — nicht üblich. Dieser Unterschied ist begründet durch den geringeren Durchmesser der Hausleitungsrohre, welche directe Anbohrungen unzweckmäfsig machen.

§ 26 des Regulativ schreibt vor, dafs die Abzapf- und Durchlafshähne „ohne Rückschlag" schliefsen sollen, d. h. sie sollen den Wasserdurchflufs beim Schlufs nicht plötzlich, sondern nur allmählich hemmen. Dieser Bedingung wird in Berlin im allgemeinen nur wenig Rechnung getragen. Zwar entsprechen die hier üblichen Niederschraubzapfhähne, auch wohl die Mehrzahl der Gartenhähne der vorgenannten Bedingung — zahlreiche andere Zapfstellen, insbesondere die Closethähne mit Hebel und Gewicht, welche direct an die Wasserleitung angeschlossen werden, stehen jedoch in directem Gegensatz zur Bestimmung des § 26. Man hat vor 15—20 Jahren vielfach versucht, die Wirkung der Rückschläge durch Windkessel, welche auf die oberste Stelle der Hausleitungen geschraubt wurden, zu

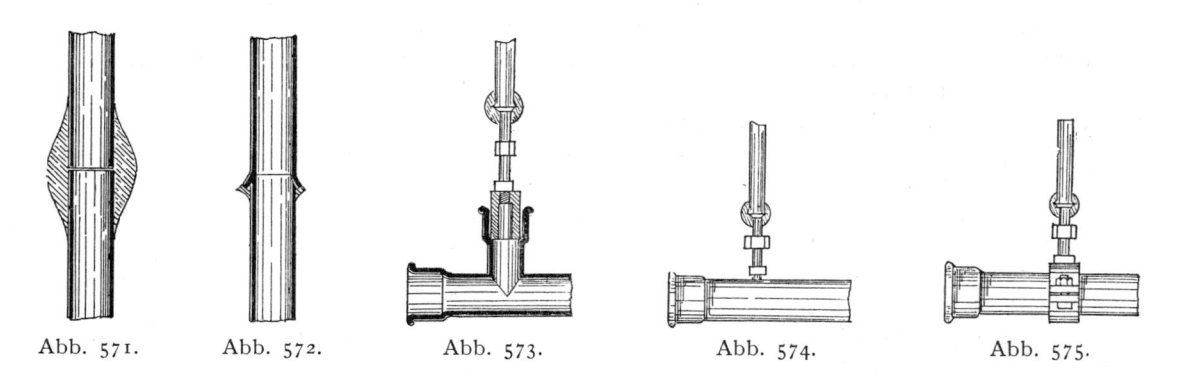

Abb. 571.   Abb. 572.   Abb. 573.   Abb. 574.   Abb. 575.

vermindern. Hiervon ist man jedoch fast ganz abgekommen, weil diese Kessel nicht luftgefüllt blieben und dementsprechend bald wirkungslos wurden. Die Hähne, Ventile und sonstigen Zubehörstücke werden aus Messing hergestellt; die geringe Härte, d. h. der geringe Gehalt an gelösten Mineralsalzen des Berliner Wassers hat die Verwendung von Rothgufs, welcher an manchen anderen Orten sich als nothwendig erwiesen hat, überflüssig gemacht. Zu Zapfhähnen werden nach wie vor in Berlin die sogen. Bibs, das sind Niederschraubhähne mit elastischer Gummischeibe, angewendet, während in anderen Orten, insbesondere in Süd- und Westdeutschland ausschliefslich Niederschraubventile mit Stopfbuchsdichtung üblich sind. Der Unterschied ist begründet in dem höheren Druck in anderen Orten, dem die Gummischeibenhähne nicht genügend wiederstehen würden. Diese haben den grofsen Vorzug vor den Ventilen, dafs sie aufserordentlich einfach durch Einsetzen einer neuen Gummischeibe von jedem anstelligen Mann in Stand gesetzt werden können, wenn die Gummischeibe zerstört ist, während zur Instandsetzung eines Ventils in der Regel ein sachverständiger Mann gebraucht wird.

Bis Anfang der siebziger Jahre wurde das Wasser aus der Wasserleitung an die Mehrzahl der Grundstücke ohne Wassermesser, nach sogen. Tarifpreisen, abgegeben. Im Laufe der Jahre ist diese Methode jedoch der ausschliefslichen Abgabe mittels Zumessung durch Wassermesser gewichen. Der Preis des Wassers beträgt je nach der Gröfse der Verbrauches 15—30 ₰ für das Cubikmeter. Die Wassermesser, welche sämtlich von des Firma Siemens & Halske in Berlin geliefert werden, sind Eigenthum der Verwaltung; die Abnehmer zahlen eine Leihgebühr von etwa 8 v. H. der Anschaffungskosten. Die Zuleitung vom Strafsenrohr bis hinter den Wassermesser, einschliefslich Lieferung des letzteren mit dem zugehörigen Schacht und der Absperrvorrichtung wird von der Verwaltung der Wasserwerke ausgeführt — und zwar unentgeltlich bis 2 m vor die Grundstücksgrenze. Die

466 III. Heizung, Lüftüng, Beleuchtung, Wasserversorgung und Entwässerung der Häuser.

Wassermesser werden frostsicher 1 m hinter der Grundstücksgrenze innerhalb des letzteren aufgestellt — erforderlichen Falls in einem frostsichern Schacht. — Es ist nicht üblich, den Wasserverbrauch des einzelnen Miethers, sofern er nicht ein ganzes Haus für sich allein bewohnt, zu messen. Der Hausbesitzer bezahlt den Gesamt-Wasserverbrauch des Hauses und berechnet den Miethern ihren Antheil an dem Betrage im Miethspreise. — In der Regel hat jedes Grundstück nur eine Wasserzuführung, wenn sehr grofse Grundstücke, die an zwei Strafsen liegen, oder grofse Gebäude, Theater usw., zwei Einführungen erhalten, so werden deren Leitungen im Innern nicht verbunden, um rückläufige Strömungen durch einen der Wassermesser — bei vorkommendem ungleichen Druck in den verschiedenen Zuflufsleitungen — zu verhüten. Falls im Innern eines Grundstücks Feuerhähne an die Wasserleitung angeschlossen werden, was nur in öffentlichen Gebäuden, Museen, Theatern, Archiven, in sonstigen grofsen Staats- und Gemeindegebäuden usw. üblich ist, so wird in neuerer Zeit hierfür stets eine besondere von der Einführung abzweigende Leitung innerhalb des Grundstücks gelegt, welche immer unter Druck steht. Die Gewinde der Schläuche werden dem der Berliner Feuerwehr angepafst.

Die Wasserleitungsröhren werden in der Regel in die Wände unter den Putz gelegt. Um das Niederschlagen von Feuchtigkeit auf die kalten Rohre — das sogen. Schwitzen — zu vermindern, pflegt man die Leitungen mit einer Filzschicht zu umgeben; dies wird irrthümlich vielfach als Schutz gegen Frost aufgefafst. Die Filzschicht unter dem Putz hat auch noch den Vortheil, dafs sie dem Rohr eine, den Temperaturunterschieden entsprechende Längenverschiebung ermöglicht.

Der Durchmesser des Hauseinführungsrohrs pflegt in Berlin für

1—20 Zapfstellen . . . . 25 mm
20—40 „ . . . . 30 „
40—60 „ . . . . 40 „
über 60 „ . . . . 50 „

genommen zu werden.

Die Hauptleitung wird im Keller, wenn irgend angängig, unter dem Fufsboden liegend verzweigt und in einzelnen Strängen nach oben geführt. In besseren Häusern ist es üblich, jeden aufsteigenden Strang mit einem Hauptabsperrhahn zu versehen. In untergeordneten Miethshäusern begnügt man sich jedoch vielfach mit dem einzigen hinter dem Wassermesser sitzenden Haupthahn, was natürlich zur Folge hat, dafs bei Ausbesserungen einer einzigen Stelle das ganze Grundstück ohne Wasser ist.

Die Versorgung der Häuser mit warmem Wasser ist in Berlin noch nicht allgemein eingeführt; das Bedürfnifs nach warmem Wasser zum Waschen der Hände und des Gesichts ist in Deutschland überhaupt bei weitem nicht in dem Mafse vorhanden, wie in Amerika und England. Immerhin ist von Jahr zu Jahr eine Steigerung der Zahl der centralen Haus-Warmwasseranlagen in Berlin zu verzeichnen. Bis vor kurzem beschränkte sich diese auf herrschaftliche Einzelwohnhäuser und Hôtels, seit einer Reihe von Jahren werden aber auch die Wohnungen in den neuen Miethshäusern mit Warmwasseranlagen versehen.

Die Anlage von Bädern, selbst in Wohnungen für den Mittelstand, ist in den neueren Häusern allmählich zur Regel geworden; die kleineren Wohnungen erfreuen sich jedoch dieser in England und Amerika ganz selbstverständlichen Einrichtung nicht. Auch ist die Ausstattung der Badestuben hier bei weitem nicht so reich ausgebildet, wie insbesondere in Amerika.

Bis vor einer Reihe von Jahren war es in Häusern, welche mit Warmwassereinrichtungen versehen wurden, üblich, die Warmwasserbereitung in einer aus starkwandigem Schmiede- oder Kupferrohr hergestellten, in den Feuerherd der Kochmaschine eingebetteten Schlange, welche mit einem in der Küche oder in einem Nebenraum aufgestellten Behälter in Verbindung stand, vorzunehmen. Von diesem Behälter aus wurden dann in der Regel die Küchenhähne, das Bad, bisweilen auch Waschtische, mit warmem Wasser versorgt. Die weiche Beschaffenheit des Berliner Leitungswassers begünstigt diese Einrichtung. Nachdem jedoch nach 10—12 Jahren diese Schlangen sich dennoch vielfach im Innern durch ausgeschiedene Kalk- und Gipsmassen zusetzten und dadurch zu erheblichen

III. Heizung, Lüftung, Beleuchtung, Wasserversorgung und Entwässerung der Häuser.

Störungen im Kochbetrieb Veranlassung gaben, ist der alte bewährte Badeofen — der zwar an die Wasserleitung angeschlossen ist, jedoch vermöge seiner sinnreichen Construction niemals unter deren Druck kommen kann — wieder zu Ehren gekommen. Die eisernen oder kupfernen Blasen in den Kochmaschinen haben gleichfalls eine gröfsere Verbreitung nicht zu erlangen vermocht. In vornehmen Wohn- und Miethshäusern zieht man es jetzt vor, die Warmwasserbereitung mittels eines besonderen kleinen Ofens vorzunehmen. — Als Leitungsmaterial für warmes Wasser wird hier in der Regel Kupfer — selten hart, meist weich gelöthet — genommen; die Anwendung von schmiedeeisernem, verzinktem Rohr für diesen Zweck bildet die Ausnahme.

Die Wasserleitungsanlagen der westlichen, südwestlichen und südlichen Vororte (Charlottenburg, Schöneberg, Wilmersdorf, Friedenau, Steglitz, Tempelhof, Rixdorf usw.), welche an das Charlottenburger Wasserwerk angeschlossen sind, unterscheiden sich nicht wesentlich von denen in Berlin; nur hat die Verwaltung dieses Werkes bestimmte Wandstärken der Bleiröhren vorgeschrieben, nicht nur, wie in Berlin, empfohlen, und zwar bei einigen Abmessungen schwerer als in Berlin gebräuchlich, weil der Druck im Strafsenrohr des Charlottenburger Wasserwerkes $1 - 1\frac{1}{2}$ Atmosphären gröfser ist. In den östlichen Vororten (Lichtenberg, Friedrichsberg, Pankow), welche eigene Wasserwerke haben, werden die Hausleitungen, nach süddeutschem Vorbilde, aus schmiedeeisernem Rohr hergestellt.

Die in Berlin blühende Industrie zur Erzeugung von Gegenständen für die Wasserleitung versorgt nicht nur einen grofsen Theil Deutschlands, sondern auch das Ausland mit ihren Erzeugnissen; es gilt hier dasselbe, was unter „Gasbeleuchtung" gesagt ist.

Die Kosten der Wasserleitungseinrichtung sind noch weniger zuverlässig aus der Zahl der Auslässe zu beurtheilen, als bei der Gasleitung, weil die Art der Ausführung bei ersterer viel mannigfaltiger ist. Nur um dies zu beweisen, seien folgende Zahlen aus der Praxis gegeben.

Es betrugen die Kosten für eine Zapfstelle in den letzten Jahren:

In einem Miethshause des Ostens	14,00 ℳ
„ „ „ „ Westens	18,00 „
„ „ einfachen Einzelwohnhause des Westens	23,50 „
„ „ Bankgebäude des Westens	25,20 „
„ „ besseren Miethshause des Westens	25,25 „
„ „ Einzelhause des Nordwestens	28,40 „
„ „ Geschäftshause der inneren Stadt	28,75 „
„ „ „ des Nordwestens	29,00 „
„ „ Engros-Geschäftshause der inneren Stadt	30,00 „
„ „ „ „ „ „ „	32,00 „
„ „ grofsen Bankgebäude „ „ „	35,25 „
„ „ guten Wohnhause der inneren Stadt	36,50 „
„ „ vornehmen Einzelwohnhause des Westens	43,30 „
„ „ hochherrschaftlichen Einzelwohnhause des Westens	51,50 „

D. Die Entwässerung der Häuser.

Bevor die öffentliche städtische Schwemmcanalisation die Möglichkeit einer guten Entwässerung der einzelnen Grundstücke geschaffen, d. i. vor 1874, wurden nicht nur die Regenwässer in die Strafsenrinnsteine geführt, sondern auch die Küchen-, Bade- und sonstigen Schmutzwässer nahmen denselben Weg und gelangten so mit ersteren in die Flufsläufe. Die Aborte, soweit sie damals schon Wasserspülung hatten, waren in der Regel an mehr oder weniger dichte, in den Höfen — fast niemals, wie an vielen anderen Orten noch heute üblich — innerhalb der Häuser befindliche Senkgruben angeschlossen. Diese hatten gewöhnlich einen Ueberlauf nach den Strafsenrinnsteinen, seltener gesonderte Ueberlaufleitungen nach den öffentlichen Flufsläufen. In den meisten nicht mit Spülaborten versehenen Häusern waren höchst einfache Aborte mit Trageimern aufgestellt; letztere wurden Nachts mittels Sammelwagen abgeholt. Die in anderen Städten zu einer guten Durchbildung gelangten Systeme der Tonnenabfuhr, der Darçet'schen Abortanlagen usw. haben in Berlin sehr wenig Anwendung gefunden. — Nachdem im Anfange der siebziger Jahre die Ausführung der Schwemmcanalisation mit dem vorgeschriebenen Anschlufs sämtlicher Grundstücke beschlossen, lag für die Berliner Unternehmer keine Veranlassung mehr vor, die auf dem erstgenannten Gebiete an anderen Orten gemachten Erfahrungen sich zu eigen zu machen. Daher ist es auch gekommen, dafs die Technik der Hausentwässerung in Berlin sich fast ausschliefslich mit Einrichtungen für Schwemmcanalisation befafst. Nur ganz vereinzelt kommen innerhalb des Gebiets, welches an die städtische Canalisation angeschlossen ist — das dürften gegenwärtig wohl $^{19}/_{20}$ aller bebauten Grundstücke des Berliner Weichbildes sein —, noch Grundstücke mit Tonnenabortanlagen vor; natürlich nur da, wo die Tieflage des Grundstücks einen Anschlufs an den Strafsencanal nicht ermöglicht.

Die Technik der Hausentwässerungs-Einrichtungen hat in Berlin einen durchaus anderen Entwicklungsgang durchgemacht, wie die der Gas- und Wasserleitung. Während letztere sich an die aus der Privatindustrie hervorgegangenen Vorbilder, sehr wenig durch amtliche Vorschriften eingeengt, weiter bildete, ergingen für die Hausentwässerungen, schon bevor die Strafsen mit Leitungscanälen versehen waren, durch Ortsstatut und Polizeiverordnung ganz besondere Ausführungsbestimmungen, welche durch den Schöpfer der Canalisation, Baurath Hobrecht, auf Grund englischer Erfahrungen aufgestellt waren. Diese haben sich zwar im allgemeinen so vorzüglich bewährt, dafs sich bis heute fast keine wesentlichen Aenderungen als erforderlich herausgestellt haben, aber sie haben doch nicht verhindern können, wahrscheinlich sogar es direct veranlafst, dafs im Laufe der Jahre sich hinsichtlich der Wandstärken des Leitungsmaterials eine derartige Verringerung in Berlin herausgebildet hat, wie sie wohl in keiner anderen gröfseren Stadt Deutschlands vorkommt; es ist hier nicht der Ort, die Mittel zur Abhülfe zu besprechen, oder die inneren Gründe für die Verschlechterung zu erörtern, aber unerwähnt darf der Uebelstand doch nicht bleiben, zumal auch noch manche andere Mängel der Berliner Hausentwässerungs-Anlagen daraus entstanden sind. Die vorerwähnten Ausführungsbestimmungen gehen in der Hauptsache von folgenden Grundsätzen aus:

1. Es ist aufser sämtlichen Gebrauchsabwässern auch alles auf ein Grundstück niederfallende Regenwasser, mit Ausnahme des auf nicht mit fester Oberfläche versehene Höfe oder in Gärten niedergehenden, in den Strafsencanal zu leiten. — Hiervon werden in neuester Zeit zwar insofern bisweilen Ausnahmen geduldet, als eine Versickerung von Regenwasser in das Grundwasser durch Sickerschächte veranlafst wird, wenn dessen Ableitung nach dem Strafsencanal besondere Schwierigkeiten macht. Die Ableitung des Regenwassers in einen öffentlichen Flufslauf, selbst wenn dieser unmittelbar an dem Grundstück entlang fliefst, ist nicht gestattet.

2. Der lichte Durchmesser des Hauptanschlufsrohres eines Grundstücks an den Strafsencanal wird mit höchstens 16 cm lichtem Durchmesser ausgeführt. Ist die Menge des Abwassers für ein solches Rohr zu grofs, so werden zwei Anschlüsse gemacht. Nur ausnahmsweise werden grofse öffentliche Gebäude oder auch private gröfsere Grundstücke mittels Röhren von mehr als 16 cm Durchmesser angeschlossen.

3. Jedes Hausableitungsrohr mufs an der Grundstücksgrenze mit einem leicht zugänglichen Revisionskasten mit Rückschlagklappe versehen sein. Letztere soll weniger dazu dienen die Canalgase, als, bei Spülung der Strafsencanäle unter Druck, das Spülwasser von den Hausleitungen fern zu halten.

4. Jedes Zweigrohr innerhalb des Hauses mufs mit 10 bezw. 5 cm lichter Weite als Lüftungsrohr bis über Dach geführt werden. — Besondere Lüftungsrohre der Geruchverschlüsse, welche an vielen anderen Orten als nothwendig vorgeschrieben, werden in Berlin durch die ortspolizeilichen Bestimmungen nicht verlangt und infolge dessen auch nicht ausgeführt, jeder Ausgufs, jedes Closet, Bad usw. mufs einen Wasserverschlufs haben.

Die übrigen Bestimmungen der örtlichen Polizeiverwaltung, welche sich auf die Gullies, die Durchmesser der Closetstutzen, die Regenrohr-Syphons (eigentlich sind es in

Berlin Gitter zum Abfangen von festen Theilen, nicht Syphons), die Siebe usw. beziehen, können hier übergangen werden.

Die unterste Grenze der Höhenlage, auf welcher der Anschluſs von Abfluſsstellen an den Straſsencanal gestattet ist, liegt auf 33,50 m über N. N., in einzelnen höher gelegenen Stadtbezirken, der höheren Lage der Straſsencanäle entsprechend, höher. Die früher als Ausnahme wohl geübte Praxis, einem Grundstücksbesitzer den Anschluſs tiefer als 33,50 m liegender Abflüsse zu gestatten, wenn er für die Folgen eines etwaigen Rückstaues selbst aufzukommen sich verpflichtete, ist in neuerer Zeit gänzlich aufgegeben.

Die wasserdichte Befestigung der Straſsenoberfläche und Höfe, die gröſsere befestigte Oberfläche in einzelnen Stadtgebieten überhaupt und manche andere Umstände haben in einzelnen Stadtgegenden hin und wieder Straſsenüberschwemmungen bei sehr starken Regengüssen zur Folge. Diese führen dann nicht selten zum Austritt von Canalwasser — bezw. von Regenwasser aus den Dachabfallröhren der Höfe des Grundstücks — durch Closets, Becken usw. in die Keller. Hiergegen kann die Rückschlagklappe naturgemäſs nicht schützen. In neuerer Zeit wird vielfach, wenn die örtliche Lage solche Vorkommnisse befürchten läſst, die Regenwasserableitung zusammen mit der der hoch gelegenen Abfluſsstellen vom Grundstück gesondert nach dem Straſsenanschluſsrohr geführt, sodaſs man die übrigen aus den tief gelegenen Räumen kommenden Abfluſsleitungen während starker Niederschläge absperren kann. Hierdurch wird dem Uebelstande wirksamer vorgebeugt, als durch die vielfach in Berlin angewandten sogen. selbstthätig wirkenden Rückschlagventile. Die Abfluſsrohrleitungen im Innern der Häuser werden in Berlin ausschlieſslich aus dünnwandigen guſseisernen Muffenröhren von 65, 100, 125—150 mm lichter Weite und aus Bleiabfluſsröhren von 40 und 50 mm lichter Weite, fast niemals aus schmiedeeisernen Röhren hergestellt. — Zu Leitungen in den Höfen auſserhalb der Fundamente werden in der Regel Thonröhren verwendet, die über Dach führenden Lüftungsröhren sind gewöhnlich aus Zinkblech hergestellt. Die Dichtung der eisernen Muffenröhren erfolgt für die liegenden Leitungen mittels Hanfstrick und Blei, für die aufsteigenden Stränge durch Kitt, die der liegenden Bleiröhren durch Löthung, die der aufsteigenden gleichfalls durch Kitt, die der Thonröhren durch Hanfstrick und Thon. Nur in besonders sorgfältig gebauten Häusern werden von guten Unternehmern die Abfluſsleitungen durchweg mit Blei gedichtet bezw. gelöthet.

Die Abwasserbecken, Waschbecken, Küchenausgüsse, Closets, Wasch- und Badeeinrichtungen und die sonstigen an die Canalisation angeschlossenen Gegenstände haben in Berlin nicht diejenige Aus- und Durchbildung erfahren, welche man allgemein in England und Amerika diesen Dingen zugewendet hat. In den meisten Berliner Häusern sind diese Einrichtungen von der allereinfachsten Art und haben auch seit Jahren keine oder doch nur geringe Verbesserung erfahren. Hierzu mag wohl, neben dem geringeren Wohlstand der Bevölkerung, hauptsächlich der Umstand beigetragen haben, daſs die guten sogen. Sanitätsutensilien bis vor kurzem fast ausschlieſslich von England bezogen werden muſsten und dadurch infolge hoher Fracht- und Zollsätze und wegen des vielen Bruches auf dem Wege sehr theuer wurden. Nachdem in neuester Zeit jedoch auch Fabriken im Westen Deutschlands diese Gegenstände in zweckmäſsigen Formen und in guter Beschaffenheit liefern, ist auch in Berlin ein allgemeiner Fortschritt auf dem in Rede stehenden Gebiete unverkennbar. Insbesondere macht sich dies bei den Wasserclosets geltend: in früheren Jahren war fast allgemein das einfache Trichtercloset aus Fayence oder emaillirtem Guſseisen mit einfachem Syphon und Zug- oder Druckhahn gebräuchlich. Nur in ganz vornehmen Häusern wurden sogen. Klappentopf-Closets — mit oder ohne Zahnstangen — oder sogen. Jennings-Closets, mit Wasserstand in der Schüssel, angewendet. Erstere werden jetzt wegen der Verjauchung der Klappentöpfe fast gar nicht mehr verwendet; die Jennings-Closets bewähren sich insofern in Berlin nicht so gut, wie in England, weil sie Reservoir-Spülung voraussetzen, die in Berlin nicht üblich ist. In neuester Zeit führt sich das Sturz-Spülcloset — mit kleinem Zwischenreservoir und dadurch bemessener Spülwassermenge — mehr und mehr ein, selbst in Häusern des Mittelstandes wird es jetzt verwendet. Diese Closets sind gegenwärtig fast durchgängig deutsches Fabrikat.

470   III. Heizung, Lüftung, Beleuchtung, Wasserversorgung und Entwässerung der Häuser.

Die Vorschriften für die Closetspülung aus der städtischen Wasserleitung in Berlin unterscheiden sich insofern von denen anderer deutscher Städte, als es hier gestattet und üblich ist — sofern nicht ein Zwischenbehälter wie bei den Sturz-Spülclosets nöthig ist —, das Wasserzuleitungsrohr von der Hauswasserleitung abzweigend, direct an das Closetbecken anzuschliefsen; die an anderen Orten vielfach befürchteten Nachtheile haben sich hieraus nicht ergeben.

Von den Vororten Berlins erfreuen sich Weifsensee, welches an die Berliner Canalisation angeschlossen ist, Charlottenburg und Rixdorf, welche eigene Anlagen haben, einer Schwemmcanalisation nach Berliner Muster. Die Vororte Pankow und Lichtenberg-Friedrichsberg haben Canalisationsanlagen mit Klärstationen, welche die Hausabwässer, nicht aber die Regenwässer aufnehmen.

Auf Einheitssätze nach der Zahl der Anschlufsstellen sich gründende Kostenberechnung ist für die Hauscanalisation noch unzuverlässiger als für die Gas- und Wasserleitung. Folgende Aufstellung über einige ausgeführte Anlagen liefern hierfür den Beweis.

Es kostete durchschnittlich die Canalisation

	für jeden Anschlufsgegenstand	für jeden Regenrohranschlufs
in einem Einzelhause des Westens	72 ℳ	43 ℳ
in einem Bankhause mittlerer Gröfse	84 „	55 „
in einer grofsen Bank	72 „	61 „
in einem Kaufhause	34 „	31 „
in einem Miethshause des Westens	49 „	46 „
in einem Miethshause des Ostens	28 „	33 „

E. Die Haustelegraphie.

Einrichtungen, durch welche man von der Aufsenthür in das Innere des Hauses oder innerhalb des letzteren von einem Raume nach einem entfernter gelegenen Laut- oder optische Zeichen geben kann, sind gewifs so alt, wie die menschlichen Wohnhäuser. Die „Hausklopfer" waren an den Thüren der verschlossenen Berliner Patrizierhäuser noch vor 30 Jahren keine Seltenheit; auch die Ueberreste von Sprachrohren findet man noch in Burgen und Schlössern. Die „Klingelzüge" — Uebertragung eines Handzuges durch Drähte und Kniehebel auf eine im Dienstbotenraum befindliche Glocke — fehlten in keinem Gasthofe oder besseren Wohnhause. — Nachdem seit Mitte der vierziger Jahre die Eisenbahnen sich der durch galvanische Elemente erzeugten Schwachstrom-Elektricität zum Signalgeben auf sehr grofse Entfernungen bedienten, hätte man glauben sollen, dafs diese Erfindung auch sehr bald für die Haustelegraphie gegenüber den mangelhaften Einrichtungen nutzbar gemacht werden würde. Das war jedoch keineswegs der Fall. Vor Anfang der sechziger Jahre ist keine elektrische Haustelegraphen-Anlage in Berlin nachweisbar. Auch später noch beschränkte sich ihre Anwendung auf wenige vornehme Einzelwohnhäuser und Villen, hauptsächlich wohl deshalb, weil die Unterhaltung der den Strom erzeugenden Batterien mit erheblichen Kosten verknüpft waren und weil die Anlagen selbst damals wenig zuverlässig arbeiteten. Im Jahre 1864 wurden in Frankreich die ersten pneumatischen (Luftdruck-) Haustelegraphen construirt, deren Einführung in Berlin in das Jahr 1867 fällt. Das Wesentliche dieser Einrichtung ist, trotz mancher Veränderung und Verbesserung im einzelnen, bis heute unverändert geblieben: in einem hohlen Gummiball wird durch Handdruck eine Luftpressung erzeugt, die durch dünne Bleiröhren von 3 mm lichtem und 8 mm äufserem Durchmesser auf entferntere Luftbälle — die Empfänger — wirkt; diese dehnen sich dadurch aus und setzen ein Glockensignal, eine Klappe oder dergleichen in Thätigkeit. — Die grofsen Vorzüge dieses Systems — die kaum nennenswerthen Unterhaltungskosten und die grofse Zuverlässigkeit — verdrängten die eben erst eingeführte elektrische Telegraphie fast vollständig und es wurden Ende der sechziger Jahre in Berlin fast alle besseren neuen Wohn- und Wirthshäuser mit ausgedehnten Luftdruck-Telegraphenanlagen versehen; giebt es doch heute noch, insbesondere ältere, Architekten, die von dieser bewährten Einrichtung, sofern die Leitungen nicht zu lang werden, nicht abgehen. — Erst als Mitte der siebziger Jahre die ausgezeichneten Leclanché- und Braunstein-Elemente, welche sich durch sicheres Arbeiten, grofse Lebensdauer und geringe Unterhaltungskosten auszeichneten, zur Erzeugung des elektrischen Stromes für Haustelegraphie in Berlin eingeführt wurden, gewann dieses System gröfsere Verbreitung, und zwar um so mehr, als mit der immer wachsenden Gröfse der Gebäude der Anwendbarkeit der Druckluftleitungen eine natürliche Grenze gezogen wurde. Gegenwärtig überwiegt in den Berliner Häusern die elektrische Haustelegraphie, und zwar sind in den Einzelwohnhäusern und besseren Miethshäusern in der Regel sämtliche Wohn- und Schlafzimmer in telegraphischer Verbindung mit einem vom Dienstpersonal leicht wahrnehmbaren Apparat.

Der Hausthürzug oder Druckknopf wird jedoch nach wie vor mit der Portierloge durch eine kurze pneumatische Leitung verbunden, weil diese — eben wegen ihrer Kürze — manche Vorzüge hat.

Hierbei mufs jedoch hervorgehoben werden, dafs nur eine verhältnifsmäfsig geringe Zahl Berliner Häuser überhaupt geschlossene Hausthüren mit einem Portier hat; hierdurch unterscheidet sich Berlin sehr wesentlich von anderen Hauptstädten, z. B. Wien und Paris. Die Mehrzahl der Berliner Häuser sind von früh 6 Uhr bis Abends 10 Uhr für jedermann offen — bis vor einigen Monaten konnte sogar jeder Fremde, ohne Ausweis, mit Hülfe des Nachtwächters, der von den Häusern die Schlüssel bei sich führte, Einlafs in ein Haus erhalten. — Es giebt in Berlin fast nirgends Häuser, deren einzelne Stockwerke besondere zur Hausthür führende Klingelleitungen haben, wie das im Westen, insbesondere in Frankreich, vielfach üblich ist. — Seitdem die Telephonie ihre grofsen Vorzüge geltend gemacht hat, ist auch die Haustelephonie in Berlin vielfach zur Anwendung gekommen, allerdings bis jetzt nur noch in grofsen Geschäftshäusern, Hôtels, Dienstgebäuden usw., wenig oder gar nicht in Wohnhäusern. Haustelephon-Anlagen, wie die im Reichstagsgebäude, in welchem der Präsident und der Bureaudirector mit je 22 verschiedenen Räumen telephonisch verbunden ist, im Reichs-Versicherungsamt in der Königin-Augusta-Strafse, in welchem jeder höhere Beamte eine Verbindung mit den Dienern hat, im „Reichshof", in welchem jedes Fremdenzimmer telephonisch und telegraphisch mit dem Bureau verbunden ist und viele andere Anlagen geben Beispiele von der Anwendung dieser Neuerung in Berlin.

Die Haustelegraphie und Telephonie hat in Berlin einen blühenden Industriezweig geschaffen: Fabriken wie Mix & Genest, Keiser & Schmidt, Töpfer & Schädel und andere haben auf diesem Gebiete einen Ruf, der weit über die Grenzen des Deutschen Reiches hinausgeht.

F. Das Aufzugswesen.

Bis zum Beginn der achtziger Jahre hat das Aufzugswesen in Berlin eine sehr untergeordnete Rolle gespielt. Es gab allerdings schon damals in grofsen Hôtels, Krankenhäusern, Fabriken, Speichern usw. Fahrstühle und Aufzüge, sie wurden jedoch entweder nur zur Beförderung von Waaren oder, in Hôtels, auf besonderes Verlangen zur Personenbeförderung benutzt. Bis zum Jahre 1886 war die einzige vom Polizeipräsidium zur Beförderung von Personen gestattete Form der direct wirkende hydraulische Fahrstuhl, dessen Druckcylinder in seiner ganzen Länge, welche gleich der des ganzen Fahrstuhlweges sein mufs, in der Regel in die Erde versenkt werden mufste. Obgleich einzelne Berliner Fabriken, an der Spitze die Berlin-Anhaltische Maschinenbau-Actiengesellschaft, dann Th. Lifsmann (später C. Flohr), Witte u. a. auf diesem Gebiete Tüchtiges leisteten, so war die vom Polizeipräsidium zugelassene Fahrgeschwindigkeit doch eine so geringe, dafs man in der Regel durch Treppensteigen rascher in ein höheres Stockwerk gelangte, als mittels des Fahrstuhls. Hierzu kam, dafs einzelne in Europa vorgekommene Unfälle (z. B. im Grand Hôtel in Paris, in Zwickau und noch andere) es als ein gewisses Wagnifs erscheinen liefsen, sich einem Aufzug anzuvertrauen. Den Ausgangspunkt für die Aenderung dieser Anschauungen bildet der Bericht, den der derzeitige technische Attaché der deutschen Gesandtschaft in Washington, jetzige Geheime Ober-Baurath Lange, an das Ministerium der öffentlichen Arbeiten über das amerikanische Aufzugswesen erstattete; dieser veranlaſste das Polizeipräsidium, die Bestimmungen über das Aufzugswesen einer Prüfung zu unterziehen. — Es darf allerdings nicht übersehen werden, daſs die damaligen Gewohnheiten in Berlin, Geschäftszimmer, Läden, Wirthschaften gewöhnlich zur ebenen Erde, höchstens im ersten Stock anzulegen, das Bedürfniſs nach Personenaufzügen nicht in dem Maſse hatten aufkommen lassen, wie in Amerika, wo man selbst in kleineren Städten Geschäfts-, Wohnräume Restaurants usw. in den obersten Stockwerken einzurichten pflegt. Ob die raschere technische Entwicklung des Aufzugswesens in Amerika die Ursache oder die Folge dieses Unterschiedes gewesen, dürfte schwer zu entscheiden sein. — Als in der Mitte der achtziger Jahre die groſse amerikanische Versicherungsgesellschaft „New-York", an der Ecke der Leipziger und Wilhelmstraſse, durch die Architekten Kayser und von Groſsheim ein Geschäftshaus errichten lieſs, trat, den amerikanischen Gewohnheiten entsprechend, für diesen Bau der Personenaufzug in den Vordergrund, zumal dies Haus bis in die obersten Stockwerke zu Bureaus einzurichten war. Die Absicht, einen direct wirkenden hydraulischen Aufzug mit in die Erde versenktem Druckcylinder anzulegen, muſste aufgegeben werden, weil ein groſser tief liegender Stein (ein märkischer Findling) die Einsenkung des eisernen Cylinders verhinderte. In dieser Verlegenheit wurde das Polizeipräsidium angegangen, die Vorschrift, daſs nur in Aufzügen (Fahrstühlen) mit directem hydraulisch bewegtem Stempel die Beförderung von Personen erlaubt sei, zu ändern, d. h. die Anlage eines amerikanischen Aufzuges der Fabrik Otis Brothers & Co. in New-York zu gestatten. Bei dieser Construction wird der hydraulische Cylinder dadurch verkürzt, daſs die Uebertragung seiner Kolbenbewegung auf den Fahrstuhl durch ein Flaschenzugseilsystem erfolgt, wodurch, bei entsprechender Gröſse des Kolbenquerschnittes, der Hub des Kolbens auf ein Viertel und weniger des Fahrstuhlseiles verringert wird. Hierdurch wird es leicht, für den Druckcylinder, der entweder wagerecht liegen oder senkrecht stehen kann, einen passenden Raum in oder neben dem Aufzugsschacht zu gewinnen. Dank dem Eintreten des mit den amerikanischen Verhältnissen wohl vertrauten Geheimraths Prof. Reuleaux und infolge des erwähnten amtlichen Lange'schen Berichts schritt das Polizeipräsidium zu einer Prüfung der Vorschriften für die Personenfahrstühle in Berlin und stellte einen eigenen maschinentechnischen Beamten für die Prüfung der Entwürfe an. Der indirect wirkende Otis-Aufzug wurde genehmigt, die zulässige gröſste Fördergeschwindigkeit blieb jedoch auch heute noch auf 1 m in der Sekunde beschränkt. Nicht nur die Construction, sondern auch die eigenartige vorzügliche amerikanische Arbeit, die Güte des Holzes, aus welchem der eigentliche Stuhl besteht, die vornehme Ausstattung, der geräuschlose und sichere Gang dieser Aufzüge verschaffte dem System sehr rasch eine groſse Anerkennung. Nicht nur fanden bei einer Reihe von wichtigen Bauten die Original-Otis-Fahrstühle Verwendung, sondern auch die Berliner Aufzugfabrikanten (insbesondere die Berlin-Anhaltische Maschinenbau-Actiengesellschaft und die Firma C. Flohr) nahmen die gegebene Anregung sofort auf und lieferten ähnliche Fahrstühle, sodaſs schon in wenigen Jahren die alten direct wirkenden Stempelfahrstühle fast ganz verschwanden und im wesentlichen nur noch das vorgenannte System, sowohl für Personen-, als auch für Lastenbeförderung in Anwendung ist.

In den ersten Jahren waren die hohen Kosten des Betriebes der ausgiebigen Benutzung selbst der vorhandenen guten Fahrstühle sehr hinderlich. Das Druckwasser wurde in der Regel aus der städtischen Wasserleitung für den Preis von 5 ₰ für 1 cbm entnommen. Da eine Auffahrt durch mehrere Stockwerke, je nach der Gröſse des Druckcylinders, 600—800 l Wasser erforderte, so kostete eine Fahrt durchschnittlich 10 ₰. — ein viel zu hoher Preis, um eine ausgiebige Benutzung zu ermöglichen. Hierzu kam, daſs die städtischen Wasserwerke sich genöthigt sahen, den directen Anschluſs dieser Fahrstühle an das städtische Wasserrohrnetz zu untersagen, weil die plötzliche, ruckweise Entnahme so groſser Wassermengen an einer Stelle (bis 800 l in 20 Sekunden, bezw. entsprechend mehr, wenn mehrere Fahrstühle in dem Hause arbeiteten) erhebliche Miſsstände für das Rohrnetz zur Folge hatten. Wenngleich die Maschinenfabrik Hoppe diesen Uebelstand durch sinn-

III. Heizung, Lüftung, Beleuchtung, Wasserversorgung und Entwässerung der Häuser.   473

reiche Luft-Accumulatoren, die nur sehr geringen Wasserzuflufs in der Zeiteinheit erheischen, behob, so hat diese Einrichtung in Berlin doch nur sehr vereinzelt Anwendung gefunden. In den meisten Fällen wurden nach dem erwähnten Verbot Behälter auf den Dachböden für die Versorgung der Druckwasserfahrstühle aufgestellt, die von der städtischen Wasserleitung gespeist wurden. Da der rasche Abflufs der grofsen Wassermengen in die Strafsencanäle auch nicht als zweckmäfsig für diese zu erachten war, so hat die Canalisationsverwaltung zwar kein directes Verbot erlassen, jedoch in einzelnen Fällen berechtigte Einwendungen gegen den Anschlufs der Fahrstühle erhoben.

Ende der achtziger Jahre wurde die wiederholte Benutzung des Druckwassers für die Fahrstühle eingeführt, d. h. das aus dem Druckcylinder abfliefsende Wasser wird in einer im Keller liegenden Cisterne gesammelt und mittels einer Maschinenpumpe (gewöhnlich durch Gaskraft, selten durch Dampf, ganz vereinzelt durch Elektromotoren betrieben) wieder in den oberen Behälter befördert, sodafs dasselbe Wasser wochenlang benutzt werden konnte. Hierdurch ermäfsigten sich die Betriebskosten mit einem Schlage auf die Hälfte bis ein Drittel der früheren. Aus dieser Zeit stammen die grofsen Aufzuganlagen im Kaufhaus „Stuttgart" in der Spandauer Strafse mit acht, im Kaufhaus „zum Hausvoigt", Hausvogteiplatz, mit fünf, im Bankhause der Disconto-Gesellschaft, der Deutschen Bank, der Colonia, Concordia, im Pschorrhaus, im Hôtel Bristol, im Savoy-Hôtel und in vielen anderen hervorragenden Bauten; selbst Privathäuser für Einzelbewohner (so unter anderen das Haus Saloschin in der Thiergartenstrafse mit drei Aufzügen) wurden in gleicher Weise ausgestattet.

Wie auf vielen anderen Gebieten, so hat auch im Aufzugswesen die Elektricität grofse Umwälzungen hervorgebracht, welche in Deutschland von der Frankfurter elektrischen Ausstellung ihren Ausgangspunkt genommen hat. Auch hierin ist in Berlin zuerst die vielgenannte Otis-Gesellschaft vorgegangen, indem sie die Dynamomaschine — statt des hydraulischen Motors — zur Bewegung der Seile in Dienst nahm. Die anderen genannten Fabriken folgten mit eigenen guten Constructionen bald nach. Die aus den Strafsenkabeln der Berliner Elektricitäts-Werke Tag und Nacht zur Verfügung stehende Kraftquelle macht diese Betriebsart in Berlin so sicher und wirthschaftlich so günstig, dafs — bei den ermäfsigten Preisen für Betriebselektricität — jetzt eine Fahrt durchschnittlich nicht mehr als einen Pfennig kostet. Der erste so eingerichtete Aufzug wurde im Weinhaus „zum Rüdesheimer" 1892 in Betrieb gesetzt. Das Kaufhaus „Preufsen" folgte mit zwei Kastenfahrstühlen und dann das Kaufhaus „Wolle" in der Bischofstrafse mit acht Aufzügen für Personen- und Waarenbeförderung. Eine der grofsartigsten Anlagen dieser Art erhalten die gegenwärtig im Bau begriffenen Geschäftshäuser „Rosenstrafse" und „Neue Friedrichstrafse", in welchen nicht weniger als 22 Fahrstühle mit elektrischem Betriebe angelegt werden.

Die Aufzüge des neuen Packhofes — erbaut von der Hoppe'schen Maschinenfabrik — arbeiten als hydraulische mit Gewichtsaccumulatoren, während im Equitablegebäude (Ecke Leipziger und Friedrichstrafse) sechs hydraulische Fahrstühle mit im Keller liegenden Luftdruckbehältern, von Amerikanern erbaut, sich befinden. Der Druck in diesen Cylindern wird selbstthätig durch selbstthätig angehende Dampfpumpen ergänzt, in demselben Mafse, wie er infolge des Auffahrens abfällt, sodafs also die Aufzüge, obgleich sie oben keinen Behälter haben, immer betriebsfähig sind, so lange Dampf im Kessel ist. Eine im wesentlichen gleiche Construction hat die Hoppe'sche Maschinenfabrik für die fünf hydraulischen Aufzüge des Reichstagshauses angewendet; diese Aufzüge selbst sind von der Berlin-Anhaltischen Maschinenfabrik geliefert und nach dem alten direct wirkenden Stempelsystem mit Erdrohr construirt. Da diese Anlage schon Ende der achtziger Jahre ausgeführt werden mufste, so konnten die oben geschilderten neuen Errungenschaften des Aufzugswesens im Reichstagshause nicht zur Geltung gebracht werden. Ein Anschlufs an die städtische Wasserleitung mit der Hoppe'schen Schutzkammer, kann jederzeit in Betrieb genommen werden, wenn der maschinelle Pumpenbetrieb still stehen sollte. — Die Aufzüge mit Luftcompressoren haben in Berlin bei weitem nicht die Verbreitung gefunden, die sie in Amerika haben, wohl deshalb, weil hier nur wenige Häuser Dampfkessel mit hochgespanntem Dampf, wie dort, besitzen.

474   III. Heizung, Lüftung, Beleuchtung, Wasserversorgung und Entwässerung der Häuser.

Der in England und Amerika fast in keinem Hause fehlende Hand- oder auch hydraulische Speise- und Wirthschaftsaufzug ist in Berlin nicht sehr verbreitet, weil die Miethshäuser in der Regel ihre Küchen in gleicher Flurhöhe mit den Wohnungen erhalten. Dieserhalb beschränkt sich deren Anwendung in Berlin im allgemeinen auf Gasthäuser und Einzelwohnhäuser, welche die Küche im Untergeschosse haben.

Berlin ist und bleibt, dank seiner Bauordnung und wohl auch dem gesunden Sinn der Bevölkerung und der Architekten, verschont von der Unsitte, Häuser mit mehr als fünf bis sechs bewohnten Stockwerken zu bauen, wie sie vielfach in Amerika ausgeführt sind. Es wird deshalb auch hier das Aufzugswesen niemals eine so wichtige Rolle spielen wie in Amerika. Die vorzüglichen Treppenanlagen in den neuen Häusern Berlins, die polizeiliche Vorschrift, welche eine Fahrgeschwindigkeit von nur 1 m, gegen 2—3 m in Amerika, zuläfst, wirken der Benutzung des Fahrstuhls für das gewöhnliche Miethshaus entgegen. Immerhin ist doch auch in Berlin jetzt schon die Ueberzeugung durchgedrungen, dafs ein Haus in der Geschäfts- und guten Wohngegend ohne bequem und leicht zu bedienende Fahrstuhlanlagen nicht mehr ertragsfähig gemacht werden kann. Giebt es doch schon Fahrstühle hier, die täglich 600 Fahrten machen.

Wenn Berlin sich auch verhältnifsmäfsig spät dieser Technik zugewandt, so sind seine Leistungen auch auf diesem Gebiete schon so bedeutend geworden, dafs es mit jeder Stadt auf dem Continent sich wohl messen kann.

Abschnitt E.

Feuerlöschwesen und Strafsenreinigung.

I. Feuerlöschwesen.[1]

Die erste geregelte Feuer-Löscheinrichtung Berlins stammt aus dem 17. Jahrhundert. In die bis dahin bürgerliche Selbstverwaltung schoben sich allmählich polizeiliche Behörden ein, sodafs mit der Errichtung des Polizeidirectoriums im Jahre 1742, sowie der Anstellung der diesem unterstellten Commissaires du quartier, welchen auf der Brandstelle die Beobachtung der Feuerlöschordnung oblag, die Feuerwehr als rein polizeiliches Institut organisirt wurde. Zimmer-, Maurer- und Schornsteinfegermeister mit ihren Gesellen waren zur Hülfe verpflichtet, während die Hauseigenthümer zum Eimerdienst und die Miethsleute zur Wachmannschaft herangezogen wurden. In dieser Gestalt war das Feuerlöschwesen den sich mit der Bebauung der Stadt mehrenden Feuersbrünsten nicht gewachsen, sodafs die leitenden Kreise zu einer eingehenden Untersuchung der Verhältnisse getrieben wurden. Die im October 1843 zwischen den staatlichen und städtischen Behörden, dem Polizeipräsidium und dem Magistrate aufgenommenen Verhandlungen fanden mit der Errichtung einer militärisch organisirten Berufsfeuerwehr, der ersten in Deutschland, am 16. Januar 1851 ihren Abschlufs. Jedoch die andauernden Streitigkeiten um die Oberleitung der Feuerwehr sind erst im Jahre 1892 zur endgültigen Erledigung gelangt, wonach die Verwaltung der neu zu errichtenden Feuerwehr ausschliefslich dem Königlichen Polizeipräsidium verbleiben sollte, während die Gemeinde, abgesehen von einem Staatszuschufs von 90 000 ℳ, für alle Kosten aufzukommen hat. Am 6. August 1878 wurde beim Königlichen Polizeipräsidium die Abtheilung für Feuerwehr unter Auflösung des bis dahin bestehenden Feuerwehrdirectoriums gebildet und der Branddirector zum Dirigenten dieser Abtheilung bestellt.

Die Ausführung der Reorganisation wurde seiner Zeit dem Königlichen Regierungsbaumeister Scabell übertragen, 5 Officiere (1 Brandinspector und 4 Brandmeister), 40 Oberfeuermänner, 180 Feuermänner und 360 Spritzenmänner waren ihm unterstellt. Als Branddirector brachte Scabell die Berliner Feuerwehr bald auf eine so hohe Stufe, dafs sie nicht nur den Einwohnern das gröfste Vertrauen einflöfste, sondern auch in kurzer Zeit die Aufmerksamkeit des In- und Auslandes erregte, als mustergültig anerkannt und in ihrer Einrichtung vielfach nachgeahmt wurde. Unter seinem Nachfolger, Branddirector Witte, entwickelten sich neue grundsätzliche Veränderungen, vornehmlich in taktischer Beziehung, wonach durch Einführung möglichst vieler, bequem gelegener Feuermeldestellen die Alarm-

---

[1] Im Anschlufs an den in der Festschrift des Vereins Deutscher Ingenieure 1894 vom Brandmeister Prinz gegebenen Artikel und unter Mitbenutzung desselben bearbeitet vom Branddirector Giersberg-Berlin.

bereitschaft erhöht und jedes Depot derart ausgestattet wurde, dafs die Wachbesetzung völlig selbständig unter einheitlichem Commando den ihr überwiesenen Stadttheil bei Feuersgefahr zu schützen vermochte.

Die Leitung der Feuerwehr ging im Jahre 1887 auf den aus Bremen nach Berlin berufenen Branddirector Stude und nach dessen im Jahre 1893 erfolgten Tode auf den jetzigen Branddirector Giersberg über.

Das Weichbild Berlins ist in fünf annähernd gleiche Theile eingetheilt und jeder einem Brandinspector (Compagnieführer) zugewiesen. Die Compagnien gliedern sich in vier Löschzüge, von denen je zwei — Handdruck- bezw. Dampfspritzenzug — auf den Compagniewachen von dem betreffenden Brandinspector, je einer auf den Zugwachen von einem Brandmeister befehligt werden. Der Löschzug bildet ein abgeschlossenes Ganze, die sogenannte „Gefechtseinheit", und erscheint als selbständige geschlossene Abtheilung auf der Brandstelle. Um die im Mittelpunkt der Stadt belegene Hauptfeuerwache gruppiren sich in einem Kreise

Abb. 576. Feuerlöschzug.

die Compagniewachen, welche nach rechts und links je einen Zug als Zugwache detachiren. Die Vertheilung der Wachen hinsichtlich ihrer Lage ist so gewählt, dafs jedem vom Feuer bedrohten Punkt des angebauten Weichbildes nach Entdeckung der Gefahr in spätestens 10—12 Minuten Hülfe gebracht werden kann. Wo dieses Programm noch nicht erfüllt ist, sollen mit der Zeit die diese Lücken schliefsenden Feuerwachen noch errichtet werden. Die Gebäude, in welchen die Feuerwehr untergebracht ist, gehören der Stadt, ihre nähere Beschreibung findet sich unter „Gebäude der Berliner Gemeindeverwaltung", Band 2.

Der Angriff eines Feuers fällt in erster Linie jener Zugwache zu, innerhalb deren Wirkungskreis das Feuer ausgebrochen ist, während die zuständige Compagniewache der bedrängten Zugwache mit einem Zuge zu Hülfe eilt. Je nach der Gröfse des Feuers können bis zu 13—14 Züge zusammengezogen und gegen das Feuer angesetzt werden, wobei dann noch immer 4 bezw. 3 Züge in Wachbereitschaft bleiben.

Die Züge — Gefechtseinheit — bestehen entweder aus 1 Personenwagen, 1 Spritze, 1 Wasserwagen, gebotenenfalls 1 Utensilienwagen und Leiter, Handdruckspritzenzug oder aus 1 Tender und 1 Dampfspritze, Dampfspritzenzug (Abb. 576).

Die Wasserentnahme erfolgt für den ersten Angriff bis zur Herstellung der erforderlichen Anschlüsse aus dem mitgeführten Wasserwagen, dann meist unmittelbar vom Hydranten, oder — falls der wirkliche Druck der Wasserleitung nicht ausreicht — von der Handdruckbezw. Dampfspritze. Sämtliche Spritzen sind Saug- und Druckspritzen. Die Handdruckspritzen, von denen Berlin 18 Stück besitzt, vermögen in der Minute 120—125 l Wasser zu geben, während die mit Röhrenkesseln versehenen Dampfspritzen imstande sind, bei 8 Atmosphären Ueberdruck in der Minute 1000 l Wasser in den Brandherd zu werfen, wobei das sogen. Rücklauf- oder Reducirventil es ermöglicht, den jeweiligen Verhältnissen auf der Brandstelle entsprechend die Leistung der Dampfspritze auch zu ermäfsigen. Die Vertheilung der Heizflächen ist bei den Dampfspritzen eine so günstige, dafs sie nach etwa 8 Minuten mit 4 bis 5 Atmosphären Ueberdruck arbeiten können, eine Zeit, welche die Fahrt zur Brandstelle, Anlegung der Saugschläuche und Vornahme der Druckschläuche schon meist ausfüllen. Durch geeignete Einrichtungen läfst sich die Frist von 8 Minuten entsprechend verkürzen, wenn z. B. das Kesselwasser vorgewärmt wird. Neun solcher Dampfspritzen stehen zur Verfügung. Der Wasserverbrauch auf der Brandstelle betrug im Jahre 1894/95 für 233 Fälle 2 630 539 l; davon wurden entnommen

        aus der Wasserleitung . . . . 2 283 157 l,
        aus offenen Gewässern . . . . 51 000 „
        aus öffentlichen Brunnen . . . . — „

und verbraucht

        durch die Handdruckspritzen . . . . 505 335 „
        durch die Dampfspritzen . . . . 902 717 „
        direct aus den Hydranten . . . . 875 105 „

Bei sechs gröfseren Brandstellen wurden über 100 000—400 000 l verbraucht.

Ist eine Annäherung an gröfsere Brandobjecte infolge der grofsen strahlenden Gluth, z. B. auf Holzplätzen, nicht möglich, so tritt der nach dem Muster der Taucherausrüstungen aus wasserdichter englischer Leinewand hergestellte Feuerschutzanzug (sogen. Feuertaucher) in Thätigkeit, welcher eine luftdicht abschliefsbare Hülle bildet, deren Helm eine Vorrichtung zum zeitweiligen Berieseln des ganzen Anzuges mit Wasser besitzt. Dieser Feuerschutzanzug erhält in gleicher Weise Luft zugeführt, wie der nachstehend beschriebene Rauchhelm, d. h. mittels Gummischläuchen von einer Luftpumpe. Die des weiteren zur öfteren Verwendung kommenden Rauch- bezw. Athmungsapparate gestatten, in brennende, mit erstickenden giftigen Gasen angefüllte Räume einzudringen. Der besonders in Berlin in Benutzung genommene Rauchapparat ist der sogen. Rauchhelm, construirt von dem Architekten Runge in Bremen und dem Branddirector Stude in Berlin, ein kupferner, vorn offener Helm, welchem von aufsen durch Luftschläuche mittels eines Blasebalges Luft zugepumpt wird. Die Luft theilt sich im Hintertheil des Helmes in drei Canäle, von denen zwei seitwärts von Mund und Nase, der dritte vorn oberhalb der Augen münden, sich dort zu einem breiten Luftstrom vereinigen und infolge des Ueberdrucks der zugeführten bezw. vorn ausgestofsenen Luft verhindern, dafs Rauch und Gase in den Helm eintreten. Dieser Rauchhelm gestattet dem eindringenden Feuerwehrmanne einen beliebig langen Aufenthalt in den mit dichtem, giftigem Rauch angefüllten Räumen und ermöglicht ihm wegen des ungehinderten Gebrauches der Sprache, der Ohren und Augen allezeit eine Verständigung mit den rückwärtigen Abtheilungen. Es ist dieses ein Hauptvorzug des Rauchhelmes gegenüber den vielen anderen Rauchapparaten. Aufser dem Rauchhelm führt die Feuerwehr auch die diesem im Princip gleichende Wiener Rauchkappe aus Leder mit. Da aber Rauchhelm und Rauchkappe bei sofort tödlich wirkenden Gasen nicht anwendbar sind, so wird ferner der Hönig'sche Rauchapparat vorgehalten, bei dem der Träger unter Abschlufs der Nase durch den Mund athmet und sich die erforderliche Luft selbst von aufsen durch einen Schlauch heransaugt.

Von den Rettungsapparaten sind in erster Linie die Berliner Hakenleitern neuen Systems zu nennen, welche dazu dienen, die Stockwerke von aufsen zu ersteigen. Diese zweiholmige, aus astfreiem Kiefernholz angefertigte, oben mit einem etwa 63 cm langen, aus bestem Federstahl gefertigten, mit Widerhäkchen versehenen Haken ausgerüstete Leiter ist 5 m lang, 12 kg schwer und wird in die Fensteröffnungen eingehakt, von einem Manne erstiegen und dann wieder ein Stockwerk höher geschoben. Alle Hakenleitern leiden jedoch an dem Uebelstande, dafs sie bei Häusern mit weit ausladenden Gesimsen und bei etwa verstellten oder durch Jalousien geschlossenen Fenstern nicht angewendet werden können, sodaſs in den letzten Jahrzehnten vielfach freistehend oder angeleitert besteigbare und fahrbare Feuerleitern in Aufnahme gekommen sind. Die zur Zeit meist benutzte sogen. mechanische Leiter (D. R. P. Witte-Greiner, erbaut von der Berlin-Anhalter Maschinenfabrik) ist als Steckleiter construirt (Abb. 577).

Diese Leiter ist auf einem vierrädrigen Wagen mit durchlenkbarem Vorderwagen angebracht, welcher an seinem Hinterende eine eiserne, um 360° drehbare Drehscheibe trägt, während die auf der Drehscheibe stehenden, durch Zahnstange und Schneckenräder verstellbaren Leiterstützen der Leiter jede beliebige Neigung zu geben gestatten. Beim Aufrichten wird der 4,50 m lange Rahmen der Ausschiebevorrichtung durch die in den Leiterstützen angebrachten Zahnstangen senkrecht gestellt, und hierauf von zwei Mann mit dem Ausschieben der mit dem Ausschieberahmen fest verbundenen ersten Leiter begonnen, während das zweite Leiterstück aus dem zur Aufnahme von vier Leitern bestimmten Obergestell des Fahrzeuges durch zwei Mann entnommen, auf den leeren Führungsrahmen aufgelegt, durch Schraubenmuffen mit Bajonnettverschluſs angekuppelt und in die Höhe geschoben wird. Nachdem durch die verschiedenen Verlängerungsleitern die gewünschte Höhe erreicht ist, wird die ganze ausgeschobene, senkrecht stehende Leiter mittels Drehscheibe und Leiterstützen in die erforderliche Stellung und Neigung gebracht. In umgekehrter Weise geschieht das Niederlassen und Weglegen der einzelnen aus Leiterbäumen von Stahlrohr bestehenden Leiterenden, welche durch acht Holz- und drei Metallsprossen verbunden sind, und bei denen die letzteren als Führungssprossen und Greifsprossen für die Mitnehmer der Schlitten dienen. Da diese Construction jedoch noch nicht allen Anforderungen entspricht, so wird gegenwärtig die Einführung von verbesserten Leiterconstructionen geplant, und zwar besteht die Absicht, wegen der Wichtigkeit dieser Apparate für die Rettung bedrohter Personen, jeder Wache eine Leiter zuzutheilen, welche dann als viertes Fahrzeug dem Löschzuge einverleibt werden würde.

Abb. 577. Die mechanische Leiter.

Zur directen Rettung von Menschen bei dringender Feuersgefahr dient der sogen. Rettungsapparat mit Rettungssack für Frauen und Rettungsgurt für Männer, welche an einer durch ein messingenes Hemmungsgehäuse gehenden Leine ohne Ende befestigt werden. Die Leine wird mittels Carabinerhakens an einer Oese der Hakenleiter oder an einem Nothhaken aufgehängt. Leider kommen jedoch auch Fälle vor, wo alle vorstehend genannten Apparate wegen der zu ihrer Inbetriebsetzung nöthigen Zeit nicht mehr Anwendung finden können, und in denen eine Rettung der vom Feuer bedrohten Personen nur noch mittels des letzten Hülfsmittels — des Sprungtuches — möglich ist. Es ist dieses ein quadratisches starkes Segeltuch von rd. 3,50 m Seitenlänge, welches durch Handgriffe von 20—25 Mann in Brusthöhe straff gehalten wird und zum Auffangen der aus den oberen Stockwerken springenden Personen dient. Die Berliner Feuerwehr war wiederholt in der Lage, diese Sprungtücher benutzen zu müssen; wenngleich der Sprung nicht immer gefahrlos ist, so sind hier doch gröſsere Verletzungen nicht zu verzeichnen gewesen.

Kommen auf der Brandstelle Verletzungen vor, was sehr oft geschieht, oder wird bei schweren Verletzungen die Hülfe der Feuerwehr nachgesucht, so treten unverzüglich

I. Feuerlöschwesen.

die Samariter der Feuerwehr in Thätigkeit. Diese Samariterhülfe durch die Feuerwehr fällt in dem Rahmen des öffentlichen Sanitätswesens um so mehr ins Gewicht, als sie jederzeit bereit ist und nach erfolgtem Alarm, sei es zur Brandstelle oder zur Unglücksstelle, schon wenige Minuten später in Wirksamkeit treten kann, während aufserdem in zwei Feuerwachtgebäuden — Schöneberger Strafse und Mauerstrafse — gröfsere, durch die Deputation für öffentliche Gesundheitspflege mit fahrbaren Krankentragen usw. ausgerüstete Rettungsstationen sich befinden. Im Jahre 1892 wurden 133 auf der Brandstelle verletzte und 109 auf der Strafse usw. zu Schaden gekommene, zusammen also 242 Personen behandelt, unter denen sich 46 Angehörige der Feuerwehr und 196 andere Personen befanden.

Es sei nur in Kürze noch auf die Telegrapheneinrichtung hingewiesen, welche, im Jahre 1852 von dem Branddirector Scabell entworfen, von der Firma Siemens & Halske ausgeführt wurde. Die neben polizeilichen Zwecken auch zu Feuermeldungen dienenden Telegraphenleitungen setzt die Centralstation in unmittelbare Verbindung mit jeder anderen Station, während die Nebenstationen nur durch Vermittelung der Centralstation an einander angeschlossen werden können. Die Feuerwehr-Telegraphenlinien gehen von den Stationen der Feuerwehr aus und berühren die verschiedenen Meldestellen der Stadt, von welchen aus die Feuerwehr alarmirt werden kann. In den Feuerwachen befinden sich zur Aufnahme der Zeichen Morseapparate und Wecker, welche gleichzeitig in Thätigkeit kommen, letztere, um die Wache zu alarmiren, erstere, um das Zeichen der betreffenden Meldestelle aufzuschreiben. Während sich die Mannschaft zum Abrücken fertig macht, wird die Depesche aufgenommen, wo und welcher Art das Feuer ist, sodafs dem Officier der Ort der Meldung schriftlich bezeichnet werden kann. Für die Meldestellen bedient man sich meist der sogen. automatischen Feuermelder, welche zuerst von Siemens & Halske für die Berliner Feuerwehr construirt und geliefert worden sind.

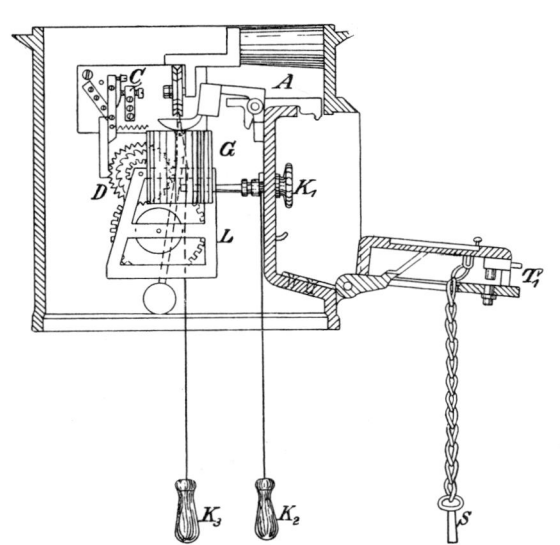

Abb. 578. Automatischer Feuermelder.

Diese automatischen Feuermelder enthalten ein durch Ziehen eines Handgriffes auszulösendes Uhrwerk (Abb. 578), welches, mit der Telegraphenleitung verbunden, ein für jede Meldestelle verschiedenes Merkzeichen mehrmals hervorbringt und auf dem Papierstreifen des Morseapparates der Feuerwehr aufschreibt.

Während früher diese Melder ausschliefslich in den zu diesem Zwecke geeigneten Häusern, wie Hôtels, Bäckereien, Bahnhöfen, Apotheken untergebracht wurden, um böswillige und fahrlässige Alarmirungen zu verhindern, hat man seit dem Jahre 1885 versucht, Feuermelder zum öffentlichen Gebrauch in eisernen Gehäusen, bei welchen zur Erlangung des Handgriffes zuvor eine Glasscheibe eingeschlagen werden mufs, auf der Strafse aufzustellen. Diese Einrichtung hat sich bis jetzt gut bewährt.

Die Telegraphenverwaltung zählte am 1. April 1895: 1 Centralstation, 125 Sprechstationen und 376 Feuermeldestationen, von denen 109 öffentliche waren, und es betrug der Depeschenverkehr im Jahre 1894/95:

    483 444 Polizeidepeschen,
     41 282 Feuerwehrdepeschen,
     14 634 Magistratsdepeschen,
  zusammen 539 360 Depeschen,
  von denen 1 503 Feuermeldungen waren.

Die Zahl der im Jahre 1894/95 in Berlin zur Meldung gelangten Brände betrug 6272. Die Feuerwehr wurde 69mal zu Grofsfeuer (mehr als zwei Schlauchleitungen), 136mal zu Mittelfeuer (mehr als eine Schlauchleitung), 1130mal zu Kleinfeuer, 220mal infolge blinden Lärms alarmirt. Hierzu treten 43mal zu Feuer nach aufserhalb, 14mal böswillige Alarmirungen, 192 Alarme zu Hülfeleistungen, bei denen es sich nicht um Feuersgefahr gehandelt hat, sodafs die Feuerwehr 1805 mal alarmirt worden ist.

Der alljährlich von dem Königlichen Polizeipräsidium, Abtheilung für Feuerwehr, erstattete sehr umfangreiche Jahresbericht giebt eine Fülle lehrreicher Mittheilungen über den Wasserverbrauch, über die Ursachen des Entstehens der Feuer, über den Herd des Feuers, über Unfälle bei Bränden, über die Versicherungs- und Entschädigungssumme der Immobilien und Mobilien usw. Nach den durch Ministerialrescript vom 21. September 1880 angeordneten Brandzählkarten betrug:

a) der Werth des durch Feuer bedrohten unbeweglichen versicherten Besitzes . . . . 294 126 269 ℳ.
b) der Werth des durch Feuer zerstörten unbeweglichen versicherten Besitzes . . . . 779 165 „
c) der Werth des durch Feuer bedrohten beweglichen versicherten Besitzes . . . . 68 044 794 „
d) der Werth des durch Feuer zerstörten beweglichen versicherten Besitzes . . . . 975 693 „
e) der Werth des zerstörten unversicherten Besitzes . . . . . 27 758 „

Der zerstörte Werth des versicherten Besitzes beträgt 0,845 vom Tausend.

Die Statistik lehrt ferner, dafs

1. die Zahl der Kleinfeuer sich von 1881 bis 1890 stetig und regelmäfsig vermehrt hat, und zwar von 1592 auf 3968;
2. die Zahl der Mittelfeuer von 62 auf 134 gestiegen ist, sich also im Laufe der 10 Jahre verdoppelt hat, während die Zahl der Grofsfeuer nur von 36 im Jahre 1881 auf 50 im Jahre 1890 gestiegen ist;
3. die Mobiliar-Entschädigung im Jahre 1882 mit 1 644 356 ℳ die höchste, 1889 mit 712 747 ℳ die niedrigste Ziffer erreicht hat;
4. die Immobiliar-Entschädigung mit verhältnifsmäfsig unbedeutenden Schwankungen in Höhe von rd. 500 000 ℳ sich ziemlich gleich geblieben ist.

Dies ist ein Beweis, dafs während des letzten Jahrzehnts die Zahl der Feuer überhaupt ganz bedeutend gestiegen ist, Mittel- und Grofsfeuer jedoch weniger zum Ausbruch gekommen sind, was sowohl dem schnellen Eingreifen der Feuerwehr, der Verbesserung ihrer Hülfsmittel, wie auch ihrer vorzüglichen Schulung in erster Linie zu danken sein dürfte.

Die Ausgaben für die Feuerwehr betrugen 1894/95 1 414 051 ℳ, wovon etwa 15 000 ℳ auf Vorspannpferde, welche in der schneereichen Zeit benöthigt waren, entfallen. Werden diese nicht in Betracht gezogen, so stellten sich 1894/95 die Kosten für Feuerlöschwesen auf etwa 1 400 000 ℳ oder für den Kopf der Bevölkerung auf 82 ₰, während diese Kosten 1891/92 86 ₰ und 1880/81 1,25 ℳ betrugen.

Aus all diesen und noch anderen Zusammenstellungen ergiebt sich die stetige Entwicklung und Verbesserung der weit über die Landesgrenzen bekannten Berliner Feuerwehr.

II. Das städtische Strafsenreinigungswesen.[1]

Allgemeines.

Im Anfange der fünfziger Jahre wurde durch Beschlufs der Gemeindebehörden Berlins mit den alten Reinigungsverhältnissen gebrochen. Bis dahin hatten die Grundbesitzer für die Reinigung der Strafsen selbst zu sorgen, während die Fortschaffung des Unrathes durch die städtische Verwaltung erfolgte. Nunmehr geschah die Reinigung der Strafsen allgemein auf städtische Kosten: die Ausführung der Arbeiten wurde dem Polizei-Präsidium übertragen und mit der Feuerwehr verbunden.

Wenn auch diese Anordnung zunächst, gegenüber den alten Zuständen, einen aufserordentlichen Fortschritt bedeutete, so war es doch unausbleiblich, dafs sich mit der Zeit eine Menge Uebelstände und Schwierigkeiten herausbildeten, welche es zweckmäfsig erscheinen liefsen, auf einen eigenen, selbständigen Strafsenreinigungsbetrieb hinzuwirken.

Verwaltung. Am 1. October 1875 erfolgte nach längeren Verhandlungen mit den Königlichen Behörden die Trennung der Strafsenreinigung von der Feuerwehr, erstere wurde ein selbständiger Zweig der städtischen Verwaltung. Die städtische Strafsenreinigungsdeputation besteht bestimmungsmäfsig aus vier Stadträthen und acht Stadtverordneten.

Das Beamtenpersonal, an dessen Spitze der Director steht, besteht neben diesem aus einem Inspector, acht Oberaufsehern und 24 Aufsehern.

Arbeiter. Etatsmäfsig sind vorhanden 96 Vorarbeiter, 600 Arbeiter I. Klasse, 70 Arbeiter II. Klasse, 200 Arbeitsburschen, 6 Depothandwerker, zusammen 972 Köpfe.

Lohnverhältnisse der Arbeiter. Die Vorarbeiter beziehen ein Tagelohn von 3,75 ℳ; die Arbeiter haben 3,25 bezw. 2,75 ℳ täglichen Lohn. Die Depotarbeiter werden, wie die Vorarbeiter, mit 3,75 ℳ, die Arbeitsburschen mit 1,60 ℳ täglich gelohnt. Für besonders schwere Arbeiten, wie z. B. das Baggern, werden unter Umständen noch besondere Zulagen gewährt. Die sogen. Arbeiter II. Klasse mit 2,75 ℳ Tagelohn bilden den neu eingestellten Ersatz, welcher meistentheils binnen Jahresfrist in das höhere Lohn aufrückt.

Das Tagelohn wird auch für die Sonn- und Feiertage unverkürzt gewährt. Freie Dienstbekleidung, Vorhalten sämtlichen Arbeitsgeräths, reichliche Unterstützungen in Noth- und Krankheitsfällen, laufende Unterstützungen nach eingetretener Arbeits- und Erwerbsunfähigkeit usw. machen die Stellung eines Arbeiters der städtischen Strafsenreinigung zu einer in Arbeiterkreisen sehr gesuchten und bewirken, dafs der Verwaltung zu jeder Zeit die besten Kräfte in grofser Auswahl zur Verfügung stehen. Die Anforderungen, welche an die Mannschaft gestellt werden, sind bedeutend, die Arbeit ist rauh und hart, nichts destoweniger ist ein grofser Andrang von Arbeitern unausgesetzt vorhanden.

Arbeitszeit. Gewöhnlich finden die regelmäfsigen Reinigungsarbeiten des Nachts statt. Sie beginnen Punkt 12 Uhr und endigen gegen 8 Uhr Morgens. Nur ausnahmsweise,

---

[1] Bearbeitet vom Director Schlosky.

im Winter, wird am Tage gearbeitet. Abwechselnd wird ein Theil der Mannschaft, etwa ein Fünftel, am Tage beschäftigt, um alle diejenigen Arbeiten auszuführen, welche aufserhalb der eigentlichen Reinigung liegen, z. B. das Besprengen der Strafsen, die Waschungen des Asphaltpflasters, das Bestreuen der Strafsen usw. Im allgemeinen kann man rechnen, dafs die Arbeiter eine acht- bis neunstündige Arbeitszeit haben.

Der Arbeitsplan. Der Arbeitsplan bietet für den ganzen Dienstbetrieb der Strafsenreinigung die Grundlage. Er ist ein Verzeichnifs sämtlicher auszuführender Arbeiten und stellt genau fest, wie oft die Strafsen gereinigt werden, und welche sonstigen Obliegenheiten auszuführen sind. Von diesen Festsetzungen darf nur auf höhere Anordnung abgewichen werden. Alle Veränderungen des Arbeitsplanes erfolgen auf Vorschlag der Direction der Strafsenreinigung durch Deputationsbeschlufs.

Die Strafsen werden je nach ihrer Bedeutung, Lage und ihrer Verkehrsstärke täglich oder wöchentlich dreimal, zweimal, einmal oder auch nur nach Bedarf gereinigt. Eine wöchentlich dreimalige Reinigung kann als Durchschnitt angesehen werden.

Pflasterverhältnisse. Das gesamte Strafsengebiet, soweit es der Reinigung unterliegt, umfafste am 1. April 1896 8 982 561 qm, wovon 5 739 003 qm auf Fahrdämme, 3 603 558 qm auf Bürgersteige entfallen. Die täglich zu reinigende Strafsenfläche umfafste am 1. April 1896 3 641 170 qm. Die Vermehrung des guten definitiven Strafsenpflasters macht stetig Fortschritte, was für die Strafsenreinigung von grofsem Vortheil ist.

Von bestem Steinpflaster sind etwa 57%, von Asphaltpflaster und Holzpflaster etwa 23% vorhanden, sodafs etwa 80% sämtlichen Strafsenpflasters von allerbester Beschaffenheit ist.

Das Arbeitsgeräth. Die hauptsächlichsten Arbeitsgeräthe, wie Maschinenwalzen, Piassavabesen, Reisigbesen usw. werden von Fabrikanten bezogen, mit welchen nach vorauf gegangener Ausbietung Verträge abgeschlossen sind. Alle übrigen Geräthe werden freihändig beschafft. Sämtliche Geräthe werden im Hauptdepot verwaltet und von hier aus an die 24 Aufseherabtheilungen abgegeben. Zur Beschaffung von Geräthen ist eine Summe von 90 000 ℳ im Etat zur Verfügung gestellt.

Materialien. Zum Ankauf von verschiedenen Stoffen und Gegenständen enthält der Etat eine Summe von 22 000 ℳ. Die hauptsächlichsten darunter sind Streusand, Salz, Handschläuche, Desinfectionspulver. An Streusand werden jährlich etwa 8000 cbm, an Salz etwa 40 000 kg verbraucht. An Schlauch werden etwa 5000—6000 m, an Desinfectionspulver durchschnittlich etwa 60 000 kg jährlich erforderlich.

Geräthedepots. Das ganze Arbeitsgebiet ist in 24 Reinigungsbezirke (Aufseherabtheilungen) eingetheilt, von denen immer je vier zu einem Oberaufseherbezirk vereinigt sind. Jede Abtheilung hat ein Geräthedepot, von welchem aus die Reinigungsarbeiten des Bezirks geleitet werden. Die meisten dieser Depots befinden sich auf städtischen Grundstücken, die übrigen sind auf Privatgrundstücken untergebracht.

Kehrmaschinen. Im Betriebe befinden sich 50 Strafsenkehrmaschinen, je zwei für eine Abtheilung, einzelne Abtheilungen mit je drei Maschinen. Eine kleine Anzahl solcher Maschinen dient zum Ersatz. Die Bespannung, Bedienung und Unterhaltung dieser der Verwaltung gehörigen Maschinen ist an Unternehmer vergeben, welche für eine Maschine und Tag die Summe von 6,25 ℳ, insgesamt für ein Jahr also 114 062 ℳ erhalten. Die Maschinenwalzen liefert die Verwaltung nach Bedarf. Die Maschinenarbeit ist die Grundlage der Reinigung, sie ist aber in ihrer Wirkung abhängig von der Beschaffenheit des Strafsenpflasters. Auf gutem Pflaster ist eine Kehrmaschine bis zu 8500 qm die Stunde zu leisten imstande, während die Durchschnittsleistung auf 6400 qm in der Stunde geschätzt werden kann. Die Kehrmaschinenarbeit beginnt täglich des Nachts 11½ Uhr und dauert 6½—7 Stunden.

Kehrichtabfuhr. Die Kehrichtabfuhr ist ebenfalls an einen Unternehmer vergeben, welcher für seine Leistungen eine Pauschalsumme von 562 200 ℳ jährlich empfängt. Der Vertrag ist dreijährig. Zum Zwecke der Abfuhr ist das Arbeitsgebiet in sechs Loose — den Oberaufseherbezirken entsprechend — eingetheilt. Die Abfuhrstoffe gehören dem

II. Das städtische Strafsenreinigungswesen.

Abfuhrunternehmer, welcher sie beliebig verwerthen kann. Der Unternehmer ist verpflichtet, täglich so viel Gespanne zu stellen, dafs die Abfuhr bis 8 Uhr Morgens, mit dem Schlufs der Reinigungsarbeiten, beendigt wird. Das Abfuhrunternehmen ist ein schwieriges, schon deswegen, weil die Witterungsverhältnisse ganz bedeutende Schwankungen bezüglich der Abfuhrmengen hervorrufen. Wenn bei gewöhnlichem Wetter etwa 250 Fuhren Kehricht in jeder Nacht abzufahren sind, so steigt diese Abfuhr zuweilen, wenn z. B. nach längerer Trockenheit regnerisches Wetter eintritt, bis auf 800 Fuhren in einer Nacht.

Die Gesamtzahl aller Kehrichtfuhren beträgt jährlich etwa 106 000.

Der Abfuhrunternehmer ist auch zur Fortschaffung des Strafsenschnees verpflichtet; er erhält diese Abfuhr jedoch fuhrenweise bezahlt. Der Preis für die Schneefuhre beträgt zur Zeit 2,60 ℳ. Die Beschaffung von geeigneten Abladeplätzen ist Sache des Unternehmers. Die Leistungen, sowie die Kosten bei der Schneeabfuhr schwanken sehr, je nach der Beschaffenheit des Winters. Während z. B. während des Winters 1893/94 insgesamt nur 4296 Fuhren Schnee abgefahren und mit 10 605 ℳ bezahlt sind, betrug im Winter 1894/95 die Schneeabfuhr 356 290 Fuhren und kostete 885 567,80 ℳ. In diesen beiden in Vergleich gestellten Wintern stehen die Gegensätze sich in auffallendster Weise gegenüber. Im Winter 1895/96 kostete die Schneeabfuhr nur 167 728 ℳ.

Hülfsarbeiter. Die für die winterlichen Reinigungsarbeiten erforderlichen Hülfsarbeiter treten immer dann in Thätigkeit, wenn die ständige Mannschaft die vorhandenen Arbeiten nicht mehr zu bewältigen imstande ist, gewöhnlich bei starken Schneefällen. Im Winter 1894/95 waren vom 4. Januar bis 15. März solche Hülfsarbeiter nothwendig und zeitweilig bis zur Stärke von 2500 Mann beschäftigt. Sie leisteten im ganzen während dieses Winters 112 967¼ Tagewerke, für welche 224 134,50 ℳ Tagelöhne bezahlt wurden, eine Ausgabe, die freilich einem bedeutenden Theile der sonst arbeitslosen Bevölkerung im harten Winter sehr zur Hülfe kommt. Während des milden Winters 1895/96 haben die Ausgaben für die Hülfsarbeiter nur 51 433 ℳ betragen.

Die Strafsenbesprengung. Im Sommer während der Monate April bis October werden sämtliche Strafsen, welche regelmäfsig gereinigt werden, zweimal täglich besprengt, doch können und müssen auch aufserhalb dieser Zeit Besprengungen ausgeführt werden, wenn die Verhältnisse dies erfordern oder wünschenswerth machen. In der Regel tritt dieser Fall im Monat März ein.

Die Bespannung, Bedienung und Unterhaltung der Sprengwagen ist ebenfalls an Unternehmer vergeben, mit denen mehrjährige Verträge abgeschlossen werden.

Die Kosten der Strafsenbesprengung berechnen sich für jeden Tag und Wagen auf 7,95 ℳ, sie werden indessen den Unternehmern in einer Pauschalsumme bezahlt, welche zur Zeit 297 807 ℳ im Jahre beträgt.

Die Sprengwagen, augenblicklich 189, gehören der Verwaltung; sie sind sämtlich mit Gefäfsen von 1500 l Inhalt versehen und sind imstande, mit je 40 Füllungen täglich eine Strafsenfläche von etwa 120 000 qm zu besprengen. Das Wasser zur Strafsenbesprengung wird aus der städtischen Wasserleitung entnommen, aber nicht bezahlt. Im Jahre 1893 betrug der Wasserverbrauch 1 142 584 cbm, während im Sommer 1894 nur 963 019, im Sommer 1895 dagegen 1 194 914 cbm Wasser zur Strafsenbesprengung verbraucht worden sind. Es ist selbstverständlich, dafs die ganze Strafsenbesprengung, insbesondere der Wasserverbrauch, wie auch die angegebenen Zahlen zeigen, sehr von der jeweiligen Beschaffenheit des Sommers abhängig ist.

Oeffentliche Bedürfnifsanstalten. Diese Anstalten gehören ebenfalls zum Dienstbereich der Strafsenreinigung. Es sind in Berlin vorhanden 101 Stück siebenständige, 52 Stück zweiständige, 1 Stück zehnständige, 1 Stück elfständige Anstalten, sowie sechs Anstalten für Frauen und Kinder. Die ersteren enthalten etwa 824 Stände und, da für einen Stand und Tag 3 cbm Wasser verbraucht werden, erfordert die Spülung der Anstalten etwa 900 000 cbm jährlich.

Reinigung von Privatstrafsen. Die Strafsenreinigungsverwaltung führt grundsätzlich Privatarbeiten nicht aus, jedoch werden im allgemeinen Interesse die dem öffentlichen Verkehr übergebenen Privatstrafsen gewöhnlich für die Dauer der dem Unternehmer obliegenden vierjährigen Unterhaltungspflicht gegen eine bestimmte Entschädigung seitens der städtischen Verwaltung gereinigt.

Reinigung von Pferdebahngleisen. Die Pferdebahngesellschaften sind contractlich verpflichtet, ihre Gleise zu reinigen und zu besprengen. Diese Verpflichtung ist den Gesellschaften indessen abgenommen und der Strafsenreinigung übertragen worden.

Die Flächen, um welche es sich hierbei handelt, umfassen insgesamt 655 863 qm. Die Reinigung wird nach einem Selbstkostentarif berechnet, welcher 21,37 ℳ für die einmalige Reinigung von 1 ha und 7,15 ℳ für die eintägige Besprengung derselben Fläche beträgt. Die Reinigungen richten sich lediglich nach dem Arbeitsplane in der Art, dafs eine Pferdebahnstrecke nur ebenso oft gereinigt wird wie der Strafse, in welcher sie sich befindet, zusteht. Die Einnahmen, welche der Strafsenreinigung durch diese für die Pferdebahnen besorgten Arbeiten entstehen, betragen zur Zeit 172 909 ℳ und bilden einen ansehnlichen Theil des Strafsenreinigungsetats.

Oeffentliche Abladeplätze. Die zahllosen Strafsenverunreinigungen vergangener Jahre hatten ihren Grund zumeist in dem Umstande, dafs den Abfuhrleuten die Gelegenheit fehlte, die aus den Häusern fortzuschaffenden Abgangsstoffe ordnungsmäfsig unterzubringen. In dieser Erkenntnifs lediglich, nicht aber unter Anerkennung einer Verpflichtung für Unterkunft des Hausmülls zu sorgen, legte die Stadt vor einigen Jahren drei öffentliche Abladeplätze an, deren Unterhaltung sich aus einer Abladegebühr decken sollte. Der für Benutzung dieser Plätze festgestellte Tarif beträgt zur Zeit 3 ℳ für die zweispännige, 2 ℳ für die einspännige Fuhre. Da indessen früher oder später, jedenfalls in absehbarer Zeit, eine Wiederabräumung der Plätze in Aussicht steht, zum Theil inzwischen schon mit schweren Kosten eingetreten ist, wurde vor drei Jahren ein aufserhalb bei Fürstenwalde, in Spreenhagen am Oder-Spree-Canal belegenes, 90 ha grofses Grundstück seitens der Verwaltung angekauft, um den Hausunrath auf dem Wasserwege dorthin zu schaffen. Gleichzeitig ist ein an der Stralauer Chaussee belegenes, städtisches Wassergrundstück zum Einladeplatz hergerichtet. Die Fortschaffung des Hausmülls nach Spreenhagen hat bereits im Jahre 1894 begonnen, und vollzieht sich nunmehr in vollkommener Regelmäfsigkeit. Die Kosten, welche durch den Transport nach dem etwa 37 km entfernten Lagerplatze entstehen, belaufen sich auf etwa 2 ℳ für 1 Tonne.

Die Absicht der Gemeindebehörden, dafs sich das Abladeplatzunternehmen selbst erhalten solle, wird einstweilen bei weitem nicht erreicht, wie die vorstehenden Ausführungen ergeben. Das Unternehmen wirthschaftet zur Zeit noch mit bedeutenden Schulden an die Stadtgemeinde.

Neuerdings, nachdem der Osten Berlins versorgt und die Müllverschiffung in die Wege geleitet, soll auch für den Westen der Stadt in ähnlicher Weise gesorgt werden. Es befindet sich ein Plan in Bearbeitung, um in der Nähe des Spandauer Schiffahrtcanals demnächst einen neuen Mülleinladeplatz zu schaffen, von welchem aus später in ähnlicher Weise das Hausmüll zu Schiff nach Westen zu fortgeschafft werden soll, wie es jetzt bereits nach dem Osten zu stattfindet. An mafsgebender Stelle ist man nach wie vor der Meinung, dafs diese Art der Beseitigung der Hausabgangsstoffe das zweckmäfsigste Verfahren ist und die Methode der Zukunft bleiben wird.

Die Müllabfuhr selbst gehört nicht zu dem Dienste der Strafsenreinigung, sondern ist Privatsache jedes einzelnen Hausbesitzers. Hieraus erklären sich die vielen Uebelstände und Unzuträglichkeiten auf diesem Gebiete, über welche lebhaft geklagt wird. Zwar ist am 1. Juni 1895 eine neue Polizeiverordnung, die staubfreie Abfuhr des Hausmülls betreffend, erlassen worden, die Zustände haben sich indessen noch wenig verbessert. In der Menge von Abfuhrsystemen, welche durch jene Polizeiverordnung hervorgerufen wurden, ist bisher nur äufserst wenig brauchbares Material zu Tage gefördert worden. Immerhin ist der Anfang gemacht, Uebelstände zu beseitigen, welche das Strafsenbild oft in arger Weise verunzieren; es ist zu hoffen, dafs es den Behörden gelingen wird, auf dem eingeschlagenen Wege auch diesen Theil unserer Stadtreinigung in nicht ferner Zeit in ordnungsmäfsige Bahnen zu lenken.

II. Das städtische Strafsenreinigungswesen.

Die Müllverbrennung. Einem Beschlusse der Gemeindebehörde entsprechend, werden zur Zeit umfassende Versuche angestellt, um nach englischem Muster das Hausmüll durch Verbrennung zu vernichten. Ein besonderer städtischer Ingenieur ist mit der Ausführung dieser Versuche beauftragt. Diese sind inzwischen so weit gediehen, dafs zwei Versuchsöfen nach zwei bewährten englischen Systemen auf dem Grundstück der städtischen Wasserwerke, vor dem Stralauer Thore, erbaut und in Betrieb gesetzt sind. Ueber das Ergebnifs der noch in den Anfängen befindlichen Verbrennungsversuche lassen sich zur Zeit noch keinerlei Angaben machen. Es liegt auf der Hand, dafs derartige Versuche mit der gröfstmöglichen Sorgfalt ausgeführt werden müssen, und dafs auch ein längerer Zeitraum nothwendig ist, bevor ein abgeschlossenes Urtheil über die Ausführbarkeit, die Zweckmäfsigkeit, die Kosten usw. der Verbrennungsmethode wird gewonnen werden können.

Die Kosten der städtischen Strafsenreinigung. Die Schwankungen, welche die jährlichen Ausgaben zeigen, sind in allen Fällen hauptsächlich darauf zurück zu führen, ob hohe oder weniger bedeutende Kosten für die winterlichen Arbeiten erfordert wurden; im übrigen lassen sich mit ziemlicher Sicherheit Einnahmen und Ausgaben vorher feststellen und in den Rahmen eines Etats bringen.

In der nachfolgenden Zusammenstellung der Verwaltungskosten sind, wie ausdrücklich bemerkt wird, weder das Unternehmen der öffentlichen Abladeplätze, noch die Verbrennungsversuche einbegriffen. Die Gesamtausgaben der Strafsenreinigungsverwaltung während der vergangenen 19 Jahre ergeben sich aus der nachstehenden Zusammenstellung:

	Ausgabe ℳ	Einnahme ℳ	Mehr-Ausgabe ℳ
1876	2 012 768,00	42 888,00	1 969 880,00
1877	1 937 384,00	44 223,00	1 893 161,00
1878	1 777 933,00	66 180,00	1 711 753,00
1879	2 506 759,00	41 694,00	2 465 065,00
1880	1 543 938,00	45 929,00	1 498 009,00
1881	1 678 817,24	65 204,99	1 613 612,25
1882/83	1 562 951,45	73 718,50	1 489 232,95
1883/84	1 392 316,10	78 843,29	1 313 472,81
1884/85	1 510 463,08	84 682,51	1 425 780,57
1885/86	1 761 060,53	87 925,28	1 673 135,25
1886/87	1 687 397,77	94 814,35	1 592 583,42
1887/88	2 094 162,16	112 620,53	1 981 541,63
1888/89	2 006 221,98	110 776,95	1 895 445,03
1889/90	1 620 462,87	124 913,28	1 495 549,59
1890/91	2 107 255,61	127 720,79	1 979 534,82
1891/92	1 936 492,33	127 504,95	1 808 987,38
1892/93	2 568 886,47	164 115,41	2 404 771,06
1893/94	1 877 592,09	129 546,69	1 748 045,40
1894/95	3 224 486,97	181 256,13	3 043 230,84

Abb. 579. Waffenfabrik Ludw. Löwe & Co., Vogelschaubild.

Abschnitt F.

Die Industrieanlagen.

1. Einleitung.

In den seit dem Erscheinen der ersten Ausgabe dieses Werkes verflossenen 20 Jahren hat Berlin seine Stellung auf industriellem Gebiete nicht nur behauptet, sondern im Verhältnifs zur Zunahme seiner Einwohnerzahl noch beträchtlich gehoben. Bei der stetigen Verbesserung und Vermehrung der Verbindungen zu Wasser wie zu Lande, der Verbilligung der Frachten und der Ausbreitung des Absatzgebiets ist es kein Wunder, wenn mehr und mehr Fabrikbetriebe Berlin und seine Umgebung trotz höherer Arbeislöhne aufsuchen. Besonders durch den Wasserverkehr und den billigen Bezug von Brennstoffen, Bausteinen und anderen Rohstoffen aus allen Himmelsrichtungen ist Berlin den meisten Provinzialstädten gegenüber erheblich im Vortheil. Die Entwicklung der Industrie Berlins bis zur Mitte der siebziger Jahre findet sich in dem betreffenden Abschnitt des zweiten Bandes der ersten Ausgabe dieses Werkes in grofsen Zügen angedeutet.

Inzwischen haben die an die Gründung des Deutschen Reiches anknüpfenden politischen und wirthschaftlichen Ereignisse Zeit gehabt, ihre Rückwirkung auf die Entfaltung des gewerblichen Lebens zu äufsern, die Verwendung der Kriegsentschädigung, die Münzreform, die Verstaatlichung der Eisenbahnen, die Gründung überseeischer Colonien, die Aufnahme von Schutz- und Finanzzöllen, die socialpolitischen Gesetze und den Abschlufs neuer Handelsverträge nennen wir als die wichtigsten dieser Begebenheiten.

Eine Würdigung ihres Einflusses auf die gewerbliche Thätigkeit der Residenz findet sich in der „Uebersicht über die Entwicklung des Handels und der Industrie von Berlin, von 1870 bis 1894, zur Erinnerung an das 75jährige Bestehen der Korporation der Berliner Kaufmannschaft, am 2. März 1895, herausgegeben von den Aeltesten der Kaufmannschaft in Berlin 1895".

Einen ganz besonders wahrnehmbaren Einflufs auf die Fabrikthätigkeit der Stadt Berlin hat die rasche Werthsteigerung des Grund und Bodens und die Vertheuerung der Arbeitslöhne u. dgl. gehabt. Dieser unaufhaltsam sich vollziehenden Bewegung weichend,

I. Einleitung.

ist eine ganze Reihe grofser und blühender Fabrikbetriebe theils eingegangen, wie die Maschinenbau-Anstalten von Wöhlert, von Egells, die Pflug'sche Wagenbau-Anstalt, die Norddeutsche Fabrik für Eisenbahnbedarf, die Dannenberg'sche Kattunfabrik u. a. m., theils nach aufserhalb verlegt worden, wie die Borsig'sche Locomotivfabrik, die Chemische Fabrik von Kunheim, die Färberei von Spindler u. dgl. Freilich sind die Lücken durch aufwachsende und zum Theil auf ganz neuen Gebieten entstandene Betriebe ausgefüllt worden, hauptsächlich durch die für die Bedürfnisse der Elektrotechnik beschäftigten und theilweise durch sie erst ins Leben gerufenen Unternehmungen, wie die Allgemeine Elektricitäts-Gesellschaft, die Berliner Elektricitäts-Werke, Siemens & Halske, Ludwig Löwe, Gebr. Naglo, Mix & Genest u. a. m. Aber die Neigung, gewerbliche Niederlassungen aus dem engeren Stadtbezirke herauszulegen, bleibt bestehen und steigert sich von Jahr zu Jahr.

Ein ungefähres Bild von dem Anwachsen der Berliner Industrie ergeben folgende Zahlen: Die hiesigen Fabrikbetriebe arbeiteten nach der Gewerbezählung vom Jahre 1875 mit Dampfmaschinen von im ganzen 14 750 P.S., Gaskraft und Heifsluftmaschinen mit rd. 195 P.S. Im Jahre 1877/78 hatten die Dampfmaschinen 19 738 P.S. und im Jahre 1895 61 410 P.S. erreicht. Dazu waren die Kräfte der vorhandenen Gasmotoren auf 5400 P.S. gestiegen und aufserdem Elektromotoren hinzugekommen, von denen allein die Berliner Elektricitäts-Werke zu 928 Stück mit 3354 P.S. den Strom lieferten. Letztere sind allerdings bei den Dampfmaschinen schon mitgerechnet. Man wird aber die Ende 1895 in der Berliner Industrie thätigen Maschinenkräfte mit annähernd 70 000 P.S. sicher nicht zu hoch annehmen. Der Verbrauch von Brennstoffen steigerte sich von rd. 1 300 000 t im Jahre 1870 auf rd. 2 400 000 t im Jahre 1895. In dem Zeitraume von 1875 bis 1895 hat sich die Zahl der hier beschäftigten Fabrikarbeiter von ungefähr 67 000 auf 166 000 vermehrt. Genauere Angaben lassen sich leider nicht machen, weil die Ergebnisse der Gewerbezählung von 1895 noch nicht vorliegen.

Die folgenden Abschnitte enthalten knapp gefafste Mittheilungen über eine Reihe der wichtigeren Industriezweige sowie die Entwicklungsgeschichte und Darstellung einzelner Beispiele ihrer baulichen Anlagen und ihrer Leistungen. Wir haben uns hierauf beschränken müssen, weil genauere oder umfassendere Darstellungen zu geben schon der verfügbare Raum nicht gestattet hätte, aufserdem aber in zahlreichen Fällen die Bemühungen, geeignete Unterlagen zu erhalten, erfolglos geblieben sind.

Es sind aber aus den oben besprochenen Gründen nicht allein im Weichbilde Berlins liegende Fabriken, sondern auch solche, die von Berliner Firmen geleitet, aber aufserhalb angesiedelt sind, in den Kreis der Betrachtungen gezogen worden.

Abb. 580. Der neue Packhof.

II. Packhöfe, Speicher und Mühlen.

Die ersten gröfseren Speicherbauten entstanden in Berlin infolge des alten Niederlagerechtes, auf Grund dessen alle durchgehenden Güter hier umgeladen werden mufsten. Da es sich in älterer Zeit hierbei vorwiegend um Wasserverkehr handelte, so wurde nach Eröffnung des Friedrich-Wilhelm-Canals 1671 ein Packhaus für die Breslauer Güter errichtet und 1699 der Packhof auf dem Friedrichswerder angelegt. An seine Stelle trat das für die Zwecke der steuerfreien Niederlage Ende der zwanziger Jahre dieses Jahrhunderts errichtete Hauptlagerhaus des Packhofes am Kupfergraben, der durch die 1886 eröffnete neue Packhofsanlage am Lehrter Bahnhofe ergänzt bezw. ersetzt worden ist. Für militärische Zwecke sind in den letzten Jahrzehnten umfangreiche Speicheranlagen in der Köpenicker Strafse, in Tempelhof und in Moabit entstanden. Gröfsere Privatspeicher sind auch erst in neuerer Zeit, zunächst in Verbindung mit den Mühlen angelegt worden, als diese anfingen nach Aufhebung der Mahl- und Schlachtsteuer Handelsmüllerei zu treiben. Auch für andere Zwecke sind mit dem Aufblühen des Berliner Handels zahlreiche Lagerspeicher errichtet worden, die, wenn auch dem wachsenden Bedarf nicht völlig genügend, doch vielfach sich durch zweckmäfsige Anlage und neue Maschinen-Betriebseinrichtungen auszeichnen. Sie gehören fast durchweg zur Gattung der Bodenspeicher, während Siloanlagen nur in ganz vereinzelten Fällen zu finden sind.

Die Mühlenindustrie, soweit sie sich mit der Vermahlung von Getreide zu Mehl beschäftigt, ist in Berlin erst seit etwa 20 Jahren zu einiger Bedeutung gelangt. Am Anfange dieses Jahrhunderts sorgten die fiskalischen Wassermühlen am Mühlendamm und an der Schlofsfreiheit, die Damm-Mühlen und die „Werder'schen Mühlen" genannt, die Mühle am Zwirngraben gegenüber der Garnisonkirche, sowie die vor den Thoren der Stadt belegenen zahlreichen Windmühlen für den Mehlbedarf Berlins.

Die Mühlen am Mühlendamm entstanden Anfang des 13. Jahrhunderts und waren Eigenthum der Landesherrschaft. In der zweiten Hälfte des 14. Jahrhunderts gelangten sie in Besitz der Städte Berlin und Köln, welche sie infolge von Streitigkeiten mit dem Kurfürsten Friedrich II. an diesen abtreten mufsten. Bis zum Jahre 1870 blieben die Mühlen im Besitz des Staates, der sie sodann an einen Privatmann, jedoch ausschliefslich der Gerinne und der Wasserkraft verkaufte, sodafs der Mühlenbetrieb gänzlich aufhörte; im Jahre 1881 kamen die Gebäude durch Kauf wieder in den Besitz der Stadt Berlin.

II. Packhöfe, Speicher und Mühlen.

In den Jahren 1683 und 1687 wurden die Mühlen vom Grofsen Kurfürsten umgebaut und 1706—1710 die fünf Zulaufgerinne massiv hergestellt.

Im Jahre 1838 brannten die Mühlen, die damals aus der Kölnischen, der Klippe und der neuen Mühle mit je drei Mahlgängen, aus der Berlinischen Mühle mit sechs Gängen sowie aus drei Walkmühlen für das Tuchmachergewerk und das Lagerhaus bestanden, vollständig nieder. Bei diesem Brande, dem acht Menschenleben zum Opfer fielen, ist auch der damalige Prinz von Preufsen (Kaiser Wilhelm I.) in Begleitung des Kronprinzen (Kaiser Friedrich III.) zugegen gewesen, um Anordnungen zur Bekämpfung des Feuers zu treffen.

Der Fiskus liefs die Mühlen nach den Plänen der Bauräthe Persius und Helfft im Jahre 1848 wieder aufbauen. König Friedrich Wilhelm IV. hat auf die äufsere Gestaltung dieser Anlagen persönlichen Einflufs ausgeübt. Die Front der Mühlengebäude gegenüber der Kurfürstenbrücke gewährte von dieser Brücke aus ein fesselndes Bild inmitten der unschönen Hintergebäude der Breiten- und Poststrafse, welche die Spree zu beiden Seiten begrenzten. Die innere Einrichtung, das Mühlenwerk mit 16 bezw. 10 Mahlgängen, wurde von dem Mühlen-Baumeister Dannenberg nach damals bekanntem bestem, sogen. „amerikanischem System", freilich noch ohne Filter, aber doch schon mit Aspiration der Mahlgänge, hergestellt. Der Betrieb erfolgte durch fünf Räder von 5,60 m Durchmesser und 3—5 m Breite, welche bei grofsem Wasser in dem zugleich als Freigerinne dienenden Gerinne gehoben werden konnten. Bemerkenswerth und neu für die Zeit war bei diesen Bauten die durchgängige Anwendung von Eisen nicht nur für die Transmissionen in der Mühle und für die Mühlengerüste, sondern auch für Säulen, Träger, Balken und Dächer der Gebäude.

Im Jahre 1708 entstanden die Neuwerder'schen Mühlen an der Schleuse in Alt-Köln mit acht Gängen und 1720 die Altwerder'sche Mühle an der Schlofsfreiheit mit sechs Gängen; sie waren mit einem Wasserdruckwerk zur Versorgung des Königlichen Schlosses mit Wasser verbunden; 1853—1854 wurden sie einem Umbau unterzogen.

Die Mühle am Zwirngraben, aus einer früheren Baumwollenspinnerei entstanden, und von dem Wasser des Stadtgrabens betrieben, lag an der Stelle des jetzigen Stadtbahnhofes Börse; bei ihr versuchte man in den vierziger Jahren die Anlage von Turbinen, freilich ohne Erfolg, sodafs wieder auf ein gewöhnliches unterschlächtiges Wasserrad zurückgegriffen und später zur Aushülfe eine Dampfmaschine aufgestellt wurde.

Weiterhin wurden in den Jahren 1820—1840 die Schumann'sche, die Spatzier'sche Mühle in der Holzmarktstrafse und die Adlermühle in der Wassergasse errichtet, zu dem im Jahre 1857 die Mühle der Berliner Brotfabrik Actiengesellschaft hinzukam; diese vier Mühlen, der damaligen Zeit entsprechend eingerichtet, arbeiteten ausschliefslich mit Dampfkraft.

Ihr Betrieb war auf Lohnmüllerei beschränkt, d. h. die Bäcker kauften sich das benöthigte Getreide selber ein, führten es den Mühlen zur Vermahlung zu und zahlten dafür einen Mahllohn von etwa 5—6 Thalern für 25 Scheffel Weizen oder Roggen.

Den Müllereibetrieb hinderte die Mahl- und Schlachtsteuer, welche seit dem Jahre 1820 in Berlin eingeführt wurde, in der Entwicklung. In den Mühlen waren ständige Steuerbeamte zur Controle des Betriebes auf Kosten des Besitzers angestellt; es durfte nur nach bestimmten Vorschriften gemahlen werden und so konnten die Fortschritte der neueren Technik so wenig als der erforderliche kaufmännische Betrieb in den Berliner Mühlen Eingang finden. Mehr und mehr fand das Mehl auswärts gelegener Mühlen den Beifall der Berliner Bäcker; man kaufte u. a. Bromberger, Stettiner, schlesisches Mehl und gab den Einkauf des Getreides und die Vermahlung in Berliner Mühlen auf, sodafs nach und nach die vorgenannten Wasser- und Dampfmühlen wegen mangelnder Beschäftigung mit Ausnahme der Mühle der Berliner Brotfabrik den Betrieb einstellten. Die Adlermühle wurde im Jahre 1873 durch Feuer zerstört und an deren Stelle eine Färberei errichtet. Die Werder'schen Mühlen sind schon Anfangs der siebziger Jahre abgebrochen, die Dammmühlen sind der Spreeregulirung wegen zum Theil abgebrochen, zum Theil für städtische Verwaltungszwecke umgebaut worden.

Als mit dem 1. Januar 1875 die Mahl- und Schlachtsteuer aufgehoben wurde, gewährte die Errichtung gröfserer Mühlenwerke Aussicht auf lohnenderen Betrieb; schon im Jahre 1875 wurde die Mühle von Th. Bertheim & Co., jetzt Berliner Dampfmühlen Actiengesellschaft in der Michaelkirchstrafse, die Dampfmühle von F. W. Schütt in der Stromstrafse, und im Jahre 1878 die Borsigmühle in Moabit neu erbaut. Diese drei Anlagen, wie auch die Dampfmühle der Berliner Brotfabrik Actiengesellschaft (letztere hatte den Bäckereibetrieb inzwischen ganz eingestellt) sind mit zeitgemäfsen technischen Einrichtungen versehen. Unter der kaufmännischen Leitung ihrer Besitzer und Directoren haben sich die Berliner Mühlen bald einen guten Ruf zu erwerben und damit auch den erforderlichen Absatz für die bedeutende Menge ihrer Fabrikate zu sichern gewufst; sie vermögen zusammen täglich etwa 500 t Roggen zu vermahlen und finden Abnahme für ihre Fabrikate hauptsächlich in Berlin und im südlichen und westlichen Theile Deutschlands; auch das Ausland, namentlich Holland, Schweden und Norwegen, zeitweise auch Frankreich, England und Finnland, waren Abnehmer für Berliner Mehle.

Der Betrieb ist thunlichst selbstthätig und von vornherein nur auf Handelsmüllerei eingerichtet; fast ausschliefslich wird Roggen vermahlen, der aus dem Inlande oder Auslande bezogen wird, je nachdem die Beschaffenheit und die Ergebnisse der Ernte dies vortheilhaft erscheinen lassen.

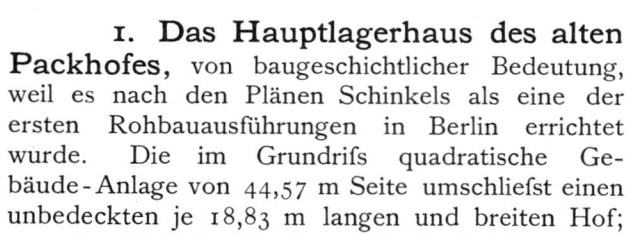

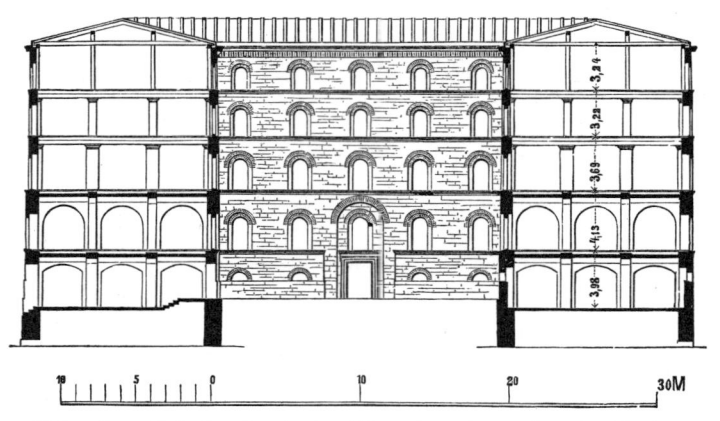

Abb. 581. Schnitt durch das Hauptlagerhaus des Packhofes.

In neuerer Zeit ist in Berlin die Mühle des Königlichen Proviantamts, welche den Mehlbedarf der Berliner Garnison zu decken hat, sowie die Weizenmühle von Salomon & Co. in der Mühlenstrafse den vorbezeichneten Anlagen hinzugetreten. Von den für das Speicher- und Mühlengewerbe errichteten Bauanlagen soll eine Reihe von Beispielen näher beschrieben werden.

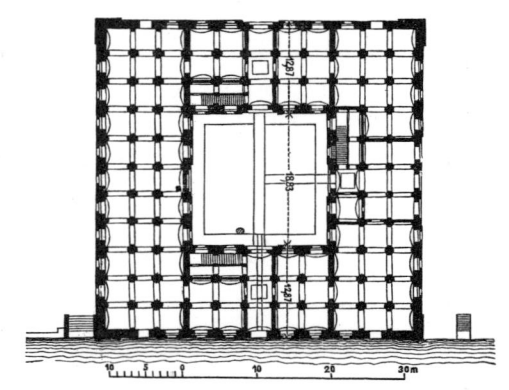

1. Das Hauptlagerhaus des alten Packhofes, von baugeschichtlicher Bedeutung, weil es nach den Plänen Schinkels als eine der ersten Rohbauausführungen in Berlin errichtet wurde. Die im Grundrifs quadratische Gebäude-Anlage von 44,57 m Seite umschliefst einen unbedeckten je 18,83 m langen und breiten Hof;

Abb. 582. Hauptlagerhaus des Packhofes, Grundrifs.

von den fünf Geschossen sind die beiden unteren überwölbt, die oberen mit geschalten und geputzten Balkendecken versehen (Abb. 581 u. 582).

2. Die neue Packhofsanlage[1]) verdankt ihre Entstehung dem berechtigten Wunsche der Berliner Kaufmannschaft, das für die zollfreie Lagerung von Gütern bestimmte Speichergebäude in Verbindung mit einer Abfertigungsstelle zu bringen, welche von der Eisenbahn ebenso bequem als von der Wasserstrafse zu erreichen ist. Der Mangel eines Bahnanschlusses der alten Packhofsanlage hatte schon vor Jahren dazu genöthigt, auf den einzelnen Bahnhöfen Abfertigungsstellen zu errichten, welche einen so bedeutenden Verkehr zu bewältigen haben, dafs von vornherein darauf verzichtet werden mufste, den-

---

1) Bearbeitet vom Regierungs- und Baurath H. Keller.

II. Packhöfe, Speicher und Mühlen. 491

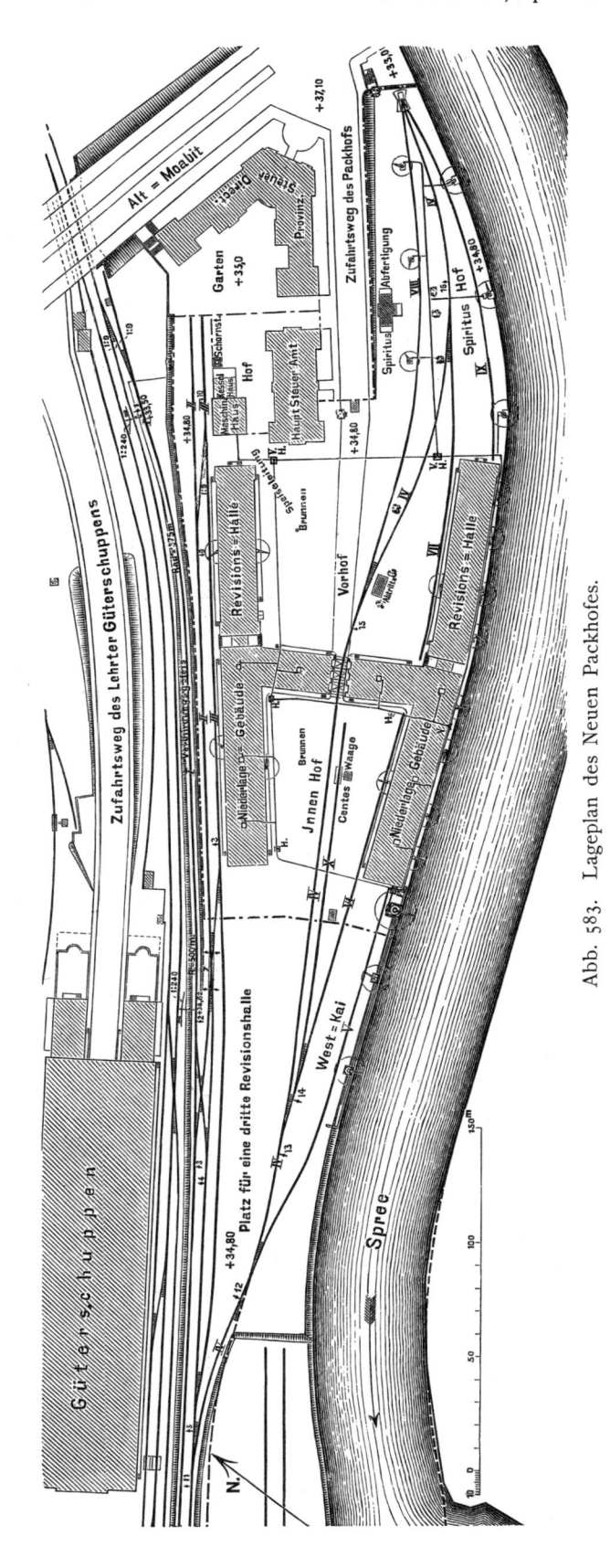

Abb. 583. Lageplan des Neuen Packhofes.

selben an einer Stelle zu vereinigen. Vielmehr dient die von 1883 bis 1886 erbaute Anlage hauptsächlich für die Revision der in Deckkähnen unter Zollverschluſs eingehenden oder mit dem Anspruch auf Rückvergütung von Verbrauchssteuern ausgehenden Gütern, ferner für die Revision der in Eisenbahnfahrzeugen unter Zollverschluſs von der deutschen Westgrenze eingehenden Güter, sowie zur Lagerung unter Zollverschluſs. Der Umschlagsverkehr, für den die Anlage gleichzeitig vorgesehen war, hat sich nur in geringem Maſse entwickelt, hauptsächlich infolge der bedeutenden Verminderung unserer Spiritusausfuhr. Auſser den für die Zwecke der Zollverwaltung erforderlichen Lager-, Revisions- und Hofräumen erschien es nothwendig, auf dem zwischen Spree und Lehrter Güterbahnhof gelegenen Bauplatze ein Verwaltungsgebäude für das Hauptsteueramt für ausländische Gegenstände zu errichten. Zunächst der Straſse Alt-Moabit bot sich ein geeigneter Platz für das Dienstgebäude der Provinzialsteuerverwaltung.

Die Verbindung mit dem städtischen Straſsennetz wird durch eine flach geneigte Zufahrtrampe bewirkt, welche sich neben diesen beiden Dienstgebäuden entlang zieht und unmittelbar vor der Moltkebrücke in die Straſse Alt-Moabit einmündet. Ihren Ausgang nimmt sie aus dem von zwei einstöckigen Revisionshallen eingefaſsten Vorhofe, welchen der Querflügel des Niederlagegebäudes gegen den zwischen beiden Langflügeln desselben befindlichen Innenhof abtrennt. Die nördliche Revisionshalle und der in gleicher Flucht liegende Langflügel des Niederlagegebäudes sind für den Eisenbahnverkehr bestimmt, während die südliche Halle und der Südflügel des Niederlagegebäudes unmittelbar am Ufer der Spree liegen. Ein östlich davon neben der Zufahrtrampe gelegener Hofraum sollte den zur Zeit der Errichtung der Anlage noch sehr lebhaften Spiritusverkehr aufnehmen, ein westlich davon, jenseits des Innenhofes verfügbar bleibender Vorplatz dem zollfreien Umschlagsverkehr. Das Spree-

62*

ufer hat längs des Spiritushofes, der südlichen Halle, des anschliefsenden Speicherflügels und jenes westlichen Vorplatzes eine Einfassung mit Ufermauern erhalten, deren ganze Länge 500 m beträgt. Zum Anschlufs an den Lehrter Güterbahnhof dient ein mäfsig abfallendes Gleis, das durch zwei Weichen mit den als Auszieh- und Aufstellungsgleis dienenden Strängen in Verbindung steht, von denen aus sämtliche in Abb. 583 dargestellten

Abb. 584. Packhofsanlage, Schnitt durch das Niederlagegebäude.

Ladegleise durch Vor- oder Zurücksetzen mit ganzen Zugtheilen erreicht werden können, abgesehen von dem wenig benutzten, nur durch eine Drehscheibe zugänglichen Ufergleis des Spiritushofes. Das für den Betrieb der hydraulischen Hebezeuge an der Wasserfront, im Niederlagegebäude und auf dem Spiritushofe erforderliche Maschinen- und Kesselhaus hat seinen Platz aufserhalb der eigentlichen Packhofsanlage hinter dem Hauptsteueramtsgebäude gefunden.

II. Packhöfe, Speicher und Mühlen. 493

Die zollamtlichen Revisionen beim Ein- und Ausgange verbieten es, sämtliche Stockwerke des Niederlagegebäudes mit Luken zu versehen; vielmehr müssen die Front-

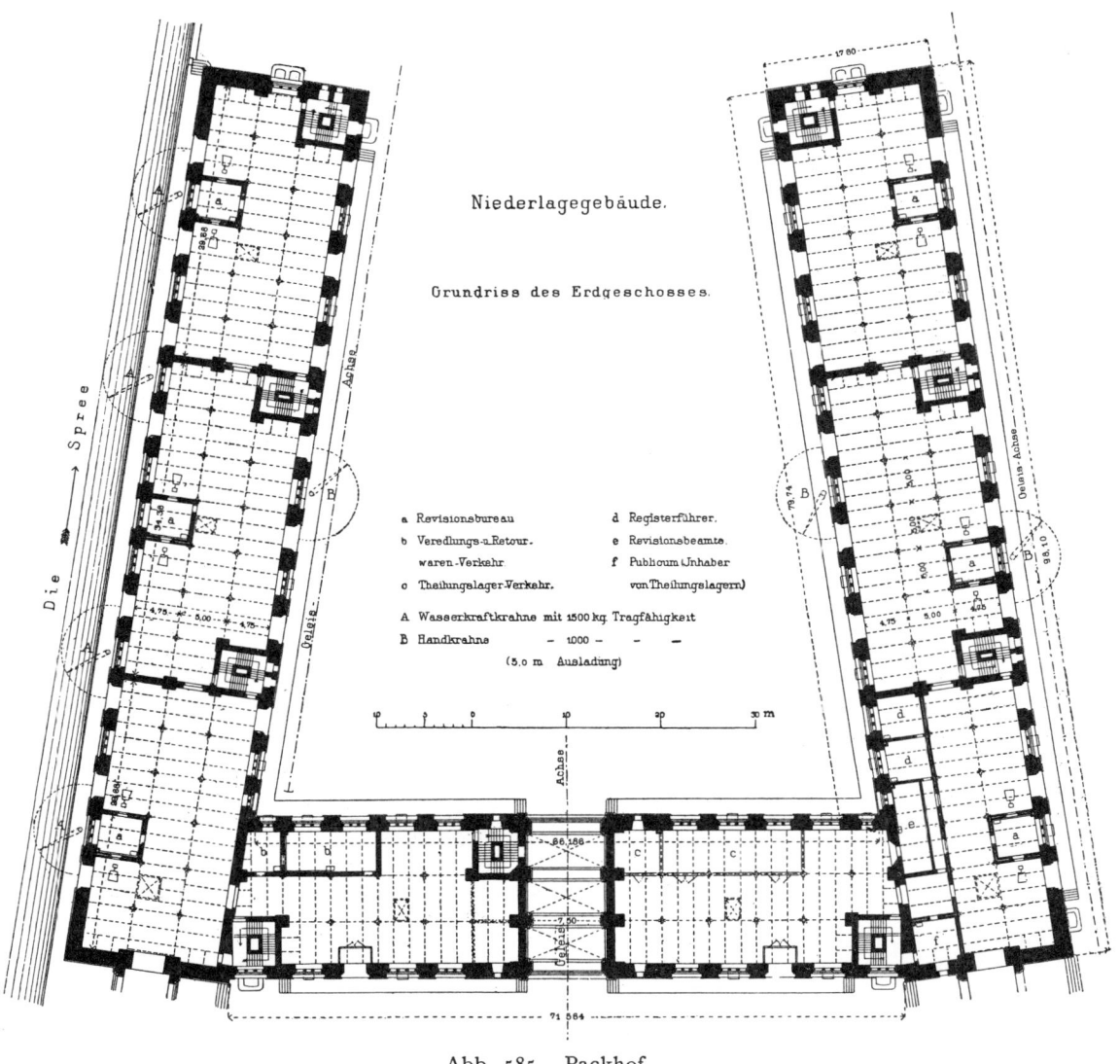

Abb. 585. Packhof.

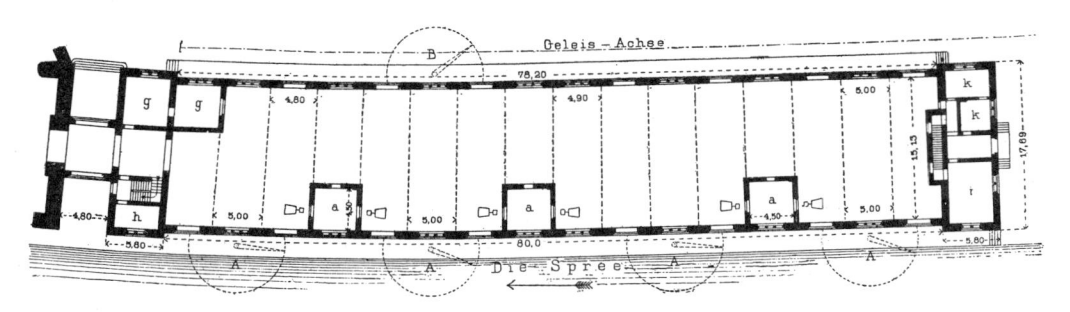

Abb. 586. Packhof, Grundrifs der südlichen Revisionshalle.

wände in den oberen Stockwerken vollständig verschlossen sein, wogegen das Erdgeschofs in ähnlicher Weise, wie die beiden Revisionshallen, zur Abfertigung der ein- und ausgehenden Güter benutzt wird und durch Luken zugänglich gemacht ist. Das Erdgeschofs des Nordflügels und die nördliche Halle enthalten die Revisionsräume für die unter Raumverschlufs von den Eisenbahnlinien des Westens ankommenden Güter, die Halle aufserdem einen abgetrennten Theil zur zollamtlichen Behandlung von Waarenmustern. Das Erdgeschofs des Südflügels und die südliche Revisionshalle enthalten die Revisionsräume für die unverzollt zu Wasser eingehenden Güter. Die Abfertigung von Spiritus und dergleichen zum Ausgang, für welche der östliche Hofraum mit Gleisen, Kranen und einem besonderen Abfertigungsgebäude ausgerüstet ist, hat gegenwärtig weit geringeren Umfang als früher. Das Erdgeschofs des Querflügels des Niederlagegebäudes wird durch eine überwölbte Durchfahrt in zwei Abschnitte getrennt, von denen der südliche zum Retourwaaren- und Veredlungsverkehr dient, der nördliche als Revisionsraum für die sogenannten Theilungsläger, welche die nördliche Hälfte der Lagerböden des ersten und zweiten Stockwerks einnehmen — es sind dies vermiethete Privatläger unter Zollverschlufs, aus denen die eingelagerten Waaren getheilt je nach Bedarf entnommen werden können. Alle übrigen Räume der oberen Stockwerke des Niederlagegebäudes sowie die Kellerräume sind für die Zwecke der öffentlichen Niederlage bestimmt und nehmen gegen vorschriftsmäfsige Lagergebühren die zum Verbrauche im Inlande bestimmten Güter auf, welche der Empfänger nicht sofort nach Ankunft abholen läfst. In den Kellerräumen lagern hauptsächlich Weine und edle Spirituosen, während die Hofräume dem Verkehr mit sonstigen Fafswaaren dienen. Die Beförderung der zur Einlagerung bestimmten Waaren von den Revisionsräumen nach den oberen Stockwerken oder dem Kellergeschofs und umgekehrt erfolgt durch Kraftwasseraufzüge. — Abb. 584 zeigt das Schaubild eines Schnittes durch das

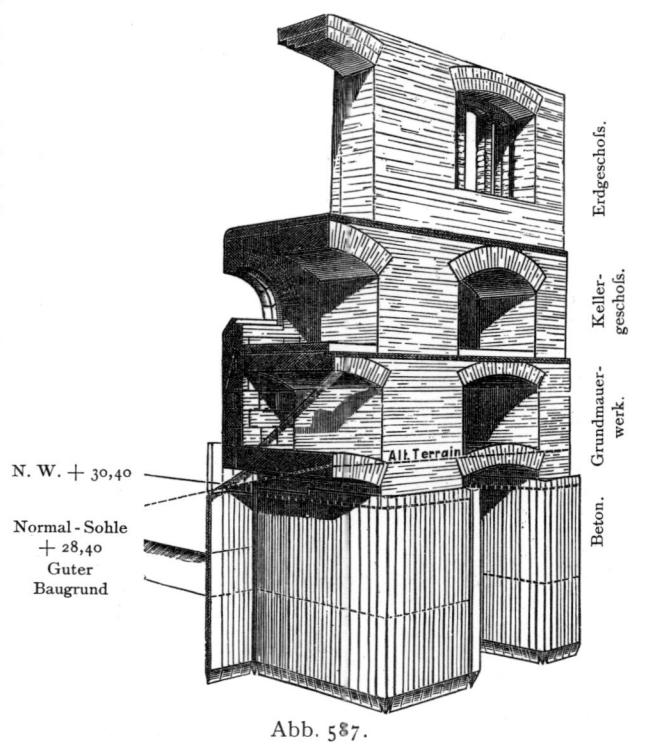

Abb. 587.
Ufermauer und Grundmauer des Niederlagegebäudes.

Niederlagegebäude, aus dem die wichtigsten Constructionsverhältnisse ersichtlich sind. Alle sichtbaren, beim Ausbruche eines Brandes der Stichflamme ausgesetzten Eisentheile haben feuersichere Verkleidung erhalten. Zur weiteren Sicherung gegen Feuersgefahr ist jeder der beiden Langflügel in drei Abtheilungen von rd. 31,50 m Länge getheilt durch Brandmauern, welche bis zum feuersicheren Dache reichen und innerhalb der einzelnen Geschosse mit eisernen Thüren versehen sind. Der Querflügel besteht aus zwei solchen Abtheilungen. Jede der so geschaffenen acht Abtheilungen (Abb. 585) besitzt eine massive Treppe für den Verkehr der Arbeiter, sowie eine Aufzugsvorrichtung für die Beförderung der Lagergüter, die mit Wellblechschacht umgeben ist. Die Treppenanordnung ermöglicht, bei Feuersgefahr jede Abtheilung von zwei Treppenhäusern aus für die Löschmannschaften zugänglich zu machen. Die beiden Langflügel sind im Lichten je 95 m lang und 14,50 m breit; der Querflügel hat gleiche Breite bei 70 m Länge. Die Geschofshöhen betragen: im Keller 2,70, im Erdgeschofs 4,80, in dem ersten bis dritten Stockwerk je 3,30 und im Dachgeschofs 4 m. Die ganze Höhe des Gebäudes mifst von Oberkante-Fundament bis Oberkante-Hauptgesims 20,70 m. Es war nothwendig, die Fenster thunlichst hoch über dem Fufsboden anzuordnen, um die Wandfläche zur Aufstapelung von Waaren ausnutzen zu können. Die auf 1000 kg/qm Nutzlast

II. Packhöfe, Speicher und Mühlen.   495

berechneten Fufsböden sind aus kiefernen Bohlen auf Lagerhölzern hergestellt, welche in der Längenrichtung des Gebäudes über den eisernen Querträgern liegen, um eine luftige, trockene und elastische Unterlage für die Lagerung und Handhabung der Güter zu gewinnen, während die zwischen jene Querträger gespannten Kappen aus porösen Lochsteinen unter dem Bohlenfufsboden einen feuersicheren Abschlufs bilden. Auf die mit 1 : 20 geneigten Querträger, welche als Sparren des Daches dienen, sind ⊥-förmige Latten genietet, zwischen denen die Thonfliesen in Mörtel verlegt wurden, welche die Unterlage der Holzcementdeckung bilden, um eine Verwendung von Holz bei der Herstellung des Daches völlig zu vermeiden.

Der nördliche Theil des Gebäudes konnte unmittelbar auf scharfen tragfähigen Sand gegründet werden, während beim südlichen Theile der gute Baugrund so tief lag, dafs eine künstliche Gründung auf Beton für die Umfassungsmauern und auf Senkkästen für die Pfeiler, welche die eisernen Säulen unterstützen, sich als nothwendig erwies. Die wasserseitige Frontwand hat die in Abb. 587 dargestellte eigenartige Gründung erhalten, wodurch eine innige Verbindung der Frontwandpfeiler mit der vorliegenden Ufermauer erzielt wurde und dieser selbst, vom gröfsten Theile des Erddruckes entlastet, eine verhältnifsmäfsig sehr geringe Stärke gegeben werden konnte. Der in Höhe des Kellergeschosses zwischen Frontwand und Ufermauer verbleibende, unter der Ladebühne des Erdgeschosses gelegene Gang dient zur Aufnahme der Druckrohrleitung und der Betriebscylinder für die hydraulischen Uferkrane. Die halbkreisförmigen Oeffnungen der Ufermauern, mit Rohglas in gitterartigen Rahmen verschlossen, führen ihm und den Kellerräumen Licht zu. Der Kellerfufsboden liegt 0,20 m über dem bekannten höchsten Wasserstande der Spree und 1,80 m unter der Hoffläche, um einerseits ein Eindringen des Grundwassers zu vermeiden, anderseits gleichmäfsige Wärme für die eingelagerten Güter zu gewinnen. Für die Höhe der hofseitigen Ladebühne des Erdgeschosses ergiebt sich demnach ein für das Ueberladen von und auf Rollwagen bequemes Mafs von 0,90 m. Dafs die ganzen Hofflächen hierbei um etwa 1,60 m aufgeschüttet werden mufsten, erwies sich als zweckmäfsig, um die Steigung der Zufahrtrampe zu vermindern, den Anschlufs der Entwässerung an die städtische Canalisation zu erleichtern, und aus gesundheitlichen Rücksichten, obgleich die Schiffsgüter etwas höher gehoben werden müssen, als bei tieferer Lage erforderlich wäre.

Die Kosten des in Backsteinrohbau mit Vollklinker-Verblendung hergestellten Gebäudes haben 1 068 380 ℳ betragen, diejenigen der künstlichen Gründung aufserdem 107 900 ℳ. Bei einem Flächen-

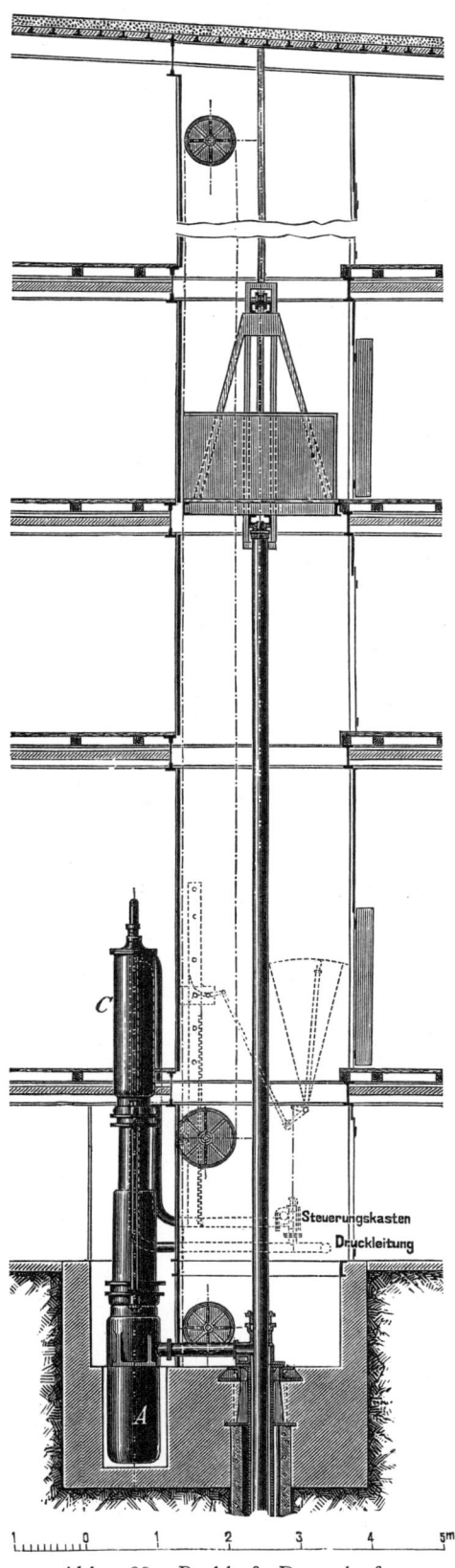

Abb. 588. Packhof, Doppelaufzug.

inhalt der bebauten Grundfläche von 4595 qm kommt auf das Quadratmeter der Einheitsbetrag von 232,30 ℳ ohne Einrechnung der Kosten der künstlichen Gründung, für letztere der Einheitsbetrag von 23,50 ℳ. Der Rauminhalt des Niederlagegebäudes beträgt 95 116,50 cbm, der Einheitspreis für das Cubikmeter 11,20 ℳ. Die nutzbare Lagerfläche mißt 17 300 qm, und der Einheitsbetrag der Gesamtkosten für das Quadratmeter berechnet sich auf 68 ℳ. Nur in Ausnahmefällen wird die angenommene Nutzlast von 1000 kg/qm

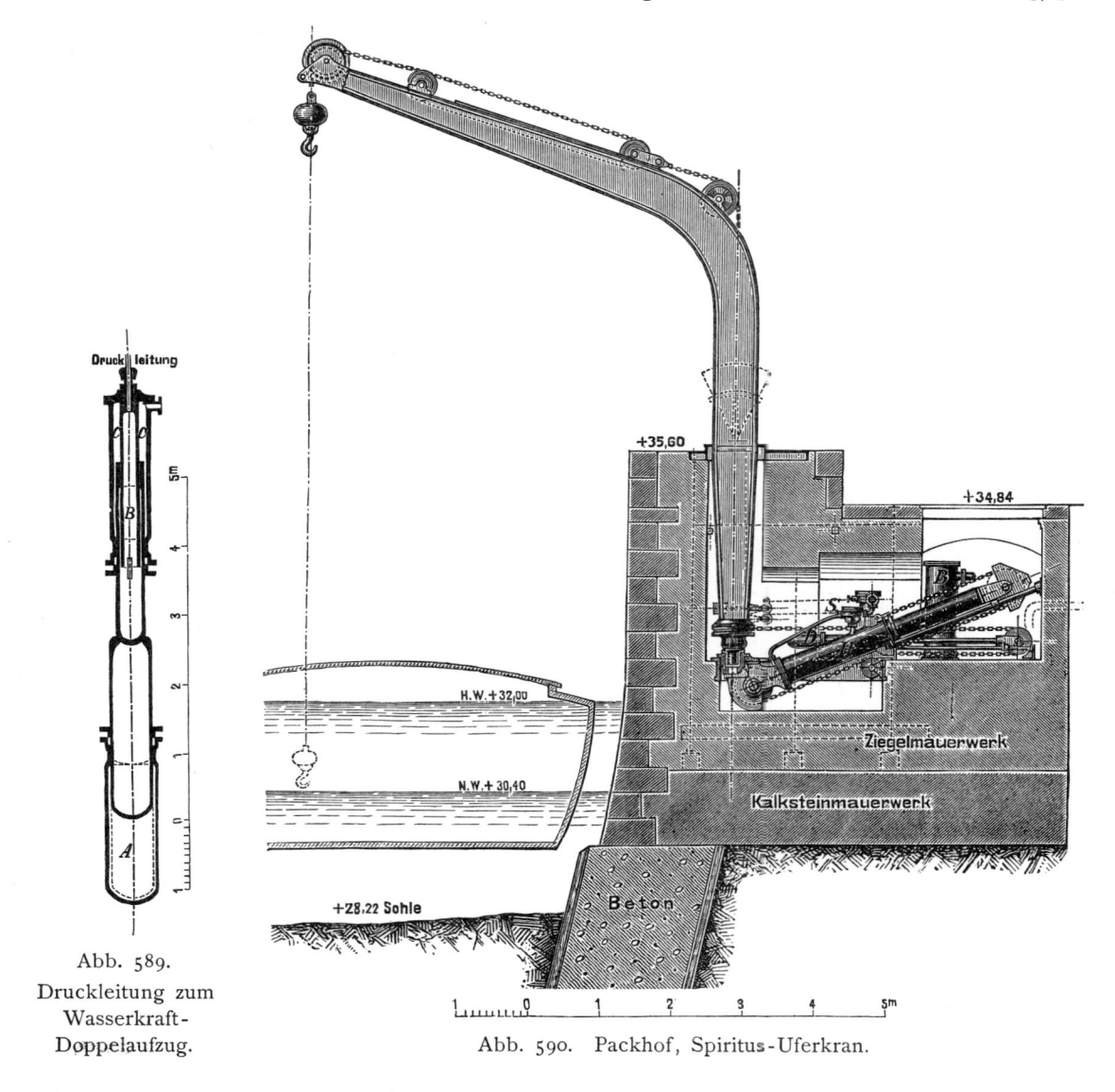

Abb. 589.
Druckleitung zum Wasserkraft-Doppelaufzug.

Abb. 590. Packhof, Spiritus-Uferkran.

wirklich erreicht. Gewöhnlich findet nur eine Belastung der belegten Fläche bis zu 750 kg statt, und etwa ein Drittel der Bodenfläche verbleibt für die zwischen den Stapelreihen offen gehaltenen Gänge, sodaß die durchschnittliche Belastung der Fußböden etwa 500 kg/qm beträgt.

An der Wasserseite des Erdgeschosses sind acht Ladeluken vorhanden, welche mit dreitheiligen Fenstern abwechseln und von Achse zu Achse 10 m Abstand besitzen. Zwischen je zwei Luken ist ein Kraftwasserkran mit 5 m Ausladung aufgestellt, sodaß die ganze 98 m lange Front mit vier Kranen bedient wird, um gleichzeitig zwei Deckkähne löschen zu können (Abb. 585). Ebenso ist die anschließende südliche Revisionshalle, deren Wasserfront 91 m beträgt, mit vier Kraftwasserkranen von gleicher Anordnung ausgestattet (Abb. 586). Die

II. Packhöfe, Speicher und Mühlen.

Eisenbahn- und Hoffronten des Niederlagegebäudes und der Revisionshallen zeigen in derselben Weise abwechselnd Luken und Fenster. Da hier jedoch die Güter von den Ladebühnen des Erdgeschosses auf die in nahezu gleicher Höhe liegenden Wagenböden der Eisenbahnfahrzeuge und Frachtfuhrwerke oder umgekehrt leicht übergerollt werden können, hat jede Front nur einen Handkran erhalten, um ausnahmsweise Hülfe zu leisten. Die für 1500 kg gebauten Gebäudekrane der Wasserfront haben 9 m gröfste Hubhöhe zu überwinden. Um aufsergewöhnlich schwere Güter überladen zu können, steht an der Ufermauer westlich vom Niederlagegebäude ein Kesselkran für 15000 kg Nutzlast mit 7,50 m Ausladung und 10 m Hubhöhe, der sowohl mit Kraftwasser als auch mit Menschenkraft (vier Arbeiter) betrieben werden kann.

Von den acht Aufzügen im Niederlagegebäude haben sechs je 1000 kg, zwei Doppelaufzüge je 2000 kg Hubkraft. Bei den einfachen Aufzügen liegen die unmittelbar wirkenden Treibkolben unter einer Langseite der Bühne. Sie sind aus Gufsstahl und besitzen nur 100 mm Durchmesser, da sie in Abständen von 2,40 bis 3,30 m durch gufseiserne Führungen gegen Ausbiegen unterstützt werden. Bei den Doppelaufzügen (Abbildung 588) hat der die Bühne in der Mitte stützende Treibkolben 190 mm Durchmesser und besteht aus gufseisernen Röhren von 15 mm Wandstärke, die innen mit Kraftwasser gefüllt sind. Dabei beträgt der aus Nutzlast und todter Last sich ergebende Druck nahezu halb so viel wie jener der Kraftwasser-

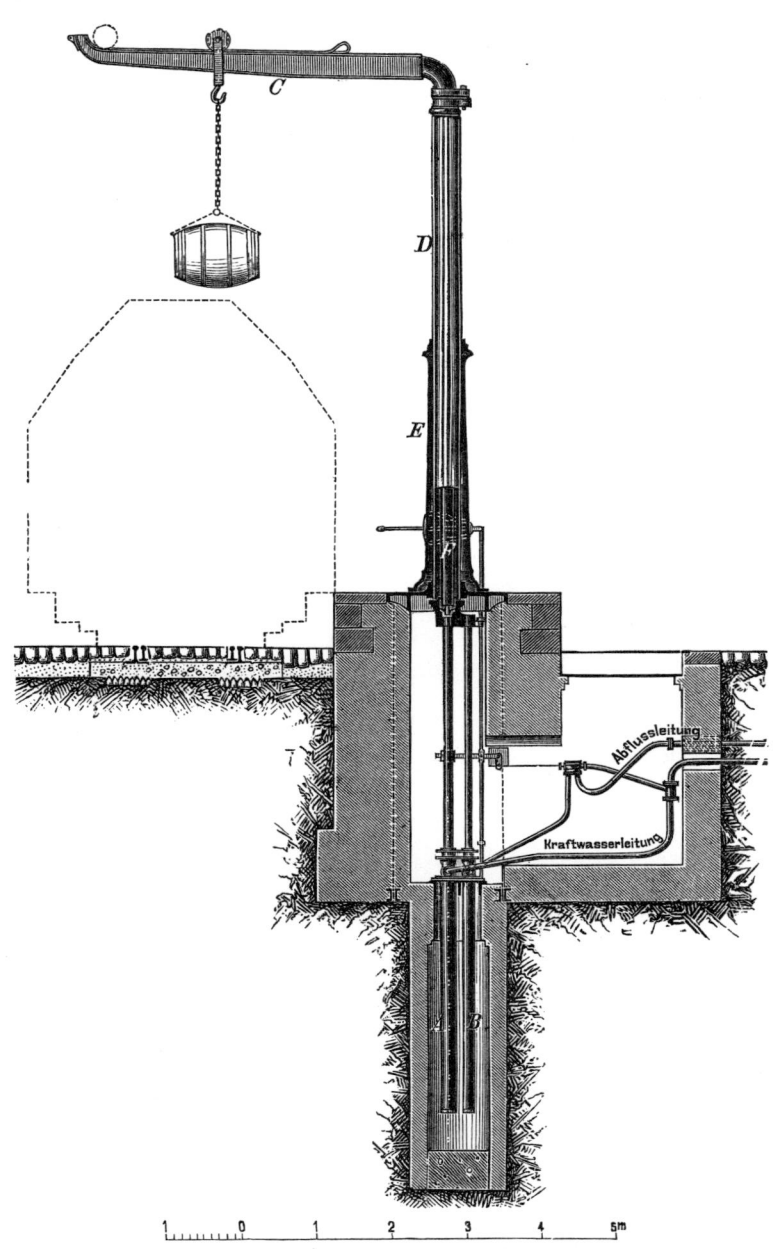

Abb. 591. Packhof, Spiritus-Landkran.

leitung, sodafs der Hubcylinder mit einem Ausgleichcylinder verbunden werden mufste, dessen Anordnung gleichzeitig eine Ersparnifs an Kraftwasser ermöglicht (Abb. 589).

Die Ufermauer des Spiritushofes ist mit drei festen Kranen in je 54 m Abstand ausgerüstet, welche für 2000 kg Nutzlast, 6 m Ausladung und 9 m Hubhöhe eingerichtet sind (Abb. 590). Da sie vorzugsweise zum schnellen Herablassen der Fässer dienen, besteht der Hebecylinder aus zwei Cylindern und enthält einen hohlen Kolben, der sich im ringförmigen

498 II. Packhöfe, Speicher und Mühlen.

Zwischenraum bewegt, wobei das Kraftwasser des Innencylinders beim Senken der Last wiedergewonnen wird. Bei den drei auf dem Spiritushofe befindlichen Landkranen (Abb. 591) mit 1000 kg Tragfähigkeit, 4,50 m Ausladung und 3 m Hubhöhe ist der Ausleger fest mit der Wendesäule verbunden, welche sich auf den Kolben des Trebcylinders stützt und samt diesem, ähnlich wie bei den Aufzügen, gehoben und gesenkt werden kann, indem sie in einer gufseisernen Kransäule geführt wird. Die Hebezeuge an der Ufermauer des westlichen Vorplatzes bestehen aus zwei Kraftwasser-Fahrkranen, welche in der Bauart und den Abmessungen den Gebäudekranen ähneln.

Die Druckwasserleitung ist derart angeordnet, dafs eine Unterbrechung an beliebiger Stelle nicht eine Betriebsunterbrechung sämtlicher Hebewerke veranlafst. Die Hauptstränge der gufseisernen Röhren haben 130 mm lichte Weite und 25 mm Wandstärke bei 42 bis 48 Atmosphären Druck. Sie liegen ebenso wie die Betriebsmaschinen der Hebezeuge durchweg frostfrei und sind mit reinem Wasser ohne Glycerinbeimischung gefüllt, das nach dem Verbrauch abgeführt wird, um eine Rückleitung zu ersparen. Der im Maschinenhause befindliche Kraftsammler hat 0,72 cbm Fassungsraum, d. i. etwa ein Drittel des Rauminhaltes aller Maschinencylinder, nämlich 5 m Hub bei 430 mm Kolbendurchmesser. Die Zwillingsmaschine der Differential-Dampfpumpen leistet bei 50 Umdrehungen 17—18 P. S. Der erforderliche Dampf wird durch zwei Dampfkessel geliefert, deren jeder für sich zum Betriebe der Gesamtanlage genügt. Die Kessel haben Unterkessel mit Flammrohr und Innenfeuerung, sowie Oberkessel mit 24 Feuerröhren. Von der Schwungradwelle der Zwillingsmaschine wird zugleich die Füllpumpe für das Speisewasserbecken der Kraftpumpen betrieben und kann im Bedarfsfalle eine Feuerlöschpumpe in Bewegung gesetzt werden, welche nach

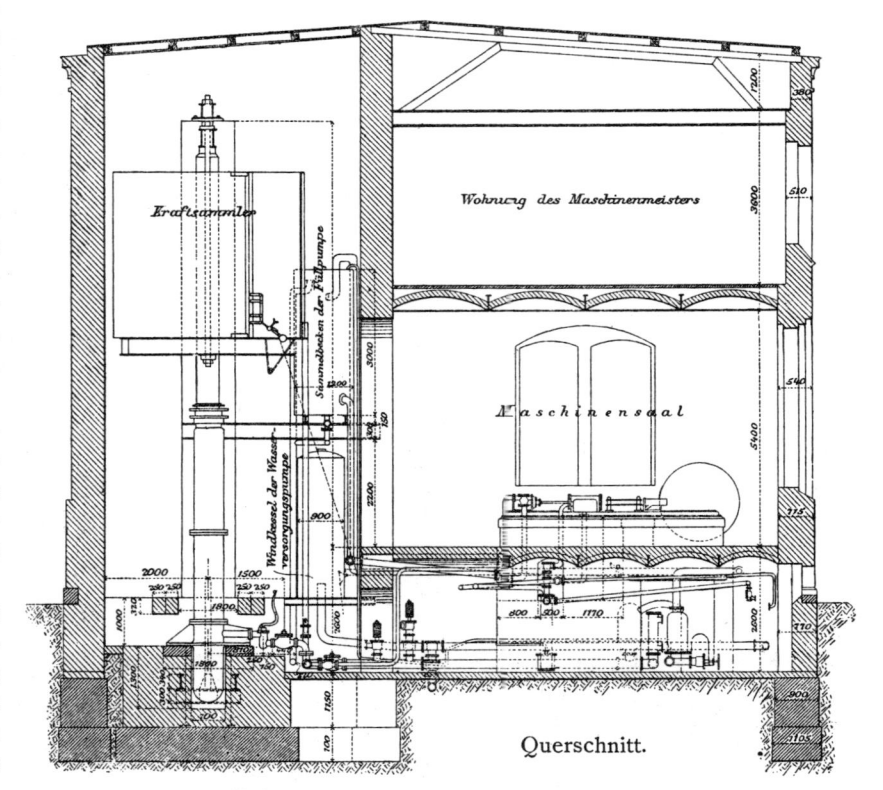

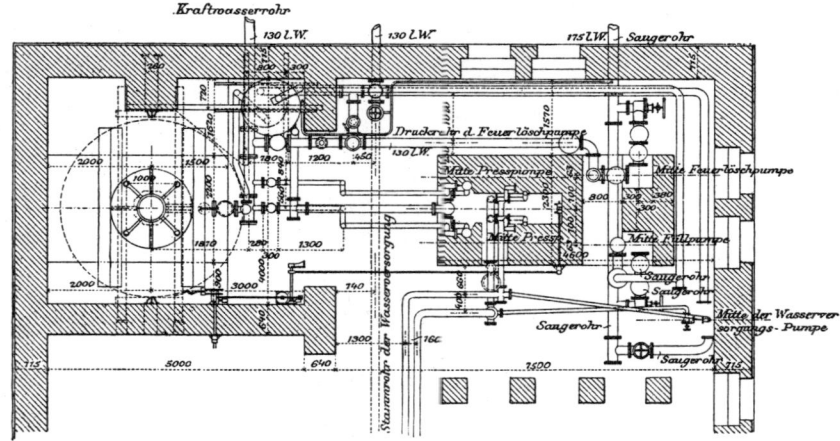

Abb. 592. Packhofsanlage, Maschinenhaus, Grundrifs.

II. Packhöfe, Speicher und Mühlen.   499

Abstellung des Kraftsammlers die Kraftwasserleitung mit Druckwasser von sechs Atmosphären versorgt, um sie beim Ausbruche eines Brandes für Feuerlöschzwecke zu benutzen. Die Kosten der Kraftwasseranlage einschliefslich aller Nebenkosten für Maschinen- und Kesselhaus, Grundmauerwerk der Krane und Aufzüge usw. haben 369300 ℳ betragen.

Die Entwürfe für alle Hochbauten der neuen Packhofsanlage sind vom Professor Baurath Fritz Wolff, für die Kraftwasseranlage nach einem Vorentwurf des Civil-Ingenieurs R. Cramer von der Hoppe'schen Maschinenbauanstalt, für die Tiefbauten vom Regierungs- und Baurath H. Keller bearbeitet worden, unter dessen Leitung die Ausführung der hier beschriebenen Bauten erfolgte.

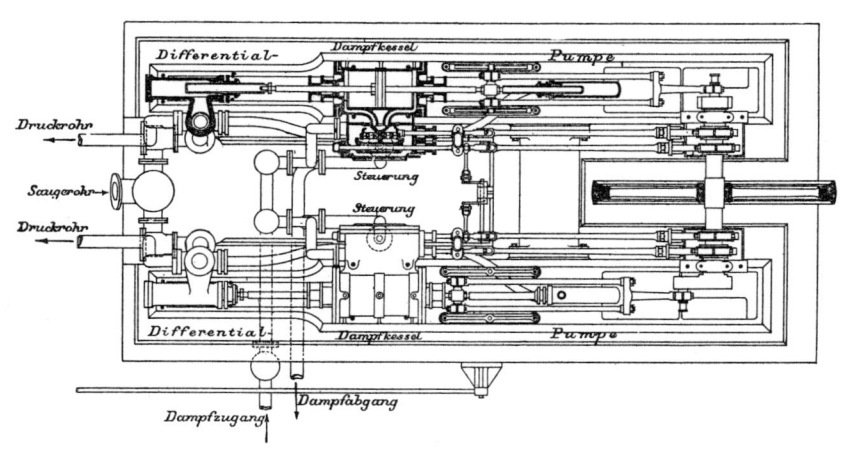

Abb. 593. Differentialpumpen.

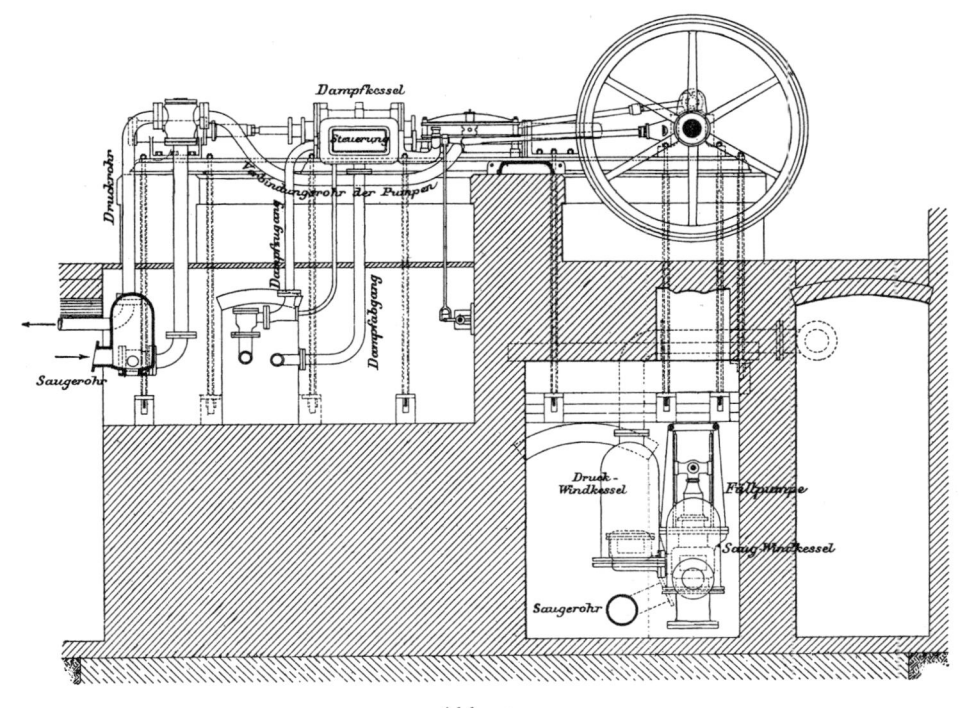

Abb. 594.

3. Unter den neueren Getreidespeichern verdienen zunächst die **Mühlen- und Handels-Speicheranlagen des Commerzienraths F. W. Schütt,**[1] Stromstrafse 1—3, genannt zu werden, die, unmittelbar an der Spree gelegen, im Zusammenhang mit der Dampfmahlmühle eine hufeisenförmige Gebäudegruppe bilden (Abb. 599). Flügel F in der

---

[1] Bearbeitet vom Baurath Kneisler.

500   II. Packhöfe, Speicher und Mühlen.

Stromstrafse ist eine im Jahre 1888 ausgeführte Erweiterung für rd. 7000 t Körner, während die älteren Speicherabtheilungen E und D rd. 3000 t und bezw. 2000 t Mehl fassen. — Die Dächer sind in Kielbogenform mit Wellblech gedeckt, die Fufsböden als Holzdielungen auf ungestakten Holz- bezw. eisernen I-Balken und eisernen Unterzügen auf gufseisernen Säulen ausgeführt; letztere dienen zugleich als Fallrohre und sind zu diesem Zweck mit den in Abb. 595 angedeuteten Verschlufs- und Stellvorrichtungen versehen. Bindeweite 3 und 4,50 m; Stockwerkhöhe 2,83 m; Zahl der Stockwerke sechs.

Die Betriebseinrichtungen dieser Speicher konnten eine Reihe von Jahren als die vollkommensten Deutschlands gelten und haben mehrfach als Muster für andere Anlagen gedient. Besonders zu erwähnen ist die in diesem Speicher zum erstenmale ausgeführte

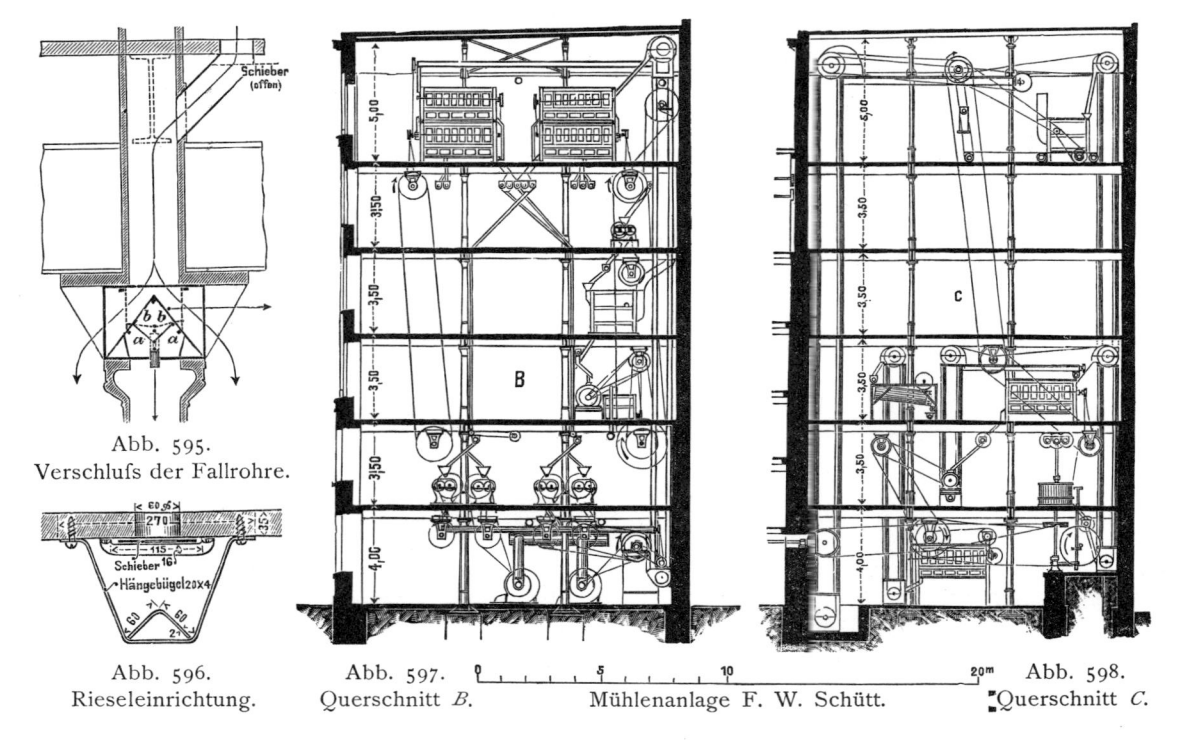

Abb. 595.
Verschlufs der Fallrohre.

Abb. 596.
Rieseleinrichtung.

Abb. 597.
Querschnitt B.

Mühlenanlage F. W. Schütt.

Abb. 598.
Querschnitt C.

„Rieseleinrichtung",[1]) deren einfache und zweckmäfsige Form die bisher sehr zeitraubende Umstecharbeit wesentlich vereinfacht. Die Anordnung besteht nach Abb. 596 in einer der Balkentheilung entsprechenden reihenweisen Durchlochung des Fufsbodens und aus entsprechend gelochten, durch Handhebel stellbaren Flacheisenschiebern unter dem Fufsboden. Sobald die Schieber geöffnet werden, fliefst das Getreide durch die Rieselöffnungen ab und fällt auf durchgehende, unterhalb der Schieber angebrachte Abweisewinkel, welche den Getreidestrom fein vertheilen und in innige Berührung mit der Luft bringen. Gleichzeitig mit der Umlagerung und Lüftung findet eine Reinigung des Getreides von leichteren Beimengungen statt. Der Rückstand auf dem oberen Lagerboden (im Durchschnitt etwa ein Zehntel der Getreidemasse) wird den Rieselöchern von Hand zugeführt. Das Abrieseln einer Getreidescheibe von 1,20 m Schütthöhe erfordert etwa 10 Minuten,[2]) während bei Handarbeit in einer Stunde etwa nur 2500 kg umgestochen werden können.

4. Die Mühle des Commerzienraths F. W. Schütt,[3]) Stromstrafse 1—3, ist in Abb. 600 im Grundrifs dargestellt. A Raum für die Dampfmaschine, B Mühle,

---

1) Zweckmäfsig nur für Speicher mit gröfserer Geschofszahl und maschinellem Förderbetriebe. Kosten für 1 qm Bodenfläche etwa 2,75—3 ℳ.
2) Nach den Beobachtungen in den neuen Speichern der Heeresverwaltung; das Fassungsvermögen eines Bodens ist dort auf etwa 250 000—300 000 kg anzunehmen.
3) Bearbeitet vom Mühlenbaumeister C. Ehrenberg.

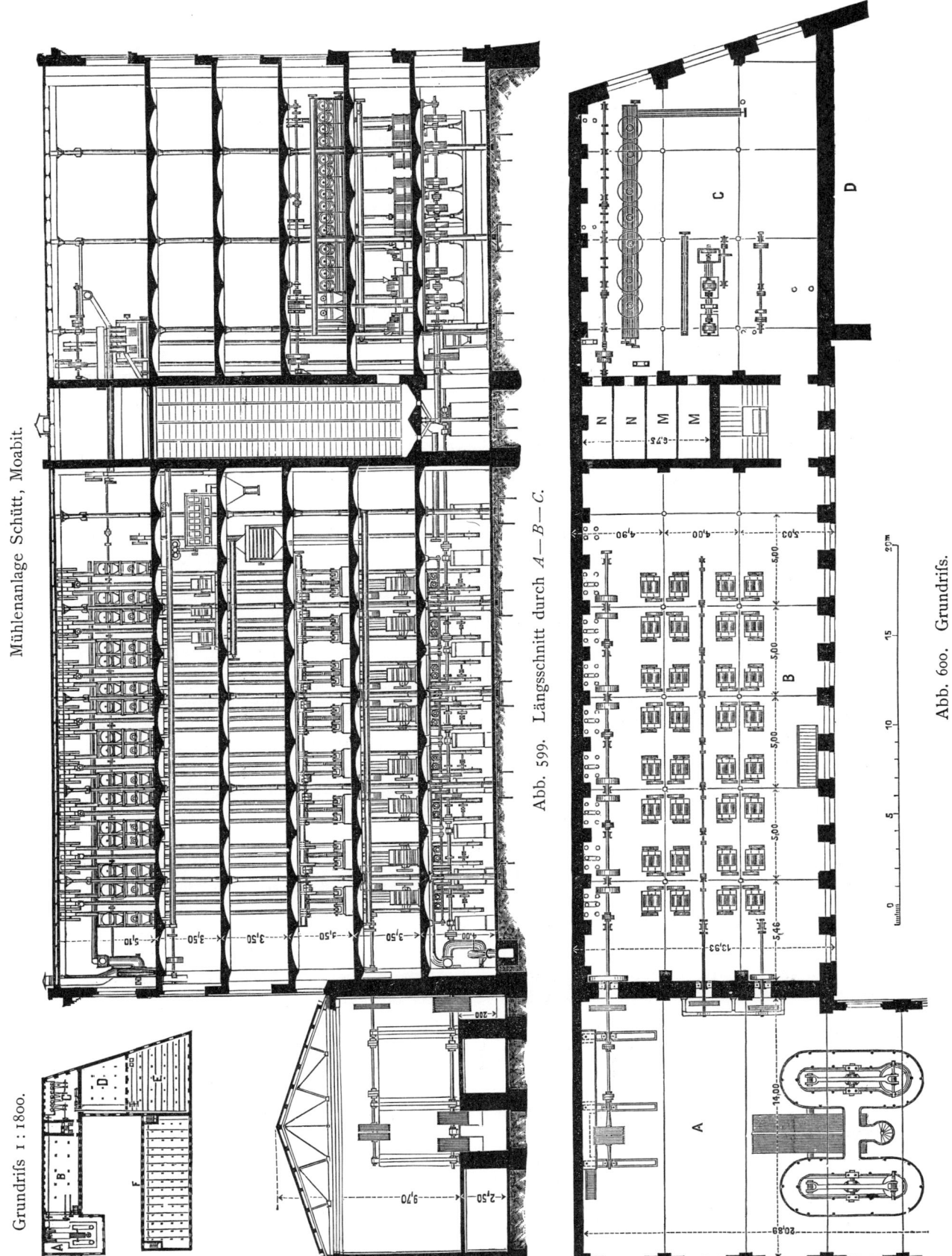

II. Packhöfe, Speicher und Mühlen.

Mühlenanlage Schütt, Moabit.

Abb. 599. Längsschnitt durch A—B—C.

Abb. 600. Grundriß.

Grundriß 1:1800.

C Reinigung und *D* der anschliefsende unter Ziffer 3 näher beschriebene Speicher. Abb. 599 ist ein Längsschnitt, Abb. 597 u. 598 sind Querschnitte durch Mühle und Reinigungsanlage.

Das sechs Geschofs hohe Gebäude ist feuersicher, mit völligem Ausschlufs von Holz, aus Stein und Eisen erbaut; die Decken sind zwischen eisernen Trägern $1/2$ Stein stark aus Ziegeln gewölbt und mit Asphaltestrich belegt. Die Holzcementdeckung ruht auf einer Ziegelflachschicht zwischen ⊥-Eisen. Neben der grofsen Feuersicherheit bietet diese Ausführung den Vortheil, dafs alle die Einnistung von Ungeziefer begünstigenden Hohlräume in den Decken und Böden vermieden sind und die Erhaltung der Sauberkeit sehr erleichtert ist.

Zum Antriebe der gesamten Mühlenwerke dient eine von A. Borsig gelieferte Woolf'sche Dampfmaschine von 800 Pferdestärken, deren Kraft durch Hanfseile auf die Hauptwelle der Mühlentransmissionen übertragen wird. Eine kleine Dampfmaschine von 24 Pferdestärken dient zur Aushülfe für den Betrieb der Speicher. Die Mühle arbeitet selbstthätig in Tag- und Nachtbetrieb.

Das zu vermahlende Getreide kann von jedem beliebigen Punkte der Speicher durch Schnecken, Transportbänder und Becherwerke nach der Mühle gebracht werden. Die Aufspeicherung des Nachtbedarfs erfolgt in siloartigen, zwischen Mühle und Reinigungsraum, hinter der Treppe gelegenen Behältern *M*, sodafs die Speicher während der Nacht aufser Betrieb bleiben. Ein Becherwerk mit einstellbarer Speisevorrichtung führt das Getreide aus dem Behälter nach der Reinigungsanlage; in dieser durchläuft es zwei Vorcylinder zum Abscheiden grober Beimengungen und losen Staubes, einen Magnetapparat zum Auslesen von Eisentheilen, 16 Trieurcylinder zum Ausscheiden von Raden und anderen Sämereien, ferner zweimal je drei Spitzgänge und drei Centrifugal-Sichtmaschinen mit Schlägern (es sind im ganzen sieben Spitzgänge, davon einer als Wechselgang, vorhanden), endlich einen kräftigen Aspirator und fällt schliefslich, völlig gereinigt, in die ebenfalls zwischen Mühle und Reinigung gelegenen Behälter *N*, um von hier aus durch ein zweites Becherwerk der Mühle zugeführt zu werden.

Alle Reinigungsabgänge, ausgenommen Sand und grobe Abgänge usw., werden durch zwei kleine senkrechte Mahlgänge und einen Schrotstuhl mit geriffelten Hartgufswalzen zerkleinert, abgesichtet und der Kleie beigemischt.

In der Mühle geht das Getreide zunächst zur weiteren Reinigung und Vorarbeit für das Mahlen über fünf Walzenstühle mit glatten Hartgufswalzen, wird hier gequetscht, dann durch zwei Siebmaschienen abgesichtet, nochmals über einen grofsen Aspirator geführt und gelangt endlich in die eigentlichen Mahlmaschinen. Diese bestehen aus 18 Walzenstühlen mit geriffelten Hartgufswalzen von 420 mm Durchmesser und 600 mm Länge auf dem ersten Boden, acht Dismembratoren auf dem dritten Boden und 26 Centrifugal-Mahlsichtern mit Vorsichtern im Dachraume. Mahlgänge mit Steinen sind nicht vorhanden.

Entsprechend der Feuersicherheit des Gebäudes sind auch die Müllereimaschinen so weit als thunlich unverbrennlich aus Eisen hergestellt, so alle Schneckentröge, Becherwerke, Schrotleitungsröhren; nur bei den Mahlsichtern und bei den Aspirationskästen mufste die Holzconstruction beibehalten werden. Alle Maschinen sind mit Filteraspiration versehen.

Die Mühle vermahlt nur Roggen, und zwar täglich in 24 Stunden 150—200 t. Davon werden durchschnittlich 65% Mehl zum Backen und $31—32\%$ Futtermehl und Kleie gewonnen: $3—4\%$ gehen durch Verdunsten und Verstäuben verloren.

Aus den Mehlsichtern fällt das Mehl in sehr vielen verschiedenen Sorten, von den feinsten bis zu den gröbsten. Durch Schnecken wird es aber, den Anforderungen des Handels gemäfs, gewöhnlich in nur drei Sorten zusammengeführt, zu 30% Nr. 0, 30% Nr. I und 5% Nr. II, zusammen 65%. Durch fünf Centrifugal-Nachsichter werden dann diese drei Sorten nochmals nachgesichtet, um etwa während des Mahlens doch noch hinein gelangte Schrottheile usw. auszuscheiden.

Sowohl das Mehl wie die Kleie werden sofort mittels Packmaschinen gesackt, die Säcke zu je 100 kg abgewogen und versandfähig zugebunden.

Die Mühle wurde 1882/83 nach den Plänen und unter Leitung des Mühlenbaumeisters Ehrenberg erbaut.

5. Die Speicherbauten der Heeresverwaltung.[1])

Die Gebäude, welche seither den Zwecken der Verpflegung der Garnison Berlins dienten, genügten weder räumlich, noch in ihren Betriebseinrichtungen den im Laufe der Zeit wesentlich gesteigerten Anforderungen, sodafs die Heeresverwaltung sich zu umfangreichen Ersatz- und Erweiterungsbauten veranlafst sah. Dieselben sind in den Jahren 1888—1896 ausgeführt worden und umfassen

   a) die Neubauten auf dem 4,33 ha grofsen Grundstück an der Ringbahnstrafse in Tempelhof, mit Gleisanschlufs an den Bahnhof daselbst,
   b) die Neubauten in Moabit auf dem 2,04 ha grofsen Magazingehöft an der verlängerten Paulstrafse und der Spree, mit Anschlufs an den Berlin-Lehrter Güterbahnhof und
   c) die Neu- und Umbauten auf dem seitherigen Proviantamtsgrundstück, Köpenicker Strafse 16/17, an der Oberspree.

Die Magazingehöfte unter a und b dienen in der Hauptsache zur Unterbringung von Futtervorräthen, während die Anlage unter c vornehmlich für die Lagerung von Brotgetreide und Mehl, für die Broterbackung und die Vermahlung des Brotgetreides bestimmt ist. Demgemäfs sind an eigentlichen Speicherbauten in Tempelhof zwei und in Moabit ein Haferspeicher von 5000 bezw. 4000 t und 3500 t Fassungsvermögen neu hergestellt, während in der Köpenicker Strafse das vorhandene früher zur Haferlagerung dienende Magazin für Roggen- und Mehllagerung umgebaut worden ist. Sämtliche Speicher stimmen sowohl in der Construction (Massivbau, ungestakte Balkendecken auf eisernen Unterzügen und gufseisernen Säulen) als auch hinsichtlich ihrer Betriebseinrichtungen im wesentlichen überein.

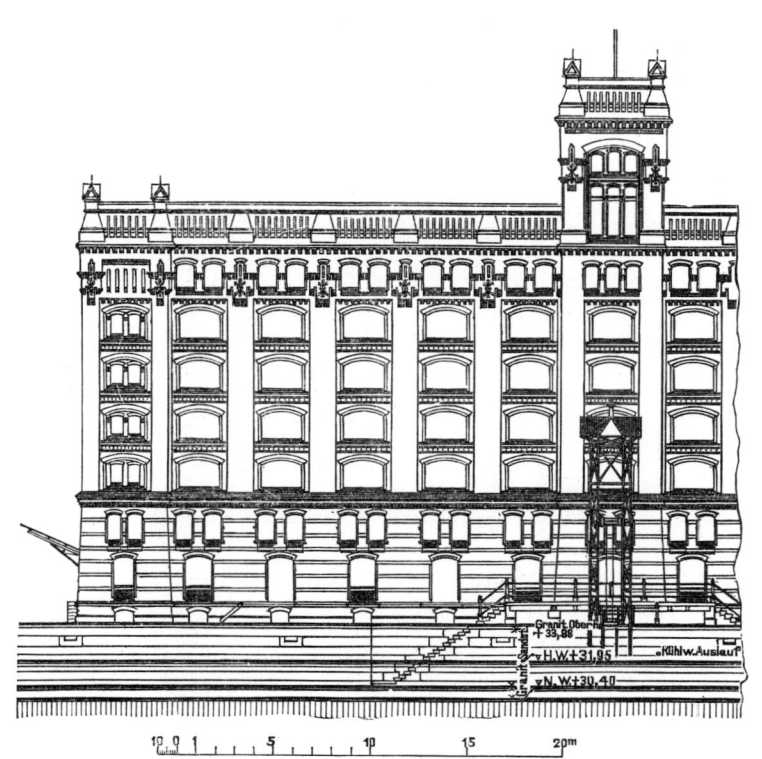

Abb. 601. Königliches Proviantamt Moabit. Haferspeicher. Ansicht der Südseite.

Von den beiden Haferspeichern in Tempelhof weist der gröfsere bei 104,60 m Länge, 24,04 m Tiefe und sechs Geschossen (Erdgeschofs 3,30 m, die übrigen Geschosse 2,90 m hoch) zwei auch hinsichtlich der Betriebseinrichtungen völlig von einander getrennte Abtheilungen auf. Die Betriebseinrichtungen sind von der Firma C. Hoppe hier ausgeführt. Als Triebkraft dient je ein Gasmotor von 16 P.S. Die Böden besitzen eine Tragkraft von 550 kg/qm, entsprechend einer Schütthöhe des Hafers von rd. 1,20 m. In jedem Treppenhause ist ein hydraulischer direct wirkender Aufzug von 15 m Hub und 500 kg Tragfähigkeit angeordnet. Die Kosten des Gebäudes haben rd. 552 400 ℳ, für 1 qm bebauter Fläche 222,70 ℳ, für 1 cbm umbauten Raumes 10,91 ℳ betragen; darin sind die Kosten der Maschineneinrichtungen mit rd. 74 500 ℳ einbegriffen;

---

[1]) Bearbeitet vom Baurath Kneisler.

504   II. Packhöfe, Speicher und Mühlen.

die Kosten der Rieseleinrichtung stellen sich auf 3,22 ℳ für 1 qm der mit Schiebern versehenen Lagerfläche. Der kleinere, mit ähnlichen Fördereinrichtungen und einem Gasmotor von 20 P.S. versehene Speicher hat einen Kostenaufwand von rd. 350 000 ℳ erfordert.

Der Haferspeicher in Moabit (Abb. 601—604) ist auf Beton zwischen Spundwänden, in den Einzelpfeilern auf Beton in Senkkästen gegründet, das Hauptdach ist mit Holzcement gedeckt. Der Fufsboden besteht im Keller aus Gufsasphalt auf Beton, die Decke über dem Keller aus Moniergewölben für 1200 kg/qm Nutzlast mit 4 cm starkem Asphaltbelag, in den übrigen Geschossen aus Holzbalken für eine Nutzlast von 770 kg/qm. Die

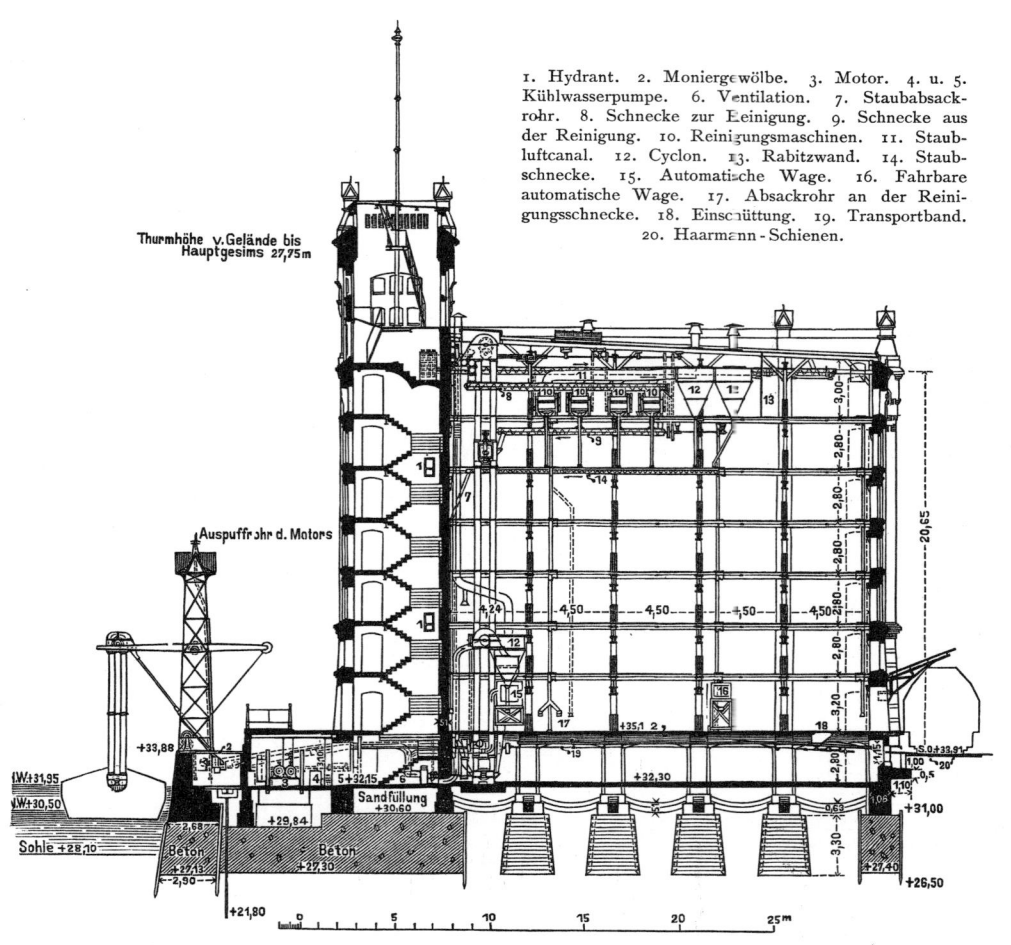

Abb. 602. Königliches Proviantamt Moabit, Querschnitt nach A—B.

1. Hydrant. 2. Moniergewölbe. 3. Motor. 4. u. 5. Kühlwasserpumpe. 6. Ventilation. 7. Staubabsackrohr. 8. Schnecke zur Reinigung. 9. Schnecke aus der Reinigung. 10. Reinigungsmaschinen. 11. Staubluftcanal. 12. Cyclon. 13. Rabitzwand. 14. Staubschnecke. 15. Automatische Wage. 16. Fahrbare automatische Wage. 17. Absackrohr an der Reinigungsschnecke. 18. Einschüttung. 19. Transportband. 20. Haarmann-Schienen.

Wände der Lagerböden sind in Ziegelrohbau mit Handstrichsteinen ausgeführt, im Maschinenraum mit weifs glasirten ¼ und ⅛ Siegersdorfer Verblendsteinen bekleidet.

Die gedielten Lagerböden haben Rieseleinrichtungen erhalten; der Durchmesser der Rieselöcher ist wegen der gröfseren Sperrigkeit des Hafers zu 6 cm angenommen. Abstand der Rieselöcher von einander sowie der einzelnen Lochreihen je 55 cm; die Schieber bestehen aus 105·4 mm starken, von den Gängen an den Umfassungswänden durch Handhebel stellbaren Flacheisen.

Die von G. Luther in Braunschweig gelieferte Maschineneinrichtung des Speichers ist für eine stündliche Leistung von 15 t bemessen und ermöglicht unter anderem auch die Ueberführung der Frucht von einer Speicherabtheilung in die andere. Zur Förderung dienen in senkrechter Richtung Becherwerke, in wagerechter Richtung Sammelbänder aus Gummi auf eisernen an den Pfeilern angeklemmten Lagergerüsten im Keller, sowie eiserne 400 mm im

II. Packhöfe, Speicher und Mühlen. 505

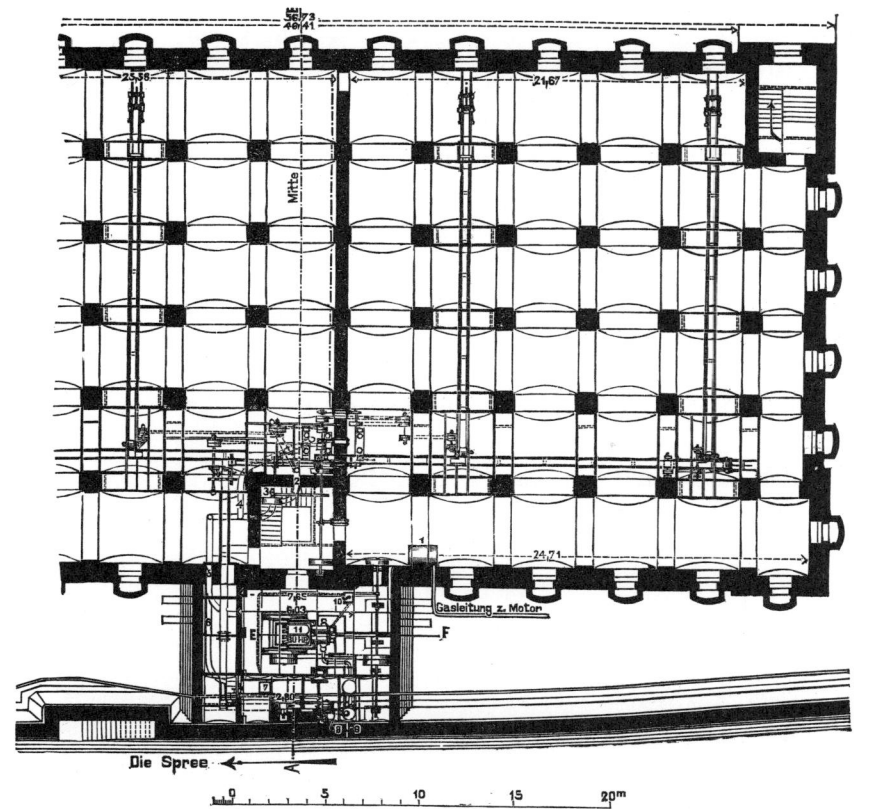

Abb. 603 Königliches Proviantamt Moabit, Haferspeicher.
Grundriſs vom Kellergeschoſs.

1. Gasmesser für den Motor. 2. Nach dem Cyclon. 3. Ventilator. 4. Vor der Wage. 5. Vom Maschinenraum. 6. Vom Schiffselevator. 7. Abessinier. 8. Auspuffrohr. 9. Kühlwasserabfluſs. 10. Kühlwasserpumpe. 11. Gasmotor.

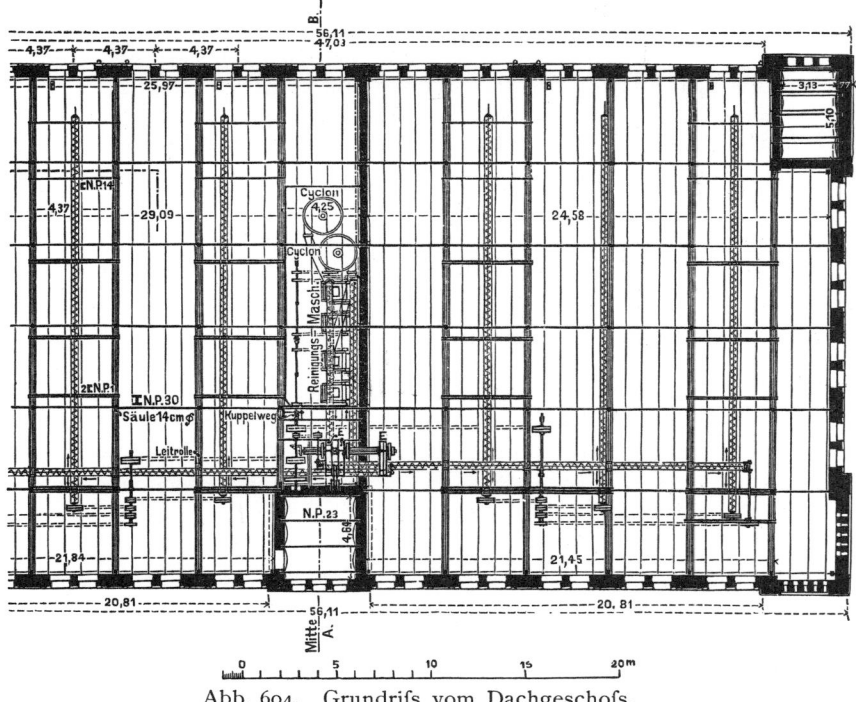

Abb. 604. Grundriſs vom Dachgeschoſs.

Berlin und seine Bauten. I.

Durchmesser weite Vertheilungsschnecken im Dachgeschoſs. Die Entnahme aus Schiffsgefäſsen erfolgt durch ein Schiffsbecherwerk mit Teleskoprohr und maschinell betriebener Bockwinde des Auslegers. Für die Annahme aus Eisenbahn-Fahrzeugen und Landfuhrwerken sind im Erdgeschoſs jeder Speicherabtheilung zwei Einschütttrümpfe vorgesehen. — Die Reinigungs-Vorrichtungen im Dach bestehen aus vier Reinigungs-Maschinen und zwei Staubfängern (Cyclonen). Zur Verwägung dienen eine feststehende selbstthätige Wage von 200 kg und zwei fahrbare selbstthätige Wagen von 50 und 75 kg Fassungsvermögen. Zum Absacken des Hafers zwecks Ausgabe an die Truppen sowie zur Förderung desselben von einem Boden auf einen beliebig tiefer liegenden sind eiserne, durch Schieber unter dem Fuſsboden abstellbare Fallrohre angeordnet, von denen die an der hofseitigen Langwand in 1,15 m Höhe über Erdgeschoſsfuſsboden, die übrigen durch den Erdgeschoſs-Fuſsboden hindurch auf

64

die Sammelquerbänder im Keller reichen; ihre Theile im Erdgeschofs sind abnehmbar, theils zum Zweck unmittelbarer Absackung in die fahrbaren Wagen, theils zur Aufgabe des weiter zu bearbeitenden Getreides aus dem Erdgeschofs auf die Sammelquerbänder im Keller.

Zur Absaugung der Staubluft aus dem Maschinenraum und der feststehenden Wage ist im Keller des mittleren Treppenhauses ein Lüftungskreisel (Exhaustor) aufgestellt, dessen Saugerohre (Zinkrohre bis zu 40 cm Durchmesser mit luftdicht verschlossenen Reinigungsöffnungen) von den genannten Stellen abstellbar abzweigen und dessen Druckrohr einem besonderen Staubfänger im zweiten Obergeschofs zugeführt wird. Die Abgänge der Reinigung werden einer Staubschnecke im vierten Obergeschofs zugeleitet und im Erdgeschofs abgesackt. Die Kraftquelle ist ein zweicylindriger Gasmotor von 30 P. S. Das Auspuffrohr des Motors ist an dem Thurmgerüst des Schiffsbecherwerkes aufwärts bis über dessen Dach geführt; zur Abminderung des Geräusches der Auspuffgase sind im Maschinenraume zwei Auspufftöpfe vorgesehen.

Abb. 605. Proviantamt, Berlin.

Die Baukosten ausschl. Bauleitung betrugen rd. 592 367 ℳ, mithin kostet 1 qm bebauter Grundfläche rd. 367,80 ℳ, 1 cbm umbauten Luftraumes 15,60 ℳ, die Lagerung von je 100 kg Getreide 16,90 ℳ. Von der obigen Kostensumme entfallen auf die künstliche Gründung 82 288 ℳ oder rd. 51 ℳ auf 1 qm Grundfläche, auf die Rieseleinrichtung 23 764 ℳ oder rd. 2,80 ℳ auf 1 qm Rieselbodenfläche, auf die Maschineneinrichtungen 87 220 ℳ oder rd. 2,50 ℳ für 100 kg des zu lagernden Getreides.

Das Körnermagazin auf dem Grundstücke Köpenicker Strafse 16/17 (Abb. 606 u. 607), in den Jahren 1802—1806 erbaut, brannte am 30. Juni 1862 im Innern vollständig aus und wurde 1864/65 unter Leitung des damaligen Baumeisters Steuer und des damaligen Bauführers Bernhardt auf den alten Fundamenten wieder hergestellt. Der in den Jahren 1890—1893 ausgeführte Umbau erstreckte sich im wesentlichen auf die Einrichtung für Maschinenbetrieb und auf die durch anderweite Benutzung des Magazin als Roggen- und Mehlspeicher bedingten Aenderungen. Zur Mehllagerung dienen das gesamte Erdgeschofs und die Ostabtheilung. Die Länge des Gebäudes beträgt rd. 90 m, die Tiefe 32,25 m, die Höhe bis zum Hauptgesims 18,25 m, in den Vorbauten 20,15 m; die Umfassungswände sind auf durchgehenden Kalksteinfundamenten, die Brandmauern auf Einzel-

II. Packhöfe, Speicher und Mühlen.

Abb. 606. Proviantamt Köpenicker Straße 15/17, Lageplan.

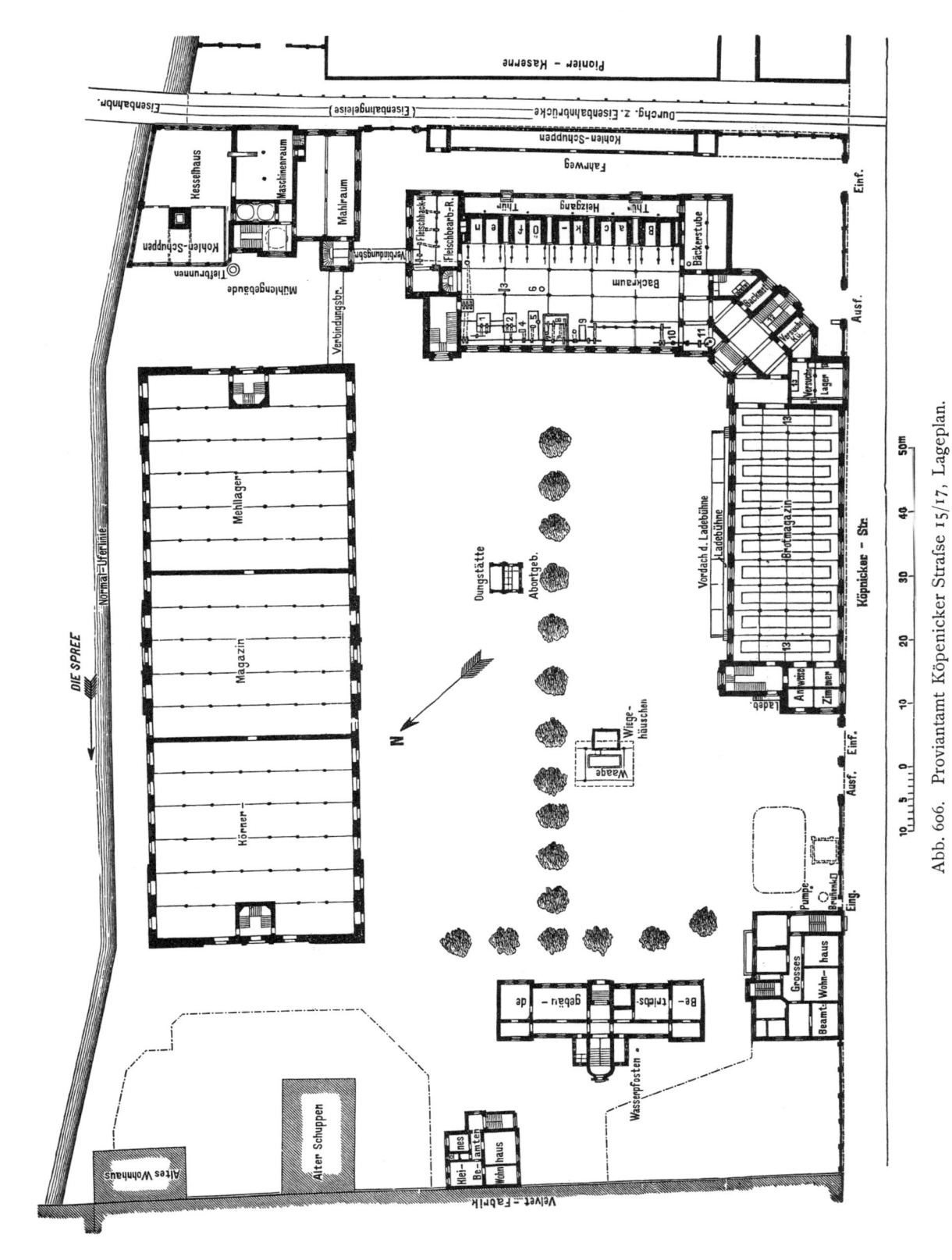

1. Formmaschine. 2. Teigmaschine. 3. Dampfschrank. 4. Salzmühle. 5. Zwiebackknetmaschine. 6. Speckkessel. 7. Dynamo. 8. Dampfmaschine. 9. Brotteigknetmaschine. 10. Mehltrichter. 11. Knetmaschine. 12. Aufzug. 13. Brotgerüste.

pfeilern gegründet, die Wände aufsen und innen geputzt; das von eisernen Polonceaubindern getragene Dach ist mit Pappe gedeckt; die 8/29 cm starken Bohlenbalken liegen 47 cm von einander entfernt; der Erdgeschofsfufsboden ist asphaltirt.

Die Roggen-Lagerböden haben im Jahre 1892 Rieseleinrichtung erhalten, der Durchmesser der Rieselöcher beträgt 40 mm, der Abstand der Rieselöcher 31 cm, der Abstand der Lochreihen entsprechend der Balkentheilung 47 cm.

Die von dem Eisenwerk vorm. Nagel & Kaemp A.-G. in Hamburg ausgeführten Maschineneinrichtungen erstrecken sich auf die Annahme des Getreides aus Schiffsgefäfsen und Landfuhrwerken, die Verwägung, Förderung auf die Lagerböden, Reinigung und Bearbeitung sowie auf die Abgabe an die neu erbaute Mahlmühle. Die Anlage ist für eine stündliche Leistung von 15 t bemessen und nur auf die Getreideböden ausgedehnt. Die beiden Hauptbecherwerke (je eines für Wasser- und Landannahme) können sich durch im Erdgeschofs verlegte Schnecken einander unterstützen. Im Dachgeschofs sind drei Vertheilungsschnecken, im Erdgeschofs unter der Decke zwei Sammelschnecken vorgesehen. Die Annahme des Getreides geschieht in der Westabtheilung, und zwar für die Landzufuhr auf einer Besichtigungsbühne nach vorgängiger Verwägung auf der im Hofe befindlichen Brückenwage, für die Wasserzufuhr mit Hülfe eines Schiffsbecherwerkes und einer Schnecke, welch letztere in die selbstthätige Wage fördert; die Weiterförderung erfolgt durch Schnecken im Erdgeschofsfufsboden zu den Hauptbecherwerken und durch diese entweder unmittelbar in die Vertheilungsschnecken oder zunächst in die unter einem eisernen Dachaufbau eingerichtete Reinigung (zwei Reinigungsmaschinen und zwei Staubfänger-Cyclonen), der Abgang aus der Reinigung wird im ersten Obergeschofs der Westabtheilung abgesackt. Für die Umstecharbeit und die Abgabe an die Mühle stehen aufser der Rieseleinrichtung noch 18 Abfallrohre zur Verfügung, welche vom Dachgeschofs bis zu den Sammelschnecken im Erdgeschofs

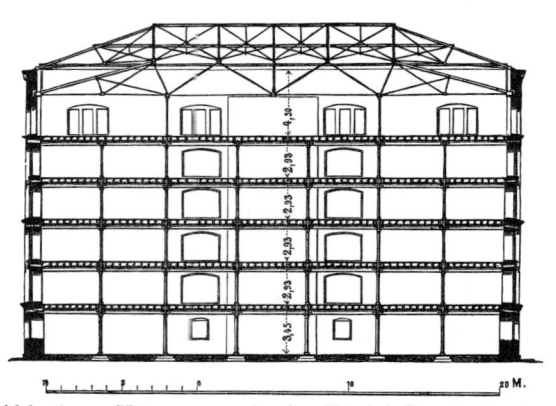

Abb. 607. Körnermagazin des Königl. Proviantamts, Querschnitt durch die Eckbauten.

reichen und von jedem Boden aus beschickt werden können (Abb. 595). Zur Abgabe des Getreides an die Mühle dient ein von der Dampfmaschine der letzteren betriebenes rd. 54 m langes Gummiband von 0,30 m Breite, welches zwischen den Balken über dem dritten Obergeschofs und des weiteren in dem oberen Geschofs der Verbindungsbrücke zwischen Mühle und Magazin geführt ist. Zum Gewichtsnachweis des nach der Mühle abgegebenen Getreides läuft dasselbe vor seiner Zuführung auf das Förderband nochmals über eine selbstthätige Wage im Dachgeschofs der Mittelabtheilung.

Die Triebkraft wird von einer im Erdgeschofs der Mittelabtheilung aufgestellten Dampfmaschine von 20 P.S. geliefert. Im östlichen Treppenhause sind zwei hydraulische direct wirkende Aufzüge von je 500 kg Tragkraft aufgestellt, die vom Hochbehälter der Mühle gespeist werden. Die Kosten des Umbaues haben im ganzen 15 400 ℳ. betragen. Davon entfallen auf die Rieseleinrichtung 17 200 ℳ, und auf die Maschineneinrichtung einschliefslich Dampfmaschine 73 000 ℳ.

Bäckerei- und Brotmagazin-Gebäude (Abb. 606). Der Betrieb der Bäckerei erstreckt sich auf die Erbackung von Brot, Feld- und Fleischzwieback.

Die Wände sind auf Beton zwischen Spundwänden, die Einzelpfeiler auf Beton in Senkkästen gegründet. Das Gebäude ist mit Ausnahme der hölzernen Sparren und Dachschalung durchweg aus unverbrennlichen Baustoffen hergestellt, und zwar die Decken aus Ziegelgewölben mit Fugenverstrich zwischen eisernen Trägern auf Unterzügen und gufseisernen Säulen, die Fufsböden je nach Zweckbestimmung aus Klinkerpflaster, Asphalt oder Thonplatten, im Backsaal an den besonders stark beanspruchten Stellen vor den Backöfen in 3 m Breite aus Granitplatten, im übrigen aus Mettlacher Platten. Der Fufsboden im ersten Obergeschofs über dem Backsaal (Mehlausgaberaum) hat mit besonderer Rücksicht auf Wärmeundurchlässigkeit über dem Deckengewölbe unter Belassung eines zum Schutz gegen Ansammlung von Ungeziefer stark gelüfteten Hohlraumes eine einheitliche 5 cm starke Monierplatte und über dieser einen 3 cm starken Terrazzobelag erhalten. Die Unterzüge im Backsaal sind zur Erzielung freier Luftbewegung als Gitterträger angeordnet.

Die Bäckerei ist mit 10 Heifswasser-Etagenbacköfen (System Wieghardt) ausgestattet; jede der 20 Herdplatten fafst bei 3,50 m Länge und 1,63 m Breite 120 Brote von 3 kg Gewicht; die Backöfen sind in Ziegeln und Chamotte mit doppeltem Fufsbodengewölbe und dazwischen liegender Sandfüllung, an dem Schornsteinmauerwerk mit 5 cm weiter Luftschicht hergestellt. Die Heifsluftkammern über den Oefen sind gegen den Backsaal durch eine schräg gestellte, den Lichteinfall in den Backsaal auch von Osten her begünstigende Rabitzwand abgetrennt. Der Raum vor den Schrägwänden, nach oben hin durch eine doppelte Glasdecke abgeschlossen, vom Backsaal durch Fenster mit Kippflügeln geschieden, führt durch acht neben den Backofenschornsteinen belegene Lüftungsöffnungen die Verbrauchsluft und besonders den Wrasen ab. Die für den Dörrraum erforderliche Heifsluft wird den Heifsluftkammern entnommen, denen ihrerseits Ersatzluft aus dem Backsaal durch Schieberöffnungen über den Oefen oder aus dem Freien durch Canäle in den Ofenzwischenwänden vorgewärmt zugeführt werden kann.

Der Backsaal ist durch einen Glasverschlag derart getheilt, dafs der gröfsere Raum mit sechs Oefen für die Broterbackung, der kleinere mit vier Oefen dagegen für die jährlich nur einige Wochen während Zwiebackerbackung benutzt wird.

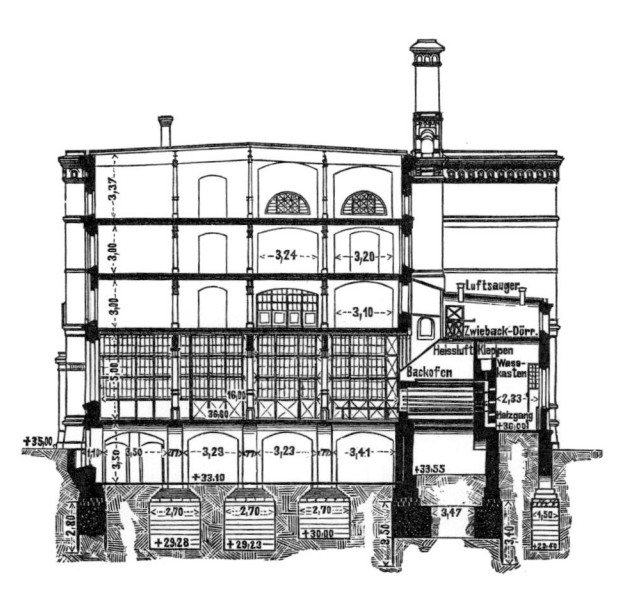

Abb. 608. Proviantamt, Bäckerei.

Im Brotmagazin sind 10 eiserne und vier hölzerne Brotgerüste, erstere mit verschiebbaren Latten, aufgestellt. Die Ueberführung der Brote aus dem Backraum in den Brotraum geschieht durch Brotwagen auf Doppelgleisen. Das Back- und Wirthschaftswasser wird dem Hochbehälter der Mühle entnommen, der zugleich auch das Druckwasser für den im Treppenhause des Mittelbaues befindlichen hydraulischen Aufzug von 500 kg Tragkraft bei 12,40 m Hubhöhe liefert.

Kraftquelle für sämtliche Arbeitsmaschinen und zugleich für die Dynamomaschine der elektrischen Beleuchtung ist eine im Backsaal aufgestellte Dampfmaschine gleicher Gröfse und Art wie im Körnermagazin. Im Falle der Aufsergangsetzung kann der Betrieb der Bäckerei von der Dampfmaschine der Mühle übernommen werden.

Die Kosten des Gebäudes haben ausschliefslich der Bauleitung 603 000 ℳ betragen d. h. 217 ℳ für 1 qm bezw. 13,06 ℳ für 1 cbm. Davon entfallen auf die Gründung 65 000 ℳ und auf die Maschinenausstattung 81 200 ℳ.

Mühlengebäude (Abb. 609). Gründung, Construction und innerer Ausbau entsprechen dem Bäckereigebäude. Das mit dem Körnermagazin und der Bäckerei durch zweigeschossige eiserne Gangbrücken in Verbindung stehende Gebäude enthält aufser dem zwei Geschofs hohen Maschinenraum und einem durch sämtliche Geschosse reichenden Siloraum die Abtheilung für die Reinigung (Kopperei) mit zwei Räumen für den Mühlenmeister und die Mühlenknappen und die eigentliche Mahlabtheilung. An den Maschinenraum schliefst sich das Kesselhaus mit vorgelegtem, in der Sohle um etwa 1 m vertieften Kohlenraum. Im Dachgeschofs des Thurmes der Haupttreppe ist ein eiserner Wasserbehälter von rd. 17 cbm Inhalt aufgestellt, dem das Betriebswasser der Gesamtanlagen des Grundstücks entnommen wird; die Speisung des Behälters erfolgt aus einem 35 m tiefen Abessinierbrunnen durch die Pumpe der Dampfmaschine oder, falls diese aufser Betrieb, durch eine besondere Dampfpumpe von 160 l Fördermenge in der Minute. Der Behälter ist mit elektrischem Wasserstandsanzeiger (Maximal- und Minimalcontact) und zum Schutz gegen Einfrieren mit einer Dampfheizung versehen. — Die der elektrischen Beleuchtung dienende Lahmeyer'sche Dynamomaschine wird von einem Vorgelege der Mühlendampfmaschine betrieben.

Die Mühleneinrichtung ist so bemessen, dafs stündlich 1830 kg mittelguter Roggen zu 1500 kg Mehl und 275 kg fertiger Kleie (= 15% der Roggenmasse) vermahlen wird, der Abgang von 55 kg (= 3% der Rogenmasse) ist auf Reinigungsverlust, Verstaubung und Feuchtigkeit gerechnet. Zu dieser Leistung einschliefslich der Reinigung sollen nicht mehr als 125 effective Pferdestärken (= rd. 6,8 Pferdestärken für stündlich 100 kg Roggen) gebraucht werden und die Hauptwelle der Mühle nicht mehr als 300 Umdrehungen in der Minute machen. Die beiden eisernen Silos fassen bei je 11,60 m Höhe und 2,40 m Durchmesser rund 75 000 kg Roggen, d. h. den fünftägigen Bedarf der Mühle; ihre Füllung aus dem Körnermagazin erfolgt durch das früher erwähnte, von der Mühlendampfmaschine angetriebene Förderband; das gereinigte Getreide wird in einem Holzbehälter im Dachgeschofs der Reinigungsabtheilung gelagert.

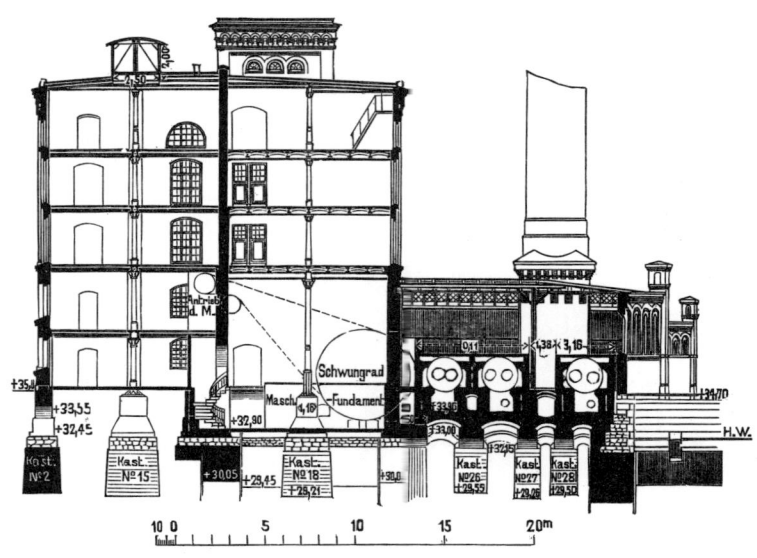

Abb. 609. Proviantamt-Mühle.

Die Führung der Vermahlungsproducte von einer Maschine zur andern geschieht in durchaus selbstthätiger Weise, sodafs die Handarbeit sich lediglich auf das Absacken des fertigen Mahlgutes, des Mehles und der Kleie, beschränkt.

Die Dampfmaschine der Mühle ist eine liegende Verbundmaschine mit Sulzer'scher Ventilsteuerung, neben einander liegenden Hoch- und Niederdruckcylindern, mit Condensation, sieben Atmosphären Anfangsdruck und 125 effectiven Pferdestärken; das Condensirwasser wird einer aus der Spree gespeisten Cisterne im Kohlenschuppen entnommen und aus dem Condensator, gleich dem Condenswasser der Dampfcylindermäntel und Rohrleitungen, nach Durchströmung eines grofsen Fettabscheiders in die Spree zurück geleitet.

Die Dampfkesselanlage besteht aus drei Cornwallkesseln von je 50 qm Heizfläche, mit zwei Feuerrohren, drei Speisewasservorwärmern und einem gemeinsamen Dampfsammler. — Für den Betrieb sämtlicher Arbeitsmaschinen des Körnermagazins, der Bäckerei und der Mühle sollen in der Regel zwei Kessel genügen.

Die Mühlenbetriebseinrichtungen sind von dem Eisenwerk vorm. Nagel & Kaemp in Hamburg, die Dampfkessel von der Actiengesellschaft H. Paucksch in Landsberg a. W., die Dampfmaschinen von Gebr. Sulzer in Ludwigshafen geliefert. Die Kosten des Gebäudes ausschliefslich Bauleitung haben 358 700 ℳ betragen; davon entfallen für künstliche Gründung 29 400 ℳ, für Maschineneinrichtung 106 900 ℳ, für Dampfmaschinen 39 800 ℳ, für Dampfkessel mit Zubehör 32 600 ℳ, für elektrische Beleuchtung 3900 ℳ. Die Kosten für

II. Packhöfe, Speicher und Mühlen. 511

1 qm bebauter Grundfläche berechnen sich auf 262 ℳ, für 1 cbm umbauten Raumes auf 22,06 ℳ. Die Entwürfe zu den Bauausführungen sind in der Hauptsache in der Bauabtheilung des Kriegsministeriums unter Leitung des Geh. Ober-Bauraths Bernhardt, bezw. unter seiner dienstlichen Mitwirkung bearbeitet und durch den Garnison-Bauinspector Kneisler ausgeführt.

6. Die Speicheranlage der Berliner Brotfabrik Actiengesellschaft[1])

wurde im Jahre 1856/57 auf dem an der Spree gelegenen, von einem Stichcanal tief eingeschnittenen Grundstück Holzmarktstrafse 15/16 nach den Plänen des damaligen Bauinspectors Wäsemann in Gemeinschaft mit dem Königlichen Mühlenbaumeister F. Dannenberg erbaut. Die Anlage bestand im Wesentlichen aus einer Mühle von 12 Gängen, einem Getreide- und Mehlspeicher, sowie einer Bäckerei mit vier Backöfen (Abb. 610). Die maschinelle Einrichtung, sowie die noch jetzt in Betrieb befindliche Woolf'sche Zwillings-Dampfmaschine mit zwei Hoch- und zwei Niederdruckcylindern, nebst Dampfkessel und Hülfsmaschinen für die Bäckerei wurde von der Maschinenfabrik F. A. Egells, Chausseestrafse 3, geliefert.

Die Mühle hat im Laufe der Jahre zahlreiche auf Erhöhung der Leistung abzielende Verbesserungen und Umbauten erfahren und ist gegenwärtig mit allen erforderlichen Einrichtungen der Neuzeit für eine tägliche Vermahlung von 100 t ausgestattet.

Der ursprüngliche Silospeicher mit seinen Holzzellen brannte im Jahre 1878 nieder und wurde durch einen feuersicheren Neubau mit eisernem Dachstuhl unter Wellblechbedachung ersetzt. Der Bäckereibetrieb ging seit Aufhebung der Mahl- und Schlachtsteuer zurück und mufste 1888 ganz eingestellt werden; die frei gewordenen Räumlichkeiten haben als Mehl- und Getreidelager Verwendung gefunden.

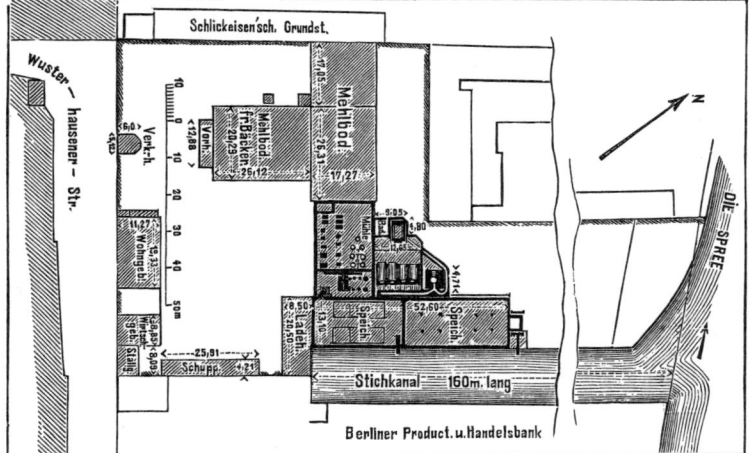

Abb. 610. Lageplan der Berliner Brotfabrik Actiengesellschaft.

Zur Zeit sind vier Dampfmaschinen von zusammen 450 P. S. und fünf Dampfkessel mit zusammen 695 qm Feuerfläche und sieben Atmosphären Arbeitsdruck vorhanden; von den letzteren reichen vier für den Betrieb aus. Das am Stichcanal liegende Speichergebäude besteht aus dem Silospeicher mit der Vor- und Nachreinigung, und einem Ausladebecherwerk, sowie aus einem Bodenspeicher. Südlich schliefst sich eine eiserne Halle für die Getreideabnahme der Landfuhren, nördlich ein Wellblechanbau mit dem zweiten Ausladebecherwerk an. Die eisernen Silos sind in zwei Reihen, mit 1,96 m breitem Zwischengang, und von je 13,28 m Länge, 4,28 m Breite und 13,10 bezw. 11,50 m Höhe angeordnet; jede Reihe ist durch Zwischenwände in drei Zellen getheilt; die höheren Silos reichen 1,60 m über den Fufsboden und sind oben offen, die kürzeren dagegen in Fufsbodenhöhe abgepflastert und mit Füllöffnungen versehen. Die Blechstärken der Silowände betragen in den unteren Schüssen 8 mm, in den mittleren 6,5 und in den oberen 5 mm. Die Längsverankerung der Wände wird durch Rundeisen, die Querverankerung durch Winkeleisen gebildet. Letztere ermöglichen durch die unterhalb verbleibenden Hohlräume, welche mit der Aufsenluft durch von Schutzkästen gedeckte Wandöffnungen in Verbindung stehen, eine theilweise Durchlüftung, während die Wandöffnungen zugleich gestatten, sich von aufsen über die Beschaffenheit des Getreides, seinen Wärmegrad usw. zu unterrichten (Abb. 619). An den Aufsenseiten der Silowände herumlaufende Winkeleisen dienen als Auflager der aus Wellblech mit Asphaltestrich hergestellten Fufsböden,

---

[1]) Bearbeitet vom Ingenieur und Mühlenbaumeister P. Dannenberg.

512   II. Packhöfe, Speicher und Mühlen.

die aus ⊔-Eisen gebildete untere Abschlufseinfassung der Wände überträgt die Silo- und Fufsbodenlast auf die Bogen und Pfeiler der Fundamente. Als unterer Verschlufs der Silos und zur Entnahme des Getreides sind zwei durchgehende Rümpfe eingebaut, welche durch ein Rippenwerk aus 30×5 cm Bohlen mit etwa 30 cm weiten Zwischenabständen gebildet werden; die Bohlenwände setzen sich in Dreieckform auf Rumpfhöhe auch im Innern fort und erzeugen mit dazwischen schräg eingekämmten Querhölzern ein Maschensystem, das die darauf ruhende Getreidelast vertheilend aufnimmt und von den 22

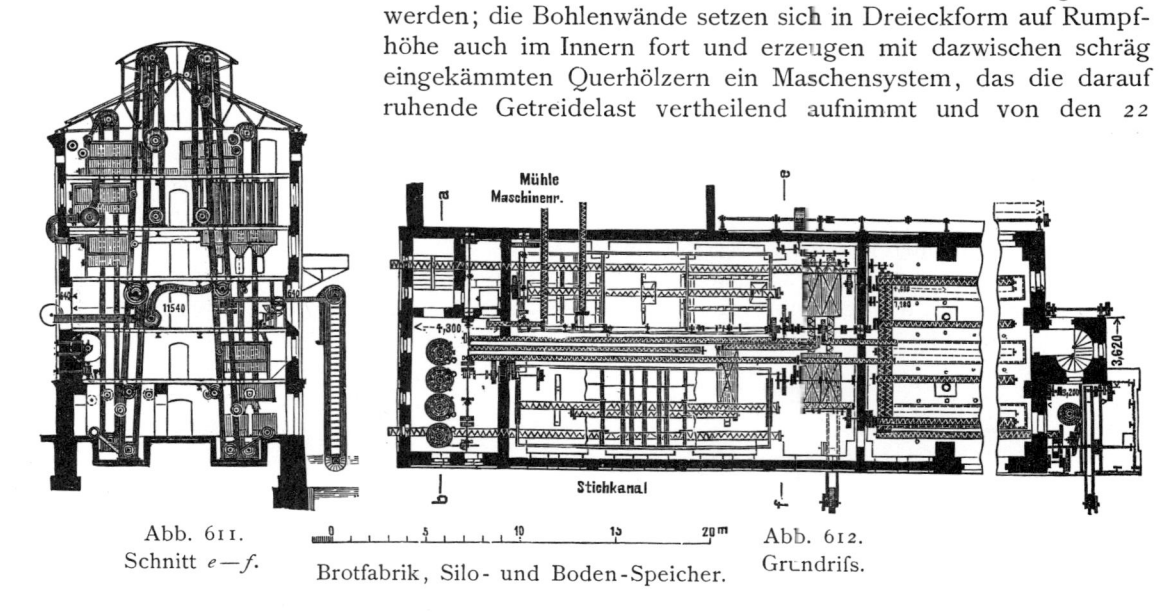

Abb. 611. Schnitt *e—f*.   Brotfabrik, Silo- und Boden-Speicher.   Abb. 612. Grundrifs.

zwischen den Rippen jeder Zelle liegenden Schiebern abhält. Die Entleerung erfolgt bereits, wenn zwei gegenüber liegende Schieber gezogen werden, in eine Schnecke, die das Getreide mittels Becherwerk nach Bestimmung einem andern Silo, der Reinigung oder

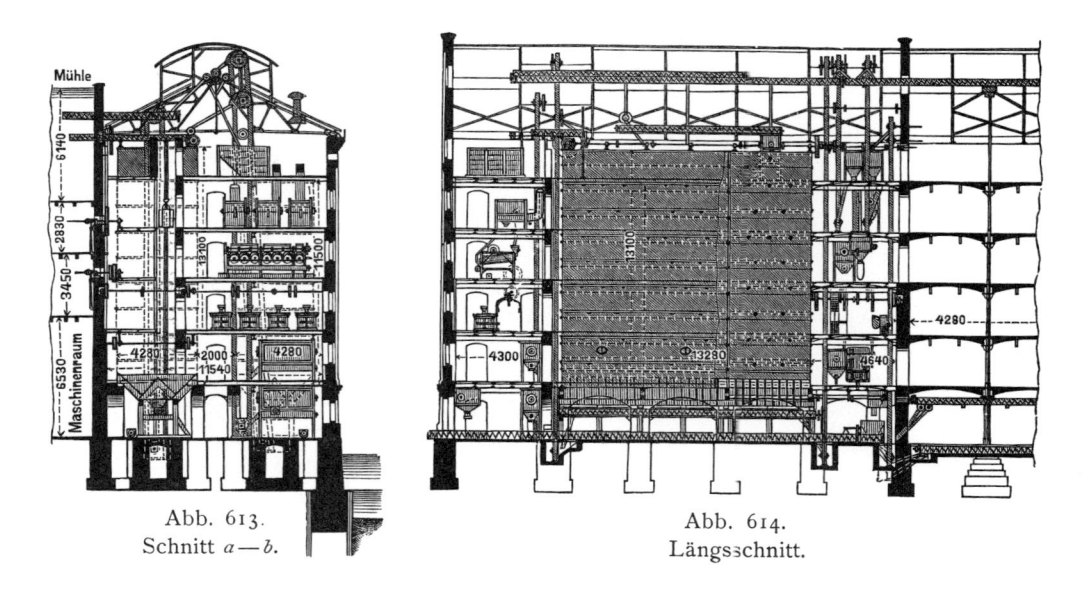

Abb. 613. Schnitt *a—b*.   Abb. 614. Längsschnitt.

der Mühle zuführt. Eine Abtheilung entleert sich in 10 Stunden; erst ganz zuletzt ist es nöthig, unter Verschiebung des auf der Schnecke beweglichen Troges mit dem Ziehen der Schieber zu wechseln, um auch den letzten Rest der Ecken und Winkel zu entleeren. Bei einer Gewichtsannahme von 730 kg/cbm beträgt der Fassungsraum der westlichen Siloseite 543 t, also jeder Zelle 180 t, und der Fassungsraum der östlichen Siloseite rd. 476 t, also jeder Zelle rd. 150 t.

II. Packhöfe, Speicher und Mühlen.

Für im Innern der Silos vorzunehmende Ausbesserungen, welche ein Befahren nöthig machen, ist in jeder Abtheilung ein vom Mittelgange des ersten Stockwerks zugängliches, in üblicher Weise verschlossenes Mannloch vorgesehen. — Der Bodenspeicher ist

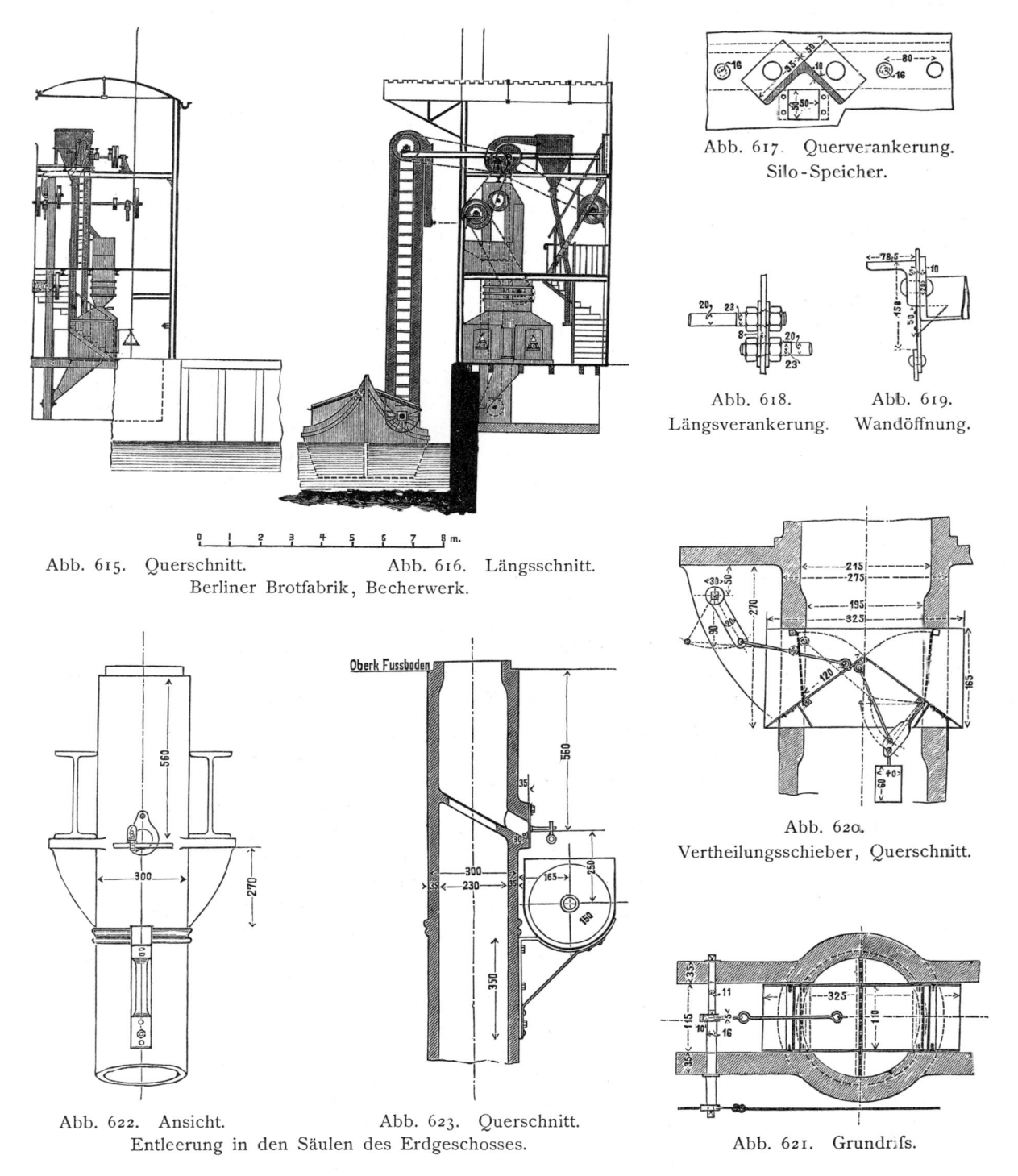

Abb. 615. Querschnitt.   Abb. 616. Längsschnitt.
Berliner Brotfabrik, Becherwerk.

Abb. 617. Querverankerung.
Silo-Speicher.

Abb. 618. Längsverankerung.   Abb. 619. Wandöffnung.

Abb. 620. Vertheilungsschieber, Querschnitt.

Abb. 622. Ansicht.   Abb. 623. Querschnitt.
Entleerung in den Säulen des Erdgeschosses.

Abb. 621. Grundriss.

im Erdgeschofs 3,10 m, in den übrigen vier Geschossen je 2,80 m und im Dachboden 2,50 bezw. 5,45 m hoch. Die Decken bestehen aus bombirtem Wellblech zwischen Trägern auf eisernen Säulen; das Wellblech ist ausbetonirt und mit einer Flachschicht abgepflastert.

Nach der Abnahme und Verwiegung des Getreides aus dem Schiffsgefäfs wird es im Mittelbau durch zwei doppelte und einen einfachen Reinigungscylinder vorgereinigt, um nach Bestimmung durch die im Dache liegenden Schnecken den Silos oder Böden zugeführt zu werden. Schlauchfilter, Cyclone usw. sind zur Entfernung des Staubes vorgesehen. In 10 Stunden werden etwa 140 t aus den Schiffen abgenommen, sodafs die Entladung der gröfsten Schiffsgefäfse zwei bis drei Tage beansprucht.

Im Dache befinden sich unter den Schnecken fünf Systeme von Abfallröhren, von denen je zwei direct in die Säulen münden, durch die je nach der Klappenstellung im Säulenkopf das Getreide jedem beliebigen Boden bis zum Erdgeschofs zugeführt werden kann (Abb. 620 u. 621). Die weitere Ausbreitung über die Böden mufs hierbei von Hand geschehen. In den Säulen des Erdgeschosses ist nur je eine Seitenklappe angebracht, nach deren Oeffnung das Getreide in die an den Säulen entlang geführten, mit Ablafsschiebern versehenen beiden Vertheilungsschnecken fällt (Abb. 622 u. 623). Das Fassungsvermögen eines Bodens beträgt 450 t, das der Speicher 2700 t. Für die Entleerung sind folgende Einrichtungen getroffen. Das Erdgeschofs entleert sich durch drei im Fufsboden in Beton gelagerte Schnecken mit je 12 durch Züge verbundenen, vom Gange aus stellbaren Klappen; eine die drei Schnecken verbindende Querschnecke führt das Getreide dem Becherwerk zur Weiterbeförderung zu.

Der Boden des ersten Stocks entleert sich mittels vier an der Erdgeschofsdecke liegender Schnecken, von denen zwei bereits oben erwähnt sind, und in welche 30 schräg laufende Zulaufröhren münden; aufserdem sind noch vier gerade Rohre im vorderen Bodentheil vorhanden. Die oberen Böden besitzen am unteren Ende mit Klappen versehene, reihenweis durch Züge verbundene gerade Durchlaufrohre von 50 mm Durchmesser. Das selbstthätige Ablaufen des Getreides von einem Boden auf den nächst darunter liegenden geschieht in etwa einer Stunde. — Die Reinigung des Getreides vor seiner Abgabe an die Mühle geschieht nach einander

durch 3 Tarare mit Schüttelsieb im vierten Stock,
„ 7 Trieure von 0,50 m Durchmesser und 1,50 m Länge im dritten Stock,
„ 4 Spitzgänge im zweiten Stock und
„ 2 Reinigungscylinder im ersten Stock und Erdgeschofs.

Die gesamte Reinigungs- und Maschinen-Einrichtung der Speicher mit den beiden Ausladebecherwerken und der Betriebsmaschine von 30 P.S. hat 72 000 ℳ, der Wellblechanbau 4500 ℳ, die Speichergebäude mit den Silos 178 000 ℳ gekostet.

7. Die Weizenmühle von Carl Salomon & Co.,

Mühlenstrafse 8,[1]) befindet sich in einem Theile eines 130 m langen, 9,50 m breiten massiven Gebäudes, welches an den benachbarten schlesischen Güterbahnhof angeschlossen ist.

Das Gebäude selbst ist völlig feuersicher erbaut. Die Decken bestehen aus Wellblechkappen zwischen Walzträgern auf gufseisernen Säulen, Betonausfüllung und Cementestrich. Zwei Treppenhäuser trennen die Mühle in den Silo mit Getreidereinigung, die eigentliche Mühle und den Mehlspeicher nebst Maschinenhaus und Reparaturwerkstätte. Die in den Jahren 1892/93 von der Mühlenbauanstalt und Maschinenfabrik Gebr. Seck in Dresden gelieferte Einrichtung der Speicher und des Mühlenwerkes entspricht allen Anforderungen der Neuzeit. Für besonders schmutzigen, harten, ausländischen Weizen (amerikanischer und indischer Herkunft) sind im Erdgeschofs zwei Waschmaschinen aufgestellt; unmittelbar nach dem Waschen wird der Weizen auf eine Trockenvorrichtung geführt, mittels heifser Luft getrocknet und alsbald vermahlen.

Täglich können 80—90 t (800—900 Sack) Weizen verarbeitet werden. Das fertige Mehl wird in den Mehlspeicher übergeführt und von hier aus mittels Sackrutschen in die Eisenbahnwagen verladen. Die Betriebskraft liefern zwei unter dem Mehlspeicher aufgestellte stehende Dampfmaschinen von 80 und 150 Pferdestärken.

8. Die Victoria-Speicher-Anlage [2])

ist von einer Actiengesellschaft in den Jahren 1879/80 auf dem 1,75 ha grofsen Grundstück Köpenicker Strafse 24a mit 165 m

---

1) Bearbeitet vom Regierungs-Baumeister C. Bernhard.
2) desgl.

II. Packhöfe, Speicher und Mühlen.

Länge an der Spree erbaut und zum Lagern und Umschlagen von Getreide, Mehl, Spiritus, Oel, Krangut usw. eingerichtet. Einschliefslich des im Juni 1895 abgebrannten Speichers V umfafste die Anlage etwa 37 500 qm Lagerböden und Keller mit einer Hoffläche von etwa 10 000 qm. Speicher I hat 70 m Länge und 20 m Wasserfront, welche im Erdgeschofs gleichwie bei dem Speicher V auf 10 m Tiefe als offene Ladehalle ausgebaut ist. Speicher II, III und IV bilden ein hufeisenförmiges, von Speicher I und V durch 16 m breite Ladestrafsen getrenntes Gebäude mit 80 m Wasserfront. Sämtliche Gebäude sind unterkellert

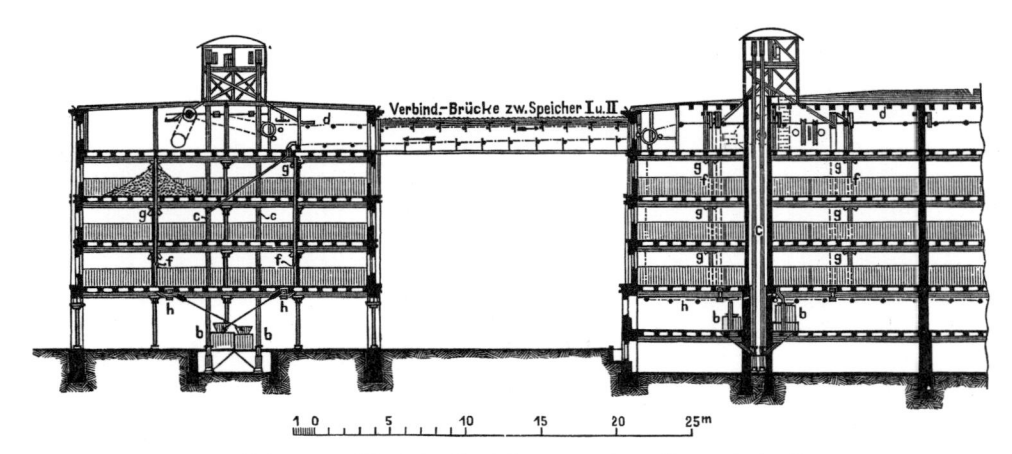

Abb. 624. Victoria-Speicher 1 und 2, Querschnitt.

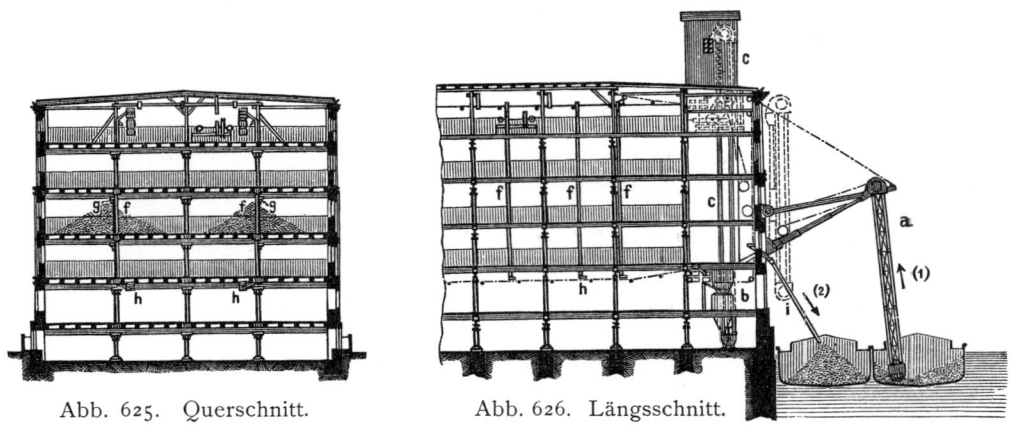

Abb. 625. Querschnitt.   Abb. 626. Längsschnitt.

Victoria-Speicher 4.

und aufser dem Dachboden vier Stockwerke hoch. Die Keller dienen zum Lagern von Fässern, die Erdgeschofsböden zum Stapeln von Getreide- und Mehlsäcken, die oberen Böden zum Lagern von losem Getreide.

Die Speicher sind nach den Plänen der Architekten Hennicke und v. d. Hude durch R. Guthmann ausgeführt, und zwar mit Holzdecken auf eisernen Unterzügen und gufseisernen Säulen in 4,65 m Abstand.

Bis zum Jahre 1893 wurden die Speicher mit Dampfwinden, Aufzügen und Becherwerken betrieben, dann aber durch Gebr. Seek in Darmstadt mit Förderbändern für loses Getreide ausgestattet; zugleich wurden Speicher I und II durch eine eiserne Brücke verbunden. Ferner ist im Jahre 1895 an Stelle der im Dachboden befindlichen Dampfmotore eine Central-Dampfmaschine von 130 Pferdestärken beschafft und der Antrieb der einzelnen Arbeitsmaschinen elektrisch (Drehstrom) eingerichtet, auch durchweg elektrische Beleuchtung unter Aufstellung einer besonderen Gleichstrommaschine eingeführt worden. Diese Anlagen

516　　　　　　　　　　II. Packhöfe, Speicher und Mühlen.

erheischten den Neu- und Erweiterungsbau des Maschinen- und Kesselhauses nebst freistehendem Dampfschornsteine.

Die neueren baulichen Veränderungen sind nach den Plänen des Regierungs-Baumeisters Bernhard ausgeführt.

1. Die Getreideentladung aus Schiffsgefäfsen geschieht durch drei Schiffsbecherwerke aa (Abb. 627) von je 25 t stündlicher Leistung, welche auf die selbstthätigen Wagen bb fördern; das gewogene Getreide wird durch Becherwerke cc auf die Förderbänder dd gehoben und durch Abwurfwagen auf den Dachboden vertheilt oder mittels der durch alle Speicherböden reichenden, an den Decken mit eisernen Schüttkästen gg sowie mit Klappen und Schiebern versehenen Abfallröhren ff den tiefer liegenden Böden zugewiesen. Durch Oeffnen der Schieber an den Schüttkästen kann die auf dem darüber befindlichen Boden lagernde Frucht zum Umstechen oder Weiterverladen auf die Förderbänder hh abgelassen werden. Letztere befinden sich an der Decke des Erdgeschosses und bilden mit den auf dem Dachboden befindlichen je ein Band ohne Ende.

2. Das Verladen des Getreides in Schiffsgefäfse geschieht unter Benutzung der Förderbänder und besonderer Becherwerke durch die Ansteckröhren ii nach vorgängiger Verwiegung auf selbstthätigen Wagen.

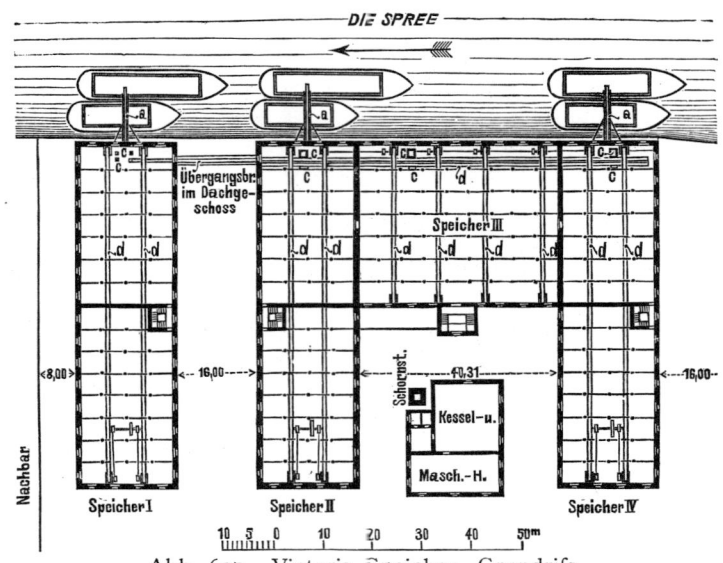

Abb. 627. Victoria-Speicher, Grundrifs.

Der Speicher I kann selbständig durch getrennte Maschineneinrichtung oder auch durch Bänder, welche auf der Verbindungsbrücke laufen, von dem Hauptgebäude aus mit Getreide beschickt werden; ebenso ist auch umgekehrt die Zuführung zum Hauptgebäude vom Seitengebäude aus möglich. Die Schiffsbecherwerke sind mit Schiebevorrichtung sowie mit Schneckenradwinden zum Heben und Senken versehen.

Sämtliche Fördervorrichtungen sind für eine stündliche Leistungsfähigkeit von je 25 t Schwergetreide bemessen; zu gleicher Zeit können drei Schiffe gelöscht, drei Schiffe mit Getreide beladen und 75 t Getreide umgelagert, daher täglich 1500 t Getreide durch die Speicher I bis IV bewegt werden.

9. Die Speicheranlage der Berliner Speditions- und Lagerhaus-Actiengesellschaft, vormals Bartz & Co.[1] (vergl. Abb. 628—630), verdient Erwähnung wegen der Wahrnehmungen, welche über das Verhalten von Eisenconstructionen während eines Brandes gemacht werden konnten.

Die im Jahre 1887 auf dem Grundstück zwischen der Schilling-, Magazin- und Kaiserstrafse von dem Baumeister R. Guthmann für Speditionszwecke errichtete Anlage war entsprechend den damaligen Erfahrungen und polizeilichen Bauvorschriften zur Erzielung möglichster Feuersicherheit mit gewölbten Ziegeldecken zwischen eisernen Trägern auf I-Unterzügen und gufseisernen Säulen versehen; letztere standen auf abgedrehten Flanschen durch vier Geschosse über einander; Gewölbe, Träger und Unterzüge waren mit den Säulen und Aufsenwänden besonders sorgfältig verankert. Bald nach der Inbetriebnahme brach ein Schadenfeuer aus, welches, reichlich genährt durch die in den Räumen lagernden Wollstoffe, Teppiche, Oele usw., das massive Gebäude vollständig zerstörte; die bis zur Weifsgluth erhitzten Gewölbeträger bogen sich unter der Deckenlast so weit durch, dafs

---

[1] Bearbeitet vom Baumeister R. Guthmann.

II. Packhöfe, Speicher und Mühlen. 517

die Gewölbe einstürzten und die unteren Gewölbe durchschlugen, zugleich aber verursachte die Durchbiegung der Träger in den mit ihnen verankerten Aufsenwänden derartige Verkrümmungen und Rissebildungen, dafs nach Ablöschung des Brandes die Aufsenwände völlig abgetragen werden mufsten.

Für den Wiederaufbau des Gebäudes wurde seitens des Polizei-Präsidiums die feuersichere Umkleidung aller sichtbaren Eisentheile gefordert und für die Decken nach vielfachen Belastungsproben die Ausführung von Betongewölben zugelassen; zu letzteren

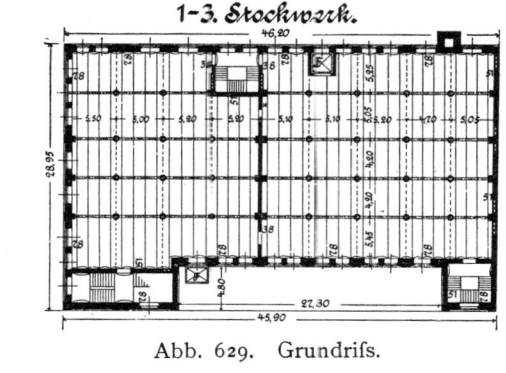

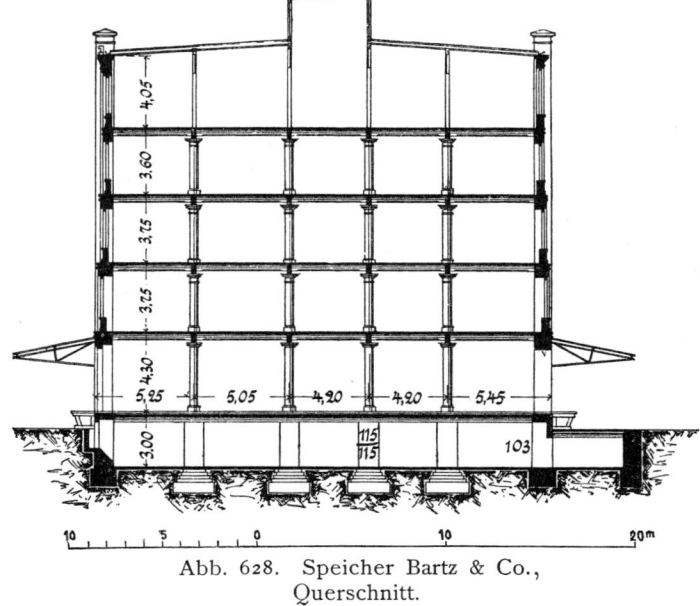

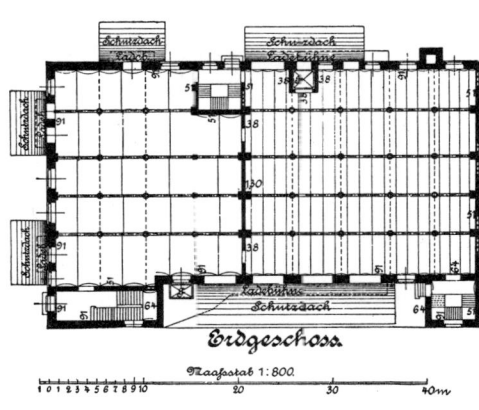

Abb. 629. Grundrifs.

Abb. 628. Speicher Bartz & Co., Querschnitt.

Abb. 630. Grundrifs.

wurde Kies-Cementbeton unter Beimischung von Ziegelbrocken, zu den Umhüllungen reiner Kies-Cementbeton verwendet und unter starkem Stampfen auf die Einschalungen aufgetragen. Die nach Erhärtung der ausgeschalten Gewölbe nochmals vorgenommenen Belastungsproben durch bedeutende ruhende und fallende Lasten lieferten vorzügliche Ergebnisse (s. auch die Abb. 558, S. 436).

10. Das Spiritus-Lagerhaus von H. Guttmann jun.[1]) (vergl. Abb. 631), an der Warschauer Strafse, in unmittelbarer Verbindung mit den Gleisen des schlesischen Güterbahnhofes, ist im Jahre 1881 ursprünglich nur für 500 000 l Spiritus erbaut, allmählich aber derart erweitert worden, dafs 6 000 000 l zur feuersicheren Aufbewahrung und unter Steuerverschlufs gelangen können. Dem hiesigen Handelsbrauche entsprechend gilt als Handelseinheit 100 procentiger Spiritus. Für die in dem angelieferten Rohspiritus enthaltenen Einheiten werden den verschiedenen Besitzern Lagerscheine gegeben, welche bis zum Verbrauch bezw. zur Entnahme aus dem Lagerhause als Handelsgegenstand gelten (Warrantsystem).

Der Rohspiritus kommt in eisernen, kesselartig genieteten, mit ebenem Boden und kuppelartiger Decke versehenen Cylindern von über 600 000 l Fassungsraum zur Aufbewahrung. Nach der älteren Anordnung stehen mehrere solcher Behälter in einem Raume; die neueren polizeilichen Vorschriften fordern den Abschlufs jedes Behälters durch Brandmauern. Der Behälterinhalt steht mit der Aufsenluft durch ein eisernes Rohr über Dach in Verbindung. Glycerinverschlufs und Drahtgewebe mindern die Gefahr der Verdunstung bezw. der Entzündung durch Flugfeuer. Die abgepflasterte Sohle des einzelnen Raumes

---

1) Bearbeitet vom Regierungs-Baumeister C. Bernhard.

518 II. Packhöfe, Speicher und Mühlen.

ist nach einer Senkgrube abgewässert, von der aus eine Rohrleitung nach der Spree führt. Der Spiritus kommt entweder mit der Eisenbahn in Sonderwagen oder mittels Fuhrwerk in Fässern an. In beiden Fällen läuft er in kleine Pumpsümpfe, von denen er nach Feststellung der Menge in die grofsen Behälter gelangt. Die Entnahme erfolgt in einer Rohrleitung, an der sich Schläuche zur Füllung der Fässer befinden.

Nach Einführung des neuen Branntweinsteuergesetzes hat sich die Firma veranlafst gesehen, auch eine Reinigungsanlage für Rohspiritus mit einer Monatsleistung von 300 000 bis 400 000 l zu errichten.

11. Der Wollspeicher von B. Bernhard,[1]) Landsberger Strafse 91, im Jahre 1889 von dem Regierungs-Baumeister Bernhard erbaut, zeigt, wie unter dem Einflufs der Bauordnung vom Jahre 1887 ein Lagerhaus für gröfsere Mengen brennbarer Stoffe sich gestaltet hat, das zugleich die Benutzung zu Fabrikzwecken nicht ausschliefst (Abb. 632 u. 633).

Die Grundrifsgestaltung ist durch die vorhandene Bebauung und die Forderung eines grofsen Vorderhofes entstanden. Da auf die völlige Ausnutzung des Grundstücks selbst verzichtet werden mufste, ist die für den Speicher gegebene Grundfläche so viel als möglich nutzbar gemacht. Für 2600 qm Decken ist eine Construction gewählt, welche selbst wenig Höhe beansprucht und bei den höchsten Ansprüchen an Feuersicherheit sich billig stellt. Es sind durchweg Monierkappen von 4 m Spannweite mit Stampfbeton und Cementestrich zur Ausführung gekommen, welche eine Höhe von 7 cm im Scheitel bei 850 kg/qm Gesamtbelastung erhalten haben.

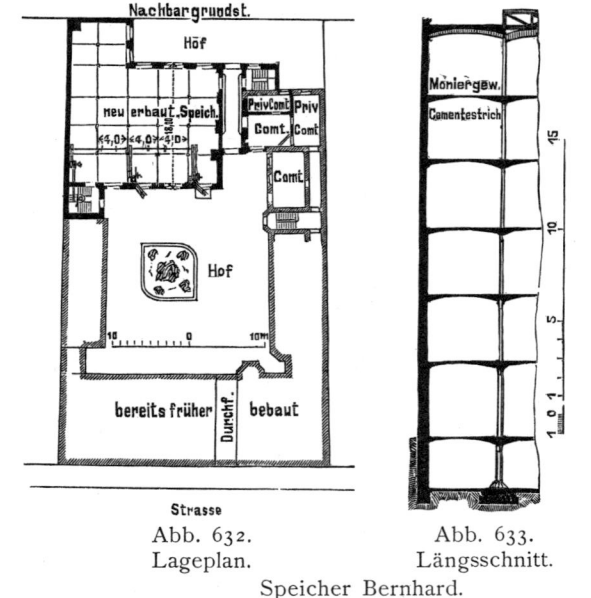

Abb. 631. Lageplan.
1. Lagerraum für leere Fässer. 2. Pumpenraum. 3. Böttcherei. 4. u. 6. Wiegehaus. 5. Stall. 7. Flaschenspülschuppen. 8. Durchfahrt. 9. Wohnhaus. 10. Vorgarten. 11. Spritreinigung.

Abb. 632. Lageplan.   Abb. 633. Längsschnitt.
Speicher Bernhard.

Bis auf den Cementestrich entsprechen sie vollkommen den an sie gestellten Ansprüchen. — Die einfachen, durch die Kappen bis auf den Unterflansch umhüllten I-Träger liegen auf Consolen der sieben über einander gestellten gufseisernen Säulen, welche vom Keller bis zum Dachgeschofs zusammen 25 m Höhe haben und in jedem Geschofs senkrecht zur Trägerrichtung unter einander und mit den Aufsenwänden verankert sind.

Die Säulen sind mit 4 cm isolirendem Zwischenraum durch einen cylindrischen Rabitzmantel umhüllt. Auch das Dach ist aus Monierkappen mit Holzcementabdeckung hergestellt.

Die Treppenläufe bilden eine in ganzer Höhe zusammenhängende Monierplatte, auf welche die Stufen in Beton aufgesetzt worden sind. Auf je zwei einbetonirte Holzdübel sind die hölzernen Treppenstufen aufgeschraubt. Diese Treppenconstruction, hier zuerst ausgeführt, hat sich gut bewährt.

Für den Speicherbetrieb dient eine Winde und ein Lastenaufzug, die durch einen dreipferdigen Gasmotor getrieben und von jeder Ladethür aus leicht in Gang gesetzt werden können.

---

1) Bearbeitet vom Regierungs-Baumeister C. Bernhard.

III. Die Berliner Elektricitäts-Werke.[1]

Entwicklung des Unternehmens.

Unter den gemeinnützigen Unternehmungen, welche im Laufe der letzten 15 Jahre in unserer Grofsstadt in die Erscheinung getreten sind, nehmen die Berliner Elektricitäts-Werke eine der ersten Stellen ein. Nachdem in den siebziger Jahren durch die Erfindung der dynamo-elektrischen Maschine die wirthschaftliche Erzeugung starker elektrischer Ströme gegeben war, fanden dieselben bereits zu Ende dieses Jahrzehntes vielfache Verwendung zur Herstellung elektrischer Bogenlichtbeleuchtung. Die allgemeine Einführung des elektrischen Lichts, namentlich für die Beleuchtung von geschlossenen Räumen, wurde erst durch Edisons Erfindung der elektrischen Glühlampe ermöglicht, welche in erster Linie den Anstofs zu elektrischen Beleuchtungsanlagen behufs Versorgung ganzer Stadtgebiete, ähnlich wie bei Gasanstalten, gab.

Das Verdienst, die elektrische Glühlichtbeleuchtung in Berlin eingeführt zu haben, gebührt dem jetzigen Generaldirector der Allgemeinen Elektricitäts-Gesellschaft und Director der Berliner Elektricitäts-Werke, Emil Rathenau, welcher 1881 die Rechte der Ausnutzung der Edison-Patente für Deutschland erwarb und auf dessen Anregen nach Erprobung der Erfindung in einzelnen kleineren Anlagen im Mai 1883 die „Deutsche Edison-Gesellschaft für angewandte Elektricität" begründet wurde, aus welcher im Jahre 1887 die „Allgemeine Elektricitäts-Gesellschaft" hervorging.

Unterm 19. Februar 1884 schlofs diese Gesellschaft mit der Stadtgemeinde von Berlin einen Vertrag, durch welchen ihr für das durch einen Kreis von 800 m Halbmesser, mit dem jetzigen Werderhaus als Mittelpunkt, umgrenzte Stadtgebiet die Benutzung der Strafsen zur Verlegung von Leitungen zur Fortführung elektrischer Ströme von einer oder mehreren Centralstationen aus gegen bestimmte Abgaben von den zu erzielenden Einnahmen gestattet wurde. In dem Vertrage wurde die Uebertragung desselben an eine neu zu bildende Actiengesellschaft vorgesehen, welche bereits am 8. Mai 1884 mit einem Actienkapital von 3 Mill. ℳ als „Berliner Elektricitäts-Werke" ins Leben trat. Die neue Gesellschaft erwarb zunächst die für den Bau von Centralstationen in Aussicht genommenen Grundstücke: Markgrafenstrafse 44 und Mauerstrafse 80 und begann im Herbst 1884 mit dem Bau der Centrale Markgrafenstrafse, welche am 15. August 1885 mit der Beleuchtung des Königlichen Schauspielhauses in Betrieb gesetzt wurde.

Die grofse Nachfrage nach der neuen Beleuchtung, welche sich namentlich in der Leipziger Strafse bis zum Potsdamer Platz geltend machte, hatte zur Folge, dafs die Stadtgemeinde bereits im December 1884 auf Antrag der Gesellschaft eine wesentliche Erweiterung des Beleuchtungsgebiets nach jener Richtung hin genehmigte, wodurch erst das Grundstück Mauerstrafse 80 in dasselbe einbezogen wurde. Der Bau der Centralstation auf diesem Grundstück wurde im Frühjahr 1885 begonnen und der Betrieb im März 1886 eröffnet.

Anmerkung. Es bedeuten: B. E. W. = Berliner Elektricitäts-Werke, A. E. G. = Allgemeine Elektricitäts-Gesellschaft.

---

[1] Bearbeitet vom Regierungs-Baumeister Soeder.

Die Stromvertheilungsnetze der genannten beiden Centralstationen wurden zunächst im wesentlichen dem vorliegenden Bedarf entsprechend nach dem Zweileitersystem angelegt. Die aufserordentliche Steigerung der Anmeldungen führte jedoch innerhalb des genehmigten Gebiets bereits im Jahre 1887 zu einem fast vollständigen Ausbau der beiden Netze, welche gegen Ende dieses Jahres derart zusammengeschaltet wurden, dafs beide Centralen einander unterstützen konnten. Im Jahre 1888 erfolgte eine wesentliche Vergröfserung der Maschinenanlage in der Centrale Markgrafenstrafse, welcher sich im Jahre 1889 die Erbauung eines vollständig neuen, erheblich gröfseren Werkes auf hinzu erworbenem Gelände der Centrale Mauerstrafse anschlofs. Das dringende Bedürfnifs nach elektrischer Beleuchtung, welches sich auch in den aufserhalb des Vertragsgebiets belegenen Stadttheilen geltend machte, gab im wesentlichen Veranlassung, dafs unterm 25. August 1888 ein neuer Vertrag zwischen der Stadtgemeinde und den Berliner Elektricitäts-Werken zustande kam, durch

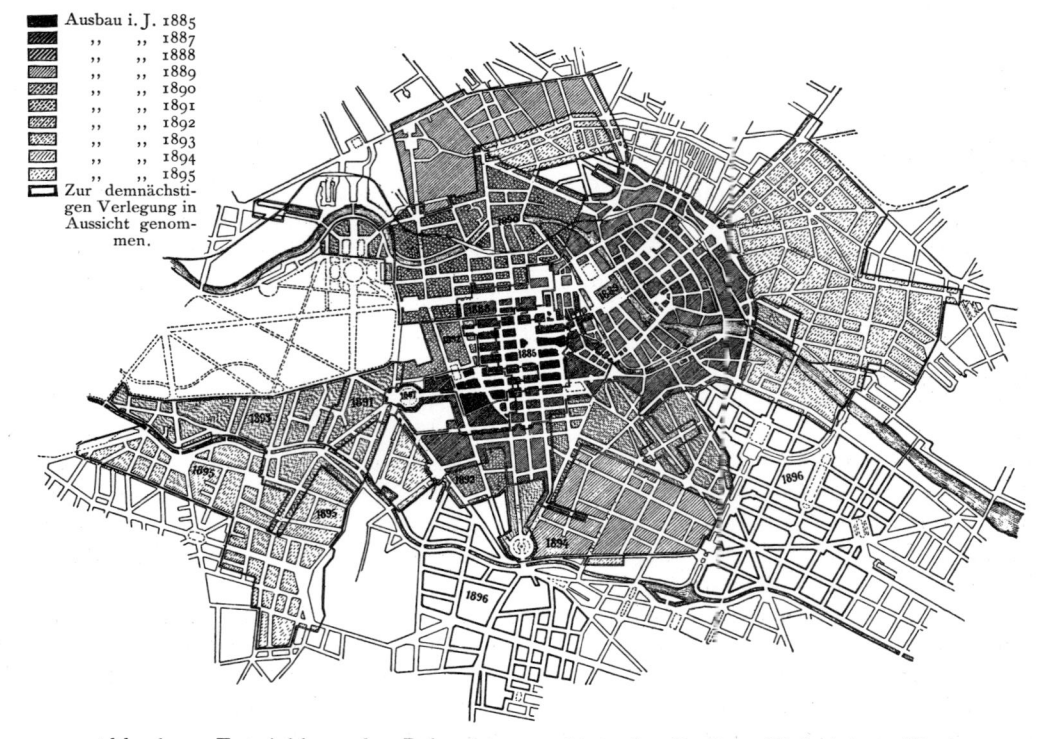

Abb. 634. Entwicklung des Beleuchtungsgebiets der Berliner Elektricitäts-Werke.

welchen den letzteren ein erheblich erweitertes Gebiet für die Ausdehnung der elektrischen Stromvertheilung überwiesen wurde. Durch den neuen Vertrag wurde die Anlage zweier neuer Centralstationen, die eine für das Centrum der Stadt, die andere für die Dorotheenstadt, ausbedungen und aufserdem festgesetzt, dafs bis zum 1. October 1892 sämtliche Strafsen des neuen Gebiets mit Stromleitungen versehen sein mufsten. Für die Centrale im Centrum wurde das Grundstück Spandauer Strafse 49 bestimmt, welches noch durch Ankauf der Grundstücke Jüdenstrafse 16 und 17 vergröfsert wurde, für die Centrale in der Dorotheenstadt das neu angekaufte Grundstück Schiffbauerdamm 22

Die Centrale Spandauer Strafse wurde im November 1888 in Angriff und im Herbst 1889 in Betrieb genommen; die Centrale Schiffbauerdamm im Sommer 1889 begonnen und im Herbst 1890 in Betrieb gesetzt. In dem auf letzterem Grundstück errichteten Vordergebäude wurden gleichzeitig die geschäftlichen und technischen Bureaus der A. E. G. und der B. E. W. untergebracht.

Bereits unterm 16./24. Mai 1890 wurde der neue Vertrag noch dahin erweitert, dafs den B. E. W. auf jeweiligen besonderen Antrag vom Magistrat die Genehmigung ertheilt werden kann, das Leitungsnetz auch auf Strafsen aufserhalb des festgesetzten Gebiets auszudehen. Eine Beschränkung in der Ausdehnung der Werke erfolgte hierbei insofern, als bestimmt wurde, dafs weitere Centralstationen, als die vier bereits vorhandenen, nicht errichtet werden dürfen, und die Leistungsfähigkeit derselben 28 000 Pferdestärken nicht überschreiten soll.

Auf Grund dieses neuen Abkommens wurde im Sommer 1893 das Leitungsnetz auch auf das Thiergartenviertel, und später auf den gröfseren Theil des übrigen Westens ausgedehnt. Mit Rücksicht auf die entfernte Lage dieses Stadttheils von der Centrale Mauerstrafse wurde das Grundstück Königin-Augusta-Strafse 36 erworben und daselbst eine Accumulatoren-Unterstation errichtet und im Herbst 1893 in Betrieb gesetzt. Die weitere Vergröfserung des Leitungsnetzes aufserhalb des Vertragsgebiets ist in den letzten Jahren sehr erheblich gewesen, sodafs dasselbe zur Zeit den gröfsten Theil des Weichbildes der Stadt umfafst. Der Lageplan (Abb. 634) stellt in übersichtlicher Weise die jährliche Ausdehnung der Stromvertheilung von Beginn des Unternehmens bis Anfang 1896 dar.

Entsprechend der Erweiterung des Absatzgebiets erfuhr die Leistungsfähigkeit der Maschinenanlage die erforderliche Steigerung. Im Jahre 1889 wurde das Grundstück Markgrafenstrafse 43 angekauft und auf demselben im folgenden Jahre ein Anbau an das Maschinenhaus der Centrale Markgrafenstrafse 44 errichtet und in Betrieb gesetzt. Im Jahre 1893 wurde die maschinelle Anlage der ersten Centrale Mauerstrafse zur Hälfte und im Jahre 1895 ganz beseitigt und unter Errichtung eines neuen Kesselhauses durch Aufstellung neuer grofser Maschinen erheblich erweitert. In derselben Zeit fand die Vervollständigung der Ausrüstung der Centralen Spandauer Strafse und Schiffbauerdamm statt. Die gröfste Erweiterung der Werke erfolgt jedoch im Jahre 1896, für welches im ganzen acht Dampfmaschinen von einer Leistung von je 1500 Pferdestärken nebst den erforderlichen Dynamomaschinen und Kesseln bereits in Bestellung gegeben sind.

Vertrag mit der Stadtgemeinde Berlin.

Aus dem zur Zeit für die Beziehungen der B. E. W. zur Stadtgemeinde mafsgebenden Vertrage vom 25. August 1888 werden hier die wichtigsten Punkte aufgeführt:

Die Stadtgemeinde gestattet den B. E. W., in den Strafsen des dazu bestimmten Gebiets Leitungen zur Fortführung elektrischer Ströme anzulegen. Ein ausschliefsliches Recht hierzu wird der Gesellschaft nicht bewilligt. Die für diese Benutzung zu entrichtenden Abgaben beziehen sich auf die Bruttoeinnahmen der Gesellschaft aus:

   a) der Stromlieferung,
   b) den Lampengebühren,
   c) der Vermiethung der Elektricitätsmesser

und betragen 10 v. H. derselben, aufserdem noch in Jahren, in welchen der Reinertrag des Unternehmens 6 v. H. des darin angelegten Kapitals übersteigt, 25 v. H. von dem 6 v. H. des vorerwähnten Kapitals übersteigenden Ertrage. Diese Abgaben sind auch von Stromlieferungen zu entrichten, welche die B. E. W. ohne Benutzung des Strafsengeländes bewirken. Die Gesellschaft leistet für die erforderliche gute Wiederherstellung der Strafsen, Brücken usw. fünf Jahre nach Abnahme Gewähr.

Bezüglich der vorhandenen öffentlichen Beleuchtung der Leipziger Strafse und der Linden usw. übernehmen die B. E. W. die Verpflichtung zur Unterhaltung der Lampen, Laternen, Beleuchtungsträger, sowie die Bedienung. Neue öffentliche Beleuchtung hat die Gesellschaft binnen drei Monaten nach Aufstellung der Beleuchtungsträger zu bewirken. Sie erhält für die Brennstunde

   a) eines 16 kerzigen Glühlichtes höchstens 3 ₰.,
   b) eines Bogenlichtes von 12 Ampère Stromstärke höchstens 40 ₰.

bei einer Mindestbrennzeit von 1900 Stunden im Jahr. Der Magistrat hat das Recht, innerhalb des vertraglichen Gebiets die elektrische Beleuchtung von städtischen Gebäuden gegen eine Vergütung zu verlangen, welche mit einem Rabatt von 10 v. H. gegen den Tarifsatz festgestellt wird. Die Lieferung von elektrischer Glühlichtbeleuchtung an andere Behörden und

Privatpersonen erfolgt auf Grund des zum Vertrage gehörigen Tarifes, die Stromlieferung für andere Zwecke auf Grund besonderer Vereinbarung. Abänderungen des Tarifes unterliegen der Genehmigung des Magistrats, ebenso der Abschlufs von Verträgen auf längere Dauer als fünf Jahre.

Die Ausführung der Installationsarbeiten, zu denen die Lieferung der elektrischen Lampen und Elektromotoren nicht gehört, ist dem freien Bewerb überlassen. Sämtliche Arbeiten, vom Kabelnetz bis zum Elektricitätsmesser, sowie die Aufstellung desselben erfolgen nur durch die B. E. W. Letzteren obliegt allein die Ueberwachung und Prüfung der Installationsarbeiten gegen eine Gebühr in Höhe von 10 v. H. der thatsächlichen Installationskosten, einschliefslich Prüfung der Entwürfe. Die Kosten der für die Gesellschaft vorbehaltenen Arbeiten werden durch einen vom Magistrat alljährlich zu genehmigenden Tarif festgestellt.

Die B. E. W. sind verpflichtet, für die nothwendig werdenden Erneuerungen bestehender Anlagen einen bei dem Depositorium des Magistrats zu hinterlegenden Erneuerungsfonds zu bilden, welcher auf 20 v. H. des in den Anlagen verwendeten Kapitals gebracht und auf dieser Höhe erhalten werden soll; bis dieses geschehen ist, sind 2 v. H. der Bruttoeinnahme jedes Betriebsjahres abzuführen. Die beim Magistrat zu hinterlegende Caution ist auf 250 000 ℳ festgesetzt. Die Dauer des Vertrages ist auf 30 Jahre, vom Tage der Inbetriebsetzung (1. October 1885) gerechnet, bemessen und gilt jedesmal auf zwei weitere Jahre verlängert, sofern derselbe nicht zwei Jahre vor Ablauf gekündigt wird. Abgesehen von seinem Rechte, bei Nichterfüllung des Vertrages seitens der B. E. W. von demselben zurück zu treten, kann der Magistrat, jedoch nicht früher als 10 Jahre nach Beginn des Betriebes, also vom 1. October 1895 ab, von den B. E. W. die Uebertragung des Eigenthums der ganzen Anlage und die Abtretung der Rechte aus allen auf dieselbe sich beziehenden Verträgen verlangen. Bestimmungen für die Auseinandersetzung sind:

a) die Grundlage bildet eine Schätzung, welche durch zwei Sachverständige, bezw. unter Zuziehung eines Obmannes aufgestellt wird, und bei welcher die Anlagen als ein zusammenhängendes, betriebsfähiges Werk nach kaufmännischen Grundsätzen ohne Berücksichtigung des Ertragswerthes zu schätzen sind;

b) wenn die B. E. W. zur Zeit der Auseinandersetzung fünf Jahre über den 1. October 1895 hinaus im Betriebe des Unternehmens belassen werden, sind dem Schätzungswerth 50 v. H. desselben hinzu zu rechnen;

c) für jedes Jahr eines kürzeren Betriebes treten zu der nach a und b ermittelten Summe $3^1/_2$ v. H. des Schätzungswerthes hinzu;

d) für jedes Jahr eines längeren Betriebes werden von der nach a und b ermittelten Summe $3^1/_2$ v. H. des Schätzungswerthes abgerechnet.

Ob der Magistrat von dieser ihm zustehenden Befugnifs Gebrauch macht, hat er der Gesellschaft sechs Monate vor der beabsichtigten Uebernahme mitzutheilen. Im Falle der Uebernahme geht der Erneuerungsfonds ohne Entschädigung auf die Stadtgemeinde über.

Zusatzvertrag vom 16./24. Mai 1890.

Unter der Bedingung:

a) dafs weitere Stromerzeugungsanlagen als die bisher vorhandenen, nämlich: Markgrafenstrafse 43 und 44, Mauerstrafse 80, Spandauer Strafse 49 und Schiffbauerdamm 22 von der Gesellschaft nicht errichtet werden dürfen,

b) die Leistungsfähigkeit sämtlicher unter a genannten Anlagen nicht über 28 000 Pferdestärken erhöht werden darf, kann noch über das im Vertrage vom 25. August 1888 bezeichnete Gebiet hinaus den B. E. W. die Legung von Stromleitungen gestattet werden. Es bedarf jedoch hierzu für jede einzelne Leitung und für jeden einzelnen Hausanschlufs der besonderen Genehmigung des Magistrats.

Die B. E. W. sind verpflichtet, jedermann den Anschlufs zum Zweck der Stromabgabe zu gewähren, sobald ihre Kabel mit Genehmigung des Magistrats an betreffender Stelle liegen und es bedarf in diesem Falle nur einer entsprechenden Anzeige über den Anschlufs.

Tarif.

Die Bedingungen für die Lieferung von elektrischen Strömen zur Beleuchtung und Kraftübertragung bezw. anderen Zwecken, wie dieselben durch den zum Vertrage gehörigen Tarif festgesetzt waren, haben sich im Laufe des Unternehmens auf Anregung der Gesellschaft stetig zu Gunsten der Abnehmer geändert. Der Vertrag vom 19. Februar 1884 setzt fest:
a) die jährliche Miethe für die Elektricitätsmesser,
b) den Preis der Stromlieferung für die Lampenstunde je nach der Kerzenstärke, ausgehend von einem Grundpreise von 4 ₰ für die Brennstunde einer Glühlampe von 16 englischen Normalkerzen, unter Abzug eines Rabattes von 5—25 v. H. bei einer durchschnittlichen jährlichen Brennstundenzahl der angeschlossenen Glühlampen von über 1000—3000.

Aufserdem wurde für jede angeschlossene Glühlampe eine Jahresgebühr von 6 ℳ erhoben, wogegen die B. E. W. den Ersatz der Glühlampen zu leisten hatten. Für jede angeschlossene Bogenlampe betrug der Grundpreis 40 ℳ. Die Stromabgabe zu anderen als Beleuchtungszwecken war besonderer Vereinbarung vorbehalten.

Durch den Zusatzvertrag von 16./24. Mai 1890 wurde der Grundpreis für die Brennstunde einer 16kerzigen Glühlampe unter Annahme eines Stromverbrauchs von 0,54 Ampère auf 3,6 ₰, die jährliche Gebühr für die Glühlampe auf 5 ℳ und für die Bogenlampe auf 30 ℳ herabgesetzt. Seitdem sind fast jährlich Preisermäfsigungen eingetreten und namentlich wurde im Jahre 1891 ein besonders niedriger Preis für die Stromabgabe zu gewerblichen Zwecken eingeführt. Seit dem 1. Januar 1896 sind die Lampengebühren ganz in Wegfall gekommen und ist eine weitere Ermäfsigung des Strompreises eingetreten, sodafs nunmehr der Grundpreis für die Brennstunde einer 16 Normalkerzen-Glühlampe 3 ₰ beträgt. Die Strommessung, welche früher für Beleuchtung durch Ampèrezähler und nur für Kraftübertragung durch Wattzähler erfolgte, findet nunmehr ausschliefslich durch Wattzähler statt, und der Verbrauch wird nach Kilowattstunden berechnet.

Eine Uebersicht der Tarifentwicklung seit Beginn des Unternehmens giebt die nachstehende Tabelle, in welcher des Vergleichs halber die jeweiligen Preise sämtlich auf die Kilowattstunde als Einheit bezogen sind.

Gültig für das Jahr	Jährliche Gebühr für			Grundpreis der Kilowattstunde für	
	Glühlicht zu 16 N. K.		1 Bogenlicht		
	einschliefslich	ausschliefslich		Beleuchtung	Gewerbliche Zwecke
	Glühlampenersatz				
	ℳ	ℳ	ℳ	₰	₰
1885	6 ⎫ Lampen-	—	—	80	⎫ nach Verein-
1888	6 ⎬ ersatz	—	40	80	⎭ barung
1891	5 ⎬ obliga-	—	30	72	50 Rabatt bis 45 %
1892	5 ⎭ torisch	—	30	72	24 ⎫
1893	5 ⎫ Lampen-	2	15	72	20 ⎬
1894	5 ⎬ ersatz	2	15	72	18 ⎬ ohne Rabatt
1895	5 ⎭ nach Wahl	1	7,50	72	16 ⎬
1896	5	—	—	60	16 ⎭

Rabatt-Tafel.

Gültig für 1885—1896		Gültig vom 1. Januar 1896	
Bei durchschnittlicher jährlicher Brennstundenzahl der angeschlossenen Glühlampen von 16 N. K., oder deren Gleichwerth	vom Hundert	Für Verbrauch in Höhe bis ℳ	vom Hundert
über 800 Stunden	5	10 000	5
,, 1000 ,,	7,5	20 000	7,5
,, 1200 ,,	10	30 000	10
,, 1500 ,,	12,5	40 000	12,5
,, 2000 ,,	15	50 000	16
,, 2500 ,,	20	75 000	17,5
,, 3000 ,,	25	100 000	20

Hiernach werden für Beleuchtung im günstigsten Falle bis zu 45 v. H. Rabatt gegeben, wobei sich die Kilowattstunde auf 33 ₰ und die Brennstunde einer 16 kerzigen Glühlampe auf 1,65 ₰ stellen würde.

Beschreibung der Anlagen.

Die Betriebsanlagen der Berliner Elektricitäts-Werke bestehen aus:
a) Anlagen zur Erzeugung der elektrischen Ströme (Centralstation),
b) Anlagen zur Vertheilung der elektrischen Ströme (Kabelnetz).

Die Anlagen zur Verwendung der elektrischen Ströme, die sogenannten Installationen, sind nicht Gegenstand dieser Abhandlung.

Die Erzeugung der elektrischen Ströme erfolgt in den vier vorhandenen Centralstationen und zwar

Centrale I Markgrafenstrafse 43/44,
Centrale II Mauerstrafse 80,
Centrale III Spandauer Strafse 49,
Centrale IV Schiffbauerdamm 22.

Centralstationen.

Die Betriebseinrichtungen der Centralstationen sind im wesentlichen bei allen dieselben und mögen daher zunächst im allgemeinen erläutert werden. In den Darstellungen der einzelnen Anlagen sind stets die gleichen Bezeichnungen für die hauptsächlichsten Einrichtungen gewählt.

Motorischer Theil (s. Abb. 638).

Der Antrieb der Dynamomaschinen D erfolgt durch die Dampfmaschinen DM unmittelbar durch eine gemeinsame Welle. Von den ältern Dampf- und Dynamomaschinen mit Riemenantrieb sind nur noch drei zu 150 bis 180 P.S. in der Centrale I vorhanden, deren Beseitigung jedoch noch im Jahre 1896 erfolgt. Der erforderliche Dampf wird mit einer Spannung von $8^1/_2$ Atm. in den Dampfkesseln DK, welche sämtlich für Steinkohlenfeuerung eingerichtet sind, erzeugt und den Dampfmaschinen durch die Dampfleitung DL zugeführt. Sämtliche Dampfmaschinen sind mit Einspritzcondensation versehen und besitzen eine besondere Hülfseinspritzung zum Anlassen. Das zur Condensation des Dampfes erforderliche Kühlwasser wird beim Anlassen vermittelst der Hülfseinspritzung aus einem Kaltwasserbehälter und für den Betrieb zum Theil aus Rohrtiefbrunnen, zum Theil aus öffentlichen Wasserläufen durch besondere Saugeleitungen SL entnommen. Die Brunnen Br sind gruppenweise an die Saugeleitungen angeschlossen, welche ihrerseits an einem oder mehreren unter sich durch Rohrleitungen verbundenen Saugwindkesseln SW endigen, woselbst sie durch Schieber absperrbar sind. Aus diesen Saugwindkesseln, mit welchen die Condensatoren der Dampfmaschinen durch je eine besondere oder meist für mehrere Dampfmaschinen gemeinsame Einspritzleitung EL verbunden sind, wird durch die Condensatorluftleere das Wasser unmittelbar angesaugt. Die Höhenlage des Maschinenhausfufsbodens ist so gewählt, dafs auch bei den entferntesten Wasserentnahmestellen (bei Centrale II bis 1300 m) keinerlei besondere maschinelle Einrichtungen zur Beschaffung des Kühlwassers erforderlich sind. Jeder Saugwindkessel ist mit einer Dampfstrahlpumpe versehen, durch welche von Zeit zu Zeit die im Kessel sich abscheidende Luft entfernt wird, deren Vorhandensein an einem Wasserstandsglase ersichtlich ist. Die Regelung des Zuflusses erfolgt für jeden Condensator durch einen von Hand verstellbaren Einspritzhahn derart, dafs eine gute Luftleere erzeugt wird. Dabei stellt sich von selbst im Saugwindkessel diejenige Luftleere ein, welche erforderlich ist, um aus den Brunnen bezw. Wasserläufen das nöthige Kühlwasser zu entnehmen.

III. Die Berliner Elektricitäts-Werke. 525

Das erste Andrehen der Dampfmaschinen erfolgt bei den kleineren von 350 P. S. von Hand, bei den gröfseren von 1000 bis 1500 P. S. je durch eine besondere kleine Verbund-Dampfmaschine (sogenannte Startmaschine), welche an einem Zahnkranz des Schwungrades angreift und sich selbstthätig ausrückt, sobald eine gewisse Umdrehungsgeschwindigkeit erreicht und die Haupt-Dampfmaschine im Gange ist.

Das verbrauchte Kühlwasser fliefst mit einer Temperatur von höchstens 40° C. vermittelst der gemeinschaftlichen Ausgufsleitung AL zum Theil durch besondere Rohrleitungen unmittelbar, zum Theil unter Benutzung von Nothauslafscanälen der städtischen Canalisation in öffentliche Wasserläufe, nachdem es zuvor auf dem Grundstück der Centralstation einen Klärbrunnen durchlaufen hat, in welchem die geringen, von der Schmierung der Dampfcylinder herrührenden Oelmengen zurückgehalten werden.

Die Speisung der Dampfkessel geschieht durch die Dampfpumpen DP, welche zum gröfsten Theil nach dem System Worthington gebaut sind; dieselben laufen beim Oeffnen des Speiseventils eines Kessels selbstthäthig an und bedürfen somit einer ständigen Bedienung nicht. Diese Pumpen sind der Zahl und Gröfse nach so bemessen, dafs sie für sich den gesetzlichen Vorschriften für die Kesselspeisung entsprechen; aufserdem ist jede Kesselanlage noch mit einem, bezw. mehreren Dampfinjectoren ausgerüstet. Die Dampfspeisepumpen saugen entweder unmittelbar kaltes Wasser aus dem Saugwindkessel oder warmes Condensationswasser aus der Ausgufsleitung, um dasselbe in die Kessel zu drücken. Das Speisewasser durchläuft hierbei stets noch einen Röhrenvorwärmer, welcher durch den abgehenden Dampf der Speisepumpen geheizt wird. Die Einrichtung ist aufserdem noch so getroffen, dafs die Speisepumpen sowohl kaltes Wasser aus dem Saugwindkessel nach den Wasserbehältern fördern, als auch solches aus letzteren entnehmen können, wobei das Wasser den Behältern bei einem gewissen Wasserstande selbstthätig durch Oeffnung eines Schwimmkugelhahns aus der städtischen Wasserleitung zufliefst. Die Injectoren sind lediglich dazu eingerichtet, kaltes Wasser aus den Wasserbehältern zur Speisung der Kessel zu entnehmen.

Für die Dampferzeuger konnten wegen des beschränkten Raumes und der hohen Kosten für Grund und Boden im Mittelpunkt der Stadt nur Wasserröhrenkessel bewährter Construction verwendet werden. Sie wurden anfangs mit rauchlosem Brennstoff, hauptsächlich Anthracit, gefeuert; seitdem es gelungen ist, Halbgasfeuerungen anzuwenden, bei denen die Verbrennungsproducte fast unsichtbar aus dem Schornstein entweichen, ist man zur Steinkohlenfeuerung übergegangen.

Die näheren Angaben über Zahl, System, Gröfse und Leistung der Kessel und Dampfmaschinen sind aus der Zusammenstellung auf Seite 527 zu entnehmen, sodafs sich eine weitere Beschreibung erübrigt.

Elektrischer Theil.

Die zur Erzeugung der elektrischen Ströme dienenden Dynamomaschinen sind sämtlich Gleichstrom-Nebenschlufsmaschinen. Nur neun kleinere, nach der Edison-Type gebaute Maschinen in der Centrale Markgrafenstrafse, die jedoch demnächst auch beseitigt werden, haben Riemenbetrieb. Alle übrigen Dynamos sind mit den Wellen der Dampfmaschinen unmittelbar gekuppelt. Es sind drei verschiedene Gröfsen zu unterscheiden:

I. Dynamos von 300 bis 350 P. S., 82 minutlichen Umdrehungen, von welchen in Centrale I sechs, in Centrale II zwei, zusammen also acht aufgestellt sind. Dieselben sind je mit einer stehenden Tandem-Dampfmaschine gekuppelt.

II. Dynamos von 500 P. S., 70 Umdrehungen, zu je zweien gekuppelt mit einer Verbund-Dampfmaschine; von denselben sind acht in Centrale II, sechs in Centrale III und sechs in Centrale IV, zusammen 20 aufgestellt.

III. Dynamos von 750 P. S., 105 Umdrehungen, zu je zweien mit einer Verbund-Dampfmaschine gekuppelt und zwar bis jetzt aufgestellt in Centrale II vier Stück; aufserdem sind bestellt für Centrale Spandauer Strafse weitere acht Stück, zusammen 12.

Die Dynamos zu I und II sind Innenpolmaschinen der Firma Siemens & Halske mit Ringanker und zwar die zu I mit, die zu II ohne besonderen Commutator. Die Maschinen zu III sind von der Allgemeinen Elektricitäts-Gesellschaft gebaute Aufsenpolmaschinen, besitzen ein 18 poliges, flufsstählernes Magnetgestell, einen Trommelanker und besonderen Commutator. Während die Dynamos zu I und II je für eine Spannung bis zu 130 Volt bestimmt sind und für das Dreileitersystem je zu zweien hinter einander geschaltet werden müssen, sind die Maschinen III für eine Spannung bis zu 260 Volt gebaut. Um mit denselben in das Dreileiternetz arbeiten zu können, sind sie je mit einem sogenannten Spannungstheiler, System von Dobrowolsky (D. R. Patent der A. E. G. Nr. 73 892) ausgestattet, welcher in Form eines gewöhnlichen Wechselstrom-Transformators gebaut ist, keine bewegten Theile enthält und keine Bedienung erfordert. Derselbe gestattet die Abnahme der dritten, sogenannten Nullleitung von einer festen Klemme und vermittelt den Ausgleich der Belastung beider Dreileiterhälften innerhalb der bei solchen Anlagen in Betracht kommenden ungleichen Belastungen ohne einen ins Gewicht fallenden Spannungsunterschied. Die Dynamomaschinen zu III können ihrerseits wieder hinter einander geschaltet werden und somit Strom mit einer Spannung bis zu 520 Volt liefern, welcher zum Betriebe elektrischer Strafsenbahnen bestimmt ist.

Der von den Dynamos I und II gelieferte Strom fliefst von den positiven Bürsten durch Kupferschienen nach der Schalttafel, deren Schema in Abb. 635 dargestellt ist. Er geht zunächst durch den Ampèremesser A und die Sicherung S nach dem Umschlaghebel UH, welcher die positive Leitung

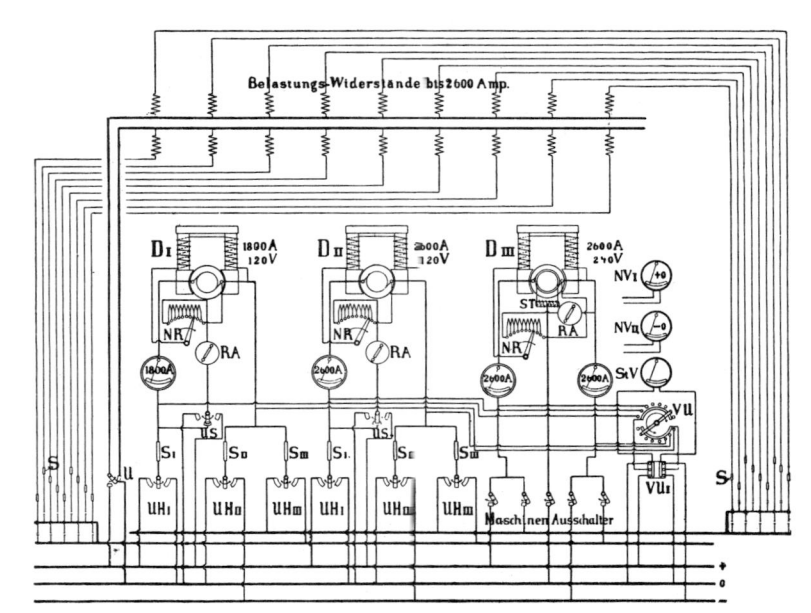

Abb. 635. Schema einer Schalttafel.

entweder mit der positiven oder Nullsammelschiene der Schalttafel in Verbindung setzt. Von hier aus durchfliefst der Strom das Kabelnetz, sowie die Stromverbraucher und kehrt zum gröfseren Theil durch die negative Leitung und die zweite dahinter geschaltete Dynamo, zum kleineren Theil unmittelbar durch die Nullleitung zur negativen Klemme der Dynamo zurück. Er durchfliefst dabei auf der Schalttafel den Umschlaghebel UH_2 und die Bleisicherung S_2. Von der negativen Maschinenleitung zweigt noch eine Leitung nach dem Umschlaghebel UH_3 ab, welche gestattet, die Dynamo statt auf die Sammelschienen und das Netz auf besondere Belastungswiderstände arbeiten zu lassen, welche zu Versuchszwecken dienen.

Die Erregung der Magnete erfolgt entweder durch den beim Anlauf der Dynamo sich entwickelnden Strom (Selbsterregung) oder gewöhnlich von den Sammelschienen.

Von den Maschinenleitungen jeder Dynamo gehen dünne Leitungen nach einem Voltmeter-Umschalter VU, welcher dazu dient, das sogenannte Maschinen-Voltmeter auf jede beliebige Dynamo zu schalten und deren Spannung zu messen, ehe sie mit den bereits im Betrieb befindlichen zusammengeschaltet wird.

Die Regulirung der Dynamos mufs so erfolgen, dafs möglichst stets die gleiche Spannung in allen Punkten des Netzes herrscht. Infolge der mit der Stromvertheilung nothwendig verbundenen Spannungsverluste wird bei ungleicher Belastung des Netzes die

III. Die Berliner Elektricitäts-Werke.

Laufende Nummer	Centrale	Inbetrieb-setzung	Dampfkessel Anzahl	Dampfkessel Heizfläche in qm	Dampfmaschinen Anzahl	Dampfmaschinen System	Dampfmaschinen Steuerung	Dampfmaschinen Umdrehungen in 1 Minute	Dampfmaschinen Normale Leistung in effect. P.S. im einzelnen	Dampfmaschinen Normale Leistung in effect. P.S. im ganzen	Dynamomaschinen Anzahl	Dynamomaschinen Umdrehungen in 1 Minute	Dynamomaschinen Normalleistung im einzelnen Amp.	Dynamomaschinen Normalleistung im einzelnen Volt	Dynamomaschinen Normalleistung im einzelnen Kilowatt	Dynamomaschinen Leistung im ganzen Kilowatt
1	I	Aug. 1885	5	865	6*	stehende Verbund m. Cond.	Kolbenschieber	210	150	—	12*	750	375	100	37,5	—
2	„	„ 1888	1	173	4	stehende Tandem m. Cond.	Corliss.	82	300	1 200	4	82	1 800	120	216	864
3	„	„ 1888	3	603												
4	„	„ 1890			2	„	„	82	300	600	2	82	1 800	120	216	432
5	„	„ 1896			3	Antrieb durch Drehstrommotoren		500	600	—	3	500	1 660	240	400	1 200
6	Bestand 1896		9	1 641	6					1 800	9					2 496
7	II	Mai 1886	3*	—	3*	stehende Verbund m. Cond.	Kolbenschieber	210	150	—	6*	750	375	100	37,5	—
8	„	„ 1888	3*	—	3*	„	„	160	240	—	6*	375	900	110	99	—
9	„	„ 1889	3	909	2	stehende Tandem m. Cond.	Corliss.	82	300	600	2	82	1 800	120	216	432
10	„	„ 1890	.		1	stehende Verbund m. Cond.	„	70	1 000	1 000	2	70	2 800	120	336	672
11	„	„ 1891	3	909	2	„	„	70	1 000	2 000	4	70	2 800	120	336	1 344
12	„	„ 1893	.		1	„	„	70	1 000	1 000	2	70	2 800	120	336	672
13	„	„ 1895	4	1 700	.			.			.			.		
14	„	„ 1896	.		2	„	„	105	1 500	3 000	4	105	2 600	240	624	2 496
15	Bestand 1896		10	3 518	8					7 600	14					5 616
16	III	Oct. 1889	5	1 355	2	stehende Verbund m. Cond.	Corliss.	70	1 000	2 000	4	70	2 800	120	336	1 344
17	„	„ 1891	.		1	„	„	70	1 000	1 000	2	70	2 800	120	336	672
18	„	„ 1892	.		.											
19	„	„ 1895	3	1 140	.											
20	„	„ 1896	.		1	„	„	105	1 500	1 500	2	105	2 600	240	624	1 248
21	IIIa	„ 1896	8	2 104	3	„	Ventil Sulzer	110	1 500	4 500	6	110	2 600	240	624	3 744
22	III u. IIIa Best. 1896		16	4 599	7					9 000	14					7 008
23	IV	Oct. 1890	6	1 818	1	stehende Verbund m. Cond.	Corliss.	70	1 000	1 000	2	70	2 800	120	336	672
24	„	„ 1891	.		2	„	„	70	1 000	2 000	4	70	2 800	120	336	1 311
25	„	„ 1896	5	2 125	2	„	Ventil Collmann	110	1 500	3 000	4	110	228	3 000	684	—
26	Bestand 1896		11	3 943	5					6 000	10					2 016
27	Gesamt-Bestand	1896	46	13 701	26					24 400	47					17 136

Bemerkung. Die mit * bezeichneten Kessel bezw. Maschinen sind bereits entfernt oder werden 1896 beseitigt.

528 III. Die Berliner Elektricitäts-Werke.

Spannung an verschiedenen Stellen verschieden sein; hält man daher die mittlere Netzspannung auf gleicher Höhe, so werden sich bei einem guten Leitungsnetz die Spannungsabweichungen in geringen zulässigen Grenzen halten. Die normale Spannung an den Zuleitungskästen des Netzes soll 108,5 Volt für jede Dreileiterhälfte betragen. Die Zuleitungen sind mit besonders isolirten, sogenannten Prüfdrähten versehen, welche in den Zuleitungskästen an die der Zuleitung entsprechenden Sammelschienen angeschlossen sind. An der Schalttafel in der Centrale befinden sich zwei sogenannte Netzvoltmeter NV, eines für die $+0$, das andere für die -0 Hälfte. Für eine bestimmte Anzahl gleichförmig über das Netz vertheilter Zuleitungskästen sind die Prüfdrähte auf der sogenannten Prüfdraht-Schalttafel der Polarität entsprechend an gemeinsame Kupferschienen angeschlossen und zwar unter Zwischenschaltung von kleinen Widerstandsspulen, welche so bemessen sind, dafs sämtliche

Abb. 636. Hauptschalttafel der Centrale Mauerstrafse.

Prüfdrahtleitungen gleichen Widerstand erhalten. Das Netzvoltmeter ist an diese Kupferschienen angeschlossen und zeigt somit das Mittel der Spannungen an sämtlichen an das Voltmeter angeschlossenen Zuleitungskästen. Die Aufgabe der Schalttafelbedienung ist es sonach, die Spannung der Netzvoltmeter mit Hülfe der Nebenschlufsregulatoren constant zu halten. Zur Ueberwachung des Betriebes sind in jeder Centrale noch zwei weitere Netzvoltmeter aufgestellt, welche mit selbstthätiger Aufzeichnung nach dem der Allgemeinen Elektricitäts-Gesellschaft gehörigen Patent, System Dr. Raps, versehen sind. Bei demselben bewegt sich der Zeiger des Voltmeters vor einem Schlitz, hinter welchem durch ein Uhrwerk ein photographisches, mit entsprechender Eintheilung versehenes Papier senkrecht zum Schlitz verschoben wird. Eine elektrische Glühlampe ist vor dem Zeiger derart angebracht, dafs derselbe auf das Papier hinter den Schlitz einen Schattenpunkt wirft, welcher im Laufe der Betriebsperiode eine weifse Linie auf schwarzem Grunde, die Spannungscurve, entwickelt.

Ueber die Ausrüstung der einzelnen Centralstationen mit Kesseln, Dampfmaschinen und Dynamos giebt die oben stehende Zusammenstellung (S. 527) eingehende Auskunft. Aus derselben geht auch hervor, wann die einzelnen Theile in Betrieb gekommen sind. Von den in Reihe 1 aufgeführten sechs Dampfmaschinen von je 150 P. S. nebst Dynamos sind bereits drei im Jahre 1892 beseitigt und in anderweitigen Betrieben verwendet worden, weil die kleineren Dampfmaschinen nicht mehr den neueren Anforderungen in Bezug auf Wirthschaftlichkeit entsprachen; die anderen drei Maschinen, welche in letzter Zeit lediglich als Aushülfe benutzt wurden, werden noch im Laufe dieses Jahres entfernt. Da in unmittelbarer Nähe der Centrale Markgrafenstrafse der gröfste Stromverbrauch herrscht, so liegt ein dringendes Bedürfnis nach weiterer Vergrößerung ihrer Leistungsfähigkeit vor. Die Aufstellung gröfserer Dampfmaschinen an Stelle der zu beseitigenden alten empfahl sich jedoch nicht in dem engen niedrigen Maschinenraum, während aufserdem noch die Unterbringung neuer Kessel ganz aufserordentliche Kosten verursacht hätte. Die Gesellschaft entschied sich daher für die Aufstellung von Gleichstromdynamos von je 400 Kilowatt Leistung, welche durch entsprechend grofse Drehstrommotoren, die mit ihnen unmittelbar gekuppelt sind, angetrieben werden. Von diesen Drehstrom-Gleichstrom-Umformern können in dem zur Verfügung stehenden Raum im ganzen acht Stück untergebracht werden; im Jahre 1896 kommen zunächst nur drei zur Aufstellung. Die Leistungsfähigkeit der Centrale Markgrafenstrafse wird hierdurch um 1800 P.S. erhöht, also verdoppelt. Die Erzeugung des erforderlichen Drehstromes findet in der entsprechend erweiterten Centrale Schiffbauerdamm statt. Es werden daselbst in dem von Anfang an grofs genug angelegten Kesselhause fünf neue Wasserrohrkessel von je 425 qm Heizfläche aufgestellt und ein neuer Schornstein hierzu gebaut, für welchen bereits früher die Fundamente hergestellt waren. Das Maschinenhaus ist entsprechend vergröfsert worden und wird mit zwei Verbund-Dampfmaschinen mit Condensation ausgerüstet, welche je zwei Drehstrom-Dynamomaschinen antreiben. Die Dynamos werden nach dem bewährten Drehstromsystem der Allgemeinen Elektricitäts-Gesellschaft für eine Spannung zwischen zwei Hauptleitungen

Abb. 637.

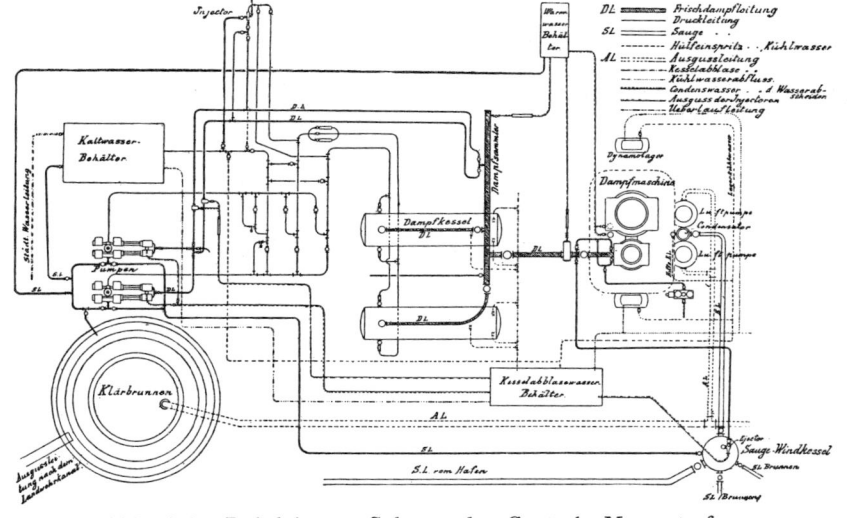

Abb. 638. Rohrleitungs-Schema der Centrale Mauerstrafse.

530   III. Die Berliner Elektricitäts-Werke.

von 3000 Volt gebaut. Der Strom wird mittels verhältnifsmäfsig dünner Kabel mit nur geringem Verlust nach der Centrale Markgrafenstrafse geleitet und treibt dort unmittelbar, also ohne Umformung auf niedrige Spannung, die zum Betrieb der neuen Gleichstrom-Dynamomaschinen bestimmten Drehstrommotoren. Die letzteren machen 500 Umdrehungen in der Minute und erhalten Kurzschlufsanker.

Sehr bedeutende Umänderungen und Erweiterungen erfuhr im Laufe der letzten drei Jahre die Centrale Mauerstrafse. 1893 wurden daselbst im älteren nördlichen Bau, welcher genau wie der älteste Theil der Centrale Markgrafenstrafse mit unten gelegenen Maschinen und darüber angeordneten Kesseln angelegt war, drei Dampfmaschinen zu je 240 P. S. nebst drei darüber liegenden Kesseln beseitigt und in dem so gewonnenen hohen Raume eine neue Dampf-Dynamo von 1000 P. S. Leistung aufgestellt. 1893 erfolgte die Beseitigung der übrigen drei Stück 150pferdigen Dampfmaschinen nebst Kesseln und die Herstellung der Fundamente für zwei Dampfdynamos von je 1500 P. S., deren Aufstellung Ende Mai 1896 vollendet sein wird.

Gleichzeitig wurde an dem westlichen Theile dieses Baues ein neues Kesselhaus nebst Schornstein angebaut und mit vier Wasserrohrkesseln von je 425 qm Heizfläche ausgerüstet.

Der Stromverbrauch im Gebiete der Centrale Spandauer Strafse, deren Leistung ursprünglich auf 4000 P. S. bemessen war, nahm in den letzten Jahren einen aufserordentlichen Auf-

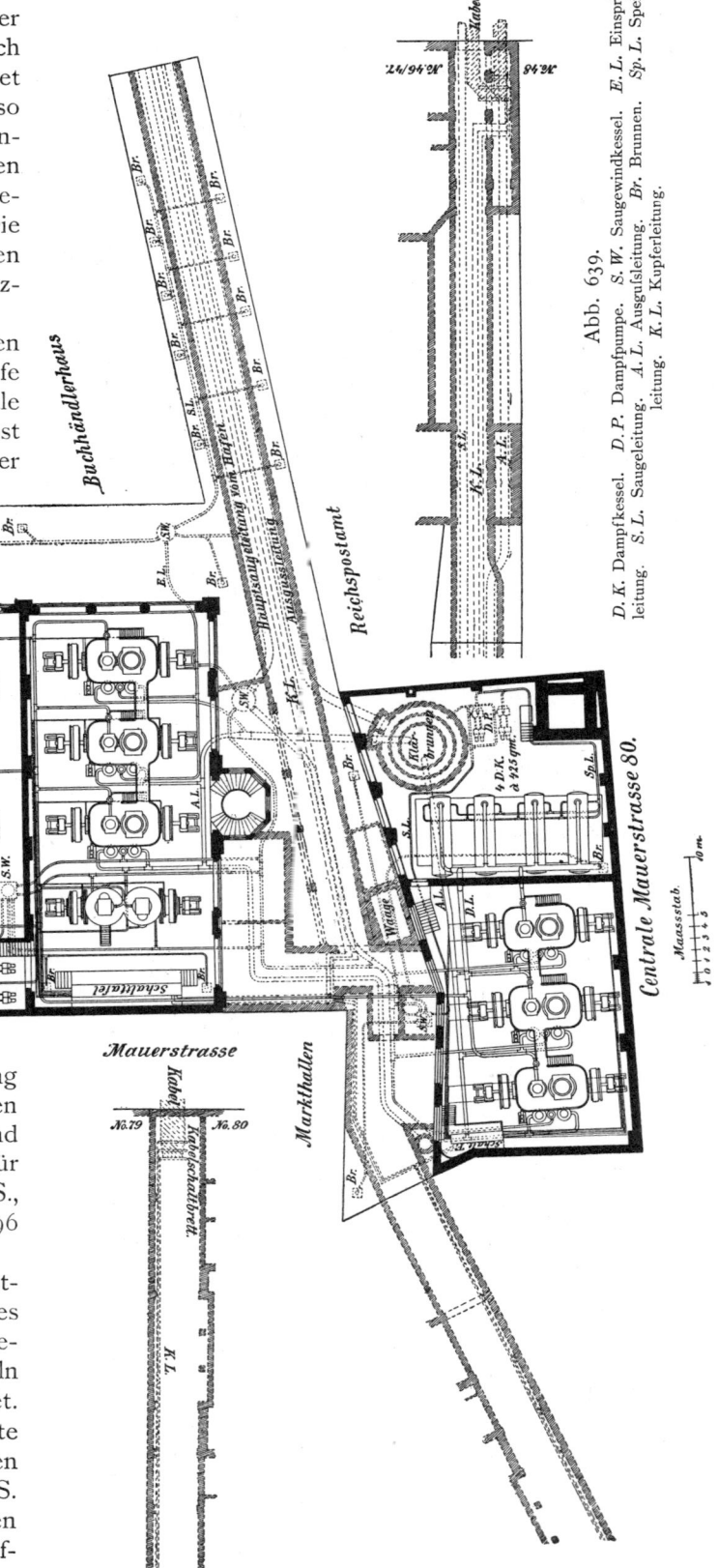

Abb. 639.

D. K. Dampfkessel. D. P. Dampfpumpe. S. W. Saugewindkessel. E. L. Einspritzleitung. S. L. Saugeleitung. A. L. Ausgufsleitung. Br. Brunnen. Sp. L. Speiseleitung. K. L. Kupferleitung.

III. Die Berliner Elektricitäts-Werke.

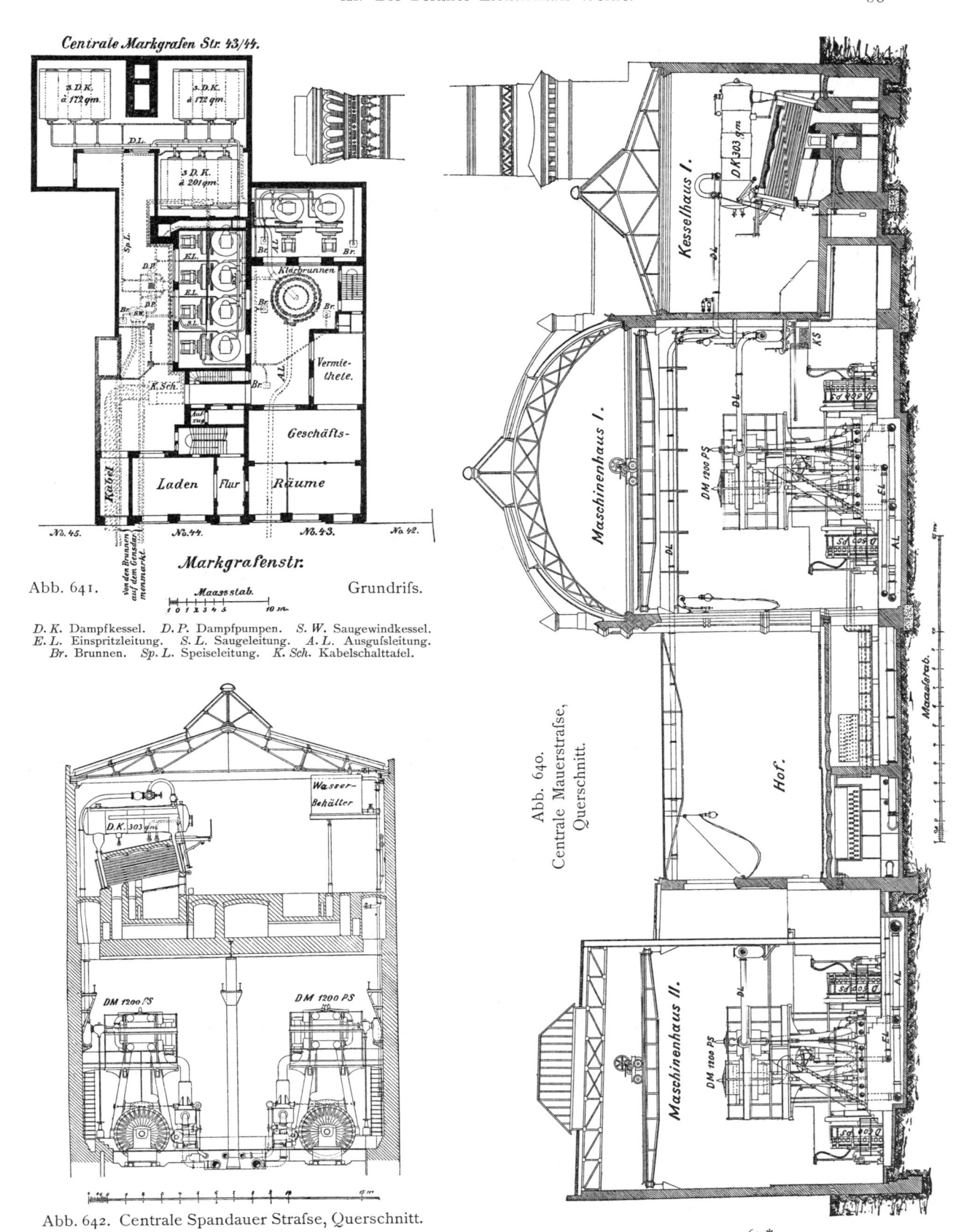

Abb. 641. Centrale Markgrafen Str. 43/44. Grundriss.

D. K. Dampfkessel. D. P. Dampfpumpen. S. W. Saugewindkessel.
E. L. Einspritzleitung. S. L. Saugeleitung. A. L. Ausgufsleitung.
Br. Brunnen. Sp. L. Speiseleitung. K. Sch. Kabelschalttafel.

Abb. 642. Centrale Spandauer Strafse, Querschnitt.

Abb. 640. Centrale Mauerstrafse, Querschnitt.

67*

532   III. Die Berliner Elektricitäts-Werke.

schwung. Hierzu kam noch die von der Gesellschaft übernommene Verpflichtung, den erforderlichen Strom zum Betrieb eines Theiles der zur Ausführung genehmigten elektrischen Strafsenbahnen zu liefern, sodafs die Nothwendigkeit einer gröfseren Erweiterung geboten war. Die Gesellschaft erwarb daher ein anstofsendes Grundstück in der Rathhausstrafse, auf welchem zu Anfang dieses Sommers der Bau eines grofsen Kessel- und Maschinenhauses begonnen wird. In demselben werden drei Dampfdynamos von je 1500 P. S. und sieben Wasserrohrkessel von je 263 qm Heizfläche untergebracht. Mit Rücksicht auf den hohen Werth des Grund und Bodens und im Anschlufs an die vorhandene Anlage werden auch hier die Kessel über dem Maschinenraum angeordnet.

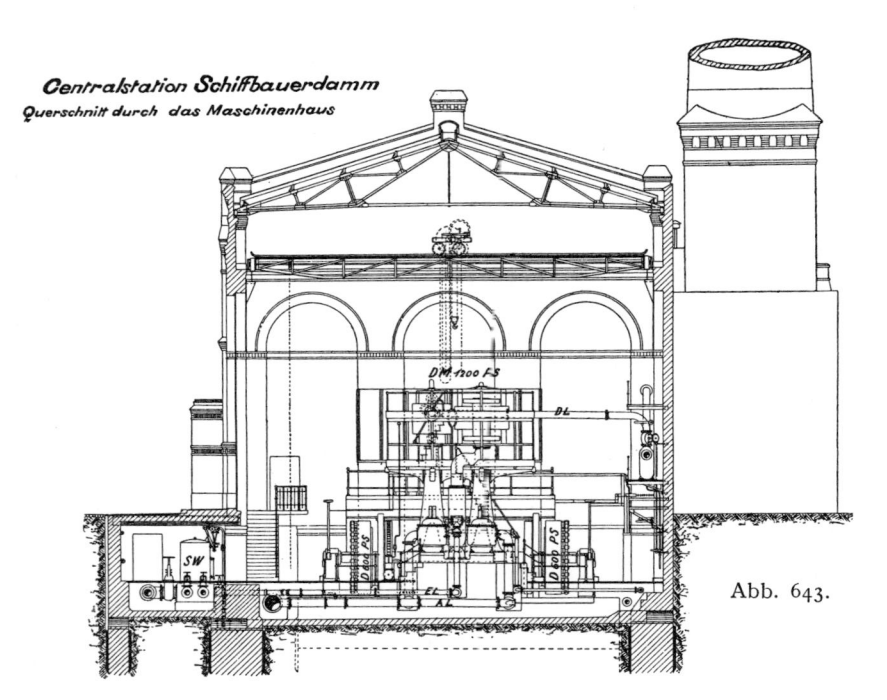

Sämtliche neuen Gleichstrom-Dynamomaschinen werden für eine Spannung bis zu 260 Volt gebaut und, wie schon erwähnt, mit Spannungstheilern versehen, damit sie sowohl einzeln in das Dreileitersystem der Werke arbeiten, als auch zu je zweien hinter einander geschaltet Strom von einer Spannung bis zu 520 Volt zum Betriebe der elektrischen Strafsenbahnen liefern können. — Die Abb. 639, 641, 645 u. 647 geben in kleinerem Mafsstabe die Grundrisse der vier Centralen nach erfolgtem Ausbau, wie derselbe vorstehend geschildert wurde. In Abb. 637 u. 640 sind Schnitte der Centrale Mauerstrafse in gröfserem Mafsstabe, in Abb. 647 u. 648 Centrale Spandauer

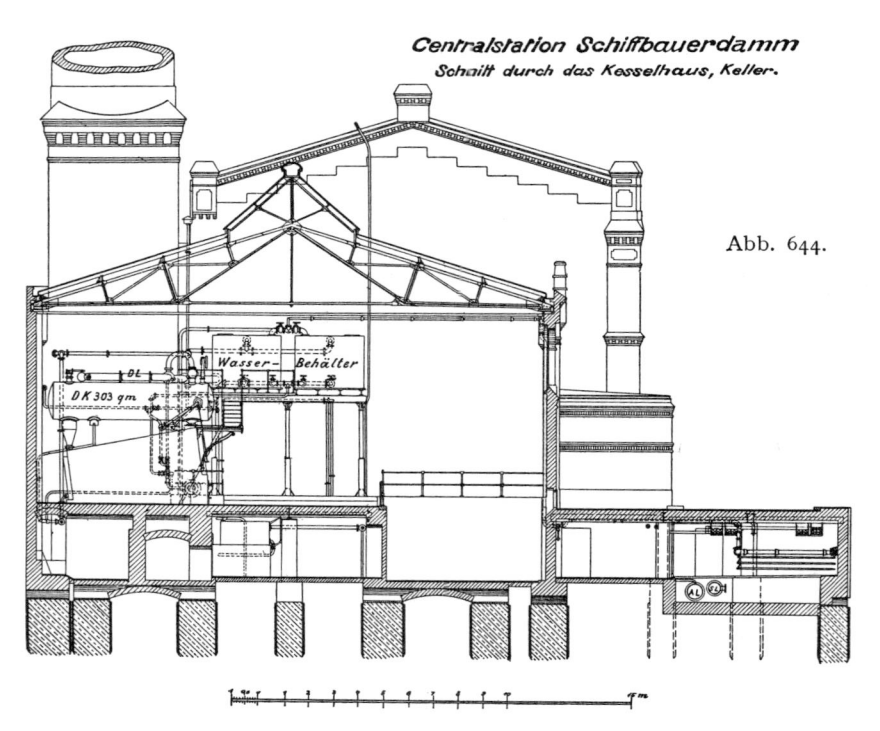

Abb. 643.

Centralstation Schiffbauerdamm
Querschnitt durch das Maschinenhaus

Abb. 644.

Centralstation Schiffbauerdamm
Schnitt durch das Kesselhaus, Keller.

III. Die Berliner Elektricitäts-Werke. 533

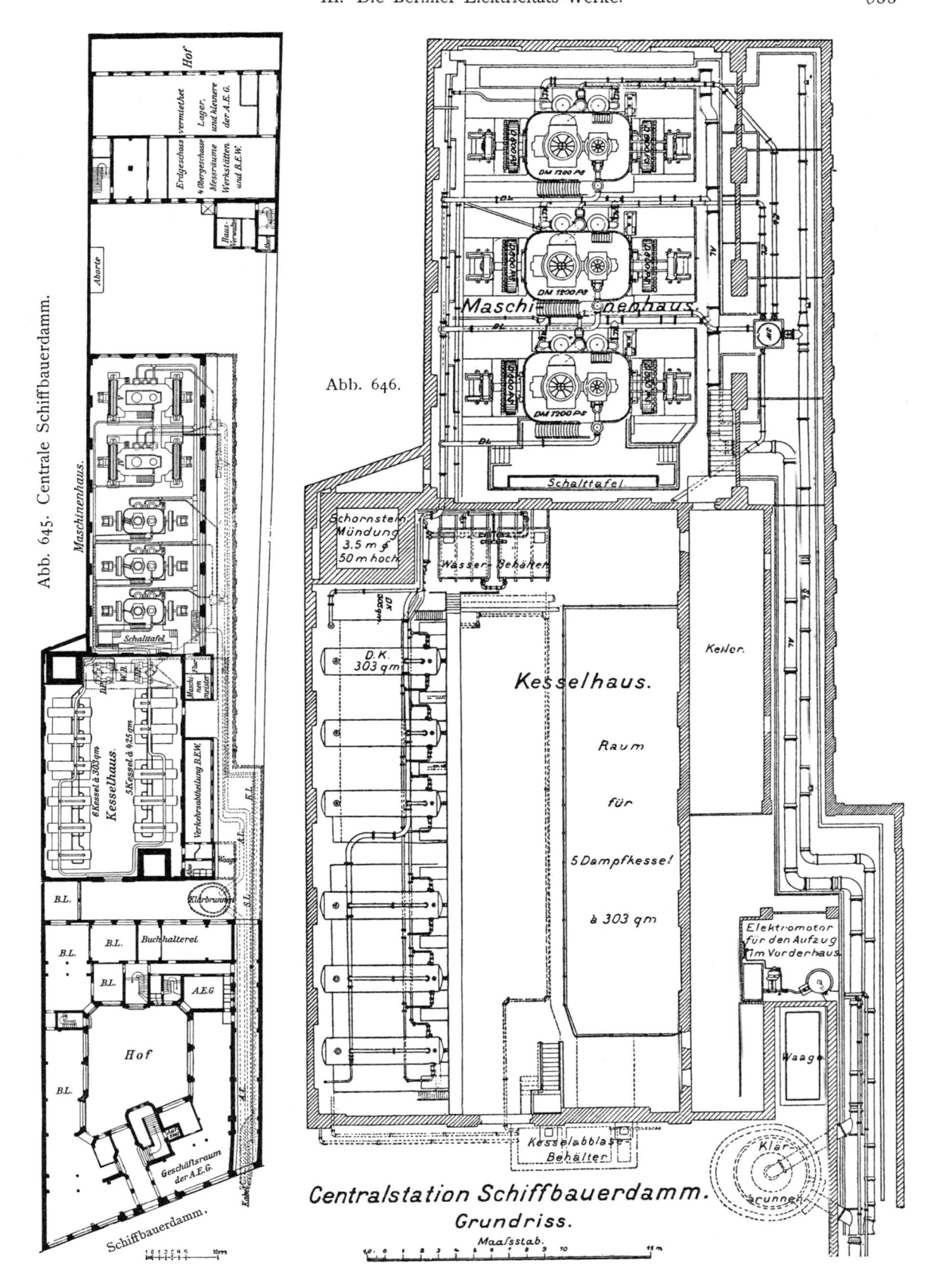

Abb. 645. Centrale Schiffbauerdamm.

Abb. 646.

Centralstation Schiffbauerdamm.
Grundriss.
Maasstab.

534 III. Die Berliner Elektricitäts-Werke.

Strafse im seitherigen Zustande dargestellt, während sich Abb. 643—646 auf den seitherigen Ausbau der Centrale Schiffbauerdamm beziehen. Abb. 636 giebt einen Blick auf die Hauptschalttafel der Centrale Mauerstrafse und die davor befindlichen Umformer zur Speisung der Accumulatoren-Unterstation.

In den Centralen Markgrafenstrafse und Spandauer Strafse, in welchen die Kessel über dem Maschinenraum liegen, findet die Hebung der Kohlen zum Heizen der Kessel vermittelst elektrisch betriebener Aufzüge statt. Dieselben fördern die Kohle in einen entsprechend hoch über der Sohle des Kesselhauses gelegenen Vorrathsraum, der nach unten mit einer Anzahl von Trichtern versehen ist. Durch Oeffnung eines Schiebers werden die Kohlen aus dem Trichter in kleine Handwagen abgefüllt und zum Verfeuern nach den Kesseln gebracht.

Der Verbrauch an Kühlwasser zur Condensation des Dampfes der Dampfmaschinen ist je nach der Gröfse der einzelnen Centralen ein sehr bedeutender, sodafs die Beschaffung desselben einige Schwierigkeiten bot. In der Centrale Markgrafenstrafse wird das Wasser aus 14 Rohrtiefbrunnen von etwa 40—45 m Tiefe gewonnen, von welchen sechs mit Genehmigung des Magistrats auf dem Gensdarmenmarkt angelegt sind, während sich die übrigen auf dem Grundstück der Centrale befinden. Die Wasserversorgung der Centrale Mauerstrafse erfolgte bis Ende vorigen Jahres aus 23 Rohrtiefbrunnen von 25 bis 30 m Tiefe, deren Ergiebigkeit jedoch für die neue Erweiterung nicht ausreicht, da der Wasserbedarf sich bei völliger Ausnutzung dieser Station bis auf 900 cbm in der Stunde steigern wird. Mit Genehmigung der Staats- und städtischen Behörden wurde daher eine gufseiserne Saugeleitung von 650 mm lichter Weite und etwa 1250 m Länge angelegt, welche das erforderliche Kühlwasser aus dem Hafen des Landwehrcanals am Hafenplatz entnimmt. Dieselbe ist mit doppelten engmaschigen

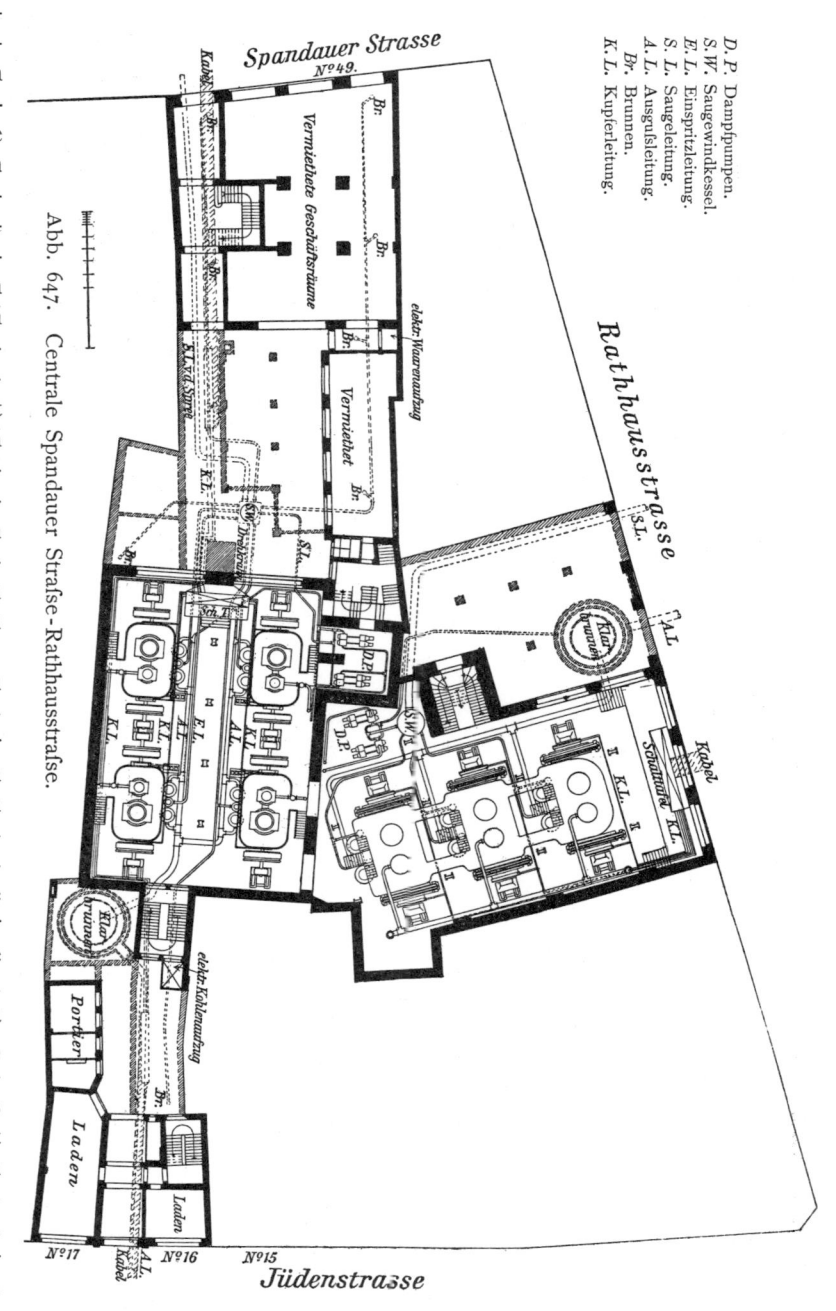

III. Die Berliner Elektricitäts-Werke. 535

Sieben versehen, welche kleinere Körper von der Leitung abhalten, während ein äufseres Gitter den Eintritt gröberer Gegenstände verwehrt. — Die Centrale Spandauer Strafse besitzt 11 Tiefbrunnen und eine Saugeleitung von 350 mm lichtem Durchmesser, welche das Wasser am Ende der Strafse „Am Krögel" aus der Oberspree entnimmt. Für die Erweiterung in der Rathhausstrafse hat sich

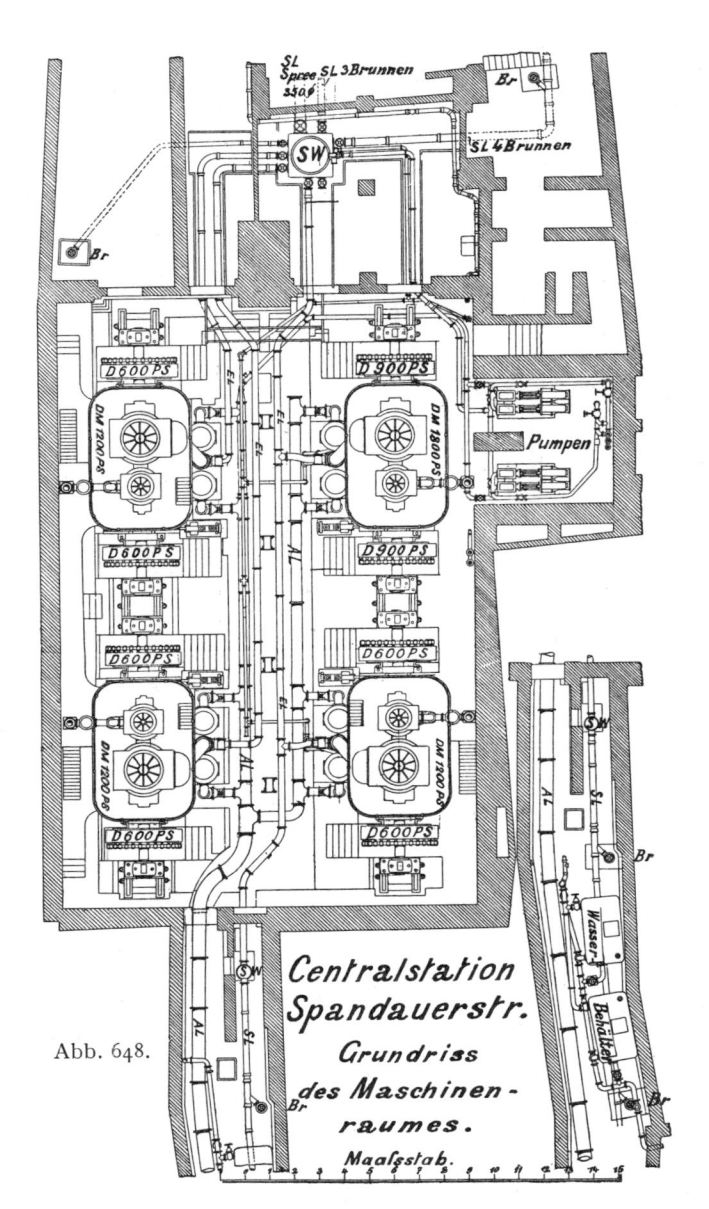

Abb. 648.

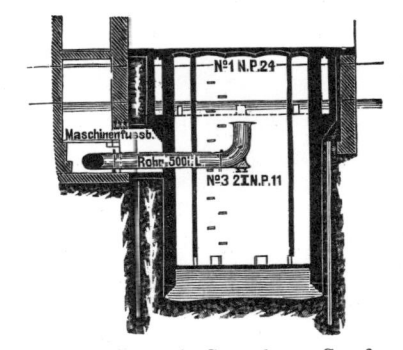

Abb. 649. Centrale Spandauer Strafse, Klärbrunnen. Schnitt nach $a-b$.

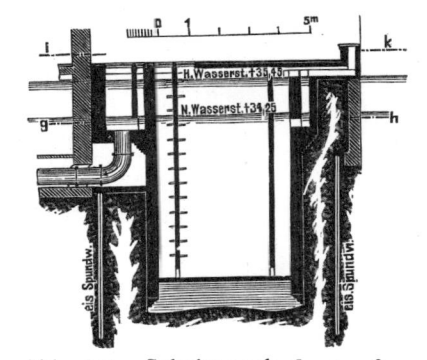

Abb. 650. Schnitt nach $d-e-f$.

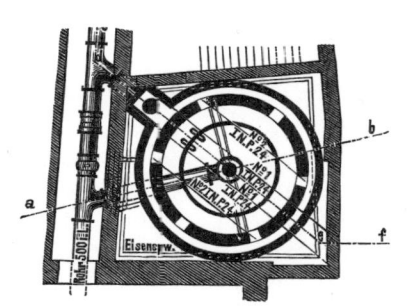

Abb. 651. Grundrifs nach $g-h$.

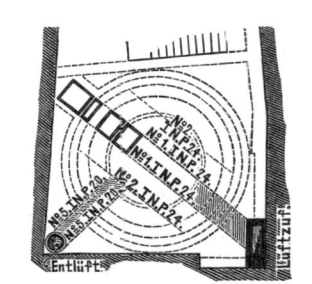

Abb. 652. Grundrifs nach $i-k$.

die Nothwendigkeit der Ausführung einer neuen Saugeleitung herausgestellt, welche das Wasser gleichfalls aus der Oberspree in der Nähe der Waisenbrücke entnehmen soll. Bei der unmittelbar an der Unterspree gelegenen Centrale Schiffbauerdamm wird das frische Wasser durch eine kurze Rohrleitung aus der Spree entnommen und das gebrauchte etwas weiter unterhalb derselben wieder zugeführt. — Abb. 649—652 zeigen die Ausführung des Klärbrunnens für die Reinigung des verbrauchten Condensationswassers in der Centrale Spandauer Strafse. Abb. 649 bezieht sich auf die Zuführung, Abb. 650 auf die Abführung des Wassers.

Accumulatoren-Unterstation Königin-Augusta-Strafse 36.

Die im Jahre 1893 begonnene und inzwischen erheblich vergröfserte Ausdehnung der Leitungsanlagen auf den westlichen Stadttheil, dessen Häuser hauptsächlich Wohnzwecken dienen, konnten aus Rücksicht auf die Umgebung und die Kostspieligkeit der Grundstücke am Thiergarten eine selbständige Stromerzeugungsstelle nicht erhalten, dagegen stellte die Errichtung einer Unterstation mit Accumulatoren, in welcher während des schwachen Tagesbetriebes ein Theil des in den vorhandenen Centralen erzeugten Stromes aufgespeichert würde, eine ebenso zweckmäfsige wie wirthschaftliche Ausnutzung der bereits bestehenden Anlagen in Aussicht. Die Unterstation wurde im Hofgebäude des zu

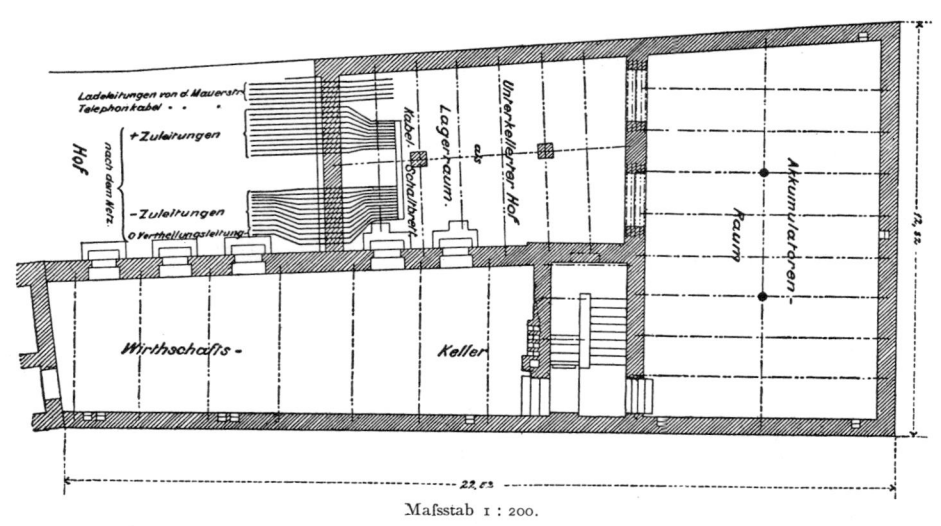

Mafsstab 1 : 200.

Abb. 653. Accumulatoren-Unterstation Königin-Augusta-Strafse 36.

dem Zweck erworbenen Grundstücks Königin-Augusta-Strafse 36 erbaut. Ihr Vertheilungsnetz ist mit dem Kabelnetz des Werkes Mauerstrafse verbunden, deren Sammelschienen der Strom zur Ladung der Accumulatoren entnommen wird. Das auch hier benutzte Dreileiternetz ist aus wirthschaftlichen Gründen nach einem schon mehrfach mit Erfolg von der Allgemeinen Elektricitäts-Gesellschaft ausgeführten System so angeordnet, dafs die Speiseleitungen keine besonderen Mittelleiter erhalten, die der Vertheilungsleitungen aber im Zuge nach der Station hin zunehmend mit der Anzahl der Abzweigungen verstärkt werden. Es bestehen zwei Hauptzüge der neutralen Leitung, eine westliche und eine östliche; beide sind in Rücksicht auf Betriebssicherheit als getrennte Kabelstränge nach der Station geführt, wo sie mit der neutralen Sammelschiene der Schalttafel verbunden sind.

Die Stromzuleitung nach den Accumulatoren besteht aus zwei getrennten Leitungen von je 500 qmm Querschnitt. Um den Spannungsverlust in der Ladeleitung auszugleichen und um die bei Ladung der Accumulatoren erforderliche Spannung zu erhalten, wurden in die Leitung Zusatzdynamos eingeschaltet, welche in der Station Mauerstrafse aufgestellt sind. Die Accumulatorenbatterie besteht aus 138 Elementen, die in einem massiven Gebäude mit sechs Stockwerken (Abb. 653) untergebracht und entsprechend der Anordnung des Dreileitersystems in zwei Reihen hinter einander geschaltet sind. Die Batterie besitzt bei einem Entladestrom von höchstens 710 Ampère eine Capacität von 3046 Ampère-

III. Die Berliner Elektricitäts-Werke. 537

stunden, d. h. es können mit der Batterie allein über 3000 Glühlampen von 16 N.K. ununterbrochen vier Stunden lang gespeist werden. Die Zellen, von denen jede rd. 1400 kg wiegt, haben ein Gesamtgewicht von 200 t. Die Räumlichkeiten sind ausreichend, um

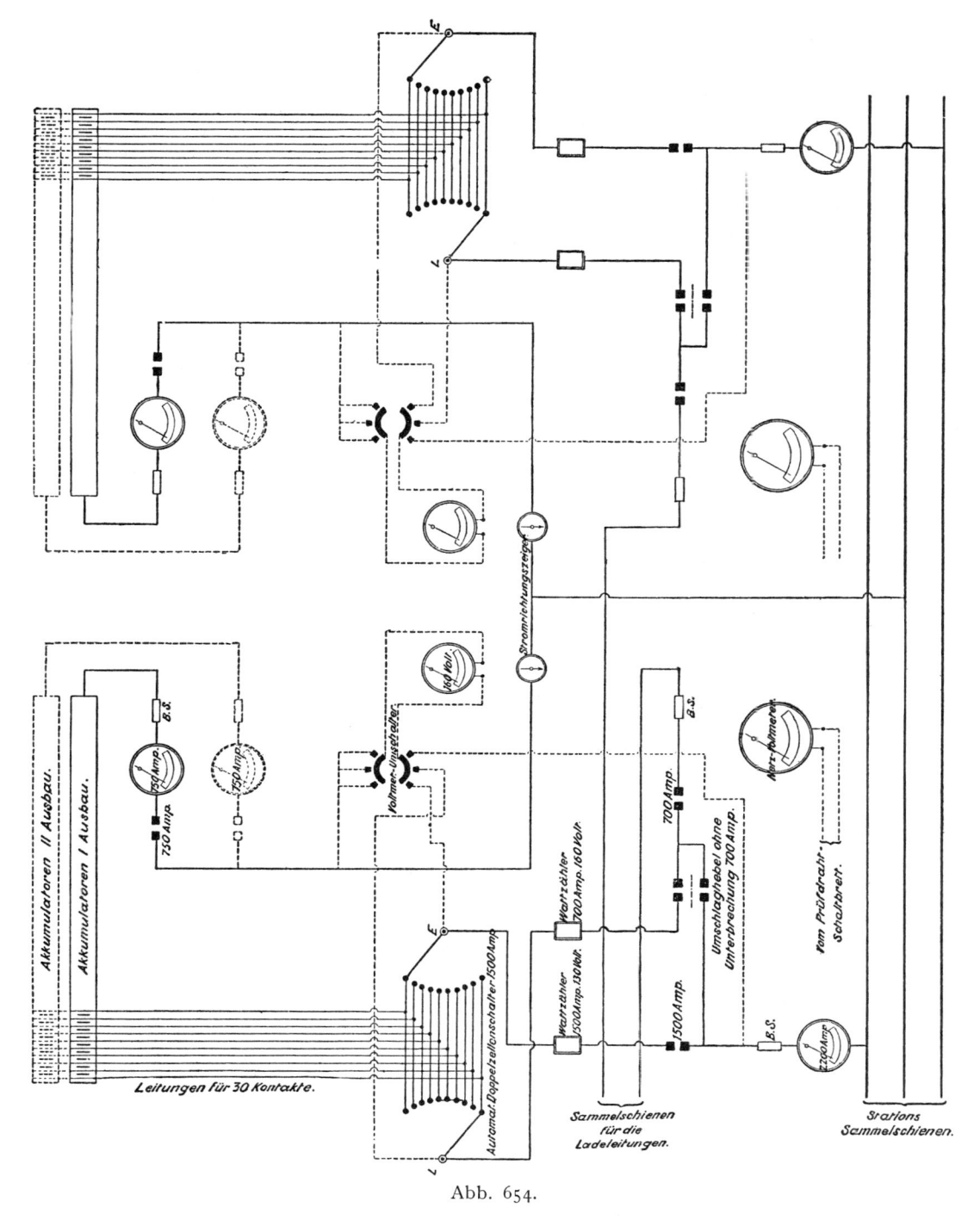

Abb. 654.

noch eine Batterie gleicher Größe mit der jetzigen parallel zu schalten. Mit der Aufstellung dieser zweiten Batterie soll noch im Jahre 1896 begonnen werden. Bei noch weiterer Vermehrung des Lichtbedürfnisses in jener Gegend kann eine dritte Batterie in dem angrenzenden Seitenflügel eingebaut werden. Das Erdgeschofs dient zur Aufnahme

Berlin und seine Bauten. I. 68

538   III. Die Berliner Elektricitäts-Werke.

der Schalttafel, deren Anordnung und Ausrüstung aus der Skizze des Schaltungsschemas (Abb. 654) ersichtlich ist. Der Strom der Ladeleitung passirt die Bleisicherung, den Schalthebel und tritt, je nach der Stellung des Umschalthebels, ohne Unterbrechung über den Ladehebel des Doppelzellenschalters oder die betreffende Sammelschiene in die Station. Erstere Stellung nimmt der Umschlaghebel ein, wenn die Batterie geladen werden soll; mit Hülfe des Ladehebels am Zellenschalter werden die jeweils geladenen Zellen abgeschaltet.

Die erforderliche Lampenspannung wird in jeder Netzhälfte mit Hülfe des Entladehebels der Zellenschalter aufrecht erhalten. Es werden von dem Ladestrom in diesem Zeiträume demnach gleichzeitig Accumulatoren geladen und Lampen gespeist. Sobald die Ladung vollendet ist, wird der Ladehebel auf denselben Contact gestellt, den der Entladehebel einnimmt, und der Umschlaghebel wird eingeschaltet. Ladeleitung und Batterie geben nun parallel Strom an das Netz ab. Die Stromlieferung durch die Ladeleitung erfolgt in annähernd constanter Stärke und wird in der Primärstation regulirt.

Der Unterschied zwischen jeweiliger Belastung des Netzes und Leistung der Ladeleitung wird durch die Batterie gedeckt. Die Bedienung der Entladehebel zur Gleichhaltung der Spannung im Netz

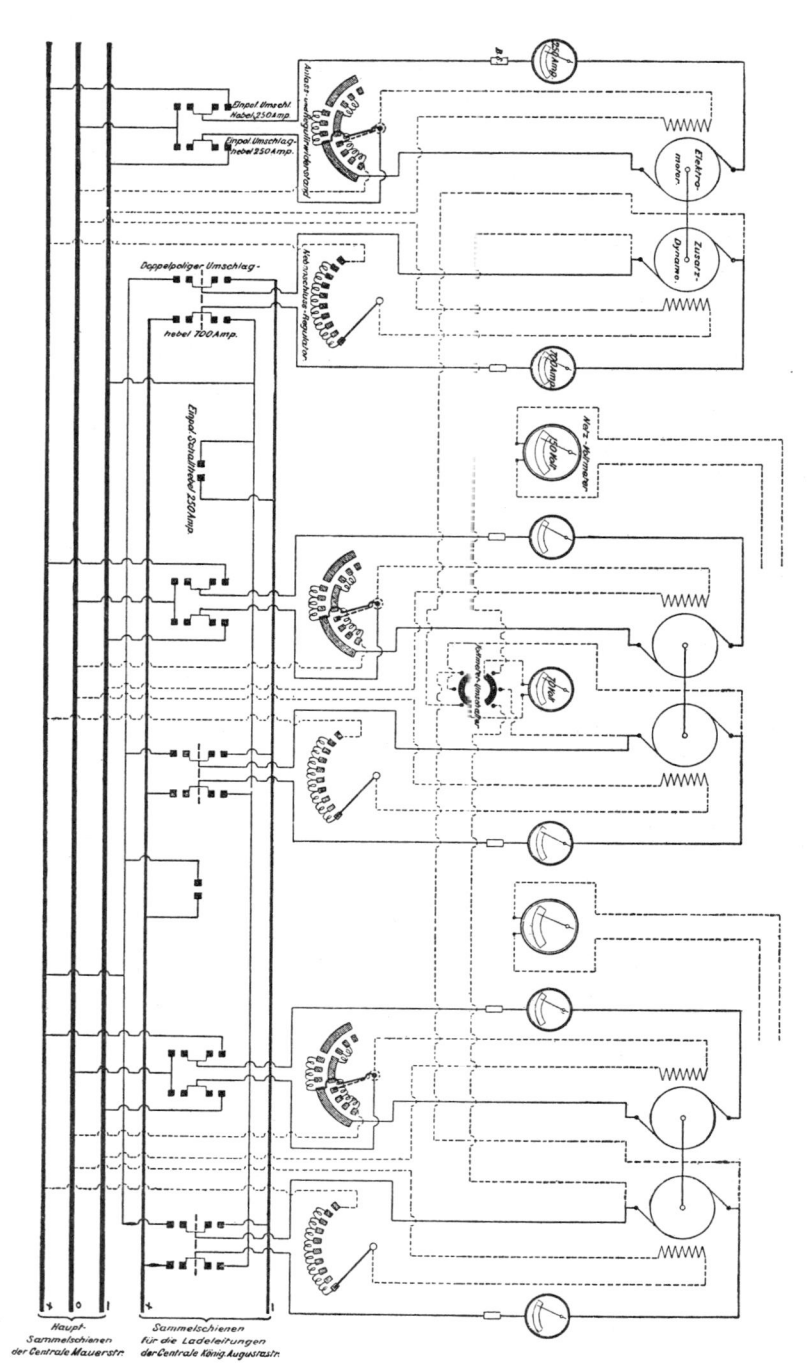

Abb. 655.

erfolgt durch selbstthätige Regulatoren. In möglichst gleichmäfsigem Betriebe, der zu Zeiten des gröfsten Verbrauches auf Tag und Nacht ausgedehnt werden kann, wird der Ladestrom der Schalttafel in der Thiergartenstrafse zugeführt. Da zur gröfsten Leistung der Batterie von 710 Ampère die Stromstärke der Ladeleitung von 400 Ampère hinzutritt, so beträgt die Gesamtleistung der Station 1110 Ampère, entsprechend 4800 gleichzeitig brennenden Glühlampen von je 16 N. K.

Die Einrichtungen in der Mauerstrafse zum Laden sind auf dem Schema der Transformatorenschalttafel (Abb. 655) angegeben. Die Ladeleitungen sind von den Sammelschienen abgezweigt und in den Abzweigungen zweipolige Umschlagschalthebel angebracht, mittels welcher jede beliebige Zusatzdynamo auf den positiven und negativen Pol der Ladeleitung geschaltet werden kann. Von den Zusatzdynamos, deren Wickelung den Verhältnissen angepafst ist und welche mit Motoren desselben Modells direct gekuppelt sind, bleibt ein Aggregat immer im Rückhalt. Durch zwei besondere Hebel wird die Ladeleitung unmittelbar an die Sammelschienen angeschlossen, wenn bei geringem Verbrauch im Thiergartenviertel von den Sammelschienen der Mauerstrafse direct gespeist werden kann. In diesem Falle treten die Zusatzdynamos natürlich aufser Betrieb.

Es mag noch bemerkt werden, dafs Einrichtungen getroffen sind, um die Elektromotoren von einer beliebigen Seite des Dreileitersystems mit der halben Spannung zu speisen und hiermit ihre Umlaufszahl aufsergewöhnlich geringen Belastungen der Zusatzdynamos anzupassen. Auch die Nullausschalter der Ladeleitung sind auf der Transformatorenschalttafel der Ladeleitung angebracht, damit bei etwaigem Versagen der Dynamos infolge irgend welcher Unfälle im Leitungsnetz jederzeit Strom zur Erregung der Magnete von der Accumulatorenbatterie her zur Verfügung steht.

Ladeleitung sowie Mefs- und Schaltapparate sind sogleich in ausreichender Stärke für den vollen Ausbau der Thiergartenstation ausgeführt. Um den Spannungsverlust in der Ladeleitung auszugleichen und die bei Ladung der Accumulatoren erforderliche Endspannung zu gewinnen, arbeiten die Zusatzdynamos mit einer Spannung von etwa 55 Volt. Dank ihrer Anordnung und Construction erfordert die Transformatorenanlage fast keine Bedienung.

Das Kabelnetz.

Der an der Maschinenschalttafel sich vereinigende Strom sämtlicher Dynamomaschinen wird durch Kupferschienen nach den in einem besonderen, möglichst nahe der Strafsenfront gelegenen Kellerraum untergebrachten Kabelschalttafeln geleitet und von hier aus durch die Zuleitungskabel über das Kabelnetz vertheilt. Für jeden der drei Pole des Dreileitersystems ist eine besondere Kabelschalttafel aufgestellt, welche aus auf einem Eisengerüste befestigten Schiefertafeln besteht, auf denen die Abzweigung der einzelnen Zuleitungskabel von den Kupferschienen unter Zwischenschaltung von entsprechenden, aus Bleistreifen bestehenden Sicherungen erfolgt.

Jede Centrale versorgt ein bestimmtes Stadtgebiet in der Weise mit Strom, dafs nach einer gröfseren Anzahl von Speisepunkten von den Kabelschalttafeln je besondere Zuleitungen führen. Die daselbst aufgestellten Zuleitungskästen sind durchweg dreipolig; dagegen ist nur ein Theil derselben dreipolig, also durch drei Zuleitungskabel, gespeist, weil der von der Centrale in der Nullleitung ausgehende Strom nur einen gewissen Bruchtheil des gesamten Stromes bildet. Die Zuleitungskästen enthalten drei über einander liegende Kupferschienen, an welche die Aufsenleiter der zu- und abführenden Kabel unter Zwischenschaltung von Bleistreifen, die Nullleiter jedoch vermittelst Kupferstreifen angeschlossen sind.

Von den Zuleitungskästen zweigen die für die Versorgung der einzelnen Strafsen bestimmten Vertheilungsleitungen ab, welche die Zuleitungskästen mit einander verbinden und an den Kreuzungspunkten derart an die sogen. Vertheilungskästen angeschlossen sind, dafs sie ein in sich zusammenhängendes Netz bilden. Die Netze der verschiedenen Centralen schliefsen sich dicht an einander an und sind durch Vertheilungsleitungen zu einem Gesamtnetz derart verbunden, dafs die Centralen sich gegenseitig unterstützen können.

Die zur Stromführung dienenden Kupferleitungen sind auf den Strafsen durchweg isolirt, unterirdisch verlegt und bestehen aus mit Prüfdrähten versehenen, eisenbandarmirten Patentbleikabeln der Firma Siemens & Halske. Die Kupferquerschnitte bewegen sich

540 III. Die Berliner Elektricitäts-Werke.

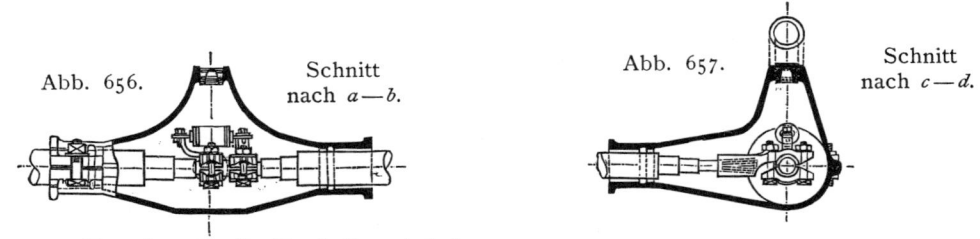

Abb. 656. Schnitt nach a—b.

Abb. 657. Schnitt nach c—d.

Abzweigmuffe für Vertheilungskabel von 120—240 qmm.
Abzweigkabel von 25—95 qmm für Klemmen mit Sicherung.

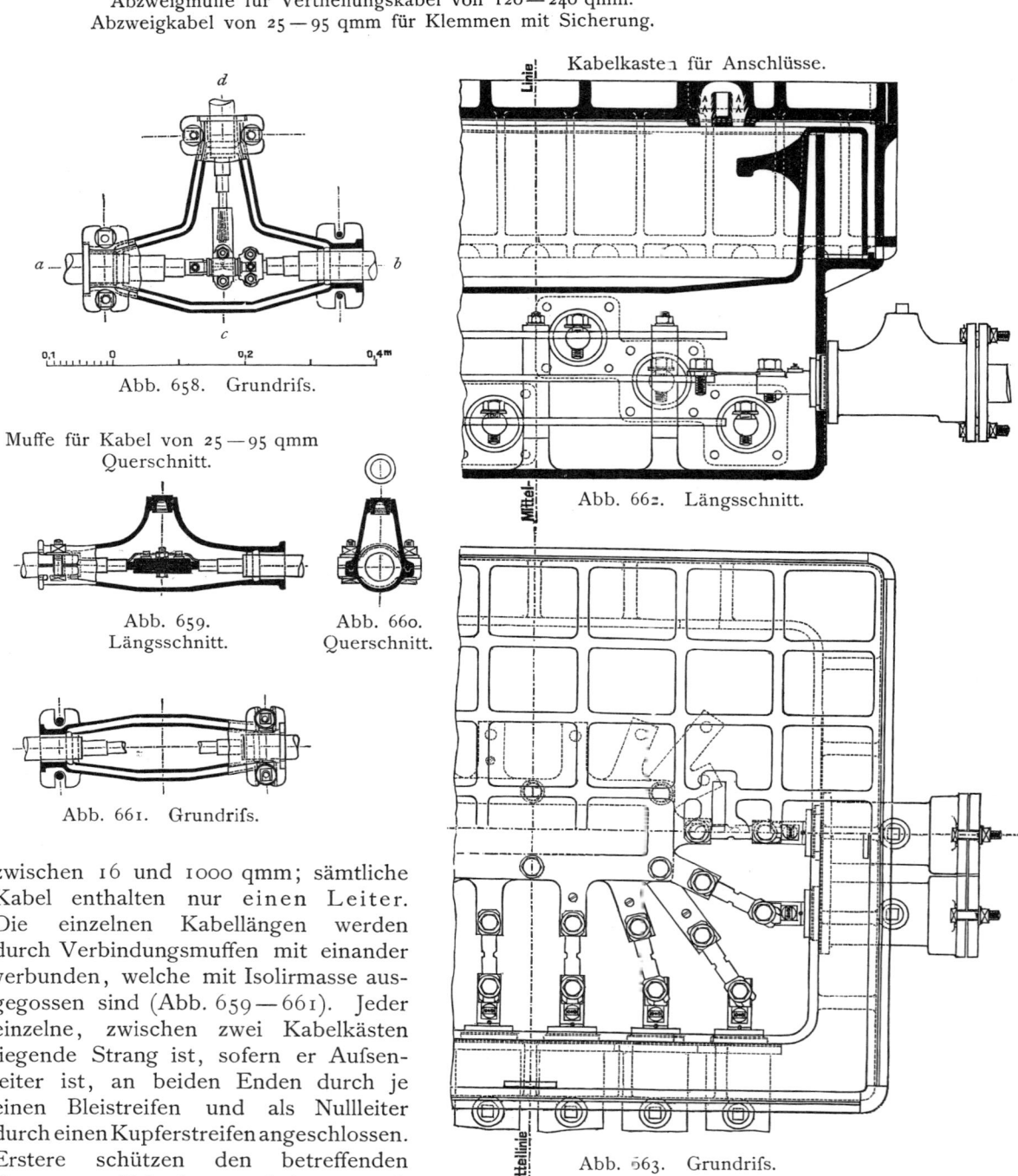

Abb. 658. Grundrifs.

Muffe für Kabel von 25—95 qmm Querschnitt.

Abb. 659. Längsschnitt.

Abb. 660. Querschnitt.

Abb. 661. Grundrifs.

Kabelkasten für Anschlüsse.

Abb. 662. Längsschnitt.

Abb. 663. Grundrifs.

zwischen 16 und 1000 qmm; sämtliche Kabel enthalten nur **einen Leiter**. Die einzelnen Kabellängen werden durch Verbindungsmuffen mit einander verbunden, welche mit Isolirmasse ausgegossen sind (Abb. 659—661). Jeder einzelne, zwischen zwei Kabelkästen liegende Strang ist, sofern er Aufsenleiter ist, an beiden Enden durch je einen Bleistreifen und als Nullleiter durch einen Kupferstreifen angeschlossen. Erstere schützen den betreffenden Strang vor Ueberlastung bei etwa auftretenden Kurzschlüssen, indem sie durchschmelzen, sobald die Stromstärke den doppelten Betrag der normalen erreicht. Sämtliche Verbindungsstücke ermöglichen eine leichte Ausschaltung jedes Leitungsstranges an den bequem zugänglichen Kästen. Die älteren Kabelkästen sind mit eisernen Deckeln versehen, welche mittels Schrauben auf den Kästen befestigt und zur Abhaltung von Feuchtigkeit durch Gummistreifen gedichtet sind. Die neueren, von der A. E. G. gebauten Kästen sind nach dem Princip der Taucherglocke durchgebildet und haben keine besonderen Dichtungen (Abb. 662—664). Bei einer etwaigen Ueberfluthung der Kästen durch Wasser wird die Luft im Kasten derart zusammengeprefst, dafs sie das Eintreten des Wassers bis zu einer äufseren Druckhöhe von rd. 2 m verhindert. Die Kästen sind mit einer Stein- oder Eisenplatte bedeckt, welche in der Höhe des Bürgersteiges liegt.

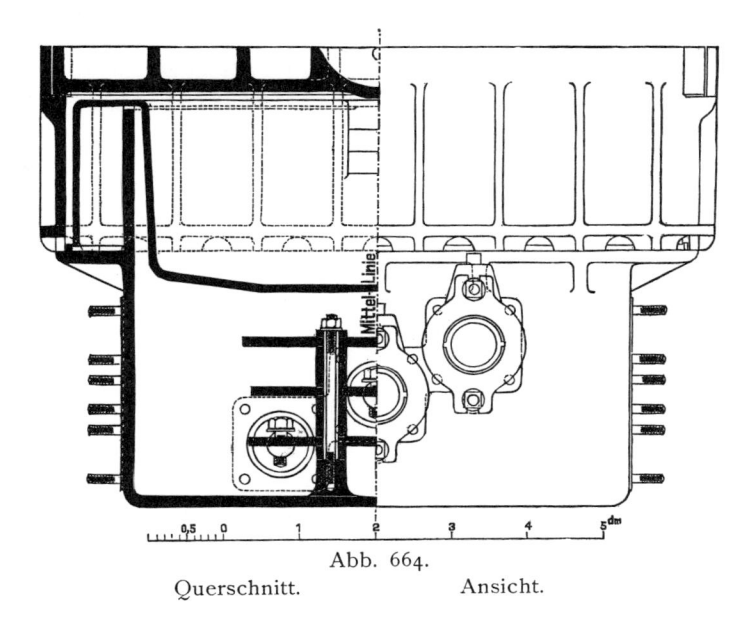

Anstatt der Vertheilungskästen sind an Verzweigungsstellen des Vertheilungsnetzes von untergeordneter Bedeutung Abzweigmuffen angeordnet, in welchen jedoch die Sicherungen in Wegfall kommen, da sie nicht unmittelbar zugänglich sind.

Die Verbindung des Kabelnetzes mit den Verbrauchsstellen in den Gebäuden erfolgt durch die Hausanschlüsse. Diese bestehen ebenfalls aus eisenbandbewickelten Bleikabeln, welche vermittelst T-Muffen von den Vertheilungskabeln abgezweigt werden und an einen im Hause befindlichen Ausschalter führen.

Abb. 664.
Querschnitt.   Ansicht.

Die Hausanschlufsmuffen sind sämtlich mit besonderen Bleisicherungen versehen (Abb. 656—658).

Die Berechnung der Leitungen erfolgt auf Grund von Ermittelungen über den Bedarf an elektrischer Energie, welche in den mit Kabeln zu versehenden Stadttheilen angestellt werden. Nachdem zu diesen ermittelten Angaben ein bestimmter Zuschlag für später hinzukommende Anschlüsse gemacht ist, wird auf Grund der vorliegenden Erfahrungen ein gewisser Bruchtheil dieser Belastung als gleichzeitig in Betrieb befindlich angenommen und der Berechnung der Kabelquerschnitte zu Grunde gelegt. Dieselbe erfolgt für die Zuleitung mit einem höchsten Verlust von 20 Volt und für die Vertheilungsleitungen mit $1-1^1/_2$ Volt für jeden Aufsenleiter des Dreileitersystems. Die ermittelten Querschnitte werden dann noch daraufhin geprüft, ob nicht durch die das Kabel durchfliefsende Strommenge eine übermäfsige Erwärmung hervorgerufen werden kann. Bei kurzen Zuleitungen wird dies durch Einschaltung fester Widerstände vermieden.

Die in den Kabeln befindlichen Prüfdrähte bestehen aus etwa 1 qmm starken isolirten Kupferdrähten. Dieselben haben einmal den Zweck, die Spannung an den Zuleitungskästen in den Centralen zu messen, dann aber dienen dieselben zur selbstthätigen Ueberwachung des Isolationszustandes, sowie zur Anzeige von Fehlerstellen des Leitungsnetzes nach zwei verschiedenen, der A. E. G. patentirten Systemen.

Das Agthe'sche System beruht einerseits auf der Herstellung einer beliebig grofsen Spannungsdifferenz zwischen Prüfdraht und Kabelseele, anderseits in der rayonweisen Eintheilung des Prüfdrahtnetzes. In die Prüfdrähte der Aufsenleiter einer jeden Zuleitung werden in der Centrale entsprechend construirte Relais eingeschaltet, deren Wickelungsenden an eine gemeinschaftliche Sammelschiene angeschlossen sind. Wird nun durch irgend einen Umstand ein Kabel verletzt, so wird entweder sofort oder nach kurzer Zeit die Isolation des Prüfungsdrahtes zerstört, der Prüfdraht wird die Spannung des Kabels erhalten, das Relais in der Centrale wird erregt und eine Klappe zum Fallen gebracht, wobei gleichzeitig ein hörbares und sichtbares Zeichen gegeben wird. Der Fehler kann an der Hand der Prüfdrahtpläne leicht aufgefunden und beseitigt werden. In gleicher Weise wird angezeigt, wenn durch in einen Kasten eingedrungenes Wasser der an einer Stelle von der Isolation entblöfste Prüfdraht Erdschlufs erhält.

Das Princip der Dr. Kallmann'schen Störungsmelder beruht auf dem bei Stromübergängen in die Erde auftretenden Spannungsunterschied zwischen verschiedenen Stellen der Erde. Hier werden die Prüfdrähte der neutralen Kabel an möglichst vielen Stellen des Netzes mit „Erde", und zwar mit im Erdboden befindlichen Rohrleitungen verbunden. In die Prüfdrähte der Nullleitung wird ebenfalls ein Relais eingeschaltet, dessen anderes Ende in der Centrale an Erde gelegt wird. Tritt nun bei einem Erdschlufs Strom zur Erde über, so wird zwischen der Fehlerstelle und der Erde der Centrale ein Spannungsunterschied auftreten, durch den Prüfdraht wird ein Strom fliefsen, welcher das Relais erregt und in ähnlicher Weise wie bei dem Agthe'schen System ein Signal bethätigt.

Die Verlegung der Kabel erfolgt gemäfs Vorschrift der städtischen Behörden im allgemeinen auf den Bürgersteigen, und zwar mit Rücksicht auf die vorhandenen Rohrleitungen anderer Verwaltungen möglichst dicht an der Bordkante in einer Tiefe von etwa 70 cm. Die Kabel sollen von Rohrleitungen mindestens 15 cm entfernt liegen oder von denselben durch isolirende Mittel (gewöhnlich Thonschalen) getrennt werden. Bei allen Kreuzungen des Strafsendammes sind eiserne Rohre einzulegen, um ein Auswechseln der Kabel ohne Zerstörung des Dammpflasters zu ermöglichen.

Die Kreuzung der Wasserläufe ist an einzelnen Stellen vermittelst besonderer Flufskabel bewirkt, erfolgt aber neuerdings durchweg auf den Brücken in besonders dafür vorgesehenen Canälen.

Die Kabelkästen werden jährlich ein- bis zweimal nachgesehen. In den älteren, mit Gummiverschlufs versehenen Kästen sind Schalen mit Chlorcalcium aufgestellt zur Aufnahme eindringender Feuchtigkeit.

Während der Plan Abb. 634 ein übersichtliches Bild der in jedem Jahre bewirkten räumlichen Ausdehnung des Kabelnetzes giebt, ist der Umfang der Verlegung von Kabeln, Zuleitungskästen usw., sowie die jeweilige Leistungsfähigkeit des ganzen Netzes aus nachstehender Aufstellung ersichtlich.

Jahr	Graben km	Kabel km	Kupfergewicht t	Zuleitungskästen Stück	Vertheilungskästen Stück	Leistungsfähigkeit in Glühlampen 16 N. K.
1885	8	42	165	30	18	13 000
1890	86	502	1039	192	319	216 000
1895	180	1132	2545	282	670	334 000

Oeffentliche Beleuchtung.

Die öffentliche Beleuchtung hat in Berlin im Verhältnifs zu der sonstigen grofsen Ausdehnung der elektrischen Stromvertheilung verhältnifsmäfsig nur geringe Fortschritte gemacht, obgleich bereits im Anfang der achtziger Jahre die Leipziger Strafse von der Friedrichstrafse bis einschliefslich des Potsdamer Platzes durch 36 Bogenlampen von einer provisorischen Anlage aus beleuchtet wurden. Im Jahre 1886 übernahmen die B. E. W. von der Centrale Mauerstrafse aus den Betrieb dieser Beleuchtung. 1888 trat die elektrische Beleuchtung der Strafse Unter den Linden, sowie eines Theiles des Lustgartens, der Kaiser-Wilhelm-Brücke und der Kaiser-Wilhelm-Strafse bis zur Spandauer Strafse hinzu, und zwar mit insgesamt 108 Bogenlampen, die zunächst in neun Stromkreisen von

III. Die Berliner Elektricitäts-Werke.   543

je 12 hinter einander geschalteten Bogenlampen von der Centrale Mauerstrafse aus betrieben wurden. Etwas später wurden sämtliche Lampen der Leipziger Strafse und der Strafse Unter den Linden usw. direct an das Kabelnetz der Werke angeschlossen und zu je zwei hinter einander geschaltet. Zu dieser Beleuchtung trat noch diejenige einiger Brücken, sowie des Kastanienwäldchens hinzu, sodafs derzeit die öffentliche Beleuchtung im ganzen 196 Bogenlampen von je rd. 2000 Normalkerzen umfafst.

Die örtliche Vertheilung dieser Lampen ergiebt sich aus nachfolgender Uebersicht, aus welcher auch hervorgeht, welche von den Lampen die ganze Nacht hindurch und welche nur bis Mitternacht in Betrieb sind.

Bezeichnung	Stück	halb nächtig	ganz nächtig	Ampère	Signalbeleuchtung durch
Unter den Linden und Kaiser-Wilhelm-Brücke	108	48	60	15	die Bogenlampen.
Lustgarten	16	8	8	15	
Friedrichbrücke	8	4	4	15	4 Glühlampen 16 N. K.
Ebertsbrücke	4	2	2	15	4 ,, 16 ,,
Lange Brücke	4	2	2	12	2 ,, 16 ,,
Gertraudtenbrücke	4	2	2	12	die Bogenlampen.
Kastanienwald	8	4	4	12	
Leipziger Strafse	36	36	—	12	
Oberbaumbrücke	8	4	4	12	
Summe	196				

Bauliche Anlagen.

Die Anordnung der einzelnen Stromerzeugungsanlagen in baulicher Beziehung ist im wesentlichen aus den Zeichnungen derselben zu ersehen. Mit Rücksicht auf die hohen Kosten des Grunderwerbs der im Innern der Stadt gelegenen Grundstücke ergab sich für die ersten Anlagen in der Markgrafen- und Mauerstrafse die Anordnung der Kessel über den Maschinen als vortheilhaft. Behufs leichter Beschaffung des Condensationswassers wurde die Maschinenhaussohle nur wenig über den höchsten Grundwasserstand gelegt, wobei sich eine Tiefe von etwa 3 m unter Hofsohle ergab. Die lichte Höhe des Maschinenraumes wurde bei den geringen Abmessungen der zuerst aufzustellenden Dampfmaschinen auf rd. 4,50 m bemessen. Die Unterstützung der gewölbten Kesselhausdecke erfolgte durch eiserne Träger auf gufseisernen Säulen.

Bei der Erweiterung, welche die Centrale Markgrafenstrafse im Jahre 1888 erfuhr, ergab sich bei der geringen zur Verfügung stehenden Grundfläche die Nothwendigkeit der Aufstellung von Dampfmaschinen mit über einander liegenden Dampfcylindern (Tandem-System), wobei mit Rücksicht auf die Anordnung eines Laufkranes eine lichte Höhe von 9 m erforderlich wurde.

Beim Ausbau der Centrale Mauerstrafse im Jahre 1888/89 wurde von vornherein die Aufstellung von rd. 1000pferdigen Verbund-Dampfmaschinen in Aussicht genommen und es konnte bei reichlichen Abmessungen des zur Verfügung stehenden Grundstücks die Unterbringung der Kessel und Maschinen neben einander erfolgen. Dieselbe Anordnung wurde auch bei der Centrale Schiffbauerdamm 22 durchgeführt. Die so geschaffenen Kessel- und Maschinenräume haben eine reichliche Höhe in der Mauerstrafse bis zu 18 m erhalten und sind mit grofsen Fenstern und vorzüglich wirkenden Ventilationseinrichtungen versehen.

In der Centrale Spandauer Strafse war man wieder genöthigt, die Kessel über den Maschinenraum zu legen, doch wurde für letzteren die lichte Höhe mit 11 m reichlich bemessen und durch Anordnung besonders grofser Fenster und Lüftungscanäle für reichliche Licht- und Luftzufuhr Sorge getragen. Die Lüftung der unmittelbar überdachten Maschinen- und Kesselräume erfolgt mittels der Scharowski'schen Firstventilation, welche sich gut bewährt hat.

Die Fundirung der Maschinengebäude im Anschlufs an sehr hohe und zum Theil schon baufällige alte Gebäude bot wegen der tiefen Lage der Fundamente zum Theil erhebliche Schwierigkeiten, die jedoch durchweg ohne wesentlichen Nachtheil für die Nachbargebäude überwunden wurden. Die Fundirung erfolgte für die Maschinenfundamente überall zwischen Spundwänden auf unter Wasser geschüttetem Beton, während die Umfassungswände theilweise ohne Zuhülfenahme von Spundwänden ausgeführt werden konnten. Bei der Centrale Schiffbauerdamm liegt der gute Baugrund an der Strafsenfront etwa 14 m tief unter Grundwasser und steigt nach hinten zu bis etwa 5 m unter Grundwasser an. Die Fundirung erfolgte daher im wesentlichen mittels hölzerner Kästen, welche unter

Abb. 665. Centrale Schiffbauerdamm, Vorderansicht.

Belastung durch Ausbaggern gesenkt und dann bis zum Wasserspiegel ausbetonirt wurden. Nur der hintere Schornstein und die Maschinenfundamente sind auf ein Betonbett zwischen Spundwänden fundirt.

Die Ausführung der Central-Stationsgebäude erfolgte im Ziegelrohbau und durchweg in der gediegensten Weise. Die Maschinenräume erhielten auf 2 m Höhe Verblendung mit Porzellansteinen und darüber eine solche mit weifsen Siegersdorfer Ziegeln. Ebenso wurden die Maschinenfundamente mit Porzellansteinen verblendet, soweit sie über die Maschinenhaussohle hervorragen. Die Kesselräume erhielten innen eine Verblendung mit rothen Ziegeln zweiter Klasse. Die Dächer besitzen einen eisernen Unterbau mit eisernen Fetten, hölzernen Sparren, gespundete Dachschalung und zum Theil eine Eindeckung mittels Holzcement, zum Theil mittels doppelter Dachpappe.

Bei den Grundstücken Markgrafenstrafse, Spandauer Strafse und Schiffbauerdamm wurden die Central-Stationsgebäude auf dem Hinterlande angelegt, während das Strafsenland zum Bau von grofsen Geschäftshäusern ausgenutzt wurde, die zum gröfseren Theil vermiethet sind und zum Theil als Geschäftsräume der Berliner Elektricitäts-Werke und der

III. Die Berliner Elektricitäts-Werke. 545

Allgemeinen Elektricitäts-Gesellschaft dienen. Das wirthschaftliche Ergebnifs dieser Ausnutzung ist ein sehr günstiges, sodafs die für den eigentlichen Betrieb bestimmten Räume verhältnifsmäfsig geringe jährliche Ausgaben verursachen. Zur Anlage der Centrale Mauerstrafse ist von vornherein ein Hinterland zwischen den Grundstücken Mauerstrafse 80 und Wilhelmstrafse 46/47 erworben, betreffs welcher sich die Gesellschaft die weitgehendsten Rechte zur Benutzung der Zufahrten gesichert hat.

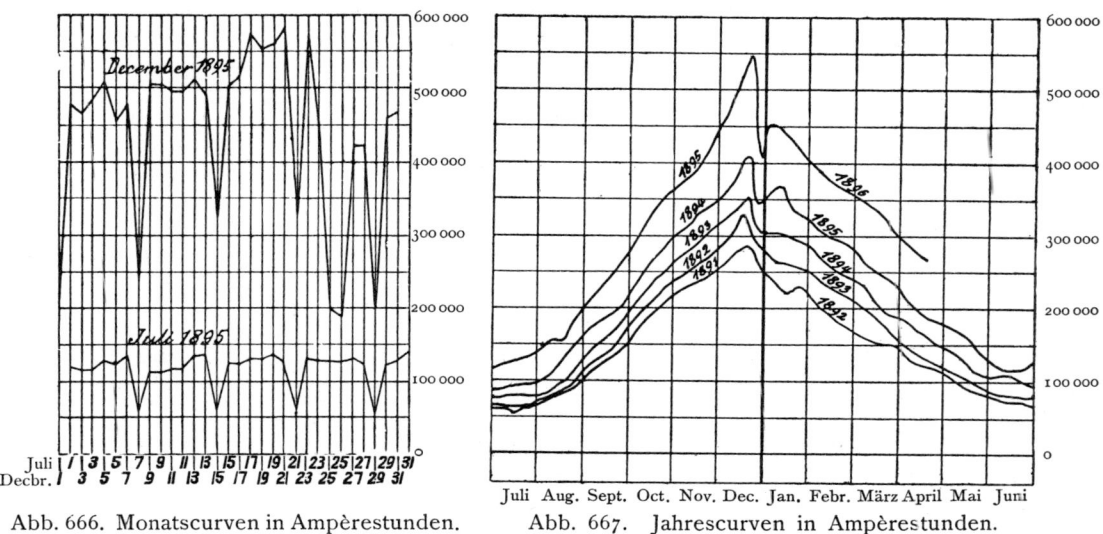

Abb. 666. Monatscurven in Ampèrestunden.

Abb. 667. Jahrescurven in Ampèrestunden.

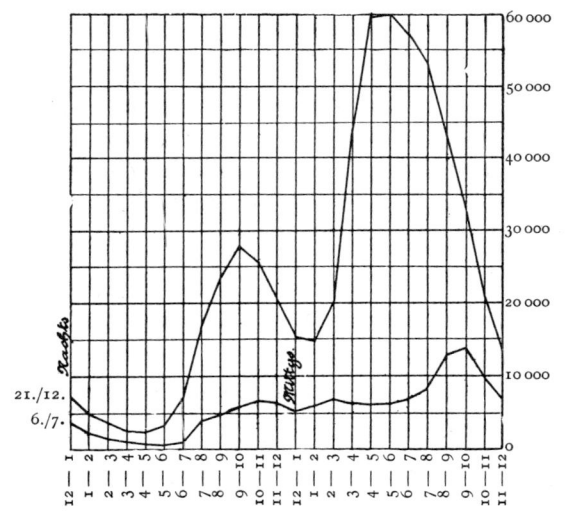

Abb. 668. Tagescurven in Ampèrestunden.

Je nach Lage der Gebäude wurde auf die architektonische Ausgestaltung der Strafsenfronten Werth gelegt: die Entwürfe für die Vordergebäude der Centralen Markgrafenstrafse und Spandauer Strafse rühren von dem Architekten Heidecke her, diejenigen für die Centrale Schiffbauerdamm von den Architekten Cremer & Wolffenstein (s. Abb. 665).

Verwaltung und Betrieb.

Die Verwaltung der Berliner Elektricitäts-Werke erfolgt gemäfs besonderen Vertrages durch die Allgemeine Elektricitäts-Gesellschaft, von welcher der Generaldirector und ein Director zugleich Directoren der Berliner Elektricitäts-Werke sind. Die Leitung der Verwaltungsgeschäfte im besonderen, sowie diejenige des Betriebes erfolgt je durch einen stellvertretenden Director.

Die Verwaltung gliedert sich im wesentlichen in eine kaufmännische Abtheilung und in eine Verkehrsabtheilung. Während erstere die gesamte Verwaltung und den geschäftlichen Verkehr mit den Stromabnehmern erledigt, obliegt der Verkehrsabtheilung der technische Theil dieser Geschäfte und zwar die Ueberwachung der Anschlufsanlagen während der Ausführung und nach der Inbetriebsetzung, die Bedienung, Erhaltung und regelmäfsige Prüfung der zur Messung des Stromverbrauchs dienenden Elektricitätszähler, ferner auf Wunsch der Abnehmer die Ausführung von Erweiterungen ihrer Anlagen, sowie

Berlin und seine Bauten. I.

von Arbeiten zur Instandhaltung derselben und schliefslich die Bedienung und Unterhaltung der öffentlichen Beleuchtung.

Der Betrieb theilt sich in den eigentlichen Betrieb der Centralstationen und die Bedienung und Unterhaltung des Kabelnetzes bis zu den Elektricitätszählern in den Häusern; eine Unterabtheilung desselben bildet ferner das statistische Bureau, in welchem fortlaufend die Betriebsergebnisse verzeichnet werden, um als Grundlage für die ständige Weiterentwicklung des Betriebes zu dienen.

	1887 %	1890 %	1893 %
Theater	27,5	11,5	8,9
Banken	19,8	23,4	17,6
Läden	30,5	22,8	31,0
Schankstätten	11,5	10,0	9,4
Gasthöfe	2,9	3,8	4,3
Gewerbliche Anlagen	0,3	3,5	6,3
Wohnungen	4,5	13,0	17,2
Strafsenbeleuchtung	2,0	2,4	1,4
Verschiedene	1,0	2,6	3,8

Die Anforderungen, welche an den Betrieb gestellt werden, sind sowohl im Laufe eines jeden Tages, als auch in Bezug auf die Jahreszeiten erheblichen Schwankungen unterworfen. Ein Bild dieser Schwankungen im Jahre 1895 geben die Curven der Abb. 667, welche sich auf die gesamte Leistung aller vier Centralen beziehen. Abb. 668 giebt in der sogen. Tagescurve die jeweilige Leistung in Ampèrestunden sowohl für den Tag des geringsten Verbrauchs (6. Juli), als auch den des höchsten Verbrauchs (21. December) an. Die Monatscurven sind für Juli und December, in welchen der geringste, bezw. gröfste Verbrauch stattfindet, in Abb. 666 dargestellt. Eine Uebersicht der Stromerzeugung des ganzen Jahres geben die sogen. Jahrescurven, welche in Abb. 667 für die Zeit vom 1. Juli 1891 bis Mitte April 1896 dargestellt sind. Aus dieser letzten Darstellung ergiebt sich die aufserordentlich starke Zunahme der Leistung im verflossenen Jahre, welche in Verbindung mit der übernommenen Verpflichtung zur Stromabgabe für den Betrieb elektrischer Strafsenbahnen die Veranlassung zu der bedeutenden Erweiterung gab, welche eingangs schon hervorgehoben wurde und die noch im Laufe des Jahres 1896 zur Ausführung kommt.

Die inneren Einrichtungen in den Gebäuden sind nicht Gegenstand dieser Abhandlung. Es soll nur kurz an Hand obiger Zusammenstellung gezeigt werden, in welcher Weise sich der Verbrauch auf die einzelnen Klassen der Abnehmer vertheilt und im Laufe der Zeit entwickelt hat.

Eine Gesamtübersicht der Leistung sämtlicher Centralstationen von ihrer Inbetriebsetzung bis zum 1. Juli 1895 giebt folgende Tabelle.

Bezeichnung	15. Aug. bis Dec. 1885	1886	1887/88	1889/90	1891/92	1893/94	1894/95
Zahl der Abnehmer	—	156	416	872	1 782	2 580	2 930
Angeschlossene Normallampen oder deren Gleichwerth Privatbeleuchtung. Geleistete	4 650	11 940	37 460	74 269	136 000	190 400	236 400
Normallampen - Brennstunden	636 000	5 052 000	11 932 000	41 850 000	80 524 000	92 055 000	101 457 000
Oeffentliche Beleuchtung. Bogenlampen-Brennstunden	—	50 890	104 682	361 052	361 808	424 290	473 754
Gewerbliche Anlagen. Kilowattstunden	—	—	—	70 000	187 000	570 000	1 071 000
Gesamt-Stromverbrauch, Kilowattstunden	—	—	—	—	4 954 000	6 210 000	7 324 000
Elektromotoren, Zahl	—	—	—	28	121	360	663
Leistung der Elektromotoren in P.S.	—	—	—	—	500	1 364	2 366

III. Die Berliner Elektricitäts-Werke.

Aus derselben geht hervor, dafs der Stromverbrauch für gewerbliche Anlagen ganz aufserordentlich im Wachsen begriffen ist. Die Steigerung desselben im Betriebsjahre 1894/95 betrug gegenüber den vorhergegangenen Jahren 90 v. H.

Ende December 1895 waren angeschlossen: 928 Motoren mit einer Leistung von 3354 P.S., welche sich auf die verschiedenen Verwendungsarten wie folgt vertheilen:

Nr.	1	2	3	4	5	6	7	8	9	10	11	12	13	14	15	16	17	18
Betriebsart	Pressen	Aufzüge	Ventilatoren	Metallbearbeitung	Schleif- und Polir-maschinen	Papierbearbeitung	Fleischereibetrieb	Holzbearbeitung	Tuchschneide - Ma-schinen	Nähmaschinen	Hutbügelmaschinen	Galvanoplastik	Lederbearbeitung	Spulmaschinen	Antrieb von Dynamos	Spül- und Wasch-maschinen	Verschiedene	Zusammen
Anzahl	207	201	156	80	37	31	29	26	14	9	8	7	5	5	3	3	107	928
Leistung in P.S.	752	1251	175	286	160	88	107	98	12	8	12	16	30	5	63	15	276	3354

Unter „Verschiedene" befinden sich: Centrifugen, Lotterietrommel, Kollergänge, Kaffeemühlen und Röstmaschinen, Rührwerke, Färbereimaschinen, Federreinigungsmaschinen, Orgelblasebälge, Schriftgiefsereimaschinen, Zahnbohrmaschinen, Webstühle, Häckselschneidemaschinen u. a. m.

Bis Mitte März des laufenden Jahres stieg die Zahl der Motoren auf 1100 mit rd. 4000 P.S. Aus diesem Zuwachs und aus der vorstehenden Uebersicht der Verwendung der Motoren geht hervor, in welch hohem Mafse die Berliner Elektricitäts-Werke durch die aufserordentliche Verbilligung der Stromlieferung für gewerbliche Zwecke dem Kleingewerbe entgegen gekommen sind. Die Bedeutung des elektrischen Betriebes für das Gewerbe findet schon in dem Umstande bezeichnenden Ausdruck, dafs in fortgesetzt gesteigertem Mafse vorhandene Betriebe mit Gasmotoren und sonstige kleine Motoren durch Elektromotoren ersetzt werden.

IV. Maschinenbau-Anstalten, Eisengiefsereien und Werkstätten für Metallbearbeitung.[1]

Zu dem gewaltigen Culturfortschritt, der unserem Jahrhundert sein eigenartiges Gepräge aufdrückt, haben die Leistungen des Maschinenbaues und der mit ihm verwandten Gewerbezweige in hervorragendem Mafse beigetragen. Welche Bedeutung auf diesem Gebiete Berlin zukommt, zeigt die mit der Herausgabe dieses Werkes fast zusammenfallende Eröffnung der Berliner Gewerbe-Ausstellung in sprechender Weise.

Die älteren baulichen Anlagen, in welchen der Berliner Maschinenbau seinen heutigen Ruf auf dem Weltmarkt begründet hat, tragen allerdings noch die Spuren stufenweiser Entwicklung. Dagegen sind in neuerer Zeit auch vielfach schon an Stelle der früheren einfachen und formlosen Werkstattbauten gröfsere und bemerkenswerthe Industriebauten getreten, deren Anlage bei der vollkommensten bis ins Einzelne gehenden Ausrüstung in maschineller Hinsicht auch in bautechnischer Beziehung viel Bemerkenswerthes bietet, und deren Einrichtung den weitgehendsten Anforderungen auf dem Gebiete der Gesundheitspflege sowie der Unfallverhütung Rechnung trägt.

Zu den ältesten Maschinenbau-Anstalten in Berlin gehörten die von C. Hummel und G. C. Freund, welche im Jahre 1815 angelegt wurden und von denen die erstere neben anderen Maschinen solche für Kattun-, Buch-, Papierfabriken und Buchdruckereien lieferte, während die letztere wesentlich Dampfmaschinen ausführte. Wenige Jahre später folgte die von F. A. Egells begründete Fabrik, welche gewissermafsen als Pflanzstätte des Berliner Maschinenbaues bezeichnet werden kann, da in ihr Männer wie Borsig, Hoppe, Woehlert, M. Weber, Völker und andere ihre Laufbahn begonnen und weitere Anregung zu eigenem meist hervorragendem Schaffen gefunden haben.

Nach der Gründung des Zollvereins, durch welchen ein erweitertes Absatzgebiet für den Maschinenbau und verwandte Gewerbezweige geschaffen war, vermehrte sich die Anzahl der Fabriken sehr erheblich. Nach den Feldzügen von 1864, 1866 und 1870 aber ist die Anzahl der nennenswerthen Bauten fast stetig und derartig gewachsen, dafs der Raum, welcher den nachstehenden Abhandlungen überlassen werden konnte, nicht annähernd gestattet, den Umfang des heutigen Maschinenbaues und seiner Bauten darzustellen. Aus diesem Grunde bedarf aber auch die beschränkte Darstellung der einzelnen Anlagen und Werke einer nachsichtigen Beurtheilung.

1. **Maschinenfabrik und Eisengiefserei C. Hummel, Südufer.** Von ihrem Begründer, Caspar Hummel, im Jahre 1804 in der Johannisstrafse errichtet, lieferte die Fabrik zunächst grofse Schlosserarbeiten für öffentliche Bauten, Brücken und Theater, baute dann aber auch bald Maschinen, so u. a. die Kanonenbohrwerke für die Artillerie. Vom Jahre 1817 ab wurde bereits eine Dampfmaschine zum Betriebe von Werkzeugmaschinen verwendet; jene wie diese waren Schenkungen der preufsischen Regierung, welche hierdurch die Einführung des Maschinenbaues in Berlin erfolgreich gefördert hat.

---

[1] Bearbeitet vom Eisenbahndirector Garbe.

IV. Maschinenbau-Anstalten, Eisengießereien und Werkstätten für Metallbearbeitung. 549

Ende der dreißiger Jahre wurde der Bau von Maschinen zum Appretiren und Bedrucken der Gewebe und im folgenden Jahrzehnt der Bau von Buchdruck-Schnellpressen aufgenommen. Beide Geschäftszweige sind auch heute noch vertreten und inzwischen dem Fortschritt der Zeit entsprechend ausgedehnt worden. Von dem Enkel des Begründers wurde im Jahre 1868 noch eine Eisengießerei am Südufer mit Ausladerampe am Spandauer Schiffahrtscanal und Anschlußgleis an die Hamburger Eisenbahn erbaut; hierhin wurde 1877 auch die Maschinenfabrik, nachdem ein Theil derselben schon 1873 in Betrieb genommen war, verlegt. Insgesamt werden durchschnittlich von der Firma 150 Arbeiter beschäftigt.

Von den baulichen Anlagen verdient die Einrichtung der Maschinenfabrik mit Luftheizung, die in den Abb. 669 u. 670 veranschaulicht ist, besondere Beachtung. Namentlich hervorzuheben ist auch eine Wasch- und Brauseanstalt, welche lediglich für die Arbeiter der Fabrik bestimmt und unentgeltlich in der Mittagszeit, wie am Feierabend zur Benutzung geöffnet ist und viel benutzt wird. Die Einrichtung der Anlage ist in Abb. 671 u. 672 dargestellt.

Abb. 669. Querschnitt.
Maschinenfabrik C. Hummel.

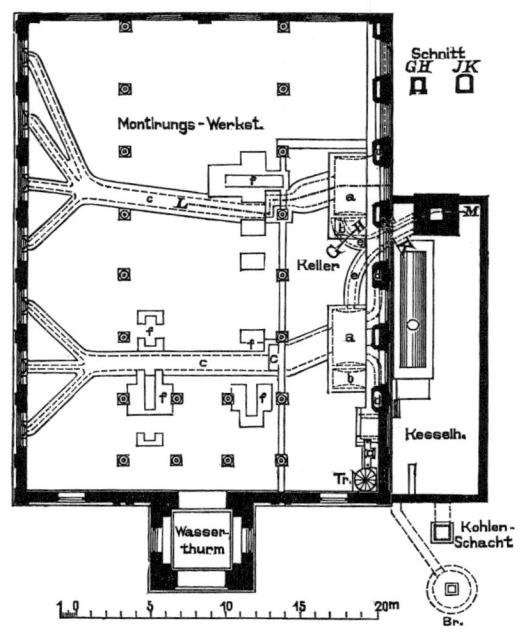

Abb. 670. Grundriß.

2. Berliner Actiengesellschaft für Eisengießerei und Maschinenfabrikation (vorm. J. C. Freund & Co.) Charlottenburg. Die Firma ist im Jahre 1871 aus der oben schon erwähnten G. C. Freundschen Maschinenbau-Anstalt hervorgegangen, welche nach dem im Jahre 1819 erfolgten Tode des Begründers durch dessen Bruder übernommen und später noch unter Betheiligung eines jüngeren Bruders und des Ingenieurs Greiner fortgeführt worden war. Die Anlage der Fabrik, welche in Bd. II der ersten Ausgabe dieses Werkes näher beschrieben ist, hat inzwischen insofern eine Aenderung erfahren, als ein Theil des Grundstücks im Jahre 1883 an die Firma Siemens & Halske abgetreten wurde, wofür jedoch ein den Verhältnissen entsprechender Ersatz auf dem Grundstück der Gießerei geschaffen wurde. Die Abtheilung der Maschinenbau-Anstalt und Kesselschmiede ist auf eine Arbeiterzahl von 120 bis 150 Mann eingerichtet und liefert gegenwärtig hauptsächlich Einrichtungen für pneumatische Mälzereien, Trommel-System, Patente Galland-Henning, Pumpmaschinen für städtische Wasserwerke, Dampfmaschinen, Transmissionen, Dampfkessel und jede Art Blecharbeiten, auch Werkzeugmaschinen, sowie vollständige Einrichtungen für Münz-, Präg-, Gas- und Asphaltirungs-Anstalten usw. — Die Eisengießerei, welche in großem Umfange die Herstellung von Gas-, Wasserleitungs- und Canalisationsröhren betreibt, beschäftigt etwa 400—500 Arbeiter und liefert Rohrfaçonstücke bis 1,40 m Durchmesser, sowie Rohre von 0,04 bis 1,40 m Durchmesser bei 2 bis 4 m Baulänge.

550   IV. Maschinenbau-Anstalten, Eisengiefsereien und Werkstätten für Metallbearbeitung.

3. Schiff- und Maschinenbau-Actiengesellschaft „Germania" in Berlin mit Zweigniederlassung in Gaarden bei Kiel. Die Actiengesellschaft ist aus der bestbekannten, im Jahre 1825 begründeten Firma F. A. Egells in Berlin hervorgegangen; sie betreibt den Bau von Kriegs- und Handelsschiffen, Dampfbaggern, Schiffsdampfmaschinen, Wasserhaltungen, Fördermaschinen, sowie Dampfmaschinen bis zu den gröfsten Abmessungen, und ist neuerdings auch mit der Herstellung von Wasserrohrkesseln für Kriegsschiffe (Torpedoboote) nach einem Patent ihres Directors vorgegangen.

Der Bau von Schiffsdampfmaschinen und Kesseln für die Kriegsmarine wurde im Jahre 1870 aufgenommen; die Firma war die erste Maschinenfabrik Deutschlands, welche mit Bestellungen für die deutsche Marine betraut wurde. Die sich von Jahr zu Jahr mehrenden Aufträge gaben zu bedeutenden Erweiterungen der Anlagen Veranlassung. Es wurde u. a. in Tegel eine grofse Anlage geschaffen und aufserdem die am Kieler Hafen belegene Schiffswerft, vorm. Norddeutsche Werft, erworben und mit allen neueren Einrichtungen zum Bau grofser Kriegsschiffe ausgestattet.

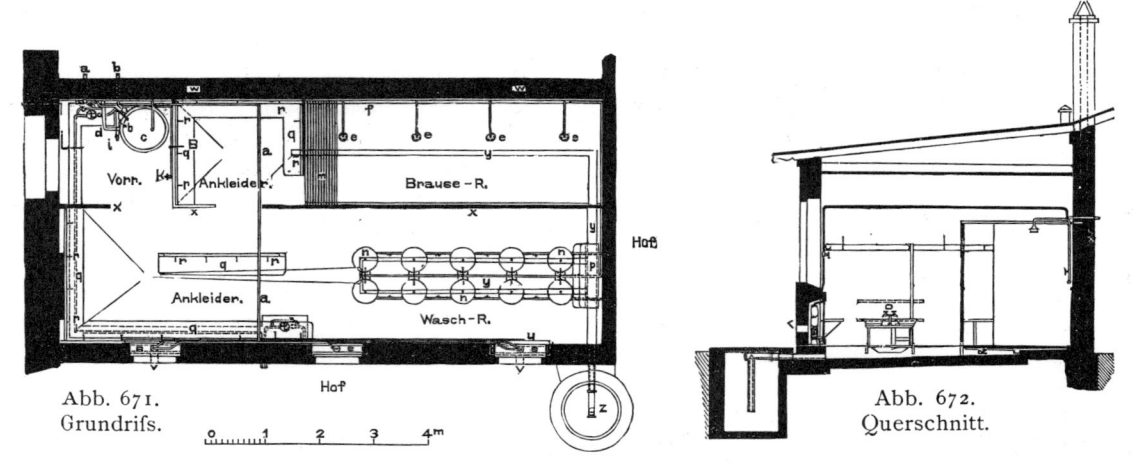

Abb. 671.
Grundrifs.

Abb. 672.
Querschnitt.

Wasch- und Brauseanstalt der Eisengiefserei Hummel.

a. Dampfrohre. b. Kaltwasserrohre. c. Heizapparat. d. Heifswasserrohr. e. Mischhahn. f. Badewasserrohr. g. Thermometer. h. Condenswasserabfluſs. i. Ablaſshahn. k. Spritzhahn mit Schlauchverschraubung. l. Brausen mit Hähnen. m. Lattenfuſsboden. n. Waschnäpfe, feststehend, mit o. Wasserhähnen. p. Bank zum Fuſswaschen. q. Sitzbänke. r. 23 Kleiderriegel. s. 3 Rippenheizkörper. t. Condenswasserableiter. u. Schutzwände. v. 2 Klappen für frische Luft. w. Ventilationsschächte. x. Cementwände. y. Canäle mit z. Brunnen für das Abwasser.

Das Grundstück der Maschinenbau-Anstalt in Tegel, welche aufser am schiffbaren Wasser auch an der Berlin-Cremmener Eisenbahn belegen ist, umfaſst etwa 383 000 qm Fläche. Die billige Wasser-Zu- und -Abfuhr, sowie die auf das Zweckmäfsigste eingerichteten und ausgestatteten Werkstätten bieten die Vortheile einer gesunden und billigen Fabrikation. Sämtliche Räume sind elektrisch beleuchtet, eine Anzahl von Wohnhäusern auf dem eigenen Gebiete der Gesellschaft bietet Meistern und Arbeitern ein bequemes Heim.

Die Germania-Werft am Kieler Hafen hat bei einer fortlaufenden Uferfront von etwa 1000 m durchweg ein 10 m tiefes Fahrwasser und feste Uferwände, sodaſs die gröſsten und schwersten Kriegsschiffe dort zu Wasser gebracht werden können.

Die Einrichtungen beider Anlagen sind derart, daſs auf der Werft in Kiel 2000 und in der Maschinenbau-Anstalt in Tegel 1000 Leute beschäftigt werden können; die räumliche Ausdehnung der Anlagen ist dabei von solchen Abmessungen, daſs deren Leistungsfähigkeit noch wesentlich erhöht werden kann.

4. Maschinenbau-Anstalt und Eisengiefserei A. Borsig. Der Begründer dieser Firma, Joh. Carl Fried. August Borsig, hatte sich dem Baufach gewidmet und war 1823 auf Veranlassung der Königlichen Regierung zu Breslau zu seiner ferneren Ausbildung auf das Königliche Gewerbe-Institut zu Berlin gesandt worden, auf welchem er bis zum Herbst 1825 verblieb. Bei seiner besonderen Vorliebe für Mechanik trat Borsig, wie bereits

IV. Maschinenbau-Anstalten, Eisengiefsereien und Werkstätten für Metallbearbeituug. 551

in der Einleitung erwähnt, zunächst in die Werkstatt der Maschinenbau-Anstalt von F. A. Egells ein, übernahm nach einiger Zeit die Leitung der mit jener Anstalt verbundenen „Neuen Berliner Eisengiefserei" und führte dieselbe bis 1836. Den Aufschwung des Maschinenwesens und namentlich die Entwicklung der Eisenbahn in Deutschland voraussehend, fand er sich veranlafst, selbst eine Maschinenbau-Anstalt dicht vor dem Oranienburger Thor zu Berlin zu begründen. Dieselbe beschäftigte bei ihrer Eröffnung 1837 ungefähr 50 Arbeiter, erfreute sich jedoch eines so raschen Aufschwungs, dafs deren Zahl 1847 bereits 1200 und 1864 1800 betrug.

Aufser dem vorzugsweise betriebenen Locomotivbau (im Jahre 1846 waren 100, im Jahre 1854 500 Locomotiven vollendet) beschäftigte sich die Anstalt noch mit allen übrigen zum Bau und Betriebe der Eisenbahnen nöthigen Maschinen und Einrichtungen.

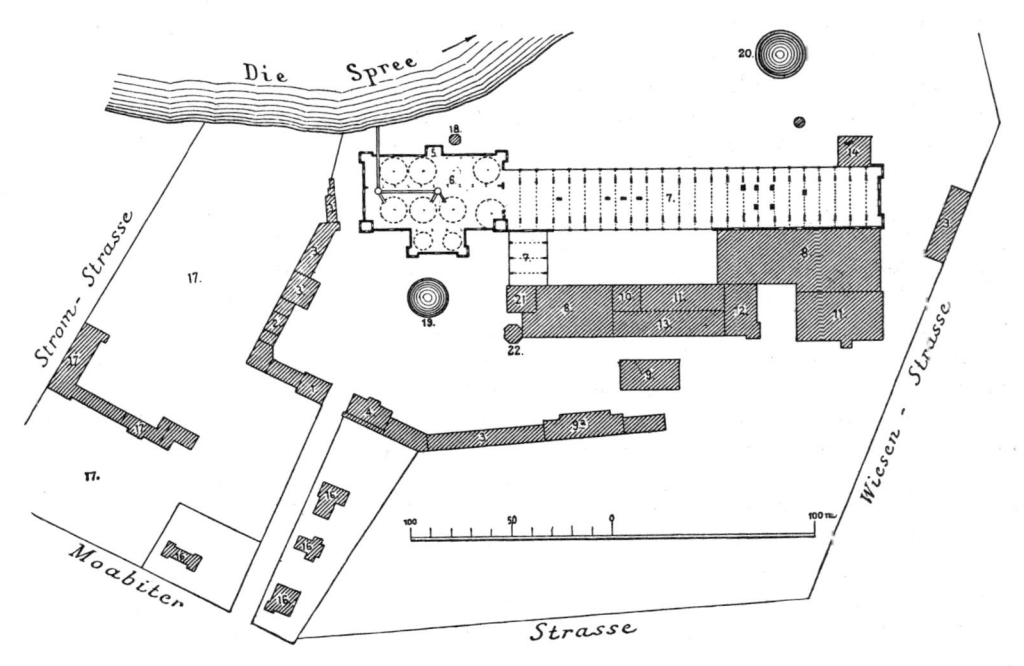

Abb. 673. Eisenwerk Borsig, Lageplan.

1. Speisesaal für Arbeiter. 2. Pferdeställe. 3. Magazin. 4. Comptoir. 5. Dampfmaschine. 6. Kesselschmiede. 7. Schmiede. 8. Locomotiv-Montage. 9. Lackirerei. 9a. Tender-Montage. 10. Dampfmaschine und Ventilatoren. 11. Schlosserei. 12. Tischlerei. 13. Dreherei. 14. Kesselhaus. 15 Rahmenbau und Schlosserei. 16. Beamten-Wohnhäuser. 17. A. Borsigs Wohnhaus, Treibhaus und Garten. 18. Schornstein. 19. Wasserbassin. 20. Badeanstalt. 21. Gasanstalt 22. Gasometer.

Neben vielen Maschinen-Einrichtungen und Eisenconstructionen für verschiedene gewerbliche Anlagen lieferte die Fabrik 1856 auch die sämtlichen grofsen Dampfmaschinen für die Berliner Wasserwerke, 1860 8 Paar Schiffsmaschinen für die Kanonenboote der preufsischen Marine und ferner die Kuppeln der Königlichen Schlösser in Berlin und Potsdam, sowie die Maschinenanlage und Rohrleitung für die Wasserkunst in letzterer Stadt.

Der grofse Verbrauch an Schmiedeeisen besserer Beschaffenheit zu so umfassenden Arbeiten, welcher zur damaligen Zeit nur durch Bezug aus den besten Werken Englands gedeckt werden konnte, bestimmte Borsig zur Anlage eines eigenen Eisenwerkes, zu welchem im Jahre 1847 in Moabit bei Berlin der Grundstein gelegt und welches 1850 in Betrieb gesetzt wurde. Noch in demselben Jahre wurde die in Moabit belegene, früher der Seehandlungs-Societät gehörige Maschinenbau-Anstalt und Eisengiefserei durch Kauf erworben. Um sich auch in dem Bezug der Hauptmaterialien unabhängig von fremder Hand zu machen, brachte Borsig im Jahre 1854 noch ausgedehnte Kohlenfelder in Oberschlesien in seinen Besitz, wurde aber dann unerwartet aus seinem segensreichen Wirken am 6. Juli 1854 durch den Tod abgerufen.

Die Leitung der sämtlichen Werke und Anlagen ging auf seinen Sohn Aug. Jul. Albert Borsig über, der nach erfolgter praktischer Ausbildung in den Werkstätten seines Vaters gröfsere Reisen im In- und Auslande unternommen hatte, um fremde industrielle Anstalten aller Art kennen zu lernen. Unter seiner Leitung entwickelte sich das Unternehmen in grofsartiger Weise. Bereits am 21. August 1858 wurde die tausendste, am 2. März 1867 die zweitausendste und am 19. April 1873 die dreitausendste Locomotive fertiggestellt, von welchen die Mehrzahl zwar in Deutschland geblieben, eine grofse Zahl aber auch nach Oesterreich, Rufsland, Galizien, Dänemark, Schweden, Holland, Italien und Ostindien geliefert worden ist. Den gesteigerten Anforderungen vermochte das im Jahre 1850 fertiggestellte Moabiter Eisenwerk nicht mehr zu entsprechen, es wurde daher auf den im Jahre 1854 erworbenen, im Jahre 1859 in Betrieb gesetzten Kohlenfeldern in Oberschlesien das Borsigwerk zwischen Gleiwitz und Beuthen angelegt. Dasselbe besitzt vier Hochöfen und ein nach den neuesten Erfahrungen eingerichtetes Walz-Hammer- und Stahlwerk. Die dort beschäftigte Arbeiterzahl beträgt über 4000 Köpfe, von denen 1000 Familien in einer besonders dazu erbauten Colonie, die mit den zugehörigen Einrichtungen, als Consumverein, Bäckerei und Schlächterei, Gasthaus, Schule usw. versehen ist, Wohnung erhalten. Aber auch auf andere gewerbliche Gebiete dehnte Borsig seine Thätigkeit aus. So erbaute er in Moabit auch eine grofse Dampfmühle für Roggenmüllerei.

Nach dem am 10. April 1878 erfolgten Tode Borsigs wurden sämtliche Werke durch ein Nachlafscuratorium für die Erben fortgeführt, welches jedoch durch die Jahre lang andauernde ungünstige Geschäftslage im Locomotivbau veranlafst wurde, die am Oranienburger Thor belegene Locomotivbau-Anstalt aufzugeben und den Locomotivbau nach den beiden Moabiter Werken, dem Eisenwerk und der in der Kirchstrafse 6 belegenen Maschinenbau-Anstalt und Eisengiefserei zu verlegen. In dem vielseitigen Betriebe dieser Anstalten werden aufser Locomotiven, von denen bis zum Jahre 1895 4520 gebaut sind, insbesondere Dampfmaschinen bis zu den gröfsten Abmessungen für Betriebszwecke und elektrische Beleuchtung, Pumpmaschinen für städtische Wasserversorgung und Canalisation, Berg- und Hüttenwerke, hydraulische Anlagen, Schmiedestücke usw. hergestellt. Am 23. April 1894 übernahmen die drei Söhne Albert Borsigs, Arnold, Ernst und Conrad Borsig, die Leitung sämtlicher Anlagen in Berlin und Borsigwerk.

Für die Berliner Werke stehen demnächst gröfsere Aenderungen bezw. Erweiterungen durch den Umbau in Tegel auf einem 120 Morgen grofsen Grundstücke bevor. Das neue Werk soll im Herbt 1897 im Betrieb sein. Der gegenwärtige Umfang des früheren Eisenwerkes, welches jetzt theilweise zum Locomotivbau, theilweise als Hammerschmiede Verwendung findet, und dessen Bauanlagen in der ersten Auflage dieses Werkes näher zur Darstellung gebracht sind, ist aus Abb. 673 ersichtlich.

5. **Maschinenbau-Anstalt, Eisengiefserei und Dampfkessel-Fabrik C. Hoppe, Gartenstrafse 9—12.** Die Fabrik ist im Mai 1844 zunächst unter der Firma „Lindner & Hoppe" mit 12 Arbeitern bei einem Betriebe von zwei Drehbänken und einer zweipferdigen, von Hoppe selbst entworfenen Dampfmaschine in gemietheten Räumen eröffnet worden. Neben kleineren Arbeiten wurden besonders Dampfmaschinen (im ersten Jahre 12) ausgeführt, welche günstige Aufnahme fanden und deren Bau bald so vervollkommnet wurde, dafs durch Herabsetzung der Beschaffungs- wie der Unterhaltungskosten auch den kleineren Gewerbetreibenden der Uebergang vom Hand- bezw. Pferdebetrieb zum verheilhafteren und ungestörteren Dampfbetrieb ermöglicht wurde.

Nachdem Lindner 1846 aus dem Geschäft ausgeschieden war, verlegte Hoppe 1848 seine Maschinenfabrik, deren Arbeiterzahl inzwischen auf 40 Köpfe gestiegen war, nach dem jetzigen Grundstück in der Gartenstrafse, gleichzeitig eine eigene Eisengiefserei mit ihr verbindend. Alsbald wurde der Entwurf und Bau von Locomobilen für verschiedene Zwecke sowie die Einführung der Woolf'schen Dampfmaschinen angeregt und aufgenommen, doch erst nach Ueberwindung mannigfacher Vorurtheile und nachdem 1847 die Firma mit der Lieferung einer Hochdruckmaschine den Beweis für die vermehrte Leistungsfähigkeit geführt hatte, erfolgte die erste Bestellung, welcher dann bald zahlreiche andere auf Maschinen von 4 bis 800 P.S. sowohl für in- wie ausländische Gewerbebetriebe folgten.

IV. Maschinenbau-Anstalten, Eisengiefsereien und Werkstätten für Metallbearbeitung. 553

Die Woolf'schen Wasserhaltungsmaschinen Hoppe'scher Bauart für den Bergbau mit den zugehörigen, ebenfalls von Hoppe entworfenen Hülfsmaschinen und Schachtsätzen bildeten dann den Hauptzweig der Geschäftsthätigkeit. Nächstdem wurden Fördermaschinen bis zu 200 P. S. Nutzleistung, aber auch Dampfschachtpumpen eigener Bauart bis zu 1500 P. S. zum Abteufen von Schächten, Dampfhaspen, Dampfwinden sowie die mannigfachsten Maschinen und Geräthe für Gruben und Hüttenbetrieb, Luftdruckmaschinen und Pumpenanlagen in den Bereich der Herstellung gezogen. Aber auch andere in jener Zeit aufkeimende Gewerbzweige boten der Firma Gelegenheit Lücken auszufüllen. Ueber die Mannigfaltigkeit der ausgeführten Arbeiten geben die gefüllten Modellräume der Fabrik von etwa 1200 cbm Inhalt beredtes Zeugnifs.

An Massenlieferungen hat sich die Fabrik in der Regel nicht betheiligt, ebenso auch keine Massenfabrikation in irgend einem Sonderzweig betrieben, wenn man nicht etwa die Ausrüstung einer gröfseren Anzahl von Zuckerfabriken (bis 23 im Jahr), Schneidemühlen (bis 28 Gatter im Jahr), gröfserer Mahlmühlen, Oelfabriken, Brauereien, Brennereien, Portland-Cement-, Porzellan- und Thonwaaren-, Photogen- und anderer chemischen Fabriken dahin rechnen will.

Im Jahre 1853 wurde trotz der abseits vom Wasser befindlichen Lage der Fabrik der Bau eines Dampfschiffes, zu dessen Fortbewegung je zwei Schrauben am vorderen und hinteren Ende vorgesehen waren, in Angriff genommen, diesem folgten neben eisernen Schleppkähnen weitere Dampfer, von welchen der 1862 erbaute Raddampfer Wilhelm I. noch vor kurzer Zeit die Verbindung Berlins mit Werder aufrecht erhielt.

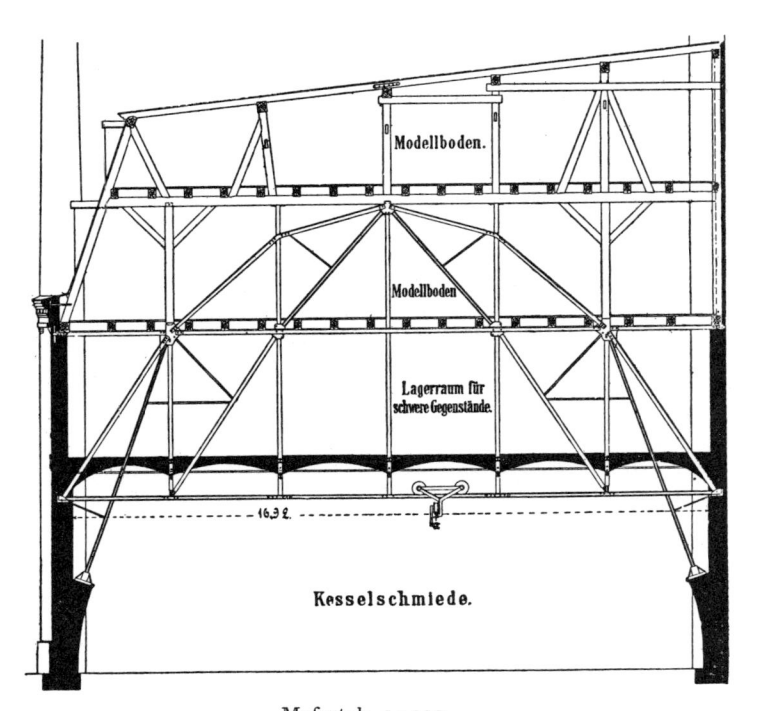

Mafsstab 1 : 200.
Abb. 674. Maschinenfabrik Hoppe.

Auch Werkzeugmaschinen wurden entworfen und ausgeführt, so unter anderen die Einrichtung der Munitionswerkstätten zu Spandau, Danzig und Deutz einschliefslich aller zur Massenherstellung der schweren Geschosse erforderlichen Maschinen. — Einen besonderen Ruf erwarb sich die Firma aber durch ihre hydraulischen Anlagen; neben einer grofsen Anzahl hydraulisch betriebener Aufzugsvorrichtungen, Drehscheiben, Prellböcke, Hub- und Drehvorrichtungen für Brücken wurden hydraulische Einrichtungen auch für Hafenanlagen und Speicher, wie Krane, Rolls, Elevatoren, sowie auch eine hydraulische Aufschleppmaschine für Kriegsschiffe für die Kaiserliche Werft in Danzig gefertigt.

Hervorzuheben ist besonders die Anwendung hydraulischer Hebung bei der Höherlegung des Kreuzberg-Denkmals sowie beim Bau der Gasbehälter-Gebäude der neueren Berliner Gasanstalten, deren Kuppeldächer-Zusammenstellung auf der fertiggestellten Ringmauer mit aufserordentlichen Schwierigkeiten verbunden war. Im ersten Falle wurde das auf 200 000 kg veranschlagte Denkmal mittels 12 hydraulischer Pressen auf 8 m unter gleichzeitiger wagerechter Drehung gehoben; die Hebung der Gasbehälterdächer ist im Abschnitt X näher beschrieben.

Einer der gröfsten Aufträge, mit denen die Firma betraut wurde, ist der Entwurf und die Ausführung der Maschinen zu den Schleusen des Kaiser-Wilhelm-Canals zu Holtenau und Brunsbüttel. Noch im Jahre 1891 entwarf der damals im 80. Lebensjahre stehende Begründer der Firma eine hydraulische Material-Abbeifsmaschine für I-Träger gröfsten Profils und eine Material-Prüfungsmaschine mit einer höchsten Zug- und Druckleistung von 500 000 kg für die Königliche mechanisch-technische Versuchsanstalt in Charlottenburg. Schliefslich sind in den letzten Jahren auch zahlreiche elektrisch angetriebene Maschinen, wie Fördermaschinen, Winden, Pumpen usw. zur Ausführung gebracht.

Das Fabrikgrundstück hat einen Flächenraum von etwa 15 200 qm. An baulichen Anlagen auf demselben kommen das Verwaltungsgebäude, die Maschinenwerkstätten, die Eisengiefserei, die Schmiede mit Schweifsofen und Dampfhammer, eine Kesselschmiede und verschiedene kleinere Magazin- und Wirthschaftsgebäude in Betracht. Von besonderem Interesse unter denselben dürfte die in Abb. 674 dargestellte Deckenausführung der Kesselschmiede sein, bei welcher zur Freihaltung des unteren Raumes ein schmiedeeisernes Sprengwerk, welches die Decke selbst und Laufschienen für einen Kran trägt, durch die oberen Stockwerke gezogen ist. Die bis zur Herstellung von 400 Ctr. Rohgewicht eingerichtete Eisengiefserei enthält Dammgruben bis 7,22 m lichtem Durchmesser. Die Maschinenwerkstätten sind mit eisernen Laufkranen bis zu 600 Ctr. Tragfähigkeit für das Paar sowie mit grofsen und schweren Werkzeugmaschinen ausgerüstet. Eine Woolf'sche Dampfmaschine von 80 bis 100 P.S. liefert die Betriebskraft. Die Zahl der Arbeiter, von denen 85 bereits länger als 25 Jahre bei der Firma thätig sind, beträgt zur Zeit 500. Für 72 Familien sind in den Jahren der Wohnungsnoth auf einem benachbarten Grundstücke Wohnungen hergerichtet. Auf die Ausbildung der Lehrlinge wird besonderer Werth gelegt, vom 14. bis zum 16. Lebensjahre werden dieselben nach Art der Fortbildungsschulen im Zeichnen und den für künftige Monteure nothwendigen Rechnungsarten unterrichtet, dann erst beginnt die eigentliche dreijährige Lehrzeit in den Werkstätten. Auch Volontairen wird zu ihrer praktischen Ausbildung von der Firma Gelegenheit gegeben.

Bis jetzt sind in der Fabrik 1541 verschiedene Dampfmaschinen zur Ausführung gekommen und in der Kesselschmiede seit geraumer Zeit jährlich gegen 4000 Ctr. Blecharbeiten bis zu 20 mm (ausnahmsweise bis zu 26 mm) Blechstärke geliefert worden.

6. **Actiengesellschaft H. F. Eckert, Fabrik landwirthschaftlicher Maschinen und Geräthe.** Aus den kleinsten Anfängen hervorgegangen, hat auch dieses Unternehmen, dessen Begründer H. F. Eckert in der Mitte der vierziger Jahre seinen ersten für die Bodenverhältnisse der Mark Brandenburg zugeschnittenen Pflug herstellte, bald durch die Anfertigung zweckmäfsiger Pflüge, Eggen und Walzen, denen Dresch- und Häckselmaschinen folgten, Bedeutung erlangt. Mit der im Jahre 1871 erfolgten Umwandlung der ursprünglichen Firma in eine Actiengesellschaft wurden die Mittel zur Entwicklung mit weiter gesteckten Zielen zugeführt. Berühmt wurden unter anderen die von der Firma hergestellten mehrscharigen Schäl- und Saatpflüge in der damals neu erbauten Fabrik in Berlin O., Weidenweg. Es wurden Sonderausführungen für coloniale Zwecke, also Ackergeräthe, die genau den verschiedenen Boden- und klimatischen Verhältnissen angepafst sind, ausgeführt und zu denselben von der Gesellschaft zuerst ihr besonders vorbereitetes Stahlmaterial zur Erzielung höchster Widerstandsfähigkeit bei möglichst geringem Gewicht verwendet.

Aufser allen in Frage kommenden Ackergeräthen hat die Fabrik Sonderausführungen aller Klassen von landwirthschaftlichen Maschinen wie auch Maschinen und maschinelle Einrichtungen für landwirthschaftliche Gewerbe geliefert.

Ein völliger Neubau der Fabrik ist in Friedrichsberg bei Berlin errichtet mit Schienenanschlufs an den Hauptrangirbahnhof der Schlesischen und Ostbahn. Die Anlage, nach den neuesten Erfahrungen auf diesem Gebiete vorzüglich eingerichtet, entspricht auch allen Forderungen in Bezug auf Gesundheitspflege und Unfallverhütung (Abb. 675).

Das Grundstück der Fabrik umfafst etwa 40 000 qm, zahlreiche Schienenstränge auf den Höfen wie innerhalb der Werkstätten vermitteln den Verkehr, die Zu- und Abfuhr von Materialien und Arbeitsstücken nach und von den Arbeitsplätzen. Sämtliche Werkstatt-

IV. Maschinenbau-Anstalten, Eisengiefsereien und Werkstätten für Metallbearbeitung.   555

räume sind hoch und hell, sowie ausschliefslich zur ebenen Erde gelegen. Die abendliche Beleuchtung erfolgt durch elektrische Bogenlampen. Späne, Schleifstaub und andere Abfälle werden mittels Exhaustoren, welche die brennbaren Stoffe nach dem Dampfkessel, alles übrige direct in Abzugsschlote befördern, beseitigt. Die ausgedehnteste Anwendung hat die elektromotorische Kraftübertragung gefunden. Nur der in der Nähe der für alle Abtheilungen des Werkes gemeinsamen Kessel- und Maschinenanlage liegende Theil der Arbeitsmaschinen wird vermittelst directer Transmissionen angetrieben. Die für die Elektromotoren erforderliche Kraft wird in einer nur diesem Zweck dienenden Dynamomaschine von gröfster Abmessung erzeugt, in dem über die ganze Fabrik sich hinziehenden Kabelnetz den einzelnen Motoren zugeführt und durch diese wieder mittels kurzer Transmissionsstränge auf die einzelnen Arbeitsmaschinen übergeleitet. Abgesehen von der wirthschaftlichen Verwendung der Betriebskraft sind durch den Fortfall der licht- und platzraubenden Transmissionsanlagen freie und übersichtliche Werkstätten geschaffen. Zur Erwärmung der Räume ist überall Dampfheizung vorhanden.

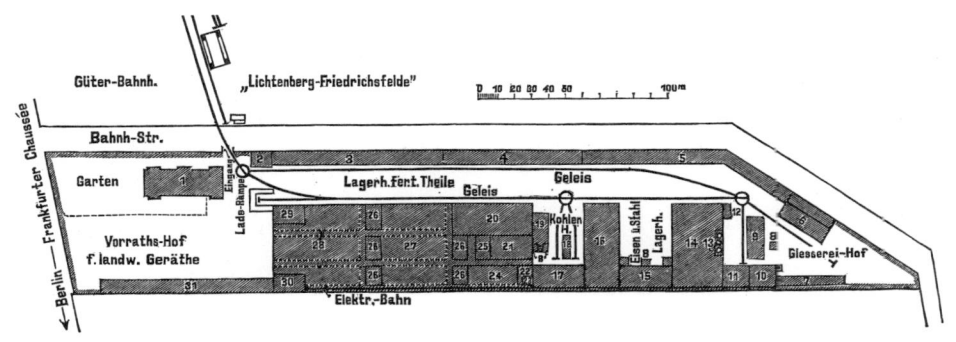

Abb. 675. Actiengesellschaft H. F. Eckert, Lageplan.

1. Verwaltungsgebäude. 2. Pferdestall. 3. Lager halbfertiger Theile. 4. Holzlager. 5. Lager fertiger Maschinen. 6. Modelllager. 7. Temperei. 8. Abort. 9. Giefsereimaterialien. 10. Modelltischlerei. 11. Putzerei. 12. Tiegelöfen. 13. Kupolöfen. 14. Giefserei. 15. Eisen- und Stahlzerkleinerung. 16. Schmiede. 17. Schleiferei mit Staubabsaugung. 18. Holztrocknerei. 19. Kesselhaus. 20. Holzbearbeitung mit Späneabsaugung. 21. Betriebsmaschinen. 22. Werkzeugmacherei. 23. Sanitätswache. 24. Dreherei. 25. Dynamomaschinen. 26. Magazine. 27. Halbfertige Herstellung. 28. Fertigstellung der Maschinen und Geräthe. 29. Materialmagazin. 30. Malerei. 31. Lagerschuppen landwirthschaftlicher Maschinen.

Alle Abtheilungen sind mit neuen, für jeden Sonderzweck sinnreich entworfenen Werkzeugmaschinen und sonstigen Vorrichtungen ausgestattet. Insgesamt werden in den verschiedenen Werkstätten etwa 450 Arbeitsmaschinen benutzt, unter denen sich neben Formmaschinen, Drehbänken, Eisenhobel- und Fraisemaschinen, Stanz- und Bohrwerken, Scheeren, Pressen, Sägen, Schmirgelmaschinen auch eine Anzahl Dampfhämmer und Fallhämmer gröfseren Gewichts befinden. Eine gleichfalls mit elektromotorischer Kraft und zahlreichen Mefsvorrichtungen ausgerüstete Probirwerkstatt dient zur Controle und genauen Prüfung der gefertigten Maschinen und Apparate. Die letzteren erstrecken sich aufser auf die Landwirthschaft auf die verschiedensten Gewerbzweige, wie aus der Theilung der Fabrikation in fünf folgende Abtheilungen ersichtlich:

I. Fabrikabtheilung fertigt: Dampfmaschinen, vollständige maschinelle Einrichtungen für Brennereien und Prefshefefabriken aller Art, sowie für sonstige landwirthschaftliche Gewerbe. Mahlgänge, Transmissionen, Eisenconstructionen für Viehställe usw. Sämtliche Maschinen zur Strafsenreinigung.

II. Fabrikabtheilung: Alle Arten von Ackergeräthen, wie Pflüge, Eggen, Walzen, Grubber usw.

III. Fabrikabtheilung: Säe- und Drillmaschinen, Hackmaschinen.

IV. Fabrikabtheilung: Pferderechen, Rofswerke, Dresch- und Getreidereinigungs-Maschinen, Futtermaschinen, Heupressen usw.

V. Fabrikabtheilung: Graugufs, Hartgufs, Eckertstahl.

70*

556   IV. Maschinenbau-Anstalten, Eisengiefsereien und Werkstätten für Metallbearbeitung.

7. **Maschinenfabrik von Carl Flohr**, Chausseestrafse 28b. Die Fabrik, welche seit dem Jahre 1850 besteht und früher auch Mühlenbau betrieb, beschäftigt sich zur Zeit aufser mit dem Dampfmaschinenbau lediglich mit der Herstellung von Aufzügen und Hebewerkzeugen. Im Jahre 1879 wurden in der Fabrik, die sich damals in der Frankfurter Strafse befand, etwa 30 Mann beschäftigt. Aus der Anfertigung von Lastenaufzügen, gröfstentheils mit Hand- und Transmissionsbetrieb, entwickelte sich allmählich die Herstellung hydraulischer Aufzüge zur Personen- und Lastenbeförderung als besonderes Arbeitsgebiet der Fabrik, dem in neuerer Zeit auch die elektrischen Aufzüge hinzugetreten sind. Dieselben sind durch zweckmäfsige Anordnung und billigen Betrieb ausgezeichnet. Bis zum Jahre 1896 sind nahe an 5000 Aufzugsanlagen aller Bauarten für Häfen, Krankenhäuser, öffentliche Institute, Bahnhöfe und zahlreiche, mannigfaltige Gewerbebetriebe hergestellt worden. Während für diese Fabrikation allein etwa 300 Arbeiter und 50 Beamte thätig sind,

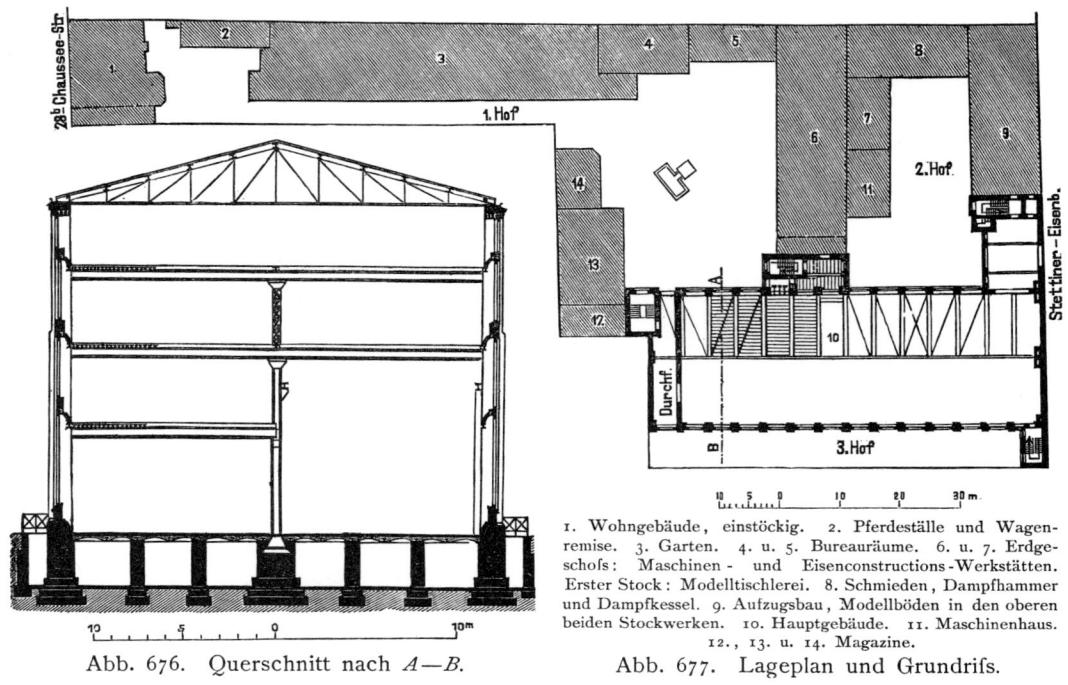

Abb. 676. Querschnitt nach *A—B*.   Abb. 677. Lageplan und Grundrifs.

1. Wohngebäude, einstöckig. 2. Pferdeställe und Wagenremise. 3. Garten. 4. u. 5. Bureauräume. 6. u. 7. Erdgeschofs: Maschinen- und Eisenconstructions-Werkstätten. Erster Stock: Modelltischlerei. 8. Schmieden, Dampfhammer und Dampfkessel. 9. Aufzugsbau, Modellböden in den oberen beiden Stockwerken. 10. Hauptgebäude. 11. Maschinenhaus. 12., 13. u. 14. Magazine.

Maschinenfabrik von Carl Flohr.

werden in der Abtheilung für den Dampfmaschinenbau, die verhältnifsmäfsig noch neu ist, etwa 100 Arbeiter und eine entsprechende Anzahl technischer Beamten beschäftigt.

Die Thätigkeit in diesem Zweige erstreckt sich im wesentlichen auf Dampfmaschinen stehender und liegender Bauart von gröfseren Abmessungen, welche für elektrische Lichterzeugung und Kraftdynamos verwendet werden.

Den Betrieb der Fabrik vermitteln bei zwei Dampfkesseln von je 100 qm Heizfläche einestheils eine Compound-Dampfmaschine von 100 P. S., welche durch Hanfseile die Kraft auf eine Hauptwellenleitung überträgt, anderseits zwei gröfsere Dynamomaschinen, von welchen die eine für Kraft, die andere für Lichterzeugung dient. Von ersterer werden acht Elektromotoren gespeist, welche wiederum einzelne Wellenleitungen drehen, von denen 20 Werkzeugmaschinen betrieben werden.

Die gesamte Anlage (Abb. 677) umfafst eine Grundfläche von etwa 7100 qm und ist mit Gleisanschlufs an die Stettiner Eisenbahn versehen. Das Hauptgebäude (Abb. 676) besteht aus vier Geschossen, von welchen das erste jedoch zur Hälfte herausgeschnitten ist, um ein hohes Erdgeschofs zur Unterbringung eines grofsen Laufkrans zu erhalten.

Das Gebäude hat in der Längsrichtung in Abständen von 4,50 m schmiedeeiserne Säulen, die je zwei Unterzüge von 550 mm mit darüber gestreckten Könen'schen Rippen-

IV. Maschinenbau-Anstalten, Eisengiefsereien und Werkstätten für Metallbearbeitung. 557

decken tragen, wie sie auf S. 440 in Abb. 562 dargestellt sind. Der Fufsboden ist aus Cement und gleichzeitig mit der Deckenconstruction hergestellt. Das Dachgeschofs bildet einen Arbeitssaal von rd. 1500 qm, ohne jedes Hindernifs durch Säulen oder sonstige Unterstützungen. Zur besseren Beleuchtung sind grofse Oberlichte im Dache angelegt, welch letzteres mit Doppelpappe gedeckt, in der unteren Fläche geschalt und geputzt ist. Um die Gesamträume bei der aufsergewöhnlich grofsen Tiefe von etwa 23 m genügend hell zu erhalten, sind sehr breite Fenster angeordnet, welche in ihrer Höhe noch

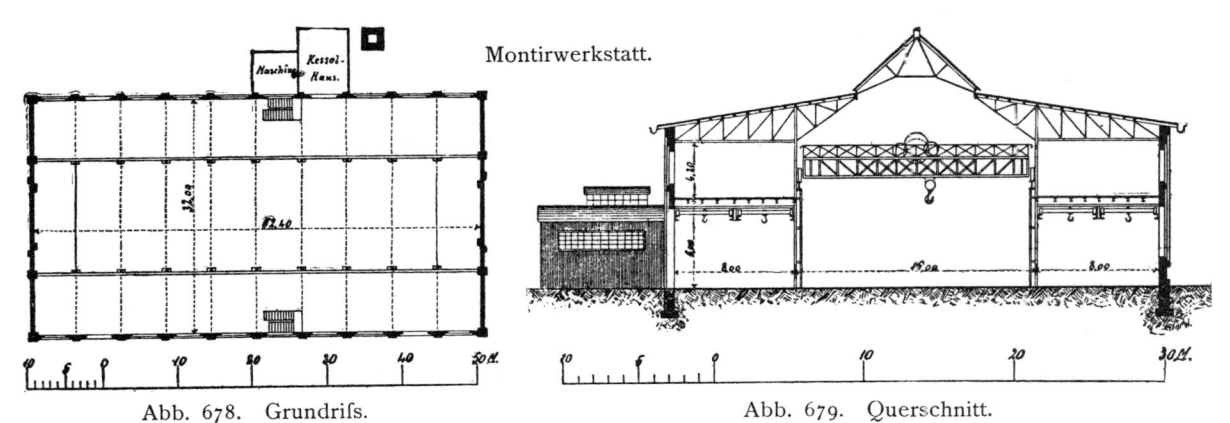

Abb. 678. Grundrifs.   Abb. 679. Querschnitt.

Berliner Maschinenbau-Actiengesellschaft vorm. L. Schwartzkopff, Chausseestrafse 17/18.

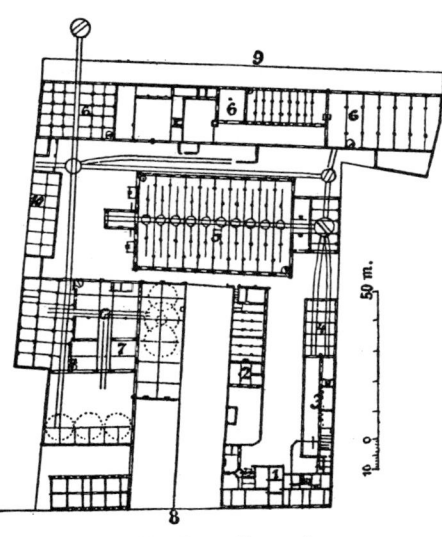

Abb. 680. Lageplan.

1. Wohngebäude und Eingang. 2. Comptoir und Bureaugebäude. 3. Directionsgebäude. 4. Lackirschuppen. 5. Montirwerkstätten. 6. Mechanische Werkstätten. 7. Kesselschmiede. 8. Stettiner Bahnhof. 9. Chausseestrafse. 10. Torpedowerkstatt.

über das darüber liegende Stockwerk hinausragen. Der Einfallwinkel des Lichtes ist dadurch sehr vergröfsert, und es hat sich auch eine überraschend günstige Beleuchtung der Räume bei ihrer aufsergewöhnlich grofsen Tiefe ergeben.

Ein Theil des Gebäudes ist unterkellert und als Aufenthaltsraum für diejenigen Arbeiter und ihre Angehörigen, die ihre Mahlzeiten in der Fabrik einnehmen, eingerichtet. Waschräume und Bedürfnifsanstalten befinden sich in jedem Stockwerk.

Während im Erdgeschofs Dampfmaschinen gröfserer Abmessungen hergestellt werden, wird in den oberen Stockwerken die älteste Sonderabtheilung, der Aufzugs- und Hebewerkzeugbau, betrieben. Zu diesem Zweck führen drei grofse Aufzüge nach den oberen Stockwerken, und zwar ein indirect wirkender hydraulischer Aufzug, ein direct elektrischer Aufzug, welche beide zur Lasten- und Personenbeförderung benutzt werden, und ein durch Transmission betriebener Lastenaufzug. Alle drei dienen auch als Probe und Vorführungsgegenstand.

8. Berliner Maschinenbau-Actiengesellschaft vorm. L. Schwartzkopff. Das im Jahre 1852 unter der Firma „Eisengiefserei und Maschinenbau-Anstalt von L. Schwartzkopff" in der Chausseestrafse 20 (jetzt 17/18) angelegte Werk war zunächst vorwiegend für den Eisengiefsereibetrieb eingerichtet, gewann jedoch bald durch die Herstellung von Sondermaschinen eigener Bauart, wie Dampfsägen, Holzbearbeitungsmaschinen, Ventilatoren, Kreiselpumpen, Dampfhämmer, Berg- und Walzwerkmaschinen usw. weitere Ausdehnung. Im Jahre 1860 wurde zur Fabrikation von Eisenbahn-Bedarfsartikeln übergegangen, wie: Weichen, Drehscheiben, Schiebebühnen, Stationseinrichtungen, Dachconstructionen, Brücken usw., und nach Ankauf verschiedener Nachbargrundstücke für die

558   IV. Maschinenbau-Anstalten, Eisengiefsereien und Werkstätten für Metallbearbeitung.

erforderlichen Erweiterungen im Jahre 1866 auch der Locomotivbau aufgenommen, dessen Entwicklung schon im Jahre 1867 die Anlage der Zweigwerkstätten in der Ackerstrafse 96 (jetzt Scheringstrafse 13—28) erforderlich machte. Dieselben stehen mit der Stammfabrik durch die Gleise der Berlin-Stettiner Eisenbahn und eine besondere Fernsprechleitung in Verbindung.

Im Jahre 1870 ging die Fabrik in den Besitz einer Actiengesellschaft unter der bisherigen Firma über; der Locomotivbau bildete sich immer mehr zum Hauptgeschäftszweig aus, ging jedoch infolge geringen Bedarfs und übergrofsen Angebots Ende der siebziger Jahre erheblich zurück, sodafs verschiedene andere Sonderzweige in den Bereich der Herstellung gezogen wurden. Unter diesen nahm bald das Gebiet des Torpedowesens den ersten Platz ein, dessen Ausbildung zu abermaligen erheblichen Erweiterungen, wie auch 1879/80 zur Anlage einer Reparaturwerkstatt mit eigenem Schiefsstand für Torpedozwecke in Kiel und 1888 zur Erbauung einer Torpedofabrik in Venedig Veranlassung gab. Dieser Fabrikation schlossen sich bald — meist auf Grund eigener Patente — noch folgende an: die Herstellung von Gas- und Petroleummotoren, Dynamos, Elektromotoren und elektrischen Nachtsignalapparaten sowie in neuester Zeit die Anfertigung von Pumpmaschinen, hydraulisch betriebenen Wasserhaltungen, Luftcompressoren, Dampfmaschinen und Kesseln neuester Bauart. Zum Betriebe der beiden Anlagen in Berlin dienen insgesamt 15 Dampfmaschinen und ein Petroleummotor mit zusammen 645 P. S., 13 Kessel mit zusammen 1500 qm Heizfläche, 11 Dampfhämmer mit 5—60 Ctr. Fallgewicht, zwei hydraulische Schmiedepressen, sowie eine hydraulisch betriebene Nietanlage mit elektrisch betriebenem Kran.

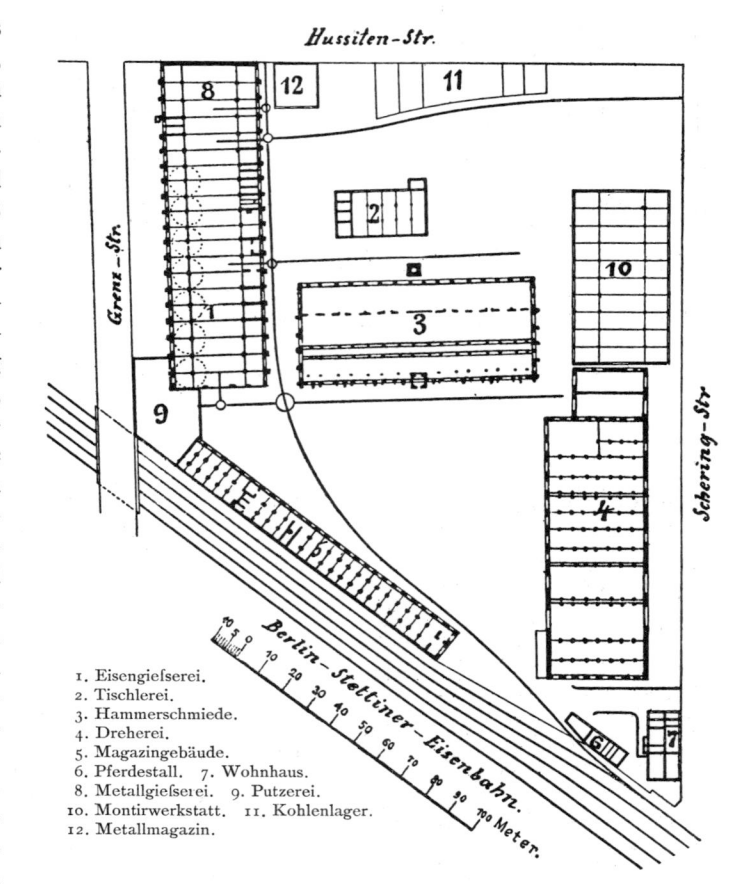

1. Eisengiefserei.
2. Tischlerei.
3. Hammerschmiede.
4. Dreherei.
5. Magazingebäude.
6. Pferdestall. 7. Wohnhaus.
8. Metallgiefserei. 9. Putzerei.
10. Montirwerkstatt. 11. Kohlenlager.
12. Metallmagazin.

Abb. 681. Berliner Maschinenbau-Actiengesellschaft vorm. L. Schwartzkopff, Scheringstrafse.

Locomotiven, von denen gegenwärtig 150 Stück im Jahre gebaut werden können, sind bis jetzt 2200 Stück, Torpedos insgesamt 3500 Stück fertiggestellt worden. — Einen Ueberblick über die Anlage der Stammfabrik, welche die Verwaltungsgebäude, Torpedowerkstatt, Kesselschmiede, mechanische Werkstätten und die Montirwerkstätte umfafst, giebt Abb. 680. Die Gebäude sind durch Gleise unter einander verbunden; die unteren Räume der Montirwerkstätte (Nr. 5 des Lageplans) dienen zum kleineren Theil der Montage für Torpedoarmirungen, in der Hauptsache aber zur Montirung der Locomotiven, zu welchem Zweck im Mittelraum ein Kran von 300 Ctr. Tragfähigkeit mit Seilantrieb und aufserdem zu beiden Seiten leichte Laufkrane für den Handbetrieb vorgesehen sind. Für die Monteure sind Arbeitsstellen unter den Fenstern hergerichtet, während auf den Galerien sich solche für Schlosser befinden, welche die aus den mechanischen Werkstätten kommenden Maschinentheile fertigstellen. Durch Oberlicht im Mittelschiffe ist für bestmögliche Beleuchtung Sorge getragen.

IV. Maschinenbau-Anstalten, Eisengiefsereien und Werkstätten für Metallbearbeitung. 559

Die Zweigwerkstätten in der Scheringstrafse (Abb. 681) nehmen Eisen- und Metallgiefserei, Hammerschmiede, Modelltischlerei, Dreherei, Montage für den allgemeinen Maschinenbau nebst Magazingebäude und Beamtenwohnhaus mit Arbeiterspeisesaal und Kantine auf. Die Architektur der Eisengiefserei und der Hammerschmiede, welche auf S. 143 der ersten Auflage dieses Werkes abgebildet ist, haben Ende & Böckmann entworfen; Einrichtung und Ausrüstung entsprechen — wie bei der Gesamtanlage überhaupt — den weitgehendsten Anforderungen; eine zur Herstellung schwerer Formstücke dienende Schmiedepresse mit Luftaccumulator arbeitet u. a. mit einem Druck von einer Million Kilogramm. Die neue Montirwerkstatt für den allgemeinen Maschinenbau (Abb. 678 u. 679) ist massiv und in Eisenconstructionen ausgeführt, welche von dem Civil-Ingenieur Scharowsky entworfen sind. Bemerkenswerth an derselben ist die Lüftung im Glasdache, welche durch eine durch die ganze Länge des Gebäudes gehende, mit Schneckenbetrieb bewegliche Haube erfolgt. Im übrigen der gebräuchlichen Ausrüstung entsprechend ist auch im Mittelbau ein Kran von 300 Ctr. Tragfähigkeit vorgesehen, der jedoch elektrisch durch die Dampfmaschine betrieben wird.

Das Gebäude für die Modelltischlerei mit Modellböden ist abgesondert von allen anderen Baulichkeiten errichtet und mit Dampfheizung und elektrischem Kraftbetrieb ausgerüstet.

9. **Eisengiefserei und Maschinenfabrik von Roefsemann & Kühnemann**, Gartenstrafse 21. Die Firma, welche im Jahre 1852 von W. Schlodensky gegründet wurde, besteht unter ihrem gegenwärtigen Namen seit dem Jahre 1866. Dieselbe beschäftigte ursprünglich in der Hauptsache eine Eisengiefserei und lieferte Eisenconstructionsarbeiten.

Vor etwa 18 Jahren wurde der Bau von Centralweichen-Sicherungsanlagen aufgenommen und dafür eine besondere Abtheilung gegründet. Ebenso bildet der Entwurf und die Lieferung von Eisenarbeiten für Schleusen, Wehre und Stauanlagen seit etwa 10 Jahren einen Sonderzweig des Werkes, von dessen Ausführungen nur die für den Finow-Oranienburger Canal, die Charlottenburger Schleuse, das Stauwerk am Mühlendamm Berlin und die sämtlichen Wehre für den Oder-Spree-Canal genannt werden sollen. In neuerer Zeit ist ein Hauptfeld der Thätigkeit der Firma der Bau von Bedürfnifsanstalten mit Oelspülung geworden.

Die im Jahre 1872 erbaute Eisengiefserei, welche mit der Gartenstrafse 21 belegenen Maschinenbau-Anstalt und Modelltischlerei verbunden ist, findet sich im Band II der ersten Auflage dieses Werkes näher beschrieben. Die Leistungsfähigkeit derselben stellt sich wöchentlich auf etwa 100 000 kg. Der Betrieb der Maschinenbau-Anstalt erfolgt in einfachen Räumen unter Benutzung zweier Dampfmaschinen von 20 bezw. 12 P.S. zum Antrieb der vorhandenen Werkzeugmaschinen.

An Arbeitern werden von der Firma insgesamt 300 beschäftigt, von welchen je die Hälfte auf die Maschinenbau-Anstalt und die Giefserei entfallen.

10. **Maschinenfabrik von Möller & Blum**, Zimmerstrafse 88. Im Jahre 1867 zunächst für Sonderausführungen im Pumpenbau begründet, deren Absatz bald eine Erweiterung der ersten Anlage erforderlich machte, hat die Firma im Laufe der Jahre auch die Herstellung von Aufzügen sowohl für Hand- als auch maschinellen und hydraulischen Betrieb sowie von Transmissionsanlagen aufgenommen. Auch die grofsen Schleusenarbeiten für den Ems-Jade-, Oder-Spree- und den Finow-Canal sowie Einrichtungen von Wasserstationen für Eisenbahnen und verschiedene Arbeiten für städtische Wasserwerke sind aus der Fabrik hervorgegangen. Die Uebernahme des General-Vertriebes der atmosphärischen Gasmotoren der derzeitigen Firma Langen, Otto & Rosen in Köln, jetzt Gasmotorenfabrik Deutz, von welchen allein über 1000 Stück in Verbindung mit doppelt wirkenden Californiapumpen für Privat-Wasserversorgung in Berlin geliefert wurden, vermehrte das Absatzgebiet um ein Bedeutendes, sodafs gegenwärtig ein Otto'scher Gasmotor von 20 P.S., welcher mit Generatorgas gespeist wird, zum Betrieb des Werkes erforderlich ist. Die zur Erzeugung dieses Kraftgases dienende Anlage (Abb. 682 u. 683) läfst in Rücksicht auf ihre Bedeutung für alle Gewerbezweige ihre nähere Betrachtung gerechtfertigt erscheinen.

560   IV. Maschinenbau-Anstalten, Eisengiefsereien und Werkstätten für Metallbearbeitung.

In dem Schacht des Generators A befindet sich der glühende Brennstoff, durch welchen mittels Injecteurs überhitzter Dampf aus dem kleinen Kessel B derart geblasen wird, dafs er die zur richtigen Gasbildung erforderliche Luftmenge mit sich reifst. Durch das Rohr C verläfst das fertige Gas den Generator, geht durch die Vorlage D und den Scrubber E, in welchem ihm zur Reinigung und Kühlung Wasser in fein vertheilter Form entgegenrieselt, und gelangt durch den Wäscher F nach nochmaliger Reinigung in den Gasbehälter G. Die Bedienung der Anlage beschränkt sich darauf, dafs von 10 zu 10 Minuten durch den mit doppeltem Verschlusse versehenen Fülltrichter H das erforderliche Brennmaterial zugeführt und der Dampfkessel mit Wasser und Feuerungsmaterial versehen wird.

Aufser dieser einfachen Wartung soll die Anlage aber auch den für ihre Bedeutung ausschlaggebenden Vortheil bieten, dafs schon bei kleinen Anlagen von 8 bis 10 P.S. ein derartig billiger Betrieb erzielt wird, wie er bislang bei den gröfsten mit allen Verbesserungen ausgerüsteten und unter peinlichster Ueberwachung stehenden Dampfmaschinenanlagen nur in Ausnahmefällen erreicht worden ist. Auch zur Erzielung einer billigen Beleuchtung wird dieses Generatorgas, wenn auch nicht auf directem, so doch auf indirectem Wege nutzbar gemacht, indem die mit ihm gespeisten Gasmotoren zum Betriebe von Dynamomaschinen verwendet werden.

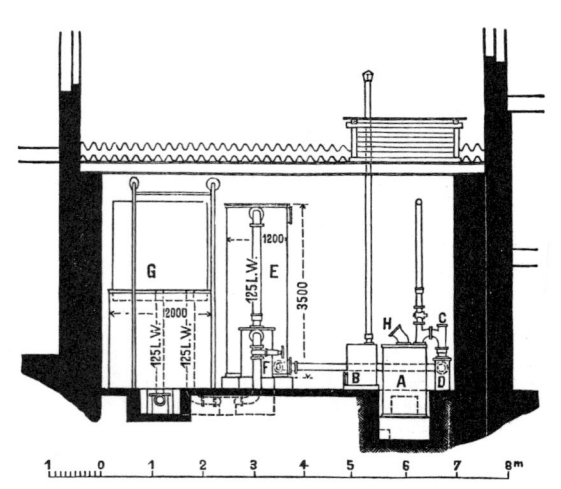

Abb. 682. Maschinenfabrik von Möller & Blum, Querschnitt durch den Gasgenerator.

11. **Actiengesellschaft vormals Frister & Rofsmann, Nähmaschinenfabrik.** Die Herstellung von Nähmaschinen nach Wheeler & Wilson - System war von den Kaufleuten Robert Frister & Gustav Rofsmann, welche ihr Geschäft in einem kleinen Fabrikraum der Adalbertstrafse zu Berlin begonnen hatten, im Jahre 1867 aufgenommen worden.

Infolge des damals herrschenden grofsen Bedarfs konnten die Inhaber bereits zwei Jahre später auf dem eigenen Grundstücke Skalitzer Strafse 134/135 Werkstätten in grofsartigstem Stile anlegen, welche mit den neuesten Werkzeugmaschinen aus Amerika ver-

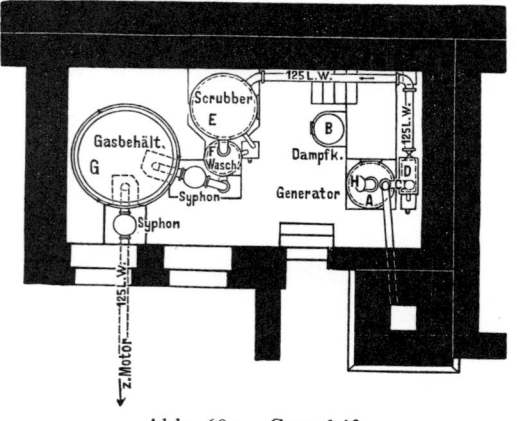

Abb. 683. Grundrifs.

sehen wurden. Die mit fortgesetztem Erfolge arbeitende Fabrik ging im Jahre 1871 in eine Actiengesellschaft über. — Aufser den Greifer-Maschinen, wie Wheeler & Wilson, wurden im Laufe der Jahre noch die Schiffchen-Nähmaschinen nach den früheren Patenten von Singer aufgenommen. In den Jahren 1887 und 1888 traten indessen schwere Stockungen ein. Das Actienkapital mufste zusammengelegt und theilweise durch Zuzahlung ergänzt werden, um einen neuen Zweig, die Herstellung von Patronen für das damals neu eingeführte Gewehr, aufzunehmen. Die Aufträge der Regierung waren jedoch nach wenigen Jahren aufgearbeitet, neue Bestellungen aber wurden nicht ertheilt, und so mufste die Nähmaschinenfabrikation in verstärktem Mafse wieder aufgenommen werden. Die Fabrik ist heute in der Lage 60000 Stück Singer-Nähmaschinen in verschiedenen Gröfsen, 25000 Stück Ringschiffchen-Nähmaschinen, 10000 Stück Greifer-Maschinen nach Wheeler & Wilson-System und 5000 Stück

IV. Maschinenbau-Anstalten, Eisengiefsereien und Werkstätten für Metallbearbeitung. 561

Vibrating-Shuttle-Nähmaschinen jährlich herzustellen. Aufserdem fertigt die Fabrik aber als einzige in Deutschland seit vier Jahren Schreibmaschinen, welche infolge ihrer sorgfältigen und gediegenen Ausführung einen Absatz von 500 Stück jährlich erzielten.

Da für die genannten Zweige eine Menge Sonder-Werkzeugmaschinen nöthig waren, so wurde auch eine Abtheilung für Werkzeugmaschinenbau eingerichtet, welche seit acht Jahren, mit den besten Hülfsmaschinen ausgerüstet, nicht blofs für den eigenen Betrieb, sondern auch für fremde Rechnung ihre Fabrikate liefert.

In der Fabrik, deren Einrichtung in der ersten Auflage dieses Werkes näher beschrieben und abgebildet ist, sind zur Zeit 650 Arbeiter und Arbeiterinnen, welche von 52 Beamten beaufsichtigt werden, zur Bedienung des gesamten Maschinenparks sowie zum Zusammenstellen und Fertigmachen der Erzeugnisse erforderlich.

Zum Betriebe der 1300 verschiedenen Hülfsmaschinen für Metall- und Holzbearbeitung dient eine Central-Dampfmaschine von 300 P.S., während drei kleinere Dampfmaschinen von je 60 P.S. zur Aushülfe vorgesehen sind.

12. Die Firma Ludwig Löwe & Co. Actiengesellschaft, Hollmannstrafse, wurde als Commanditgesellschaft auf Actien im Jahre 1870 gegründet; die Herstellung von Nähmaschinen und die Einführung der amerikanischen Massenfabrikation mit Hülfe von selbstthätigen Präcisionsmaschinen war zunächst der Zweck der Gesellschaft. Die inzwischen verflossene Zeit scheidet sich jedoch hinsichtlich der Thätigkeit in drei Abschnitte, von denen der erste vom Beginn der Herstellung von Näh- und Werkzeugmaschinen, der zweite vom Beginn der Waffenfabrikation und der dritte von der Aufnahme der Elektricität als gleichwerthigen Fabrikationszweig der Gesellschaft rechnet.

Auf dem Grundstück Hollmannstrafse 32 war ein der Eigenart des Betriebes entsprechendes Fabrikgebäude errichtet worden. Die für die erste Einrichtung erforderlichen Massenfabrikationsmaschinen wurden aus Amerika bezogen und zunächst nur mit der Anfertigung der Nähmaschinen begonnen. Bereits im Jahre 1873 wurde neben dieser Massenfabrikation auch der Bau von Werkzeugmaschinen nach amerikanischem Vorbild aufgenommen.

Die Uebernahme gröfserer Lieferungen von Gewehrtheilen für das Infanteriegewehr und die Jägerbüchse M. 71, sowie von Artilleriemunition verdrängte jedoch nach und nach die Nähmaschinenfabrikation, welche auch nach Fertigstellung jener Arbeiten nicht wieder aufgenommen wurde. Nebenbei aber entwickelte sich der zweite Geschäftszweig des Unternehmens, der Bau von Werkzeugmaschinen und Einrichtungen für die Massenfabrikation, wenn auch langsam und unter Ueberwindung grofser Schwierigkeiten, so doch stets erfolgreich.

Von grofser Bedeutung für die Entwicklung der Gesellschaft wurden in der Folge zwei Waffenaufträge, und zwar erstens der Auftrag auf Anfertigung von 555 000 Stück Mausergewehren, welcher der Gesellschaft von der Kaiserlichen Ottomanischen Regierung in Gemeinschaft mit der Waffenfabrik Mauser in Oberndorf a. N. übertragen wurde, und zweitens ein Auftrag des Königlich Preufsischen Kriegsministeriums auf 425 000 Gewehre, deutsches Modell 1888. Der zur gemeinschaftlichen Erledigung übernommene Auftrag führte dazu, dafs die Firma im Jahre 1887 sämtliche Actien der Waffenfabrik Mauser erwarb und dorthin, wo zur Zeit noch über 2000 Arbeiter beschäftigt werden, die alleinige Herstellung der türkischen Gewehre legte.

Der ganze deutsche Auftrag fand seine Erledigung in Berlin, zu welchem Zwecke jedoch die vorhandenen Arbeitsräume in der Hollmannstrafse bei weitem nicht ausreichten, obwohl bereits im Jahre 1885 das mit dem Grundstück Hollmannstrafse 32 zusammenhängende Grundstück Hollmannstrafse 35, sowie im Jahre 1888 das Grundstück Gitschiner Strafse 12/13 käuflich erworben und für Arbeitszwecke hergerichtet worden waren. Es wurde deshalb das Grundstück Kaiserin-Augusta-Allee 30 in Charlottenburg-Martinikenfelde in einer Gröfse von rd. 76 600 qm im Jahre 1888 gekauft und auf demselben eine in technischer Beziehung auf das Vollkommenste ausgestattete Fabrik errichtet. Besondere Umstände führten dazu, im Jahre 1890 auch in Budapest eine Waffenfabrik zu errichten, und da bei der wechselseitigen Abhängigkeit zwischen Munition und Waffen die Gesellschaft

562   IV. Maschinenbau-Anstalten, Eisengiefsereien und Werkstätten für Metallbearbeitung.

darauf bedacht sein mufste, dafs die Verbesserung der Waffe immer in engster Fühlung mit der Herstellung und Prüfung der Munition durchgeführt werden konnte, betheiligte sich die Gesellschaft auch mit der Hälfte des Kapitals an dem Kauf und dem Ausbau der Deutschen Metallpatronenfabrik Lorenz in Karlsruhe. Dieses Unternehmen erhielt später die Form einer Actiengesellschaft unter der Firma: „Deutsche Metallpatronenfabrik".

Die stetig fortschreitende Anwendung der Elektricität auf allen Gebieten der Industrie veranlafste die Gesellschaft im Jahre 1891 auch diesen Zweig der Technik, welcher mit den bisherigen Fabrikationszweigen zahlreiche Berührungspunkte hat, aufzunehmen. Um jedoch nicht auf jahrelange Versuche angewiesen zu sein, erwarb die Firma von der amerikanischen Thomson-Houston Electric Co. in Boston, jetzt General Electric Co., alle Patente und sicherte sich die Möglichkeit, die dort gewonnenen Erfahrungen und Kenntnisse in Deutschland und den osteuropäischen Ländern anzuwenden. Zur Vereinfachung der Geschäftsleitung wurde im Jahre 1892 eine selbständige Gesellschaft unter der Firma „Union Elektricitäts-Gesellschaft" in Berlin gegründet, für welche die Firma Ludwig Löwe & Co. die Herstellung und Lieferung des gesamten Bedarfs an elektrischen Maschinen und Apparaten übernommen hat. Es wurde daher in Martinikenfelde eine besondere elektrische Abtheilung mit allen erforderlichen Fabrikationsmitteln und Sondermaschinen eingerichtet. — Die Anlagen der Werkzeugmaschinenfabrik in der Hollmannstrafse bieten in baulicher Beziehung kein besonderes Interesse. Es sind daselbst durchschnittlich 500 Arbeiter beschäftigt. Der Betrieb der zahlreichen Arbeitsmaschinen wird durch fünf passend vertheilte Dampfmaschinen, welche zusammen 245 P.S. entwickeln, bewirkt.

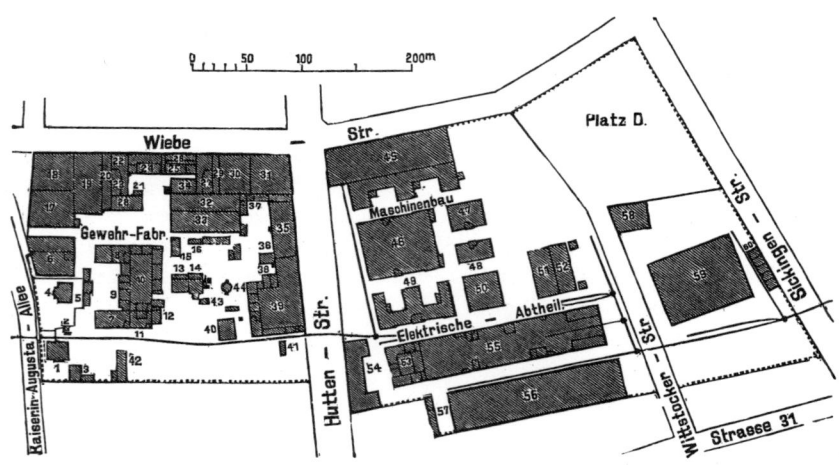

Abb. 684. Waffenfabrik von Ludwig Löwe & Co., Lageplan.

1. Comptoir. 2. Portierhaus. 3. Beamtenwohnung. 4. Beamtenwohnung (Villa). 5. Portier- und Kutscherwohnung und Pferdestall. 6. Revisions- und Packräume. 7. Gewehr-Zusammenstellung. 8. Revision der fertigen Gewehre. 9. Brüniranstalt. 10. Schiefshalle. 11. Beschufsraum zum Probieren der Gewehrsysteme. 12. Patronenlager. 13. Härterei. 14. Glüh- und Härteofen (System Siemens) mit Gasanstalt. 15. Trockenraum für Gewehrschäfte (Rohmaterial). 16. Blauen der Gewehrtheile. 17., 18. u. 19. Gewehrtheil-Fabrikation. 20. Lichthof. 21. Aborte.
Parterreräume im Hauptgebäude: 22. Reparaturwerkstatt. 23. Dampfmaschine. 24. u. 25. Revisionsräume. 26. Betriebsbureaus. 27. Dampfmaschine.
I. Stockwerk: Zusammenstellung der Gewehrsysteme und Theilfabrikation.
II. Stockwerk: Technisches Bureau, mechanische Werkstatt, Lehrenbau und Theilfabrikation.
III. Stockwerk: Rohschäftelager, Maschinenlager, Schleiferei und Polirerei.
28. Materialienlager. 29. Lichthof. 30. Theilfabrikation. 31. Theilfabrikation. 32. u. 33. Schaftfabrikation. 34. Kesselhaus. 35. Schmiede. 36. Dampfmaschine. 37. Aborte. 38. Kesselhaus. 39. Elektrische Abtheilung. 40. Elektrische Abtheilung. 41. Zähler-Prüfungs-Gebäude. 42. Schuppen. 43. Siemens-Ofen. 44. Rotunde. 45. Werkzeugmaschinenbau. 46. Einrichterei für Werkzeugmaschinen. 47. Modelltischlerei. 48. Zimmerei. 49. Werkzeugbau. 50. Schmiede. 51. Maschinenhaus. 52. Kesselhaus. 53. Lager- und Bureaugebäude. 54. Directionsgebäude. 55. Maschinenhalle der elektrischen Abtheilung. 56. Maschinenhalle der elektrischen Abtheilung. 57. Zähler-Prüfungs-Gebäude. 58. Modelllager. 59. Giefserei. 60. Kohlenschuppen.

In der Gewehrfabrik Martinikenfelde sind zur Zeit 2500 Arbeiter beschäftigt, welche mit Hülfe der umfangreichen maschinellen Einrichtungen imstande sind, täglich 1000 bis 1200 Gewehre fertig zu stellen. Da an einem Gewehre, bis es gebrauchsfertig ist, gegen 900 Arbeitsverrichtungen zu vollziehen sind, müssen gegen 3000 einzelne Maschinen zu diesem Zwecke zur Verfügung stehen. Der Betrieb ist zum Theil elektrisch; die Gesamtleistung der Dampfmaschinen beträgt 1300 P.S.

Die elektrische Abtheilung ist zunächst in dem Gebäude 39 (Abb. 684) untergebracht. Man ist indessen im Begriff, einen umfangreichen Neubau auf dem nördlich gelegenen Grenzgrundstücke zu errichten, wodurch die Möglichkeit gegeben ist, mittels Anschlufsgleis den Bahnhof Beusselstrafse der Ringbahn zu erreichen. Die zur Zeit in der Hollmannstrafse befindliche Werkzeugmaschinenfabrik soll, wie aus dem Plane zu ersehen, ebenfalls nach dorthin verlegt werden, sodafs später die gesamte Fabrikanlage der Firma Ludwig Löwe & Co. Actiengesellschaft ein zusammenhängendes Ganzes bilden wird (s. Abb. S. 486).

13. **Eisengiefserei Actiengesellschaft vormals Keyling & Thomas.** Im Jahre 1870 aus kleinen Anfängen hervorgegangen, gewann das Unternehmen hauptsächlich nach Einführung und Benutzung selbst entworfener Formmaschinen mit bisher höchster Leistungsfähigkeit mehr und mehr an Bedeutung, sodafs dasselbe mit Beginn des Jahres 1886 in eine Actiengesellschaft umgewandelt wurde.

Vorzugsweise werden Eisengufstheile für elektrotechnische Ausführungen, Nähmaschinen, Lampen und Oefen gefertigt und zwar gestatten die vielseitigen Einrichtungen die Massenherstellung der kleinsten wie der gröfsten Stücke.

Die Fabrikgebäude auf einem über 15 320 qm grofsen Flächenraum, Ackerstrafse 129 gelegen, umfassen: Giefsereihallen, Ofenfabrik für Cadé-Patent-Kaminöfen, Dreherei und Schlossereien für Beleuchtungsgegenstände, Emaillirwerk und Galvanisiranstalt mit Metallschleiferei. Bei einer Arbeiterzahl von 600 Mann sind neben kleineren elektrischen Anlagen vier Dampfmaschinen mit zusammen 200 P.S. im Betriebe, welche von drei Kesseln von zusammen 220 qm Heizfläche ihren Dampf erhalten. Aufser vielen Hülfsmaschinen im Schlossereibetriebe werden in der Formerei beständig 120—140 Formmaschinen benutzt.

Die täglichen Schmelzungen des Kupolofenbetriebs schwanken zwischen 35 000 bis 45 000 kg. Das Werk, auf welchem rd. 600 Arbeiter thätig sind, ist seit Jahren vollauf beschäftigt.

14. **Maschinenfabrik Cyclop, Mehlis & Behrens, Pankstrafse 15.** Im Jahre 1872 als Actienunternehmen durch die Herren Ernst Behrens und G. Mehlis ins Leben gerufen, hat die Fabrik, nachdem die Actien in den alleinigen Besitz der beiden Begründer übergegangen waren, inzwischen den Charakter einer offenen Handelsgesellschaft erhalten, deren einziger Inhaber seit dem Jahre 1890 der Ingenieur Ernst Behrens ist.

Die Thätigkeit der Fabrik erstreckt sich auf zahlreiche Gebiete, dem entsprechend auch die Werkstätten angelegt und eingerichtet sind. Mit der Anfertigung von Dampfmaschinen von verschiedenartiger Bauweise bis zu 800 P.S. ist die Herstellung der entsprechenden Dampfkessel verbunden. Sonderausführungen von Wasserhebemaschinen für Wasserversorgung und Canalisation sowie von Kreiselpumpenanlagen zur Entwässerung von Niederungen nehmen, wie auch die Herstellung von Dampfstrafsenwalzen, eine hervorragende Stelle in der Thätigkeit auf dem Gebiete des allgemeinen Maschinenbaues ein. Auch verschiedene Maschinen für Pulverfabriken, Gasanstalten, mechanische Sonderwäschen für Wasserwerke, hydraulische Aufzüge und Fahrstühle entstammen neben anderen Ausführungen derselben Abtheilung, für welche im Zusammenhange mit den erforderlichen Werkräumen eine gewaltige Maschinenbauhalle, die mit einem Laufkran von 25 m Spannweite ausgerüstet ist, angelegt wurde.

Die Eisengiefserei, in welcher Gufsstücke jeden Gewichts in Sand-, Masse- und Lehmgufs hergestellt werden, besitzt zwei Kupolöfen und einen besonderen Raum für Bronzegufs. Dammgruben mit schmiedeeiserner Umfassung dienen zur Aufnahme ganz grofser Gufsstücke, besondere Formmaschinen zum Gufs von Rädern ohne Modelle.

Auch die Kesselschmiede ist mit den zweckmäfsigsten, den Anforderungen der Neuzeit entsprechenden Einrichtungen versehen; in einem 4 m langen und 1,75 m breiten Glühofen mit Generatorenbetrieb erfolgt das Glühen der Bleche, zahlreiche Schweifs- und Schmiedefeuer mit den verschiedensten Hülfsmaschinen, wie Scheeren, Lochwerke, hydraulische Nietmaschinen usw. dienen zur weiteren Bearbeitung. Mittels eines Laufkranes von 20 000 kg Tragfähigkeit erfolgt auch hier wie in der Eisengiefserei die Bewegung der Arbeitsstücke, zu denen aufser Dampfkesseln aller Art auch Hochbehälter für Wasserwerke und eiserne Brücken gehören.

564   IV. Maschinenbau-Anstalten, Eisengiefsereien und Werkstätten für Metallbearbeitung.

Der Brückenbau, wie auch die Herstellung von Eisenconstructionen umfafst eine eigene Abtheilung, aus welcher unter anderem Eisenbahn- und Strafsenbrücken, Dächer, eiserne Schuppen, Dreh- und Luftkrane, Masten- und schwimmende Krane bis zur höchsten Tragkraft hervorgehen. Die Kronprinzenbrücke, Jannowitzbrücke, verschiedene Markthallen, sowie die Kuppel des neuen deutschen Reichstagsgebäudes und eine Menge anderer bedeutungsvoller Werke sind Erzeugnisse dieser Arbeitsstätten.

Unter besonderer amtlicher Aufsicht stehen dann noch Werkräume für die Herstellung von Seeminen, welche die Firma für die Kaiserlich Deutsche Marine herstellt und mit Erlaubnifs der Reichsregierung auch für andere Staaten Europas und für überseeische Länder geliefert hat. Hiermit verbunden ist eine Verzinkerei, die nunmehr eine stattliche, mit drei Zinkkesseln von 1,50 m Tiefe ausgerüstete Werkstatt, sowie einen grofsen Raum für den Bleiprozefs umfafst.

Die Arbeitsmaschinen der Fabrik, welche einen Flächenraum von etwa 19 860 qm umfafst, und in welcher durchschnittlich gegen 500 Arbeiter mit 36 Ingenieuren und sonstigen Beamten thätig sind, werden von zwei Dampfmaschinen von je 40 P. S. in Bewegung gesetzt. Aufserdem besitzen mehrere Hülfsmaschinen und Krane ihre eigenen Dampfmaschinen, wie

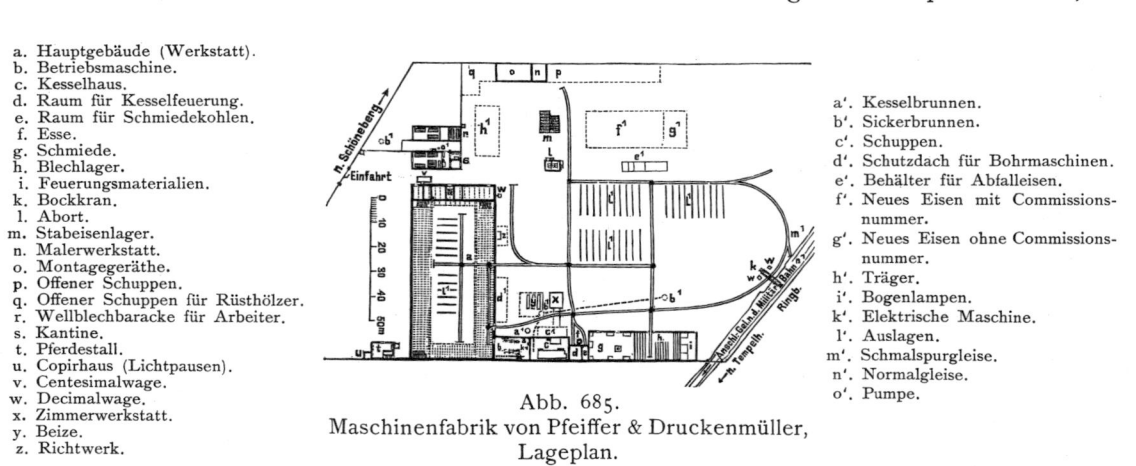

a. Hauptgebäude (Werkstatt).
b. Betriebsmaschine.
c. Kesselhaus.
d. Raum für Kesselfeuerung.
e. Raum für Schmiedekohlen.
f. Esse.
g. Schmiede.
h. Blechlager.
i. Feuerungsmaterialien.
k. Bockkran.
l. Abort.
m. Stabeisenlager.
n. Malerwerkstatt.
o. Montagegeräthe.
p. Offener Schuppen.
q. Offener Schuppen für Rüsthölzer.
r. Wellblechbaracke für Arbeiter.
s. Kantine.
t. Pferdestall.
u. Copirhaus (Lichtpausen).
v. Centesimalwage.
w. Decimalwage.
x. Zimmerwerkstatt.
y. Beize.
z. Richtwerk.

a'. Kesselbrunnen.
b'. Sickerbrunnen.
c'. Schuppen.
d'. Schutzdach für Bohrmaschinen.
e'. Behälter für Abfalleisen.
f'. Neues Eisen mit Commissionsnummer.
g'. Neues Eisen ohne Commissionsnummer.
h'. Träger.
i'. Bogenlampen.
k'. Elektrische Maschine.
l'. Auslagen.
m'. Schmalspurgleise.
n'. Normalgleise.
o'. Pumpe.

Abb. 685.
Maschinenfabrik von Pfeiffer & Druckenmüller, Lageplan.

auch der Betrieb der elektrischen Beleuchtung von einer besonderen Compoundmaschine mit 25 P. S. bewirkt wird, die aus einem Wasserröhrenkessel mit einer Heizfläche von 40 qm gespeist wird. Das Kesselhaus enthält im übrigen zwei Kessel neuesten Systems mit einer Gesamtheizfläche von 200 qm.

15. Fabrik für Trägerwellblech und Stahlblech-Rolljalousien. Werkstätten für Eisenconstructionen, Pfeiffer & Druckenmüller, Hallesches Ufer 35. Die Fabrik ist aus dem Trägergeschäft von A. Druckenmüller hervorgegangen. Nach zehnjährigem Betriebe auf gemiethetem Grundstück wurde auf dem eigenen, 25 533 qm umfassenden Grundstück in Schöneberg die jetzige Anlage (Abb. 685) geschaffen. Von den den Werkstättenhof zur Verkehrserleichterung durchziehenden Schmalspurgleisen vermittelt ein Bockkran die Ueberladung nach dem zum Militärbahnhof führenden normalen Anschlufsgleise.

Das die Werkstätte umfassende Hauptgebäude besitzt ein in Eisen ausgeführtes Oberlichtdach, sowie eine im ersten Stockwerk umlaufende Galerie, auf welcher kleinere Constructionsarbeiten zur Ausführung gelangen.

Neben zwei Pressen für mittlere und kleine Wellbleche gehört aufser den sonst für die betreffenden Arbeitsausführungen erforderlichen Maschinen eine grofse hydraulische Presse zur Anfertigung von Wellblechen bis 6 mm Stärke zur Ausrüstung der Werkstätte. In der Schmiede sind 14 Schmiedefeuer und ein Dampfhammer aufgestellt; zur Vornahme der Materialprüfungen stehen Zerreifsmaschinen zur Verfügung.

IV. Maschinenbau-Anstalten, Eisengiefsereien und Werkstätten für Metallbearbeitung. 565

Zum Betrieb der Anlage dient eine Dampfmaschine von 100 P.S. mit Cornwallkessel, neben welcher jedoch eine solche von 30 P.S. mit Röhrenkessel zur Erzeugung des elektrischen Lichts, welches sich auf 38 Bogen- und 70 Glühlampen beläuft, vorgesehen ist.

16. **Fabrik für Gasmesser, Gasapparate, Laternen, Dynamomaschinen, Bojen usw. von Julius Pintsch.** Durch Eröffnung einer Klempnerwerkstätte in dem Hause Stralauer Platz 4 hatte der Begründer der Firma, der spätere Königliche Commerzienrath Julius Pintsch, im Jahre 1843 den Grundstein zu der jetzt weltbekannten Firma gelegt. Ob aus Zufall oder durch Neigung, der junge Meister befafste sich gleich im Anfang mit der Herstellung von Lampen und ähnlichen Gegenständen und betrat damit, vielleicht unbewufst, das Gebiet des Beleuchtungswesens, auf dem es ihm beschieden war, später eine so bedeutende Rolle zu spielen.

Nachdem die Stadt Berlin eigene Gasanstalten erbaut hatte, wurde Pintsch zunächst zur Ausbesserung der englischen Gasmesser und sonstigen Apparate herangezogen. Aber schon im Jahre 1847 führte er den städtischen Behörden den ersten aus seiner Werkstätte

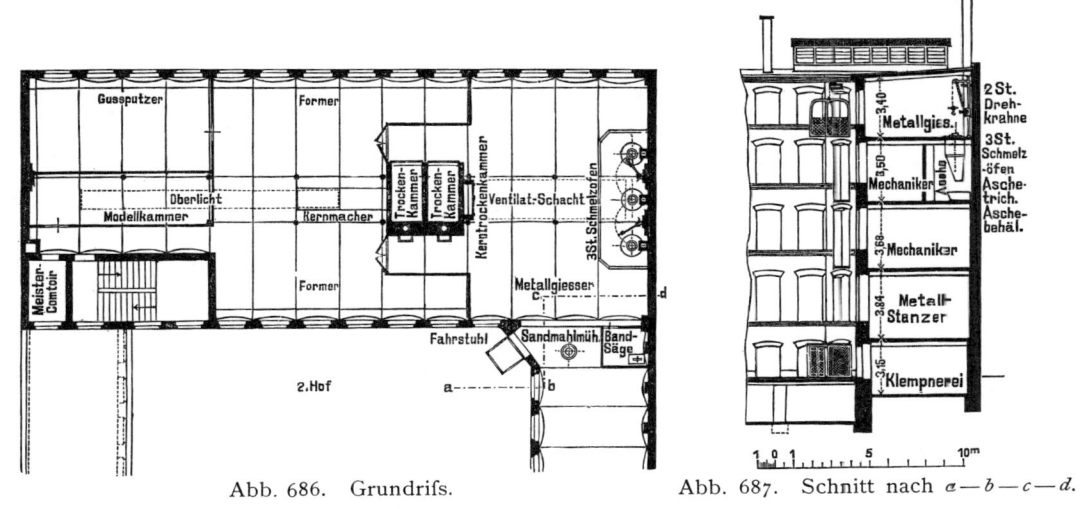

Abb. 686. Grundrifs.   Abb. 687. Schnitt nach a—b—c—d.
Metallgiefserei in Berlin von Julius Pintsch.

hervor gegangenen Gasmesser vor. Bald gelang es dem einheimischen Erzeugnifs sich Bahn zu brechen. Schon im Jahre 1848 mufste eine Erweiterung des Geschäfts durch Ankauf des Grundstücks Stralauer Platz 6 und 7 stattfinden, auf welchem das Geschäft bis zum Jahre 1863 weitergeführt wurde. Zur Bewältigung des sich stetig mehrenden Bedarfs an Gasmessern, Laternen und sonstigen Gasapparaten wurde dann das Grundstück Andreasstrafse 72/73, die Stätte der heutigen Centralfabrik angekauft, aufserdem wurden im Jahre 1866 in Dresden und im Jahre 1867 in Breslau Zweiggeschäfte errichtet.

In demselben Jahre wurde der Firma vom preufsischen Kriegs- und Marine-Ministerium der Bau von Unterwasser- (Defensiv-) Torpedos übertragen; im Jahre darauf begannen die Versuche zur Beschaffung einer guten Gasbeleuchtung für Eisenbahnwagen, die inzwischen derart vervollkommnet ist, dafs bis zum 1. April 1893 bereits 51676 Eisenbahnwagen und Locomotiven mit Gasbeleuchtung eingerichtet und nicht weniger als 190 Gasanstalten zur Herstellung des dazu erforderlichen Fettgases erbaut und geliefert worden sind.

Die mit der Entwicklung dieses neuen Unternehmens erforderlichen Arbeiten führten im Jahre 1872 zur Gründung der Zweigniederlassung in Fürstenwalde a. d. Spree.

Die Anwendung des comprimirten Fettgases als tragbare Beleuchtung der Eisenbahnfahrzeuge führte zu der Erfindung des Verfahrens und der Vorrichtungen auch Leuchtbojen und Baaken durch Fettgas zu beleuchten. Als Bindeglieder zwischen den hochragenden Leuchtthürmen und den weit in die See hinausliegenden Feuerschiffen haben

566 IV. Maschinenbau-Anstalten, Eisengiefsereien und Werkstätten für Metallbearbeitung.

diese mit Fettgas erleuchteten Bojen und Baaken seit den 20 Jahren ihres Bestehens Weltruf erlangt. Geschweifst werden diese Bojen in Fürstenwalde.

Nach dem im Jahre 1884 erfolgten Tode des Begründers hat sich das von den Söhnen weiter ausgebaute Unternehmen stetig fort entwickelt. In demselben Jahre noch wurde durch Erwerbung einer in Bockenheim bei Frankfurt a. M. bestehenden Gasapparate- und Maschinenfabrik eine Zweigniederlassung für Süddeutschland errichtet, die gleichfalls mit Erfolg arbeitet. An weiteren Fabrikationszweigen sind im Laufe der Jahre noch folgende hinzugetreten:

der Bau von Torpedoluftkesseln mit den dazu gehörigen Armaturen,
die Herstellung sämtlicher zur Dampfheizung von Eisenbahnwagen gehörigen Apparate,
der Bau von Dynamomaschinen nach Patent „Fritsche",
die Ausführung von gröfseren Schweifsarbeiten, und zwar aufser den Sammel- und Transportkesseln für die Waggonbeleuchtung sowie von Bojen und Baaken, auch die Herstellung von Cellulosekesseln, Verzinkungspfannen und Aehnlichem. Aufserdem ist die Firma in Deutschland die alleinige Licenzträgerin der Europäischen Wassergasgesellschaft für die Ausführung gröfserer Wassergasanlagen, des weiteren war sie es auch, die zuerst das Aufsehen erregende Gasglühlicht in Deutschland einführte. Noch gegenwärtig fertigt die Firma Pintsch ausschliefslich die dazu benöthigten Brenner für das In- und Ausland an.

Die Berliner Fabrik (Abb. 688), welche sich mehr auf die feineren mechanischen Arbeiten beschränkt, umfafst einen Flächenraum von 4815 qm, von denen 2730 qm bebaut sind. Aufser durchschnittlich 600 Arbeitern werden 22 kaufmännische und 13 technische Beamte sowie 12 Meister beschäftigt. Der Betrieb der Werkzeugmaschinen wird durch eine Dampfmaschine von 50 P. S. bewirkt, welche ihren Dampf von einem Siederohrkessel mit Schlammsammler und Quersieder erhält. Während die Beleuchtung der Räume mit Steinkohlengas durch Gasglühlicht erfolgt, wird die Heizung durch Wasser- und Dampfheizung bewirkt.

1. u. 2. Wohnhäuser. 3. Comptoir und technische Bureaus. 4. Werkstatt für Waggon-Dampfheizungstheile. 5. Dampfkesselhaus. 6. Werkstätten für Dreher, Schlosser, Mechaniker, Uhrmacher, Klempner und Lackirer, Werkzeugmacherei und Lagerräume. 7. Dampfmaschine 50 P.S. 8. Werkstätten für Klempner, Dreher, Mechaniker, für Bogenlaternen- und Waggon-Regulatorenbau. 9. Dreherei, Waggonlaternenbau und Lager. 10. Werkstätten für Gasglühlichtbrennerfabrikation, Metallgiefserei, Metalldreherei, Klempnerei, Vernickelei und Schmiede. 11. Garten. 12. Hof. 13. Wohnhaus. 14. Stadtbahnbögen, welche zum Theil als Fabrikationsräume, Lager, Tischlerei und Pferdestall benutzt werden. 15. Durchfahrten.

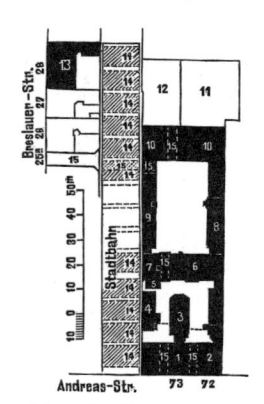

Abb. 688. Fabrik in Berlin von Julius Pintsch, Lageplan.

Die Fabrikation ist in 12 Abtheilungen getheilt, und zwar: mechanische Werkstatt, Bau von Waggonlaternen, Waggonregulatoren, Gascompressionspumpen, Gasmesser, Seelaternen, Gasglühlichtbrenner, Metallgiefserei, Schmiede, Schlosserei, Werkzeugbau, Tischlerei, Lackirerei, galvanische Anstalt, welche mit den neuesten Maschinen unter Vorsehung der weitgehendsten Sicherheitsvorrichtungen zum Schutze der Arbeiter ausgerüstet sind.

Besonders bemerkenswerth ist die Anlage einer grofsen Metallgiefserei nicht wie üblich im Erdgeschofs, sondern unter dem Dache, im vierten Stockwerk. Es lag hier die Aufgabe vor, in einer gröfseren Gebäudemasse eine Metallgiefserei unterzubringen, ohne umfangreiche Lüftungsschächte anlegen zu müssen. Der beim Formen erzeugte Staub, sowie die beim Schmelzen und Ausgiefsen des Metalls sich bildenden sehr schädlichen Galmeidämpfe müssen gut und schnell abgeleitet werden. Die hierzu nöthigen kräftigen Zugabführungen würden hier für die bei der Arbeit in Schweifs gerathenden Arbeiter sehr schädlich sein. Es war deshalb geboten, bei mäfsigem Zug den Staub und die Dämpfe aus den Arbeitsräumen zu entfernen, zugleich aber auch dieselben von den verschiedenen Werkstätten in den einzelnen Stockwerken fern zu halten, was durch die Anlage sehr zweckmäfsig erreicht ist. Die Anlage des Fahrstuhls zur Beförderung der Rohproducte und der Erzeugnisse steht mit dem erreichten Vortheile in sehr günstigem Verhältnifs (Abb 686 u. 687).

IV. Maschinenbau-Anstalten, Eisengiefsereien und Werkstätten für Metallbearbeitung.

Das Grundstück der Fürstenwalder Fabrik umfafst 83 765 qm, von denen 14 393 qm bebaut sind, und ist durch Anschlufsgleise mit der Eisenbahn verbunden. Auf dem Grundstücke selbst liegen 1160 m Normalgleise mit einer Drehscheibe, vier einfachen Weichen und einer doppelten Kreuzungsweiche. Die einzelnen Werkstätten sind unter sich durch Schmalspurgleise von 1 m Spurweite verbunden, auf welchen acht Arbeitswagen den Verkehr vermitteln.

An Betriebsmaschinen sind auf dem Werke in Thätigkeit: eine Locomobile von 200 P. S. mit zwei Cylindern zum Probiren von Dynamomaschinen, vier eincylindrige liegende und zwei zweicylindrige Wanddampfmaschinen, sowie drei Gasmotoren mit einer motorischen Kraft von zusammen 408 P. S. Der erforderliche Dampf wird in fünf Dampfkesseln von zusammen 340 qm Heizfläche erzeugt. Die Beleuchtung geschieht durch Steinkohlen-, Fett- und Wassergas, sowie auf elektrischem Wege.

Für den Bedarf der Werkstätten befördern drei Pulsometer das Wasser nach zwei Hochbehältern, während acht Brunnen und 11 Hydranten die Entnahme von Wasser für Löschzwecke ermöglichen, und eine besondere Canalisation für die Ableitung der Tage- und Abwässer angelegt ist.

Acht kaufmännische und elf technische Beamte, 17 Meister und etwa 615 Arbeiter sind beschäftigt; eine eigene Feuerwehr, aus den letzteren zusammengestellt, bedient zwei Spritzen und einen Hydrantenwagen. Die Gebäude sind fast sämtlich musterhafte Werkstattanlagen. Namentlich sei die Schweifserei genannt, in welcher die gröfsten Kessel geschweifst werden können. Vielfach wird mit Wassergas geschweifst.

17. **Fabrik für Central-Heizungs-, Lüftungs-, Be- und Entwässerungsanlagen, sowie alle sanitären Einrichtungen von David Grove, Friedrichstrafse 24.** Am 1. Mai 1864 begründet, erstreckte sich die Thätigkeit der Fabrik in der ersten Zeit hauptsächlich auf die Einrichtung von Gas- und Wasserleitungen; mit der Entwicklung der Centralheizungstechnik aber wurde auch die Herstellung von Centralheizungsanlagen aufgenommen, von denen weit über 2500 in den hervorragendsten öffentlichen und privaten Gebäuden, wie Anhalter Bahnhof, Königliche Hauptbank, Neues Palais in Potsdam, Königliches Schauspielhaus usw. bisher zur Ausführung gebracht sind.

Noch bis zum Jahre 1892 wurde die Fabrikationsabtheilung auf dem Grundstück in der Friedrichstrafse betrieben, die stetig steigenden Ansprüche an diesen Zweig des Geschäfts machten jedoch die Anlage eines neuen Fabrikgebäudes erforderlich, welches nach den Plänen und unter der Leitung des Civil-Ingenieurs und Regierungs-Baumeisters C. Scharowsky in Charlottenburg im Jahre 1891 erbaut und im Mai 1892 in Betrieb genommen wurde. In demselben werden nunmehr fast alle für die Anlagen nothwendigen Ausrüstungen, sanitäre Einrichtungsgegenstände und Apparate, fahrbare Feldbacköfen nach eigenen Patenten und andere Sonderartikel hergestellt. Auch Brausebäder für Massenbenutzung, welche Grove schon im Jahre 1878 erfand und einführte, gelangten in grofser Zahl zur Ausführung.

Die Baupläne, welche die Fabrik im vollständigen Ausbau zeigen, sind, wie die in Abb. 691 schaffirt angegebene und provisorisch aufgeführte Querwand zeigt, zunächst nur zur Hälfte zur Ausführung gekommen, doch steht die Erweiterung nach dem einheitlichen Plane bald zu erwarten.

Das Hauptgebäude ist, wie im Grundrifs punktirt angegeben, für Lagerzwecke zum Theil unterkellert; diese Unterkellerung erstreckt sich auch auf die hinteren Höfe. Im übrigen besteht, wie aus dem Querschnitt (Abb. 689) ersichtlich, das Hauptgebäude aus dem Erdgeschofs und zwei Obergeschossen, welche letzteren durchgehends zu einer Halle mit Galerie und Oberlicht ausgebildet sind. Eiserne Säulen mit kastenförmigem Querschnitt tragen die Decken und das Dach, im Erd- und zweiten Obergeschofs tragen die Säulen auch die für die beiden Laufkrane erforderlichen Längsträger. Der kastenförmige Querschnitt der Säulen gestattet in der Decke des Erdgeschosses die Unterzüge als Kragträger auszubilden und in den Obergeschossen ergiebt sich bei dem Säulenquerschnitt eine einfache Anordnung der Galerieunterzüge. Zwischen den Decken und den Galerieunterzügen

568   IV. Maschinenbau-Anstalten, Eisengiefsereien und Werkstätten für Metallbearbeitung.

sind in rd. 1,30 m Abstand eiserne Querträger angeordnet. Auf diesem Trägersystem liegt ein ebener Monierfufsboden, der im ersten Obergeschofs 75 mm, im zweiten Obergeschofs 60 mm stark ist. Die Dacheindeckung ist Holzcement auf Schalung und Holzfetten, letztere ruhen auf eisernen Sparren. Die Unterflächen der Fetten deckt eine innere, geputzte Holzschalung. Das Oberlicht enthält eine Ventilationsvorrichtung nach dem Patent Scharowsky. Der Fufsboden im Erdgeschofs besteht aus Cementbeton.

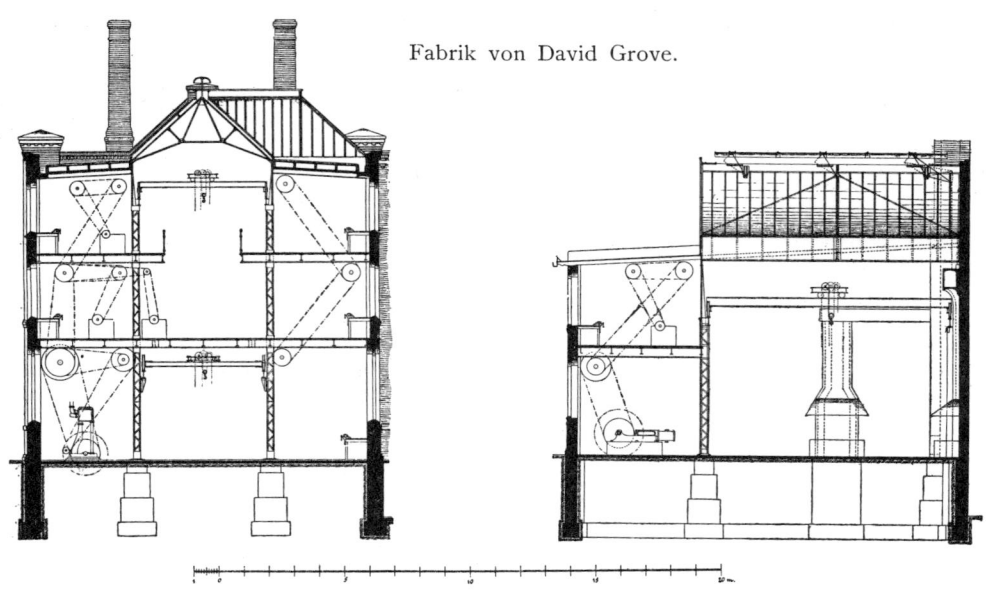

Fabrik von David Grove.

Abb. 689. Schnitt durch das Hauptgebäude.   Abb. 690. Schnitt durch die Schmiede.

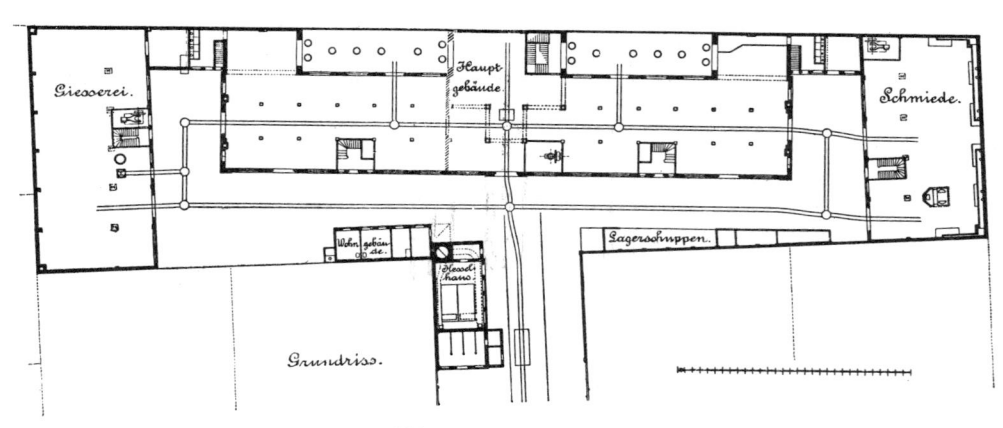

Abb. 691. Lageplan.

In der Schmiede, welche Abb. 690 im Querschnitt darstellt, befindet sich eine Galerie mit 60 mm starkem, ebenem Monierfufsboden auf eisernen Trägern. Die Dacheindeckung ist doppelte Pappe auf Schalung und Holzfetten und eisernen Sparren. Das Dach enthält zwei Oberlichte mit Ventilationsvorrichtung, wie im Hauptgebäude. Von den angelegten zwölf Schmiedefeuern sind je sechs so zusammengefafst, dafs ihr Rauch durch horizontale Canäle nach einem gemeinschaftlichen Schornstein geführt wird. Der Fufsboden der Schmiede besteht aus Schlackenbeton.

In diesem Theile der Fabrik werden alle vorkommenden Schmiedearbeiten ausgeführt, besonders aber der Bau von Dampfkesseln gepflegt, während im Hauptgebäude die Werkstätten für die übrigen Arbeitszweige untergebracht sind. Sämtliche Fabrikräume

IV. Maschinenbau-Anstalten, Eisengiefsereien und Werkstätten für Metallbearbeitung. 569

sind sowohl mit Gasbeleuchtung, als auch elektrischem Licht, für welches der Strom selbst erzeugt wird, sowie eigener Wasserversorgung versehen. Eine im Hauptgebäude untergebrachte Dampfmaschine von 45 P.S., sowie eine solche von 28 P.S. in der Schmiede dienen zum Antriebe der bezüglichen Arbeitsmaschinen; für beide wird der nothwendige Dampf in dem getrennt stehenden Kesselhause unter Anwendung rauchfreier Patent-Donneley-Wasserröhrenroste erzeugt und durch eine unterirdische Dampfleitung zugeführt. Die Firma beschäftigt durchschnittlich 300—400 Mann, während eine Zahl von 18 Ingenieuren und 18 Kaufleuten die vorliegenden Aufgaben bearbeitet. Die Fabrik verfügt über eine gut versorgte Unterstützungskasse. Eine Badeeinrichtung steht den Arbeitern zur Verfügung. Besorgung von Getränken und Lebensmitteln zu billigeren Engrospreisen gewährt den Arbeitern und Angestellten Annehmlichkeiten und Vortheile.

Abb. 692. Actiengesellschaft Schäffer & Walcker, Geschäftshaus Lindenstrafse 18/19.

18. Rietschel & Henneberg, Fabrik zur Ausführung von gesundheitstechnischen Anlagen und Apparaten jeder Art, Brandenburgstrafse 81. Die im Jahre 1872 begründete Firma hat sich die Aufgabe gestellt, gesundheitstechnische Anlagen und Apparate auf wissenschaftlicher Grundlage auszuführen; der Erfolg in der Herstellung von Centralheizungs- und Ventilations-Anlagen führte schon nach kurzem Wirken zum Erwerb des Grundstücks in der Brandenburgstrafse und zur Errichtung eines gröfseren Fabrikbetriebes daselbst.

Die Hoch- und Niederdruck-Dampfheizungen, sowie insbesondere die Warmwasserheizung der Firma haben die gesundheitlich hochwichtige Aufgabe, eine gleichmäfsige und regulirbare Wärme in den Wohn- und Arbeitsräumen zu erzielen, auf das Vollkommenste gelöst, ebenso auch die von der Firma ausgeführten Luft- und Heifswasserheizungen, sowie Verbindungen dieser Systeme, welche gleich den zur Ausführung gebrachten Lüftungsanlagen mit Pulsion und Aspiration allgemein Anerkennung finden. Neben der Herstellung von Trockeneinrichtungen für Stoffe aller Art, Caloriferen, Exhaustoren, Badeanstalten, Waschküchen und Dampfkochküchen wurden sicher wirkende Apparate zum Desinficiren von Kleidungsstücken usw. und zum Sterilisiren von Verbandstoffen und Instrumenten angefertigt. Ein weiteres eigenes Erzeugnifs der Firma auf diesem Gebiete ist der Wasser-Sterilisator, der durch einen genügend lange andauernden Kochprocefs Trinkwasser vollständig von allen Mikroorganismen frei macht und alsdann auf die für den Gebrauch wünschenswerthe Temperatur abkühlt.

570   IV. Maschinenbau-Anstalten, Eisengiefsereien und Werkstätten für Metallbearbeitung.

Die Aufführung der einzelnen Apparate, mit denen es der Firma ferner gelungen ist, die hygienischen Forschungen durch die Entwicklung der Technik zu fördern, würde zu weit führen; nur noch eine der jüngsten Schöpfungen soll erwähnt werden, welche in dem Kafill-Desinfector zum Sterilisiren und Austrocknen von Thierleichen und Fleischabfällen unter Gewinnung von Fett, Leim, guanoartigem Dünger und Viehfutterproducten besteht und damit schädliche Abfallstoffe nutzbringend verwerthen hilft.

Die Firma, welche in Dresden ein Zweiggeschäft besitzt, beschäftigt innerhalb ihres Berliner Fabrikbereiches, sowie zur Ausführung von Einrichtungen im In- und Auslande insgesamt gegen 300 Personen.

19. **Actiengesellschaft Schäffer & Walcker, Lindenstrafse 18.** Die früher im Privatbesitz befindliche Fabrik ist im Jahre 1872 durch eine Actiengesellschaft unter der Firma „Berliner Actiengesellschaft für Centralheizungs-, Wasser- und Gasanlagen", die später jedoch in die jetzige Firma abgeändert wurde, übernommen worden. Mit der Herstellung von Beleuchtungsgegenständen, Armaturen, gesundheits-technischen Anlagen,

1. Keller: Consumverein für die Arbeiter. Erdgeschofs: Geschäftsräume. I. Stock: Speisesäle, Telephon, Central-Accumulatoren. II. Stock: Drahtbespinnerei.
2. Keller u. Erdgeschofs: Materialverwaltung. I. Stock: Physikalisches und chemisches Laboratorium. II. Stock: Versuchswerkstätten.
3. Dampfkessel.
4. Keller: Sechs Betriebs-Dampfmaschinen u. Wasserregulir-Werkstatt. Erdgeschofs, I., II. und III. Stock: Mechanikerwerkstätten. IV. Stock: Glühlampenfabrikation.
5. Keller: Wassermesserregulir-Werkstatt. Erdgeschofs: Mechanikerwerkstatt. I., II., III. u. IV. Stock: Glühlampenfabrikation.
6. Bureauräume und Zeichensäle durch alle Stockwerke.
7. Zwei Dampfmaschinen.
8. Ein Dampfkessel mit 90 qm Heizfläche.
9. Zwei Dampfmaschinen.
10. Keller: Eine Dampfmaschine von 100 Pferdekräften.
11. Drei Dampfkessel mit 379 qm Heizfläche.
12. Kellerei: Zwei Dampfmaschinen. Erdgeschofs: Dynamomaschine. I., II., III. und IV. Stockwerk: Fabrikationsräume für Glühlampen.
13. Fabrikräume.
14. Hof.
15. Aufzug.
16. Leimküche.
17. In allen nicht näher bezeichnenden Räumen befinden sich in allen Stockwerken die Arbeitsräume für die verschiedenen Fabrikationszweige.

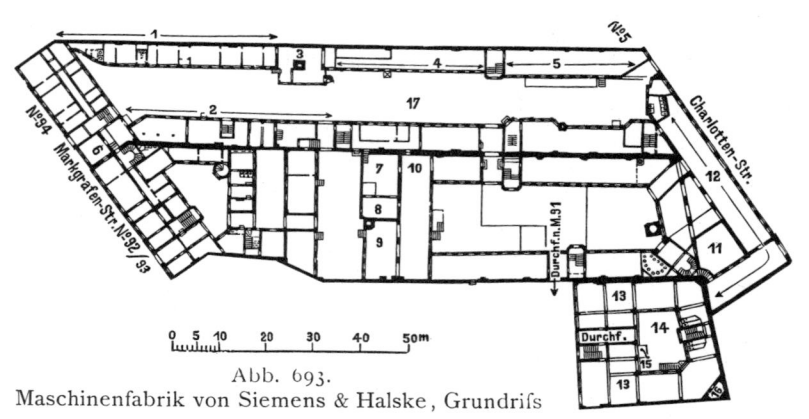

Abb. 693.
Maschinenfabrik von Siemens & Halske, Grundrifs

Kunst- und Erzgiefserei werden 450—500 Arbeiter durchschnittlich beschäftigt. Die Grundstücke und Fabrikgebäude Lindenstrafse 18/19 und Alte Jakobstrafse 133 umfassen 4622 qm zu $^3/_4$ bebauter Fläche. Bei dem Neubau des Vorderhauses in der Lindenstrafse sind besondere geeignete Räume (Abb. 692) für kunstgewerbliche Ausstellungen geschaffen, welche, soweit sie nicht für eigene Zwecke benutzt, auch anderen Geschäften zur Ausstellung ihrer Erzeugnisse zur Verfügung gestellt werden.

20. **Siemens & Halske, Maschinenfabrik und Telegraphen-Bauanstalt, elektrische Kraftübertragung, Bau elektrischer Bahnen, elektrische Beleuchtung, Metallurgie.** Aus den bescheidenen Verhältnissen, unter denen die Telegraphen-Bauanstalt von Siemens & Halske im Jahre 1847 begründet wurde (s. Bd. II, S. 158 der ersten Auflage dieses Werkes), hat sich die weltbekannte Firma Siemens & Halske mit ihren Werken in Berlin und Charlottenburg, ihren Filialen in Wien und St. Petersburg und ihren Zweiggeschäften in London und Chicago entwickelt.

Bei ihrer Begründung nur für die Herstellung der im Telegraphenbetriebe gebrauchten Apparate und Leitungen eingerichtet, fabricirt die Firma jetzt alle Gegenstände, die zur Erzeugung, Messung, Fortleitung, Verwandlung und Verwendung des elektrischen Stromes nothwendig sind. Der glänzende Aufschwung, den die Elektrotechnik im letzten halben Jahrhundert genommen, ist mit dem Aufblühen der Firma Siemens & Halske eng verknüpft, da ein grofser Theil der Fortschritte der Elektrotechnik von ihrem Begründer Werner v. Siemens und seinen Mitarbeitern ausging. Dieses Aufblühen der Firma bedingte

IV. Maschinenbau-Anstalten, Eisengießereien und Werkstätten für Metallbearbeitung.

Abb. 694. Ansicht des Charlottenburger Werkes von Siemens & Halske aus der Vogelschau.

572   IV. Maschinenbau-Anstalten, Eisengiefsereien und Werkstätten für Metallbearbeitung.

die stetig wachsende Erweiterung der ursprünglichen Fabrikations- und Geschäftsräume. Während dieselben anfänglich in dem Grundstück Markgrafenstrafse 94 untergebracht werden konnten, mufsten sie später auch auf die Nachbarschaft vertheilt werden. Zunächst wurden die Grundstücke Markgrafenstrafse 92 und 93 und dann die an die Hinterfront anstofsenden Grundstücke Charlottenstrafse 6 und 7 käuflich erworben. Als auch diese bedeutenden Erweiterungen nicht mehr ausreichten, wurden die auf dem Grundstück Markgrafenstrafse 91 neu erbauten Fabrikräume gemiethet und den älteren angegliedert (Abb. 693).

Das ganze Gebäude Charlottenstrafse 6 und 7 dient nebst mehreren angrenzenden Räumen des älteren Gebäudes der Herstellung von Glühlampen, von denen täglich 15 000 Stück gefertigt werden können. Bei der Fabrikation sind zur Zeit 400 meist weibliche Arbeiter beschäftigt. In dem Gebäude Markgrafenstrafse 91 wird ausschliefslich

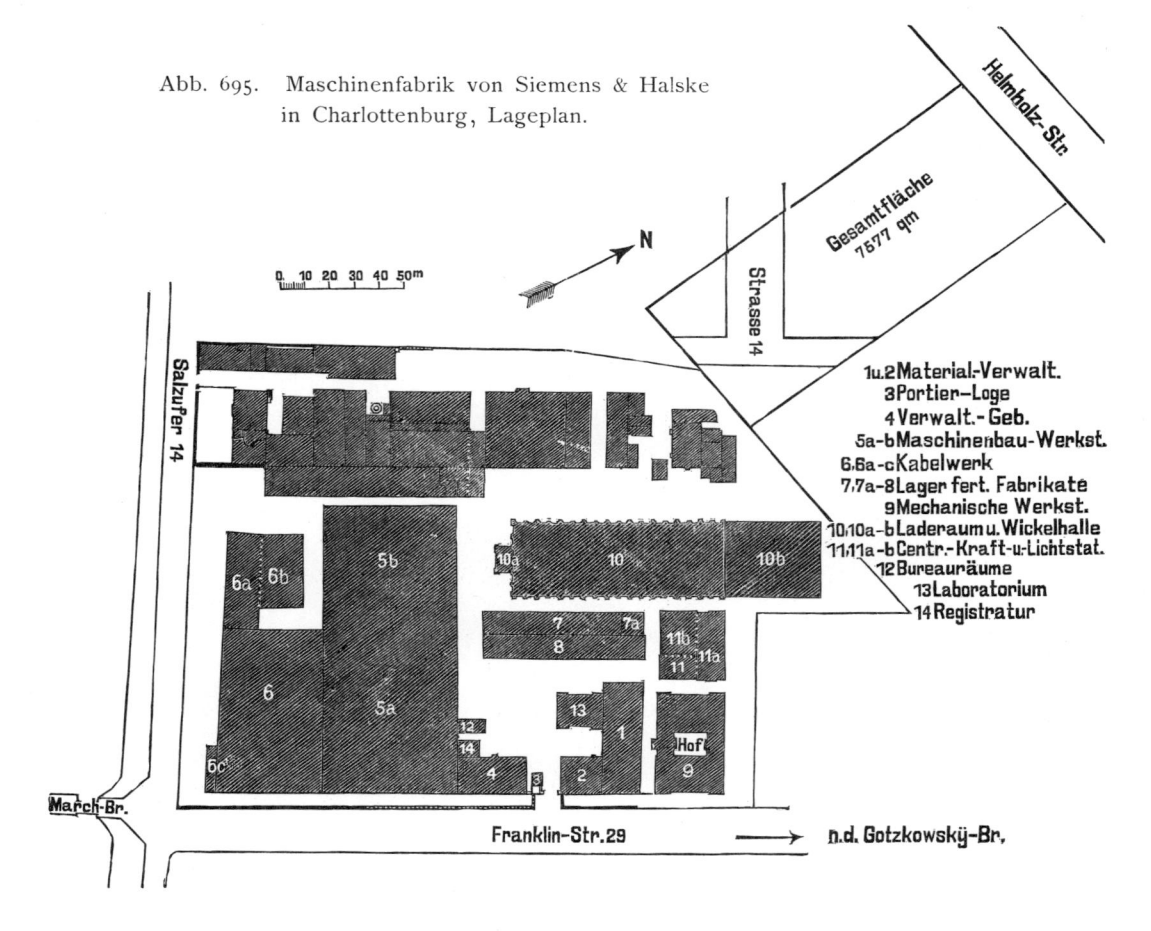

Abb. 695. Maschinenfabrik von Siemens & Halske in Charlottenburg, Lageplan.

1 u. 2 Material-Verwalt.
3 Portier-Loge
4 Verwalt.-Geb.
5a-b Maschinenbau-Werkst.
6,6a-c Kabelwerk
7,7a-8 Lager fert. Fabrikate
9 Mechanische Werkst.
10,10a-b Laderaum u. Wickelhalle
11,11a-b Centr.-Kraft-u-Lichtstat.
12 Bureauräume
13 Laboratorium
14 Registratur

die Fabrikation der Apparate für Eisenbahn-Sicherungs- und -Signalwesen betrieben. Das Fabrikgebäude (Abb. 693), aus Keller, Erdgeschofs, drei Stockwerken und hohem Dachgeschofs bestehend, ist in den Stockwerken zwischen eisernen Trägern gewölbt, besitzt einen elektrischen Aufzug und wird durch eine im Keller angelegte Dampfheizung erwärmt. Die elektrische Beleuchtung der Arbeitsräume, sowie die elektrische Kraftübertragung zum Betriebe der Werkzeugmaschinen erfolgt von den das ganze Werk versorgenden Anlagen auf dem Grundstück Markgrafenstrafse 92—94.

Aufser Glühlampen und Apparaten für das Eisenbahn-Signal- und -Sicherheitswesen erzeugt das Berliner Werk alle Arten von Telegraphen- und Telephon-Apparaten nebst den zugehörigen Leitungen, sowie Mefsinstrumente zu wissenschaftlichen und praktischen Zwecken. Aufserdem fertigt dasselbe seit dem ersten Jahrzehnt seines Bestehens Wassermesser, von denen seit 1858 etwa 200 000 geliefert wurden.

IV. Maschinenbau-Anstalten, Eisengiefsereien und Werkstätten für Metallbearbeitung. 573

Das Charlottenburger Werk der Firma Siemens & Halske, Franklinstrafse 29, entwickelte sich auf einem 1883 von der Actiengesellschaft für Eisengiefserei und Maschinenfabrikation (vorm. J. C. Freund) angekauften Grundstück, auf welchem sich bereits die im Lageplan Abb. 695 mit 1, 2, 3, 4, 5a, 6 bezeichneten Gebäude befanden, die nach passender Umgestaltung als Materialien-Verwaltung (1, 2), Portierloge (3), Verwaltungsgebäude (4), Maschinenbau-Werkstatt (5 a) und Kabelwerk (6) in Benutzung genommen wurden.

Die überaus schnelle Entwicklung der Elektrotechnik im allgemeinen, insbesondere aber das Bedürfnifs, Dynamomaschinen und Elektromotoren in immer gröfseren Abmessungen zu bauen, sowie der Nachfrage nach Kabeln zu genügen, forderten eine wesentliche Erweiterung der ursprünglichen Baulichkeiten und daher den Erwerb der benachbarten Grundstücke. Die gesamte Grundfläche beträgt jetzt (Anfang 1896) etwa 40 000 qm, von denen nur ein Drittel noch nicht bebaut ist. Im Jahre 1885 wurde auf dem ursprünglichen Grundstück, und zwar an der Grenze desselben, die Halle (7, 7a) aufgeführt, der 1889 die davor liegende Halle (8) angefügt wurde. Beide Hallen werden jetzt als Lager für fertige Fabrikate benutzt. In demselben Jahre 1889 wurden die mechanischen Werkstätten (9) errichtet und 1889/90 die Maschinenbau-Werkstatt (5 a) durch den Anbau (5 b) vergröfsert. Im Jahre 1890 folgte die Erweiterung des Kabelwerkes (6) durch Aufführung der Gebäude (6a, 6b), der Bau der grofsen Halle für Ankerwickelei (10) nebst dem Laderaum (10a), der Bau der Central-Kraft-Lichtstation (11, 11a, 11b) und der Bureauräume (12). 1891 wurde das Laboratorium (13), 1893/94 die Registratur (14) und 1895 die Montage-Halle (10b) erbaut. Gegenwärtig wird beabsichtigt, an Stelle der im hinteren Theile des Werkes gelegenen kleineren Gebäude, die als Giefserei, Schmiede, Tischlerei, Packerei und Lagerräume dienen, in denen die

Abb. 696. Maschinenfabrik von Siemens & Halske in Charlottenburg, Schaltbrett.

Abb. 697. Maschinenfabrik von Siemens & Halske, Hauptwerkstatt in Charlottenburg.

574   IV. Maschinenbau-Anstalten, Eisengiefsereien und Werkstätten für Metallbearbeitung.

kleineren Motoren gebaut und die Versuche mit Gesteinsbohrmaschinen vorgenommen werden, einen grofsen Neubau von 260 m Länge und 30 m Breite zu setzen.

Mit Licht und Kraft wird das Charlottenburger Werk durch die oben erwähnte elektrische Centralstation versorgt. Im Erdgeschofs des nach den Plänen des Hof-Bauraths Ihne errichteten Gebäudes gelegen, enthält sie das geräumige Kesselhaus (11b) mit drei Kesseln; den hohen, mit weifsen und blauen Steinen verblendeten und durch grofse Fenster erhellten Maschinenraum (11) (Abb. 696), sowie die aus 66 Zellen bestehende Accumulatorenbatterie, die in dem Raume (11a) Aufstellung gefunden. Im Maschinenraume (11) sind drei Schichau'sche Dampfmaschinen untergebracht, die mit den drei stromerzeugenden Innenpoldynamos direct gekuppelt sind.

Schon für den gegenwärtigen Verbrauch von elektrischer Energie reicht diese Centralstation nicht mehr aus; es steht daher ihre Vergröfserung demnächst bevor.

Bis zum Jahre 1890 verfügte das Kabelwerk über Arbeitsräume von etwa 3500 qm Fläche; 1890 wurden sie auf 7500 qm vergröfsert und in der nächsten Zeit wird eine weitere Vergröfserung auf etwa 10000 qm bei 200 m Strafsenfront ausgeführt werden. Das Kabelwerk fabricirt mit nach eigenen Constructionen erbauten Maschinen Telegraphen- und Telephonkabel, Leitungen und Kabel für Licht- und Kraftübertragung bis zu 1000 qmm Kupferquerschnitt. An Materialien als Kupfer- und Eisendraht, Bandeisen, Isolirmaterial, Guttapercha, Gummi, Jute- und Baumwollengarn verarbeitet das Kabelwerk 7—8 Millionen Kilogramm im Jahre. Aufser Kabeln fabricirt das Charlottenburger Werk Dynamomaschinen und Elektromotoren für Gleichstrom, Wechsel- und Drehstrom nebst sämtlichem Zubehör, einschliefslich der Mefsinstrumente, sowie Transformatoren und Bogenlampen. Von dem Aufschwunge, den auch dieser Fabrikationszweig in den wenigen Jahren des Bestehens des Charlottenburger Werkes genommen, dürften einige Zahlen Zeugnifs geben. Während im Jahre 1880 (im Berliner Werke) im ganzen 230 Dynamos mit insgesamt 1300 P.S. gebaut wurden, lieferte 1890 das Charlottenburger Werk 483 Maschinen und Motoren von insgesamt 27000 P.S. Im Jahre 1895 wurden 2127 Gleichstrom-Maschinen und -Motoren von zusammen 50700 P.S. gebaut, ferner 351 Wechsel- bezw. Drehstrom-Motoren von zusammen 32047 P.S. und 457 Wechsel- bezw. Drehstrom-Transformatoren von zusammen 18761 P.S. An Bogenlampen werden im Jahre 8000—10000 geliefert.

Das Charlottenburger Werk beschäftigt rd. 530 Ingenieure und Kaufleute und etwa 2700 Arbeiter, von denen 500 dem Kabelwerk, das mit Nachtschichten arbeitet, angehören; an Arbeitslöhnen werden wöchentlich rd. 65000 ℳ gezahlt.

Von der Thätigkeit der Firma Siemens & Halske nach aufsen geben die von ihr ausgeführten Licht- und Kraftübertragungs-Anlagen, elektrischen Strafsenbahnen und Centralen Zeugnifs. Die Zahl dieser letzteren, die bereits fertiggestellt oder deren Bau in Angriff genommen, beträgt 79. Zum Leitungsnetz wurden dabei verbraucht 3794450 m unterirdische Kabel, 2935500 m Freileitungen; die verwendeten Dampfmaschinen, Turbinen, Gasmotoren und Accumulatoren weisen eine Gesamtleistung von bezw. 58255, 14030, 720, 6740 effectiven Pferdestärken auf.

Im Charlottenburger und Berliner Werke sind 5400 Arbeiter thätig, die von 600 kaufmännisch oder technisch gebildeten Beamten geleitet werden.

21. Gebrüder Naglo, Elektrotechnische Fabrik, Köpenicker Landstrafse. Die Firma wurde im Jahre 1872 von den beiden Brüdern Wilhelm und Emil begründet und beschäftigte sich zunächst mit der Herstellung von Telegraphenapparaten sowie elektrischen Mefsapparaten, später nahm sie die Ausführung von Fernsprechapparaten, sowie die Errichtung vollständiger Anlagen für Feuermeldezwecke usw. auf. Seit dem Jahre 1881 schon baut die Firma in umfangreichem Mafsstabe dynamo-elektrische Maschinen, Elektromotoren, Bogenlampen und stellt alle Apparate und Zubehörtheile für elektrische Licht- und Kraftübertragungs-Anlagen her. Elektrische Maschinen für Wechsel- und Drehstrom, sowie die Ausführung elektrischer Eisenbahnen bilden jetzt die Ausdehnung des Unternehmens.

IV. Maschinenbau-Anstalten, Eisengiefsereien und Werkstätten für Metallbearbeitung. 575

In den Jahren 1893—1894 erbaute die Firma ihr neues Werk an der Köpenicker Landstrafse, da die allmählich angewachsenen Werkstätten in der Stadt selbst nicht mehr ausreichten und eine entsprechende Ausdehnung dort nicht mehr möglich war.

Das neue Werk ist dann auch mit all den verbesserten Einrichtungen versehen, welche die moderne Technik bietet.

Aufser dem gänzlich durchgeführten elektrischen Betrieb ist für Licht, Luft, Reinlichkeit usw. alles gethan, was die Herstellung erleichtert und den Arbeiter schützt. Für 164 Werkzeugmaschinen ist eine Dampfkraft von 180 P. S. verfügbar. Die Zahl der Beamten beträgt 30, die Zahl der Arbeiter 300.

22. Actiengesellschaft Mix & Genest, Telephon-, Telegraphen- und Blitzableiter-Fabrik. Die Entwicklung der Actiengesellschaft Mix & Genest bietet ein treffendes Beispiel für den raschen Aufschwung der elektrotechnischen Industrie in den letzten 15 Jahren. Die im Jahre 1879 gegründete Firma Mix & Genest beschäftigte anfangs wenige Arbeiter mit Herstellung von Apparaten und Materialien für die Haustelegraphie und Blitzableiter. Durch Einführung maschineller Massenfabrikation war es jedoch bald möglich, die gangbarsten Artikel zu billigeren Preisen herzustellen und hierdurch gröfsere Absatzgebiete zu gewinnen. Nach der Einführung des Telephons nahm die Firma auch diesen Zweig der Elektrotechnik in die Fabrikation auf, erwarb ein neues Fabrikgebäude in der Neuenburger Strafse 14a und rüstete dieses mit allen erforderlichen Einrichtungen für den Massenfabrikbetrieb aus. Auch die Telephonapparate der Firma fanden Anerkennung, ihr Absatz dehnte sich bald auch auf das Ausland aus; doch erst die Erfindung des Mikrophons Mix & Genest im Jahre 1886 war es, welche der Firma auf dem Gebiete der Telephonie einen unerwarteten Aufschwung brachte. Dieses Mikrophon besafs alle Eigenschaften, welche das Telephoniren auf grofse Entfernungen ermöglichen, und trug in einem diesbezüglich veranstalteten Wettbewerb den Sieg davon. Die Reichs-Postverwaltung führte dieselben infolge dessen ausschliefslich in den Reichs-Fernsprechdienst ein.

Aufser dem erwähnten Mikrophon, welches seither zahlreiche Verbesserungen erfahren, brachte die Firma eine Reihe werthvoller Erfindungen auf den Markt, von welchen die transportablen Mikrotelephon-Apparate, die Klappenschränke für kleine und grofse Vermittelungsämter, der Linienwähler für Haus-Telephonanlagen zu nennen sind.

Der Geschäftsbetrieb dehnte sich denn auch in einigen Jahren in solcher Weise aus, dafs die Firma Mix & Genest im Jahre 1889 mit einem Kapital von 1 200 000 ℳ in eine Actiengesellschaft umgewandelt werden konnte, worauf im Jahre 1890 die Gründung der Zweiggeschäfte Hamburg und London noch erfolgte.

Im Jahre 1893 mufste das Grundstück Bülowstrafse 67 zur Errichtung einer neuen, der Geschäftszunahme entsprechenden Fabrikanlage angekauft werden. Das Grundstück umfafst einen Flächeninhalt von 6620 qm, von welchen etwa 2183 qm bebaut sind. Das Hauptgebäude der Fabrik, welches mit den drei Anbauten in Abb. 698 im Grundrifs wiedergegeben ist, enthält fünf Stockwerke. Das vordere Quergebäude der Fabrik und der Seitenflügel sind unterkellert. Die Decken der einzelnen Stockwerke sind massiv hergestellt, die Unterzüge werden mit den in dieselben eingelaschten Trägern durch 24 Stück gufseiserne feuersicher ummantelte Säulen getragen. Die Gewölbe bestehen aus porösen Vollsteinen, der Fufsboden aus gehobelten und gespundeten 5 cm-Bohlen auf Lagerhölzern, welche durch Bolzenklammern mit den Kappenträgern fest verbunden sind, sodafs es möglich ist, kleine Maschinen direct auf dem Fufsboden festzustellen.

Das Dach ist ebenfalls wie die Decken zwischen Trägern aus porösen Steinen gewölbt und mit Cementbeton abgedeckt, auf welchem dann noch 4 cm starke Korksteinplatten in Asphaltkitt verlegt sind, um ein Schwitzen der Träger im Winter zu verhindern. Auf diese Platten ist dann das Holzcementdach gelegt. Zur Verbindung der einzelnen Stockwerke unter einander dienen vier massive Treppen von 3 m Breite, sowie ein grofser 1000 kg hebender Personen- und Lastenaufzug, zu welchem aufserdem noch zwei kleine Aufzüge für fertige Arbeiten und Materialien kommen.

Die gesamten Gebäude sind gegen Blitzschlag durch Blitzableiter geschützt.

576   IV. Maschinenbau-Anstalten, Eisengiefsereien und Werkstätten für Metallbearbeitung.

Die Höfe und Fahrbahnen für die Wagen sind mit 25 cm starkem Cementestrich mit Zusatz von Eisenfeilspänen belegt. Die gesamte Anlage ist nach den technischen Angaben der Actiengesellschaft Mix & Genest von den Architekten Haseloff und Kurtz unter der Leitung des Regierungs-Baumeisters Scharowsky in Berlin ausgeführt worden.

Im ersten Stockwerk des Hauptgebäudes befinden sich ein grofser Muster- und Sitzungssaal, sowie die sämtlichen Räume für 50—60 Arbeitsplätze. Die übrigen Theile des Gebäudes enthalten 13 gröfsere Arbeitssäle und zwar: die Dreherei, die Fraiserei, den Postapparatenbau, die Umschaltermontage, den Glockenbau, den Telegraphenbau, den Telephonbau, den Tableaubau, den Werkzeugbau, die Postrevision (Prüfung der für die Postverwaltung zu liefernden Apparate), den Modellbau, die Rollenwickelei (zur Herstellung von Elektromagnetrollen) und die Schlosserei, je mit sämtlichen für den besonderen Zweck best eingerichteten Maschinen und Apparaten.

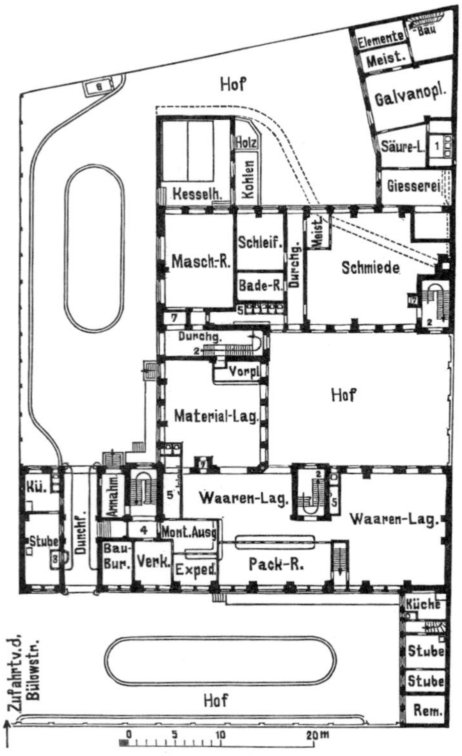

Der Betrieb sämtlicher Arbeitsmaschinen, für welchen eine Dampfmaschine von 100 P. S. und zur Aushülfe ein Gasmotor von 4 P. S. vorgesehen ist, geschieht durch mechanische Transmissionen, die in den einzelnen Arbeitssälen abgestellt werden können.

Während die Heizung in allen Räumen durch eine Niederdruck-Dampfheizung mit Rippenregistern erfolgt, geschieht die Beleuchtung, soweit diese bei der gewählten Arbeitszeit überhaupt nothwendig ist, durch Auer'sches Gasglühlicht, bei welchem die Gaszuführung durch zwei Stück 300 flammige Gasmesser controlirt wird.

Die Arbeitssäle enthalten zahlreiche durch Wasserleitung gespeiste Waschvorrichtungen, die Schleiferei aufserdem ein Brausebad mit kaltem und warmem Wasser.

Die Fabrikräume bieten normale Arbeitsplätze für 800 Arbeiter, bei starkem Andrang können indessen ohne Beengung 100 Arbeiter mehr beschäftigt werden. Die gegenwärtige Besetzung umfafst 600 Arbeitskräfte, darunter 150 weibliche, die für einfache Artikel der Haustelegraphie (Rollenwickeln, Tableau- und Weckerbau) mit Vortheil ver-

Abb. 698. Mix & Genest, Erdgeschofs des Hauptgebäudes.

1. Metallbrennerei. 2. Aufgang. 3. Portier. 4. Hauptaufgang. 5. Retirade. 6. Asche. 7. Aufzug.

wendet werden. Als Arbeitszeit ist für die sämtlichen Bureaus und den Fabrikbetrieb die durchgehende sogen. englische Arbeitszeit und zwar in der Fabrik von 7 Uhr morgens bis $^1/_2$ 5 Uhr nachmittags mit $^1/_4$ Stunde Frühstücks- und $^1/_2$ Stunde Mittagspause, in den Bureaus von 8 Uhr morgens bis $^1/_2$ 5 Uhr nachmittags eingeführt. Das Stallgebäude nebst der Kutscherwohnung ist vorläufig zu einer Kantine eingerichtet, in welcher sämtliche Angestellte Speisen und Getränke zu einem äufserst billigen, die Selbstkosten wenig übersteigenden Preise beziehen können.

Um das Hin- und Hergehen möglichst zu beschränken, sind die umfassendsten Klingel- und Telephoneinrichtungen vorhanden. Die Telephonanlage umfafst (aufser zwei Postanschlüssen) 50 Telephonverbindungen mit einem Centralumschalter, sowie zahlreiche directe Linienwähler-Verbindungen zwischen den leitenden und häufiger im Verkehr stehenden Beamten; im weiteren die nothwendigen elektrischen Alarm- und Sicherheitsvorrichtungen zwischen den Arbeitssälen und dem Maschinisten, zur Regulirung des Laufes der Fahrstühle usw.

IV. Maschinenbau-Anstalten, Eisengiefsereien und Werkstätten für Metallbearbeitung. 577

Der günstige Abschlufs des Geschäftsjahres 1894 gestattete den Grund für einen Beamten- und einen Arbeiter-Unterstützungsfond zu legen, welche dementsprechend mit 5000 ℳ. — bezw. 2000 ℳ. — begründet wurden.

23. **Berliner Kupfer- und Messingwerk von C. Heckmann**, Görlitzer Ufer 9. Die Firma ist von dem 1878 im 92. Lebensjahre verstorbenen Geheimen Commerzienrath Carl Gustav Heckmann, welcher sich im Jahre 1819 in einem kleinen Hause der Wallstrafse als Kupferschmiedemeister niedergelassen hatte, begründet worden. Durch den 1824 aufgenommenen Bau der für Dampfbetrieb entworfenen Pistorius'schen Brennapparate, welcher die Anlage einer Messinggiefserei nebst Dreherei erforderlich machte, gewann das Geschäft bald an Ausdehnung. Nachdem Heckmann inzwischen ein eigenes Grundstück auf dem Hausvoigteiplatz 12 erworben hatte, legte er 1837 im Verein mit Ravené ein Messingwalzwerk in der Schlesischen Strafse 18/19 an, wohin er auch, nachdem nach kurzer Zeit Ravené wieder ausgeschieden war, seine Kupferschmiederei und sonstigen Werkstätten verlegte. Auf dem Walzwerk wurden dann neben Messing auch die für die eigene Kupferschmiederei nöthigen Kupferbleche usw. hergestellt, doch bald wurden diese Industriezweige jeder einzeln zur weiteren Ausdehnung gebracht.

Die Kupferschmiederei erhielt weiteren Aufschwung bei fortgesetzter Herstellung von Brennerei- und Destillationsanlagen sowie Warmwasserheizungs-Einrichtungen durch die seiner Zeit aufblühende Runkelrübenzucker-Industrie. Kupferne Apparate für diese Zwecke wurden nach allen Gegenden des Zollvereins, aber auch nach Rufsland, Belgien und Amerika geliefert. Im Zusammenhange hiermit wurden auch Zweiggeschäfte für Kupferschmiederei in Breslau, Moskau und an anderen Orten errichtet. Der Betrieb des Kupferwalzwerks erhielt eine Ausdehnung weit über den eigenen Bedarf hinaus. Auch für andere Kupferschmiede wurden Kupferbleche, Böden und dergleichen gefertigt, und auch die Herstellung der starken Kupferplatten und des Stehbolzenkupfers zu den Locomotiv-Feuerbuchsen wurde schon damals aufgenommen.

Das Messingwalzwerk endlich, welchem bereits die Drahtfabrikation hinzugefügt war, erfuhr dadurch eine gröfsere Erweiterung, dafs aus den selbst gefertigten Messingblechen die gelötheten Siederohre für Locomotiven in stets wachsenden Mengen hergestellt wurden. Für den letzteren Zweck richtete Heckmann indefs späterhin zuerst in Deutschland die Anlagen zur Herstellung von Messing-Siederöhren ohne Naht — aus dem Ganzen gegossen und gezogen — ein.

Im Jahre 1869 übergab Heckmann die Firma seinen Söhnen, welche für die Kupferschmiederei, Dreherei usw. im Jahre 1874 eine besondere Fabrik, Görlitzer Ufer 9, erbauten und auf dem Grundstück Schlesische Strafse 19 ein grofses Reversir-Walzwerk für Feuerbuchsplatten und ein umfangreiches Walzwerk für Rundkupfer anlegten. Doch schon im Jahre 1888 wurde eine weitere Vergröfserung geplant, welche in Rücksicht auf die billigere Beschaffung von Rohkupfer und Kohlen zur Erbauung eines neuen Werkes in Duisburg-Hochfeld — hart am Rhein gelegen — führte, wohin auch der Betrieb der Kupferraffinerie und sämtlicher Walzwerke übergeführt wurde. Eine nicht unwesentliche Vergröfserung bedingte dann ferner die Einführung des Schräg-Walzverfahrens nach dem Patent Mannesmann zur Herstellung von nahtlosen Kupfer- und Messingrohren sowie Kupferdruckwalzen.

In Berlin befindet sich demnach nur noch die Abtheilung für Kupferschmiederei, Messing- und Eisenfabrikate, welche das Grundstück Görlitzer Ufer 9 von etwa 8000 qm Flächenraum umfafst und aus einem Hauptbau mit einem einstöckigen und einem dreistöckigen Seitenflügel besteht, die im Ziegelrohbau ausgeführt und mit Pappdach versehen sind. Bei einer durchschnittlichen Arbeiterzahl von 150 Mann ist eine Betriebsdampfmaschine von 60 P.S. in Anwendung.

24. **Die Metallwerkstätten für Kunstgewerbe.** Gleichen Schritt mit der Entwicklung der vorbesprochenen Industriezweige hat auch das Berliner Kunstgewerbe gehalten. Meisterwerke in der Bildgiefserei, in Zinkornamenten und Kupferblecharbeiten wie in der Kunstschmiede und Schlosserei dienen zum Schmuck und zur Zierde der öffentlichen Plätze, Brücken und Bauten und haben den Ruf des Berliner Kunstgewerbes weit über die Grenzen

Deutschlands getragen. Die auf diesem Gebiete vorliegende Thätigkeit sowie die in technischer Beziehung erzielten Errungenschaften sind so grofsartiger und so mannigfacher Art, dafs die Bedeutung des gesamten Kunstgewerbes durch die folgenden Beschreibungen einzelner der zur Zeit überaus zahlreich vorhandenen verschiedenartigen Anstalten nicht annähernd dargestellt werden kann.

Auf dem Gebiete der Bildgiefserei war unter anderen Herrmann Gladenbeck hervorragend thätig. Derselbe hatte als Spielkamerad von Albert Borsig in dem damals entstehenden Werke die erste Anregung und die Lust und Liebe zur Giefserei empfangen. Nachdem Gladenbeck in verschiedenen kleinen Werkstätten sich mit dem Wesen der Zink- und Messinggiefserei vertraut gemacht hatte, übernahm er im Jahre 1850 selbständig die ersten Arbeiten, welche in der Herstellung kleiner Adler und Figürchen in Gold und Silber bestanden. Als Werkstatt mufste zunächst ein kleiner Raum in der Küche der Mutter dienen. Ein Brett über zwei Stuhllehnen gelegt, wurde als Formbank, die Kochmaschine als Schmelzofen benutzt, den ersten Formkasten lieh der Goldschmied Telge. Die vermehrt eingehenden Aufträge machten die Errichtung einer Feuerwerkstatt erforderlich. In der Johannisstrafse 3 fand sich eine Schlosserwerkstatt, welche zur Giefserei umgebaut und am 2. Januar 1851 bezogen wurde. Reiche Aufträge in Gold und gröfseren Silbergüssen beschäftigten bald die Werkstatt, aber der Aufschwung der Geschäfte kam infolge der Kriegsdrohungen Oesterreichs und der Mobilmachung 1851 schnell wieder ins Stocken. Um überhaupt beschäftigt zu sein, half sich Gladenbeck über diese Krisis fort, indem er Degengefäfse, Schnallen, Beschläge usw. für militärische Zwecke gofs. Als die Verhältnisse sich wieder besserten, bildete den hervorragendsten Auftrag im Bronzegufs die sechs Fufs hohe Copie des Denkmals Friedrich des Grofsen in drei Exemplaren. Durch diese Arbeit erwarb Gladenbeck seinen Ruf bei den hervorragendsten Künstlern und er erhielt Aufträge von allen Seiten, so 1856 die neun Fufs hohe Statue Emanuel Kants für Königsberg, zu welchem Zweck ihm die durch den Tod Friebels frei gewordene Königliche Bronzegiefserei unentgeltlich zur Verfügung gestellt wurde. Nach glücklicher Vollendung dieses Werkes wurden ihm die Räume miethweise überlassen, bis im Jahre 1887 der Abbruch der Werkstätten erfolgte. Während dieser Zeit von 31 Jahren hat Gladenbeck dort mehr als 200 Colossal-Denkmäler und viele kleine Arbeiten in Bronzegufs und Edelmetall ausgeführt; Anerkennungen von Allerhöchster Stelle lohnte seine Mühe und Leistungen.

Im Jahre 1874 durfte Gladenbeck einen ihm in Auftrag gegebenen Bronzegufs, die Copie des Denkmals Friedrich des Grofsen von Rauch als Geschenk des Kronprinzen Friedrich Wilhelm an den Kronprinzen Umberto nach Monza überbringen. Diese Reise war neben äufserer Anerkennung für Gladenbeck für die Entwicklung der Giefserei noch von besonderer Bedeutung. Von derselben brachte er das damals nur noch in Italien zur Herstellung von Gufsarbeiten geübte Verfahren der Wachsausschmelzung mit heim, welches er, nachdem er seinen ältesten und seinen dritten Sohn ebenfalls zum Studium desselben nach Italien entsandt und auch selbst noch einmal nach dort zurückgekehrt war, zu einer solchen Vervollkommnung gebracht hat, dafs es jetzt das italienische Verfahren übertrifft, und die Güsse mit einer Schärfe und einer Klarheit zu Tage treten läfst, die jeden feinsten Modellirstrich des Künstlers getreu erkennen läfst.

Im Jahre 1887 errichtete H. Gladenbeck in Friedrichshagen eine Giefserei für monumentale Bildwerke, welche mit den beiden Geschäften seiner Söhne Oscar und Alfred 1888 in den Besitz einer Actiengesellschaft überging, aus der Gladenbeck im Jahre 1892 ausschied.

25. **Actiengesellschaft H. Gladenbeck & Sohn, Friedrichshagen.** Die grofsen ausgedehnten Fabrikräume in Friedrichshagen sind mit allen technischen Errungenschaften der Neuzeit ausgestattet und ermöglichen es, dafs die Giefserei auch die gröfsten Anforderungen, die an Leistungsfähigkeit gestellt werden, zu erfüllen imstande ist.

Von den zahlreichen bedeutenden Güssen, die bereits zur Ausführung kamen, gehören in die neuere Zeit u. a. eine Riesen-Reliefumgürtung für das Kriegerdenkmal in Indianopolis und die überlebensgrofsen Gestalten Martin Luthers und der acht Reformatoren für das Denkmal auf dem Berliner Neumarkte.

IV. Maschinenbau-Anstalten, Eisengiefsereien und Werkstätten für Metallbearbeitung.   579

In der neueren Zeit hat die Direction sich auch mit Erfolg der Herstellung getriebener Arbeiten zugewendet. Doch mit der Anfertigung von Kunstwerken grofsen und gröfsten Stils ist der Betrieb keineswegs abgeschlossen, eine sehr bedeutende Abtheilung ist der Herstellung zahlreicher kleiner Gegenstände des Kunstgewerbes gewidmet. Verkleinerungen bekannter grofser Kunstwerke, Büsten, Statuetten, Briefbeschwerer, Tintenfässer, Ständer aller Art usw. werden durch Tiegelgufs hergestellt und erhalten durch Ciseleure sowie durch Verzierung auf galvanoplastischem Wege ihre weitere Vollendung.

In anderen Räumen werden Beleuchtungsgegenstände für Gas und elektrisches Licht zusammengesetzt, die, ebenso wie die oben genannten Erzeugnisse in reicher Auswahl und vielfach durch schöne Form und geschmackvolle Ausführung ausgezeichnet, von der hohen Stufe des Berliner Kunstgewerbes glänzendes Zeugnifs ablegen.

26. **Gladenbecks Bronzegiefserei**, Friedrichshagen, Seestrafse 113. Inhaber: Walter & Paul Gladenbeck. Die beiden Inhaber, die jüngsten Söhne des gen. H. Gladenbeck, erbauten nach der im Jahre 1892 erfolgten Aufgabe ihrer Thätigkeit bei der Actiengesellschaft gleichfalls in Friedrichshagen eine neue Fabrik, welche im Frühjahr 1893 schon betriebsfähig war. Die Bemühungen der Inhaber,

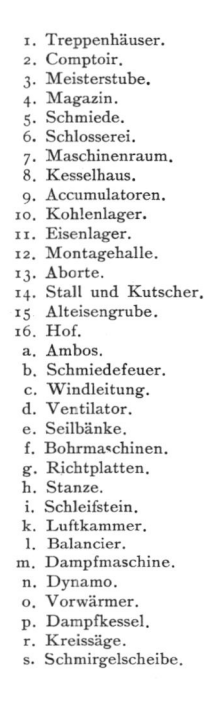

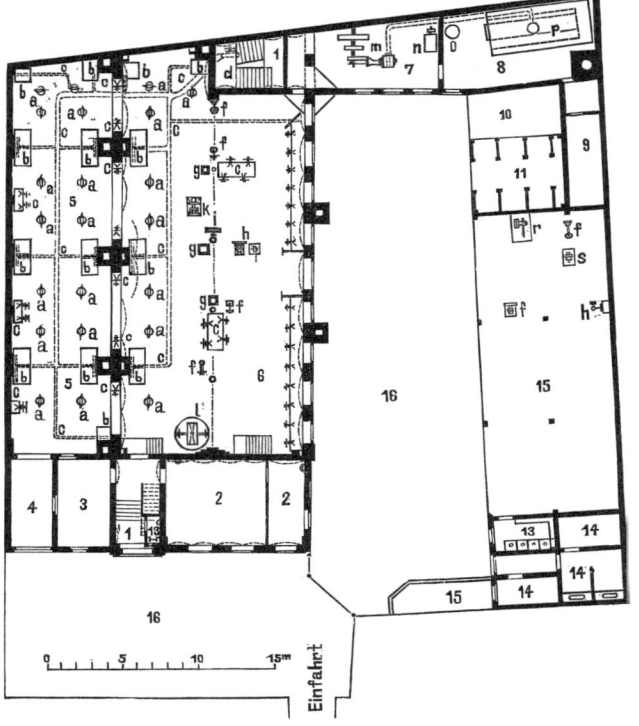

1. Treppenhäuser.
2. Comptoir.
3. Meisterstube.
4. Magazin.
5. Schmiede.
6. Schlosserei.
7. Maschinenraum.
8. Kesselhaus.
9. Accumulatoren.
10. Kohlenlager.
11. Eisenlager.
12. Montagehalle.
13. Aborte.
14. Stall und Kutscher.
15. Alteisengrube.
16. Hof.
a. Ambos.
b. Schmiedefeuer.
c. Windleitung.
d. Ventilator.
e. Seilbänke.
f. Bohrmaschinen.
g. Richtplatten.
h. Stanze.
i. Schleifstein.
k. Luftkammer.
l. Balancier.
m. Dampfmaschine.
n. Dynamo.
o. Vorwärmer.
p. Dampfkessel.
r. Kreissäge.
s. Schmirgelscheibe.

Abb. 699. Puls Schmiedewerkstatt.

dem Rufe ihres Vaters Ehre zu machen, sind von Erfolg begleitet. Nach der Ausführung verschiedener bedeutender Kunstwerke ist der Firma neuerdings der ehrenvolle Auftrag zu Theil geworden, den hervorragendsten Theil zum Nationaldenkmal Kaiser Wilhelms I. für Berlin, bestehend aus dem 9 m hohen Reiterstandbild nebst führendem Friedensgenius und aus einem 9 m hohen mächtigen, mit vier Victorien und Reliefs geschmückten Postament zu giefsen.

27. **Eisenconstructions- und Kunstschmiede-Werkstatt E. Puls**, Tempelhofer Ufer 10. An der Entwicklung des Berliner Kunstschmiedegewerbes hat diese Firma ehrenvollen Antheil; dieselbe beschäftigte, 1861 begründet, anfänglich zwei Gesellen und Lehrlinge zu kleinen Bau- und Ausbesserungsarbeiten. Da Antiquitätenhändler häufig alte Kunstschmiedearbeiten aufarbeiten und copiren liefsen, wurde der Gedanke angeregt, die Kunstschmiederei zu betreiben und wieder in Aufnahme zu bringen. Freilich gab es damals in Berlin weder Vorbilder, noch Zeichner, noch Arbeiter, ja nicht einmal geeignetes Eisen für solche Arbeiten. Mühsam mufste jedes Muster aus Draht, Blech, Blei, Pappe usw. in ganzer Gröfse zusammengestellt und so lange gerichtet oder geändert werden, bis die gewollte Form auf dem Ambos oder in Treibblei gelang. Nach beinahe zweijährigen Versuchen konnten 1864 die ersten Arbeiten, einige Wandarme und Balcongitterstücke vorgezeigt werden, um damit Kundschaft zu werben.

73*

Der Erfolg blieb nicht aus, schon 1866 wurde mit 10, 1872 mit 40, 1878 mit 90 und 1885 mit 150 Kunstschlossern gearbeitet. Das Gufseisen war fast ganz aus Haus und Garten verdrängt; eine Schar tüchtig geschulter Gesellen, die Form und Technik auf das Vollendetste beherrschten, war herangebildet und hat zum Theil in eigener Werkstatt zur Weiterentwicklung des Gewerbes beigetragen, sodafs heute das vor 30 Jahren noch vollkommen unbekannte Berliner Kunstschmiedegewerbe auf einer von der ganzen Welt anerkannten Höhe steht, die nirgends übertroffen wird. Aus den 10 Kunstschlossern im Jahre 1866 sind in den verschiedenen Betrieben über 1000 geworden und aus der kleinen Puls'schen Werkstatt eine auf dem Grundstück Tempelhofer Ufer 10 neu erbaute Musterwerkstatt mit eigener elektrischer Beleuchtung, Centralheizung mit Lüftung und Arbeiterwaschanstalt, welche gegenwärtig 180 Arbeiter beschäftigt. Diese Werkstatt ist 1892 nach den besonderen Angaben des Besitzers vom Hof-Maurermeister Braun in zwei Stockwerken mit darüber liegendem Dachgeschofs ausgeführt, in welch letzterem der Metallboden untergebracht ist, während in jenen die Schlosserwerkstätten und im Erdgeschofs die Schmiede eingerichtet sind. Auf die Einrichtung der letzteren mit ihren 26 Schmiedefeuern ist naturgemäfs der gröfste Werth gelegt; die gewählte Lösung ist als mustergültig zu bezeichnen (Abb. 699). Zum Betrieb der Gebläse für die Schmiedefeuer, der pneumatischen Hämmer sowie der sonst vorhandenen Hülfsmaschinen dient eine Dampfmaschine von 25 P. S. Alle diese Maschinen aber sind nur nebensächliche Hülfskräfte, in der Hauptsache ist die Kunstschmiederei geblieben was sie war, ein Kunstgewerbe, welches mit geschickter Hand das Eisen modellirt und aus dem harten Material die zahlreichen kunstvollen Gegenstände schafft, die Strafse, Haus und Wohnung schmücken.

28. **Bauklempnerei und Fabrik für Zinkornamente und Kupferblecharbeiten von Fr. Peters.** Die Firma besteht seit Februar 1824 und ist seit 30 Jahren in Händen des jetzigen Besitzers Rud. Peters. Der Gründer Fr. Peters begann im Anfang der vierziger Jahre den Versuch, Ornamente von Zinkblech anzufertigen; es gelang ihm im Jahre 1844 auf die Berliner Gewerbeausstellung im Zeughaus eine Akroterie und eine Vase von Zinkblech zu bringen, welche Arbeiten wohl die ersten dieser Art hier und auch in Deutschland gewesen sein dürften. Dieselben erhielten einen Preis und erregten die Aufmerksamkeit der damaligen Architekten. Die Baumeister Hitzig, Knoblauch, Stüler, Strack, Erbkam und später Gropius, Lucae u. a. unterstützten lebhaft den neuen Industriezweig und viele grofse Arbeiten, so u. a. auch die Spitze des Petri-Kirchthurmes, die Zinkarbeiten an der Kuppel der Synagoge, an der Börse, der National-Galerie, die Decken in den Oberlichtsälen des Alten Museums, die Arbeiten an der Ruhmeshalle usw. gingen aus der Werkstatt hervor.

Mit der zunehmenden Einführung des Sandsteins für bessere Bauten kam auch für die Metalltheile die Verwendung des Kupfers wieder mehr in Aufnahme. Auch in diesem Material hat die Peter'sche Fabrik grofse Ausführungen übernommen, wie die Dachdeckungen an den beiden Thürmen am Gensdarmenmarkt, der Kuppel der Ruhmeshalle zu Berlin, des Reichsgerichtsgebäudes zu Leipzig u. a. m.

Aufser reichen, künstlerisch ausgestalteten Decken und Wandverzierungen von Bronzeblech, hat die Fabrik auch eine grofse Reihe figürlicher Arbeiten zur Ausführung gebracht, von denen als Beispiele zwei Figuren, Giebelbekrönung, 1,50 m hoch, am Hause des Herrn Professor Gussow hier, Architekten Kayser & Groszheim, Bildhauer O. Lessing; vier Figuren, Mecklenburgische Herrscher, je 2,25 m hoch, am Ständehaus in Rostock, Architekt Möckel, Bildhauer Brunow und Rassau, erwähnt werden.

Die maschinellen Anlagen in der Werkstatt und diese selbst sind ganz einfacher Art, da ja der gröfste Theil der Arbeiten aus freier Hand verrichtet und die Bauarbeiten aufser dem Hause vollendet werden. Zum Stanzen der Zinkornamente sind drei Fallwerke aufgestellt, die durch eine Gaskraftmaschine in Bewegung gesetzt werden. Aufser einigen Ziehbänken und einfachen Maschinen zum Aufbiegen einzelner Zinktheile sind nur Handwerkszeuge vorhanden. In der Werkstatt wurden in den letzten fünf Jahren im Durchschnitt etwa 50 Gesellen beschäftigt.

V. Thonwaarenfabriken, Ziegeleien, Porzellanfabriken, Anstalten für Glasmalerei und Glasmosaik.

Berlin und Umgegend erzeugt keramische Fabrikate, welche, von den gewöhnlichen Hintermauerungsziegeln abgesehen, sowohl in technischer wie in künstlerischer Beziehung als hervorragend zu bezeichnen sind und den in den übrigen Theilen Deutschlands erzeugten Waaren gleicher Art keineswegs nachstehen. Neben der Herstellung von Porzellan ist es namentlich die Erzeugung von Bautheilen für die äufsere und innere Ausschmückung unserer Häuser, welche den Berliner keramischen Industriezweigen einen anerkannten Ruf erworben hat.

A. Thonwaarenfabriken.[1]

Neben den Terracotten und Majoliken für Bauzwecke sind es besonders die Kachelöfen und Kamine, deren Herstellung in Berlin und Umgegend gepflegt wird und dank ihrer ausgezeichneten Leistungen ihr Absatzgebiet auch aufserhalb des heimischen Marktes immer mehr und mehr erweitert.

An der Spitze der Berliner Thonwaarenindustrie ist zu nennen die

Thonwaarenfabrik von Ernst March Söhne in Charlottenburg. Dieselbe wurde im Jahre 1836 von Ernst March, dem Vater der jetzigen Besitzer, ursprünglich zur Herstellung von Formen für die Zuckerraffinerie gegründet. Die Einführung der eisernen Formen zwang zur Aufgabe dieses Gegenstandes; dagegen führte die rege Bauthätigkeit anfangs der vierziger Jahre und eigene künstlerische Anlage den Besitzer auf das Gebiet der Bauornamente, auf welchem die Fabrik sich schon bis zu seinem im Jahre 1847 erfolgten Tode einen Ruf erworben hat. Die Fabrik bevorzugte mehr und mehr diesen Geschäftszweig und war vollauf damit beschäftigt. Von ihren älteren Leistungen sind besonders zu nennen: das Kriegsministerium in der Leipziger Strafse, das Neue Museum, die Kuppel und die Lustgarten-Rampe des Königlichen Schlosses, die Petrikirche, die Markuskirche, St. Michaelskirche und die Bartholomäuskirche; von später entstandenen: das Rathhaus, eine Reihe von Schulhäusern und Markthallen, die Kaiser-Galerie (Passage), der ältere und der neuere Theil des Generalstabsgebäudes, die Kriegs-Akademie, das Pringsheim'sche Wohnhaus in der Wilhelmstrafse, die Schule in der Klosterstrafse und das Kunstgewerbe-Museum, bei welchem hier zum erstenmale in gröfserem Umfange sandsteinfarbene Ornamente und farbig glasirte Terracotten (Majoliken) zur Verwendung gekommen sind. — Welche Fortschritte namentlich auf letztgenanntem Gebiete gemacht sind, davon geben die farbigen Reliefs des Gräfe-Denkmals und die in die Augen fallenden Majoliken an dem soeben fertig gewordenen Geschäftshause Jakob Ravené Söhne in der Wallstrafse Zeugnifs, nach-

---

[1] Bearbeitet vom Director Dr. Heinecke und Architekt K. Dümmler.

dem kurz vorher gröfsere Aufgaben ähnlicher Art, wie die Majoliken an der Volks-Badeanstalt in Moabit, der heraldische Schmuck der Portalthürme der neuen Weichsel- und Nogat-Brücken bei Dirschau und Marienburg, und besonders die sehr gelungene, umfangreiche farbige Ausstattung des Inselgebäudes (Restauration) des Central-Bahnhofs in Köln zur Ausführung gelangt sind. Für die Kirchenbauten der neuesten Zeit lieferte die Fabrik die Terracotten zur Dankeskirche und Himmelfahrtskirche und den figürlichen Schmuck zur Heilig-Kreuzkirche, Immanuel- und Lutherkirche.

Noch zahlreicher sind die für auswärtige Bauten ausgeführten Arbeiten der Fabrik. Die steigende Bevorzugung der künstlerischen bezw. kunstgewerblichen Ausführungen wurde in erster Linie veranlafst durch die fortschreitende Verwendung des Sandsteins zu Façaden und die gesundere Ausbildung des Ziegelrohbaues in constructiver Beziehung, welche Terracotten in Hausteinform mehr und mehr vermeidet und dieselben kaum noch anders als in

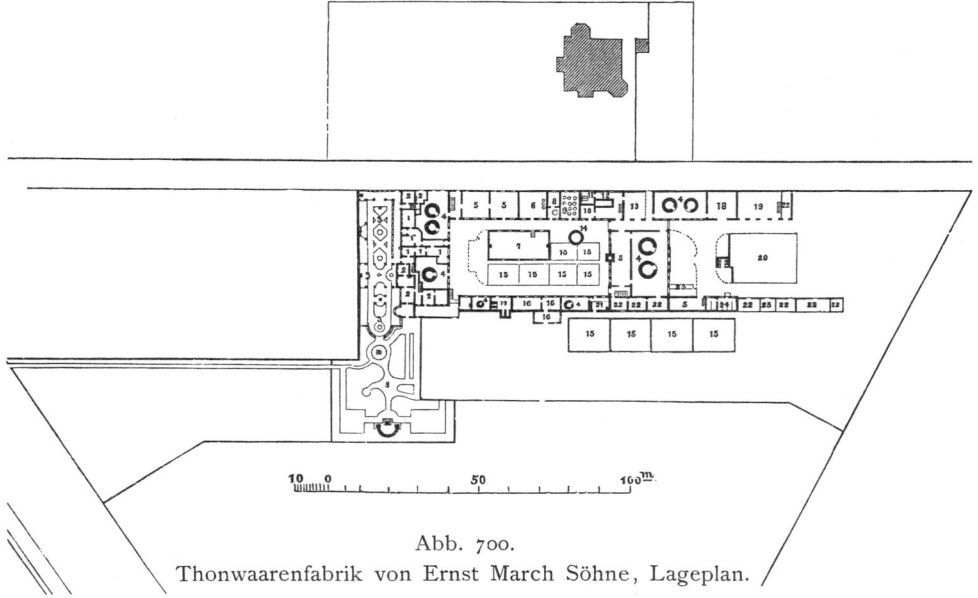

Abb. 700.
Thonwaarenfabrik von Ernst March Söhne, Lageplan.

1. Comptoirräume. 2. Wohnräume. 3. Ausstellungsgarten. 4. Brennöfen. 5. Arbeitsräume. 6. Raum mit drei Thonschneidern zum Bearbeiten des rohen Thones. 7. Kellerraum zum Aufbewahren des fertigen Thones. 8. Kellergang. 9. Glasurmühlen. 10. Schleiferei. 11. Dampfmaschine. 12. Dampfkessel. 13. Brennmaterialschuppen. 14. Schlemmbottich und Rührvorrichtung. 15. Schlemmbassins. 16. Modellir- und Gipsformen-Werkstatt. 17. Emaille-Muffeln. 18. Atelier für gröfsere Arbeiten. 19. Packschuppen. 20. Kohlenplatz. 21. Abdampfpfanne. 22. Magazinräume. 23. Bedachte Wand zum Photographiren. 24. Pferdestall. 25. Wagenremise.

farbig ausgebildeten Darstellungen zuläfst, ferner aber durch die Nähe der Stadt mit ihren technischen und künstlerischen Hülfsmitteln. Es ergab sich von selbst, dafs die Herstellung von Massenartikeln, wie Blend- und Formsteinen, Fufsboden-Fliesen, Wasserleitungsrohren usw. aufgegeben und den hierfür günstiger gelegenen und auf Massenerzeugung eingerichteten Werken überlassen werden mufste.

Dagegen hält die Firma an der Aufgabe fest, Gegenständen, deren Herstellung mit besonderen Schwierigkeiten verbunden ist, ihre besondere Aufmerksamkeit zuzuwenden, und liefert neben den Kunstartikeln alle Arten von zum Theil sehr schwierigen Stücken aus säurefestem Material für Laboratorien, chemische Fabriken, galvanoplastische und elektrotechnische Anstalten.

Die March'sche Fabrik bedeckt einen Flächenraum von etwa einem Hectar und ist, wie aus dem Lageplan Abb. 700 an der Gestalt und Gröfse der sich an einander reihenden Gebäude leicht ersichtlich, allmählich entstanden und mit der fortschreitenden Entwicklung des Betriebes erweitert. Die Hauptgebäude sind in einfachem Rohbau ausgeführt. Die Brennöfen, deren im ganzen neun vorhanden, sind zweigeschossig und in verschiedenen Gebäuden untergebracht. Abb. 701 zeigt einen Querschnitt durch das ungefähr in der Mitte des Grundstücks belegene, auf dem Lageplane mit 4 und 5 bezeichnete, 20 m tiefe Ofengebäude, in welchem zwei Oefen angeordnet sind; daneben die mit 5 bezeichneten Arbeitsräume. — Bemerkenswerth ist der reich ausgestattete Ausstellungsgarten (Nr. 3 des Lageplans), in welchem die verschiedensten Bauornamente, Figuren, Gruppen, Vasen usw. zur Ansicht bezw. Auswahl aufgestellt sind.

Etwa 150 Arbeiter, von denen die Hälfte Modellirer und meist aus Töpfergesellen herangebildete Retoucheure und Former, der vierte Theil Brenner und der Rest Hofarbeiter sind, verarbeiten jährlich etwa 30 000 Ctr. Thon, bei einem zum Brennen der gefertigten Gegenstände erforderlichen Aufwande von 10 000 bis 12 000 Tonnen Steinkohlen. Bei der Mannigfaltigkeit der an die Fabrik in Bezug auf Zweck und Farbe der Fabrikate gestellten Anforderungen liegt es auf der Hand, dafs Thone von den verschiedensten Eigenschaften und von den verschiedensten Bezugsquellen, von denen die meisten in den Provinzen Sachsen und Brandenburg belegen sind, Verwendung finden müssen. Geeignete Wasserstrafsen erleichtern deren Herbeischaffung. Eine Dampfmaschine von 12 Pferdekräften hat nur die Aufgabe, die Massen für die Verarbeitung vorzubereiten; in der Fabrikation selbst ist die Möglichkeit der Anwendung von Maschinen sehr beschränkt.

Abb. 701.
Thonwaarenfabrik von Ernst March Söhne, Querschnitt durch das Ofengebäude.

Aufser der genannten bestehen noch vier Chamottewaarenfabriken in Berlin und Charlottenburg, von denen die der Firma F. S. Oest Ww. & Co. in Berlin die bedeutendste ist. Dieselbe liefert hauptsächlich Gasretorten und Façonsteine für Schmelz- und Brennöfen.

Etwas weiter von Berlin findet sich noch die Freienwalder Chamottewaarenfabrik Henneberg & Co. zu Freienwalde a. Oder; dieselbe verfertigt feuerfeste und säurebeständige Thonwaaren für keramische, chemische und metallurgische Zwecke, ferner Gasretorten, Maler- und Emaillirmuffeln, Dinassteine usw. Die Fabrik beschäftigt etwa 100 Arbeiter.

Die Ofenfabrikation ist in der Stadt Berlin durch vier Firmen vertreten, welche zusammen etwa 270 Personen beschäftigen; der Hauptsitz dieses Berlin eigenthümlichen Gewerbezweiges befindet sich aber in Velten. Dieser, von mächtigen Thonlagern umgebene Ort, dessen Einwohnerzahl seit 1859 von noch nicht 700 auf mehr als 7000 Seelen gewachsen ist, zählt gegenwärtig 36 Ofenfabriken, von welchen eine Anzahl auf genossenschaftlicher Grundlage besteht und von ehemaligen Töpfern betrieben wird. Die Veltener Ofenindustrie beschäftigt durchschnittlich 1600 Personen; die jährliche Leistung beträgt allein an gewöhnlichen weifsen Kachelöfen 54 000—60 000 Stück.

Die gröfste und zugleich älteste Ofenfabrik in Velten ist diejenige von C. H. Herm. Schmidt, deren Comptoir und Musterlager sich in Berlin, Commandantenstrafse 85, befinden. Im Jahre 1835 errichtet, verfügt diese Fabrik über eigene Thonberge, Schlämmerei, Schleiferei und Mühlenwerk mit Dampfbetrieb, sowie 14 Brennöfen. Die Fabrik stellt aufser den berühmten weifsen Berliner Schmelzöfen solche in allen feineren hellen Farben mit jeder Art Malerei und Feuervergoldung, ebenso altdeutsche Oefen in allen Farben her; es stehen ihr über 200, zum grofsen Theil von den namhaftesten Architekten entworfene Muster in allen Gröfsen und Formen zu Gebote. Für die Ausfuhr nach südlichen Ländern werden besonders kleine tragbare Oefen mit Circulationsrohr und einfacher oder Dauerbrandfeuerung angefertigt, welche nur 89 cm hoch, 37 cm breit und 48 cm tief sind. Unter den Wohlfahrtseinrichtungen der Schmidt'schen Fabrik befindet sich auch eine Badeeinrichtung für die Arbeiter.

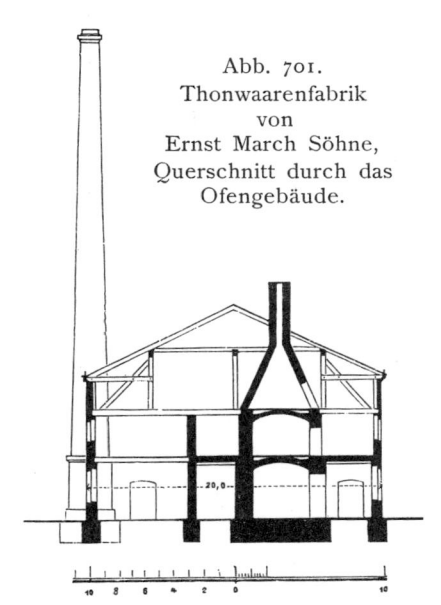

Von den Berliner Ofenfabriken ist noch O. Titels Kunsttöpferei, seit 1885 Actiengesellschaft, zu nennen. Diese Fabrik, welche früher auf drei Grundstücke, von welchen zwei in Berlin gelegen sind, vertheilt war, hat ihren Sitz jetzt nach Neuenhagen an der Ostbahn verlegt; sie besitzt daselbst Thongruben, Schlämmerei mit Dampfbetrieb, Pulsometer und Turbine, sowie Anschlufsgleise an die Ostbahn. Der Geschäftsbetrieb erstreckt sich auf die Anfertigung von Kaminen, Oefen, Heizregisterbekleidungen, Kachelbadewannen; durchschnittlich sind 90 Personen beschäftigt. Das sehr umfangreiche Lager der Firma befindet sich auf deren Grundstück in Berlin, Steinstrafse 26—28.

Die gröfste Ofenfabrik in der Umgebung Berlins ist diejenige von August Burg in Hennigsdorf a. Havel, die ihr Rohmaterial ebenfalls in der Nähe von Velten gewinnt, das daselbst geschlämmt und in geschlossener Rohrleitung nach Hennigsdorf gepumpt wird.

Im Jahre 1888 wurde die neben der Ziegelei neu erbaute Ofenfabrik in Betrieb genommen, welche schon im Jahre 1889 eine bedeutende Erweiterung erfuhr, seit dieser Zeit werden jährlich etwa 6000 weifsglasirte Oefen und 1500 farbige Oefen und Kamine angefertigt, aufserdem noch eine grofse Zahl der verschiedensten Ofentheile, namentlich Gesimsstücke, welche nur unglasirt in den Handel kommen.

Die Herstellung der Kacheln und Gesimse, deren Zeichnungen und Modelle von hervorragenden Architekten und Bildhauern herrühren, ist die folgende: Der geschlämmte Thon wird zunächst in besonderen Rührbottichen mit Schlämmkreide versetzt und die so zusammengeschlämmte Masse in Absatzbassins gelassen, in denen sie trocknet. Ist die

a. Schlammabsatz-Bassins für Töpferthon.
b. Schlamm-Mischmaschinen.
c. Kohlenschuppen.
d. Glasurschmelzöfen.
e. Dämpfofen.
I. Ofenfabrik für weifse Kachelöfen mit zwölf Brennöfen.
f. Glasurmühlen.
g. Kachelschleiferei.
h. Pressenraum.
i. Glasurstube.
k. Brennraum.
l. Brennöfen.
m. Glasurstube.
n. Thonkeller.
o. Lager fertiger Waaren.

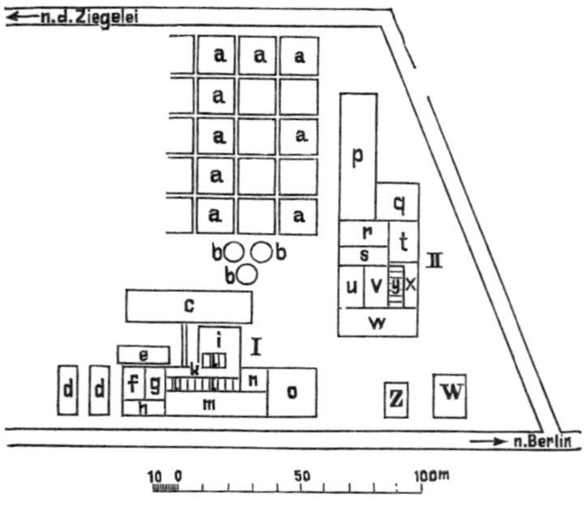

II. Ofenfabrik für farbige, sogenannte altdeutsche Oefen mit sieben Brennöfen.
p. Thonvorrathskeller.
q. Mustersaal.
r. Lager glasirter Waare.
s. Glasurkammer.
t. Malerstube.
u. Glasurstube.
v. Glasurstube.
w. Lager geschrühter Kacheln.
x. Brennraum.
y. Brennöfen.
Z. Comptoir.
W. Wohnhaus.

Abb. 702. Ofenfabrik zu Hennigsdorf, Lageplan.

Trocknung genügend weit vorgeschritten, so wird die Masse mit Hülfe von Thonschneidern durchgearbeitet und hierauf zur weiteren Verwendung gelagert. Von dort gelangt das genügend vorbereitete Material nach den Arbeitsstätten, wo es theils von Hand, theils durch Maschinen zu Kacheln geformt wird. Das Formen mittels Maschinen wird natürlich nur bei glatten Kacheln vorgenommen, während alle gemusterten und verzierten Kacheln in Gipsformen abgeformt werden.

Die gefertigten Kacheln, unter denen sich recht bedeutende Stücke für Gesimse, Aufsätze und dergleichen befinden, werden getrocknet und hierauf gebrannt, nach dem Brande werden die glatten Kacheln abgeschliffen, dann mit der Glasurmasse begossen und, nachdem dieselbe angetrocknet ist, ein zweites Mal gebrannt. Diejenigen Kacheln und Gesimsstücke, die eine reichere Bemalung oder eine Verzierung durch aufgebranntes Gold erhalten, müssen noch ein oder, je nach den verschiedenen, zur Anwendung gelangenden Farben, mehrere Male gebrannt werden. Die Glasurmassen werden vorher gefrittet und auf Glasurmühlen sehr fein gemahlen.

Die Abb. 702 giebt den Lageplan der Thonofenfabrik. Die Fabrikgebäude, durchweg dreistöckig, enthalten in den oberen Stockwerken Form- und Trockensäle.

Aufser dem Schlämmwerk besitzt die Ofenfabrik drei Thonschlämmen und Mischmaschinen, zwei Thonschneider, zwei Schleifmaschinen, eine Stampfe, einen Kollergang, drei Kugelmühlen und 11 Glasurmühlen, die durch eine 50 P.S. Compound-Locomobile von R. Wolf in Buckau-Magdeburg betrieben werden. Zum Brennen der Waaren dienen

19 Brennöfen, welche theils mit Holz, theils mit Braunkohle geheizt werden, ferner vier grofse Muffeln zum Aufbrennen der Ueberglasurmalereien und der Vergoldungen und zwei Schmelz- resp. Fritteöfen.

Die zum gröfsten Theil verheiratheten Töpfer wohnen in den 13 Arbeiterwohnhäusern der Fabrik und erhalten aufser Garten- auch Acker- und Wiesenland.

Die Fabrik hat ein Comptoir mit Musterlager in Berlin, Behrenstrafse 20.

B. Ziegeleien.[1])

Als künstliches Baumaterial, auf welches der stetig wachsende Bedarf Berlin-Kölns schon frühzeitig angewiesen war, wurden in älterer Zeit ausschliefslich Ziegelsteine hergestellt, während wir in der Neuzeit auch verschiedene andere Arten von Kunststeinen und dergleichen benutzen.

Das rasche Wachsthum, welches Berlin seit dem Bau der Eisenbahnen beschieden war, brachte vor allem auch einen gesteigerten Verbrauch von Ziegeln, die um diese Zeit noch ausschliefslich mittels Handstrich gefertigt und in sogenannten offenen, deutschen Oefen gebrannt wurden. Die Ueberführung des handwerksmäfsigen Kleinbetriebes in den fabrikmäfsigen Grofsbetrieb wurde durch zwei Erfindungen erleichtert, die in die Zeit von 1850 bis 1860 fallen: die Ziegelmaschine und der Ringofen. Anfang der fünfziger Jahre wurde von C. Schlickeysen-Berlin eine Ziegelpresse, bestehend aus Thonschneider mit vorgesetztem Mundstück, gebaut und in den Handel gebracht. Bei dieser Presse, deren Anordnung heute noch in der deutschen Ziegelmaschinen-Industrie fast ausschliefslich in Gebrauch ist, wird der plastische, feuchte Thon in einem fortlaufenden Strange durch ein die Gestalt des späteren Steines bildendes Mundstück ausgeprefst. Die ersten dieser Pressen hatten eine Leistungsfähigkeit von etwa 300—500 Steinen in der Stunde; die vervollkommneten neueren Pressen können bei einem Strange bis zu 3000—4000 Steine in der Stunde fertigstellen; bei Anordnung von zwei Mundstücken steigt die Leistungsfähigkeit bis zu 6000 Steinen in der Stunde.

Dazu kam dann die Erfindung eines Brennofens, der bei geringem Brennmaterialverbrauch einen ununterbrochenen gleichmäfsigen Betrieb gestattet. Diesen Brennapparat der Ziegelindustrie gegeben und in die Praxis eingeführt zu haben, ist das Verdienst des Bauraths Fried. Hoffmann in Berlin. Unter dem 27. Mai 1858 erhielt der damalige Baumeister und Betriebsinspector der Berlin-Hamburger Bahn, Fried. Hoffmann, in Gemeinschaft mit dem Stadt-Baumeister Licht in Danzig ein preufsisches Patent auf den Ringofen, bestimmt und geeignet zum ununterbrochenen Brennen von Ziegeln, Thonwaaren, Kalk und Cement. Der erste Ringofen wurde im Jahre 1858/59 zu Scholwin bei Stettin erbaut. Ende 1873 besafs die Provinz Brandenburg bereits 150 Ringöfen mit einer jährlichen Leistungsfähigkeit von rd. 500 Millionen Ziegelsteinen. Jetzt sind die weitaus meisten gröfseren Ziegeleibetriebe der Provinz Brandenburg mit Ringöfen versehen.

Nicht so rasch und allgemein haben die Ziegelmaschinen Eingang gefunden; besonders in der Mark Brandenburg wird heute noch, nahezu 50 Jahre nachdem die erste deutsche Ziegelmaschine in Betrieb genommen worden ist, der gröfste Theil der Ziegel mittels Handstrich angefertigt, trotz der bis zum Jahre 1890 fast ununterbrochen gestiegenen Nachfrage nach solchen und trotz der Gründung des deutschen Vereins für Fabrikation von Ziegeln, Thonwaaren, Kalk und Cement und des deutschen Ziegler- und Kalkbrenner-Vereins, die einen mündlichen Ideenaustausch zwischen Ziegeleibesitzern und Maschinenfabrikanten ermöglichten. Ziegelmaschinen werden jetzt in mehr als 50 deutschen Fabriken hergestellt.

Diejenigen Ziegeleien, welche Berlin am nächsten liegen, fabriciren mit verschwindenden Ausnahmen nur Hintermauerungsziegel, die besseren Ziegel, Verblendsteine usw. erhält Berlin von gröfserer Entfernung (siehe unter Baumaterialien). Eine Ausnahme machen jedoch die in der Umgegend von Rathenow und die bei Birkenwerder an-

---

[1]) Bearbeitet vom Architekt K. Dümmler.

gefertigten Steine. Die in Rathenow, dem unteren Havellande und dem zur Provinz Sachsen gehörigen Kreise Jerichow II angefertigten „Rathenower Steine" werden aus einem stark eisenhaltigen, fetten und plastischen Thone hergestellt, der mit schwarzfärbenden Knollen von Eisenoxydhydrat versehen ist. Dieses Material erfordert keine besondere Vorbereitung; es wird, nachdem es im Thonlager geschachtet worden ist, zunächst gewintert und dann im Thonschneider gemischt. Das Material findet sich an der unteren Havel und der angrenzenden Elbniederung, wo es in etwa 1 m dicken Lagen und Nestern vorkommt. In der nächsten Umgegend von Rathenow sind diese Thonlager fast sämtlich schon ausgebeutet; die dortigen Ziegeleien erhalten ihr Rohmaterial zur Zeit meist aus der Umgegend von Havelberg. Die in der Gegend von Birkenwerder angefertigten besseren Steine werden aus einem Material hergestellt, welches den Kalk nicht nur in fein vertheiltem Zustande enthält, wie dies bei den Thonen zwischen Potsdam und Brandenburg westlich von Berlin und denen zwischen Königswusterhausen und Halbe, Herzfelde und Kietz östlich von Berlin meist der Fall ist, sondern bei dem der Kalk auch in gröfseren und kleineren Stücken (Mergelknollen) enthalten ist. Diese Rohmaterialien werden deshalb zwecks späterer Verarbeitung zu Ziegelsteinen zunächst geschlämmt. Durch das Schlämmen werden nicht nur die Kalkstücke aus dem Thone entfernt, sondern auch ein grofser Theil des Sandes, sodafs die geschlämmte Masse verhältnifsmäfsig viel mehr Thonerde enthält als die ungeschlämmte. Bisweilen wird der geschlämmten Masse nachträglich wieder Sand oder gemahlener Ziegelbruch, namentlich gern aber gemahlene, ungebrannte, gerissene Ziegelmasse zugesetzt, um das Trocknen des Schlammes zu erleichtern und den Thon für die spätere Fabrikation besser geeignet zu machen.

Der Ziegelherstellung in der Umgegend von Berlin eigenthümlich sind zwei Vorbereitungs-Einrichtungen, die Schlämm- und die Misch-Maschinen.

Die verwendeten Schlämm-Maschinen bestehen fast ausschliefslich aus einem um eine senkrechte Achse laufenden Armkreuz, an welchem zwei oder mehrere Eggen, die schwere eiserne, nahe bis auf den Boden hinabreichende Zähne besitzen, befestigt sind. Durch die Drehung des Armkreuzes werden diese Eggen im Kreise in dem Schlämmbehälter herumgeführt und zerkleinern hierbei das eingeworfene Rohmaterial, dem gleichzeitig gröfsere Mengen Wasser zugeführt werden. Das völlig zerkleinerte Material tritt mit dem Wasser als feine Thonschlämpe durch ein feinmaschiges Sieb, während die Steine, Kalkstückchen usw. vor dem Siebe festgehalten und dort von Zeit zu Zeit entfernt werden. Schlämmapparate, bei denen die genannten Zähne nicht fest mit den Eggen verbunden sind, sondern mittels Ketten an denselben hängen, sind vielfach, besonders für Ziegeleien in der Nähe von Berlin, von Jul. Lüdicke in Werder a. Havel geliefert worden.

Der durch das Sieb getretene Schlamm wird nach Absatzbehältern geleitet, aus welchem das Wasser von Zeit zu Zeit oben abgelassen wird.

Eine eigenartige Schlämmereianlage findet sich in den Thongruben der schon genannten Firma August Burg, Dampfziegelei, Thonwerk und Ofenfabrik in Hennigsdorf a. H. Die Thongruben liegen 7 km nördlich von der Ziegelei und Ofenfabrik entfernt; der Thon wurde früher während der Wintermonate mit Hülfe einer schmalspurigen Eisenbahn nach der Ziegelei gefahren, dort gelagert und im Laufe des Sommers geschlämmt. Im Jahre 1887 ist der Schlämmapparat in der Thongrube selbst aufgestellt worden; von dort wird der gereinigte Schlamm, der eine Zusammensetzung von 1 Theil Thon und 2 Theilen Wasser hat, in geschlossener, 7500 m langer Rohrleitung mit Hülfe einer dreicylindrigen Druckpumpe direct nach den Schlammabsatzbehältern gedrückt.[1]) Die Schlämm-Maschine ist von Taylor & Neate in Rochester, England, die Wasserpumpen von Brodnitz & Seidel in Berlin, die auf 20 Atmosphären geprüften Muffenrohre von der Halberger Hütte und die Betriebslocomobile von R. Wolf in Buckau geliefert worden.

Die Weiterverarbeitung des trockenen Thonschlammes ist ebenso wie die Verarbeitung der ungeschlämmten Thonmassen. Da, wo die Ziegel noch mittels Handstrich hergestellt werden, das ist in der Gegend von Werder, Ketzin, Birkenwerder, Herzfelde,

---

[1]) Beschreibung der Anlage siehe Deutsche Töpf.- u. Ziegl.-Ztg. Nr. 45. Jahrg. 1887.

Zehdenick usw., wird die Masse durch einen Thonschneider gemischt. Früher benutzte man hierzu kleine, stehende Thonschneider, die durch Pferde betrieben wurden, jetzt werden meistens durch Dampfkraft betriebene sogenannte Centralthonschneider, wie dieselben etwa seit dem Jahre 1880 von der oben genannten Maschinenfabrik von Jul. Lüdicke in Werder a. H. zuerst gebaut wurden, benutzt, wobei der austretende, durchgearbeitete Thon unmittelbar auf den untergeschobenen fahrbaren Streichtisch fällt.

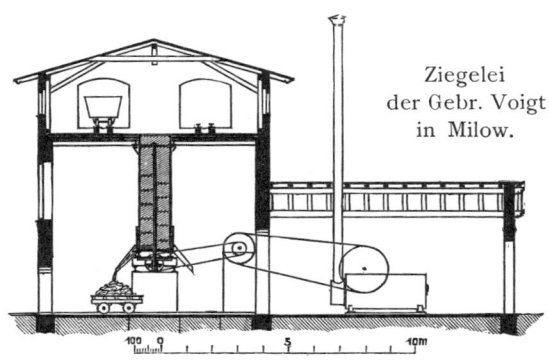

Derartige grofse Thonschneider verarbeiten in der Stunde Material für etwa 5000 Ziegel; es finden sich in Neuhof bei Zehdenick, der neuesten Hauptbezugsquelle für den Ziegelbedarf von Berlin, nicht weniger als 36 solcher von Jul. Lüdicke gelieferte Centralthonschneider, die für 14 Ziegeleien den Thon zu 132 Millionen Ziegelsteinen jährlich verarbeiten. In denjenigen Ziegeleien in der Umgegend von Berlin, wo die Ziegel mit Maschinen hergestellt werden, benutzt man Ziegelpressen mit liegendem oder stehendem Thonschneider und seitlich befindlichem Mundstück, durch welches der Strang austritt, um dann in Steine geschnitten zu werden.

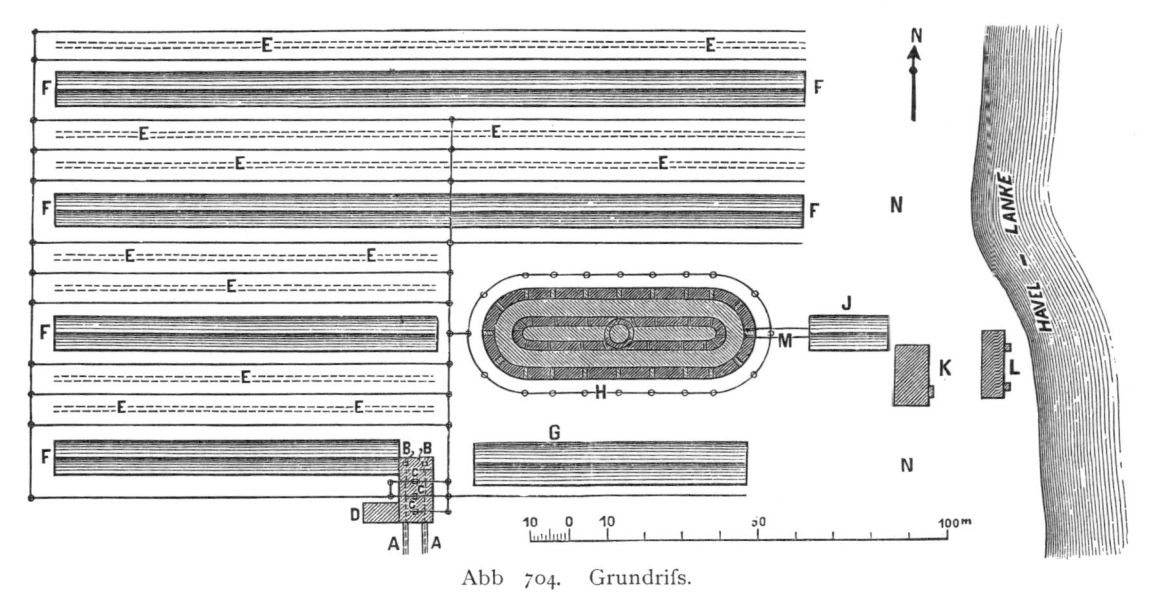

Abb. 703. Schnitt durch den Thonschneider. Ziegelei der Gebr. Voigt in Milow.

Abb 704. Grundrifs.

A. Aufzüge. B. Seiltrommeln. C. Thonschneider. D. Locomobile. E. Streichplätze für Hintermauerungssteine. F. Trockenplätze für Hintermauerungssteine. G. Streichthurm mit Trockenplätzen für Verblender. H. Ringofen. J. Kohlenschuppen. K. Wohnhaus. L. Stallgebäude. M. Kohlenaufzug. N. Ziegelplätze.

Das Trocknen der Steine findet in den Handstrichziegeleien auf dem Plane statt, und erst nachdem sie etwas angetrocknet sind, werden die Steine in Gerüste und unter Schuppen gesetzt, um dort fertig zu trocknen. In den Maschinenziegeleien werden die Ziegel sogleich von der Presse weg nach Gerüsten gebracht. Diese Gerüste stehen meist in Schuppen zu ebener Erde, nur in seltenen Fällen finden sie sich in den oberen Stockwerken der Brennöfen; die Steine werden dorthin von der Presse weg mittels Elevatoren befördert und erst in der Höhe der Trockenanlagen auf Wagen gesetzt, um nach den Trockengerüsten gefahren zu werden. Der Brand der Ziegel erfolgt, wie bereits früher erwähnt, mit verschwindenden Ausnahmen im Ringofen.

In der Abb. 704 ist der Lageplan der Ziegelei der Gebrüder Voigt in Milow bei Rathenow wiedergegeben. Diese Ziegelei ist auf eine jährliche Leistung von 6 Millionen

Hintermauerungssteine und 2 Millionen Handverblender oder Dachsteine eingerichtet. Die Herstellung der Ziegel geschieht mittels Handstrich, nur die Vorbereitung des Thones erfolgt mit Maschinen. Der Thon gelangt auf einem der beiden Aufzüge AA nach dem Obergeschofs des Thonzubereitungshauses, wo derselbe in einem der drei Centralthonschneider CC durchgearbeitet wird; von hier gelangt er auf die fahrbaren Streichtische (siehe den Querschnitt Abb. 703); die Streichtische können unter dem Thonschneider hindurchgefahren werden und kommen auf den zahlreich vorhandenen Schienengleisen nach den Streichplätzen EEE, wo die Ziegel, durch Handstrich geformt, zunächst in den Gampen, die sich neben jedem Streichgang befinden, flach hingelegt, angetrocknet, umgekantet und nach den Trockenschuppen FF gefahren werden. Nach völliger Trocknung kommen sie in den Ringofen H zum Brennen. Der Antrieb der Thonschneider erfolgt durch eine Locomobile, die sich in dem Anbau D am Thonvorbereitungsschuppen befindet. Die Verblend- und Dachsteine werden in dem Schuppen G geformt und zwar ebenfalls mittels Handstrich. Aufser den vorstehend genannten Gebäuden ist noch ein Kohlenschuppen J vorhanden, von dem aus die Kohlen auf der schiefen Ebene M nach dem oberen Flur des Ringofens gebracht werden, um dort in bekannter Weise in die Schüttöffnungen desselben geworfen zu werden. Ein Wohnhaus K für den Ziegelmeister usw. und ein Stallgebäude L vervollständigen die Anlage.

In ähnlicher Weise wie die vorstehend beschriebene sind die meisten Ziegeleien der Mark Brandenburg angeordnet; die Lage der Trockenschuppen und die Gröfse derselben, sowie die Anordnung der Streichplätze wird natürlich den örtlichen Verhältnissen angepafst. Wo das Rohmaterial geschlämmt werden mufs, treten die Gebäude für die Schlämm-Maschine und vor allem die sehr viel Platz beanspruchenden Thonabsatzbehälter hinzu.

Die Zuführung des Thones erfolgt in der Regel, soweit nicht der geschlämmte Thon aus Absatzgruben gefördert werden mufs, aus den Thongruben direct; es giebt aber einige hoch beachtenswerthe Ausnahmen, auf die hier noch kurz eingegangen werden soll. In der Gegend von Werder an der Havel haben die meisten der dort belegenen, schon lange Zeit bestehenden Ziegeleien ihren an Ort und Stelle vorhanden gewesenen Thon aufgebraucht; sie waren daher genöthigt, entweder ihre Ziegeleien zu verlegen oder den nöthigen Thon von auswärts heranzuschaffen. Da die Ringöfen noch in gutem Zustande waren, so haben sich die Ziegeleibesitzer zu letzterem Mittel entschlossen, zumal der Thon weiter ab von Berlin liegt, die Zufahrt der fertigen Ziegel also entsprechend kürzer wird, als wenn die Ziegelei am Thongewinnungsorte neu errichtet worden wäre. Von den neuen Thongruben wird der Thon zu Schiff nach den alten Ziegeleien gebracht und vom Schiff sofort nach dem Oberboden des Thonvorbereitungsschuppens gefördert. Da die Havel wechselnden Wasserstand hat, so war es nöthig, bei der Anordnung der Entladevorrichtung hierauf Rücksicht zu nehmen; dies ist in der Weise geschehen, dafs der untere Theil des Elevators, der den Thon nach oben befördert, schwimmend angeordnet ist. In diesen schwimmenden Trog, in dem das untere Räderpaar des Elevators befestigt ist, wird der Thon aus dem Kahne von Hand eingeworfen und gelangt rasch nach oben, ändert sich der Wasserspiegel, so senkt sich oder hebt sich der Trog mit; damit während der jeweiligen Benutzung des Elevators keine Schwankungen eintreten, kann der Trog mit Hülfe von Gestängen festgemacht werden.

C. Porzellanfabriken.[1]

Die Porzellanindustrie, welche in Berlin und Umgegend durch fünf gröfsere Fabriken und vier Porzellanmalereien vertreten ist, erfreute sich seit 1870 eines lebhaften Aufschwungs, an welchem nicht nur die Anfertigung von Gebrauchsgeschirren und technischen Artikeln, sondern auch vorzugsweise die Erzeugung feinerer Gegenstände und kunstreicher Luxuswaaren Antheil hatten. Leider haben sich die an die günstigen Erfolge der siebziger Jahre geknüpften Erwartungen in der Folge nicht voll erfüllt. Unter den mancherlei Ursachen,

---

[1] Bearbeitet vom Director Dr. Heinecke.

welche einer lohnenden Entfaltung der Berliner Porzellanindustrie hemmend in den Weg traten, ist an erster Stelle die Thatsache zu erwähnen, dafs die Erzeugung dem Bedarf voraneilte; sowohl der Absatz von einfachen Gebrauchsgegenständen, wie die Nachfrage nach den Erzeugnissen der Luxusindustrie hielten mit der Ausdehnung der Fabrikation nicht Schritt, wobei auch ein stetiges Zurückgehen der Ausfuhr nach Nord- und Süd-Amerika mitwirkte. Es machte sich ferner, namentlich in Bezug auf Ziergegenstände, kleine Porzellanfiguren u. dgl., der mit billigen Preisen an den Markt tretende Wettbewerb böhmischer Fabriken fühlbar; endlich wirkte das Entstehen grofser Bazare lähmend auf die heimische Industrie, da jene ihre Massenläger zu Preisen anbieten, welche mit den Herstellungskosten aufser allem Verhältnisse stehen und die Fabrikanten zwingen, sich den ungünstigsten Bedingungen zu fügen.

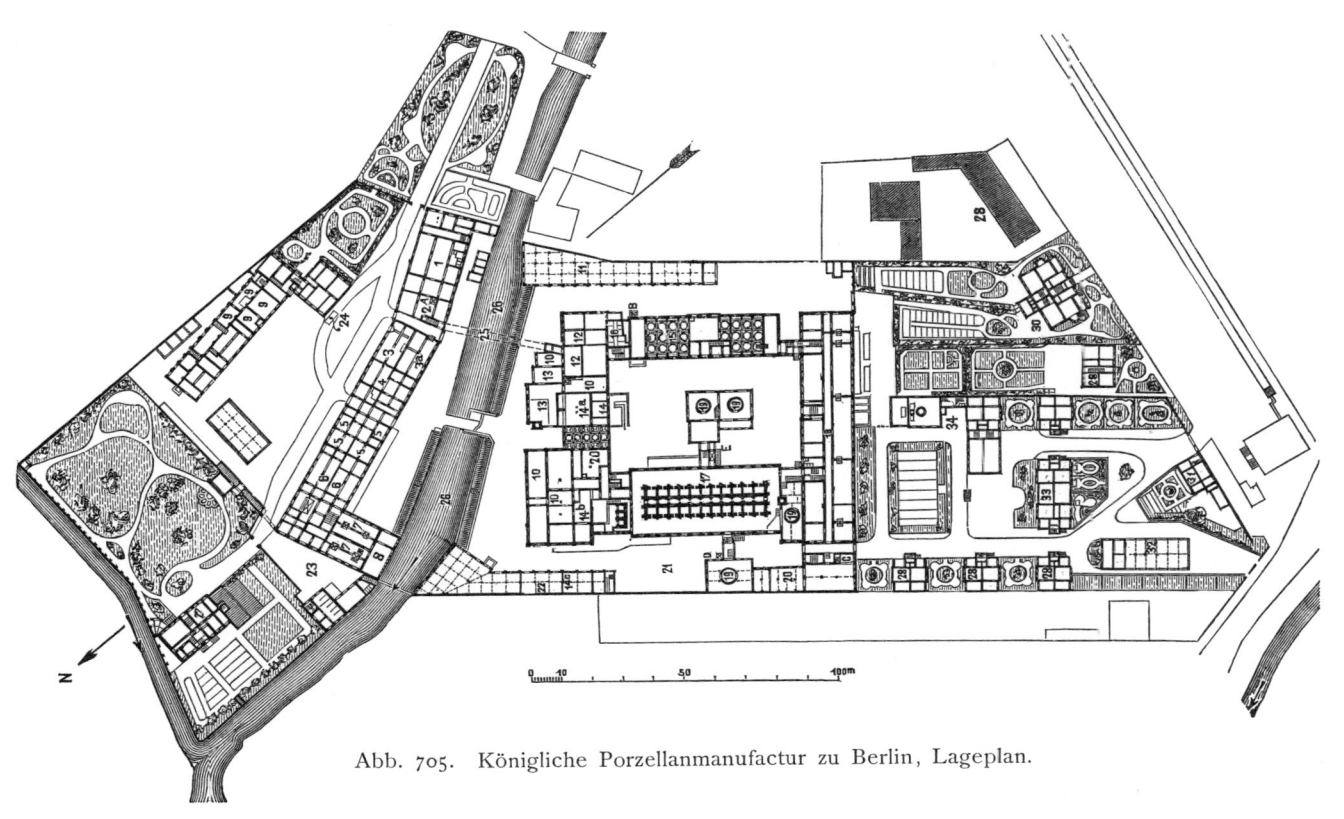

Abb. 705. Königliche Porzellanmanufactur zu Berlin, Lageplan.

Eine verhältnifsmäfsig befriedigende Entwicklung hat die Herstellung von Artikeln für die Zwecke der chemischen Industrie, der Pharmacie und namentlich der Elektrotechnik aufzuweisen.

Erfreulicherweise hat der geschäftliche Mindererfolg des letztverflossenen Jahrzehnts keinen Rückschlag auf die Tüchtigkeit und Leistungsfähigkeit der Berliner Porzellanindustrie ausgeübt; dafs die letztere auf der Höhe der Zeit steht, dafür lieferte der Erfolg, welchen die Königliche Porzellanmanufactur durch die Vorführung bis dahin unerreichter Kunstwerke auf der Chicagoer Weltausstellung errang, einen glänzenden Beweis. Von der seit 1893 unter den günstigsten Aussichten erstandenen Einrichtung regelmäfsiger Messen in Berlin wird auch die Porzellanindustrie eine befruchtende Einwirkung und reichen Nutzen erwarten dürfen.

Die zur Zeit in Berlin und nächster Umgebung bestehenden fünf Porzellanfabriken, deren Zahl sich seit 1870 nicht erhöht hat, beschäftigten im Jahre 1894 zusammen 765 Personen; eine dieser Fabriken mit 40 Arbeitern betreibt ausschliefslich die Herstellung von Porzellanblumen. An Löhnen und Gehältern zahlten diese Fabriken im angegebenen Jahre insgesamt 795 455 ℳ, wobei jedoch die Gehälter der technischen und künstlerischen Fabrikleiter, sowie des kaufmännischen Personals nicht mitgerechnet sind.

590   V. Thonwaarenfabriken, Ziegeleien und Porzellanfabriken.

Die Königliche Porzellanmanufactur zu Berlin befindet sich seit ihrer im Jahre 1871 erfolgten Verlegung von der Leipziger bezw. Königgrätzer Strafse auf dem Grundstücke der 1866 aufgelösten Königlichen Gesundheitsgeschirr-Manufactur in der Wegelystrafse und auf daran stofsendem Charlottenburger Gebiet.

Ein Blick auf den Lageplan (Abb. 705) zeigt, dafs die Manufacturanlage durch den zu einem kleinen Hafen erweiterten und vertieften Schaafgraben in zwei, nur durch eine Drehbrücke (35) verbundene Theile getrennt wird. In dem etwa 125 m langen Hauptgebäude der ehemaligen Gesundheitsgeschirr-Manufactur sind nach entsprechendem Ausbau im Untergeschofs Magazin- (1, 2), Auctions- (3), Bureauräume (4, 5) geschaffen; auch befindet sich hier das chemische (Betriebs-) Laboratorium (6) und die Muffelbrennerei (7), während das darüber liegende zweite Geschofs und die Bodenräume fast vollständig vom Magazin allein in Anspruch genommen werden und im zweiten und dritten Stockwerk sich die Räume und Ateliers der Malerei befinden.

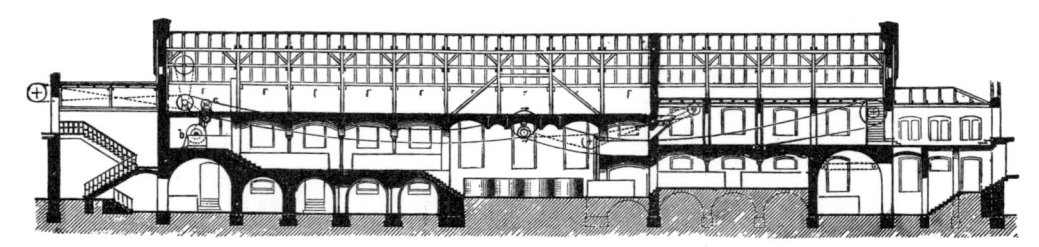

Abb. 706. Königliche Porzellanmanufactur zu Berlin, Längsschnitt des Schlämmereigebäudes.

Die 1868—1872 neu erbaute Fabrik für weifses Porzellan, auf dem anderen, Charlottenburger Ufer, ist auf einem Raume von etwa 115 m im Quadrat systematischer, und zwar so angeordnet worden, dafs die Roh- und Brennmaterialien möglichst unmittelbar am Ufer zur Lagerung, Verarbeitung bezw. Verwendung gelangen, und dafs erstere demnächst bei ihrer Verwandlung in Porzellanmasse, halbfertiges Geschirr und endlich fertiges Porzellan die verschiedenen Arbeitsräume ohne Umwege und Rücklauf dergestalt durchlaufen, dafs sie zuletzt wieder am Ufer anlangen, und zwar bei einer leichten eisernen Laufbrücke, die nach dem Magazin hinüberführt.

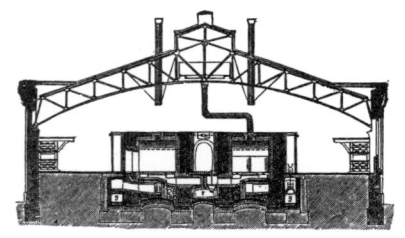

Abb. 707. Querschnitt.

Es sind demgemäfs in dem der Grundstücksform entsprechend etwas unregelmäfsig gestalteten Quergebäude (12, 13, 14) am Wasser, wo sich auch an den Grundstücksgrenzen der Thon- (11) und der Kohlenschuppen (22) befinden, neben der Dampfmaschine, einer Verbundmaschine von rd. 80—120 P. S., zunächst die schweren Maschinen für Zerkleinerung der Materialien untergebracht. In dem Gebäude auf der Südseite des rechteckigen Fabrikhofes (14a), der Schlämmerei, findet die Reinigung, Zusammensetzung und Fertigstellung der Porzellanmasse statt. Im Dreherei- und Formereigebäude gewinnt die Masse Gestalt, und die rohen Geschirre werden von da nach den Oefen gebracht, um zunächst einem ersten leichten, dem sogenannten Verglühfeuer, ausgesetzt zu werden, wodurch sie einige Festigkeit und diejenige Porosität erlangen, die nöthig ist, um die Glasur anzusaugen. Da das Geschirr alsdann in denselben Oefen auch gargebrannt wird, so mufs es den Weg hierher allerdings wiederholt zurücklegen.

Das zweite, sogenannte Gutfeuer macht die Geschirre zu fertigem Porzellan. Sie werden nunmehr auf einer Rampe nach dem oberen Stockwerke des nördlichen Endes des Quergebäudes am Wasser befördert, wo in der Schleiferei (über 12) die letzte Hand angelegt wird, und verlassen auf der bereits erwähnten Verbindungsbrücke die Fabrik, um dem Magazin zugeführt zu werden.

V. Thonwaarenfabriken, Ziegeleien und Porzellanfabriken. 591

Bezüglich der einzelnen Gebäude ist folgendes bemerkenswerth. Der Längsschnitt (Abb. 706) des Schlämmereigebäudes zeigt verschiedene Höhenlagen der Räume, um Gefälle

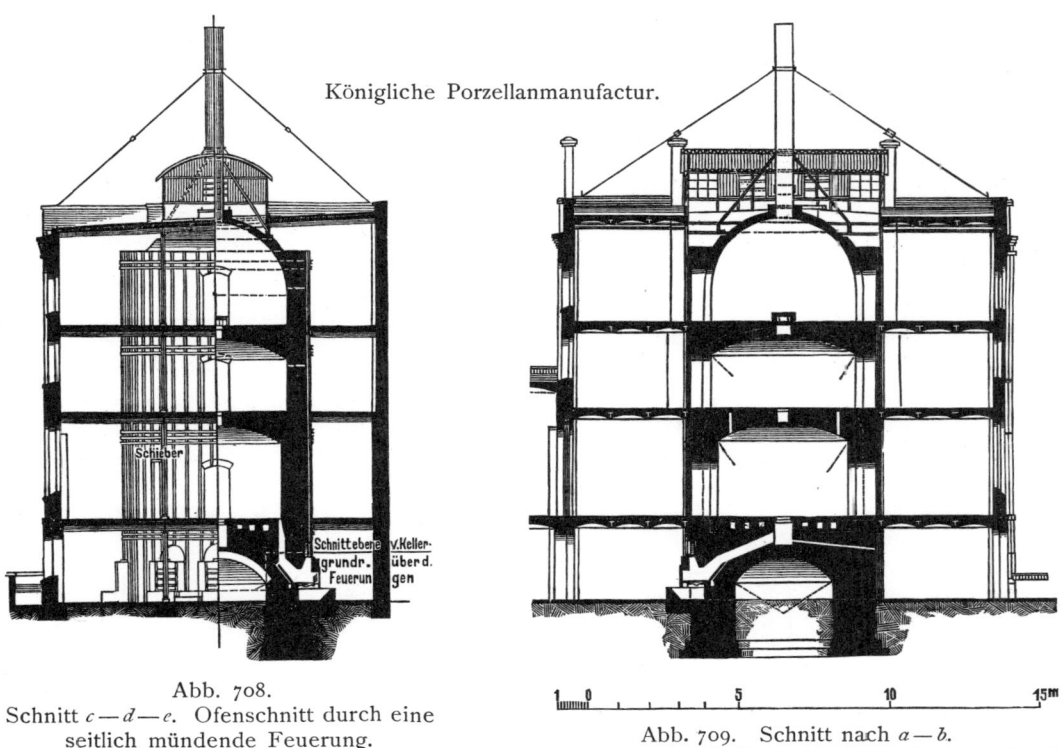

Königliche Porzellanmanufactur.

Abb. 708.
Schnitt $c-d-e$. Ofenschnitt durch eine seitlich mündende Feuerung.

Abb. 709. Schnitt nach $a-b$.
Ofenschnitt im Kellergeschofs nach $e-f$ durch die zur Mitte führende Feuerung.

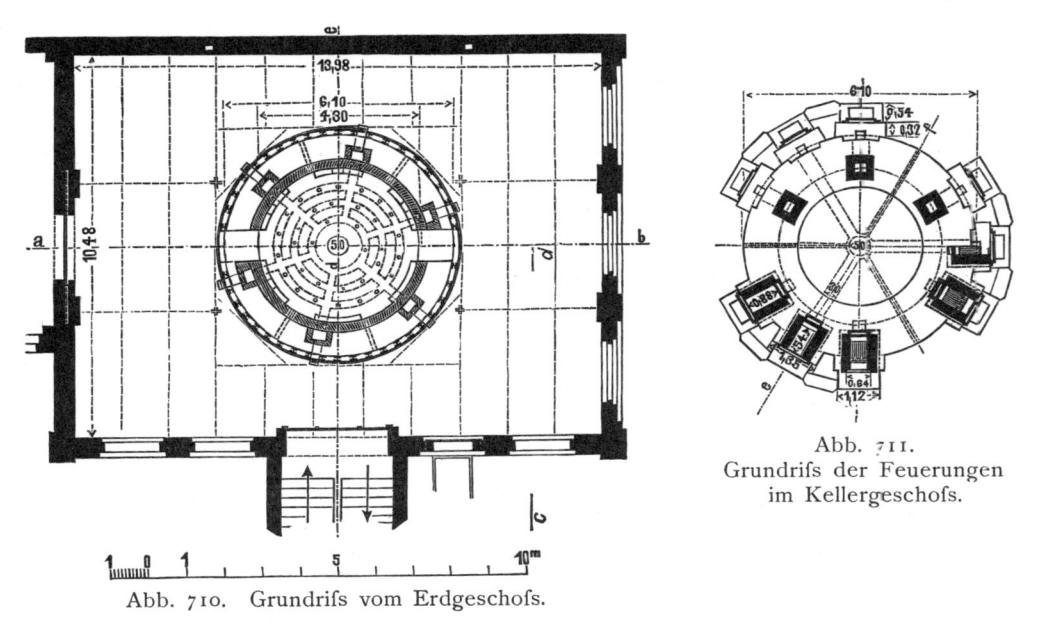

Abb. 710. Grundrifs vom Erdgeschofs.

Abb. 711.
Grundrifs der Feuerungen im Kellergeschofs.

von den Schlämmtrommeln (b) nach den Absetzbehältern zu schaffen. Diese sind einen halben Stein stark in Cement gemauert und, wie Wände und Decken überhaupt, mit geglättetem Cementputz versehen. Der eingewölbte und 42 m lange Masse-Lagerkeller ist ebenfalls überall in Cementputz ausgeführt.

Das Drehereigebäude (18) enthält in drei Stockwerken gröfsere Säle und Arbeitsräume für Dreher, Former, Modellirer und Gipsgiefser, darüber eine umfangreiche Sammlung von Modellen und von Musterstücken fast aller jemals in der Fabrik angefertigten Gegenstände, und auf einem hellen, übersichtlichen Bodenraume die grofse Menge der seit dem Ankauf der Fabrik von Seiten des Staates (1763) aufgesammelten Gipsformen.

Die Mustersammlung von fertigen Stücken bietet einen vollständigen und höchst beachtenswerthen Ueberblick über die Entwicklung der Porzellanfabrikation dar und kann daher der Aufmerksamkeit weiterer Kreise angelegentlichst empfohlen werden. Die Arbeitsräume haben eine Heifswasser-Niederdruckheizung, von der zugleich die zum Austrocknen der rohen Geschirre erforderliche Wärme gewonnen wird. Die Oefen sind in drei Gebäuden untergebracht. Der von G. Möller unter Mitwirkung des Ingenieurs Mendheim angegebene und ausgeführte Gaskammerofen mit 22 Kammern in zwei parallelen Reihen, der besonders für das Brennen grofser Stücke geeignet ist, befindet sich im Hauptofengebäude (17), das im Querschnitt (Abb. 707) wiedergegeben ist. Dieses Gebäude ist bei rd. 23 m lichter Weite mit einer leichten Eisenconstruction überspannt, mit verzinktem Wellblech gedeckt und enthält über dem Ofen die Kapseldreherei, der die ausstrahlende Wärme zu gute kommt und am östlichen Giebel unter besonders leichtem Dache die drei Gasgeneratoren (17a). Aufser dem Gaskammerofen sind noch vier sogen. Rundöfen, Etagenöfen mit directer Feuerung und mit überschlagender Flamme, von dem jetzigen Director Dr. Heinecke erbaut, vorhanden. Zwei derselben befinden sich in einem gemeinschaftlichen Gebäude auf dem Mittelhofe; einer ist zwischen Gaskammer und Dreherei untergebracht und der neueste und gröfste ist in einem mit einem Holzcementdache gedeckten Gebäude (19a) angelegt (Abb. 708—711). Hier und in der ganzen Fabrik besorgt den Verkehr zwischen den einzelnen Stockwerken ein System von hydraulischen Aufzügen, die durch Vermittelung eines Accumulators durch die Dampfmaschine getrieben werden.

Auf dem Gelände nach der Charlottenburger Chaussee zu befindet sich dann noch neben verschiedenen Beamten- und Arbeiterwohnhäusern die „Versuchsanstalt der Königlichen Porzellanmanufactur" (34), die mit ihrem besonderen Ofengebäude (34a) und sonstigen kleineren Betriebseinrichtungen in gewissen Erzeugnissen an der Fabrikation mit betheiligt ist. Im übrigen erstreckt sich die Thätigkeit der Fabrik von den Prachtstücken für viele tausend Mark bis zum Weberauge für 2 ₰ herab auf alle Gegenstände der Porzellanfabrikation, auch solche für die Technik, insbesondere für die chemische Industrie, und selbst die zu den mannigfaltigen Kunsterzeugnissen erforderlichen Bronzefassungen werden in der eigenen Ciselirwerkstatt der Manufactur hergestellt bezw. bearbeitet. Die Rohmaterialien, Porzellanerde aus den eigenen Gruben der Manufactur (rd. 250 000 kg jährlich), feuerfester Thon (rd. 1 200 000 kg) werden aus der Gegend von Halle, der Feldspath (rd. 65 000 kg) aus Schweden oder Norwegen bezogen, und die Kohle (rd. 3 000 000 kg) aus Oberschlesien.

Ihr Personal bildet sich die Manufactur selbst heran. Neben der praktischen Ausbildung haben die Maler und Modelleure Gelegenheit, sich künstlerisch auszubilden, indem ihnen der Besuch der Königlichen Kunstschule auf Kosten der Manufactur ermöglicht wird und sie aufserdem an dem planmäfsigen Unterricht der von dem artistischen Director der Manufactur geleiteten Mal- und Zeichenschule theilzunehmen haben, welche aus eigener, zu diesem Zwecke betriebenen Gärtnerei die zum Zeichnen nach der Natur erforderlichen Malvorlagen gewinnt und auch sonst in der keramischen Sammlung, einer Bibliothek mit gröfserem Vorrath an Zeichnungen und werthvollen Kupferstichen reichhaltige Bildungsmittel zur Verfügung hat.

Für das allgemeine Wohl des Personals ist durch gut bemessene Bezahlung seiner Dienste und eine Reihe von Wohlfahrtseinrichtungen bestens gesorgt. Aufser den reichsgesetzlichen Versicherungen gegen Unfall, Krankheit, Alter und Invalidität ist das Personal an einer aus Staatsfonds begründeten und mit bedeutendem, aus letzteren aufgesammeltem Kapitalvermögen ausgestatteten Arbeiter-Versorgungskasse betheiligt, welche bei eingetretener Arbeitsunfähigkeit Pensionen fast bis zur Höhe des gehabten Verdienstes gewährt. Bei vorübergehenden Verlegenheiten bietet eine Darlehnskasse Schutz und aufserdem fliefsen dem Personal aus weiteren von der Manufactur unterhaltenen Wohlfahrtseinrichtungen (Speiseanstalt, Badeanstalt, Bierverkauf, Kaffeeküche) nicht unerhebliche Vortheile zu.

Die Porzellanmanufactur der Firma H. Schomburg & Söhne beschäftigt über 100 Personen und verfügt über ausgezeichnete maschinelle Einrichtungen, namentlich Pressen eigener Construction. Die Fabrikation umfaßt chemische, technische Waaren und Gebrauchsartikel aus sogen. Sanitäts- und Hartfeuerporzellan, sowie auch Schamotte- und Thonwaaren, als Platten und Steine für Mosaiken, ferner Wasserleitungsbecken und dergl. Die Firma besitzt eigene Caolin-, Thon- und Kohlengruben.

Die Sanitäts-Porzellanmanufactur W. Haldenwanger in Charlottenburg besteht seit 1865 und besitzt seit 1890 eine Zweiganstalt in Spandau; sie beschäftigt gegen 50 bis 60 Personen und fertigt Gebrauchsgeschirre aus sogen. Gesundheitsporzellan, welches vermöge der besonderen Zusammensetzung der Massen und Glasuren, sowie des Brandes bei sehr hohen Hitzegraden gegen chemische, wie gegen die Einwirkungen des Feuers sehr widerstandsfähig ist. Besonderheit der Fabrik ist auch die freihändige Anfertigung von Gegenständen auf Bestellung nach Muster oder Zeichnung.

Um noch der Porzellanmalereien kurz Erwähnung zu thun, sei bemerkt, daß von den vier Unternehmungen dieser Art im Jahre 1894 insgesamt 46 Personen mit einem Lohnbetrag von 41 400 ℳ beschäftigt wurden.

Das Berliner Adreßbuch führt unter der Bezeichnung Porzellanmanufacturen noch eine größere Anzahl von Firmen auf, bei welchen es sich indessen lediglich um Niederlagen und Vertreter auswärtiger Fabriken handelt.

D. Die Glasmalerei.[1])

Die hervorragendste Stätte für die Pflege der Glasmalerei in Berlin ist das vom König Friedrich Wilhelm IV. nach dem Vorbilde der in München von Ludwig I. errichteten Anstalt im Jahre 1843 begründete Königliche Institut für Glasmalerei.

Zu jener Zeit war die Kenntniß der Herstellung farbiger Hüttengläser, wie sie das Mittelalter kannte und zur Glasmalerei verwendete, in Vergessenheit gerathen und die Kunst der Glasmalerei wurde lange Zeit darin erblickt, daß, anstatt mit farbigen Gläsern zu malen, bunte Farben auf weißes Glas, ähnlich der Oelmaltechnik, aufgetragen wurden. Wiewohl auch auf diesem Wege eine große Kunstfertigkeit erzielt wurde und tüchtige Fortschritte gemacht, besonders auch von dem Königlichen Institute hervorragende Kunstwerke geschaffen worden sind, wie Fenster der Kathedralen zu Köln, Aachen, Breslau, Stralsund und in der Karthause zu Nürnberg, so wurde doch die Kunst der Glasmalerei erst wieder in die richtigen Bahnen gelenkt, als mit der Wiederherstellung farbiger Hüttengläser, namentlich des dem alten Material gleichwerthigen Antikglases begonnen und das Institut hauptsächlich durch die Bemühungen des Geheimen Ober-Regierungsraths Lüders, welcher den Maler Bernhard an die Spitze der Anstalt berief, nach richtigen Grundsätzen geleitet wurde. — Seit 1887 steht das Königliche Institut für Glasmalerei unter Verwaltung des Staates, welcher einen jährlichen Zuschuß von 2500 ℳ gewährt, und gehört zum Dienstbereich des Ministers für Handel und Gewerbe. Mit der Leitung der Kunstanstalt ist ein technisch und akademisch gebildeter Director betraut, dem ein Directionsassistent zur Seite steht; das Personal, welches aus Malern, Zeichnern, einem Glaser- und einem Brennmeister, Glasern und Hülfsarbeitern besteht, zählt zur Zeit 30 Köpfe. In dem Institut werden auch junge Glasmaler für ihren Beruf künstlerisch und technisch ausgebildet, soweit es die beschränkten Räume, die sich vorläufig auf dem Grundstücke der Königlichen Porzellanmanufactur in Charlottenburg, Berliner Straße 9, befinden, (Abb. 705 Nr. 33) gestatten. Die Thätigkeit in der Anstalt scheidet sich nach drei Gebieten. Das erste, rein künstlerischer Art, umfaßt die Herstellung der Entwürfe und Farbenskizzen; das zweite erstreckt sich auf die Wiedergabe und Uebertragung, die Anfertigung der Cartons in natürlicher Größe, der Schablonen für die zu schneidenden Gläser

---

1) Bearbeitet von Julius Engel.

594   V. Thonwaarenfabriken, Ziegeleien und Porzellanfabriken.

und Bearbeitung der letzteren durch den Maler; zu dem dritten, rein technischen, gehört das Schneiden der Gläser, das Einbrennen der Malereien, das Zusammensetzen der Gläser und Verbleien derselben. — Die Einnahmen der Anstalt beliefen sich in den letzten sieben Jahren von 1888 bis 1895 auf 345 000 ℳ, darunter 126 395 ℳ für staatliche Aufträge.

Als hervorragende Arbeiten des Instituts in Berlin sind zu erwähnen: fünf Chorfenster der Dankeskirche auf dem Wedding nach Cartons von Geselschap, drei Chorfenster

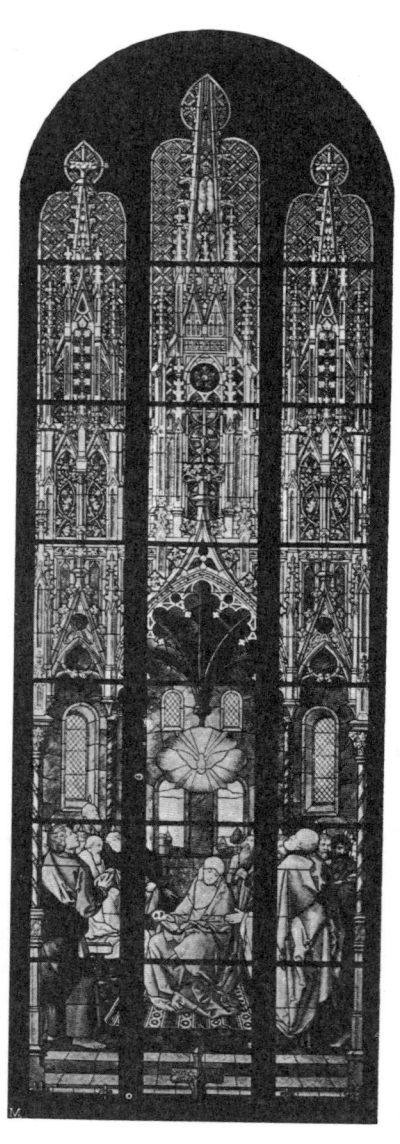

Abb. 712.   Chorfenster der Petrikirche.   Abb. 713.

der Petrikirche in Berlin (Abb. 712 u. 713), nach Dürer'schen Compositionen geschaffen unter Mitwirkung des Geheimen Ober-Baurath Adler, und fünf Fenster der Kaiser-Wilhelm-Gedächtnifskirche.

Als einen besonderen Zweig seiner Thätigkeit pflegt das Institut die Ergänzung und Wiederherstellung alter Glasmalereien. Von den gröfseren Arbeiten auf diesem Gebiete nennen wir: die vorzüglich gelungenen Wiederherstellungen von Fenstern im Dom zu Stendal, sowie in den Kirchen zu Havelberg, Wilsnak, Werben und Ramelsloh.

V. Thonwaarenfabriken, Ziegeleien und Porzellanfabriken. 595

Von sonstigen Anstalten für Glasmalerei in Berlin sind zu erwähnen: die Werkstätte von Louis Jessel, Zimmerstrafse 64, welche neben der Glasmalerei Aetzerei, Schleiferei und Glasbiegerei betreiben und mit dem Sandgebläse arbeiten; ferner Gerhard Heinersdorf, Glasmalerei und Paramentengeschäft und die Münchener Glasmalerei von Auerbach & Co. in Halensee.

E. Das Glasmosaik.

Für die Herstellung von Glasmosaiken besteht für Berlin nur ein einziges Unternehmen, die Deutsche Glasmosaik-Anstalt von Wiegmann, Puhl & Wagner in Rixdorf.[1]) Im Frühjahr des Jahres 1884 vereinigten sich die jetzigen drei Inhaber der Anstalt zum Zwecke der Anfertigung von Glasmosaik. Sie richteten zuerst ihr Augenmerk auf die Herstellung der Glaspasten und machten ihre ersten Schmelzversuche in dem kleinen Schmelzofen eines Gelbgiefsers. Schon nach Jahresfrist konnte man, unterstützt durch den Vorstand des Kunstgewerbe-Museums, an die Herstellung von Probearbeiten gehen. Ein Glasofen wurde auf dem für die Fabrik gemietheten Grundstücke in Rixdorf erbaut. Er erhielt vier Häfen von je 50—60 kg Inhalt und wurde für Halbgasfeuerung mit Dauerbetrieb eingerichtet.

Ueber die grofsen Schwierigkeiten der ersten Einführung des jungen Unternehmens hat demselben vor allem der Director des Kunstgewerbe-Museums, Professor Julius Lessing, erfolgreich hinweg geholfen, indem er in öffentlichen Vorträgen auf den Werth und die Wichtigkeit der Pflege dieser Technik hinwies. Auch durch Vertreter des preufsischen Landtages wurde das thätige Interesse der Regierung wachgerufen.

Als im Jahre 1891 die Aufträge sich mehrten, wurden auch italienische Mosaiktechniker herangezogen, um rascher eine genügende Anzahl von Arbeitern heranbilden zu können. Vorzugsweise aber blieb auch der technische Betrieb in deutschen Händen.

Die Deutsche Glasmosaik-Anstalt beschäftigt augenblicklich 30—40 Mosaikarbeiter. Von den seither ausgeführten Arbeiten sind folgende hervorzuheben: Ein figürliches Mosaik am Neuen Theater, Berlin; ein grofser figürlicher Fries an Villa Theising, Grofs-Lichterfelde; figürliche und ornamentale Mosaiken an den Schauseiten der Häuser: Händelstrafse 8, Mohrenstrafse 25, Behrenstrafse 16 und 23, Berlin, ebensolche Arbeiten an der Strafsenseite des Hauses Wätgen, Bremen, sowie an der des Ständehauses in Rostock und im Lichthofe daselbst, Postadler an den Posthausneubauten in Königshütte, Marienburg in Westpreufsen, Brandenburg a. d. H., Uelzen in Hannover und am Postzeitungsamt Berlin, Dessauer Strafse, reiche Mosaikarbeiten in der Gedächtnifshalle des Leuchtthurms in Holtenau.

Von den Berliner Kirchenbauten erwähnen wir: Nazareth-, Emmaus-, Immanuel-, Heilands-, Gnaden-, Kaiser-Friedrich-Gedächtnifs- und Kaiser-Wilhelm-Gedächtnifskirche. Hauptsächlich die drei letztgenannten Kirchen enthalten Mosaikarbeiten in solchem Umfange, wie sie bisher in Deutschland noch nicht ausgeführt worden sind.

---

1) Der Begründer des Unternehmens hat später eine eigene Anstalt mit der Firma: Mosaik-Atelier Wiegmann, Berlin N.W., Station Thiergarten, eingerichtet.

VI. Werkstätten für Steinbearbeitung.

Sehr vereinzelt nur fand man bis zur Mitte dieses Jahrhunderts in Berlin — abgesehen von einigen Monumentalbauten — die Verwendung von Haustein. Selbst der leichter zu beschaffende Backstein wurde an den Aufsenflächen der Gebäude nur selten gezeigt, da der „Putzbau" überall vorherrschte. Erst in den fünfziger Jahren kam der natürliche Stein — namentlich Sandstein — etwas mehr in Aufnahme, nicht nur bei den öffentlichen, sondern auch bei den Privatbauten. Raschere Fortschritte machte die Verwendung des Hausteins jedoch erst nach dem Jahre 1870, als nach siegreich beendigtem Kriege Berlin die Hauptstadt des geeinten Deutschlands geworden. Seitdem wird bei allen einigermafsen bedeutenden Staatsbauten zur Bekleidung der Aufsenseiten Werkstein verwendet und bei den Fronten des Schinkelschen Schauspielhauses hat man sogar das Versäumte später nachgeholt und den ehemaligen Putzbau durch nachträgliche Bekleidung sämtlicher Aufsenflächen mit Sandstein unter getreuer Festhaltung der Architekturformen in einen Quaderbau verwandelt. Die auch technisch bemerkenswerthe Ausführung ist im Centralblatt der Bauverwaltung, Jahrgang 1883, näher beschrieben. Aber auch unter den vorangegangenen älteren Bauausführungen haben wir auf dem Gebiete der Werkstein-Architektur hervorragende Leistungen aufzuweisen, wie die neue Börse, die National-Galerie u. a. m., bei denen die hiesigen Werkstätten Beschäftigung und Schulung fanden, sodafs sie sich den in den letzten Jahrzehnten so rasch sich steigernden Ansprüchen der Bauthätigkeit durchaus gewachsen gezeigt haben, und Berlin heute in der Mannigfaltigkeit der zur Verwendung kommenden Gesteinsarten, wie in der künstlerisch wie technisch vollendeten Verarbeitung derselben allen Grofsstädten voransteht.

Bis Mitte der sechziger Jahre gab es in Berlin keine Steinmetzwerkstätte, welche über eigene Steinbrüche verfügte; das Material — besonders Sandstein — wurde in Rohblöcken aus Sachsen zu Wasser bezogen und hier verarbeitet. Der Bezug fertig bearbeiteter Werkstücke — abgesehen von den einfacheren Granitarbeiten — galt als ausgeschlossen. Die Verwendung der Maschinen für die Steinbearbeitung war sehr beschränkt; wenn auch Goethe schon erwähnt, dafs zum Poliren des grofsen Granitblockes auf dem Rauhischen Berge bei Fürstenwalde, aus welchem durch den Bauinspector Cantian die grofse, für das Museum bestimmte Granitschale hergestellt wurde, eine eigens hierfür construirte Maschine benutzt worden sei, so ist doch zwischen den Maschinen damaliger Zeit und den heutigen — ganz besonders denen für Granitbearbeitung — ein sehr grofser Abstand.

Von weittragender Bedeutung ist die neueste Errungenschaft auf maschinellem Gebiete, nämlich die ausgedehnte Verwendung der Diamantwerkzeuge. Wenn der Gebrauch derselben bisher nicht allgemeiner gewesen ist, so liegt dies einerseits an der Kostspieligkeit der Diamanten, anderseits an den Schwierigkeiten einer wirklich dauerhaften, innigen Befestigung der Diamanten in den betreffenden Werkzeugen, die fast unüberwindlich zu sein schienen. Gerade in letzterer Hinsicht haben aber unermüdlich fortgesetzte Versuche dahin geführt, Fassungsarten zu finden, welche gegen die vorzeitige Abnutzung — selbst bei Verarbeitung der härtesten, sprödesten Gesteine — Sicherheit bieten. Während die Diamantsägen, Bohrer — wenn auch in weniger vollkommener Art — schon früher bekannt waren, so ist als etwas ganz Neues die Vorrichtung zum „Schälen" der Gesteine zu bezeichnen;

VI. Werkstätten für Steinbearbeitung.

es wird dadurch möglich — im Gegensatz zu dem bisherigen Verfahren, Säulen usw. aus Stein zu drehen — die äufsere Kruste unversehrt von dem die fertige Säule bildenden Kern thatsächlich abzuschälen. Das Verfahren ist bei jeder Art von Gesteinen und den bedeutendsten Abmessungen zur Herstellung von Säulen mit grofsem Nutzen verwendbar. Die erhöhte Anwendung der Diamantwerkzeuge für die Steinbearbeitung gewährt neben anderen Vortheilen eine wesentliche Zeitersparnifs gegenüber dem bei gewöhnlichen Werkzeugen erforderlichen Zeitaufwande.

Gegenwärtig sind die bedeutenden hiesigen Steinmetzwerkstätten im Besitz eigener Steinbrüche und Werkstätten und haben maschinelle Einrichtungen nicht nur in ihren hiesigen, sondern meist auch in den auswärtigen Betrieben. Die Sandsteinbetriebe liegen fast ausschliefslich in Schlesien, während die Granite und die sonstigen hier verwandten Gesteine meist — wie bisher — aus den Brüchen Sachsens, Schlesiens, Bayerns und auch Schwedens bezogen werden. Von den neueren in natürlichem Stein errichteten Bauwerken hat allein das Reichstagsgebäude gegen 30 000 cbm Werkstein in sich aufgenommen, darunter Blöcke von über 10 bis zu 20 cbm Inhalt. Für die Fronten ist vorzugsweise schlesischer Sandstein (Alt-Warthauer, Rackwitzer, Heuscheuer), im übrigen auch anderer Sandstein, schlesischer und bayerischer Granit, istrischer Kalkstein verwendet worden.

Auch der in Ausführung begriffene Neubau des Abgeordnetenhauses, die zahlreichen Kirchenbauten, insbesondere die Kaiser-Wilhelm-Gedächtnifskirche und der Dom, die städtischen Brückenbauten haben in den letzten Jahren eine reiche Fülle von Werksteinarbeiten erfordert, zu denen die verschiedensten Gesteinsarten, neben den zahlreichen Sorten von Sandstein, Marmor und Granit, auch rheinischer Tuff, Basaltlava, Kalkstein, Onyx u. a. m. Verwendung gefunden haben. Zur Erledigung dieser sich drängenden umfangreichen Aufgaben haben sich die hiesigen Steinmetz- und Bildhauerwerkstätten an Zahl und Umfang sehr erheblich vermehrt. Die Zahl der in denselben beschäftigten Steinarbeiter beträgt jetzt durchschnittlich etwa 900 im Jahr, während vor 25 Jahren noch etwa 100 völlig ausreichten.

Die bedeutenderen Werkstätten aber, über die wir im Nachstehenden näher berichten, sind zum gröfseren Theil hier schon seit lange eingesessen und von wohl begründetem Rufe.

Die Werkstätte der Firma P. Wimmel & Co., Königliche Hof-Steinmetzmeister, Lehrter Strafse 18, ist begründet durch Joh. Heinr. Wimmel 1776. Unter seiner Mitwirkung wurde 1789—1793 das Brandenburger Thor erbaut. Langhans, Gilly waren unter den ersten Auftraggebern für Staatsbauten; späterhin vor allem Schinkel (Umbau der Domkirche, Portikus des Mausoleums zu Charlottenburg, aus märkischem Granit; ebenso wie die Postamente für die Schlofsbrücke, Hauptwache, Schauspielhaus, Museum). Um die Mitte des Jahrhunderts stand die Werkstätte mit Stüler, Persius, Strack, Schadow, Gropius, Lohse u. a. m. in geschäftlichem Verkehr. Aus jener Zeit ist der Umbau des Palais des Prinzen Wilhelm, sowie die Kuppel des Königlichen Schlosses besonders zu erwähnen.

Vor nahezu 30 Jahren ging die Werkstätte mit Paul Wimmel auf die vierte Generation über und einige Jahre später wurde die gegenwärtige Societät (Wimmel-Rasche) begründet; gleichzeitig erfolgte die Geschäftsverlegung von der Genthiner nach der Lehrter Strafse, wo die Werkstätten bedeutend erweitert und mit Maschinenbetrieb, Gleisanschlüssen usw. eingerichtet wurden. Aufser den sonst gebräuchlichen Steinsägen usw. sind hier seit etwa fünf Jahren — und zwar zuerst in Berlin mit dauerndem Erfolg — Diamantwerkzeuge in Anwendung und zwar besonders auch die Vorrichtungen zum „Schälen" der Steine, Werkzeuge zum Drehen von Säulen usw., welche sich vorzüglich bewähren. Anfang 1870 wurde mit der Einrichtung von Werkplätzen und Erwerbung von Sandsteinbrüchen in Bunzlau, Alt-Warthau, Löwenberg, Rackwitz, Sirgwitz, Hockenau, Plagwitz — unter der Firma Zeidler & Wimmel in Bunzlau — begonnen und vor etwa 10 Jahren eine Zweigniederlassung in Frankfurt a. Main gegründet, mit Werkplätzen und eigenen Steinbrüchen in Miltenberg a. Main, sowie Hardheim und Dornberg in Baden.

In diesen süddeutschen, sowie den vorgenannten schlesischen Betrieben sind zusammen jährlich etwa 900—1000 Steinmetzen, Steinbrecher und sonstige Arbeiter beschäftigt, während auf dem Berliner Werkplatz durchschnittlich 250 Steinmetzen, Bildhauer und Steinarbeiter thätig sind. Es wurden insgesamt über 10 000 cbm Sandsteinwerkstücke im Jahr geliefert, abgesehen von Granit- und Marmorarbeiten usw. Unter den bedeutenden Ausführungen der letzten Jahrzehnte in Berlin, an denen die Firma betheiligt war, sind: Siegesdenkmal auf dem Königsplatze, Berg-Akademie, Landwirthschaftliche Hochschule, Naturhistorisches Museum, Museum für Völkerkunde, Kunstgewerbe-Museum, Technische Hochschule, Justizgebäude Moabit, Hallesches Thorgebäude, Reichs-Patentamt, Belle-Alliance-Brücke, Moltkebrücke, v. d. Heydt-Brücke, Lange Brücke, Boden-Credit-Bank, Kur- und Neumärkische Ritterschaft, Ministerium der öffentlichen Arbeiten, Ansicht Leipziger Strafse. Auswärts: Regierungsgebäude Königsberg i. Pr., Gerichtsgebäude in Stettin, Posen, Potsdam, Ruppin, Postbauten in Schwerin, Potsdam, Güstrow, Reichsbankgebäude in Köln a. Rh., Landeshaus, Sparkassengebäude, Synagoge in Danzig, Kirchenbauten in Bingen a. Rh., Freiburg i. Baden u. v. a., Kriegerdenkmäler, Denkmalsanlagen usw. Gegenwärtig ist die Werk-

Abb. 714. Steinmetzarbeiten am Reichstagsgebäude.

stätte unter anderem mit bedeutenden Arbeiten für den Dombau und das hiesige Kaiser-Wilhelm-Denkmal beschäftigt. Die Anordnung des Werkstattgrundstücks sowie eine Ansicht von Arbeiten für das Reichstagsgebäude sind in den Abb. 714 und 715 wiedergegeben.

Berliner Granit- und Marmorwerke M. L. Schleicher, Lehrter Strafse 27—30, begründet im Jahre 1853 auf dem Grundstück Königin-Augusta-Strafse 26/27; zunächst nur auf die Verarbeitung von Marmor eingerichtet, wurde die Werkstätte frühzeitig mit Dampfbetrieb versehen. Der Begründer M. L. Schleicher, der 1872 starb, stand mit den angesehensten Architekten (Strack, Hitzig u. a.) in Verbindung und hat um die Einführung des Marmors in Berlin besondere Verdienste. — 1886 erwies sich eine wesentliche Erweiterung der Werkstätten als nöthig, um dieselben auch auf die Verarbeitung des Granits usw. einzurichten, und es wurde das Geschäft nach dem an der Lehrter Bahn gelegenen, mit directem Eisenbahnanschlufs versehenen Grundstück verlegt (Abb. 716), welches rd. 8000 qm umfafst; daselbst befinden sich: 1. Werkstätten für Dampfbetrieb, Dreherei, Sägen, Hobel, Schleif- und Polirmaschinen (1700 qm), 2. Werkstätten für Handbetrieb (1100 qm), 3. Schmiede (100 qm), 4. Kesselhaus (120 qm), 5. Maschinenhaus (120 qm), 6. Lagerplatz für Rohmaterial, geschnittene Platten usw. (3200 qm). Für den Dampfbetrieb sind zwei Dampfkessel und eine doppelcylindrige Dampfmaschine von

VI. Werkstätten für Steinbearbeitung.

100 P. S. eingerichtet, und es arbeiten 10 Sägegatter (für Blöcke von 1,50 bis 5 m Länge), 7 Hobelbänke, 8 Schleifmaschinen, 8 Drehbänke, 2 Bohrmaschinen nebst den dazu gehörigen Hülfsmaschinen; eine elektrische Dynamomaschine dient den Beleuchtungszwecken. Die Sägegatter sind durch Schraubensenkung selbstthätig stellbar eingerichtet; bis 50 Sägeblätter können in einen Rahmen gespannt werden. Die Polir- und Schleifmaschinen für Granit sind neu construirt und sehr sinnreich eingerichtet. Auf den Drehbänken können Säulen bis zu 7 m Länge bei 1 m Durchmesser, Vasen und Kapitäle usw. bis zu 1,50 m Durchmesser hergestellt werden. Auch für kleinere Gegenstände, wie: Lampenfüfse, Sockel, Postamente für die Gold- und Bronze-Industrie sind besondere Maschinen eingerichtet.

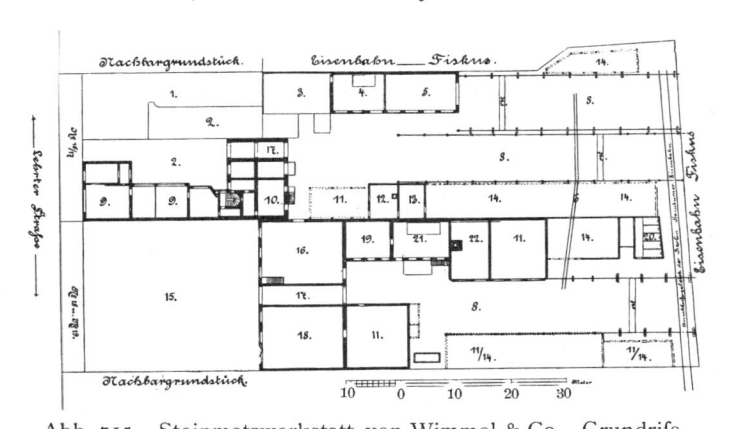

Abb. 715. Steinmetzwerkstatt von Wimmel & Co., Grundrifs.
1. Wohnhaus. 2. Hof. 3. Steinsägen und Drehbank für Diamantwerkzeuge. 4. Steinsägen u. Bohrmaschine für Diamantwerkzeuge. 5. Steinsägen. 6. Transportgleis. 7. Laufkran. 8. Lagerplatz. 9. Atelier. 10. Wohn- und Comptoirräume. 11. Bildhauerwerkstatt. 12. Arbeiterraum. 13. Raum für den Polir. 14. Steinmetzwerkstatt. 15. Werk- und Lagerplatz. 16. Schleiferei und Polirraum. 17. Durchfahrt. 18. Lagerraum. 19. Raum für Maschinen. 20. Pferdestall. 21. Kesselhaus. 22. Schmiede, darüber Raum für Gesellen.

Ein fahrbarer Dampfkran von 300 Ctr. Tragfähigkeit bewegt sich auf einem Hauptgleis längs des Platzes, nach jedem Arbeitsraum sind Nebengleise abgezweigt. Im Handbetrieb sind rd. 100 Bildhauer, Steinmetzen, Marmor- und Granitarbeiter beschäftigt. Die Gesamtzahl der Arbeiter und Hülfskräfte beträgt 150. Es werden alle beliebten Marmorarten aus Deutschland, Italien,

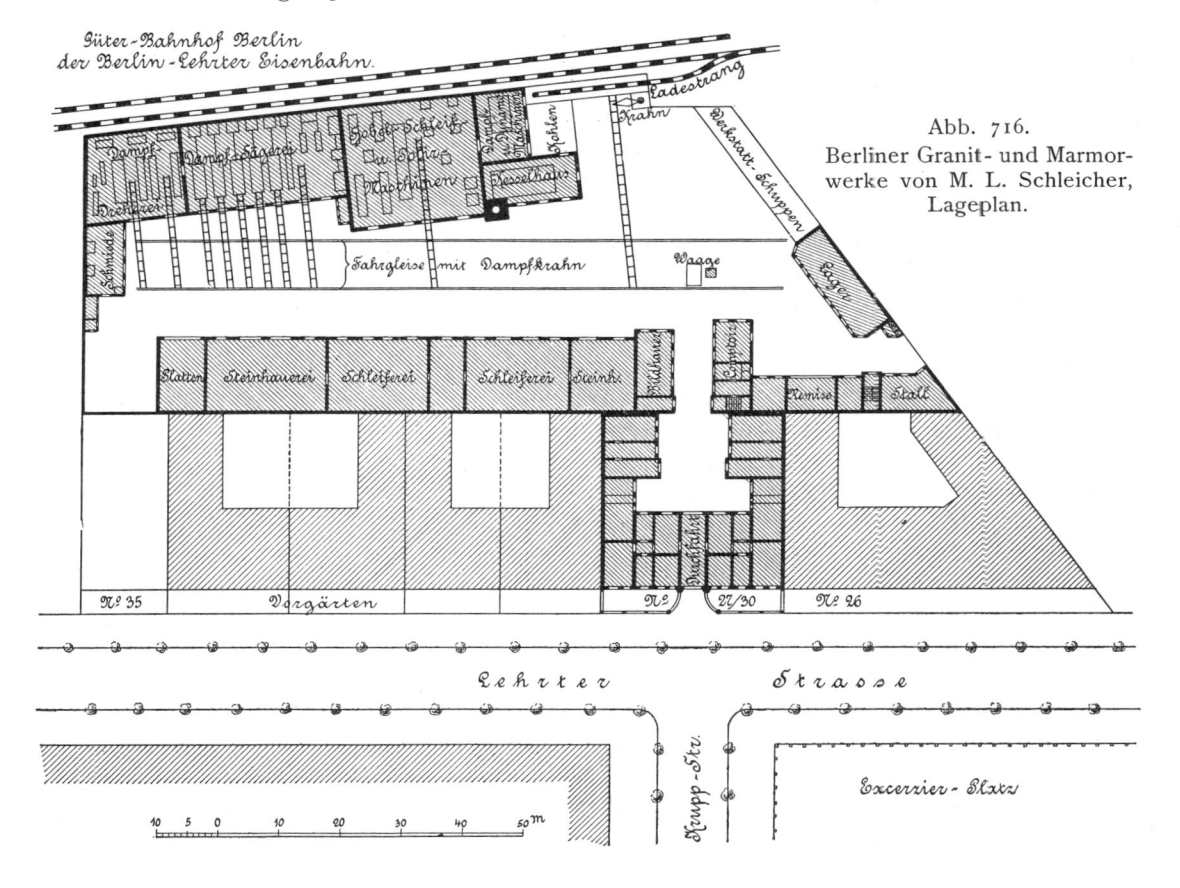

Abb. 716. Berliner Granit- und Marmorwerke von M. L. Schleicher, Lageplan.

Belgien, Frankreich und Afrika — vor allem Carrara — zu Bauarbeiten, Denkmälern, Figuren usw. verwendet. Von Graniten werden die schwedischen, sowie die aus Bayern, Schlesien, Sachsen, Italien (Baveno) verarbeitet. Der Gesamt-Jahresbedarf schwankt zwischen 300 und 500 cbm.

Unter den vielen bedeutenden Arbeiten für Bauten, Denkmäler, Grabkapellen, Erbbegräbnisse, an denen die Werkstatt betheiligt ist, sind folgende hervorzuheben: Kaiser-Wilhelm-Brücke Berlin, Equitable-Palast, Schloß Donaueschingen, Schloß Friedrichshof, Reichsbank Berlin, die Königlichen und Prinzlichen Schlösser in Berlin und Potsdam, Mausoleum für Kaiser Friedrich, Kaiserdenkmäler in Görlitz, Stettin, Düren, Prinz-Friedrich-Karl-Denkmal in Frankfurt a. O. u. v. a. — Das Unternehmen ist seit einigen Jahren in eine Gesellschaft umgewandelt und hat sein Absatzgebiet nach Oesterreich, Rußland, Türkei, selbst bis nach Amerika, China, Afrika, Australien ausgedehnt.

Die Firma Gebr. Zeidler, Königliche Hof-Steinmetzmeister, Mühlenstraße 16—18, wurde begründet im Jahre 1853 von Johann Gottlieb Zeidler. Der erste Werkplatz befand sich an der Rochbrücke und wurde später nach der Münzstraße 1 verlegt. 1888 wurden die Werkstätten bedeutend vergrößert und für die Bearbeitung von Sandstein und Granit nebst den Bildhauerateliers nach der Mühlenstraße verlegt, ein Zweiggeschäft aber für polirte Granit- und Marmorarbeiten auf dem eigenen Grundstück Ackerstraße 169/170 eingerichtet. Die Werkstätte verwendet für hiesige Bauten an Sandsteinarbeiten im jährlichen Durchschnitt etwa 4000—5000 cbm und bezieht das Material besonders aus ihren schlesischen Brüchen: Alt-Warthau, Rackwitz, Plagwitz, Sirgwitz, Hockenau (Firma Zeidler & Wimmel in Bunzlau); außerdem liefert die Werkstätte auch jede andere Gesteinsart. — In den schlesischen Betrieben arbeiten 500—600 Steinmetzen und Steinbrecher. Der Werkplatz in Bunzlau ist mit Sägegattern, Drehbänken, Gleisanschlüssen, Schiebebühnen und Kranen eingerichtet. Auf dem Werkplatze in der Mühlenstraße sind etwa 180—220 Steinmetzen und Arbeiter außer 25—30 Bildhauern thätig und es befinden sich daselbst große Reißböden, die technischen Bureaus, sowie Hebegerüste, fahrbare Krane, Laderampen mit directem Gleisanschluß (Abb. 717). Umfangreiche Arbeiten wurden für den Reichstagsbau (Südfront und Südostthurm) sowie für die Kaiser-Wilhelm-Gedächtnißkirche geliefert und mögen von namhaften Ausführungen älterer und neuerer Zeit, an denen die Firma betheiligt war,

Abb. 717. Werkstätte von Gebr. Zeidler.

1. Bildhauerwerkstatt. 2. Polirbude. 3. Frühstücksbude. 4. Schmiede. 5. Rampen zur Lagerung fertiger Werkstücke. 6. Steinmetzschuppen. 7. Geräteschuppen. 8. Bureau. 9. Pferdestall. 10. Lagerplatz für Rohsteine. 11. Lagerplatz für fertige Werkstücke. 12. Eisenbahngleis. 13. Feldbahngleis. 14. Schiebebühne.

nur folgende genannt werden: Siegesdenkmal auf dem Königsplatze, Palais Blücher, Schinkel-Denkmal, Denkmal in Aachen, National-Galerie, Lutherbrücke, Waisenbrücke, Ebertsbrücke, Hôtel Bristol Unter den Linden, Katholische St. Matthiaskirche, Katholische Garnisonkirche, St. Simeonskirche, Hafenbau am Urban, Kaiser-Wilhelm-Denkmal zu Ruhrort, Romanisches Haus, Dombau.

Kessel & Röhl. 1862 durch Gustav Adolf Kessel als Marmorwaarenfabrik begründet, führte das Unternehmen nach dem 1868 erfolgten Eintritt von Hermann Röhl als Socius auch Arbeiten in Granit, wie alle sonstigen Steinmetzarbeiten aus. Die ersten Arbeiten aus Findlingsgranit waren zwei Säulen am Portal des Ostbahnhofes, acht Säulen für die National-Galerie und 16 Säulenbasen für das Siegesdenkmal auf dem Königsplatze, während die hierzu gehörigen monolithen Säulenschäfte aus schwedischem Granit hergestellt wurden.

1869 wurde der Werkplatz nach dem Elisabethufer 53 verlegt und mit neuen Maschinen eingerichtet (Abb. 718); seitdem beschäftigt sich die Firma fast ausschließlich mit der Verarbeitung der schwedischen und norwegischen Granite und des Labrador, welche von Lyckeby, Wanewieck, Warberg, Lysekil, Loftahammar, Fredrikswarn bezogen und zum Theil auf dem nahe den Fundstätten gelegenen Werkplätzen vorgearbeitet bezw. fertiggestellt werden. Die Rohsteinausfuhr ist eine hohe, namentlich auch nach Aberdeen.

1882 wurde der große Werkplatz in Wolgast eingerichtet, zwischen schiffbarem Wasser und der Eisenbahn gelegen und mit Gleisanschlüssen und Ladebrücken versehen. Diese Anlage wurde im Laufe der Jahre wesentlich erweitert. Der Steintransport von

VI. Werkstätten für Steinbearbeitung.

Schweden dorthin wird durch einen eigenen Dampfer und der Verkehr zwischen den Brüchen und den Steinhauereien durch mehrere Segelfahrzeuge vermittelt.

Aus den schwedischen Werken hat sich eine Actiengesellschaft gebildet: „Kessel & Roehls Granitactiebolag", während im übrigen das Geschäft eine Commanditgesellschaft ist unter dem Namen: „Deutsch-Schwedische Granitwerke, Hermann Roehl & Co."

Die gesamten Betriebe werden von Berlin aus geleitet. Der Wirkungskreis der Firma hat sich aufserordentlich umfangreich entwickelt, nicht allein in Deutschland, sondern weit darüber hinaus.

Von den vielen bedeutenden Ausführungen sind die folgenden hervorzuheben: Kriegs-Akademie Berlin (Sockel), Post-Museum (Säulen), Luther-Denkmal Berlin, Oberbaumbrücke, Hochbrücke bei Levensau, Schlofs Dwasiden (Säulen), Washington-Denkmal Philadelphia,

Abb. 718. Werkplatz von Kessel & Röhl in Berlin.

Radetzky-Denkmal und Liebenberg-Denkmal Wien, Parlamentsgebäude Budapest (Säulen), Kaiser-Wilhelm-Denkmäler in Siegen, Dessau, Flensburg, Königsberg, Bromberg; Grofsherzog Friedrich-Franz-Denkmal Schwerin, Geibel-Denkmal Lübeck, Schenkendorff-Denkmal Tilsit, Tauenzien-Denkmal Breslau, Ebhardtbrunnen Hannover, Saxoniabrunnen Chemnitz (Säulen und Pilaster), Façadenarbeiten für Thomashaus in München, Bismarckhaus in Leipzig, Feinhals in Köln, Schichau in Elbing, Mieg-Dolfufs in Mülhausen i. E.

O. Plöger, Steinmetzmeister und Steinbruchsbesitzer, Südufer 34. Die Werkstätte ist 1873 begründet und verarbeitete anfangs meistens den hannöverschen Nesselberger Sandstein; demnächst auch Eggenstedter, Cottaer und die anderen hier gebräuchlichen Sandsteine und führte den istrischen Sandstein hier ein.

Auf dem mit Gleisanschlufs versehenen Werkplatz befindet sich ein Kran von 400 Ctr. Tragfähigkeit, welcher auf einem 30 m langen, 6 m hohen Laufgerüst sich bewegen läfst; darunter münden die Gleise der beiden Sägegatter aus. Eine Drehbank ermöglicht die Herstellung von Säulen bis zu 5 m Länge und 1 m Durchmesser. Die maschinellen Anlagen werden durch einen Petroleummotor von acht Pferdekräften getrieben und aufser dem grofsen Kran bestreichen drei eiserne Laufkrane von 200 bis 250 Ctr. Tragfähigkeit den ganzen Werkplatz.

Als erster grofser Neubau aus Nesselberger Sandstein ist das Palais Borsig zu nennen, dem sich viele öffentliche und private Bauten aus diesem Stein anschlossen; so u. a.: Anbau zum Palais Prinz Albrecht, Reichs-Justizamt, Criminalgericht Moabit, Cultusministerium, Germania, Bahnhof Westend und besonders der Reichstagsbau (Nordfront und Erdgeschofs der Ostfront). Für den Reichstagsbau wurde noch ausgeführt: die Nordeingangshalle und die Bibliothek, einschliefslich des Treppenhauses aus Udelfanger Sandstein, sowie die Vorsäle des Bundesraths-Sitzungssaales usw. aus istrischem Kalkstein. Desgleichen Treppen im Innern des Reichstagsbaues, sowie die Rampen an der Ost- und Westfront aus Fichtelgebirgsgranit. — Von Bauausführungen in Eggenstedter, Cottaer und anderen Sandsteinen seien noch genannt: Hauptpost Spandauer Strafse, Deutsche Bank, Berliner Bank für Bauten, Landeshaus der Provinz Brandenburg, Theater Unter den Linden, Reichshof-Hôtel, Savoy-Hôtel, Palast-Hôtel, Nazarethkirche aufser vielen anderen.

Carl Schilling, Königlicher Hof-Steinmetzmeister, begründete 1881 sein Hauptgeschäft mit Steinmetzwerkplatz, Bildhaueratelier, Diamantschneiderei und -Dreherei Möckernstrafse 12 in Berlin. Zweiggeschäfte und eigene Sandsteinbrüche befinden sich in Warthau, Bunzlau, Cudowa, Wünschelburg, Rückers, Möhlten i. Schl. und Pirna i. S.

Verarbeitet werden aufser Kalkstein, Tuffstein, Granit, Basalt, Marmor besonders die Sandsteine von Warthau, Cotta, Postelwitz, Cudowa, Wünschelburg und Miltenberg a. M.

Bei den Steinbrüchen in Warthau i. Schl. ist eine maschinelle Anlage mit Diamantsägen eingerichtet. — Es wurden an fertigen Arbeiten durchschnittlich im Jahre 9400 cbm Sandsteine und etwa 360 cbm Granit, Basalt und Marmor geliefert und etwa 750 Steinmetzen, Bildhauer und Lehrlinge, sowie 475 Steinbrecher und sonstige Arbeiter in den Brüchen beschäftigt.

Die Werkstätte steht mit den namhaftesten Architekten in Verbindung und hat hier viele öffentliche und private Bauten ausgeführt; u. a. das Kaiserliche Hauptpostamt Königstrafse, die Geschäftshäuser Faber, Sedlmayer, Pschorr, Tucherbräu, Henckels, Ravené, Nationalbank für Deutschland, Wohnhaus Böckmann, Lebensversicherungs-Gesellschaft New-York, Disconto-Gesellschaft, Erweiterungsbau Deutsche Bank, Kreishaus Teltow, Reichstagsbau, Reichs-Versicherungsamt, Kaiser-Wilhelm-Gedächtnifskirche, Geschäftsgebäude der Königlichen Eisenbahndirection Berlin, Erweiterungsbau des Reichs-Postamts, zweite evangelische Garnisonkirche, Neubau des Domes (im Beginn). Aufserdem sind viele auswärtige Bauausführungen zu verzeichnen, als: Erbprinzliches Palais in Dessau, Fürstengruft daselbst, Reichsgericht in Leipzig, Mausoleum für Kaiser Friedrich in Potsdam, Pauluskirche in Schöneberg, Preufsische National-Versicherungsgesellschaft in Stettin, Dienstgebäude für die Artillerie-Prüfungscommission in Wilmersdorf. Es reihen sich hieran eine grofse Zahl von Denkmalsanlagen und Denkmälern usw.

Von sonstigen hier ansässigen Steinmetzwerkstätten erwähnen wir nur noch:

J. P. Huth, Königlicher Hof-Steinmetzmeister, Scharnhorststrafse 22. Die Werkplatzanlage ist mit Steinsägen, Drehbänken und Dampfbetrieb ausgestattet.

Otto Metzing, Königlicher Hof-Steinmetzmeister. Der Werkplatz am Dresdener Güterbahnhof besitzt Gleisanschlufs und maschinelle Anlagen zum Schneiden und Drehen der Gesteine. — Mit der Herstellung künstlicher Steine beschäftigen sich in Berlin mehrere Unternehmungen. Die älteste von ihnen ist die seit 1872 betriebene Werkstätte der Baubedarfsfabrik von G. A. L. Schultz & Co. in Niederschöneweide (s. S. 605) zur Herstellung von Kunstsandstein aus Cement, Kalk, Quarzkies, Sand und Farbstoffen. Die Stoffe werden unter Erwärmung durch Dampf gemischt und unter starkem Druck in Formen geprefst. Die Steine sind zur Verblendung zahlreicher Fronten in reichen Formen, aber auch zu Treppenstufen u. dgl. wie natürlicher Stein verwendet worden und haben sich in Bezug auf Härte und Wetterbeständigkeit fast überall gut bewährt. Als Beispiele nennen wir nur die Gebäude der Pumpstation in der Schöneberger Strafse (1874), Wohnhaus Potsdamer Strafse 136/137 (1877), Restaurant zum Franziskaner, Georgenstrafse 12/13 (1881), Treppen im Rathhaus in Schöneberg und in der Darmstädter Bank am Schinkelplatz.

VII. Die Holzbearbeitungs-Anlagen.[1]

Die Holzindustrie beschäftigte nach Angabe der Norddeutschen Holzberufsgenossenschaft innerhalb Berlins im Jahre 1895 16 666 Arbeiter und zahlte 17 822 153 ℳ. Lohn, durchschnittlich also 1070 ℳ. für 1 Kopf und Jahr.

Dementsprechend erfordern die grofse Bauthätigkeit und die stetig wachsende Möbelindustrie Berlins grofse Mengen von Hölzern aller Art. Diese werden zum gröfsten Theile aus den polnisch-galizischen Wäldern, zum kleineren Theile aus Ost- und Westpreufsen, Posen und Schlesien eingeführt und nehmen ihren Weg auf den Wasserstrafsen der Weichsel und Oder mit den anschliefsenden Canälen, dem Bromberger Canal (Netze-Brahe-Warthe), Friedrich-Wilhelms-Canal (Oder-Spree) und Finow-Canal (Oder-Havel).

Im Jahre 1893 erreichte die Einfuhr von Hölzern aller Art gegen 757 000 t, davon über 460 000 t Schnitt- und Nutzhölzer. Die Ausfuhr betrug nur etwa 62 000 t. Etwas über die Hälfte aller Hölzer wurde mit der Eisenbahn, der Rest zu Wasser befördert.

Infolge der Vertheuerung des Grund und Bodens und der schwierigen Beförderung grofser und schwerer Hölzer in eng bebauten Stadttheilen sind nur noch wenige grofse Lagerplätze innerhalb des Weichbildes Berlins vorhanden. Die Schneidemühlen Berlins sind deshalb verhältnifsmäfsig von geringer Bedeutung und meist in die Vororte an der Spree wie Charlottenburg, Niederschöneweide, Stralau übergesiedelt. Nur sehr wenige arbeiten für eigene Rechnung und auf Lager, meist handelt es sich um bestellte Hölzer oder um Lohnarbeit. Dagegen ist der Handel mit geschnittenen Hölzern (Kanthölzern, Brettern, Bohlen, Latten) sehr bedeutend. Ueber 200 Nutzholzhandlungen weist Berlin auf, durch welche Zimmer- und Tischlermeister in der Lage sind, jederzeit schnell und preiswerth ihren Bedarf in allen möglichen Abmessungen zu beziehen.

Die weitere Verarbeitung des Holzes für Zimmereien und Tischlereien geschieht in einer Reihe von Holzbearbeitungs-Anstalten: Hobelwerken, Kehlereien, Fraisereien, von denen Berlin 103 Betriebe zählt. Sie arbeiten für 3040 Bau- und Möbeltischlereien vom kleinsten Tischler, der die einfachsten Hausgeräthe anfertigt, bis zu den Grofstischlereien von Weltruf mit ihren fabrikmäfsigen Betrieben.

In der Holzbearbeitungs-Industrie ist die Arbeitstheilung aufserordentlich ausgebildet. Es giebt einzelne Fabriken von ansehnlichem Umfange, die beispielsweise nur Treppenstufen, Stuhlbeine, Klavierbekrönungen, Holzbildschnitzereien usw. machen. 500 Drechslereien beschäftigen sich mit der Herstellung von Säulen, Treppentraillen, Garderobehaltern, Etageren und kleinen Luxusmöbeln, wobei zu berücksichtigen ist, dafs die gewöhnlichen Drechslerarbeiten nicht in Berlin, sondern in den schlesischen und thüringischen Gebirgsorten angefertigt werden. Nicht minder umfangreich und Vorzügliches leistend ist in Berlin die Anfertigung von Goldleisten, Politurleisten, geschnitzten Leisten, Jalousien u. dgl.

Von überseeischen Hölzern kommen namentlich Mahagoni und Nufsbaum, neuerdings versuchsweise auch ostafrikanische Hölzer zur Verwendung. Diese sowie einheimische Laubhölzer werden in kürzeren Stämmen mit der Bahn nach Berlin gebracht und zu Four-

---

[1] Bearbeitet vom Regierungs-Baumeister C. Bernhard.

VII. Die Holzbearbeitungs-Anlagen.

niren und dünnen Brettern (Dickten) verarbeitet. Erwähnenswerth sind noch einige besondere Zweige der Holzbearbeitung, wie Schirm- und Stockfabriken, Kisten- und Faſsfabriken, Betriebe für Schnitz- und Flechtstoffe, sowie Rohrwebereien u. dgl.

Der knapp bemessene Raum gestattet uns nur einzelne hervorragendere Beispiele der hier in Betracht kommenden Anlagen etwas eingehender zu besprechen, wobei wir einige allgemeine technisch bemerkenswerthe Gesichtspunkte für die Anlage derartiger Betriebe vorausschicken.

Durch Bekanntmachung vom 28. April 1887 sind für die Einrichtung von Holzbearbeitungs-Werkstätten mit Feuerungsanlagen besondere baupolizeiliche Vorschriften erlassen, die darauf hinausgehen, daſs solche Werkstätten massiv anzulegen, gegen Wohnungen feuersicher abzuschlieſsen, mit nichtmetallenen Heizkörpern zu versehen und von auſsen zu heizen sind. Bei Werkstätten von mehr als 40 qm Grundfläche müssen die Zugangstreppen zu oberhalb liegenden Wohnungen feuersicher abgetrennt sein. Massive, von der Werkstatt abschlieſsbare Leimküchen sind einzurichten, ebenso besondere überwölbte Spänegelasse im Keller oder Erdgeschoſs mit besonderem Zugang vom Hofe.

Zu diesen Bestimmungen zur Verminderung der Feuersgefahr treten noch die zum Schutz der Arbeiter gegen Unfälle und gesundheitliche Schädigungen, insbesondere durch

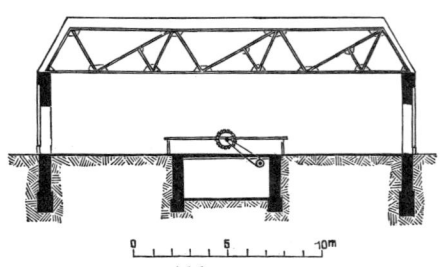

Abb. 719.
Schnitt nach *a — b* der Dampfschneidemühle.

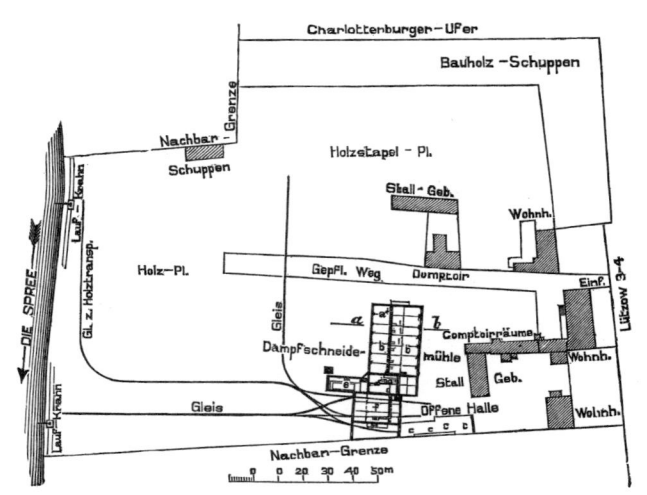

Abb. 720. Dampfschneidemühle und Holzplatz von F. Zimmermann & Sohn, Charlottenburg.
a. Transmissionen. b. Holzbearbeitungsmaschinen. c. Kreissägen.
d. Dampfmaschine. e. Kesselanlage. f. Gatter.

Staubentwicklung. So findet man für letzteren Zweck mit Erfolg eine Vorrichtung vielfach verwendet, durch welche in den Hobel- und Fraiswerkstätten die abgeschleuderten Sägespäne in groſsen Blech- und Holzröhren sofort mittels Exhaustoren aufgesogen und auf gröſsere Entfernungen weiter befördert werden, bis sie in einem Raume möglichst nahe dem Kesselhause zur Ablagerung gelangen und unmittelbar verfeuert werden können. Für die Verbrennung der Späne werden die Treppenroste als zweckmäſsig empfohlen, auf welche das Material durch senkrechte, stets gefüllt gehaltene Schütttrichter herabfällt.

Besondere Vorrichtungen werden dann in den Abzugscanälen eingebaut, um den Rauch von den die Luft stark verunreinigenden Flocken zu befreien.

Gröſsere Dampfschneidemühlen mit Holzhandel für gewöhnliche Bauhölzer besitzen die Firmen Dav. Francke Söhne, F. W. Schramm, G. A. L. Schultz & Co. und F. Zimmermann & Sohn. Der Letzteren Dampfschneidemühle nebst Holzplatz befindet sich in Charlottenburg an der Spree und ist in Abb. 720 im Lageplan wiedergegeben. Ein Ladekran hebt die Kiefernstämme aus dem Wasser auf die Rollwagen, welche auf Gleisen der Schneidemühle zugeführt werden. Zwei Vollgatter, ein Horizontalgatter, mehrere Kreis- und Bandsägen, zwei Hobel-, zwei Kehl- und verschiedene Fraismaschinen dienen zur weiteren Bearbeitung der Hölzer. Die Transmission ist unterirdisch in einem Mittelgang unter den Arbeitsmaschinen (Abb. 719). Der Antrieb wird durch zwei Dampfmaschinen (zu 80 und 25 P. S.) bewirkt. Die Kessel werden nur durch Abfälle der Holzbearbeitung geheizt. Die Säumlinge werden zu Brennholz geschnitten und verkauft.

VII. Die Holzbearbeitungs-Anlagen.

Die Baubedarfsfabrik von G. A. L. Schultz & Co. betreibt auf ihrem 7,66 ha umfassenden Grundstück in Niederschöneweide, Station der Stadtbahn und Berlin-Görlitzer Eisenbahn, Dampfschneidemühle, Zimmerei, Tischlerei, Schlosserei und Kunstsandsteinfabrikation. Wie aus dem Lageplan (Abb. 721) ersichtlich, ist das Grundstück mit allen für die vorgenannten Betriebe erforderlichen Gebäuden, Maschineneinrichtungen, Gleisverbindungen, insbesondere Schuppen und Trockenkammern für Holzvorräthe, Zimmerplatz, Schlosserei, Kesseln und Dampfmaschinen in zweckmäfsiger Weise versehen. Die Schneidemühle hat fünf Gatter, von denen täglich 80 Stamm Rundholz zu Kantholz und Brettern geschnitten werden können. Die Gatter befinden sich im ersten Stock, wohin die Rundhölzer vom Zurichteplatz 18a auf den Gleisbahnen 18b emporgezogen werden.

Die am Rummelsburger See gelegene Sägemühle von F. Sommerlatte in Stralau betreibt Lohnsägerei (für Hölzer verschiedener Besitzer) und ist besonders auf Fufsbodenbretter und Kehlleisten eingerichtet. Die ersteren werden auf Walzenhobelmaschinen gleichzeitig auf allen Seiten gehobelt und gespundet; es können den Brettern an allen vier Seiten auch gleichzeitig Rundstäbe mit angehobelt werden. Eine Bautischlerei ist mit dem Säge- und Hobelwerk verbunden, in der alle einzelnen Arbeiten, z. B. das Zusammenarbeiten der Thür- und Fensterrahmen mit den Füllungen, durch Maschinen bewirkt werden. Die Leimsiederei erfolgt mittels Dampf.

Das bedeutendste Werk, namentlich für Bearbeitung fremder Hölzer, ist die Dampfschneidemühle und Fabrik für Holzbearbeitung mit Fournirsägewerk und Fournirmesserei von C. R. Meyer, Küstriner Platz 9. Die Fabrik hat sich seit 1858 aus einem Zimmereigeschäft entwickelt und beschäftigt gegenwärtig 150 Arbeiter, besitzt aufser der Berliner Anlage noch eigene Schneidemühlen in der Mark und Ostpreufsen. Baulich ist die Gesamtanlage infolge ihrer stückweisen Entstehung wenig hervorragend, verdient jedoch in einigen Einzelheiten Beachtung; namentlich ist ihr ebenso schönes wie reiches Maschinenhaus erwähnenswerth, welches mit Fliesenbekleidung, kassettirten Holzdecken, farbigem Oberlicht und der Marmorbüste des Begründers ausgestattet ist. Auch die neu errichteten, feuersicheren offenen Holzschuppen sind in ihrer Bauart zu beachten. Die in Ziegeln zwischen Trägern gewölbten Zwischenböden ruhen auf einzelnen Steinpfeilern und sind in ganzer Gebäudelänge mit balconartigen, in gleicher Weise construirten Umgängen versehen. Hier finden sich auch die oben erwähnten Vorrichtungen zum Absaugen von Staub und Hobel-

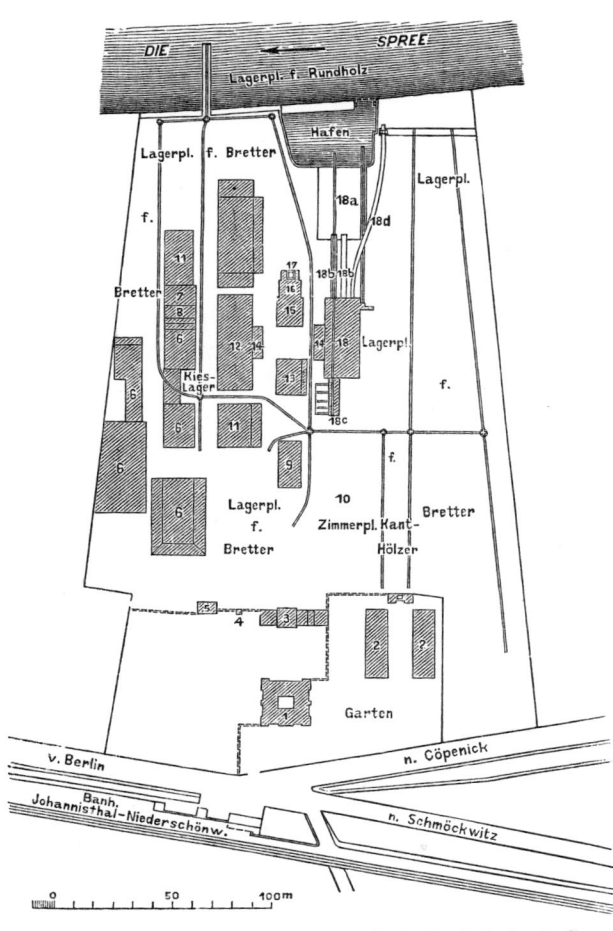

Abb. 721. Baubedarfsfabrik von G. A. L. Schultz & Co., Lageplan.

1. Directionsgebäude. 2. Arbeiter-Wohngebäude mit je 25 Wohnungen. 3. Pferdestall. 4. Pförtnerhaus. 5. Speisesaal für die Arbeiter und Spritzenhaus. 6. Gebäude für die Kunstsandstein-Fabrikation. 7. Kalkmühle. 8. Trockenkammer für Hölzer. 9. Zimmerei-Schuppen. 10. Zimmerei-Platz. 11. Gebäude zum Aufbewahren trockener Bretter. 12. Werkstattgebäude. 13. Gebäude für Schlosserei mit Maschinenbetrieb. 14. Dampfmaschinen. 15. Kesselhaus. 16. Trockenkammer, darüber Wasserthurm. 17. Dampfschornstein. 18. Schneidemühle mit 5 Gattern. 18a. Zurichteplatz. 18b. Gleisbahnen. 18c. Ladebühnen. 18d. Schiefe Ebene.

spänen, auch die Rauchabzugscanäle zum Abfangen der durch die Spänefeuerung entstehenden Rufsflocken. Vorwiegend zur Verarbeitung gelangen bei C. R. Meyer der Nufsbaum, ferner auch Eichen-, Erlen- und Mahagoniholz; Yellowpine und Pitchpine in geringeren Mengen. Es werden Profilleisten aller Art von 0,3 bis 30 cm Höhe und 8 m Länge für Tischlereien hier gefertigt. An den Kehlmaschinen befinden sich selbstthätige Zählvorrichtungen, welche die Länge der geschnittenen Leisten anschreiben. Gröfsere Leisten werden geleimt. Von beträchtlichem Umfange ist die Fournirmesserei, welche Platten bis 3 m Breite und $1/10$ mm Stärke herzustellen imstande ist. Die Holzblöcke werden durch die Säge erst zugerichtet, geschält, in gemauerten Dampfkästen je nach ihrer Beschaffenheit 24 Stunden und länger gedämpft und nach völliger Entrindung und sorgfältiger Untersuchung auf die Messerbänke gebracht. Die Fournire gelangen mittels Aufzüge in die oben gelegenen Trockenräume, wo sie auf Rollwagen zusammengelegt längere Zeit genau regulirten Temperatur- und Feuchtigkeitsverhältnissen unterworfen werden.

Einen eigenthümlichen Betrieb weist die Fabrik von C. Lutze in Adlershof auf. In einem 120 m langen, nicht sehr breiten Saal befinden sich 46 Kreis- und Bandsägen, Kehl- und Frais-, Nut- und Hobelmaschinen neben einander an einer einzigen Triebwelle, die mit den Transmissionen völlig geschützt unter dem Erdboden liegt. Es werden jährlich 8 Mill. Meter Gold-, Bau- und Album-Leisten, sowie Leisten für Cartonnagen gefertigt. Ein Neben-

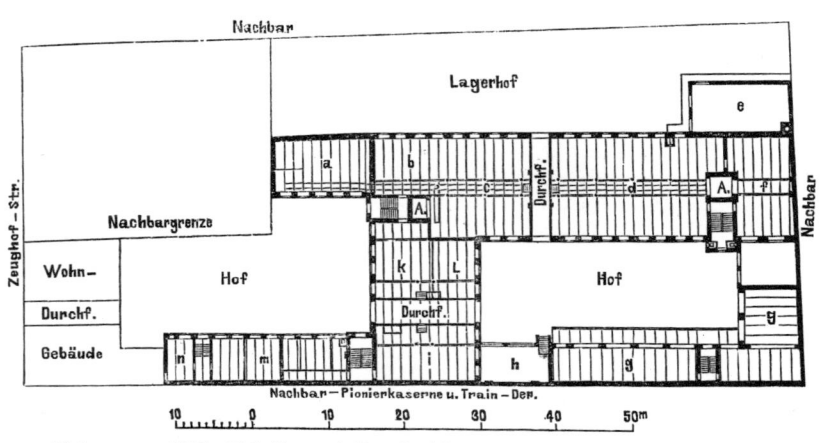

Abb. 722. Möbelfabrik und Bautischlerei von J. C. Pfaff, Grundrifs.

A. Fahrstuhl. — a. Keller, Pferdestall. Erdgeschofs Drechslerei. I.—IV. Stockwerk Polirsäle, V. Beizerei. — b. Erdgeschofs Drechslerei. — c. Keller, Zuschneiderei. Erdgeschofs Bildhauerei. I.—IV. Stockwerk Tischlerei, V. Holz- und Möbellager. — d. Keller, Trockenraum. Erdgeschofs Maschinensaal. I.—IV. Stockwerk Tischlerei, V. Holz- und Möbellager. — e. Keller, Kohlen und Späne. Erdgeschofs Maschinenhaus. — f. Erdgeschofs Hobelraum. I.—IV. Stockwerk Zuschneidesaal. — g. Bretterschuppen. — h. Erdgeschofs Zeichensaal. — i. Erdgeschofs Expedition. I.—IV. Stockwerk Tischlerei. — k. Keller, Leimküche. Erdgeschofs Expeditionsraum. I. bis IV. Stockwerk Tischlerei. — l. Erdgeschofs Bildhauerei. — m. Keller, Fournirlager. Comptoirräume. I. Stockwerk Lackirerei und Vergolderei, II. Zeichensaal, III. Tischlerei, IV. Tapezirerei. — n. Erdgeschofs Desinfectionszimmer.

betrieb, zu dem das für die Leistenfabrik untaugliche Holz verwendet wird, beschäftigt sich ausschliefslich mit der Herstellung von Küchenmöbeln (jährlich 10 000 Stück).

Die älteste Fraiserei in Berlin ist die von E. Melle, Stallschreiberstrafse 22. Sie weist einen kleinen, aber sehr sehenswerthen Betrieb auf, hat auch jene Ventilationsvorrichttung (hergestellt von Dannenberg & Quandt, Grofse Frankfurter Strafse), durch welche die Hobelspäne von ihrer Entstehungsstelle abgesogen und in die Nähe der Kesselfeuerung aufgespeichert werden. Grofse Sauberkeit und gesunde Luft ist der Erfolg, wie denn auch zur Verhütung von Unfällen alle bekannten Mittel Verwendung gefunden haben.

Diese Fabrik beschäftigt sich besonders mit Herstellung sogen. Rococoleisten, das sind Profilleisten, welche mit Hülfe mehr oder weniger starken Druckes der Leisten gegen die Messer in der Längenrichtung wellenförmig geschnitten sind. Sie finden grofse Verwendung für Möbel, Rahmen und Holzgalanteriewaaren. Ferner werden hier Kehlleisten hergestellt, auf welche Verzierungen eingebrannt werden. Beachtenswerth ist auch die Fabrikation von Holzbrandfourniren als Ersatz für echte Intarsien und Holzschnitzereien. Die einzubrennenden Muster (Verzierungen, Zeichnungen, Figuren und dergleichen) werden vermittelst grofser, durch Gasflammen erhitzter Stempel auf die Ahornfournire aufgedrückt. Die mit dem Eisen in Berührung kommenden Holztheile werden braun angesengt. Die anderen Theile behalten die ursprüngliche Farbe. Die Zeichnung kommt scharf und schön

VII. Die Holzbearbeitungs-Anlagen. 607

zur Wiedergabe. Die Fournire lassen sich poliren und finden für Möbel, Paneele, Holzteller usw. eine vielartige Verwendung. Auch werden hier dünne Bretter mit korbflechtartiger Oberfläche geschnitten, die im Wagenbau gebraucht werden.

Die Hamburg-Berliner Jalousiefabrik von Heinrich Freese, Rungestrafse 18a, ist die älteste Fabrik ihrer Art und beschäftigt mehrere Zweiggeschäfte. Das Fabrikgebäude bietet wenig Bemerkenswerthes, auch nicht die Herstellungsart der Fabrikate: Sonnen- und Rolljalousien, Rollschutzwände, Schattendecken und Holzspangeflechte, zu denen die schwedische Kiefer vorwiegend Verwendung findet. Neuerdings ist es der Fabrik gelungen, das lange Zeit in Mifscredit gerathene Holzpflaster durch Anlehnung an die Herstellungsweise des Pariser Holzpflasters wieder einzuführen.

Besondere Erwähnung verdienen die Wohlfahrtseinrichtungen der Fabrik. 200 Arbeiter, die zehn verschiedenen Handwerksarten angehören, werden bei der Fabrikverwaltung durch einen Arbeiterausschufs vertreten, dem alle vorhandenen Wohlfahrtseinrichtungen unterstellt sind, z. B. Unterstützungskasse, Weihnachtssparkasse, Fabriksparkasse, Bibliothek, Biereinkauf, Vergnügungen usw. Alle Arbeiter und Angestellten sind am Geschäftsgewinn mit 10% betheiligt, auch ist seit 1892 der Achtstundentag eingeführt.

Von der aufserordentlich zahlreichen Menge von Möbelfabriken und Bautischlereien Berlins können wir die von J. C. Pfaff als Beispiel vorführen. Die ausgedehnte Fabrikanlage befindet sich Zeughofstrafse 3 und ist ihrer vollkommenen Betriebseinrichtungen wegen als Musteranlage anzusehen.

Abb. 723. Gesellschaftszimmer des Reichspostdampfers „Preufsen".
Ausgeführt von der Möbelfabrik J. C. Pfaff.

Die Firma besteht seit 1824, der Neubau in der Zeughofstrafse seit 1889/90 (Abb. 722). Letzterer ist nach den neueren baupolizeilichen Vorschriften errichtet. Die vierstöckigen Fabrikgebäude sind mit massiven Decken auf zwei Reihen feuersicher ummantelter gufseiserner Säulen versehen, ebenso der grofse, mehrstöckige massive Bretterschuppen mit feuersicheren Umgängen. Dampfmaschine und Kessel sind in besonderen Gebäuden untergebracht. Gebäude und Höfe sind im Zusammenhang unterkellert. Die zu verwendenden Nadelhölzer werden erst zwei Jahre auf dem Platze gelagert und kommen dann in die Keller, die für 3000 cbm Holz Raum bieten. Dort bleibt das Holz vier Monate lang, bei 25° Wärme. Die rohe Bearbeitung erfolgt dann im Erdgeschofs, wo 17 Bandsägen, 7 Hobelmaschinen, 15 Fraismaschinen, 7 Kreissägen usw. in Thätigkeit sind. In den oberen Stockwerken befinden sich die Werkstätten für die weitere Bearbeitung und Zusammensetzung der Möbel, womit 700 Gehülfen in der Fabrik beschäftigt sind. Die mechanische Drechslerei und Bildhauerei enthält 16 Bänke, auch eine Ovaldrehbank und Bildschnitzmaschinen, mittels deren Ornamente und volle Figuren hergestellt werden. Die Nadelhölzer werden schon im Keller zugeschnitten, für die edlen Hölzer ist in jedem Geschofs noch ein besonderer Zuschneideraum, sowie besondere Säge- und Fraismaschinen.

Sonst unterscheidet sich der Tischlereibetrieb in den einzelnen Geschossen nur nach der Feinheit der Arbeit. Leimapparate und sehr grofse Wärmplatten stehen zur allgemeinen Benutzung für die Gehülfen in jedem Saal; aufserdem aber hat jeder Tischler an seiner Arbeitsbank noch einen kleinen Leimkocher mit Wärmeplatte. Alle Apparate

608   VII. Die Holzbearbeitungs-Anlagen.

werden zur Verhütung jeglicher Feuersgefahr durch Dampf in Schlangenröhren erhitzt. Zur Förderung des Materials und der fertigen Sachen befinden sich zwischen den Säulenreihen in der Mitte der Säle Gleise, die zu den Fahrstühlen führen. Die Stücke kommen nach der Bearbeitung in die staubfreien Polirkammern, Tapezir- und Malerwerkstätten und schliefslich in die obersten, als Lagerräume hergerichteten Geschosse. Sämtliche Späne gelangen durch Schächte in den Keller, wo sie mittels Rollwagen und Seilbetrieb auf geneigten Ebenen den Kesseln zugeführt werden, die für die Späne einen Fallrost und unten noch einen besonderen Rost für Kohle haben, da die Holzabfälle nicht genügend Heizmaterial liefern. Im Fuchs wird der Rauch durch einen Tropfenfall geführt, welcher alle Flocken und glimmenden Holztheilchen niederschlägt. Die Fabrik fertigt alle Gattungen von Bau- und Möbeltischlerarbeiten; ihre Schiffseinrichtungen geniefsen einen Weltruf. In Abb. 723 ist die Ansicht eines von Poppe in Bremen entworfenen Damensalons für den Reichspostdampfer „Preufsen", welcher der Pfaff'schen Fabrik entstammt, wiedergegeben. Die Hauptflächen sind elfenbeinfarbig mit zarten Goldlinien und etwas getönten lichtseegrünen Füllungen. Die Ornamente sind in Wachs modellirt, zart und flach gehalten.

Von den Fabriken, die auf demselben Gebiet von ähnlicher Bedeutung und Leistungsfähigkeit sind, nennen wir nur C. Prächtel, Groschkus, Gebrüder Bauer, Spinn & Mencke, Thierichens, Völker, Dittmar, Vogts.

Die Einrichtung von Geschäften, Läden, Waarenhäusern, insbesondere Apothekeneinrichtungen, die vornehmlich nach England und Amerika ausgeführt werden, betreibt die seit 1847 bestehende Tischlerei von C. Brunzlow, Neue Königstrafse, als ihr eigenes Arbeitsgebiet.

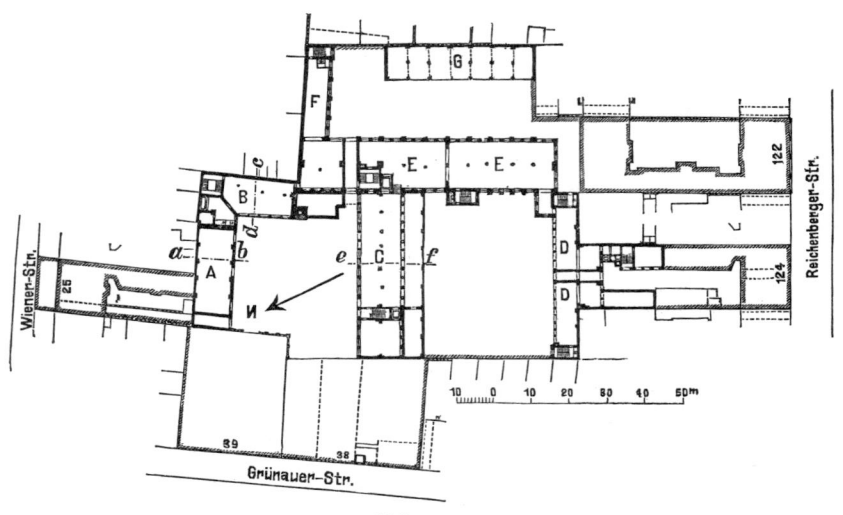

Abb. 724.

Einen besonders blühenden Zweig der Holzfabrikation in Berlin bildet die Herstellung von Musikinstrumenten, vornehmlich Klaviere und deren Bestandtheile.

Im Jahre 1835 gründete Ch. Fr. Pietschmann eine Harmonikafabrik, die als erste dieser Art in Berlin gilt und jetzt von einer Actiengesellschaft betrieben wird. Die erste Klavierfabrik war die von S. B. Voigt & Sohn, die schon 1840 im Betrieb war. Jetzt bestehen in Berlin 170—175 Klavierfabriken und 40 für andere Musikinstrumente. In diesen und den damit verwandten Berufszweigen zählte man im Jahre 1895 382 Betriebe mit 11 642 Arbeitern. Im Jahre 1880 wurden etwa 25 000 Klaviere in Berlin gebaut, die Jahresleistung von 1895 wird doppelt so hoch geschätzt mit einem Werthe von 20 Mill. ℳ, wovon die Ausfuhr etwa 70 v. H. beträgt. Aus der grofsen Zahl hervorragender Pianofortefabriken ist die von C. Bechstein die bedeutendste.

Die Pianofortefabrik von C. Bechstein, welche durch den jetzigen Commerzienrath Carl Bechstein im Jahre 1854 in der Behrenstrafse 56 in kleinem Umfange begründet wurde, erregte durch den Bau der ersten Instrumente in der Musikwelt grofses Aufsehen. Im Jahre 1860 wurde die erste Fabrik auf den aneinander belegenen Grundstücken in der Johannisstrafse 6 und Ziegelstrafse 21 erbaut; bald hiernach wurden die nachbarlichen Grundstücke Johannisstrafse 5 u. 7 erworben und auf dem freien Hinterland Erweiterungen der bestehenden Fabriken, soweit eine Bebauung zulässig war, vorgenommen. Diese jetzt

VII. Die Holzbearbeitungs-Anlagen. 609

noch bestehenden Fabrikanlagen, in denen nur mit Handbetrieb gearbeitet wird, bedecken einschl. der Comptoir-, Ausstellungsräume, Stallungen und Remisen einen Flächenraum von 2040 qm und sind fünf Stockwerke hoch. Aufser den massiven Treppen dient dem Verkehr ein elektrischer Personen- und Lastenaufzug von 500 kg Tragkraft mit einer Fahrbühne von 5 m Länge und 1,50 m Breite. Weitere Vergröfserungen der Fabrikanlage wurden nach dem Jahre 1880 durch das stetige Wachsen des Geschäfts erforderlich. Es wurden zu diesem Zweck zunächst die Grundstücke Wiener Strafse 25 und Grünauer Strafse 38/39 erworben und auf dem Hinterland das in Abb. 724 mit A bezeichnete Trockenhaus (Abb. 725) und das vier Stockwerk hohe Fabrikgebäude C (nebst anliegendem Kesselhaus) erbaut, in welchem im untersten Stockwerk die umfangreichen durch Dampfkraft betriebenen Holzbearbeitungsmaschinen untergebracht sind (Abb. 727). Wenige Jahre später wurde das Gebäude B errichtet, worin im Kellergeschofs eine eigene Schleiferei und Lackirerei für die beim Bau der Instrumente erforderlichen Eisengufsplatten nebst den grofsen Trockenkammern eingerichtet sind (Abb. 726). Nach dem weiteren Erwerb des angrenzenden Grundstücks Reichenberger Strafse 124 wurde die dritte Fabrik D mit selbständigem Kesselhaus und Maschinenbetrieb erbaut. Die Verbindung dieser drei getrennten Fabrikgebäude wird über die grofsen dazwischen liegenden Höfe, welche zu Holzlagerplätzen dienen, durch schmalspurige Eisenbahnen hergestellt.

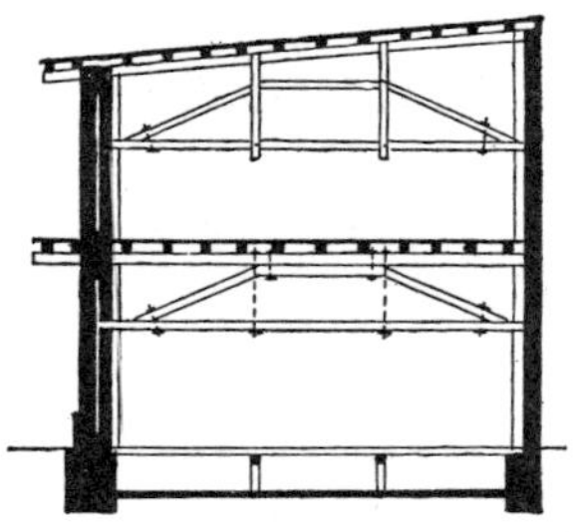

Eine fernere Erweiterung der gesamten Fabrikanlage wird zur Zeit auf dem grofsen Hinterland des neu erworbenen angrenzenden Grundstücks Reichenberger Strafse 122, nach dem Entwurf des Architekten Carl Schäfer, ausgeführt. Dieses neue Fabrikgebäude EF, welches einschl. des Kellers sechs Stockwerke hoch wird, ist durch seine Lage mit den bereits bestehenden

Abb. 725. Schnitt $a-b$.

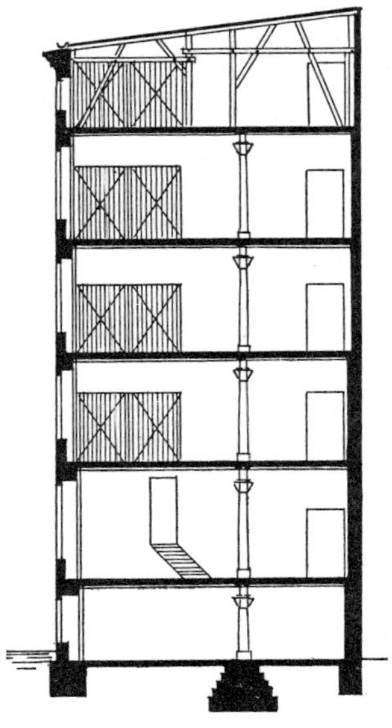

Abb. 726. Schnitt $c-d$.   Abb. 727. Schnitt $e-f$.
Pianofortefabrik von C. Bechstein.

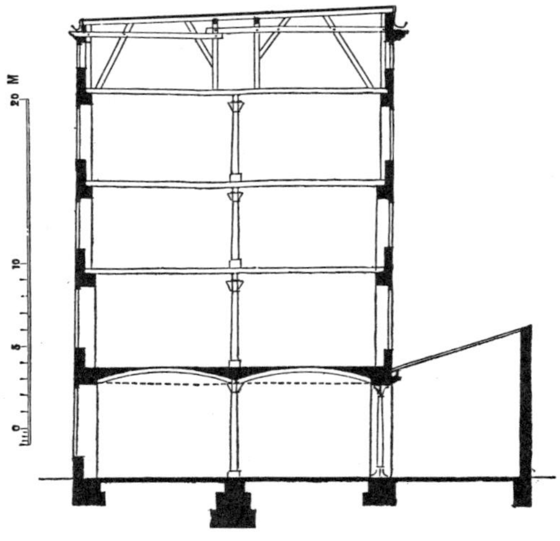

drei Fabriken in Verbindung gebracht und gestattet im Betriebe einen bequemen Verkehr durch die einzelnen Stockwerke. — Sämtliche Gebäude sind massiv im Ziegelrohbau, theils in einfachen, theils in entwickelteren Formen ausgeführt und haben Holzcementbedachung. Die Deckenconstructionen bestehen aus Gewölben zwischen schmiedeeisernen Trägern, welche in der Mitte auf ebensolchen Unterzügen ruhen und durch gufseiserne Säulen unterstützt werden. Die Fufsböden bestehen in Fabrik C aus gespundeten, rauhen Dielen, in den übrigen Fabriken aus Cementbeton. Die Treppen sind von Granit. Für die Beförderung von Lasten sind vier Dampf-Fahrstühle in verschiedenen Abmessungen vorhanden, welche vom Erdgeschofs bis zum Dachboden gehen. Die Erwärmung der sämtlichen Räume, in welchen ohne Rücksicht auf die Jahreszeit eine Temperatur von $+20°$ C. vorhanden sein mufs, wird durch eine Dampfheizung mittels schmiedeeiserner Rohre und gufseiserner Rippenrohrregister bewerkstelligt, mit der auch die in der Mitte der Räume stehenden schmiedeeisernen Heizplatten zum Trocknen der Hölzer, sowie die Leimwärmkästen in Verbindung stehen.

Berlin und seine Bauten. I.

Vier Dampfkessel mit zwei liegenden Dampfmaschinen von zusammen 120 P. S. liefern den Dampf für die Heizung und die nöthige Kraft für die Arbeitsmaschinen.

Die Bechstein'schen Fabrikanlagen in der Wiener, Grünauer und Reichenberger Strafse bedecken ein Grundstück von 11 926 qm, die Gebäude haben eine Grundfläche von zusammen 4300 qm. Zur Zeit werden 500 Arbeiter beschäftigt, welche jährlich rund 3000 Instrumente fertig stellen; nach Inbetriebnahme des gegen Ende dieses Jahres fertig zu stellenden neuen Fabrikgebäudes wird die Anzahl der Arbeiter auf 800 erhöht, wonach eine jährliche Leistung von 4500 Instrumenten erzielt wird. Sie ist alsdann die gröfste Pianofortefabrik in Europa.

Von den zahlreichen Klavierfabriken Berlins nennen wir noch G. Schwechten, J. L. Duysen, F. Neumeyer, Görs & Kallmann, F. Rösener.

Die vorstehenden knappen Mittheilungen über die hoch entwickelte Holzbearbeitungs-industrie Berlins schliefsen wir mit der Erwähnung eines neuen und höchst bemerkenswerthen Betriebes mechanischer Bildhauerei.

Die „Gesellschaft für Kunstbildnerei Fromm, Grüne & Co.", Dieffenbachstrafse 36, copirt mit der Maschine von Gipsmodellen, und zwar nicht nur in Holz, sondern auch in Marmor, Sandstein usw., gleichzeitig in mehreren Stücken nach einem Muster. Eine Abbildung steht uns leider nicht zur Verfügung. Die Maschine zerfällt in eine Reihe kleiner Bohrmaschinen, deren Bohrer auf elektrischem Wege 2500—3000 Umdrehungen in der Minute erhalten. Die aufserordentlich sinnreiche Lagerung der Welle, an der die Maschinen angebracht sind, gestattet die völlig freie Bewegung der Bohrerspitzen nach Führung des Tasters, sodafs in Holz wie in Stein Nachbildungen von gröfster Genauigkeit erzielt werden.

VIII. Mörtelwerke.[1]

Erst seit zwei Jahrzehnten haben sich die Mörtelwerke Berlins, als verhältnifsmäfsig jüngster Zweig des Baumaterialienmarktes, den eigenartigen Bedürfnissen des Berliner Baugewerbes Rechnung tragend, aus kleinsten Anfängen zu der jetzigen Blüthe entwickelt. Bis zur Mitte der siebziger Jahre geschah die Herstellung des Kalkmörtels zum Mauern und Putzen für die Berliner Bauten in der Weise, dafs auf der Baustelle selbst der dahin angefahrene gebrannte Stückenkalk in Gruben eingelöscht und dann der Weifskalk durch Arbeiter ohne Verwendung irgend welcher maschinellen Vorrichtungen mit dem entweder auf dem Bauplatze ausgeschachteten oder ebenfalls angefahrenen Sande zu Mörtel vermischt wurde.

Eine Ausnahme von dieser Regel bildeten bis zu diesem Zeitpunkte lediglich umfangreiche öffentliche Bauten, bei welchen Mörtelmisch- und Antriebsmaschinen in erheblichem Umfange in Gebrauch genommen wurden.

Die Vorzüge des Maschinenmörtels waren derart in die Augen springend, dafs der Baumeister R. Guthmann im Jahre 1875 vor dem Schlesischen Thore eine Mörtelfabrik errichtete, um zunächst vorwiegend seine eigenen zahlreichen Bauten mit Maschinenmörtel zu versorgen. Sehr bald jedoch schwand das anfangs gegen das neue Fabrikat gehegte Mifstrauen, hervorgerufen durch die Schwierigkeit, das Mischungsverhältnifs zwischen Kalk und Sand zu prüfen, und es wurde eine Vergröfserung der zuerst in kleinem Umfange gedachten Fabrikanlage erforderlich. Auch die im Laufe weniger Jahre entstandenen Unternehmungen gleicher Art fanden guten Absatz für ihren Mörtel, dessen Güte durch die in jene Zeit fallende Einführung der oberschlesischen Fettkalke wesentlich gewonnen hatte. Die schnelle Entwicklung dieser Industrie begünstigte der Umstand besonders, dafs die Bauplätze, namentlich der inneren Stadt, wenig Raum zur Anlage der Gruben boten und der brauchbare Sand des Baugrundes, soweit solcher überhaupt noch gefunden wurde, bei weitem nicht für die Bauten ausreichte, die nothwendige Anfuhr des Sandes aber den Herstellungspreis des Mörtels derartig vertheuerte, dafs in solchen Fällen der Bezug fertigen Mörtels vortheilhafter wurde.

Gegenwärtig dürften in Berlin einschliefslich aller Vororte kaum 5 v. H. aller Bauten noch Handmörtel auf dem Bauplatze herstellen und auch für die Mehrzahl der öffentlichen Bauten wird fast ausschliefslich fertiger Maschinenmörtel von den Mörtelwerken bezogen.

Alle Berliner Mörtelwerke verwenden zur Fabrikation besten scharfen Sand aus den zahlreichen Gruben des Dahmegebiets zwischen Grünau und Niederlehme bei Königs-Wusterhausen. Als Kalke finden zum Theil solche aus den oberschlesischen Brennereien des Gogoliner und Grofs-Strehlitzer Gebiets, zum Theil die Harzer und westfälischen Marmorkalke Verwendung.

Die zur Zeit in Berlin bestehenden vier Mörtelfirmen verkauften im Durchschnitt der Betriebsjahre 1892/93/94 jährlich zusammen 635 000 cbm im Werthe von über 3 750 000 ℳ.

---

[1] Bearbeitet vom Baumeister R. Guthmann.

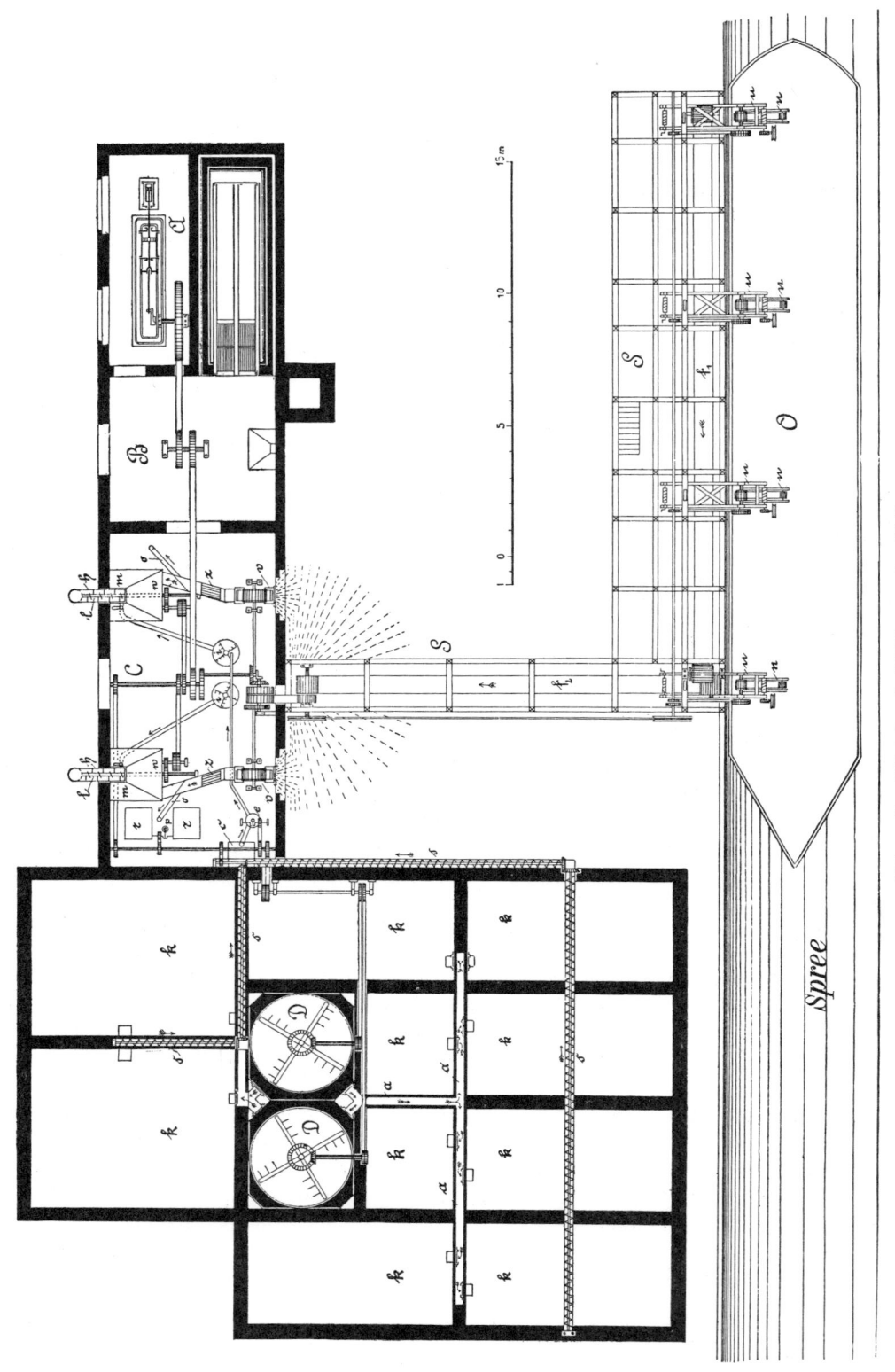

612   VIII. Mörtelwerke.

Abb. 728. Mörtelwerk Mühlenstraße 66/67.

VIII. Mörtelwerke.

und sind bei voller Ausnutzung ihrer Anlagen imstande, bis zu rd. 4000 cbm Mörtel, also den Bedarf für rd. 4 Millionen Steine für jeden Arbeitstag zu erzeugen.

Die im Jahre 1889 durch den Zusammenschlufs der drei Firmen Berliner Mörtelwerke R. Guthmann, Prerauer & Co. und Wilhelm Caspari mit einem Actienkapital von 3 600 000 ℳ gegründete Gesellschaft „Vereinigte Berliner Mörtelwerke" besitzt an Sandbergen im Dahmegebiet eine Fläche von rd. 142 ha, an Berliner Grundstücken 2$^1/_8$ ha, Kalksteinbrüche und Brennerei zu Grofs-Strehlitz rd. 18 ha und ein Wassergrundstück als Sandlagerplatz zu Niederschöneweide von 1,30 ha. Die Fabrikationsstellen der Gesellschaft in Berlin befinden sich auf den Grundstücken Mühlenstrafse 66/67, Am Schleusenufer 5, Köpenicker Strafse 48/49, Bachstrafse 5—7 und in Charlottenburg auf Westend, verlängerte Lindenallee; als Ausladestellen für den auf dem Mörtelwerke zu Niederlehme hergestellten Mörtel dienen vier Dampfkrane am Schöneberger, am Humboldt- und Nordhafen. An Betriebsmaschinen sind vorhanden 11 stationäre Dampfkessel- und Maschinenanlagen, zwei Locomotiven und sechs Dampfer mit einer Gesamtleistung von rd. 700 eff. Pferdekräften.

Arbeiter und Betriebsbeamte beschäftigt die Firma zusammen rd. 700 Personen.

Dem Schiffahrtsbetriebe dienen 30 Schleppfahrzeuge, davon 18 Stück eiserne mit einer Ladefähigkeit von je 225 cbm Sand, und die oben erwähnten sechs Schleppdampfer. Die Gesellschaft unterhält einen Fuhrpark von 250 Wagen, beschäftigt 100 Doppelgespanne eigener Pferde, die noch von rd. 100 Gespannen anderer Fuhrunternehmer unterstützt werden. Umfangreiche Stellmacher- und Schmiedewerkstätten besorgen die vorkommenden Ausbesserungen und auch den Neubau von Mörtelwagen; für die Schiffahrt dient gleichen Zwecken die leistungsfähige eigene Schiffbauerei. In den Ringöfen werden jährlich rund 800 000 Ctr. Stückenkalk erzeugt, während rd. 250 000 Ctr. von fremden Harzer und westfälischen Werken zur Deckung des Jahresbedarfs von über 1 Million Centner bezogen werden müssen. Die beigegebene Zeichnung (Abb. 728) zeigt einen Grundrifs der Betriebsanlagen, wie sich dieselben auf dem Mörtelwerke Mühlenstrafse 66/67 vorfinden. Die Betriebseinrichtungen sind bei allen Mörtelwerken mit geringen, den örtlichen Verhältnissen entsprechenden Abweichungen die gleichen; es kann daher die obige Anlage als Typus gelten. An baulichen Anlagen sind vorhanden: Maschinen- und Kesselhaus A mit daranstofsender Schmiede und Reparaturwerkstatt B, das Mörtelhaus C, die Kalkgruben k und als besondere Betriebseinrichtungen die Kalklöschbottiche DD und das Sandförderwerk S. — Cementschuppen, Wagenremise, Stallungen, Comptoirräume mit Centesimalwage, sowie das Wohnhaus für den Inspector usw. sind ohne besonderes Interesse und daher nicht angegeben.

Der Gang der Fabrikation ist in kurzen Zügen folgender: In den beiden je 4000 l haltenden Löschbottichen DD mit Rührwerk wird der Kalk in bekannter Weise gelöscht, und zwar sind infolge Verwendung der Rührwerke drei Leute bequem imstande, 800 bis 900 Ctr. Kalk an einem Arbeitstag einzulöschen, vorausgesetzt, dafs die mit Stückenkalk gefüllten Wagen direct bis an die Rampe, auf welcher die Löschbottiche stehen, gefahren werden. Das erforderliche Wasser wird den beiden, auf dem obersten Boden des Mörtelhauses aufgestellten Behältern rr entnommen, welche theils durch die Pumpe p, welche aus der Spree saugt, theils durch das Condensationswasser der Betriebsmaschine gefüllt erhalten werden. Aus den Löschbottichen wird der Kalk mittels der auf den Trennungsmauern angeordneten hölzernen Rinne a in die verschiedenen Gruben k geleitet, welche, wasserdicht hergestellt, ein Abziehen des überschüssigen Löschwassers nach unten verhindern. Das überstehende Kalkwasser wird nach dem in 24 Stunden vor sich gehenden Setzen des Kalkbreies durch eigenthümlich construirte Heberrohre vorsichtig abgesaugt, und auch bei diesem Verfahren verdunstet aus dem Kalkbrei innerhalb 72 Stunden der Rest des noch etwa vorhandenen Wasserüberschusses, wonach die charakteristischen Risse in dem nun zur Verwendung bereiten Kalkbrei entstehen. Die vorhandenen Kalkgruben bieten Raum für rd. 700 cbm Weifskalk. Das Vorhandensein eines solchen Vorrathes ist mit Rücksicht auf eine tägliche Leistung von 300 cbm Mauermörtel und etwa 100 cbm Putzmörtel durchaus bedingt. Auf allen Berliner Mörtelwerken wird die Trennung der Herstellung von Mauer- und Putzmörtel streng durchgeführt. Der Kalkvorrath auf dem beschriebenen Werke beispielsweise ermöglicht die Verwendung eines über drei Tage alten

Kalkbreies zu Mauermörtel und eines über 14 Tage alten Kalkbreies zu Putzmörtel. Am Boden der Kalkgruben sind in von oben her zugänglichen Canälen Schnecken ss angeordnet, welche den Kalkbrei nach Oeffnung der betreffenden wasserdichten eisernen Schieberverschlüsse dem im Mörtelhause liegenden Sumpfe c zuführen. Der Deutlichkeit der Zeichnung halber ist die Hauptschnecke der acht Kalkgruben über der Mitte der einen Grubenreihe dargestellt, während sich dieselbe thatsächlich unterhalb der Trennungswand der acht Gruben befindet. Aus dem Sumpfe c wird der Kalkbrei mittels der Pumpe e in die auf dem obersten Boden aufgestellten beiden Bottiche mit Rührwerk i gepumpt, dort gründlich durchgerührt und nach Bedarf durch eiserne Röhren in den Mischrumpf m der beiden Mörtelmaschinen geleitet. Die Entladung des Sandes aus dem am Bollwerk des Grundstücks in der Spree verankerten Schiffe geschieht mittels vier Becherelevatoren n, bedient von je zwei Sandschippern. Die Elevatoren schütten den Sand auf das Fördertuch f_1. Die Ausleger n für die Elevatoren sowie letztere selbst sind so eingerichtet, daſs sie mit Leichtigkeit durch die Mannschaften im Kahn den verschiedenen Wasserständen und der fortschreitenden Entladung des Fahrzeuges entsprechend gehoben und gesenkt werden können. Das Fördertuch f_1 schüttet den Sand auf das in einer Steigung von etwa $1:5$ dem Mörtelhause zulaufende Fördertuch f_2, von welchem herabfallend sich derselbe vor den beiden Schachtöffnungen des Mörtelhauses für die beiden Becherelevatoren vv zu 3—4 m hohen Kegeln anschüttet. Die Elevatoren vv heben den Sand 10—12 m hoch auf den obersten Boden des Mörtelhauses und schütten ihn auf die daselbst zur Aussonderung der Steine und sonstigen Beimischungen angebrachten Rüttelsiebe zz aus. Nach dem Durchgang durch die Siebe gleitet der Sand auf einer im Verhältniſs von $1:1,25$ geneigten Ebene in die Fülltrichter ww über den Mörtelmaschinen. Der abgesiebte Kies usw. rollt durch die Rohre oo in im Keller des Mörtelhauses aufgestellte Sammelgefäſse. Die Mörtelmaschine besteht im wesentlichen aus einer cylindrischen Förderrinne h von 2 m Länge und 43 cm lichter Weite, in deren Achse eine mit 5 Paar Hartguſsmessern besetzte Welle l gelagert ist. Die Messer sind abwechselnd als Transport- und Mischflügel angeordnet, welche letzteren ein Anstauen und eine starke Pressung des die Maschine durchlaufenden Mörtelgemisches hervorrufen. Der in den Fülltrichtern ww angehäufte gesiebte Sand gelangt durch einen langsam sich drehenden fächerartigen Vertheiler in ganz gleichmäſsiger Menge in den Misch- und Förderraum der Mörtelmaschine, gleichzeitig mit dem in mehrere Centimeter starkem Strahl zuschieſsenden Weiſskalk. Der Zufluſs des Weiſskalks wird nach Bedarf von dem die Mörtelmaschine bedienenden Manne geregelt, derselbe beobachtet die Mischung des Mörtels in der für diesen Zweck oben mit Oeffnungen versehenen Maschine. Der unter dem Ausfluſs der Maschine aufgefahrene geaichte Wagen von 2 cbm Inhalt erhält seine Füllung in etwa 4 Minuten.

Abb. 729.

IX. Fabriken für Textilindustrie, Färberei und Appretur.[1]

Im Jahre 1895 umfaßte die Textilindustrie in Berlin und nächster Umgebung 197 Betriebe mit insgesamt 14 193 Personen. Auf die einzelnen Gebiete vertheilten sich dieselben wie folgt:

Scheererei, Spulerei und Haspelei	in 18 Betrieben	1097	Personen,
Posamentenfabrikation	„ 50 „	1404	„
Strickerei und Stickerei	„ 17 „	696	„
Wollspinnerei	„ 3 „	532	„
Weberei (mechanisch und Handbetrieb fabrikmäßig)	„ 21 „	672	„
Färberei und Bleicherei, Appretur, Decatur, Presserei und Walkerei	„ 54 „	5752	„
Tuchfabrikation	„ 7 „	2061	„
Wollwaarenfabrikation	„ 7 „	232	„
Teppichfabrikation	„ 4 „	841	„
Kunstwollfabrikation, einschl. Kunstwollspinnerei	„ 4 „	853	„
Wattenfabrikation	„ 12 „	93	„

Hierbei sind jedoch die sogen. handwerksmäßigen Betriebe nicht einbegriffen, nämlich solche, die ohne mechanische Kraft und mit weniger als 10 Gehülfen arbeiten.

Ganz getrennt von den Fabriken ist die Handweberei, der früher ausschließlich die Herstellung der Webwaaren oblag; die Fabrikanten kaufen die Garne und lassen sie von Handwebern im Hausgewerbe verweben und die Waaren in Appreturanstalten fertigstellen.

Die Zahl der in Berlin und Umgegend noch jetzt im Betriebe befindlichen Handstühle, welche ungefähr 5000 beträgt, nimmt aber stetig ab. Der Grund hierfür liegt besonders darin, daß der Lohn, den die Handweber im Wettbewerb mit den Maschinenstühlen erhalten können, für Berliner Verhältnisse knapp ist und sich daher immer weniger neue Kräfte dieser Arbeit zuwenden. Dafür arbeiten eine große Anzahl von Handwebern in Schlesien für Berliner Fabrikanten, deren Leistung demnach keineswegs zurückgeht. Die

---

1) Bearbeitet von Ernst Flemming, erster Lehrer an der städtischen Webeschule in Berlin.

rohgewebten Stücke werden zum gröfsten Theile in Berliner Appreturanstalten appretirt und gefärbt. Für einen erheblichen Theil dieser in Berlin hergestellten Stoffe ist der Hauptabnehmer die sehr ausgedehnte Industrie der Herstellung von Kleidungsstücken (Confection), von deren Umfange die nachstehenden Zahlen einen ungefähren Begriff geben.

Es gab zu Ende des Jahres 1895 in Berlin folgende Grofshandlungen: 131 für Damenmäntel, 29 für Mädchenmäntel, 76 für Herren- und Knaben-Confection, 75 für Manufacturwaaren, 26 für Confectionsstoffe, 32 für Passementrie, 134 für Jupons, Blousen und Schürzen, 48 für Weifswaaren, 41 für Wollenwaaren, 29 für Seidenwaaren, 69 für Wäsche usw. Ferner bestehen für den Einzelverkauf 168 für Damenmäntel, 151 für Herren- und Knaben-Confection, 435 für Manufactur- und Modewaaren, 538 für Posamentir-, Woll- und Kurzwaaren.

Im ganzen hatte Berlin am Schlusse des Jahres 689 Confections- und Textilwaaren-Grofshandlungen und 1292 Einzelgeschäfte.

Einzelne Beispiele der für diese ausgedehnte Industrie arbeitenden Fabrikanlagen finden sich im Nachstehenden beschrieben.

A. Spinnereien.

Innerhalb der Stadt haben sich grofse Spinnereianlagen infolge der hohen Bodenpreise nicht halten und entwickeln können; dagegen bietet die nächste Umgebung Gelegenheit, einige sehr hervorragende Spinnereïen kennen zu lernen.

Die Berliner Jute-Spinnerei und -Weberei zu Stralau ist ein Actienunternehmen und in ihrem ältesten Theile 1883 erbaut worden (Abb. 730).

Das Grundstück grenzt nordseitig an den Rummelsburger See und hat dadurch bequeme Wasserverbindung zum Bezug der Rohstoffe. Der Lageplan giebt die Anordnung der einzelnen Gebäude und ihre Bestimmung. Die Hauptfabriksäle sind ebenerdig mit Sheddächern gedeckt und enthalten in der Spinnerei von 3586 qm Grundfläche 4510 Spindeln, in der Weberei von 3603 qm Grundfläche 285 Webstühle und in der Sacknäherei 75 Nähmaschinen.

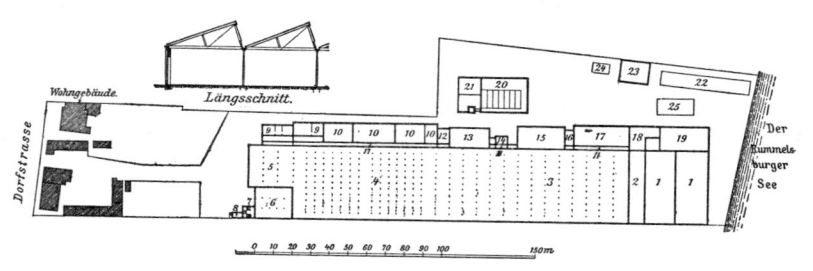

Abb. 730. Jute-Spinnerei Stralau, Lageplan.

1. Lagergebäude. 2. Batschraum. 3. Spinnerei. 4. Weberei. 5. Sacknäherei. 6. Speisesäle. 7. Treppenhaus zu den Speisesälen. 8. Retiraden. 9. Comptoirgebäude. 10. Appreturgebäude. 11. Transmissionsgang. 12. Schlichtküche und Retirade. 13. Maschinenhaus. 14. Technisches Bureau mit Wasserthurm. 15. Maschinenhaus. 16. Retiradengebäude. 17. Werkstattgebäude. 18. Abfall- und Reinigungskammer. 19. Stücklagergebäude. 20. Kesselhaus. 21. Magazin. 22. Lagerschuppen. 23. Oellagergebäude. 24. Spritzenhaus. 25. Offener Schuppen.

Im Jahre 1894/95 wurden aus 26000 Ballen je 400 engl. Pfund indischer Rohjute 4650000 kg Garn gesponnen, 8000000 m = 3885577 kg Stoff gewebt und 2600000 Stück Säcke hergestellt. Die Betriebskraft liefern sieben Cornwallkessel mit je 95 qm Heizfläche, eine 1000 pferdige Dampfmaschine für die Spinnerei und eine 300 pferdige für die Weberei.

In dem Bau 6, der zweigeschossig gebaut ist und 318 qm Grundfläche hat, sind in beiden Stockwerken Speisesäle angelegt, in denen durch geschickte Anordnung der Speisetische für 700 Arbeiter und Arbeiterinnen Platz geschaffen ist.

Die Deutsche Jute-Spinnerei und -Weberei in Meifsen hat eine Filiale in Neuendorf bei Potsdam (Abb. 731). Auch diese befafst sich mit der Verarbeitung der Rohjute zu Garnen, Geweben und Säcken und erzeugt jährlich etwa 1700000 kg Garn, 2800000 m Gewebe und 1¼ Million Säcke. Es werden durchschnittlich etwa 340 Arbeiter beschäftigt, welche 180000 ℳ Lohn jährlich beziehen.

Die Fabrik liegt am unteren Theile des schiffbaren Nutheflusses, steht dadurch mit der Elbe und Oder in Wasserverbindung und empfängt ihre Rohstoffe zu Schiff über Hamburg.

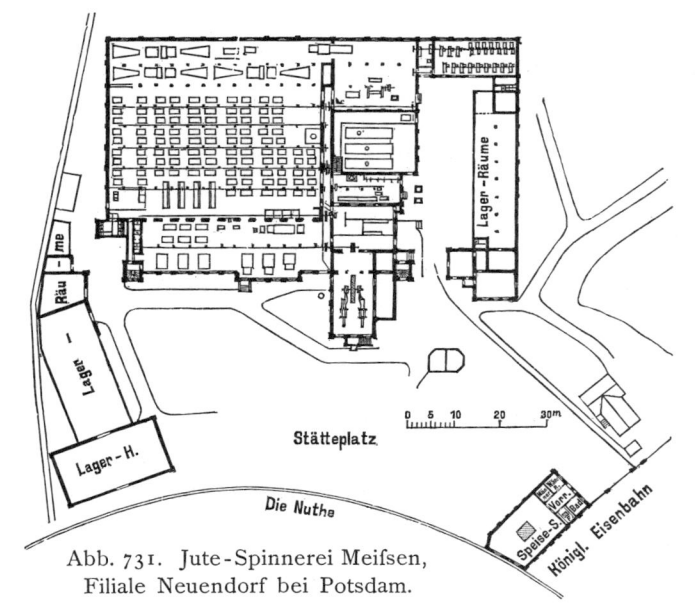

IX. Fabriken für Textilindustrie, Färberei und Appretur.

Abb. 731. Jute-Spinnerei Meifsen, Filiale Neuendorf bei Potsdam.

Die Fabrikgebäude sind massiv mit gewölbten Decken auf gufseisernen Säulen. Die Spinnsäle sind Shedbauten, auf Brunnen gegründet. Der Maschinenraum ruht auf einem Fundament von Beton mit Eiseneinlage. Die Fabrikräume sind mit Entstaubungs- und Lüftungsvorrichtungen versehen. Ein besonderes Wohlfahrtsgebäude bietet den Arbeitern Aufenthaltsräume während der Essenszeit, Speisewärmröhren, Waschräume, Brause- und Zellenbäder.

Im Jahre 1889 wurde eine Ufermauer am Nuthesee errichtet. Dieselbe ruht auf 5 m hohen Senkkästen und wird durch Erdanker an eingerammten Pfählen landseitig gehalten.

Von Kammgarnspinnereien ist die ebenfalls in Neuendorf-Nowawes gelegene „Berlin-Neuendorfer Actien-Spinnerei" zu nennen, welche seit 1866 in Betrieb ist (Abb. 732).

Das Fabrikgrundstück hat etwa 100 ha Flächen-Inhalt. Die Gebäude sind mehrstökkig in Ziegelrohbau ausgeführt und haben zum Theil gewölbte, zum Theil Holzdecken, die auf eisernen Unterzügen und Säulen ruhen. Im Gebäude L besteht sowohl die Kellerdecke, wie auch das Dach aus Betonschüttung zwischen I-Trägern. Das Dach hat aufserdem eine Korkstein-Isolirung. Die übrigen Gebäude sind mit Pappe oder Holzcement gedeckt. Sämtliche Spinnräume sind mit Ventilation und

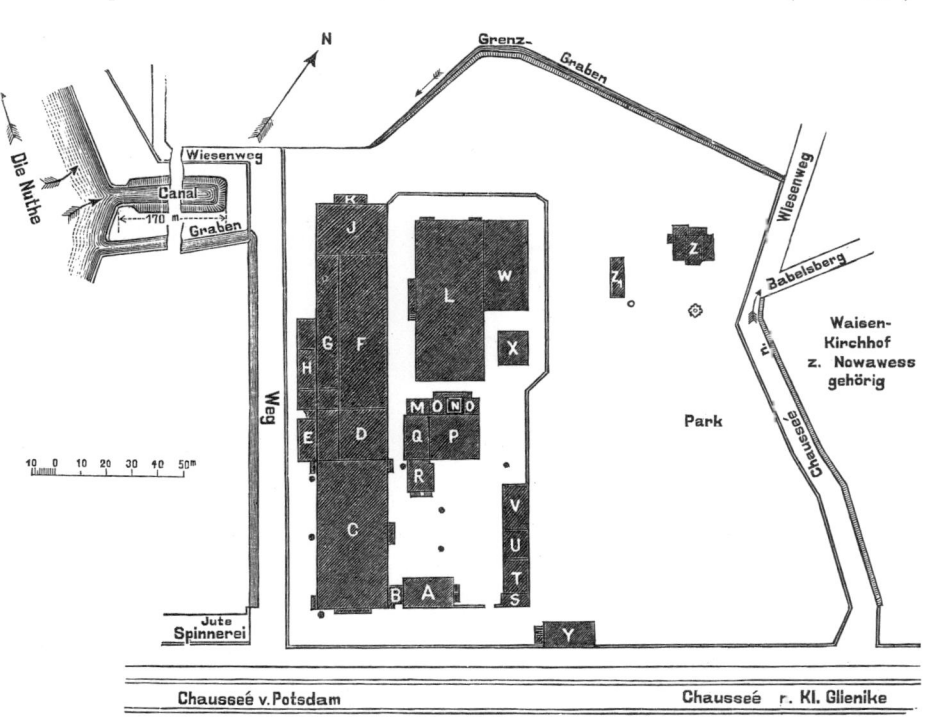

Abb. 732. Berlin-Neuendorfer Actien-Spinnerei, Lageplan.

A. Comptoir und Waarenlager mit Packräumen (1866). B. Treppenhaus (1866). C. Hauptgebäude (1866). D. Zug- und Maschenlager, Lisseuse und Spinnsaal (umgebaut 1880). E. Zug- und Maschenlager (1889). F. Carderie und Kämmerei, Wollsortirung (1871—1880). G. Wäscherei (umgebaut 1880). H. Fettgewinnungs-Anlage und Putzlappenwäsche (1889). J. Wolllager (1880). K. Schuppen in Magnesit für Swinter (1889). L. Feinspinnerei, Shed mit Keller; darin Zug- und Maschenlager (1888). M. Transmissionshaus und Pumpenstation (umgebaut 1888). N. Kamin (1866). O. Zwei Economiser und Arbeiter-Auskleideraum (1870—1888). P. Kesselhaus (vier Galloway- und zwei Cornwall-Kessel, 1866). Q. Dampfmaschinenhaus (alt, 1866). R. Dampfmaschinenhaus (neu, 1888). S. Portierzimmer und Kutscherwohnung (1880). T. Pferdestall, Wagenremise und Fouragekammer (1880). U. Tischlerei und Holzlager, Leimküche (1880). V. Reparaturwerkstätte (1883). W. Feinspinnerei, Shed ohne Keller (1894). X. Spritzenhaus und Rumpelkammer (1881). Y. Portierwohnung (restaurirt 1865). Z. Directorwohnhaus (1866). Z_1 Treibhaus (1866).

618 IX. Fabriken für Textilindustrie, Färberei und Appretur.

Luftbefeuchtungsapparaten versehen. — Sechs Cornwallkessel und eine Dampfmaschine von 600 P. S. dienen zum Betriebe der Maschinen, der Heizung und der Wäscherei. Das Wasser, zum Theil aus zwei Abessinierbrunnen, zum Theil aus der Nuthe, wird vor und nach dem Gebrauch gereinigt.

Anlage und Betrieb der Fabrik sind allmählich erweitert worden, sie erzeugt hauptsächlich rohweifse Webgarne in Kette und Schufs in bestimmten Nummern, aufserdem Zephir- und Buckskingarne auf 30000 Feinspindeln, 3000 Zwirnspindeln und 30 Kammstühlen. Die Leistung betrug im Jahre 1895 575000 kg Rohgarn im Werthe von 2 917 000 ℳ. 500 Arbeiter, darunter 330 weibliche, werden beschäftigt. Das Actienkapital ist im Jahre 1890 von $1\frac{1}{2}$ auf $2\frac{1}{2}$ Mill. ℳ erhöht worden.

B. Plüsche.

In der Herstellung von Confectionsplüschen und Krimmer hat Berlin seinen alten hervorragenden Rang behauptet. Allerdings sind, da die Handwebereien hier nicht mehr lohnend waren, eine ganze Anzahl Betriebe nach aufserhalb verlegt worden, die aber von Berlin aus geleitet werden.

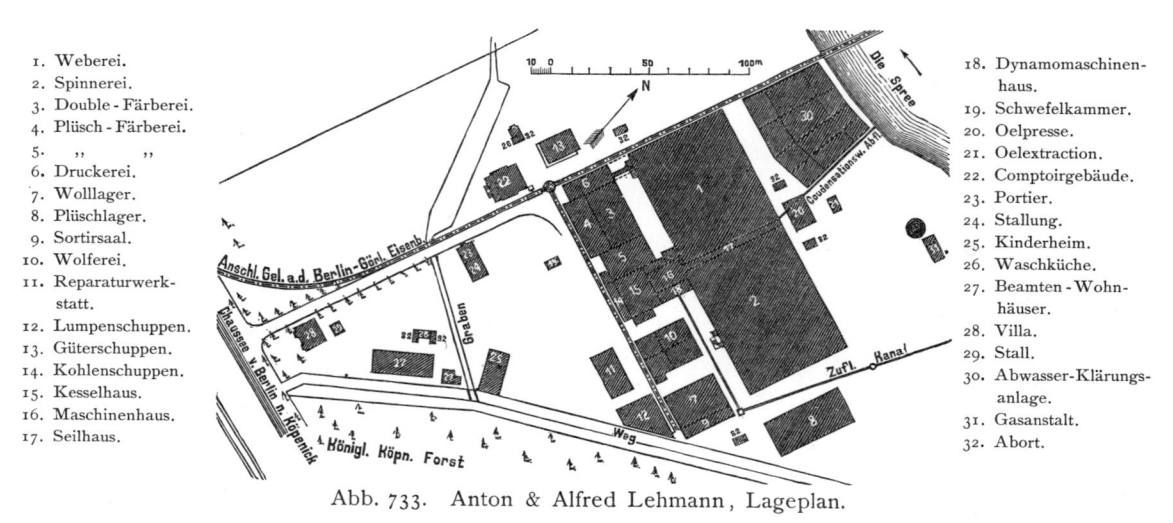

1. Weberei.
2. Spinnerei.
3. Double - Färberei.
4. Plüsch - Färberei.
5. „   „
6. Druckerei.
7. Wolllager.
8. Plüschlager.
9. Sortirsaal.
10. Wolferei.
11. Reparaturwerkstatt.
12. Lumpenschuppen.
13. Güterschuppen.
14. Kohlenschuppen.
15. Kesselhaus.
16. Maschinenhaus.
17. Seilhaus.

18. Dynamomaschinenhaus.
19. Schwefelkammer.
20. Oelpresse.
21. Oelextraction.
22. Comptoirgebäude.
23. Portier.
24. Stallung.
25. Kinderheim.
26. Waschküche.
27. Beamten - Wohnhäuser.
28. Villa.
29. Stall.
30. Abwasser-Klärungsanlage.
31. Gasanstalt.
32. Abort.

Abb. 733. Anton & Alfred Lehmann, Lageplan.

Aus der Firma „D. J. Lehmann", welche früher in der Plüschfabrikation die führende Stelle einnahm, gingen im Jahre 1881 die Firmen „Ludwig Lehmann, Rummelsburg" und „Anton & Alfred Lehmann" hervor.

Erstere verblieb in der Fabrik zu Rummelsburg, die jetzt ein Gebiet von rd. 7 ha Fläche einnimmt. Als Betriebskräfte dienen: eine Verbundmaschine von 300 P. S. und fünf kleinere Dampfmaschinen von zusammen 95 P. S., aufserdem für die elektrische Lichterzeugung eine Verbundmaschine von 150 P. S. mit 900 und 300 Ampère Dynamomaschinen, welche den Strom für etwa 1600 Glüh- und 20 Bogenlampen liefern.

Sechs Gallowaykessel von je 80—100 qm Heizfläche und zwei Rohrkessel von etwa 180 bezw. 250 qm Heizfläche liefern den Dampf.

Die Fabrik betreibt Weberei, Spinnerei, Färberei, Druckerei, Appretur und Tricotwirkerei. Gegenwärtig arbeiten 251 breite mechanische Webstühle und 12 Satz Krempel-Feinspinnmaschinen mit 36000 Spindeln. Aufserdem sind 60 deutsche und englische Tricotstühle in Thätigkeit. Die Spinnerei wird Tag und Nacht betrieben.

800 Arbeiter und Arbeiterinnen mit 40 Meistern, nebst dem dazu nöthigen Comptoir- und Betriebspersonal sind in der Fabrik beschäftigt. Aufserdem hat die Firma grofse Werkstätten und Factoreien in Nowawes, Katscher, Neurode, Zinna, Straufsberg usw. begründet, wo 2000 Handstühle und 3000—3500 Leute in Thätigkeit sind.

IX Fabriken für Textilindustrie, Färberei und Appretur. 619

Zur Reinigung der Fabrikabwässer, bevor sie in den Rummelsburger See abfliefsen, ist eine eigene Kläranlage eingerichtet und mit einer Dampfmaschine von 40 P.S., Rührwerk und umfangreichen Klärbehältern ausgestattet. Durch Beimischung von Kalk und Chemikalien wird eine ausreichende Klärung der Abwässer erzielt.

Die ebenfalls aus der Firma D. J. Lehmann, Rummelsburg, hervorgegangene Firma „Anton & Alfred Lehmann" hat im Jahre 1881 in Niederschöneweide eine neue Fabrik errichtet und ist 1891 in eine Actiengesellschaft umgewandelt worden. Das Fabrikgrundstück liegt am linken Spreeufer mit der Gebäudefront dem Wasser zugewendet; es besitzt Ausladevorrichtungen für den Wasserverkehr und Anschlufsgleis nach der Görlitzer Eisenbahn. Die Gebäude sind durchaus feuersicher in Stein und Eisen mit Wellblechdach und Wellblechdecken aufgeführt (Abb. 734).

Acht Betriebsmaschinen mit zusammen etwa 600 Pferdekräften, zwei Elevatoren und sieben Zweiflammrohrkesseln mit selbstthätiger Rostbeschickung von je 94 qm Heizfläche und 5—6 Atmosphären Ueberdruck leisten die erforderliche Arbeit.

Das zur Kesselspeisung nothwendige Wasser, welches durch zwei Green'sche Economiser auf 70—100° C. vorgewärmt wird, sowie das zur Fabrikation nöthige Wasser wird der Fabrik durch einen etwa 300 m langen Canal aus der Spree zugeführt, während die Reinigung der Abwässer in sechs grofsen Klärbassins durch Zusatz von Kalkmilch erfolgt.

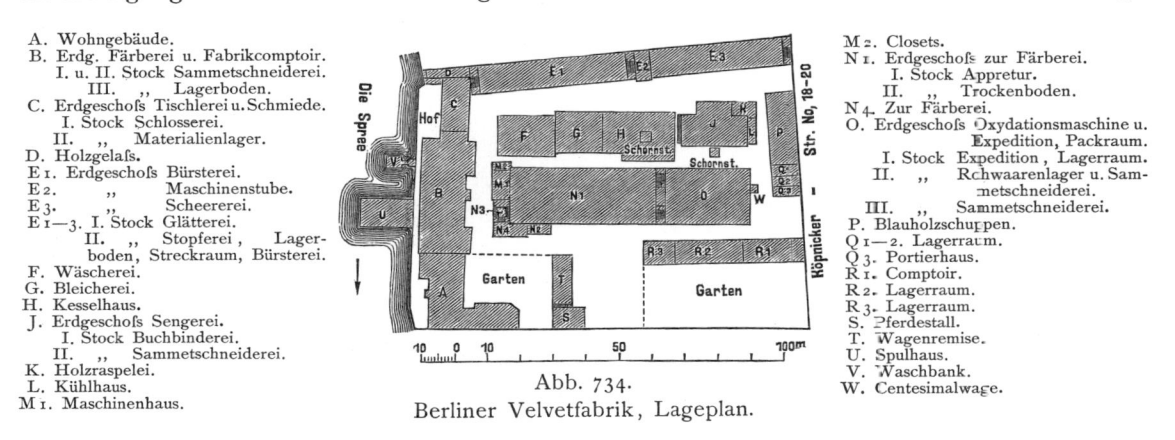

A. Wohngebäude.
B. Erdg. Färberei u. Fabrikcomptoir.
   I. u. II. Stock Sammetschneiderei.
   III. „ Lagerboden.
C. Erdgeschofs Tischlerei u. Schmiede.
   I. Stock Schlosserei.
   II. „ Materialienlager.
D. Holzgelafs.
E 1. Erdgeschofs Bürsterei.
E 2. „ Maschinenstube.
E 3. „ Scheererei.
E 1—3. I. Stock Glätterei.
   II. „ Stopferei, Lagerboden, Streckraum, Bürsterei.
F. Wäscherei.
G. Bleicherei.
H. Kesselhaus.
J. Erdgeschofs Sengerei.
   I. Stock Buchbinderei.
   II. „ Sammetschneiderei.
K. Holzraspelei.
L. Kühlhaus.
M 1. Maschinenhaus.

M 2. Closets.
N 1. Erdgeschofs zur Färberei.
   I. Stock Appretur.
   II. „ Trockenboden.
N 4. Zur Färberei.
O. Erdgeschofs Oxydationsmaschine u. Expedition, Packraum.
   I. Stock Expedition, Lagerraum.
   II. „ Rchwaarenlager u. Sammetschneiderei.
   III. „ Sammetschneiderei.
P. Blauholzschuppen.
Q 1—2. Lagerraum.
Q 3. Portierhaus.
R 1. Comptoir.
R 2. Lagerraum.
R 3. Lagerraum.
S. Pferdestall.
T. Wagenremise.
U. Spulhaus.
V. Waschbank.
W. Centesimalwage.

Abb. 734.
Berliner Velvetfabrik, Lageplan.

Die Fabrik fertigt Stoffe und Tricots zur Herren- und Damen-Confection, Plüsche, Krimmer, Besätze und Reisedecken. Sie färbt und appretirt selbst, bereitet die hierzu nöthige salpetersaure Eisenbeize und Walkseife und besorgt das Schneiden und Fermentiren von Farbhölzern und Mahlen von Myrabolanen.

Neben 256 mechanischen Webstühlen, 14 Selfactoren mit zusammen 5500 Spindeln, 35 Waschmaschinen sind noch 165 Stück Maschinen der verschiedensten Art in der Fabrik thätig, darunter 20 Walkmaschinen, Krempelmaschinen, Spulmaschinen, Rauhmaschinen u. a. m. Zur Rückgewinnung von Oelen aus den Fabrikationsabfällen dienen Presse und Extraction.

Die Beleuchtung erfolgt durch rd. 2000 Glüh- und 12 Bogenlichtlampen, durch vier Dynamomaschinen erzeugt, aufserdem besteht für Betriebszwecke eine Oelgasanstalt für eine Jahresleistung von rd. 40000 cbm Gas. Durchschnittlich 900 Arbeiter, 35 Werkführer und Meister, sowie 40 Beamte sind in der Fabrik beschäftigt. Sie besitzt eine ausgedehnte Dampf-Feuerlöscheinrichtung, sowie in allen Räumen Dampfheizung und Ventilation. Ein Director- und vier Beamtenwohnhäuser, sowie eigene Krankenkasse und Unterstützungsfonds gehören zu der Fabrik.

Mit der Herstellung von Baumwoll-Sammet oder Velvet beschäftigt sich die Berliner Velvetfabrik M. Mengers & Söhne, Köpenicker Strafse. Die Fabrik wurde 1873 als Actiengesellschaft begründet, ging aber 1889 in den Privatbesitz von Martin Mengers über. Sie beschäftigt jetzt durchschnittlich 1400 Arbeiter. Die Centrale der Fabrikation ist in Berlin, doch unterhält die Firma Filialen in Schwiebus, Altenburg, im sächsischen Erzgebirge und Mülhausen i. E. und für den französischen Markt eine eigene Fabrik in

78*

Roubaix in Nordfrankreich mit 200 Arbeitern. Die Fabrikation umfaſst: schwarze und farbige Sammete für Confection, Putz, Möbel, Patent-Sammete, gerippte Sammete, Plüsche und Fantasie-Sammete. Die jährliche Leistung beträgt etwa 3 000 000 m.

Sieben groſse Dampfkessel mit je 100 qm Heizfläche geben den Dampf für Dampfmaschinen und Färberei usw. Eine Compound-Dampfmaschine von 450 Pferdekräften treibt eine Primär-Drehstrom-Dynamomaschine von 190 Volt, die 25 Motoren Strom giebt; dieselben dienen zum directen Antrieb der verschiedenen Arbeitsmaschinen. Die Beleuchtung geschieht durchweg durch Glühlicht und Bogenlicht.

Die Fabrikanlage, die 1883 abbrannte und mit allen Verbesserungen der Neuzeit innerhalb fünf Monaten betriebsfähig wieder aufgebaut wurde, ist mit der selbstthätig wirkenden Feuerlöschvorrichtung der Grinell Sprinklers versehen (Abb. 734).

C. Teppiche und Möbelstoffe.

Die Berliner Teppichfabriken haben sich durch ihre Leistungen den französischen und englischen, welche früher bedeutend überlegen waren, mehr und mehr ebenbürtig gezeigt und sind für diese bedeutende Mitbewerber geworden. Es werden sogar bedeutende Mengen von Teppichen, namentlich Kettendruckteppiche auch nach England von hier geliefert.

Besonders zu erwähnen ist die Fabrik von Emil Becker & Hofbauer, deren Lageplan Abb. 735 zeigt. Gegenwärtig werden dort auf 120 mechanischen Webstühlen Teppiche aus Wolle, Baumwolle, Leinen und Jutegarn in den Breiten von 0,66—3,40 m hergestellt, die theils als Brüssel- und Tournayteppiche mit zwei bis sechs Ketten, theils als Velvets und Tapestryteppiche mit vorher buntbedruckter Wollkette gearbeitet werden.

A. Kesselhaus. B. Maschinenhaus. C. Modelllager. D. Fabrikgebäude. D$_1$. Schlosserei. D$_2$. Tischlerei. E. Hof unter Glasdach. F. Teppichweberei. G. Teppichweberei. H. Garnlager und Spulerei. J. Kettenbäumerei. K. Stall. L. Lagergebäude und Zeichensaal. M. Speisesaal. N. Wohnhaus. O. Pferdestall. P. Holzstall und Wagenremise. Q. Comptoir und Lagergebäude. R. Meisterstuben und Utensilienkammer. S. Schuppen. T. Corridor. U. Balcon. V. Portierstube. W. Fahrstuhl.

Abb. 735. Teppichfabrik Becker & Hoffbauer, Lageplan.

Zwei Dampfkessel von 9,40 m Länge und 2,20 m Durchmesser speisen die Dampfmaschine von 80 P. S. und liefern für die Heizung, für die Dämpfcylinder, sowie für die Garnfärberei den nöthigen Dampf. — Die Fabrik beschäftigt gegen 350 Arbeiter und Arbeiterinnen. In der Fabrikschlosserei und Tischlerei werden die im Betriebe nöthig werdenden Reparaturen ausgeführt und auch einzelne Maschinen bezw. Theile nach eigenen Modellen gefertigt.

Die Teppichfabrik von M. Protzen & Sohn in Stralau, welche den ehedem ausschlieſslich in England vollführten Kettendruck für Teppiche nach Deutschland bezw. nach Berlin verpflanzte, ist im Jahre 1865 begründet. Durch Neu- und Anbauten entstand allmählich die Anlage am rechten Spreeufer, deren Lageplan Abb. 736 zeigt.

Die groſsen Web- und Drucksäle sind Shedbauten. In den Druckhallen sind mehr als 50 Drucktrommeln in den verschiedensten Abmessungen, von denen einige durch zwei Stockwerke gehen, in Bewegung.

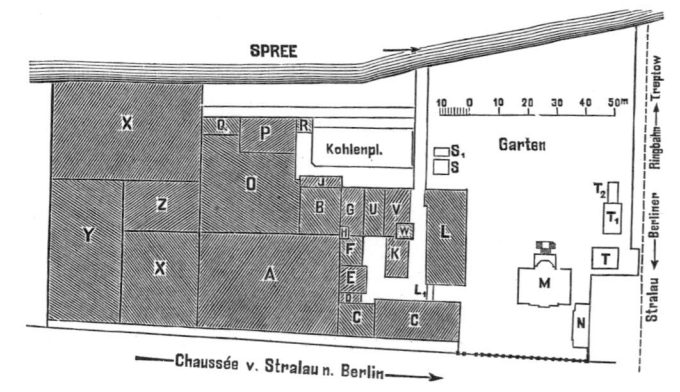

Abb. 736. Teppichfabrik Protzen & Sohn, Stralau, Lageplan.

A. Shed. B. Shed. C. Fabrikgebäude, vierstöckig. D. Treppenhaus. E. Reparaturschmiede. F. Reparaturschmiede. G. Kessel. H. Schornstein. J. Färbereigebäude. K. Maschinenhaus. L. Fabrikgebäude, vierstöckig. L$_1$. Verbindung. M. Wohnhaus. N. Stallgebäude. O. Shed. P. Fabrikgebäude, vierstöckig. Q. Schwefelkammern. R. Closetgebäude. S und S$_1$. Hühnerhäuser. T, T$_1$ und T$_2$. Treibhaus und Stallungen. U. Durchfahrt. V. Kesselhaus. W. Schornstein. X. Shed. Y. Shed. Z. Shed.

Eine 250pferdige Zwillings-Compoundmaschine liefert die Betriebskraft und treibt zugleich eine für die elektrische Beleuchtung dienende Dynamomaschine. — Die Fabrik beschäftigt etwa 500 Personen, unter denen sich 25 Zeichner und Patroneure befinden. Für die Arbeiter und Arbeiterinnen sind besondere Speisesäle im Gebäude *L* eingerichtet. — Aufser der Druckerei und Weberei besitzt die Fabrik eigene Färberei für Schufsgarne, sowie eine zum selbständigen Bau von Maschinen angelegte mechanische Werkstätte nebst Schlosserei und Schmiede. — Die Firma arbeitet neben Brüssel- und Druckteppichen auch Axminster- und Germaniateppiche, sowie Tischdecken, Möbelstoffe, Kameeltaschen usw. In der Fabrikfiliale des Hauses in Reichenberg i. B., wo 300 Arbeiter beschäftigt sind, werden neben Druckteppichen und Läuferstoffen auch handgeknüpfte Smyrnateppiche hergestellt. — Aufser den beiden genannten besitzt Berlin noch eine ganze Anzahl Fabriken für Möbelstoffe und Tischdecken, die aber in baulicher Beziehung wenig Bemerkenswerthes bieten und sich zum grofsen Theil in älteren Gebäuden befinden.

D. Wirkwaaren.

Auch die Fabriken zur Herstellung von gewirkten Waaren sind allmählich, da der Betrieb in Berlin zu kostspielig wurde, zum gröfsten Theil nach aufserhalb verlegt worden.

Eine der bedeutendsten ist die Wollenwaarenfabrik von Felix Landé. Sie beschäftigt im Hause 600 und aufser dem Hause im Hausbetrieb weitere 500 Personen, neben einem kaufmännischen Personal von 110 Leuten, und erzeugt alle Gegenstände, die mit der Strickmaschine hergestellt werden.

Die Strickmaschinen sowie die Pumpen der Hauswasserleitung werden durch einen Gasmotor von 12 P.S. betrieben. Die Heizung geschieht durch Perkinsröhren. Das Fabrikgrundstück Markusstrafse 12 hat 2340 qm Flächeninhalt, wovon das 20 m hohe Hauptgebäude 1350 qm einnimmt. Baulich Bemerkenswerthes bietet die Anlage nicht.

E. Färberei, Wäscherei und Appretur.

Unter der grofsen Anzahl von Firmen, die sich mit diesen drei Zweigen der Textilindustrie beschäftigen, ist als die bedeutendste die Firma W. Spindler mit ihren in Spindlersfeld bei Köpenick gelegenen grofsartigen Fabrikanlagen zu nennen.

Die Fabrik, deren jetzigen Lageplan Abb. 737 zeigt, wurde am 1. October 1832 in der Burgstrafse 3 begründet. Aus kleinsten Anfängen emporwachsend, erweiterte sich das Geschäft durch Aufnahme neuer Zweige und weitere Ausbildung derselben zu solchem Umfange, dafs die seit dem Jahre 1841 nach und nach erworbenen, etwa $4^1/_4$ Morgen grofsen, in der Wallstrafse und Neuen Grünstrafse gelegenen Grundstücke, „Spindlershof", schliefslich nicht mehr ausreichten. — Man entschlofs sich im Jahre 1871 zur Verlegung des Fabrikbetriebs nach aufserhalb. Am linken Ufer der Oberspree, dicht unterhalb Köpenick, wurde ein Gebiet von rd. 200 Morgen erworben, auf dem nach und nach die mit allen Hülfsmitteln der Technik ausgezeichnet ausgestattete Fabrikanlage Spindlersfeld entstanden ist (Abb. 729).

Die Firma, deren alleiniger Inhaber der Commerzienrath Carl Spindler ist, beschäftigt augenblicklich in Spindlersfeld 1886, in Berlin und anderen Städten 281, also insgesamt 2167 Beamte und Arbeiter beiderlei Geschlechts durch den Betrieb der folgenden Abtheilungen: I. Färberei und Druckerei seidener, II. wollener Garne, III. Färberei, Druckerei und Bleicherei baumwollener und Chinagras-Garne, IV. Färberei und Appretur wollener, baumwollener und seidener Stückwaaren, V. Zeugfärberei, der Sammelname für diejenige Abtheilung, welche sich mit dem Färben, Reinigen, Waschen, Auffrischen und der Appretur von Stoffen und Kleidungsstücken aller Art, sowie von Möbelstoffen, Gardinen, geflochtenem Stroh, Putzfedern und Daunen, Pelzwerk usw. beschäftigt. Seit dem Jahre 1853 kommt in dieser Abtheilung das unter der Bezeichnung „Chemische Wäsche" bekannte Verfahren der Reinigung mit Benzin, unter Ausschlufs von Wasser, zur Anwendung, und zwar wegen der Feuergefährlichkeit des Reinigungsmittels in vollständig vereinzelt stehenden Gebäuden.

Der Betrieb der Anlage wird bewerkstelligt durch 35 Dampfkessel von 2000 P. S., 22 Dampfmaschinen mit 530 P. S., 10 Dampfpumpen mit zusammen 530 P. S. und 17800 cbm täglicher Fördermenge, 1 Dampfpumpe für Benzinförderung, 3 Luftcompressoren mit einer täglichen Leistung von 1200 cbm comprimirter Luft, 1 Vacuumpumpe und 9 Dampfmaschinen zum Antrieb der Arbeitsmaschinen. — Die Beleuchtung der Anlage beansprucht jährlich rd. 300 000 cbm in eigener Gasanstalt hergestelltes Steinkohlengas, wovon 4000 Flammen gespeist werden, während zur elektrischen Beleuchtung 9 Dynamomaschinen mit 85 Bogen-

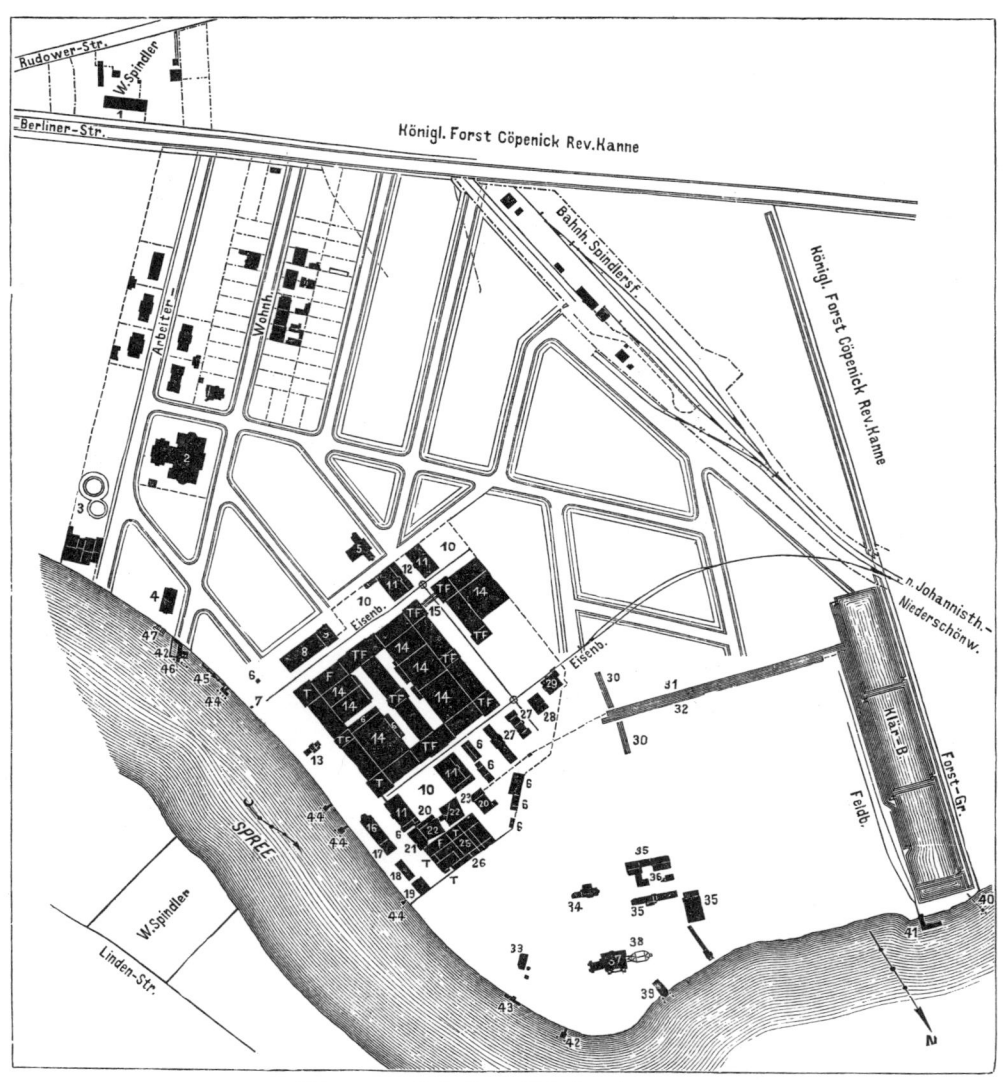

Abb. 737. Spindlers Fabrik, Lageplan.

1. Wohnhaus. 2. Erholungshaus. 3. Gasanstalt. 4. Bootshaus des Spindlerfelder Rudervereins. 5. Warmbadeanstalt. 6. Schuppen 7. Kran. 8. Speisesäle. 9. Controle und Hauptcomptoir. 10. Kohlenplatz. 11. Kesselhaus. 12. Schwefelei. 13. Centesimalwage. 14. Sheds. 15. Zweietagige Brücke. 16. Pumpstation, Technisches Bureau, Kupferschmiede. 17. Tischlerei, Zimmerei, Böttcherei. 18. Holzlager. 19. Benzinlager. 20. Baumwollenbleiche. 21. Schlosserei und Schmiede. 22. Sammelwasserbassin. 23. Pumpstation für Färbereiabwässer. 25. Chemische Wäscherei. 26. Benzindestillation. 27. Pferdeställe und Kutscherwohnhäuser. 28. Remise. 29. Güterschuppen. 30. Berieselung der Park- und Gartenanlagen. 31. Färbereiabwässer. 32. Färbereiabwässer, geklärt. 33. Bootshaus. 34. Gärtner- und Pförtnerhaus. 35. Gewächshäuser. 36. Wirthschaftsgebäude. 37. Villa Spindler. 38. Wintergarten. 39. Dampfboothalle. 40. Abfluss geklärter Färbereiabwässer. 41. Ladebühne für Färbereirückstände. 42. Flussbadeanstalt. 43. Bootssteg. 44. Saugekasten. 45. Anlegeplatz für Kähne zur Ueberfahrt. 46. Haltestelle der Dampfer und Dampfschiffahrtsgesellschaft Stern. 47. Bootsbrücke.

lampen und 115 Glühlampen dienen, die einer Gesamtleistung von 7690 Glühlampen von 16 Normalkerzen gleichwerthig sind. Die Heizung der Räume geschieht im allgemeinen durch Dampf. — Die Erdgeschosse der Fabrikgebäude sind 4,68—5 m, die ersten und zweiten Stockwerke 4,40 m und die dritten Stockwerke 3,90 m hoch. Die Tiefe der in drei bis vier

Stockwerken über einander liegenden Arbeitsräume beträgt 15 m, wobei auf je 1000 qm Grundfläche im Erdgeschofs 217 qm Fensterfläche, im ersten Stock 190 qm und im zweiten und dritten Stock 111 qm Fensterfläche kommen.

Aufser den Fensteröffnungen dienen zur Zu- und Abführung der Luft die in fast sämtlichen Hauptpfeilern angelegten Canäle, die durch Verschlufsklappen und Schieber zu regeln sind. In Trockenstuben und dergl. wird die Ventilation durch Exhaustoren befördert. Schädliche Dämpfe werden durch Ableitung nach den Fabrikschornsteinen rasch beseitigt.

Das Personal ist auf die Räume derart vertheilt, dafs in je 1000 cbm Rauminhalt höchstens 32 Personen beschäftigt sind. — Die Fabrik hat neben der bequemen Wasserverbindung, durch die sie jährlich über 400 000 Ctr. Steinkohlen und andere Rohstoffe heranschafft, einen eigenen Bahnhof, Spindlersfeld, der die Endstation der in die Görlitzer Bahn einmündenden Zweigbahn Johannisthal—Spindlersfeld bildet.

Die Reinigung der Abwässer erfolgt durch eine eigene Klär- und Berieselungsanlage. Die Verbrauchswässer der Färberei, der Wäscherei, der Aborte usw. werden durch Canäle in eine Sammelgrube geführt, von da unter Zusatz von Chemikalien nach Klärgruben von zusammen 22 000 qm Grundfläche gepumpt und dann zur Berieselung von Gemüse- und Baumpflanzungen benutzt. Die festen Rückstände aus den Sammelgruben werden von Zeit zu Zeit durch Schiffe abgefahren.

Die Fabrik ist in vorzüglicher Weise mit Wohlfahrtseinrichtungen aller Art ausgerüstet. Sie besitzt unter anderen eigene Kranken-, Unfall-, Alters- und Wittwen-Unterstützungskassen, zwei Sparkassen, einen Kindergarten und umfangreiche Bibliothek. Die Färbereilehrlinge erhalten unentgeltlichen Unterricht in der Chemie. In einer im Jahre 1890 errichteten Warmbadeanstalt erhalten Fabrikangehörige für geringen Preis Brause-, Wannen-, Dampf- sowie alle medicinischen Bäder und Massage; eine Flufsbadeanstalt in getrennten Abtheilungen für Männer, Frauen und Kinder steht ihnen gleichfalls zur Verfügung. Aufser zwei in der Fabrik selbst gelegenen Speisesälen ist im Jahre 1890 ein Erholungshaus errichtet, in dessen hohen luftigen Räumen die Fabrikangehörigen angenehmen Aufenthalt, sowie für niederen Preis gute und kräftige Speisen und Getränke erhalten. An den Sonntagen finden hier während des Winters Volksunterhaltungsabende statt, die stark besucht werden und einen sehr wohlthätigen Einflufs ausüben. — Die Angehörigen der Fabrik bilden eine gut organisirte wohl ausgerüstete Feuerwehr, die auch in der Umgebung schon manchen guten Dienst geleistet hat. — Eine Reihe der Fabrik gehöriger Wohnhäuser bietet den Arbeitern gesunde, in der Nähe belegene Wohnungen. Auch ist Fabrikangehörigen Gelegenheit geboten, eigene Grundstücke zum Selbstkostenpreis von der Firma zur Errichtung von Wohnhäusern zu erwerben. — Die Anstalt kann in jeder Beziehung als mustergültig bezeichnet werden und ist durch zahlreiche Medaillen und Diplome für ihre Leistungen auf dem Gebiete der Industrie wie der Hygiene und des Rettungswesens ausgezeichnet worden.

Fr. Gebauer in Charlottenburg, Bleicherei, Färberei, Appreturanstalt und Maschinenfabrik für Textilindustrie, ist hervorgegangen aus der im Jahre 1833 in Bocksfelde bei Spandau begründeten ehemaligen chemischen Kattunbleicherei von G. H. Bretsch. Durch fortgesetzte Vergröfserungen und durch die Erwerbung der Barbarahütte in Neurode in Schlesien hat sich dieses Unternehmen zu seiner jetzigen Bedeutung empor gearbeitet. Die Firma baut namentlich Appreturmaschinen für die Leinen- und Baumwollindustrie und appretirt diese Artikel auch selbst. Die Anlagen für Appretur sind imstande täglich 2000 Stück Baumwollgewebe je 50 m lang zu bearbeiten.

Die Abtheilung des Maschinenbaues umfafst ein sehr geräumiges, mit allen Neuerungen ausgestattetes Fabrikgebäude, in dessen Erdgeschofs sich die Dreherei und Hobelei mit zahlreichen Sondermaschinen und der grofse Montageraum befinden, der von vier Laufkranen durchzogen wird. In dem ersten und zweiten Stockwerk liegen Werksäle für mittlere und kleine Maschinentheile, die Schlosserei, Tischlerei und Modellschreinerei.

Die Firma beschäftigt in ihrer Charlottenburger Anstalt rd. 600, in dem Eisenwerk Barbarahütte 300 Personen.

X. Chemische Fabriken.[1]

Die Herstellung von Chemikalien war im Anfang dieses Jahrhunderts noch ganz den Laboratorien der Apotheken und dem Kleingewerbe überlassen; Versuche zu einer fabrikmäfsigen Anfertigung in grofsem Mafsstabe treten erst im zweiten Jahrzehnt hervor. Ihre spätere rasche und grofsartige Entwicklung verdankt die chemische Industrie in erster Linie den Fortschritten der wissenschaftlichen chemischen Forschung; die Industrie Berlins genofs den besonderen Vortheil, dafs eine Reihe hervorragender Chemiker, Gelehrte wie Rose, Klaproth, Mitscherlich, Wöhler, Runge, Baeyer, Hofmann, Liebermann, Graebe hier wirkten und durch ihre unmittelbare Anregung die Einführung ihrer glänzenden Entdeckungen in die Praxis anbahnten. — Im übrigen kamen der hiesigen chemischen Industrie dieselben günstigen Bedingungen zu statten, welche Berlin in seiner Bedeutung als Handelsplatz und Industriemittelpunkt dem gesamten gewerblichen Leben bietet; der neuere mächtige Aufschwung Berlins seit seiner Erhebung zur Reichshauptstadt hat sich auch in der chemischen Industrie in entschiedenster Weise geltend gemacht; weitaus die gröfsere Hälfte der Berliner chemischen Fabriken ist erst in den letzten 25 Jahren begründet worden. Im ganzen bestehen zur Zeit in Berlin und seinen Vororten nach den Angaben der „Berufsgenossenschaft der chemischen Industrie" 427 chemische Betriebe mit rd. 14000 versicherten Arbeitern.

Lage der Fabriken. Die Verhältnisse der inneren Stadt zwingen den chemischen Betrieben mancherlei Beschränkungen auf; trotzdem liegen des bequemen Absatzes wegen die meisten, namentlich die kleineren und mittleren Fabriken im eigentlichen Stadtgebiet. Die Grofsindustrie aber verlegt die Fabrikation von Jahr zu Jahr mehr in die Umgebung der Stadt und sucht — bei der wichtigen Rolle, welche in der chemischen Industrie die Transportfrage spielt — für ihre Ansiedelungen vor allem die unmittelbare Verbindung mit den Wasserstrafsen. Die bedeutendsten Fabriken liegen mit wenigen Ausnahmen an der Spree und an den einmündenden Nebenarmen und Canälen; sie beginnen im Gebiete der Oberspree bei Erkner und Grünau, und finden sich stromabwärts in Adlershof, Niederschöneweide und am Rummelsburger See, treten dann an dem unteren Spreelauf in Charlottenburg und Martinikenfelde wieder auf und ziehen sich bis in das Spreethal zwischen Westend und Spandau hin; mehrere grofse chemische Fabriken liegen am Landwehrcanal und am Berlin-Spandauer Schiffahrtscanal. Bequeme Gelegenheit zum Anschlufs an die bestehenden Eisenbahnlinien bietet bei dieser Lage die Görlitzer Bahn im Osten und die Berlin-Hamburger Bahn im Westen der Stadt, aufserdem die Stadt- und Ringbahn.

Bauweise. Die Ansprüche an die bauliche Ausführung sind bei der chemischen Industrie im allgemeinen sehr geringe. Kein anderer Industriezweig ist wohl in ähnlichem

---

[1] Bearbeitet vom Regierungs-Baumeister P. Wittig.

X. Chemische Fabriken.   625

Mafse dem Wechsel und der Veränderung im Betriebe unterworfen und schon aus diesem Grunde wird die leichte und wohlfeilste Bauweise bevorzugt. Lohnende Aufgaben werden der Bautechnik in der Regel erst dann gestellt, wenn nach dem Abschlufs der ersten Entwicklungsperioden und nach völliger Klärung des Darstellungsverfahrens einheitliche Anlagen für den Grofsbetrieb zu schaffen sind.

Im folgenden sollen vorzugsweise die Fabriken dieser letzteren Art, und zwar für jeden Hauptzweig der Berliner chemischen Industrie einige bezeichnende Beispiele besprochen werden. Zuvor wird noch bemerkt, dafs die früher von den chemischen Fabriken gehandhabte strenge Geheimhaltung ihrer Anlagen und Einrichtungen mit der allgemeineren Einführung des Patentschutzes zwar erheblich nachgelassen hat, in manchen Fabriken aber doch aus besonderen Gründen noch weiterbesteht. Die nachstehenden Mittheilungen haben unter diesen Verhältnissen vielfache Beschränkungen erfahren.

Abb. 738. Geschäftshaus der Schering'schen Fabrik, Müllerstrafse 170/171.

A. Pharmaceutische, technische und wissenschaftliche Präparate.

1. **Chemische Fabrik von J. D. Riedel.** Die Fabrik ist als Zweiganstalt der „Schweizerapotheke" im Jahre 1812 begründet worden und als die älteste der gröfseren chemischen Fabriken Berlins anzusehen; sie beschäftigt sich mit der Anfertigung von Arzneimitteln und Präparaten für den Apothekenbedarf, und mit der Verarbeitung von Droguen in allen vorkommenden Handelsformen. Die Eigenart der Fabrikation liegt in der Herstellung einer aufserordentlich grofsen Zahl chemischer Stoffe in verhältnifsmäfsig kleinen Mengen; dieser Betriebsweise entsprechen die baulichen und maschinellen Einrichtungen. Die Fabrik in der Gerichtsstrafse 12/13, in welche im Jahre 1874 der gesamte Betrieb verlegt wurde, zeigt theils mehrgeschossige Gebäude, in denen Destillir-, Reinigungs-, Filter-, Misch- und Lävigirapparate, Pulverisir- und Schneidemühlen in verschiedenartigster Ausbildung aufgestellt sind, theils vereinzelte kleinere Baulichkeiten für feuergefährlichen Betrieb und Explosivstoffe. Die anschliefsenden Lagerhäuser enthalten in vier Geschossen weiträumige, mäfsig hohe Säle; Rohmaterialien und versandfertige Erzeugnisse werden hier nach den mannigfachsten Bedingungen in Behältern aus Holz, Metall, Glas, Steingut in peinlichster Ordnung gespeichert. Die Aufnahme neuer Betriebszweige führte 1888 zur Errichtung einer Filialfabrik in Bohnsdorf bei Grünau.

Berlin und seine Bauten. I.   79

626   X. Chemische Fabriken.

Von den Erzeugnissen der Fabrik sind als bekanntere hier anzuführen: Chinin (nach der ersten Einführung der Chinarinde im Jahre 1826 von R. auf Rechnung des preufsischen Staates dargestellt), Salipyrin, Phenacetin, Sulfonal, Dulcin (ein neuer Süfsstoff), Thoriumnitrat für die Gasglühlicht-Industrie.

Die Fabrik beschäftigt 150 Beamte und 240 Arbeiter; die Maschinenkraft wird von fünf Dampfkesseln mit zusammen 400 P. S. geliefert.

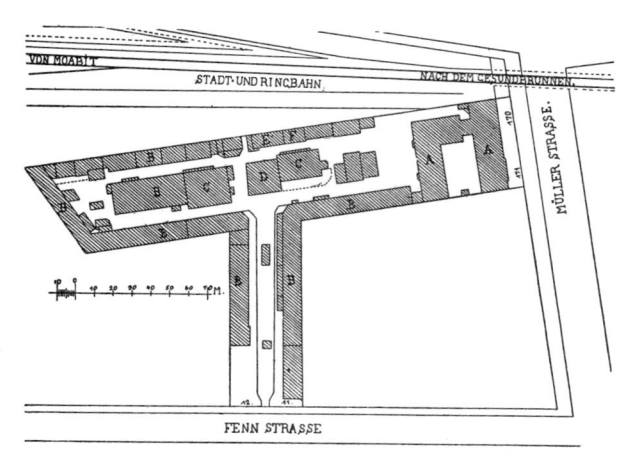

Abb. 739. Chemische Fabrik auf Actien, vorm. E. Schering, Lageplan.
A. Geschäfts- und Lagerhaus. B. Fabrikgebäude. C. Kesselhäuser. D. Speicher. E. Kupferschmiede. F. Stallung.

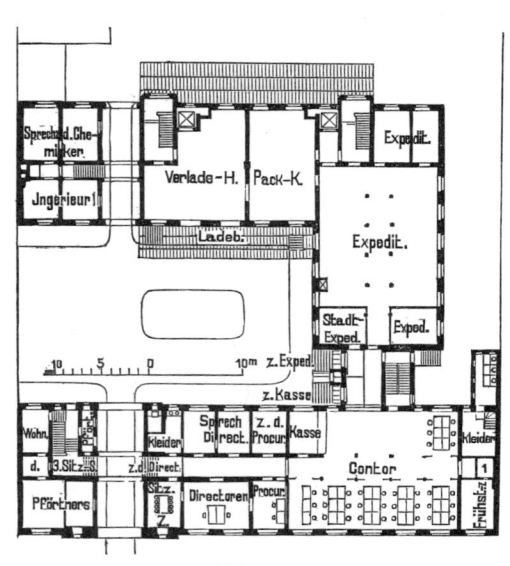

Abb. 740. Grundrifs des Geschäfts- und Lagerhauses A.

a. Wärter.
b. Vorraum.
c. Warteraum.
d. Fabriksäle.
e. Fahrstühle.
f. Speisesaal.
g. Ankleidezimmer.
h. Bäder.

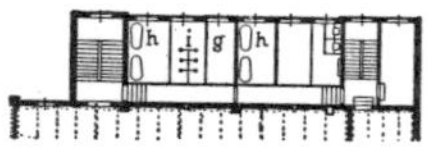

Abb. 742a. Zweites Obergeschofs.

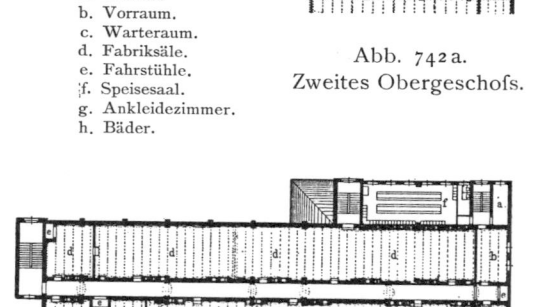

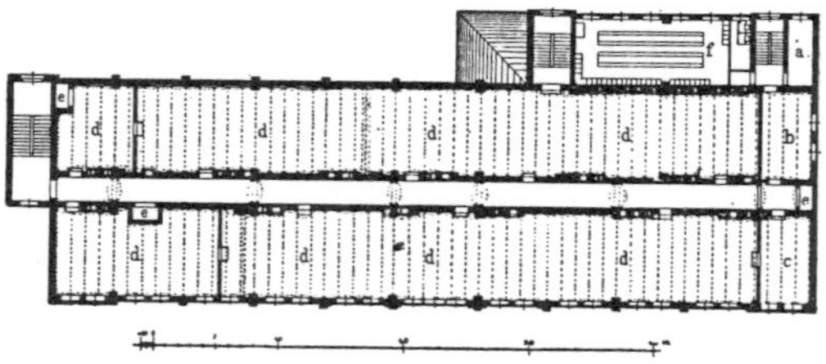

Abb. 741. Ansicht des Mittelbaues.   Abb. 742. Grundrifs des Erdgeschosses.
Gebäude für die photographische Abtheilung der Schering'schen Zweigfabrik in Charlottenburg.

2. **Chemische Fabrik auf Actien, vormals E. Schering.** Die Fabrik ist, wie die vorher besprochene, ebenfalls aus dem Apothekenbetriebe hervorgegangen. Der Besitzer der „Grünen Apotheke" E. Schering begann im Jahre 1854 die Herstellung einzelner chemischer Präparate in gröfserem Mafsstabe, u. a. von salpetersaurem Silber, Jod- und Bromsalzen; mit dem Aufschwung der Photographie wurden die Chemikalien für photographische Zwecke in die Reihe der Fabrikerzeugnisse aufgenommen.

Der wachsende Betrieb führte zur Begründung einer selbständigen Fabrik (Ecke Müller- und Fennstrafse), die im Jahre 1881 durch eine Zweiganstalt in Charlottenburg erweitert wurde und heute mit einem Jahresumsatz von 10 Mill. ℳ zu den bedeutendsten Werken der chemischen Präparatenindustrie gehört. Im Jahre 1871 war die Umwandlung des Unternehmens in eine Actiengesellschaft erfolgt.

Die Hauptfabrik (Abb. 739) zeigt in ihrer Bauweise die Entstehung durch allmähliche Angliederung. Das Grundstück wird durch Fabrikgebäude von verschiedenster Ausbildung umgrenzt; innerhalb der umschlossenen Fläche liegen gröfsere freistehende Bauten, Kessel- und Maschinenhäuser. An der Eingangsseite wurde im Jahre 1889 nach den Entwürfen des Bauraths March ein umfangreiches Geschäfts- und Lagerhaus erbaut (Abb. 738 und 740). Das Kellergeschofs enthält den Speisesaal und Umkleideräume für die Arbeiter, das Erdgeschofs Geschäftszimmer und die Expedition, das erste Obergeschofs Räume zur Benutzung für die Generalversammlungen, das zweite Obergeschofs die Wohnung des Fabrik-Ingenieurs; aufserdem liegen in beiden oberen Stockwerken zahlreiche Lager- und Fabrikräume. Die Strafsenansicht des Hauses ist in Ziegelrohbau mit Sandsteingliederungen ausgeführt; einen ausdrucksvollen Schmuck bilden die Reliefporträts berühmter Chemiker in den Fensterbrüstungen des Hauptgeschosses.

Die Zweigfabrik in Charlottenburg liegt dicht an der Ringbahnstation „Jungfernhaide" in unmittelbarer Nähe des Berlin-Spandauer Schiffahrtscanals. Von gröfseren Bauanlagen sind hier zu nennen: die Fabrik zur Herstellung von Aether, die Tanninfabrik, die elektrolytische Anstalt mit Dynamomaschinen von 200 P.S., schliefslich das 1895 unter Zuziehung erfahrener Fachmänner nach den Entwürfen des Bauraths March errichtete Gebäude für die Anfertigung photographischer Platten und Papiere (Abb. 741, 742, 742 a). Nach der Strafsenseite hin liegen Fabriksäle mit Tageslicht, an der Hinterfront Dunkelsäle von sehr bedeutender Längenausdehnung. Beide Saalreihen sind durch einen 65 m langen fensterlosen Mittelgang getrennt. Um bei dem Verkehr im Hause jedes Eindringen von Lichtstrahlen in die Dunkelsäle zu verhüten, sind die Eingänge zu diesen Räumen durch schleusenartig angeordnete Doppelthüren geschlossen. Die Lüftung der Räume erfolgt durch Aspiration, die Erwärmung durch Dampfheizung, die Beleuchtung durch elektrisches Licht. Sämtliche Maschinen werden durch Elektromotoren betrieben. In besonderem Anbau sind nach Geschossen getrennt Speisesäle für Arbeiter und Arbeiterinnen, darüber Wannen- und Brausebäder eingerichtet.

Die Gesellschaft beschäftigt aufser 58 Beamten und 20 Chemikern 525 Arbeiter und 40 Arbeiterinnen. Es sind 16 Dampfkessel mit zusammen 1480 P.S. in Betrieb. Der Verbrauch an Brennmaterial beträgt etwa 15 000 t jährlich.

B. Grofsindustrie der Säuren und Salze.

1. Chemische Fabrik „Kanne" in Niederschöneweide bei Berlin (Kunheim & Co.).

Am Rande des Kreuzberges, unweit der jetzigen Bockbrauerei, gründete der Chemiker Dr. L. Kunheim im Jahre 1835 weit aufserhalb der damaligen Stadtgrenzen eine Fabrik für Essigproducte und Beizen. Die erste Vergröfserung der Fabrik bestand in den Anlagen für die Darstellung mineralischer Säuren und ihrer Nebenproducte. Nach der Einführung der Gasbeleuchtung in Berlin begann die Fabrik die Verarbeitung der bei der Gaserzeugung verbleibenden Rückstände, welche anfangs als lästige Abfallstoffe galten und von den Gasanstalten mit hohen Kosten entfernt werden mufsten. Durch die Verwerthung neu entdeckter Herstellungsweisen und den zunehmenden Verbrauch der Erzeugnisse seitens anderer aufblühender Industriezweige entwickelten sich die Betriebe im Laufe der Zeit zu gröfstem Umfange; die Zahl der beschäftigten Arbeiter stieg bis auf 500 Mann. In ihrer weiteren Ausdehnung aber wurde die Fabrik gehemmt durch das schnell heranwachsende Häusermeer Berlins; aufserdem behinderte die grofse Entfernung der Fabrik von den zahlreichen in Berlin neu entstandenen Wasserstrafsen und Eisenbahnlinien eine zeitgemäfse Ausnutzung

Abb. 743. Chemische Fabrik „Kanne" in Niederschöneweide bei Berlin (Kunheim & Co.).

X. Chemische Fabriken.   629

der modernen Verkehrsmittel. Diese Verhältnisse, welche sich in ganz ähnlicher Weise auch bei anderen Berliner chemischen Grofsfabriken wiederholen, veranlafsten im Anfang der siebziger Jahre die Begründung einer Zweigfabrik in der Umgebung von Berlin.

Auf dem neuen Fabrikgrundstück in Niederschöneweide (Abb. 743 u. 744), welches bei seiner Lage zwischen Spree, Berlin-Köpenicker Chaussee und der Görlitzer Bahn die

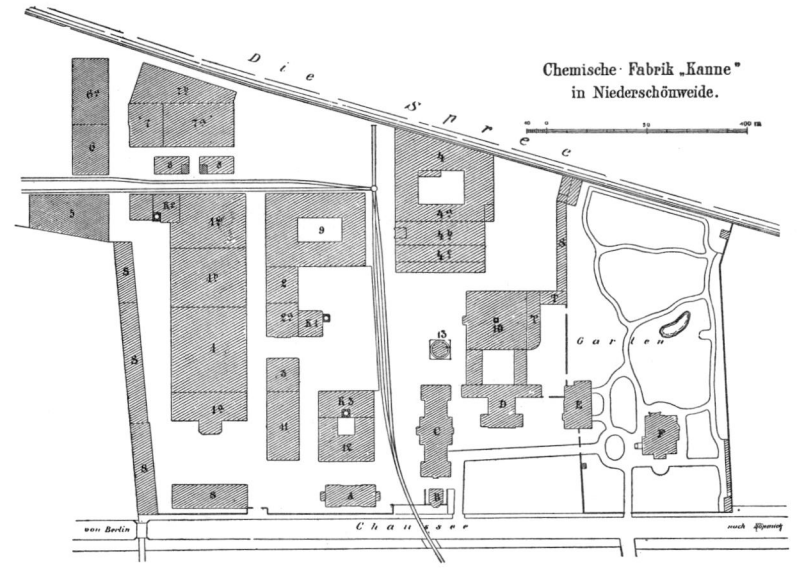

Abb. 744. Lageplan.

1. u. 1a. Schwefelsäurefabrik.
1b. Kiesofengebäude.
1c. Lagerschuppen für Schwefelkies.
2. Schwefelsäure-Concentration.
2a. u. 3. Fabrik für flüssige Kohlensäure.
4. Blaufarbenfabrik.
4a. Salmiak- und Salmiakgeist-Fabrik.
4b. Ammoniakfabrik.
4c. Lagerschuppen für schwefelsaures Ammoniak.
5. Auslaugerei f. Gasrückstände.
6. Maschinenhaus.
6a. Lagerschuppen.
7. u. 7a. Salzsäure- und Sulfatfabrik.
7b. Lagerhaus.
8. Salzsäure-Condensation.
9. Fabrik für chlorsaures Kali, Naphthol, Rothkali, flüssiges Ammoniak.
10. Fabrikgebäude für verschiedene Präparate.
11. Werkstatt, darüber Fabrik für Pariser Blau.

A. Beamtenwohnhaus. B. Pförtnerhaus. C. Verwaltungsgebäude. D. Stall- und Wohngebäude. E. u. F. Landhäuser. K 1, 2, 3. Kesselhäuser. S. Lagerschuppen. T. Treibhäuser.

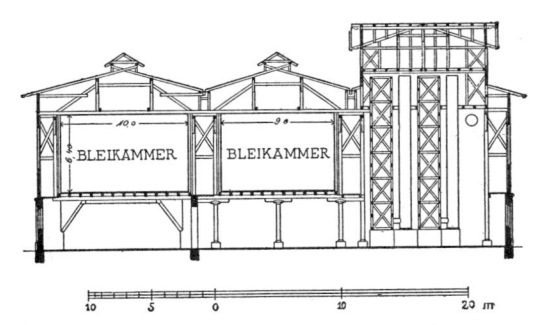

Abb. 745. Schwefelsäurefabrik, Querschnitt.

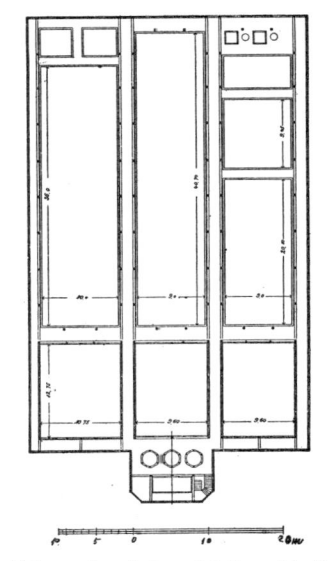

günstigsten Verkehrsbedingungen bot, gelangten zunächst folgende Bauten zur Ausführung. Die Schwefelsäurefabrik 1, 1^b, 1^c, die Fabrikgebäude 2 und 3, die Ammoniak- und Blaufabrik 4, 4^a, 4^b, 4^c, Wasserthurm, Kesselhaus mit Schornstein, schliefslich mehrere Baulichkeiten für Verwaltung und Beamtenwohnungen, unmittelbar neben dem Fabrikgrundstück wurde ein grofser parkartiger Garten angelegt und in demselben ein Landhaus für den Fabrikbesitzer erbaut.

Die Gewinnung der Schwefelsäure (Abb. 745 und 746) beginnt mit der Herstellung schwefliger Säure in den Kiesöfen des Gebäudes 1^c. Die weiteren Vorgänge vollziehen sich in dem Hauptgebäude, welches über den Lager- und Arbeitsräumen des Untergeschosses als wichtigsten Theil der Anlage ein System von Bleikammern enthält — gasdichten mit starken Bleiplatten umschlossenen Räumen von bedeutenden Abmessungen; die gröfste Kammer ist 40 m lang, 9 m breit, 6,50 m hoch; an den Stirnseiten des Gebäudes sind die Glover- und Gay-

Abb. 746. Schwefelsäurefabrik, Grundrifs in Höhe der Bleikammern.

630   X. Chemische Fabriken.

Lussac-Thürme untergebracht, 13 m hohe, theilweise umzimmerte, mit Koks oder feuerfesten Steinen gefüllte Bleigefäfse. In den Gloverthürmen werden die schwefligsauren Gase mit Gloversäure gemischt, deren wirksamer Bestandtheil Salpetersäure ist. Das Gemisch

Abb. 747. Kunheim'sche Fabrik „Kanne".
Fabrikgebäude für chlorsaures Kali, Naphthol, Rothkali (Nr. 9).

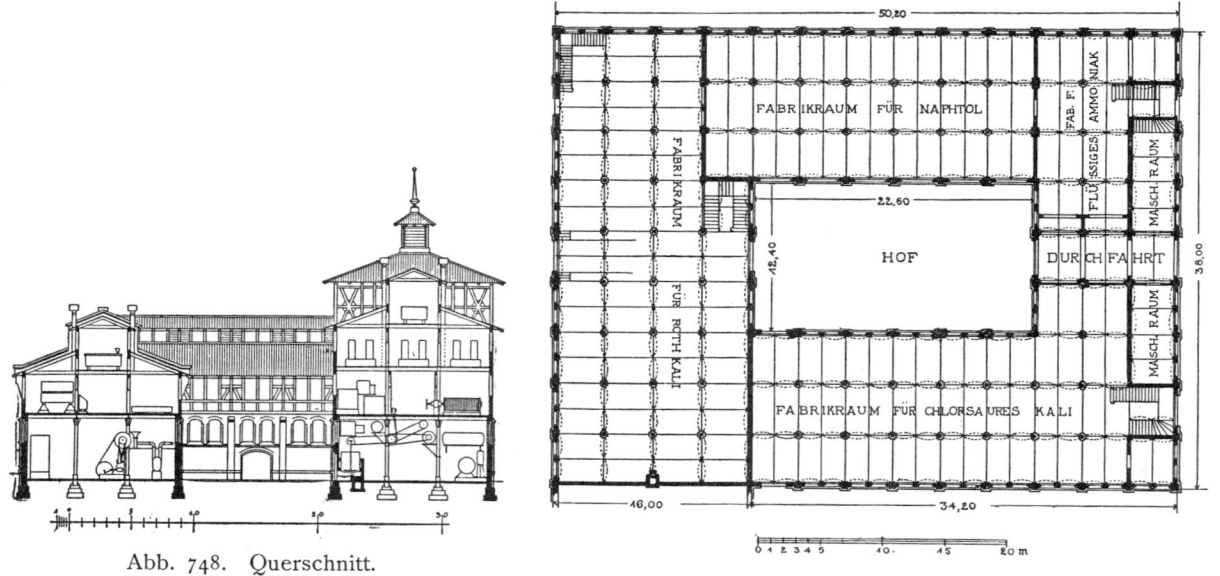

Abb. 748. Querschnitt.

Abb. 749. Grundrifs des Erdgeschosses.

der Gase strömt in die Bleikammern ein; hier bildet sich unter Zutritt von Wasserdampf und heifser Luft wasserhaltige Schwefelsäure (Kammersäure), welche sich als feiner Regen auf dem Kammerboden niederschlägt und dann im Gebäude 2 zu der handelsüblichen Stärke concentrirt wird; das Abdampfen geschieht in kostbaren Kesseln aus Platina, da

X. Chemische Fabriken.

alle anderen wohlfeileren Metalle durch die heifse Schwefelsäure angegriffen werden. Die in den Bleikammern frei werdende salpetrige Säure wird in den Gay-Lussac-Thürmen durch Aufsaugung gebunden und tritt von neuem in den Beginn des Fabrikationsvorganges ein.

Die Ammoniak- und Blaufabrik (4—4°) ist theils als Shedbau, theils als Hallenbau ausgeführt. Die Abbildung vom Innern der Ammoniakfabrik (Abb. 752) zeigt

Abb. 750. Kunheim'sche Fabrik „Kanne".
Fabrikgebäude für verschiedene Chemikalien (Nr. 10).

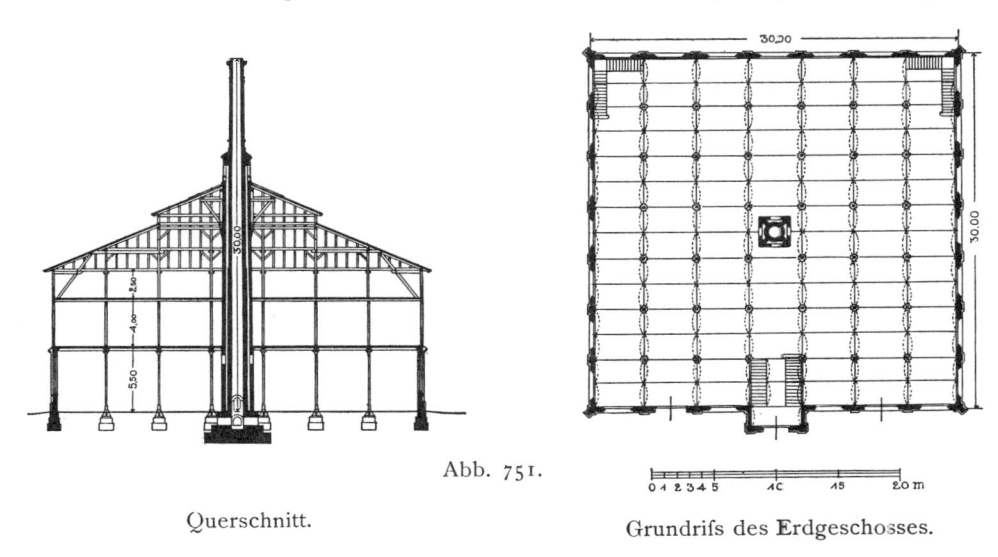

Abb. 751.

Querschnitt.   Grundrifs des Erdgeschosses.

rechts drei hohe „Colonnen" aus gewelltem Eisenblech, in welchen dem Ammoniakwasser der Gasanstalten durch Kochen mit Dampf und schliefsliches Hinzufügen von Kalkmilch sein Gehalt an Ammoniak entzogen wird. Die dann folgenden cylindrischen Gefäfse dienen zur Aufbereitung der Kalkmilch. In den gegenüber liegenden Apparaten wird durch Aufsaugen der Ammoniakgase in Schwefelsäure schwefelsaures Ammoniak erzeugt, ein wichtiger Stoff zur Herstellung künstlicher Düngemittel. In den Nebenräumen wird

632   X. Chemische Fabriken.

Salmiak (hauptsächlich für Verzinkereien) durch Aufsaugen der Ammoniakgase in Salzsäure, ferner Salmiakgeist, durch Lösung des gereinigten Ammoniakgases in destillirtem Wasser dargestellt.

Die Verlegung der Kreuzbergfabrik wurde im Jahre 1884 in Angriff genommen. Der gröfste Theil der dortigen Betriebe sollte nach der Fabrik „Kanne" übersiedeln.

Es handelte sich in erster Linie darum, für die grofse Zahl der seit 50 Jahren in der alten Fabrik allmählich entstandenen kleineren Baulichkeiten geschlossene Neubauten zu schaffen. Als geeignete Muster gaben sich Anlagen nach Art der Gebäude 9 und 10 (Abb. 747 u. 753). Ein hohes massives Untergeschofs, mit Concretgewölben überdeckt, nimmt die Feuerungseinrichtungen und den maschinellen Betrieb auf; darüber liegen leicht gebaute Geschosse, in denen Klärgefäfse, Filter, Pressen aufgestellt sind. Die im Untergeschofs erzeugten Massen werden nach den Dachräumen hinaufgeschafft, die leichtflüssigen durch Dampfdruck mittels Montejus, die übrigen durch Aufzüge; beim Hinabwandern durch die einzelnen unteren Geschosse vollziehen sich dann die weiteren chemischen Vorgänge.

Abb. 752. Kunheim'sche Fabrik „Kanne", Innenansicht der Ammoniakfabrik.

In Abb. 747—749 ist das Gebäude für chlorsaures Kali, Naphthol, Rothkali usw. dargestellt. Die Räume umschliefsen einen inneren Hof, von dem aus die Feuerungen beschickt werden und gestatten in ihrer ringförmigen Anordnung durch Einfügen von Scheidewänden die räumliche Abgrenzung der einzelnen Betriebe an beliebiger Stelle. Die Naphtholbereitung hat bei der Abwickelung des Arbeitsweges in senkrechtem Sinne besondere thurmartige Aufbauten verlangt.

Im Fabrikgebäude Nr. 10 für verschiedene Präparate (Abb. 750—752) sind die Betriebe um einen Mittelschornstein gruppirt, in den sämtliche Feuerungen münden. Den Schornstein umgiebt ein zweiter Mantel; der entstehende Zwischenraum ist zu Ventilationszwecken ausgenutzt.

Für die Sulfat- und Salzsäurefabrik wurde ein grofses Einzelgebäude (Nr. 7) errichtet mit einer Hallenanlage von 21 m Weite für die Sulfatöfen, hohem Anbau für die Aufstellung der Weldongefäfse und anschliefsenden Lagerhäusern. Vor dem Gebäude wurde die Salzsäurecondensation aufgestellt; in zwei Steinzeugthürmen von 10 m Höhe, die mit hartem Koks gefüllt sind, werden die salzsauren Gase durch herabrieselndes Wasser gelöst; die Lösung durchfliefst dann lange Reihen von Sandsteingefäfsen und „Tourills" aus Stein-

X. Chemische Fabriken.

zeug und wird auf diesem Wege durch entgegen strömendes salzsaures Gas bis zu dem erforderlichen Grade gesättigt.

Die Vereinigung der beiden Fabriken führte dann noch zur Herstellung eines Werkstättengebäudes (Nr. 11) für Schlosser, Tischler, Zimmerleute, zur Vermehrung der Kesselhäuser, Anlage einer eigenen Gasanstalt, zum Abschluſs des Fabrikgrundstücks

Abb. 753. Kunheim'sche Fabrik „Kanne", Beamtenwohnhaus und Stallung.

längs der Grenzen durch Lagerhäuser und Nebengebäude und zur Neuanlage von Verwaltungsräumen und Wohnungen. Die Verwaltungsräume wurden im Gebäude C so vertheilt, daſs in einem Mittelbau die Räume der Fabrikleitung, an der einen Seite die Laboratorien, an der anderen die kaufmännischen und technischen Bureaus liegen. Die Gruppe der Wohngebäude und Stallungen soll die Ueberleitung aus dem Fabrikhofe zu den Parkanlagen bilden. Abb. 753 zeigt ein Stall- und Wohngebäude; im unteren Geschoſs liegen Stallungen für Kutsch- und Arbeitspferde, darüber Wohnungen für Fabrikmeister; Abb. 754 stellt den Remisenflügel mit Kutscherwohnung dar.

Die Bauanlagen der siebziger Jahre sind von den Baumeistern Knoblauch & Wex, die späteren Bauten zur Verlegung der Kreuzbergfabrik vom Regierungs-Baumeister P. Wittig entworfen; die maschinellen und constructiven Aufgaben hat der Ingenieur O. Greiner bearbeitet.

In der Folgezeit haben einzelne Gegenstände der Fabrikation gewechselt; unter den neu hinzugekommenen ist die Herstellung flüssiger Gase hervorzuheben; näheres über diesen Industriezweig folgt im Absatz F. Die Fabrik beschäftigt 36 Beamte und ungefähr 650 Arbeiter; 13 Dampfkessel mit 1888 qm

Abb. 754. Seitenfront mit Wagenremise und Kutscherwohnung.

634   X. Chemische Fabriken.

Heizfläche liefern den Dampf zum Kochen und die Betriebskraft für die Dampfmaschinen und elektrischen Anlagen. An Brennmaterial werden jährlich 27 000 t Steinkohlen und 32 000 t Braunkohlen verbraucht. Aufser einigen Bahnwagen für den Bezug der Gaswässer besitzt die Fabrik eine Schmalspur-Locomotive zur Erleichterung des Innenverkehrs, zwei Dampfer und 14 Kähne für den Wasserverkehr.

2. Die chemische Fabrik Salzhof bei Spandau ist eine Zweigniederlassung der chemischen Fabrik Griesheim bei Frankfurt a. M. und wurde im Jahre 1889 für die Herstellung von Schwefel- und Salpetersäure zur Lieferung an die Heeresverwaltung erbaut. Auf dem lang gestreckten Grundstück (Abb. 755) sind die einzelnen Baulichkeiten — ganz dem Gange der Fabrikation folgend — in sehr übersichtlicher Weise vertheilt.

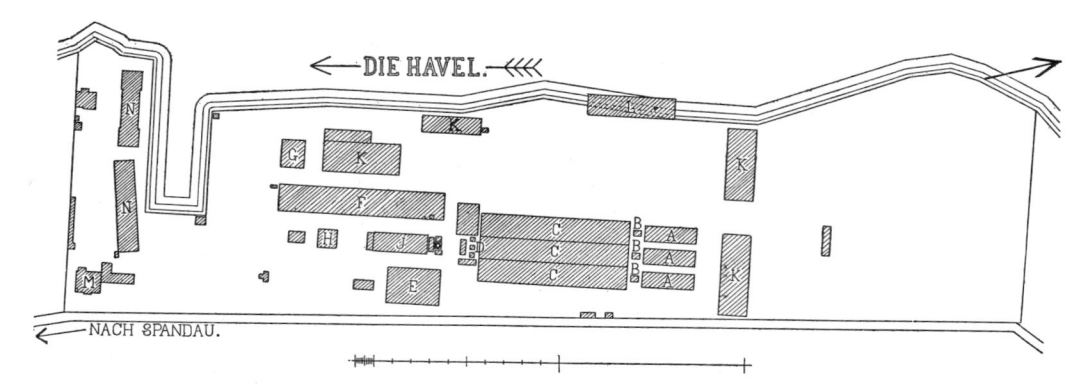

Abb. 755. Chemische Fabrik Salzhof bei Spandau, Lageplan.

A—E. Schwefelsäure-Fabrik:
  A. Kiesöfen.
  B. Glover-Thürme.
  C. Kammergebäude.
  D. Gay-Lussac-Thürme.
  E. Concentration.
F. Salpetersäure-Fabrik.
G. Trockenpfannen für Salpeter.
H. Mischhalle für Schwefel- und Salpetersäure.
J. Kesselhaus.
K. Lagerhäuser.
L. Ladebrücke mit Kran.
M. Verwaltungsgebäude mit Laboratorium.
N. Arbeiterwohnhäuser.

Die Schwefelsäurefabrik *A—F* zeigt die einzelnen Unterabtheilungen der Anlage: das Kiesofengebäude, die Glover-Thürme, das 80 m lange Kammergebäude, die Gay-Lussac-Thürme getrennt neben einander gereiht (vergl. damit die entsprechende Anlage der Fabrik „Kanne" in geschlossener Gebäudegruppe Abb. 744). Die Apparate für die Salpetersäurefabrikation sind zu ebener Erde in einem 90 m langen Hallengebäude aufgestellt, welches durch die Seitenöffnungen einer lang durchlaufenden Firstlaterne kräftig ventilirt ist.

Bei vollem Betriebe beschäftigt die Fabrik 80 Arbeiter.

C. Theererzeugnisse und künstliche Farbstoffe.

1. Theerproductenfabrik „Erkner" der chemischen Fabriks-Actiengesellschaft in Hamburg. Die Gesellschaft besitzt in Deutschland vier Fabriken, in denen sie die Verarbeitung von Theer und Theerölen betreibt. Die gröfste dieser Fabriken liegt unweit des Bahnhofes Erkner, an dem Schiffahrtscanal zwischen Flaken- und Dömritz-See. Der Lageplan (Abb. 756) zeigt die Vertheilung des Betriebs auf eine gröfsere Anzahl getrennt liegender Einzelbauten; eine solche Anordnung war nothwendig, um bei der leichten Brennbarkeit des Rohstoffs und der meisten Erzeugnisse ausbrechendes Feuer schnell auf seinen Herd beschränken zu können.

Viele hundert schmiedeeiserne Kessel, Blasen, Behälter, Cylinder bis zur Gröfse von 10 m Durchmesser bei 8 m Höhe sind für die Aufnahme der flüssigen Massen und ihre fortschreitende Verarbeitung theils in Gebäuden, theils im Freien aufgestellt. Zur Bergung gröfserer Vorräthe dienen aufserdem weite unterirdische ausgemauerte Gruben.

Der Rohstoff für die Fabrikation, der Steinkohlentheer aus den Gasanstalten, wird auf dem Wasserwege angeliefert. Die Verarbeitung beginnt mit der Theerdestillation

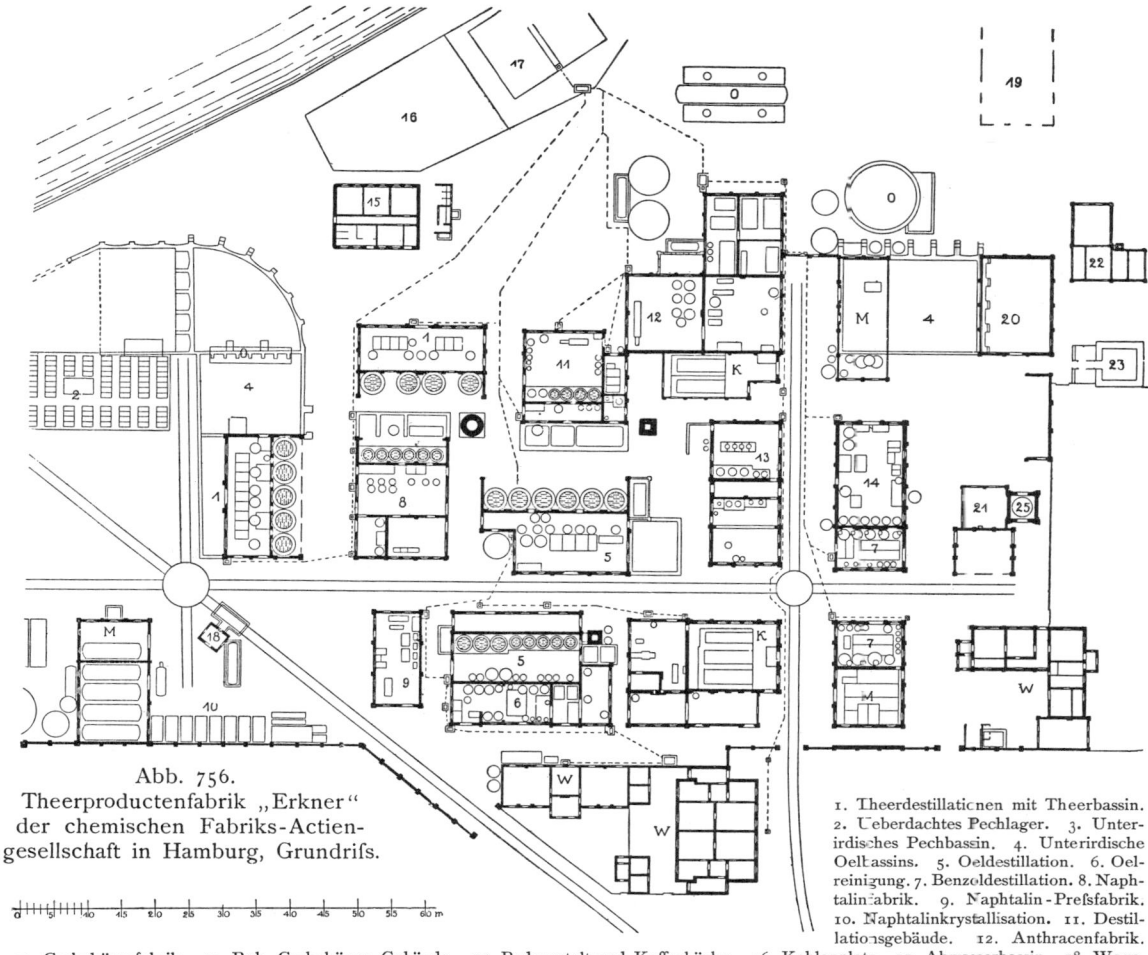

X. Chemische Fabriken.

Abb. 756.
Theerproductenfabrik „Erkner" der chemischen Fabriks-Actiengesellschaft in Hamburg, Grundriſs.

1. Theerdestillationen mit Theerbassin. 2. Ueberdachtes Pechlager. 3. Unterirdisches Pechbassin. 4. Unterirdische Oelbassins. 5. Oeldestillation. 6. Oelreinigung. 7. Benzoldestillation. 8. Naphtalinfabrik. 9. Naphtalin-Preſsfabrik. 10. Naphtalinkrystallisation. 11. Destillationsgebäude. 12. Anthracenfabrik. 13. Carbolsäurefabrik. 14. Roh-Carbolsäure-Gebäude. 15. Badeanstalt und Kaffeeküche. 16. Kohlenplatz. 17. Abwasserbassin. 18. Wage. 19. Böttcherei und Zimmerwerkstatt. 20. Laboratorium, darüber Werkstatt. 21. Schmiede. 22. Gasanstalt und Wasserpumpstation. 23. Eiskeller. 25. Wasserthurm. M. Magazin- und Lagergebäude. O. Oelbehälter. W. Verwaltungs- und Wohngebäude. K. Kesselhäuser.

(Gebäude 1 des Lageplans und Abb. 757). Der rohe Theer wird aus den unterirdischen Vorrathsgruben in die schmiedeeisernen Destillationsblasen gepumpt und durch offenes Unterfeuer langsam erwärmt. Es entweicht anfangs ein geringer Bestand an Ammoniakgasen; mit dem Steigen der Temperatur verflüchtigen sich dann zuerst die specifisch leichteren Oele, allmählich die schwereren; in dieser Reihenfolge werden nun die einzelnen Oelgattungen, nachdem sie durch die Kühlanlagen gegangen sind, in gesonderten Kesseln aufgefangen. — In den Blasen bleibt als Rückstand der Destillation Steinkohlenpech zurück, welches durch die unteren Ablaſsstutzen abgezogen und als Pflasterkitt, zur Asphaltbereitung, als Bindemittel bei der Brikettfabrikation Absatz findet, oder durch Kochen mit Oel zu Dachlack für die Dachpappenfabrikation verarbeitet wird.

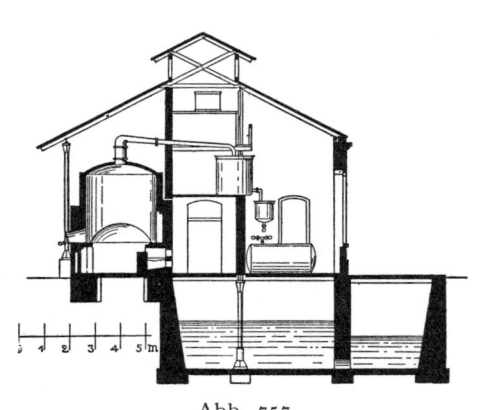

Abb. 757.
Theerdestillationsgebäude, Querschnitt.

Aus den Theerölen werden in den Gebäuden 5—14 durch wiederholtes Destilliren, Kühlen und Auskrystallisiren, durch Auswaschen, Behandeln in hydraulischen Pressen und Nutschern die Ausgangserzeugnisse für die Theerfarbenindustrie gewonnen:

636   X. Chemische Fabriken.

aus den leichten Oelen Benzole, aus den nächstschwereren Naphthalin, aus den schweren Anthracen. Von den zahlreichen übrigen Erzeugnissen sind zu nennen: Carbolsäure, Creosotöle für Imprägnirungen, Pyridin zur Denaturirung von Spiritus, Pikrinsäure für die Sprengstoffgewinnung. — Die Fabrik beschäftigt 150 Arbeiter; die Dampfkessel liefern 100 P. S.

2. Die Actiengesellschaft für Anilinfabrikation, Berlin-Rummelsburg, wurde im Jahre 1872 begründet zu dem Zwecke, zwei schon bestehende Fabriken, die Rummelsburger Anilinfabrik und die Farbenfabrik in Treptow, zu vereinigen und die Herstellung von Theerfarbstoffen in gröfstem Mafsstabe zu betreiben.

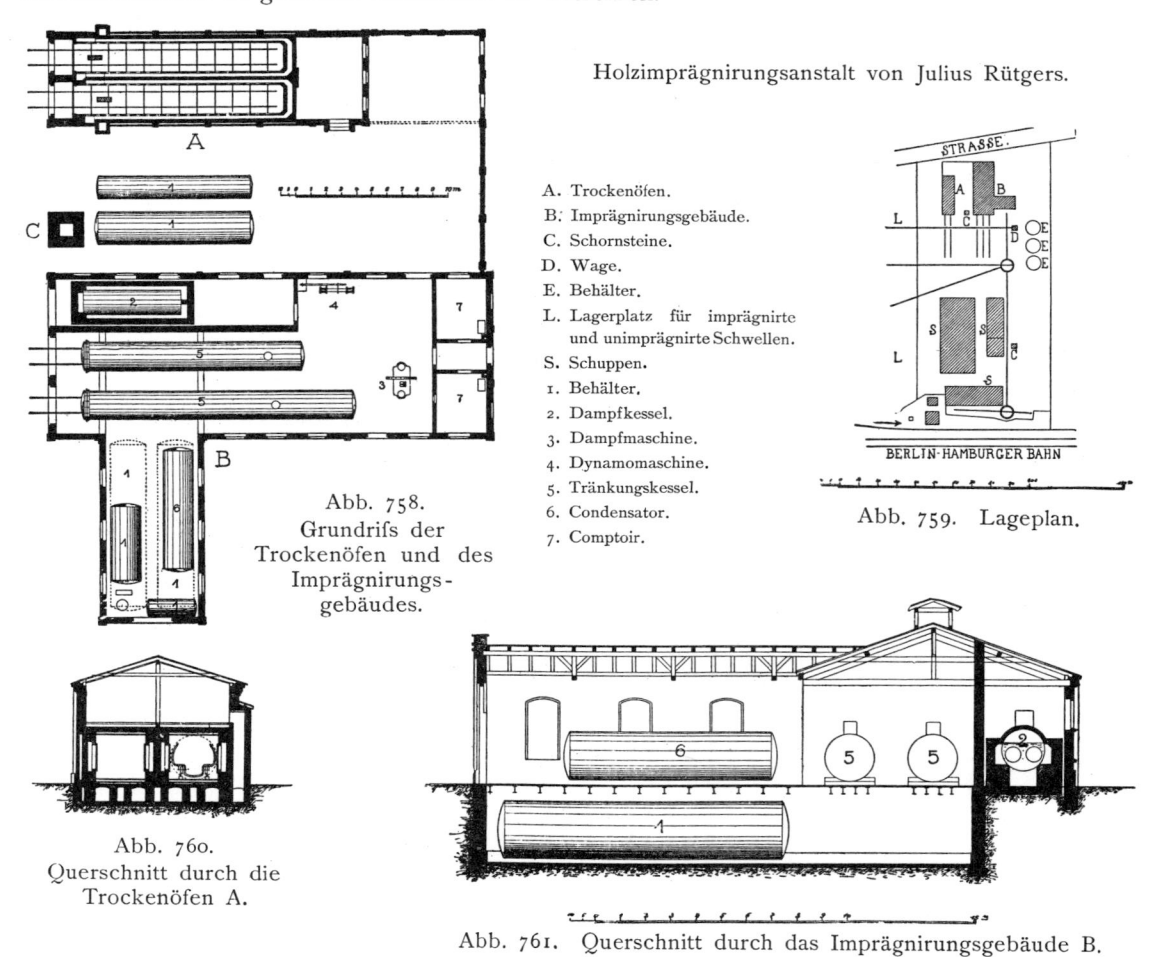

Holzimprägnirungsanstalt von Julius Rütgers.

A. Trockenöfen.
B. Imprägnirungsgebäude.
C. Schornsteine.
D. Wage.
E. Behälter.
L. Lagerplatz für imprägnirte und unimprägnirte Schwellen.
S. Schuppen.
1. Behälter.
2. Dampfkessel.
3. Dampfmaschine.
4. Dynamomaschine.
5. Tränkungskessel.
6. Condensator.
7. Comptoir.

Abb. 758. Grundrifs der Trockenöfen und des Imprägnirungsgebäudes.

Abb. 759. Lageplan.

Abb. 760. Querschnitt durch die Trockenöfen A.

Abb. 761. Querschnitt durch das Imprägnirungsgebäude B.

Auf keinem Gebiete der chemischen Industrie sind in neuerer Zeit so grofse wissenschaftliche und technische Erfolge erzielt worden, wie bei der Darstellung der Theerfarben. Die Zahl der Patente für diese Farbstoffgruppe beläuft sich auf Hunderte, die Reihe der geschützten Farbstoffe auf Tausende. Aus den Steinkohlenerzeugnissen wird „die Farbenpracht einer längst vergangenen Epoche" gewissermafsen von neuem erweckt. — Unter diesen äufserst günstigen Entwicklungsverhältnissen sind die Betriebe der Fabrik und mit ihnen die Bauanlagen rasch bis zur vollständigen Ausnutzung der verfügbaren Grundstücksflächen angewachsen; im Laufe dieses Jahres wurde eine Zweigfabrik in Greppin bei Bitterfeld im Anschlufs an die dortigen Braunkohlengruben begründet.

Als Rohstoff werden sämtliche Theererzeugnisse verarbeitet, aus denen zunächst in der Rummelsburger Fabrik die feineren Zwischenerzeugnisse für die Farbenbereitung hergestellt werden; in der Treptower Fabrik findet dann die Ueberführung der Zwischenerzeugnisse in fertige Farbstoffe statt. Nebenher werden Theerstoffe für die Zwecke der Photographie und Pharmacie angefertigt.

In den beiden hiesigen Fabriken werden zusammen 1000 männliche und 300 weibliche Arbeiter beschäftigt. Es sind 27 Dampfkessel mit 2200 qm Heizfläche im Betrieb; für Maschinenkraft werden 600 P. S. verwandt.

3. **Holzimprägnirungsanstalt von Julius Rütgers.** Die Firma „Juls. Rütgers" hat im Jahre 1849 ihre erste Holzimprägnirungsanstalt in Essen a. R., in späterer Zeit noch 15 ähnliche Anlage in verschiedenen Gegenden Deutschlands errichtet und imprägnirt in diesen Anstalten, aufserdem in einer Reihe ausländischer Zweigniederlassungen nach eigenem Verfahren Hölzer aller Art, namentlich Eisenbahnschwellen und Telegraphenstangen.

Die Berliner Anstalt (Abb. 759) am Südufer 4, zwischen dem Berlin-Spandauer Schiffahrtscanal und der Berlin-Hamburger Bahn gelegen, ist für die Durchtränkung von täglich 100—150 cbm Holz oder 1000—1500 Stück Eisenbahnschwellen eingerichtet. Die Hölzer werden, wenn sie den erforderlichen Grad der Trockenheit noch nicht besitzen, zunächst künstlich getrocknet, entweder in Trockenöfen (Abb. 758, 760 u. 761) durch heifse Luft oder in den Imprägnirungskesseln durch Erwärmen des Oels. Die Oefen und Kessel werden durch eiserne, auf Schienengleisen laufende Wagen beschickt.

Das Imprägniren geschieht in zwei cylindrischen Kesseln (5) von 14,50 m und 17,40 m Länge unter Einwirkung von Luft- und Druckpumpen. Als Tränkungsmasse dient bei Eichenholz Creosotöl, bei Kiefernholz eine Mischung von Chlorzinklösung und Creosotöl. Buchenholz, gegen dessen Verwendung im Bauwesen bis in die neueste Zeit begründete Bedenken obwalteten, wird durch die Imprägnirung zu einem zuverlässigen Material umgeschaffen.

Nach beendeter Imprägnirung soll das Cubikmeter Kiefernholz mindestens 900 kg, das Cubikmeter Eichen- oder Buchenholz mindestens 1000 kg wiegen.

Die Fabrikleitung hat eine Statistik über ihre bisherigen Leistungen geführt; nach derselben sind von der Firma Rütgers in Berlin und dem Zweiggeschäft in Wien bis Ende des Jahres 1895 6 600 000 cbm Holz imprägnirt worden; darunter befinden sich 9 Millionen mit Theeröl imprägnirte Eisenbahnschwellen und 36 Millionen mit Chlorzink oder einer Mischung von Chlorzink und Theeröl imprägnirte Kiefernschwellen.

D. Farbwaaren aus Pflanzenstoffen, Mineralfarben, Farblacke, Tinten.

Zwei der gröfsten Farbenfabriken dieser Gruppe liegen in der Nähe der Charlottenburger Brücke, zu beiden Seiten des Landwehrcanals.

1. **Die ältere Fabrik der Gebr. Heyl & Co.** ist eine der zahlreichen gewerblichen Unternehmungen, welche der Kaufmann und Fabrikant Ernst Eduard Heyl in und bei Berlin ins Leben gerufen hat. Die Farbenfabrik wurde zu dem Zwecke errichtet, Farbwaaren herzustellen, welche früher nur vom Ausland bezogen werden konnten. Die ersten Anlagen stammen aus dem Jahre 1833. Gegenwärtig fertigt die Fabrik Farben aller Art für Tapeten, Kunst- und Wandmalerei, Buntpapier, Bunt-, Buch- und Steindruck. Arbeiterzahl: 150 Mann.

2. **Die Fabrik für giftfreie Farben von A. Beringer, Charlottenburg** (Abb. 762), wurde im Jahre 1852 begründet. Die Fabrikgebäude sind entweder eingeschossige Hallen mit durchgehendem Mittelraum und breiten Seitengalerien oder Geschofsbauten nach Art der in Abb. 766 dargestellten Chromfarbenfabrik.

Unter den technischen Einrichtungen verdienen die Farbmühlen Beachtung (Abb. 767, System Haack). Der Mahlprocefs vollzieht sich in einem System von Röhren und Behältern, welche gegen das Austreten von Farbstaubtheilchen so vollständig abgeschlossen sind, dafs in ein und demselben Raume die verschiedensten Farben gleichzeitig gemahlen werden können; der wichtigste Bestandtheil ist die Schlagmühle g, in der die getrockneten Farbkörper durch Stahlschläger mit einer Geschwindigkeit von 2000 Umdrehungen in der Minute zerkleinert werden; die hierbei entstehende starke Luftbewegung befördert zugleich das gewonnene Farbmehl in die Sichtmaschine. — Besondere Vortheile bietet diese staubdichte Mühleneinrichtung für die gesundheitlichen Verhältnisse in den Arbeitsräumen.

638   X. Chemische Fabriken.

1. Portier.
2. Böttcherei, darüber Wasch- und Umkleideraum, Bäder, Speisesaal für die Arbeiter.
3. Stallung und Remise, darüber Waschanstalt.
4. Broncefarbenfabrik.
5. Chromgelb, grün und blau.
6. Kugelmühlen, Raspelwerk, Kupferschmiede, Dreherei, Tischlerei.
7. Schmiede.
8. Kesselwasserreinigung.
9. Kesselhaus.
10. Maschinen- und Mühlengebäude, elektrische Centrale.
11. Magazin, Expedition, darüber Trockenräume und Laboratorien.
12. Rothholzfarben. 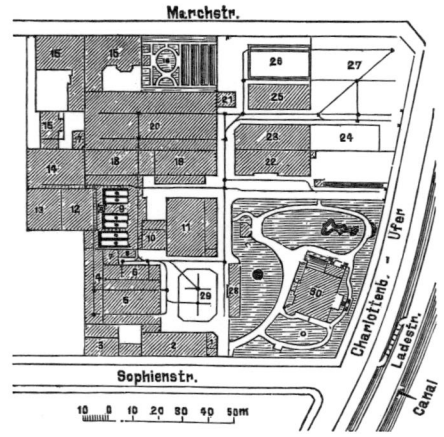
13. Marronfarben.
14. Schwarzfarben.
15. Wohngebäude.
16. Garten.
17. Maschinenraum.
18. Quercitron- und Fisetfarben.
19. Türkischrothfarben.
20. Blanc fix.
21. Wasserthurm.
22. Kreppfarben.
23. Grünfarben.
24. Baryt- und Witheritlager.
25. Farbholzschuppen.
26. Klärbassins.
27. Säureplatz.
28. Farbholzlager.
29. Kohlenlager mit Futtermauer umschlossen.
30. Villa.

Abb. 762. Farbenfabrik von A. Beringer in Charlottenburg, Lageplan.

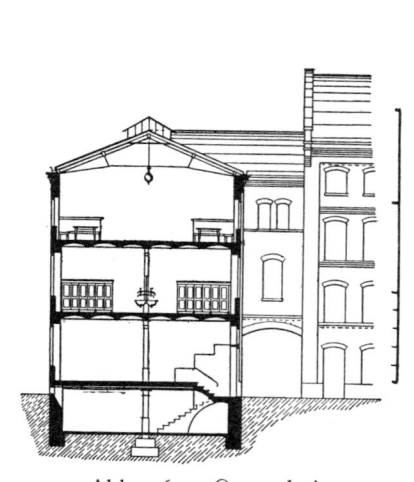

Abb. 763. Querschnitt.
Speisesaal, Wasch-, Umkleide- und Baderäume für 110 Arbeiter. 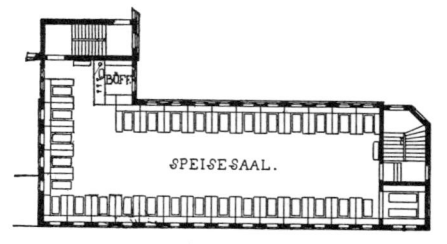

Abb. 764. Grundrifs des zweiten Obergeschosses.

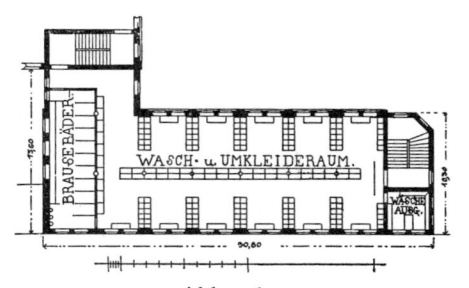

Abb. 765. Grundrifs des ersten Obergeschosses.

a. Kugelmühle.
b. Monte-Jus.
c. Filter.
d. Filterpresse.
e. Raspelwerk.
f. Bottiche mit Rührwerk.
g. Farbmühle.
h. Sicht-Maschine.
i—k. Schlemmmühlen.
l. Säurefang.
m. Kochfässer.
n. Wrasenfang.

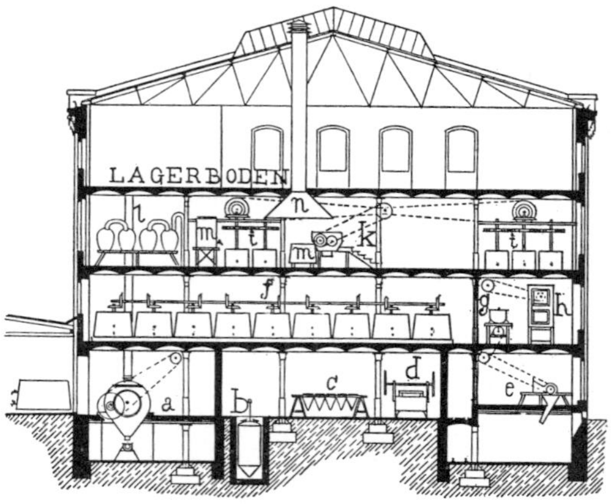

Abb. 766. Fabrik für Chromfarben (Nr. 5), Querschnitt.

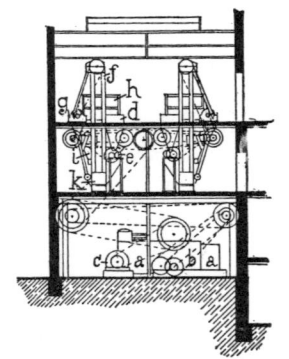

a. Locomobile.
b. Pumpen.
c. Dynamo-Maschine.
d. Schüttrumpf.
e. Vorbrecher.
f. Doppel-Elevator.
g. Schlagmühle.
h. Sicht-Maschine.
i. Rüttelwerk.
k. Staubfang.

Abb. 767. Mühlengebäude (Nr. 10), Längsschnitt.

X. Chemische Fabriken. 639

Grofse Sorgfalt ist auf die Wasch- und Speiseräume der Arbeiter verwandt. Die Abb. 763—765 geben Grundrifs und Querschnitt dieser Anlagen. Im Speisesaal, der bei besonderen Anlässen auch als Versammlungs- und Festsaal benutzt wird, sind an beiden Langseiten 30 von Bänken umgebene Speisetische aufgestellt, an den Stirnseiten ein Buffet und ein Speisewärmschrank. Die Wasch- und Umkleideräume enthalten an einer festen Zwischenwand 40 in geschlossener Reihe angebrachte Waschtröge, daneben Schrankgruppen mit je Einzelschränken für 110 Arbeiter. Neben dem Waschsaal, aber räumlich abgetrennt, liegen die Badezellen. Die Arbeitskleidung wird seitens der Fabrik in einer mit allen modernen Einrichtungen ausgestatteten Waschanstalt gewaschen. Die Räume sind mit Terrazzofufsboden belegt und elektrisch beleuchtet. Alle neueren Anlagen der Fabrik sind von dem Ingenieur P. Buckow entworfen und eingerichtet.

Abb. 768. Palmkernöl- und Schwefelkohlenstoff-Fabrik von Rengert & Co., Stralau.[1])

Der Betrieb erstreckt sich fast auf dieselben Erzeugnisse, die bei der vorgenannten Fabrik aufgezählt wurden; grofsen Absatz haben die Farben für farbige photographische Cartons, aufserdem „Carton-Weifs" (Blanc fix); von diesem Stoff werden täglich 10 000 bis 12 000 kg gefertigt.

3. Die Tintenherstellung wird in Berlin in grofsem Umfange für den einheimischen Bedarf und für die Ausfuhr betrieben. Da alle Stoffe für die Zusammensetzung der Tinten fertig zubereitet bezogen werden — mit alleiniger Ausnahme des Blauholzextractes, der bei Lieferungen an die Staatsbehörden in der Fabrik selbst ausgekocht werden mufs —, so sind die technischen Anlagen äufserst einfacher Natur. Eine der gröfsten hiesigen Fabriken ist die von Reinhold Tetzer, Schlesische Strafse 42; der Betrieb ist in einem vierstöckigen Hause für die Herstellung von jährlich 200 000 l Tinten eingerichtet; nebenher werden in der Fabrik Klebestoffe und 1200—1500 Ctr. Siegellack für das Jahr angefertigt.

E. Fette und Oele, Kerzen, Seifen.

1. Palmkernöl- und Schwefelkohlenstoff-Fabrik von Rengert & Co., Stralau. Die Fabrik wurde im Jahre 1881 am Rummelsburger See erbaut zur Gewinnung von Pflanzenöl aus Palmkernen und anderen ölhaltigen Samen und Früchten.

---

1) Nach einer Aufnahme des Königlichen Regierungs-Baumeisters Schümann.

Die Ausscheidung des Oels (Entfettung) geschieht entweder durch hydraulische Pressen oder durch Schwefelkohlenstoff, der in der Fabrik selbst für den eigenen Bedarf und für den Handel hergestellt wird.

Abb. 768 zeigt die Ansicht, Abb. 769 den klar angeordneten Grundriſs der Anlage.

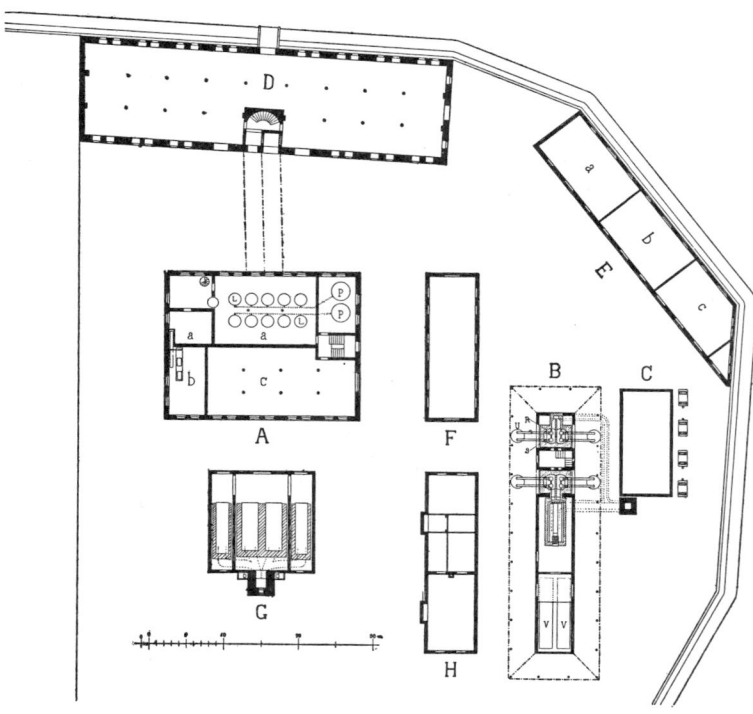

Abb. 769. Rengert'sche Fabrik in Stralau, Grundriſs.

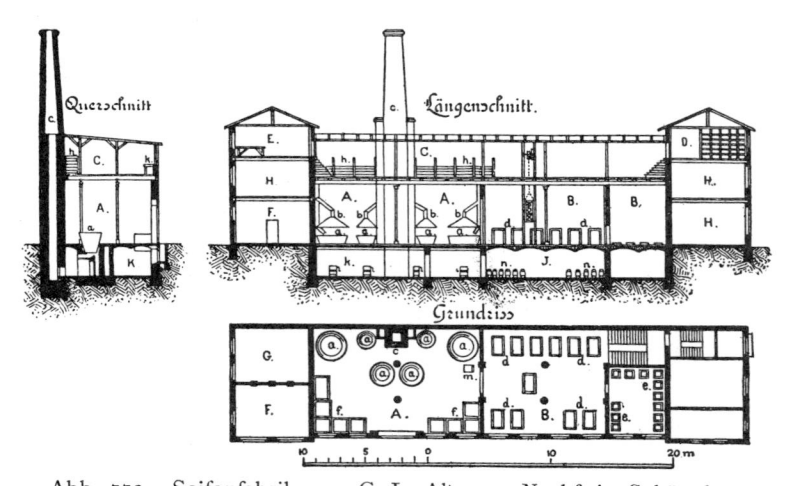

Abb. 770. Seifenfabrik von C. L. Altmann Nachf. in Schöneberg.
A. Siederaum. B. Formkastenraum. C. Seifenschneiderei. D. Trockenkammer. E. Kistenmacherei. F. Remise. G. Pferdestall. H. Bureau- und Wohnräume. J. Lagerkeller. K. Schürraum und Kohlenkeller.

Gebäude A Entfettungsfabrik. Im Raume a werden die Oelfrüchte in den Apparaten L durch Schwefelkohlenstoff gelöst; aus dieser Lösung wird in den Kesseln P der Schwefelkohlenstoff durch Abdampfen ausgeschieden. Das Oel bleibt zurück und wird nach erfolgter Reinigung in Fässer gefüllt; der verflüchtigte Schwefelkohlenstoff wird zur weiteren Verwendung wieder aufgefangen und in Kühlapparaten verdichtet. In b sind die Dampfmaschinen, in c acht hydraulische Pressen aufgestellt.

Gebäude B Schwefelkohlenstoff-Fabrik. Die Retorten R werden mit Kohlen gefüllt und zur Rothgluth erhitzt; durch die Röhren S werden dann Schwefeldämpfe eingeleitet, welche die glühenden Kohlen von unten nach oben durchziehen. Es bildet sich Schwefelkohlenstoffgas, welches dann in den Condensatoren U und in den Condensapparaten des Gebäudes C verdichtet und in dem Behälter V gesammelt wird.

Gebäude D sechsgeschossiger Speicher mit Elevator an der Wasserfront und gedeckter Brückenverbindung zum Obergeschoſs des Fabrikgebäudes A.

Gebäude E Lagerhaus für Schwefel (a), Kohle (b) und Rasen-Eisenstein zur Reinigung der Abgase (c).

Gebäude F Lagerhaus, Gebäude G Kesselhaus, Gebäude H Verwaltungsgebäude. Die Fabrik ist eingerichtet für eine jährliche Verarbeitung von 12 000 t Oelgut und Herstellung von 600 t Schwefelkohlenstoff. — Eine ähnliche Fabrik, welche neben Oel und Schwefelkohlenstoff u. a. noch Manganpräparate, Firnisse und Lacke herstellt, ist die Palmkernöl-Fabrik von G. Zimmermann in Martinikenfelde.

2. Stearinwerke von Motard & Co. in Sternfeld und Paulstern bei Spandau. Bis zum Jahre 1892 bestand in der Gitschiner Strafse die Motard'sche Stearin- und Lichtfabrik, welche, als erste ihrer Art 1838 begründet, längere Zeit hindurch in bescheidenen Grenzen arbeitete, seit dem Jahre 1853 aber nach Einführung eines neuen Destillationsverfahrens sich rasch zu so bedeutendem Umfange entwickelte, dafs die Stadtgrundstücke nicht mehr genügten.

Im Jahre 1886 siedelte der erste Theil des Betriebes, die Herstellung der Stearinmasse und der verwandten Nebenerzeugnisse, nach Paulstern, 1892 die Lichtfabrik nach Sternfeld über. Die Baulichkeiten sind unter Benutzung älterer Fabrikgebäude hergestellt. In der Lichtfabrik werden sämtliche Maschinen durch elektrische directe Kraftübertragung, unter Wegfall jeglicher Wellenleitung betrieben.

Die Werke beschäftigen 150 Arbeiter und 250 Arbeiterinnen; es sind 15 Dampfkessel, 17 Dampfmaschinen, 110 Elektromotoren und 4 Dynamomaschinen in Thätigkeit.

Die Industrie der Seifen und Parfümerien ist in Berlin sehr reich entwickelt. An Seifen werden alle Sorten Hausmacher-, Haushaltungs-, besonders aber feine Toilettenseifen hergestellt; die Gesamtleistung wird auf 300 000 t geschätzt. Für Parfümerien und kosmetische Stoffe bestehen hier mehrere weltbekannte Fabriken; einzelne Sonderfabrikate, z. B. Lanolin und gewisse Arten von Theaterschminken und Puder, werden fast ausschliefslich in Berliner Fabriken angefertigt und von hier aus in bedeutenden Mengen in das Ausland versandt.

3. Seifenfabrik von C. L. Altmann in Schöneberg bei Berlin.[1]) Die Fabrik beschäftigt sich mit der Herstellung von Hausseifen aus Knochenfett, Talg, Walkfett, Palmöl und anderen Oelen. Abb. 770 zeigt die Einrichtung der Anlage: Der Siederaum A enthält vier grofse und zwei kleine Kessel a, in denen aus Fettstoffen und Laugen die Seife gesiedet wird. f sind Laugenäscher, b Dunstabzüge. Schmierseifen werden nach Beendigung des Siedeprocesses ohne weiteres in Fässer verpackt und in den Keller J befördert. Bei der Herstellung von festen Seifen wird der Kesselinhalt im Raum B in die Formkästen d und e gefüllt, nach dem Erstarren durch eine Fahrstuhlanlage in die Seifenschneiderei C befördert. Die beim Schneiden verbliebenen Abfälle werden im Verschlage h gesammelt und dann durch Fallröhren direct wieder in die Kessel befördert.

Die Jahresleistung beträgt 20 000 — 25 000 Ctr.

F. Flüssige Gase, Mineralwässer.

Die Industrie der verflüssigten Gase gehört in ihrer Entwicklung ganz der jüngsten Zeit an und befindet sich noch in vollem Aufschwung. Seitdem es gelungen ist, Gase unter höchstem Druck in eiserne oder stählerne Ventilflaschen sicher einzuschliefsen, werden eine Reihe verschiedener Gasarten bis zum flüssigen Zustand geprefst und für wissenschaftliche, medicinische und technische Zwecke in den Handel gebracht.

Die Berliner Industrie beschäftigt sich u. a. mit der Verflüssigung von Sauerstoff, Wasserstoff, Chlor, Ammoniak, Chloroform, Lachgas; im gröfsten Mafsstabe aber mit der Herstellung flüssiger Kohlensäure für den Bierausschank, die Bereitung künstlicher Mineralwässer, für Kältemaschinen, Feuerlöschapparate usw.

Die fabrikmäfsige Herstellung der flüssigen Kohlensäure nahm zuerst im Jahre 1883 die Firma Kunheim & Co. in ihrer Fabrik in Niederschöneweide auf; es werden dort jährlich mehr als 1 Mill. kg flüssige Kohlensäure erzeugt; aufserdem wird flüssiges Chlor und flüssiges wasserfreies Ammoniak dargestellt. Die Actiengesellschaft für Kohlensäure-Industrie vermittelt den Vertrieb der flüssigen Kohlensäure; sie hat in ihrem Geschäftshause am Schiffbauerdamm 21 die erforderlichen Anlagen für Lagerung und Versand eingerichtet; zwei Dampfer versehen den Verkehr zwischen Fabrik und Lager.

Eine erfolgreiche Thätigkeit für die Industrie der Gasverflüssigung hat Professor Dr. Raoul Pictet entwickelt; die Verwerthung der von ihm ausgearbeiteten Verfahren

---

[1]) Die Technologie der Fette und Oele von Dr. Carl Schädler.

betreibt die Gesellschaft für flüssige Gase „Raoul Pictet & Co." in ihrer Fabrik Usedomstraße 28.

1. **Fabrik für flüssige Kohlensäure, Wöhlerstraße 11—13** (A.-G. Rheinisches Kohlensäure-Syndikat). Die Fabrik (Abb. 771) ist in zwei Flügeln auf dem Hofe eines eingebauten Grundstücks errichtet. Das Kohlensäuregas, für dessen Gewinnung verschiedene Verfahren bestehen, wird hier aus Koks dargestellt. Die Koks werden in den Oefen A verbrannt, die entweichenden Koksgase gehen durch die Wäscher B, werden durch die Exhaustoren C in die 17 m hohen „Kaskaden" D getrieben und verwandeln hier eine herabrieselnde Sodalösung zu Bicarbonatlösung. Aus dieser Lauge wird durch Erhitzen im Behälter E gasförmige Kohlensäure frei und steigt in die Gasometer F; die zurück bleibende Sodalösung wird im Apparate L gekühlt und zur Wiederverwendung in den Behälter M geleitet. Die Verflüssigung der Gase erfolgt in den Compressoren H durch drei Pumpen P, welche von der Dampfmaschine G getrieben werden. N ist Lagerraum für Kohlensäureflaschen. Die Fabrik erzeugt jährlich ungefähr 1 Mill. kg flüssige Kohlensäure.

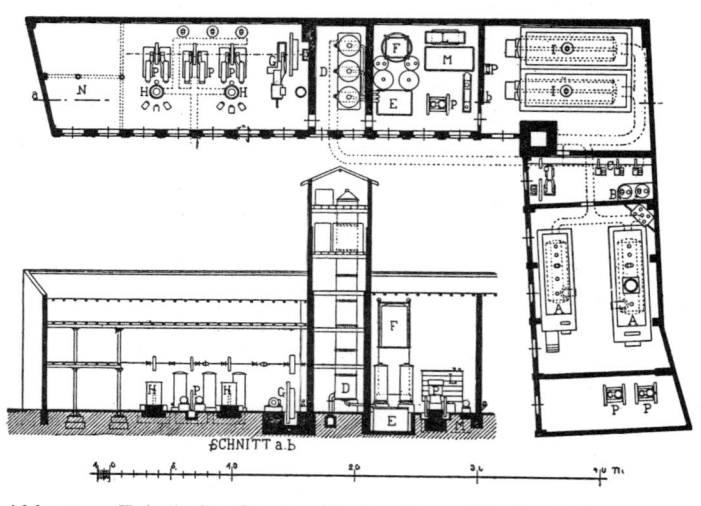

Abb. 771. Fabrik für flüssige Kohlensäure, Wöhlerstraße 11—13.

2. Ein Beispiel für die Verwendung flüssiger Kohlensäure zur Herstellung kohlensäurehaltigen Wassers giebt die **Anstalt Fürstenbrunn bei Westend**, die im Anschluß an eine rd. 8 m über dem Spreespiegel aus dem Abhang der Westender Höhe (Abb. 772) hervortretende Quelle begründet wurde. Die Quelle liefert täglich ungefähr 19000 l eines vortrefflichen, klaren und reinen Wassers. Die Anordnung der Fabrikräume zeigt Abb. 773. Das Quellwasser wird durch eine unterirdische Rohrleitung dem Imprägnirraum zugeführt, erhält hier einen leichten Zusatz von Kochsalzen und wird dann in den Cylindern f mit Kohlensäure imprägnirt, die durch das Expansionsgefäß g zuströmt. In dem anstoßenden Füllsaal werden die Flaschen an sieben Abziehstellen d gefüllt; e sind Korkmaschinen. Der Spülsaal enthält die Heizmaschine a für die Zubereitung von heißem Wasser, einen Benzinmotor b und die Spüleinrichtungen c; durch die Säle gehen Gleisanlagen; der Spülsaal hat Aufzugsverbindung mit dem Lagerkeller. Die Anstalt liefert jährlich etwa 2 Millionen Flaschen Tafelwasser.

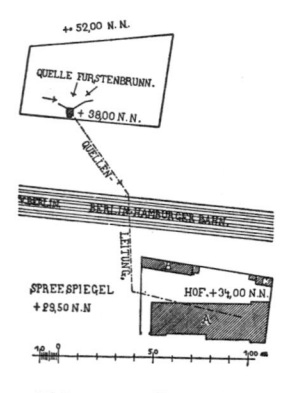

Abb. 772. Lageplan.

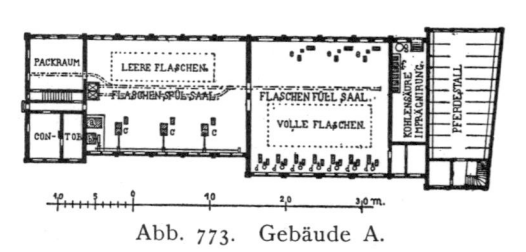

Abb. 773. Gebäude A.

„Fürstenbrunn" bei Westend, Fabrik für kohlensaures Tafelwasser.

3. **Fabrik künstlicher Mineralwässer von Dr. Struve & Soltmann.** Die Fabrik wurde im Jahre 1823 von Dr. F. H. Struve, dem Begründer einer auf rein wissenschaft-

X. Chemische Fabriken. 643

lichem Boden stehenden Industrie der künstlichen Mineralwässer im Verein mit dem Hofrath Soltmann errichtet. Das Ziel der Begründer war es, getreue Nachbildungen der natürlichen Heilquellen herzustellen; die Fabrikanlage nahm mit dem anschliefsenden Kurgarten, der in der Zeit ohne Eisenbahnen eines grofsen Ansehens genofs, fast das ganze Gebiet ein, welches durch die Alexandrinen-, Hollmann-, Linden- und Neuenburger Strafse begrenzt wird.

Die Mineralwässer werden in der Fabrik genau nach den Analysen der natürlichen Quellwasser hergestellt. In den Vordergrund sind allmählich gewisse Luxus- und Tafel-

Abb. 774. Fabrik für künstliche Mineralwässer von Dr. Struve & Soltmann, Einrichtung des Hauptsaales.

wässer, wie Selters- und Sodawasser getreten. Die Grundlage aller dieser Wässer aber bildet ausschliefslich destillirtes, später über Kohlen filtrirtes Wasser. Die zum Imprägniren erforderliche Kohlensäure, auch die meisten der erforderlichen Salze werden in der Fabrik selbst hergestellt. In dem Hauptsaal der Fabrik (Abb. 774) wird die rechte Langseite von den Mischcylindern eingenommen; zur Linken stehen vorn pneumatische Wannen und Pfropfertische, es folgen dann die Kohlensäurepumpen, die Kohlensäuregasometer und die Apparate für die Entwicklung der Kohlensäure. Die Jahresleistung der Fabrik beträgt $2^1/_2$ Millionen Flaschen.

Benutzte Quellen: 1. Adrefsbuch und Waarenverzeichnifs der chemischen Industrie des Deutschen Reiches, herausgegeben von O. Wenzel. — 2. Führer durch die Ausstellung der chemischen Industrie Deutschlands auf der Columbischen Weltausstellung in Chicago 1893. — 3. Specialkatalog V. Chemie, Photographie, wissenschaftliche Instrumente auf der Berliner Gewerbe-Ausstellung 1896.

XI. Bierbrauereien.[1]

Mit dem Anwachsen Berlins zur Weltstadt hat sich auch die Berliner Brauerei zu einer Grofsindustrie ersten Ranges entwickelt. Nirgends ist die Entwicklung des Brauergewerbes so rasch vorwärts geschritten wie hier. Im Jahre 1872 waren 48 Brauereien, darunter 27 für obergähriges Bier, vorhanden, mit einer Gesamtleistung von 1 428 049 hl; hiervon entfielen 530 000 hl auf obergähriges Bier. Die Durchschnittsleistung einer Brauerei betrug mithin 43 000 hl bei den Lagerbier-Brauereien und 12 500 hl bei den obergährigen. Im genannten Jahre wurden, dem damals herrschenden Zuge folgend, zahlreiche Berliner Brauereien in Actiengesellschaften umgewandelt. Diese Unternehmungen arbeiten heute mit einem Actienkapital von 50 Mill. ℳ.

Berlin ist mit über $3\frac{1}{2}$ Mill. hl Biererzeugung die erste Bierstadt des europäischen Continents geworden und hat selbst München um fast $\frac{1}{2}$ Mill. hl überflügelt. Die Durchschnittsleistung einer Lagerbier-Brauerei beträgt jetzt 75 000 hl, die einer obergährigen 20 000 hl. Bei dieser Entwicklung ist bemerkenswerth, dafs sie, trotz des raschen Emporwachsens mehrerer Grofsbetriebe, Raum geboten hat zum Fortbestande, und sogar zur Neuerrichtung zahlreicher kleiner, besonders obergähriger Betriebe, deren Jahresleistung durchschnittlich 15 000 hl nicht überschreitet. Der Antheil der letzteren an der Gesamterzeugung hat sich seit 1872 nahezu auf gleicher Höhe erhalten, was hauptsächlich in der Herstellung des heimischen „Berliner Weifsbiers" seinen Grund hat. Letzter Umstand erklärt es auch, dafs von den 83 gegenwärtig in Berlin bestehenden Brauereien nicht weniger als 54 obergährige sind.

Ueber die neuere Entwicklung und den derzeitigen Zustand der Berliner Brauindustrie giebt folgende Tabelle näheren Aufschlufs:

Jahr	Untergährige		Obergährige		Insgesamt	
	Brauereien Anzahl	Biererzeugung hl	Brauereien Anzahl	Biererzeugung hl	Brauereien Anzahl	Biererzeugung hl
1888/89	26	1 858 530	45	1 036 058	71	2 894 588
1889/90	26	1 891 693	49	1 066 378	75	2 958 071
1890/91	27	1 939 023	48	1 060 001	75	2 999 024
1891/92	27	1 936 987	49	927 678	76	2 864 665
1892/93	29	2 116 979	47	998 661	76	3 115 640
1893/94	29	1 988 179	54	1 124 491	83	3 112 670

Ueber das Etatsjahr 1893/94 hinaus reichen die amtlichen statistischen Angaben zur Zeit zwar nicht, doch läfst sich mit Bestimmtheit annehmen, dafs die derzeitige Leistung auf mindestens $3\frac{1}{2}$ Mill. hl gestiegen ist.

Die das ganze Berliner Brauereigewerbe umfassende industrielle Ausgestaltung hat, abgesehen von hervorragenden Neuanlagen, fast durchgängig zu bemerkenswerthen baulichen Umwälzungen und Ergänzungen geführt. Die Berliner Brauereien tragen meist das

---

[1] Bearbeitet vom Regierungs-Baumeister Wilhelm Walther.

XI. Bierbrauereien. 645

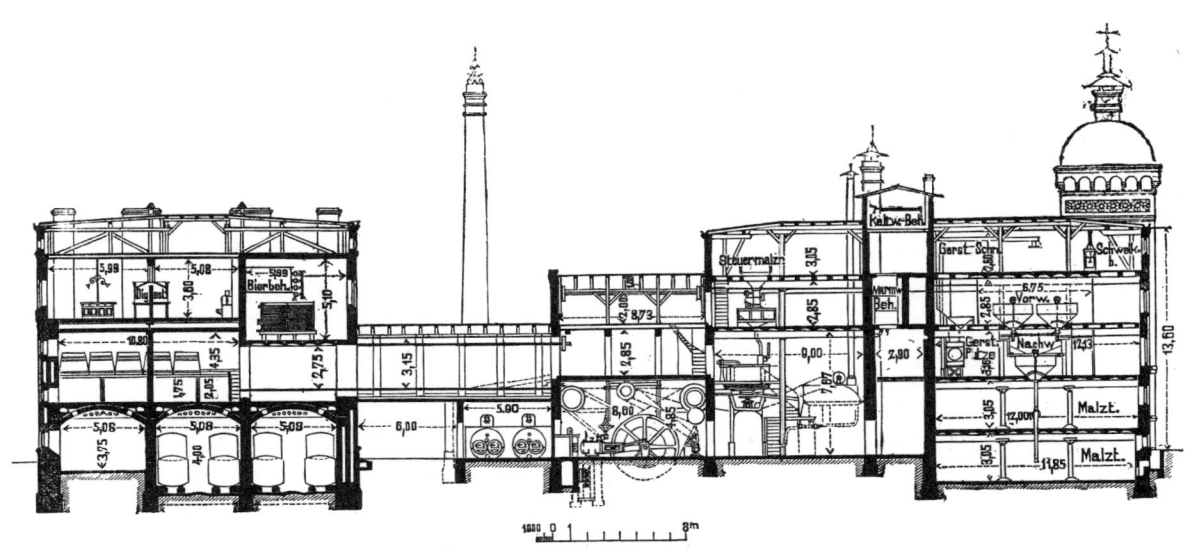

Abb. 775. Versuchs- und Lehrbrauerei, Längsschnitt.

Gepräge der Neuheit; die ganze Mannigfaltigkeit der modernen Systeme und Methoden in den baulichen Anlagen wie in der maschinentechnischen Ausstattung findet sich aufs lehrreichste hier vereinigt. Ein besonderes Nebenerzeugnifs des Berliner Brauereigewerbes bilden die architektonisch oft sehr bemerkenswerthen Ausschankstätten, die zahlreiche Brauereien errichtet haben, um in diesem Punkte mit den süddeutschen Brauereien Schritt zu halten.[1])

Im folgenden sollen einige der gröfseren bezw. bemerkenswertheren Anlagen näher beschrieben werden.

1. **Versuchs- und Lehrbrauerei.** Auf Anregung des im Jahre 1883 gegründeten Vereins „Versuchs- und Lehranstalt für Brauerei" wurde, nachdem zur Erlangung von Entwürfen ein Wettbewerb ausgeschrieben war, betreffs Errichtung einer Lehrbrauerei mit der Königlichen Regierung ein Abkommen auf folgender Grundlage getroffen:

1. Die Anstalt ist auf Gefahr des Vereins auf einem fiskalischen Grundstück an der Seestrafse zu errichten.
2. Der Staat leistet einen Kostenzuschufs in Höhe der halben Anschlagssumme mit 229 000 ℳ.
3. Die Gebäude und die innere Einrichtung gehen nach Fertigstellung in das Eigenthum des Fiskus über.
4. Der Verein erhält das Nutzungsrecht und übernimmt den Betrieb und die Unterhaltung auf eigene Kosten, es stehen ihm die Einnahmen aus der Brauerei zu.

Der Zweck der Anstalt ist der Betrieb einer kleinen Brauerei zu Versuchs- und Lehrzwecken, die Ausbildung von Beamten und Hülfskräften für die Brauerei, die Erprobung neuer Verfahren und Apparate.

Die besondere Ausarbeitung der Entwürfe wurde von der Baucommission dem Brauerei-Ingenieur Goslich und dem Königlichen Regierungs-Baumeister Metzing übertragen. Nach Genehmigung des Entwurfs erfolgte die Grundsteinlegung am 22. September 1889. Am 17. Februar 1891 wurde der erste Sud gebraut. Am 20. Mai 1891 wurde der Ausstofs des ersten Gebräues „Bundesbräu" in Gegenwart des Ministers Herrn v. Heyden und zahlreicher Ehrengäste vorgenommen.

Die Maurerarbeiten wurden von dem Maurermeister und Architekt Tielebier, die Zimmerarbeiten vom Raths-Zimmermeister Höpke Nachfolger O. Lenz ausgeführt.

---

[1]) Einleitung bis hier mitgetheilt von Dr. Struve.

Die Anstalt besteht, wie in Abb. 776 ersichtlich, aus drei Hauptgebäuden: dem Verwaltungsgebäude mit Bierausschank, der Mälzerei, vereinigt mit der Brauerei, und der Kellerei mit dem Laboratorium. Aufserdem ist noch eine offene Gartenhalle und ein Stallgebäude vorhanden. Das Verwaltungsgebäude enthält im Untergeschofs: Dienstwohnung für den Hauswirth, Wirthschaftsräume, einen Raum für das Maschinenpersonal, sowie Wohnung und Nebenräume für den Oeconomen; im Erdgeschofs: Verwaltungsräume, Räume als Bierausschank mit etwa 40 Sitzplätzen; im Stockwerk: Dienstwohnungen für den Ingenieur und Braumeister.

Das Hauptgebäude der Brauerei hat nach der Seestrafse eine Frontlänge von 26,80 m, in der Hoffront eine Länge von 41,47 m. Die Vereinigung des Brauereigebäudes mit der Mälzerei ermöglichte es, die Façade besonders wirkungsvoll durchzubilden. Dieselbe ist in hochrothen Rathenower Steinen ausgeführt; zur Belebung der Flächen sind einzelne Felder unter den Fenstern mit gelbem Cementmörtel geputzt. Die Gesimse sind ohne Anwendung von Formsteinen hergestellt.

Das Mälzereigebäude besteht aus fünf Stockwerken, von denen die beiden unteren als Malztennen, die drei oberen als Malz- und Gerstenböden dienen (Abb. 775).

Die Malztennen haben eine Grundfläche von je 130 qm. Auf der einen Seite schliefst sich die Betriebsdarre, auf der anderen die Versuchsdarre an. Letztere dient zur Erprobung neuer Darrconstructionen. Die Malzkästen bieten Raum für 25 000 kg Malz. Das Sudhaus mit 90 qm Grundfläche und 7,67 m Höhe lehnt sich direct an die

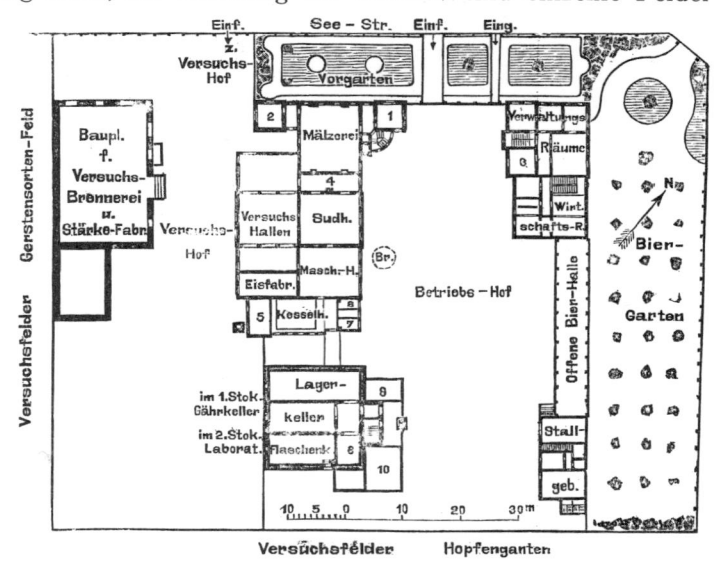

Abb. 776. Versuchs- und Lehrbrauerei, Lageplan.

Mälzerei an und ist für die Einmaischung von 1000 kg Malz berechnet. Die Böden darüber liegen in gleicher Höhe wie die der Mälzerei und sind mit letzteren durch Thüren verbunden, ermöglichen mithin die directe Beförderung des fertigen Malzes von der Mälzerei nach der Brauerei. In dem Maschinenhause sind zwei Dampfmaschinen von 45 bezw. 28 Pferdekräften. Die Triebwerke sind so eingerichtet, dafs der Antrieb der einzelnen Maschinen von jeder der beiden Dampfmaschinen erfolgen kann. Die beiden Dampfmaschinen werden von zwei Zweiflammrohrkesseln mit je 47,80 qm Heizfläche gespeist. In dem Stockwerk über dem Maschinenhause sind die Wohn- und Schlafräume für die Brauburschen untergebracht. An die Mälzerei, das Sudhaus und das Maschinenhaus schliefsen sich die entsprechenden Versuchsräume an. Dieselben sind zu einer Halle vereinigt und von dem hinter der Brauerei gelegenen Versuchshof aus zugänglich. Daher wird beim Einbau neuer Maschinen und Apparate der Betrieb in keiner Weise gestört. Die Versuchsräume sind nicht unterkellert und tragen nur ein leichtes Dach, um sie leicht erweitern zu können. Durch leichtes, in die vorhandenen Rundbögen einzubauendes Mauerwerk läfst sich die Halle nach Bedarf in drei Einzelräume zerlegen.

Das Kellereigebäude ist 14,22 m hoch und mit Holzcementdach versehen. Der Lager- und Flaschenkeller ist mit Rücksicht auf die Höhenlage des Grundwassers nur 1,90 m tief in den Erdboden eingebaut. Der Lagerkeller bietet Raum für 2500 hl Bier. Ueber dem Lagerkeller liegt der Gährkeller, 10,80 × 8,98 m grofs und 4,35 m hoch. Er bietet Raum zur Aufstellung von 21 Bottichen mit je 22 hl Inhalt. Die Bottiche stehen auf 1,75 m hohen eisernen Gerüsten. Die Decke besteht aus einer ebenen Cementbetonplatte. Da über dem Gährkeller sich das Laboratorium befindet, ist zur Isolirung in 50 cm

XI. Bierbrauereien.

Abstand noch ein zweites Cementbetongewölbe gespannt und der Hohlraum mit Korkmehl und Torfmull ausgefüllt. In demselben Geschofs ist noch ein Versuchsgährkeller, der Raum für fünf Bottiche bietet und in gleicher Weise wie der Betriebsgährkeller ausgestattet ist, untergebracht. In dem oberen Stockwerk befindet sich der Bierkühlraum und das Laboratorium. Das Laboratorium nimmt sechs Zimmer ein. Das gröfsere von $5{,}99 \times 12{,}17$ m Grundfläche dient als Praktikanten-Laboratorium. In demselben können 12—18 Personen bequem arbeiten.

Vor dem Kellereigebäude, an der Hoffront, ist ein Fachwerkvorbau ausgeführt, der rechts eine Halle zum Reinigen der Transportgefäfse, links die Böttcherei enthält. Der mittlere Theil der Halle dient als Laderampe für das Fafsbier.

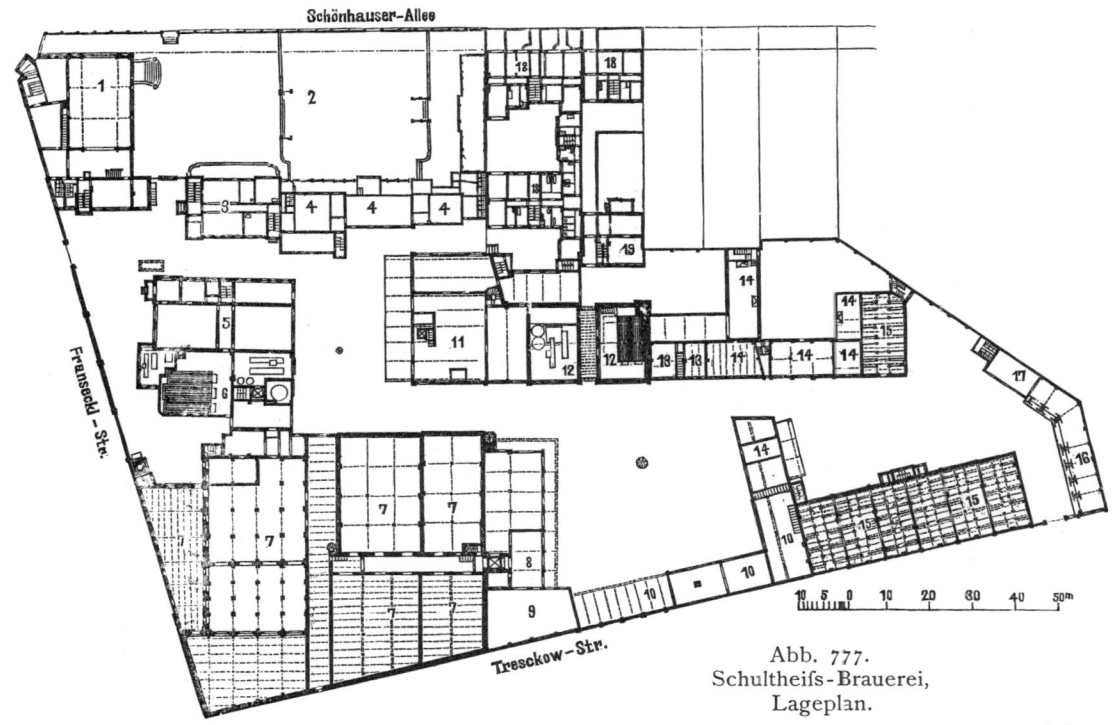

Abb. 777.
Schultheifs-Brauerei, Lageplan.

1. Restaurationssaal. 2. Garten. 3. Comptoir. 4. Brauersaal. 5. Sudhaus. 6. Kesselhaus. 7. Gährräume und Lagerkeller. 8. Ladehalle. 9. Fafsremise. 10. Tischlerei, Picherei und Böttcherei. 11. Flaschenlagerraum und Ladehalle. 12. Maschinenhaus für Eismaschine. 13. Zimmer der Kutscher. 14. Schlosser-, Stellmacher-, Zimmer-, Tischler- und Schmiedewerkstatt, Maler- und Sattlerwerkstatt und Beschlagbrücke. 15. Pferdeställe. 16. Offener Schuppen. 17. Spritzenhaus. 18. Beamtenwohnhaus. 19. Arbeitssaal des Kinderheims.

2. Die Schultheifs-Brauerei Actien-Gesellschaft hat ihren Ursprung in dem Brauerei-Unternehmen, das im Jahre 1842 als eine der ersten Lagerbier-Brauereien vom Apotheker Prell auf dem Grundstück „Neue Jakobstrafse 26" errichtet wurde. Unter dessen Nachfolger Jobst Schultheifs wurde eine Erweiterung vorgenommen und zwar wurden vorerst auf einem neu erworbenen Grundstück an der Schönhauser Allee Lagerkeller und dergl. Baulichkeiten errichtet, während der eigentliche Brauereibetrieb in der Jakobstrafse verblieb. Im Jahre 1864 wurde das Unternehmen von dem Kaufmann Adolf Rösicke erworben, unter dessen Leitung stetig weitere Vergröfserungen erforderlich wurden. An Stelle des Handbetriebes wurde die Dampfkraft eingeführt und der eigentliche Brauereibetrieb nach der Schönhauser Allee verlegt. Im Frühjahr 1871 wurde die Brauerei in eine Actiengesellschaft umgewandelt. Der Geschäftsbetrieb steigerte sich von Jahr zu Jahr. Im Jahre 1891 wurde von der Gesellschaft die frühere Tivoli-Brauerei auf dem Kreuzberge erworben, weil die zur Verfügung stehenden Räume nicht ausreichten und eine Erweiterung auf dem Gelände an der Schönhauser Allee ausgeschlossen war. Aufser diesen beiden Brauereien werden in Pankow bei Berlin und in Fürstenwalde a. d. Spree grofse Mälzereien mit einer Jahresleistung von rd. 200 000 Ctr. Malz unterhalten.

Nach dem Lageplan (Abb. 777) enthält das Brauereigrundstück an der Schönhauser Allee auf 25 000 qm folgende Anlagen:

Das Restaurationsgebäude nimmt die von der Schönhauser Allee und Franseckistrafse gebildete Ecke ein. Es ist ein in Sandstein und gelben Verblendern ausgeführter Rohbau, welcher einen 500 qm grofsen Saal, einige kleinere Säle und Wohnräume enthält. Den Eingang bildet ein viereckiger Thurm.

Das Sudhaus enthält zwei vollständige Sudwerke, auf welchen täglich rd. 800 hl Bier gebraut werden können. In den oberen Stockwerken befinden sich die Putzmaschinen, Schrotmühlen und Warm- und Kaltwasserbehälter. Von letzteren aus wird fast der gesamte Wasserbedarf des Grundstücks gedeckt, der sich auf rd. 1500 hl Wasser in der Stunde beläuft.

In den beiden Maschinenhäusern sind fünf Dampfkessel, fünf Dampfmaschinen, zwei Dynamomaschinen für die elektrische Beleuchtung und die Eismaschinen, nach System Linde, untergebracht.

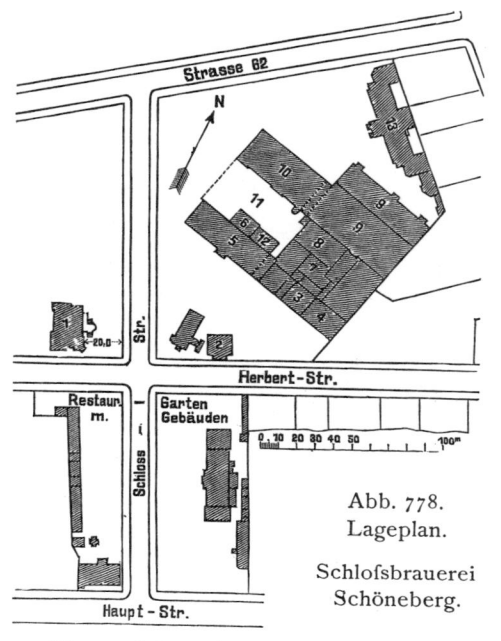

Abb. 778. Lageplan.

Schlofsbrauerei Schöneberg.

1. Directorwohnhaus. 2. Comptoir. 3. Neues und altes Sudhaus. 4. Spülhalle u. Flaschenbierfüllung. 5. Mälzerei. 6. Darre. 7. Maschinenhaus. 8. Kesselhaus. 9. Lagerkeller. 10. Kühlhaus, darunter Gährkeller. 11. Hof. 12. Gährkeller. 13. Pferdestall.

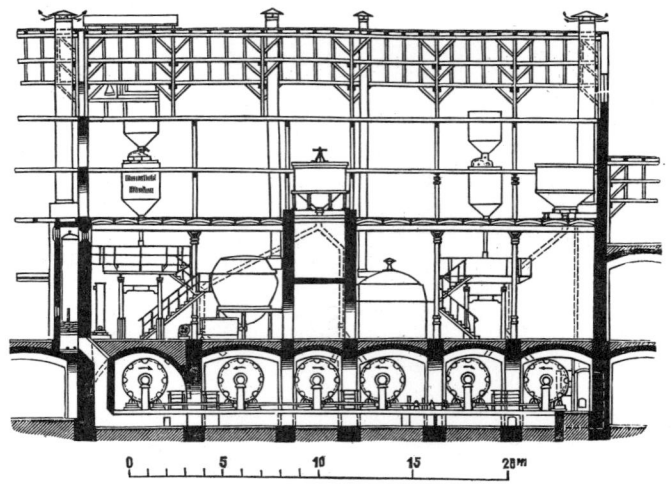

Abb. 779. Längsschnitt vom Sudhaus.

Das Kellereigebäude umfafst die Gährkeller, in welchen 350 Bottiche aufgestellt werden können, und unter den Gährkellern sowie neben denselben in zwei Stockwerken über einander die Lagerkeller, welche in ihren 39 Abtheilungen Raum zur Lagerung von 70 000 hl Bier bieten.

Die beiden Wohngebäude sind für Beamte und Arbeiter. Aufserdem steht eine Badeanstalt mit vier Brause- und sechs Wannenbädern den Beamten und Arbeitern sowie deren Familien zur unentgeltlichen Benutzung frei. — Das sogenannte Familienhaus oder Kinderheim ist den Kindern der in der Brauerei angestellten Arbeitnehmer gewidmet. Sie erhalten dort Spiel- und Strickunterricht unter Aufsicht zweier Diaconissinnen.

Der gröfste Theil der Gebäude ist in Ziegelrohbau ausgeführt. Das Restaurationsgebäude, das Comptoirgebäude, die Kellereien sowie alle neueren Betriebsgebäude sind nach den Plänen des Königlichen Bauraths Schwechten erbaut.

In der Brauerei sind zwei Dampfmaschinen von 120 bis 150, eine von 60 und zwei von 10 bis 20 P.S. dauernd im Betriebe. Der erforderliche Dampf wird von fünf Dampfkesseln von je 90 bis 100 qm Heizfläche geliefert.

Im Geschäftsjahre 1894/95 betrug der Bierabsatz 426 892 hl, wobei 31 Millionen Flaschen inbegriffen sind. Täglich werden 30—40 Tausend Flaschen gefüllt und zum Versand gebracht. An Personal beschäftigt die Schultheifs-Brauerei einschl. der Abtheilung II (früher Tivoli) sowie der beiden Mälzereien in Pankow und Fürstenwalde etwa 1000 Personen.

3. Schlofsbrauerei Schöneberg (Actiengesellschaft). Die Schlofsbrauerei Schöneberg wurde 1867 als Privatunternehmen errichtet und 1872 in eine Actiengesellschaft umgewandelt. In den ersten Jahren ihres Bestehens hatte die Brauerei in technischer Beziehung wenig Fortschritte aufzuweisen und nahm erst in den achtziger Jahren einen bedeutenden Aufschwung, sodafs zu umfangreichen Vergröfserungen der Anlage geschritten werden mufste. Während 1884/85 nur 35 055 hl Bier verkauft wurden, stieg der Absatz von Jahr zu Jahr und erreichte 1894/95 156 785 hl. Die Schlofsbrauerei nimmt demnach die dritte Stelle unter den Berliner Brauereien ein. Besondere Sorgfalt wird auf die Pflege des Flaschenbieres verwandt. Es wurden 1894/95 18 Mill. Flaschen (rd. 69 000 hl) abgesetzt. Mit dem Reinigen und Füllen der Flaschen sind 100 Personen ununterbrochen beschäftigt, während für den gesamten Betrieb durchschnittlich 335 Mann in Thätigkeit sind.

Die Schlofsbrauerei Schöneberg hat als die erste in Deutschland die Pest'schen Dampf-Braupfannen endgültig in Betrieb genommen und somit bahnbrechend für die Einführung der Dampfkochung im deutschen Braugewerbe gewirkt. Es gelangten zur Aufstellung eine Dampf-Maischpfanne von 110 hl und eine Dampf-Würzepfanne von 220 hl Inhalt. Ebenso die kupfernen Hefe-Reinigungsapparate von der Firma F. W. Pest.

Der Lageplan (Abb. 778) giebt die Baulichkeiten der gesamten Anlage, von denen die älteren von der Firma Geerdz & Krengel ausgeführt wurden. Unter diesen ist das Sudhaus von besonderem Interesse (Abb. 779). Dasselbe enthält links ein Sudwerk für Dampfkochung, rechts ein Sudwerk für Feuerkochung. Unter dem Sudhaus befindet sich die pneumatische Mälzerei mit sechs Keimtrommeln nach System Galland, jede für 100 Ctr. Gerstefüllung.

Von den neueren Gebäuden, welche nach den Plänen und unter Leitung des Regierungs-Baumeisters W. Walther, Berlin-Grunewald, erbaut wurden, sind hervorzuheben der 1892 erbaute Pferdestall und der neue Gährkeller. Der Pferdestall ist eine zweigeschossige Anlage und zur Aufstellung von 140 Pferden eingerichtet. Das Innere ist mit den besten Einrichtungen der Neuzeit ausgestattet und bietet den Pferden in jeder Hinsicht eine bequeme und gesunde Unterkunft. Der neue Gährkeller, 1896 fertiggestellt, ist als Unterkellerung des von dem Mälzereigebäude und dem alten Gährkeller eingeschlossenen Hofes ausgeführt, hat eine Grundfläche von 47,60 × 19,50 m und bietet Raum zur Aufstellung von 160 Bottichen mit etwa 40 hl Inhalt. Unter dem zwischen Eisenträgern eingespannten Gewölbe ist ein zweites Gewölbe nach System Rabitz angeordnet, dessen Construction es ermöglicht, dafs das von dem aufsteigenden Wrasen an der Decke sich bildende Condenswasser sich an den Gewölbegraten sammelt und von da nach den Widerlagern abfliefst, wodurch ein Abtropfen in die Bottiche verhindert wird. Zwischen beiden Gewölben ist eine Luftisolirschicht hergestellt, auch die Wände sind mit einer Isolirschicht versehen, um den Keller sowohl gegen das Eindringen der Erdfeuchtigkeit, wie auch gegen den Einflufs der äufseren Temperaturschwankungen zu schützen. Für ausreichende Lüftung ist ebenfalls Sorge getragen.

4. Böhmisches Brauhaus, Commanditgesellschaft auf Actien. Das Böhmische Brauhaus wurde 1868 durch den Assessor a. D. Armand Knoblauch erbaut, welcher

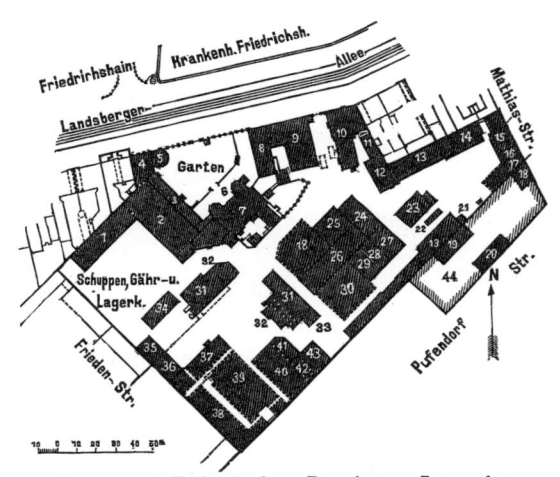

Abb. 780. Böhmisches Brauhaus, Lageplan.
1. Barbarossa. 2. Der grofse Saal. 3. Glashalle. 4. Vestibül und Wohnhaus. 5. Orchester. 6. Terrasse. 7. Restaurationsgebäude. 8. Der kleine Saal. 9. Comptoir. 10. Beamtenhaus und Comptoirgebäude. 11. Flaschen-Spülhaus. 12. Beamtenhaus. 13. Pferdestall. 14. Schmiede. 15. Böttcherei. 16. Fafs-Vorrathskeller. 17. Pechkeller. 18. Schuppen. 19. Träber-Trockenanlage. 20. Stallschuppen. 21. Gebläsemaschinen. 22. Trudelmaschine. 23. Dampfkesselhaus mit Badehaus. 24. Kühlraum. 25. Remise. 26. Hopfenboden. 27. Eismaschinenraum. 28. Reparaturwerkstatt. 29. Lichtmaschine. 30. Lagerkeller. 31. Ladebühne. 32. Bierausgabe. 33. Späne-Waschhaus. 34. Kühlhaus. 35. Träbertrocknung. 36. Wirthschaftsgebäude. 37. Darren. 38. Neue Mälzerei. 39. Alte Mälzerei. 40. Sudhäuser. 41. Neues Maschinenhaus. 42. Altes Maschinenhaus. 43. Kesselhaus. 44. Von der Stadt gepachtetes Grundstück.

auch nach Umwandlung des Unternehmens (1870) in eine Commanditgesellschaft auf Actien Geschäftsinhaber blieb. Böhmisches Brauhaus wurde das Unternehmen genannt, weil Ende der sechziger Jahre die böhmischen Biere sich in Berlin grofser Beliebtheit erfreuten.

Die Leistung, die sich 1870 nur auf 12 000 hl belief, hob sich in wenigen Jahren auf 200 000 hl jährlich, die seitdem regelmäfsig gebraut werden.

Von besonderem Interesse sind die ausgedehnten Kellereien, die sich in zwei, zum Theil in drei Stockwerken unter dem gröfsten Theil des Brauereigrundstücks hinziehen.

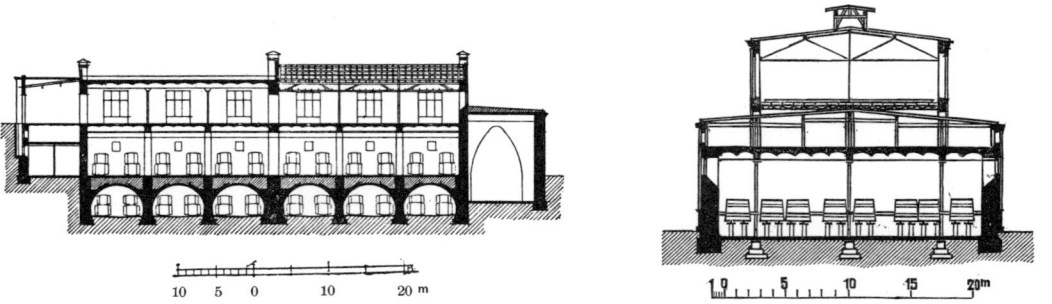

Abb. 781. Schnitt durch das Kellereigebäude.   Abb. 782. Querschnitt durch den Gährkeller.
Vereinsbrauerei in Rixdorf.

Die Keller bieten Lagerraum für 75 000 hl Bier. Der Gährkeller ist ein ungetheilter Raum von 3000 qm Grundfläche mit 400 Bottichen von je 30 hl Inhalt. Die zum Betriebe der Brauerei verwendeten Maschinen besitzen zusammen 500 P.S. Die Kühlmaschinen nach

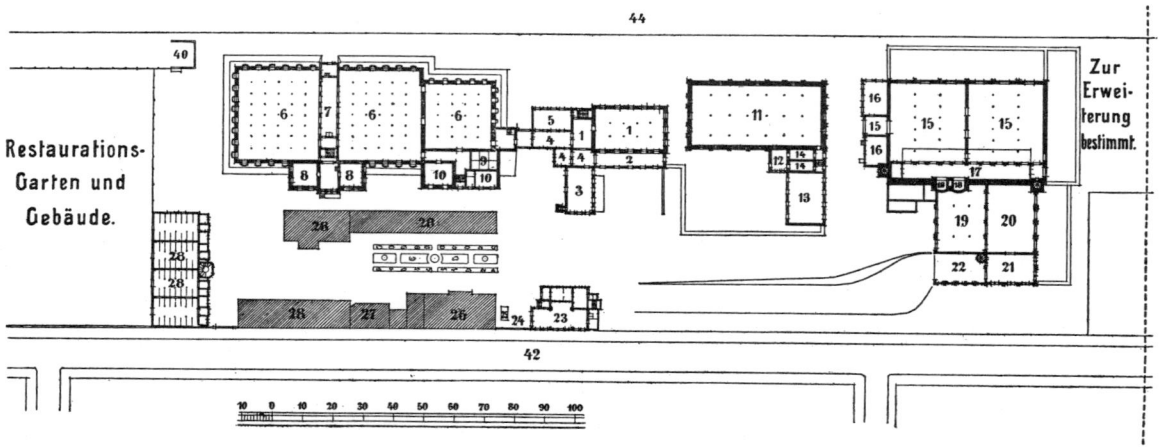

Abb. 783. Vereinsbrauerei Rixdorf, Lageplan.

1. Sudhaus.
2. Schürraum.
3. Kesselhaus.
4. Maschinen und Pumpen.
5. Werkstatt.
6. Mälzerei.
7. Weichenhaus.
8. Doppeldarren.
9. Silos.
10. Wohnräume.
11. Gährkeller, darüber Kühlschiffe.
12. Reservoire.
13. Eismaschine.
14. Kühlräume und Reservoire.
15. Ladehalle.
16. Werkstätten.
17. Ladebühne für den Versand.
18. Aufzüge, darüber Wasserthurm.
19. Abladehalle für Transportgefäfse.
20. Schwenkhalle.
21. Böttcherei.
22. Pichhalle.
23. Comptoirgebäude.
24. Einfahrt.
25. Wage.
26. Wohnhaus.
27. Remise.
28. Pferdeställe.
40. Schützenhaus u. Schiefsstand.
42. Jägerstrafse.
44. Strafse 209.
(15.—22. Lagerkeller u. Flaschenbierkeller in 2 Geschossen.)

System Linde und eine Kühlanlage mit amerikanischen Condensatoren haben zusammen eine Leistungsfähigkeit von 4000 Ctr. Eisersatz täglich. Im Jahre 1888 wurde der Kühlschiffbetrieb ganz eingestellt und hierfür eine Sterilisir- und Lüftungsanlage errichtet, durch die das Bier völlig frei von Mikroorganismen zum Gährkeller gelangen kann. Der Lageplan ist in Abb. 780 dargestellt.

5. Vereinsbrauerei in Rixdorf wurde 1871 von einem Consortium des „Vereins Berliner Gastwirthe" gegründet. Die Brauerei ist in ihrer gegenwärtigen Anlage mit den neuesten Maschinen und Apparaten ausgerüstet und für eine jährliche Leistung von 250000

XI. Bierbrauereien. 651

bis 300000 hl Bier eingerichtet. Das Grundstück umfafst einen Flächeninhalt von 7 ha, wovon rd. 15000 qm bebaut sind. Als besonders bemerkenswerth sind die in den Abb. 781, 782 u. 784 dargestellten Betriebsbaulichkeiten. Das Sudhaus, wohl eines der schönsten und zweckmäfsigsten aller derartigen Anlagen, besitzt zwei grofse Sudwerke, welche vier Pfannen von 600 hl und vier Maisch- und Läuterbottiche von zusammen 880 hl Inhalt umfassen.

Das Gährhaus (Abb. 782), nebst dem anstofsenden Eismaschinenhause im Jahre 1889 neu errichtet, fafst 160 Bottiche mit zusammen 5600 hl Inhalt. Besonders bemerkenswerth an diesem Gebäude ist, dafs der Gährraum sich vollständig über der Erde befindet, infolge dessen die Anlage sich den unterirdischen Gährkellern gegenüber besonders durch reinere Luft und bessere Ventilation vortheilhaft auszeichnet, und somit günstig auf den Gährungsprozefs einwirkt. Die zur Gährung des Bieres erforderliche kühle Temperatur wird durch eine Linde'sche Eismaschine erzielt. Ueber dem Gährhause befindet sich das allseitig frei stehende, vorzüglich gelüftete Kühlhaus. Die Lagerkeller sind zweigeschossig, wie in Abb. 781, angeordnet. Ihre Kühlung findet ebenfalls durch die Linde'sche Eismaschine statt.

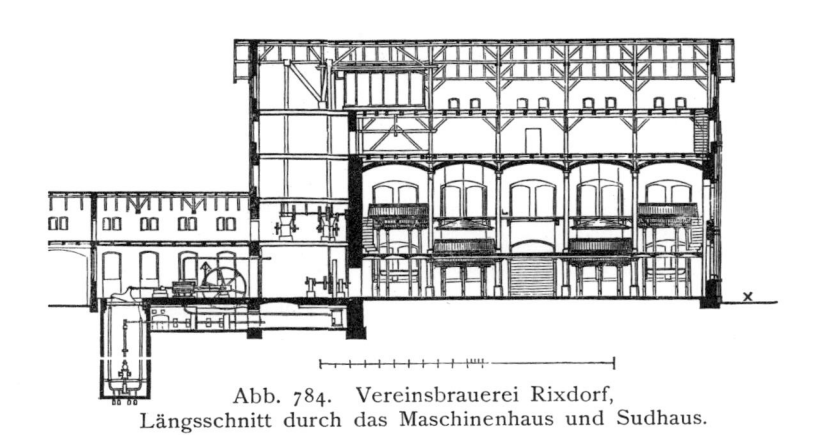

Abb. 784. Vereinsbrauerei Rixdorf, Längsschnitt durch das Maschinenhaus und Sudhaus.

Im Jahre 1890 wurde die Brauerei von einem umfangreichen Schadenfeuer heimgesucht, welches die vorhandenen Holzbauten vollständig in Asche legte. Dem verdanken die Baulichkeiten 15—22 ihre jetzige Gestalt. Zu erwähnen ist noch das 1894 neuerbaute Ausschankgebäude, mit drei gemüthlich eingerichteten Restaurationssälen, und einem grofsen sehenswerthen Concertsaal.

Der Lageplan Abb. 783 und die beigefügte perspectivische Ansicht (Abb. 781) geben ein getreues Bild der ausgedehnten Anlage. Die Entwürfe zu den Neubauten und baulichen Erweiterungen seit den Jahren 1886 sind von dem Raths-Maurermeister A. Rohmer aufgestellt, der auch die Ausführung bewirkte.

6. Brauerei der Actien-Gesellschaft Moabit. Die durch L. M. Ahrens gegründete Brauerei zu Moabit (Stromstrafse 11—16) ging im Jahre 1871 in den Besitz der Actien-Gesellschaft „Moabit" über, und wurde von da ab durch Erweiterungsbauten bedeutend vergröfsert. Die Hauptgebäude wurden 1872 errichtet, eine Verbesserung der maschinellen Einrichtung fand 1890—1891 statt. Die Hauptbetriebsräume sind, entgegen anderen Anlagen, in einem einzigen gröfseren Gebäude untergebracht. Letzteres verdient seiner architektonischen Ausgestaltung[1]) wegen besondere Beachtung.

Die Brauerei ist für eine Leistung von rd. 90—95000 hl Bier eingerichtet. In den ausgedehnten Kellereien können gleichzeitig 40000 hl Bier gelagert werden. Die Gährkeller fassen 400 Gährbottiche. Das Grundstück hat einschliefslich des grofsen Restaurationsgartens rd. 11 ha. Die Neu- und Erweiterungsbauten sind vom Baumeister Fr. Koch entworfen und ausgeführt.

7. Unions-Brauerei. Zu den gröfseren und sehenswertheren Brauereien Berlins gehört auch die Unions-Brauerei, deren Gesamtanordnung in Abb. 785 dargestellt ist. Die baulichen und maschinellen Einrichtungen weichen von denen der bereits beschriebenen Anlagen wenig ab. Als architektonisch bemerkenswerth ist der von Ende & Böckmann erbaute Restaurationssaal und der daranstofsende Kaisersaal, erbaut vom Regierungs-Baumeister W. Walther, Berlin-Grunewald, hervorzuheben.

---

1) 1. Ausg., Bd. II, S. 197, Fig. 148—150.

Der Beschreibung der Lagerbier-Brauereien lassen wir der Vollständigkeit wegen noch eine kurze Betrachtung einer Weifsbier-Brauerei folgen.

8. Die Berliner Weifsbier-Brauerei, Actien-Gesellschaft vorm. C. Landré ist aus der 1856 in der Münzstrafse 3/4 von C. Landré gegründeten Weifsbier-Brauerei hervorgegangen. Nachdem bereits 1865/66 die Mälzerei auf dem damaligen Windmühlenberge, jetzt Strasburger Strafse, erbaut war, wurde 1872, durch den stetig anwachsenden Geschäftsumfang bedingt, auch der Brauereibetrieb dorthin verlegt. Die eigentlichen Brauerei-

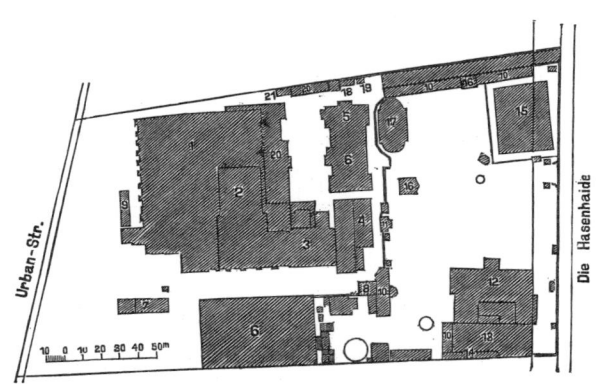

Abb. 785. Unions-Brauerei, Lageplan.

1. Lagerkeller und Fafshalle. 2. Gährkeller und Kühlschiff. 3. Brauerei. 4. Terrasse-Malzkeller. 5. Comptoir. 6. Mälzerei. 7. Lagerschuppen. 8. Schmiede. 9. Werkstätten. 10. Halle. 11. Buffet. 12. Restauration. 13. Kaisersaal. 14. Kegelbahn. 15. Englische Eisbahn. 16. Orchester. 17. Tanzplatz. 18. Portierhaus. 19. Wagehaus. 20. Stall. 21. Retirade.

Abb. 786. Berliner Weifsbier-Brauerei Actien-Gesellschaft vorm. C. Landré.

1. Mälzerei. 2. Maschinenraum. 3. Kesselhaus. 4. Darrenfeuerung. 5. Aufstofsraum. 6. Brauhaus. 7. Maschinenhaus. 8. Eiskeller. 9. Schuppen. 10. Wiegehaus. 11. Stube. 12. Wagenremise.

gebäude liegen, wie aus dem Lageplan (Abb. 786) ersichtlich, in der hinteren linken Ecke des Grundstücks. Rechts davon befinden sich die Stallungen für 42 Pferde, nebst Remisen und darüber befindlichen Futterböden.

Die frei in das Grundstück hineingebaute Anlage gewährt dem Hauptgebäude von allen Seiten bequeme Zugänge. Dasselbe ist viergeschossig ausgeführt und wird im vorderen Theile von dem durch zwei Stockwerke gehenden Brauhause eingenommen. In dem Kühlhause ist zu ebener Erde der Eiskeller und ein Spülraum für Fässer angelegt. In den oberen Stockwerken befinden sich die Kühlapparate und die Hopfenböden, aufserdem, von einer seitlich angeordneten Treppe zugänglich, in mehreren Stockwerken über einander, die Schlaf- und Speiseräume für das Brauereipersonal.

Die Kesselanlage besteht aus zwei Flammenrohrkesseln von zusammen 178 qm Heizfläche. Die Berliner Weifsbier-Brauerei hat im Jahre 1894 einen Bierabsatz von 111000 hl erzielt.

Abb. 787. Brauerei des Vereins Berliner Gastwirthe in Rixdorf.

Architekt
Stadt-Bauinspector Streichert. Abb. 788. Milchkuranstalt Victoriapark.

XII. Molkereien.

Die Milchversorgung Berlins.[1]

Die Versorgung Berlins mit der leicht verderblichen, einen längeren Transport nicht vertragenden Milch, beschränkte sich in früheren Zeiten auf die nächste Umgebung der Stadt. Erst nach der Einführung der Eisenbahnen wurden Bezüge aus entlegeneren Gegenden ermöglicht, und nach amtlichen Ermittelungen kamen Milchsendungen im Jahre 1893 bis aus Entfernungen von 200 km, in der Luftlinie, nach Berlin. Die Gesamtmenge der im Jahre 1893 auf allen Eisenbahnen nach Berlin gebrachten Milch betrug 77 517,96 t oder durchschnittlich täglich 212 378 kg, was auf den Kopf der Bevölkerung im Durchschnitt täglich 0,127 kg Bahnmilch ergiebt.

Die auf den Landwegen nach Berlin gebrachte Milch, die sogen. Achsenmilch, hat bisher immer nur schätzungsweise beziffert werden können. Eine wirkliche Feststellung der Milchmenge, welche zu Wagen nach Berlin gelangt, hat zum ersten Male am 20. April 1894 stattgefunden, und es betrug an diesem Tage die gesamte Achsenmilch 113 972 l. Bei Annahme des specifischen Gewichts der Achsenmilch auf 1,031 sind dies 117 505,13 kg, und, da am 21. April 1894 die Bevölkerung Berlins die Zahl von 1 695 078 erreichte, kamen an diesem Tage auf den Kopf der Bevölkerung 0,0693 kg Achsenmilch.

---

[1] Bearbeitet vom Stadt-Bauinspector Streichert.
Literatur: Benno Martiny, Die Milchversorgung Berlins. Verlag der deutschen Landwirthschaftsgesellschaft. 1894.

XII. Molkereien.

Zu bemerken bleibt hier noch, daſs die Entfernung, bis zu welcher Milch zu Wagen nach Berlin geschickt wird, sich auf vier Meilen erstreckt.

Endlich wird auch im Innern Berlins selbst Milch erzeugt. Das Verlangen nach ganz frischer, unverfälschter Milch liefs die schon früher im Innern Berlins vorhanden gewesenen, später daraus verdrängten Kuhställe zu Anfang der sechziger Jahre wieder aufleben, sodafs die Zahl der Kuhhaltungen von fünf im Jahre 1864 auf 397 im Jahre 1893 mit 5017 Kühen gestiegen ist. Am 20. April 1894 ergab die vom Polizei-Präsidium bewirkte Aufnahme der in den Kuhhaltungen Berlins erzeugten Milch eine Gesamtmenge von 56 013 l (ungefähr 11 l Tagesertrag von einer Kuh) oder bei Annahme eines specifischen Gewichts von 1,0315 im ganzen 57 777,41 kg, und auf den Kopf der Bevölkerung im Durchschnitt täglich 0,0341 kg Stadtmilch. Es ist somit anzunehmen, dafs auf den Kopf der Bevölkerung täglich entfällt: an Bahnmilch 0,1270 kg, Achsenmilch 0,0693 kg, Stadtmilch 0,0341 kg, zusammen 0,2304 kg oder 0,2235 l, also zwischen 1/4 und 1/5 l.

Dabei verhält sich die Stadtmilch zur Achsenmilch zur Bahnmilch nahezu wie 1 : 2 : 4.

In den vorstehend bezifferten Milchmengen ist aber auch diejenige Milch enthalten, welche von Berlin aus zur Versorgung einiger Vororte verwendet oder verbuttert, verkäst oder sonstwie dem unmittelbaren Verbrauch entzogen wird; nicht

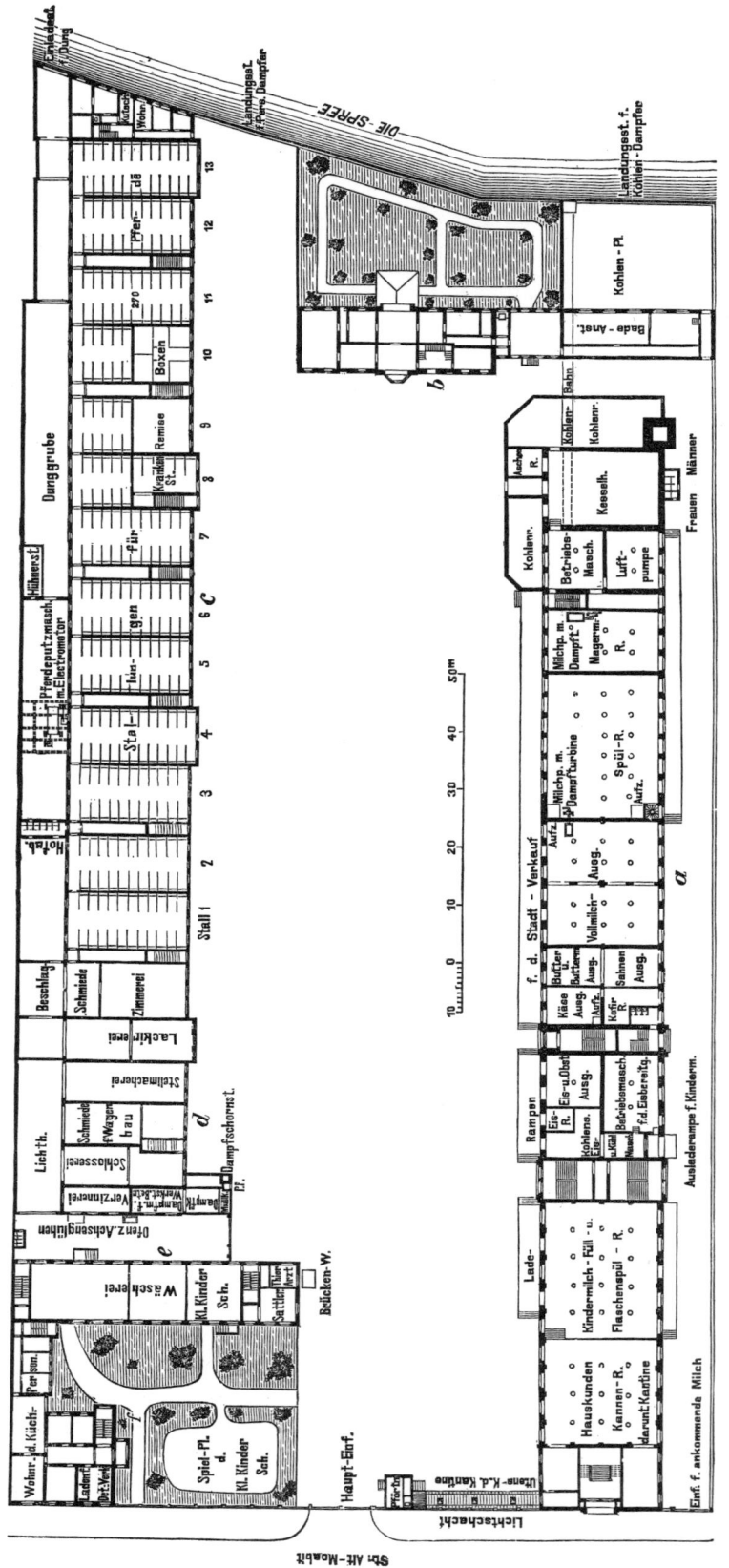

Abb. 789. Meierei von C. Bolle.

XII. Molkereien.   655

darin enthalten ist die in Büchsen oder Flaschen zugeführte eingedickte oder nicht eingedickte Dauermilch, deren Mengen zwar nicht ermittelbar aber offenkundig nur sehr geringe sind.

Der Vertrieb der von aufserhalb nach Berlin kommenden Milch erfolgt durch einzelne selbständigem Handel dienende Landfuhrwerke aus der nächsten Umgebung, eine gröfsere Anzahl von sogen. Milchpächtern, eine ungezählte Menge von Unterverkäufern, welche die Milch von den Pächtern beziehen und dieselbe in Läden feilhalten oder damit hausiren, und die Meierei von C. Bolle. Die Milch wird übrigens grofsentheils auch von all diesen Händlern den Kunden in die Wohnung gebracht.

Die im Jahre 1881 errichtete Meierei von C. Bolle ist das gröfste Milchgeschäft Berlins; ihr fast ausschliefslich in Bahnmilch bestehender Umsatz betrug im Jahre 1893 zusammen rd. 22 000 000 l, also im Durchschnitt täglich rd. 60 000 l, mithin ungefähr den siebenten bis sechsten Theil aller Milchzufuhr Berlins. Davon wurden ungefähr 83 v. H. als Vollmilch, Rahm, Magermilch und Buttermilch verkauft, ferner 12 v. H. verbuttert und verkäst; der Rest von 5 v. H. ist Abfall und dient zur Schweinefütterung in der Anstalt. Der Vertrieb der in der Meierei gewonnenen Erzeugnisse wird durch 150 Verkaufswagen bewirkt. Zur Unterbringung der für den Meiereibetrieb erforderlichen Räume, Pferdestallungen usw. wurde im Jahre 1887 auf dem Grundstück Alt-Moabit 99—103 mit einem Flächeninhalt von rd. 23 000 qm eine Anstalt errichtet, deren Gebäude einen Raum von rd. 8800 qm bedecken. Die Anordnung zeigt der beigegebene Grundplan Abb. 789.

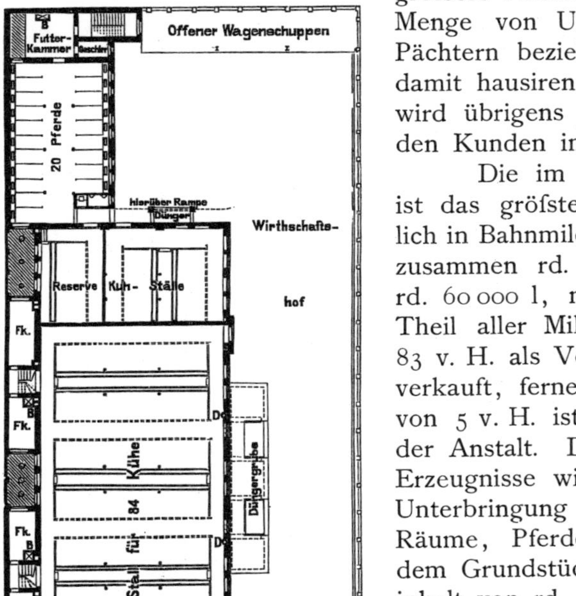

Für die Beheizung der Anstalt und die Erzeugung der Betriebskraft für drei Dampfmaschinen von zusammen rd. 300 Pferdekräften dienen drei Dampfkessel von rund 375 qm Heizfläche. Eine Riedinger'sche Eismaschine liefert täglich 15 000 kg Krystalleis; drei Dynamomaschinen mit 665 Ampères und zwei Accumulatorenbatterien besorgen die elektrische Beleuchtung der Meierei durch rd. 1100 Glüh- und 52 Bogenlampen.

Werkstätten für Neuarbeit und Ausbesserungen, namentlich für Schmiede, Schlosser, Klempner, Stellmacher, Sattler befinden sich in der Anstalt, auch eine eigene Buchdruckerei. Aufser verschiedenen Wohlfahrtseinrichtungen der Angestellten der Meierei und deren Angehörigen, wie z. B. einer Kleinkinderschule, Lesebibliothek, Sonntagsschule usw. ist noch besonders zu erwähnen die Hauskapelle, welche 1600 Sitzplätze fafst.

Abb. 790.
Milchkuranstalt Victoriapark, Grundrifs vom Erdgeschofs.

A. Aufzug.
B. Futterschächte.
C. Kutscherschränke.
D. Dünger - Abfallschächte.
E. Jauche - Abfallröhren.
Im ersten Stockwerk Stall für 120 Kühe und Wohnungen.

Unter den zahlreichen Kuhhaltungen Berlins können hier nur die grofsen, vornehmlich für die Ernährung von Kindern und Kranken berechneten Anstalten in Betracht kommen; es sind hier unter anderem aufzuführen 1. die Milchwirthschaft von Dr. Hartmann, Invalidenstrafse 15; 2. die Berliner Milch-Kuranstalt (Hellersdorfer Molkerei) von L. Cohen, Friedrich-Wilhelm-Strafse 3, welche beide Anstalten auch Milch von aufserhalb einführen, und ganz besonders 3. die Milch-Kuranstalt am Victoriapark von F. Grub, Kreuzbergstrafse 27/28, welche letztere, eigens für diesen Zweck erbaut, im Herbst

1888 in Betrieb gesetzt wurde und ausschliefslich selbst gewonnene Milch zum Verkauf bringt. Ein Grundrifs (Abb. 790) und eine Hofansicht (Abb. 788) veranschaulichen ihre Anlage, welche von Stadt-Bauinspector Streichert entworfen und ausgeführt ist.

Der Zweck dieser von rein hygienischen Rücksichten geleiteten und von mafsgebenden Aerzten sehr geschätzten Anstalt ist die Erzeugung und der Vertrieb bester, d. h. gesunder, gehaltreicher und bekömmlicher, stets gleichartiger Milch für Kinder und Kranke bezw. Reconvalescenten. Nur jugendliche, den gesundesten Hochlandrassen entnommene, unter steter thierärztlicher Beobachtung stehende Kühe finden Einstellung und verbleiben nur auf die Dauer einer Nutzungsperiode in der den weitgehendsten Forderungen nach Licht und Luft Rechnung tragenden Anstalt. Sie werden ausschliefslich nach dem Trockenfütterungsverfahren mit feinem würzigen Hochlandheu unter alleiniger Beigabe von Kraftfuttermehlen gefüttert. Das Hauptaugenmerk ist im übrigen auf vollkommene Reinlichkeit in der Haltung der Kühe und der Gewinnung der Milch gerichtet, sodafs letztere unverdorben in die Hände der Verbraucher gelangen mufs.

Zur Unterstützung dieses Bestrebens besitzt die Anstalt Sterilisirungsapparate, in welchen die Milch durch Dampf auf 100°C. erhitzt und keimfrei gemacht wird, sodafs sie sich wochenlang frisch und unzersetzt erhält und weithin versandt werden kann. Wannen- und Brausebäder für die Viehwärter und Beamten der Anstalt unterstützen das derselben eigene Princip der äufsersten Reinlichkeit.

Das einen Flächenraum von rd. 3600 qm haltende Grundstück ist bebaut mit einem zu Wohnzwecken ausgenutzten Vordergebäude und einem im Erdgeschofs die Milchtrinkhalle mit Nebenräumen und im übrigen Wirthschafts- bezw. Wohnräume der Bediensteten enthaltende Seitengebäude. An dieses schliefst sich der in zwei Stockwerken über einander für 250 Kühe ausreichenden Platz gewährende, durchweg massiv aufgeführte und mit hohen Paneelen von Mettlacher Fliesen ausgestattete Kuhstall an, mit Milchbereitungs- und Futterräumen im Keller- und Erdgeschofs.

Die nur nach Osten und Westen belegenen Fenster und eine grofse Zahl von Ventilationsschloten und -Oeffnungen ermöglichen eine ergiebige Luft- und Lichtzufuhr. Die Jauche wird der städtischen Canalisation direct zugeführt, der Dünger durch Abfallschächte nach der massiven verdeckten Düngergrube.

Als Streu für die Kühe dient ausschliefslich Torfmull, und es sind die hierfür vorgesehenen Standeinrichtungen, sowie auch die ganz aus Beton hergestellten Krippen mit den Wasser-Zu- und Abführungen, sowie den eisernen Kuhstaken von besonderem Interesse. An den Kuhstall schliefst sich endlich ein Stall für 20 Pferde mit darüber belegenen Kutscherwohnungen, ferner offene Remisen für die Milchwagen. Der unbebaute Theil des Grundstücks ist durch gärtnerische Anlagen zu einem Milch-Kurgarten umgestaltet.

XIII. Papierverarbeitung und Druckereien.[1]

A. Papierverarbeitung.

Die Luxuspapierfabrikation hat als besonderer Zweig der Papierindustrie, während die Herstellung von Papier selbst in Berlin so gut wie ganz unterblieben ist, hier Wurzel gefafst und ist in den letzten Jahrzehnten zu hoher Blüthe gelangt.

Es bestehen jetzt auf diesem Gebiete etwa 30 gröfsere Fabriken mit über 6000 Arbeitern und 1000 Maschinen, welche sich mit der Herstellung von Gratulations-, Menu-, Tanzkarten, Briefbogen und Briefumschlägen, chromolithographischen Bildern, Plakaten, Abreifskalendern, Ausstattungen für Verpackungen, Spitzenpapieren, Lampenschirmen, Atrappen, Cartons und dergl. befassen und nicht allein in ganz Europa, sondern auch in allen anderen Erdtheilen sich ein reiches Absatzgebiet erobert haben. Die meisten dieser gröfseren Betriebe sind in eigenen Fabrikgebäuden untergebracht, vier- bis sechsstöckigen Backsteinbauten von einfacher Architektur, mit geräumigen Arbeitssälen, deren Decken aus Ziegel- oder Monierkappen zwischen I-Trägern hergestellt sind, bei gröfserer Länge durch Unterzüge gestützt, die auf gufseisernen oder genieteten Säulen ruhen; die einzelnen Stockwerke sind gewöhnlich durch Waarenaufzüge mit einander verbunden und meist elektrisch beleuchtet.

Im Erdgeschofs befinden sich in der Regel die Comptoirs und Ateliers für Lithographen und Maler, ferner die Lagerräume; in den Stockwerken sind die Druckerei, Prägerei, Kartenschneiderei, Buchbinderei, Confectionen, Lackirerei und die Sortir- und Packräume untergebracht; in den Kellerräumen die Dampf- und Dynamomaschinen für den maschinellen Betrieb und die Beleuchtung, sowie die Sammelheizungen und häufig Lagerräume für Steinplatten und dergl.

Aus der grofsen Zahl dieser in der Art ihrer Erzeugnisse, ihrer Maschineneinrichtungen und des Betriebes sehr verschiedenartigen, in der baulichen Anordnung und Construction aber wenig von einander abweichenden Fabrikanlagen können nur wenige Beispiele hier einer kurzen Besprechung unterzogen werden.

Die bekannteste und bedeutendste von allen Luxuspapierfabriken Berlins ist die von W. Hagelberg, die sich aus kleinsten Anfängen innerhalb 40 Jahren zu einer Anstalt von anerkanntem Weltruf empor gearbeitet hat. Dieselbe ist jetzt in der Marienstrafse 19—22 in drei neben einander liegenden Gebäuden von zusammen 29 Fenstern Front untergebracht. Jedes dieser Gebäude umfafst mit Vorder-, Quer- und zwei Seitenflügeln einen quadratischen Hof und umschliefst noch einen zweiten Hof mit zwei Seitenflügeln. Unter einander sind die Gebäude durch die erforderliche Zahl von mit Eisenthüren verschliefsbaren Oeffnungen verbunden.

Die Kellerräume enthalten die werthvollen Vorräthe an Pappen und Papier, die Lithographirsteine im Werthe von 150 000 ℳ, drei Prägereisäle mit 31 Hand- und

---

[1] Nach Mittheilungen von Friedrich Müller.

12 Dampfbalanciers und einer hydraulischen Prägepresse von 25 000 kg Druck, 10 Handschleiftischen und zwei Schleifmaschinen. In einer gegen Feuersgefahr besonders verwahrten Hofhalle liegen 16 Heifspressen für Celluloidgegenstände nebst dem zugehörigen Colorirsaal.

Im ersten Stock des Mittelgebäudes befinden sich die Geschäftsräume, von denen aus die ausgedehnte Anlage geleitet wird, in der Nähe die Ateliers für die Entwürfe. Im obersten Stockwerk der drei Hinterhäuser liegen in drei Sälen die lithographischen Ateliers mit nördlichem Seiten- oder Oberlicht für 100 Lithographen, daneben ein Druckereisaal mit 12 Handpressen für Probedruck, weiter der Photographensaal für Vergröfserung und Verkleinerung durch Gummiplatten und der Vordrucksaal für die Chromolithographie.

Im Erdgeschofs, ersten und zweiten Stockwerk des Hauses 19/20 sind drei grofse Maschinensäle mit 45 Schnellpressen gröfsten Formats, es folgen acht grofse Bogenwärmapparate, drei Bronzirmaschinen, ein Calander, zwei Guffrirwerke usw.

Drei grofse Buchbindereisäle mit Schneide-, Stanz- und Goldschnittmaschinen füllen den zweiten Stock des Hauses 21/22, im Erdgeschofs und ersten Stock daselbst liegen die Räume zum Sortiren und Verpacken der fertigen Waaren nebst den Musterlagern.

Die Betriebskraft für alle diese Maschinen liefert eine Dampfmaschine von 100 P.S mit vier grofsen Kesseln. Eine Maschine von 48 P.S. treibt die Dynamo für die elektrische Beleuchtung. Die Wasserversorgung erfolgt aus einem Abessinierbrunnen mit Reservoirs im obersten Stockwerk. Die Gebäude sind mit fünf Fahrstühlen, Ventilationseinrichtung, Ankleideräumen und vortrefflichen Vorkehrungen zur Verhütung von Unfällen und Feuersgefahr versehen. Die grofsen Säle sind durch eiserne Rolljalousien theilbar. Das Personal der Anstalt, deren fast auf alle Gebiete der Luxuspapiere sich erstreckende und in künstlerischer Vollendung hergestellte Erzeugnisse in alle Welt gehen und zum Theil in 16 verschiedenen Sprachen bedruckt werden, beläuft sich gegenwärtig auf etwa 1300 Köpfe.

Heymann & Schmidt, Berliner Luxuspapierfabrik, Schönhauser Allee 164/65, gegründet 1878, ist seit 1885 in eigenen Gebäuden untergebracht, welche infolge grofser Anbauten in den Jahren 1890 und 1895 jetzt einen Raum von 3600 qm bedecken. — Die Fabrik beschäftigt 60 Lithographen und 350 Arbeiter mit 18 Steindruckschnellpressen und zahlreichen Nutzmaschinen für die umfangreiche Prägerei, Buchbinderei und Cartonschneiderei. Reich und künstlerisch ausgeführte Weihnachtskarten für das Ausland, Plakate, Malvorlagen und dergl. bilden die Haupterzeugnisse der Fabrik. Dieselbe besitzt eine 100 P.S. Dampfmaschine und zwei Dynamomaschinen, welche sechs Bogen- und 500 Glühlampen speisen.

Carl Ernst, Köpenicker Strafse 112, Luxuspapierfabrik für Cartons zum Aufkleben von Photographien, Herstellung von Umrahmungen, Couverts und dergl. für Photographien. Im Grundrifs hat die Fabrik eine hufeisenförmige Gestalt und bedeckt einen Raum von 800 qm. In den 12 grofsen Sälen der fünf Stockwerke werden von 300 Personen mit Hülfe von 90 Arbeitsmaschinen und einer 20 P.S. Dampfmaschine täglich u. a. $^1/_4$ Million Karten für photographische Zwecke hergestellt, gestanzt, bedruckt und mit Goldschnitt und Verzierungen versehen.

Friedheim & Sohn, Holzmarktstrafse 53, Chromo-, Emaille-, Glacé- und Cartonfabrik, gegründet 1869, beschäftigt 200 Arbeiter in einem fünfstöckigen Fabrikgebäude, welches mit Fahrstuhl versehen ist, und besitzt eine grofse Rollenklebemaschine nebst Schneide-, Guffrir-, Färb- und Glättmaschinen; ferner eine 100 P.S. Dampfmaschine, welche ihren Dampf zum Theil für die Erwärmung der Trockenräume abgeben mufs. Die Hauptthätigkeit der Anstalt erstreckt sich auf das Kleben von Carton für Photographien, Plakaten und sonstige Luxuspapiere.

Die Cartonfabrik von Eduard Jacobsohn, Landwehrstrafse 11, beschäftigt in ihren beiden vierstöckigen Gebäuden 400 Personen; die Höfe sind unterkellert und dienen als Lagerräume für die Holz-, Stroh- und Lederpappen, wovon täglich 200 Ctr. verarbeitet werden. Das Haupterzeugnifs sind Gebrauchs- und Luxuscartons, sowie Faltenschachteln und Musterkisten zur Verpackung von Wäschegegenständen und dergl. Der gröfste Theil der Klebearbeit wird noch von Hand, und zwar von weiblichen Arbeitern im Stücklohn

XIII. Papierverarbeitung und Druckereien. 659

bewirkt. Von Maschinen sind zu nennen: die Beklebe-, Zuschneide-, Drahtheft- und Bronzirmaschinen.

Carl Kühn & Söhne, Königliche Hoflieferanten, Contobücherfabrik, Buch- und Steindruckerei, Gravir- und Prägeanstalt, Breitestrafse 25/26. Die Anfänge dieser Fabrik reichen bis in das Jahr 1806 zurück; schon 1825 ernannte Friedrich Wilhelm III. den Inhaber zum Hoflieferanten. 1862 wurde die Fabrik, die im Jahre 1852 die erste Steindruckschnellpresse hier eingeführt und in Betrieb gesetzt hatte, mit Dampfkraft versehen. In dem an der Spree gelegenen Fabrikgebäude werden 300 Arbeiter beschäftigt, von denen aufser Geschäftsbüchern Massenartikel, wie: Briefsiegelmarken, Umschläge und Eisenbahnfahrkarten hergestellt werden.

Riefenstahl, Zumpe & Co., Geschäftsbücherfabrik, Holzmarktstrafse 67, gegründet 1869, bisher in Miethsräumen, bezog 1887 ein eigenes Gebäude, welches in gefälligen Backsteinformen vom Regierungs-Baumeister Georg Lewy erbaut worden ist. Dasselbe bedeckt 540 qm Grundfläche, besitzt sechs Stockwerke und enthält im Kellergeschofs die Steindruckerei, Kessel und Betriebsmaschine, im ersten Stock Canzlei- und Lagerräume, im zweiten Stock Anfertigung von Abreifskalendern und dergl., im dritten Stock Buchdruckerei mit 15 Schnellpressen und vier hydraulischen Pressen, im vierten Stock die Buchbinderei mit sieben Drahtheftmaschinen, neun Papiermaschinen und 12 grofsen Pressen, im fünften Stock Liniirmaschinen, im sechsten Stock Papierlager. Die Fabrik ist mit Fahrstuhlanlage, elektrischer und Gasbeleuchtung und eigener Wasserleitung versehen. Der Betrieb beschäftigt 200 Arbeiter und eine 40 P.S. Dampfmaschine. Zwei Dampfkessel versorgen zugleich die Heizung.

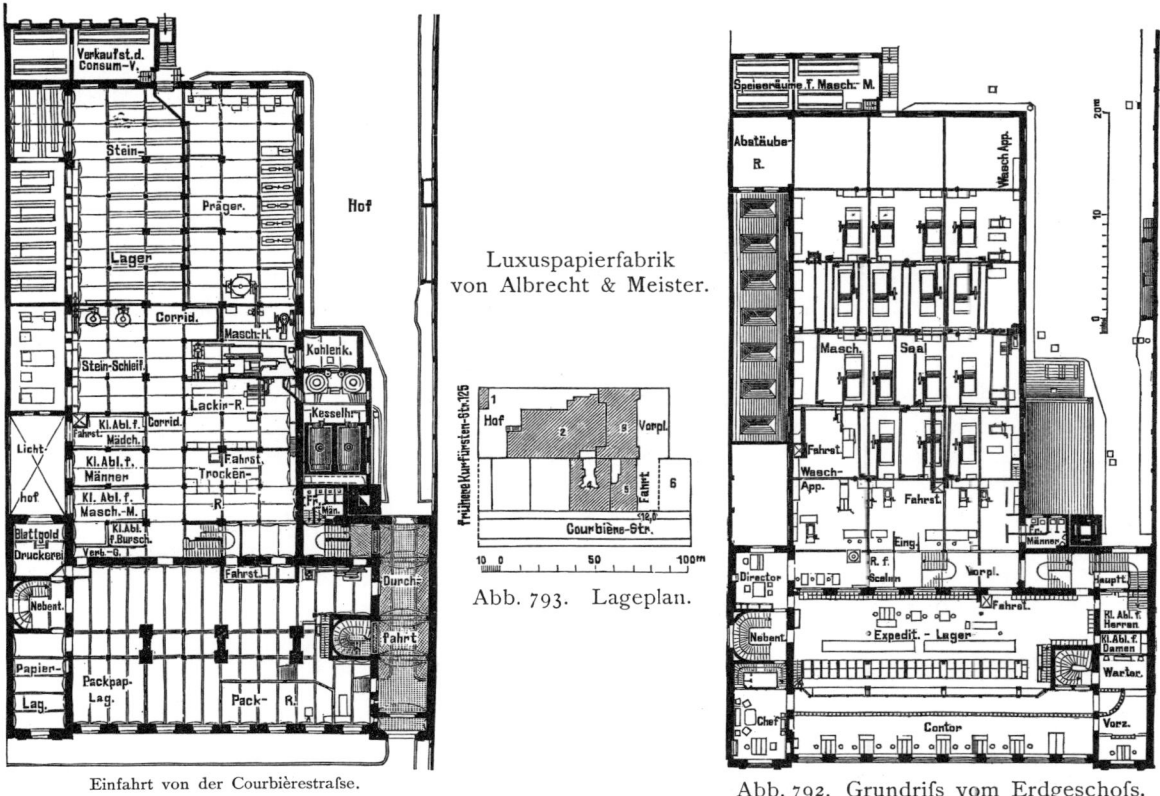

Einfahrt von der Courbièrestrafse.
Abb. 791. Grundrifs vom Kellergeschofs.

Abb. 793. Lageplan.

Luxuspapierfabrik von Albrecht & Meister.

Abb. 792. Grundrifs vom Erdgeschofs.

Hervorragend sowohl durch Bauart und Architektur, als auch durch die inneren Einrichtungen ist die vom Baurath Rofsbach 1886/87 erbaute Luxuspapierfabrik von Albrecht & Meister,[1]) Courbièrestrafse 14 (Abb. 791—793).

---

1) Bearbeitet vom Regierungs-Bauführer Landsberger.

Gegenstände der Fabrikation bilden ausschliefslich Buntdruckbilder besserer Art, welche in den verschiedensten Gröfsen und vollendeter Ausführung auf Stein gebracht und gedruckt werden.

Die Druckerei liefert jährlich etwa $^1/_2$ Millionen Bogen chromolithographischer Bilder, wozu etwa 8—9 Millionen einzelne Drucke nöthig sind. Es sind damit etwa 400 Personen beschäftigt, sowie 100 Maschinen der verschiedensten Art, von denen die Mehrzahl Steindruck-, Schnell-, Hand- und Prägepressen sowie Papierverarbeitungs-Maschinen sind.

Das Grundstück hat eine rechteckige Grundfläche von rd. 5000 qm, wovon 2000 qm bebaut sind; das Hauptgebäude besitzt fünf rd. 4 m hohe Geschosse mit je einem Arbeitssaal von 28 × 16,50 m und 6 m lange Flügel. Hinter dem Hauptgebäude befindet sich ein mit Sheddächern überdeckter Arbeitssaal von 1000 qm Grundfläche. Die Deckenconstruction des Hauptbaues wird in jedem Stockwerk durch drei Säulenpaare getragen, auf welchen die parallel der Front durchgehenden Unterzüge gelagert sind. Die Decken selbst sind in den Erdgeschossen aus Ziegelkappen zwischen **I**-Trägern gebildet; in den übrigen Geschossen dienen 3 cm starke Monierplatten, welche auf den Trägerflanschen aufliegen, nur zum unteren Deckenabschlufs, während den tragenden Theil über die Träger parallel der Front gestreckte Lagerhölzer bilden, welche die Dielung aufnehmen.

Zur Schalldämpfung dient eine Zwischendecke von gelehmter Stakung; der Hohlraum zwischen dieser und der Dielung ist mit Koksasche ausgefüllt. Der Dachboden ist mit durchgehendem Gipsestrich versehen. Die Façade ist mit dunkelrothen Klinkern verblendet. Die Gesimse und Fensterumrahmungen bestehen aus gleichfarbigen Terracotten von den Laubaner Thonwerken. Der Sockel des Erdgeschosses und die Haupteingänge sind mit Granit bekleidet.

Der auf der Nordseite des Hauptbaues gelegene, durch Sheddächer überdeckte Arbeitsraum besitzt ein durch Seitenlicht erhelltes, 4 m hohes Erdgeschofs, dessen gewölbte Decke zwischen **I**-Trägern auf gufseisernen Säulen und gemauerten Pfeilern, die mit einander abwechseln, ruht. Die Pfeiler tragen ferner die im ersten Geschofs in 7 m Abstand angeordneten Säulen mit den Unterzügen für die in Holz hergestellten Sheddächer; diese besitzen nach Norden doppelte Glasflächen, nach Süden doppelte Pappbedachung auf gespundeter Schalung. Um die durch die Maschinen hervorgerufenen Erschütterungen zu vertheilen und vom Arbeitsboden zu isoliren, sind die Deckengewölbe des Erdgeschosses mit einer 15 cm starken Betonplatte abgeglichen, auf welche die Maschinen unmittelbar gestellt und mit Cement vergossen worden sind; hierauf wurden die Lagerhölzer mit einer Bedielung von Yellow-Pine aufgebracht. Die Lüftung dieses Arbeitssaales geschieht direct durch in den Dachfirsten angebrachte kleine Fenster, das Hauptgebäude hat besondere Ventilationsschächte; ein Theil der Räume wird durch eine Niederdruck-Dampfheizung, ein anderer Theil durch Abdampf oder directen Dampf der Maschinen erwärmt. Eine 40 pferdige Dampfmaschine und zwei Dynamos erzeugen Strom für 26 Bogen- und 300 Glühlampen; die Antriebsmaschine ist eine 15 P.S. Dampfmaschine. An Wohlfahrtseinrichtungen besitzt die Fabrik einen Consumverein, eine Hauskranken- und Sparkasse.

Von den übrigen auf gleichem Gebiet thätigen Fabriken nennen wir hier nur noch die Firmen: Büttner & Co., Priester & Lyck, Schäfer & Scheibe, Max Krause, Osnabrücker Papierwaarenfabrik und Hochstein & Weinberg.

B. Die Druckereien.

An der Ausdehnung Berlins und seiner Industrie haben auch die Druckereien und sonstigen „polygraphischen" Gewerbe kräftigen Antheil genommen. Die Erleichterung des Verkehrs und des Nachrichtendienstes durch die Erfindungen der Neuzeit haben das Bedürfnifs Nachrichten rasch zu empfangen und weit zu verbreiten in ungeahnter Weise gesteigert, dazu kommt die Verbilligung der Drucksachen und Abbildungen durch Verbesserung der Papierfabrikation, durch Anwendung mechanischer Kraft und schnelllaufender Pressen für den Druck, sowie durch Erfindung zahlreicher Verfahren zur Herstellung von

XIII. Papierverarbeitung und Druckereien. 661

Vervielfältigungen, insbesondere der Autographie, der Photolithographie, des Lichtdrucks, der Zinkätzung und der Zinkotypie zur druckfähigen Uebertragung von Photographien auf die Zinkplatte. Vor allem haben die Zeitungen und Zeitschriften an Zahl und Umfang beträchtlich zugenommen. Die Zahl der hier erscheinenden Zeitungen hat sich seit dem Jahre 1871 von 279 auf 650 im Jahre 1890 vermehrt, darunter waren 64 täglich ein- bis dreimal erscheinende. Das Berliner Tageblatt hatte um die Mitte der siebziger Jahre eine Auflage von 75000 und der Berliner Localanzeiger im März 1896 eine solche von 179000.

Die Zahl der Betriebe wurde im Jahre 1875 zu 172 mit 5308 Arbeitern angegeben, betrug schon 1880 215 mit 6444 Arbeitern und 41 Dampfmaschinen von zusammen 315 P.S. und steigerte sich bis 1890 auf 360 mit 10 147 Arbeitern. Die Zahl der Arbeitskräfte hat sich also trotz

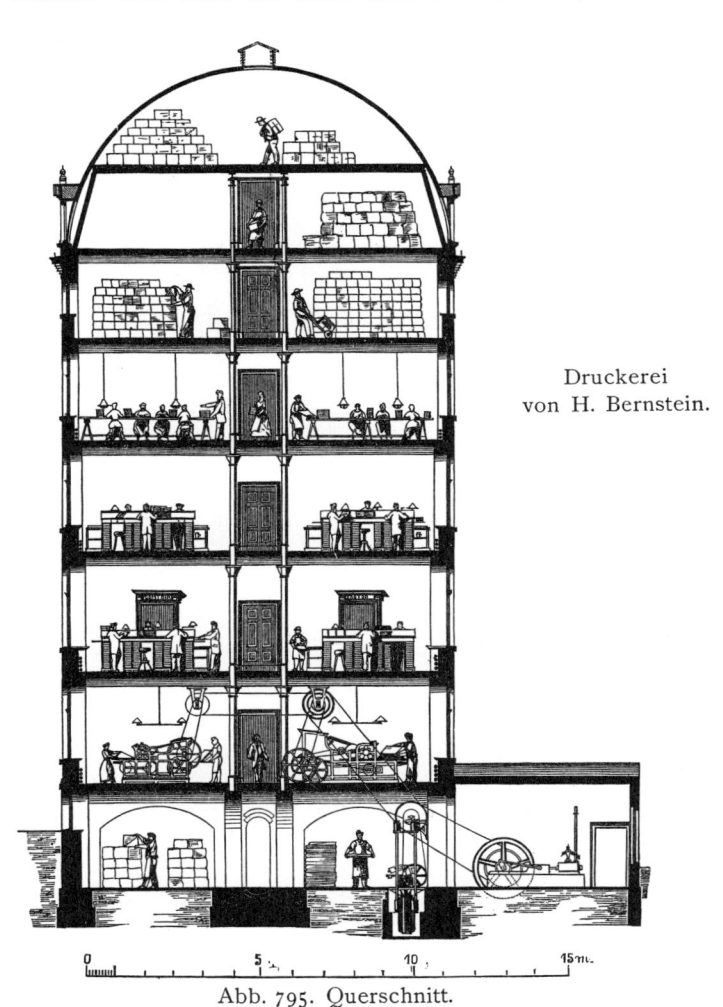

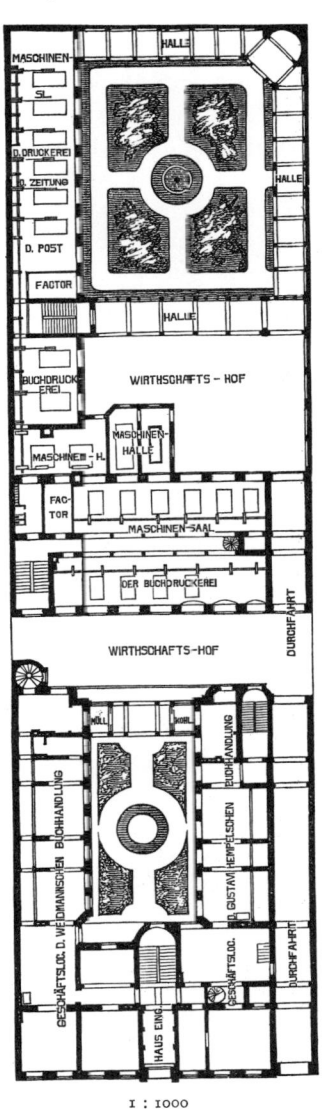

Druckerei von H. Bernstein.

Abb. 795. Querschnitt.   Abb. 794. Grundrifs.

Vermehrung der Maschinen in 15 Jahren fast verdoppelt. Von den in Berlin vorhandenen Buch- und Steindruckereien ist die grofse Mehrzahl in gemietheten Räumen untergebracht. Die für Druckereien eigens erbauten Fabrikgebäude zeigen im wesentlichen dieselbe Bauart, wie die im vorigen Kapitel besprochenen Luxuspapierfabriken; es sind meist in einfachen Formen gehaltene Backsteinbauten von vier und mehr Stockwerken, mit massiven Decken zwischen eisernen Trägern. Bei gröfserer freier Länge sind Unterzüge vorhanden, gestützt durch einfache oder doppelte Säulenreihen, die dann den Raum derartig theilen, dafs zwischen den beiden Säulenreihen ein etwa 2—2,50 m breiter Gang durchläuft, von welchem zu beiden Seiten die Maschinen und Arbeitstische stehen. Gewöhnlich liegt das Fabrikgebäude nicht direct an der Strafse, sondern auf dem hinteren Theil eines Grundstücks, dessen Vorderhaus zu Wohnungen und Geschäftsräumen verwendet ist. — Im allgemeinen ist die Eintheilung der Fabrikräume so getroffen, dafs sich im Kellergeschofs das Papierlager und die Kesselanlage befindet, während das Erdgeschofs die Buchhalterei und Expedition, bei Zeitungsdruckereien noch die Annoncen-Annahme und Zeitungsexpedition enthält; in den oberen Stockwerken sind die Säle für die Setzer, die Druckerei und die Buchbinderei, ferner die Räume für Stereotypie und Galvanoplastik untergebracht.

Einige der bedeutendsten Druckereien werden hier in Kürze beschrieben.

W. Büxenstein, Buchdruckerei, 1852 gegründet, hatte seit 1881 das von dem Architekten Rettig erbaute Fabrikgebäude Zimmerstrafse 40/41 inne, bis dieses der Inhaber des „Localanzeiger", A. Scherl, für seine Druckerei erwarb. Daher siedelte die Büxenstein'sche Anstalt im Jahre 1889 nach dem von den Architekten Rosemann & Jacob neu erbauten Gebäude Friedrichstrafse 240/41 über (vergl. die Abb. Bd. III S. 62 und Fundirung Bd. I S. 432), welches einen Flächenraum von 2500 qm bedeckt und noch durch Hinzunahme des Nachbargrundstücks 139 um 1900 qm vergröfsert wurde. Die Druckerei beschäftigt mit dem Druck von Werken, Zeitschriften und verschiedenen Tageszeitungen 400 Personen und 30 Buchdruckmaschinen, von denen der gröfste Theil durch Elektromotoren betrieben wird, die an die Berliner Elektricitäts-Werke angeschlossen sind. Auch die für Bilddruck erforderlichen Stöcke und Platten fertigt die Anstalt in vollendeter Ausführung, insbesondere Zinkotypien nach amerikanischem Verfahren.

Das Grundstück der Buchdruckerei und Verlagsbuchhandlung von H. Bernstein, Zimmerstrafse 94, bedeckt einschliefslich eines zum Theil Geschäftszwecken dienenden Vorderhauses eine Fläche von 2600 qm und besitzt eine Front von 27 m, eine Tiefe von 96 m. Das eigentliche

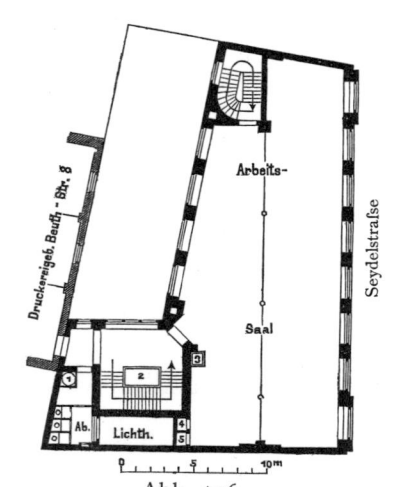

Abb. 796.
Druckerei von H. S. Hermann, Grundrifs des ersten Stockwerks.

Druckereigebäude besteht aus einem Quergebäude mit doppeltem Seitenlicht und aus einem lang gestreckten Flügelgebäude, welche einen Wirthschaftshof und einen 375 qm grofsen Garten einschliefsen.

Im Kellergeschofs des Quergebäudes ist das Papierlager und die durch eine hydraulische Presse betriebene Satinirmaschine untergebracht; die Dampfmaschine befindet sich in einem Anbau. Im Erdgeschofs stehen 13 Druckerpressen, im ersten und zweiten Geschofs sind die Setzersäle, im dritten und vierten befinden sich die Lagerräume für fertige Druckschriften. Die Strafsenansicht des Vorderhauses ist im Untergeschofs und in den architektonischen Gliederungen der übrigen Stockwerke mit Postelwitzer Sandstein, im übrigen mit hellrothen Ziegeln, die Hoffronten sind durchweg mit mattrothen Ziegeln verblendet. Das Fabrikgebäude ist nur von Stein und Eisen hergestellt. Die Deckengewölbe bestehen aus porösen Ziegeln in Cementmörtel und das Dach in Halbkreisform aus bombirtem Wellblech. Der mittlere Theil dieses Daches mufste nachträglich eine Bretterverschalung mit Dachpappendeckung und seitlichen Wasserrinnen erhalten, um das Abtropfen des aus den feuchten Papiervorräthen entstehenden Schwitzwassers zu verhüten. Sämtliche Stockwerke sind mit einander durch Fahrstuhl verbunden. Der Bau ist von den Architekten Gebr. Friebus entworfen und mit einem Gesamtkostenaufwande von 429 000 ℳ, wovon 114 000 ℳ auf das Fabrikgebäude ohne die Maschinen kommen, in den Jahren 1882/83 ausgeführt worden[1]) (Abb. 794 u. 795).

---

1) Siehe Deutsche Bauzeitung. 1884. S. 569.

XIII. Papierverarbeitung und Druckereien. 663

Der für die Buchdruckerei von H. S. Hermann, Seydelstrafse 4, bestimmte Neubau bedeckt einen Flächenraum von 385 qm bei 513 qm Grundfläche (Abb. 796). Das Gebäude besitzt hydraulisch betriebene Fahrstühle, welche ebenso wie die Closets und Waschbecken durch ein im Dachgeschofs untergebrachtes Wasserreservoir versorgt werden; die Decken sind Kleine'sche Patentdecken mit Betonschüttung und Terrazzofufsböden, die Treppen sämtlich aus Schmiedeeisen. Wegen des schlechten Baugrundes mufste das Haus auf Senkkästen gegründet werden. Der Bau, dessen Strafsenseite in den glatten Flächen mit rothen Backsteinen verblendet, im übrigen mit Cement geputzt ist, enthält im Keller Lagerräume, im Erdgeschofs und in vier Stockwerken Druckerei und Geschäftszimmer, im obersten Geschofs Ateliers, ist von dem Architekten N. Becker entworfen und innerhalb neun Monaten mit einem Kostenaufwande von 152 000 ℳ ausgeführt worden.

Die Firma Mittler & Sohn, Königliche Hofbuchhandlung und Hofbuchdruckerei, Kochstrafse 68—71, wurde 1789 von Wilhelm Dieterici gegründet und beschäftigt jetzt

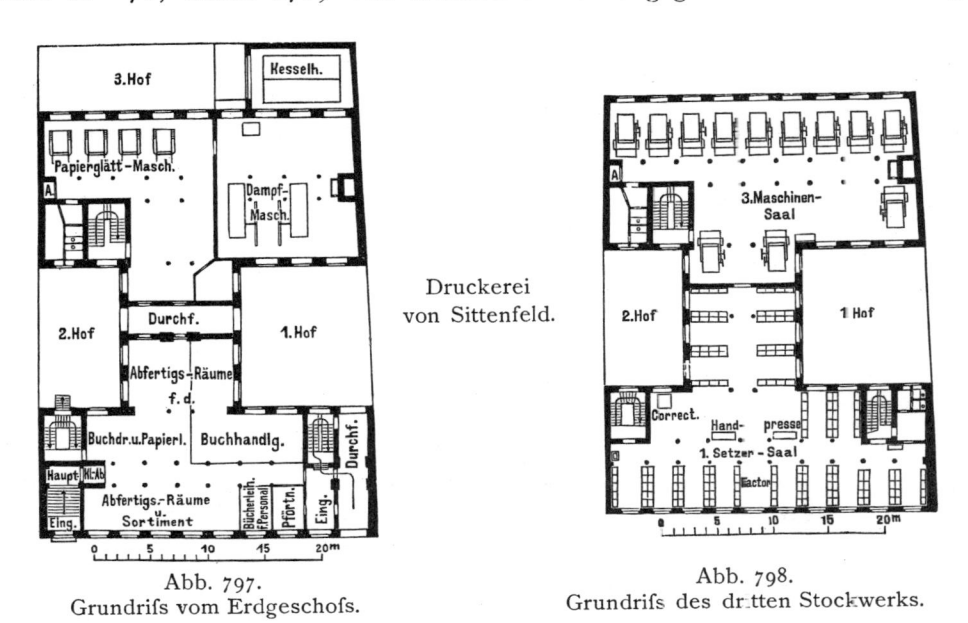

Druckerei von Sittenfeld.

Abb. 797.
Grundrifs vom Erdgeschofs.

Abb. 798.
Grundrifs des dritten Stockwerks.

270 Personen im Buchhandel, davon 110 in der Setzerei. Vornehmlich werden militärische, theologische und Geschichtswerke hergestellt. Es arbeiten 24 Schnellpressen, darunter sechs elektrisch betriebene, drei elektrische Fahrstühle vermitteln den Verkehr zwischen den Stockwerken, in denen sich besondere Räume für Stereotypie und Galvanoplastik, sowie das photographische Reproductionsatelier und die Aetzerei befinden.

Seit dem Jahre 1873 ist die Druckerei in dem eigens dazu erbauten Hinterhause der Grundstücke Kochstrafse 69 u. 70 untergebracht, während die Geschäftsräume schon früher in dem Vorderhause von Nr. 69 lagen und später, ebenso wie die Druckerei, auf Nr. 68 durch den vom Baumeister Nik. Becker errichteten Neubau ausgedehnt wurden.

Das etwa 40 m lange, 9—10 m tiefe Fabrikgebäude steht mit der Fensterfront dem Garten zugewandt und enthält im Kellergeschofs Dampfkessel, Dampfmaschine, Gaskraftmaschine, Papierlager und einige Schnellpressen, im Erdgeschofs den Hauptmaschinensaal mit den Schnellpressen, zwei Tiegeldruckpressen und den Calander, im Zwischengeschofs die Papierabtheilung, die Arbeitszimmer für Correctur und Redaction, Schrift- und Stockvorräthe, im zweiten und dritten Stockwerk Setzersäle, im vierten Buchbinderei und Werkstätten, im Dach Lagerräume.

Die Druckerei der Firma Rudolph Mosse, Jerusalemer Strafse 48/49, gegründet 1871, war ursprünglich nur für die Herstellung des Berliner Tageblattes bestimmt, fertigt aber jetzt eine grofse Reihe von Zeitschriften sowie alle sonstigen zur Bestellung kommenden Drucksachen und Abbildungen. Die Zeitungsdruckerei beschäftigt 111 Personen nebst sechs Rotations-, darunter zwei Zwillingsmaschinen, auf denen das Berliner Tageblatt und die Berliner Morgenzeitung gedruckt und versandtfähig hergestellt werden; die Werk- und Accidenzdruckerei mit Clichiranstalt und Buchbinderei ist ebenso wie die Abtheilung für Zeitungsdruck mit allen Einrichtungen für Stereotypie und Galvanoplastik reich ausgestattet und wird im ganzen von 136 Personen mit 14 Druckmaschinen, worunter drei Doppel- und eine Zweifarbenmaschine, zur Herstellung der illustrirten Wochenschriften Ulk, Deutsche Lesehalle usw., betrieben.

Die Firma Julius Sittenfeld, Mauerstrafse 44, im Jahre 1832 gegründet, bezog 1890 das neu erbaute Druckereigebäude, welches eine I-förmige Gestalt, 1250 qm Grundfläche und Seitenlängen von 44 und 27 m besitzt; das Haus ist vierstöckig und zeigt in der Strafsenansicht zwischen Sandsteingliederungen rothe Backsteinflächen, die mit schmiedeeisernen Ankerköpfen verziert sind. Die Druckerei beschäftigt 220 Personen mit 36 Schnellpressen und fertigt hauptsächlich behördliche Arbeiten, namentlich Reichstags- und Commissionsberichte, ferner im eigenen Verlage erscheinende juristische und verwaltungstechnische Werke. — Zwei Dampfmaschinen von 50 P. S. erzeugen die Betriebskraft, und eine solche von 12 P. S treibt eine Dynamomaschine, welche den Strom für die elektrische Beleuchtung liefert. Den sehr zweckmäfsig gestalteten Grundrifs geben die Abb. 797 u. 798 im Erdgeschofs und dritten Stockwerk wieder.

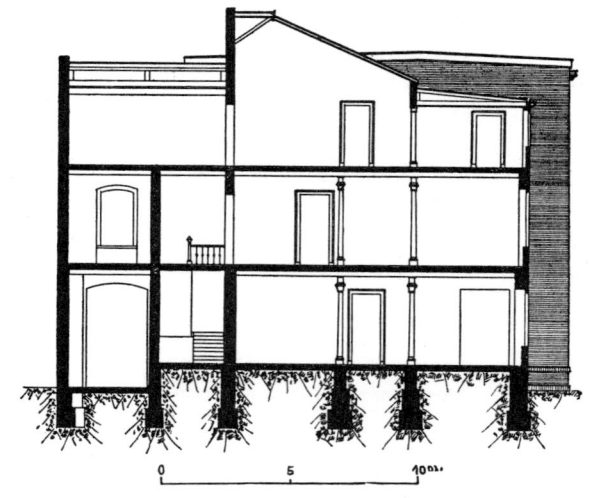

Abb. 799. Querschnitt.

Anstalt für künstlerische Reproductionsverfahren von Meisenbach, Riffarth & Co.

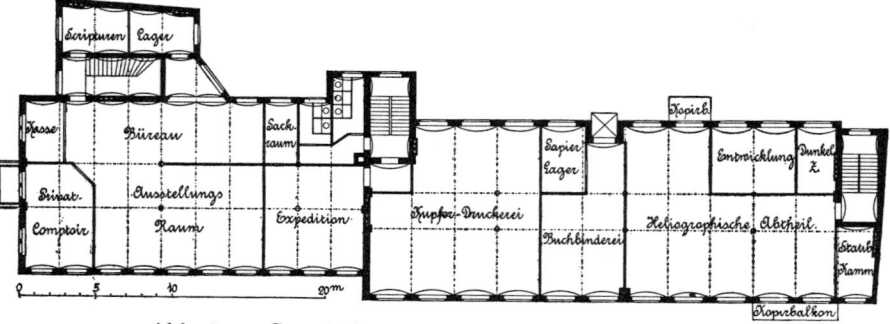

Abb. 800. Grundrifs vom ersten Obergeschofs.

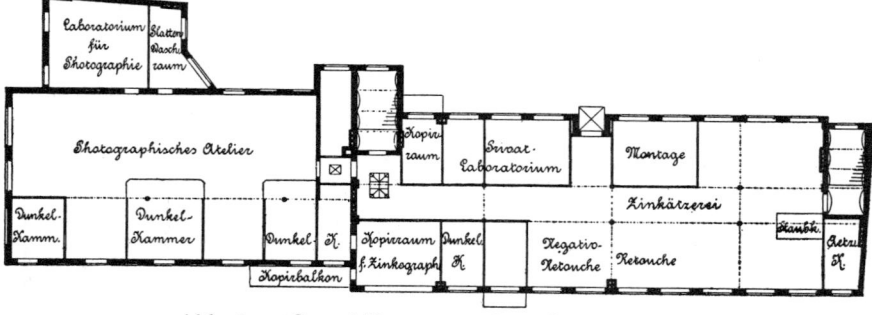

Abb. 801. Grundrifs vom zweiten Obergeschofs.

Im Kellergeschofs, welches sich auch über die Höfe erstreckt, sind Lagerräume, Kesselhaus, hydraulische Pressen, Trockenräume und das Verlagsarchiv untergebracht. Das Vorderhaus enthält im Erdgeschofs und ersten Stockwerk Abfertigungs- und Geschäftsräume für die Buchhandlung und Druckerei, im zweiten Stock Buchbinderei, im dritten und vierten Stock Setzersäle und dergleichen, im Dach Lagerräume. Im Hinterhause befinden sich im Erdgeschofs Dampfmaschinen und Papierglättemaschinen, im ersten, zweiten und dritten Stockwerk die Maschinensäle mit je 12 Schnellpressen, im vierten Stock-

XIII. Papierverarbeitung und Druckereien.

werk die Räume für den Factor, für Stereotypie und Galvanoplastik und Setzersäle, im Dach Garderobenräume. Die Speiseanstalt für das Personal liegt im vierten Stock des Vorderhauses. Entworfen ist das Gebäude von den Regierungs-Baumeistern Reimer & Körte, ausgeführt vom Regierungs-Baumeister Lewy.

Im Anschlufs hieran erwähnen wir noch aus der Reihe der mit der Herstellung und Vervielfältigung von Abbildungen beschäftigten Anstalten, die von

Meisenbach, Riffarth & Co., Anstalt für künstlerisches Reproductionsverfahren in Berlin-Schöneberg, Hauptstrafse 7a. Das für die Anstalt im Jahre 1892 eigens erbaute Gebäude[1]) (Abb. 799—801) liegt auf einem sehr tiefen und schmalen Grundstück möglichst weit von der Strafse entfernt, um die Schärfe photographischer Aufnahmen nicht durch die Erschütterungen des Strafsenverkehrs leiden zu lassen. Die Anordnung der einzelnen Räume ist aus den Grundrissen ersichtlich, deren Gestaltung auch durch möglichste Gewinnung von Nordlicht bedingt ist. Im Kellergeschofs liegen die Maschinen für die elektrische Beleuchtung, Heizung und das Steinplattenlager. Das Erdgeschofs enthält in vermietheten Räumen eine Buchdruckerei. Der die Ateliers enthaltende Gebäudetheil ist von den Reproductionsräumen baulich getrennt, und besonders die Maschinen der letzteren sind mit den Mauern der ersteren aufser aller Verbindung geblieben. Die Decken sind Monierkappen auf Trägern und gufseisernen Säulen, die Fufsböden zum Theil eichene Stäbe in Asphalt verlegt — wo mit Säuren gearbeitet wird, Asphaltbelag —, im übrigen kieferne Riemen.

Die Aufsenansicht zeigt gefällige Backsteinverblendung. Entwurf und Ausführung stammen von dem Architekten Felix Wolff, die Eisenconstruction des Atelier-Oberlichtes vom Ingenieur R. Cramer.

---

1) Siehe Deutsche Bauzeitung. 1893. S. 639.

NAMEN- UND SACHVERZEICHNISS.

* bedeutet Abbildungen.

Abfuhr I. 42.
Abladeplätze I. 484.
*Abspanngerüst einer Fernsprechanlage I. 406.
Abwassermengen I. 352, 353, 354.
Accise I. LXXI.
Accumulatorwagen I. 184, 193.
Achsenmilch I. 654.
Actiengesellschaft für Anilinfabrikation I. 636.
Actiengesellschaft für Kohlensäure-Industrie I. 641.
Actienverein Thiergarten I. 167.
Adams, Stadt-Bauinspector I. 331.
Adler, Geh. Ober-Baurath I. 594.
Adler-Cement I. 425.
Adlershof I. 280.
Adlermühle I. 489.
Agthe'sches System I. 542.
Ahrensfelde I. 357.
Akademie des Bauwesens I. 6.
Akademie der Künste I. 15.
Akademische Meisterateliers I. 15.
Alabaster-Saal I. XXXIX.
Albo-carbon-Lampen I. 461.
*Albrecht der Bär I. 138, 139.
*Albrecht & Meister I. 659.
*Alexanderplatz (Bahnhof) I. 229.
*Alexanderplatz I. 30, 63.
Allgemeine Bauverwaltung I. 6.
Allgemeine Elektricitäts-Gesellschaft I. 519.
Alsen I. LX.
Alsenplätze I. 51.
Altdamm-Colberg I. 6.
Altersklassen I. XXII.
*Alte Häuser i. d. Breiten Strafse I. XXXXI.
Altes Museum I. LII.
Alt-Friesack I. 75.
*Altmann, L. I. 640.
Alt-Warthau I. 597, 600.
Altwerder'sche Mühle I. 489.
*Ammoniak- u. Blaufabrik I. 631, 632.

Ampèrezähler I. 523.
Andouin & Pelouze I. 387.
Angermünde-Stralsund I. 270.
*Anlegestellen I. 101.
*Anschlagswesen I. 47.
Anthracen I. 636.
Appreturanstalten I. 166.
Arbeiterwochenkarten I. 260.
Arbeitslöhne I. 173.
Arconaplatz I. 61.
Arens (Brauerei Moabit) I. 651.
Arnold, Baumeister I. 267.
Artillerie-Caserne I. 145.
Asbestkabel I. 405.
Asphalt I. 426.
Asphaltbeton I. 117.
Asphalt-Isolirplatten mit Filzeinlage I. 173.
Asphaltpflaster I. 36.
Asphalttreppen I. 233.
Assmann, Professor Dr. I. 46.
Auerbach & Co. I. 595.
Aufbereitungsanlage I. 400.
Aufzugswesen I. 471.
*Augusta-Victoria-Platz I. 34.
Augustin, A. in Lauban 418. 420.
Aushebungsbezirke I. XIV.
Ausländer I. XXII.
Aufsenpolmaschinen I. 526.
Ausschufs zur Untersuchung der Flufsgebiete (Hochwasser) 6.
Ausstellungsbahnhof bei Treptow I. 237, 281.
Auswärtiges Amt I. 2.
Axerio & Bartucci I. 422.

Backsteine I. 417.
*Bäckerei- und Brotmagazin-Gebäude I. 508.
Badestuben I. 466.
Badstrafse I. 192.
Baeyer, Professor I. 624.
Bahnhöfe I. 225.
Bahnmilch I. 654.
Bahnpolizei I. 5.
Bahnsteige I. 249.
Balcons I. 433.

Balkenbrücken I. 222.
Balkendecken I. 437.
Ballauf, Oberbaurath I. 278.
*Baltenplatz I. 34.
Basalt I. 602.
Basaltlava I. 157, 597.
Bathmann, Reg.- u. Baurath I. 269.
Bau-Akademie LII, I. 14.
Baubehörden I. 1.
Bauconstructionen I. 427.
Bauer, Gebr. I. 608.
Baufluchtlinien I. 9.
Baugerüste I. 451.
Baugewerkschule I. 20.
Baugrund I. 429.
Bauholz I. 424.
Bauhöhe I. 445.
Baukosten I. 171.
Baumpflanzungen I. 63.
Baumberger Kalksandstein I. 413.
Baupolizei I. 9, 428.
Baupolizei-Ordnung I. LIX.
Baupolizei-Ordnung für die Vororte Berlins I. LXII.
Bauscheine I. 10.
Baustoffe I. 410.
Bauthätigkeit I. XX.
Bauverwaltung (städtisch.) I. 11.
Bauwich I. 428.
Bauzäune I. 451.
Bayerfelder Sandstein I. 416.
*Beamtenwohnhaus I. 341.
Bebauungsplan I. 9, 11, 30.
Bebauungsplan für Berlin und Charlottenburg I. LIX.
Bedachungsmaterialien I. 446.
*Bedürfnisanstalten I. 11, 43, 44, 52, 483.
*Becherwerk I. 514.
*Bechstein, C. I. 608, 609.
Becker, Nik., Baumeister I. 663.
*Becker & Hofbauer I. 620.
*Beelitzhof I. 321, 323.
Beer, Director d. städt. Wasserwerke I. 298.

Beeskow I. 70.
Beetbau I. 371.
E. Beetz (Patent) I. 43.
Beetzsee I. 75.
Bedürfnisanstalten mit Oelspülung I. 559.
Begas, Carl, Bildhauer I. 155, 157.
Begas, Reinhold, Professor I. 2, 98.
Begräbnisplätze I. 65.
Behälterdruckringe I. 324.
Belastungsannahmen I. 115, 438.
Beleuchtung der Häuser I. 458.
Beleuchtung der städtischen Strafsen I. LXXII.
Beleuchtung, öffentliche I. 53, 393.
Belle-Alliance-Platz I. 30, 61.
Bellevue I. XXXXVII.
*Bellevue (Spreebrücke) I. 220.
Bellevuegarten I. 48, 49.
Benzole I. 636.
Berendt und Dames I. II.
Berg-Akademie I. 16.
Berginspection zu Rüdersdorf I. 412.
Bergmannstrafse I. 65.
*Beringer, A. I. 637.
*Berlin i. J. 1698 I. XXXVII.
*Berlin, 17. Jahrh. I. XXXVI.
*Berlin gegen d. 17. Jahrhundert, Ansicht Westseite, v. Merian I. XXXIII.
*Berlin 1778, von Oesfeld I. XXXXV.
*Berlin (1780) I. LVI.
*Berlin, 3. Jahrzehnt d. 18. Jahrh., Nordseite I. XXXIII.
Berlin-Charlottenburger Pferdeeisenbahn I. LXXXIII, 177.
Berliner Elbschiffahrts- u. Assecuranz-Gesellsch. I. LXVI.
Berlins Lage I. 1.
Berliner Privatpost I. LXXX.
Berlins geschichtliche Entwicklung I. XXVII.
*Berlin vom Kreuzberg gesehen I. XXVI.
*Berlin mit Umgebung 1896 I. LVII.
Berlin-Anhaltische Maschinenbau-A.-G. I. 472.
*Berliner Brotfabrik (A.-G.) I. 511.
Berlin-Charlottenburger Verbindungscanal I. 77, 81, 82.
*Berliner Elektricitäts-Werke I. 519, 520.
*Berliner Maschinenbau-Actiengesellschaft I. 557.
Berliner Milchkuranstalt I. 655.
*Berlin-Neuendorfer Actien-Spinnerei I. 617.
Berliner Südcanal I. 77.

Berliner Vorortverkehr I. 208.
*Berliner Weifsbier-Brauerei I. 652.
Berlin-Frankfurt I. 202.
Berlin-Spandauer Schiffahrtscanal I. 74, 77, 81, 171.
Berlin-Treptow(elektr. Strafsenbahn) I. 193.
Bernau I. 210, 271.
Bernewitz, C. I. 102.
Bernhard, B. (Wollspeicher) I. 518.
Bernhard, C., Reg.-Baumeister I. 514, 516, 517, 518, 603.
Bernhard, Maler I. 593.
Bernhardt, Geh. Ober-Baurath I. 506, 511.
*Bernstein, H. 661, I. 662.
*Berolina, Standbild der, auf dem Alexanderplatz I. LXIII.
Bertheim & Co. I. 490.
Berufsarten I. XXIII.
*Betondecken I. 439.
Betriebsämter (Eisenb.) I. 4.
Betriebsinspectionen I. 5.
Betriebskosten (Canalisation) I. 351, 353.
*Beusselstrafse (Station) I. 249.
Bevölkerung d. Vororte I. XXV.
Bewegung und Eintheilung der Bevölkerung I. XXII.
Bezirksausschufs I. 7.
Bezirks-Eisenbahnräthe I. 4.
Bienwald & Rother I. 420, 423.
Bierbrauereien I. 644.
Bildschnitzmaschinen I. 607.
Binnenwasserstrafsen I. 69.
Birkenwerder I. 586.
Birkenwerder Verblendklinker I. 418.
Biron, Prinz I. 201.
Bischoff, Dr. Chemiker I. 300.
Bischofswerder I. 106.
Blankenburg I. 210, 271, 357
Blankenfelde I. 357.
Blankenheim I. 202.
Bleikammern I. 629.
Bleiröhren I. 464.
Blesendorf I. XXXV.
Blücher, Standbild I. LII, 155.
Böckh, Prof. Dr. Geh. Reg.-Rath I. XVII.
Böckmannscher Injector I. 32, 63.
Bodenfröste I. VII.
Bodentemperaturen I. VIII. 351.
Bodenwerth I. XVIII.
*Böhmisches Brauhaus I. 649.
Böse, Bildhauer I. 155, 157.
*Bogenlampen I. 41, 393.
Böhm, F. I. LV.
Bohrmaschinen I. 599.
*Bolle, C. Meierei I. 655.
Boller & Co. in Mannheim I. 413.

Bolter Mühle I. 73.
Borrmann, R., Reg.-Baumeister I. XXVII.
Börse am Lustgarten I. LI.
*Borsig I. 55c, 551, 552.
Borsigmühle I. 490.
Botanik I. 300.
Botanischer Garten I. 54.
Boumann I. 109, 144.
Boxhagen-Rummelsburg I. 325.
Brahe I. 69.
Branddirector I. 475.
Brandenburg I. 104.
Brandenburg, Graf I. 63.
*Brandenbrg. Thor I. 31, 47, 49.
Brandenburgischer Provinzialverband I. 12.
Brandmauern I. 433.
Brandzählkarten I. 480.
*Brauerei Berliner Gastwirthe in Rixdorf I. 652.
Brauerei der Act.-Gesellschaft Moabit I. 651.
Braunkohle I. 254.
Brausebäder I. 567.
*Breiteneintheilung der Strafsen I. 28.
Brennkalk I. 71.
*Brennöfen I. 582.
Bretsch, G. H. I. 623.
Brewer I. 461.
Breymann I. 427.
Brieselang I. 75.
Brieskow I. 103. 106.
Brieskower See I. 71.
Brikettfabriken I. 279.
Brodnitz & Seidel I. 586.
Bromberger Canal I. LXV, 69.
Bronze I. 425.
*Brotfabrik, Silo- und Boden-Speicher I. 512, 513.
Bruch, Ernst I. LXXIII.
Brücken.
   Adalbert- I. 167.
   *Admiral- I. 116, 161, 172.
   Albrechtshofer I. 166.
   Alsen- I. 83, 110, 154.
   *Bad- I. 112.
   Bärwald- I. 112, 116, 146, 172.
   *Belle-Alliance- I. 110, 164.
   Bogen- (Verbindungscanal) I. 175.
   *Bogen- über den Neuen See[1]) I. 174.
   Buckower I. 113.
   *Cornelius- I. 110. 167.
   *Cottbuser I. 161, 172.
   Dreh- der alten Verbindungsbahn I. 129.
   *Eberts- I. 145, 146, 172.
   Eiserne I. 160.

---

[1]) Photographische Aufnahme des Kgl. Reg.-Baumeisters Schümann.

Brücken.
*Elisabeth- I. 113, 167, 172.
Fachwerkbalken- I. 219.
Fennstrafsen- I. 171, 172.
*Fischer- I. 92, 136, 137, 172.
*Friedrichs- I. 87, 143, 144, 145, 393.
*Fufsgänger- (am Neuen See[1]) I. 175.
Fufsgänger- (Spand. Schifffahrtscanal) I. 172.
*Fufsgänger- (Unterschleuse d. Landwehrcanals) I. 174.
Gasanstalts- I. 112. 164.
Gerichtsstrafsen- I. 116.
*Gertraudten- I. 159 — 172.
Grofsbeeren- I. 165.
*Grofse Pomeranzen- I. 144.
Grünstrafsen- I. 159.
Gustav-Adolph- I. 116.
*Herkules- I. LI, 63, 109, 166, 167, 172.
*v. d. Heydt- 1. 166, 172.
*Hub- (Urbanhafen) I. 164.
Jäger- I, 109.
*Jannowitz- I. 113, 116, 130, 132, 133, 172.
*Jungfern- I. 159, 160.
Insel- I. 159.
Kieler- I. 171.
*Königin-Augusta- I. 165.
*Königin- I. 168.
Königs- I. 109. 110.
Köpenicker I. 108. 167.
*Kronprinzen- I. 83, 96, 112, 113, 151, 172.
*Kurfürsten- I. 87, 138, 172.
Kurfürstendamm- I. 252.
Landwehrcanal- I. 161.
*Lange I. XXXXI, 87, 138, 139.
Lichtenstein- I. 80, 167.
*Löwen- I. 50[1]), 174.
Luisen- I. 113, 116, 169, 172.
*Luther- I. 119, 155, 172.
Lützow- I. 166, 172.
*Marschall- I. 112, 113, 116, 150, 172.
Mehl- I. 160.
*Melchior- I. 113, 167, 172.
*Michael- I. 113, 129, 130, 172.
*Moabiter I. 156, 172.
Möckern- I. 165.
Mohren- I. 109.
*Moltke- I. 154, 172.
*Mühlendamm- I. 85, 136.
*Mühlenweg- I. 136, 138, 172.
Neustädtische I. 108, 109.
*Oberbaum- I. 107, 127 bis 129, 172.
Oberfreiarchen- I, 161, 172.

---

[1]) Photographische Aufnahme des Kgl. Reg.-Baumeisters Schümann.

Brücken.
Oranien- I. 169.
Panke- I. 171.
Potsdamer I. 165.
Ringbahn-
*Oberspree I. 252.
*Spandauer Canal I. 245.
Rofsstrafsen- I. 108, 159.
*Sandkrug- I. 113, 116, 171, 172.
*Schillings- I. 110, 129, 130.
Schlesische I. 161, 172.
Schleusen- I. 160.
Schlofs- I. LII, 110, 160.
*Schlütersteg I. 119, 150, 172.
Schöneberger I. 165.
Schönhauser Graben- I. 171.
Seestrafsen- I. 171.
Spittel- I. 109.
*Spree- (am Schiffbauerdamm) I. 217.
Stadtbahn-
*Bellevue I. 220.
*Humboldthafen I. 219.
*Königsgraben (Viaduct) I. 214.
*Kupfergraben I. 217.
*Landwehrcanal I. 216.
Teltower I. 108.
Thielen- I. 161.
Torfstrafsen- I. 171, 172.
Treptower I. 161.
Unterbaum- I. 112.
*Waisen- I. 132, 134, 172.
Waldemar- I. 169, 172.
*Wasserthor- I. 169, 170, 172.
*Waterloo- I. 164, 172.
*Weidendammer I. 96, 148, 149, 172.
Wiener I. 172.
Zwillings- I. 167.
Brücken-Colonnaden I. XXXXVII.
*Brücken (Eisenbahn-) I. 212.
Brückenbau-Inspection I. 11.
*Brückenplan Berlins vom Jahre 1685 I. 108.
Brückenrampen I. 115, 184.
Brückenzoll I. 110.
*Brunnen I. 11.
*Brunnensohle I. 368.
Brunnenwasserversorgung I. 303.
Brunzlow, C. I. 608.
Buch I. 271.
Buchenholz I. 424.
Buckelplatten I. 117.
Buckow, P. I. 639.
Bülow, Marmor-Standbild I. LII.
*Bürgersteige I. 10, 37.
Büsing, F. W., Professor I. LX.
Büttner & Co. I. 660.
*Büxenstein, Buchdruckerei I. 432, 662.

Bullenwinkel I. 26.
Bunzlauer Stein I. 415.
Burg I. 75.
*Burg, Aug. in Hennigsdorf a/H. (Ofenfabrik) I. 584.
Burgreppacher Sandstein I. 416.
*Burgstrafse I. 87, 89, 92.
Butzke I. 461, 462.

*Cadé-Patent-Kaminöfen I. 563.
Californiapumpen I. 559.
Canalisation (von Berlin) I. 11, 331, 333, 339.
Canalisirung der Unterspree I, 84. 86.
*Canalnetz von Charlottenburg I. 362.
Canalprofile, symmetrische I, 366.
Cantian I. 596.
Carolinenhöhe I. 364, 370.
Carow I. 271.
Carstenn I. LX.
Caspari, Wilh. I. 613.
Cavalierbrücke I. 119.
Cayard I. 109, 139.
Cement I. 425.
Cementgufs I. 422.
Central-Bureau der Internationalen Erdmessung I. 18.
Central-Directorium der Vermessungen I. 18.
Central-Heizungsanlagen I. 455, 457, 567, 569.
Centrale Markgrafenstrafse I. 543.
Centrale Mauerstrafse I. 529, 530, 543.
*Centrale Schiffbauerdamm I. 544.
Centrale Spandauerstr. I. 543.
Centralstationen I. 523.
Centraluhr I. 46.
Chambregarnisten I. XXIII.
Chamottewaarenfabrik von F. S. Oest Ww. & Co. I. 583.
Charité I. LII.
Charlottenburg I. XXV, XXXXII, 10, 103, 209, 253.
Charlottenburg (Bahnhof) I. 233.
Charlottenburger Wasserwerke I. 320.
*Charlottenburg mit Druckrohrleitung nach dem Rieselfeld I. 363.
*Charlottenburg (Rieselfeld) I.
*Charlottenburger Werke von Siemens & Halske I. 571.
Charlottenhof I. 51.
Chausseebauten I. LXXI.
*Chausseeüberführung (Prenzlauer Ch.) I. 275.

Chemische Fabriken I. 624, 631.
*Chemische Fabrik „Kanne" I. 627—633.
Chemische Fabrik Schering I. 626.
Chemisch-Technische Versuchsanstalt I. 17.
Chieze, De I. XXXV.
Chodowiecki, Daniel I. XXVII.
*Chorfenster der Petrikirche I. 594.
*Chromgelbfabrik I. 637.
Clauswitz, Dr. P. I. XXVII.
Cöslin-Stolp-Danzig I. 270.
*Cohen, L. I. 655.
*Cohn, A., Reg.-Baumeister I. 298.
Colonnaden I. 109.
Complet-Giefsmaschinen I. 409.
*Compoundmaschine der Pumpstation im Radials. V. I. 342.
Conrad I. LX.
Conservator der Kunstdenkmäler I. 8.
Consistorium der Provinz Brandenburg I. 8.
Constructionshöhe I. 113.
Corps-Intendantur I. 8.
Cottaer Stein I. 415.
Courbièreplatz I. 61.
Cramer, R., Ingenieur I. 383, 499, 665.
*Cremer & Wolffenstein I. 545.
Crenothrix polyspora I. 300.
Cüstrin I. 69.
Cudowa I. 602.
Cummersdorf I. 202.
Cummersdorf, Schiefsplatz I. 288.
Cyclonen I. 505.
Cyclop, Mehlis & Behrens, Maschinen-Fabrik I. 563.
*Cylinderschützen I. 100.

Dachdeckungsmaterialien I. 423.
Dachfenster I. 447.
Dachgesimse I. 447.
Dachleinen I. 446.
Dachpappe I. 423.
*Dachstühle I. 445, 446.
Dachwohnungen I. 445.
Dachziegel I. 423.
Dächer I. 445.
Dämeritzsee I. 71.
Dahlem I. 54.
Dahme I. 70. 71.
Dammmühlen I. 85.
Dammmühlengebäude I. 85. 135.
Dammmühlenwehr I. 103.
Dampfer I. 104.
Dampfer-Gesellschaften I. 101.
Dampfheizung I. 455.
Dampfkesselanlagen I. 10.

Dampfmaschinen (Pumpstationen) I. 342.
*Dampfschneidemühle von F. Zimmermann & Sohn I. 604.
Dampfspritze I. 476.
Dampfstrafsenbahn I. LXXXV.
*Dampfstrafsenbahn-Gesellschaft I. 177.
*Dampfstrafsenbahnen der westlichen Vororte I. 185.
Dannenberg, Mühlenbaumeister I. 489.
Dannenberg, P., Mühlenbaumeister I. 511.
Dannenberg & Quandt I. 606.
Dauerbrandöfen I. 454.
Demmin-Stralsund I. 202.
Dempster & Son I. 377.
Deputation der städtischen Gaswerke I. 12.
Deputation der städtischen Wasserwerke I. 12.
Deputation für die städtische Feuersocietät I. 12.
Deputation für die Verwaltung der Canalisationswerke I. 12.
Derfflinger I. 155.
Desinfectionsanstalt I. 295.
Dessau-Bitterfeld-Leipzig. I. 283.
Detoma I. 422.
Deutsche Edison-Gesellschaft für angewandte Elektr. I. 519.
Deutsche Eisenbahn-Baugesellschaft I. 211.
Deutsche Metallpatronenfabrik I. 562.
Deutsches Gewerbe-Museum I. 19.
Deutsch-Lissa I. 421.
Diabas I. 411.
Diamantwerkzeuge I. 596.
Diatomeen I. 431.
Dierig & Siemens I. 297.
*Differentialpumpen I. 499.
Diorit I. 411.
Dircksen, Oberbaurath I. 235.
Districtsheizungen I. 456.
Dittmar I. 608.
Dobrowolsky I. 526.
Dömitz I. 73.
*Dönhoffplatz I. 22, 62, 63.
Dolomit I. 414.
Dom I. 2. 7.
Domänen I. 9.
Domänen-Rentamt I. 7.
Dombau-Commission I. 2.
Dombauplatz I. 89.
*Döpler, E. d. j., Maler I. 475, 581, 596, 603.
*Doppelaufzug I. 495.
Dornberg I. 597.
Dorotheenstadt I. XXXIX.
Drahtglas I. 447.

Drahtputzwände I. 434.
Drake I. 51.
Drory, Dirig. der Imp. Cont. Gas-Association I. 375.
Droschken I. LXXV.
Druckereien I. 657, 660.
Druckrohre (Candisation) I. 344.
*Druckrohrleitung (Charlottenburg) I. 360, 363, 364, 371.
Druckwasser-Rohrleitungen I. 93.
*Dücker durch die Havel I. 372.
*Düngerbehälter I. 42.
Dümmler, K., Reg.-Bauführer I. 417, 581, 585.
Durchfahrtshöhen I. 112, 113.
*Durchlüftungsgebäude zu Beelitzhof I. 322.
Duvignau I. 422.
Duysen, J. L. I. 610.

Eberswalde I. 74, 103, 106.
Eberswalde-Angermünde I. 270.
Eberswalde-Wriezen I. 270.
*Eckert, H. F., A.-G. I. 554.
Egells I. 511.
Eger, Königlicher Baurath I. LXIII, 174.
Eggenstedter I. 601.
Ehrenberg, C., Mühlen-Baumeister I. 500, 502.
Eichungsamt für Berlin I. 10.
Eichwalde I. 280.
*Eiförmige Canäle I. 334.
Eigenthumsverhältnisse I. XVIII.
Einleitendes I. 1.
Einstaubecken I. 358.
*Einsteigebrunnen I. 339. 368.
Eintheilung der Stadt I. XIV.
Einwohnerzahl I. XX, XXII, XXV, L, LII, LVIII.
Eiselen, Stadtbaumeister I. I. 1.
Eisenbahnen I. LXXXI.
*Berlin-Anhalt I. 5, 200, 283.
„ -Dresden I. 201, 283.
*Berlin-Görlitz I. 5, 201, 278.
* „ -Hamburg I. 201, 266
* „ -Lehrte I 5, 201, 266.
*Militär- I. 6, 287.
Niederschlesisch-Märkische I. 5. 201.
Nordbahn I. 201, 275.
Ostbahn I. 276, 278.
*Berlin-Potsdam I. 200, 255.
*Ringbahn I. 5, 238, 239.
*Berlin-Stettin I. 200, 269.
*Stadtbahn I. 5, 111, 209, 211.
*Stettiner Bahn I. 5.
*Südring I. 249.
Südwestbahn I. 201, 202, 211.
*Wannseebahn I. 260.
Eisenbahn-Brigade I. 202.
Eisenbahn-Commissariat I. 4.

Eisenbahndirectionen I. 4.
Eisenbahnverkehr I. 203.
Eisenbahnverwaltung I. 4.
Eisenbahnwerkstätten (Kgl.) I. 289.
Eisenfachwerk I. 96. 435.
Eisengiefsereien I. 548.
Eisenmann & Guttmann I. 277.
Elbe I. 68.
Elde I. 73.
Elektricitätsmesser I. 523.
Elektromotoren I. 573.
Elektrische Heizung I. 456.
Elektrische Hochbahn I. 188.
*Elektr. Strafsenbahn Lichterfelde-Steglitz (Querprofil) Betriebs-Bahnhof I. 190.
*Elektr. Motorwagen I. 188.
*Elektr. Stadtbahn (Zool. Garten — Warsch. Brücke) I. 195.
*Elektr. Strafsenbahn I. 187, 192.
Elektr. Strafsenbahnwagen von Siemens & Halske I. 191.
Elektromotoren I. 487.
Elsner & Stumpf I. 455.
Elzer Sandstein I. 416.
Emmauskirche I. 595.
Emmerich, Geh. Baurath I. 3.
Emster Canal I. 75.
Engelbecken I. 77. 168.
Engel, Julius, Maler I. 593.
Engels, Prof. I. 100.
Ende & Böckmann I. 611.
Enke, Prof. I. 51.
*Enteisenungsanlage I. 325, 327, 329.
Entwässerung der Häuser I. 467.
Entwässerung von Charlottenburg I. 361.
*Entwässerung (Grundstücks-) I. 346.
Entwässerungsentwürfe I. 11.
Entwicklung des Verkehrs I. LXIII.
Erbbegräbnifsstellen I. 66.
Erdboden - Temperatur - Beobachtungen I. 355.
Erkeranlagen I. 433, 437.
Erkner I. 209.
Ernst, Carl I. 658.
*Etagen-Pferdestall mit doppelten Speicherböden I. 182.
Evrard in Brüssel I. 183.
Exercierplatz I. 50.
*Exhaustormaschine I. 387, 388.
Eytelwein'sche Formel I. 334, 366.
Eytelwein'sche Stiftung I. 6.

*Fabrik für flüssige Kohlensäure I. 642.
*Fabrik für giftfreie Farben I. 637.

Fabrik für Trägerwellblech I. 564.
*Fabrik künstlicher Mineralwässer I. 642.
Fachabtheilungen (Minist. der öff. Arbeiten) I. 6.
Fachschulen I. 20.
Färberei I. 615.
Färberei, Wäscherei und Appretur I. 621.
Fahrbahnen der Eisenbahn-Brücken I. 221.
Fahrbahn-Decke I. 117.
*Fahrdammbreite I. 27.
Fahrräder I. LXXVII.
Fahrstühle I. 9, 398, 471.
Falkenberg und Bürknersfelde I. 357.
v. Falkenhausen & Friedenthal I. 421.
*Fallrohre I. 500.
Faltz, Rudolf I. XXXX, XXXXI.
Falzziegel I. 423, 446.
Familienstand I. XXIII.
*Farbmühlen I. 637.
Farbstoffe, künstliche I. 634.
Fasanerie I. 50.
Feddersen (Baumeister) I. 252.
Fehrbellin I. 75.
Feilner'sche Ofenfabrik I. 417.
v. Felbinger I. 403.
Ferchland I. 69. 75.
Ferdinand I., Kaiser I. LXIV.
Fernsprechanlagen I. 402, 405.
Fernsprecher I. LXXIX.
Fernverkehr I. 205.
*Festungswerke Berlins I. XXXVI.
Fette und Oele I. 639.
Fettgas I. 565.
Fettgasanstalt I. 277.
Feuerhähne I. 466.
Feuerherd I. 444.
Feuerkassenwerth I. XVIII.
Feuerlöschwesen I. 475.
*Feuerlöschzug I. 476.
*Feuermelder I. 42, 479.
Feuersocietät I. XVIII.
Feuertaucher I. 477.
Feuerungsanlagen I. 443, 444, 604.
Fiacres I. LXXV.
*Filteranlage I. 303, 308, 309, 324.
Filtergeschwindigkeit I. 307.
Finowcanal I. LXV.
Finkener, Dr. Prof. I. 300.
Finowcanal I. 73, 74.
Finowcanal-Mafs I. 69.
Finowflufs I. 74.
Fischer-Dick, Jos. (Baurath) I. 177. 193.
*Fischer-Dick (System) I. 179.
Fiskalische Brücken I. 174.
*Flachrillenschiene I. 178.

Flemming, Ernst, Lehrer an der städtischen Webeschule I. 615.
*Flohr, Carl I. 404, 472, 556.
Floraplatz I. 50.
Flüssige Gase I. 641, 642.
Fondu'scher Verschlufs I. 265.
Fournirsägewerk und Fournirmesserei von C. R. Meyer I. 605.
Fraiserei I. 606.
Franke, Dav. Söhne I. 604.
Frankfurt a. O. I. 5, 201.
Franziskaner (Restaur.) I. 236, 602.
Fredersdorf-Rüdersdorf I. 209. 412.
Freese, Heinr. I. 607.
Fremdenverkehr I. LXXII.
Freund (vorm. J. C.) & Co. I. 549.
Friebus, Gebr., Architekten I. 662.
Friedenau I. LX, 185, 261. 372.
Friedensallee I. 51.
Friedenstrafse I. 65.
Friedheim & Sohn I. 658.
Friedhöfe I. 65.
*Friedhof zu Friedrichsfelde I. 64, 66, 67.
Friedrich III., Kurfürst I. 49, 109, 139.
Friedrich-Carl-Ufer I. 83.
Friedrich der Grofse I. 55.
Friedrichsfelde I. 325. 421.
Friedrichshagen I. 101. 209.
*Friedrichshain I. 54, 55, 56, 64.
Friedrichstädtischer Markt I. 30.
*Friedrichstrafse (Bahnhof) I. 229.
Friedrich Wilhelm III. I. 51.
Friedrich Wilhelm IV. I. 50. 489.
Friedrich Wilhelm (Kronprinz) I. 50.
Friedrich-Wilhelm-Canal I. 69, 70, 72.
Friedrich der Grofse, König I. XXXXVI.
Friedrich-Hospital I. XXXXIII.
Friedrich III., König I. XXXIX.
Friedrich II., Kurfürst I. LXIV.
*Friedrichsbrücke und Burgstrafse I LXVIII.
Friedrichstadt I. XXXX.
Friedrichstädtischer Markt I. XXXXI.
Friedrichs-Werder, Stadttheil I. XXXVIII.
Friedrich Wilhelm I., König I. XXXXIII.
Friedrich Wilhelm II., König I. L, LI.
Friedrich Wilhelm III., König I. L.
Friedrich Wilhelm IV., König I. LI.

Friedrich Wilhelm der Grofse, Kurfürst I. XXXI.
Friedrich-Wilhelm-Strafse I. 62.
Frister & Rofsmann (Nähmasch.-Fabrik) I. 560.
Fritsch, K. E. O., Architekt I. I, XXVII.
Fromm, Grüne & Co. I. 610.
Fuess, Präcisionsmechaniker I. 46.
Fürstenberg a. O. I. 71, 73, 103, 106.
Fürstenberg i. M. I. 103.
*Fürstenbrunn bei Westend I. 642.
Fürstenwalde I. 71, 103, 209.
Fufsböden I. 450.
*Futtermauer I. 401.

Galland I. 649.
Garbe (Eisenb.-Director) I. 289. 297, 548.
Garnison-Bauwesen I. 7.
Garnisonverwaltung I. 84.
Gartenanlagen, öffentl. I. 48.
Gasanstalten, städtische I. 383.
*Gasanstalt a. d. Danziger Strafse I. 384.
Gasanstalt (Stral. Platz) I. 383.
*Gasanstalt Charlottenburg (Lageplan) I. 394, 396.
*Gasanstalt bei Schmargendorf I. 385.
*Gasanstalt Schöneberg (Lageplan) I. 379.
Gasapparate I. 565.
Gasbehälter (Intzes Patent) I. 394.
Gasbehälter-Anstalt I. 383.
*Gasbehälter-Bassinmauern I. 389.
Gasbehälterdächer I. 553.
Gasbehälterglocken I. 392.
*Gasbehälterhaus an der Augsburger Strafse I. 375, 390.
Gasglühlicht I. 461, 566.
Gasheizung I. 456.
Gasinstallation I. 459.
Gaskammerofen I. 592.
Gaskohlen I. 386.
Gasmesser I. 376. 459, 565.
Gasmesser-Eichungsanstalt I. 10.
Gasmotoren I. 393. 487.
Gaspreis I. 376.
Gasröhren I. 460.
Gasverbrauch (Berlin) I. 394, 395, 458.
Gatow I. 370.
Gay-Lussac-Thürme I. 631, 634.
Gebäude und Wohnverhältnisse I. XIX.
Gebauer, Fr. in Charlottenburg I. 623.
Geburten I. XXIII.

Geerdz & Krengel I. 649.
Geiger, N., Bildhauer I. 47.
Geitner, Kgl. Gartendirector I.
Gemeindeeichungsämter I. 10.
*Gemeindefriedhof zu Friedrichsfelde I. 66.
Generaldirection d. Eisenbahnen in Elsafs-Lothringen I. 3.
General-Director der Königl. Museen I. 8.
Genthin I. 75.
Gensdarmenmarkt I. 30, 31.
Geodätisches Institut I. 18.
Geologische Beschaffenheit I. II.
Geologische Landesanstalt I. 16.
Geologische Wand I. 57.
St. Georgskirche I. 48.
Germania I. 550.
Gersdorf I. II.
*Gertraudtenstrafse (Längenprofil) I. 114.
Gesellschaft für flüssige Gase „Raoul Pictet & Co." I. 642.
Geselschap, Maler I. 594.
Gestaltung der Stadt I. XIV.
Gesundbrunnen I. 192, 271.
Gesundbrunnen-Neubrandenburg I. 202.
Gesundheitsamt I. 2.
Gesundheitsporzellan I. 593.
Gewerbe-Akademie I. 14.
*Gewerbe-Ausstellung I. 58, 59, 237.
Gewerbesaal (städt.) I. 21.
Gewerbeschulen I. 20.
Gewerbesteueredict I. LXV.
Gewerbezählung I. 487.
Gewitter I. XII.
Gewölbe I. 438.
Giersberg, Branddirector I. 475.
Giesendorfer Strafse I. 190.
Giesmannsdorfer Fabriken I. 421.
Gill, Director I. 299, 301.
Gilly I. 597.
Gips I. 426.
Gipsdielen I. 435.
Gipsstuck I. 422.
Gladenbeck I. 143, 578.
Gladenbeck, Hermann I. 578.
Gladenbecks Bronzegiefserei I. 579.
Gladenbeck, Walter & Paul I. 138, 579.
Glas I. 426.
Glasmalerei I. 593, 581.
Glasmosaik I. 581, 595.
Gleitbügel I. 195.
Glienicke I. 280.
Gloverthürme I. 634.
Gnadenkirche I. 61, 595.
Gneifs I. 411.
Gneisenau, Marmor-Standbild I. LIV.

Goecke Landes-Bauinspector I. 427.
Goethe, I. 51.
Gogatz I. 70.
Goldene Aue I. 70.
*Goldfischteich I. 48¹), 50, 51.
Goldschmidt, Reg.-Baumeister I. 427.
Gondelhafen I. 53. 102.
Gontard I. 109.
Görlitz-Seidenberg I. 278.
Görs & Kallmann I. 610.
Götz, Bildhauer I. 157.
Gottheiner, Stadt-Bauinspector, Kgl. Baurath I. 47, LXXXVIII.
Grabstätten I. 65.
Graebe, Prof. I. 624.
v. Graefe, Geh. Rath I. 51.
Grafenbrück I. 74.
Granit I. 410, 597, 602.
Greifer-Maschinen I. 560.
Greiner, O. Ingenieur I. 39, 633.
Greppiner Werke I. 421.
Griesheim I. 634.
*Griessländer I. 91, 92.
Grinell Sprinklers I. 620.
*Gröbenufer I. 102.
Gropius, M., Arch. I. 19, 597.
Groschkus I. 608.
Grofsbeeren I. 357.
Grofs-Glienicke I. 364.
Grofs-Görschenstrafse I. 261.
Grofs-Kunzendorf I. 414.
Grofs-Lichterfelde I. 187, 209.
Grofs-Strehlitz I. 613.
*Grofse Berliner Pferde-Eisenbahn I. LXXXIII, 177.
Grofser Kurfürst I. XXXV, XXXIX, XXXXI, LXV, 49, 139.
Grofser Stern I. 49.
Grofsfürstenplatz I. 51.
Grofsschiffahrtsweg I. 72.
Grofs-Tränke I. 72.
*Grove, David I. 455, 567, 568.
Grub, F. I. 655.
Grünau I. 209, 279.
Grünau-Cottbus I. 280.
Grundbesitz I. XVII.
Grundflächeninhalt der Stadt I. XVIII.
Grundschulden I. XIX.
*Grundstein der Stadtschleuse I. LXV.
Grundstücke I. XVIII.
Gründungen I. 428.
Grundwasserstände I. 351.
Grundwasserstandsröhren I. 356.
Grüne Graben I. 76, 109.
Grunewald I. 209, 239, 253, 372.

---
¹) Abb. nach einer Photographie von Dittmar Schweitzer, Berlin.

Guben (Hauptwerkstatt) I. 5.
Guillochirmaschinen I. 409.
*Gullies I. 338, 369.
Gummiranstalt I. 409.
Güterdampfer I. 104.
Gütergotz I. 358.
Güterverkehr I. LXVIII, 204, 206.
Guthmann, R., Baumeister I. 515, 516, 611, 613.

*Haarmann-Oberbau I. 179, 187, 228.
Hackescher Markt I. 30.
Häfen I. 68.
*Hafenanlage am Urban I. 81.
Hafeninsel I. 162.
Hafenplatz I. 61, 78.
*Haferspeicher in Moabit I. 504.
Haferspeicher in Tempelhof I. 503.
Hagel I. XIII.
Hagelberg, W. 657.
Hagen'sche Stiftung I. 6.
Hakenleiter I. 477.
Halbe I. 586.
Haldenwanger, W. I. 593.
Halensee I. 239.
Halle-Cassel I. 202.
Halle'sches Ufer I. 80.
Halmhuber, Architekt I. 14, 21, 98, 665.
Haltestellen, Stadtbahn I. 233.
*Haltestelle der elektrischen Stadtbahn I. 198.
Hamburg I. 69, 458.
Handstrichziegeleien I. 587.
Handwerkerschulen I. 20.
Hängebleche I. 117.
Hängegerüste I. 451.
Hankelsablage I. 280.
Hardheim I. 597.
Harmonikafabrik I. 608.
Hartgipsdielen I. 441.
Hartmann, Dr., Molkerei I. 655.
Hartwich, Geh. Ober-Baurath I. 202, 211.
Haselhorst I. 82.
Haseloff und Kurtz I. 576.
*Hauptlagerhaus (Packhof) I. 490.
Hauptnivellements I. 6.
*Hauptpumpstation (Charlottenburg) I. 365.
*Hauptwerkstatt Grunewald I. 291.
*Hauptwerkstatt (Lehrter Strafse) I. 290.
*Hauptwerkstatt (Markgrafendamm) I. 290.
*Hauptwerkstatt Tempelhof I. 291.
*Hauptwerkstatt (Warschauer Strafse) I. 290.
Haupttreppen I. 449.
Hausableitungsrohr I. 346.
Hausanschlüsse I. 346, 354.

Hauseinführungsrohr I. 466.
Hausentwässerung I. 10, 468.
Hausleiter & Eisenbeis I. 422.
Haustelegraphie I. 470, 471.
*Hausvoigt I. 439.
Hausvoigtei I. XXXXVII.
Hausvogteiplatz I. 30.
Hauswasser I. 333, 365.
Havel I. 68.
Havelberg I. 68, 75, 594.
Havelländisches Luch I. 75.
Havelort I. 104.
Havelseen I. 75.
Heberleitungen I. 321.
Heckmann I. 455.
Heckmann, C. I. 577.
Heidecke I. 545.
Heeres-Bauverwaltung I. 7.
Hegeldenkmal I. 61.
Hegelplatz I. 61.
Heidestrafse I. 269.
Heilandskirche I. 595.
Heimstätten für Genesende I. 361.
Heinecke, Dr. Director I. 581, 588.
Heinersdorf, Gerh. I. 595.
Heinecke, Dr., Director d. Kgl. Porzellanmanufactur I. 588.
Heifswasserheizung I. 455.
Heizung I. 453.
Helfft I. 489.
Heliolith I. 422.
Hellersdorf I. 357.
Hellmann, Prof. Dr. I. 1.
Helms'sches Restaurant I. 97.
Henneberg & Co. zu Freienwalde a/O. I. 583.
Hennicke und v. d. Hude I. 515.
Hennigsdorf I. 422.
*Hennigsdorf (Ofenfabr) I. 584, 586.
*Hermann, H. S. I. 662, 663.
Herr A., Eis.-Bau- u. Betriebsinspector I. 255.
Hermannstrafse I. 65.
Herrenleithe I. 415.
Hersel, J., Ziegelei I. 420.
Herter, Bildhauer I. 166.
Herzberg, Kgl. Baurath I. 453.
Herzfelde I. 586.
Hessische Strafse I. 65.
Heyl, Gebr. & Co. I. 637.
Heymann & Schmidt I. 658.
Himmelfahrtskirche I. 57.
Hippodrom I. 50, 51.
*Hirschelstrafse (Verbindungsbahn) I. 258.
Historische Stadttheile I. XIV.
Hobel- und Fraiswerkstätten I. 604.
Hobrecht, Dr., Geh. Baurath I. 51, 301, 331, 468.
*Hochbahn I. 127.

*Hochbehälter I. 325.
Hochleitungsbetrieb I. 193.
Hochschule für die bildenden Künste I. 15.
Hochstadt I. 316.
Hochstein & Weinberg I. 660.
*Hochstrafse I. 240.
Hochwasser von 1855 I. 114.
Hockenau I. 597, 600.
Hoese, Stadtbaumeister I. 346.
Hof-Bauverwaltung I. 1.
Hofjägerallee I. 49, 62.
*Hoffmann, E., Reg.-Baumeister I. 1.
Hoffmann, Friedr. in Siegersdorf I. 418, 423.
Hoffmann, Friedr. I. 585.
Hofmann I. 624.
Hohenbocka I. 279.
Hohensaaten-Spandauer Wasserstrafse I. 69, 71, 73, 74, 103.
Hohen-Schönhausen I. 357.
Hohenstaufenplatz I. 61.
Hohes Haus I. XXVIII.
Holz, Baumeister I. 267.
Holzbearbeitungs-Werkstätten I. 603, 604.
Holzbrandfourniere I. 606.
Holzcement I. 423, 446.
Holzdecken I. 438.
Holzen in Braunschweig I. 414.
Holzfachwerk I. 435.
*Holzimprägnirungsanstalt von Julius Rütgers I. 636, 637.
Holzklötze I. 221.
Holzmann, Philipp & Co. I. 421, 253.
*Holzmarktstrafse (Gasbehältergebäude) I. 378.
Holzpflaster I. 36, 607.
Höpke, Nachfolger I. 645.
*Hoppe, C. I. 388, 391, 472, 499, 552, 553.
Hornwerk (Dorotheenstädtisches) I. 109.
*Hospitalmarkt I XXXXVIII.
Housselle, Geh. Baurath I. 203, 208, 211, 275.
Hubertusstock I. 74.
Hughesapparate I. 407.
*Humboldthafen I. 81, 83, 154.
*Humboldthafenbrücke I. 219.
*Humboldthain I. 54, 56, 64.
*Hummel, Maschinenfabrik I. 549.
Hundebrücke (Schlofsbrücke) I. 108. 160.
*Hundrieser (Bildhauer) I. 129.
Huth, J. P., Hofsteinmetzmeister I. 602.
*Hydraulische Krane I. 396, 397.
Hydraulische Schmiedepressen I. 558.

*Hydraulischer Aufzug I. 381.
Hydraulischer Kalk I. 425.
Hydro-Sandstein I. 422.
Hygrometer I. 46.
Hypotheken I. XIX.

Ihleflufs I. 75.
Ihne, Baurath I. 574.
Immanuelkirche I. 595.
Immediatbauten I. LI.
Imperial Continental Gas-Association I. 375.
*Industriegebäude I. 447.
Industrieanlagen I. 486.
Infusorienerde I. 431.
Innerer Ausbau I. 449.
Innenpol-Dynamomaschine I. 192, 526.
*Inspectionsgrube I. 345.
Interimskirche I. 48.
Intensiv-Brenner I. 460.
Intzes Patent I. 394.
Invalidenpark I. 61. 64.
Invaliditäts- und Alters-Versorgungssachen I. 7.
Isolatoren I. 405.
Istrianer Kalk I. 413.

Jacobi, Johann I. 139.
Jacobsohn, Eduard I. 658.
Jahrmärkte I. LXXV.
Jahrestemperatur I. V.
Janensch, G., Bildhauer I. 102.
Jennings-Closet I. 469.
Jessel, Louis I. 595.
Joachim, Kurprinz I. 49.
Joachimsthal I. 74.
*Jochbrücken I. 109.
Johann Siegismund I. 49.
Johanneskirche, St. I. 156.
Johannisthal I. 209. 280.
Joseph, B. I. 462.
Jüterbog-Röderau I. 283, 288.
*Jungfernhaide I. 82, 246, 249.
*Jute-Spinnerei Neuendorf bei Potsdam I. 616, 617.
*Jute-Spinnerei und -Weberei zu Stralau I. 616.

*Kabelkasten für Anschlüsse I. 540.
*Kabelnetz I. 539.
*Kabelwerk I. 573.
Kachelofen I. 422. 453.
Kadettenanstalt I. 190.
Kafill-Desinfector I. 570.
Kaiser Friedrich-Gedächtnifs-Kirche I. 54. 421. 595.
Kaiserin-Augusta I. 54.
*Kaiser-Wilhelm-Brücke I. 119, 141, 142, 172.
Kaiser-Wilhelm-Canal I. 2.

Kaiser-Wilhelm-Gedächtnifs-Kirche I. 594, 595.
Kaiser-Wilhelm-Strafse I. 25, 141.
Kali I. 632.
Kalk I. 105. 425.
Kalkreinigung I. 377.
Kalksee I. 71.
Kalkstein I. 412, 597, 602.
Dr. Kallmann'scher Störungsmelder I. 542.
Kälterückfälle I. VI.
v. Kamecke I. 134.
Kamine I. 451, 454.
Kammgarnspinnereien I. 617.
*Kanne, Chem. Fabrik I. 627—633.
Kanonenweg I. 50.
Kappendecke I. 440.
Karlsruhe I. 458.
Kartographisches Bureau I. 6.
Kastanienwäldchen I. 54. 393.
Kaumann, Reg.-Baumeister I. 266.
Kauxdorff I. XXXV.
Kehrdreiecke I. 187.
Kehrichtabfuhr I. 482.
Kehrmaschinen I. 482.
Keimtrommeln I. 645.
Keiser & Schmidt I. 471.
*Kelchlöthung I. 464.
Keller, H., Reg.- u. Baurath I. 490, 499.
Kelleranlagen I. 432.
Kellerwohnungen I. XXI.
Kersdorfer See I. 72.
*Kessel- und Maschinenhaus (Charlottenburg) I. 365.
*Kesselschmiede I. 554.
*Kessel & Röhl I. 143, 600, 601.
*Kettenbahn (Packetpostamt) I. 402, 403, 404.
Kettenschiffe I. 104.
Ketzin I. 75, 586.
Keyling & Thomas I. 563.
Kiefernholz I. 424.
Kies I. 426.
Kiesofengebäude I. 634.
Kietz I. 586.
Kinderspielplätze I. 51, 52.
*Kippweiche I. 180.
Kirchen:
  Andreas- I. LV.
  Böhmische I. XXXIII.
  Dom I. XXXXVII.
  Dreifaltigkeits- I. XXXIII.
  Garnison- I. XXXXII.
  Georgen- I. XXXXVII, XXXXIII.
  Hedwigs- I. XXXXVI, XXXXVII.
  Jerusalemer I. XXXXIII.
  Luisenstädtische I. XXXXI.
  Markus- I. LV.
  Parochial- I. XXXXIII.

Kirchen:
  Petri- I. LV.
  Sophien- I XXXXII, XXXXIII.
  Werdersche I. LII.
Kirchenbauten I. 8, 9.
Kirchengemeinden I. XIV, 65.
Kirchenpatronat I. 7.
Kläranlage I. 374, 619.
*Klärbrunnen I. 535.
Klappenschränke I. 406.
Klaproth I. 624.
Klavierfabrik L 608.
Kleinbeeren I. 358.
*Kleine'sche Decke I. 440.
Kleiner Königsplatz I. 30.
Kleiner Thiergarten I. 61, 64.
*Klingholz, P., Reg.-Baumeister I. 320.
Klima von Berlin I. IV.
Klinke, Eisenb.-Bau- und Betriebsinspector I. 238, 255.
Klinker I. 173.
Klopferapparate I. 408.
Kneiser, Kgl. Baurath I. 499, 503, 511.
Knobelsdorf, Freiherr von I. 49.
Knoblauch & Wex, Baumeister I. 623.
Koch, Fr., Baumeister I. 651.
Köhn, Stadtbaurath a. D. I. 361.
Köln I. XXX.
Kollegenhaus I. XXXIII.
Kölnischer Park I. 61.
Koenen, M., Reg.-Baumeister I. 175, 439.
Königliche Eisenbahncommission I. 201.
Königliche Kunstschule I. 19.
Königliche Landesaufnahme I. 19.
Königliches Institut für Glasmalerei I. 593.
Königsgraben I. 76, 111.
*Königsplatz I. 30, 50, 53.
Königstrafse I. 25.
Königs-Wusterhausen I. 71, 209, 586.
Köpenick I. 71, 103.
Köpenicker Landstrafse I. 57.
Köpenicker Schleuse I. 78.
*Köpenicker Strafse 16/17 I. 503, 506.
*Körnermagazin I. 506, 507, 508.
Kopftelephon I. 406.
Koppenplatz I. 383.
Kopperei I. 509.
Kottbuser Thor-Platz I. 31.
*Kragträger (Weidendammer Br.) I. 149.
Kramme, C. I. 462.
*Krananlage I. 398.
Krause, Max I. 660.
Kremmener Bahn I. 210.

85

Kremmer See I. 74.
Kremser I. LXXVII.
Kreuzberg I. LII.
*Kreuzberg I. 58, 62.
*Kreuzberg (Blick auf Berlin) I. XXVI.
Kreuzberg-Denkmal I. 553.
Kriegergruppen I. 51.
Kriegsministerium I. 7.
Kroll I. 50.
Kühn, Carl & Söhne I. 659.
Kuhn, G., Stuttgart-Berg I. 327.
Kuhn'sche rauchverzehrende Feuerung I. 326.
Kunheim I. 441, 627, 641.
*Kunheim & Co. I. 627—633, 641.
Kunstgewerbe-Museum I. 20.
Kunstsandstein I. 602.
Kunststeine I. 422.
Kuntze, Reg.-Baumeister I. 39.
Kupfer I. 423, 425, 446.
Kupferdruck I. 408.
*Kupfergraben I. 76, 96, 103.
Kupfer- u. Messingwerk I. 577.
*Kuppeldach über einem Gasbehältergebäude I. 378, 392.
Kurfürstenplatz I. 49.
Kurfürstl. Adler mit Wappen I. I.
Kurfürst Friedrich II. I. XXX.
Kurfürst Joachim I. I. XXX.
Kurfürst Joachim II. I. XXX.
Kurfürst Johann I. XXX.
Küstrin-Berlin I. 201.

Labrador I. 600.
Ladestrafsen I. 154.
*Ladestrafsenunterführung I. 219.
*Lagerhaus in der Kaiserstrafse I. 436.
Lahmeyer'sche Dynamomasch. I. 510.
Lampenlöcher I. 354.
Landé, Felix I. 621.
Landesaufnahme I. 6.
Landes-Bauinspectoren I. 13.
Landes-Eisenbahnrath I. 4.
Landes-Melioration I. 9.
Landes- und Baupolizei-Angelegenheiten I. 6, 9.
Landgraben I. 74.
Landhausgebiete I. 428.
Landré, C. I. 652.
Landsberger Allee (Haltestelle) I. 246.
Landsberger, Reg.-Bauf. I. 659.
Landtagsgebäude I. 7.
Landverkehr I. LXX.
Landwehrgraben I. XXX.
Landwehrgraben I. 77.
*Landwehrcanal I. 77, 78, 80, 103, 110.
Landwirthschaftliche Hochschule I. 16.

Lange, Geh. Ob.-Baurath I. 472.
Langen, Otto & Rosen I. 559.
Langer Trödel I. 74.
Langhans I. 109. 597.
Lankwitz I. 187.
Lapierre, Baumeister I. 268.
*Larfsen (-System) I. 179.
Laske, Bauinspector I. 195.
Lauchhammer I. 138, 143, 159.
Lausitz I. 68.
Lava I. 411.
Lehesten I. 411, 423.
*Lehmann, Anton & Alfr. I. 618, 619.
Lehmann, Ludwig, Rummelsburg I. 618.
*Lehrgerüst der Lutherbrücke I. 157.
Leibsch I. 70.
Leichenaufbewahrungsräume I. 67.
Leichenfelder I. 66.
Leichenhallen I. 65, 67.
Leipzig I. 458.
*Leipziger Platz I. 30, 49, 61.
Leitergerüste I. 451.
Leitwerk I. 87.
Lenné I. 50, 58.
Lent, Baumeister I. 268.
Lenz, O., Rathszimmermeister, I. 645.
Lessing I. 51.
Lessing, Julius I. 595.
Leucittuff I. 416.
Leuchtbojen I. 565.
Lewy, G., Reg.-Baumeister I. 659, 665.
Licht in Danzig I. 585.
Lichtenberg I. 209, 239.
*Lichtenberg-Friedrichsberg I. 325.
Lichtenstein, Professor I. 50.
Grofs-Lichterfelde I. LX.
Lichterfelde I. 261.
Lichthochätzung I. 409.
Lichthöfe I. 433.
*Lichtständer (Friedrichsbr.) I. 144.
Liebau'sche Heizung I. 456.
Liebenwalde I. 69, 73, 74, 103.
Liebermann I. 624.
Liepe I. 73, 74.
Lietzow I. 49.
Lindenallee I. 49.
Lindenhof I. 357.
Lindholz I. XXXV.
*Litfafssäule I. 47.
Local-Bauinspectoren I. 11.
Locomotiveisenbahn I. 200.
*Löwe, Ludwig & Co., Actiengesellschaft I. 561.
Löwenberg I. 597.
Lohmann & Stolterfoht I. 291.
Lohse I. 597.

Lohse, Hofbaurath I. 277.
Lossen I. II.
Lösch- u. Ladeeinrichtungen I. LXIX.
Löwengruppe I. 51.
Lübben I. 70.
Lübbenau-Senftenberg-Kamenz I. 279.
Ludowici, C. I. 423.
Luerfsen, Bildhauer I. 143.
Luftdruckschliefser I. 450.
Luftdruck-Telegraphenanlagen I. 470.
Luftheizungsanlagen I. 456.
Lufttemperatur I. VII.
Lüders I. 593.
Lüdicke I. 586.
Lüftung I. 453.
Lüftungskreisel I. 506.
*Lützowplatz I. 62.
Luiseninsel I. 50.
Luisenplatz I. 61.
Luisenstädtischer Canal I. 77, 110, 167.
Lustgarten I. 30, 31, 54.
*Lustgarten, Schlofs 1700 I. XXXX.
Luther I. 504.
Lutze, C., Adlershof I. 606.
*Luxuspapierfabrik von Albrecht & Meister I. 659.
Lychener Gewässer I. 73.
Lyckeby I. 600.

*Mack'sche Hohlgipsdielen I. 441.
Mächtig, Städt. Gartendirector I. 54, 56.
Magdeburg I. 69, 421, 458.
Magdeburger Sandstein I. 415.
Mahlow I. 209.
Mahlsdorf I. 313.
Majoliken I. 582.
Maisquetsche I. 183.
Malchow I. 357.
Malxe I. 70.
Malzer Canal I. 74.
Mann & Walker I. 377.
Mansardendach I. 445.
March I. 627.
*March Söhne, Ernst, I. 581.
March'sche Terracottenfabrik I. 417.
Mariannenplatz I. 61.
Marienburg-Mlawka I. 6.
Mariendorf I. 65.
Marienfelde I. 209.
Markthallen (städt.) I. 11, 31.
Marstallanlage I. XXXXII.
Marktverkehr I. LXXIV.
*Märkische Wasserstrafsen I. 68.
Marmor I. 414, 597, 602.
Martin & Piltzing I. 157.

Martiny, Benno I. 653.
Maschinenbau-Anstalten I. 548.
Maschineninspectionen I. 5.
Matthäikirchplatz I. 61.
Mauerstärken I. 434.
Mauerstrafse I. 539.
Maulbronner (Sandstein) I. 416.
Mausoleum I. LII.
May & Edlich I. 439.
Maybachufer I. 80.
*Mechanische Leiter I. 478.
Mecklenburg I. 68.
Mecklenburgische Oberseen I. 73.
*Medaille v. Faltz I. XXXXI.
Megede, zur, Regierungs-Baumeister I. LVI, LXIII.
Mehler Sandstein I. 416.
*Meierei von Bolle I. 654.
*Meisenbach, Riffarth & Co. I. 664, 665.
Melle, E. I. 606.
Meliorations-Bauämter I u. II I. 9.
Memel I. 69.
Memhard, Johann Gregor I. XXXII, l. 109.
Mendheim I. 592.
*Mengers, M. & Söhne I. 619.
Merian, Caspar I. XXXIII.
Mefsbild-Anstalt I. 8, 19.
Messel, A., Prof. I. 383.
Messing-Siederöhren I. 577.
Metalle I. 424.
Metallwerkstätten für Kunstgewerbe I. 577.
Meteorologische Instrumente I. 46.
Meteorologisches Institut I. 17.
Metzing, Otto, Hofsteinmetzmeister I. 602.
Metzing, Reg.-Baumeister I. 645.
Meyer, C. R. I. 605.
Meyer, Gustav, Gartendirector I. 57.
Miethssteuercataster I. XXI.
Miethswerth I. XVIII.
Mikrophon Mix & Genest I. 575.
Milchhallen I. 52.
*Milchkuranstalt Victoriapark I. 653, 655.
Milchversorgung Berlins I. 653.
Militär-Oeconomie-Departement I. 7.
Miltenberg I. 416, 597.
Mineralfarben I. 637.
Mineralwässer I. 641.
Minister der geistlichen Angelegenheiten I. 8.
Ministerial-Baucommission I. 6, 9.
Ministerium der öffentlichen Arbeiten I. 4.
Ministerium für Landwirthschaft I. 9.

Mitscherlich I. 54, 624.
Mittelland-Canal I. 75.
Mittenwalde I. 71.
Mittler & Sohn I. 663.
Mittlere Temperatur I. IV.
Mix & Genest I. 471.
*Mix & Genest, A.-G. I. 575, 576.
Moabit I. XXXXVI.
Möhlten I. 602.
Molkereien I. 653.
Möller, G. I. 592.
*Möller & Blum (Maschinenfabrik) I. 599.
Möllersfelde I. 357.
*Monatscurven I. 545.
Monbijou, Schlofs I. LI.
Monbijougarten I. 48.
*Monierbauweise I. 96, 434, 443.
Mönchsthurm I. XXXIV.
Mörtel I. 451.
Mörtelfabriken I. 425.
*Mörtelwerke I. 611, 614.
*Motorischer Theil I. 524.
Müggelsee I. 71, 302.
*Mühlenanlagen (von Schütt) I. 499, 500, 501, 509.
*Mühlendamm I. 25, 89, 136, 172, 108, 134.
*Mühlendammschleuse I. 90, 103.
Mühlenindustrie I. 488.
Mühlenweg I. 89.
Müllabfuhr I. 484.
Müller, A. I. 422.
Müller, Friedrich, Buchhändler I. 657.
Müllrose I. 70, 72.
Müllverbrennung I. 485.
Müllverschiffung I. 484.
Münze I. XXXXVII.
Münzthurm I. XXXIX.
Müritzsee I. 73.
Muschelkalk I. 412.
Musikinstrumente I. 608.

Nagel & Kaemp I. 508, 510.
Naglo, Gebr., Elektrotechnische Fabrik I. 574.
Naphthalin I. 636.
Naphthol I. 632.
Nassauer Marmor I. 414.
*Nationaldenkmal I. 2, 58, 76, 97.
Nationaldenkmal auf dem Kreuzberge I. LII.
Nationalgalerie I. 8, 54.
Nauen I. 210.
Nazarethkirche I. 595.
Nebra I. 415.
Neff, Reg.-Baumeister I. 238, 255.
Nehring, Architekt I. 109, 134, 139.
Neide, Obergärtner I. 51.
Nesselberger I. 416, 601.

Neubabelsberg I. 261.
Neubrandenburg-Demmin I. 202.
*Neue Berliner Pferdebahn-Ges. I. LXXXIII, 177.
Neuendorf I. 261.
*Neuer Markt I. XXXXVIII, L, 61, 63.
*Neuer Packhof I. 83, 488, 490, 491.
Neuer See I. 50.
Neues Museum I. LIV.
Neue Wache I. LII.
Neuhaus I. 70, 103.
Neuhaus, Geh. Reg.-Rath I. 267.
Neu-Köln am Wasser I. XXXVIII.
Neumeyer, F. I. 610.
Neu-Ruppin I. 75.
Neuweifsensee I. 65.
Neuwerder'sche Mühlen I. 489.
Nicolai I. LXXI.
Niederbarnim I. 10.
Niederdruck-Dampfheizung I. 455.
*Niederlagegebäude I. 492.
Niederlage, steuerfr. I. LXVI.
Niederlausitz I. 70.
Niederneuendorfer Canal I. 75.
Niederschläge I. IX.
Niederschlagshöhen I. XI.
Niederschlagstage I. XI.
Niederschlagsperioden I. XII.
*Niederschöneweide I. 209, 613, 619, 629.
Nieder-Schönhausen I. XXXXII.
Niegripp I. 75, 104.
Niemen I. 69.
*Nordhafen I. 82, 84.
Nordhausen I. 202.
Nord-Ostsee-Canal I. 2.
Normal-Eichungscommission I. 3.
Normale Temperaturmittel I. VI.
Nothauslässe I. 334, 367.
Nothbrücken I. 112, 115.
*Nothgleise I. 179.
Nottecanal I. 71.
Nuttlar I. 411.

*Oberbau der elektr. Strafsenbahn I. 189.
Ober-Baudirector I. 6.
Oberbürgermeister I. 11.
Oberlausitz I. 70.
Oberlichtdecken I. 441, 447.
Obernkirchener Sandst. I. 416.
Ober-Postdirectionen I. 2. I. LXXIX.
Oberpräsidium I. 7.
Oberseen, mecklenburgische I. 73.
*Oberspree I. 70, 72.

85*

Oder I. 68.
Oderberger See I. 103.
Oderkähne I. 69.
Oderschiffahrt I. LXVI.
Oder-Spree-Canal I. 69, 103.
Ofenfabrikation I. 583.
*Ofengebäude I. 583.
Oeffentliche Plätze I. 22.
Oellampen I. 375.
*Oelverschluſs I. 43.
Oertliche Straſsen-Baupolizei I. 9, 10.
Oesfeld, C. C. I. XXXXV.
Oesten, Ingenieur I. 326.
Omnibus I. LXXVI.
Onyx I. 597.
Oolith I. 413, 414.
Opernhaus I. XXXXVII.
*Opernplatz I. XXXXIX, L., 31, 54.
Oranienburg I. 74, 103, 210.
Orth, Geh. Baurath I. 211, 281.
Ortspolizei I. 9.
Ortsstatut vom 4./9. 74 I. 346.
Ortsverkehr I. 204, 205.
Osdorf u. Friederikenhof I. 357.
Osnabrücker Papierw.-Fabrik I. 660.
Ostbahnhof I. 61.
Ostpreuſsische Südbahn I. 6.
Ostsee I. 69.
Otis Brothers & Co. I. 472.
Ovaldrehbank I. 607.

Packhaus I. 488.
*Packhof I. 83, 84, 488, 493, 495.
Packhof I. LXVI, LII.
Packetfahrt-Actien-Gesellsch. I. LXXX.
Pajzderski, Reg.-Baumeister I. 453.
Palais des Prinzen Heinrich I. XXXXVII.
Pälitzsee I. 73.
Palmkernöl-Fabrik I. 640.
*Palmkernöl- u. Schwefelkohlenstofffabrik I. 639.
Panke I. 110, 171.
Pankow I. 192.
Pankow, Rangirbahnhof I. 273.
Pankow-Heinersdorf I. 271.
Papierverarbeitung I. 657.
Paramentengeschäft I. 595.
Parey I. 105.
Paris I. 107, 458.
*Pariser Platz I. 30, 47, 49, 63.
Parkanlagen I. 48, 49.
*Park zu Treptow I. 54, 58, 64.
Parochialstraſse I. 25.
Paschke I. 180.
Patentamt I. 2.
Paucksch in Landsberg a/W. I. 510.

Paulstern I. 86.
Paulstraſse I. 503.
Pendelmikrophon I. 406.
Pensionskasse I. 7.
Pentaden I. V.
*Pentadenmittel I. V, VI.
Persius I. 134, 489, 597.
Personenbahnhöfe, Raumverhältnisse I. 288.
Personendampfer I. 104.
Personenschiffahrt I. LXX.
Personentarif (Vorort-) I. 210.
Personenverkehr I. 204, 205.
Pest, F. W. I. 649.
Peters, Fr. I. 580.
Petersburg-Königsberg-Berliner Bahn I. 201.
*Pfaff, J. C. I. 606, 607.
Pfahlrost I. 429.
Pfeiffer & Druckenmüller (Maschinenfabrik) I. 564.
*Pferdebahn I. 177.
Pharmaceutische Präparate I. 625.
*Phönix-Schiene I. 179, 187.
Physikalisch-Technische Reichsanstalt I. 2, 16.
*Pianofortefabrik von C. Bechstein I. 608, 609.
Pictet, Prof. Dr. Raoul I. 641, 642.
Piefke, Ingenieur I. 326.
Pietschmann I. 608.
Pinkenburg (Stadtbauinspector) I. 107.
Pinnow I. 74.
*Pintsch, Jul. (Metallgieſserei) I. 565, 566.
Piper I. 155, 157.
Pirnaischer Sandstein I. 109.
Plagwitz I. 597, 600.
*Plan Memhards I. XXXII.
Plänterwald I. 55, 63.
Plätze I. 11, 30.
Plauenscher Canal I. LXV, 69, 75, 104.
Plauer See I. 75, 104.
Plöger, O., Steinmetzmeister I. 601.
Plötzensee I. 82.
*Plomben I. 464.
Plüsche I. 618.
Polizeidirection (Charlottenbg.) I. 10.
Polizeipräsidium I. 9.
Polizeireviere I. XIV.
Pomeranzenhaus I. XXXIX.
Poppe I. 608.
Porphyr I. 411.
Porphyrtuff I. 416.
Portlandcement I. 173.
Portland-Cement-Fabrik I. 425.
Porzellanfabriken I. 581, 588.
Porzellanmalereien I. 593.

*Porzellanmanufactur, Kgl. zu Berlin I. 589.
Posamenten I. 615.
Post I. LXXVII.
Post- und Telegraphenverkehr I. XXXVI.
Post-Bauverwaltung I. 2.
Postelwitzer (Sandstein) I. 415.
Potsdam I. 75, 101, 209.
*Potsdamer Bahnhof (1838—1868) I. LXXXI, 256.
*Potsdamer Platz I. XXXIII, 31.
Prächtel I. 608.
Präcisionsmaschinen I. 561.
Präsident der Kgl. Eisenbahndirection Berlin I. 6.
Premmitz bei Rathenow I. 418.
Prenzlauer Allee (Haltestelle) I. 246.
Prerauer & Co. I. 613.
Prieros I. 71.
Priester & Lyck I. 660.
Prinz Heinrich (Palais) I. XXXXVII, 475.
Prinzen-Allee I. 192.
Privateisenbahnen I. 4.
Privatposten I. LXXX.
* Promenade an den Zelten, Ende des 18. Jahrhunderts v. Chodowiecki I. XXVII.
*Protzen & Sohn in Stralau I. 620.
*Proviantamt Köpenicker Straſse 15—17 I. 507.
*Proviantamt Moabit I. 503, 504, 505.
Provinzial-Conservatoren I. 8.
Prüfungsämter I. 6.
Prüfungsstation für Baumaterialien I. 17.
*Puls, Schmiedewerkstatt I. 579.
Pumpen (Pumpstation) I. 342.
*Pumpenhaus I. 40.
*Pumpenstiefel für Tiefbrunnen I. 40.
*Pumpstation (Lichtenberg) I. 326.
*Pumpstation d. Radialsystems III I. 331, 340.
Putbus, Fürst I. 201.

Quistorp, Heinrich I. LX.

Rabitzbauweise I. 434.
Rackwitz I. 415, 597, 600.
Raczinsky, Graf I. 51.
*Radialsysteme I. 332, 351.
Radstube I. 99.
Ramelsloh I. 594.
Rangirbahnhof Pankow I. 273.
Raps, Dr. I. 528.
Raschdorff, Geh. Reg.-Rath Prof. I. 48.
Rasche I. 597.
Rathenau I. 519.

Rathenow I. 75, 104, 106.
Rathenower Steine I. 419, 586.
Rauchhelm I. 477.
Rauch'sche Victoria I. 61.
*Rammgerüst I. 336.
Ravené Söhne I. 439.
Reckenzaun I. 193.
Recklinghausen I. 426.
Refugiés I. XXXX.
Regenabfallröhren I. 346.
Regenerativ-Gaslampen I. 461.
*Regenüberfälle I. 368.
Regenverhältnisse I. XII.
Regenwassermenge I. 333, 365, 366.
Regulirhaus I. 388.
Reichsamt des Innern I. 2.
*Reichsamt des Innern (Festsaal) I. 441.
Reichsamt für die Verwaltung der Reichseisenbahnen I. 3.
Reichsbank-Directorium I. 3.
Reichsbauten I. 2.
Reichsdruckerei I. 402, 408.
Reichsgerichts-Gebäude I. 2.
Reichshaus I. 7.
Reichskassenscheine I. 408.
Reichs-Patentamt I. 3.
Reichspost I. 402.
Reichs-Postamt I. 2.
Reichstags-Gebäude I. 2.
Reichstags-Ufer I. 26, 218.
Reichs-Versicherungsamt I. 2.
Reihefahrt I. LXV.
Reimer & Körte, Reg.-Baumstr. I. 665.
Reinickendorf I. 65.
*Reinigerhaus I. 382, 388, 444.
Reinigungsapparat (selbstthätig) I. 350.
*Reinwasserbehälter I. 310, 326.
Reissner, Betriebs-Director der städt. Gasanstalten I. 383.
*Reitweg I. 27.
Reithaus, kurfürstl. I. XXXXI.
Rekuperations-Anlagen I. 400.
Religionsbekenntnisse I. XXII.
*Rengert & Co. I. 639.
*Reservoirthurm (Längsschnitt) I. 400, 401.
*Retortenhaus I. 377, 386, 387.
Rettungsapparate I. 477, 478.
Rettungsstationen I. 479.
Reuleaux, Geh. Reg.-Rath, Prof. I. 472.
*Revisionshalle I. 493.
Rheinsberg-Zechliner Canal I. 73, 74.
Rhinfluſs I. 74.
Rhinluch I. 74.
Riedel, J. D. I. 625.
Riefenstahl, Zumpe & Co. I. 659.
*Rieseleinrichtung I. 500, 504, 506, 508.

*Rieselfeld (Charlottenburg) I. 359, 360, 364, 369, 373.
Rieselgras I. 371.
*Riesler I. 322, 327, 330.
Rietschel & Henneberg I. 455, 569.
Ringbahngebiet I. 428.
Ringofen I. 585.
Ring'sches Apothekengebäude I. 26.
*Rinnenschächte I. 369.
Rinnsteine I. 298.
Ritter-Akademie I. XXXXVII.
Rittinger, Pumpensatz I. 398.
Rixdorf I. 65, 80, 238.
Rochstraſse I. 25.
Rockstrohen, Reg.-Baumeister I. 194.
Röckner-Rothe I. 330, 374.
Römer, E., Baurath I. 276.
Rösener, Pianoforte-Fabrik I. 610.
Rösicke, Brauereidirector I. 647.
Roefsemann & Kühnemann I. 559.
Rogenstein I. 414.
*Rohrbrunnen I. 321.
Rohrpost I. LXXIX, 402.
Rohrtiefbrunnen I. 534.
Rolljalousien I. 450.
Rose I. 624.
Rosemann & Jacob I. 662.
Rosenfelde I. XXXXIII.
Rosenstraſse I. 25.
Rosenthal I. 357.
Rospatt, Stadt-Baurath I. 34.
Rotationsmaschine I. 408.
Rothenzechau im Riesengebirge I. 414, 415.
Rothes Kreuz I. 277.
Rothkali I. 632.
*Rotunde I. 44.
Rousseau-Insel I. 50, 53.
*Rowanwagen I. 186.
Rückers I. 602.
Rüdersdorf I. 425.
Rüdersdorfer Kalkstein I. 71, 412.
Rudersport I. 102.
Rudolf Mosse I. 663.
Rudower Wiesengraben I. II.
Ruhebänke I. 63.
Ruhleben I. 86.
Ruhlsdorf I. 74, 358.
Runge, Prof. I. 624.
Ruppiner Canal I. 74.

Saatwinkel I. 82.
Sacrow-Paretz I. 75.
Sächsischer Sandstein I. 415.
Salomon, Carl & Co. I. 490, 514.
*Salzhof b. Spandau I. 634.
Salzsäurefabrik I. 632.
Salzsoole I. III.
Sammelheizung I. 455.

Sand I. 426.
*Sandfang I. 335, 369.
Sandförderwerk I. 613.
Sandharlander Kalkstein I. 414.
Sandstein I. 415, 597.
Sänften I. LXXV.
Sanitäts-Porzellanmanufactur I. 593.
*Sattelschiene I. 179.
Säurerampe I. 277.
Savignyplatz I. 225.
Savonières I. 413.
*Schachtabdeckung I. 368.
Schadow, Bildhauer I. 50, 597.
Schäde, Architekt I. 624.
Schäfer, Carl, Architekt I. 609.
Schäfer & Hauschner I. 462.
Schäfer & Oehlmann I. 462.
Schäfer & Scheibe I. 660.
*Schäffer & Walcker I. 143, 166, 455, 462, 569, 570.
Schalke I. 426.
*Schalttafel I. 526.
*Schaltungsschema I. 538.
Schaper, Prof. I. 51, 54.
Scharmützel-See I. 71.
Scharnhorst I. LII.
Scharowsky, C. I. 267, 543, 559, 568, 576.
Schauspielhaus I. XXXXVII, LII.
Schenkendorf I. 357.
*Schering'sche Fabrik I. 625, 626.
*Scheringstraſse I. 559.
Schiefer I. 423, 446.
Schiemann, Max, Ingenieur I. 185.
*Schienentröge I. 199, 221.
Schieſsplatz Cummersdorf I. 6, 288.
Schiffahrtsabgaben I. LXIX.
*Schiffbauerdamm I. 96, 532, 533, 544.
Schiffergilde I. LXIV u. LXV.
*Schiffsbecherwerke I. 505, 516.
Schiffsdurchlässe I. III.
Schiffsverkehr I. LXVIII.
Schiff- und Maschinbau-A.-G. I. 550.
Schilder (Straſsenbenennungs-) I. 42.
Schilderung der Stadt Berlin I. I.
Schiller-Standbild I. 63.
Schilling, Carl, Hofsteinmetzmeister I. 602.
Schimming, G., Director der städt. Gasanstalten von Charlottenburg I. 394.
Schinkel I. LII, 110, 140, 160, 597.
Schinkelplatz I. 61, 63.
Schlachtensee I. 209, 261.
Schlachthof I. 11.
Schlafgänger I. XXIII.
*Schlämmereigebäude I. 590.

Schlämm-Maschinen I. 586.
Schlaubeflufs I. 70.
Schlaubehammer I. 72.
*Schleicher, M. L. I. 598, 599.
Schleifleitungen I. 407.
Schleifmaschinen I. 599.
Schleppdampfer I. 104.
*Schlesischer Bahnhof I. 226.
Schlesischer Güterbahnh. I. 277.
Schlesischer Marmor I. 414.
*Schleusencanal und Kupfergraben I. 76, 159.
Schlickeysen, C. (Berlin) I. 585.
Schlosky, Director der Strafsenreinigung I. 481.
Schlofs-Baucommission I. 1.
*Schlofsbrauerei Schöneberg I. 648, 649.
Schlofskapelle I. LIV.
Schlofsfreiheit I 97.
Schlofspark in Charlottenburg I. 49.
*Schlofsplatz I. XXXXIX, L, 31, 76, 393.
Schlofsverwaltung I. 89.
Schlüter, Andreas I. 109.
Schmargendorf I. 185, 372.
Schmidt, C. H. Herm. I. 583.
Schmitz, Bruno, Architekt I. 47.
Schmöckwitz I. 71, 280.
Schmuckanlagen I. 31, 63.
Schneeabfuhr I. 483.
Schneefall I. XI.
Schneetage I. X.
Schneidemühlen I. 603.
Scholz, Baumeister I. 268.
Schomburg, H. & Söhne I. 593.
Schöffenhaus I. XXIX.
*Schöneberg I. 65, 185, 238, 253, 372.
*Schöneberger Hafen I. 79.
Schönhauser Graben (Brücken) I. 171.
Schönholz-Velten-Kremmen l. 202, 210.
Schorfhaide I. 74.
Schornsteine I. 443, 444.
Schramm, F. W. I. 604.
Schülke I. 461.
Schümann, Regierungs-Baumeister I. LXIII.
*Schütt, F. W. I. 490, 499, 500, 501.
v. Schütz, Reg.- u. Baurath I. 276.
*Schultheifs-Brauerei I. 647.
*Schultz, G. A. L. & Co. in Niederschöneweide I. 602, 604, 605.
Schultz, Joh. Bernhardt I. 109.
Schulz-Knaudt I. 304, 318.
Schulz & Co. I. 422.
Schumann'sche Mühle I. 489.
Schupmann, Prof. I. 41, 45.
Schutzbarrièren I. 63.
Schutzpavillons I. 52.

Schutz- und Wohlfahrtseinrichtungen I. 296.
„Schwarze Graben" I. 372.
Schwarze Schöps I. 70.
*Schwartzkopff, L. (Berliner Maschinenbau-A.-G.) I. 557.
Schwechten, Baurath I. 283, 648.
Schwechten, G. I. 610.
Schwedischer Granit I. 411.
Schwedler, Geh. Ob.-Baurath I. 377, 378, 389.
*Schwefelsäurefabrik I. 629, 634.
Schweizerapotheke I. 625.
Schwieloch-See I. 70.
Schwielow-See I. 75.
Scabell I. 475.
Seddinsee I. 71, 72.
Seeberg I. 416.
Seek, Gebr., in Darmstadt I. 515.
Seek, Gebr. (Dresden) I. 514.
Seelenzahl I. XXXI.
Seepark I. 50.
Seidel, G. I. 423.
*Seifenfabrik von Altmann I. 640, 641.
Seitenberg bei Landeck I. 414.
Senkkästen I. 429.
Septarienthon I. III.
Serpentin I. 411.
Siegert, Ober-Baurath I. 283.
Siegesallee I. 51.
Siemens, Friedrich I. 461.
Siemens, Dr., Werner v. I. 188, 570.
*Siemens & Halske I. 187, 193, 195, 570—573.
Siemering I. 159.
*Silospeicher I. 511, 514.
Sinzig I. 421.
Sirgwitz I. 597, 600.
*Sittenfeld (Druckerei) I. 663, 664.
Sitzbänke I. 52, 64.
Smreker, Ingenieur I. 325.
Soeder, Reg.-Baum. I. 519.
Sommerfeld I. 5.
Sommerlatte, F. I. 605.
Sommerstrafse I. 51.
Soolbohrungen, Die I. II.
Sophie Charlotte, Kurfürstin I. 49.
Spänegelasse I. 604.
Spandau I. 68, 103, 210.
*Spandauer Brücke (Unterführung) I. 224.
Spandauer Canal I. 110, 113.
Spandauer Schleuse I. 74.
Sparkassengebäude I. 92.
Spathsand I. III.
Spatzier'sche Mühle I. 489.
*Speicheranlage von Bartz & Co. I. 516, 517.
Speicherbauten der Heeresverwaltung I. 503.
Spill I. 94.

*Spindler, W. I. 209, 615, 621, 622.
Spinn & Sohn I. 462.
Spinnereien I. 616.
Spinn & Mencke I. 608.
*Spiritus-Uferkran I. 496, 497.
*Spiritus-Lagerhaus (H. Guttmann jr.) I. 517.
Spittelkirche I. 26.
*Spittelmarkt I. L, 30.
Splauer u. Dommıtzsche Thonwerke I. 421.
Spreewald I. 70.
Spremberg I. 70.
Sprengwagen I. 483.
Sprungtuch I. 478.
Spülung der Leitungen I. 34, 349.
Sputendorf I. 358.
Staatsangehörigkeit I. XXII.
Staatssteuern I. XXV.
Stadtausschufs I. 10.
Stadtbahntreppen I. 443.
Stadtbefestigung I. XXXIV.
Stadtbezirke I. XIV.
Stadthaushalt I. XXVI.
Städtische Bauverwaltung I. 11.
Städtischer Centralviehhof I. 208.
Städtischer Gewerbesaal I. 21.
Stadtmilch I. 654.
Stadtpost I. LXXIX.
*Stadtschleuse I. LXV, 76, 160.
*Stadtsiegel 1709 I. XXXXI.
*Stadtsiegel v. Berlin I. XXVIII.
Städte-Feuersocietät I. 13.
Stahloberbau I. 179.
Stahn, Reg.-Baumeister I. 39, 138.
Stampfasphalt I. 42.
Standardwäscher I. 401.
Stände I. XXIII.
*Standesamtsbezirke I. XV.
*Standrohr mit Ueberlauf I. 373.
Stangengerüste I. 451.
Stargard-Cöslin-Colberg I. 270.
Stargard-Cüstrin I. 6.
Statistisches I. XVII.
Statistisches Amt I. 2.
*Stauanlage in der Spree I. 86.
Stearinwerke von Motard & Co. I. 641.
Stechbahn I. XXXXII, 99.
*Steckleiter I. 478.
Steglitz I. 185, 187, 209, 261, 373.
v. Stein I. 62.
*Steinmetzwerkstätten I. 596, 599.
Stendal I. 594.
Stephensohn, John I. 183.
Sterbefälle I. XXIII.
Sterblichkeitsziffer I. 356.
Stern I. 101.
Sternwarte I. LII.
Steuer, Geh. Baurath I. 506.
Steuerverhältnisse I. XXV.

Stöckhardt, H., Architekt I. 68, 161, 331, 402, 611.
Storkow I. 71.
Strack, Geh. Ober-Baurath I. 110, 597.
Strafsen (Befestigung der) I. 10, 34.
*Strafsenbahnen I. LXXXIII, 11, 28, 178.
*Strafsenbahn-Locomotiven I. 186.
*Strafsenbenennungsschilder I. 42.
Strafsenbesprengung I. 483.
*Strafsenbreite I. 26, 27.
Strafsenbrücken (Uebersichtsplan) I. 107, 120.
*Strafsenbrunnen I. 37.
Strafsennetz (Ausbau) I. 23.
Strafsenreinigungswesen I. 481.
*Strafsenunterführung I. 221.
Strafsenverkehr I. LXXII, 9.
Strausberg I. 209.
*Streichert, Stadt-Bauinspector I. 653, 656.
Stromabnehmer-Bügel I. 188, 189.
Strombehörde I. 9.
Stromerzeugungsanlagen I. 543, 546.
*Stromlieferung (elektr.) I. 521.
Stromverbrauch I. 547.
Stroufsberg I. 278.
Struve, Dr. I. 645.
*Struve, Dr., & Soltmann I. 642, 643.
Stubenmalerei I. 450.
Stucco lustro I. 422.
Stuck I. 422, 426.
Stude I. 476.
Stüler I. 597.
Sturm, Gebr., in Freiwaldau I. 423.
Stützkow I. 73.
Südende I. 187.
Sulfatfabrik I. 632.
Sulzer, Gebr., in Ludwigshafen I. 510.
Syenit I. 411.

Tandem-System I. 525, 543.
Tannen- und Fichtenholz I. 424.
Tagestemperatur I. VII.
Tapeten I. 637.
Tapezirerei I. 450.
Taylor & Neate in Rochester I. 586.
Technische Attachés I. 6.
Technische Hochschule I. 14.
Technisches Bureau (Abth. III d. Minist. d. öff. Arbeiten) I. 6.
Technisches Ober-Prüfungsamt I. 6.

Technische Versuchsanstalten (Königliche) I. 17.
Technisch-Wissenschaftliche Anstalten I. 14.
Techow, Post-Baurath I. 403.
Tegel I. 210.
Tegeler See I. 74, 82.
*Tegeler Strafse (Unterführung) I. 243.
Telegraphenanlagen I. 402, 407.
Telegrapheninspection I. 5.
Teleskopbehälter I. 377.
Teleskoprohr I. 505.
Teltow I. 10.
Tempelhof I. 5, 238.
Templiner Gewässer I. 73.
Teppiche I. 615, 620.
*Teppichfabrik, Becker & Hoffbauer I. 620.
*Teppichfabrik, Protzen & Sohn I. 620.
Terracotten I. 417.
Tetzer, Reinhold I. 639.
Teupitzer Gewässer I. 71.
Textilindustrie, Färberei und Appretur I. 615.
Thaer, Standbild I. LIV.
*Theerdestillationsgebäude I. 635.
Theererzeugnisse I. 634.
*Theerproductenfabrik „Erkner" I. 634, 635.
Thierarzenei-Schule I. LI, LII.
*Thiergarten I. 7, 49, 52.
Thiergarten, kleiner I. 61.
*Thiergarten (Haltestelle) I. 233.
Thiergartenschleuse I. 77.
Thierichens I. 608.
Thomassin I. 50.
Thomson-Houston Electric Co. I. 184, 562.
*Thonrohrleitung I. 368, 421.
Thonschiefer I. 411.
*Thonwaarenfabriken I. 581, 582.
Thorbecken I. 77.
Thorwagen I. LXXVI, LXXVII.
Thurmhelme I. 445.
Tiefbrunnen I. 300.
Tiefzuleitung I. 194.
Tielebier, Architekt I. 645.
Tintenherstellung I. 637, 639.
Titels Kunsttöpferei I. 583.
Tivoli-Brauerei I. 647.
Töpfer & Schädel I. 471.
Torf I. 75, 454.
*Torpedowerkstatt I. 558.
Tourills I. 632.
*Transformatorenschalttafel I. 539.
Trafs I. 105.
*Treppen I. 442.
*Treptow I. 57, 238, 253, 281.
*Treptower Chaussee I. 57, 250.
*Treptower Park I. 54, 58, 64.
Trockenperiode I. XII.

Trockenstuck I. 449.
*Trommelwehr I. 86.
Tuchfabrikation I. 615.
Tuff I. 597, 602.
*Turbine I. 46, 91, 94.

*Uebersichtsplan zu der Baupolizei-Ordnung für die Vororte von Berlin I. LXI.
*Uferbefestigung I. 96.
*Ufermauer (Burgstrafse) I. 92.
Unfälle I. LXXXV.
Unger I. 109.
Union, Elektr. Gesellschaft I. 194, 562.
*Unions-Brauerei I. 651.
Unstrut-Sandstein I. 415.
*Unter den Linden und Opernplatz I. XXXXIX.
Unterführungen.
  *Alt-Moabit 224.
  *der Charlottenburger Chaussee I. 224.
  *der Karlstrafse I. 224.
  *der Müllerstrafse I. 245.
  *Schiffbauerdamm I. 218.
  der Spandauer Brücke I. 224.
  *der Stallstrafse I. 224.
  *der Tegeler Strafse I. 243.
Unterpflasterbahn I. 197.
*Unterspree I. 84, 86, 95.
*Uraniasäulen I. 45, 95.
*Urban, Hafenanlage I. 81, 162.

Vast, St. I 413.
Veitmeyer, Ingenieur I. 299.
Velten I. 422.
Verbindungscanal I. 175.
Verblendsteine I. 420.
Verbrauchsabgaben I. XXV.
Vereinigte Berliner Mörtelwerke I. 613.
*Vereinsbrauerei in Rixdorf I. 650.
Verkehr auf den Wasserstrafsen Berlins I. LXIV, LXVIII, 104.
Verkehrsanstalten und Einrichtungen I. LXXV.
Verkehrsinspectionen I. 5.
Verkehrsnachweisung I. LXXXVII, LXXXVIII.
Verkehrszählungen I. LXXIII.
Vermessungsamt (städt.) I. 11.
*Versorgungsnetze I. 28.
*Versuchs- und Lehrbrauerei I. 645.
Verzinkerei I. 564.
Veteranenstrafse I. 184.
*Viaducte (Stadtbahn) I. 212.
Victoria, Kronprinzessin I. 48.
*Victoriapark I. 54, 58, 60, 62, 64.
*Victoria-Speicher-Anlage I. 514, 515, 516.

Victoriastrafse I. 51.
Viehmärkte I. LXXV.
Viehverkehr I. 206.
Vigne, La I. XXXV.
Villeroy & Boch in Mettlach I. 418, 421, 422.
Virchow I. 332.
Vivarium I. 57.
Völker, Tischlerei I. 608.
Vogts Tischlerei I. 608.
Voigt, S. B. & Sohn I. 608.
Voigt & Kretzner I. 423.
Volkszählung I. XXIII, LIX.
Vollmer, Prof. I. 54.
*Vorgärten I. 27.
Vororte Berlins I. XXV, LIX.
Vorortverkehr I. 204, 205, 208. 209, 210.
Vofscanal I. 73, 74.

*Waffenfabrik L. Löwe & Co. I. 486, 562.
Wahlkreise I. XIV.
Waldeckplatz I. 65.
*Waldemar, Markgraf I. 138, 139,
*Waldenser Strafse (Pferdestall) I. 183.
Wallonenkirche I. XXXXI.
Walther, Wilhelm, Reg.-Baum. I. 645, 649, 651.
*Walther'scher Stadtplan v. 1737 I. XXXIII.
Wandbekleidungen I. 449.
Wannsee I. 209, 261.
Warmwasserheizung I. 455.
Wartehäuschen I. 264.
Wartenberg I. 357.
Warthe l. 69.
*Wasch- und Brauseanstalt (C. Hummel) I. 549, 550.
Wasserbedarf I. 43.
Wasserdurchlüftungsanlage I. 322.
Wasserfracht I. LXVII.
*Wasserkraft-Doppelaufzug I. 496.
Wassermesser I. 465.
Wasserstände I. 112.
Wasser-Sterilisator I. 569.
*Wasserstrafsen, Berliner I. LXVIII, 68.
Wassersturz I. 60. 64.
*Wasserthurm in Rixdorf I. 324.
*Wasserthurm in Steglitz I. 324.
*Wasserthurm in Westend I. 324.
Wasserverbindungen I. 69.
Wasserverkehr I. LXIV, LXVIII, 104.
Wasserversorgung I. 298.

Wasserwerke:
I. 11, 298.
am Hippodrom I. 51.
*am Teufelssee I. 322.
*Belforter Strafse I. 315, 317.
*Charlottenburg I. 305.
der östlichen Vororte und von Pankow I. 325.
der westlichen Vororte I. 320.
*Lichtenberg I. 314.
*Müggelsee I. 306.
*Pankow I. 329.
*Tegel I. 303.
Wattzähler I. 523.
Weberei I. 615.
Webeschule, städtische I. 21.
Wedding, Professor Dr., Geh. Bergrath I. 1, 30, 238, 241.
*Wehr am Mühlendamm I. 91.
*Weichbild I. XV, LIX.
Weidenweg I. 109.
Weihnachtsmärkte I. LXXV.
Weifswasser-Muskau I. 279.
Weizenmühle I. 490, 514.
Wellenkalk I. 412, 425.
Wellmann, Director I. 320.
Wendisch-Buchholz I. 71.
Wentowcanal I. 73.
Werbellincanal I. 74.
Werben I. 75, 594.
Werder I. 75, 101, 209, 586.
Werdersche Mühlen I. 76, 97.
Werderscher Markt I. 76.
Werkstätten für Metallbearbeitung I. 548.
Werstätteninspectionen I. 5. 293.
Werkzeugmaschinen I. 561.
Werner v., Hauptmann im Eisenbahnregiment I. 287.
Wernsdorf I. 72, 103.
Westend I. LX.
Westphal I. 143.
*Wetterhäuschen I. 46, 47.
Wetzlar I. 202.
Wheeler & Wilson I. 560.
Wiebe, A., Ob.-Baudirector I. 68, 85, 118.
Wiebe, Geh. Ob.-Baurath I. 331.
Wiegmann, Puhl & Wagner I. 595.
Wiener Strafse I. 161.
Wiesau I. 426.
Wildau I. 74, 425.
Wildpark I. 209.
Wilhelm I., König I. LI, LVIII.
Wilhelmshöhe I. XVII.
Wilhelmsplatz I. 61.
Wilmersdorf I. 185, 372.
Wilsnack I. 594.
*Wimmel, P. & Co. I. 166, 411, 597.

Windgeschwindigkeit I. XIII.
Windvertheilung I. XIII.
Wirkwaaren I. 621.
Witte, Branddirector I. 475.
Witte-Greiner I. 478.
Witte & Co. in Bützer I. 418.
Wittenberg-Bitterfeld I. 283.
Wittig, P., Reg.-Baumeister I. 624, 633.
Wochenmärkte I. LXXIV.
Wöhler I. 624.
Wohndichtigkeit I. XXIV.
Wolf, A., Bildhauer I. 54.
Wolff, Fr., Prof. I. 499.
Wolff, Felix, Architekt I. 665.
Wolff, W., Prof. I. 51.
Wolfgang-Strafse, St., I. 25.
Wollmarkt I. LXXV.
*Wollspeicher von B. Bernhard I. 518.
Wollspinnerei I. 615.
Wölsau im Fichtelgebirge I. 411.
Woltersdorf I. 71, 101, 106.
Wörtherplatz I. 30.
Worthington-Maschinen I. 318.
Wrangel I. 51, 63.
Wrietzen I. 74.
Wünschelburg I. 602.
Wusterhausener Bär I. XXXVIII.

York, Standbild I. LIV.

Zache, Dr. I. 57.
Zehdenick I. 73, 103, 587.
*Zehlendorf (Bahnhof) I. 209, 261.
Zeidler & Wimmel I. 597.
*Zeidler, Gebr. I. 600.
Zeitschrift für Bauwesen I. 6.
Zeltenplatz I. 50, 51.
Zepernick I. 271.
Zerreifsmaschinen I. 564.
Zeughaus I. XXXXI.
Zeuthen I. 280.
Zeyer & Co. I. 422.
Ziegeleien I. 581, 585.
Zillen I. 70.
Zimmermann, G. (Palmkernöl-Fabrik) I. 640.
Zimmermann & Sohn I. 604.
Zink I. 423, 425, 446.
Zippelsförde I. 75.
Zoologischer Garten I. 50.
Zoologischer Garten (Bahnhof) I. 233.
Zossen I. 71, 209.
Züssow-Wolgast I. 270.
Zwirngraben I. 76.

Halle a. S., Buchdruckerei des Waisenhauses.